盛京内务府档 · 乾隆朝

1

辽宁省档案馆 编

辽宁民族出版社

图书在版编目（CIP）数据

盛京内务府档. 乾隆朝：满文 / 辽宁省档案馆编. —沈阳：辽宁民族出版社，2020.12

ISBN 978-7-5497-2344-7

Ⅰ. ①盛… Ⅱ. ①辽… Ⅲ. ①内政部—档案资料—中国—清代—满语 Ⅳ. ①D691.22

中国版本图书馆CIP数据核字（2020）第238623号

盛京内务府档. 乾隆朝

SHENGJING NEIWUFU DANG. QIANLONGCHAO

出版发行者：辽宁民族出版社
地　　址：沈阳市和平区十一纬路25号　邮编：110003
印 刷 者：辽宁新华印务有限公司
幅面尺寸：210mm×285mm
印　　张：141
字　　数：2500千字
出版时间：2020年12月第1版
印刷时间：2020年12月第1次印刷
责任编辑：赵越辉
助理编辑：杜璐珊
封面设计：杜　江
责任校对：王　荷

标准书号：ISBN 978-7-5497-2344-7
定　　价：1980.00元

网　　址：www.lnmzcbs.com　　邮购热线：024-23284335
淘宝网店：http://lnmz2013.taobao.com
如有印装质量问题，请与出版社联系调换　联系电话：024-23284340

《盛京内务府档．乾隆朝》

编辑委员会

编辑说明

《盛京内务府档》保存于辽宁省档案馆，是馆藏清代档案之一，为满汉文兼具的历史档案。《盛京内务府档》是清政府管理盛京地区皇家事务最高机构——盛京总管内务府及其内部机关收发公文形成的稿档，简称为“盛京内务府档”。

盛京，满语mukden，意为“兴盛”，清太宗皇太极天聪八年（1634）定名，至宣统三年（1911）清代灭亡，这个名称使用了将近三百年。顺治元年（1644），清朝政治中心移往北京，东北作为清王朝的“龙兴之地”，统治者十分重视，将盛京定为陪都，除在这一地区设置盛京将军衙门、盛京五部、奉天府府尹衙门、吉林将军衙门、黑龙江将军衙门等机构外，还在盛京设置了包衣佐领，专门管理皇室在东北的事务。顺治三年（1646）在盛京设置了镶黄旗、正黄旗两个包衣佐领，康熙八年（1669）又增设一个正白旗包衣佐领。乾隆十七年（1752）正式设立盛京总管内务府，专司该地区的皇室事务，盛京内务府总管由盛京地区最高行政、军事长官盛京将军兼任，下设广储、会计、掌仪、都虞、营造五司及文溯阁、三旗织造库、黑牛馆、乳牛馆、内管领处等机关。光绪三十四年（1908），盛京总管内务府被盛京内务府办事处取代。1911年辛亥革命推翻清朝统治后，根据《优待皇室条件》，北京总管内务府、盛京内务府办事处依旧存在。1924年3月，盛京内务府办事处改为皇产事宜处。1925年春，奉天省长公署宣布接管皇产事宜处，将沈阳故宫及其藏品收归国有。盛京地区拥有大量皇室庄园、果园、鱼泡、牧场、山场等，用来满足皇室对故乡特产的需求。盛京是清王朝的发祥地，清皇室的祖先埋葬在这里，八旗制度形成于此处。盛京地区亦是边疆重地，备受清统治者重视。因此，盛京地区在整个清代具有特殊的、举足轻重的地位。

《盛京内务府档》所承载的信息十分丰富，涉及以盛京为主体整个东北地区的政治、经济、军事、教育、风俗、建筑、司法、民族、外交等内容，包罗万象，丰富多彩，许多档案文件具有原始及独一无二的特性。

《盛京内务府档》形成时间上起顺治十三年（1656），下至民国二十四年（1935），贯穿清入关后的顺治、康熙、雍正、乾隆、嘉庆、道光、咸丰、同治、光绪、宣统十朝直至民国初年。时间跨度大，历史脉络清晰，涉及面广，较为详细地记录了盛京地区社会历史发展的情况，为研究清代东北政治军事制度、经济发展状况、自然生态环境，以及研究清代盛京的特殊地位、宫廷礼制和皇室经济形态、清代文书制度等问题，提供了珍贵的第一手资料。

《盛京内务府档》文件数量众多，内容丰富，主要内容有：

行政管理　关于盛京内务府官员的任免、调补、休致、考核、引见、奖惩，报送官员经制册，领收敕命、诰命，关领官员俸银、养廉银等项事务。

皇庄管理　关于盛京内务府所属皇庄的设置，庄头的更补以及庄丁的管理，粮庄、盐庄、靛庄、棉庄、果园及山场的经营及生产统计，征解官赋，自然灾害及办理赈济等相关制度和办法。

兵丁事务　关于上三旗兵丁的统计、调拨、奖惩、抚恤，造报兵丁清册及军械清册，关领兵丁饷银，处理兵丁丢失或倒毙马匹等项事务。

皇帝东巡　关于筹办清帝东巡、谒陵、祭祖、围猎等相关事务，包括驻跸场所的选择、宫殿的修缮、帝后及其随行人员食宿的安排、崇政殿典礼及清宁宫祭祀的布置、沿途车马仪仗的备办等。

宫廷供给　关于向京城解送皇宫生活需用的各种贡品，诸如野牲、皮张、干鲜果品、鱼尾、箭杆、槽盆、蜂蜜、参品等，种类繁多，程序严格，反映了当时东北地区的生态环境和满族生活习俗。

宫殿藏品　清代皇帝尊崇陪都，将在北京贮藏的大量御用器物送往陪都，并将《满文老档》《满洲实录》《清实录》《清圣训》《清玉牒》等重要典籍各移送一份至盛京宫殿尊藏，形成固定制度，延及后世。

普发上谕　盛京内务府档案中有一些由内阁或军机处发出的上谕，其内容多涉及全国的政治、经济、军事、文化等诸多方面，并非只与盛京内务府有关，如“钦定新清语”的推行就是以上谕形式普发全国，遵照施行。

司法诉讼　诉讼案件的公文数量众多，内容包括各种民刑案件，其中以土地财产纠纷、经济纠纷案件较为常见。

《盛京内务府档》原存于盛京内务府衙门，由档房专门管理。1924年溥仪被驱逐出皇宫，北京总管内务府停止活动，盛京内务府亦随之停止活动，档案文书被移至盛京宫殿（今沈阳故宫）西七间楼内，伪满洲国时期由国立奉天图书馆接管。1948年沈阳解放后，由东北图书馆接管。1960年东北档案馆成立，移交至该馆。1969年东北档案馆撤销，包括《盛京内务府档》在内的大部分档案归并到辽宁省档案馆保存至今。

二　整理影印出版《盛京内务府档》是辽宁省档案馆一次大规模的档案汇编工作，借鉴之前出版《黑图档》的经验，我们主要做了以下几个方面的工作：

一、档案数字化。将《盛京内务府档》的胶片全部数字化，对于原始档案缺失部分，保持原貌。

二、科学编排。为便于利用，将《盛京内务府档》按朝代划分，陆续出版。2019

年已编辑出版《盛京内务府档·顺康雍朝》（全一册），2020年编辑出版《盛京内务府档·乾隆朝》一至五册，今后将陆续编辑出版其余部分。

三、完整编目。此次整理出版的《盛京内务府档》将所有档案全部著录，并且力求将档案中的重要信息完整地体现在标题中，以便读者利用。

四、规范著录。《盛京内务府档》的著录工作始于20世纪80年代，在几十年的不断探索修正中，逐步形成了较为完善的清代档案著录规则，确保著录风格基本保持一致。此外，按照学术界约定俗成的惯例，对人名、地名、衙署、官衔等名称尽可能按不同历史时期进行规范统一，从而体现各个时期的变化沿革。

五、文件理顺。在《盛京内务府档》形成和保护过程中，存在页序混乱、前后文件颠倒错放等现象。在整理过程中，将理顺工作作为重点，仔细核对文件，调整混乱、颠倒的档案，确保恢复档案原貌。

六、量体排版。《盛京内务府档》主要是用满、汉两种文字写成，间有部分蒙古文文件。满文的行文习惯是自上而下、自左向右书写。鉴于满文文件居多这一情况，排版时所有文件，包括汉文文件，均遵从满文的行文习惯，采用左翻的阅览模式。目录亦采用自上而下、从左向右的顺序排列。汉文文件的行文顺序是自右向左、由后向前，为了便于阅读和使用，在排版时未予进行调整，仍维持文首在后、文尾在前的原状，目录下所注页号为文件的起始页码。今年编辑出版的《盛京内务府档》乾隆朝部分以折子档为主，与册式档相比，折子档的排版难度大大增加。经过科学规划、合理布局，确定了较为合理的版心，以期达到还原档案原貌、方便查阅利用的效果。

《盛京内务府档》汇编工作相比以往专业性更强、难度更大，在编校过程中，遇到了许多新问题，我们群策群力、共同探索，寻求解决问题的最佳途径。虽然如此，仍会有许多不尽人意之处，希望专家、同行和读者给予批评指正。

“大鹏之动，非一羽之轻也；骐骥之速，非一足之力也。”整理出版《盛京内务府档》是一项浩大的系统工程，立项出版得到了国家重点档案保护与开发专项资金的大力支持，在整理和编辑出版过程中得到了馆领导和各部门同事的鼎力相助，在此一并表示衷心的感谢。

2020年12月

盛京内务府档　目录

盛京内务府档·乾隆朝　第一册　目录

天恩將現在查出衆丁歸併已納差之三千八百餘名所納差使之數
交納嗣后比丁之年所入人丁即照分納數目添差如此辦理則
皇恩而且差輕易納將來自無隱漏人丁之弊奴才愚昧之見未𠃧
皇上訓示再查歷任該佐領等遺漏於人數千之衆未入丁册失察屢
有難辭但事在屢次
赦前應否援例免議之處伏乞
睿鑒施行為此謹
奏乾隆六年十月二十五日奉
硃批着照所請行該衙門知道欽此

奴才竊思一應旗民俱有分別管轄何況內府人丁竟至六七千亦
無管束任其遊蕩倘或迫於飢寒勢必流為匪類 奴才身任內務府
管既已查出相應請
旨敕交
盛京內務府三旗佐領等詳悉徹底清查造入丁册仍將清查辦理之
處呈報內務府存案 奴才細思三佐領下所屬人丁相沿數代茲生人
口衆多而不食錢粮又無官地耕種用度未免拮据 奴才身臨其境目覩
其艱今將查出人丁若照前入册納差勢必不能清楚但只入丁册不
其納差又與向例不符是以仰懇

來奴才細加訪察始知爲

盛京内務府三佐領下隱瞞未入旂檔城鄉四散約有六七千丁〻

傳該佐領石甯等詳加詢問據稱此等之人原係歷年隱瞞之人

職等亦有所聞因未得確寔是以尚未辦理今已入册納差各項

人丁大〻有三千八百餘名每歲每丁應交納者或鹽一千斤或靛三十

斤或身二百八十斤等項又有興泥蘘努京壐五尔占等名下入

官人丁内有一丁交銀二兩至三兩不等至此丁之年入册一丁即添〻

入丁之後如有逃避仍在本族中包墊交納再此等人丁并無錢粮又

官地耕種因畏避入丁添差故皆陸續隱匿不報約有六七千

乾隆六年十月二十六日内閣抄出奴才阿里衮謹

奏為據寔奏

聞事奴才一到

盛京見人烟稠密旂民襍處凡有關於

國計民生者無不晝心体察聞得有等非旂非

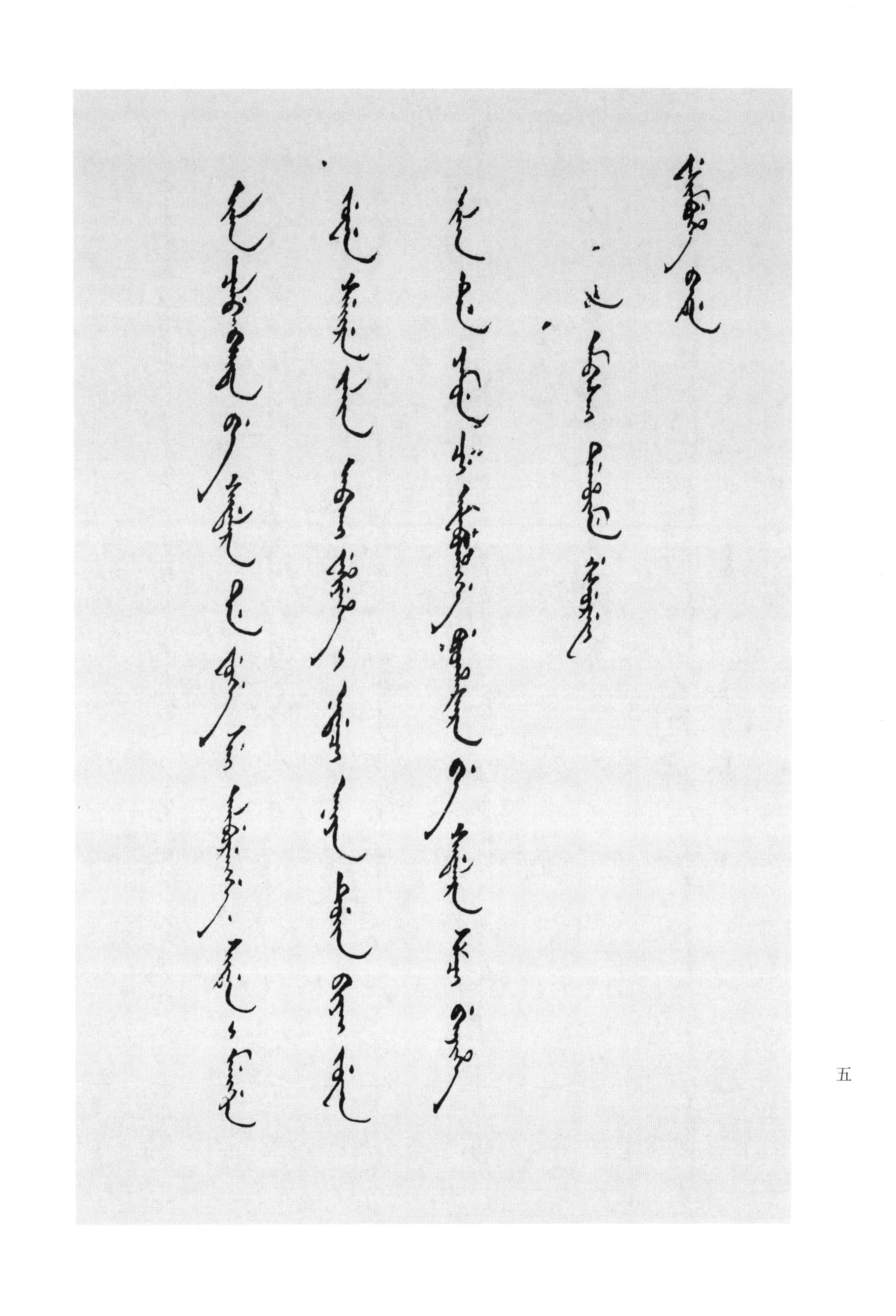

[illegible]

[illegible]

[illegible]

[illegible]

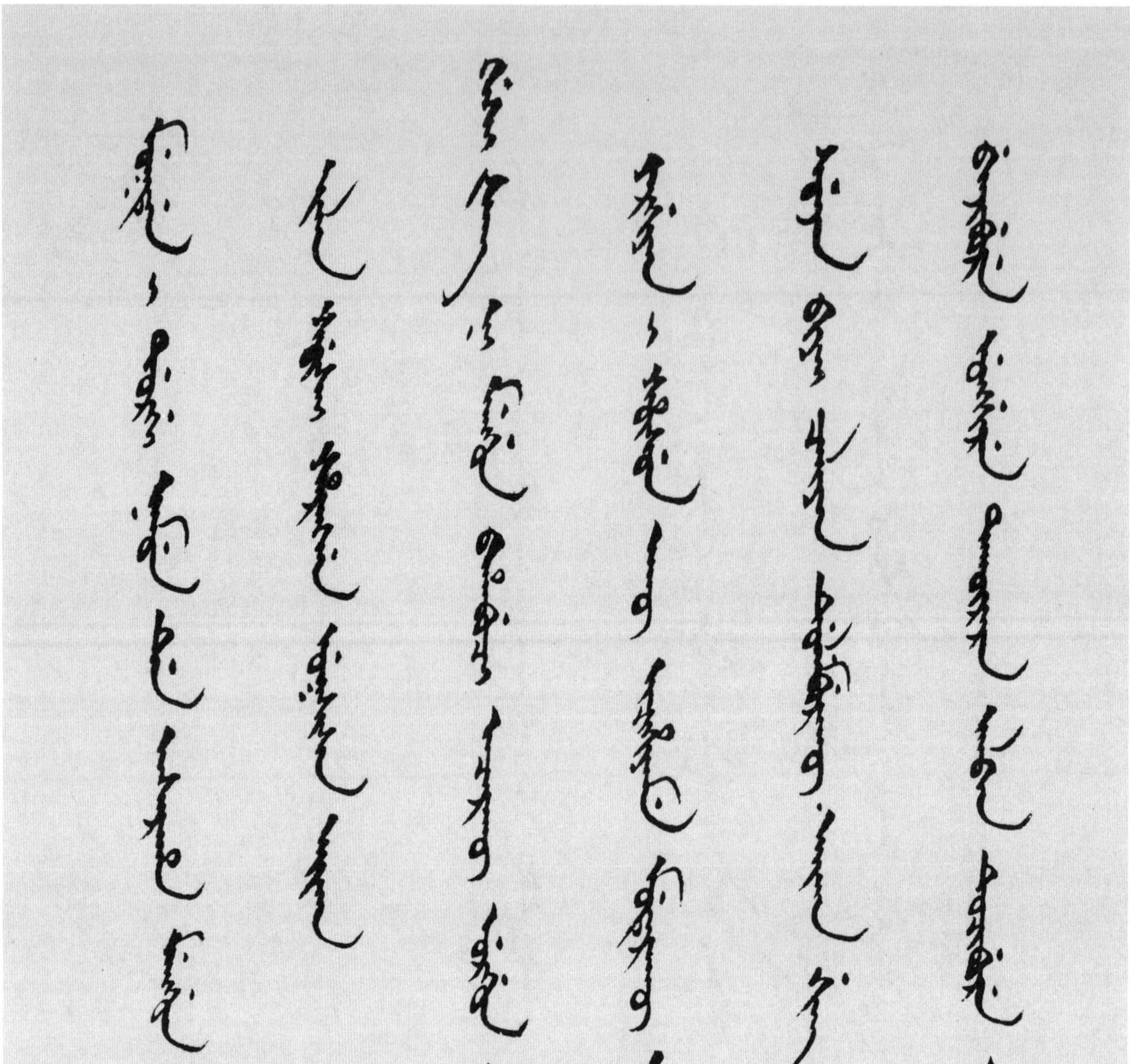

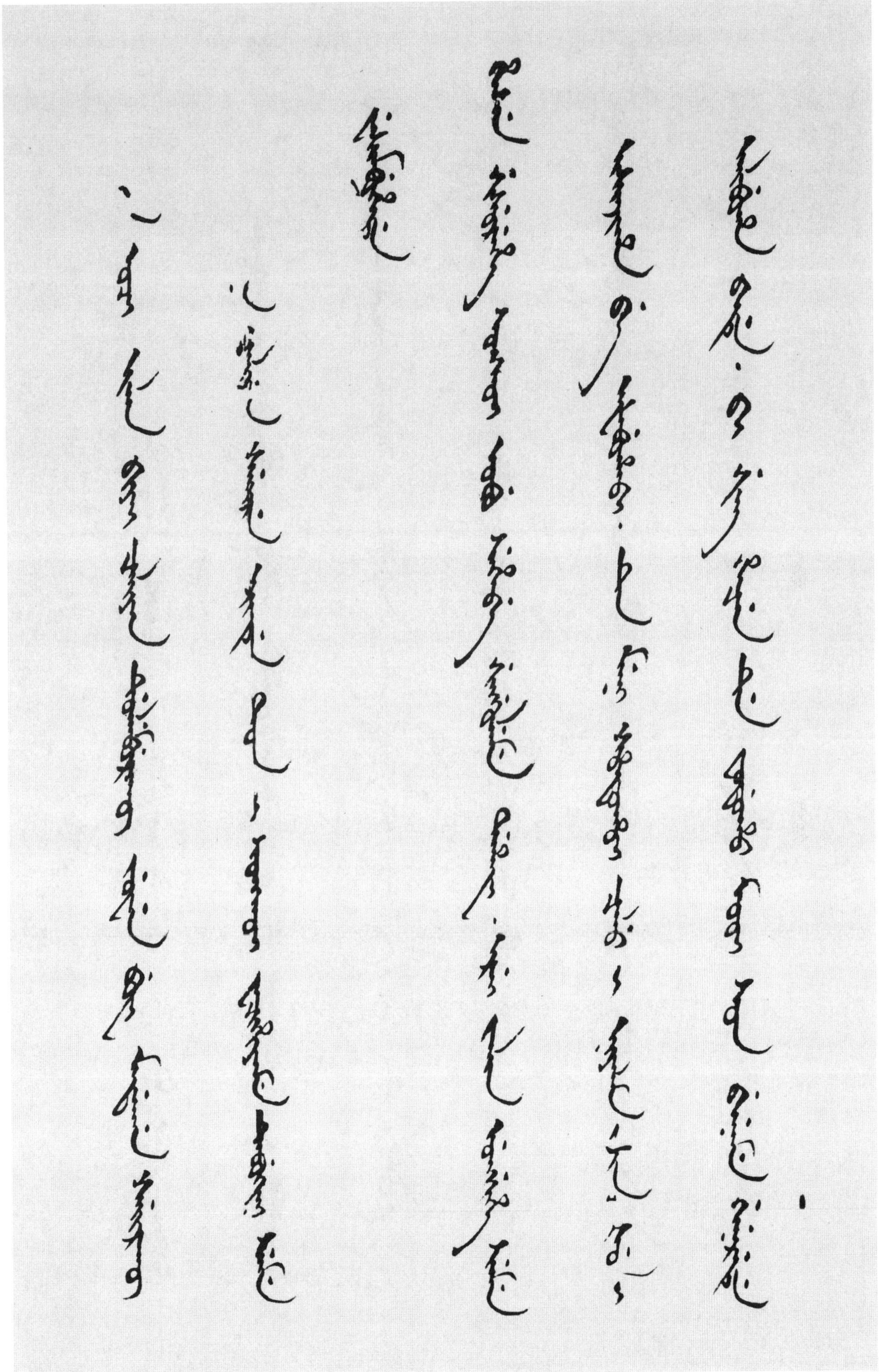

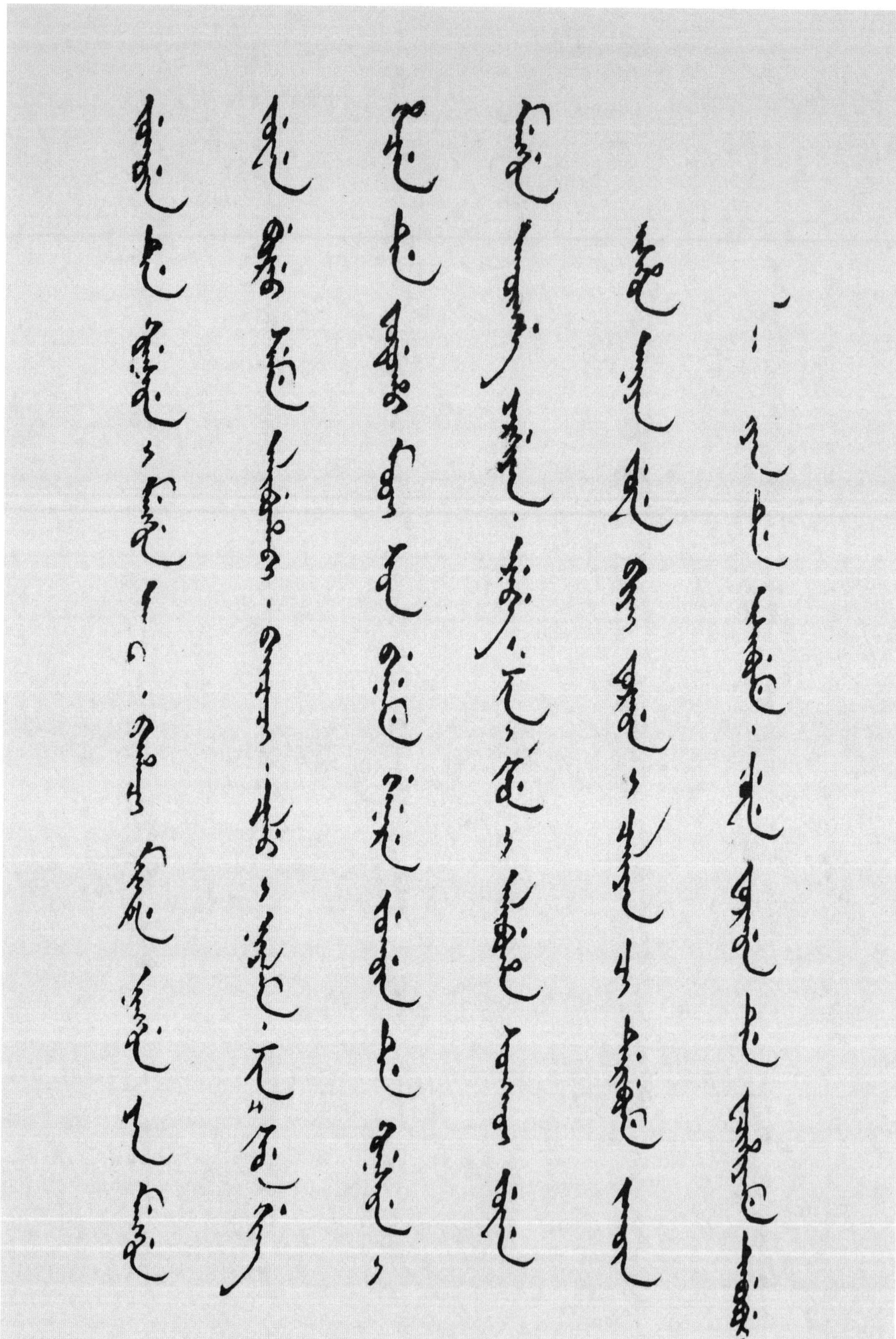

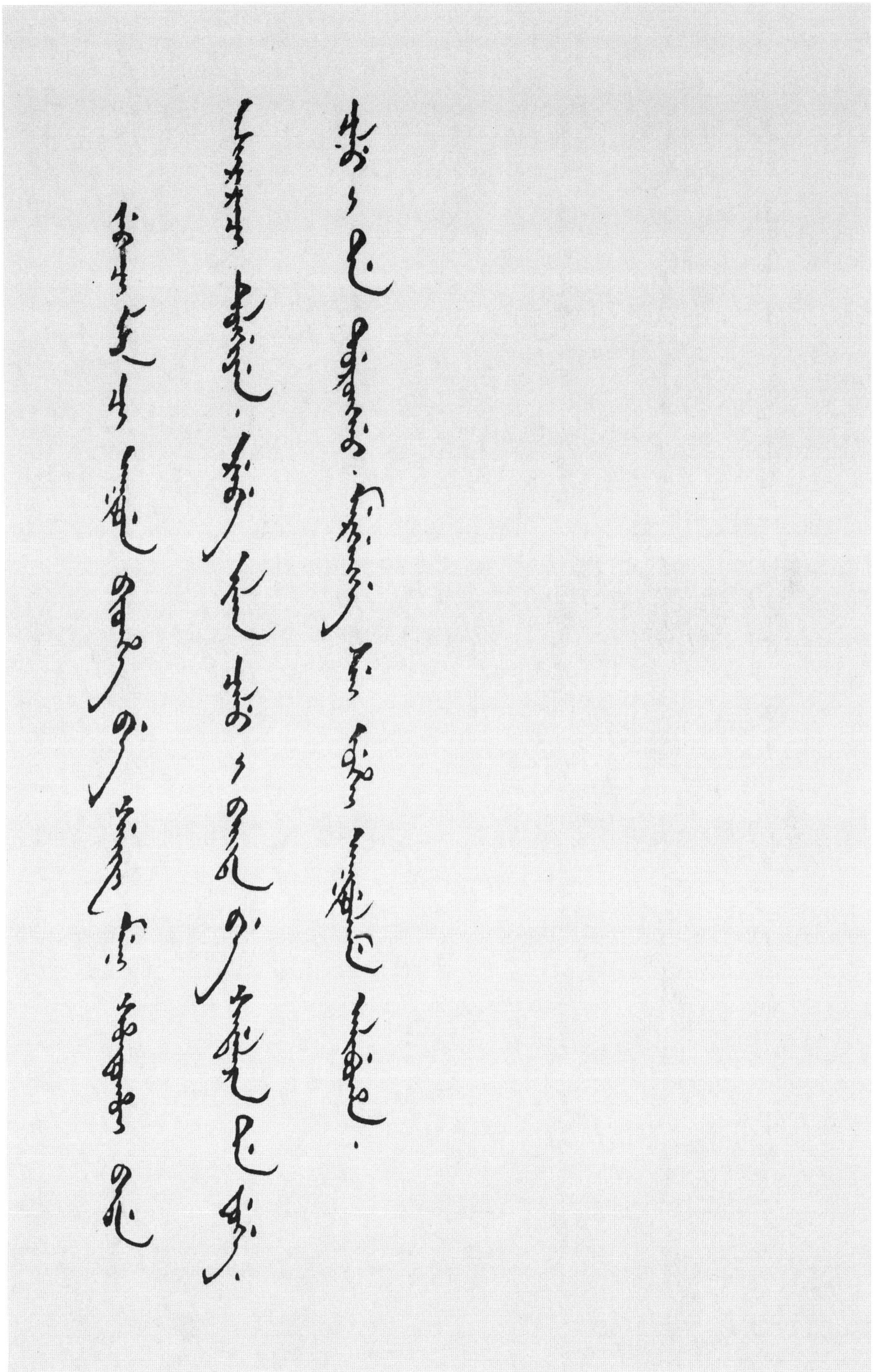

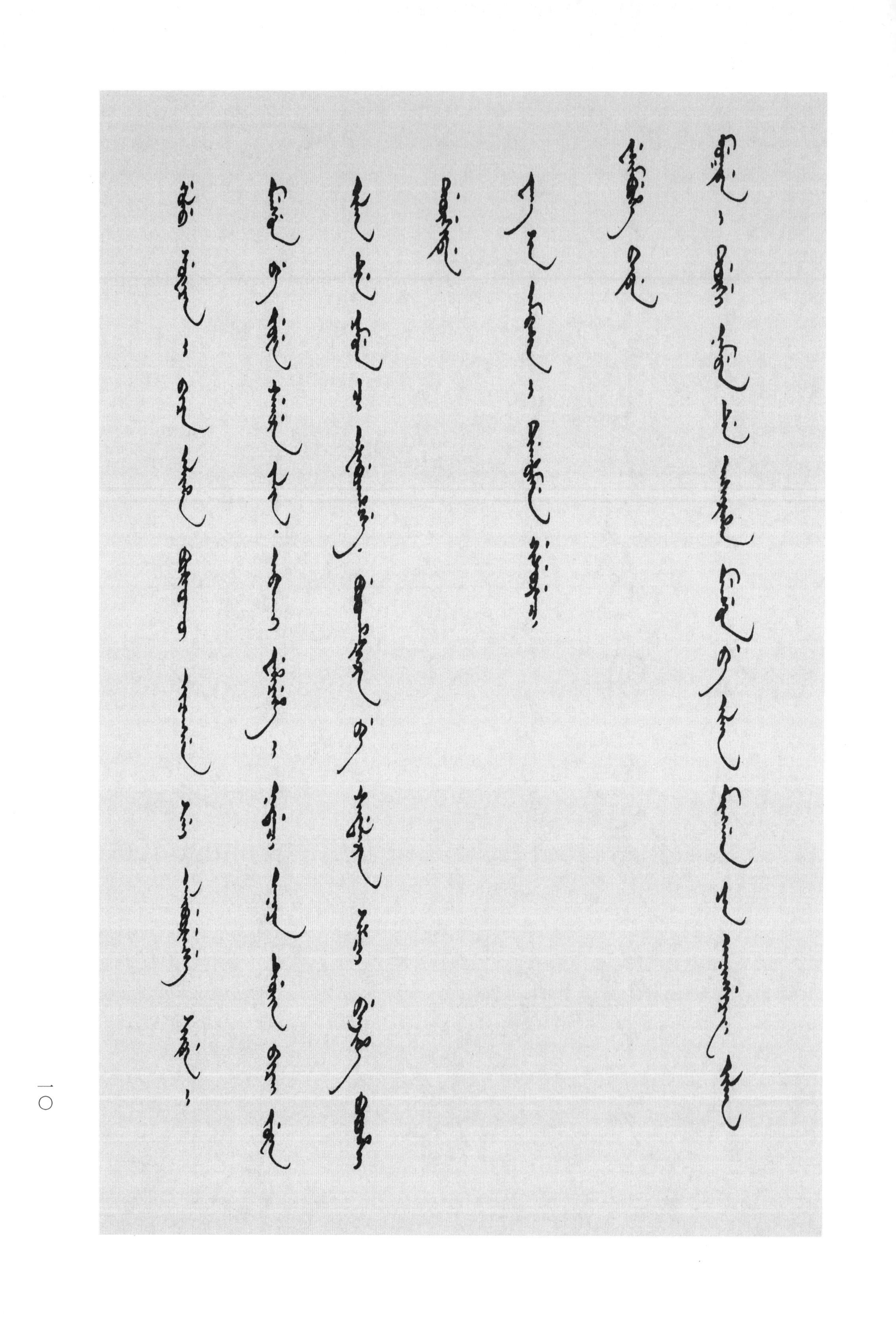

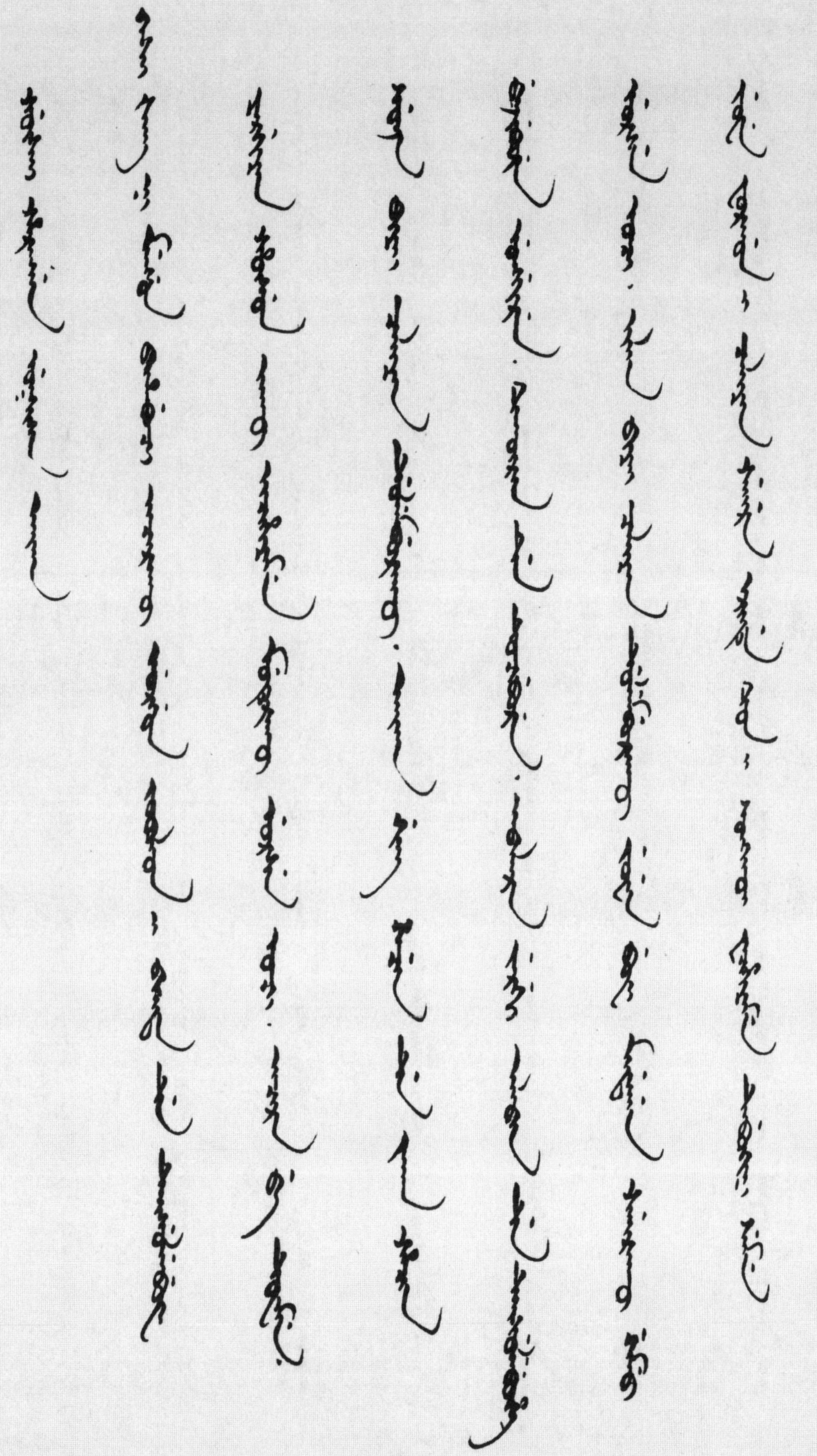

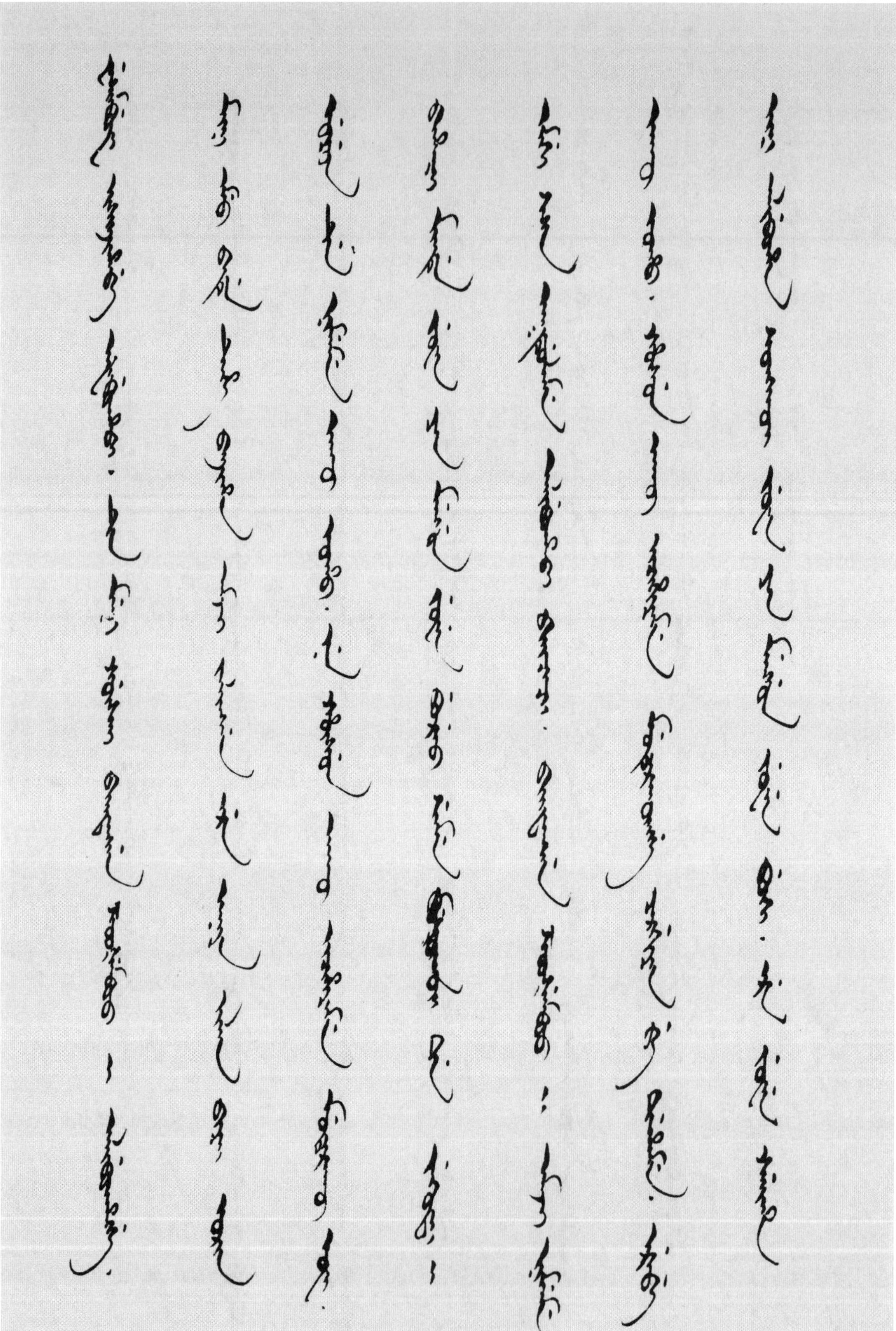

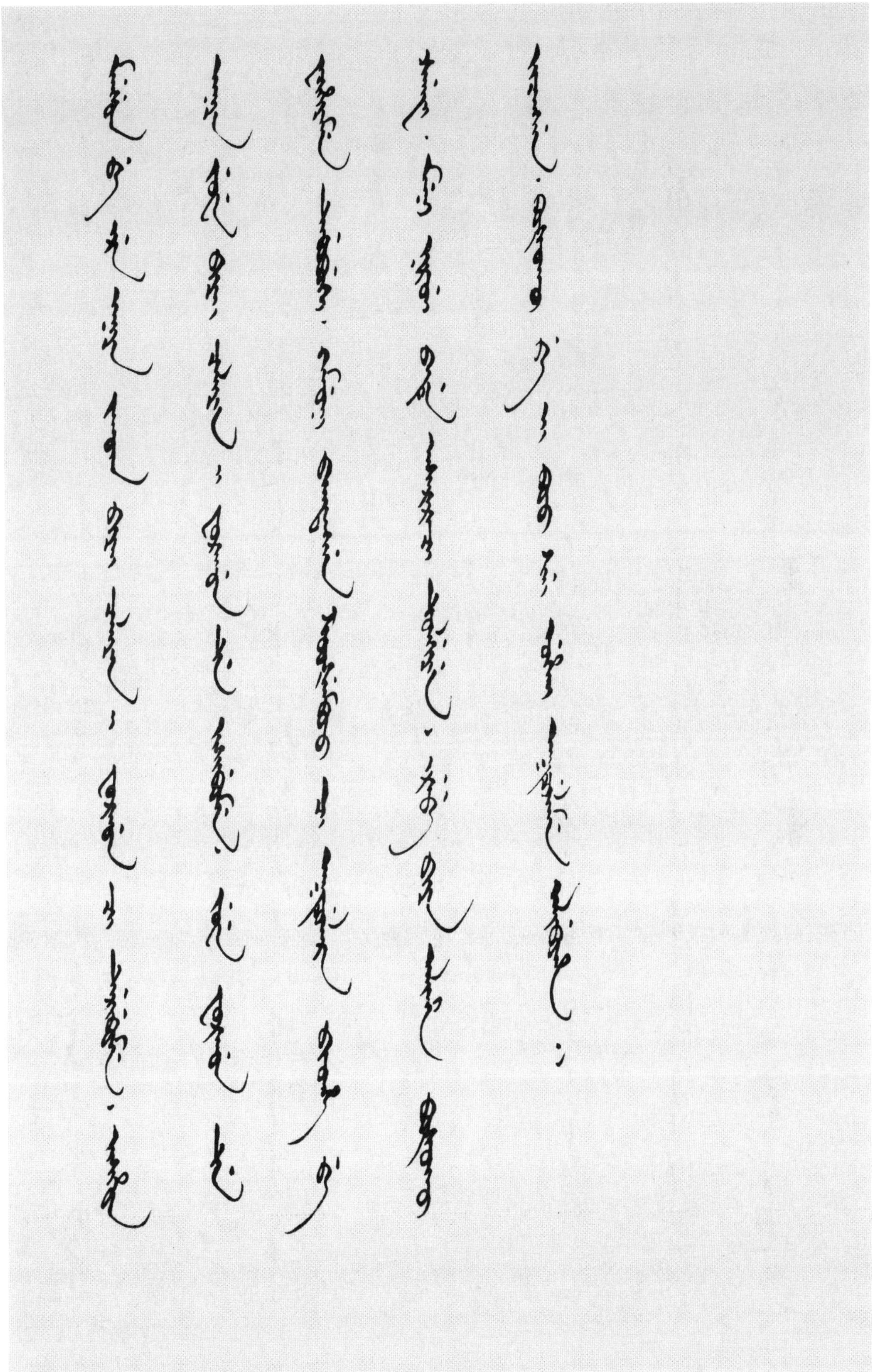

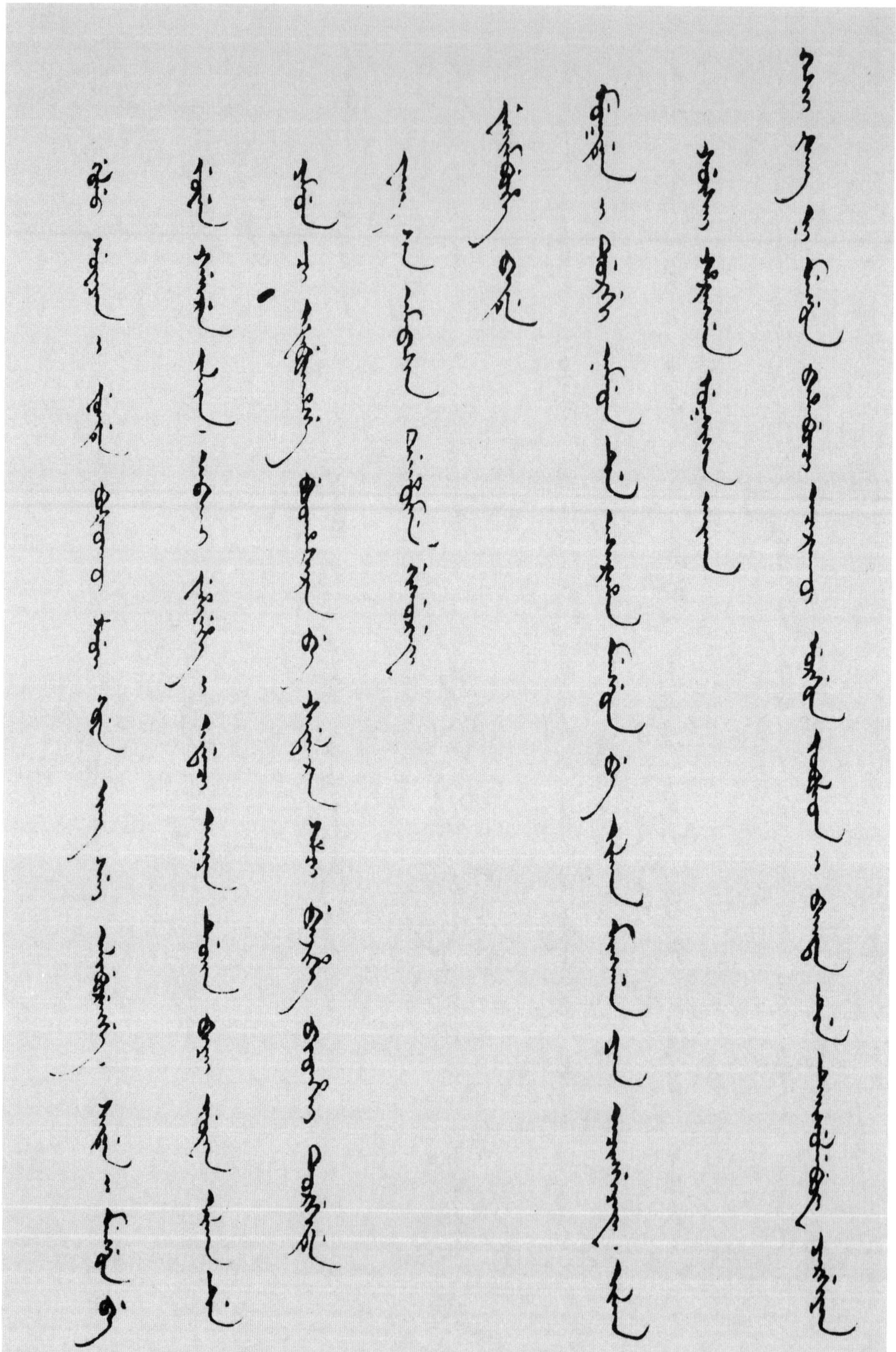

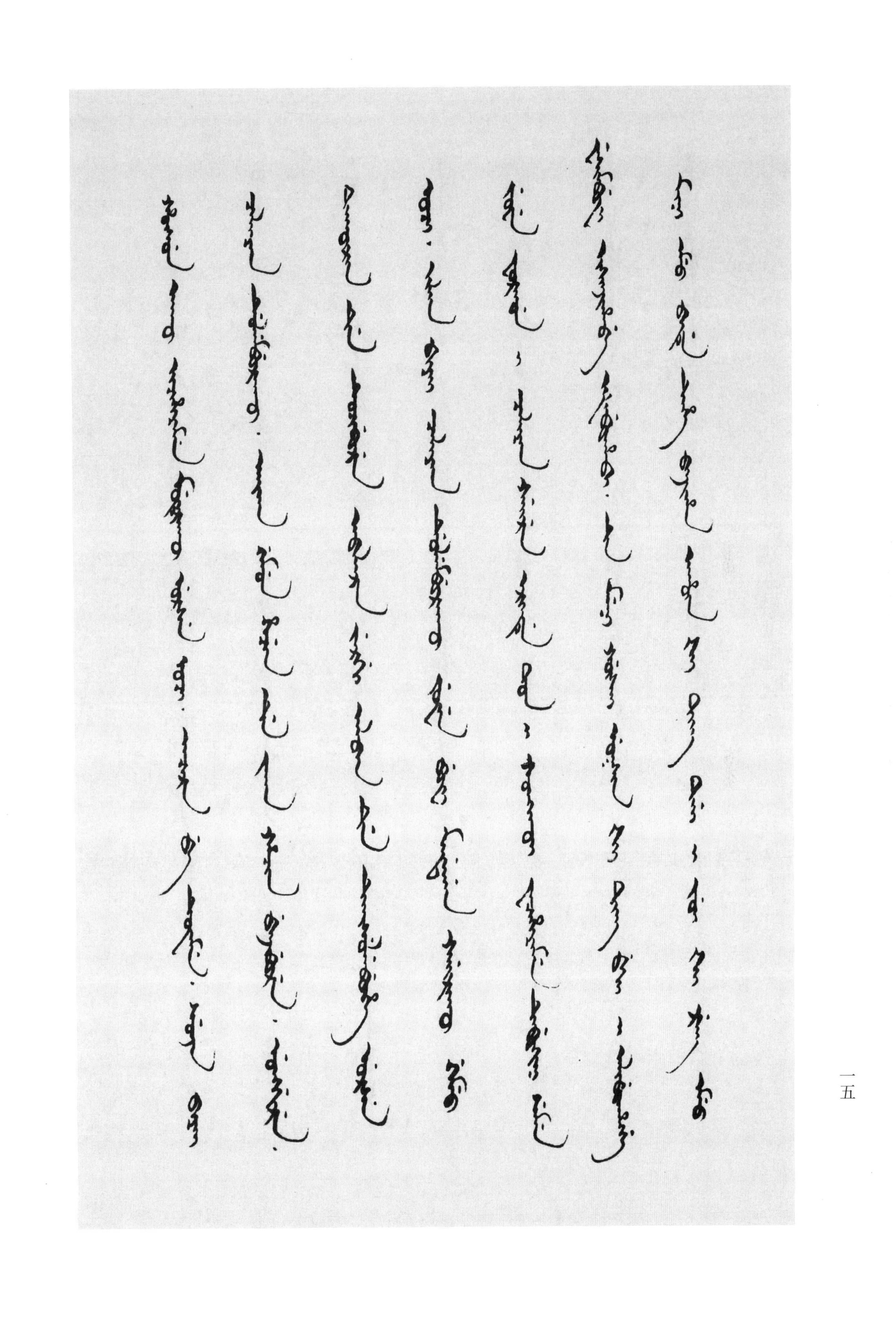

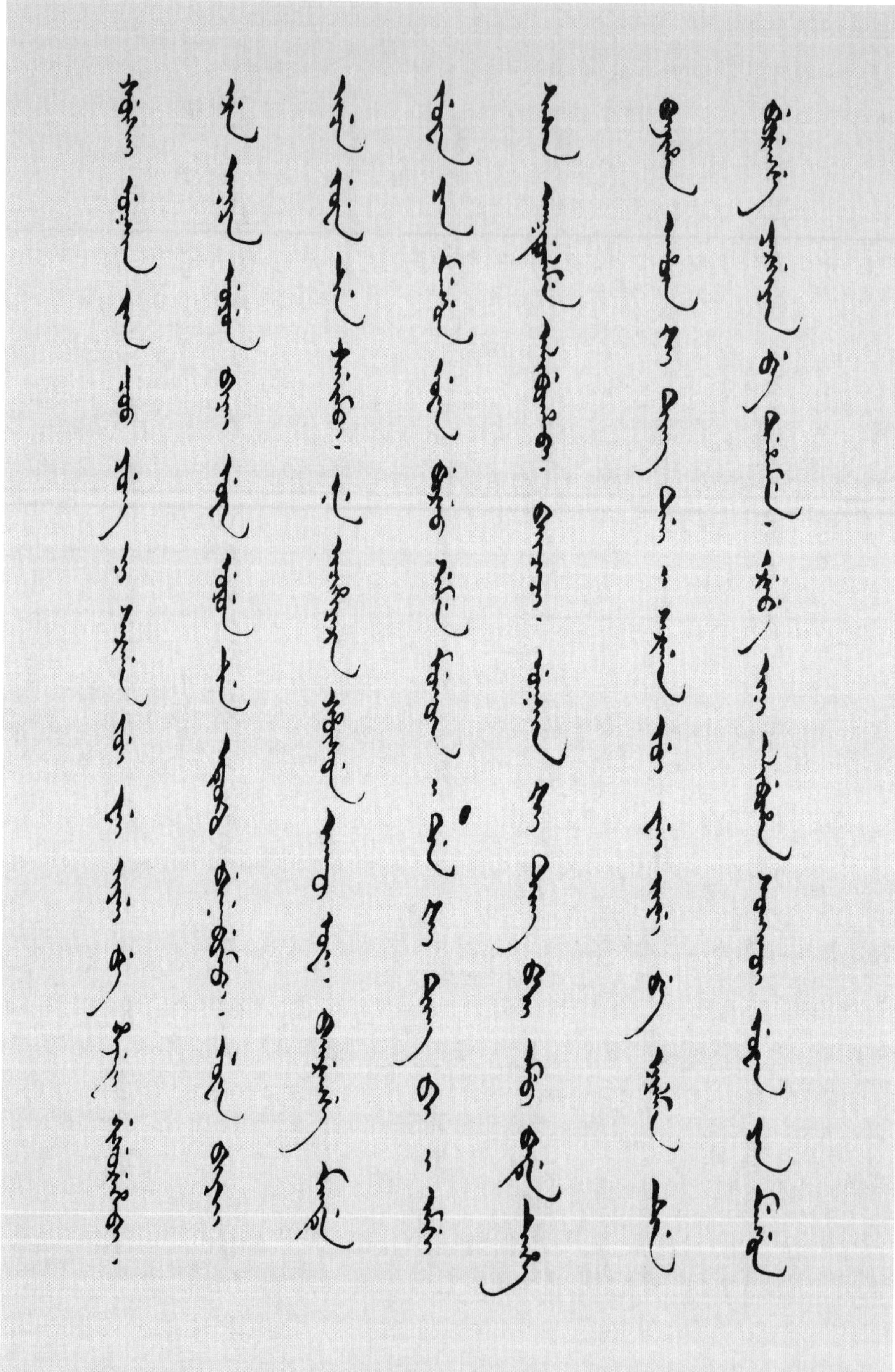

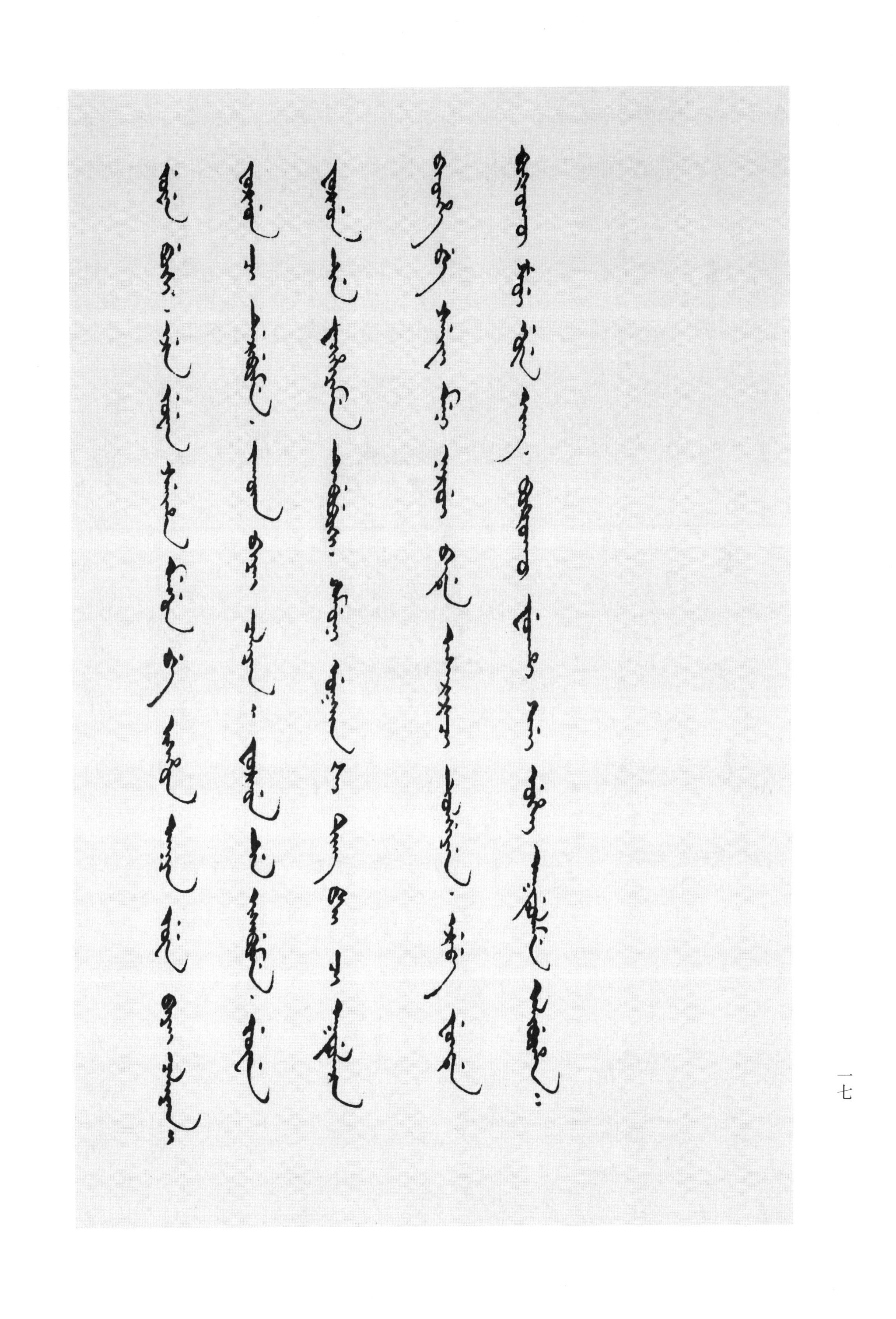

[illegible]

[illegible]

[illegible]

[illegible]

[illegible]

新丁張天璽　祖張文林故係丁　父張應隆壯丁

新丁張天祿　祖張文林故係丁　父張應祥故係丁

大法寺新丁柒拾柒名

以上陸項共新丁壹千壹[illegible]拾[illegible]名

五十九 [illegible]

新丁 郭棠兒　祖 郭八 係丁退　父 郭

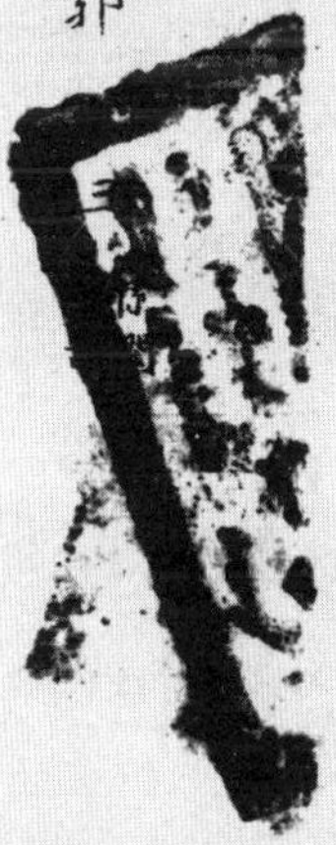

新丁 張興　祖 張文錦 係丁故　父 張應元 壯丁

新丁 張定子

新丁 張四兒

新丁 張應昇　祖 張允信 係丁故　父 張文輝 係丁故

新丁 張天良　祖 張文秀 係丁故　父 張應馥 係丁故

新丁 張大頭　祖 張文秀 係丁故　父 張應珍 係丁故

新丁 張天魁

新丁 張九兒

新丁 咯連　祖 李朝鳳 係丁故　父 李文昇 係閑散故

新丁 黑金　祖 李如松 係丁故　父 李明鳳 係丁故

新丁 窩雛

新丁 九連城

新丁 三謨子　祖 李如松 係丁故　父 李起鳳 係丁故

新丁 李十三　祖 李如松 係丁故　父 李老各 閑散人

新丁 李十四

新丁 聂義龍　祖 聂義明 係丁故　父 聂四 閑散人

新丁 小五兒

新丁 王五

新丁 王老各

新丁 王艾頭

新丁 王啞叭

新丁 小二黑

新丁 王義鳳

新丁 老各

新丁 左榮

新丁 李十二

祖 王文成 保丁故

祖 王文成 保丁故

祖 王義明 保丁故

祖 驕達子 保丁故

祖 王文成 保丁故

祖 左麒玉 保丁故

祖 李如松 保丁故

父 王進官 壯丁

父 王進賢 保丁故

父 七十三 保庄頭退

父 哈尔賽 保丁故

父 王進孝 保丁故

父 左士貴 保丁故

父 李朝鳳 保丁故

五十八

新丁 霍索兒　祖 霍永明 故係丁　父 霍自成 壯丁

新丁 石文瑞　祖 石有德 故係丁　父 石崇義 壯丁

新丁 石 六

新丁 王登鼎　祖 王進功 退係丁　父 王鳳魁 壯丁

新丁 王老城　祖 王登科 故係丁　父 王雙喜 壯丁

新丁 王銀柱　祖 王進忠 故係丁　父 王 現 故係丁

新丁 王金柱

新丁 王 璉　祖 王文成 故係丁　父 王進忠 故係丁

新丁 王 正

新丁 祁顯祿
新丁 祁顯富
新丁 祁文登
新丁 祁文增
新丁 祁大
新丁 董偉
新丁 董君福
新丁 周三各
新丁 周撓海

祖 祁君寵 係故丁
祖 祁鳳云 係故丁
祖 祁鳳強 係故丁
祖 祁鳳云 係故丁
祖 董有成 係故丁
祖 董國用 係故丁
祖 周朝輔 係故丁
祖 周朝輔 係故丁

父 祁鳳執 係散關故
父 祁顯貴 壯丁
父 祁常存 係退丁
父 祁顯德 係故丁
父 董國臣 係故丁
父 董秀 係故丁
父 周起鳳 係散關故
父 周起龍 係故丁

五十七 [illegible]

新丁 祁二各

新丁 祁六兒 祖 祁永壽 係丁故 父 祁君孝 係丁故

新丁 祁文秀 祖 祁鳳任 係丁故 父 祁顯榮 壯丁

新丁 祁文興

新丁 祁文煥

新丁 祁國炳 祖 祁顯榮 壯丁 父 祁文義 保閑散故

新丁 祁鎖兒 祖 祁鳳彩 係丁故 父 祁顯戒 壯丁

新丁 祁顯忠 祖 祁君龍 係丁故 父 祁鳳彩 係丁故

新丁 祁顯功

新丁 李小五子

新丁 祁先玉

新丁 祁先忠

新丁 祁先魁

新丁 祁大小子

新丁 祁先壽

新丁 祁先康

新丁 祁先寧

新丁 祁先元

祖 祁君仲 係故丁

祖 祁君仲 係故丁

祖 祁君仲 係故丁

祖 祁君忠 係故丁

祖 祁君孝 係故丁

父 祁鳳騰 係故丁

父 祁鳳義 係故丁

父 祁鳳集 係故丁

父 祁憨板 壯丁

父 祁和尚 壯丁

五十六

新丁 王自富
祖 王文明 係丁故
父 王加識 係丁故

新丁 王他虎卯

新丁 李可明
祖 李國玉 係丁退
父 李守貴 壯丁

新丁 李二達子
祖 李國玉 係丁退
父 李守富 係閑散故

新丁 李漢傑
祖 李鳳池 係丁故
父 李騰龍 係丁故

新丁 李漢臣
祖 李鳳池 係丁故
父 李三 閑散人

新丁 李大小兒
祖 李變化 係丁故
父 李六十三 壯丁

新丁 李五十兒
祖 李變化 係丁故
父 李文成 壯丁

新丁 李守德
祖 李大 係丁故
父 李國美 係丁故

五十五

採參新丁扗國珍　祖扗雲龍係丁故　父扗有貴係閑散故　子新丁扗保兒

採參新丁扗賴歆　祖扗雲龍係丁故　父扗[illegible]閑散人

採參新丁扗榮　祖扗五係丁故　父扗六閑散人

採參新丁扗福　祖扗四係甲故　父扗七係閑散故

採參新丁[illegible]

採參新丁肆百名

大法寺新丁王[illegible]吼　祖討子係庄頭故　父王加祥庄頭

新丁王石頭　祖討子係庄頭故　父王加彥係丁故

新丁王那思　祖討子係庄頭故　父王加珍係丁故

採家新丁翁朝義　祖翁天貴係丁故　父翁得禮閑散人

採家新丁翁六各　祖翁福係閑散故　父翁天貴係丁故

採家新丁杜六　祖杜黑達家丁　父杜龍係閑散故

採家新丁杜小五兒　祖杜有官係甲故　父杜黑子係丁故

採家新丁杜香五

採家新丁杜五十九　祖杜有貴係閑散故　父杜李七家丁

採家新丁杜五達子

採家新丁杜狗子　祖杜有貴係閑散故　父杜五閑散人

採家新丁杜七　祖杜有貴係閑散故　父杜國英係閑散故

九十四 [illegible]

採審新丁翁七十

採審新丁翁朝林

採審新丁翁六十

採審新丁翁三各

採審新丁翁二各

採審新丁翁石頭

採審新丁翁朝鳳

採審新丁翁朝充

採審新丁翁小花子

祖翁天壽 故係丁

祖翁天福 係閑散故

祖翁天貴 故係丁

祖翁天貴 故係丁

祖翁天貴 故係丁

祖翁天貴 故係丁

父翁得舉 審丁

父翁得金 係閑散故

父翁得文 審丁

父翁三 閑散人

採寄新丁栢朝隆　祖栢成功　故係丁　父栢四　闌散人

採寄新丁李七十三　祖李茂德　故係丁　父李先朝　故係丁

採寄新丁李先文　祖李登宣　故係丁　父李茂德　故係丁　子新丁李存住

採寄新丁李先俊

採寄新丁李蛙子　祖李茂德　故係丁　父李九　闌散人

採寄新丁李赶生

採寄新丁徐三各　祖徐步云　故係丁　父徐討子　退係丁

採寄新丁徐小四兒

採寄新丁翁朝富　祖翁成良　故係丁　父翁三　退係丁

採寮新丁賈廷臣

採寮新丁賈廷朝　祖　賈起龍　故係丁　父　賈　三　故係丁

採寮新丁賈三各　祖　賈起鳳　故係丁　父　賈文禮　寮丁

採寮新丁賈廷佐　祖　賈起鳳　故係丁　父　賈文登　閑散人

採寮新丁賈文秀　祖　賈國安　故係丁　父　賈起鳳　故係丁

採寮新丁栢朝清　祖　栢敉功　故係丁　父　栢自有　故係丁

採寮新丁栢三各　祖　栢敉功　故係丁　父　栢　二　閑散人

採寮新丁栢二各

採寮新丁栢郎頭

採審 新丁 周忠盤　　祖 周文攀 故保丁　　父 周天壽 審丁

採審 新丁 周二各

採審 新丁 周天全　　祖 周自明 故保丁　　父 周文攀 故保丁

採審 新丁 周天稱

採審 新丁 周文登　　祖 周三 故保丁　　父 周自榮 故保丁

採審 新丁 周天祿　　祖 周自明 故保丁　　父 周文魁 保鬮 缺故

採審 新丁 周六

採審 新丁 周老各

採審 新丁 賈廷福　　祖 賈廷龍 故保丁　　父 賈文學 退保丁

揀審新丁李大小子　祖李起豹　故保丁　父李三　故保丁

揀審新丁李七十二

揀審新丁李進孝　祖李起鳳　故保丁　父李先貴　審丁

揀審新丁李進龍

揀審新丁李九

揀審新丁李文德　祖李先貴　審丁　父李進忠　閑散人

揀審新丁周聾子　祖周自貴　故保甲　父周文龍　審丁

揀審新丁周文鳳　祖周三　保閑散故　父周自貴　故保甲

揀審新丁周天有　祖周自貴　故保甲　父周文秀　故保丁

子新丁周奈子

採家新丁王傻子

採家新丁王小罕子　祖王國相故係丁　父王應科退係丁

採家新丁王小聾子

採家新丁李文苑　祖李成明故係丁　父李朝剛閑散人　新丁子李二各

採家新丁李文德　祖李成明故係丁　父李朝臣閑散人

採家新丁李文英　祖李成明故係丁　父李朝清閑散人

採家新丁李文孝　祖李成功故係丁　父李朝用故係丁

採家新丁李二各

採家新丁李六兒　祖李起豹故係丁　父李六九退係丁

抹審新丁李黃五

抹審新丁李八十

抹審新丁李五十四

抹審新丁王應元

祖王起龍 保丁故

父王國有 保丁故

抹審新丁王應方

子新丁王世忠

抹審新丁王應貴

抹審新丁王應魁

抹審新丁王應傑

抹審新丁王應召

祖王起林 保丁故

父王國臣 保丁故

五十一[illegible]

採叅新丁 傅八　祖 傅三 故係丁　父 傅天有 故係甲

採叅新丁 傅朝璽

採叅新丁 傅十

採叅新丁 傅二各　祖 傅天金 故係丁　父 傅朝興 故係丁

採叅新丁 傅巴图太　祖 傅天金 故係丁　父 傅六十四 閑散人

採叅新丁 傅四　祖 傅天金 故係丁　父 傅朝正 故係丁

採叅新丁 栢朝宣　祖 栢成明 故係丁　父 栢自鳳 閑散人

採叅新丁 栢朝臣　祖 栢成明 故係丁　父 栢自貴 閑散人　子 新丁 栢進朝

採叅新丁 李先富　祖 李潘偒 故係丁　父 李乾鞩 故係丁

五十不与

	祖	父
採寨新丁解六	解八 係閑散故	解明智 係閑散故
採寨新丁傅可典	傅天壽 係丁故	傅朝官 領催
採寨新丁傅鎖兒	傅天壽 係丁故	傅朝剛 閑散人
採寨新丁傅可泰	傅天禄 係閑散故	傅五子 壮丁
採寨新丁傅禹宗賽		
採寨新丁傅可托		
採寨新丁傅咰氣	傅天禄 係閑散故	傅朝宣 壮丁
採寨新丁傅穫州	傅天禄 係閑散故	傅六 閑散人
採寨新丁傅大頭	傅天有 係甲故	傅朝清 閑散人

採寨新丁迭老各
採寨新丁解沙你太
採寨新丁解偏頭
採寨新丁解那你泰
採寨新丁解斌
採寨新丁解楊保
採寨新丁解王有
採寨新丁解張保
採寨新丁解豹

祖迭四 係丁故
祖解明禮 係丁故
祖解明禮 係丁故
祖解大 係丁故
祖解大 係丁故
祖解明仁 係丁故
祖解明仁 係丁故
祖解大 係閑散故

父迭奇明 閑散人
父解、龍 係閑散故
父解虎 係丁故
父解明禮 係丁故
父解明信 閑散人
父解榮 係丁故
父解鳳 係丁故
父解明仁 係丁故

四十九[illegible]

抹賽新丁揚老各

抹賽新丁揚七十八

抹賽新丁逸四各　祖逸四故保丁　父逸奇亮賽丁

抹賽新丁逸五

抹賽新丁逸老各

抹賽新丁逸君召

抹賽新丁逸蘋布奈

抹賽新丁逸麻子　祖逸四故保丁　父逸奇倉保關散故

抹賽新丁逸花子

採寨新丁揚文隆　祖揚廣才係丁故　父揚王閑散人

採寨新丁揚色勒　祖揚玉春係丁故　父揚廣文係閑散故

採寨新丁揚官保

採寨新丁揚十

採寨新丁揚那不太　祖揚玉春係丁故　父揚廣學閑散人

採寨新丁揚巴周太

採寨新丁揚帛金太

採寨新丁揚六　祖揚　係丁故　父揚文亮係丁故

採寨新丁揚七

四十六號[illegible]

採家新丁秦老各

採家新丁秦二小子

採家新丁秦十
祖秦有功 係丁故
父秦八 係閑散故

採家新丁秦世正
祖秦國保 閑散人
父秦守野 家丁

採家新丁秦守忠
祖秦有明 係閑散故
父秦國保 閑散人

採家新丁秦守信

採家新丁楊虎
祖楊廣祿 係丁故
父楊國任 家丁

採家新丁楊黑英
祖楊玉春 係丁故
父楊廣祿 係丁故

採家新丁楊老各
祖楊玉春 係丁故
父楊廣舉 係丁故

採蔘新丁秦良臣

採蔘新丁秦六一兒

採蔘新丁秦世登

採蔘新丁秦世豹

採蔘新丁秦巴虎

採蔘新丁秦小六兒

採蔘新丁秦稚虎

採蔘新丁秦四兒

採蔘新丁秦世舉

祖秦 係甲故　父秦世俊 係甲故

祖秦　父秦五 蔘丁

祖秦 閑散故　父秦六 閑散人

祖秦五 係閑散故　父秦守玉 閑散人

採寨新丁王君德
採寨新丁王君禄
採寨新丁王君璧
採寨新丁王秀
採寨新丁秦世銀
採寨新丁秦鎖兒
採寨新丁秦六兒
採寨新丁秦世英
採寨新丁秦世秀

祖王國臣 係甲故
祖王國臣 係甲故
祖秦自得 係閑散故
祖秦自得 係閑散故
祖秦二 係丁故

父九蓮子 係……散
父王天棣 係閑散
父秦守本 係丁故
父秦世才 係丁故
父秦守福 係甲故

子新丁秦和尚
子新丁秦良輔

採審新丁洪揚五　祖洪登雲係甲故　父洪起正係丁退
採審新丁洪自好　祖洪登雲係甲故　父洪起強閒散人
採審新丁洪自翔
採審新丁洪李得
採審新丁洪五十六　祖洪國柱係丁故　父洪登禮
採審新丁洪老各
採審新丁洪起安　祖洪國揀係丁故　父洪登祿係甲退
採審新丁洪起治　祖洪國芳係丁故　父洪登舉係閒散故
採審新丁王和尚　祖王三係閒散故　父王國璽閒

採寮新丁 洪雙頂

採寮新丁 洪起鵬

採寮新丁 洪起傑　祖 洪國臣 係丁故　父 洪登榮 係閒散故

採寮新丁 洪起連　祖 洪國臣 係丁故　父 洪二 係閒散故

採寮新丁 洪起仕

採寮新丁 洪起昇　祖 洪國棵 係丁故　父 洪登朝 係閒散故

採寮新丁 洪劉保

採寮新丁 洪起彪　祖 洪國芳 係丁故　父 洪登亮 寮丁

採寮新丁 洪登勇　祖 洪顯德 係丁故　父 洪國芳 係丁故

四十六 [illegible]

採家新丁 洪三　祖 洪國彩 係甲故　父 洪登科 係甲故

採家新丁 洪起忠　祖 洪國彩 係甲故　父 洪登樂 係閩散故

採家新丁 洪起茂　祖 洪國彩 係甲故　父 洪登魁 係閩散故

採家新丁 洪世耀　祖 洪登魁 係閩散故　父 洪起興 係閩散故

採家新丁 洪四各

採家新丁 洪五遣手　祖 洪國臣 係丁故　父 洪登元 家丁

採家新丁 洪七兒

採家新丁 洪起山　祖 洪國相 係閩散故　父 洪登遠 係閩散故

採家新丁 洪討手

子 新丁 洪太保

四十五

採參新丁 洪起蛟

祖 洪國用 故保丁

父 洪登貴 故保甲

採參新丁 洪起林

採參新丁 洪起發

採參新丁 洪到來

採參新丁 洪小八兒

採參新丁 洪起明

祖 洪國忠 故保丁

父 洪登佐 參丁

採參新丁 洪番得

採參新丁 洪老各

祖 洪顯義 故保甲

父 洪國忠 故保丁

採參新丁 洪黃四

祖 洪國忠 故保丁

父 洪登富 閑散人

抹家新丁徐八　祖徐國住係閑散故　父徐文禮係丁故

抹家新丁徐石頭

抹家新丁徐冨正　祖徐國住係閑散故　父徐文星係閑散故

抹家新丁徐冨記

抹家新丁徐文清　祖徐亮係閑散故　父徐國輔係閑散故

抹家新丁徐定住

抹家新丁徐治冨　祖徐國璽係丁故　父徐連科閑散人

抹家新丁徐王五　祖徐代忠係閑散故　父徐貴係丁故

抹家新丁徐布尔太　祖徐國忠係丁故　父徐登科閑散人

挨家新丁	祖	父
徐加祥		
徐文才	徐良　係家領准故	徐國勲　係閑散故
徐天富	徐國勲　係閑散故	徐文德　係閑散故
徐文玉	徐良　係家領准故	徐國衡　係甲故
徐文達		
徐文定		
徐文通	徐良　係家領准故	徐國泰　係閑散入
徐富榮	徐國任　係閑散故	徐文魁　係丁退
徐六十四	徐國任　係閑散故	徐五　係閑散故

四十四 [illegible]

採審新丁徐文福　祖徐明　係審領僅故　父徐老各　闕散人

採審新丁徐文高　祖徐明　係審領僅故　父徐六十　係丁故

採審新丁徐文亮

採審新丁徐文傑　祖徐明　係審領僅故　父徐十　係丁故

採審新丁徐佟保

採審新丁徐進朝　祖徐六十　係丁故　父徐文仲　係闕散故

採審新丁徐官住

採審新丁徐國五　祖徐八　係丁故　父徐文英　係丁故

採審新丁徐加正　祖徐朝臣　係領僅故　父徐文現　係甲故

甲三

採審新丁徐天貴　祖徐國安係丁故　父徐文科係閑

採審新丁徐天銀

採審新丁徐十六　祖徐國安係丁故　父徐文舉係閑散人

採審新丁徐七兒

採審新丁徐文學　祖徐維係丁故　父徐國安係丁故　子新丁徐花色

採審新丁徐有功　祖徐進科係丁故　父徐治國審丁

採審新丁徐七十三

採審新丁徐老各　祖徐亮係丁故　父徐國強係丁故

採審新丁徐瓊　祖徐國積係丁故　父徐文義閑散人

採家新丁王君宣　祖王廷位　係丁退　父王應召　係閣散故

採家新丁王君玉

採家新丁王君佩

採家新丁王七十六　祖王廷佐　係閣散故　父王應科　係閣散故

採家新丁王二各

採家新丁王六十八　祖王顯功　係丁故　父王廷壽　閣散人

採家新丁王君義　祖王廷奇　係閣散故　父王應舉　閣散人

採家新丁王六各

採家新丁王七各

採蜜新丁 王五各　祖 王先明 係丁故　父 王廷彌 係牧長故

四十二年[illegible]月[illegible]九

採蜜新丁 王六各

採蜜新丁 王七各

採蜜新丁 王君榮　祖 王廷璽 係領催故　父 王應銀 閑散人

採蜜新丁 王四各

採蜜新丁 王小三各

採蜜新丁 王四兒　祖 王顯明 係丁故　父 王廷璽 係領催故　子 新丁 王雙住

採蜜新丁 王黑英　祖 王顯明 係丁故　父 王廷傑 係丁故

採蜜新丁 王君有　祖 王廷璽 係領催故　父 王應明 領催

採參新丁 王四海

採參新丁 王君仲 祖 王廷俊 係百總故 父 王應聘 閑散人

採參新丁 王應炳 祖 王先明 係閑散故 父 王廷俊 係百總故

採參新丁 王孔儒 祖 王應方 係甲故 父 王君召 參領催

採參新丁 王通海

採參新丁 王六各 祖 王廷衡 係牧長故 父 王應元 閑散人

採參新丁 王七各

採參新丁 王二各 祖 王廷衡 係牧長故 父 王應宣 閑散人

採參新丁 王三各

四十一

採審新丁沈得貴　祖沈國廷　係閣故散　父沈自富　係閣故散

採審新丁王君仕　祖王廷輔　係閣故散　父王應智　係閣故散

採審新丁王孔詒　祖王應隆　催摠　父王君相　審丁

採審新丁王長壽

採審新丁王君英　祖王運輔　係閣故散　父王應兜　係閣故散

採審新丁王應奇　祖王先明　係閣故散　父王廷臣　係甲退

子新丁王君瑞

採審新丁王應頁

採審新丁王君[illegible]　祖王廷俊　係百摠故　父王應徵　審丁

採審新丁王君開　祖王廷俊　係百摠故　父王應泰　係丁故

採審新丁王君林

採參新丁 沈四

祖 沈自有 係丁故

父 沈得臣 係丁故

採參新丁 沈六

採參新丁 沈七

採參新丁 沈四十七

祖 沈自有 係丁故

父 沈得清 係閑散

採參新丁 沈海祿

採參新丁 沈長住

祖 沈自富 係閑散

父 沈得相 參丁

採參新丁 沈海義

採參新丁 沈海仁

採參新丁 沈海智

祖 沈自富 係閑散

父 沈得位 參丁

四甲 多

採案新丁 黃復功　祖 黃尚仁 係閣散故　父 黃榮忠 係閣散故

採案新丁 黃復玉

採案新丁 黃復俊　祖 黃尚仁 係閣散故　父 黃榮貴 係甲退

採案新丁 黃長站　祖 黃尚英 係閣散故　父 黃徐[illegible] 係丁

採案新丁 恩得賀

採案新丁 黃當兒　祖 黃尚英 係閣散故　父 黃榮[illegible] 隨散

採案新丁 黃榮鳳　祖 黃世財 係丁故　父 黃尚英 係閣散故

採案新丁 黃榮強　祖 黃世祿 係閣散故　父 黃尚林 係閣散故

採案新丁 黃八十七　祖 黃世強 係甲故　父 黃尚耀 係丁退

採象 新丁 黃冨興

採象 新丁 黃四

採象 新丁 黃三各

採象 新丁 黃榮泰

採象 新丁 黃榮康

採象 新丁 黃榮國

採象 新丁 黃榮元

採象 新丁 黃復得

採象 新丁 黃復新

採象 新丁 黃復有

四

祖 黃世玟 係閑散故

祖 黃世貴 係丁故

祖 黃世彝 係丁故

祖 黃世貴 係丁故

祖 黃尚礼 係閑散故

父 黃尚朝 係丁退

父 黃尚豹 係丁故

黃尚梭 人 閑

父 黃尚彩 人 閑散

黃榮彝 係丁退

三十九

採參新丁 黃榮安
祖 黃世強 係丁故
父 黃有[illegible] 係丁逃

採參新丁 黃榮學
祖 黃世強 係丁故
父 黃尚俊 閑散人

採參新丁 黃榮昇

採參新丁 黃十
祖 黃世禄 係閑散故
父 黃尚用 係閑散故

採參新丁 黃榮美

採參新丁 黃畐剛
祖 黃尚用 係閑散故
父 黃榮相 閑散人

採參新丁 黃付亮
祖 黃尚義 係丁故
父 黃榮福 參丁

採參新丁 黃付明

採參新丁 黃馬前保
祖 黃尚信 係閑散故
父 黃榮茂 閑散人

抹寨新丁寇天榮　祖寇起佐　係丁故　父寇文官　閑散人

抹寨新丁寇老各　祖寇二　係丁故　父寇起金　係丁故

抹寨新丁寇存兒

抹寨新丁寇和尚　祖寇四　係丁故　父寇三　係丁故

抹寨新丁寇君榮　祖寇大　係丁故　父寇國仁　寨丁

抹寨新丁寇君化

抹寨新丁寇君富

抹寨新丁寇六

抹寨新丁寇君德

三十八[illegible]

挨審新丁 吳世清

挨審新丁 吳老各 祖 吳有時 故係丁 父 吳二 故係丁

挨審新丁 寇文礼 祖 寇先功 故係丁 父 寇三 故係丁

挨審新丁 寇老各 祖 寇先功 故係丁 父 寇起龍 閑散人

挨審新丁 寇五十

挨審新丁 寇玉柱

挨審新丁 寇六 祖 寇先功 故係丁 父 寇起鳳 故係丁

挨審新丁 寇七

挨審新丁 寇五十九 祖 寇起鳳 故係丁 父 寇文昇 閑散人

採蔘新丁吳二各　祖吳三　故係丁　父吳六　閑散人

採蔘新丁吳世隆　祖吳三　故係丁　父吳八　閑散人

採蔘新丁吳小二各

採蔘新丁吳世俊　祖吳天貴　故係丁　父吳應科　故係丁

採蔘新丁吳世猛

採蔘新丁吳先忠　祖吳應科　故係丁　父吳世英　蔘丁

採蔘新丁吳世勇　祖吳天貴　故係丁　父吳五　故係丁

採蔘新丁吳六

採蔘新丁吳世才　祖吳三　故係丁　父西得庫　蔘丁

子新丁吳先明

抹審新丁高天禄　祖高士傑係丁故　父高鳳枝係丁故

抹審新丁高二各　祖高鳳祥係丁故　父高天柱係丁故

抹審新丁高九子　祖高士俊係丁故　父高鳳祥係丁故

抹審新丁高四各

抹審新丁高雙頂

抹審新丁高天佐

抹審新丁高巴虎　祖高世英係丁故　父高鳳文閑散人

抹審新丁吳世強　祖吳四係閑散故　父吳九兒審丁

抹審新丁吳十　祖吳有聘係丁故　父吳四兒審丁

揀餘新丁 高白達兒　祖 高鳳鳴 係領催故　父 高天祜 係甲退

揀餘新丁 高文學

揀餘新丁 高天玉　祖 高士傑 係丁故　父 高鳳鳴 係領催故　子新丁 高拴住

揀餘新丁 高天成　子新丁 高文煥

揀餘新丁 高和尚　祖 高鳳鳴 係領催故　父 高天璽 係丁故

揀餘新丁 高文清　祖 高鳳枝 係丁故　父 高天祐 係丁故

揀餘新丁 高文通　祖 高鳳枝 係丁故　父 高天義 閒散人

揀餘新丁 高文貴

揀餘新丁 高文昇　祖 高鳳枝 係丁故　父 高天福 係丁故

三十八[illegible]

採蠶新丁　刘保兒　　祖　刘福榮　故係丁　　父　刘文敘　故係丁

採蠶新丁　刘天長　　祖　刘義祿　故係丁　　父　刘廷昇　故係丁

採蠶新丁　刘三兒

採蠶新丁　刘海青

採蠶新丁　刘馮四　　祖　刘義祿　故係丁　　父　刘廷明　故係丁

採蠶新丁　刘國勳　　祖　刘義祿　故係丁　　父　刘廷玉　故係丁

採蠶新丁　刘大小子　　祖　刘廷鳳　故係丁　　父　刘定強　故係丁

採蠶新丁　刘三豹　　祖　刘義祿　故係丁　　父　刘廷官　閒散人

採蠶新丁　刘國輔

採審新丁羅五達子

採審新丁羅大小子　祖羅成良係丁故　父羅文明閣散之

採審新丁田二　祖田有文係丁故　父田得貴係閣散故

採審新丁田應舉　祖田有文係丁故　父田得全閣散人

採審新丁田應魁

採審新丁田應元

採審新丁田得銀　祖田朋係丁故　父田有明係丁故

採審新丁刘五兒　祖刘天臻係丁故　父刘三係閣散故

採審新丁刘文相　祖刘三係閣散故　父刘福榮係丁故

三十五 [illegible]

採審新丁羅存任
祖羅成金 係丁故
父羅二 係閒散故

採審新丁羅孫任
祖羅應魁 係丁故
父羅成功 係丁故

採審新丁羅文煥
祖羅應魁 係丁故
父羅成安 係丁故

採審新丁羅文昇

採審新丁羅文礼

採審新丁羅文敘

採審新丁羅文選

採審新丁羅文鳳
祖羅應元 係閒散故
父羅成良 係丁故

採審新丁羅國作
祖羅成良 係丁故
父羅文亮 審丁

子新丁羅國用

採蜜新丁羅僧保　　　　　　　　父羅文裴　係丁故

採蜜新丁羅六十一　祖羅成福　係丁故　父羅文章　閒散人

採蜜新丁羅四兒　祖羅成福　係丁故　父羅文先　閒散人

採蜜新丁羅閏元　祖羅成福　係丁故

採蜜新丁羅李保兒

採蜜新丁羅文忠　祖羅應秀　係甲故　父羅成住　係閒散故

採蜜新丁羅國輔　祖羅成貴　係丁故　父羅文學　係丁故

採蜜新丁羅三　祖羅景春　係閒散故　父羅成金　係閒散故

採蜜新丁羅未柱　祖羅成金　係閒散故　父羅文炳

三十四[illegible]

打牲新丁霍三讓　祖霍自貴係丁故　父霍文孔係丁故

打牲新丁于[illegible]　祖于威龍係丁故　父于萬庫係丁故

打牲新丁拾捌名

採參新丁羅國臣　祖羅成榮係閑散故　父羅文英參丁

採參新丁羅國太

採參新丁羅文獅　祖羅應強係領催故　父羅成榮係閑散故　子新丁羅國相、羅息保

採參新丁羅文玉

採參新丁羅國勳　祖羅成榮係閑散故　父羅文俊閑散人

採參新丁羅國信

打鴉新丁　霍天禄　　祖　霍光先　保丁故　　父　霍登舉　保丁故

打鴉新丁　霍保小子

打鴉新丁　霍鎖柱　　祖　霍自成　保丁故　　父　霍文太　保丁故

打鴉新丁　霍三宣　　祖　霍自成　保丁故　　父　霍文魁　保丁故　　子　新丁　霍耿保

打鴉新丁　霍三顯　　祖　霍自貴　保丁故　　父　霍文徽　閑散人

打鴉新丁　霍三通

打鴉新丁　霍小牛子

打鴉新丁　霍四兒　　祖　霍文徽　保閑散人　　父　霍三玕　保閑故

打鴉新丁　霍文平　　祖　霍世祥　保丁故　　父　霍自貴　保丁故

三十三 [illegible]

靛新丁 佟梁九　祖 佟國玉 係丁故　父 佟起貴 係丁故

靛新丁 佟[illegible]　祖 佟國心 係丁故　父 佟起榮 係丁退

打鴇新丁 霍三[illegible]　祖 霍自英 係丁故　父 霍文章 鴇丁

打鴇新丁 霍縂州　祖 霍文章 鴇丁　父 霍三有 鴇丁

打鴇新丁 霍小和尚　祖 霍文先 係丁故　父 霍三元 鴇丁

打鴇新丁 霍天俊

打鴇新丁 霍金柱　祖 霍文太 係丁故　父 霍三位 鴇丁

打鴇新丁 霍保柱

靛新丁張起虎　祖張進　係丁故　父張國安　係閑散故

靛新丁王天仁　祖王登科　係丁故　父王懷四　靛丁

靛新丁王双喜

靛新丁佟栢四兒　祖佟起官　係丁故　父佟孔畢　係丁故

靛新丁佟朝位　祖佟起宦　係丁故　父佟孔亮　係庄頭故

靛新丁佟梁四　祖佟國信　係丁故　父佟起五　閑散人

靛新丁佟萬明　祖佟起貴　係丁故　父佟孔英　靛丁

靛新丁佟三達子

靛新丁佟七十五　祖佟國禄　係丁故　父佟八子　閑散人

三十二

丁 新旋 李文德　祖 李化龍 係丁故　父 李茂林 係閑散故

丁 新旋 李小九兒　祖 李如龍 係丁故　父 李茂華 閑散人

丁 新旋 李四十七　祖 李如龍 係丁故　父 李九光 係閑散故

丁 新旋 董官索住　祖 董宣 係丁故　父 董光文 庄頭

丁 新旋 董光壽　祖 董世學 [illegible]　父 董宣 係丁故

丁 新旋 董七兒　祖 [illegible]　父 董珠 閑散人

丁 新旋 董老各　祖 董休貴 係丁故　父 董朝用 係閑散故

丁 新旋 李八十四　祖 李邦傑 係丁故　父 李炳 閑散人

丁 新旋 繆三各　祖 繆得禄 係丁故　父 繆永強 係丁故

諚丁新 刘尚忠 祖 刘漢仁 係丁故 父 刘文秀 係鬮撒故

諚丁新 刘文德 祖 刘應登 係丁退 父 刘五 諚丁

諚丁新 刘六 祖 刘士德 係丁故 父 刘應登 係丁退

諚丁新 刘小四子 祖 刘漢貴 係丁故 父 刘文[illegible] 係丁故

諚丁新 鄧天奉 祖 鄧三敎 係庄頭退 父 鄧孔朝 庄頭

諚丁新 鄧三省 祖 鄧成功 係丁故 父 鄧玉榮 係丁故

諚丁新 鄧小徧兒 祖 鄧玉龍 係丁故 父 鄧三讓 係丁故

諚丁新 鄧天華 祖 鄧三敬 係庄頭退 父 鄧孔銀 係丁故

諚丁新 李文華 祖 李變隆 係丁故 父 李茂枝 諚丁

子 新丁 鄧六十二

三十

盐新丁 常四　祖 常朝佐 係丁故　父 常世畐 係丁故

盐新丁 常五

盐新丁 馬小和尚　祖 馬三 係閑散故　父 馬應隆 係丁故

盐新丁 馬小

盐新

韃新丁 刘尚仁　祖 刘漢文 係丁故　父 刘文炳 係丁故

子 新丁 刘暑

韃新丁 刘尚國　祖 刘漢清 係丁故　父 刘文華 韃丁

韃新丁 刘尚用　祖 刘漢禄 係丁故　父 刘文耀 韃丁

韃新丁 刘二十一　祖 刘文炳 係丁故　父 刘七十一 韃丁

鹽新丁 李國用

鹽新丁 李國才

鹽新丁 李國秀　祖 李五 係丁故　父 李世亮 鹽丁　子 新丁 李春

鹽新丁 李國祿　祖 李五 係丁故　父 李世芳 閑散人

鹽新丁 李國采

鹽新丁 李國斌

鹽新丁 李國任

鹽新丁 常起鳳　祖 常朝佐 係丁故　父 常世貴 係丁故

鹽新丁 常七子

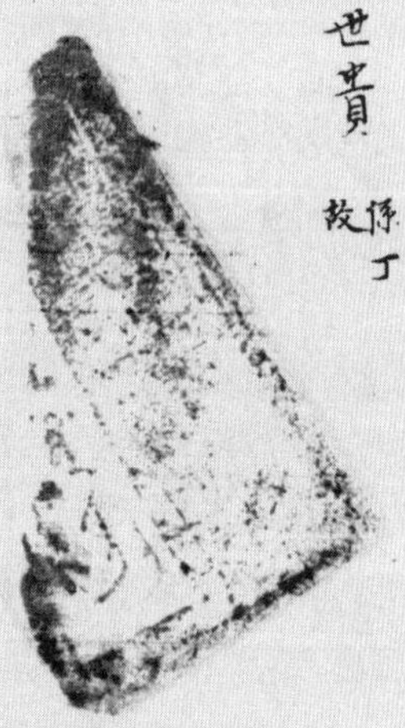

盛新丁 李國臣

盛新丁 李小狗子

盛新丁 李七

盛新丁 李十

盛新丁 李世英

盛新丁 李老各

盛新丁 李國德

盛新丁 李仁

盛新丁 李國美

祖 李大 係丁故

父 李茂舉 係丁故

子 新丁 李五子

祖 李

父 李茂仲 係閑散故

子 新丁 李小麻子

祖 李

父 李世璽 係閑散故

祖 李世清 係丁故

父 李國聘 盛丁

祖 李登雲 係丁故

父 李世清 係丁故

盐新丁 王守范　祖 王國憲 係丁故　父 王有庫 係閑散故

盐新丁 王有良　祖 王五 係丁故　父 王國相 係丁故　子 新丁 王小黑子

盐新丁 王有衡

盐新丁 刘萬金　祖 刘世魁 係丁故　父 刘八 盐丁

盐新丁 刘二　祖 刘世魁 係丁故　父 刘登貴 係丁故　子 新丁 刘玉 刘小五子

盐新丁 刘三

盐新丁 刘四　祖 刘世魁 係丁故　父 刘登玉 係閑散故　子 新丁 刘小六子

盐新丁 刘五

盐新丁 李大小子　祖 李茂惠 係丁故　父 李世俊 盐丁

廿九

盛新丁 揚[illegible]祿　祖 揚自榮 故係丁　父 揚發英 故係丁

盛新丁 揚晋

盛新丁 揚凱　祖 揚自榮 故係丁　父 揚發臻 係閑散故

盛新丁 揚一鳳　祖 揚自榮 故係丁　父 揚發忠 閑散人

盛新丁 金得學　祖 金有成 故係丁　父 金昇 盛丁

盛新丁 金三

盛新丁 金得舉　祖 金有成 故係丁　父 金國寶 故係丁

盛新丁 金得官　祖 金有成 故係丁　父 金國明 故係丁

盛新丁 王老小子　祖 王國相 故係丁　父 王有倉 盛丁

子新丁 金英　小鎖子　金小老么

塩新丁 任國太　祖 任應選 係庄頭故　父 任孔道 塩丁

塩新丁 任孔謨　祖 任文明 係庄頭故　父 任應選 係庄頭故

塩新丁 任孔德

塩新丁 任孔舉

塩新丁 任國璽　祖 任應臣 係丁故　父 任孔思 閑散人

塩新丁 任孔愛　祖 任文明 係庄頭故　父 任應臣 係丁故　子 新丁 任國識

塩新丁 任孔吉　子 新丁 任京保子

塩新丁 任孔雲

塩新丁 楊小牛子　祖 楊自榮 係丁故　父 楊發和 塩丁

廿八

上接廿六　下接廿九

棉花新丁李大小子
祖 李成虎 係丁故
父 李自李 閑散人

棉花新丁李登朝
祖 李成貴 係丁故
父 李自彦 係丁故

棉花新丁李登興
祖 李成貴 係丁
父 李自玉 閑散人

棉花新丁伍百貳拾貳名

鹽新丁趙虎
祖 趙德良 故丁
父 趙來德 閑散人

鹽新丁趙珅
祖 趙德良 係丁故
父 趙來珍 係丁退

鹽新丁趙魁
祖 趙德良 係丁故
父 趙來成 庄頭

鹽新丁趙英
祖 趙德良 係丁故
父 趙來傑 係庄頭故

鹽新丁趙鵬
祖 趙德良 係丁故
父 趙來茂 係閑散故

棉花新丁金廷秀　祖金成明　係丁故　父金朝達　係丁故

棉花新丁金鎖住

棉花新丁金廷龍　祖金成用　係丁故　父金朝臣　壯丁

棉花新丁金小七子

棉花新丁金廷富

棉花新丁金小八子　祖金朝卿　係丁故　父金二　閑散人

棉花新丁徐自振　祖徐保成　係丁故　父徐進忠　係丁故

棉花新丁徐狗子　祖徐國忠　係丁故　父徐進相　閑散人

棉花新丁徐六子　祖徐保成　係丁故　父徐四　閑散人

二十六 乭乭

棉花新丁 李明發

棉花新丁 李明苑

棉花新丁 李國泰
祖 李文傑 閑散人
父 李明虎 壯丁

棉花新丁 依倫泰
祖 金戒棟 故係丁
父 金朝罡 庄頭

棉花新丁 金四
祖 金戒用 故係丁
父 金朝卿 故係丁

棉花新丁 金六
子 新丁 金四小子

棉花新丁 金廷吉
祖 金戒棟 故係丁
父 金朝鄉 故係丁

棉花新丁 金廷玉
祖 金戒明 故係丁
父 金朝林 係庄頭故
子 新丁 金連子

棉花新丁 金英
祖 金朝連 故係丁
父 金廷章 閑散人

棉花新丁李國福

棉花新丁李國良　祖李文住故係丁　父李明選閑散人

棉花新丁李黃英

棉花新丁李大小子

棉花新丁李國林　祖李文住故係丁　父李明達壯丁

棉花新丁李五　祖李更直故係丁　父李雲會故係丁

棉花新丁周二小子　祖周世榮故係丁　父周章壯丁

棉花新丁周五　祖周宣故係丁　父周世榮故係丁

棉花新丁李明獅　祖李雲昇故係丁　父李文魁故係丁

二十五 [illegible]

棉花新丁佟璞　祖佟永昌 係丁故　父佟朝璽 係丁故

棉花新丁佟林　祖佟永昌 係丁故　父佟朝起 係庄頭故

棉花新丁佟彬　祖佟永昌 係丁故　父佟朝正 係丁故

棉花新丁李國棟　祖李文煥 係丁故　父李明亮 壯丁

棉花新丁李國銀

棉花新丁李國璽

棉花新丁李小五子

棉花新丁李國相　祖李文煥 係丁故　父李明高 係閒散故

棉花新丁李國君　祖李文英 係丁故　父李二 係丁故

棉花新丁佟四小子

棉花新丁佟章　祖佟永昌　故係丁　父佟朝旺　閑散人　子新丁佟士若

棉花新丁佟英

棉花新丁佟文

棉花新丁佟明　祖佟永盛　故係丁　父佟朝賓　閑散人

棉花新丁佟鳳　祖佟永功　故係丁　父佟朝選　係閑散故

棉花新丁佟士連　祖佟永昌　故係丁　父佟秀　閑散人

棉花新丁佟士新

棉花新丁佟士昇

高長劃

棉花新丁佟四

棉花新丁佟鷹
祖佟永祥 係丁故
父佟萬海 係閑散故

棉花新丁佟璽
祖佟永昌 係丁故
父佟朝剛 壯丁

棉花新丁佟色克

棉花新丁佟三小子

棉花新丁佟玥

棉花新丁佟珮
祖佟永昌 係丁故
父佟朝用 閑散人

棉花新丁佟現

棉花新丁佟玫

綿花新丁佟黑子　祖佟永泰係丁故　父佟十係閑散故

綿花新丁佟金　祖佟永珍係丁故　父佟萬富閑散人

綿花新丁佟銀

綿花新丁佟保

綿花新丁佟緒　祖佟永珍係丁故　父佟萬虎係閑散故

綿花新丁佟大小子

綿花新丁佟大　祖佟永瑞係丁故　父佟萬和係閑散故

綿花新丁佟二

綿花新丁佟三

子新丁佟大小子　佟二小子

二十三 毛

棉花新丁佟二小子

棉花新丁佟倫　祖佟永德故係丁　父佟萬華故係丁　子新丁佟小五子

棉花新丁佟義　祖佟永德故係丁　父佟萬成閑散人　子新丁佟大小子

棉花新丁佟紀

棉花新丁佟彩

棉花新丁佟英　祖佟三故係丁　父佟萬良閑散人

棉花新丁佟悦

棉花新丁佟老各　祖佟大故係丁　父佟永泰故係丁　子新丁佟紳

棉花新丁佟鳳　祖佟永泰故係丁　父佟黄英係閑散故

棉花新丁高鳳　祖高應魁故係丁　父高國成閒散人

棉花新丁高狗子

棉花新丁張拴柱　祖張進功故係丁　父張朝林故係丁

棉花新丁張七子

棉花新丁張六子

棉花新丁張文煥　祖張進功故係丁　父張朝瑞閒散人

棉花新丁佟大小子　祖佟二退係丁　父佟維庄頭

棉花新丁佟君　祖佟永德故係丁　父佟二退係丁

棉花新丁佟大小子　祖佟大故係丁　父佟勲閒散人

二十二[illegible]

棉花新丁 揚登俊

棉花新丁 揚大小子　祖 揚自富 故係丁　父 揚大 閑散人

棉花新丁 揚二小子

棉花新丁 徐孔亮　祖 徐文業 故係丁　父 徐得榮 壯丁

棉花新丁 徐五　祖 徐文業 故係丁　父 徐三 閑散人

棉花新丁 徐四子　祖 徐文業 故係丁　父 徐二 故係丁

棉花新丁 徐老各

棉花新丁 高方住　祖 高可明 故係丁　父 高龍 壯丁

棉花新丁 高二小子

棉花新丁楊三宗子　祖楊自貴 係丁故　父楊四 壯丁

棉花新丁楊六子

棉花新丁楊小瘦子　祖楊自貴 係丁故　父楊三人 閑散

棉花新丁楊狗子　祖楊自富 係丁故　父楊文李 壯丁

棉花新丁楊老各　祖楊五 係丁故　父楊自富 係丁故

棉花新丁楊豹　祖楊成功 係丁故　父楊得運 係閑散故

棉花新丁楊龍

棉花新丁楊登舉　祖楊成功 係丁故　父楊大 係丁故

棉花新丁楊滿場

廿壹代

棉花新丁 金文廣　祖 金平 保庄頭故　父 金同麟 庄頭

棉花新丁 金同璽　祖 金戚德 故保丁　父 金平 保庄頭故

棉花新丁 金同美

棉花新丁 金同富　祖 金成德 故保丁　父 金國亮 閑散人

棉花新丁 金同玉　祖 金成德 故保丁　父 金國賓 故保丁

棉花新丁 金同耀

棉花新丁 金小五子　祖 金成貴 故保丁　父 金國棟 壯丁

棉花新丁 金國選　祖 金世維 故保丁　父 金成貴 故保丁

棉花新丁 金國良　祖 金世維 故保丁　父 金成業 保閑散故

手新丁 金之魁

棉花新丁 黄文璽

棉花新丁 黄文秀

棉花新丁 黄七

棉花新丁 黄文清

棉花新丁 黄乜各

棉花新丁 朴二 祖 英那米 故係丁 父 朴登雲 故係丁

棉花新丁 朴五

棉花新丁 朴義戒 祖 朴登雲 故係丁 父 朴富蒙 故係丁

棉花新丁 朴三 祖 英那米 故係丁 父 朴登貴 故係丁

子 新丁 黄有功

二十長

棉花新丁邊戒福　祖邊義虎 係丁故　父邊明玉 壯丁

棉花新丁邊馬兒

棉花新丁邊戒章　祖邊義虎 係丁故　父邊明公 閑散人

棉花新丁邊戒傑

棉花新丁邊戒花　祖邊義虎 係丁故　父邊明義 係閑散故

棉花新丁邊明禮　祖邊戒年 係丁故　父邊義豹 閑散人

棉花新丁黃成功　祖黃進孝 係丁故　父黃文宣 壯丁

棉花新丁黃大小子

棉花新丁黃文祥　祖黃國棟 係丁故　父黃進孝 係丁故

棉花新丁 金有明　祖 金成義 故保丁　父 金萬良 故保丁　子新丁 金玉

棉花新丁 金大小手　祖 金花子 故保丁　父 金六 閑散人

棉花新丁 金示子

棉花新丁 金有隆　祖 金花子 故保丁　父 金海成保 閑散人

棉花新丁 金長保

棉花新丁 李大小子　祖 李自彦 故保丁　父 李登魁 壯丁

棉花新丁 邊成臣　祖 邊義龍 故保丁　父 邊明琰 故保丁

棉花新丁 邊成祿　祖 邊義龍 故保丁　父 邊明智 閑散人

棉花新丁 邊成男　祖 邊義虎 故保丁　父 邊明仁 閑散人

十九 [illegible]

棉花新丁 金殷

棉花新丁 金大小子　祖 金潼珠 故保丁　父 金有官 閑散人

棉花新丁 金二小子

棉花新丁 金保榮　祖 金戚義 故保丁　父 金萬蒼 故保丁　子 新丁 金福 金祿

棉花新丁 金有貴

棉花新丁 金大小子　祖 金漢珠 故保丁　父 金芳 故保丁

棉花新丁 金小黑子　祖 金萬良 故保丁　父 金有功 壯丁

棉花新丁 金官保　祖 金萬良 故保丁　父 金有德 閑散人

棉花新丁 金三小子

棉花新丁金世科　祖金金德故係丁　父金熏閒散人

棉花新丁金小五子　祖金有福故係丁　父金全德故係丁

棉花新丁金世林　祖金有福故係丁　父金平閒散人

棉花新丁金鮮　祖金有福故係丁　父金全昇故係丁

棉花新丁金相

棉花新丁金玥

棉花新丁金五十六　祖金有成故係丁　父金全貴閒散人

棉花新丁金小討子

棉花新丁金藍　祖金萬蒼故係丁　父金有仁壯丁

新丁棉花 金世朋

新丁棉花 金世璠

新丁棉花 金世永

新丁棉花 金世文

新丁棉花 金世元

新丁棉花 金八奉

新丁棉花 金九子

新丁棉花 金鳳

新丁棉花 金龍

祖 金全福 係丁故

父 金貴 閑散人

祖 金有福 係丁故

父 金明 閑散人

棉花新丁 金文保　祖 金漢祥 故係丁　父 金鏵頭 係庄故

棉花新丁 金文俊

棉花新丁 金文元　祖 金漢祥 故係丁　父 金炳 故係丁

棉花新丁 金明　祖 金得利 故係丁　父 金漢珠 故係丁

棉花新丁 金四

棉花新丁 金彪　祖 金有福 故係丁　父 金全義 故係丁

棉花新丁 金珮

棉花新丁 金世珍　祖 金全義 故係丁　父 金玉 壮丁

棉花新丁 金世強

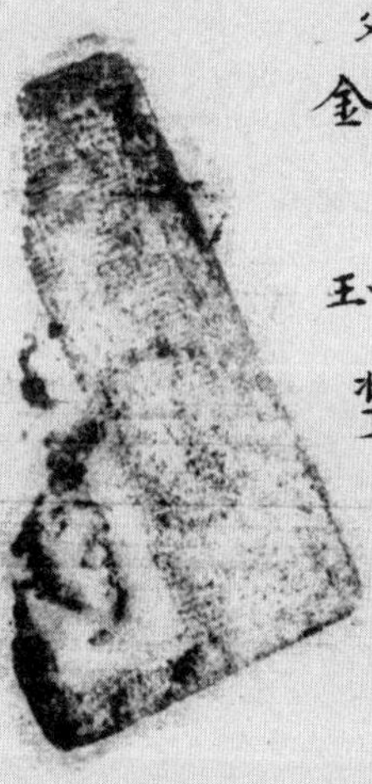

子 新丁 金刘任

[illegible]

棉花新丁李自方

棉花新丁李強　祖李成龍係丁故　父李文得壯丁

棉花新丁李登方　祖李有成係丁故　父李四係閑散故

棉花新丁李登賢

棉花新丁李文章　祖李自英閑散人　父李登科壯丁

棉花新丁李文生

棉花新丁李文有　祖李自英閑散人　父李黑子係閑散故

棉花新丁李登雲　祖李成虎係丁故　父李自英閑散人

棉花新丁李登攀

棉花新丁 王崑　祖 王成方 係閑散故　父 王二 係閑散故

棉花新丁 李大小子　祖 李大 係丁故　父 李自藍 壯丁

棉花新丁 李六十兒　祖 李有惠 係丁故　父 李大 係丁故

棉花新丁 李自福　祖 李有功 係丁故　父 李二 係丁故

棉花新丁 李小九子

棉花新丁 李小狗子

棉花新丁 李小黑子　祖 李有方 係丁故　父 李六 閑散人

棉花新丁 李八　祖 李國富 係丁故　父 李有成 係丁故

棉花新丁 李達子　祖 李有成 係丁故　父 李二 係閑散故

十六

棉花新丁 張

棉花新丁 張朱八子
祖 張明 係丁故
父 張國珍 閑散人

棉花新丁 張朝林
祖 張明 係丁故
父 張國俊 閑散人

棉花新丁 張貴林

棉花新丁 張起
祖 張國臣 係丁故
父 張華林 閑散人

棉花新丁 王俊
祖 王成方 係閑散故
父 王五子 壯丁

棉花新丁 王臣

棉花新丁 王英
祖 王成方 係閑散故
父 王大 係閑散故

棉花新丁 王乾

棉花新丁 張朝亮

棉花新丁 張自福　祖 張光耀 閑散人　父 張朝君 係閑散故

棉花新丁 張朝英　祖 張明典 係丁故　父 張光作 壯丁

棉花新丁 張朝勳

棉花新丁 張朝瑞　祖 張明典 係丁故　父 張光有 閑散人

棉花新丁 張大小子

棉花新丁 張玉麟　祖 張明 係丁故　父 張國全 壯丁

棉花新丁 張小蓮子

棉花新丁 張[illegible]麟

十五

棉花新丁 張小六子

棉花新丁 張朝剛

棉花新丁 張朝宣 祖 張明世 係庄頭故 父 張光榮 係丁故 子 新丁 張自有

棉花新丁 張朝連 祖 張明世 係庄頭故 父 張光貴 閑散人

棉花新丁 張朝凱 祖 張明公 係丁故 父 張光義 閑散人

棉花新丁 張朝清

棉花新丁 張朝璽 祖 張明公 係丁故 父 張光耀 閑散人

棉花新丁 張朝臣 祖 張明公 係丁故 父 張光輝 閑散人

棉花新丁 張朝孔

棉花新丁 張朝用 祖 張有德 係庄頭故 父 張光元 係庄頭故

棉花新丁 張朝良 祖 張明世 係庄頭故 父 張先先 係庄頭故

棉花新丁 張朝林

棉花新丁 張朝[illegible] 祖 張明世 係庄頭故 父 張光起 閑散人

子新丁 張自清

棉花新丁 張朝輔

棉花新丁 張朝足 祖 張明世 係庄頭故 父 張光礼 閑散人

棉花新丁 張朝棟

棉花新丁 張朝衡

棉花新丁 張朝銀 祖 張明世 係庄頭故 父 張光亮 閑散人

棉花新丁陳狗八

棉花新丁陳咸明

棉花新丁陳老各

棉花新丁陳咸英

棉花新丁陳國珠

棉花新丁陳國珍

棉花新丁陳大小子

棉花新丁陳二

棉花新丁陳三

古兆兆

祖陳國旋 故係丁

父陳 [illegible] 係丁 故

祖陳景美 故係丁

父陳起龍 [illegible]

祖陳可宣 故係丁

父陳景美 故係丁

子新丁陳大小子

棉花新丁丁天貴

棉花新丁丁四　祖丁鉄匠故係丁　父丁二故係丁

棉花新丁丁六

棉花新丁陳六　祖陳可官故係丁　父陳敎魁故係丁　子新丁陳鮑

棉花新丁陳俊　祖陳敎魁故係丁　父陳[illegible]人開故

棉花新丁陳英　祖陳敎魁故係丁　父陳彥章係開散故

棉花新丁王進孝　祖王大故係丁　父王自賢係開散故

棉花新丁王三

棉花新丁王四

十三

棉花新丁 丁朱八子　祖 丁雲龍 故係丁　父 丁二 人閑散

棉花新丁 丁瑞　子 新丁 丁天元

棉花新丁 丁昇　祖 丁雲龍 故係丁　父 丁大 故係丁　子 新丁 丁保住

棉花新丁 丁三　祖 丁大 故係丁　父 丁世俊 故係丁

棉花新丁 丁四

棉花新丁 丁天義　子 新丁 丁倫

棉花新丁 丁天礼　祖 丁大 故係丁　父 丁二 故係丁

棉花新丁 丁天智

棉花新丁 丁天福　祖 丁大 故係丁　父 丁衡 故係丁

棉花新丁 張三達子

棉花新丁 張五達子

棉花新丁 張起倫　祖 張國柱 係丁故　父 張進明 係丁故

棉花新丁 張保住子

棉花新丁 張二　祖 張八 係丁故　父 張進忠 係閑散人　子 新丁 張天祿

棉花新丁 丁萬鎰　祖 丁明煥 係閑散人　父 小狗子 壯丁

棉花新丁 丁明臣　祖 丁元智 係丁故　父 丁[illegible]鳳 係閑散故

棉花新丁 丁璿　祖 丁雲龍 係丁故　父 丁明儒 係閑散人

棉花新丁 丁起

棉花新丁 宋[illegible]

棉花新丁 宋小達子

棉花新丁 宋義亮　祖 宋四児 故係丁　父 宋起彪 閒散人

棉花新丁 宋義璽　祖 宋四児 故係丁　父 宋起虎 閒散人

棉花新丁 宋二

棉花新丁 宋起彤　祖 宋大 故係丁　父 宋四 故係丁

棉花新丁 宋義臣　祖 宋有福 故係丁　父 宋起龍 故係丁

棉花新丁 宋二

棉花新丁 張起龍　祖 張國柱 故係丁　父 張進忠 閒散人

十三[illegible]

棉花新丁徐老各

棉花新丁徐成發　祖徐贊故保丁　父徐世奇開散人

棉花新丁徐成義　祖徐治故保丁　父徐世俊開散人

棉花新丁徐成林

棉花新丁徐成和

棉花新丁徐世功　祖徐有廷故保丁　父徐治故保丁

棉花新丁徐成傑　祖徐贊故保丁　父徐世渭故保開散

棉花新丁徐成衍

棉花新丁宋[illegible]　祖[illegible]故保丁　父宋起鳳故保丁

十一起分

棉花新丁徐永煥　祖徐有達 故係丁　父徐便 係閑散故

棉花新丁徐永縈

棉花新丁徐小尿子　祖徐賢 故係丁　父徐永德 故係丁

棉花新丁徐推尔太

棉花新丁徐成功　祖徐贊 故係丁　父徐世浩 故係丁

棉花新丁徐成朝　祖徐贊 故係丁　父徐世懷 閑散人

棉花新丁徐成國

棉花新丁徐成鳳

棉花新丁徐四

棉花新丁徐忠　祖徐斌係丁故　父徐永興閑散人

棉花新丁徐蒲

棉花新丁徐敏

棉花新丁徐亮　祖徐斌係丁故　父徐永旺係閑散故

棉花新丁徐穠不太　祖徐貴係庄頭故　父徐永福壯丁

棉花新丁徐永珍　祖徐有達係丁故　父徐貴係庄頭故

棉花新丁徐和尚

棉花新丁徐永祥

棉花新丁徐永富　祖徐有達係丁故　父徐振係丁故

十毛

新丁	祖	父
棉花新丁 肖明正	祖 肖國英 係庄頭故	父 肖忠義 [illegible]人
棉花新丁 肖明昇	祖 肖國英 係庄頭故	父 肖有信 壯丁
棉花新丁 肖有德	祖 肖雲龍 係丁故	父 肖國英 係庄頭故
棉花新丁 刘和尚	祖 刘有德 係丁故	父 刘國福 係丁故
棉花新丁 韓大小子	祖 韓應德 係丁故	父 韓朝興 壯丁
棉花新丁 韓朝龍	祖 韓大 係丁故	父 韓應德 係丁故
棉花新丁 徐雲	祖 徐試 係丁故	父 徐永茂 係丁故
棉花新丁 徐秀	祖 徐斌 係丁故	父 徐德生 閑散人
棉花新丁 徐官		

手新丁 徐八海

棉花新丁 韓魁　祖 韓朝棟 係丁故　父 韓國太 閑散人

棉花新丁 韓天祐　祖 韓朝忠 係丁故　父 韓國有 壯丁　子 新丁 韓小虎兒

棉花新丁 韓天貴　祖 韓朝忠 係丁故　父 韓花子 係閑散故

棉花新丁 韓大小子　祖 韓朝彬 係丁退　父 韓國琦 壯丁

棉花新丁 韓買住　祖 韓國英 係丁退　父 韓鐸 壯丁

棉花新丁 韓悅　祖 韓朝臣 係庄頭故　父 韓國英 係丁退

棉花新丁 韓汰保　祖 韓朝臣 係庄頭故　父 韓國住 閑散人

棉花新丁 肖明戒　祖 肖國英 係庄頭故　父 肖白仁 庄頭

棉花新丁 肖番住

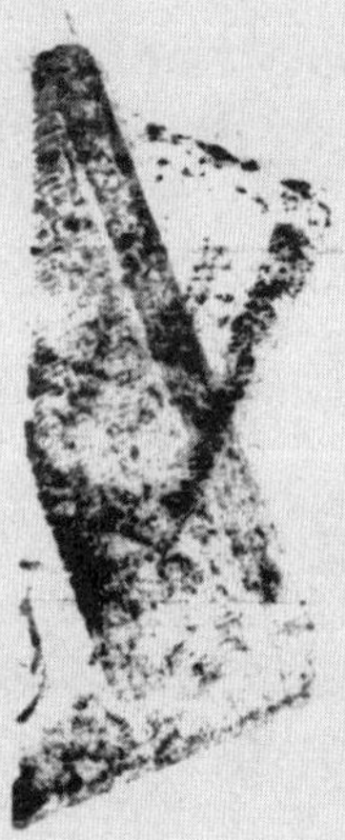

九

棉花新丁岳小八子　祖岳天志故係丁　父岳四壮丁

棉花新丁岳君尭

棉花新丁岳七子

棉花新丁韓六十二　祖韓朝聘故係丁　父韓國俊庄頭

棉花新丁韓鐳

棉花新丁韓國相　祖韓應典故係丁　父韓朝聘故係丁　子新丁韓林

棉花新丁韓朝林　祖韓景秀故係丁　父韓應時壮丁　子新丁韓國照

棉花新丁韓朝宇

棉花新丁韓吉立　祖韓朝揀故係丁　父韓國安壮丁

棉花新丁 岳文學

棉花新丁 岳老各　祖 岳天龍 故係丁　父 岳登玉 故係丁

棉花新丁 岳二各　祖 岳登魁 故係丁　父 岳君榮 閑散人

棉花新丁 岳三各

棉花新丁 岳龐四

棉花新丁 岳文珍

棉花新丁 岳文秀　祖 岳登祥 故係丁　父 岳君興 壯丁

棉花新丁 岳文成

棉花新丁 岳化本

八

棉花新丁 夏[illegible]
夏有道 故保丁
父 夏文孝 壮丁

棉花新丁 夏進仁
祖 夏有道 故保丁
父 夏文廣 故保丁

棉花新丁 夏國秀
祖 夏文舉 故保丁
父 夏進忠 壮丁

棉花新丁 夏進孝
祖 夏有明 故保丁
父 夏文舉 故保丁
子 新丁 夏小牛子

棉花新丁 岳文倉
祖 岳登保 故保丁
父 岳君平 保庄頭故

棉花新丁 岳六十兒

棉花新丁 岳文宣

棉花新丁 岳文良

棉花新丁 岳文連
祖 岳登保 故保丁
父 岳君安 保閑散故

棉花新丁 單國邦

棉花新丁 栢重志　祖 栢有良 故係丁　父 栢國臣 故係丁

棉花新丁 栢八　祖 栢玉林 故係丁　父 栢有倉 退係丁

棉花新丁 蔡虎兒　祖 蔡有貴 故係丁　父 蔡忠孝 壯丁

棉花新丁 蔡忠成　祖 蔡文魁 故係丁　父 蔡有貴 故係丁　子新丁 蔡連昇

棉花新丁 蔡連仲　祖 蔡有榮 故係丁　父 蔡忠元 閑散人

棉花新丁 蔡六　祖 蔡文魁 故係丁　父 蔡有孝 故係丁

棉花新丁 蔡連科　祖 蔡有榮 故係丁　父 蔡忠祿 壯丁

棉花新丁 蔡連舉　祖 蔡有榮 故係丁　父 蔡忠明 退係丁

七兆

棉花新丁石萬義
祖石廷秀 故係丁
父石國玉 閑散人

棉花新丁韓世傑
祖韓國忠 故係丁
父韓登舉 退係丁

棉花新丁韓世豹
祖韓國忠 故係丁
父韓大 故係閑散

棉花新丁李天福
祖李重陽 故係丁
父李秀 閑散人

棉花新丁李贊
祖李成鳳 故係丁
父李重陽 故係丁

棉花新丁單國相
祖單進信 退係丁
父單得祿 退係丁

棉花新丁單王四
祖單得名 退係丁
父單國治 故係閑散

棉花新丁單國安
祖單進義 故係丁
父單得名 退係丁

棉花新丁單國俟

棉花新丁單礼

棉花新丁單忠　祖單得功故保丁　父單國昌退保丁

棉花新丁單運德

棉花新丁單運昇

棉花新丁刘東學　祖刘得禄故保丁　父刘進宣退保丁

棉花新丁刘老各

棉花新丁刘璠　祖刘得禄故保丁　父刘進彪退保丁　子新丁刘世俊

棉花新丁刘維

棉花新丁刘二胖子　祖刘進彪退保丁　父刘四人閑散

大[illegible]

棉花新丁 單黑達子
祖 單國寶 係丁退
父 單[illegible]

棉花新丁 單二小子

棉花新丁 單三小子

棉花新丁 單俊
祖 單五 係丁故
父 單國謨 係丁退

棉花新丁 單四達子
祖 單五 係丁故
父 單國興 係丁故

棉花新丁 單[illegible]
祖 單五 係丁故
父 單國照 閑散人

棉花新丁 單明

棉花新丁 單老各
祖 單得功 係丁故
父 單國用 係丁退

棉花新丁 單義
祖 單得功 係丁故
父 單國龍 係丁退

棉花新丁李國平　祖李二故係丁　父李玫退係丁

棉花新丁田小年子　祖田偏頭故係丁　父田國照退係丁

棉花新丁姜狗子　祖姜敏鳳閒散人　父姜世英退係丁

棉花新丁單運致　祖單國閏退係丁　父單林庄頭

棉花新丁單亮　祖單得功故係丁　父單國敏退係丁

棉花新丁單文

棉花新丁單玉

棉花新丁單連

棉花新丁單六達子

九 [illegible]

棉花新丁李比京　祖李維隆故係丁　父李惠係庄頭故

棉花新丁李長富　祖李維坤退係丁　父李文係閑散故

棉花新丁李沒耳頭　祖李良退係丁　父李國奉壯丁

棉花新丁李國珍　祖李登雲故係丁　父李族故係丁

棉花新丁李天保　祖李登第故係丁　父李和尚閑散人

棉花新丁李鏞　祖李彩故係丁　父李國明閑散人

棉花新丁李錦

棉花新丁李國興　祖李五故係丁　父李英退係丁

棉花新丁李國荣　祖李大故係丁　父李經閑散人

棉花新丁張小安子　祖張玉通 係丁故　父張文仁 閑散人

棉花新丁張珮　祖張登強 係丁故　父張玉掬 壯丁

棉花新丁張凱　祖張登強 係丁故　父張玉直 閑散人

棉花新丁張華　祖張大 係丁故　父張忠 係丁退

棉花新丁趙文瑞　祖趙成 係閑散故　父趙士貴 係閑散故

棉花新丁李重新　祖李繼奉 係丁故　父李臻 莊頭

棉花新丁李重發

棉花新丁李重亮

棉花新丁李馬七兒

棉花新丁 葉[illegible]　祖 葉文煥 故係丁　父 葉士相 壯丁

棉花新丁 葉士禄　祖 葉鳳舉 故係丁　父 葉文煥 故係丁

棉花新丁 葉士君　祖 葉鳳舉 故係丁　父 葉文德 故係丁

棉花新丁 葉士歲　祖 葉鳳舉 故係丁　父 葉文炳 退係丁

棉花新丁 張思學　祖 張義貴 退係丁　父 張維 壯丁

棉花新丁 張王二兒

棉花新丁 張欽　祖 張登雲 退係丁　父 張玉炳 退係丁

棉花新丁 張四兒　祖 張玉栢 故係丁　父 張傑 壯丁

棉花新丁 張稚里太

四[illegible]

棉花新丁王　戒　祖王　大故係丁　父王自福　壯丁

棉花新丁王自有　祖王世龍故係丁　父王　二退係丁

棉花新丁王自得

棉花新丁葉茂春　祖葉文智退係丁　父葉士寬庄頭

棉花新丁葉萬春　祖葉文智退係丁　父葉士衡閑散人

棉花新丁葉新春　祖葉文教故係丁　父葉士傑壯丁

棉花新丁葉士現　祖葉鳳學故係庄頭　父葉文教故係丁

棉花新丁葉士明　祖葉鳳全故係丁　父葉文登退係丁

棉花新丁葉羲春　祖葉文發退係丁　父葉士元退係丁

棉花新丁葉永春　子新丁葉　君

棉花新丁趙文先　祖趙自獮　故保丁　父趙登雲　退保丁　子新丁趙富臣

棉花新丁趙二　祖趙雲龍　故保丁　父趙加瑞　散保故閑

棉花新丁崔義德　祖崔廷忠　故保丁　父崔文祥　壯丁

棉花新丁崔義官　祖崔廷玉　故保丁　父崔文登　退保丁

棉花新丁崔文朗　祖崔天鳳　故保丁　父崔廷玉　故保丁　子新丁崔義昇

棉花新丁崔義功　祖崔廷玉　故保丁　父崔文科　散保故閑

棉花新丁崔文清　祖崔天鳳　故保丁　父崔廷琛　退保丁

棉花新丁安大小字　祖安二　故保丁　父安五　閑散人

棉花新丁安得名　祖安玉未　故保丁　父安三　故保丁

棉花新丁 徐銀
棉花新丁 徐七十子
棉花新丁 徐廷相
棉花新丁 徐四
棉花新丁 徐玉
棉花新丁 趙文亮
棉花新丁 趙老各
棉花新丁 趙富榮
棉花新丁 趙富貴

祖 徐廷玉 保丁退
祖 徐九 保丁故
祖 徐継善 保丁故
祖 徐継善 保丁故
祖 趙自衡 保丁故
祖 趙登舉 保庄頭退
祖 趙登舉 保庄頭退

父 徐大 保閑數故
父 徐吉會 保丁退
父 徐大 保丁故
父 徐三 保閑數故
父 趙登舉 保庄頭退
父 趙文明 保丁退
父 趙文學 保閑數故

棉花新丁谷如宣

祖谷元達 保丁退

父谷[illegible]

棉花新丁谷老各

祖谷自賢 保丁故

父谷五十 保丁退

棉花新丁谷長壽

祖谷七 保丁退

父谷元龍 壯丁

棉花新丁谷保子

祖谷七 保丁退

父谷元虎 保閑散故

棉花新丁谷孔秀

祖谷四子 壯丁

父谷元善 保丁故

棉花新丁谷珠子

祖谷自平 保丁故

父谷大 保閑散故

棉花新丁徐閏保

祖徐廷玉 保丁退

父徐戒 壯丁

棉花新丁徐馬案兒

祖徐繼善 保丁故

父徐廷王 保丁退

棉花新丁徐 金

棉花新丁谷如奇　祖谷元傑故係丁　父谷大係閒歇故

棉花新丁谷六　祖谷自冨故係丁　父谷元孔退係丁

棉花新丁谷得保

棉花新丁谷國秀　祖谷自冨故係丁　父谷四壯丁

棉花新丁谷賢秀　祖谷自冨故係丁　父谷元義係閒歇故

棉花新丁谷豊秀　祖谷自高退係丁　父谷元相壯丁

棉花新丁谷茂秀

棉花新丁谷喜秀　祖谷自高退係丁　父谷元連退係丁

棉花新丁谷可秀

棉花新丁谷如林
棉花新丁谷成秀
棉花新丁谷芝秀
棉花新丁谷如錦
棉花新丁谷如彬
棉花新丁谷朝秀
棉花新丁谷黄英
棉花新丁谷潤
棉花新丁谷玉秀

祖谷五頭係庄故
祖谷自明係丁故
祖谷元連係丁退
祖谷元忠係丁故
祖谷自富係丁故
祖谷白秀係丁退
祖谷自明係丁故

父谷曹六庄頭
父谷五頭係庄故
父谷野秀閑散人
父谷清秀係丁退
父谷元仁係閑散故
父谷如達閑散人
父谷元傑係丁故

子新丁谷張九

棉花新丁徐朝孔

棉花新丁徐養義　祖徐國忠係丁故　父徐得功係閑散故

棉花新丁蕭大小子　祖蕭得明係丁故　父蕭三達子壯丁

棉花新丁蕭連成　祖蕭朝聘係丁故　父蕭得雲閑散人

棉花新丁蕭刘得子

棉花新丁蕭二　祖蕭成功係閑散故　父蕭九係閑散故　子新丁蕭大小子

棉花新丁蕭四

棉花新丁孫二小子　祖孫二閑散人　父孫五十四壯丁

棉花新丁孫四小子

盛京內務府正白旗實圖佐領下種棉花捕鷹鹽採蜜打鵝大法寺人丁開列於後

計開

棉花新丁李自秀　祖徐宗戒係故丁　父徐三係故丁

棉花新丁徐自祿

棉花新丁徐利　祖徐國忠係故丁　父徐六係壯丁

棉花新丁徐大小子

棉花新丁徐二小子

棉花新丁徐朝龍

棉花新丁徐五小子　祖徐國忠係故丁　父徐得利係閑散故

正白旗

乾隆七年

实图佐领下新查出棉靛蓝採蜜打鸦大法寺人丁册

員外郎薩
八
初二
官筆帖式
文壹件冊
八年八月初二日
筆帖式徐世訓

納可也等因前來查原任佐領强讓名下應分賠核減銀
三十四兩零二分二厘今已如數備齊赴庫交納前來相應咨行
盛京戶部查收見覆外並知照
盛京工部可也爲此上呈

照数追交歸欵每員名下應分交銀三十四两零二分二厘

除本部劄飭主事奇明額作速備銀前赴

盛京户部銀庫交納並咨行

盛京户部查收見覆外其佐領強謙名下應分交銀三十

四两零二分二厘相應移咨

盛京總管內務府希爲轉飭該員如數備銀赴庫交

清寧宮等工共用工料銀二千七百四十八兩四錢八分五厘核減

釘鐵蔴刀等物銀六十四兩五錢九分四厘寔准銷銀二

千六百八十三兩八錢九分一厘前來查修理

清寧宮等工係派委佐領強讓主事奇明額修理之工今奉部

核減銀六十四兩五錢九分四厘舊木變價銀三兩四錢五

分共計銀六十八兩零四分四厘自應着落原承辦官名下

檔案房　呈為浴交事查前准

盛京工部浴開為浴行事右清吏司案呈准工部浴覆准銷

修理

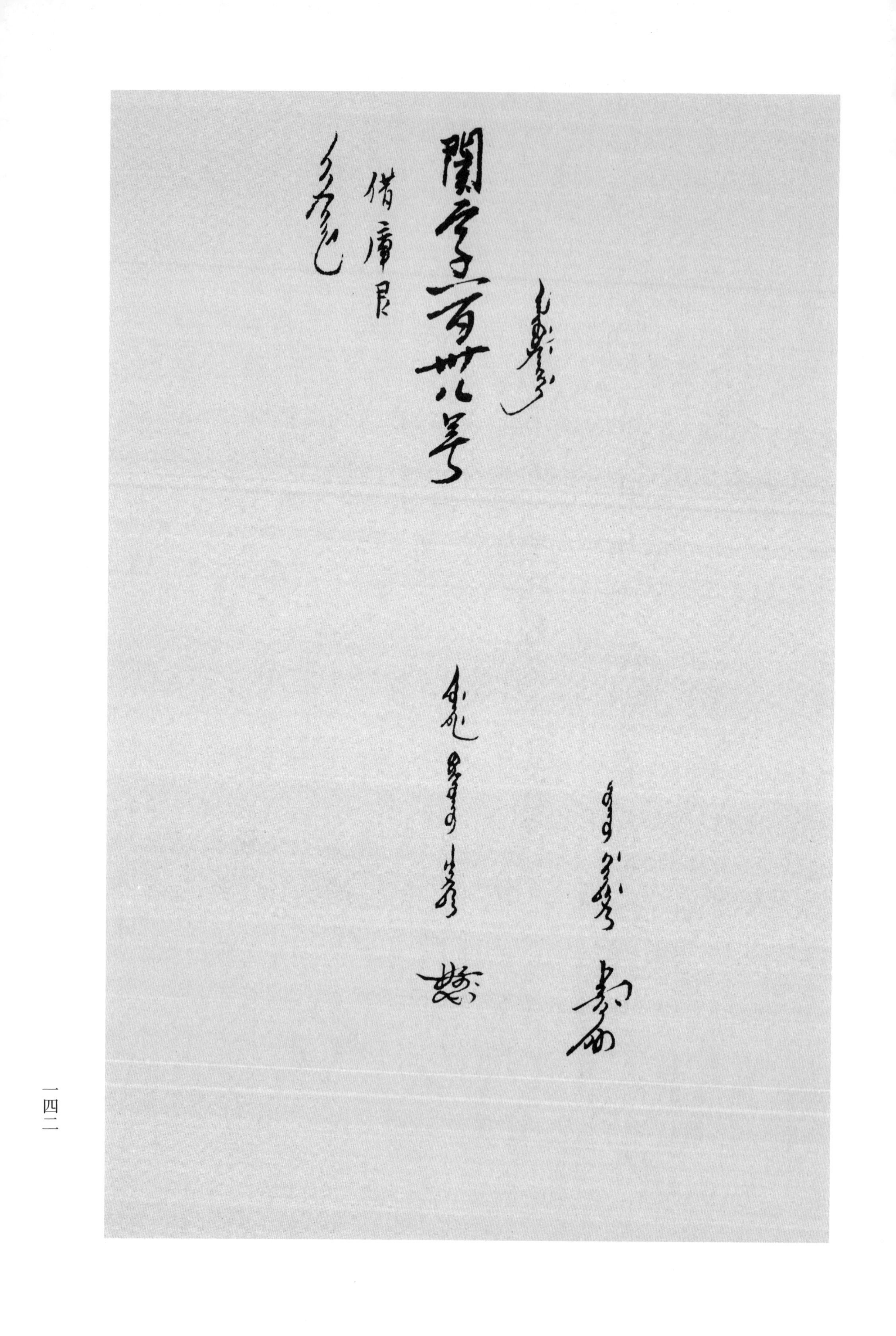

[illegible]

[illegible]

[illegible]

閑字五百卅八號

借庫艮

[illegible]

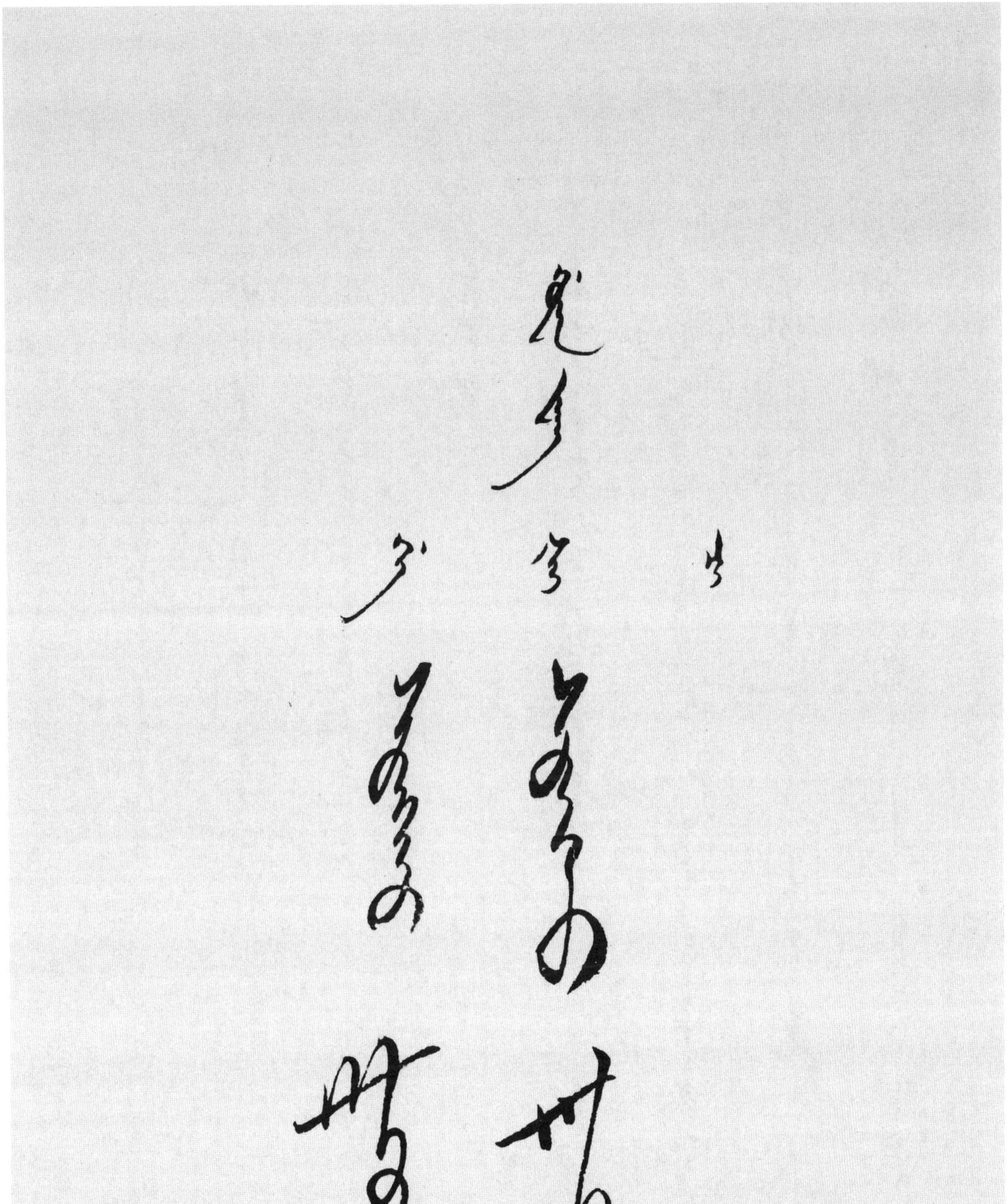

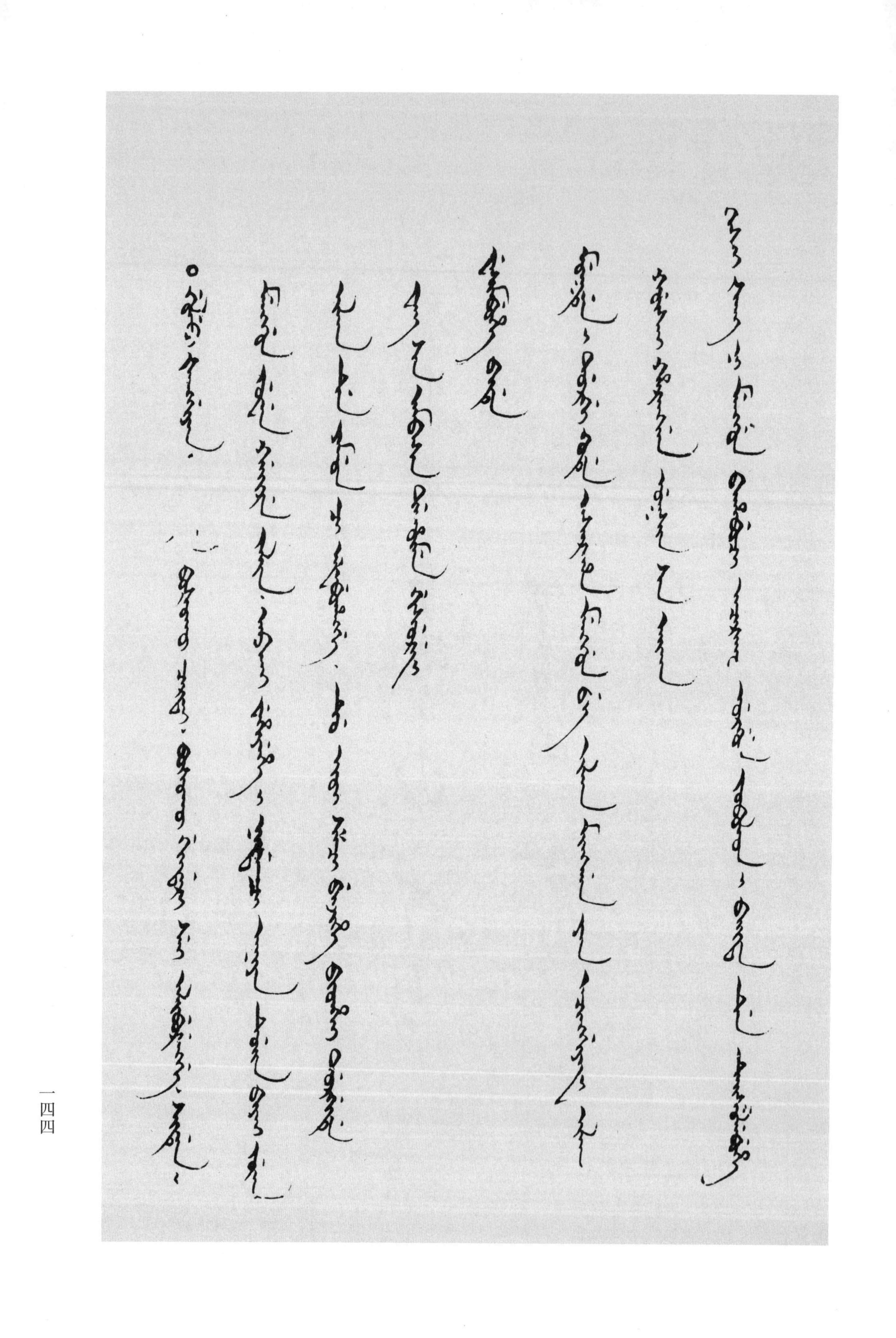

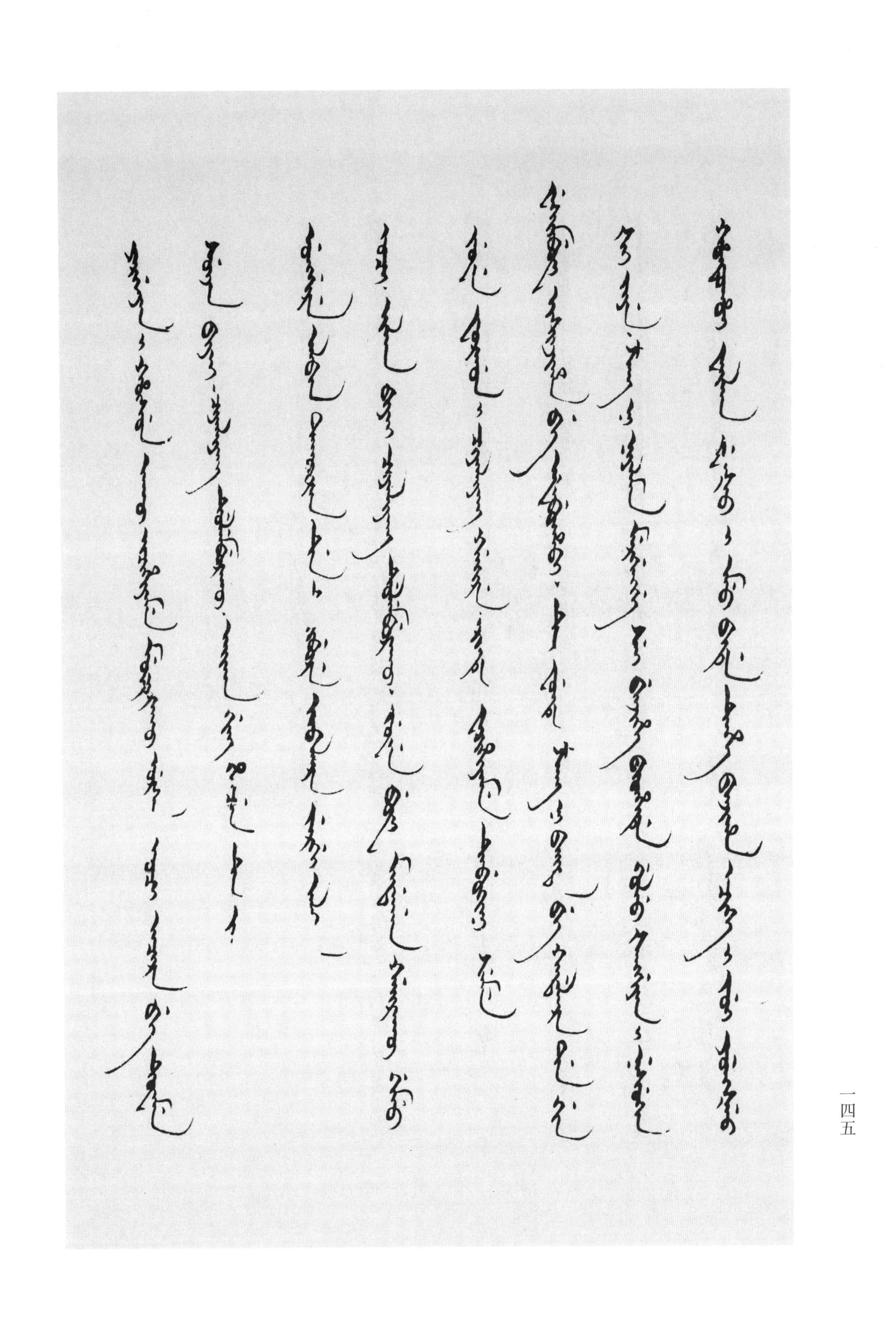

[illegible]

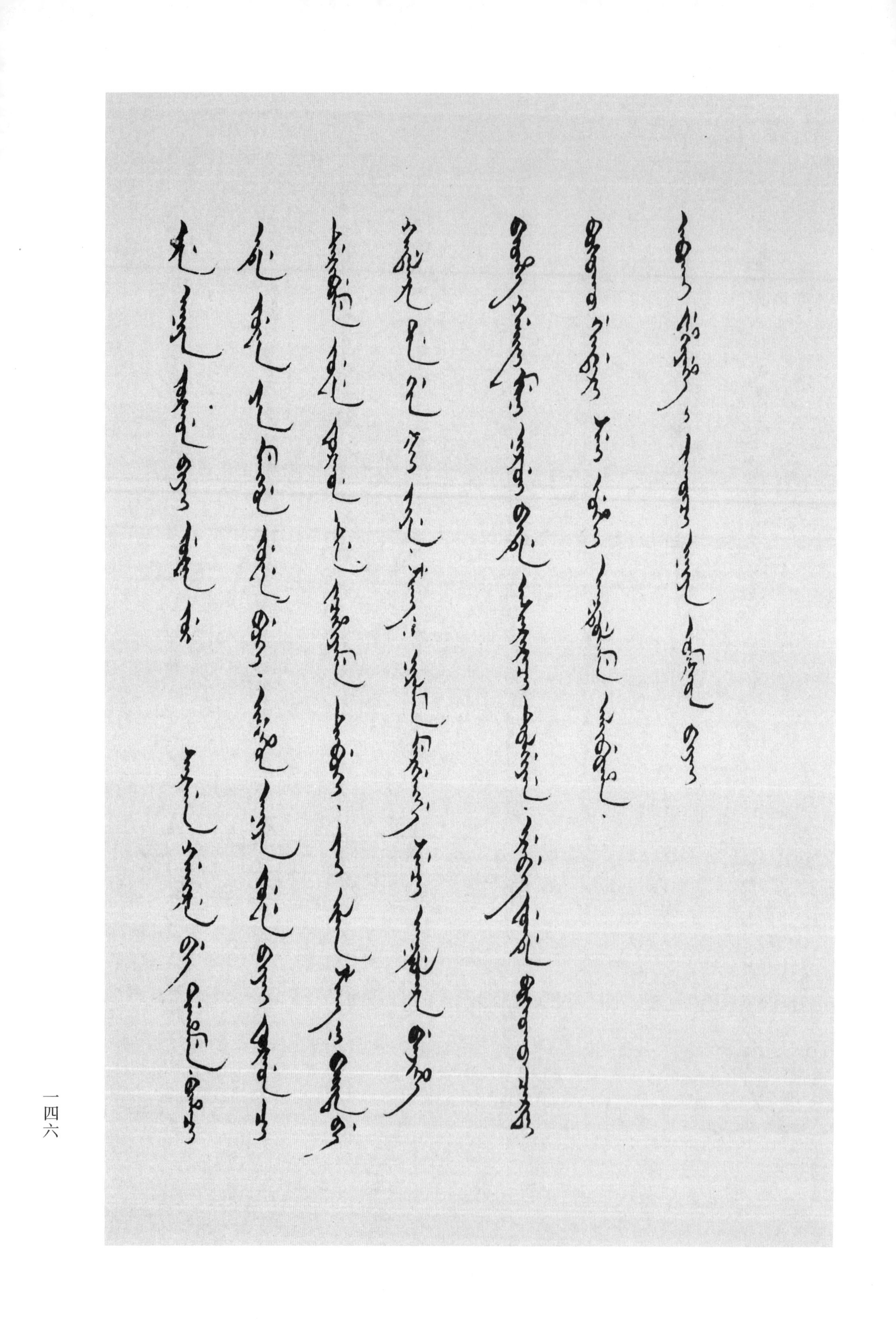

[illegible]

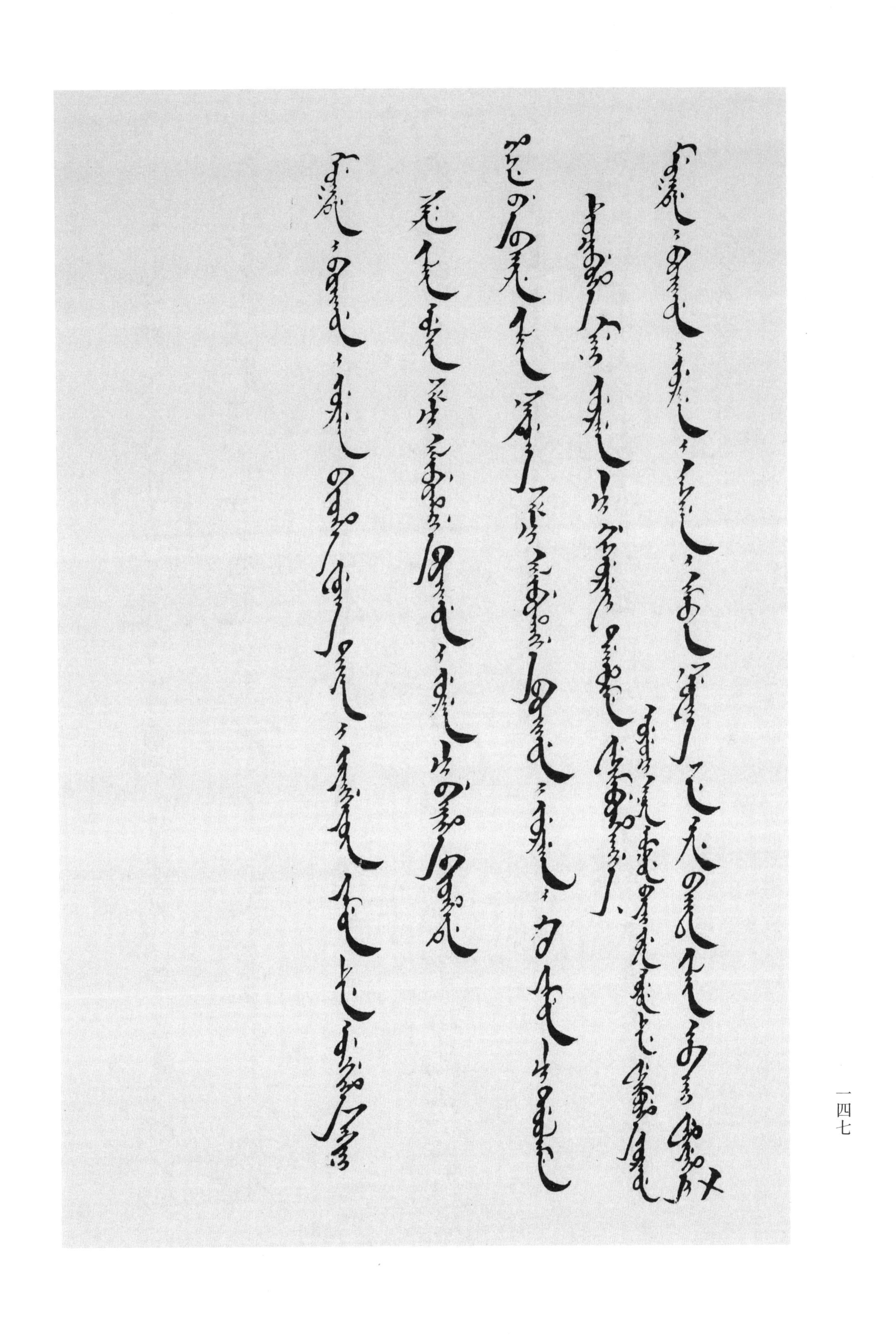

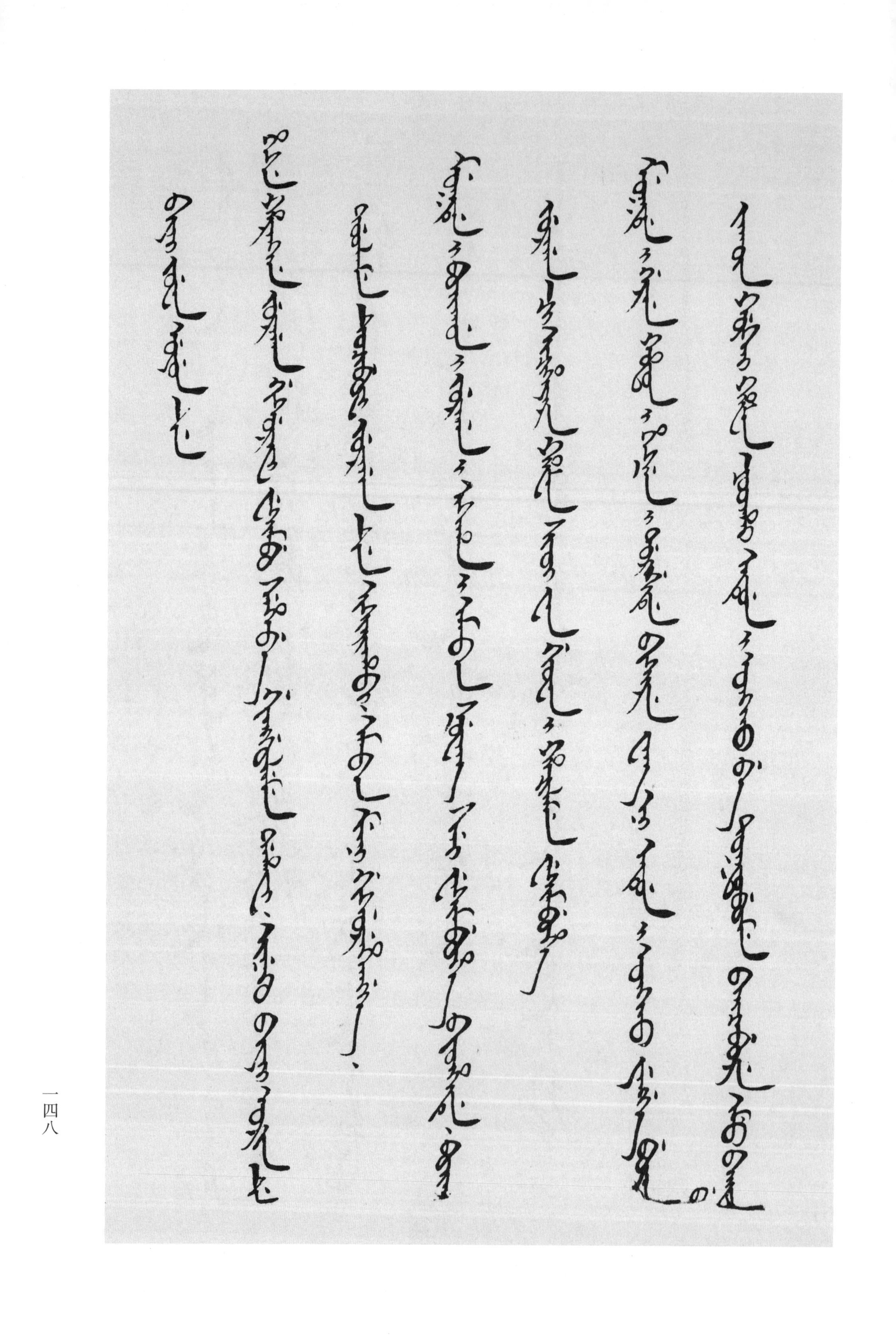

[illegible]

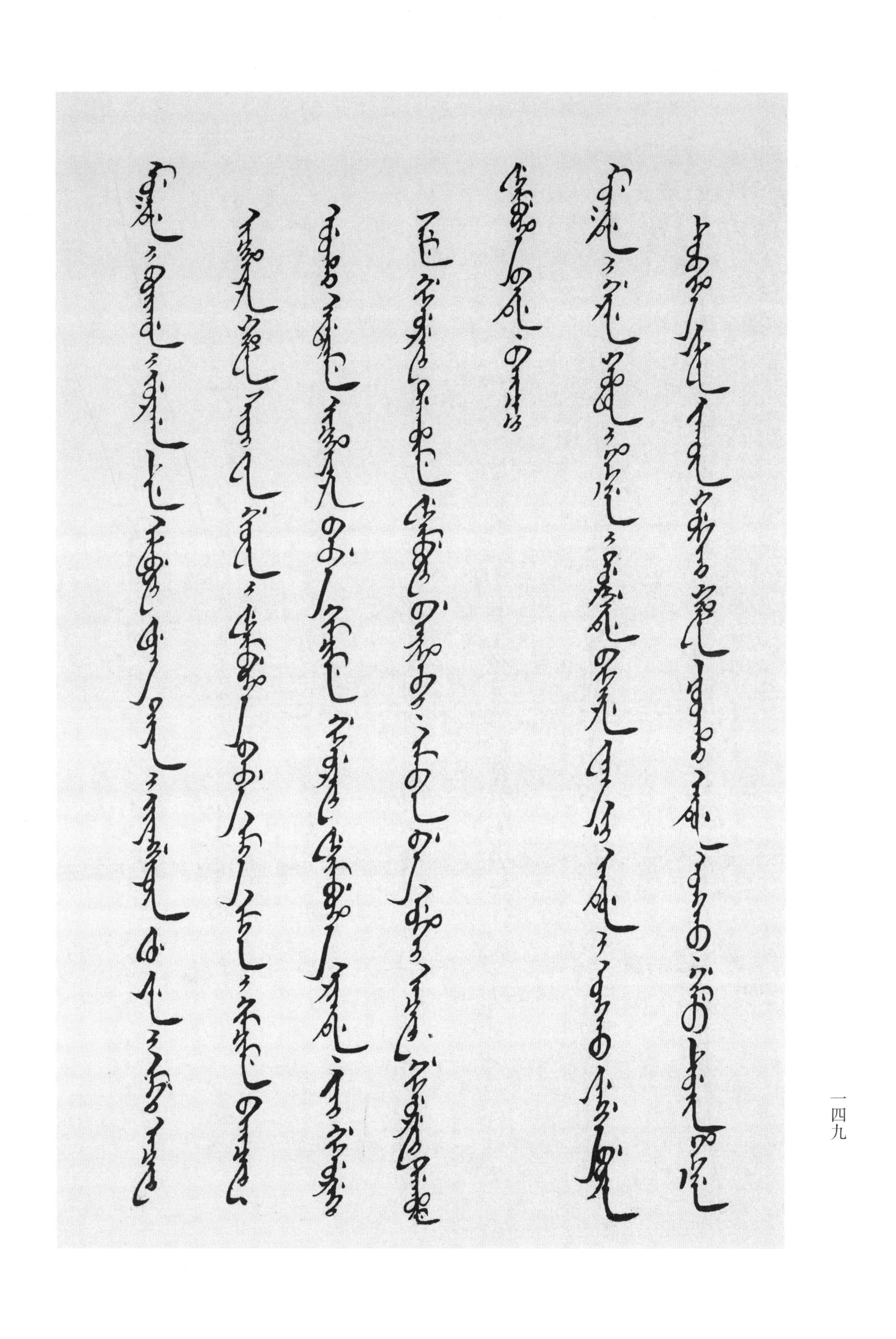

[illegible]

[illegible]

[illegible]

[illegible]

[illegible]

[illegible]

[illegible]

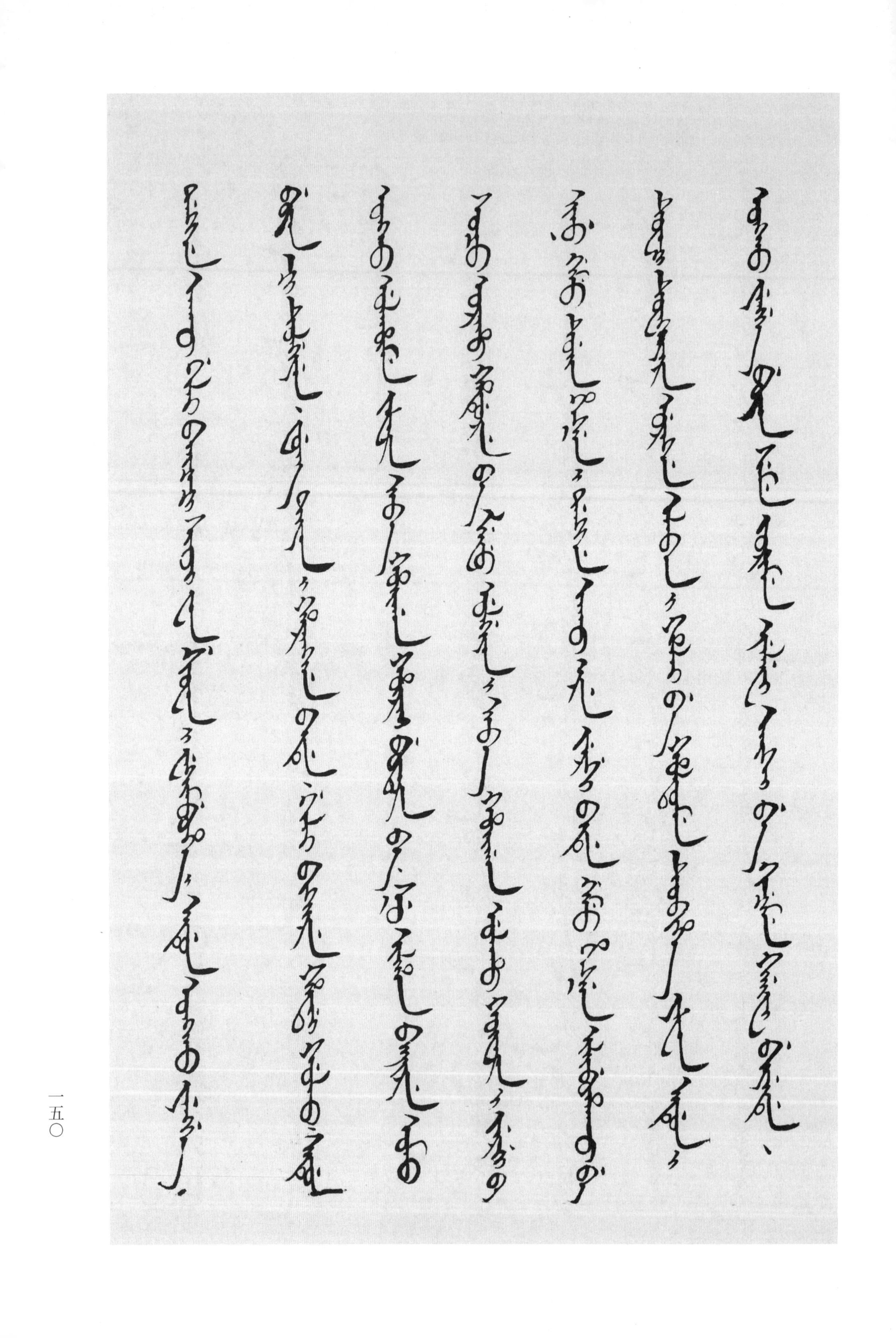

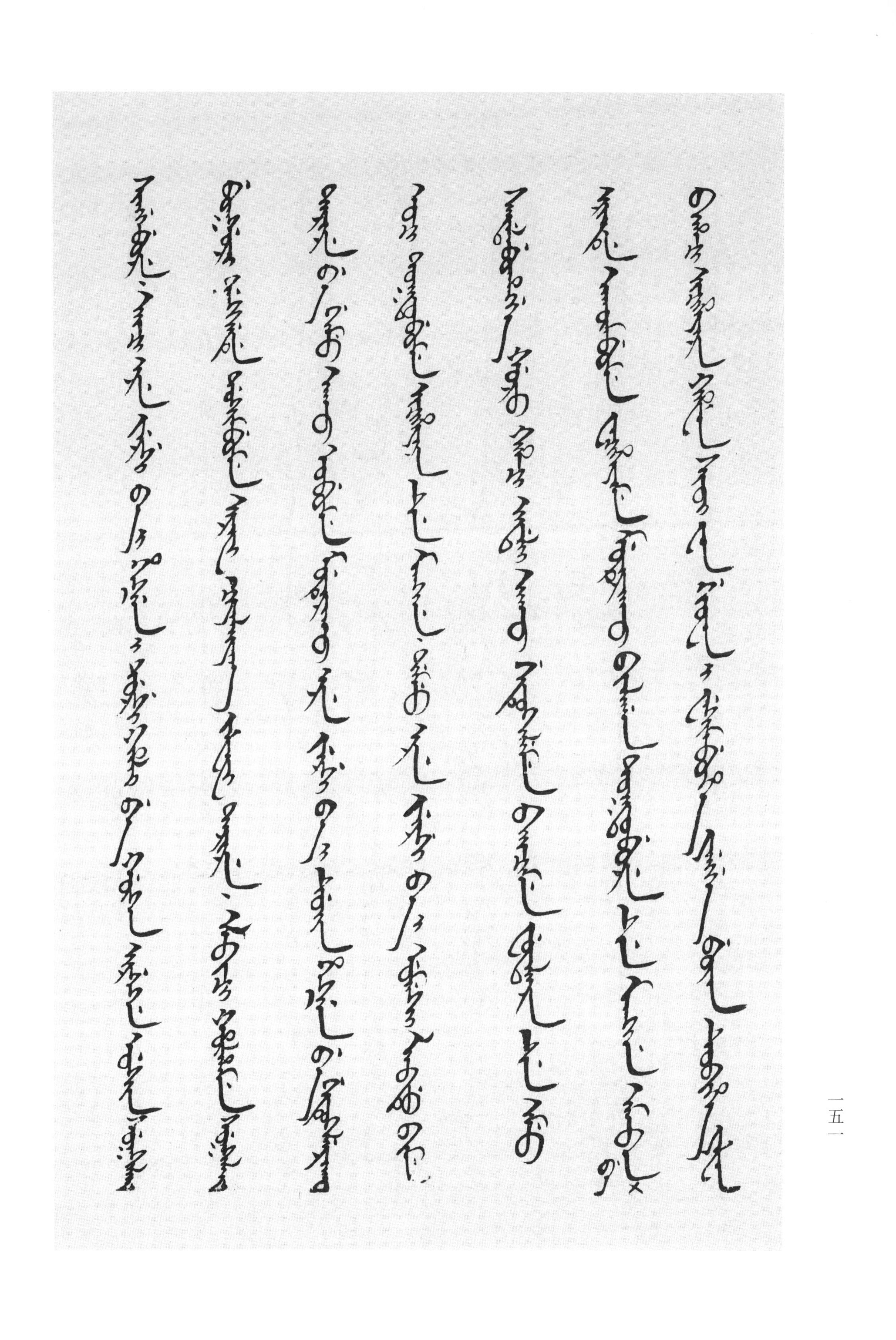

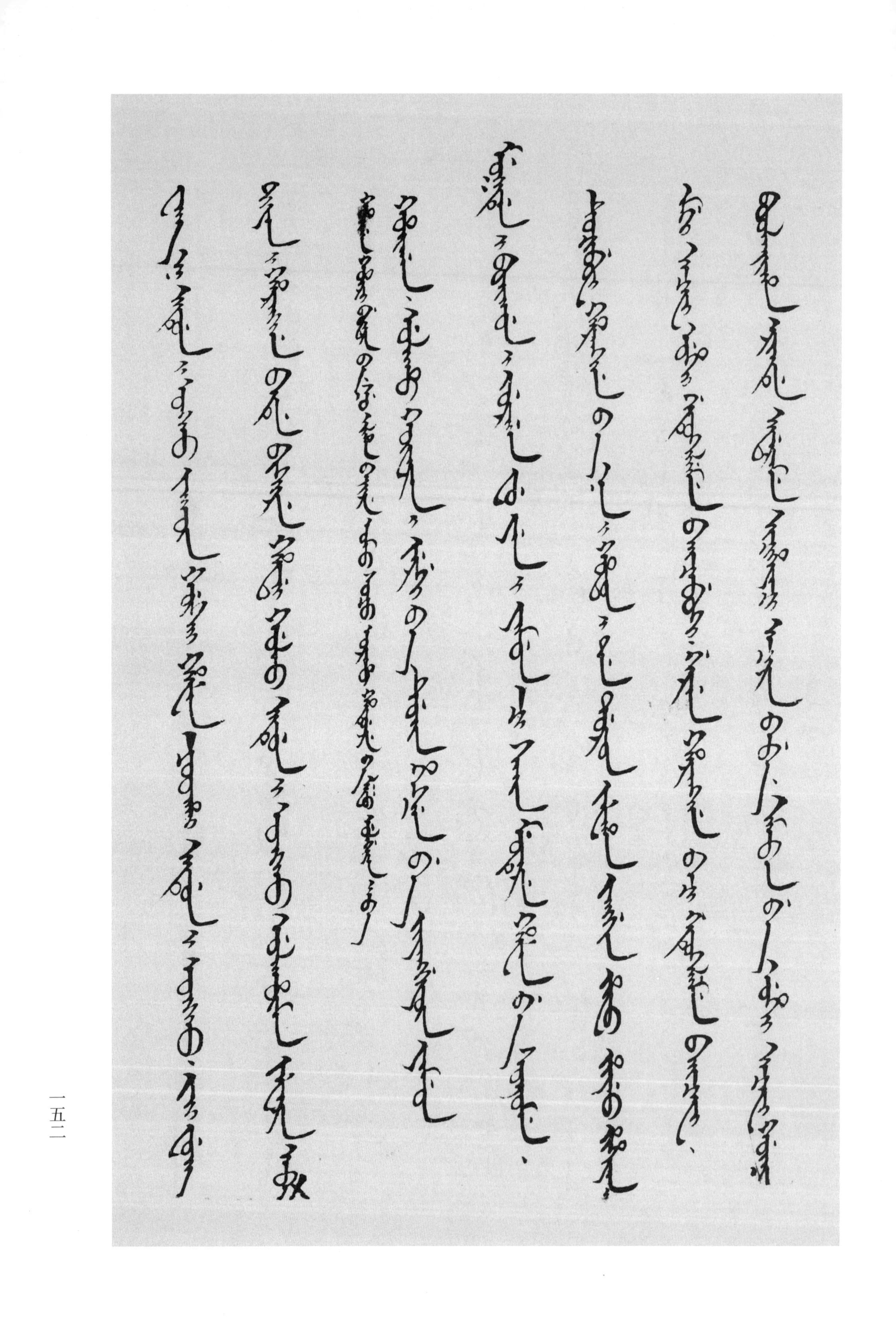

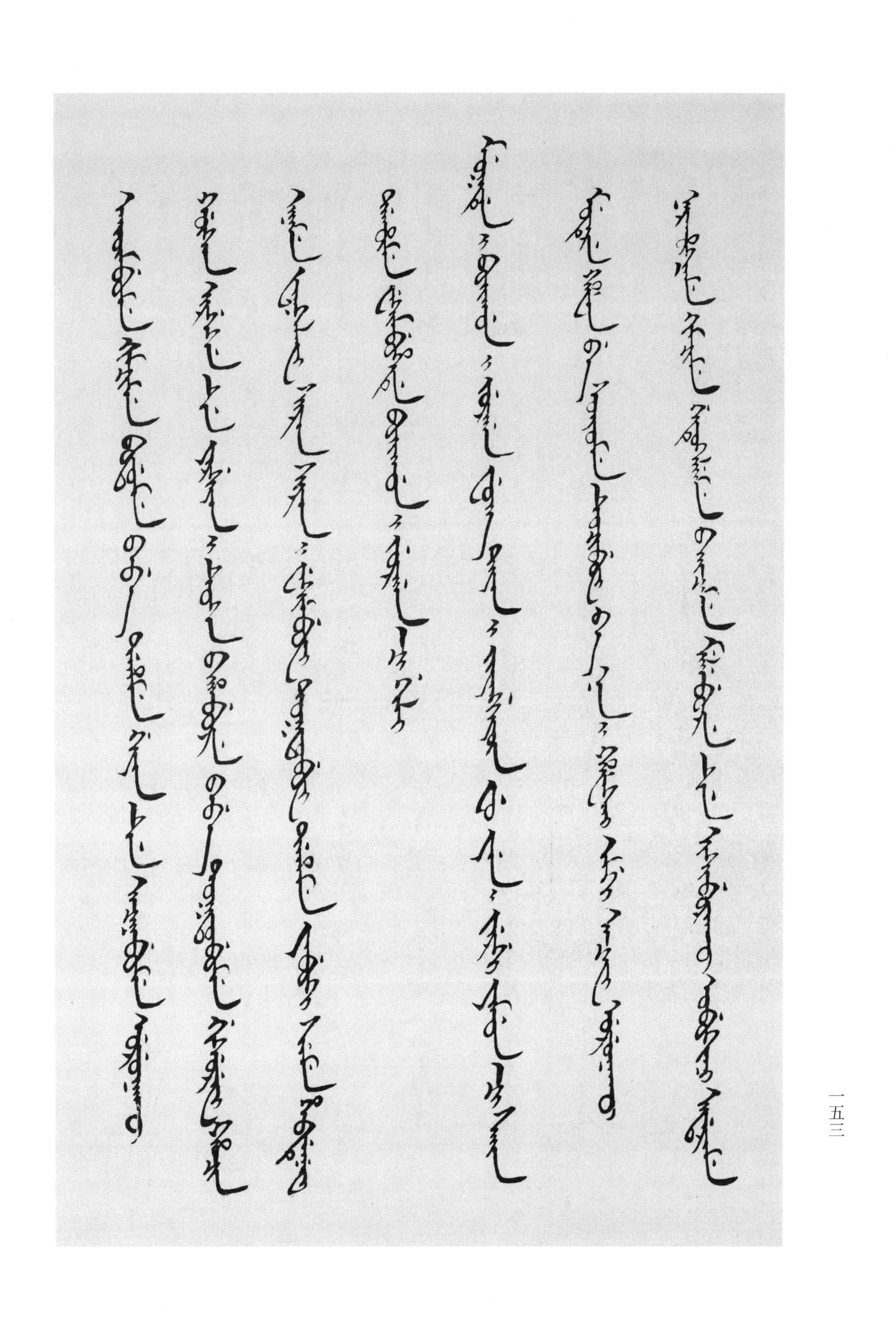

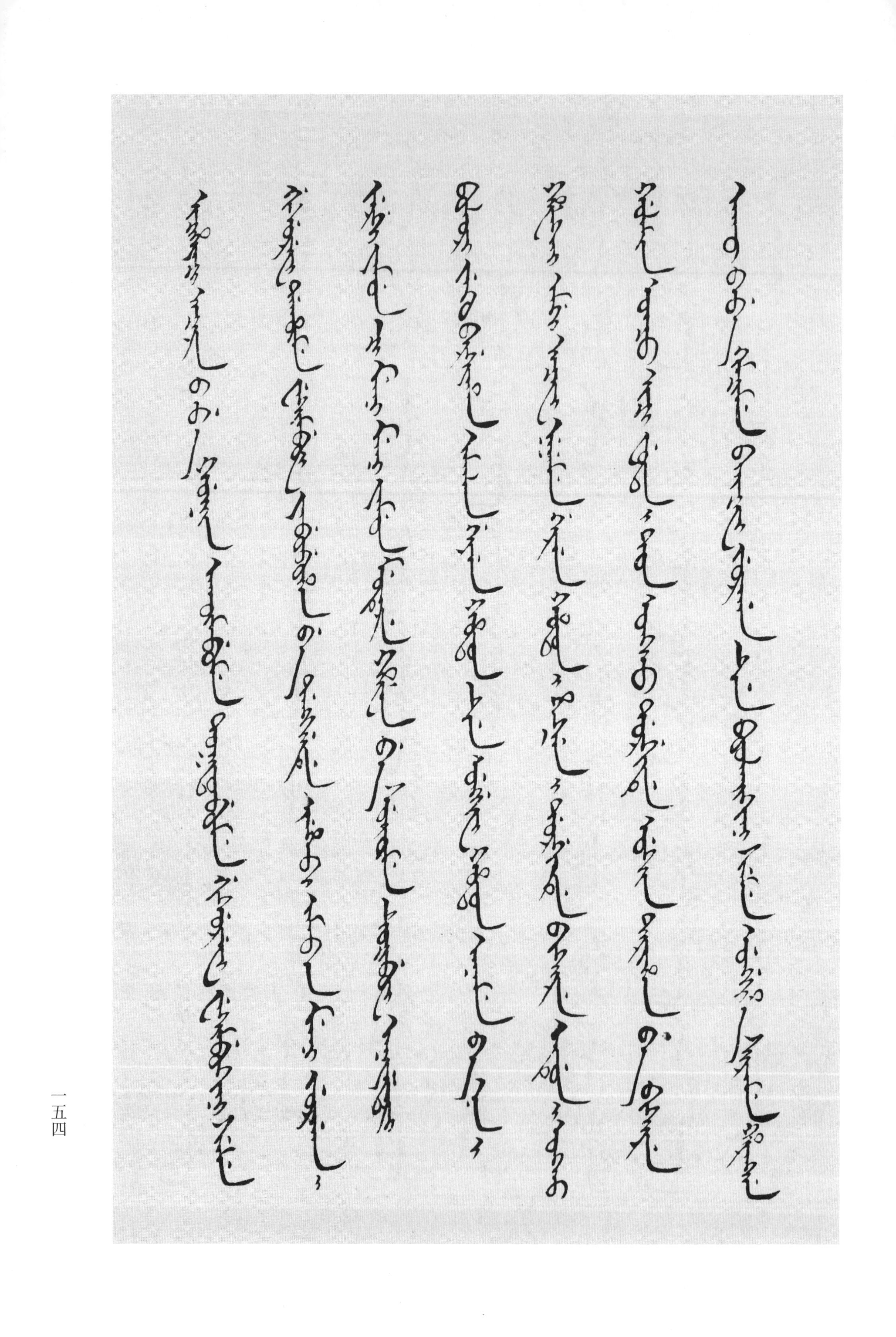

[illegible]

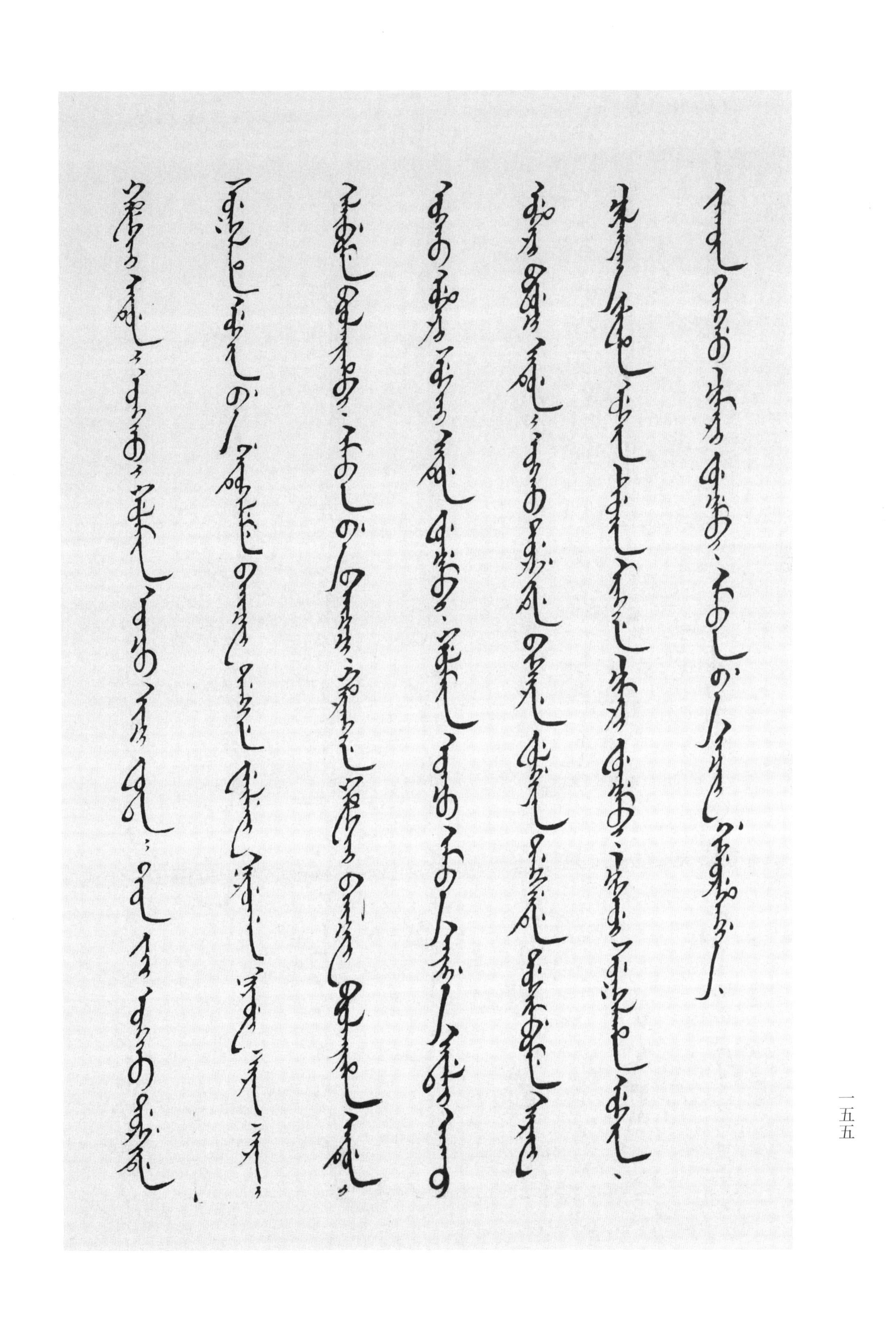

[illegible]

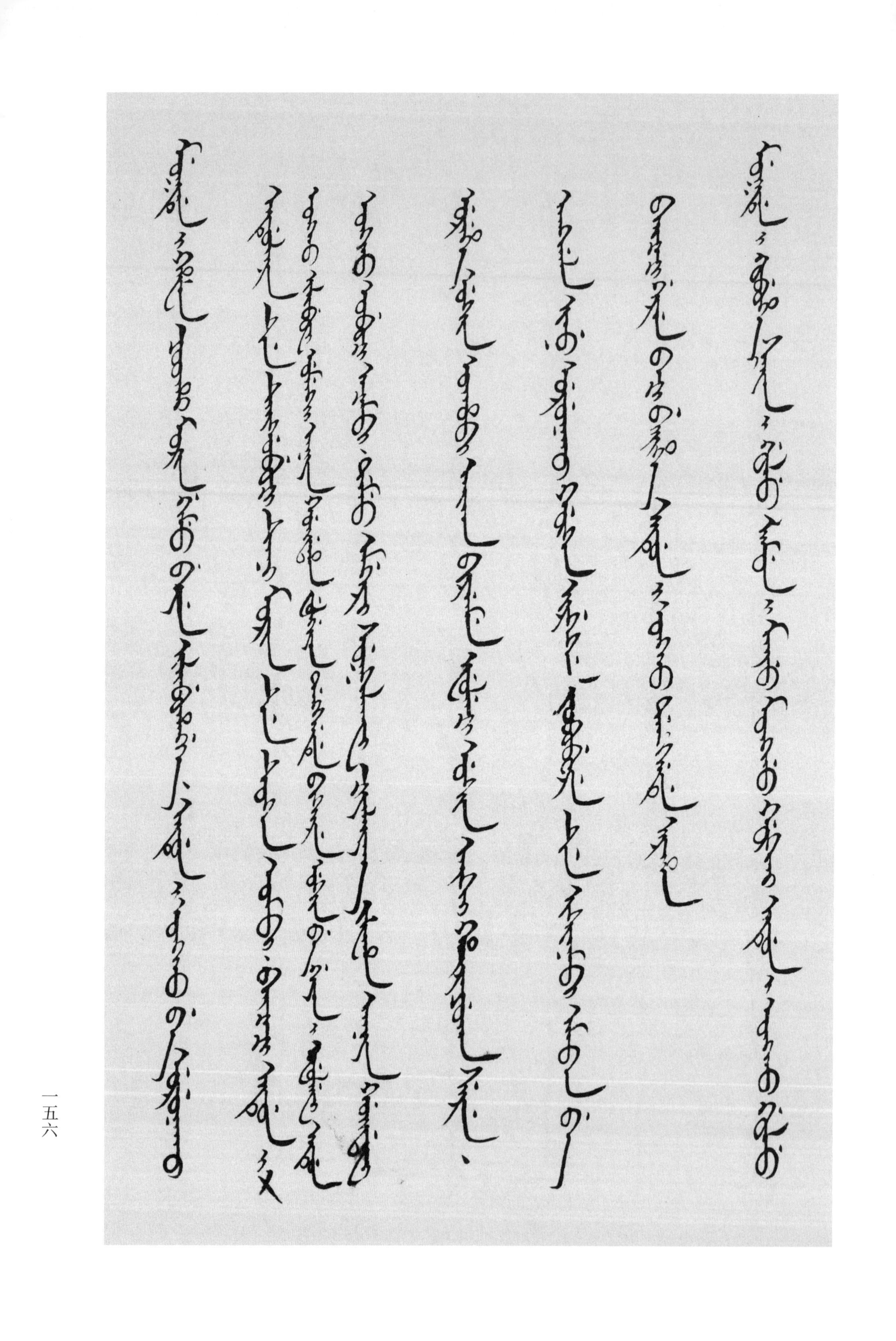

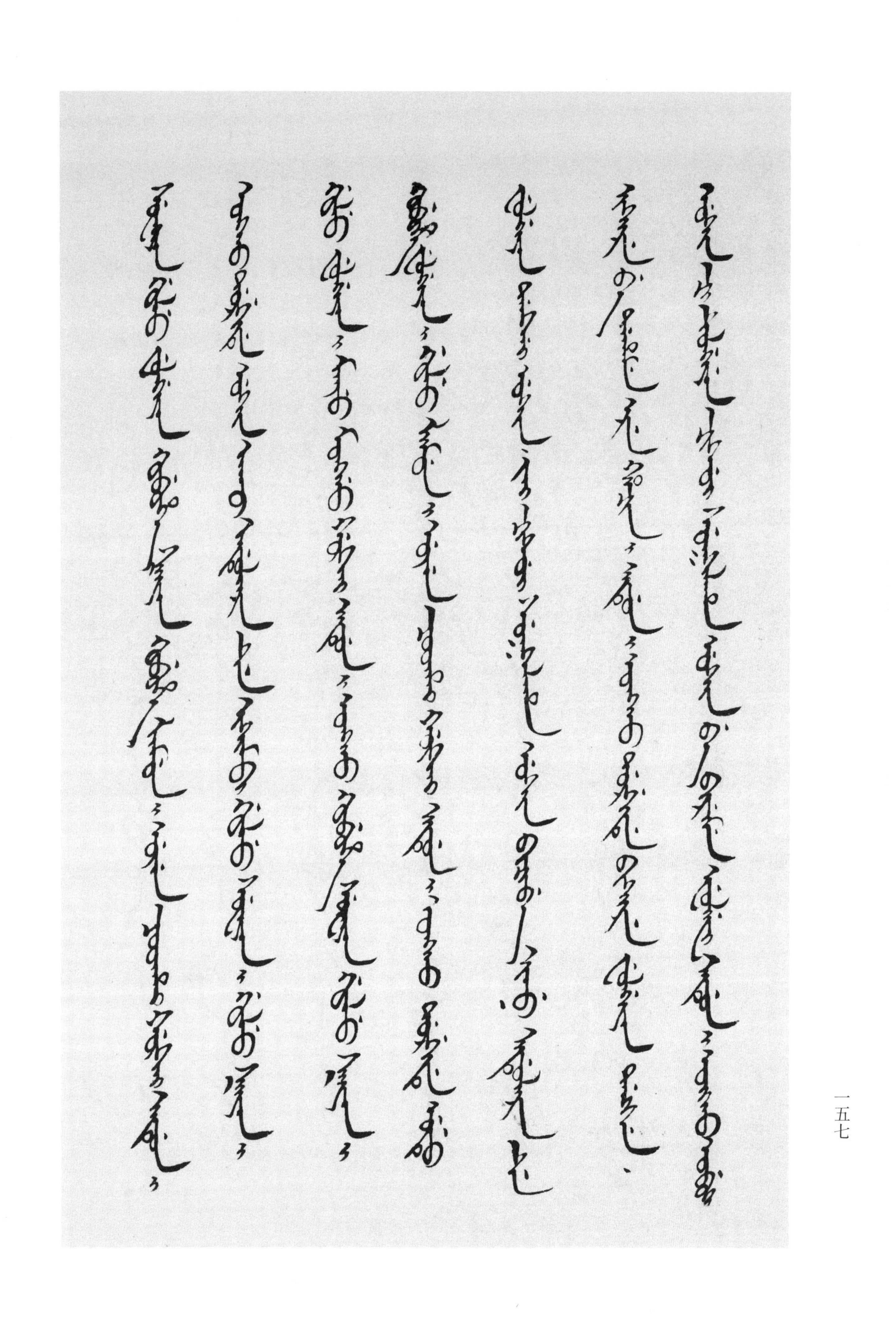

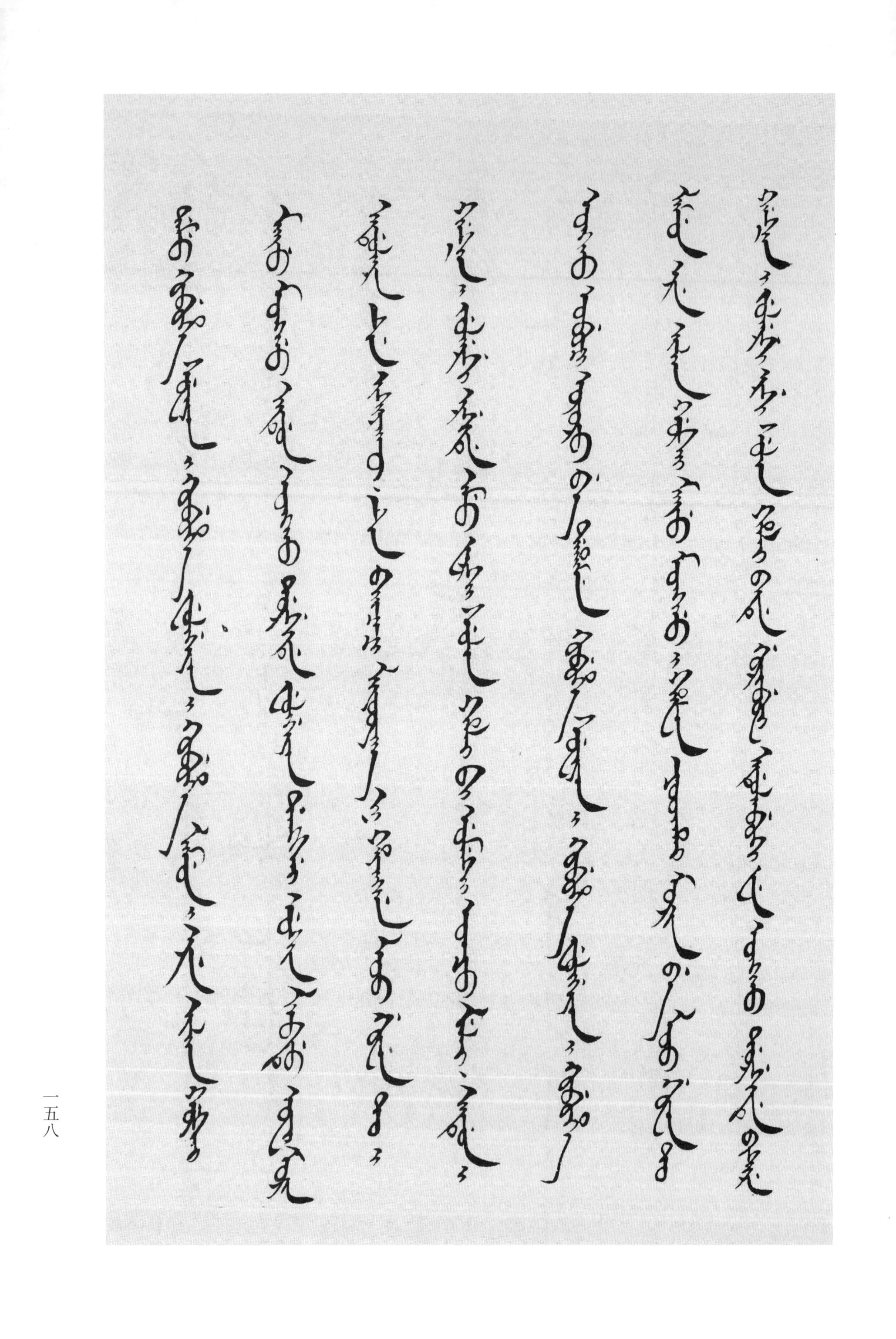

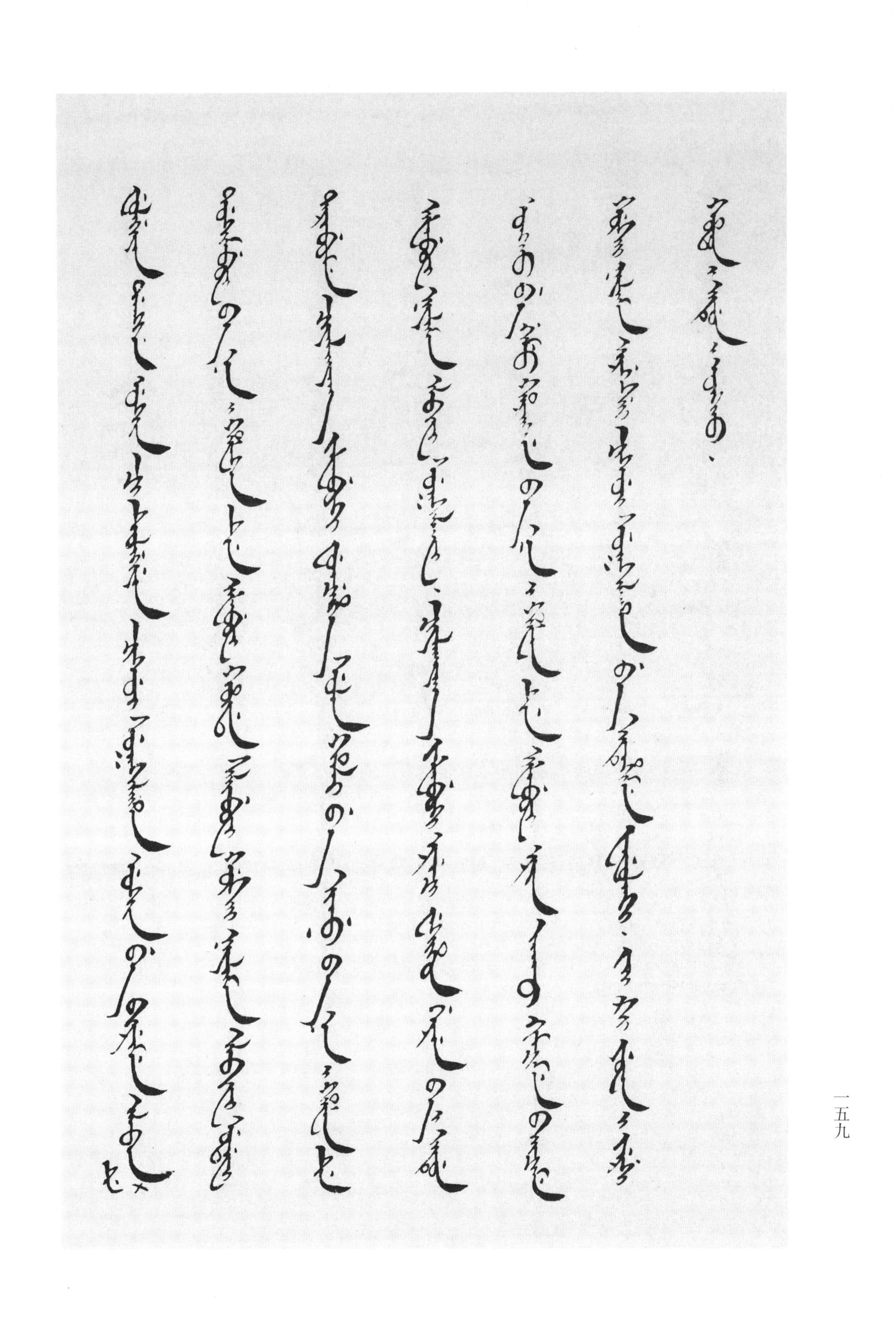

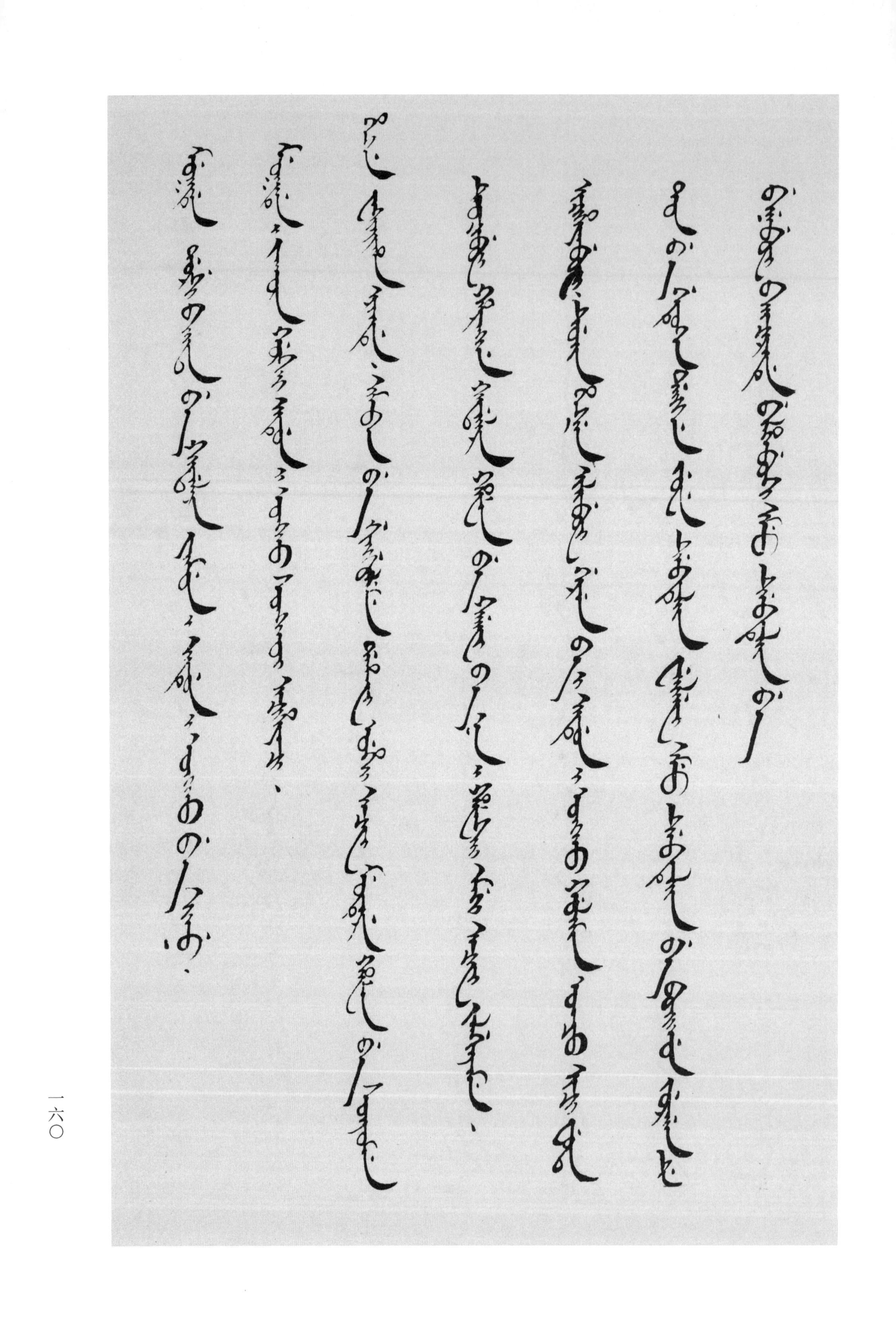

[illegible]

[illegible]

[illegible]

[illegible]

[illegible]

[illegible]

[illegible]

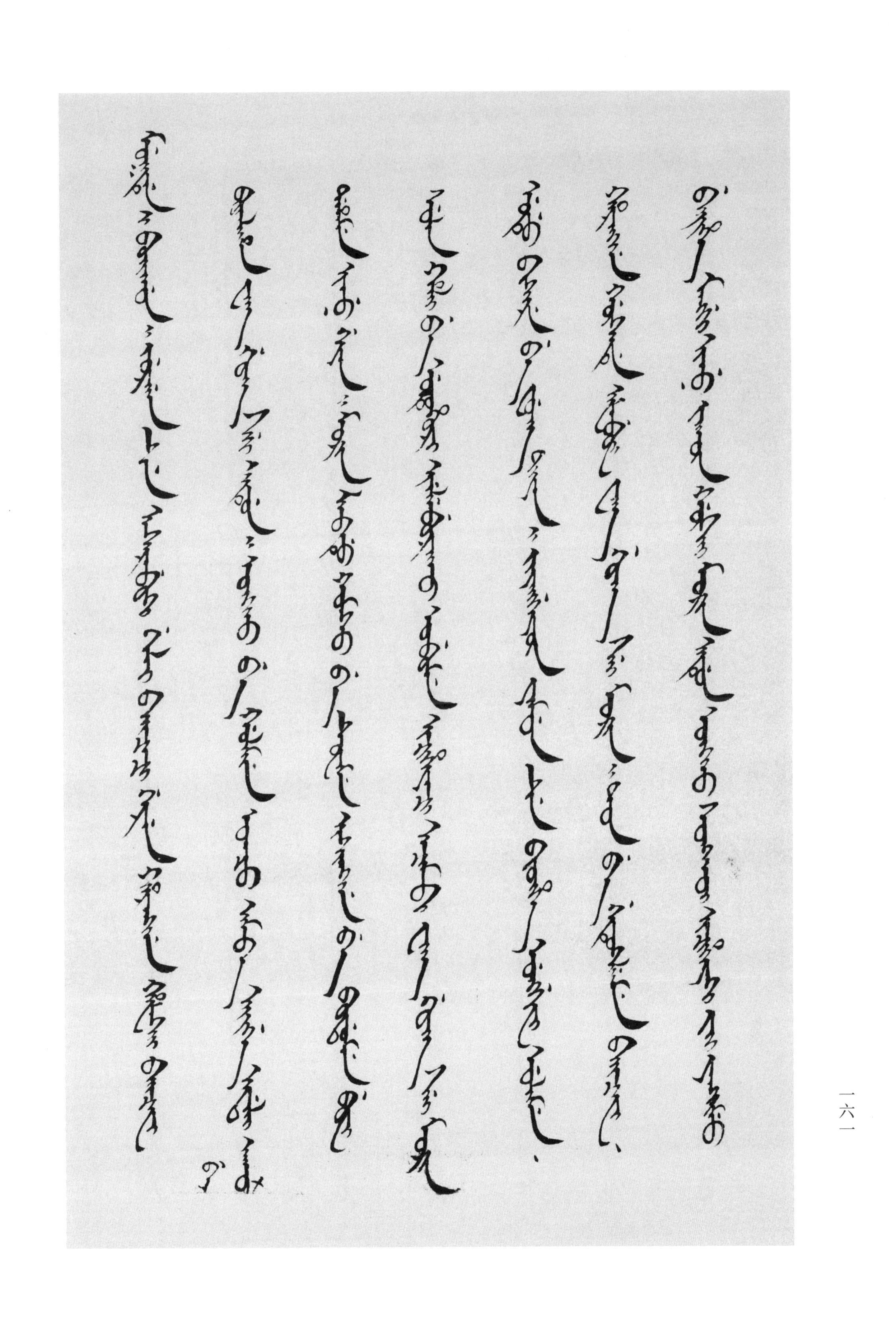

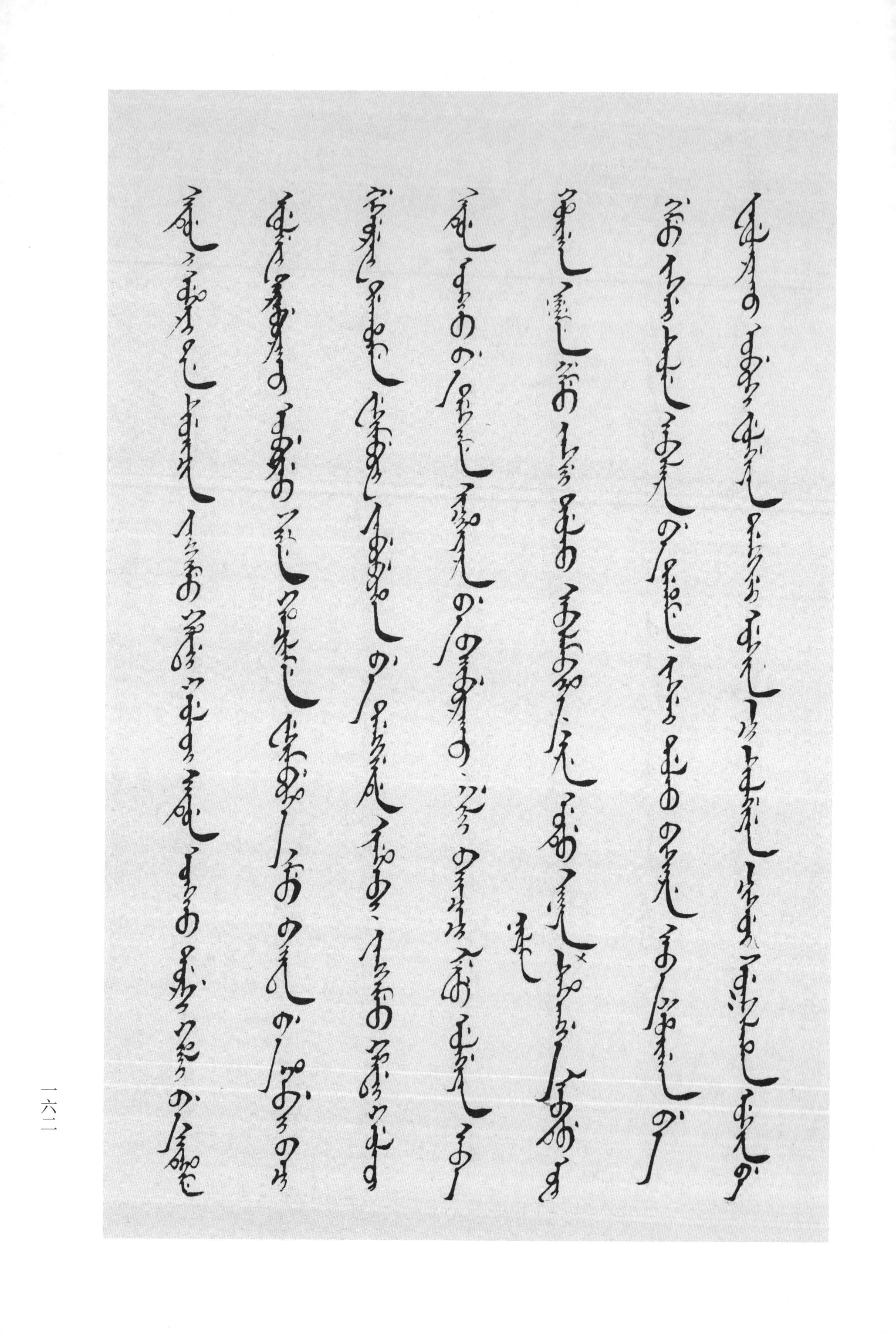

[illegible]

[illegible]

[illegible]

[illegible]

[illegible]

[illegible]

[illegible]

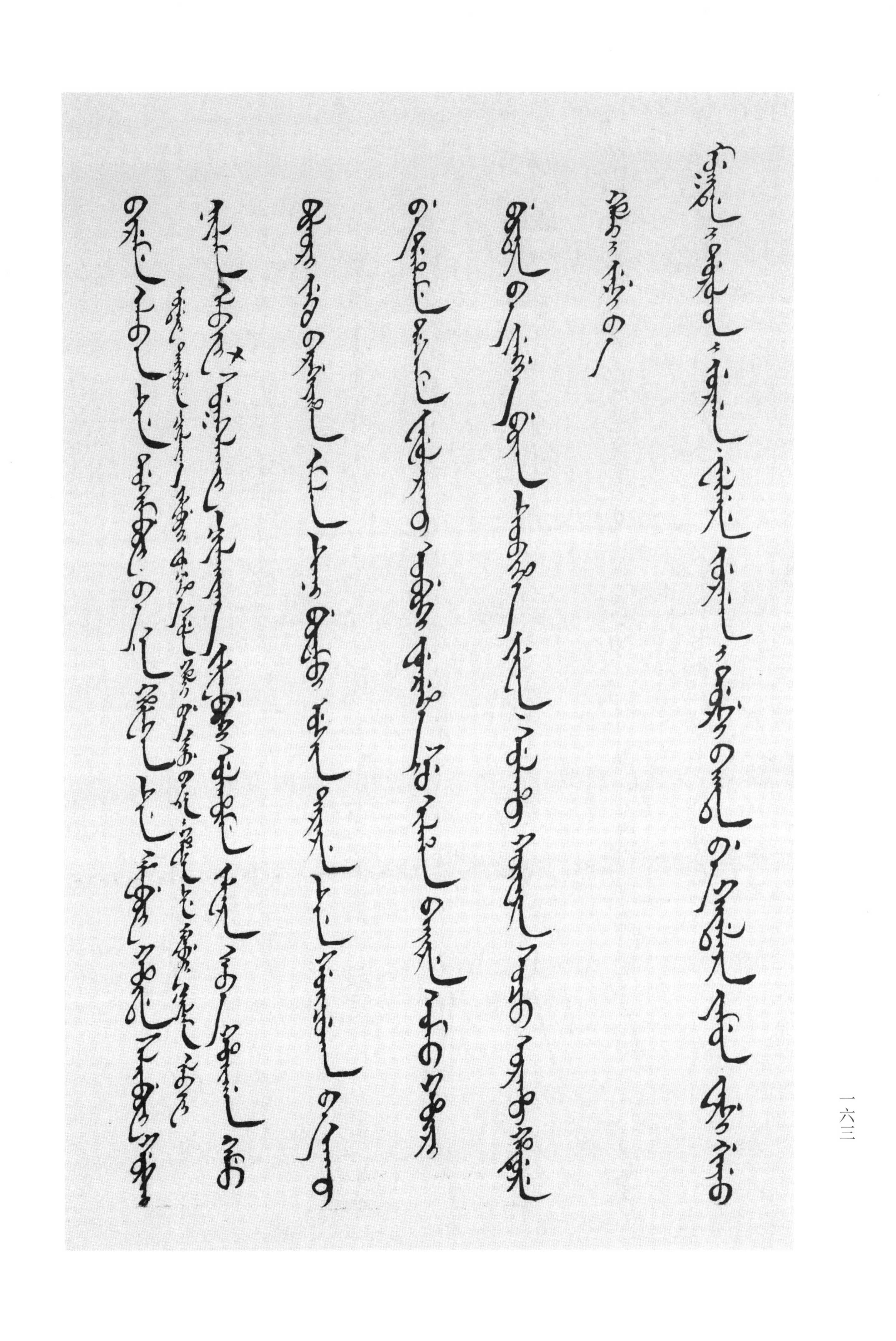

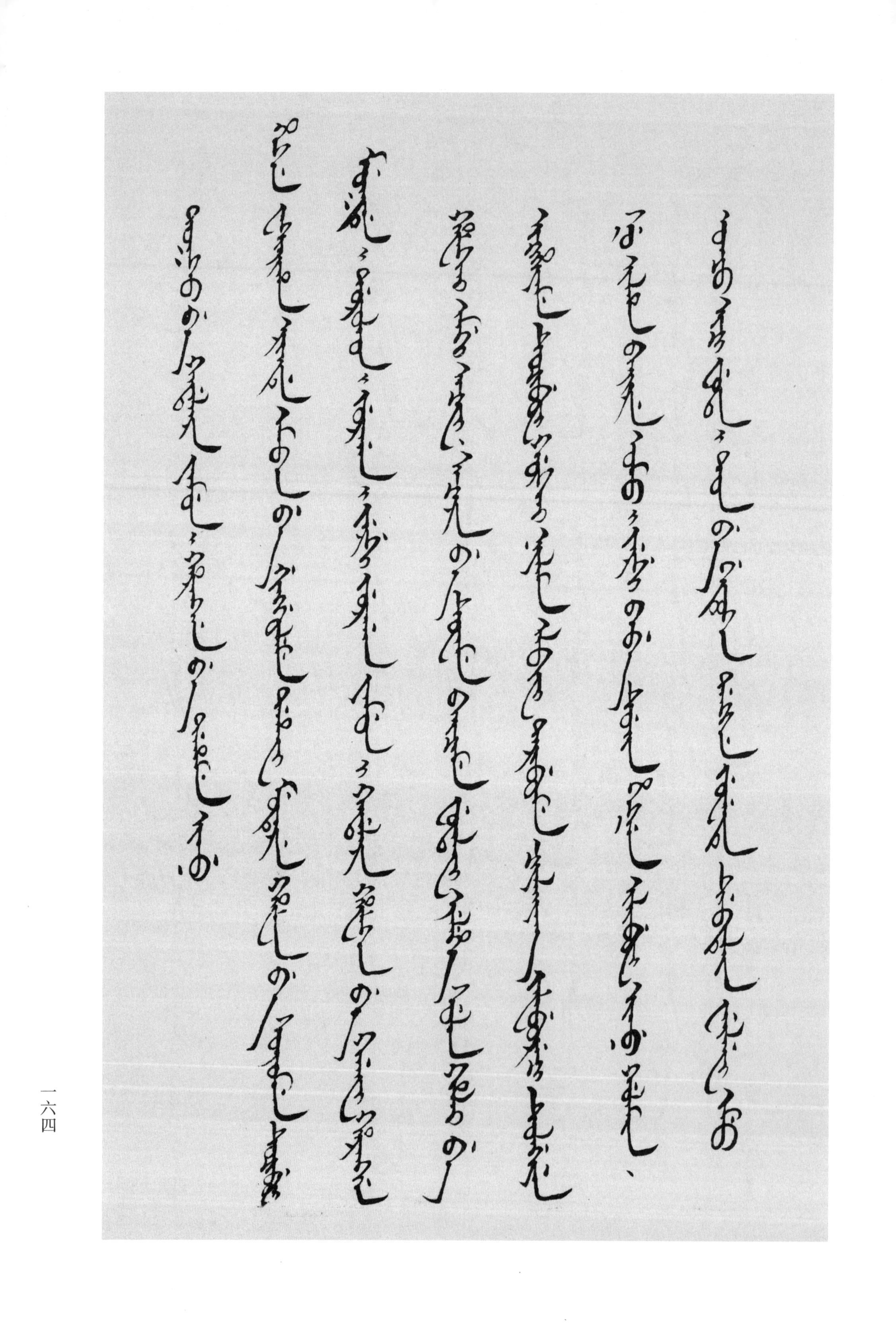

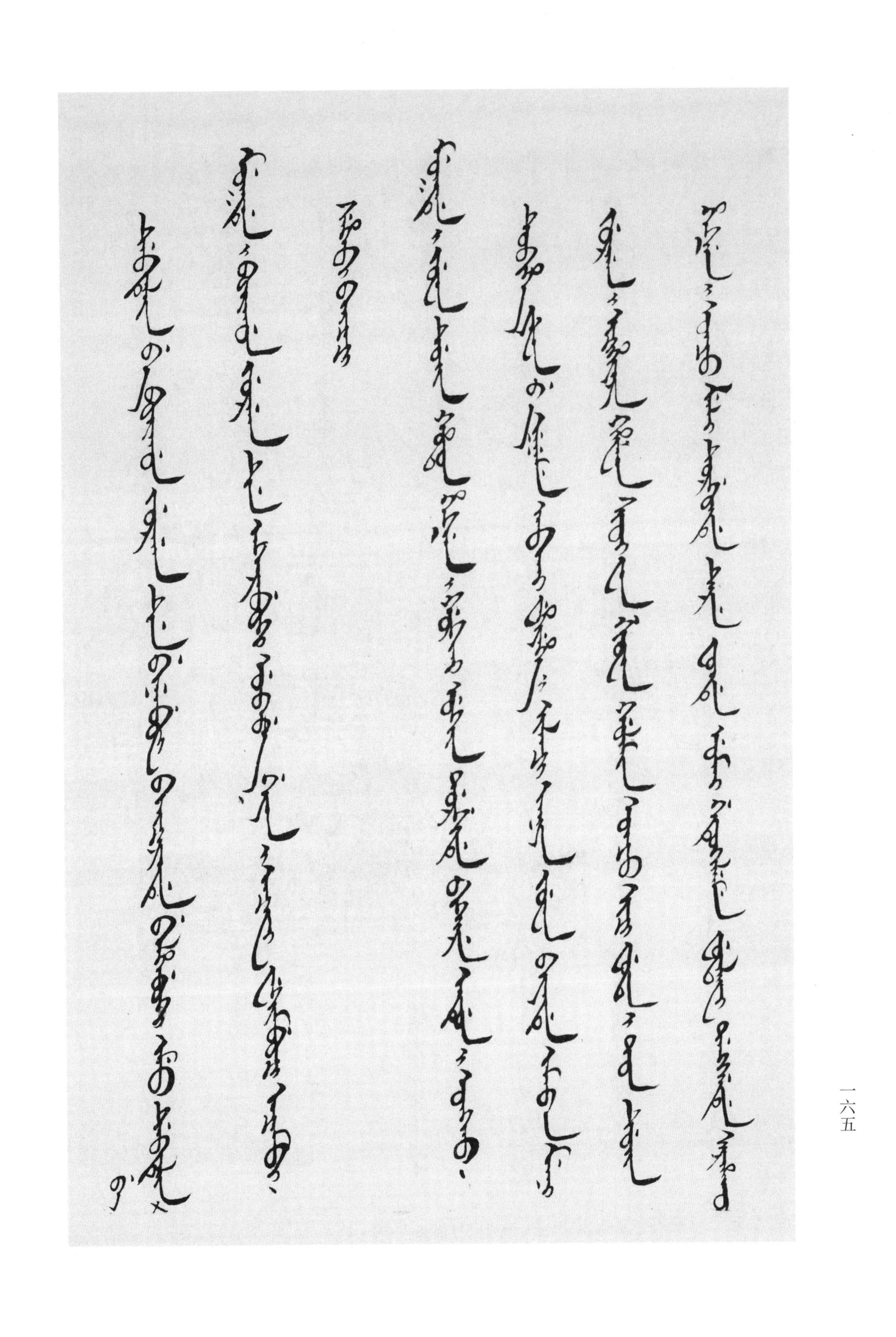

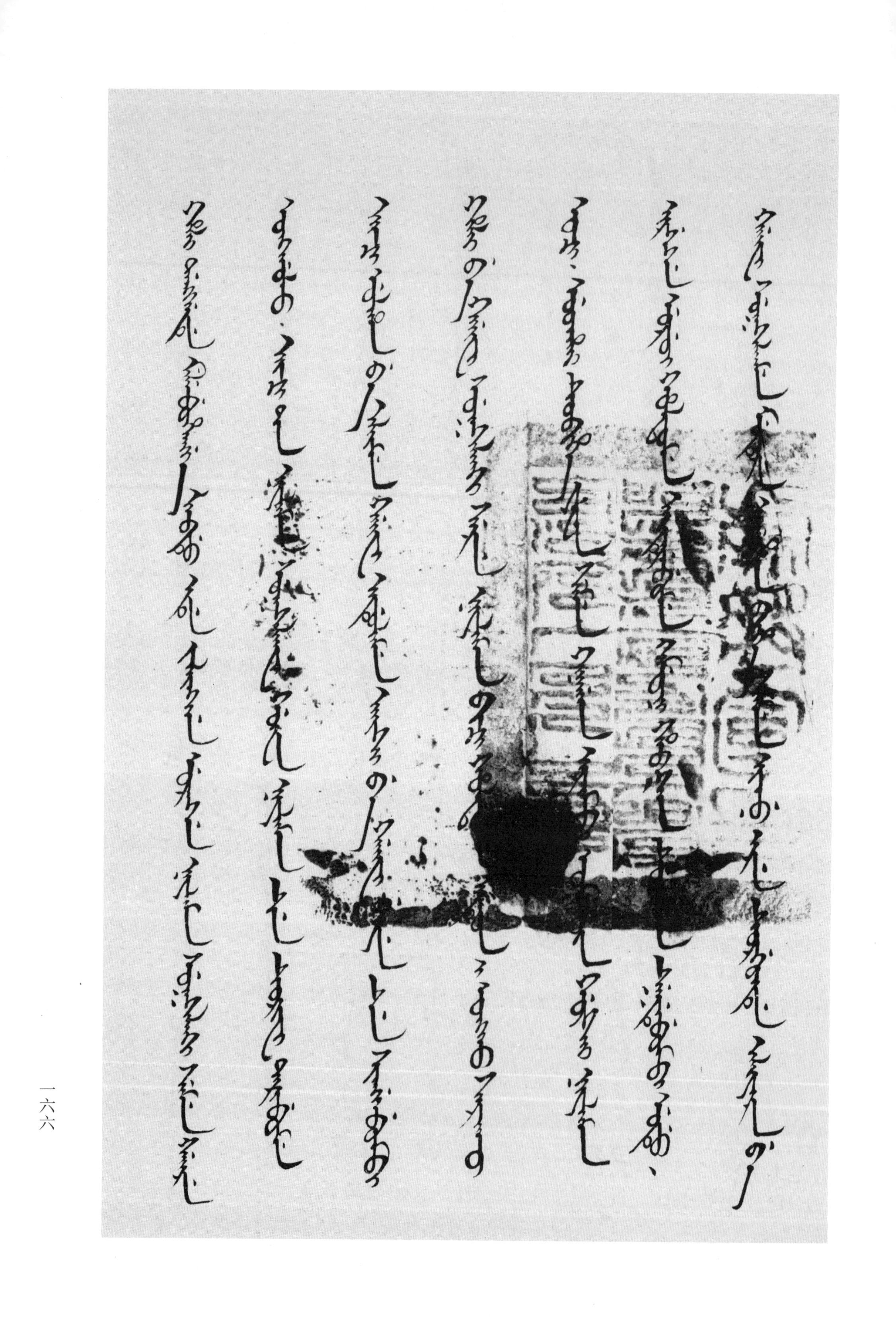

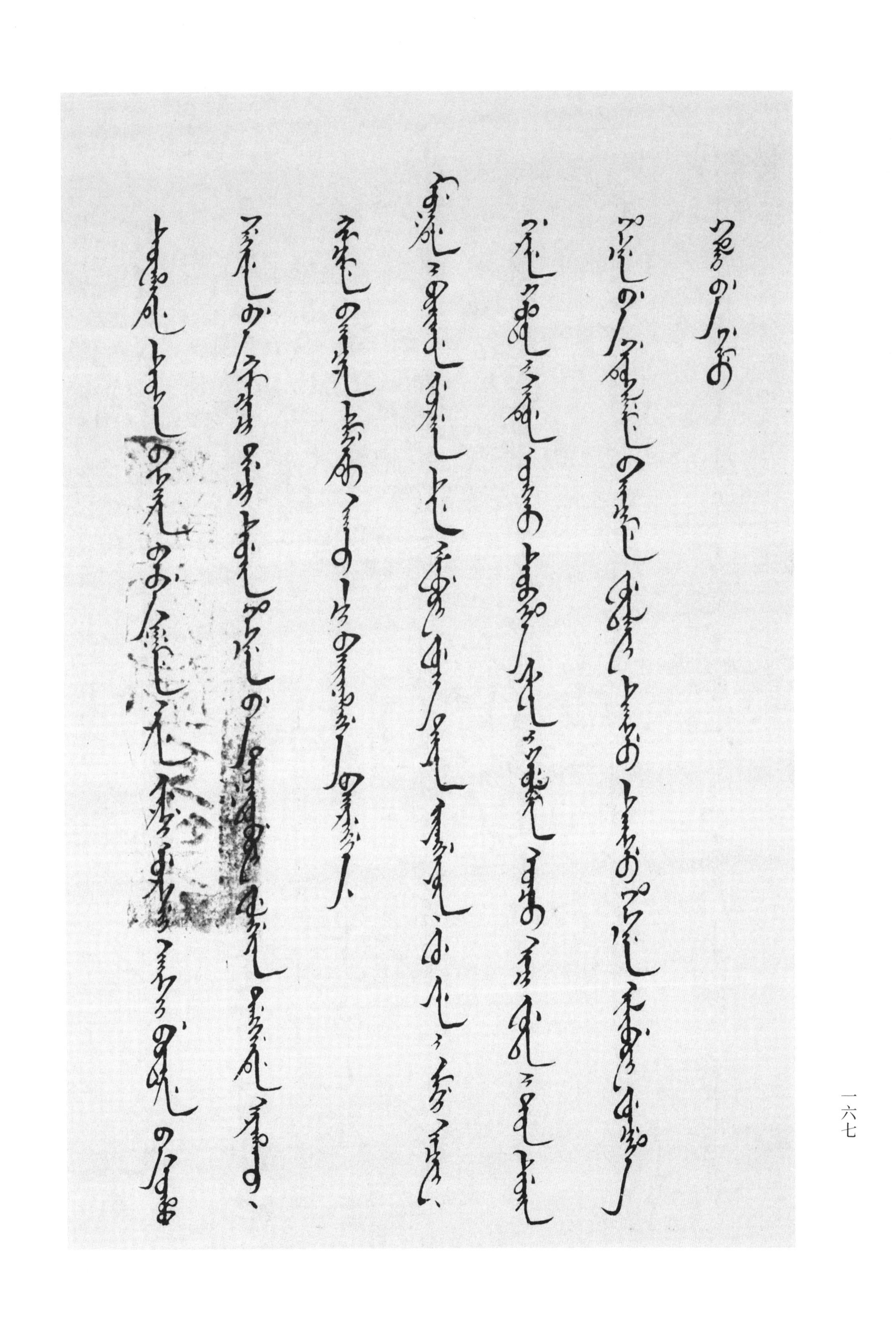

[illegible]

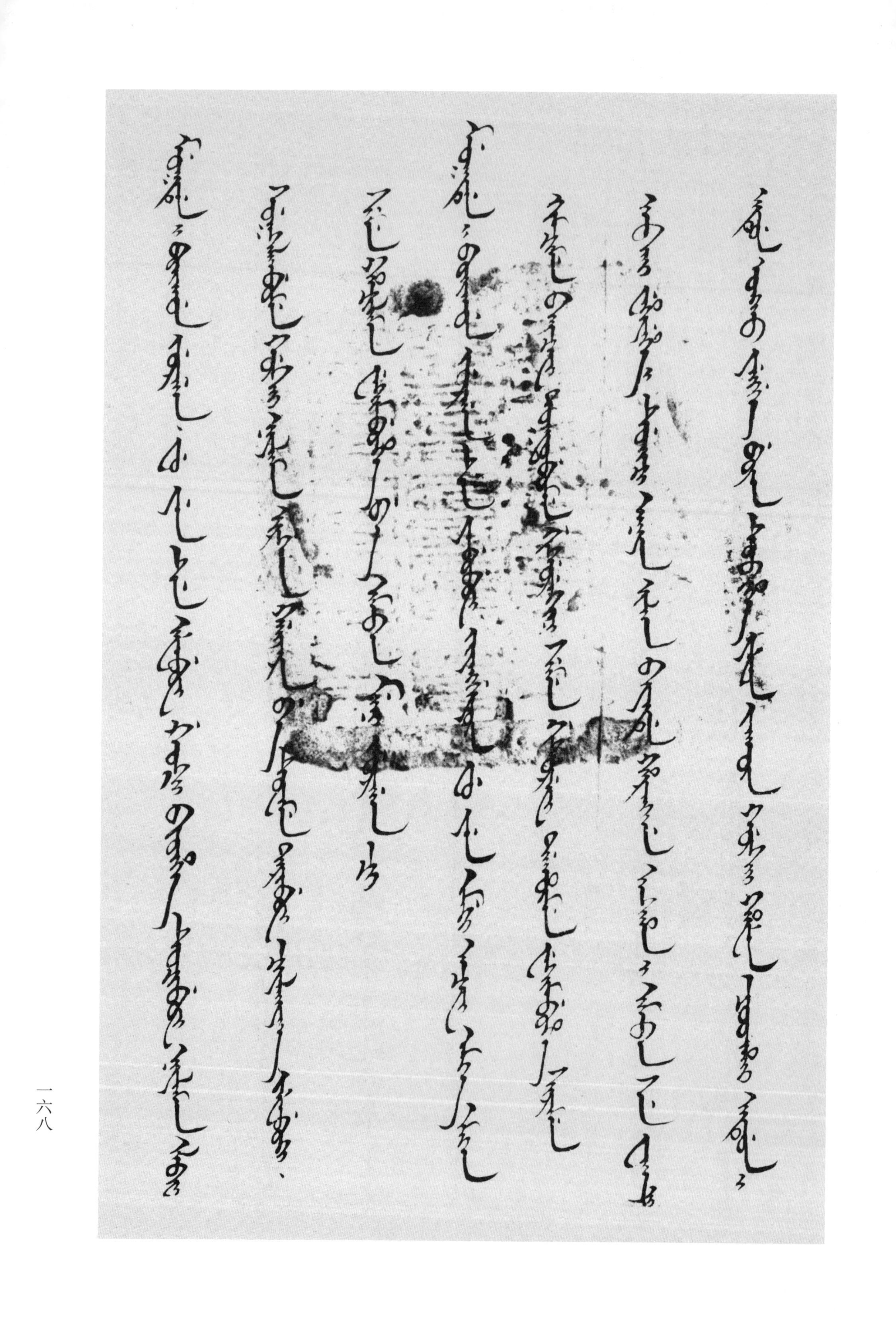

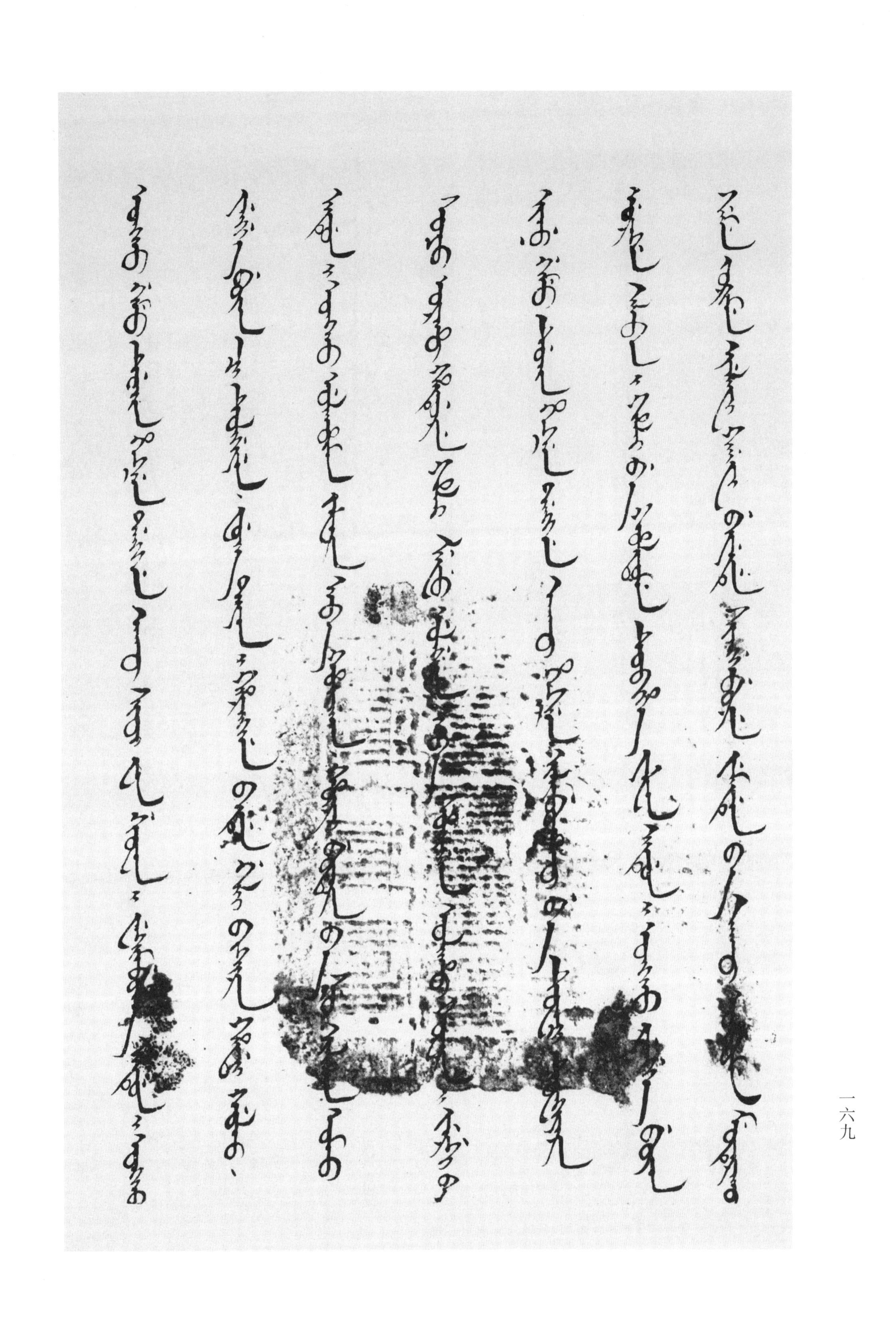

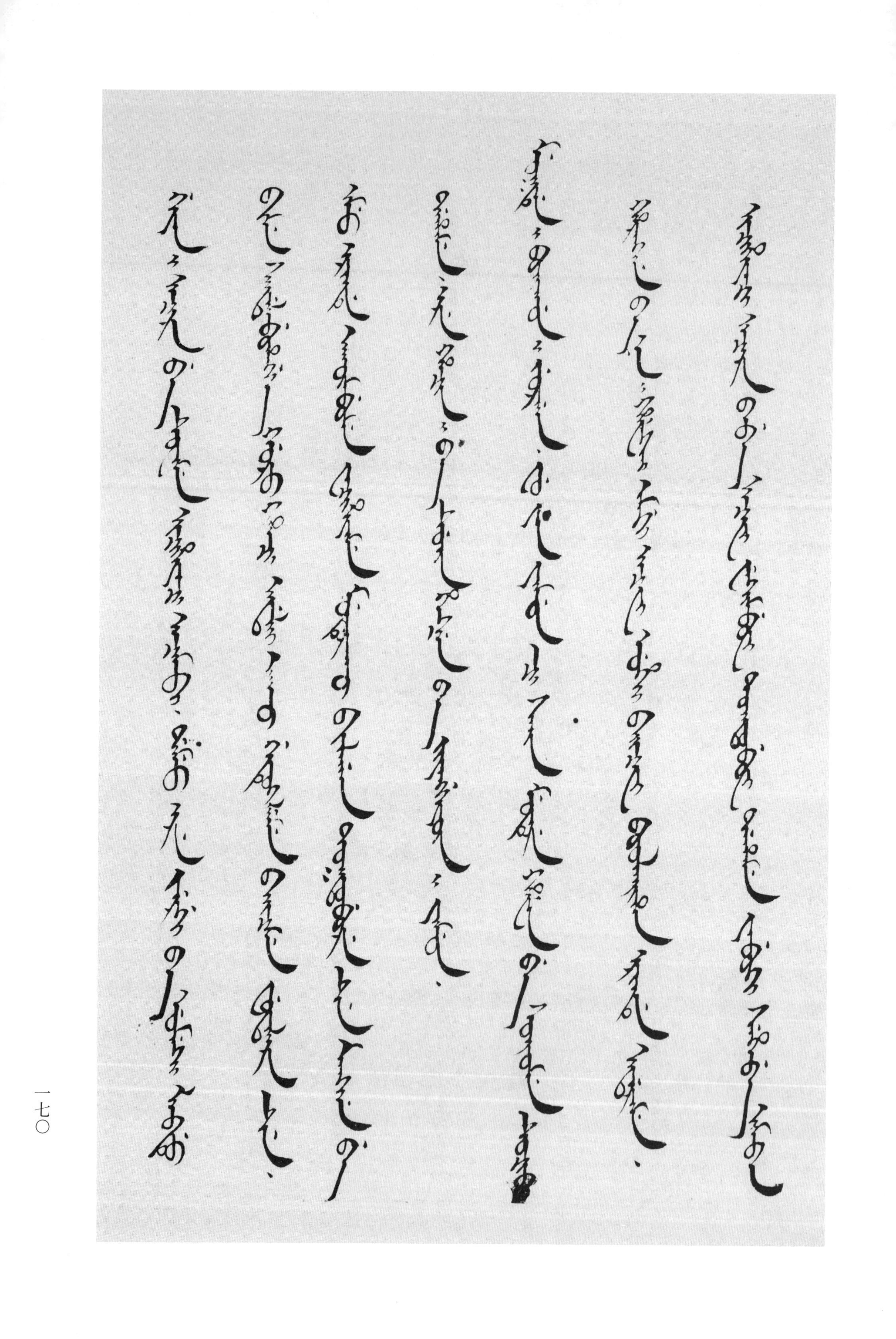

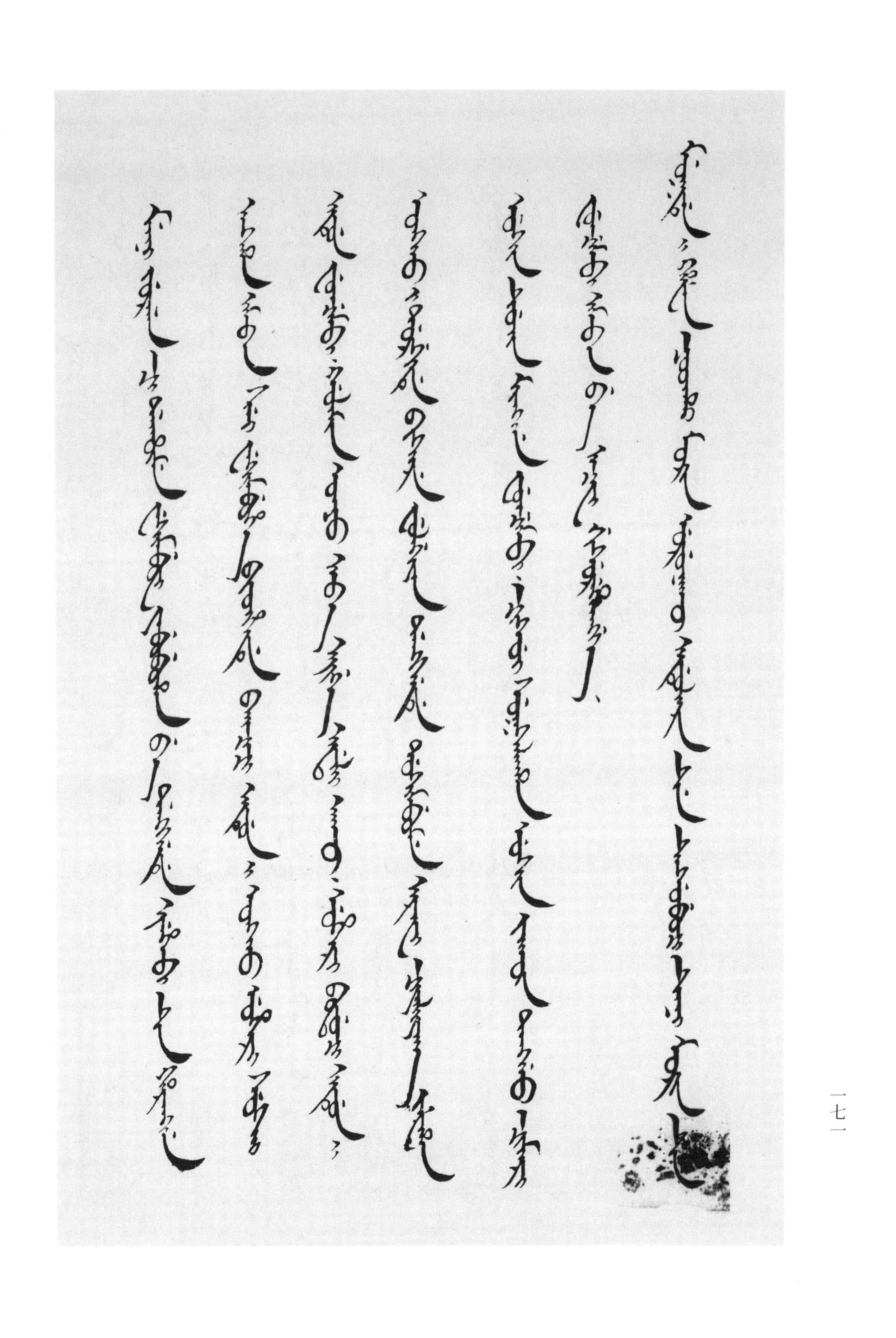

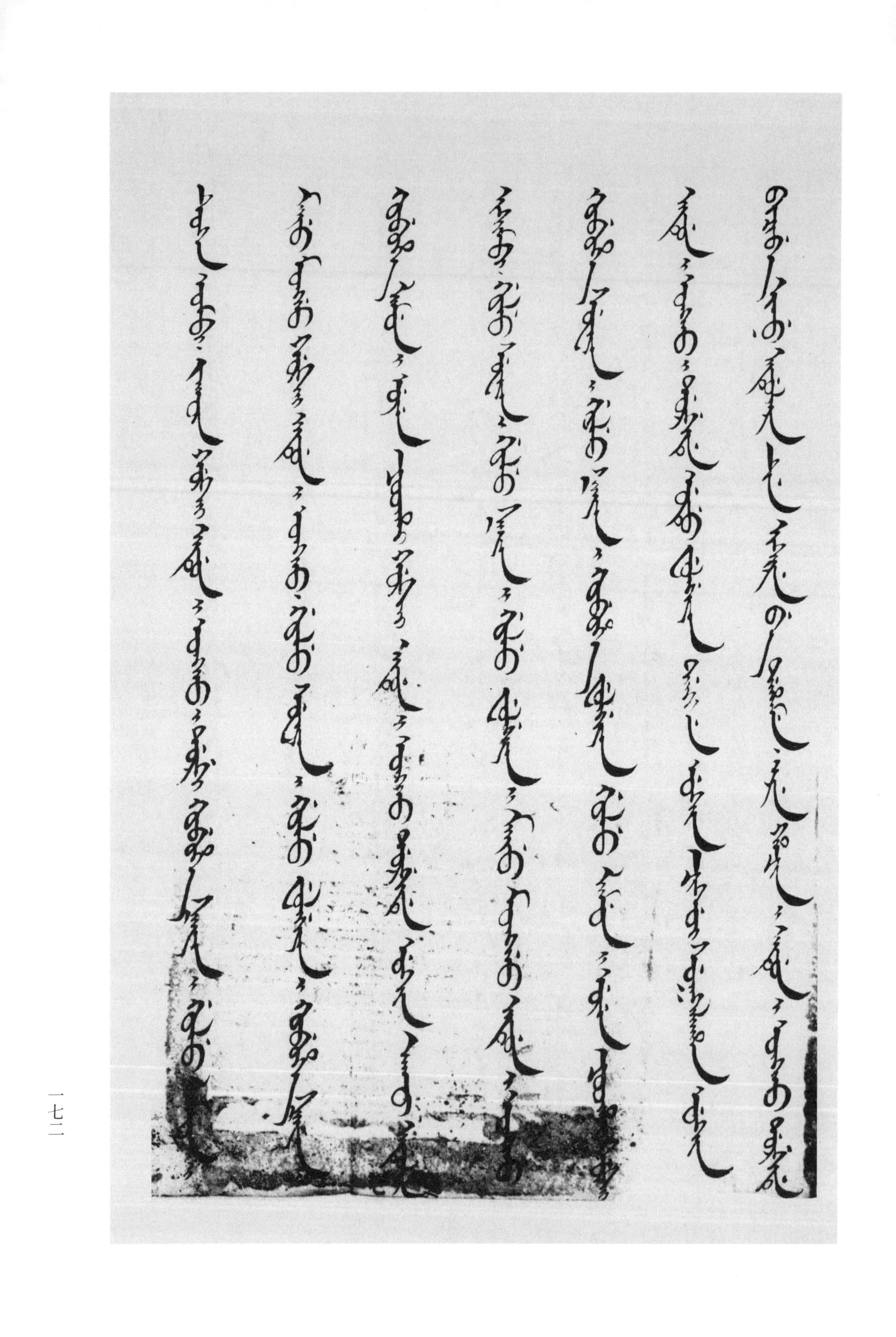

[illegible]

[illegible]

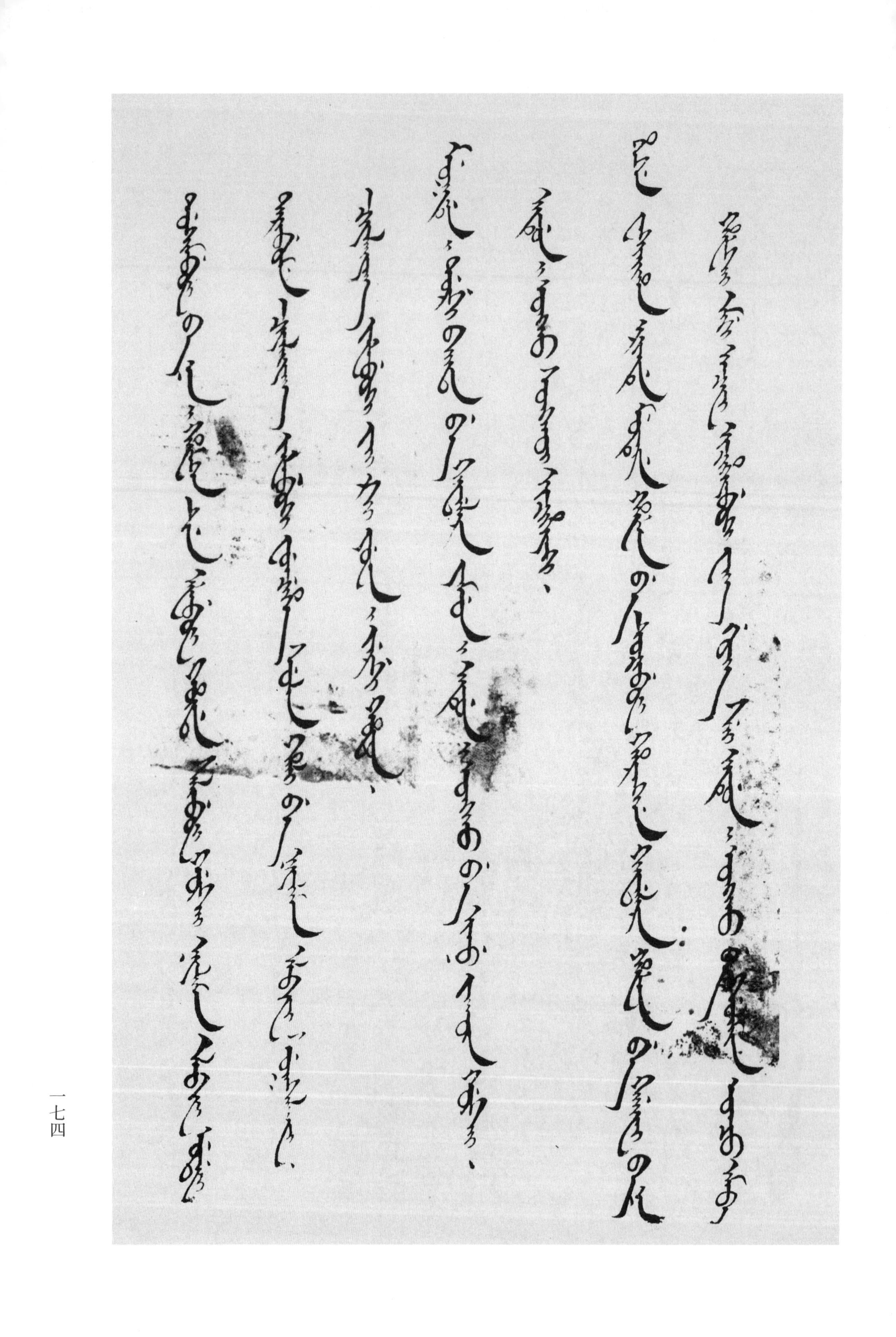

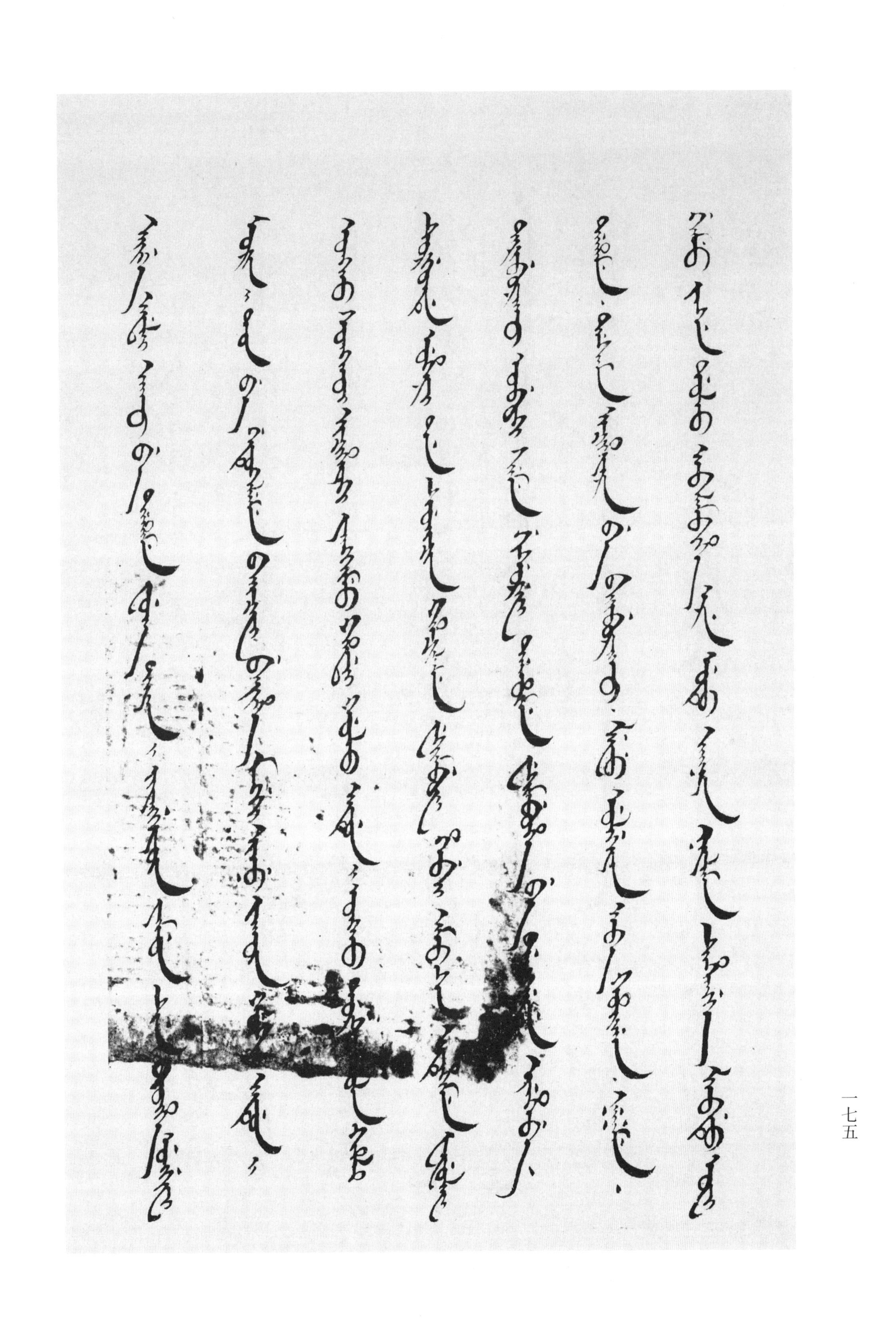

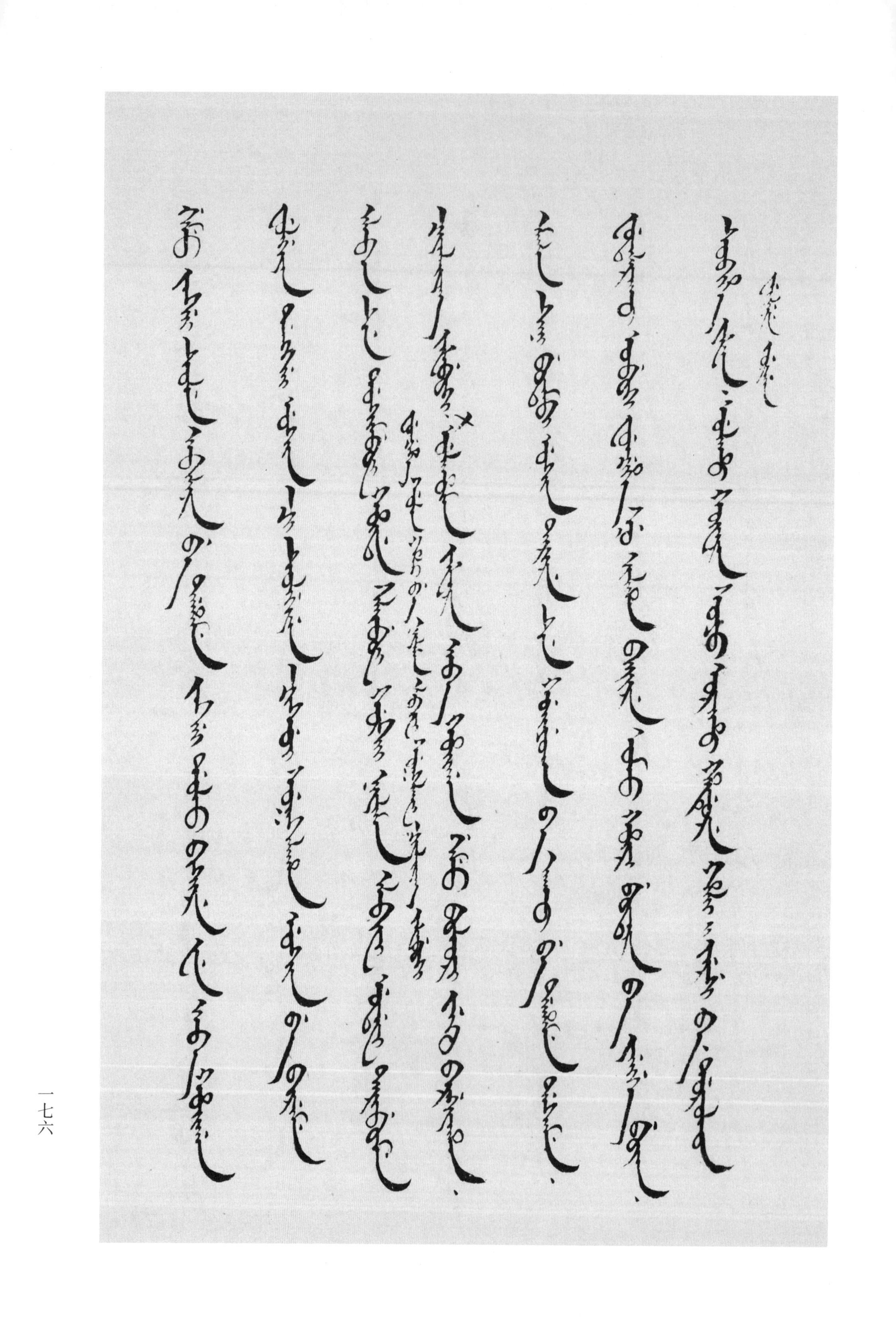

[illegible]

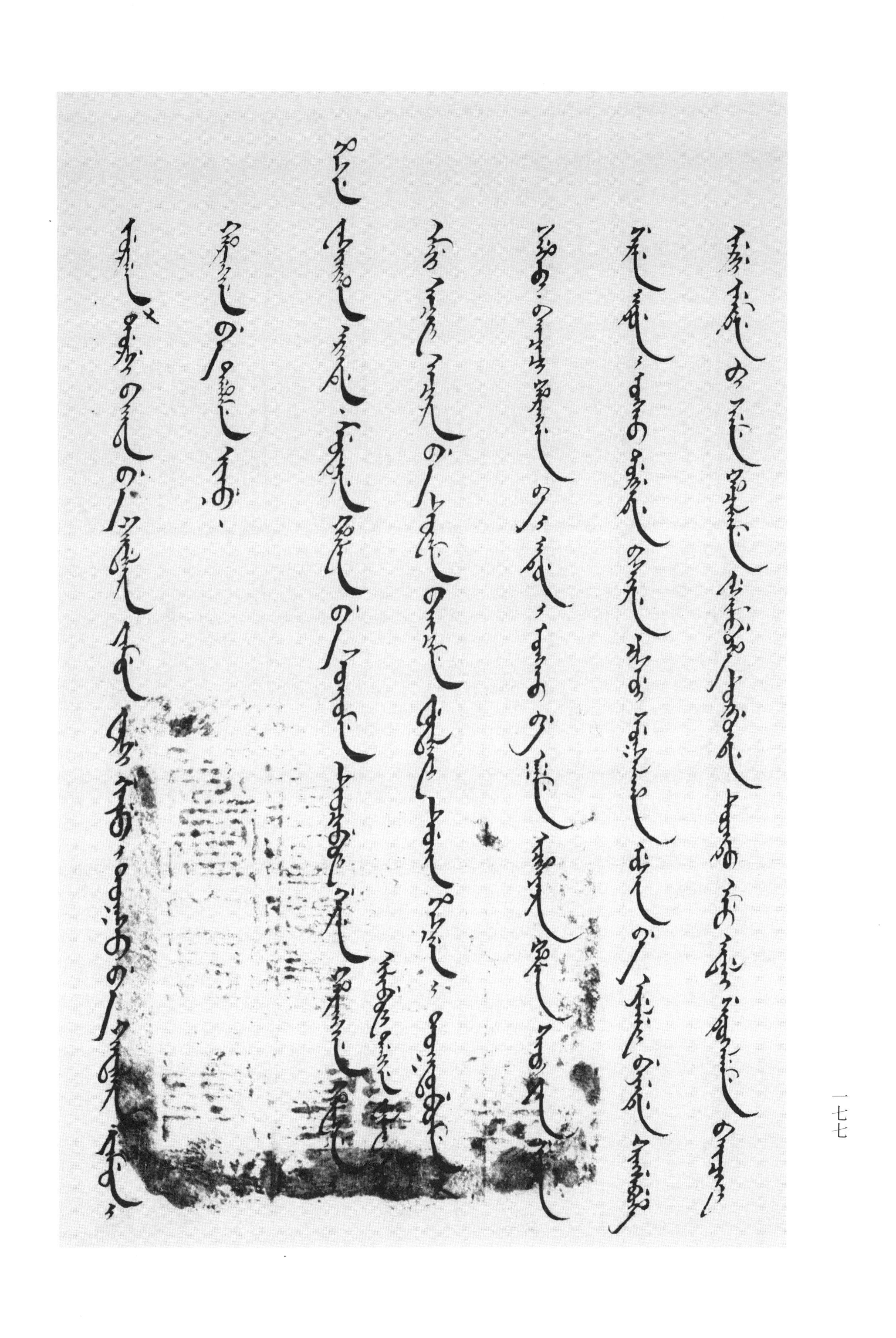

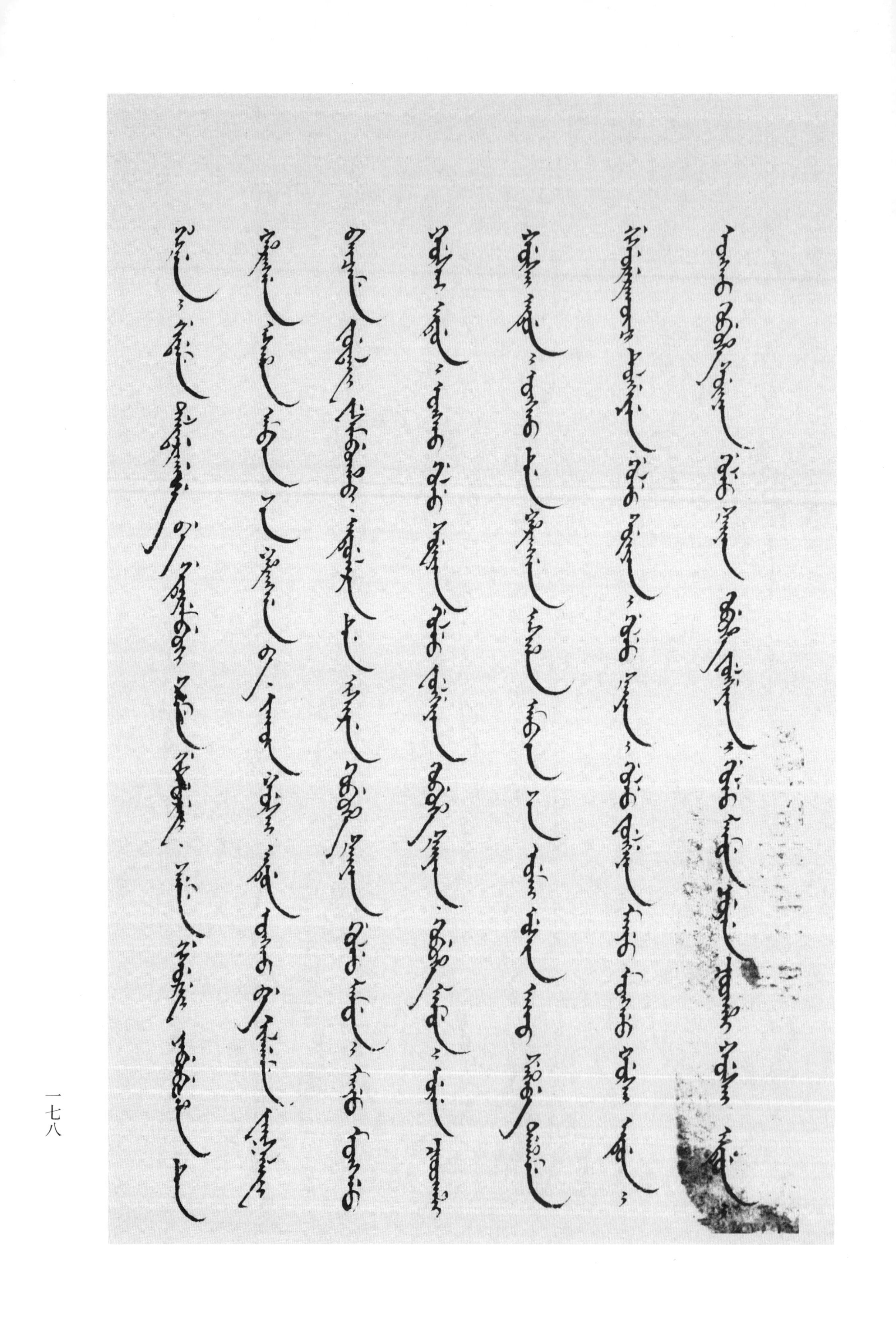

[illegible]

[illegible]

[illegible]

[illegible]

[illegible]

[illegible]

[illegible]

[illegible]

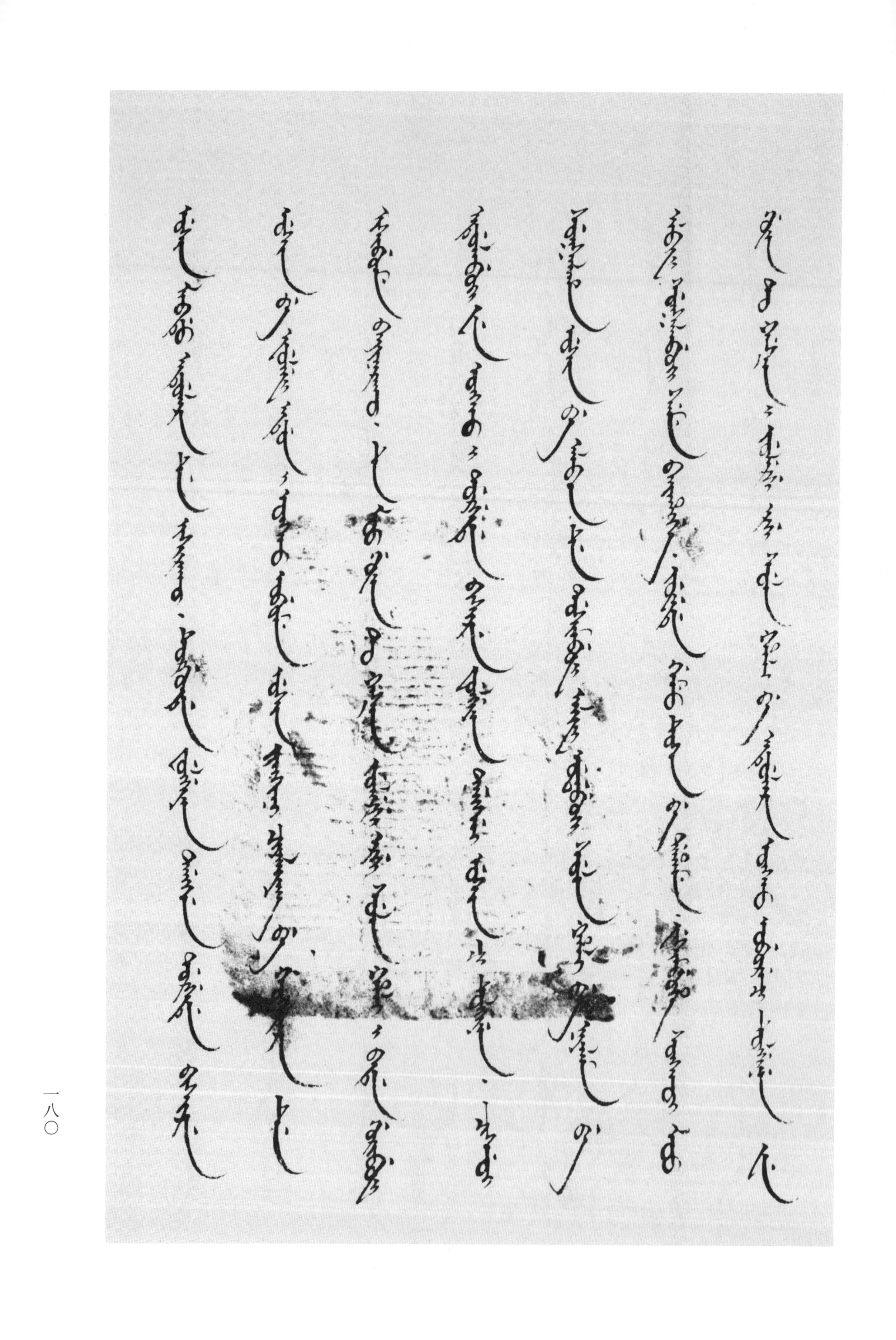

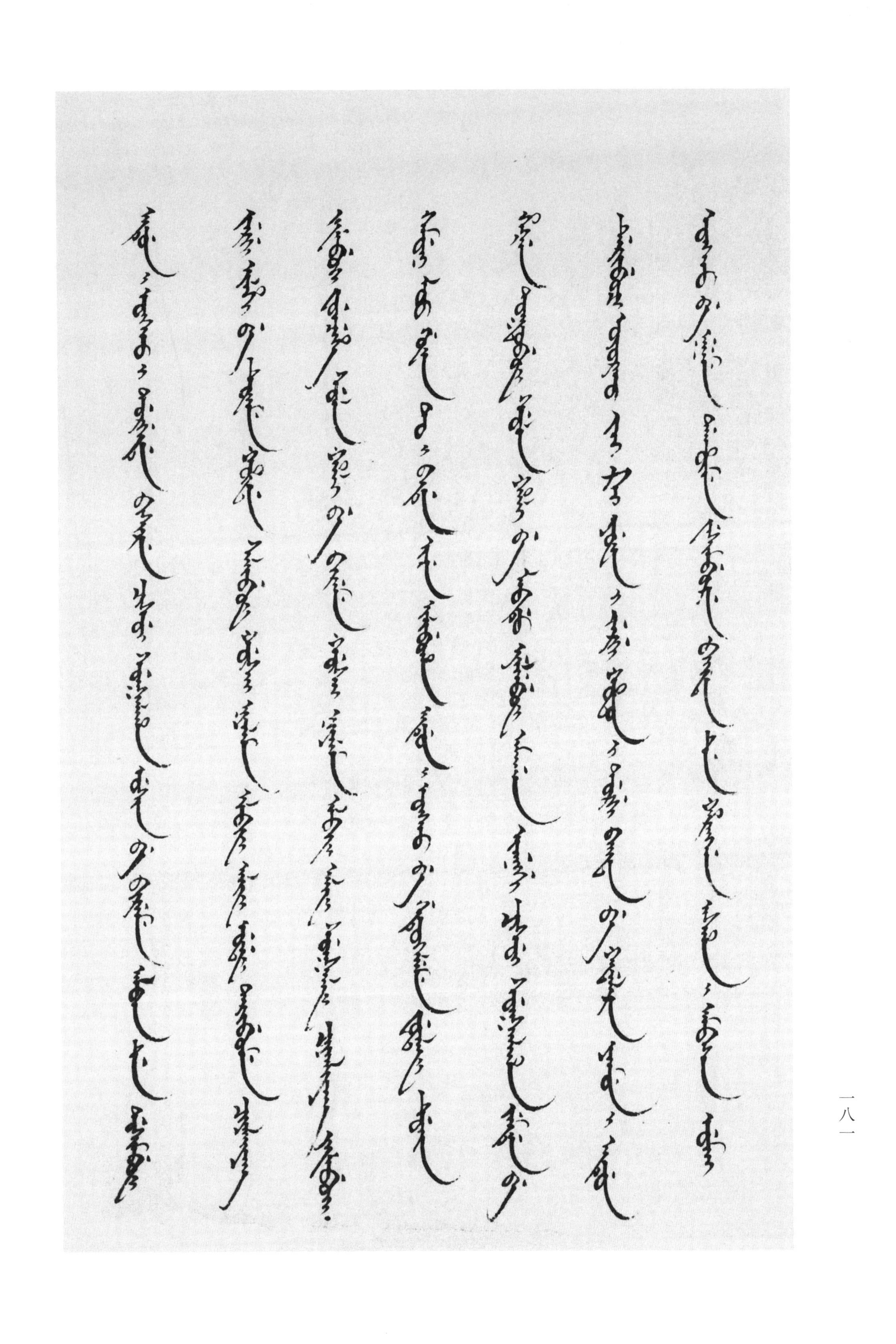

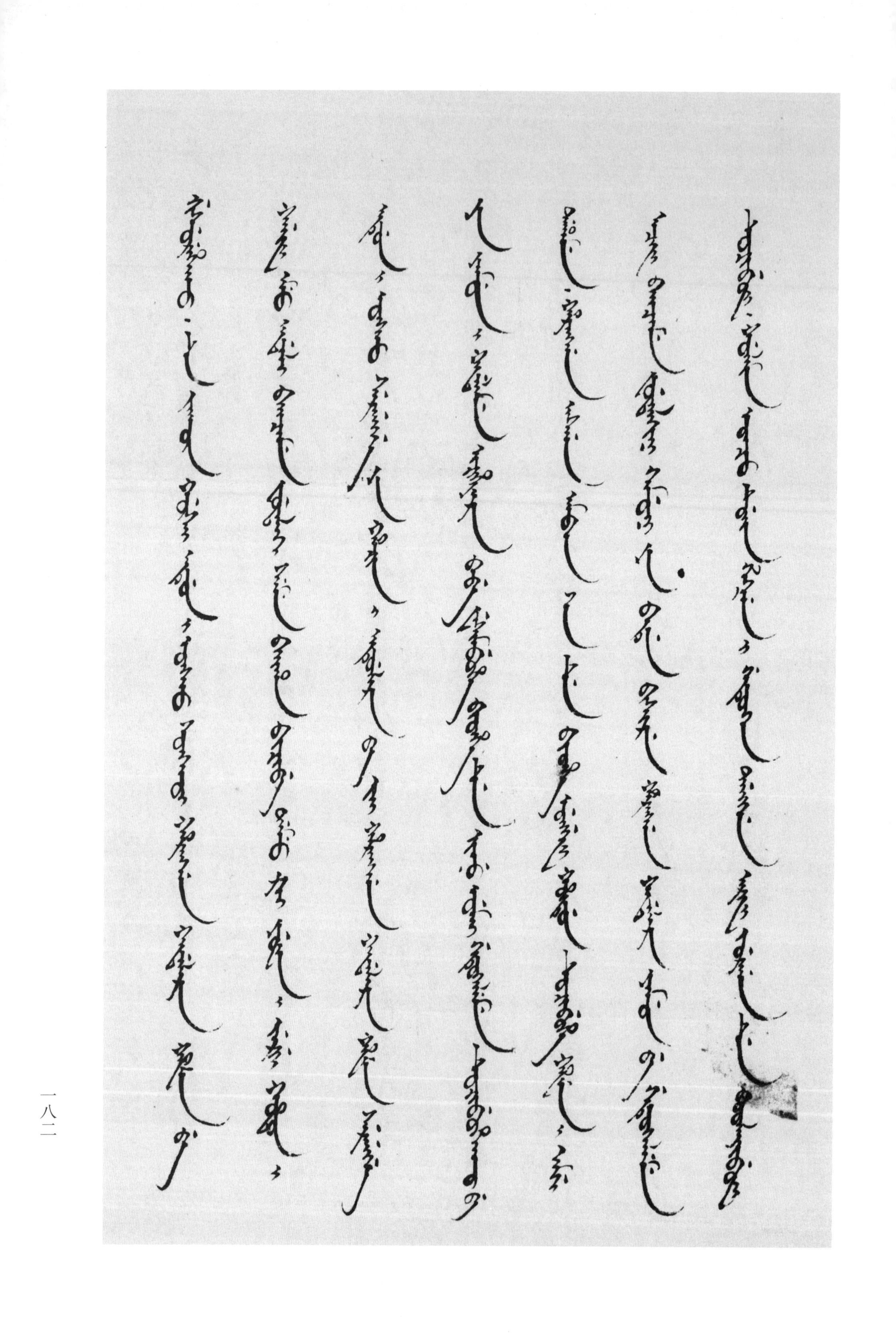

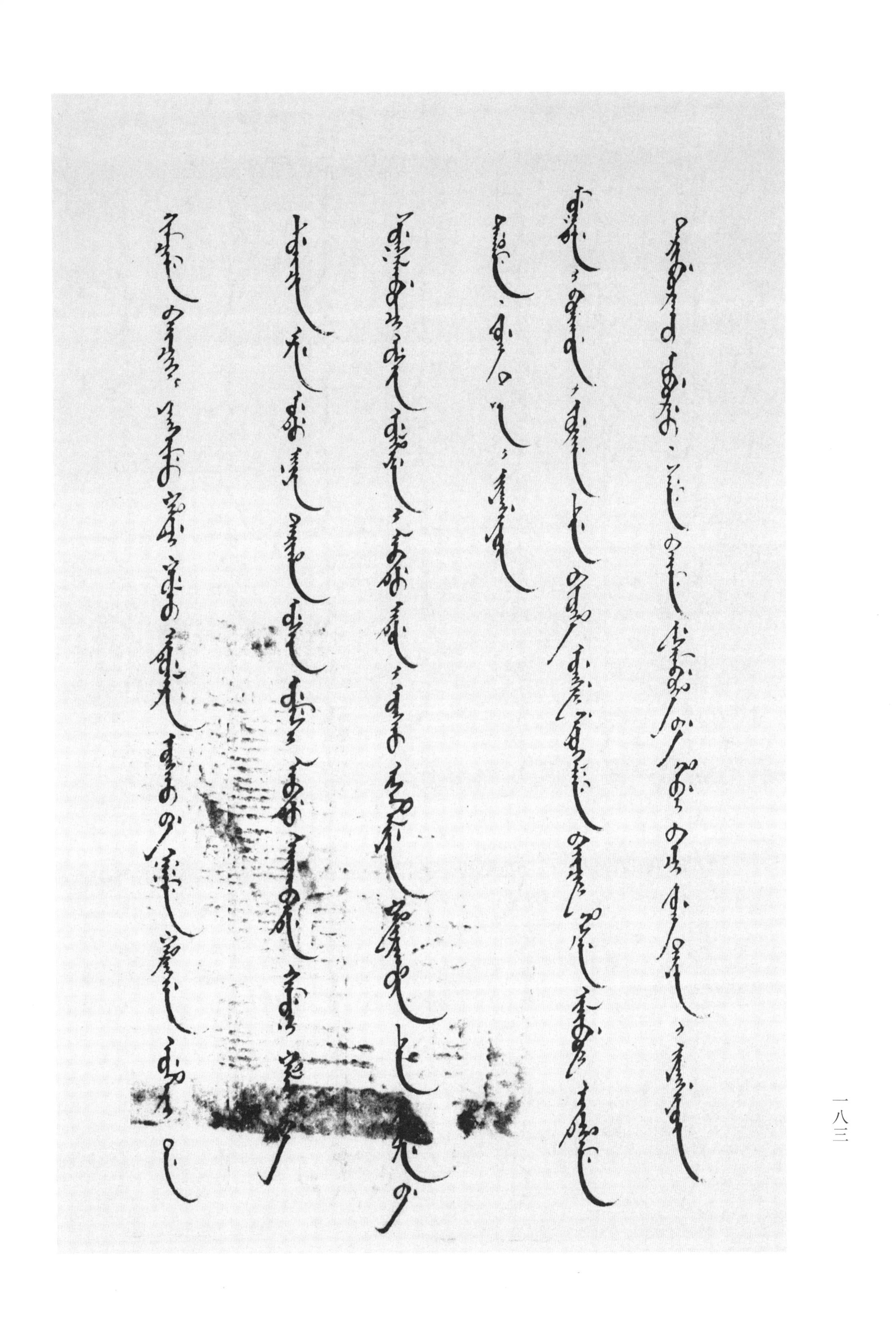

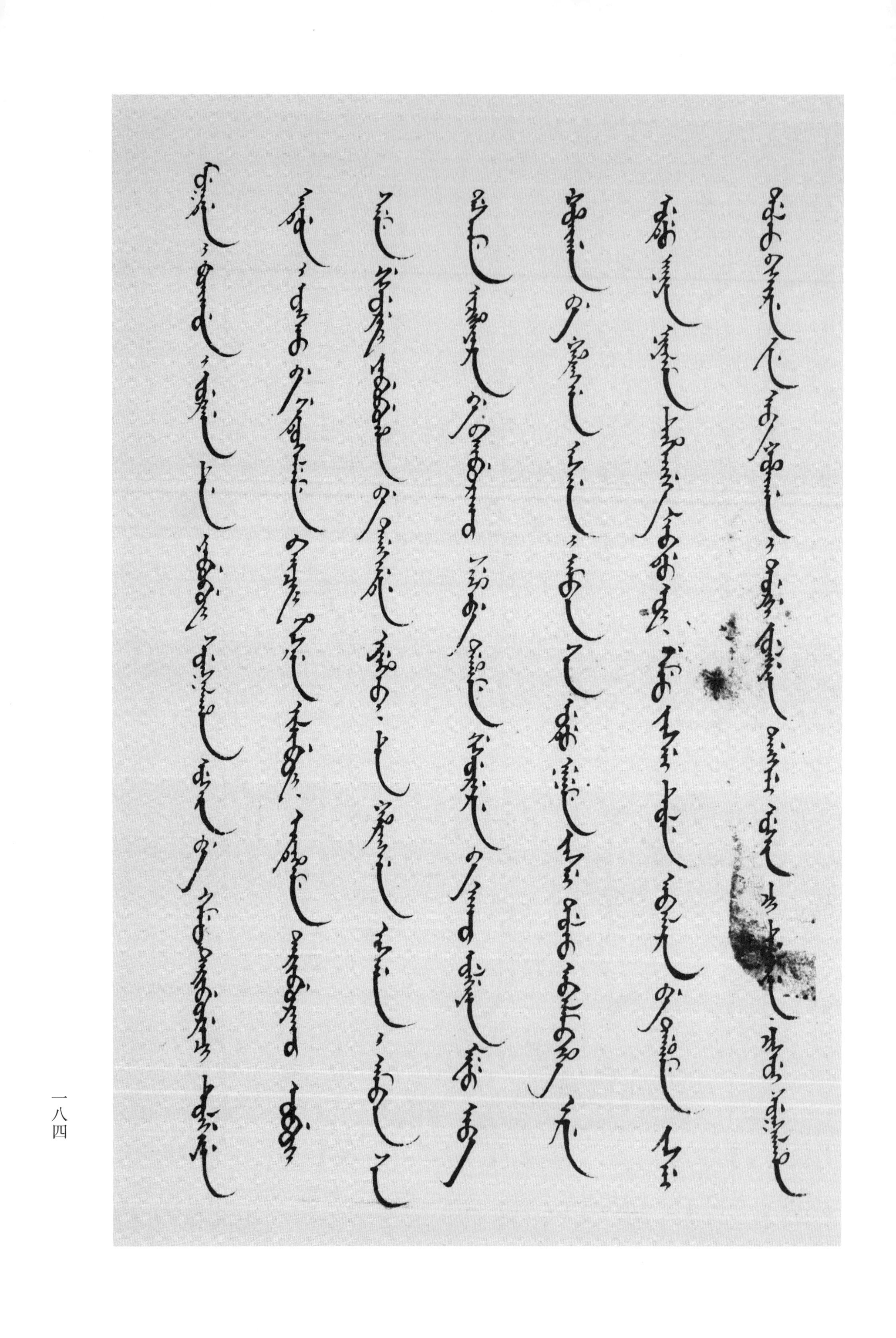

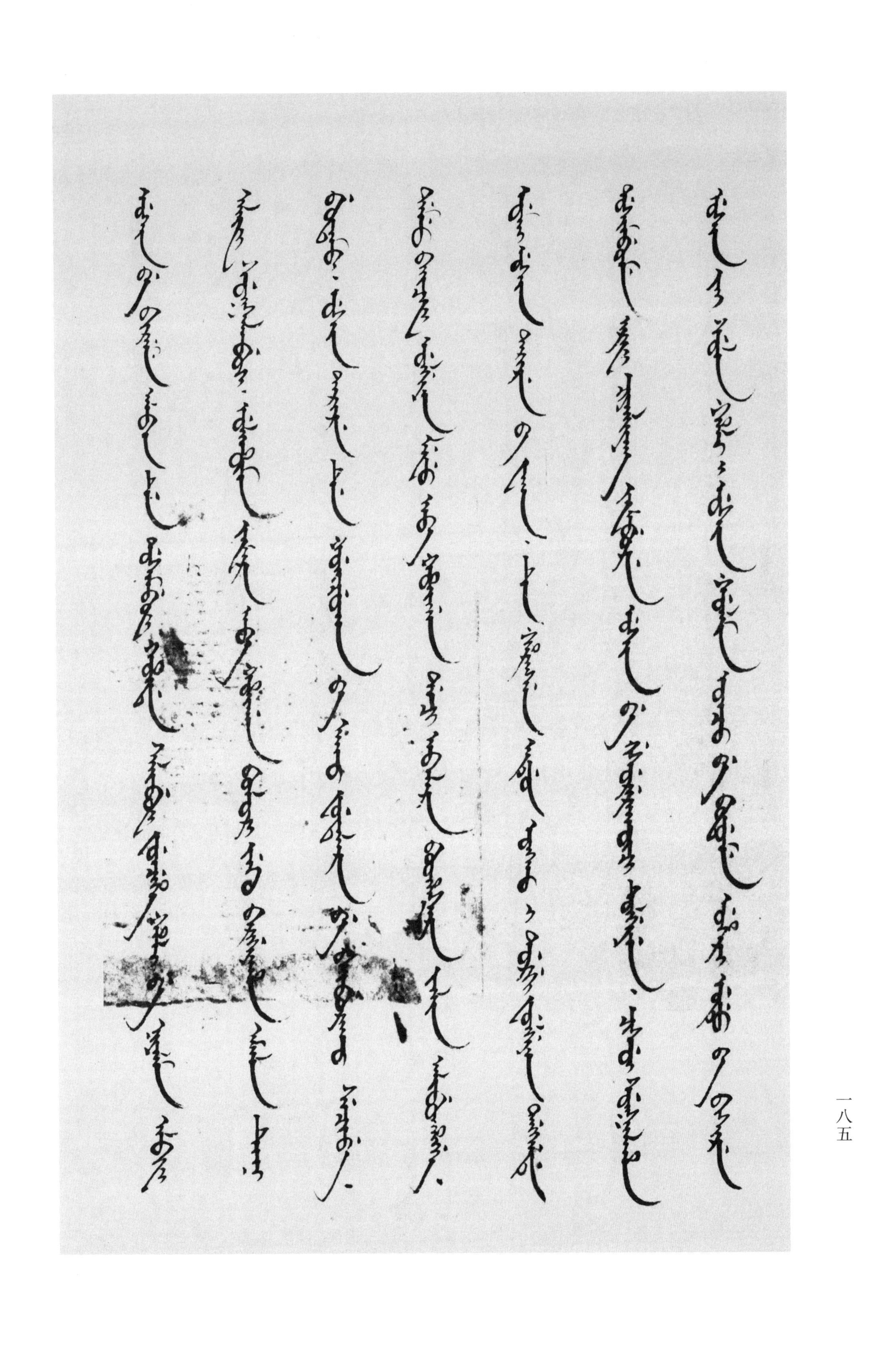

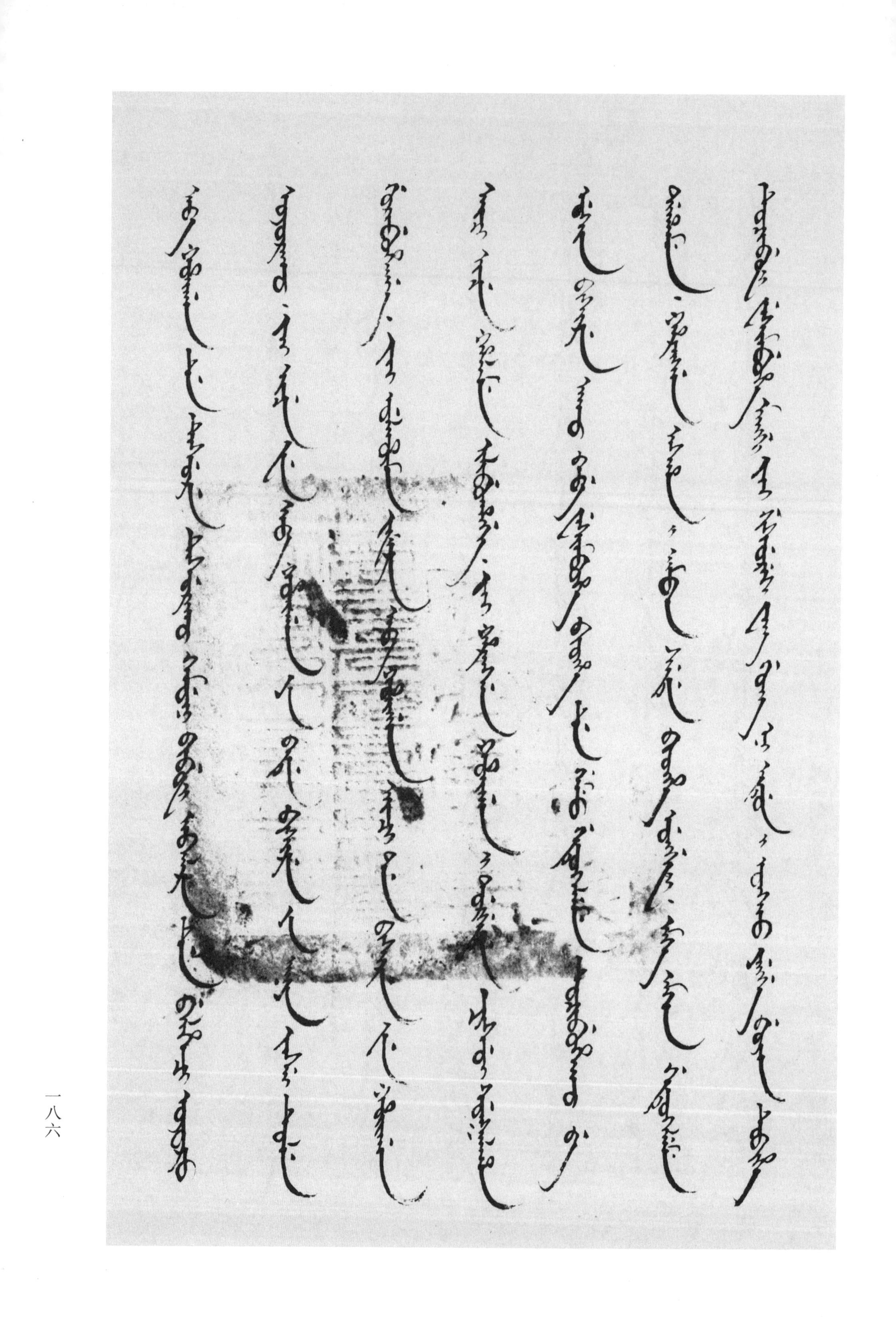

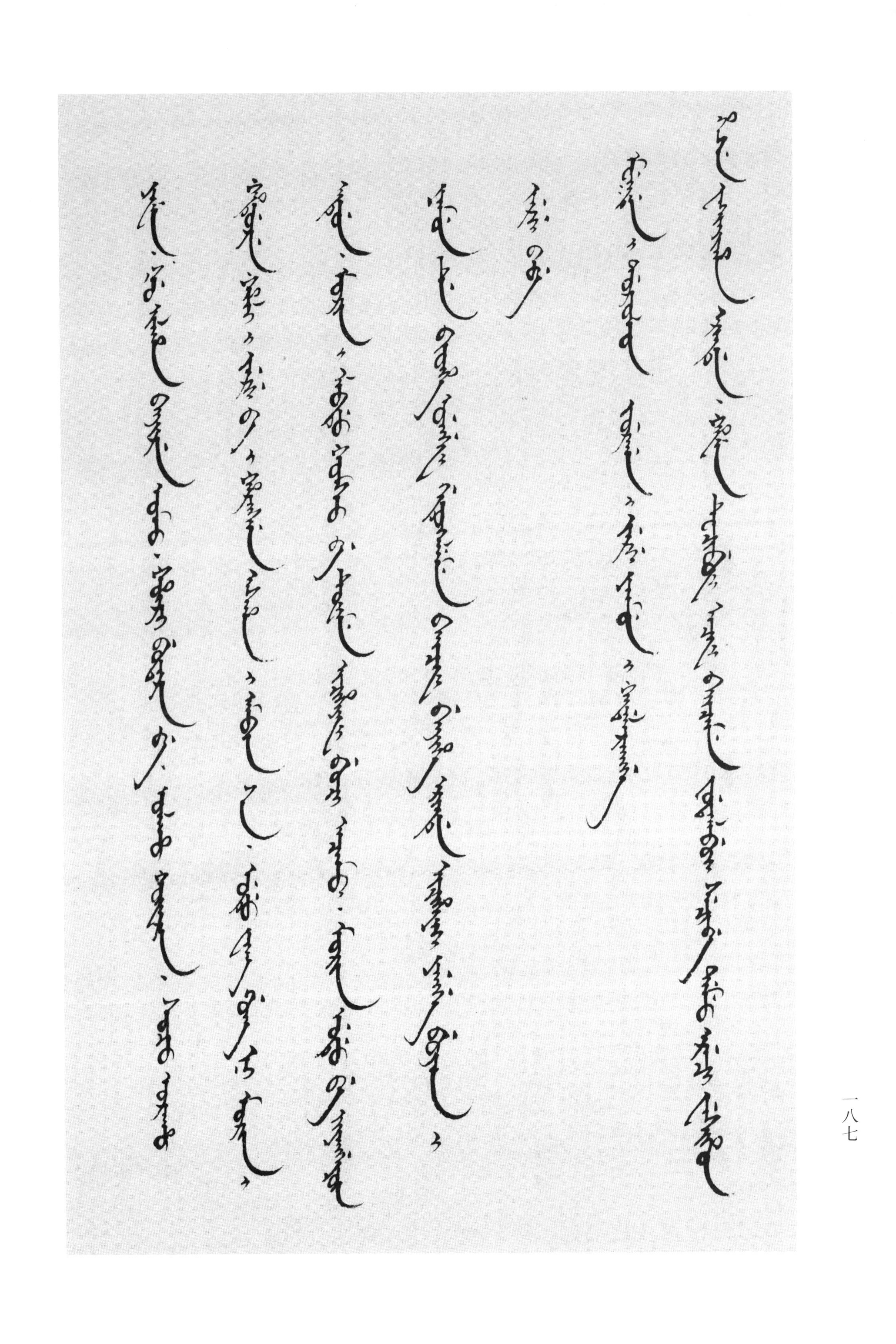

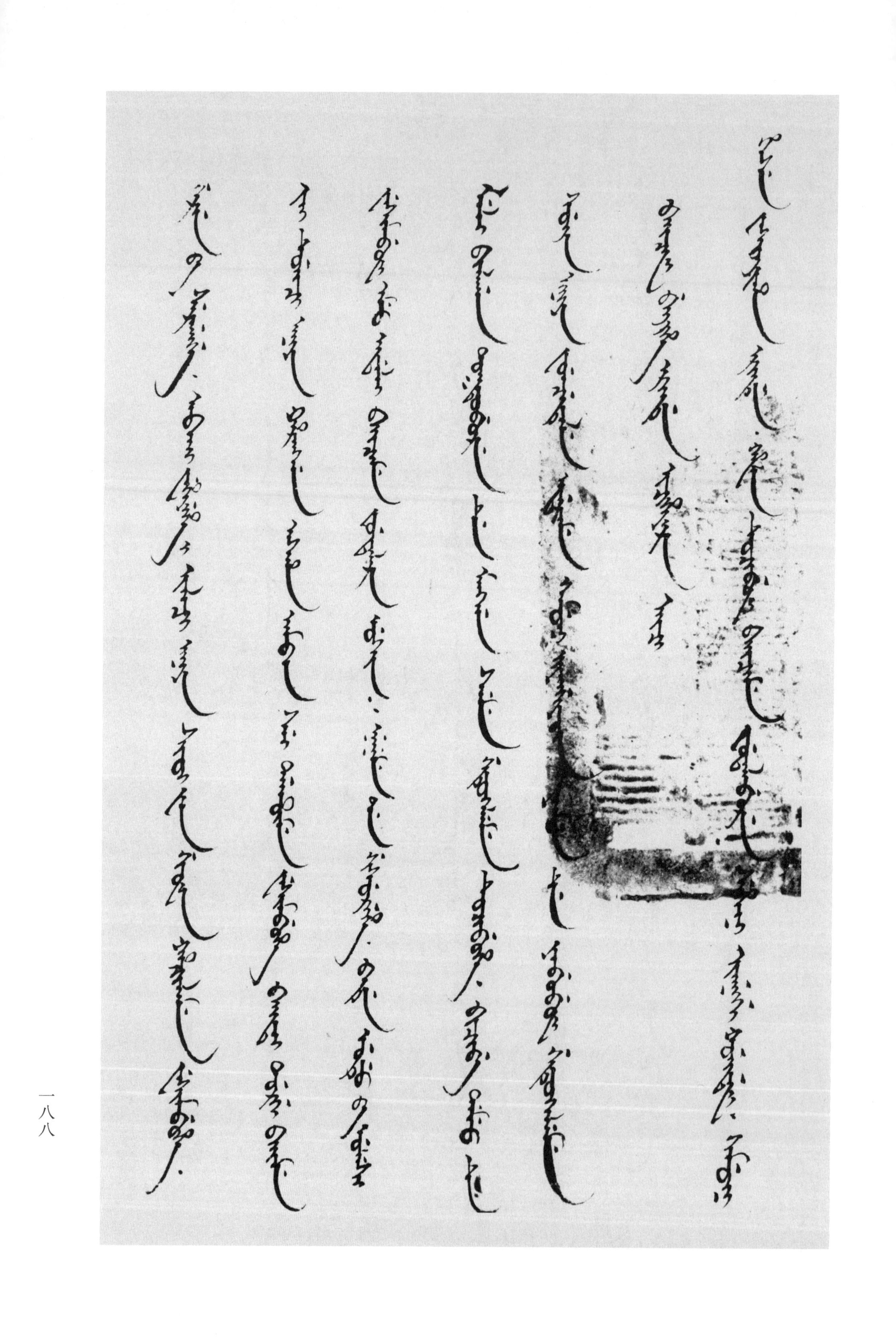

[illegible]

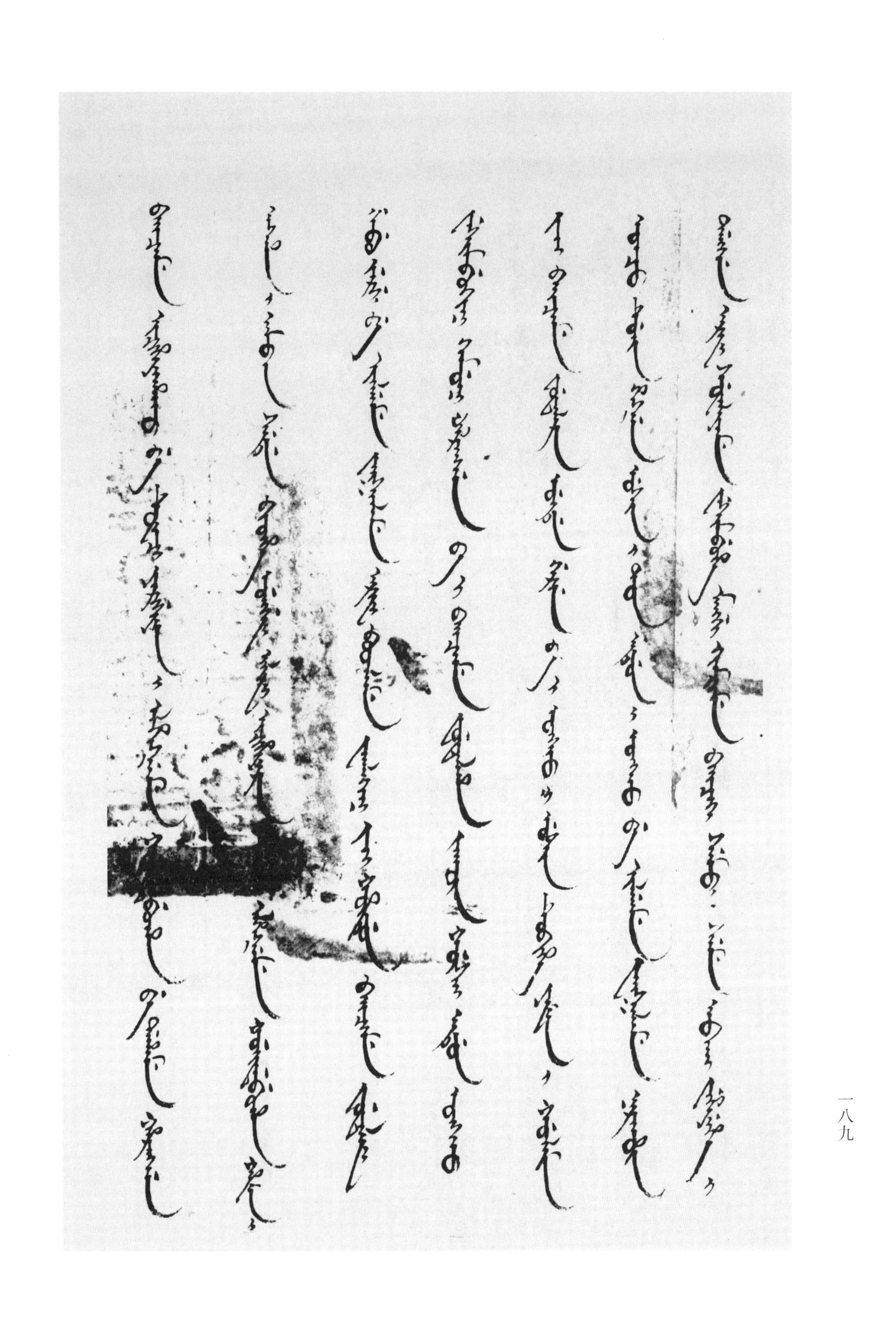

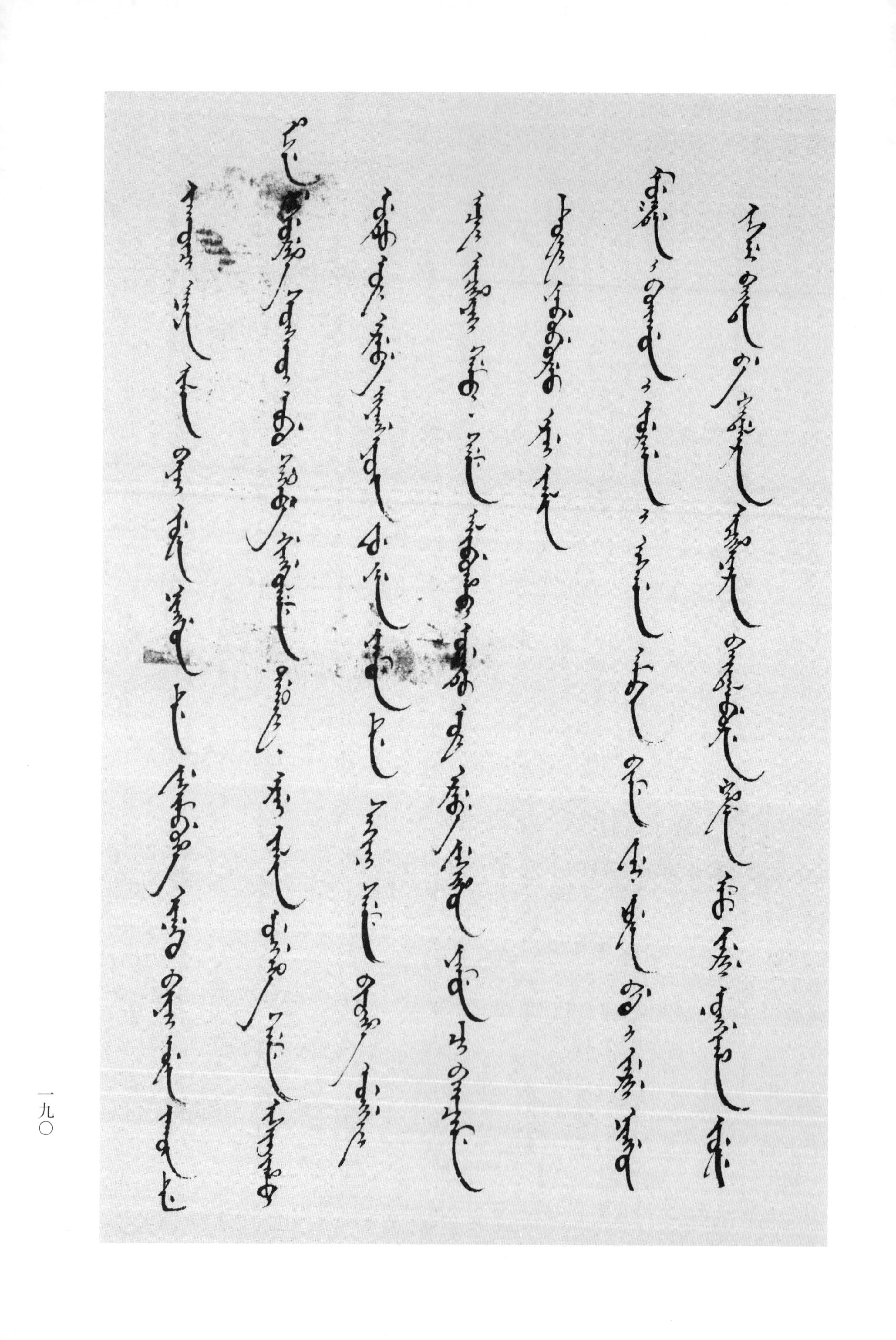

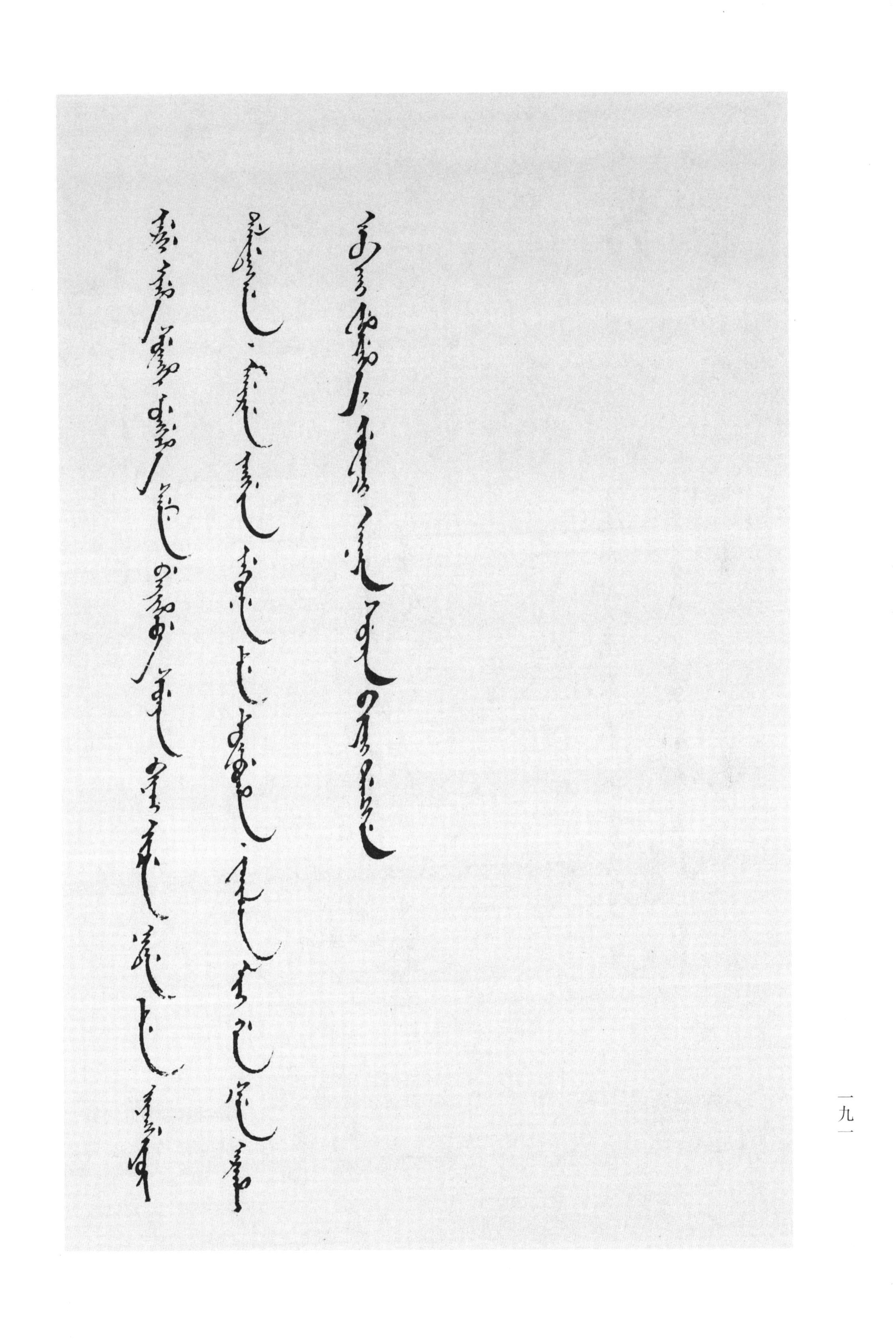

[illegible]

[illegible]

[illegible]

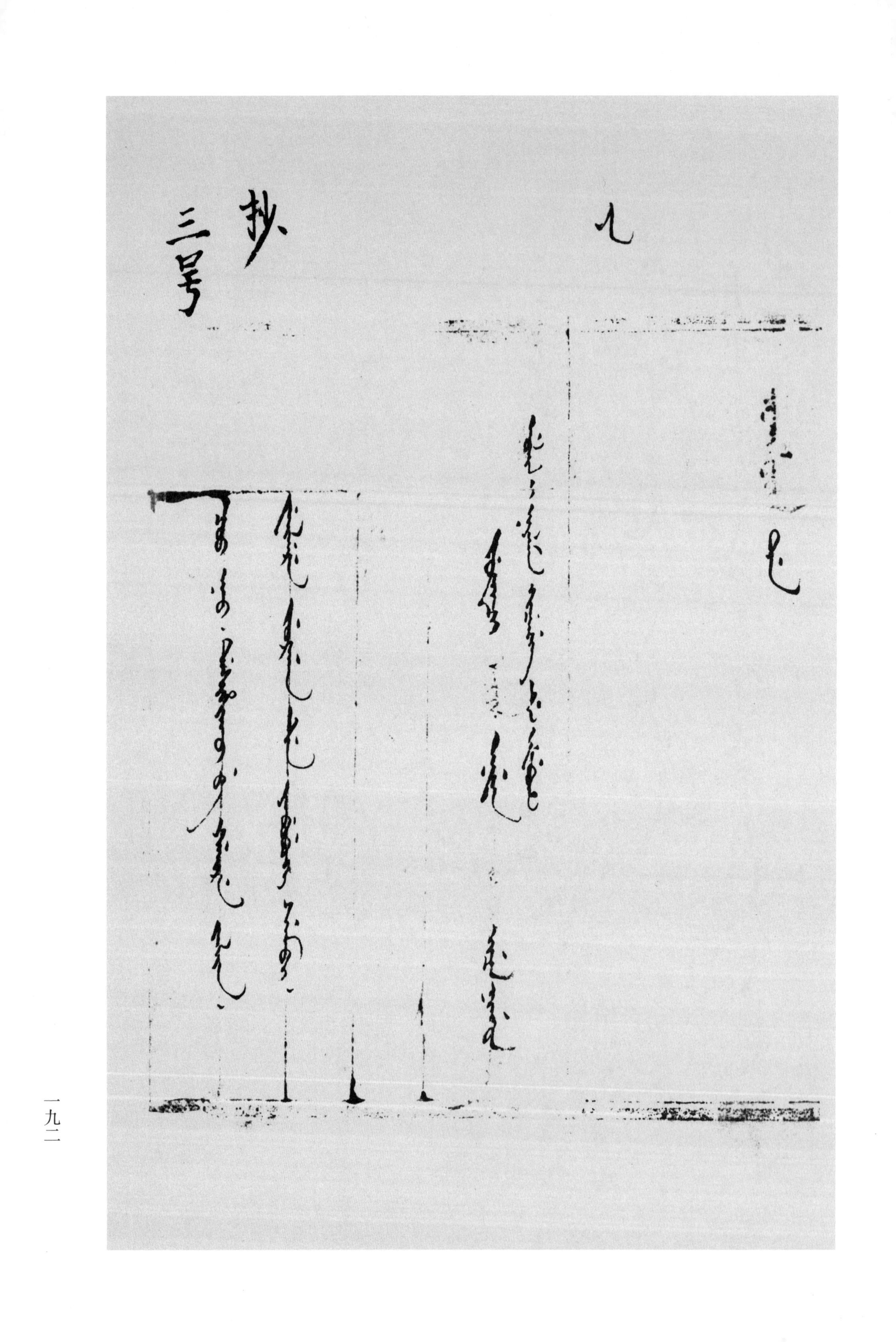

九

抄

三号

[illegible]

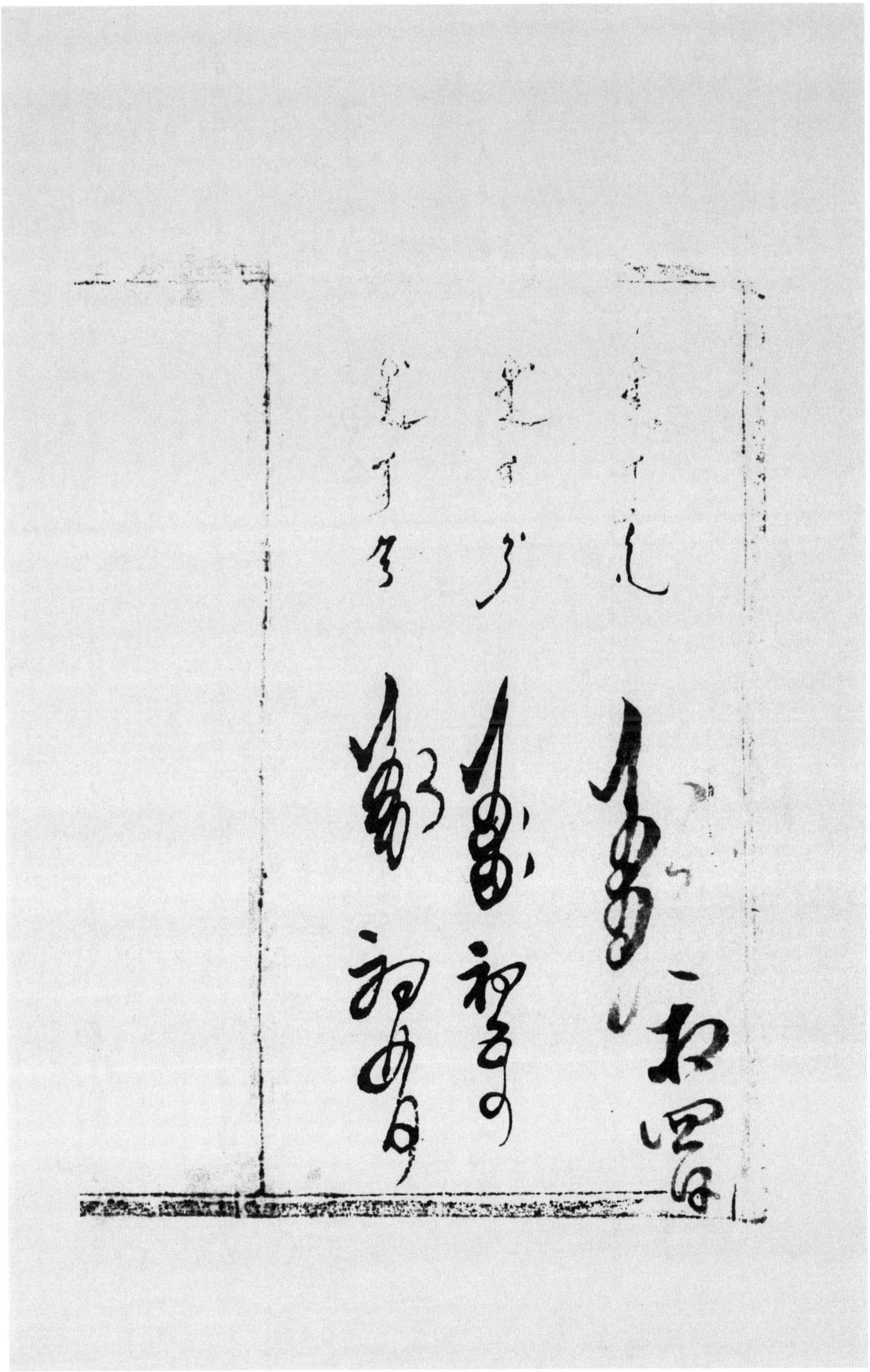

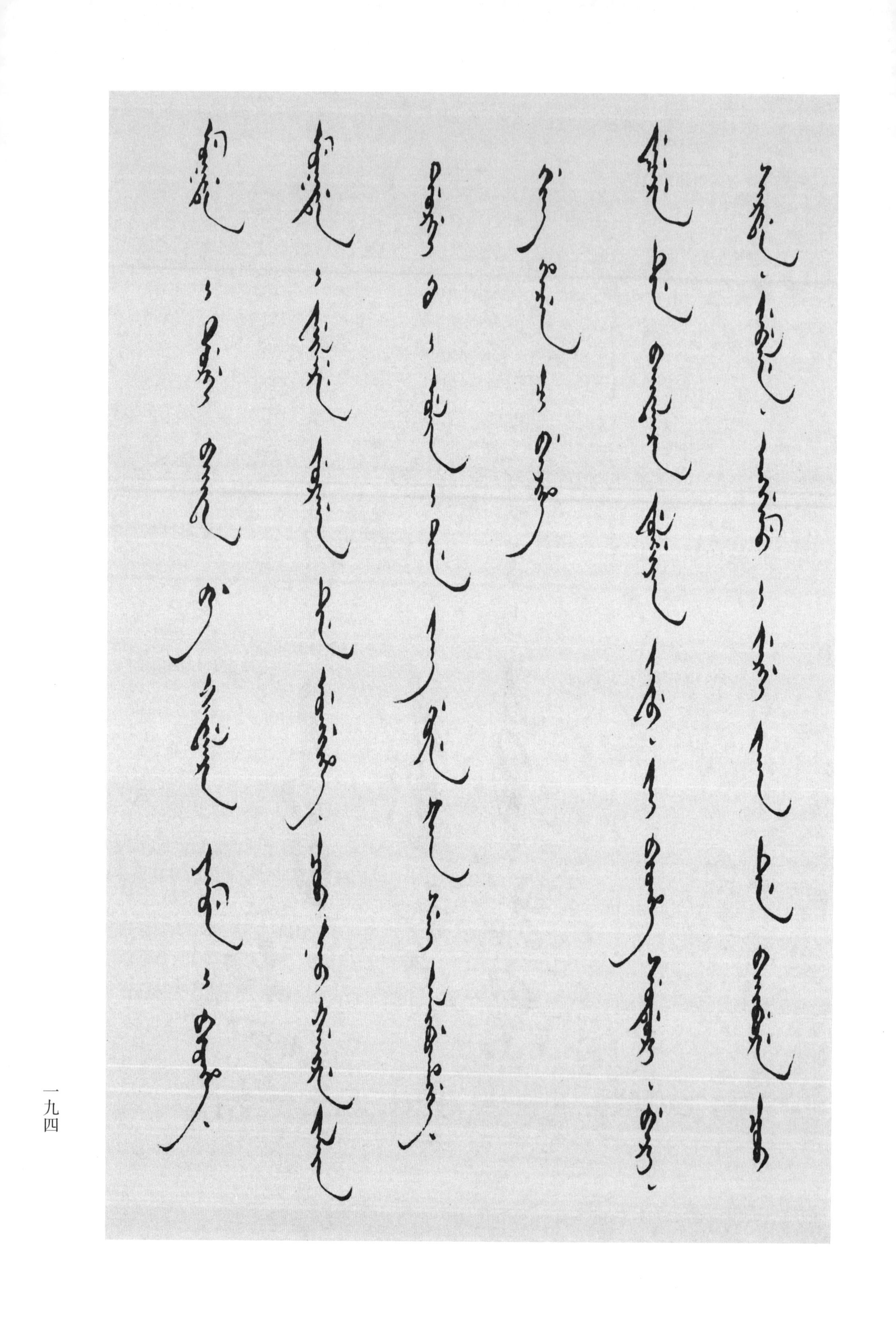

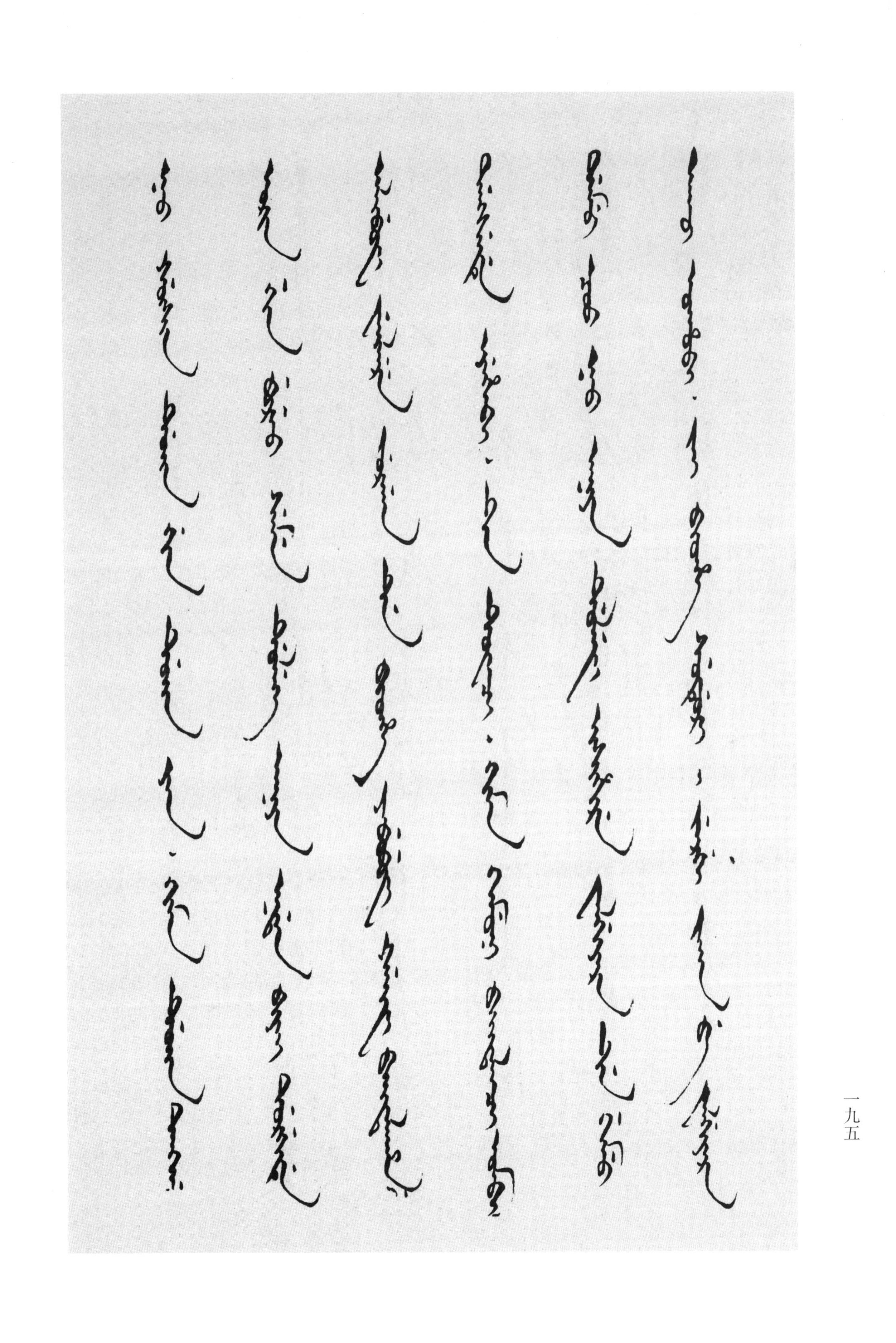

[illegible]

[illegible]

[illegible]

[illegible]

[illegible]

[illegible]

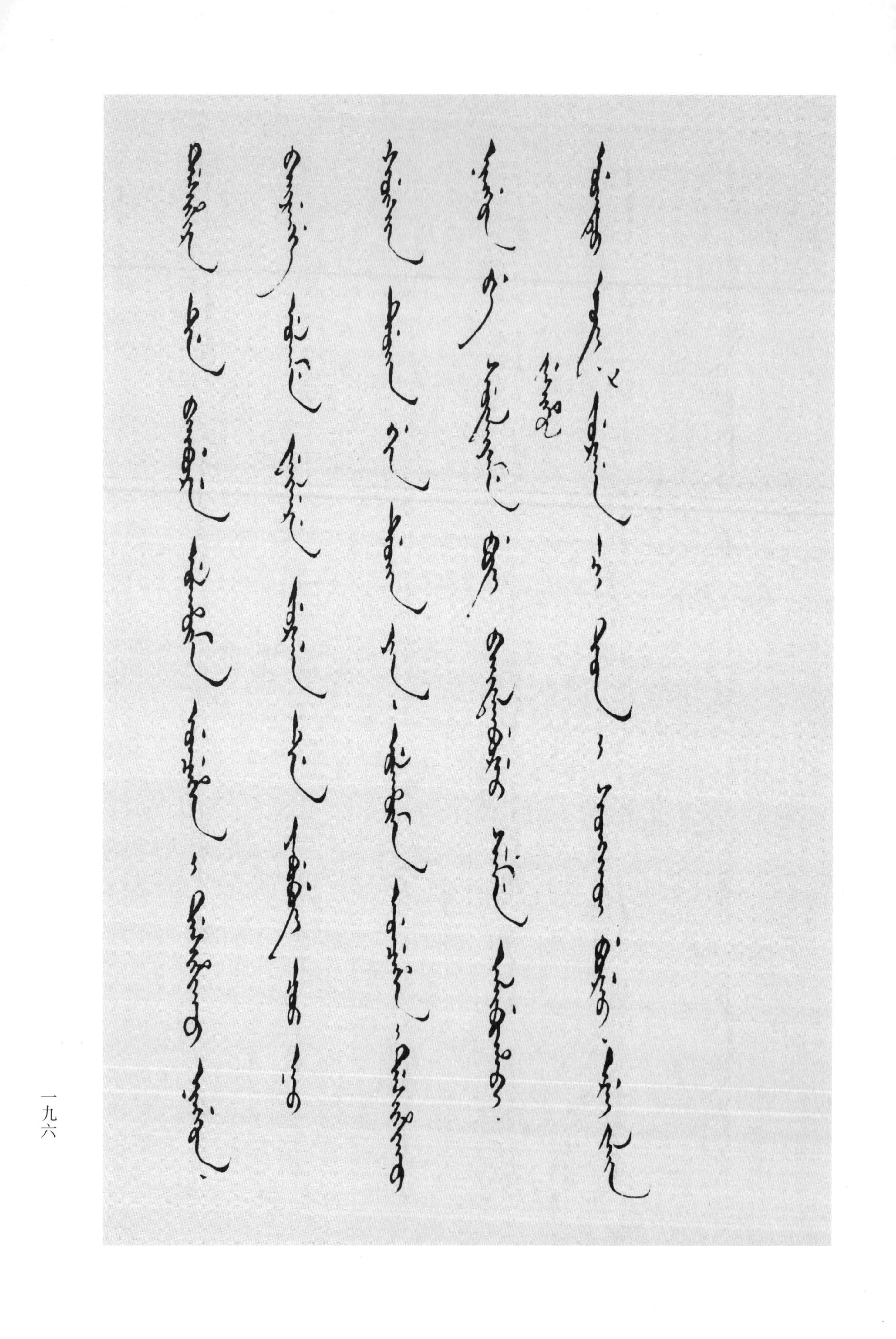

[illegible]

祈爲轉咨等情據此相應咨送

貴部煩爲查收可也爲此合咨須至咨者

右　　　　咨

盛京兵部

乾隆十年七月　　　日

聽其所差員役自京投交往往遲延嗣後
其各部衙門凡馳驛員役事竣回署者即
將兵部換給火牌勘合以文咨交本部并因
前來准此查朱顕違四格前往都京進送
麂尾領有勘合火牌今已事竣回署相應
將朱顕違四格由京兵部換回火牌路票

盛京内務府　為咨送事據村牲（都虞司）催

總吳什泰等呈稱准

盛京兵部來文内開查得各部衙門賫本進

京所用勘合火牌俱以文取即行給發其出

差員役由京兵部換回勘合火牌惟府尹衙

門以文交送本部其各部衙門俱不以文交送

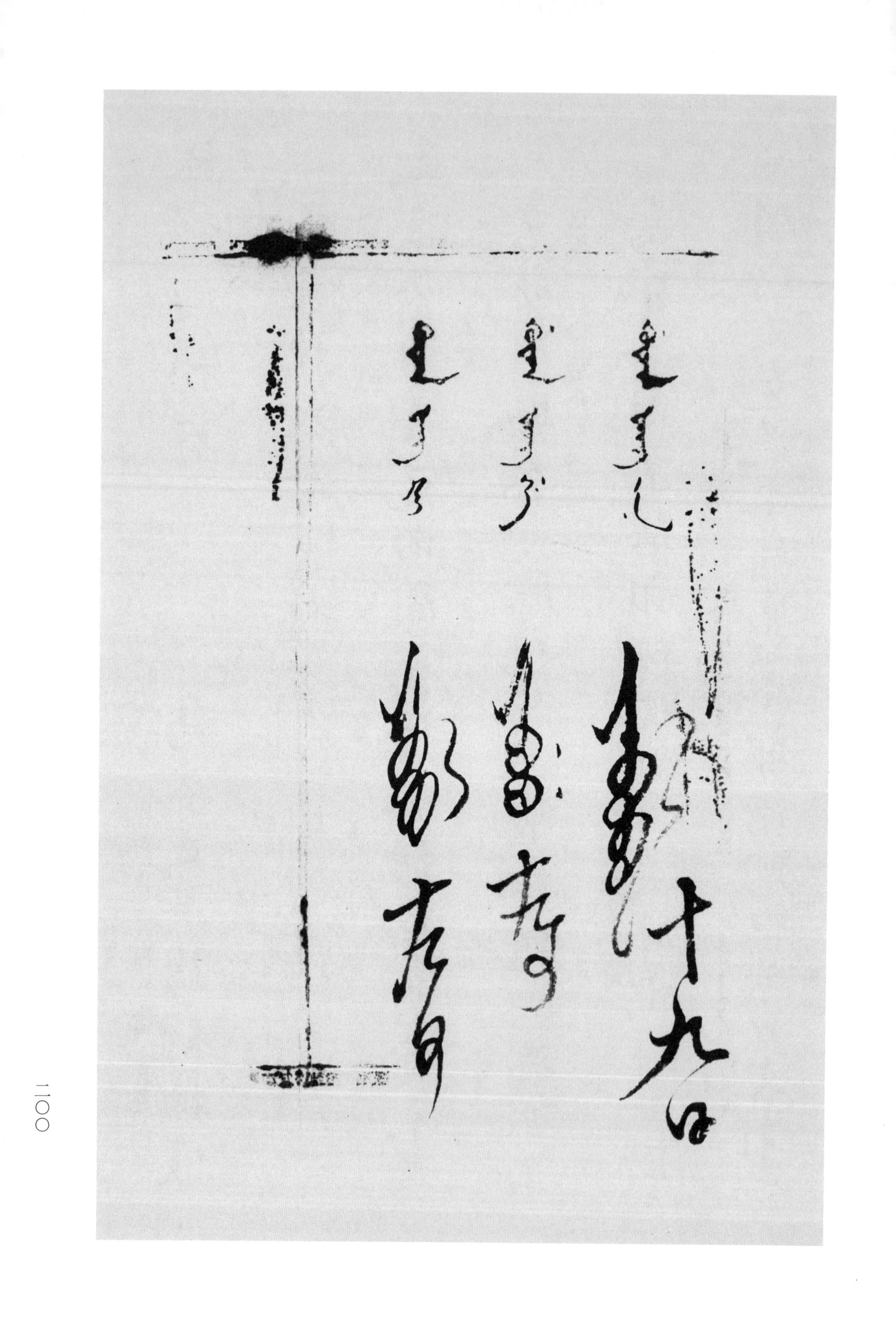

十九日

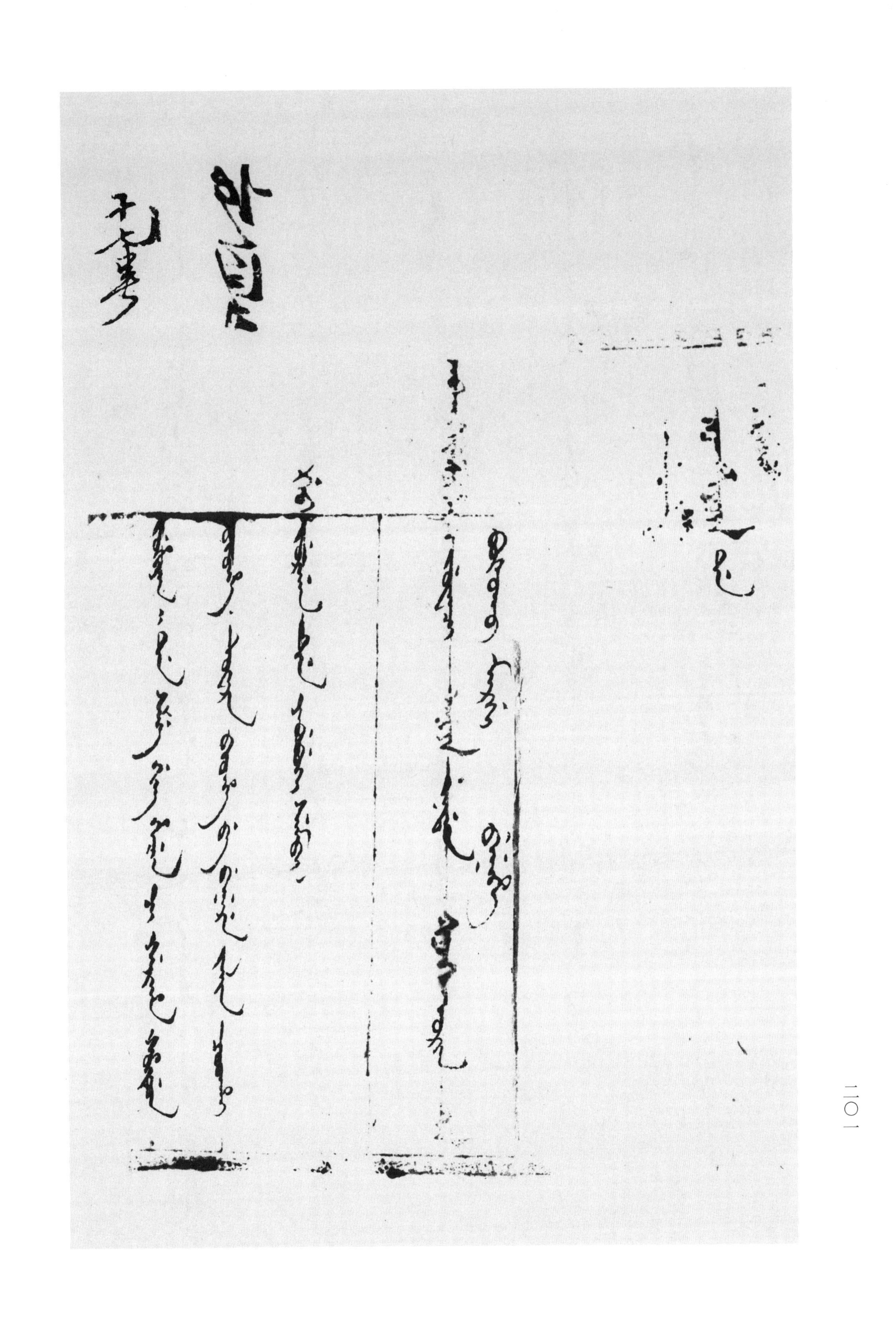

[illegible]

知道

[illegible]

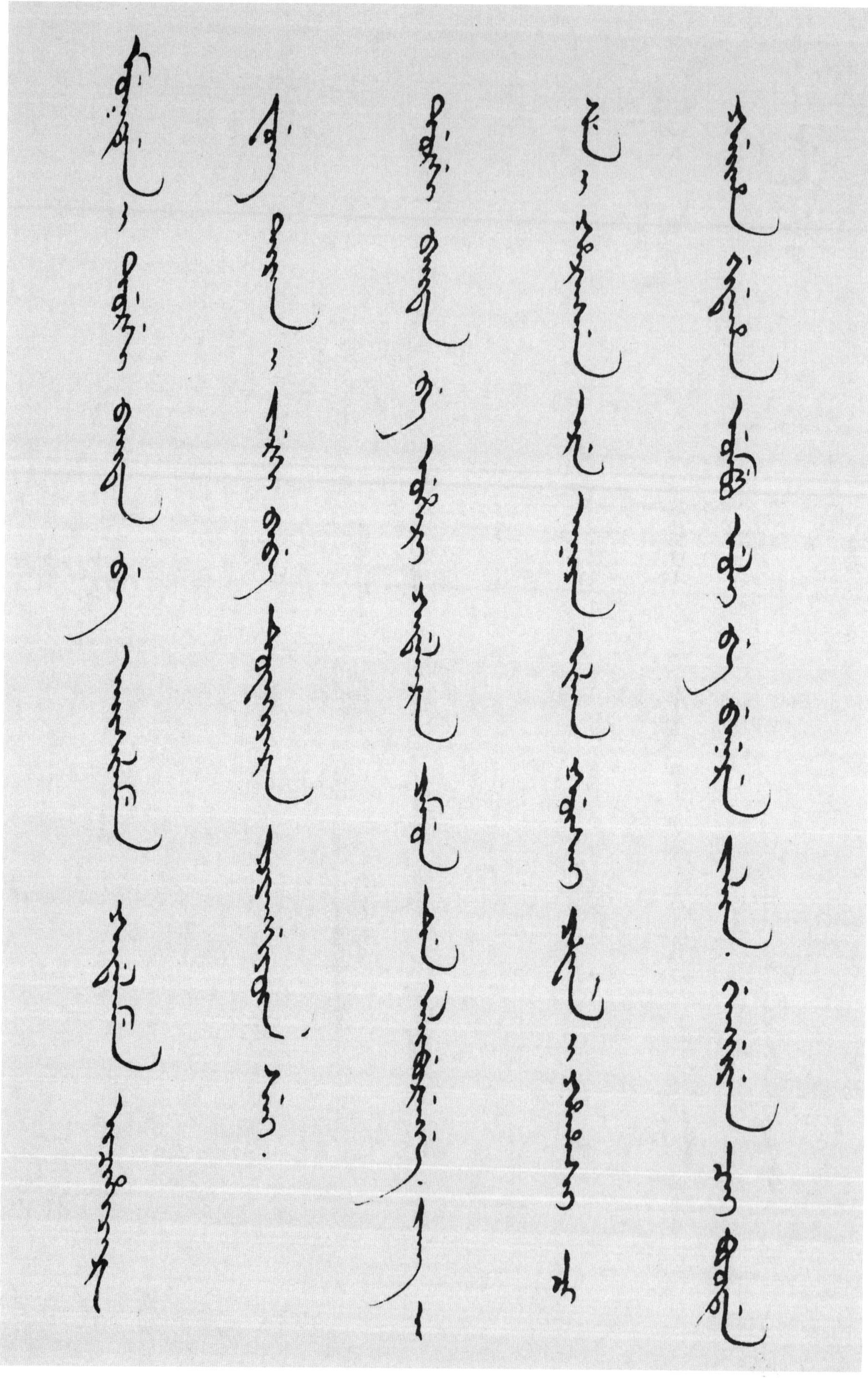

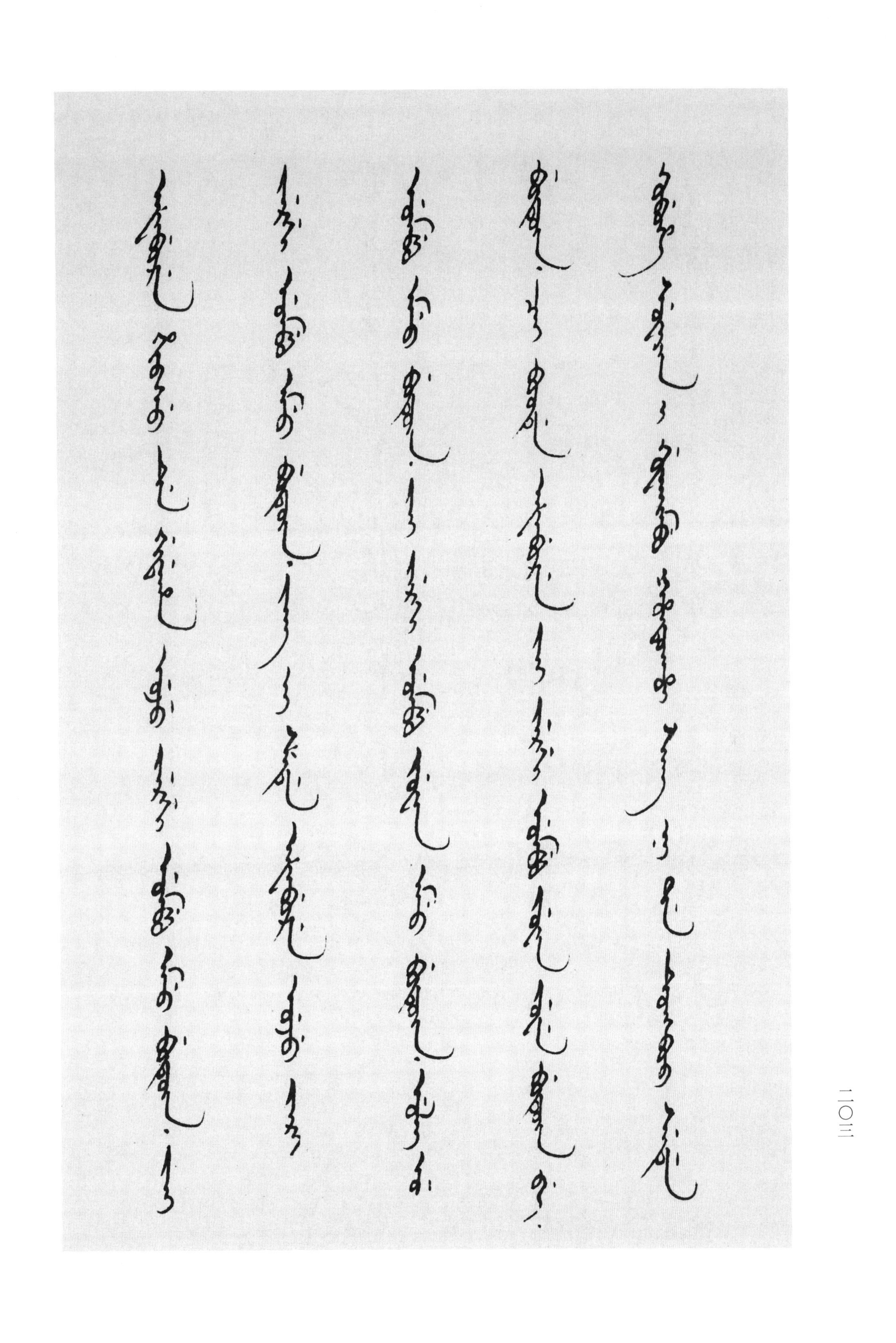

ᡥᡝᠰᡝ ᠪᡝ ᡤᡳᠩᡤᡠᠯᡝᠮᡝ ᡩᠠᡥᠠᠮᡝ

ᡝᡵᡝᡳ ᡤᡳᠩᡤᡠᠯᡝᠮᡝ ᡩᠣᠨᠵᡳᠪᡠᠮᡝ ᠸᡝᠰᡳᠮᠪᡠᡥᡝ ᠰᡝᠮᡝ ᠪᠠᡳᡵᡝ

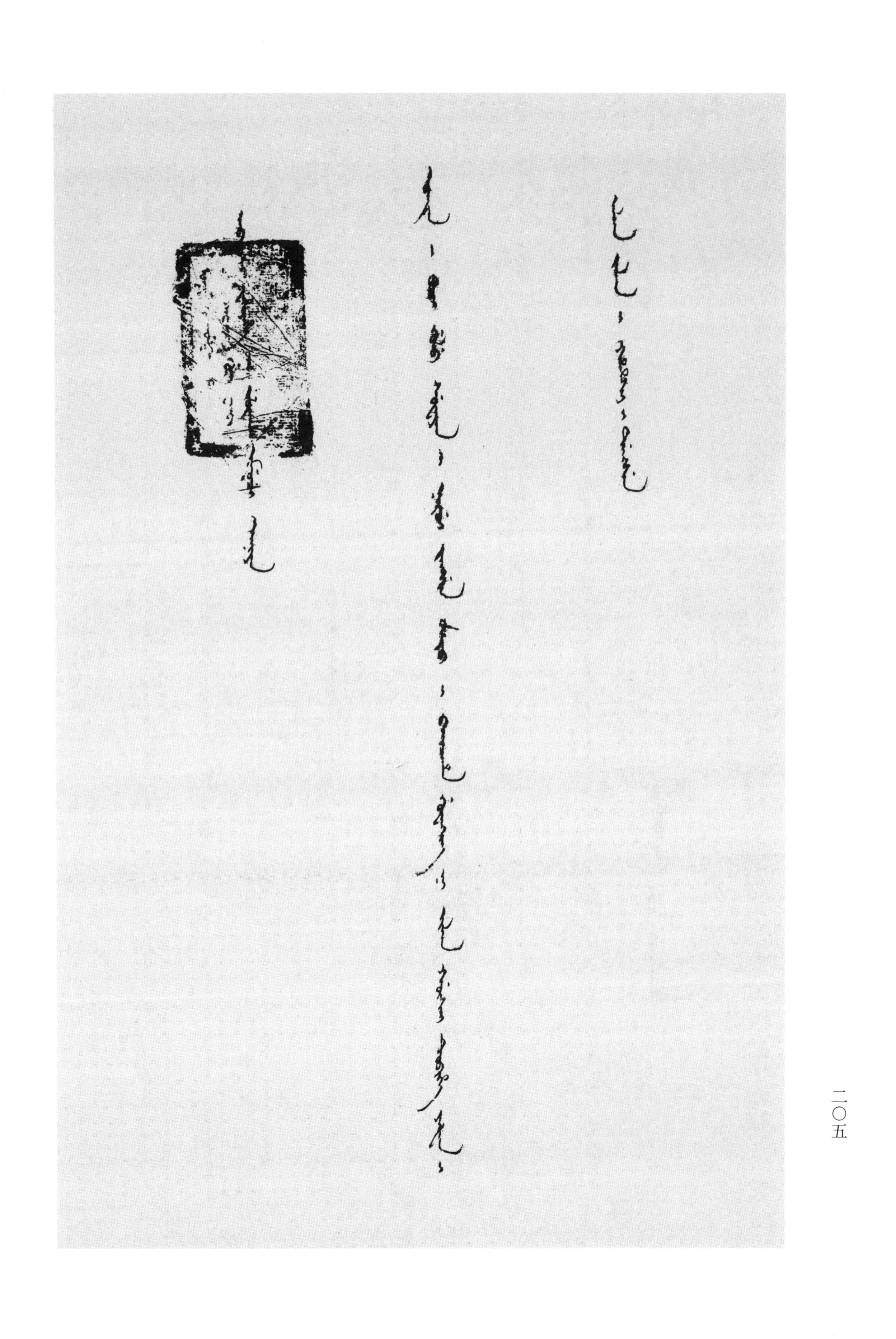

[illegible]

[illegible]

[illegible]

[illegible]

[illegible]

[illegible]

[illegible]

[illegible]

[illegible]

[illegible]

[illegible]

[illegible]

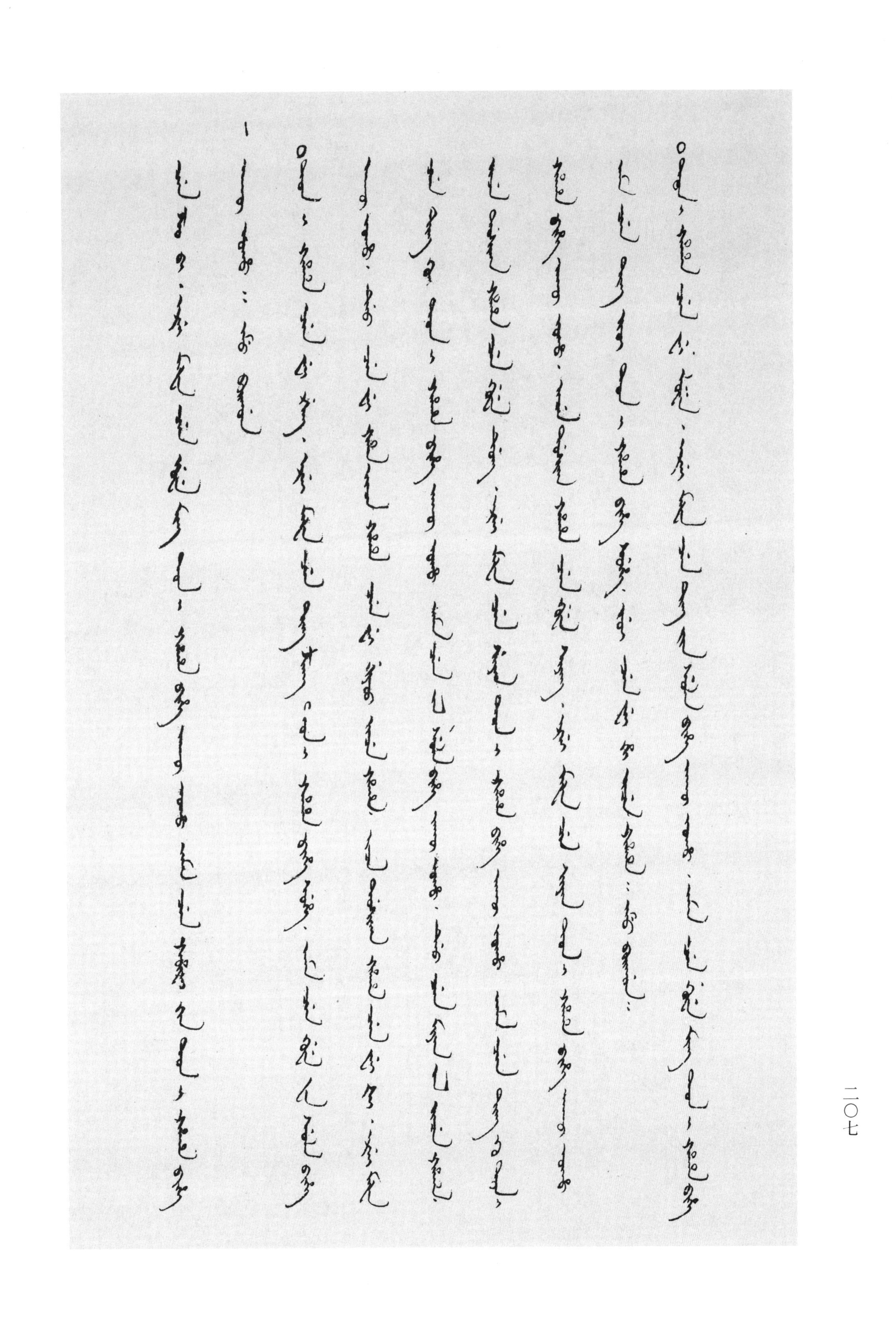

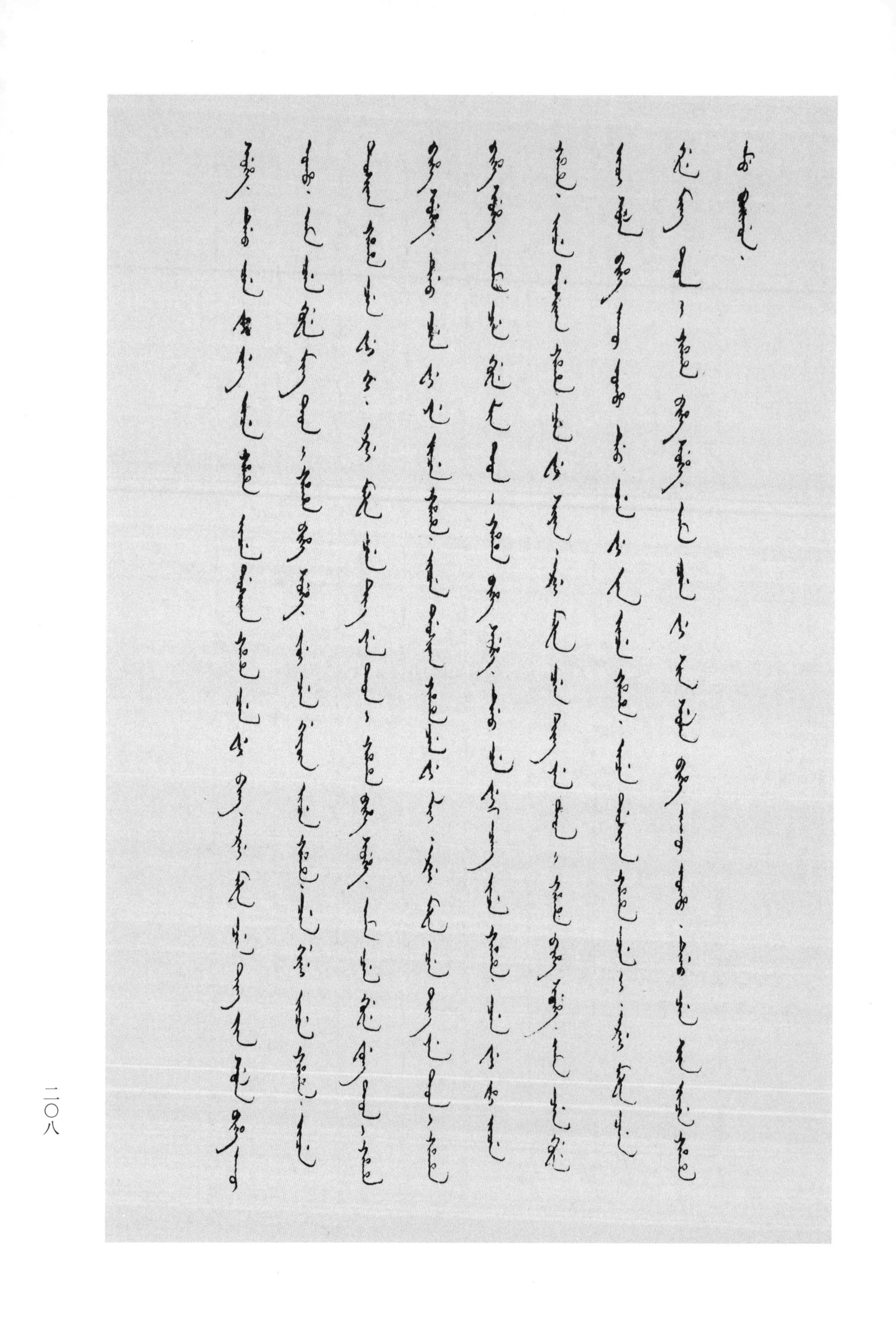

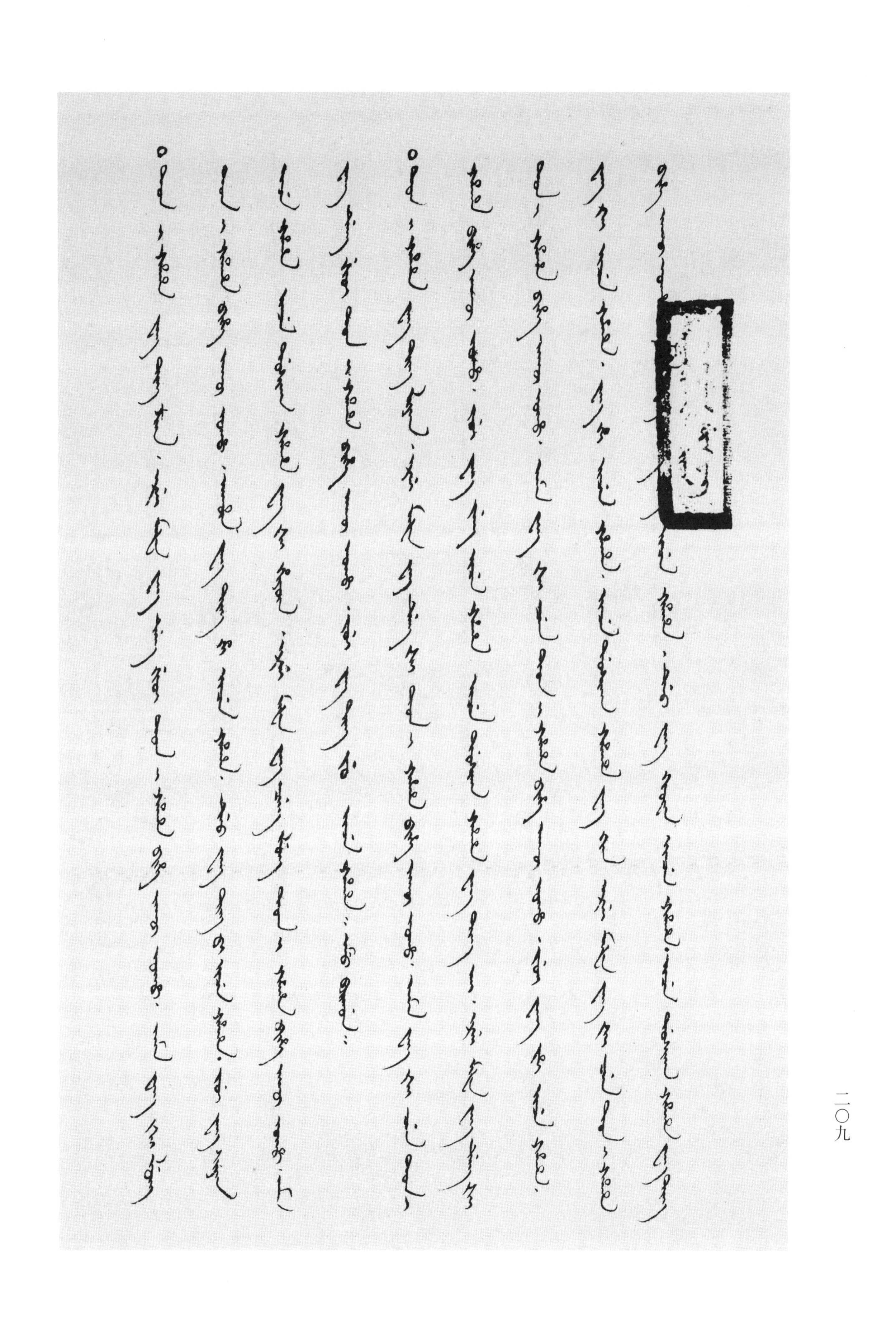

[illegible]

[illegible]

[illegible]

[illegible]

[illegible]

[illegible]

[illegible]

[illegible]

[illegible]

[illegible]

[illegible]

[illegible]

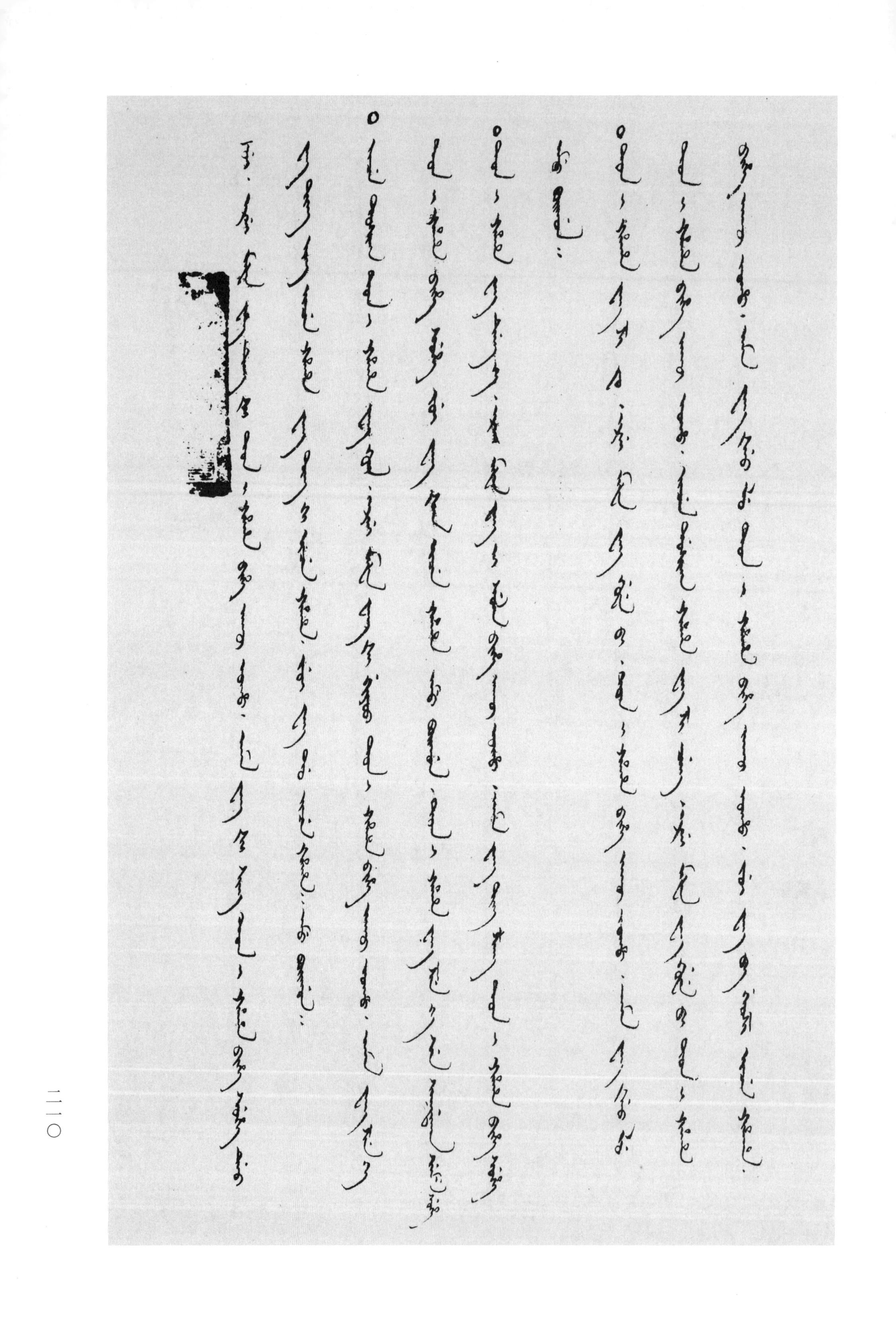

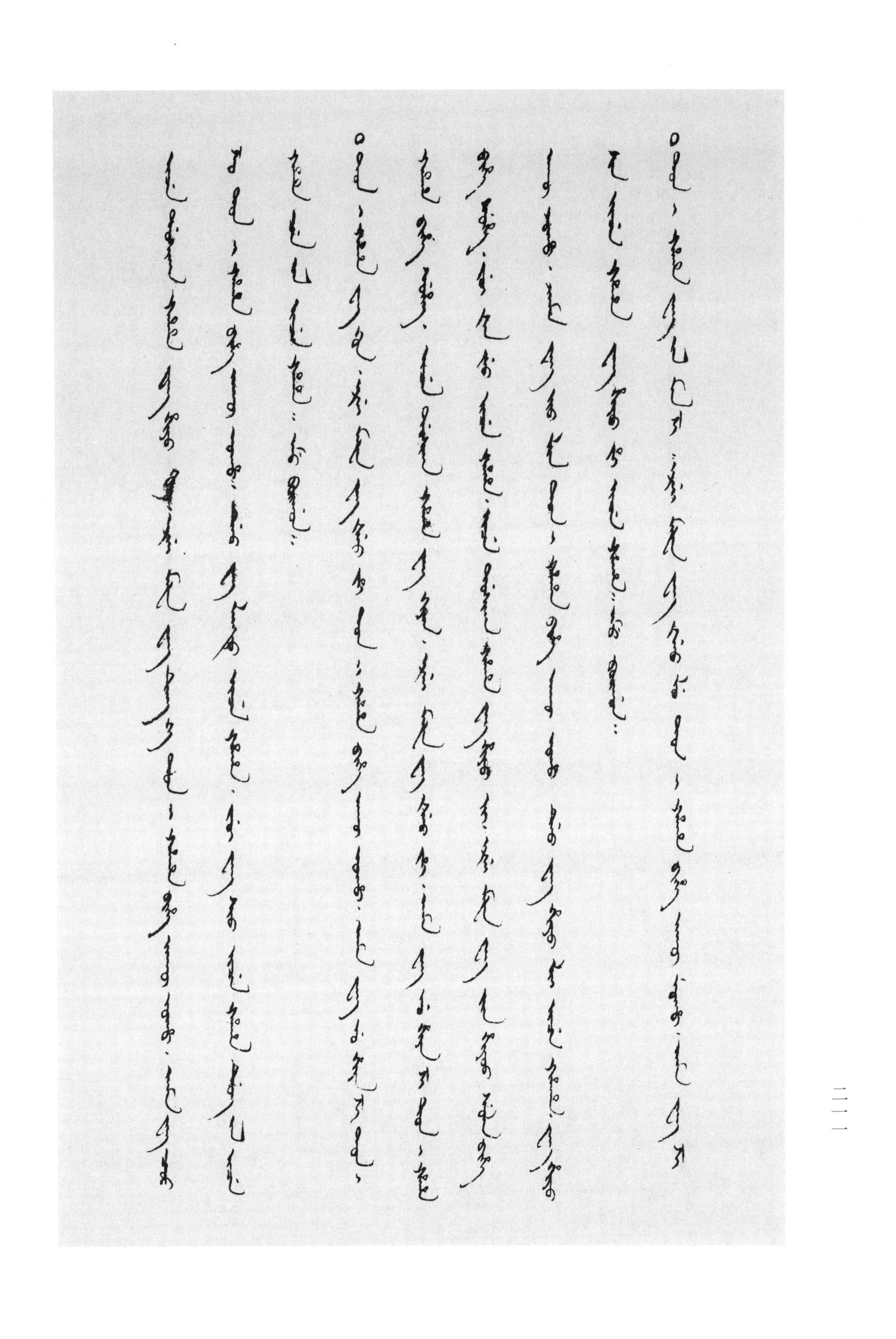

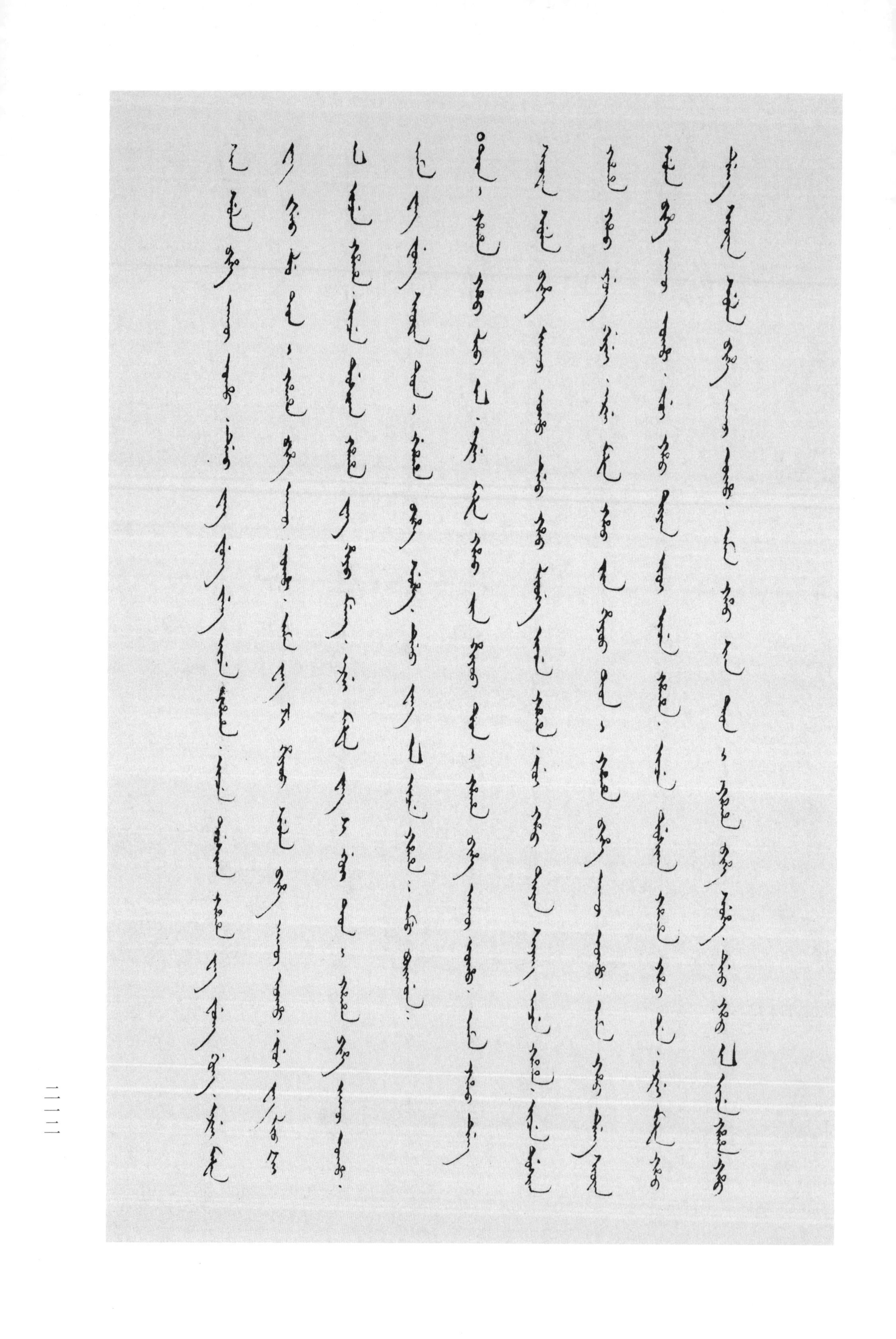

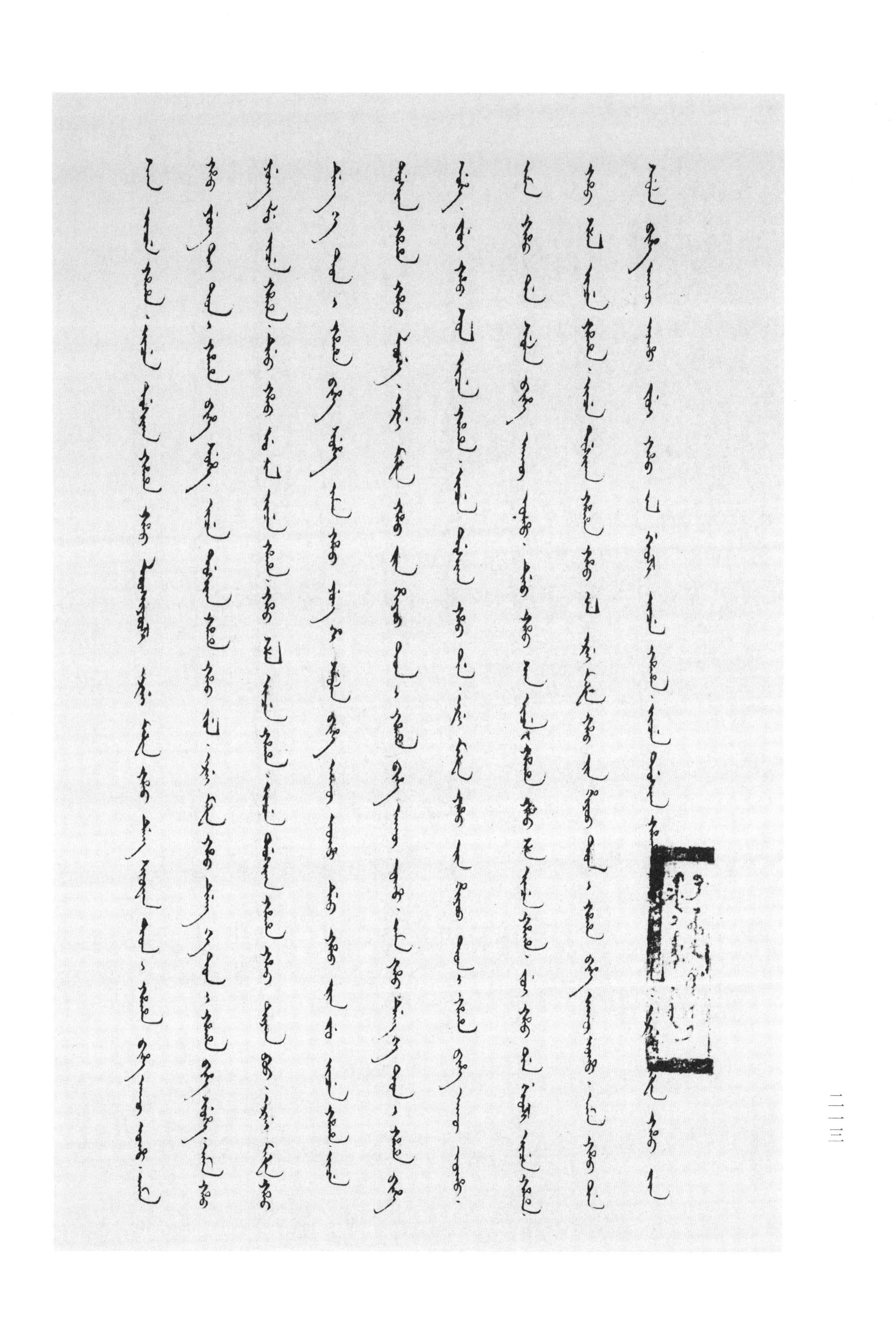

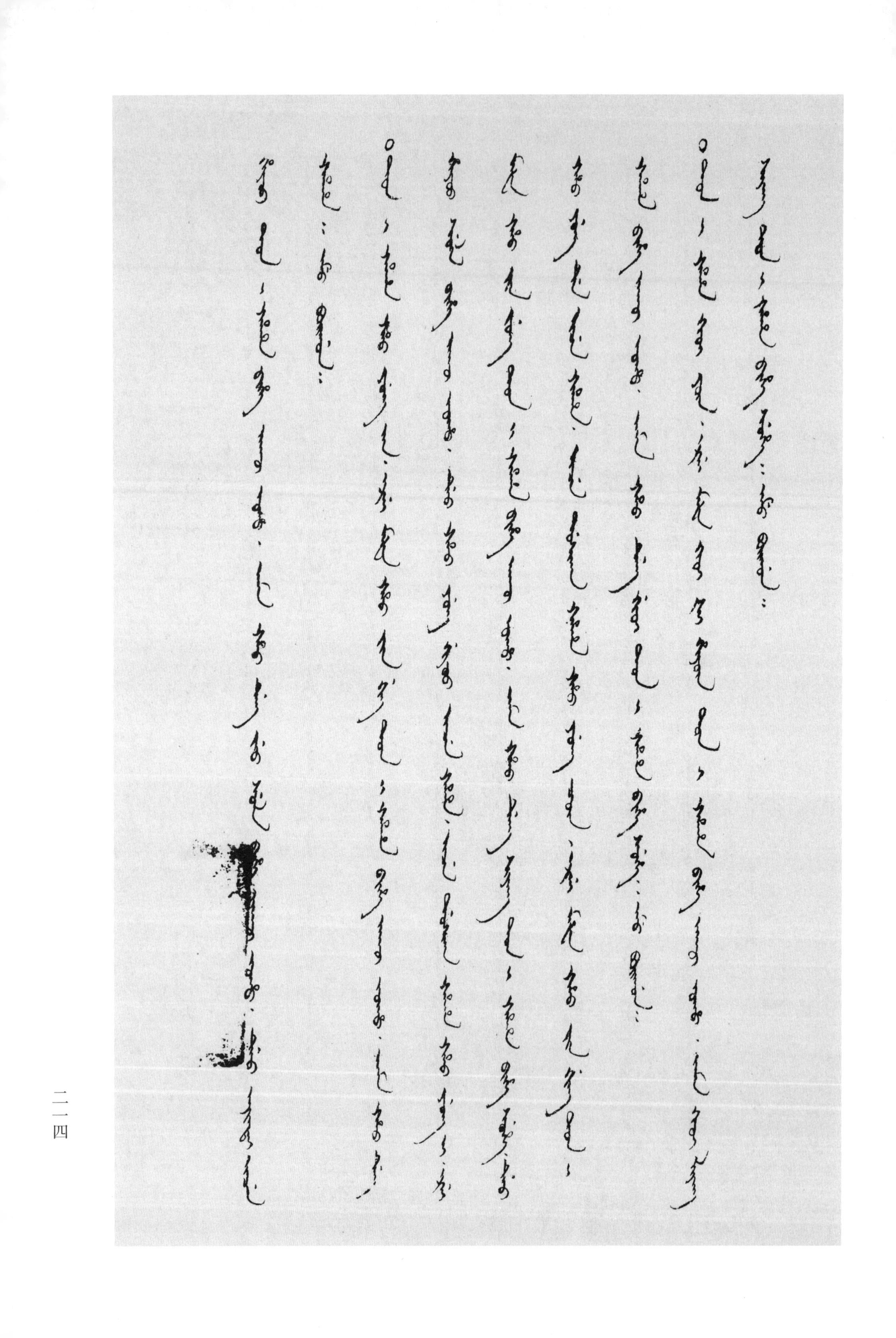

[illegible]

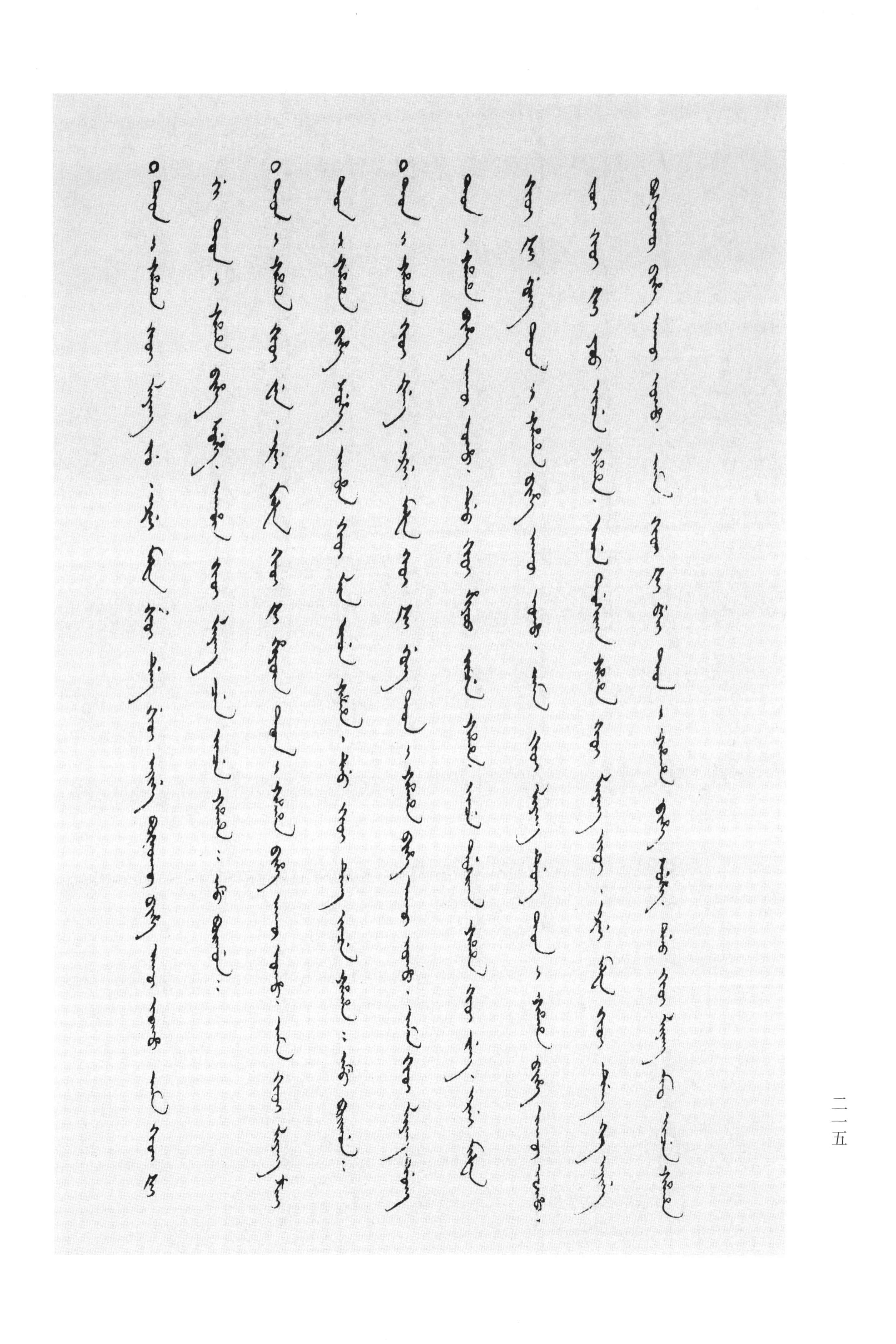

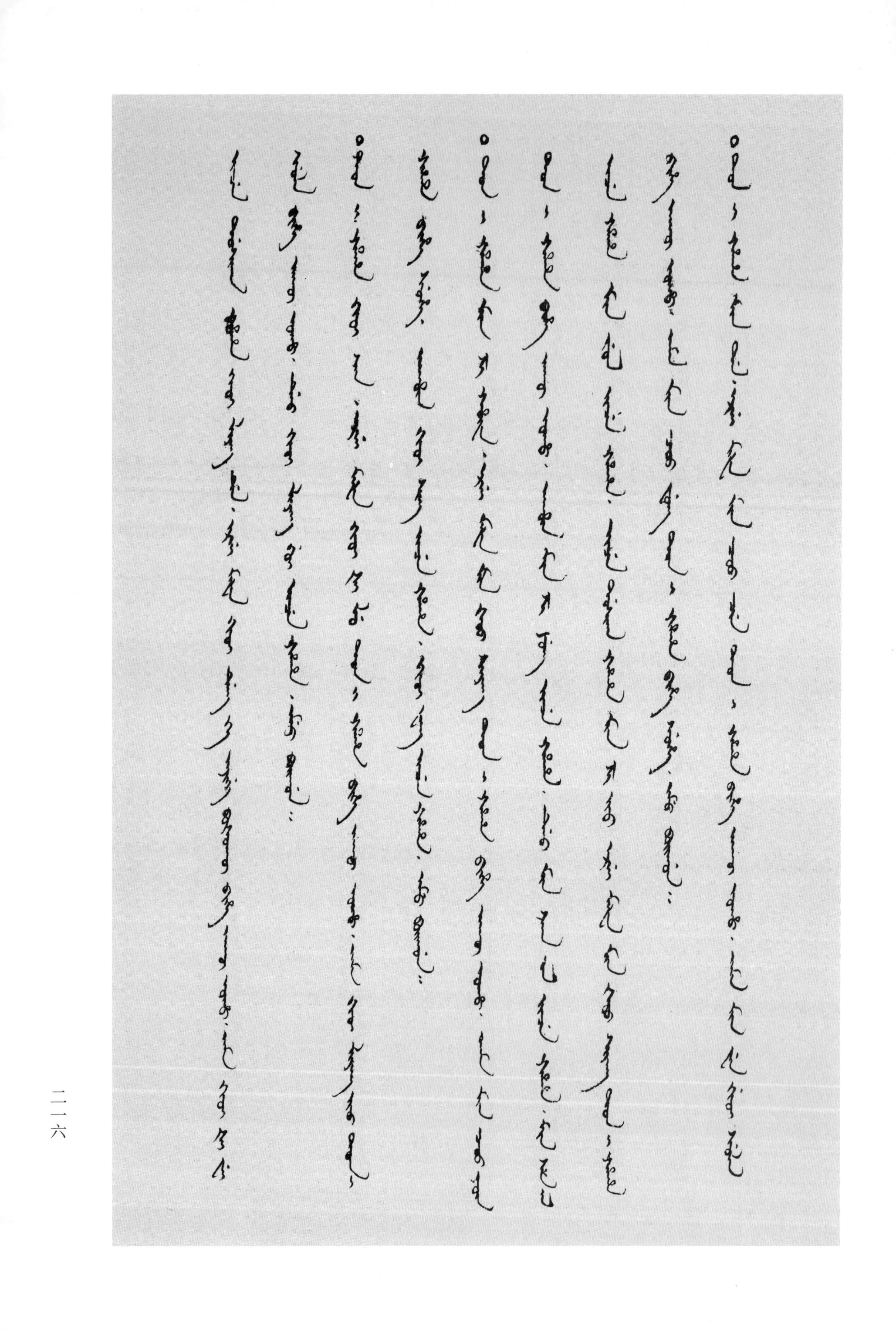

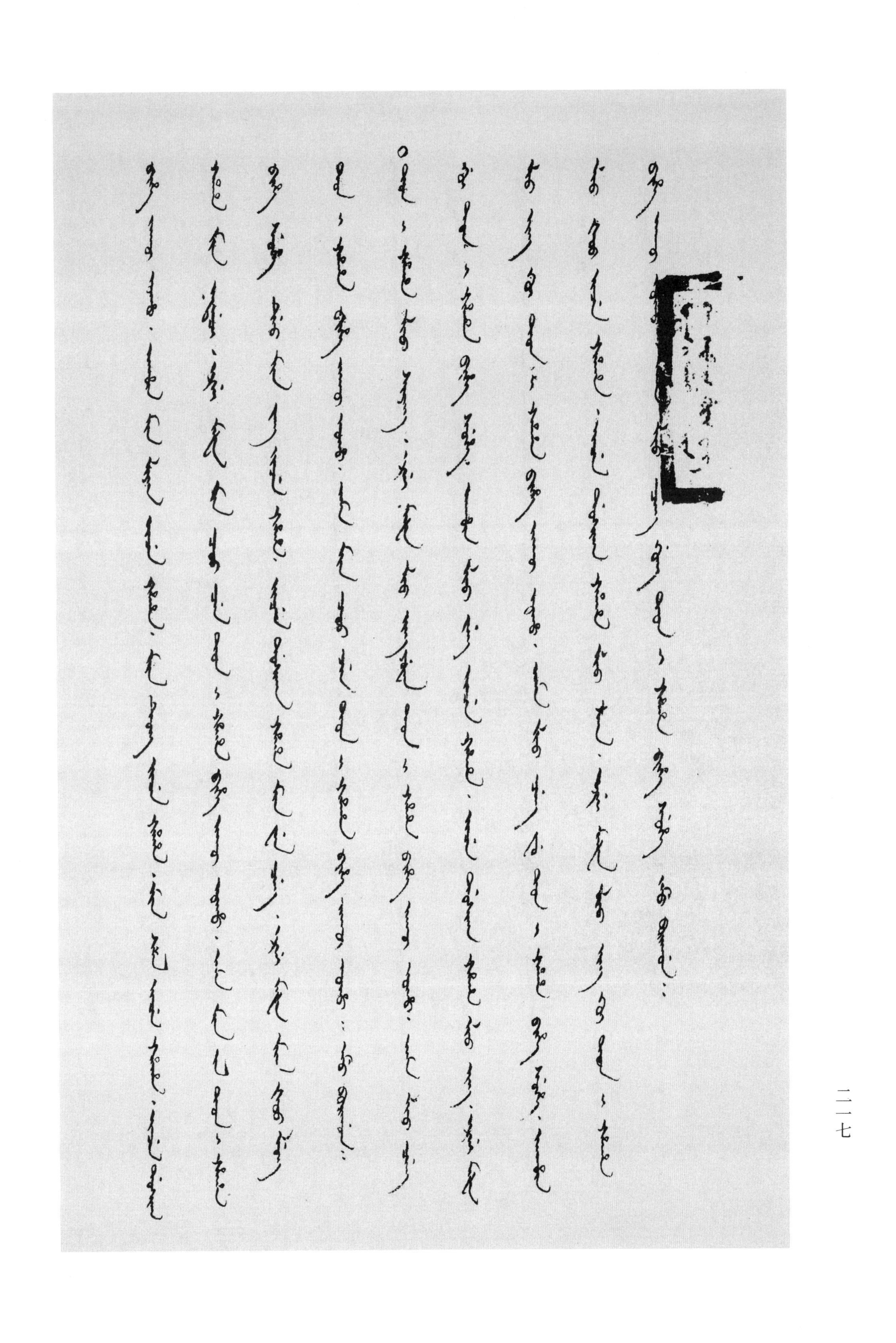

[illegible]

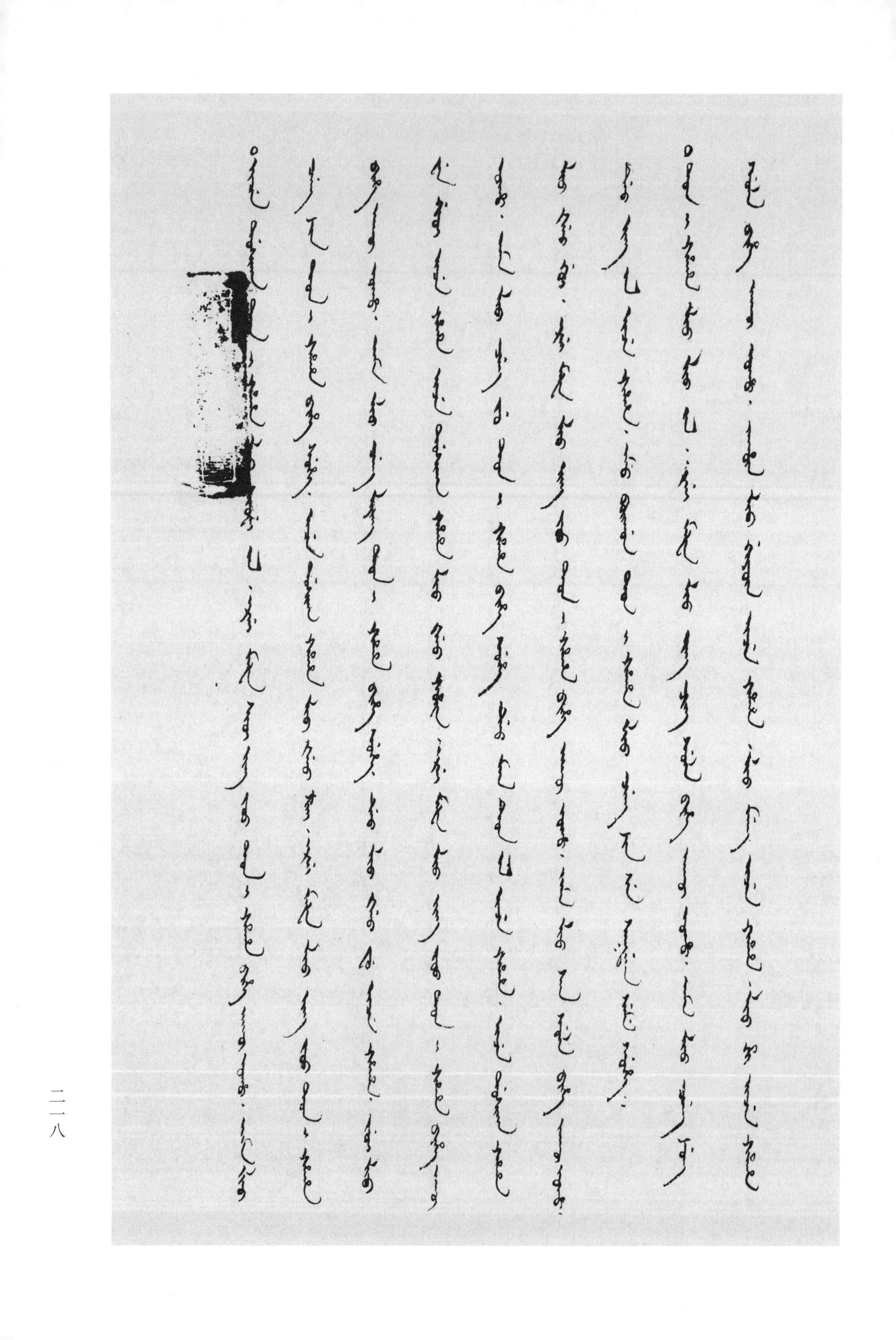

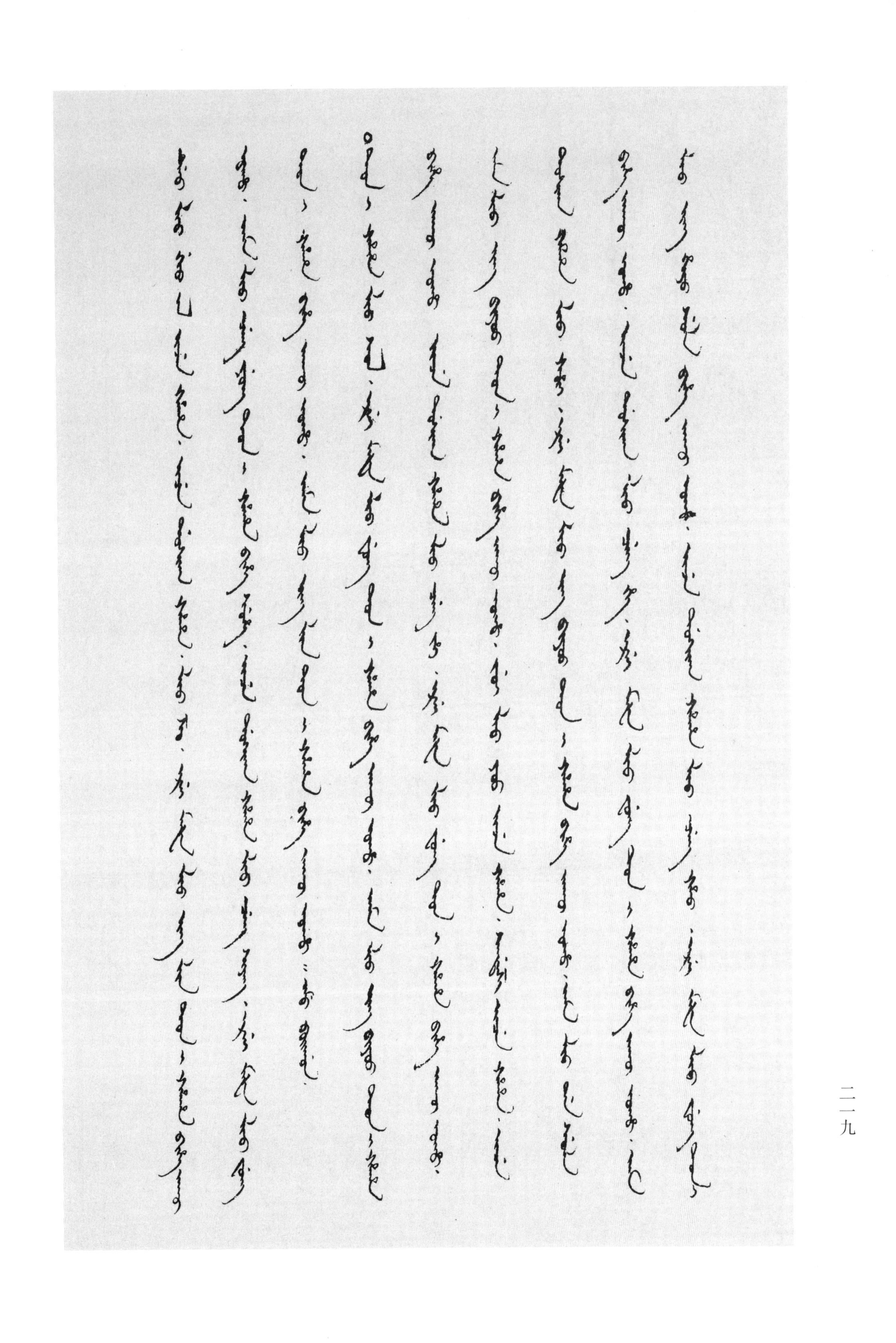

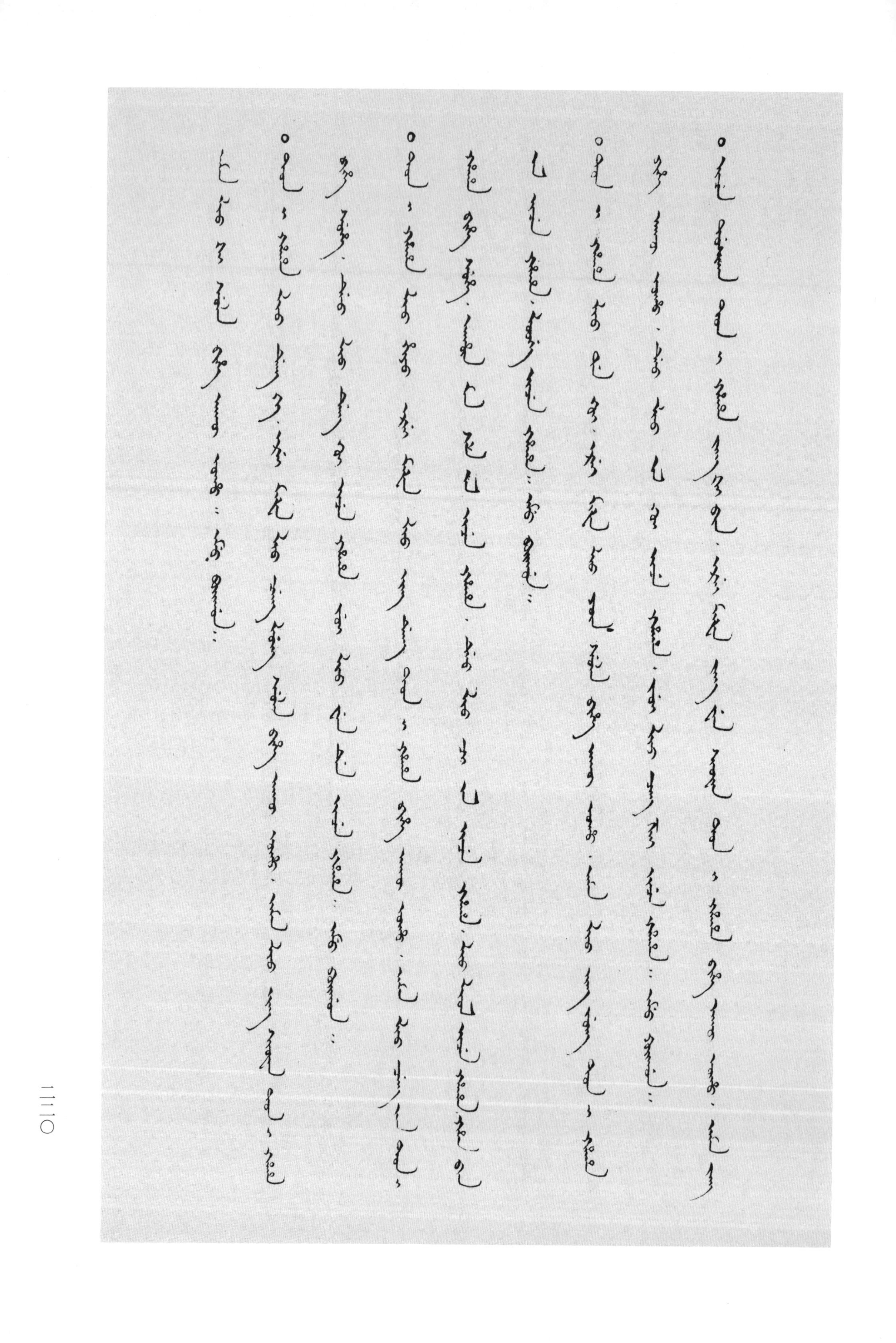

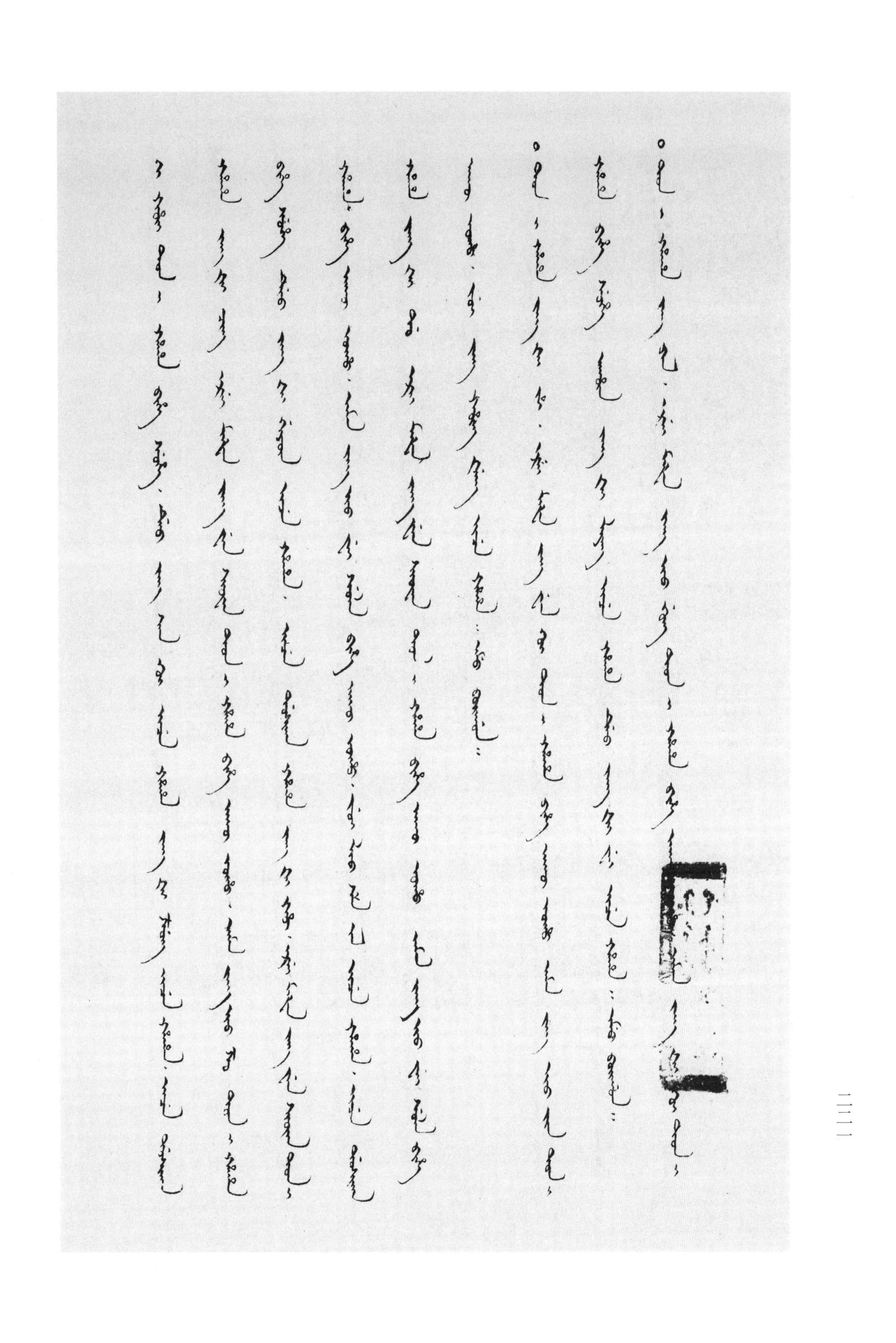

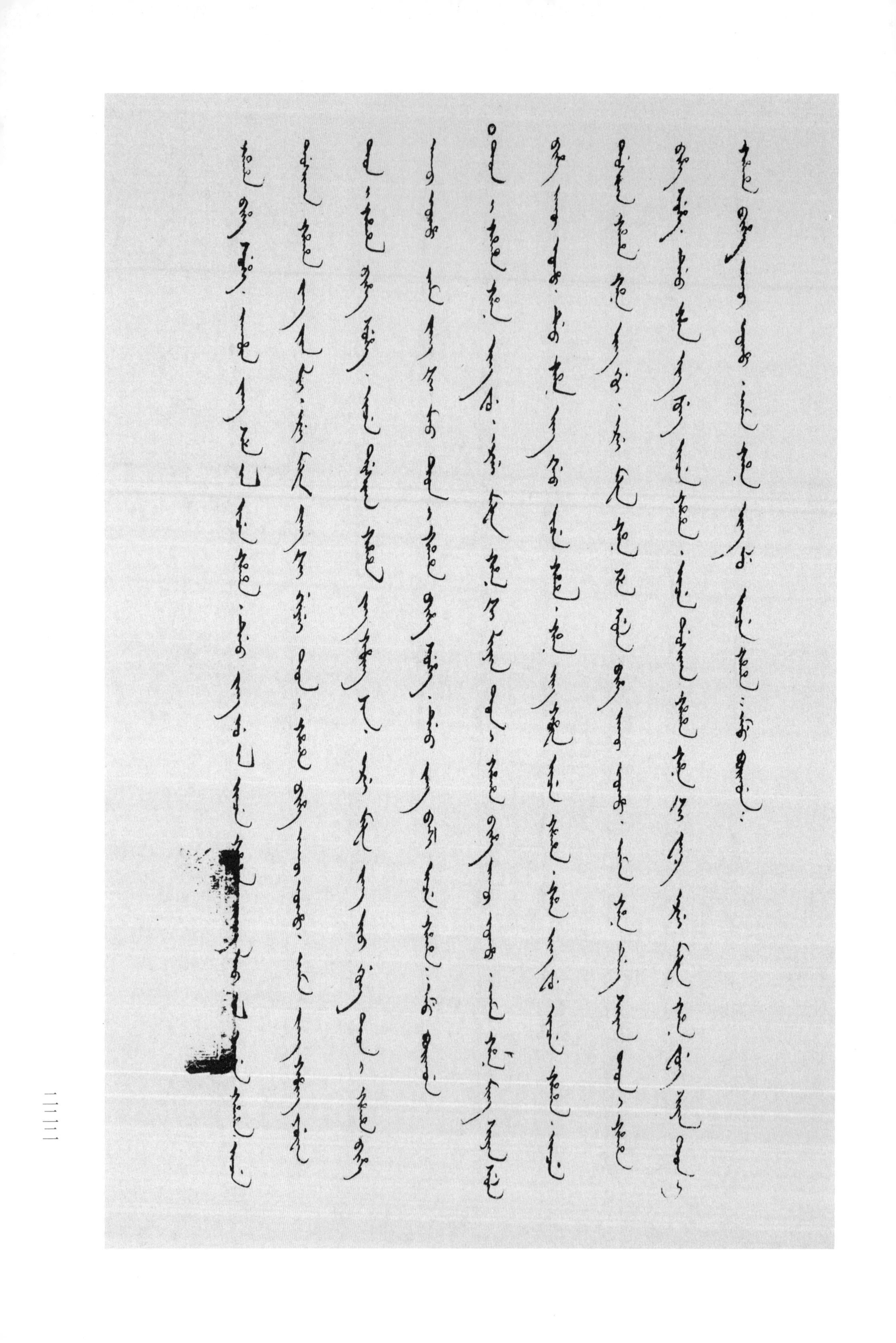

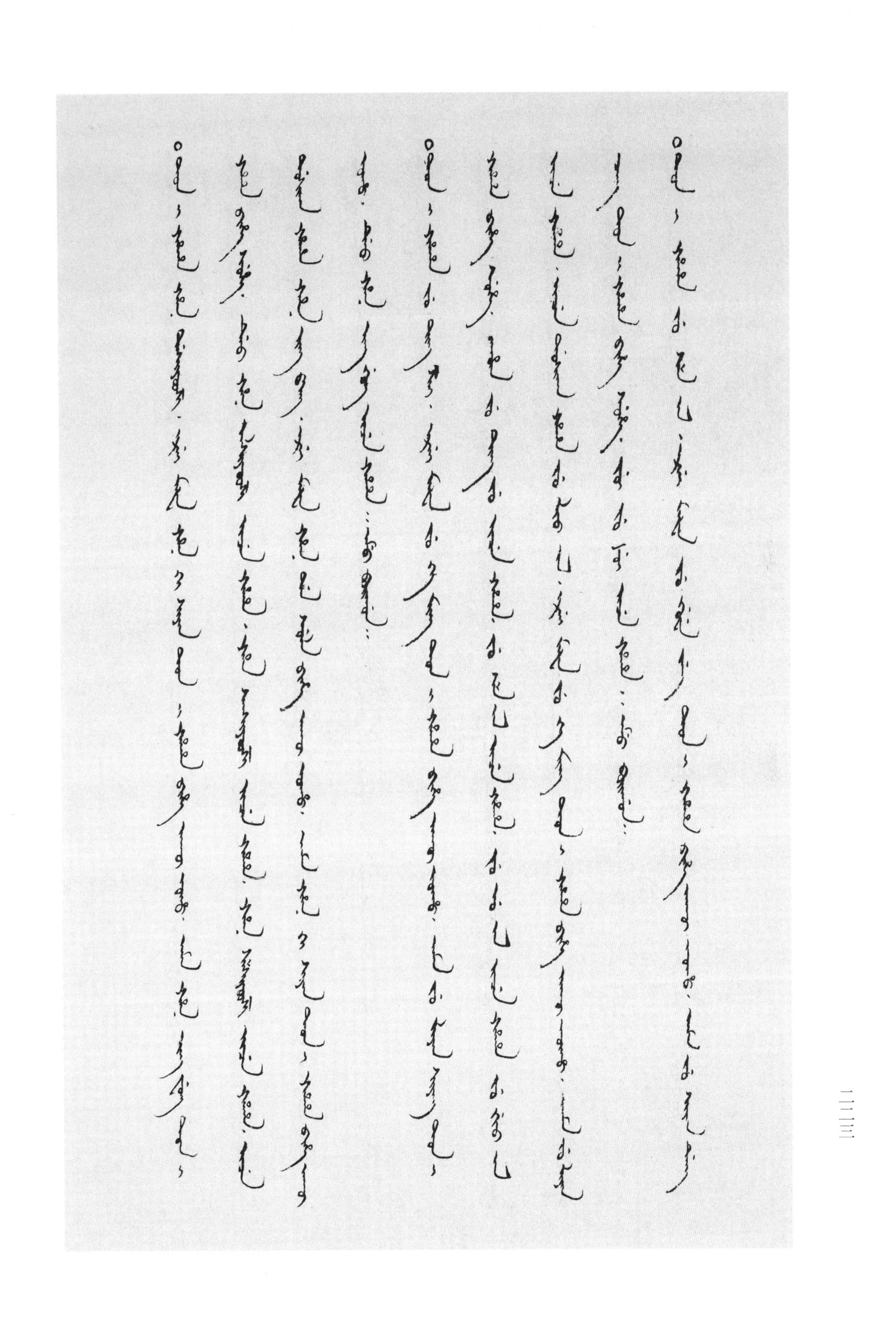

[illegible]

[illegible]

[illegible]

[illegible]

[illegible]

[illegible]

[illegible]

[illegible]

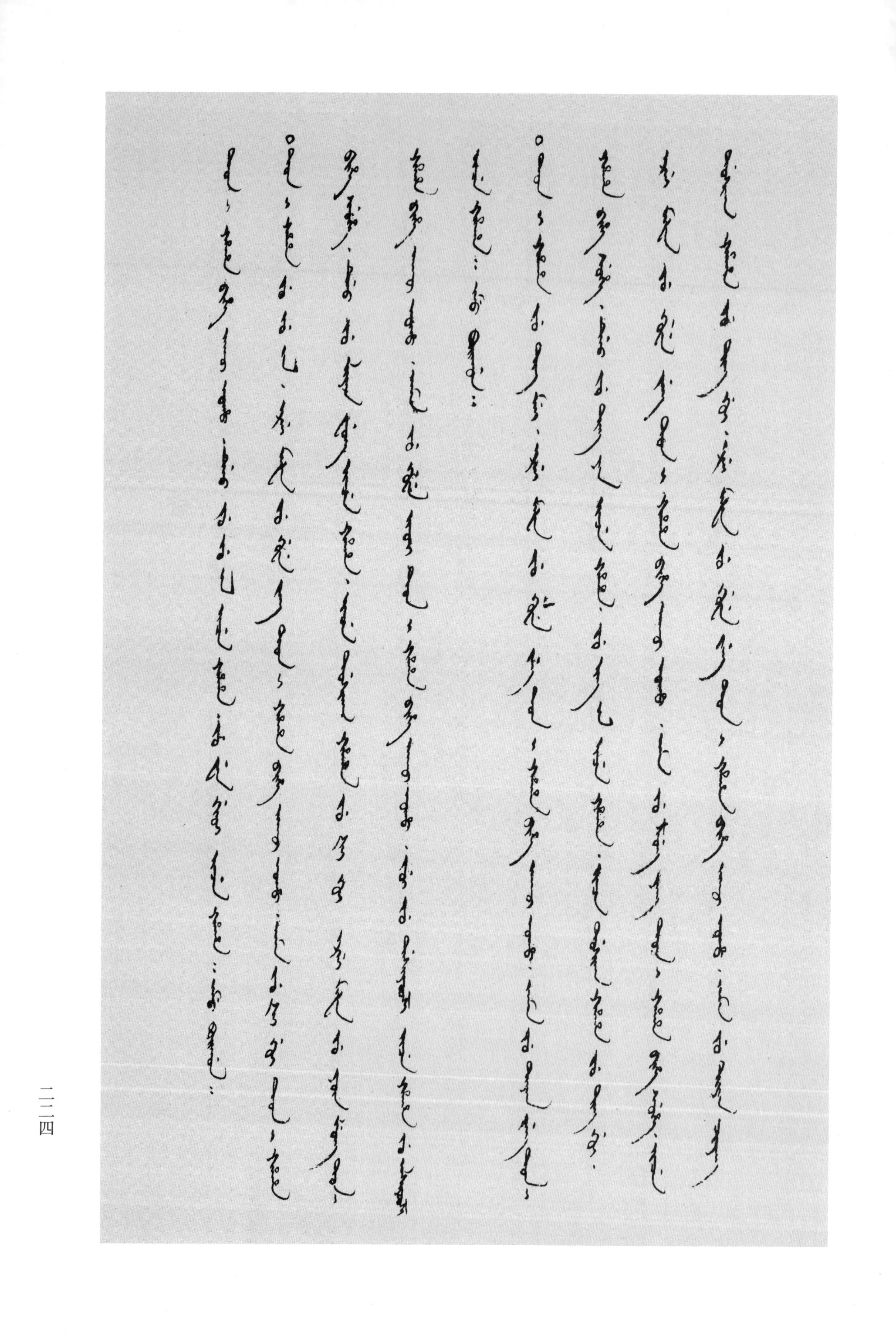

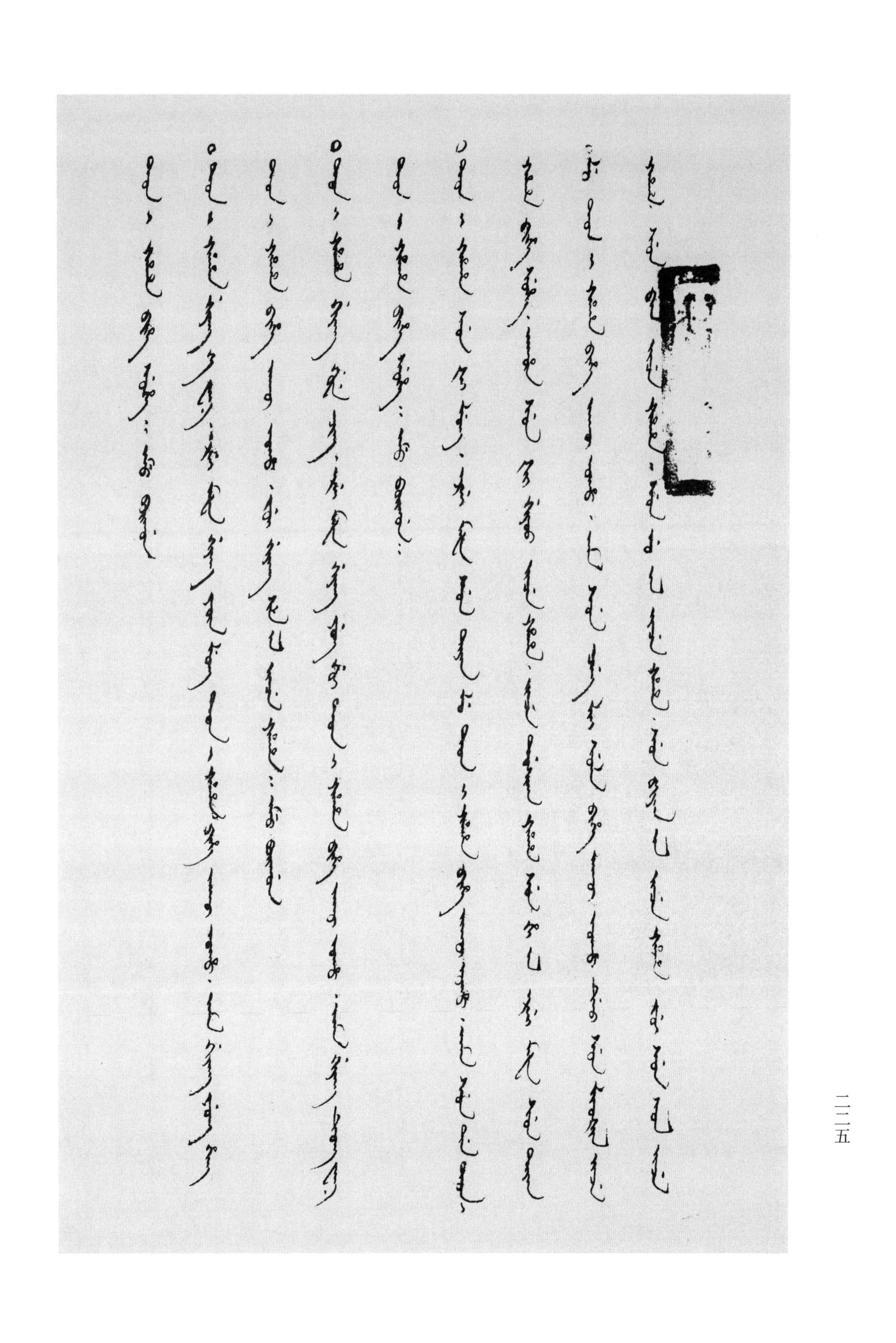

[illegible]

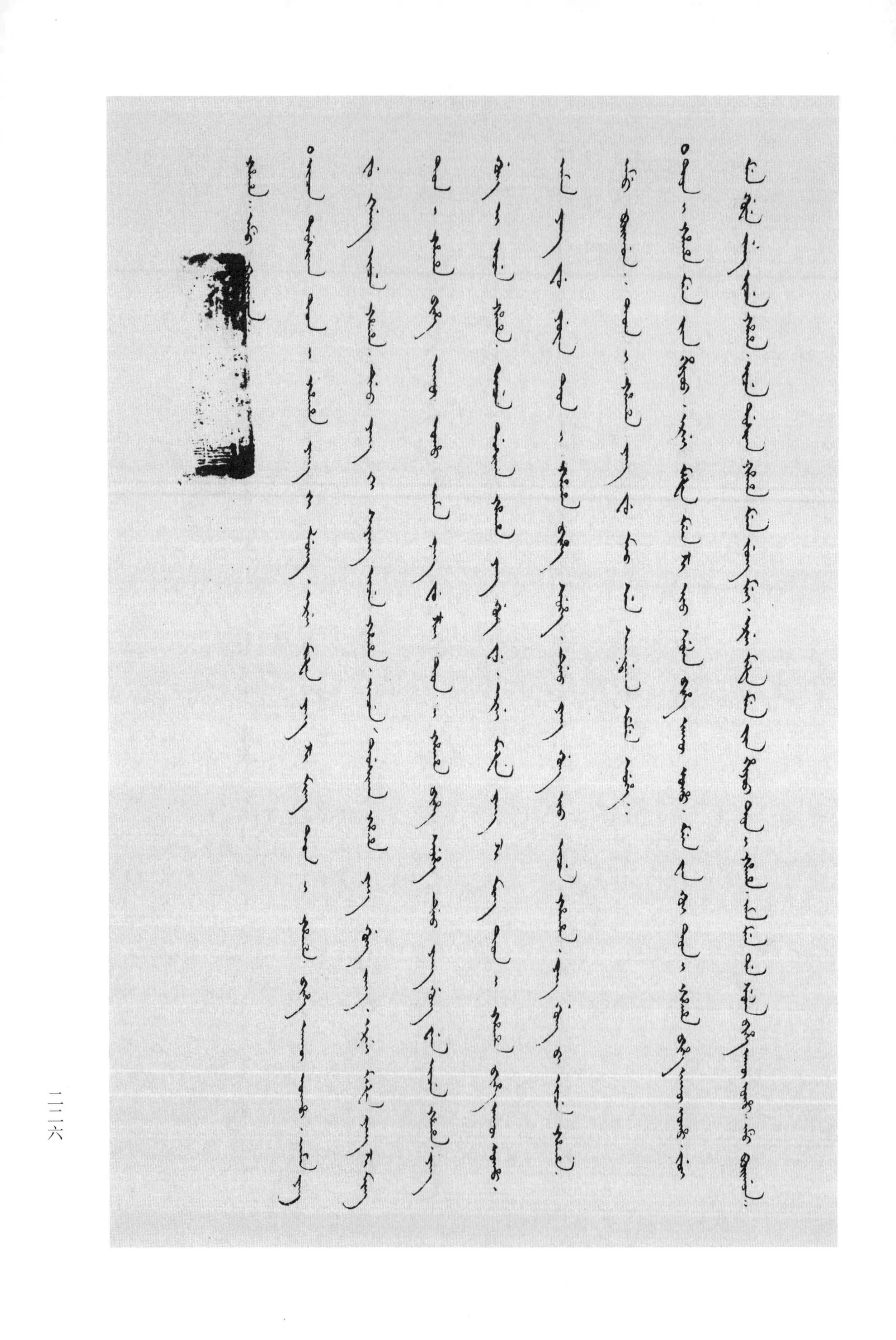

[illegible]

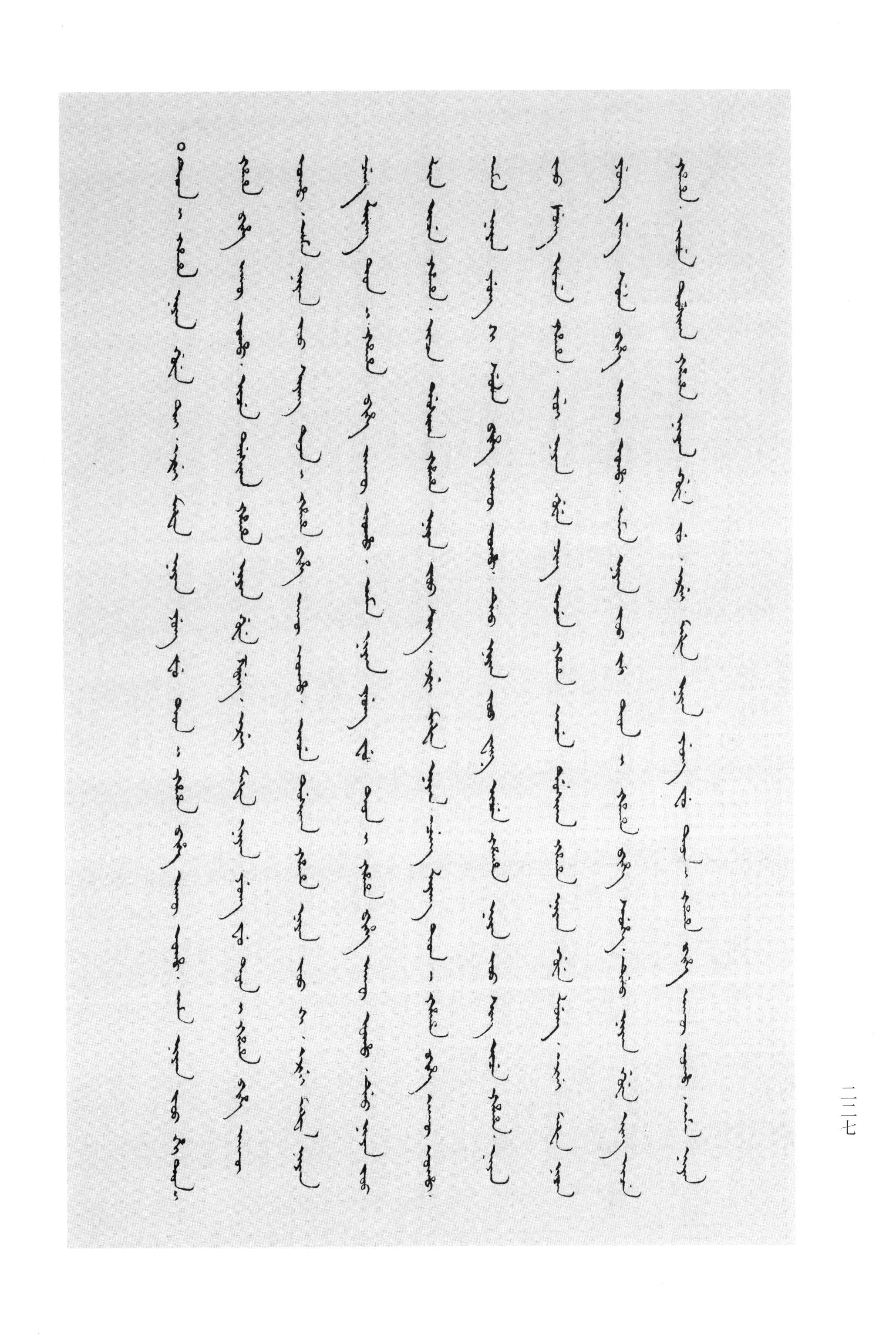

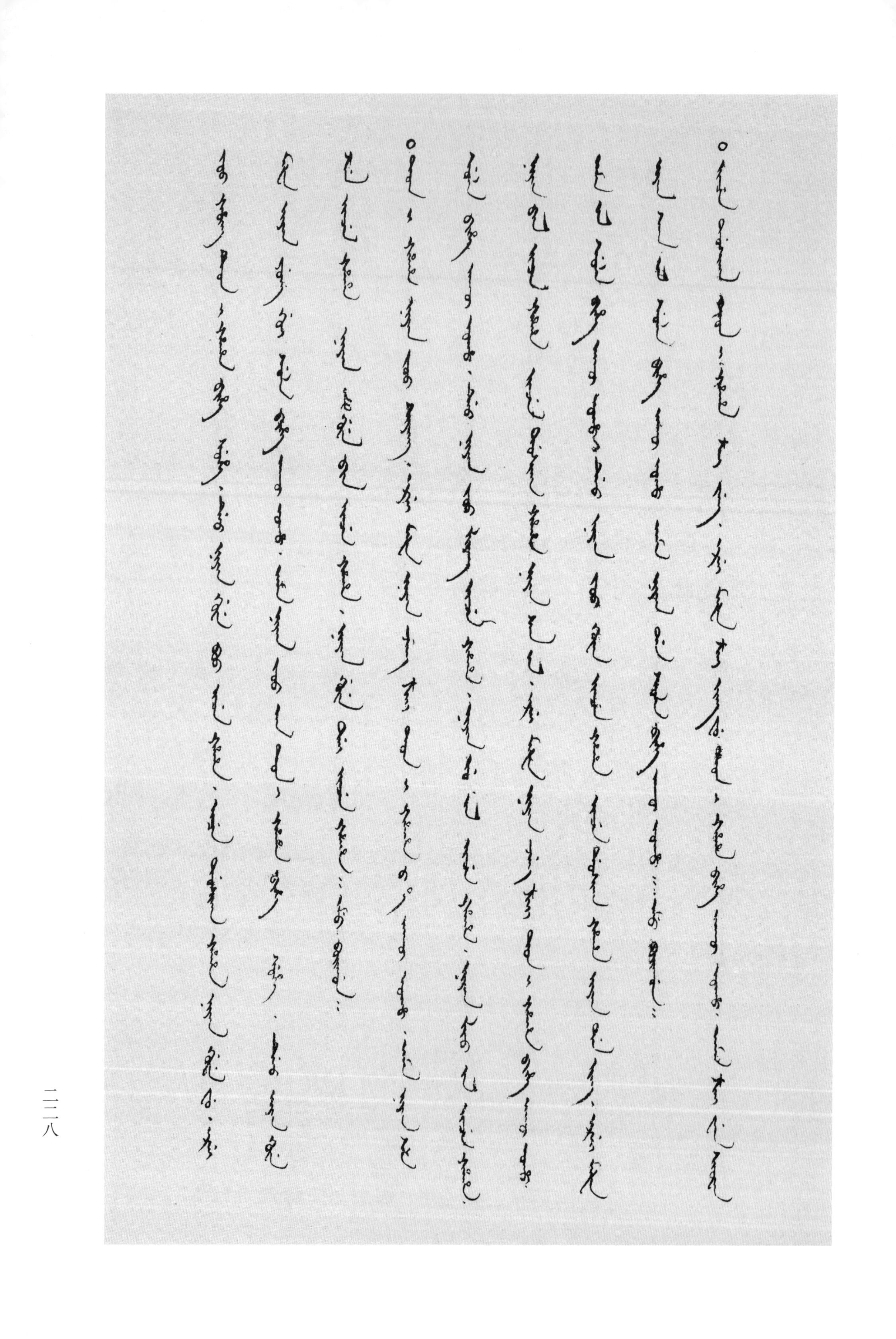

[illegible]

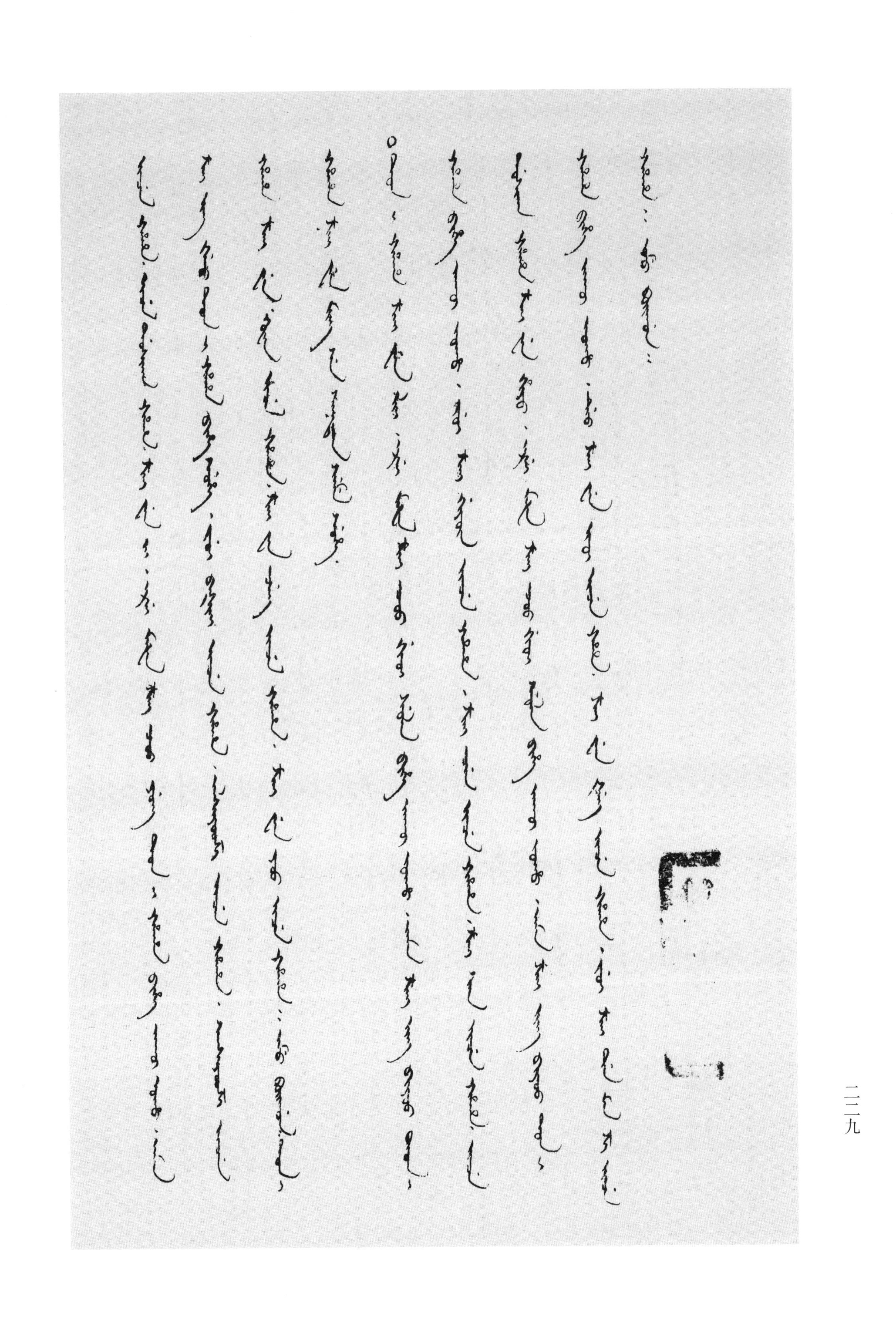

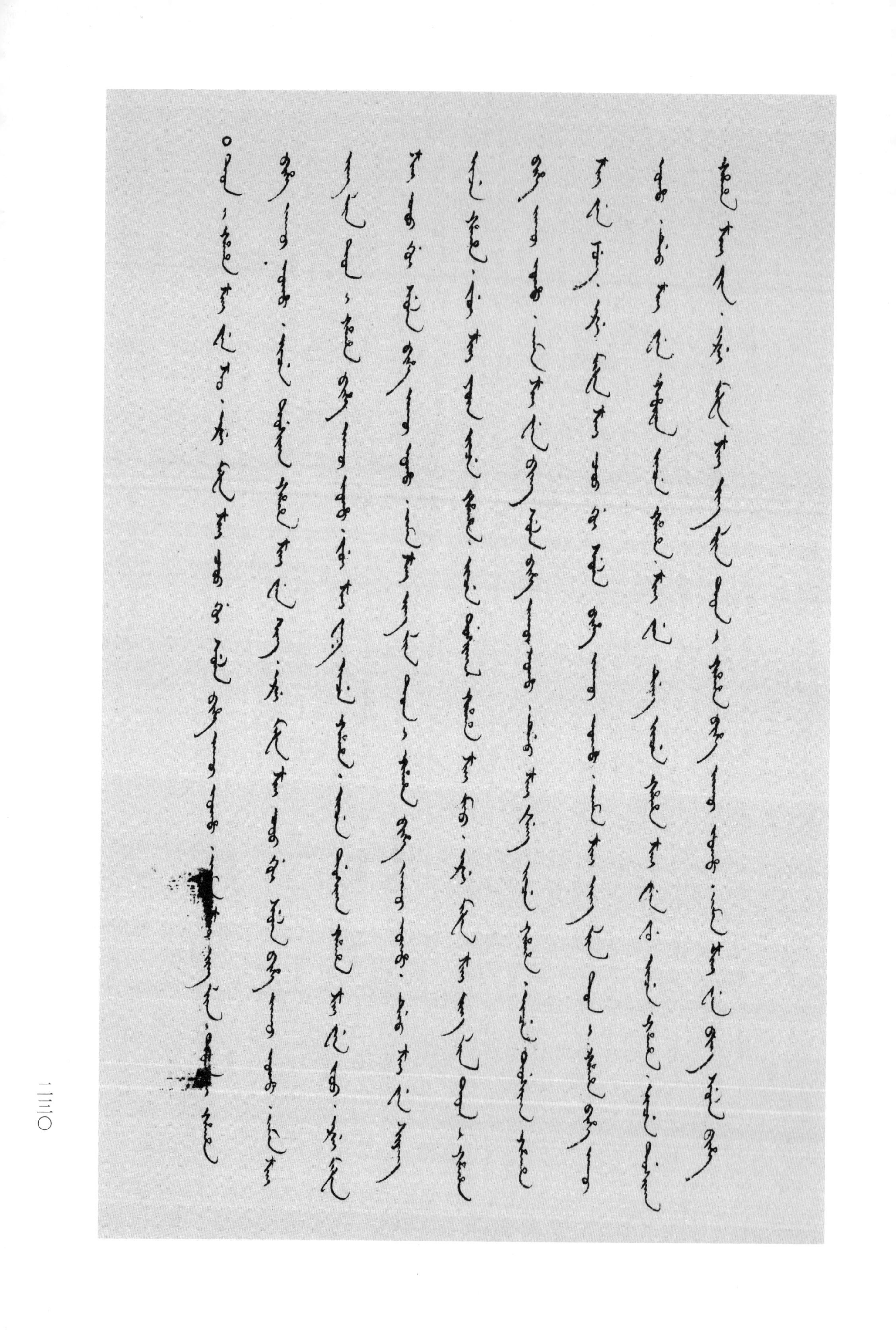

[illegible]

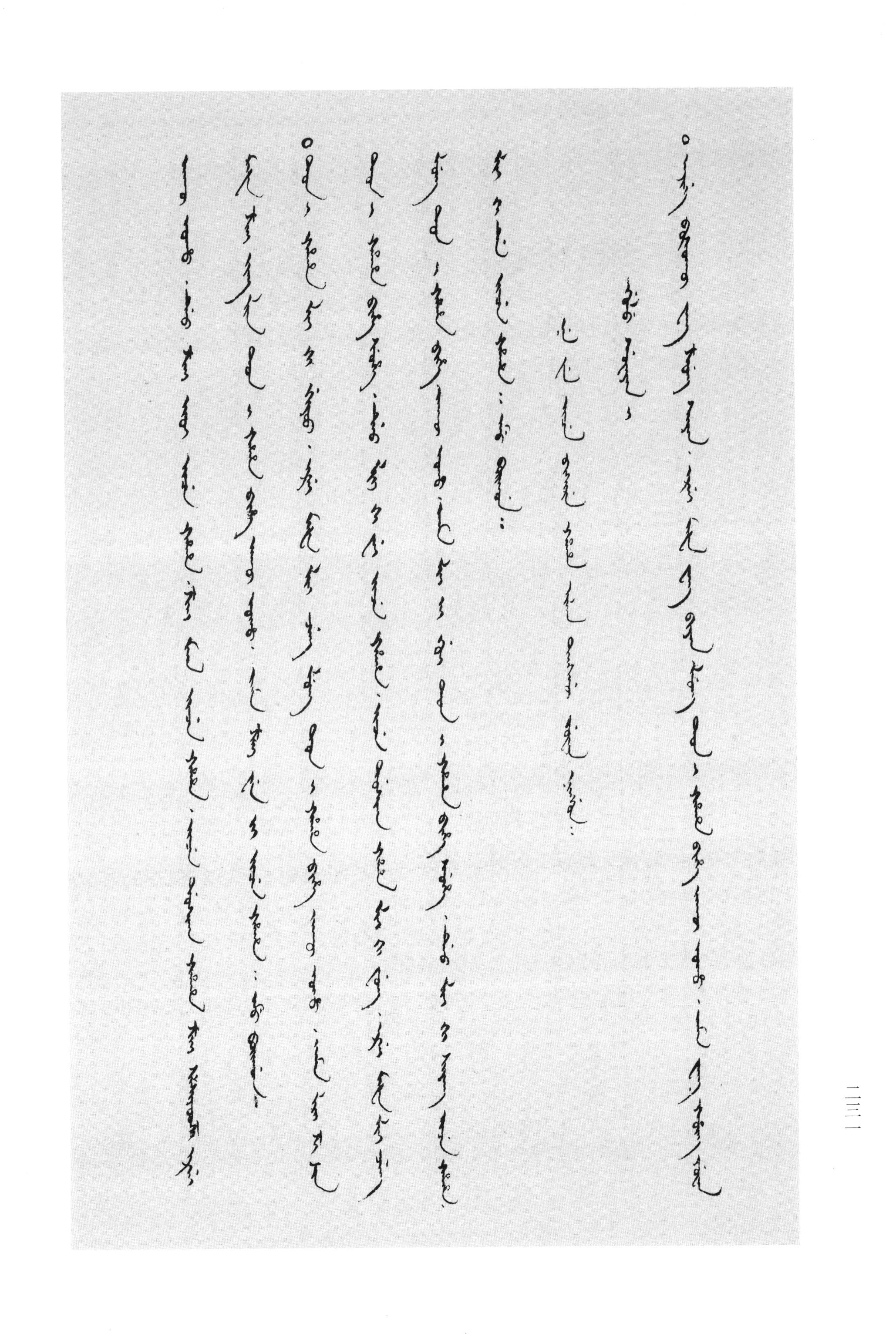

[illegible]

[illegible]

[illegible]

[illegible]

[illegible]

[illegible]

[illegible]

[illegible]

[illegible]

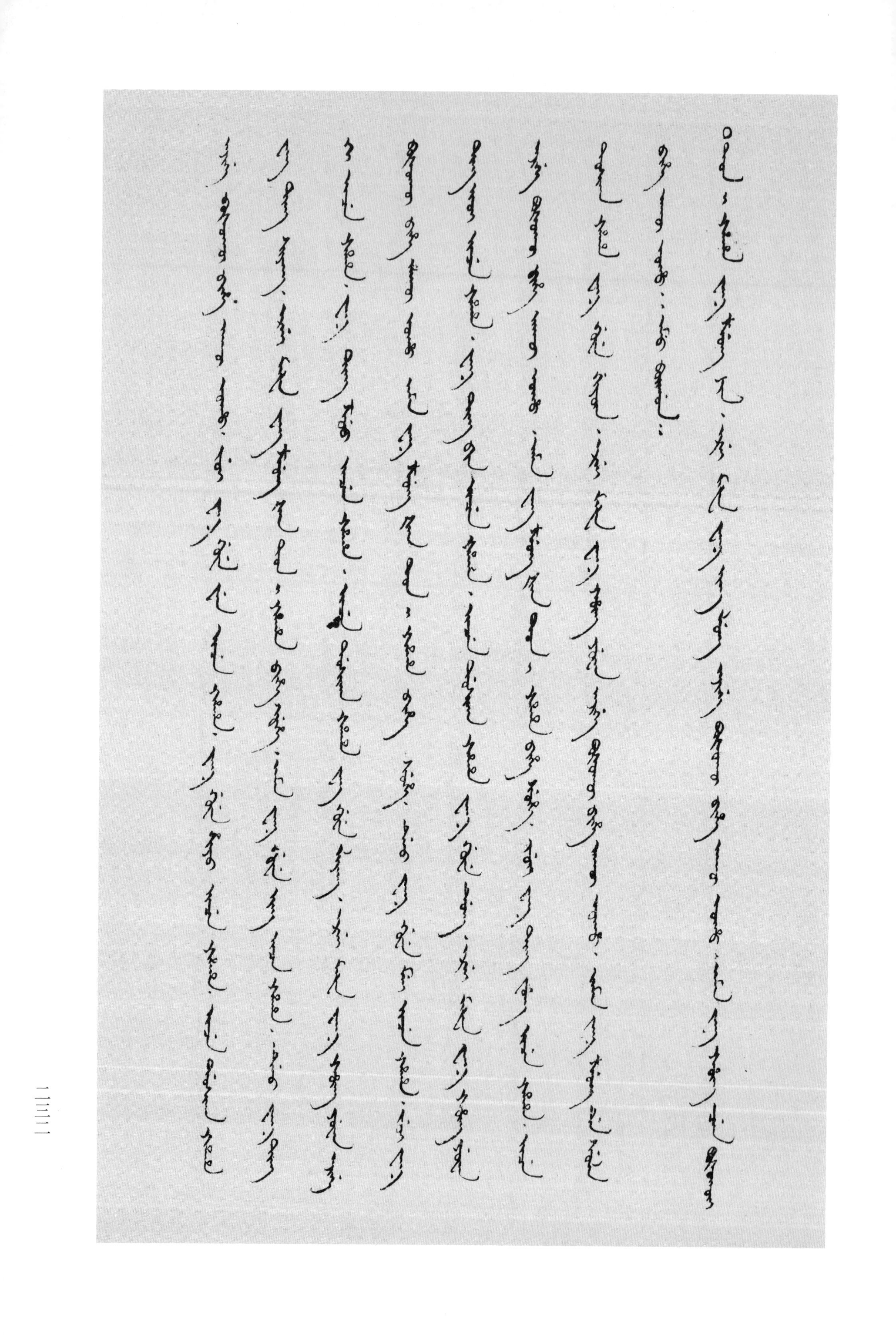

[illegible]

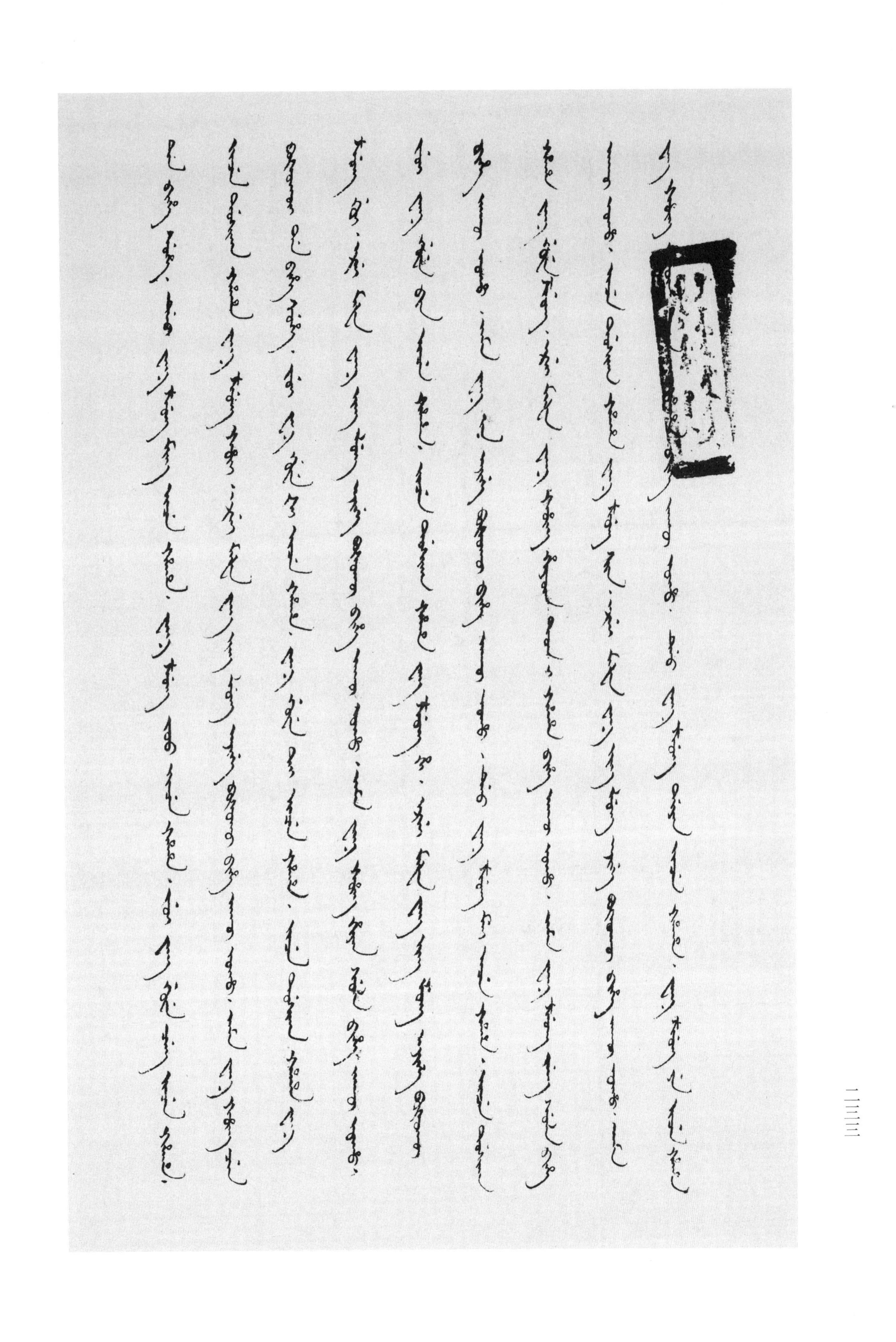

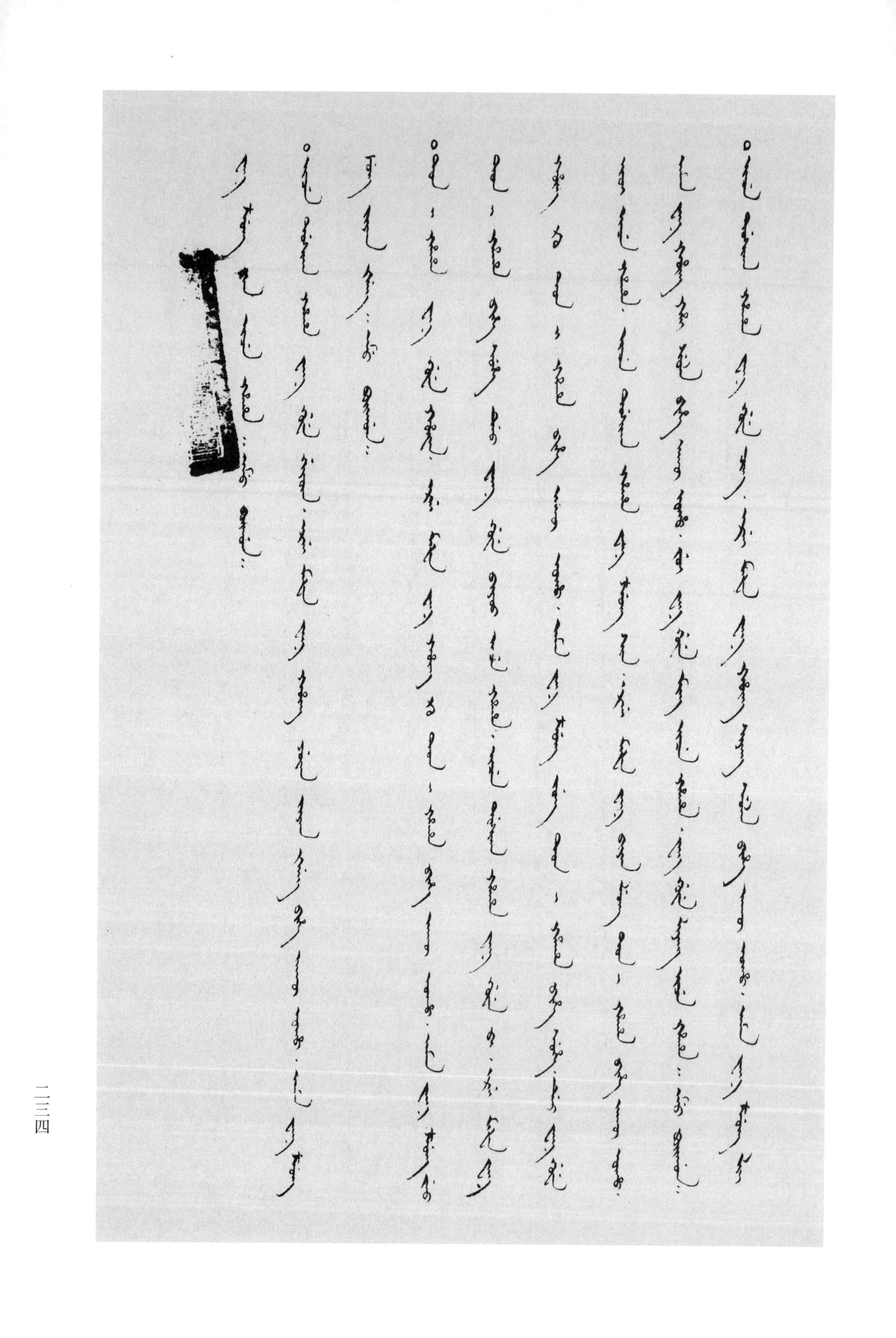

[illegible]

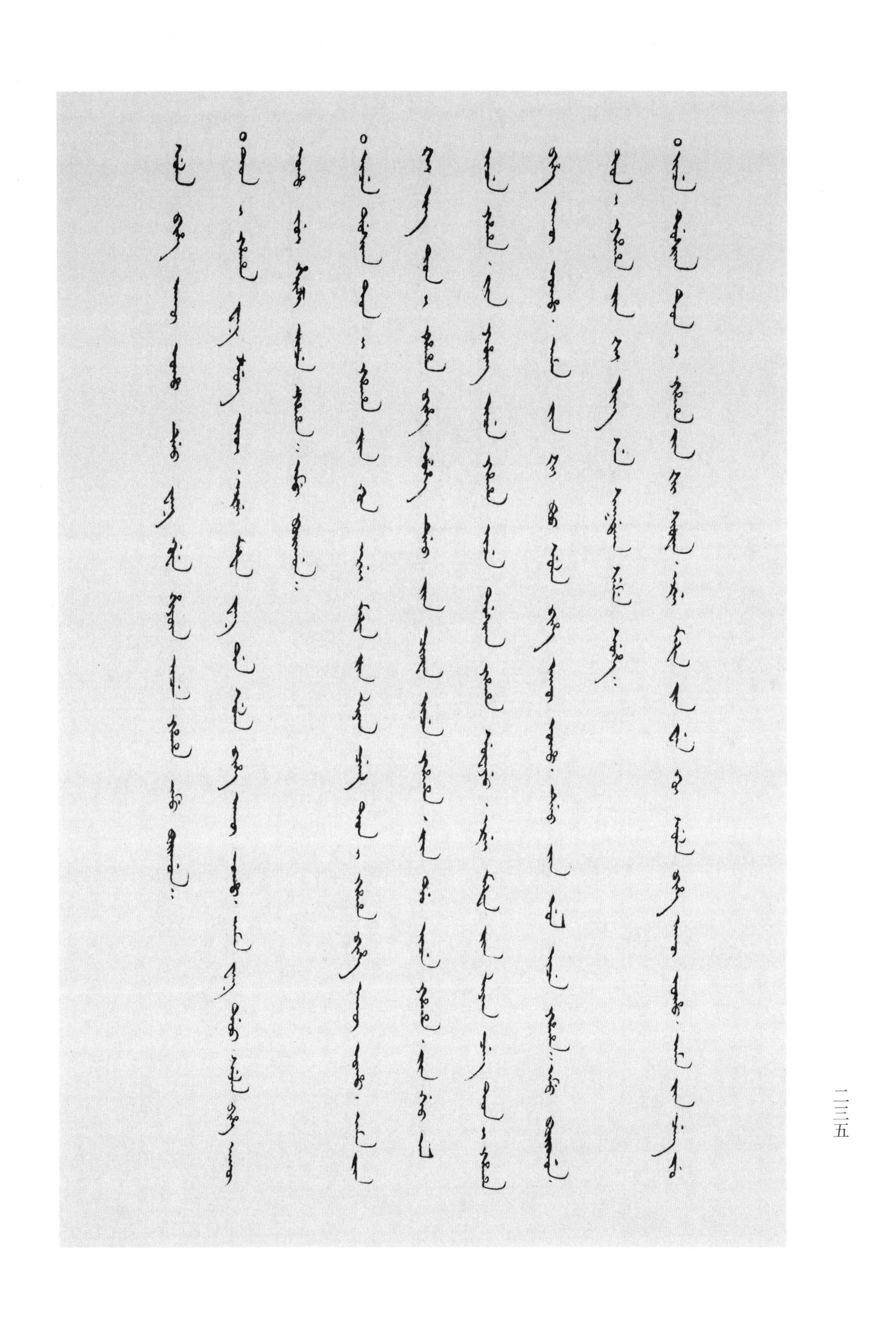

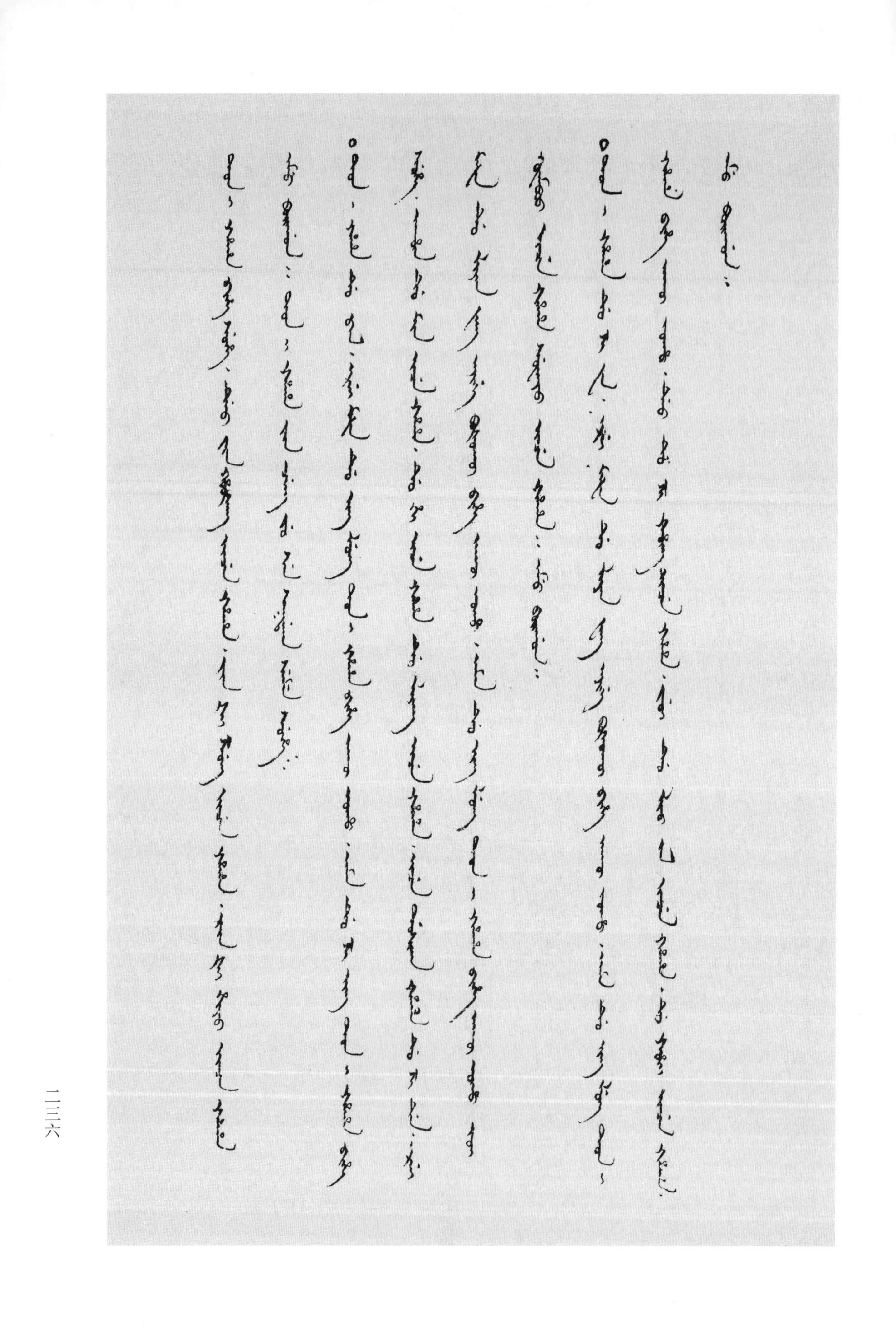

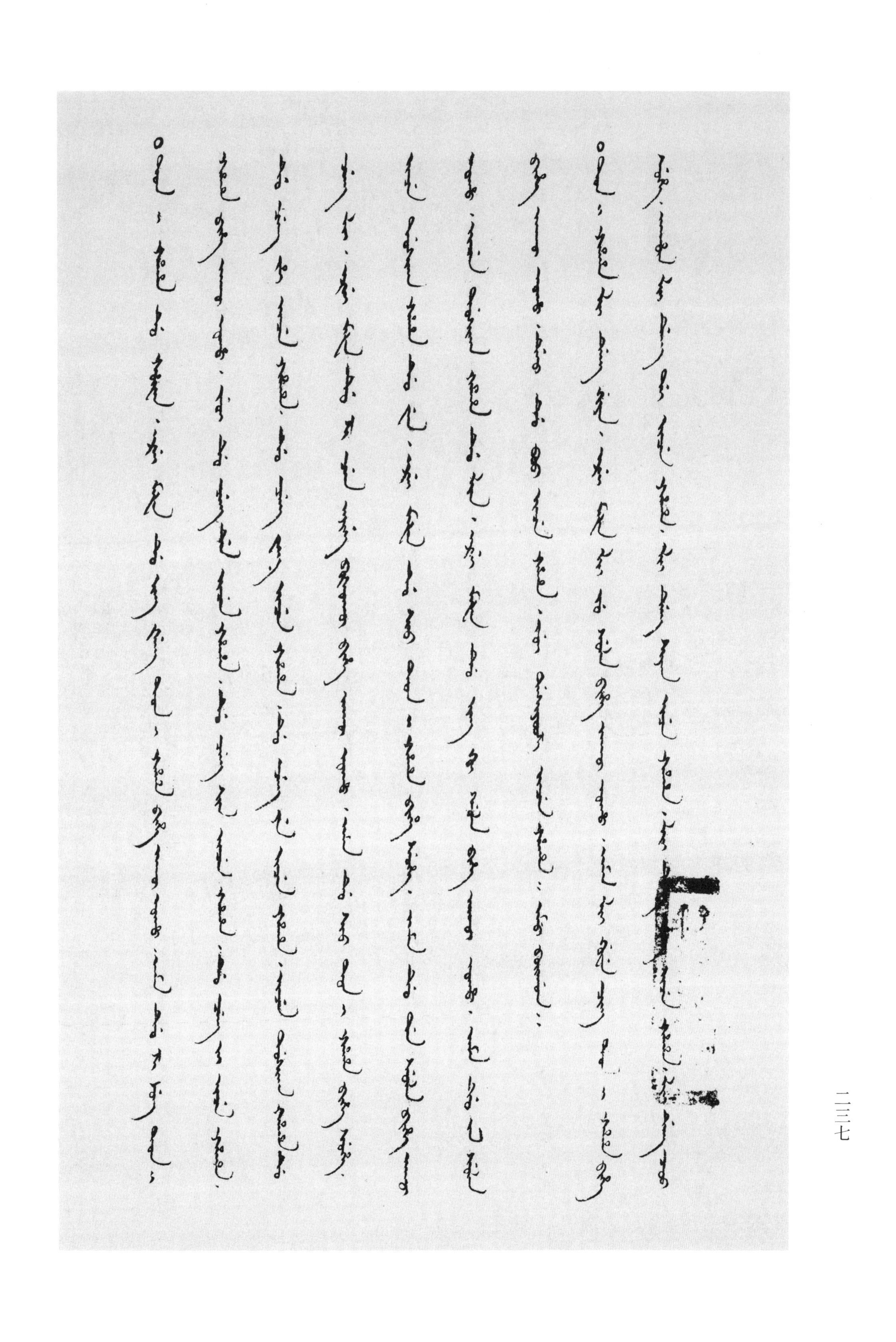

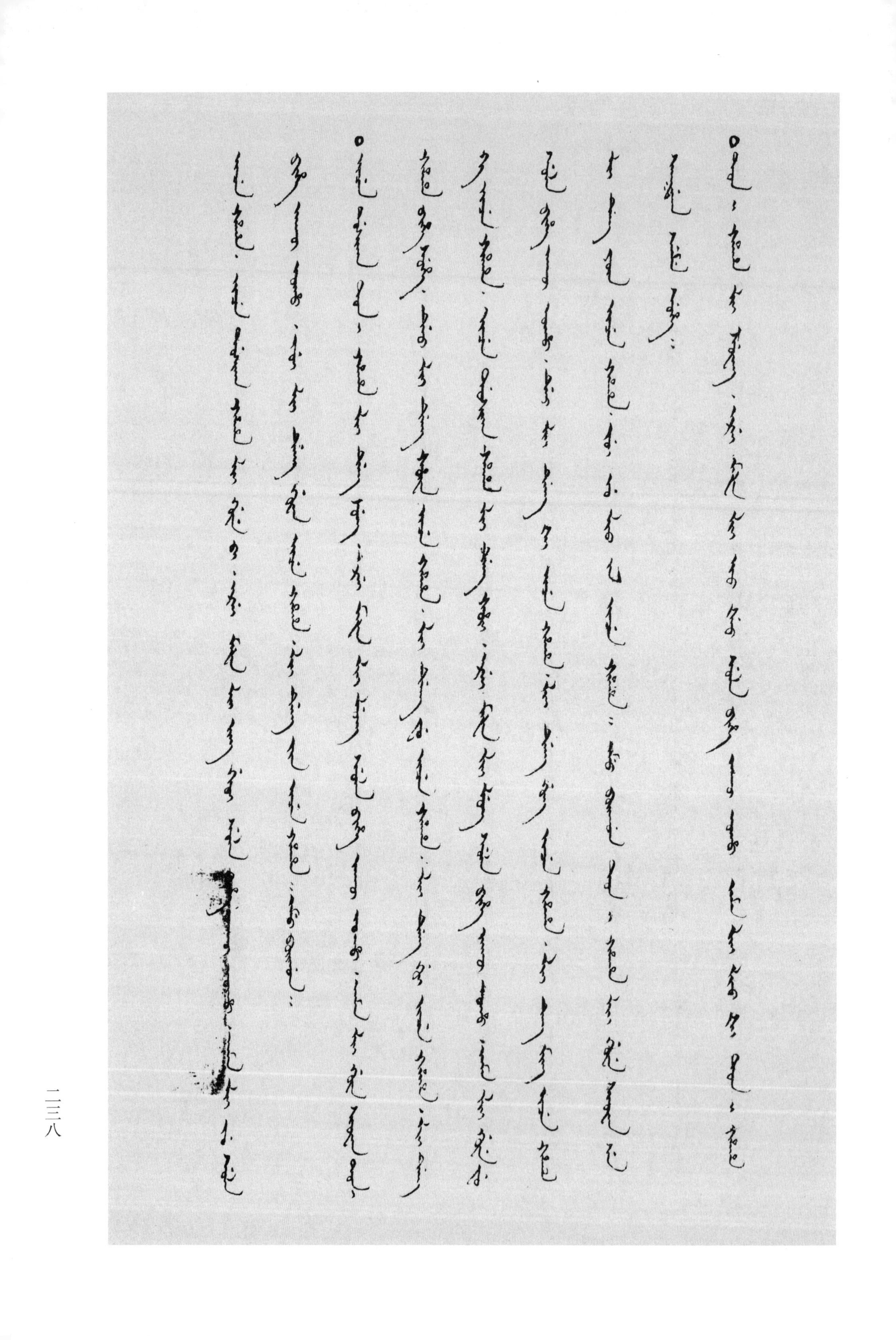

[illegible]

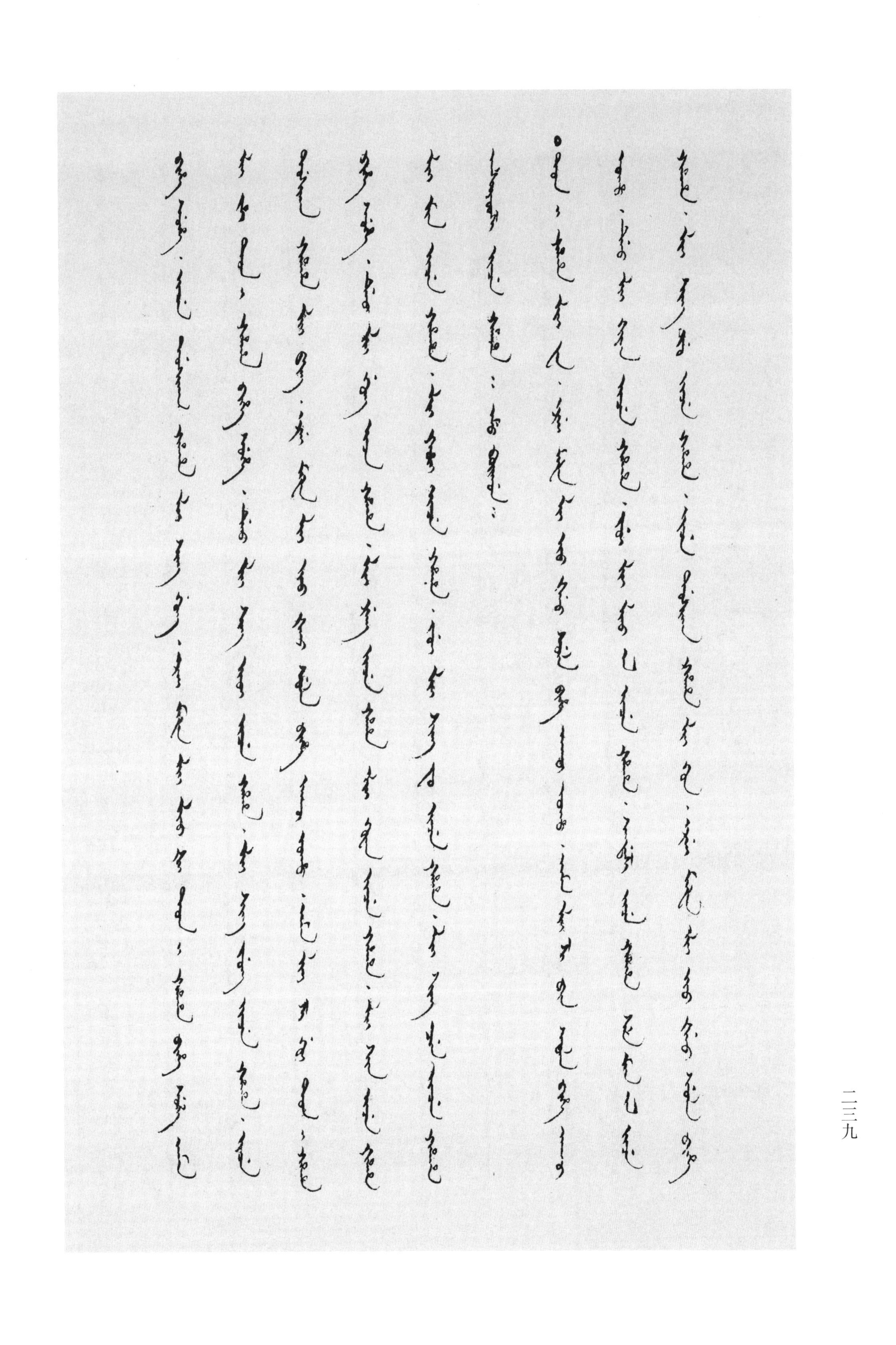

[illegible]

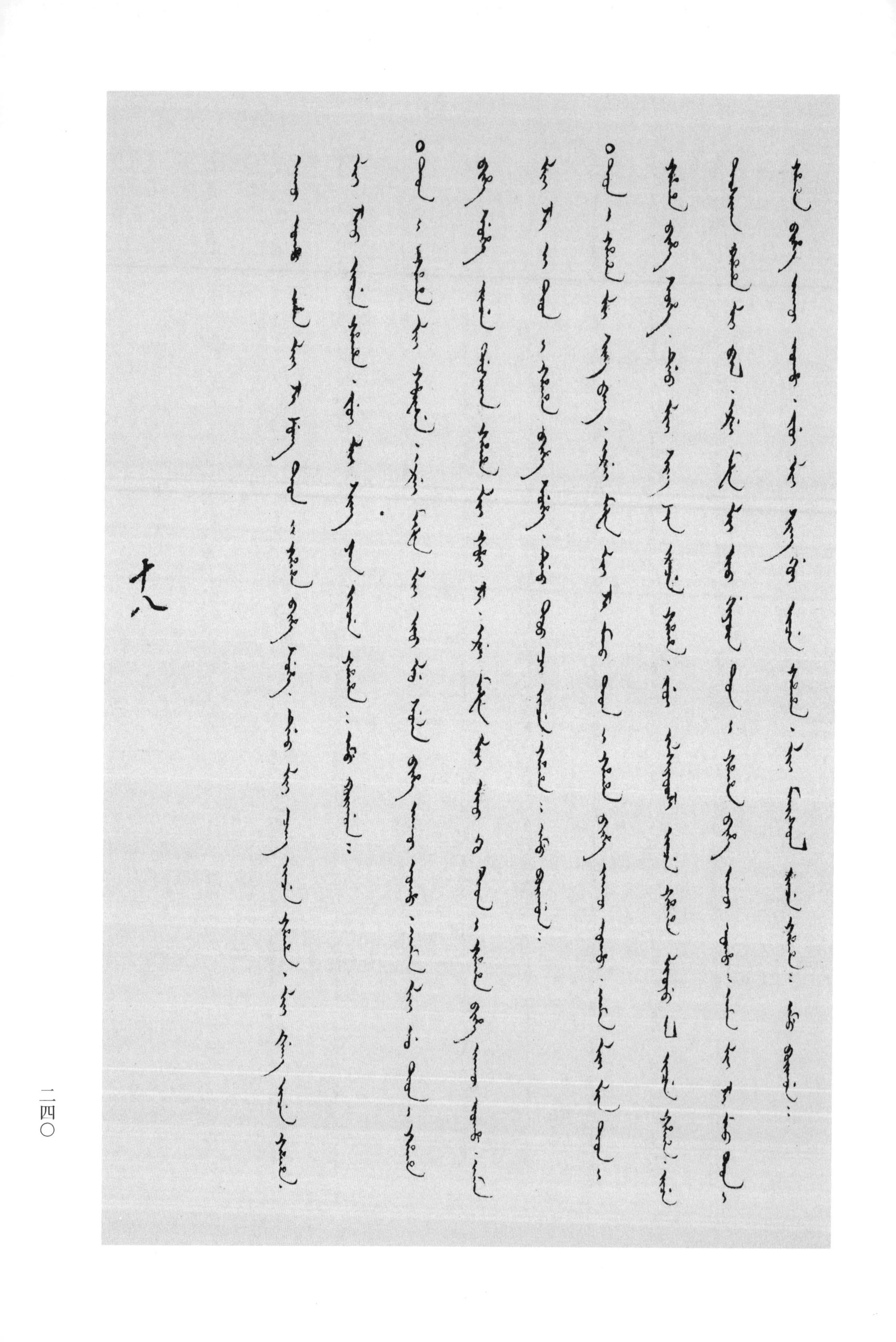

十八

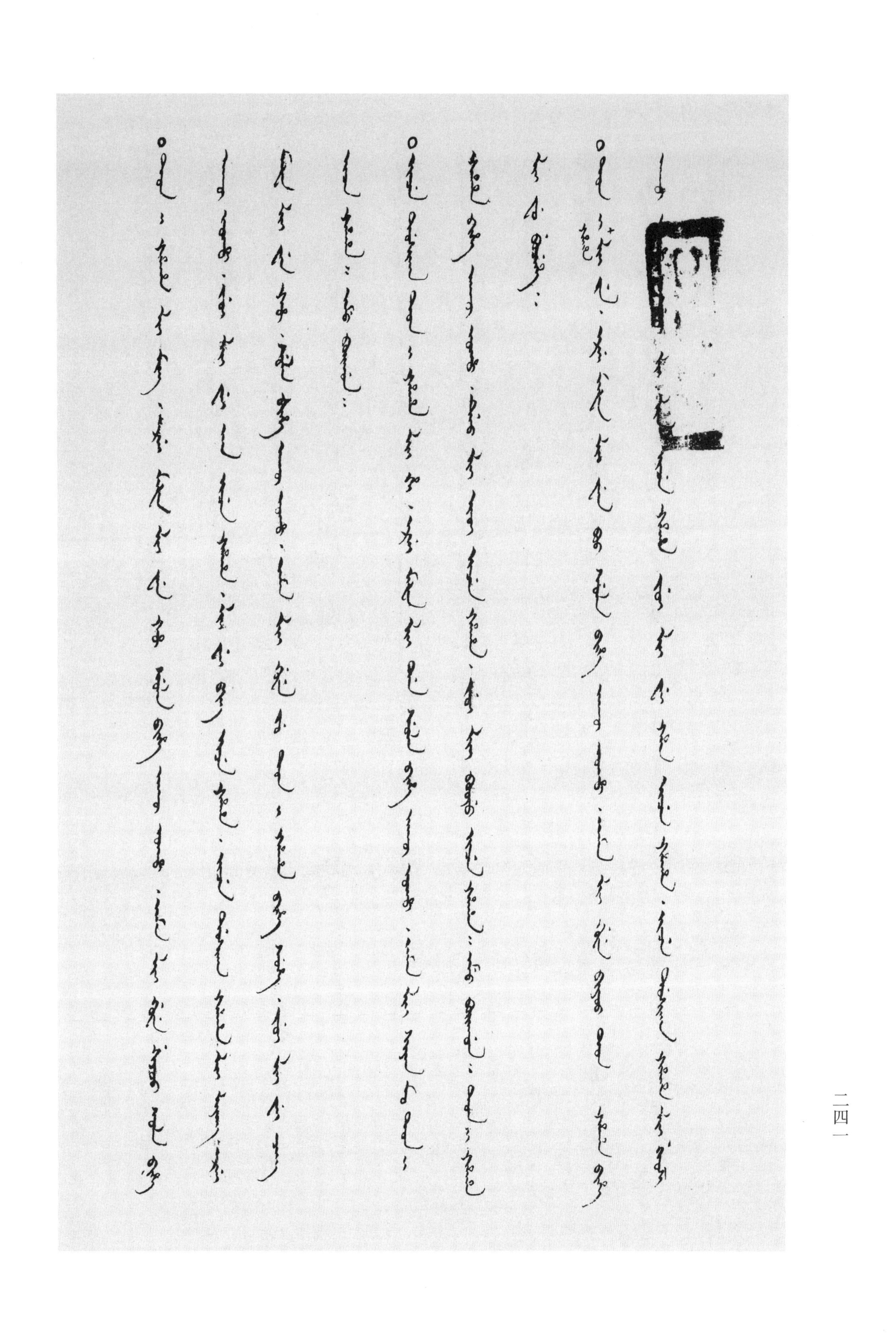

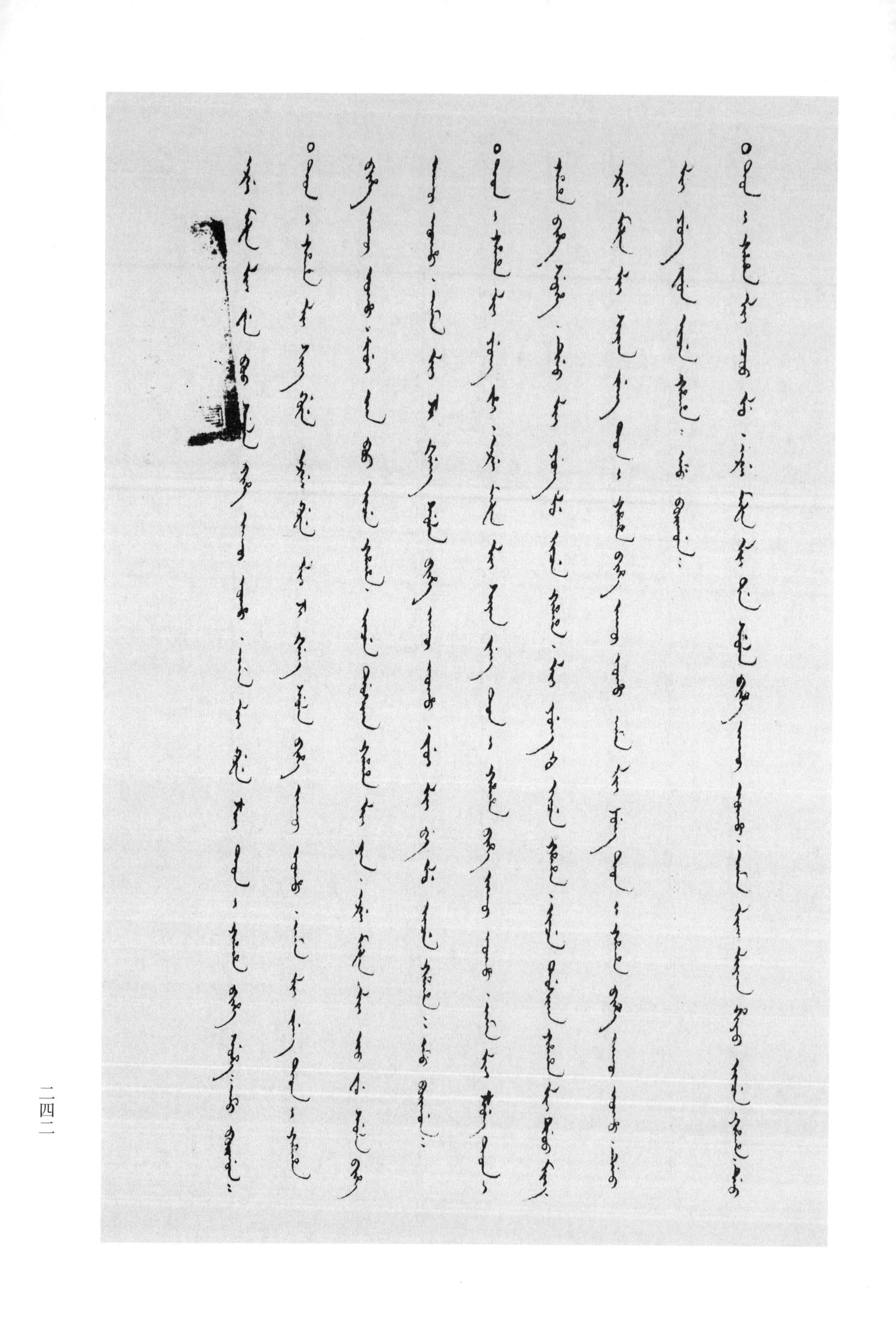

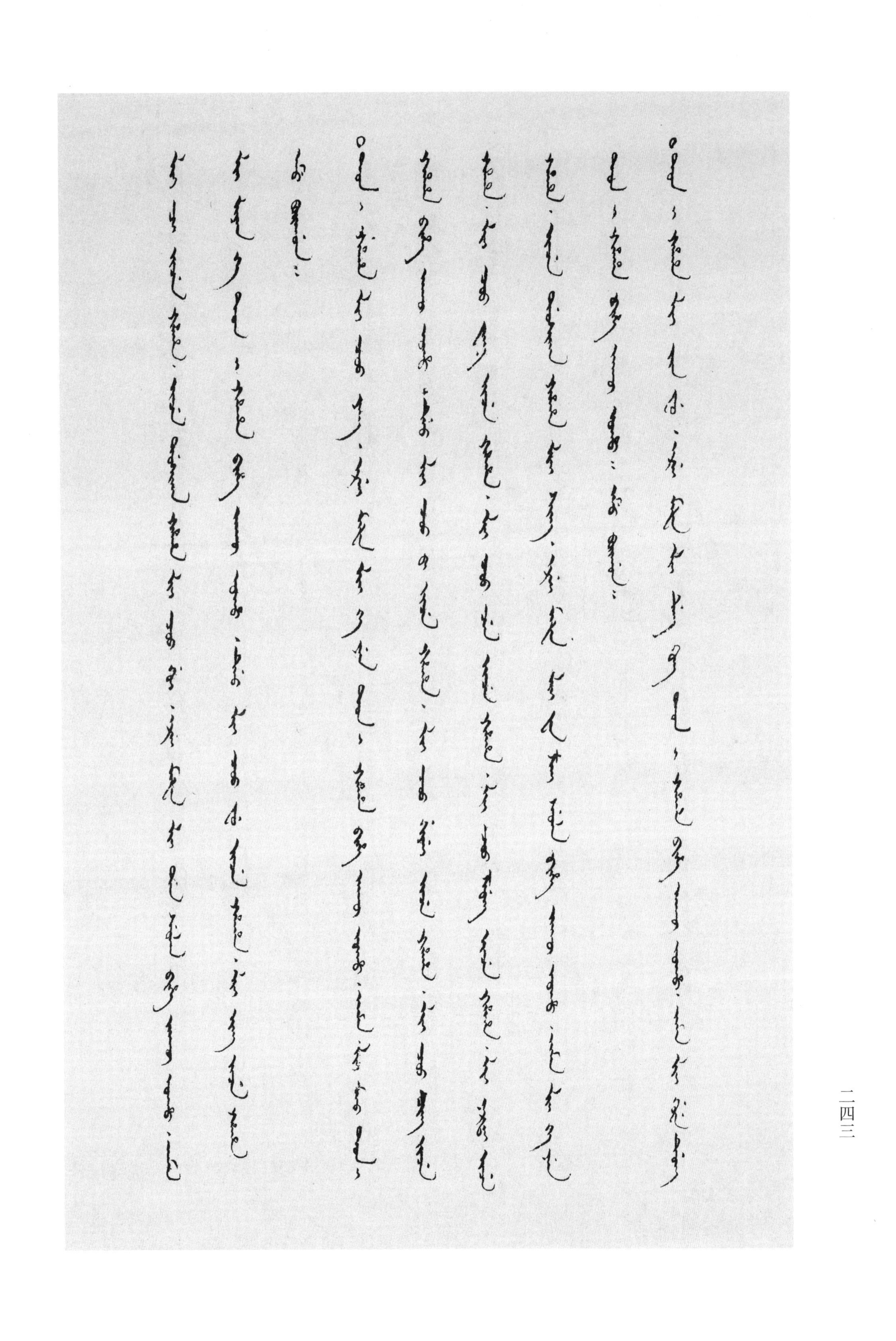

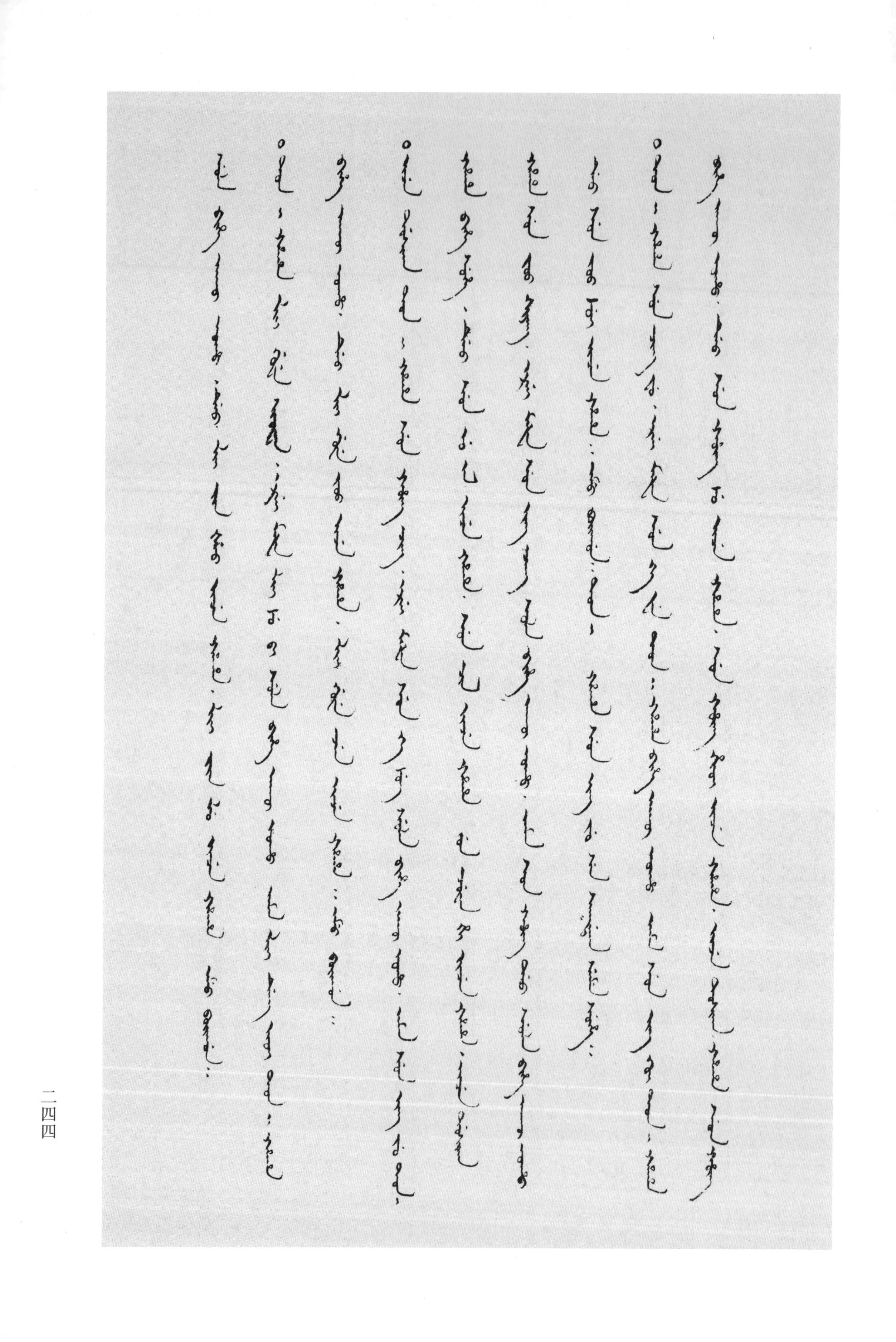

[illegible]

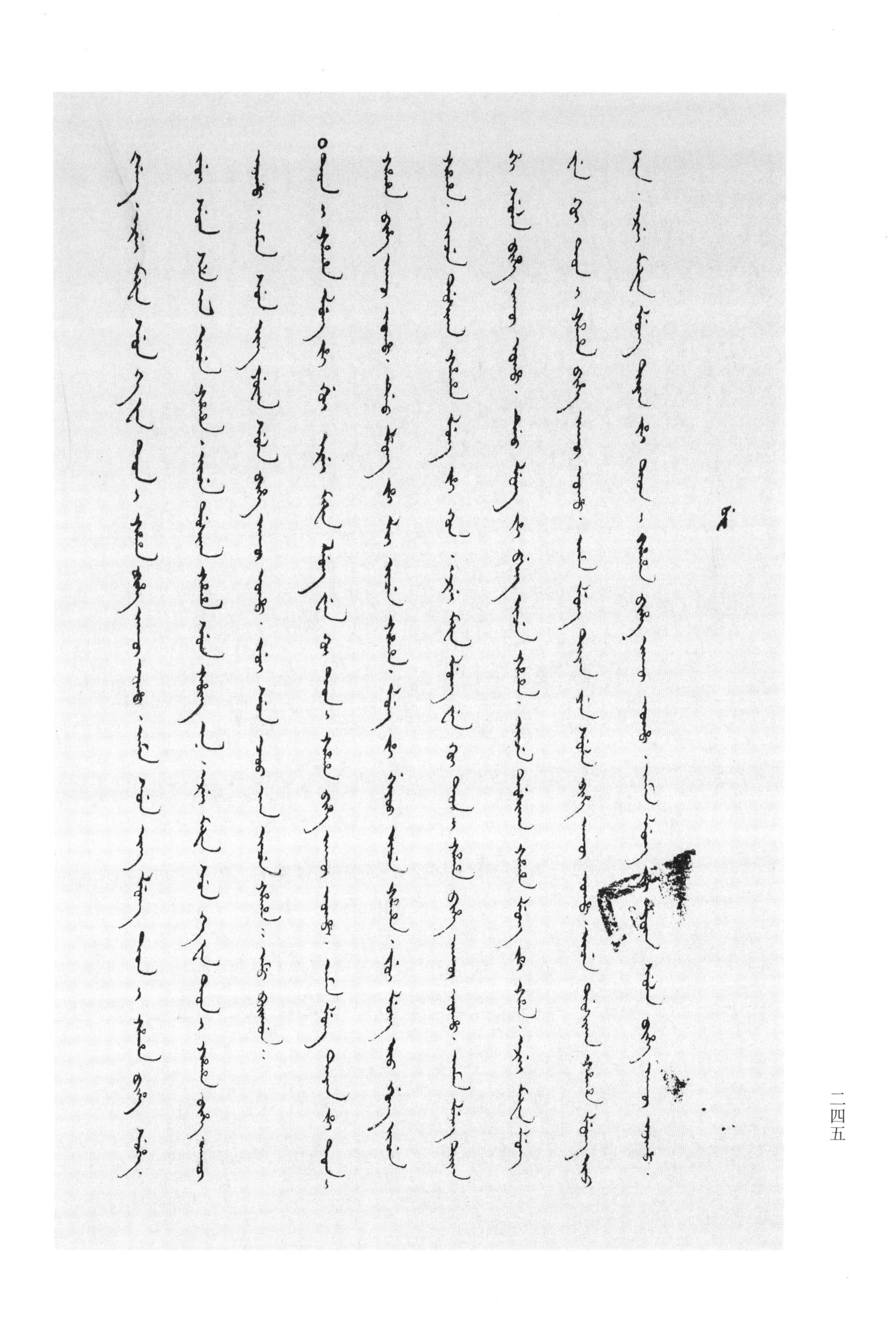

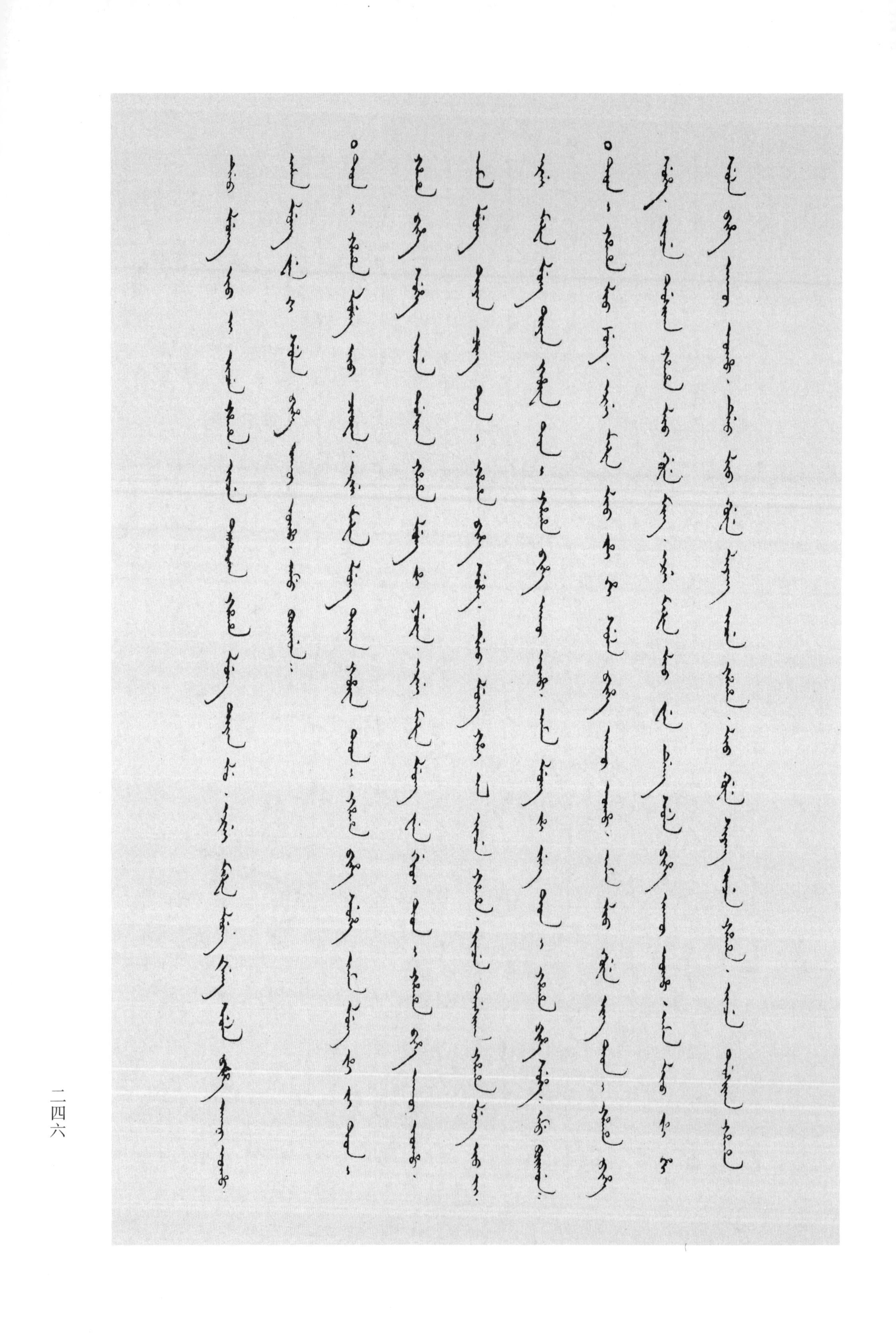

[illegible]

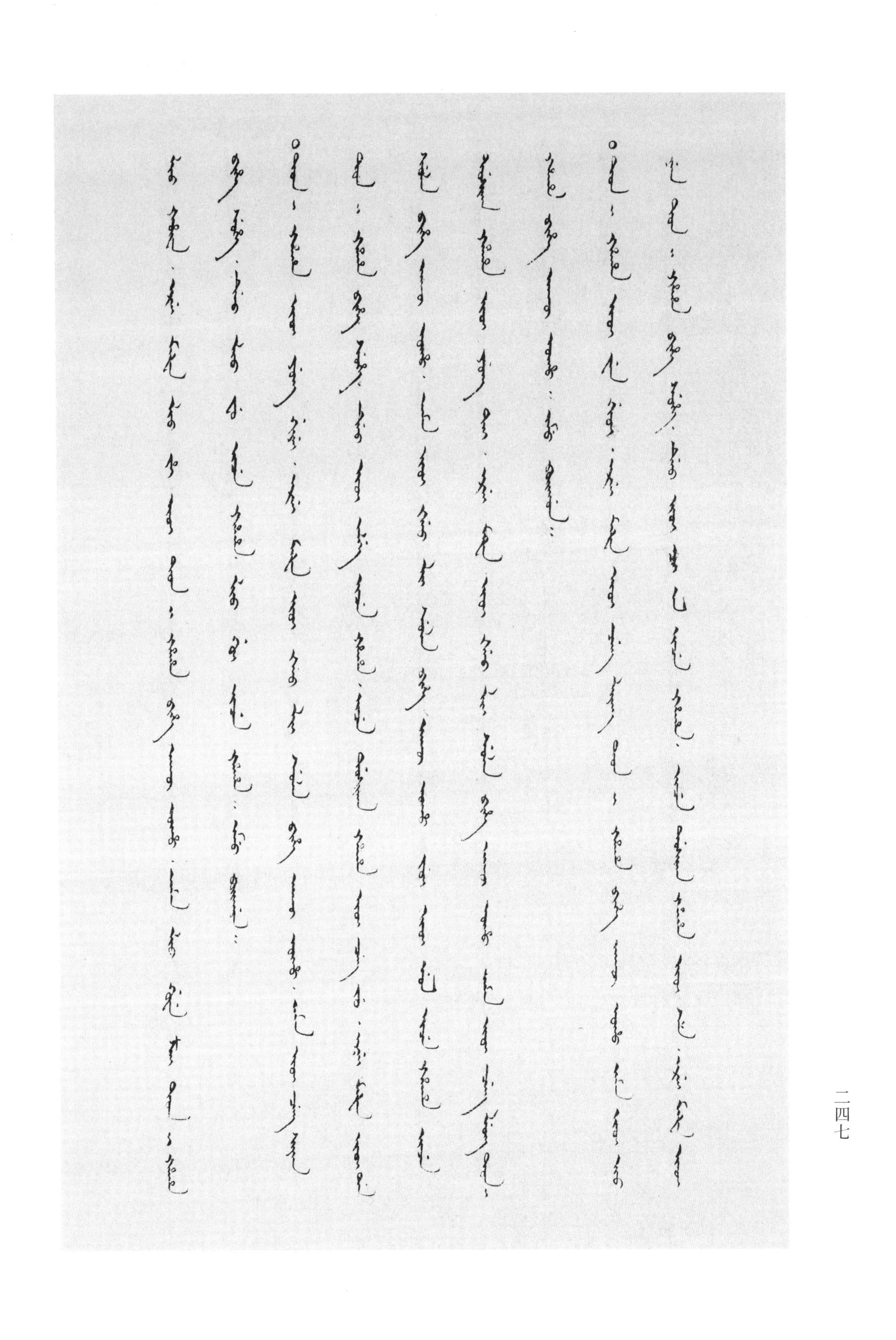

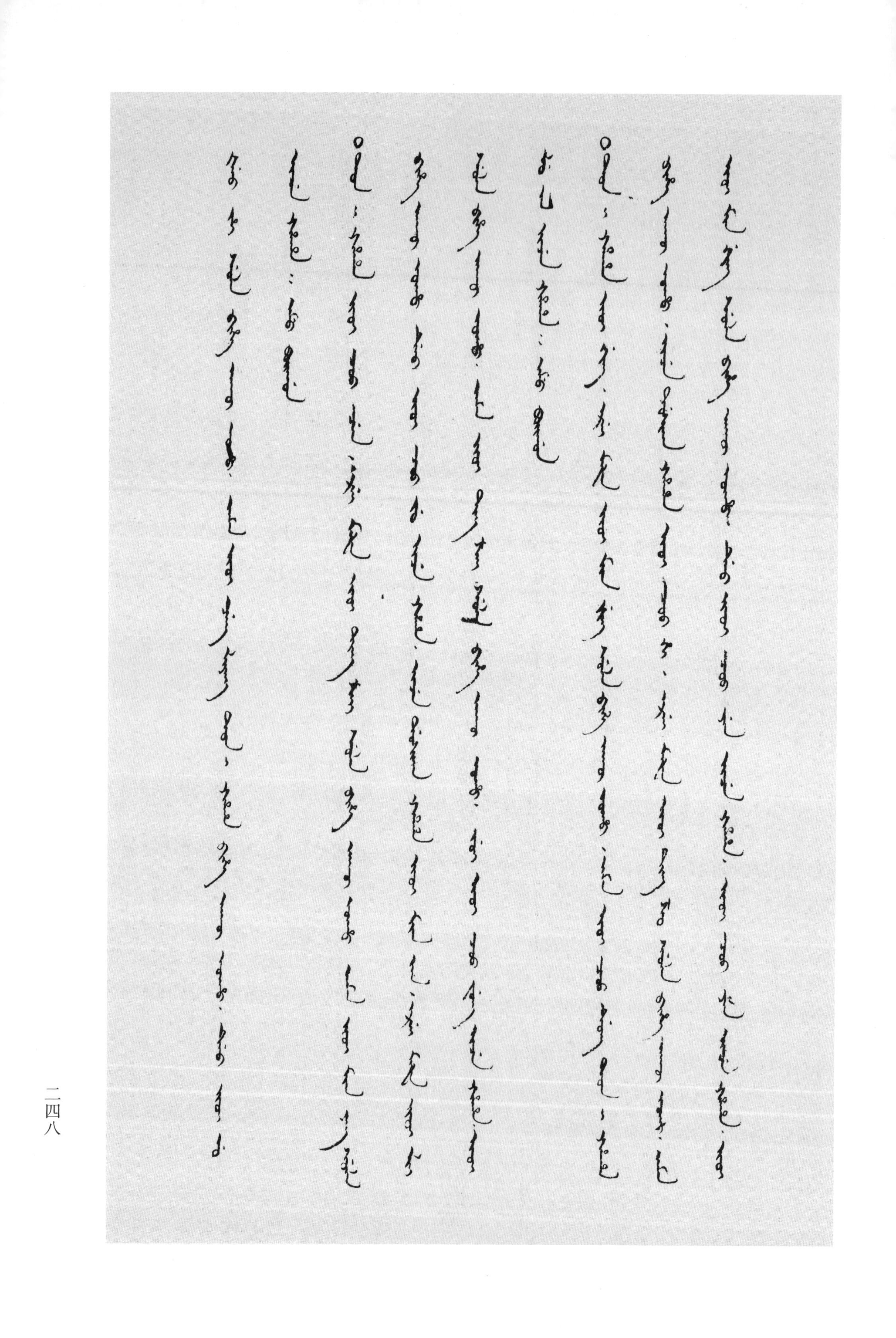

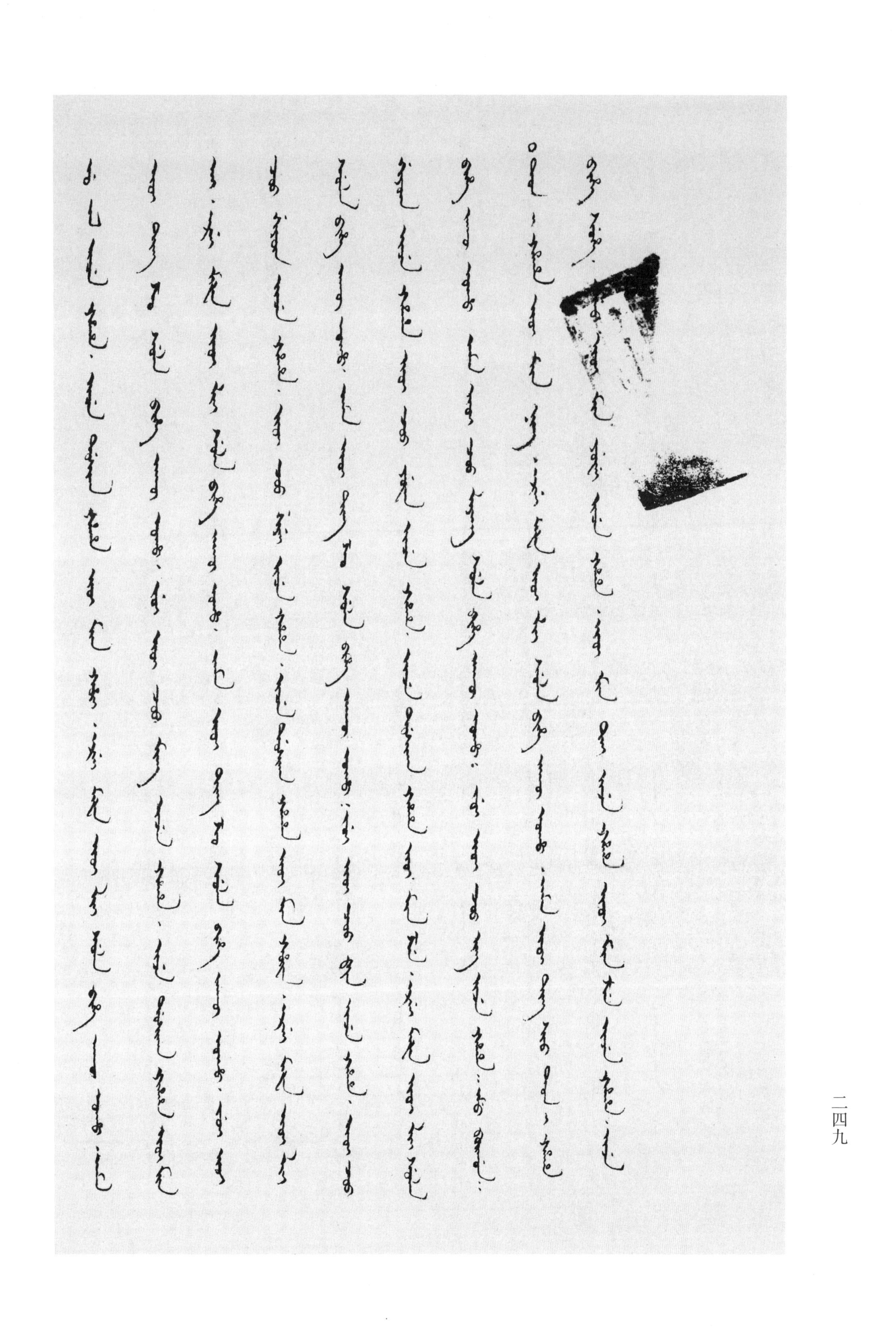

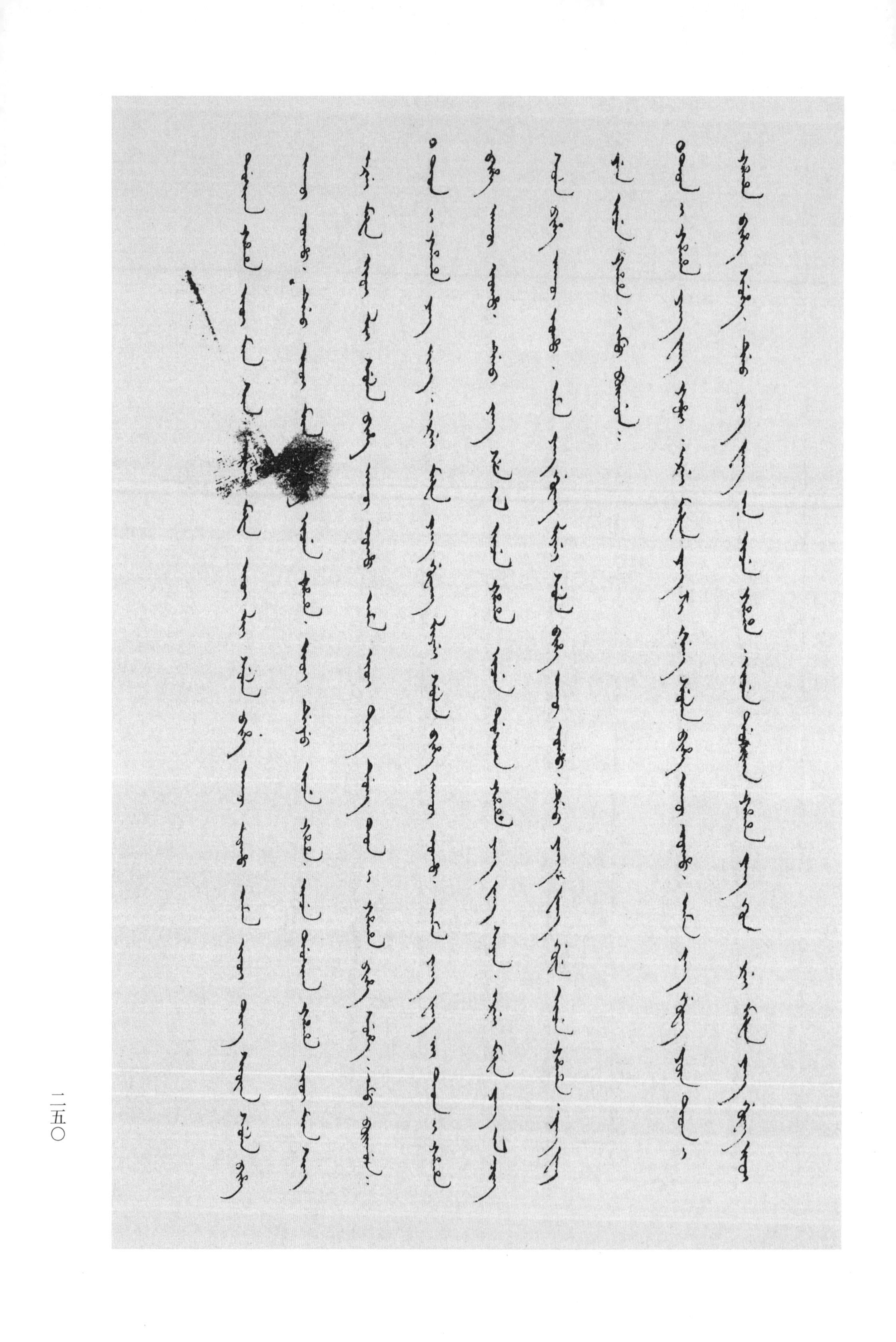

[illegible]

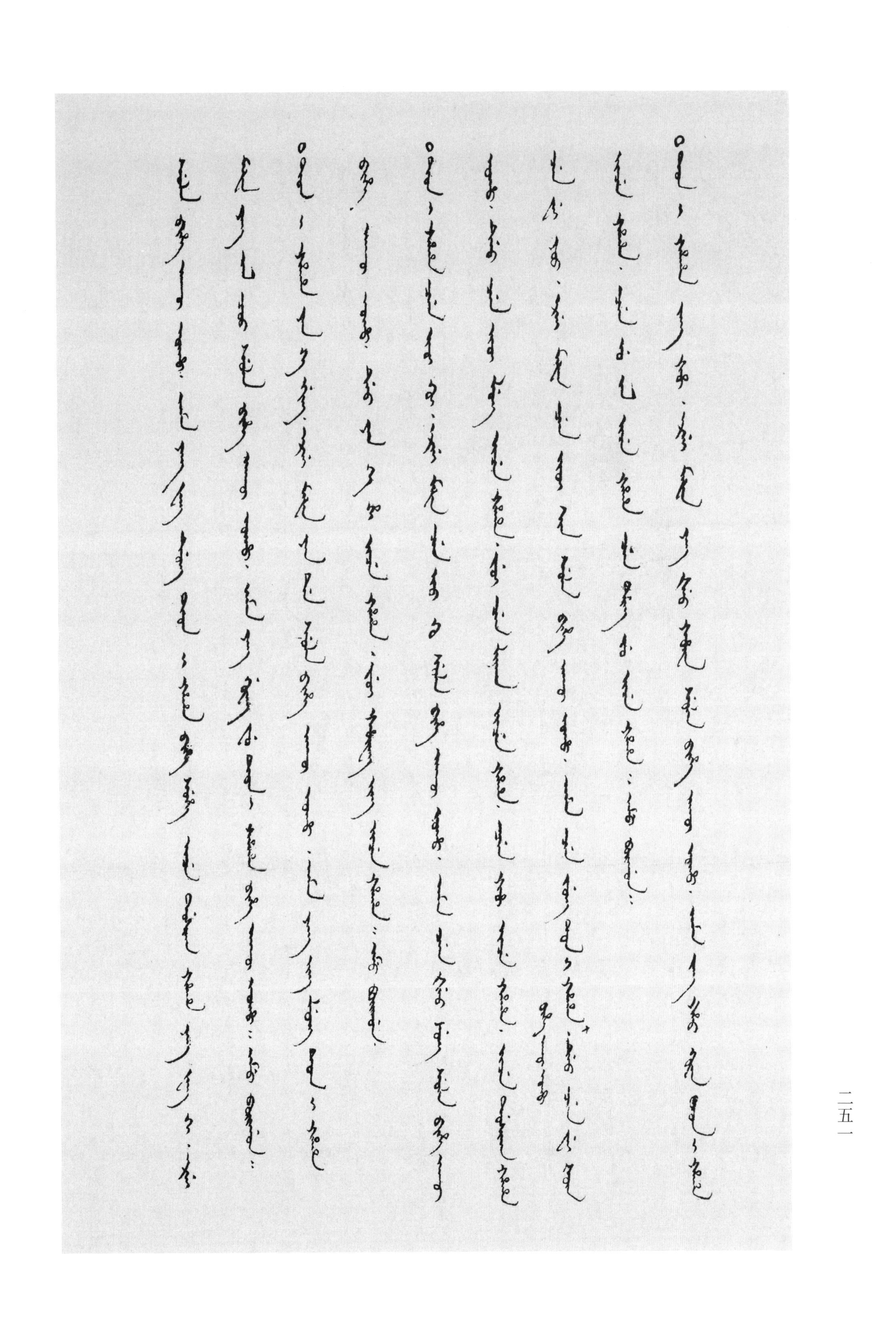

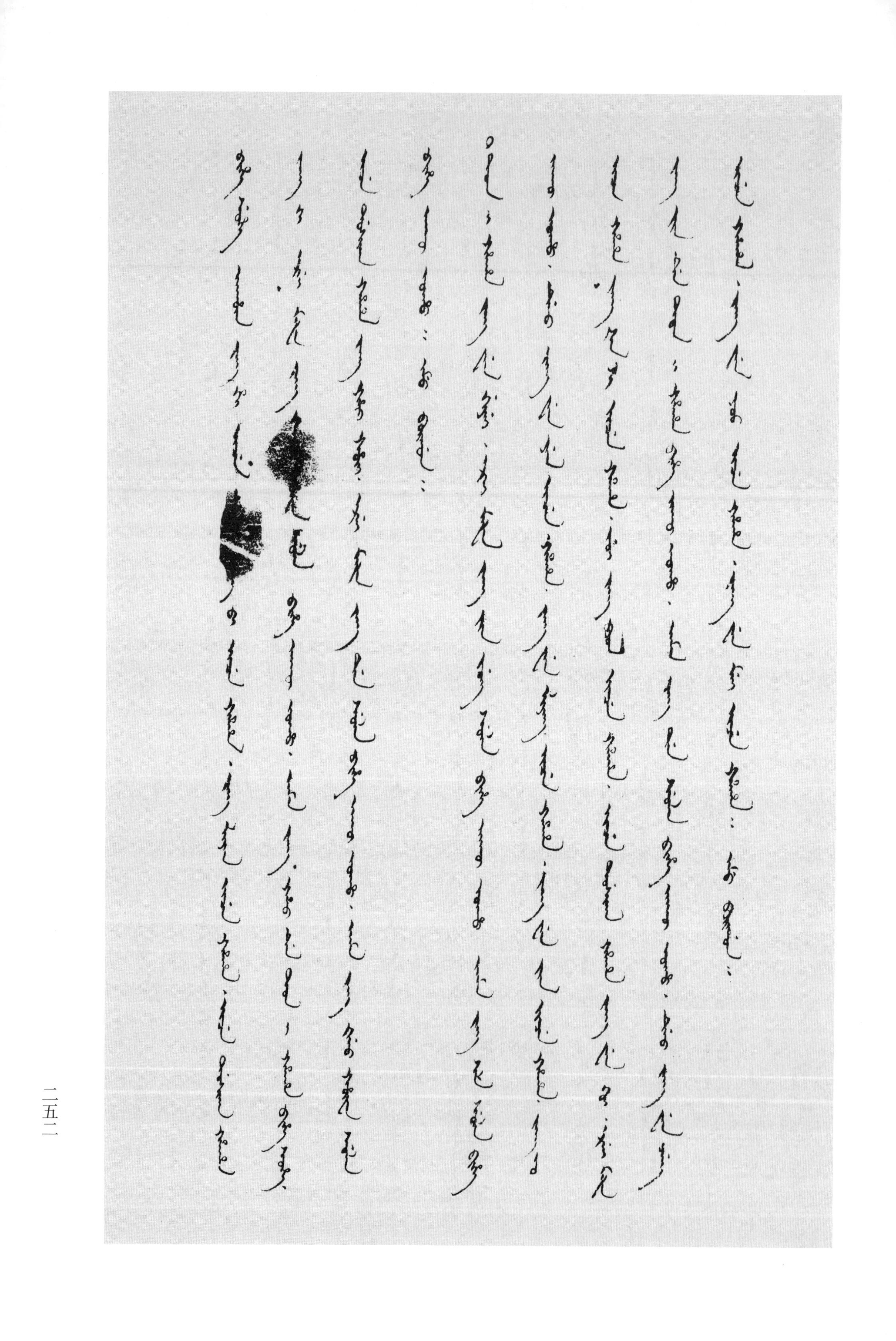

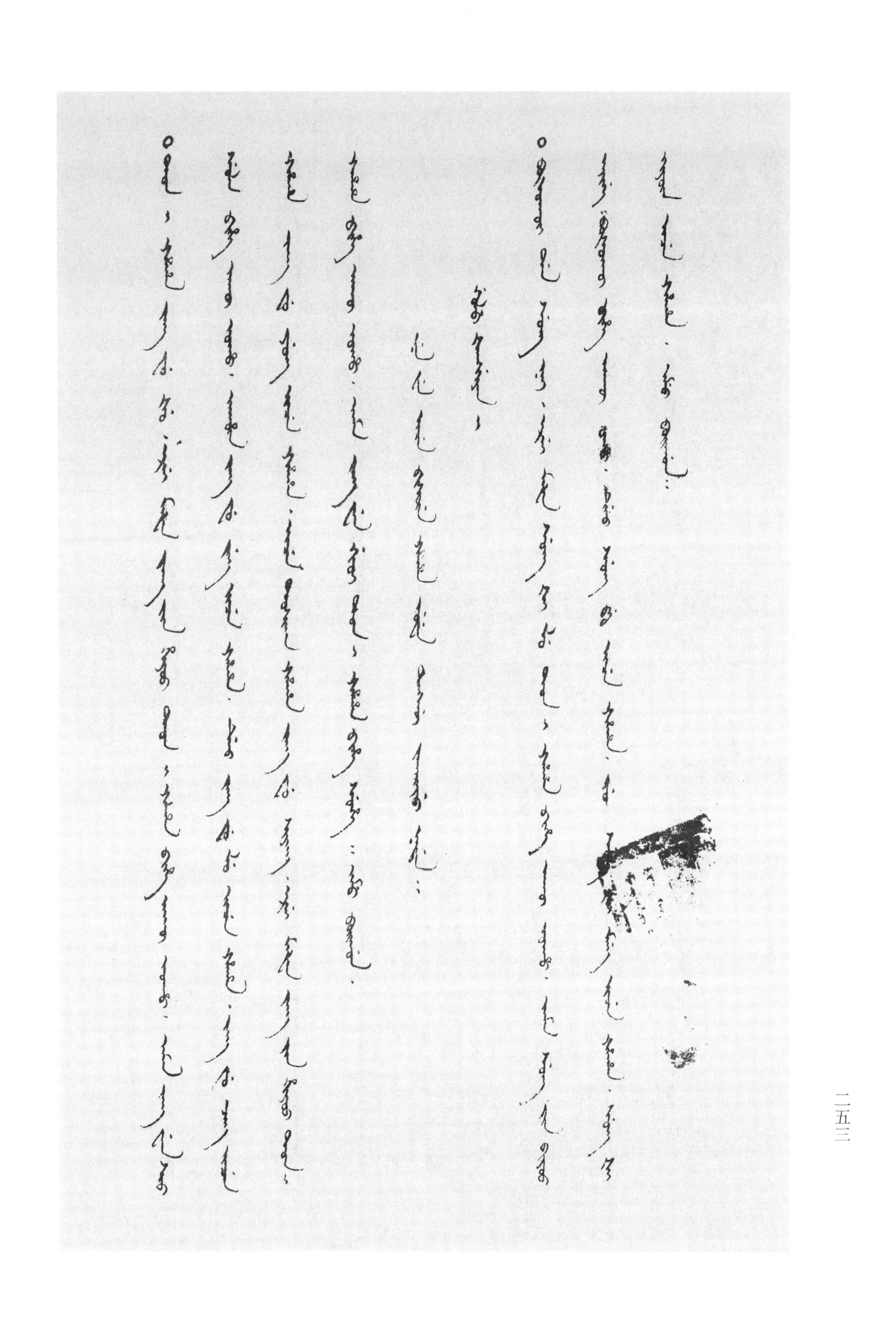

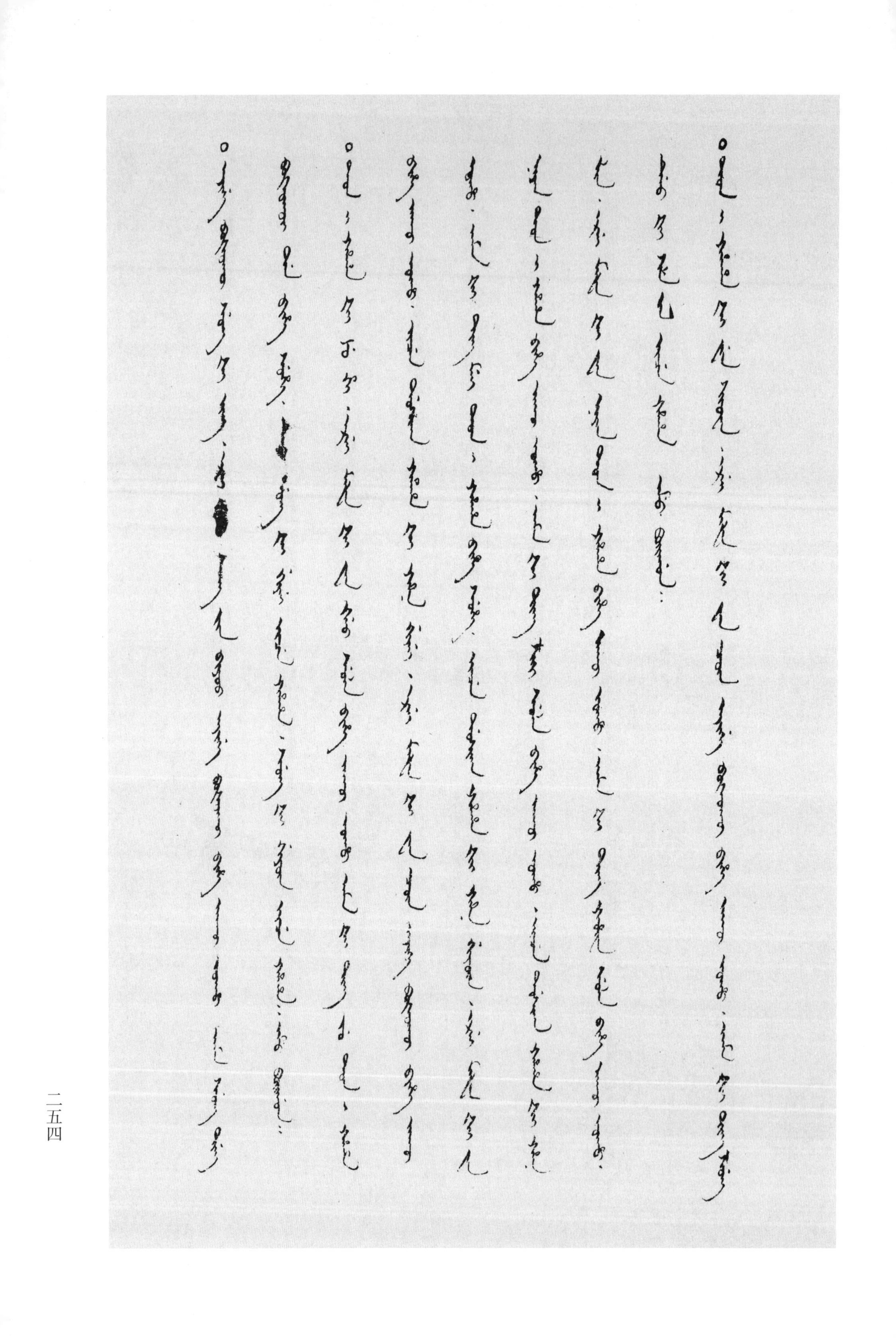

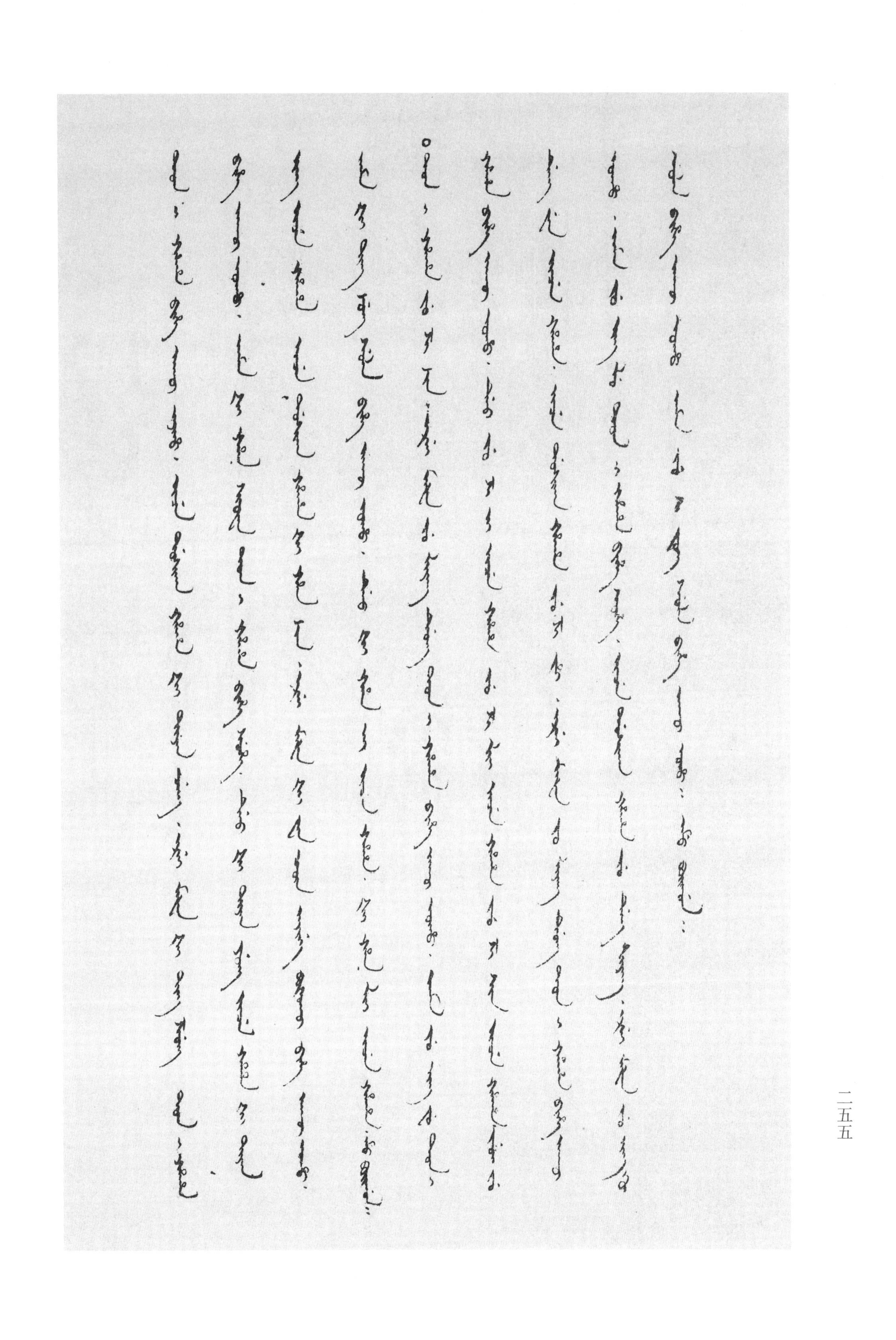

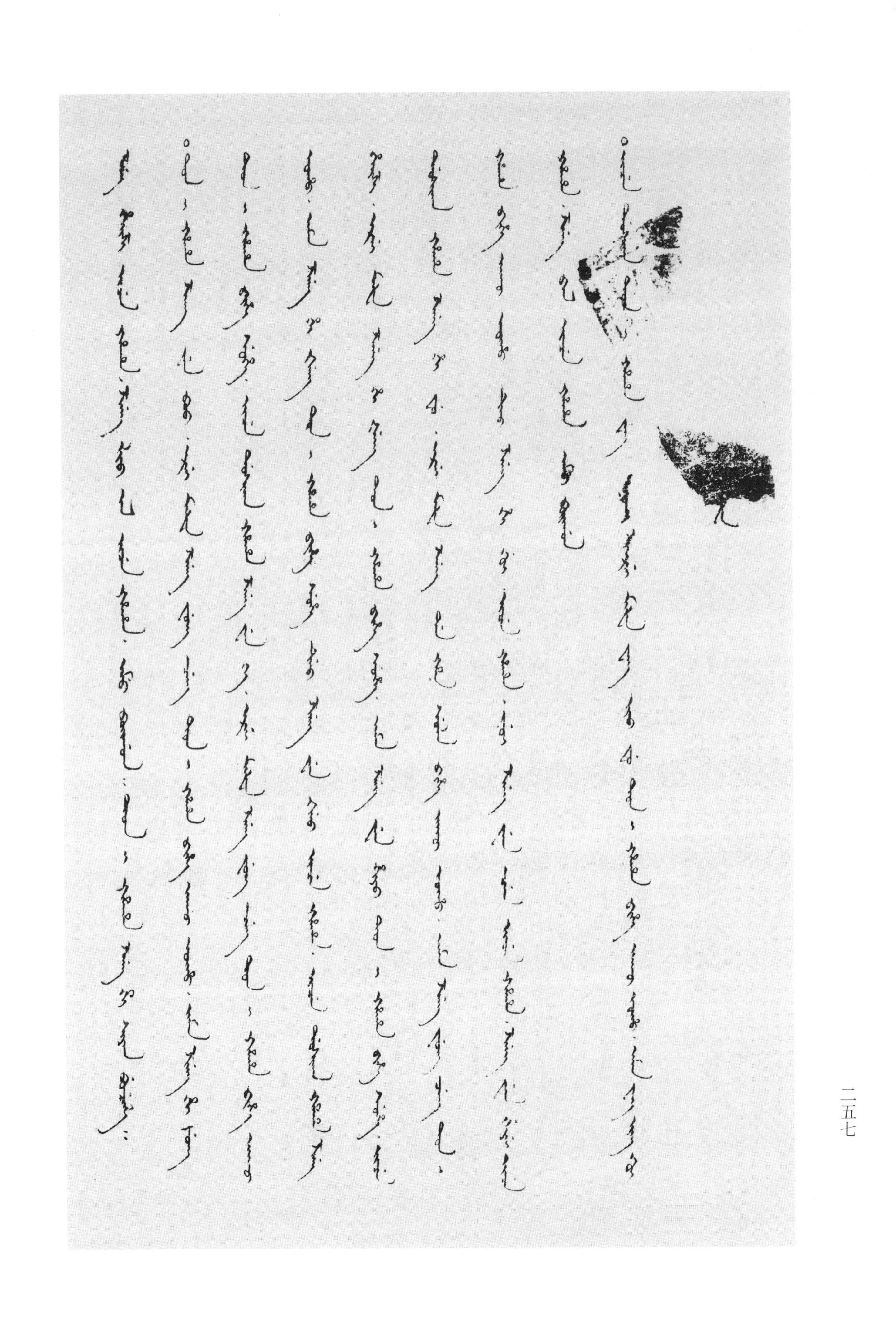

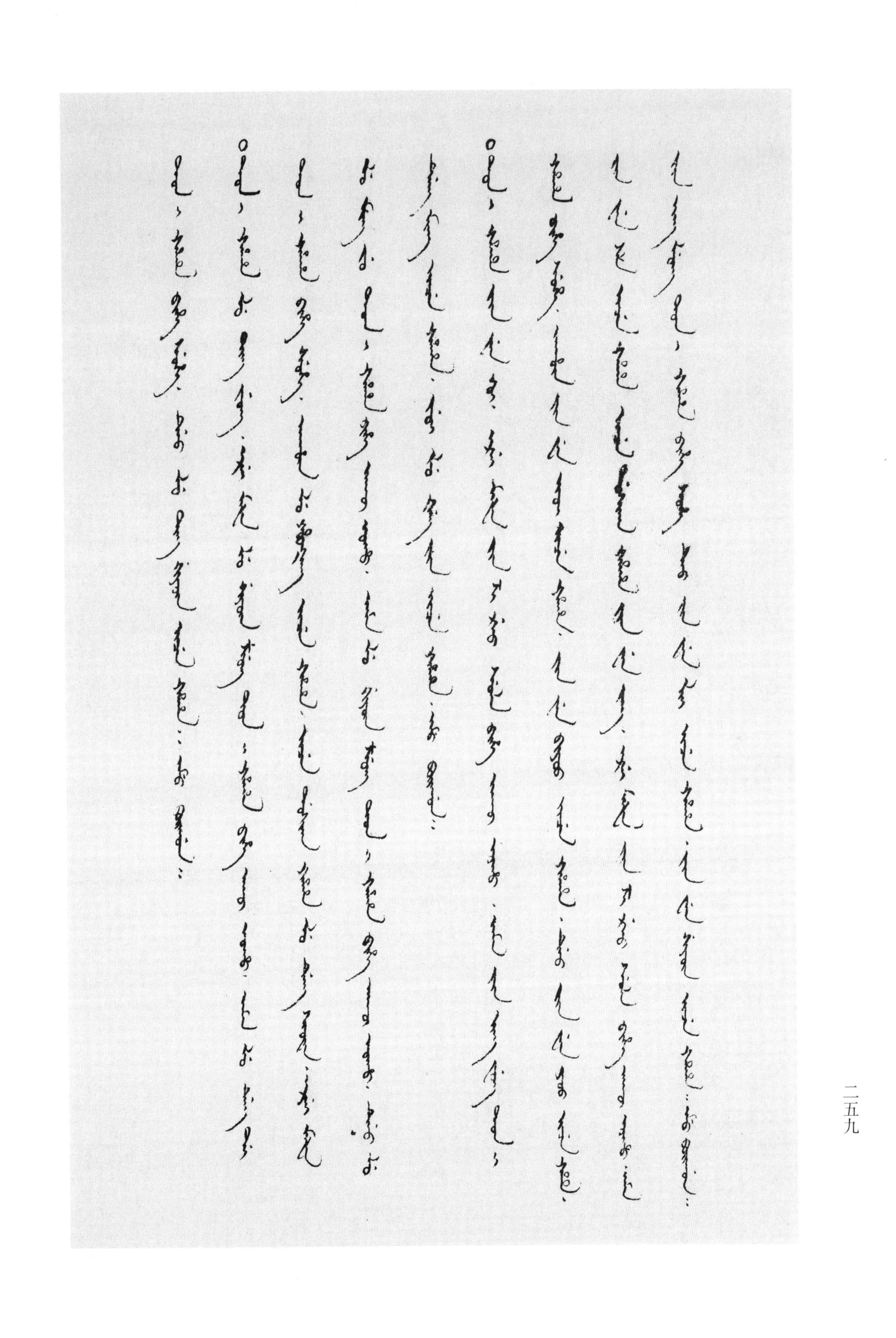

[illegible]

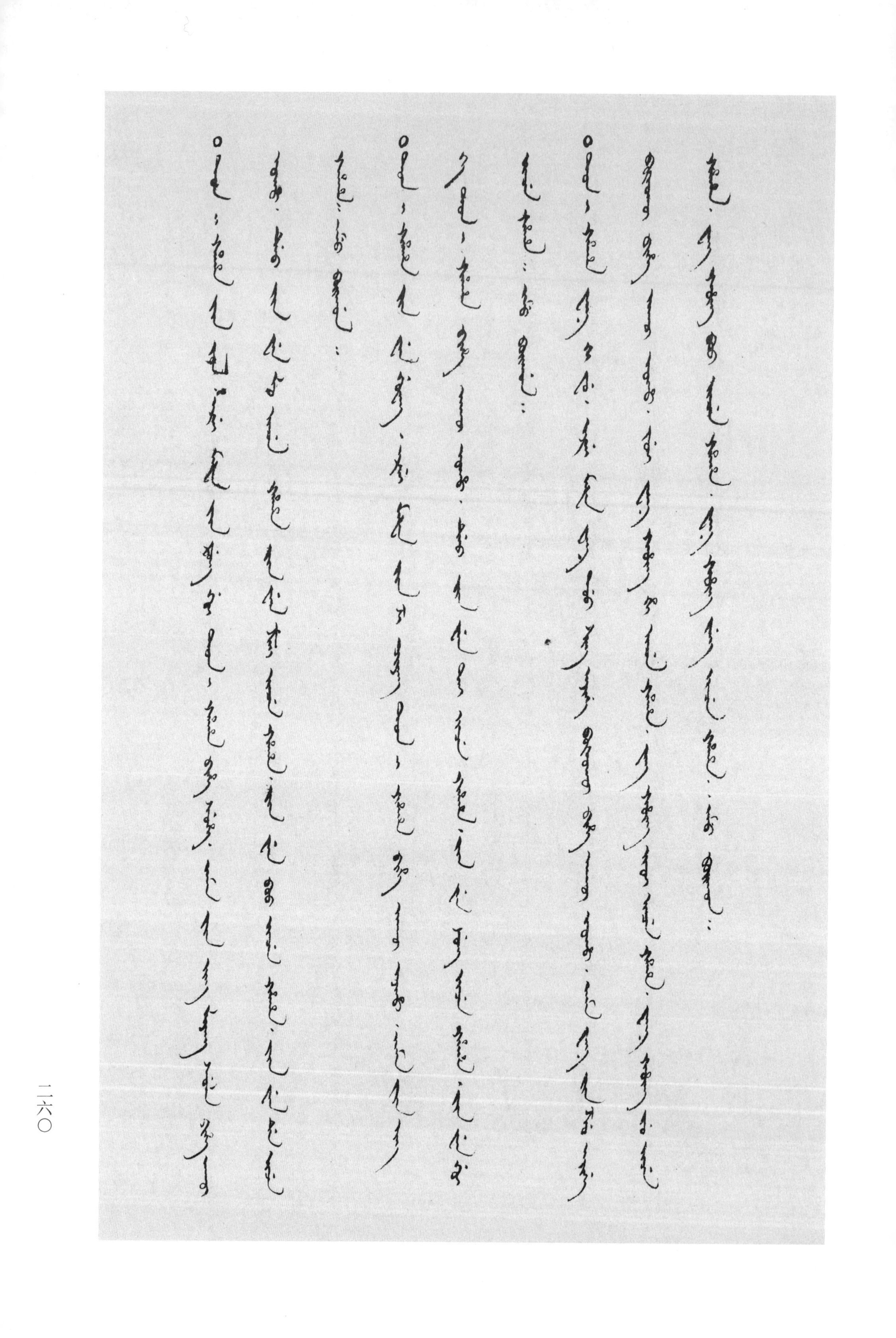

[illegible]

[illegible]

[illegible]

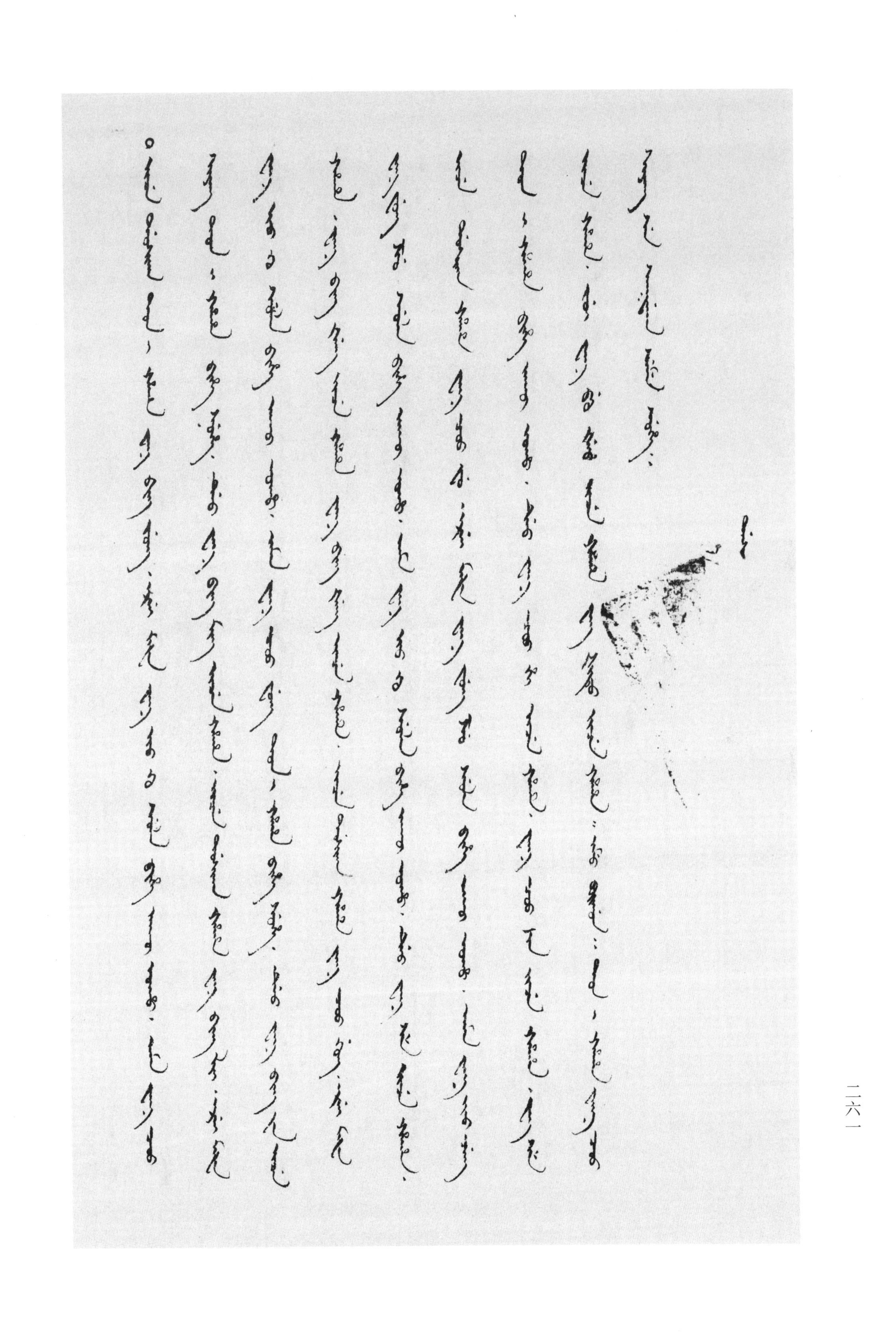

[illegible]

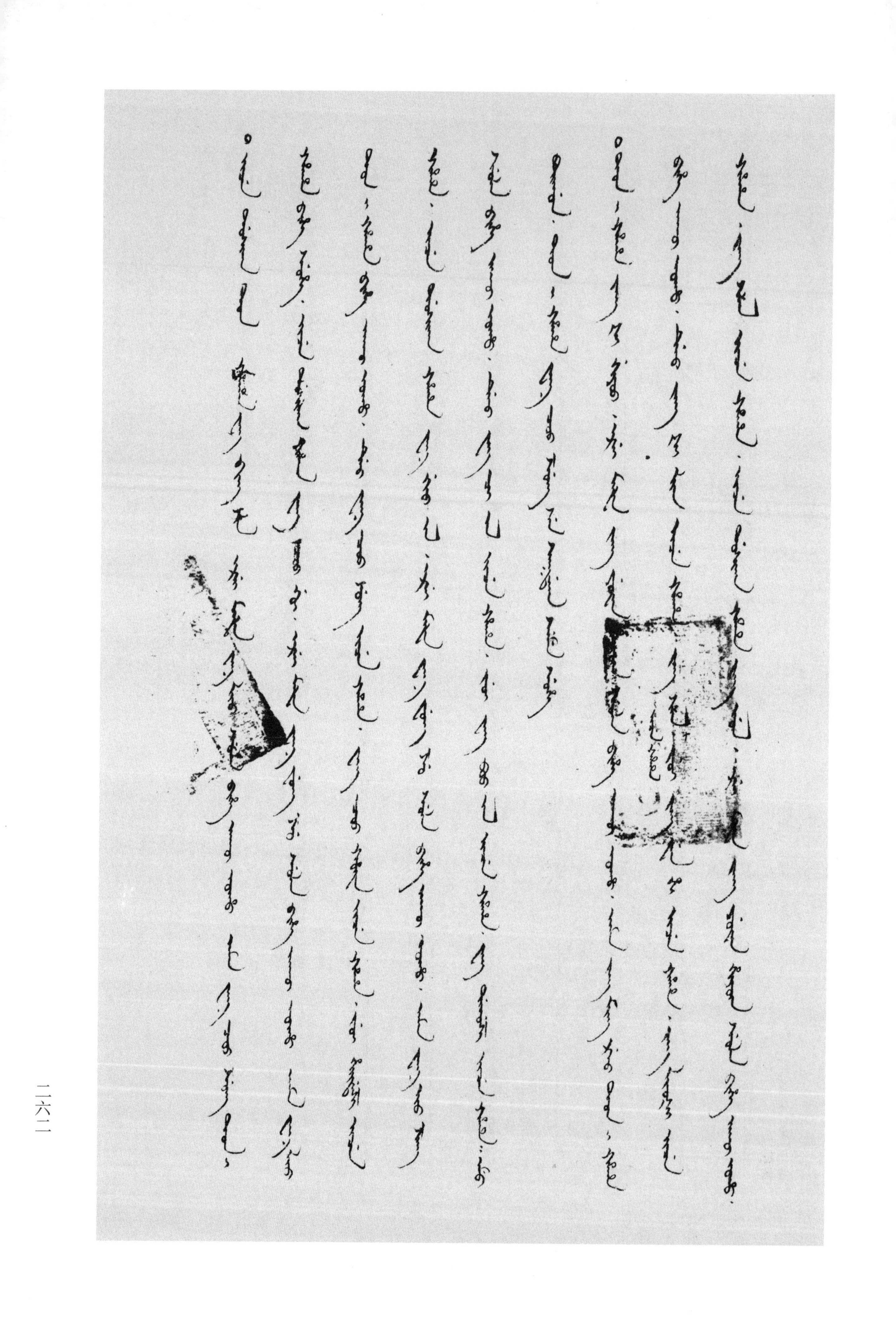

[illegible]

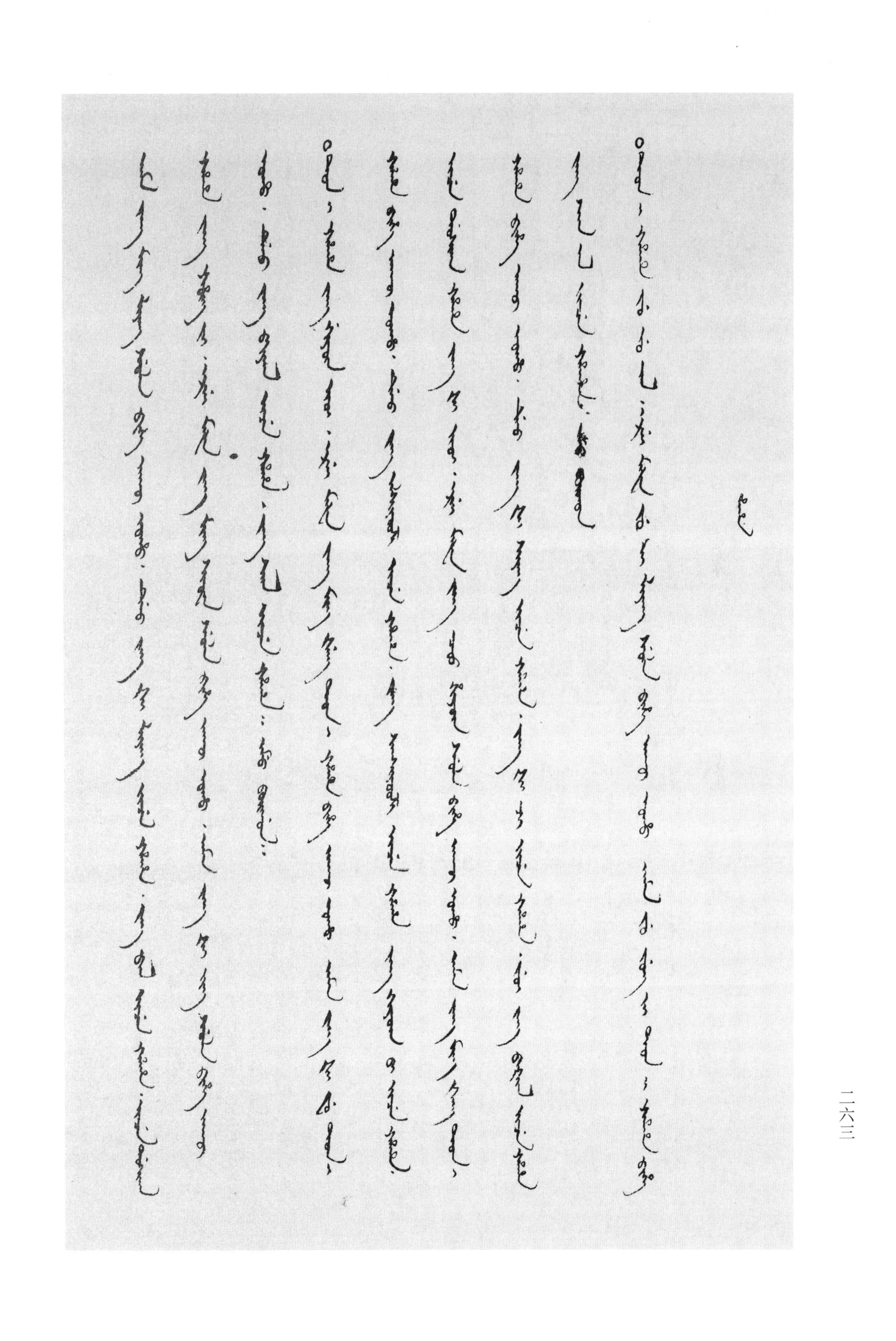

[illegible]

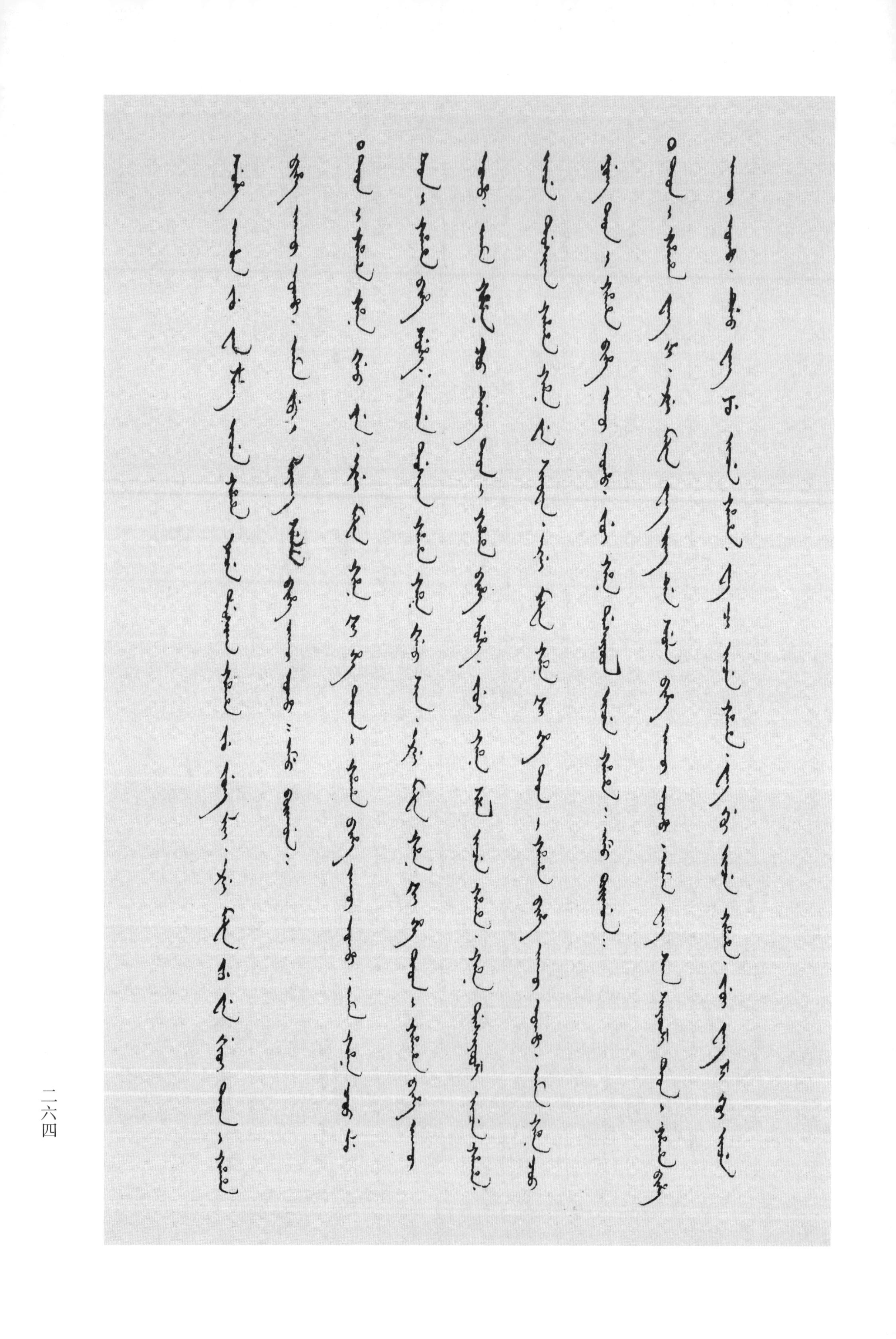

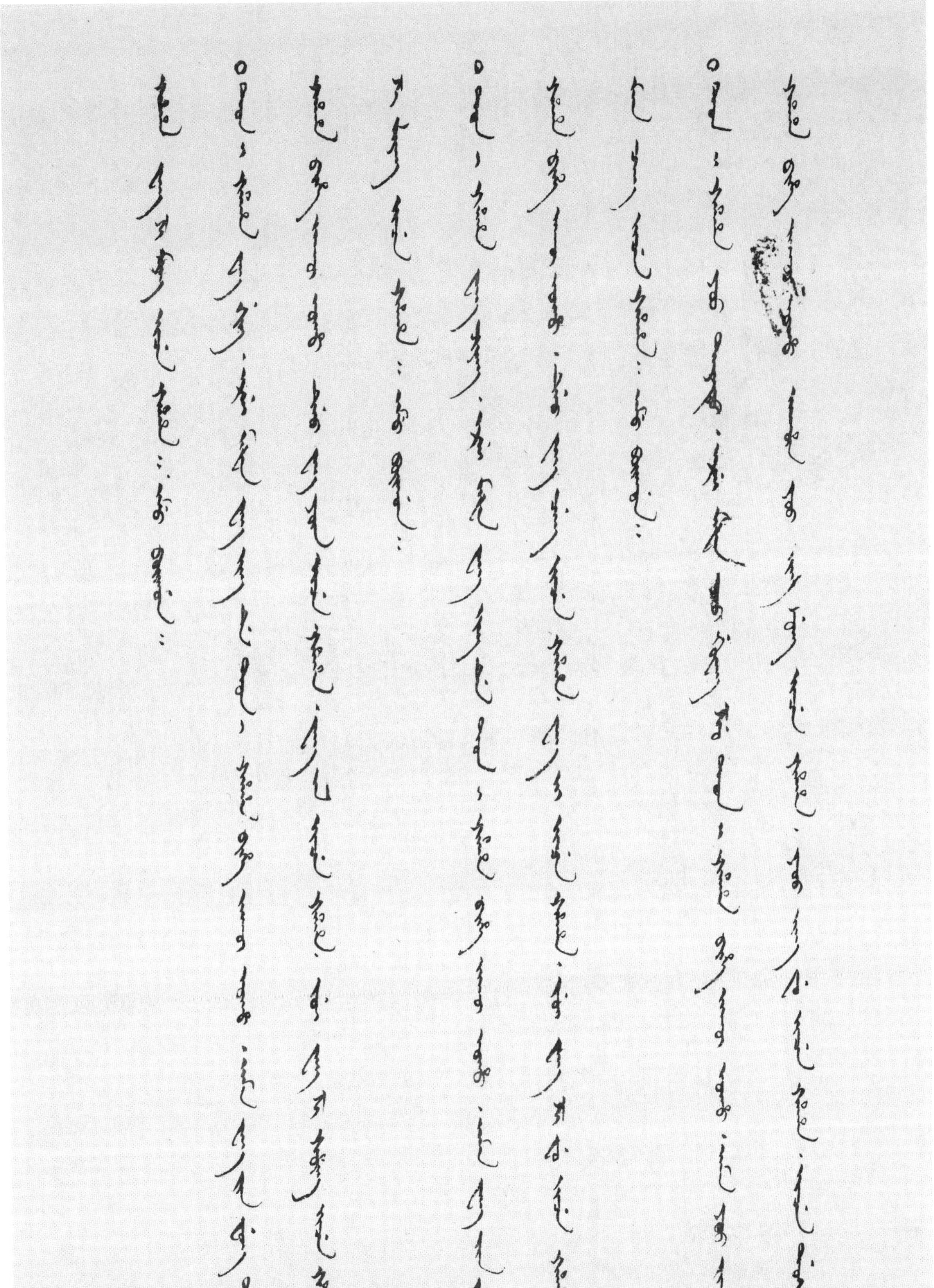

[illegible]

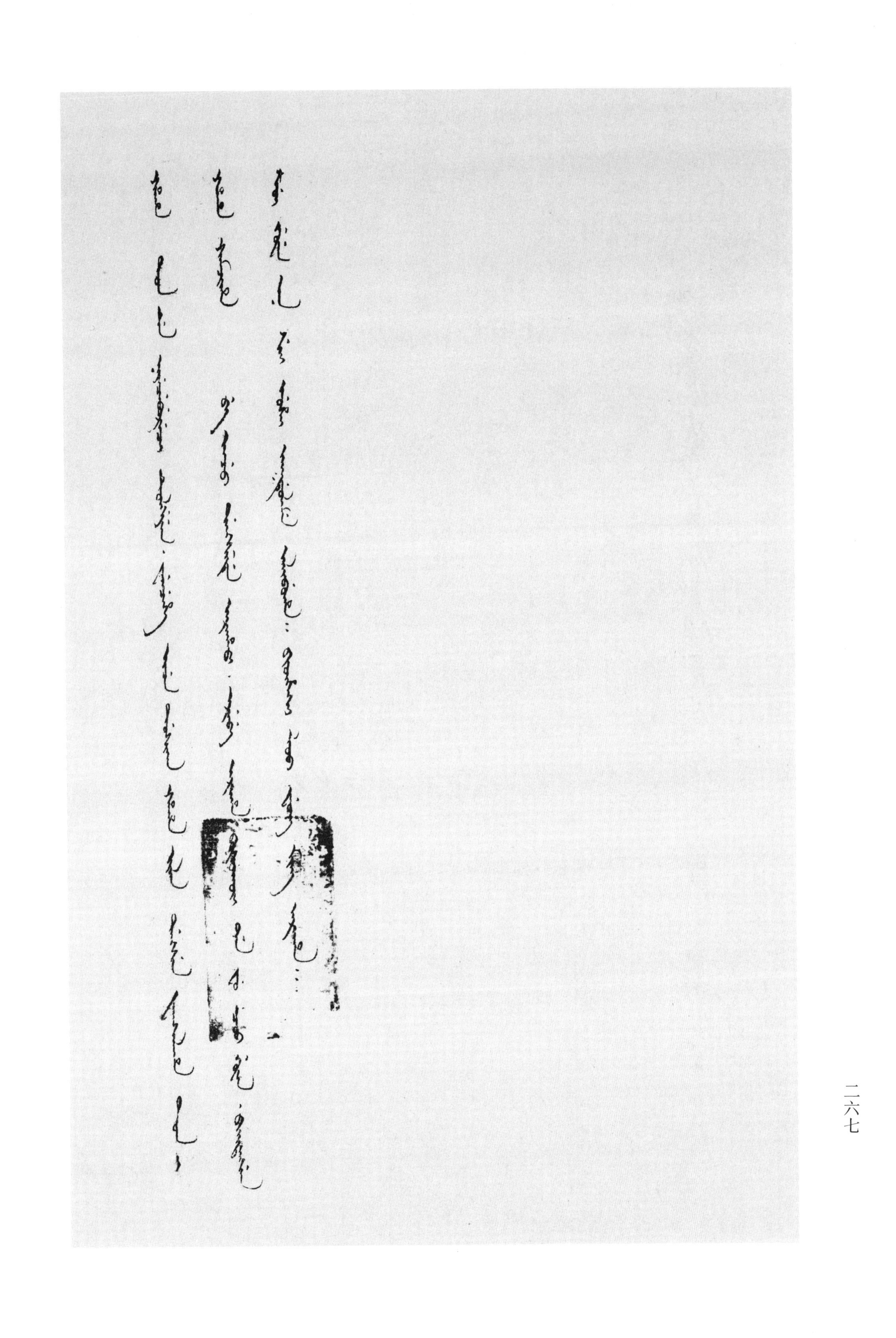

[illegible]

[illegible] :: [illegible] ::

[illegible]

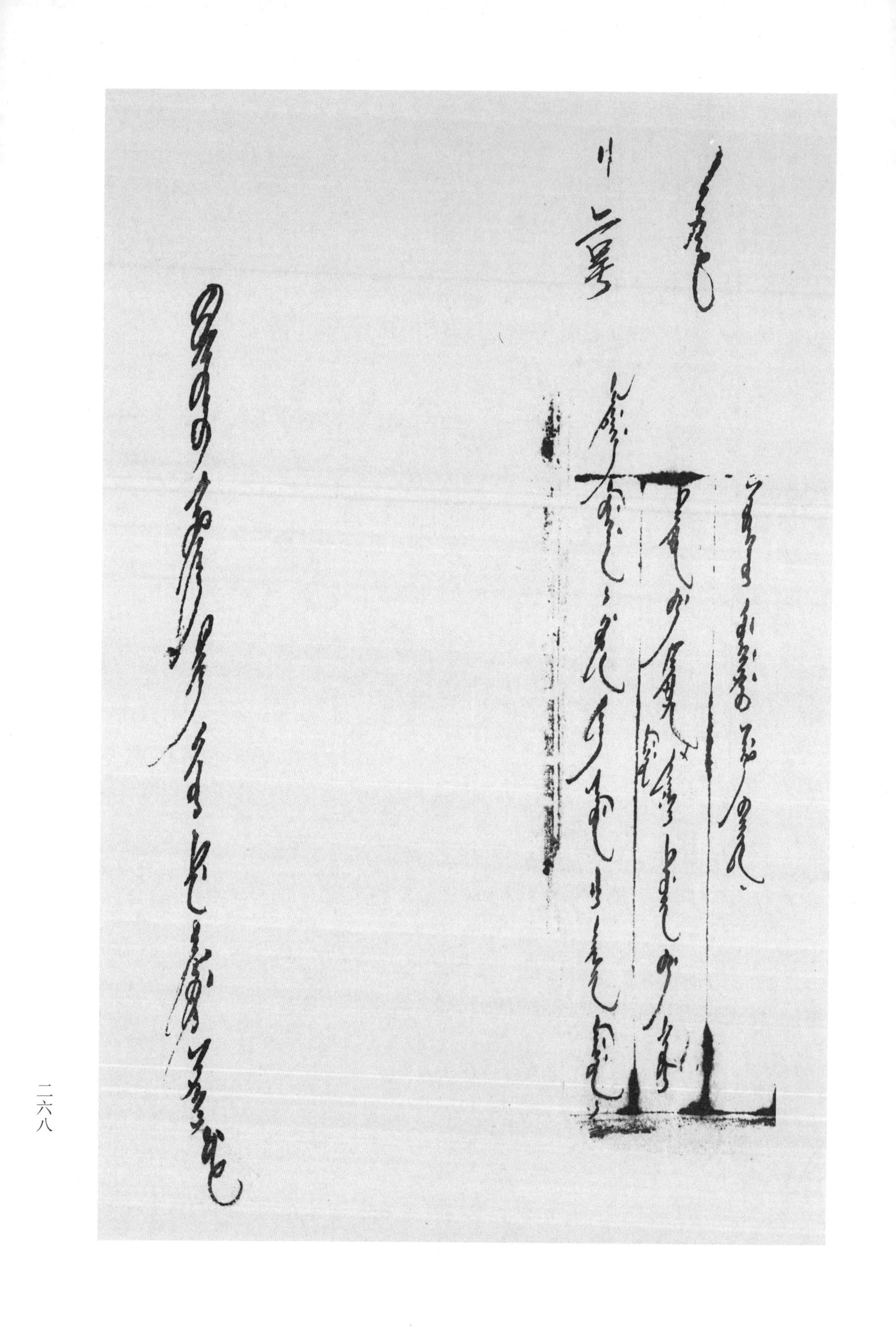

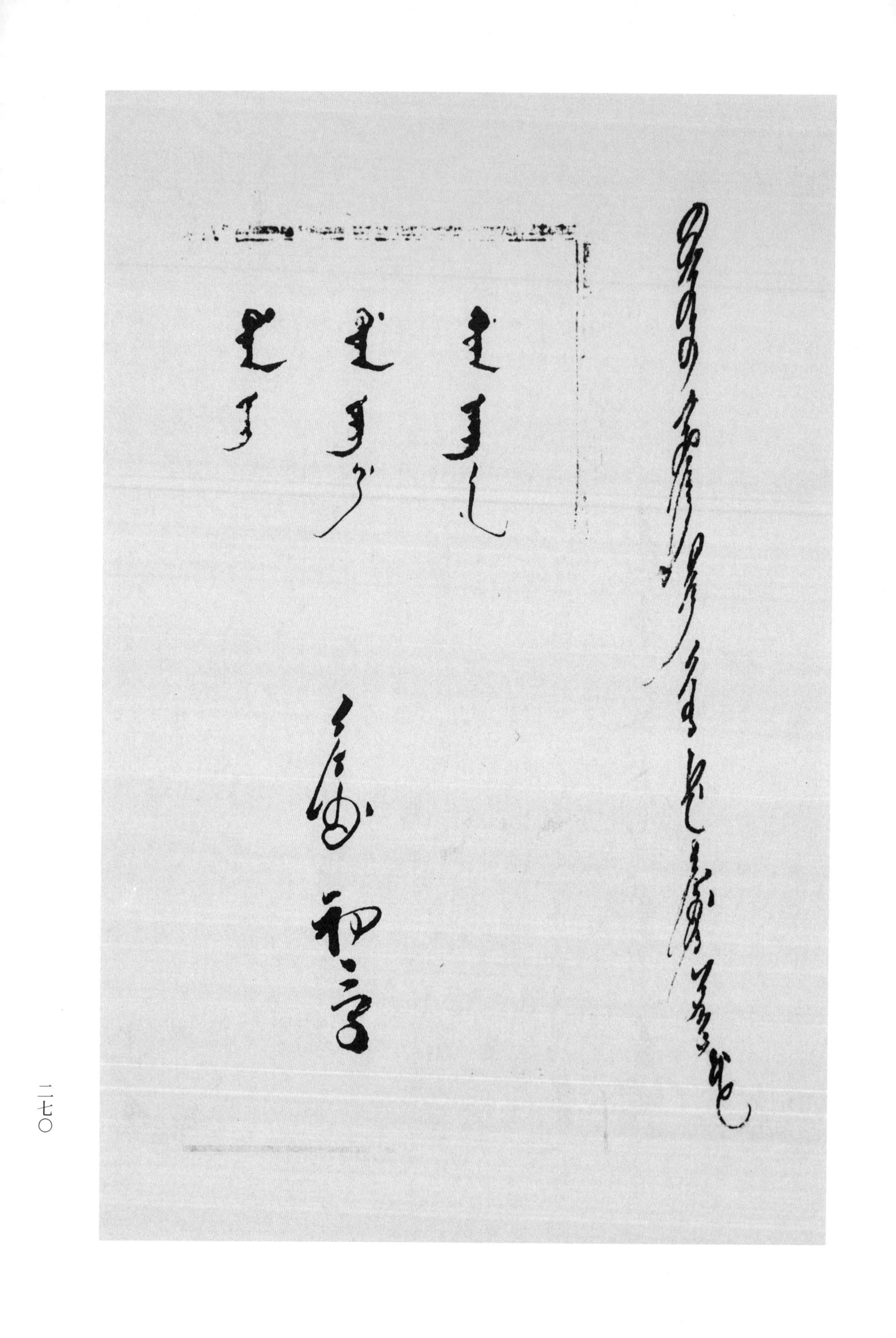

[illegible]

[illegible]

[illegible]

[illegible]

[illegible]

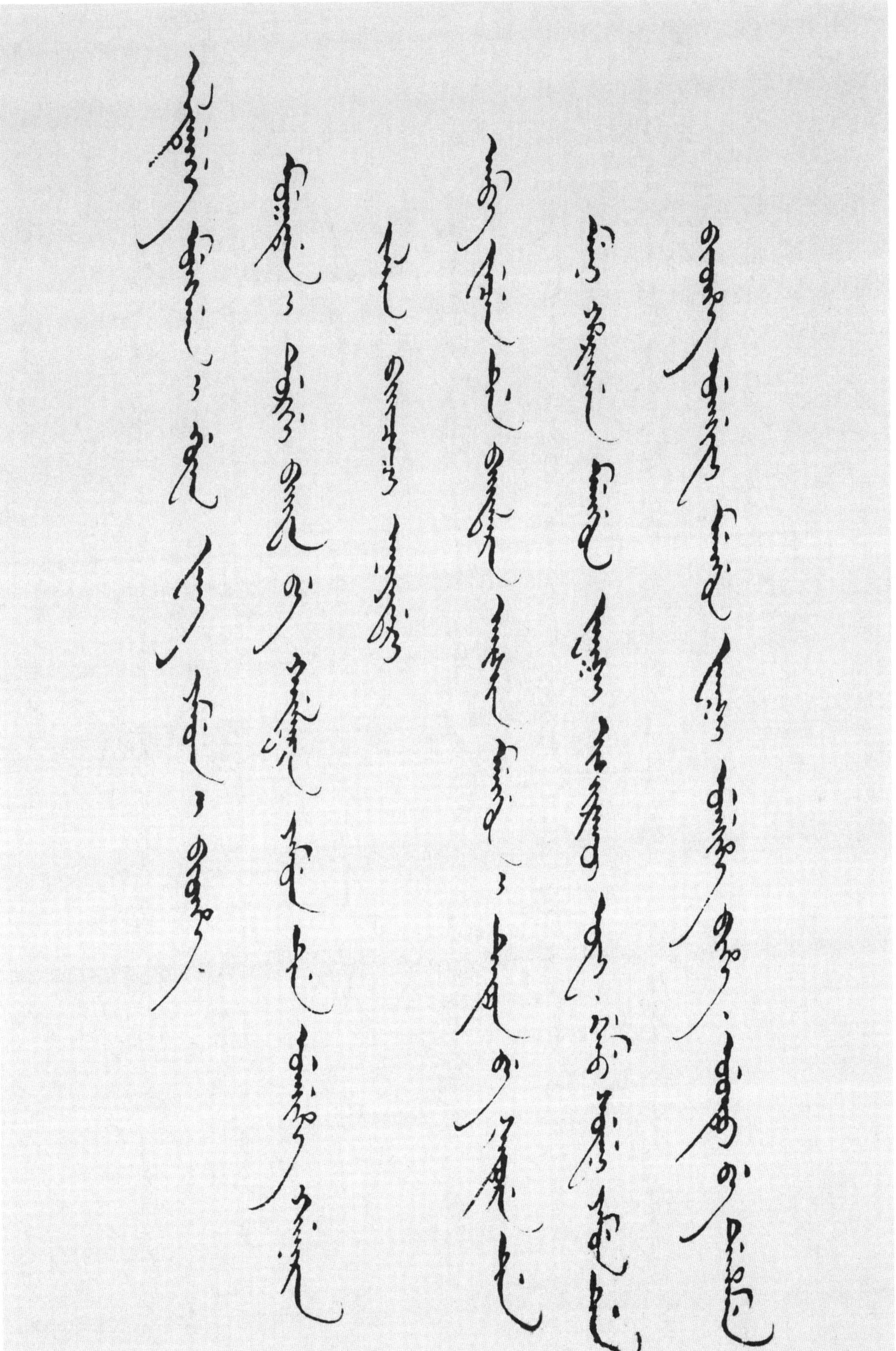

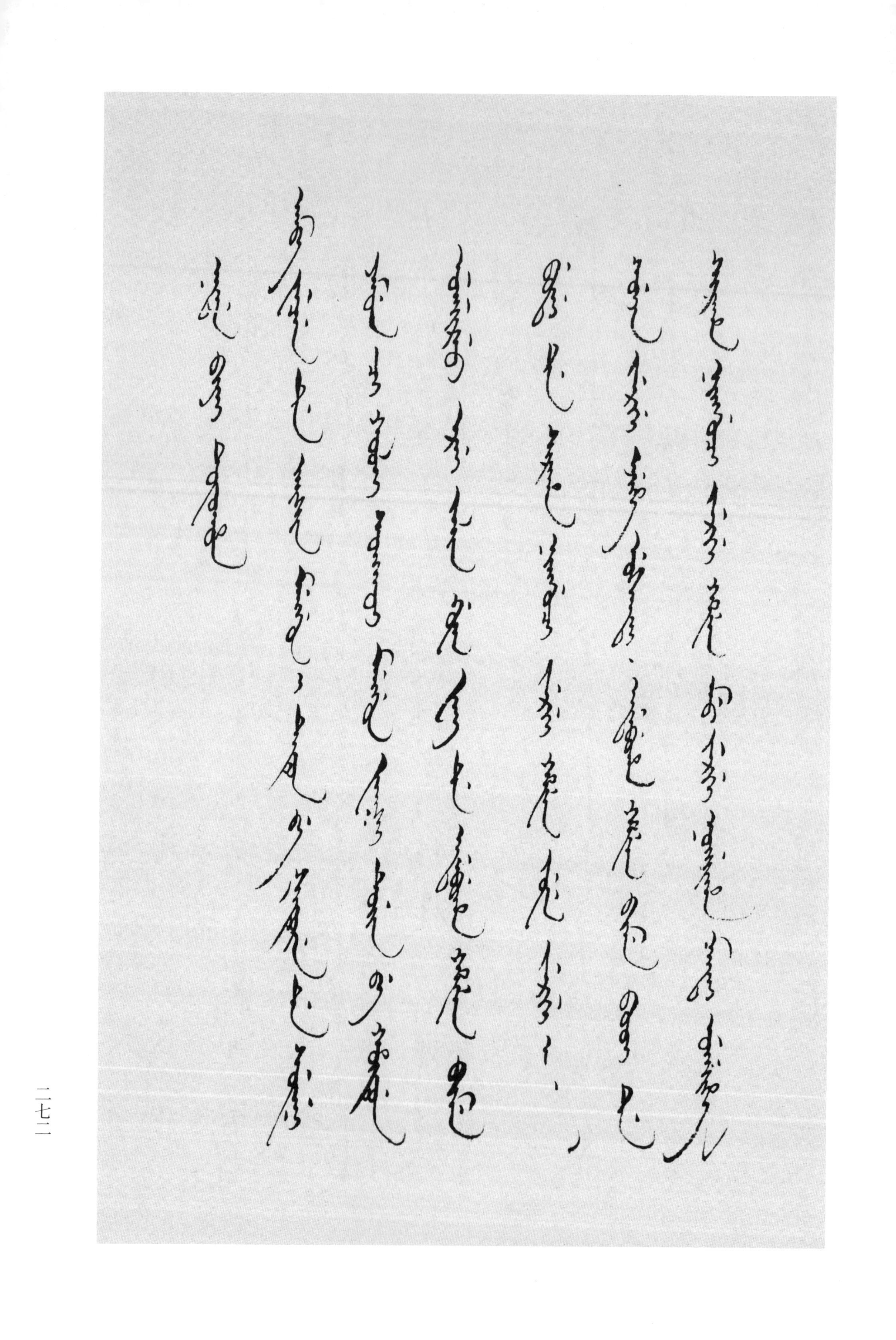

[illegible]

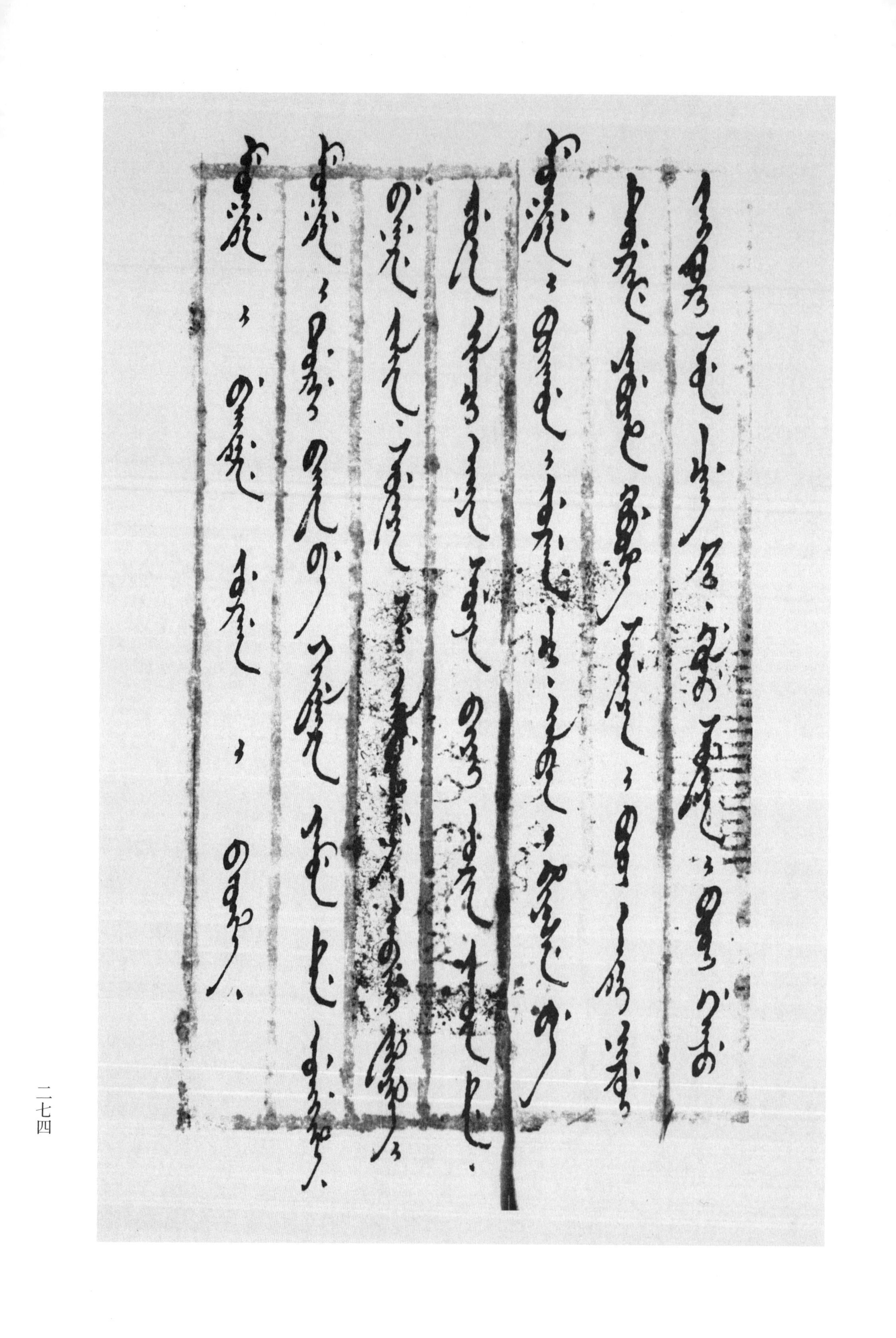

[illegible]

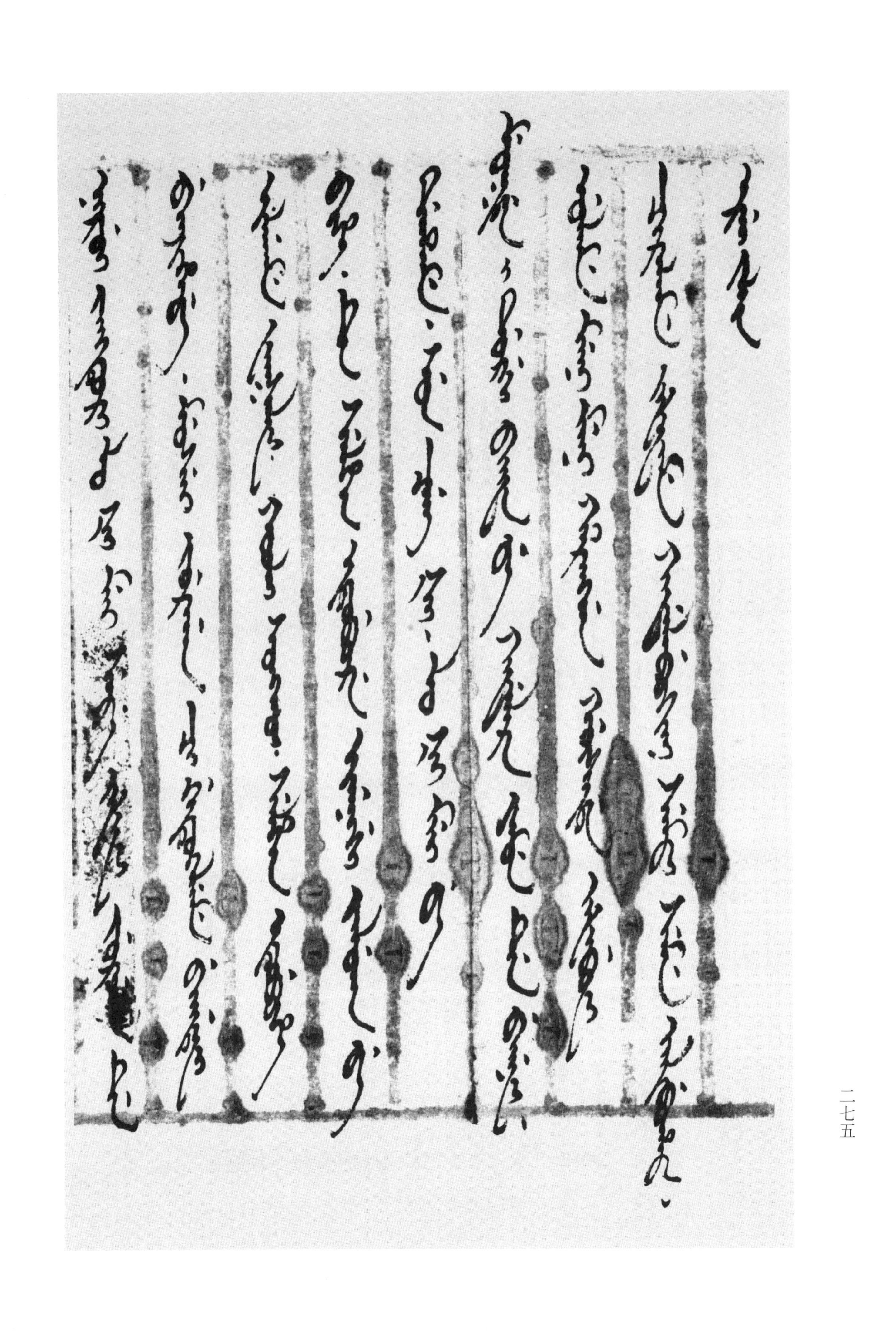

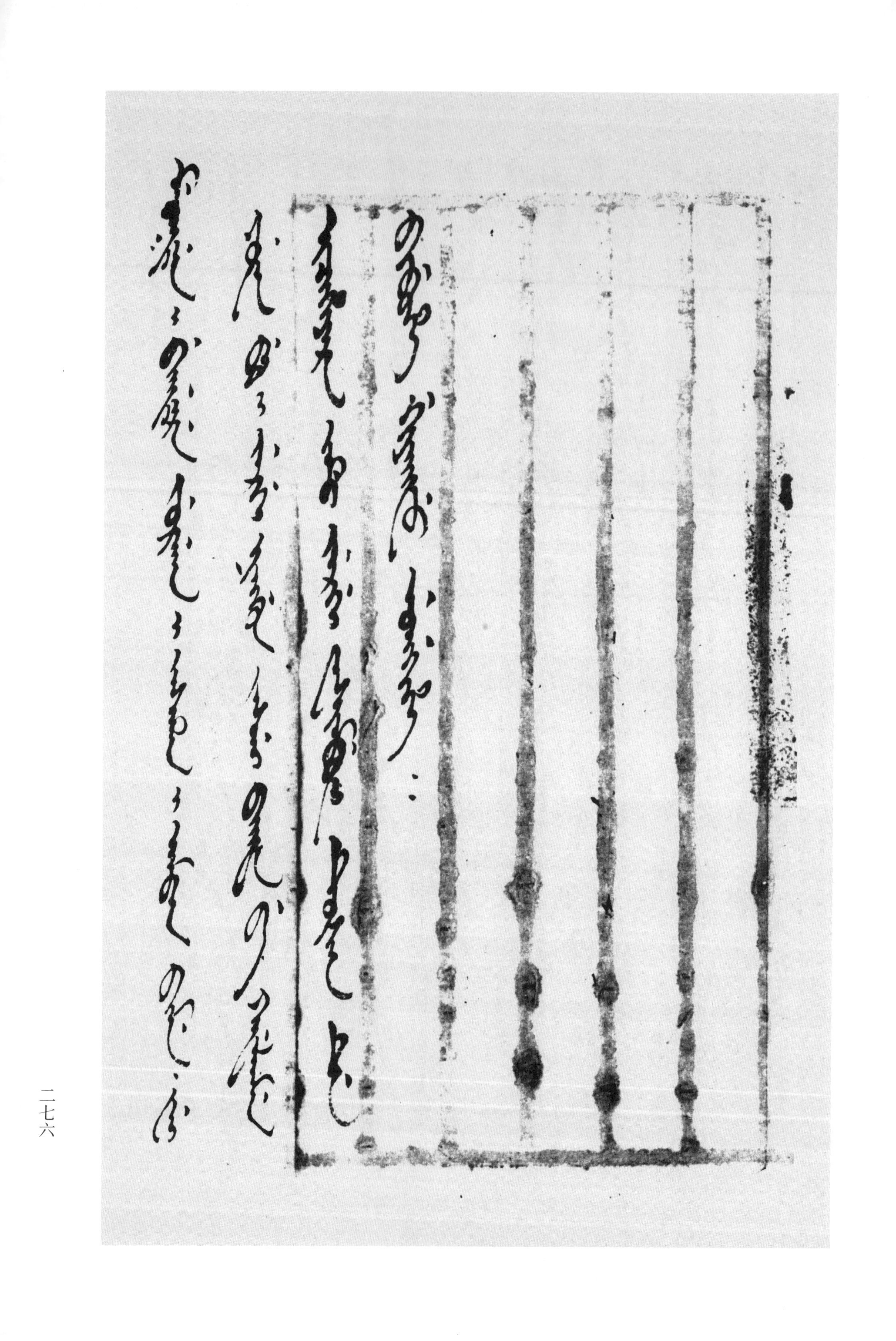

[illegible]

[illegible]

[illegible]

[illegible]

ᡥᡝᠰᡝ ᠰᠠᡥᠠ

ᠪᠣᠣᡳ ᠪᡝ ᠪᠠᡳᠮᠪᡳ

ᡝᠵᡝᠨ ᡳ ᡨᡠᠮᡝᠨ ᡝᠯᡥᡝ ᠪᡝ ᠪᠠᡳᠮᠪᡳ

ᠸᡝᠰᡳᠮᠪᡠᡥᡝ

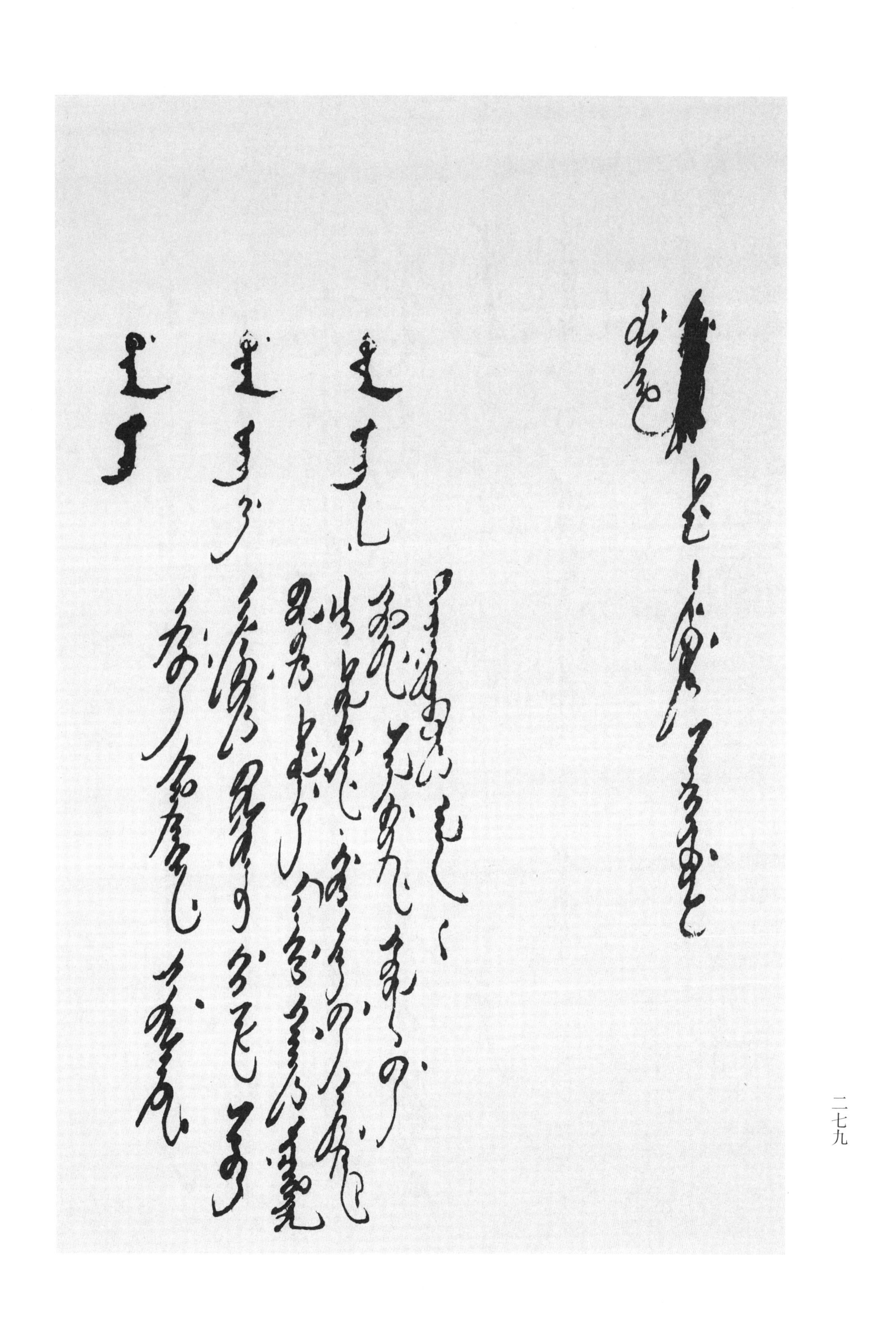

[illegible]

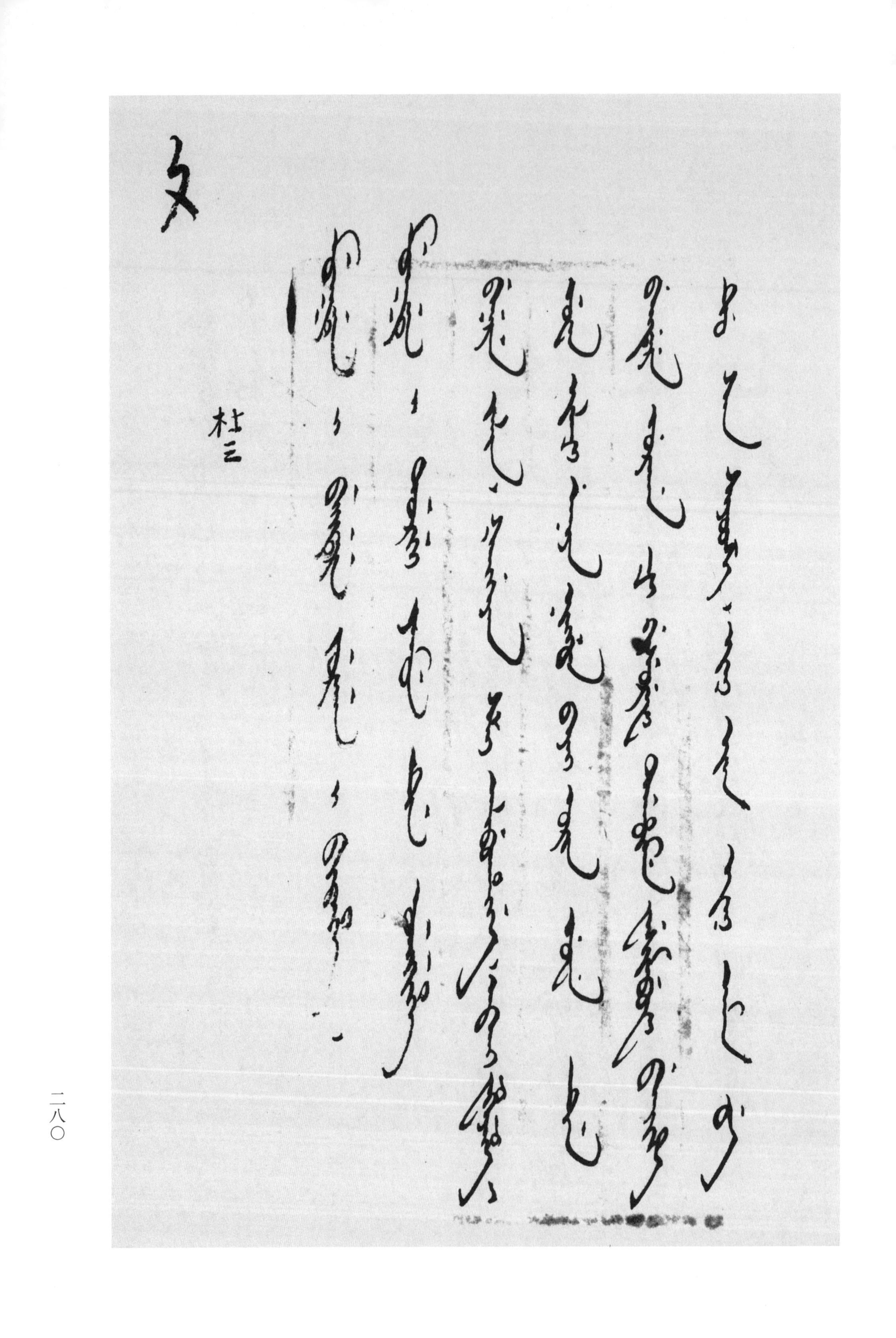

[illegible]

杜三

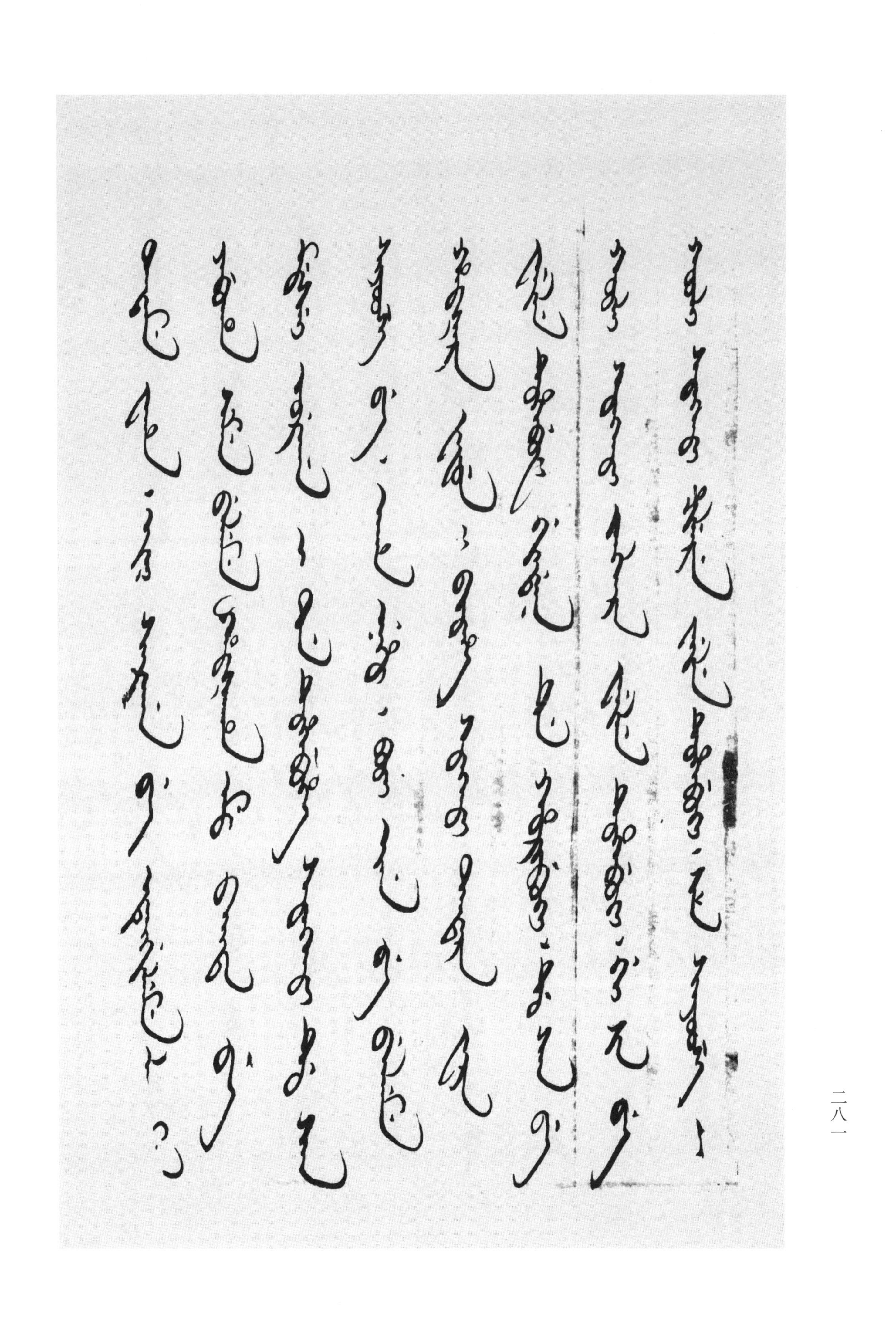

[illegible]

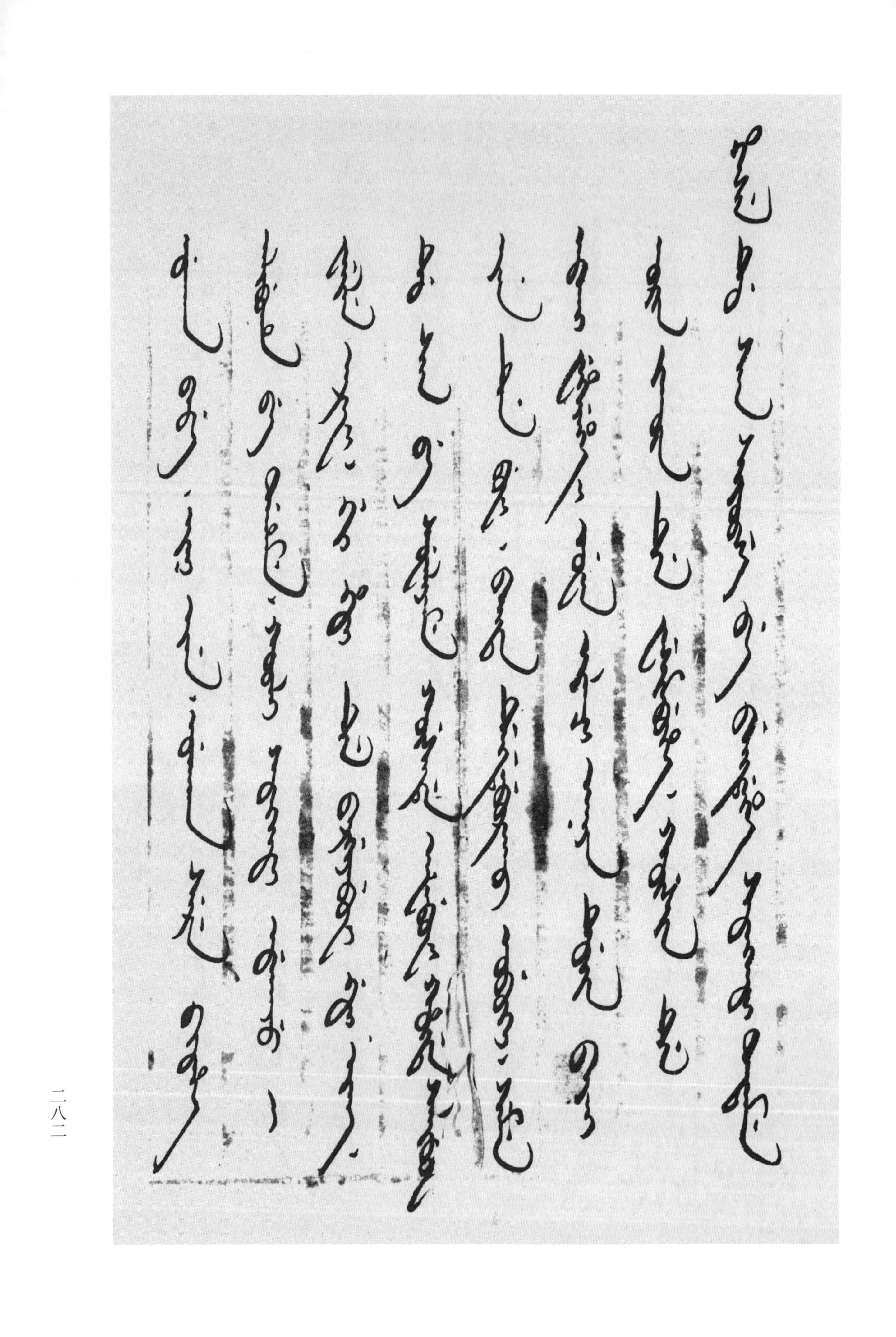

[illegible]

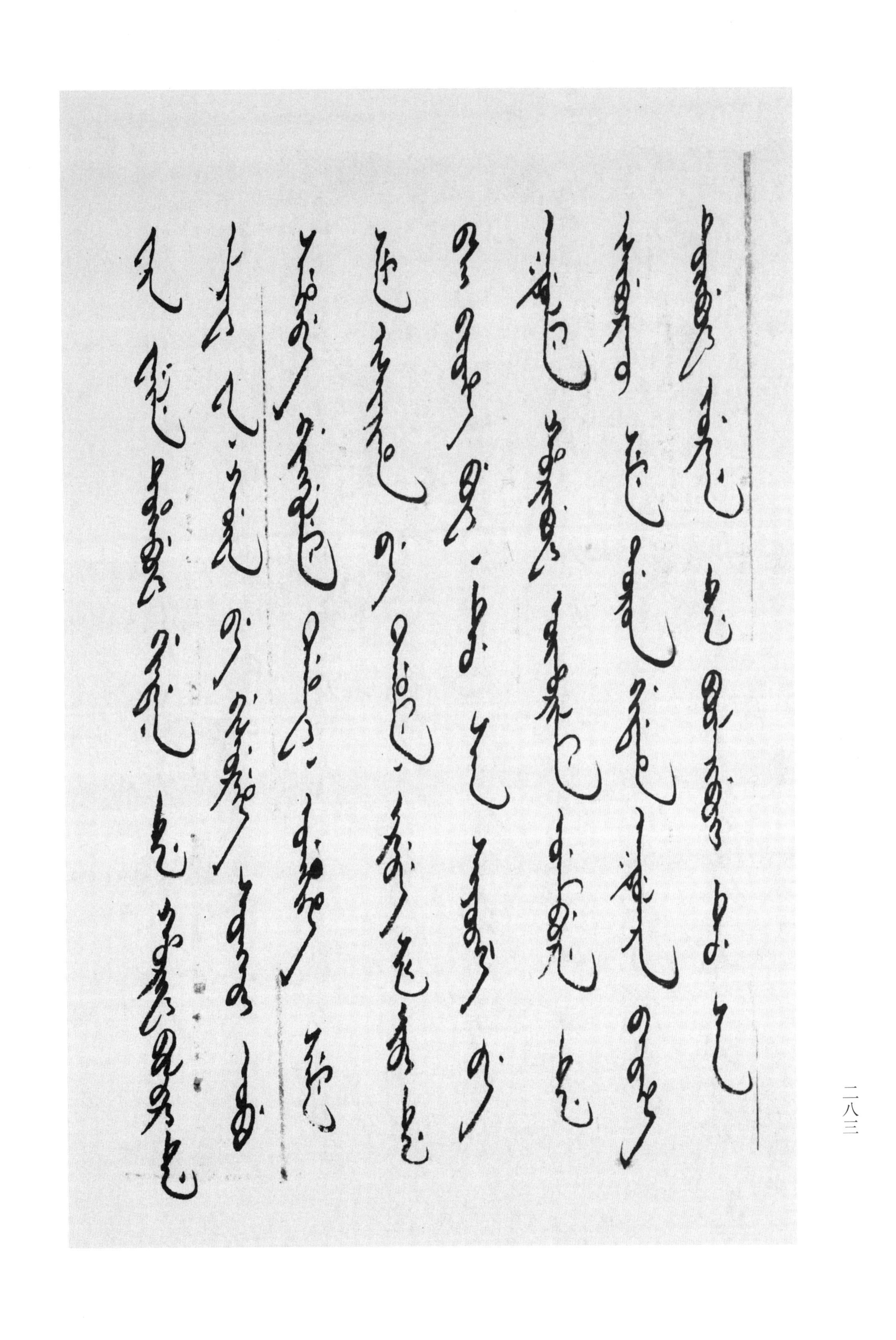

[illegible]

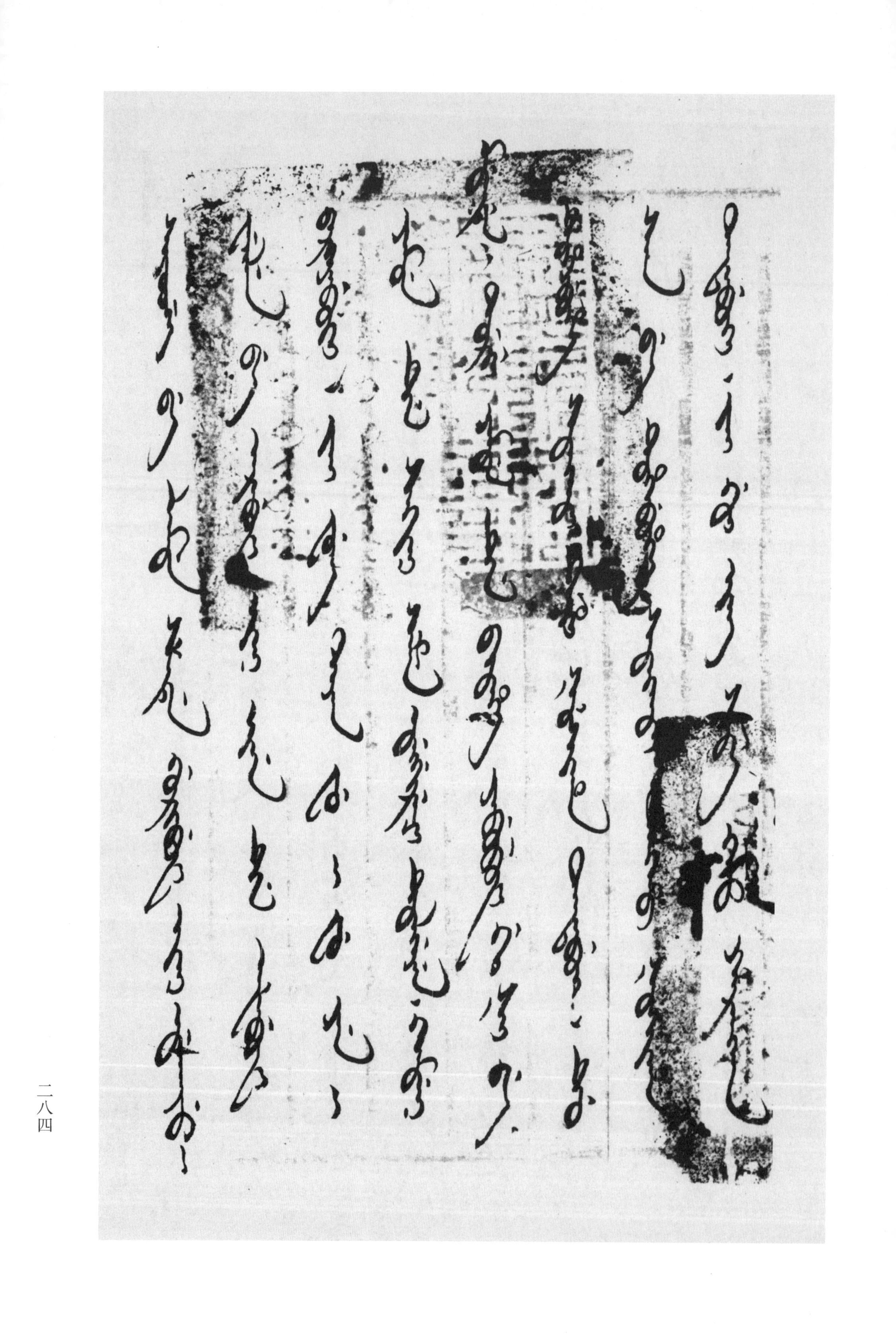

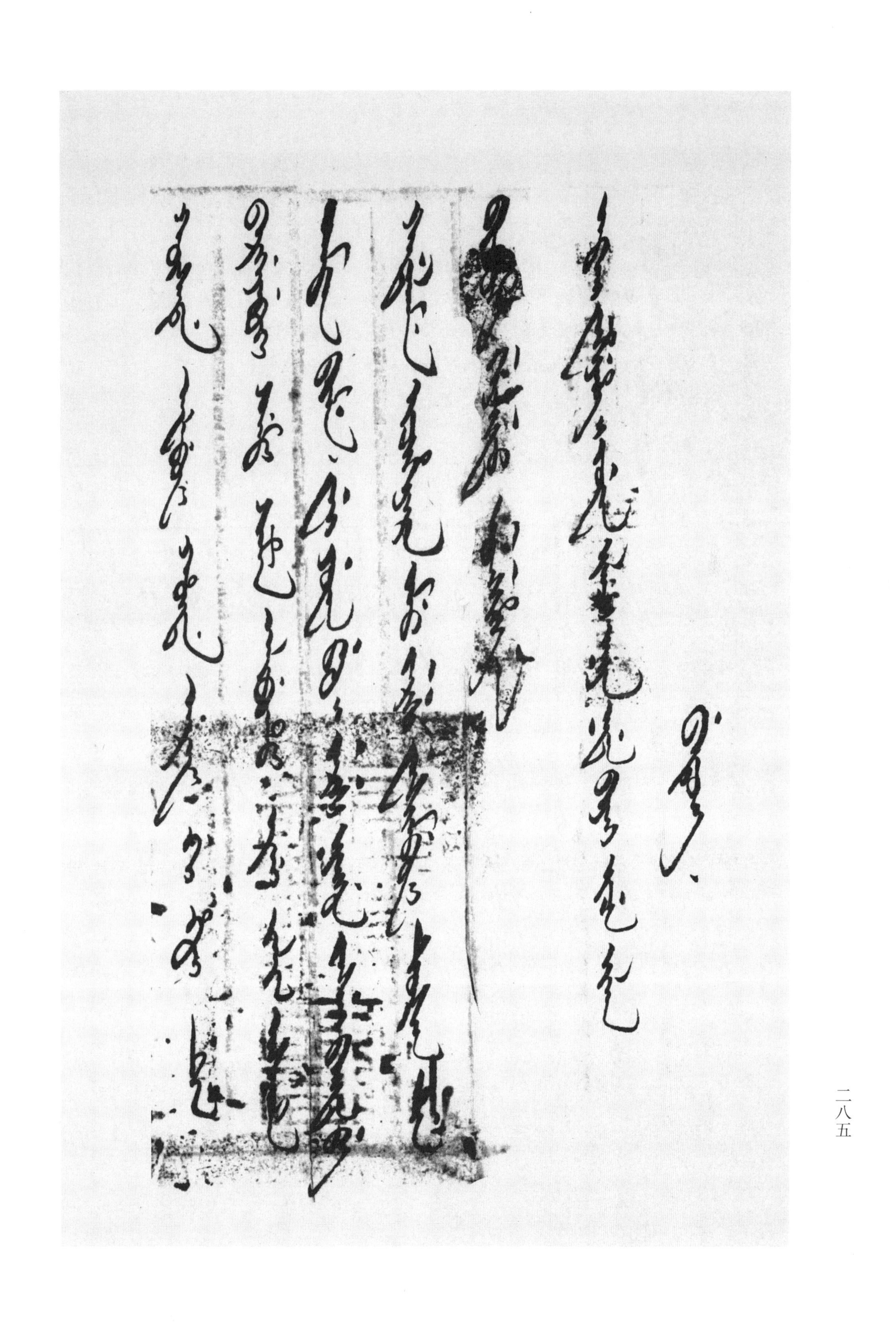

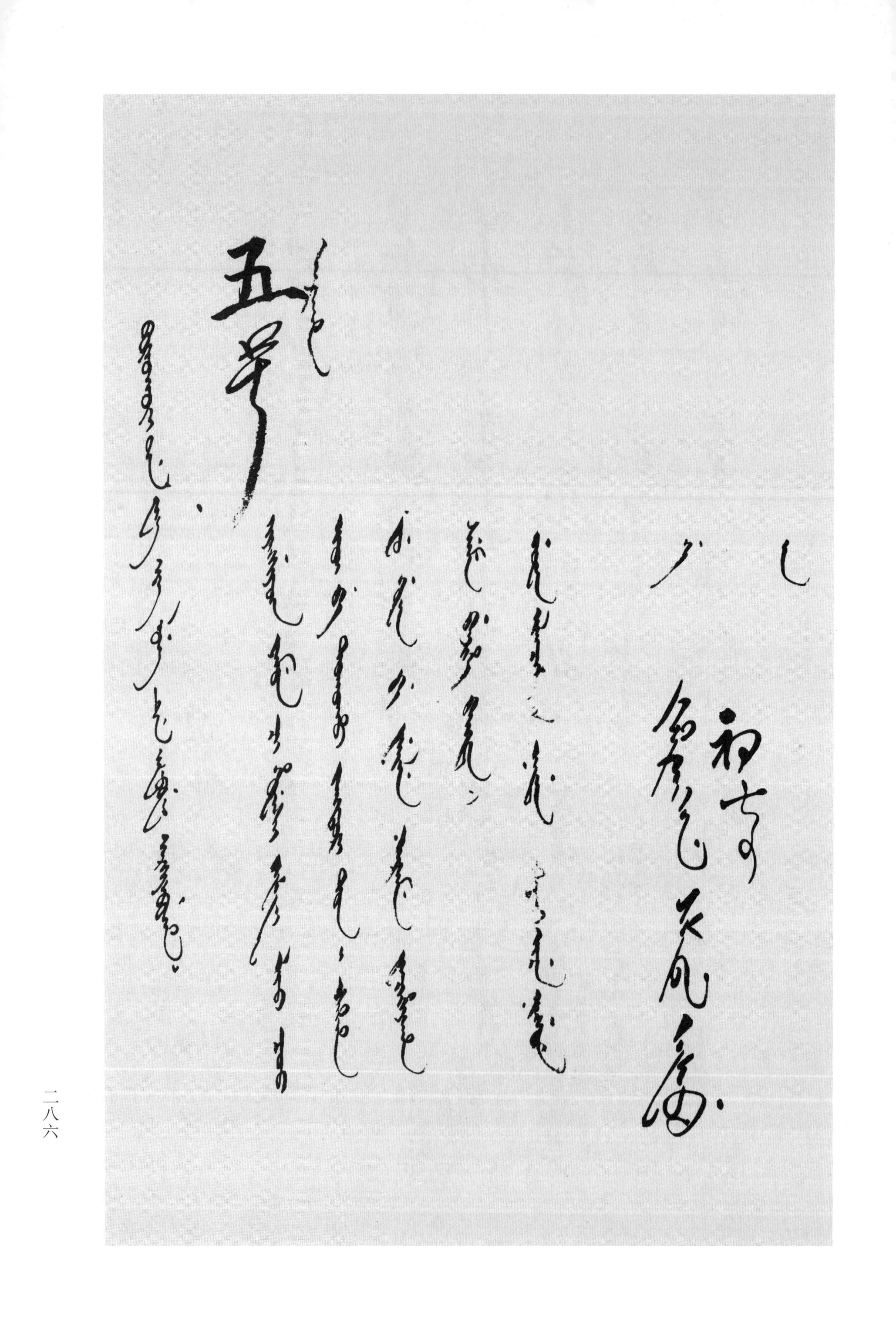

初

五

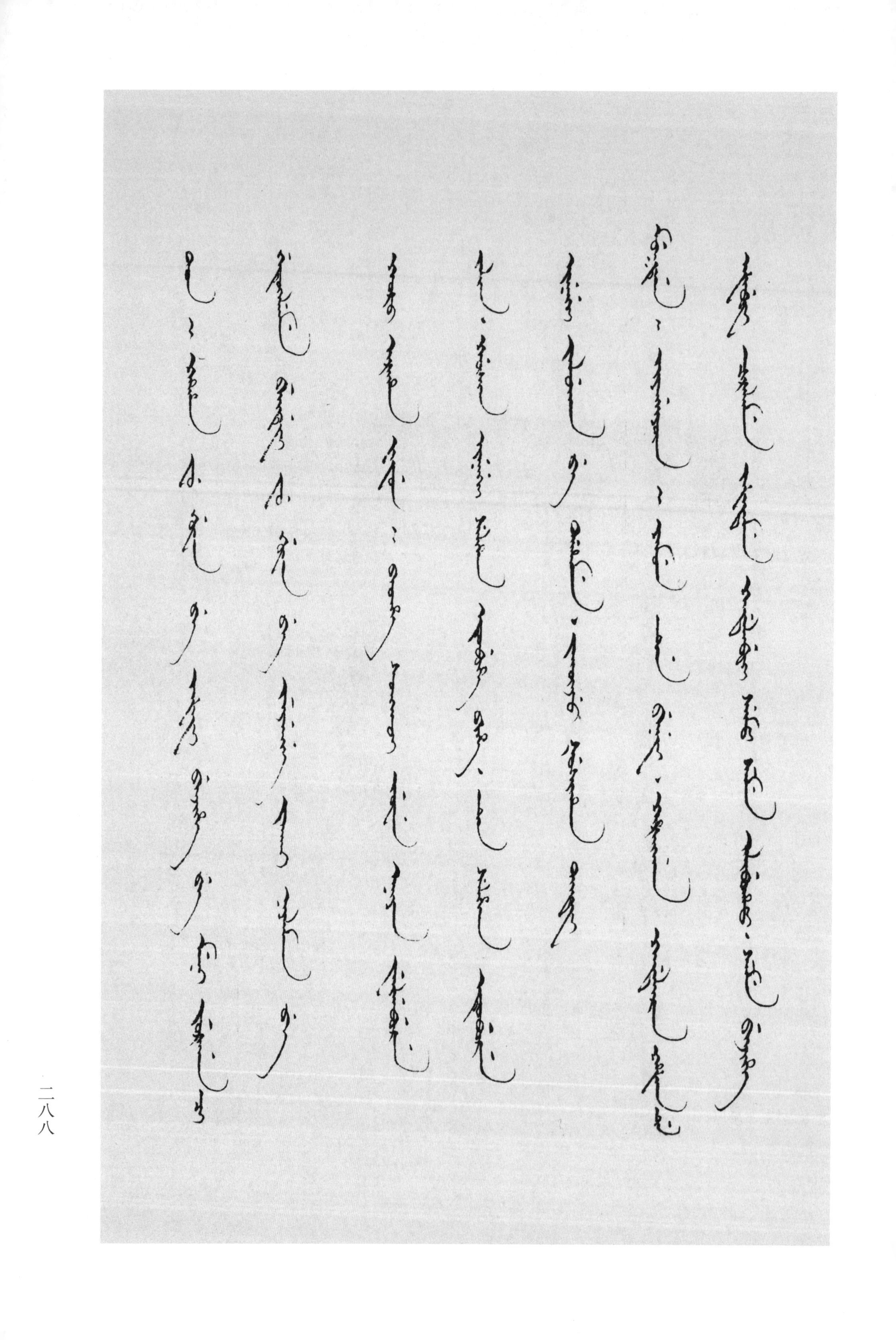

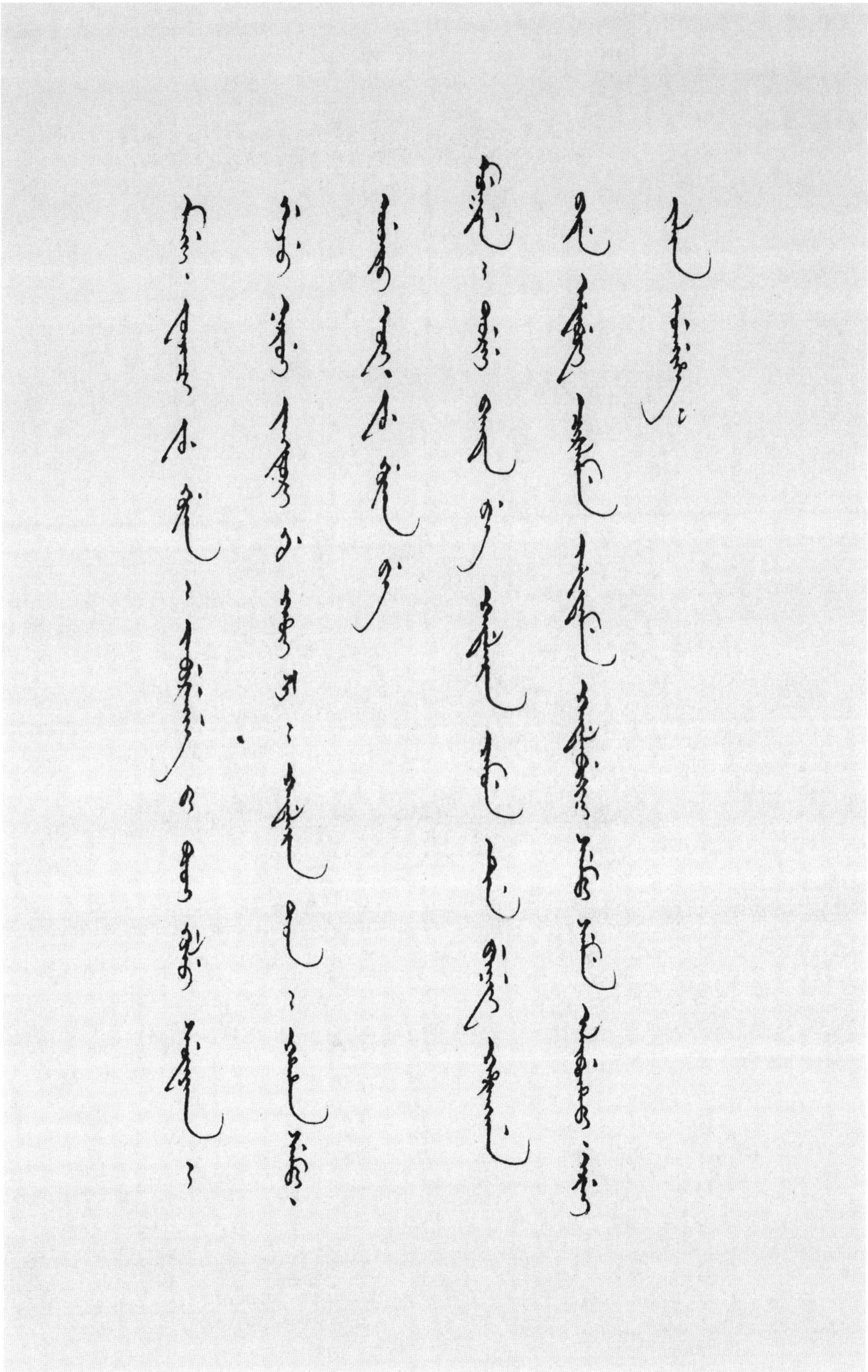

ᠨᡳᡵᡠ ᡳ ᠵᠠᠩᡤᡳᠨ ᠪᠣᠣᡳ ᠵᠠᠩᡤᡳᠨ ᡨᡠᡨᡥᡝ ᡩᡝ ᡳ ᠪᠣᠣᠯᠠᡥᠠ᠈

ᠨᡳᡵᡠ ᡳ ᠵᠠᠩᡤᡳᠨ ᠪᠣᠣᡳ ᡤᡠᠰᠠᡳ ᡩᡝ ᡩᡝ ᠪᡠᡥᡝ ᠨᡳᠶᠠᠯᠮᠠ᠈ ᠰᡝᠮᡝ

ᡤᡠᠰᠠ ᠵᡠᡵᡤᠠᠨ ᡤᡳᠰᡠᡵᡝᠮᡝ ᡤᡠᠰᠠᡳ ᡨᡠᠰᡳᠶᠠᠮᠪᡠᡥᠠ᠈ ᡨᡝᠮᡝ ᠪᠠᡳᠴᠠᡵᠠ ᠰᡝ ᠪᡠᡥᡝ

ᠪᠣᠣᠯᠠᡵᠠ᠈ ᡥᠠᡶᠠᠰᡳ ᡩᡝ ᡨᡝ ᡤᡠᠰᠠᡳ ᠪᠣᡥᠣᠯᡳ᠈ ᡥᡝᡵᡤᡝᠨ ᡩᡝᡵᡤᡳ

ᡥᠠᡶᠠᠨ ᡳ ᡨᡠᡵᡤᡠᠨ ᡩᡝ ᠰᡝ ᠪᡠᡥᡝ ᠪᠣᠣᠯᠠᡥᠠ᠈

ᠨᡳᡵᡠ ᡳ ᠵᠠᠩᡤᡳᠨ ᡩᡝ ᠰᡝ ᠪᡠᡥᡝ ᠪᠣᠣᠯᠠᡥᠠ᠈

ᠨᡳᡵᡠ ᡳ ᠵᠠᠩᡤᡳᠨ ᠪᠣᠣᡳ ᡤᡠᠰᠠᡳ ᡩᡝ ᠰᡝ ᠪᡠᡥᡝ ᠪᠣᠣᠯᠠᡥᠠ᠈

二九一

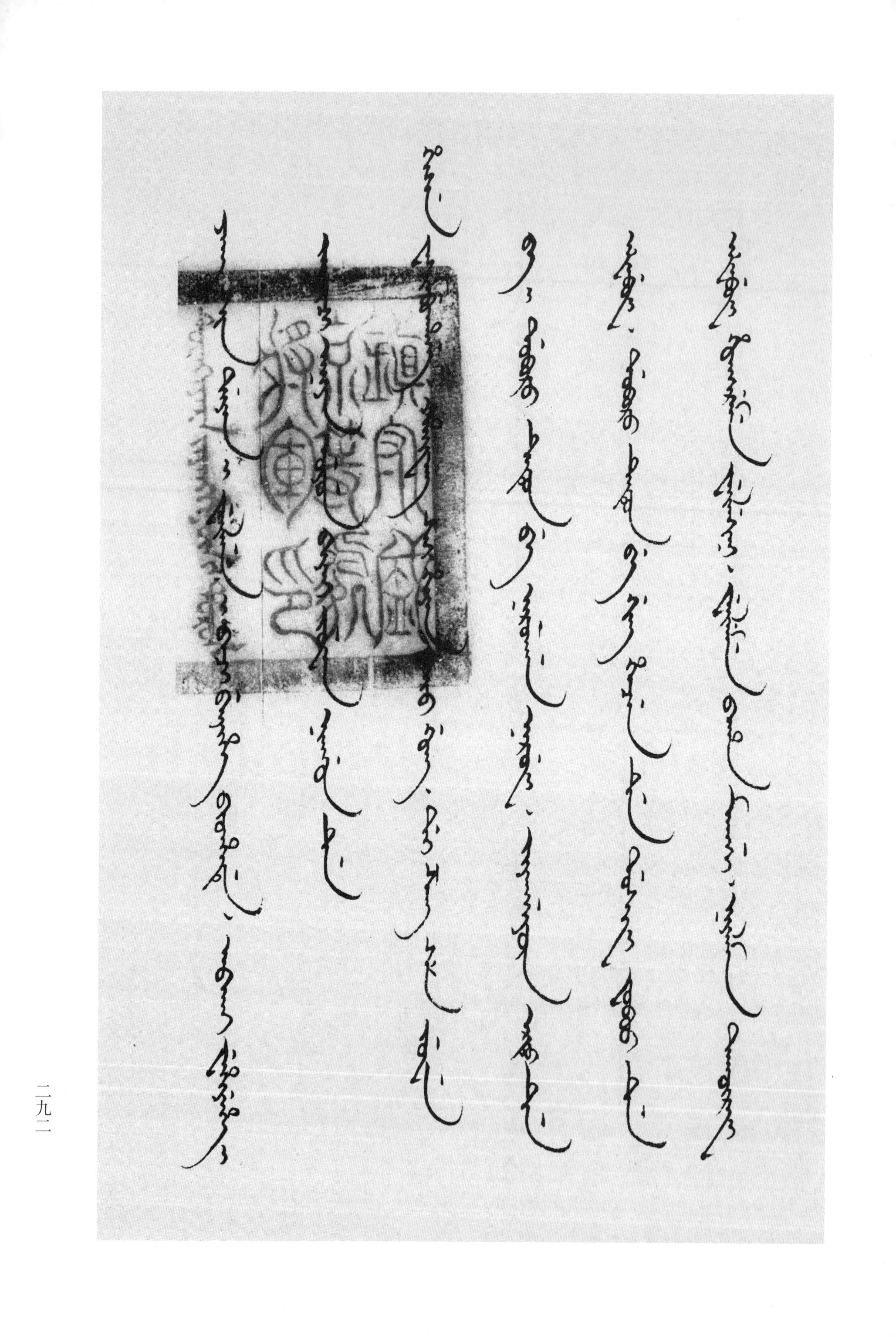

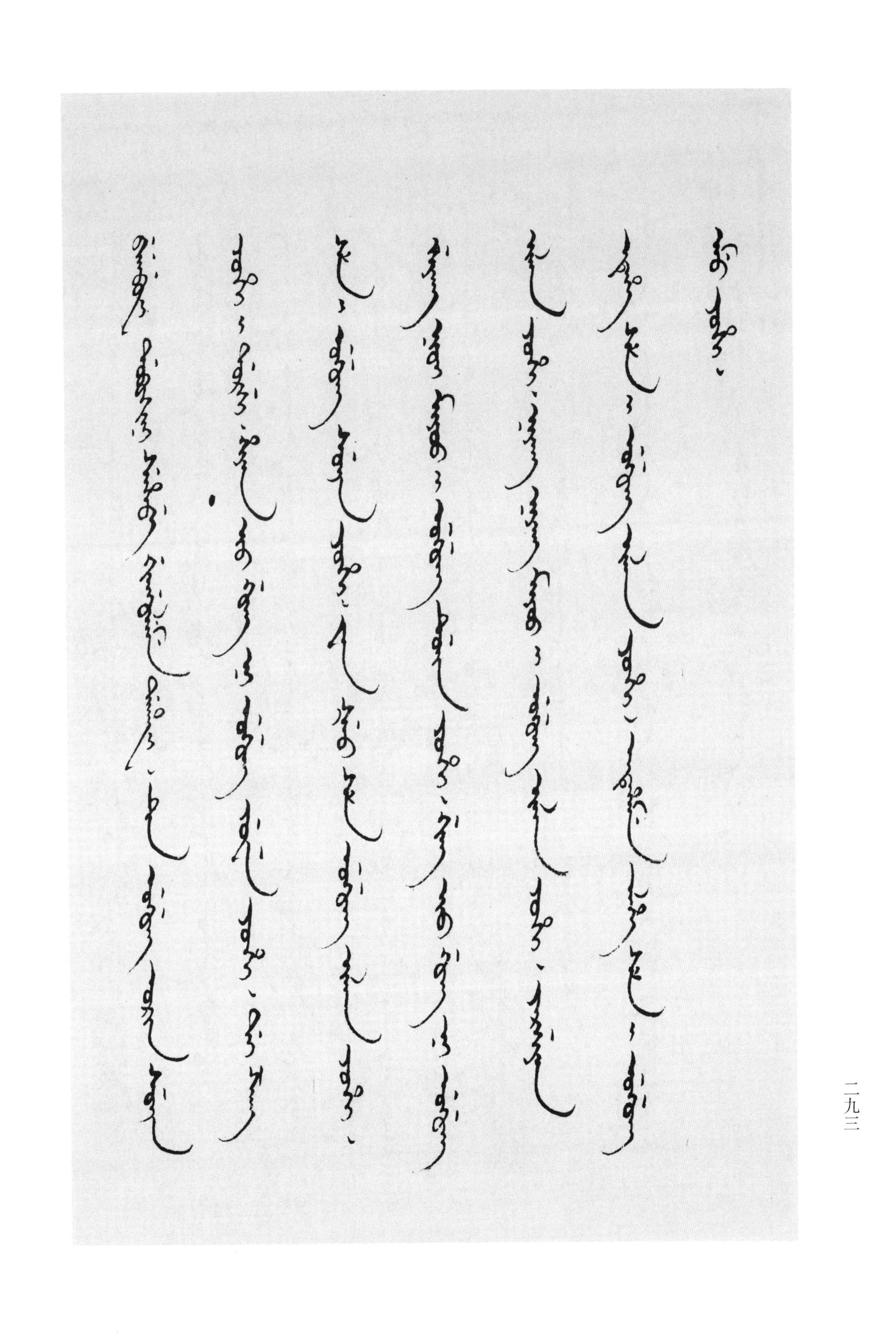

[illegible]

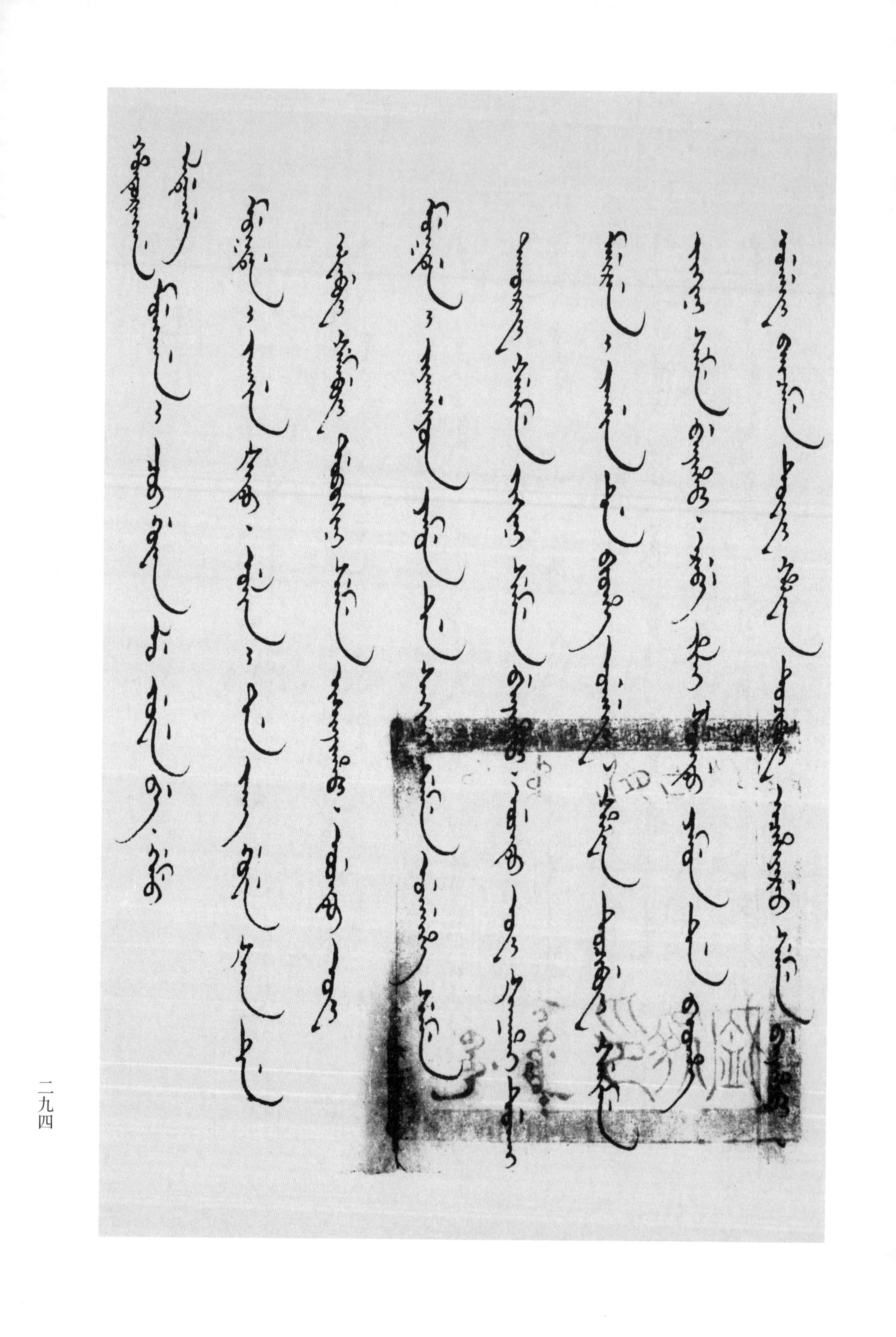

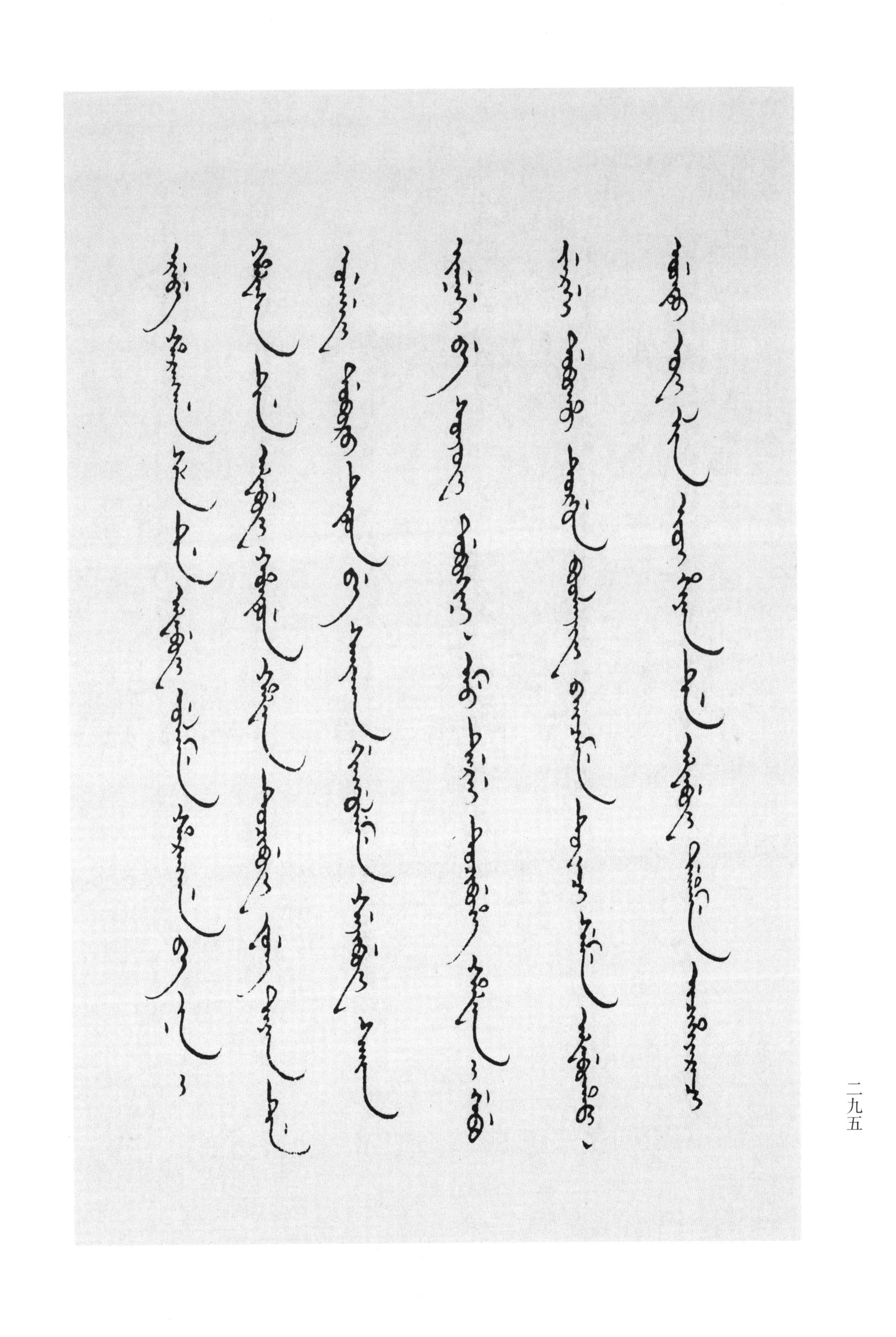

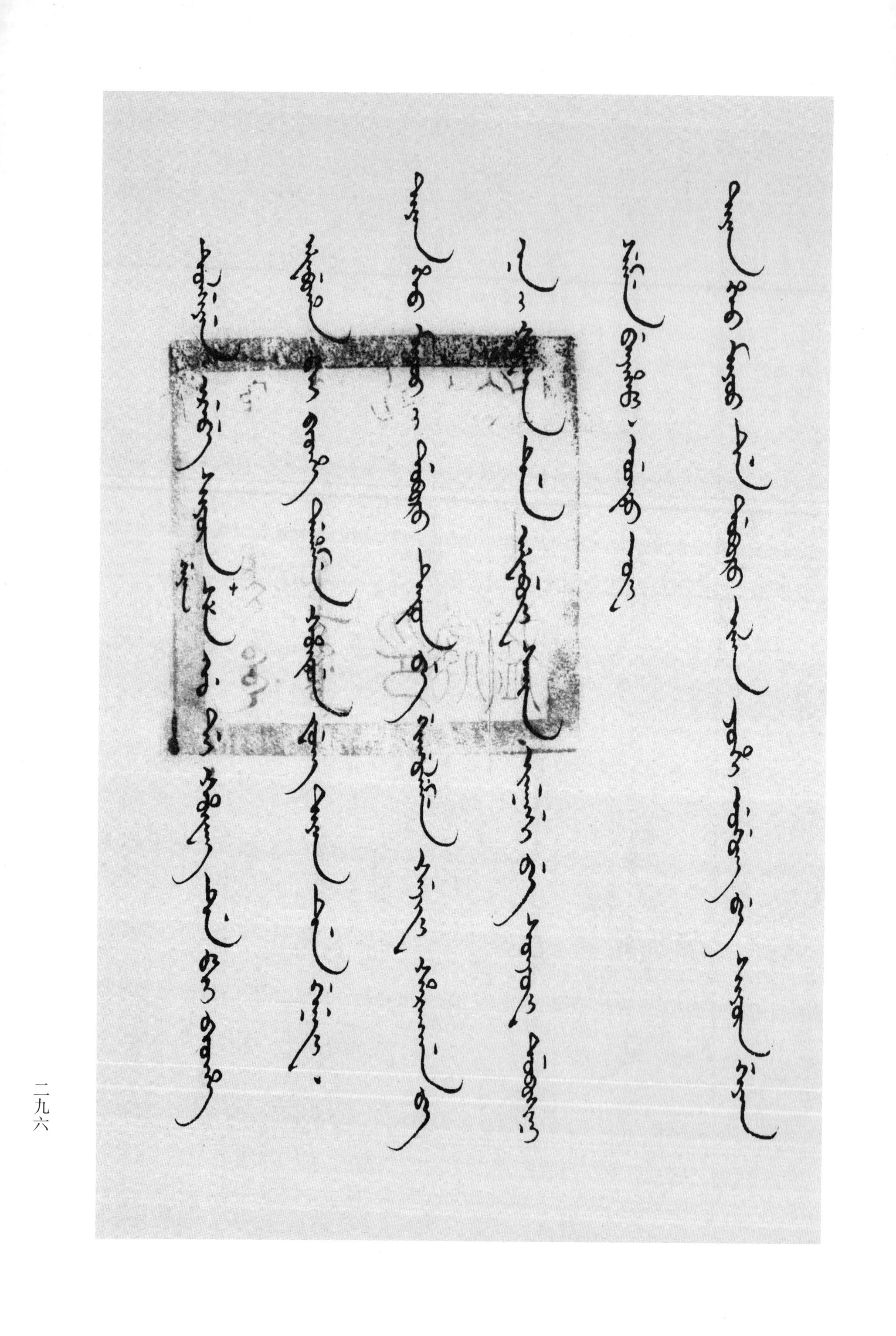

[illegible]

[illegible]

[illegible]

[illegible]

[illegible]

[illegible]

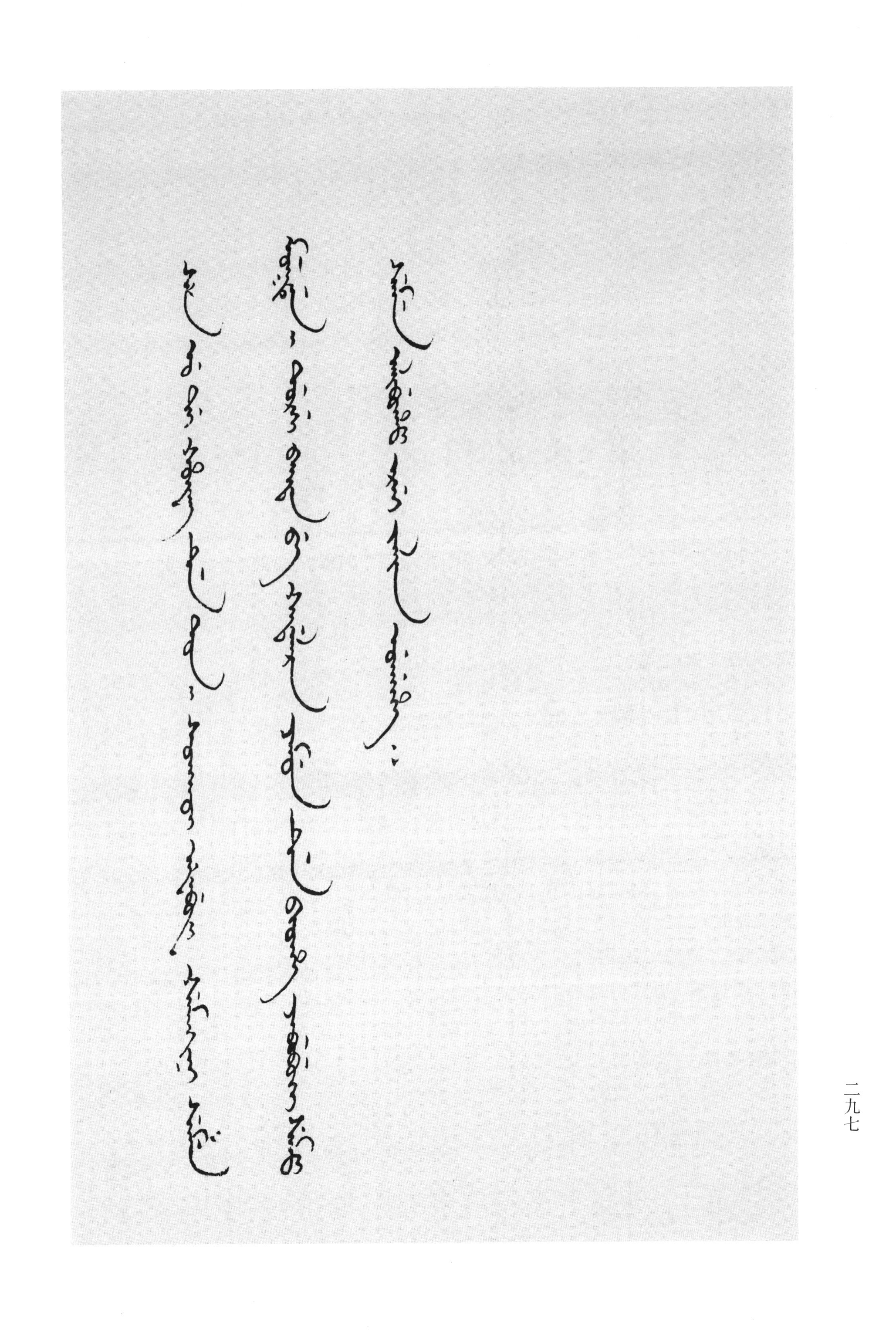

[illegible]

[illegible]

[illegible]

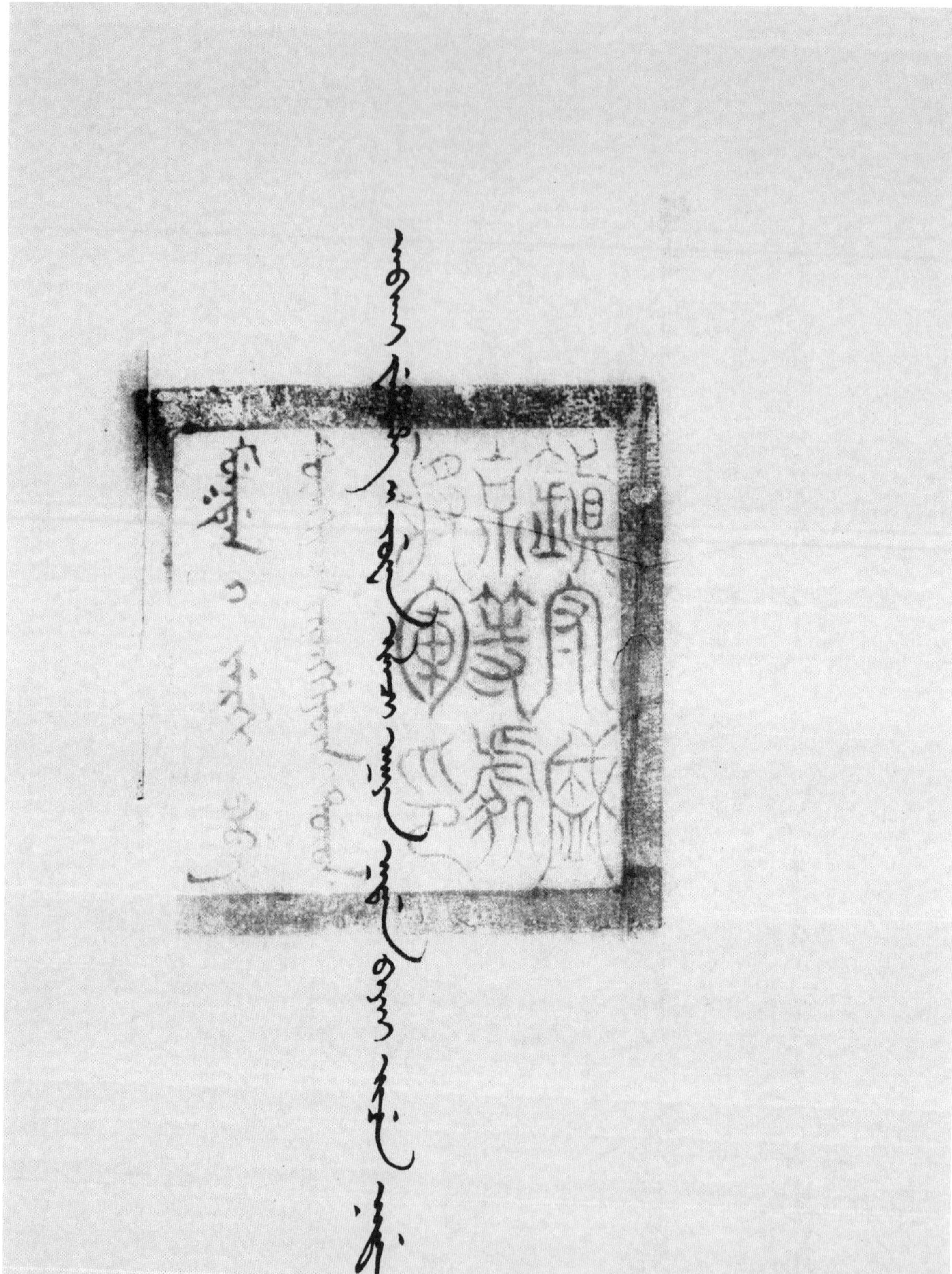

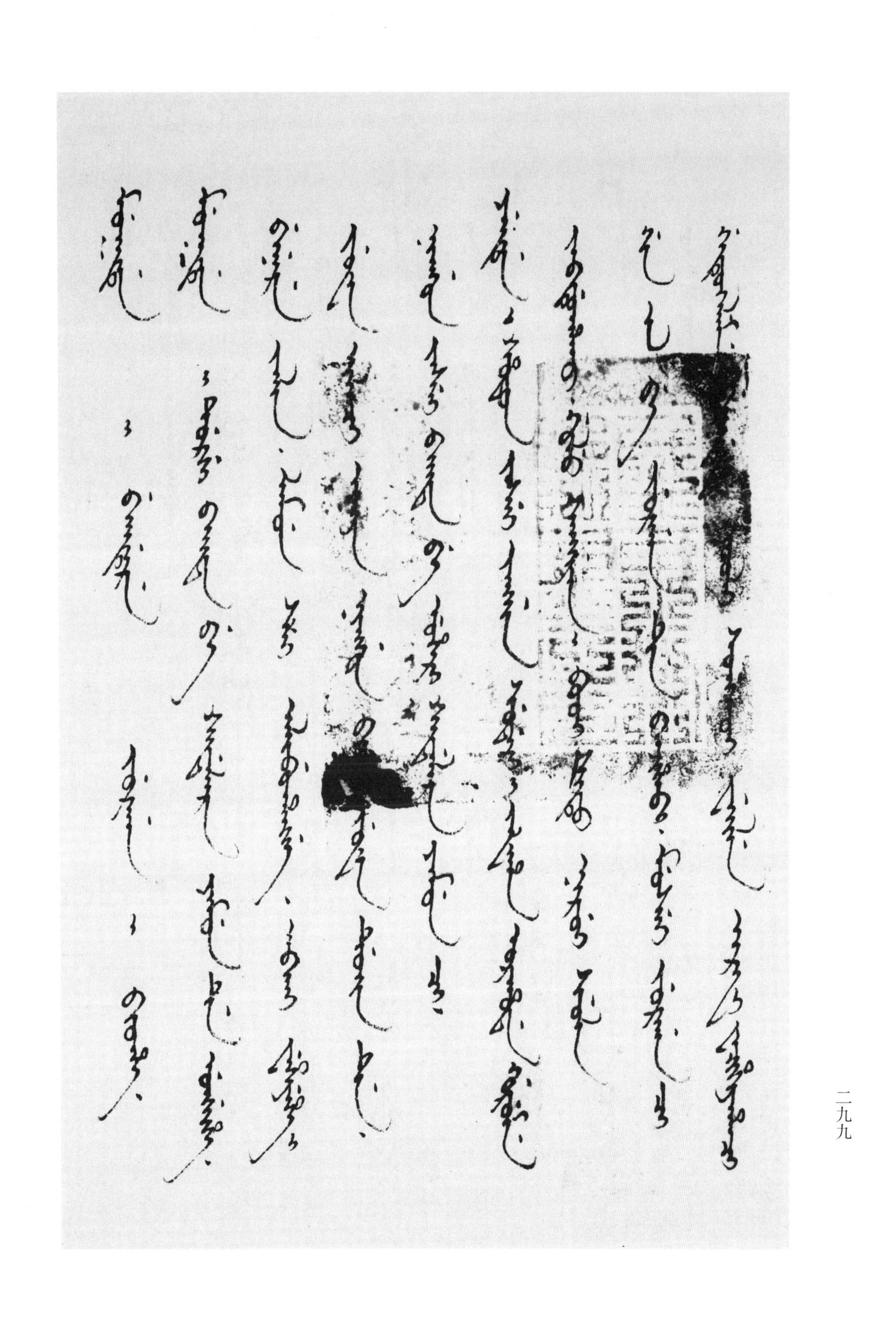

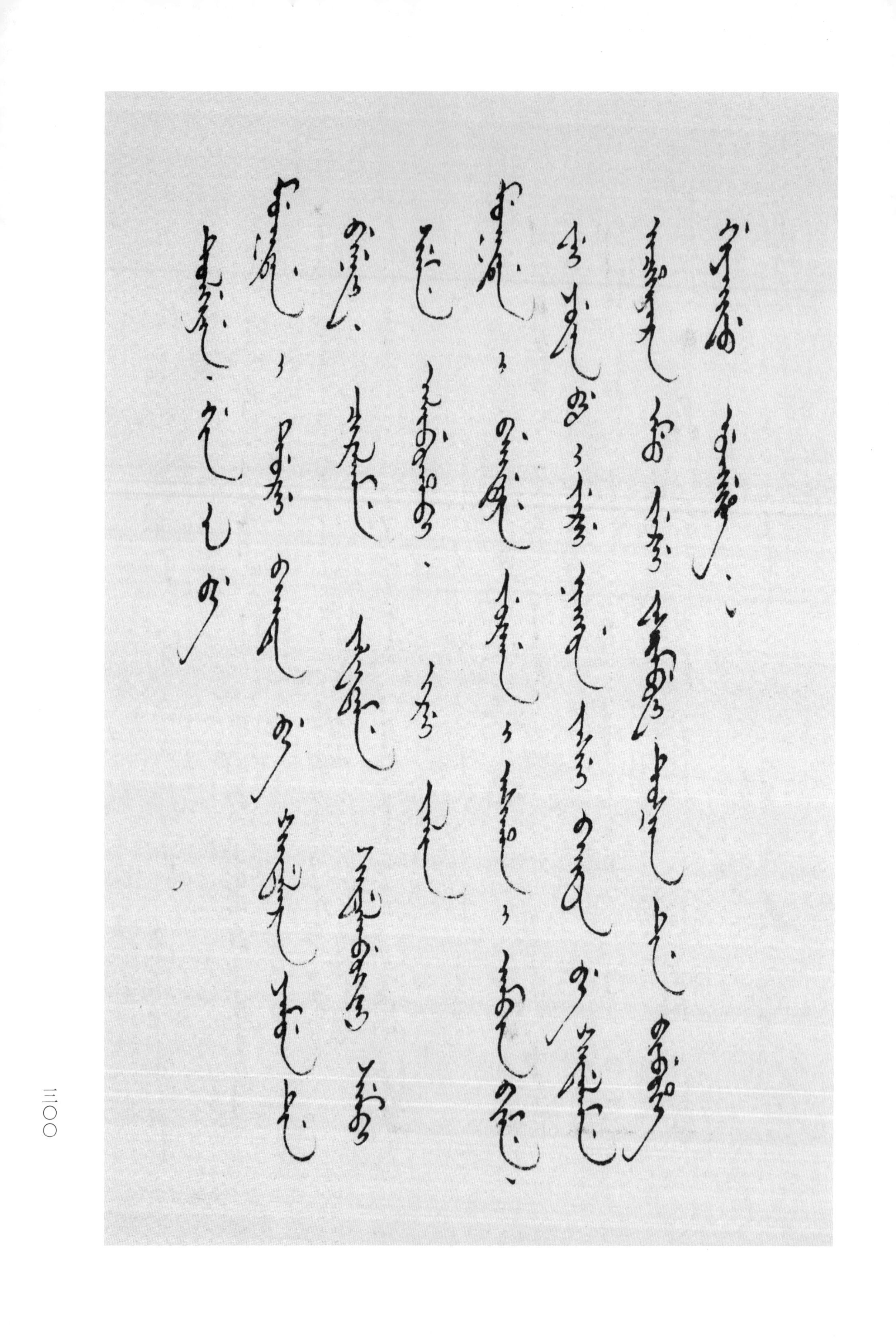

[illegible]

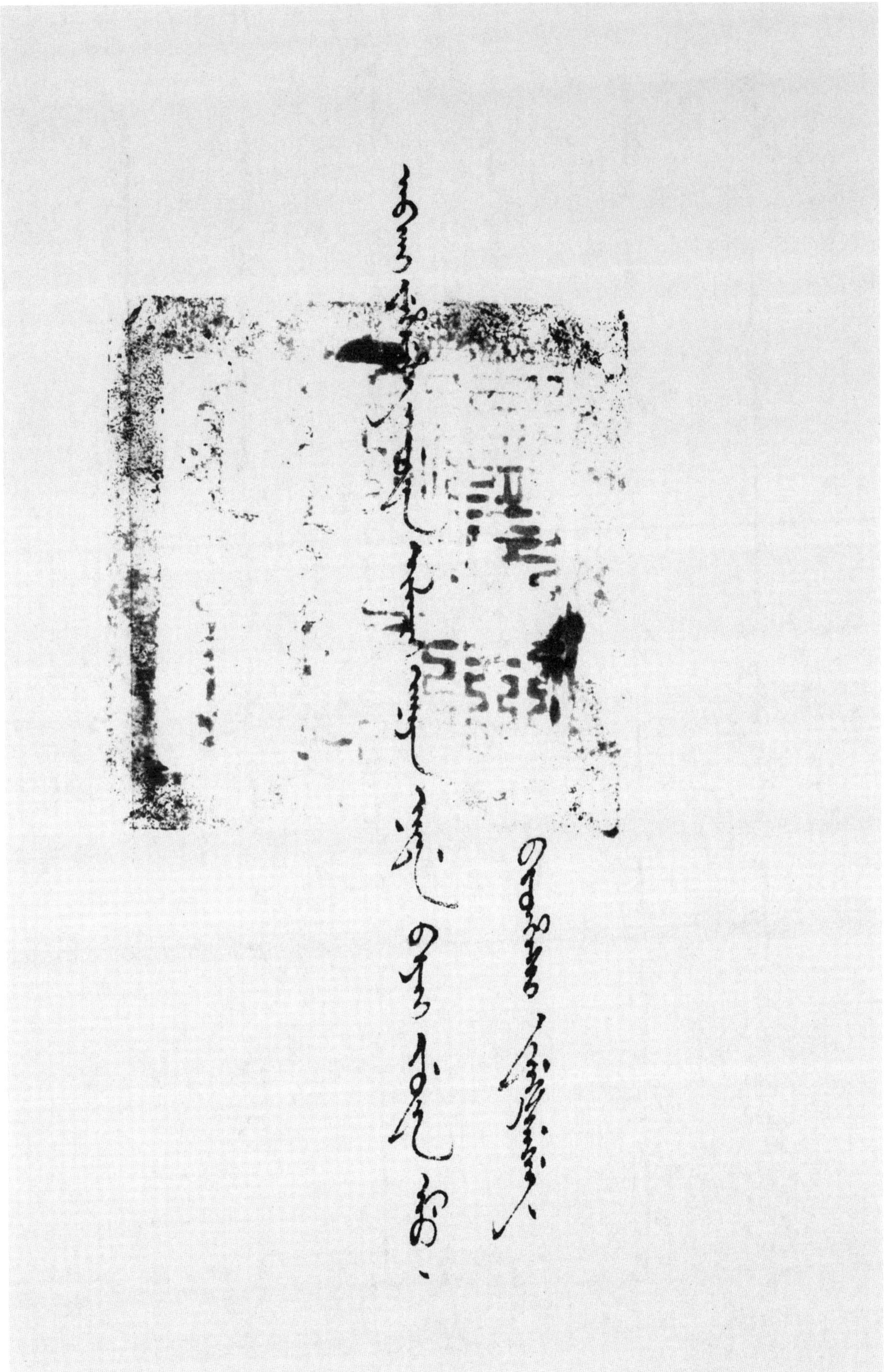

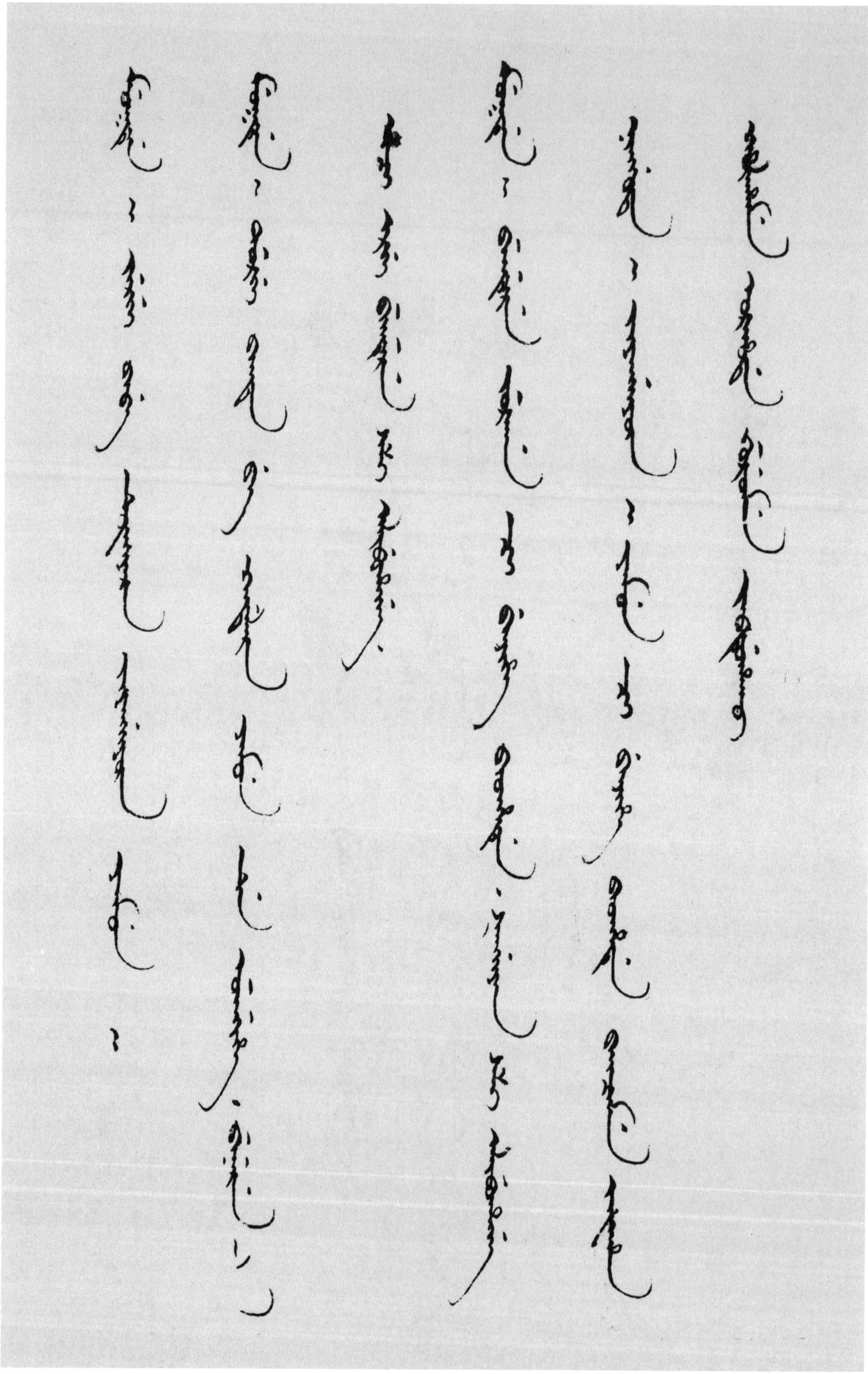

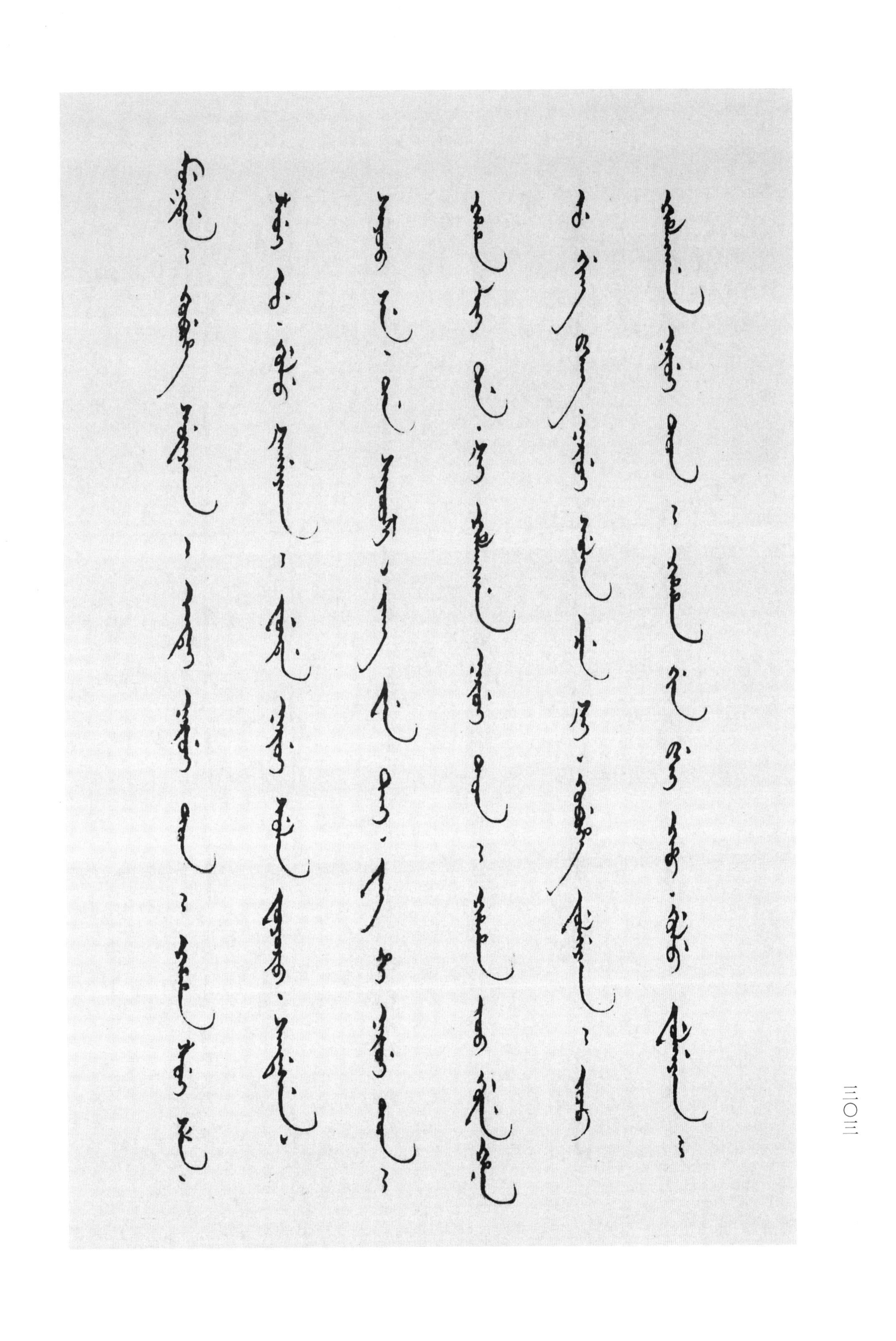

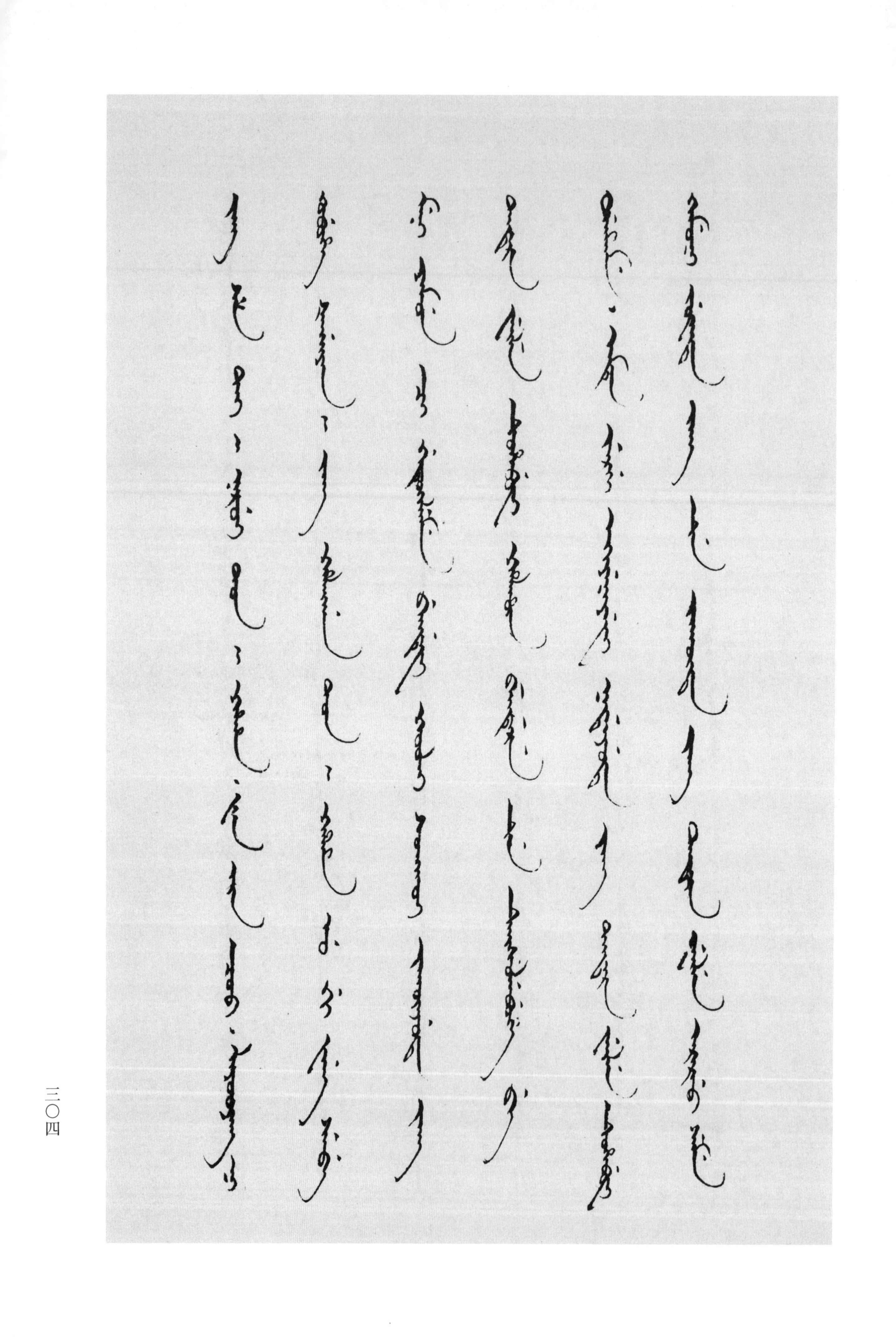

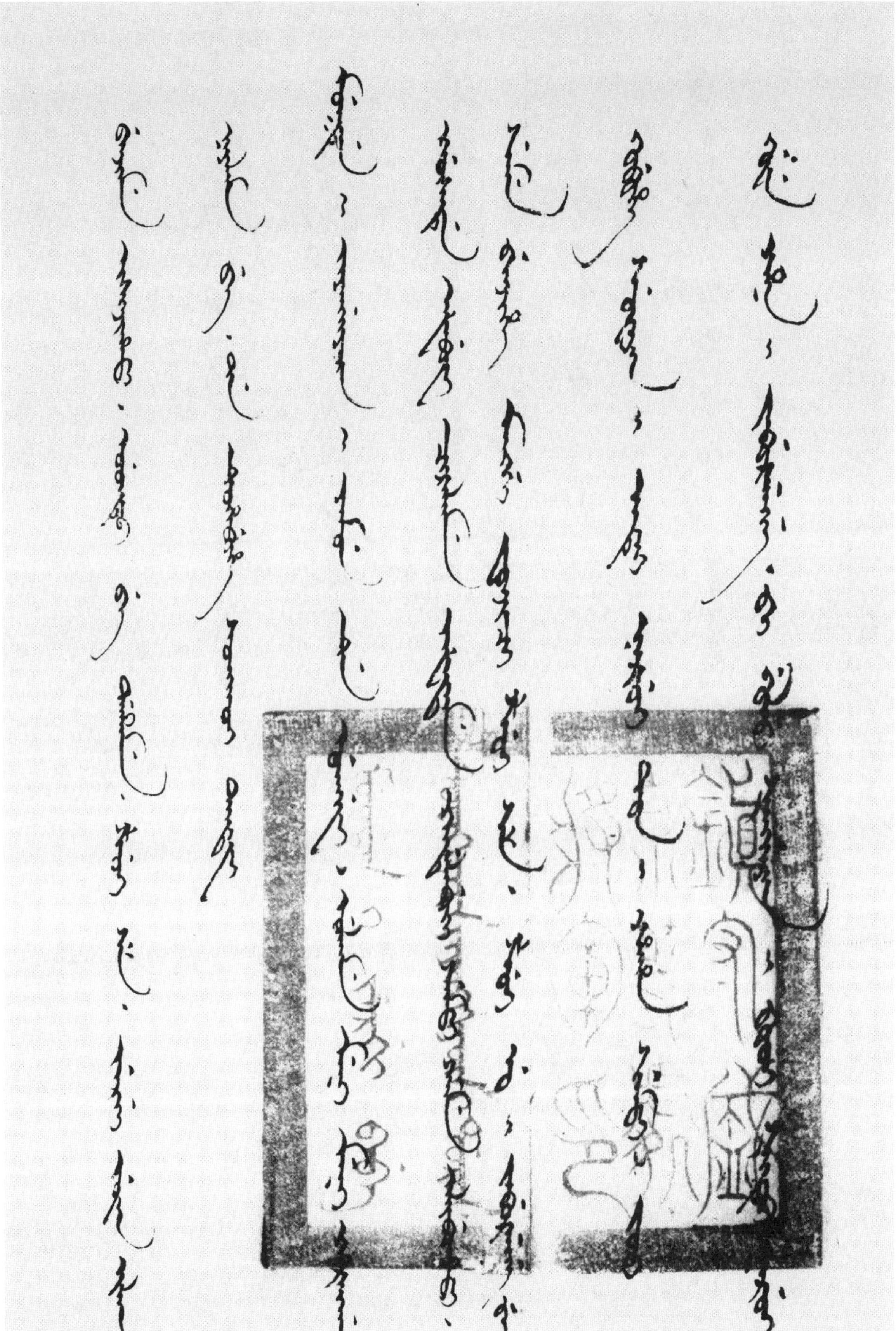

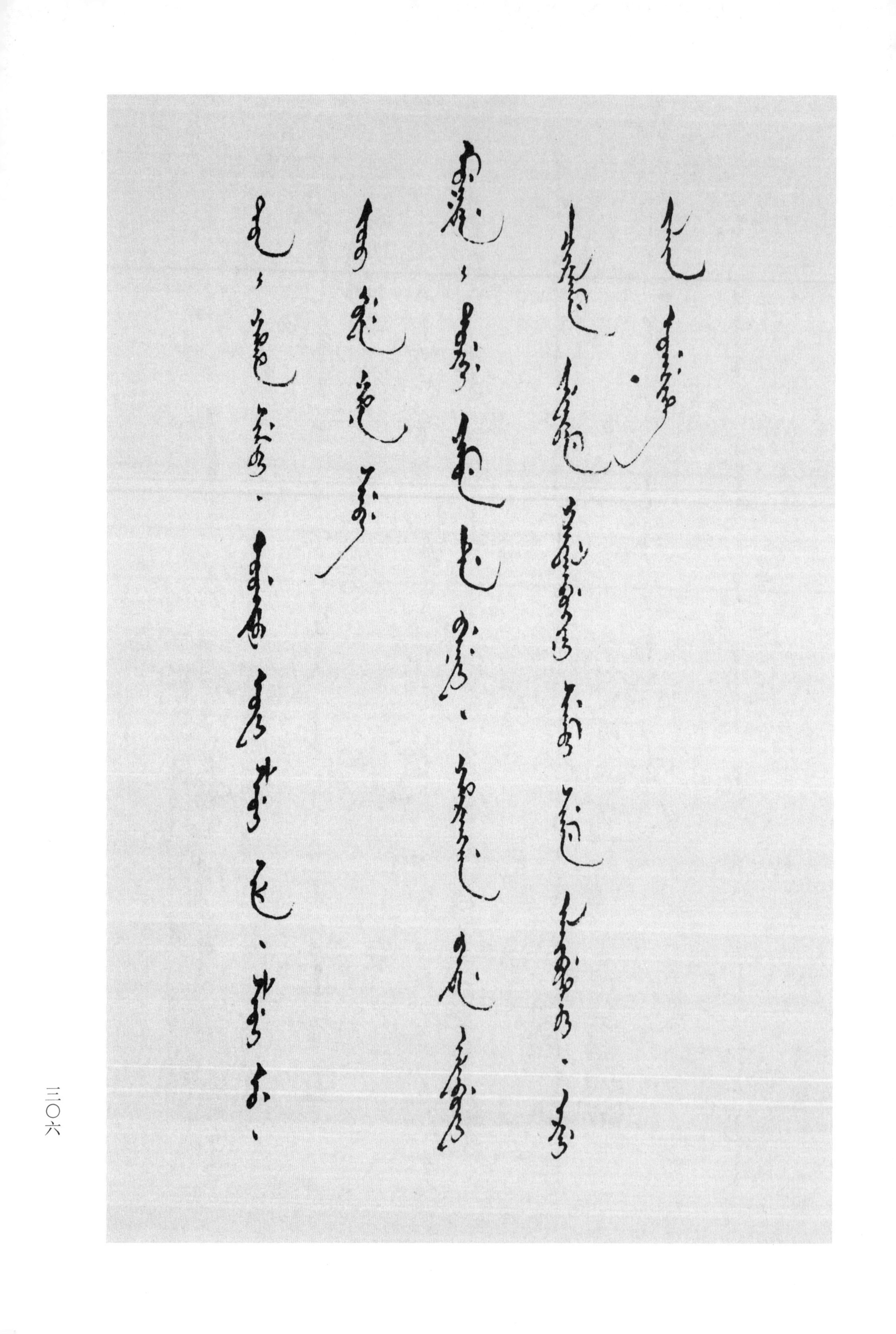

[illegible]

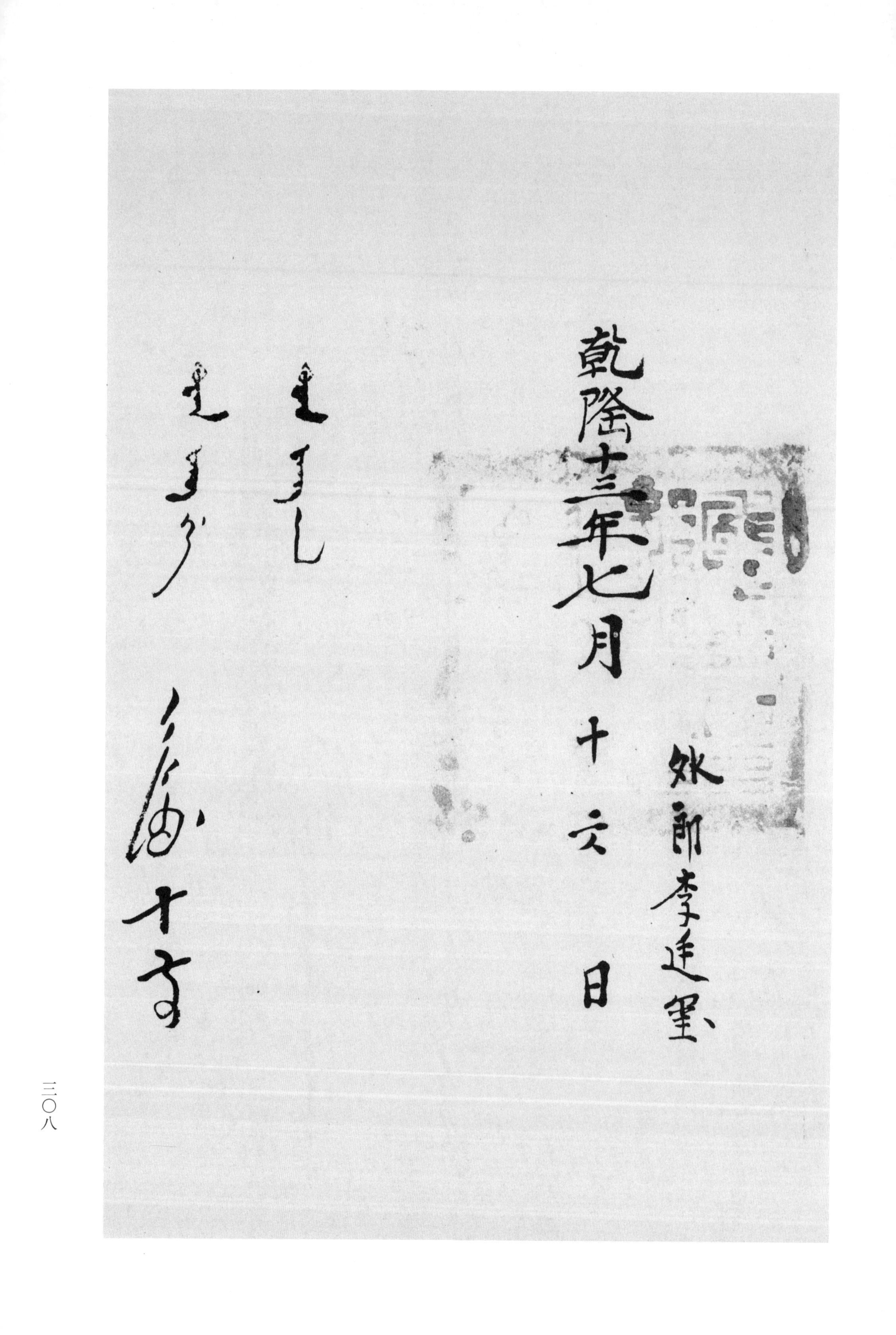

外郎李廷璽、

乾隆十三年七月十六日

十字

盛京内務府衙門將該處兵丁借過義倉米石作速催追赴倉交納可也爲此相應移咨

貴衙門查辦須至咨者

右　咨

盛京内務府衙門

部查照施行等因前來查得去年該處兵
丁借過義倉米石自應去年秋收後補还之
項今據內務府衙門雖称現今青黄不接之
際兵丁不能交还米石祈為展限俟本年
秋收之後入數交倉等語但去年秋收補还
之處不符难以准行相應仍移咨

盛京將軍等衙門官員兵丁等借過義倉丁米原
係去年秋收補還一案前來本部咨催
盛京將軍等衙門在案今准
盛京内務府衙門咨開查得現今青黃不接之
際三旗兵丁在此時寔不能交還祈為展限
俟本年秋收之後如數交還相應移咨貴

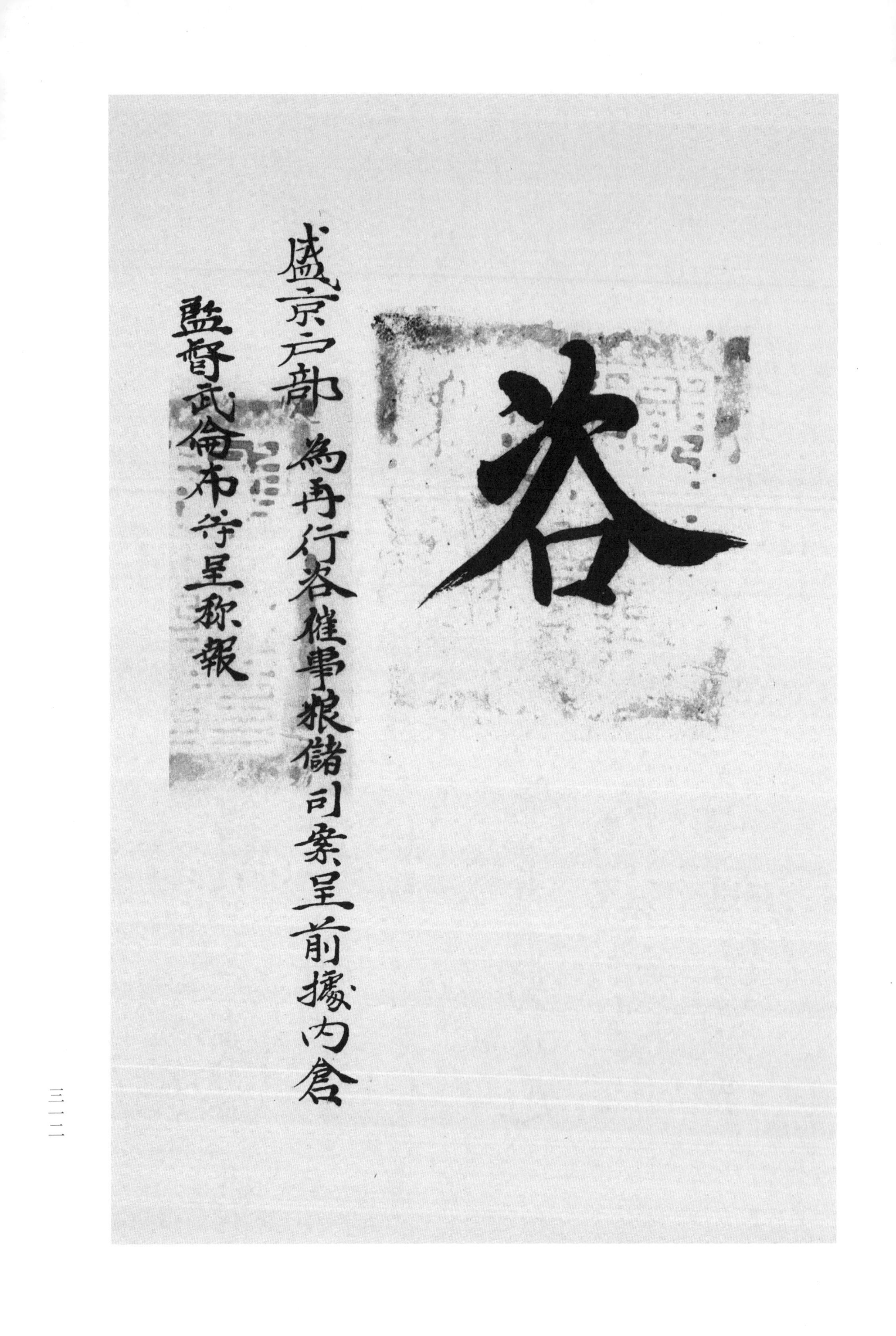

咨

盛京户部為再行咨催事粮儲司案呈前據内倉

監督武倫布等呈稱報

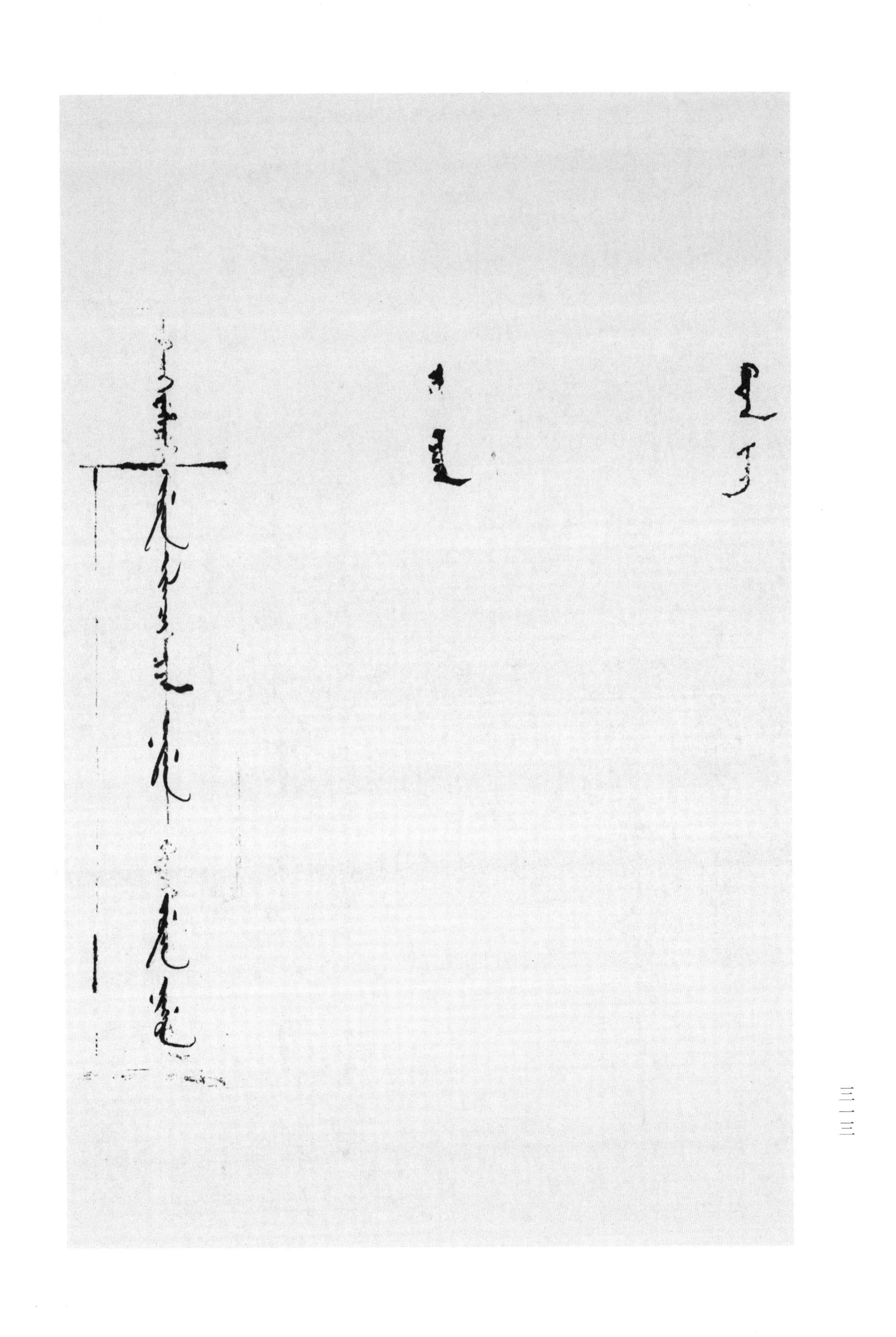

[illegible]

[illegible]

[illegible]

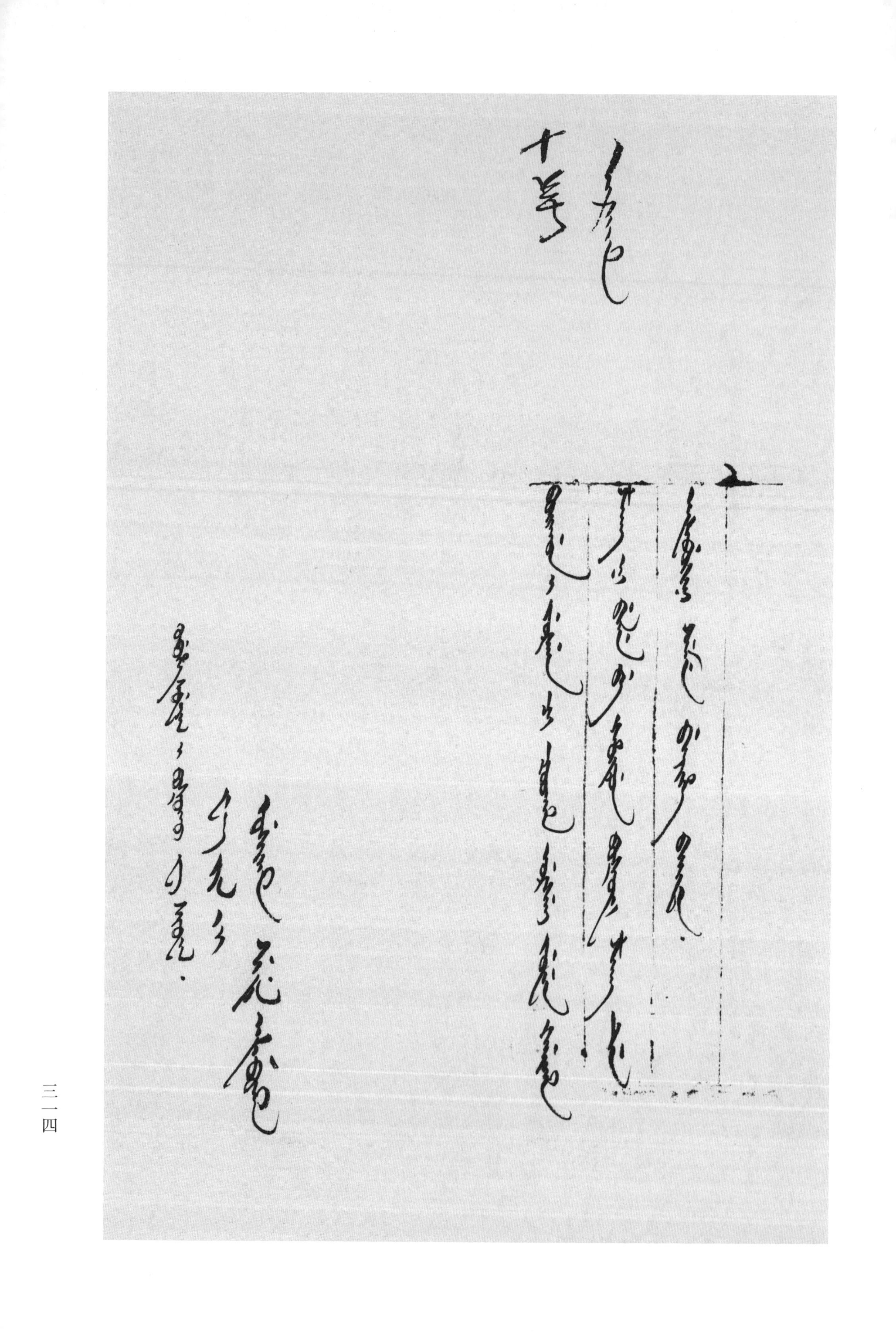

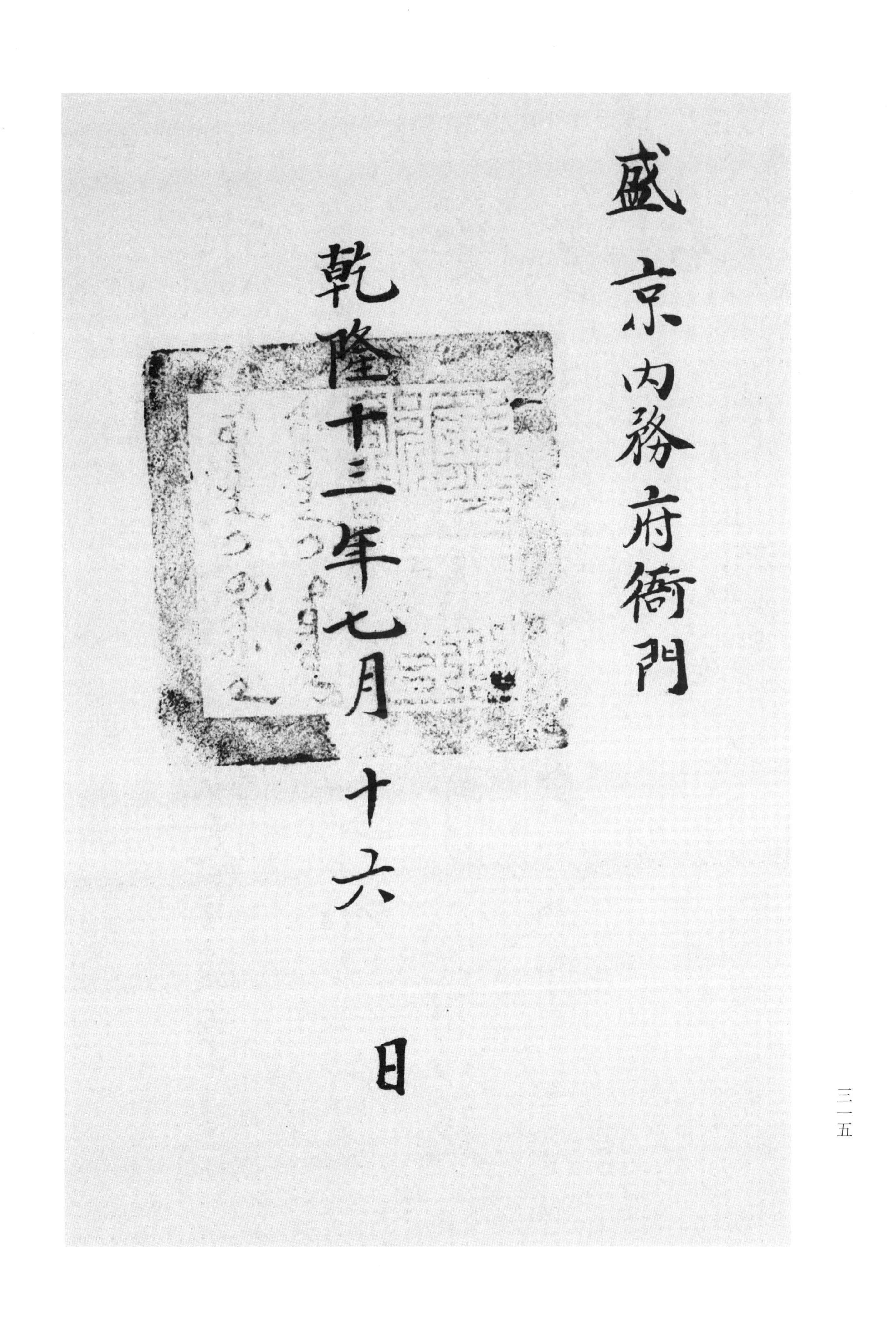

盛京內務府衙門

乾隆十三年七月十六日

盛京内務府衙門查傳送部以便審擬等因在
案迄今月餘未准送部相應行文
貴府作速查傳刘奉宣等犯送部以便
審擬可也為此合咨須至咨者
右
咨

盛京刑部　為查傳之事　先據本部郎中啟
明呈控惡徒無故混行毆打案內之趙德供
出一名動手之刘奉宣姜國棟王氏福妞二妞。
等當経本部行文
盛京將軍衙門轉行

用可也為此合咨須至咨者

右　咨

盛京内務府

乾隆十三年七月　十六　日

筆帖式英敏

給繩匠喬維翰採買在案其
換下舊蘇尚未交回事關奏銷
未便遲延相應移咨
盛京內務府將前項換下舊蘇
作速照數交回以便貯庫應
用可也為此合咨須至咨者

盛京内務府咨開由京運至紅毡
書籍毛毯等物共需用檾蔴
柒百肆拾弍斤十二兩以便應用
俟新蔴到日換出陳蔴交回
并因咨取前來隨經本部照
例動用庫項于六月十二日發

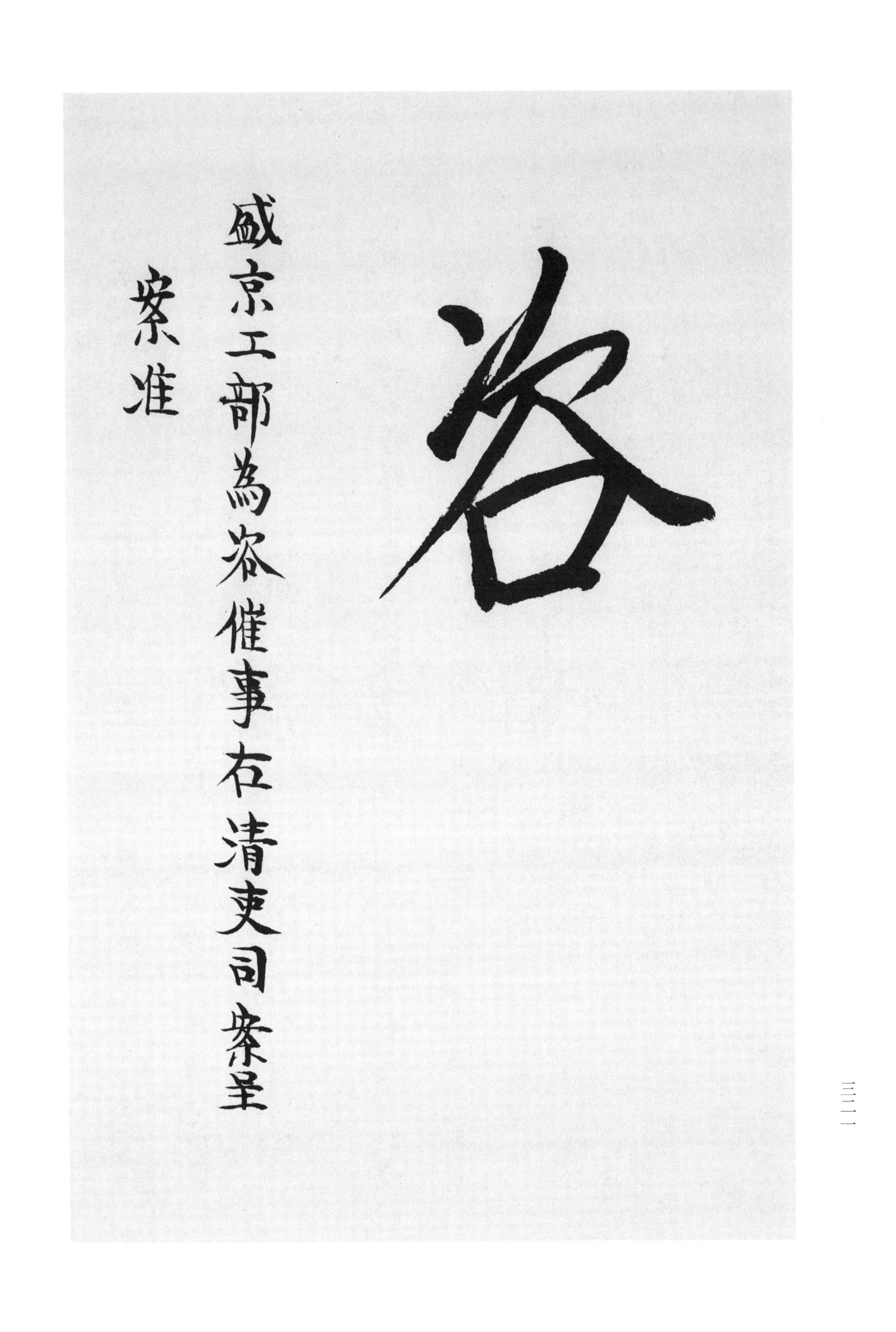

咨

盛京工部為咨催事右清吏司案呈

案准

此案又罰俸一年共罰俸一年零兩個月應銷去紀録二次抵罰
俸一年其從前罰俸兩個月之處仍註于紀録内抵銷其六品官
程璽是否武職抑係文職以及有無加級紀録俱未聲明無憑議
抵應令該將軍將程璽是否武職文職及有無紀録之處逐一查明送部
以憑核議查郎中常保即胡常保因收受石匠頭目趙海榮銀兩一案業
經奏准革職治罪在案應毋庸議可也

呈本章最關緊要理宜慎重詳加較對庶免錯誤今該將軍等將修

理

鳳凰樓工程用過工料銀兩題銷本内應變擡之處只寫单擡實屬

舛錯查定例官員將慶賀表文舛錯者罰俸一年等語應將陞任

盛京將軍達爾黨阿

盛京工部侍郎長柱内務府郎中常保即胡常保佐領羅查王璽六

品官程璽均照此例各罰俸一年查達爾黨阿有紀録二十一次

已於失察樓軍王國英偷盜庫銀案内註抵罰俸兩個月在案今

事關錢粮不便遽准相應將所用物料等項並未分晰各處所逐

一開单行令該將軍等照依駁欵詳細查明逐一分晰另造妥册

具題到日再行查核至餘剩定粉大碌等物該將軍既經咨交

盛京工部查收貯庫以備别工應用其取用過

盛京工部架木柒百伍拾玖根仍照數繳回應行文

盛京工部將前項繳回顏料架木等項加謹收貯以備别工應用再

奉

旨這本内應𠊱撥處单撥不合著察議具奏查進

存餘剩定粉大碌等物今已就近咨交
盛京工部查收貯庫以備別工應用其取用過
盛京工部長短架木柒百伍拾玖根仍照数繳回訖除將實修工程
處所實用銀兩数目繕造清册並取具查驗官並無浮冒揑飾印
結咨送總管內務府查核外臣等敬謹據實
題銷等因前來查修理
鳳凰樓工程用過工料銀兩臣部查册開所用一切物料等項多係
籠統造報難以查核再册內添註挖補處所又未照例鈐蓋印信

盛京工部鉛廠壯丁額交鉛壹千捌百壹拾叁觔拾壹兩貳錢捌分
值銀壹百叁拾陸兩零貳分柒厘捌毫外尚應需銀肆千伍百玖
拾兩零伍錢陸分陸厘今僱覓匠夫採辦物料並運價等項實在
領用過
盛京戶部銀叁千貳百柒拾兩零玖錢零陸厘叁毫並用過田殘舊
料變價銀玖兩零叁分貳厘通共實用過銀叁千貳百柒拾玖兩
玖錢叁分捌厘叁毫實節省銀壹千叁百壹拾兩零陸錢貳分柒
厘存庫未領再查由京領到各色顏料內除實在用過顏料外現

数目均屬相符所有用過銀兩理合據實題銷查原估工料銀貳千柒百柒拾兩零玖錢零陸厘叁毫續估運價工料銀貳千壹百肆拾叁兩零貳分壹厘伍毫二共銀肆千玖百壹拾叁兩玖錢貳分柒厘捌毫今照依實修工程按例詳加核算應減去銀壹百玖拾捌兩零壹分肆厘實應銷算工料運價銀肆千柒百壹拾伍兩玖錢壹分叁厘捌毫並工完出運渣土清理地面工價銀拾兩零陸錢捌分共應銷算銀肆千柒百貳拾陸兩伍錢玖分叁厘捌毫此内扣除燒造琉璃脊瓦料用過

木植由吉臨烏喇照依該處價值辦買運至工所應用按例應續
估運價銀壹千陸百捌拾伍兩陸錢捌分伍厘捌毫再查驗得前
項工程除原估應修處所外尚有應續估添修之處按例估計約
需工料等項銀肆百伍拾柒兩叁錢叁分伍厘柒毫通共續估銀
貳千壹百肆拾叁兩零貳分壹厘伍毫業經逐款繕造清册咨送
總管内務府存查在案臣等督令官員將
鳳凰樓原續估應修工程俱已敬謹修理完竣隨經造册咨送
盛京工部查驗去後續准咨覆内稱查驗得所修工程與册開丈尺

盛京工部取用所需琉璃磚瓦等件交與黃瓦廠照例燒造其中官
匠人夫等項如有不敷之處亦令該處領銀僱覓採買燒用俟工
竣之日將用過官匠人夫等項價值照例扣除至興工後如有增
減之處統於工竣之日將實修工程照例據實造冊咨送總管內
務府查核等因具奏奉
旨著照所請行該部知道欽此欽遵臣等遵即咨取
盛京將軍衙門並工部內務府官員一面差遣赴京領取顏料一面
飭令備辦物料遵照欽天監所擇吉期敬謹動土興修所需菓松

覽奉
旨准照㨾改做欽此欽遵隨經前任將軍額洛圖原任大理寺卿定柱
奏請
列聖實錄垂之億萬年以昭法守尊藏之所理宜敬謹修飾臣等詳細
驗看應修應換約估共需工料銀貳千柒百柒拾兩零請向
盛京戶部就近領取應用所需顏料等物委員赴戶部等處領取至
應需菓松木植須往各處採買其運脚道路遠近難以預定俟採
買完時查明里數另行按例核計脚價其架木由

盛京将軍題銷清册一本并印結抄錄送部其原續估清册並未送
部又經臣部移咨内務府将該将軍從前造送原續估工料清册
咨送過部以便核對題覆今准内務府将原續估工料清册二本
於本年二月二十四日咨送到部該臣等會查得陞任
盛京将軍達爾黨阿等
疏稱恭查内大臣海望将
鳳凰樓挪改樓梯東北安牕正面上下開門式樣
呈

為題銷
鳳凰楼工程用過銀兩事工科抄出
盛京将軍達爾黨阿等題前事等因乾隆十二年十月二十二日題
十月三十日奉
旨該部察核具奏這本内應雙樓處单樓不合着察議具奏欽此欽遵
於十二月初一日抄出到部臣部随移咨内務府将
盛京将軍等估修
鳳凰楼工程原續估工料清册并現在題銷册結一併送部去後嗣
准内務府将

盛京內務府

乾隆十三年七月二十二日

盛京工部遵照施行等因前來相應抄錄
原稿移咨
盛京內務府可也為此合咨須至咨者
右
咨

衙門題前事等因乾隆十三年五月十

八日題本月二十日奉

旨依議長在着罰俸一年達爾黨阿着銷去

紀録二次免其罰俸其從前罰俸兩個月

之處仍註於紀録扺銷欽此相應抄録原

題行文

盛京工部為知會事檔房案呈嘉慶十七年

咨開營繕司案呈工科抄出本部等

廿三日

嘉慶廿三年

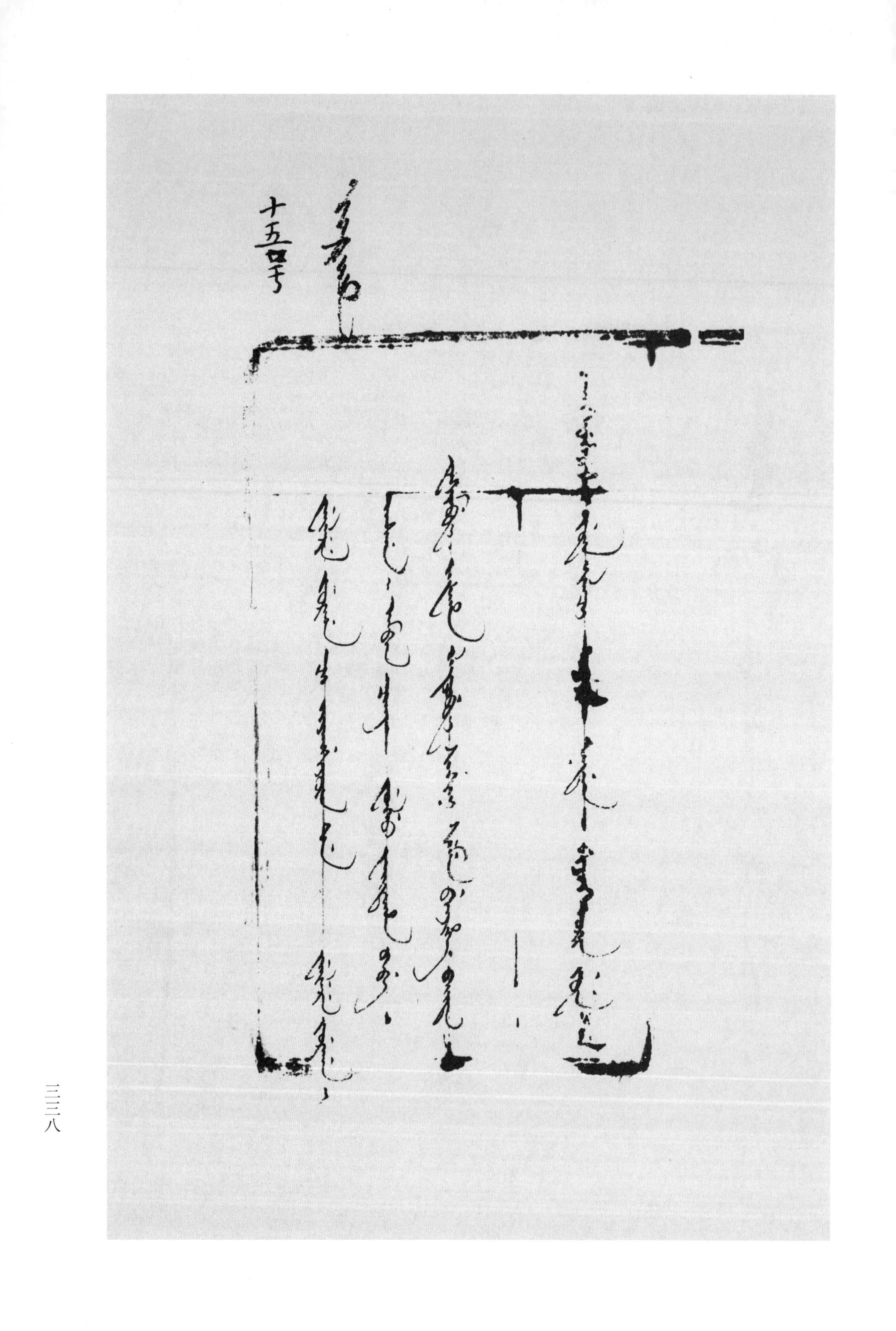

十五號

[illegible]

[illegible]

[illegible]

[illegible]

[illegible]

御覽其銷算清冊一百七十本照例交内務府存貯可也為此謹具

奏

聞

錢一分八厘現存
盛京戶部毋庸支領並行取領過庫貯漆金顏料紙張將成做
玉牒櫃方箱几案等項以及殿宇房座油飾彩畫糊裱奴才等亦按實做查量尺寸照例
銷算除實在用過外尚有應存漆金顏料以及架木竹竿等項應照例咨交
盛京工部收貯以備別工應用又查餘平銀一項自乾隆十年七月至十三年五月所
有監修人員及隨工書算聽事人等應用公費飯食辦買紙張筆墨等項通共用
過銀四千七百五十一兩六錢五分謹將實查銷算用過辦買物料以及匠夫工價運價
銀兩數目並應交存剩漆金顏料架木竹竿舊廢木植分晰細數繕寫黃冊清單恭
呈

玉牒櫃

清寧宮陳設大櫃方箱匾額几案內神龕修坐褥靠背門簾雨搭以及油飾彩畫等

項按現今成做樣式做法詳加查覈又將所用銀兩數目稿冊遵照原奏逐細釐剔除用

過本工拆下舊料外所有辦買木植磚瓦灰斤繩麻釘鐵襍料及給發各作匠夫工價各

項運價等項內辦買木植磚瓦灰斤照依本處時價採買較之

京師價減兼用抽分之木植毋庸給價今悉照實用核銷通共用銀九萬六千八百八兩三

錢五分二厘內經支領過

圓明園銀一千兩動用過

盛京戶部銀九萬五千八百八兩三錢五分二厘按原估應存銀三萬一千一百三十八兩二

奏請過銀十二萬七千九百四十六兩[illegible]厘[illegible]在案今奴才等公同郎中楊作新員外郎
傳嚴將所有未完零星工程交頌原監修佐頌王璽等俱經敬謹找修完竣此項工
程因未經告竣雖有結賬尚無銷算冊檔奴才等公同將所有新建飛龍閣翔鳳閣二座日
華樓霞綺樓二座師善齋協中齋二座東所順和殿介祉宮敬典閣西所迪光殿保極宮
繼思齋崇謨閣及垂花門二座琉璃宮門三座值房四座遊廊三座淨房二座井亭一
座拆修崇政殿一座左翊門右翊門二座音樂亭二座添蓋朝房十間東配樓一座西
配房一座鑾駕庫七間倉房看守等房七十間屏門影壁二座琉璃影壁一座粘修
轉角樓二十三間共殿宇房屋二百三十五間成砌墻垣二百九十四丈並栅欄擋衆
鋪墁海墁甬路散水及成做

陞任將軍達爾黨阿等謹

奏為查明銷筭用過銀兩事奴才等遵

旨修建

盛京敬典閣並宮殿等處殿宇房間以及內裡裝修油餙彩畫糊裱漆做

玉牒櫃子箱匾額等項除行取庫貯物料應用外辦買物料並應用各作匠夫工價運價等

項通共原估

計粘單壹紙

右　咨

盛京内務府

乾隆十三年七月二十二日

年五月十五日具
奏奉
旨知道了欽此欽遵合將原摺抄録粘
單相應知照
貴衙門遵照
旨內事理施行可也為此合咨須至咨者

總理
欽工事務處爲知照事陞任將軍達　等
奏銷
盛京宮殿工程錢糧一摺於乾隆十三

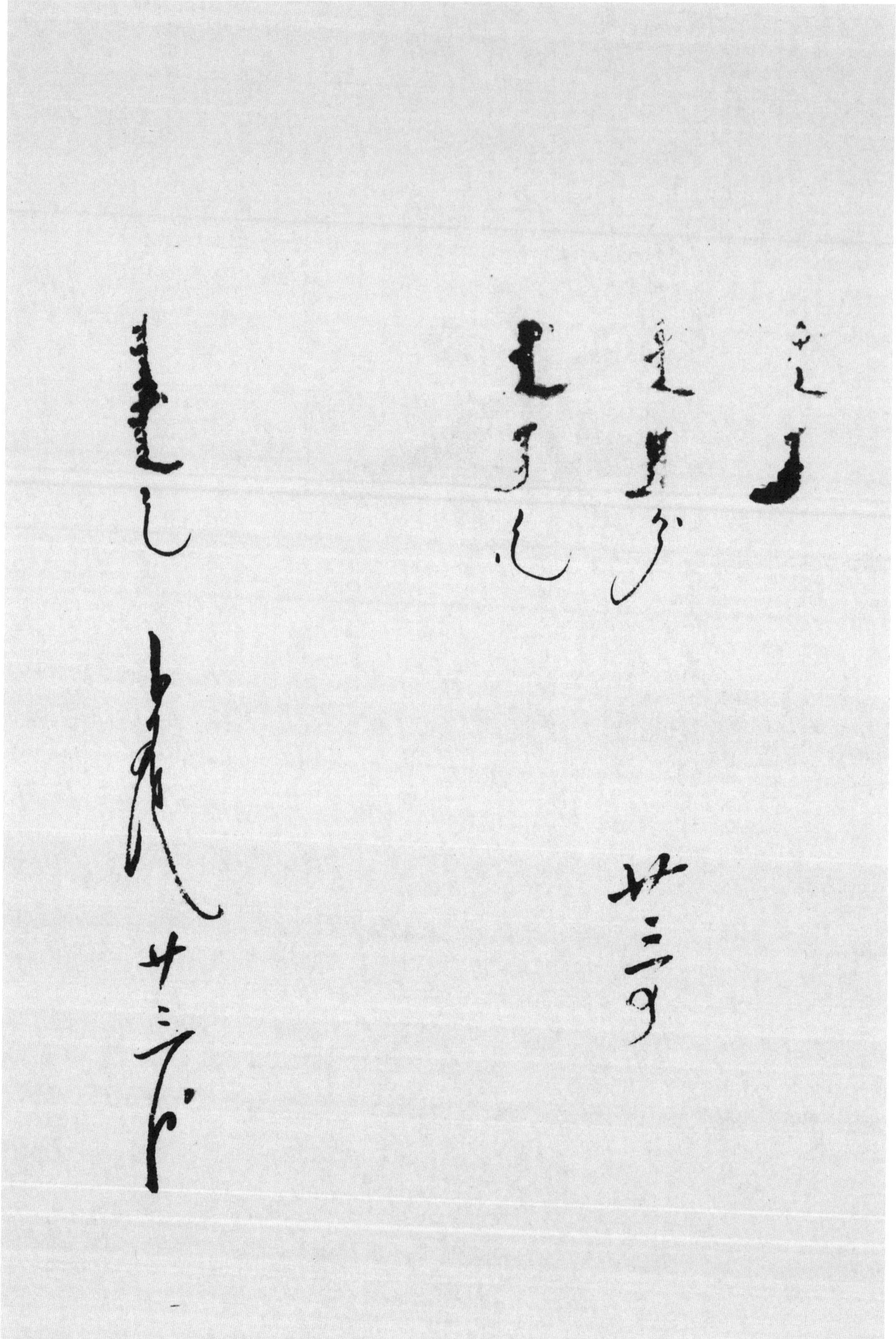
廿三日
廿三日

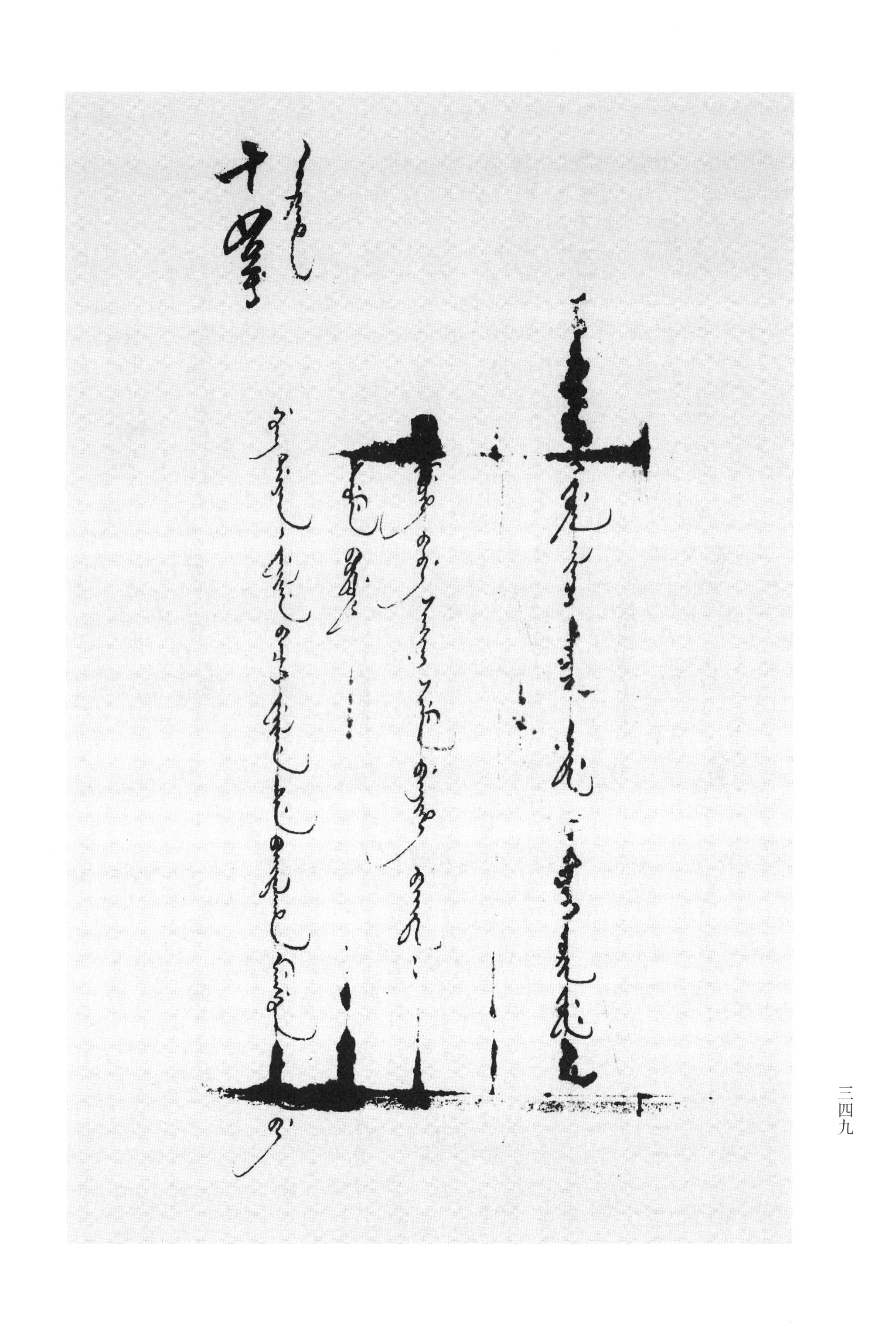

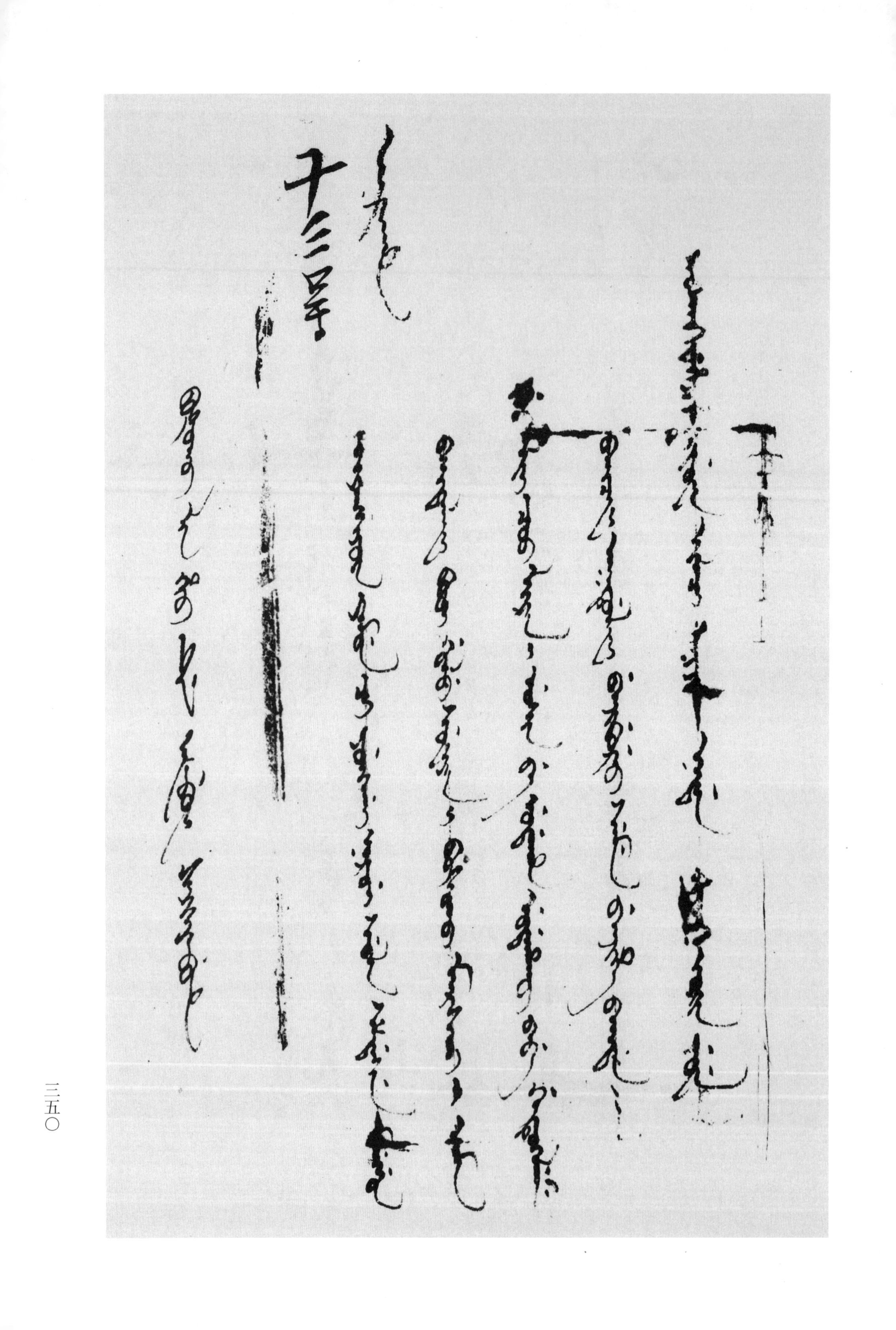

十三日

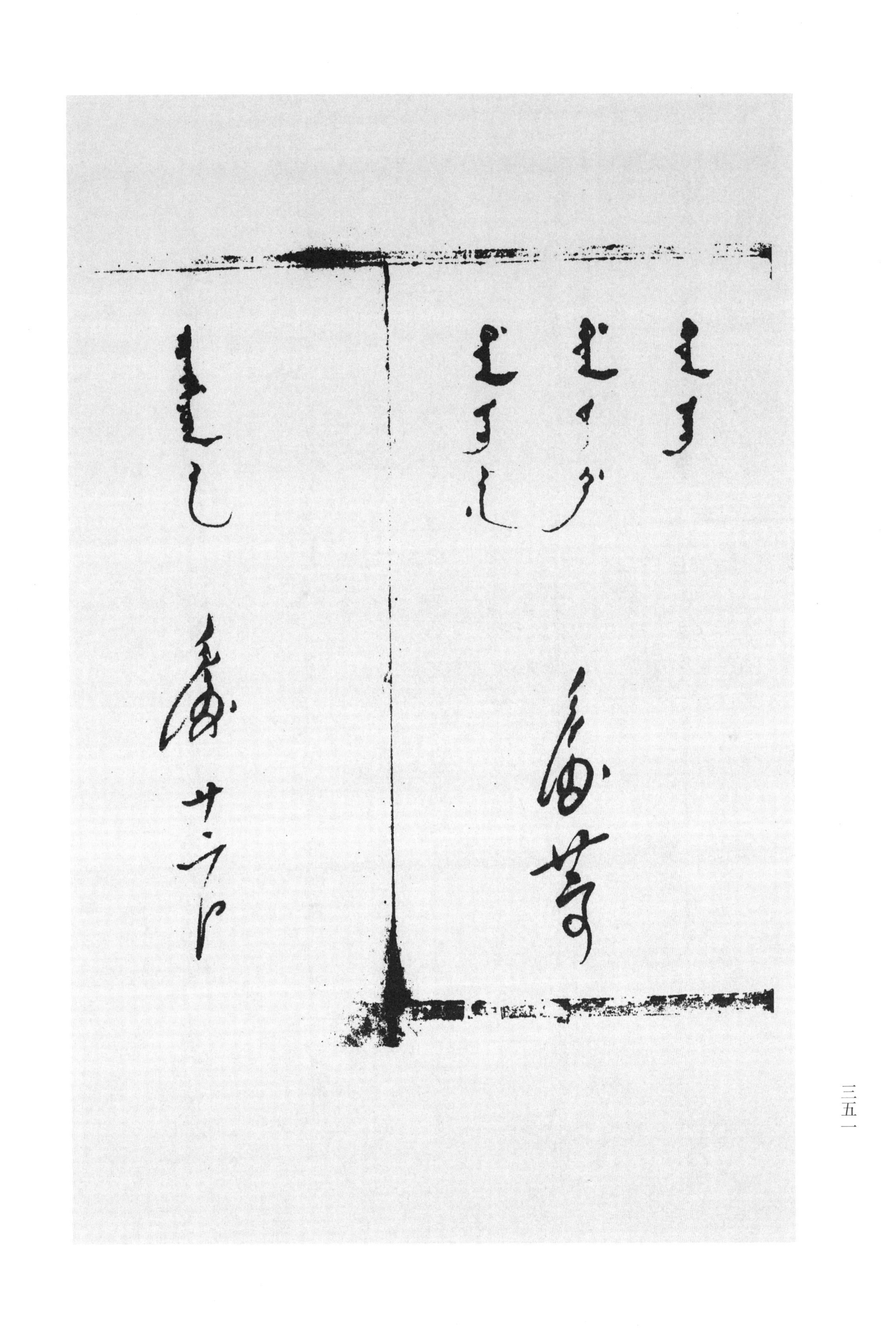

奉旨

奉廿六日

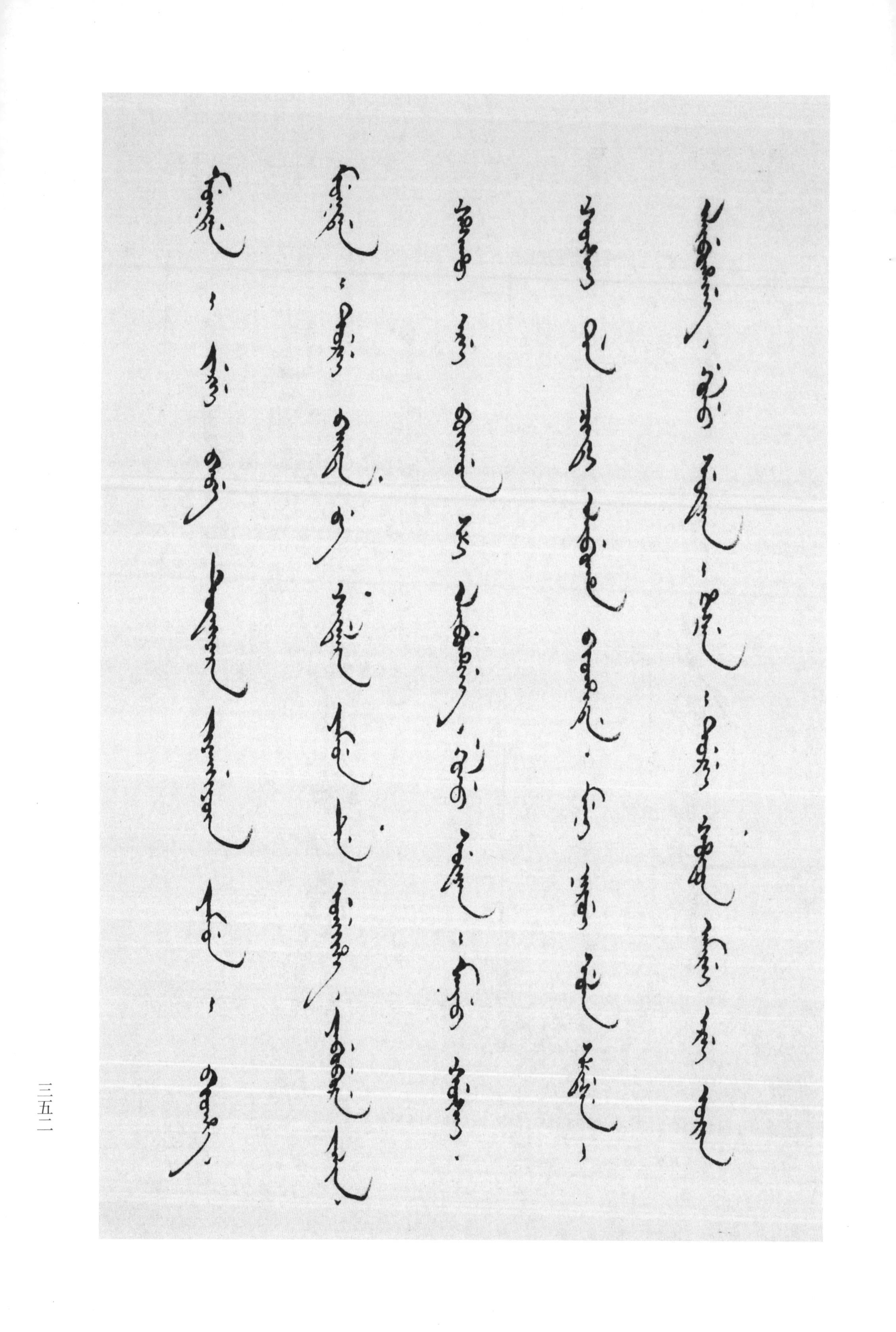

[illegible]

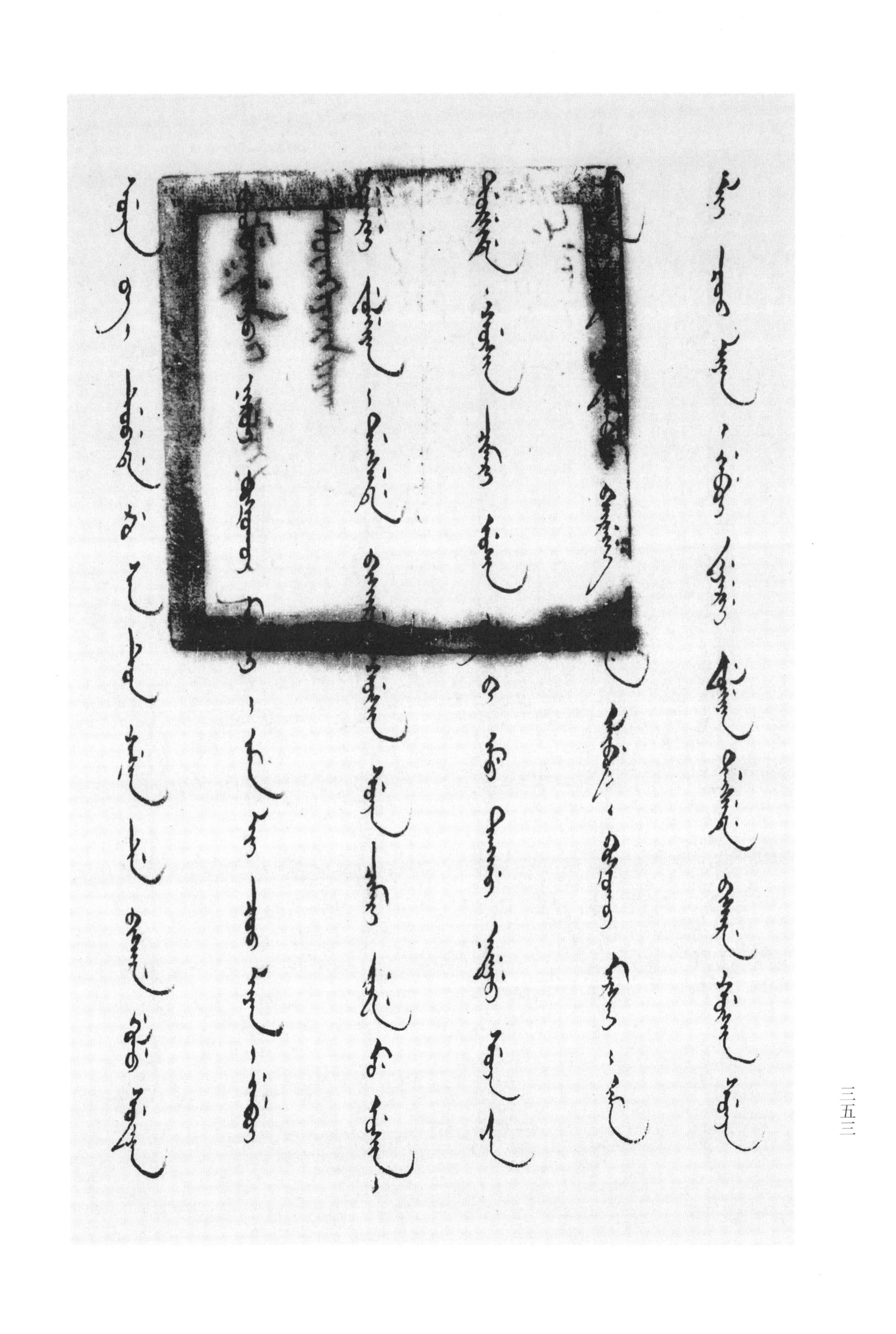

[illegible]

ᡨᡝᠨᡳ ᠪᡝ ᡤᡝᠮᡠ ᠰᡝᠮᡝ ᡨᡝᠨᡳ ᡝᠯᡤᡳᠶᡝᠮᡝ ᡨᡠᠸᠠᠮᡝ᠈ ᡝᡵᡤᡝᠮᡝ ᠪᡳᡨᡥᡝ

ᠪᠣᠣᡳ ᡤᡝᡵᡝᠨᡳ ᡨᡝᠨᡳ ᡨᡠᠸᠠᠮᡝ ᡤᡝᠨᡝᡥᡝ ᠴᡳ ᡨᡝᠨᡳ᠈ ᡝᠯᡤᡳᠮᡝ᠉ ᠰᡠᠸᡝᠨᡳ ᡨᡠᠸᠠᠮᡝ

ᠪᡳᡨᡥᡝᡳ ᡤᡝᠮᡠ᠈ ᡳ ᠰᡝᠮᡝ ᠪᡳᡥᡝ ᠰᡝᠮᡝ᠈ ᡤᡝᡵᡝᠨ ᡝᡵᡤᡝᠮᡝ ᡝᠯᡤᡳᠶᡝᠮᡝ ᡝᡵᡤᡳ

ᡨᡝᠨᡳ ᡝᠯᡤᡳᠶᡝᠮᡝ ᡝᡵᡤᡝᠮᡝ ᡨᡝᠨᡳ ᡝᡵᡤᡳ ᠰᡝᡥᡝ᠈ ᡤᡝᡵᡝᠨ ᡝᠯᡤᡳᠶᡝᠮᡝ᠉ ᠪᡳᡨᡥᡝ ᡤᡝᠮᡠ ᠰᡠᠸᡝ

ᠰᡝᠨᡳ ᡤᡝᡵᡝᠨ ᡨᡠᠸᠠᠮᡝ ᡝᡵᡤᡝᠮᡝᡥᡝ ᡝᡵᡤᡳᠮᡝᠪᡝ ᡨᡝᠨᡳ ᡝᡵᡤᡳᠮᡝᠪᡝ᠈ ᠪᡝᡵᡤᡝᠮᡝ ᡤᡝᠮᡠ ᠰᡠᠸᡝ᠉

ᠰᡠᠸᡝ ᡨᡠᠸᠠᠮᡝ ᡤᡝᠨᡝ ᡨᡝᠨᡳ᠈ ᡝᡵᡤᡝᠮᡝ ᡨᡠᠸᠠᠮᡝ ᠰᡠᠸᡝ ᠪᡝ ᡝᠯᡤᡳᠶᡝᠮᡝ ᡤᡝᠮᡠ ᡤᡝᡵᡝᠨ

三五四

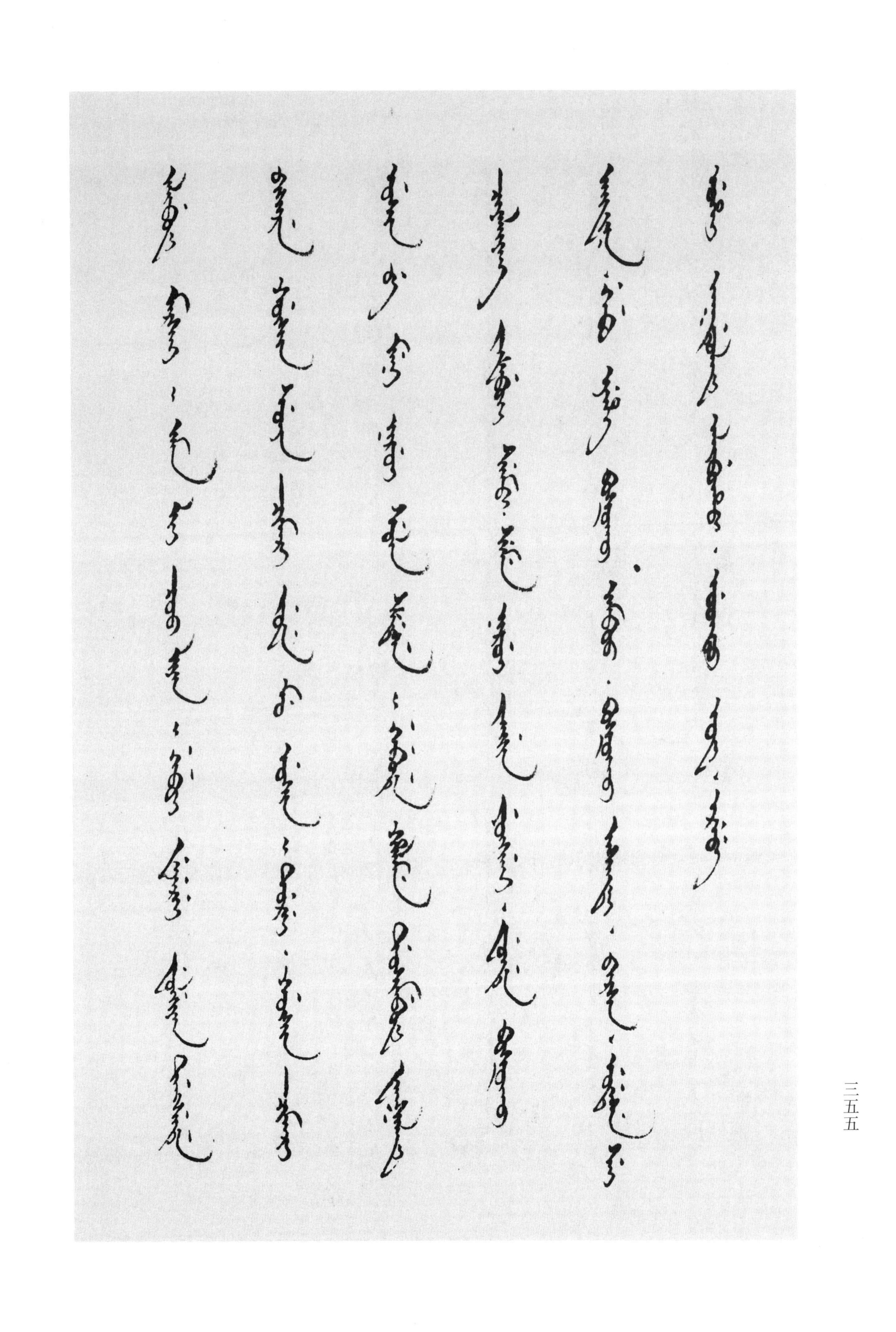

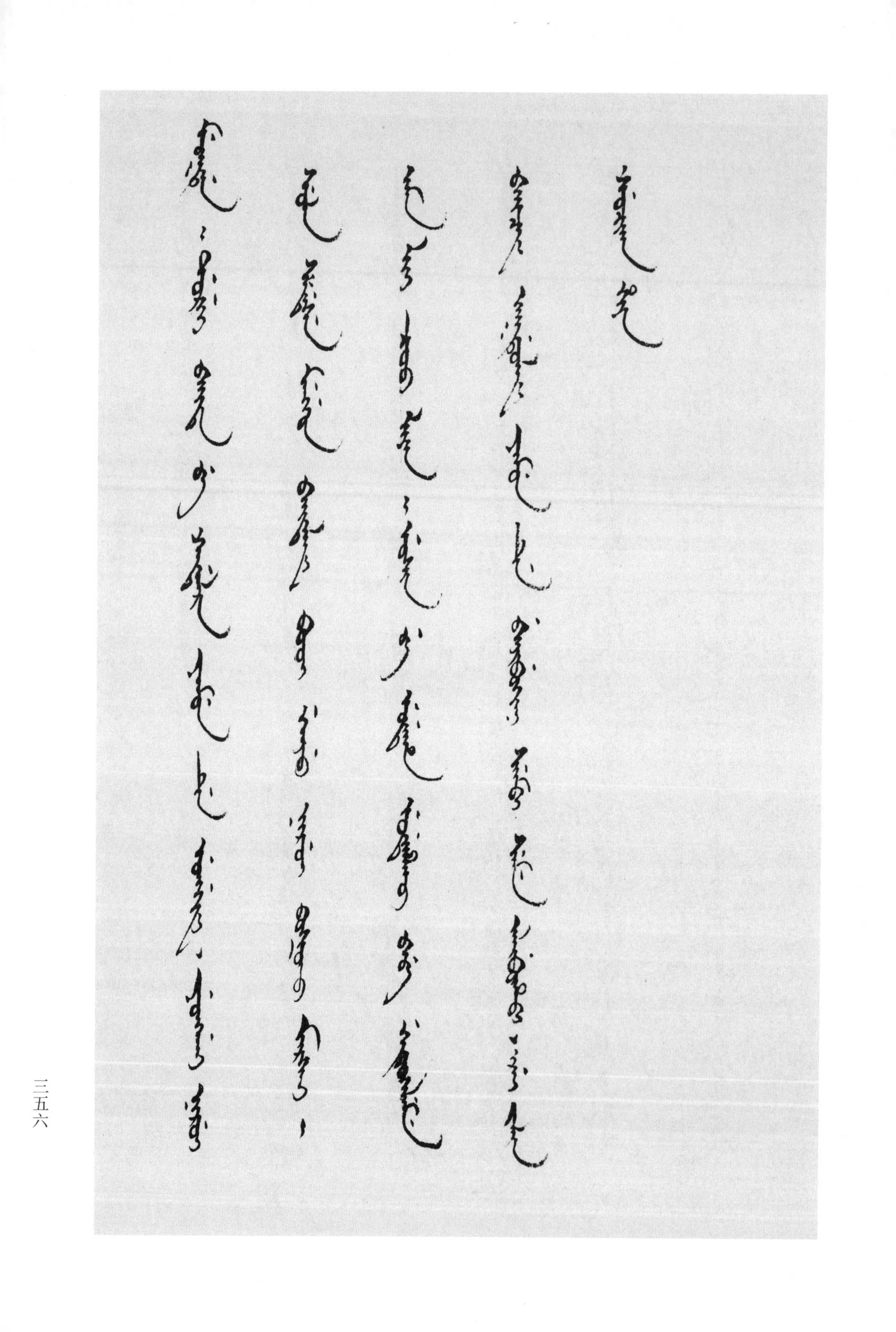

[illegible]

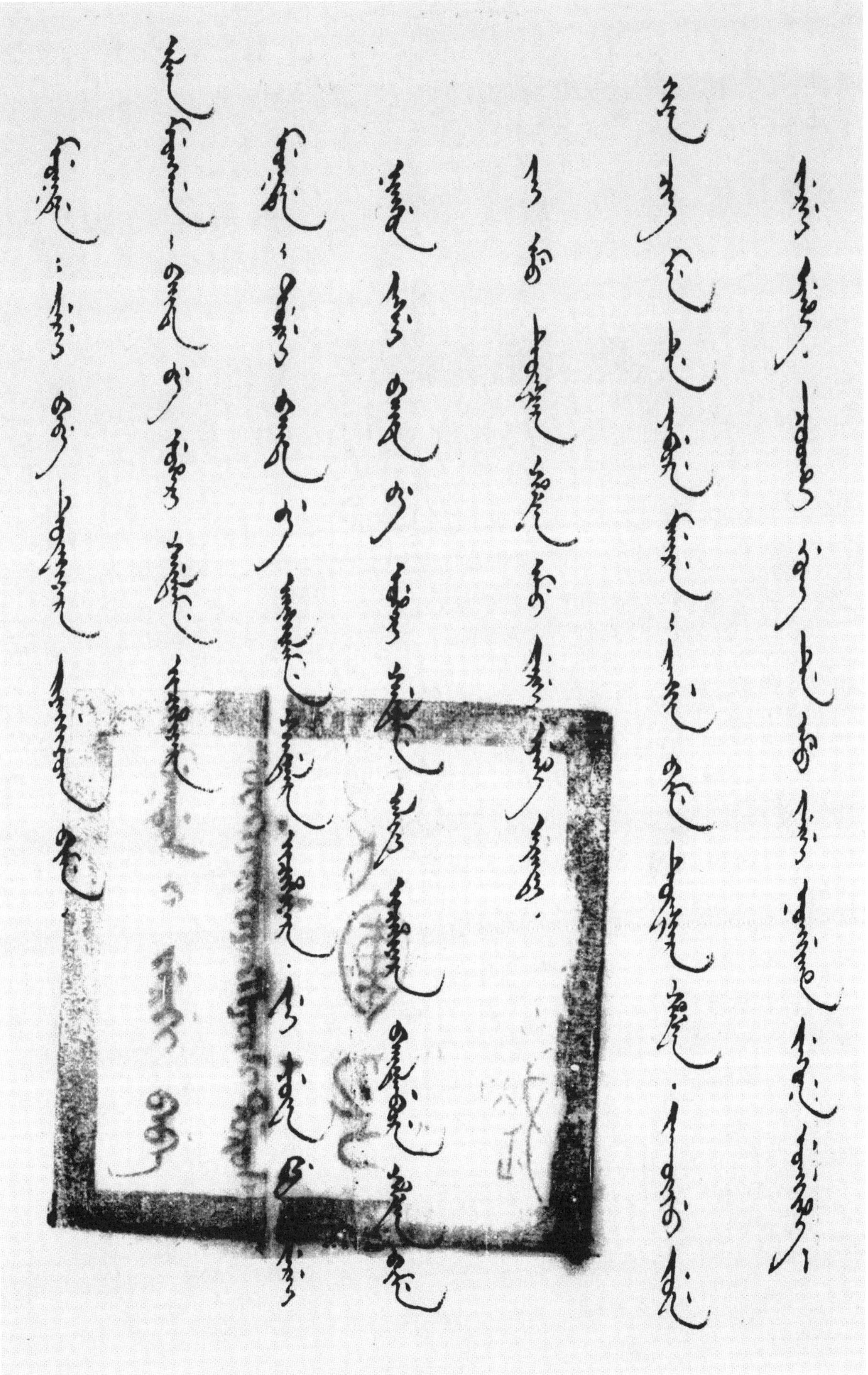

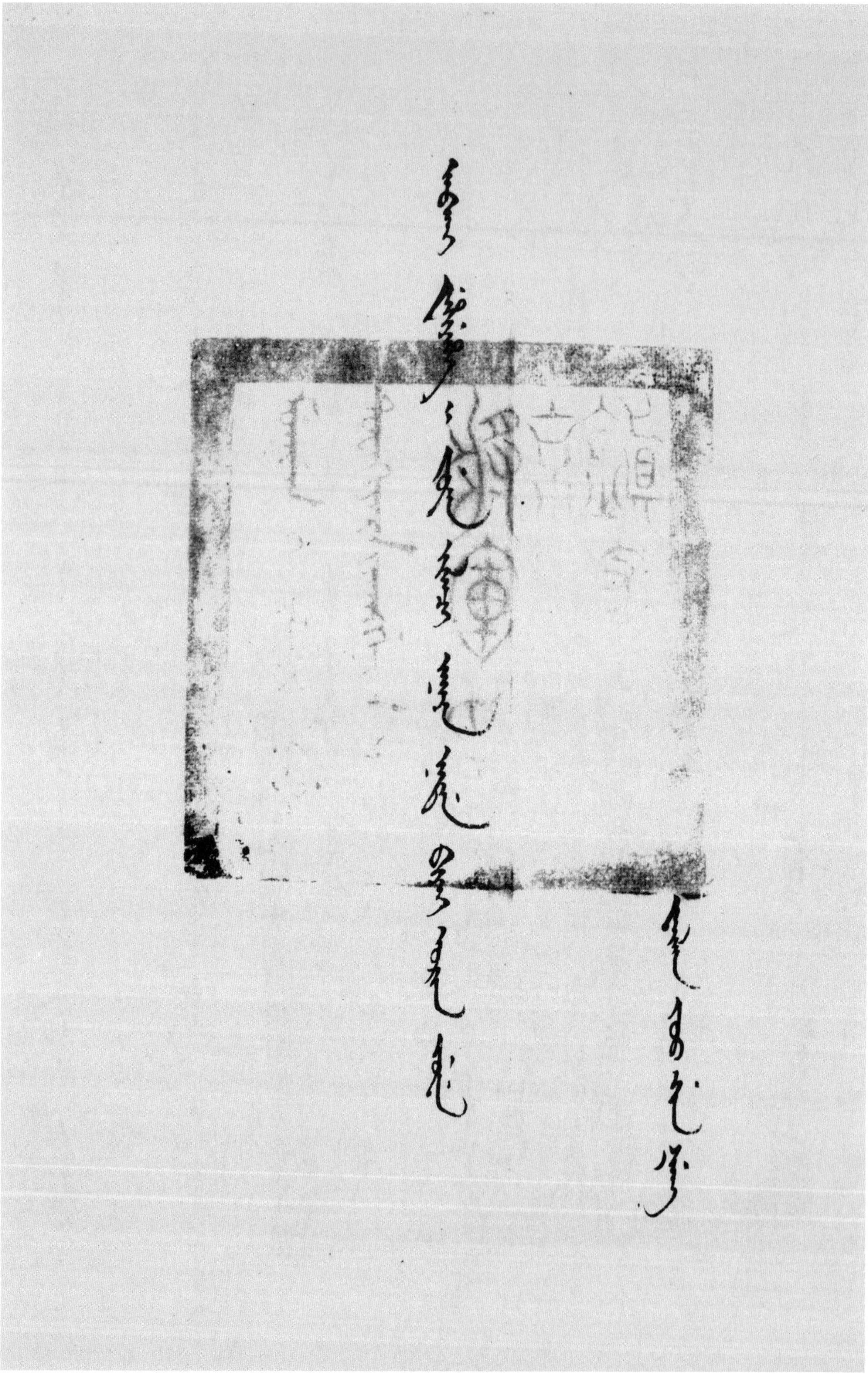

盛京内務府

乾隆十五年七月二十五日

呈現送到牛隻是否陶文彪家被竊之物本部無憑
可查相應行文內務府查明陶文彪家牛隻果否
被竊之處取具該管官保結咨覆本部以便辦
理可也為此合咨須至咨者

右　　咨

一條黄犍牛一條拿進城要賣到小西関边門外就被番子

們拿了我彀討缶老格不知跑往那裡去了再乾隆七年六

月十三日因偷米在寧遠州右臂膊上刺過字乾隆九年又因

偷米在寧遠州衙門裡治過罪在我左面上刺的字是

寔寺語查失主陶文彪牛隻被竊之處既未具有报

條·我進城來找遇見番子拿住的兩條牛就是我被
賊偷去的牛因第二日就被番子拿了賊沒得遞呈是寔
等語訊據徐二供我係寧遠州民我夥計岳老格係
束鹿縣民七月初七日夜同岳老格在城北二十五里地
不知叫甚庅屯名進去拆了一家的院墻偷出紅犍牛

盛京刑部　為查明事白旗清吏司案呈准
盛京將軍衙門拿送偷牛賊徐二併失牛人陶文彪
到部隨訊據陶文彪供我係廂黄旗包衣恩特
佐領下領催在城北二十五里路李綱户屯居住不
意本月初七日夜被賊偷去紅犍牛一條黄犍牛一

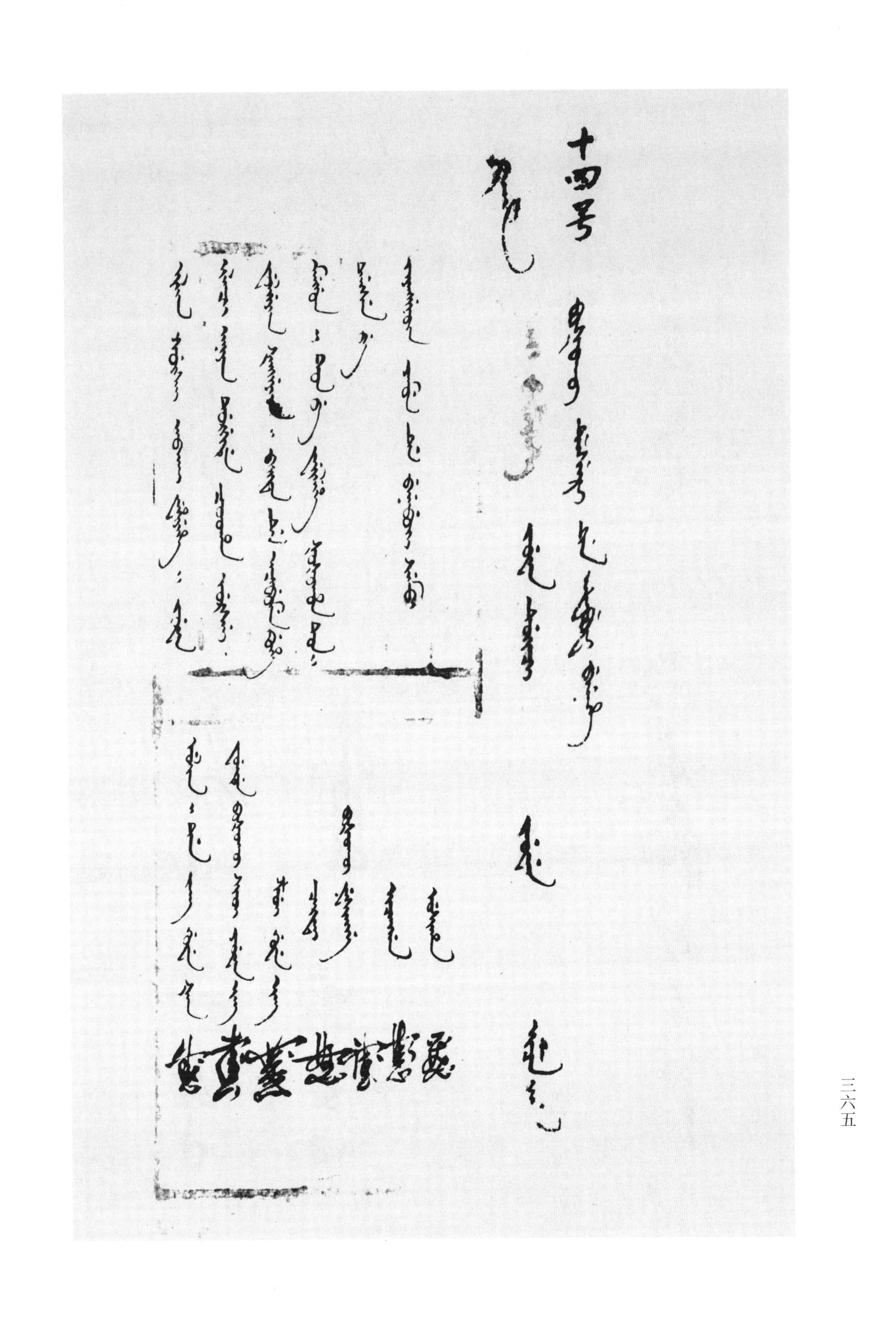

十四号

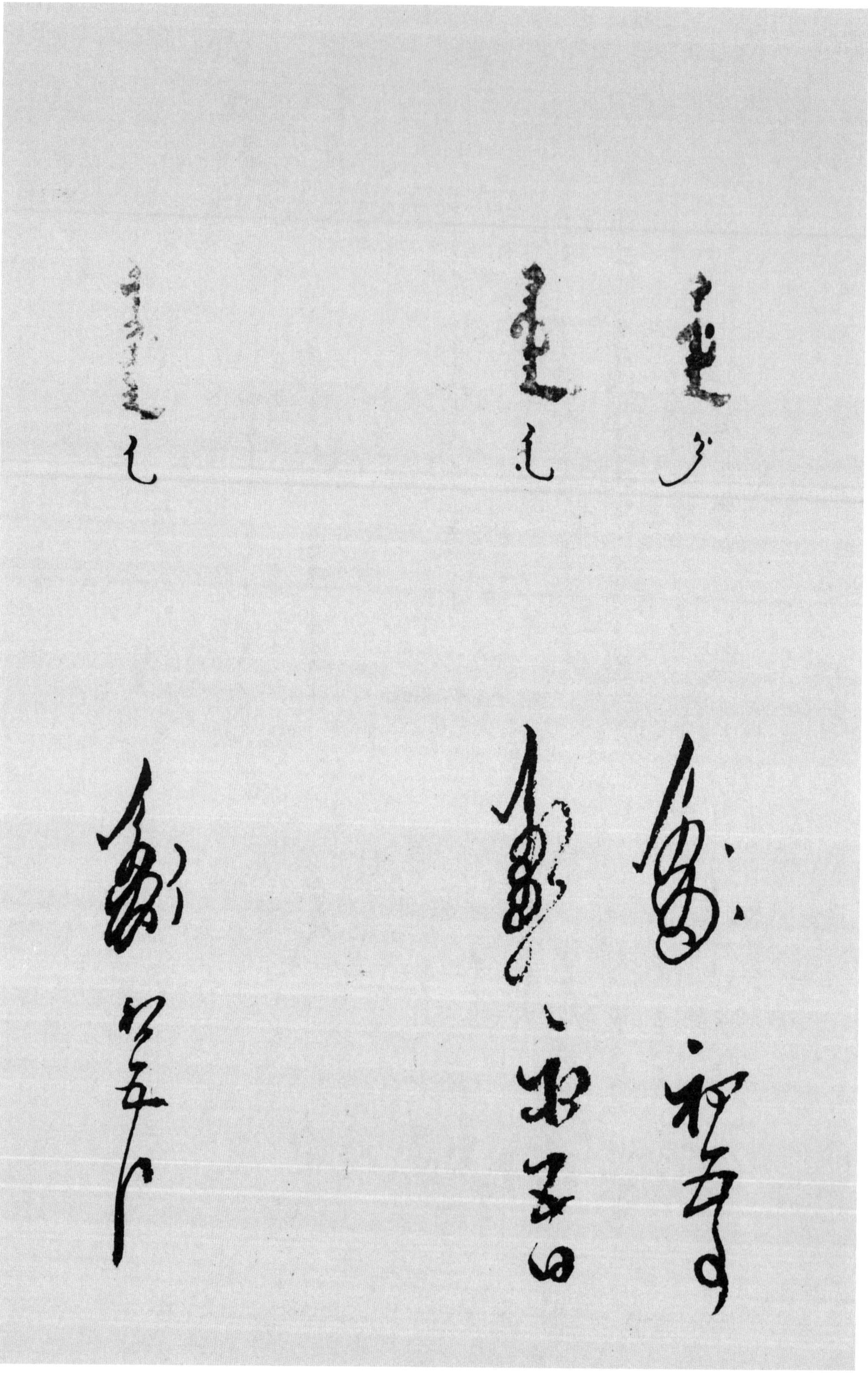

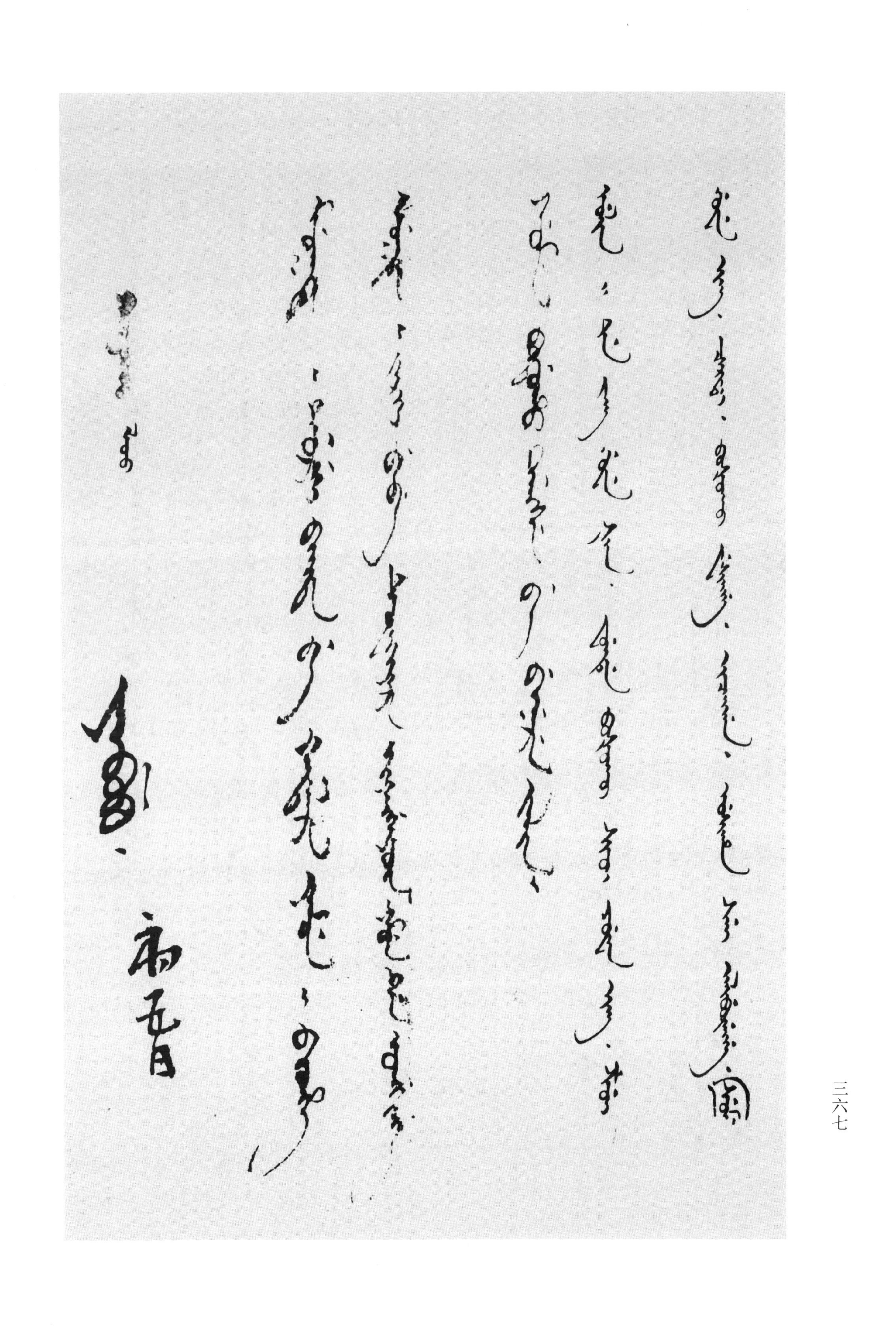

[illegible]

[illegible]

[illegible]

[illegible]

[illegible]

[illegible]

[illegible]

初五日

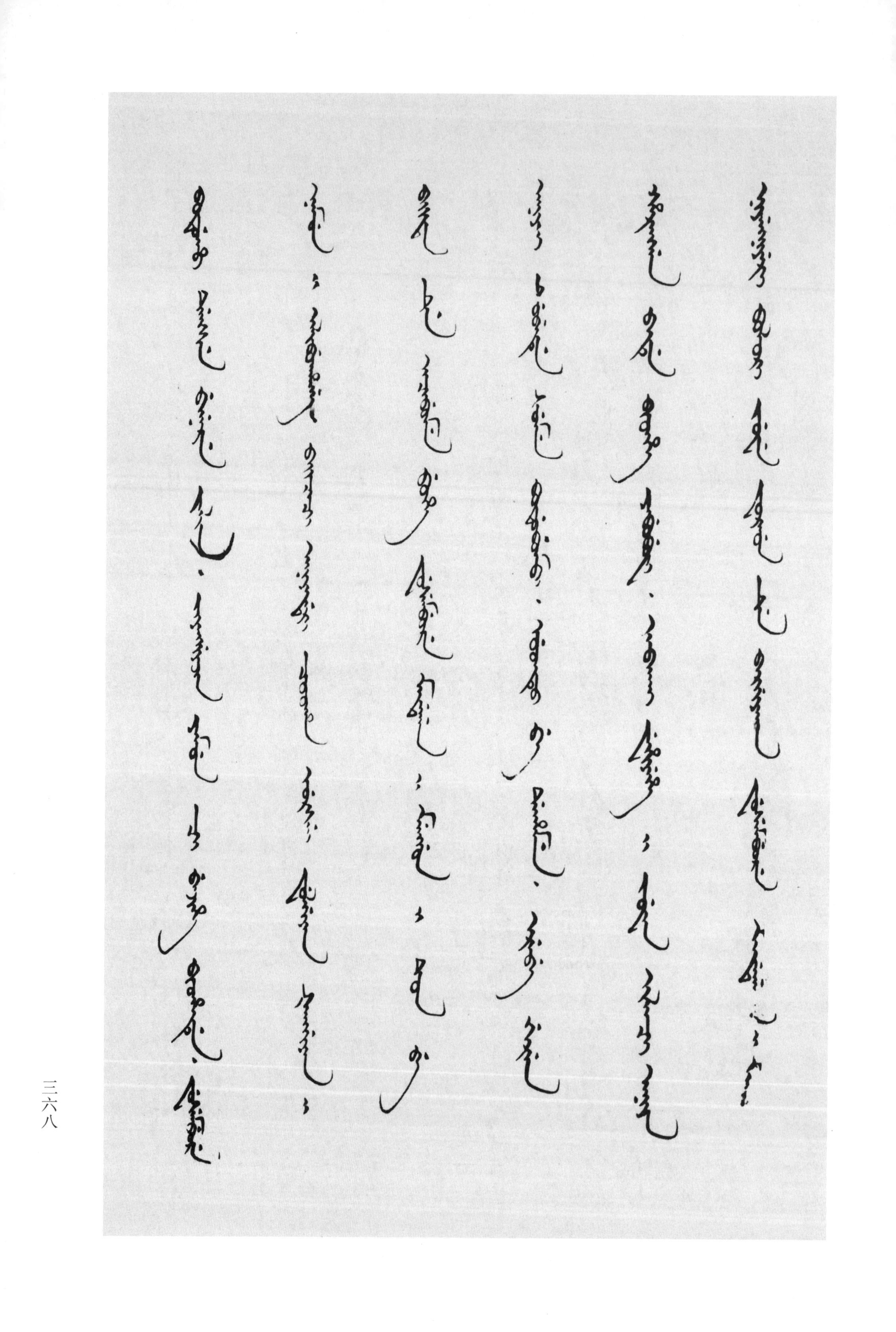

[illegible]

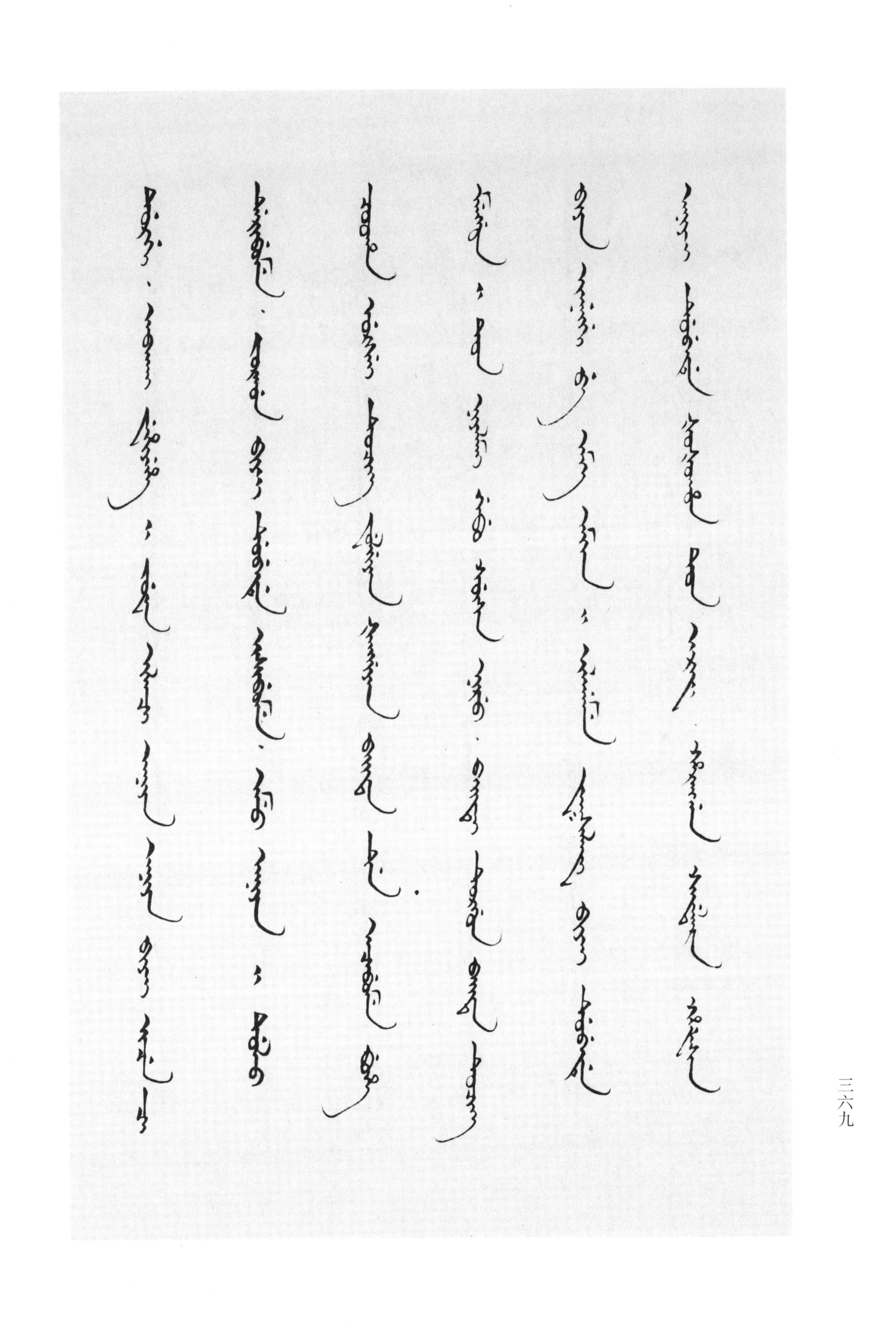

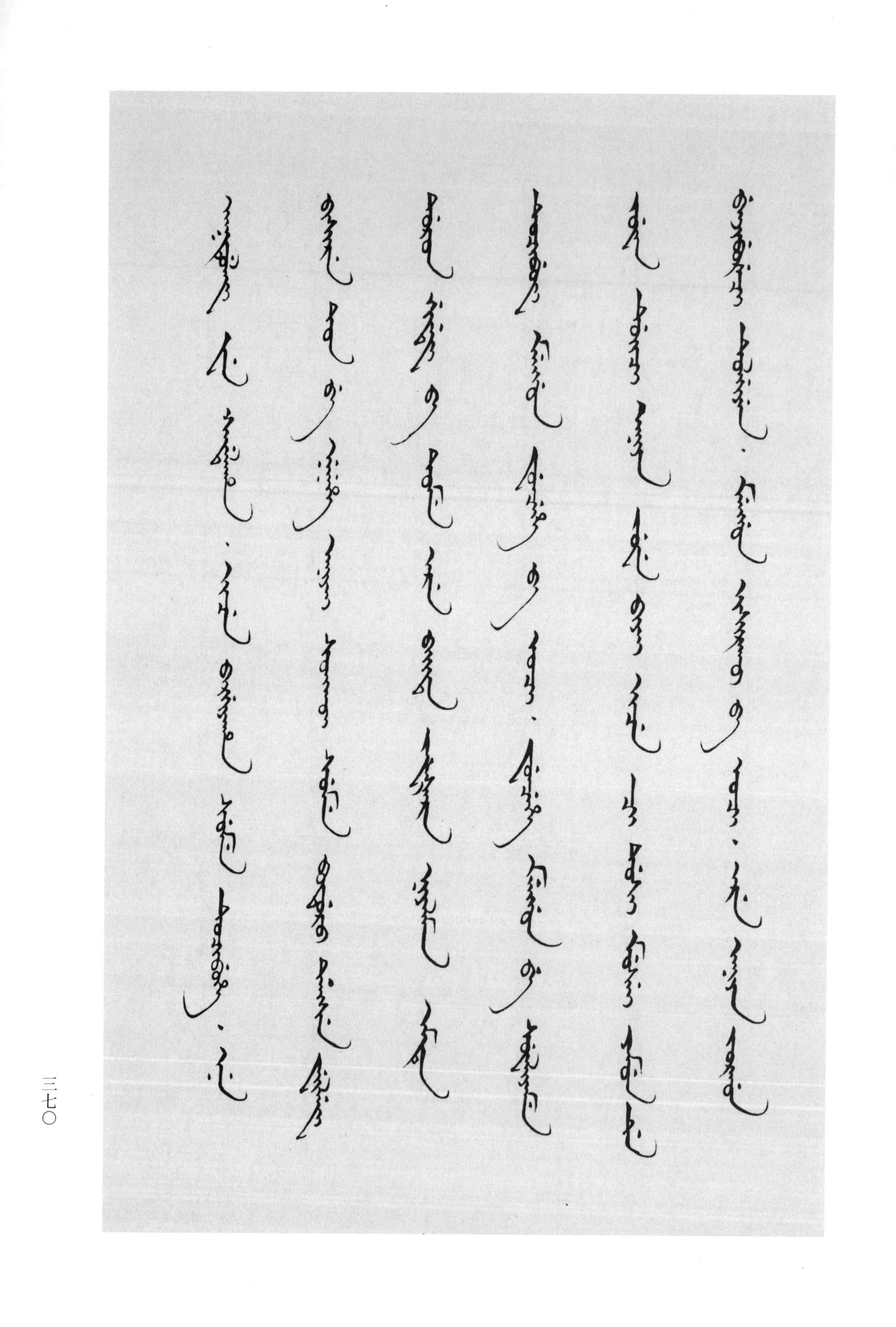

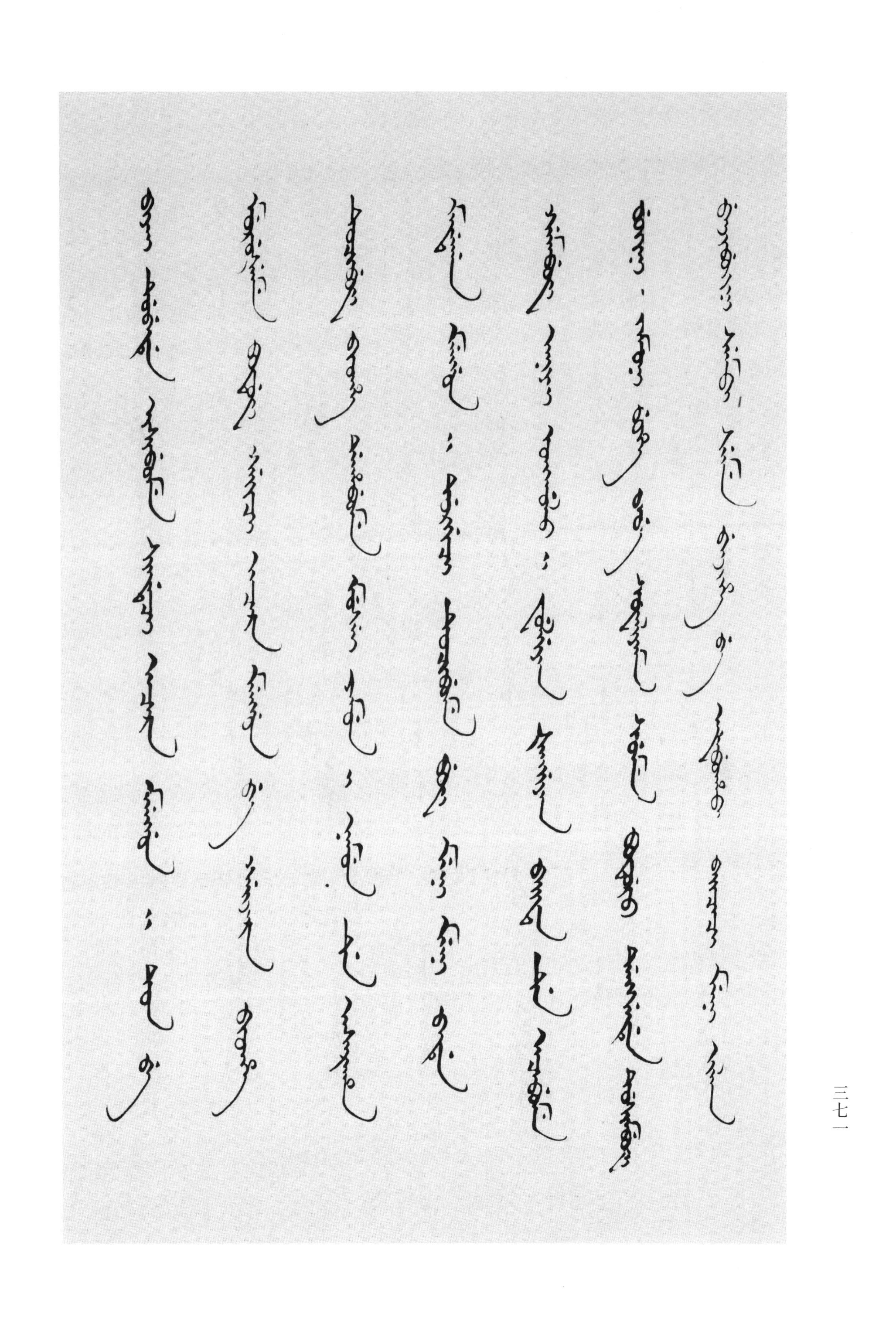

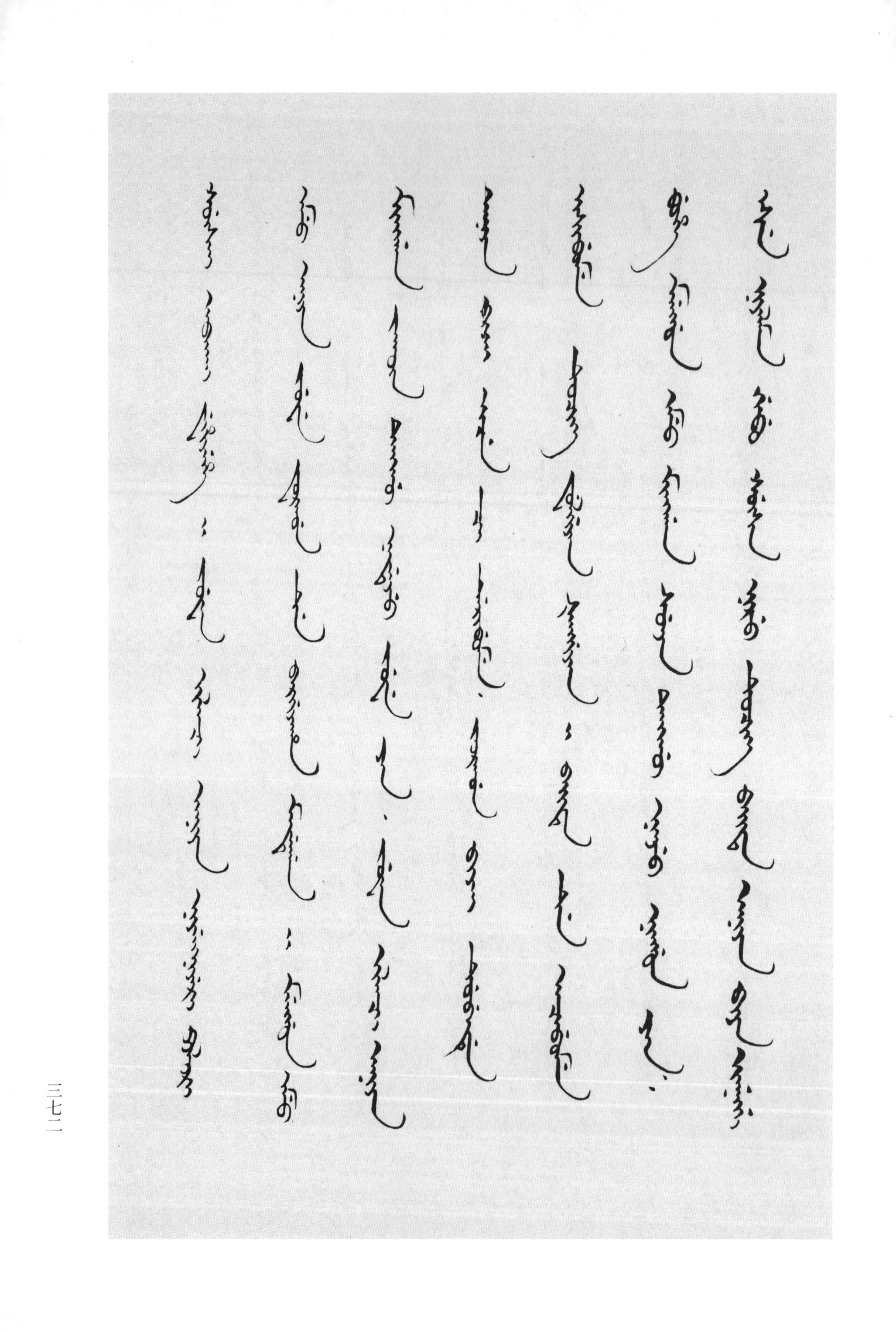

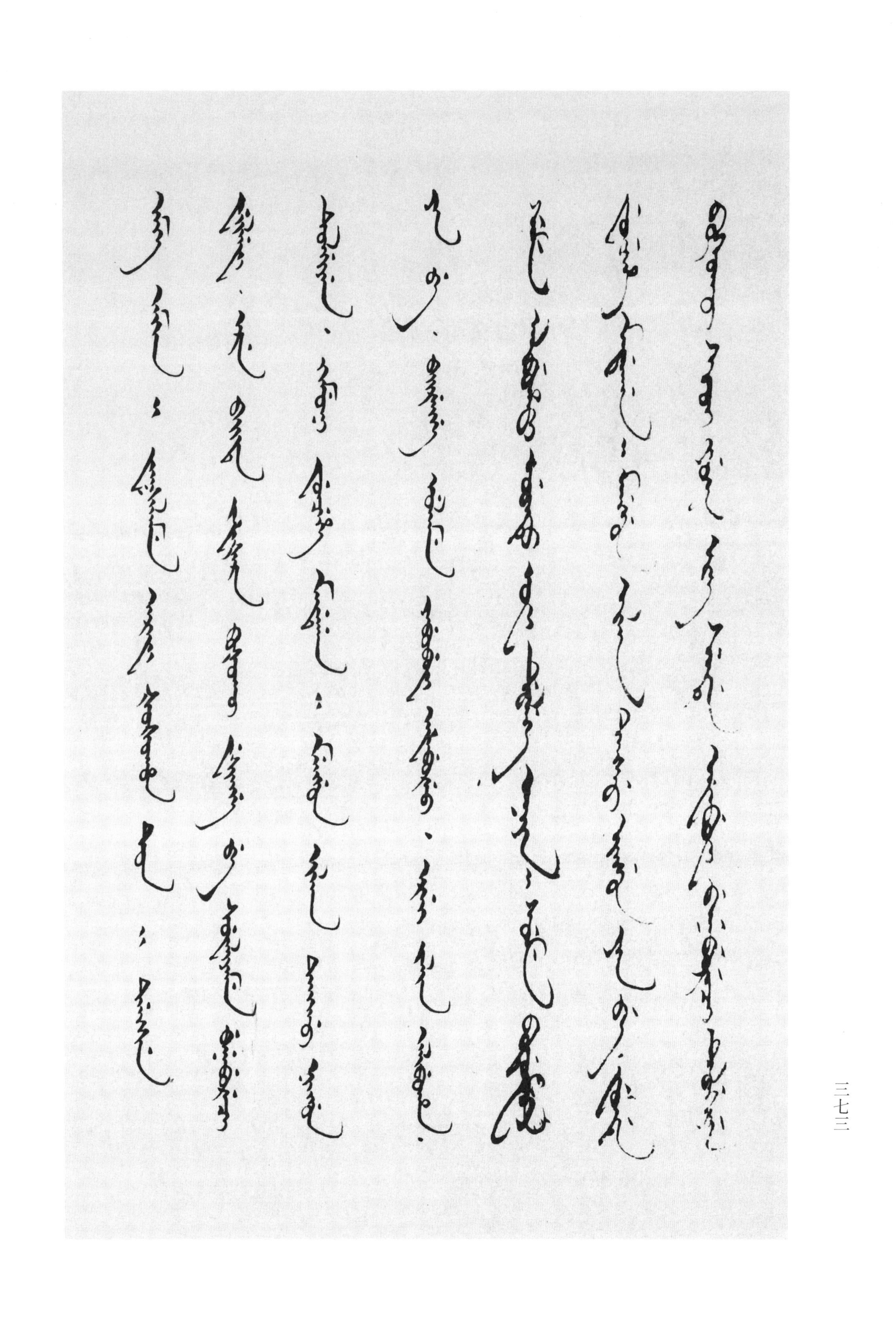

[illegible]

[illegible]

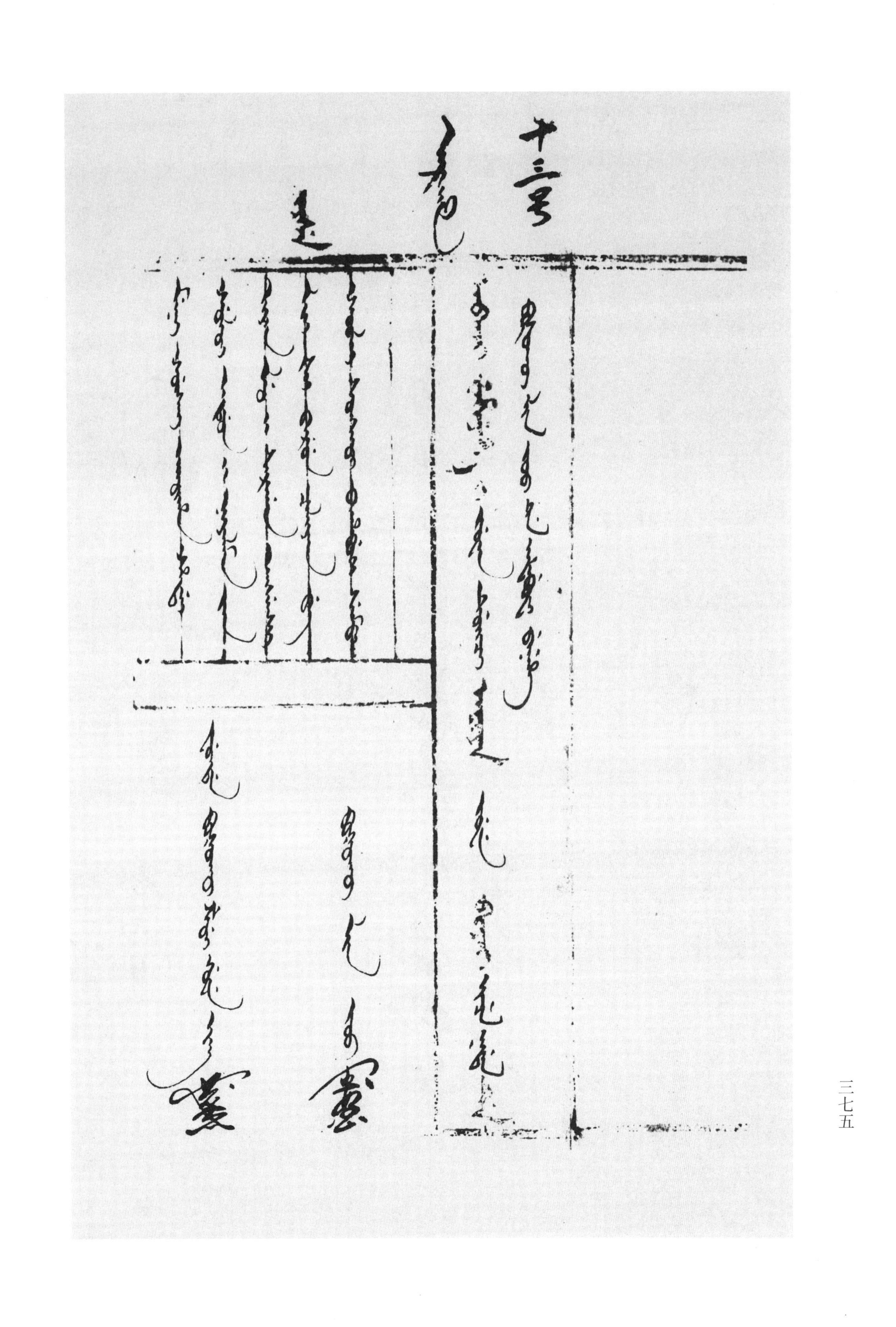

十三号

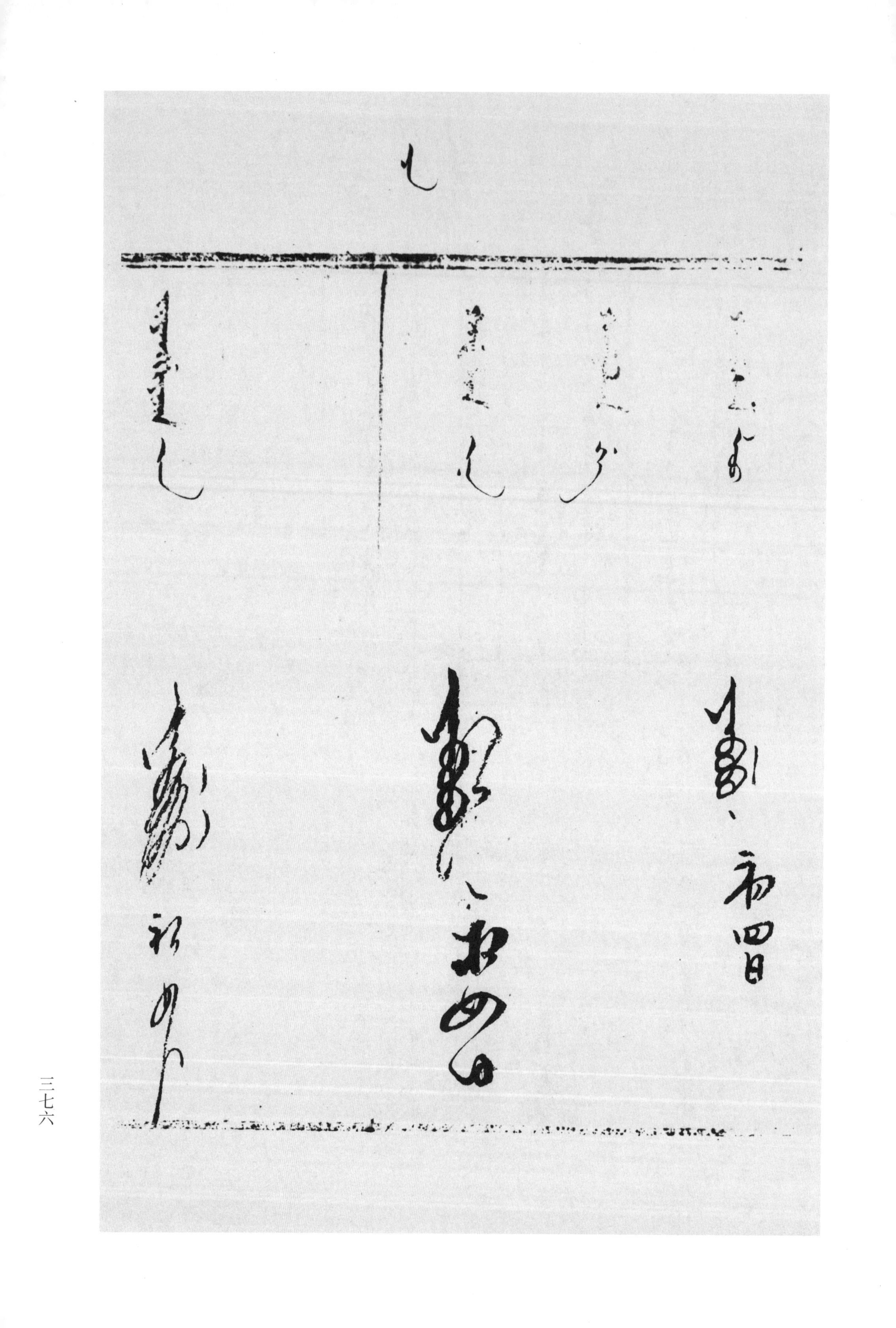

初四日

初四日

初四日

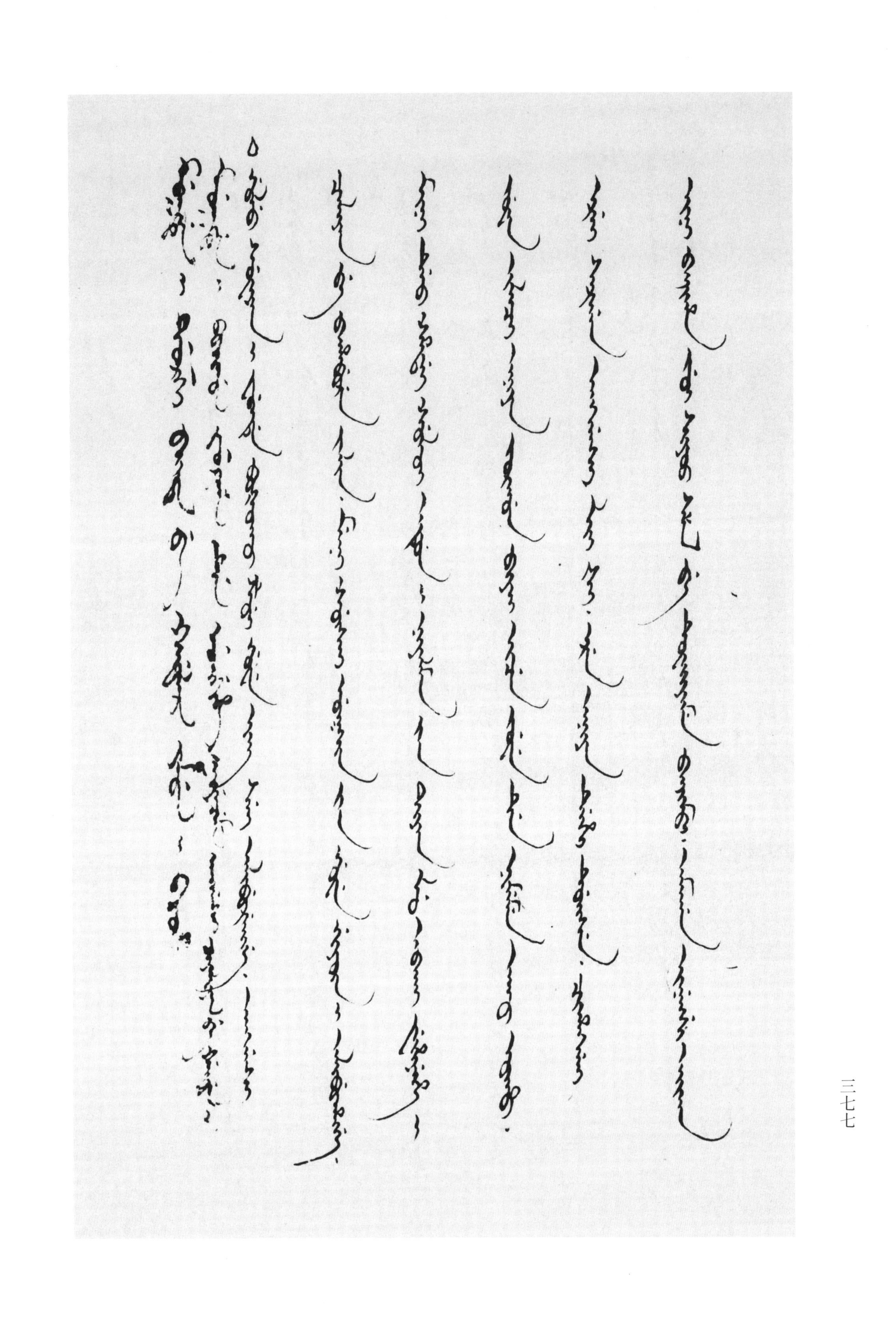

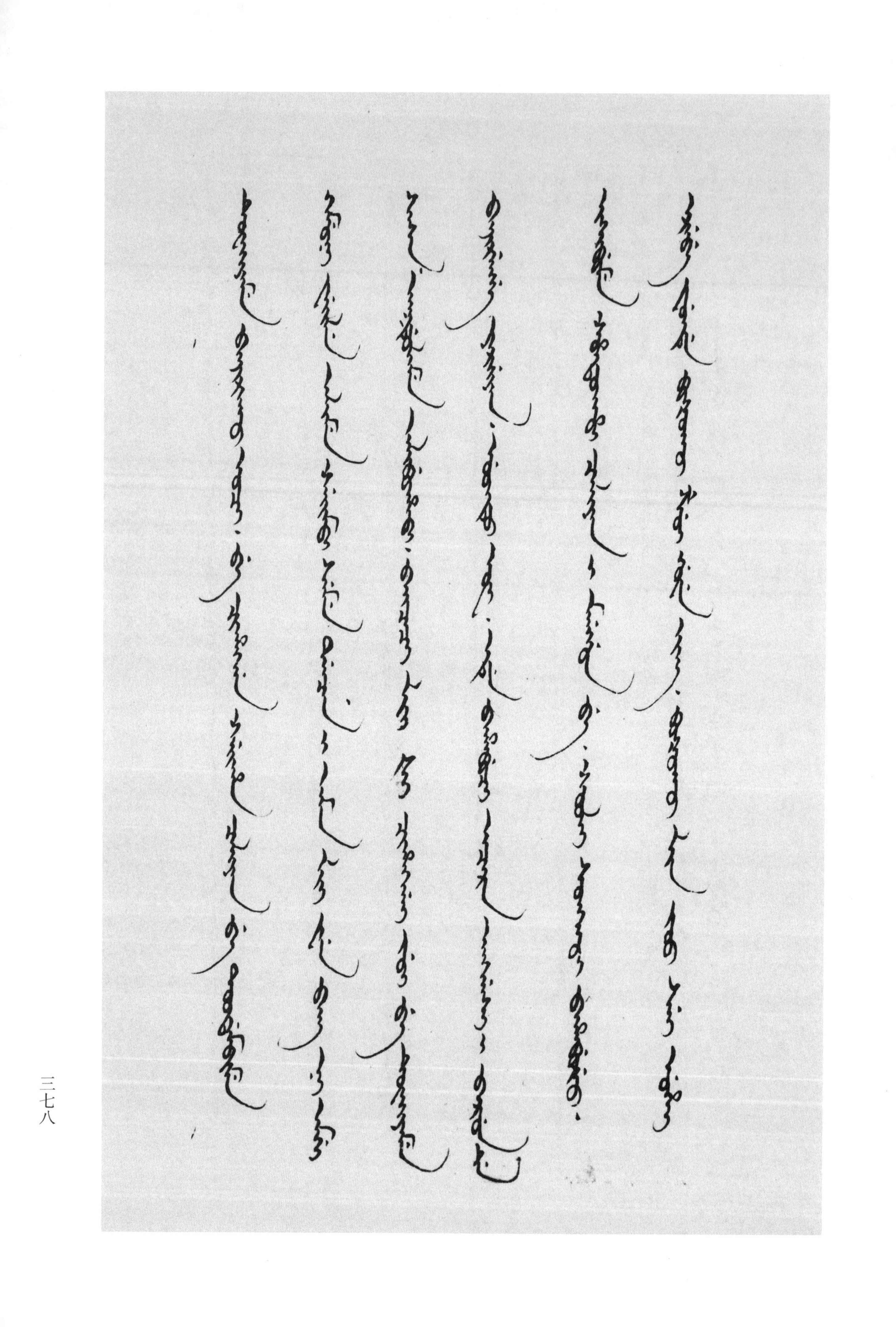

[illegible]

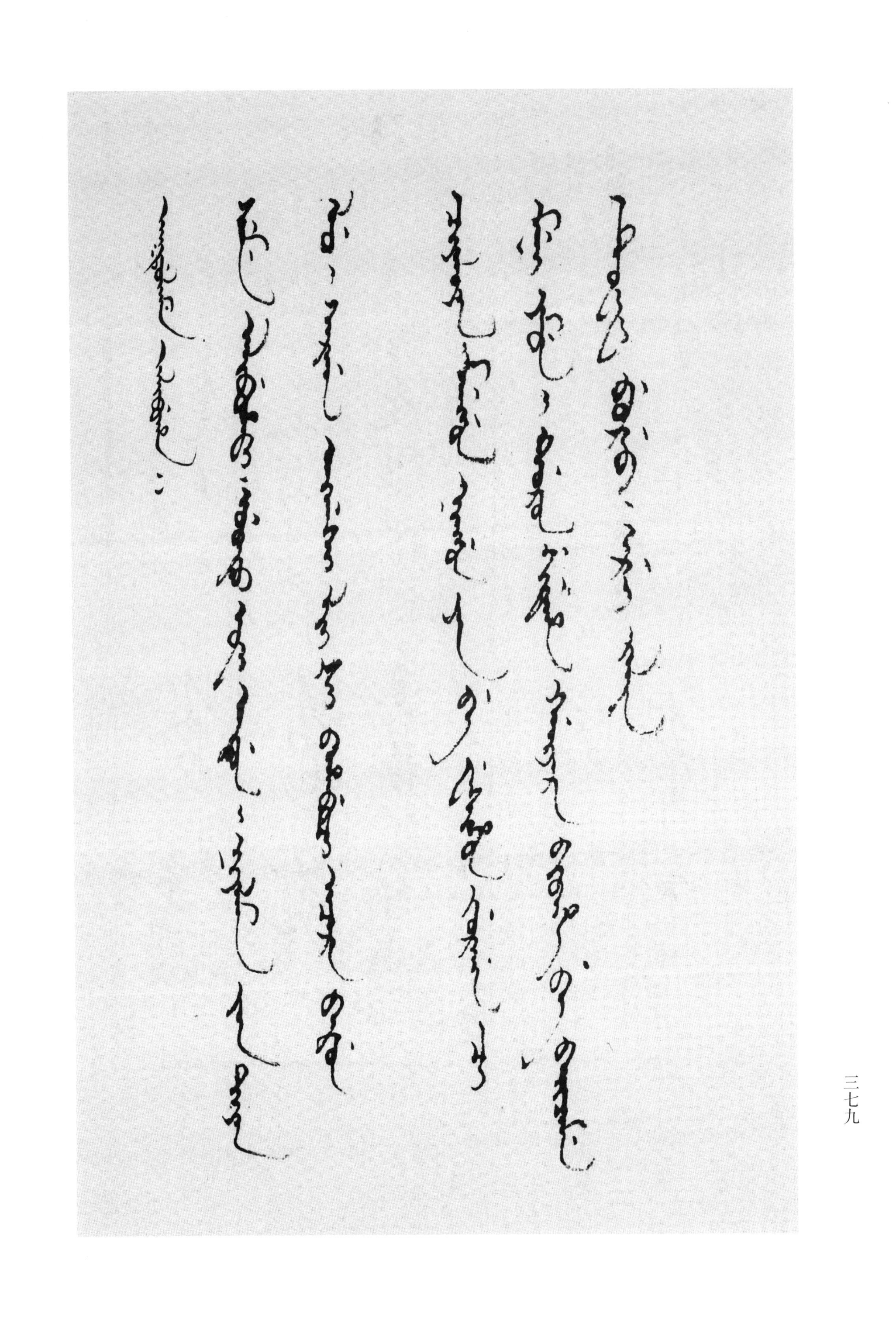

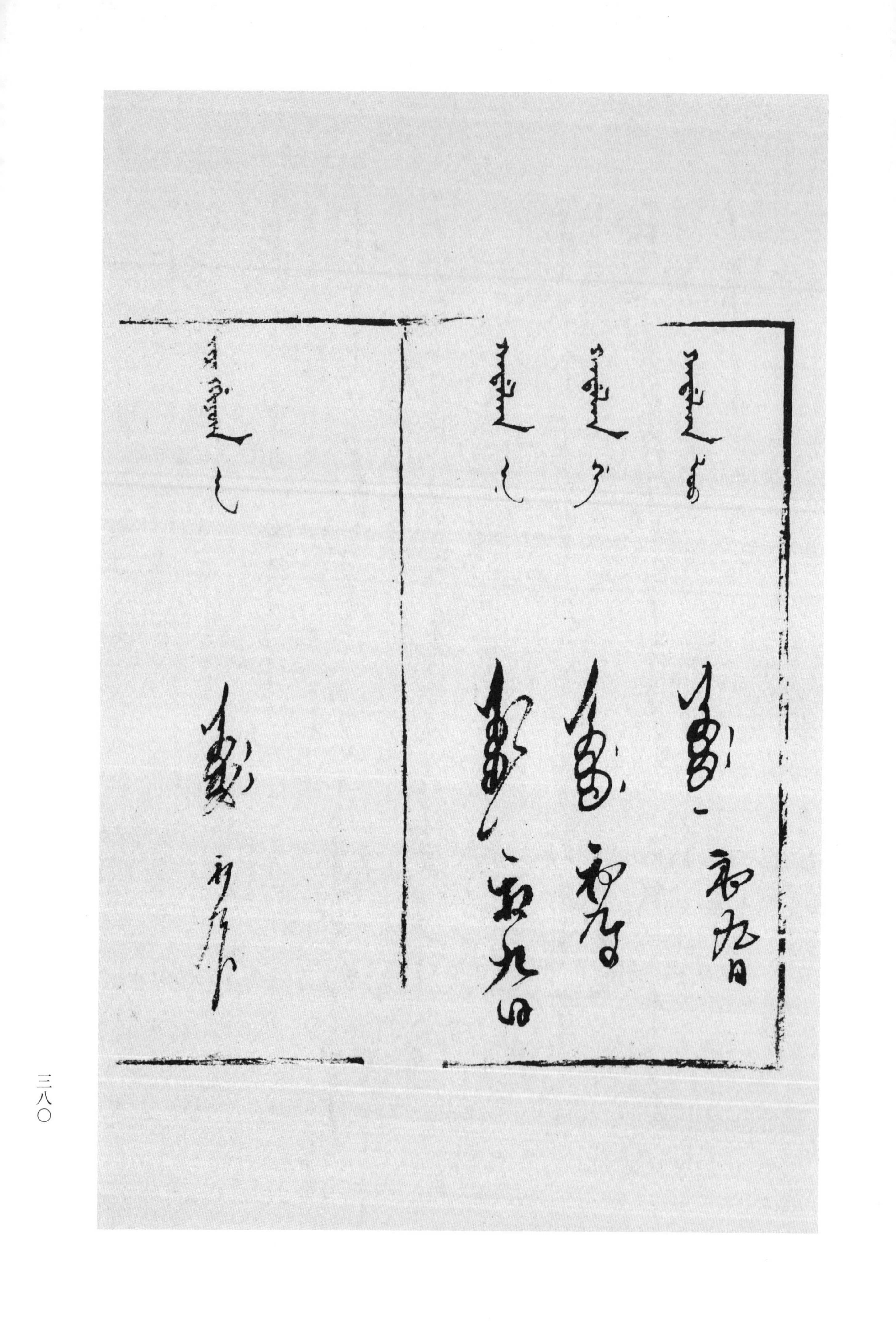

[illegible] [illegible]

[illegible] 初九日

[illegible] [illegible]

[illegible] 初九日

[illegible] [illegible]

[illegible] 初九日

[illegible] [illegible]

[illegible] 初[illegible]日

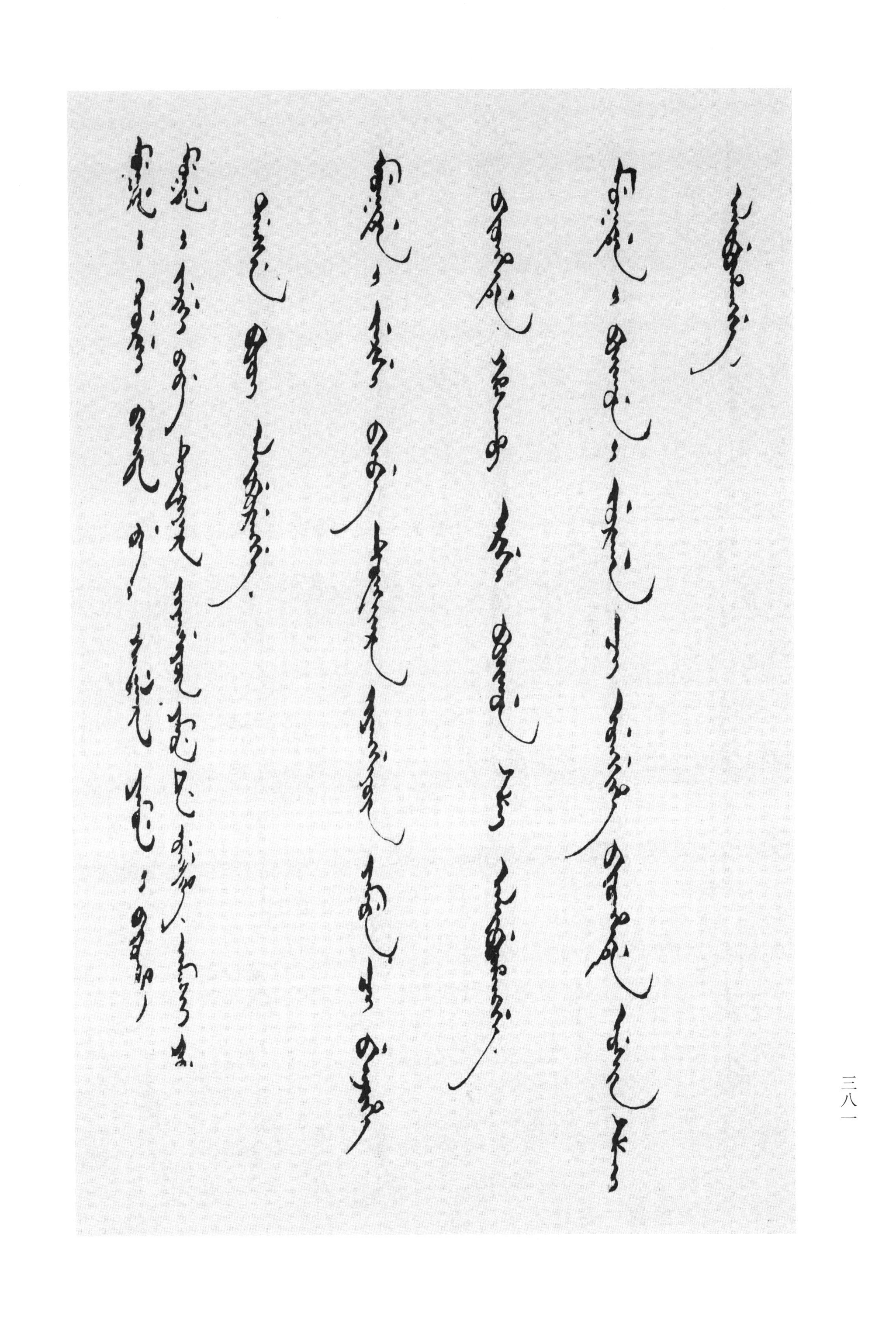

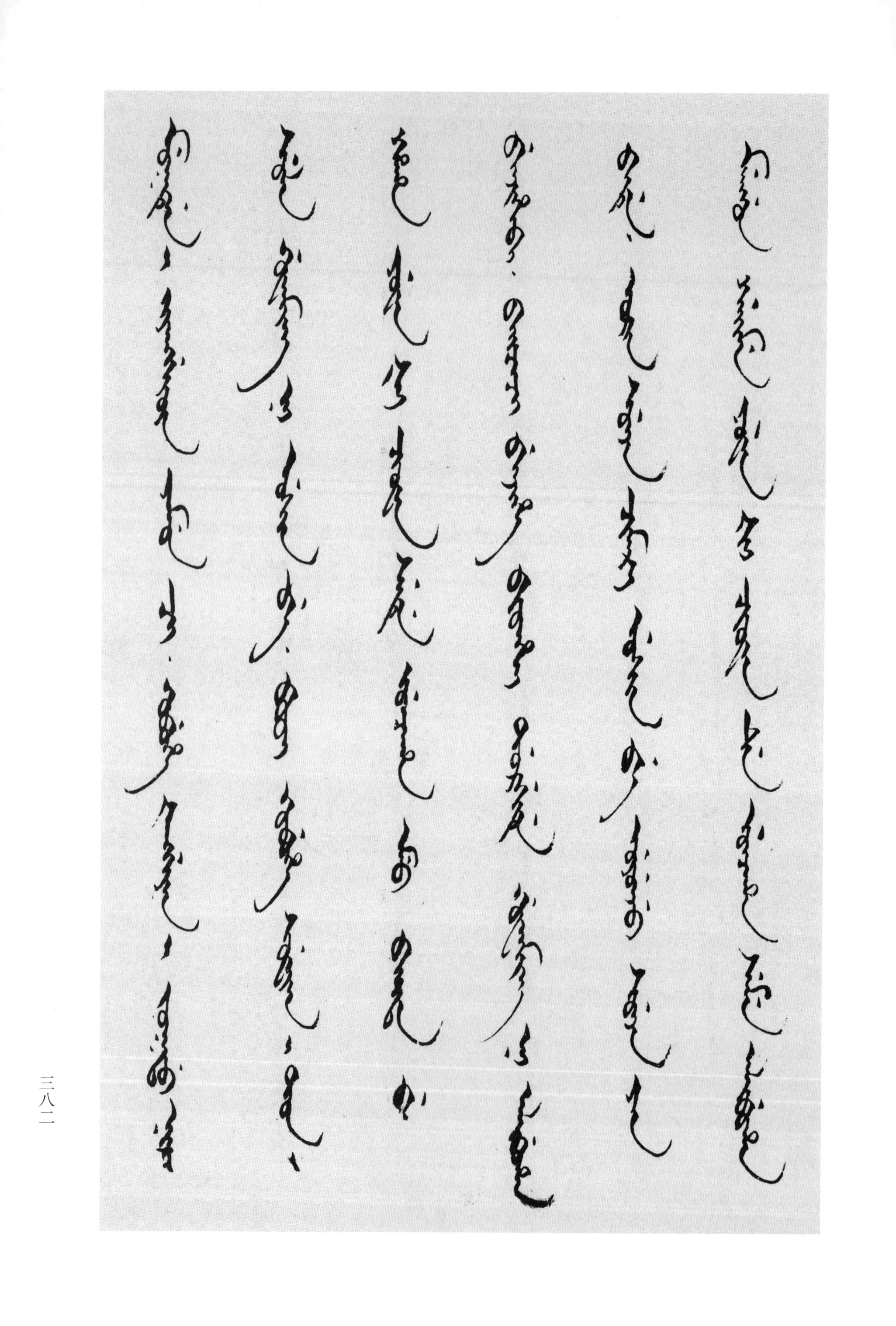

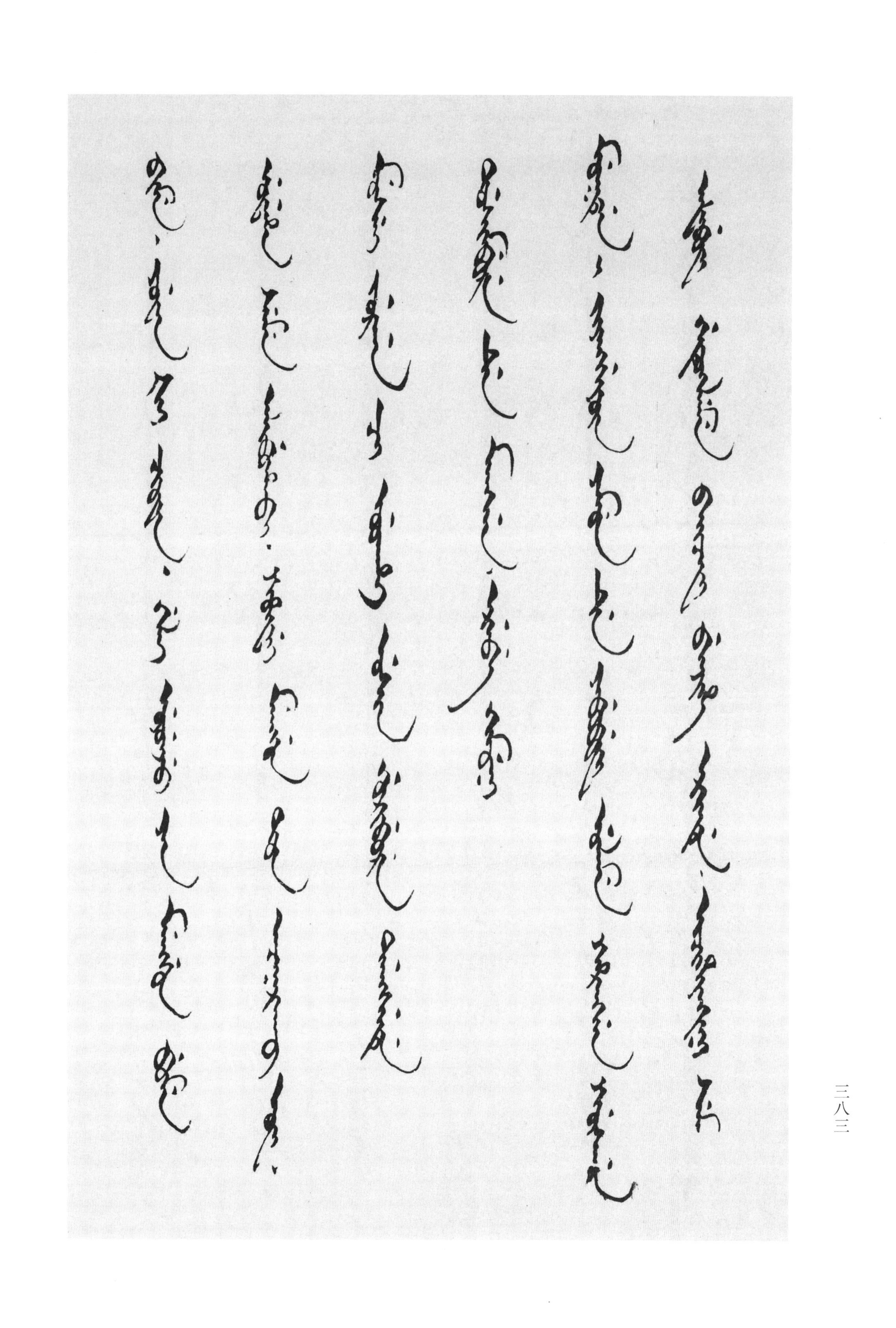

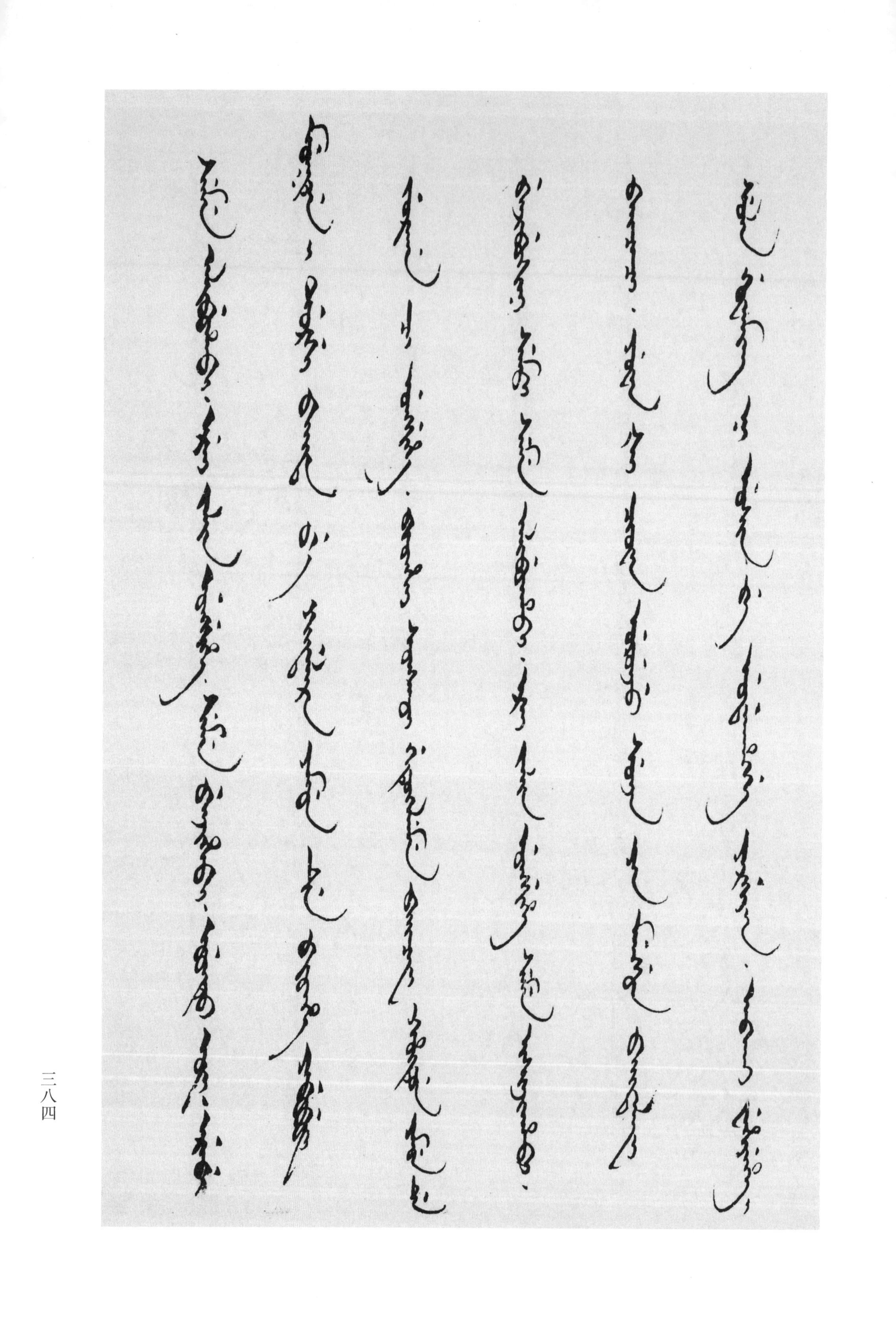

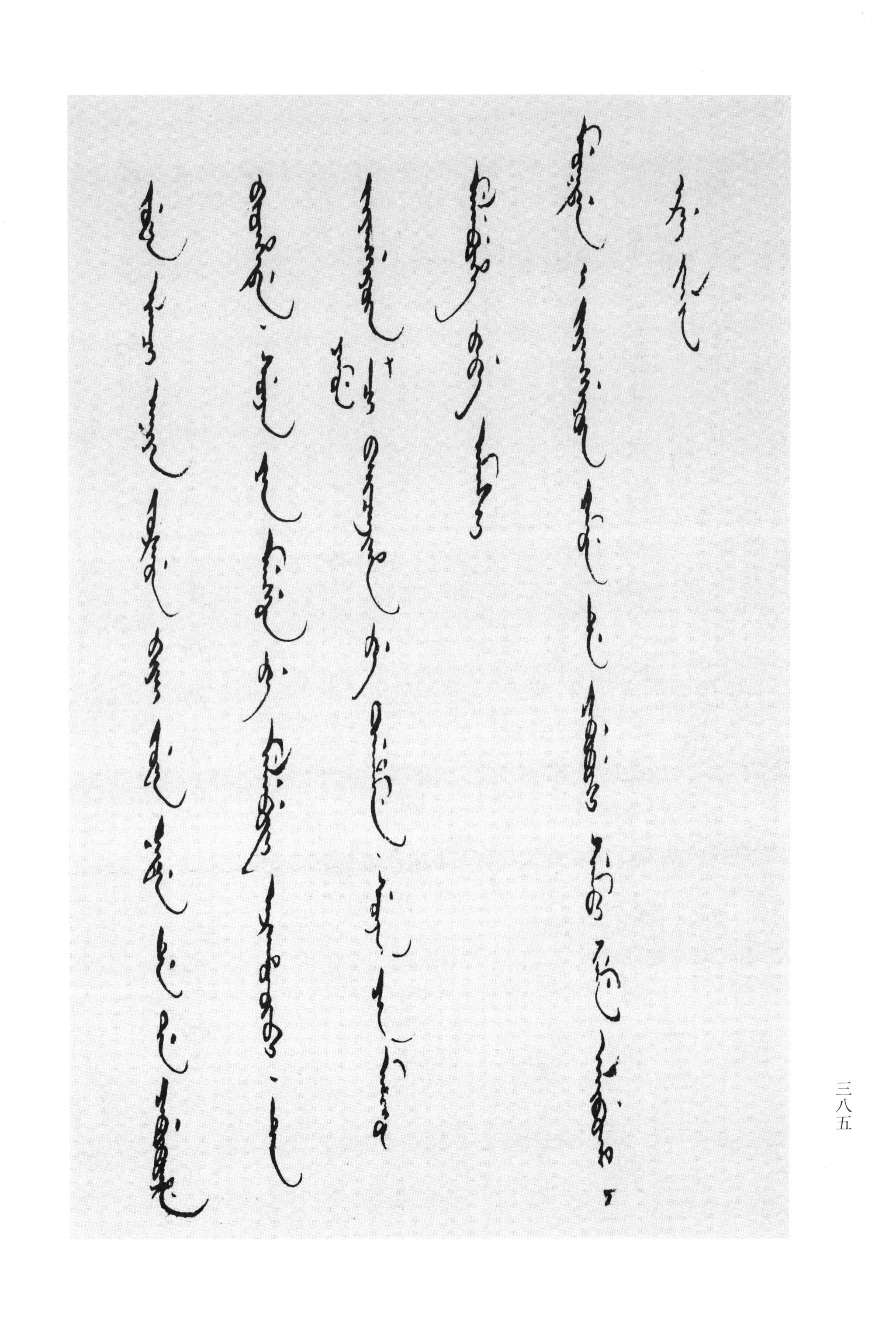

[illegible]

萬寿俻茶用艮七刄
十一月二十日號騎校徐元英呈遞二十五日
萬寿俻茶用艮七刄
十二月二十五日號騎校徐元英呈遞
元旦朝賀七日并元宵節三日俻茶用艮十刄
一年俻茶共費用艮二十四刄
以上買顏料等物并僱車坐艮以及俻茶共費用艮
一千一百一十七刄五錢七分三厘五毛除此庫內實存銀
一萬零一百零八刄三錢八分二厘六毛二系五忽

五不

領僱用二十日坐良良倉達莫尔根厄一員跟役一名甲丁

送布僱捴蘇尔太一員領催二名跟役三名甲丁九名車

夫四名每名一日坐良良五分騎馬十五匹馱馬一匹

拉車馬十二匹每匹一日草料良五分人馬五日共用

良十一刃七不五分

一年共費用五日草料坐良良一百一十六刃二不五分

共費用僱用二十日坐良良六十八刃四不五分

八月初八日驍騎校崔國英呈遞十三日

一日坐良良五分騎馬五匹每匹一日草料良五分人馬
五日共用良二刃五尔
送乾菓領催吾什哈一名跟役一名甲丁二名車夫三名每
名一日坐良良五分騎馬四匹䭾馬一匹拉車馬九匹每
匹一日草料良五分人馬五日共用良五刃二尔五分
二十四日
送槽盆箭杆倉達莫尔根厄一員倉上人二名跟役三
名甲丁二名車夫一名每名一日坐良良五分騎馬八
拉車馬一匹每匹一日草料良五分人馬五日共用良四刃

送凍梨野鷄執事人吾尔太一名跟役一名甲丁二名每名一
日坐良五分騎馬四匹每匹一日草料良五分人馬五日
共用良二刄
一初七日
送鹿并鹿尾朱顯達四各一名跟役一名甲丁二名車夫六名每
名一日坐良五分騎馬四匹拉車馬二十四匹每匹一日
草料良五分人馬五日共用良九刄五尔
一十七日
廣寧送榛子領催陳三貴一名跟役一名園丁三名每名

丁二名騎馬四疋人馬共用九日良三刃六錢

一十九日

送鮮魚催總金世貴一員跟役一名甲丁二名網戶頭三名

魚丁十二名每名一日坐良五分騎馬十九疋馱馬四疋

每疋一日草料良五分人馬五日共用良十兩零五錢

、十二月初四日

送榛子梨乾執事人哈風阿一名跟役一名甲丁二名每

名一日坐良五分騎馬四疋每疋一日草料良五分人馬五

日共用良二刃

送山里紅倉上人何進蛟商所二名跟役二名甲丁二名每名一
日坐良良五分騎馬六匹馱馬一匹每匹一日草料良五
分人馬五日共用良三刃二小五分
領倫用二十日坐良良倉上人何進蛟一名跟役一名甲
丁二名騎馬四匹人馬共用三十六日良十四刃四小

十壹月初二日

送山里紅倉達多隆吾一員倉上人一名跟役二名甲丁二名
每名一日坐粮良五分騎馬六匹馱馬一匹每匹一日草料良
五分人馬五日共用良三刃二木五分
領倫用二十日坐良良倉達多隆吾一員跟役一名甲

五匹每匹一日草料艮五分人馬五日共用艮四兩七錢五分

〃十九日

送都虞司錢粮副摧攢馬不吉一員跟役一名甲丁六名每名一日坐艮艮五分騎馬八匹馱艮羣馬一匹每匹一日草料艮五分人馬五日共用艮四兩二錢五分

九月初十日

送蘑菇木耳副領催朱文起一名跟役一名甲丁一名每名一日坐艮艮五分騎馬三匹馱馬一匹馱蘑菇羣馬一匹每匹一日草料艮五分人馬五日共用艮二兩

〃十六日

一日坐良艮五分騎馬二匹馱馬一匹馱梨犂馬二
十四匹脩用馬六匹每匹一日草料艮五分人馬五
日共用艮十五兩五錢
送担香水梨執事人宛国賢一名跟從一名甲丁二名担
梨夫十六名每名一日坐良艮五分騎馬四匹馱馬一
匹每匹一日草料艮五分人馬五日共用艮六兩二錢五分

、八月十二日

送接梨執事人崔国恩一名跟從一名甲丁二名園丁五名
每名一日坐良艮五分騎馬四匹馱馬一匹馱梨犂馬

分人馬五日共用艮五𠀧二𠂉五分
領催用二十日坐艮艮領催吾什哈一名跟役一名甲丁二名騎
馬四匹人馬共用九日艮三兩六錢
七月初二日
送鹿肉乾子梅倫巴尔虎一名跟役一名甲丁二名車夫六名每
名一日坐艮艮五分騎馬四匹馱馬一匹拉車馬六匹每匹一日
草料銀五分人馬五日共用艮五𠀧二𠂉五分
一二十四日
送馱香水梨執事人徐秀一名跟役一名甲丁二十七名每名

一十九日
廣寧送錢糧催總宋奈一名狠役一名園丁四名每名一日
坐良良五分騎馬六匹馱馬一匹每匹一日草料良五分人馬
五日共用良三兩二錢五分
領倫用二十日坐良良催總宋奈一名狠役一名園丁二名騎
馬四匹人馬共用二十五日良十兩
人
五月初二日
送常音菜狐子領催吾什哈一名狠役一名甲丁六名每名一日
坐良良五分騎馬八匹馱豺子群馬五匹每匹一日草料良五

送箭杆倉上人崔坤金鏠二名跟役二名甲丁二名每名一日

坐良銀五分騎馬六疋每疋一日草料良五分人馬五日共用

銀三两

、四月十一日

護送皂皮甲丁二名每名一日坐良良五分騎馬二疋馱皮群

馬一疋每疋一日草料良五分人馬五日共用良一两二錢五分

領倫用二十日坐良良庫使奇成額一員跟役一名騎馬二疋

人馬共用十三日良二両六錢甲丁二名騎馬二疋馱皮群馬

一疋人馬共用八日良二両

領備用二十日坐糧銀驍騎校徐元英一員跟役一名甲丁二名騎
馬四匹馱馬一匹人馬共用十二日銀五两四錢

、十四日

送掌儀司錢糧催揔王成文一員跟役一名甲丁六名小領催一名每
名一日坐糧銀五分騎馬九匹馱馬一匹馱銀羣馬一匹每匹一日
草料銀五分人馬五日共用銀五两

領備用二十日坐糧銀催揔王成文一員甲丁二名跟役一名驍騎馬
四匹馱馬一匹人馬共用十七日銀七两六錢五分

、二十七日

送鵰膀子水獺皮朱㬎達霍文章一名何天寿一名跟役一名每名一日生粮銀五分騎馬三匹馱皮群馬一匹每匹一日草料銀五分人馬五日共用銀一兩七錢五分

領催用二十日生粮銀朱㬎達霍文章一名何天寿一名跟役一名騎馬三匹馱馬一匹人馬共用三十二日銀十一兩二錢

一、三月十二日

送臘肉醃魚驍騎校徐元英一員甲丁五名跟役二名每名一日生粮銀五分騎馬八匹馱馬一匹每匹一日草料銀五分人馬五日共用銀四兩二錢五分

送涷梨野鷄催攄王成文呈遞僱大車一輛用銀十七兩大車半輛用
銀八兩五錢共用銀二十五兩五錢

、十七日

廣寧送榛子催攄王成文呈遞僱大車一輛用銀十二兩一錢五分六厘

、二十四日

送犢盆鬍杆長領達福格呈遞僱大車六輛每輛用銀十七兩小
車一輛用銀五兩六錢六分六厘共用銀一百零七兩六錢六分六厘
一年僱車共費用銀七百四十三兩一錢五分一厘

、二月二十日

送山里紅長領達福格呈遞催大車六輛每輛用銀十七兩

共用銀一百零二兩

一十九日

送鮮魚催總金世貴呈遞催大車十三輛每輛用銀十七兩小車

一輛用銀五兩六錢六分六釐共用銀二百二十六兩六錢六分六釐

一十二月初四日

送榛子梨乾稠梨塊子催總王成文呈遞催大車七輛每輛用

銀十七兩小車二輛每輛用銀五兩六錢六分六釐共用銀一百三十兩

零三錢三分二釐

送箭杆長領達福格呈遞催大車二輛每輛用銀十七两小車二輛每輛用銀五两六錢六分六釐共用銀四十五两三錢三分二釐

、四月初七日

送呼鹿皮將軍衙門廂黄旗拖沙拉哈番蘇章阿呈遞催小車一輛用銀五两六錢六分六釐

、九月十六日

送山里紅長領達福格呈遞催大車三輛每輛用銀十七两共用銀五十一两

、十一月初二日

一十二月二十七日催揔金世貴呈遞

買雁膀子十八付每付用銀二分鵪鶉膀子十六付每付用銀一錢五分共用銀二兩七錢六分

一年買皮張顏料等項共費用銀一百五十九兩七錢弍分二厘五毫

一三月十二日

送臘肉醃魚鯢鰣被徐元英呈遞催大車二輛每輛用銀十七兩

小車半輛用銀二兩八錢三分三厘共用銀三十六兩八錢三分三厘

一二十七日

買染毛青布水膠八十五斤十五兩每斤用銀四分共用銀三兩四錢

三分七厘五毫

九月初四日

買錢山里紅沙糖三百五十斤每斤用銀四分三厘共用銀十五兩

零五分

買擦山里紅書喜夏布手巾十五條每條用銀七分共用銀一兩

零五分

、十一月初二日

買牛鹿皮一百張每張用銀八錢八分共用銀八十八兩

乾隆十四年三月二十七日

買皂皮十五張每張用銀一兩零五分共用銀十五兩七錢五分

買染皮黑礬十五斤每斤用銀弍分五厘共用銀三錢七分五厘

買熟皮硝十五斤每斤用銀八厘共用銀一錢二分

六月初十日

買染紅布蘇木三百五十斤每斤用銀四分共用銀十四兩

買黃丹八十七斤八兩每斤用銀一錢八分共用銀十五兩七錢五

買白礬八十七斤八兩每斤用銀二分共用銀一兩七錢五分

買梧柯子二十一斤每斤用銀八分共用銀一兩六錢八分

一厘八毫二糸二忽十四年葡萄奶子銀四兩五錢八分一厘八毫二糸二
忽
正白旗新增交葡萄奶子丁三名照依均分數目每名折交銀七分六
厘五毫三糸二忽四微共收乾隆十三年葡萄奶子銀弍錢弍分九厘
五毫九糸七忽弍微十四年葡萄奶子銀弍錢弍分九厘五毫九糸七
忽弍微
一年共收銀五千九百六十四兩五錢八分八厘三毫零一忽
以上原存并新收共銀一萬一千二百一十九兩九錢五分六厘一毫二
糸五忽

六名共丁一百三十二名交銀二百四十兩交二兩銀陳丁五十七名徹底

查出丁四十名共丁九十七名交銀一百一十四兩共收乾隆十四年丁

銀三百五十四兩

鑲黃旗新增交葡萄奶子丁四十六名照依均分數目每名折交銀

二分四厘五毫一系六忽八微共收乾隆十三年葡萄奶子銀一兩一錢

二分七厘七毫七系弍忽八微十四年葡萄奶子銀一兩一錢二分七厘七

毫七系弍忽八微

正黃旗新增交葡萄奶子丁八十六名照依均分數目每名折交銀

五分三厘二毫七系七忽共收乾隆十三年葡萄奶子銀四兩五錢八分

胡成恩催交三兩銀陳丁六十三名徹底查出丁三十八名共丁一百
零一名交銀一百八十九兩交二兩銀陳丁三十名徹底查出丁十二名
共丁四十二名交銀六十兩共收乾隆十四年丁銀二百四十九兩又收三
年代銷乾隆十一年丁銀七十二兩
正白旗康三達子高得功等催交二兩五錢銀陳丁六十六名徹底查出
丁四十名共丁一百零六名交銀一百六十五兩交二兩。銀陳丁五十九
名徹底查出丁四十名共丁九十九名交銀一百一十八兩共收乾隆十
四年丁銀二百八十三兩
韓耀起解應枝等催交二兩五錢銀陳丁九十六名徹底查出丁三十

零九厘零八系九忽共收乾隆十四年新陳丁銀二千五百二十三
兩三錢七分五厘六毫八系三忽
正黄旗栢金太催交三兩銀陳丁六十五名徹底查出丁二十名共
丁八十五名交銀一百九十五兩交二兩五錢銀陳丁七名徹底查
出丁三名共丁十名交銀十七兩五錢交二兩銀陳丁五名徹底
查出丁四名共丁九名交十銀兩共收乾隆十四年丁銀二百二十、
兩五錢
毛保兒催交三兩銀陳丁八名徹底查出丁三名共丁十一名共收
乾隆十四年丁銀二十四兩

一錢四分五厘九毫除收下剩棉花一萬三千三百九十二斤二兩一錢
四分五厘九毫每百斤折銀五兩八錢共收乾隆十四年棉
花銀七百七十六兩七錢四分三厘七毫七絲九忽
廂黃旗吉貴北京等催交三兩銀陳丁七百五十四名徹底查
出丁二百七十九名共丁一千零三十三名交銀二千二百六十二兩
新丁十三名每名交銀二兩一錢八分九厘七毫三絲八忽交銀二十
八兩四錢六分六厘五毫九絲四忽交二兩銀陳丁一百一十二名徹底
查出丁六十四名共丁一百七十六名交銀二百二十四兩[illegible][illegible][illegible]
新丁七名每名交銀一兩二錢七分二厘七毫二絲七忽交銀八兩九錢

月利銀十两

租一两七錢舖面房四間租一两五錢舖面房八間租一两三錢舖面

十七間共舖面房二十九間按定例十一個月算共收乾隆十四年租

銀四百四十九两九錢

三旗靛庄頭新陳壯丁等應交靛二萬二千六百九十六斤五两八錢

一分八厘五毫除費用、剩靛萬四千五百四十六斤五两八錢一分

八厘五毫每百斤折銀〃錢五分〃該乾隆十四年靛銀壹百三十八两

一錢九分零四毫五糸五忽

三旗棉花庄頭新陳壯丁等應交棉花二萬六千三百四十二斤二两

盛京內庫乾隆十三年庫內原存銀五千貳百五十五兩三錢六分
七厘八毫二絲四忽
原領壹百兩本銀買賣人二十六名內除亡故買賣人朱朝棟一名
下剩二十五名每名交利銀三十兩共收乾隆十四年利銀七百
五十兩亡故買賣人朱朝棟于四月二十八日交本銀壹百兩四個

馬年拾貳歲孫女鳳姐狗年捌歲次侄壯丁布希罕兔年伍拾壹歲　男貳拾壹名口　大口貳拾貳名口　女捌名口　小口陸名口

以上男女大小共貳拾捌名口　內有差丁拾叁名

攢君屯一戶壯丁黃六自戎狗年肆拾肆歲妻談氏　歲子長壽兒龍年拾肆歲　男貳名口　大口貳名口　女壹名口　小口壹名口

以上男女大小共叁名口　內有差丁壹名

此屯共丁叁伯叁拾貳名內除司庫壹員牛彔領催壹名執事人壹名官學生壹名甲丁

貳拾貳名匠役伍名百摠壹名門軍貳名幫丁陸拾肆名炭丁貳拾柒名以上共除幫

正丁壹伯貳拾伍名淨剩應差壯丁貳伯零柒名

猪年拾玖歲次弟壯丁楊朝禄蛇年貳拾伍歲弟婦曹氏　歲次弟楊小子牛年拾柒歲
男拾貳名口　女捌名口
大口拾捌名口　小口貳名口
以上男女大小共貳拾名口内有差丁拾名
一戶閘檔壯丁楊明啟龍年伍拾歲母高氏　歲子壯丁得子兎年貳拾柒歲弟壯丁小花子雞年肆拾伍
歲弟子小小子鼠年瘸症拾捌歲弟女大姐羊年拾壹歲堂長兄楊明美牛年陸拾伍歲次兄楊明芳虎年
陸拾肆歲三兄楊明白兎年陸拾叁歲嫂董氏　歲三兄長子壯丁七六兒蛇年貳拾伍歲次子二
小兒兎年拾伍歲三子三小子蛇年拾叁歲四兄壯丁楊明德猴年伍拾捌歲嫂張氏　歲
四兄長子壯丁達尔太牛年貳拾玖歲次子壯丁觀音保鼠年拾捌歲女大姐羊年拾壹歲五兄楊二
虎年瘸症伍拾貳歲五兄長子壯丁楊索兒兎年貳拾柒歲次子壯丁楊二小蛇年伍拾伍歲堂長侄壯丁楊朝官狗年
伍拾陸歲侄媳張氏　歲堂孫壯丁大達子蛇年貳拾伍歲次孫壯丁二達子狗年貳拾歲三孫三達子
廿捌

堂長叔壮丁馬自相猪年伍拾伍歲次叔壮丁馬老各猪年肆拾叁歲　男拾壹名口 大口拾壹名口　女肆名口 小口肆名口

以上男女大小共拾伍名口　内有差丁柒名

城内一戶弓兵王立國羊年老退伍拾玖歲妻商氏　歲長子三各猴年殘疾叁拾肆歲次子壮丁和尚兔年貳拾柒歲

媳張氏　歲弟王進忠馬年肆拾捌歲故侄八十一猴年眼瞎肆拾陸歲孫王大羊年肆拾柒

歲孫媳鄭氏　歲　男陸名口 大口玖名口　女叁名口　以上男女大小共玖名口　内有差丁壹名

陳家屯一戶鬧擋壮丁楊朝甫虎年貳拾捌歲妻畢氏　歲父楊明登羊年壮丁伍拾玖歲母畢氏　歲女

小迎子牛年伍歲伯父楊明德羊年老退柒拾壹歲伯母崔氏　歲伯長子壮丁小庄子牛年貳拾玖歲

媳楊氏　歲次子壮丁小七子馬年貳拾肆歲叔壮丁楊明傑羊年肆拾玖歲叔長子壮丁七十三牛年貳拾玖歲媳朱氏

歲次子壮丁楊朝愛馬年叁拾陸歲兄退丁楊偎子兔年陸拾叁歲嫂王氏　歲兄子壮丁小八子

柒歲次子壯丁金小五子蛇年貳拾伍歲三子壯丁小七子狗年貳拾歲次弟壯丁金二小子雞年叁拾叁歲
次弟婦李氏　歲次弟女歪姐狗年捌歲三弟壯丁金文義蛇年貳拾伍歲嫂婦孀朱氏　歲
荒地兄長子壯丁金成馬年叁拾陸歲媳曾氏　歲兄孫和尚蛇年拾叁歲次子壯丁金礼猴年叁拾
肆歲媳陳氏　歲孫女二姐雞年玖歲三子壯丁金智豬年叁拾壹歲媳孫氏　歲
孫女二姐猴年拾歲四子陳瘸金信鼠年叁拾歲五子壯丁金忠猴年貳拾貳歲六子手疾金孝狗年貳
拾歲男拾陸名口大口貳拾貳名口女拾壹名口小口伍名口以工男女大小共貳拾柒名口內有差丁拾名
城內一戶壯丁馬三達子午年貳拾玖歲父馬自立羊年壯丁伍拾玖歲弟馬四達子兔年拾伍歲姪小小子猴年拾歲伯父馬自當
馬年老退陸拾歲伯母雷氏　歲伯長子壯丁馬文英蛇年肆拾玖歲媳馬氏　歲次子壯丁馬文魁蛇年
貳拾伍歲叔父壯丁馬二羊年肆拾柒歲嬸婦王氏　歲叔子大小子雞年玖歲叔女三姐猴年拾歲

右件

馬年叁拾陸歲弟婦位氏　歲次弟子大小子兔年叁歲三弟壯丁三各鼠年拾捌歲四弟四各

龍年拾肆歲　男捌名口　大口玖名口　女伍名口　小口肆名口　以上男女大小共拾叁名口　內有差丁貳名

高力屯一戶扒匠金照猪年叁拾壹歲妻高氏　歲父金義成羊年伍拾玖歲故　母馬氏　歲女

小姐雞年玖歲堂祖母金氏　歲堂次叔壯丁金四狗年肆拾肆歲嬸母佟氏　歲三叔壯丁金和尚

雞年肆拾伍歲嬸母刘氏　歲嬸母孀婦裴氏　歲孀婦長子幫丁五兒猴年貳拾貳歲次子

壯丁六兒狗年貳拾歲弟幫丁三達兒雞年貳拾壹歲　男柒名口　大口拾叁名口　女柒名口　小口壹名口

以上男女大小共拾肆名口　內有差丁叁名

庄克里一戶壯丁金文俊蛇年叁拾柒歲妻馬氏　歲父金自富猪年陸拾柒歲子五十兒鼠年拾捌歲故

女大姐虎年拾陸歲叔金自貴兔年陸拾叁歲嬸母李氏　歲叔長子壯丁金瘦子兔年貳拾

甲丁張瑞羊年貳拾叁歲媳湯氏　歲次孫白達子狗年腿瘸貳拾歲三孫壯丁黑小子鼠年拾捌歲四孫

五十三雞年玖歲五孫五十六鼠年陸歲次子官學生張起傑猴年貳拾肆歲女七姐豬年拾玖歲孚

頑僮張國羨羊年伍拾玖歲弟婦方氏　歲　男玖名口　大口拾貳名口　女伍名口　小口貳名口　以上男女大小共拾肆名口無差丁壹名

壽身一戶幫丁張起住虎年伍拾貳歲次弟幫丁張起華羊年叁拾伍歲弟婦郭氏　歲次弟子小小子狗年

捌歲弟女得姐牛年伍歲三弟幫丁張四鼠年叁拾歲三弟婦韓氏　歲三弟子小得子牛年伍歲

瀋　孀母婦靳氏　歲叔長子幫丁張起煥鼠年叁拾歲次子幫丁張起均蛇年貳拾伍歲三子幫丁張起秀猴年

貳拾貳歲　男捌名口　大口玖名口　女肆名口　小口叁名口　以上男女大小共拾貳名口　無差丁

礼關屯一戶幫丁張章保虎年肆拾歲妻李氏　歲父張國漢虎年陸拾肆歲母徐氏　歲子小小子

狗年捌歲女大姐鼠年陸歲叔幫丁張國林鼠年伍拾肆歲孀母張氏　歲次弟壯丁張起儒

十八年

王牛屯一戶壯丁雷麻子雞年叁拾叁歲父雷進忠羊年伍拾玖歲妹二姐猪年拾玖歲叔壯丁雷進孝蛇年肆拾玖歲

嫡母劉氏　歲叔子壯丁三小子猪年拾玖歲叔女小姐猪年柒歲弟四小兒狗年捌歲　男伍名口　女叁名口

大口陸名口　小口貳名口　以上男女大小共捌名口　內有差丁肆名

道義屯一戶漆匠雷炳蛇年叁拾柒歲子幫丁保兒猪年拾玖歲長女小姐虎年拾陸歲次女二姐龍年拾肆歲伯父雷起文

老退牛年陸拾伍歲伯母于氏　歲媳嫡魏氏　歲孫拴住虎年拾陸歲孫女鳳姐兔年拾伍歲

嫂嫡婦溫氏　歲嫂長子和尚馬年拾貳歲長女嬎姐虎年拾陸歲次女二姐龍年拾肆歲次弟幫丁雷

獎猴年叁拾肆歲子大小子雞年玖歲三弟壯丁雷煒鼠年叁拾歲四弟壯丁丑子狗年貳拾歲　男玖名口　女捌名口

大口玖名口　小口捌名口　以上男女大小共拾柒名口　內有差丁貳名

一戶司庫袁國善蛇年陸拾壹歲妻孫氏　歲長子甲丁袁起俊鼠年肆拾貳歲媳崔氏　歲長孫

貳拾玖歲次子壮丁靳二各兔年貳拾柒歲三子壮丁靳三各狗年貳拾歲弟壮丁白子鼠年拾捌歲堂弟

婦孫氏　歲堂弟長子栱柳龍年腿瘸貳拾陸歲次子壮丁小七子蛇年拾捌歲堂侄五十九雞年腳坏肆拾伍歲

侄婦徐氏　歲堂侄女小姐狗年捌歲　男玖名口 大口拾叁名口 女伍名口 小口壹名口　以上男女大小共拾肆名口　內有差丁伍名

一戶壮丁靳老各蛇年肆拾貳歲兄靳文雄陳逊猪年伍拾伍歲兄子壮丁小六子狗年貳拾歲兄女三姐牛年拾柒

歲妹料姐狗年貳拾歲長侄靳小保子猴年壮丁貳拾貳歲次侄二小子虎年拾陸歲　男伍名口 女貳名口

大口肆名口 小口叁名口　以上男女大小共柒名口　內有差丁叁名

城內一戶甲丁靳國雲鼠年肆拾貳歲妻蔣氏故母郭氏　歲長子幫丁大小子鼠年拾捌歲次子二小子兔年

拾伍歲三子三小子雞年玖歲弟幫丁靳老各羊年貳拾叁歲堂弟壮丁象神保鼠年肆拾貳歲

男陸名口 大口陸名口 女貳名口 小口貳名口　以上男女大小共捌名口　內有差丁壹名

支持

男拾名口　女陸名口
大口拾叁名口　小口叁名口　以上男女大小共拾陸名口　内有差丁壹名

城内一戶机匠于文斌猴年肆拾陸歲　妻楊氏　歲　父于廷翰馬年柒拾貳歲　母高氏　歲　長子帮丁大狗子雞年貳拾壹歲　次子帮丁二狗子牛年拾柒歲　女白姐狗年捌歲　堂祖于應祥壯丁狗年肆拾肆歲　祖母金氏　歲　堂祖子象神保鼠年陸歲　次堂祖壯丁于三各虎年貳拾捌歲　叔于廷玺羊年伍拾玖歲　嬸母郭氏　歲　叔女六姐狗年貳拾歲　三叔壯丁于廷碧狗年肆拾肆歲　嬸母韓氏　歲　叔子石五児蛇年拾叁歲

男拾名口　女柒名口
大口拾叁名口　小口肆名口　以上男女大小共拾柒名口　内有差丁叁名

一戶壯丁于廷芳狗年肆拾肆歲　兄于廷祥壯丁馬年肆拾捌歲　嫂代氏　歲　兄子五達子雞年貳拾壹歲痨症　弟壯丁于老各兔年貳拾柒歲

男肆名口　女壹名口
大口伍名口　以上男女大小共伍名口　内有差丁叁名

一戶壯丁靳黒子虎年貳拾捌歲　父靳文有蛇年陸拾壹歲老退　母腦氏　歲　嬸母王氏　故長子靳六十八牛年痨症

肆拾柒歲 次弟婦栢氏 歲 次弟女招姐 馬年 拾貳歲 三弟丁壯英俄力 豬年 肆拾叁歲 弟婦方

氏 歲 三弟女丁姐 羊年 拾壹歲 男陸名口 大口玖名口 女柒名口 小口肆名口 以上男女大小共拾叁名口 內有差丁伍名

城內一戶 軋匠 侯國甫 龍年 伍拾歲 妻李氏 歲 長子大僾子 猴年 貳拾捌歲 次子帮丁侯文術 故 兔年 貳拾柒歲

媳程氏 歲 三子小麻子 蛇年 拾叁歲 女白姐 雞年 玖歲 兄侯國相 猴年 伍拾捌歲 嫂

高氏 歲 男伍名口 大口柒名口 女肆名口 小口貳名口 以上男女大小共玖名口 內有差丁壹

一戶 机匠 侯國善 狗年 伍拾陸歲 妻高氏 歲 子帮丁侯維垣 蛇年 叁拾柒歲 媳廖氏 歲 孫傻

子 狗年 捌歲 孀婦嫂高氏 歲 孀婦媳郭氏 歲 兄孫大小子 兔年 拾伍歲 次孫二小子 □年 玖

歲 弟帮丁侯國璽 蛇年 叁拾柒歲 弟子帮丁小小子 豬年 拾玖歲 堂長兄侯定國 羊年 老退 柒拾壹歲 堂嫂金氏

歲 堂兄子丁壯侯維禮 龍年 蛇 貳拾伍歲 媳李氏 歲 堂侄侯三各 狗年 叁拾貳歲 迎有柔

[illegible]

一户壮丁高君佘雜年眼瞎伍拾柒歲妻周氏歲子壮丁高煥猪年叁拾壹歲媳代氏歲孫四十八雜年
玖歲弟婦王氏歲弟婦女大姐龍年拾肆歲次弟高二各蔑迭馬年貳拾肆歲男肆各口女肆各口
大口陸各口小口貳各口以上男女大小共捌各口内有差丁壹名
李巴烟屯一户壮丁高老各猴年肆拾陸歲妻刘氏歲母宋氏故子黑子虎年拾陸歲長女大姐龍年拾肆歲
次女二姐羊年拾壹歲孀母刘氏故兒高洪俊羊年胳膊坏伍拾玖歲嫂黄氏歲弟羅鍋子虎年腰坏
肆拾歲三弟高六兒雜年叁拾叁歲故四弟壮丁高洪英蛇年貳拾伍歲弟婦韓氏歲
男陸各口女柒各口大口拾各口小口叁各口以上男女大小共拾叁各口内有差丁貳各
蓬萊峪一户壮丁高洪世蛇年肆拾玖歲妻方氏歲長子壮丁高君榮龍年貳拾陸歲媳聶氏歲
33 次子壮丁高君華雜年貳拾壹歲三子討子羊年拾壹歲女二姐牛年拾柒歲次弟壮丁高洪吉羊年

肆拾壹歲弟女七姐龍拾肆歲堂兄高奉有兔年老退陸拾叄歲男肆名口大口肆名口女貳名口小口貳名口

以上男女大小共陸名口內有差丁貳名

一戶壯丁高奉璧雜年旁症伍拾柒歲長子壯丁高君振牛年貳拾玖歲次子壯丁高君萬馬年貳拾肆歲長兄高奉禾老退

兔年陸拾叄歲嫂祝氏歲長兄子壯丁高君越蛇年貳拾伍歲媳王氏歲弟壯丁高奉坡豬年

伍拾伍歲弟婦皮氏歲弟長子壯丁高君相牛年貳拾玖歲媳刘氏歲長子文福姐雜年

玖歲次弟子壯丁高君仁蛇年貳拾伍歲媳刘氏歲三子高君義羊年壯丁貳拾叄歲堂兄高奉啟猴年伍拾捌

歲嫂梁氏歲堂兄長子四麻子豬年拾玖歲故次子黑子兔年拾伍歲堂兄女奔姐蛇年拾叄

歲堂弟壯丁高奉祥馬年肆拾捌歲弟婦王氏歲堂弟子壯丁六指豬年拾玖歲男拾肆名口女玖名口

大口貳拾名口小口叁名口以上男女大小共貳拾叄名口內有差丁玖名

吉時

叔孫文大姐鼠年陸歲 三叔高君耀雞年腿瘸伍拾柒歲 嬸母蔣氏 歲 三叔子高君豹狗年出家貳拾歲
三叔女二姐虎年拾陸歲 四叔壯丁高奉山鼠年伍拾肆歲 嬸母閔氏 歲 四叔長子壯丁高君受羊年貳
拾叁歲係抱養子 次子高君堯龍年拾肆歲 三子高君舜猴年拾歲 堂叔壯丁高奉德龍年伍拾歲 嬸母董氏
歲 堂叔長子壯丁高君全猴年貳拾貳歲 次子高君康兔年拾伍歲 堂叔女白姐牛年拾柒歲 嬸婦
嬸母楊氏 歲 嬸母子壯丁高君照馬年貳拾肆歲 次弟壯丁高君功牛年貳拾玖歲 弟婦楊氏 歲
三弟壯丁高君鐸羊年貳拾叁歲 四弟壯丁高君俠雞年貳拾壹歲 堂次弟壯丁高君季兔年貳拾柒歲
弟婦王氏 歲 三弟高君季馬年貳拾肆歲 故四弟壯丁高君林雞年貳拾壹歲 男貳拾壹名口 女拾叁名口
大口貳拾柒名口 小口柒名口 以上男女大小共叁拾肆名口 內有差丁拾叁名
一戶壯丁高奉隱蛇年瘸症肆拾玖歲 妻喬氏 歲 子壯丁索兒猴年貳拾貳歲 弟壯丁高奉全牛年

大口伍名口
小口壹名口
以上男女大小共陸名口
內有差丁叁名

一戶壯丁高洪康雞年伍拾柒歲妻喬氏故母裴氏 歲長子壯丁高君昇兔年貳拾柒歲媳黃

氏 歲孫得喜蛇年壹歲次子七達子龍年拾肆歲弟婦黃氏 歲弟婦子壯丁高君耀

馬年貳拾肆歲弟婦女桂姐兔年拾伍歲 男伍名口 大口柒名口 女伍名口 小口叁名口 以上男女大小共拾名口 內有差丁叁名

刘通師屯一戶壯丁高君援龍年叁拾柒歲妻郭氏故父高洪朝老退猴年柒拾歲母陳氏 歲伯父高雲鼠年玖拾歲故

伯母肖氏 歲伯兄壯丁高君美羊年肆拾柒歲嫂刘氏 歲伯兄子常駝保羊年拾壹歲

男伍名口 大口捌名口 女肆名口 小口壹名口 以上男女大小共玖名口 內有差丁貳名

一戶壯丁高君碧蛇年叁拾柒歲妻于氏 歲父高奉章鼠年陸拾陸歲母金氏故子象神保雞年

玖歲次叔高奉臺龍年陸拾貳歲故嬸母趙氏 歲叔子壯丁高君宣豬年叁拾壹歲媳傅氏故

次女白姐狗年捌歲　男陸名口　大口柒名口　女玖名口　小口捌名口　以上男女大小共拾伍名口　無差丁

一戶壯丁高君正馬年叁拾陸歲妻金氏　歲子存住虎年肆歲長兄高君璽蛇年老退陸拾壹歲嫂胡氏

歲長兄長子壯丁高四各猴年貳拾貳歲次子柱見龍年拾肆歲故三子索見猴年拾歲次兄　高

君仝猴年伍拾捌歲嫂董氏　歲次兄子壯丁福孝兒牛年貳拾玖歲媳李氏　歲次兄次子壯丁高

二各兔年貳拾柒歲三子壯丁高傃豬年拾玖歲三兄高君佩豬年伍拾伍歲故嫂周氏　歲

三兄長子壯丁三各蛇年貳拾伍歲媳趙氏故次子壯丁五各雞年貳拾壹歲　男拾叁名口　女陸名口

大口拾陸名口　小口叁名口　以上男女大小共拾玖名口　內洧差丁陸名

一戶壯丁高洪鳳猴年伍拾捌歲長子壯丁高君職兔年貳拾柒歲次子壯丁高君尹雞年貳拾壹歲

弟高洪官兔年羅品伍拾並歲弟婦楊氏　歲弟子小四兒龍年拾肆歲　男伍名口　女壹名口

歲次子壯丁小六子狗年拾貳歲三子七小子雞年玖歲兄壯丁高君重虎年伍拾貳歲嫂李氏歲

男捌名口　女伍名口　以上男女大小共拾叁名口　內有差丁伍名

大口拾名口　小口叁名口

一戶壯丁高君聘馬年叁拾陸歲妻馮氏　歲母王氏　歲長子康寧兔年拾伍歲次子安太馬年

拾貳歲叔壯丁高洪信兔年伍拾壹歲嬸母王氏　歲故叔子壯丁高君順羊年叁拾伍歲媳王氏　歲叔孫黑

子兔年拾伍歲次孫小達子兔年叁歲弟壯丁高君祿狗年叁拾貳歲弟婦徐氏　歲叔女二姐龍年貳歲三弟壯丁

高奎保雞年貳拾壹歲

男玖名口　女陸名口　以上男女大小共拾伍名口　內有差丁伍名

大口拾名口　小口伍名口

一戶甲丁天罡保蛇年叁拾柒歲妻薛氏　歲母馮氏　歲長子幫丁高斌狗年貳拾歲媳王氏　歲

次子巴哈布狗年捌歲長女大姐牛年拾柒歲次女黑姐龍年拾肆歲三女鳳姐兔年叁歲弟幫丁高君甫

鼠年叁拾歲弟婦馮氏　歲弟長子嘐魯馬年拾貳歲次子小小子龍年貳歲弟長女二姐兔年拾伍歲

十三

長子張双頂雞年玖歲次子小見狗年捌歲女大姐兔年拾伍歲弟買子虎年拾陸歲

大口肆名口
小口肆名口　以上男女大小共捌名口　內有差丁壹名　男伍名口　女叁名口

一戶閘擋壯丁韓二兔年伍拾壹歲妻王氏　歲母陳氏　歲長子壯丁大小子兔年貳拾柒歲媳馮氏　歲

次子三小子蛇年拾叁歲女老姐羊年拾壹歲叔韓八蛇年老退陸拾壹歲嬸母金氏　歲叔長子壯丁

韓保兒雞年叁拾叁歲次子韓三保虎年陳迸貳拾捌歲三子壯丁小兩兒雞年貳拾壹歲叔女三丫頭龍年

拾肆歲兄韓文秀兔年老退陸拾叁歲兄長子壯丁韓起鳳龍年叁拾捌歲次子小定子牛年拾柒歲

男拾名口　女陸名口
大口拾貳名口　小口肆名口　以上男女大小共拾陸名口　內有差丁伍名

沙堡屯一戶壯丁高君方龍年貳拾陸歲妻刘氏　歲母葉氏　歲長子二達子羊年拾壹歲次子三達子雞年

玖歲故叔壯丁高洪安雞年伍拾柒歲嬸母張氏　歲叔長子壯丁高君用牛年貳拾玖歲媳王氏

肆拾歲 孀母 田氏　　歲 叔子 長禄 龍年 拾肆歲 三叔 壯丁 崔國季 狗年 叁拾貳歲 孀母 袁氏　　歲 叔長子 刘住 狗年 捌歲

次子 成喜兒 龍年 貳歲 叔女 黑姐 馬年 拾貳歲 兄 崔保住 狗年 眼瞎 伍拾伍歲 嫂 王氏　　歲 兄子 老小 虎年

肆歲 叔女 大姐 龍年 拾肆歲 次兄 崔帮 六十一 雞年 叁拾叁歲 嫂 羅氏　　歲 次兄子 四九 蛇年

壹歲 弟 壯丁 四豪兒 狗年 貳拾歲 妹 八姐 虎年 拾陸歲　　男拾貳名口　大口拾貳名口　　女玖名口　小口玖名口

以上男女大小共貳拾壹名口　　內有差丁叁名

一戶 甲丁 崔國亮 羊年 叁拾伍歲 妻 刘氏　　歲 母 張氏　　歲 長子 七十四 馬年 拾貳歲 次子 十一兒 豬年

柒歲 長女 大姐 牛年 拾柒歲 次女 依倫 龍年 拾肆歲 三女 三姐 虎年 肆歲　　男叁名口　女伍名口

大口叁名口　小口伍名口　　以上男女大小共捌名口　　無差丁

房身

一戶 閑備 壯丁 韓三各 馬年 叁拾陸歲 妻 馬氏　　歲 父 韓六 羊年 老退 柒拾壹歲 母 馬氏　　歲

十二牌

歲　男陸名口　大口玖名口　女陸名口　小口叁名口　以上男女大小共拾貳名口　内有差丁肆名

方家湖一戶壯丁郭成豹虎年伍拾貳歲妻杜氏　歲母刘氏　歲子郭世仲馬年拾貳歲長兄　郭成忠

羊年伍拾玖歲嫂喻氏　歲長兄子粟子狗年捌歲次兄壯丁郭成拄羊年肆拾柒歲嫂楊氏

歲次兄子壯丁刘保雞年貳拾壹歲長女二姐虎年拾陸歲次女小姐羊年拾壹歲故堂侄壯丁郭

世金狗年叁拾貳歲媳潘氏　歲堂孫常生兔年叁歲　男捌名口　大口玖名口　女柒名口　小口陸名口　以上男女大小共拾伍名口内有差丁肆名

一戶壯丁郭世禄虎年伍拾貳歲叔壯丁郭成棟兔年伍拾壹歲故嬸母閔氏　歲叔子八十六猴年拾歲

叔女姐兒牛年拾柒歲兄壯丁郭世奕雞年伍拾柒歲弟壯丁郭三蛇年肆拾玖歲弟陳遜郭四猴年

肆拾陸歲　男陸名口　大口陸名口　女貳名口　小口貳名口　以上男女大小共捌名口　内有差丁叁名

閘工一戶幫丁崔國臣牛年肆拾壹歲妻王氏　歲母高氏　歲子小兒虎年肆歲次叔壯丁崔國海虎年

沙渠屯一戶壯丁張文魁兔年貳拾柒歲妻石氏　歲父張進忠猪年陸拾柒歲母高氏　歲

女二姐龍年貳歲伯母孀婦吴氏　歲長兄壯丁張文隠羊年肆拾柒歲嫂高氏　歲

長兄子張義龍年拾肆歲長兄長女冬姐牛年拾柒歲長兄次女代姐馬年拾貳歲次兄壯丁張文通

兔年叁拾玖歲嫂康氏　歲次兄次子張仁虎年拾陸歲三兄壯丁張文志狗年叁拾貳

嫂王氏故三兄長子張礼龍年拾肆歲次子大卯子通勝馬年拾貳歲堂兄張文彪兔年貳拾柒歲故

男拾名口女玖名口以上男女大小共拾玖名口內有差丁肆名

大口拾貳名口小口柒名口

一戶壯丁高天科猪年肆拾叁歲妻趙氏　歲父高守奉牛年陸拾伍歲母王氏　歲

子壯丁高起昇牛年拾柒歲女小姐猴年拾歲孀婦嬸母高氏　歲子高老各龍年拾肆歲

次弟壯丁高天奉羊年叁拾伍歲弟婦蘇氏　歲三弟壯丁高和尚兔年貳拾柒歲弟婦于氏

土地

大口拾肆名口 小口肆名口 以上男女大小共拾捌名口 內有差丁壹名

一戶甲丁張元明龍年叁拾捌歲妻刘氏 歲 父壯丁張起祥雞年伍拾柒歲母王氏 歲

長子壯丁二小子鼠年拾捌歲次子金良馬年拾貳歲三子金柱雞年玖歲四子金斗鼠年陸歲

女大姐虎年拾陸歲次弟壯丁張四児猪年叁拾壹歲三弟壯丁小八児兔年貳拾柒歲三弟

婦葉氏 歲四弟巴拉虎年胳膊坏拾陸歲 男玖名口 大口捌名口 女肆名口 小口伍名口 以上男女大小共拾叁名口 內有差丁肆名

一戶甲丁張元清鼠年肆拾貳歲妻張氏 歲父張起太牛年老退陸拾伍歲子玉保児馬年拾貳歲女張

玉姐猴年拾歲次女二姐兔年叁歲次弟幫丁張元順羊年叁拾伍歲次弟婦徐氏 歲次子五一子

兔年拾伍歲三弟幫丁張元忠鼠年叁拾歲三弟婦董氏 歲四弟張元孝雞年腿坏貳拾壹

歲 男柒名口 大口捌名口 女伍名口 小口肆名口 以上男女大小共拾貳名口 無差丁

大口拾壹口
小口肆口　以上男女大小共拾伍名口　内有差丁壹名
一户甲丁張元成兔年貳拾柒歲　妻郭氏　歲　母刘氏　歲　女大姐龍年貳　歲
叔帮丁張起朋牛年肆拾壹歲　嬸母刘氏　歲　兄帮丁張元洪兔年叁拾玖歲　嫂刘氏　歲
兄子陳栗児羊年拾壹歲　兄女大姐兔年拾伍歲　男肆名口　女陸名口　大口柒名口　小口叁名口　以上男女大小共拾名口　無差丁
一户甲丁張元燦兔年貳拾柒歲　妻杜氏　歲　母李氏　歲　寡女小姐狗年捌歲　嬸母嬸婦周氏
兄帮丁張元良狗年叁拾貳歲　嫂高氏　歲　兄子得住猪年柒歲　房症小児
羊年貳拾叁歲　弟婦高氏　歲　堂兄勝坏張弓尔太雞年肆拾伍歲　堂嫂胡氏　歲
堂次兄帮丁張五十七牛年肆拾壹歲　堂次嫂腦氏　歲　堂次兄女大姐牛年拾柒歲　堂次兄次女二姐龍年
拾肆歲　堂三兄壯丁小花子猴年叁拾肆歲　堂三嫂刘氏　歲　男柒名口　女拾壹名口

十排

孀婦嫂崔氏　歲長子帮丁張元魁鼠年叁拾歲長子婦石氏　歲次子帮丁張連住蛇年貳
拾伍歲次子婦刘氏　歲三子壯丁張福住鼠年拾捌歲四子中住龍年吐血拾肆歲女三姐
蛇年拾叁歲兄長子壯丁侯保兒鼠年叁拾歲長兄長子婦傅氏　歲長兄次子觀音保羊年拾
壹歲長兄長女六姐虎年拾陸歲孀婦子壯丁張元秀鼠年肆拾貳歲孀婦子婦馬氏　歲
次子女小姐虎年肆歲　男玖名口　大口拾肆名口　女拾名口　小口伍名口　以上男女大小共拾玖名口　由有差丁叁名
一戶甲丁張元輔龍年貳拾陸歲妻董氏　歲祖母蔣氏　歲母雷氏　歲子白小兒兔年
叁歲女得姐鼠年陸歲叔帮丁張二各猪年肆拾叁歲孀母張氏　歲叔子帮丁滿塲
鼠年拾捌歲叔女二姐猴年貳拾貳歲堂叔老退張天德虎年柒拾陸歲堂孀母雷氏故兄壯丁
鍪住猪年叁拾壹歲嫂陳氏　歲兄女大姐雞年玖歲　男陸名口　女玖名口

房身一户壮丁雷文登羊年叁拾伍歲妻刘氏　歲母高氏　歲伯母裴氏故長兄雷文秉狗年伍拾陸胳膊坏
歲次兄壮丁雷二各鼠年肆拾貳歲次嫂裴氏　歲弟壮丁雷文科蛇年貳拾伍歲妹老
姐牛年拾柒歲長兄長子壮丁雷仁牛年貳拾玖歲長兄長子婦孫氏　歲長兄次子雷礼虎年拾陸
歲次兄子雷信蛇年拾叁歲長兄長子女大姐雞年玖歲　男柒名口　大口拾名口　女柒名口　小口肆名口　以上男女大小共拾肆名口内有差丁肆名

一户壮丁馬房住牛年貳拾玖歲妻盧氏　歲祖母徐氏　歲父馬登亮馬年柒拾貳歲老退
叔父馬登明兔年眼瞎叁拾玖歲嬸母刘氏　歲兄壮丁習晃狗年肆拾肆歲嫂徐氏　歲
弟老各蛇年拾叁歲故妹五姐牛年拾柒歲長兄長子大保蛇年拾叁歲次兄次子二保猴年拾歲
男柒名口　大口捌名口　女伍名口　小口肆名口　以上男女大小共拾貳名口内有差丁貳名

一户甲丁裴起英狗年伍拾陸歲妻温氏　歲兄裴三蛇年陸拾壹歲老退嫂王氏　歲

九勝

男柒名口 女玖名口
大口玖名口 小口柒名口

以上男女大小共拾陸名口 内有差丁叁名

一户壮丁高小乜孚羊年肆拾柒歲 妻經氏
歲兄帮丁高天榮虎年伍拾貳歲 子狗子虎年拾陸歲
女二姐羊年拾壹歲 侄高二小子蛇年拾叁歲 兄子房住馬年拾貳歲 兄女奔姐龍年拾肆歲

男伍名口 女叁名口
大口叁名口 小口伍名口

以上男女大小共捌名口 内有差丁壹名

一户帮丁高大小子兔年貳拾柒歲 妻刘氏
歲父眼瞎高天兴雞年伍拾柒歲 母金氏
歲次叔逊高天元猪年肆拾叁歲 故三叔壮丁高老各鼡年叁拾歲 次弟二達子兔年拾伍
歲三弟三達子馬年拾貳歲 妹老文文猴年拾歲

男陸名口 女叁名口
大口陸名口 小口叁名口

以上男女大小共玖名口 内有差丁壹名

一户壮丁于小八児蛇年叁拾柒歲 妻高氏
歲子双狗雞年玖歲

男貳名口 女壹名口
大口貳名口 小口壹名口 以上男女大小共叁名口 内有差丁壹名

一户壮丁郭好禮虎年伍拾貳歲 叔郭二壮丁雞年伍拾柒歲 嬸母嬸婦陳氏 歲 弟郭好智壮丁龍年

伍拾歲 弟婦高氏 歲 嬸母長子壮丁郭好荣雞年肆拾伍歲 嬸母長子婦徐氏 歲 嬸母次子郭好華

豬年吐血肆拾叁歲 嬸母三子郭好玉壮丁虎年貳拾捌歲 嬸母三子婦刘氏 歲 長女妞兒兔年拾伍歲 弟子

定兒龍年拾肆歲 弟女小姐羊年拾壹歲 嬸奴長子孫小兒雞年玖歲 嬸母長子女大姐牛年拾柒歲故

男捌名口 女柒名口
大口拾名口 小口伍名口 以上男女大小共拾伍名口 内有差丁伍名

一户壮丁高天貴虎年伍拾貳歲 母馬氏 故長兄高天良雞年眼瞎伍拾柒歲 次兄高天明壮丁狗年伍拾陸歲 次嫂

朱氏 歲 次弟高天昶豬年肆拾叁歲故 次弟婦侯氏 歲 三弟高老各壮丁鼠年肆拾貳歲

三弟婦華氏 歲 子七十四馬年拾貳歲 女三姐鷄年玖歲 長兄女小姐鼠年陸歲 次兄子双項

馬年拾貳歲 次兄長女大姐蛇年拾叁歲 次兄次女二姐狗年捌歲 次弟女丫頭猴年拾歲

八牲

兒子黑子羊年腿漏貳拾叁歲 兒長女丫頭牛年拾柒歲 兒次女黨姐龍年拾肆歲 長子五達子蛇年拾叁歲 女四姐

牛年拾柒歲 男捌名口 大口拾貳名口 女拾名口 小口陸名口 以上男女大小共拾捌名口 內有差丁肆名

上小屯一壯戶丁郭好臣雞年叁拾叁歲 妻陶氏 歲 父郭世豹猪年陸拾柒歲老退 叔父郭世魁虎年陸拾肆歲老退

孀婦曹氏 歲 次弟七達子虎年貳拾捌歲 故三弟十兒雞年貳拾壹歲 故叔子小小兒龍年拾肆

歲 男陸名口 大口柒名口 女貳名口 小口壹名口 以上男女大小共捌名口 內有差丁壹名

一甲戶丁郭好信猪年肆拾叁歲 妻王氏 歲 兄郭好義雞年伍拾柒歲痨症 嫂羅氏 歲 孀婦嫂

姚氏 歲 子小德子虎年拾陸歲 女丫姐馬年拾貳歲 兒子帮丁郭照牛年貳拾玖歲 兒子婦

崔氏 歲 兒次子三達子兔年拾伍歲 兒女大姐雞年玖歲 孀婦子大小子帮丁虎年貳拾捌歲

孀婦子婦高氏 歲 男陸名口 大口玖名口 女柒名口 小口肆名口 以上男女大小共拾叁名口 無差丁

拾壹歲 姪女英姐龍年貳歲 孀婦次子大小子鼠年拾肆歲

以上男女大小共貳拾壹名口 男拾叁名口 女捌名口

大口拾伍名口 小口陸名口

內有差丁伍名

一戶甲丁高天英虎年伍拾貳歲 故妻張氏 歲 孀婦嫂江氏 故弟帮丁高天爵兔年叁拾玖歲 弟婦高氏 歲 子甲丁高起朋猴年貳拾貳歲 媳王氏 歲 女小姐兔年叁歲 孀婦子帮丁刘官保蛇年叁拾柒歲 孀婦子婦刘氏 歲 孀婦長女三姐蛇年拾叁歲 次女小姐狗年捌歲 侄小達子狗年捌歲

男伍名口 女捌名口

大口玖名口 小肆名口

以上男女大小共拾叁名口 無差丁

房身一戶壯丁高天貴猪年肆拾叁歲 妻靳氏 歲 母王氏 歲 伯母刘氏 歲 嬸母雷氏 歲

兄高天朝羊年壯丁伍拾玖歲 嫂刘氏 歲 弟高麻子雞年壯丁叁拾叁歲 弟婦翟氏 歲

嬸母長子高天賢羊年壯丁肆拾柒歲 嬸母長子婦楊氏 故次子小匣子馬年拾貳歲 三子小達子猴年拾歲

七牧

大口拾貳名口
小口肆名口　以上男女大小共拾陸名口　內有差丁伍名
房身一戶壯丁靳文魁馬年老退柒拾貳歲　長子壯丁靳國甫牛年伍拾叁歲　長子婦張氏　歲　次子壯丁靳國賢蛇年叁
拾柒歲　次子婦趙氏故　三子靳國成兔年貳拾柒歲故　長孫壯丁王六兒雞年貳拾壹歲
大口柒名口　以上男女大小共柒名口　內有差丁叁名　男伍名口　女貳名口
一戶壯丁雷進孝馬年瘡症肆拾捌歲　叔父雷起先羊年壯丁伍拾玖歲　嬸母侯氏　歲　次叔雷起明虎年陳瘫伍拾
貳歲　次嬸王氏　歲　孀婦伯母高氏　歲　孀婦長子雷進狂狗年陳逃伍拾陸歲　孀婦長女大姐虎年
拾陸歲　次女小姐羊年拾壹歲　次弟壯丁雷進季雞年肆拾伍歲　三弟壯丁雷進成狗年叁拾貳
歲　三弟婦陳氏　歲　叔父長子六十二羊年陳逃叁拾伍歲　叔父次子小黑子兔年壯丁貳拾柒歲　叔父次子婦蘇氏
歲　叔父三子三兒鼠年壯丁拾捌歲　次叔長子傻子四了頭豬年拾玖歲　次叔次子小雨子牛年壯丁拾柒歲　次叔三子三各羊年

伯母胡氏　歲長兄陳永信狗年壯丁肆拾肆歲長嫂韓氏　歲次兄陳永佐兎年壯丁叁拾

玖歲次嫂栢氏　歲弟陳永璽牛年腿瘤貳拾玖歲伯兄陳永性虎年壯丁伍拾貳歲伯嫂刘氏　歲

堂弟壯丁陳永甫牛年貳拾玖歲長子大小児兎年拾伍歲次子三達児雞年玖歲長兄長子侯保児馬年

拾貳歲長兄次子二達子猴年拾歲長兄文大姐牛年拾柒歲次兄長子二小子龍年拾肆歲次兄次子四達子雞年

玖歲伯兄子大小子兎年拾伍歲男拾肆名口大口拾叁口女柒名口小口捌名口　以上男女大小共貳拾壹名口内有差丁肆名

房身一戶壯丁張黄鸞豬年肆拾叁歲妻郭氏　歲伯父張大老蛇年退捌拾伍歲伯母張氏　歲叔父張老各豬年

陸拾柒歲孀母馮氏　歲伯父長子張黑英牛年壯丁肆拾壹歲伯父長子婦馮氏　歲伯父次子張三猴年壯丁

貳拾貳歲伯父次子婦董氏　歲伯父三子張老各蛇年拾叁歲叔長子張三各牛年壯丁拾柒歲叔次子張四児兎年

拾伍歲叔女老姐猴年拾歲長子壯丁張三各羊年貳拾叁歲長子婦田氏　歲男玖名口女柒名口

次弟婦邢氏　歲　三弟趙老各壯丁鼠年叁拾歲　女二姐龍年拾肆歲　姪小小兒雞年玖歲

男伍各口　女肆各口

大口柒各口　小口貳各口　以上男女大小共玖名口　內有差丁叁名

一戶甲丁靳國卿兔年貳拾柒歲　妻郭氏　歲　伯父靳文選老退豬年陸拾柒歲　伯母馬氏　歲

次叔老各壯丁蛇年叁拾柒歲　故三叔壯丁靳三狗豬年拾玖歲　四叔二各牛年拾柒歲　五叔丢各虎年拾陸歲

兄壯丁靳國用牛年貳拾玖歲　妻孫氏　歲　堂兄幫丁靳四猴年肆拾陸歲　堂姉吴氏　歲

侄官保兔年拾伍歲　姪女大姐蛇年拾叁歲　堂長侄三兒幫丁雞年貳拾壹歲　堂次侄四兒牛年拾柒歲

三堂侄保住羊年拾壹歲　四堂侄素住兒蛇年拾叁歲　五堂侄柰住狗年捌歲　男拾肆各口　女伍各口

大口拾壹各口　小口捌各口　以上男女大小共拾玖名口　內有差丁貳名

旁身一戶机匠娘娘保蛇年叁拾柒歲　妻郭氏　歲　父陳自龍老退蛇年柒拾貳歲　母于氏　歲

次兄郭滕云狗年壯丁肆拾肆歲次嫂石氏　歲三兄郭滕豹馬年帮丁叁拾陸歲三嫂石氏　歲
弟帮丁郭老各猪年叁拾壹歲弟婦洪氏　歲堂長兄郭滕君羊年帮丁肆拾柒歲堂長嫂靳氏
歲堂次兄五狗子馬年壯丁叁拾陸歲堂次嫂戴氏　歲堂弟小常子狗年壯丁叁拾貳歲堂弟婦
孟氏　歲長子小小子猴年腿瘸拾歲女小姐兔年叁歲長兄子七達子猴年拾歲次兄子張保住龍年
拾肆歲三兄子甲丁郭文秀蛇年貳拾伍歲三兄子婦劉氏　歲弟女實姐兔年叁歲孫女白竟珠蛇年
壹歲　男拾肆名口　女拾肆名口　以上男女大小共貳拾捌名口　內有差叁名
大口貳拾貳名口　小口陸名口
房東戶甲丁高起鳳鼠年伍拾肆歲妻王氏　歲伯母周氏　歲弟壯丁高老各龍年叁拾捌歲故弟婦吴氏
歲子二小子雞年玖歲侄三達子牛年伍歲　男肆名口　女叁名口　以上男女大小共柒名口　無差丁
大口伍名口　小口貳名口
九里溝一戶壯丁趙大馬年肆拾捌歲妻朱氏故叔父趙五雞年老過陸拾玖歲嬸母王氏故次弟趙四虎年壯丁肆拾歲

五[illegible]

歲次兄子婦靳氏　歲次兄女三狗狗年捌歲　堂侄幇丁郭二達子猴年叁拾肆歲　堂侄婦袁氏　歲

男柒名口　女捌名口
大口拾叁名口　小口貳名口
以上男女大小共拾伍名口　內有差丁貳名

一戶壯丁郭大小子龍年叁拾捌歲　妻陳氏　歲　堂祖郭四羊年伍拾玖歲　祖母曹氏　歲　父郭大
羊年壯丁伍拾玖歲　母徐氏　歲　堂叔壯丁大小子牛年貳拾玖歲　堂嬸徐氏　歲　次堂叔
壯丁西惑庫狗年拾玖歲　三堂叔小小星羊年拾壹歲　次弟郭二小子豬年幇丁叁拾壹歲　次弟婦徐氏　歲
三弟幇丁郭四小龍年貳拾陸歲　三弟婦孫氏　歲　子郭黑子牛年伍歲
男玖名口　女陸名口
大口拾叁名口　小口貳名口
以上男女大小共拾伍名口　內有差丁伍名

一戶甲丁郭天彩雞年叁拾叁歲　妻王氏　歲　父郭世英狗年老退陸拾捌歲　母高氏　歲
叔郭世忠虎年老退陸拾肆歲　嬸母華氏　歲　長兄郭六馬年幇丁肆拾捌歲　長嫂陳氏　歲

兔年叁歲　男拾叁名口　大口拾陸名口　女拾貳名口　小口玖名口　以上男女大小共貳拾伍名口　由有差丁貳名

一戶甲丁郭起文蛇年叁拾柒歲妻談氏　歲母林氏　歲長子八十二出血鼠年拾捌歲次子福壽雞年玖歲故

三子永子牛年伍歲故女大姐蛇年拾叁歲　男肆名口　大口肆名口　女叁名口　小叁名口　以上男女大小共柒名口　無差丁

一戶壯丁郭大龍年伍拾歲妻楊氏　歲長叔郭五兔年陸拾叁歲故次叔郭六馬年陸拾歲故次婿刘氏　歲

弟壯丁郭二猪年肆拾叁歲弟婦徐氏　歲子布虎馬年拾貳歲長女大姐猪年拾玖歲次女二姐

馬年拾貳歲次叔子陳五子龍年拾肆歲　男陸名口　大口捌名口　女伍名口　小口叁名口　以上男女大小共拾壹名口　由有差丁貳名

房身一戶壯丁郭世榮牛年肆拾壹歲長兄郭世俊兔年陸拾叁歲老退長嫂裘氏　歲次兄郭定住羊年痨症

肆拾柒歲次嫂靳氏　歲弟壯丁郭老各狗年叁拾貳歲弟婦高氏　歲長兄子壯丁郭

天相馬年叁拾陸歲長兄子婦馬氏　歲長兄女大姐猴年拾歲次兄子　郭勝高狗年貳拾

四牌

三叔子没耳朶羊年殘疾貳拾叄歲　四叔長子保存狗年逃貳拾歲　四叔次子二各蛇年拾叄歲　長子壯丁大蟒牛豬年拾玖歲
次子二蟒牛兔年拾伍歲　長女大姐狗年貳拾歲　次女二姐虎年拾陸歲　男拾名口　女伍名口　大口拾貳名口　小口叄名口
以上男女大小共拾伍名口　内有善丁肆名
一戶甲丁郭良臣豬年肆拾叄歲　妻六氏　次叔郭天星豬年老退陸拾柒歲　次孀高氏　三叔郭
天興羊年伍拾玖歲　三孀馬氏　兄郭良甫龍年幇丁伍拾歲　弟幇丁郭老各蛇年叄拾柒歲　弟婦靳氏
歲　次叔子幇丁六十五兔年叄拾玖歲　次叔子婦靳氏　歲　次叔長女麻姐兔年拾伍歲　次叔次女二姐
蛇年拾叄歲　三叔子毛子兔年拾伍歲　三叔女老姐猴年拾歲　長子幇丁小二各雞年貳拾壹歲　長子婦靳氏
歲　次子虎子虎年拾陸歲　長女大姐羊年貳拾叄歲　次女囡姐猴年拾歲　兄子壯丁郭小四児牛年
貳拾玖歲　兄子婦李氏　歲　兄次子壯丁雅住猴年貳拾貳歲　弟長子四小子豬年柒歲　弟次子五児

房身一户帮丁靳國朝猪年叁壹歲 妻崔氏 歲 祖母王氏 歲 母王氏 歲 伯父靳文凤猴年
柒拾歲 伯母井氏 歲 長兄靳國臣虎年陳迯陸拾肆歲 長嫂陳氏 歲 次兄壮丁靳國仁龍年叁拾
捌歲 次嫂鄭氏 歲 三兄靳狗子雞年帮丁叁拾叁歲 三嫂高氏 歲 次弟小來子雞年帮丁貳拾
壹歲 堂次弟靳國礼猪年壮丁叁拾壹歲 堂三弟靳國義猴年壮丁十、、拾貳歲 堂三弟婦傅氏 歲 堂四弟靳國智
猪年壮丁拾玖歲 長兄女五姐牛年拾柒歲 三兄女三姐狗年捌歲 堂侄靳成英虎年陳獷肆拾歲 堂侄婦馬氏 歲
堂三弟長女大姐猴年拾歲 堂三弟次女二姐狗年捌歲 堂孫拴住猴年壮丁貳拾貳歲 堂孫婦刘氏 歲 堂次孫佛保
蛇年拾叁歲 堂孫女白姐馬年拾貳歲 男拾貳名口 女拾伍名口 大口貳拾名口 小口柒名口 以上男女大小共貳拾柒名口 內有差丁伍名
一户壮丁雷文秀馬年叁拾陸歲 妻靳氏 歲 父雷進朝龍年老退柒拾肆歲 母于氏 歲
次叔雷進相馬年柒拾貳歲 三叔雷大牛年壮丁伍拾叁歲 三嬸鄭氏 歲 四叔雷三蛇年壮丁肆拾玖歲

三特

索住雞年玖歲　男拾壹名口　大口拾柒名口　女玖名口　小口叁名口　以上男女大小共貳拾名口　内有差丁陸名

一戶百揔靳文猷猪年伍拾伍歲　妻雷氏　歲　兄靳三狗年伍拾陸歲　故姨張氏　歲

長子靳國卿虎年貳拾捌歲　故長子婦郭氏　次子甲丁靳國臣龍年貳拾陸歲　次子婦

高氏　歲　三子帮丁靳國室狗年貳拾歲　兄長子帮丁靳國全羊年叁拾伍歲　兄長子婦羅氏　歲

兄次子小保子雞年痨症貳拾壹歲　兄三子洪丁七狗子猪年拾玖歲　孫得全蛇年壹歲　堂孫牛子羊年拾壹歲

堂孫女丫頭猪年柒歲　男拾名口　大口拾叁名　女陸名口　小口叁名口　以上男女大小共拾陸名口　内有差丁壹名

一戶甲丁靳國甫龍年叁拾捌歲　妻張氏　歲　父靳文正龍年老退陸拾貳歲　弟帮丁靳國玺羊年

叁拾伍歲　弟婦刘氏　歲　子六十五虎年拾陸歲　長女三姐猪年柒歲　次女四姐龍年貳歲

弟長子他思咨兔年拾伍歲　弟次子小二子故雞年玖歲　男陸名口　大口伍名口　女肆名口　小口伍名口　以上男女大小共拾名口　無差丁

長叔董二羊年壯丁肆拾柒歲長孀高氏　歲次叔董隐蛇年壯丁叁拾柒歲次孀刘氏　歲
三叔董老各猴年壯丁叁拾肆歲三孀支氏　歲弟壯丁董二小子虎年貳拾捌歲妹佘姐
兎年拾伍歲長叔長女小姐兎年拾伍歲次女達姐羊年拾壹歲次叔女小姐猴年拾歲男陸名口女玖名口
大口拾壹名口
小口肆名口　以上男女大小共拾伍名口　内有差丁伍名
一户壯丁董礼狗年伍拾陸歲妻張氏　歲父董朝官龍年老退捌拾陸歲故母郭氏　歲
次弟壯丁董老各狗年肆拾肆歲次弟婦佟氏　歲三弟壯丁董黙兎年叁拾玖歲三弟婦馬氏
歲弟婦孀婦惠氏　歲長子董狗子龍年壯丁叁拾捌歲長子婦郭氏故次子二小子馬年收糧叁拾
陸歲三子壯丁皂索牛年貳拾玖歲三子婦楊氏　歲三弟女四姐鼠年拾捌歲孀婦子董天寿牛年
拾柒歲堂長侄董天福馬年壯丁叁拾陸歲堂次侄董二小子羊年壯丁叁拾伍歲孫女刘姐猪年柒歲堂孫

二胜

肆拾叁歲 弟壯丁靳保兒牛年貳拾玖歲 長叔子壯丁靳達子雞年貳拾壹歲 長叔次子壯丁二小子鼠年

拾捌歲 次叔子壯丁銓住雞年叁拾叁歲 次叔子婦高氏 歲 男玖名口 女肆名口 大口拾叁名口

以上男女大小共拾叁名口 內有差丁陸名

一戶壯丁刘起鳳蛇年貳拾伍歲 妻靳氏 歲 祖刘進豹羊年老退捌拾叁歲 父刘定國狗年老退

陸拾捌歲 母高氏 歲 叔刘定明蛇年老退陸拾壹歲 嬸母裴氏 歲 兄刘起云

鼠年腰坏肆拾貳歲 嫂刘氏 歲 弟刘起貴牛年拾柒歲 弟婦楊氏 歲 叔子五達子鼠年壯丁

叁拾歲 叔子婦郭氏 歲 女小姐牛年伍歲 兄長子壯丁刘自美猪年拾玖歲 兄次子十五兒猴年

拾歲 男玖名口 女柒名口 大口拾肆名口 小口貳名口 以上男女大小共拾陸名口 內有差丁叁名

一戶壯丁董五十六猪年叁拾壹歲 妻王氏 歲 父董儀雞年眼瞎伍拾柒歲 母徐氏

長兒三子三小子蛇年拾叁歲故長兒四子四小子猪年柒歲　次兒長子党子牛年耳聾拾柒歲次兒次子喜兒猪年柒歲孀婦

長子壯丁雷文才鼠年肆拾貳歲孀婦長子婦靳氏

歲　孀婦次子壯丁雷小四兒馬年叁拾陸歲

孀婦次子婦趙氏

歲　孀婦三子雷二小牛年貳拾玖歲故孀婦孫小小子雞年玖歲

男拾肆名口

女捌名口

大口拾肆名口

小口捌名口

以上男女大小共貳拾貳名口　內有差丁叁名

一戶壯丁刘天相馬年貳拾肆歲孀婦嫂陳氏

歲　長兒刘成虎蛇年陳迯肆拾玖歲次兒刘成鳳雞年陳迯肆拾

伍歲三兒壯丁小花子鼠年肆拾貳歲三兒子大兒猴年拾歲孀婦文英姐虎年拾陸歲

男伍名口

女貳名口

大口伍名口

小口貳名口

以上男女大小共柒名口　內有差丁貳名

房身一戶壯丁靳英兒雞年叁拾叁歲母雷氏

歲　叔父靳大猪年老退陸拾柒歲孀母辛氏

歲

次叔父靳世礼龍年老退陸拾貳歲次孀母朱氏

歲　三叔黃英羊年陳迯肆拾柒歲四叔壯丁靳四兒猪年

呂哈屯所屬各屯

一戶甲丁雷振璽羊年叁拾伍歲妻高氏　歲長兄雷振驛腿瘸狗年伍拾陸歲長嫂于氏　歲

次兄雷振衆帮丁龍年叁拾捌歲孀婦嫂張氏　歲長子四達子雞年玖歲次子七達子猪年柒歲

長女小姐兔年拾伍歲出嫁次女煥姐羊年拾壹歲三女三姐牛年伍歲長兄長子帮丁馬尔太兔年貳拾

柒歲長兄次子張保眼瞎蛇年拾叁歲長兄女三姐虎年拾陸歲孀婦子雷文章虎年拾陸歲孀婦女婆姐

龍年拾肆歲　男捌名口　大口柒名口　女捌名口　小口玖名口　以上男女大小共拾陸名口　無差丁

一戶甲丁雷振有馬年叁拾陸歲妻張氏　歲長兄雷振佐虎年伍拾貳歲故長嫂田氏　歲

次兄雷八各帮丁猪年肆拾叁歲次嫂趙氏　歲弟出丁雷小保子牛年貳拾玖歲孀婦嫂趙氏　歲

長女四姐雞年玖歲次女九姐兔年叁歲長兄長子帮丁小保子牛年拾柒歲長兄次子和尚兔年拾伍歲

正黄旗

乾隆拾肆年　　造得

吕哈屯人丁户口清册

盛京内务府档 ◉ 乾隆朝

②

辽宁省档案馆 编

辽宁民族出版社

盛京内务府档·乾隆朝 第二册 目录

肆名口
叁名口 大口柒名口 以上男女大小共柒名口 無差丁

年肆拾壹歲 妻吳氏 歲 父鄧成龍 狗年捌拾歲 長子 丁壯 大小子猪年

二小子 虎年拾陸歲 男肆名口 大口叁名口 丁壹名口 小口壹名口 以上男女大小共伍人

貳人

此屯共丁伍伯零叁名內除執事人叁名甲丁貳拾肆名牧丁貳名正

百捻壹名門軍貳名帮丁柒拾捌名炭丁拾陸名以上共除帮正丁

名淨剩應差壯丁叁伯柒拾名

起推石一戶壯丁李連傑虎年貳拾捌歲 父李進忠猪年老退陸拾捌歲 母郭氏　歲 叔李三陳羊年退肆拾

柒歲 次叔老各鷄年瘋癱肆拾伍歲 堂叔壯丁李自鳳馬年逃有案陸拾歲 次弟壯丁李連續鷄年貳拾壹

歲 三弟李連芳牛年拾柒歲 四弟八子蛇年拾叁歲 五弟八十一羊年拾壹歲 男玖名口 女壹名口

大口柒名口 小口叁名口 以上男女大小共拾名口 內有差丁貳名

一戶壯丁楊自華猴年叁拾肆歲 祖母孟氏　歲 叔壯丁和尚牛年貳拾玖歲 長叔楊成才馬年陸拾貳

嬸母孟氏　歲 叔子大小子蛇年拾叁歲 次叔楊四馬年老退陸拾歲 男伍名口 女貳名口

大口陸名口 小口壹名口 以上男女大小共柒名口 內有差丁貳名

一戶甲丁崔起龍龍年又名二客貳拾陸歲 妻王氏　歲 母佟氏　歲 兄甲丁崔起雲猪年叁拾

壹歲 故弟幇丁楊保蛇年貳拾伍歲 弟婦刘氏　歲 三弟幇丁丑小兒雞年貳拾壹

卅六本

丙子一戶
徐朝宣鷄年伍拾柒歲弟老各猪年陳退肆拾叁歲弟婦金氏歲長子二小子鷄年玖歲
男叁名口女壹名口大口叁名口小口壹名口以上男女大小共肆名口內有差丁壹名
總堂一戶壯丁李世英馬年肆拾捌歲妻表氏長子四達子龍年拾肆歲故次子二各羊年拾壹
歲故弟壯丁老各馬年叁拾陸歲男肆名口女壹名口大口叁名口小口貳名口以上男女大小共伍名口內有差丁貳名
山一之壯丁李克儉猪年叁拾壹歲妻王氏歲長叔李守成兎年老退陸拾叁歲叔長子壯丁李克富鼠年
叁拾歲次叔子二小子兎年拾伍歲次叔李守全羊年老退伍拾玖歲兄壯丁李克勤羊年叁拾伍歲
嫂羅氏歲堂兄壯丁李克亮牛年伍拾叁歲嫂郭氏歲堂兄長子大小子兎年拾伍
歲次子三小子鼠年陸歲堂兄長女姐兒馬年拾貳歲次女大姐鷄年玖歲男玖名口女伍名口
大口玖名口小口伍名口以上男女大小共拾肆名口 · 內有差丁肆名

以上男女大小共陸名口　内有差丁貳名

禾林子一户　壯丁徐朝玺　龍年叁拾捌歲　母羅氏　歲　叔徐通　狗年　老退　捌拾歲　嬸母金氏　歲

長兄壯丁徐朝碧　馬年肆拾捌歲　嫂楊氏　歲　兄長子壯丁徐文儒　兔年貳拾柒歲　媳

付氏　歲　孫徐皂保　虎年肆歲　兄女妞妞　牛年伍歲　次兄壯丁徐朝傑　虎年肆拾歲

嫂占氏　歲　次兄女姐兒　龍年拾肆歲　孀嫂曽氏　歲　兄子壯丁徐文學　鷄年

貳拾壹歲　媳楊氏　歲　兄女陳英　龍年拾肆歲　次弟壯丁徐朝愛　馬年叁拾

陸歲　弟婦馮氏　歲　弟女二姐　虎年肆歲　故　三弟壯丁徐乜達子　鼠年叁拾歲　弟婦吴氏

歲　四弟壯丁徐朝功　虎年貳拾捌歲　弟婦陳氏　歲　男拾名口　女拾肆名口

大口拾玖名口　小口伍名口　以上男女大小共貳拾肆名口　内有差丁捌名

竹五号

卅五号

男柒名口 女肆名口 大口拾壹名口 以上男女大小共拾壹名口 内有差丁壹名

一户丁壮徐朝聘狗年肆拾肆歲 妻楊氏 歲 父徐唐蛇年老退陸拾壹歲 母盧氏

歲 長子拴住兔年拾伍歲 次子二小子虎年肆歲 次弟丁壮徐朝住牛年肆拾壹歲 弟婦

周氏 歲 弟女白姐羊年拾壹歲 三弟十一子羊年痚症貳拾叁歲 堂弟丁壮徐朝忠鼠年肆

拾貳歲 弟婦張氏 歲 堂弟子徐文有牛年拾柒歲 堂三弟丁壮徐朝林狗年叁拾貳歲 弟婦

田氏 歲 堂四弟丁壮徐十子龍年貳拾陸歲 堂五弟丁壮石山子鼠年拾捌歲 男拾壹名口 女陸名口

大口拾叁名口 小口肆名口 以上男女大小共拾柒名口 内有差丁陸名

一户丁壮徐朝雲猪年肆拾叁歲 妻何氏 歲 子刘住猴年拾歲 兄徐朝卿蛇年老退陸拾壹歲 嫂

秦氏 歲 兄子丁壮大小子猴年貳拾貳歲 男肆名口 女貳名口

大口伍名口 小口壹名口

嬸母張氏　歲　次叔長子壯丁徐文義兔年貳拾柒歲　媳周氏　歲　孫女大姐虎年

肆歲　次子壯丁狗兒鼠年拾捌歲　三叔壯丁徐朝垃兔年伍拾壹歲　嬸母閻氏　歲　三叔子

大小兒鼠年陸歲　四叔壯丁徐朝信馬年肆拾捌歲　嬸母程氏　歲　四叔子保全龍年拾

肆歲　弟壯丁徐文明牛年貳拾玖歲　弟婦楊氏　歲　堂次弟壯丁徐文華猴年叁拾肆歲

弟婦高氏　歲　堂三弟徐二麻子狗年瘳症叁拾貳歲　男拾肆名口　女玖名口　大口貳拾名口　小口叁名口

以上男女大小共貳拾叁名口　內有差丁玖名

寨一戶甲丁徐彪鼠年伍拾肆歲　妻王氏　歲　兄徐芝豬年老退陸拾柒歲　嫂董氏　歲　兄長子幫丁徐

朝臣馬年叁拾陸歲　媳吳氏　歲　次子徐朝邦鼠年眼瞎叁拾歲　三子幫丁徐朝文兔年

貳拾柒歲　四子壯丁五達子蛇年貳拾伍歲　次兄徐倉蛇年老退陸拾壹歲　嫂張氏　歲

拾伍歲孀母于氏　歲叔長子壯丁詹天虎龍年伍拾歲媳徐氏　歲叔長孫壯丁蘇尔柰

蛇年貳拾伍歲次孫壯丁石保子狗年貳拾歲三孫小園子龍年拾肆歲長孫女丁姐牛年拾

柒歲次孫女三姐羊年拾壹歲次叔子詹天玉狗年叁拾貳歲故媳康氏　歲孫小四子羊年

拾壹歲弟壯丁詹天佑牛年肆拾壹歲弟子二小子牛年拾柒歲　男拾名口　大口拾壹名口　女柒名口　小口陸名口

以上男女大小共拾柒名口　內有差丁伍名

陳家庄一户壯丁詹朝文鷄年肆拾伍歲妻戚氏　歲子小子羊年拾壹歲叔詹天魁蛇年陸拾壹歲故

男叁名口　大口叁名口　女壹名口　小口壹名口　以上男女大小共肆名口　內有差丁壹名

荒地一户壯丁徐文達鷄年叁拾叁歲妻楊氏　歲父徐朝礼殘疾狗年伍拾陸歲母周氏　歲

伯父徐朝仁鷄年伍拾柒歲伯弟壯丁半拉臉鼠年拾捌歲次叔壯丁徐朝章牛年伍拾叁歲

拾肆歲叔女五姐牛年伍歲三叔壯丁詹四羊年肆拾柒歲嬸母張氏歲弟幫丁二小子
狗年貳拾貳歲弟婦陳氏歲三弟三小子狗年貳拾歲故四弟黑小子馬年拾貳
歲男捌名口大口拾壹名口女柒名口小口肆名口以上男女大小共拾伍名口內有差丁壹名
大台一戶壯丁詹大小子龍年叁拾捌歲父詹自昇虎年陸拾肆歲伯母孀婦蘇氏歲伯父詹自
明猪年老退陸拾柒歲伯母郭氏歲伯長子壯丁詹朝義龍年叁拾捌歲媳蘇氏歲
孫定見兔年叁歲伯次子壯丁六十三猪年叁拾壹歲伯三子壯丁老各狗年貳拾歲次弟壯丁詹朝
智羊年叁拾伍歲弟婦徐氏歲三弟詹朝仕鼠年壯丁叁拾歲弟婦朱氏歲三弟子赶生
蛇年壹歲男拾名口大口拾叁名口女伍名口小口貳名口以上男女大小共拾伍名口內有差丁伍名
陸
徐樹一戶壯丁詹天賜蛇年肆拾玖歲妻井氏歲女李姐虎年拾陸歲堂叔詹郎豹兔年柒

冊三号

四姐龍年拾肆歲　侄詹大小子虎年拾陸歲　侄女大姐羊年拾壹歲　男捌名口　女陸名口

大口柒名口　小口柒名口　以上男女大小共拾肆名口　內有差丁壹名

一戶壯丁詹天華牛年伍拾叁歲　長兄詹天榮蛇年手瘸陸拾壹歲　次兄詹天貴羊年老退伍拾玖歲　嫂曹氏　歲

兄子王保兒羊年拾壹歲　弟詹天明蛇年羅鍋拾叁歲　三弟壯丁詹天礼羊年叁拾伍歲　弟婦楊氏

歲　男陸名口　女貳名口　大口柒名口　小口壹名口　以上男女大小共捌名口　內有差丁貳名

一戶壯丁詹四小子狗年貳拾歲　祖母雷氏　故父壯丁詹天祿雞年肆拾伍歲　故母李氏　歲　次弟六小子虎年

拾陸歲　三弟八海雞年玖歲　男肆名口　女貳名口　大口肆名口　小口貳名口　以上男女大小共陸名口　內有差丁壹名

五台子一戶壯丁詹朝相虎年貳拾捌歲　妻田氏　歲　父幫丁詹天英牛年伍拾叁歲　母孫氏　歲　妹

婆姐龍年拾肆歲　次叔壯丁詹天珍蛇年肆拾玖歲　孀母石氏　歲　叔子狗子龍年

拾陸歲 侄媳孀婦温氏 歲 孫墩柱 鼠年眼瞎 拾捌歲 堂嫂孀婦温氏 歲 堂孫全柱

虎年拾陸歲 次孫銀住 馬年拾貳歲 男柒名口 大口柒名口 女陸名口 小口陸名口 以上男女大小共拾叁名口 內有差丁壹名

一戶牧丁詹朝卿 兔年叁拾玖歲 妻孫氏 歲 父詹天運 牛年老退 陸拾伍歲 妹二姐 鼠年拾捌歲

堂祖母王氏 歲 伯父詹天儀 狗年老退 陸拾捌歲 伯弟壯丁詹朝璽 蛇年貳拾伍歲 弟婦王氏

歲 弟詹僂子 兔年拾伍歲 長子楊住 虎年肆歲 次子三達子 兔年叁歲 長女小姐

兔年拾伍歲 次女二姐 蛇年拾叁歲 男柒名口 大口捌名口 女陸名口 小口伍名口 以上男女大小共拾叁名口 內有差丁壹名

㭷子一戶壯丁詹天相 猴年伍拾捌歲 妻代氏 歲 長子壯丁徐保兒 猴年貳拾貳歲 次子小牛子 牛年拾

柒歲 三子小英子 兔年拾伍歲 女小姐 蛇年拾叁歲 叔詹羅報 馬年柒拾貳歲 故孀母崔

氏 歲 弟詹天繼 手痔 猴年肆拾陸歲 弟婦馬氏 歲 弟子小小兒 馬年拾貳歲 弟女

大口拾伍名口
小口貳名口　以上男女大小共拾柒名口　內有差丁伍名

一戶買賣領僱程自善馬年肆拾捌歲妻李氏　歲子阿林鼠年陸歲女招姐雞年貳拾壹歲兄

程自奠鼠年陸拾陸歲兄子帮丁大小子龍年叁拾捌歲媳刘氏　歲弟婦孀婦刘氏　歲

弟長子甲丁程萬喜羊年貳拾叁歲又名白進子媳崔氏　歲弟次子帮丁二狗子鼠年拾捌歲弟三子三各

虎年拾陸歲　男柒名口大口拾名口　女伍名口小口貳名口　以上男女大小共拾貳名口　無差丁

一戶壯丁程大小兒馬年貳拾肆歲母林氏　歲妹大姐豬年拾玖歲叔程自玉羊年

伍拾玖歲弟二小子蛇年拾叁歲　男叁名口大口肆名口　女貳名口小口壹名口　以上男女大小共伍名口　內有差丁壹名

一戶牧丁海青狗年肆拾肆歲子五丫圖馬年拾貳歲長女三姐牛年拾柒歲次女四姐龍年拾肆歲

長侄占朝英牛年手痔肆拾壹歲次侄占朝臣雞年壯丁叁拾叁歲媳孫氏　歲孫女銀姐虎年

歲女保姐雞年玖歲長兄程自惠雞年殘疾伍拾柒歲嫂占氏　歲長兄長子帮丁二小子狗年貳

拾歲兄女福姐龍年拾肆歲次兄帮丁程自寬狗年肆拾肆歲嫂李氏　故堂兄程自信

牛年陸拾伍歲堂兄長子壯丁程萬璞鼠年肆拾貳歲兄次子壯丁程萬銀蛇年叁拾柒歲

媳蘱氏　歲　男玖名口 大口拾貳名　女陸名口 小口叁名口　以上男女大小共拾伍名口　內有差丁貳名

一戶壯丁程萬有鼠年肆拾貳歲妻金氏　歲父程自祥牛年老退陸拾伍歲母林氏　歲

子張保龍年拾肆歲伯父程自義龍年老退柒拾肆歲故伯母蘱氏　歲伯弟壯丁老各

兔年貳拾柒歲弟婦金氏　歲伯弟女大姐狗年捌歲叔壯丁程自瑞猴年伍拾捌

歲孀母崔氏　歲叔子壯丁程萬祥馬年叁拾陸歲兄壯丁程萬礼雞年肆拾伍歲

嫂鄧氏　歲弟壯丁程萬泰猪年叁拾壹歲弟婦曾氏　歲男玖名口 女捌名口

壯丁程自高蛇年肆拾玖歲嫡母占氏　歲　三叔長子壯丁程萬賢羊年貳拾叁歲　媳
陳氏　歲　次叔子小五兒羊年拾壹歲　四叔壯丁程自恒猴年肆拾陸歲　嫡母代氏　歲
四叔子六兒羊年拾壹歲　叔女瘦姐虎年拾陸歲　子啞叭傻子虎年拾陸歲、　男玖名口　女捌名口
大口拾貳名口　小口伍名口　以上男女大小共拾柒名口　內有差丁伍名

八棵樹一戶幫丁程萬朝龍年叁拾捌歲　父程自龍雞年老退陸拾玖歲　母郭氏　歲　子黑子
兔年拾伍歲　女大姐蛇年拾叁歲　伯父程自剛虎年老退柒拾歲　伯母朱氏　歲　伯兄壯丁
程萬祿豬年肆拾叁歲　嫂徐氏　歲　兄女二姐雞年玖歲　弟壯丁程萬才馬年
貳拾肆歲　男陸名口　大口捌名口　女伍名口　小口叁名口　以上男女大小共拾壹名口　內有差丁貳名

一戶甲丁程自華牛年貳拾玖歲　妻陳氏　歲　父程國臣龍年柒拾肆歲　子黑英馬年拾貳

四子十三腿瘸兔年拾伍歲三兄丁壯程自信馬年肆拾捌歲嫂蘇氏　歲三兄長子丁壯程
萬書鼠年叁拾歲媳張氏　歲兄孫女園姐牛年伍歲次孫女黑姐蛇年壹歲次子
丁壯程萬祥蛇年貳拾伍歲媳王氏　歲孫天保蛇年壹歲三子九兒雞年陳傻貳拾
壹歲四子丁壯六十兒鼠年拾捌歲五子十四兒羊年拾壹歲次弟丁壯程自惠豬年肆拾叁歲
弟婦郭氏　歲弟子瘦子兔年拾伍歲次子十五兒羊年拾壹歲故弟女五姐鼠年拾捌歲
次三弟丁壯程自文牛年肆拾壹歲弟婦吳氏　歲三弟子五兒猴年拾歲故弟女得姐豬年
柒歲　男貳拾肆名口大口貳拾玖名口　女拾捌名口小口拾叁名口　以上男女大小共肆拾貳名口內有差丁玖名
雞地一戶丁壯程萬象馬年叁拾陸歲妻張氏　歲祖母陳氏　歲父程自忠兔年老退陸拾
叁歲次叔丁壯程自景豬年伍拾伍歲嬸母李氏　歲叔女大姐牛年拾柒歲三叔

母石氏　歲次弟帮丁小保兒狗年貳拾歲第三六十兒虎年拾陸歲　男肆名口　女叁名口

大口陸名口　小口壹名口　以上男女大小共柒名口　無差丁

指揮化一戶帮丁色克圖虎年貳拾捌歲父程自全龍年老退陸拾貳歲母郭氏　歲妹老姐鼠年拾叁歲

次弟帮丁二小子鼠年拾捌歲　男叁名口　大口肆名口　女肆名口　小口壹名口　以上男女大小共伍名口　無差丁

下肥地一戶甲丁程自功猴年肆拾陸歲妻蘱氏　歲父程國勲牛年柒拾柒歲母盧氏　歲子程萬義

虎年拾陸歲女三姐鼠年拾捌歲長兄帮丁程自敏牛年伍拾叁歲長兄長子帮丁程萬福鼠年叁拾歲媳

蘱氏　歲孫兒五兒雞年玖歲孫女大姐馬年拾貳歲兄次子長水龍年貳拾陸歲兄女六姐牛年拾柒

歲次兄程自寬單身不隨龍年伍拾歲嫂王氏　歲次兄長子程萬正蛇年腿瘸貳拾伍歲媳盧

氏　歲次子壯丁廠兒馬年貳拾肆歲媳王氏　歲三子壯丁七兒雞年貳拾壹歲

以上男女大小共叁拾陸名口　内有差丁拾貳名

双樹王一户壮丁于朝相虎年伍拾貳歲故妻于氏　歲母張氏　歲長子壮丁于自鳳龍年

貳拾陸歲媳黄氏　歲孫七十二龍年貳歲次子于自興牛年拾柒歲女愛姐龍年拾

肆歲次弟壮丁于朝仲蛇年肆拾玖歲弟婦倪氏　歲次弟長子瀋陽蛇年拾叁歲

次子小保子兔年叁歲三弟壮丁于朝玺猴年肆拾陸歲弟婦蘊氏　歲三弟子壮丁于自

皋雞年貳拾壹歲媳刘氏　歲孫女明姐蛇年壹歲四弟于朝艾雞年叁拾叁歲故

弟婦陳氏　歲弟女喚姐羊年拾壹歲堂弟壮丁于朝林鼠年肆拾貳歲弟婦陳氏

歲堂弟子楊柱猪年柒歲故　男拾貳名口　大口拾伍名口　女拾壹名口　小口捌名口　以上男女大小共貳拾叁名口　内有差丁伍名

哈屯一户甲丁程太馬年貳拾肆歲又名三各妻崔氏　歲祖母史氏　歲父程自昶蛇年伍拾壹歲

朝政馬年腿漏肆拾捌歲嫂蕿氏　歲兄長子壯丁于自強虎年貳拾捌歲媳楊氏　歲

次兄壯丁于朝英馬年叁拾陸歲嫂張氏　歲兄子六十三虎年肆歲兄女存姐猴年拾歲

堂長兄壯丁于朝清鼠年伍拾肆歲嫂蘇氏　歲堂兄長子壯丁于自成龍年貳拾陸歲

媳倪氏　歲次兄子壯丁三小子馬年貳拾肆歲媳張氏　歲三子壯丁小當子雞年貳拾

壹歲四子五小子蛇年拾叁歲兄女大姐牛年拾柒歲次堂兄壯丁于朝桂豬年肆拾叁歲三堂兄

壯丁于朝安蛇年叁拾柒歲嫂佟氏　歲三兄長子大小兒龍年拾肆歲次子六十三牛年

伍歲四兄壯丁于朝用猴年叁拾肆歲嫂程氏　歲四兄子大小子龍年拾肆歲嫂孀婦

喻氏　歲兄子壯丁于自仁鼠年叁拾歲媳于氏　歲伯兄于明兔年柒拾伍歲故

嫂顧氏　歲伯兄子壯丁于二各龍年貳拾陸歲　男貳拾名口　大口貳拾玖名口　女拾陸名口　小口柒名口

牛年眼瞎肆拾壹歲媳侄李氏　歲孫晌氣牛年拾柒歲 男拾柒名口 女拾伍名口 大口貳拾肆名口 小口捌名口

以上男女大小共叁拾貳名口 內有差丁陸名

斷頭山一戶壯丁于朝宣羊年貳拾叁歲妻張氏 祖父于文興雞年陸拾玖歲 父于教雞年眼瞎肆拾伍歲 母崔

氏　歲 男叁名口 女貳名口 大口伍名口 以上男女大小共伍名口 內有差丁壹名

古城子一戶壯丁于朝洹龍年叁拾捌歲妻崔氏　歲長子存住壯丁牛年拾柒歲次子丁住兒豬年柒歲長兄于

朝汶龍年瘋癱伍拾歲嫂閆氏　歲兄子壯丁于自孝兔年貳拾柒歲媳朱氏　歲次兄

壯丁于朝啟鼠年肆拾貳歲嫂付氏　歲兄子長生馬年拾貳歲兄女大姐兔年拾伍歲弟壯丁

于朝浭羊年叁拾伍歲弟婦井氏　歲 男捌名口 女陸名口 大口拾名口 小口肆名口 以上男女大小共拾肆名口 內有差丁伍名

肥地一戶壯丁于朝碧猴年叁拾肆妻占氏故父于祿豬年陸拾柒歲母汪氏故伯母林氏　歲長兄于

廿六年

以上男女大小共叁名口　無差丁

城子一戶壯丁于朝海牛年伍拾叁歲故妻井氏　歲父于斌老退羊年柒拾壹歲長子帮丁于自功蛇年

叁拾柒歲媳井氏　歲孫女八姐馬年拾貳歲次子帮丁于自侯蛇年貳拾伍歲媳徐

氏　歲孫七斤馬年拾貳歲三子壯丁于自傑狗年貳拾歲媳王氏　歲弟婦孀婦

金氏　歲弟子壯丁郭保住猴年貳拾貳歲媳金氏　歲孫女四姐羊年拾壹歲

次弟于朝消狗年肆拾肆歲故弟婦徐氏　歲次弟長子壯丁于自礼蛇年貳拾伍歲媳卯

氏　歲次子壯丁于丁五猪年拾玖歲三子于丁大牛年拾柒歲三弟壯丁于朝河鼠年肆拾貳歲

弟婦王氏　歲三弟女妞妞龍年拾肆歲四弟壯丁于朝洋猪年肆拾叁歲弟婦韓氏

歲弟長子七五牛年拾柒歲次子王四馬年拾貳歲弟婦孀婦朱氏　歲侄于自伯

侄七十二兎年拾伍歲　男貳名口　大口叁名口　女叁名口　小口貳名口　以上男女大小共伍名口　内有差丁壹名

道義圮一戶閘檔壯丁朱五狗蛇年貳拾伍歲妻羅氏　歲母羅氏　歲妹小姐虎年拾陸歲

弟壯丁六狗子雞年貳拾壹歲弟三老各蛇年拾叁歲　男叁名口　大口肆名口　女叁名口　小口貳名口

以上男女大小共陸名口　内有差丁貳名

王指揮圮一戶壯丁于朝俊羊年老退伍拾玖歲妻刘氏　歲兄于朝棟馬年陸拾歲故嫂穫氏　歲

兄女三姐猪年柒歲弟于朝傑眼瞎雞年伍拾柒歲弟婦蘇氏　歲弟大小子兎年拾伍歲

弟婦孀婦刘氏　歲弟子王索兒龍年拾肆歲　男伍名口　大口柒名口　女伍名口　小口叁名口

以上男女大小共拾名口　無差丁

一戶百摠于成德狗年肆拾肆歲妻趙氏　歲女二姐狗年捌歲　男壹名口　大口貳名口　女貳名口　小口壹名口

貳歲三弟子幫丁腦国忠狗年貳拾歲四弟子腦國秀鼠年陸歲侄壯丁腦國相鼠年肆拾貳

歲侄媳閻氏　歲孫壯丁腦文寬豬年拾玖歲

男拾貳名口　女玖名口

大口拾伍名口　小口陸名口

以上男女大小共貳拾壹名口　內有差丁肆名

苫哈乞一戶壯丁腦三鼠年肆拾貳歲妻張氏　歲子小小子羊年拾壹歲女小妞雞年玖歲叔腦昇隆

狗年殘疾肆拾肆歲孀母楊氏　歲叔長子大小子虎年拾陸歲次子金保蛇年拾叁歲故次叔

壯丁腦登龍狗年叁拾貳歲三叔腦進龍兔年貳拾柒歲故四叔壯丁腦義龍蛇年貳拾

伍歲孀母馬氏　歲侄壯丁小子狗年貳拾歲侄女妞妞雞年玖歲

男玖名口　女伍名口

大口玖名口　小口伍名口

以上男女大小共拾肆名口　內有差丁肆名

石山子一戶投從壯丁王岳斗兔年伍拾壹歲妻栢氏　歲母羅氏　歲女二姐雞年玖歲

女小丫頭猴年拾歲次叔腦奐龍馬年陸拾歲嬸母刘氏　歲叔長子帮丁腦臭糞猴年貳
拾貳歲叔次子小小子馬年拾貳歲故叔女小姐兔年拾伍歲三叔壯丁達子猴年肆拾陸歲嬸母徐
氏　歲叔子二小子猴年拾歲長兄腦佛保猪年老退陸拾柒歲嫂朱氏　歲次兄腦三陳瞎猴年
伍拾捌歲嫂高氏　歲次兄子常禄虎年拾陸歲女老姐龍年拾肆歲男拾壹名口女捌名口
大口拾貳名口小口柒名口　以上男女大小共拾玖名口　内有差丁壹名
一户壯丁腦大狗年伍拾陸歲妻代氏　歲母刘氏故子壯丁腦國昇猪年拾玖歲孀母婦
楊氏故弟壯丁腦得富鼠年伍拾肆歲弟婦王氏　歲弟長子甲丁腦国華龍年貳拾
陸歲媳祝氏　歲弟長孫大小子牛年伍歲次孫羅漢保龍年貳歲孫女二姐狗年捌歲
次孫女三姐鼠年陸歲弟次子帮丁七兒猴年貳拾貳歲媳周氏　歲孫什加保龍年

廿七号

叔子壯丁林世宣狗年貳拾歲 叔女老各牛年拾柒歲 次弟壯丁林世勳馬年叁拾陸歲 弟婦

呂氏　歲 次弟子金柱猴年拾歲 三弟壯丁林世英龍年貳拾陸歲 弟婦張氏　歲

三弟子玉柱兔年叁歲 女月娥猪年柒歲 男拾壹名口 大口拾貳名口 女玖名口 小口捌名口

以上男女大小共貳拾名口 內有差丁肆名

一戶染紅匠腦文斌兔年叁拾玖歲 妻高氏 故子保住虎年拾陸歲 女三妲龍年拾肆歲 兄幫丁腦文栄

雞年肆拾伍歲 嫂徐氏　歲 兄長子馬尔賽牛年拾柒歲 次子双喜馬年拾貳歲 長女鳳

妲鼠年拾捌歲 次女老妲猴年拾歲 次弟六兒兔年拾伍歲 三弟七兒蛇年拾叁歲 男柒名口 女伍名口

大口伍名口 小口柒名口 以上男女大小共拾貳名口 無差丁

一戶壯丁腦四龍年伍拾歲 妻高氏　歲 長子安達哈眼瞎鼠年拾捌歲 次子小五兒兔年拾伍歲

三兄林國寧牛年病症肆拾壹歲嫂吳氏　歲兄子牛子虎年肆歲男拾壹名口女拾名口
大口拾伍名口小口陸名口以上男女大小共貳拾壹名口無差丁
一户抱养壯丁林國碧羊年叁拾伍歲妻蔣氏　歲子七十兒牛年伍歲叔林雲興狗年老退陸拾
捌歲孀母閔氏　歲兄林國柱雞年殘疾伍拾柒歲嫂吳氏　歲兄子八十猴年
拾歲兄女存姐鼠年拾捌歲弟婦孀婦于氏　歲弟長子保子蛇年拾叁歲次子二小子
羊年拾壹歲男柒名口大口柒名口女伍名口小口伍名口以上男女大小共拾貳名口內有差丁壹名
一户抱养壯丁林世傑龍年叁拾捌歲妻費氏　歲父林雲祥馬年老退陸拾歲母梁氏
歲長子壯丁七十三鼠年拾捌歲次子二小子羊年拾壹歲三子銀住兔年叁歲長女大
姐羊年拾壹歲次女二姐猪年柒歲叔林云集狗年伍拾陸歲故孀母鄭氏　歲

廿子去

壮丁林国義馬年貳拾肆歲媳朱氏　次子壮丁林国礼雞年貳拾壹歲媳王氏

次弟壮丁林國正兎年肆拾歲弟婦羅氏　次弟子得子羊年拾壹歲　三弟

林國清猴年根坏叁拾肆歲弟婦呂氏　三弟長子和尚馬年拾貳歲　次子馬索兒狗年捌歲

男拾柒名口　大口貳拾貳名口　女拾叁名口　小口捌名口　以上男女大小共叁拾名口　内有差丁柒名

上肥地一石　抱甲李丁林国寿龍年叁拾捌歲妻康氏　歲母刘氏　歲女玉姐牛年伍歲　次叔林

文瑞龍年柒拾肆歲次叔子林國相猪年拾玖歲媳韓氏　歲三叔林雲斌猴年己退

柒拾歲兄林國福兎年陸拾叁歲嫂郭氏　歲兄子帮丁林俊兎年貳拾柒

歲媳位氏　歲孫李得兒虎年肆歲孫女刘保姐牛年伍歲次兄帮丁林國

康牛年肆拾壹歲次兄嫂裴氏　歲次兄子保子虎年肆歲女唐青馬年拾貳歲

沆河一戶開擋壯丁張文傑雞年肆拾伍歲妻朱氏　歲父張有蒙龍年捌拾陸歲故子壯丁四達

子鼠年叁拾歲媳袁氏　歲孫小兒蛇年壹歲長女冨姐鼠年拾捌歲次女二姐兒年

拾伍歲弟壯丁張王四龍年叁拾捌歲弟婦蘇氏　歲弟子董九兒猴年拾歲男陸名口女伍名口

大口捌名口小口叁名口以上男女大小共拾壹名口內有差丁叁名

三家子一戶抱养壯丁林國保狗年肆拾肆歲妻周氏　歲父林雲時牛年老退陸拾伍歲母郭氏　歲

子大小子猴年拾歲女赶姐虎年拾陸歲伯父林雲彩羊年老退柒拾歲伯母程氏　歲堂弟次

壯丁林國聘馬年叁拾陸歲弟婦崔氏　歲堂弟長子郎頭羊年拾壹歲次子聘小子狗年捌歲

堂三弟壯丁林國智鼠年叁拾歲弟婦陳氏　歲三弟女大姐牛年伍歲次伯父林雲倉雞年老退　歲

陸拾玖歲伯母王氏　歲叔父壯丁林雲太馬年肆拾捌歲嬸母王氏　歲叔長子

陸歲次子三小児羊年拾壹歲兄胡應登兔年陸拾叁歲嫂劉氏　歲兄子索児牛年
拾柒歲嫂孀婦王氏　歲兄長子壯丁胡盛雲雞年肆拾伍歲媳于氏　歲孫六
十二雞年玖歲兄次子壯丁白英馬年叁拾陸歲媳李氏　歲孫女二姐猪年柒歲次弟壯丁
胡應輔猴年肆拾陸歲弟婦蘇氏　歲次弟子赶生羊年拾壹歲弟女二姐蛇年拾叁
歲三弟壯丁胡應珮兔年叁拾玖歲弟婦王氏　歲三弟女蔡姐狗年捌歲四弟胡應林
猴年腿瘸叁拾肆歲弟婦周氏　歲五弟壯丁胡應環猪年叁拾壹歲弟婦陳氏　歲
弟子滿倉兒鼠年陸歲　男拾伍名口　大口拾捌名口　女拾貳名口　小口玖名口　以上男女大小共貳拾柒名口内有差丁伍名
荒地一戶壯丁楊榮龍年伍拾歲子大小子虎年拾陸歲次弟楊珮馬年瘋瘫叁拾陸歲三弟壯丁三達子狗年
叁拾貳歲弟婦金氏　歲　男肆名口　大口肆名口　女壹名口　小口壹名口　以上男女大小共伍名口内有差丁貳名

六弟幫丁胡盛連狗年叁拾貳歲七弟幫丁四狗兒鼠年叁拾歲堂次弟壯丁胡盛金羊年

叁拾伍歲弟婦杜氏　歲弟女小妞兒雞年玖歲堂二弟壯丁胡盛明雞年貳拾壹

歲弟婦李氏　歲男拾柒名口大口貳拾肆名口女拾叁名口小口陸名口以上男女大小共叁拾名口內有差丁柒名

荒地一戶壯丁胡應貴猴年肆拾陸歲長子大小子蛇年陳瘋貳拾伍歲媳徐氏　歲次子六小子

牛年拾柒歲三子寸小子蛇年拾叁歲故兄壯丁胡應福蛇年肆拾玖歲嫂占氏　歲

兄子壯丁二小子羊年貳拾叁歲媳孫氏　歲弟壯丁胡應宣牛年肆拾壹歲弟婦程

氏　歲弟長子壯丁靠山雞年貳拾壹歲媳方氏　歲弟孫女得姐蛇年壹歲

弟次子七小兒虎年拾陸歲男玖名口大口拾壹名口女陸名口小口肆名口以上男女大小共拾伍名口內有差丁伍名

肥地一戶壯丁胡應連馬年肆拾捌歲妻張氏　歲父胡天正老退牛年柒拾柒歲長子海青虎年拾

堂孫壯丁六十兒狗年貳拾歲次孫三各猴年拾歲堂次侄胡盛礼猪年陳逃肆拾叁歲三侄胡

盛信牛年陳逃肆拾壹歲四侄帮丁麻子狗年貳拾歲 男玖名口 女捌名口 大口拾肆名口 小口叁名口

以上男女大小共拾柒名口 內有差丁貳名

一戶壯丁胡盛枝羊年老退伍拾玖歲妻徐氏 歲父胡應宰牛年柒拾柒歲母位氏 歲子 三小

子鼠年拾捌歲女老丫頭雞年玖歲次叔壯丁胡應華鼠年伍拾肆歲次叔子壯丁胡盛亮鼠年拾捌歲

三叔壯丁胡應貴猪年肆拾叁歲孀母杜氏 歲三叔子李保住狗年捌歲叔女小姐蛇年拾叁歲次弟

壯丁胡盛用馬年肆拾捌歲弟婦宛氏 歲次弟長子壯丁大小子鼠年拾捌歲次子二小子虎年拾陸歲

弟女三姐猴年拾歲三弟胡三猪年白眼瞎肆拾叁歲四弟帮丁胡盛文鼠年肆拾貳歲弟婦畢氏

歲弟女白姐猴年貳拾貳歲五弟胡盛義虎年陳逃肆拾歲弟婦張氏 歲

一户壮丁徐貴狗年肆拾肆歲妻鄭氏　歲長子壮丁徐国明蛇年貳拾伍歲媳于氏　歲
次子壮丁徐國旺雞年貳拾壹歲媳刘氏　歲三子徐五小子牛年伍歲子二各羊年
拾壹歲長女六姐龍年拾肆歲次女三姐狗年捌歲嫂孀婦張氏　歲兄子壮丁生保
猴年貳拾貳歲次子陶索兒龍年拾肆歲孫女小姐虎年肆歲弟壮丁徐君鼠年叁拾
歲弟婦蘇氏　歲弟女大姐鼠年陸歲　男捌名口　女玖名口
大口拾名口　小口柒名口
以上男女大小共拾柒名口　内有差丁伍名
一户匠机胡三聾子牛年伍拾叁歲妻楊氏　歲母崔氏　歲子帮丁胖子雞年貳拾壹歲
媳馬氏　歲女四姐蛇年拾叁歲嫂孀婦曹氏　歲兄女老姐兔年拾伍歲侄壮丁
保兒兔年叁拾玖歲侄媳張氏　歲堂長侄壮丁胡國助龍年伍拾歲侄媳腦氏　歲

捌歲　三弟丁帮九兒　蛇年貳拾伍歲　男拾名口　大口拾伍名口　女拾名口　小口伍名口　以上男女大小共貳拾名口　內有差丁貳名

台子一戶丁壯徐大小子　兔年叁拾玖歲　妻張氏　歲　父徐三老退　蛇年陸拾壹歲　母温氏　歲　子

小小子　蛇年陸歲　女小姐　龍年拾肆歲　伯父徐二老退　龍年陸拾貳歲　次弟丁壯二小子　猪年叁拾壹

歲　弟婦李氏　歲　三弟三小子　蛇年瘋疾貳拾伍歲　四弟章保　牛年瘋傻拾柒歲　男柒名口　女肆名口

大口捌名口　小口叁名口　以上男女大小共拾壹名口　內有差丁貳名

下肥地一戶丁壯徐通　羊年肆拾柒歲　妻張氏　歲　長子丁壯徐國太　龍年貳拾陸歲　媳王氏　歲　次子長元

狗年捌歲　長女得姐　兔年拾伍歲　次女登姐　馬年拾貳歲　兄徐寧　牛年殘疾伍拾叁歲　弟丁壯徐榮

馬年叁拾陸歲　弟婦李氏　歲　弟子小小子　蛇年壹歲　男陸名口　大口柒名口　女伍名口　小口肆名口

以上男女大小共拾壹名口　內有差丁叁名

以上男女大小共貳拾名口　内差丁伍名

一戶丁甲徐成功龍年貳拾陸歲長兄帮丁小八子蛇年叁拾柒歲嫂史氏　歲長兄女二姐龍年

拾肆歲次女三姐馬年拾貳歲次兄帮丁小五子猪年叁拾壹歲弟丁壯小小子蛇年貳拾

伍歲　男肆名口大口伍名口　女叁名口小口貳名口　以上男女大小共柒名口　内有差丁壹名

一戶丁甲徐成官鼠年叁拾歲妻宛氏　歲父徐進忠雞年陸拾玖歲母胡氏　歲

子阿林保牛年伍歲長女五姐猴年拾歲次女二姐狗年捌歲伯徐二虎年柒拾陸歲故伯母

馬氏　歲伯母孀婦李氏　歲伯長子丁壯徐成佐猪年肆拾叁歲媳王氏故

伯女四姐馬年拾貳歲伯次子二瞎子蛇年眼瞎叁拾柒歲嬸母孀婦李氏　歲叔子丁壯皂

索皂蛇年貳拾伍歲媳李氏　歲孫小兒蛇年壹歲次弟帮丁七皂虎年貳拾

陸歲故媳鄭氏　歲叔孫女小姐鼠年陸歲三叔子壯丁楊貴豬年叁拾壹歲媳崔氏

歲次弟楊國蛇年陳迯叁拾柒歲三弟壯丁楊昇雞年貳拾壹歲男拾名口女柒名口

大口拾肆名口小口叁名口　以上男女大小共拾柒名口內有差丁肆名

一戶壯丁楊魁鼠年叁拾歲妻陳氏　歲祖母鄭氏　歲父楊仲富羊年柒拾壹歲故

子三小兒猴年拾歲女大姐虎年肆歲伯母姚氏　歲媳孀婦郭氏　歲伯母孫

二小子猴年拾歲兄啞叭龍年叁拾捌歲嫂蘇氏　歲侄大小子牛年出家拾柒歲堂長兄

楊虎羊年老退伍拾玖歲堂嫂馬氏　歲堂兄長子壯丁大小子虎年貳拾捌歲媳金氏

歲兄次子壯丁三小子雞年貳拾壹歲堂次兄壯丁楊亮　年叁拾捌歲三兄壯丁楊

寬羊年叁拾伍歲嫂景氏　歲　男拾壹名口大口拾陸名口女玖名口小口肆名口

妞姐龍年拾肆歲次弟壯丁楊朝斌馬年叁拾陸歲弟婦趙氏次弟子四兒羊年拾壹歲三弟壯丁楊朝
用鼠年叁拾歲弟婦杜氏　歲四弟壯丁楊朝臣蛇年貳拾伍歲弟婦楊氏　歲弟子大小子蛇年壹歲
城內堂長叔楊洪勳馬年眼瞎肆拾捌歲孀母崔氏　歲叔長子壯丁二虎　雞年貳拾壹歲次子
壯丁小年子鼠年拾捌歲三子六十五羊年拾壹歲叔女大姐狗年捌歲堂次叔壯丁楊孝鼠年叁拾
歲孀母林氏　歲叔子小四子雞年玖歲
男拾叁名口　女捌名口
大口拾伍名口　小口陸名口
以上男女大小共貳拾壹名口　內有差丁陸名
荒地一戶壯丁楊寧鼠年肆拾貳歲妻張氏　歲父楊仲登羊年老退柒拾壹歲女二姐馬年拾
貳歲叔楊仲科狗年老退陸拾捌歲故孀母金氏故叔長子壯丁楊玉牛年肆拾壹歲媳
胡氏故叔長孫壯丁楊朝惠鼠年拾捌歲次孫小八兒牛年伍歲叔次子楊璽馬年叁拾

貳拾張

媳朱氏　歲　兄孫六十蛇年拾叁歲　兄孫女大姐牛年伍歲　次兄子壯丁胡登雲猴年叁拾

肆歲　次堂兄胡二各豬年伍拾伍歲　故堂嫂孀婦袁氏　歲　兄子壯丁胡登科雞年

肆拾伍歲　媳趙氏　歲　孫詩子虎年拾伍歲　男拾貳名口　大口拾伍名口　女柒名口　小口肆名口

以上男女大小共拾伍名口　內有差丁伍名

荒地一戶壯丁楊朝棟猴年肆拾陸歲　妻占氏　歲　伯父楊三羊年柒拾壹歲　伯母李氏　歲

伯兄楊老各羊年殘疾伍拾玖歲　嫂陳氏故　次弟壯丁楊朝義兔年叁拾玖歲　弟婦徐氏　歲

三弟楊朝忠鼠年殘疾叁拾歲　四弟壯丁二小子狗年貳拾歲　弟婦楊氏故　男陸名口　女伍名口

大口拾壹名口　以上男女大小共拾壹名口　內有差丁叁名

一戶壯丁楊朝佐龍年叁拾捌歲　妻程氏　歲　子楊清狗年癆症貳拾歲　女

伍歲　男伍名口大口捌名口　女柒名口小口肆名口　以上男女大小共拾貳名口內有差丁叁名

陳家圯一戶幫丁胡登亮牛年肆拾壹歲妻侯氏　歲父胡起鳳牛年老退陸拾伍歲母高氏

歲長兄胡登請狗年賸尒肆拾肆歲嫂占氏　歲兄子壯丁胡文芝馬年貳拾肆歲

媳鄧氏　歲次弟胡登碧兔年叁拾玖歲故弟婦鄧氏　歲次弟長子四小子蛇年拾

叁歲次ナ五小子猴年拾歲次弟女二姐兔年拾伍歲弟幫丁胡登仕雞年貳拾壹歲弟婦崔氏　歲

男捌名口大口拾貳名口　女柒名口小口叁名口　以上男女大小共拾伍名口內有差丁壹名

一戶壯丁胡起運羊年肆拾柒歲妻康氏　歲父胡尚有馬年老退捌拾肆歲子七十三羊年

拾壹歲次弟胡四雞年陳迯肆拾伍歲三弟壯丁胡起躬猪年肆拾叁歲弟婦陳氏　歲

堂長兄胡起龍馬年柒拾貳歲故嫂蔣氏　歲兄長子壯丁胡登峯雞年肆拾伍歲

媳王氏　歲　長孫大小子兔年拾伍歲　次孫皂索鼠年陸歲　三孫李索龍年貳歲　次子甲丁

佛保兔年貳拾柒歲　媳栢氏　歲　孫六十兒猪年柒歲　長孫女小姐雞年玖歲

次孫女二姐蛇年壹歲　堂侄媳孀婦崔氏　歲　堂長孫胡廷秀狗年手瘠肆拾肆歲　孫媳陳氏

歲　重孫幫丁小兒雞年貳拾壹歲　重孫女妞姐鼠年拾捌歲　堂次孫幫丁八得兒虎年

貳拾捌歲　孫媳佟氏　歲　重孫女丫頭蛇年壹歲　堂三孫幫丁八保兒龍年貳拾

陸歲　孫媳翟氏　歲　男拾壹名口　女拾壹名口　大口拾伍名口　小口柒名口　以上男女大小共貳拾貳名口　無差丁

荒地一戶壯丁胡起正狗年肆拾肆歲　妻楊氏　歲　父胡尚得馬年陸拾歲　母楊氏　歲

女不希罕虎年肆歲　次弟壯丁胡起蘭龍年叁拾捌歲　弟婦鄭氏　歲　次弟子保住牛年

伍歲　弟女五狗牛年伍歲　三弟壯丁胡起英兎年貳拾捌歲　弟婦陳氏　歲　弟女四狗牛年

玖歲　男貳名口　大口貳名口　女貳名口　小口貳名口　以上男女大小共肆名口　內有差丁壹名

一戶甲丁胡大保兒　兔年貳拾柒歲　妻李氏　歲　父胡登府　牛年殘疾伍拾叁歲　母劉氏　歲

長妹大姐　牛年拾柒歲　次妹佺姐　蛇年拾叁歲　長子二各　兔年叁歲　次子三各　蛇年壹歲　堂祖胡起文

虎年老退柒拾陸歲　嬸母孀婦劉氏　歲　叔子王保　雞年貳拾壹歲　叔女胖姐　兔年

拾伍歲　次叔帮丁胡登雲　猴年叁拾肆歲　嬸母高氏　歲　叔女鳳姐　蛇年拾叁歲

三叔壯丁胡老各　兔年貳拾柒歲　次弟帮丁二保　蛇年貳拾伍歲　弟婦孫氏　歲　三弟帮丁

黃鶯　牛年拾柒歲　女黑姐　豬年柒歲　男拾名口　大口拾叁名口　女拾名口　小口柒名口

以上男女大小共貳拾名口　內有差丁壹名

一戶打牲領催胡尚用　豬年陸拾柒歲　妻楊氏　歲　長子甲丁胡起俊　龍年叁拾捌歲

十七年

拾捌歲次女二姐蛇年拾叁歲弟孟林兎年瘸症伍拾壹歲弟婦占氏　歲弟女二姐蛇年拾叁歲

卡郍什堡子堂兄孟英兎年陸拾叁歲嫂王氏故堂兄長子孟朝臣虎年漏瘡肆拾歲次子壯丁孟朝清蛇年叁拾

柒歲媳石氏　歲三子壯丁孟三各虎年貳拾捌歲　男拾貳名口　女拾名口　大口拾玖名口　小口叁名口

以上男女大小共貳拾貳名口　內有差丁陸名

双台子一户壯丁孟朝相虎年貳拾捌歲妻崔氏　歲父孟芳牛年陳逃伍拾叁歲叔壯丁孟四狗年叁

拾貳歲嬸母鄭氏　歲叔子象神保兎年叁歲嬸母孀婦郭氏　歲叔女大姐馬年

拾貳歲堂嬸母孀婦李氏　歲堂弟壯丁小五子羊年貳拾叁歲　男伍名口　女伍名口

大口捌名口　小口貳名口　以上男女大小共拾名口　內有差丁叁名

三家子一户壯丁孟強龍年伍拾歲妻郭氏　歲子蟒牛龍年拾肆歲女丫頭雞年

長兄壯丁孫良貴牛年伍拾叁歲嫂林氏　歲長兄子壯丁孫好禄鼠年拾捌歲次兄壯丁

孫良榮兔年伍拾壹歲嫂孫氏　歲次兄子孫好富猴年貳拾貳歲故兄女四姐兔年

拾伍歲三兄孫良華猴年眼瞎肆拾陸歲嫂楊氏　歲三兄子壯丁孫好礼鼠年拾捌歲

媳蘇氏　歲孫海青牛年伍歲子八達子猴年拾歲女三姐虎年拾陸歲故弟壯丁

孫良銀蛇年叁拾柒歲弟婦徐氏　歲弟子大達子猴年拾歲弟女官姐牛年拾柒歲

男拾貳名口大口拾陸名口　女拾名口小口陸名口　以上男女大小共貳拾貳名口　内有差丁陸名

一戶壯丁孟正牛年伍拾叁歲子壯丁八達子鼠年叁拾歲媳侯氏　歲次子壯丁九達子兔年貳拾

柒歲叔孟希盛猴年捌拾貳歲故嬸母佀氏故兄孟枝兔年手瘸叁拾玖歲嫂王氏　歲

兄子壯丁十達子雞年貳拾壹歲媳王氏　歲孫大保子蛇年壹歲長兄女大姐鼠年

十七一[illegible]

歲壹弟壯丁于國亮蛇年叁拾柒歲兄于二龍年陸拾貳歲嫂候氏 歲兄子壯丁六十四猪年
叁拾壹歲媳姚氏 歲兄次子壯丁三見猪年拾玖歲兄孫女小姐牛年伍歲次弟壯丁于国達
虎年肆拾歲三弟壯丁于國祥猪年叁拾壹歲四弟于國俊虎年貳拾捌歲故 男拾名口 女肆名口
大口拾叁名口 小口壹名口 以上男女大小共拾肆名口 內有差丁陸名

一户壯丁孫存住鼠年叁拾歲妻石氏 歲父孫明祖老退羊年柒拾壹歲母郭氏 歲子七十
蛇年壹歲伯父孫鳳祖老退龍年柒拾肆歲叔孫強祖陳逊蛇年肆拾玖歲兄壯丁孫明有馬年叁拾陸歲
嫂黄氏 歲兄子小子雞年玖歲弟壯丁二各馬年貳拾肆歲媳鄭氏 歲
男捌名口 大口拾名口 女肆名口 小口貳名口 以上男女大小共拾貳名口 內有差丁叁名

荒地一户壯丁孫良金虎年肆拾歲妻崔氏 歲父孫光祖老退虎年柒拾陸歲母刘氏 歲

兄子大小子雞年叁拾叁歲 故男肆名口 女壹名口 大口肆名口 小口壹名口 以上男女大小共伍名口 無差丁

姚家庄一户甲丁孫良鳳鼠年叁拾歲 妻郭氏 歲 父孫順祖老退虎年陸拾肆歲 母刘氏 歲 兄長

帮丁孫良玉猪年肆拾叁歲 嫂刘氏 歲 兄長子帮丁孫好逆龍年貳拾陸歲 媳孔氏 歲

孫刘住蛇年壹歲 次子四十九胳膊虎年拾陸歲 次兄壯丁孫良粟牛年肆拾壹歲 嫂王氏 歲

次兄子四十七虎年拾陸歲 次兄長女二姐狗年貳拾歲 次女三姐雞年玖歲 三兄壯丁孫良寬羊年叁

拾伍歲 嫂吕氏 歲 四兄壯丁孫良思雞年叁拾叁歲 嫂刘氏 歲 四兄子象神

保龍年貳歲 兄女四姐雞年玖歲 男拾貳名口 女玖名口 大口拾肆名口 小口柒名口 以上男女大小共貳拾壹名口 内有差丁叁名

一户壯丁于世英兔年叁拾玖歲 妻魏氏 歲 母胡氏 歲 以上男女大小共叁名口 内有差丁壹名

大台上住一户壯丁于小四児牛馬肆拾壹歲 父于光虎羊年柒拾壹歲 母位氏 歲 伯父于光龍鼠年柒拾捌

猴年伍拾捌歲弟婦崔氏 歲 弟長子壯丁和尚虎年貳拾捌歲媳王氏 歲次弟壯丁三

達子羊年貳拾叁歲媳張氏 歲 孫小兒蛇年壹歲 堂三弟楊吉善牛年手痔伍拾叁歲四弟

壯丁楊吉雲兔年叁拾玖歲弟婦周氏 歲 弟子壯丁保住狗年貳拾歲 男拾壹名口 女柒名口

大口拾陸名口 小口貳名口 以上男女大小共拾捌名口 內有差丁肆名

指揮凡一戶幫丁孫良俊龍年叁拾捌歲 父孫國祖豬年柒拾玖歲 母王氏 歲 子小四子羊年拾壹歲 女

三姐蛇年拾叁歲次弟壯丁孫天保蛇年叁拾柒歲三弟幫丁孫章保鼠年叁拾歲弟婦李氏 歲

四弟幫丁孫麻保兔年貳拾柒歲弟婦朱氏 歲 男陸名口 大口捌名口 女肆名口 小口貳名口

以上男女大小共拾名口 內有差丁壹名

荒地一戶壯丁住保牛年伍拾叁歲故子金七兒牛年手痔拾柒歲兄孫興祖兔年陸拾叁歲故嫂周氏 歲

大口拾伍名口　小口叁名口　以上男女大小共拾捌名口　內有差丁柒名

大台上住一戶壯丁徐華蛇年肆拾玖歲故母王氏　歲長子大麻子馬年拾貳歲次子二小子雞年玖

歲兄徐豹蛇年柒拾叁歲故次弟壯丁徐四鼠年肆拾貳歲二弟壯丁徐五虎年肆拾歲長侄

壯丁徐朝恵雞年叁拾叁歲媳趙氏　歲孫大小兒兔年拾伍歲次侄壯丁徐二鼠年

叁拾歲侄媳孀婦楊氏　歲堂長孫壯丁徐和尚蛇年貳拾伍歲次孫二小子虎年

拾陸歲三孫三小子猴年拾歲兄孫壯丁阿尔代蛇年貳拾伍歲孫媳趙氏　歲次孫壯丁

阿尔奈猪年拾玖歲　男拾肆名口　大口拾叁名口　女肆名口　小口伍名口　以上男女大小共拾捌名口　內有差丁柒名

荒地一戶甲丁楊天執猴年伍拾捌歲妻趙氏　歲長子幫丁色克奈虎年肆拾歲媳羅氏　歲

孫娘娘保猴年拾歲次子幫丁二小兒雞年叁拾叁歲媳陳氏　歲堂次弟楊天玉

十千本

三子三兒蛇年拾叁歲　四叔丁壯徐朝明虎年肆拾歲　嬸母董氏　　歲　四叔子住兒羊年拾壹歲　叔女

大姐龍年拾肆歲　次弟徐文太滿虎年貳拾捌歲　弟婦于氏　　歲　三弟丁壯徐文寧猴年貳拾

貳歲　弟婦康氏　　歲　四弟小五子虎年拾陸歲　子小八子羊年拾壹歲　男拾肆名口　女捌名口

大口拾伍名口　小口柒名口　　以上男女大小共貳拾貳名口　　內有差丁陸名

沒丹正一戶丁壯金住馬年叁拾陸歲　妻高氏　　歲　父徐洪碧雞年陸拾玖歲　次叔丁壯徐洪君鼠年

伍拾肆歲　嬸母黃氏　　歲　叔長子丁壯小五子蛇年貳拾伍歲　媳栢氏　　歲　次子小七子

兔年拾伍歲　三叔丁壯徐洪啟羊年叁拾伍歲　嬸母王氏　　歲　叔子小年子虎年拾陸歲　四叔丁壯

徐洪智蛇年叁拾柒歲　嬸母王氏　　歲　兄丁壯徐寵蛇年肆拾玖歲　嫂王氏　　歲　大兄子

小子蛇年拾叁歲　弟丁壯趙生虎年貳拾捌歲　弟婦張氏　　歲　男拾壹名口　女柒名口

兄徐朝興龍年伍拾歲次弟壯丁徐九兒龍年叁拾捌歲三弟壯丁黄英雞年叁拾叁歲

長弟徐狗兒鼠年逃有案叁拾歲　男陸名口　女貳名口　大口捌名口　以上男女大小共捌名口內有差丁叁名

金家寨一戶壯丁徐文魁龍年伍拾歲妻賈氏　歲子壯丁大小子猴年貳拾貳歲亡從姪狗年貳拾歲次弟壯丁徐文元猪年

肆拾叁歲弟婦刘氏　歲次子小四子龍年拾肆歲三弟壯丁徐文漢猴年叁拾肆歲弟婦

崔氏　歲弟子買思哈鼠年壯丁拾捌歲次子已思哈兎年拾伍歲四弟徐文亮猴年逃有案叁拾肆歲

男捌名口　女肆名口　大口玖名口　小口叁名口　以上男女大小共拾貳名口內有差丁伍名

木林子一戶壯丁徐文安鼠年叁拾歲妻傅氏　歲祖母李氏　歲亡父徐朝隱猴年眼瞎伍拾捌歲

母栢氏　歲次叔壯丁徐朝文羊年肆拾柒歲孀叔母金氏　歲叔子慎子羊年拾壹歲

三叔壯丁徐朝賢猴年肆拾陸歲三叔長子壯丁觀音保狗年貳拾歲次子索兒兎年拾伍歲

男柒名口 大口捌名口 女肆名口 小口叁名口 以上男女大小共拾壹名口 內有差丁叁名

荒地一戶甲丁徐朝進牛年伍拾叁歲妻陳氏　歲長子六小兒牛年拾柒歲次子二小子猪年柒歲女

黑妞狗年貳拾歲長兄徐朝斌龍年陸拾貳歲嫂康氏　歲兄子帮丁徐文祥狗年叁拾

貳歲媳康氏　歲孫女妞妞蛇年拾叁歲次兄徐朝深鼠年眼瞎伍拾肆歲嫂崔氏　歲

兄子壯丁和尚鼠年拾捌歲弟帮丁老各猴年叁拾肆歲弟婦康氏　歲弟子小圍子猴年胳膊坏拾歲

兄長女二姐蛇年拾叁歲次女三姐虎年肆歲 男玖名口 大口拾貳名口 女玖名口 小口陸名口 以上男女大小共拾捌名口 內有差丁壹名

徐家溝一戶壯丁徐二各馬年叁拾陸歲妻魏氏　歲長子存住虎年肆歲兄壯丁徐克立兔年叁拾玖歲

男叁名口 大口叁名口 女壹名口 小口壹名口 以上男女大小共肆名口 內有差丁貳名

一戶壯丁徐朝旺雞年肆拾伍歲妻賈氏　歲父徐鳳兔年亡退柒拾伍歲母賈氏　歲

虎年拾陸歲弟壯丁金二麻子猪年拾玖歲

男捌名口 大口玖名口 女肆名口 小口叁名口

以上男女大小共拾貳名口 內有差丁肆名

一戶百總徐朝相馬年陸拾歲長子壯丁徐文英虎年肆拾歲媳李氏 歲孫小二各雞年玖歲

歲長孫女大姐猪年柒歲次孫女二姐牛年伍歲次子徐文傑龍年瘸症叁拾捌歲媳陳氏

三子壯丁徐文亮猴年叁拾肆歲媳李氏 歲孫傻子雞年玖歲弟小四兒龍年瘸症

叁拾捌歲 男柒名口 大口捌名口 女伍名口 小口肆名口 以上男女大小共拾貳名口 無差丁

一戶壯丁徐朝有龍年瘸症伍拾歲妻陳氏 歲子五達子馬年貳拾肆歲故女大姐羊年拾壹歲

次壯弟丁徐朝明鼠年肆拾貳歲弟婦佟氏 歲弟子大小子雞年眼瞎玖歲弟女妞妞馬年拾貳歲

次弟徐和尚兔年腰坏叁拾柒歲堂長弟壯丁小七兒龍年叁拾捌歲堂次弟壯丁常祿蛇年叁拾柒歲

十三張

次子二小子牛年壯丁拾柒歲兒妃二姐羊年貳拾叁歲

以上男女大小共拾玖名口　男拾貳名口 大口拾肆名口　內有差丁肆名　女柒名口 小女伍名口

城內一戶壯丁金國碧兔年伍拾壹歲妻陳氏　歲長子大小子兎年拾陸歲次子二小子龍年拾肆歲

三子三小子馬年拾貳歲長兒金國孝狗年老退陸拾捌歲次兒壯丁金老格猴年老退伍拾捌歲子壯丁小稗

子鼠年拾捌歲侄壯丁金鑑龍年叁拾捌歲媳孟氏　歲孫小小子鷄年玖歲　男玖名口 女貳名口

大口玖名口 小口貳名口　以上男女大小共拾壹名口　內有差丁叁名

楊木林子一戶壯丁金國柱鷄年叁拾叁歲妻張氏　歲父金世豹龍年老退陸拾貳歲女小蜜子

牛年伍歲叔金世俊羊年老退伍拾玖歲嫡母佟氏　歲叔長子壯丁黃鶯兔年貳拾

柒歲媳王氏　歲叔孫五十八龍年貳歲叔次子壯丁金二各蛇年貳拾伍歲三子五兒

氏　歲兒子曹仁虎年拾陸歲　男拾貳名口大口拾伍名口　女玖名口小口陸名口

以上男女大小共貳拾壹名口　內有差丁叁名

西三家子一戶壯丁王連魁雞年伍拾柒歲妻張氏　歲子壯丁王仁蛇年貳拾伍歲媳宛氏　歲

孫双頂牛年伍歲嫂孀婦朱氏　歲　男叁名口大口伍名口　女叁名口小口壹名口　以上男女大小共陸名口內有差丁壹名

城內一戶牧丁金二達子兔年貳拾柒歲妻高氏　歲子衆神保牛年伍歲長叔金國堅蛇年壯丁

叁拾柒歲堂長叔金七兒羊年眼瞎伍拾玖歲孀母李氏　歲堂叔長子大小子兔年拾伍歲

次子二小子馬年拾貳歲堂次叔金二兔年半身不隨伍拾壹歲孀母褚氏　歲兄帮丁金鐸蛇年

叁拾柒歲嫂蔡氏　歲兄女小姐猴年拾歲三弟帮丁三達子馬年貳拾肆歲

四弟壯丁四達子猴年貳拾貳歲嫂孀婦孟氏　歲兄長子壯丁金洪雞年貳拾壹歲

十二本

曹大用羊年老退伍拾玖歲嫂林氏　歲次兄長子壯丁曹燦虎年貳拾捌歲媳林氏

歲女大姐蛇年拾叁歲故三兄壯丁曹大功蛇年肆拾玖歲嫂歐氏　歲兄長子刘

住鼠年耳聾拾捌歲媳刘氏　歲次子二各虎年拾陸歲三子三各蛇年拾叁歲　男拾肆名口　女拾貳名口

大口貳拾壹名口　小口伍名口　以上男女大小共貳拾陸名口　內有差丁伍名

城內一戶壯丁曹國琦兔年貳拾玖歲妻張氏　歲母王氏　歲女三姐蛇年拾叁歲孀母孀婦王氏

歲叔子壯丁曹國瑞狗年叁拾貳歲　媳閻氏　歲長孫白四見蛇年拾叁歲次孫三達

子猴年拾歲次叔壯丁二各猴年貳拾貳歲三叔三各鼠年拾捌歲堂長叔曹敬能年老退陸拾貳歲

次叔壯丁曹玉猴年伍拾捌歲長兄曹國璉牛年肆拾壹歲故嫂汪氏　歲兄女五姐羊年拾壹

歲次兄曹國珠牛年肆拾壹歲故大嫂范氏　歲兄子二小子虎年拾陸歲嫂孀婦曹

城内一户染匠吳瑄朝虎年伍拾貳歲妻于氏　　歲母刑氏　　歲弟丁壯吳郎保猪年
拾玖歲妹七姐馬年拾貳歲堂弟吳囯祥馬年叄拾陸歲手疛弟婦魏氏　　歲女五姐
猴年拾　歲男叄名口　女伍名口　以上男女大小共捌名口　無差丁
大口陸名口　小口貳名口
一户開擋方匠五十六雞年肆拾伍歲妻陳氏　　歲子法元牛年拾柒歲女得姐兔年拾伍歲
男貳名口　女貳名口　以上男女大小共肆名口　無差丁
大口貳名口　小口貳名口
高力屯一户丁壯曹大志蛇年肆拾玖歲妻刘氏　　歲母刘氏　　歲長子曹継猴年叄拾肆歲胳膊坏
媳李氏　　歲孫四十六虎年肆歲故弟丁壯曹大忠鼠年肆拾貳歲弟婦刘氏
歲弟子丁壯曹琰羊年貳拾叄歲媳蘇氏　　歲堂長兄曹大成蛇年陸拾壹歲老退
嫂刘氏　　歲兄子曹宣馬年叄拾陸歲瘡漏媳田氏　　歲孫小小子雞年玖歲故次兄
曾

歲嫂王氏　　歲次弟壯丁鄭逢壽猴年叁拾肆歲弟婦曹氏　　歲弟子小奔婁虎年肆歲故三弟

壯丁三各鼠年叁拾歲弟婦蕻氏　　歲男拾貳名口　女玖名口
大口拾捌名口　小口叁名口　　以上男女大小共貳壹名口內有差丁柒名

一戶机匠鄭逢有猴年叁拾肆歲妻刘氏　　歲母崔氏　　歲長子二狗子牛年拾柒歲故次子二小子兔年

拾伍歲次叔鄭得元狗年伍拾陸歲病症嬸母詹氏　　歲次叔子幫丁鄭逢豹蛇年貳拾伍歲媳占氏

歲叔女婆姐馬年拾貳歲三叔鄭得貴狗年伍拾陸歲病症四叔幫丁鄭得金蛇年肆拾玖歲叔子大

小子蛇年拾叁歲叔女貴姐龍年拾肆歲五叔鄭四蛇年肆拾玖歲胳膊坏次弟壯丁鄭逢時羊年叁拾伍

歲弟婦刘氏　　歲弟女小姐羊年拾壹歲三弟壯丁鄭逢運虎年貳拾捌歲

弟婦牛氏　　歲弟子小子羊年拾壹歲男拾貳名口　女玖名口
大口拾肆名口　小口柒名口

以上男女大小共拾玖名口　　內有差丁貳名

次孫双頂龍年拾肆歲　三孫小子狗年捌歲　四孫八七兒虎年肆歲　長兒鄭良相老退狗年捌拾歲

嫂戴氏　歲　長子帮丁四兒牛年貳拾玖歲　媳李氏　歲　次子吐血九兒虎年拾陸歲

媳孀婦崔氏　歲　孫三小子狗年捌歲　次兒鄭良英老退兔年柒拾伍歲　故次兒子壯丁鄭

得龍狗年叁拾貳歲　媳王氏　歲　孫小小子虎年肆歲　弟鄭良美雞年陸拾玖歲

男拾肆名口　大口拾叁名口　女伍名口　小口陸名口　以上男女大小共拾玖名口　餉差丁壹名

一戶壯丁鄭逢季馬年叁拾陸歲　妻陳氏　歲　父鄭得隆鼠年瘫瘓伍拾肆歲　子壯丁成保兒鼠年拾捌

歲　祖父鄭良善雞年陸拾玖歲　堂長叔鄭得鳳龍年瘋疾伍拾歲　孀母孫氏　歲　叔子七兒虎年拾

陸歲　次叔壯丁鄭得雲雞年叁拾叁歲　孀母雷氏　歲　叔女二姐馬年拾貳歲　三叔壯丁鄭得禄

牛年貳拾玖歲　孀母陳氏　歲　孀母婦周氏　歲　堂兄壯丁鄭洪義狗年肆拾肆

十收

雞年叁拾叁歲　男伍名口　大口捌名口　女肆名口　小口壹名口　以上男女大小共玖名口　無差丁

一戶壯丁鄭洪宣牛年貳拾玖歲妻鄭氏　歲祖父鄭良昇牛年已過柒拾柒歲祖母曹氏　歲父鄭

德功牛年勝坏伍拾叁歲母高氏　歲妹五姐龍年拾肆歲堂祖鄭良宜牛年伍拾叁歲

堂叔壯丁馮保羊年貳拾叁歲孀母劉氏　歲堂長叔壯丁鄭得熙馬年肆拾捌歲孀母

佟氏　歲叔子官賞鼠年陸歲叔女二姐鼠年拾捌歲次叔鄭得歲猴年肆拾陸歲故

孀母腦氏　歲叔長子捨住狗年瘮症貳拾歲次子二達子蛇年拾叁歲三叔壯丁鄭得盛狗年肆

拾肆歲孀母栢氏　歲弟壯丁赶生龍年貳拾陸歲　男拾貳名口　大口拾捌名口　女玖名口　小口叁名口

以上男女大小共拾玖名口　內有差丁伍名

城內一戶甲丁鄭良祥羊年柒拾壹歲長子索住兔年瘮症叁拾玖歲媳石氏　歲長孫常保狗年幫丁貳拾歲

以上男女大小共拾名口　內有差丁壹名

城內一戶染匠楊世發馬年叁拾陸歲妻馬氏　歲父楊自高鼠年伍拾肆歲故長子皂索虎年

拾陸歲次子二達子蛇年拾叁歲伯父楊自榮猴年柒拾歲伯長子幫丁楊世寬兔年叁拾玖歲媳

史氏　歲伯長孫刘德羊年拾壹歲次孫小福雞年玖歲伯母孀婦鄭氏　歲堂妹四

姐牛年拾柒歲叔壯丁楊自盛馬年肆拾捌歲嬸母樊氏　歲叔子壯丁楊世興雞年貳

拾壹歲媳胡氏　歲弟幫丁楊世傑狗年貳拾歲　男拾壹名口　大口拾貳名口　女陸名口　小口伍名口

以上男女大小共拾柒名口　內有差丁貳名

一戶染匠夏坤龍年叁拾捌歲妻徐氏　歲母李氏　歲長子張保馬年拾貳歲伯父弓匠夏國相

狗年老退陸拾捌歲伯母石氏　歲堂弟幫丁夏狗子龍年貳拾陸歲弟婦馬氏　歲弟弓匠夏四各

文收

大口捌名口 小口肆名口 以上男女大小共拾貳名口 內有差丁叁名

孟家台一戶壯丁金大小子兔年貳拾柒歲父金國相午年羅丙伍拾叁歲叔祖金有豹猪年伍拾伍歲故堂叔壯丁金大兒

蛇年貳拾伍歲孀母曽氏 歲叔祖花子羊年陳迯伍拾玖歲叔祖啗氣雞年陳迯伍拾柒歲叔祖金銀住鼠年陳迯

伍拾肆歲堂叔金成羊年伍拾玖歲叔子拉什狗年陳迯叁拾貳歲媳張氏 歲孫女大姐

猴年拾歲次弟壯丁二達子猴年貳拾貳歲三弟楊保猪年駱膊坏拾玖歲 男拾壹名口 大口拾叁名口 女叁名口 小口壹名口

以上男女大小共拾肆名口 內有差丁叁名

一戶故丁丁起鳳龍年叁拾捌歲妻刘氏 歲父丁国積猴年柒拾歲母崔氏 歲女妞兒

牛年伍歲兄丁起龍猴年肆拾陸歲故嫂鄭氏 歲兄長女大姐龍年拾肆歲次女二

姐羊年拾壹歲弟壯丁丁起林馬年叁拾陸歲 男肆名口 大口柒名口 女陸名口 小口叁名口

媳張氏　歲　孫女小姐虎年肆歲　次子臘八猴年眼瞎貳拾貳歲　媳計氏　歲　兄五得

龍年腿瘸叁拾捌歲　男陸名口　大口拾名口　女柒名口　小口貳名口　以上男女大小共拾叁名口　無差丁

一戶壯丁楊定昇鼠年吐血伍拾肆歲　妻臈氏　歲　父楊自廣牛年柒拾柒歲　母魏氏　歲　長子

壯丁楊国相猪年叁拾壹歲　媳張氏　歲　次子二各猪年眼坏拾玖歲　三子三狗兔年拾伍歲

弟壯丁楊定玉鼠年肆拾貳歲　弟婦楊氏　歲　弟子修保蛇年拾叁歲　弟女大姐雞年玖歲

男柒名口　大口玖名口　女伍名口　小口叁名口　以上男女大小共拾貳名口　內有差丁壹名

一戶壯丁三達子羊年叁拾伍歲　妻袁氏　歲　母宣氏　歲　長子双頂兔年拾伍歲　次子小偏馬年

拾貳歲　三子三各狗年捌歲　女成姐雞年玖歲　兄壯丁二和尚兔年叁拾玖歲　弟四達子狗年腳瘸叁拾

貳歲　三弟壯丁小五子猪年叁拾壹歲　弟婦栢氏　歲　堂母孀卻氏　歲　男柒名口　女伍名口

上帐

以上男女大小共拾貳名口　無差丁

一戶甲丁魏天佐牛年肆拾壹歲妻朱氏　長子逵來羊年拾壹歲女五姐蛇年拾叁

歲嬸母嬸婦張氏　歲叔子帮丁魏天虎狗年叁拾貳歲媳蘇氏　歲叔孫保兒雞年

玖歲兄帮丁魏天福猴年肆拾陸歲嫂李氏　歲兄長子咱氣鼠年拾捌歲媳張氏　歲

次子六斤蛇年拾叁歲次弟帮丁魏天鳳兔年叁拾玖歲弟婦程氏　歲次弟子從喜龍年勝环

拾肆歲弟女雷姐羊年拾壹歲三弟魏天璽龍年瘸症叁拾捌歲弟婦腦氏　歲弟子啞叭狗年捌歲故

男拾壹名口　女玖名口

大口拾叁名口　小口柒名口

以上男女大小共貳拾名口　無差丁

一戶甲丁魏天信羊年叁拾伍歲妻郭氏　歲父魏有慶猴年柒拾歲母鄧氏　歲子

福保牛年伍歲女福姐蛇年壹歲嫂嬸婦韓氏　歲兄長子魏国麒牛年貼賸环貳拾玖歲

以上男女大小共拾名口　內有差丁貳名

一戶甲丁林雲鵬猴年伍拾捌歲妻崔氏　歲母盧氏　歲長子帑丁林世魁蛇年叁拾柒歲

媳孫氏　歲長孫八得虎年拾陸歲次孫二小子馬年拾貳歲弟帑丁林雲游牛年肆拾壹歲弟婦刘

氏　歲弟女大姐狗年貳拾歲嬸母嬸婦詹氏　歲叔長子壯丁林雲龍羊年肆拾柒歲媳

曹氏　歲次子壯丁林雲鳳鼠年肆拾貳歲　男柒名口　女柒名口

大口拾貳名口　小口貳名口

以上男女大小共拾肆名口　內有差丁貳名

一戶丁魏天德猪年叁拾壹歲妻王氏　歲父領催魏有榮龍年陸拾貳歲故母趙氏

妹妞姐鼠年陸歲長子八十兒龍年拾肆歲次子八十五猪年柒歲三子二小子虎年肆歲四子四小兒蛇年壹歲女大姐

羊年拾壹歲次弟刘住狗年捌歲三弟刘得兔年叁歲　男捌名口　女肆名口

大口肆名口　小口捌名口

上將

媳宋氏　歲次子拉住龍年拾肆歲次叔壯丁孫良保虎年伍拾貳歲三叔孫良銀牛年痨症肆拾柒歲四叔

壯丁孫良登馬年叁拾陸歲嬸母吳氏　歲五叔八子蛇年痨坏貳拾伍歲次弟孫好礼雞年陳迯肆拾伍

歲三弟孫好智猪年陳迯肆拾叁歲　男玖名口　大口拾貳名口　女肆名口　小口壹名口　以上男女大小共拾叁名口　內有差丁貳名

双台子一户壯丁興園厰羊年肆拾柒歲母盧氏故長兄壯丁常寿猴年伍拾捌歲次兄興保子雞年陳迯伍拾柒歲

次弟壯丁二各鼠年肆拾貳歲弟婦侯氏　歲三弟興三牛年陳迯肆拾壹歲　男伍名口　女貳名口

大口柒名口　以上男女大小共柒名口　內有差丁貳名

一户壯丁興功義虎年伍拾貳歲父興國良狗年捌拾歲母徐氏　歲長子興光輝猪年拾玖歲故

次子壯丁興光耀雞年貳拾壹歲媳腦氏　歲三子壯丁光煥牛年拾柒歲四子興光榮龍年拾肆歲

兄興功仁猪年痨症伍拾伍歲弟興功礼雞年眼瞎肆拾伍歲　男捌名口　大口捌名口　女貳名口　小口貳名口

三弟孫三達子馬年手痔叁拾陸歲弟婦田氏弟女四姐羊年拾壹歲四弟幫丁孫良與雞年
叁拾叁歲弟婦宋氏弟子章保馬年拾貳歲弟女余姐兔年拾伍歲堂兄壯丁孫良
秀鼠年肆拾貳歲嫂袁氏兄子壯丁傻子豬年拾玖歲次子二小子羊年拾壹歲堂弟
壯丁孫六兒狗年叁拾貳歲男拾肆名口大口拾叁名口女拾名口小口拾壹名口以上男女大小共貳拾肆名口内有差丁叁名
一戶牧丁孫好仁牛年伍拾叁歲妻康氏壯丁子常有龍年貳拾陸歲叔孫良佐雞年吐血伍拾
柒歲孀母魏氏歲叔長子幫丁孫好李狗年叁拾貳歲媳許氏歲次子幫丁八子雞年貳拾
壹歲三子小四兒蛇年拾叁歲四子五子羊年癆症拾壹歲男柒名口大口捌名口女叁名口小口貳名口
以上男女大小共拾名口内有差丁壹名
一戶甲丁孫好義蛇年肆拾玖歲妻郭氏歲祖母王氏歲長子孫羨猴年眼瞎貳拾貳歲

上收

次子小胖子龍年拾肆歲弟女大姐狗年貳拾歲弟婦孀婦王氏 歲弟長子壯丁宛義如龍年叁拾

捌歲媳胡氏 歲長孫女大姐虎年拾陸歲次孫女二姐龍年拾肆歲次子壯丁三各龍年貳拾陸

歲媳曾氏 歲孫三達子鼠年陸歲堂長侄壯丁宛義功雞年肆拾伍歲媳陳氏 歲

堂孫壯丁六十五豬年拾玖歲孫女大姐馬年拾貳歲堂次侄宛義倉鼠年迯有案叁拾歲媳王氏 歲

堂長侄壯丁四達子牛年貳拾玖歲媳盧氏 歲 男拾肆名口 大口貳拾陸名口 女拾柒名口 小口伍名口

以上男女大小共叁拾壹名口 內有差丁陸名

一戶甲丁孫良相豬年肆拾叁歲妻于氏 歲長子白達子牛年拾柒歲故次子二達子虎年拾陸歲于三

達子馬年拾貳歲長女二姐雞年貳拾壹歲次女三姐鼠年陸歲孀母宋氏 歲次弟幫丁孫良

信龍年叁拾捌歲弟婦陳氏 歲弟長子小狗子兔年拾伍歲次子七狗子蛇年拾叁歲

二小子馬年拾貳歲弟長女二姐兔年拾伍歲次女三姐蛇年拾叁歲三弟壯丁孫盛祿猴年叁拾肆歲

弟婦范氏　歲三弟女三姐羊年拾壹歲四弟壯丁孫歲王雞年叁拾叁歲弟婦王氏　歲

五弟壯丁老各龍年貳拾陸歲堂長侄孫良棟午年伍拾叁歲故媳蘇氏　歲堂長孫壯丁麻小子

羊年貳拾叁歲次孫壯丁二青腿狗年貳拾歲長孫女二姐兔年拾伍歲次孫女三姐蛇年拾叁歲

次侄孫良先鼠年漏癘肆拾貳歲媳林氏　歲長孫八尕虎兔年拾伍歲次孫張保兒蛇年拾叁歲

男拾伍名口大口拾陸名口　女拾叁名口小口拾貳名口　以上男女大小共貳拾捌名口內有差丁柒名

一戶壯丁宛朝鳳猴年老退伍拾捌歲妻陳氏　歲子壯丁五達子猴年貳拾貳歲媳張氏　歲兄

宛朝安馬年老退柒拾貳歲嫂徐氏　歲兄長子壯丁宛義寬蛇年叁拾柒歲媳徐氏次子幫丁双頂兔年

貳拾柒歲媳陳氏　歲弟婦孀婦畢氏　歲弟子幫丁小大兒虎年貳拾捌歲媳肖氏

四叔長子二狗子蛇年拾叁歲 次子二小子狗年捌歲 男玖名口 大口玖名口 女伍名口 小口伍名口 以上男女大小共拾肆名口 內有差丁肆名

一戶甲丁孫六達子雞年叁拾叁歲 妻崔氏歲 母藏氏歲 子小保子虎年肆歲 女三姐雞年

玖歲 叔孫盛冨猴年柒拾歲 叔長子幫丁孫良本狗年肆拾肆歲 媳趙氏歲 孫眼瞎小子兔年

拾陸歲 次女孫二姐兔年拾伍歲 女孫三姐羊年拾壹歲 叔次子幫丁孫噶布拉牛年拾柒歲 媳孀婦康氏

歲 孫小小子雞年玖歲 媳孀婦盧氏歲 孫得保龍年拾肆歲 女孫存姐羊年拾壹歲 弟孫

庙遠龍年貳拾陸歲 故嫂孀婦王氏歲 兄子艮保馬年拾貳歲 兄女大姐蛇年拾叁歲 男拾名口 女拾壹名口

大口拾壹名口 小口貳名口 以上男女大小共貳拾壹名 無差丁

一戶壯丁孫小四兒猴年肆拾陸歲 妻谷氏歲 母匀氏歲 長子六十兒兔年拾伍歲 次子刘索兒蛇年拾叁

歲 女五姐羊年拾壹歲 次弟壯丁孫盛金狗年肆拾肆歲 弟婦孫氏歲 長弟子白達子牛年拾柒歲 次子

弟壮丁孫二羊年叁拾伍歲弟婦魏氏　歲弟子小小子雞年玖歲　男拾叁名口 大口貳拾叁名口　女拾肆名口 小口肆名口

以上男女大小共貳拾柒名口　內有差丁玖名

一戶壮丁孫盛魁龍年叁拾捌歲妻林氏　歲母鄭氏　歲長子修保兎年拾伍歲次子双喜猴年

拾歲伯父孫守昇鼠年老退柒拾捌歲伯母李氏　歲伯兄孫盛清狗年吐血肆拾肆歲嫂刘氏　歲

伯弟壮丁孫盛和羊年叁拾伍歲弟婦崔氏　歲弟子索兒龍年陳瞎拾肆歲女色倫朱猴年拾歲

男柒名口 大口玖名口　女陸名口 小口肆名口　以上男女大小共拾叁名口　內有差丁貳名

[illegible]子一戶壮丁孫良玉蛇年叁拾柒歲妻郭氏　歲母聶氏　歲次叔壮丁孫盛才雞年伍拾柒歲叔子咱

氣兒牛年拾柒歲叔女大姐龍年拾肆歲三叔壮丁孫盛功虎年伍拾貳歲嬸母胡氏　歲三叔長子壮丁

小五兒龍年貳拾陸歲媳林氏　歲次子刘七兒虎年拾陸歲四叔孫盛慶蛇年胳膊坏肆拾玖歲

三叔子小保子兔年拾伍歲 兄詹天住馬年陸拾歲 嫂楊氏 歲 次男丁壯詹天保狗年叁

拾貳歲 弟婦鄭氏 歲 次弟子四小子雞年玖歲 三弟四達子猴年眼瞎貳拾貳歲 弟婦腦氏 歲

男拾貳名口 女捌名口

大口拾肆名口 小口陸名口 以上男女大小共貳拾名口 內有差丁肆名

一戶丁壯孫盛啟龍年伍拾歲妻刘氏 歲 叔孫守正羊年柒拾壹歲 叔母孀詹氏 歲 叔長子丁壯

孫盛英馬年叁拾陸歲 媳金氏 歲 孫五十九虎年肆歲 叔次子丁壯三各猪年叁拾壹歲

媳趙氏 歲 三子丁壯四各雞年貳拾壹歲 媳楊氏 歲 嫂孀婦高氏 歲 兄長子丁壯

孫良雲雞年叁拾叁歲 媳靳氏 歲 次子丁壯孫良寬牛年貳拾玖歲 媳鄭氏 歲

兄長女三姐蛇年拾叁歲 次女四姐雞年玖歲 兄孫盛虎猪年陸拾柒歲 嫂李氏 歲 兄長子

丁壯孫良高狗年叁拾貳歲 媳馬氏 歲 次子丁壯孫良榮蛇年貳拾伍歲 媳侯氏 歲

男肆名口　女肆名口
大口陸名口　小口貳名口　以上男女大小共捌名口　有內差丁叁名
一戶甲丁腦文德狗年叁拾貳歲妻伍氏　歲母孟氏　歲子熱河牛年伍歲女大姐雞年
玖歲叔祖腦三豬年肆拾叁歲祖母張氏　歲堂叔小子羊年拾壹歲堂姑小姐豬年柒歲
叔幫丁腦小子狗年貳拾歲姑妞兒羊年拾壹歲弟幫丁腦之秀馬年貳拾肆歲弟婦于
歲　男陸名口　女柒名口
大口捌名口　小口伍名口　以上男女大小共拾叁名口　無差丁
~~盤~~旗堡一戶壯丁王小六子馬年肆拾捌歲　共差丁壹名
屯一戶壯丁詹天福雞年叁拾叁歲妻刘氏　歲長子黑狗馬年拾貳歲次子三小子猴年拾歲
孀母孀婦林氏　歲叔子壯丁趙索兒豬年拾玖歲次叔詹廷豹豬年伍拾伍歲孀母牛氏　歲
　　　　　　　　　　　　　　　　　　　　　　　　　　　　　　　　　　　　（右旁：膀坏）
次叔子廠兒兔年拾伍歲叔女六姐馬年拾貳歲三叔壯丁詹佩豹羊年肆拾柒歲孀母楊氏　歲

二時

一户壮丁腦應隆老退蛇年陸拾壹歲 妻王氏 歲 長子壮丁大小子虎年貳拾捌歲 媳李氏 歲 孫次幫丁拾住
牛年拾柒歲 長女四姐蛇年拾叁歲 次女五姐馬年拾貳歲 兄腦鳶隆猴年柒拾歲 故嫂林氏 歲
兄長子壮丁腦國玉猪年肆拾叁歲 媳金氏 歲 兄孫大小子狗年捌歲 次子壮丁元宝雞年叁拾
叁歲 三子壮丁腦国秀蛇年貳拾伍歲 嫂孀婦吳氏 歲 兄子章保勞症羊年叁拾伍歲 媳秦
氏 歲 弟腦魁隆馬年陸拾歲 弟婦徐氏 歲 弟長子双頂陳迸蛇年叁拾柒歲 媳
徐氏 歲 弟次子幫丁三各雞年叁拾叁歲 三子老各牛年拾柒歲 男拾叁名卜 大口拾捌名卜 女拾名卜 小口伍名卜
以上男女大小共貳拾叁名卜 内有差丁叁名
一户壮丁腦國正龍年叁拾捌歲 妻孟氏 歲 母楊氏 歲 子五十八蛇年拾叁歲 次弟壮丁
二各鼠年叁拾歲 弟婦何氏 歲 三弟壮丁和尚馬年貳拾肆歲 妹五姐兔年拾伍歲

户壮丁陳有亮蛇年叁拾柒歲妻占氏　歲子五狗牛年伍歲女白姐龍年拾肆歲次叔張索

兒陳虎年逃伍拾貳歲三叔陳豹虎年腿漏肆拾歲四叔壮丁陳鳳猴年叁拾肆歲嬸母刘氏　歲嬸母孀婦

王氏　歲叔長子壮丁陳有清牛年肆拾壹歲媳陳氏　歲叔孫大小子羊年拾壹歲

叔次子陳有興龍年陳逃叁拾捌歲媳葉氏　歲叔孫女大姐虎年拾陸歲嫂孀婦郭氏　歲

兒女三姐羊年拾壹歲　男捌名口大口拾貳名口　女玖名口小口伍名口　以上男女大小共拾柒名口　內有差丁叁名

一户壮丁楊進忠馬年肆拾捌歲妻屈氏　歲母　氏　歲長子壮丁白達子雞年貳拾壹歲媳

李氏　歲次子小四兒蛇年拾叁歲三子三小子狗年捌歲次叔楊二老鼠年退陸拾陸歲三叔傻子鼠年瘓逃伍拾

肆歲四叔壮丁楊二郎猴年肆拾陸歲五叔楊朝俊雞年腿痛叁拾叁歲嬸母魯氏　歲五叔子大小子

龍年拾肆歲叔女大姐馬年拾貳歲　男玖名口大口拾名口　女伍名口小口肆名口　以上男女大小共拾肆名口　內有差丁叁名

二件

一户壯丁畢三各虎年伍拾貳歲 妻傅氏 歲長子達子龍年拾肆歲 次子二達子羊年拾壹歲 女大

姐虎年拾陸歲 兄畢成仁鼠年陳逃伍拾肆歲 男肆名口 女貳名口 大口叁名口 小口叁名口 以上男女大小共陸名口 有內差丁壹名

一户壯丁三達子馬年吐血肆拾捌歲 妻安氏 歲 子大小子虎年肆歲 孀母孀婦靳氏 歲 叔長子二各兔年

拾伍歲 次子立柱雞年玖歲 女得姐牛年拾柒歲 叔畢三保羊年老退柒拾壹歲 叔子劉官保狗年陳逃叁拾貳歲

兄畢成智龍年伍拾歲 嫂王氏 歲 兄長子白達子虎年拾陸歲 次子代明龍年拾肆歲 長女桃姐猴年

拾歲 次女四姐豬年柒歲 次弟畢成忠馬年陳逃叁拾陸歲 三弟壯丁畢成孝猴年叁拾肆歲 四弟壯丁老各鼠年

拾捌歲 男拾貳名口 女陸名口 大口拾名口 小口捌名口 以上男女大小共拾捌名口 有內差丁貳名

一户壯丁陳四達子猴年腿瘸肆拾陸歲 妻占氏 故子官保蛇年拾叁歲 弟壯丁陳英龍年叁拾捌歲 弟婦

楊氏 歲 男叁名口 女貳名口 大口肆名口 小口壹名口 以上男女大小共伍名口 有內差丁壹名

以上男女大小共柒名口　內有差丁肆名

一戶壯丁張國棟狗年肆拾肆歲　妻李氏　歲　父張自孝狗年老退陸拾捌歲　母李氏　歲　嫡母

孀婦崔氏　歲　叔長子大小子虎年逃有案貳拾捌歲　次子二小子龍年貳拾陸歲故　次弟壯丁二各猴年叁拾

肆歲　弟婦侯氏　歲　三弟張国用鼠年叁拾歲逃陳未達　四弟壯丁三各虎年貳拾捌歲　男柒名口　女肆名口

大口拾壹名口　以上男女大小共拾壹名口　內有差丁叁名

狼堡一戶壯丁畢國明鼠年叁拾歲　妻趙氏　歲　祖畢尚德猪年柒拾玖歲　叔畢德明雞年陸拾玖歲　三叔

小腊子馬年老退陸拾歲　四叔壯丁畢得榮羊年伍拾玖歲　五叔壯丁畢得華猴年伍拾捌歲　伯母孀婦王氏

歲　長兄畢阿尔太蛇年逃有案肆拾玖歲　嫂徐氏　歲　次兄畢國華龍年逃未達叁拾捌歲

男捌名口　女叁名口　以上男女大小共拾壹名口　內有差丁叁名

大口拾壹名口

大辛屯所屬各屯

一戶壯丁張小四兒鼠年叁拾歲妻程氏　歲父張進朝兔年老退陸拾叁歲母丁氏　歲女二姐兔年叁歲

次叔張進輔蛇年老退陸拾壹歲孀母侯氏　歲叔長子壯丁二各虎年肆拾歲媳馬氏　歲次子

壯丁三各雞年叁拾叁歲三叔壯丁張進碧狗年伍拾陸歲孀母孫氏　歲三叔長子壯丁小五子猴年貳拾

貳歲媳石氏　歲次子壯丁小七兒雞年貳拾壹歲嫂孀婦孫氏　歲兒子壯丁小達子狗年貳

拾歲兒女保姐蛇年拾叁歲弟壯丁小六兒猴年貳拾貳歲弟婦石氏　歲男拾名口　女拾名口

大口拾捌名口　小口貳名口　以上男女大小共貳拾名口　內有差丁捌名

一戶壯丁張國臣狗年肆拾肆歲妻金氏故女二姐羊年拾壹歲次弟壯丁双頂雞年叁拾叁歲三弟壯丁啕氣

鼠年叁拾歲弟婦徐氏　歲四弟壯丁小四兒虎年貳拾捌歲　男肆名口　女叁名口　大口陸名口　小口壹名口

正黄旗

乾隆十四年

大辛屯人丁户口清册

丁子蜂柒張得貴雞年肆拾七張得華龍年叁拾捌歲弟婦葉氏　歲四弟張得
丁子蜂張得明貳歲弟婦冕氏　歲五弟立任羊年拾壹歲丁子蜂張天住鼠年拾
女弟女三姐羊年拾壹歲次弟子張天成龍年拾肆歲次弟女二姐牛年拾柒歲三弟
十猴年拾歲四弟子小四兒虎年肆歲　男拾壹名口　大口拾叁名口　女捌名口　小口陸名口　以上男女大小共
八名口　內有蜂丁伍名
一　此屯共丁伍拾叁名內除甲丁壹名百揔壹名門軍壹名帮丁陸名以上共除帮
正丁玖名淨剩養蜂丁肆拾肆名

四十一

四千一

二達子蛇年拾叁歲 堂弟蜂丁張世秀猪年叁拾壹歲 男玖名口 大口拾名口 女肆名口 小口叁名口 以上男
女大小共拾叁名口 內有蜂丁貳名
一戶蜂丁張世明牛年貳拾玖歲 妻袁氏 父張國俊蛇年柒拾叁歲 叔張國有馬年陸拾
歲 故孀母魏氏 歲 兄蜂丁張世起羊年叁拾伍歲 嫂朱氏 歲 次兄蜂丁常住狗年
叁拾貳歲 嫂高氏 叔子蜂丁張世成馬年叁拾陸歲 媳王氏 歲 次子蜂丁張
世臣狗年叁拾貳歲 媳張氏 歲 叔女老姐虎年拾陸歲 次兄女大姐虎年肆歲 叔孫
女四姐羊年拾壹歲 男柒名口 大口拾叁名口 女玖名口 小口叁名口 以上男女大小共拾陸名口 內有蜂丁伍名
一戶蜂丁張得明馬年肆拾捌歲 妻李氏 故父張成義雞年陸拾玖歲 母張氏 歲
弟蜂丁張得貴雞年肆拾伍歲 弟婦梁氏 歲 次弟蜂丁張得榮牛年肆拾壹

叔蜂丁張明李 猪年 肆拾叁歲 嬸母賈氏 歲 次叔蜂丁黄狗 狗年 叁拾壹歲 三叔蜂丁黑英
馬年貳拾肆歲 嬸母冦氏 歲 四叔蜂丁牛子 猴年 貳拾貳歲 五叔三狗 瘋傻 兔年 拾伍歲 六叔
馬子 馬年 拾貳歲 叔妹丫畨 羊年 拾壹歲 弟蜂丁張文昇 馬年 貳拾肆歲 弟婦陳氏
歲 叔子蜂丁張文登 豬年 貳拾貳歲 弟婦謝氏 歲 次子六小兒 蛇年 拾叁歲 子討子龍 年
拾肆歲 次子二各 蛇年 拾叁歲 三子三各 馬年 記名出家 拾貳歲 女小姐 猴年 拾歲 男拾叁名口 女玖名口
大口拾肆名口 小口捌名口 以上男女大小共貳拾貳名口 內有蜂丁柒名
一戶蜂丁張世鐸 狗年 肆拾肆歲 妻巴氏 歲 伯父張国明 鼠年 陸拾陸歲 故 伯母咸氏 故 弟
張世勲 馬年 陳逃 叁拾陸歲 次弟張世林 狗年 陳逃 叁拾貳歲 三弟拴住 猪年 陳瘸 叁拾壹歲 伯子張
世兜 羊年 陳瘫 肆拾柒歲 嫂張氏 歲 女三姐 羊年 拾壹歲 伯孫保子 兔年 拾伍歲 次孫

四十

一户蜂丁胡天聖牛年迯伍拾叁歲故 弟胡天貴猪年肆拾叁歲故 以上男大口共貳名口 無蜂丁

官門山住一户蜂丁張明亮虎年肆拾歲 妻姜氏 歲 父張世得兔年陸拾叁歲 母陶氏 歲

弟蜂丁張明魁龍年叁拾捌歲 弟婦賈氏 歲 次弟蜂丁七兒蛇年叁拾柒歲 三弟和

尚雞年陳迯叁拾伍歲 四弟蜂丁張明信狗年叁拾貳歲 弟婦高氏 歲 五弟色克太馬年眼瞎貳

拾肆歲 堂弟蜂丁梁官住狗年叁拾貳歲 弟婦朱氏 歲 堂次弟蜂丁三各牛年貳拾玖歲 弟婦

洪氏 歲 堂侄蜂丁四十五馬年貳拾肆歲 子四丫畾羊年拾壹歲 女招姐牛年拾柒歲 次女三

姐蛇年拾叁歲 弟子小小子雞年玖歲 堂次弟女丫畾兔年拾伍歲 男拾貳名口大口拾陸名口 女玖名口小口伍名口 以上男女

大小共貳拾壹名口 內有蜂丁柒名

一户蜂丁張文奉羊年叁拾伍歲 妻咸氏 歲 祖母李氏 歲 母周氏 歲

拾貳歲弟子蜂丁魏朝亮羊年叁拾伍歲媳秦氏 歲次子魏朝綱羊年手痒貳
拾叁歲媳陳氏 歲三子六兒蛇年拾叁歲弟女三姐虎年拾陸歲孫京孟龍年
貳歲次子女大姐蛇年壹歲男拾名口女玖名口大口拾伍名口小口肆名口以上男女大小共拾玖名口內有蜂丁陸名
一戶帮丁魏大小子馬年叁拾陸歲弟蜂丁圍場狗年貳拾歲子魏仲順龍年拾肆歲次子二各羊年拾壹
歲以上男女大小共肆名口內有蜂丁壹名
一戶蜂丁七了畾狗年貳拾歲父魏朝相兔年伍拾壹歲故母崔氏 歲祖母羅氏
歲堂祖魏国義猪年陸拾柒歲祖母賈氏 歲堂兄蜂丁魏喲氣雞年貳拾壹歲堂弟
六益虎年拾陸歲妹四姐龍年拾肆歲次妹豆姐馬年拾貳歲男伍名口大口柒名口女伍名口小口叁名口
上男女大小共拾名口內有蜂丁貳名

四九

廿九

喜罕蛇年拾叁歲 次女二姐蛇年壹歲 兄子郘丁魏朝虎狗年貳拾歲 次子依拉氣虎年痨症拾陸

歲 弟女二姐馬年拾貳歲 次女二姐雞年玖歲 男拾名口 大口玖名口 女叁名口 小口捌名口 以上男女大小共拾叁名

口 無蜂丁

一户郘丁魏朝龍猴年叁拾肆歲 父魏国信狗年陳進伍拾陸歲 弟蜂丁魏朝英鼠年叁拾歲 弟婦刘氏

歲 次弟蜂丁千庄鼠年拾捌歲 子魏仲先虎年拾陸歲 次子二小子羊年拾壹歲 三子牛子雞年玖歲 子弟

小四兒牛年伍歲 妹麻姐雞年玖歲 男捌名口 大口伍名口 女貳名口 小口伍名口 以上男女大小共拾名口內有蜂丁貳名

一户蜂丁魏国棟牛年伍拾叁歲 妻聶氏 故母李氏 歲 弟蜂丁魏国良兔年伍拾壹歲

子蜂丁魏朝功羊年叁拾伍歲 媳郭氏 歲 次蜂丁魏朝明龍年貳拾陸歲 媳王

歲 三子蜂丁魏朝仕馬年貳拾肆歲 媳徐氏 歲 四子魏朝祥猴年手痔貳

氏

大小共拾貳名口　内有蜂丁貳名

一户蜂丁咸進武蛇年貳拾伍歲　妻刘氏　歲　父咸文強雞年陸拾玖歲　伯父黑達子蛇年柒拾叁歲　伯母孀婦

陳氏　歲　兄咸進英狗年痨症叁拾貳歲　嫂崔氏　歲　次兄咸進文鼠年眼瞎叁拾歲　嫂付氏

歲　伯父子佛保牛年痨症貳拾玖歲　嫂宋氏　歲　伯母子蜂丁咸進成鼠年肆拾貳歲　嫂崔氏

歲　兄女八姐兎年叁歲　次兄子五十六虎年肆歲　伯母孫六十八雞年玖歲　男玖名口　女柒名口　大口拾叁名口　小口叁名口

以上男女大小共拾陸名口　内有蜂丁貳名

一户甲丁魏国賢狗年肆拾肆歲　妻付氏　歲　父魏登魁羊年捌拾叁歲　故兄魏国智猪年伍

拾伍歲　故嫂王氏　歲　弟魏国臣兎年痨症叁拾玖歲　弟婦代氏　歲　子魏朝

朋狗年胳膊坏貳拾歲　次子刘住羊年拾壹歲　三子索住雞年玖歲　四子定住虎年肆歲　女不

卅八

卅八

代海寨所屬各屯

一戶百揔咸進國蛇年叁拾柒歲妻陳氏　歲父咸文亮蛇年柒拾叁歲母陳氏

歲嫂孀婦張氏　歲子咸得冨牛年陸歲女三姐雞年玖歲嫂長子帮丁咸得荣羊年

貳拾叁歲媳高氏　歲次子咸得華牛年癆症拾柒歲三子咸得貴兔年拾伍歲

嫂女大姐馬年拾貳歲次女二妞雞年玖歲女嫂孫存姐虎年肆歲男陸名口女捌名口　大口柒名口小口柒名口

以上男女大小共拾肆名口　無蜂丁

一戶蜂丁咸進璽虎年伍拾貳歲妻表氏　歲弟咸進朝虎年眼瞎肆拾歲次弟蜂丁咸進耀（妻吳氏）鼠年叁拾歲弟婦

付氏故　子帮丁咸得官猴年貳拾貳歲侄帮丁咸得金猪年拾玖歲弟子黑狗雞年玖歲弟女二

姐鼠拾捌歲次女患姐牛年伍歲次弟女大姐虎年肆歲男陸名口　大口玖名口　女陸名口　小口叁名口　以上男女

一户寨丁李有昌虎年貳拾捌歲妻朱氏　歲母王氏　歲叔寨丁李元宝羊年叁拾

卅七

伍歲嬸母徐氏　歲兄李有義牛年肆拾壹歲故　嫂吳氏　歲弟寨丁官

保狗年貳拾壹歲次弟寨丁存住鼠年拾捌歲兄子寨丁二小子鼠年拾捌歲次子小和尚兔年

拾伍歲　男柒名口　大口拾名口　女肆名口　小口壹名口　以上男女大小共拾壹名口　內有寨丁伍名

此屯共丁伍伯玖拾壹名內除甲丁壹名百總壹名門軍壹名領催壹名幫丁捌名

以上共除幫正丁拾貳名淨剩揀寨丁伍伯柒拾玖名

共陸名口 内有寡丁貳名

一戸寡丁李老格猪年叁拾叁歲 兄李二牛年肆拾壹歲故 以上男大口共貳名口 内有寡丁壹名

破車溝住 一戸寡丁丁文魁猴年肆拾陸歲 妻付氏　歲 子寡丁丁得子馬年貳拾肆歲 媳王氏

歲 次子寡丁丁成子猴年貳拾貳歲 女六姐猴年拾歲 侄丁全陳迯猴年叁拾肆歲 媳姚氏

歲 子侄拉住羊年拾壹歲 男伍名口 大口柒名口 女肆名口 小口貳名口 以上男女大小共玖名口 内有寡丁叁名

一戸寡丁李文進雞年伍拾柒歲 伯母李氏　歲 兄寡丁李文李羊年伍拾玖歲 弟老格雞年

肆拾伍歲 弟婦古氏　歲 子寡丁李名虎年貳拾捌歲 媳候氏　歲 弟子

常保牛年拾柒歲 侄德禄羊年拾壹歲 男陸名口 大口柒名口 女叁名口 小口貳名口 以上男女大小共

玖名口 内有寡丁叁名

上肥地住一戶寮丁喻自林馬年肆拾捌歲妻徐氏 歲祖喻世義狗年捌拾歲父喻尚信狗年陸拾捌歲
母蔣氏故 叔喻尚礼牛年陸拾伍歲嬸母崔氏 歲次叔寮丁喻尚国狗年肆拾肆歲嬸母金
氏 歲子六十四羊年腿瘤貳拾叁歲次叔子四達子猴年拾歲故次子干生雞年玖歲男捌名口女肆名口
大口拾名口小口貳名口以上男女大小共拾貳名口內有寮丁貳名
崇河堡住一戶寮丁李世俊猪年叁拾壹歲妻金氏 歲父李茂春兔年柒拾伍歲母陳氏 歲
叔李茂生牛年陸拾伍歲弟寮丁三達子蛇年貳拾伍歲弟婦楊氏 歲子七十二牛年
伍歲男伍名口女叁名口大口柒名口小口壹名口以上男女大小共捌名口內有寮丁貳名
一戶寮丁張昇雞年叁拾叁歲妻徐氏 歲母張氏 歲弟寮丁十六子雞年貳拾壹
歲次弟小黑子虎年拾陸歲女孫姐兔年拾伍歲男叁名口大口肆名口女叁名口小口貳名口以上男女大小

一户蜜丁喻金住馬年叁拾陸歲兄蜜丁喻六児虎年肆拾歲嫂李氏　歲兄子冀保牛年伍歲堂侄叫

何奈牛年拾柒歲堂次侄三達子蛇年拾叁歲　男伍名口　大口叁名口　女壹名口　小口叁名口　以上男女大小共陸名口

内有蜜丁貳名

一户蜜丁喻尚勤狗年肆拾肆歲弟蜜丁喻尚儉鼠年肆拾貳歲弟婦朱氏　歲子蜜丁喻進

宝羊年貳拾叁歲弟子二保子牛年拾柒歲弟女三姐猴年拾歲　男肆名口　大口肆名口　女貳名口　小、貳名口　以

上男女大小共陸名口　内有蜜丁叁名

斷頭山住一户蜜丁喻尚秀馬年叁拾陸歲妻李氏　歲父喻世章牛年柒拾柒歲母井氏　歲弟蜜丁

喻尚功鼠年叁拾歲弟婦井氏　歲次弟蜜丁喻尚榮龍年貳拾陸歲女大姐虎年肆歲

男肆名口　大口柒名口　女肆名口　小口壹名口　以上男女大小共捌名口　内有蜜丁叁名

廿五

保羊年貳拾叁歲三子元保猴年拾歲四子小六兒猪年柒歲叔子乞狗兔年拾伍歲叔女鳳
姐蛇年拾叁歲弟婦朴姐兔年拾伍歲次女招姐龍年拾肆歲三女銀姐猴年拾歲男柒名口女捌名口
大口捌名口小口柒名口以上男女大小共拾伍名口內有寡丁肆名
一戶寡丁喻尚元龍年伍拾歲妻王氏歲母蔣氏歲弟寡丁喻尚惠鼠年肆拾
貳歲弟婦徐氏歲次弟寡丁喻尚才雞年叁拾叁歲弟婦于氏歲子寡丁奔
樓蛇年貳拾伍歲媳馬氏歲次子儍子蛇年拾叁歲三子時刻猴年拾歲女小姐
蛇年壹歲弟子小唐保羊年眼瞎拾壹歲弟女二姐馬年拾貳歲次弟女小姐龍年拾肆歲堂
侄寡丁喻自亮羊年叁拾伍歲媳井氏歲堂侄子大小子虎年肆歲故堂侄女存姐羊年
拾壹歲男玖名口大口拾壹名口女拾名口小口捌名口以上男女大小共拾玖名口內有寡丁伍名

龍年貳歲次兒孫九兒鼠年陸歲次兒孫女大姐狗年捌歲男拾貳名口大口拾肆名口女捌名口小口陸名口以上男

女大小共貳拾名口內有寄丁伍名

一戶寄丁候三元兔年伍拾壹歲叔候自冨蛇年陸拾壹歲次叔候自金羊年伍拾玖歲嬸母

田氏　歲弟寄丁候三平牛年肆拾壹歲弟婦李氏　歲叔子寄丁候三云蛇年

叁拾柒歲弟婦徐氏　歲次叔子寄丁候三仁羊年貳拾叁歲次子寄丁小達子猪年拾玖歲次叔

女四姐羊年拾壹歲弟子索兒馬年拾貳歲次子八兒狗年捌歲叔孫巴尕虎虎年拾陸歲

叔孫女妞兒龍年拾肆歲男拾名口大口拾名口女伍名口小口伍名口以上男女大小共拾伍名口內有寄丁伍名

柴河堡住一戶窩棚頭俞自戒兔年伍拾肆歲妻正氏　歲叔寄丁喻尚良兔年叁拾柒歲嬸母朱氏

歲弟婦孀婦于氏　歲子寄丁滿場兔年貳拾柒歲媳付氏　歲次子寄丁錢

卅四

陸歲弟婦王氏　歲嬸母子寠丁常三馬年貳拾肆歲弟婦王氏　歲
次子寠丁常得雞年貳拾壹歲　三子得住龍年拾肆歲　嬸母女英姐猪年拾玖歲　堂伯母子
皂保龍年拾肆歲　叔子寠丁大小子雞年貳拾壹歲　次子小狗子兔年拾伍歲　男拾壹名口女玖名口
大口拾柒名口小口叁名口　以上男女大小共貳拾名口　內有寠丁柒名
一戶寠丁候三雷羊年叁拾伍歲妻崔氏　歲兄候三魁猪年陸拾柒歲故　嫂候氏
歲次兄寠丁候三保鼠年伍拾肆歲嫂徐氏　歲三兄候三鳳虎年肆拾歲弟老
格狗年叁拾貳歲故　次弟儍子馬年手痔貳拾陸歲　子七十二虎年肆歲故　女小姐猴年拾
歲兄子寠丁候金貴狗年叁拾貳歲媳金氏　歲次子和尚羊年拾壹歲　次兄子寠丁
候金艾兔年貳拾柒歲　次子寠丁候金得馬年貳拾肆歲媳徐氏　歲兄孫女妞兒

貳拾叁歲次兄女榮姐馬年拾肆歲三兄子寡丁海青狗年貳拾歲次兄孫七兒牛年拾柒歲故

次孫大小子虎年肆歲　男拾肆名口　大口捌名口　女捌名口　小口肆名口　以上男女大小共貳拾

貳名口　內有寡丁玖名

紫河堡住一戶丁寡張朝貴雞年肆拾伍歲妻鄧氏　歲叔張九虎年陸拾肆歲兄張朝富牛年陸拾伍

歲故子啕住蛇年拾叁歲兄子寡丁七十子雞年貳拾壹歲媳吳氏　歲男伍名口　女貳名口

大口陸名口　小口壹名口　以上男女大小共柒名口　內有寡丁貳名

上清河住一戶丁寡陳文得雞年肆拾伍歲妻井氏　歲母丁氏　歲伯母王氏　歲

嬸母王氏　歲堂伯母范氏　歲叔寡丁陳六鼠年伍拾肆歲嬸母韓氏

歲子寡丁道得子雞年貳拾壹歲次子保子豬年柒歲伯母子寡丁陳文有龍年貳拾

廿三

卅三

一户案丁孫義鳳猪年肆拾叁歲妻孟氏　歲父孫六兒年陸拾叁歲伯父孫得貴雞年

陸拾玖歲叔案丁孫得祿蛇年肆拾玖歲弟案丁孫乃子虎年貳拾捌歲次弟案丁來貴猪年拾玖

歲三弟三兒馬年拾貳歲妹喜姐龍年拾肆歲男柒名口　女貳名口

大口柒名口　小口貳名口　以上男女大小

共玖名口　內有案丁肆名

上清河住一户案丁張朝喜雞年肆拾伍歲妻李氏　歲父張得志龍年捌拾陸歲故嫂孀婦

朱氏　歲兄張朝輔蛇年陸拾壹歲嫂方氏　歲次兄案丁張朝得蛇年肆

拾玖歲三兒案丁張朝壽羊年肆拾柒歲嫂徐氏　歲孀婦子案丁張罷狗年叁拾貳歲

媳張氏　歲次子案丁張四麻子猪年叁拾壹歲媳王氏　歲子罕板虎年拾陸

歲兄子案丁存住猪年拾玖歲次兄子案丁張林蛇年貳拾伍歲媳李氏　歲次子案丁黃嶌羊年

次弟寡丁刑老各 羊年貳拾叁歲 弟婦王氏 歲 弟子大小子 猴年拾叁歲 弟女
寒姐 虎年拾陸歲 次女當姐 馬年拾肆歲 男伍名口 大口玖名口 女柒名口 小口叁名口 以上男女大小共
拾貳名口 內有寡丁肆名

一戶寡丁孫義豹 雞年叁拾叁歲 父孫得才 豬年陸拾柒歲 母徐氏 歲 伯父孫得富 龍年
柒拾肆歲 故 伯母張氏 歲 兄寡丁孫義成 狗年伍拾陸歲 嫂鄭氏 歲
次兄寡丁孫義虎 馬年叁拾陸歲 嫂徐氏 歲 弟寡丁孫六兒 羊年貳拾叁歲 次弟四
兒腿坏 鼠年拾玖歲 兄子寡丁孫五兒 羊年貳拾叁歲 次子楊春 羊年拾壹歲 次兄女妞兒 鼠年
陸歲 堂侄寡丁孫花子 虎年貳拾捌歲 次侄寡丁三小兒 鼠年拾捌歲 男拾壹名口 大口拾肆名口 女伍名口 小口貳名口
以上男女大小共拾陸名口 內有寡丁柒名

卅二

卅戊 卅仁

狗兒猴年貳拾貳歲 媳王氏 歲 次子寨丁常住猪年拾玖歲 三子六兒龍年拾肆歲

男拾壹名口 大口拾名口 女肆名口 小口伍名口 以上男女大小共拾伍名口 有内寨丁柒名

一戶寨丁張文得猴年叁拾肆歲 妻高氏 歲 父張進紳龍年柒拾肆歲 母王氏 歲

嫡母王氏故 叔張進坤虎年陸拾肆歲 嫡母王氏 歲 弟寨丁張文功兔年貳拾玖歲

次弟寨丁張文成兔年貳拾柒歲 弟婦吴氏 歲 三弟寨丁老格羊年貳拾叁歲 叔子寨丁張

文才兔年貳拾柒歲 次子寨丁双頂狗年貳拾歲 三子干生虎年拾陸歲 男玖名口 大口拾叁名口 女伍名口 小口壹名口

以上男女大小共拾肆名口 有内寨丁陸名

一戶寨丁刑守信猴年肆拾陸歲 妻朱氏 歲 母崔氏 歲 兄寨丁刑守礼猪年伍

拾伍歲 嫂高氏 歲 弟寨丁刑守明虎年肆拾歲 弟婦吴氏 歲

陸歲故母高氏　叔𡨚丁金天義龍年伍拾歲孀母王氏　次叔𡨚丁金天

福猪年肆拾叁歲孀母張氏　弟𡨚丁三狗狗年叁拾貳歲弟婦高氏

歲次弟𡨚丁金天才猪年叁拾壹歲三第四兒鼠年叁拾歲故　四子𡨚丁五兒虎年貳拾捌歲

五第九兒牛年拾柒歲叔子𡨚丁七兒馬年貳拾肆歲次子冬兒龍年拾肆歲次叔子小子馬年拾

貳歲次弟子辛九兒羊年拾壹歲男拾肆名口大口拾肆名口　女伍名口小口伍名口　以上男女大小共拾玖名口

内有𡨚丁柒名

一戶𡨚丁薩只晶馬年肆拾捌歲妻張氏　弟𡨚丁張文礼猪年肆拾叁歲弟婦張氏故

子𡨚丁四十九馬年貳拾陸歲次子𡨚丁二小子雞年貳拾壹歲三子𡨚丁三小子狗年貳拾歲四子四

兒牛年拾柒歲五子五兒龍年拾肆歲六子六兒馬年拾貳歲女小姐雞年玖歲弟子𡨚丁

子四兒牛年拾柒歲弟子六十九雞年玖歲次子弟八牙畾兔年叁歲次女弟英姐馬年拾貳

歲次女福姐猴年拾歲孫定住虎年肆歲男拾叁名口大口拾肆名口女玖名口小口捌名口以上男女大小共貳拾貳名口內有

寔丁柒名

一戶丁寔金世卿狗年肆拾肆歲妻金氏　歲祖金玉国雞年陸拾玖歲祖母張氏　歲父金

天位牛年陸拾伍歲母楊氏　歲叔丁寔金天執狗年肆拾肆歲嬸母李氏　歲

丁弟寔金世芳鼠年肆拾貳歲叔子寔丁金世洪猴年貳拾貳歲次子寔丁五十一猪年拾玖歲三子六十二雞年

玖歲叔女英姐蛇年拾叁歲子四十九牛年拾柒歲次子三小子兔年拾伍歲男拾名口大口拾壹名口女伍名口小口肆名口

以上男女大小共拾伍名口內有寔丁伍名

一戶丁寔良貴馬年叁拾陸歲妻徐氏　歲祖李進祿兔年柒拾伍歲故父金天云狗年伍拾

猴年拾歲 男拾壹名口 大口拾名口 女肆名口 小口伍名口 以上男女大小共拾伍名口 内有實丁伍名

一戶實丁高進義牛年肆拾壹歲 叔高從得鼠年陸拾陸歲 次叔高從魁蛇年陸拾壹歲 故嬸母康氏

歲 三叔實丁高五雞年伍拾柒歲 兄實丁高進功猪年肆拾叁歲 嫂李氏 歲 弟實丁高進信牛年貳

拾玖歲 弟婦張氏 歲 次弟實丁高進保蛇年貳拾伍歲 次叔子三兒牛年拾柒歲 次子四兒

兔年拾伍歲 兄女得姐猴年拾歲 男玖名口 大口拾名口 女肆名口 小口叁名口 以上男女大小共拾叁名口 内有實丁伍名

央拉溝住 一戶實丁高君李馬年肆拾捌歲 妻李氏 歲 母王氏故 兄實丁高君礼猪年伍拾伍歲 嫂崔氏

歲 次兄實丁高君得虎年伍拾貳歲 嫂張氏 歲 弟實丁高君煥虎年肆拾歲 弟婦

李氏 歲 次弟實丁高君塋龍年叁拾捌歲 弟婦張氏 歲 子實丁高起佐羊年貳

拾叁歲 媳王氏 次子實丁高起臣鼠年拾捌歲 三子三兒虎年拾陸歲 兄子常任牛年拾柒歲 次兄

九虎年肆歲 兄孫遼陽羊年拾壹歲 男拾伍名口 大口拾柒名口 女拾名口 小口捌名口 以上男女大小共貳拾伍名口 内有寔丁捌名

一戶寔丁吳世龍兔年叁拾玖歲 妻井氏 歲 母劉氏 歲 伯父吳天起鼠年陸拾陸歲 伯母

袁氏 歲 丁弟寔吳世資龍年貳拾陸歲 弟婦吳氏 歲 次弟寔丁趙保鼠年拾捌

歲 堂兄寔丁吳世得鼠年肆拾貳歲 嫂吳氏 歲 子六十三虎年肆歲故 堂兄女黑姐龍年

拾肆歲 男陸名口 大口拾名口 女陸名口 小口貳名口 以上男女大小共拾貳名口 内有寔丁肆名

一戶丁寔高君仲鼠年貳拾柒歲 妻丁氏 歲 父高榮鳳猴年伍拾捌歲 叔父寔丁高老各兔年

伍拾壹歲 嫡母張氏 歲 兄高君旺狗年貳拾貳歲故 嫂李氏 歲 丁弟寔二

拾蛇年貳拾伍歲 次弟寔丁京細馬年貳拾肆歲 叔子寔丁高君宣鼠年拾捌歲 次子高君良牛年

拾柒歲 三子高君資蛇年拾叁歲 女當姐猴年拾歲 兄子四十七兔年拾伍歲 次子 三兒

虎年肆歲　妹討姐羊年拾壹歲　次妹丑姐雞年玖歲　伯父子寨丁冬兒猴年貳拾貳歲　次子

覌音保牛年拾柒歲　三伯父孫七十二蛇年拾叁歲　叔子李登冨牛年眼瞎拾柒歲　男拾貳名口大　女伍名口小

口拾名口　口柒名口　以上男女大小共拾柒名口　內有寨丁肆名

夾拉溝住一戶寨丁吳世卿狗年肆拾肆歲　妻代氏　歲　母肖氏　歲　兄寨丁吳世才狗年伍拾陸歲　嫂王氏

歲　次兄吳世勳蛇年肆拾玖歲　故嫂王氏　歲　弟寨丁吳世起鼠年肆拾貳歲

次弟寨丁吳世魁虎年肆拾歲　弟婦金氏　歲　三弟寨丁吳世蛟馬年叁拾陸歲　弟婦林氏

歲　子四兒雞年玖歲　女小姐虎年肆歲　兄子寨丁吳從還兔年叁拾玖歲　媳張氏　歲　次子寨丁吳

從冨狗年叁拾貳歲　三子吳從德猪年胳膊坏貳拾壹歲　次兄子二小子兔年拾伍歲　次子小小子牛年

伍歲　弟子寨丁吳從鳳雞年貳拾壹歲　次弟子三兒蛇年拾叁歲　次弟女白姐鼠年陸歲　三弟女冬

廿九

廿九

次子保住牛年伍歲次弟女二各羊年拾壹歲男拾伍名口女口貳拾貳名口女拾伍名口小口捌名口以上男女大小

共叁拾名口內有寔丁拾名

柒河堡一戶寔丁曹千生羊年叁拾伍歲妻李氏　歲祖母徐氏　歲叔寔丁和尚羊年叁拾伍歲次叔寔丁

老格虎年貳拾捌歲孀母徐氏　歲弟寔丁二小子兔年貳拾柒歲媳徐氏

歲次弟寔丁老格雛年貳拾壹歲堂侄寔丁五十四羊年貳拾叁歲媳良氏　歲堂侄女貴姐龍年

拾肆歲男陸名口大口拾壹名口女陸名口小口壹名口以上男女大小共拾貳名口內有寔丁陸名

一戶寔丁李登華狗年貳拾歲妻李氏　歲父李士魁猴年肆拾陸歲故母李氏　歲

伯父李大炮馬年柒拾貳歲次伯父寔丁李士俊猴年伍拾捌歲伯母李氏　歲三伯父李士秀

馬年肆拾捌歲故叔寔丁李士成牛年肆拾壹歲弟李登貴牛年拾柒歲次弟三達子

柒歲女次弟小姐虎年肆歲男陸名口大口玖名口女柒名口小口肆名口以上男女大小共拾叁名口內有寔丁肆名

柴河堡户寔丁李自華兎年叁拾玖歲妻陳氏
歲父李養執牛年柒拾柒歲母鄧氏

歲伯父李養乾猴年捌拾貳歲故伯母康氏
歲兄寔丁李自富牛年伍拾叁歲

嫂刘氏
歲次兄寔丁李自貴龍年伍拾歲嫂崔氏
歲三兄寔丁李自正狗年

肆拾肆歲嫂郭氏
歲弟寔丁三達子羊年叁拾伍歲弟婦鄧氏
歲

次弟寔丁四達子雞年叁拾叁歲弟婦林氏
歲子大小子龍年拾肆歲女當姐馬年

拾貳歲次女小姐鼠年陸歲兄子寔丁三小子狗年貳拾歲兄女小丑兒雞年玖歲次兄子寔丁

李文忠鼠年叁拾歲媳宋氏
歲次子寔丁李文學狗年貳拾歲三兄子寔丁李鳳

明龍年貳拾陸歲媳程氏
歲弟女小姐鼠年陸歲次弟子二小子龍年拾肆歲

廿八

氏　歲丁子蜜李自祥龍年貳拾陸歲媳王氏　歲女明姐狗年貳拾歲

兄子蜜丁二小子鼠年叁拾歲次子蜜丁三小子虎年貳拾捌歲媳刑氏　歲三子蜜丁李自明龍年

貳拾陸歲媳徐氏　歲四子蜜丁四小子猴年貳拾貳歲五子蜜丁五小子猪年拾玖歲次兄子蜜丁

李自曾兔年貳拾柒歲媳高氏　歲次兄女老姐虎年拾陸歲三兄子蜜丁三小子猴年貳

拾貳歲次子蜜丁四小子狗年貳拾歲三兄女黃姐鼠年拾捌歲孫女小姐虎年肆歲男拾叁名口女拾壹名口

大口貳拾壹名口小口叁名口以上男女大小共貳拾肆名口內有蜜丁拾叁名

一戶蜜丁李養臣兔年叁拾玖歲妻姚氏　歲叔父李四狗年捌拾歲嬸母李氏　歲

兄蜜丁李八牛年肆拾壹歲弟蜜丁老各馬年叁拾陸歲弟婦崔氏　歲次弟蜜丁李養君猴年

叁拾肆歲弟婦代氏　歲女藍姐羊年拾壹歲次女二姐狗年捌歲弟子小兒猪年

歲弟寔丁尤守功猪年肆拾叁歲弟婦徐氏　歲次弟寔丁尤守儉虎年肆拾歲弟婦

張氏　歲堂兄寔丁尤守仁牛年伍拾叁歲堂次兄寔丁尤守義龍年伍拾歲子寔丁尤戍

清牛年貳拾玖歲媳張氏　歲次子寔丁尤戍寧兔年貳拾柒歲媳康氏

歲三子寔丁尤戍儒馬年貳拾肆歲四子小八兒牛年拾柒歲兄子寔丁尤戍相兔年貳拾柒

歲媳王氏　歲弟子寔丁尤戍文雞年貳拾壹歲媳崔氏　歲次子七兒

牛年拾柒歲次弟女黒姐虎年肆歲故孫八海龍年貳歲男拾肆名口　女玖名口　大口拾玖名口　小口肆名口

以上男女大小共貳拾叁名口內有寔丁拾壹名

一戶寔丁李王六雞年肆拾伍歲妻高氏　歲兄寔丁李五雞年伍拾柒歲嫂侯氏

歲次兄寔丁李養占牛年伍拾叁歲嫂李氏　歲三兄寔丁李養明蛇年肆拾玖歲嫂霍

廿七

廿九

一户丁蜑尤成明龍年叁拾捌歲妻万氏　歲父尤守荣羊年伍拾玖歲母徐氏　歲
伯母嬸婦金氏　歲叔丁蜑尤守華鼠年伍拾肆歲嬸母崔氏　歲弟丁蜑尤成用
兎年貳拾柒歲弟婦付氏　歲次弟尤成連狗年手痒貳拾貳歲弟婦趙氏
歲三弟蜑丁尤成林鼠年拾玖歲弟婦夏氏　歲四弟尤成秀龍年拾肆歲
伯母子蜑丁尤成惠猴年叁拾肆歲弟婦金氏　歲叔子蜑丁尤成虎猪年叁拾壹歲弟婦
王氏　歲次子保任龍年拾肆歲叔女小姐狗年貳拾歲子狗兒虎年拾陸
歲弟子三狗兒虎年拾歲伯母孫五十兒龍年拾肆歲伯母孫女小姐鼠年陸歲叔孫小
小子雞年玖歲　男拾肆名口　太口拾柒名口　女拾壹名口　小口捌名口　以上男女大小共貳拾伍名口內有蜑丁陸名
一户丁蜑尤守得狗年肆拾肆歲妻金氏　歲兄丁蜑尤守礼龍年伍拾歲嫂張氏

張文朝狗年肆拾肆歲弟婦李氏　子蜜丁張凱龍年貳拾陸歲

媳邢氏　歲女福姐虎年拾陸歲次兄子蜜丁張傑狗年叁拾貳歲媳高氏　歲

弟子大小子鼠年拾玖歲故次弟子小保子狗年柒歲次弟女大姐兔年拾伍歲堂侄蜜丁張得仁羊年

叁拾伍歲媳肖氏　歲堂次侄蜜丁張得義雞年叁拾叁歲媳夏氏　歲堂侄子大小

子龍年拾肆歲堂次侄子三小子虎年肆歲男拾叁名口女玖名口大口拾柒名口小口伍名口以上男女大小共貳拾貳名口内有

蜜丁柒名

天橋窩棚子任頭一戶尤守貴蛇年陸拾壹歲妻張氏　歲子尤戒利勝坏牛年貳拾玖歲媳金氏　歲次子

七十一兔年拾伍歲三子小三虎年肆歲女妞姐猴年拾歲孫五十四狗年捌歲次孫小黑虎年

肆歲男陸名口女叁名口大口肆名口小口伍名口以上男女大小共玖名口　無蜜丁

廿六

山2

歲　弟寮丁方有義羊年叁拾伍歲弟婦張氏　歲　次弟寮丁方有礼狗年

叁拾貳歲弟婦候氏　歲　三弟方有智龍年貳拾陸歲弟婦閆氏

歲　男伍名口　女伍名口　以上男女大口共拾名口　内有寮丁肆名

夏家屯住一戶寮丁張小斐子羊年肆拾柒歲妻張氏　歲　兄張文玺虎年陸拾肆歲　次兄寮丁

張文虎雞年伍拾柒歲　三兄寮丁張黑子狗年伍拾陸歲　子寮丁七十鼠年拾捌歲

次子七十五猴年拾歲　女二姐虎年拾陸歲　次女四姐馬年拾貳歲　兄子寮丁張振馬年

叁拾陸歲　男柒名口　大口柒名口　女叁名口　小口叁名口　以上男女大小共拾名口　内有寮丁伍名

一戶寮丁張文奎蛇年肆拾玖歲妻高氏　歲　兄張文龍猴年伍拾捌歲　次兄寮丁

張文鳳鼠年伍拾肆歲故　三兄寮丁張文得龍年伍拾歲嫂高氏　歲　弟寮丁

上男女大小共貳拾叁名口　內有寄丁陸名

一戶寄丁徐連雞年叁拾叁歲妻張氏　歲父徐文炳陳逃鼠年伍拾肆歲祖母徐氏故

伯父徐文成鼠年陸拾陸歲伯母井氏　歲次伯父徐文華狗年路膊坏伍拾陸歲叔

徐文煥龍年腰坏伍拾歲丁兄寄徐林猴年叁拾肆歲嫂曹氏　歲子保成猴年

拾歲伯子寄丁保子雞年貳拾壹歲次子寄丁二小子鼠年拾捌歲三子三小子虎年拾

陸歲故四子四小子龍年拾肆歲弟子寄丁徐忠蛇年貳拾伍歲次子寄丁徐得雞年

貳拾壹歲弟婦張氏　歲男拾叁名口大口拾伍名口女伍名口小口叁名口以上男女大小

共拾捌名口　內有寄丁陸名

候兒石住一戶寄丁方有仁龍年叁拾捌歲妻宋氏　歲父方成貴兔年柒拾伍歲母孫氏

十五

次子寄丁保子雞年貳拾壹歲 三子寄丁佛保鼠年拾捌歲 女三姐馬年拾貳歲 男女
拾柒名口 大口拾捌名口 以上男女大小共貳拾貳名口 內有寄丁捌名
伍名口 小口肆名口
一戶寄丁張自亮虎年肆拾歲 妻楊氏 歲 父張起龍羊年柒拾壹歲故 叔寄丁張起彪
鼠年伍拾肆歲 孀母井氏 歲 次叔寄丁張起虎馬年肆拾捌歲 孀母康氏故 三叔寄丁
張起洪鼠年肆拾貳歲 四叔寄丁張起昇龍年叁拾陸歲 孀母丁氏 歲 孀母嬸婦刑氏
歲 兄張自文兔年伍拾壹歲故 子帝駝保牛年伍歲故 叔子任兒牛年拾
柒歲 次子狗兒龍年拾肆歲 次叔子三各陳僾雞年貳拾壹歲 次叔女連姐蛇年拾叁歲
四叔子千金保龍年拾肆歲 孀母子寄丁張自功蛇年貳拾伍歲 弟婦高氏 歲 孀母孫女妞兒
牛年拾柒歲 次孫女明姐羊年拾壹歲 兄子小子狗年捌歲故 男拾肆名口 大口拾伍名口 女玖名口 小口捌名口 以

拾玖歲故 四叔子寳丁王忠荣 雞年貳拾壹歲 弟婦吴氏 歲 次子寳丁王忠華

狗年貳拾歲 五叔子索兒 龍年拾肆歲 子王全 虎年拾陸歲 男貳拾叁名口

女拾名口

大口貳拾陸名口 以上男女大小共叁拾叁名口 内有寳丁玖名

小口柒名口

猴兒石一戶寳丁張起先 猪年肆拾叁歲 妻李氏 歲 父張国基 猪年柒拾玖歲 兄張起蛟 狗年

伍拾陸歲故 嫂刑氏 歲 次兄張起猛 虎年半身不随 伍拾叁歲 三兄寳丁張起典 兔年伍拾

壹歲 四兄張起晜 馬年肆拾捌歲故 五兄寳丁張起朋 猴年肆拾陸歲 子儍子 龍年癡傻 貳

拾陸歲 次子寳丁張自成 狗年貳拾歲 三子天亮 猴年拾歲 女二姐 蛇年拾叁歲 兄子

張自荣 龍年陳傻 叁拾捌歲 次子張自華 鼠年手痔 叁拾歲 三子寳丁張自富 馬年貳拾肆

歲 媳徐氏 歲 四子張自貴 牛年拾柒歲 四兄子寳丁張自君 狗年叁拾壹歲

以上男女大小共拾伍名口 有内寔丁陸名 嵗 叔王起
一戶寔丁王忠義蛇年叁拾柒嵗 妻夏氏故 父王起龍馬年陸拾嵗 母王氏
鳳猴年伍拾捌嵗 嬸母閔氏故 次叔寔丁王起云猪年伍拾伍嵗 嬸母吴氏 嵗 三叔
王起宣进鼠年伍拾肆嵗 四叔寔丁王起祥馬年肆拾捌嵗 嬸母井氏 嵗 五叔王起
蛟痴呆牛年肆拾壹嵗 嬸母張氏 嵗 兄寔丁王忠仁兔年叁拾玖嵗 嫂徐氏故 弟寔丁王
忠智狗年貳拾嵗 弟婦李氏 兄 嵗 次弟王忠孝牛年拾柒嵗 三弟王忠雷兔年拾
伍嵗 四弟王忠宝猴年拾嵗故 堂叔王廷候兔年陸拾叁嵗 堂兄王傻子牛年
伍拾叁嵗故 叔子討子牛年拾柒嵗 次叔子寔丁王忠礼虎年貳拾捌嵗 媳尤氏
嵗 次子寔丁王忠信牛年貳拾陸嵗 三子老各雞年玖嵗 三叔子王忠貴鼠年

歲次子王起元牛年拾柒歲三子双頂羊年拾壹歲故次伯父子寡丁王起寬

馬年貳拾肆歲弟婦杜氏　歲次子王起洪龍年拾肆歲子小雨子虎年

拾陸歲兄子寡丁大小子鼠年拾捌歲兄女二姐龍年拾肆歲男拾伍名口女拾壹名口

大口貳拾壹名口以上男女大小共貳拾陸名口內有寡丁捌名

小口伍名口

一戶寡丁王起豹猪年伍拾伍歲妻朱氏　歲叔王廷賢兔年陸拾叁歲弟寡丁王起

英龍年伍拾歲弟婦吳氏　歲叔子寡丁王起先兔年叁拾玖歲弟婦王氏

歲次子寡丁王九猴年叁拾肆歲弟婦井氏　歲三子寡丁寒路牛年貳拾玖

歲丁子寡王仲明馬年貳拾肆歲媳李氏　歲弟子長明龍年拾肆歲

次子長住馬年拾貳歲叔孫大小子龍年拾肆歲男拾名口女伍名口大口拾貳名小口叁名

廿三

廿三

歲次子寄丁張自荣猴年貳拾貳歲三子六索龍年拾肆歲侄寄丁鉄任雞年

貳拾壹歲次侄傻子兔年拾伍歲三侄七狗馬年拾貳歲男柒名口女貳名口

大口陸名口小口叁名口以上男女大小共玖名口內有寄丁肆名

一戶丁寄王起君龍年叁拾貳歲父王廷豹蛇年陸拾壹歲母李氏　歲伯父

王廷龍雞年陸拾玖歲伯母王氏　歲次伯父王廷虎虎年陸拾肆歲

伯母杜氏　歲丁兄寄王起林馬年叁拾陸歲嫂金氏　歲弟寄丁

王起荣猪年叁拾壹歲弟婦王氏　歲次弟寄丁王起正虎年貳拾捌

歲弟婦肖氏　歲三弟寄丁王起文馬年貳拾肆歲弟婦夏氏

歲妹小姐雞年貳拾壹歲伯父子寄丁王起魁龍年貳拾陸歲弟婦湯氏

張自朝猪年叁拾壹歲弟婦王氏　歲次弟寄丁張自習龍年貳拾陸

歲弟婦李氏　歲次叔子八十兎年拾伍歲三叔子大小子虎年拾陸歲次子二小

子馬年拾貳歲三子三小子雞年玖歲子巴尔虎虎年拾陸歲三子玉住猴年拾歲

次子金良龍年拾肆歲四子四五牛年伍歲女當姐蛇年拾叁歲弟女二姐鼠年陸歲

男拾伍名口 大口拾貳名口 女柒名口 小口拾名口 以上男女大小共貳拾貳名口 有內寄丁伍名

一戶寄丁張自名馬年肆拾捌歲妻高氏　歲子寄丁張坤馬年貳拾肆歲次子寄丁張倫鼠年

拾玖歲三子三各兎年拾伍歲四子四各蛇年拾叁歲男伍名口 大口肆名口 女壹名口 小口貳名口 以上男

女大小共陸名口 有內寄丁叁名

一戶寄丁張登英蛇年肆拾玖歲妻李氏　歲子寄丁張自富蛇年貳拾伍歲媳方氏

廿七

卄

櫃子石住一戶實丁王玉瑞狗年叁拾貳歲妻王氏　歲祖王文魁兔年柒拾伍歲祖母李氏
歲父實丁王連召馬年肆拾捌歲母景氏　歲弟實丁王玉起牛年貳拾
玖歲弟婦李氏　歲次弟實丁王玉還虎年貳拾捌歲弟婦李氏　歲三弟
七十二虎年肆歲子六十馬年拾貳歲女春姐兔年拾伍歲次女二姐豬年柒歲弟子
驛馬虎年肆歲女貴姐雞年玖歲次弟子六十八豬年柒歲女當姐馬年拾貳歲
妹春姐馬年拾貳歲男玖名口女拾名口大口拾名口小口玖名口以上男女大小共拾玖名口內有實丁肆名
一戶實丁張自進雞年叁拾叁歲妻井氏　歲伯父張登科雞年陸拾玖歲次伯父
張登奉豬年陸拾柒歲故伯母張氏　歲叔實丁張五子鼠年伍拾肆歲次叔
實丁張六兔年伍拾壹歲三叔實丁張登成猴年肆拾陸歲嬸母刑氏　歲弟實丁

次兄寋丁金自貴蛇年叁拾柒歲三兄寋丁金自孝馬年叁拾陸歲嫂崔氏歲

弟寋丁金自畐雞年貳拾壹歲子七兒羊年拾壹歲女鳳姐蛇年拾叁歲兄子

黑達子龍年拾肆歲次子双頂狗年捌歲男拾名口大口拾壹名口女伍名口小口肆名口以上男女

大小共拾伍名口內有寋丁伍名

一戶寋丁刑畢雞年貳拾壹歲祖刑守用羊年伍拾玖歲祖母李氏歲伯祖刑

守畐鼠年陸拾陸歲次伯祖刑守貴虎年陸拾肆歲祖母王氏歲三伯祖

刑守華馬年陸拾歲嬸母孀婦李氏歲弟五十兒兔年拾伍歲次伯祖孫得

兒兔年拾伍歲三伯祖子刑国良雞年陳逊叁拾叁歲子孀婦大小子雞年玖歲故男玖女叁

名口大口玖名口小口叁名口以上男女大小共拾貳名口內有寋丁壹名

廿一

女小牙晶鼠年陸歲 男伍名口 大口肆名口 女叄名口 小口肆名口 以上男女大小共捌名口内有寡丁壹名

一戶丁寡金登魁猪年叄拾壹歲妻方氏 歲 父金花子猪年陸拾柒歲母丁氏

歲 叔金二年年伍拾玖歲嬸母崔氏 歲 兄丁寡金登科虎年肆拾歲 嫂孫氏 歲 弟丁寡金登元龍年貳拾陸歲弟婦丁氏 歲

叔子寡丁金登奉雞年叄拾叄歲弟婦張氏 歲 次子寡丁大眼兒鼠年拾捌歲女得姐羊年拾壹歲兄子小十子狗年捌歲弟子小三兒牛年伍歲 男玖名口 女柒名口

大口拾叄名口 小口叄名口 以上男女大小共拾陸名口有内寡丁伍名

一戶丁寡金自連雞年叄拾叄歲妻崔氏 歲 父金四馬年陸拾歲母崔氏

歲 伯父金三猪年陸拾柒歲兄丁寡金自全牛年肆拾壹歲嫂蘇氏 歲

肆拾玖歲 弟李保兒馬年貳拾肆歲故 弟婦張氏 歲 次弟潘陽猴年

貳拾貳歲 故弟婦王氏 歲 三弟寄丁五兒狗年貳拾歲 伯子寄丁李士才雞年肆

拾伍歲 弟婦朱氏 歲 嫡母子五十兒龍年叁拾捌歲故 次子寄丁老各猴年貳

拾貳歲 媳李氏 歲 子五得兒龍年拾肆歲 伯孫福得蛇年拾叁歲

男拾貳名口 女柒名口

大口拾柒名口 小口貳名口 以上男女大小共拾玖名口 有內寄丁伍名

一户寄丁李士金龍年叁拾捌歲 父李三雞年陸拾玖歲 母李氏 歲 弟寄丁三各

猴年叁拾肆歲 男叁名口 以上男女大口共肆名口 有內寄丁貳名

女壹名口

一户寄丁周朝相虎年肆拾歲 妻孫氏 歲 父周三小子蛇年柒拾叁歲 母朱氏

歲 子周住牛年眼瞎拾柒歲 次子周林虎年拾陸歲 三子六兒雞年玖歲

廿册

廿統

男拾壹名口 女拾壹名口
大口拾伍名口 小口柒名口 以上男女大小共貳拾貳名口 有內寳丁陸名
一戶 李士貴 羊年 肆拾柒歲 故妻高氏 歲 兄寳丁李世華 兎年 伍拾壹歲 嫂王氏
歲 弟李士榮 牛年 眼瞎 伍拾叁歲 弟婦金氏 歲 子寳丁李朝相 龍年 貳
拾陸歲 媳王氏 歲 次子三達子 蛇年 拾叁歲 女大姐 猴年 拾歲 兄子寳丁李朝臣
龍年 貳拾陸歲 弟子傻子 鼠年 羞風 叁拾歲 次子寳丁五達子 鼠年 拾捌歲 弟女五姐 羊年
拾壹歲 侄 侄兒 牛年 伍歲 侄女黑姐 羊年 拾壹歲 男拾名口 女柒名口
大口拾壹名口 小口陸名口
以上男女大小共拾柒名口 有內寳丁陸名
一戶 丁寳 李進才 羊年 叁拾伍歲 妻李氏 歲 父李万倉 兎年 陸拾叁歲 母周氏
歲 伯父李万庫 馬年 柒拾貳歲 孀母 孀婦 李氏 歲 叔寳丁李方寔 蛇年

八達子 猴年 拾歲 女 二姐 牛年 拾柒歲 弟子蛮丁 黑達子 鼠年 拾捌歲 次子 四達子 兔年

拾伍歲 三子 七達子 馬年 拾貳歲 四子 小十子 猪年 柒歲 堂弟子蛮丁 大達子 猪年 拾玖歲

堂弟女 七姐 龍年 拾肆歲 男拾叁名口 女伍名口 大口拾名口 小口捌名口 以上男女大小共拾捌名口 内有蛮丁伍名

一戶蛮丁 田奉宇 兔年 叁拾玖歲 妻 高氏 歲 父 田尚義 蛇年 陸拾壹歲 母 栢氏 歲

伯母 杜氏 歲 叔蛮丁 田尚信 猪年 肆拾叁歲 嬸母 張氏 歲 堂叔蛮丁 田尚龍 狗年

肆拾肆歲 嬸母 井氏 歲 次叔蛮丁 田尚虎 猪年 肆拾叁歲 嬸母 崔氏

嬸母 孀婦 孫氏 子蛮丁二十 雞年 貳拾壹歲 弟蛮丁 田奉李 雞年 叁拾叁歲 媳 井氏 歲 次弟 田奉貴 兔年

貳拾柒歲 故 叔子 田奉禄 虎年 拾陸歲 叔女 六姐 馬年 拾貳歲 堂弟女 来姐 猪年 柒歲

伯母孫 索兒 馬年 拾貳歲 子 五保 馬年 拾貳歲 次子 六保 虎年 肆歲 女 妞妞 龍年 拾肆歲

十九

改

十九　收

歲弟婦崔氏　歲伯母子寡丁李先明牛年肆拾壹歲弟婦王氏　歲堂侄寡丁李

起豹兔年叁拾玖歲伯孫二小子豬年柒歲孀婦孫寡丁討氣雞年貳拾壹歲男捌名口女肆名口

大口拾壹名口小口壹名口　以上男女大小共拾貳名口內有寡丁伍名

一戶丁寡李先用龍年肆拾貳歲妻楊氏　歲兄寡丁李三馬年肆拾捌歲嫂刘氏　歲

嫂孀婦崔氏故堂侄寡丁李起生雞年貳拾壹歲妹姐兒兔年拾伍歲孀婦子寡丁李四小子鼠年拾捌歲

男肆名口女肆名口　大口柒名口小口壹名口　以上男女大小共捌名口內有寡丁肆名

一戶丁寡田尚本龍年肆拾貳歲妻高氏　歲父田進魁猴年柒拾歲故弟瘸田尚科牛年

肆拾壹歲弟婦李氏故堂弟寡丁田尚與牛年肆拾壹歲弟婦李氏　歲次弟寡丁

田尚龍狗年叁拾貳歲子三達子虎年拾陸歲次子六達子蛇年拾叁歲三子

男女大小共玖名口 有内 寔丁貳名

一戶寔丁李起龍 龍年 伍拾歲 妻 張氏 歲 父 李先春 鼠年 陸拾陸歲 母 李氏

歲 弟寔丁 李起莪 羊年 叁拾伍歲 妻 崔氏 歲 次弟寔丁 李大小子 虎年 貳拾

捌歲 三弟寔丁 二小子 龍年 貳拾伍歲 四弟寔丁 李起交 猴年 貳拾貳歲 五弟 刘任 虎年 拾

陸歲 子寔丁 李国棟 鼠年 叁拾歲 媳 刘氏 歲 次子寔丁 鵬八 狗年 貳拾歲 女 二姐 兎年 拾伍歲

孫 大達子 羊年 拾伍歲 次孫 三達子 牛年 陸歲 男 拾壹名口 女 伍名口 大口 拾貳名口 小口 肆名口 以上

男女大小共拾陸名口 有内 寔丁柒名

招吉一戶寔丁 李先曾 雞年 叁拾叁歲 妻 崔氏 歲 父 李守旺 兎年 陸拾叁歲 母 崔氏

歲 伯父 李守仁 雞年 陸拾玖歲 伯母孀婦 崔氏 歲 伯子寔丁 老各 虎年 叁拾玖

十八[illegible]

[illegible]

貳拾歲三子候三有牛年拾柒歲弟女二姐鼠年陸歲孀孫母小子虎年肆歲男拾貳名口女玖名口
大口拾陸名口小口伍名口以上男女大小共貳拾壹名口內有寡丁柒名
一戶丁寡候自相猴年肆拾貳歲妻王氏　歲母金氏　歲弟寡丁黑達子兔年叁
拾玖歲弟婦康氏　歲子三牙頭馬年拾貳歲次子八達子雞年玖歲弟子
黑丫頭虎年拾陸歲次子四妞子龍年拾肆歲三子八小子牛年伍歲堂侄寡丁候三
相猴年貳拾貳歲男捌名口大口陸名口女叁名口小口伍名口以上男女大小共拾壹名口內有寡丁叁名
一戶丁寡候三傑猴年貳拾貳歲妻代氏　歲父候小膓子羊年伍拾玖歲母刘氏故伯父
候自貴虎年陸拾叁歲伯子候大麻子狗年痴傻肆拾肆歲次弟寡丁候三各猴年貳拾貳歲
三弟大小子　拾柒歲弟九達子雞年玖歲故次子五十九虎年肆歲男捌名口大口柒名口女貳名口小口叁名口以上

五姐兔年拾伍歲 伯兄子賽丁候三連猴年叄拾肆歲 媳朱氏　歲 次子賽丁滿
兒馬年貳拾肆歲 三子賽丁年兒猴年貳拾歲 四子五兒龍年拾肆歲 兄孫趙索兒牛年
拾柒歲 次孫二小兔年拾伍歲 孫女榮姐虎年肆歲 次孫次兒七十兒狗年捌歲 次孫七
十四虎年肆歲故
男拾柒名口女拾壹名口以上男女大小共貳拾捌名口內有賽丁捌名
大口拾玖名口小口玖名口
一戶賽丁候自立鼠年肆拾貳歲 妻金氏　歲 母崔氏　歲 嬸母嬸婦李氏　歲
兄賽丁候自明羊年肆拾柒歲 嫂李氏　歲 弟賽丁候自才蛇年叄拾柒歲 弟婦
金氏　歲 次弟賽丁候自興鼠年叄拾歲 弟婦李氏　歲 嬸母子賽丁候自存猪年
肆拾叄歲 嫂李氏　歲 次子憨頭猴年陳傻叄拾肆歲 子四兒兔年拾伍歲 次子
六兒猴年拾歲 兄子賽丁候三戌猴年貳拾貳歲 媳馬氏　歲 次子賽丁候三得狗年

十九

歲弟女妞姐雞年玖歲堂弟子寄丁丁魁蛇年貳拾伍歲媳王氏　歲次子寄丁丁

奪猪年拾玖歲媳尤氏　歲三子老各鼠年陸歲四子開原兎年肆歲堂

弟女得姐猴年拾歲堂次弟子寄丁得喜猪年拾玖歲男拾肆名口大口拾捌名口　女拾貳名口小口捌名口

以上男女大小共貳拾陸名口內有寄丁拾名

一戶寄丁候自正兎年伍拾壹歲妻崔氏　歲父候仲朝鼠年柒拾捌歲母高氏故

兄候自功猴年伍拾捌歲嫂丁氏　歲次兄寄丁候自勲猪年伍拾伍歲嫂徐氏

歲堂兄寄丁候自元猴年伍拾伍歲嫂崔氏　歲子候張六兎年拾伍歲

女梅姐雞年貳拾壹歲兄子寄丁候三貴馬年叁拾陸歲媳王氏　歲次子

刘索兒牛年拾柒歲次兄子寄丁候三惠龍年貳拾陸歲媳崔氏　歲次兄女

牛年貳拾玖歲弟婦候氏　歲次叔子烏林太猪年叁拾壹歲故弟婦徐
氏　歲次子寨丁二達子牛年貳拾玖歲三叔子寨丁傻子雞年貳拾壹歲子五十八
牛年拾柒歲次子小和尚猴年拾歲故女婆姐牛年拾柒歲女次弟丫畐羊年拾壹
歲男拾肆名口大口拾玖名口女玖名口小口肆名口以上男女大小共貳拾叁名口内有寨丁捌名
一戶寨丁丁二牛年伍拾叁歲妻李氏　歲弟寨丁丁三馬年肆拾捌歲弟婦金氏
歲次弟寨丁丁六十八虎年肆拾歲弟婦蘇氏　歲三弟寨丁丁自荣龍年
叁拾捌歲弟婦刑氏　歲堂弟寨丁丁四蛇年肆拾玖歲弟婦金氏　歲
堂次弟寨丁丁二各虎年肆拾歲弟婦王氏　歲子寨丁丁喜狗年貳拾歲次子
狗兒雞年玖歲女正姐虎年拾陸歲次女丁香蛇年拾叁歲弟子憨板蛇年拾叁

点

十六

肆拾歲　孀母李氏　歲　弟拴住　猴年拾歲　次弟老各　虎年肆歲　叔子寄丁大

小子　羊年叁拾伍歲　弟婦王氏　歲　次子寄丁二小子　羊年貳拾壹歲　三子三

小子　猴年拾歲　次叔子寄丁李二各　雞年叁拾叁歲　弟婦李氏　歲　次子寄丁和尚

龍年貳拾陸歲　三子寄丁小匣子　鼠年拾捌歲　三叔子孫住　猴年拾歲　男拾叁名口　女陸名口

大口拾肆名口

小口伍名口　以上男女大小共拾玖名口　內有寄丁捌名

貴子石住一戶寄丁李丁二　牛年肆拾壹歲　妻張氏故　母李氏　歲　叔丁四各　猴年柒拾歲

次叔丁自榮　蛇年陸拾壹歲故　三叔丁自富　牛年伍拾叁歲故　孀母高氏　歲

兄寄丁丁大　蛇年肆拾玖歲　嫂李氏　歲　弟寄丁丁三　兔年叁拾玖歲　次弟寄丁丁四

猴年叁拾肆歲　弟婦李氏　歲　三弟寄丁丁五　狗年叁拾貳歲　叔子寄丁丁七兒

柒歲次子　三小子　虎年　拾陸歲　兄女　双姐　猴年　拾歲　三兄女　妞兒　羊年　拾壹歲

四兄女　小姐　猪年　柒歲　男拾貳名口　大口拾伍名口　女玖名口　小口陸名口　以上男女大小共貳拾壹名口　內有寡丁捌名

一戶丁寡楊朝臣　兔年　叁拾玖歲　妻　刘氏　歲　父楊進善　猴年　伍拾捌歲　母張氏　歲

叔父楊進魁　狗年腰坏　伍拾伍歲　弟寡丁楊朝相　鼠年　叁拾歲　弟婦　張氏　歲　次弟寡丁楊朝

用　兔年　貳拾柒歲　弟婦　李氏　歲　三弟寡丁小當子　狗年　貳拾歲　四弟寡丁朴保子　鼠年

拾捌歲　五弟　房住　龍年　拾肆歲　叔子寡丁小五子　猪年　拾玖歲　次弟女　來姐　鼠年　陸歲

男玖名口　大口拾貳名口　女伍名口　小口貳名口　以上男女大小共拾肆名口　內有寡丁陸名

一戶丁寡李起龍　鼠年　叁拾歲　妻　崔氏　故　伯母孀婦　李氏　（父李自仁　虎年　伍拾貳歲　母王氏　歲）　歲　叔寡丁李自明　鼠年　伍

拾肆歲　孀母　王氏　歲　次叔　李自官　羊年　肆拾柒歲　故　三叔寡丁李二　虎年

伍

城内住一户甲丁王起敖狗年伍拾陆岁 妻朱氏 岁 母刘氏 岁 子帮丁王朝贵猪年

叁拾壹岁 媳周氏 岁 次子三各牛年拾柒岁 堂侄帮丁王朝富马年贰拾肆岁

孙女二姐羊年拾壹岁 次孙女三姐鸡年玖岁 男肆名口 大口陆名口 女伍名口 小口叁名口 以上男女大

小共玖名口 无寮丁

一户寮丁李朝禄猴年叁拾肆岁 妻李氏 岁 母张氏 岁 兄寮丁杨起君羊

年肆拾柒岁 嫂徐氏 岁 次兄杨三虎年腿瘸肆拾岁 三兄寮丁杨四马年叁拾陆

岁 嫂李氏 四兄寮丁杨朝凤羊年叁拾伍岁 嫂李氏 岁 弟寮丁和尚猪年叁拾

壹岁 次弟寮丁杨朝祥虎年贰拾捌岁 弟妇杨氏 岁 三弟寮丁雅任龙年贰

拾陆岁 四弟福德牛年拾柒岁 五弟索儿虎年拾陆岁 兄子寮丁海清兔年贰拾

弟子三小子兔年拾伍歲次子五児羊年拾壹歲次子弟五十三牛年拾柒歲次子

小子蛇年拾叁歲男拾叁名口大口拾壹名口女伍名口小口柒名口以上男女大小共拾捌名口内有審丁伍名

一户審丁王起貴牛年肆拾壹歲妻尤氏歲父王国荣鼠年陸拾陸歲叔王国

堅龍年陸拾貳歲兄審丁王起坤羊年伍拾玖歲嫂李氏歲次弟王起明

牛年迸伍拾叁歲嫂徐氏歲弟審丁王起仲猴年叁拾肆歲次弟審丁王起章

虎年貳拾捌歲子王朝宣狗年腿瘸貳拾歲次子喜児蛇年拾叁歲女小姐牛年拾柒

歲兄子審丁王朝臣猴年叁拾肆歲次子小四児牛年拾柒歲次兄子審丁王朝鄉牛年貳

拾玖歲次子審丁王朝瑚馬年貳拾肆歲三子刀児龍年拾肆歲次兄女三姐牛年拾柒歲

叔子審丁王起文鼠年叁拾歲男拾伍名口大口拾伍名口女伍名口小口伍名口以上男女大小共貳拾名口内有差丁捌名

安

男捌名口　女陸名口　以上男女大小共拾肆名口　内有寡丁伍名
大口拾壹名口　小口叁名口

一户寡丁王朝棟　鼠年肆拾貳歲　妻李氏　歲　父王起奉　狗年陸拾捌歲　叔父王起勝　猴年
伍拾捌歲　妹班姐　牛年拾柒歲　子寡丁王仁　雞年貳拾壹　歲　故媳王氏　歲　次子王狗児
馬年拾貳歲　女奶姐　鼠年陸歲　次女三姐　虎年肆歲　次子王朝良　蛇年貳拾伍歲　腿瘸　男陸名口　女伍名口
大口柒名口　小口肆名口　以上男女大小共拾壹名口　内有寡丁壹名

一户寡丁王起雷　兔年伍拾壹歲　妻徐氏　歲　父王国臣　羊年柒拾壹歲　弟寡丁王起　雨　狗年
肆拾肆歲　弟婦孫氏　歲　次弟寡丁王起正　鼠年肆拾貳歲　弟婦丁氏　三弟寡丁王起茂
虎年肆拾歲　四弟王起盛　蛇年半身不随　叁拾柒歲　五弟寡丁王起豹　馬年貳拾陸歲　弟婦雜
氏　歲　子刘四　虎年拾陸歲　次子刘五　猴年拾歲　女編姐　蛇年拾叁歲

朝佐蛇年貳拾伍歲媳尤氏　　歲次子寔丁三兒馬年貳拾肆歲媳金氏故

三子寔丁四兒狗年貳拾歲四子大小子猴年拾歲五子不喜罕狗年捌歲弟子七

兒猴年拾歲弟女二姐蛇年拾叄歲次女三姐羊年拾壹歲孫長兒黑兒猴年拾

歲次孫三達子狗年柒歲孫女生姐鼠年拾捌歲次孫女二姐蛇年拾叄歲次孫兒

小子鼠年陸歲男拾柒名口大口拾伍名口女拾貳名口小口拾肆名口以上男女大小共貳拾玖名口內有寔丁柒名

一戶寔丁王起林虎年伍拾貳歲妻王氏　　歲父王国富兔年柒拾伍歲母候氏

歲弟寔丁王起功猪年肆拾叄歲次弟寔丁王起本羊年叄拾伍歲弟婦王氏　　歲

子寔丁王朝信兔年貳拾柒歲媳徐氏　　歲弟子寔丁王朝禄猴年貳拾貳歲媳

張氏　　歲孫小小子虎年肆歲故弟孫佛保龍年貳歲孫女英姐牛年伍歲

十七

十二

一戶寡丁張進忠虎年肆拾歲妻朱氏　歲嫂孀婦李氏故　弟張進孝馬年叁拾伍歲故
弟婦田氏　歲子寡丁黑達子鼠年拾捌歲　次子二達子兔年拾伍歲女路姐猪年
柒歲長侄寡丁張成鳳狗年叁拾貳歲媳田氏　次侄寡丁法保羊年貳拾叁歲侄三
五十九蛇年拾叁歲弟子寡丁王四猪年拾玖歲媳金氏　歲次子住兒猴年拾歲
長侄女小妞鼠年陸歲男玖名口大口拾壹名口女柒名口小口伍名口以上男女大小共拾陸名口內有寡丁伍名
一戶寡丁王起昇虎年肆拾歲妻程氏　歲兄王起龍蛇年陸拾壹歲嫂王氏
歲次兄寡丁王起瑞馬年肆拾捌歲嫂金氏　歲弟寡丁王起科羊年叁拾伍
歲弟婦徐氏　歲子保住狗年捌歲次子小子虎年肆歲女四姐羊年拾壹歲
兄子寡丁王朝選蛇年叁拾柒歲媳金氏　歲次子三兒猴年拾歲次兄子寡丁王

吴氏　歲孀婦子刘五兒馬年拾貳歲　男捌名口大口拾名口　女伍名口小口叁名口　以上男女大
小共拾叁名口內有寚丁伍名
一戶寚丁李朝鳳牛年伍拾叁歲妻王氏　歲兄李來鳳鼠年陸拾陸歲故弟李起鳳
雞年肆拾伍歲故嫂孀婦金氏　歲子寚丁丑子羊年貳拾叁歲媳吴氏
兄子寚丁李有雷狗年叁拾貳歲媳張氏　歲弟子寚丁小保子雞年貳拾壹歲媳
王氏　歲次子存任虎年拾陸歲三子九兒龍年拾肆歲孀婦子寚丁李有餘鼠年
叁拾歲媳金氏　歲次子寚丁小良子羊年貳拾叁歲媳李氏　歲女老
姐龍年拾肆歲兄孫黑子虎年拾陸歲孀婦孫官保兒猪年柒歲孫女青姐羊年拾壹歲
孫女七姐龍年拾肆歲男拾貳名口大口拾伍名口　女拾名口小口柒名口　以上男女大小共貳拾貳名口內有寚丁陸名

十七

拾肆歲 三弟女丑兒 龍年 貳歲 男拾肆名口 大口拾伍名口 女拾名口 小口玖名口 以上男女大小共貳拾肆名口內有寄丁柒名

上清河住一戶寄丁李天信 虎年 肆拾歲 妻井氏 歲 叔李進祿 蛇年 陸拾壹歲 嬸母李氏 歲 弟寄丁

李天智 龍年 叁拾捌歲 弟婦楊氏 歲 次弟寄丁李天福 鼠年 叁拾歲 弟婦李氏

歲 三弟寄丁李太平 蛇年 貳拾伍歲 叔子寄丁李天有 龍年 貳拾陸歲 弟婦井氏 歲

子大小兒 牛年 伍歲 弟女大姐 蛇年 拾叁歲 男柒名口 大口拾壹名口 女陸名口 小口貳名口 以上男女大小共拾叁名口內有

寄丁伍名

一戶寄丁李天仲 虎年 貳拾捌歲 妻李氏 歲 父寄丁李進玺 羊年 肆拾柒歲 母李氏

歲 伯父寄丁李進明 蛇年 肆拾玖歲 伯母金氏 歲 兄寄丁李天德 鼠年 叁拾歲 故嫂張氏

歲 次弟寄丁刘五兒 羊年 貳拾叁歲 叔子徐良 龍年 拾肆歲 子保住 虎年 肆歲 堂嫂孀婦

一户寡丁李天金牛年肆拾壹歲 妻韓氏 歲 母崔氏 歲 寡弟李天林猪年叁拾壹歲
次弟寡丁小五兒馬年貳拾肆歲 子索兒虎年拾陸歲 次子双喜兒蛇年拾叁歲 弟子三
小兒猪年柒歲 男陸名口 女貳名口 大口伍名口 小口叁名口 以上男女大小共捌名口内有寡丁叁名
一户寡丁李天才猪年肆拾叁歲 妻徐氏 歲 父綽合奈龍年柒拾肆歲 故母崔氏 歲
兄寡丁李天仁羊年肆拾柒歲 嫂崔氏 歲 弟寡丁李五牛年肆拾壹歲 弟婦王氏 歲
次弟寡丁李六羊年叁拾伍歲 弟婦張氏 歲 三弟寡丁李七兒雞年叁拾叁歲 弟婦徐氏
四弟寡丁老各兔年貳拾柒歲 兄子寡丁僧保猴年貳拾貳歲 次子三達子鼠年眼瞎拾捌歲
三子四達子馬年腿瘸拾貳歲 兄女丁香兔年拾伍歲 子討氣雞年玖歲 女才金猴年拾歲 弟子
七達兒猴年拾歲 次子九達兒猪年柒歲 次弟子六達子猴年拾歲 次弟女妞姐兒龍年

十

卞姓户

李士従 猴年 叁拾肆歲 媳 陳氏 歲 次子寧丁 李士瑞 蛇年 貳拾伍歲 媳 王氏 歲

孫 福保 狗年 捌歲 次孫 二小 鼠年 陸歲 嫂長孫 保子 鼠年 眼瞎 拾捌歲 次孫 五十見 龍年 拾肆歲

孫女 水姐 羊年 拾壹歲 男拾名口 女玖名口 大口拾叁名口 小口陸名口 以上男女大小共拾玖名口 内有寧丁伍名

一户寧丁 李士美 狗年 貳拾歲 妻 王氏 歲 堂祖 李進孝 蛇年 捌拾伍歲 故叔寧丁 李天正 鼠年 伍拾肆

歲 孀母 王氏 歲 故次叔寧丁 李天相 兔年 伍拾壹歲 堂兄寧丁 李士明 猴年 叁拾肆歲 次兄寧丁 李

士貴 狗年 叁拾貳歲 三兄 嫂刘氏 李士亮 虎年 癱症 貳拾捌歲 四兄寧丁 李士英 龍年 貳拾陸歲 嫂

匡氏 歲 五兄一寧丁 李士文 雞年 貳拾壹歲 故弟寧丁 老各 鼠年 拾捌歲 次弟 二小子

羊年 拾壹歲 妹 二姐 虎年 拾陸歲 兄女 二姐 羊年 拾壹歲 兄女 大姐 龍年 貳歲 男拾壹名口 女柒名口

大口拾肆名口 小口肆名口 以上男女大小共拾捌名口 内有寧丁捌名

一户寳丁李士傑龍年叁拾捌歲妻王氏歲母王氏歲叔李天相龍年瘋症伍拾歲
次叔寳丁李天戚羊年肆拾柒歲三叔寳丁李天居龍年叁拾捌歲嬸母李氏歲四叔寳丁
李天碧羊年叁拾伍歲五叔寳丁李天才猴年貳拾貳歲子二小子猴年拾歲女大姐龍年
拾肆歲堂叔寳丁小五子豬年拾玖歲次叔六兒牛年拾柒歲叔子寳丁李士滿蛇年貳拾伍歲
三叔子刘住龍年拾肆歲女大姐猴年拾歲男拾壹名口女伍名口大口拾壹名口小口伍名口以上男女大小共拾陸名口
内有寳丁柒名
一户寳丁李天璽雞年伍拾柒歲妻閻氏歲嫂孀婦左氏歲子李士魁兔年瘋傻叁拾玖
歲媳徐氏歲次子寳丁李士遜狗年叁拾貳歲媳蔣氏歲三子寳丁李士哲牛年
貳拾玖歲媳金氏歲女婆姐龍年拾肆歲次女招姐羊年拾壹歲嫂長子寳丁

十炒

貳拾叁歲　媳楊氏　歲　次子寄丁小馬子　豬年拾玖歲　媳丁氏　歲　三子小

牛子　虎年拾陸歲　嫂長子寄丁李天用　牛年肆拾壹歲　媳王氏　歲　次子寄丁李天星

鼠年叁拾歲　堂嫂子寄丁李天保　羊年叁拾伍歲　媳徐氏　歲　弟子小成子　馬年拾

貳歲　嫂孫女牙畨　猴年拾歲　男拾名口大口拾伍名口　女捌名口小口叁名口　以上男女大小共拾捌名

口　內有寄丁柒名

一戶寄丁李天曾　豬年拾玖歲　妻刘氏　歲　叔寄丁李進臣　馬年肆拾捌歲　孀母代氏

歲　子寄丁李天明　兔年貳拾柒歲　媳高氏　歲　次子李天申　虎年拾陸歲

三子三小子　蛇年拾叁歲　孫小四十　雞年玖歲　男陸名口大口陸名口　女叁名口小口叁名口　以上男女

大小共玖名口　內有寄丁叁名

貳拾叁歲 媳王氏 歲 叔孫京細 牛年拾柒歲 次孫二小子 蛇年拾叁歲

兄孫存任 兎年叁歲 孫女大姐 鼠年陸歲 子孀婦大小子 蛇年拾叁歲 男拾貳名口 女玖名口

大口拾伍名口 小口陸名口 以上男女大小共貳拾壹名口 內有蜜丁陸名

一戶蜜丁李天碧 蛇年肆拾玖歲 父李進鳳 牛年陸拾伍歲 母李氏 故 弟蜜丁李天有 羊年

肆拾柒歲 弟婦高氏 歲 次弟蜜丁李天佩 狗年肆拾肆歲 弟婦井氏

歲 三弟蜜丁李天星 雞年叁拾肆歲 子蜜丁小保 鼠年拾捌歲 媳田氏 子 三弟小煥子

蛇年拾叁歲 男柒名口 大口拾名口 女肆名口 小口壹名口 以上男女大小共拾壹名口 內有蜜丁伍名

一戶蜜丁李進惠 兎年叁拾玖歲 妻丁氏 歲 父李文高 猴年柒拾歲 嫂孀婦王氏

歲 堂嫂孀婦尨氏 歲 弟蜜丁李進候 馬年叁拾陸歲 子蜜丁李討氣 羊年

九

文

九　文

歲弟寠丁夏李敏狗年肆拾肆歲弟婦郭氏　歲子寠丁夏廷臣兎年貳
拾柒歲媳金氏　歲叔子寠丁四達子猪年拾玖歲次子五達子鼠年陸歲叔女張
姐牛年拾柒歲次女二姐兎年拾伍歲三女四姐雞年玖歲弟子寠丁夏廷用馬年貳拾肆
歲媳于氏　歲孫地保龍年貳歲弟孫女當姐猴年拾歲男捌名口大口拾壹名口　女玖名口小口陸名口
以上男女大小共拾柒名口内有寠丁陸名
一户寠丁夏七達子牛年貳拾玖歲妻李氏故父夏從耀馬年柒拾貳歲故母韓氏故叔寠丁夏
從冨羊年伍拾玖歲孀母高氏　歲兄寠丁夏李稷猪年肆拾叁歲嫂刘氏
歲嫂孀婦宋氏故子大小子猴年拾歲故叔子寠丁六達子猴年叁拾肆歲媳
李氏　歲弟子寠丁四十一龍年貳拾陸歲媳聞氏　歲次子寠丁小厰兒羊年

六九子牛年拾柒歲三侄傻子蛇年拾叁歲嬸母子寮丁九児鼠年拾玖歲男拾陸名口女柒名口

大口拾柒名口小口陸名口以上男女大小共貳拾叁名口内有寮丁拾壹名

天橋任一戶寮丁夏李順狗年叁拾貳歲妻崔氏　歲父夏從華猪年陸拾柒歲母趙氏

歲叔夏從畕牛年陸拾伍歲嬸母黃氏　歲次叔夏從貴兎年陸

拾叁歲嬸母刘氏　歲弟寮丁雍任猪年拾玖歲叔子寮丁夏李尭猪年叁

拾壹歲媳張氏　歲次子双項猴年拾歲次叔子寮丁夏李勇兎年叁拾玖

歲媳刘氏次叔女煥姐馬年拾貳歲女妞姐虎年肆歲叔孫女德姐鼠年陸歲次叔孫女

小姐兎年拾伍歲男捌名口大口拾叁名口女拾名口小口伍名口以上男女大小共拾捌名口内有寮丁肆名

一戶寮丁夏李仲馬年肆拾捌歲妻崔氏　歲叔寮丁夏從治馬年肆拾捌歲嬸母付氏

八

陸歲弟婦李氏　歲次弟寡丁戛李有狗年貳拾歲子清明兔年拾伍歲

次子小兒猴年拾歲女妞姐牛年拾柒歲叔女三妞猪年柒歲男柒名口女陸名口

大口玖名口小口肆名口以上男女大小共拾叁名口內有寡丁叁名

一戶寡丁戛廷秀狗年叁拾貳歲妻崔氏　歲父戛李彥羊年伍拾玖歲母羅氏

歲孀母孀婦康氏　歲丁戛李曾猴年伍拾捌歲兄寡丁戛廷玺虎年

肆拾歲嫂金氏　歲次弟寡丁戛廷玉馬年叁拾陸歲弟寡丁戛廷鐸兔年貳

拾柒歲弟婦王氏　歲次弟寡丁戛廷林弟婦王氏　歲子常任虎年

肆歲女五姐狗年捌歲叔子寡丁戛廷奔猪年叁拾壹歲次子寡丁二各龍年貳拾陸歲

兄子惠兒龍年拾肆歲次兄子黑達兒龍年拾肆歲堂侄寡丁戛六子鼠年拾捌歲次侄

一户寰丁夏廷碧狗年叁拾貳歲妻吴氏　歲父夏李禹龍年伍拾歲故母李氏
歲叔父寰丁夏李文羊年叁拾伍歲嫡母高氏　歲次叔寰丁夏李烟猪年
叁拾壹歲嫡母崔氏　歲三叔寰丁夏李冉蛇年貳拾伍歲嫡母徐氏
歲四叔夏小黑子兔年拾伍歲妹三姐牛年拾柒歲次妹香姐羊年拾壹歲子狗兒
羊年拾壹歲女大姐鼠年陸歲叔子寰丁刑保猪年拾玖歲叔女四姐龍年拾肆歲次女五姐
馬年拾貳歲次叔子六斤蛇年拾叁歲次子小兒狗年捌歲男拾名口　大口拾壹名口　女玖名口　小口捌名口　以上
男女大小共拾玖名口　内有寰丁陸名
一户寰丁夏李酾牛年肆拾壹歲妻高氏　歲父夏從鳳虎年陸拾肆歲母魏氏
歲伯父夏從契馬年柒拾貳歲伯母吕氏　歲寰弟夏李尹龍年貳拾

七

七號

貳拾捌歲媳侯氏　歲次子王十子羊年拾壹歲嫂長子王玉正鼠年

肆拾貳歲故次子蠻丁王玉英虎年肆拾歲媳金氏　歲三子蠻丁王玉官馬年叁

拾陸歲媳金氏　歲長侄子達子猴年拾歲次子小小兒狗年捌歲次侄子蠻丁六十

兒雞年貳拾壹歲次子蠻丁双喜狗年拾玖歲次侄女妞妞雞年玖歲三侄子

三達兒龍年拾肆歲次子六達兒羊年拾壹歲孫女小姐虎年陸歲男拾貳名口　女柒名口

大口拾貳名口　小口柒名口　以上男女大小共拾玖名口　內有蠻丁陸名

夫拉句一戶蠻丁

王有忠鼠年肆拾貳歲妻獲氏　歲父王仲舉狗年捌拾歲故子蠻丁小七

豬年拾玖歲次子小八子龍年拾肆歲三子十一子猴年拾壹歲男伍名口　大口肆名口　女壹名口　小口貳名口

以上男女大小共陸名口　內有蠻丁貳名

四子十子雞年玖歲　弟子王玉佐牛年拾柒歲　弟女妞姐龍年拾肆歲
次兄孫七十五猴年拾歲　次孫小小子牛年伍歲　次兄孫女狗姐蛇年拾叁歲　孫女大姐
蛇年壹歲　男拾陸名口　女拾壹名口　大口拾伍名口　小口拾貳名口　以上男女大小共貳拾柒名口　內有蠻丁陸名
一戶蠻丁王玉鳳猪年叁拾壹歲　妻唐氏　　歲　父王仲遠羊年柒拾壹歲　母朱氏故
伯父王仲科虎年捌拾肆歲　叔蠻丁小園子兎年伍拾壹歲　嬸母李氏　　歲　次叔蠻丁
小索兒雞年肆拾伍歲　嬸母梁氏　　歲　子七十六雞年玖歲　女大姐羊年
拾壹歲　叔子蠻丁王玉正兎年貳拾柒歲　次叔子小六兒虎年拾陸歲　男捌名口　女伍名口　大口拾名口　小口叁名口　以上
男女大小共拾叁名口　內有蠻丁肆名
一戶蠻丁王成忠雞年肆拾伍歲　妻李氏　　歲　嫂孀婦王氏　　歲　子蠻丁王玉煥虎年

淨八號

拾陸名口 有內蜜丁肆名

一戶蔣倫 牛年 拾柒歲 次弟三狗子 兎年 拾伍歲 三弟四狗子 馬年 拾貳歲 妹三姐 雞年

玖歲 男叁名口 女壹名口 小口肆名口 以上男女小口共肆名口 無蜜丁

一戶蜜丁王貴忠 雞年 肆拾伍歲 妻王氏 歲 兄王富忠 虎年 陸拾肆歲 嫂王氏

歲 次兄王耀忠 猴年 伍拾捌歲 嫂井氏 歲 三兄蜜丁王榮忠 馬年 肆

拾捌歲 嫂程氏 歲 弟蜜丁王華忠 鼠年 肆拾貳歲 弟婦李氏

歲 子蜜丁王玉琰 馬年 貳拾肆歲 媳張氏 歲 次子傻子 虎年 拾陸

歲 三子六兒 兎年 拾伍歲 女正姐 虎年 肆歲 次兄子蜜丁王玉璽 猴年 叁拾肆

歲 媳康氏 歲 三兄子蜜丁二小子 鼠年 拾捌歲 次子五傻子 虎年 拾肆歲 三子七兒 蛇年 拾叁歲

貳拾貳歲次子五十九虎年拾陸歲嬸母子尤成佐實丁虎年貳拾捌歲媳李氏
歲次子實丁尤成孝雞年貳拾壹歲子清明虎年肆歲長兄子實丁尤倫兔年貳拾柒
歲次子實丁尤君雞年貳拾壹歲次兄子尤臣牛年拾柒歲弟子五十二虎年拾陸歲次子
石住鼠年陸歲 男拾伍名口 大口拾伍名口 女伍名口 小口伍名口 以上男女大小共貳拾名口內有實丁玖名
一戶實丁張文照猪年伍拾伍歲妻崔氏 歲母任氏 歲妹五姐猪年拾玖歲次妹
六姐虎年拾陸歲子實丁張耀先猴年叁拾肆歲媳孟氏 歲次子實丁張耀忠
猪年叁拾壹歲媳夏氏 歲三子實丁張耀祖馬年貳拾肆歲媳井氏
歲長好成姐虎年拾陸歲次女雅圖鼠年陸歲孫德住馬 拾貳歲
次孫德壽鼠年陸歲三孫四狗兔年叁歲 男柒名口 大口拾名口 女玖名口 小口陸名口 以上男女大小共

五收

六姐 蛇年 拾叁歲 兄子寡丁 刘索兒 猪年 拾玖歲 媳丁氏 歲 次兄子寡丁 代文美 牛年
貳拾玖歲 次兄女 海姐 猪年 拾玖歲 三弟女 大姐 兔年 拾伍歲 次女 五姐 馬年 拾貳歲
弟婦子 傻子 牛年 伍歲 叔孫寡丁 代文秀 牛年 貳拾玖歲 次孫寡丁 代文魁 蛇年 貳拾伍歲 媳崔氏
歲 三孫 三達子 虎年 拾陸歲 伯兄子 王三兒 牛年 拾柒歲 次子 王四兒 蛇年 拾叁歲
伯兄女 二姐 兔年 拾伍歲 故伯次弟子 小胖子 兔年 拾伍歲 男拾玖名口 大口貳拾叁名口 女拾肆名口 小口拾名口 以上男女大小共
叁拾叁名口 內有寡丁捌名

一戶寡丁 尢成碧 牛年 貳拾玖歲 妻翟氏 歲 叔父寡丁 尢有蘭 馬年 肆拾捌歲 嬸母孀婦
代氏 歲 故伯母孀婦 張氏 歲 兄寡丁 尢成勳 羊年 肆拾柒歲 次兄帮丁 尢成業 狗
年 肆拾肆歲 弟寡丁 尢成章 兔年 貳拾柒歲 弟婦邢氏 歲 叔子寡丁 五十六 猴年

一四七

以上男女大口共玖名口　内有寠丁伍名

一户寠丁韓自亮　猪年伍拾伍歲　毋張氏　歲　長子寠丁韓世勳　蛇年叁拾柒歲　媳丁氏

歲　次子寠丁韓世啟　猪年叁拾壹歲　孫七十一　蛇年拾叁歲　男肆名口　女貳名口

大口伍名口　小口壹名口

以上男女大小共陸名口　内有寠丁叁名

一户寠丁代奉德　雞年肆拾伍歲　妻李氏　歲　叔戴自冨　龍年柒拾肆歲　兄代奉明　蛇年

陸拾壹歲　妻丁氏　歲　次兄代奉彩　狗年伍拾陸歲　腿瘸　三弟寠丁代奉英　兔年叁

拾玖歲　弟婦王氏　歲　弟婦孀婦蕭氏　歲　伯兄寠丁代奉玉　馬年肆拾捌歲

嫂李氏　歲　伯弟寠丁代奉瑞　蛇年叁拾柒歲　弟婦唐氏　歲　叔子代奉祥

龍年伍拾歲　媳李氏　歲　長子寠丁拴住　狗年貳拾壹歲　次子丁住　虎年拾陸歲　女

四地

世明 龍年 貳拾玖歲 媳 李氏 歲 四叔子 妾 七晃 猪年 拾玖歲 次子 二各 雞年 玖歲

三子 三各 猪年 柒歲 子 四小晃 猪年 柒歲 女 姐晃 虎年 拾陸歲 次弟子 十家保 虎年 拾

陸歲 三弟子 參得子 猴年 拾歲 三弟女 翠姐 龍年 拾肆歲 次女 小丫頭 鼠年 陸歲 四弟子

小小子 鼠年 陸歲 次子 得住 虎年 肆歲 故 叔子女 大姐 牛年 伍歲 叔次子女 大姐 猪年 柒歲 三叔孫

金各 猪年 柒歲 孫女 銀姐 雞年 玖歲 男貳拾壹名口 大口貳拾叁名口 女拾柒名口 小口拾伍名口 以上男女大小共叁

拾捌名口内有寡丁拾壹名

一戶 寡丁 韓自忠 猴年 伍拾捌歲 妻 崔氏 歲 嫂孀婦 張氏 歲 長子 寡丁 韓世璽 蛇年

貳拾伍歲 媳 王氏 歲 次子 寡丁 韓世瑶 馬年 貳拾肆歲 媳 李氏 歲

三子 寡丁 韓世章 羊年 貳拾叁歲 姪子 寡丁 韓世碧 牛年 肆拾壹歲 男伍名口 大口玖名口 女肆名口

拾壹名口　有內率丁陸名
一戶率丁金世亮 鼠年 伍拾肆歲 父 金天祥 猪年 陸拾柒歲 弟 金世太逃 龍年 伍拾歲 以上男大口共
叁名口　有內率丁壹名
一戶率丁金世魁 狗年 肆拾伍歲 妻 左氏 歲 父 金天瑄 虎年 陸拾肆歲 母 李氏 歲
叔 金天富 猪年 伍拾伍歲 孀母 王氏 歲 三叔 金天用 牛年 伍拾叁歲 孀母 田氏
歲 四叔率丁 金天佑 兔年 伍拾壹歲 孀母 徐氏 歲 次弟 金世英 虎年 肆拾歲 故
弟婦 鄭氏 歲 三弟率丁 金世俊 猴年 叁拾肆歲 弟婦 王氏 歲 四弟率丁 金世鐸
狗年 叁拾貳歲 弟婦 王氏 歲 叔長子率丁 金世傑 蛇年 叁拾柒歲 媳 孫氏 歲 次
子率丁 金世瑞 狗年 叁拾貳歲 媳 王氏 歲 三子率丁 常安 狗年 貳拾歲 三叔子率丁 金

三統

三号

一户寔丁金天寵 牛年 肆拾壹歲 妻 張氏 歲 嫂婿婦 鄧氏 歲 長子寔丁金世碧 猴年

貳拾貳歲 媳 康氏 歲 次子 小八子 虎年 拾陸歲 三子 小十子 兔年 拾伍歲 四子 十

一子 雞年 拾壹歲 五子 庚申 雞年 拾壹歲 嫂 長子寔丁金世啟 虎年 肆拾壹歲 媳 夏氏

歲 次子寔丁金世瑋 龍年 叁拾玖歲 媳 張氏 歲 三子寔丁金世勲 猴年 叁拾肆

歲 媳 康氏 歲 四子寔丁金世寧 狗年 叁拾貳歲 媳 王氏 歲 長侄子 常祿 兔年

拾伍歲 次子 常保 雞年 玖歲 次侄子 金永通 牛年 拾柒歲 次子 八兒 鼠年 陸歲 次侄女 四

姐 兔年 拾伍歲 次女 白姐 羊年 拾壹歲 三侄子 四兒 龍年 拾肆歲 次子 七達兒 鼠年

陸歲 三侄女 招姐 牛年 拾柒歲 次女 九姐 龍年 拾肆歲 四侄子 小七兒 雞年 玖歲 次子

小小兒 豬年 柒歲 嫂女 得姐 龍年 拾肆歲 男拾捌名口 女拾貳名口 以上男女大小共

大口拾叁名口 小口拾柒名口

拾捌歲　嬸母　子丁蜜金世衛　猴年叁拾陸歲　媳張氏　歲　次子丁蜜三兒　猪年

拾玖歲　三子達子兔年拾伍歲　堂侄丁蜜大小子猪年拾玖歲　堂侄女大姐雞年玖歲

叔孫七十四猴年拾歲　男拾貳名口　女玖名口　大口拾陸名口　小口伍名口　以上男女大小共貳拾壹名口　內有蜜丁捌名

一戶丁蜜金世明龍年貳拾陸歲　妻夏氏　歲　祖母夏氏　歲　父金天鳳牛年伍拾叁

歲　故母孟氏　歲　叔父丁蜜金天時雞年肆拾伍歲　嬸母趙氏　歲　弟丁蜜金世

先雞年貳拾壹歲　弟婦王氏　歲　子狗子兔年叁歲　女金平鼠年陸歲　叔子

金世雷兔年拾伍歲　叔女三姐牛年拾柒歲　次女四姐牛年五歲　故堂弟丁蜜金世寬

鼠年拾捌歲　堂弟次金世茂（弟婦夏氏）馬年拾貳歲　堂妹九姐虎年拾陸歲　次妹春姐雞年

玖歲　男捌名口　女拾壹名口　大口拾壹名口　小口捌名口　以上男女大小共拾玖名口　內有蜜丁肆名

歲弟婦代氏　歲三弟丁寮金世璠鼠年叁拾歲弟婦夏氏　歲子金永儒狗年捌歲女

艾霞牛年拾柒歲次女二姐虎年肆歲次弟子金永愽狗年捌歲　男伍名口 大口柒名口　女陸名口 小口肆名口　以

上男女大小共拾壹名口　内有寮丁叁名

一戶丁寮金世仁鼠年肆拾貳歲妻沈氏　歲子金永昶龍年拾肆歲次子小小子雞年玖歲女滚

姐羊年拾壹歲　男叁名口 大口貳名口　女貳名口 小口叁名口　以上男女大小共伍名口　内有寮丁壹名

櫃子石一戶丁寮金世信猪年叁拾壹歲妻張氏　歲叔父　金天雲猴年伍拾捌歲孀母雍氏

歲孀母孀婦金氏　歲弟丁寮金世垣羊年貳拾叁歲弟婦王氏　歲妹貶

姐兔年拾伍歲次妹老姐羊年拾壹歲叔子金世林龍年貳拾陸歲故　次子丁寮金世明

蛇年貳拾伍歲媳楊氏　歲叔三子丁寮金世堯狗年貳拾歲叔四子丁寮金世舜鼠年

拾陸歲　孫三住兔年叁歲　孫女賽英雞年玖歲故　次孫女大姐鼠年陸歲　三孫女
二姐虎年肆歲　長侄子丁䆁貴良猪年拾玖歲　次子二各虎年拾陸歲　三子八海雞年
玖歲　女閔姐蛇年拾叁歲　三侄子小子兔年叁歲　女蔡姐雞年玖歲　三侄女三姐虎年肆歲
男拾肆名口　女拾壹名口
大口拾陸名口　小口玖名口　以上男女大小共貳拾伍名口　內有䆁丁伍名
湾連背一户丁䆁金天珮猪年肆拾叁歲　妻徐氏　父金足國龍年陸拾貳歲　母丁氏
弟金天忠猴年叁拾肆歲故　弟婦李氏　三弟金三格猴年叁拾肆歲故
四弟金老各龍年拾肆歲　妹三姐猪年拾玖歲　男伍名口　女肆名口　以上
大口捌名口　小口壹名口
男女大小共玖名口　內有䆁丁壹名
一户丁䆁金世瑚蛇年叁拾柒歲　妻袁氏　母夏氏　弟丁䆁金世連猴年叁拾肆

年馬打蜜所屬各屯

一戶百揔金豐國猪年伍拾伍歲妻王氏歲子帮丁金大保狗年叁拾貳歲媳夏氏
歲孫金恒世蛇年拾叁歲次孫銀住雞年玖歲孫女四姐虎年肆歲男肆名口女叁名口
以上男女大小共柒名口無蜜丁大口肆名口小口叁名口
一戶打蜜領催金振國猪年伍拾伍歲妻董氏歲嫂孀婦楊氏歲子帮丁金天玺羊年叁
拾伍歲媳黃氏歲次子帮丁金天佐蛇年貳拾伍歲媳任氏歲女五姐鼠年
拾捌歲長侄帮丁金天正虎年肆拾歲媳井氏歲次侄蜜丁金天玉猪年叁拾壹歲
媳徐氏歲三侄蜜丁金天輝龍年貳拾陸歲媳高氏歲堂侄蜜丁金七兒
雞年貳拾壹歲次侄蜜丁金八兒猪年拾玖歲媳徐氏歲堂三子金九兒虎年

正黄旗

乾隆拾肆年　　造得

年馬代海寨人丁户口清册

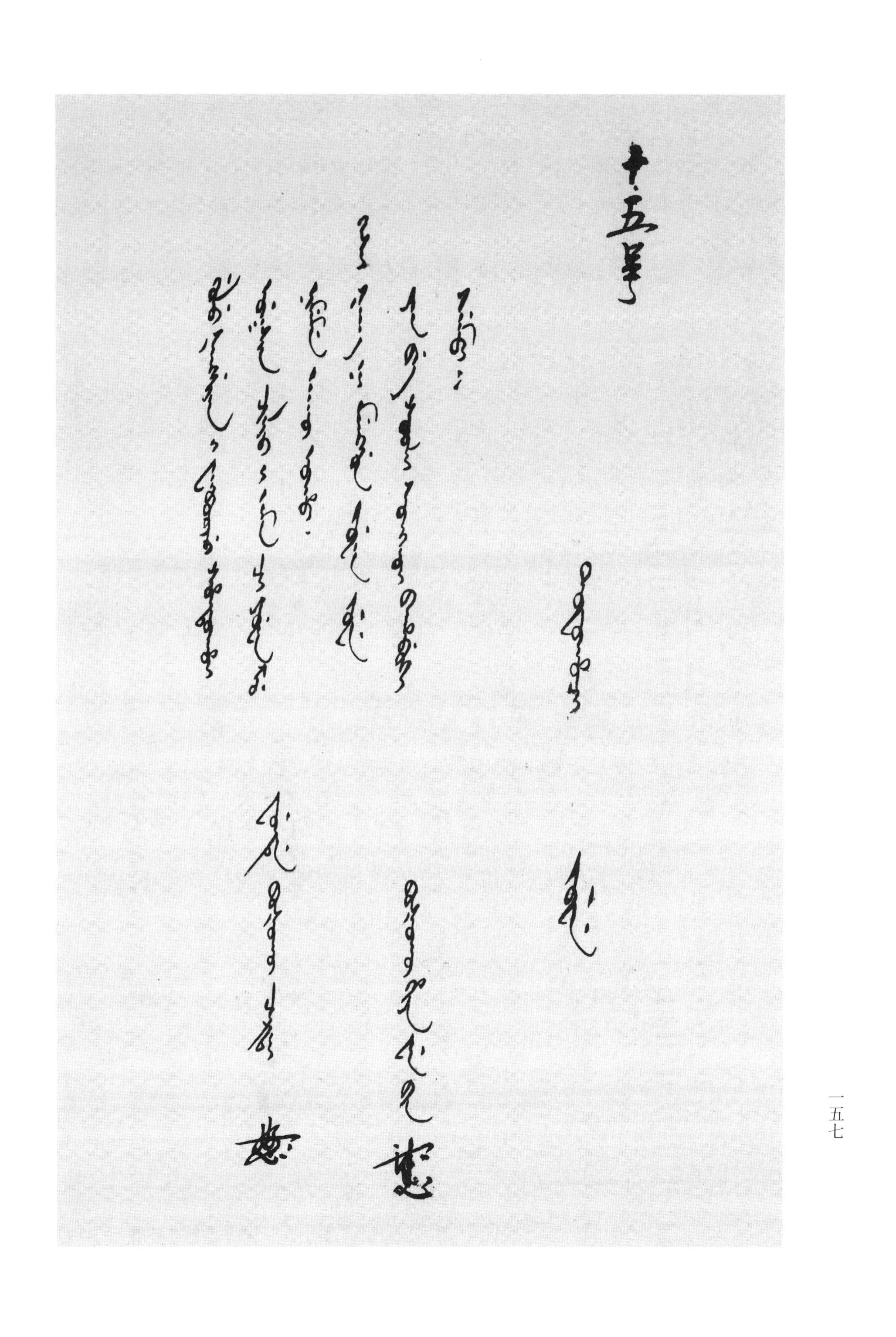

十五号

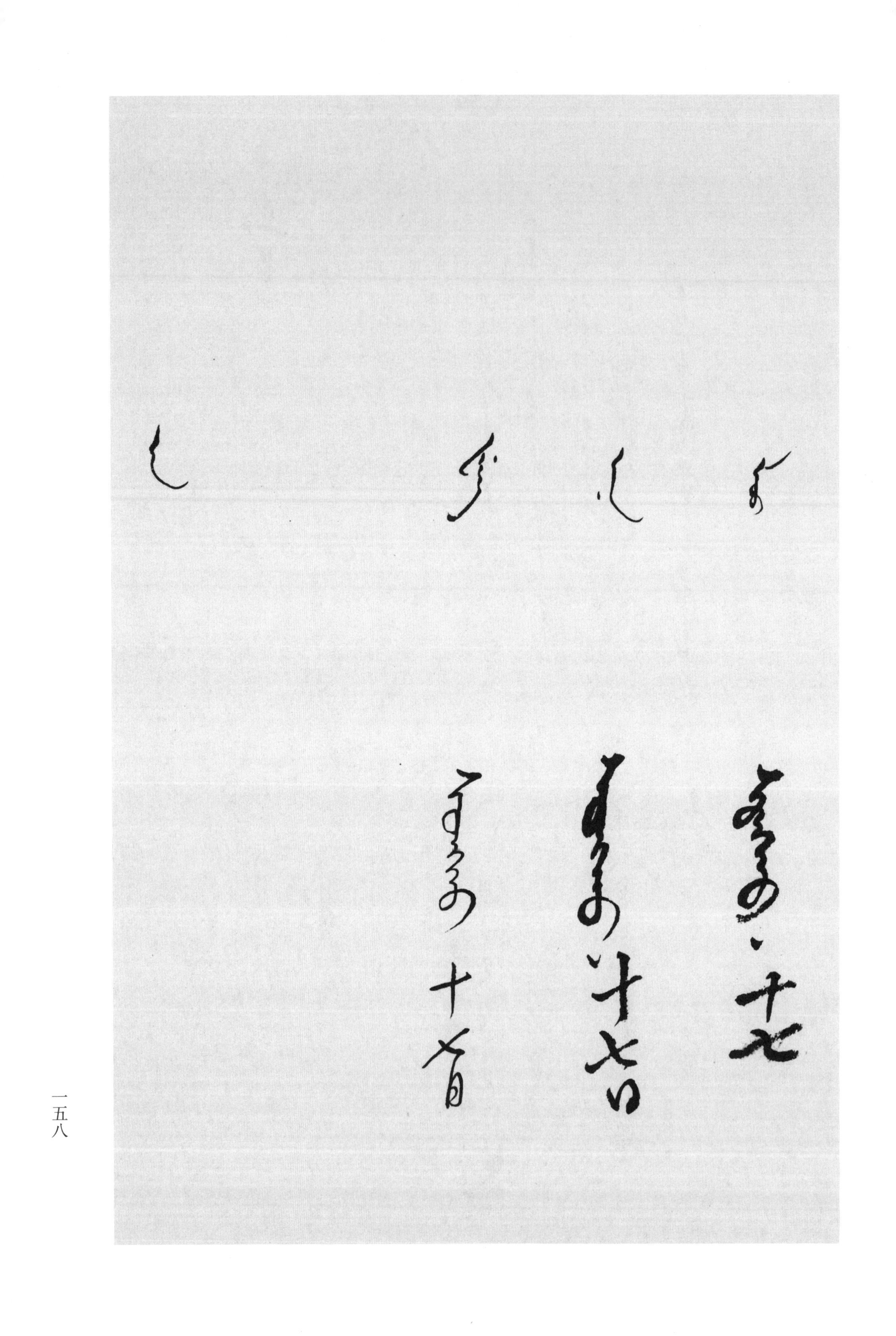

十九
廿七日
十有

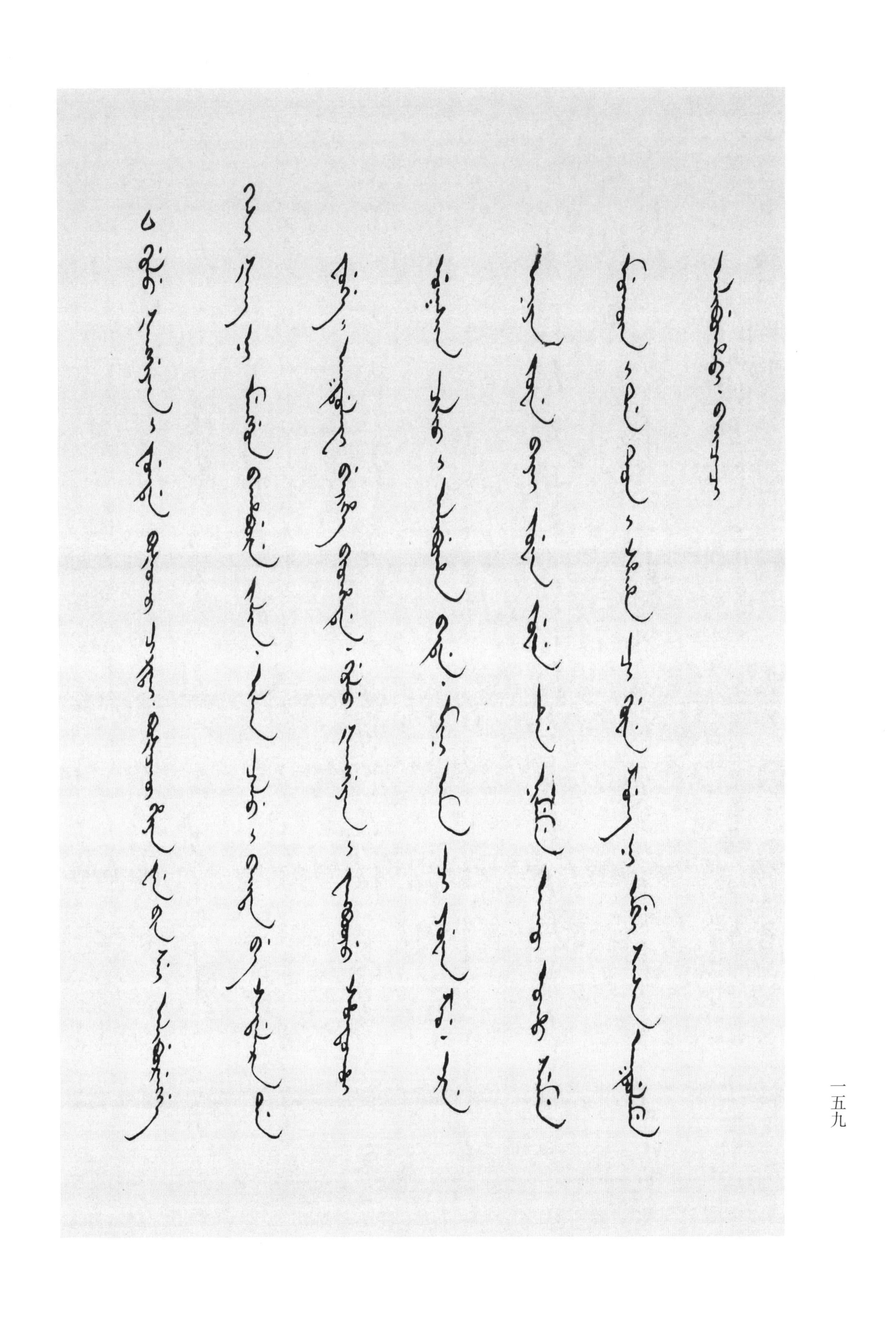

[illegible]

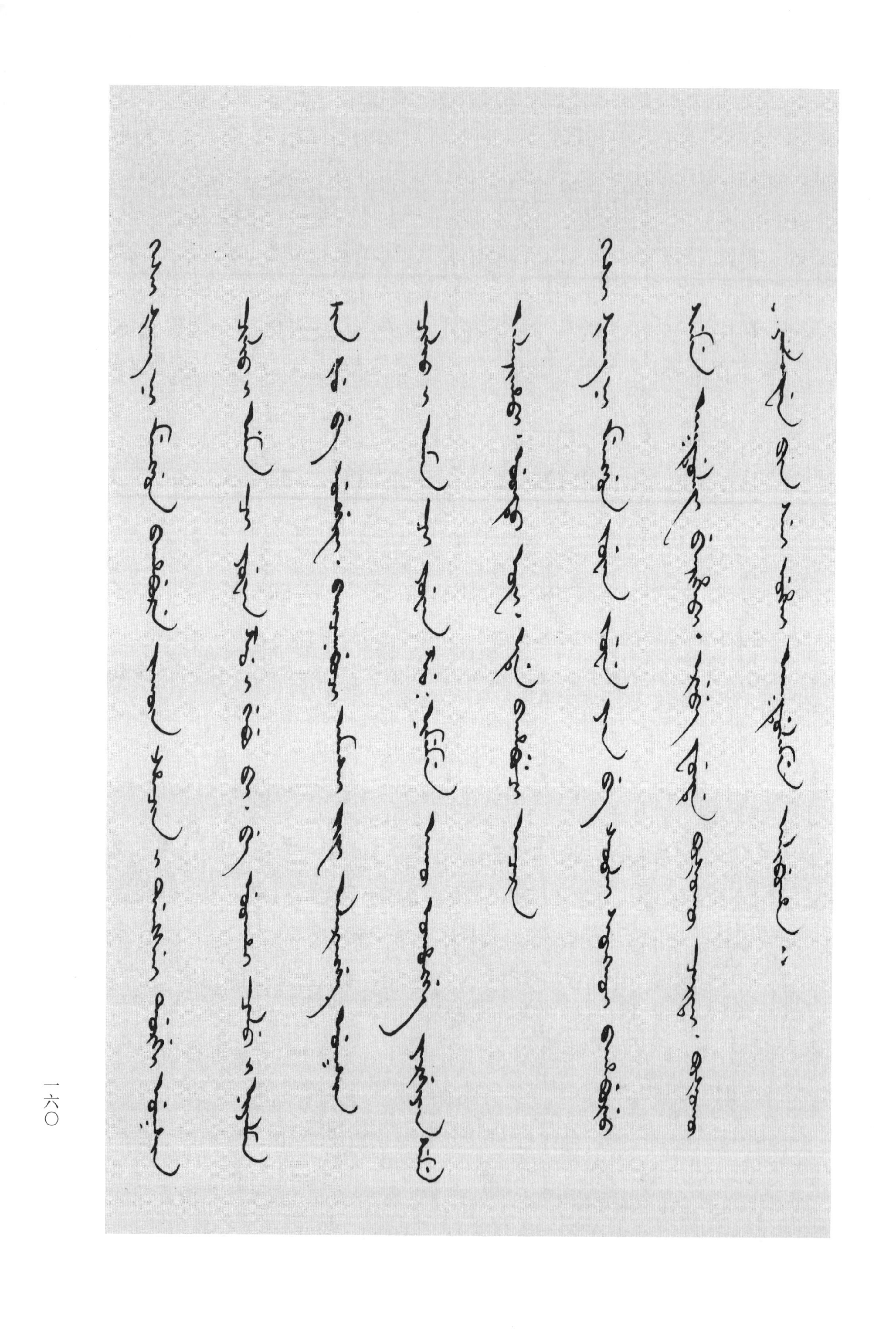

[illegible]
[illegible]
[illegible]
[illegible]
[illegible]
[illegible]
[illegible]
[illegible]

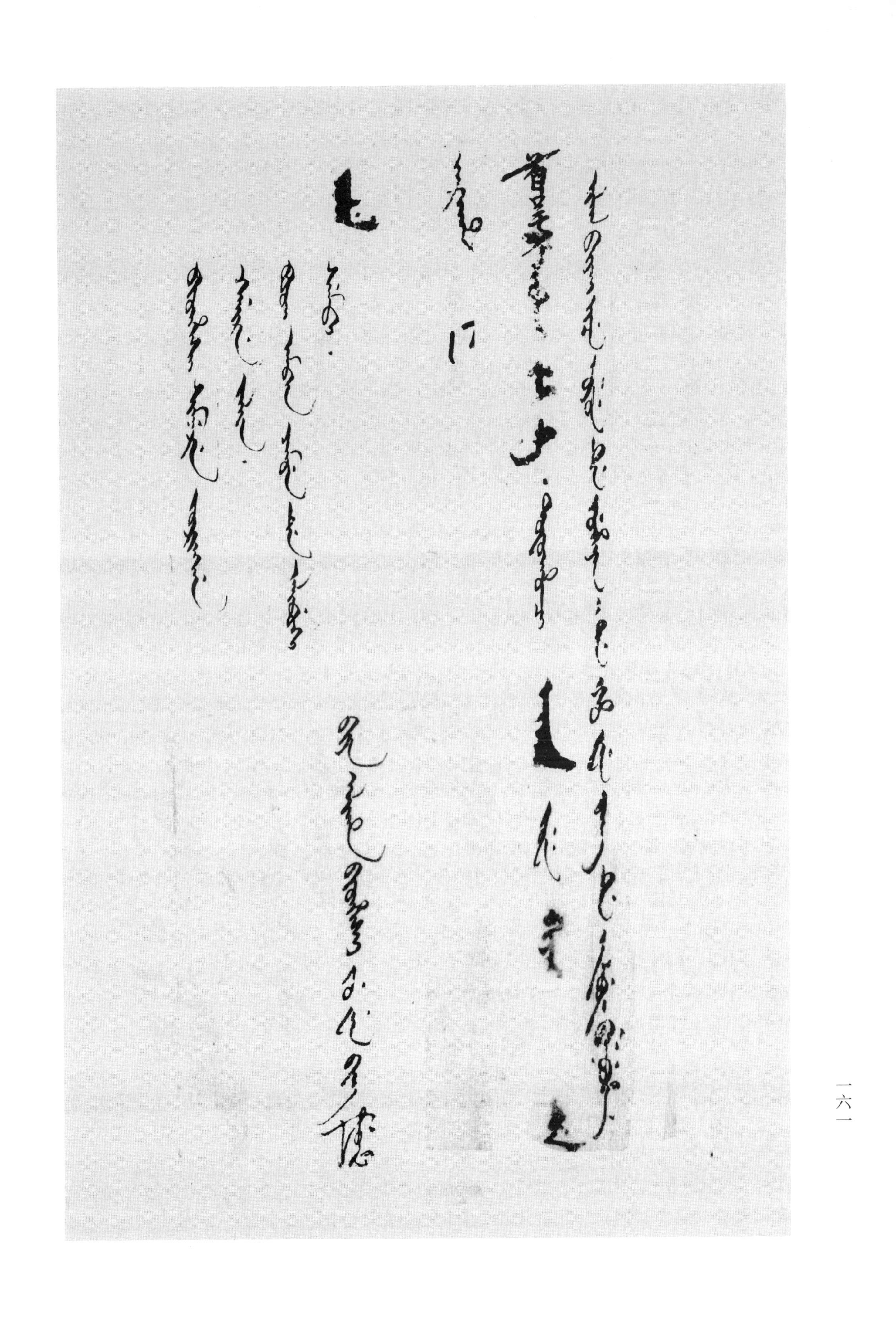

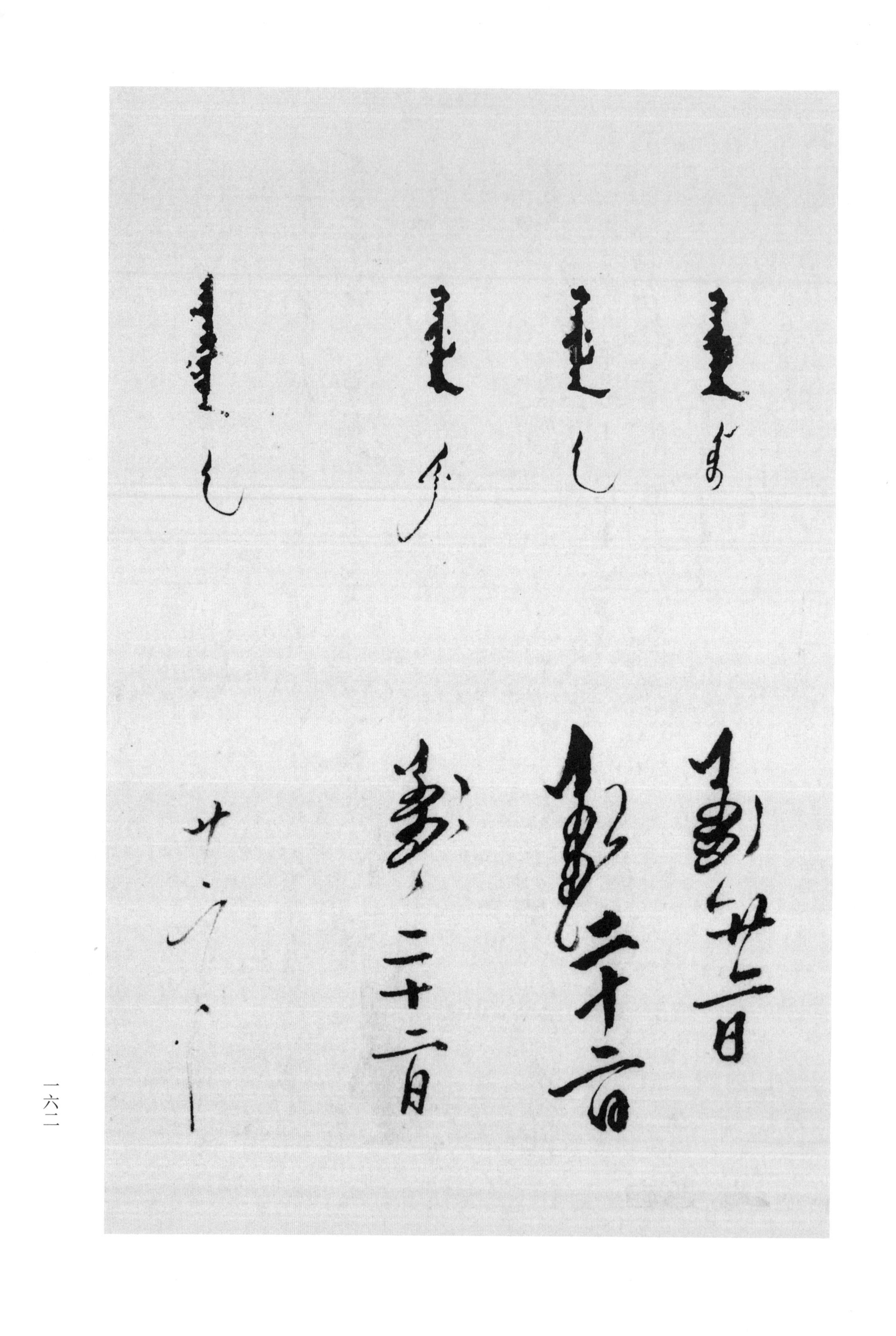

劉廿一日

劉二十二日

劉二十二日

廿六[illegible]

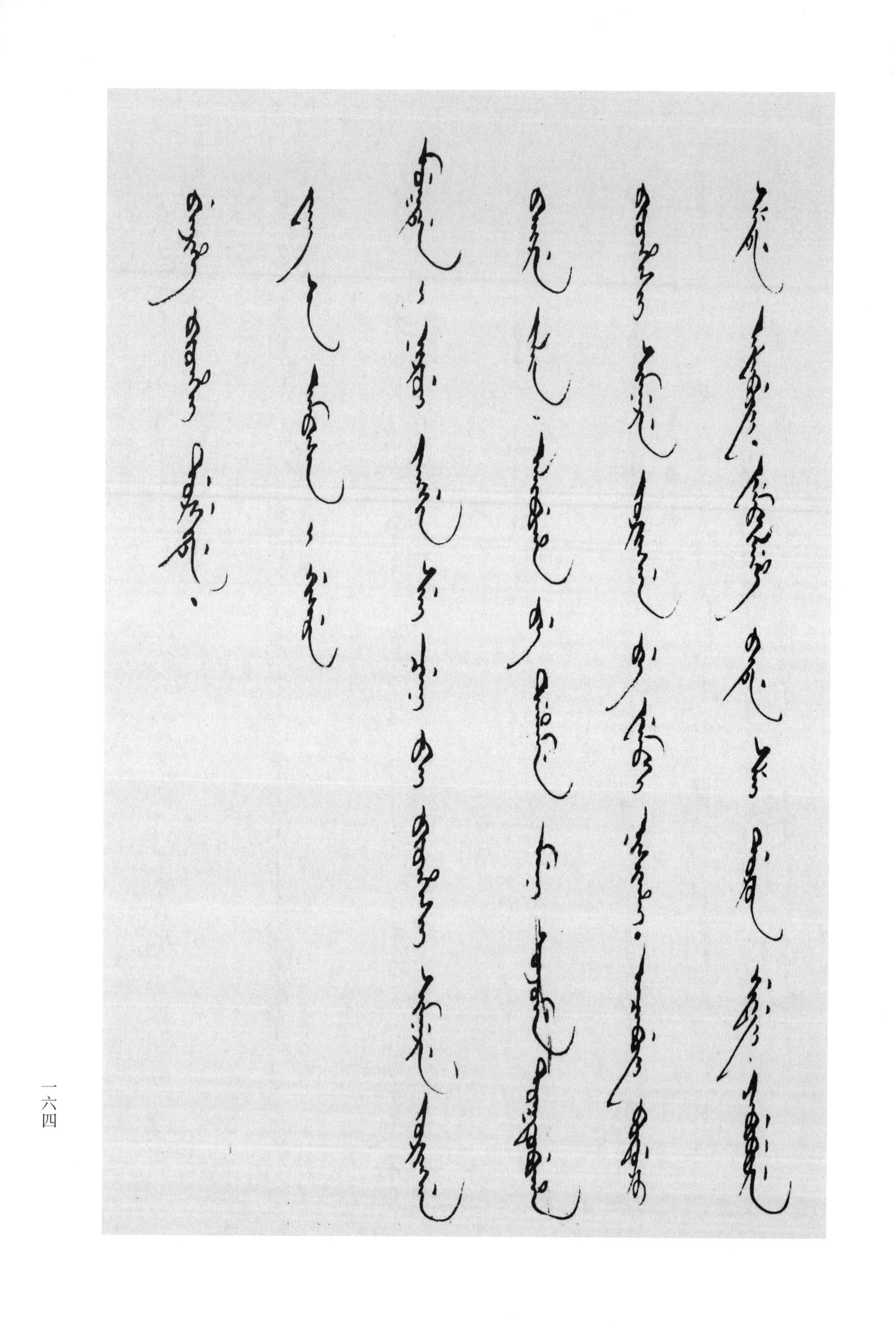

[illegible]

[illegible]

[illegible]

[illegible]

[illegible]

[illegible]

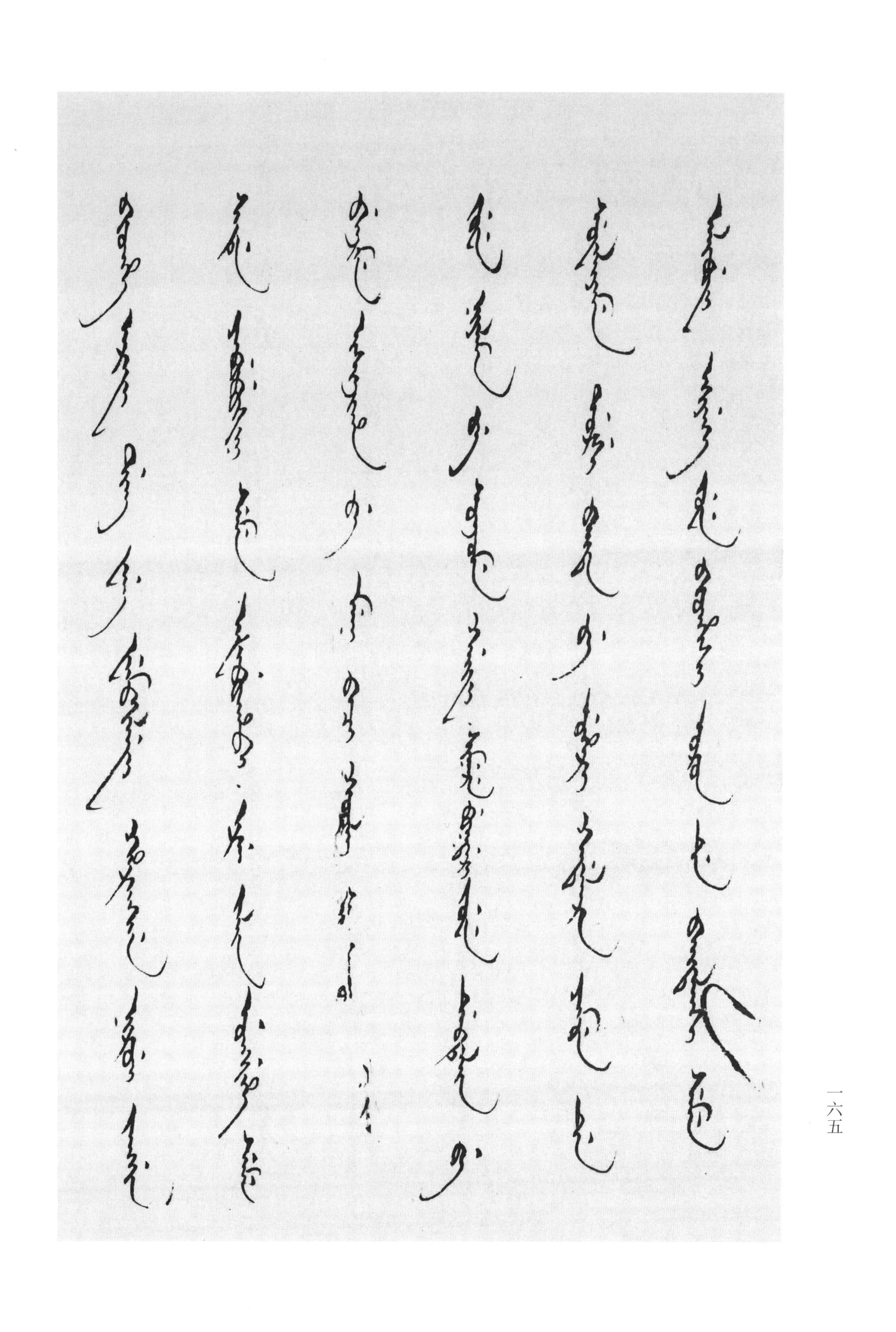

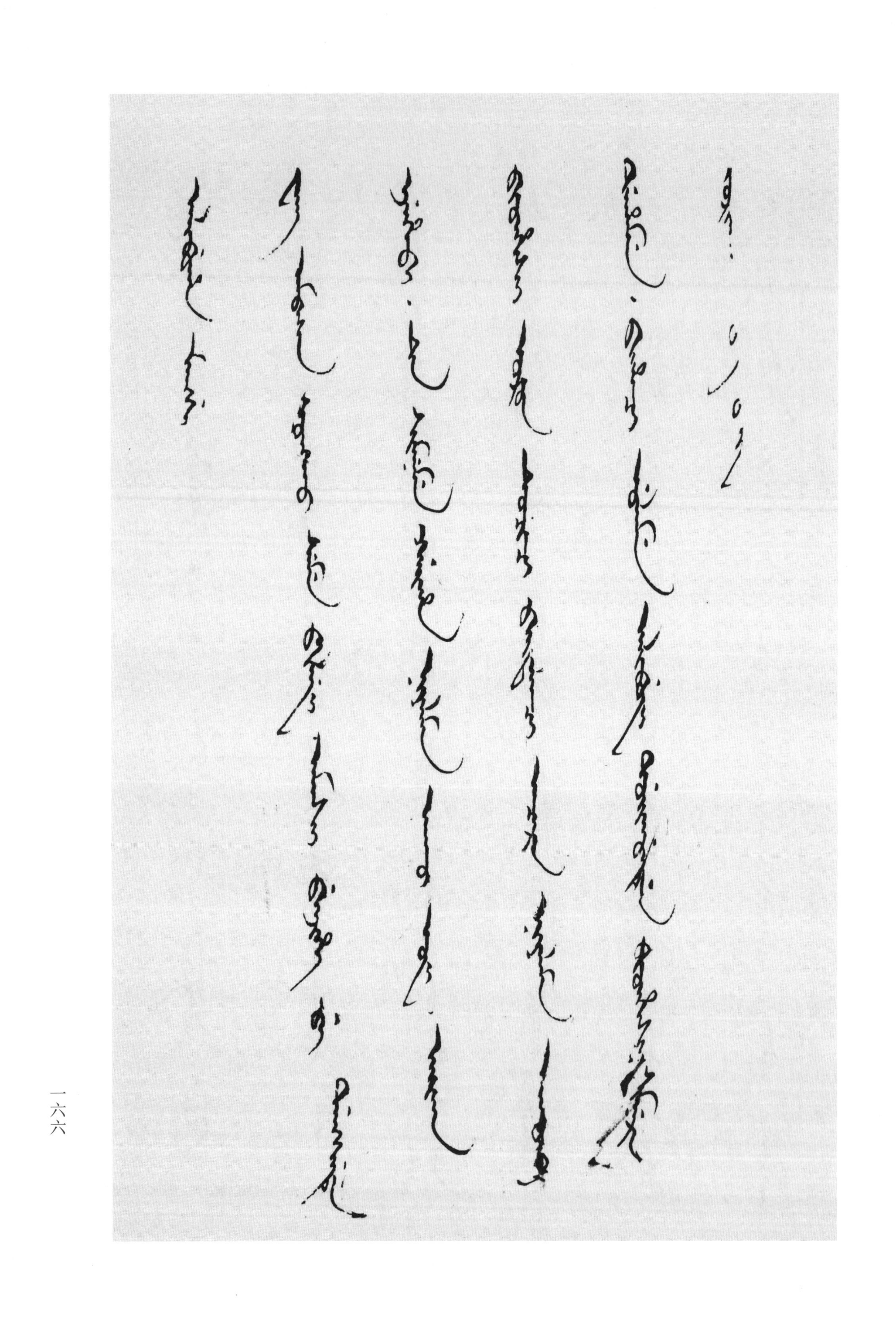

[illegible]

[illegible]

[illegible]

[illegible]

[illegible]

[illegible]

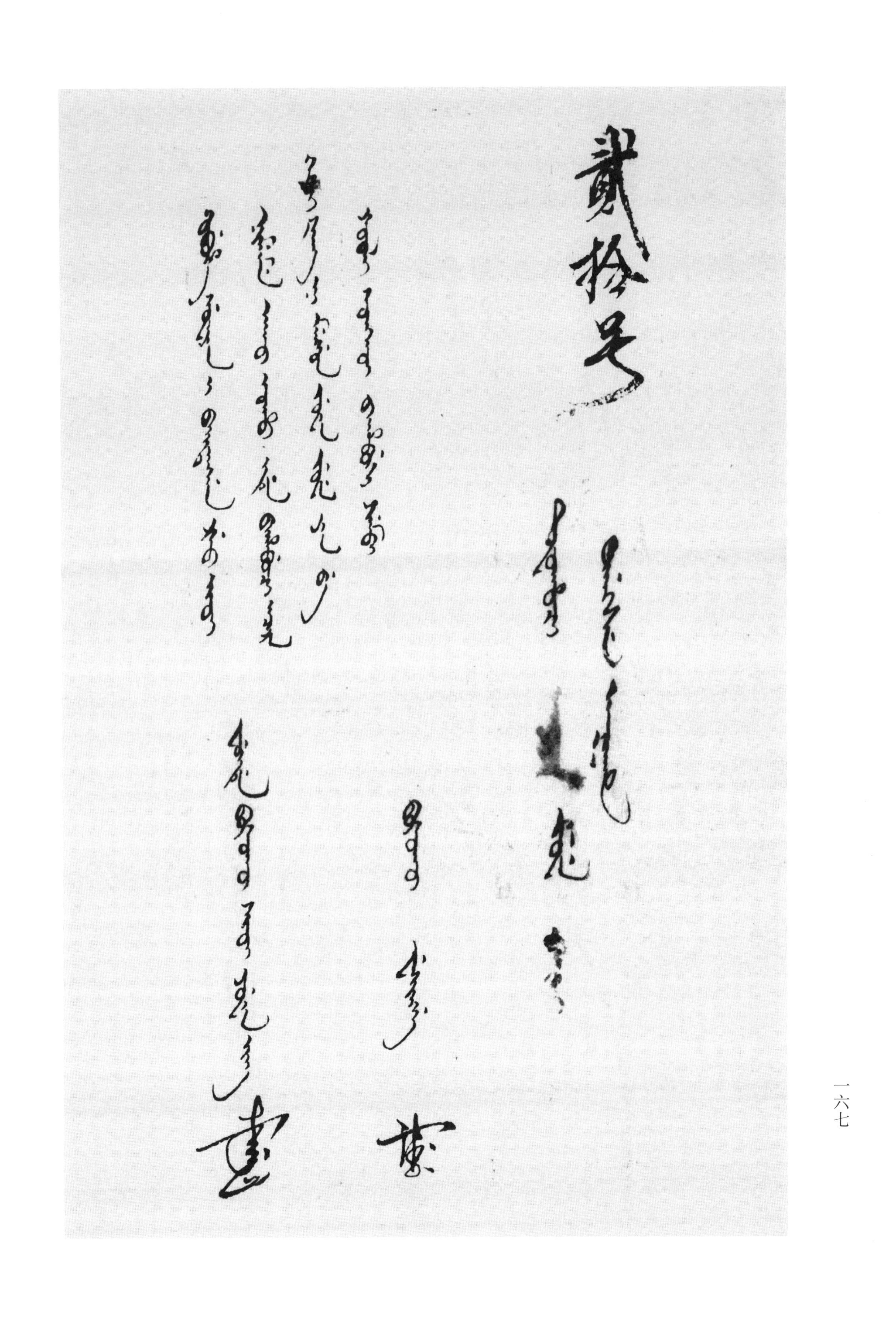

賞給了

[illegible]

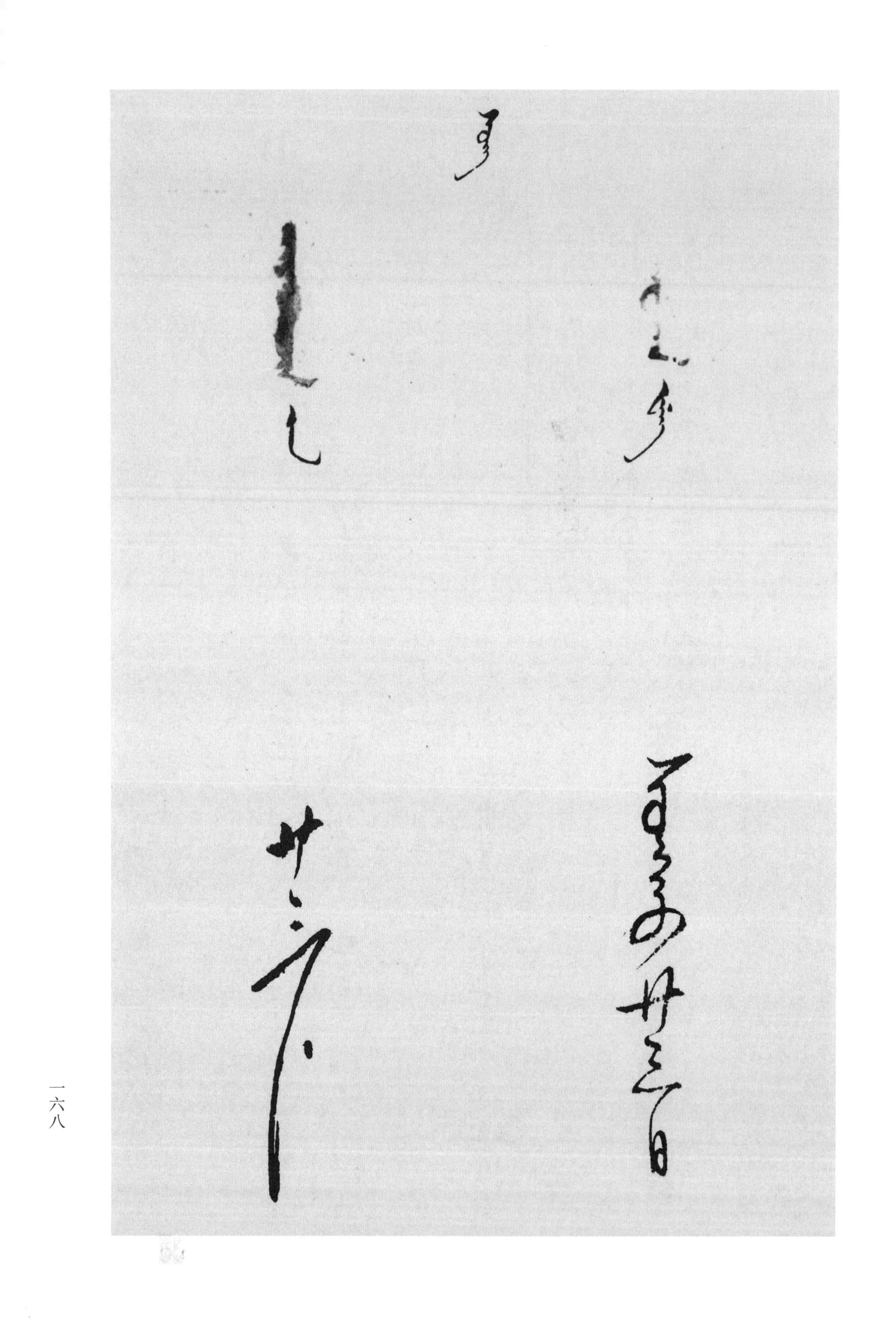

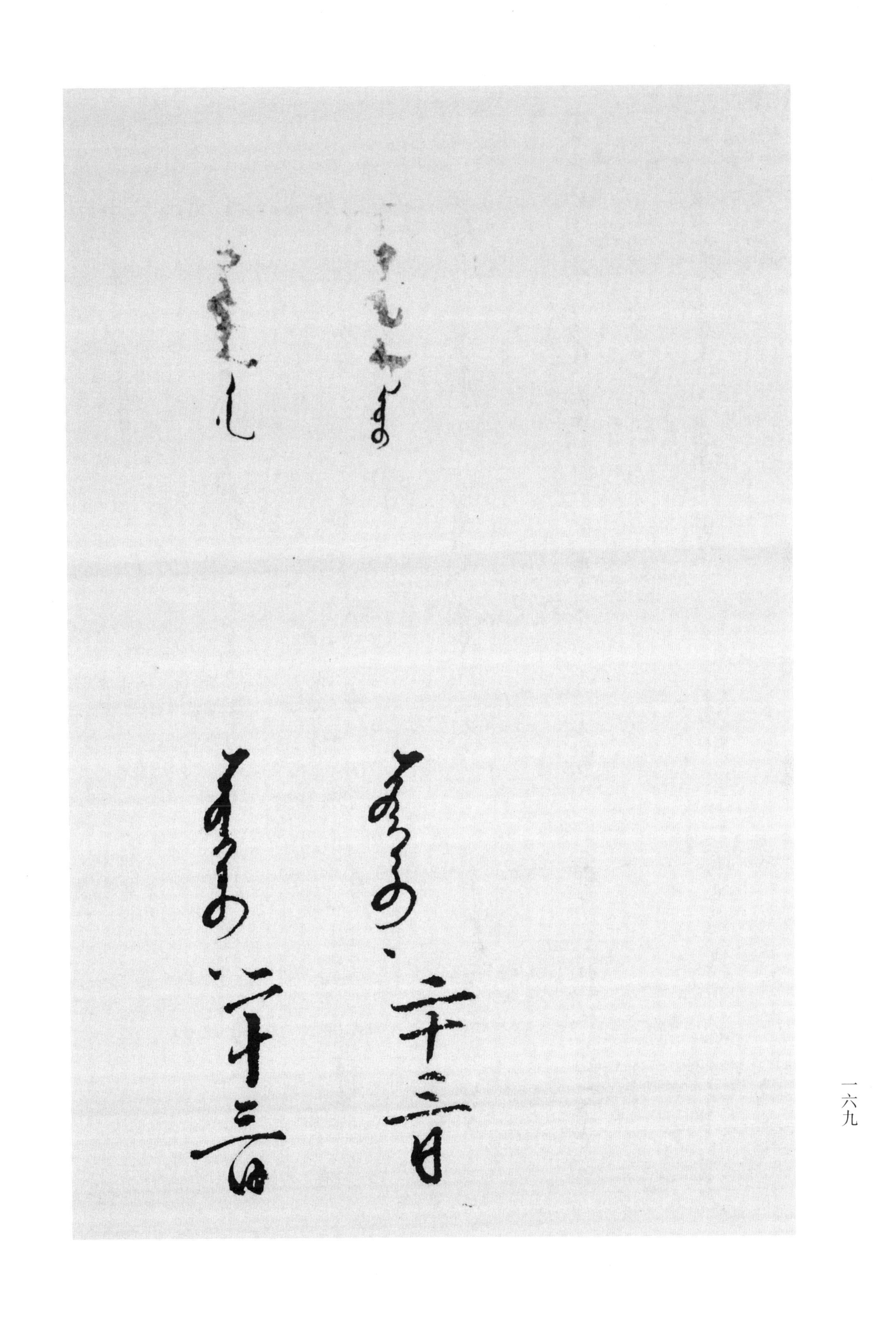

[illegible]

[illegible]

[illegible] 二十三日

[illegible] 二十二日

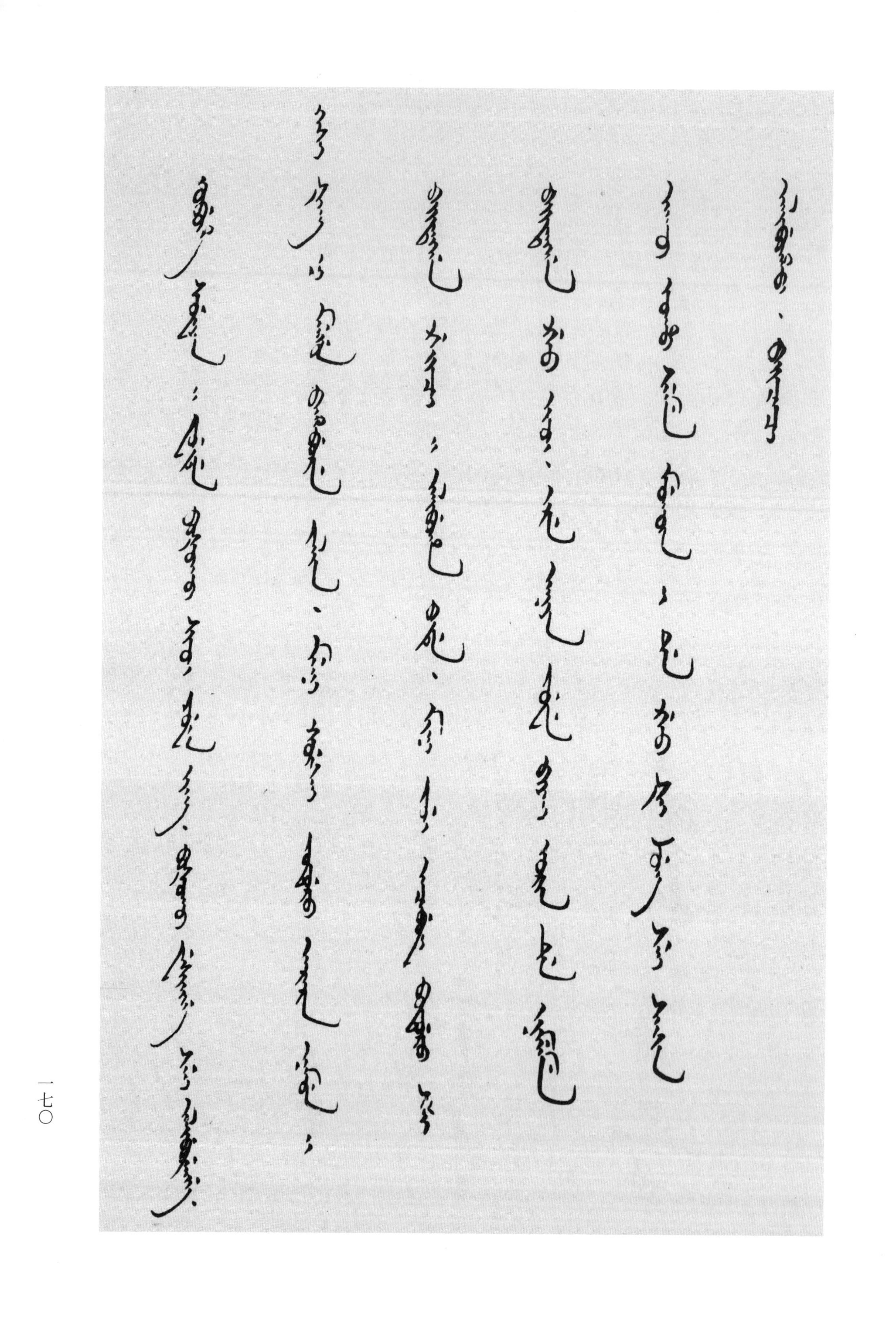

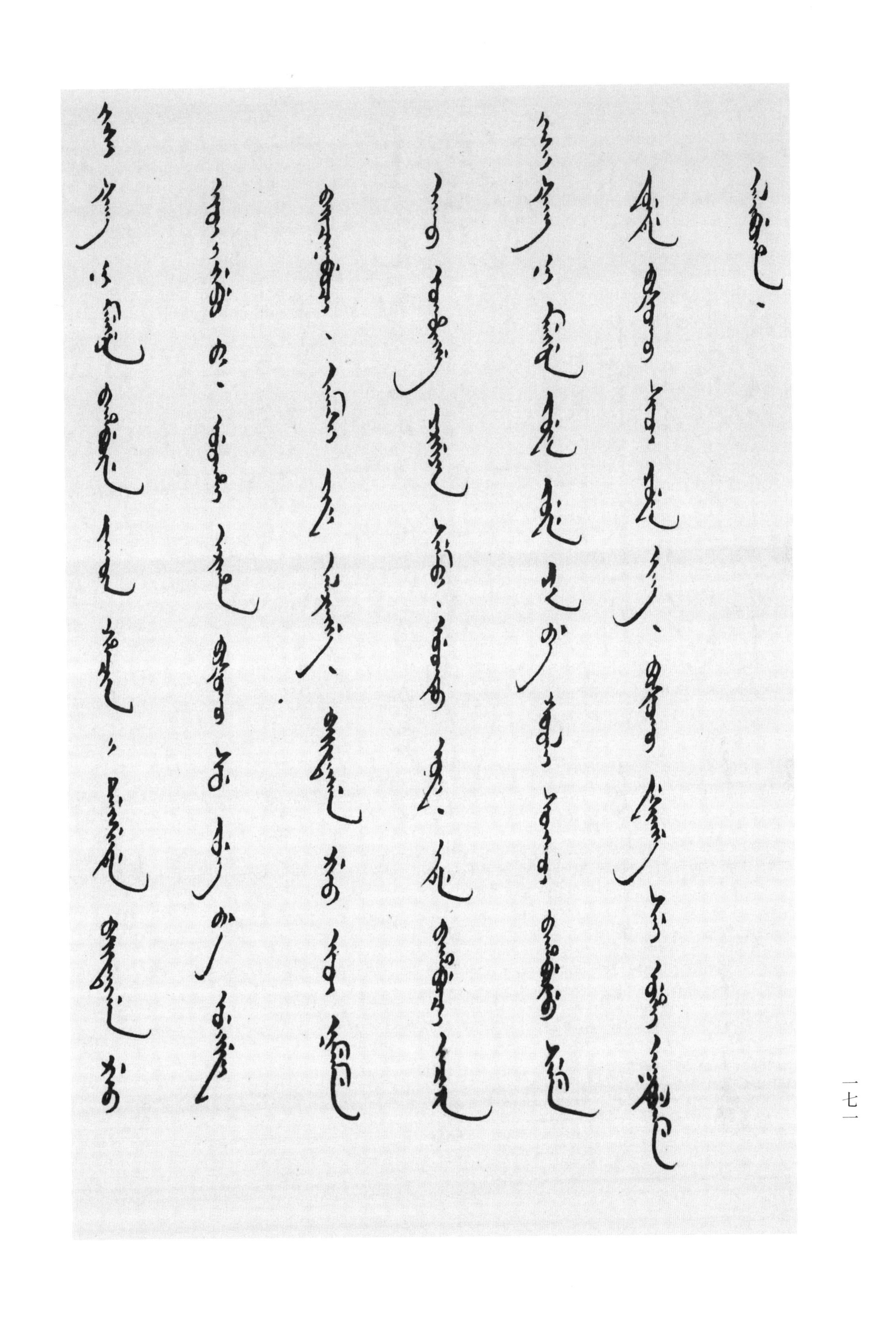

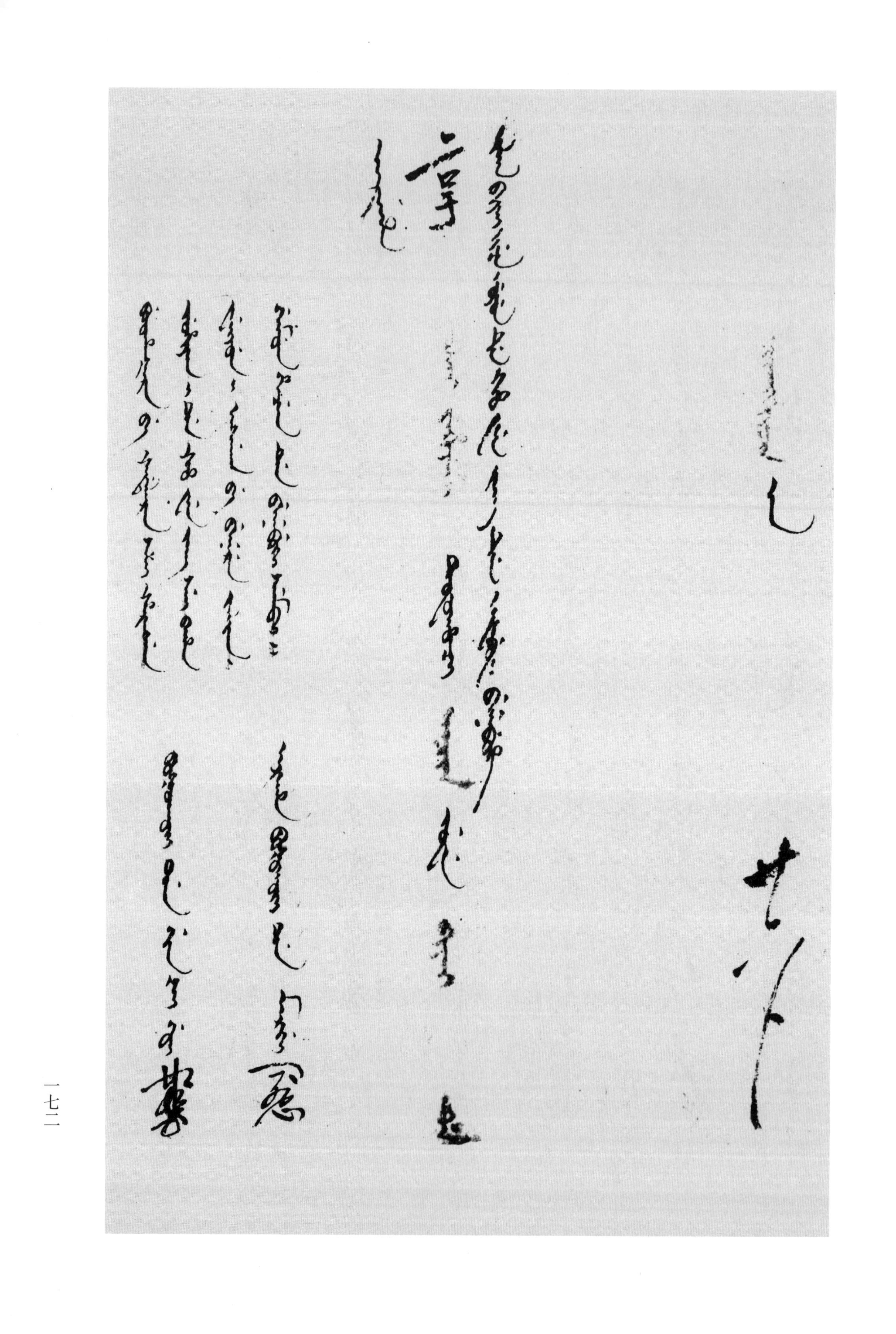

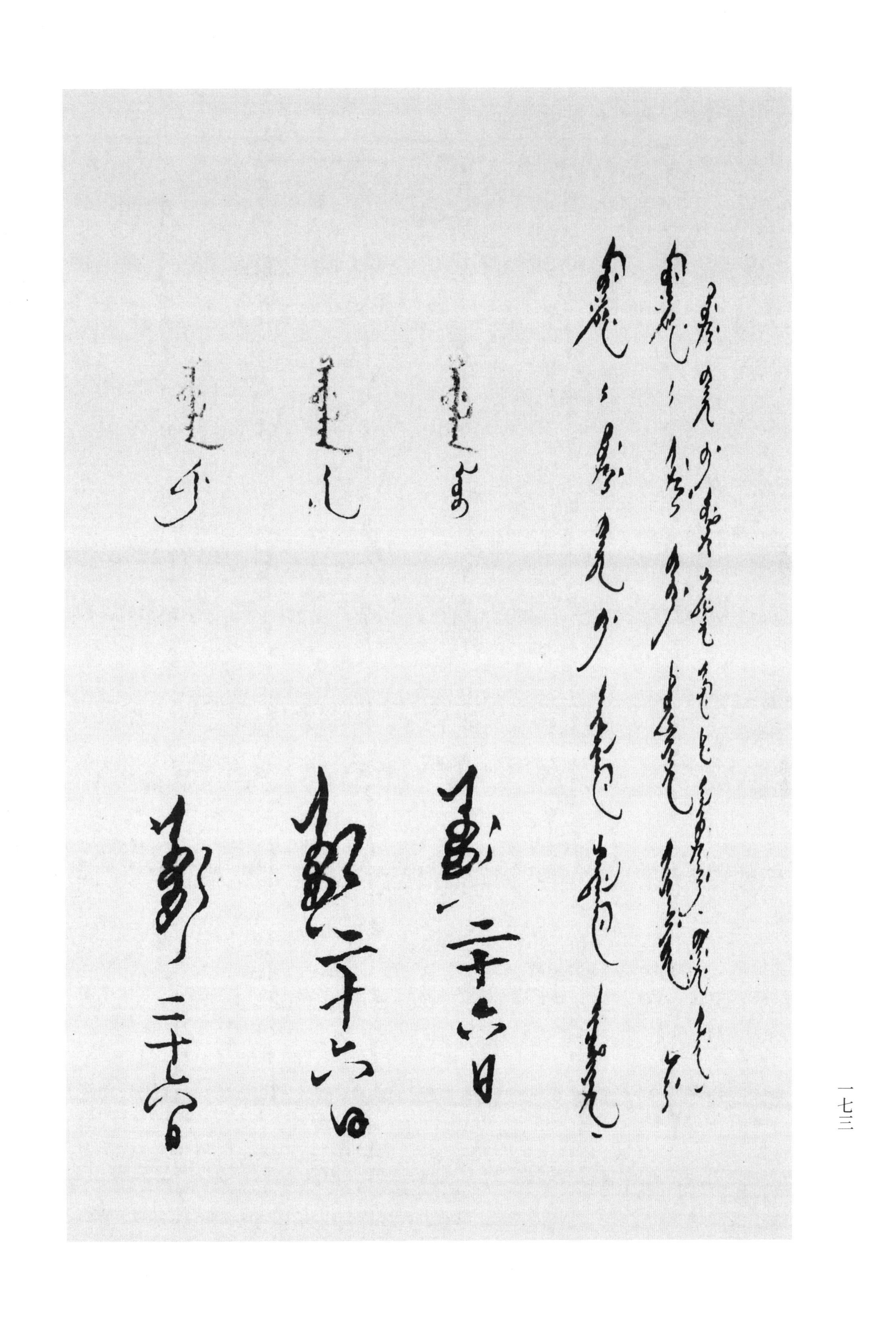

二十六日

二十六日

二十七日

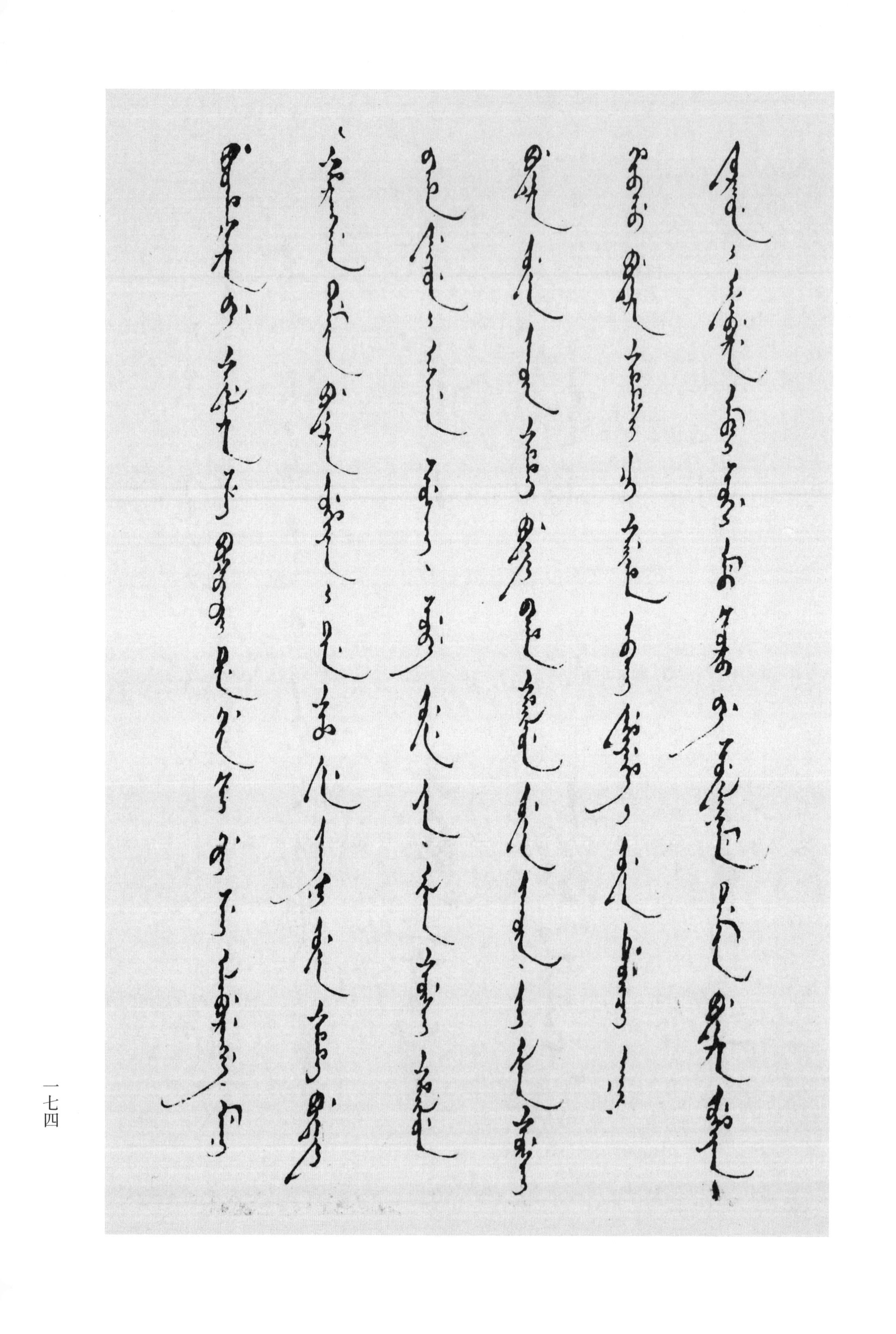

[illegible]

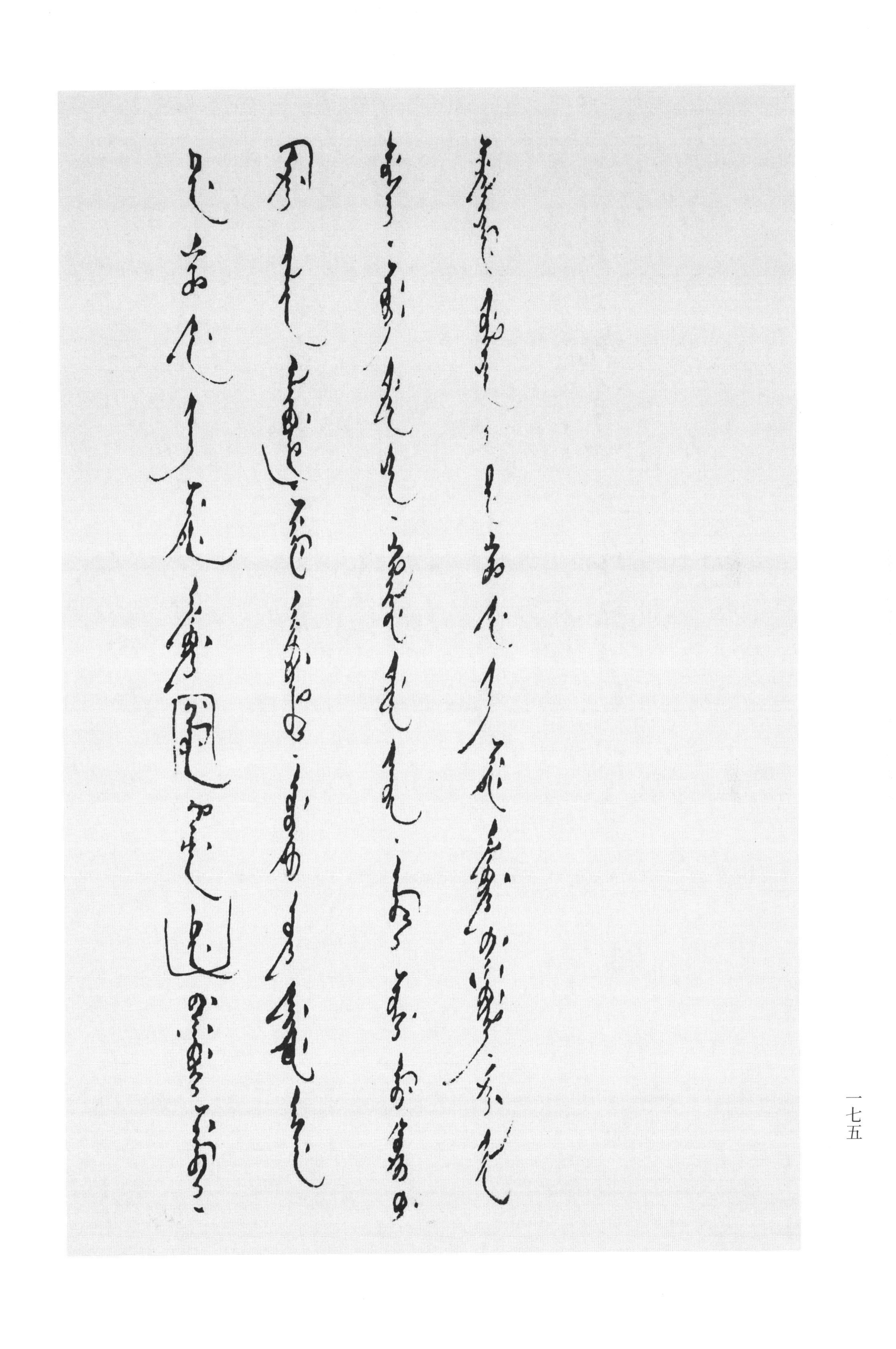

[illegible]

右咨

盛京内務府

乾隆十五年三月初四日

定議等語復查本部匠役只能堅固歸
安未識日晷之斜影對準汎從無經見應
否飭令堅固安設之處相應咨商
盛京內務府作何定議之處咨覆到日以
便辦理可也為此合咨
貴衙門煩為查照施行須至咨者

鼓高下錯落射影不準究非慎重戢後遍處查訪此地並無通曉安準之人理合備細聲明呈報伏乞批司定議施行等情查得安設日晷必需通曉之人方能得準一經草率關係非輕但前項日晷石筍脫出之處今該員既稱石筍微淺若下深下仍復墜落冒昧歸安惟恐不準是以備細聲明

因到戟遵劄帶領匠役前往驗看據匠
役稟稱現在石筍脫出者緣石筍微淺
若不深下石筍仍復墜落必須刨下
深安方能堅固戟詳細驗看日晷圓
鼓舊係斜安其高下自有一定分位今
奉劄令戟妥協安準戟敢不盡心辦
理但戟向未經見冐昧歸安惟恐圓

本部六品官刘志德呈稱切職奉部劄開准

盛京内務府咨開查得

崇政殿前月臺東邊所設日晷上园鼓石筩

脱出恐其日久墜落今值春融氷觧之時

若不及時歸安恐致墜落相應移咨貴

部煩為委員安設等因相應劄行六品

品官刘志德作速前往帶領匠役安準等

内務府

咨

盛京工部為咨商事右清吏司案呈據

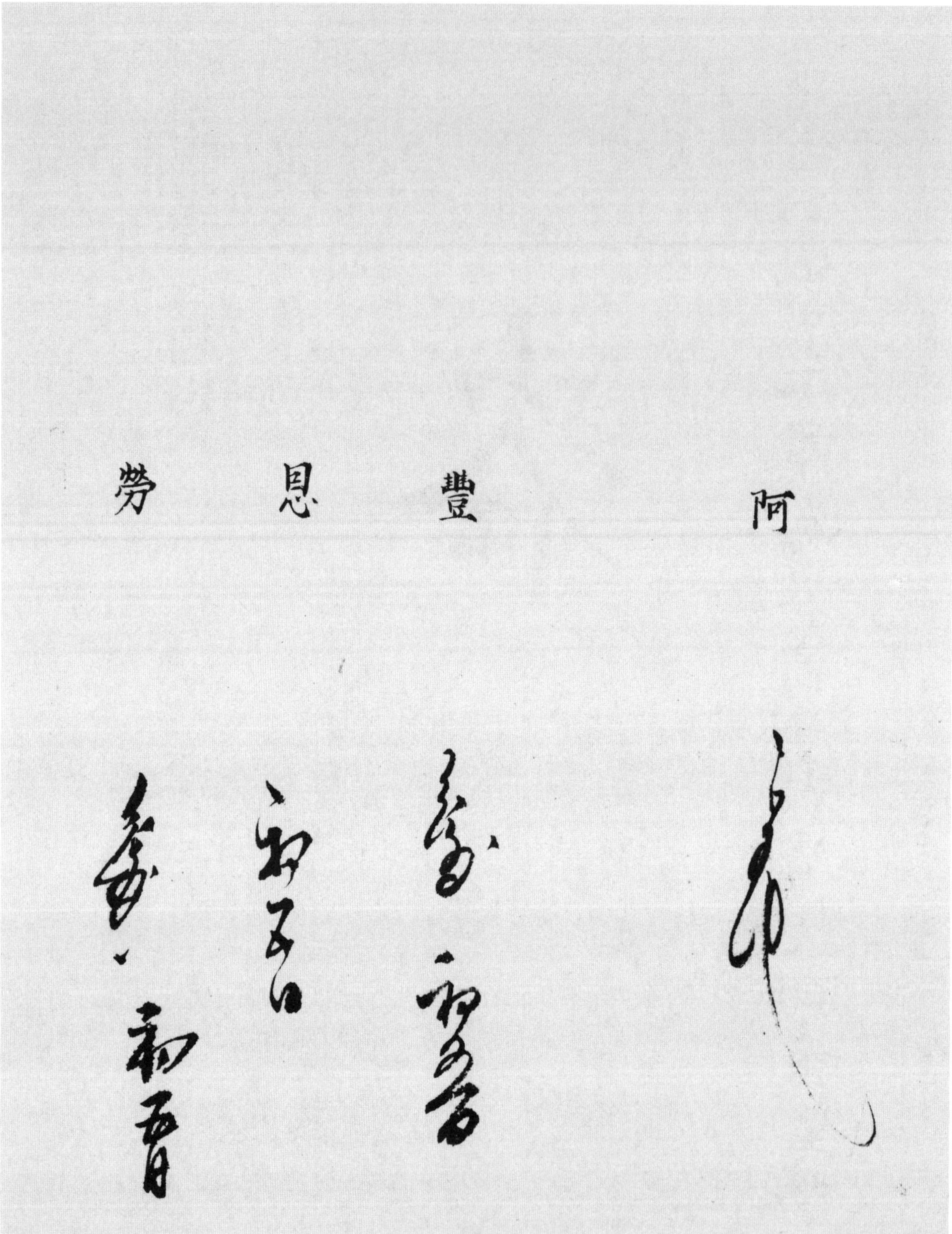
阿

豊

恩

勞

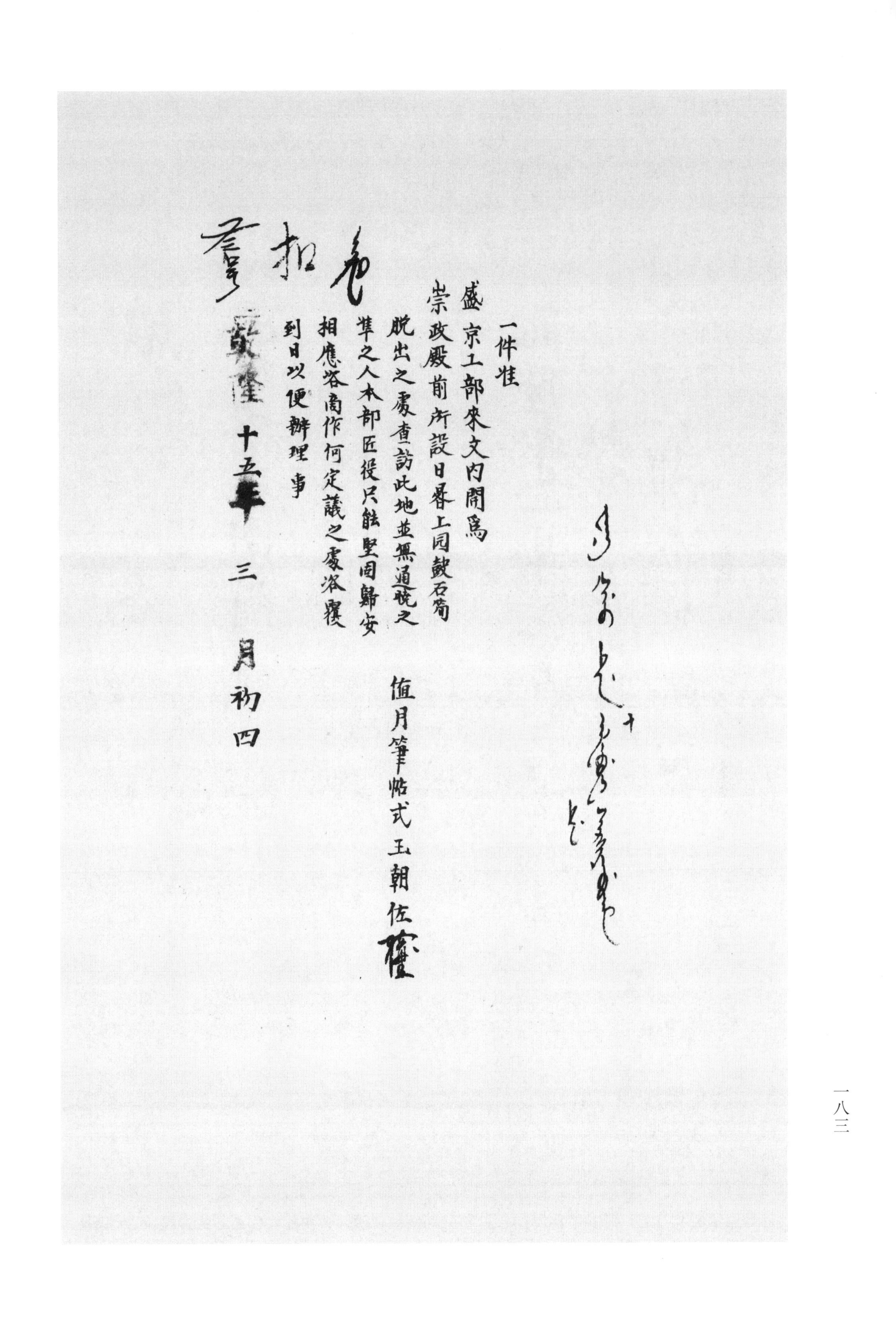

一件准
盛京工部來文內開爲
崇政殿前所設日晷上同鼓石笱
脫出之處查訪此地並無通曉之
準之人本部匠役只能堅固歸安
相應咨商作何定議之處咨覆
到日以便辦理事

值月筆帖式　玉朝佐

乾隆十五年三月初四

右咨

盛京内務府衙門

乾隆十五年三月初五日

旨内事理一体救護可也等因准此相應移咨

為此合咨

貴衙門查照至期一体欽遵救護施行須至咨者

計開

盛京月食十三分三十八秒　初虧寅初二刻一分

食甚卯初一刻五分　復圓辰初初刻九分

戊午望月食

京師月食十三分三十八秒寅初初刻二分初虧

至卯正二刻十分復圓等因于乾隆十四年

十二月十二日題本月十三日奉

旨知道了欽此欽遵到部相應按填字號劄令

劄行奉天府府尹轉行所屬各衙門欽遵

奉天府府尹紀録一次圖　爲月食事乾隆

十五年二月三十日准

禮部劄開精膳司案呈乾隆十四年十二月十

三日禮科抄出工部左侍郎兼管欽天監監

正事務何國宗等題前事内開欽遵

御製數理精藴推算得乾隆十五年五月十七日

谷

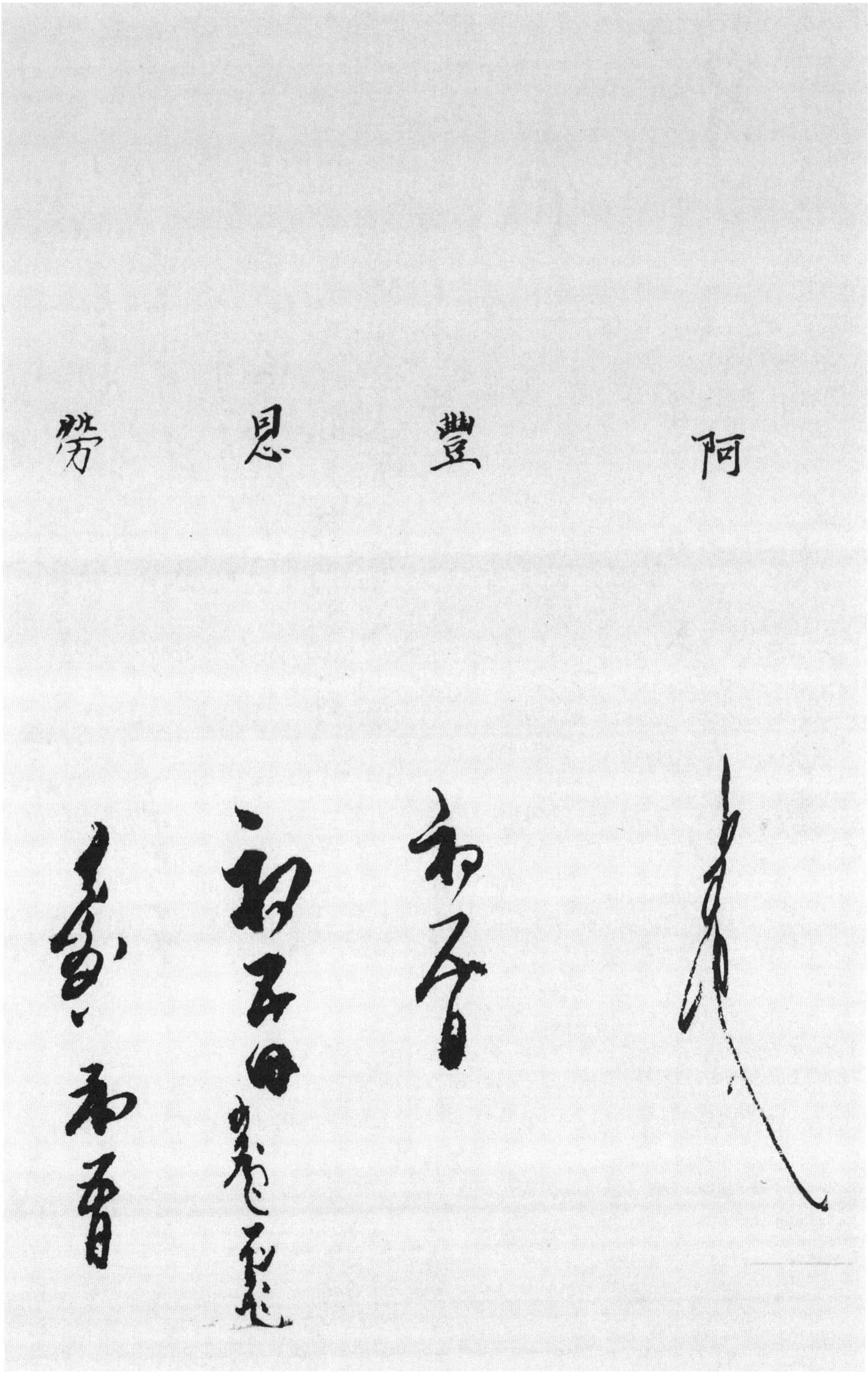
阿
豐
恩
勞

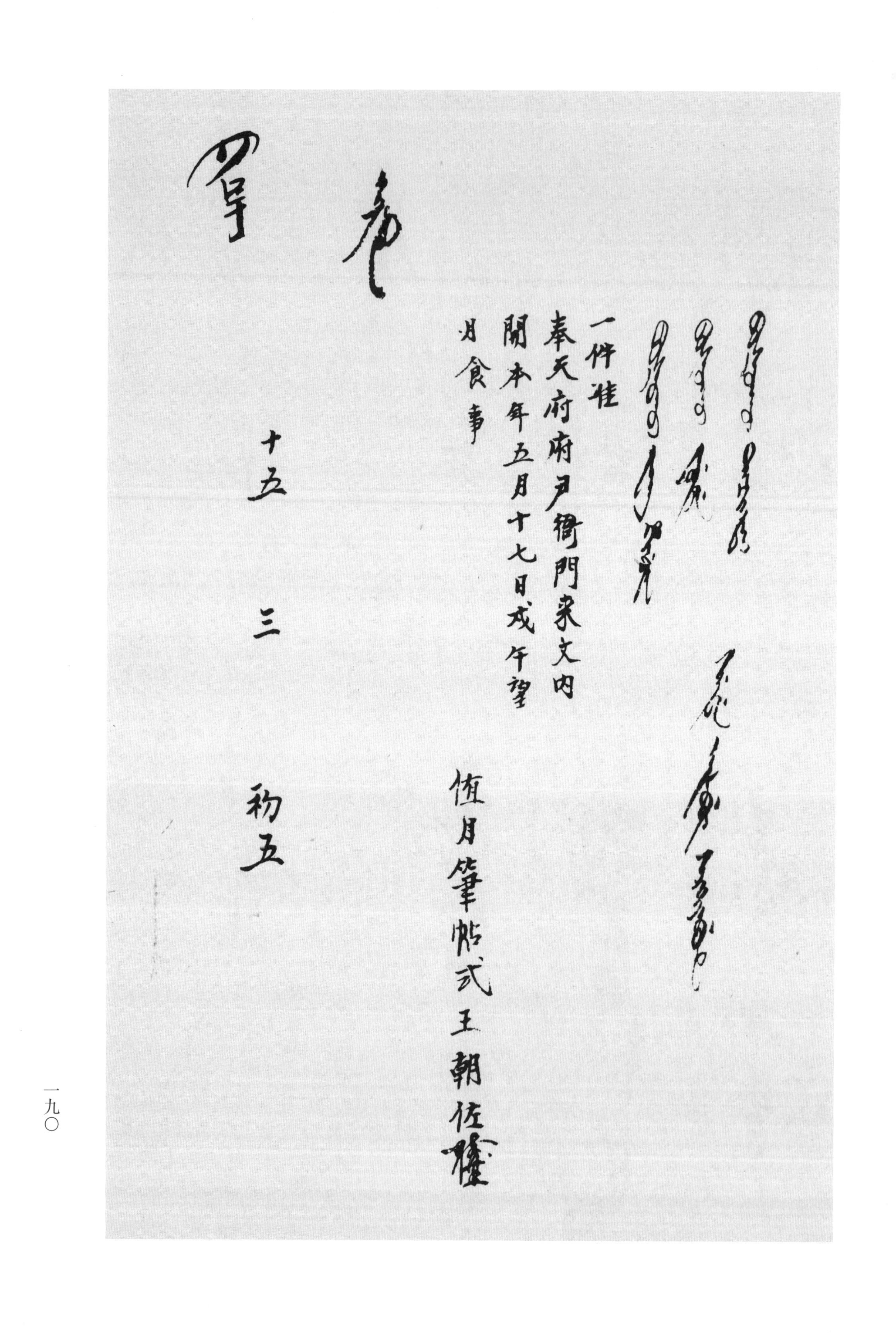

一件准
奉天府府尹衙門來文内
開本年五月十七日戊午望
月食事

值月筆帖式王朝佐

十五
三
初五

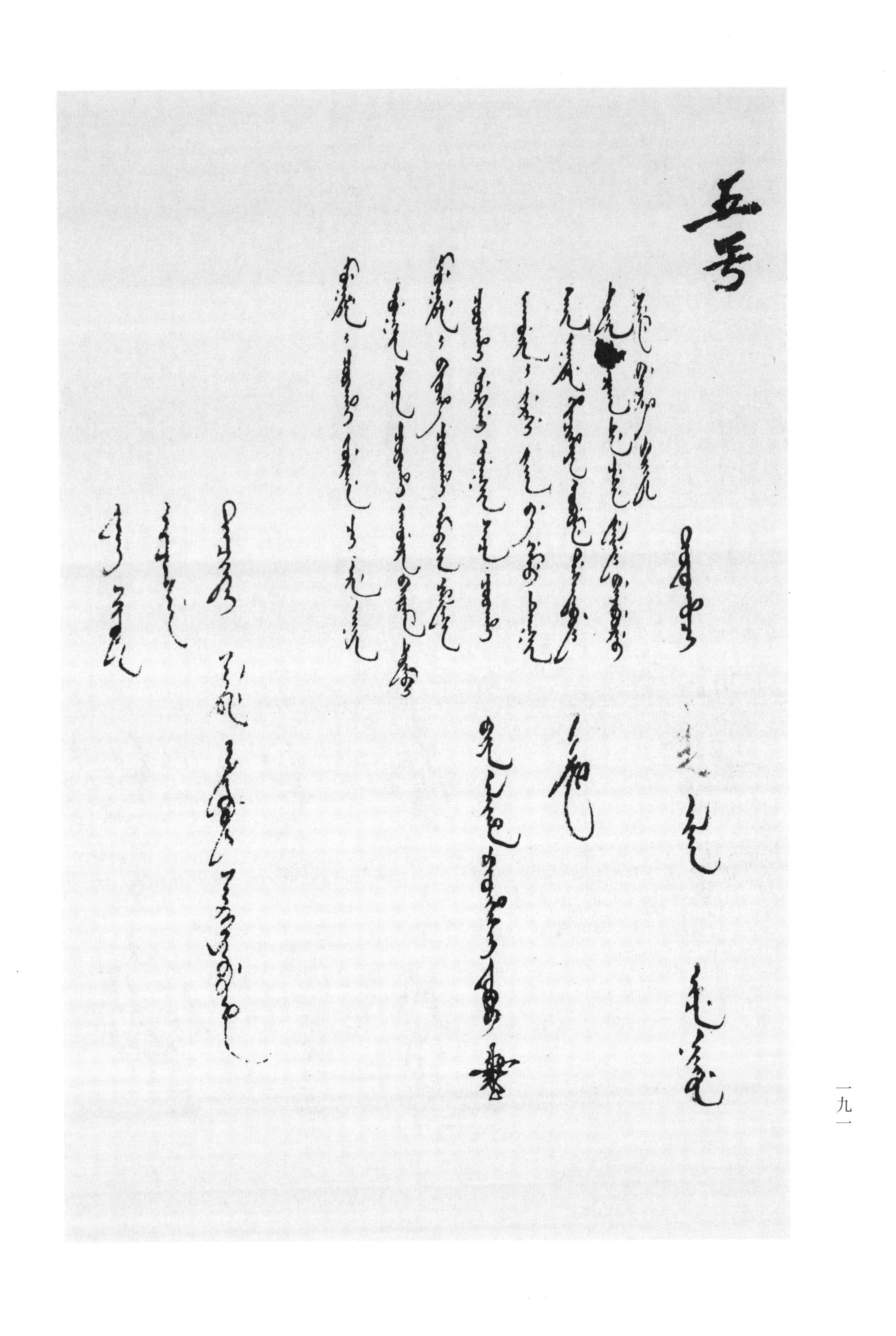

五號

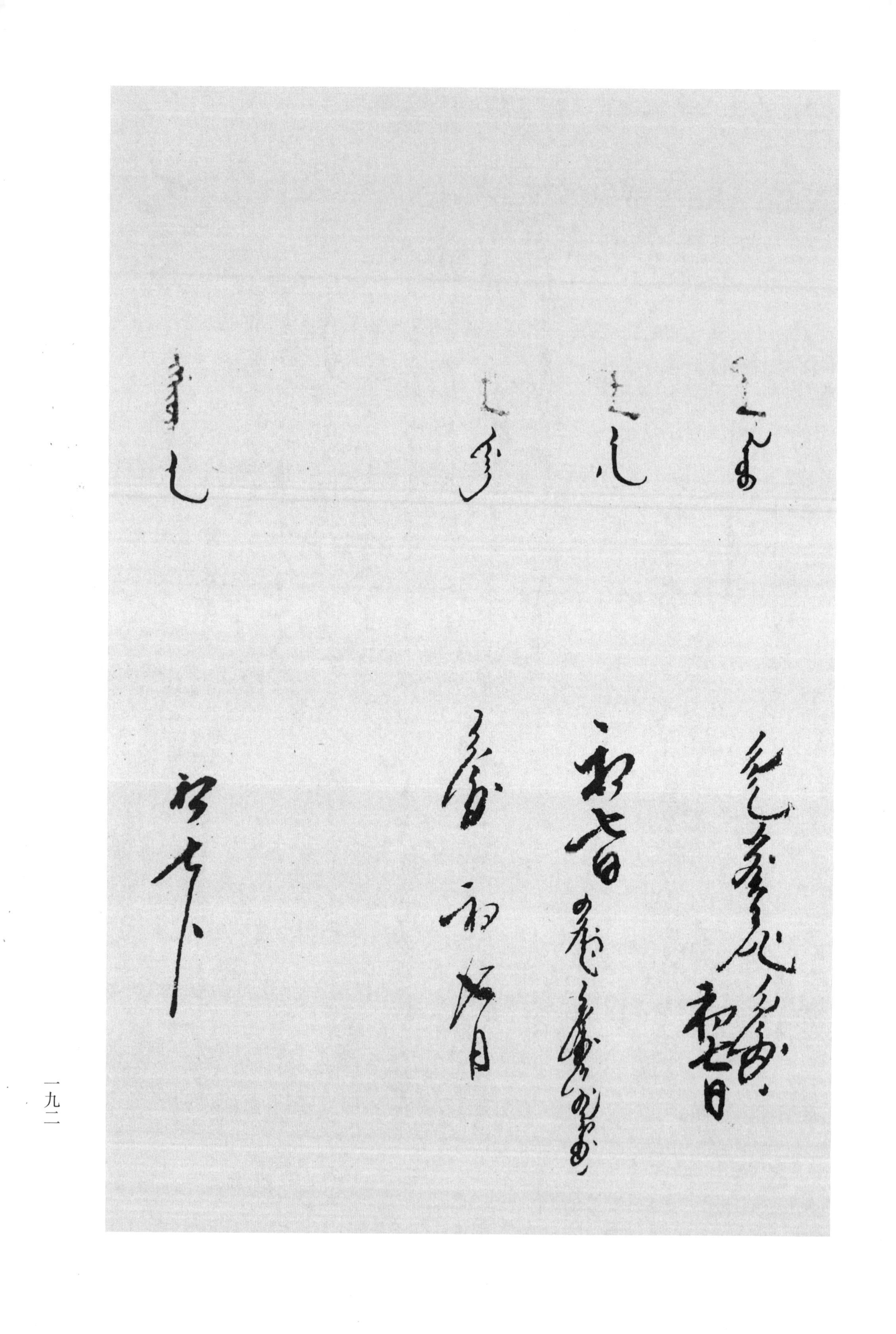

紀大人發

初七日

發初八日

初[illegible]下

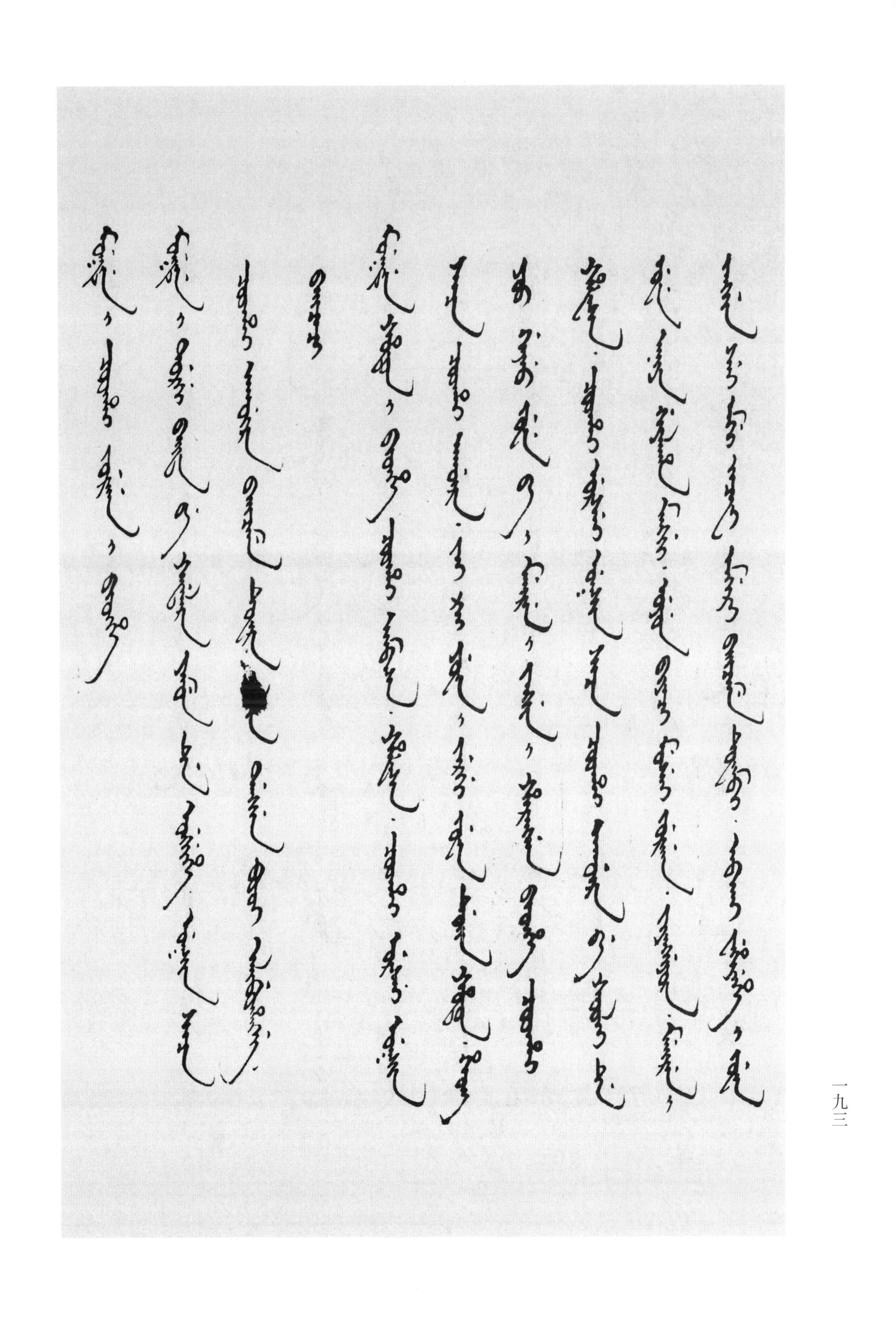

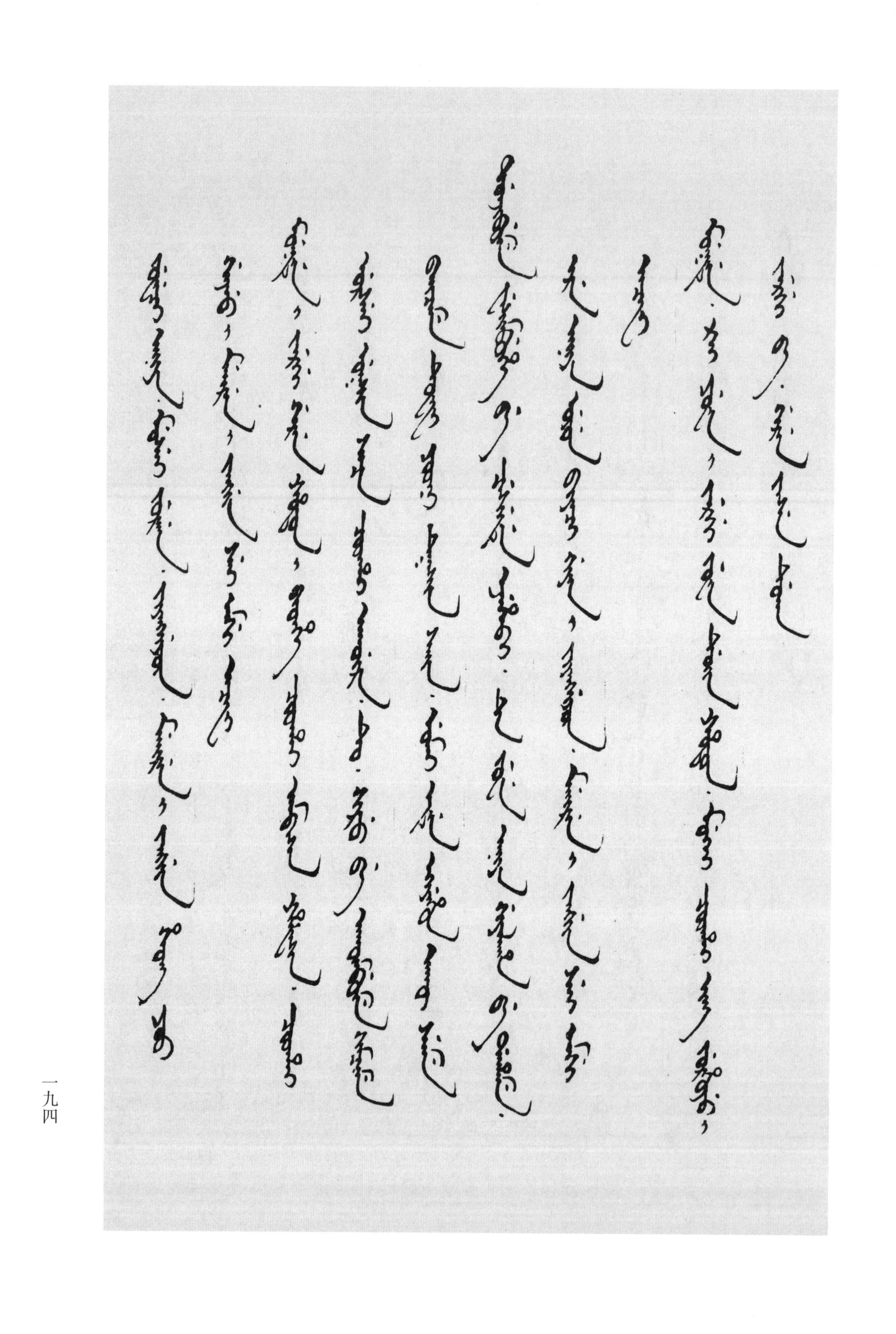

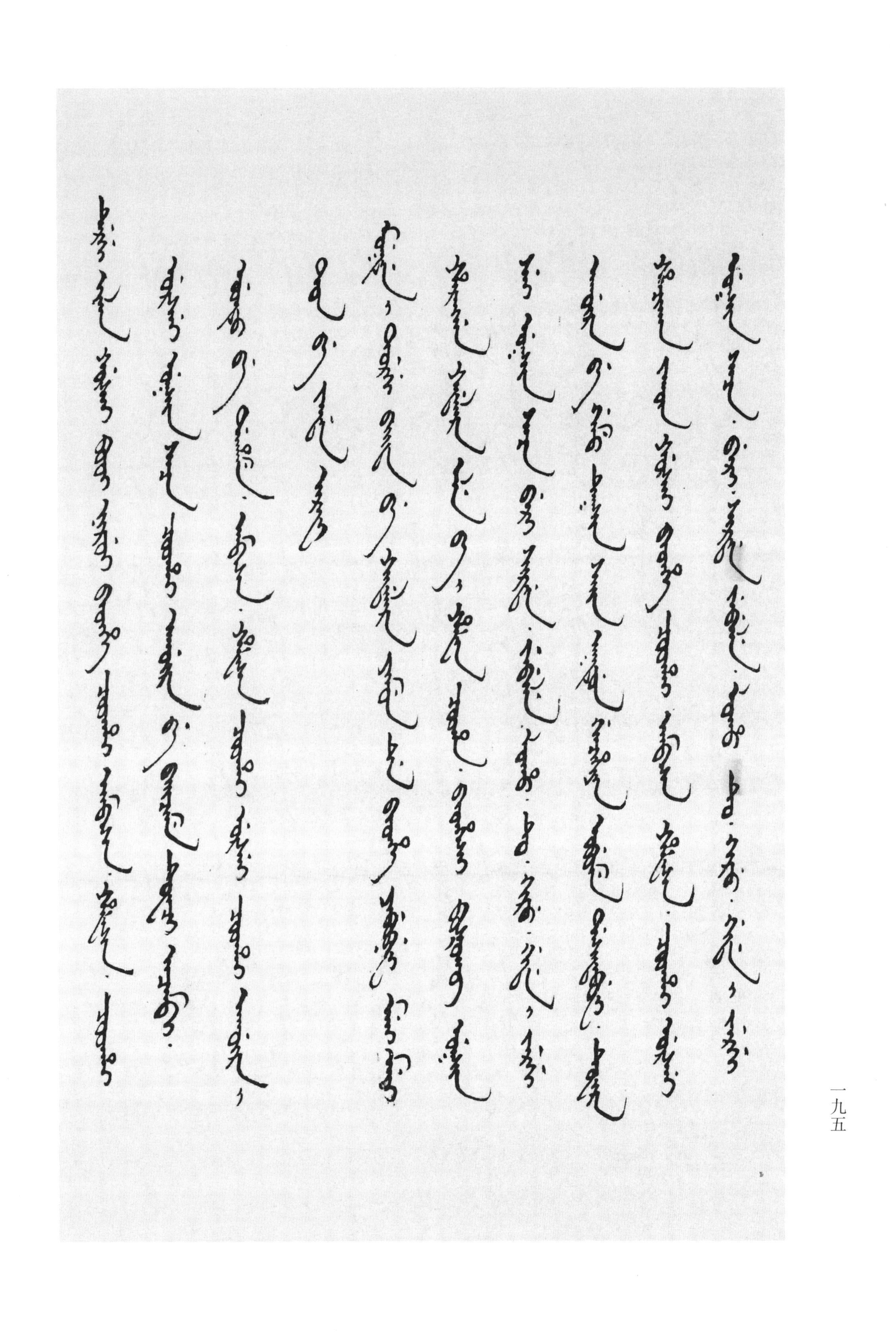

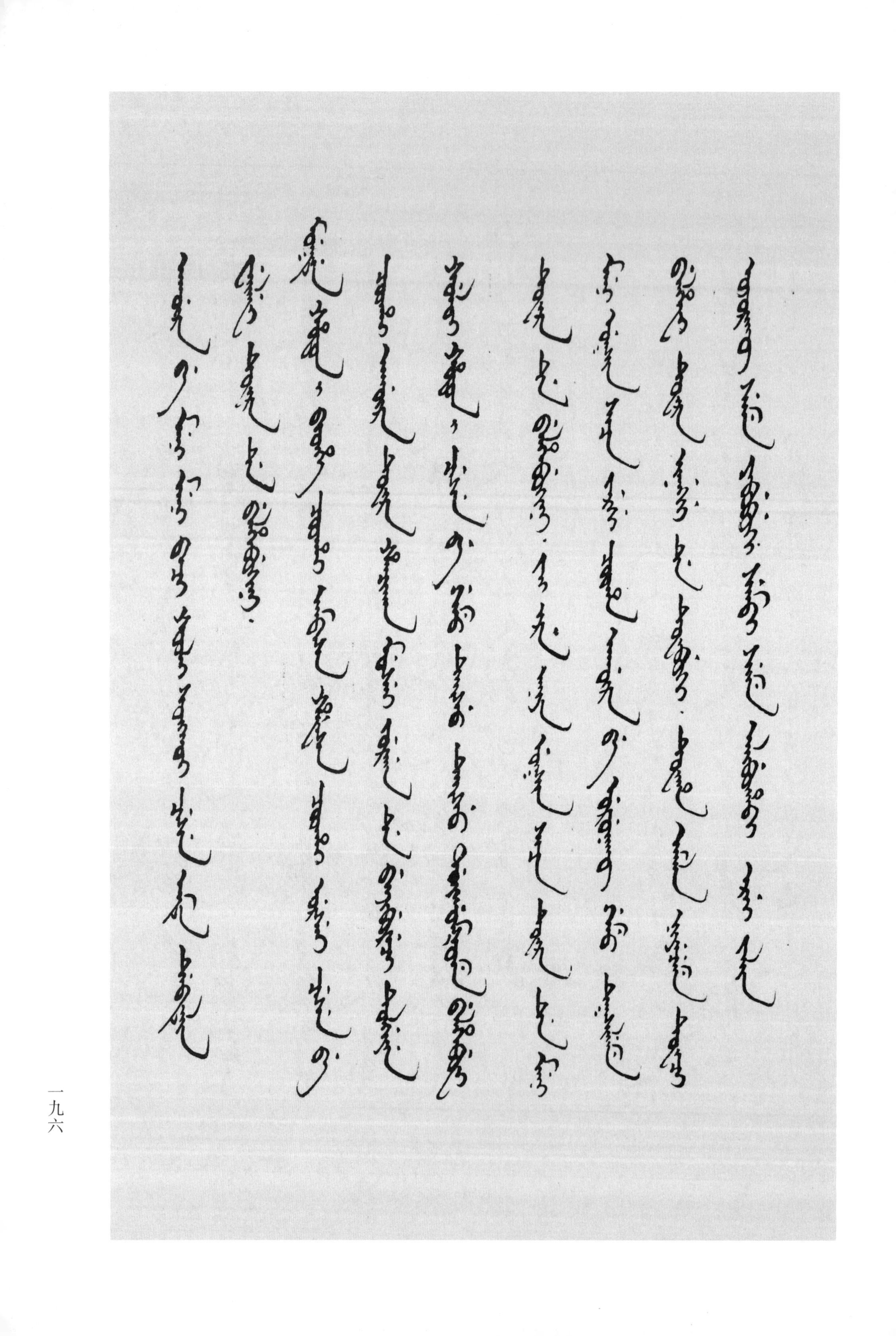

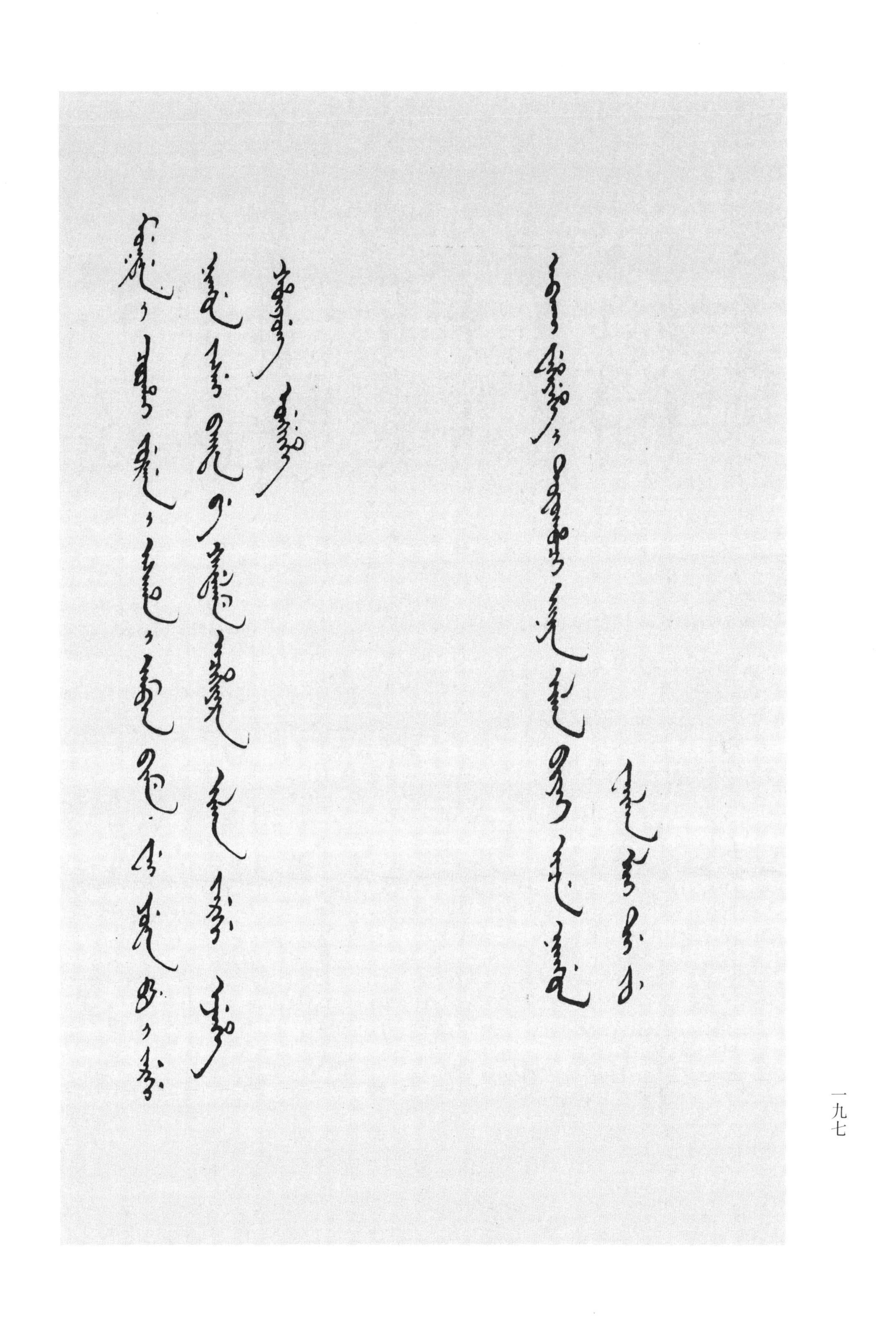

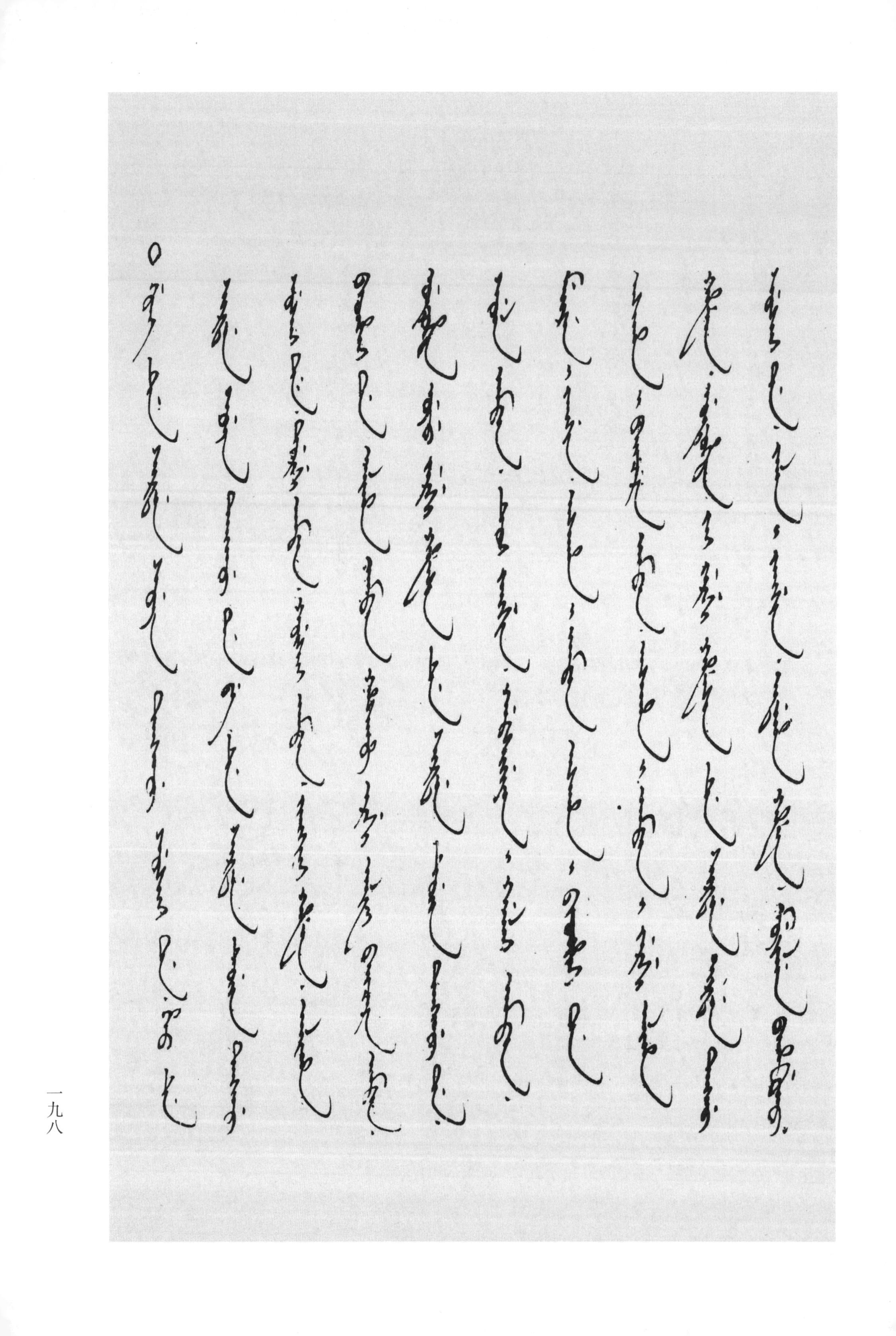

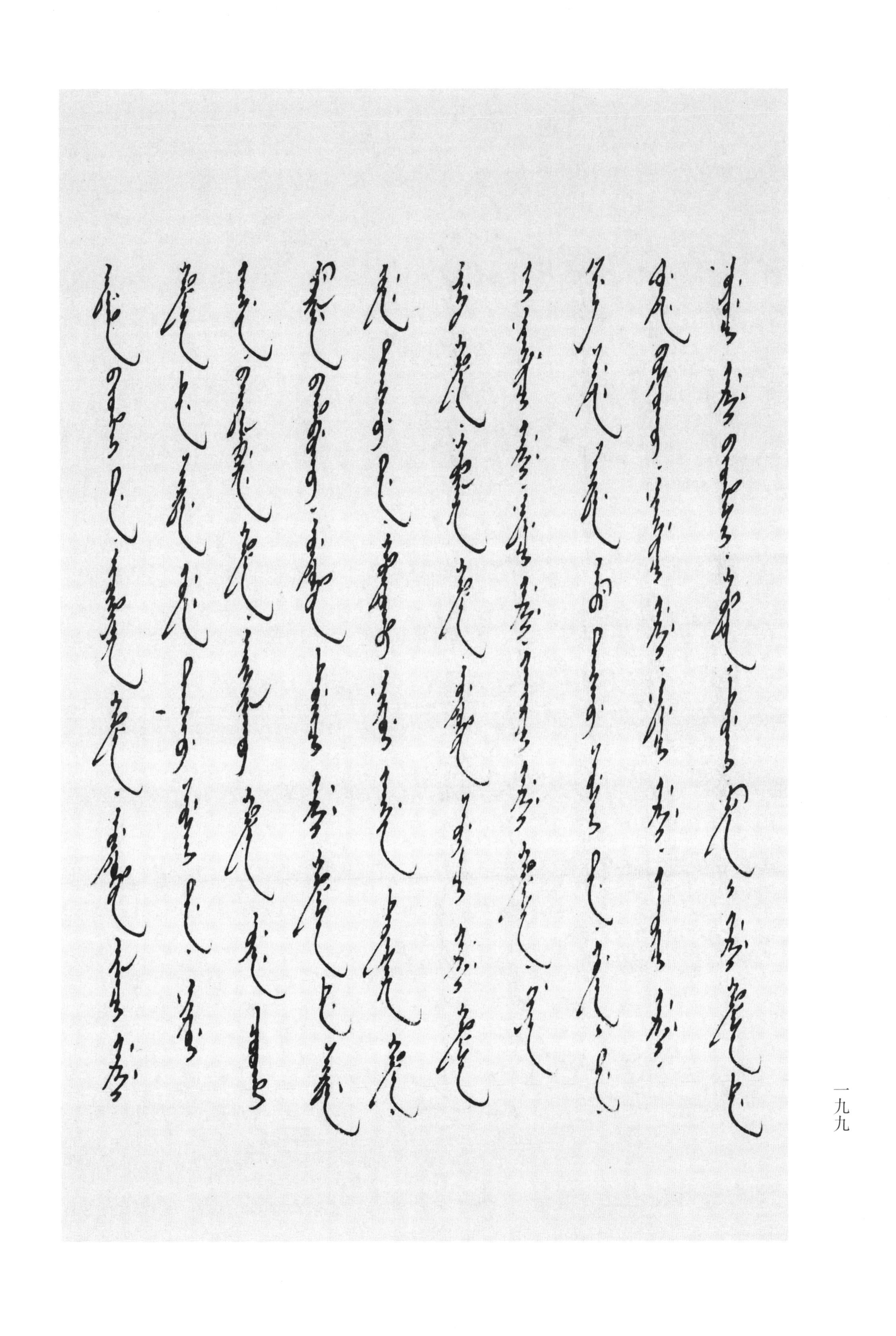

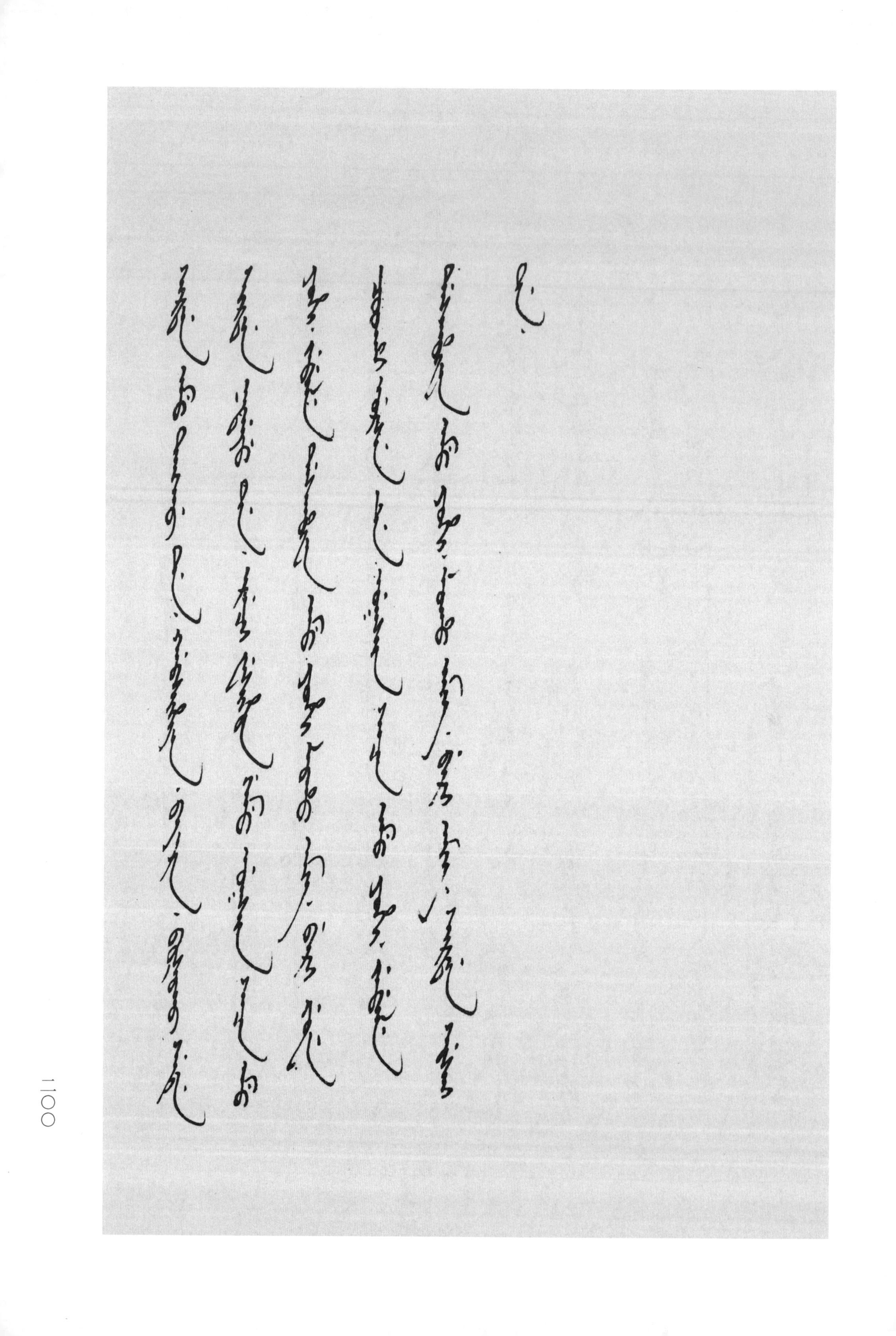

[illegible]

[illegible]

[illegible]

[illegible]

[illegible]

[illegible]

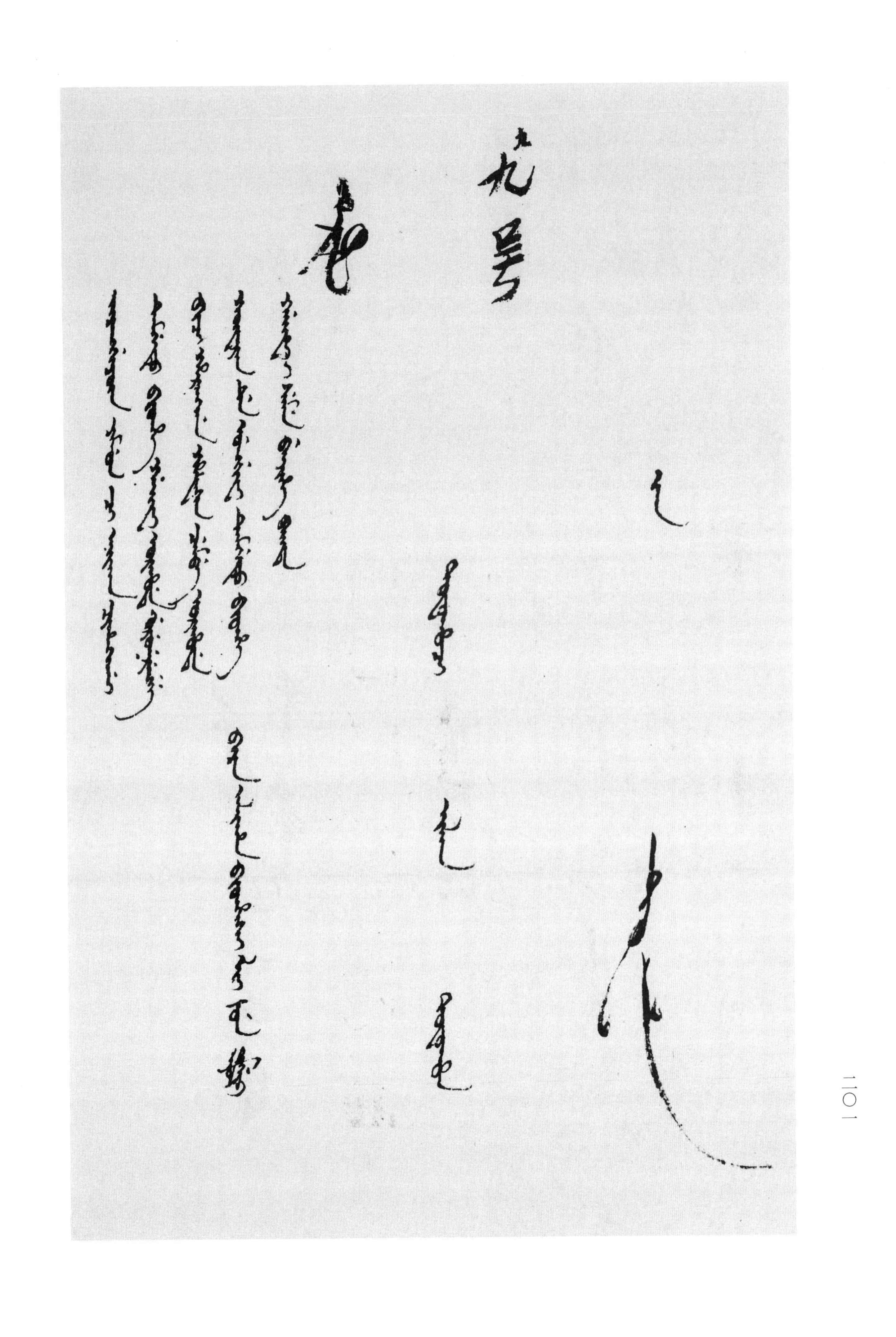

九号

[illegible]

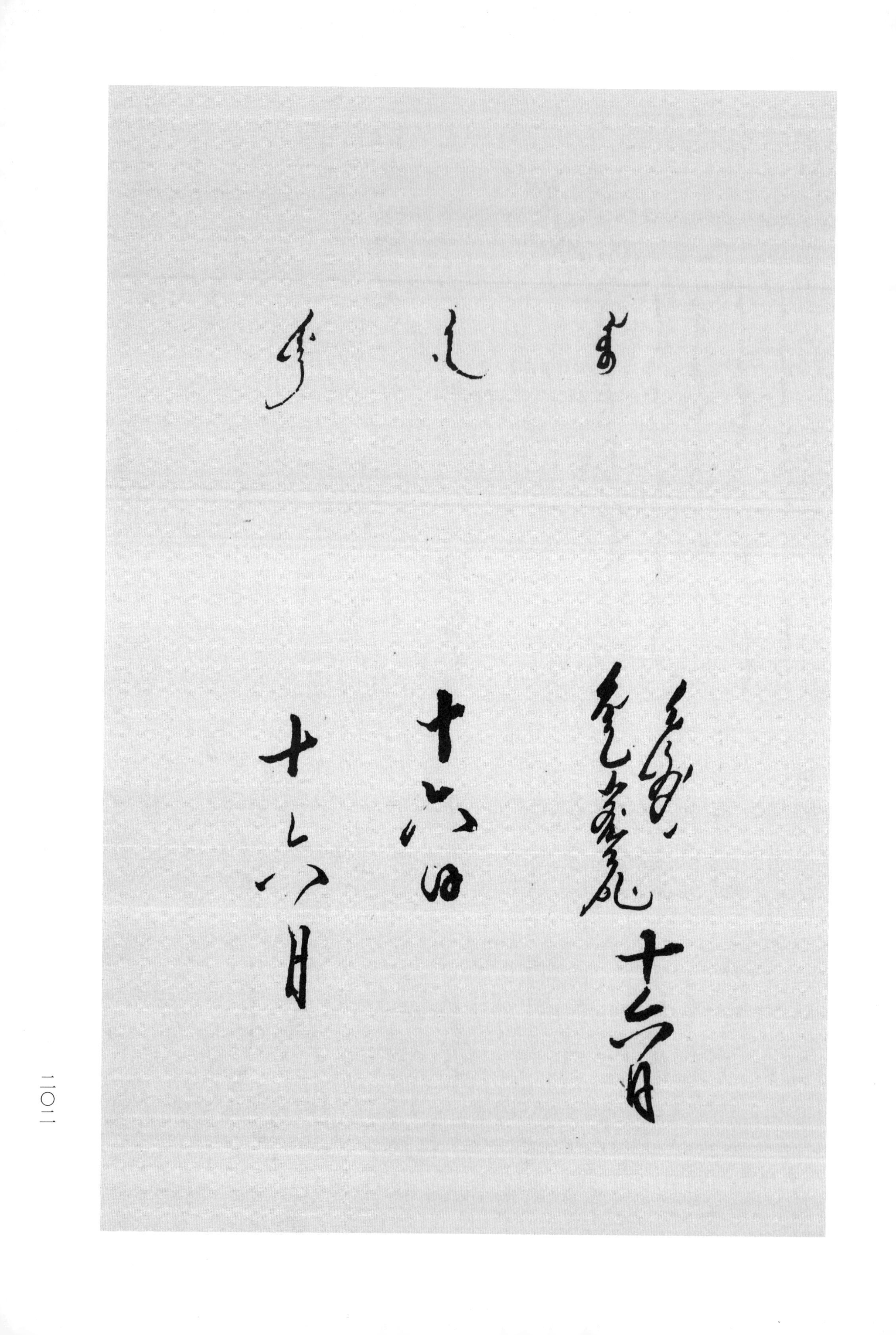

ᠠᠪᡴᠠᡳ ᠸᡝᡥᡳᠶᡝᡥᡝ ᡳ 十六年

十六日

十七八月

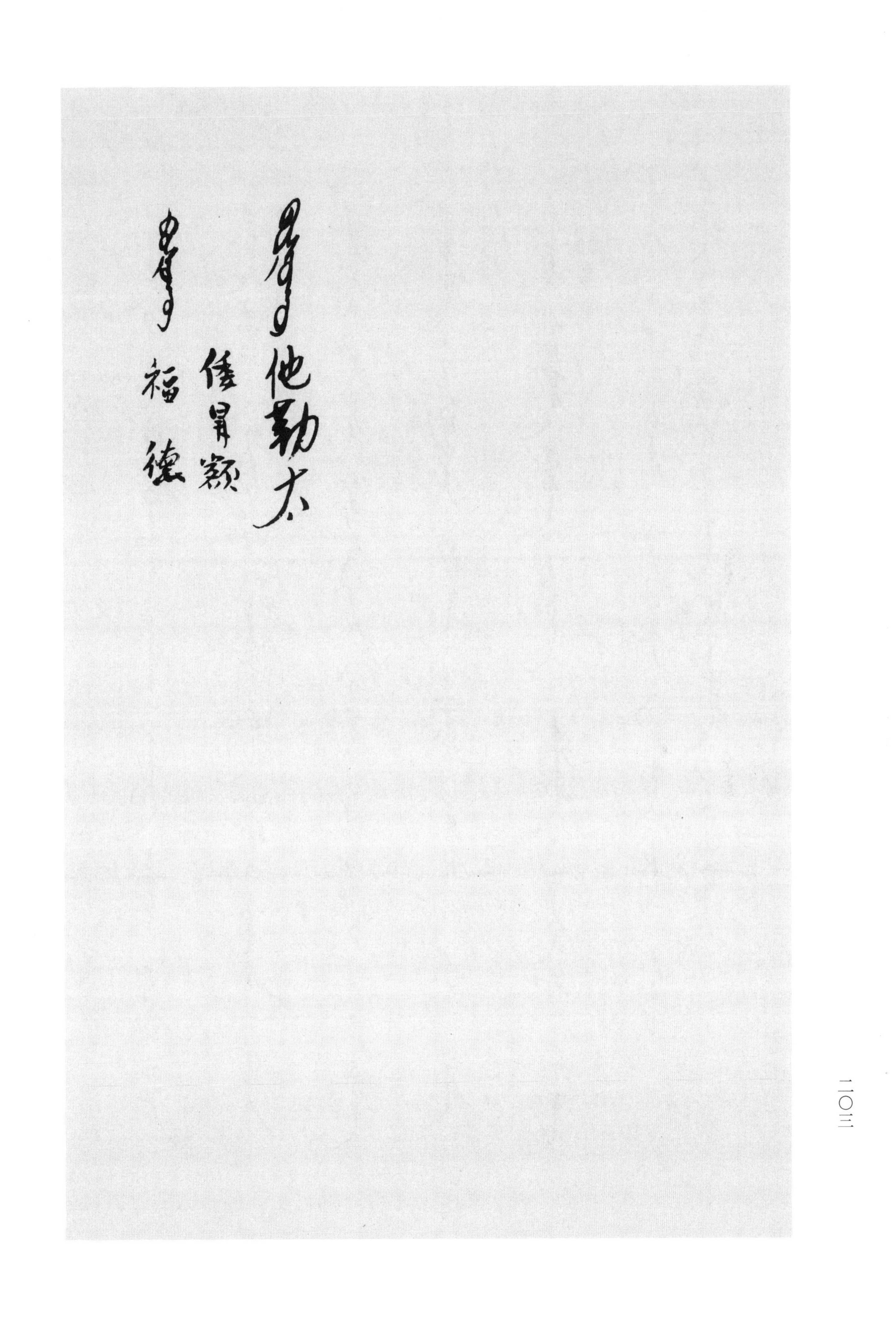

他勒太

佳昇額

福德

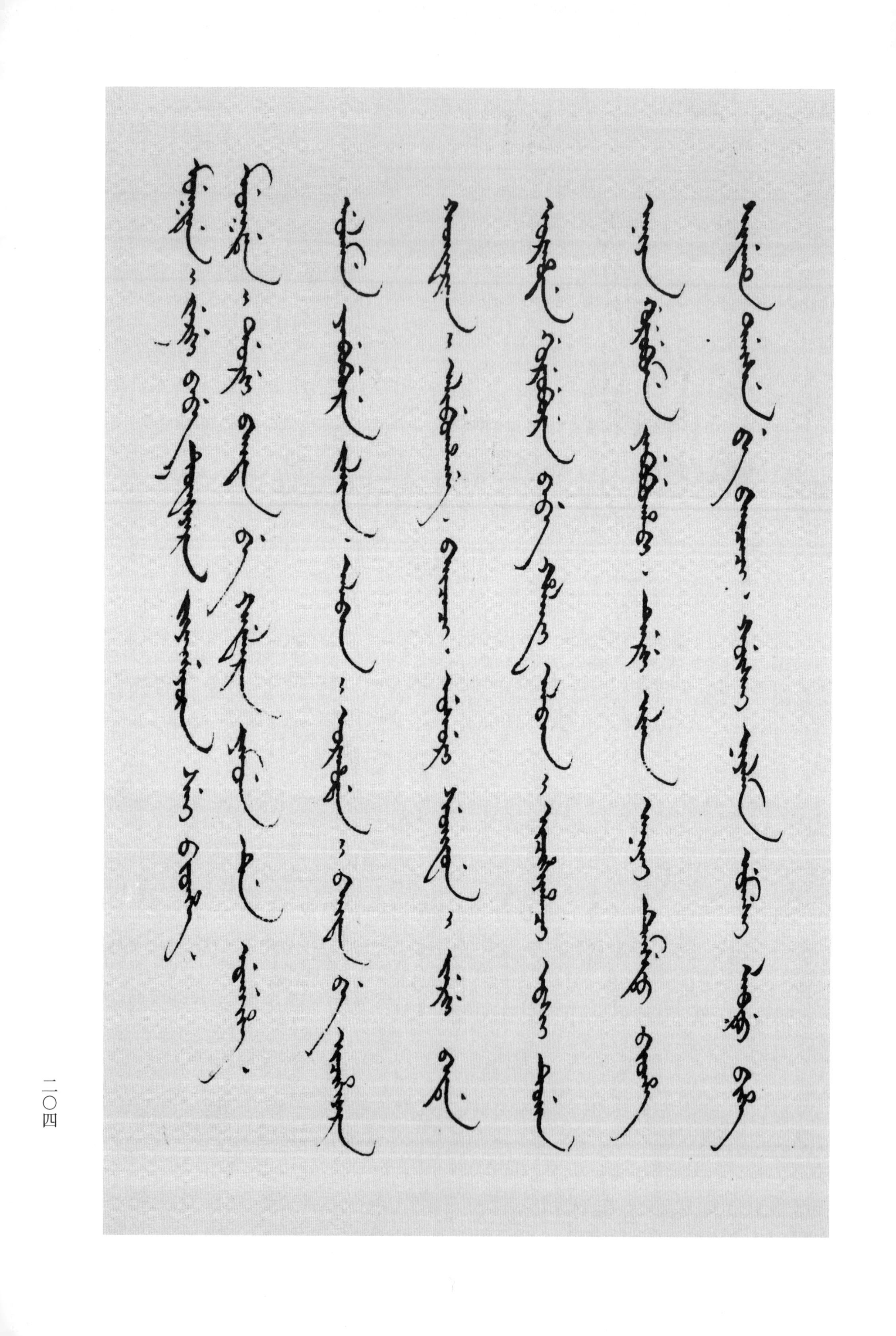

[illegible]

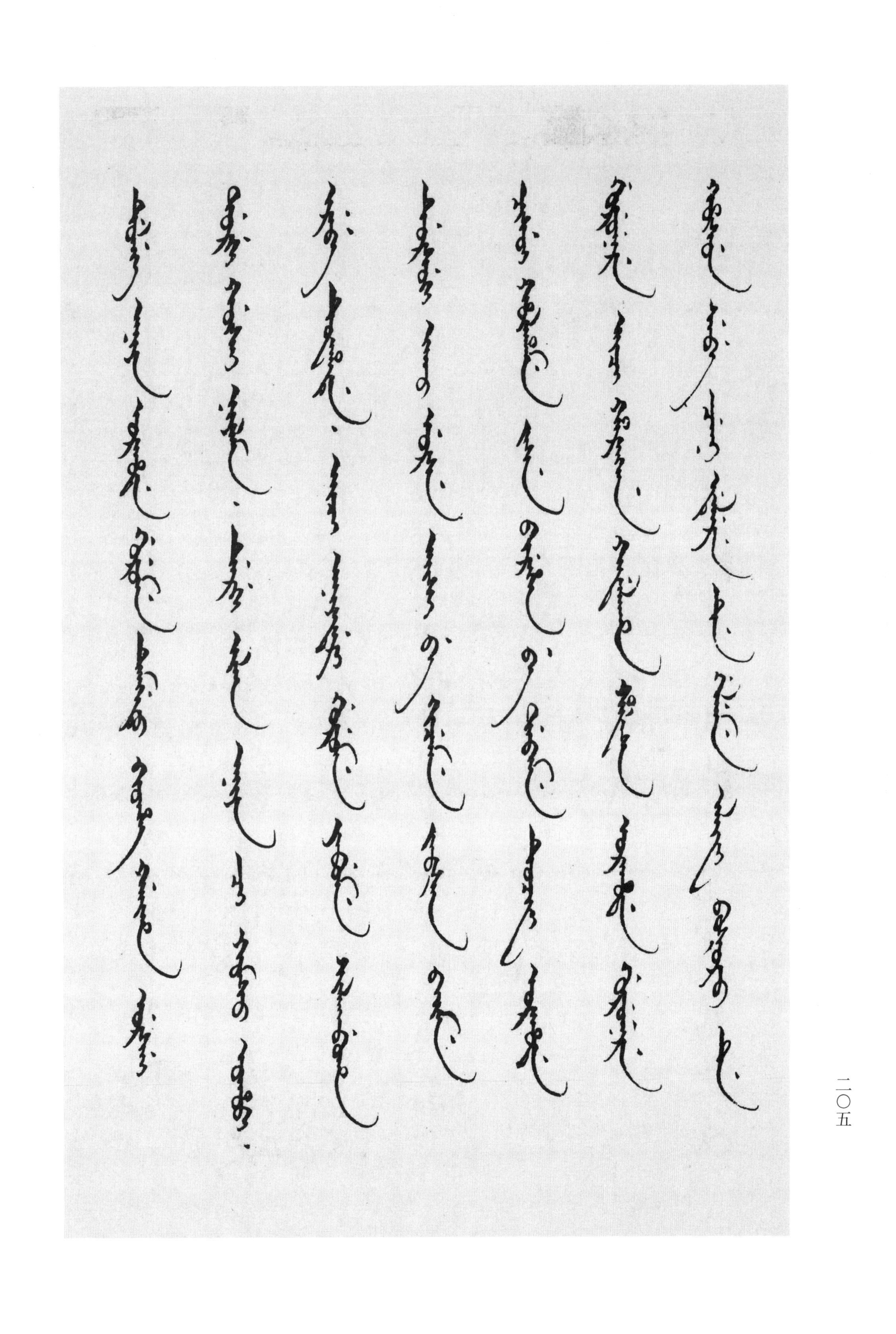

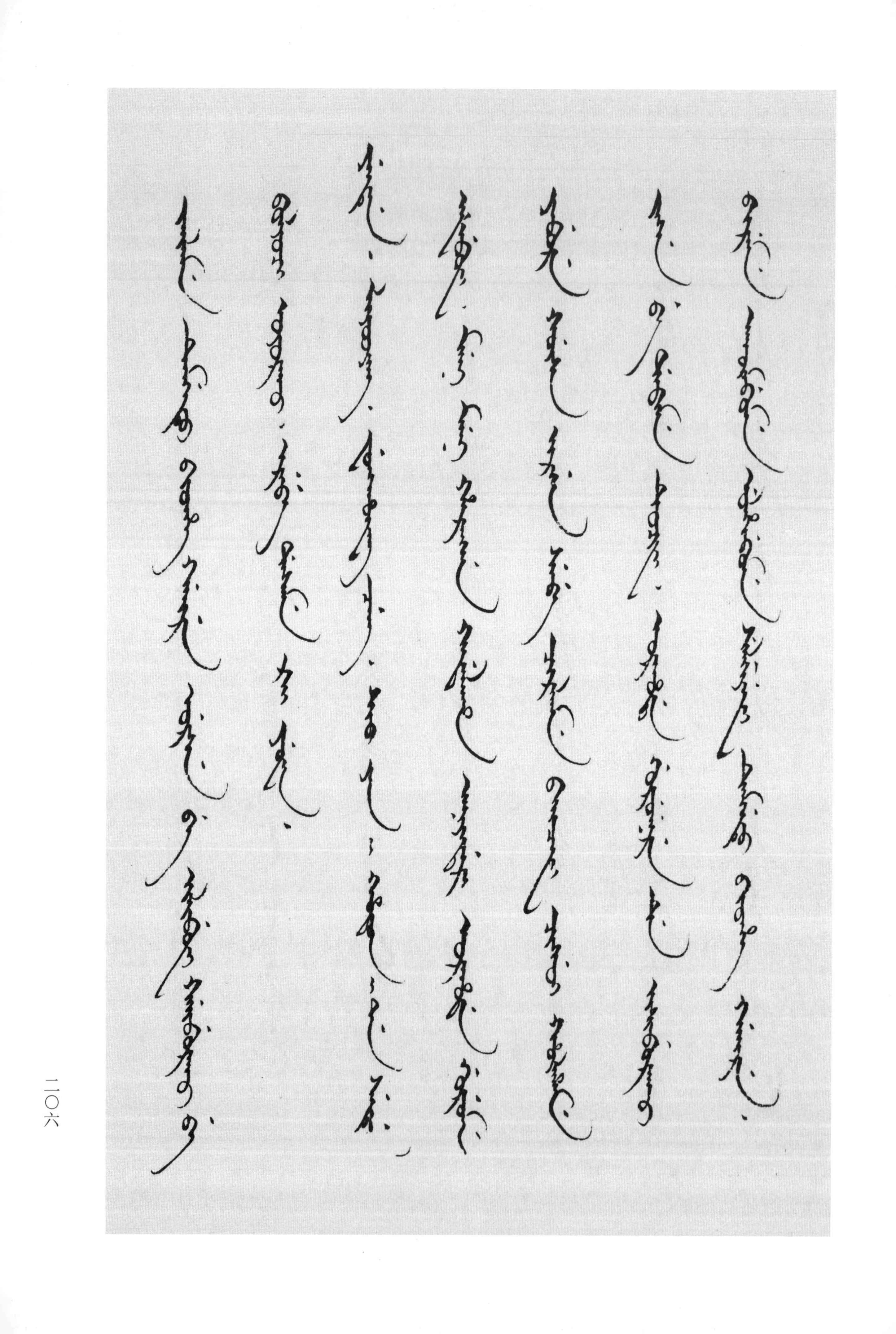

[illegible]

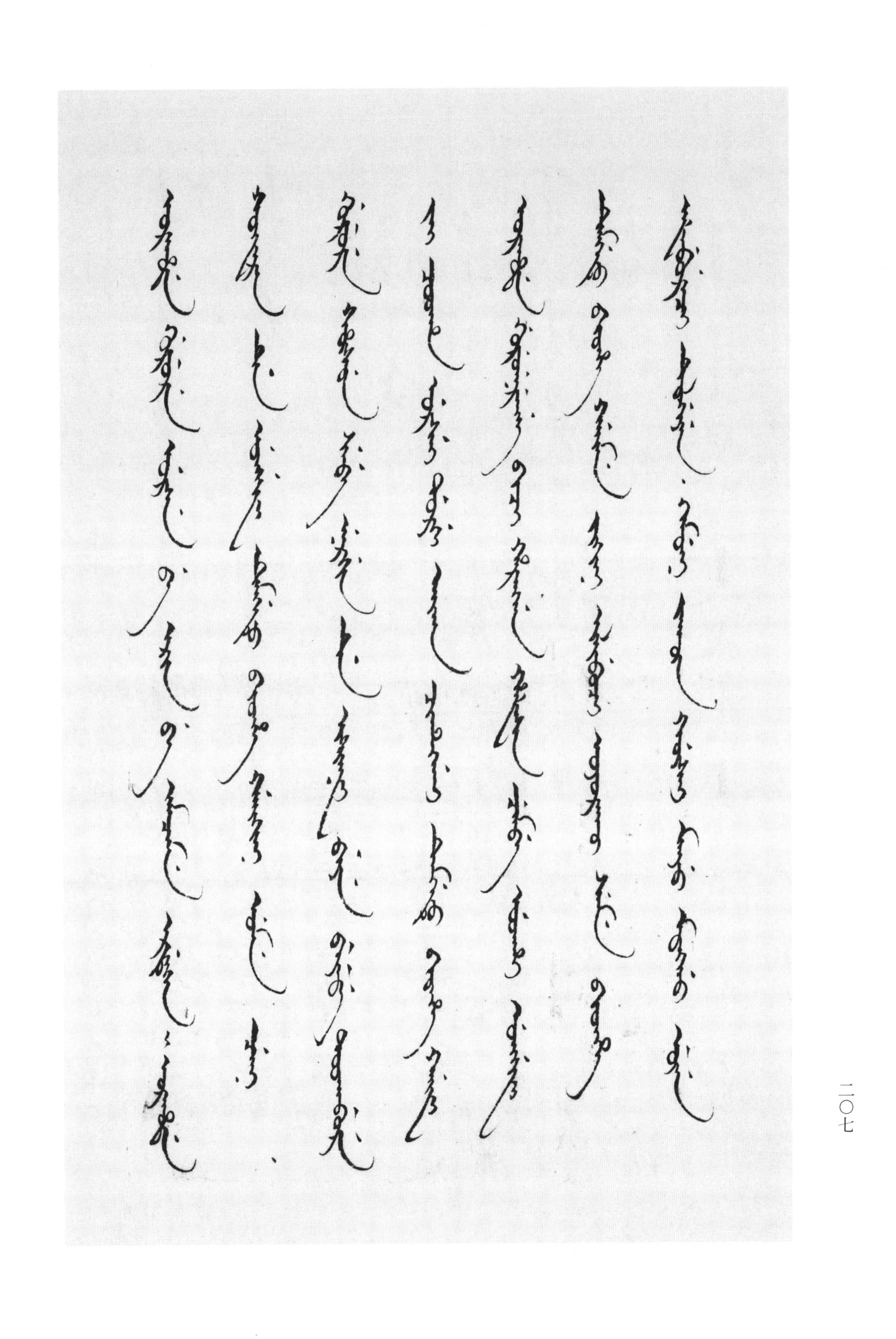

[illegible]

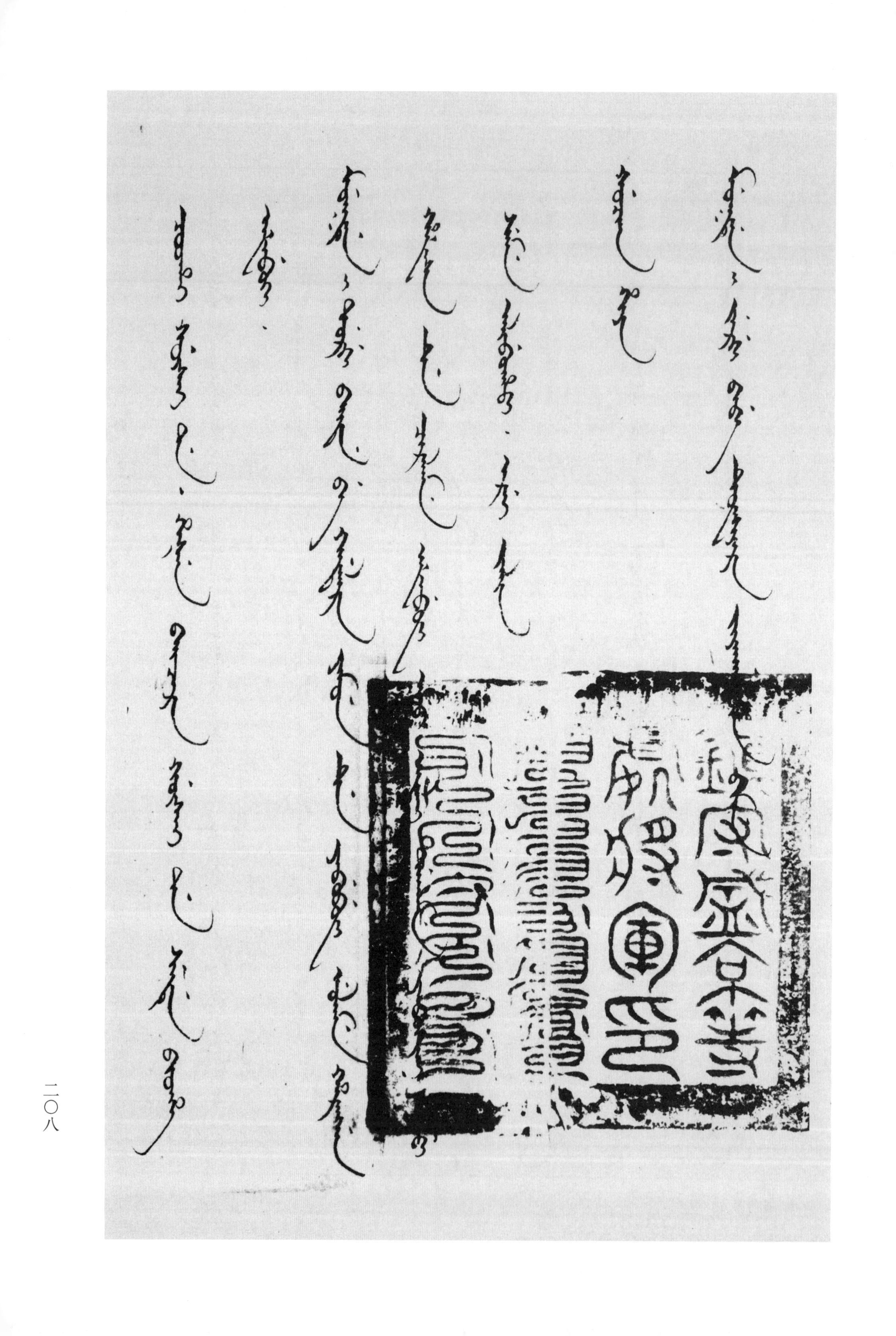

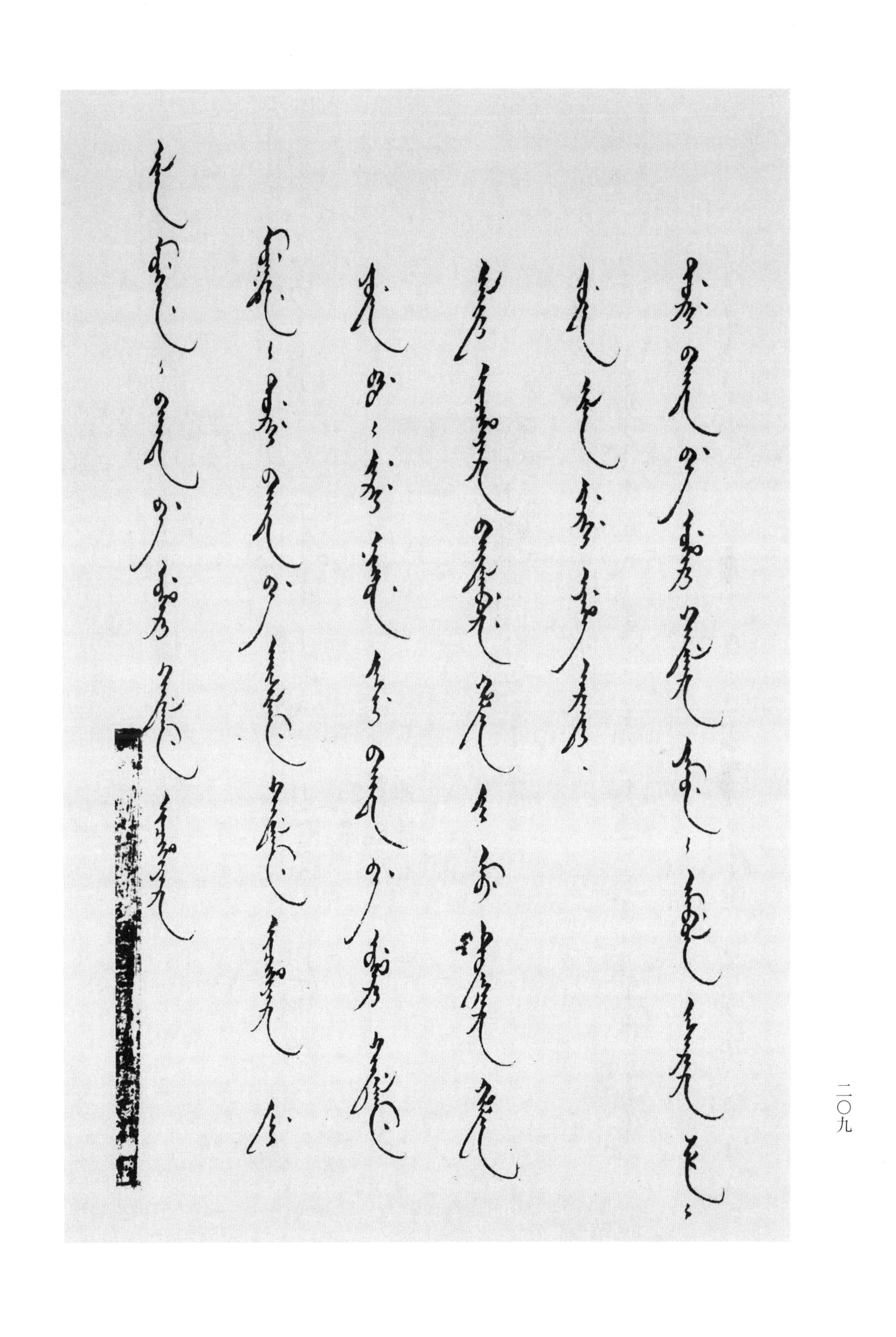

[illegible]

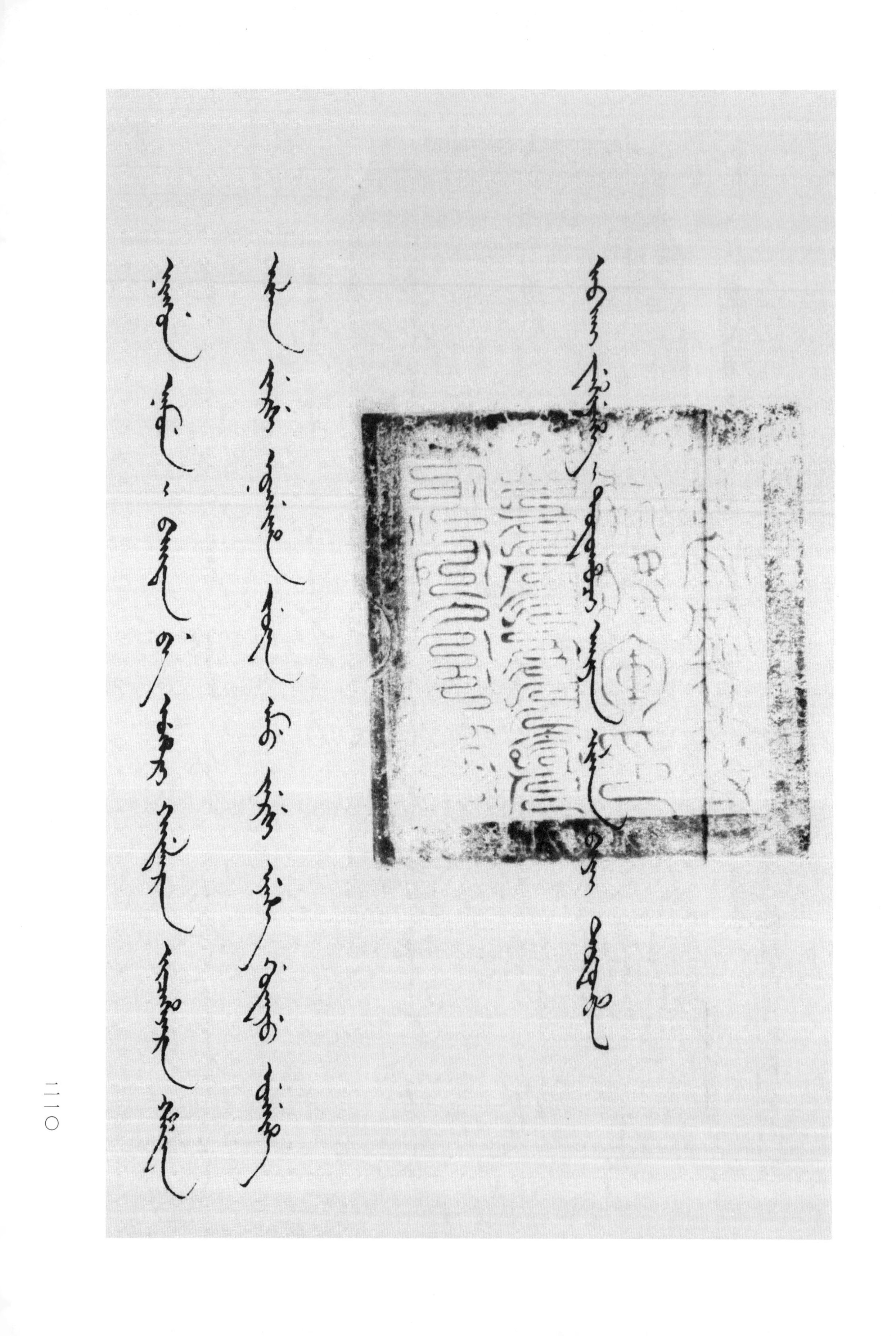

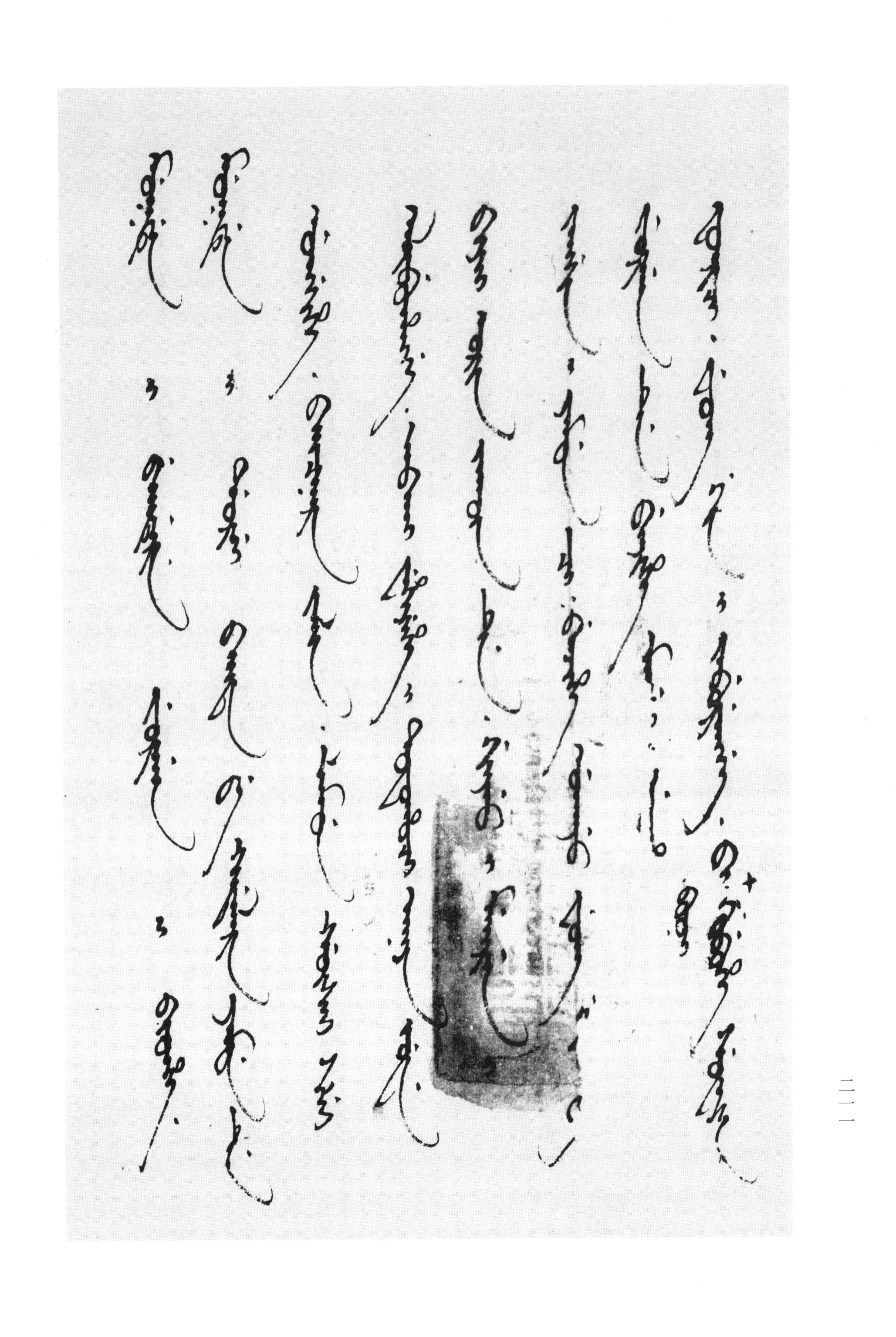

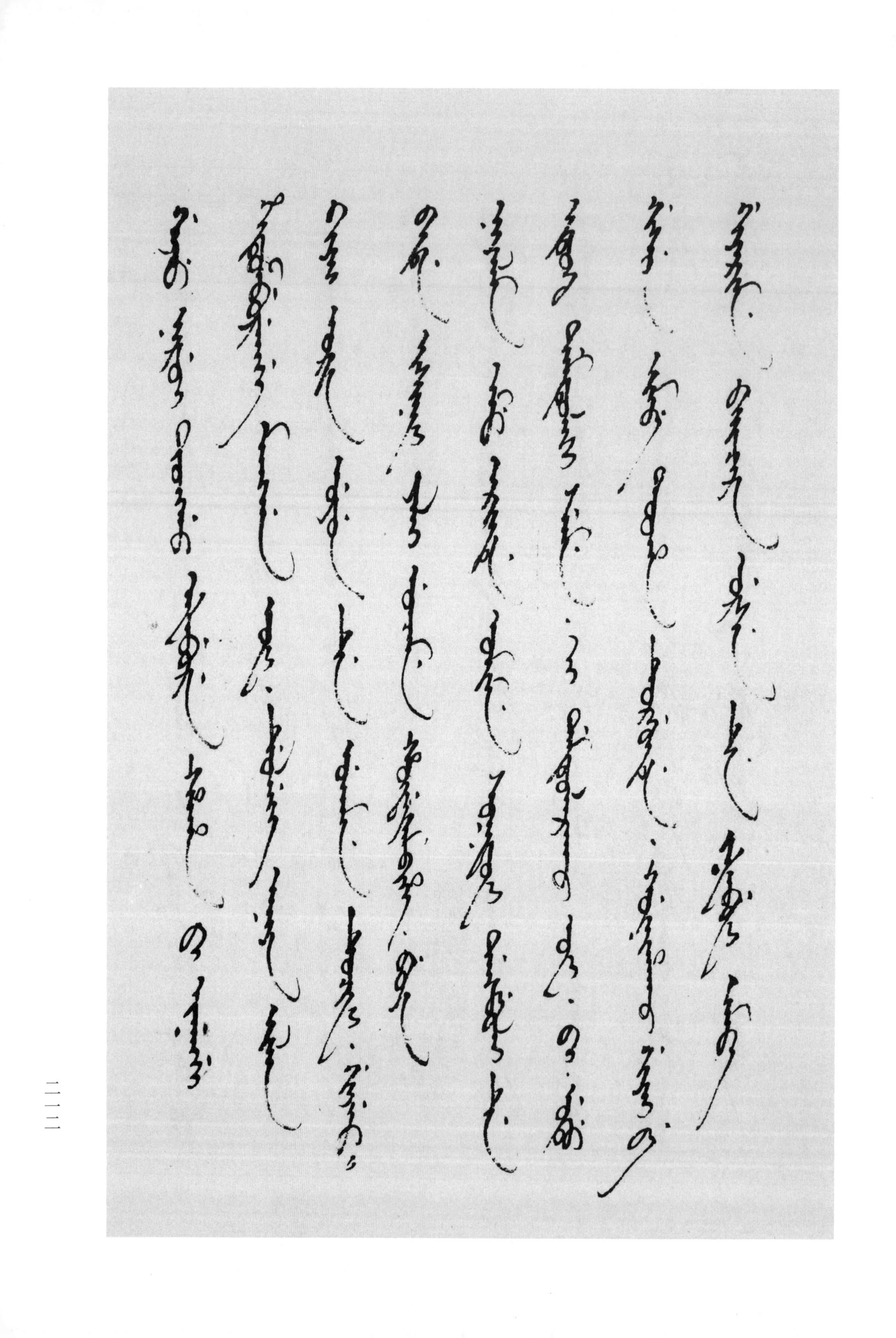

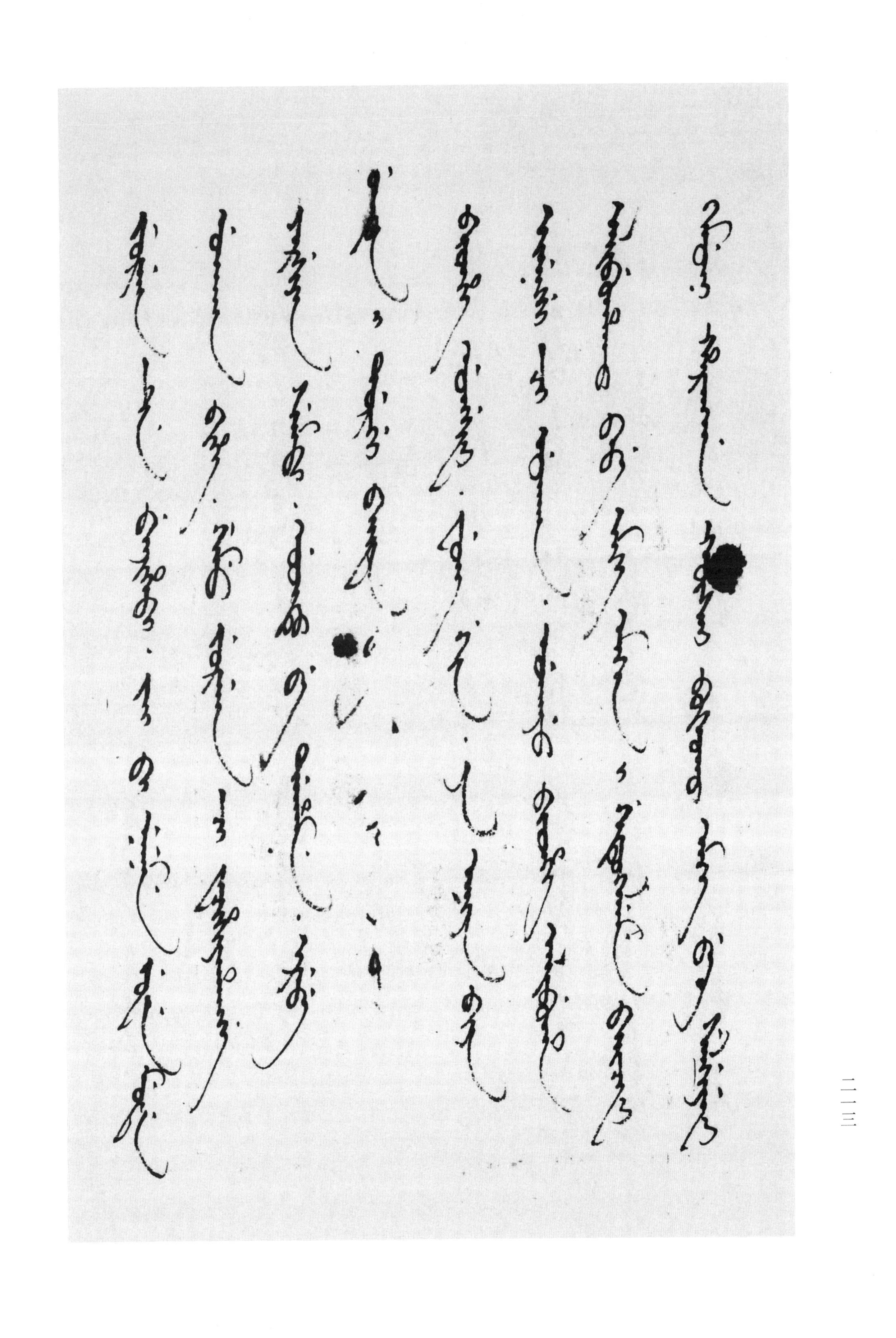

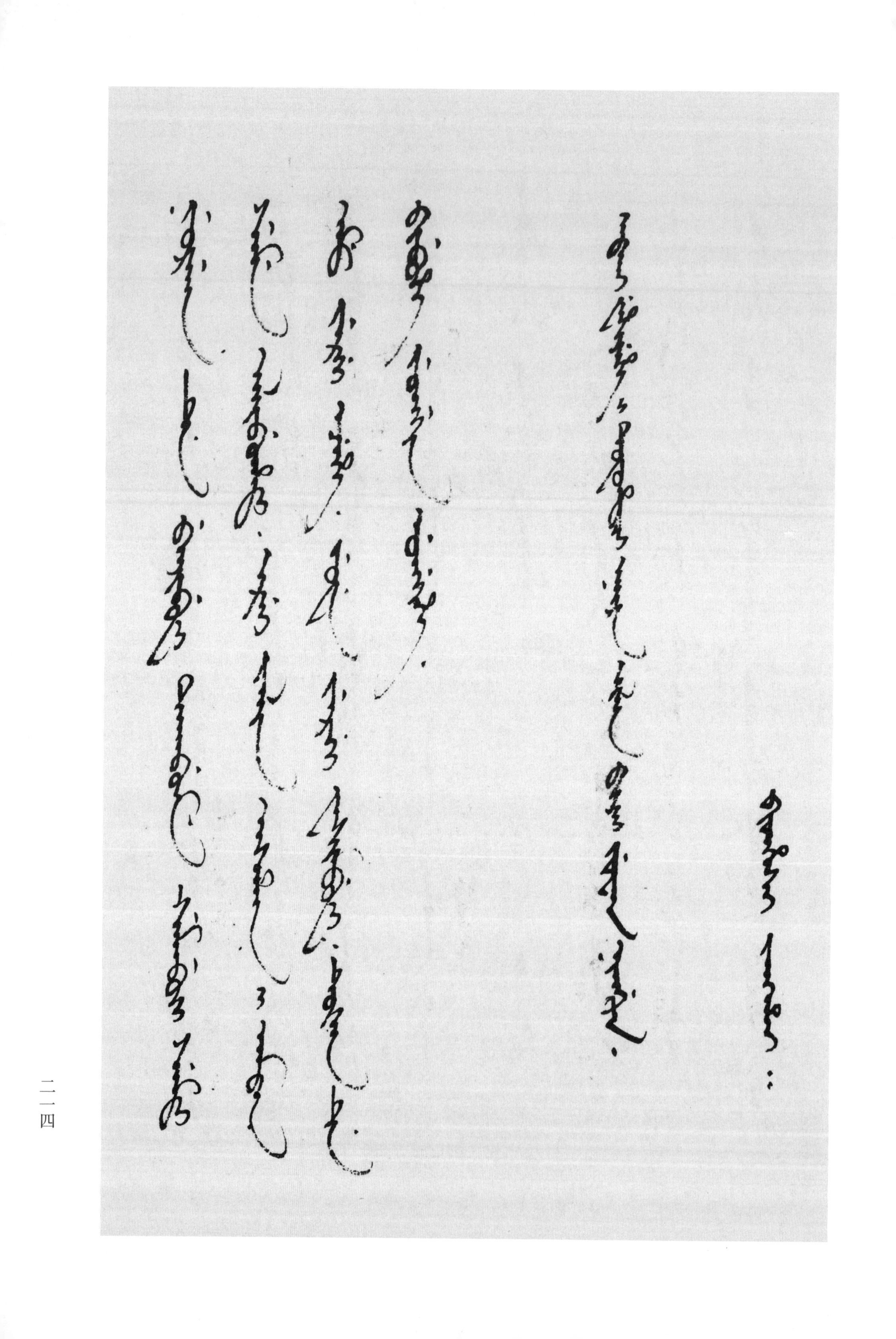

[illegible]

[illegible]

[illegible]

[illegible]

[illegible]

[illegible]

外郎王思業

乾隆十五年三月十九日

咨
貴衙門查照施行須至咨者
右　　　　咨
盛京内務府衙門

之處，俟大部批覆，以便遵行等因前來。本
部隨劄該尉崔行在案。今准內務府因黃
來住贖取地畝一案，咨送前來。應將從前
該處斷結緣由，并黃來住一併咨送
盛京內務府衙門可也等情。據此，為此合

贖之房地添蓋修理廢棄原業妄圖永
遠若竟令其回贖似覺屈枉且黄登第並
並非黄起增之親子又係分居其當日立約
之際並未在前與價數目並年分俱不明
確似不便取贖相應仍令刘世亮等三人
耕種幾年許黄起增之親子備原價回贖

差前來本部隨劉秀巖城守尉就近傳。

齊原、被、証佐人等東公訊明斷結報部

等因去後續據該尉呈稱遵劉戢審看

原被証佐各供、並文契內黃、起增寔係接展

一百一十二兩典、賣與劉世亮等三人名下永

遠為業、劉世亮等雖愚豈肯將三年即

文約價銀一百一十五兩年限一百二十年之
後方准回贖等語相應將黃來住呈遞
原呈一紙一併咨行
盛京戶部查照施行等因查得黃來住
所控前項地畝一案前往
盛京察院衙門接收黃登第呈詞咨

近傳齊原、證人等遵照文內供詞秉公
訊明斷結報部併令原、告黃、登第證
佐霍嶽崇、前往該、處候審等因隨
令黃、來住之伯兄原、告黃、登第證佐霍
嶽崇、前往該、處候審去後至今尚未結
案而黃、來住今復呈稱現今刈三彩、段

盛京、戶部　為咨行事地畝、司案、呈准

盛京、內務府咨開查得乾隆十四年五月

初三日准戶部來文內開眼兩丁黃、來住

贖取地畝、一案、本部劄行岫巖城守尉就

谷

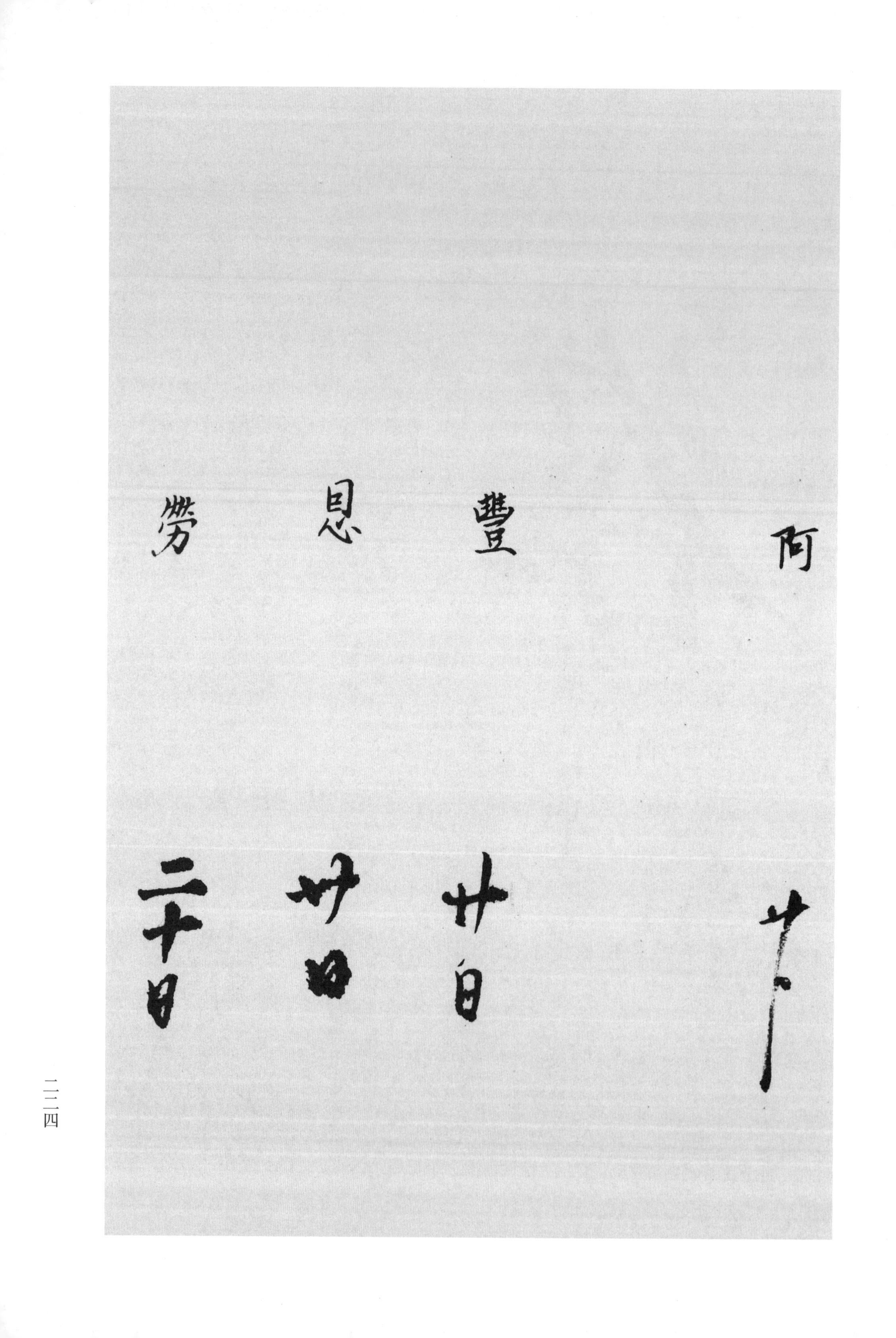

阿　廿[illegible]

豐　廿日

恩　廿四

勞　二十日

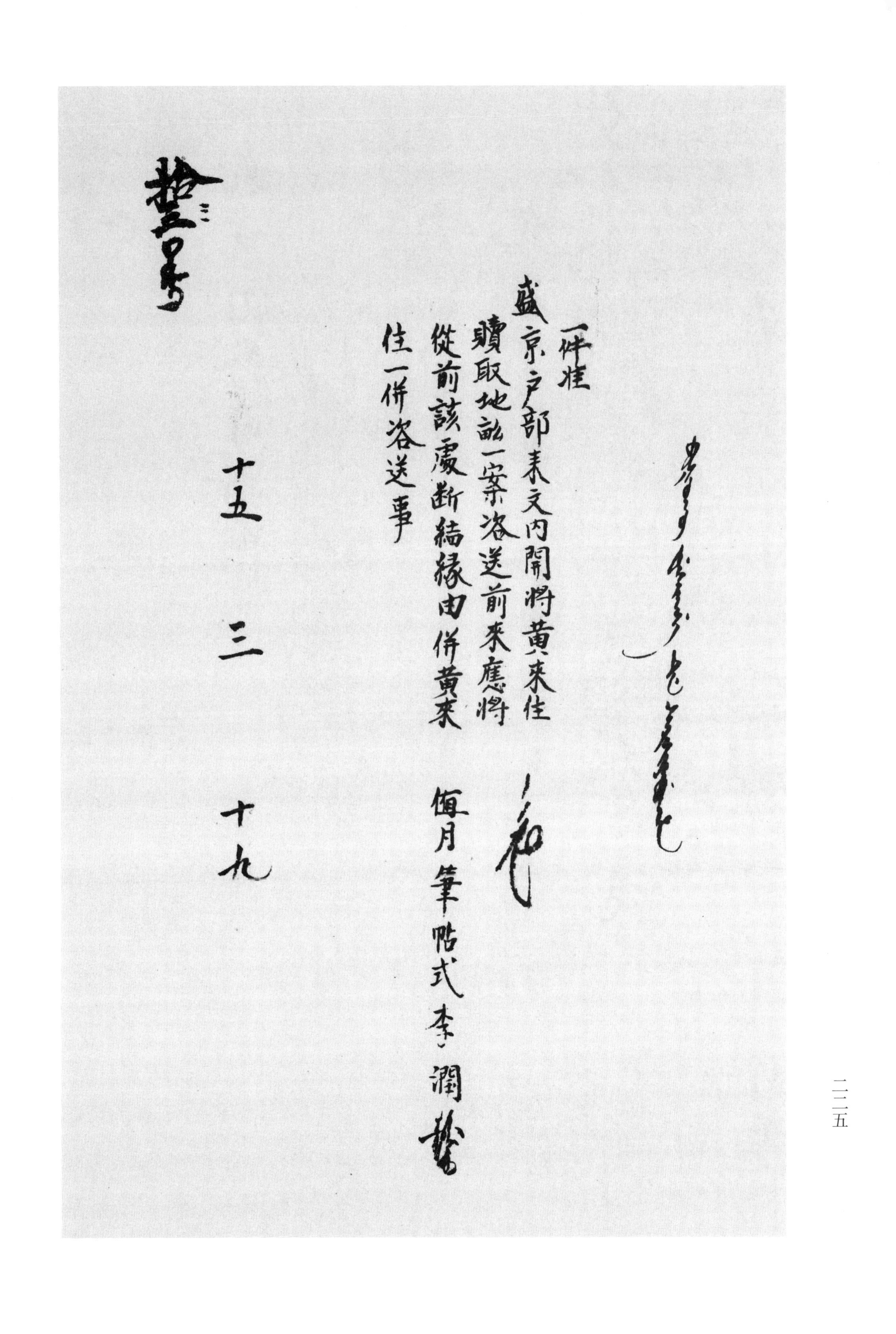

一件准

盛京戶部來文內開將黃來住

贖取地畝一案咨送前來應將

從前該處斷結緣由併黃來

住一併咨送事

值月筆帖式李潤

十五 三 十九

右咨

盛京内務府衙門

乾隆十五年三月十九日

筆帖式富英

盛京内務府衙門照本部均分米豆稈草數目令所
屬人等均匀分買仍將各名下買米豆稈草若干
造具花名清冊送部到日以便劄倉發給米豆稈
草劄庫坐扣本年秋季俸餉并派官一員執印
領監領可也爲此合咨
貴衙門查照施行須至咨者

前報中等新米價值每倉石五錢二三分不等今陳
米照依新米時價每倉石應減去米銀一錢九分五
厘今核算得倉米每倉石值銀叁錢弍分伍厘等
語相應遵照存七糶三之例將此應賣米石押單照
例指秋季俸餉賣給官員兵丁拜唐阿人等務使
秉公均分得沾寔惠相應開寫米石押單數目移咨

伯興等將前項換陳糶賣米伍千石另行擬定
定價務須比市賣新米酌量減價歸入糶賣豆稗
草束案內報部定議糶賣等因亦在案今據內倉
監督伯興等呈報應賣豆肆千叁百石照依陳粮
確訪定價豆每倉石合銀弍錢弍分稗捌千石每
倉石合銀柒分草拾壹萬束每百束合銀叁錢

到日再議（竹定）糶賣等因在案續據内倉監督伯興
等呈報倉内所存米石除積（貯）米數外其浮額米
石呈請酌量挨陳糶賣以防霉變前来経本
部以該監督既稱倉貯米石既多不無霉變之
處等語理應酌量挨陳出糶米伍千石仍照依
時價酌減糶（賣）方與官兵有益隨劄行内倉監督

糧草束可比應否減價糶賣之處伏候大
部定奪施行等因前來本部查倉貯陳糧
草束難比集市新糧草束價值理應照依時
價酌減糶賣方與官兵有益是以劄行內倉
監督伯興等將應存七糶三之豆稗草束復行
據實定價務須比時賣新糧草束酌減報部

壹萬餘束今訪得集市好豆每倉石小制小
數錢壹千伍百文照依時價合銀叁錢壹
分捭每倉石小制小數錢伍百文照依時價合
銀壹錢零肆里再碾扞谷草每百束小制
小數錢弍千文照依時價合銀肆錢壹分弍
里但倉貯豆捭草束係挨陳之項非與新

萬肆千零倉貯稗壹萬柒千捌百陸拾伍
石零此內除一年需用豆肆千肆百餘石再除
一年照數備用外尚餘豆肆千叁百餘石除一
年需用稗肆千玖百餘石再除一年照數備
用外尚餘稗捌千石零除一年需用草弍拾
捌萬餘束再除一年照數備用外尚餘草拾

查明倉内現存豆稈草束數目一年需用數
目照例一年備用數目以及現今應糶數目
之處分晰將時價據寔確訪呈部以便定議
糶賣等因去後今據内倉監督伯興等呈
稱查得倉貯豆草並現今應徵豆草共計
豆壹萬叁千壹百陸拾柒石零草陸拾柒

盛京戶部為遵例糶賣倉糧事糧儲司案

呈查舊例倉內所存粮白豆草每年于青

黄不接之時本部照時價酌定價值存心糶

接之時例應糶賣

今正值青黄不隨割行內倉監督伯興等

阿豐恩勞

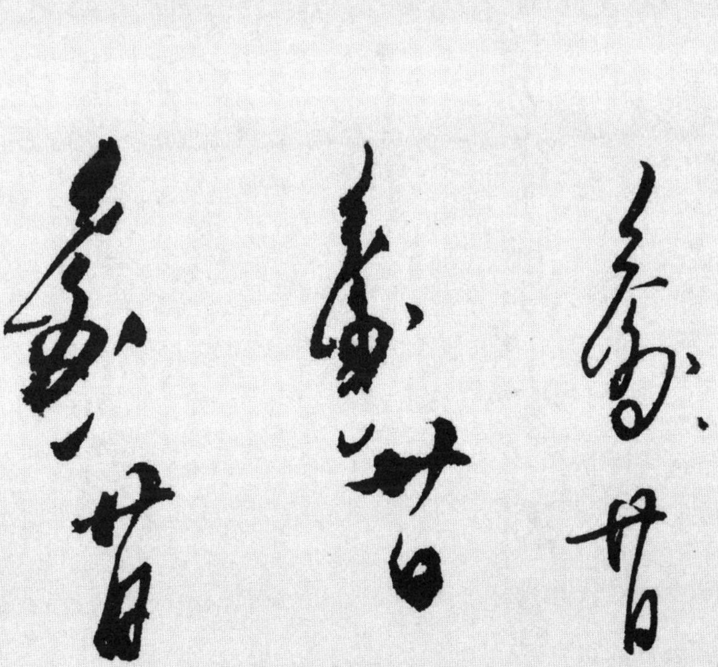

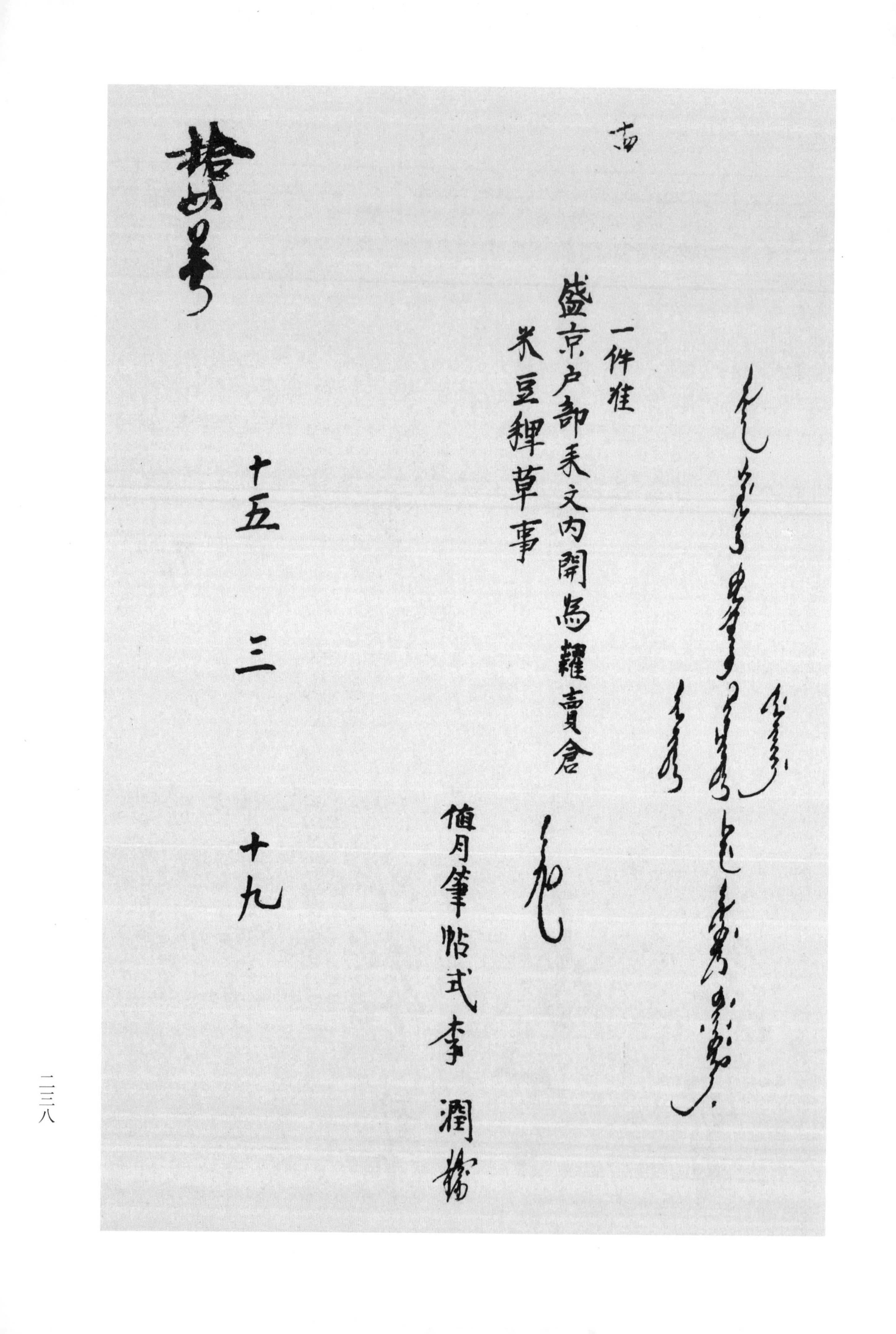

吉

一件准

盛京戶部來文內開為糶賣倉米豆稗草事

值月筆帖式李潤 [illegible]

十五 三 十九

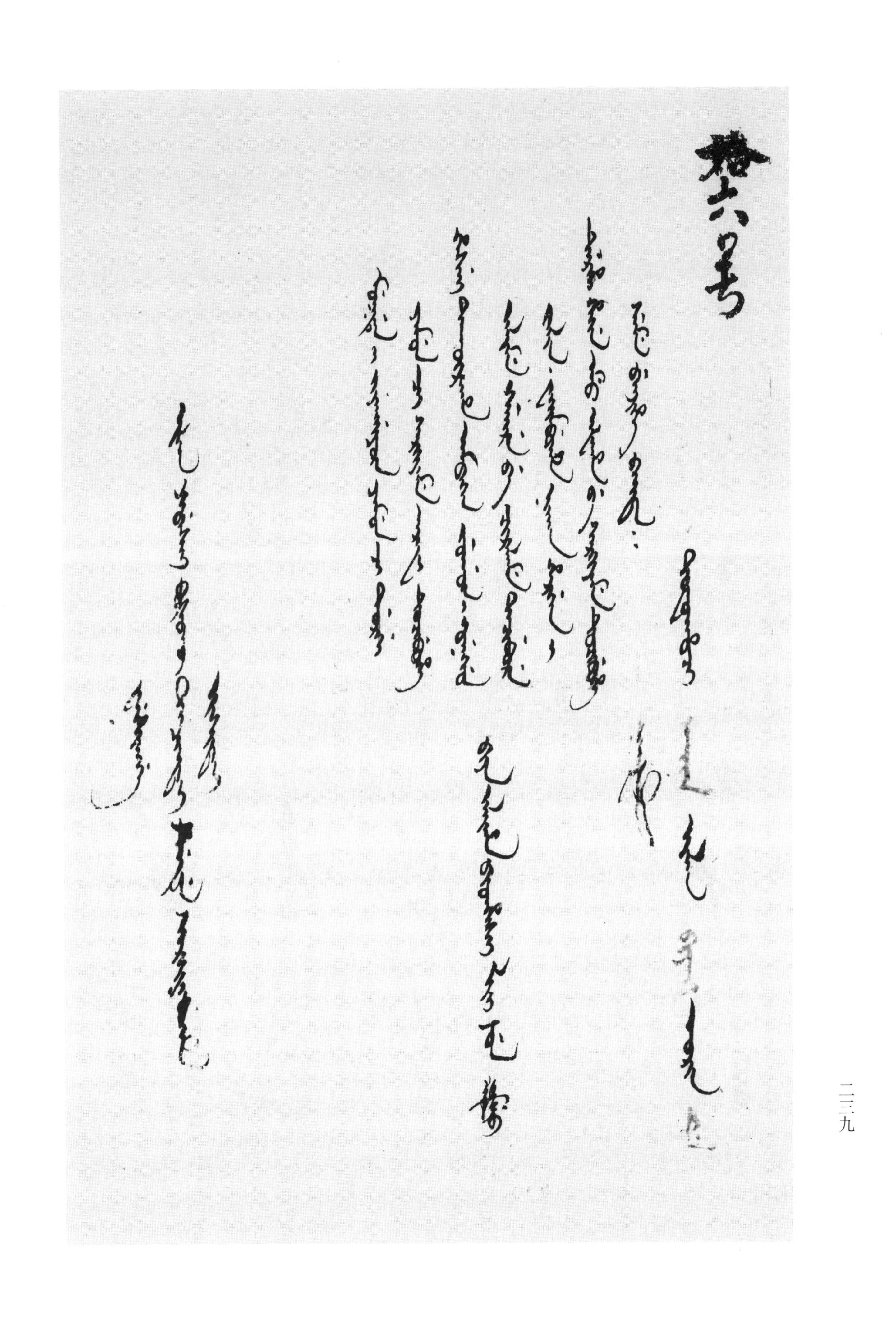

拾六の号

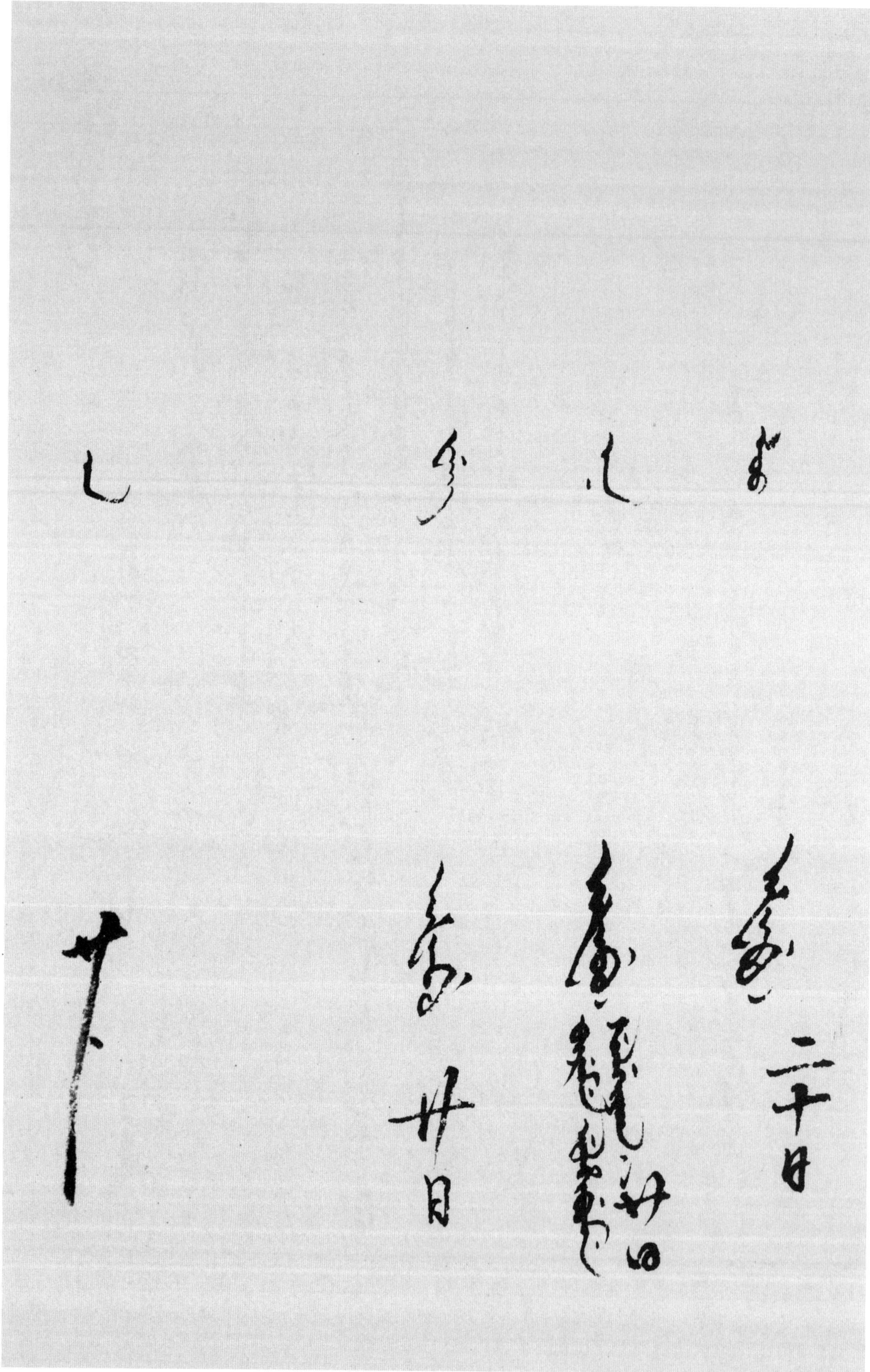
二十日
廿日
廿日
廿一

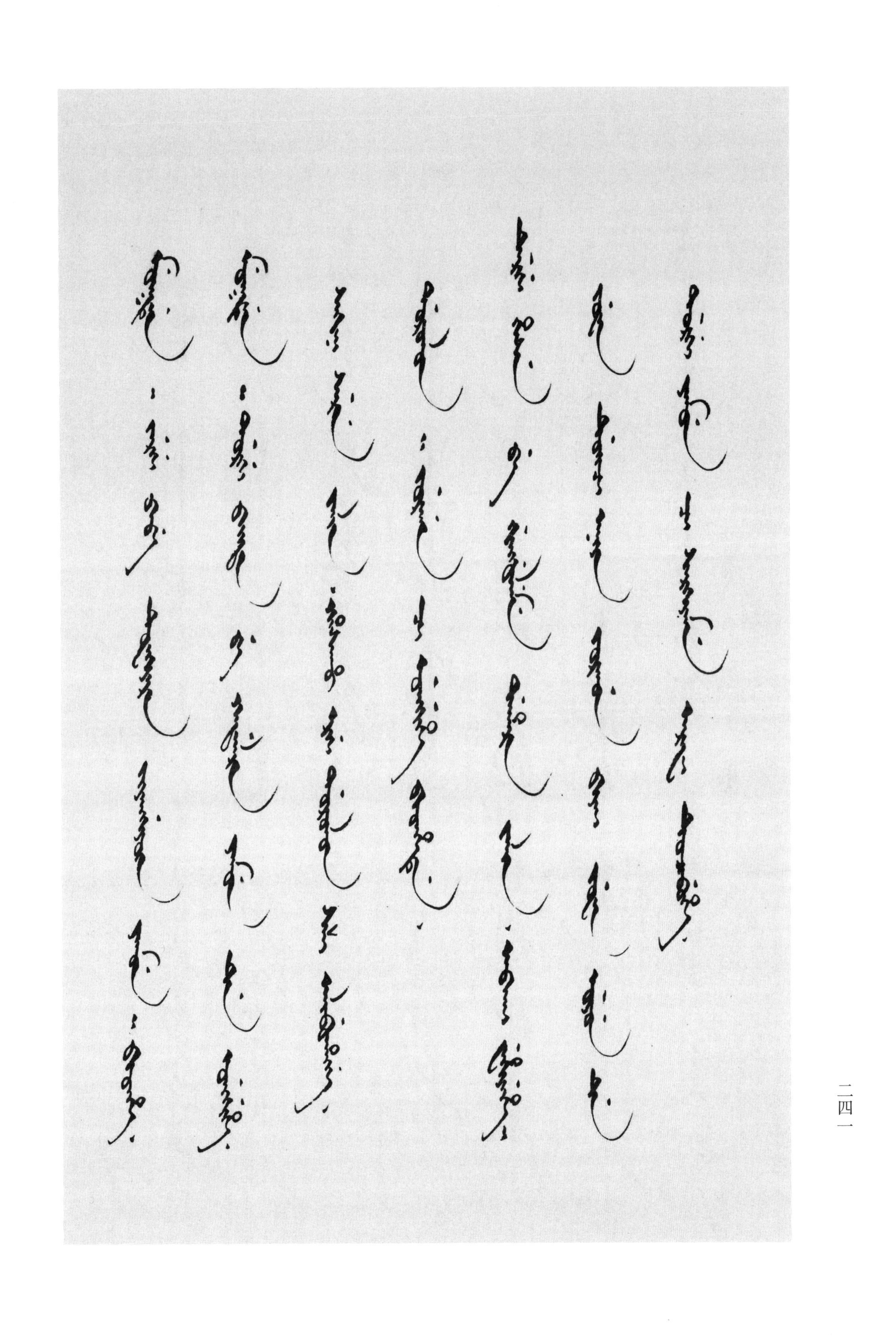

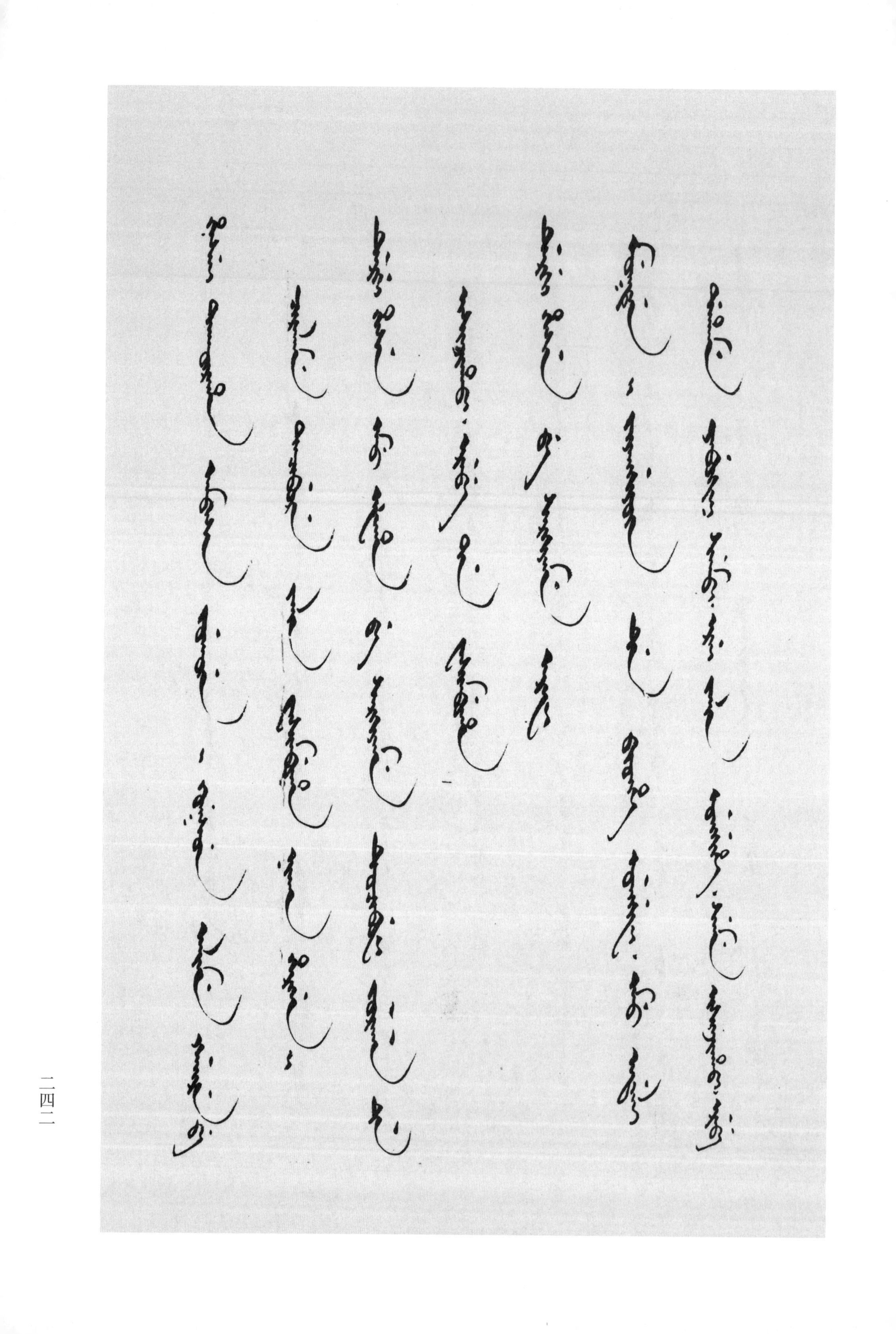

[illegible]

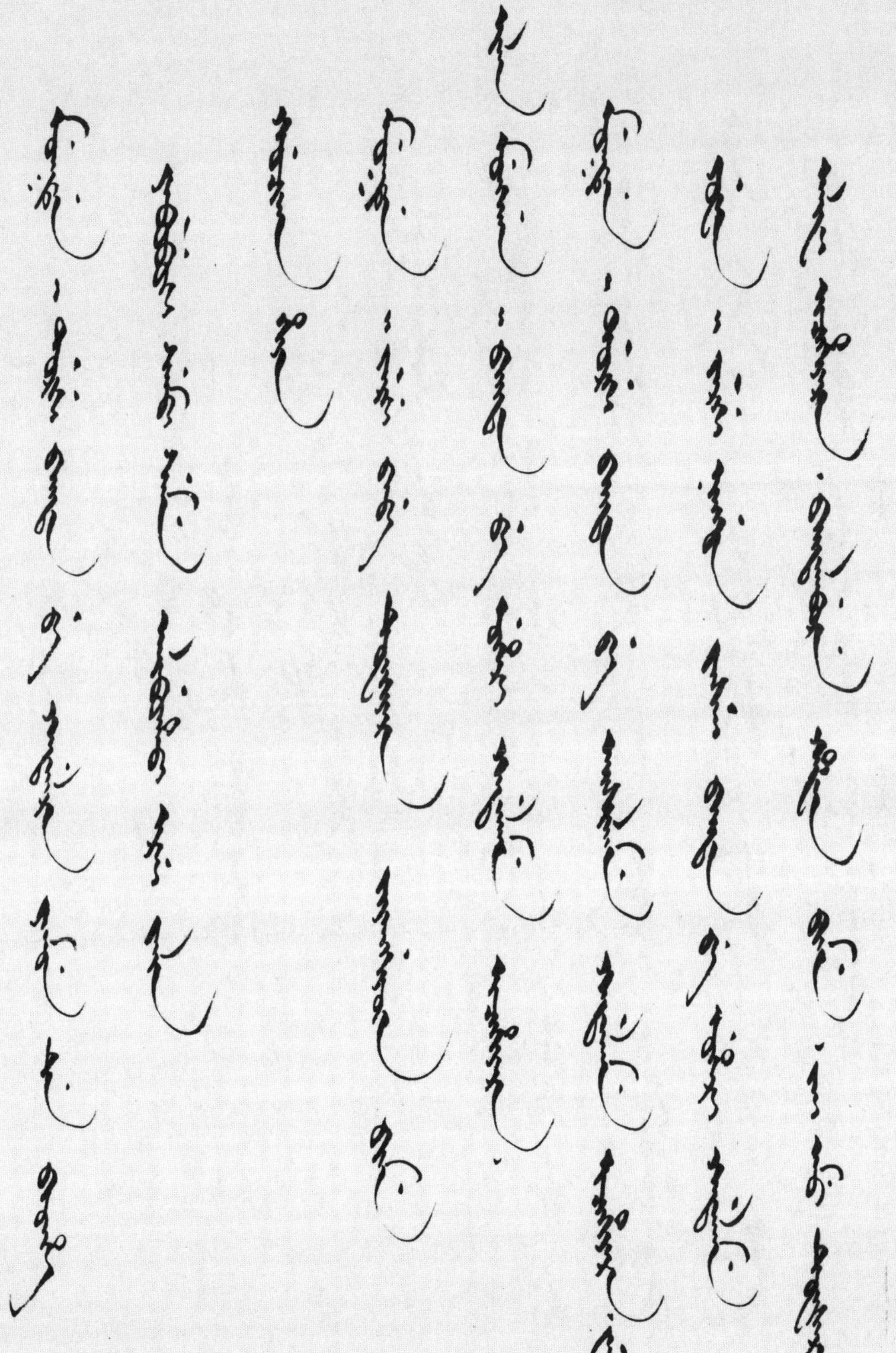

ᠮᡠᠰᡝᡳ ᠪᡝᡳᠰᡝ ᠪᡝ ᡩᡝ ᠪᠠᡳᡨᠠ ᠪᡝ ᡤᡳᠩᡤᡠᠯᡝᠮᡝ ᠸᡝᠰᡳᠮᠪᡠᡥᡝ᠈

ᠪᡳ ᠮᡠᠨᡳ ᠪᠠᡳᡨᠠ ᡩᡝ ᡩᡝ ᡥᡝᠰᡝ ᡳ ᡤᡳᠰᡠᠨ ᡩᡝ ᡝᠮᡠ

ᠮᡠᠰᡝᡳ ᡥᠠᡶᠠᠨ ᠰᡝ ᡩᡝ ᡩᡝ ᠪᠠᡳᡨᠠ ᠰᡝᡵᡝ ᠮᡠᠰᡝᡳ

ᡥᡝᠰᡝ ᡠᠮᡝ ᡩᡝ ᠣᠪᡠᡶᡳ ᠰᡝᠮᡝ ᡳᠯᡳᠪᡠᡥᡝ ᡳᠨᡝᠩᡤᡳ ᠰᡝᠮᡝ

ᡥᡝᠰᡝ ᡳᠨᡝᠩᡤᡳ ᡥᡝᠰᡝᠪᡠᡥᡝ᠈

ᡩᠠᠰᠠᠮᡝ ᡠᠮᡝ ᡥᠠᡶᠠᠨ ᠪᡝ

ᡩᡝᡵᡤᡳ ᡥᡝᠰᡝ ᠣᠪᡠ ᠪᡝᡳᠯᡝ᠈

乾隆十四年十二月十九日内閣抄出十七日奉

上諭今年恩詔祭告嶽瀆人員回京召對時多有奏及該省督撫帮助路費者皆称沿襲向例伊等所應得有全收者有收其半或有不収者問其所動何項則皆出自督撫養廉凡奉差人員既給乘傳各有廩給又何須資給路費微員筆帖式之類各督撫與以數十金之盤費向在人情之内若三四品堂官獨不顧名思義乎至欽差大臣有特交查察事件于地方督撫既有公務相涉尤不可不嚴介自持不獨體制宜敦亦嫌疑當避乃有收受餽贐或称借用者可見外省交際贈遺積習未除若不明示嚴禁安能弊絶風清夫養廉之設以資督撫日用着為定額若移以用必致日給不敷又將别圖巧取此端斷不可長着通行嚴飭各督撫等嗣後無得與欽差人員私相餽遺以開苞苴賄賂之漸欽差大臣亦無得私自取受以蹈簠簋不飭之嫌若陽奉陰違或被糾參或别經發覺定嚴加議處欽此

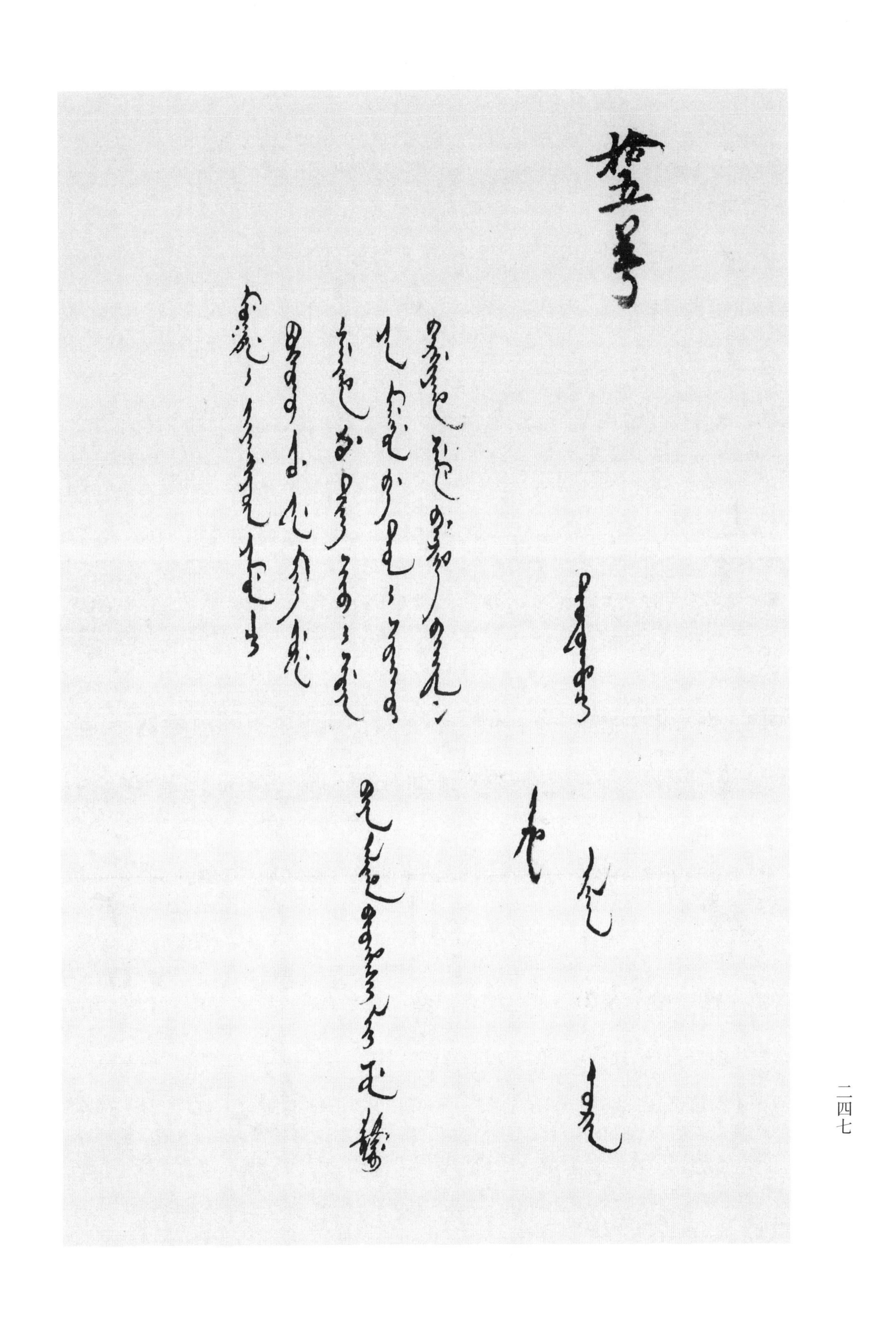

拾五号

[illegible]

[illegible]

[illegible]

[illegible]

[illegible]

[illegible]

[illegible]

[illegible]

[illegible]

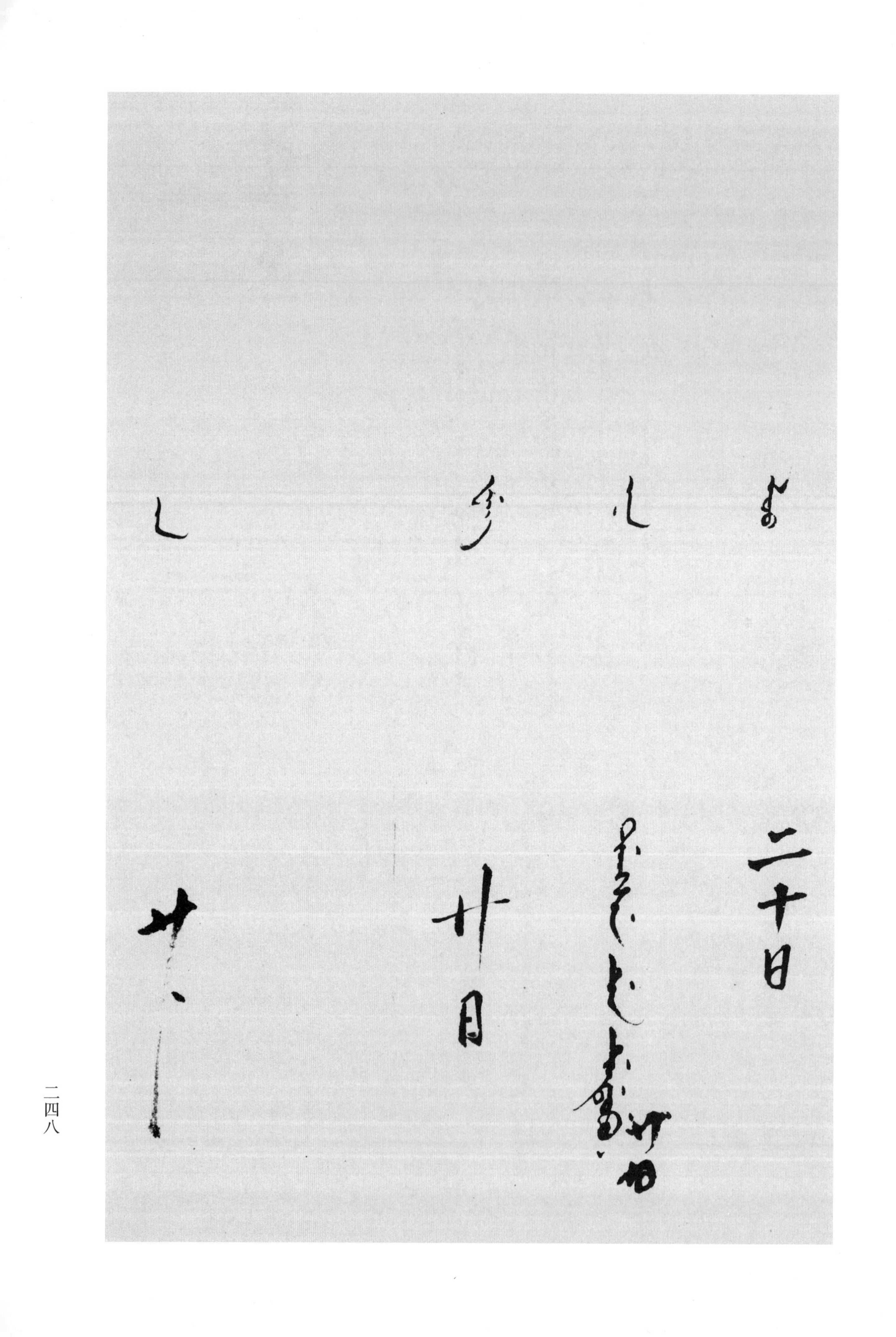

二十日

廿日

廿日

廿一

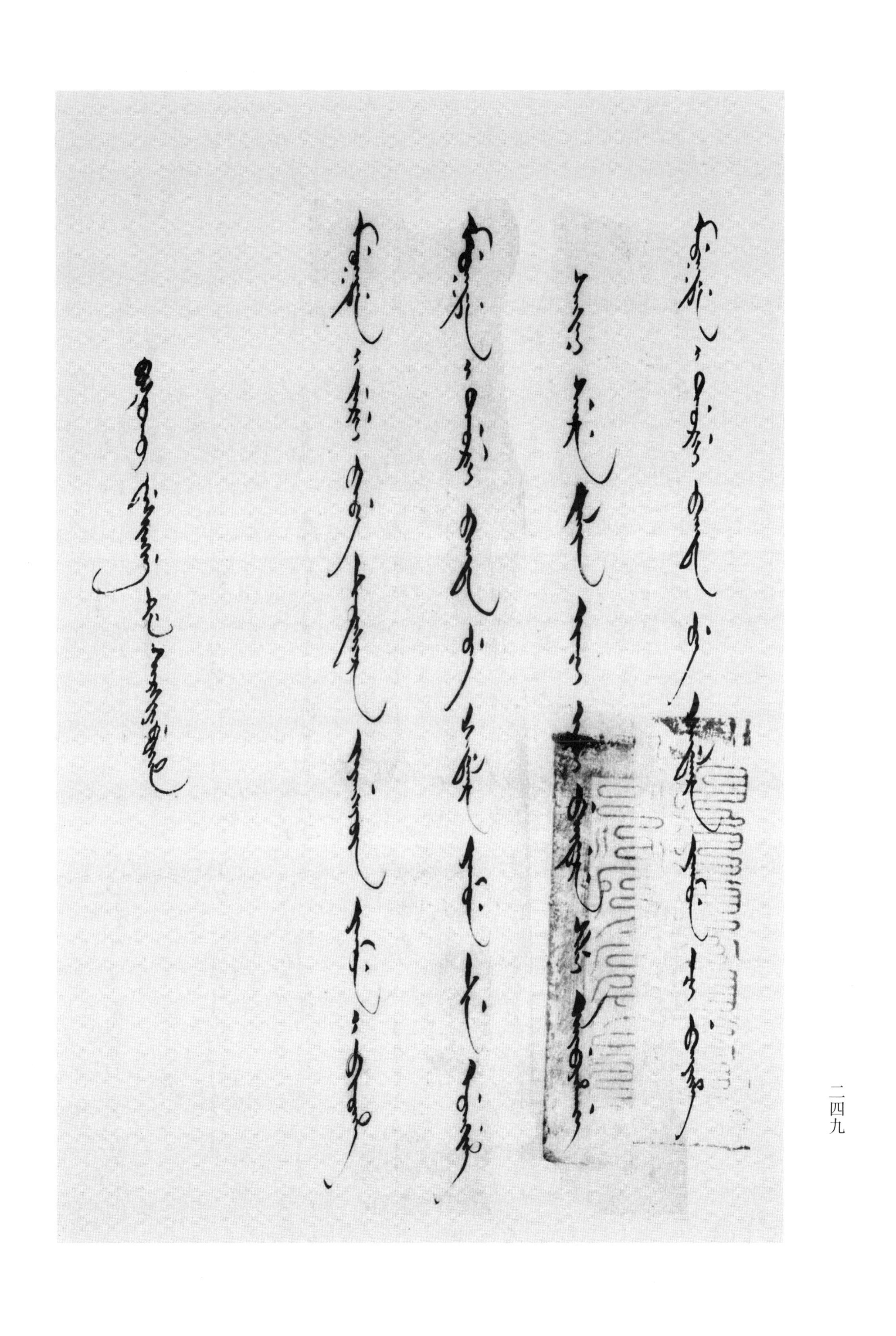

[illegible]

[illegible]

[illegible]

[illegible]

[illegible]

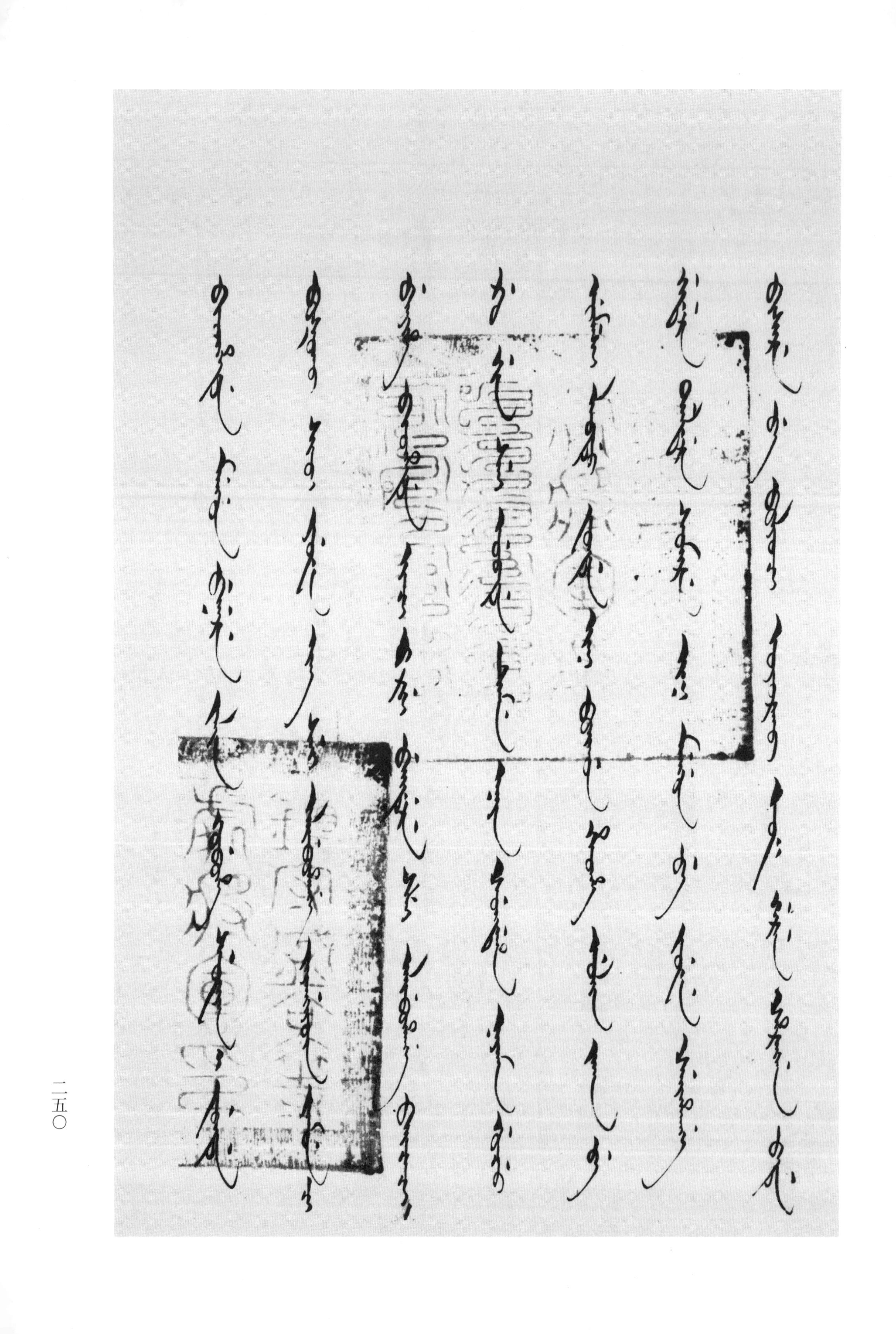

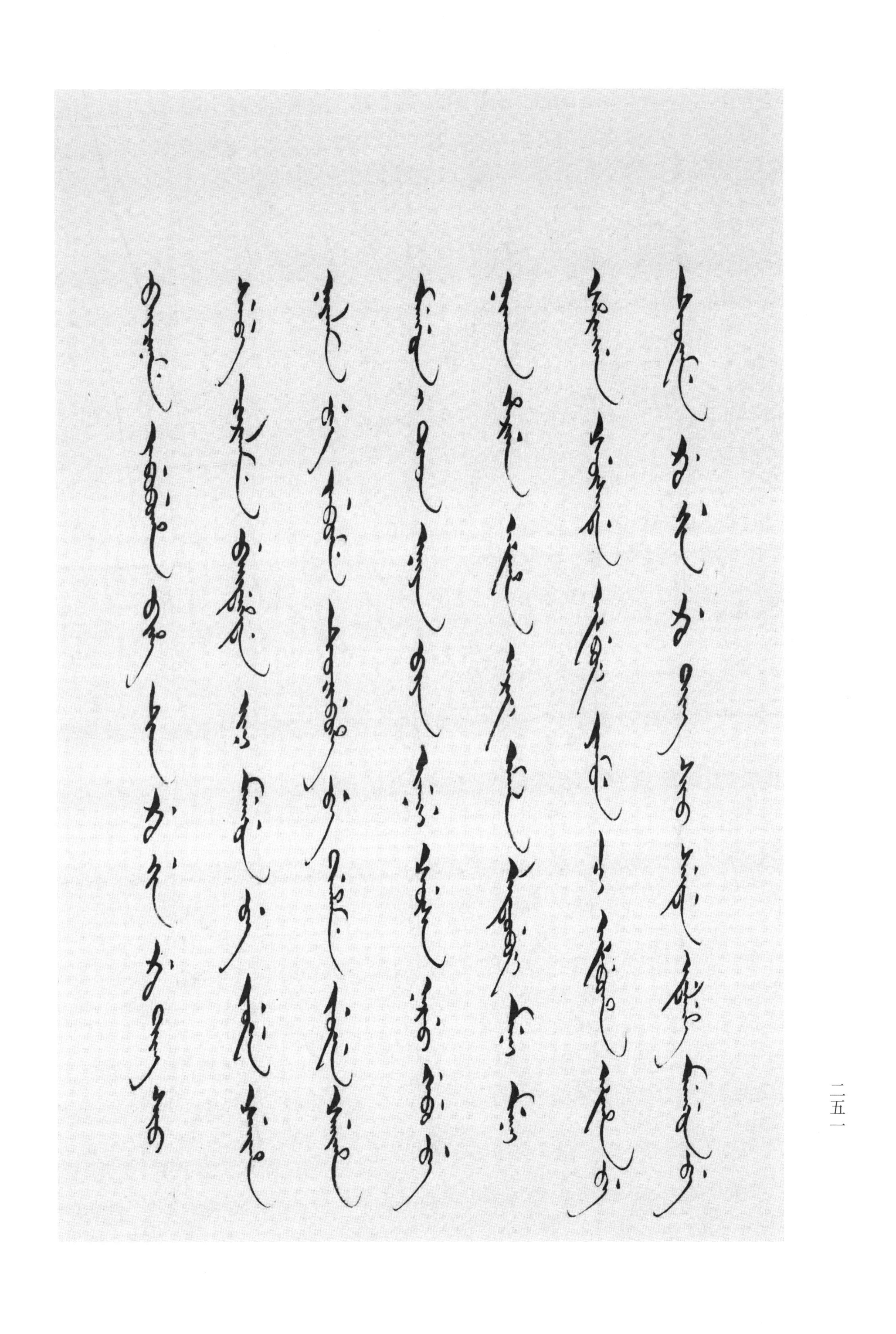

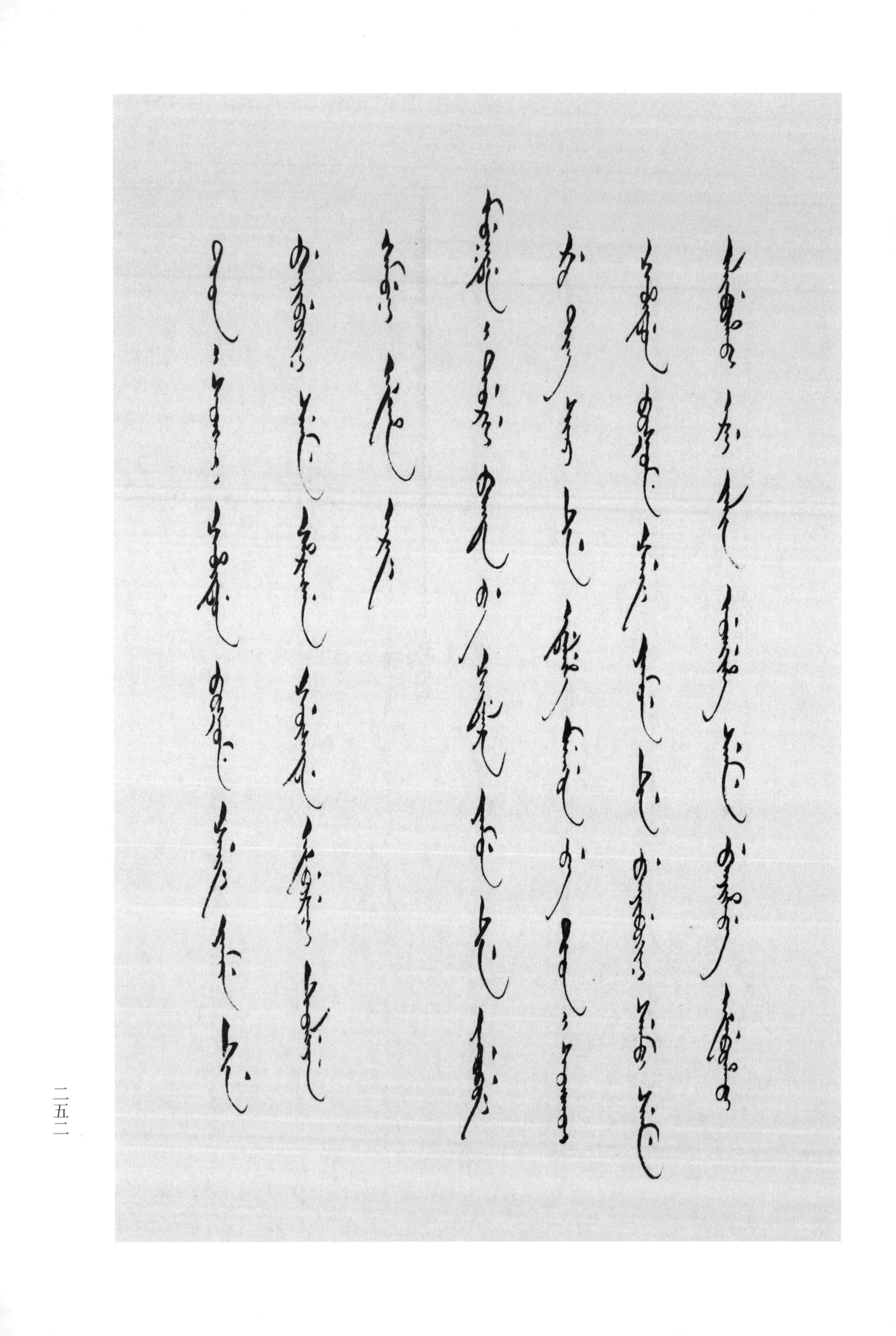

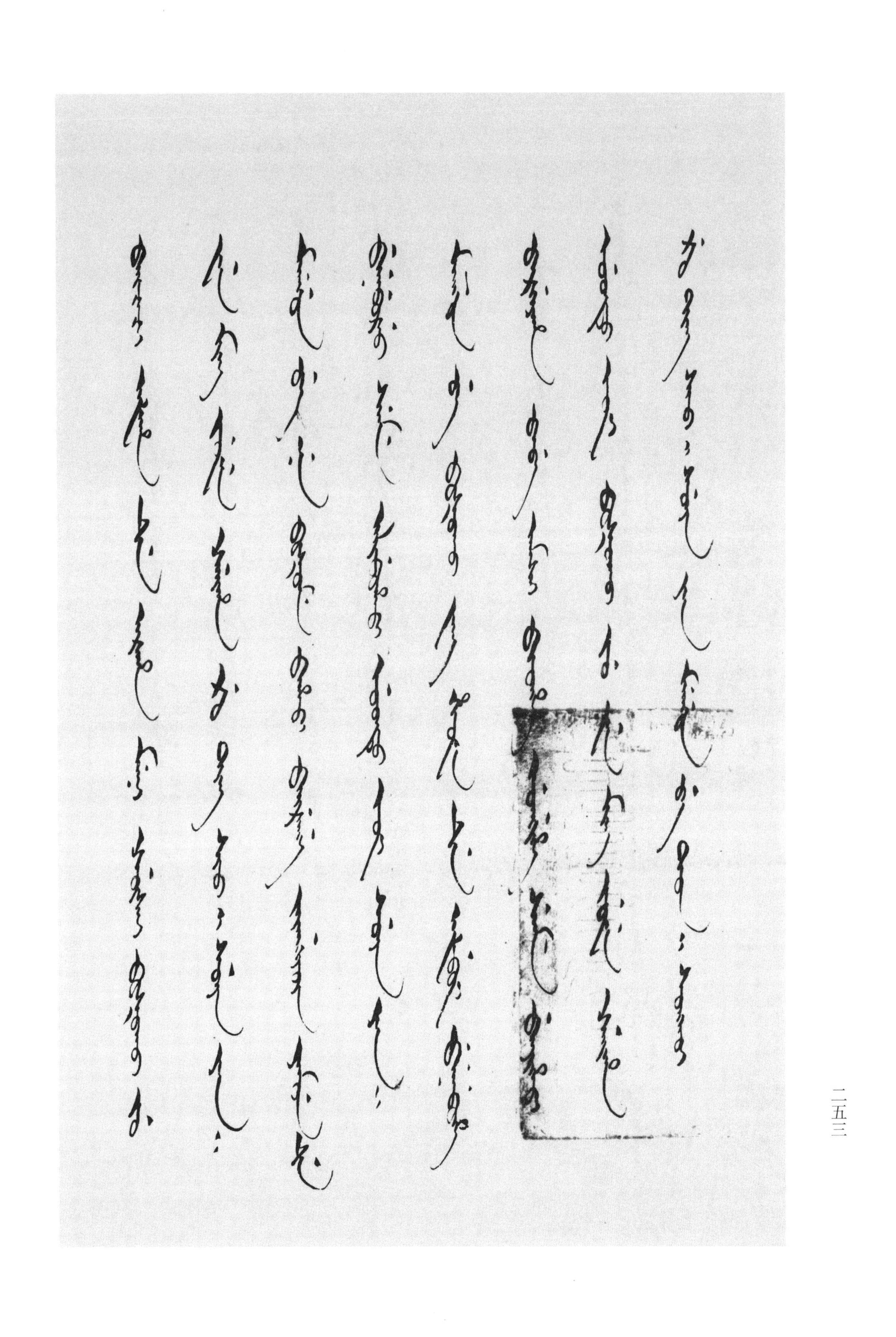

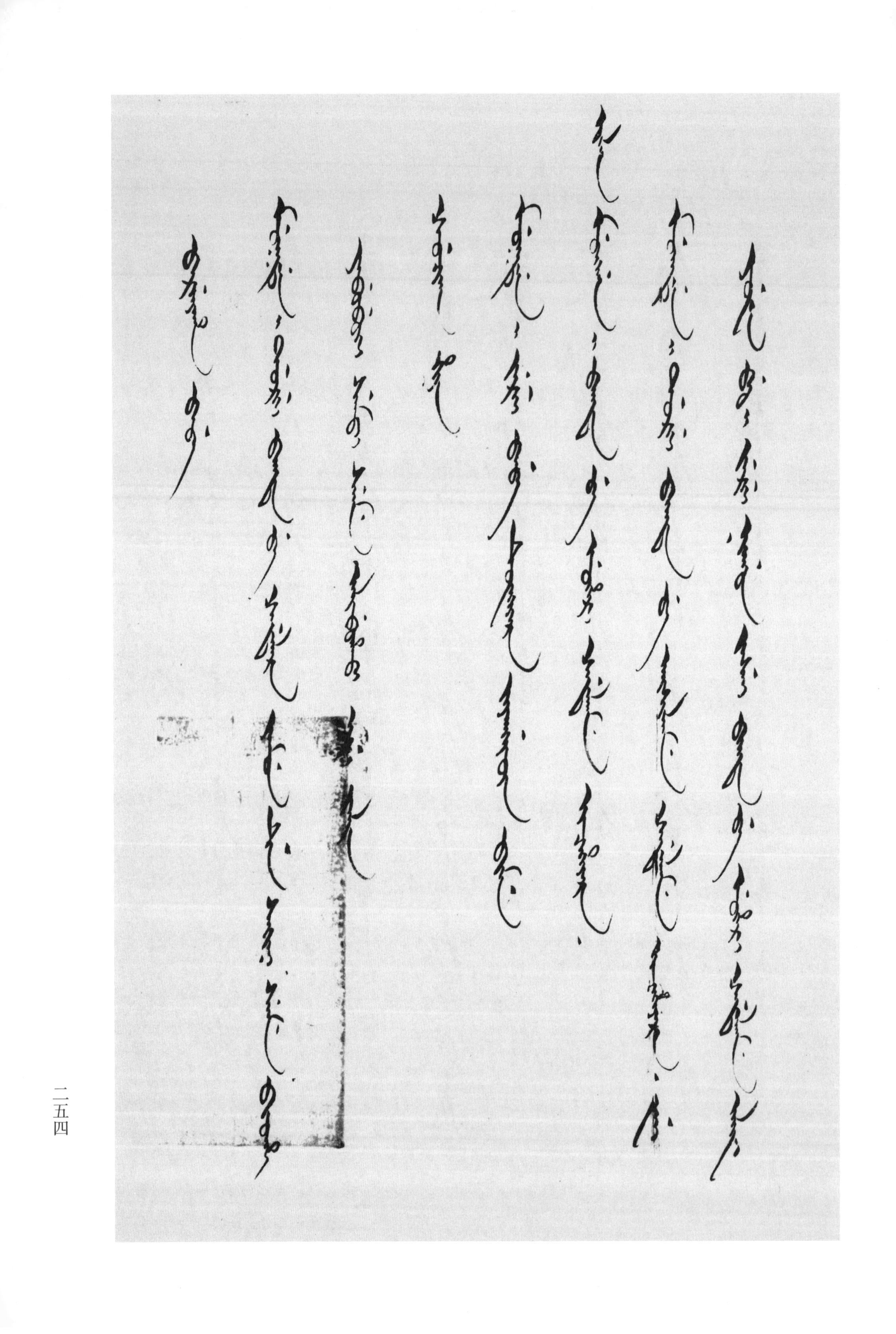

[illegible]

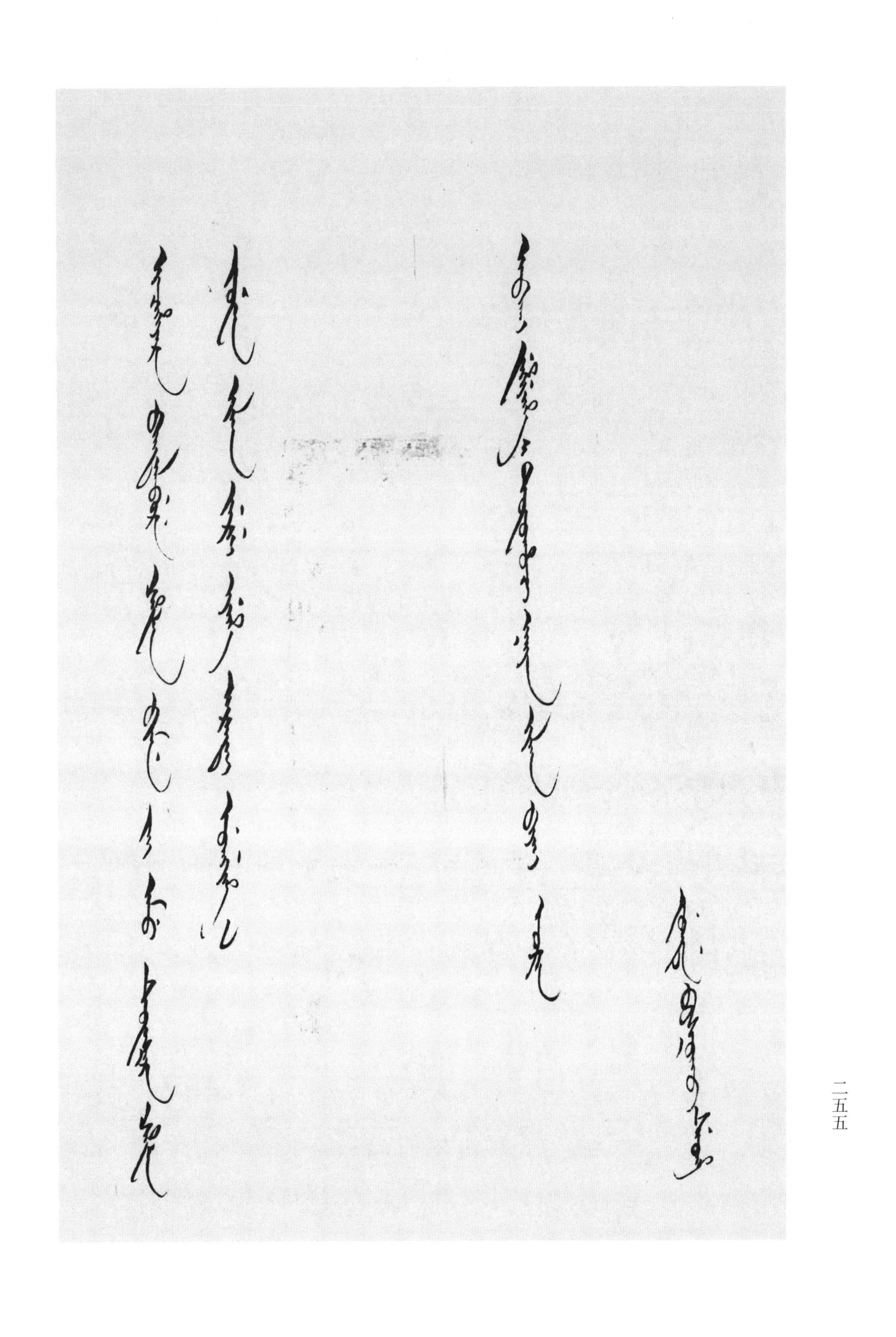

右　咨

盛京内務府

乾隆十五年三月　二十一日

筆帖式額尔登

寺因查得來咨内既稱前項木桬板片係
盛京内務府咨交收貯之項應否准其
変價之處應轉咨
盛京内務府查明定議等語相應移咨
盛京内務府查明定議咨覆到日以
便辦理可也為此合咨須至咨者

糟朽不堪應用咨請变價等語但

查此項木板係

盛京内務府咨交收貯之項其應否

准其变價之處應咨

盛京工部轉咨

盛京内務府查明定議報部到日再議

前往逐一詳細查驗果因年久糟朽
不堪應用加結呈報前來相應咨請
工部應否准其变價之處俟部覆
指示到日以便遵行等因前來查前
項木梁板片等項
盛京工部雖稱委員查看寔係年久

不堪若再存貯年深日久勢必無
用理合呈報等情查此項木梁板片
等項係乾隆八年內准
盛京內務府咨交收貯之項經今
数載既據該員等呈稱因年久俱
經糟朽不堪隨飭派筆帖式閔保

盛京工部咨稱據森林稽廠監督員
郎接爾瑚等呈稱奉派經管架木
事務今職等查看得存廠木梁
二十八塊因年久風雨淋漓俱皆
零星所有長五尺寬窄不等木板
九十六塊托木五十六根俱經糟朽

盛京工部爲咨請部示事右清吏
司案呈乾隆十五年三月十二日准工
部咨開營繕司案呈乾隆十四年
十二月十九日准

洛

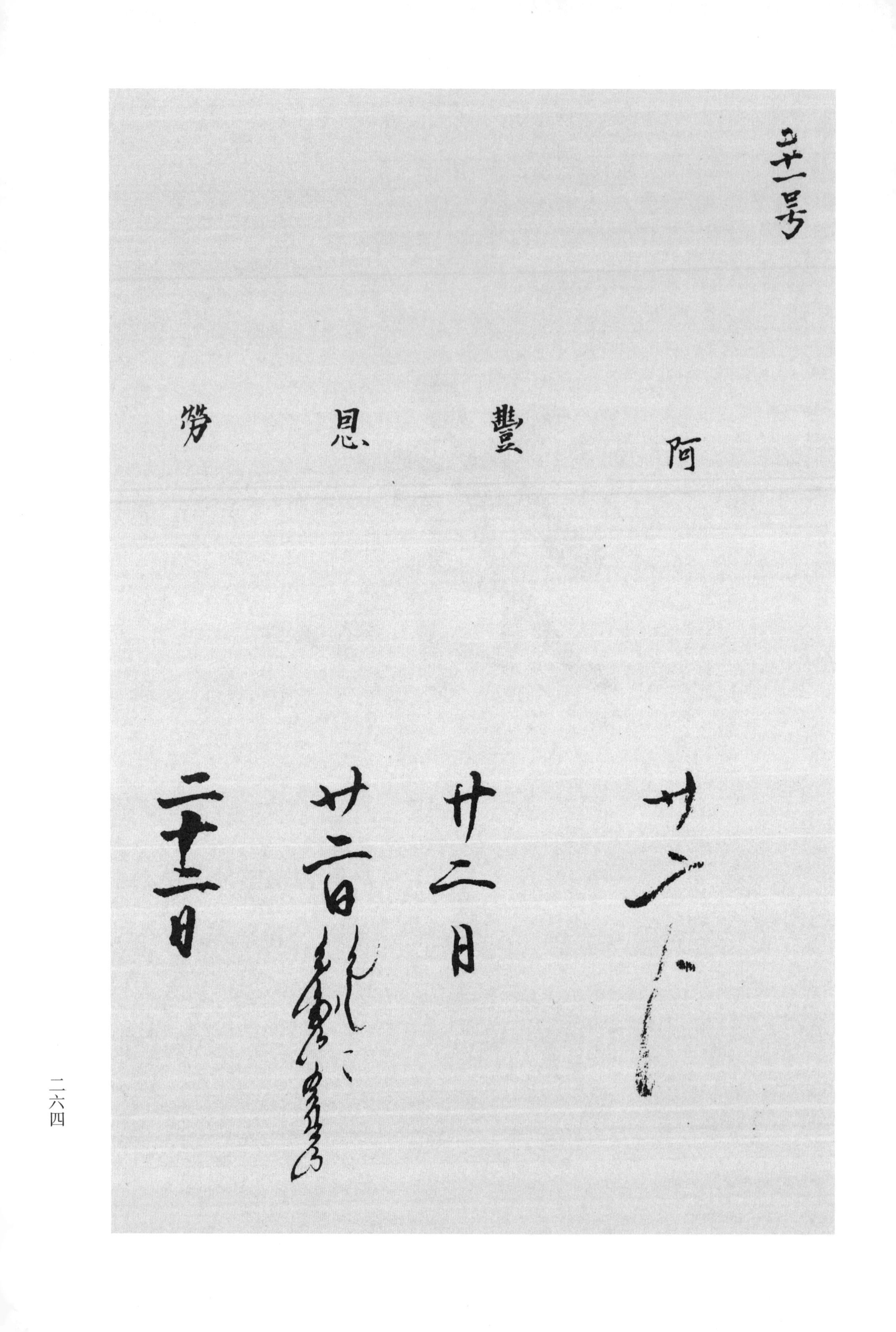

二十一号

阿　廿六卜

豐　廿二日

恩　廿二日[illegible]

勞　二十三日

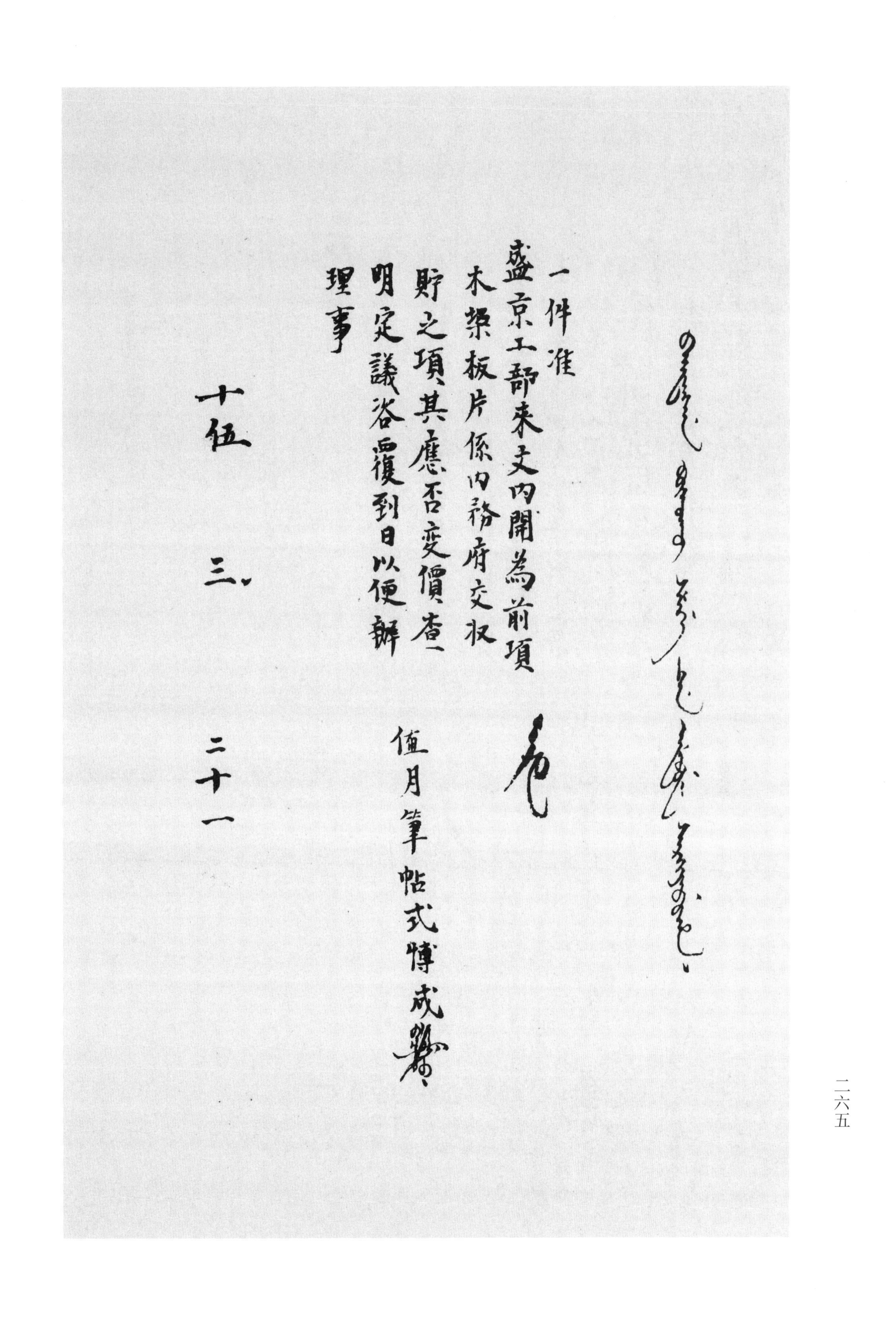

一件准
盛京工部來文內開為前項
木梁板片係內務府交收
貯之項其應否變價查一
明定議咨覆到日以便辦
理事

值月筆帖式博成額

十伍　三、　二十一

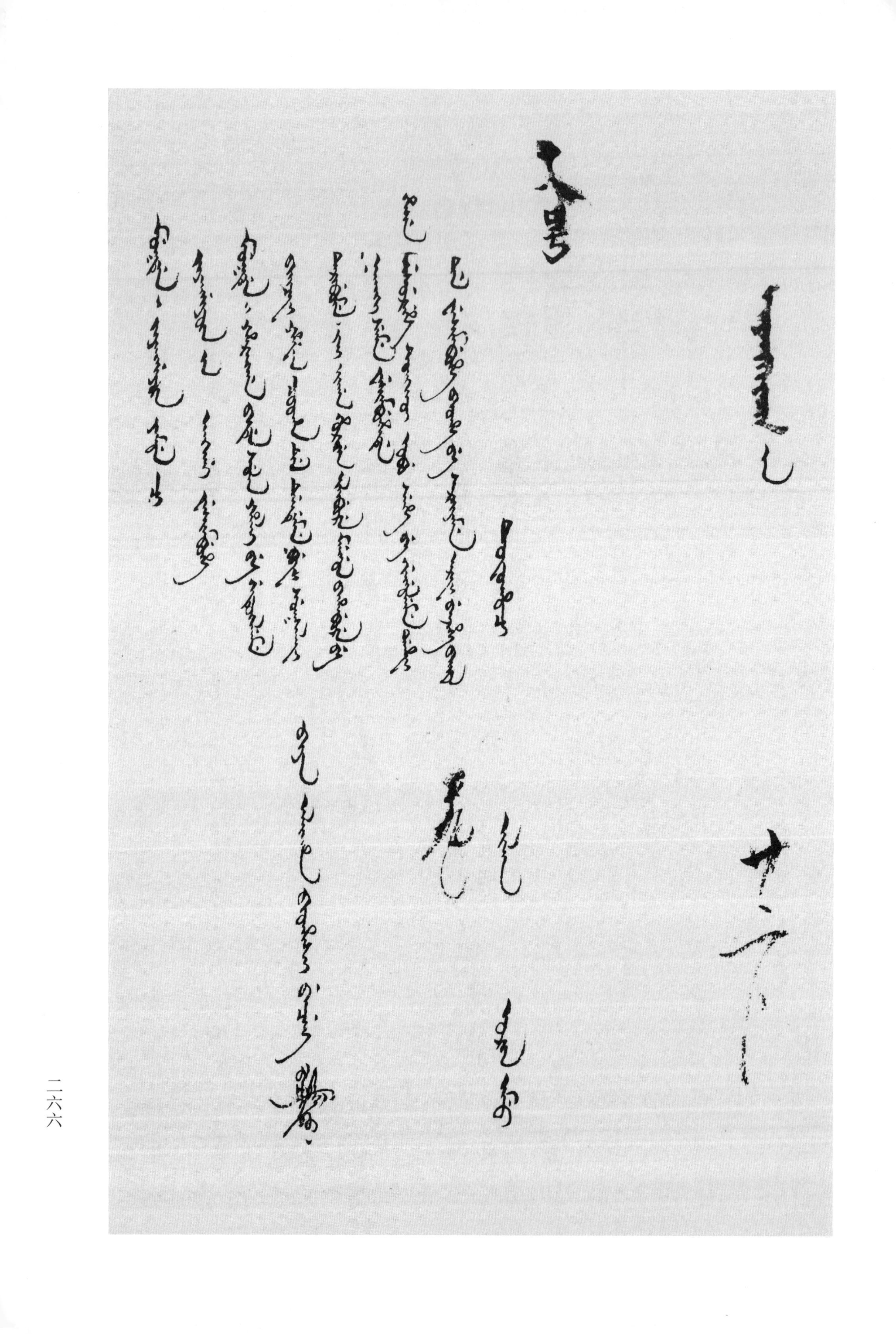

[illegible]

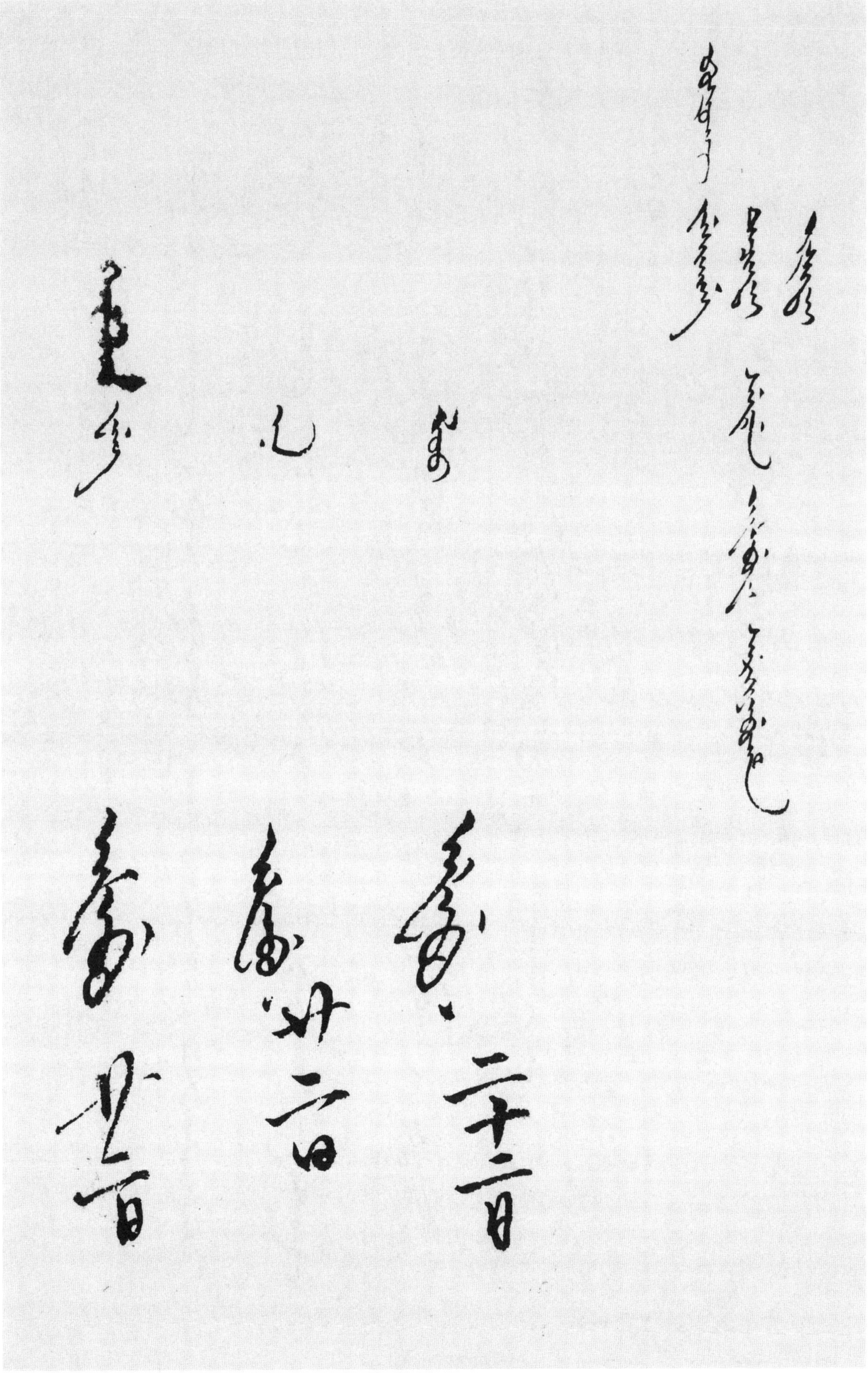
二十二日

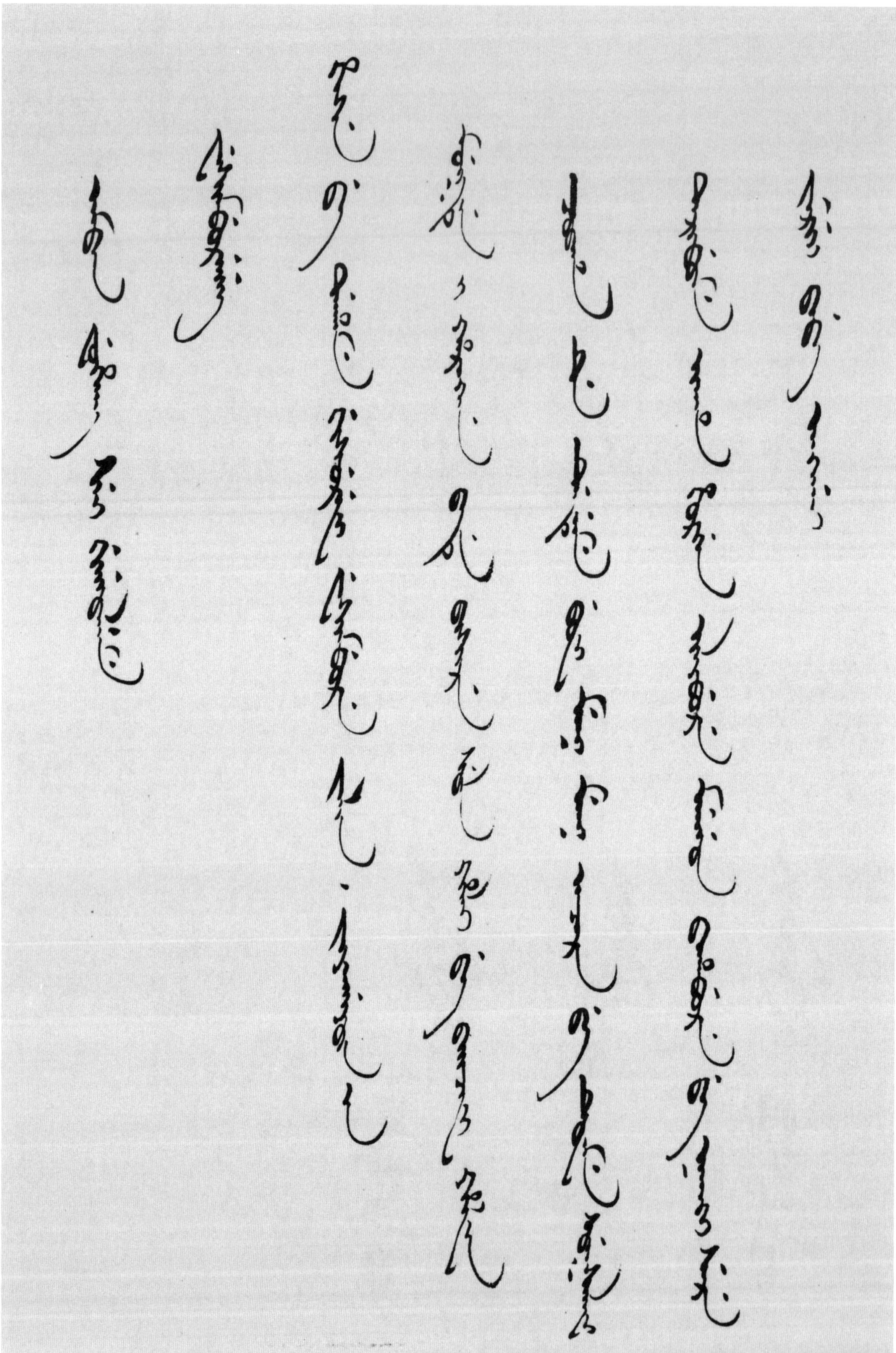

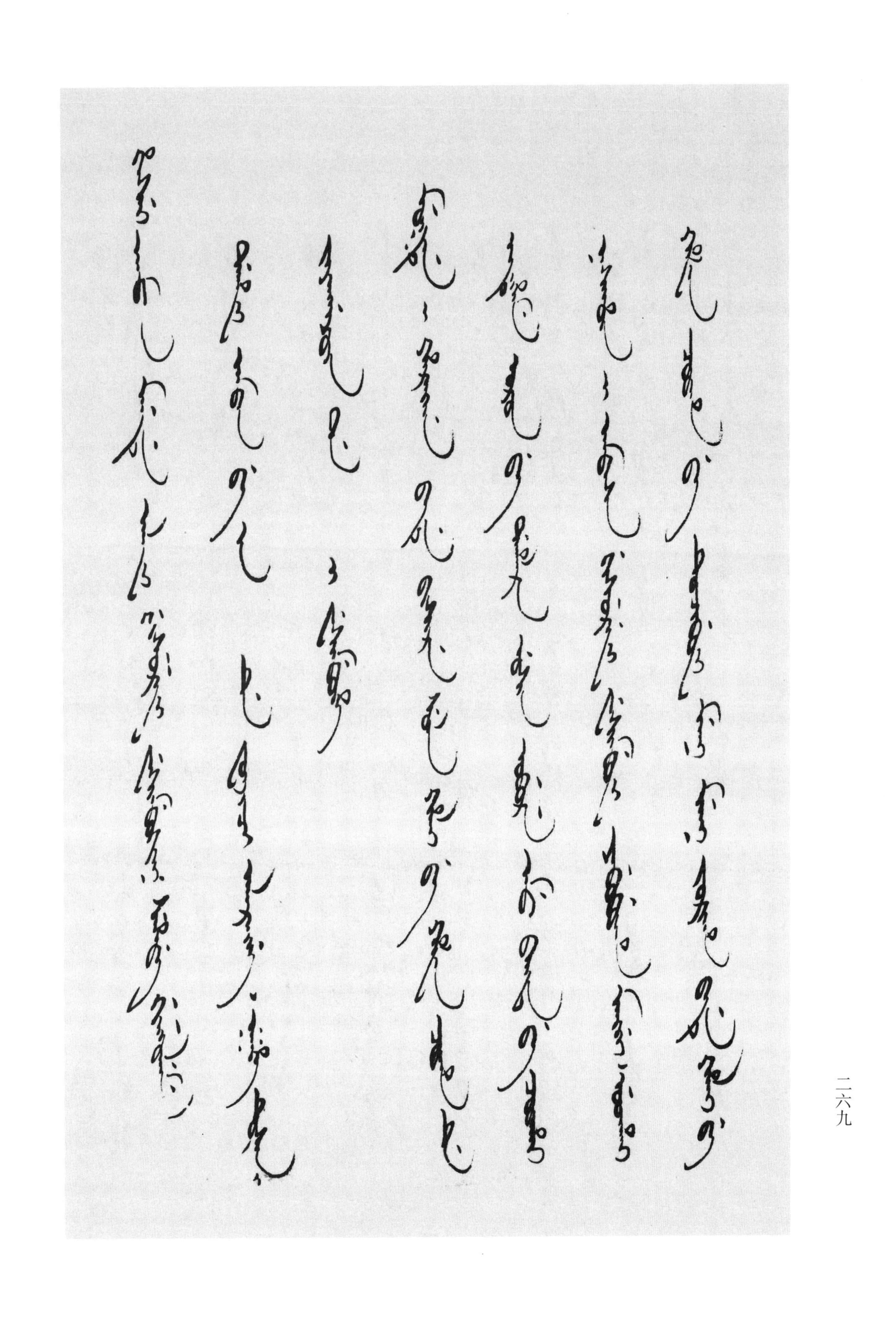

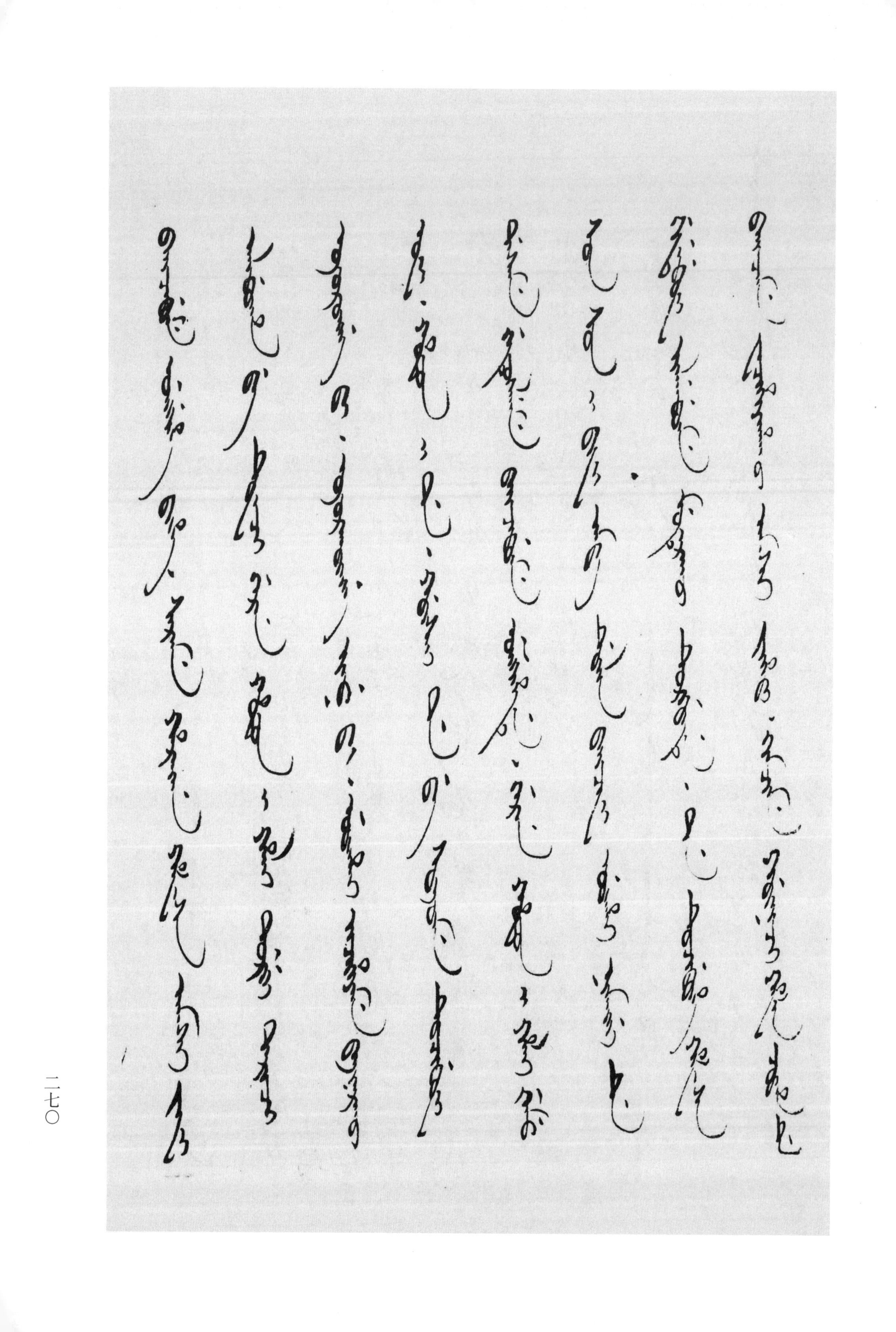

[illegible]

[illegible]

[illegible]

[illegible]

[illegible]

[illegible]

[illegible]

[illegible]

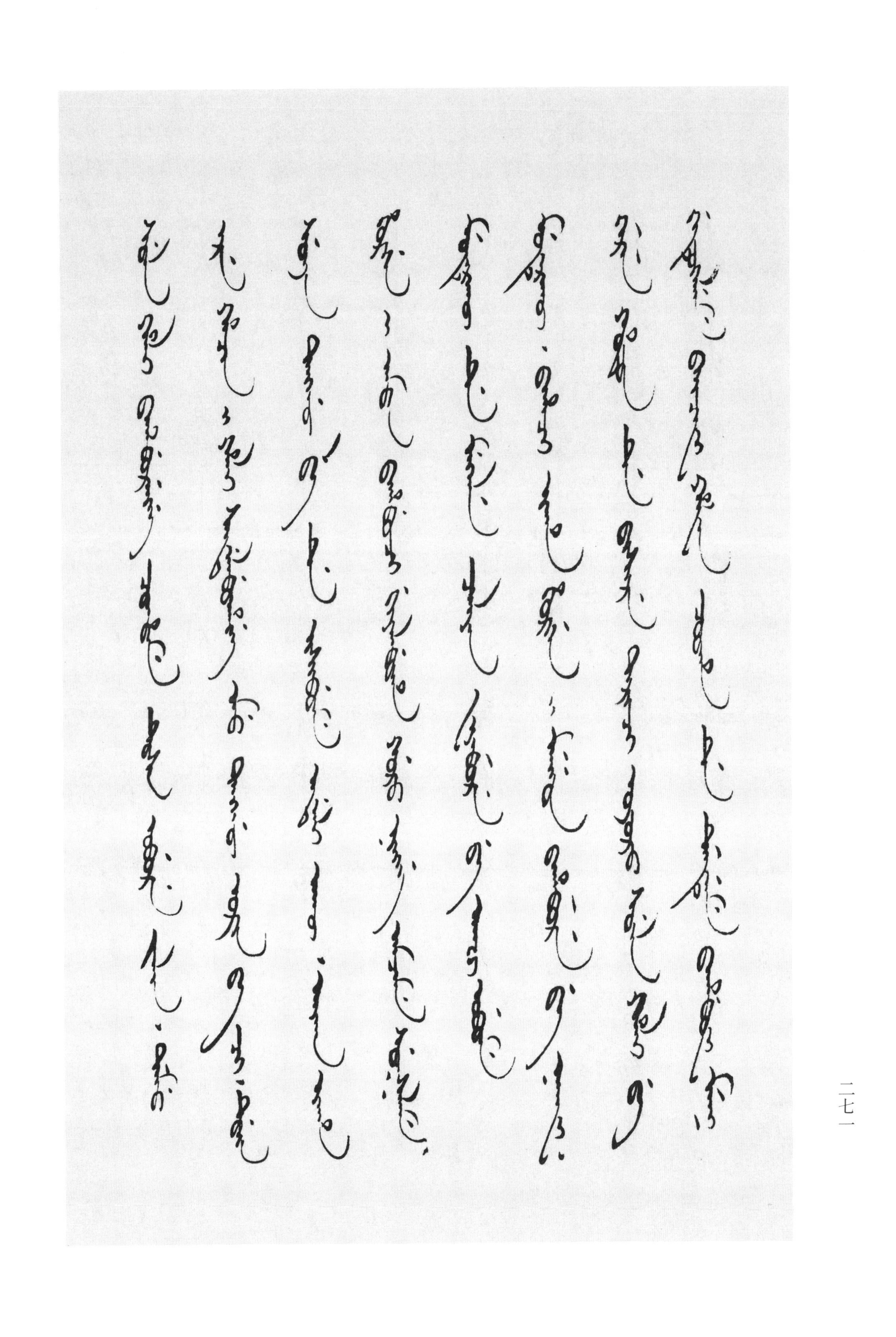

[illegible]

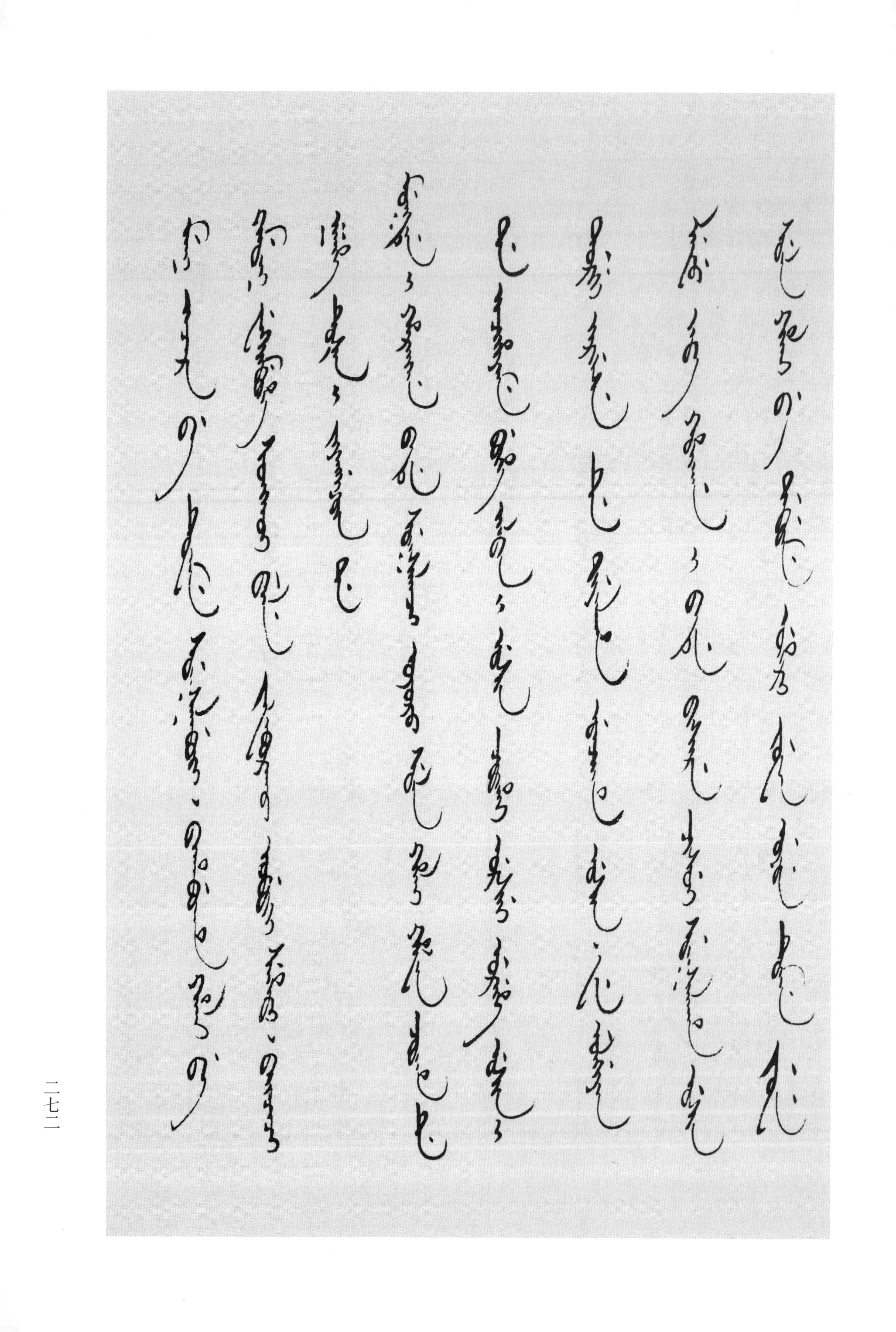

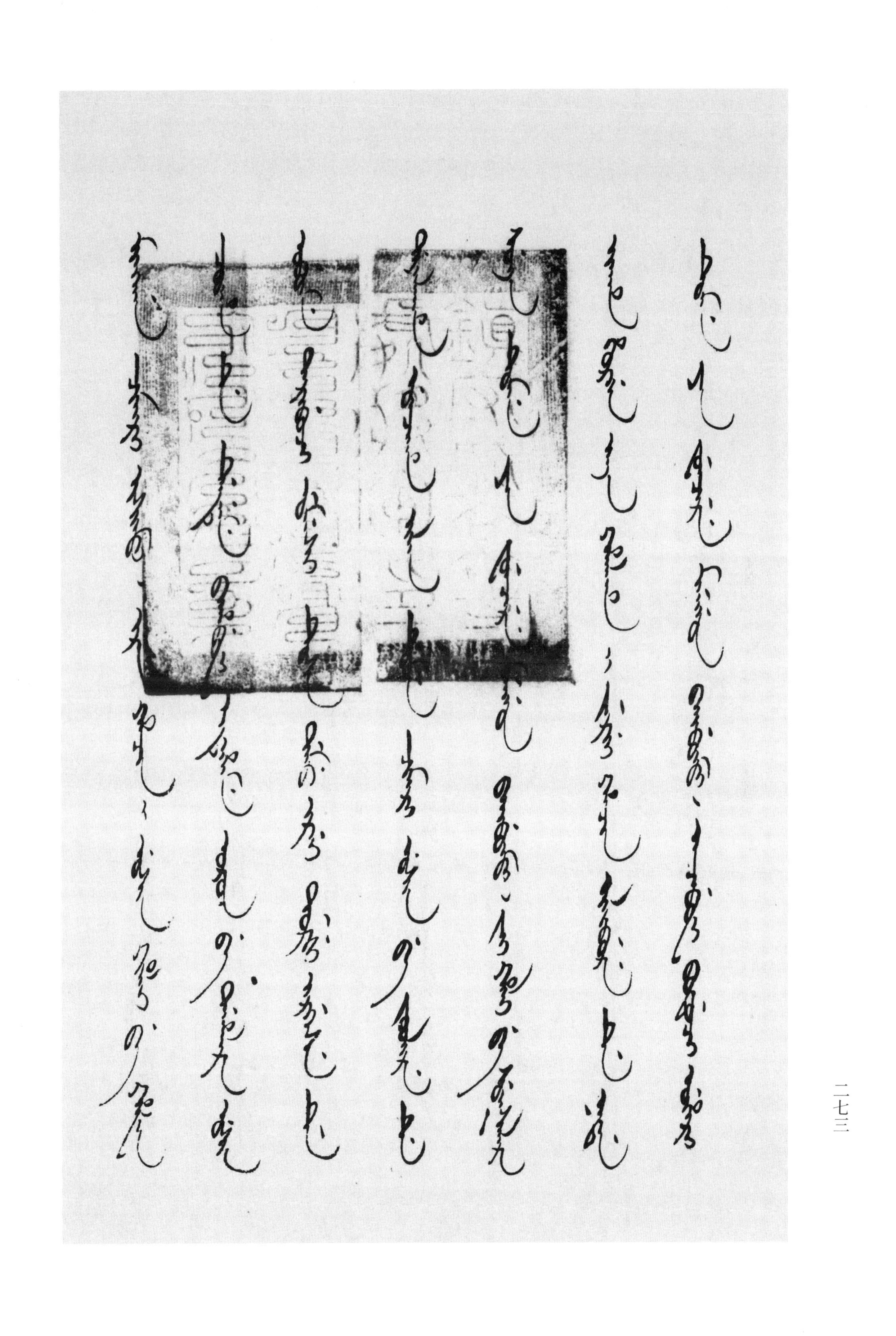

[illegible]

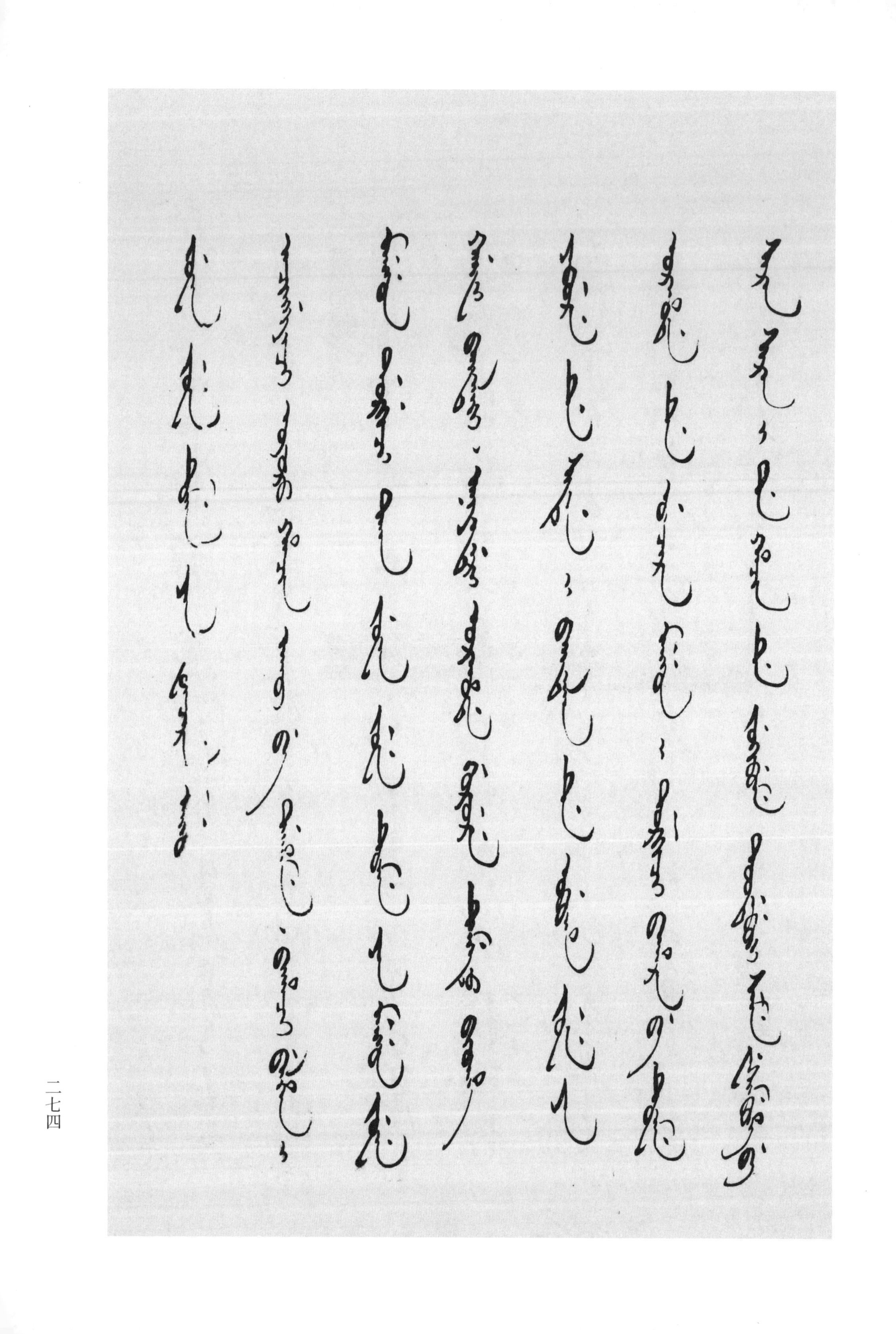

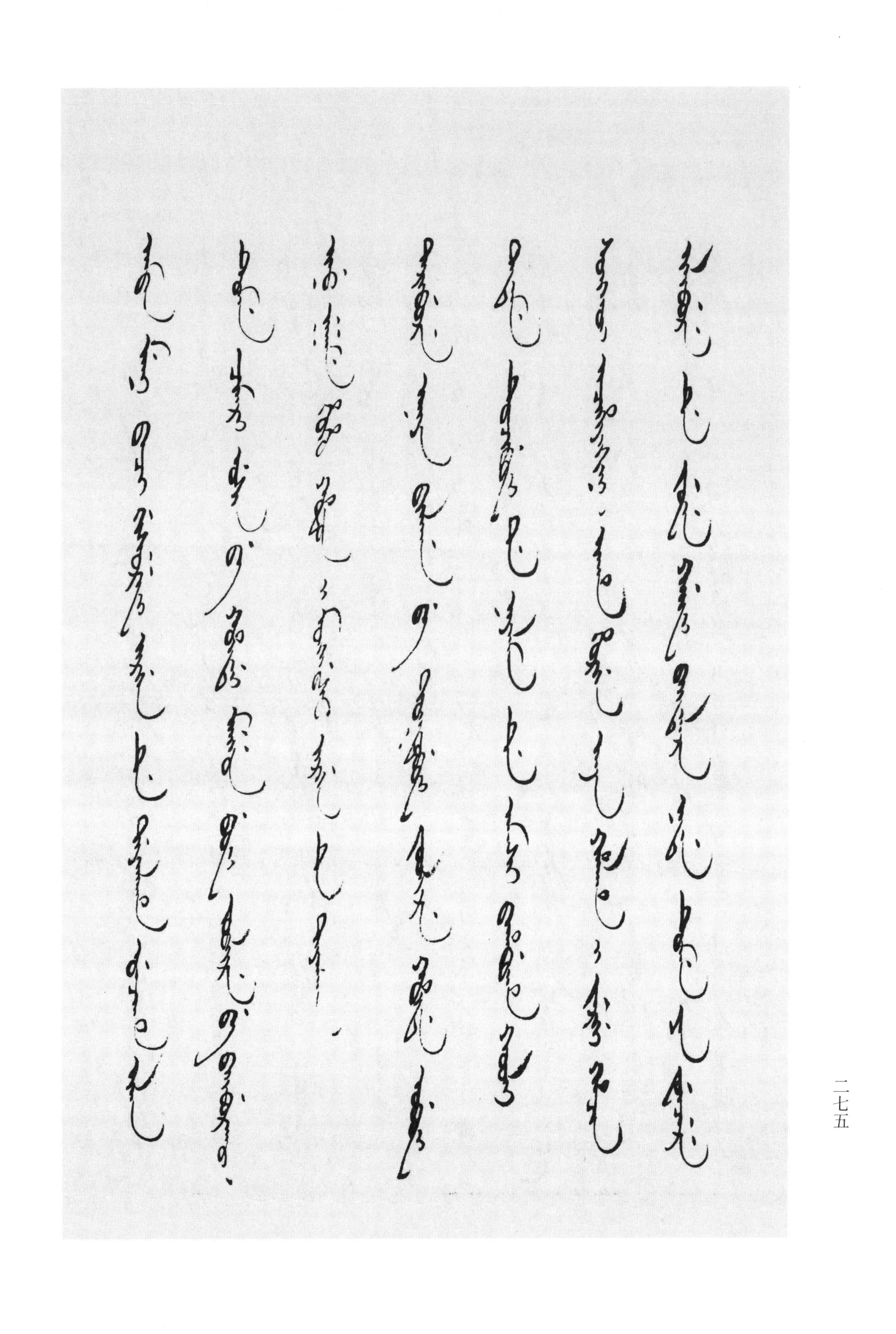

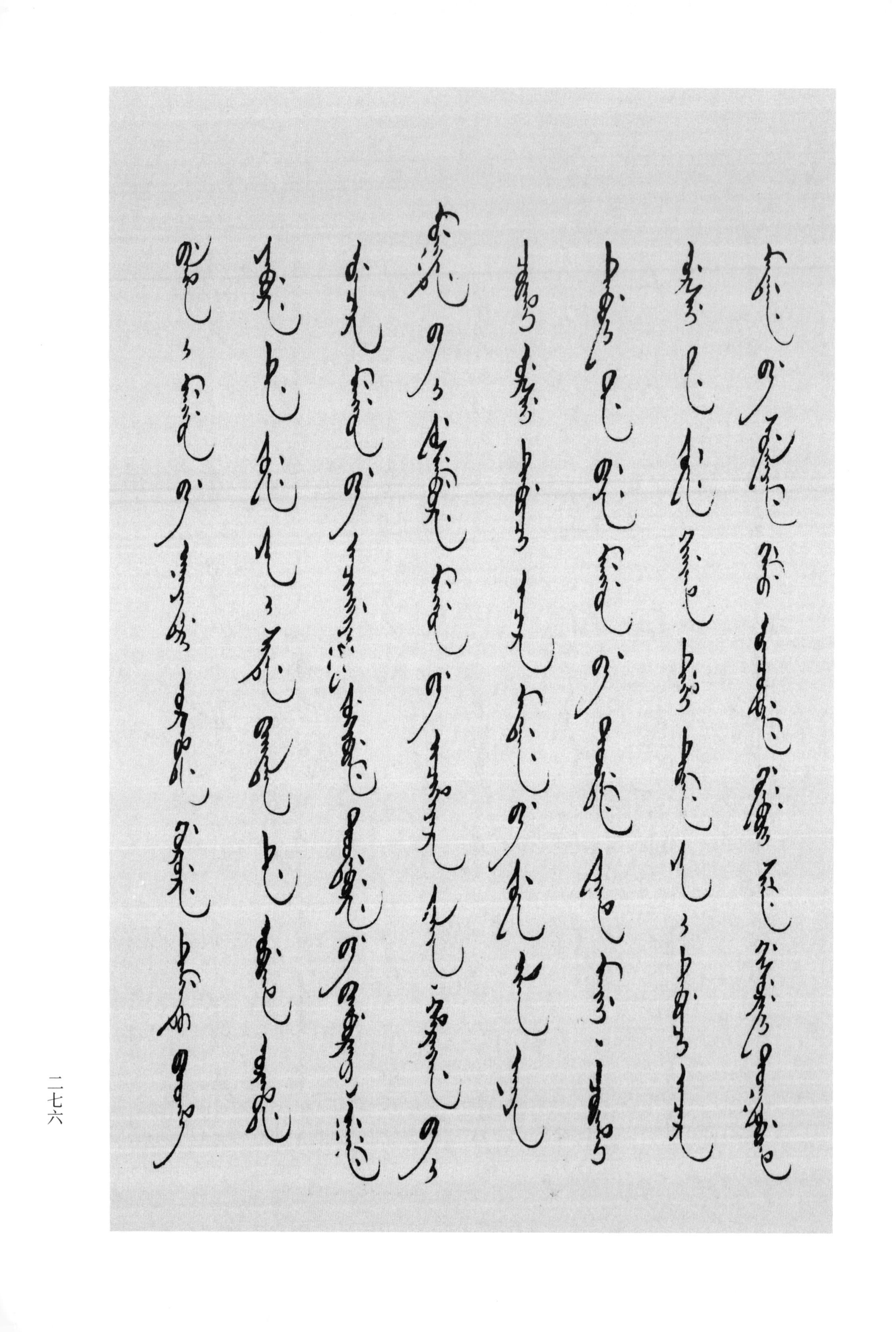

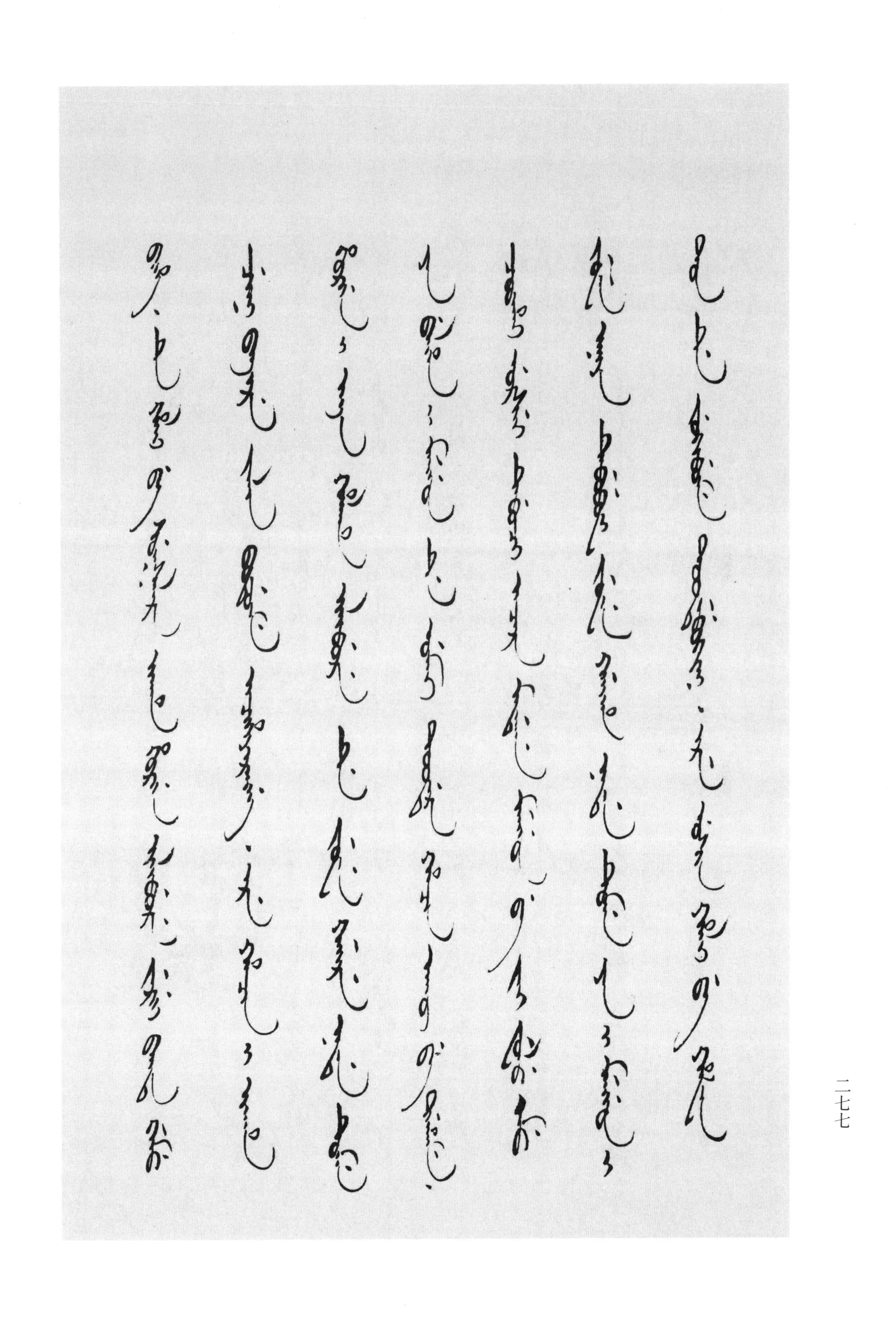

[illegible]

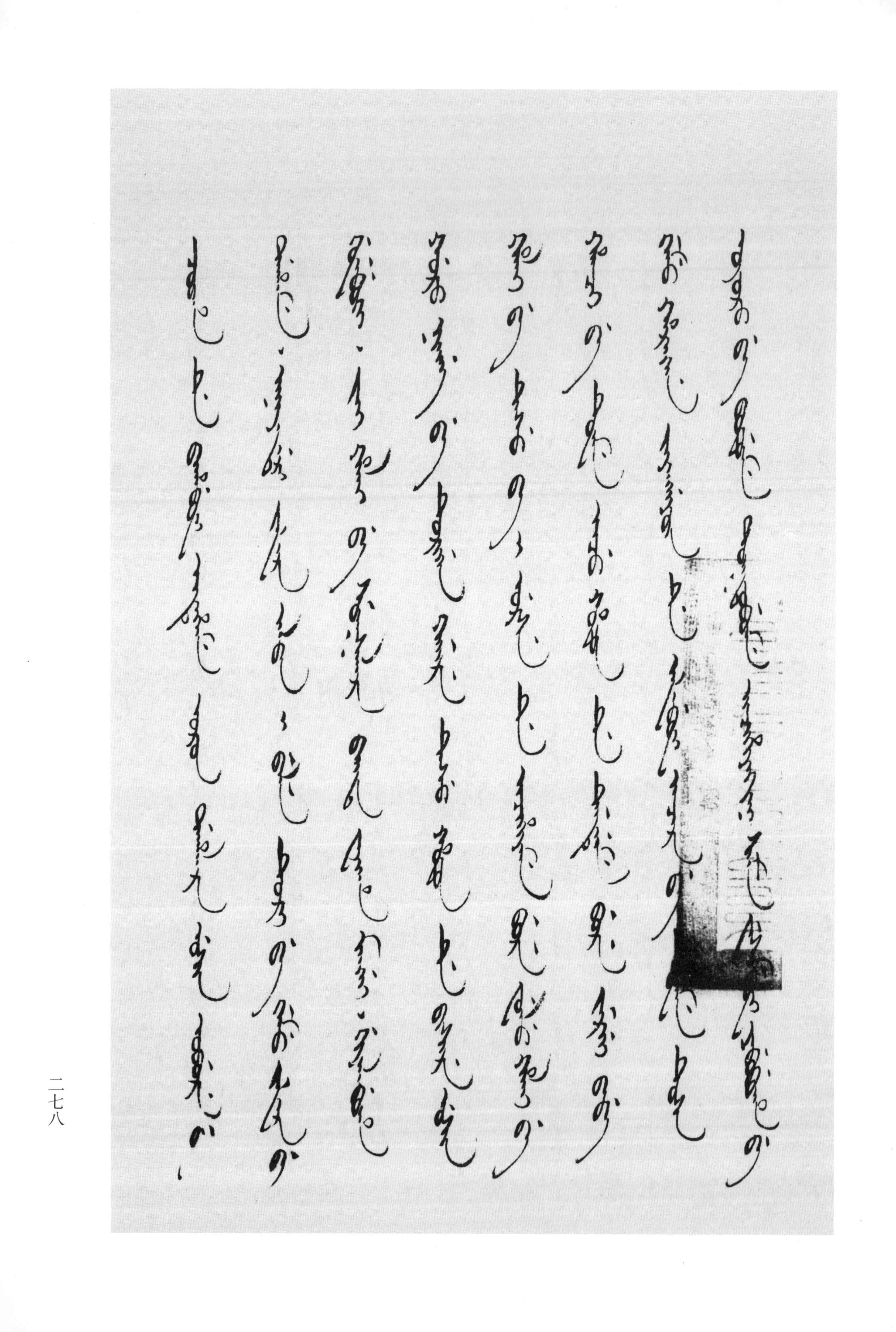

[illegible]

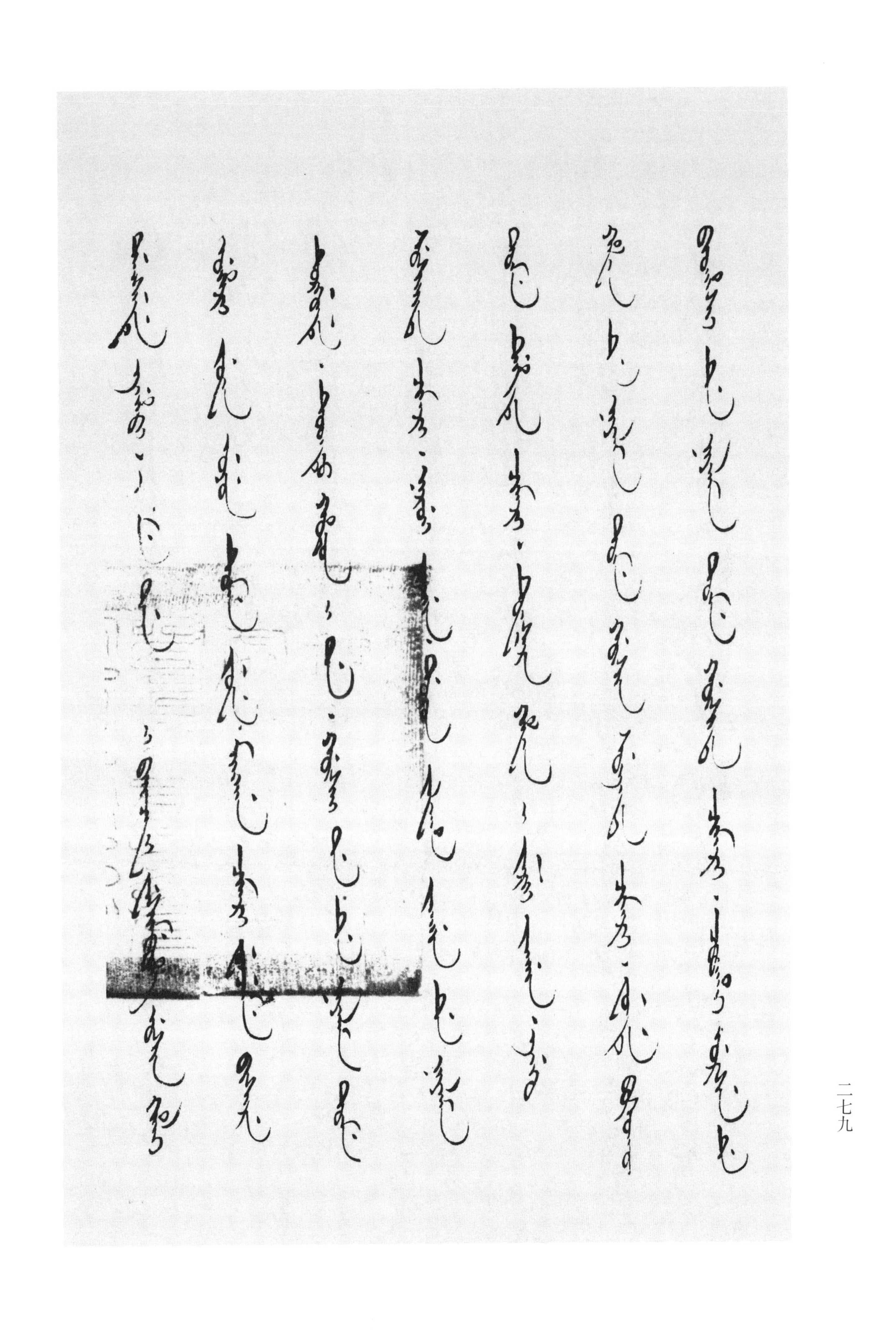

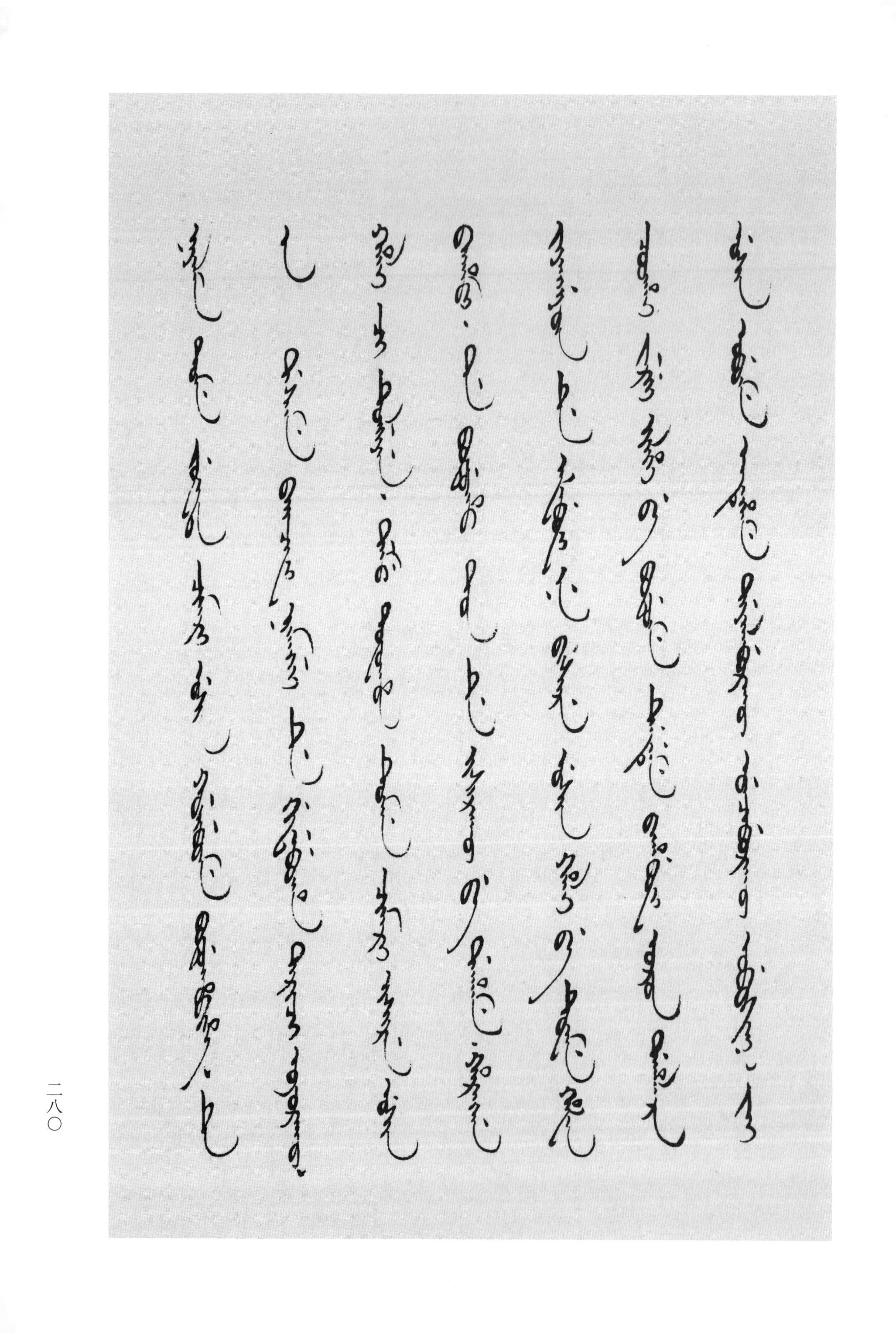

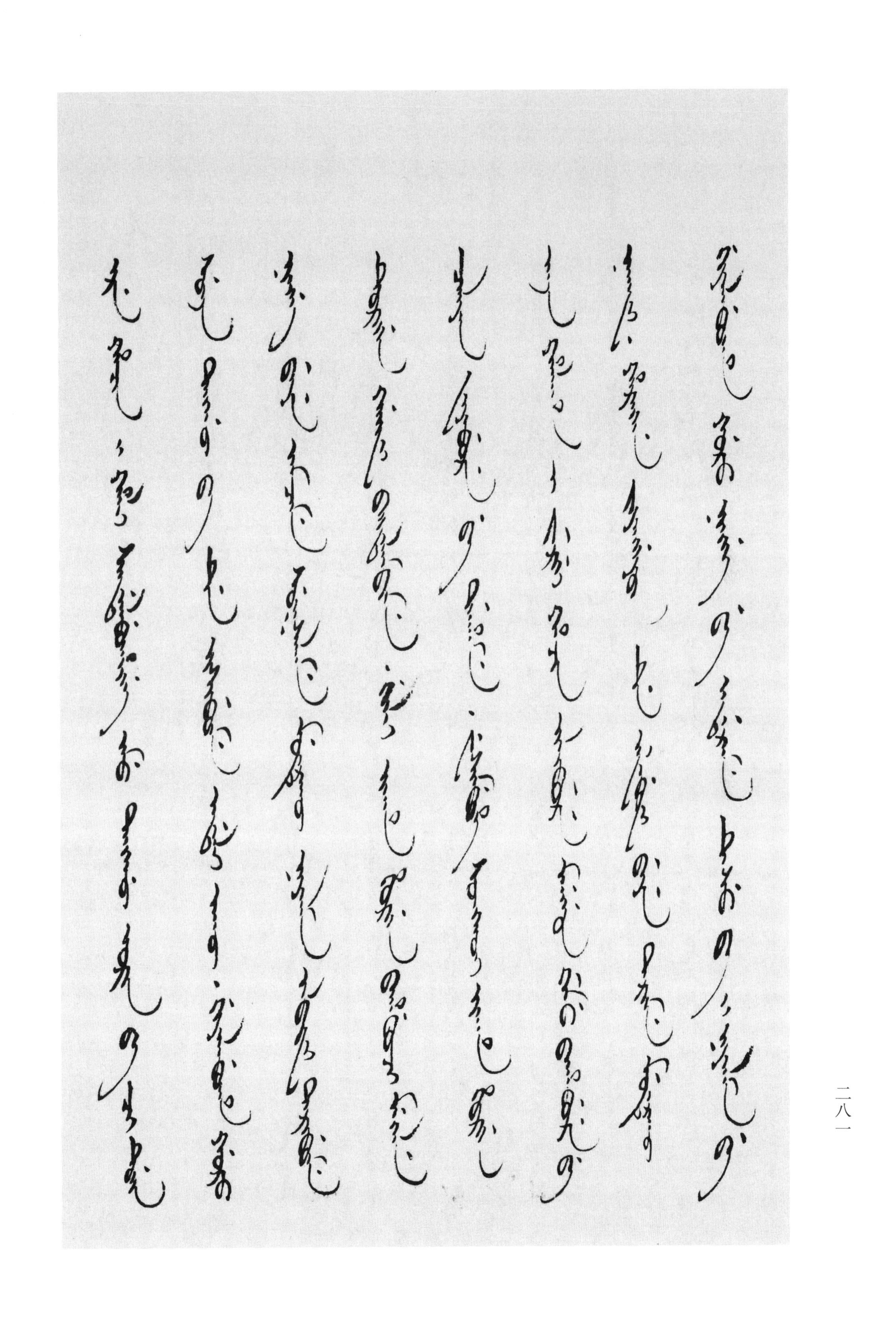

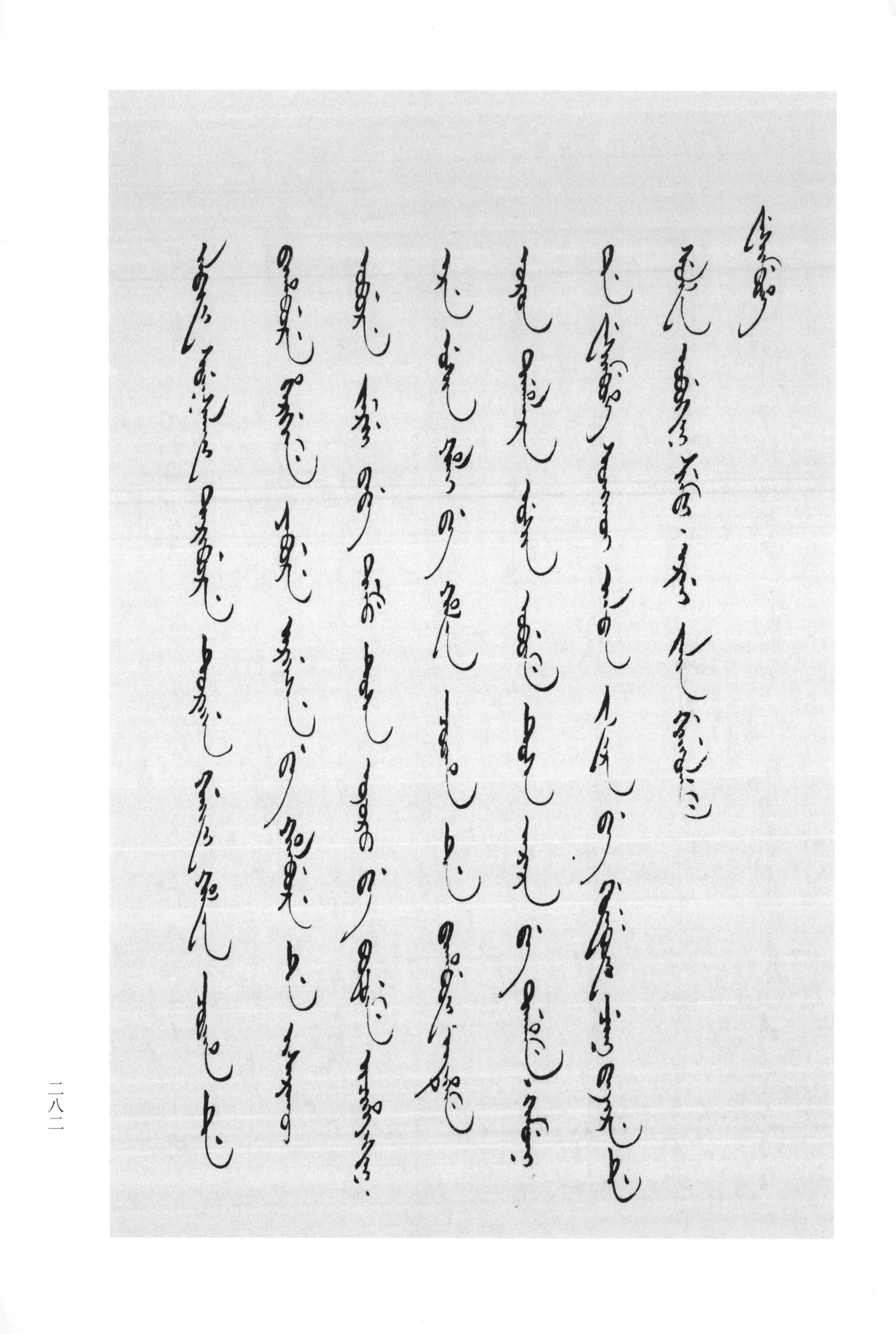

[illegible]

[illegible]

[illegible]

[illegible]

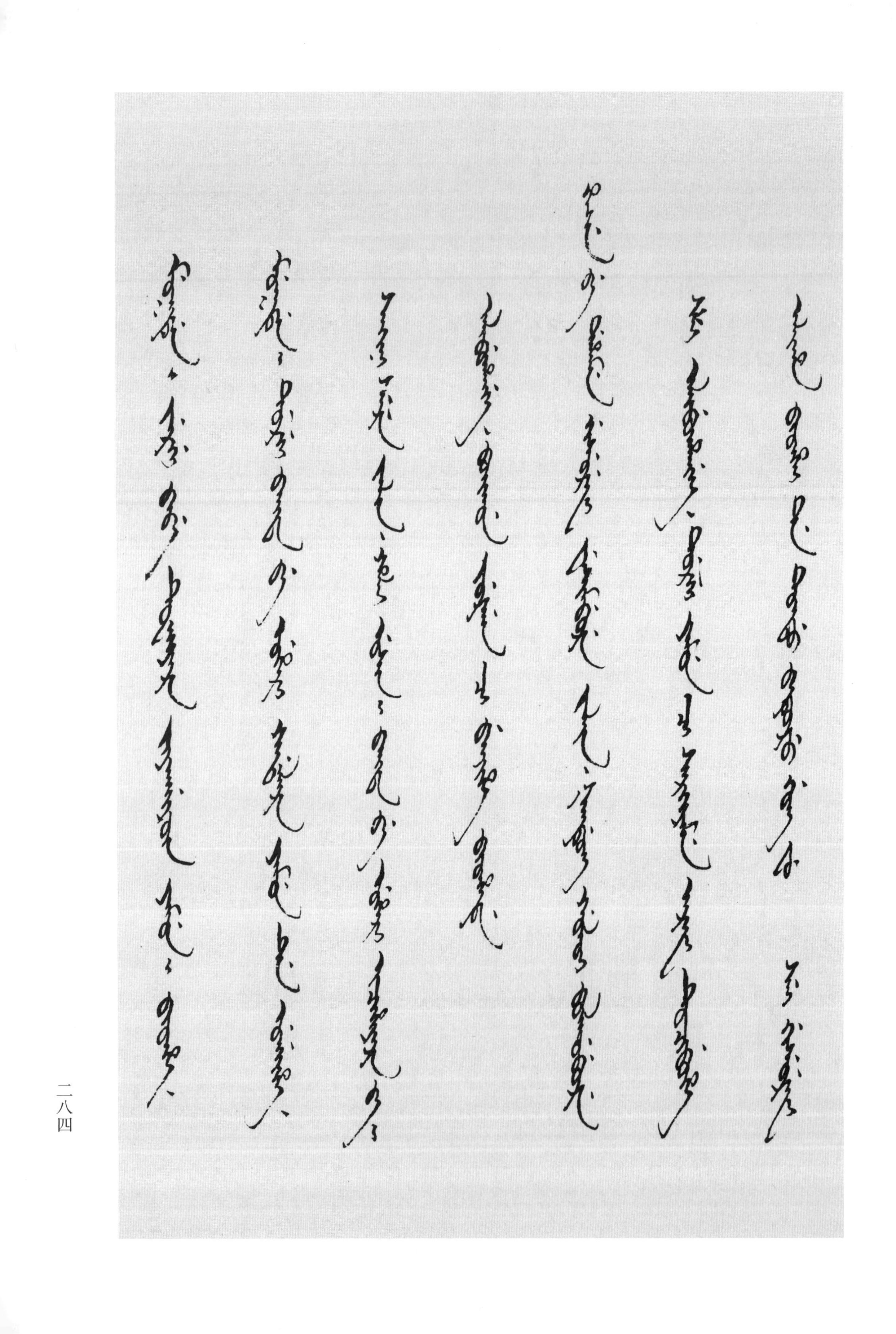

[illegible]

[illegible]

[illegible]

[illegible]

[illegible]

[illegible]

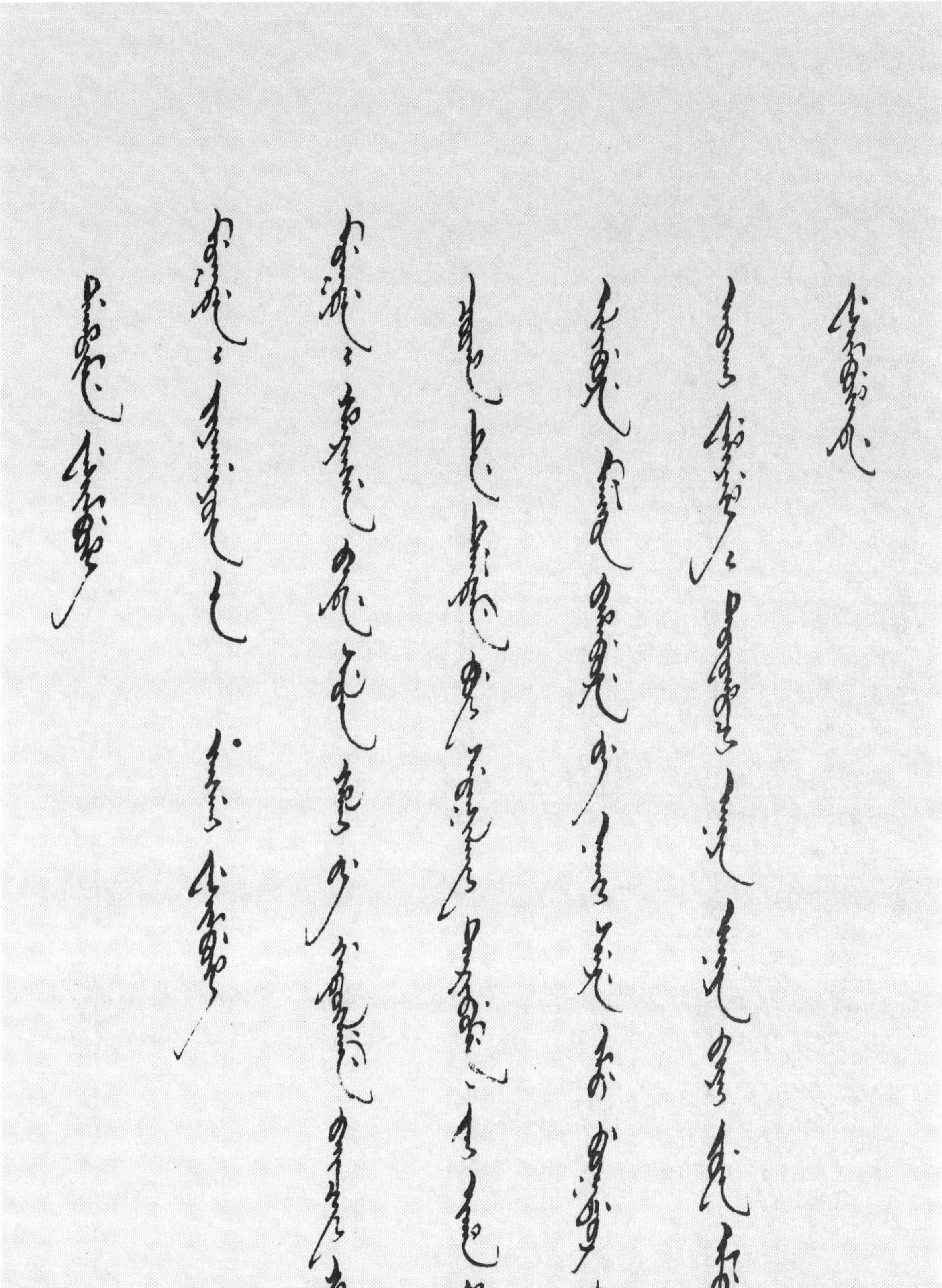

ᠪᡳᠴᡳ ᡤᠠᡳᠮᠪᡳ ᠮᡠᠰᡝ ᠮᡠᡩᠠᠨ ᡤᡝᠮᡠ ᡤᡳᠰᡠᡵᡝᠮᡝ ᠪᠣᠯᠣᡵᡳ᠈ ᡝᡵᡝ ᠪᠣᠴᠣ

ᡤᡳᠰᡠᡵᡝᠪᡠᡥᡝ᠈ ᡥᡝᠰᡝ ᠪᡝ ᠪᡝ ᡝᡵᡝᠮᡝ ᠪᡳᠯᡠᡴᡳ ᠪᡝ ᠪᡝ ᡝᡵᡝᠮᡝ ᡝᠯᡝᠮᠪᡠᡥᡝ᠈

ᡥᡝᠰᡝ ᠪᡳᠶᠠ ᠪᠣᠯᠣᡵᡳ ᠪᡝ ᡝᡵᡝᠮᡝ ᡥᡠᠸᠠᠩᡩᡳ ᠪᡝ ᠪᡝ ᡝᡵᡝᠮᡝ ᠰᡝᠮᡝ

ᠸᡝᠰᡳᠮᠪᡠᡥᡝ᠈ ᡤᡳᠰᡠᡵᡝᡥᡝ ᠪᡝ ᡩᡝ ᡝᡵᡝᠮᡝ ᡤᡳᠰᡠᡵᡝᡥᡝ ᡥᡝᠰᡝ ᡝᡵᡝᠮᡝ ᡤᡝᠮᡠ

ᠪᠣᡵᡳ ᡤᡳ ᡤᡠᠰᡝ ᡝᡵᡝᠮᡝ᠈ ᠪᡳᠶᠠ ᠪᡝ ᡩᡝ ᡝᡵᡝᠮᡝ ᡝᡵᡝᠮᠪᡠᡥᡝ

ᡤᡳᠰᡠᡵᡝᠪᡠᡥᡝ ᠪᡝ ᡥᡝᠰᡝ ᠪᡝ ᡝᡵᡝᠮᡝ

ᠸᡝᠰᡳᠮᠪᡠᡥᡝ᠈ ᠪᠣᠯᠣᡵᡳ ᠪᡝ ᠪᡝ ᡩᡝ ᠪᡝ ᡩᡝ ᡤᡳᠰᡠᡵᡝᠪᡠᡥᡝ

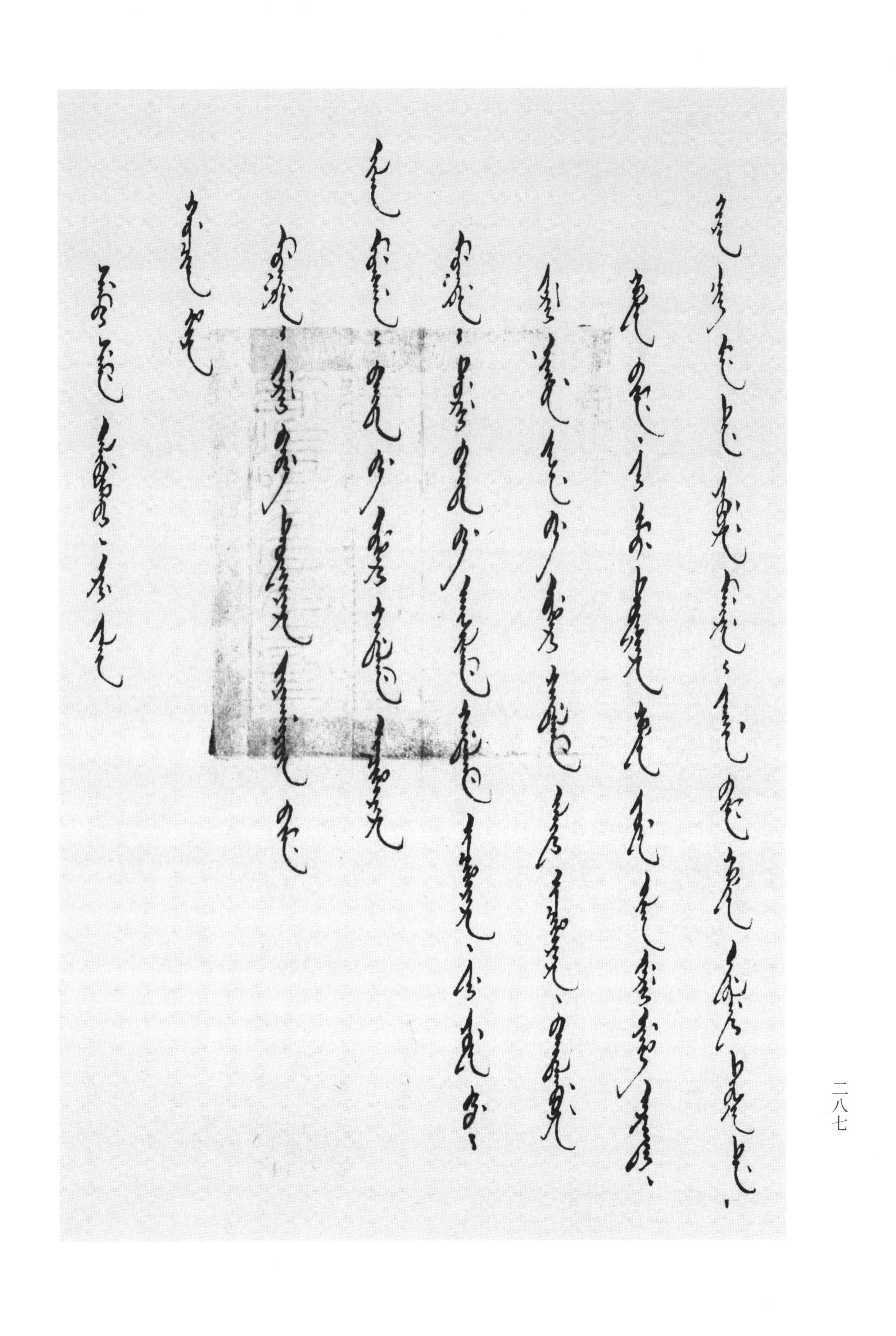

[illegible]

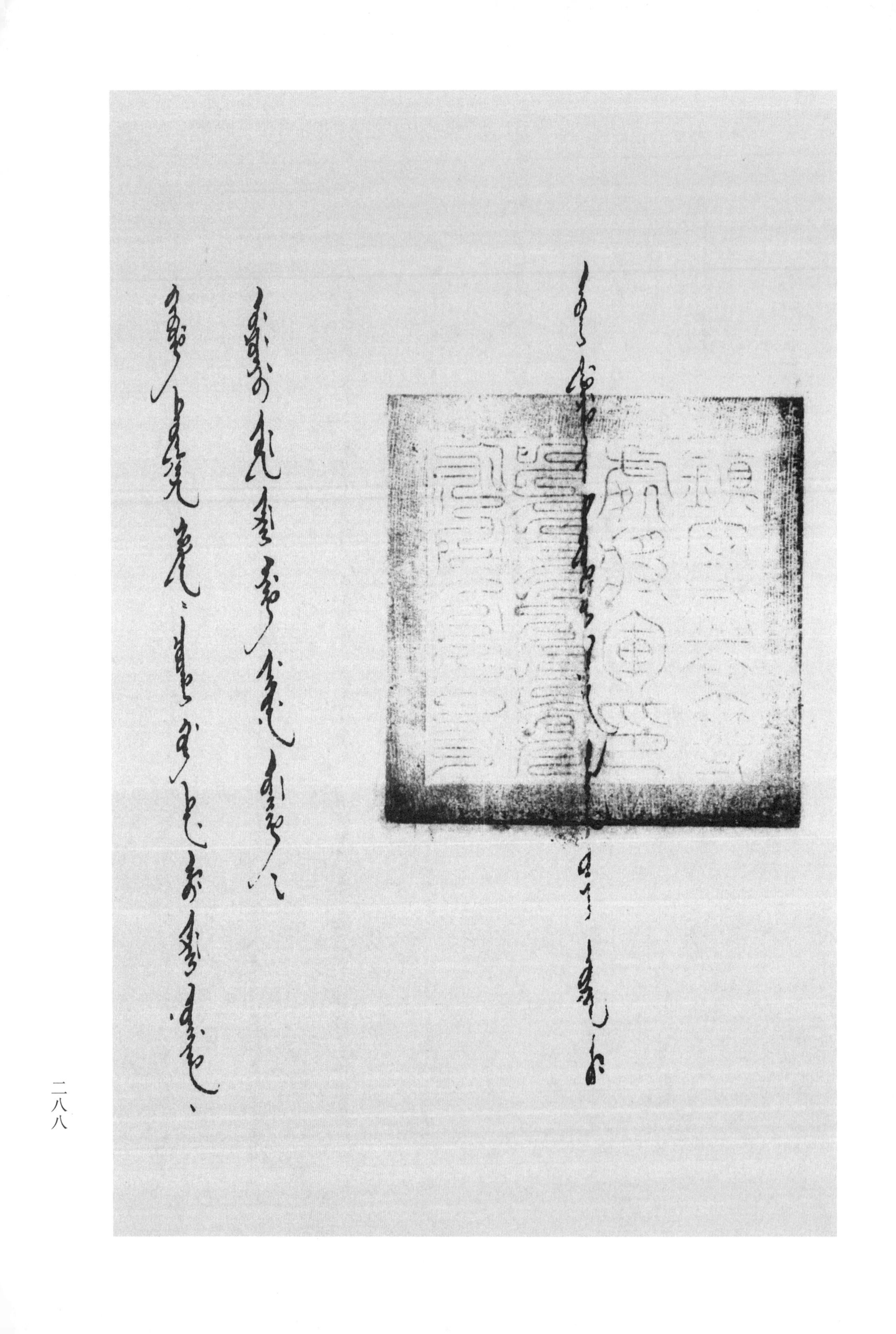

盛京内務府衙門

乾隆十五年三月二十二日

筆帖式富箸礼

盛京内務府衙門轉飭該屬將霍二等各
名下應追銀兩速行嚴催交還弁何如
無身價銀兩即將原聘女兒各本身咨送
本部以便照例拆離給還原主可也爲此合咨
貴衙門查照施行須至咨者
右　　　咨

再查去年據

興京城守尉將周三等呈送到部本部念其

婚配多年不忍拆離且伊等俱自認交是聘價

以將周三等仍咨送將軍衙門轉交該尉

嚴追交納身價銀兩在案今拜阿又為

前項身價銀兩呈催前來相應再行移咨

盛京内務府衙門催送霍二二次共交身價
銀肆兩前來經本部隨將原送到銀兩交與
弁阿伊弟防禦品級章京朱敦取具收領存
案至於刘大張五賈連傑楊老各爾四周三
等應交銀兩並未催交是以經本部嚴催
各處追送本部以結此案等因咨行在案

存案又准奉天府府尹衙門催送抹登魁
二次共交身價銀伍兩捌錢伍分富國義一
次交身價銀弍兩賈仁美一次交身價銀
弍兩白大小子一次交身價銀弍兩前來経本
部隨將原送到銀兩交與弁阿取具收領
存案又准

盛京將軍衙門咨據
興京城守尉催送崔大二次共交身價銀肆
兩夏三二次共交身價銀肆兩王二二次共
交身價銀貳兩捌錢李三二次共交身價銀
貳兩伍錢前來經本部隨將原送到銀兩俱
交與升阿之弟防禦品級章京朱毅收取具領

求幾次蒙恩催結奈崔大等倚勢頂抗
身無奈投天速結等情查前經本部會同
府尹衙門斷結開散并阿呈控家奴姚平
章等私聘女兒十五口一案將私娶女兒王
二等各追銀肆拾兩給還原主之處咨行
各該處照例催追在案續准

盛京户部為咨催事糧儲司案呈據廂黄

旗滿德佐領下蘇拉弃阿呈稱為家人刘

住寺偷聘伊女于乾隆十三年三月蒙户

部斷結每人交銀肆拾兩無銀者将人

拿回自斷以來二年有餘人銀皆無身連

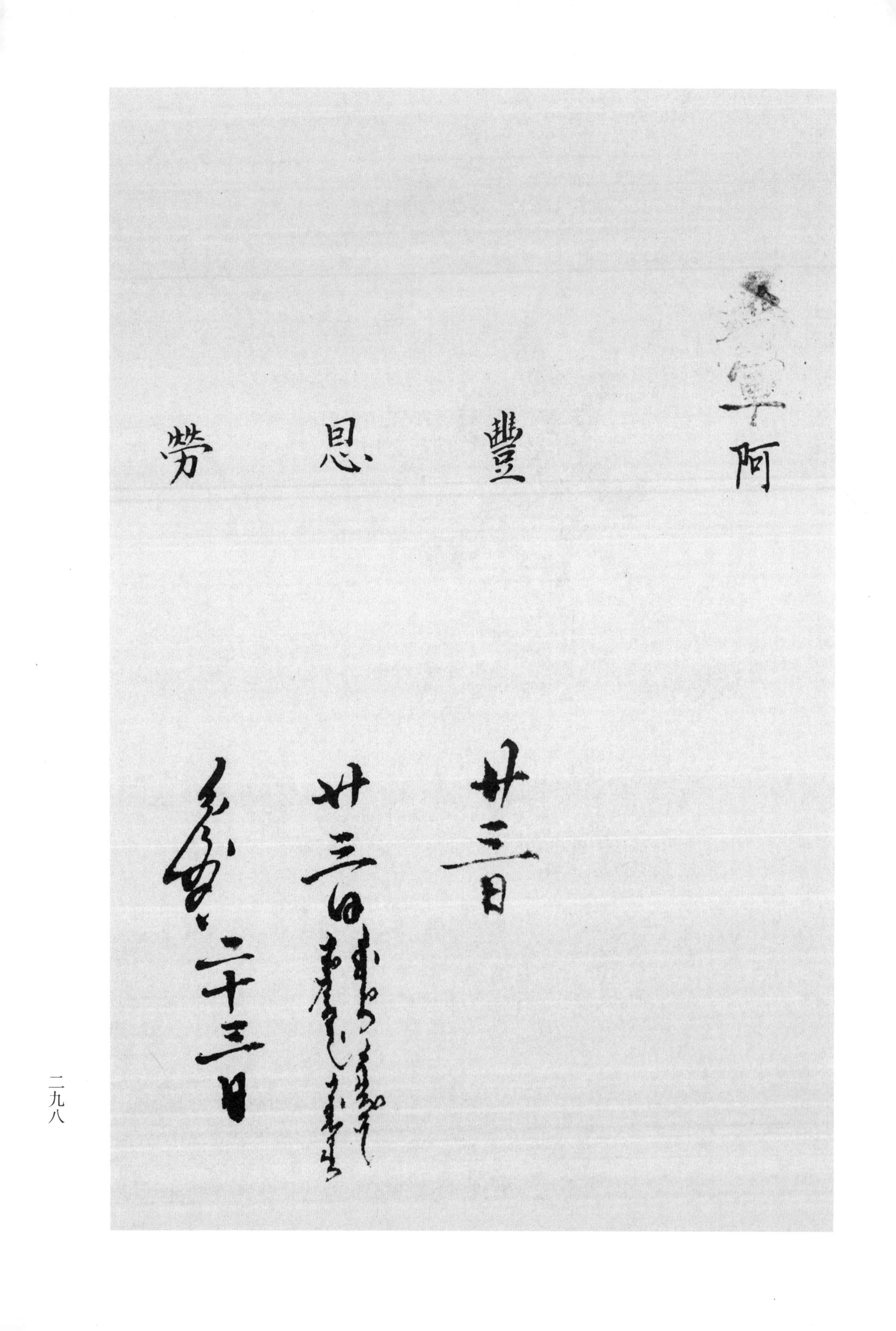

阿

豐　廿二日

恩　廿三日

勞　發、二十三日

領催倭昇額

一件准

盛京户部來文内開為咨催

霍二聘嫁銀兩送部交還

原主事

值月筆帖式博成

十五年三月二十二日

二十二號

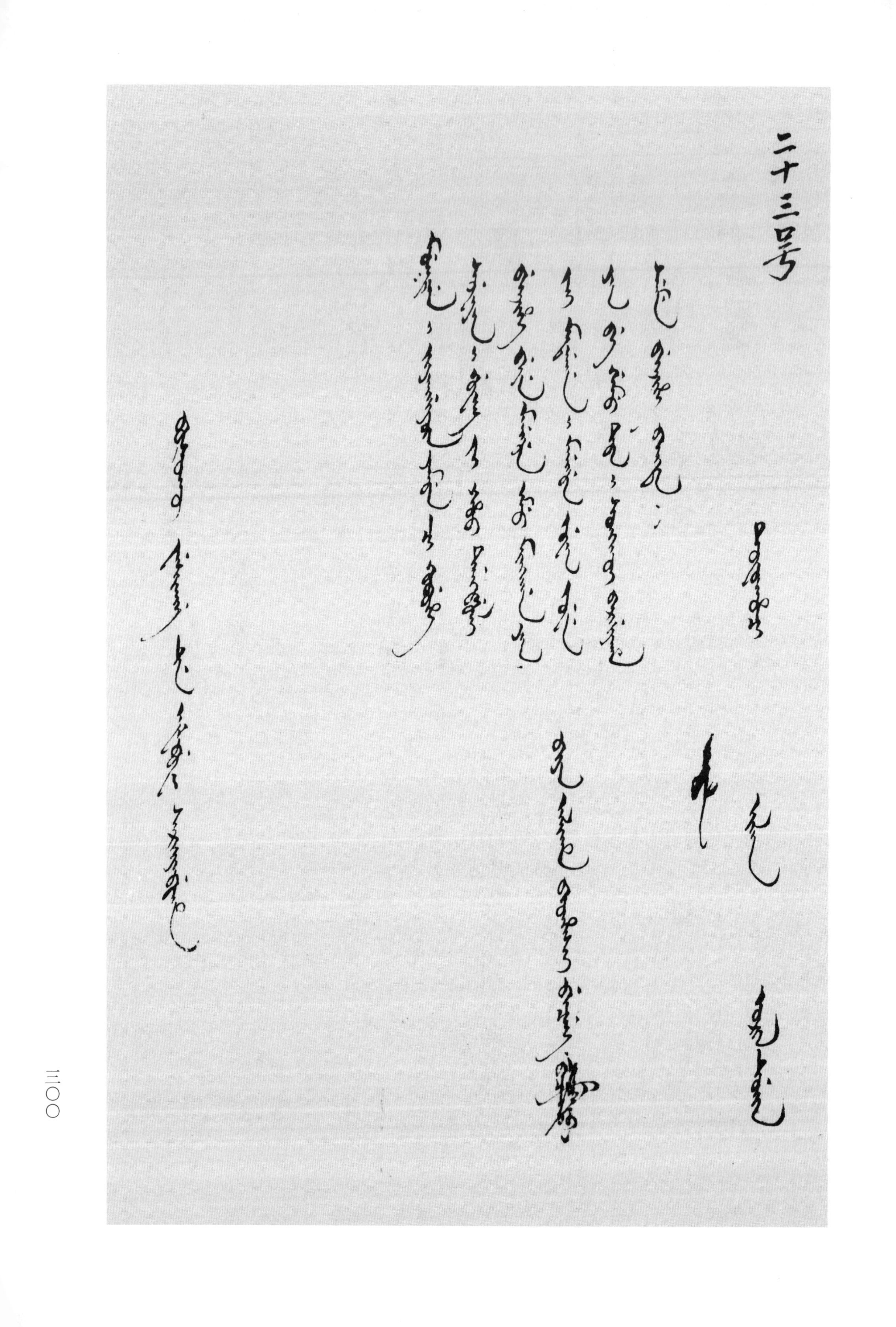

二十三号

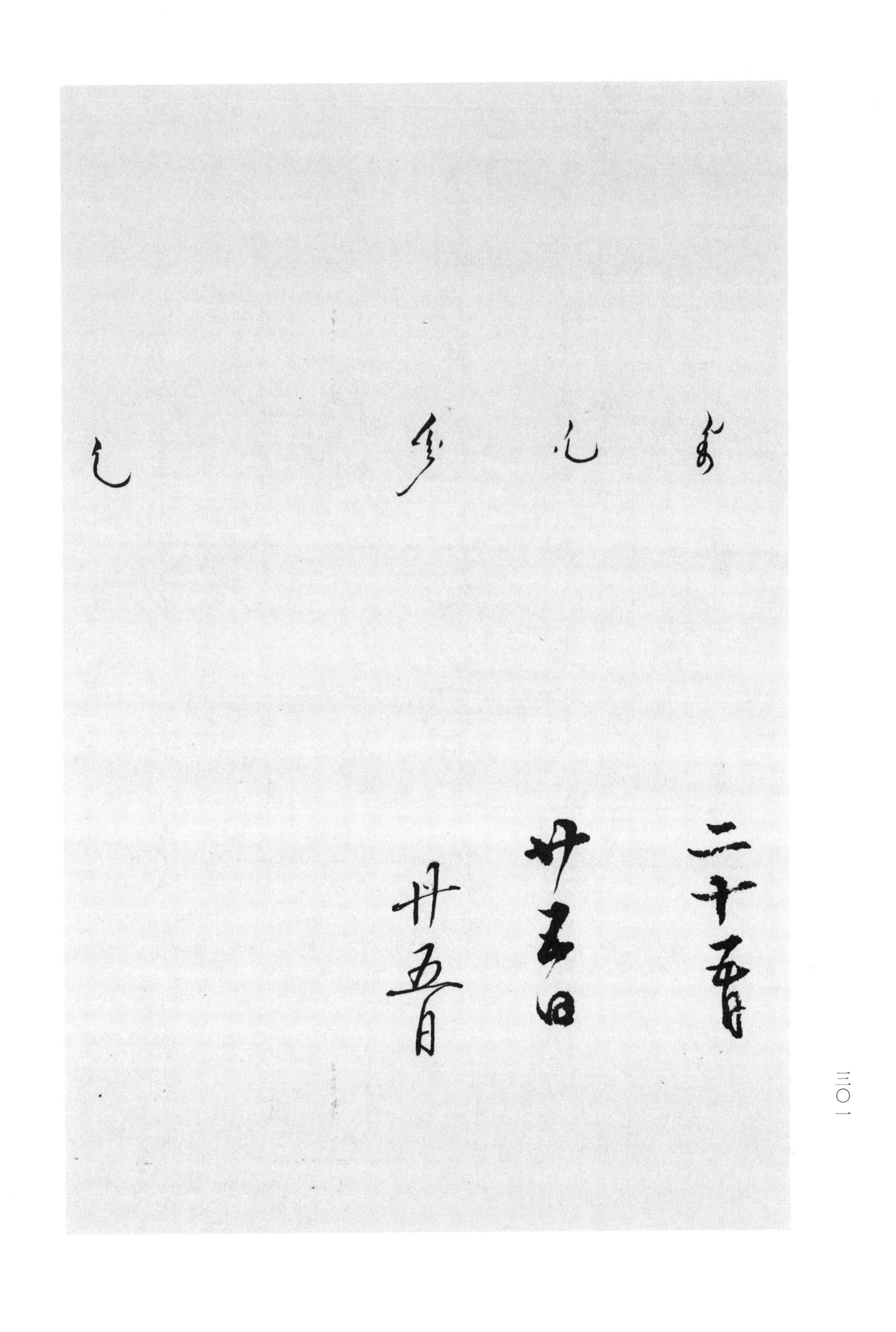

二十五年
廿五日
廿五日

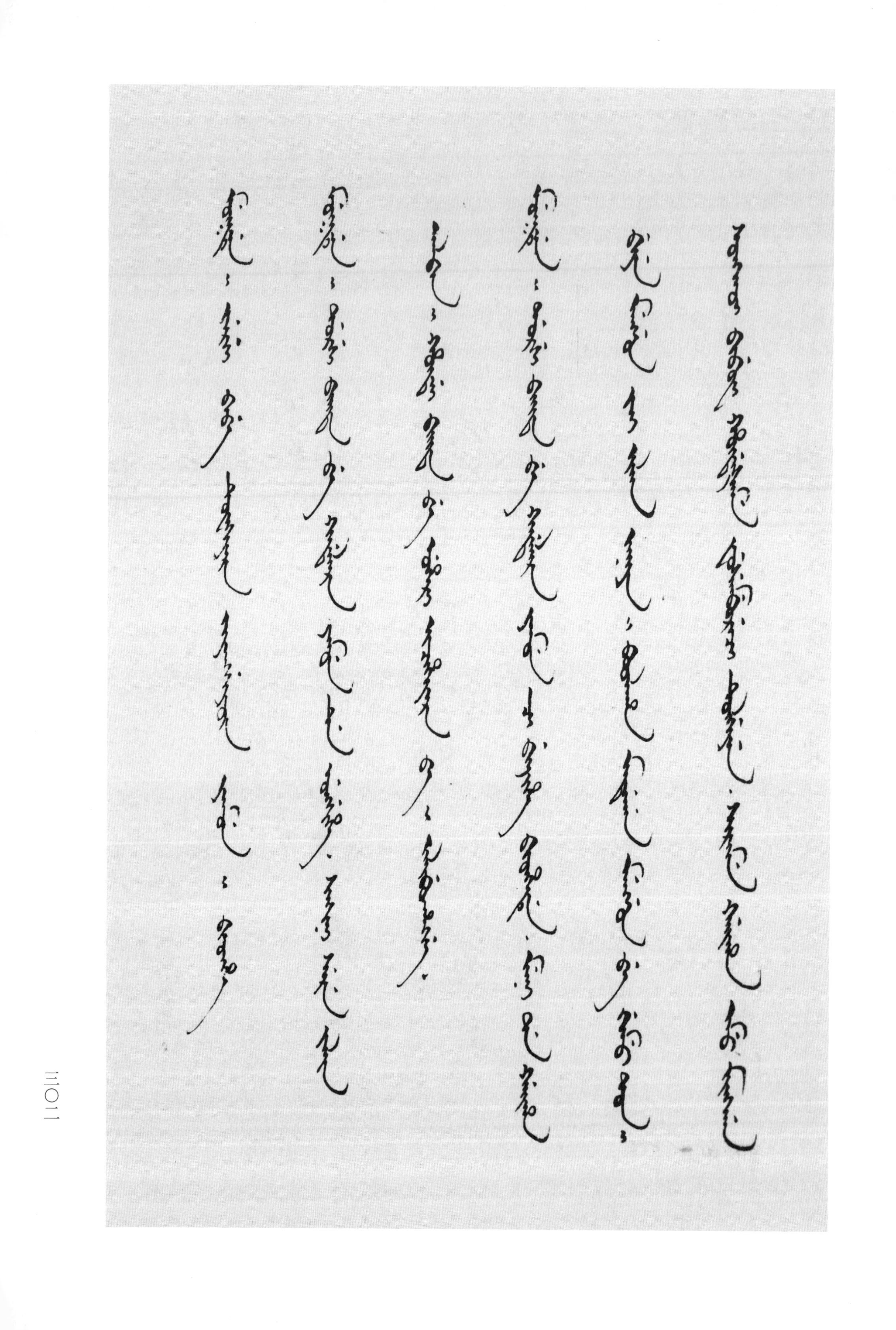

[illegible]

[illegible]

[illegible]

[illegible]

[illegible]

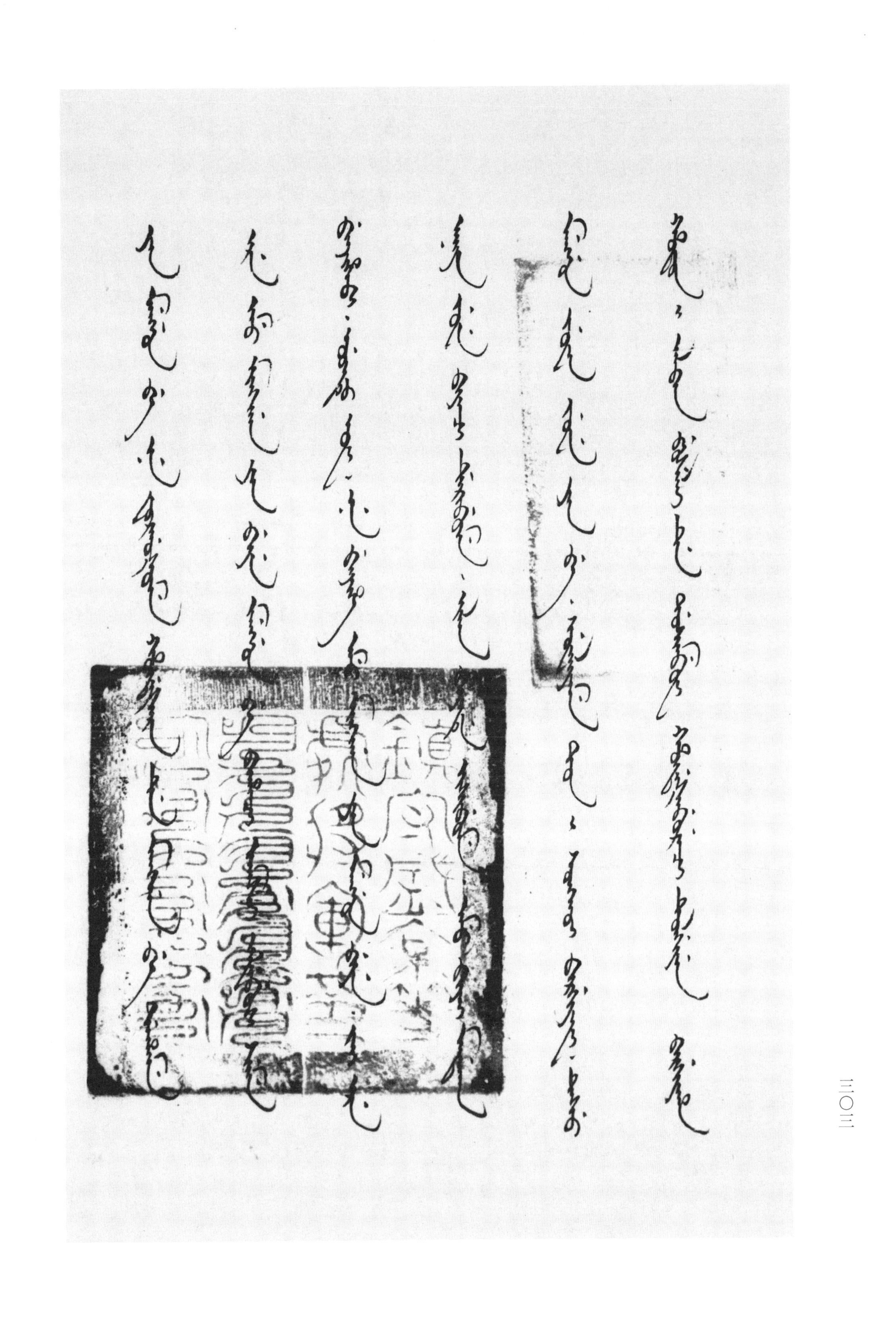

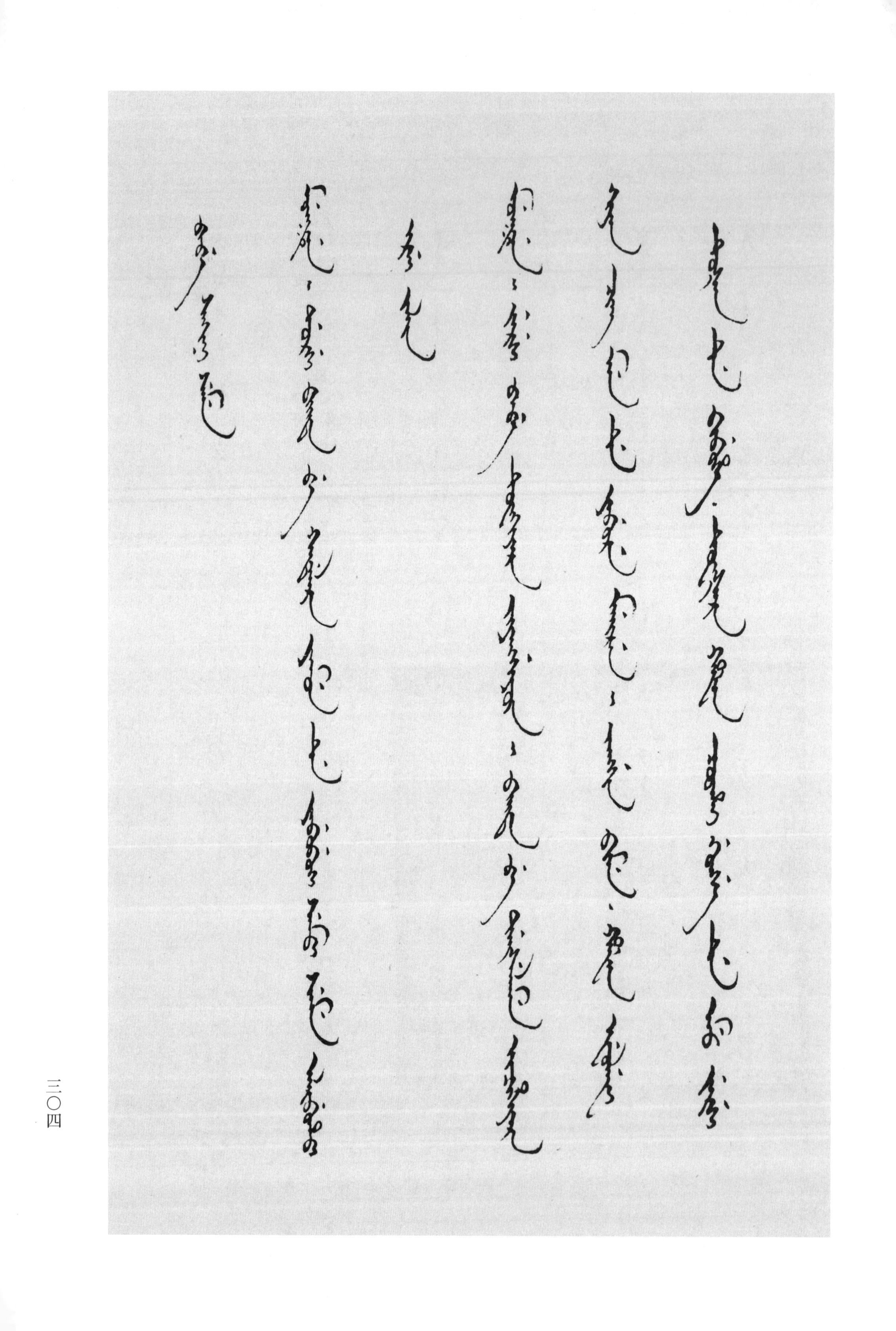

[illegible]

[illegible]

[illegible]

[illegible]

[illegible]

[illegible]

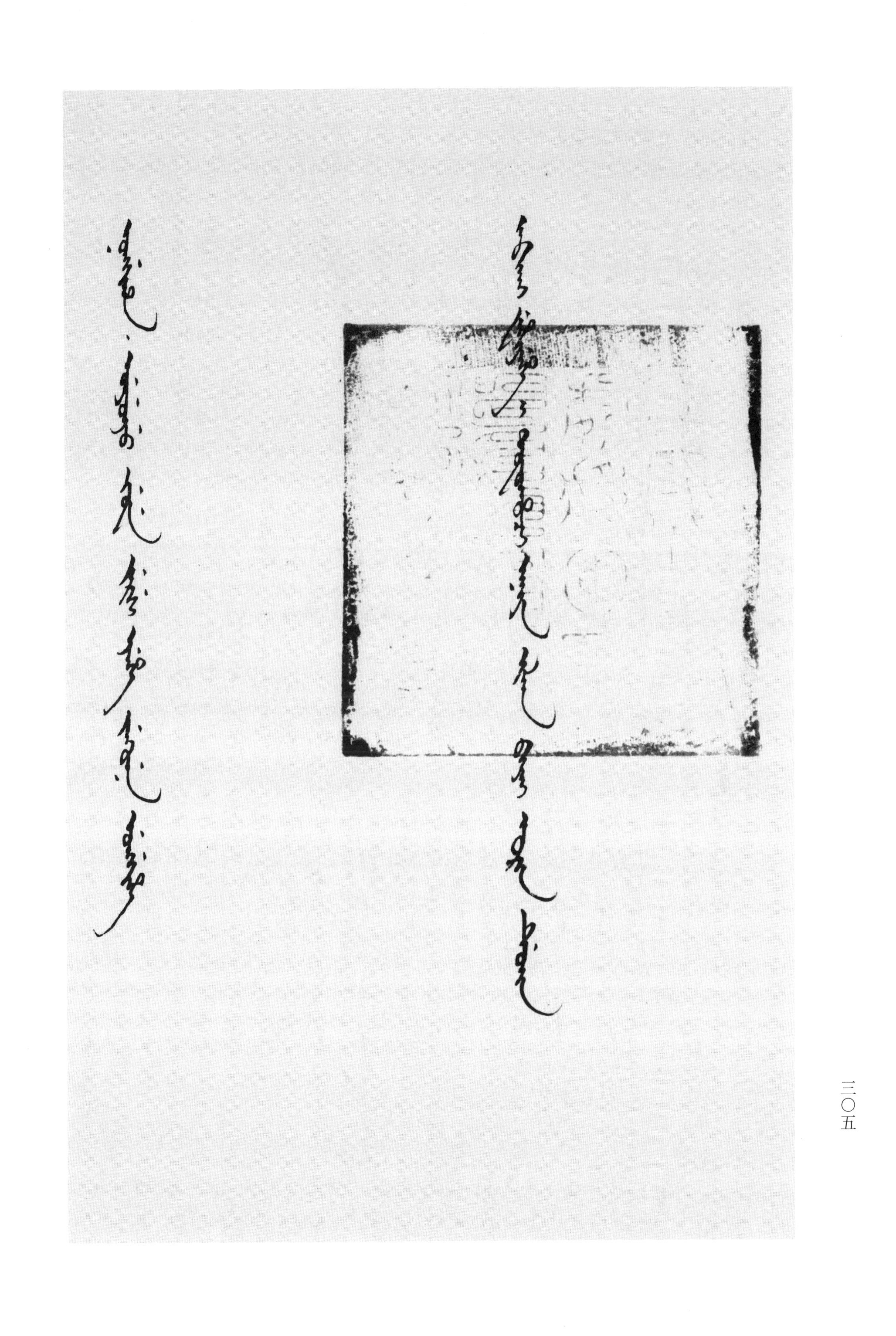

[illegible]

[illegible]

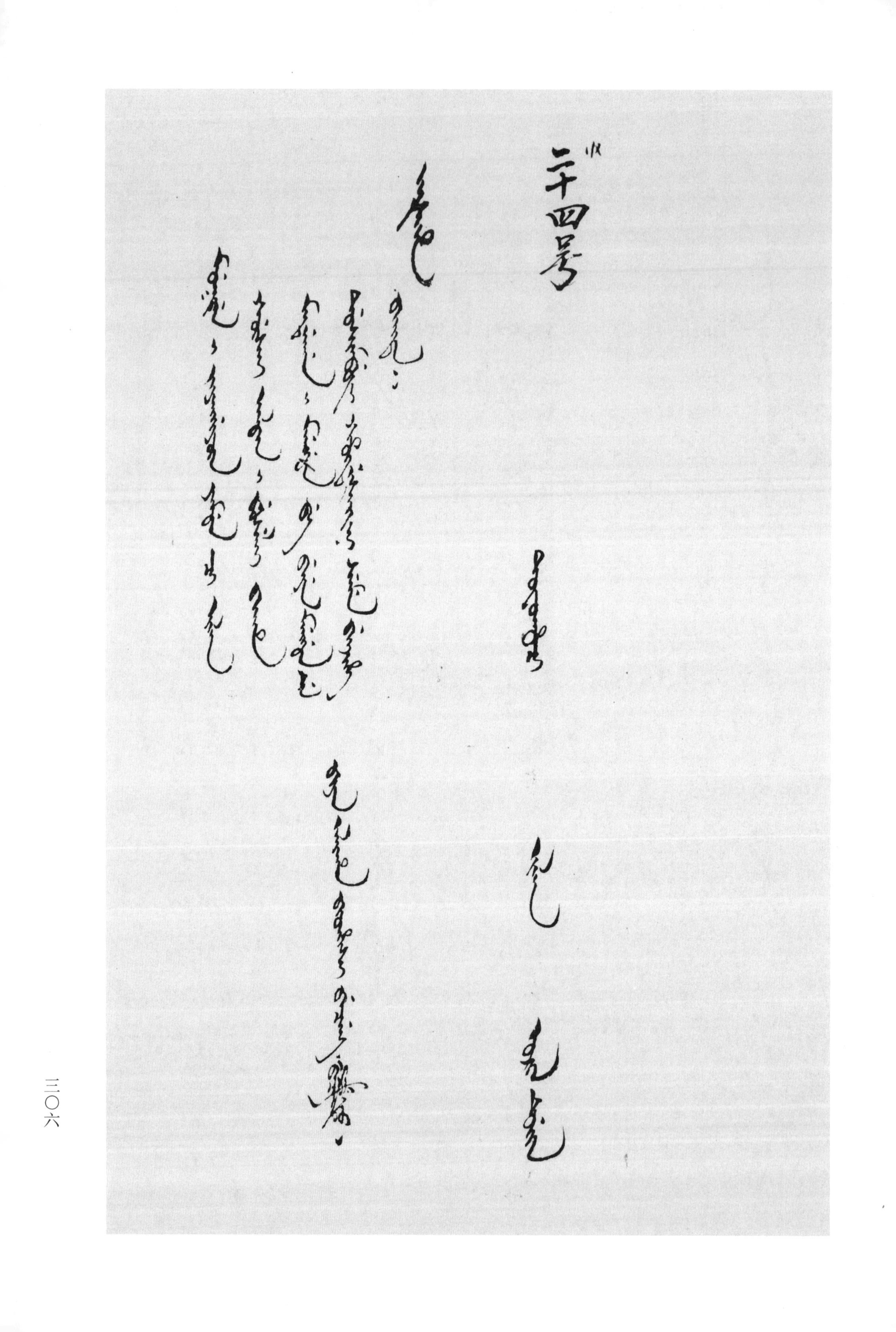

收

二十四号

ᡥᡝᠰᡝ

ᠰᠠᡥᠠ᠉

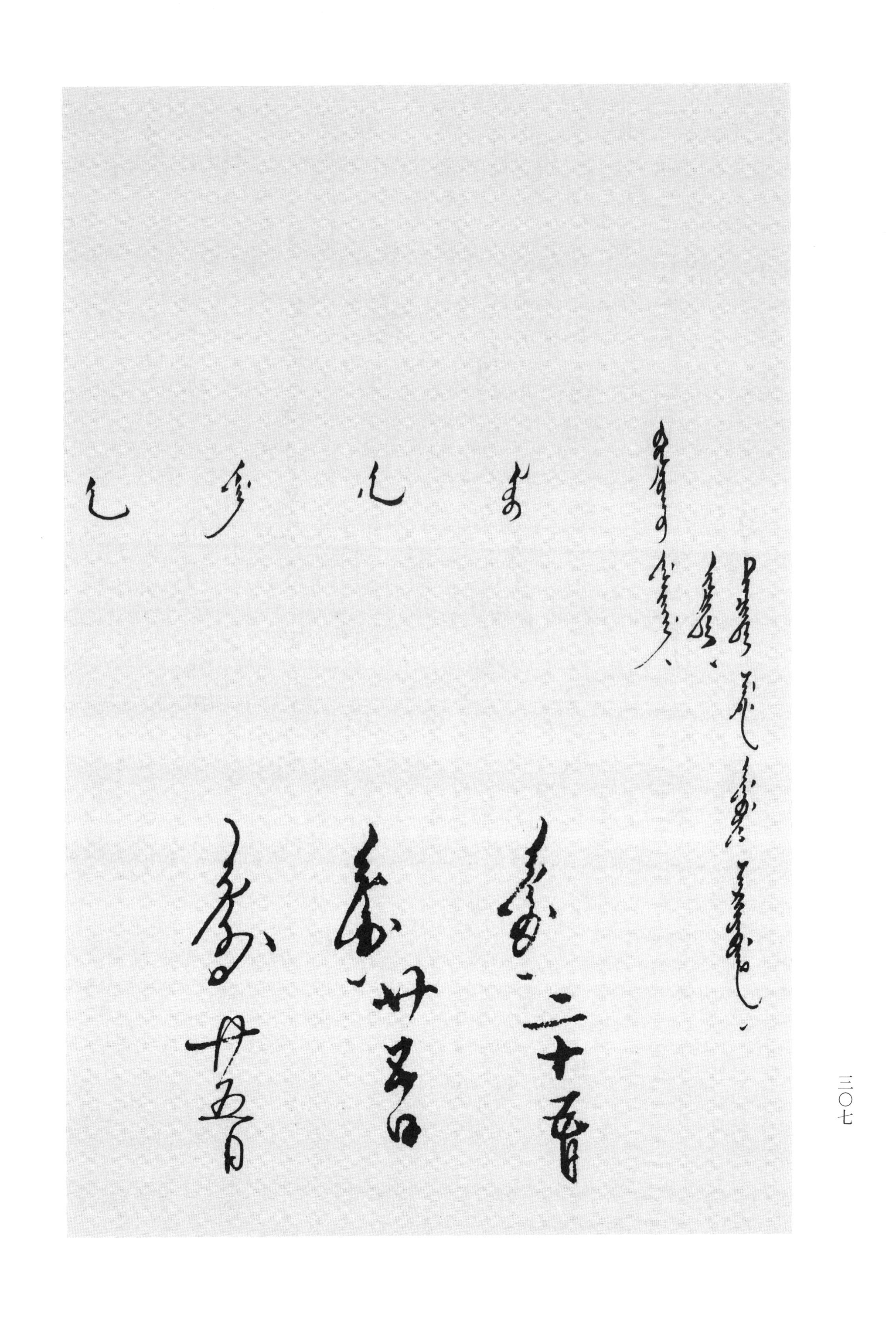

二十三日

廿四日

廿五日

除辛金火食銀一百六十四兩七錢

淨實得利作本銀六百五十八兩九錢

正白旗

共得利銀八百二十一兩一錢

除辛金火食銀一百六十四兩二錢

淨實得利作本銀六百五十六兩九錢

內務府廂黃旗

共得利銀一千二十兩七錢

除辛金大食銀二百四兩一錢

淨實得利作本銀八百一十六兩六錢

正黃旗

共得利銀八百二十三兩六錢

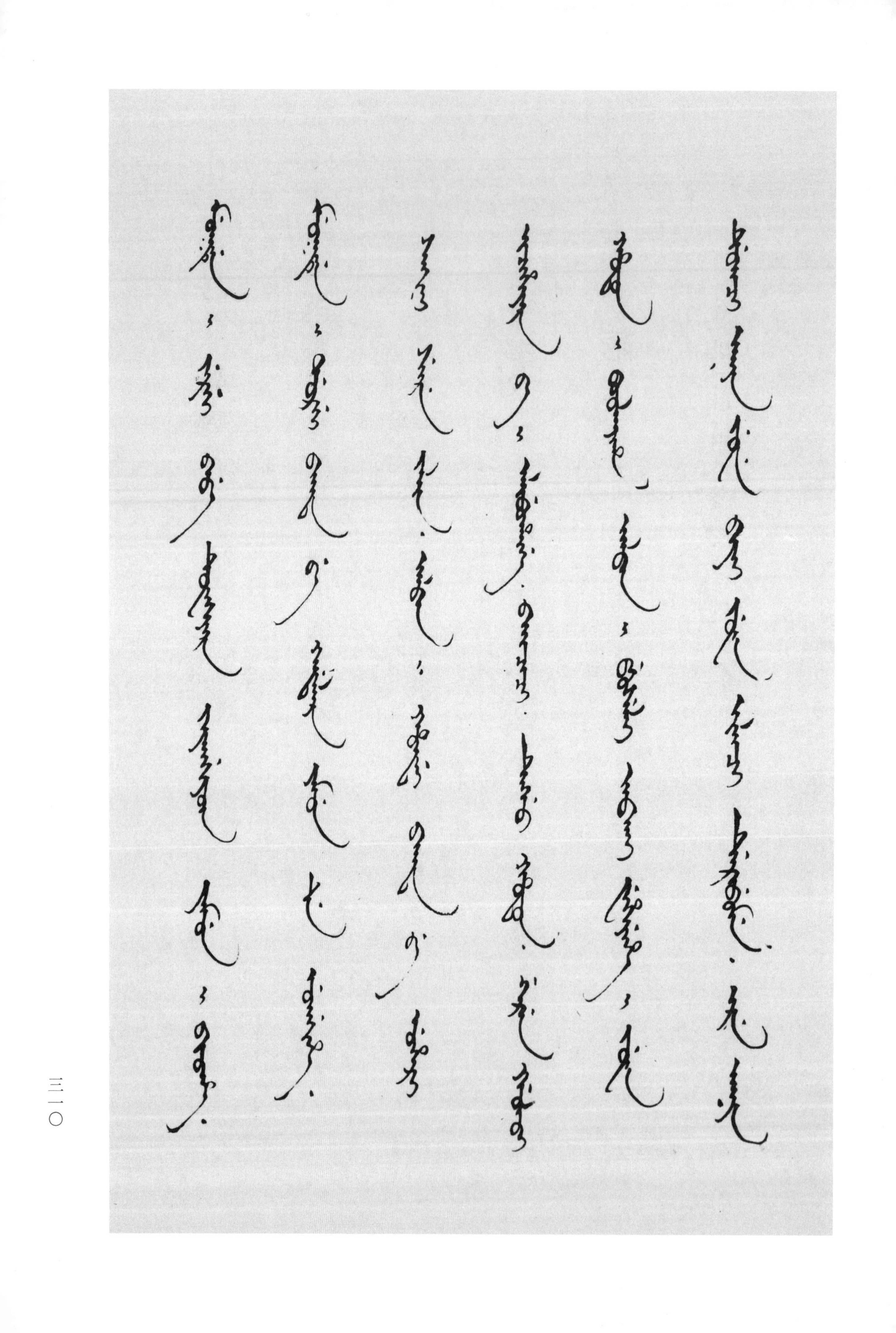

[illegible]

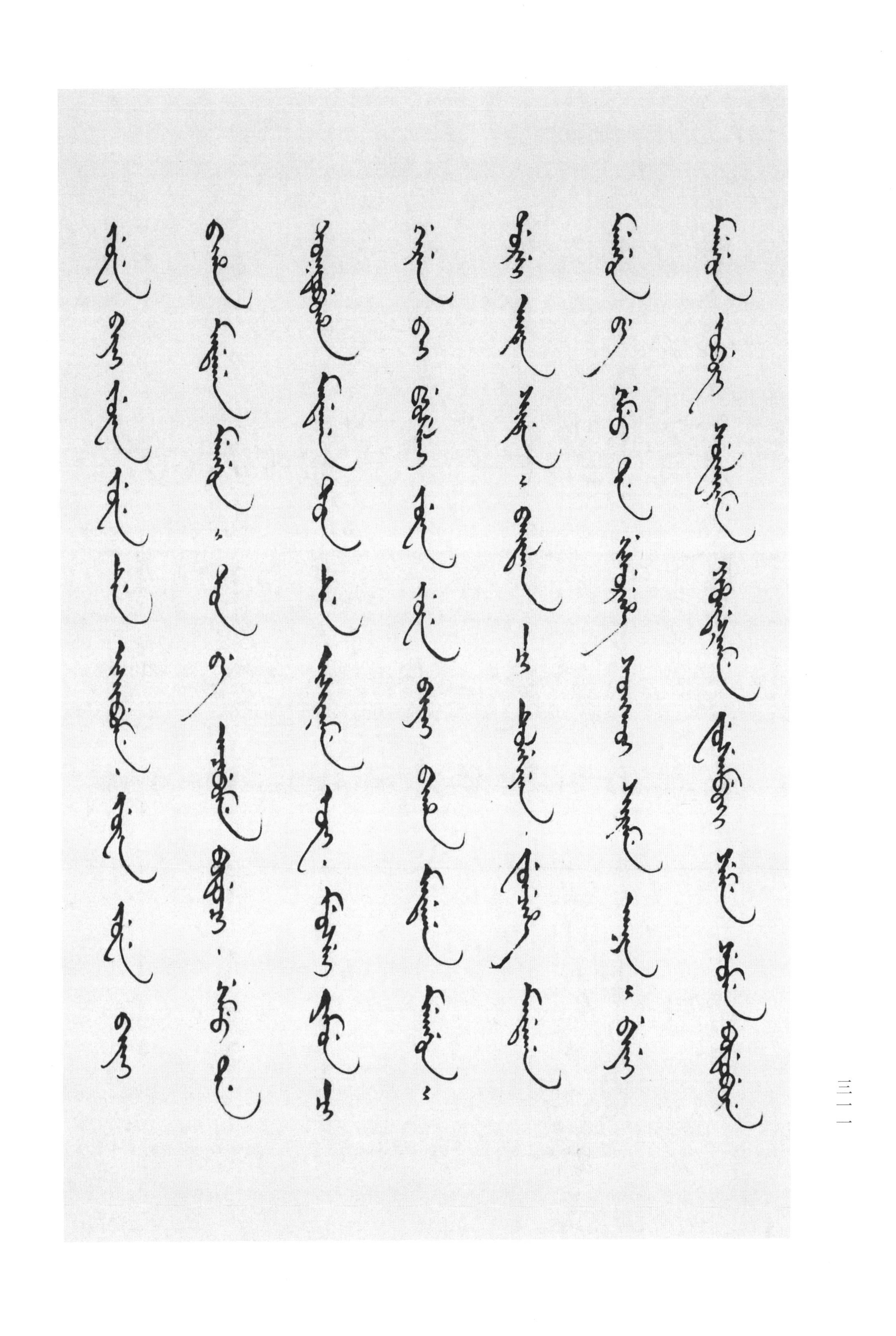

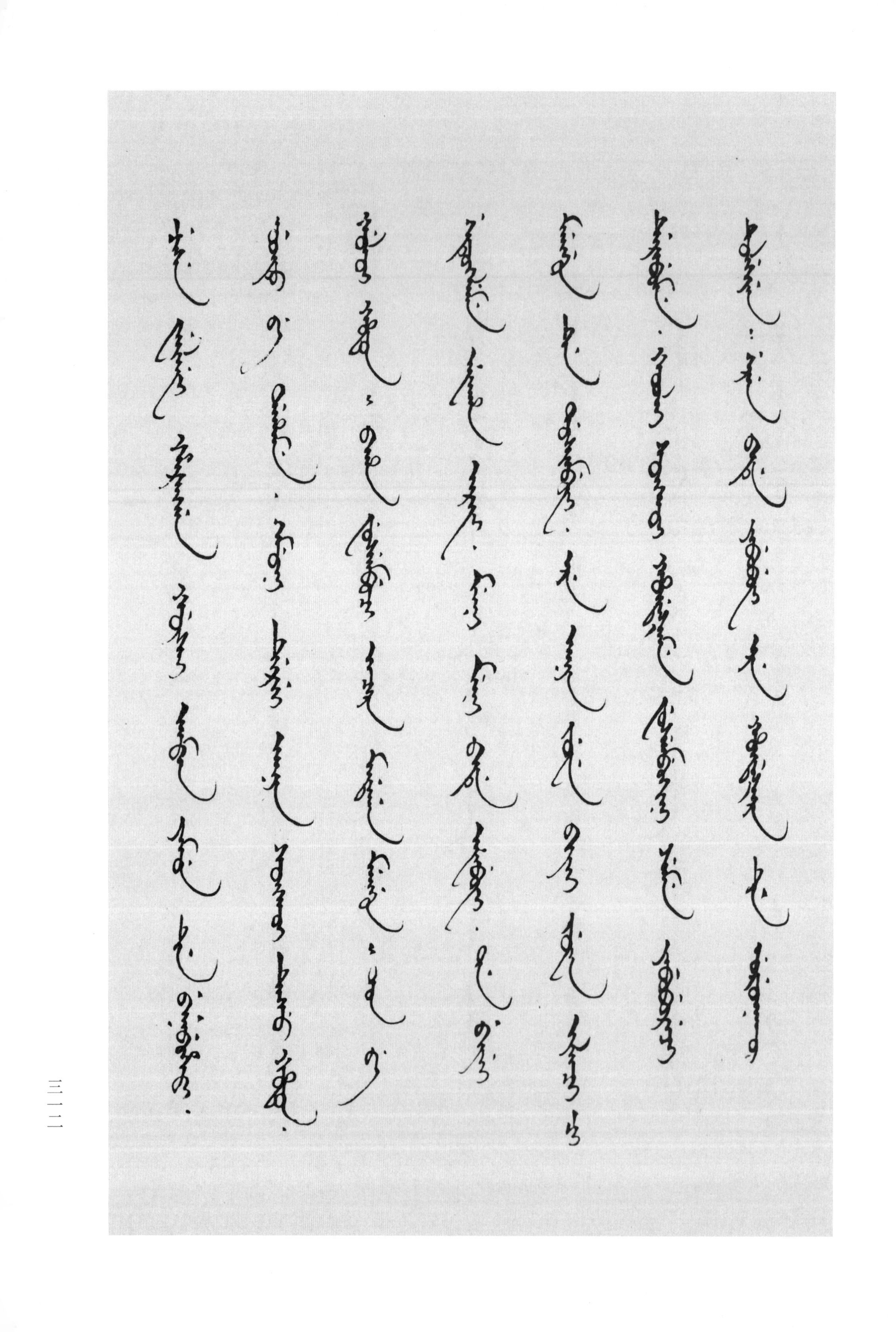

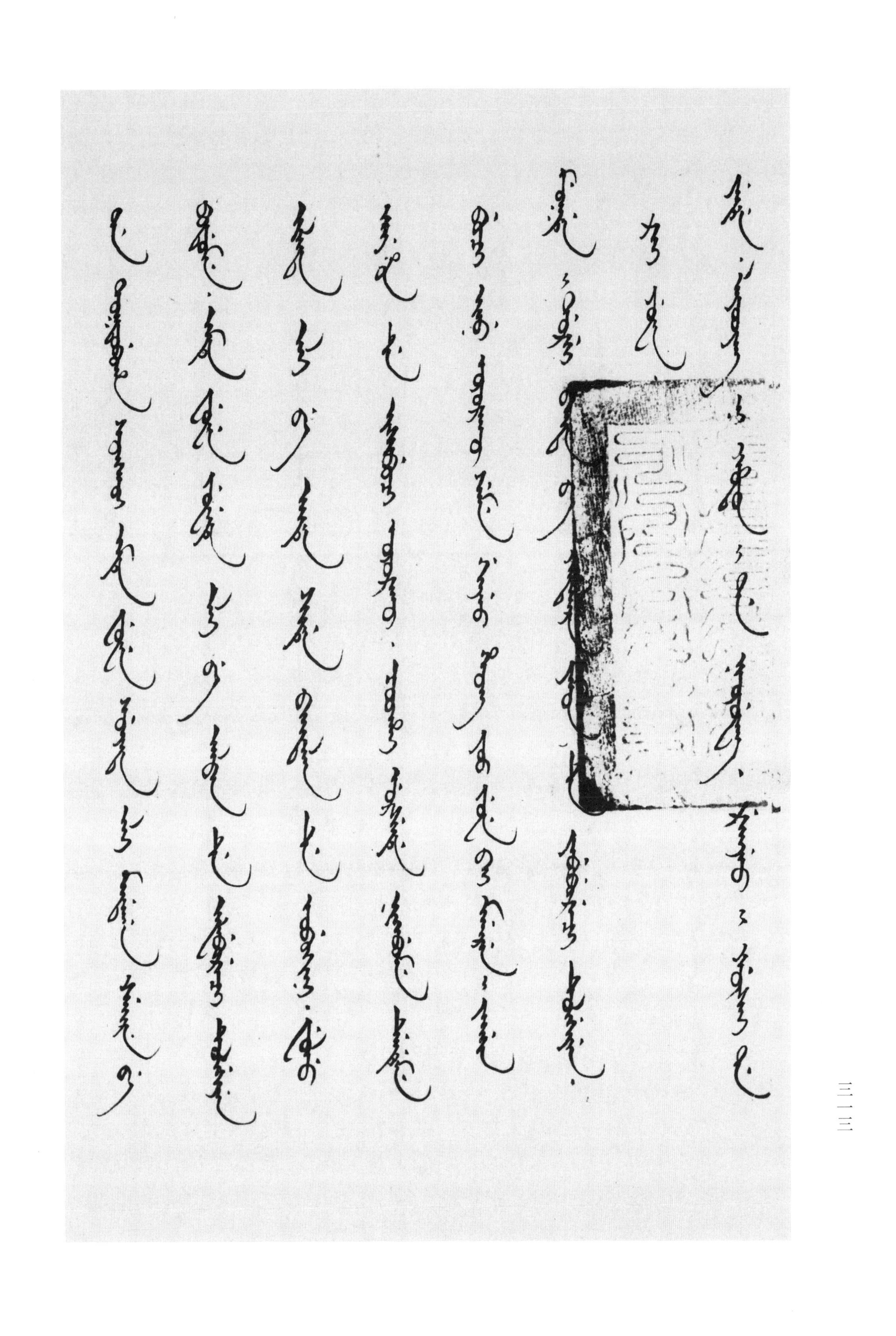

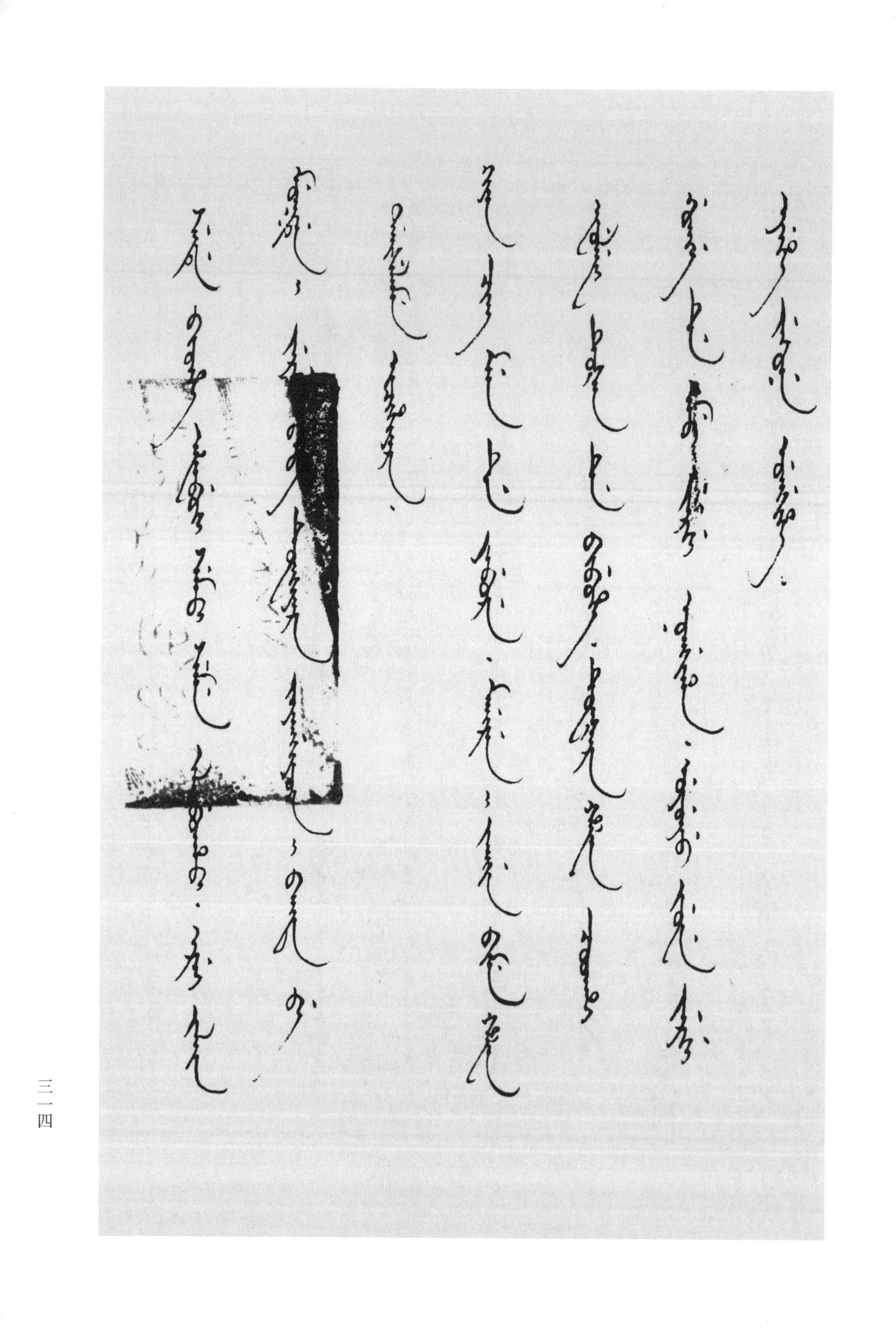

[illegible]

[illegible]

[illegible]

[illegible]

[illegible]

[illegible]

[illegible]

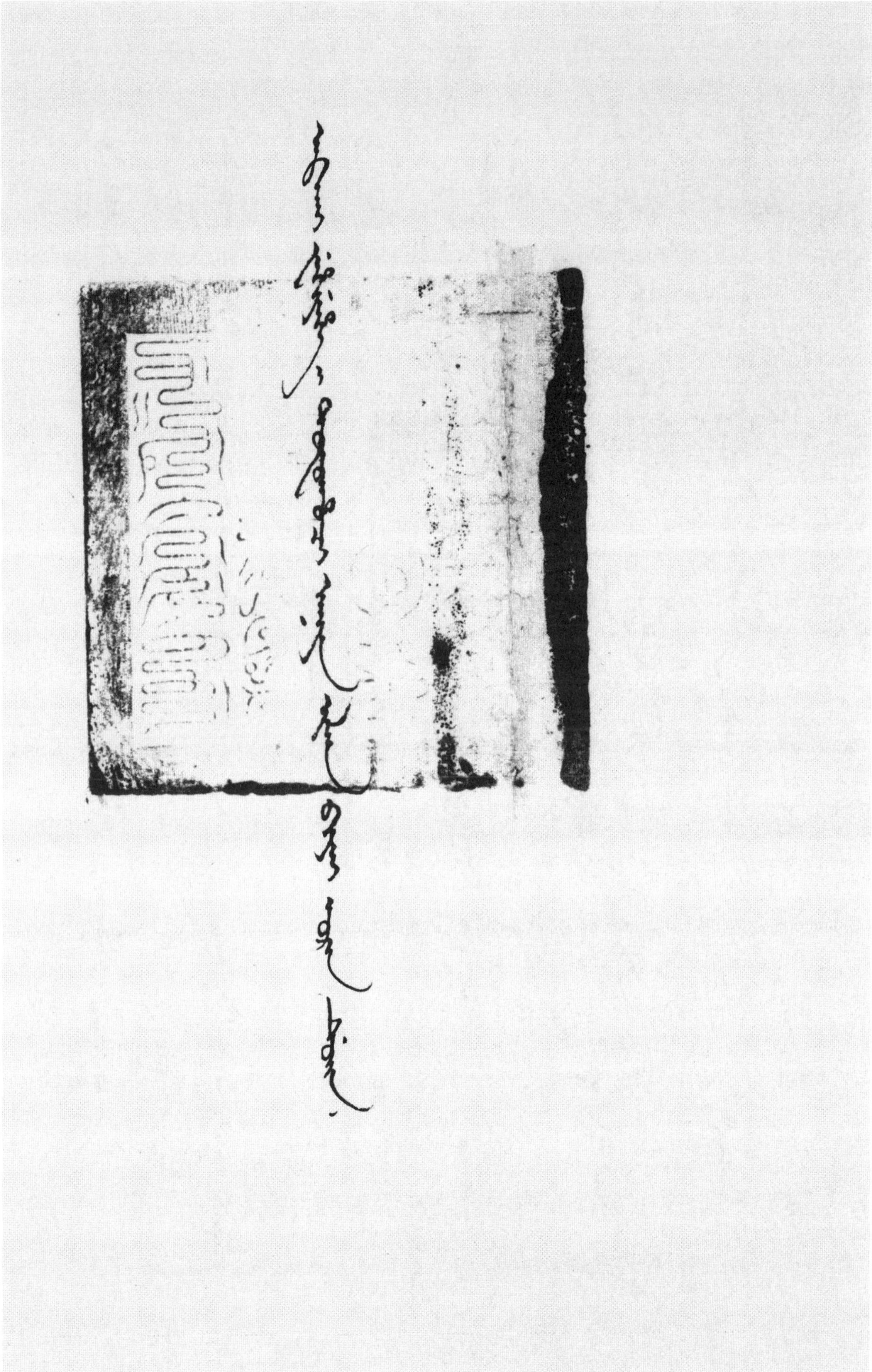

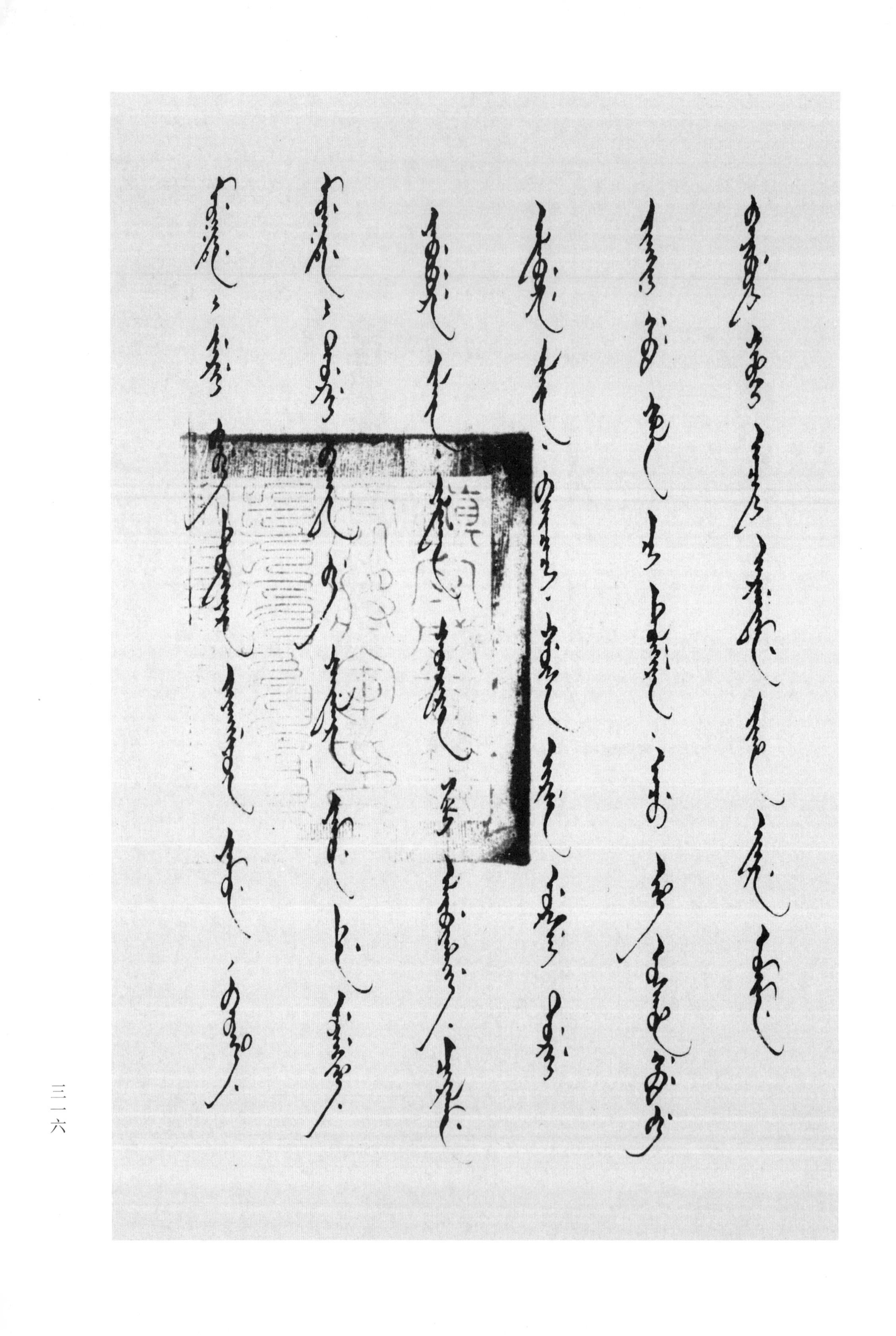

[illegible]

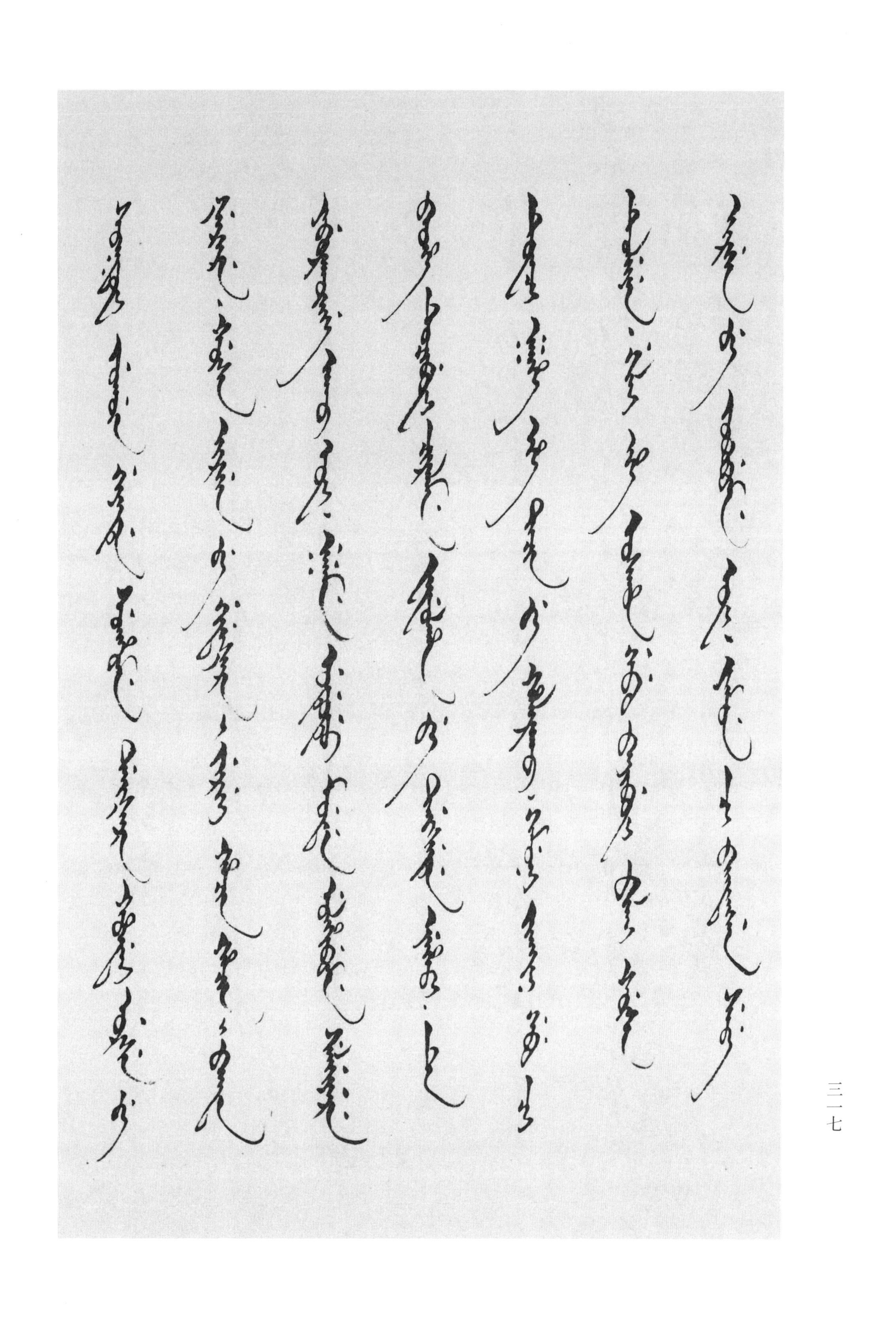

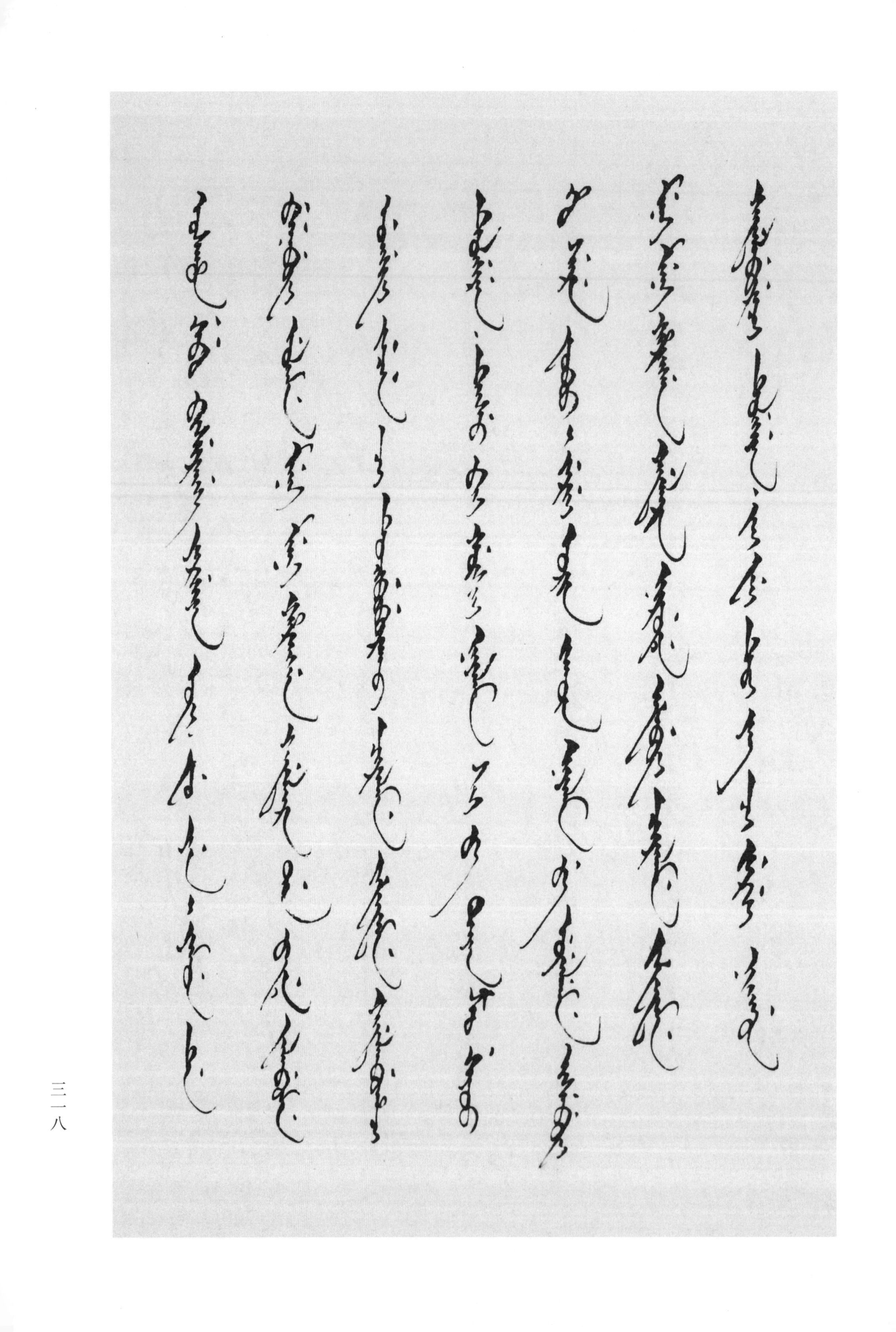

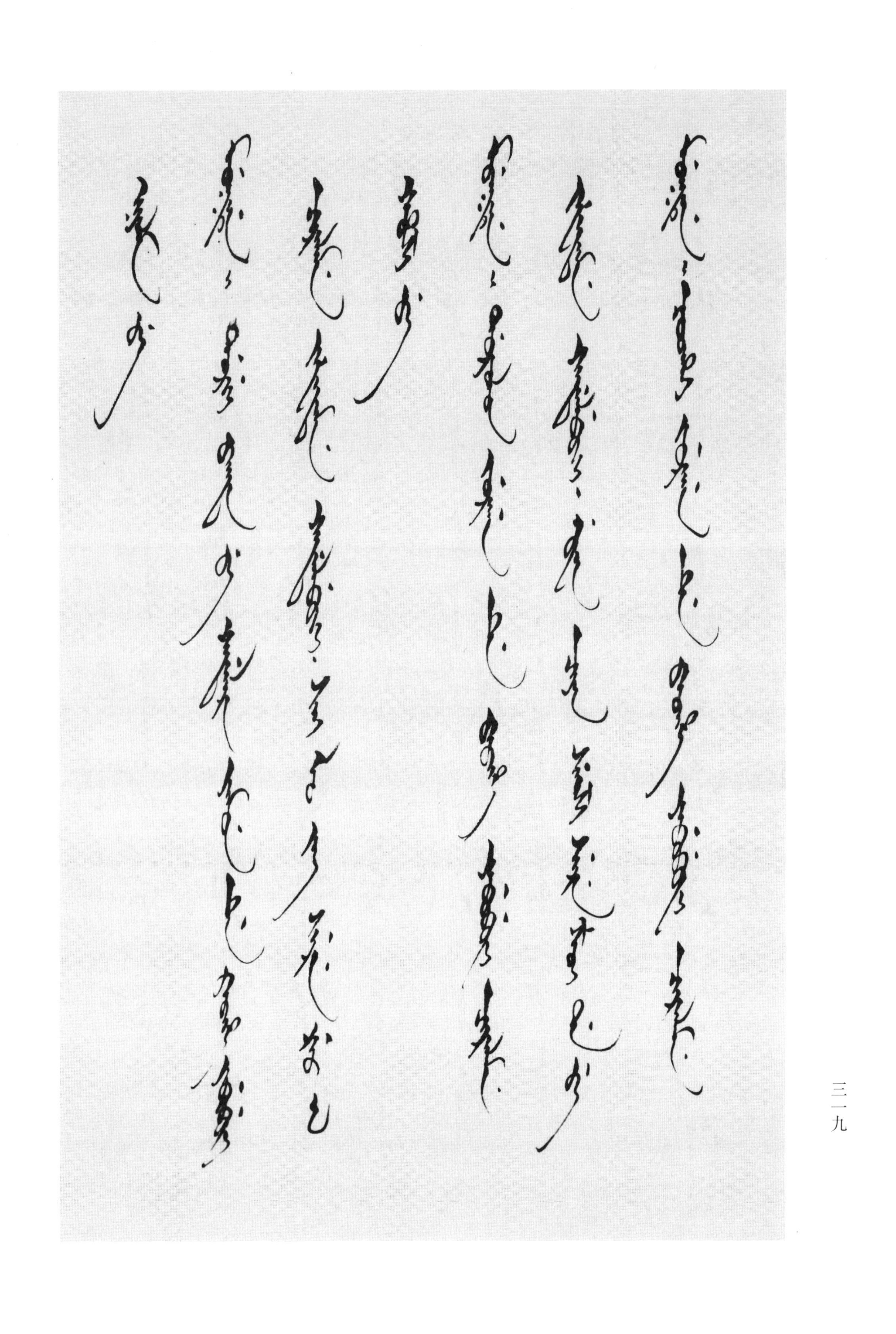

[illegible]

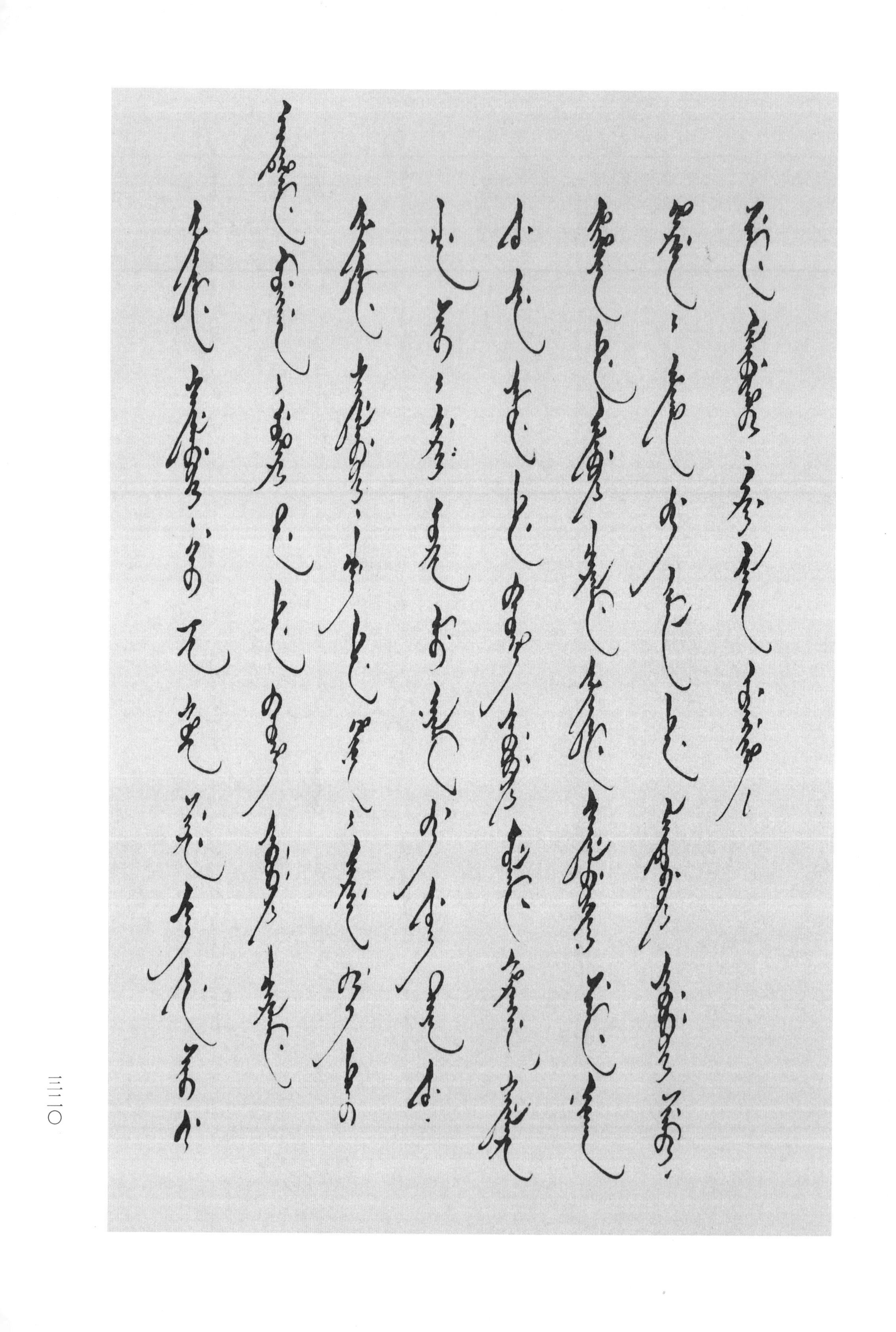

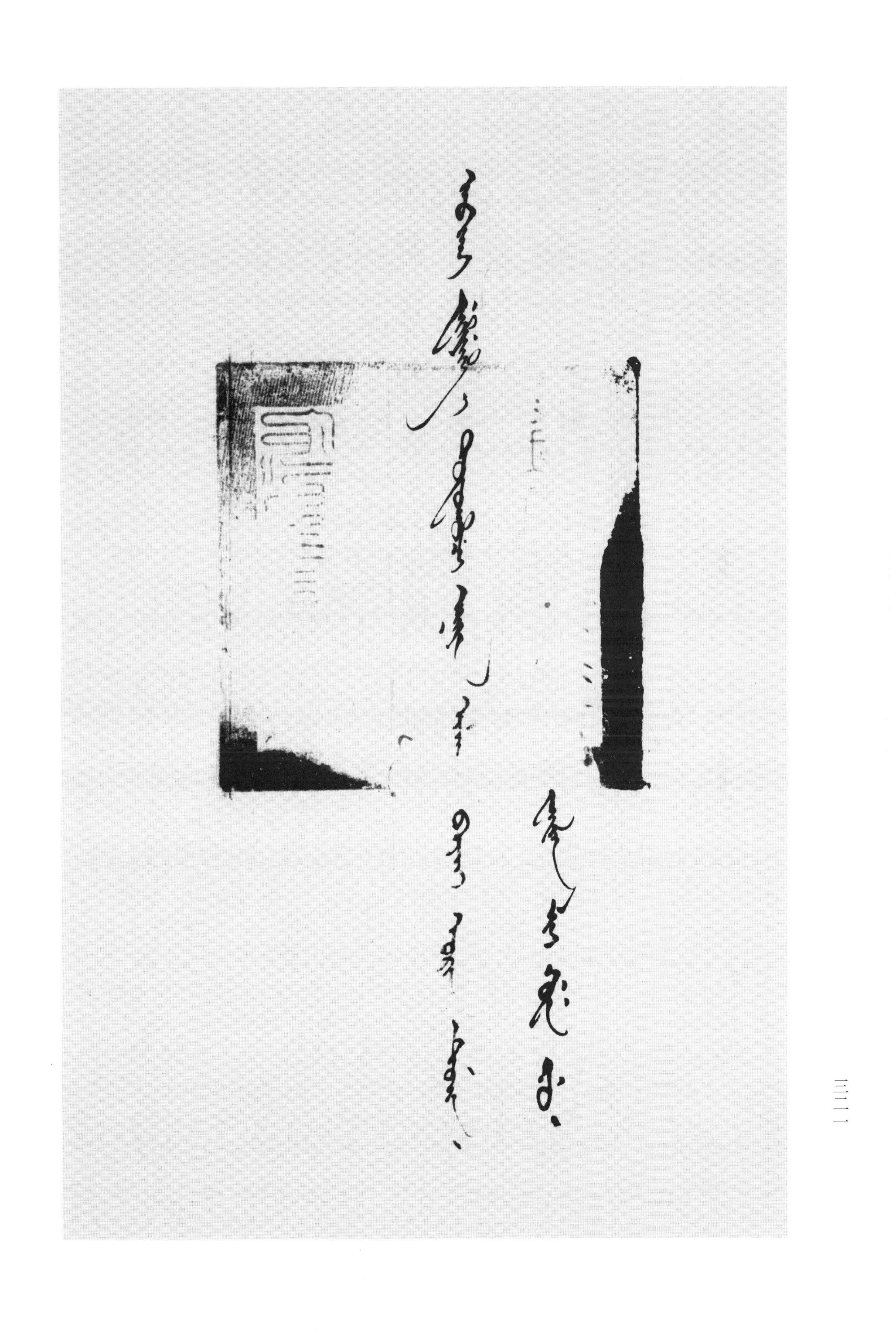

[illegible]

[illegible]

乾隆十五年十一月廿六日

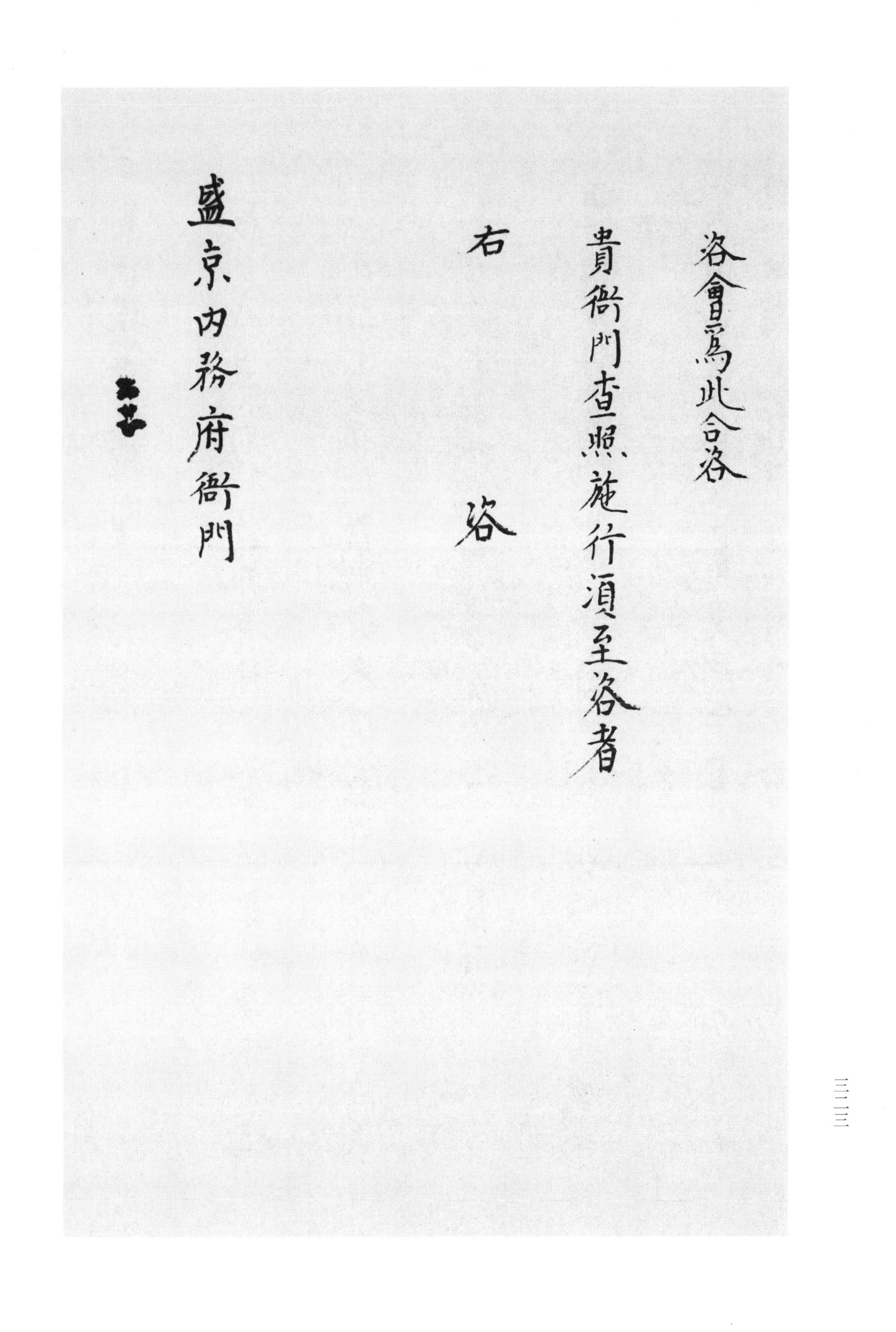

咨會爲此合咨

貴衙門查照施行須至咨者

右　　咨

盛京内務府衙門

旨會同理藩院侍郎
盛京將軍前往邊外養什木牧廠查辦地畝定於正
月二十三日起程所有奉天府銀印一顆於正月二十三
日差委承德縣知縣黃開泰賫文并具疏
題報外相應關送為此合關貴堂煩爲查照署理等
因准此即於是日接受到任所有接印到任日期相應

咨

署奉天府府尹事提督奉天等處學政加一級紀錄六次李　爲

知會事乾隆十五年三月二十三日准

奉天府府尹圖　關開爲關送事爲照本府尹奉

[illegible]

一件准
奉天府府尹衙門來
文內開為接受到任
日期知會事

值月筆帖式博成額

廿二十六号

十伍

三

二十六

阿

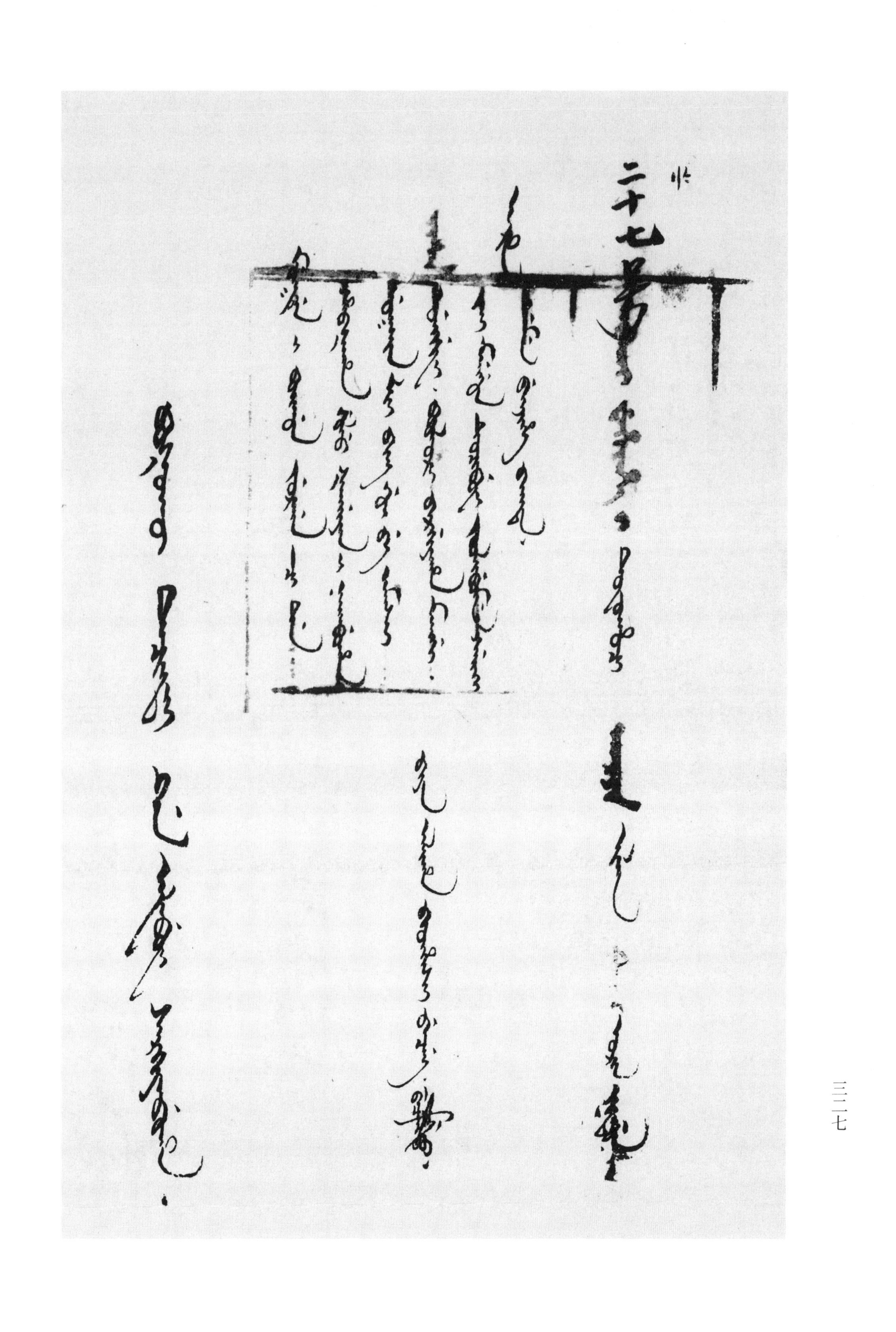

收

二十七日

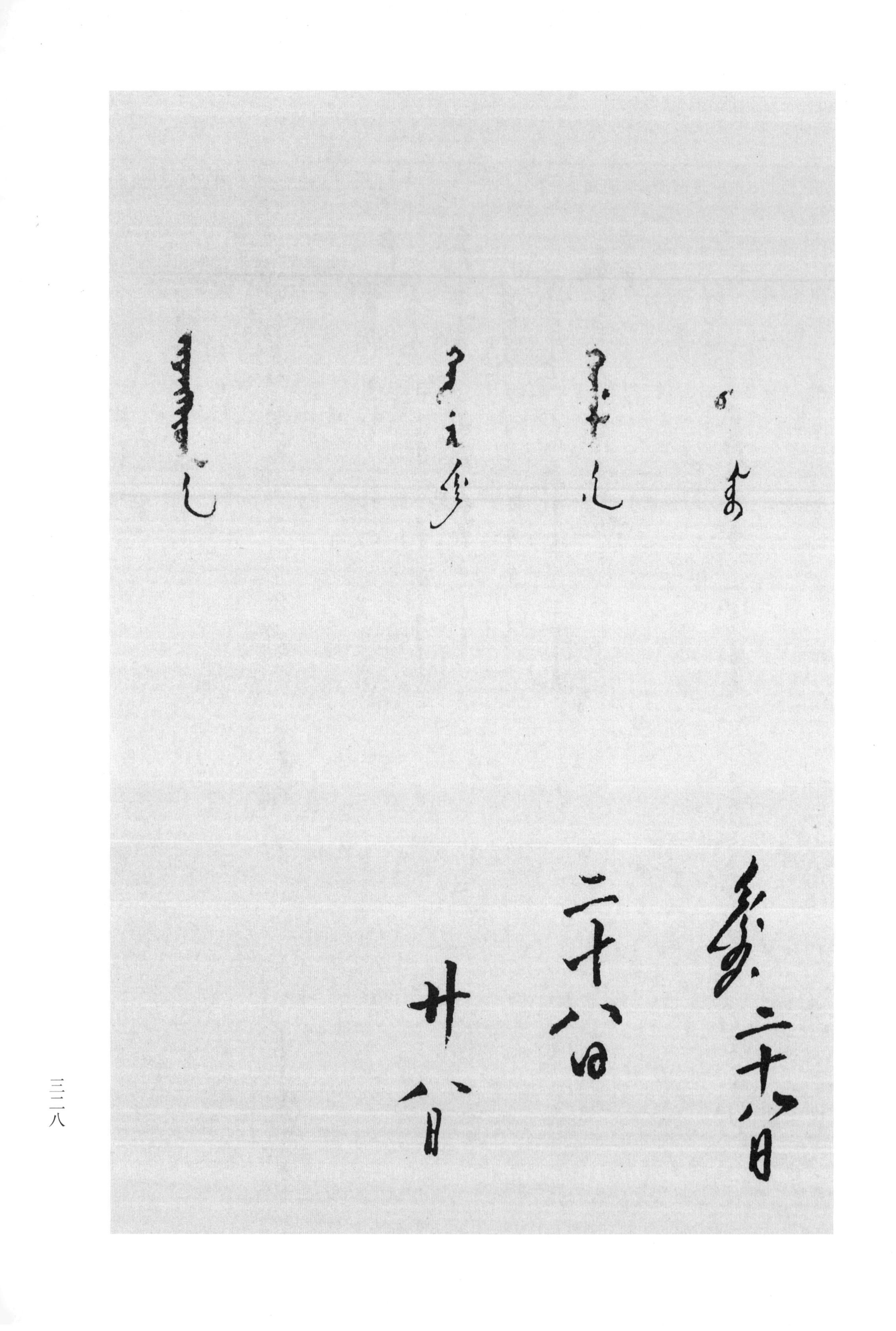

奏 二十八日

二十八日

廿八日

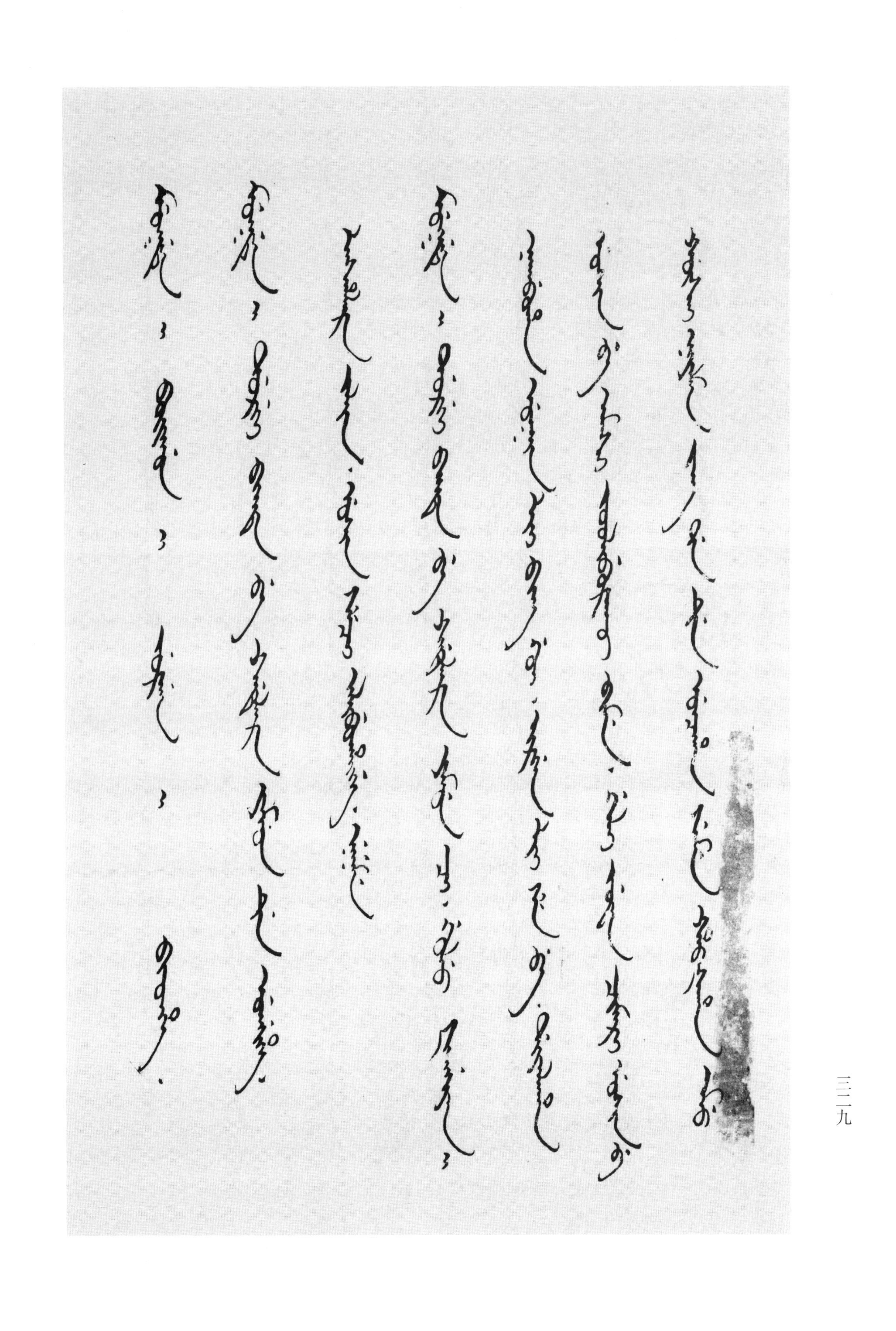

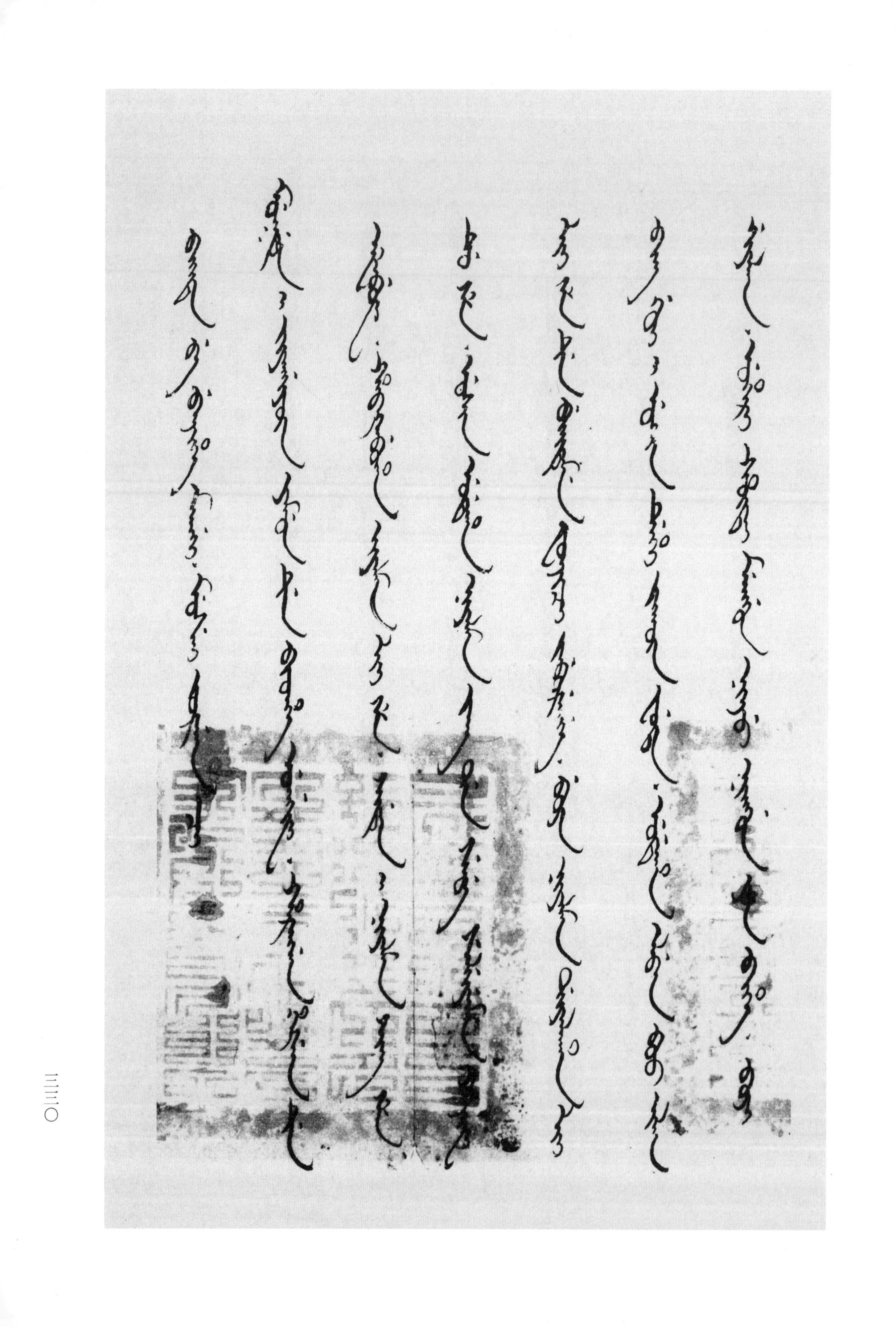

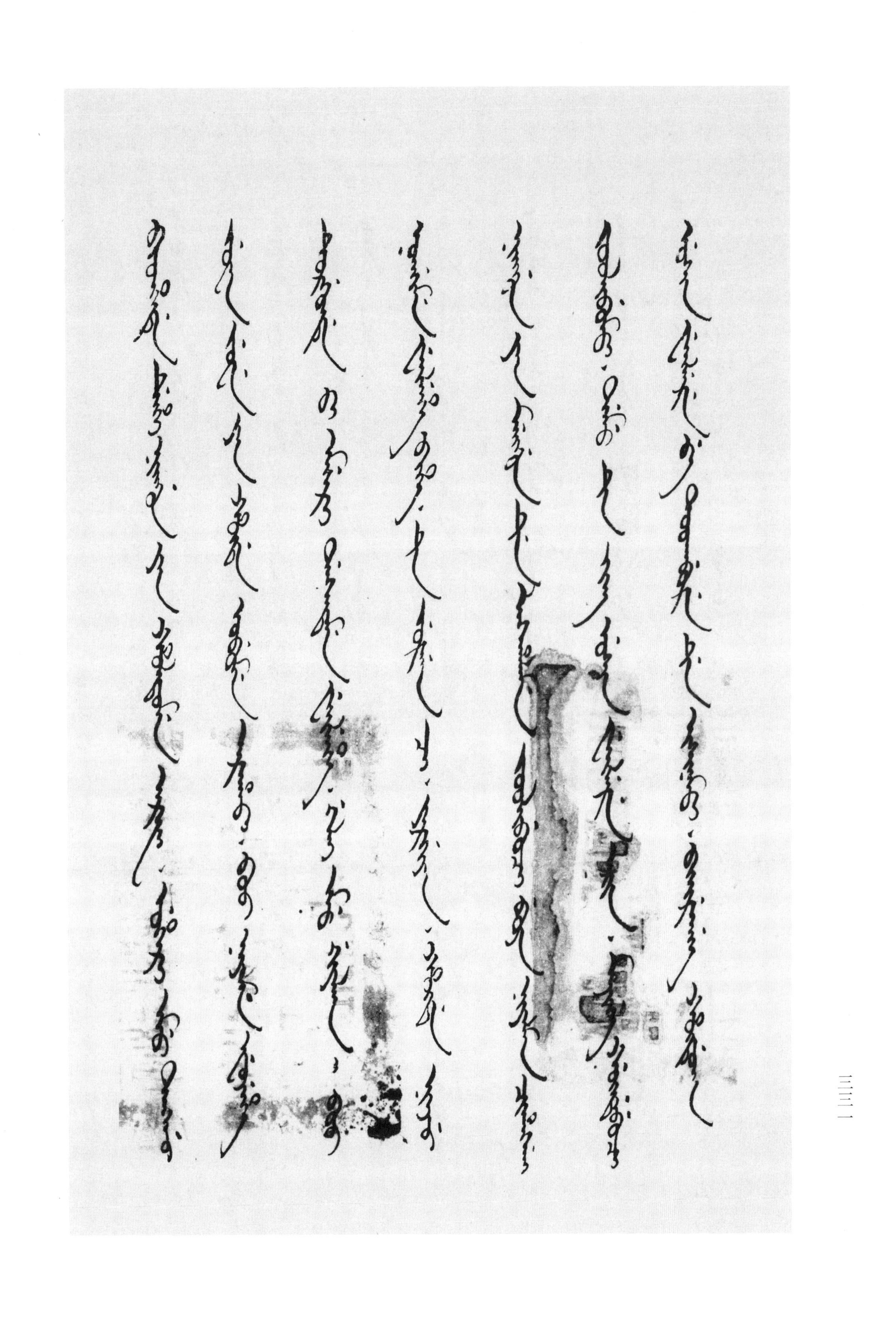

[illegible]

[illegible]

[illegible]

[illegible]

[illegible]

[illegible]

[illegible]

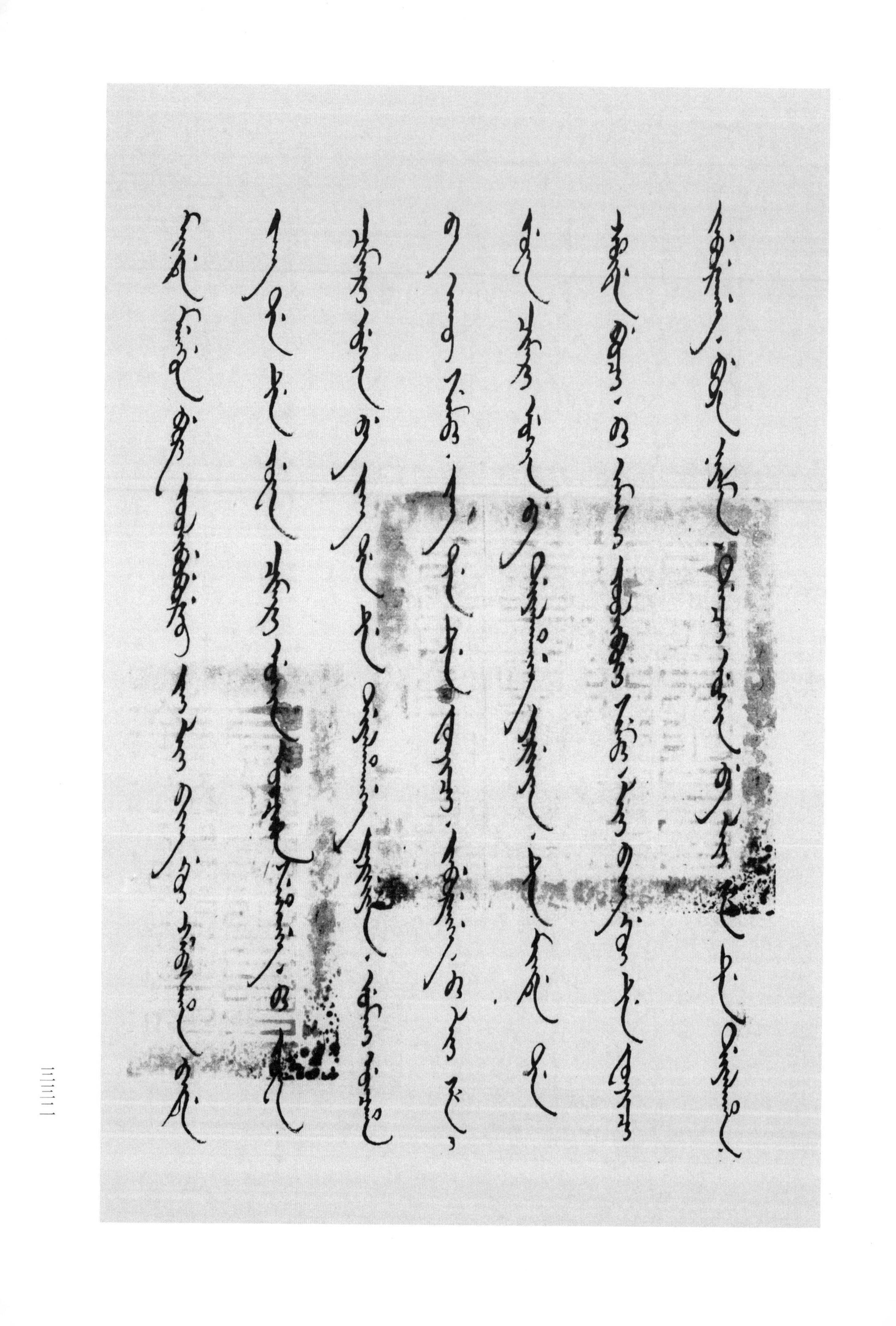

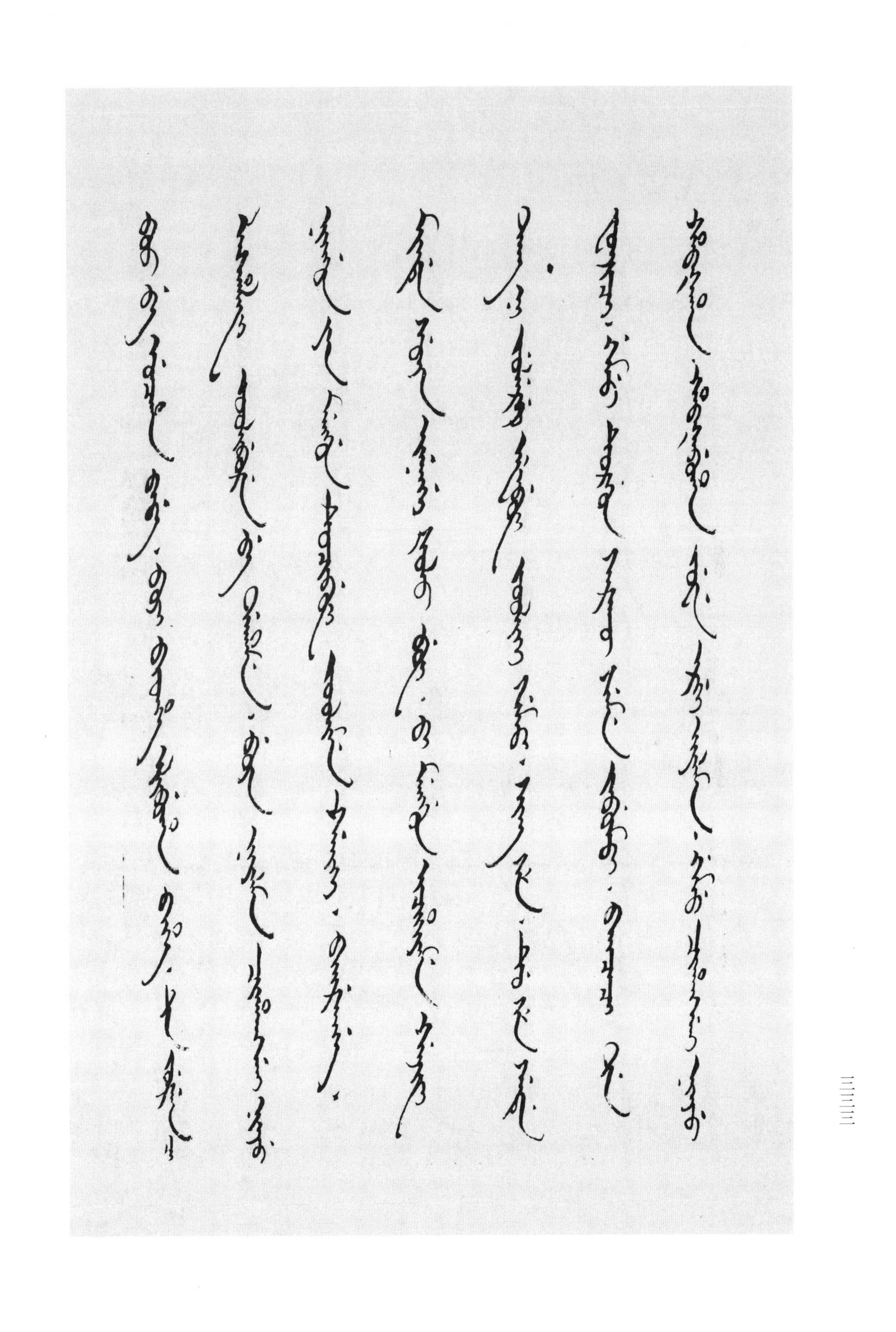

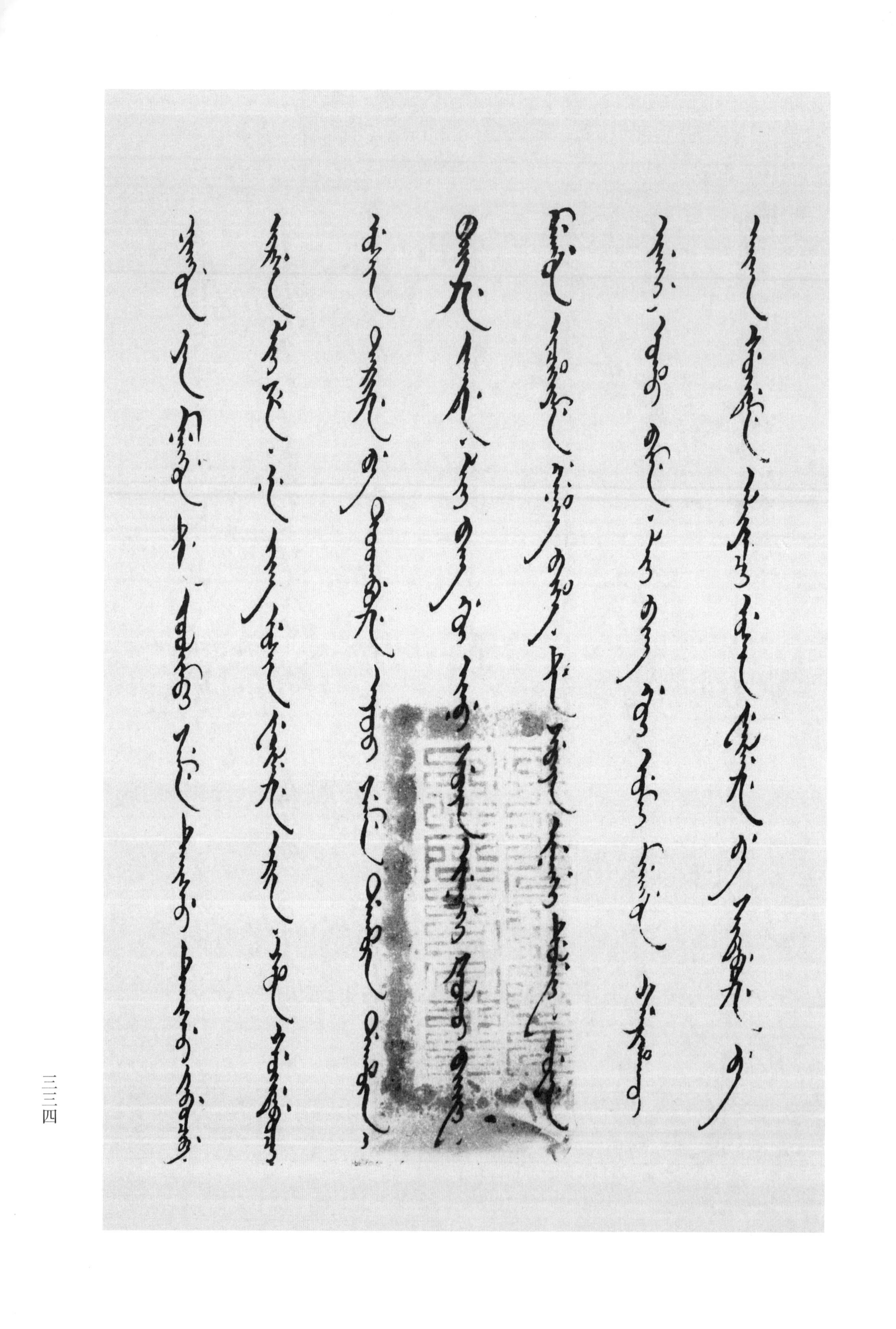

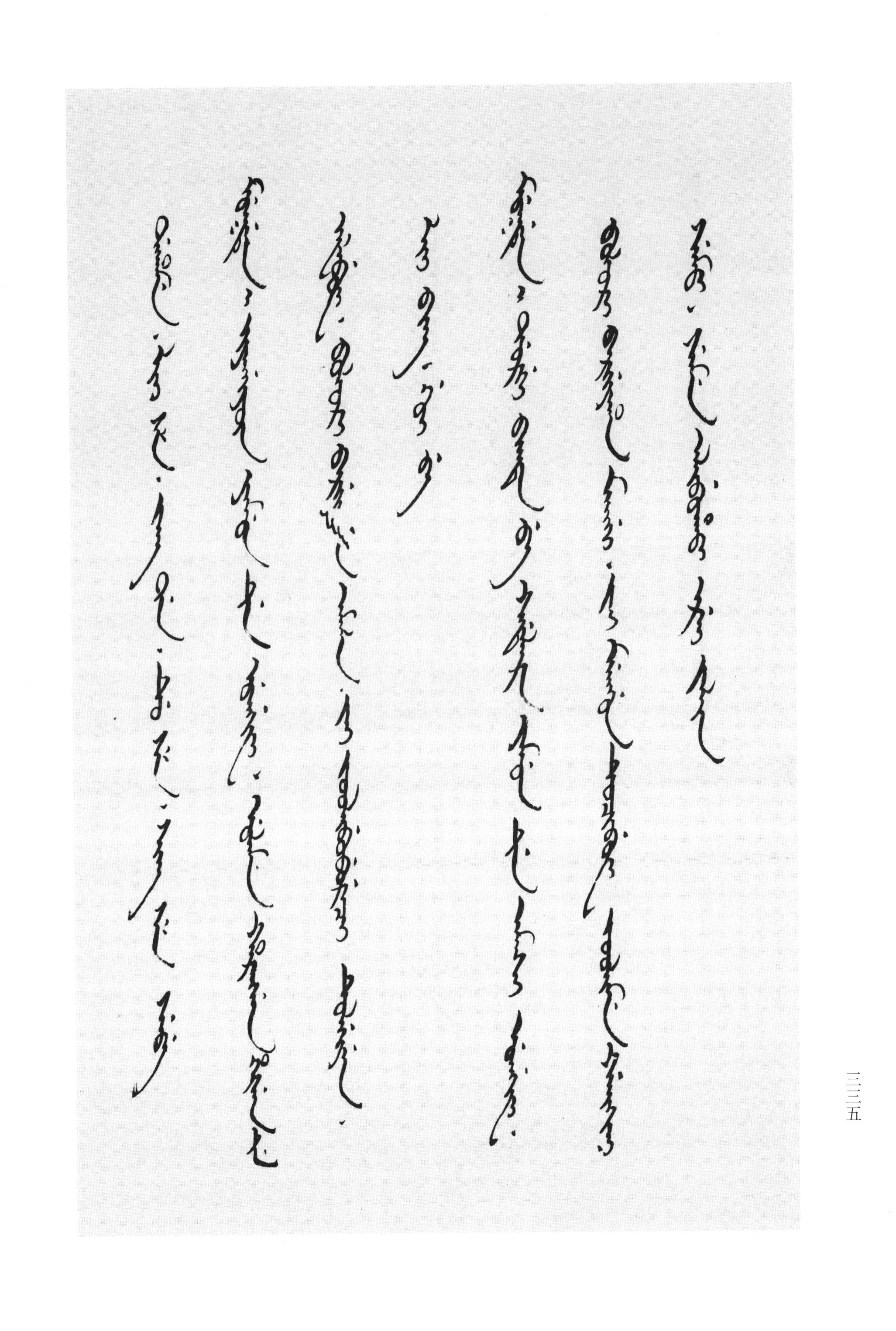

[illegible]

[illegible]

[illegible]

[illegible]

[illegible]

[illegible]

[illegible]

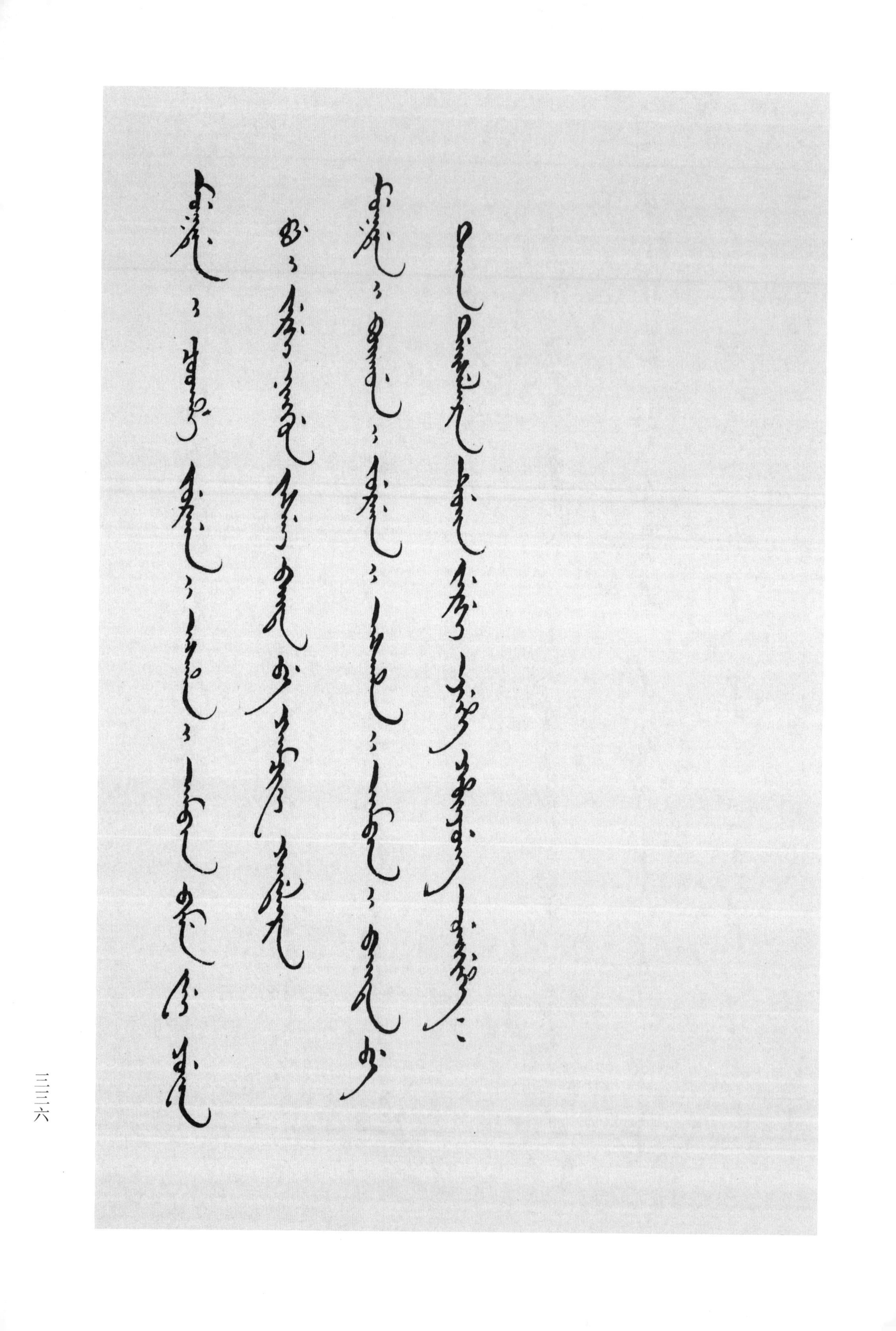

[illegible]

[illegible]

[illegible]

[illegible]

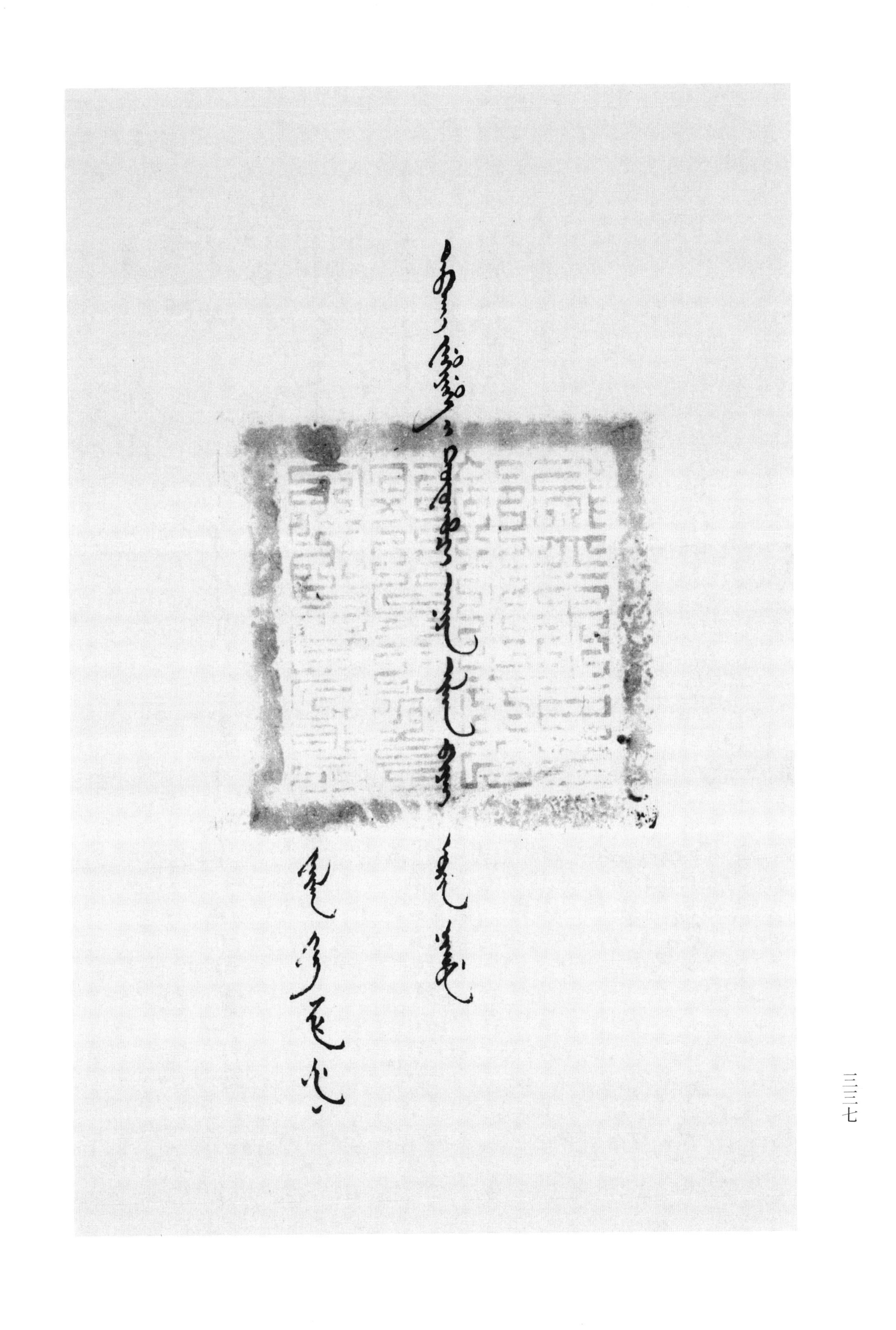

ᡩᠣᡵᠣ ᡝᠯᡩᡝᠩᡤᡝ [illegible]

[illegible]

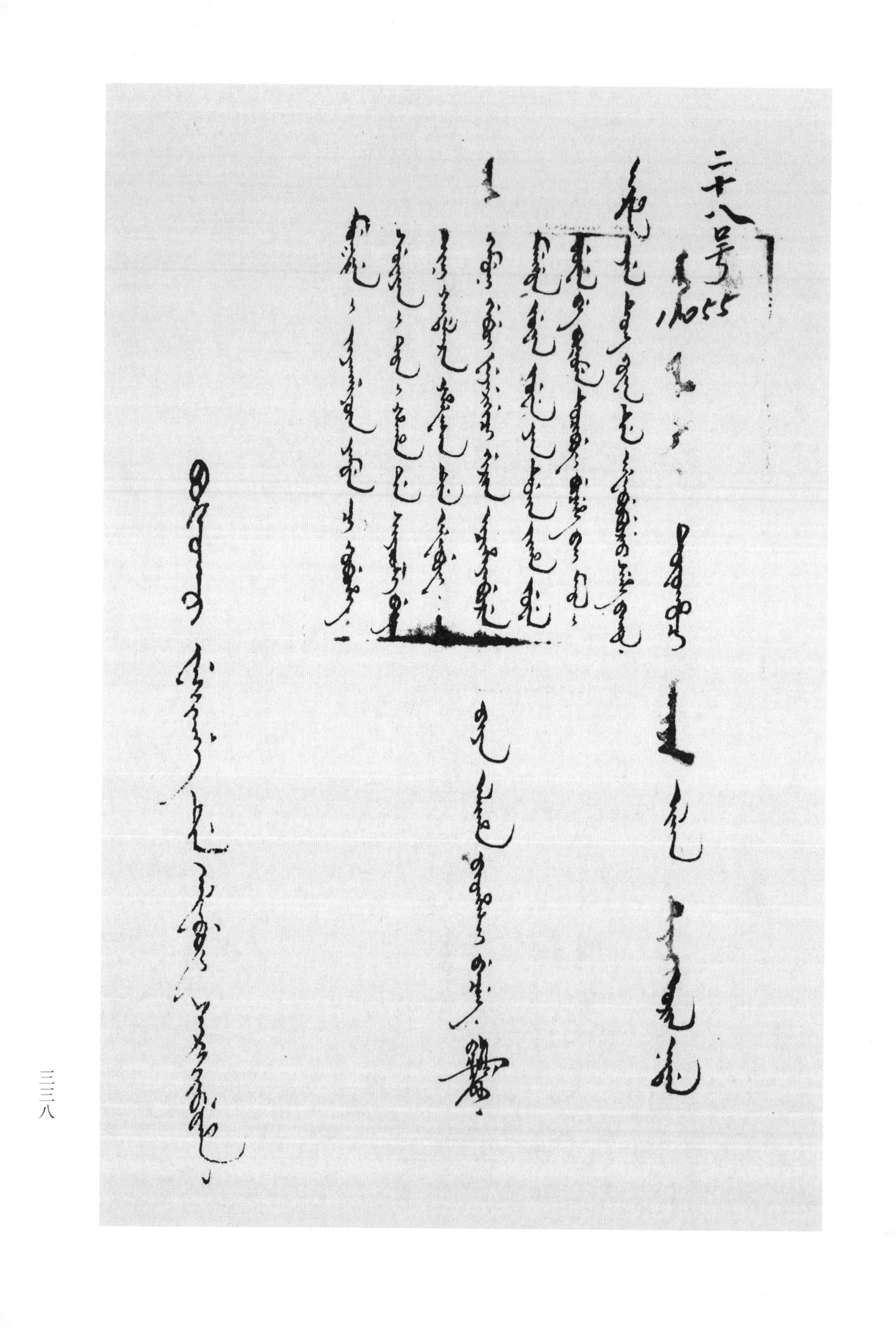

二十八号

1055

[illegible]

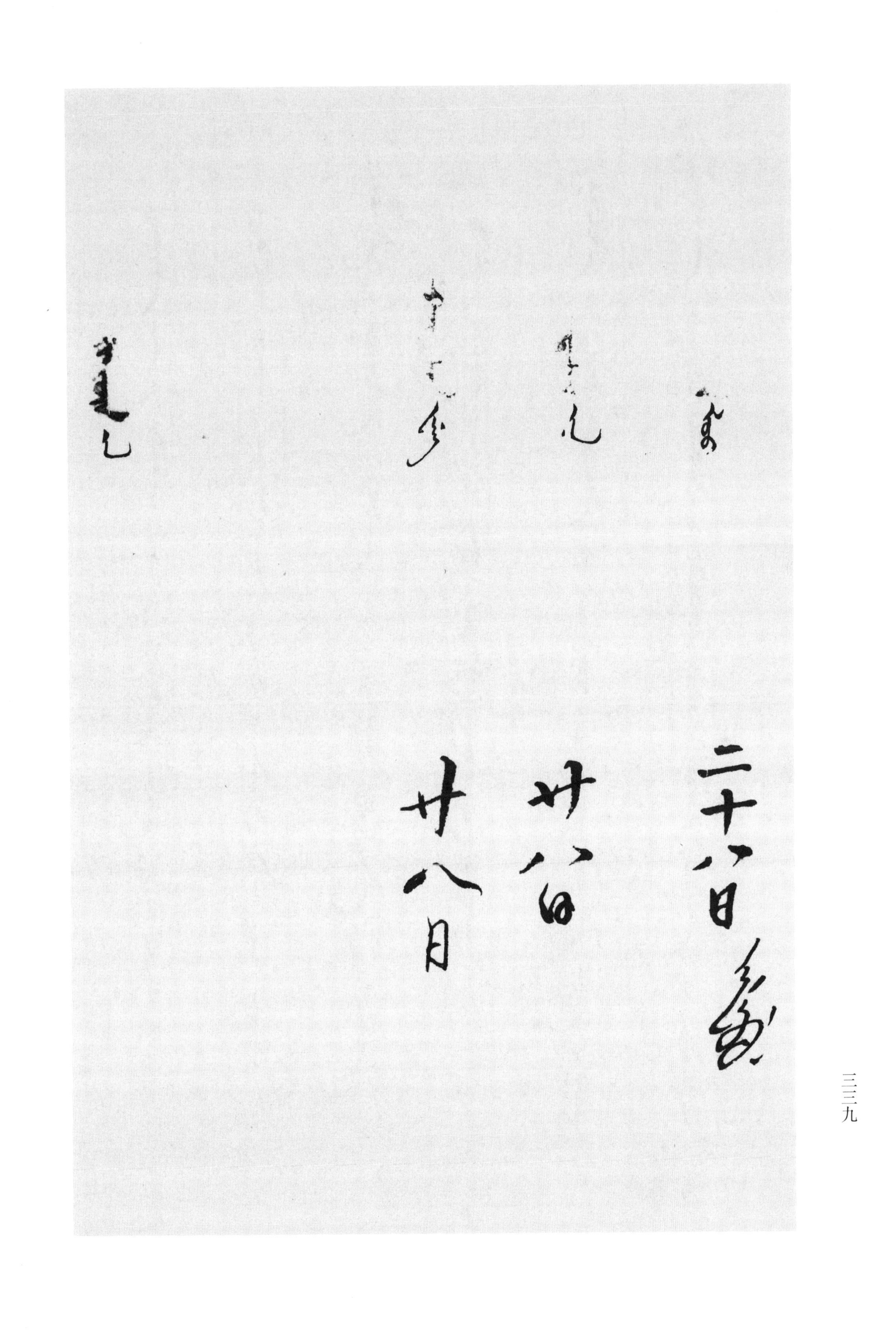

二十八日發

廿八日

廿八日

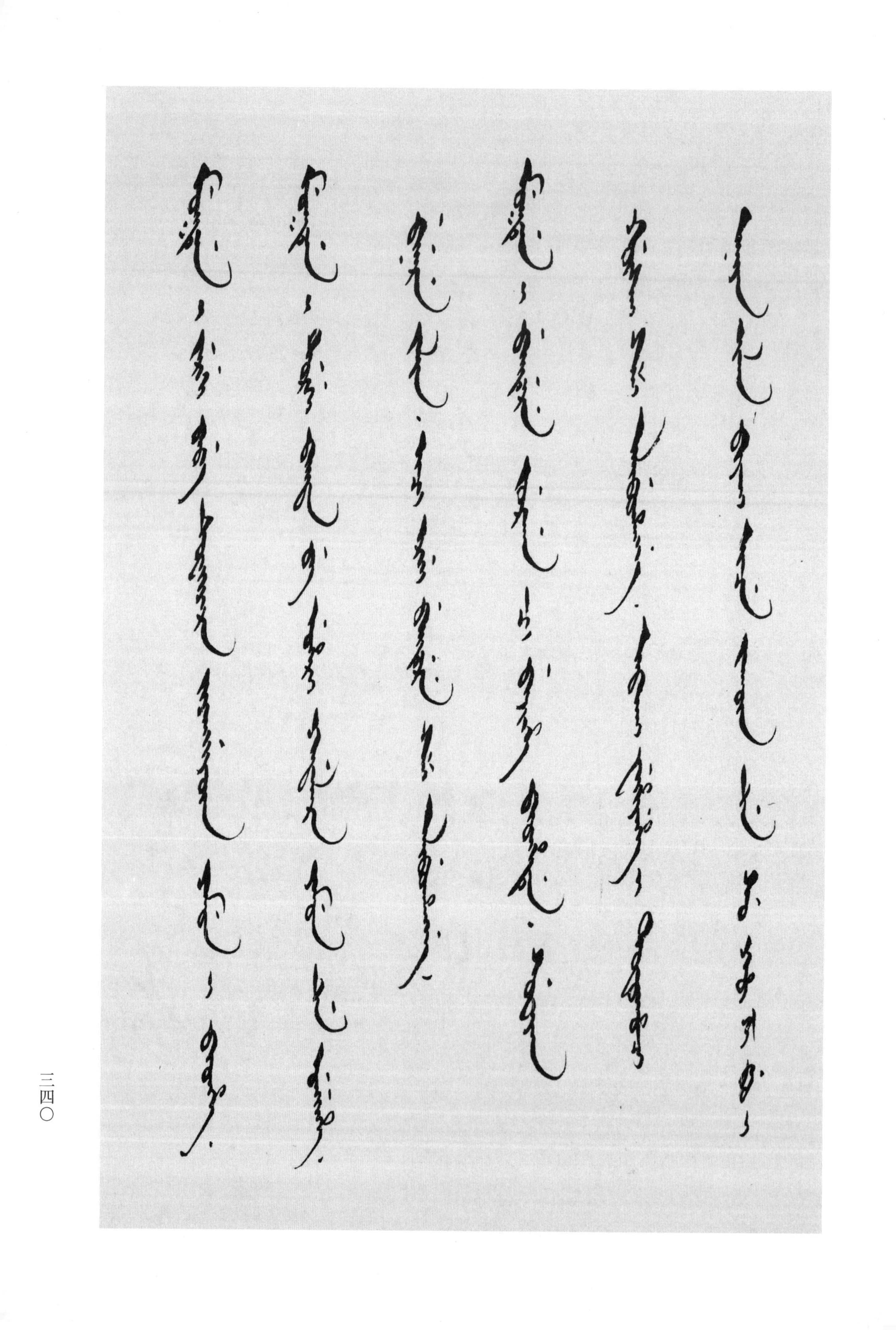

[illegible]

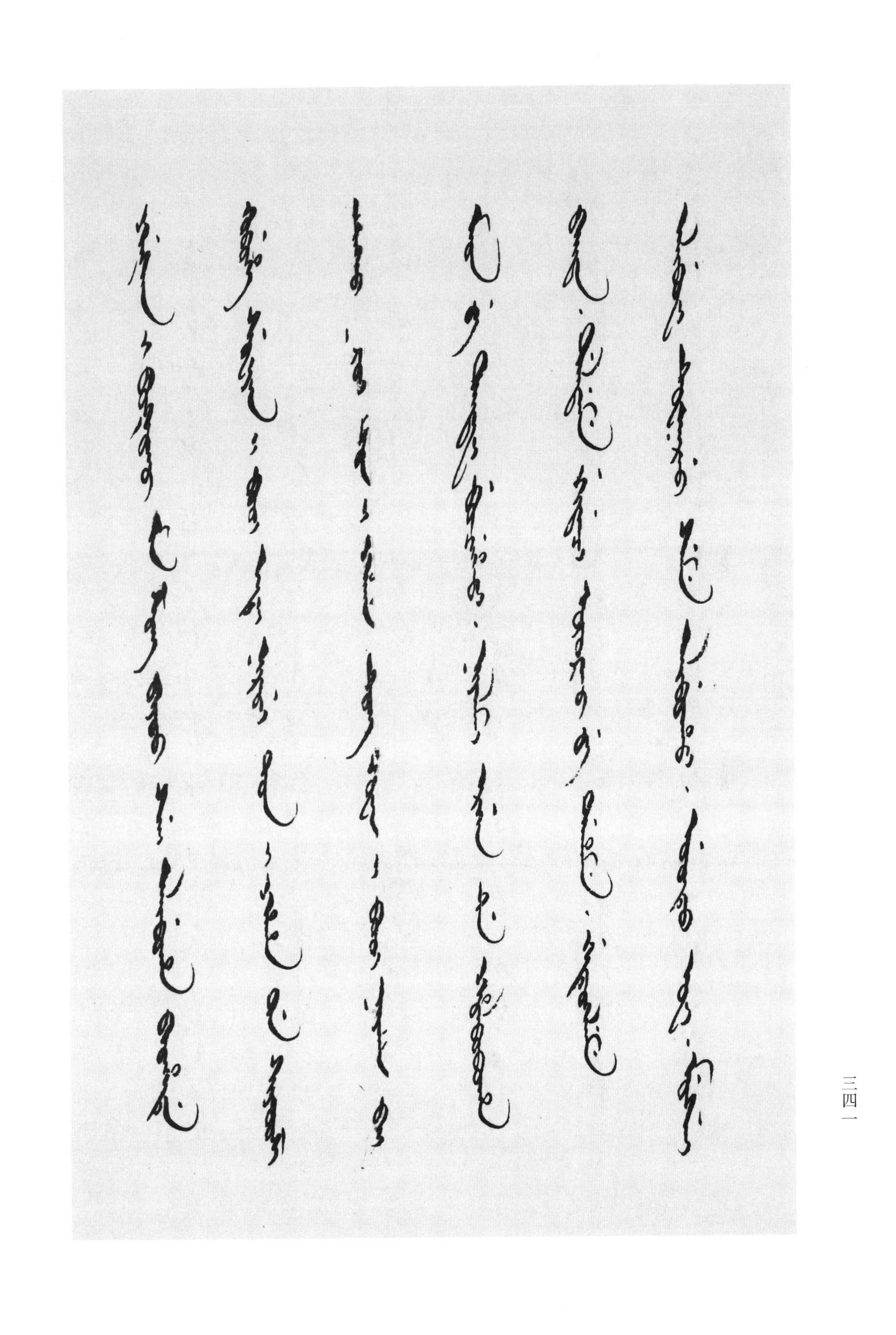

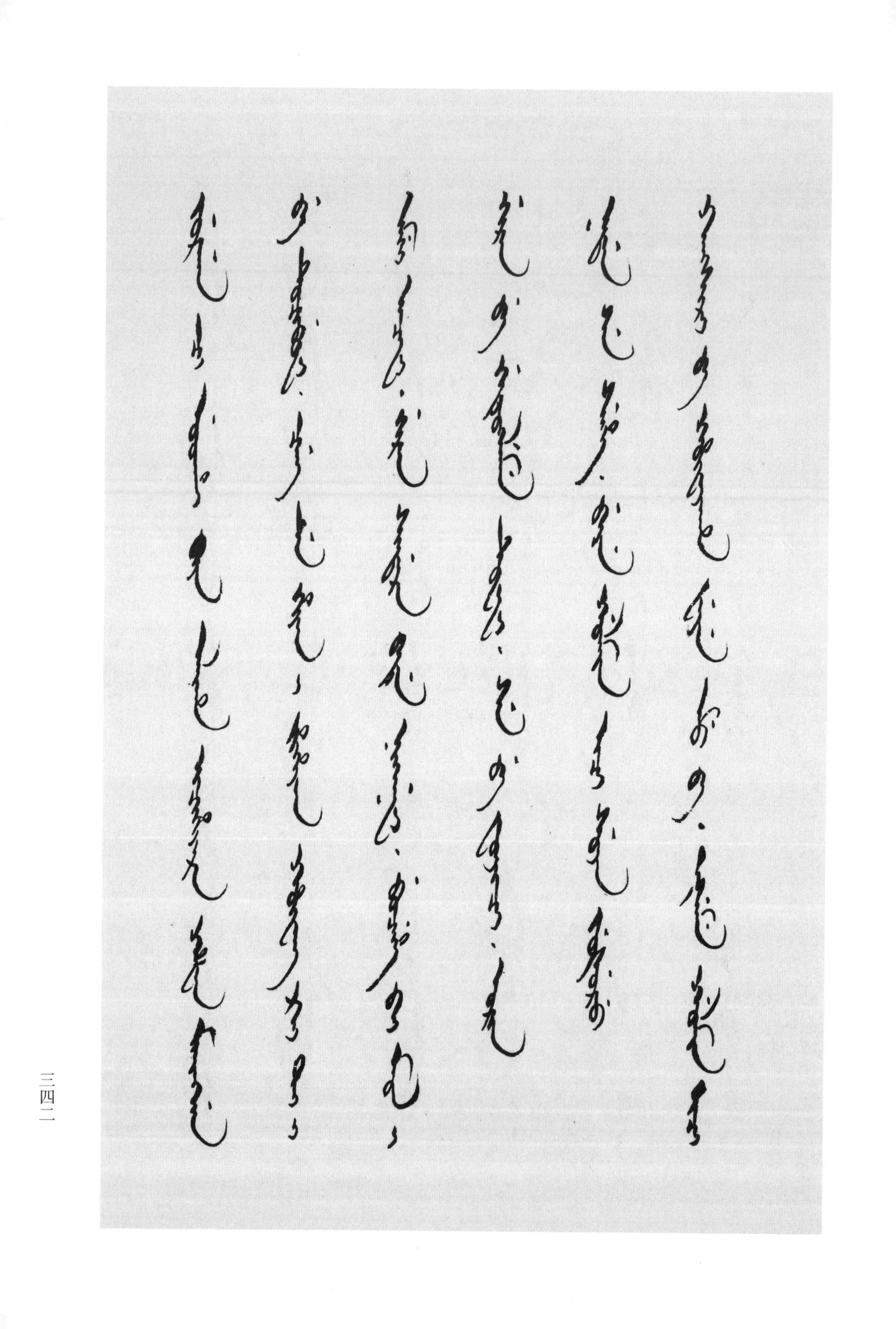

[illegible]

[illegible]

[illegible]

[illegible]

[illegible]

[illegible]

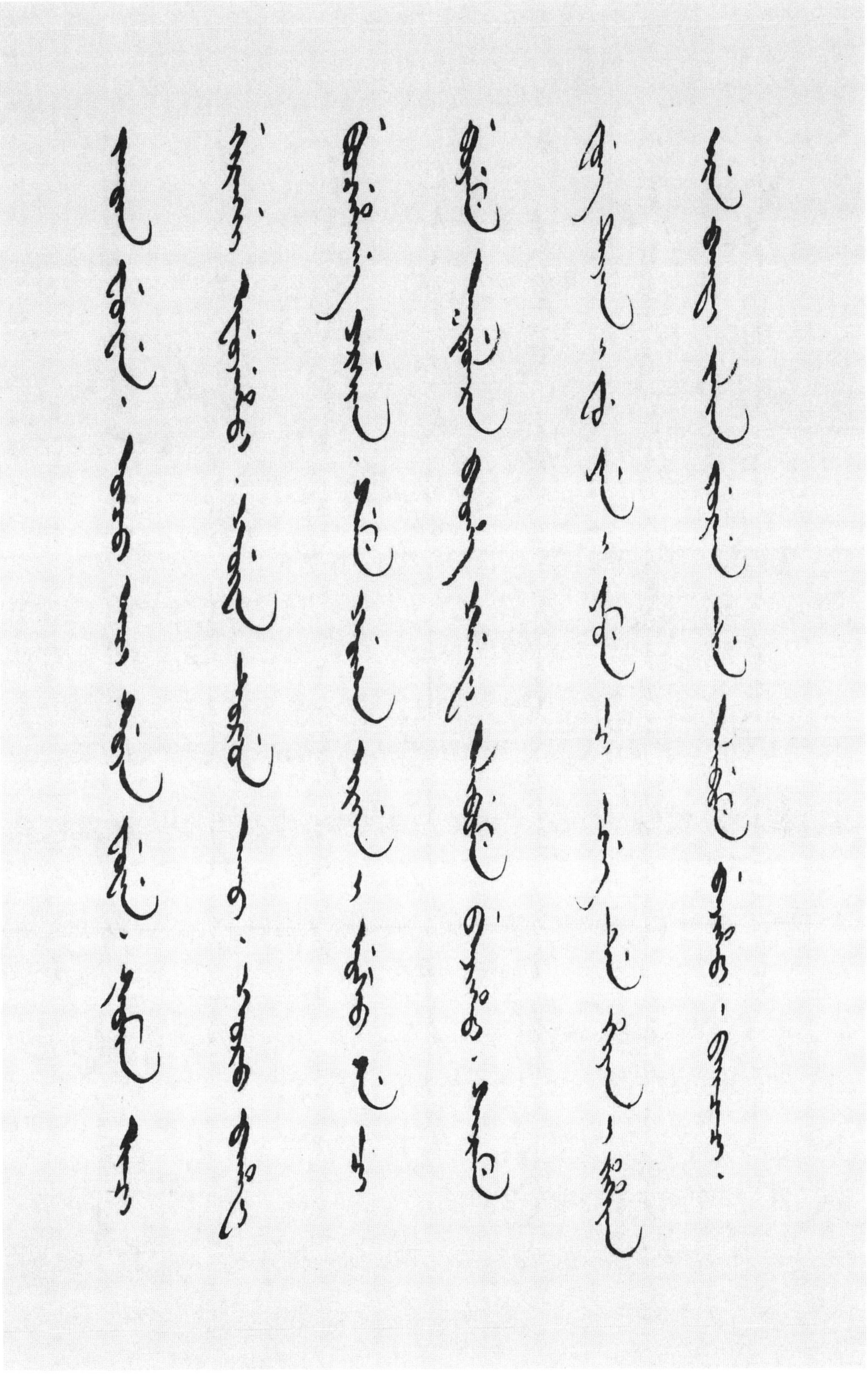

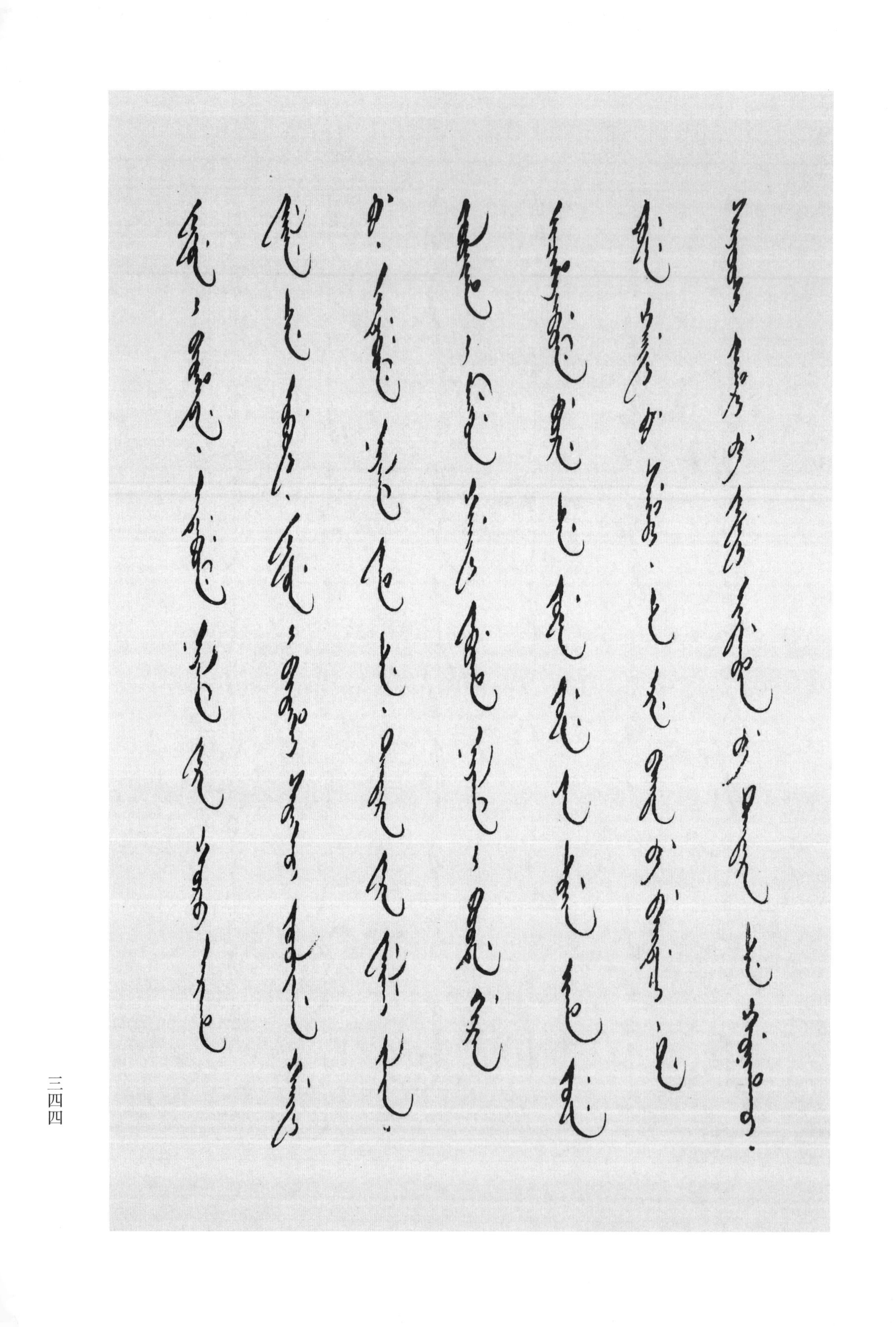

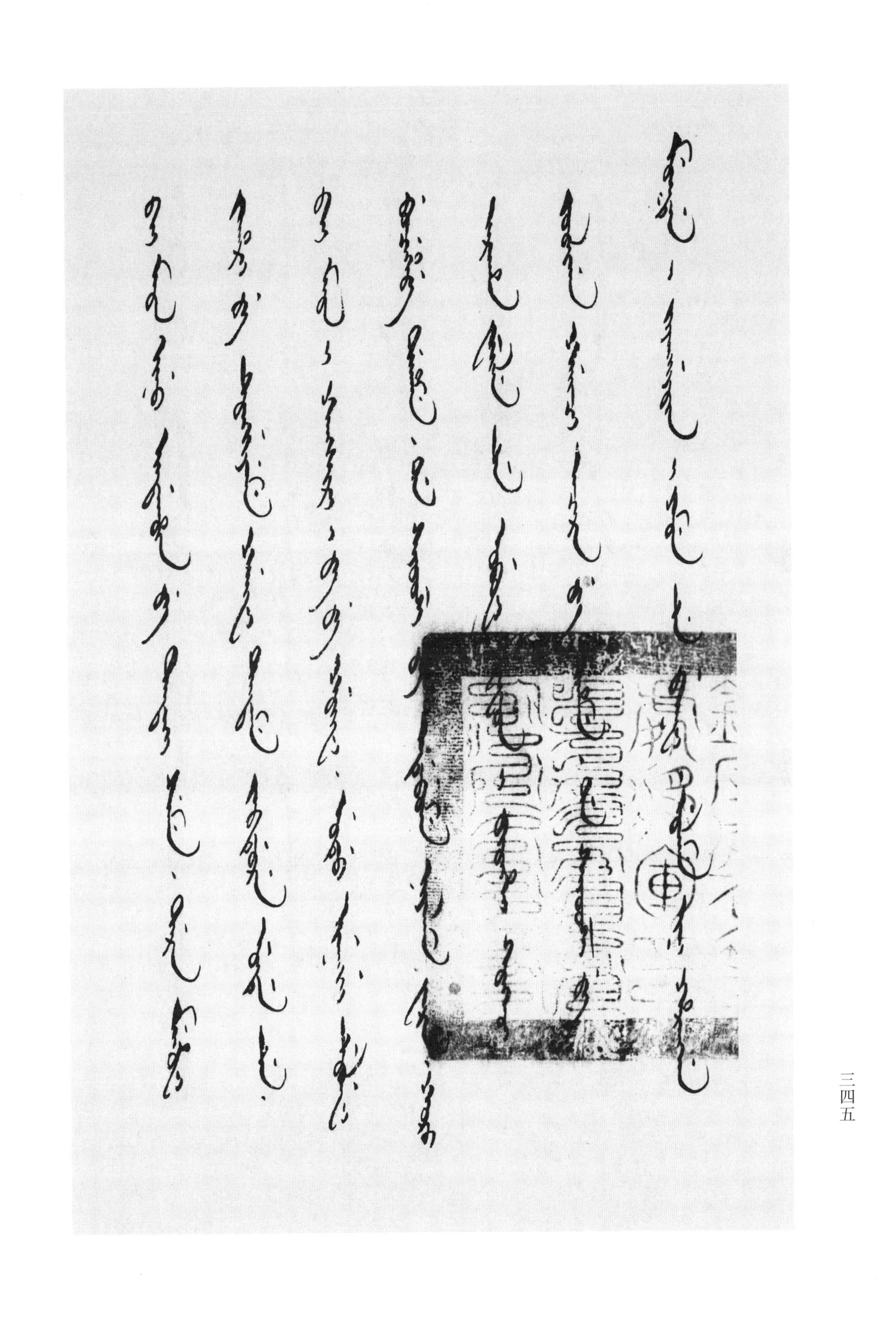

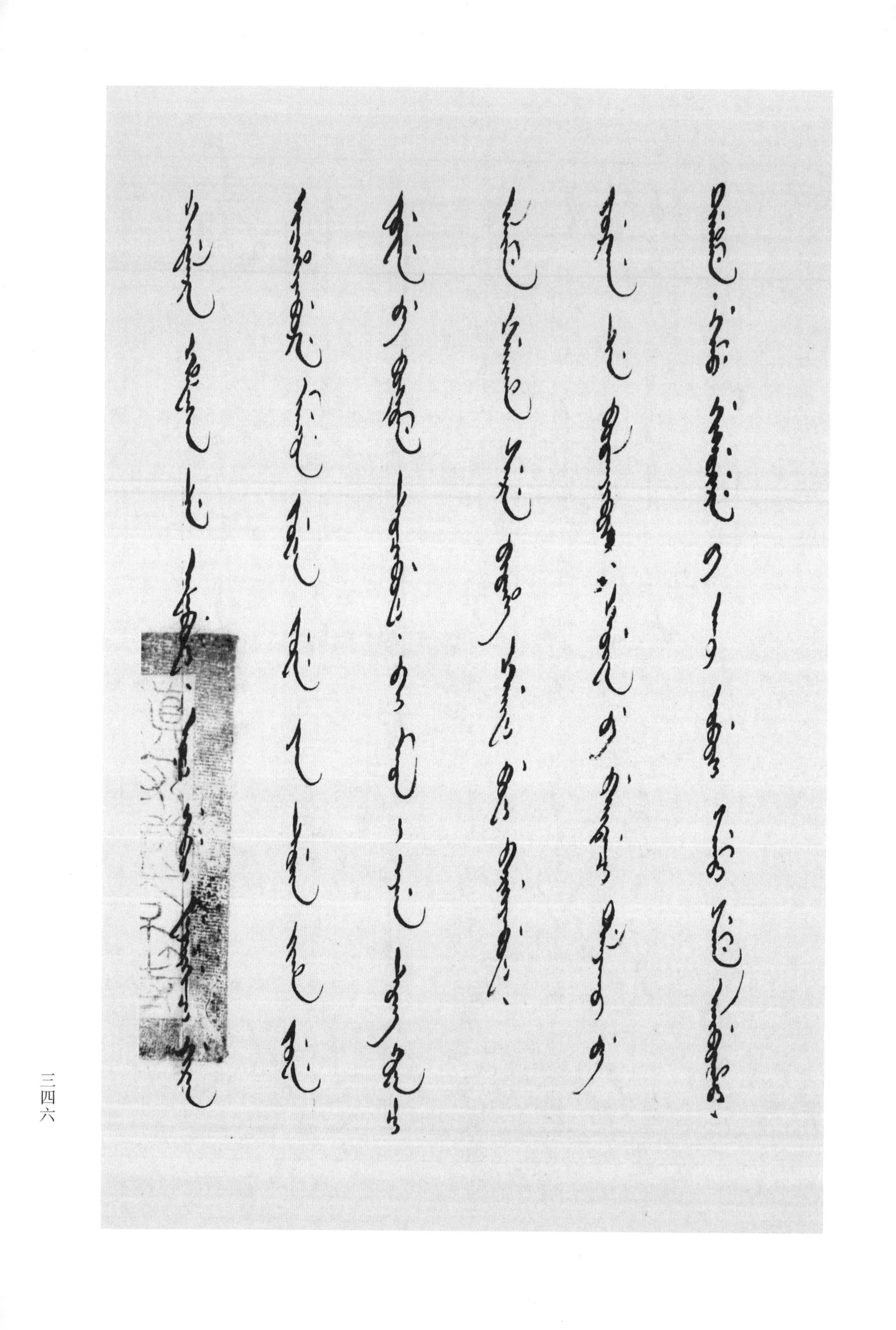

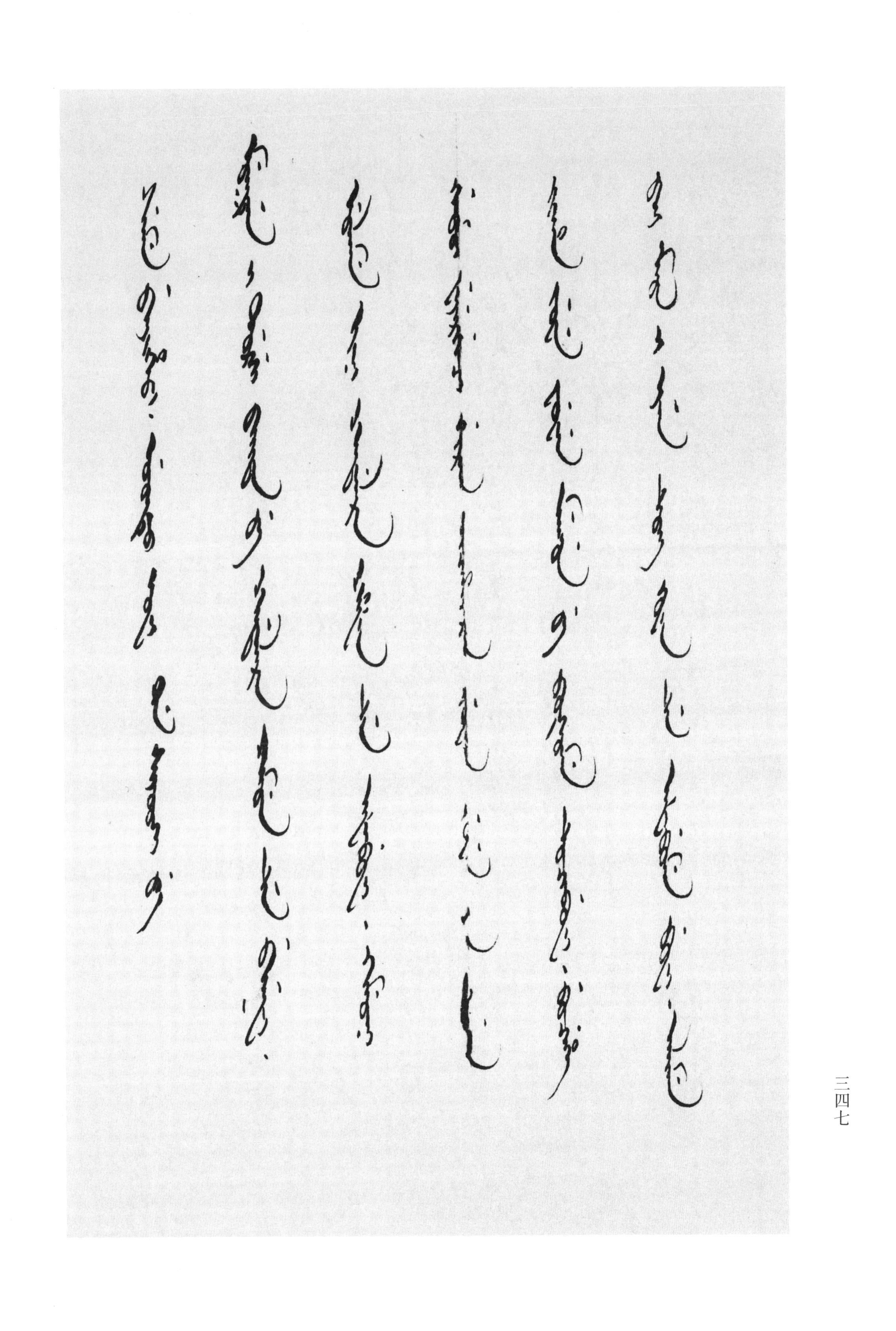

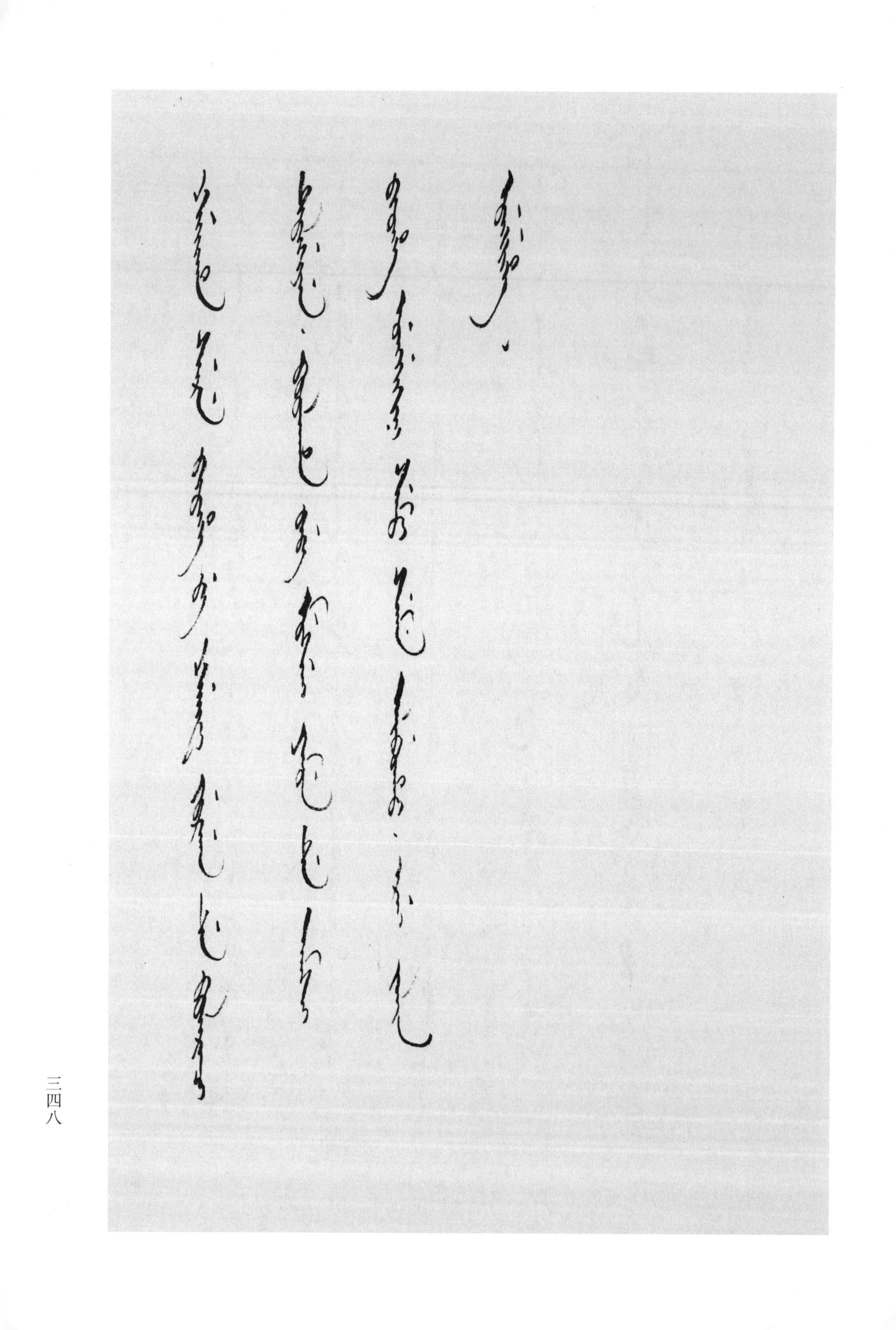

[illegible]

[illegible]

[illegible]

[illegible]

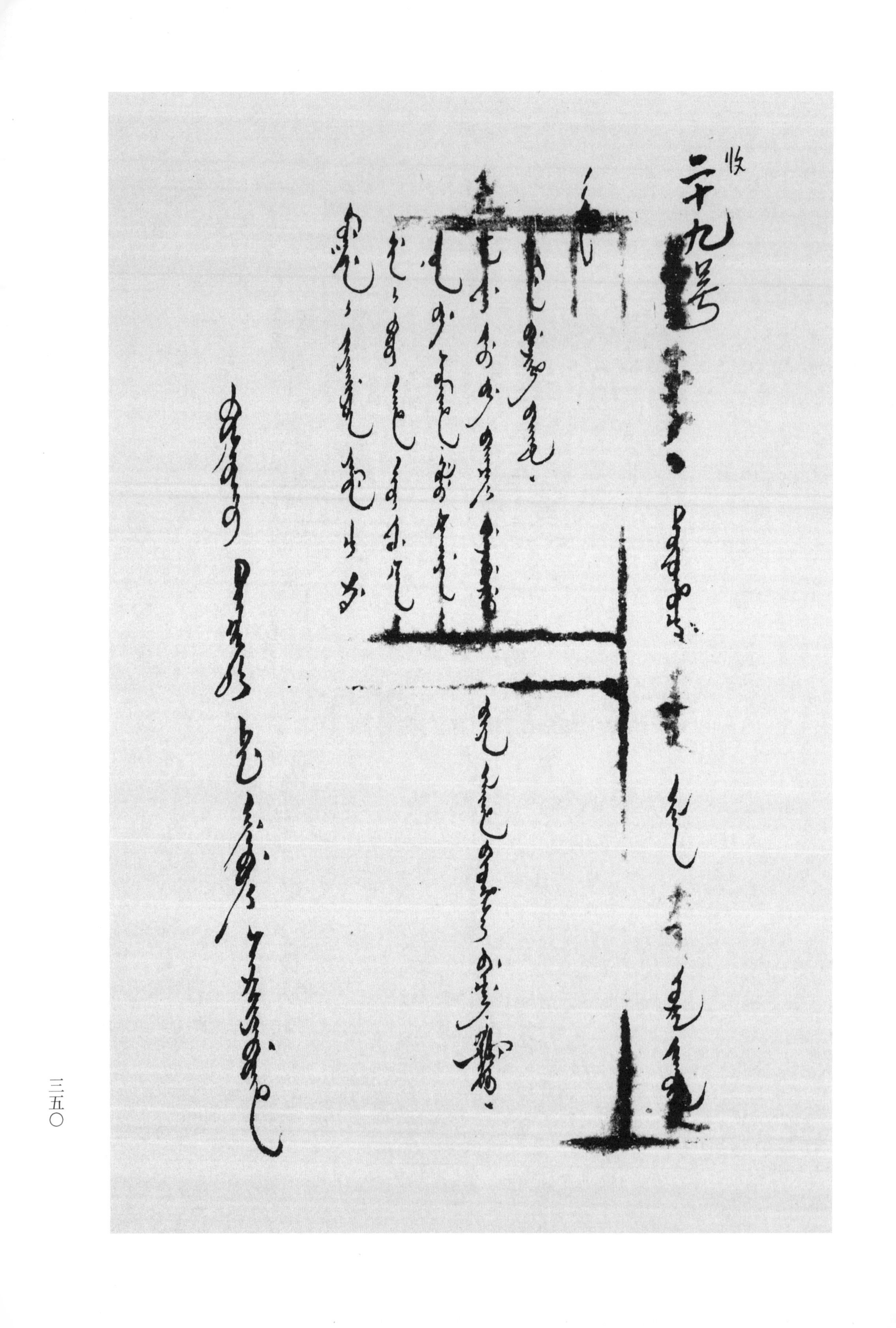

收

二十九号

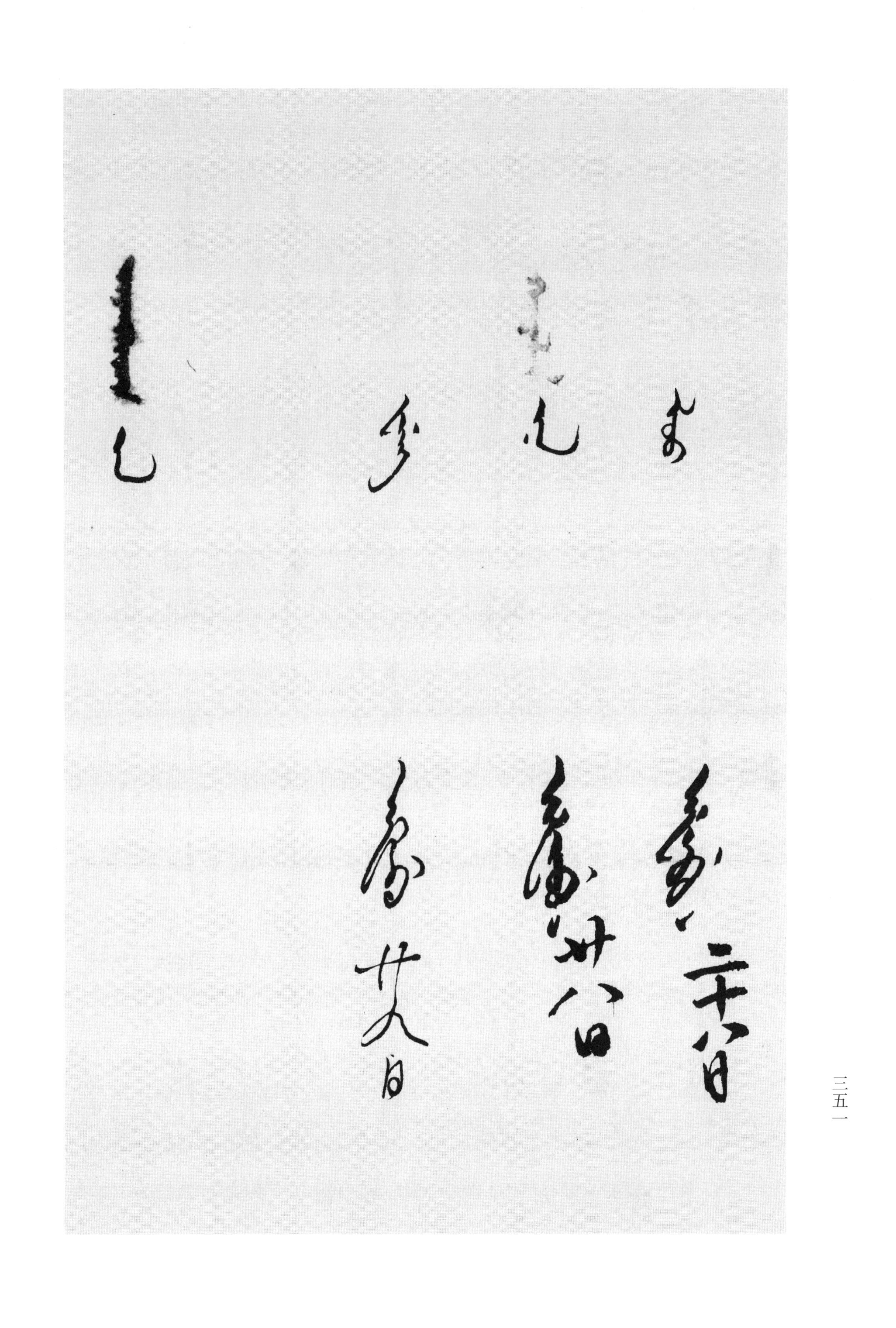

[illegible]

[illegible]

[illegible]

[illegible]

[illegible] 二十八日

[illegible] 廿八日

[illegible] 廿八日

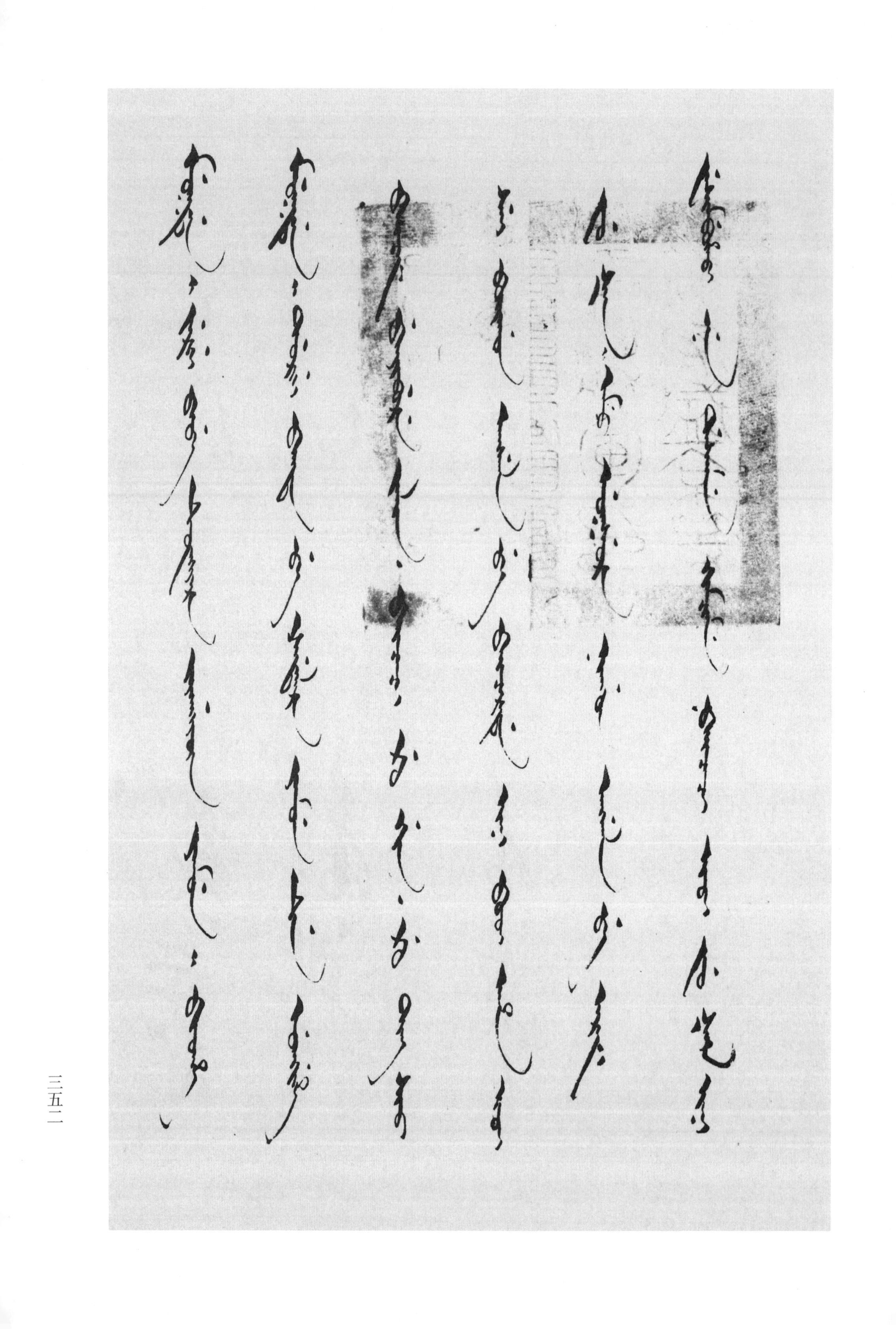

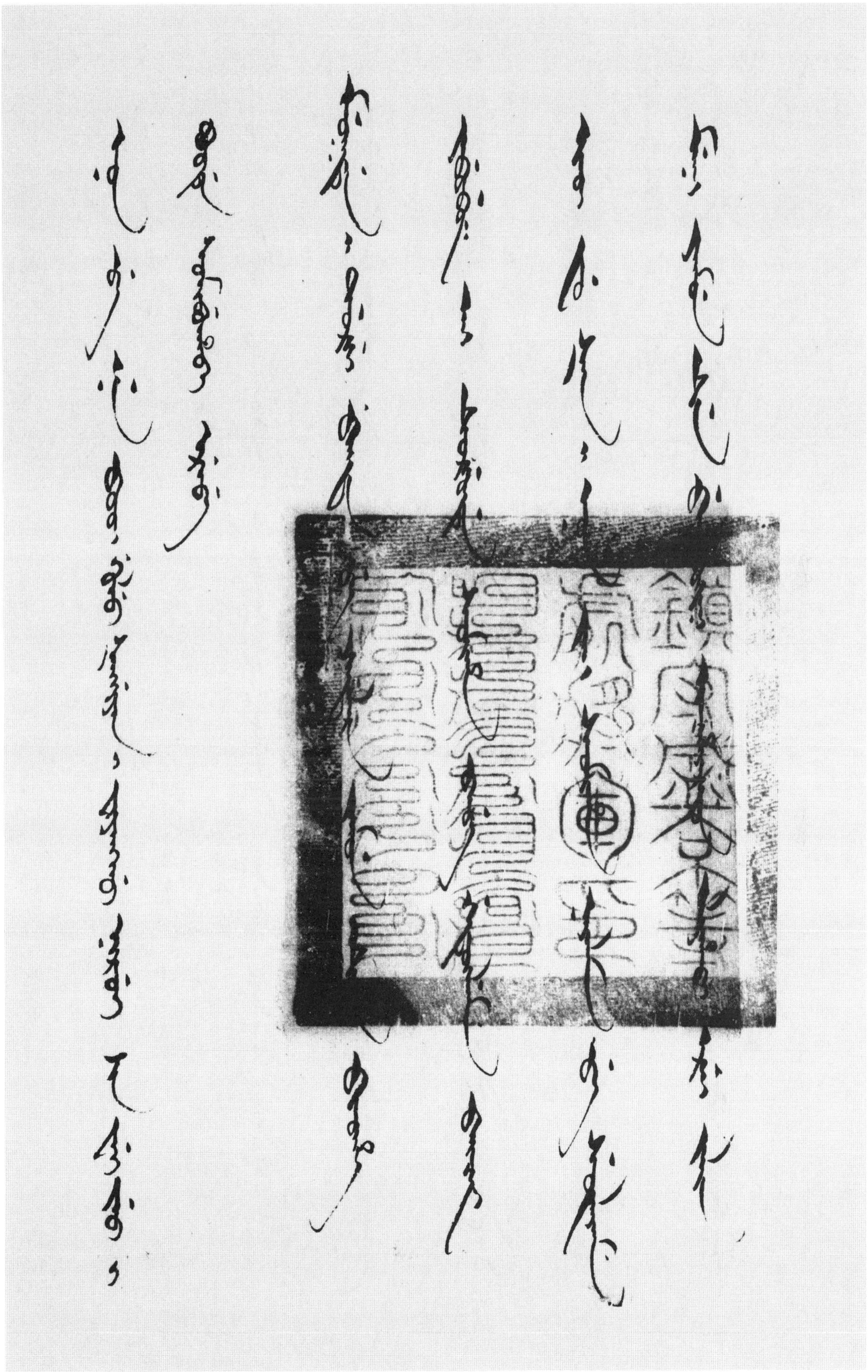

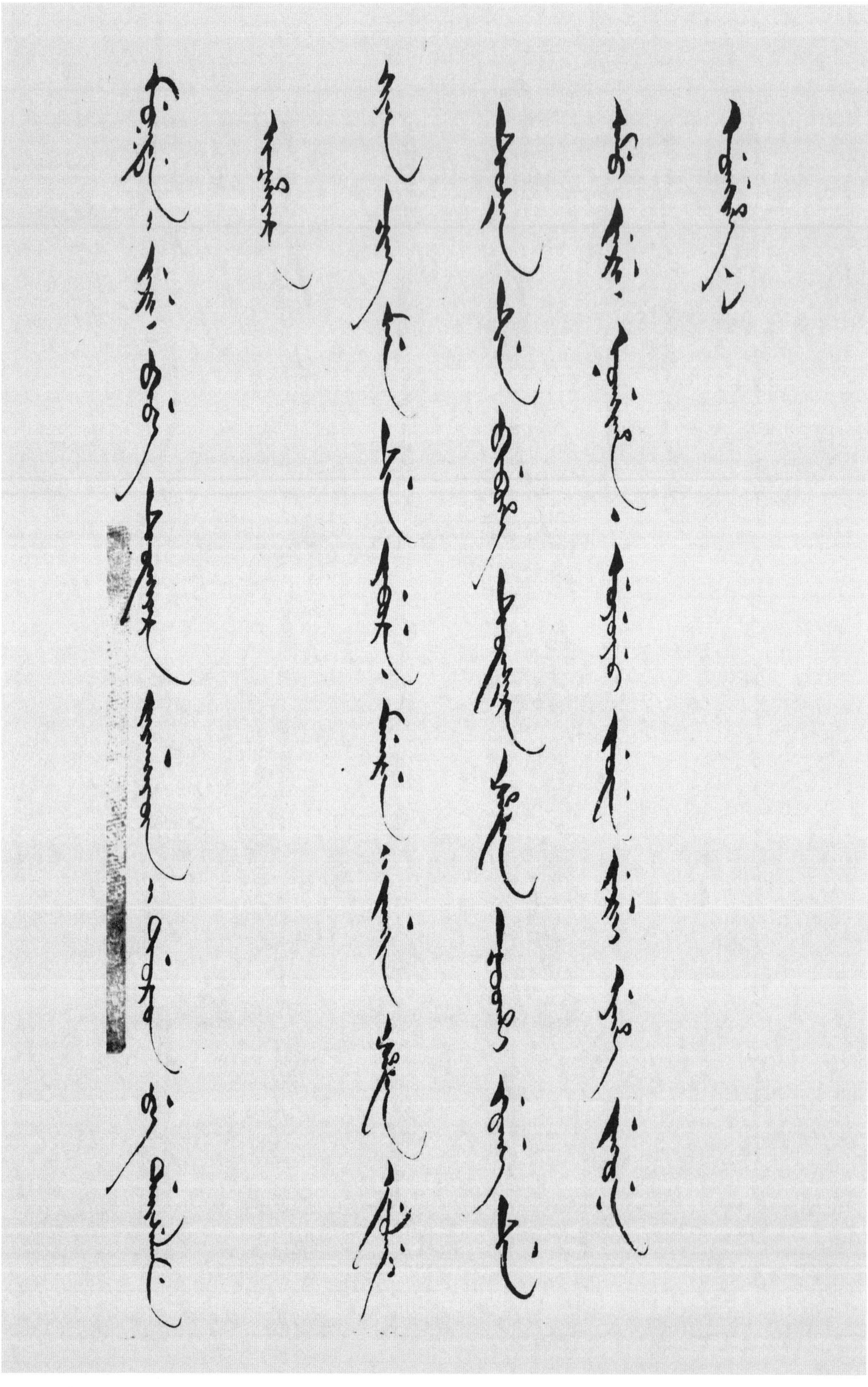

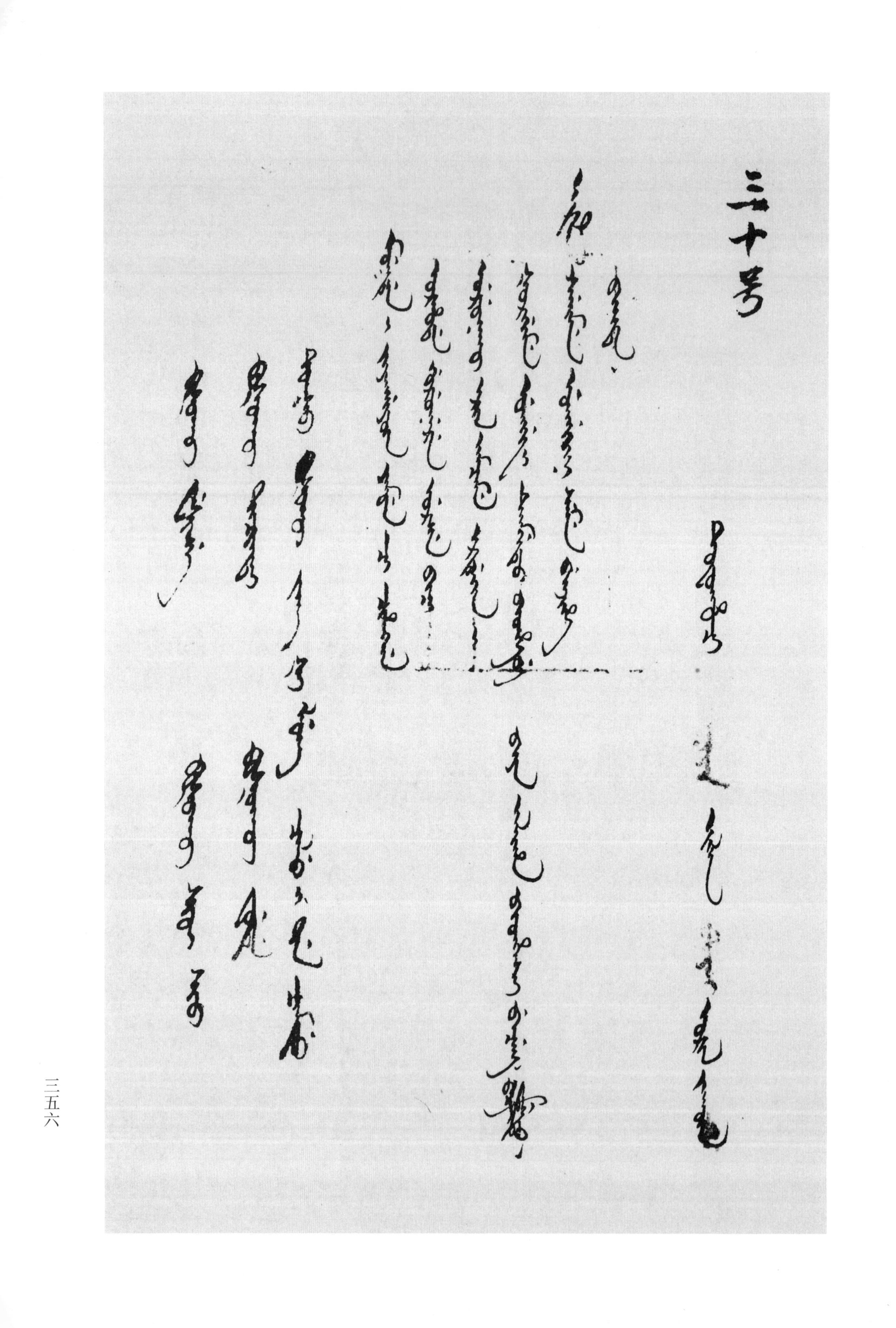

三十号

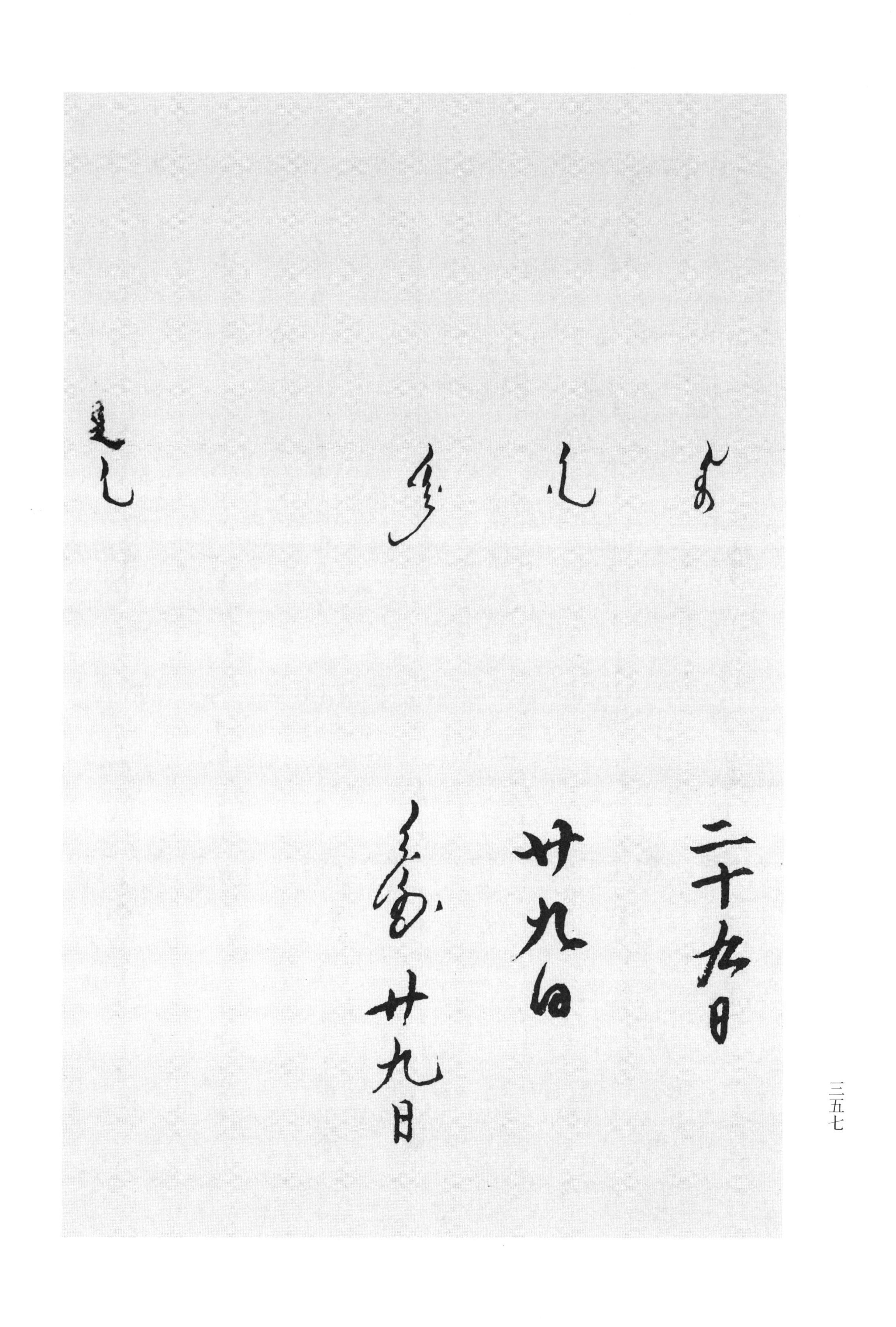

二十九日

廿九日

[illegible]廿九日

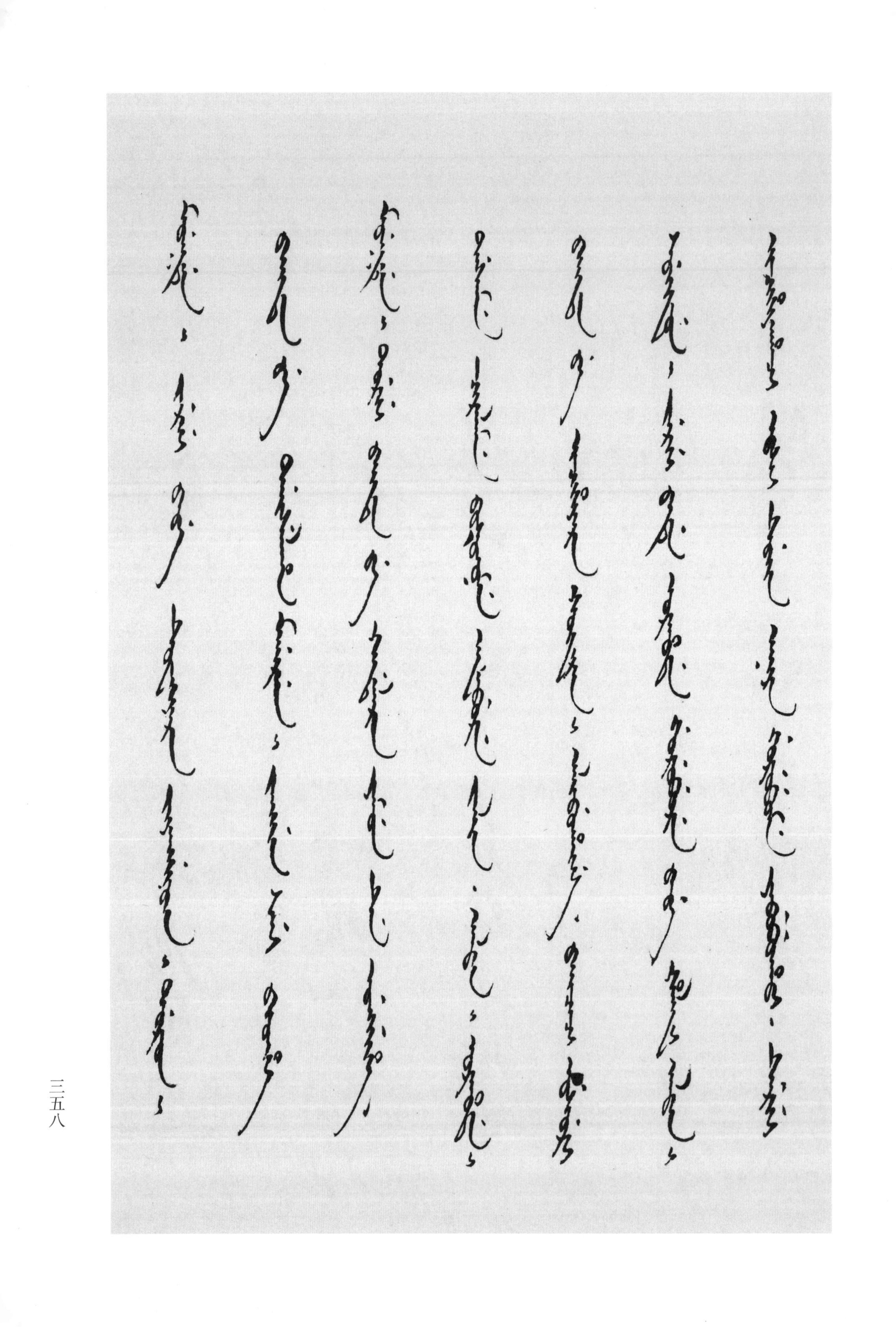

[illegible]

[illegible]

[illegible]

[illegible]

[illegible]

[illegible]

[illegible]

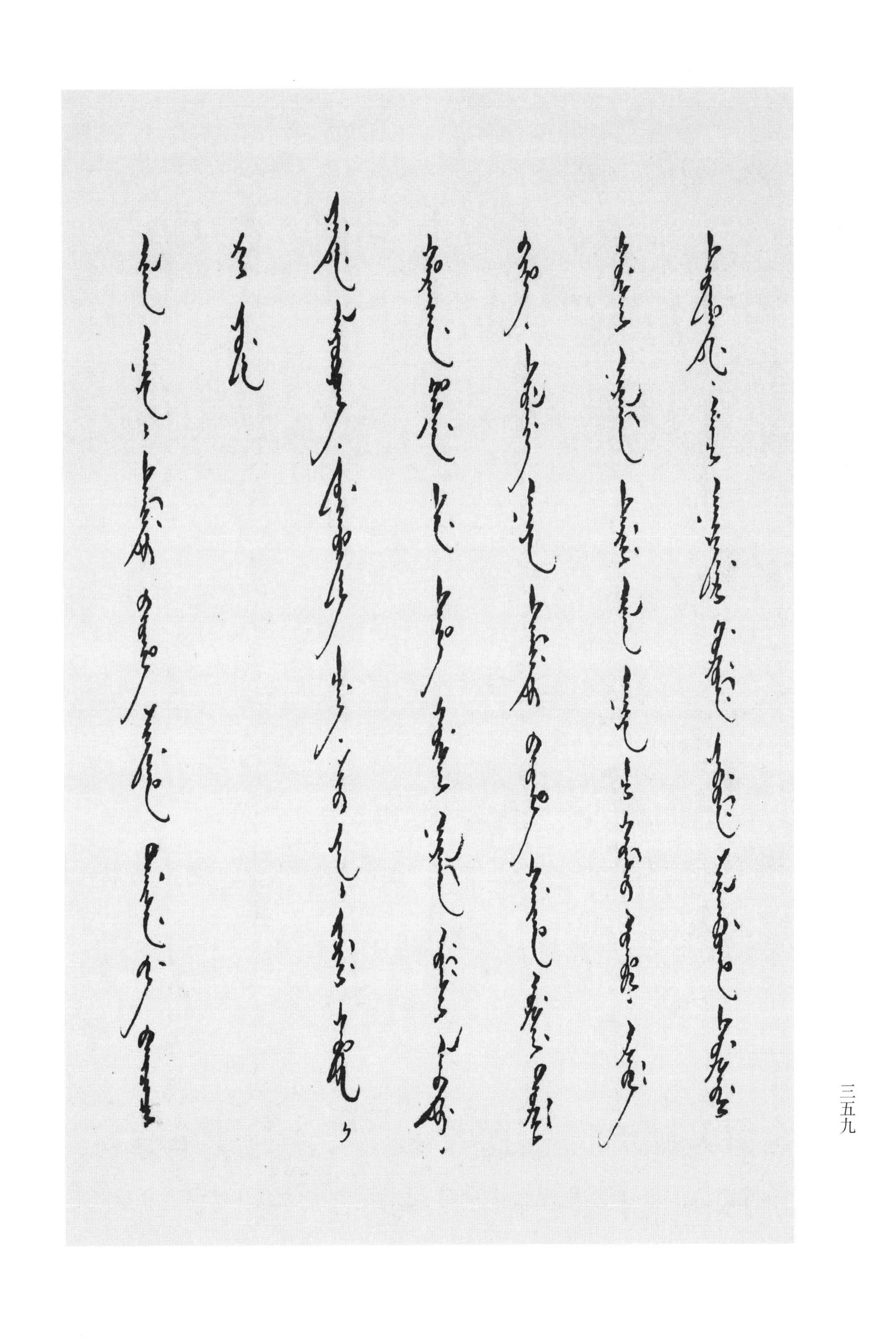

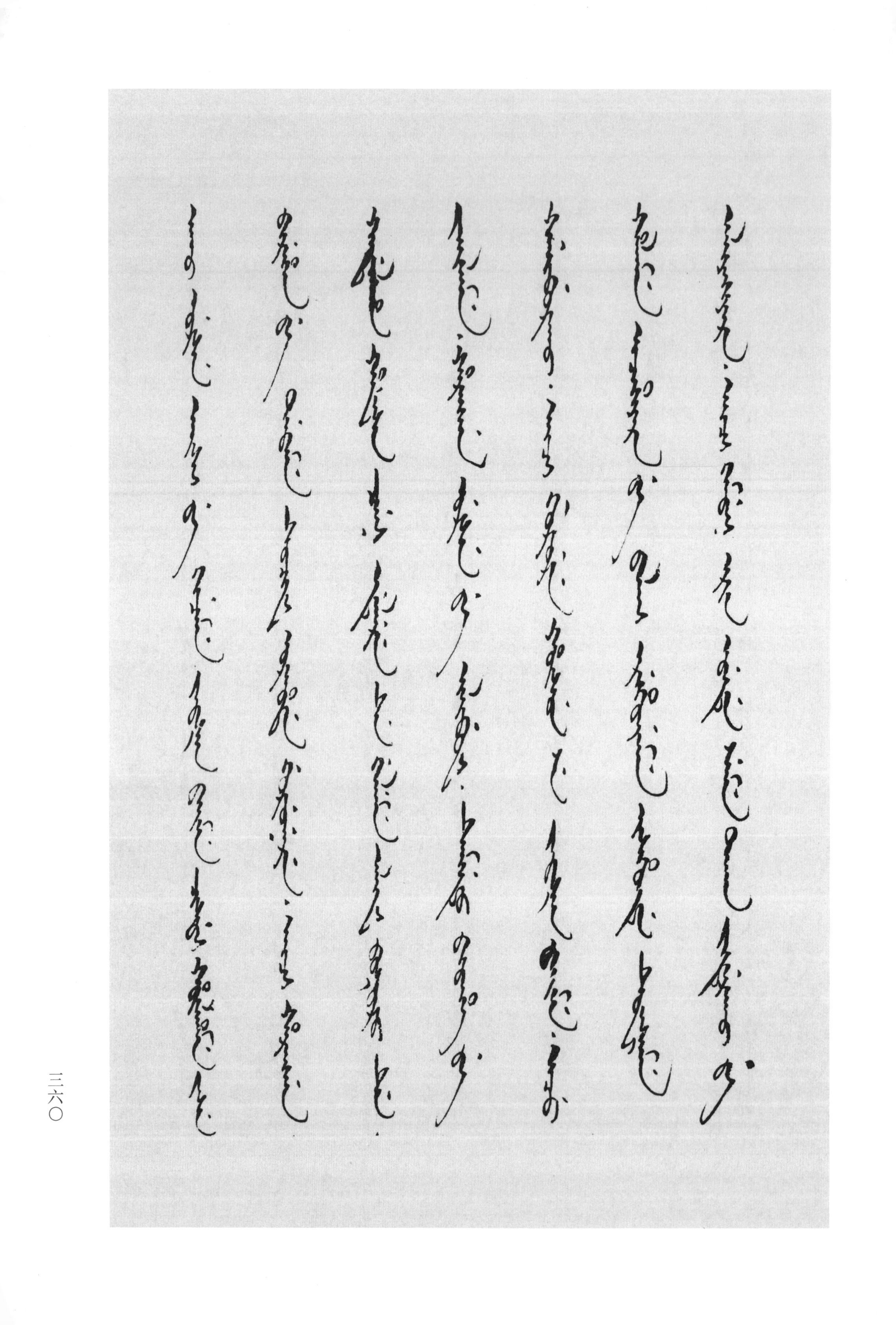

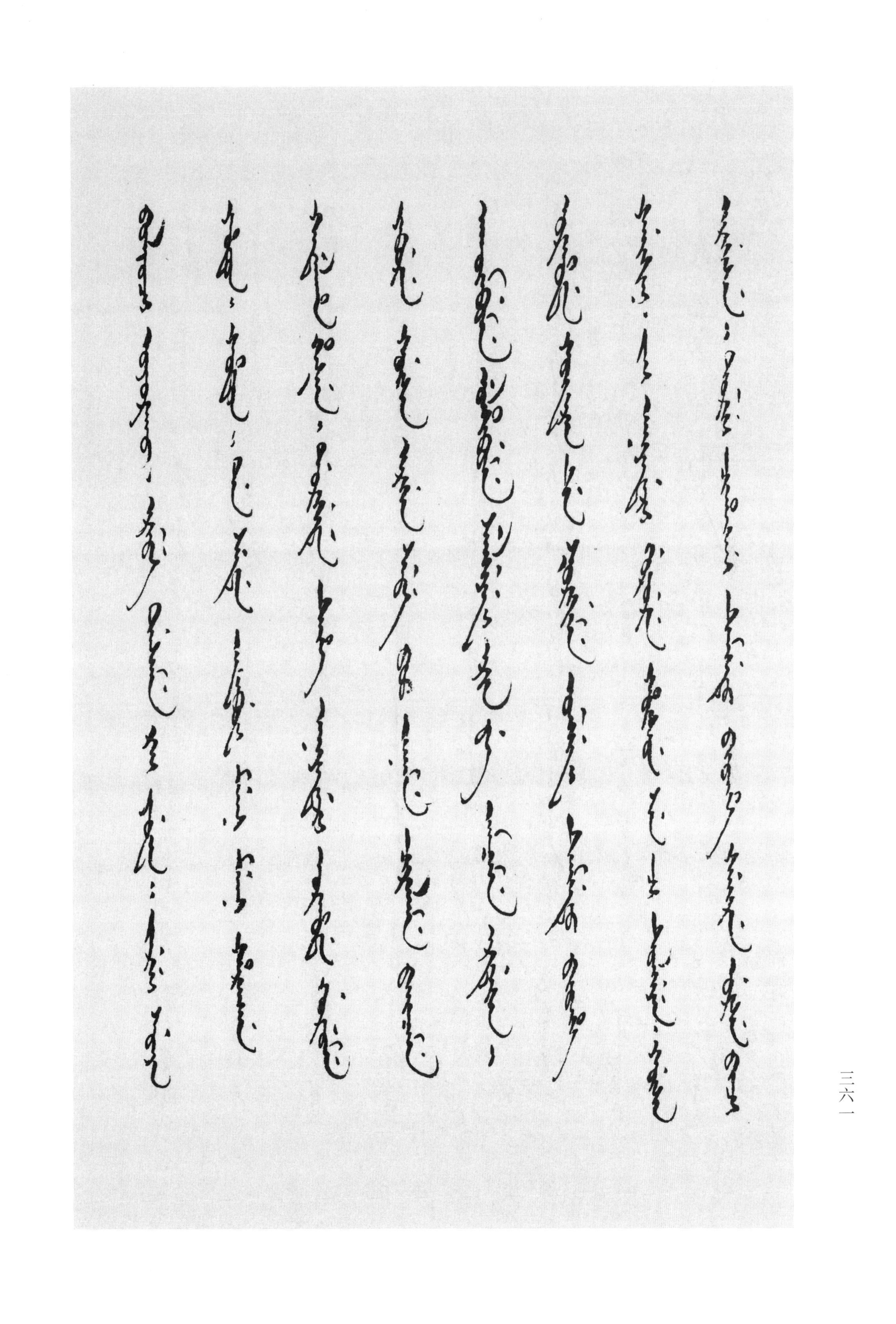

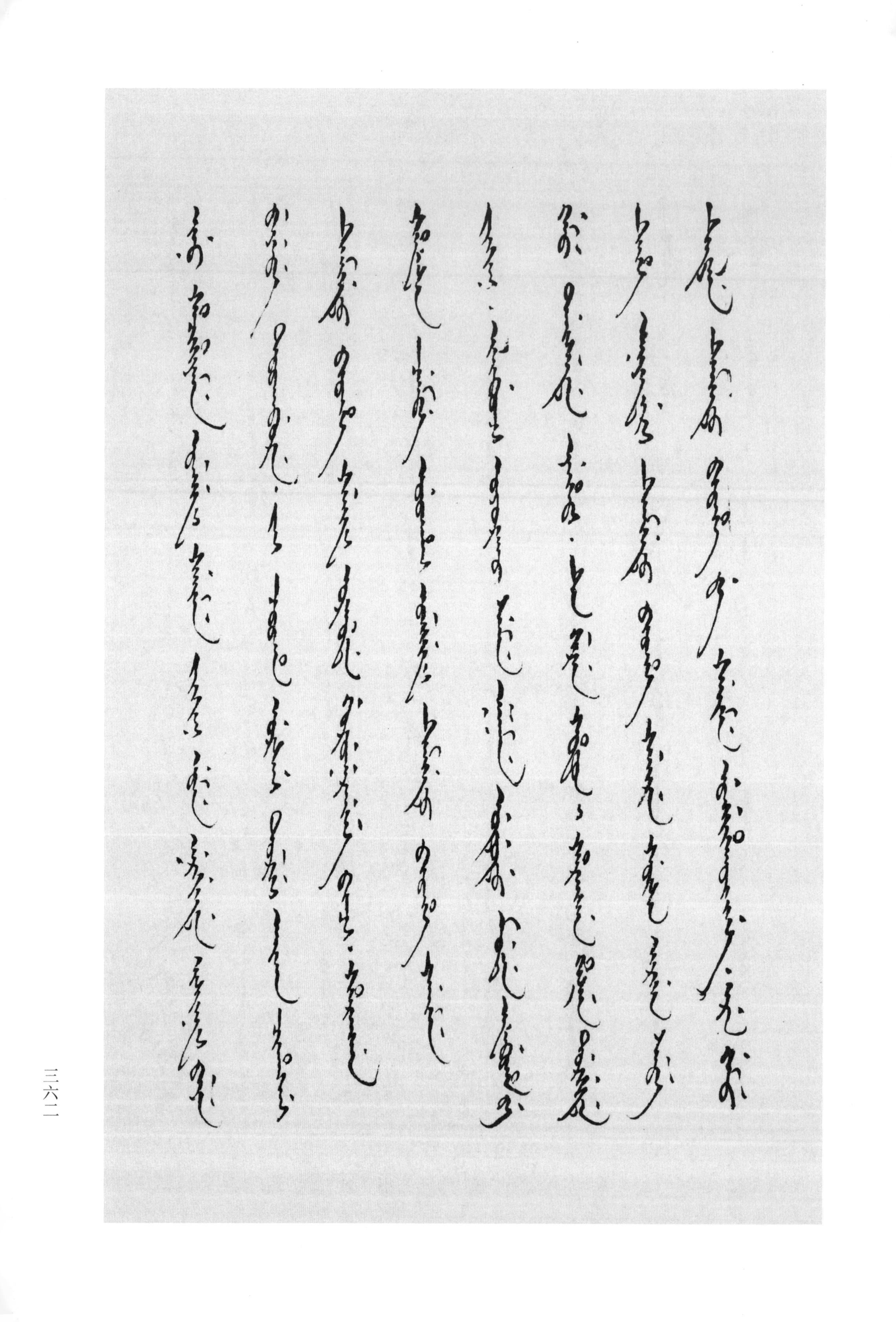

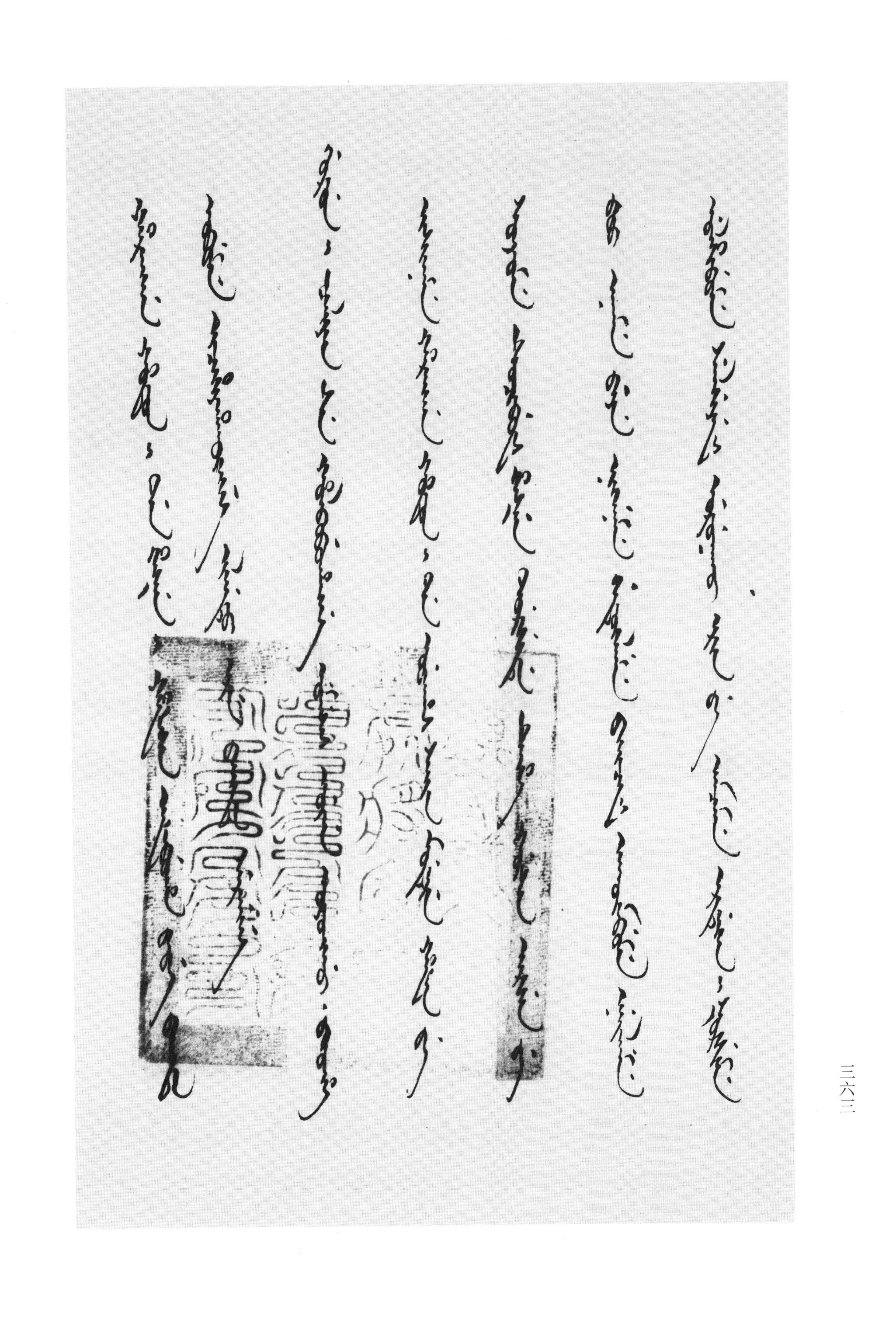

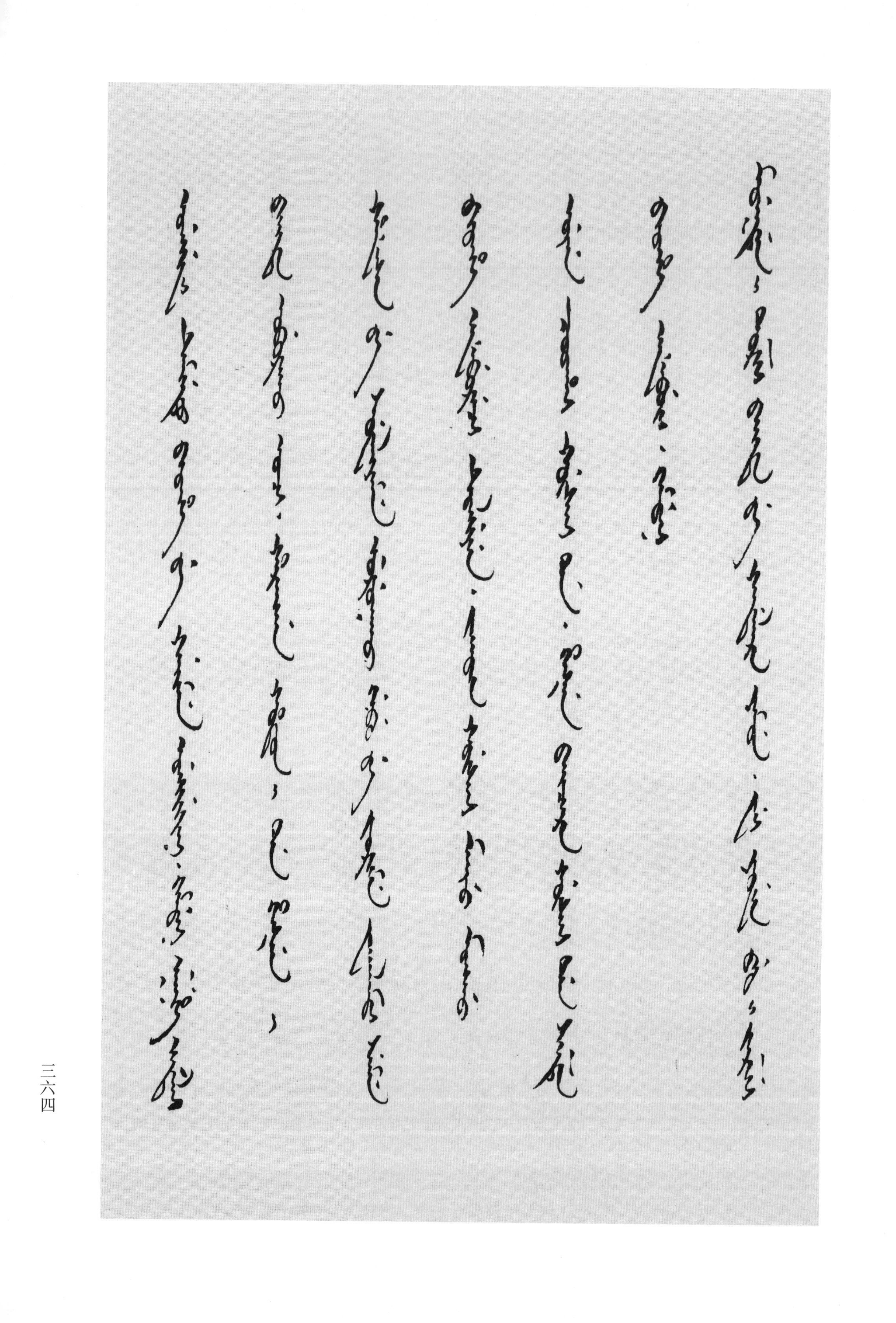

[illegible]

[illegible]

[illegible]

[illegible]

[illegible]

[illegible]

[illegible]

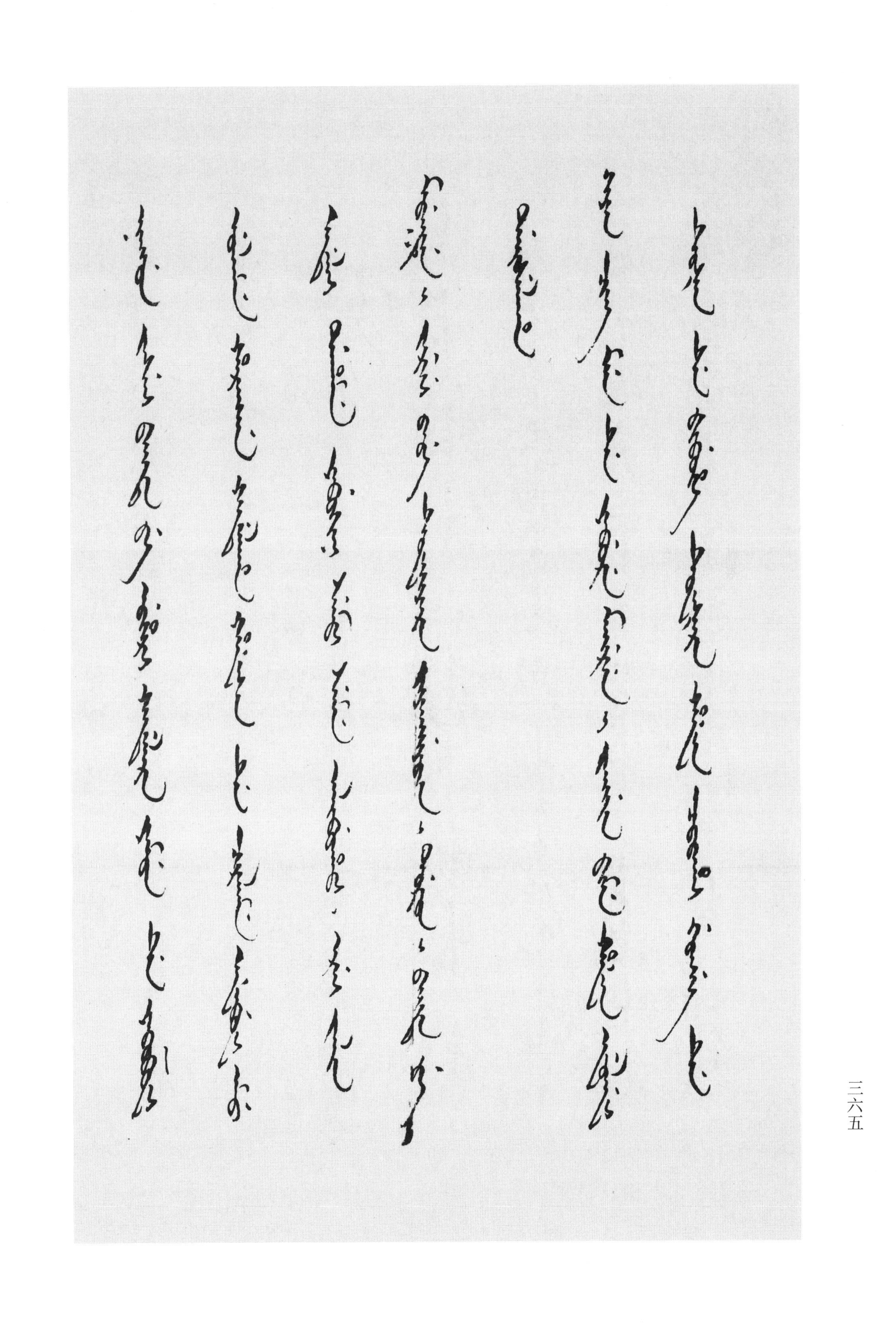

ᡩᡝ ᡤᡝᠮᡠ ᠸᡝᠰᡳᠮᠪᡠᡥᡝ ᠮᡠᠰᡝᡳ ᠪᡝ ᡤᡝᠮᡠ ᠸᡝᠰᡳᠮᠪᡠᠮᡝ ᠪᠠᡳᡵᡝ ᠪᡠᡥᡝ

ᠪᠣᡩᠣᠴᡳ ᠪᡳᡨᡥᡝ ᡤᡳᠰᡠᠨ ᡠᠮᠪᡳ ᡤᡝᠮᡠ ᡳᠯᡳᠪᡠᠮᡝ ᡤᡳᠰᡠᡵᡝᠮᡝ ᡳᠯᡳᠪᡠᠮᡝ

ᠴᡳ ᡳᠯᡳᡥᠠ ᡤᡝᠮᡠ ᠪᠣᡩᠣᠴᡳ ᡠᠮᠪᡳ ᡤᡝᠮᡠ ᡳᠯᡳᠪᡠᠮᡝ ᠪᡳᡨᡥᡝ

ᠪᠣᡥᠣᡵᡳ ᡳᠯᡳᠪᡠᡥᡝ ᠪᡝ ᠪᠠᡳᡵᡝ ᠪᡝ ᡠᠮᠪᡳ ᠪᡝ ᡤᡝᠮᡠ ᠸᡝᠰᡳᠮᠪᡠᠮᡝ ᡠᠮᠪᡳ

ᠸᡝᠰᡳᠮᠪᡠᠮᠪᡳ

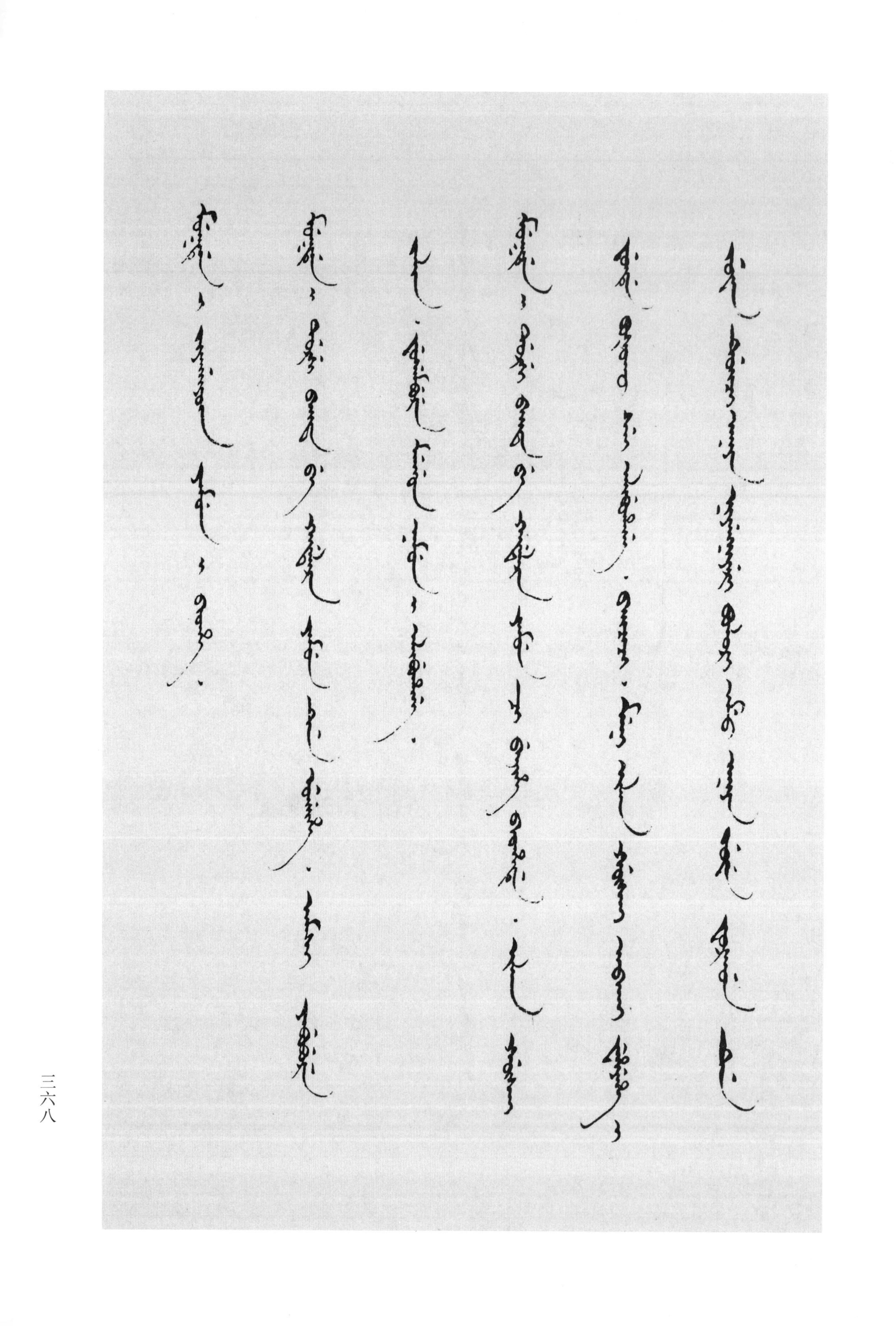

[illegible]

[illegible]

[illegible]

[illegible]

[illegible]

[illegible]

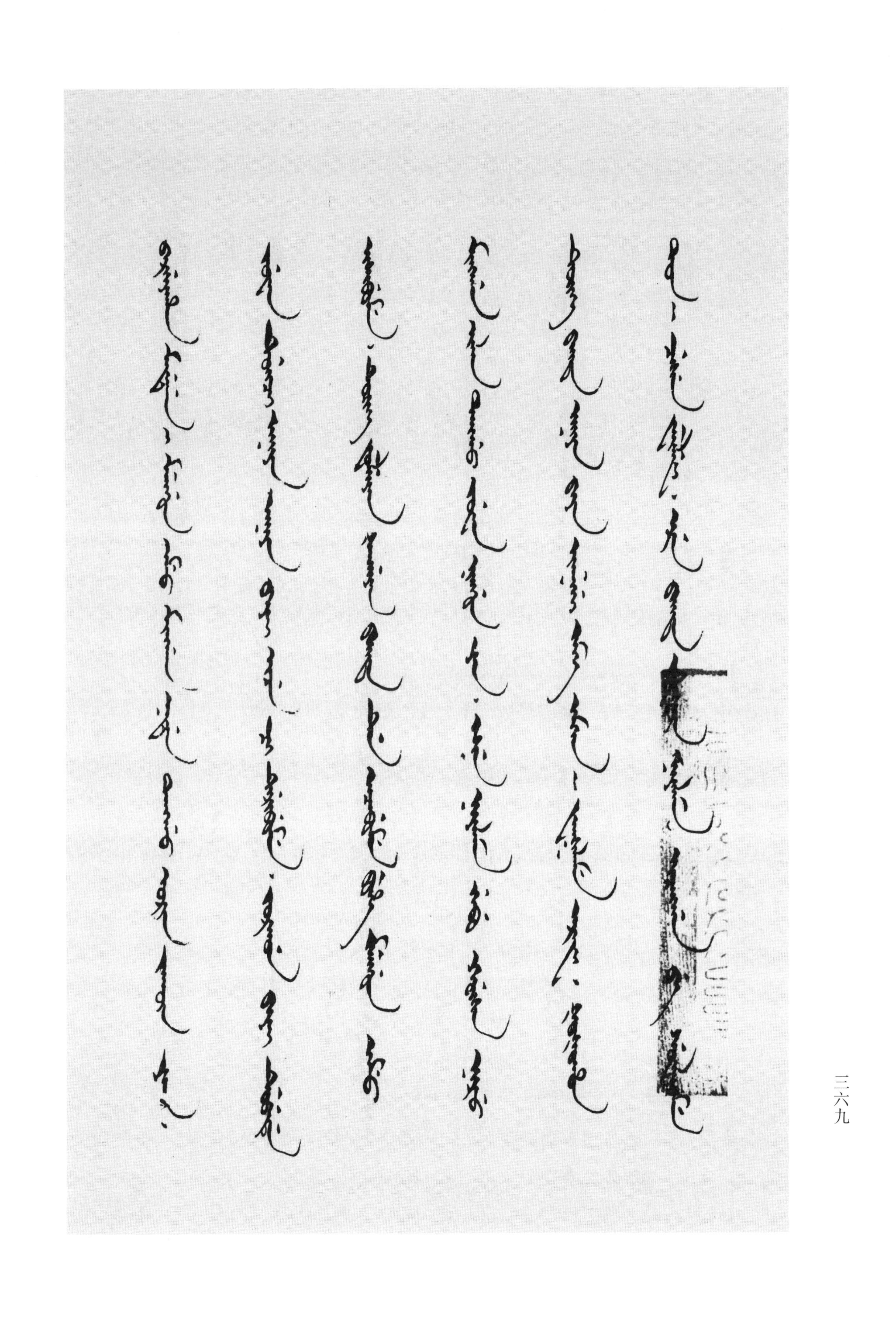

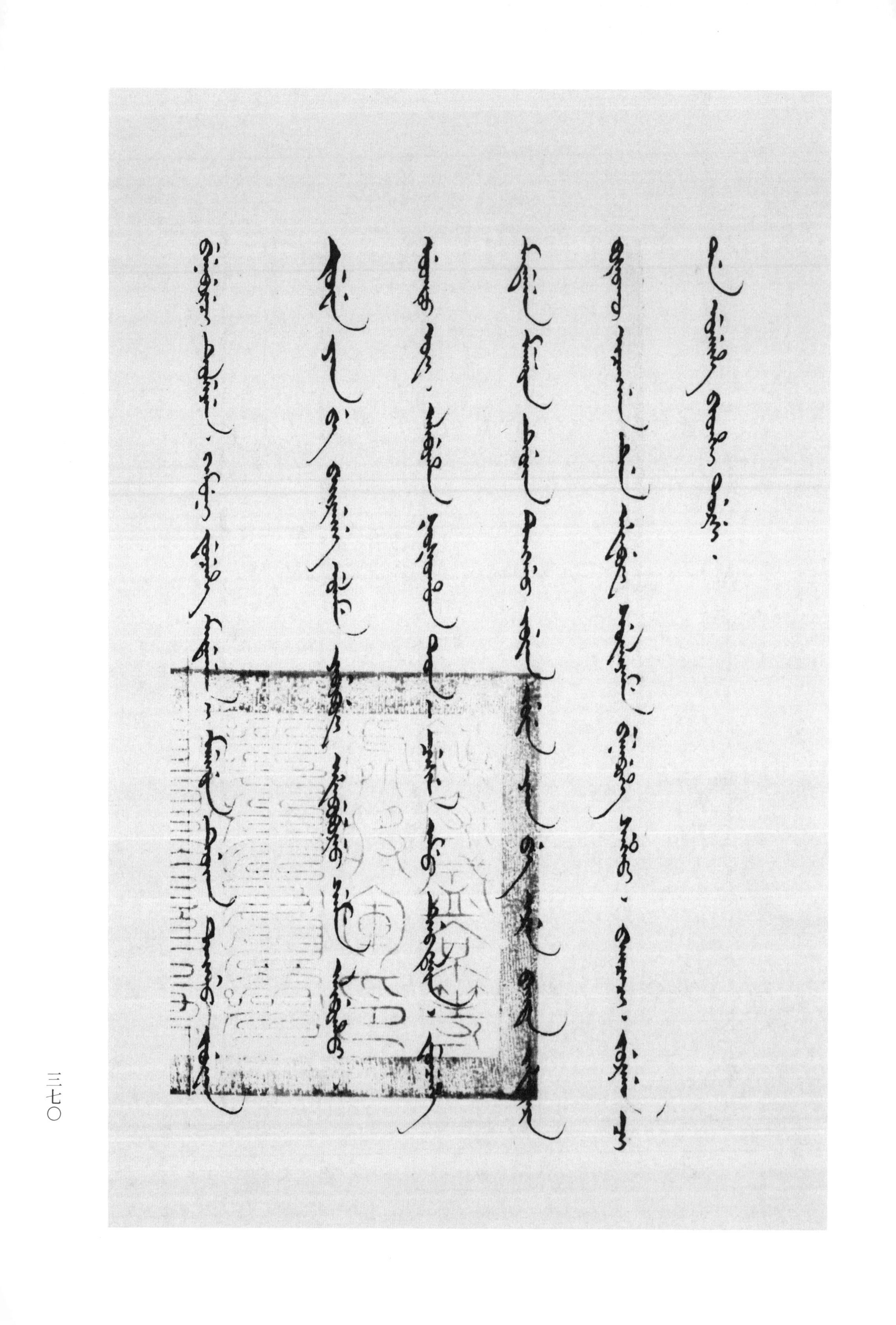

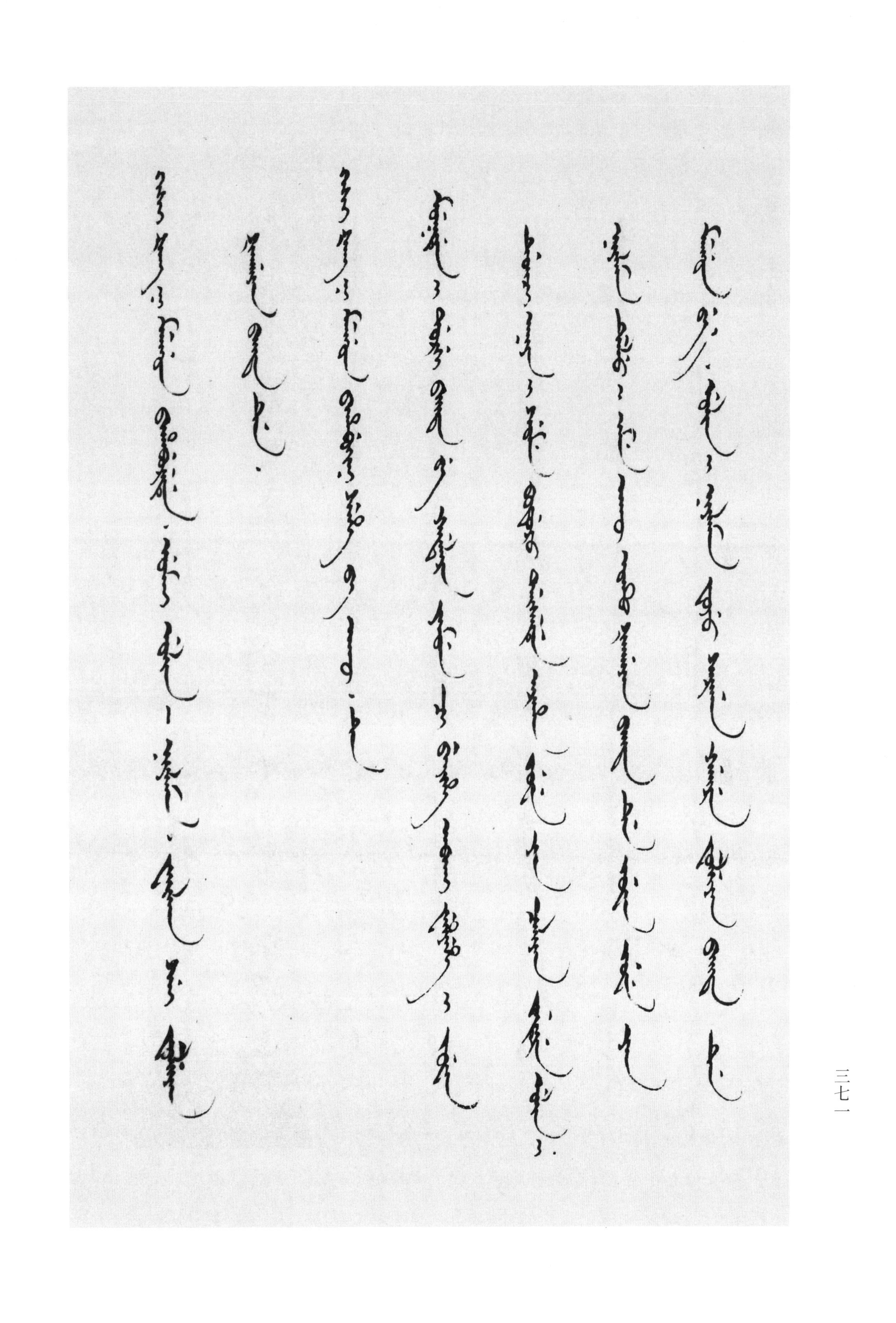

[illegible]

[illegible]

[illegible]

[illegible]

[illegible]

[illegible]

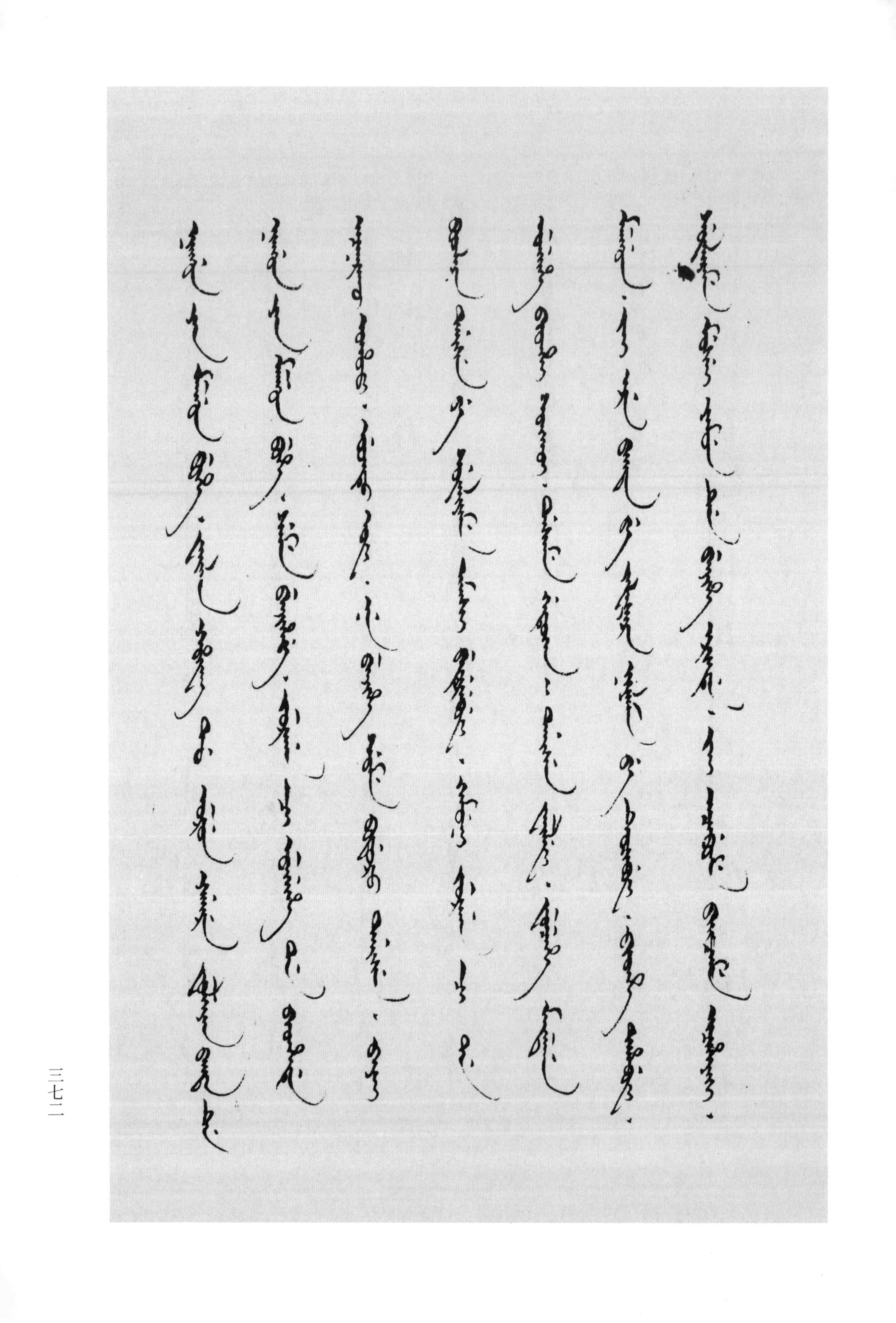

[illegible]

[illegible]

[illegible]

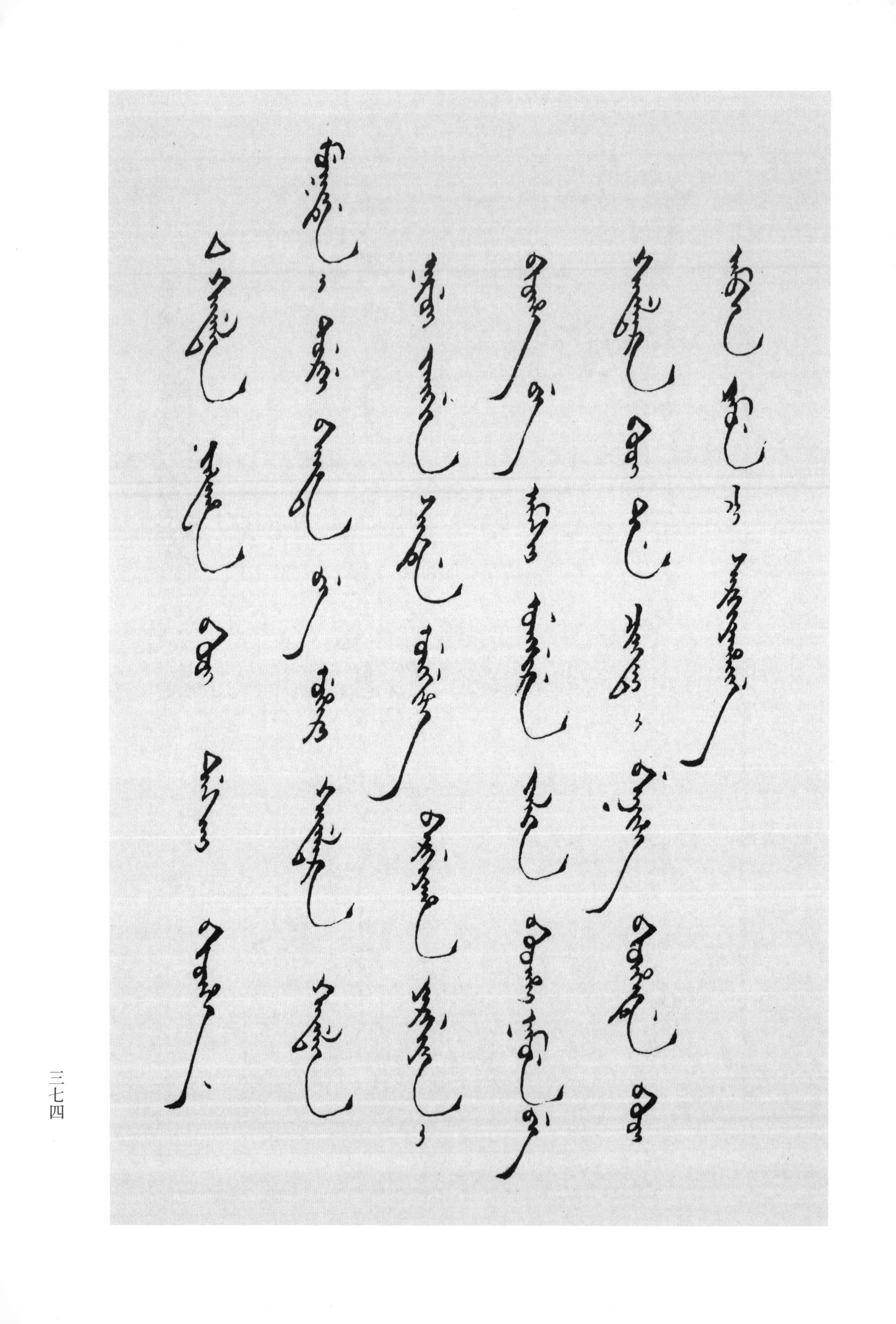

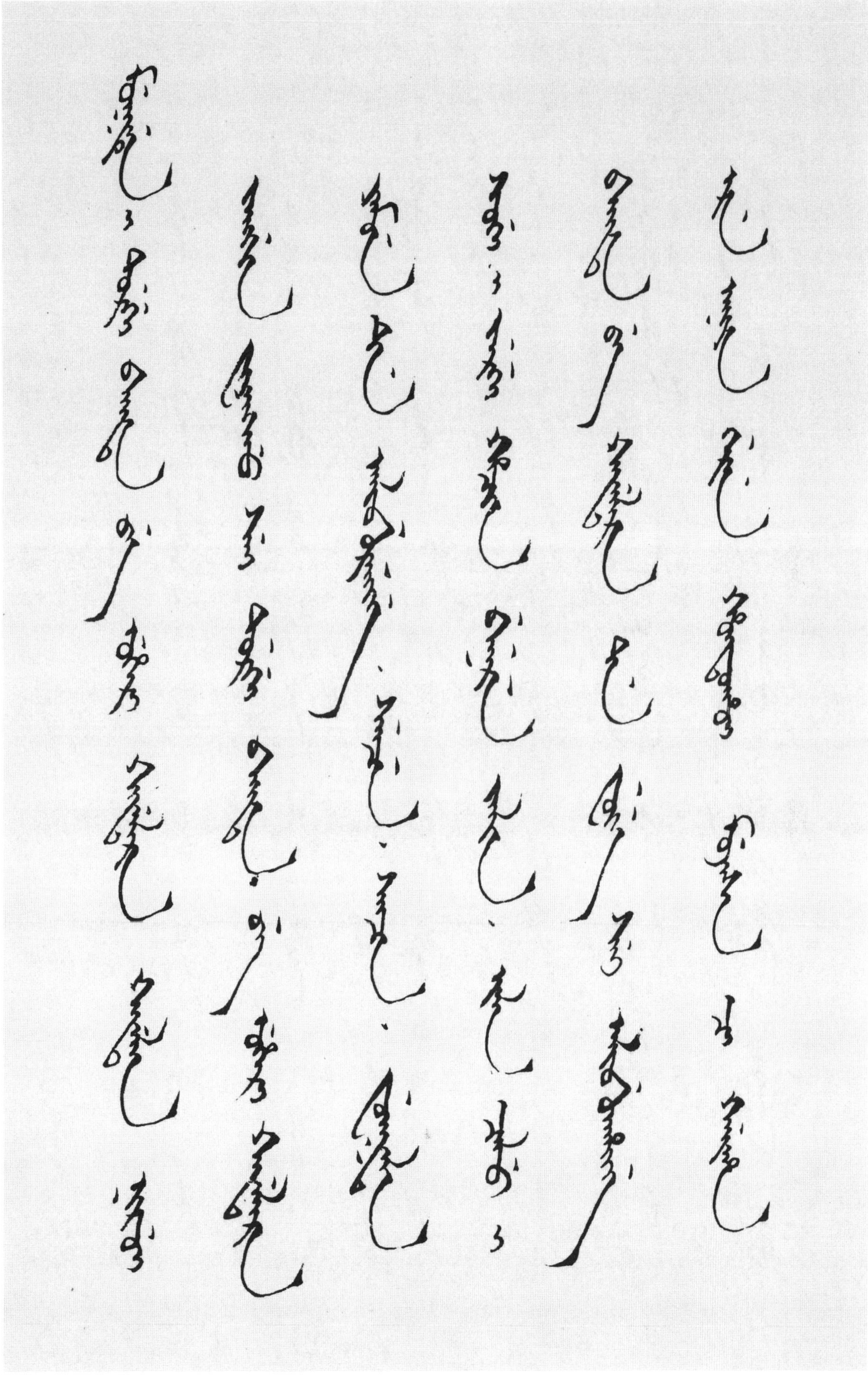

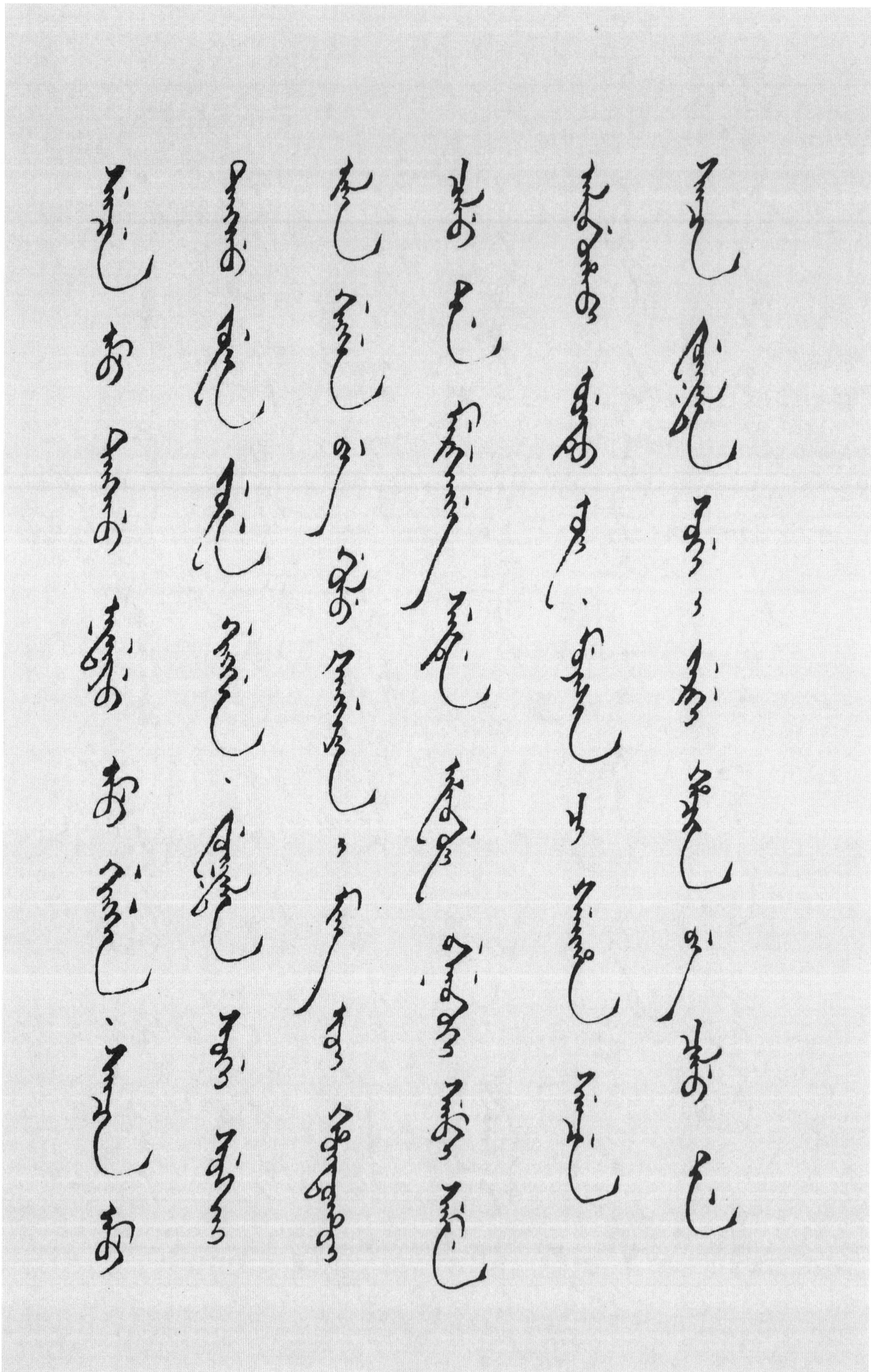

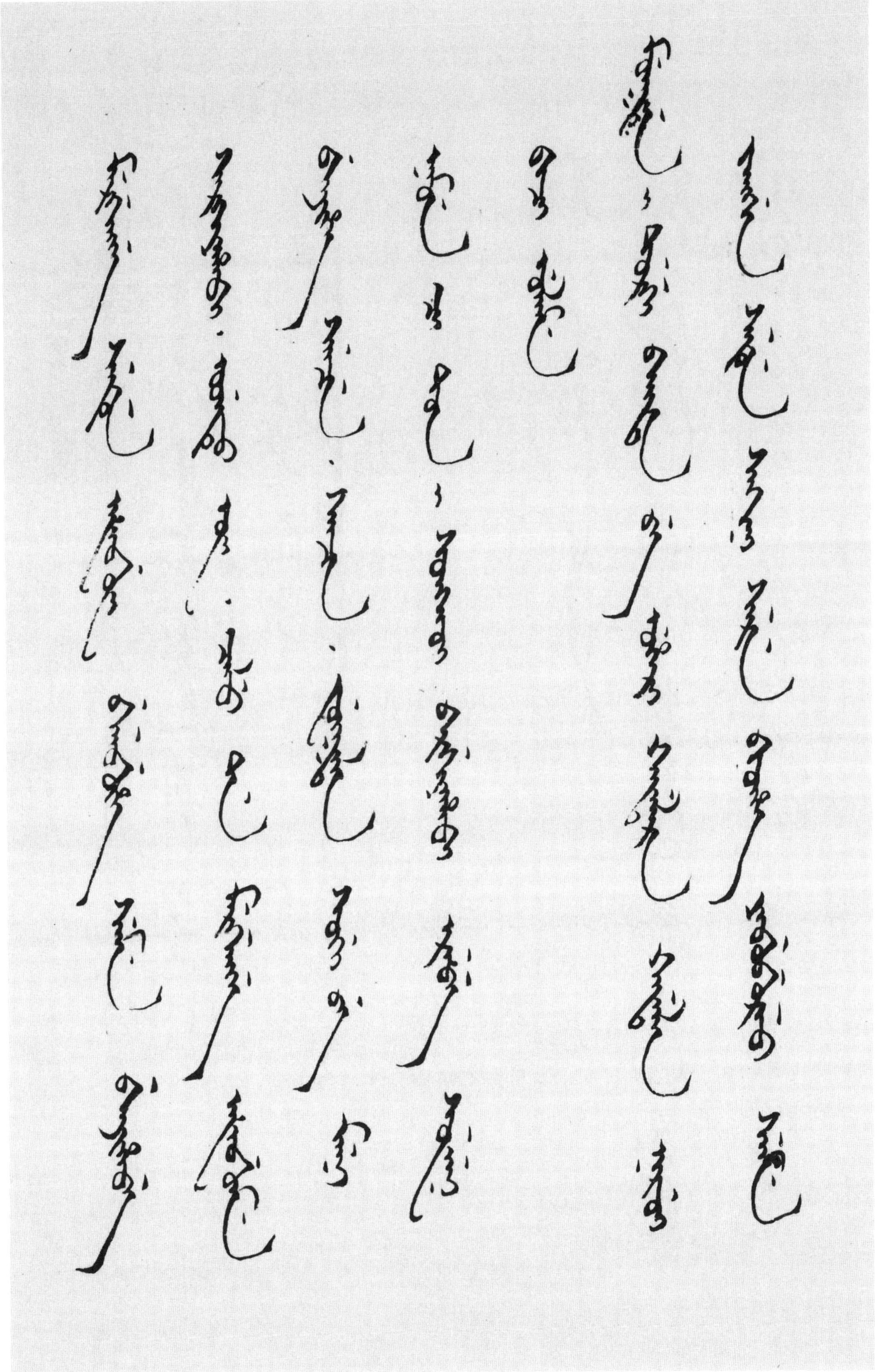

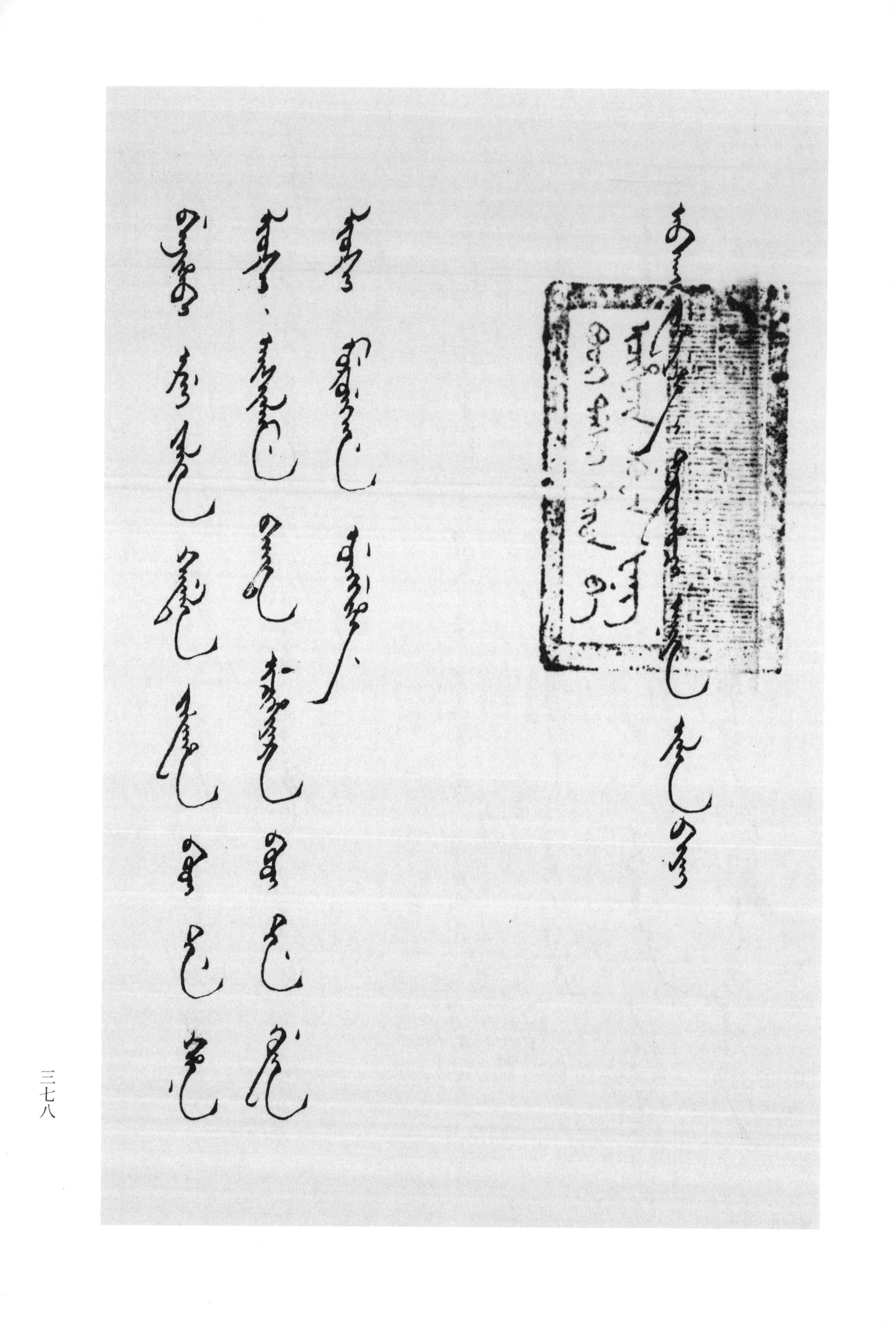

[illegible]

[illegible]

[illegible]

[illegible]

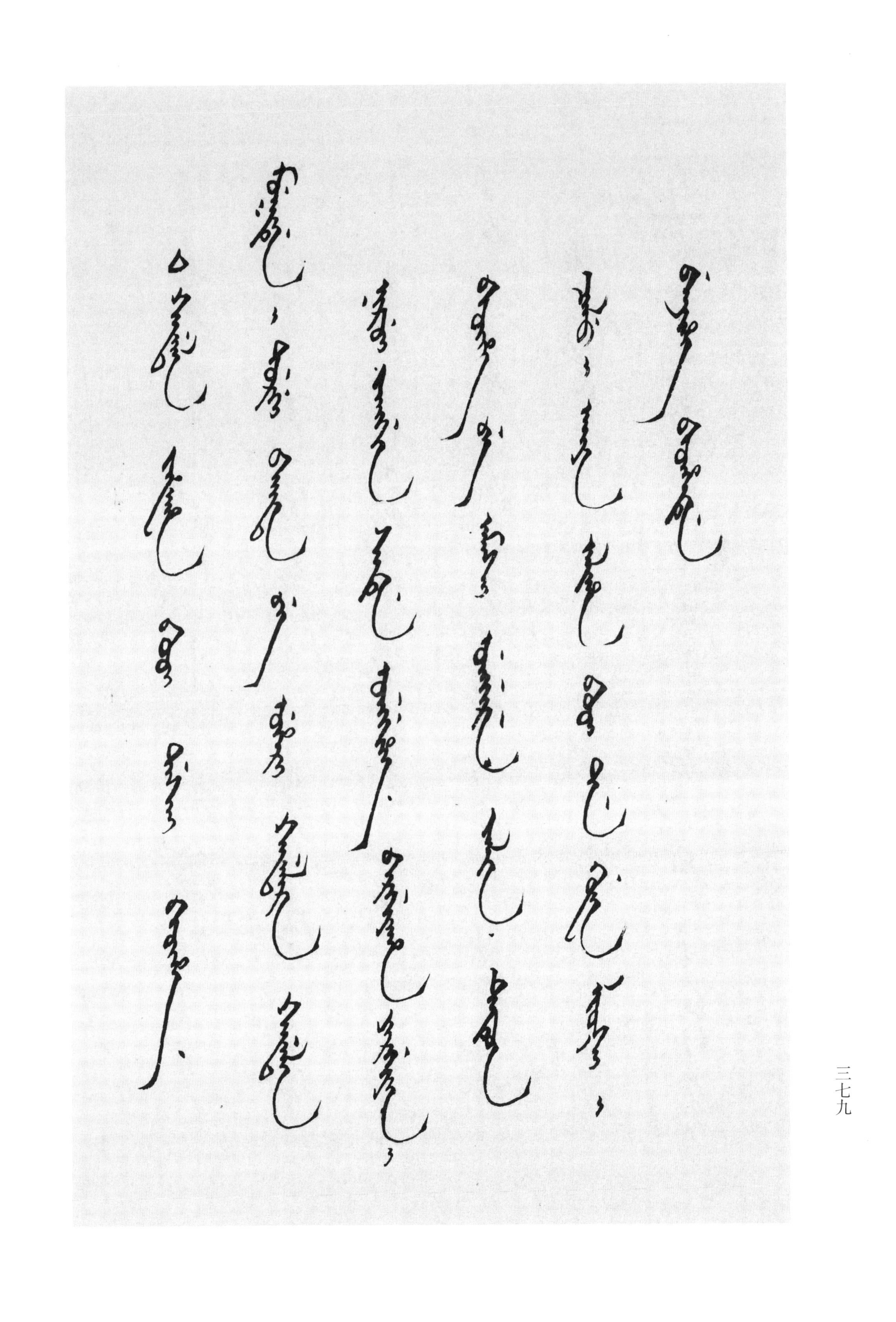

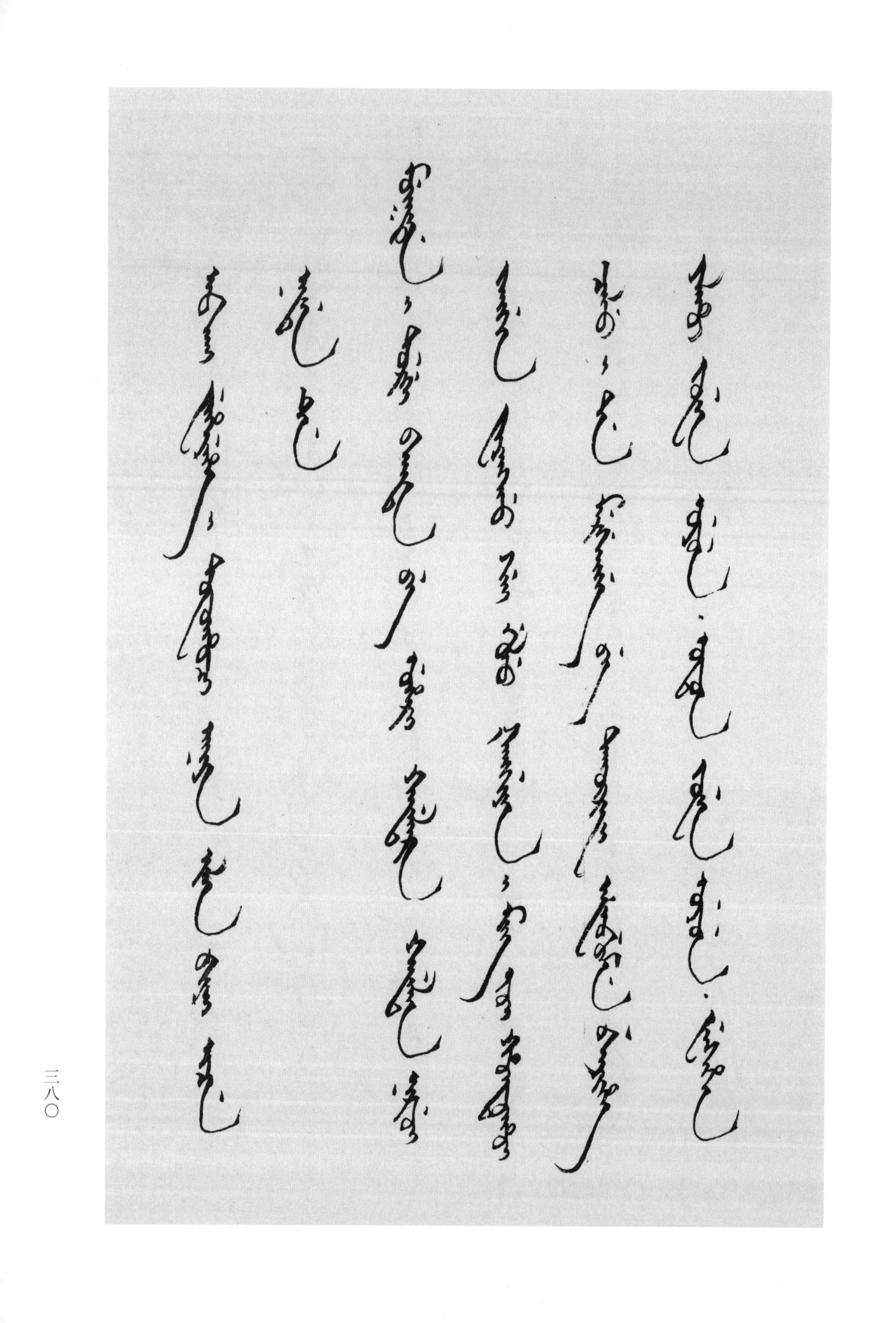

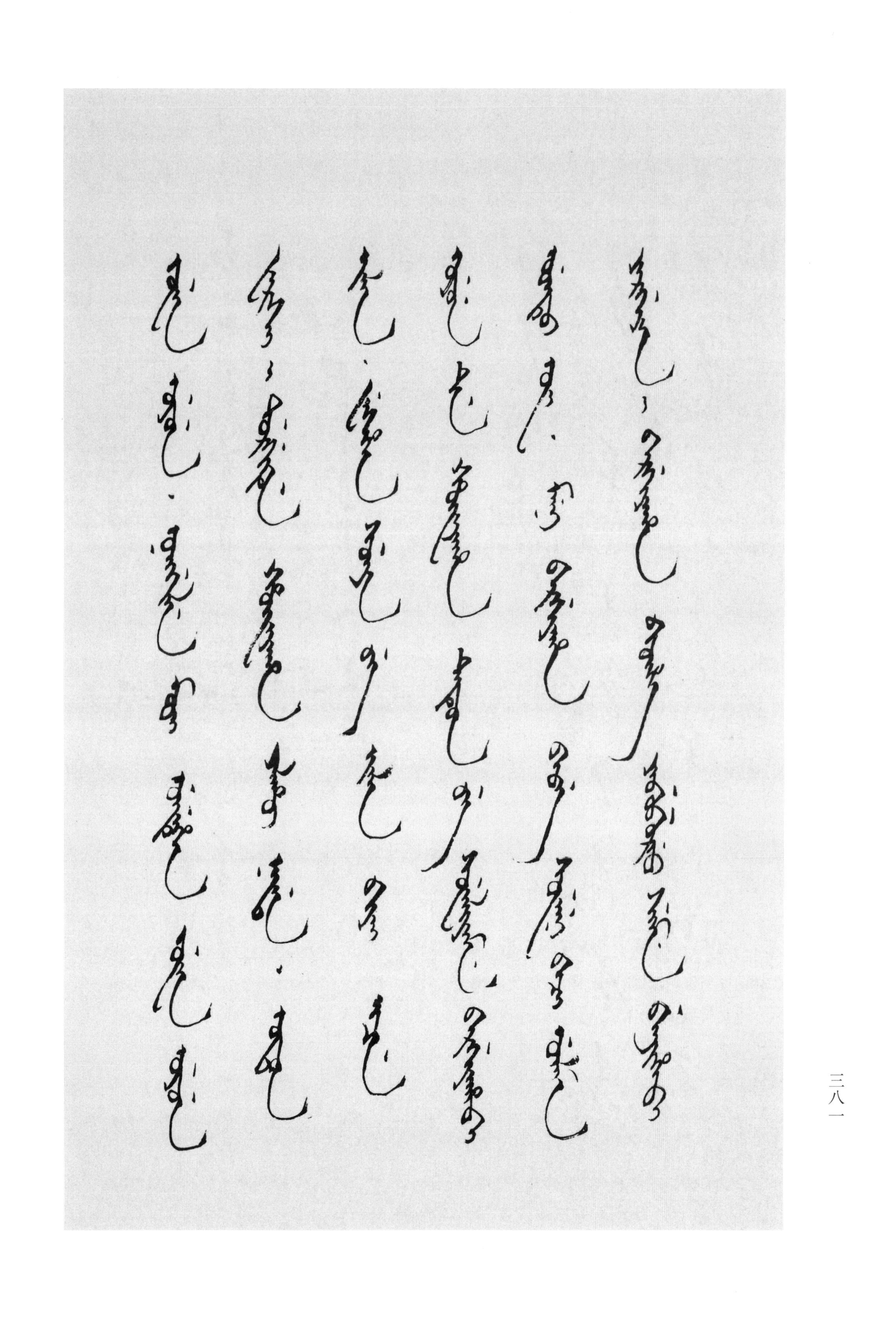

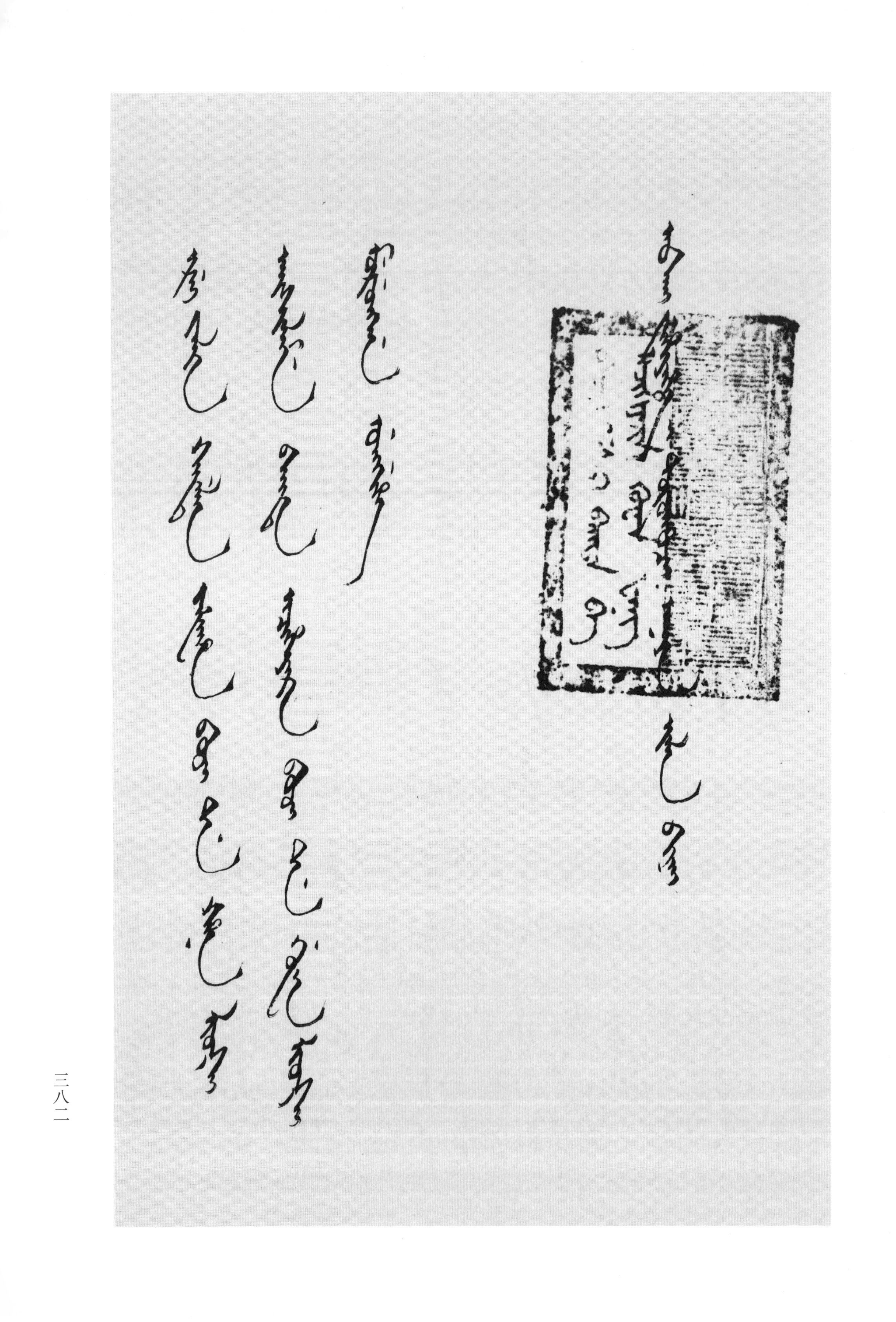

[illegible]

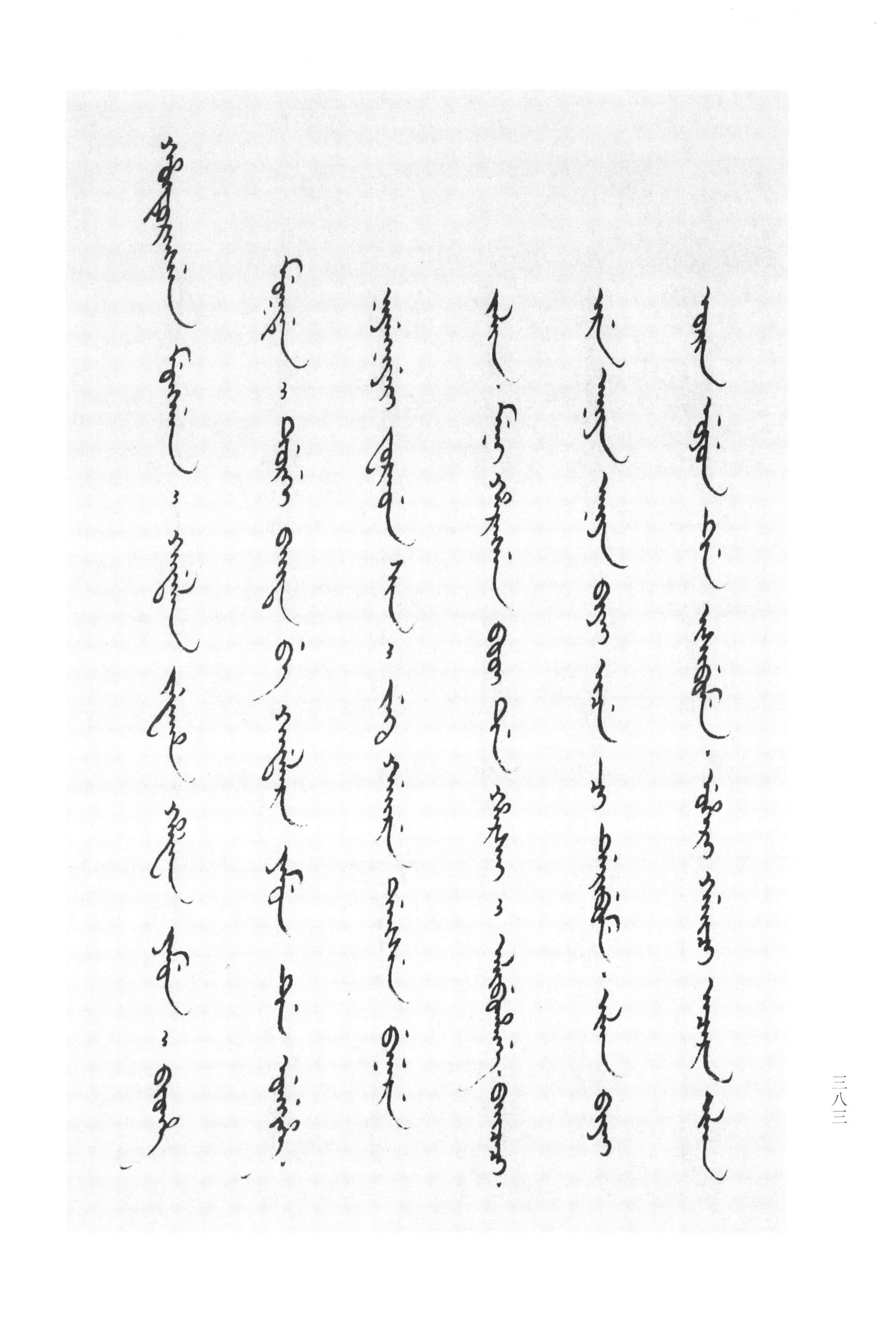

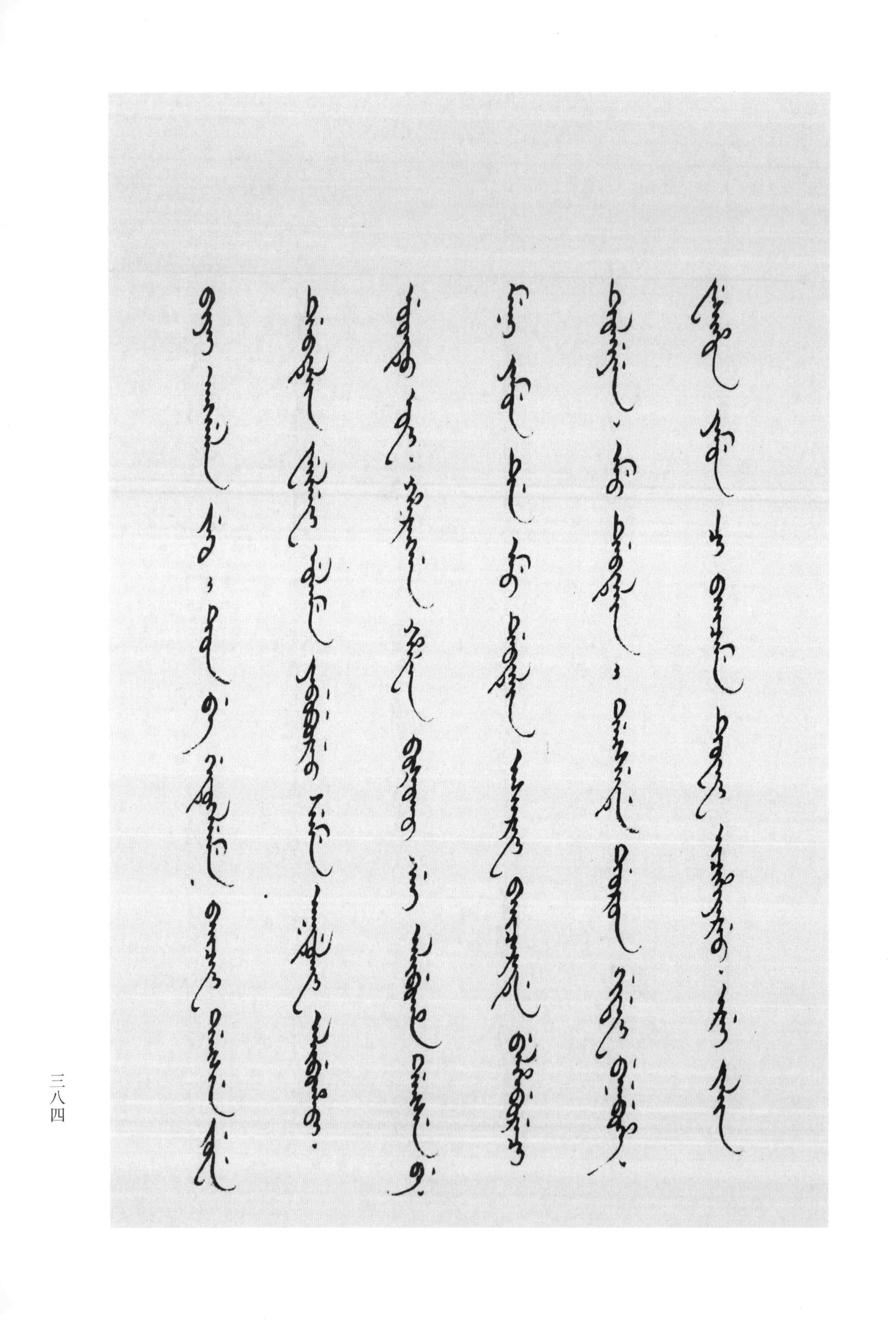

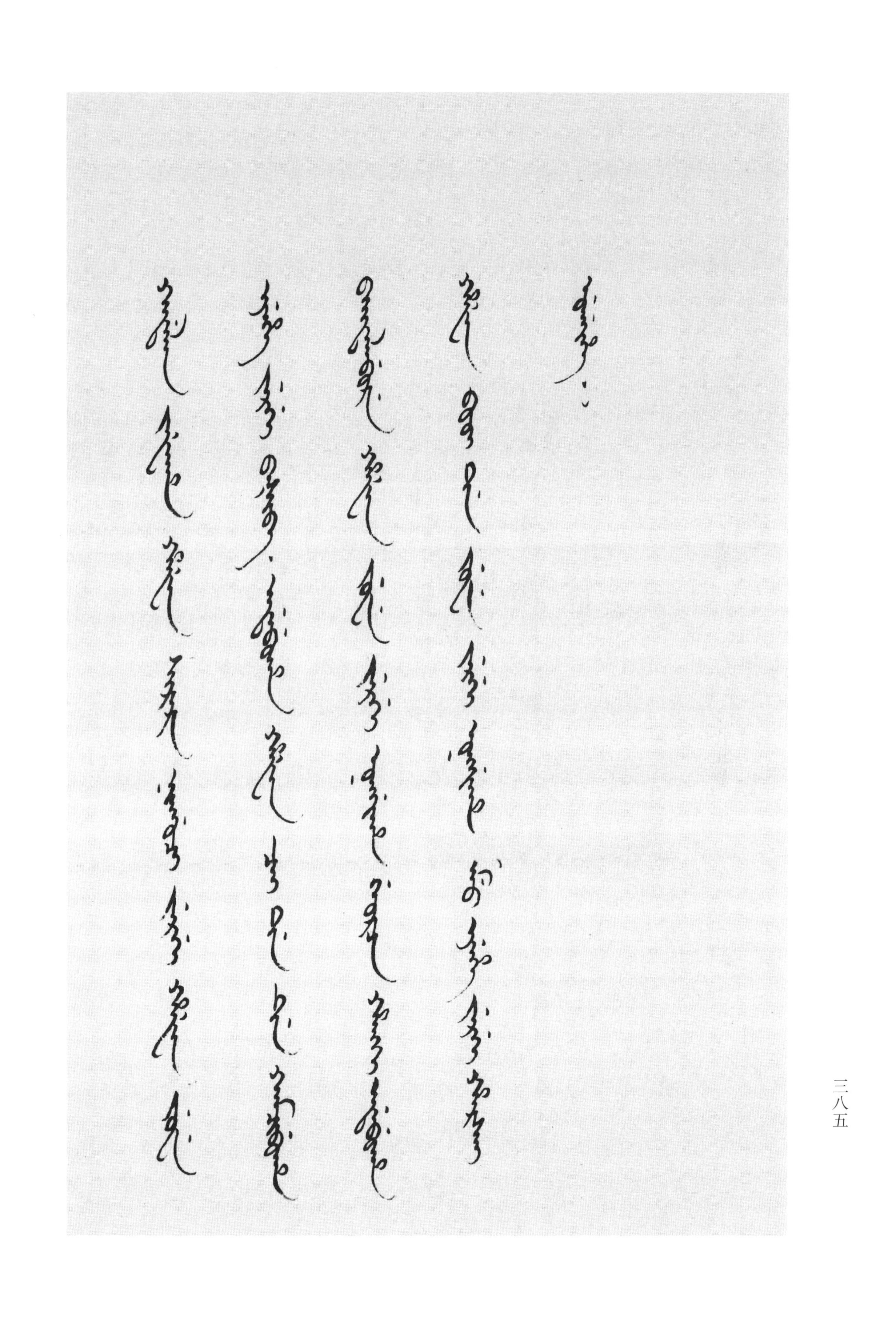

[illegible]

ᡩᠣᠷᠣ ᡝᠯᡩᡝᠩᡤᡝ [illegible] [illegible] [illegible] ᠪᡳᠶᠠᡳ [illegible] ᡳᠨᡝᠩᡤᡳ

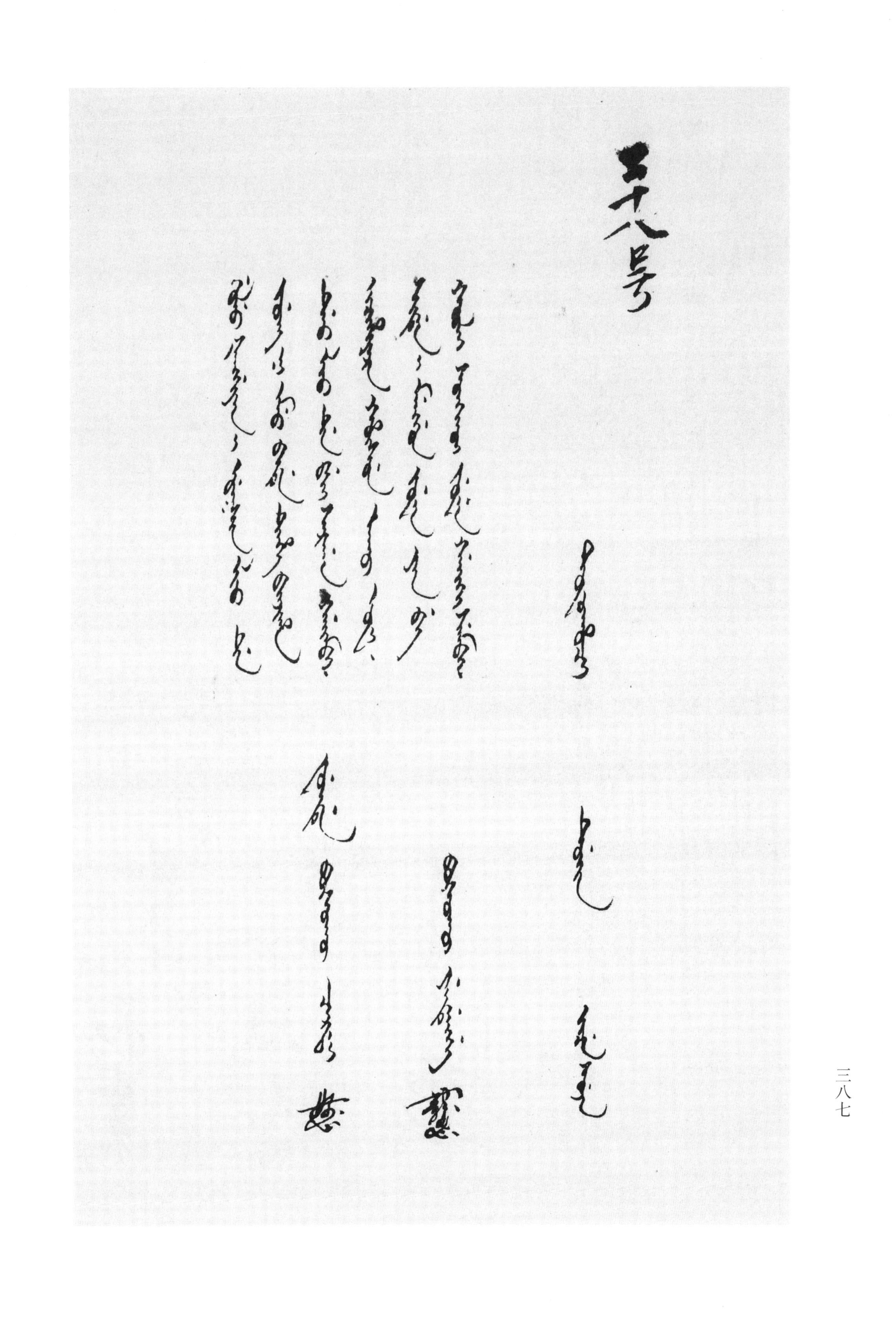

三十八号

[illegible]

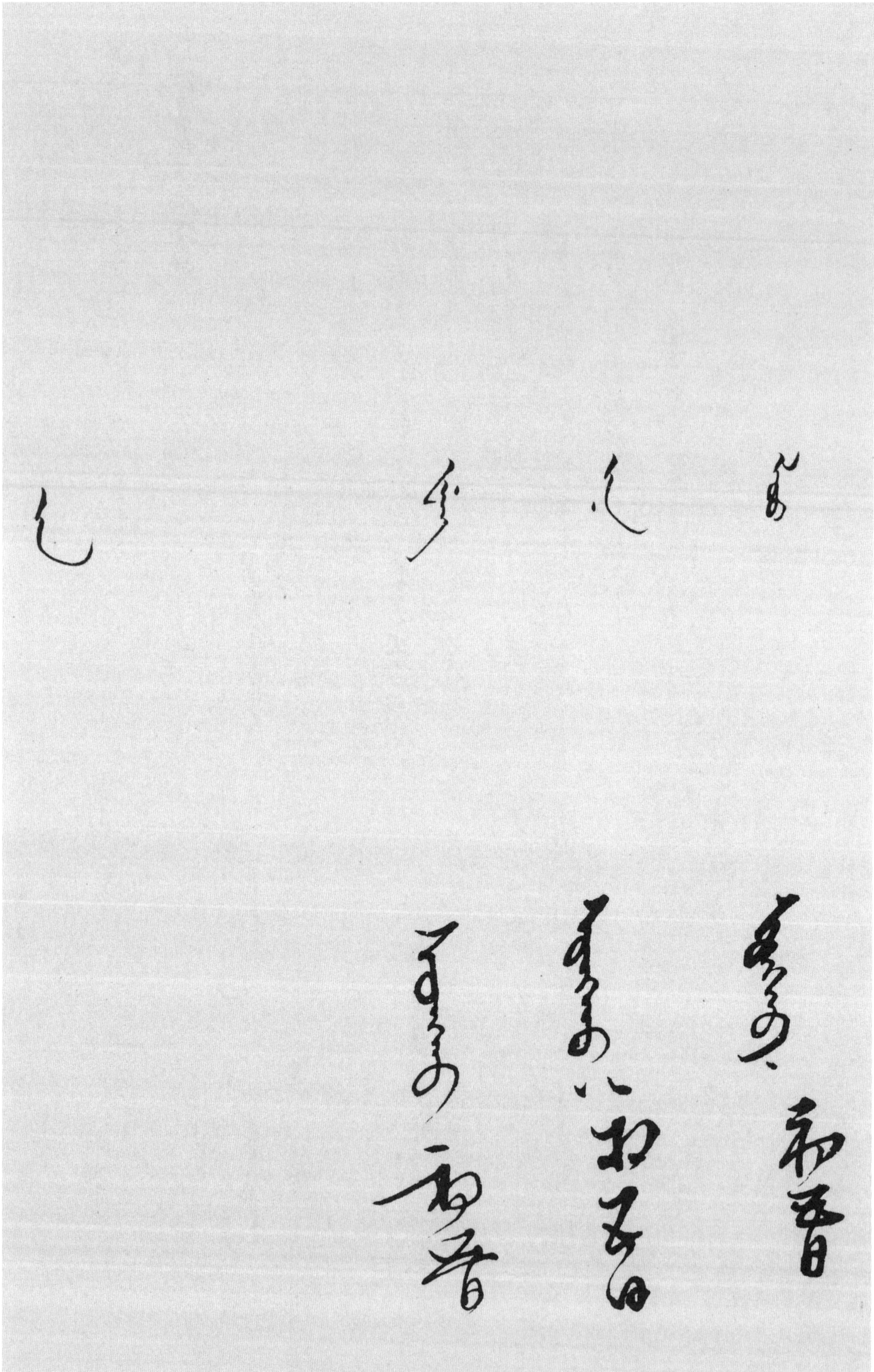

ᠰᡠᡵᡝᠩᡤᡝ ᠪᠠᡩᡝ

ᡝᠮᡝ ᡝᠮᡝ ᡥᡡᠰᡠᠨ ᠰᡳᠨᡩᡝ ᡤᡝᠨᡝᡥᡝ

ᡤᡝᠯᡝᡥᡝ ᡨᡠᠮᡝᠨ ᠪᡝᠶᡝᡩᡝ ᠪᡠᡵᡠ ᠪᡠᠰᡝᡥᡝ᠈

ᠵᡝᠮᡝ ᠵᡠᠸᡝ ᠵᡝᠮᡝ ᡨᡝᠮᡝ ᠵᡝᠮᡝ ᡨᡝᠮᡝ ᡳᠰᡳ ᡨᡝᡥᡝᠮᡝ᠈ ᠪᡳᡵᡝᡥᡝ ᠪᡳ᠈

ᠵᠠᡴᠠ ᠰᡳᠨᡳ ᠵᠠᡴᠠ ᡤᡝᠨᡝᡥᡝ ᡨᡝᡥᡝ᠈ ᡝᠮᡝ ᡨᡠᠮᡝᠨ᠈ ᡝᡵᡝ ᡤᡝᠯᡝᡥᡝ

○ ᠪᠠᡳᡳ ᡤᡝᠨᡝᡥᡝ ᠰᡳᠨᡳ ᠵᠠᡴᠠ ᠪᠣᠪᠣᠪᠣ ᡳᠰᡳᡴᠠ᠈ ᠪᠣᠪᠣᠪᠣ ᠰᡳᠨᡩᡝ ᡨᡝᠮᡝ ᡨᡠᠮᡝᠨ᠈

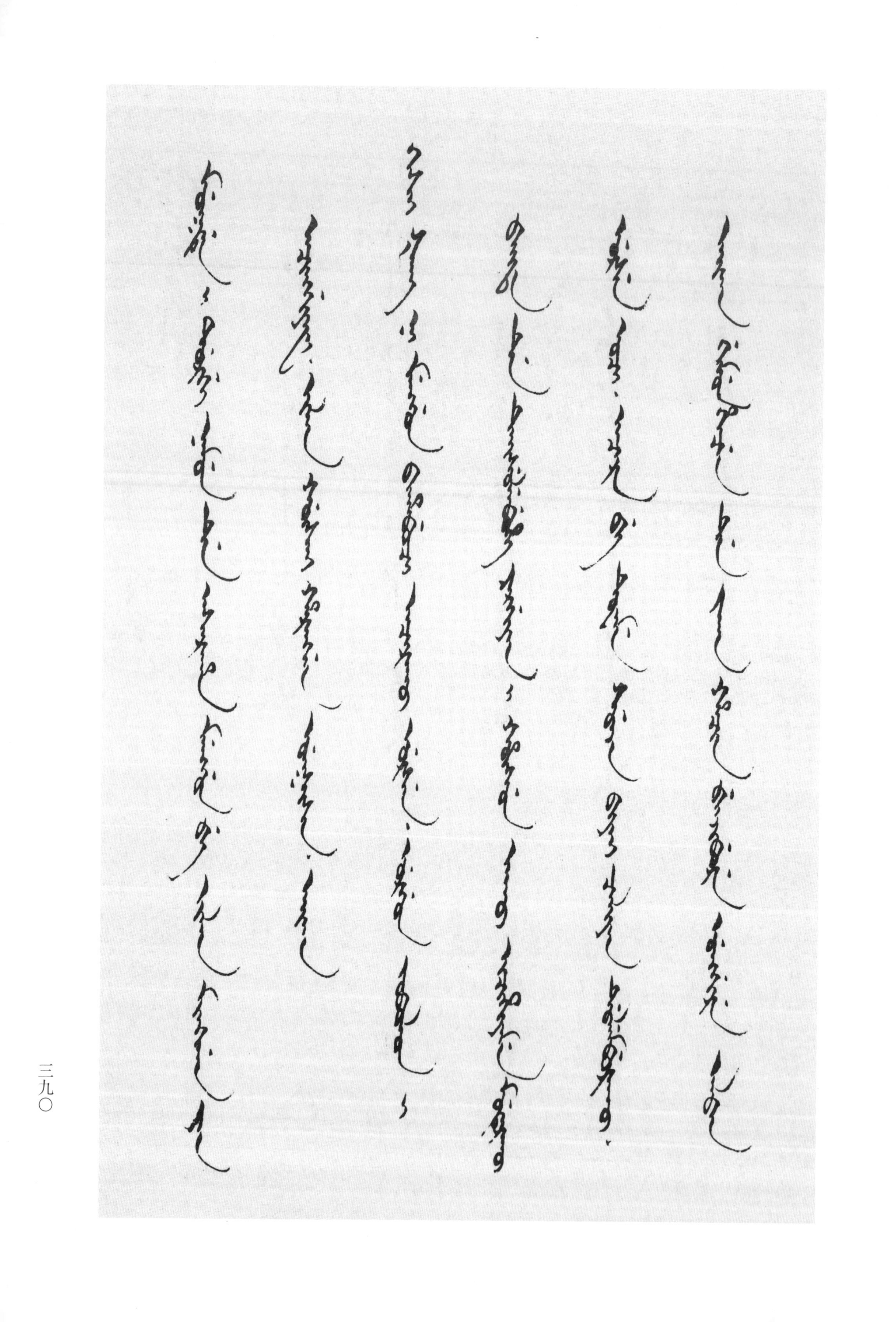

[illegible]

[illegible]

[illegible]

[illegible]

[illegible]

[illegible]

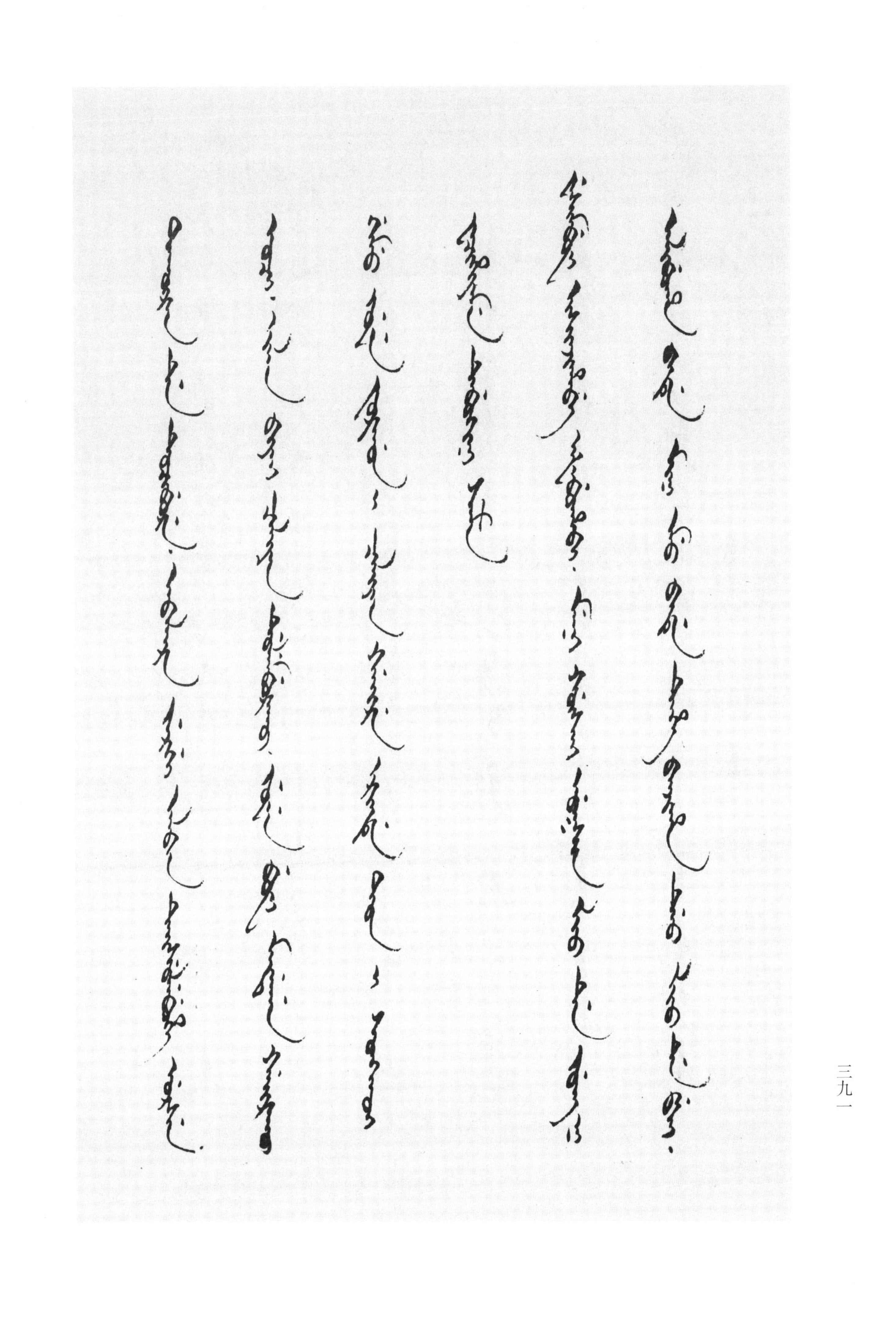

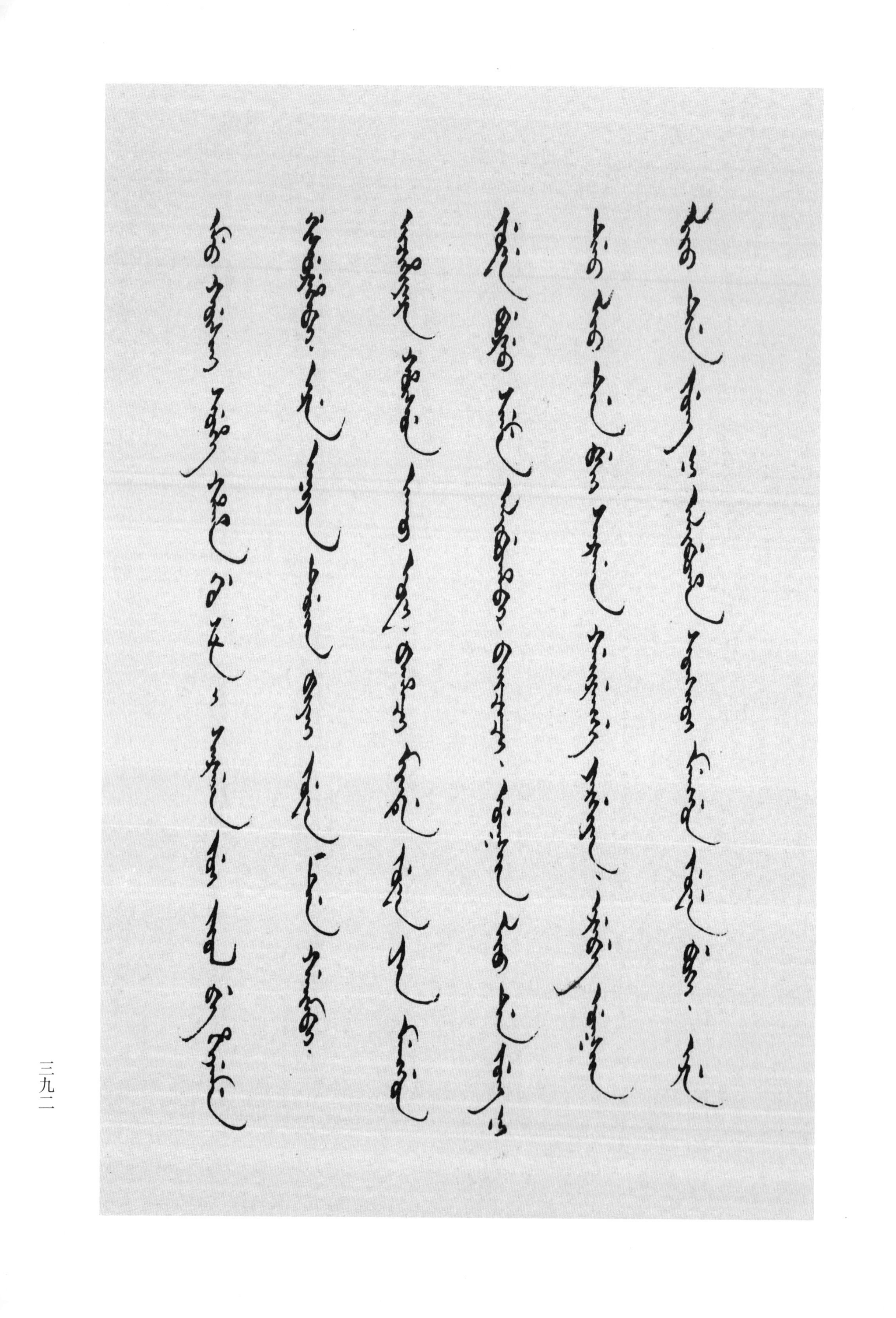

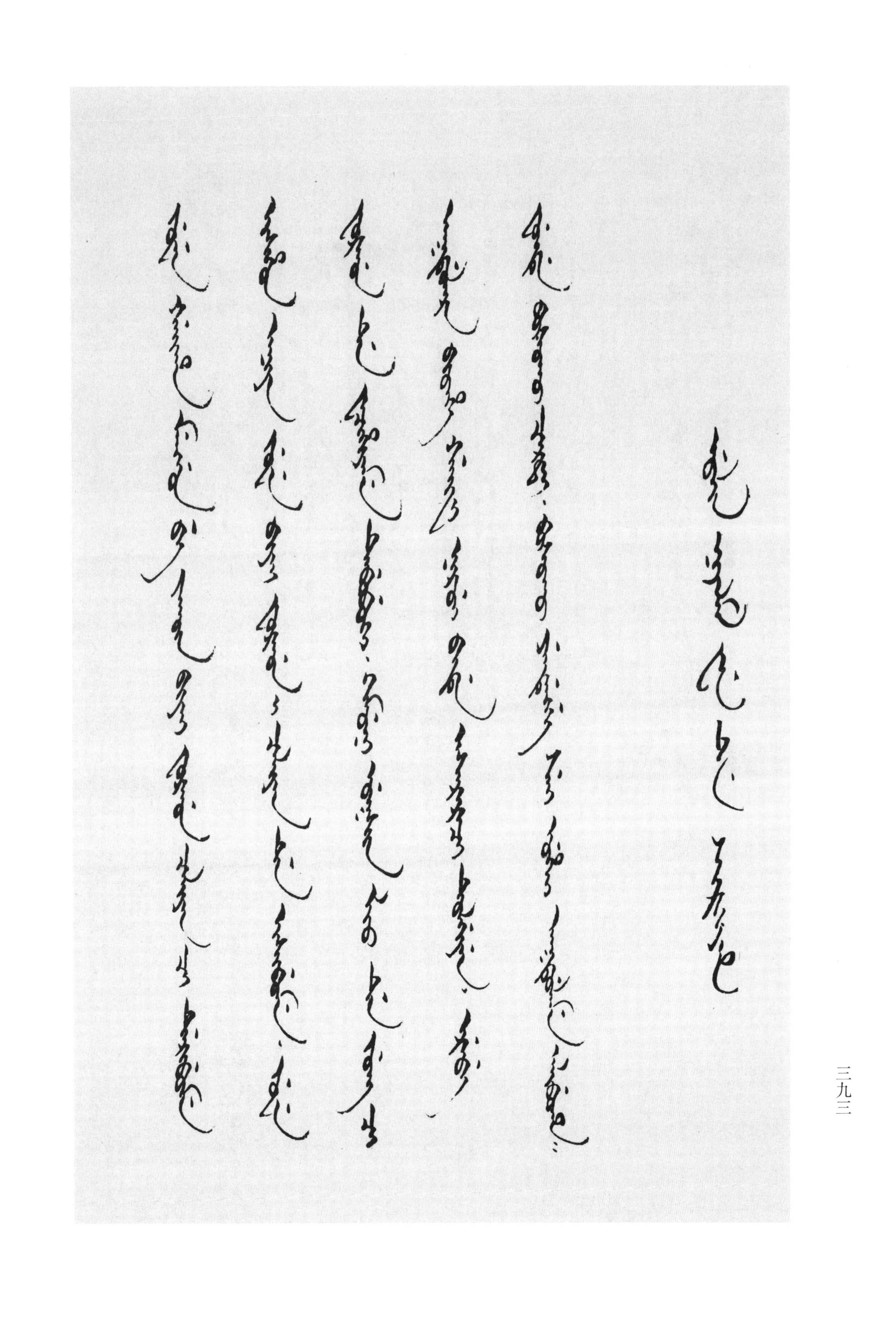

[illegible]

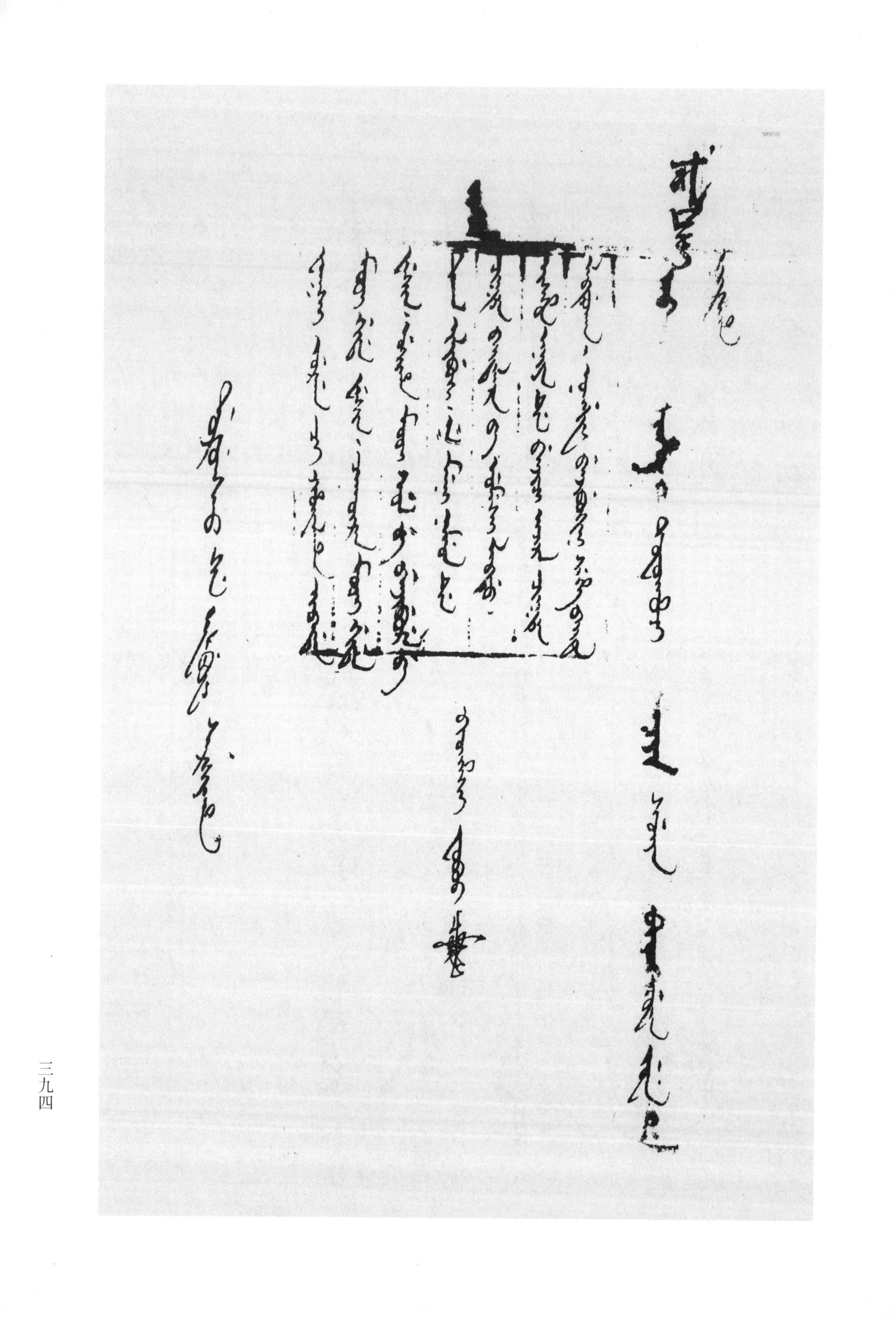

十二日奏
十二日
十二日

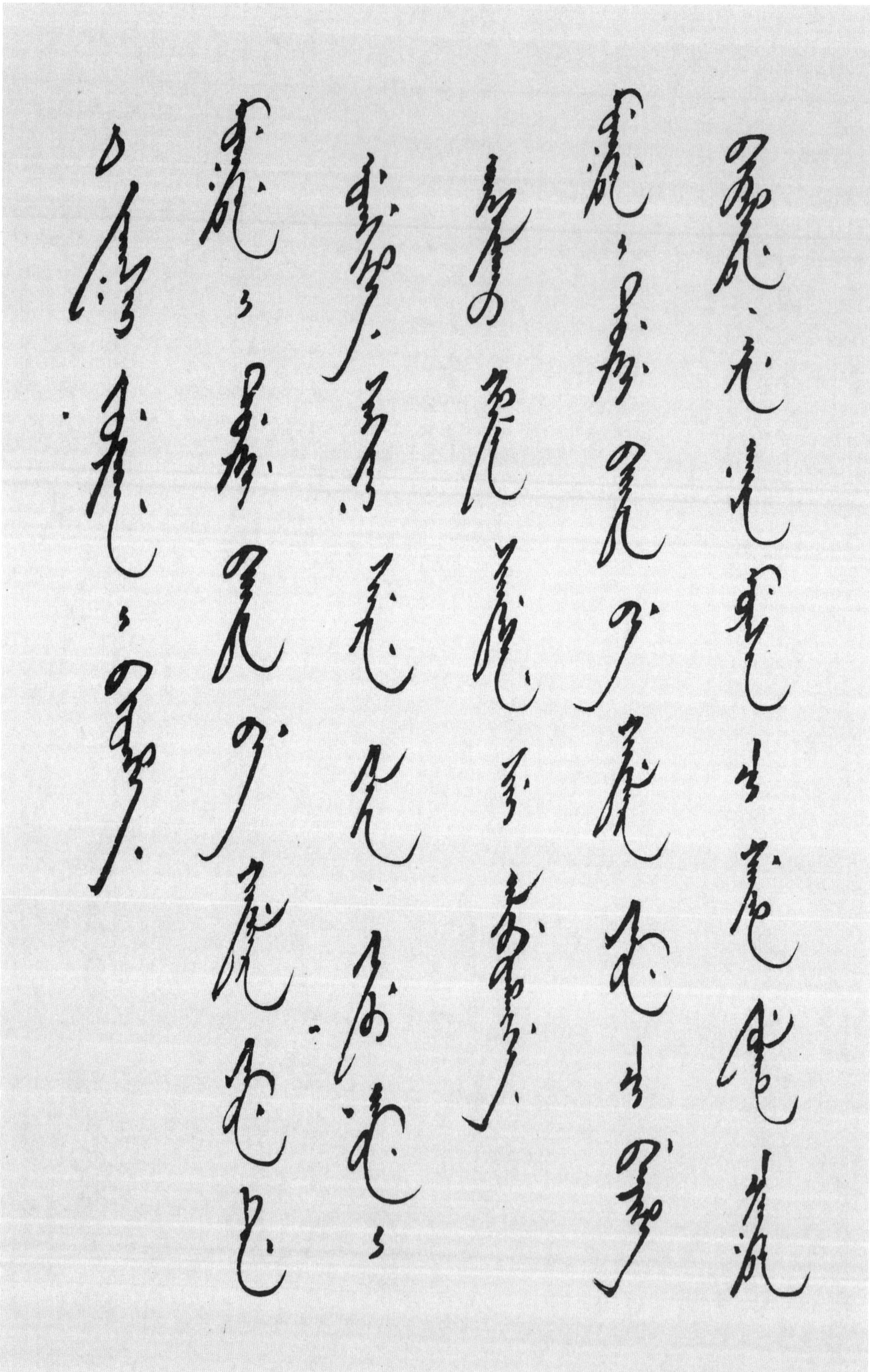

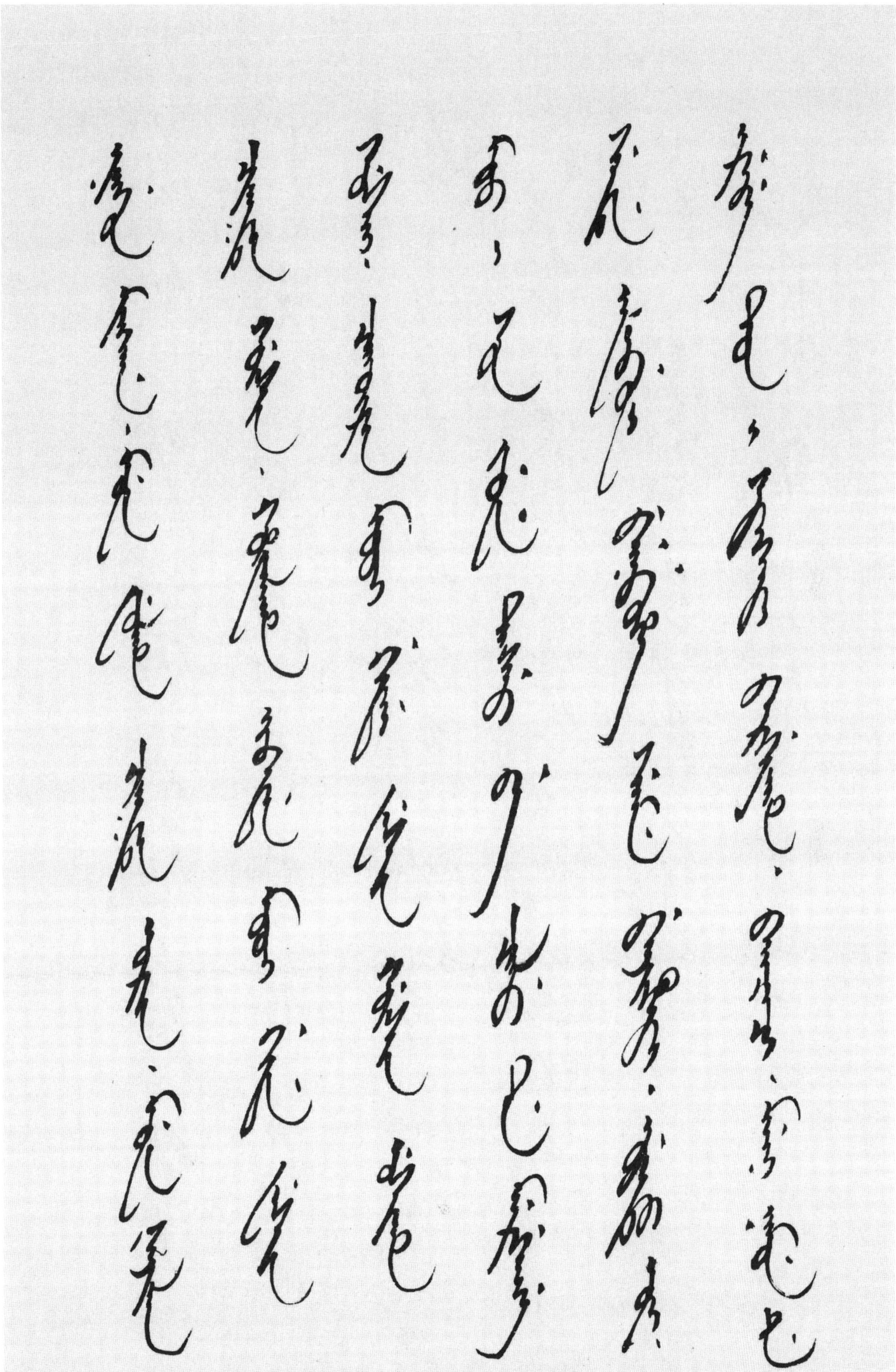

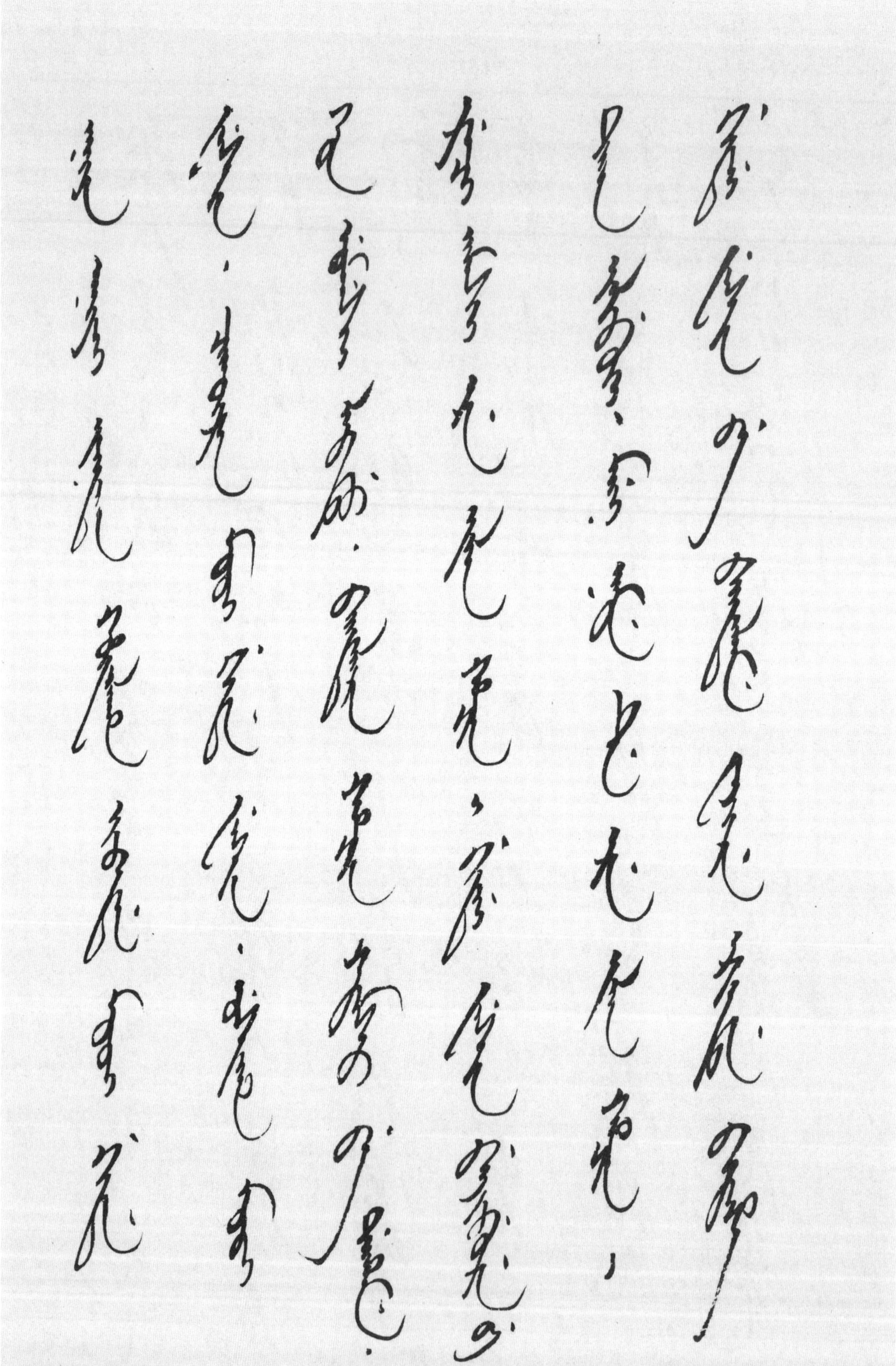

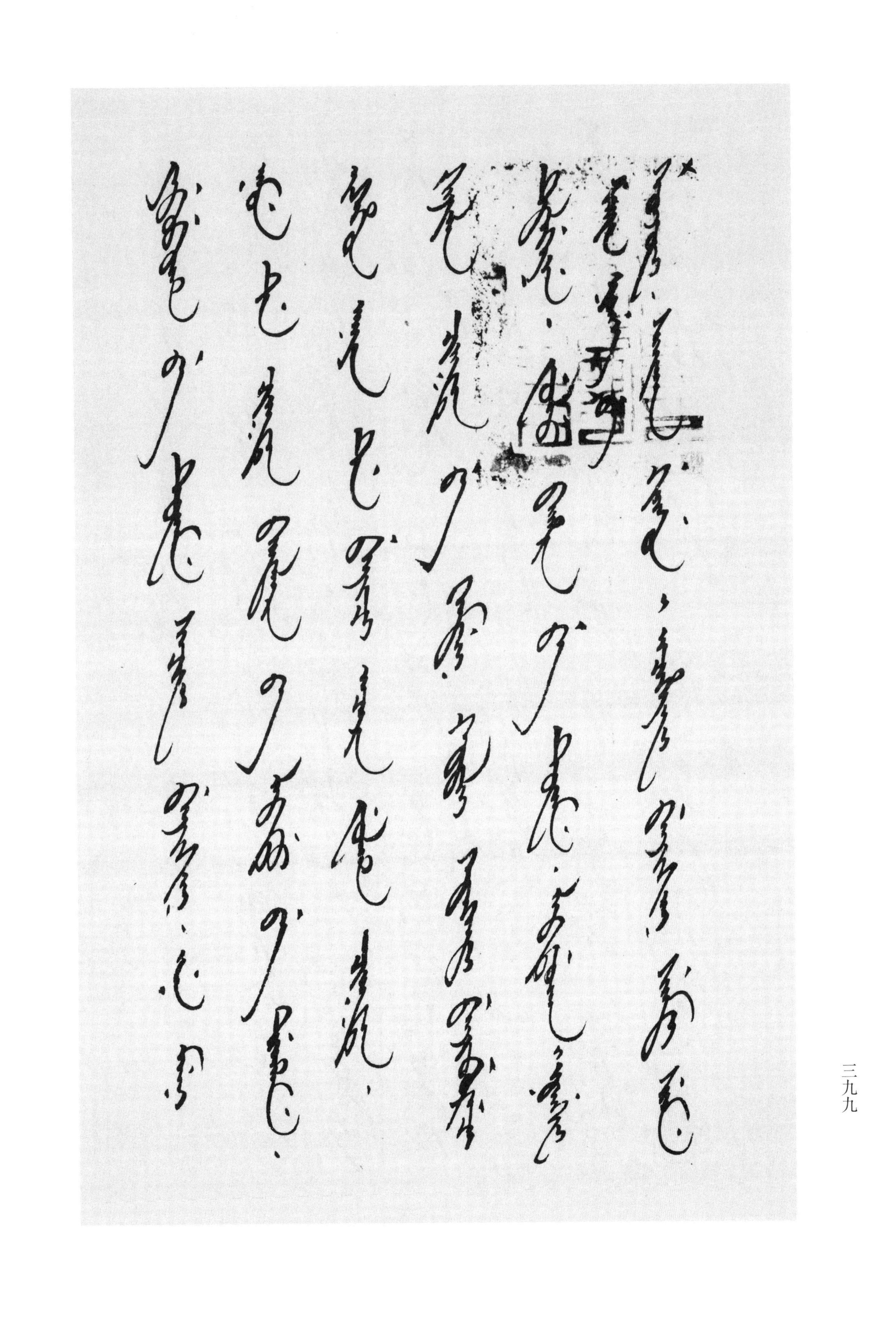

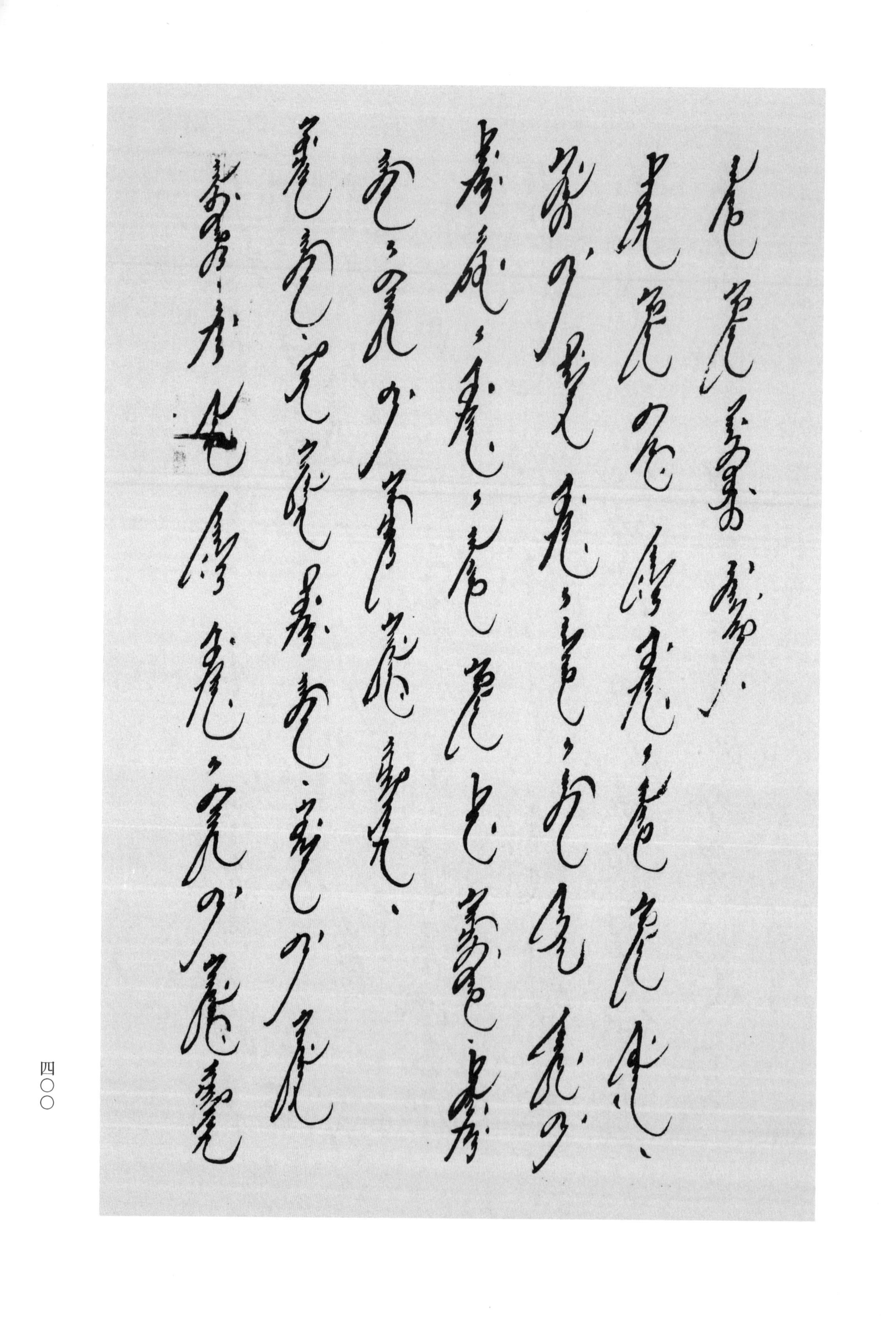

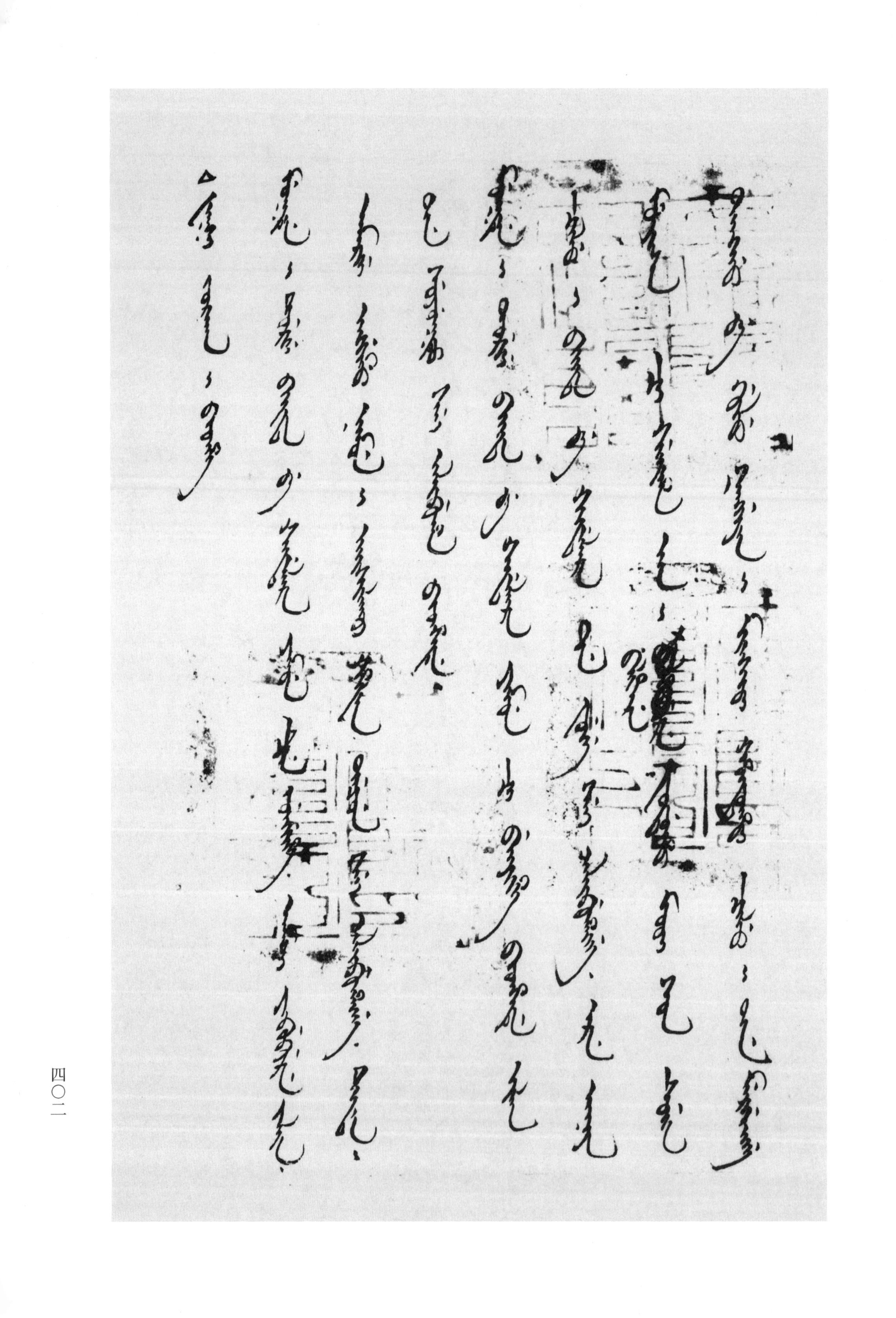

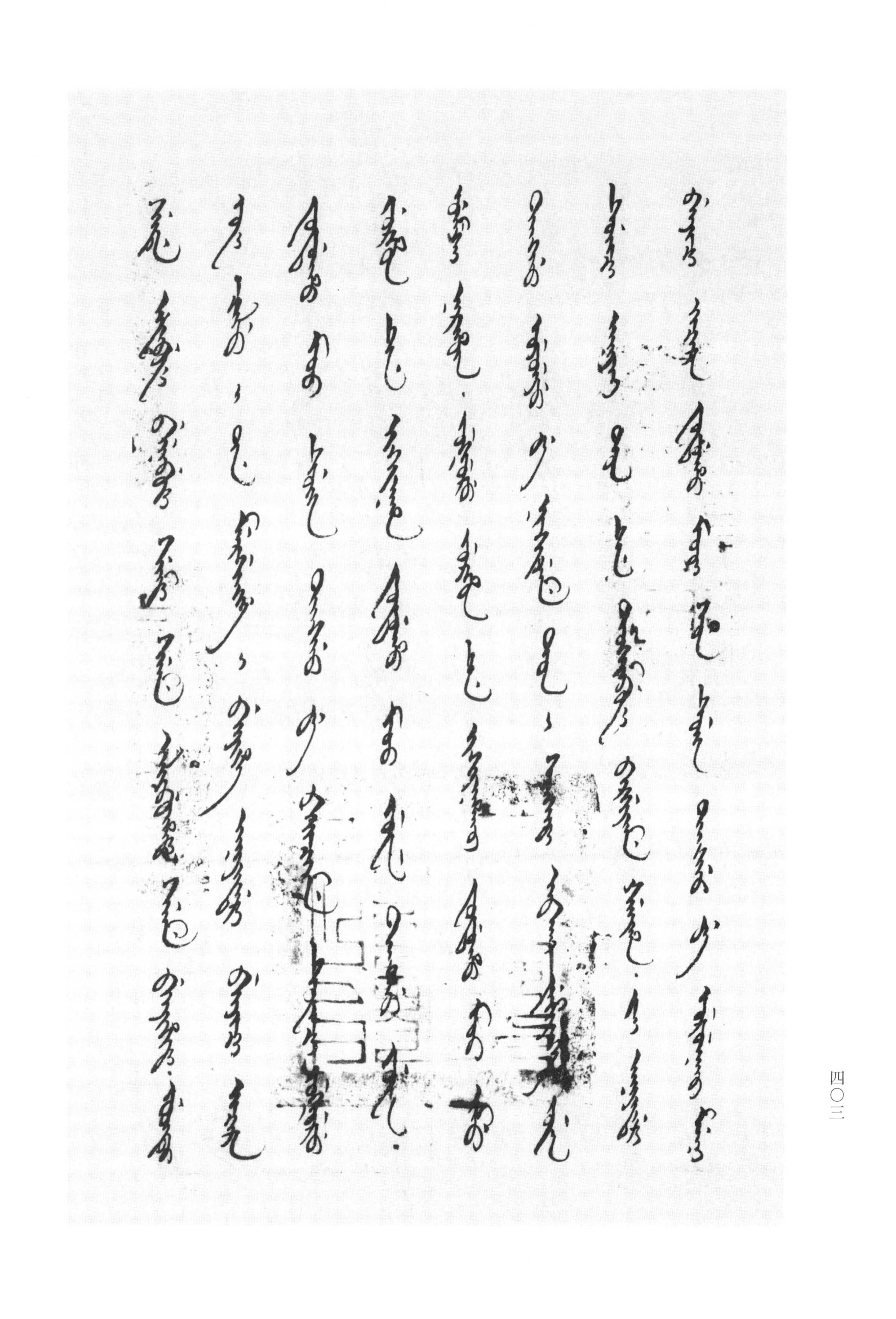

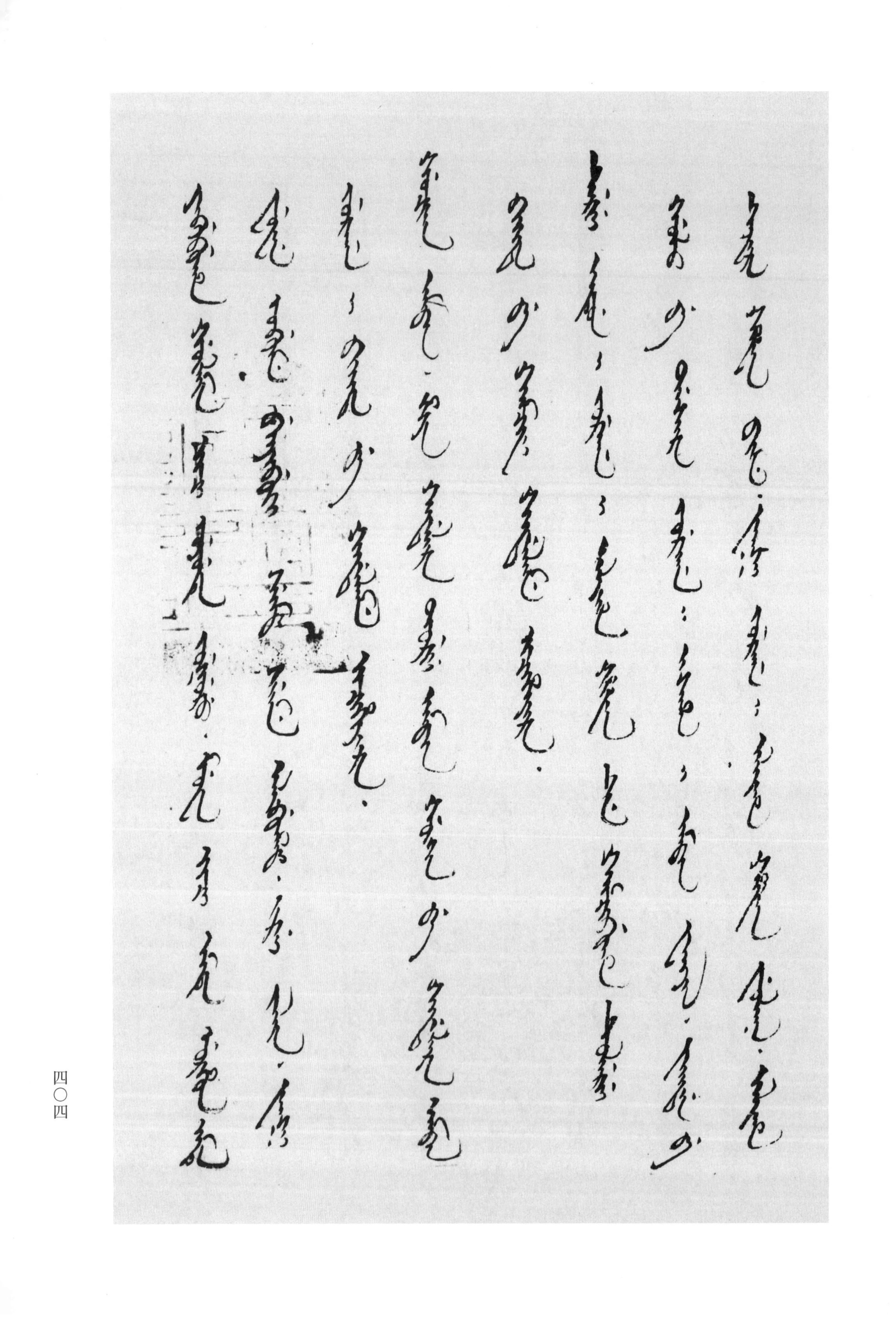

黃録
聖訓至
鳳凰樓格子內敬謹尊藏恭捧
玉牒至
敬與閣格子內敬謹尊藏各行三跪九叩頭禮禮畢
各退以上六條臣等敬謹酌議是否有當伏乞
皇上睿鑒再此摺係禮部主稿合併聲明謹
奏
知道了

武官員俱朝服出郭跪迎祗送于道左至奉天城
外
盛京將軍五部侍郎府尹等率領有頂帶官員以上
俱朝服出郭跪迎預備綵亭鼓樂夫恭捧派員
前引迎至
崇政殿內安設行三跪九叩頭禮屆尊藏吉期恭請
實錄
聖訓亭至
鳳凰樓前
玉牒亭至
敬典閣前送往之王公大臣官員及該將軍以下等官
各於亭前行一跪三叩頭禮恭請纂修等官協同
盛京五部司官恭捧

實録

一送往尊藏儀注前期禮部鴻臚寺分設綵亭于

皇史宬前及禮部堂上届期派出送往之王公大臣

官員等各于

聖訓

玉牒前行三跪九叩頭禮禮畢恭奉至各綵亭内于亭前

行一跪三叩頭禮興校尉舁亭張黄蓋列御杖和

聲署作樂恭送至朝陽門外樂止易换行駕綵亭

實録在前

玉牒在後各用黄蓋龍旗御杖導引前發經過地方之文

實錄
聖訓
玉牒自朝陽門外起程凡經過之道路橋樑歇站應令工
部行文各該地方酌量修整預備其每站駐宿之
處令各州縣相度平坦潔淨處所搭蓋綵棚安奉
一沿途應用員弁帶領兵丁前引後護并駐宿之
處周圍巡防應交與兵部派撥
一尊藏事宜閱係重大應敕宗人府
堂派王公一員禮部工部各
奏派堂官一員
實錄
玉牒兩館各派提調官一員纂修官二員禮部工部各派
司官一員欽天監派博士官一員一同恭送

玉牒由禮部備用綵亭舁送出城外其由朝陽門起程前進時仍撥夫舁送計綵亭九十七座每座用夫八名再加換班夫役日須用夫一千五百餘名每日行程不過五六十里且在關內居民稠密尚可僱募出關之後人煙寥廓遞程僱覓恐有不敷萬一遲悞殊非敬慎除盛貯

玉牒之包袱用箱十隻以車輛送外臣等公同酌議應製為行駕綵亭長闊如二馬車式一乘計容二箱共用四十九乘每乘用騾二頭駕行再預備騾一頭以便更換綵亭前用黃傘龍旗御杖前引于禮制既無妨碍亦可按站前進僱覓妥協均應交與工部辦理

聖訓送往奉天尊藏但時屬夏令霖雨時行道路泥濘恐

有沬便應俟秋成後劄行欽天監選擇吉期敬謹

恭送

一

實録

聖訓共四百六十八函每十二函用行箱一座應用行箱

三十九座

玉牒十分共四百四十本厚薄通融應用行箱五十八座

共用行箱九十七座除

實録

聖訓由

皇史宬

玉牒俱奉
旨送往奉天尊藏所有送往儀注先後奉
旨令臣等詳議具奏欽遵在案臣等伏思
實錄係
列聖之典章
玉牒乃
天潢之譜系送往奉天卷帙繁重程途遥遠辦理宜周謹
酌擬大條恭候
欽定
一宗人府纂修第廿分
玉牒業已告竣於本年正月二十七日進
呈在案經禮部奏准同
實錄

大學士忠勇公傅　等謹
奏爲遵
旨議奏事恭照
歷朝實錄
聖訓

盛京内務府

乾隆十五年四月二十二日

旨依議欽遵相應抄錄原奏行文

盛京內務府一體欽遵奉

旨內事理施行可也須至咨者

計原奏一紙

右　　咨

禮部為遵

旨議奏事儀制司案呈所有大學士忠勇傅等

會同本部議奏

實錄 玉牒 送往奉天尊藏事宜等款一摺於乾隆十五年

四月十八日

奏本日奉

阿

豐

恩

勞

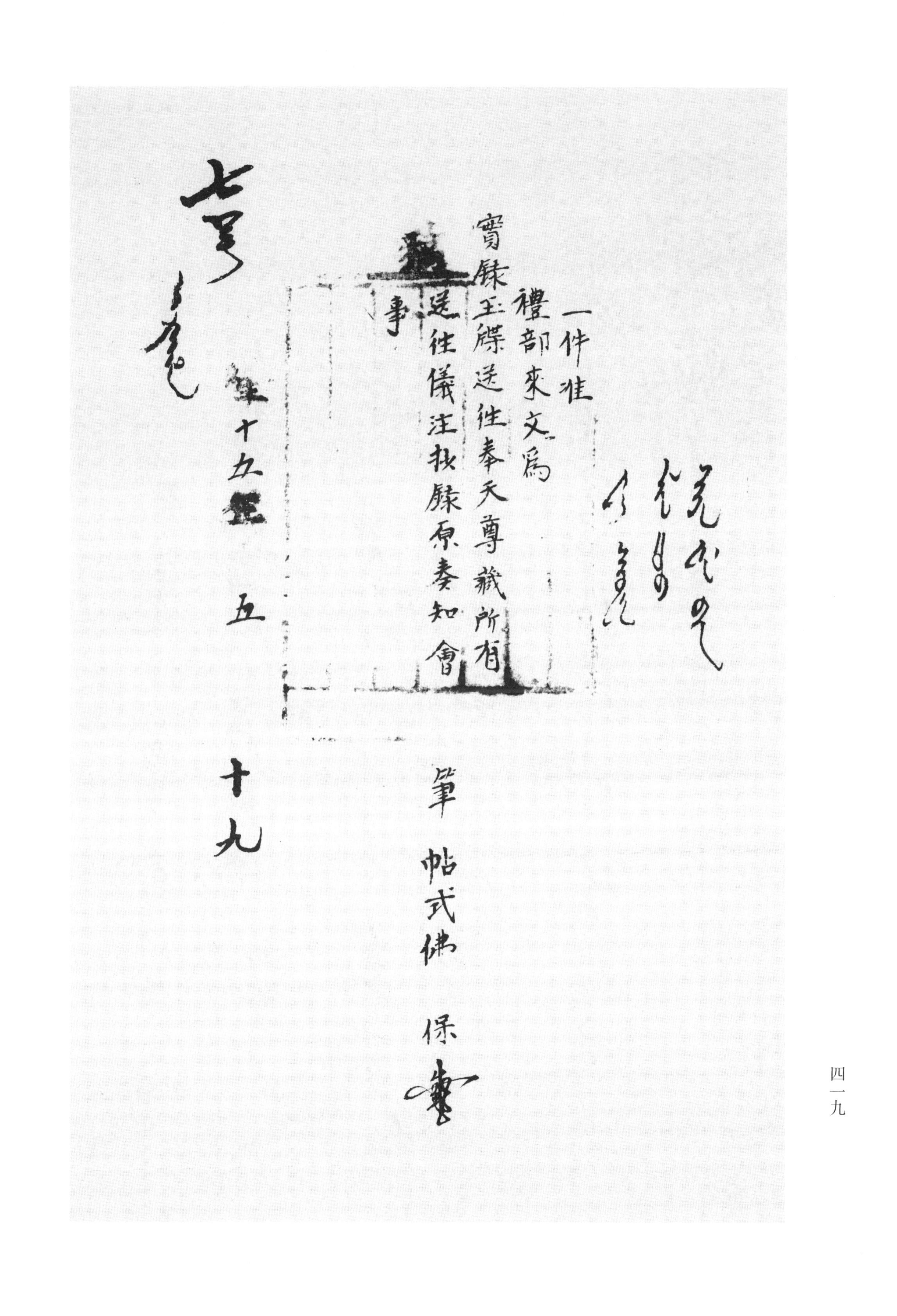

一件准
禮部來文爲
實錄玉牒送往奉天尊藏所有
送往儀注抄錄原奏知會
事

筆帖式佛保

十九　五　十九

七月

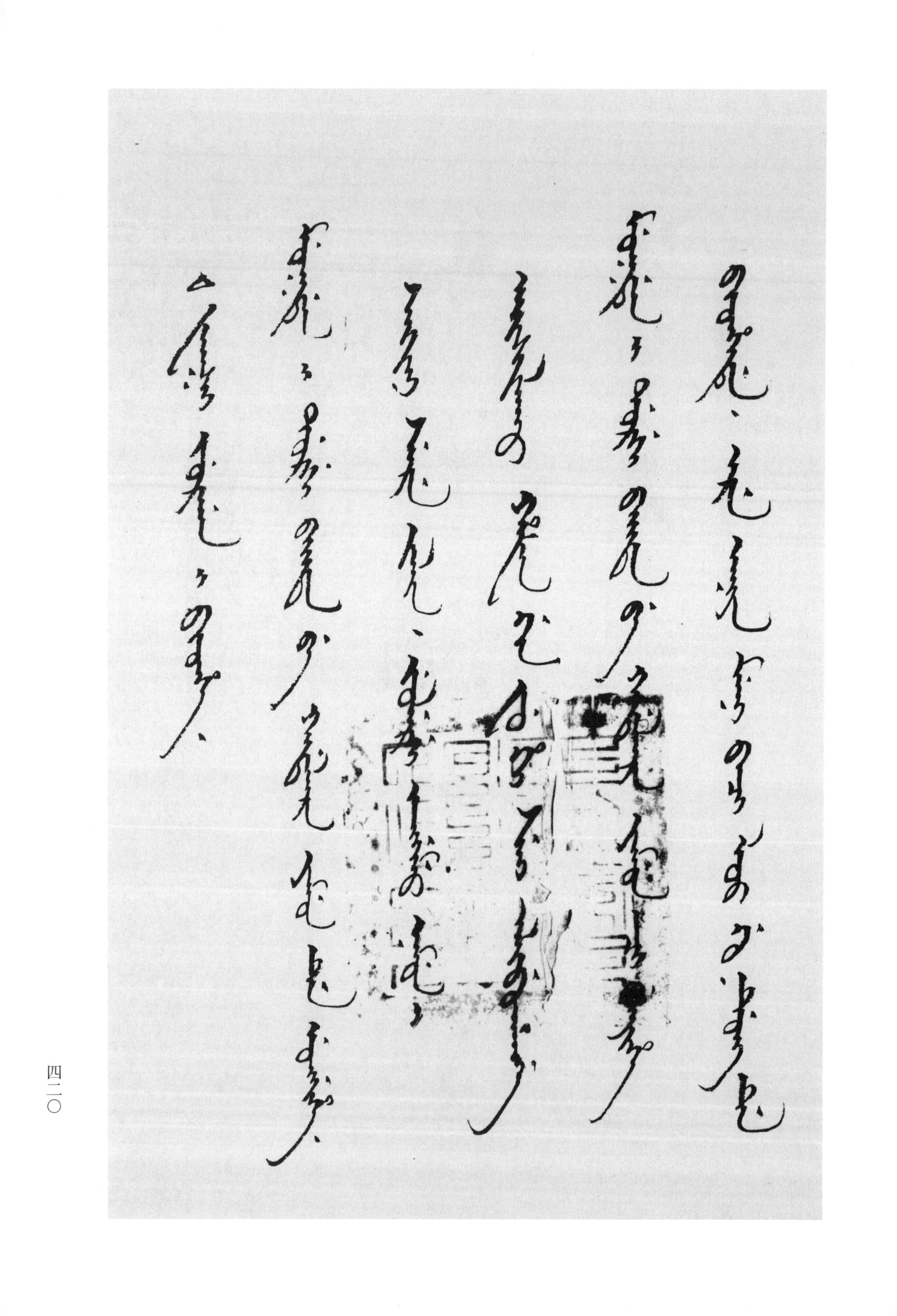

[illegible]

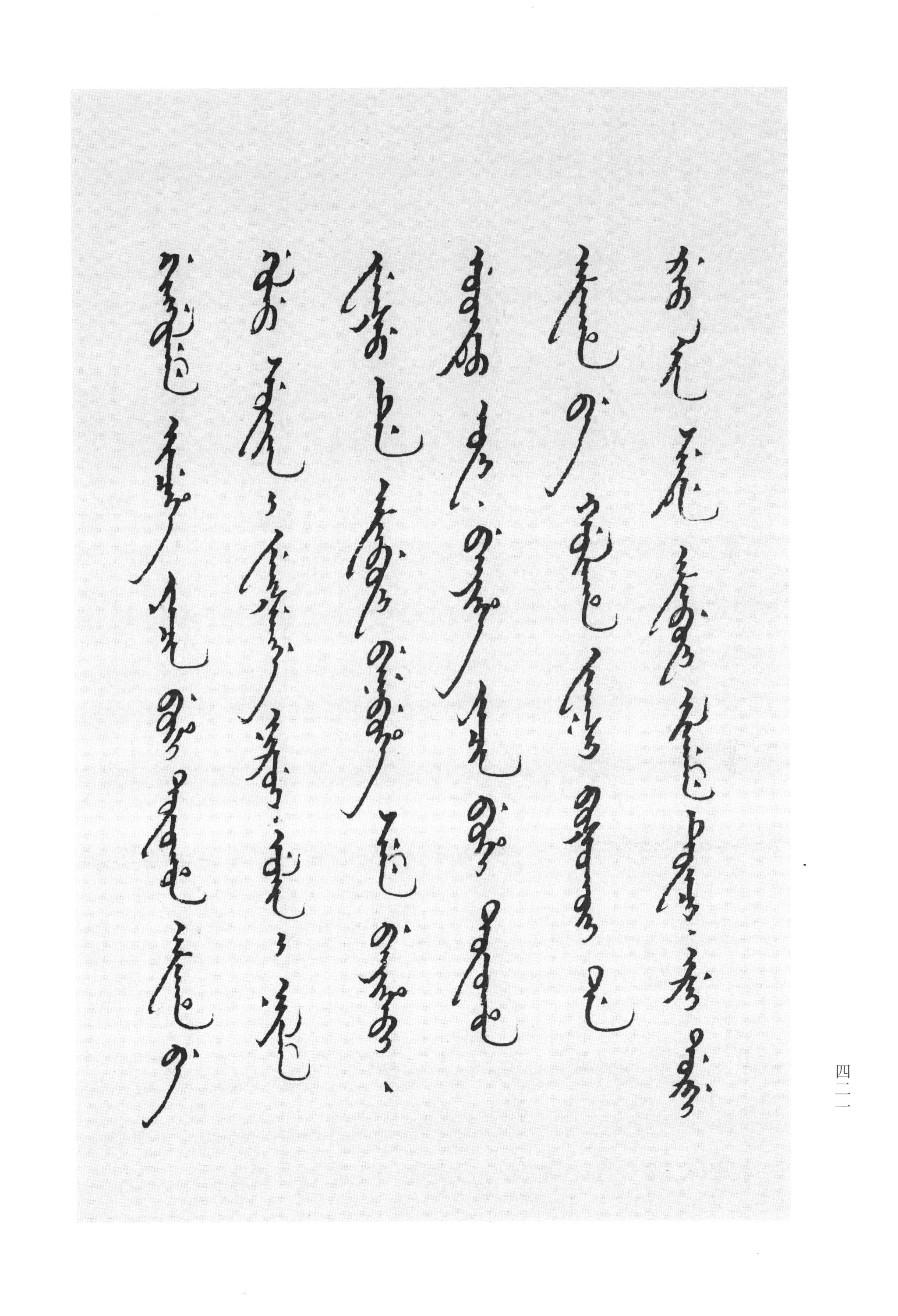

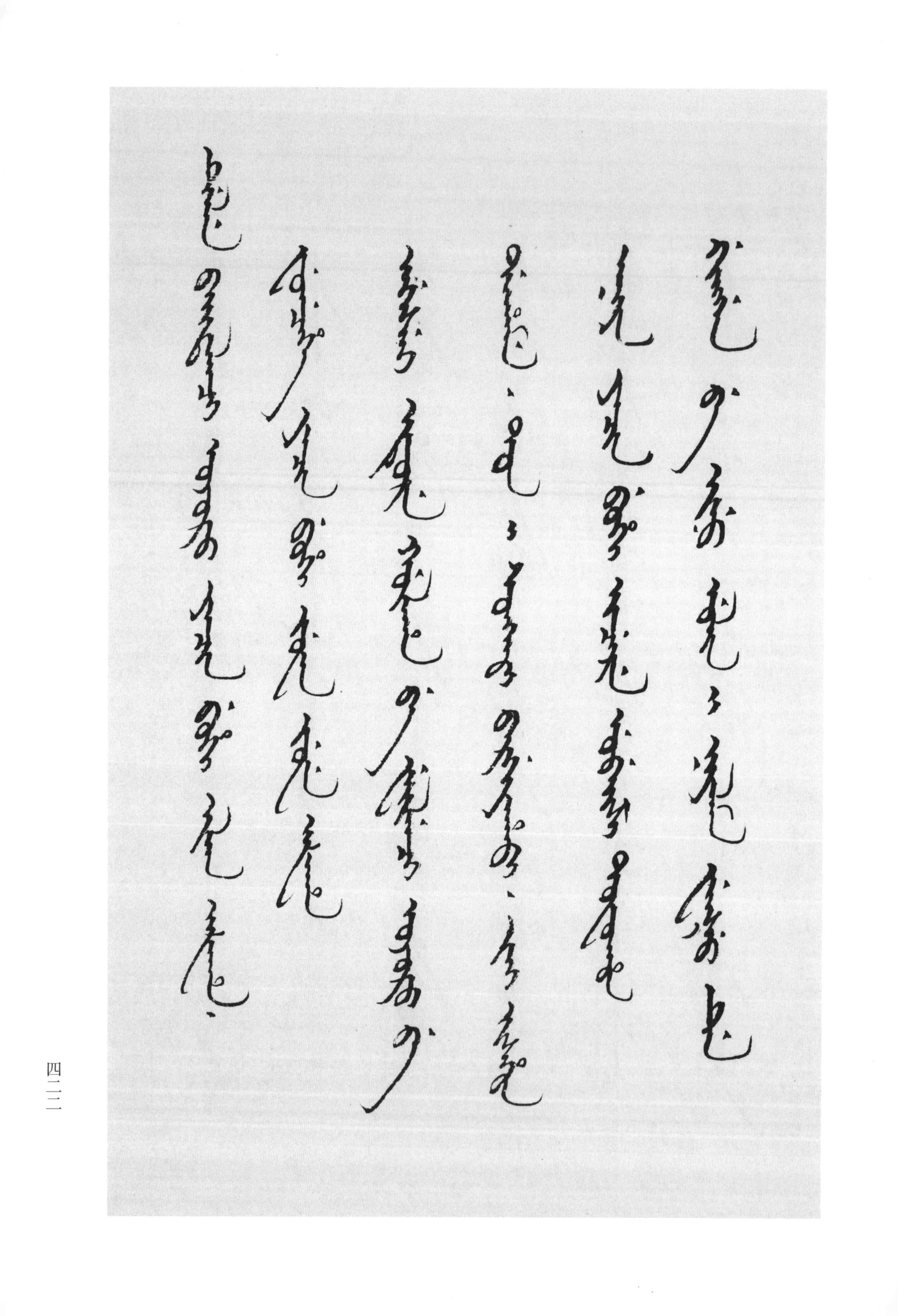

[illegible]

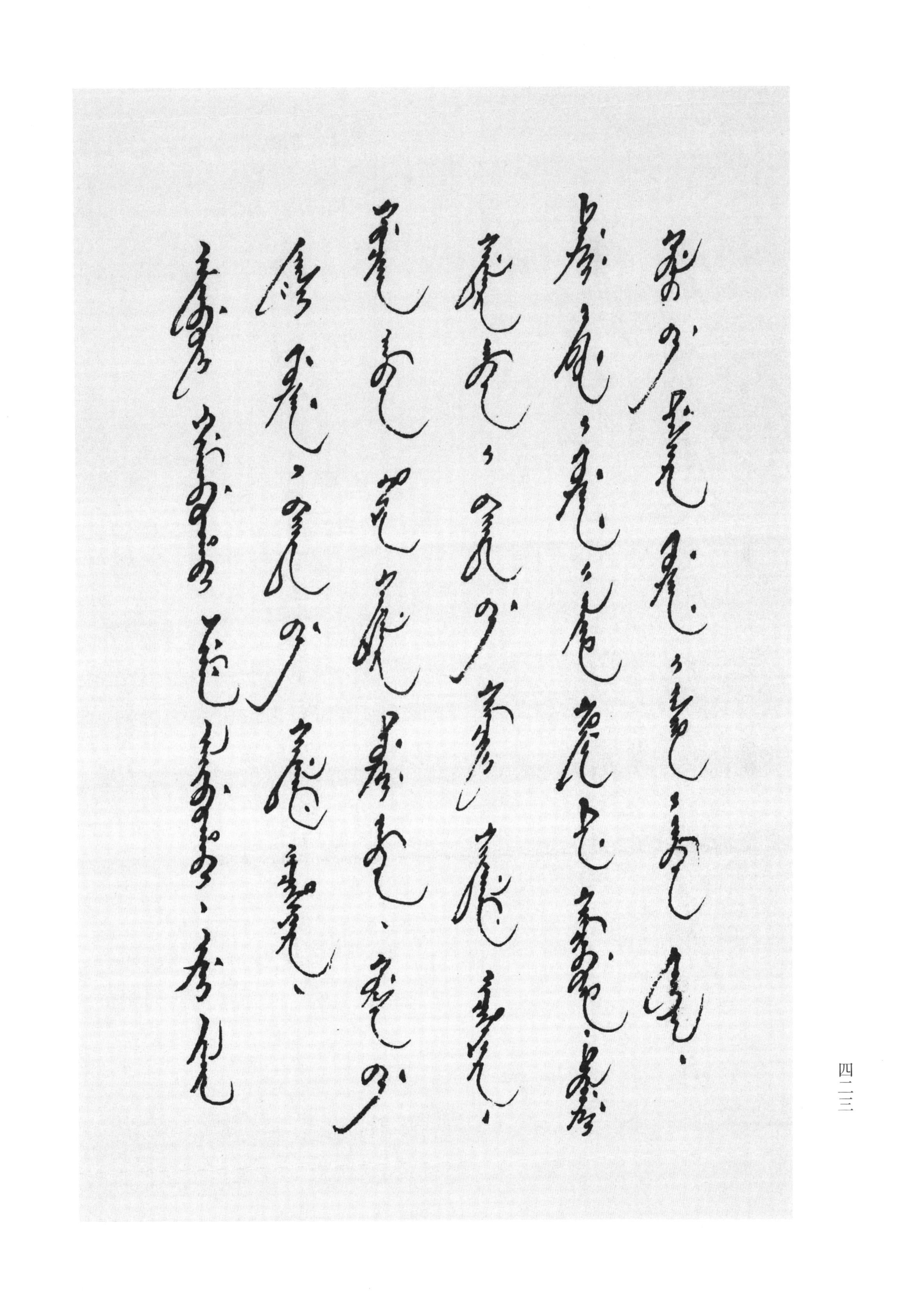

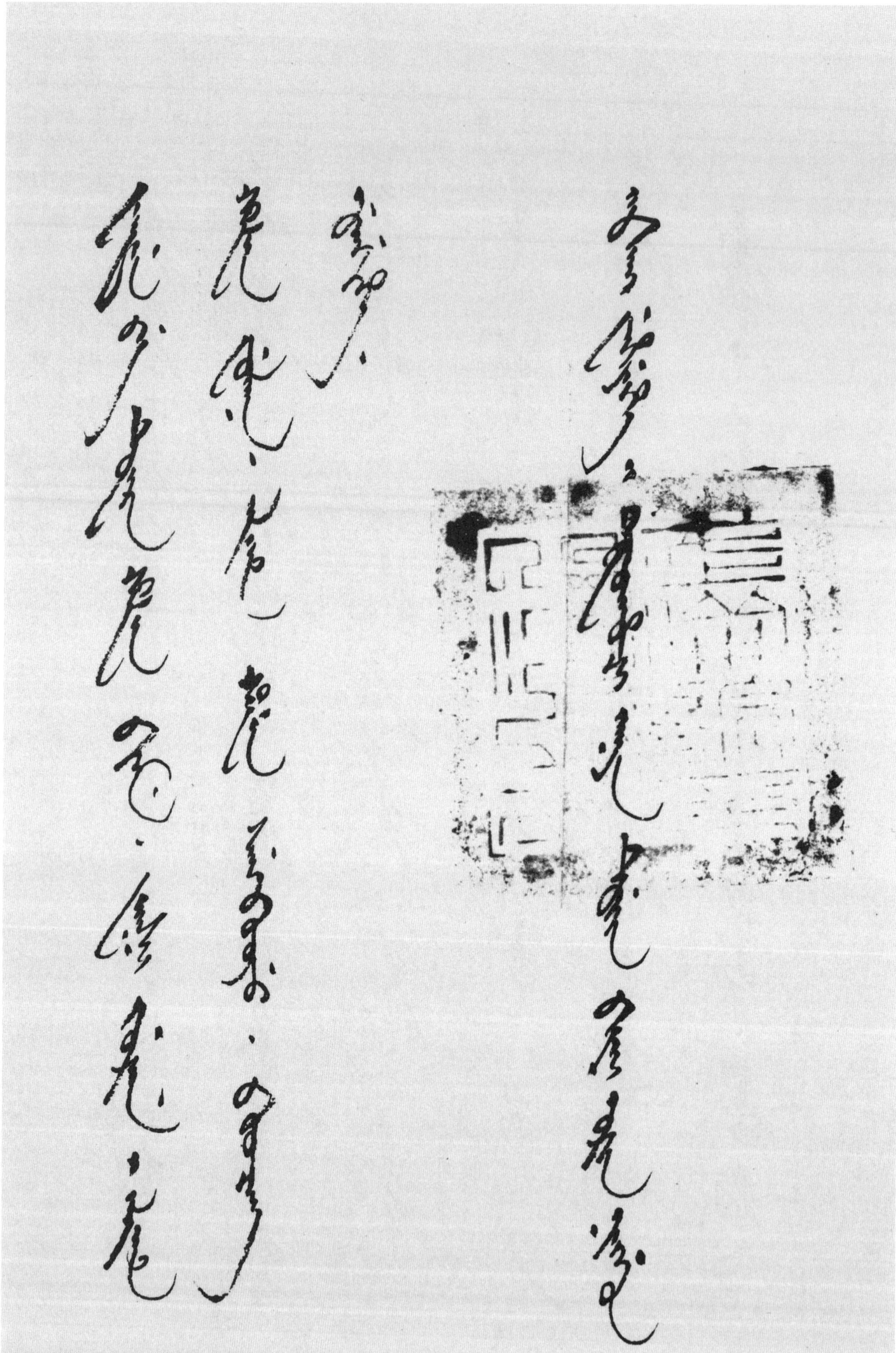

盛京内務府衙門

乾隆十五年四月二十七日

外郎李廷璽

二次交過身價銀兩外下欠銀兩仍未交納令內
務府衙門既稱霍二所欠身價銀兩務于五
內以准交納等語相應將霍二仍咨送
盛京內務府衙門轉飭該屬務于五月內嚴行
催追送部以結此案可也為此合咨須至咨者
右　　　　　　咨

納等語查來文內稱將霍二名
銀兩速行嚴催交還丹阿如無銀兩即
將原聘女兒照例拆離給還原主等語
今霍二呈懇展限相應將霍二一併咨送貴
部統聽辦理等因查得霍二原欠私聘女兒
身價銀四十兩即貧難無力亦應量追一半除

各名下應追銀兩嚴催交還并阿如無身
價銀兩即將原聘女児本身送部以便照例
拆離給還原主等因去後今准
盛京内務府衙門咨稱今據霍二呈懇展
限祈將所欠身價銀兩務于五月内以圭二

部會同府尹衙門斷結開散并阿呈控家
奴姚平章等私聘女兒一案將私聘女兒
霍二等各追銀四十兩給還原主之處咨
行各該處照例催追在案續據并阿為
前項身價銀〻呈催前來復經本部移咨
盛京內務府等衙門轉飭該屬將霍二等

盛京户部為咨覆事糧儲司案呈前經本

咨

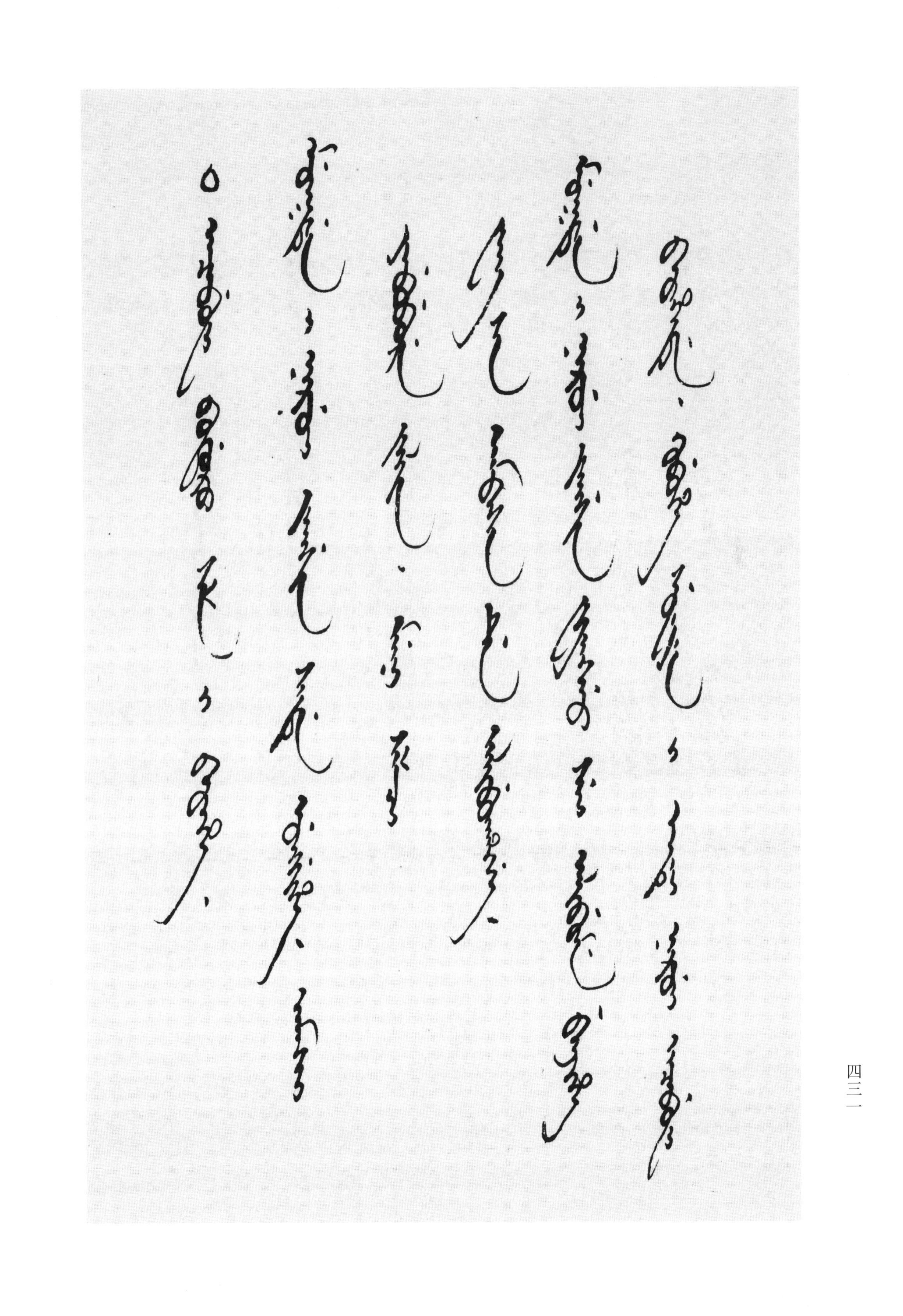

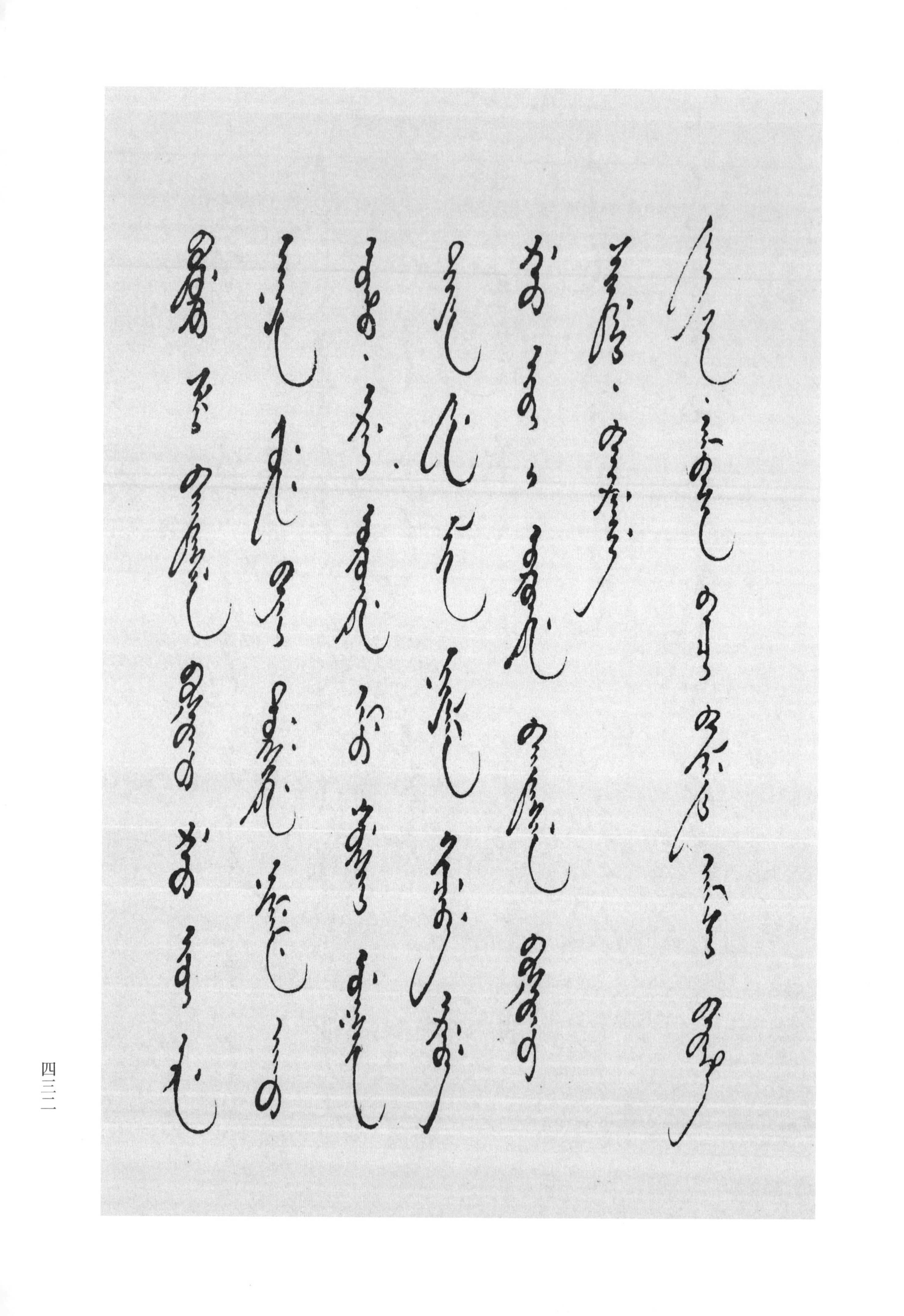

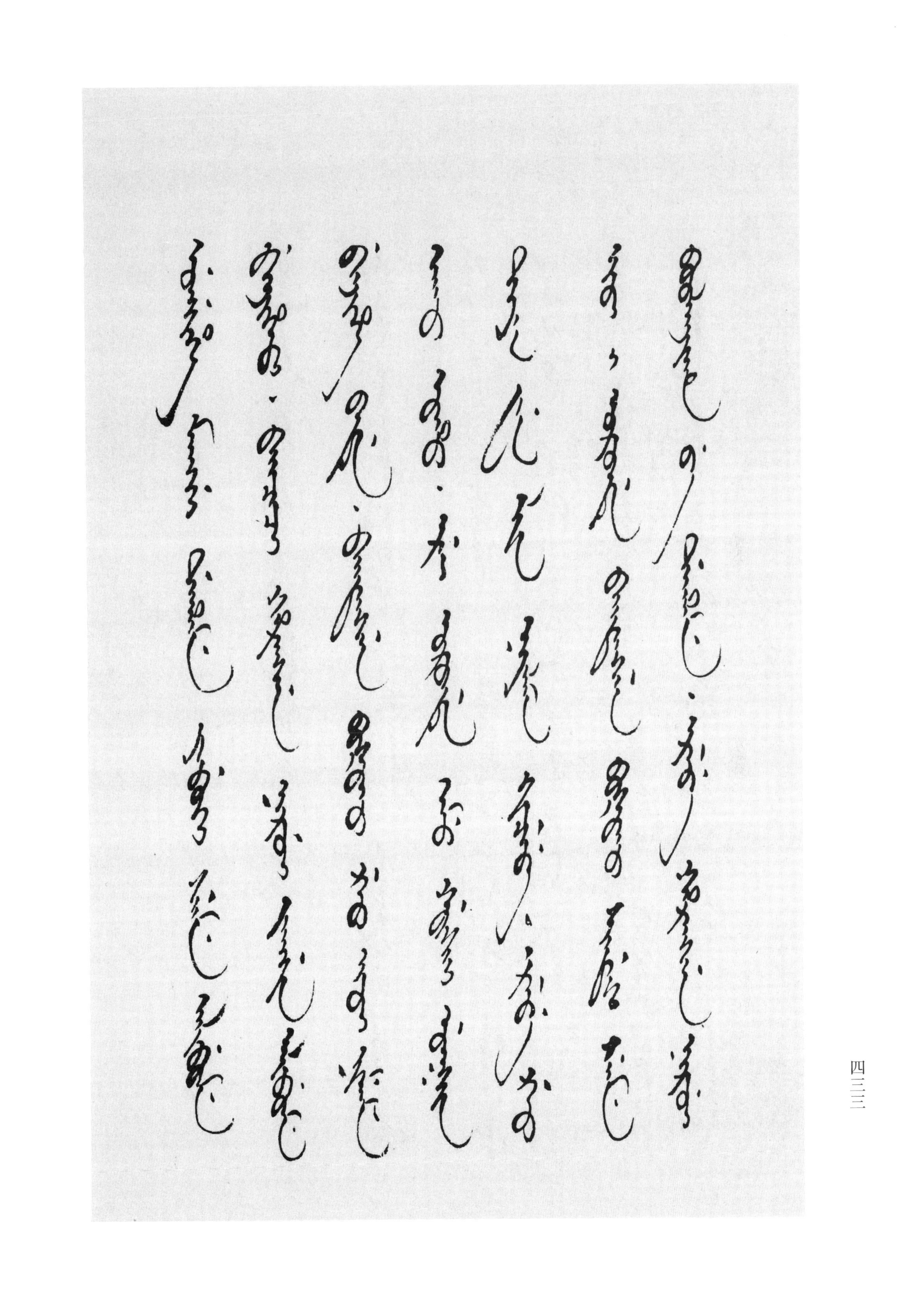

[illegible]

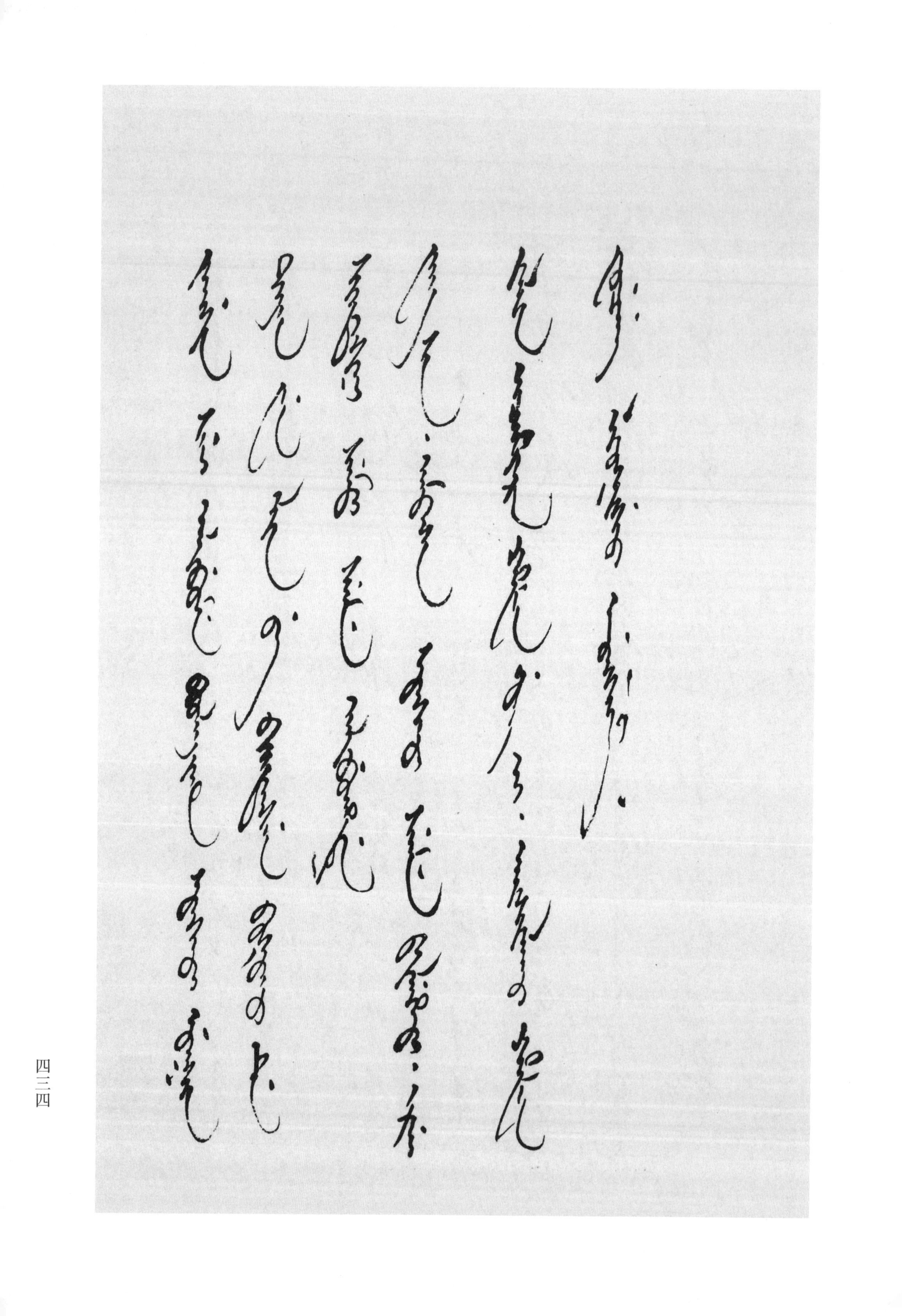

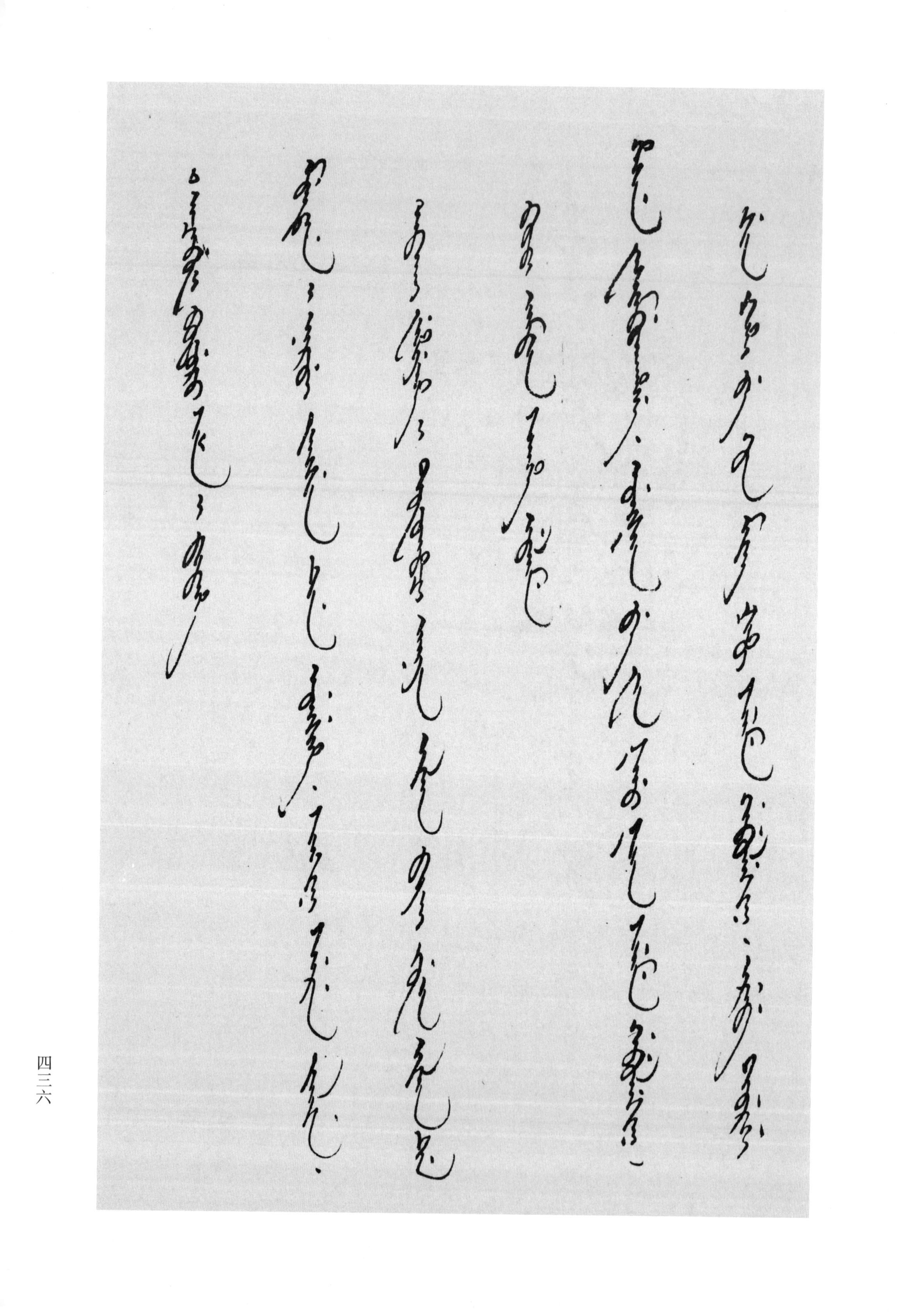

[illegible]

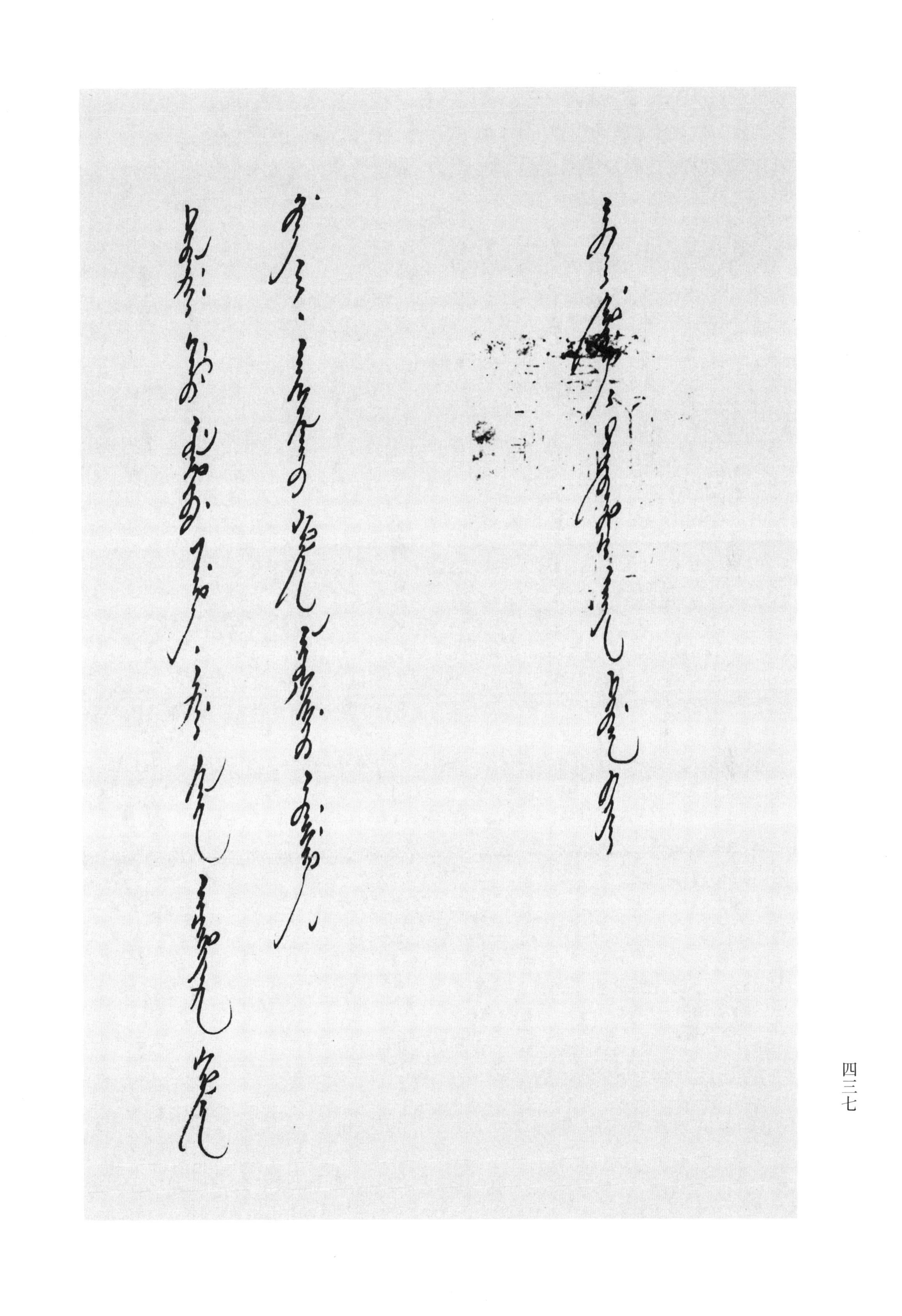

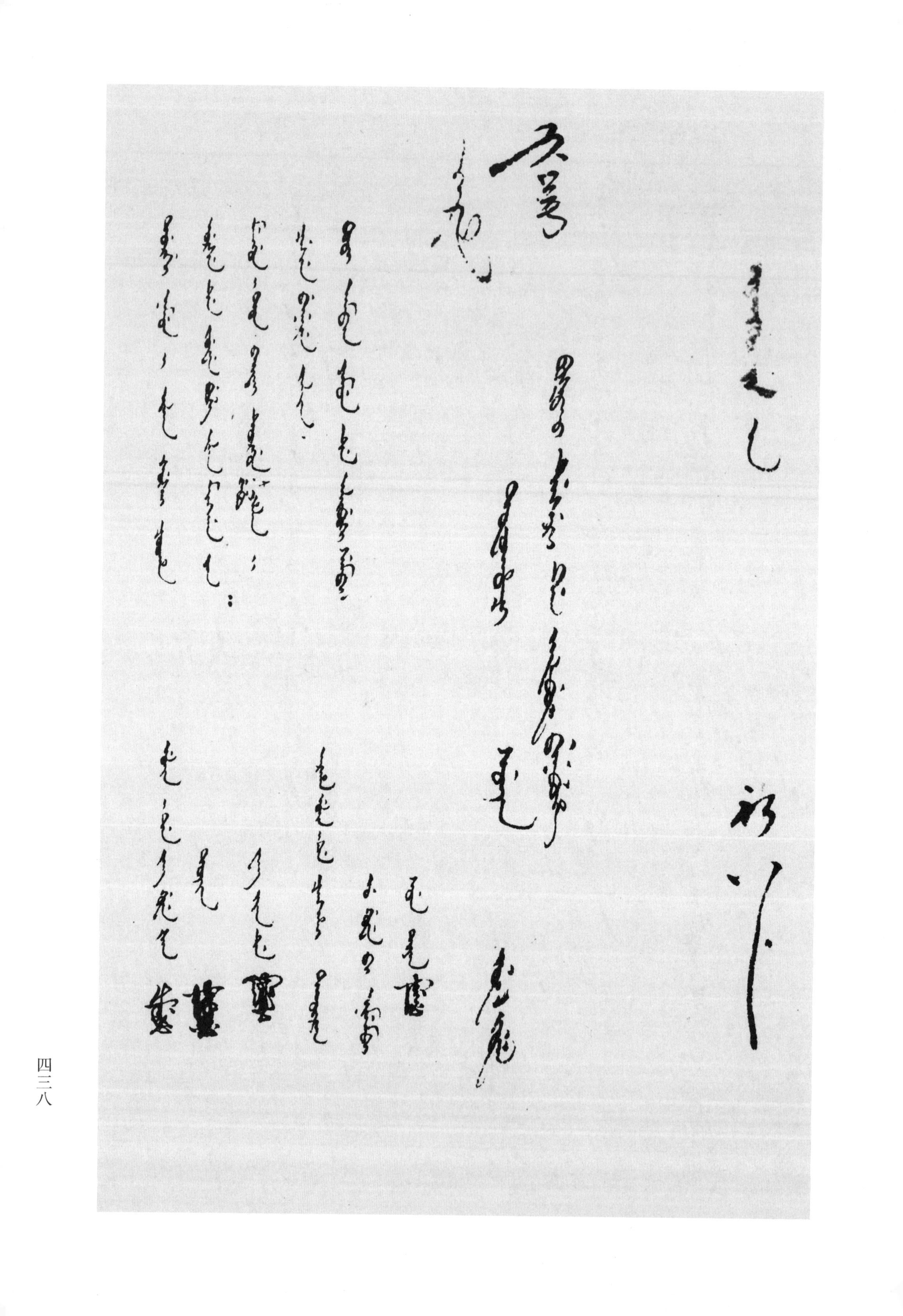

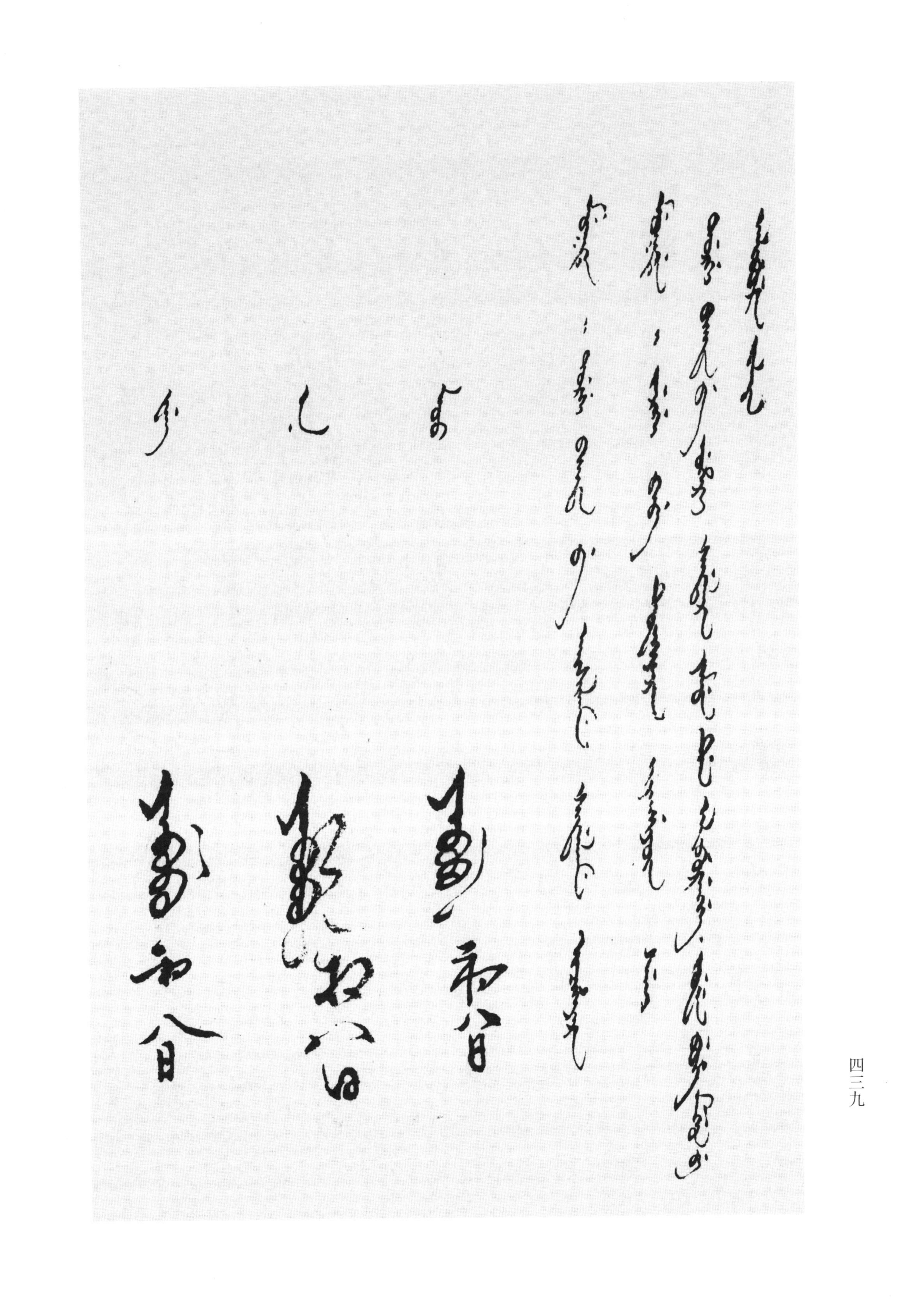

[illegible]

[illegible] 和合

[illegible] 和合

[illegible] 和合

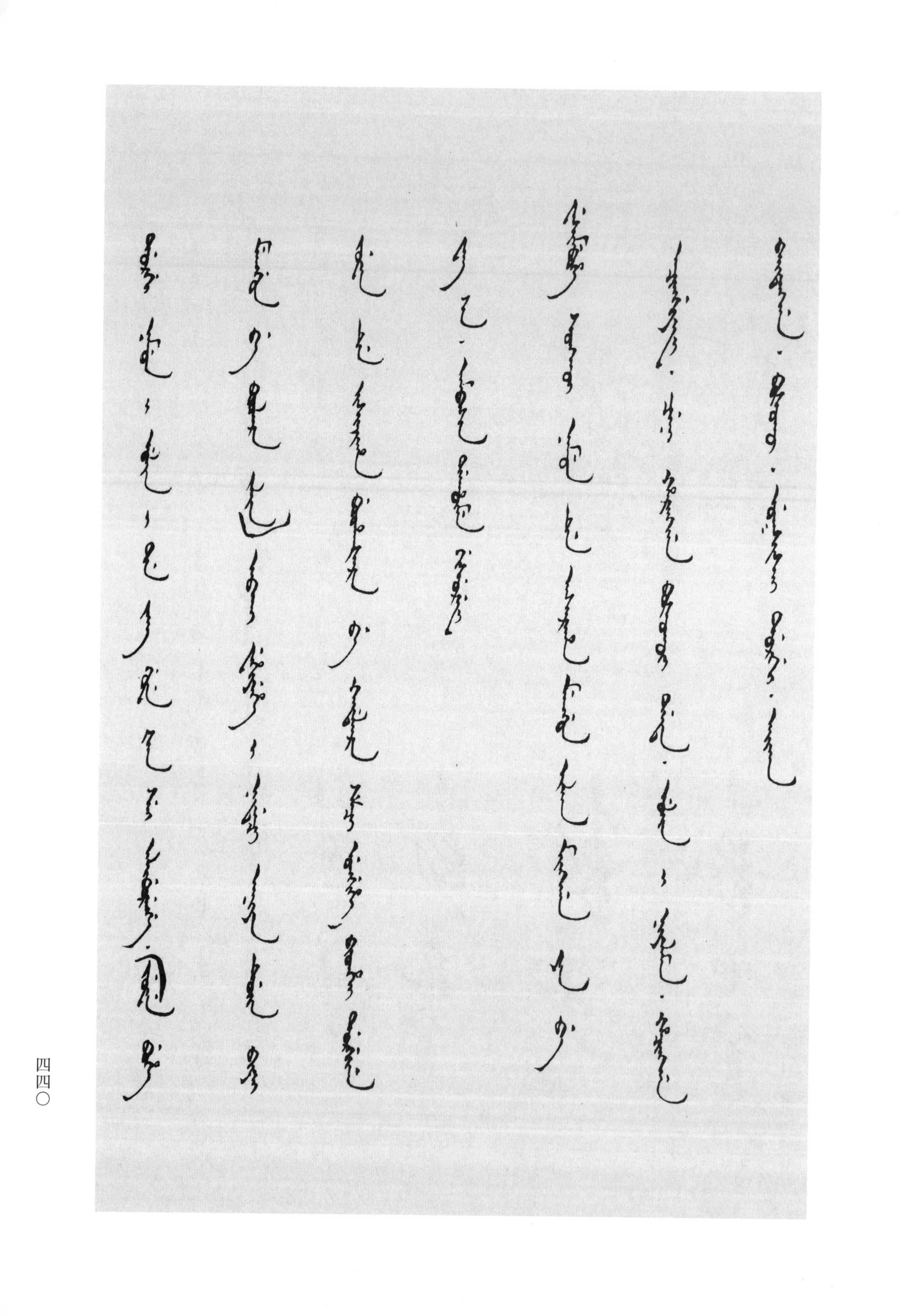

[illegible]

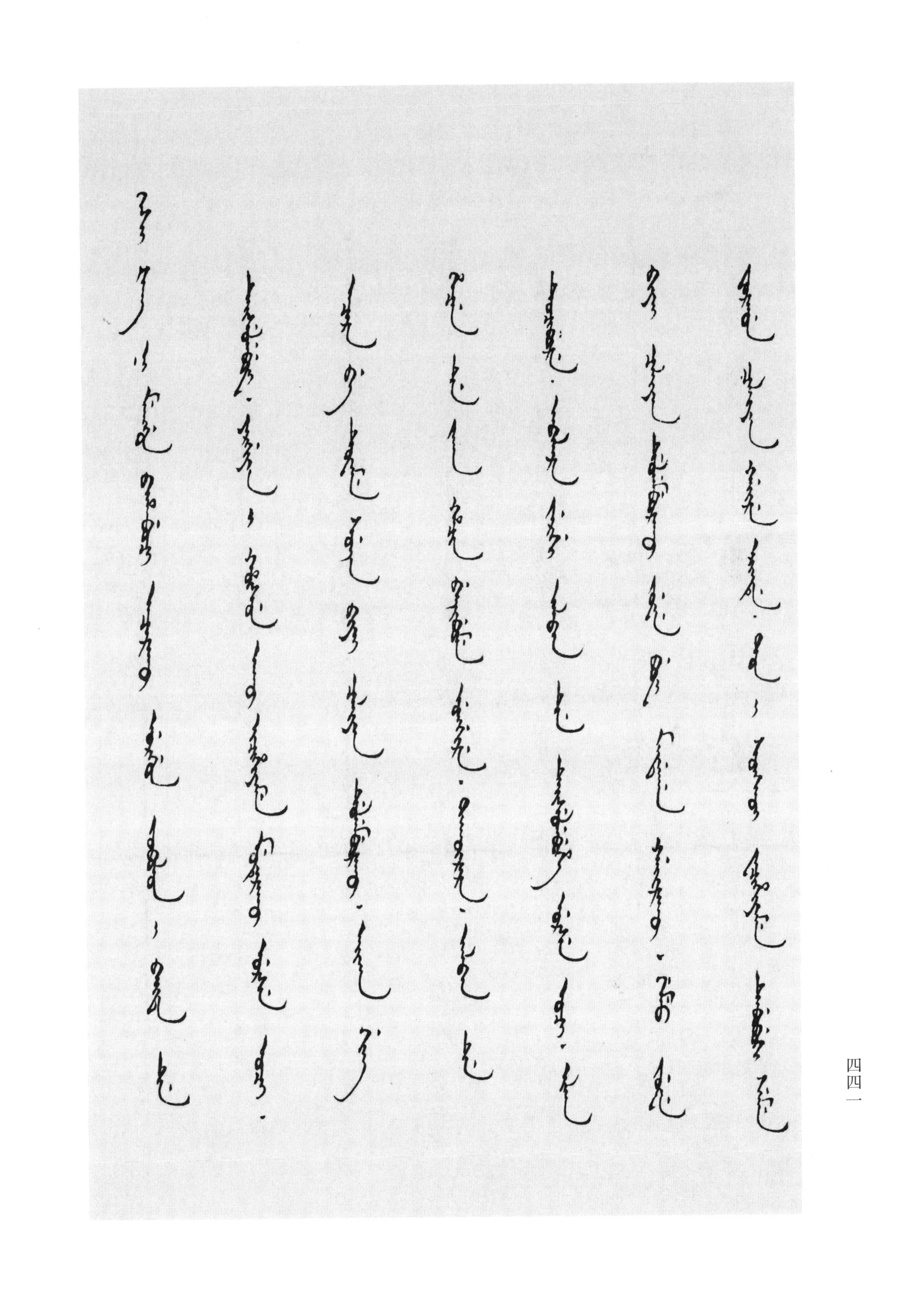

[illegible]

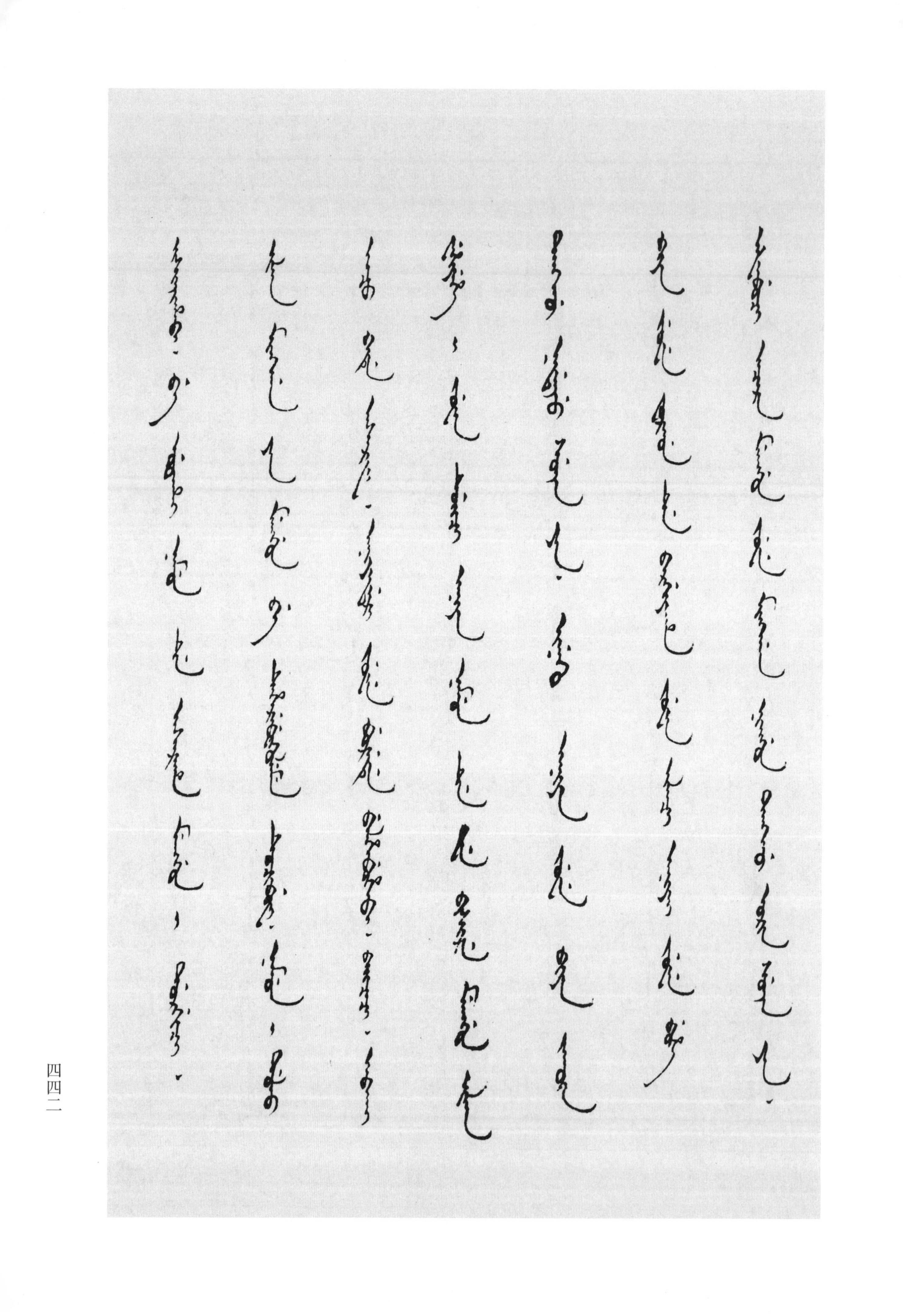

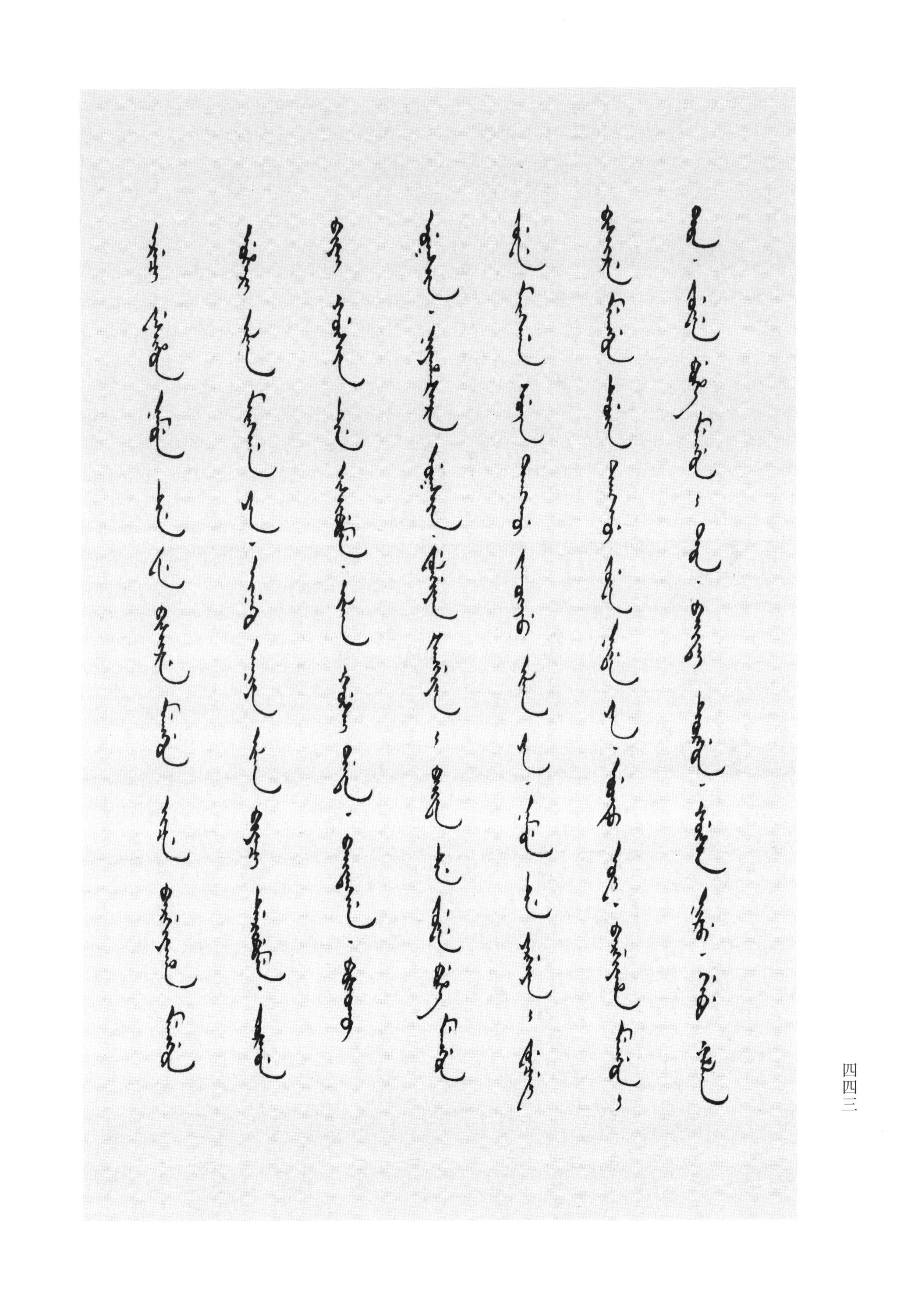

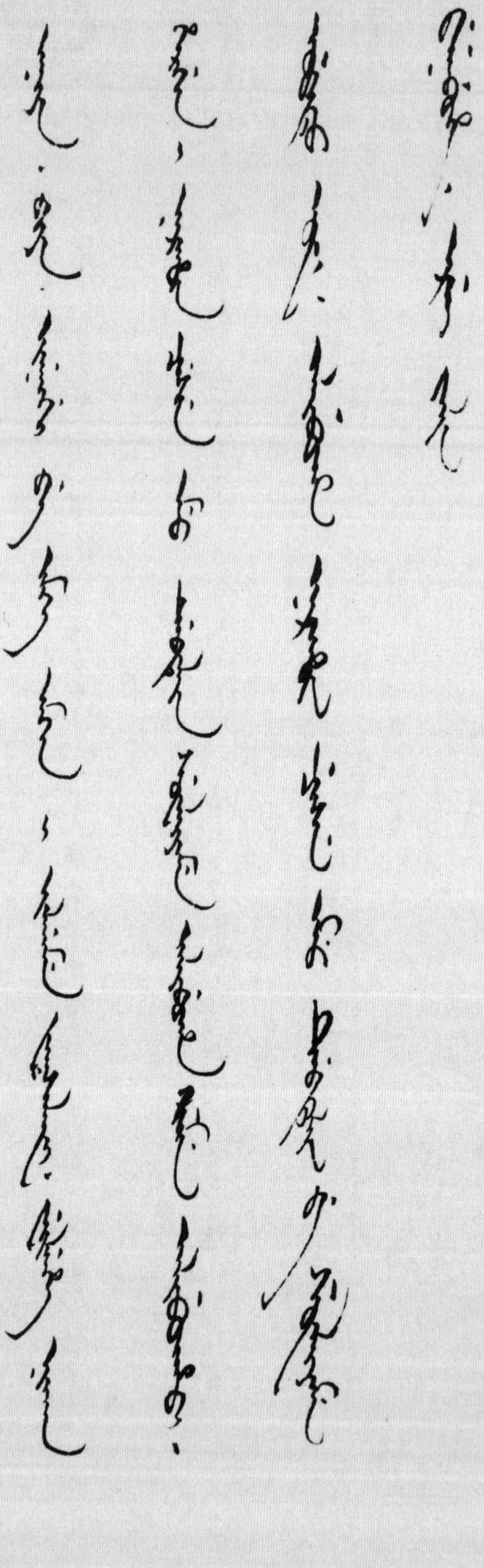

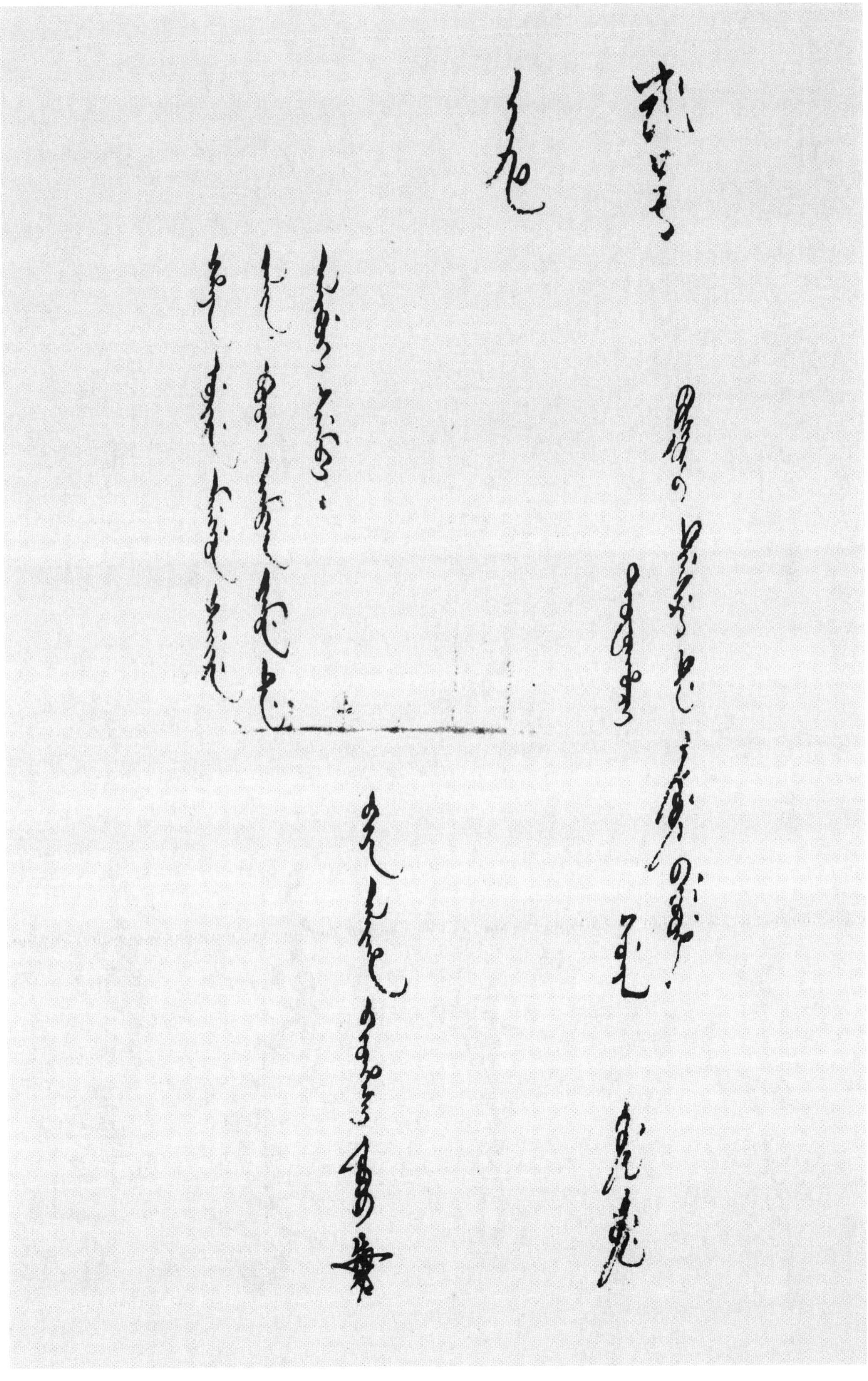

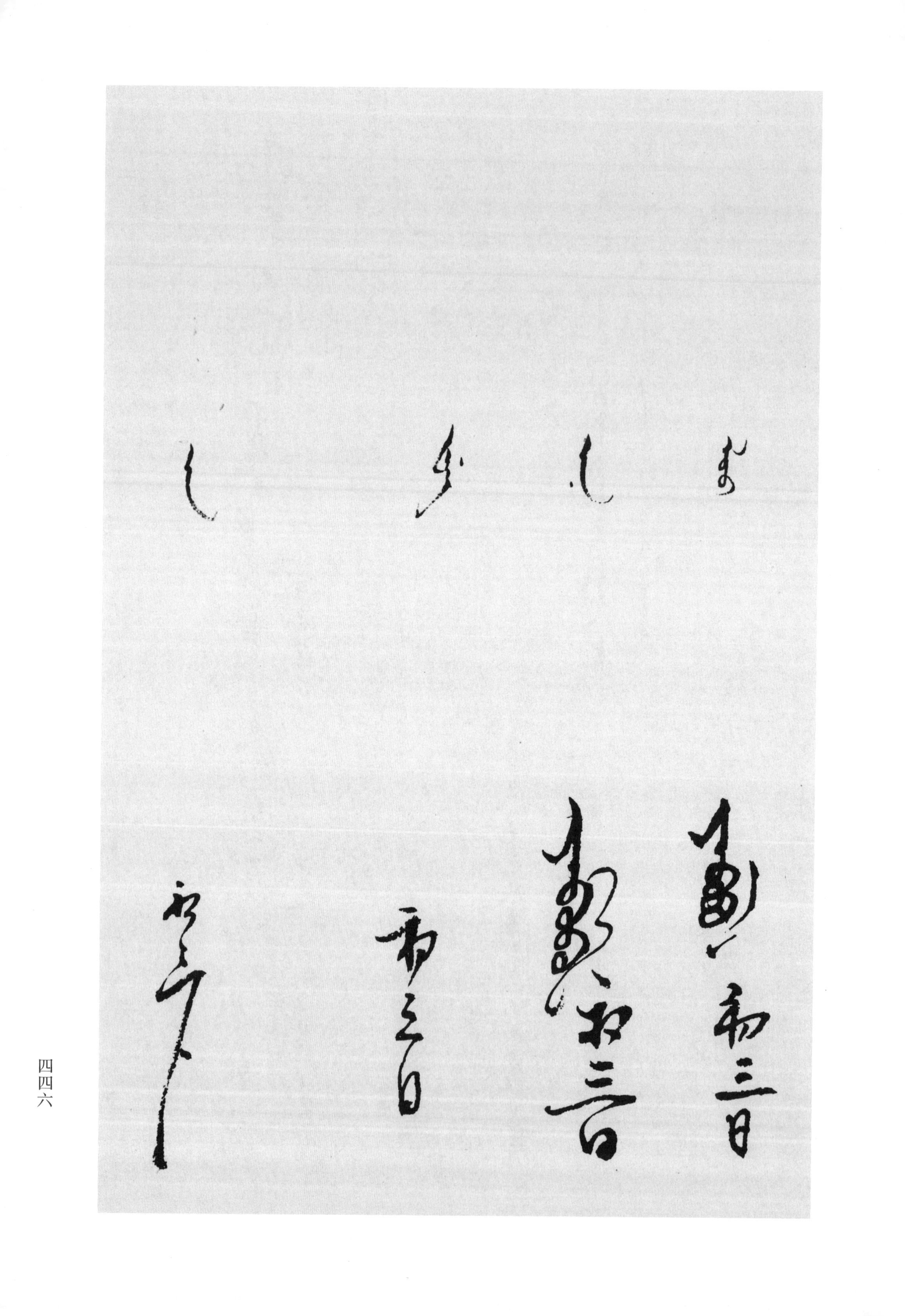

初三日

初三日

初三日

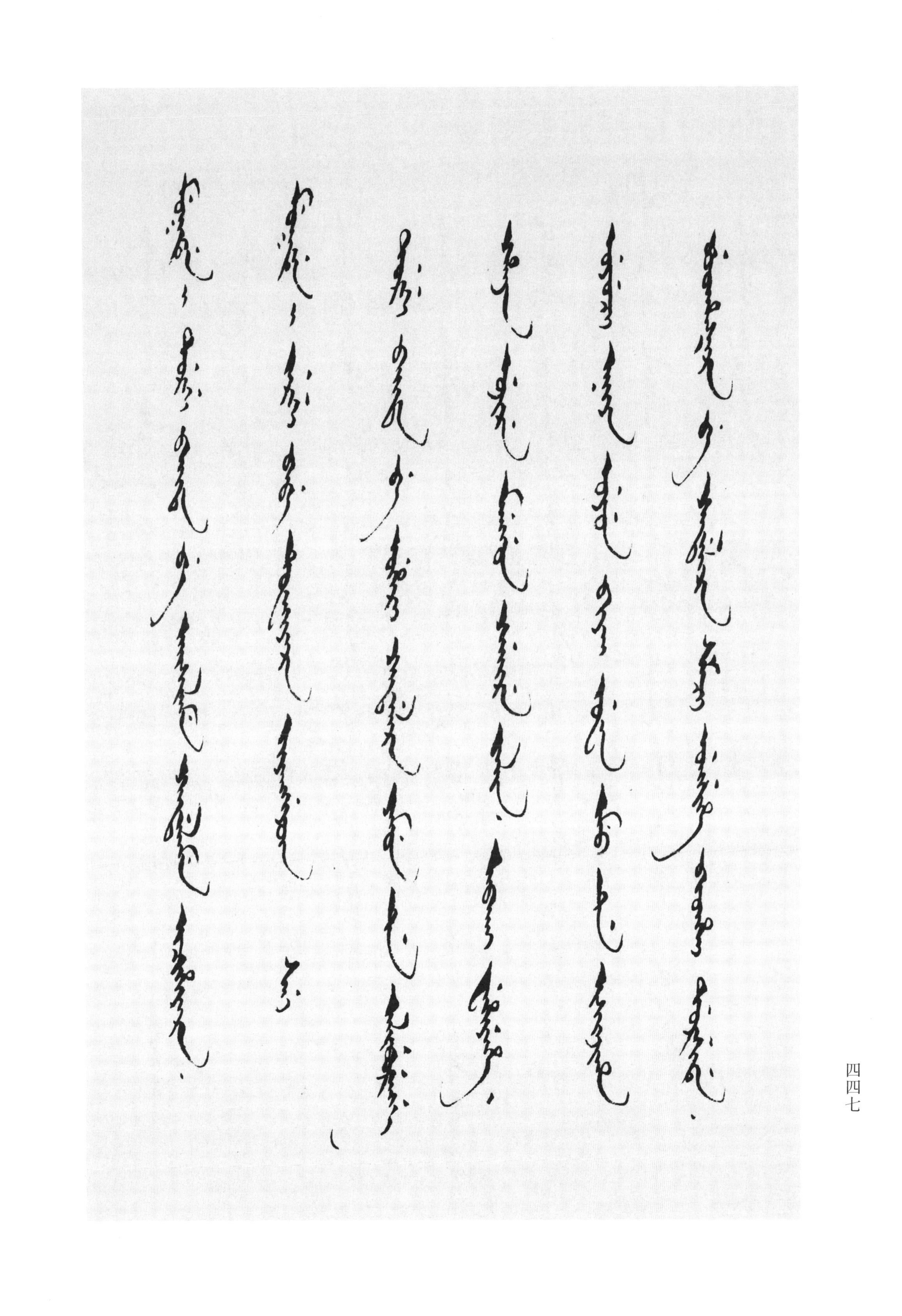

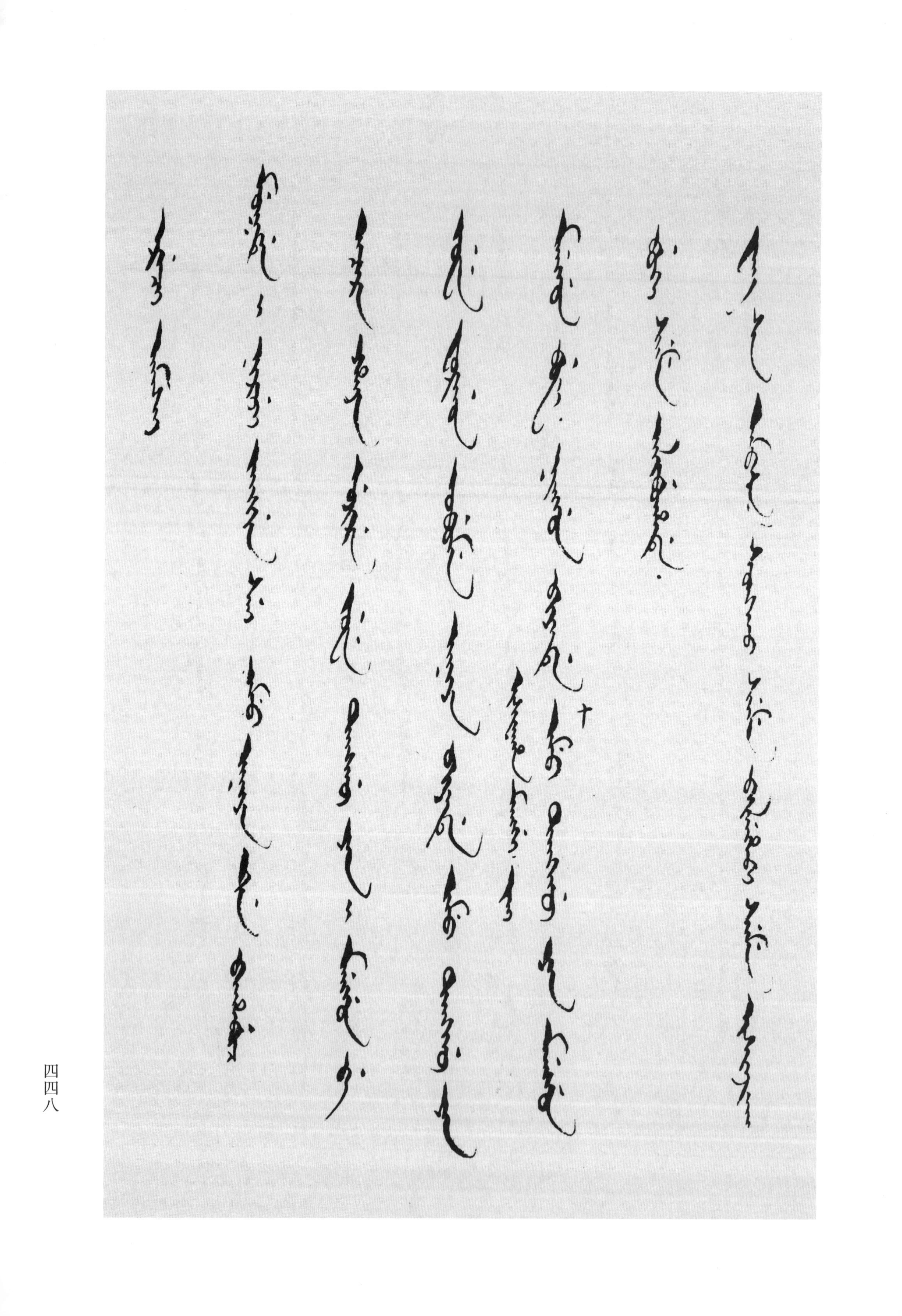

十

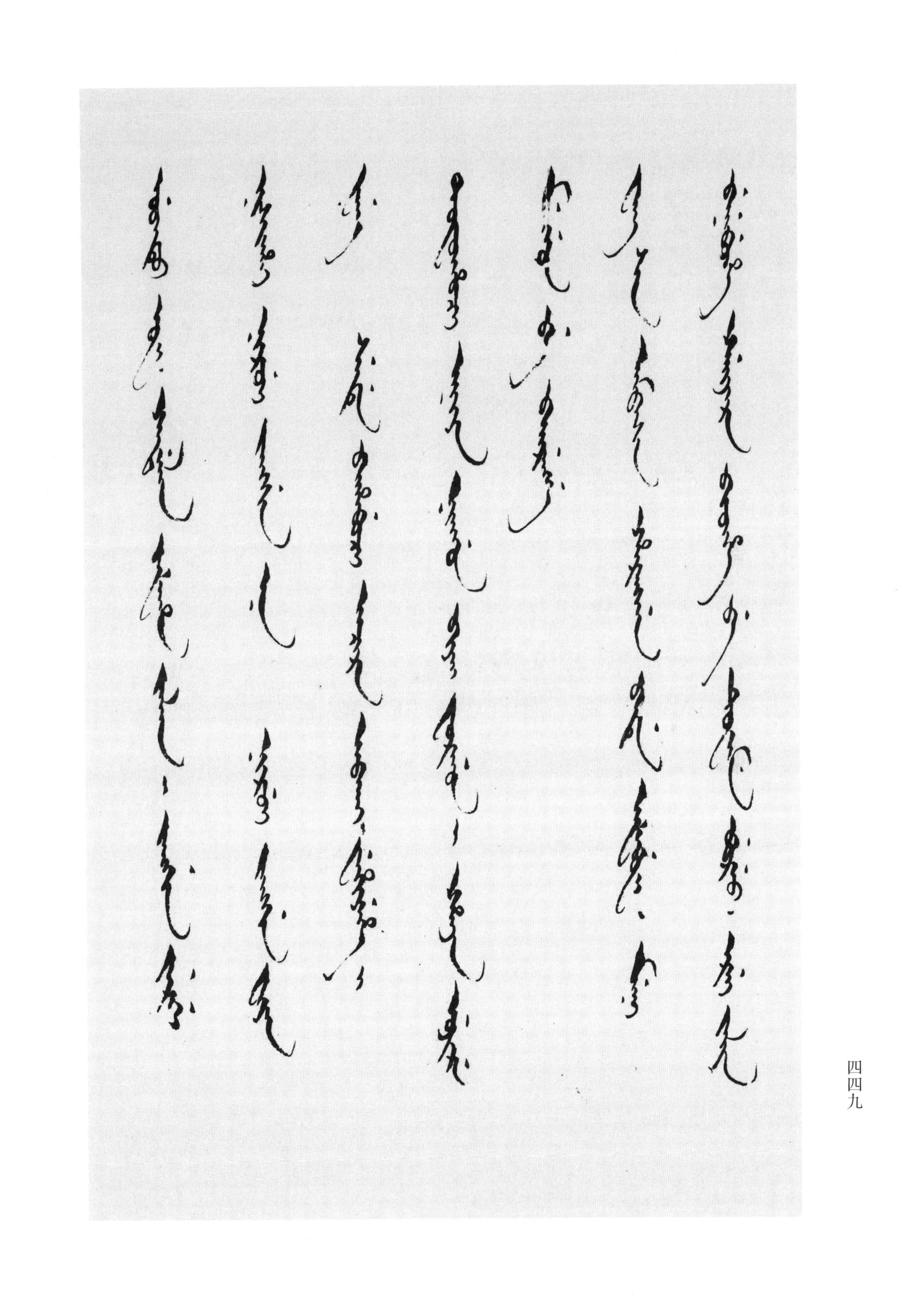

[illegible]

盛京内务府档

乾隆朝

3

辽宁省档案馆 编

辽宁民族出版社

盛京内务府档　目录

盛京内务府档·乾隆朝　第三册　目录

13	盛京将军衙门为请依限催缴额丁李秉标所欠官参折银事咨盛京内务府	乾隆十五年十月初九日	九〇
14	盛京户部为暂借谷草喂养官马事咨盛京内务府	乾隆十五年十月初十日	一一三
15	盛京将军衙门为晓谕牧丁人等禁止向庄头索取酒猪等物事咨盛京内务府	乾隆十五年十月初十日	一一四
16	盛京户部为请抄送前办被灾庄头定例及如何办理分数原案事咨盛京内务府	乾隆十五年十月十二日	一二三
17	盛京将军衙门为知会前送办理商铺事务官员清册已存查及如有至三年确系应留应换官职务必行文事咨盛京内务府	乾隆十五年十月十二日	一二九
18	盛京将军衙门为请造送应试武生并护军领催等项清册事咨盛京内务府	乾隆十五年十月二十日	一五九
19	盛京户部为闲散刘深被控赚吞房田不准取赎请将其送部质讯事咨盛京内务府	乾隆十五年十月二十一日	一六七
20	盛京礼部为知会年节封开印信及穿朝服日期事咨盛京内务府	乾隆十五年十月二十一日	一七二
21	盛京将军衙门为请备办恭迎圣容圣训实录玉牒事宜事咨盛京内务府	乾隆十五年十月二十一日	一七六
22	正黄旗值月领催依史泰等为甲兵石恒随往京城送贡呈请支借公项银两事的结呈	乾隆十五年十月二十一日	一七七
23	盛京将军衙门为抄送礼部题准重申请领印信条例之题本事咨盛京内务府	乾隆十五年十月二十二日	一九三
24	管理三仓事务达富格等为解送建盖寿康宫四公主陪嫁帐房所需柳木椽子事呈盛京内务府	乾隆十五年十月二十三日	一九四
25	协理盛京内务府事务盛京将军等为拣选织造库执事人领催马尔塞顶补广储司催长苏尔泰病缺事呈总管内务府	乾隆十五年十月二十三日	二〇三

39	盛京内务府为派员解送建盖和硕定安亲王仪仗蒙古包所需柳木椽子事咨武备院	乾隆十五年十一月十四日	二九四
40	管理盛京内务府事务掌关防参领职衔尼希海等为请预支领取清宁宫两侧新建宫殿门神对联所需车马等项银两事呈总管内务府	乾隆十五年十一月十八日	三〇一
41	盛京内务府为委派司库王进德等领取清宁宫两侧新建宫殿需用之门神对联事咨工部	乾隆十五年十一月十八日	三一二
42	盛京内务府为派员进送鹅鸭鱼等项事咨外膳房	乾隆十五年十一月二十四日	三一三
43	协理盛京内务府事务盛京将军等为派员赴京送鱼事呈总管内务府	乾隆十五年十一月二十九日	三一七
44	协理盛京内务府事务盛京将军等为派员赴京进送细鳞白鱼事呈总管内务府	乾隆十五年十一月二十九日	三二一
45	会计司为抄送举人等词钦定新清语事咨盛京佐领	乾隆十五年十二月初六日	三二五
46	会计司为知会铺户商人所纳生息银系公中钱粮不可发给书吏事咨盛京佐领	乾隆十五年十二月初六日	三三一
47	会计司为知会考试笔帖式之官学生金广元拟正外郎事咨盛京佐领	乾隆十五年十二月初六日	三四二
48	会计司为知会欠粮被革庄头王有彬之缺由其弟王有全顶补事咨协理盛京内务府事务盛京将军等	乾隆十五年十二月初六日	三五一
49	武备院为知会前送柳木椽子已照数收讫事咨盛京内务府	乾隆十五年十二月十七日	三六三
50	乾隆十五年镶黄旗盐庄头户口丁册	乾隆十五年×月××日	三八四
51	协理盛京内务府事务盛京将军等为呈请转奏被水灾庄头免差并赈济口粮事呈总管内务府	乾隆十六年二月二十九日	三八五

52	协理盛京内务府事务盛京将军等为请指定笔帖式考试题目事呈总管内务府	乾隆十六年三月初六日	四〇八
53	协理盛京内务府事务盛京将军等为请展限完纳正黄旗额丁所欠钱粮事呈总管内务府	乾隆十六年三月初六日	四一三
54	协理盛京内务府事务盛京将军等为请展限完纳正白旗额丁所欠钱粮事呈总管内务府	乾隆十六年三月初六日	四二〇

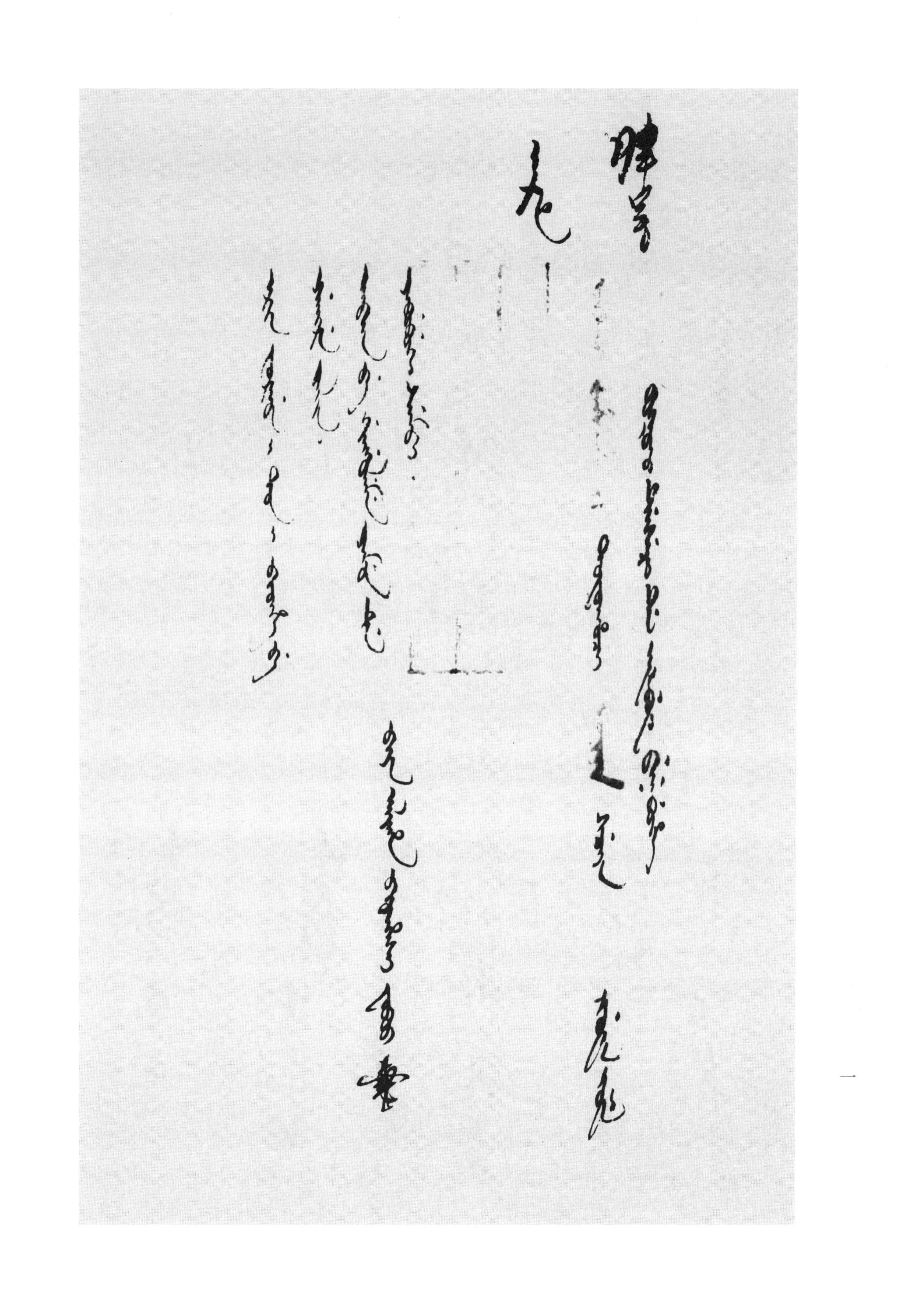

肆

九

[illegible]

[illegible]

[illegible]

[illegible]

[illegible]

[illegible]

[illegible]

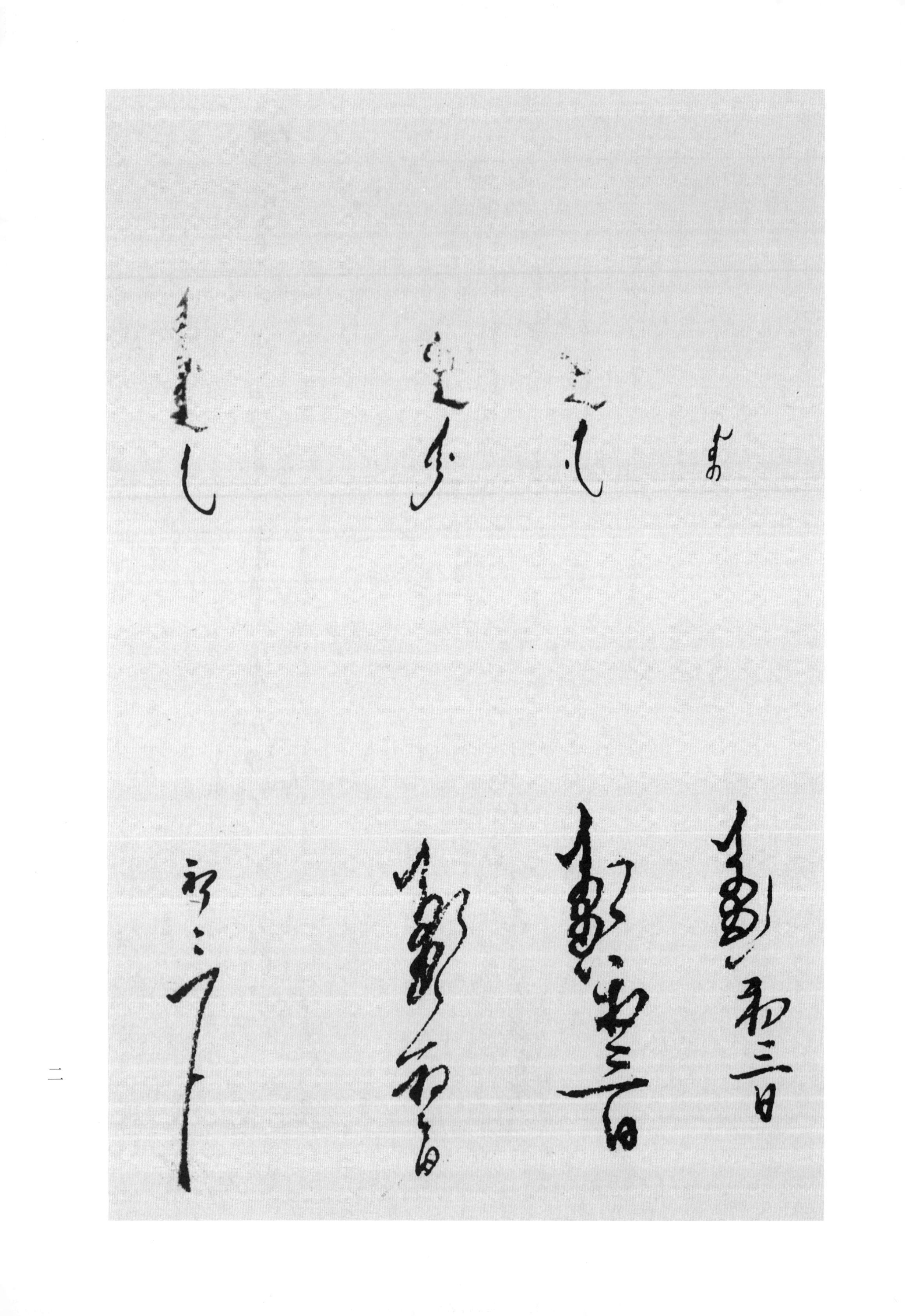

初三日

初三日

初日

初二

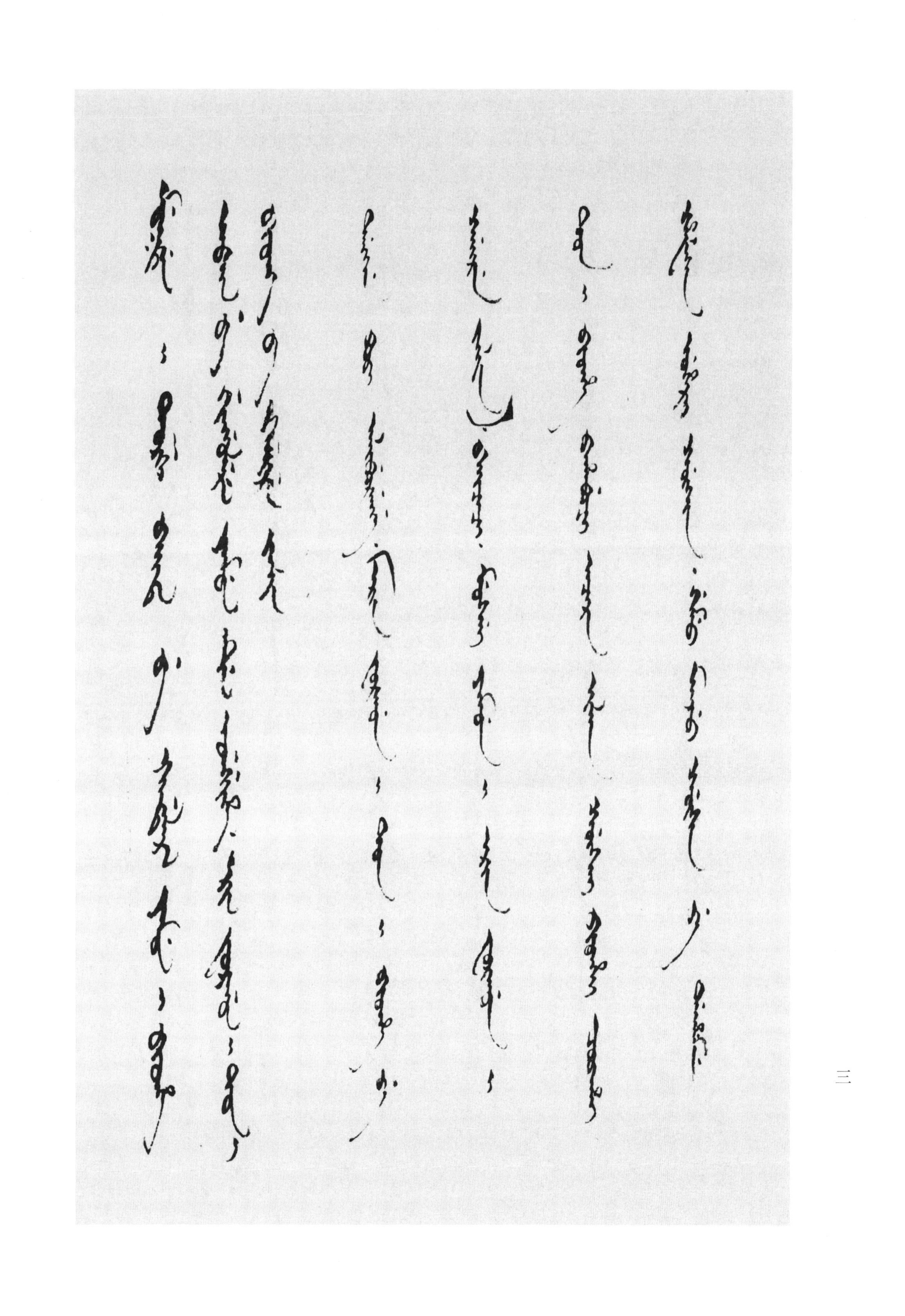

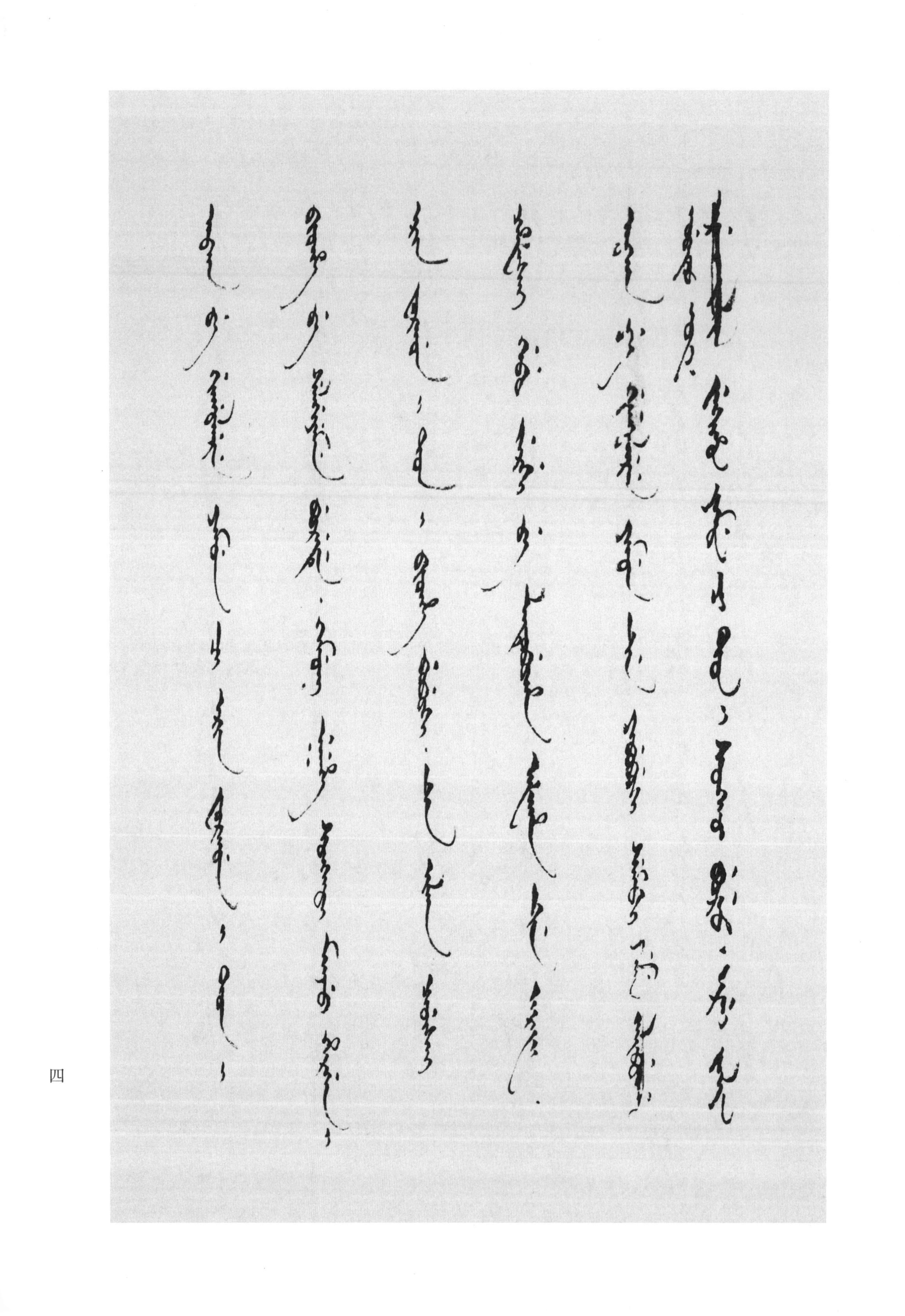

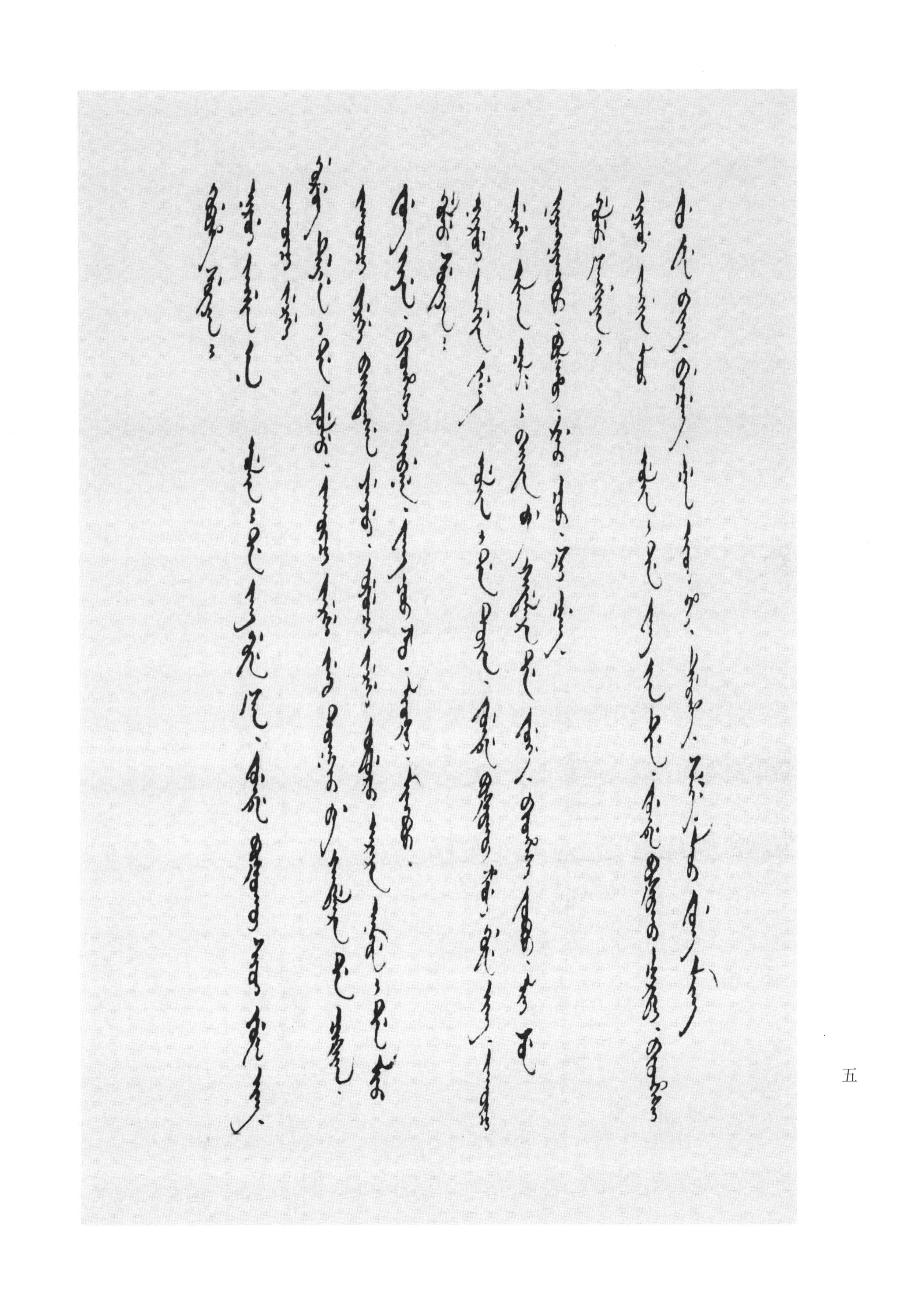

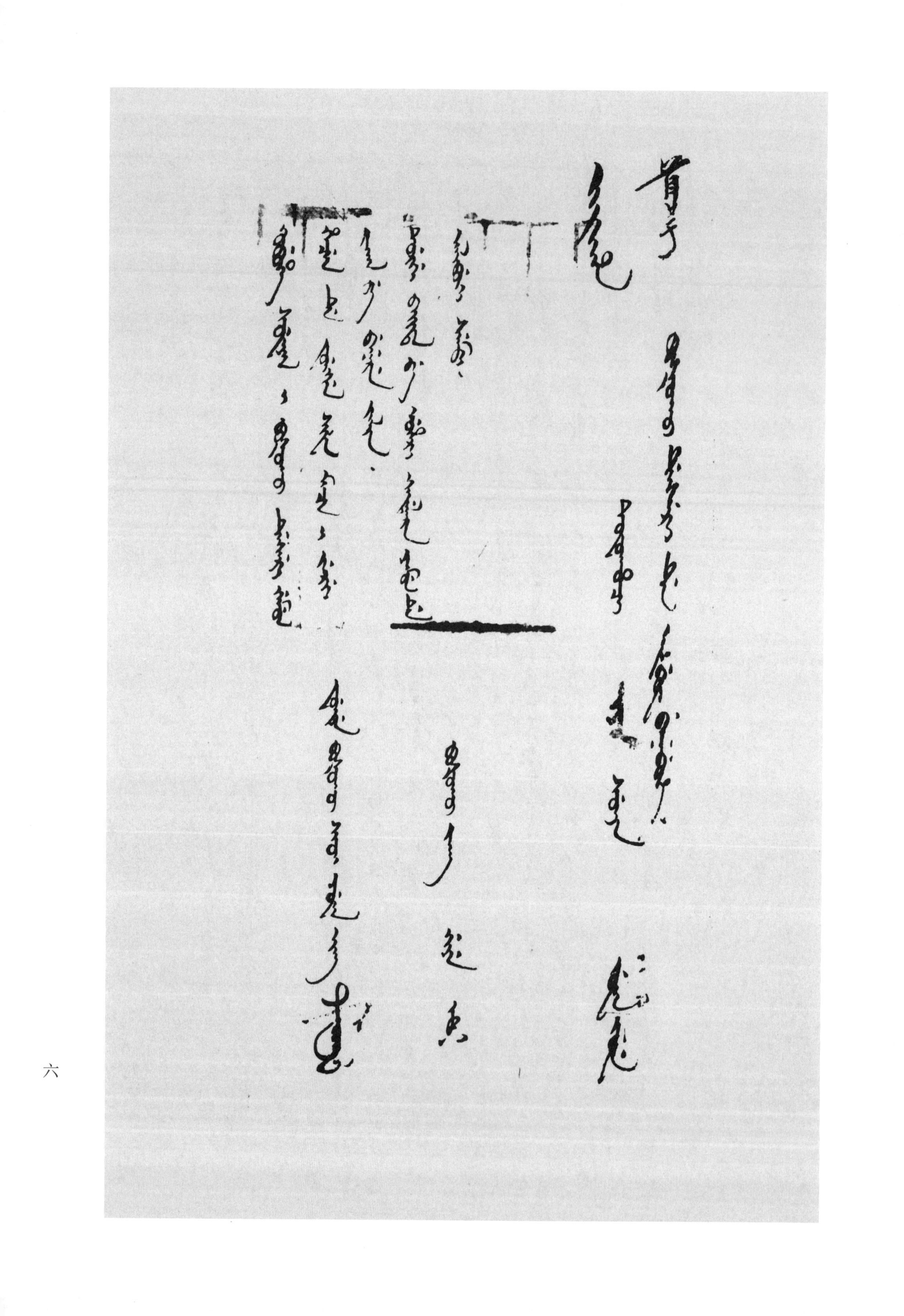

ᡥᡝᠰᡝ [illegible]

[illegible]

[illegible]

[illegible]

[illegible]

[illegible]

[illegible]

[illegible]

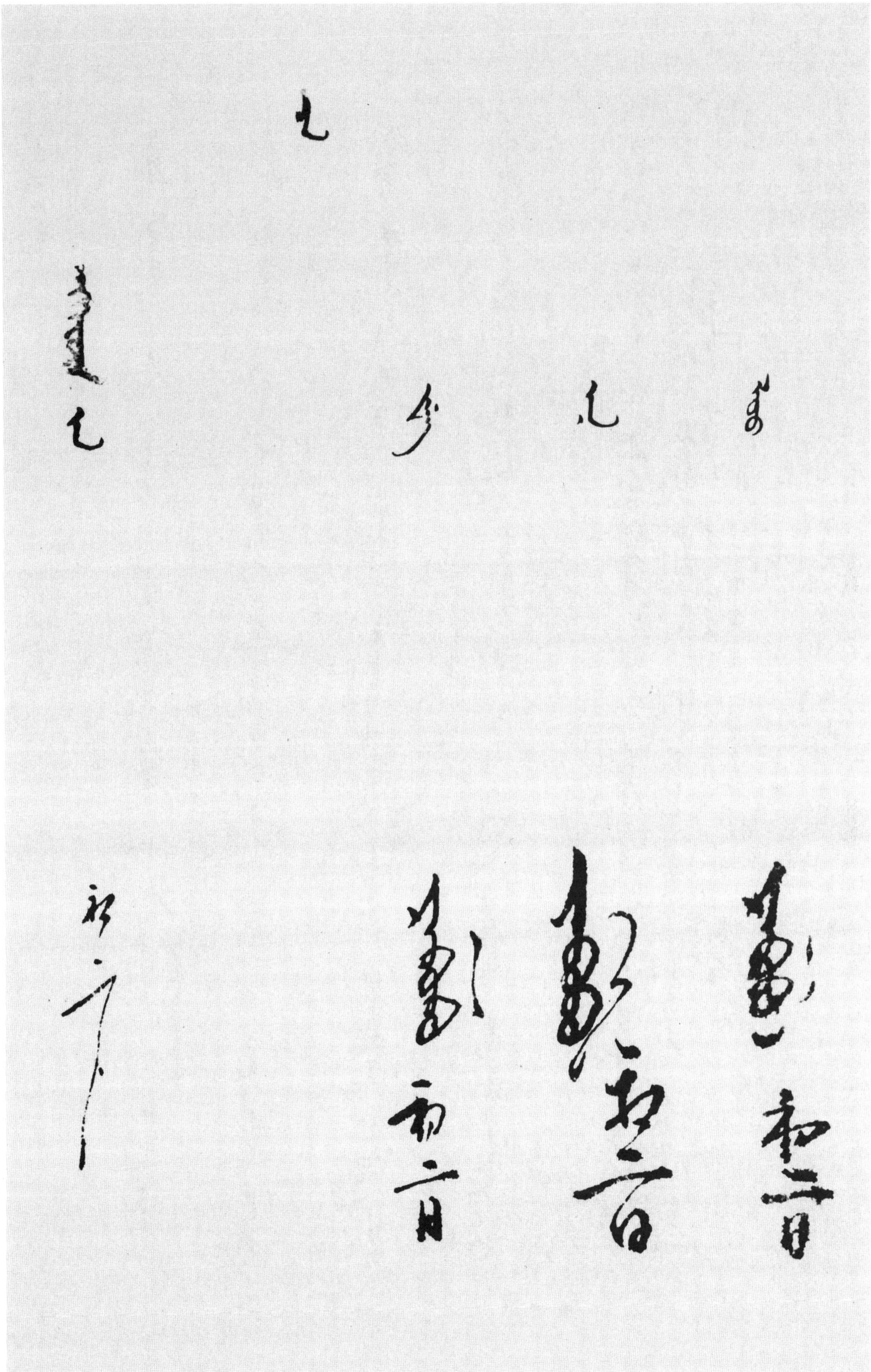

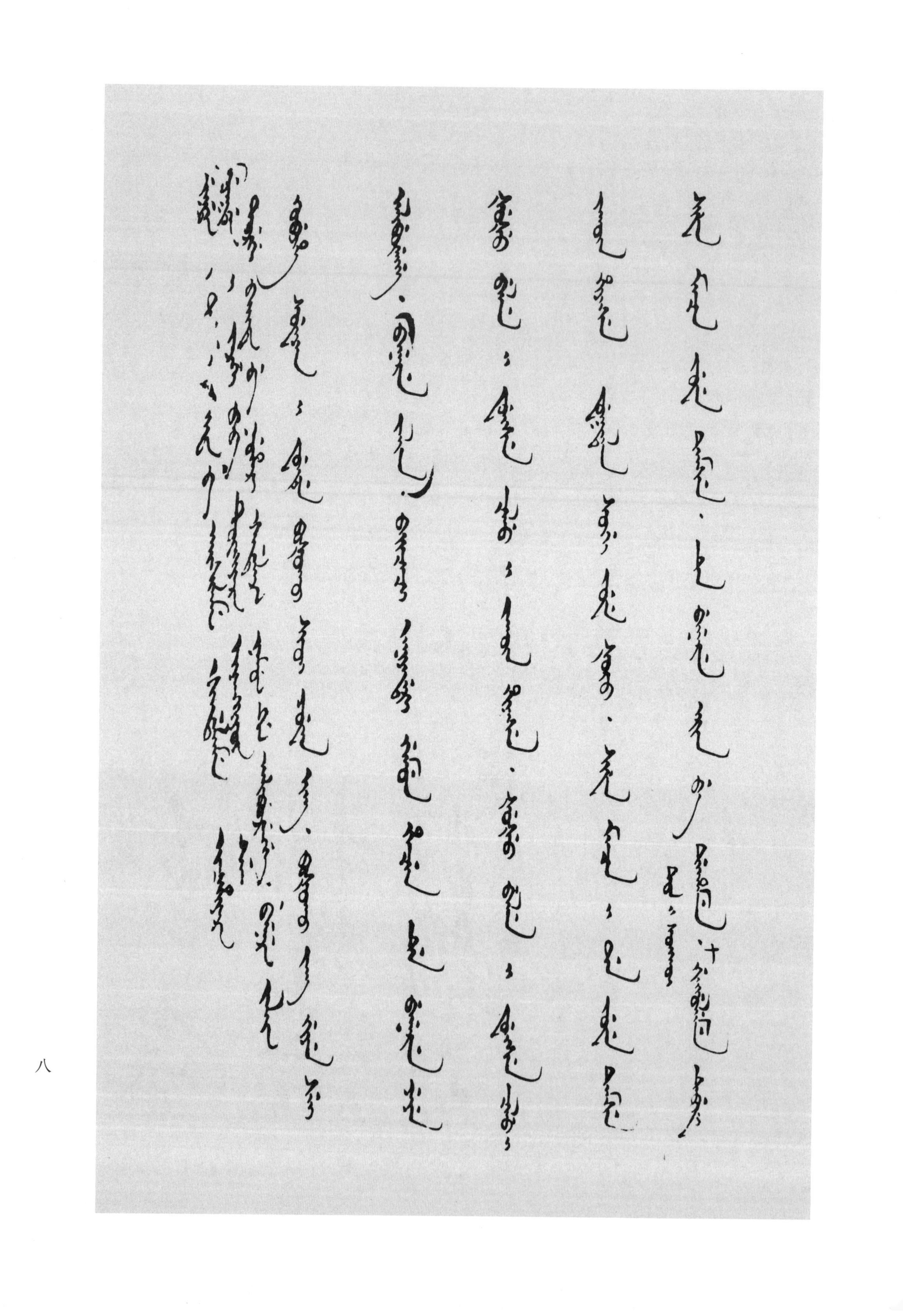

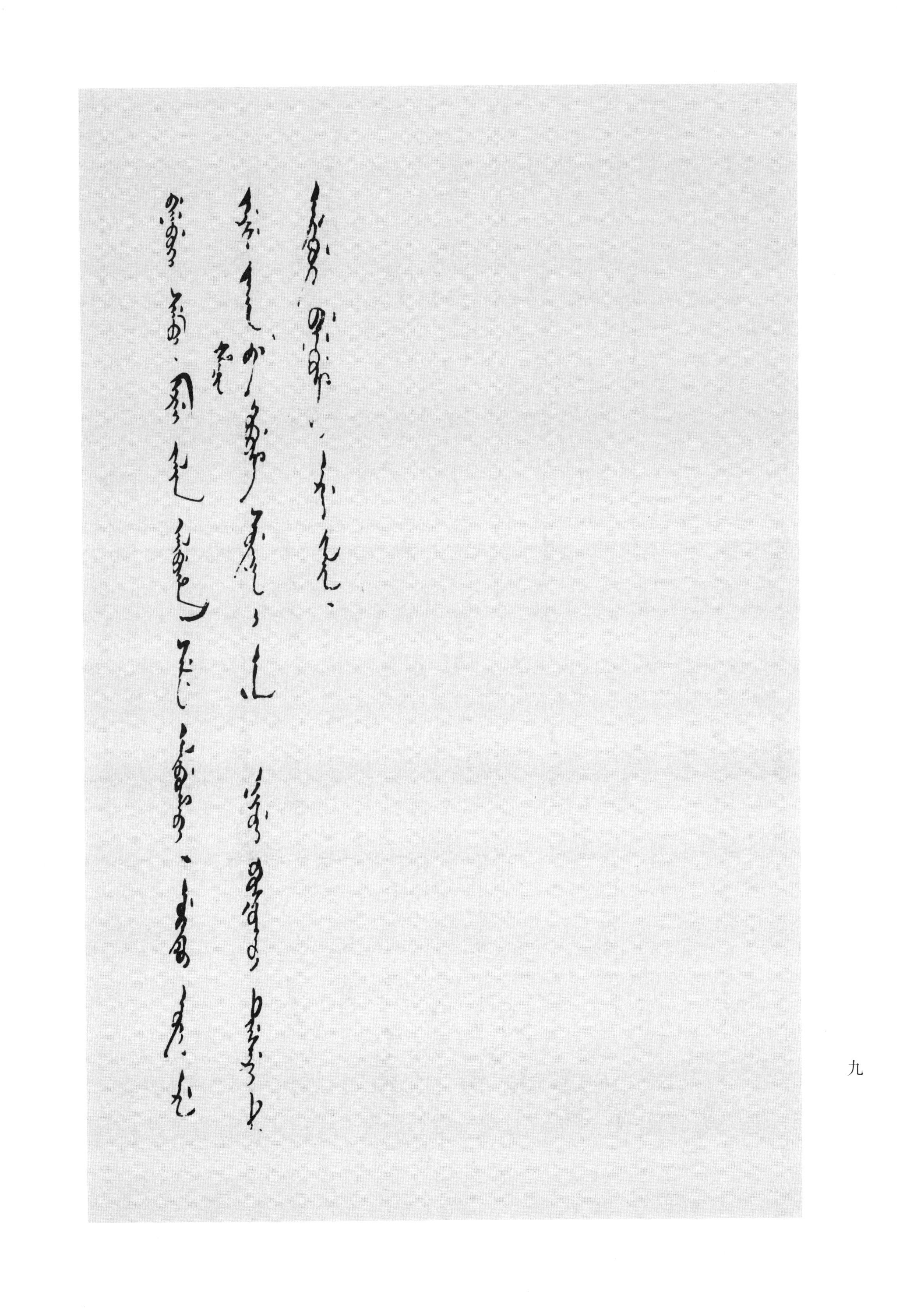

[illegible]

[illegible]

[illegible]

[illegible]

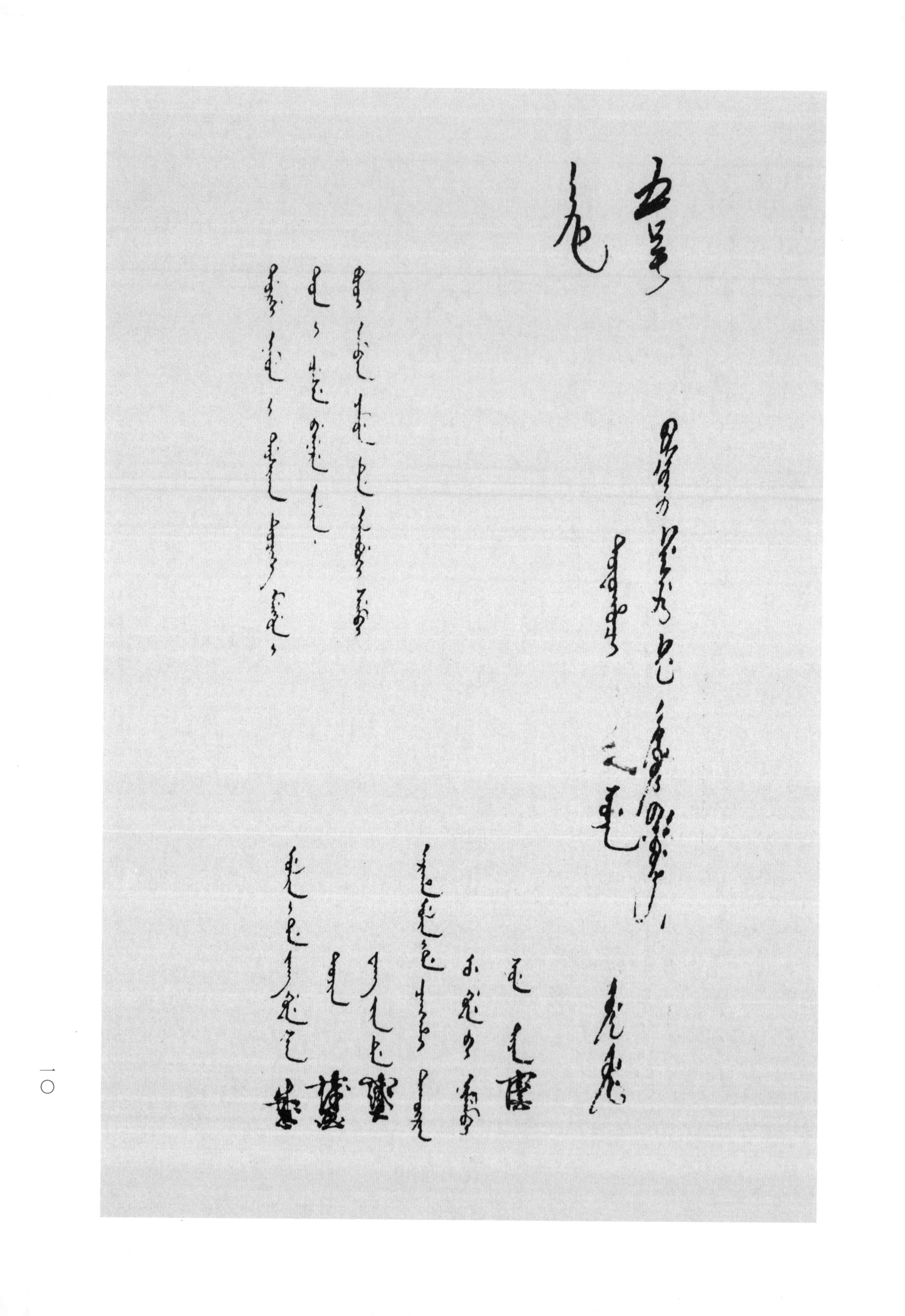

[illegible]

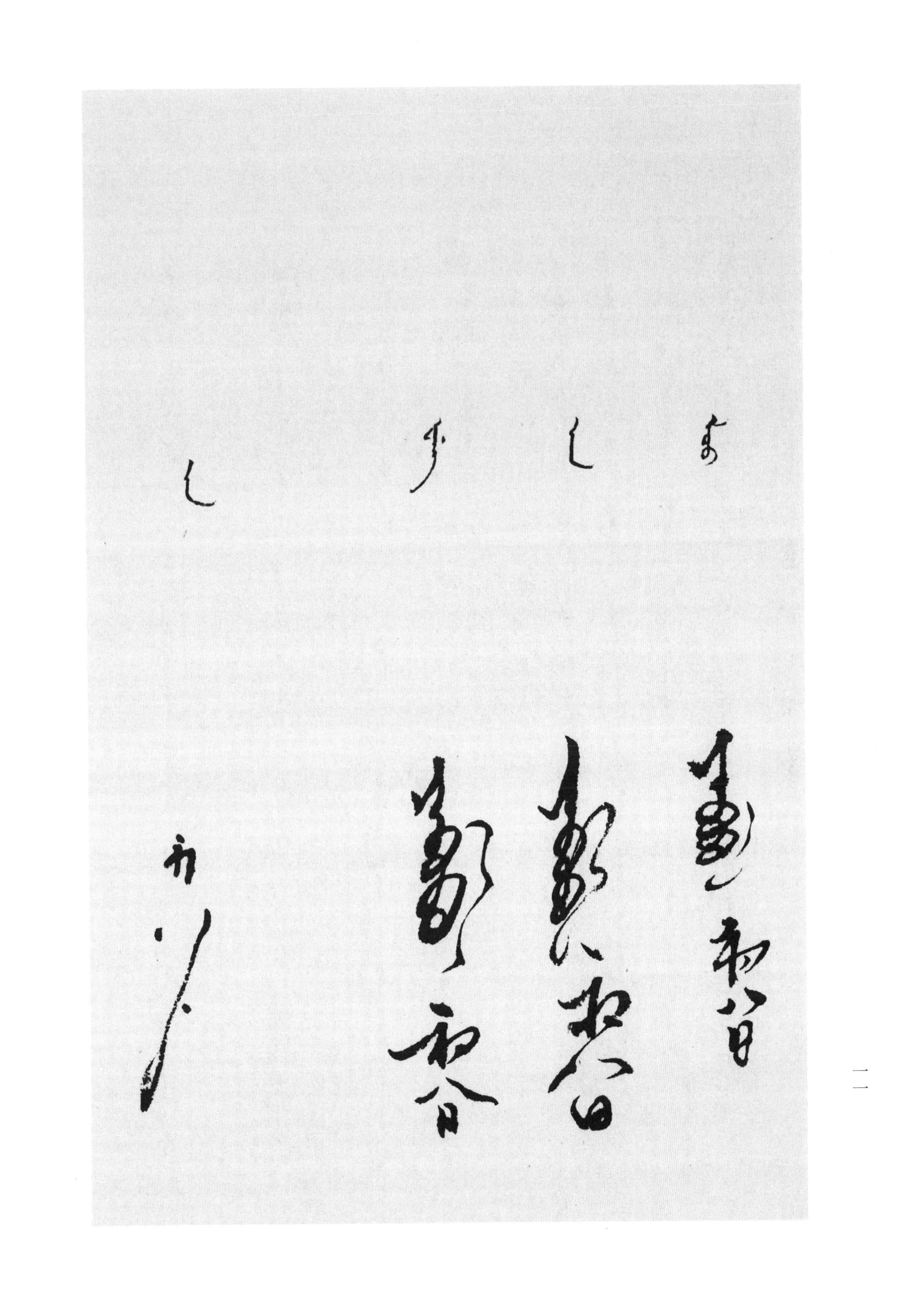

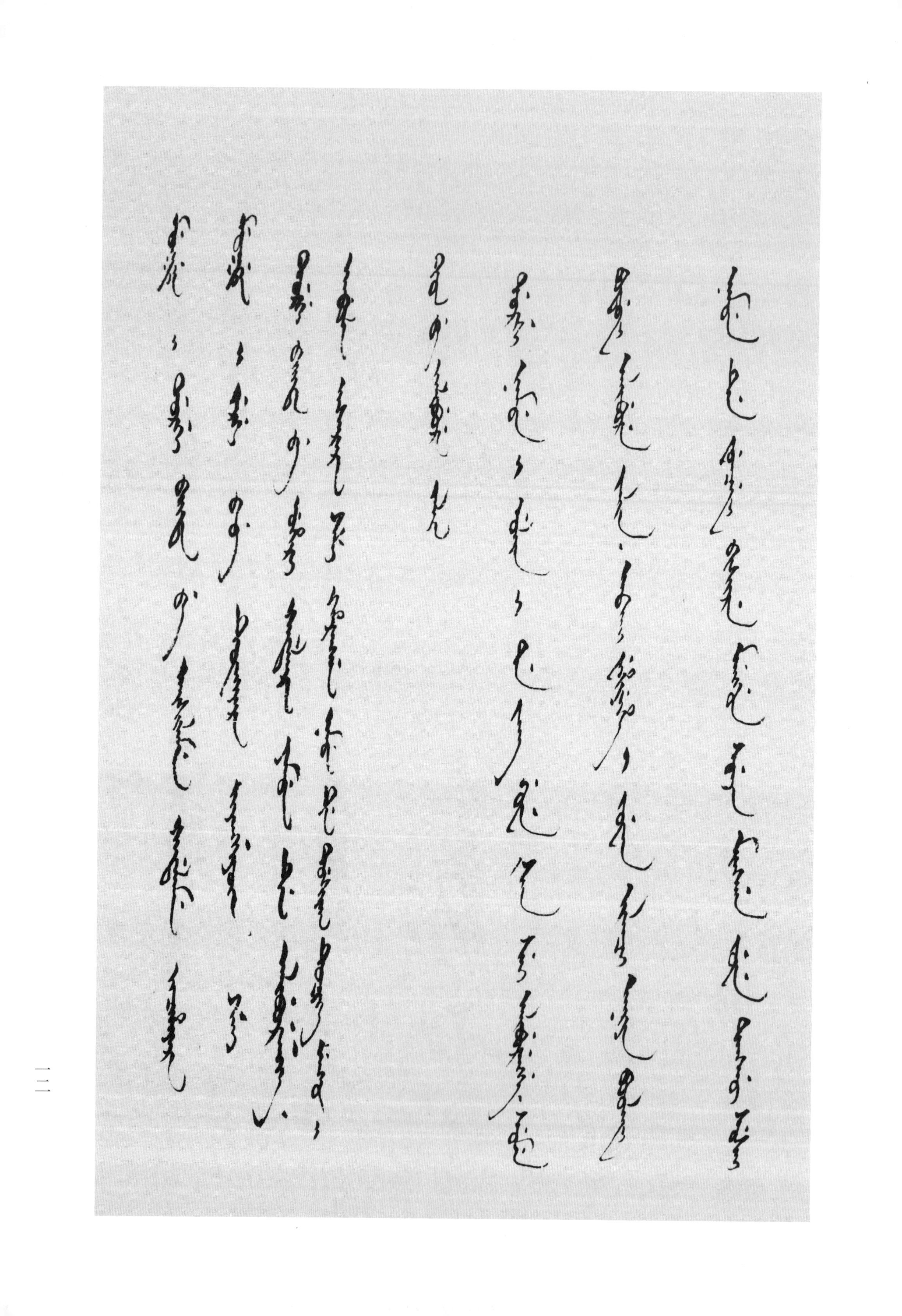

[illegible]

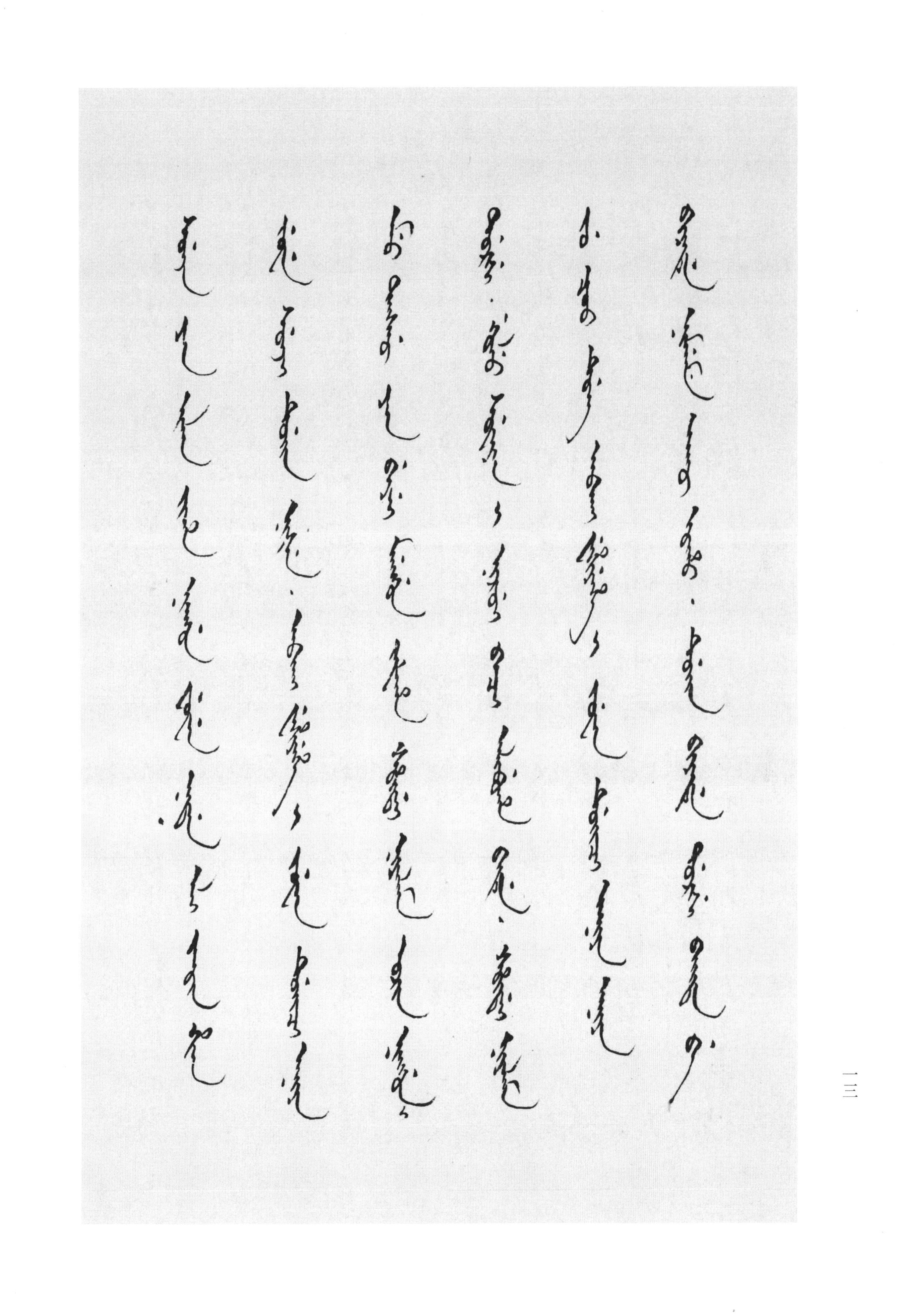

[illegible]

[illegible]

[illegible]

[illegible]

[illegible]

[illegible]

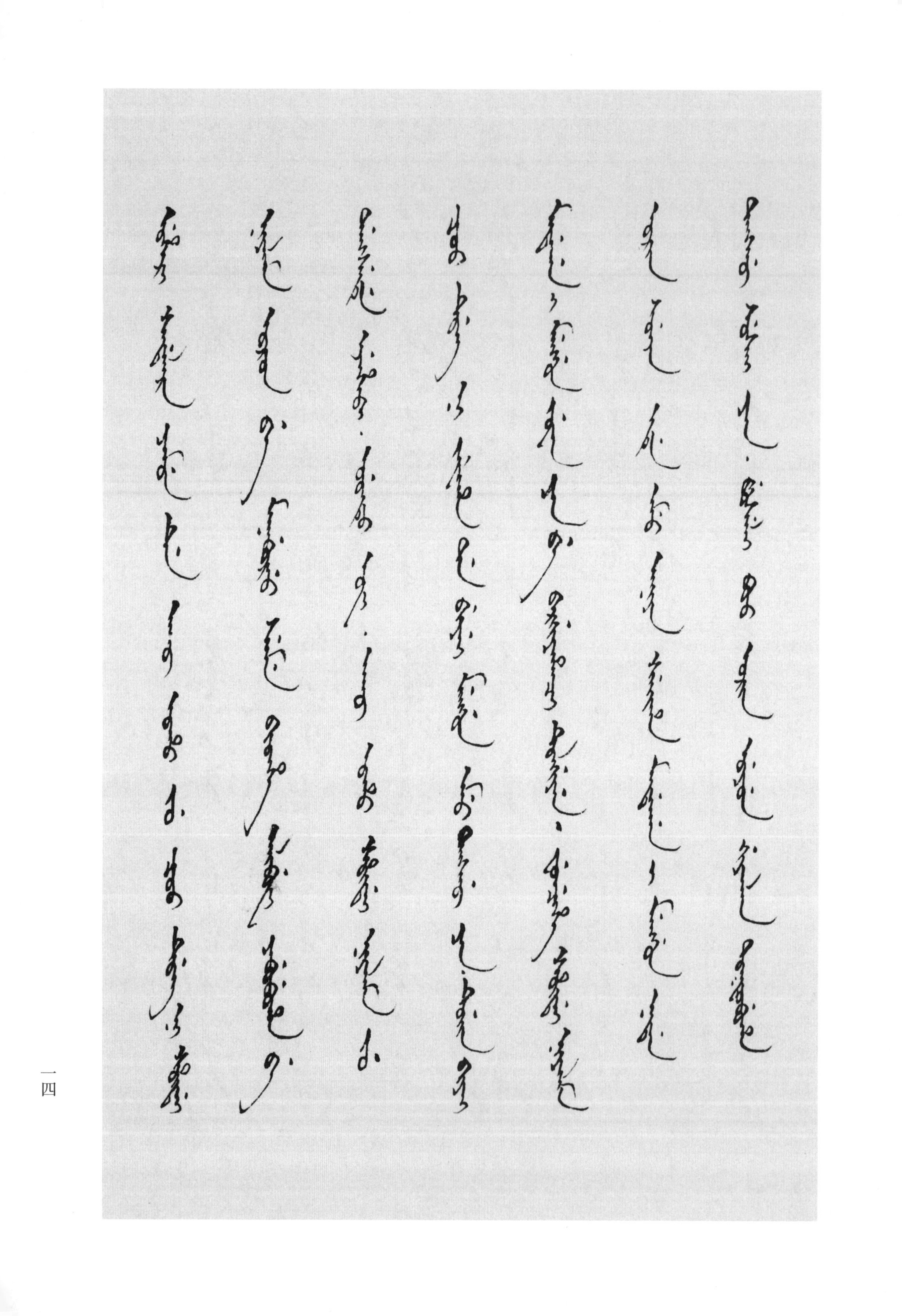

[illegible]

[illegible]

[illegible]

[illegible]

[illegible]

[illegible]

[illegible]

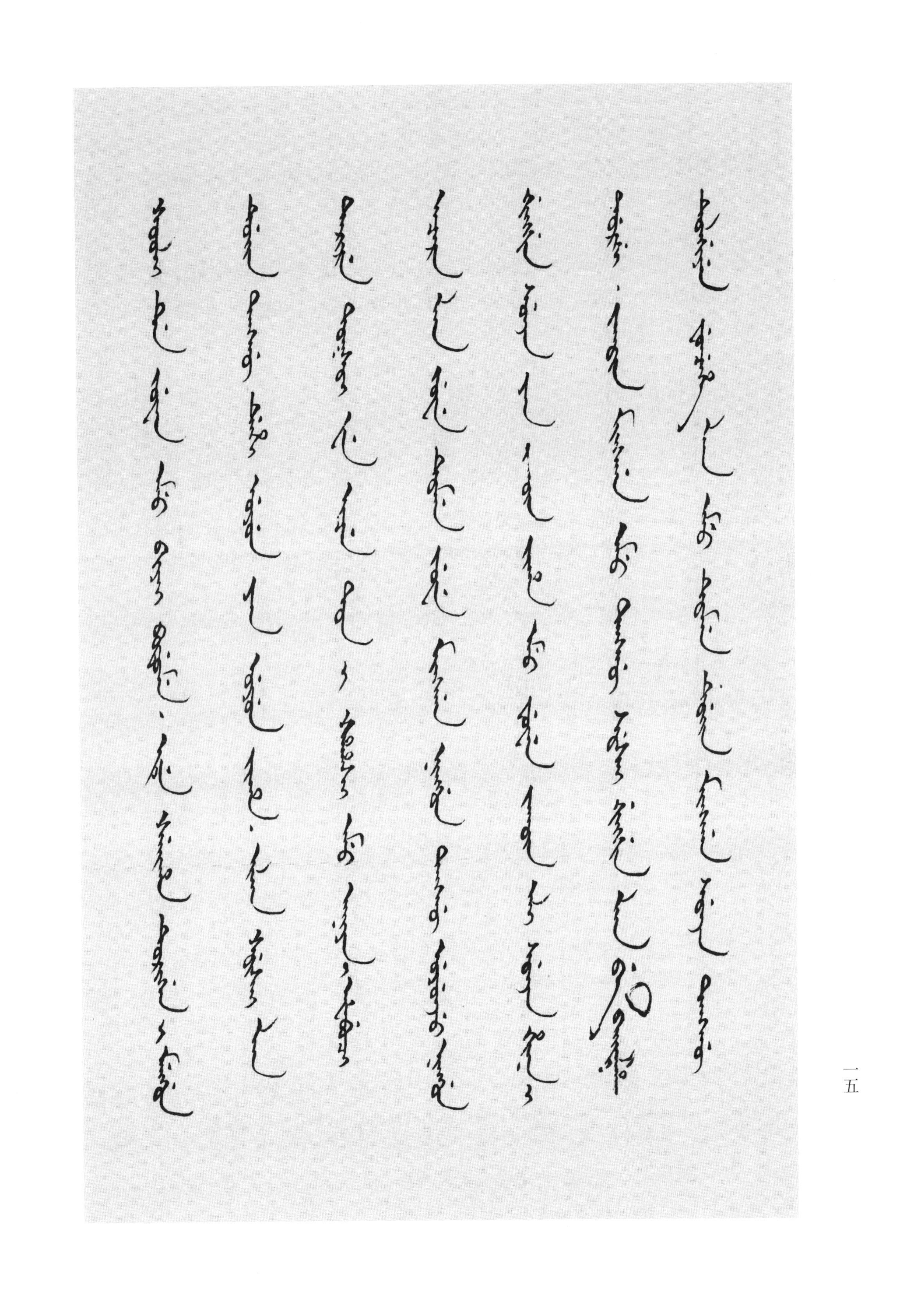

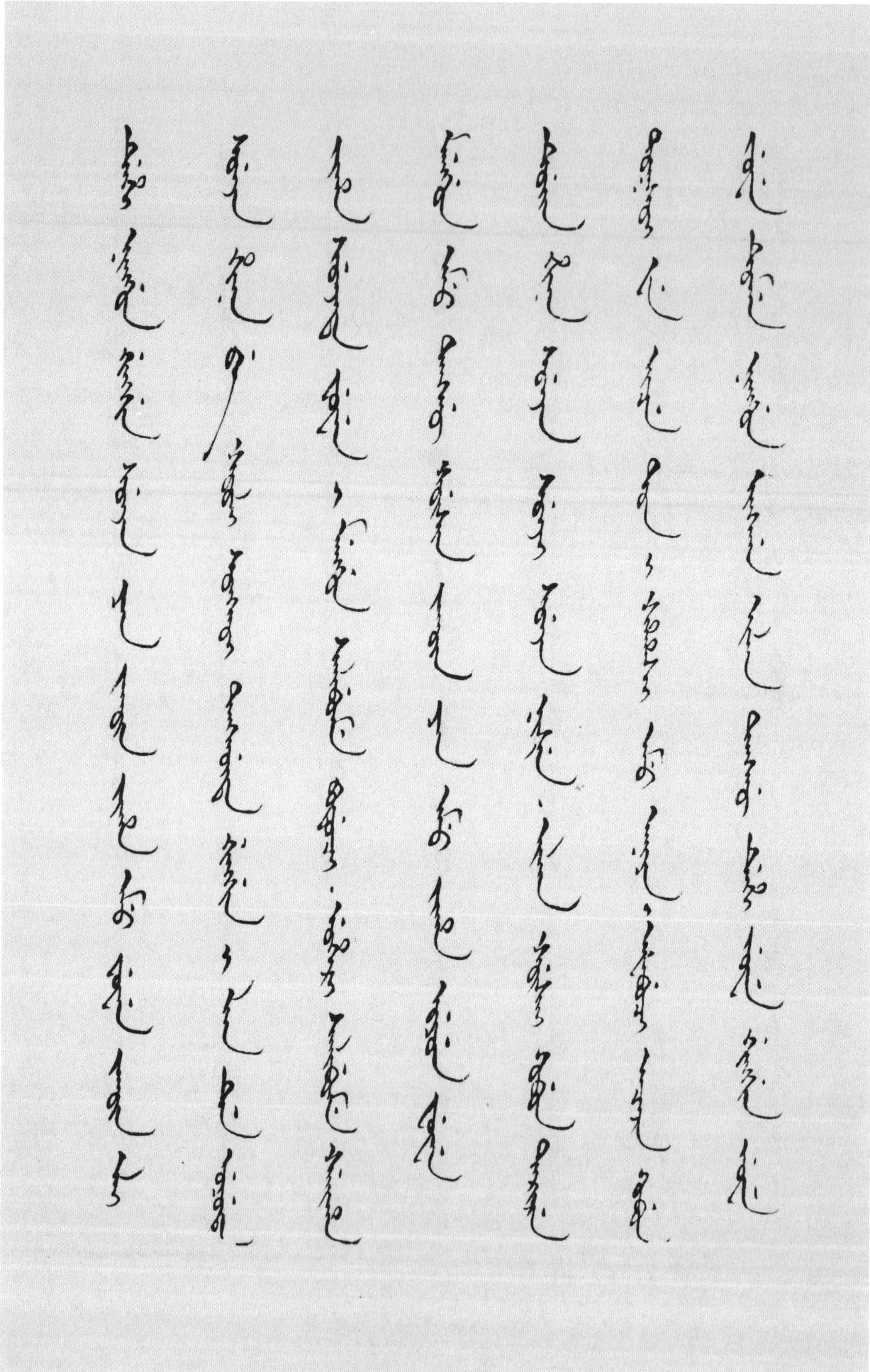

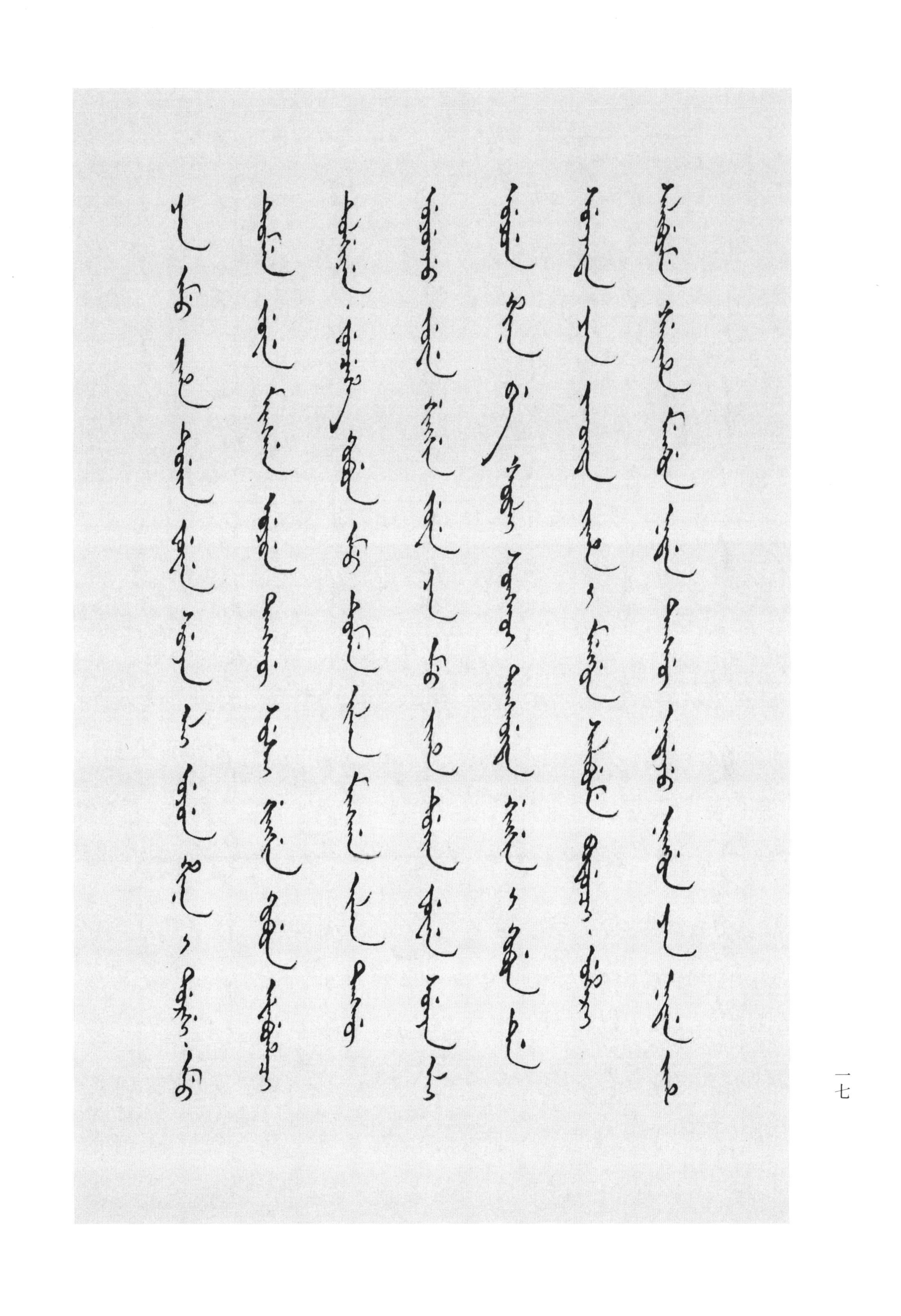

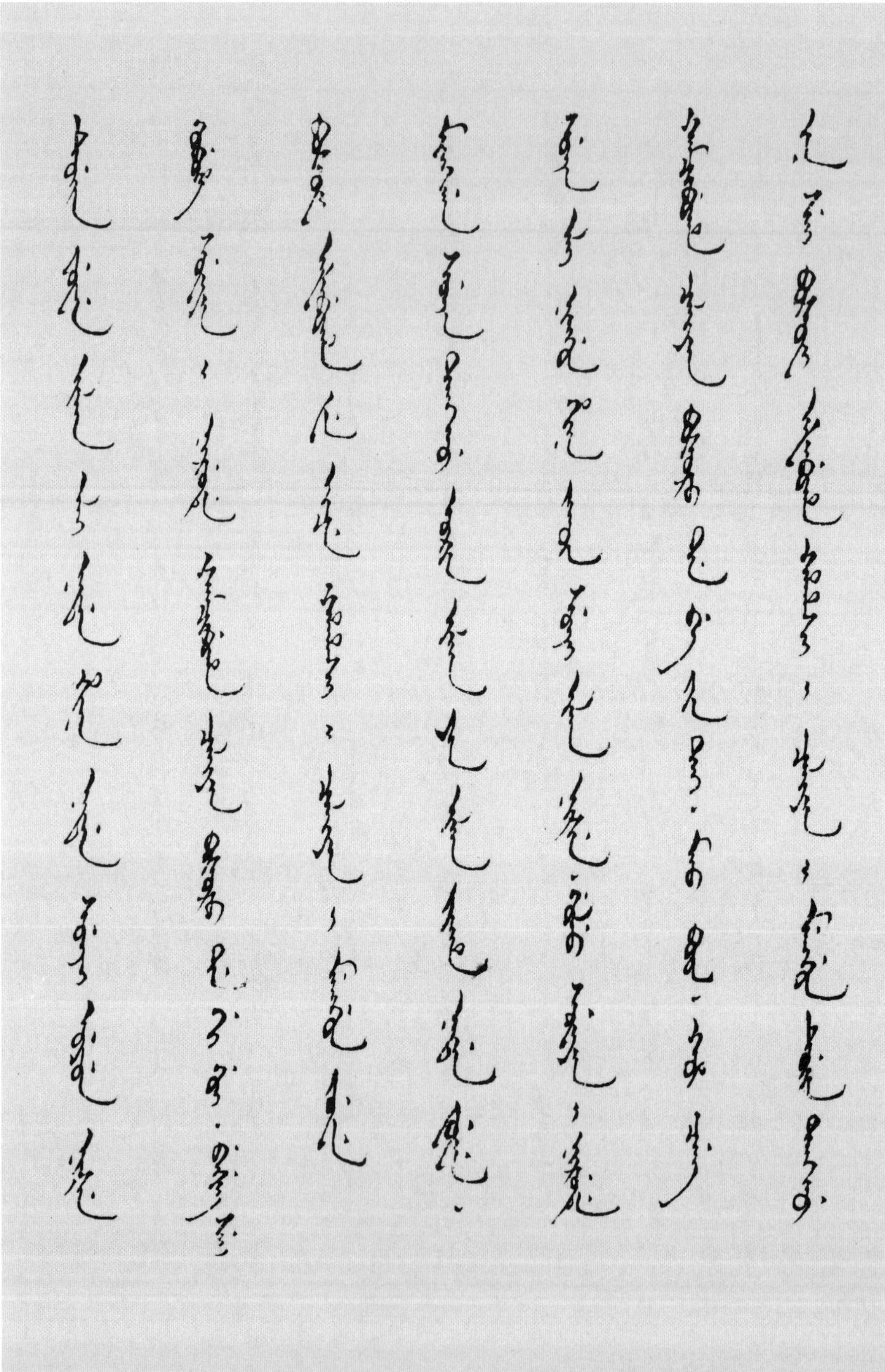

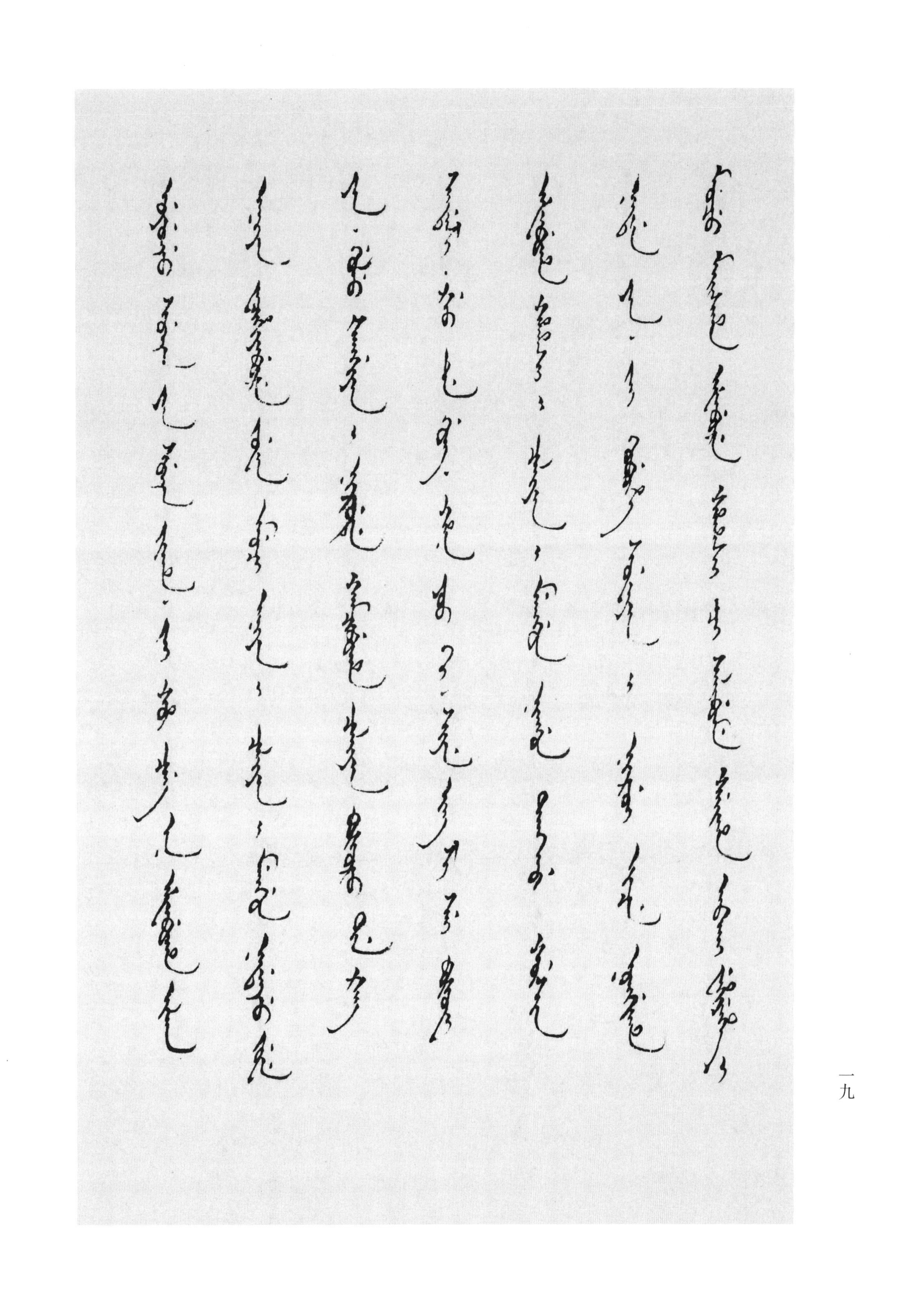

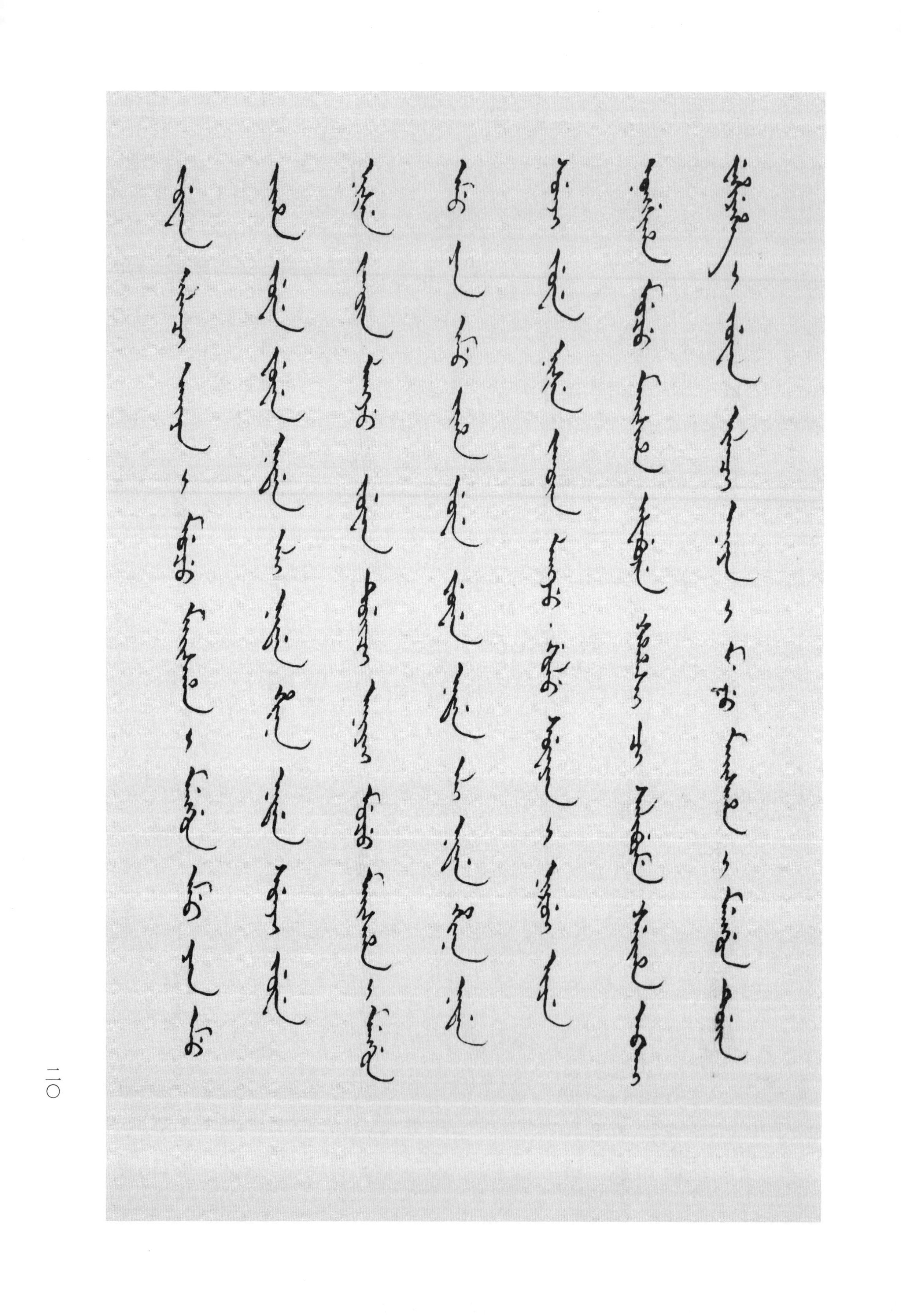

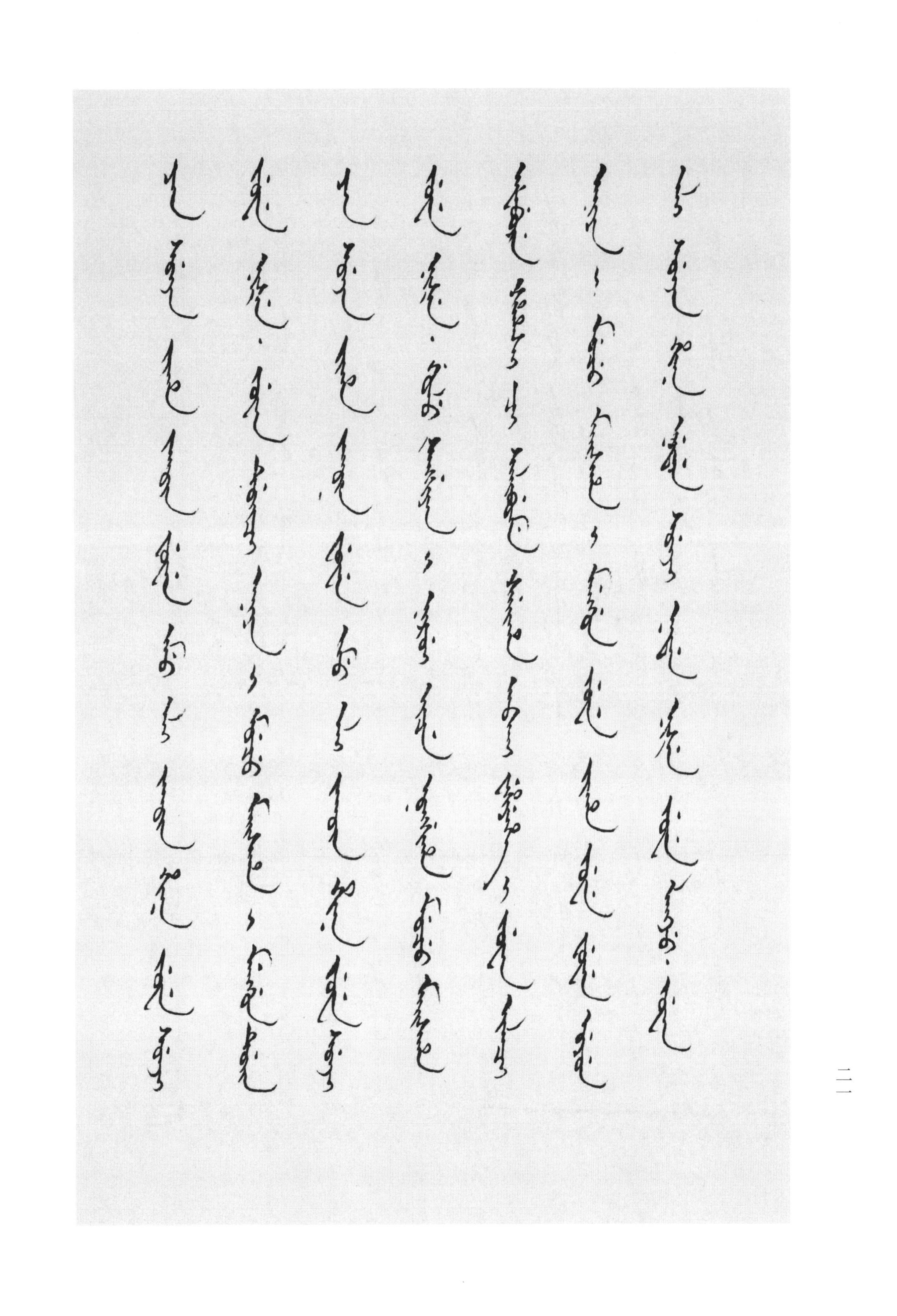

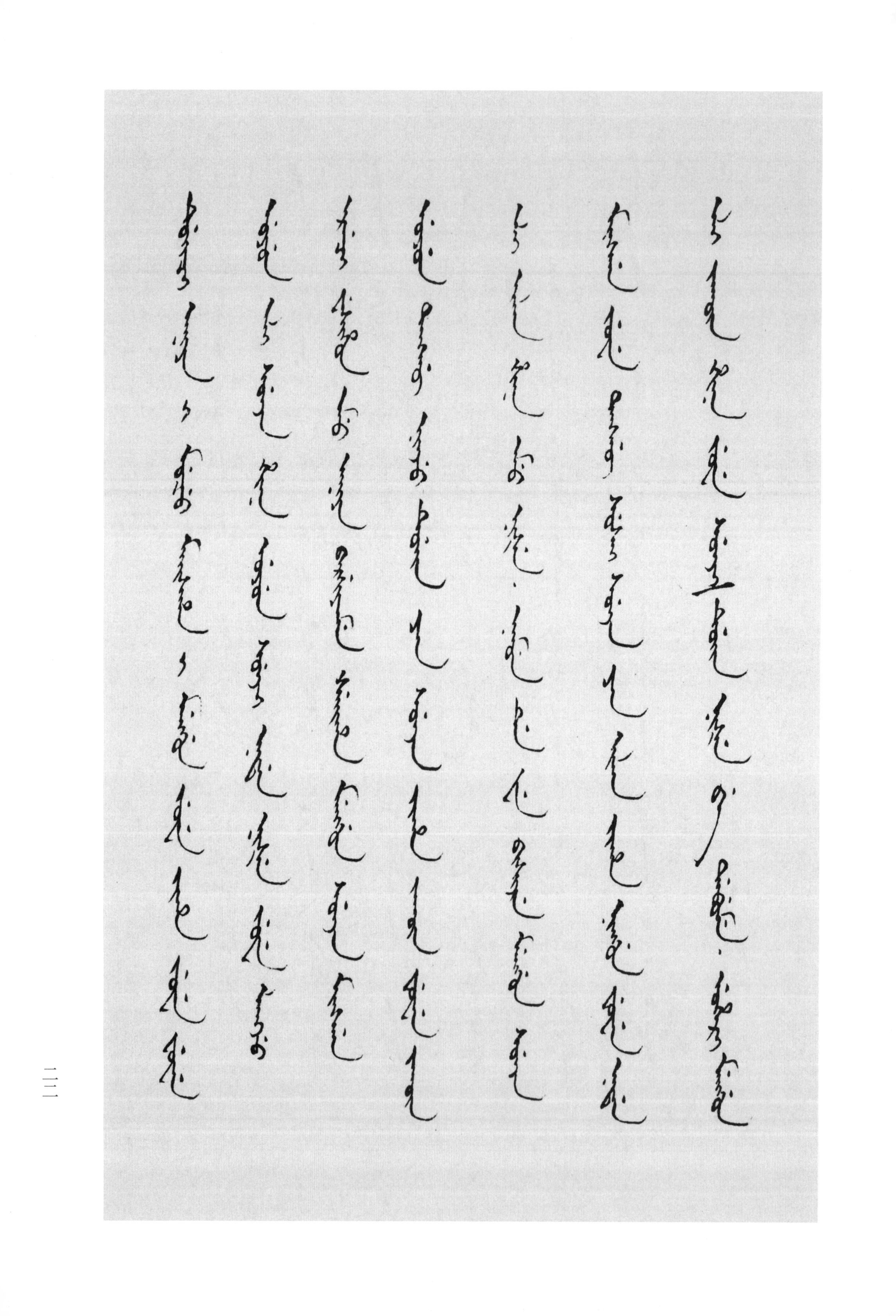

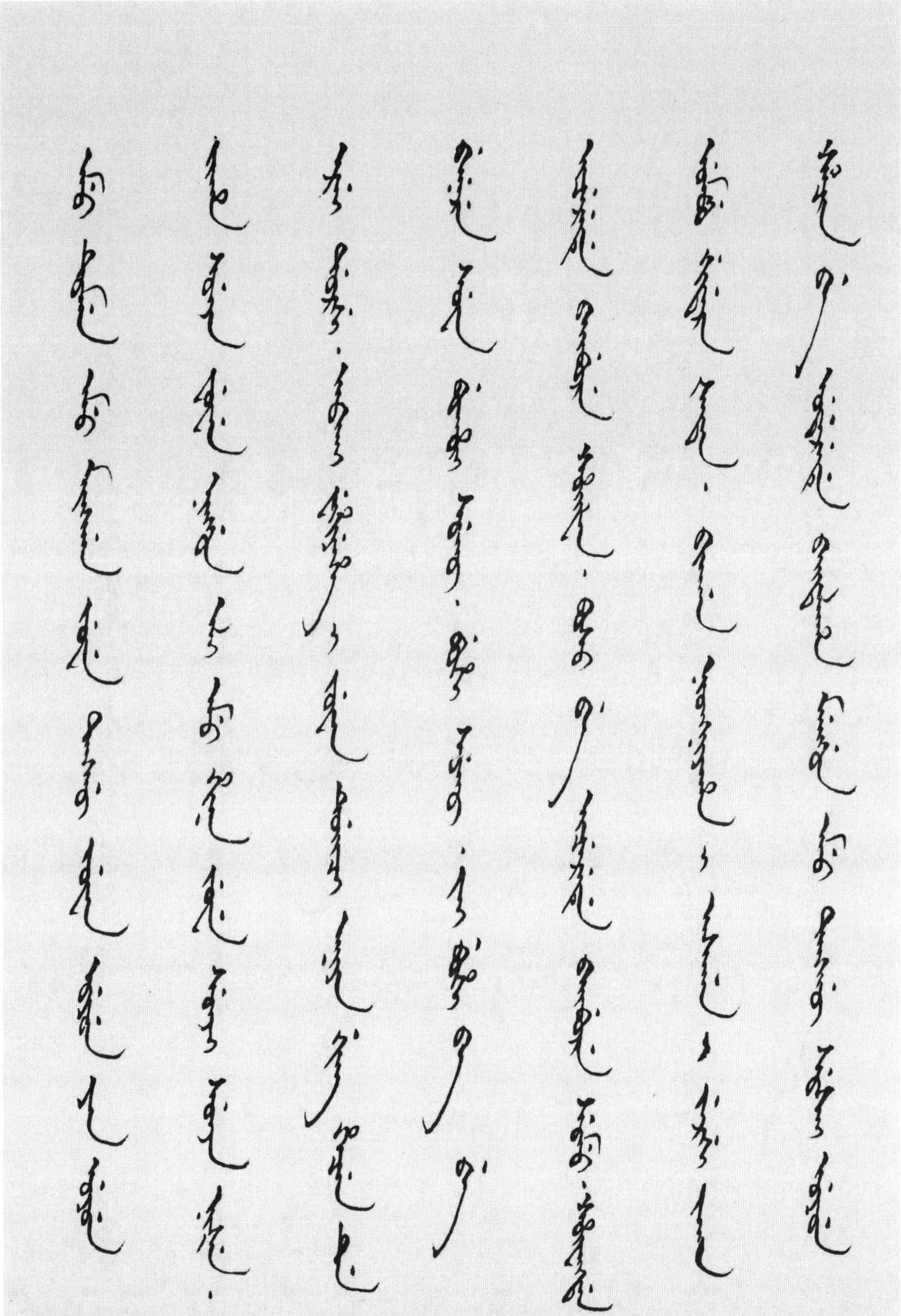

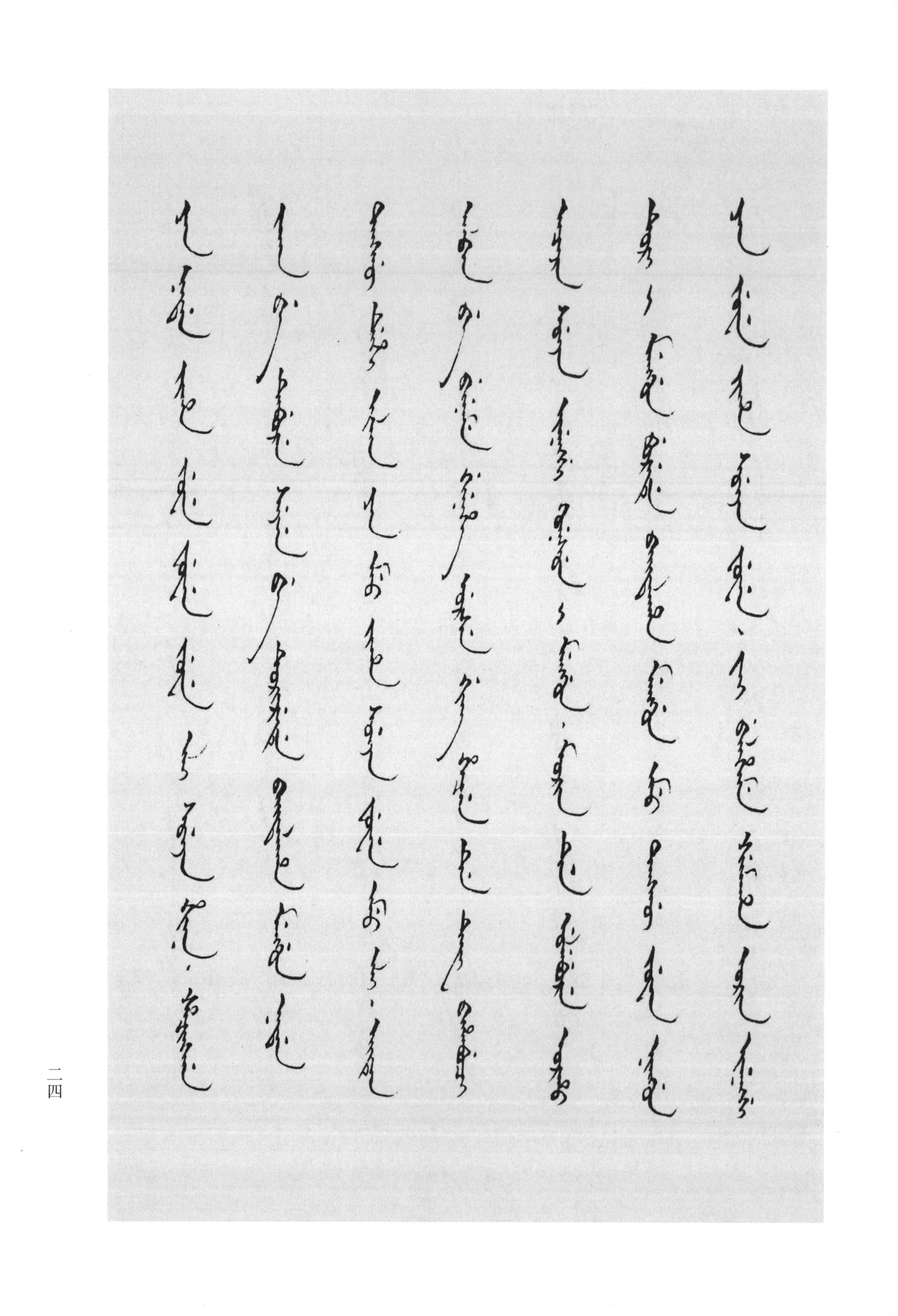

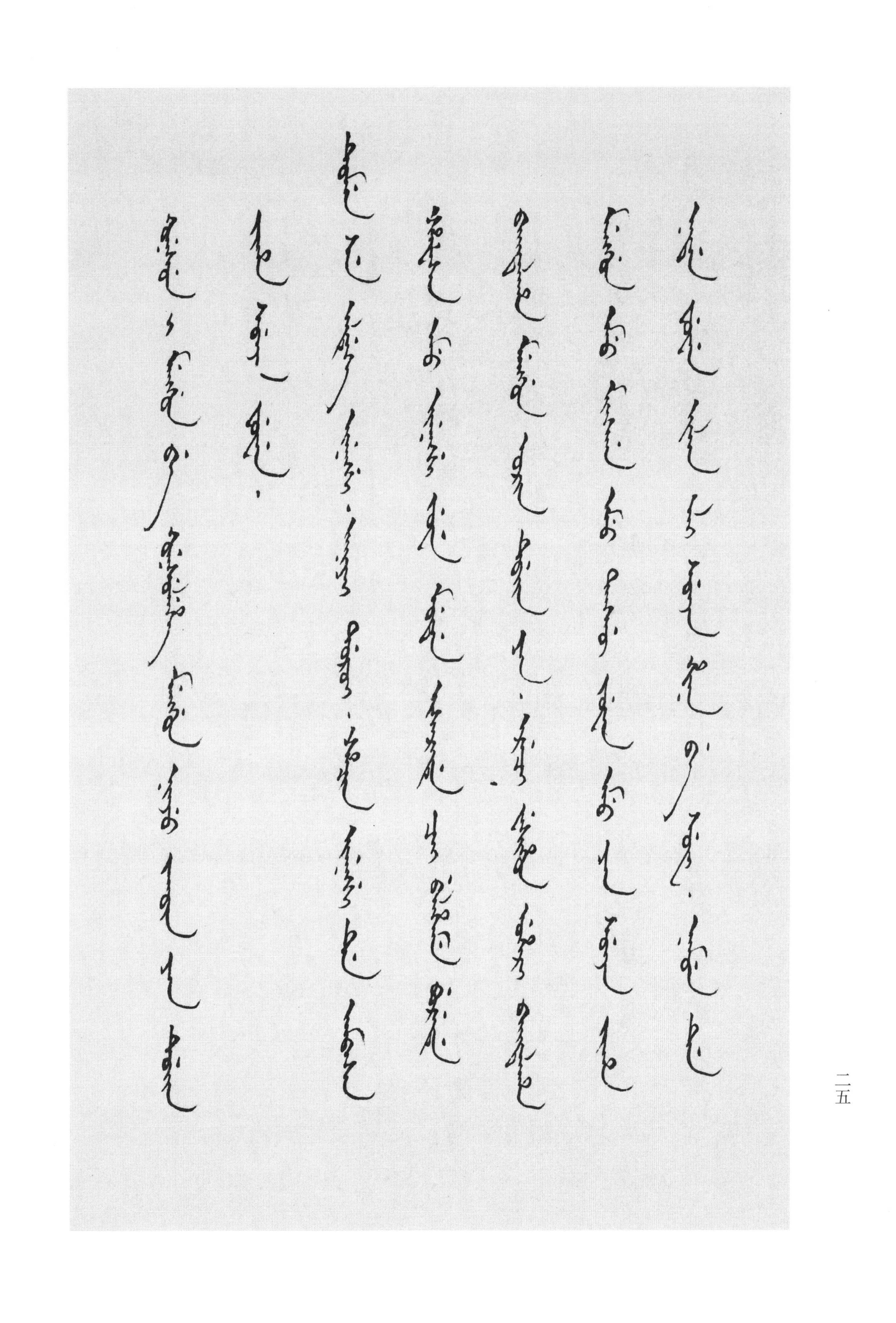

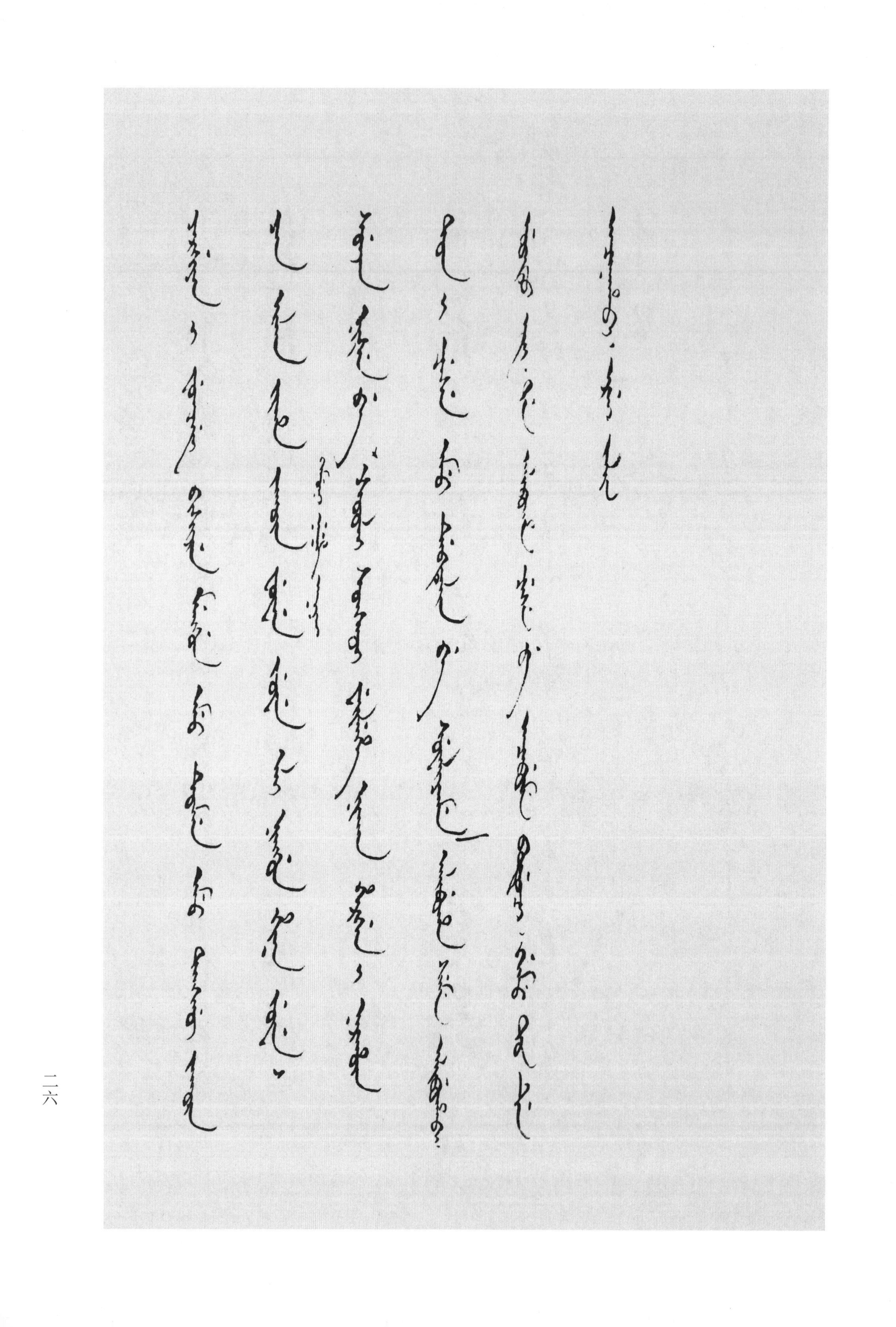

ᠰᡠᠨᠵᠠᠴᡳ ᠮᡝᠶᡝᠨ

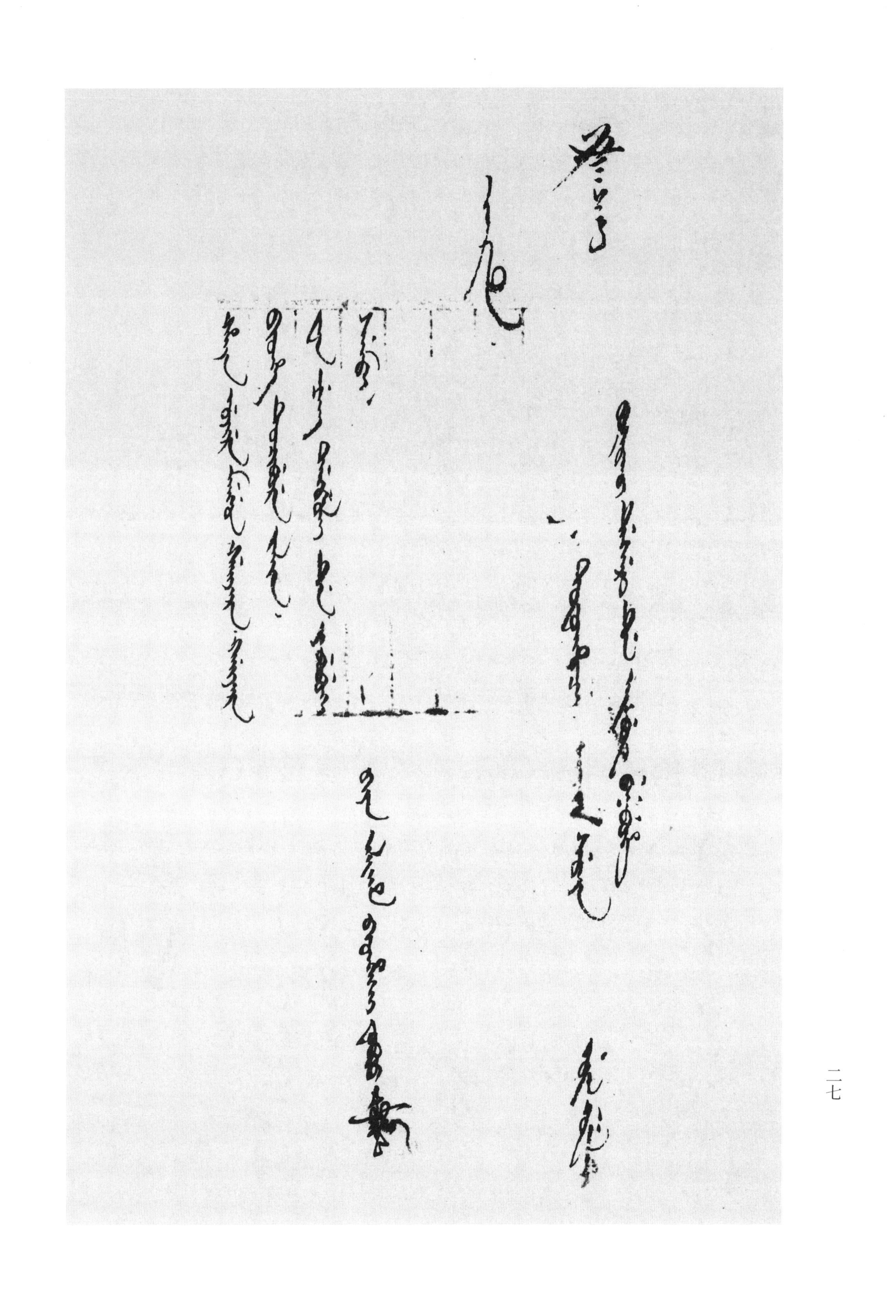

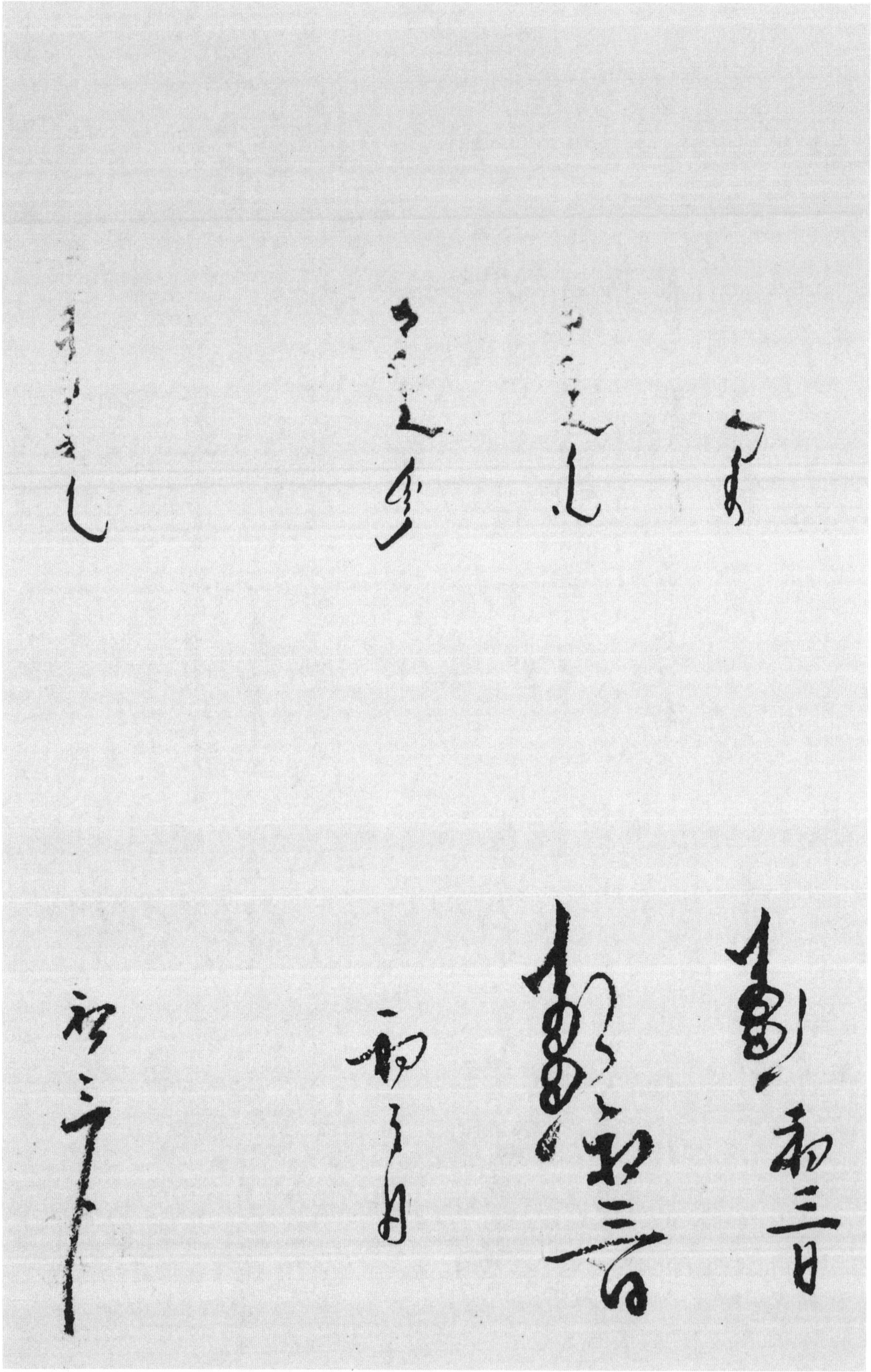

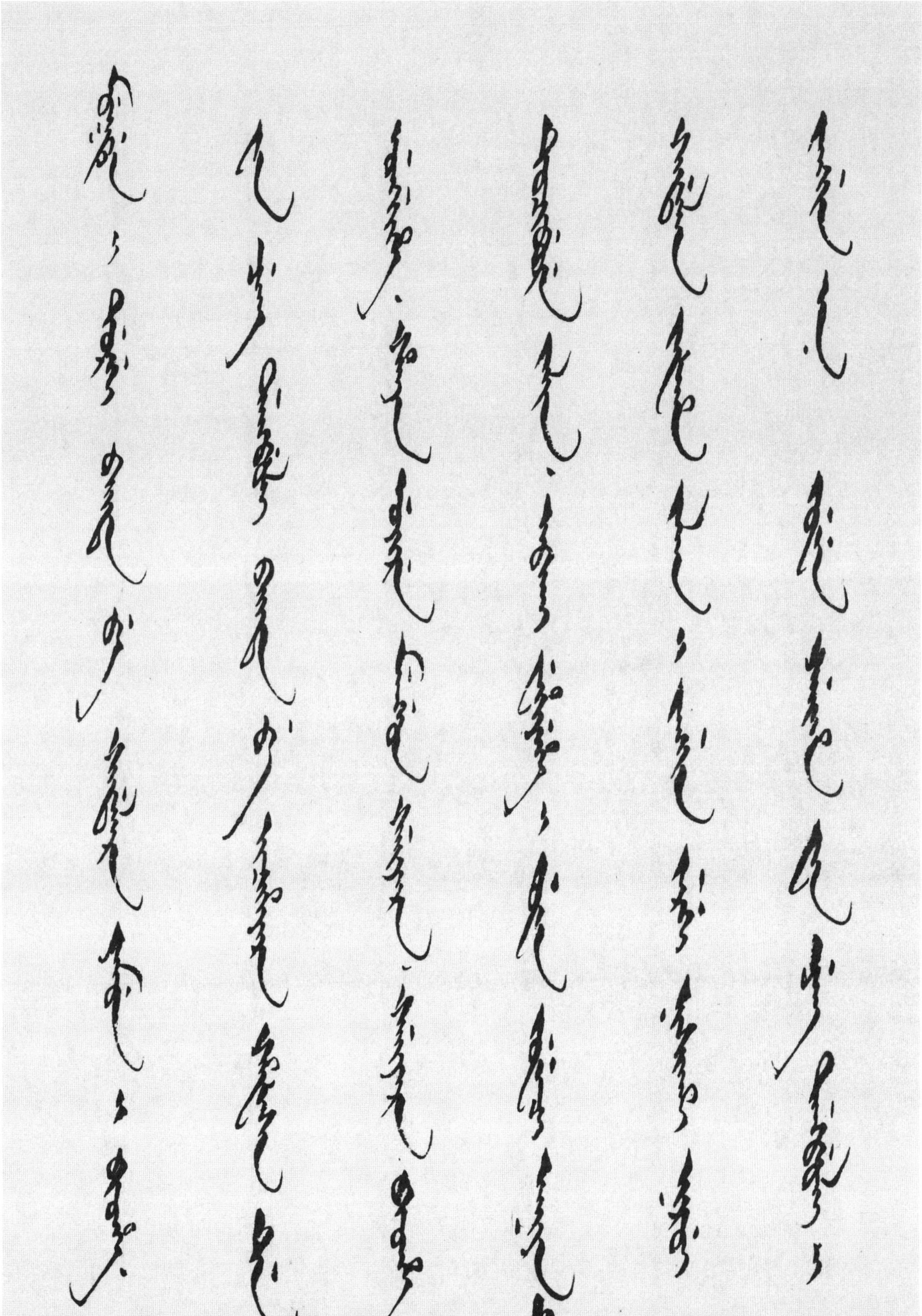

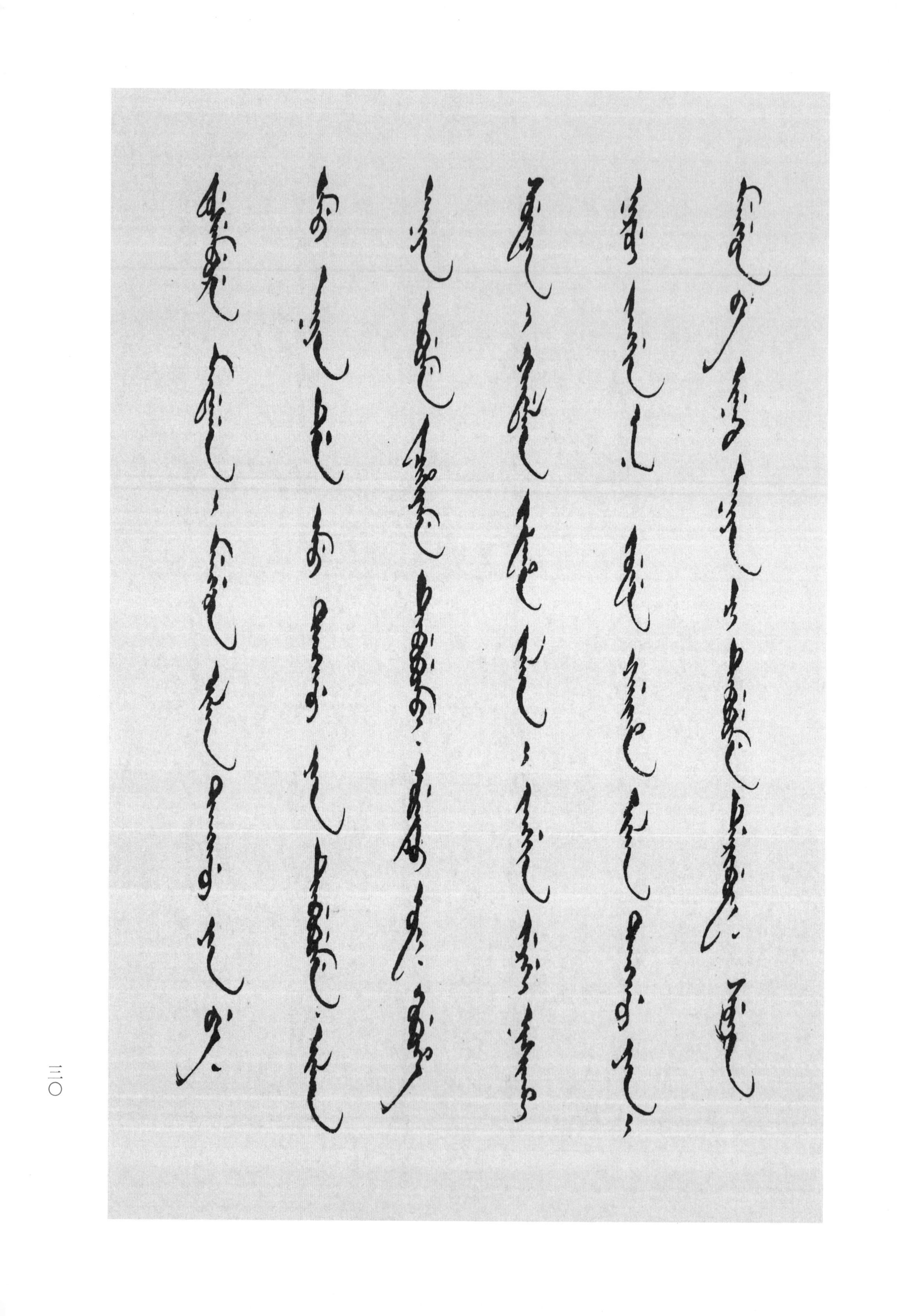

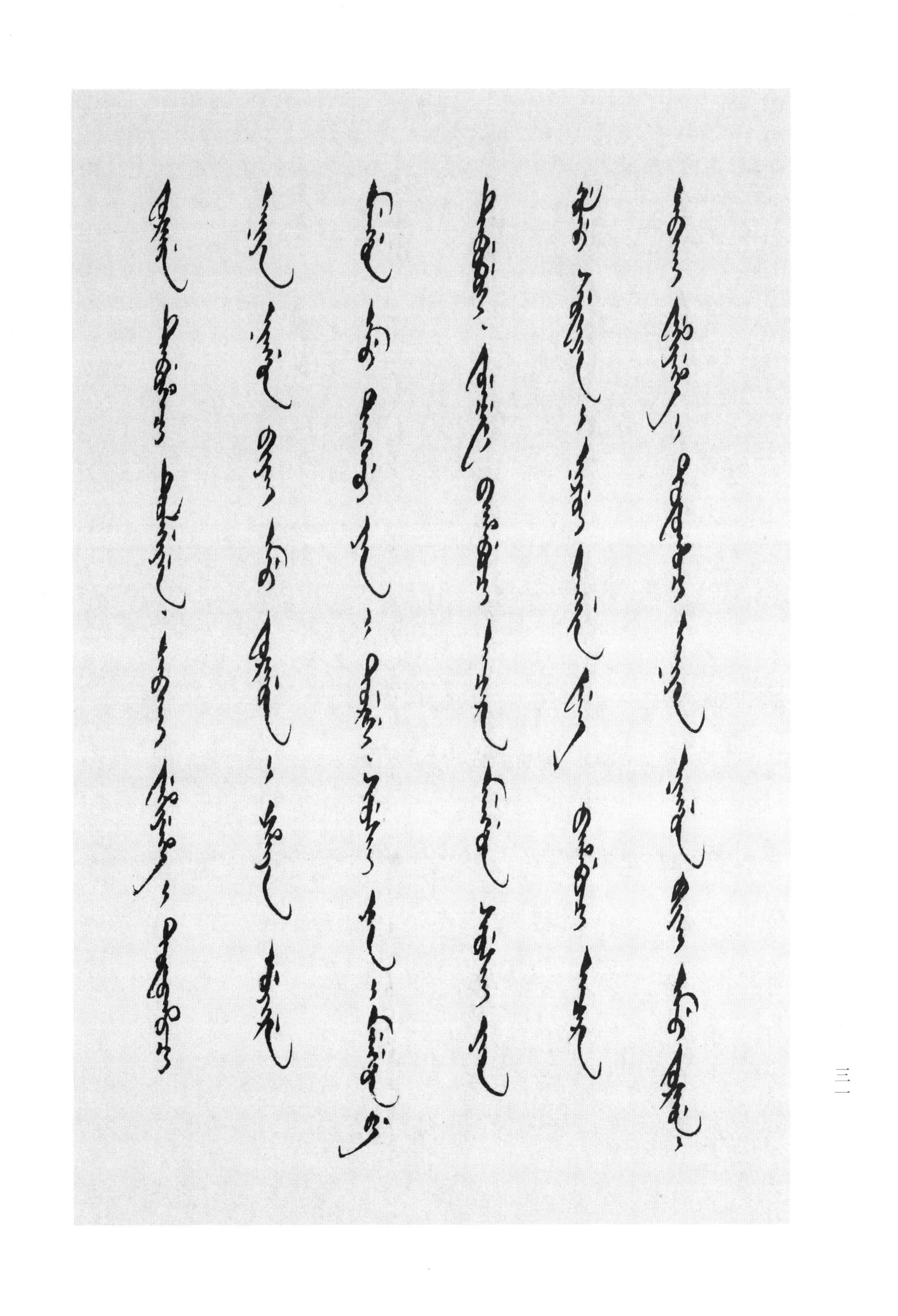

[illegible]

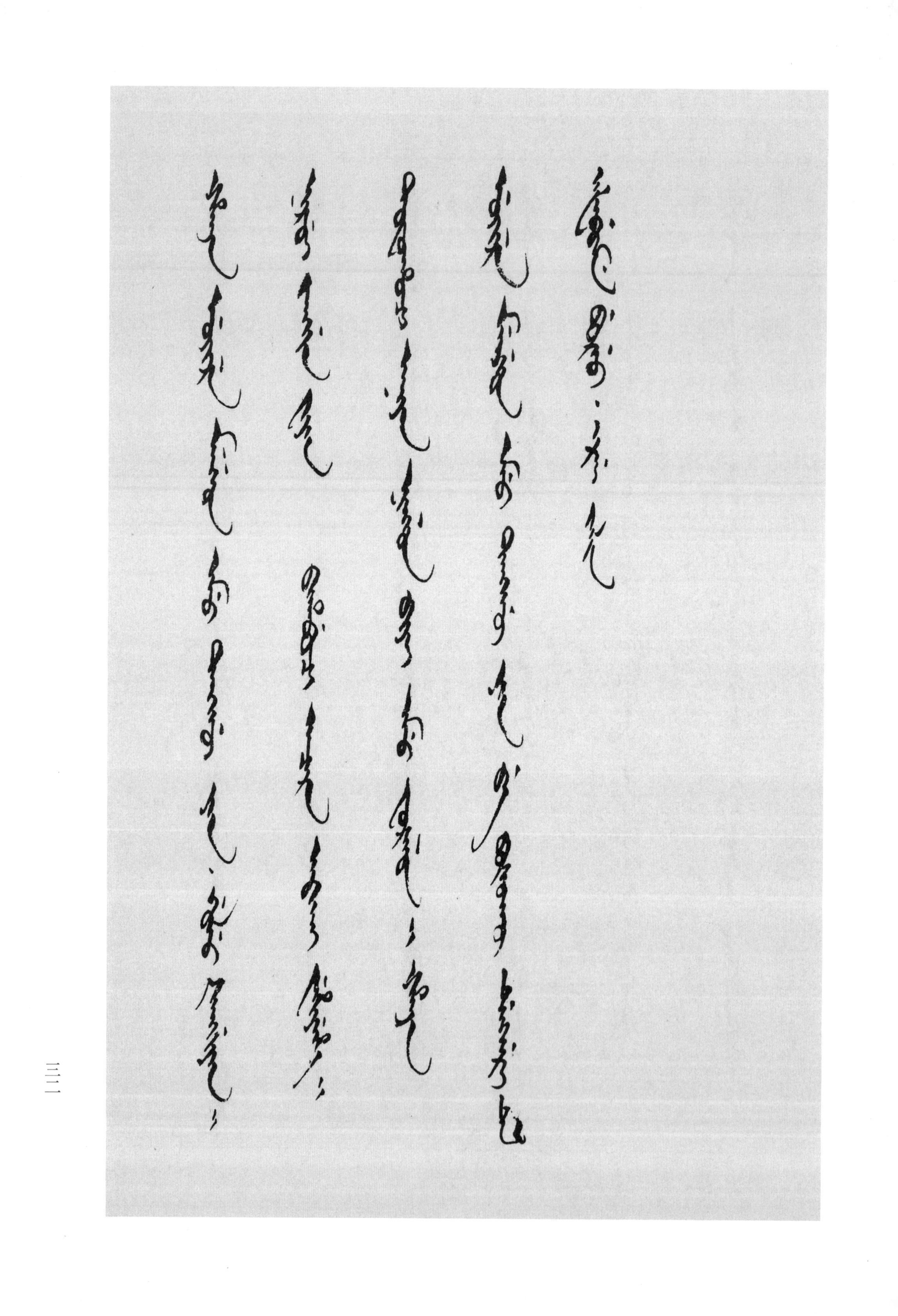

[illegible]

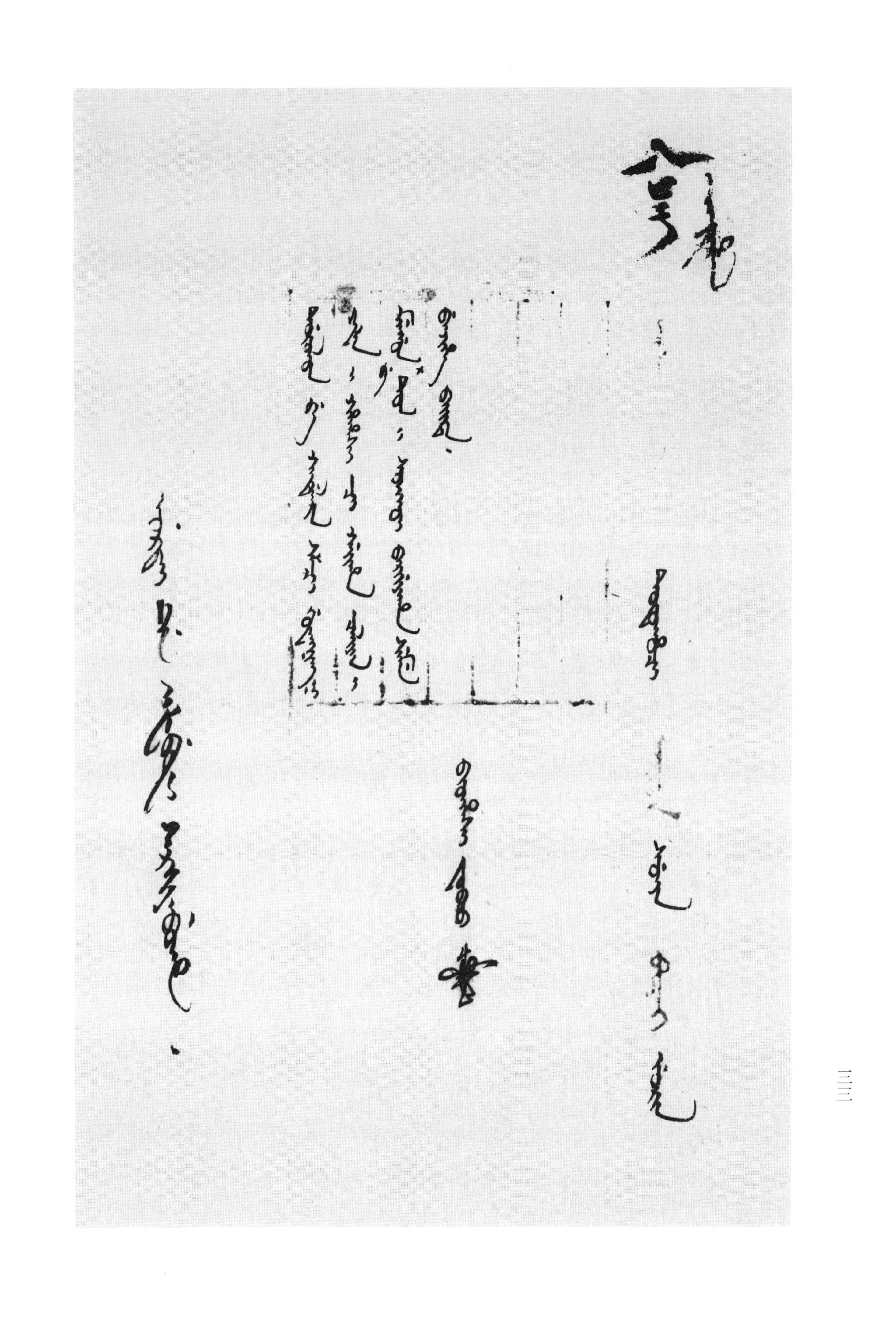

[illegible]

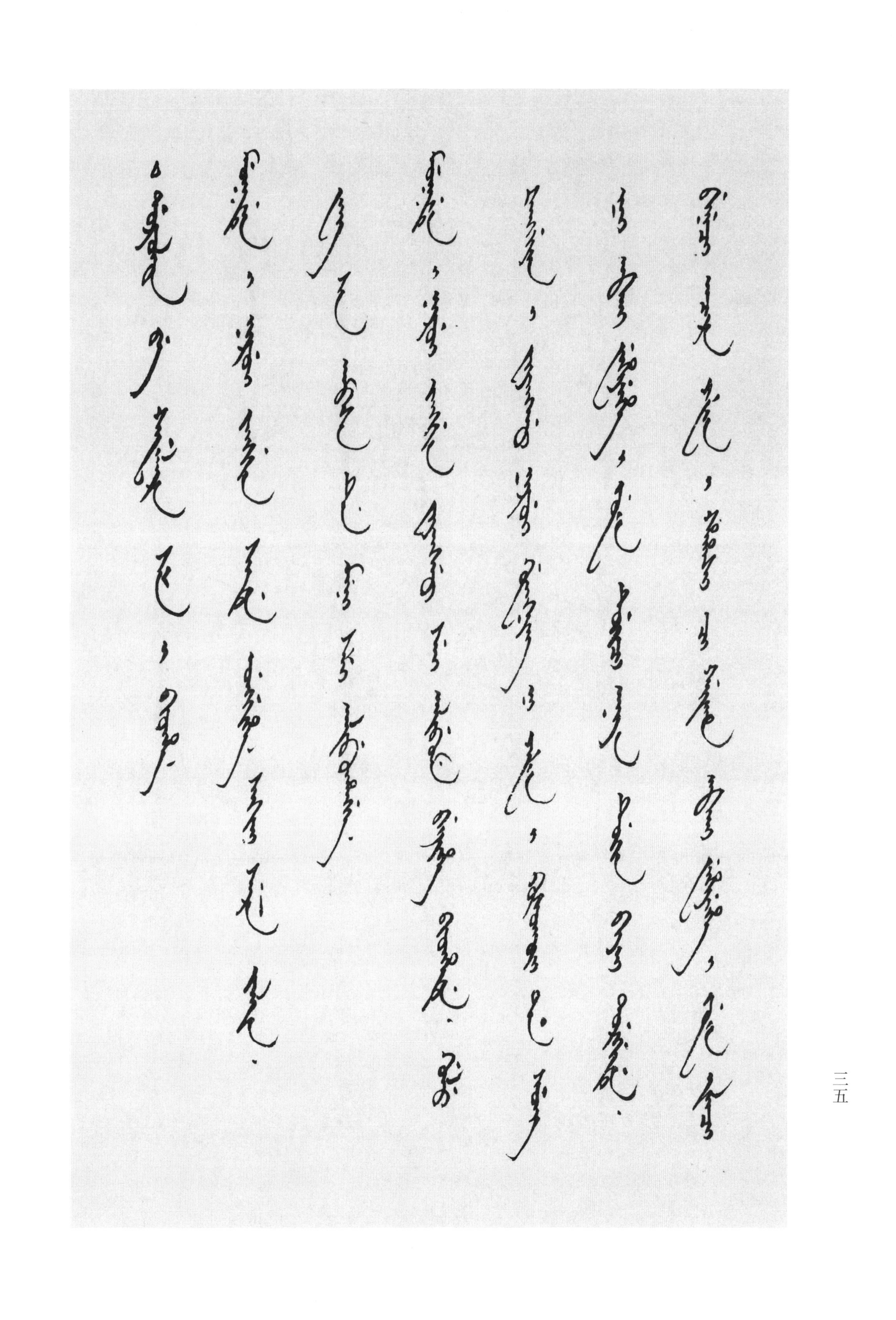

[illegible]

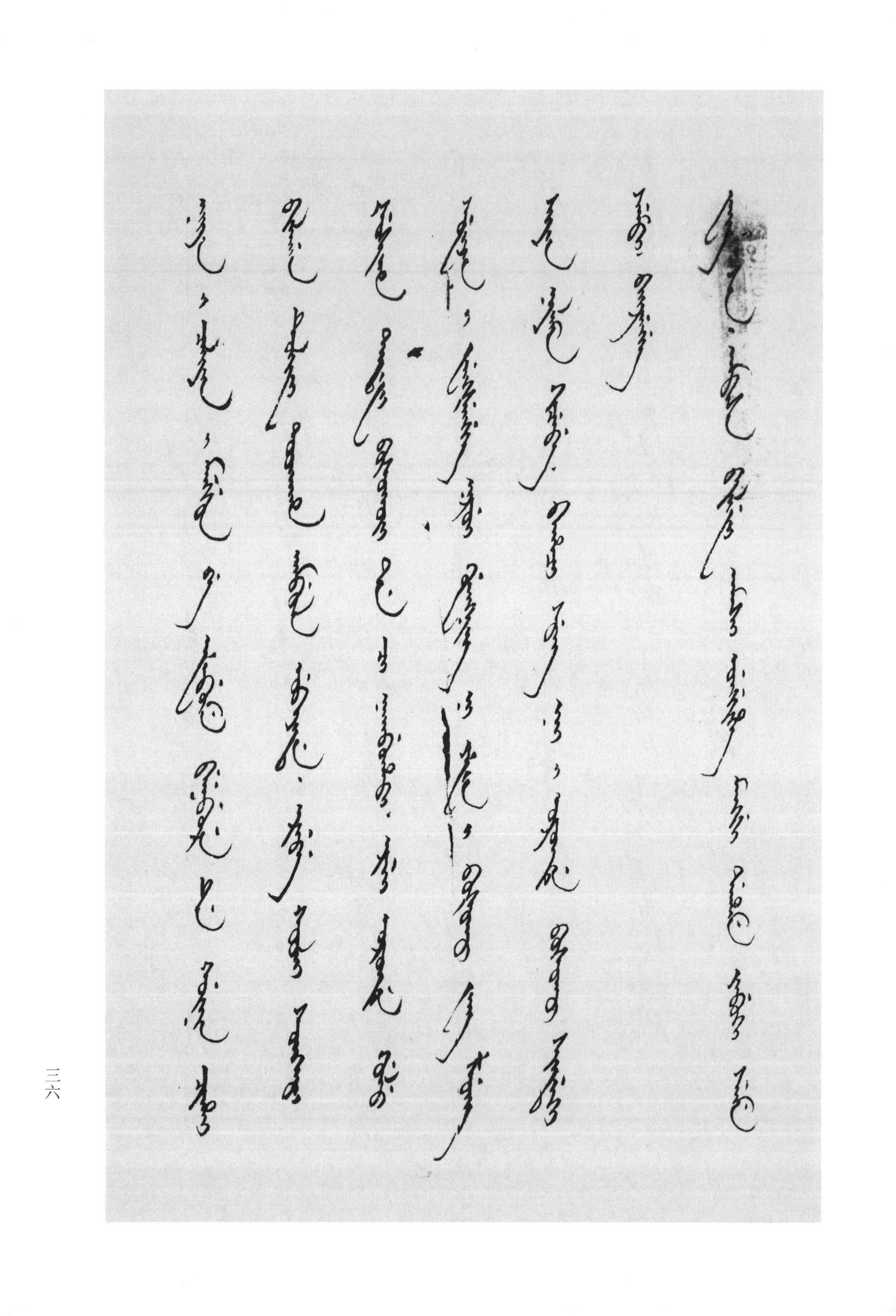

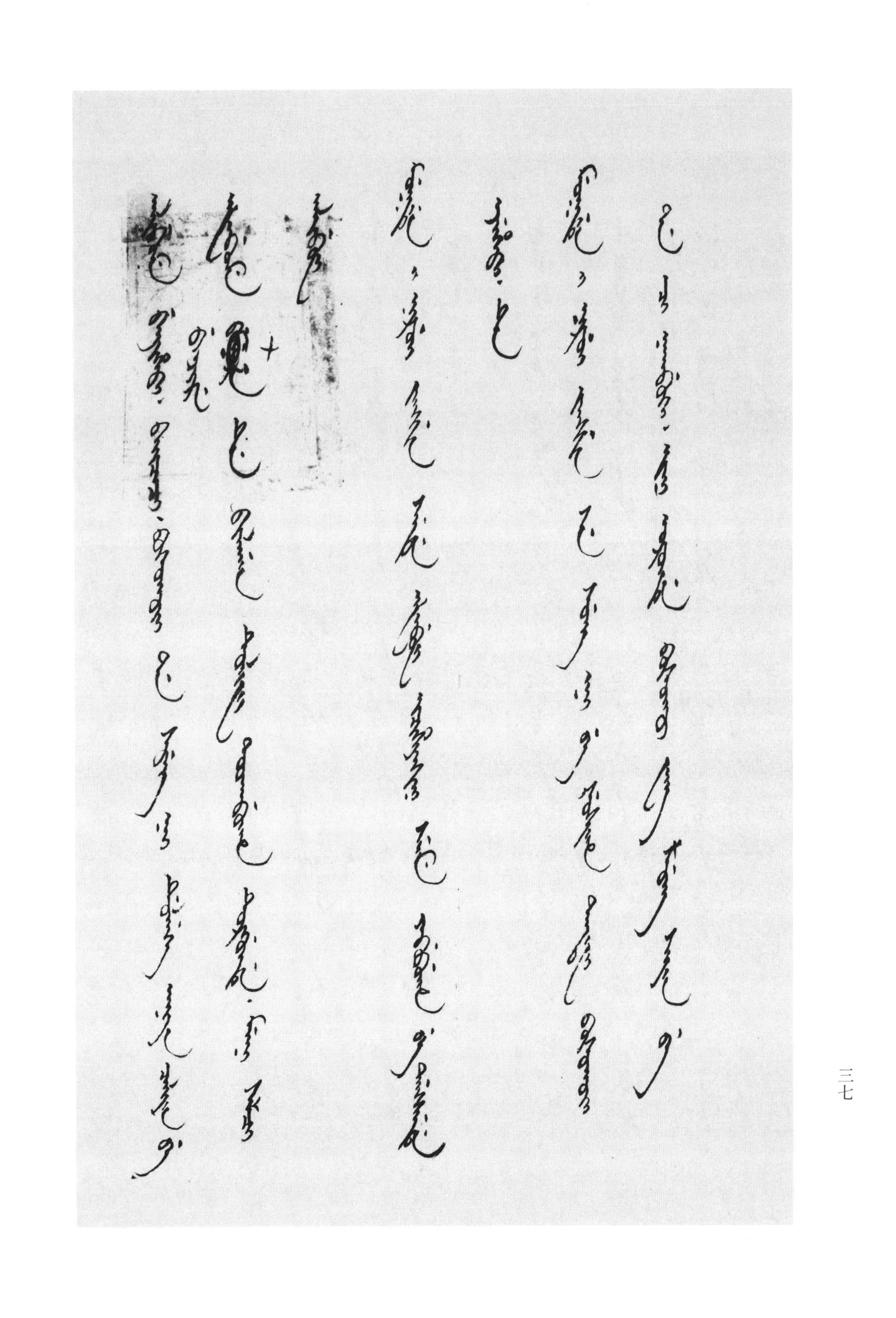

[illegible]

[illegible]

[illegible]

[illegible]

[illegible]

[illegible]

[illegible]

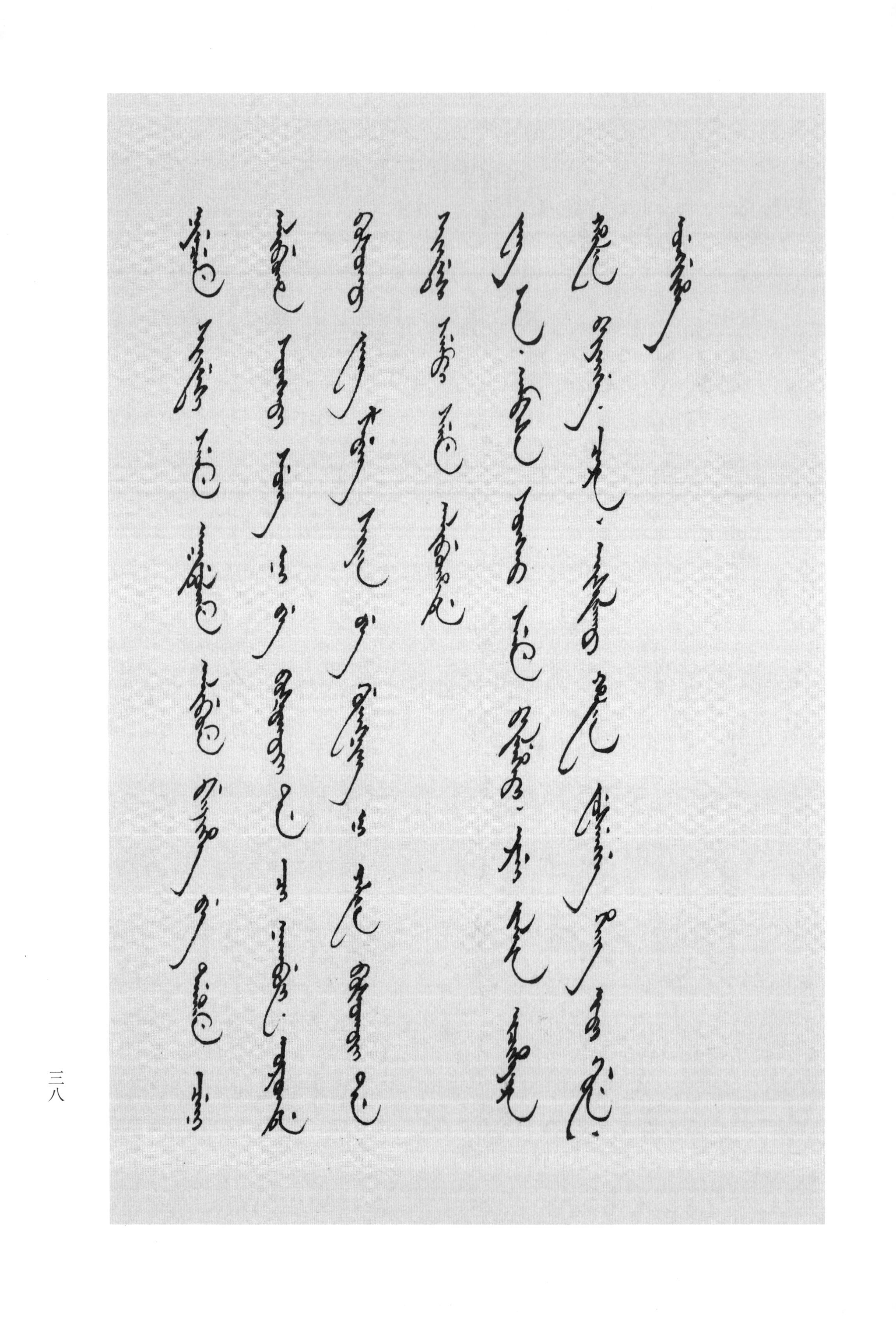

[illegible]

[illegible]

[illegible]

[illegible]

[illegible]

[illegible]

[illegible]

上用魚鵝鴨箱九個裝錠用鍁葉九塊魚点釘
一千二百六十個棗胡釘二觔年底進
上用魚鵝鴨箱十一個糖匣二十個裝錠用鍁
葉十六塊魚底釘二千二百四十個棗胡釘
三觔祈交粮庄打牲處照数給發應用外再
觧木七根用觧鋸二百一十鋸祈交三旗
給發應用自木廠拉運觧木七根需用車
二輛一併交三旗派給拉運爲此上呈

阿

勞　廿八

恩　奏　旨

奉[illegible]旨

宮殿達福祿執事人沃守德等呈爲請領事

査得歲業冬季隨進鮮鹿車送京

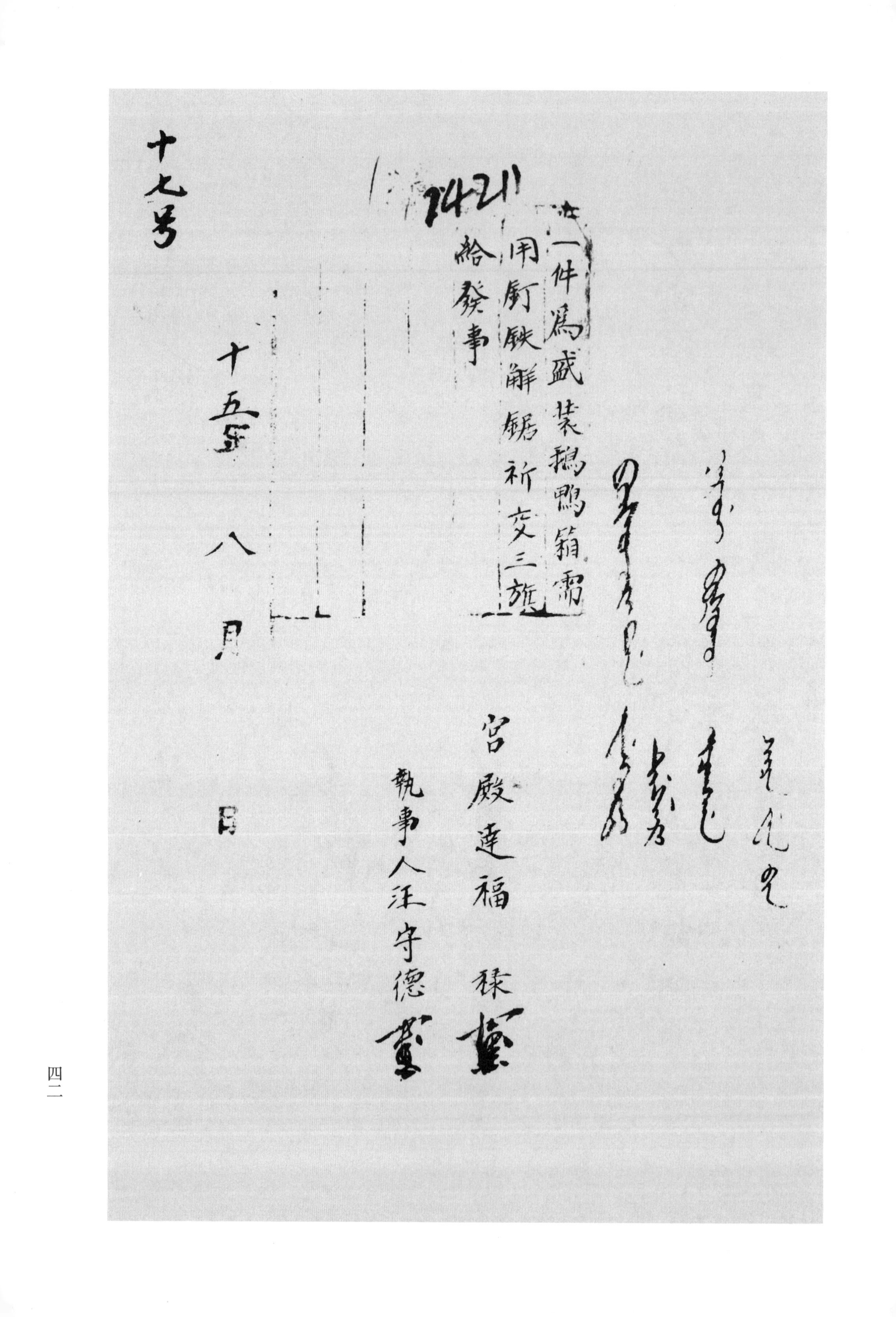

宫殿達福 禄

執事人汪守德

2421

一件為盛裝鵝鴨箱需
用釘鉸解鋸祈交三旗
給發事

十五年 八 月 日

十七号

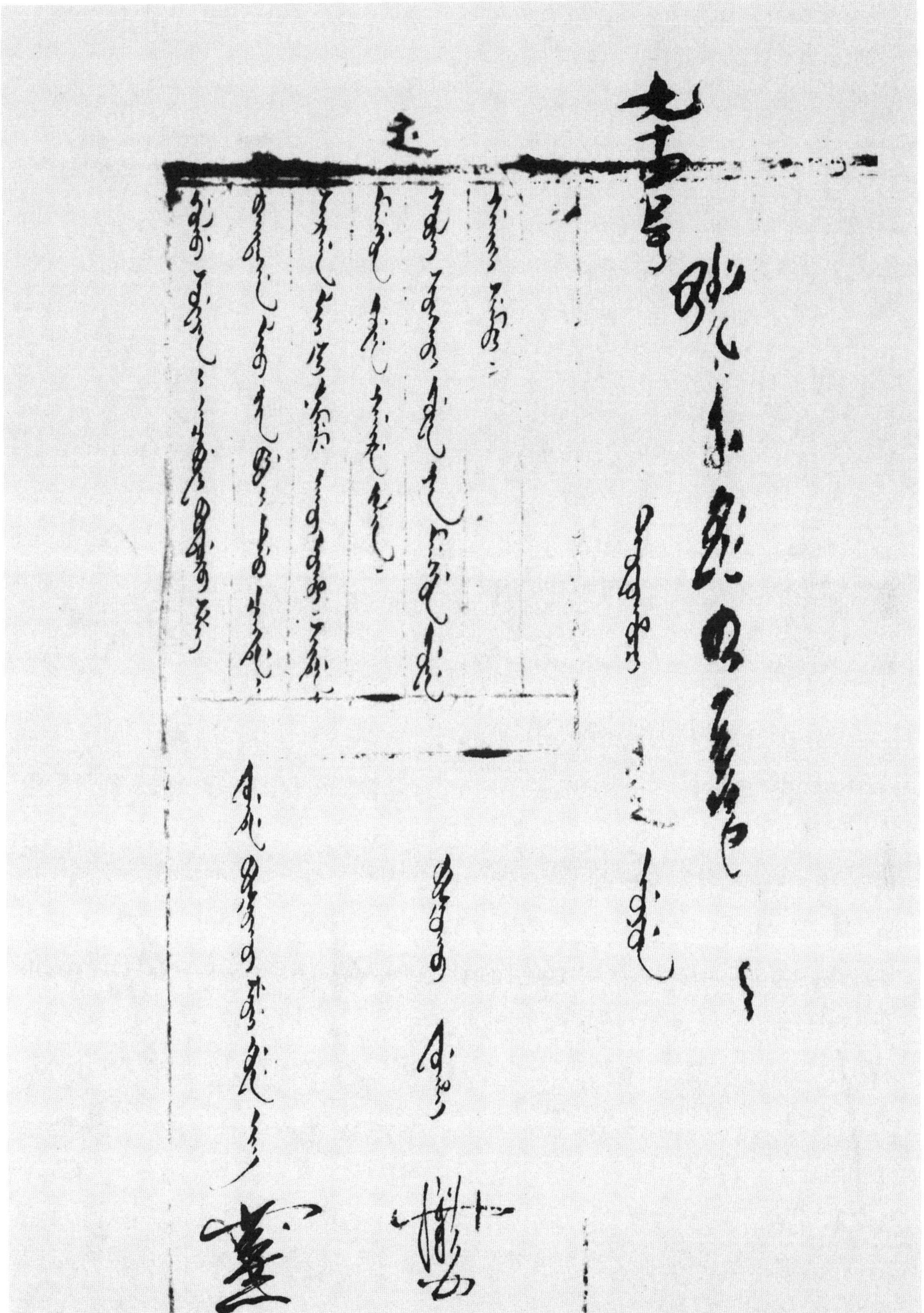

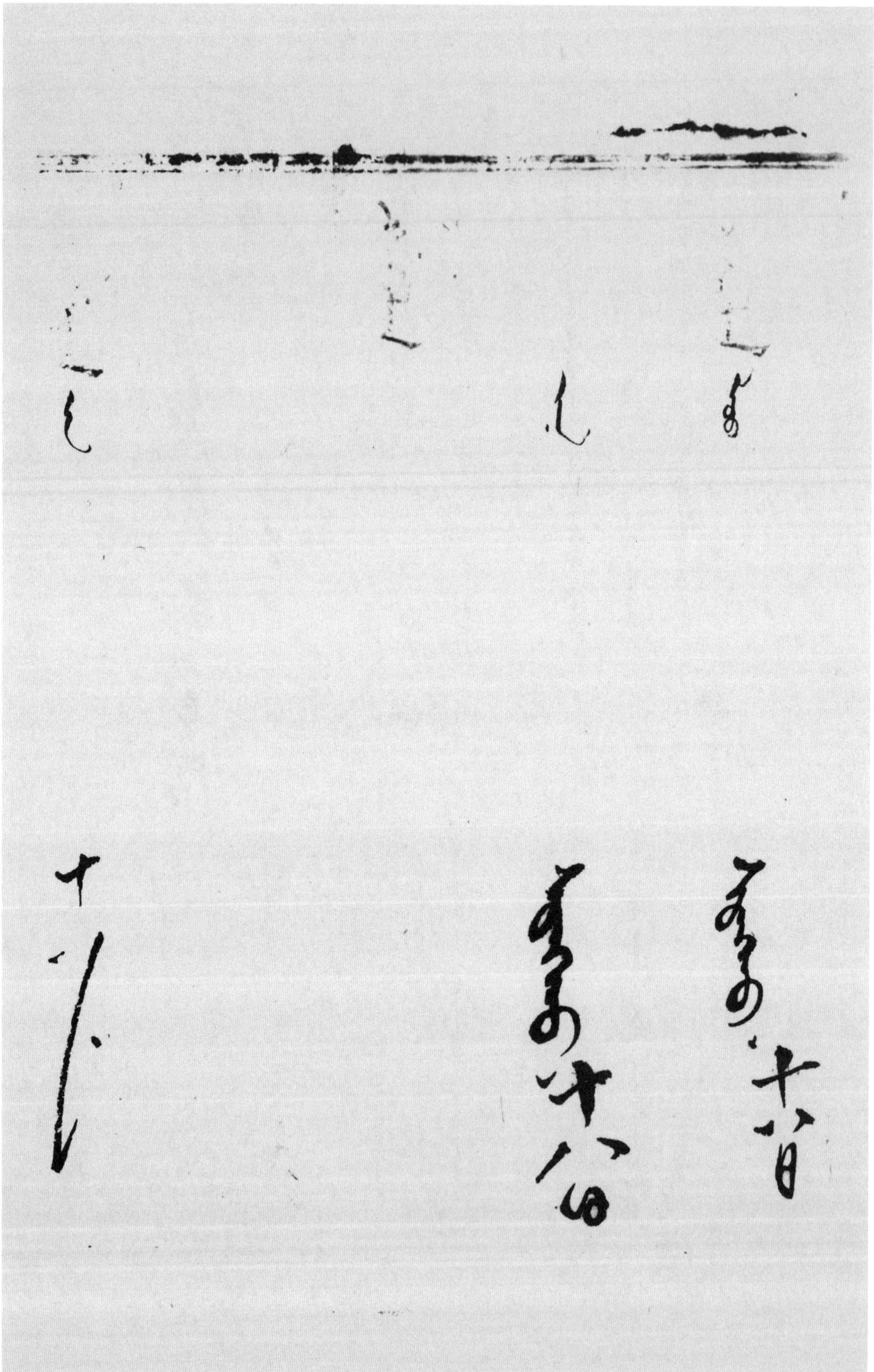

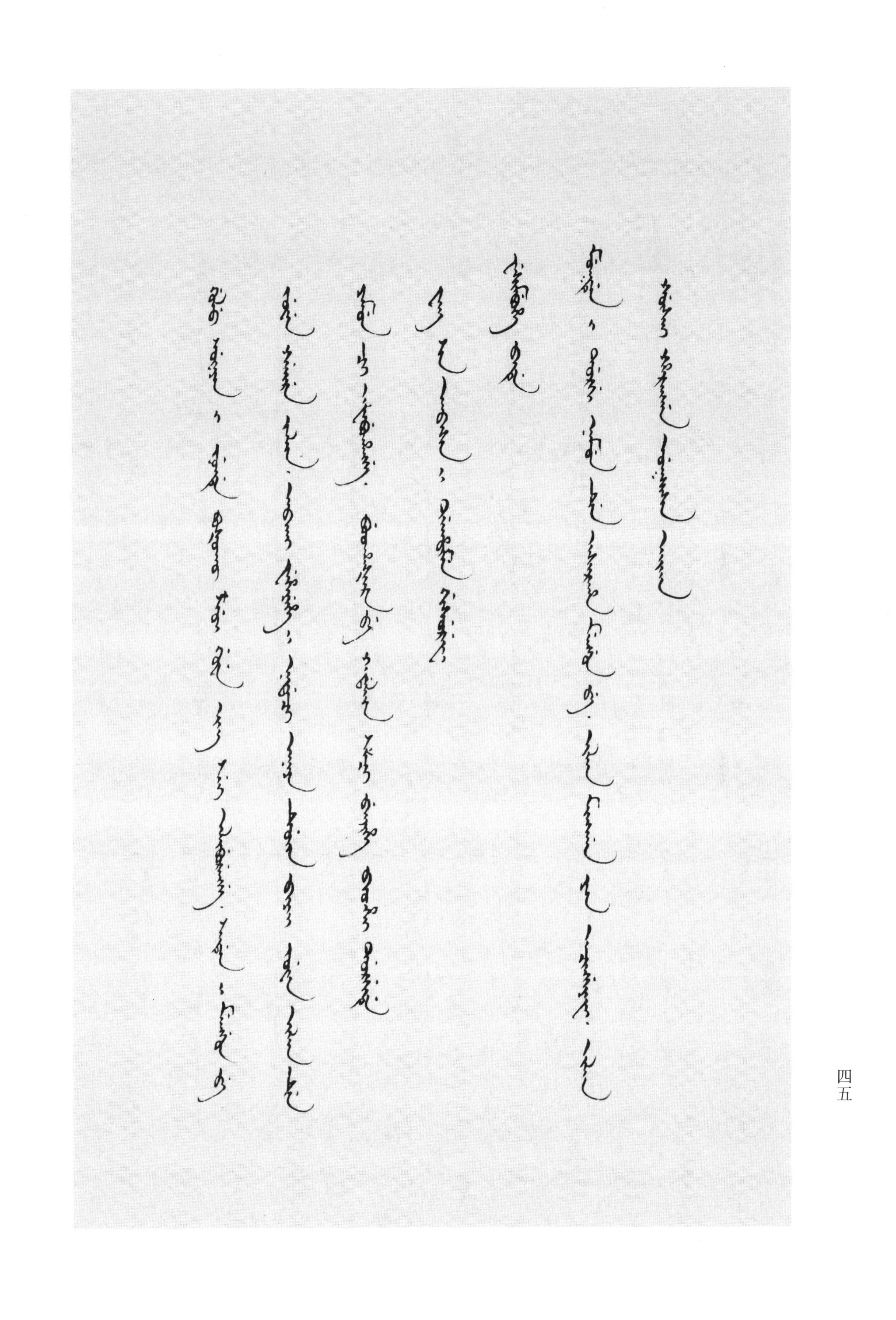

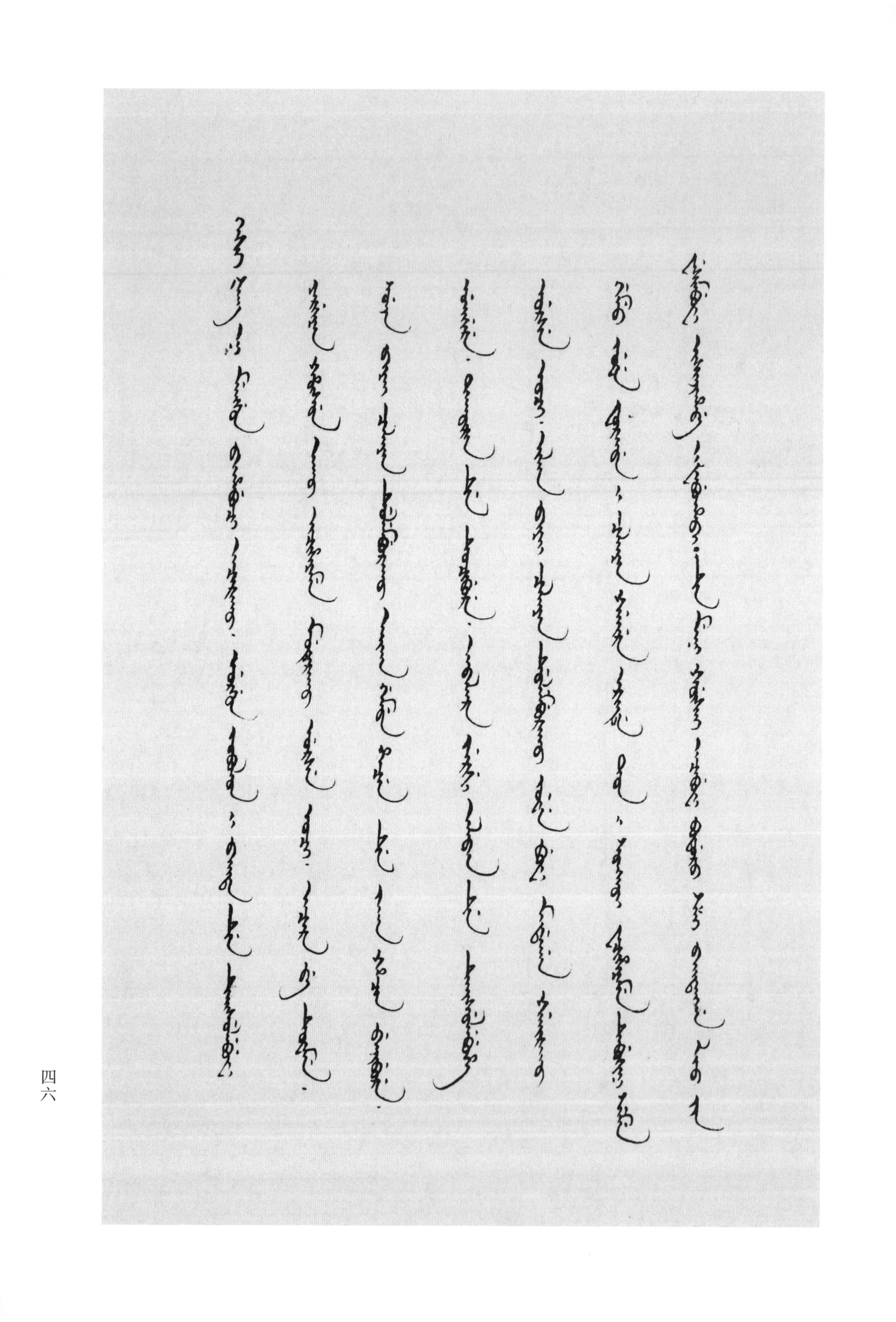

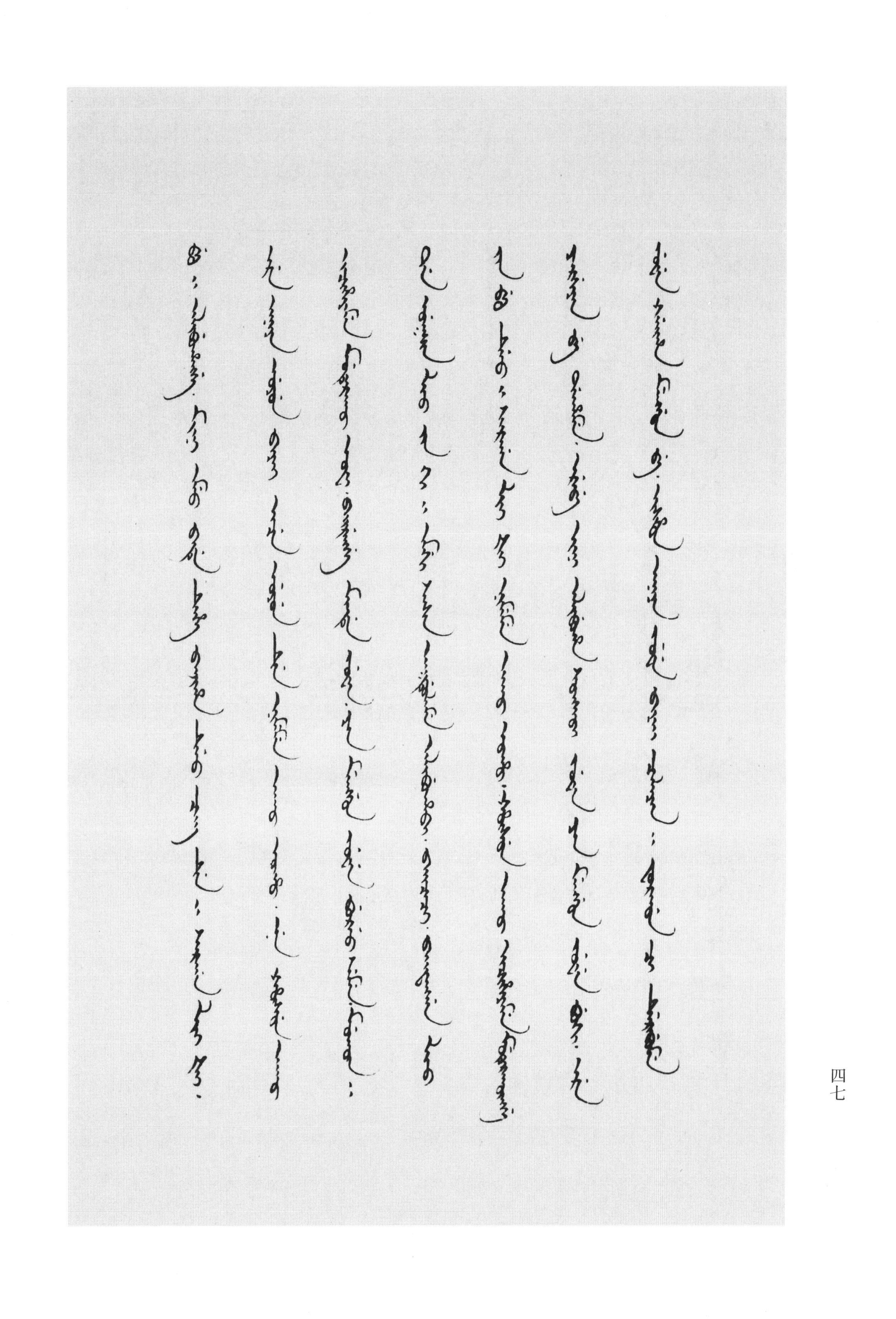

ᡝᡵᡝ ᠪᡠᡵᡝ ᠵᠠᡴᠠᡩᡝ᠈ ᡨᡝᡵᡝ ᠨᡝ ᡤᡡᠨᡳᠮᡝ᠈ ᡨᡝᡵᡝ ᠨᡝ ᡨᡠᡴᡳᠶᡝᠮᡝ ᠪᠠᡳᡨᠠᡴᡡ᠈

ᡴᠣᠣᠯᡳ ᠪᠣᡩᠣᡵᠣ ᡨᡠᠸᠠ ᠪᡝ ᠪᡠ ᡤᡝ ᠠᡳᠮᡝ ᠪᠣᡳᡥᠣᠮᡝ ᡩᠠ ᠰᡝᡵᡝ ᡨᡠᠸᠠᠮᡝ ᠰᠠᡳᠰᡝ ᠪᠣᡨᠣ

ᠠᠮᠠᠯᠠᠪᡠᡵᡝ ᡨᡠᠸᠠᠴᡳ᠈ ᠠᠰᡳᠪᡳ ᡨᠣᠣᠯᡳ ᠪᠣᡳᡤᠣᠨ ᡥᡝᠯᠠ ᠪᡳᡴᡳ ᠠᠮᡠ᠈ ᠪᠣᡳᡤᠣᠨ ᠰᡳᠪᠣ ᡥᡝᠯᠠ

ᡤᡳᠰᡠᠨ ᠠᠴᡳᠩᡤᡳᠶᠠᡵᠠ ᠣᠵᠣᠷᠣ᠉

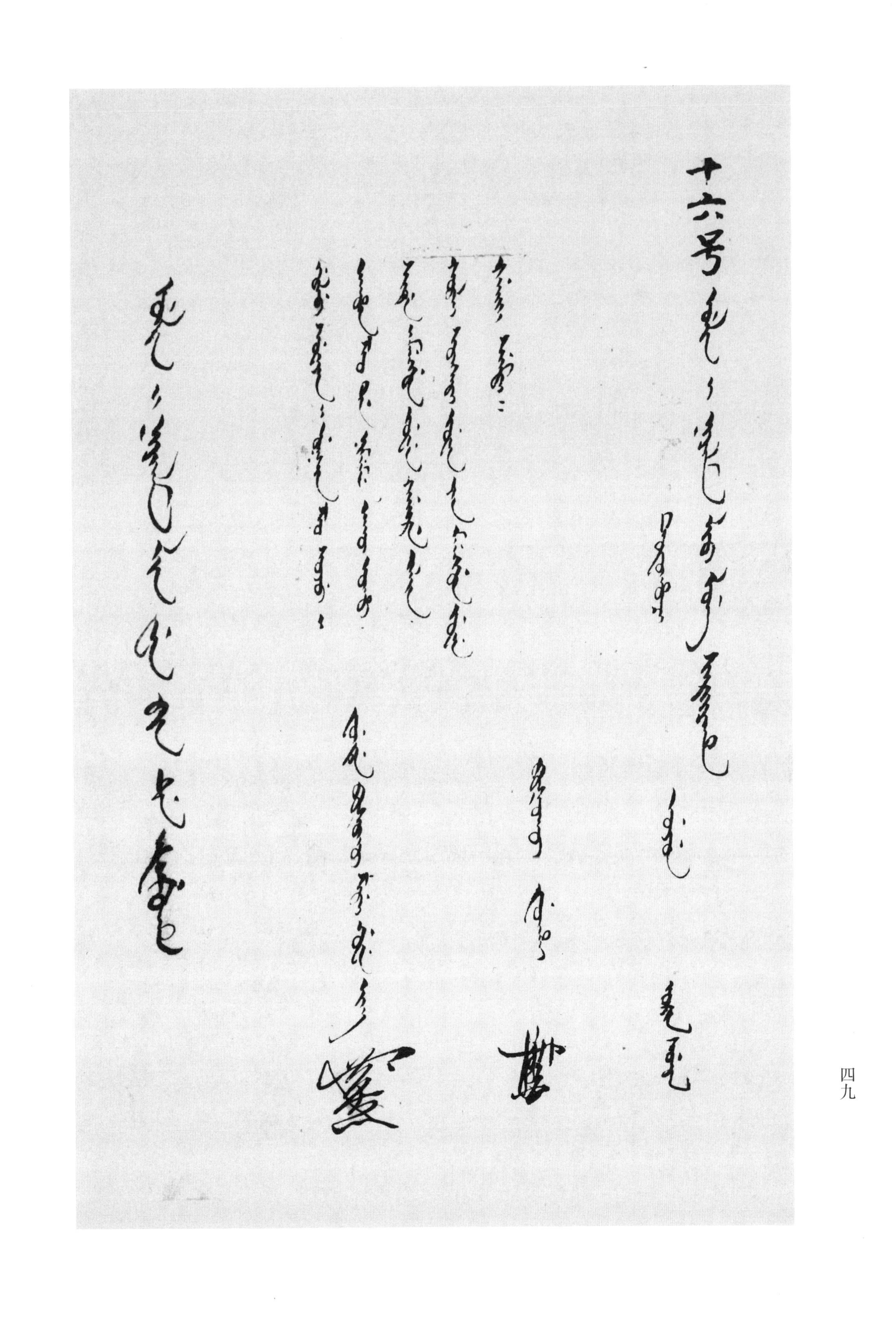

十六号 [illegible]

[illegible]

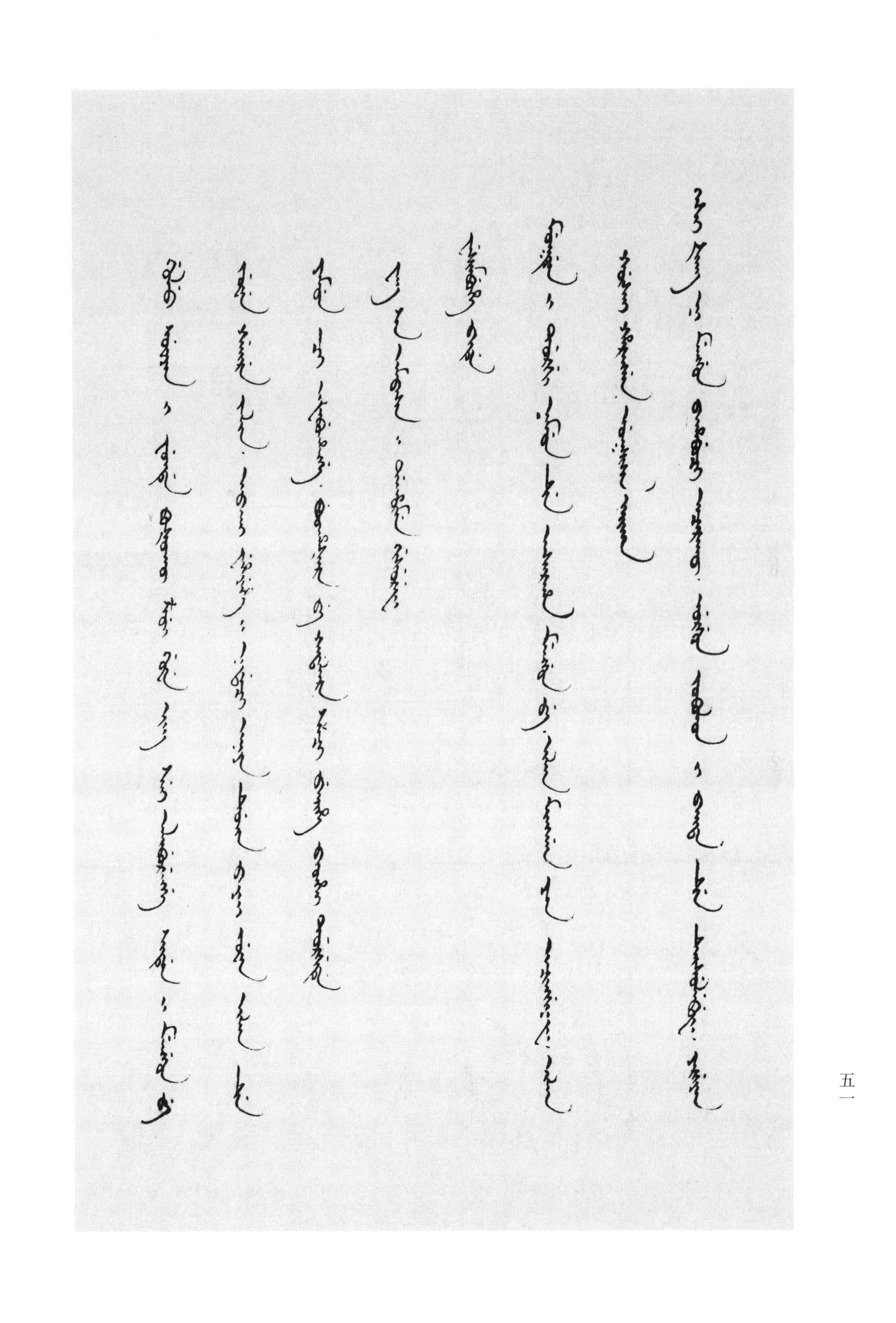

[illegible]

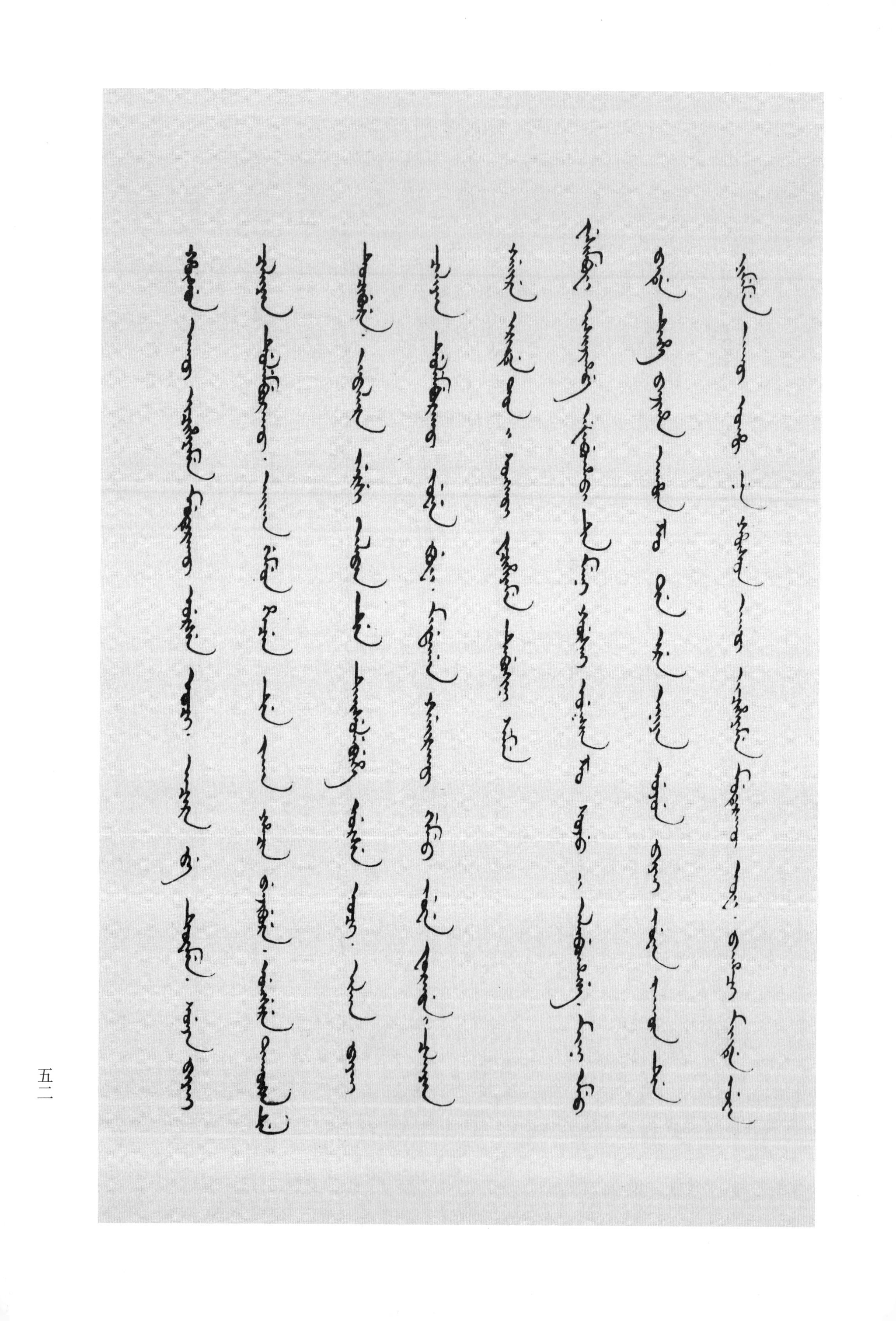

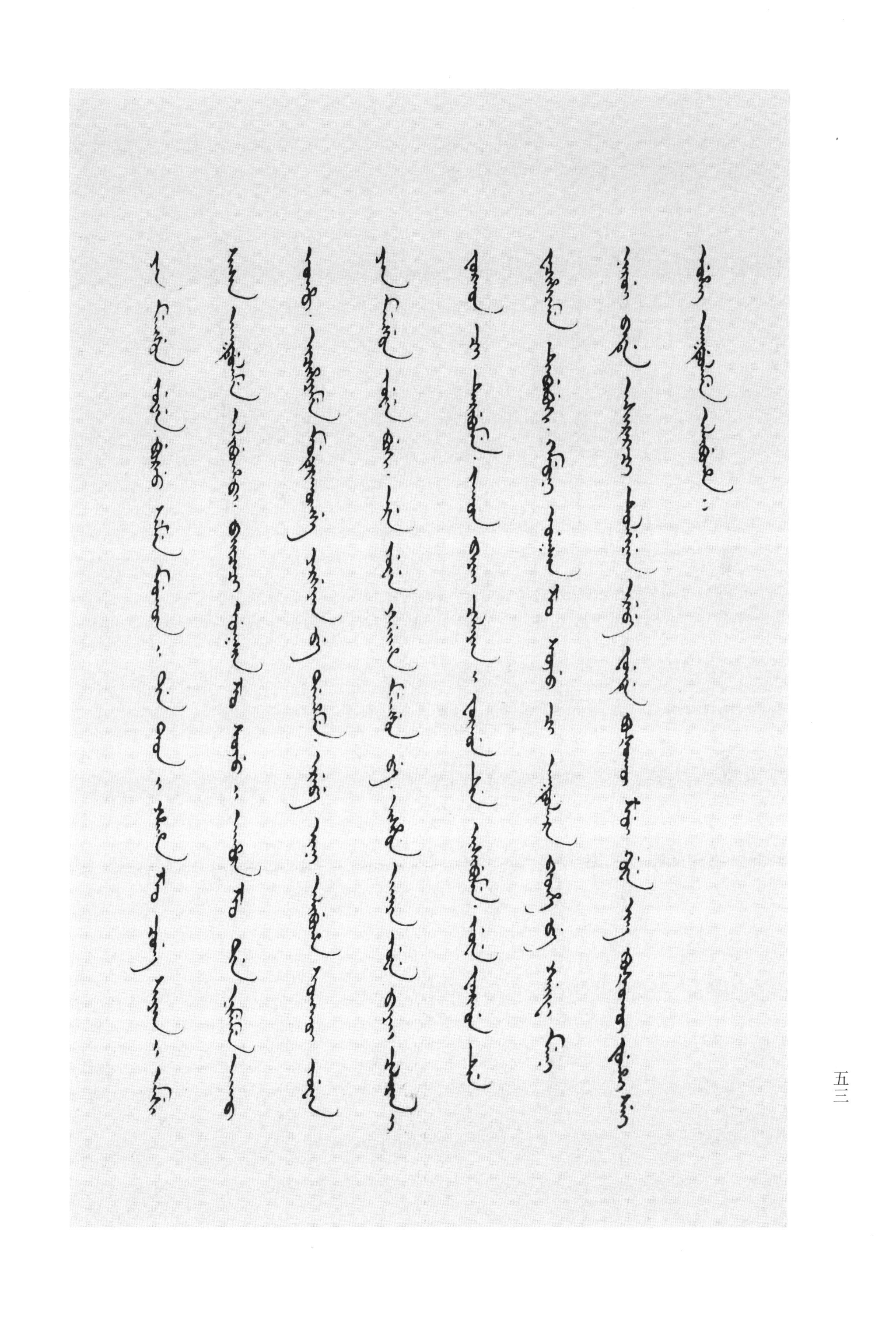

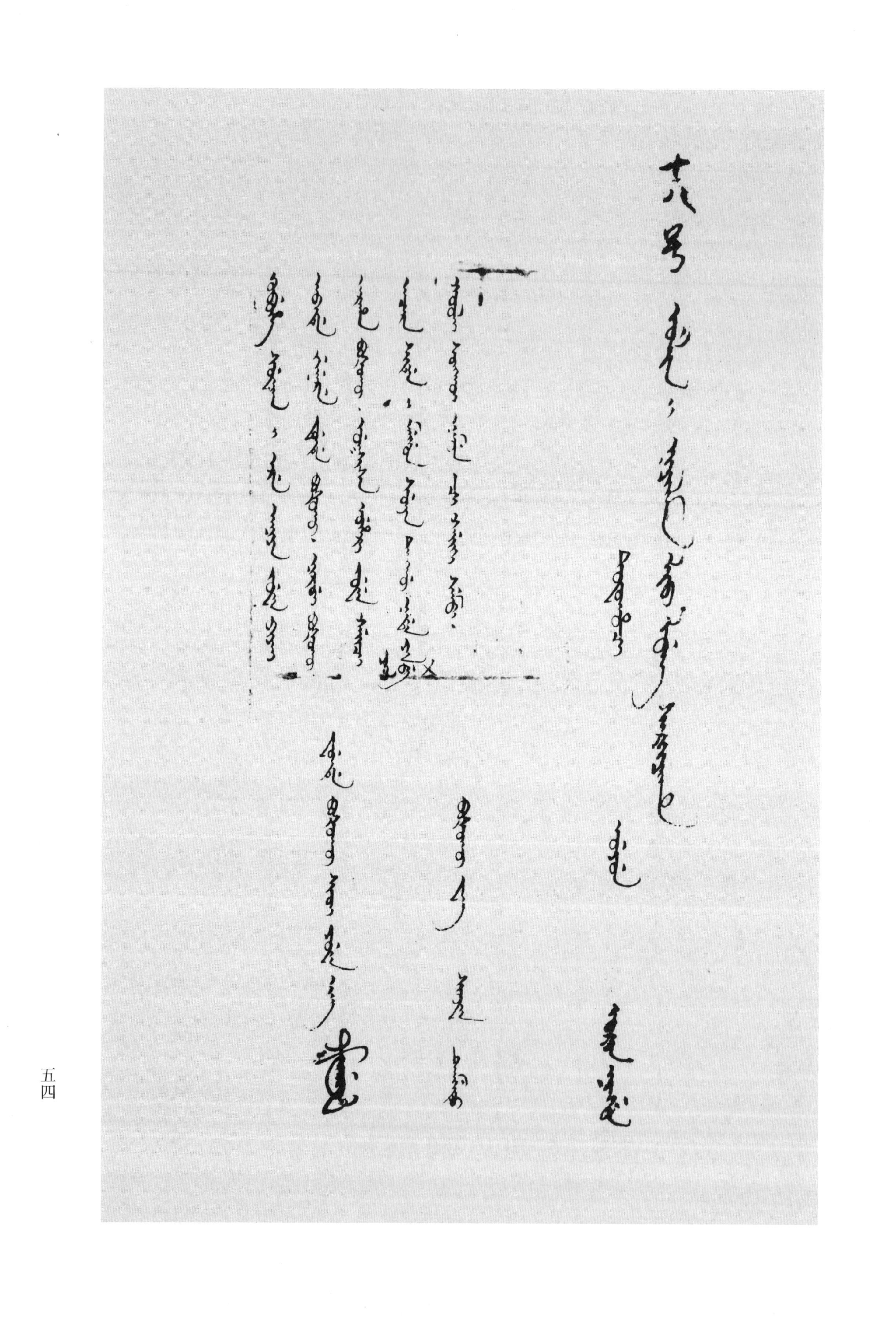

十八号 [illegible]

[illegible]

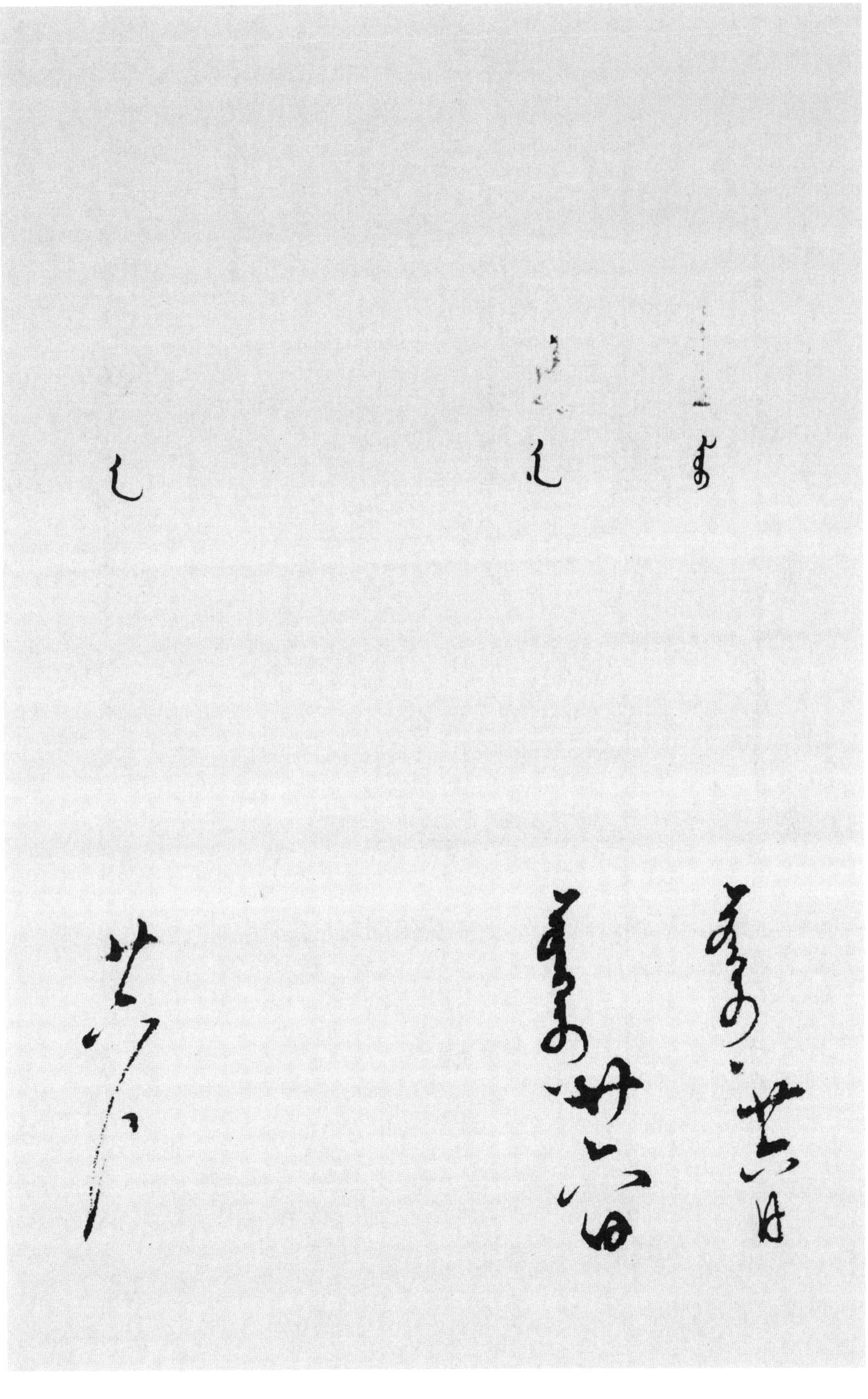

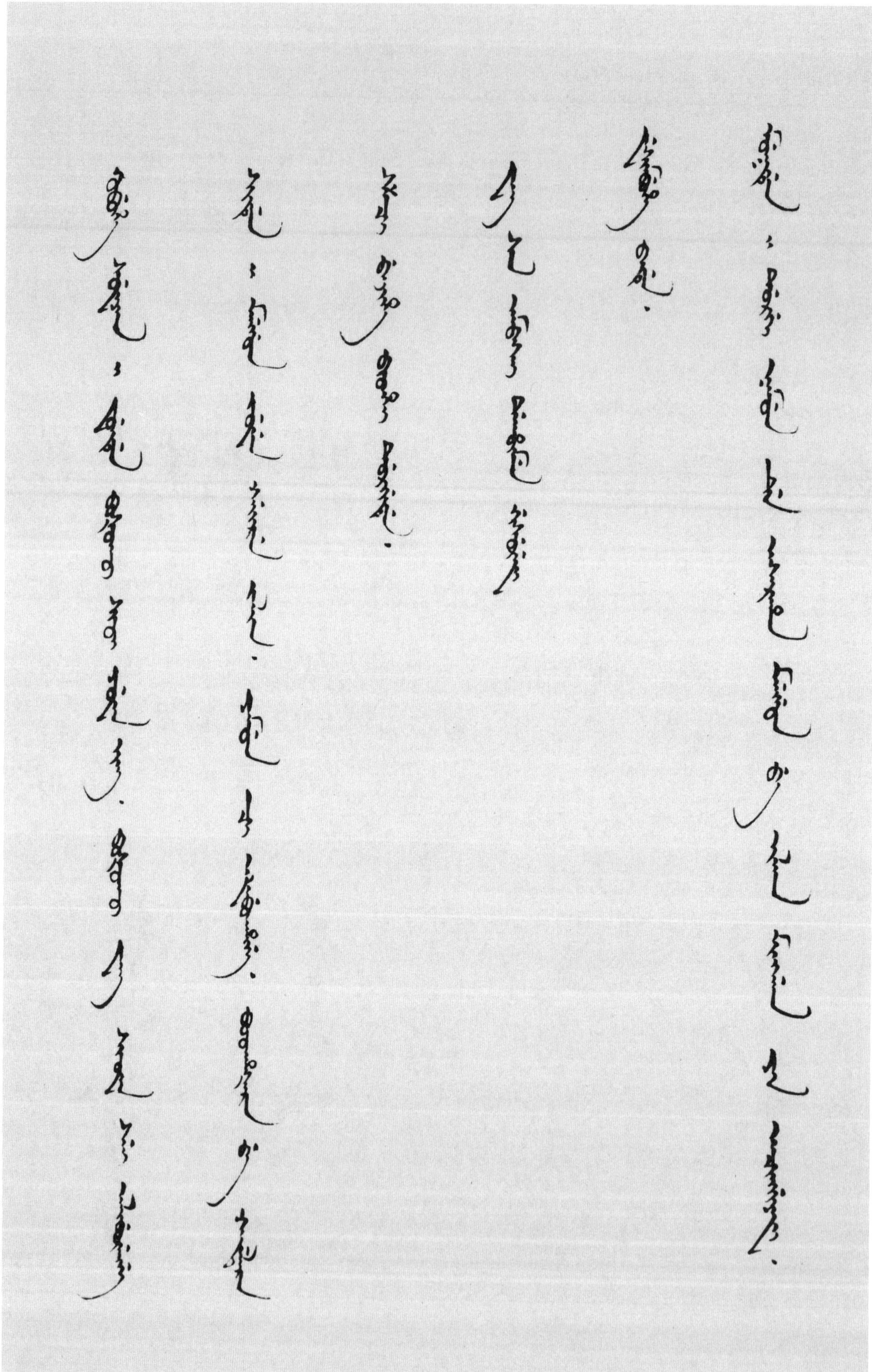

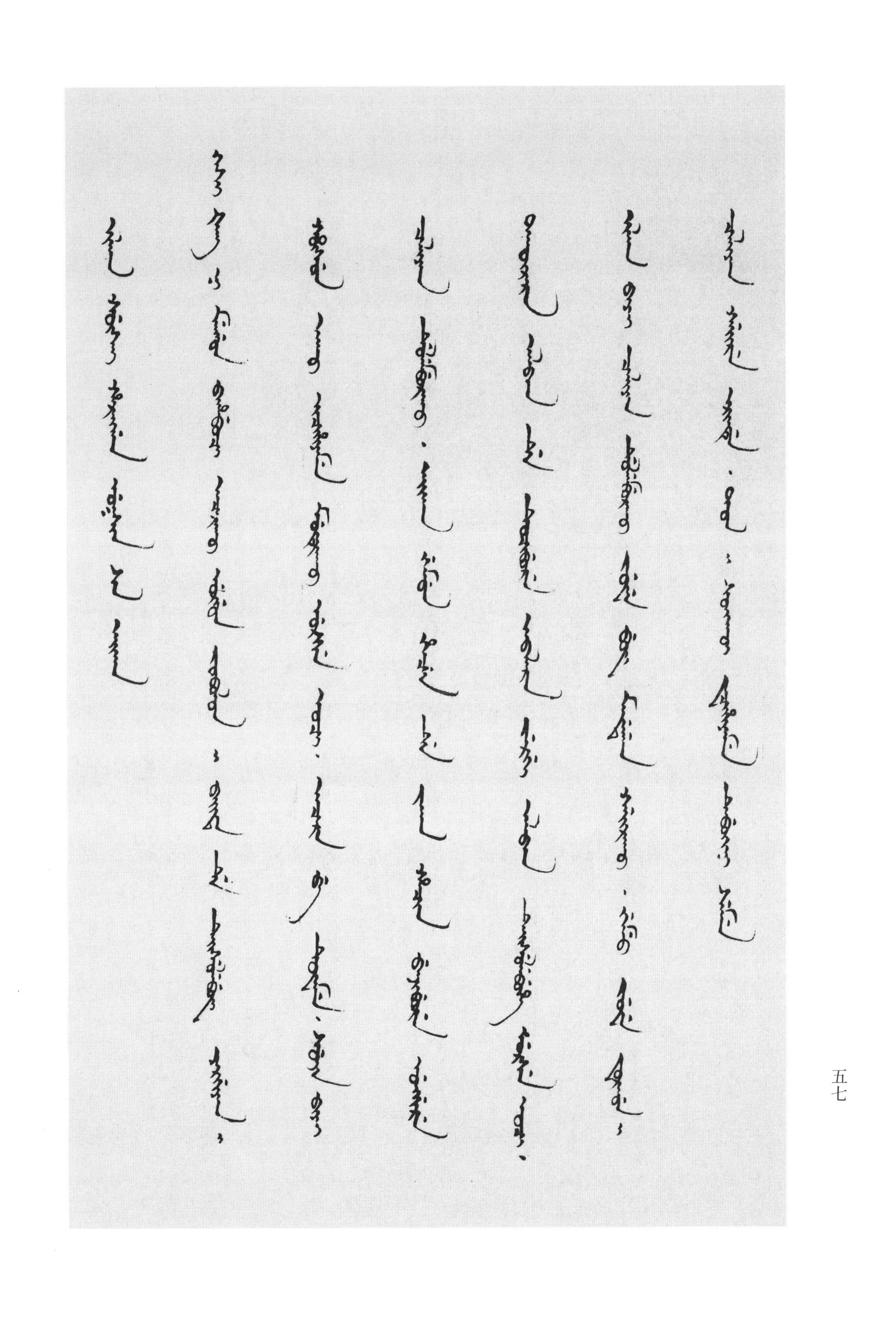

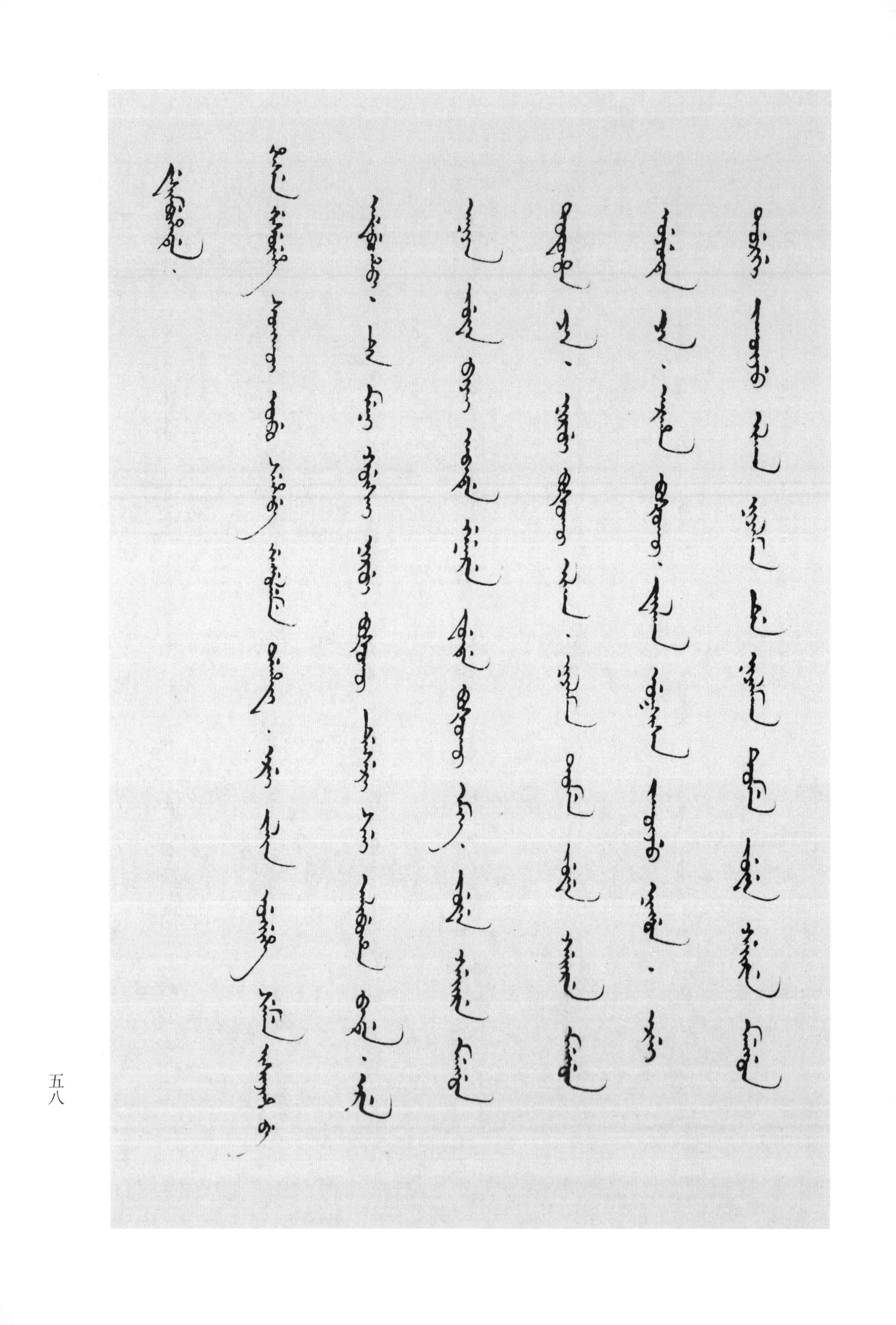

[illegible]

[illegible]

[illegible]

[illegible]

[illegible]

[illegible]

[illegible]

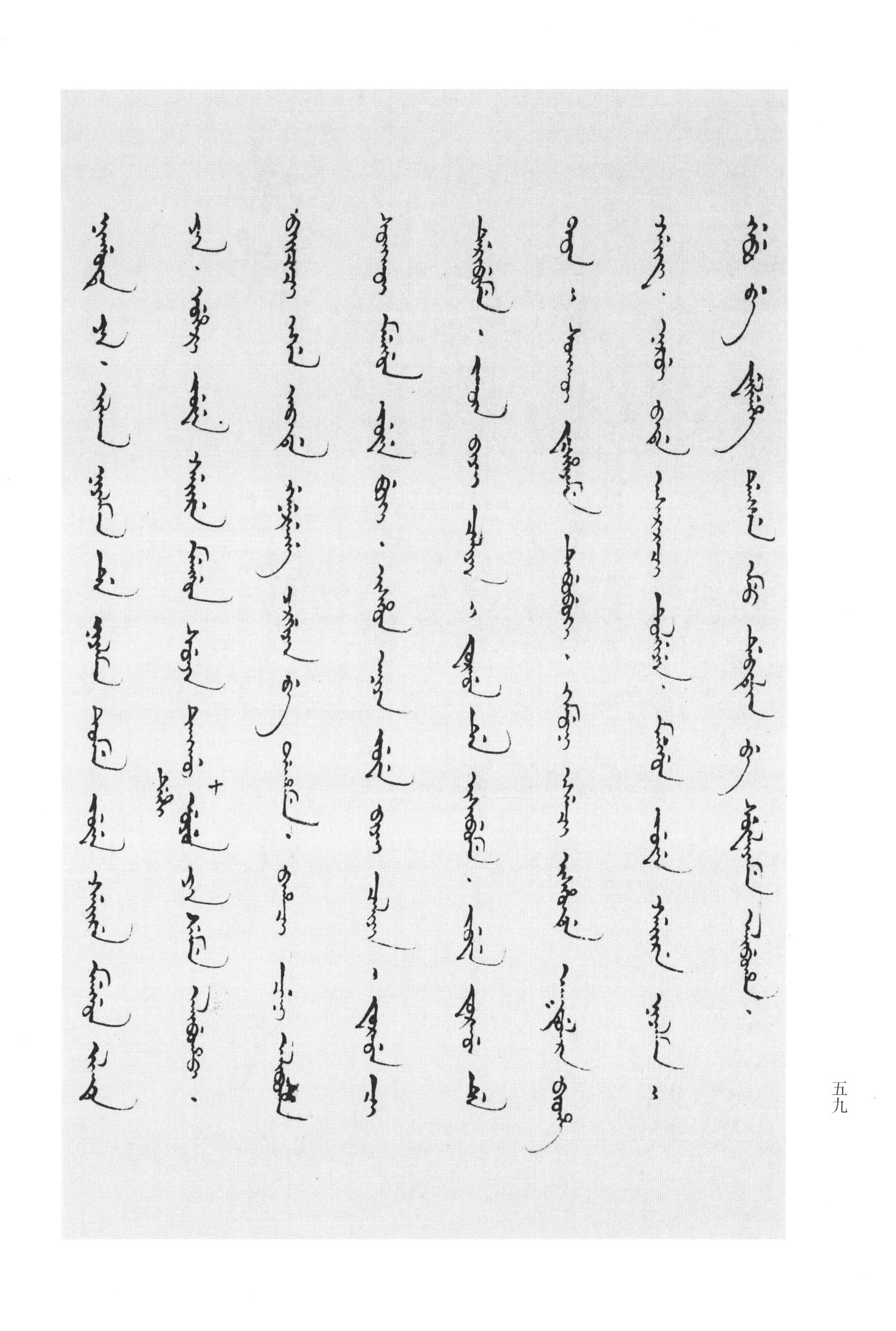

[illegible]

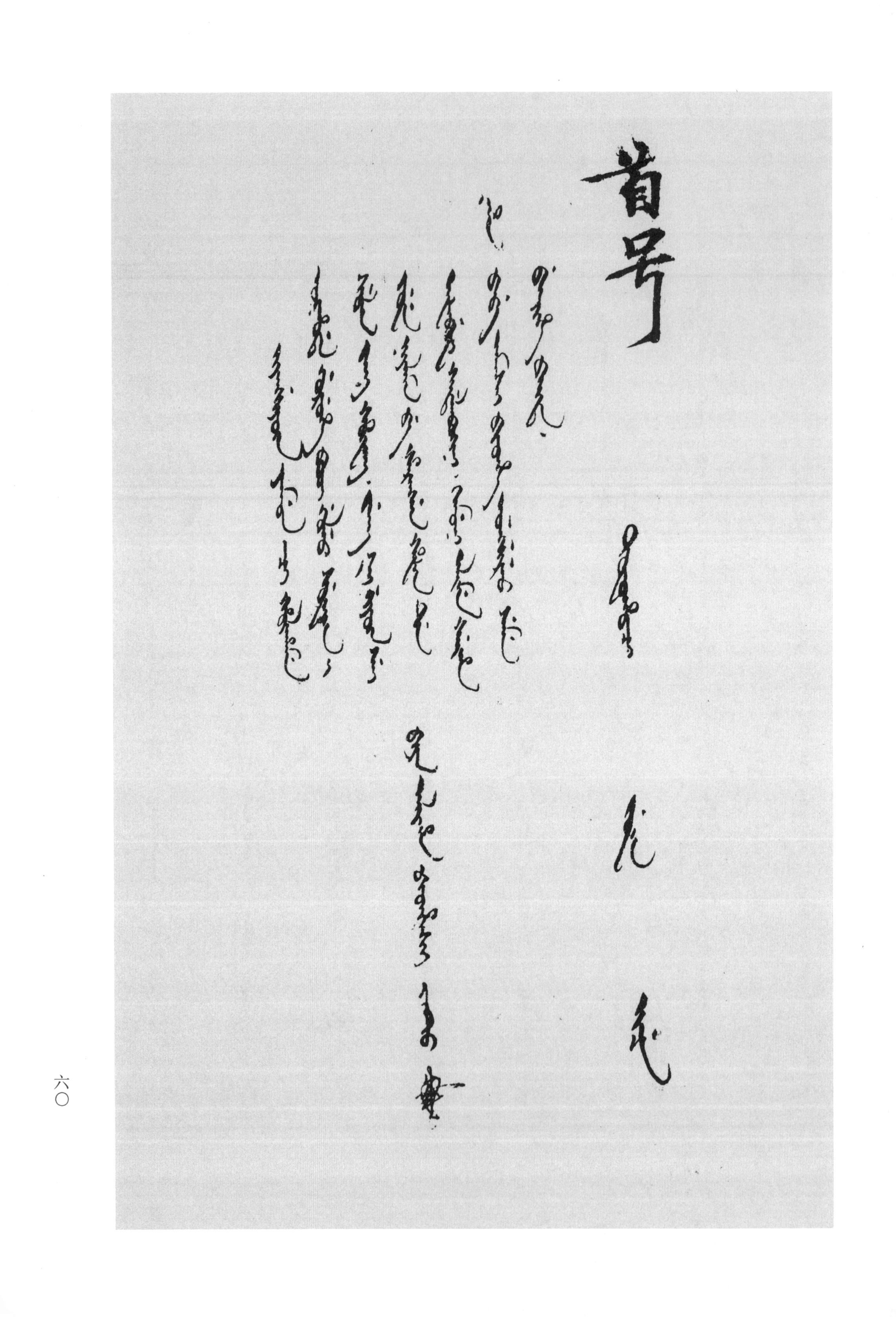

首号

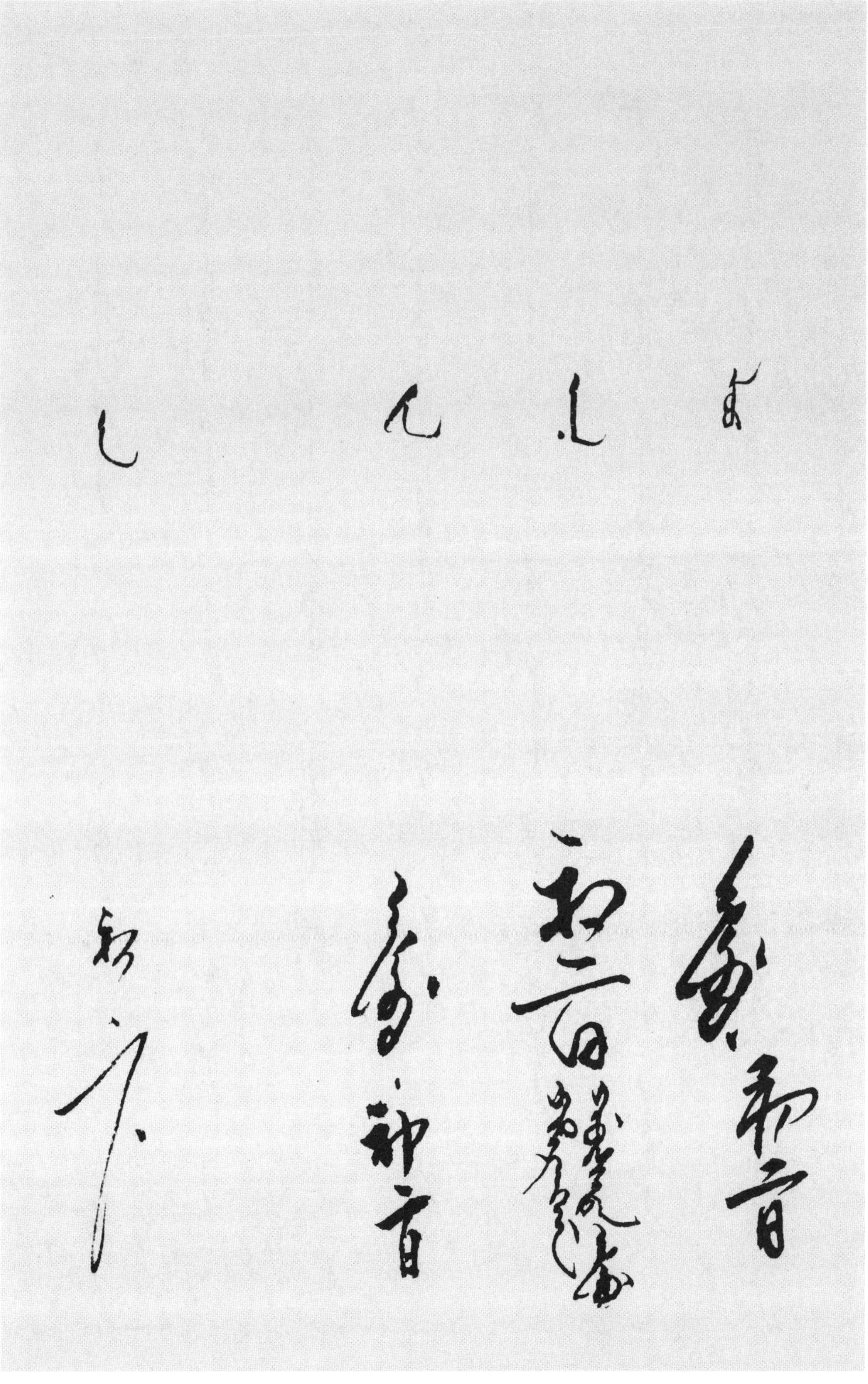

ᡥᡳᠶᠣᠣᡧᡠᠨ ᡳ [illegible]

ᡥᡳᠶᠣᠣᡧᡠᠨ ᡳ [illegible]

[illegible]

ᡥᡳᠶᠣᠣᡧᡠᠨ ᡳ [illegible]

[illegible]

ᡥᡳᠶᠣᠣᡧᡠᠨ ᡳ [illegible]

[illegible]

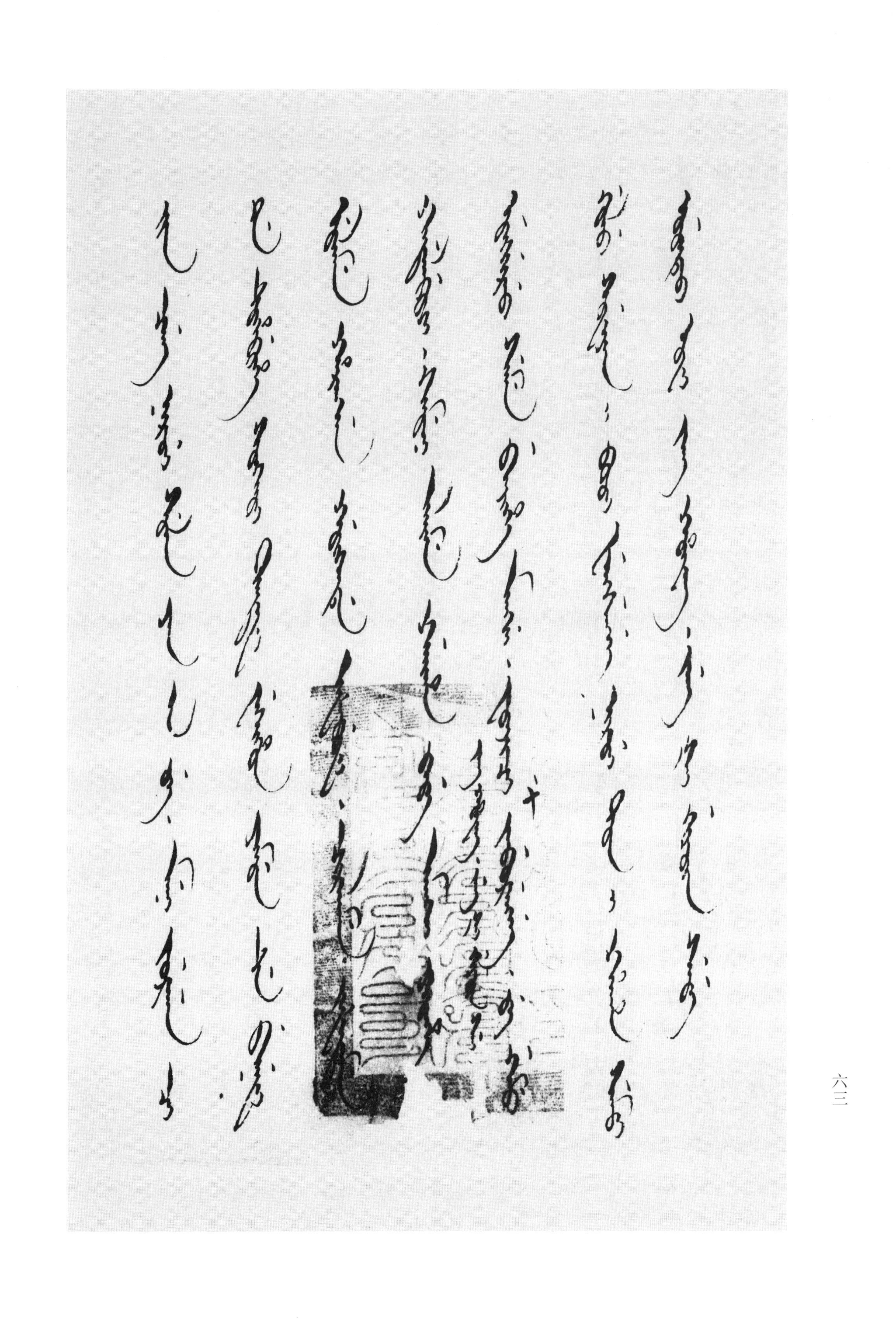

[illegible]

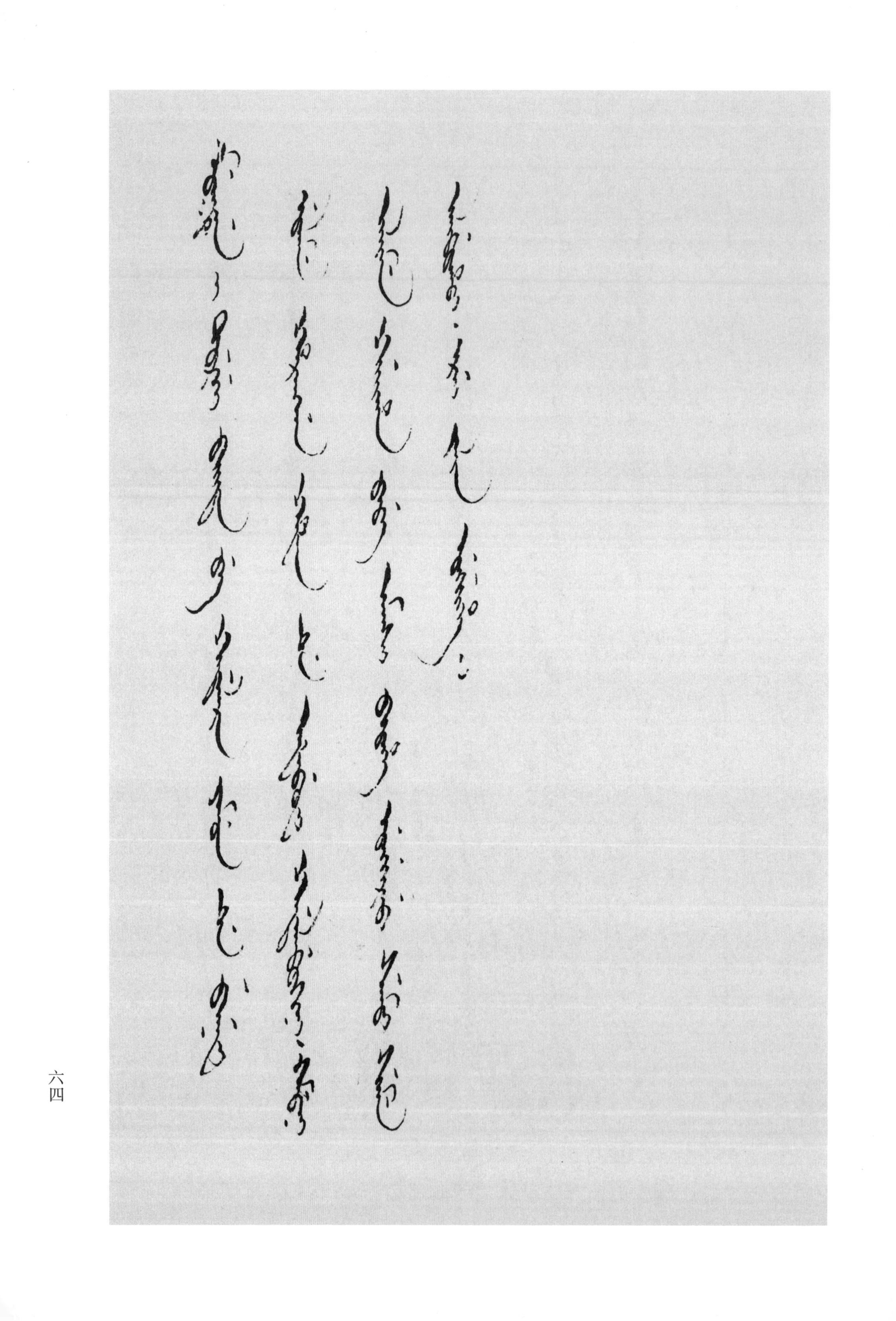

[illegible]

[illegible]

[illegible]

[illegible]

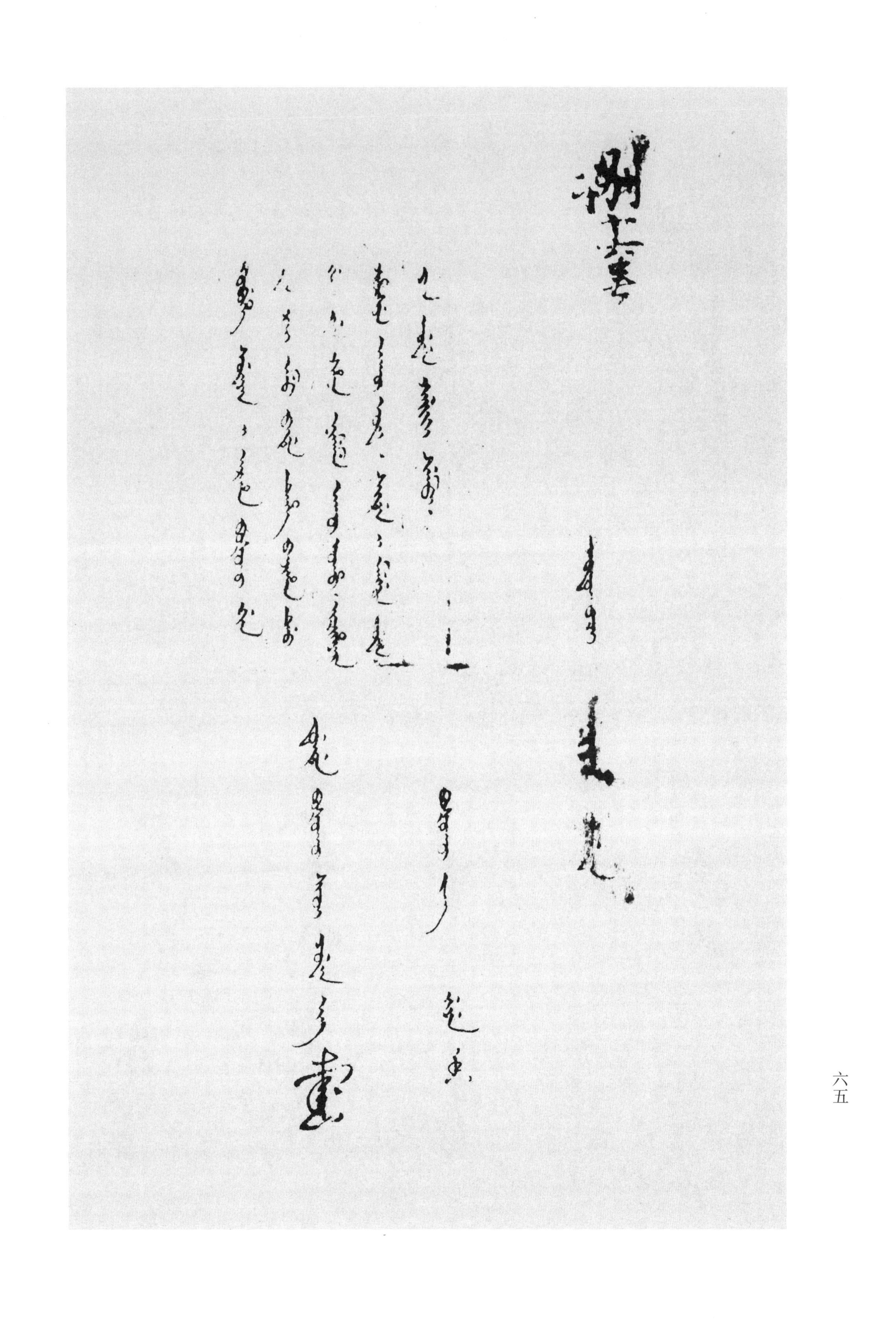

[illegible]

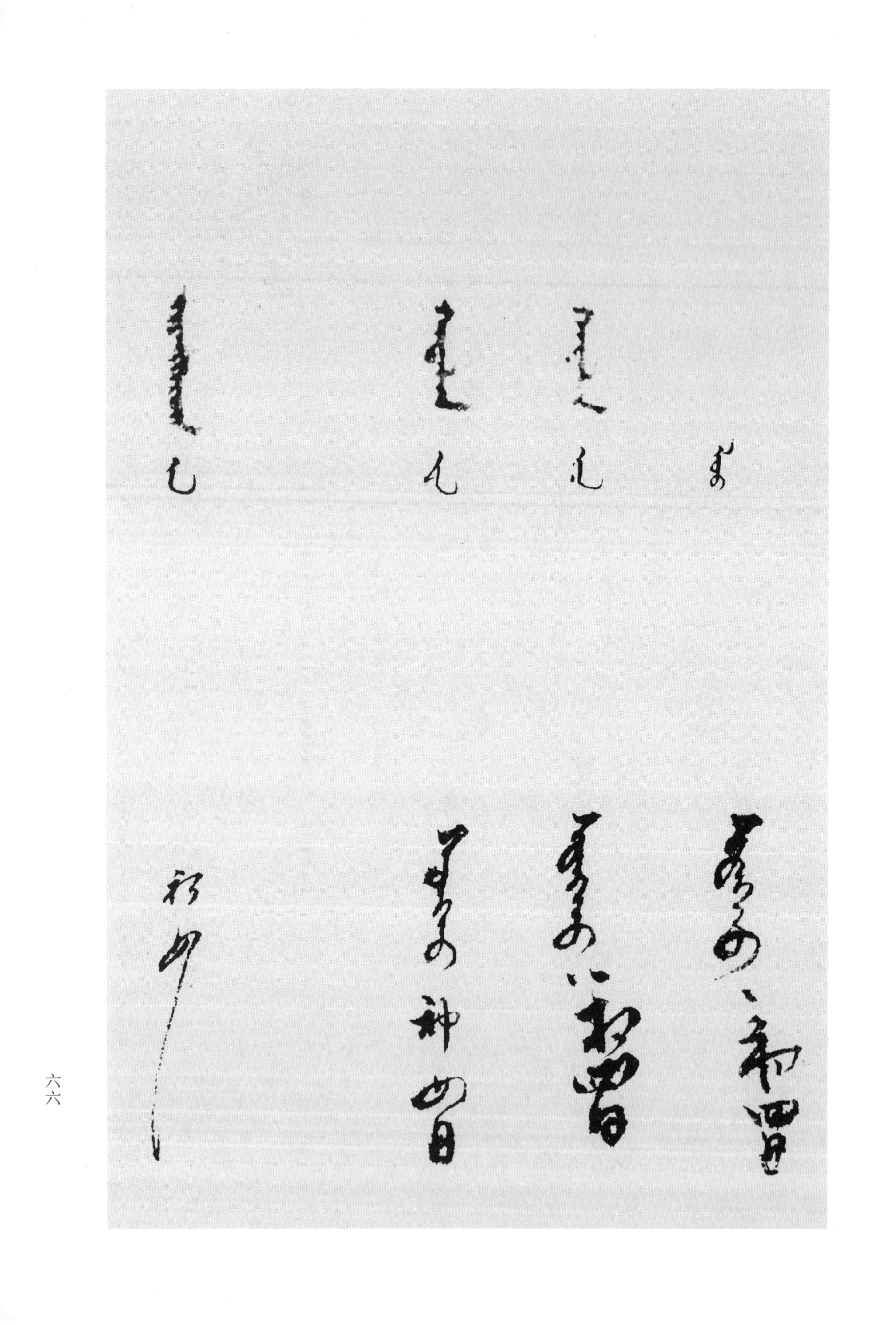

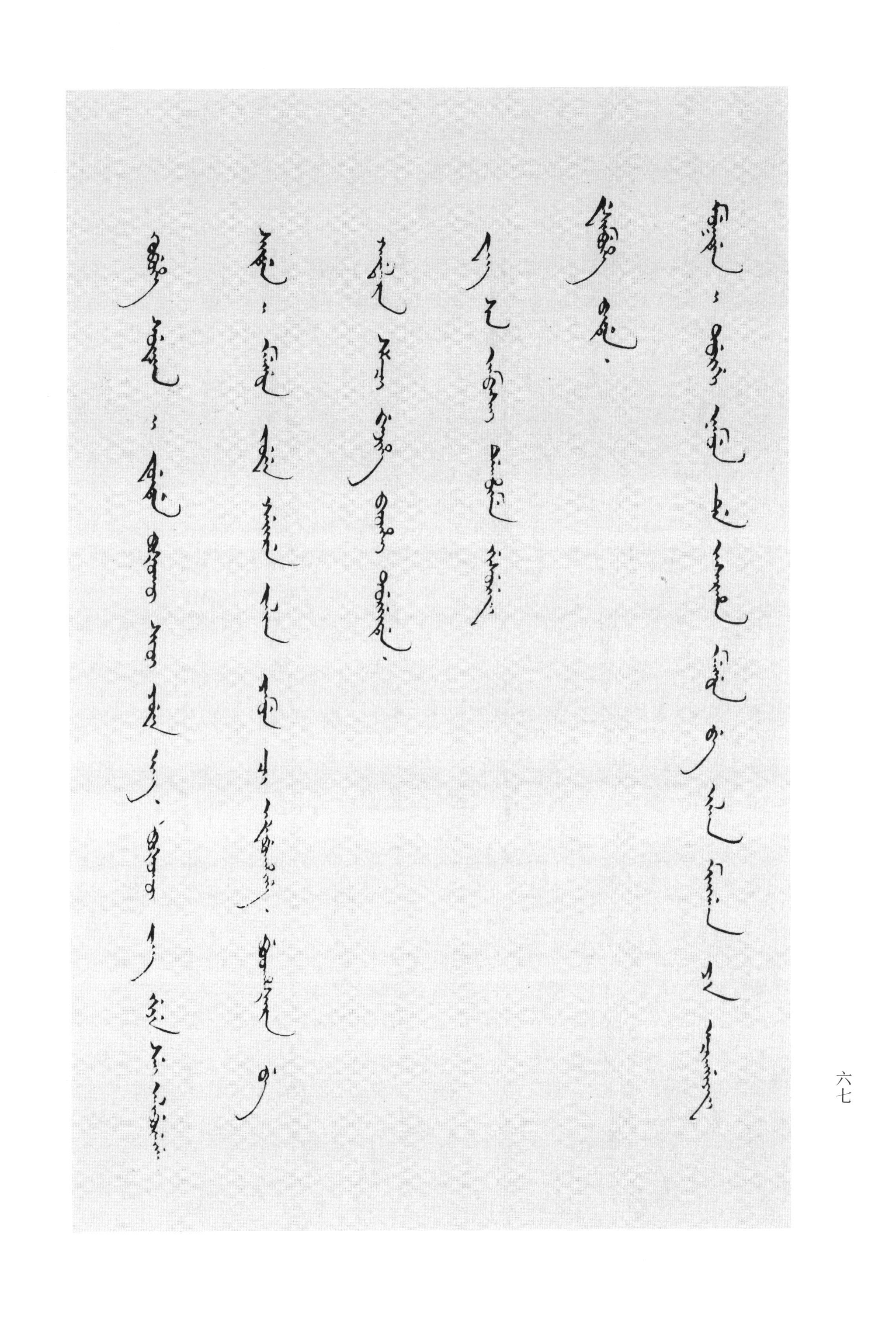

[illegible]

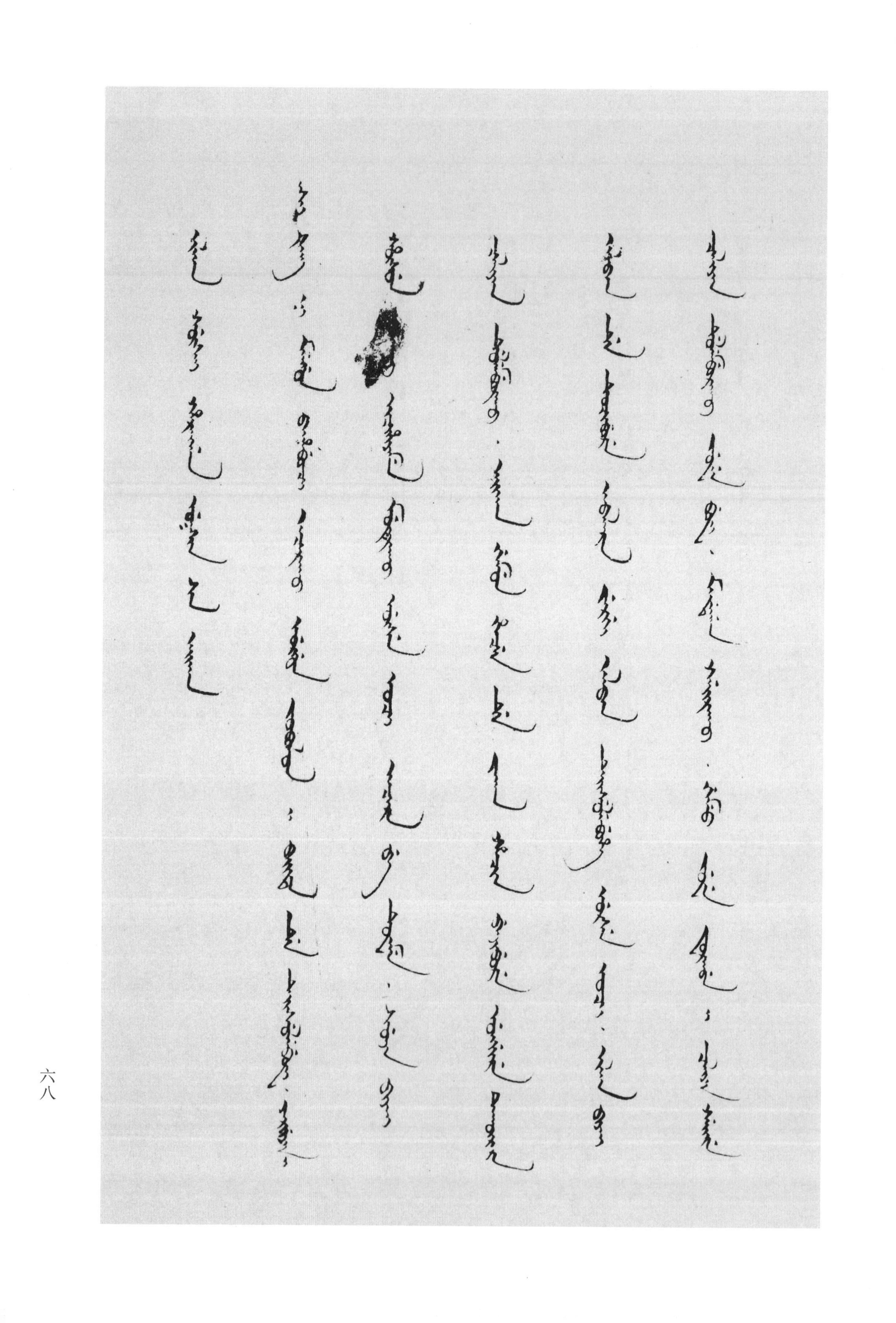

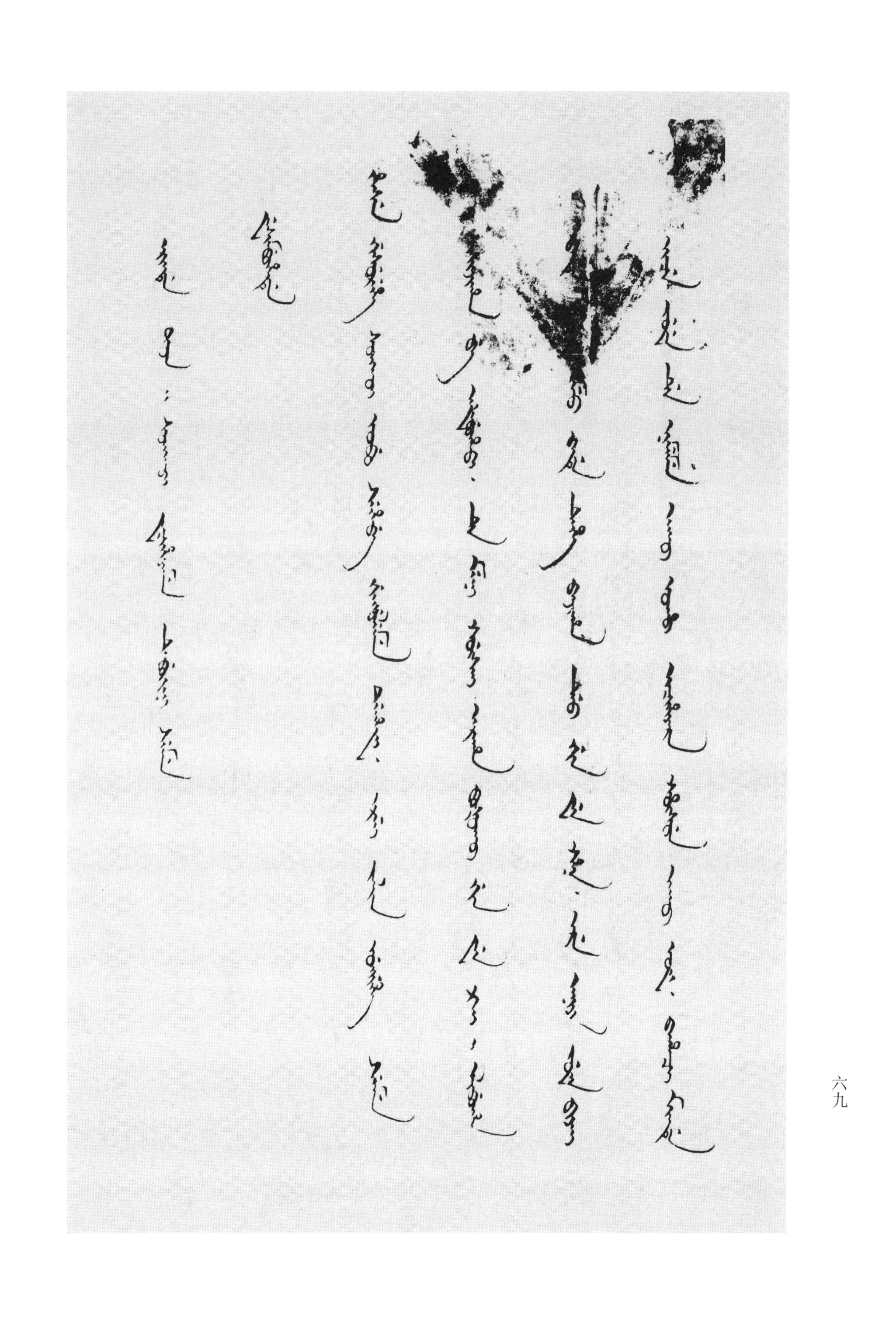

ᠰᡳᠮᡝ ᠰᡝ ᡤᡳᠰᡠᠨ ᠰᡝᡵᡝ ᠪᡠᠴᡝᡵᡝ ᠪᠠᡳᡨᠠ ᡤᠣᠰᡳᠮᠪᡳ ᠪᠣᠯᠣᡵᡳ ᡤᡝᠯᡝᠮᡝ ᠪᡝᡳᡵᡝ ᡩᡝ ᠪᡝ ᡨᡝ

ᠪᡝᠶᡝ ᡨᡠᠪᡝ ᡩᡝ ᠪᡝ ᡤᡠᠨᡳᠨ ᡳᠨᡠ ᠪᠠᡳᡨᠠ ᠠᠮᠪᠠ ᡳᠨᡠ ᡠᡥᡝᡵᡳ ᡨᡠᠮᡝᠨ ᠠᠮᠠᠯᠠ ᡠᠵᡠ᠈

ᠰᡝᠮᡝ ᠰᠠᠨ ᡤᡝᡵᡝᠨ ᠨᡳᠶᠠᠯᠮᠠ ᡤᡝᠮᡠ ᠰᡝᡵᡝ ᠪᠠᡳᡨᠠ᠈ ᡤᡠᠨᡳᠨ ᠰᠠᡳᠨ ᠪᡠᠰᡝ ᠪᡳ ᡤᠠᠰᡥᠠᠨ ᡳᠨᡠ ᠪᡠᡥᡝᡩᡝ᠉

ᠰᠣᡤᡳ ᡤᡝᠮᡠᠨᡝ᠈ ᡨᡝ ᠪᡳ ᠰᠠᡳ ᠴᡳ ᡤᠣᠰᡳᠩᡤᠠ ᠪᡝ ᡤᡝᡵᡝᠨ ᡳᠨᡠ᠈

ᠮᡠᠰᡝ ᡨᡠᠰᡝ ᡤᡠᠨᡳᡥᡝ ᠮᡠᠰᡝᡳ ᡤᡠᠨᡳᠨᡳ ᠨᡳᠶᠠᠯᠮᠠ ᠪᡳᡥᡝ᠈ ᡤᡝᠮᡠ ᡳᠨᡠ ᠨᡳᠶᠠᠯᠮᠠ ᠪᠣᠴᠣ ᠰᠠᡳᠨ᠈

ᡤᡝᠯᡝᠮᡝ ᡩᡝᡵᡝ ᠪᡝ ᠪᠠᡳᡨᠠ ᡳᠨᡠ ᡤᡝᡵᡝᠨ ᡥᠠᡵᡤᠠᠰᡳ ᡤᡝᠮᡠ ᠰᡝᡵᡝ ᡳᠨᡠ ᠰᡳᠨᡝ ᡩᡝ᠈

ᡨᡠᠮᡝᠨ ᠠᠯᡳᠮᡝ ᡤᡝᡵᡝᠨ ᠪᠠᡳᡨᠠ ᠰᡝᠮᠪᡳ

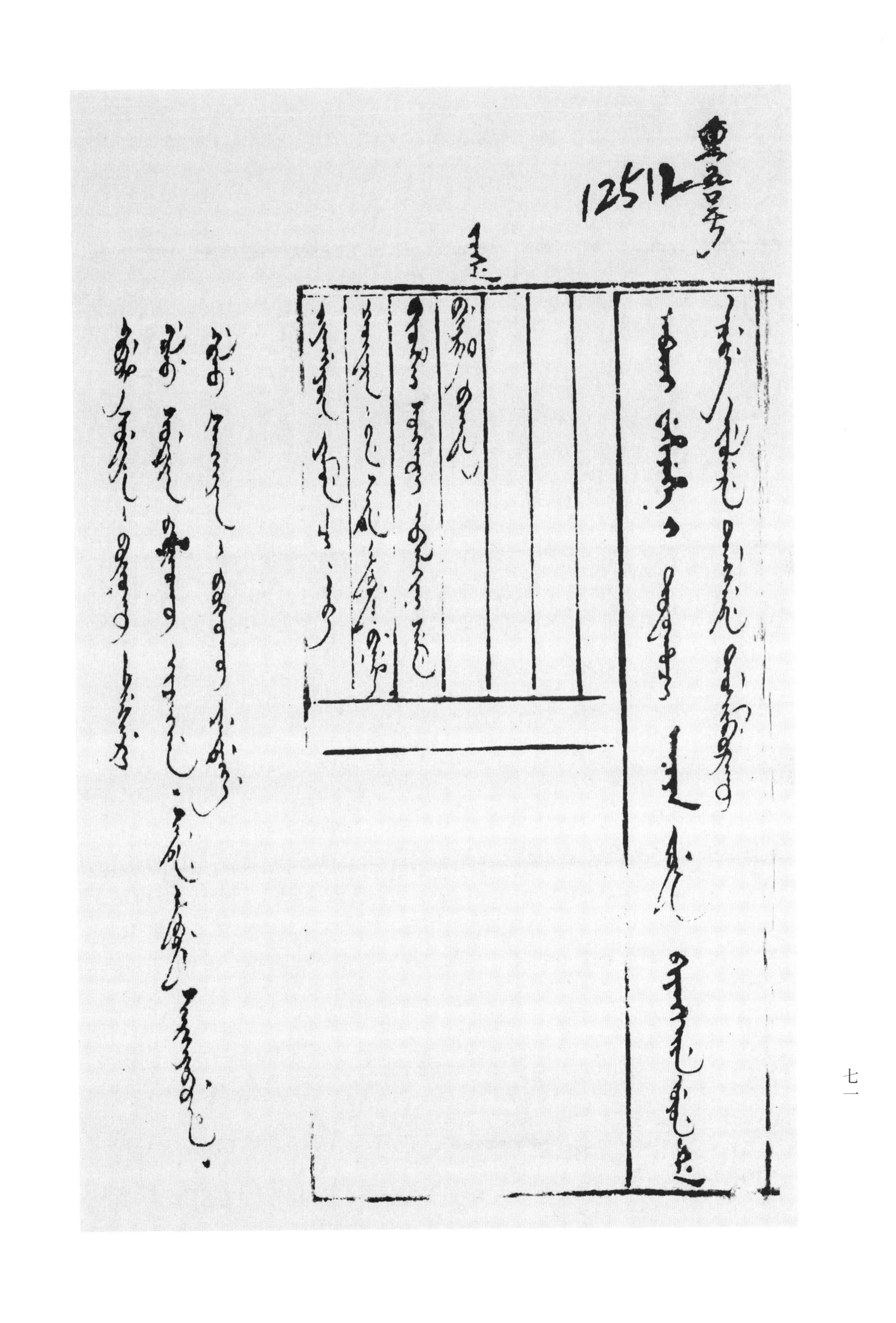

12512 票五百号

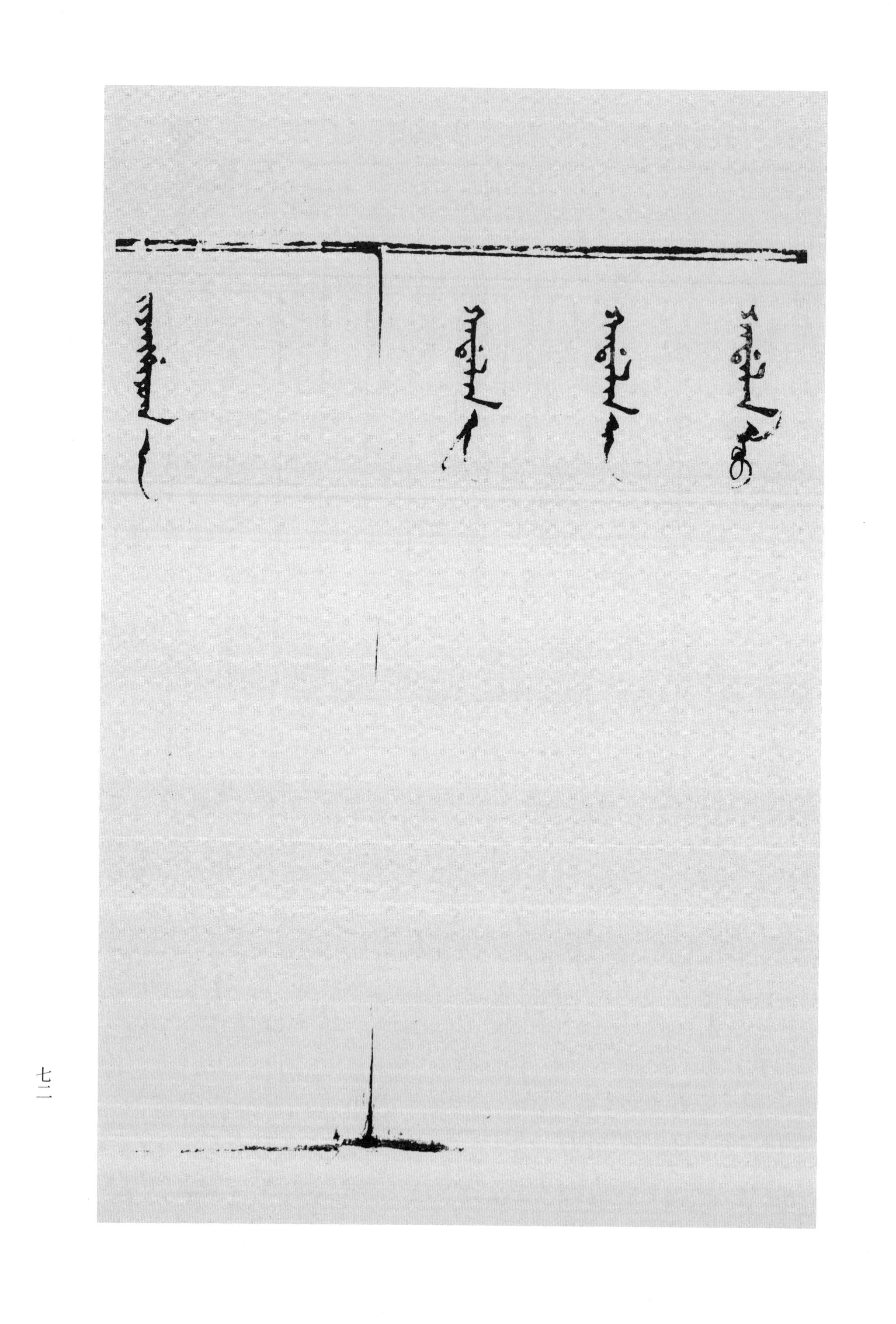

[illegible]

[illegible]

[illegible]

[illegible]

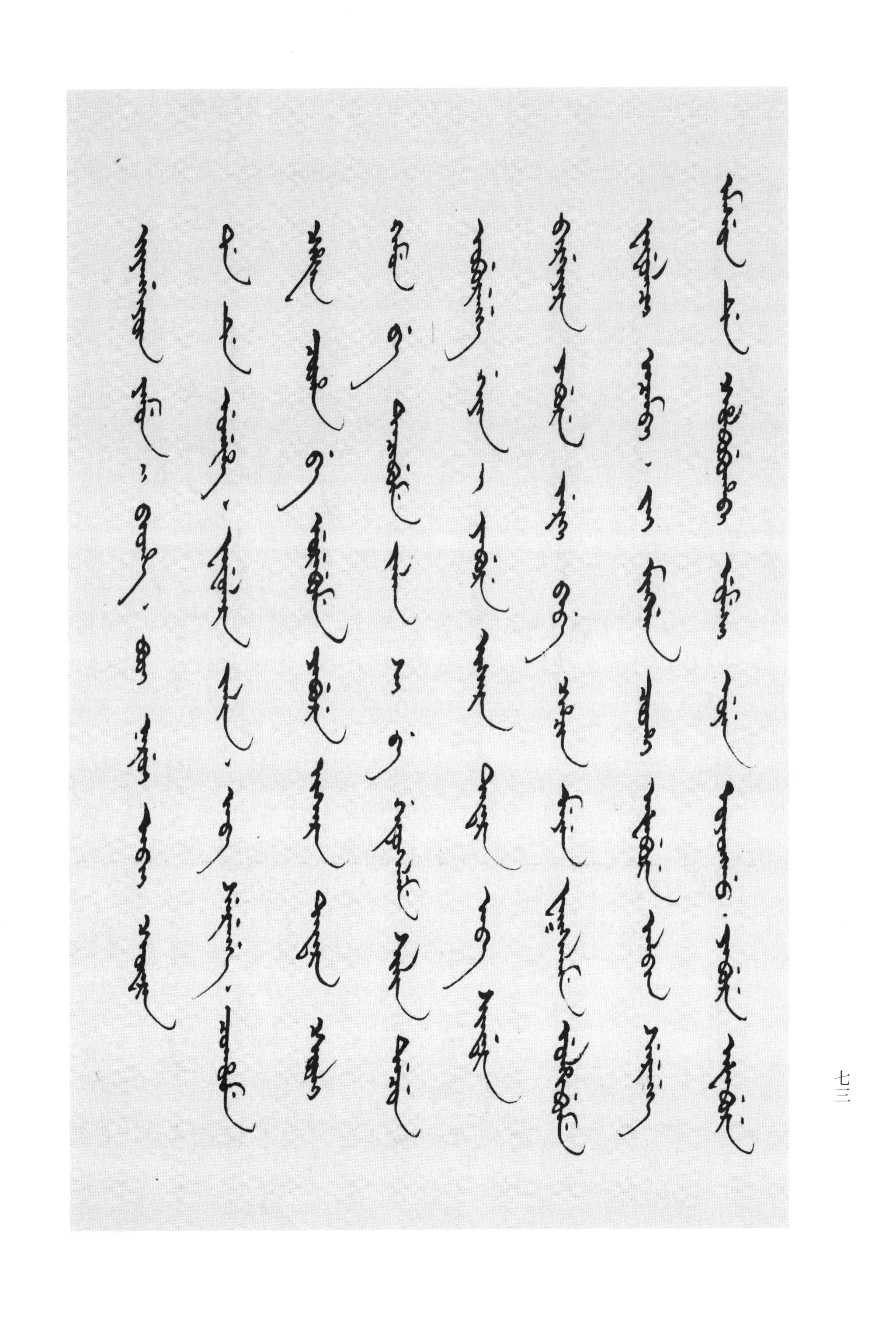

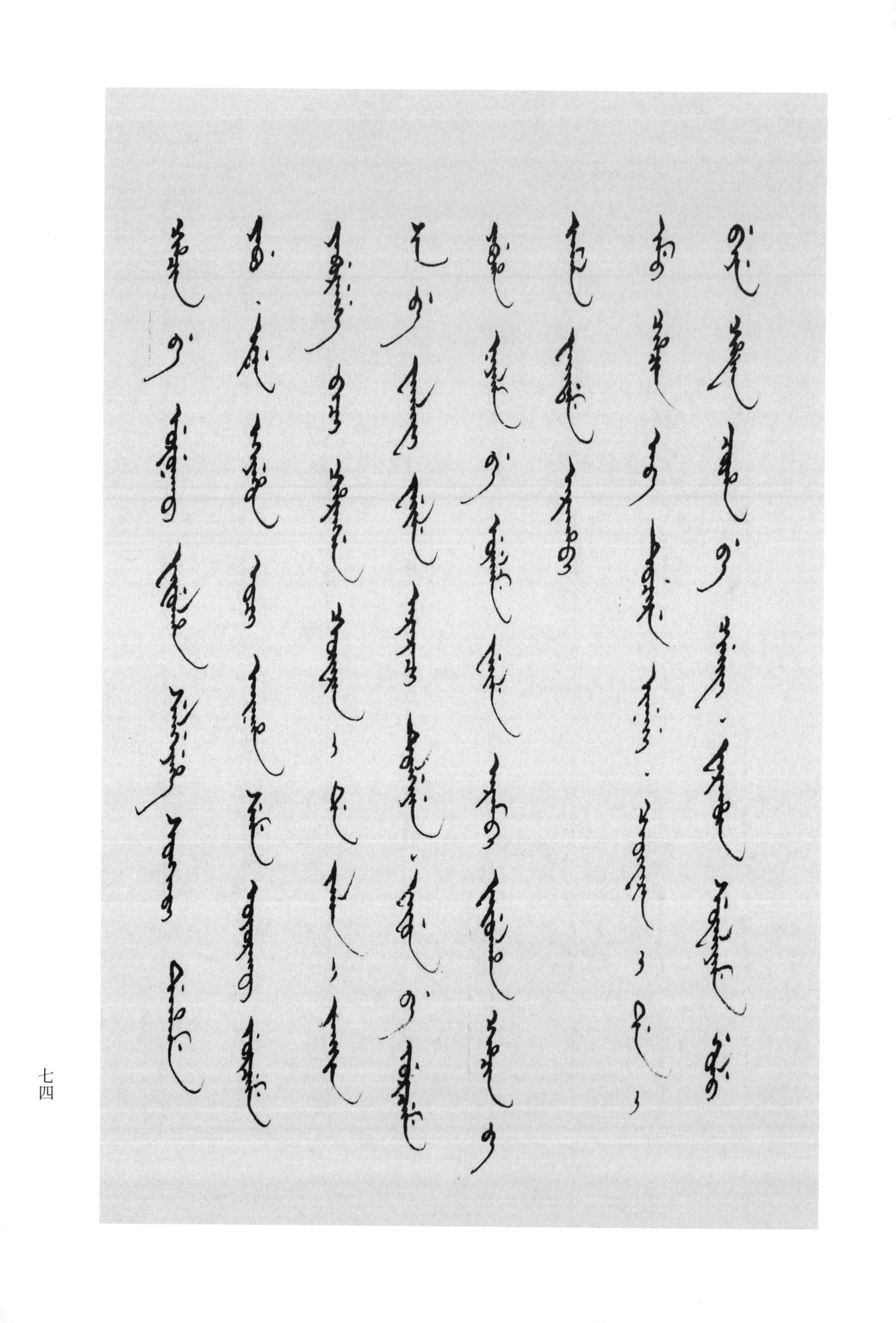

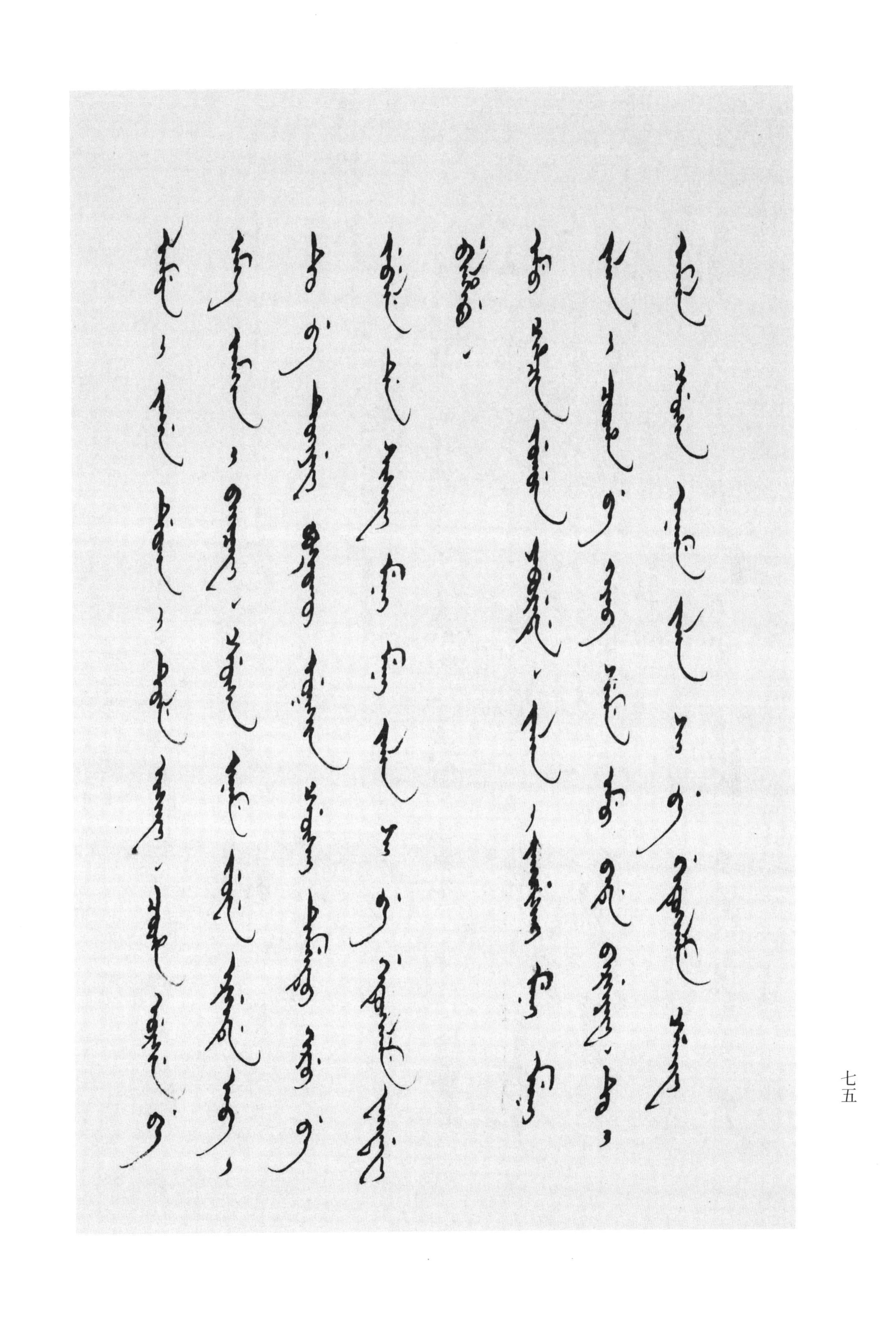

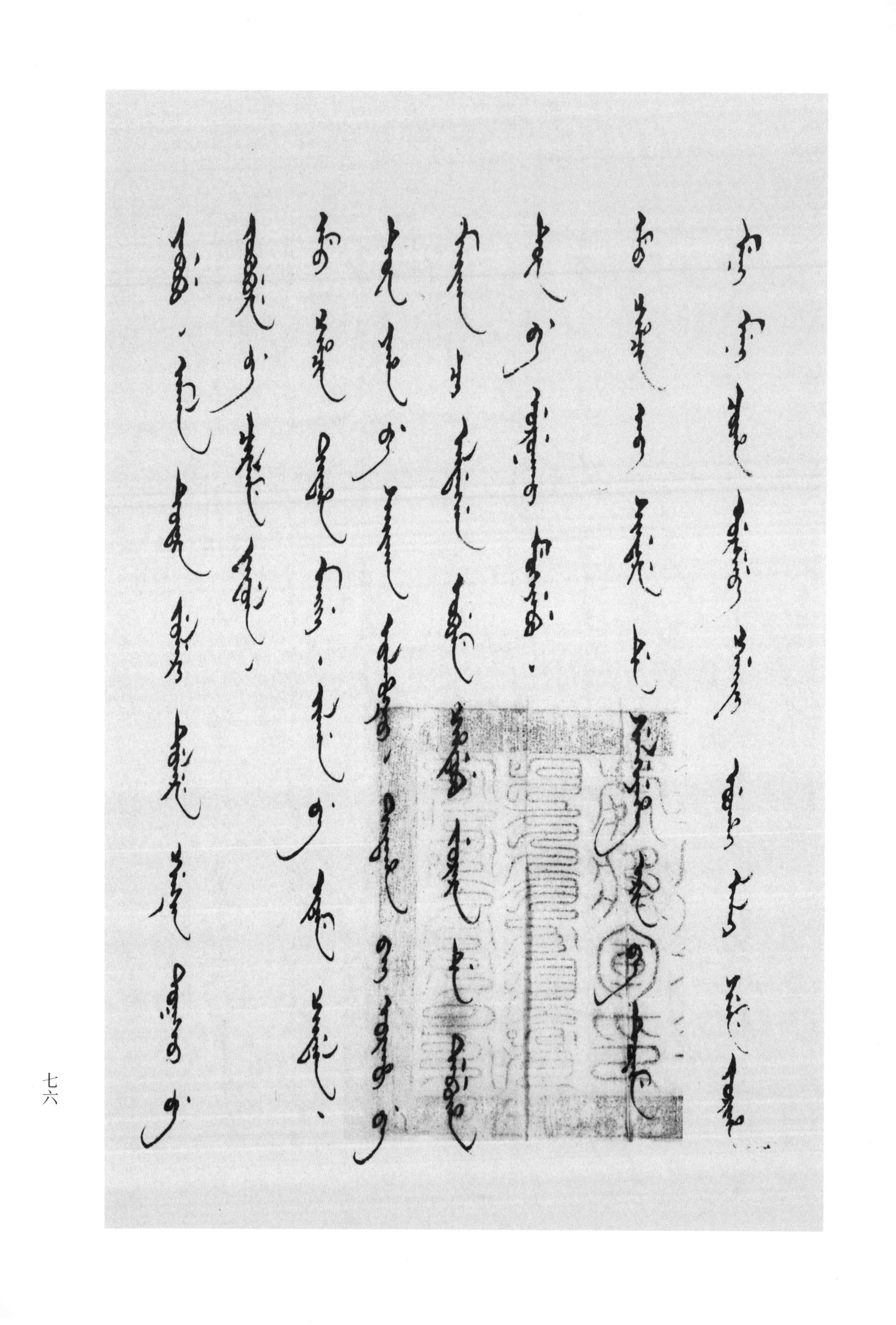

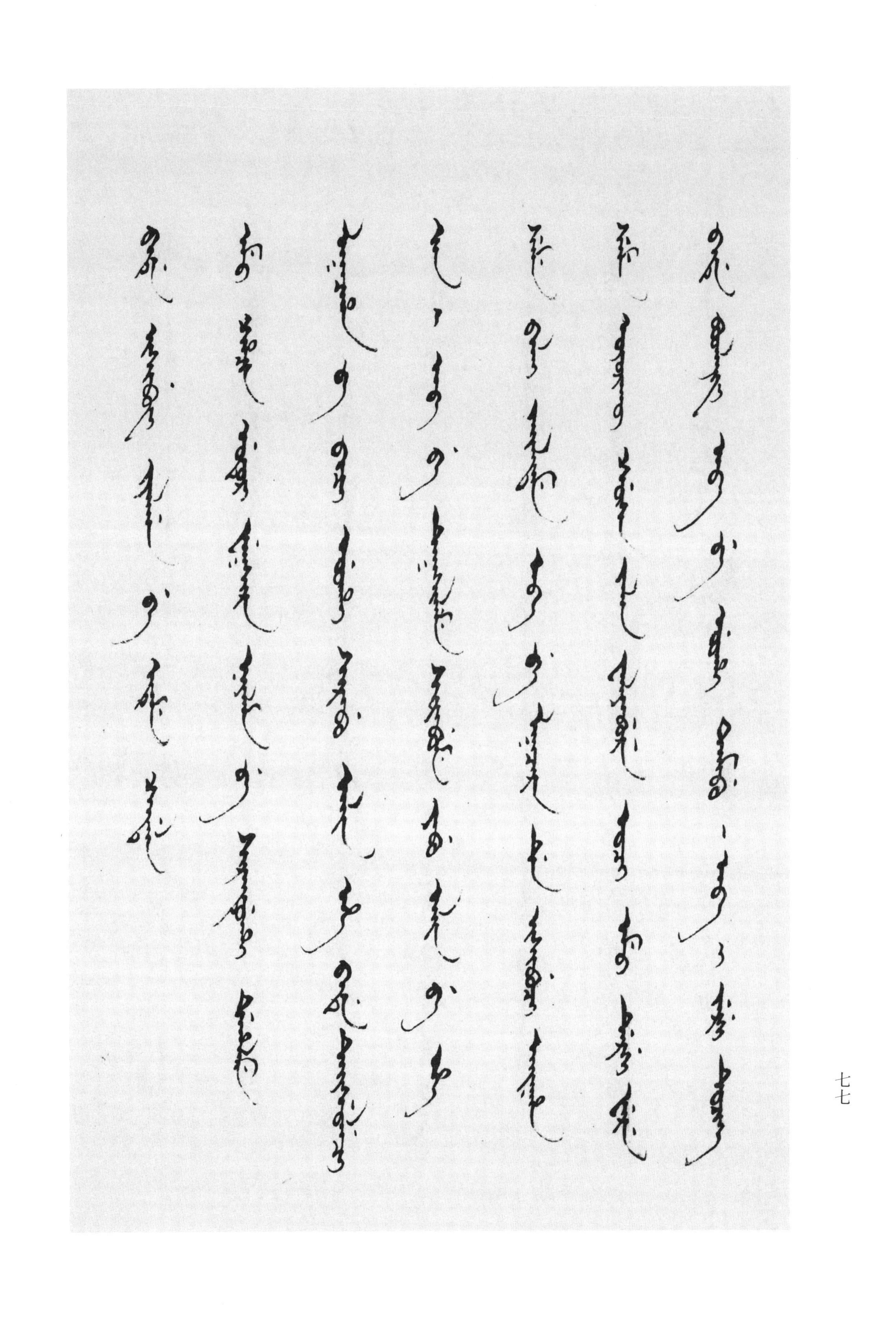

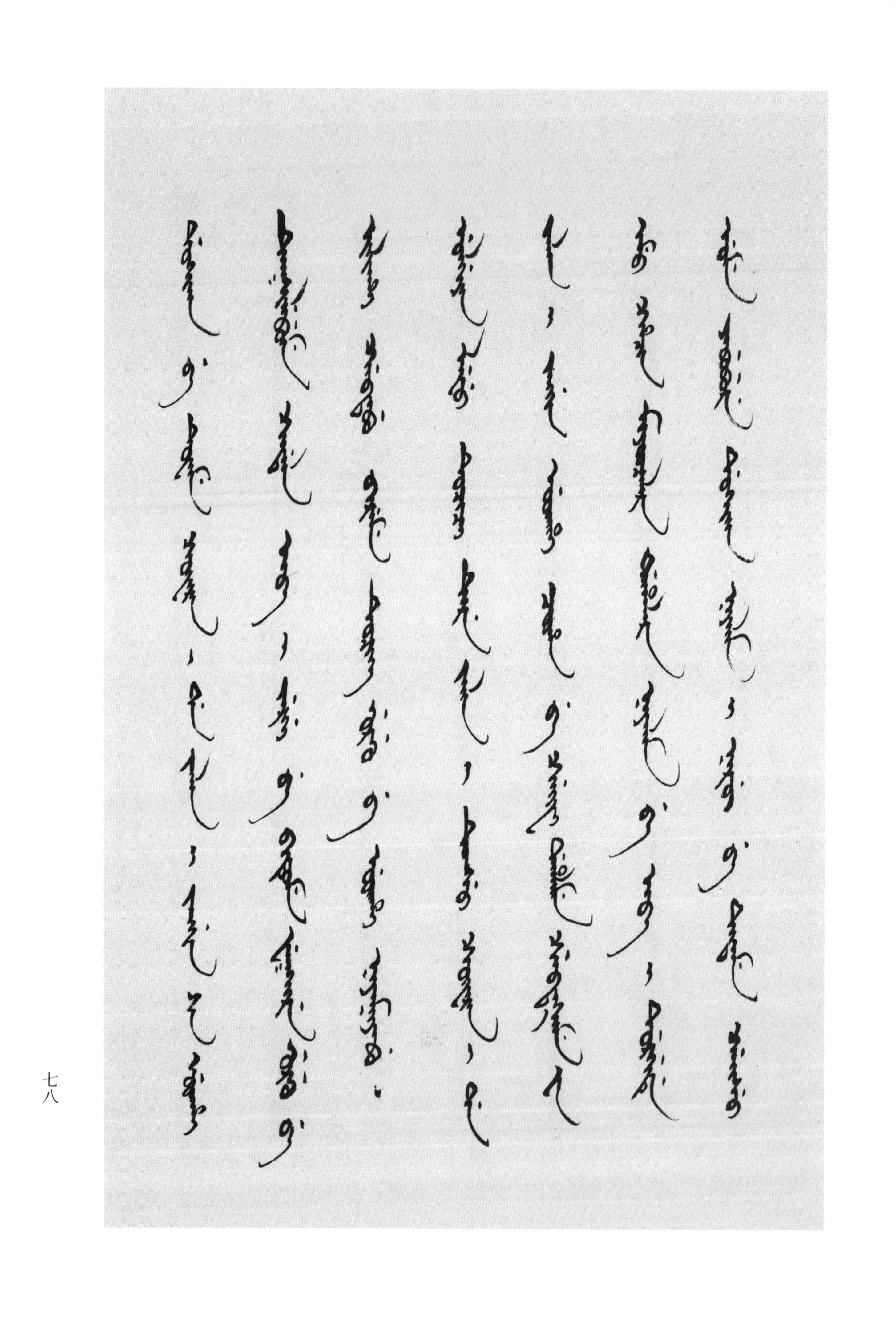

[illegible]

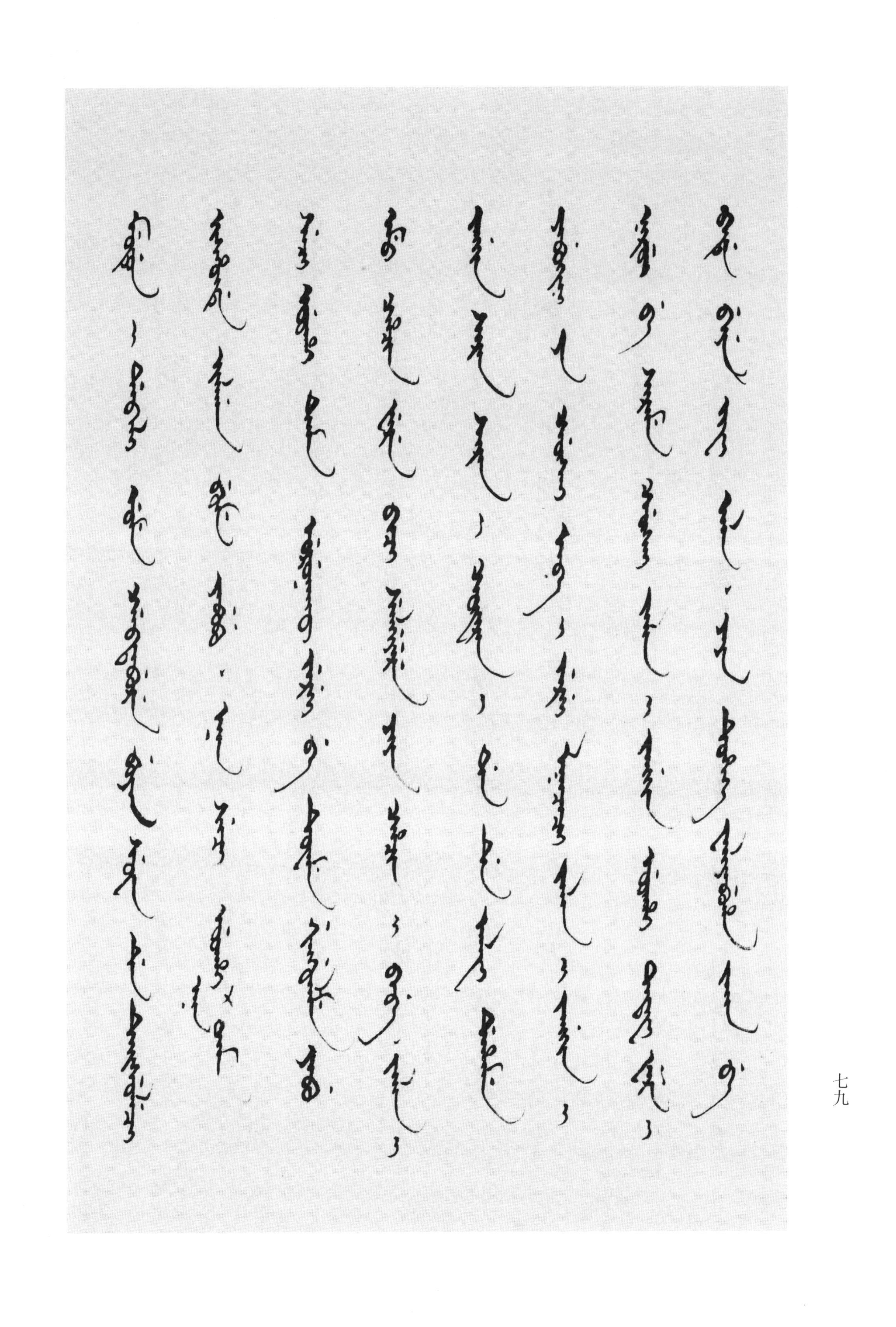

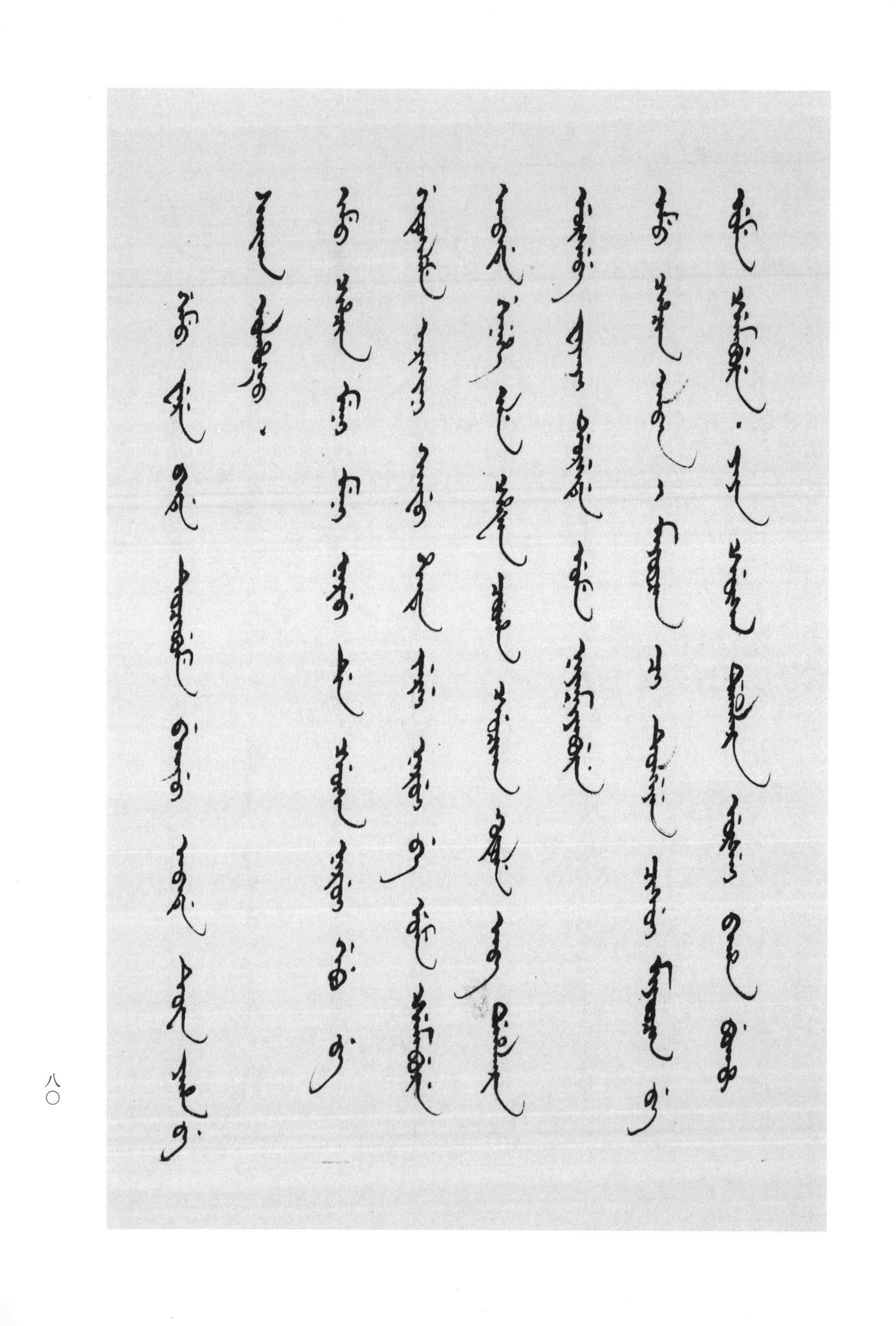

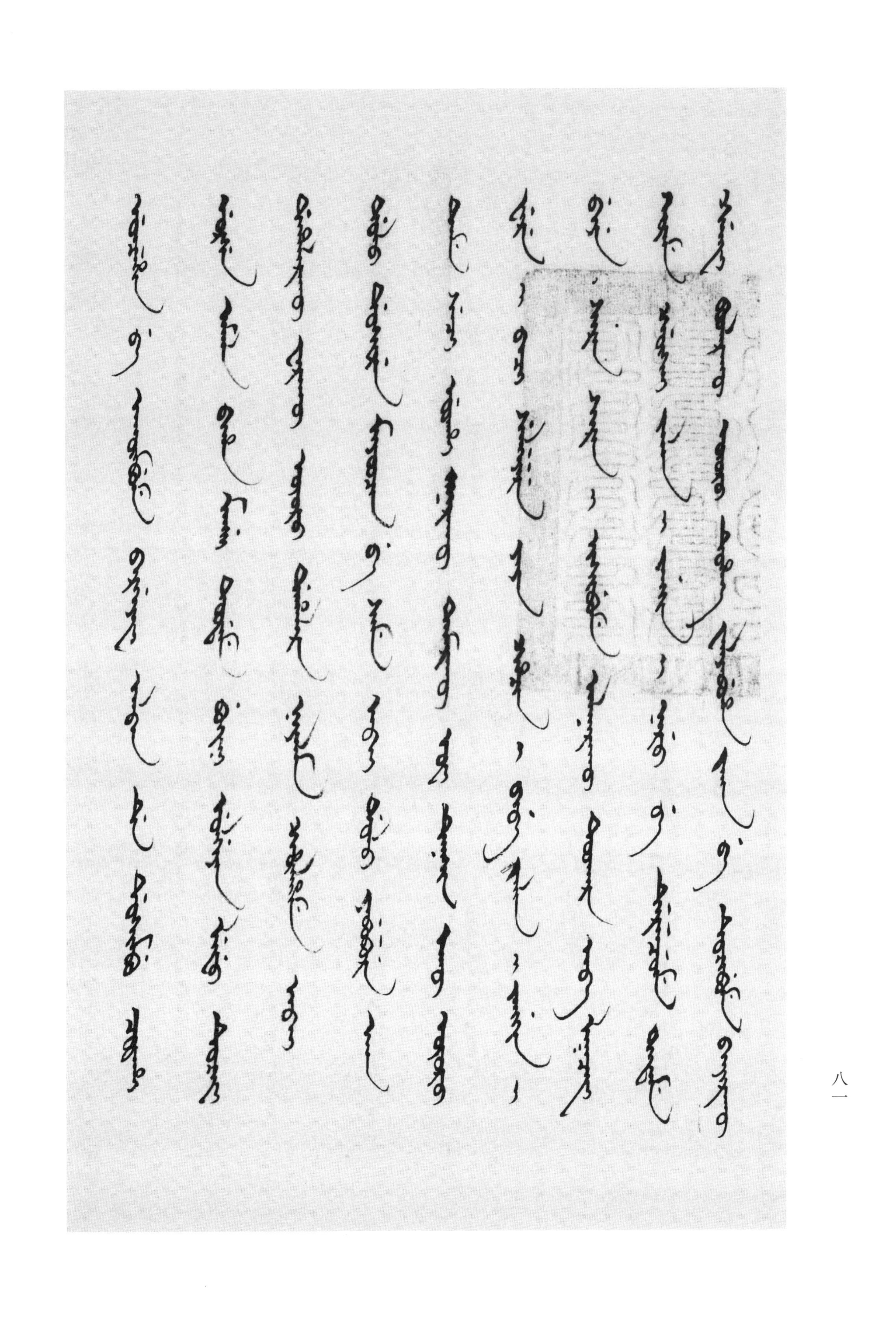

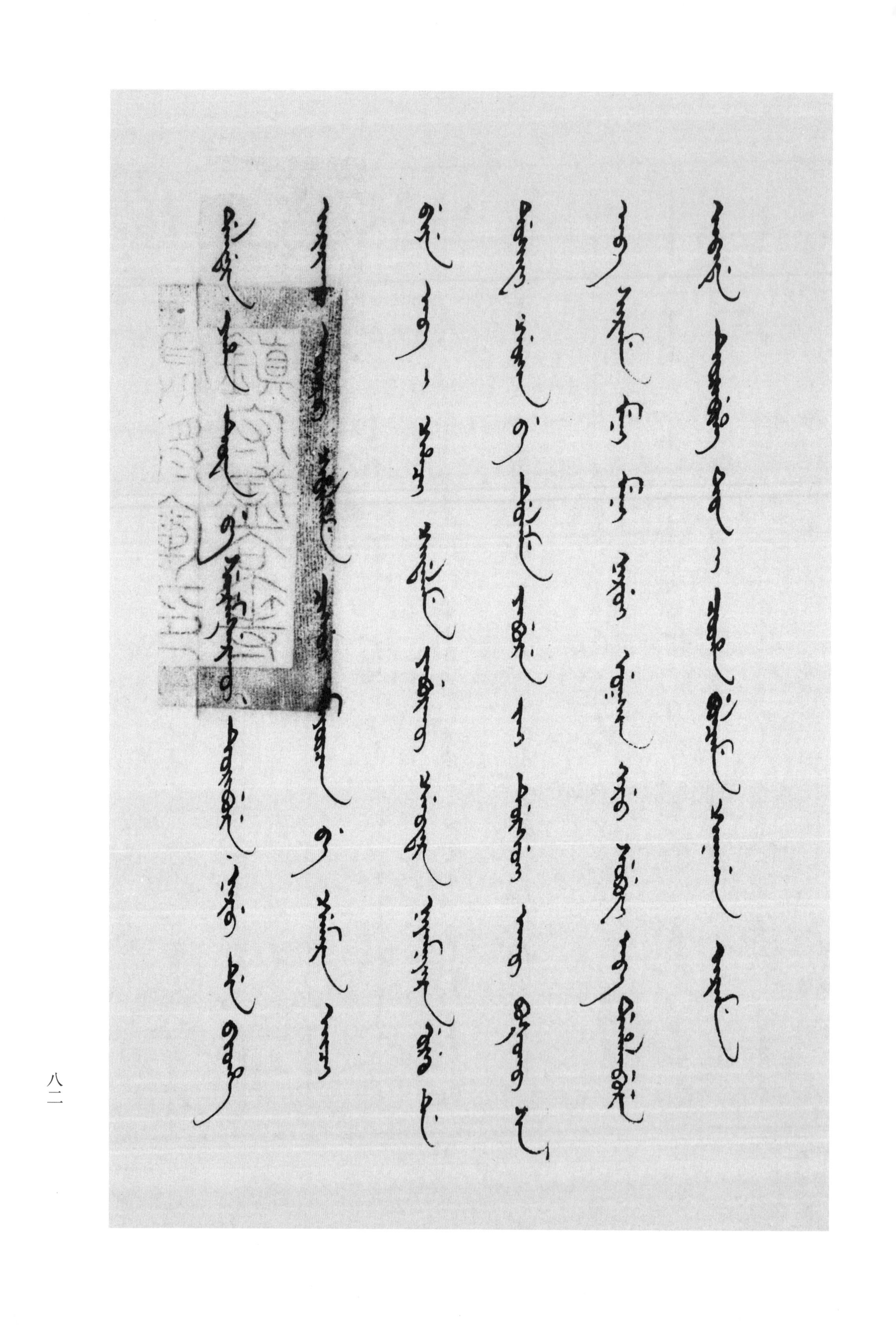

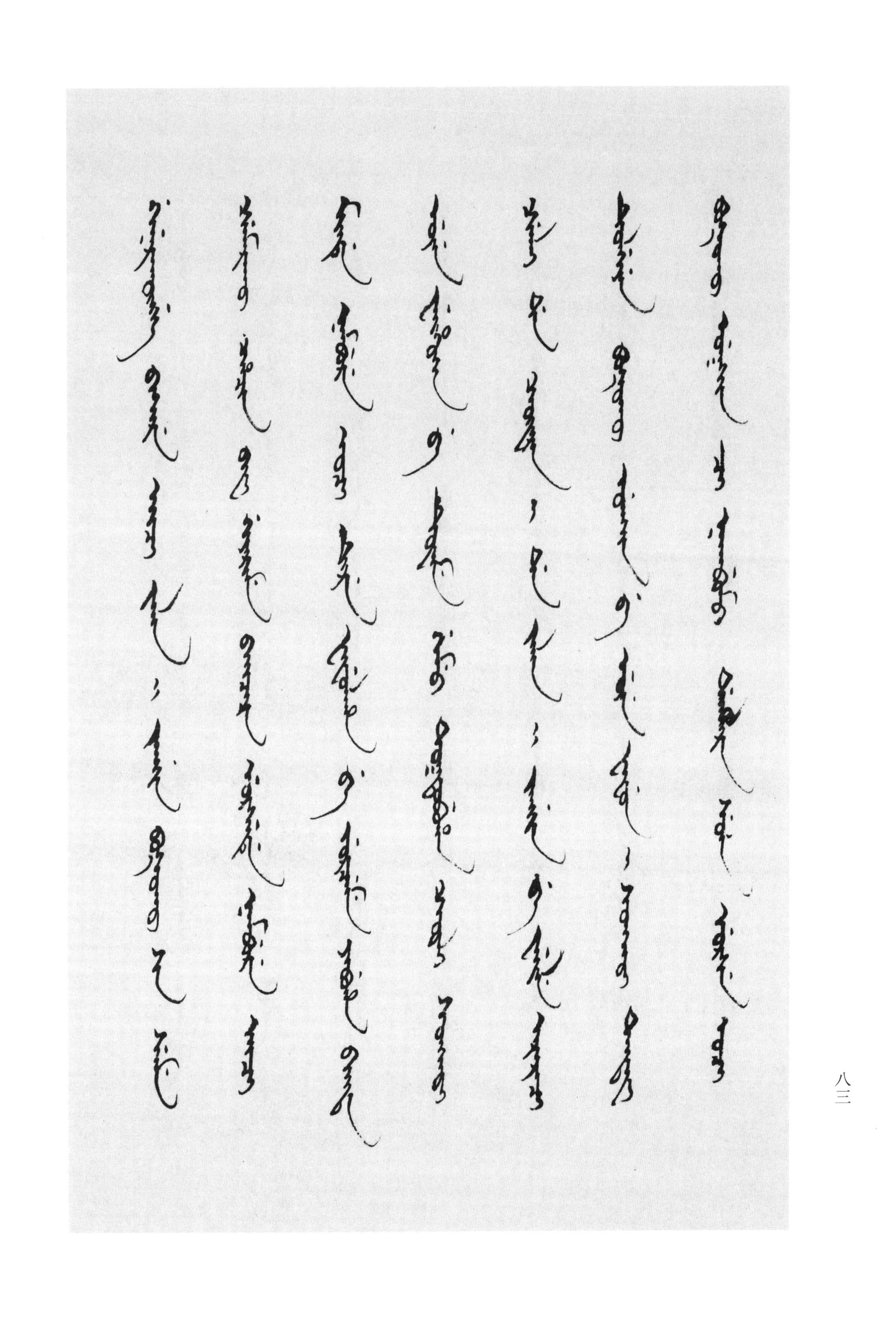

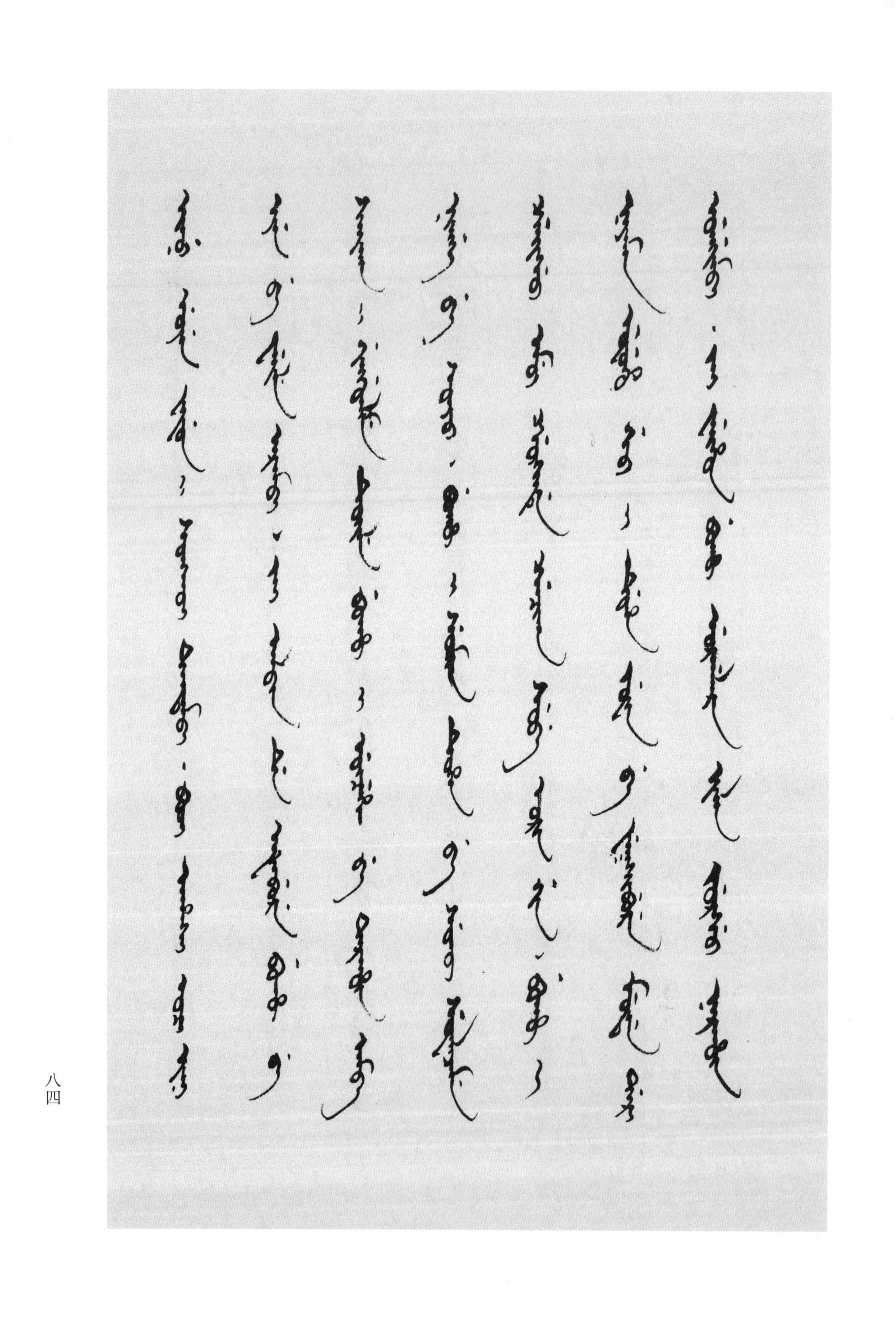

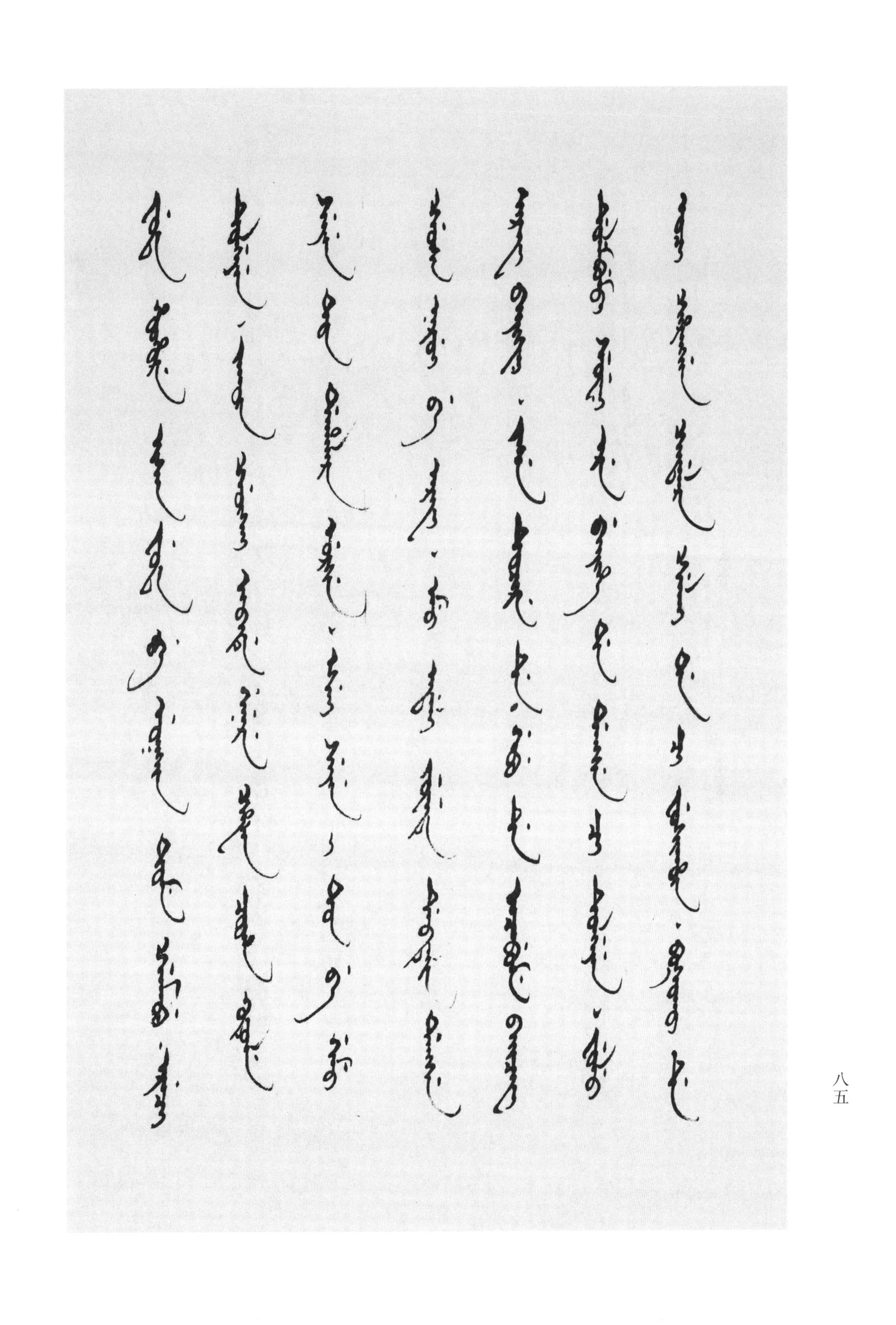

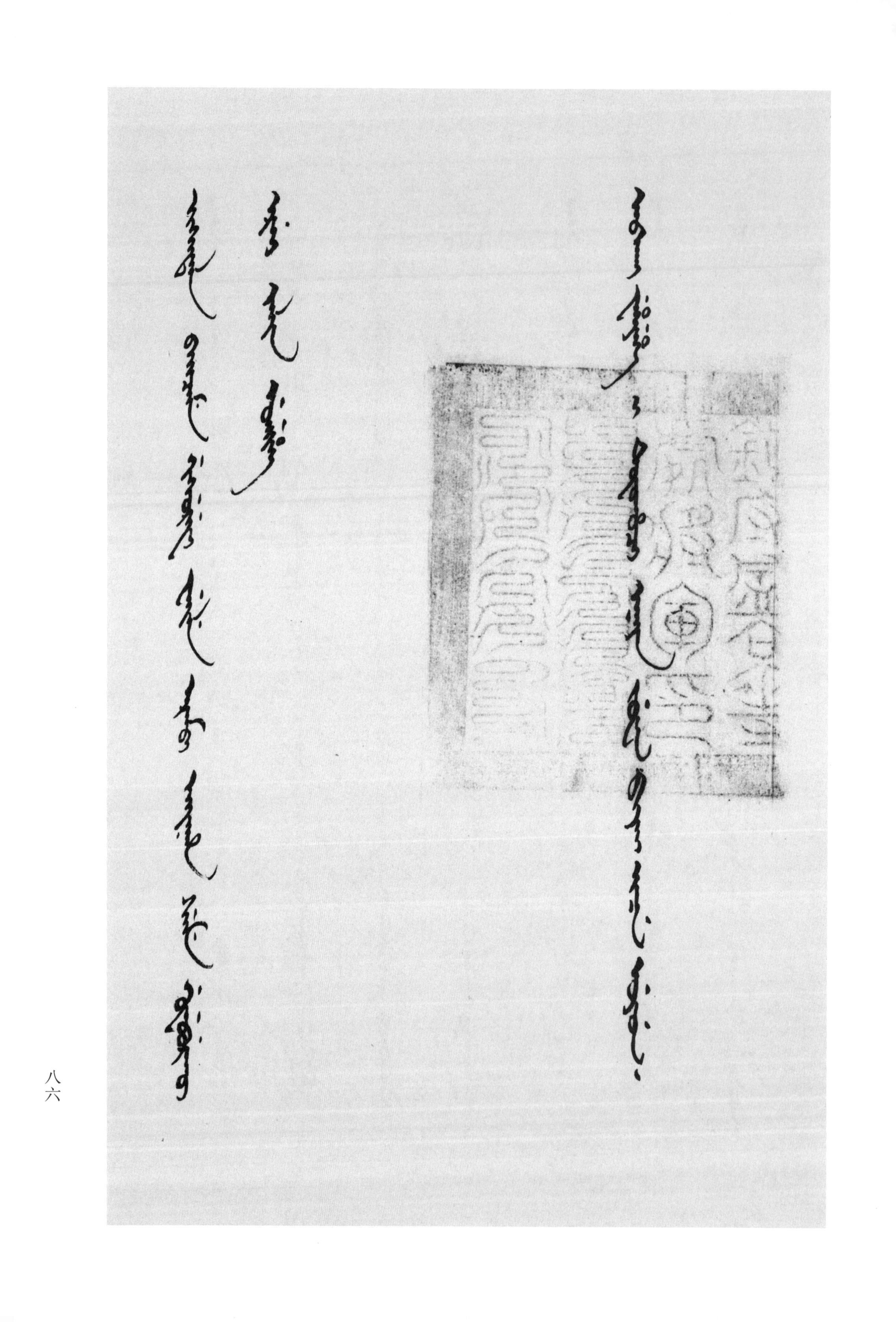

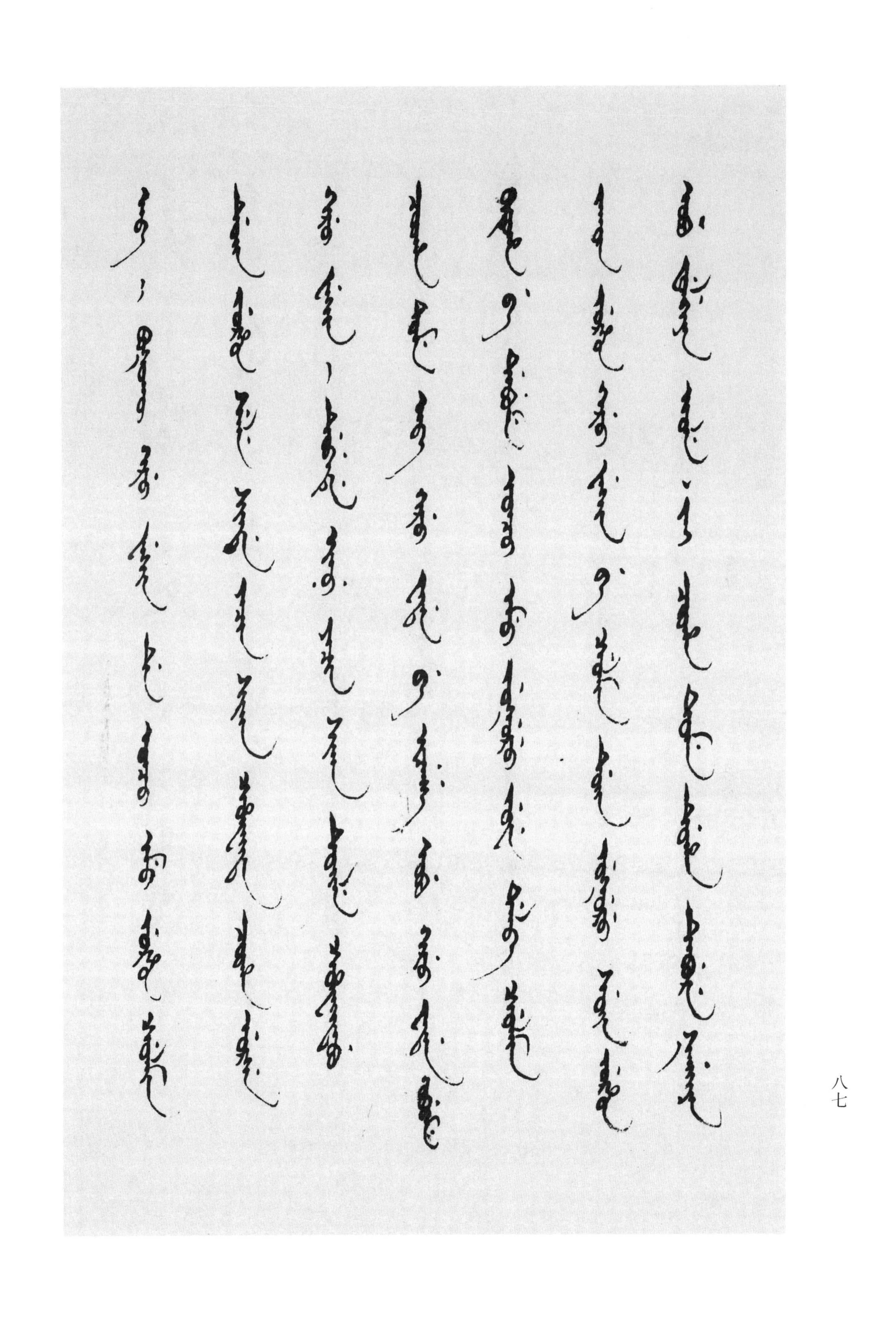

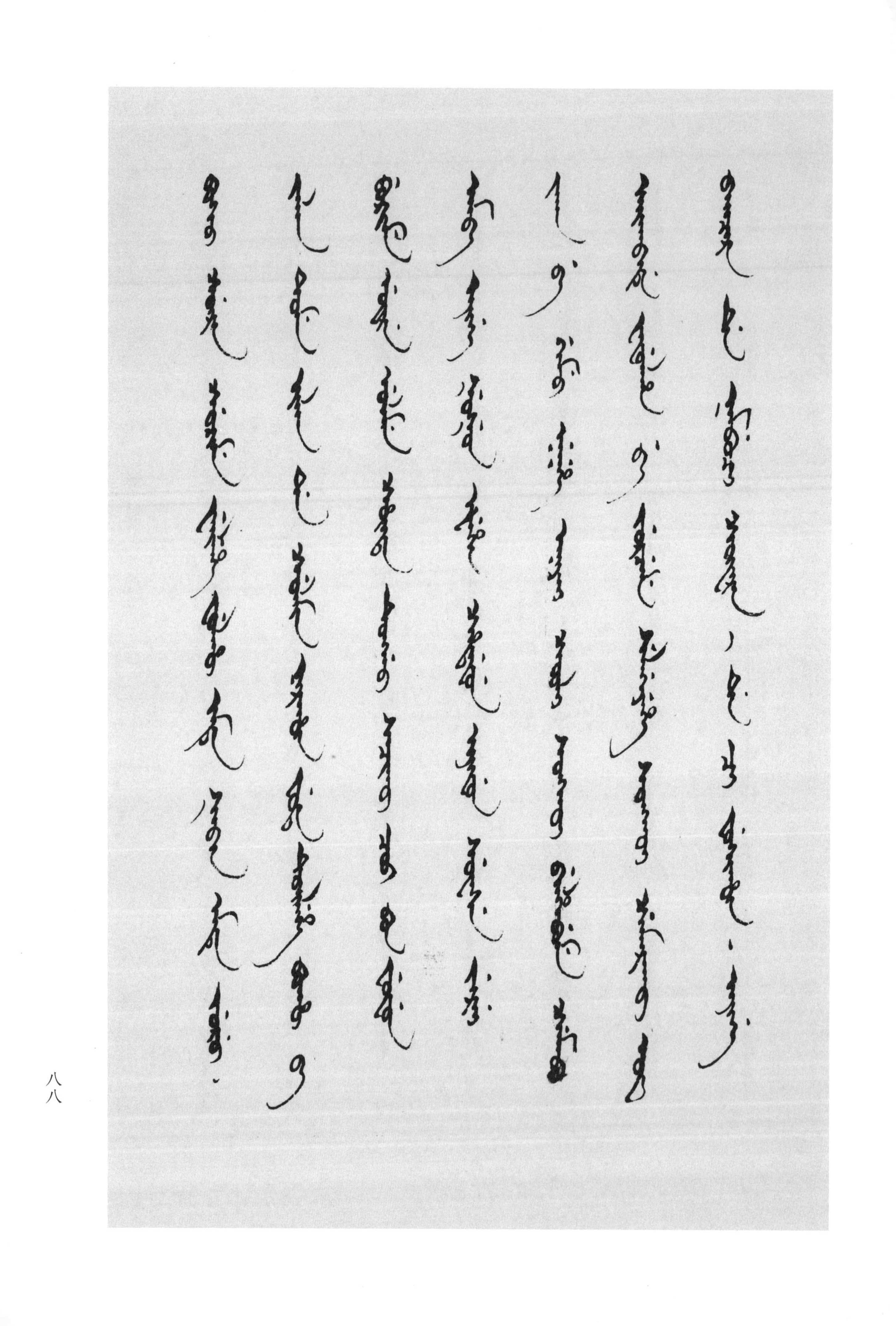

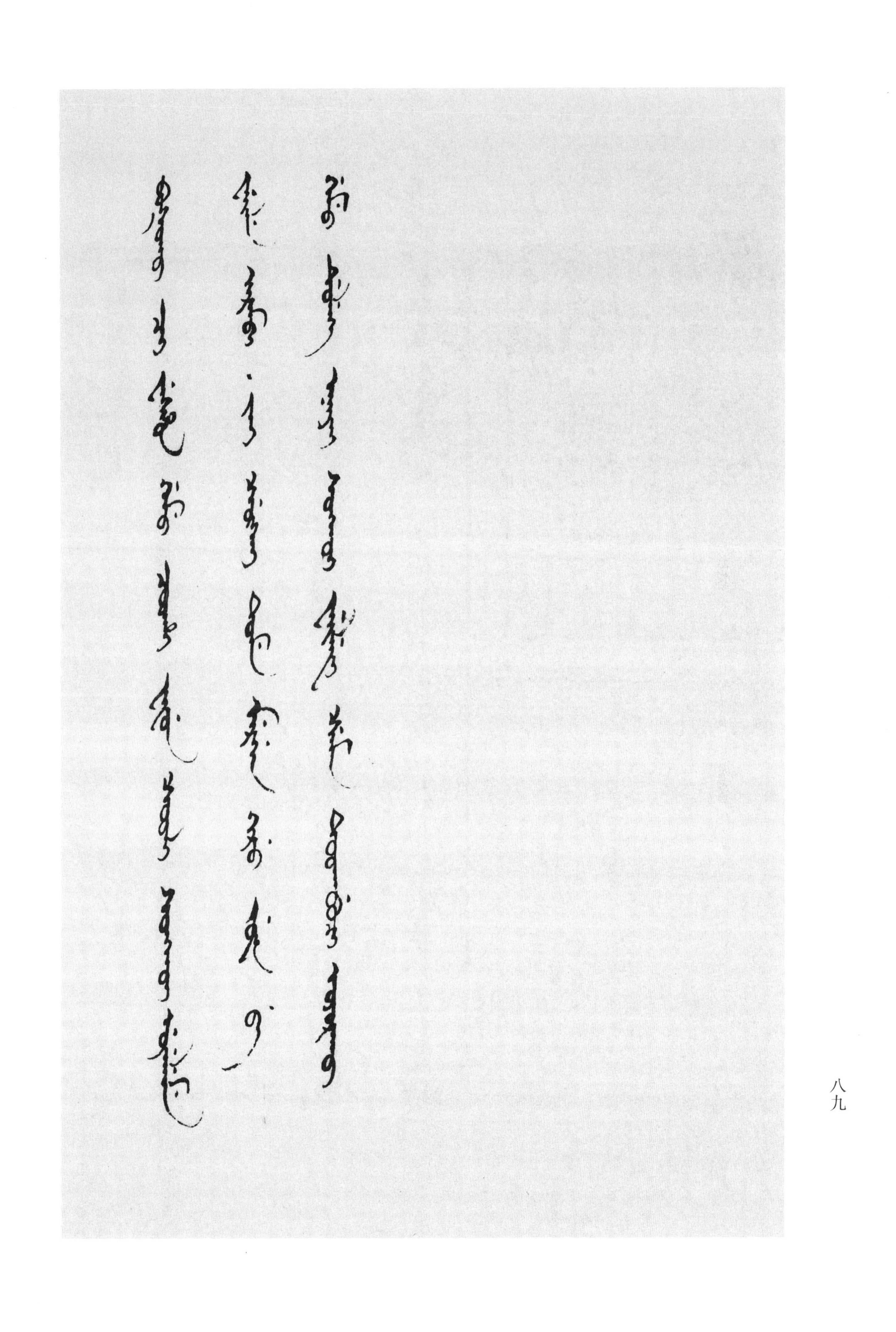

[illegible]

[illegible]

[illegible]

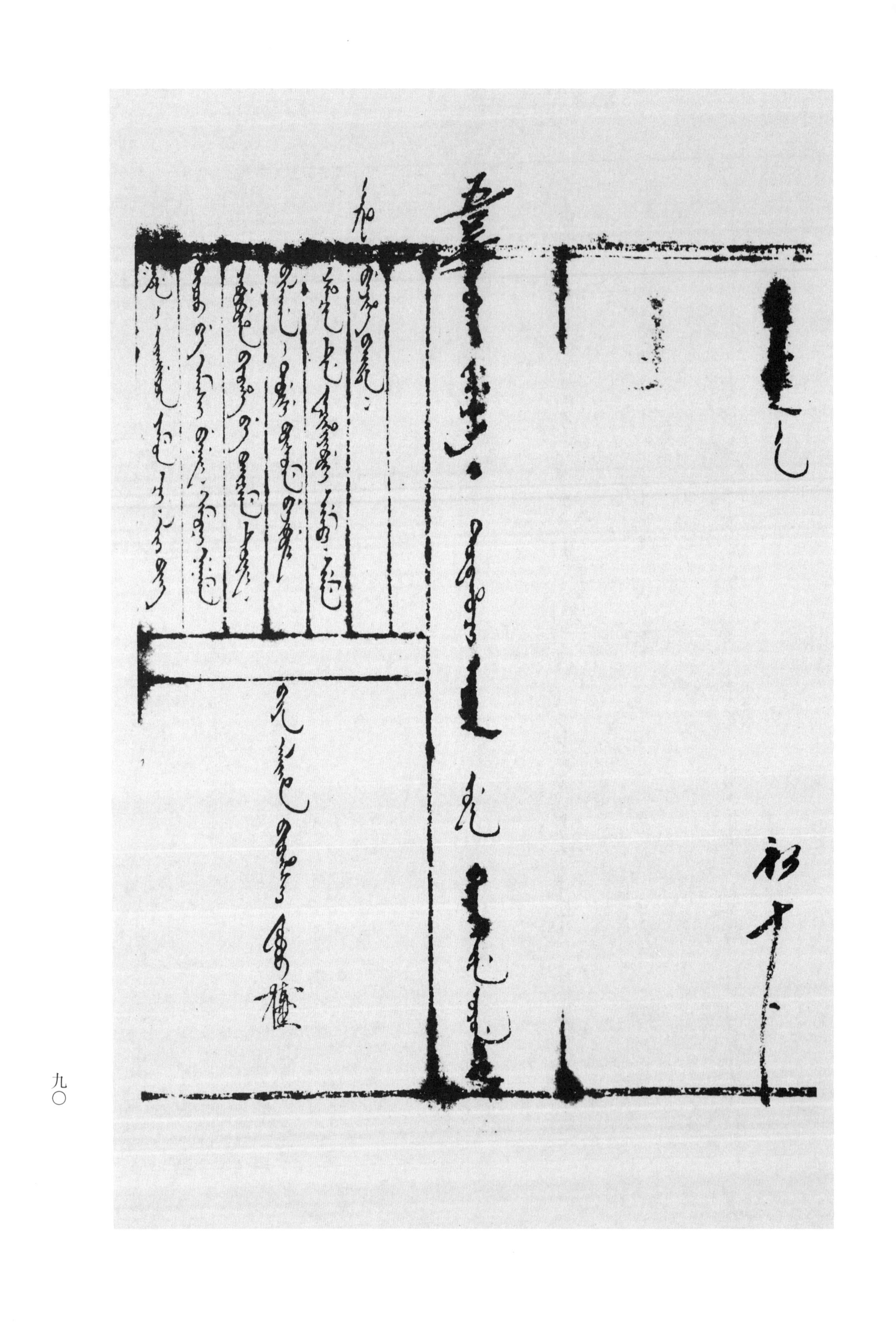

初十

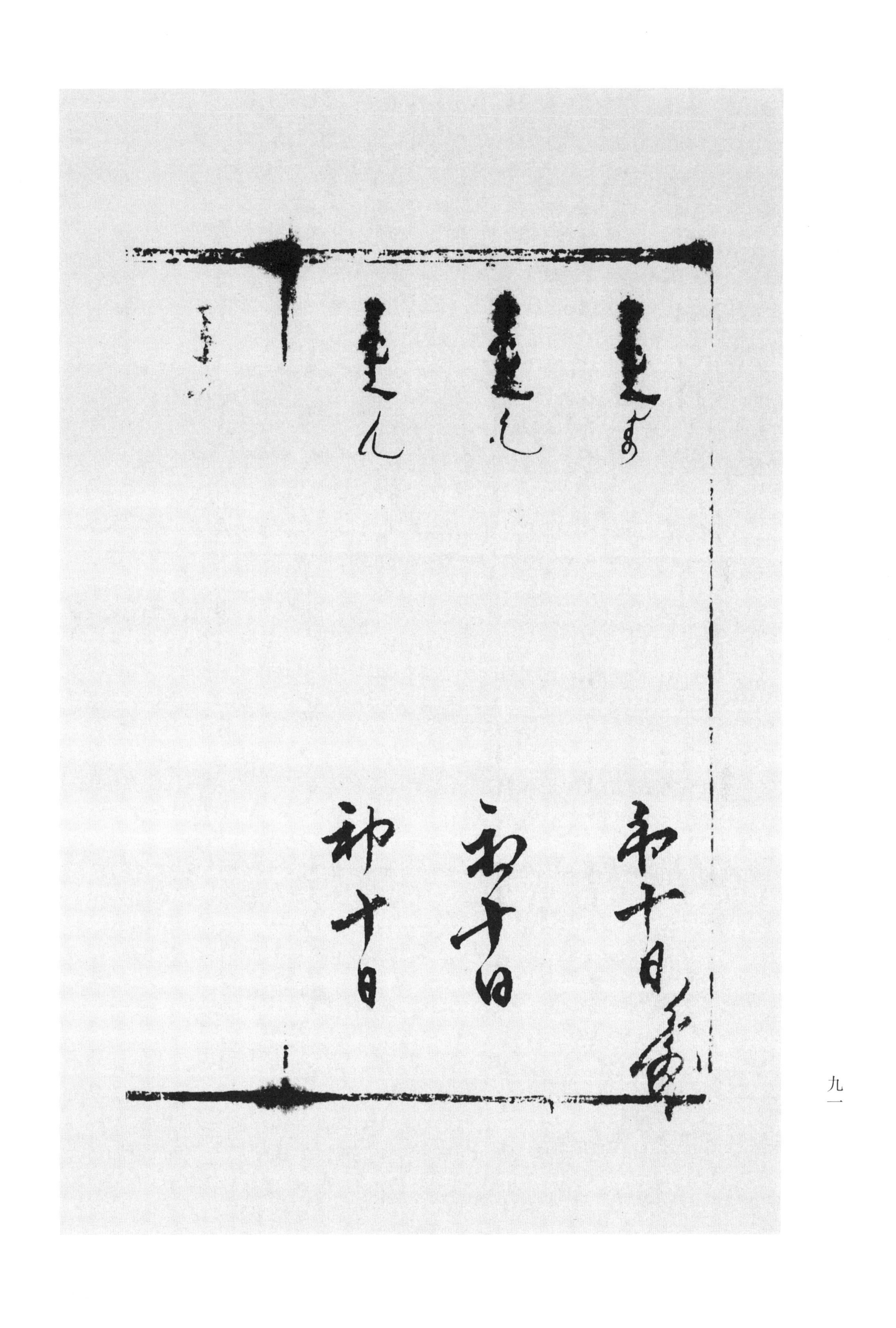

初十日

初十日

初十日

ᡥᡡᠸᠠᠩᡩᡳ ᡳ [illegible] [illegible] [illegible] [illegible] ᡳ [illegible]

ᡥᡡᠸᠠᠩᡩᡳ ᡳ [illegible] [illegible] [illegible] [illegible] [illegible] [illegible] ᡳ [illegible]

[illegible] [illegible] [illegible] [illegible] [illegible] ᡳ [illegible] [illegible] [illegible]

[illegible] ᡳ [illegible]

ᡥᡡᠸᠠᠩᡩᡳ ᡳ [illegible] [illegible] [illegible] [illegible] [illegible] [illegible] [illegible] [illegible]

[illegible] ᡳ [illegible] [illegible] [illegible] [illegible] [illegible] [illegible]

[illegible]

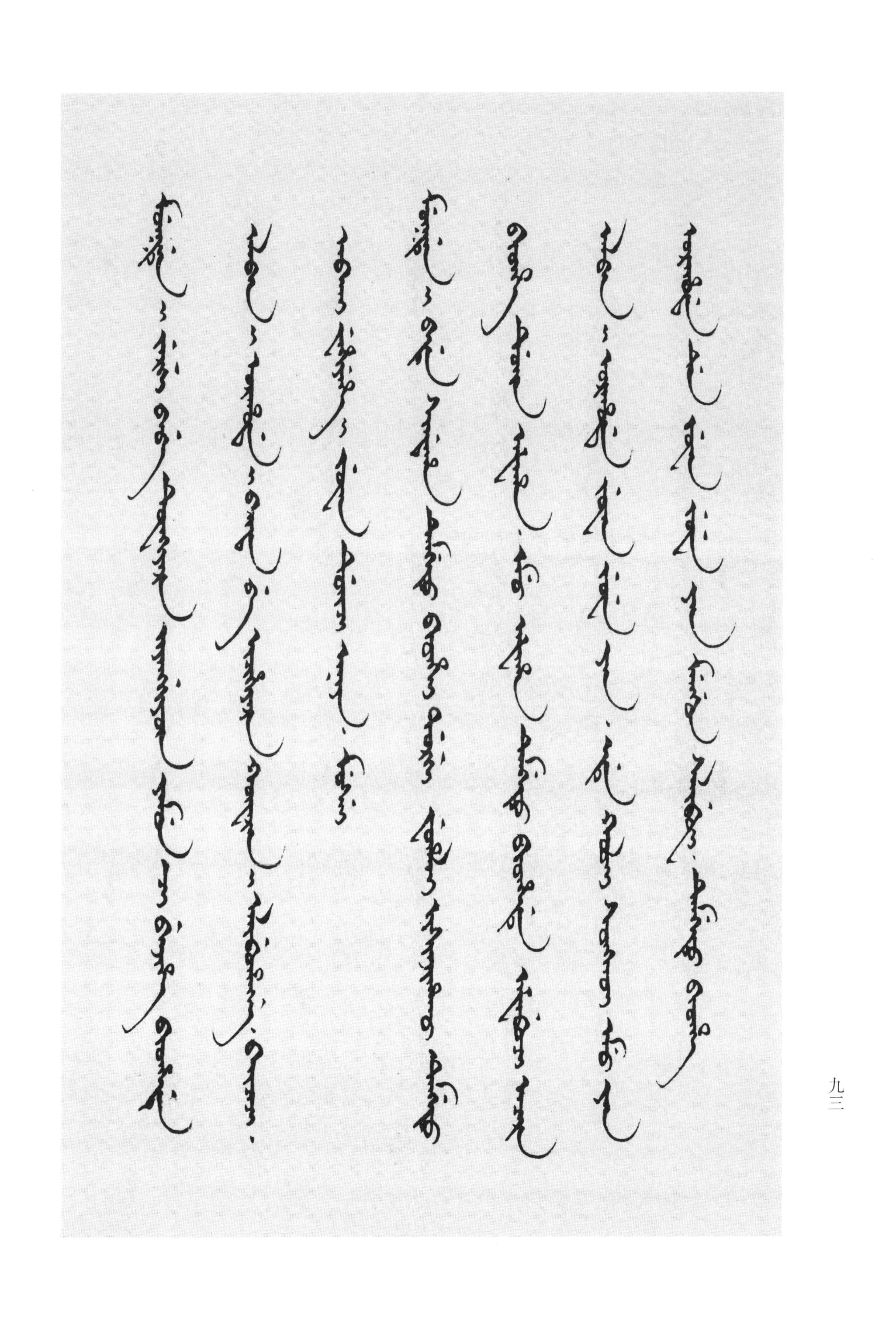

[illegible]

[illegible]

[illegible]

[illegible]

[illegible]

[illegible]

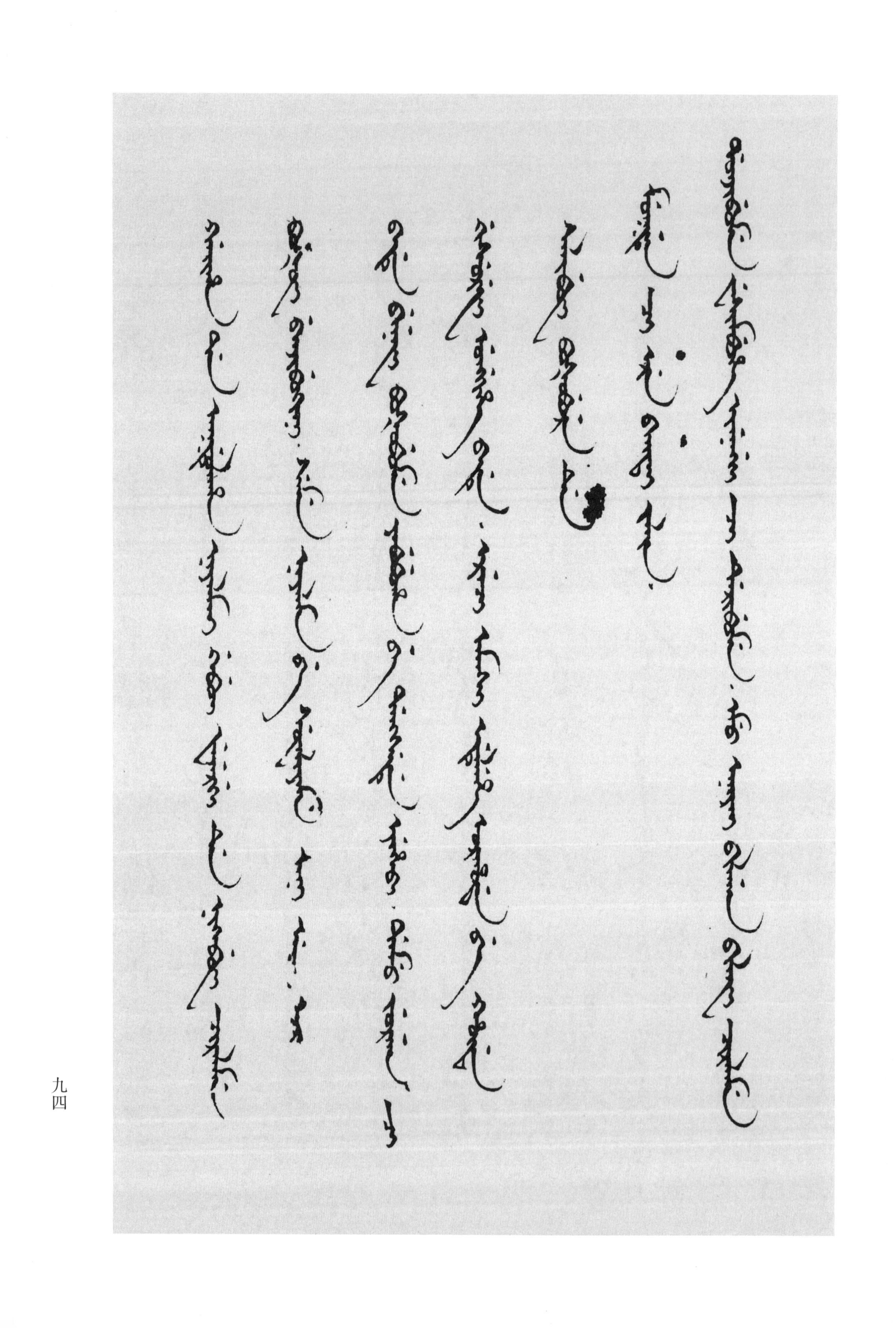

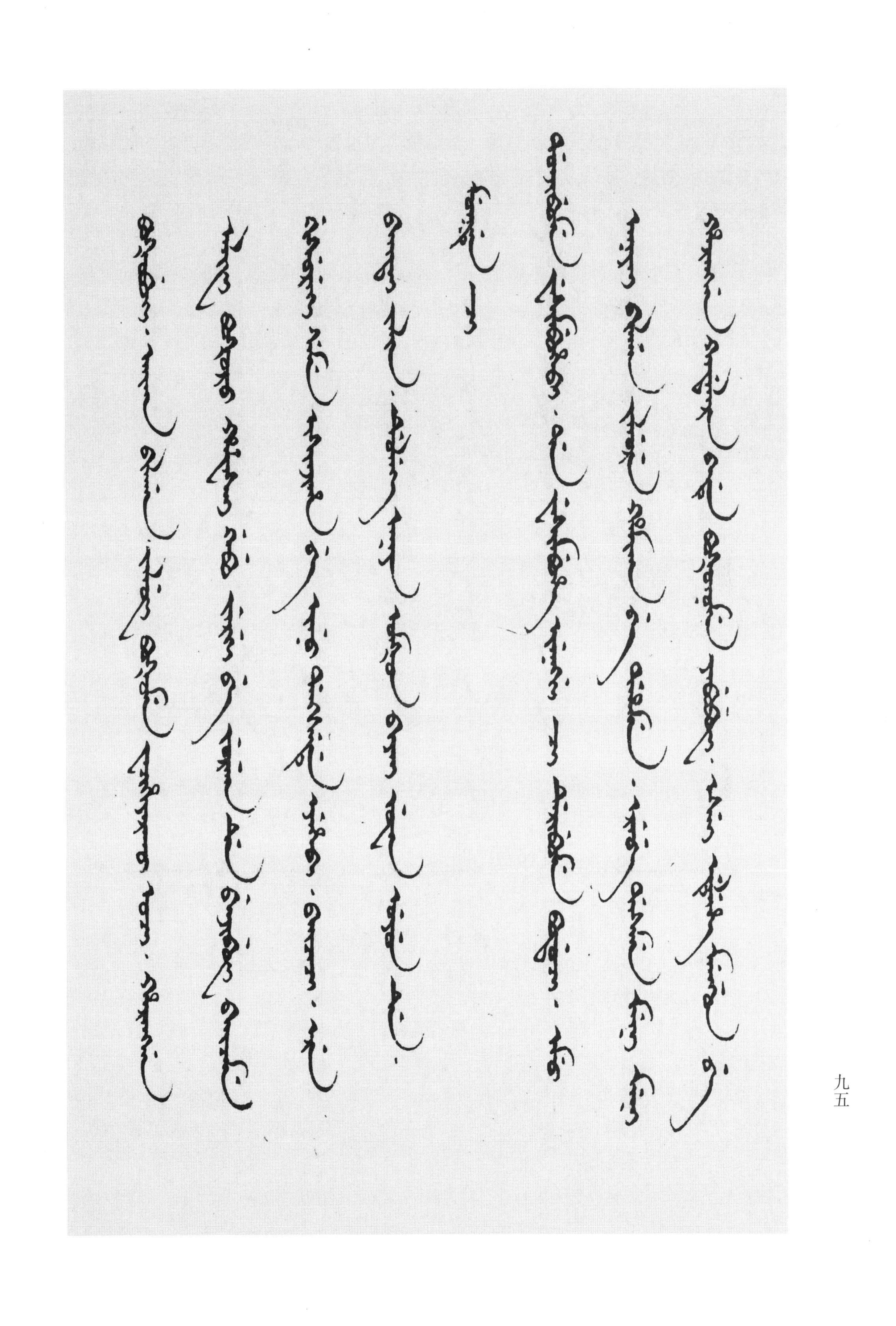

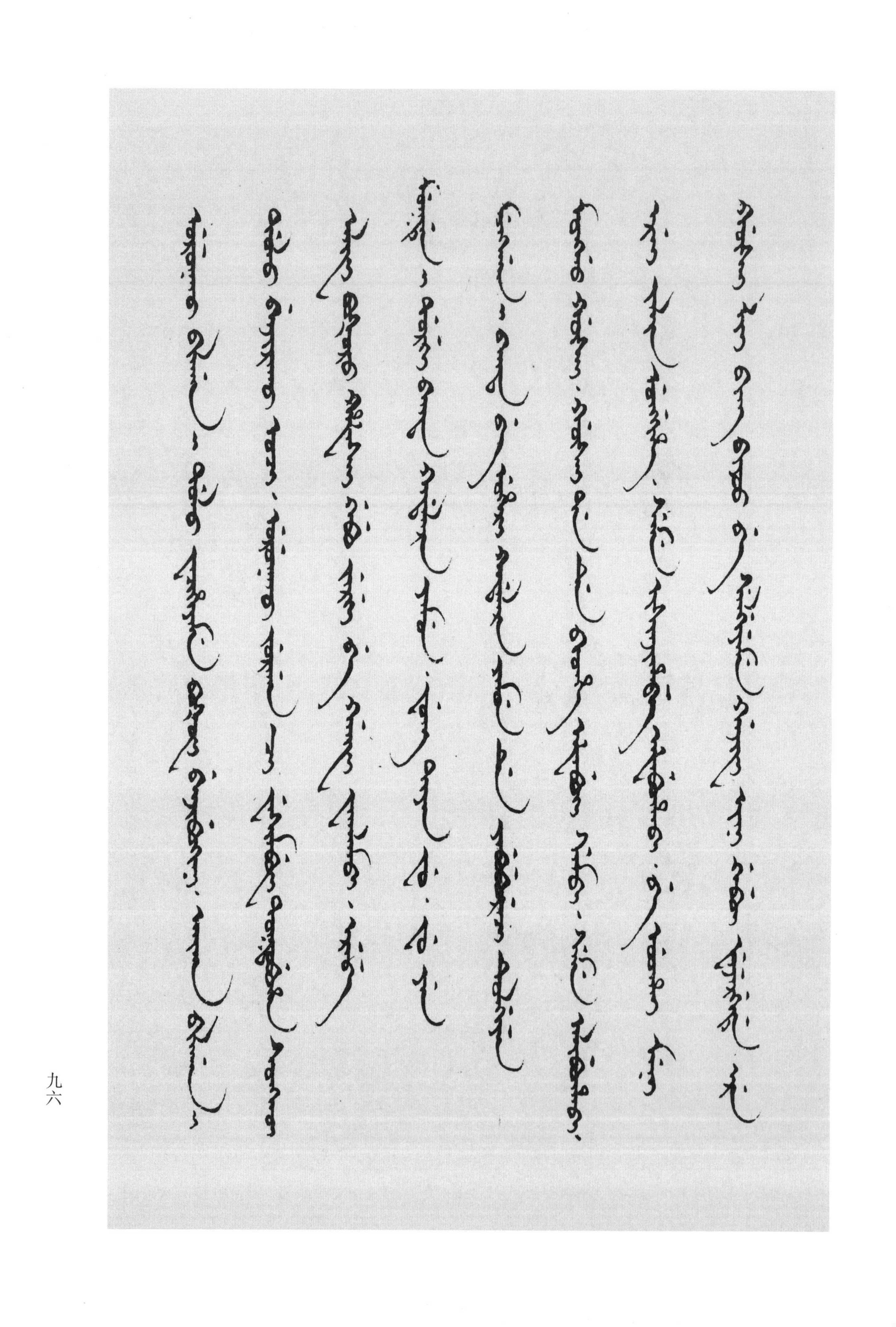

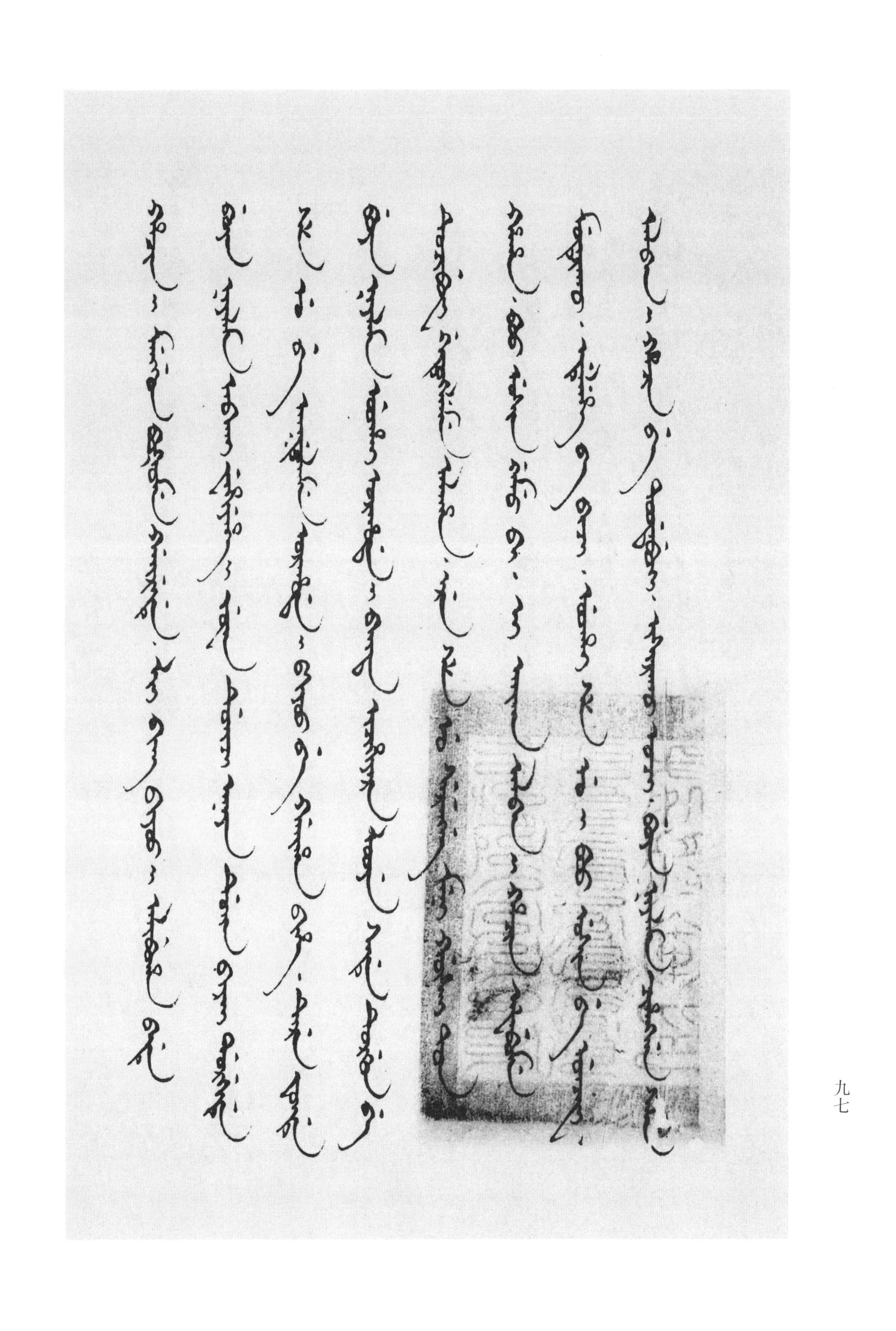

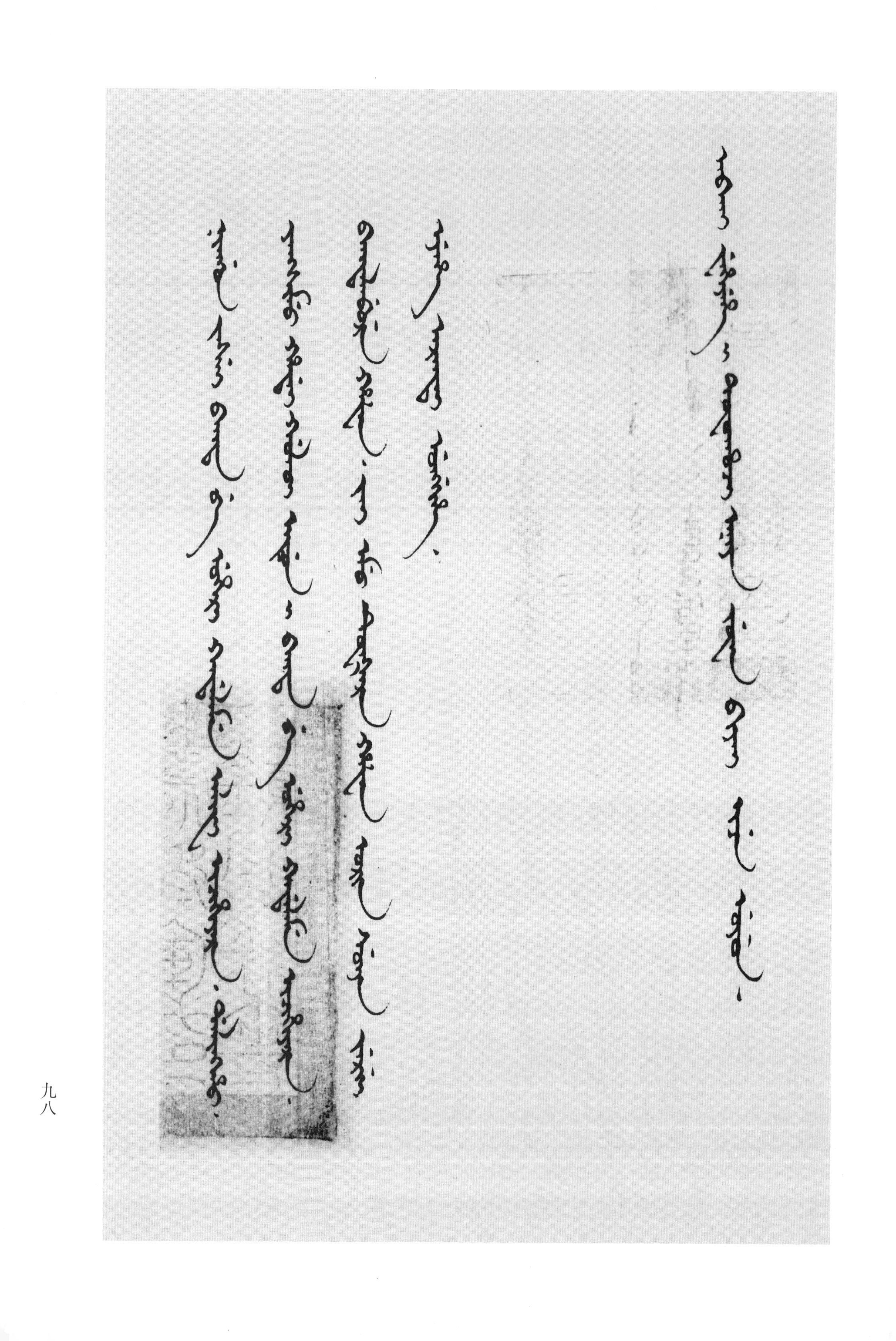

[illegible]

[illegible]

[illegible]

[illegible]

[illegible]

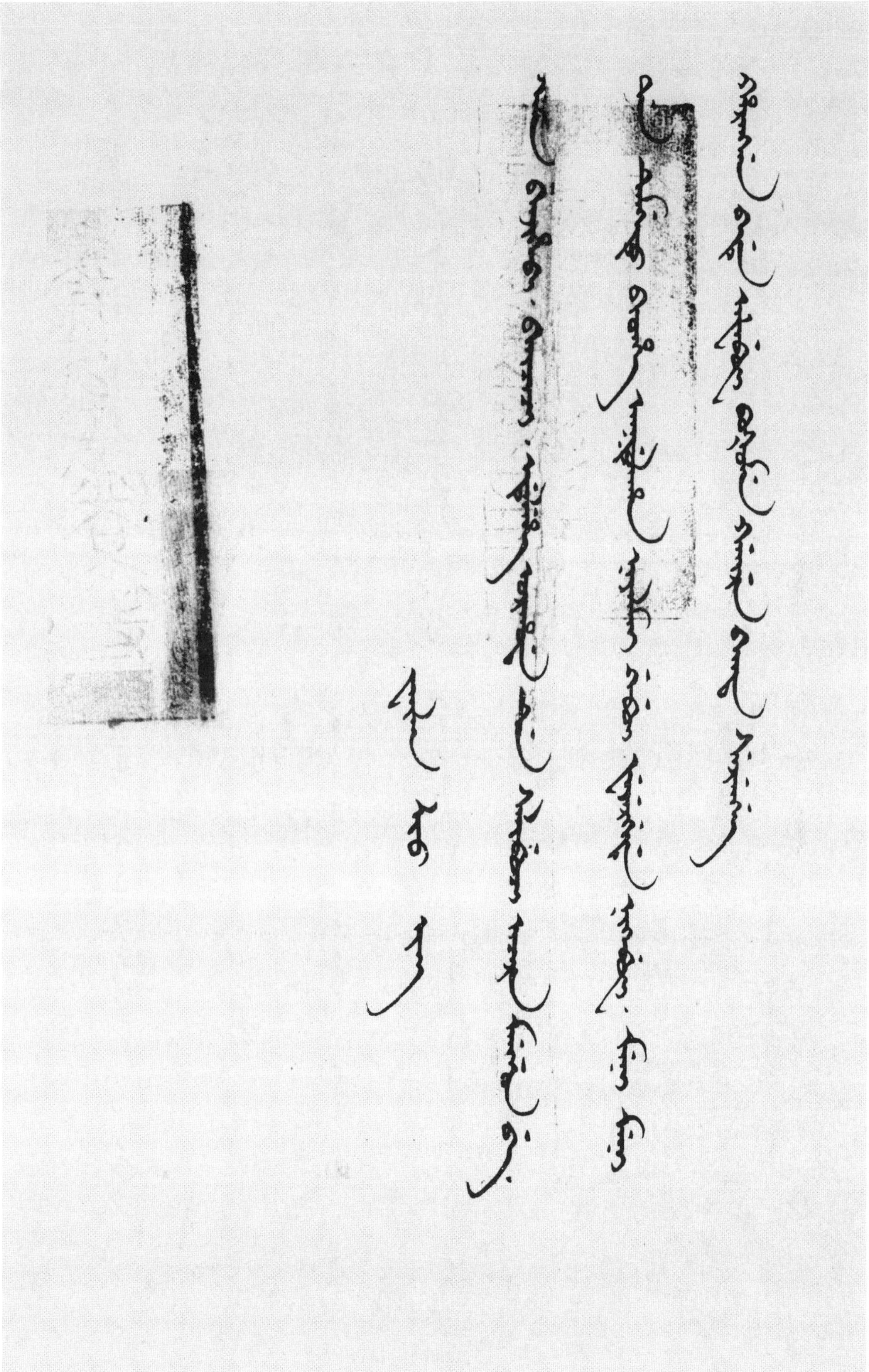

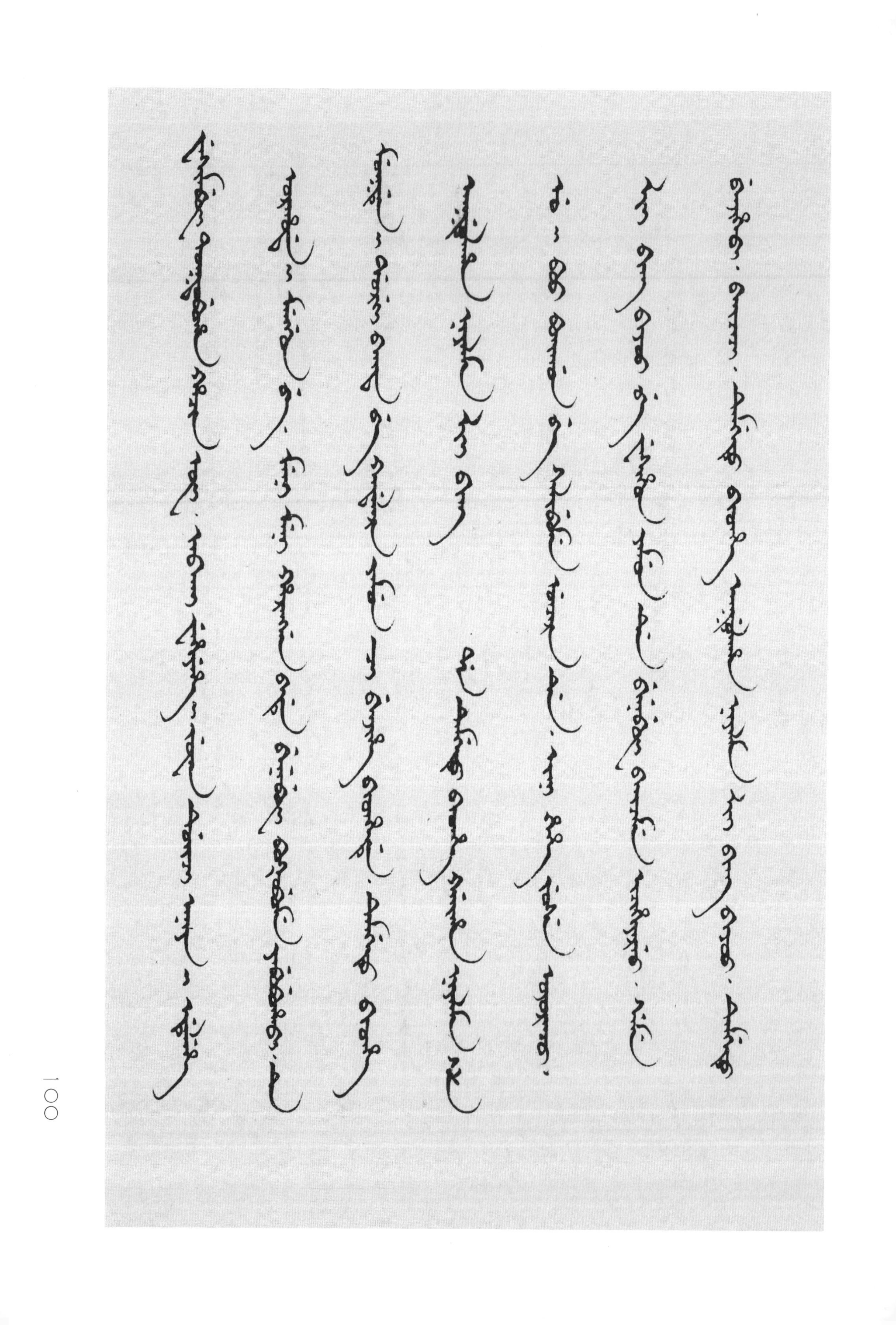

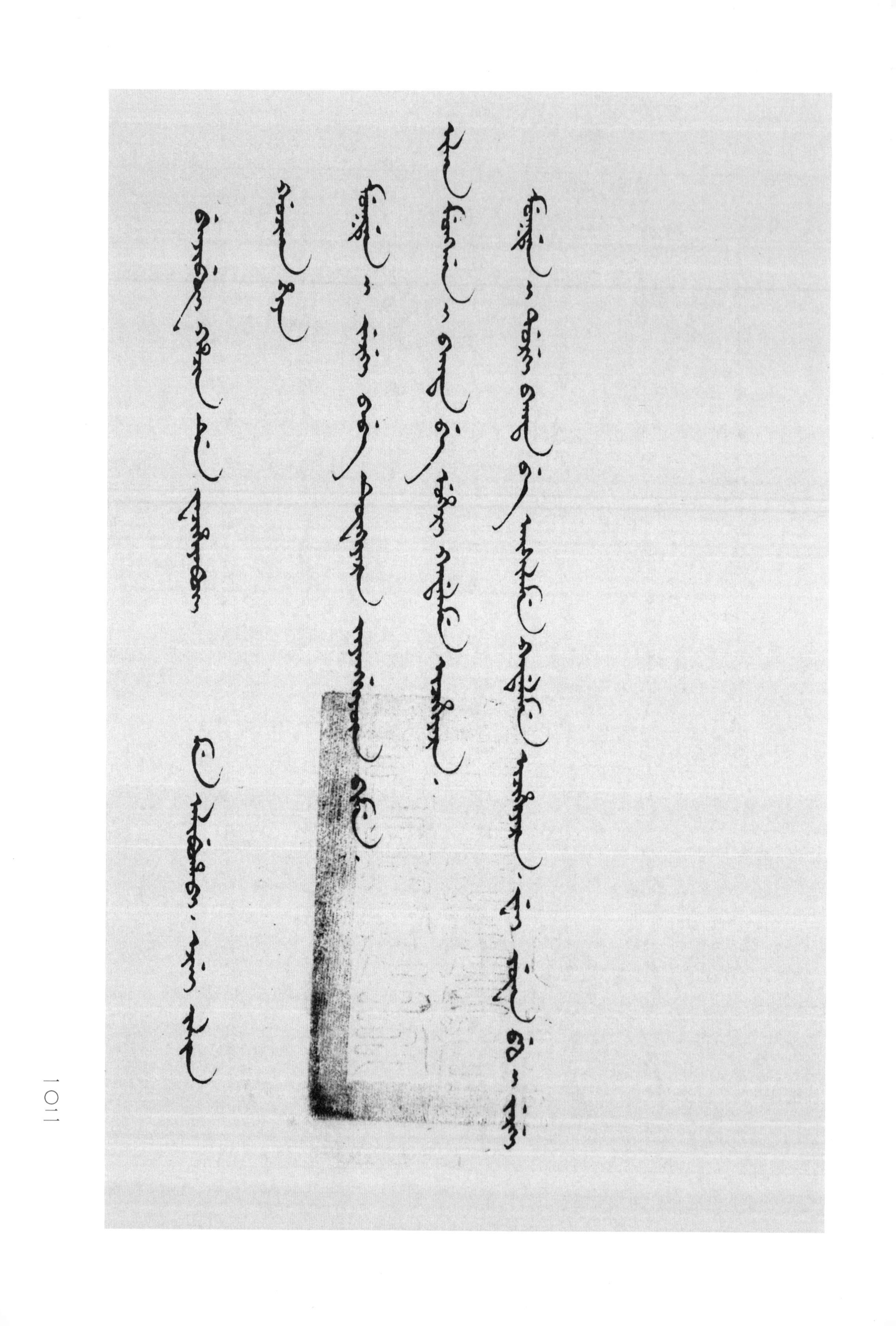

右

咨

盛京内務府衙門

乾隆十五年十月初十日

筆帖式福英

理外相應劄行內倉監督申保等將
此項暫借喂養馬匹穀草三萬六千
五百五十束據收印領照數發給外
仍知會
盛京內務府衙門可也為此合咨須至
咨者

喂養未便咨駁理應暫行借給谷草
叁萬陸千伍百伍拾束喂養俟將軍
衙門奏明馬群裁汰并餘剩馬群交
給內務府喂養之處知會到日再行
如數支借其支借草束俟明歲青
黃不接之時入與糶三項內作價辦

盛京内務府查照將查出谷草一項裁汰馬群餘剩
交給内務府喂養之處
盛京將軍衙門並未知會本部碍難
如數借給但内務府既稱庄頭等現
在地畝被水冲淹顆粒未得無處措
辦等語則此項馬匹関係需用谷草

升如數完項不致虧缺等因前來查得
內倉寔存豆六千三百四十餘石其內借
給將軍衙門豆二千五百石只剩豆三
千八百四十餘石堪可喂飼黑牛羊及供應
過往差役除之用此以外並無餘豆可借相
應咨呌

咨貴部將倉存谷草咨借拾壹萬陸千
羊草亦無處刈割草豆將何措辦只得
據實呈明祈為辦理并情據此相應移
咨貴部將倉存谷草咨借拾壹萬陸千
伍百伍拾柒豆肆千壹百陸拾貳石伍斗俟
明歲秋收之後照例每倉石加耗糧壹倉

雖裁汰貳拾貳群所畨官馬捌群仍交
身等喂養尚需料豆肆千壹百陸拾貳
石伍斗穀草拾壹萬陸千伍百伍拾束小
人等地畝被水穀豆歉收平地水深數尺
羊草亦無處刈割草豆將何措辦只得
據實呈明祈爲辦理等情據此相應移

盛京户部 為咨覆事粮儲司案呈准

盛京内務府衙門咨開據庄頭徐良玉等

呈稱本年五六七月大雨連綿身等所種

地畝被水淹涝業經呈报在案今官馬

谷

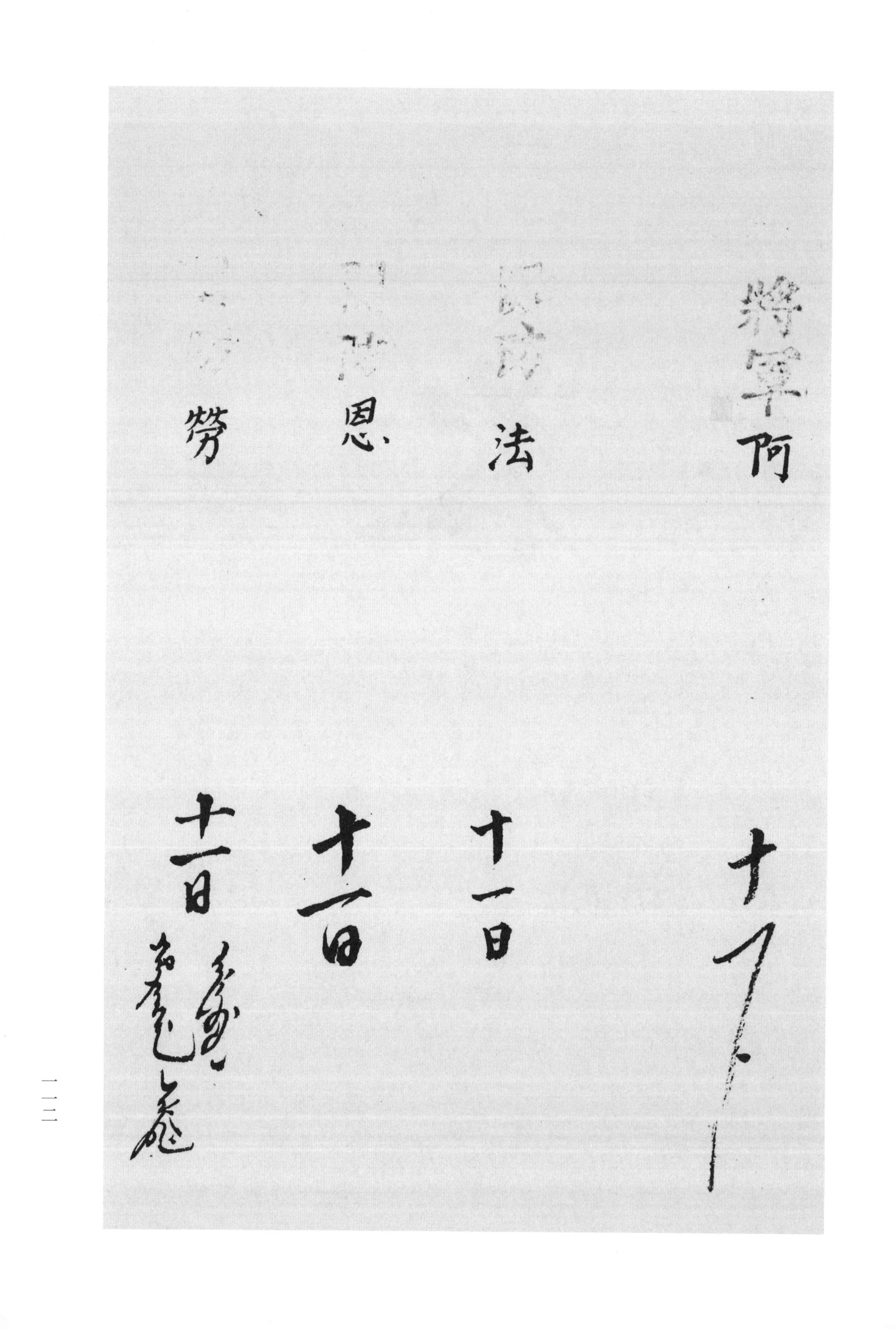

將軍阿　十八

[illegible]法　十一日

[illegible]恩　十一日

[illegible]勞　十一日

[illegible]

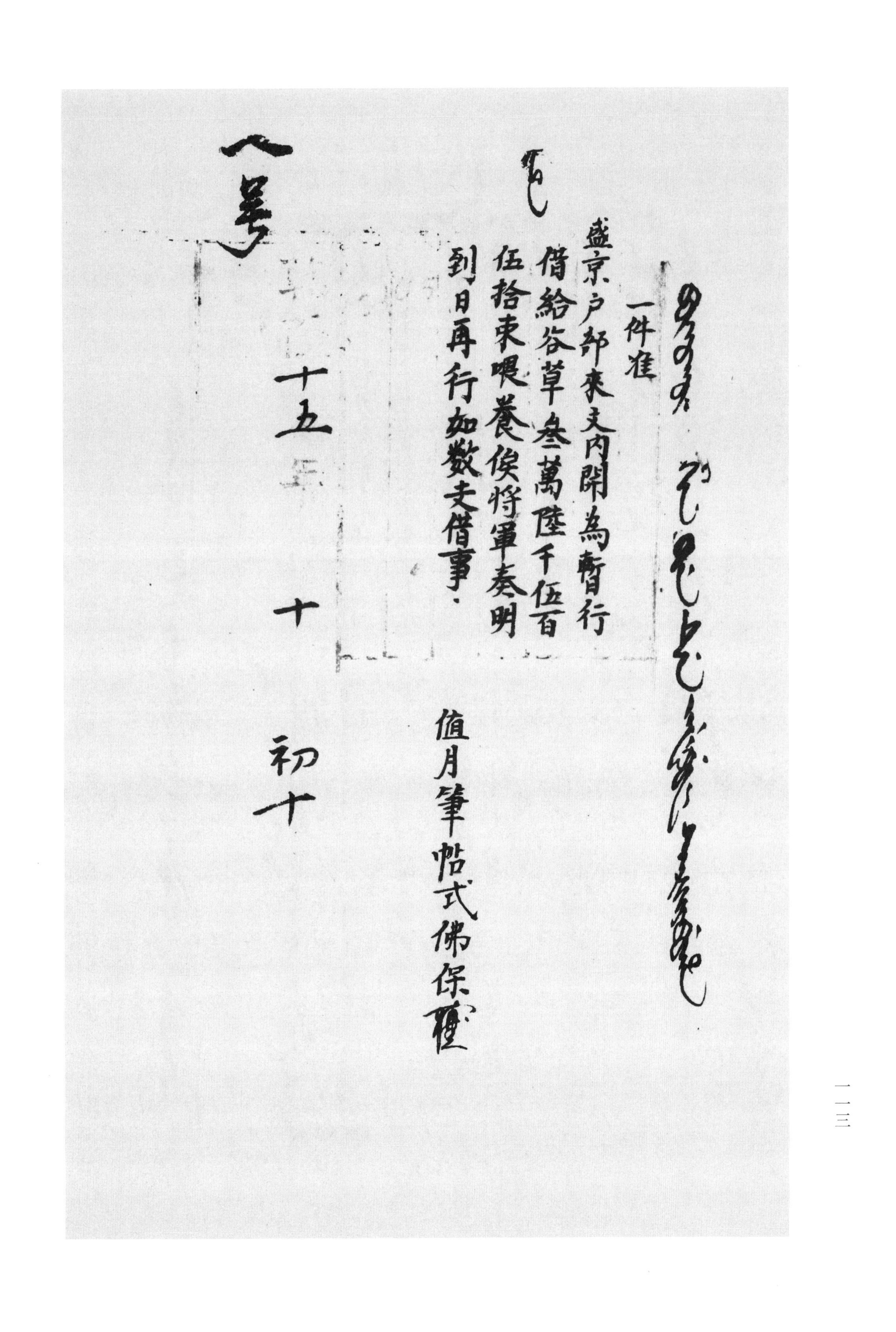

一件准

盛京户部来文内開為齎行

借給谷草叁萬陸千伍百

伍拾束喂養俟将軍奏明

到日再行如數支借事

值月筆帖式佛保

十五年十月初十

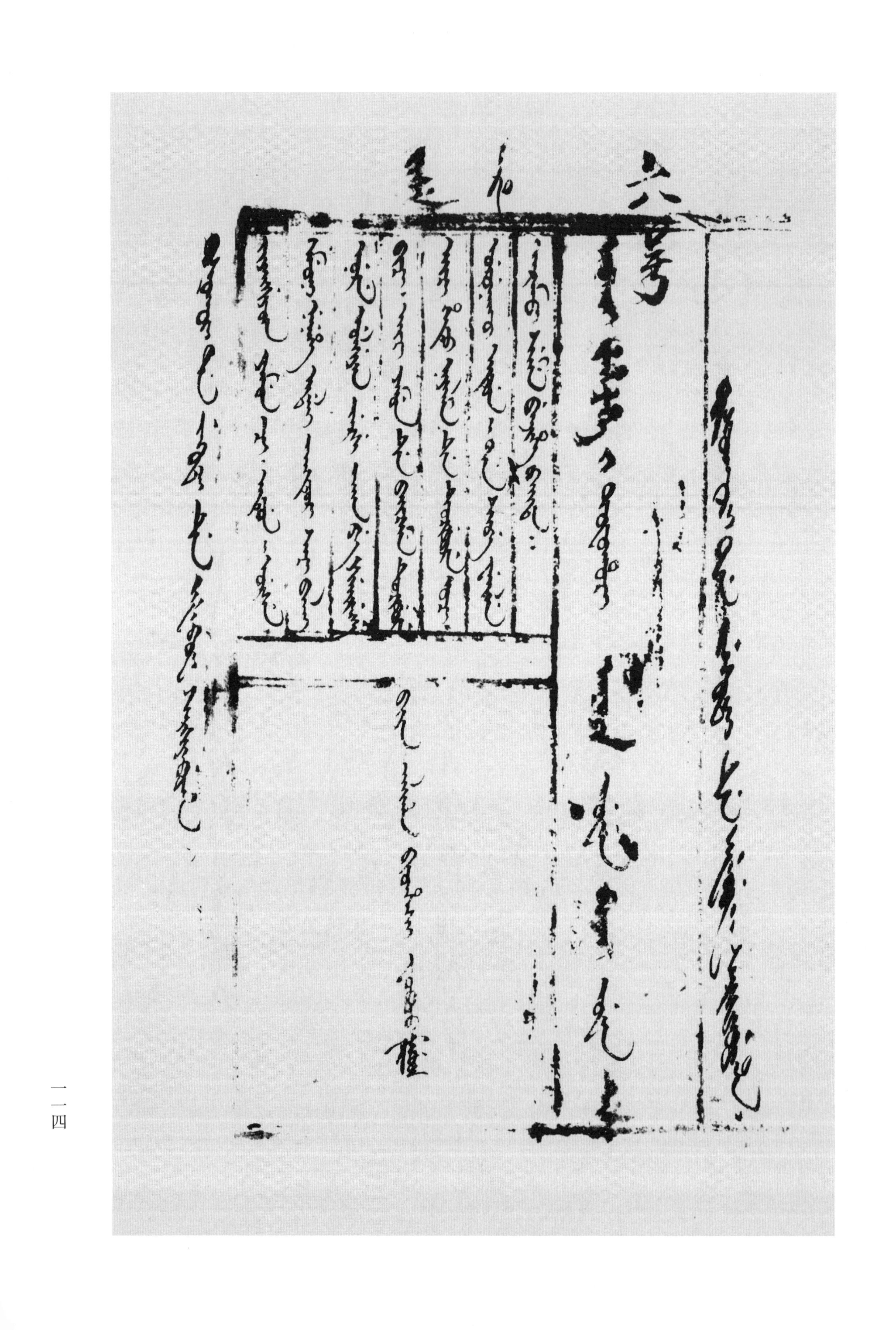

六

加

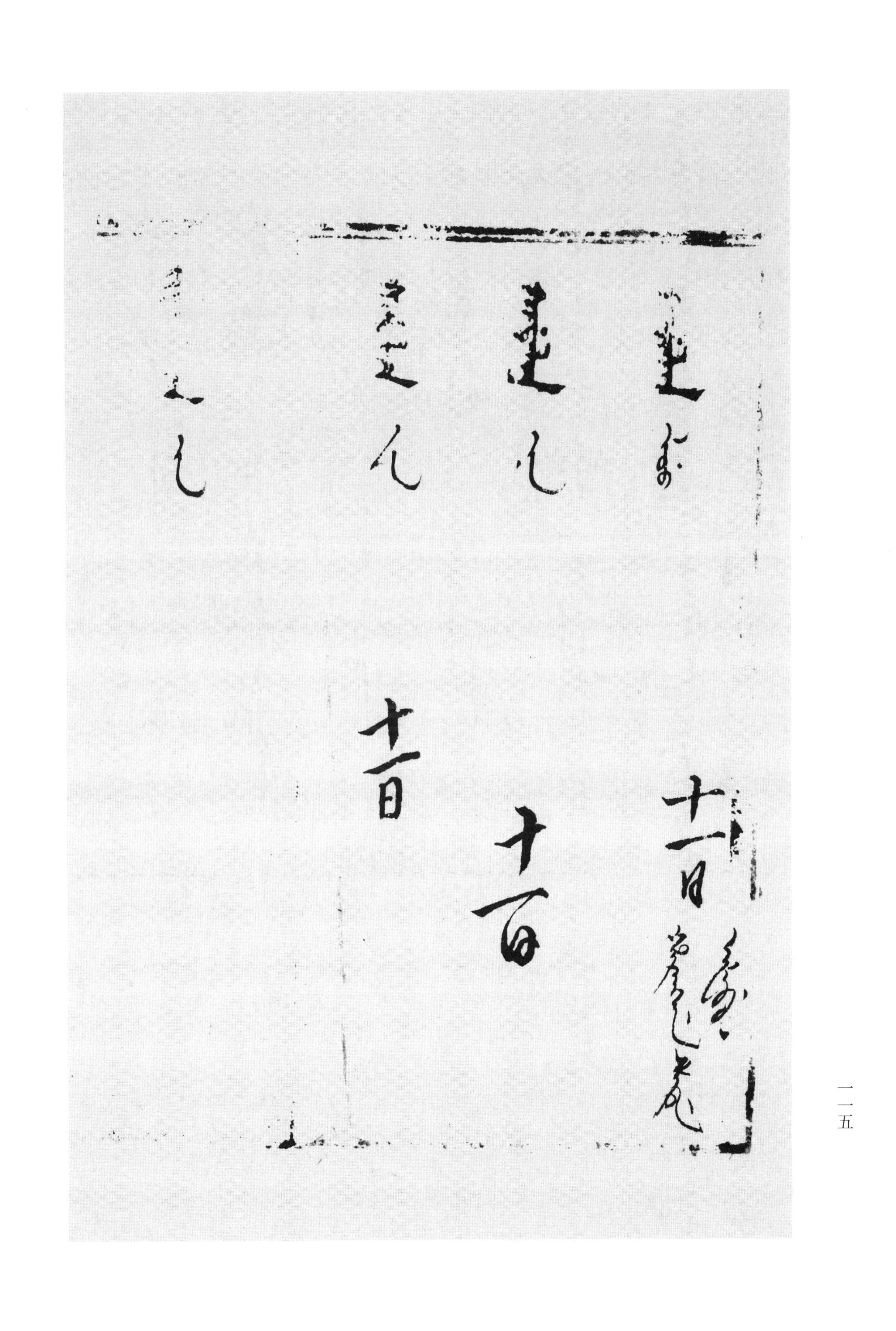

十一日

十一日

十一日

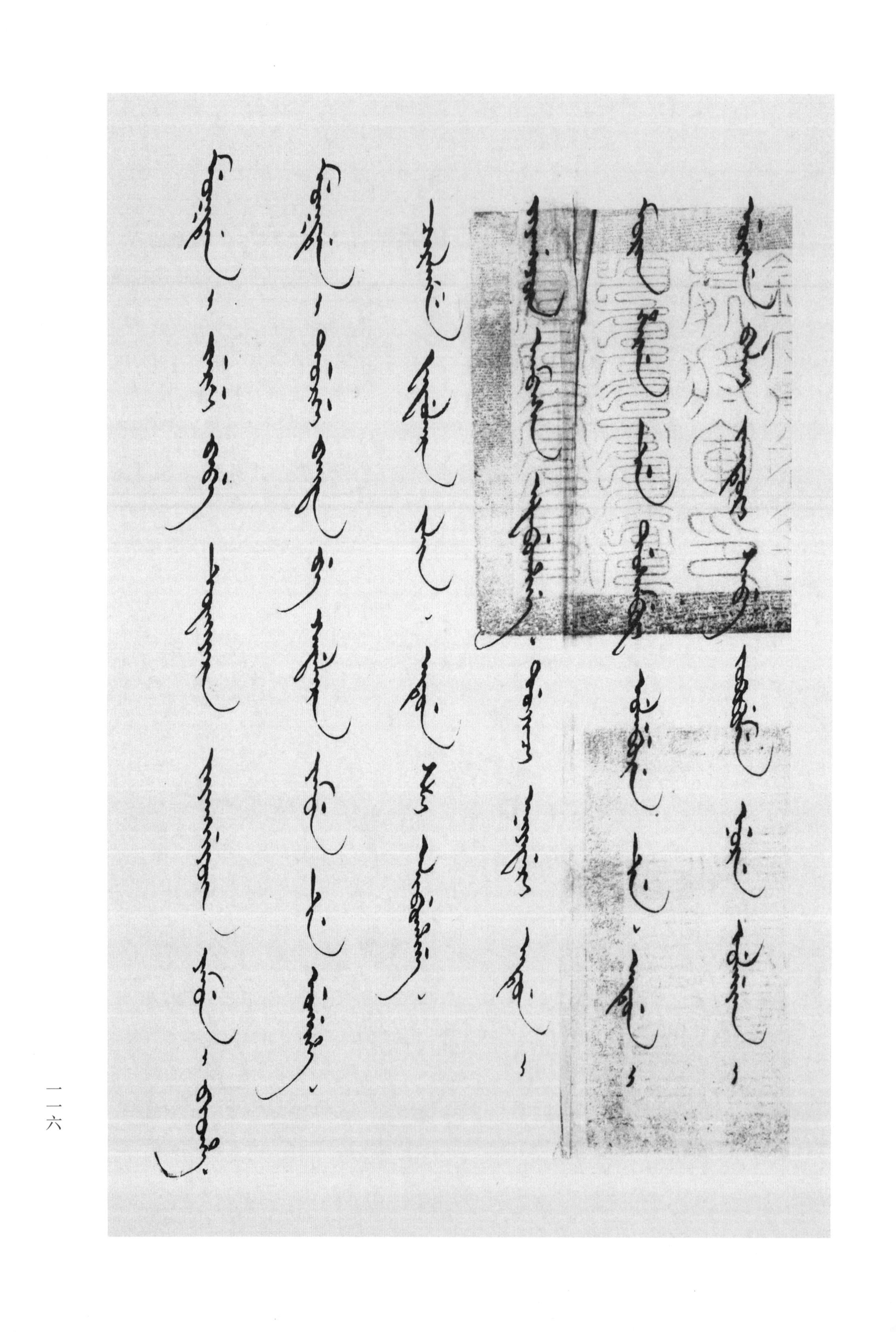

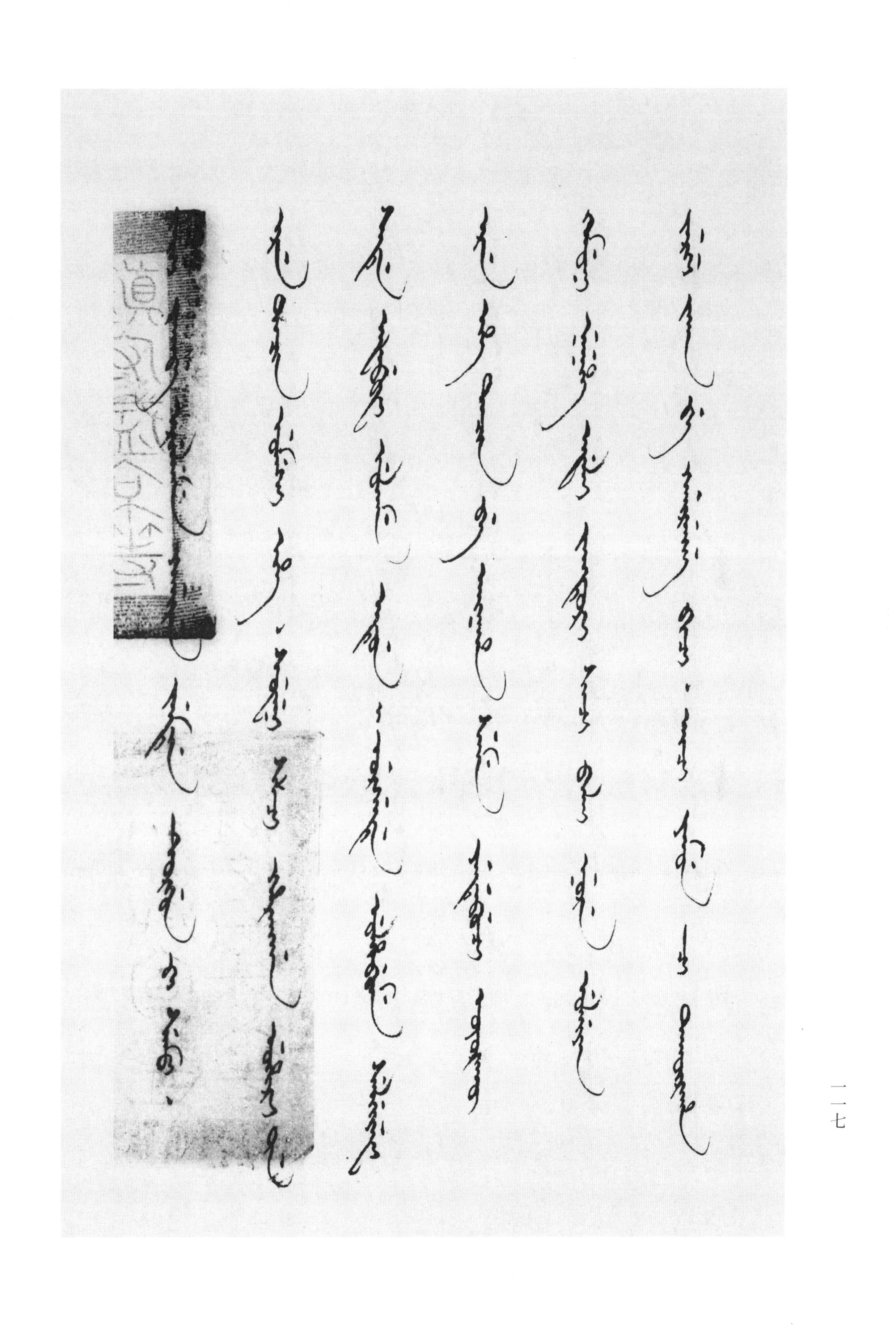

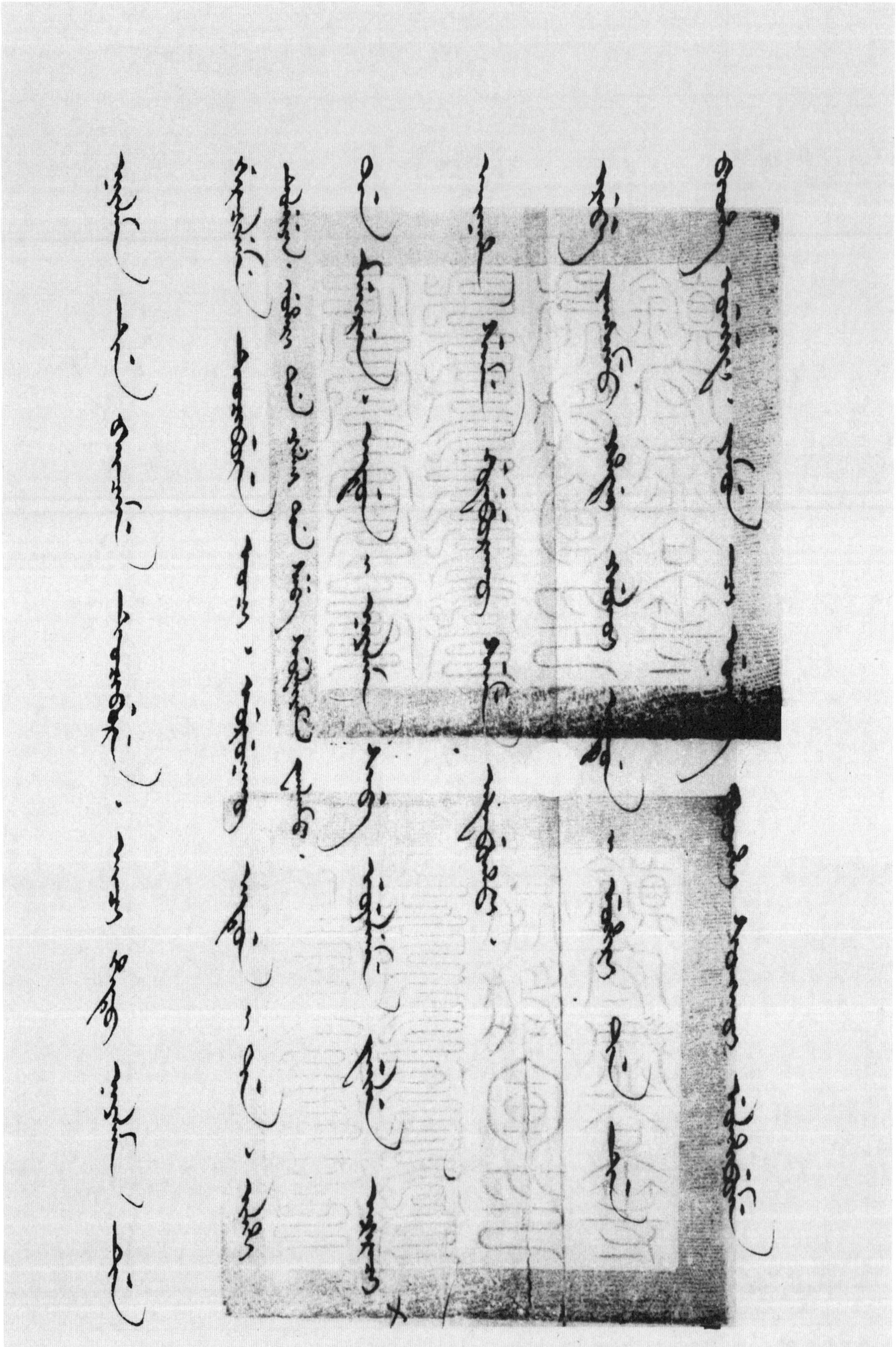

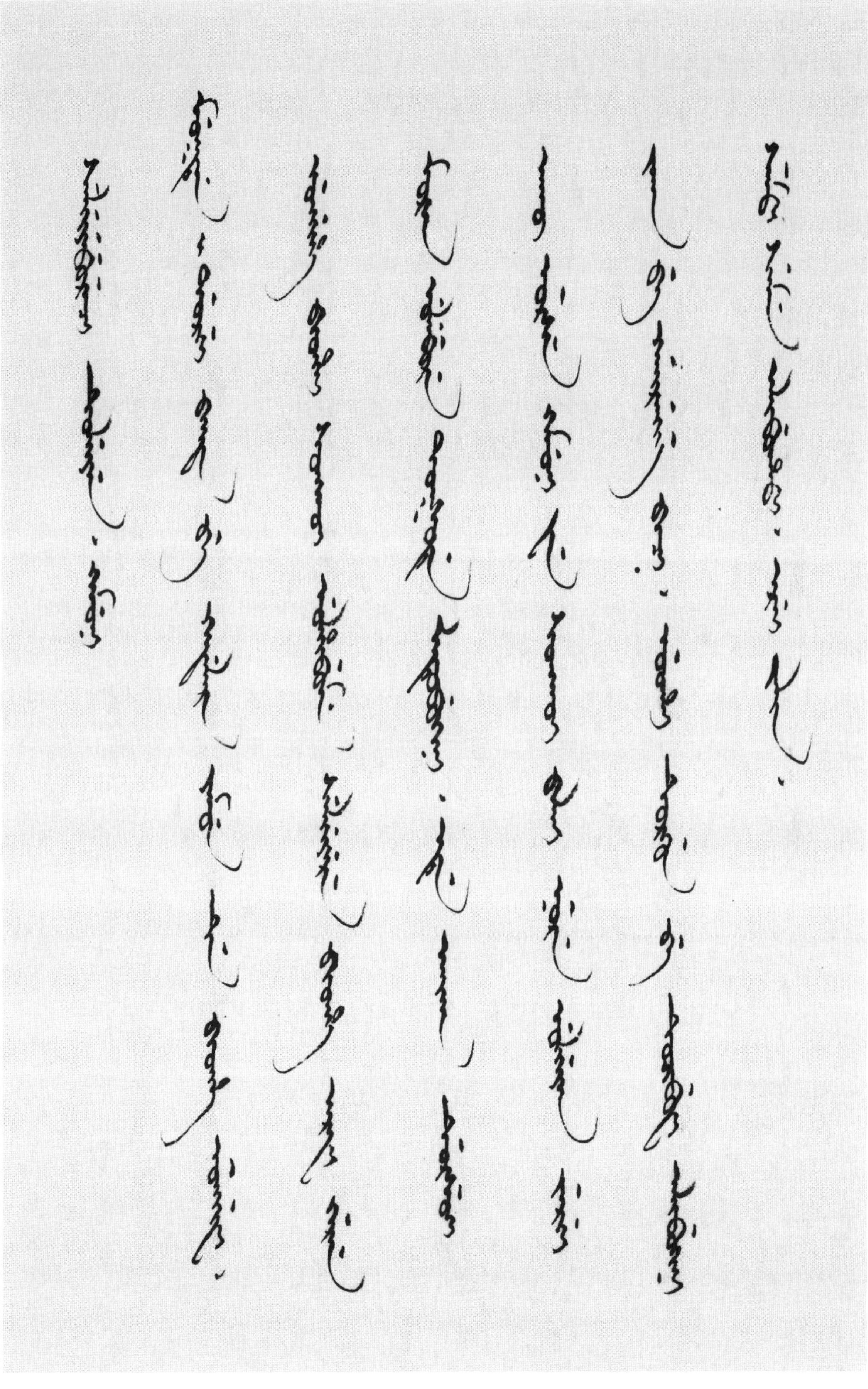

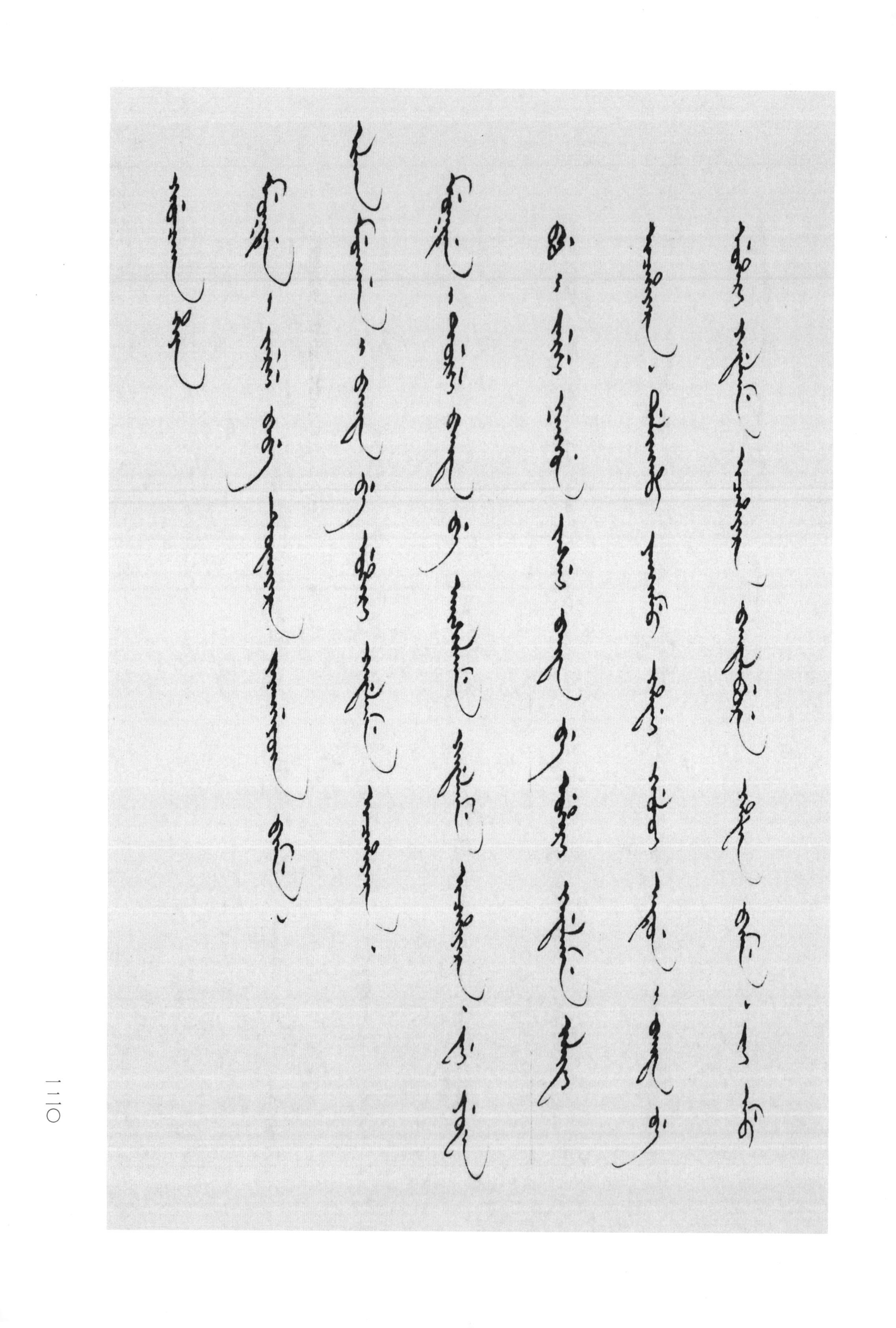

[illegible]

[illegible]

[illegible]

[illegible]

[illegible]

[illegible]

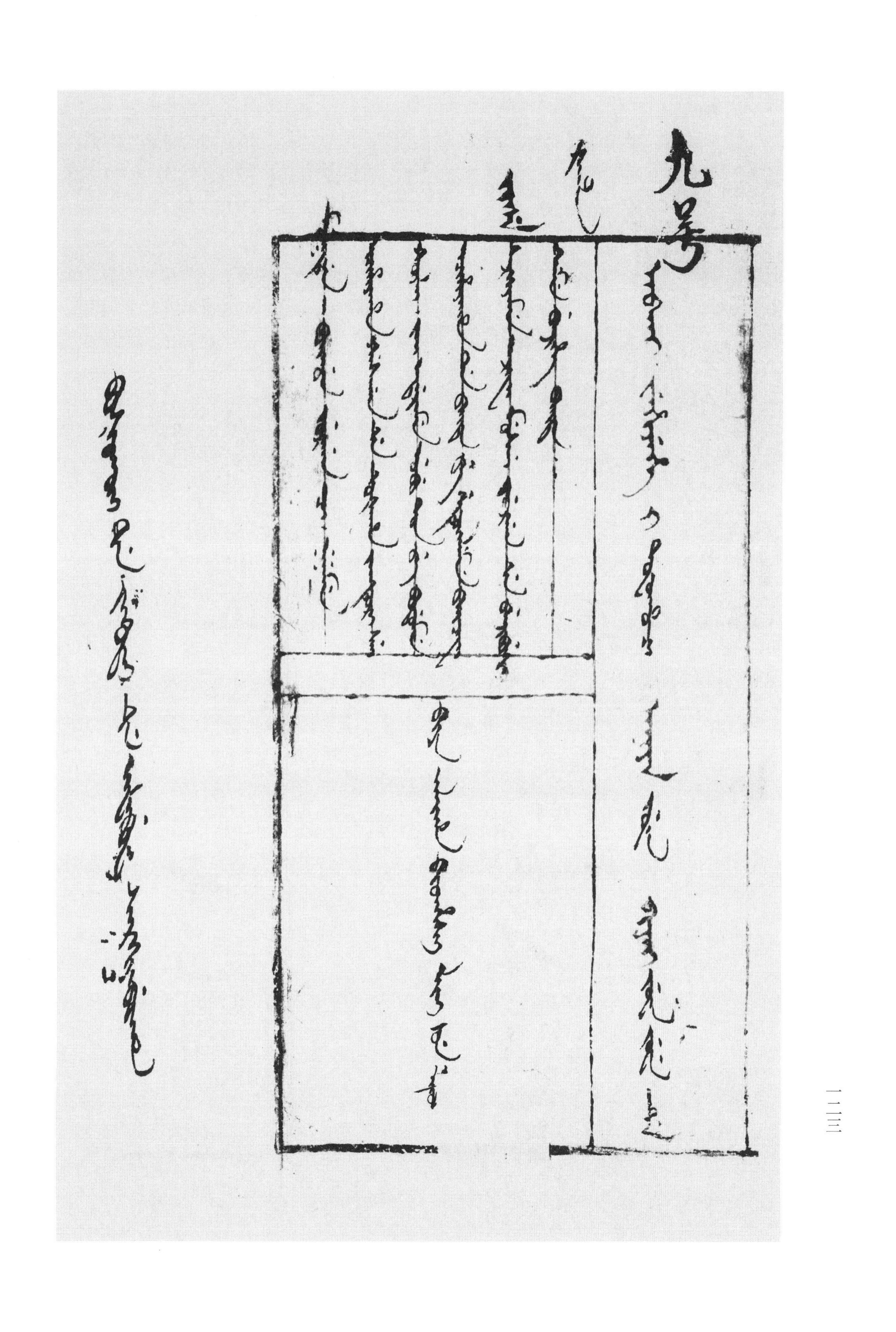

九号

[illegible]

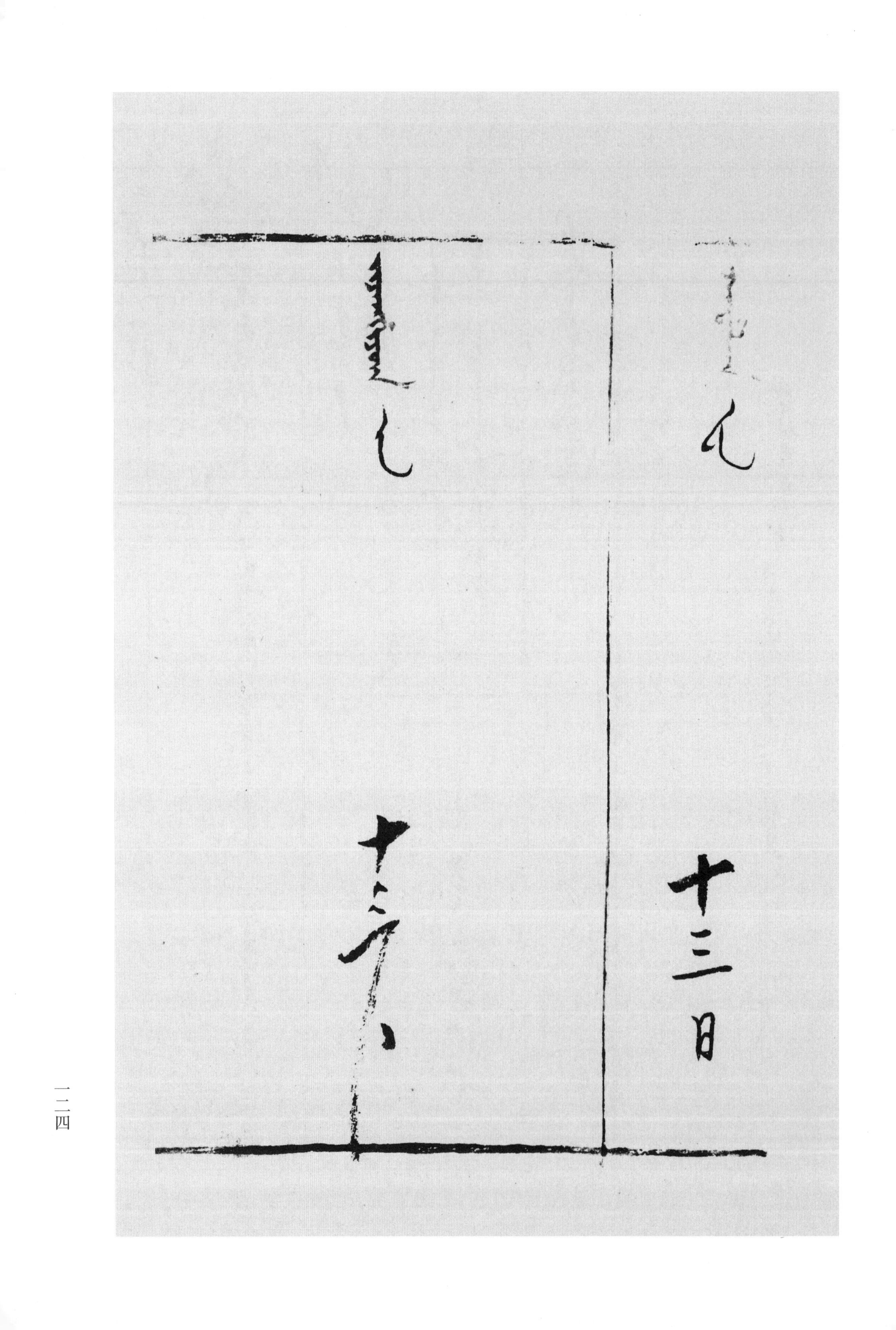

ᠵᡠᠸᠠᠨ ᡳᠯᠠᠨ

十三日

ᠵᡠᠸᠠᠨ ᠨᡳᠩᡤᡠᠨ

十六日

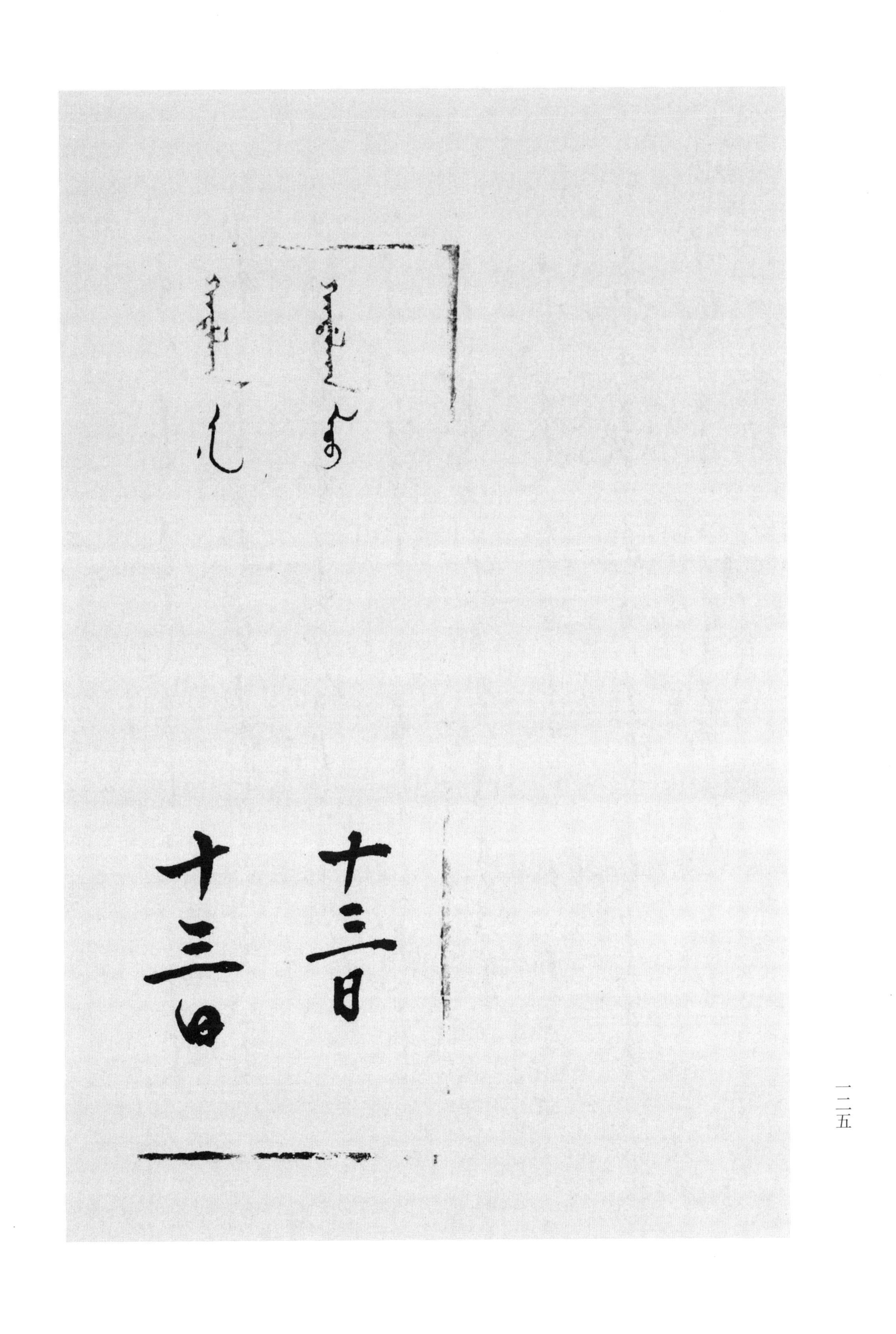

[illegible]

[illegible]

十三日

十三日

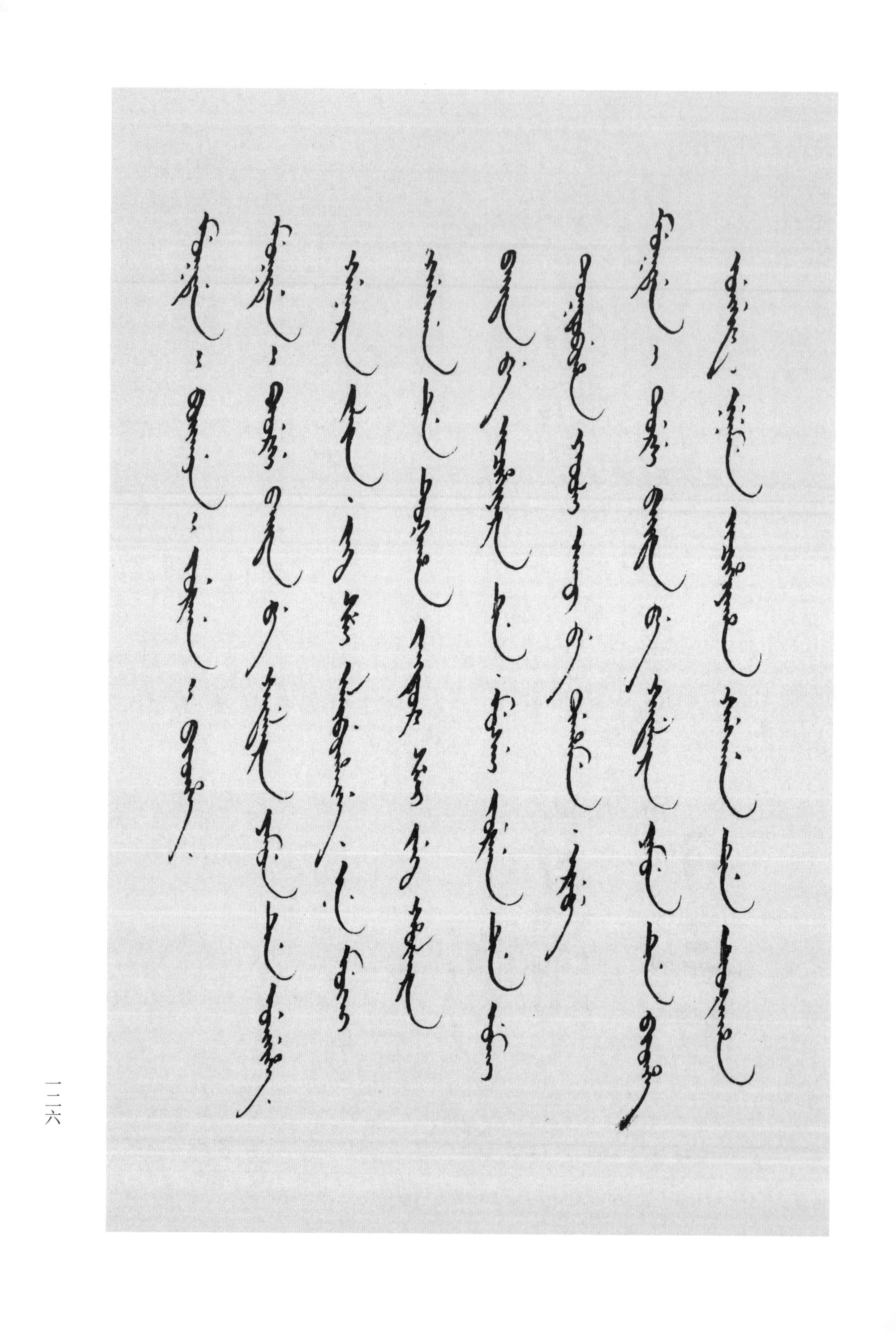

[illegible]

[illegible]

[illegible]

[illegible]

[illegible]

[illegible]

[illegible]

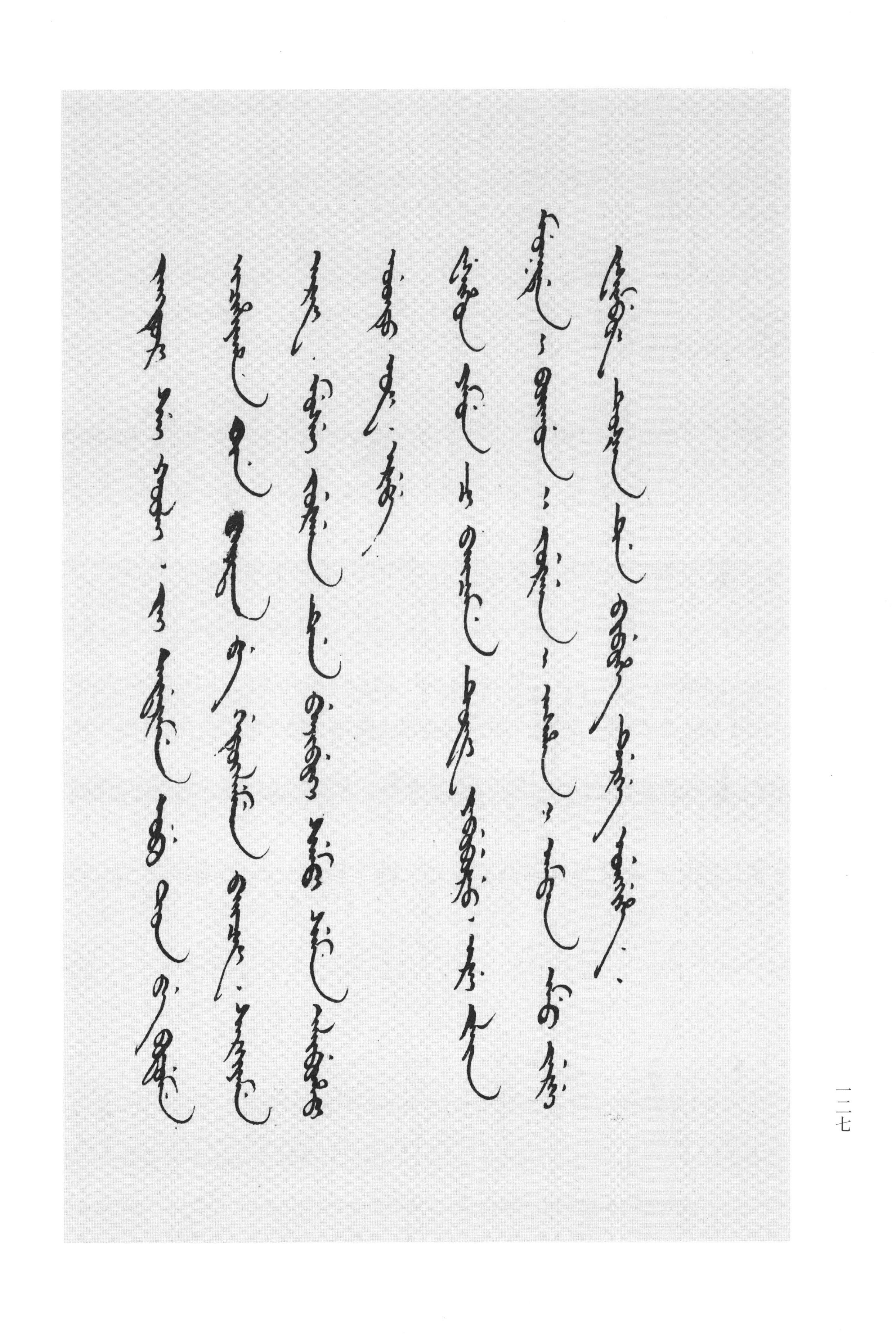

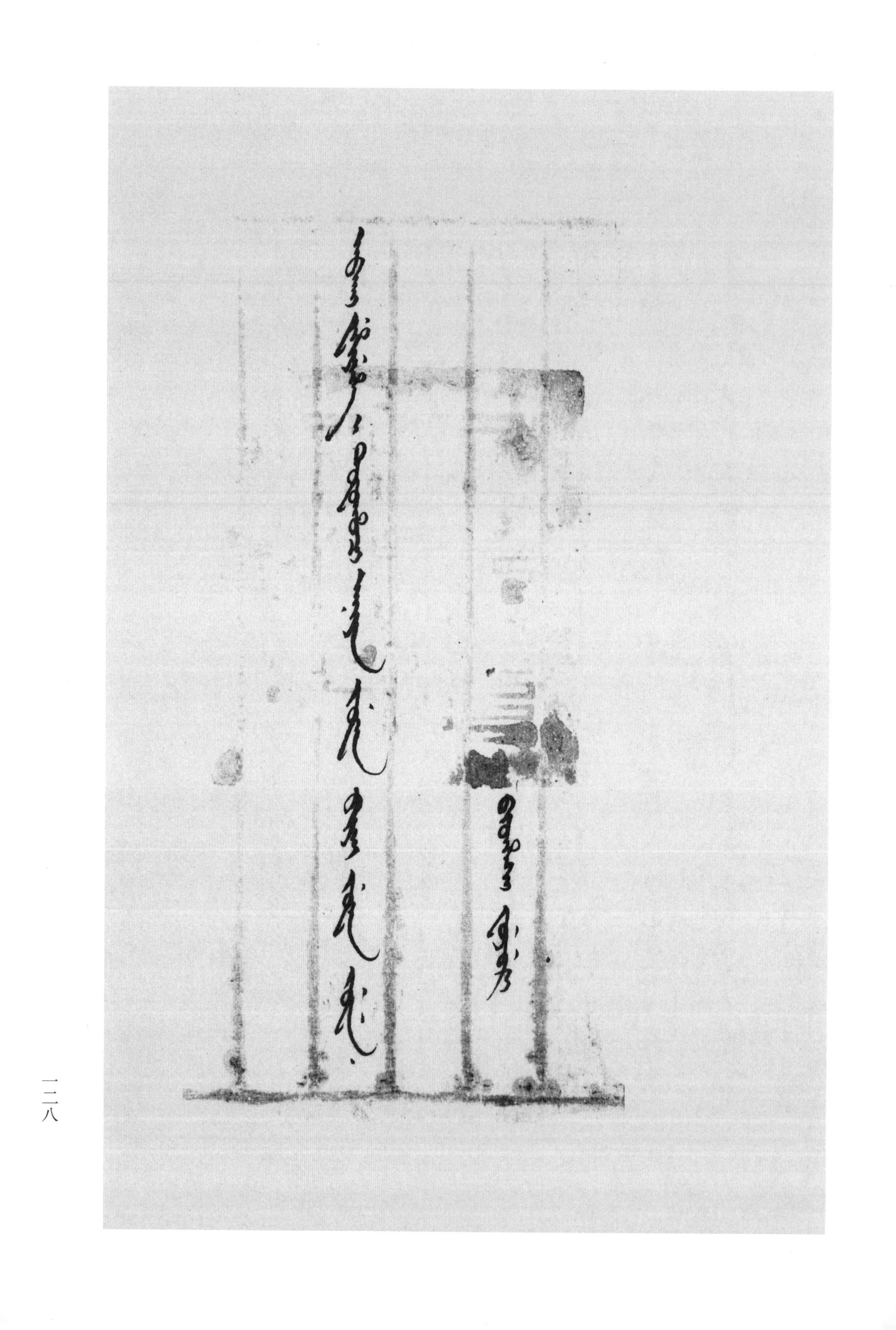

[illegible]

[illegible]

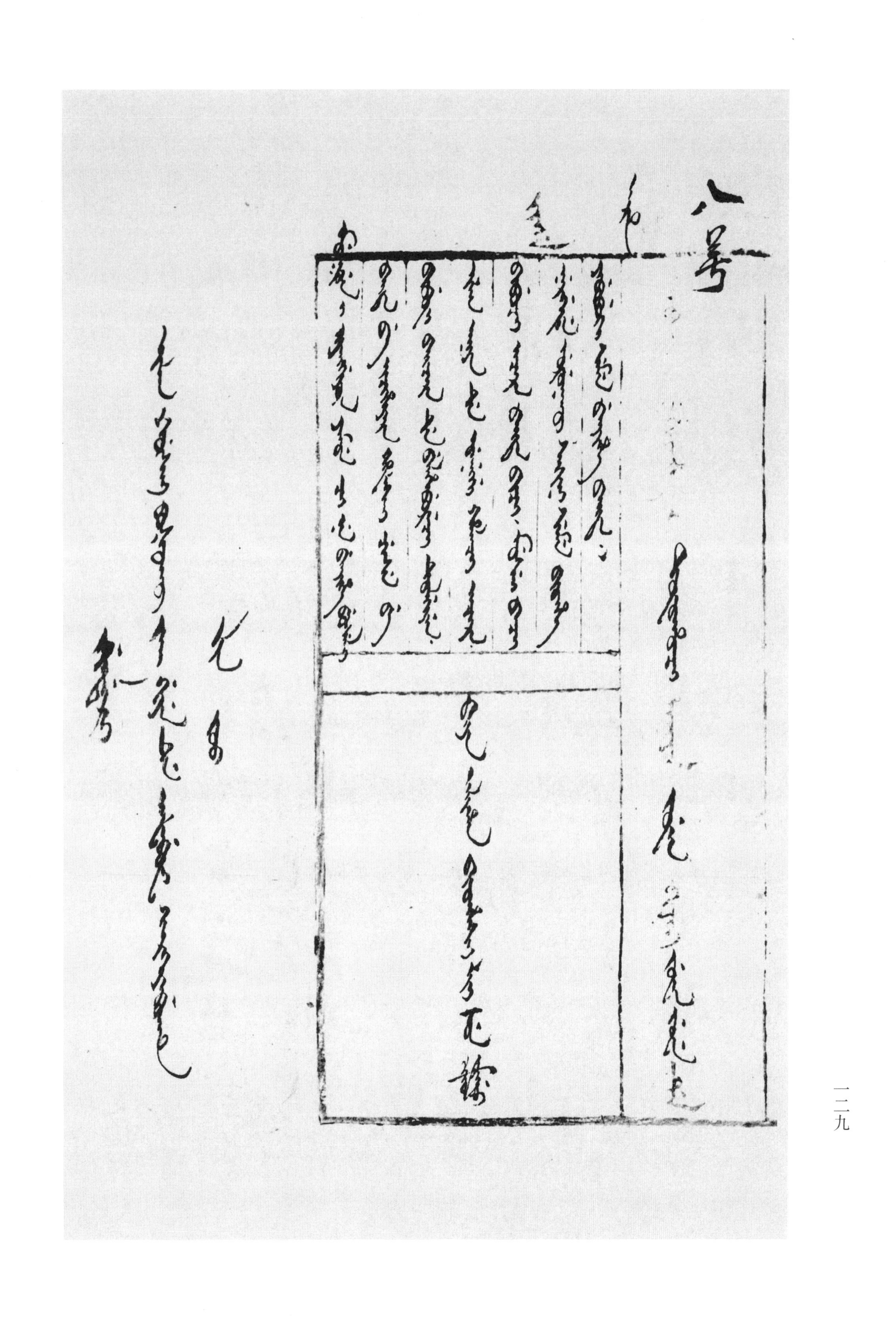

八号

ᠵᡠᠸᠠᠨ ᡳᠯᠠᠨ ᡳ

十三日

ᠵᡠᠸᠠᠨ ᠨᡳᠩᡤᡠᠨ ᡳ

十六

十三日

十三日

ᠨᡳᡴᠠᠨ ᠈ ᡤᡳᠰᡠᠨ ᠪᡝ ᡨᠠᠴᡳᠪᡠᡵᡝ ᡨᡠᠮᡝᠨ ᡨᡝᡵᡝ ᠈ ᠪᡠᡨᡝᡵᡝ ᠈
ᠨᡳᡴᠠᠨ ᠈ ᡤᡳᠰᡠᠨ ᠪᡝ ᠪᡝ ᠮᡝᠨᡤᡤᡝ ᡨᡠᠮᡝᠨ ᡨᡝᠨ ᡨᡠᠮᡝᡵᡝ ᠈
ᡨᡠᠮᡝ ᡨᠠᠴᡳᠪᡠᡵᡝ ᡨᡝᡵᡝ ᡨᡝᠨ ᠈ ᠮᡝᠨᡤᡤᡝ ᠪᡝᡵᡝ ᠪᡝ ᡨᡠᠪᡝ
ᡨᡠᠪᡝᡵᡝ ᠪᡝ ᠈ ᡨᡝᠪᡠᡵᡝ ᠈
ᠨᡳᡴᠠᠨ ᠈ ᡤᡳᠰᡠᠨ ᠪᡝᡵᡝ ᠪᡝ ᠮᡝᠨᡤᡤᡝ ᡨᡠᠮᡝᠨ ᠵᡠ ᠪᡠᡨᡝ
ᠪᠣᡩᠣᡵᠣ ᠈ ᡨᡝᠨ ᠮᡝᠨᡤᡤᡝ ᡨᡝᡵᡝ ᠈ ᠪᠣᡩᠣᡵᠣ ᠈ ᠪᡝᡵᡝ ᠪᡝ

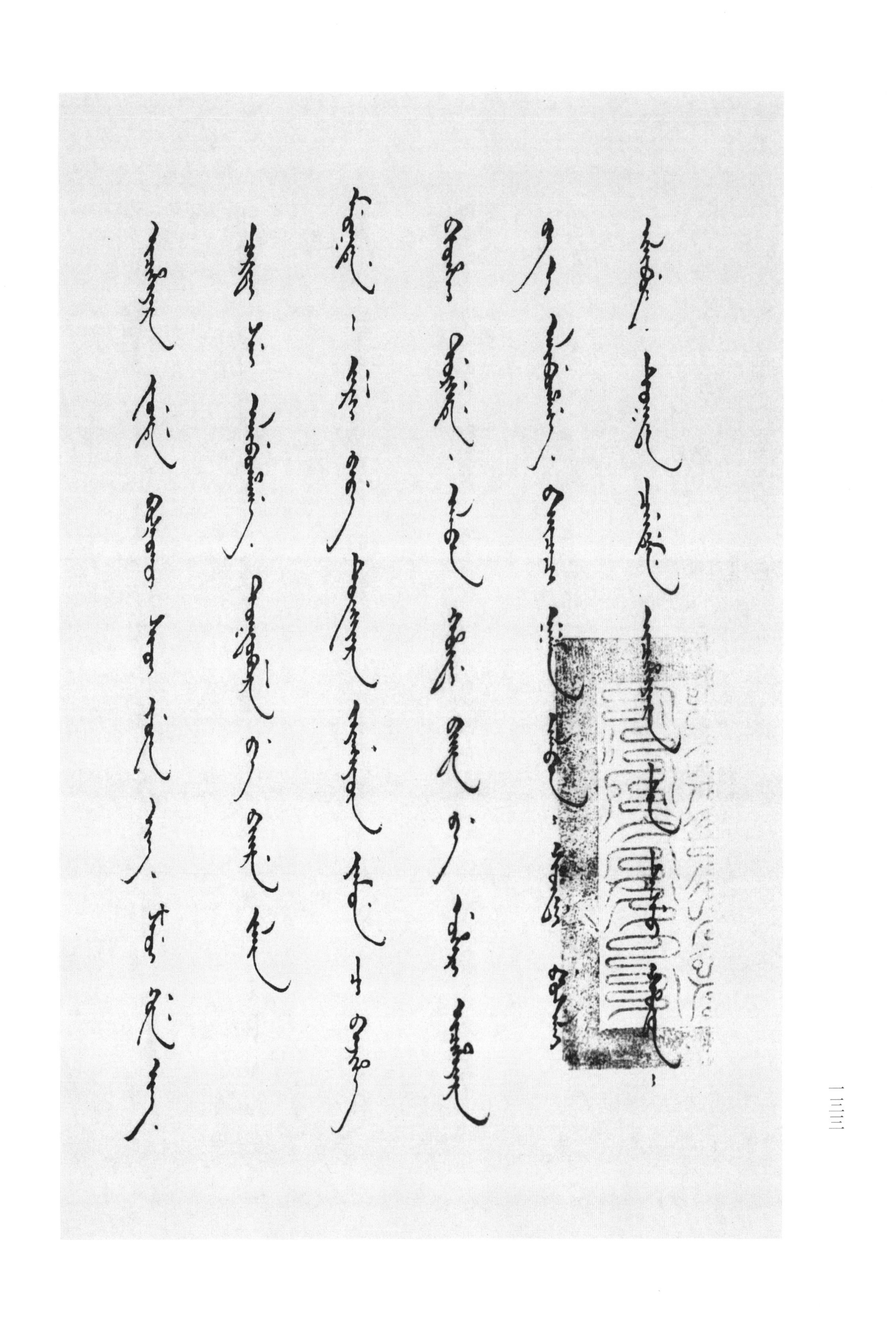

[illegible]

[illegible]

[illegible]

[illegible]

[illegible]

[illegible]

[illegible]

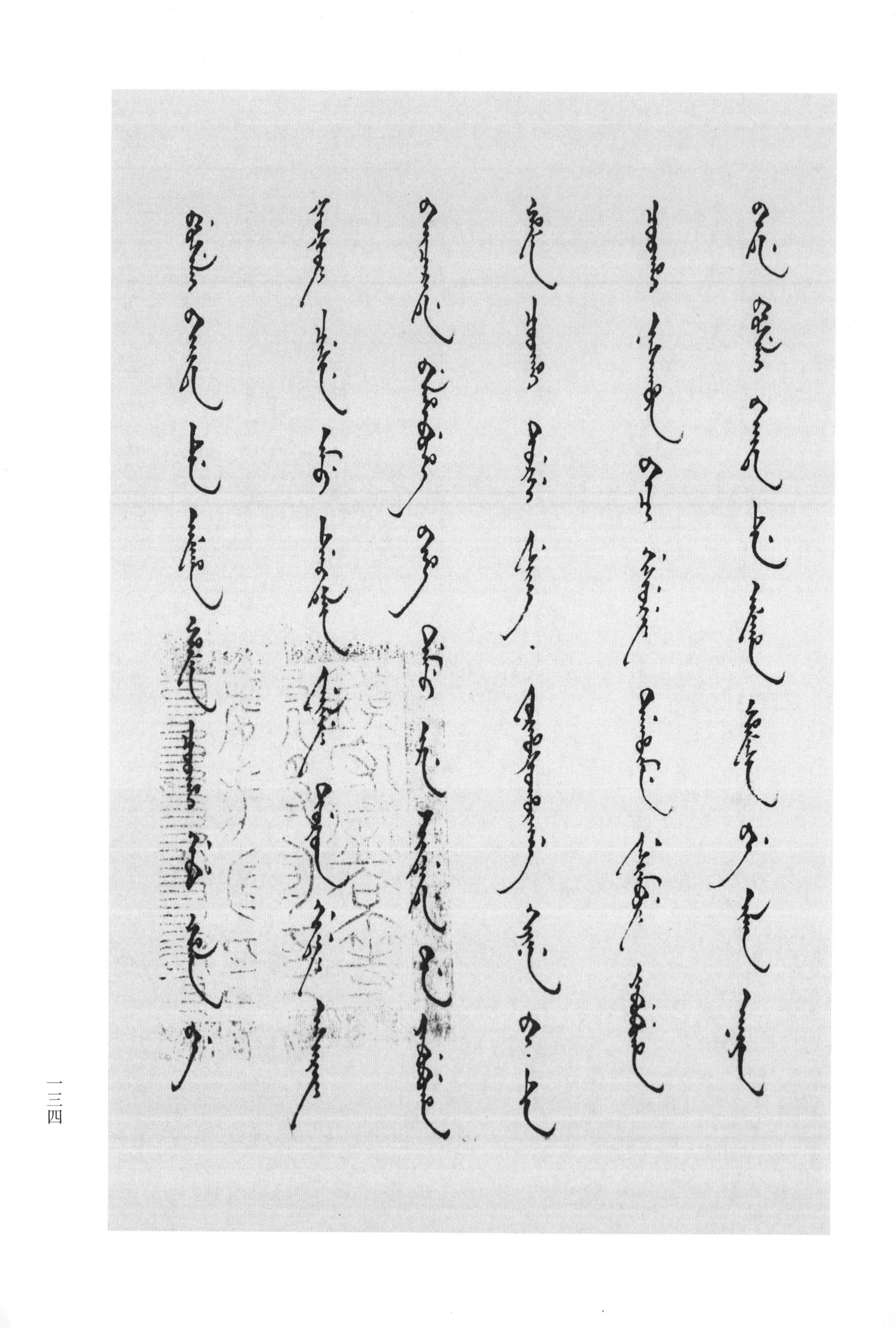

[illegible]

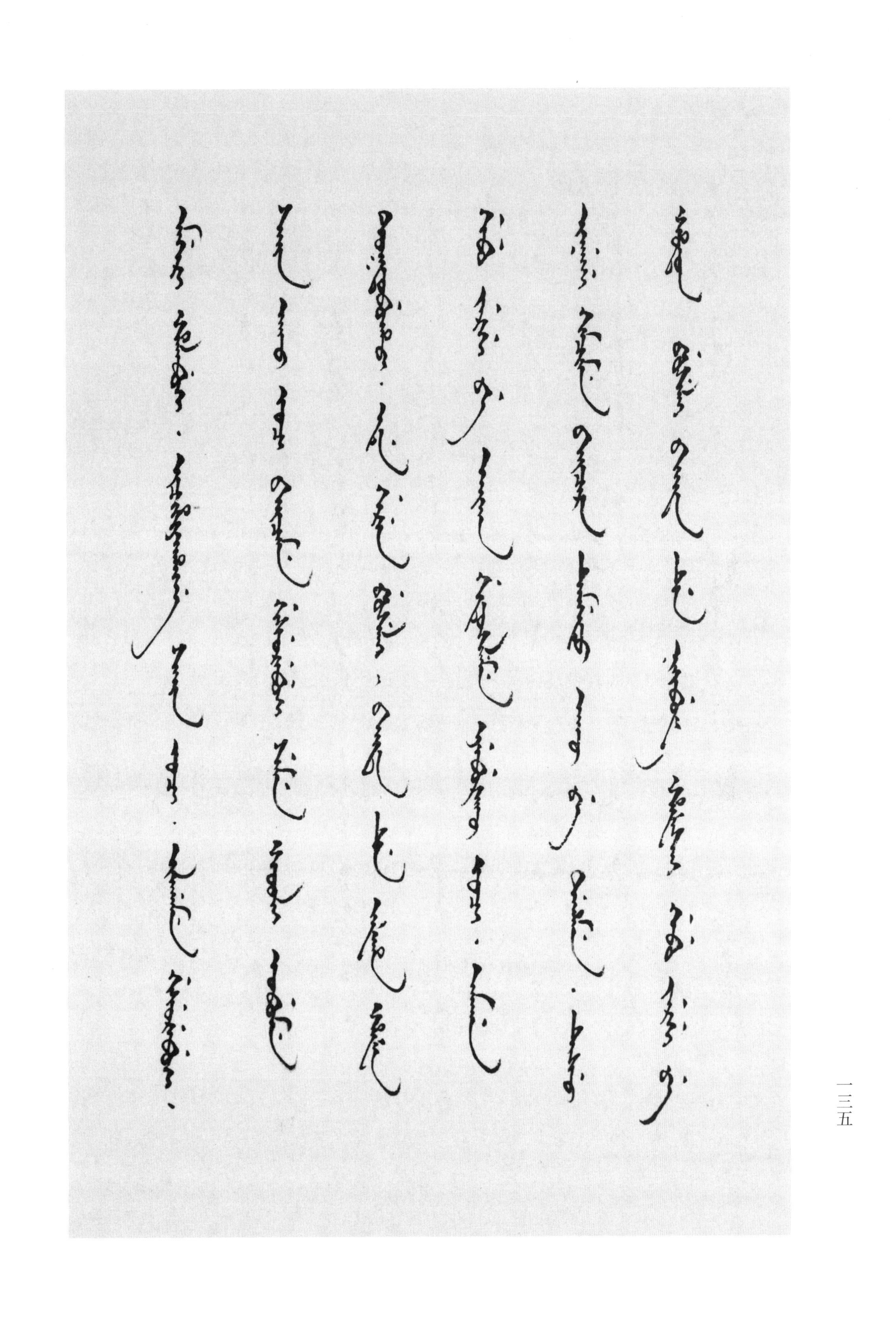

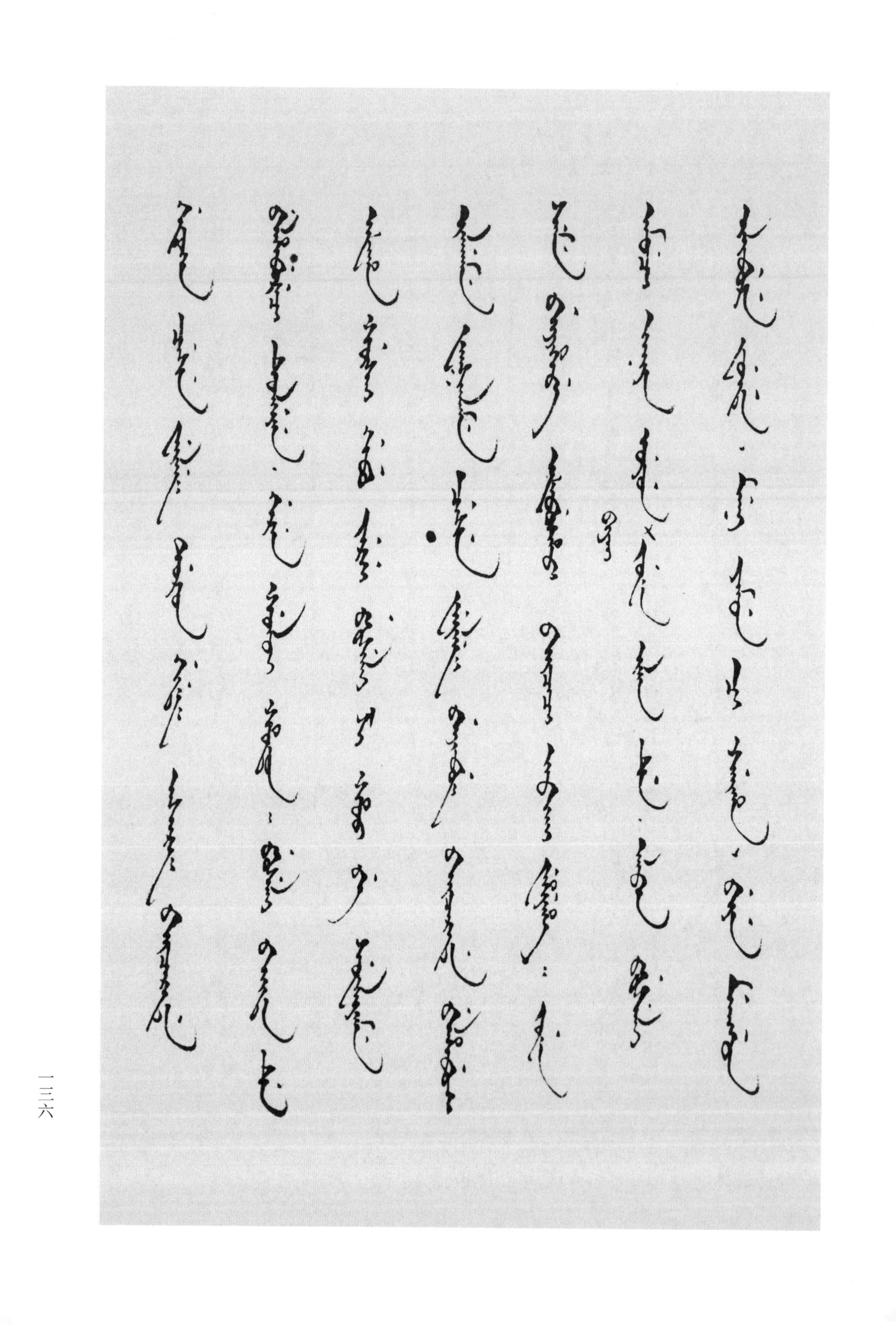

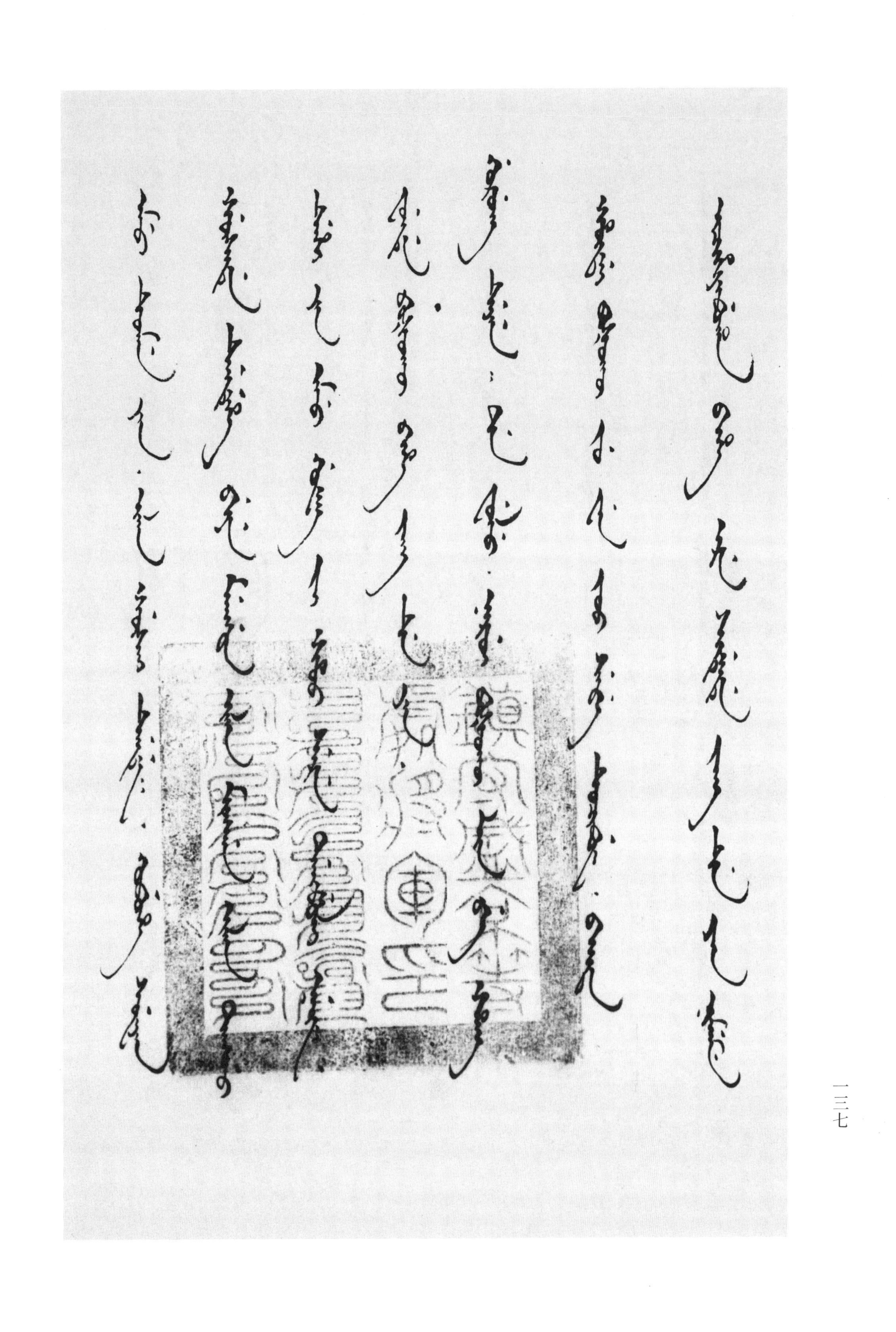

ᠠᠮᠪᠠ ᠠᠮᠪᠠᠯᡳᠩᡤᡡ᠈ ᠸᡝᠰᡳᡥᡠᠨ ᡤᡠᡵᡠᠨ ᠪᡝ ᠣᡶᡳ ᡤᡝᡵᡝᠨ ᠰᠠᡳᠨ

ᡳᠴᡝ ᠪᠣᠵᠣᡵᡳ ᡨᡠᠮᡝᠨ ᡳᠯᡳᡥᠠ ᡥᠣᠰᡳᠨᡤᡤᠠ ᡤᡠᡵᡠᠨ ᠪᡝ ᡴᠠᡵᠠ

ᠮᡠᠰᡝ ᠪᡝ ᠪᡠᡳᡥᡝ ᠪᡠᡳᠮᡝᡥᡝᠪᡳ᠈ ᠰᠠᡳᠰᡝ ᡤᡳᠶᠠᠰᡥᡡᡵᠠ ᡤᡠᡵᡠᠨ

ᡤᡠᠰᡝ ᠪᡳ ᠮᡠᠰᡝ ᡤᡳᠶᠠᠰᡥᡡ ᡨᡝ ᠪᡳ ᡨᡠᡴᡳᠶᡝᠮᡝ᠈ ᠰᡠᠴᡠᠨ

ᡤᡝᡵᡝᠨ ᡨᡠᡴᡳᠶᡝᠮᡝ ᠮᡠᠰᡝ ᠪᡝ ᠰᠠᠰᡳᠨ ᡤᡝᡳᠪᡝᡳ

ᡠᠯᡥᡳᠶᡝᠨ ᡳᡥᡝᠩᡤᡝ᠄ ᠪᡳ ᠪᡝ᠄ ᡤᡝᠮᡠ ᠪᠠᡳᡨᠠᠯᠠᠮᡝ ᠮᡠᠰᡝ

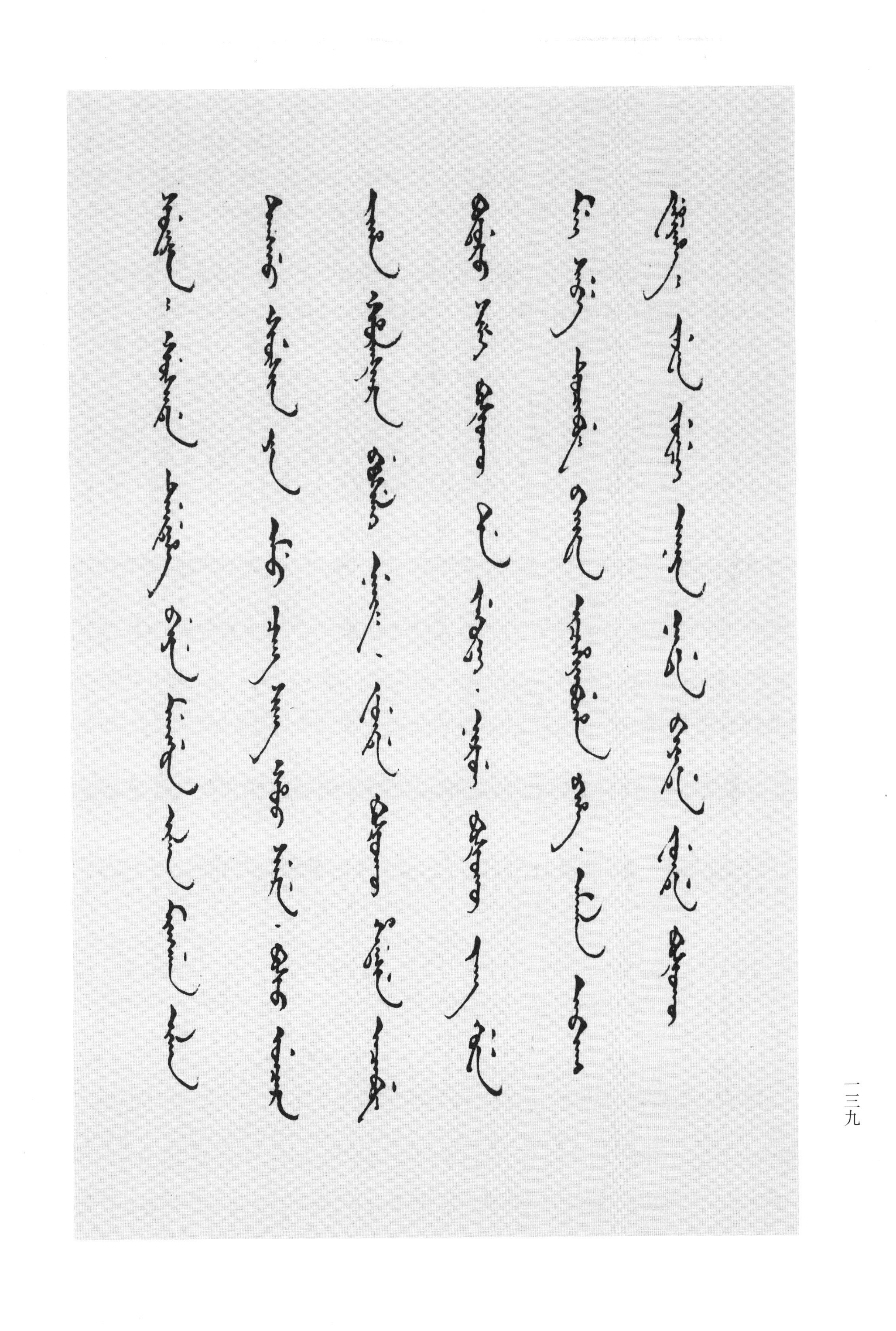

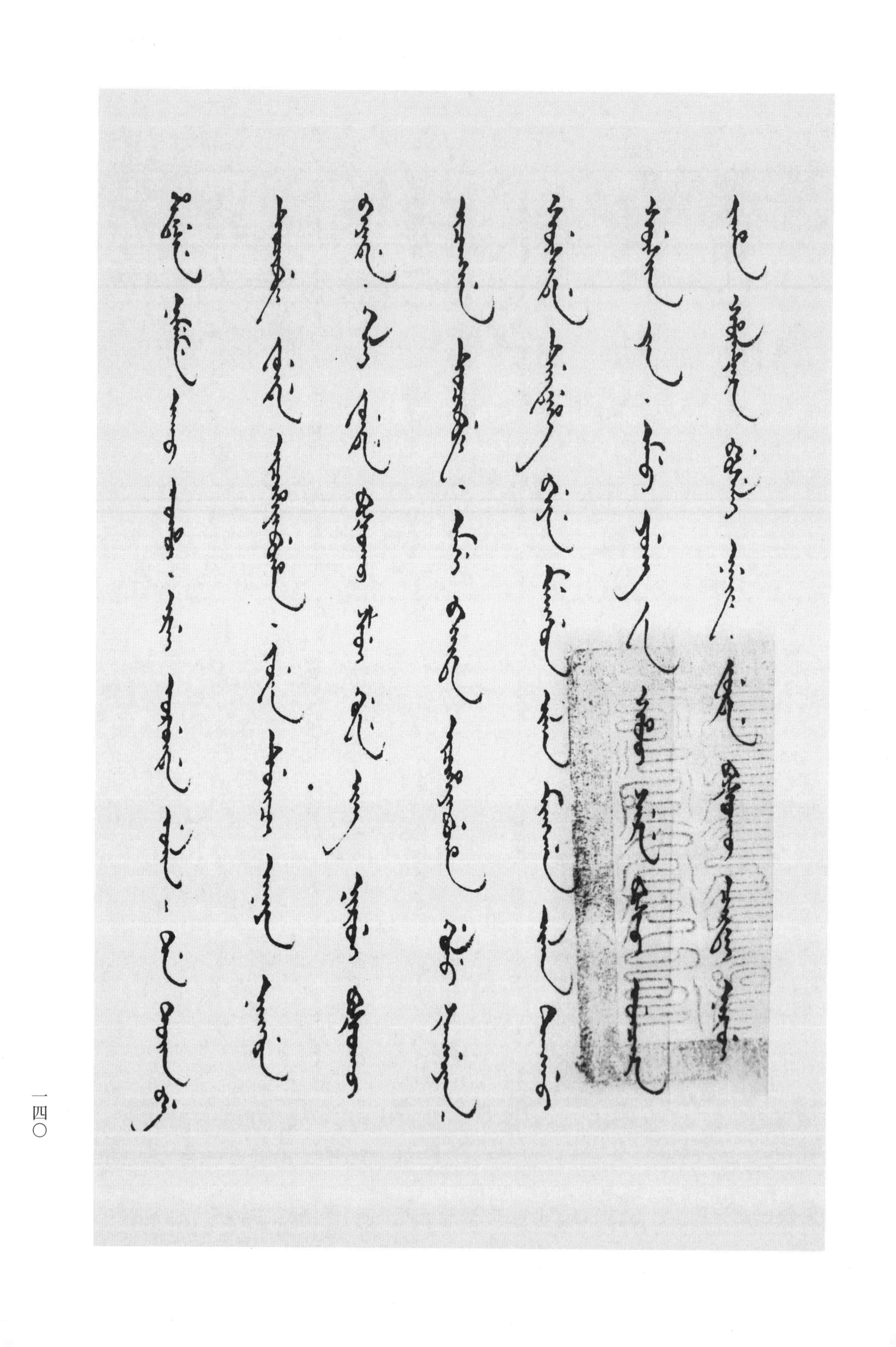

[illegible]

[illegible]

[illegible]

[illegible]

[illegible]

[illegible]

[illegible]

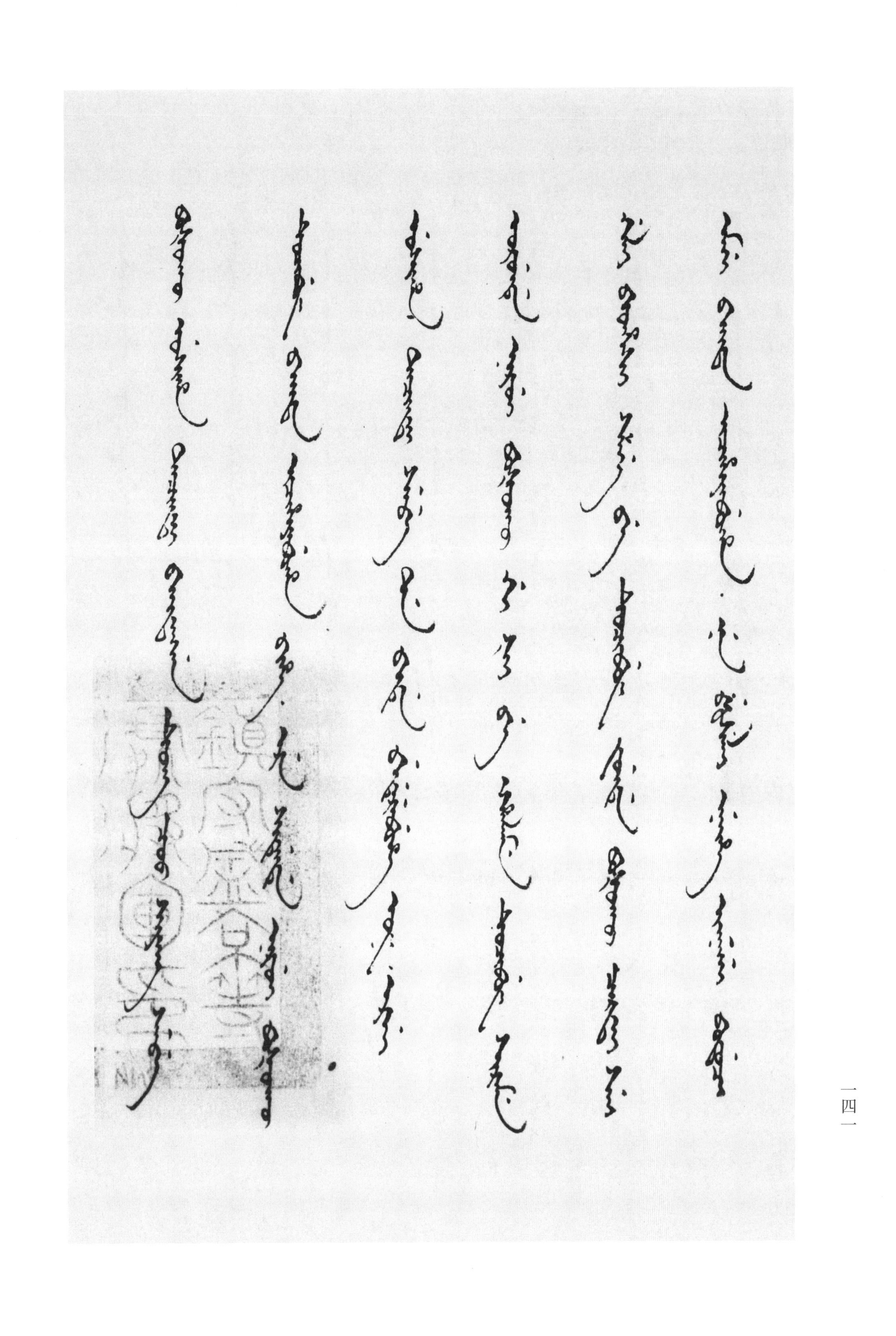

[illegible]

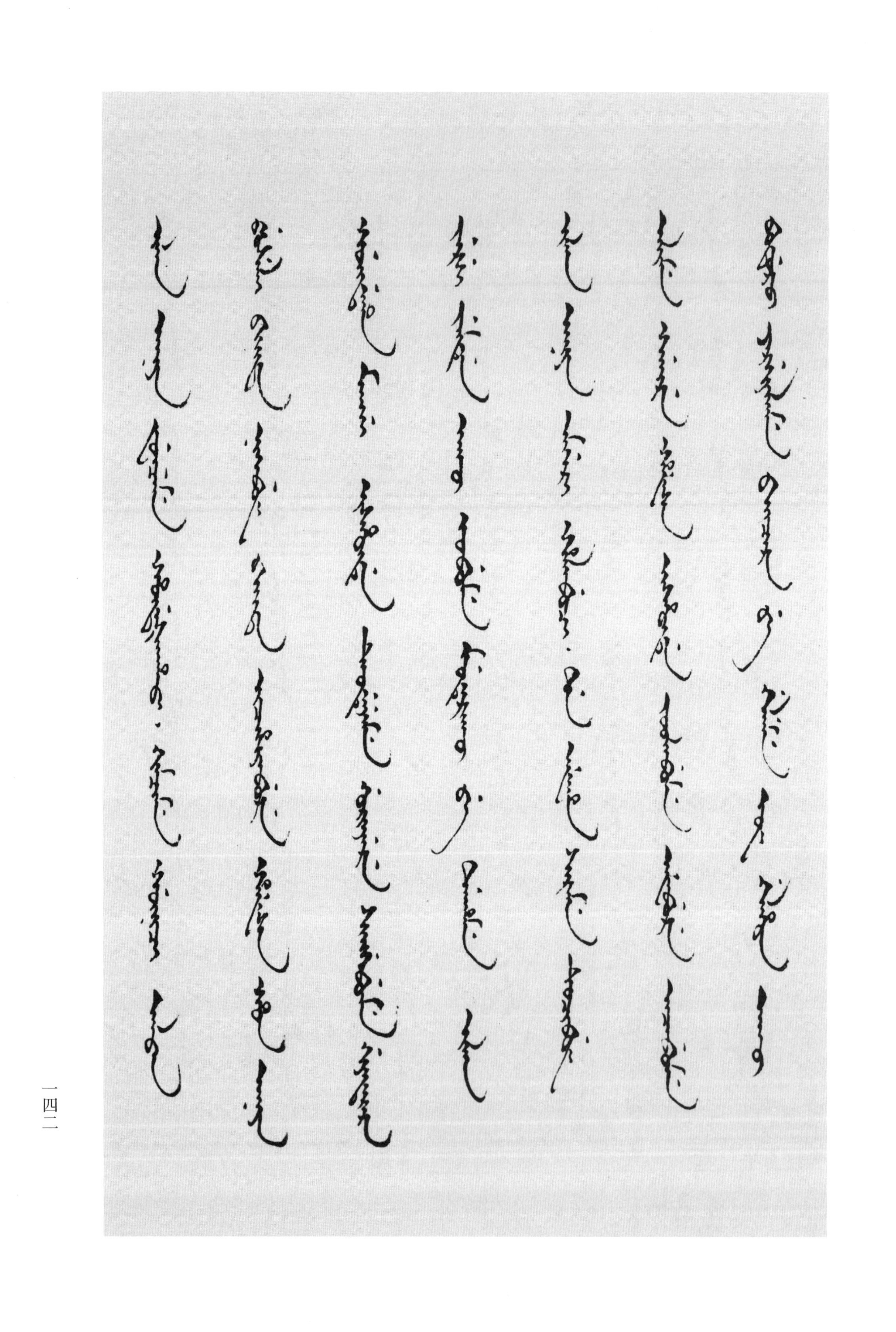

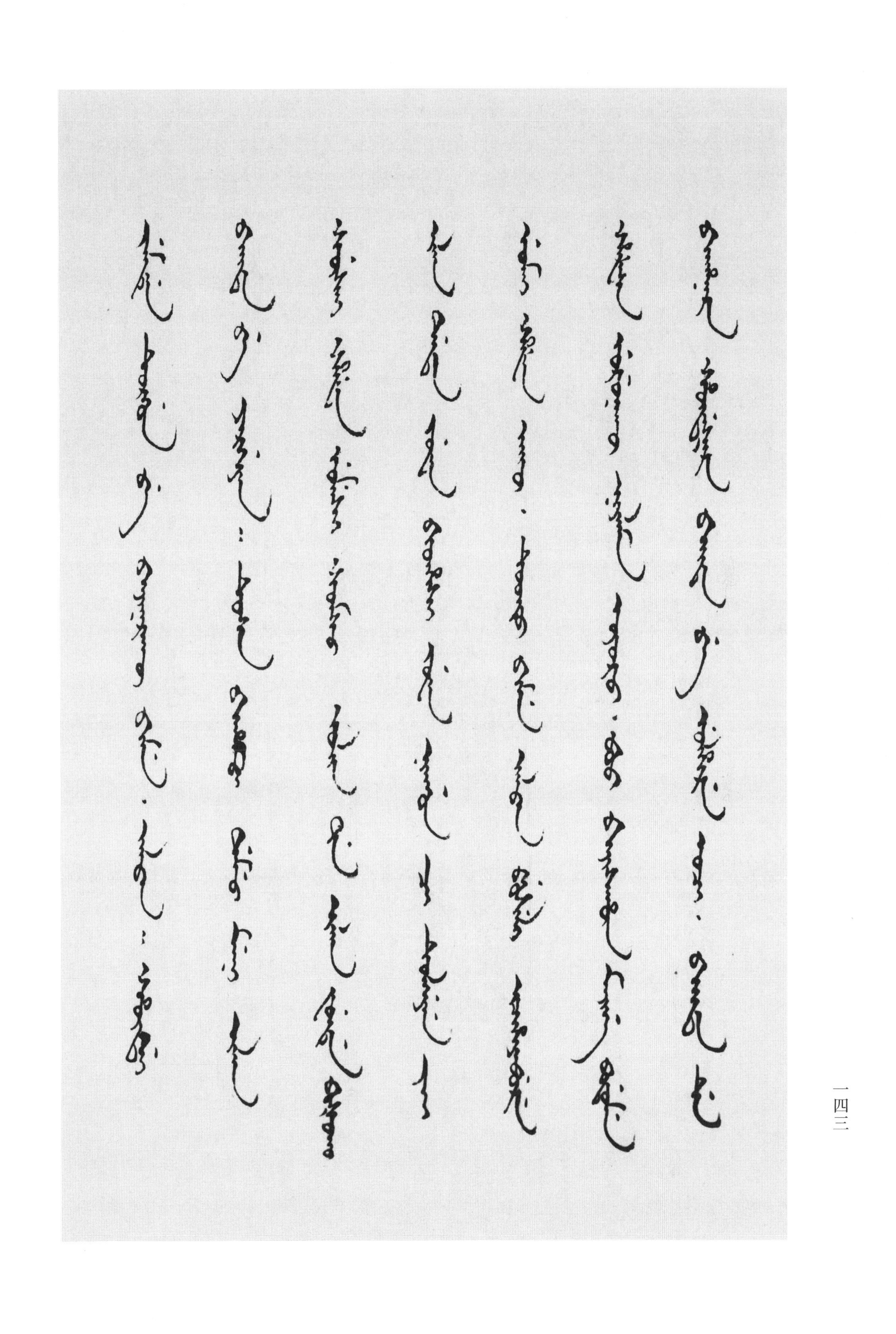

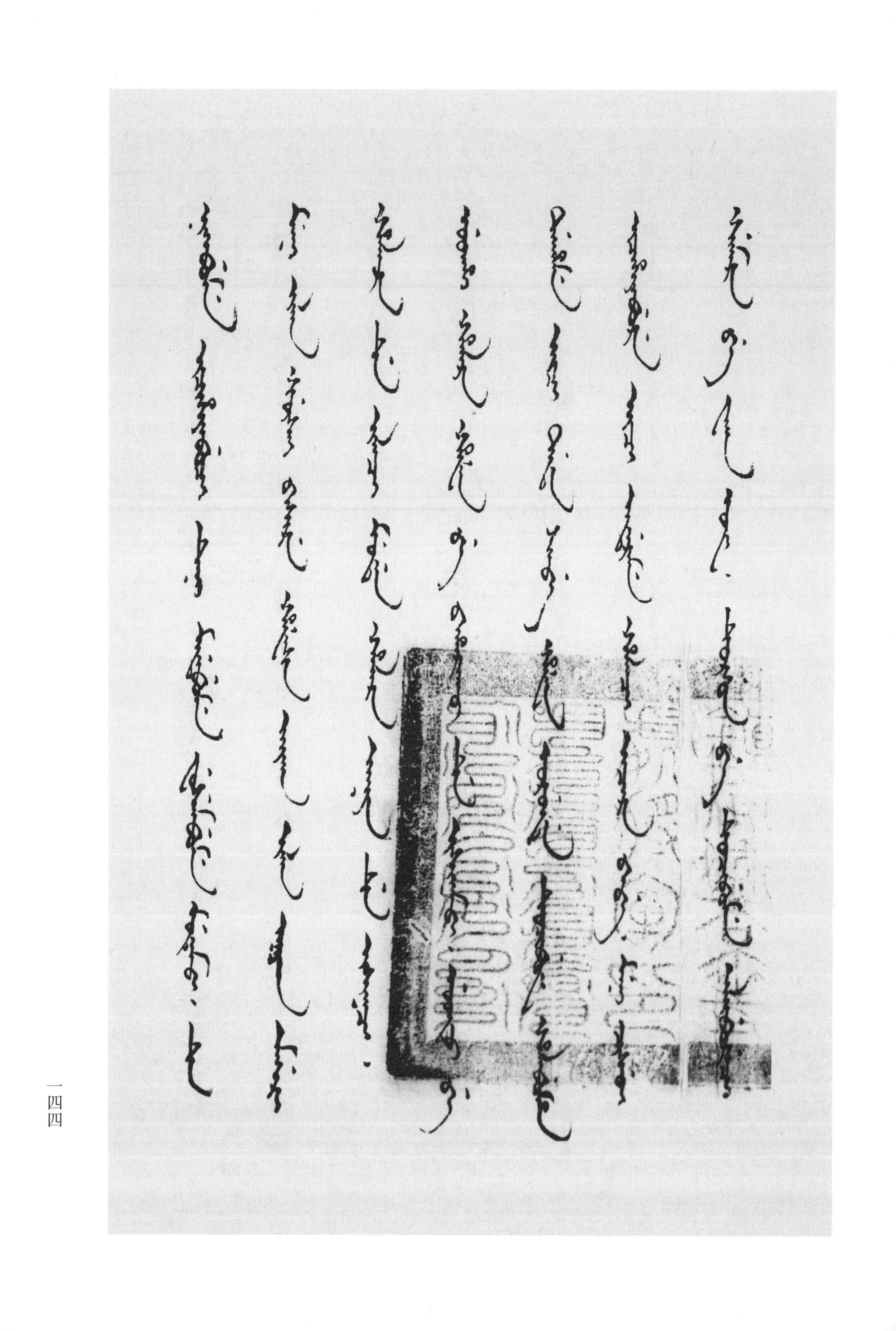

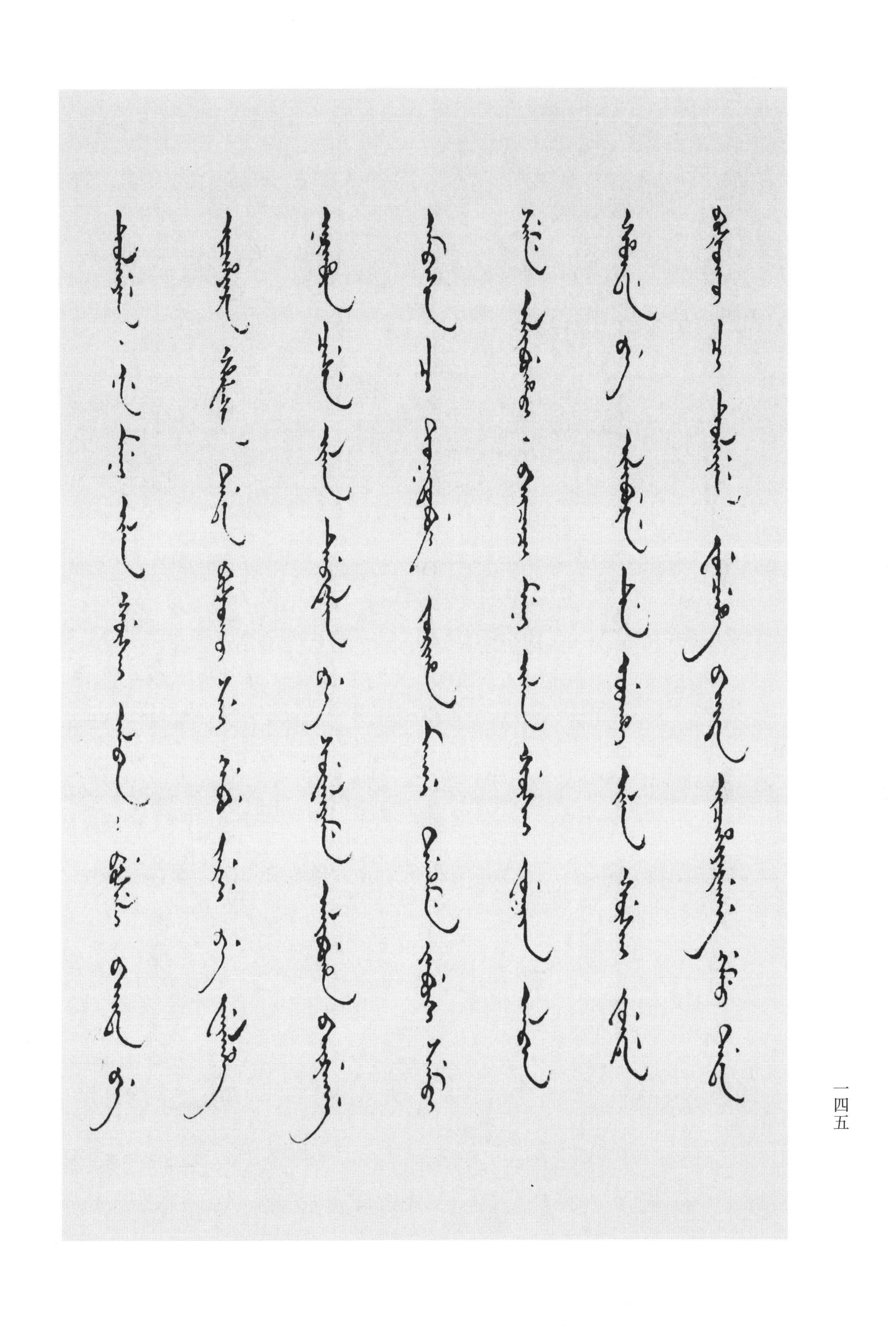

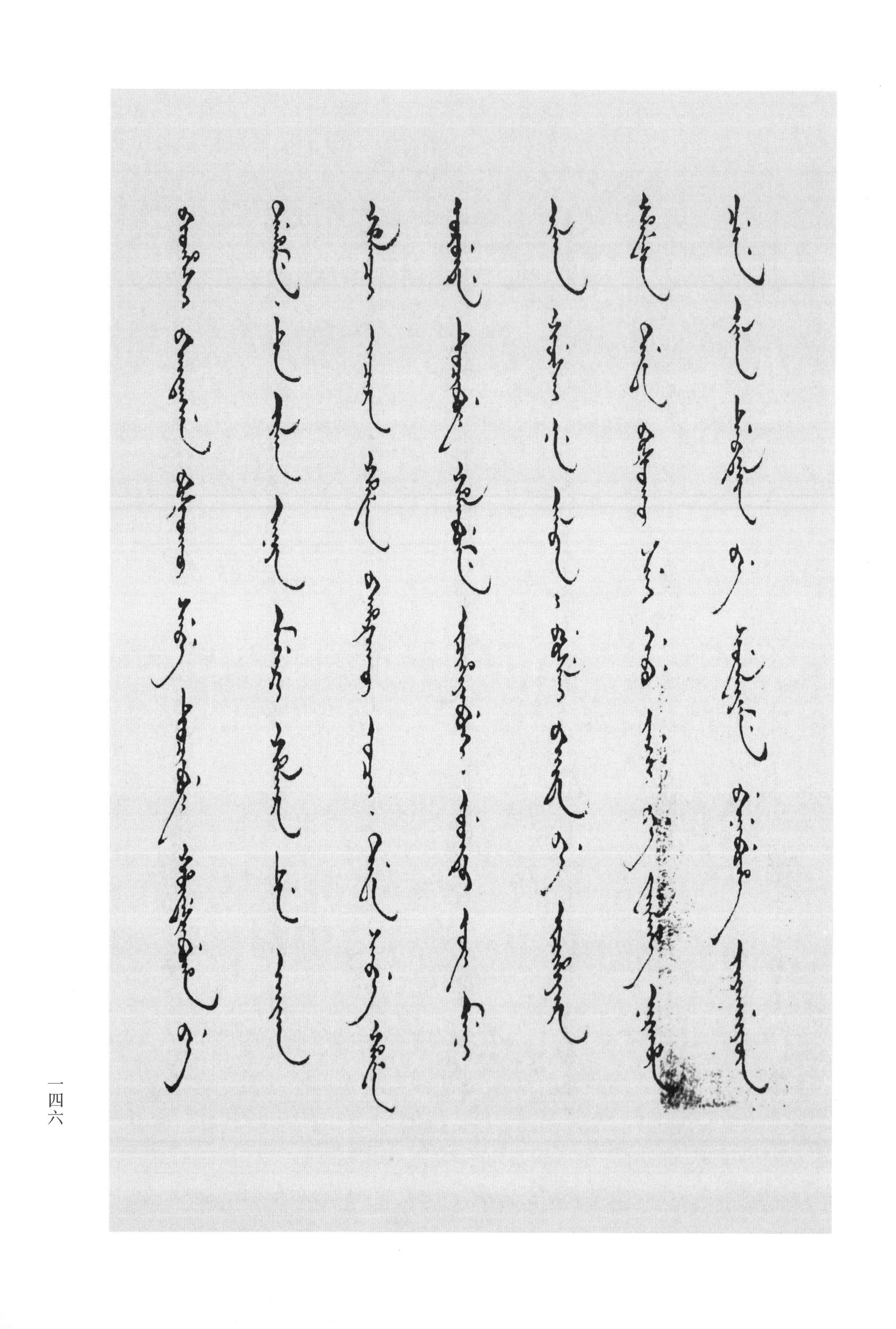

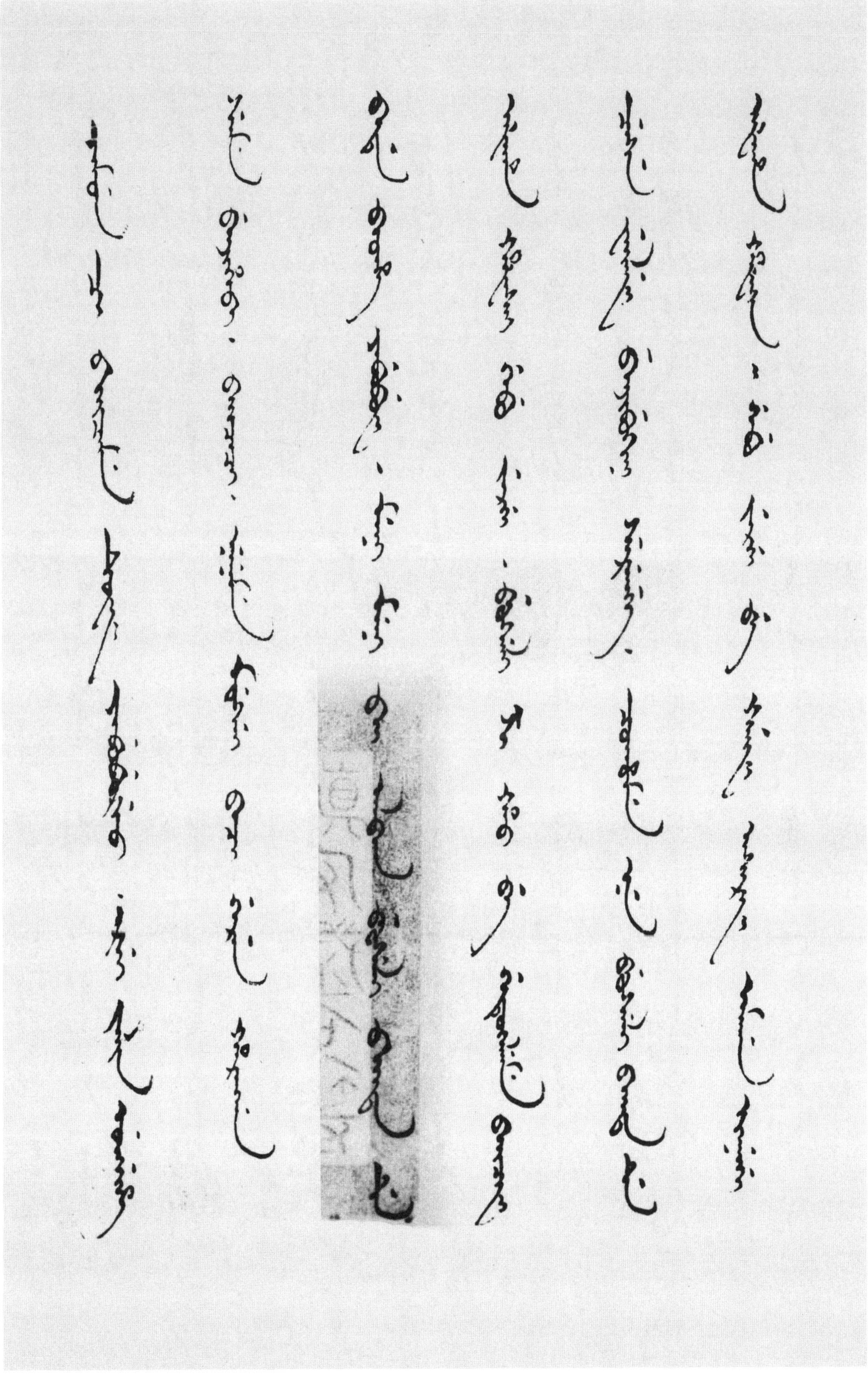

ᠰᡳᠨᡳ ᡤᡠᠩᡤᡝᠨ ᠪᡝᡳᠯᡝ᠈ ᡤᡠᠩᡤᡝᠨ᠈ ᠪᡝᡳᠯᡝ ᠰᡳᠮᠪᡝ ᠪᡝᠶᡝ ᡩᡝ

ᠪᡠᠰᡠᡴᡠ ᡨᡝᡵᡝ ᡨᡝᡵᡝ᠈ ᠰᡳᠮᡝ ᠰᡝᡵᡝ ᠪᡝ ᠪᡠᠰᡠᡴᡠ ᠰᡳᡵᡝ ᠪᡝᠶᡝ ᡩᡝ

ᠰᡝᠮᡝ ᡤᡝᠩᡤᡳᠶᡝᠨ ᠪᠣᠯᡤᠣ ᡨᡝᡵᡝ ᡨᡝ ᡩᡝ ᠰᠠᡵᡳᠩᡤᠠ ᠮᡠᠨᡳᠰᡝ᠈ ᡨᡝᡵᡝᠴᡳ ᡩᡝ

ᡤᡝᠩᡤᡳᠶᡝᠨ᠈ ᡤᡝᠩᡤᡳᠶᡝᠨ ᠮᡝᡵᡤᡝᠨ ᡤᡝᠩᡤᡳᠶᡝᠨ ᠮᡝᡵᡤᡝᠨ ᠰᠠᡵᡤᠠᠨ ᠪᡝᠶᡝ

ᠪᡝᡳᠯᡝᠮᠪᡳᠯᡝ ᡳᠪᡠᠪᡠᠯᡝ ᠪᡝ᠈ ᠮᡝᠨᡳ ᠰᠠᡳᠰᠠ ᡨᡝ ᠰᡝᡵᡝ ᡩᡝ

ᠮᡠᠵᡳᠨ᠈ ᡤᡝᠩᡤᡳᠶᡝᠨ ᠮᡝᡵᡤᡝᠨ ᠪᠣᠯᡤᠣ ᠮᡝᡵᡤᡝᠨ ᠪᡝᠶᡝ ᡤᡝᠩᡤᡳᠶᡝᠨ ᠪᠣᠯᡤᠣ᠈

ᠨᡳᠶᠠᠯᠮᠠ ᠮᡠᠵᡳᠯᡝᠨ ᠠᠮᠪᠠᠯᡳᠩᡤᡡ᠈ ᡤᡡᠨᡳᠨ ᠪᡝ ᠰᡠᠸᠠᡩᠠᡥᠠ ᡤᡳᠰᡠᠨ

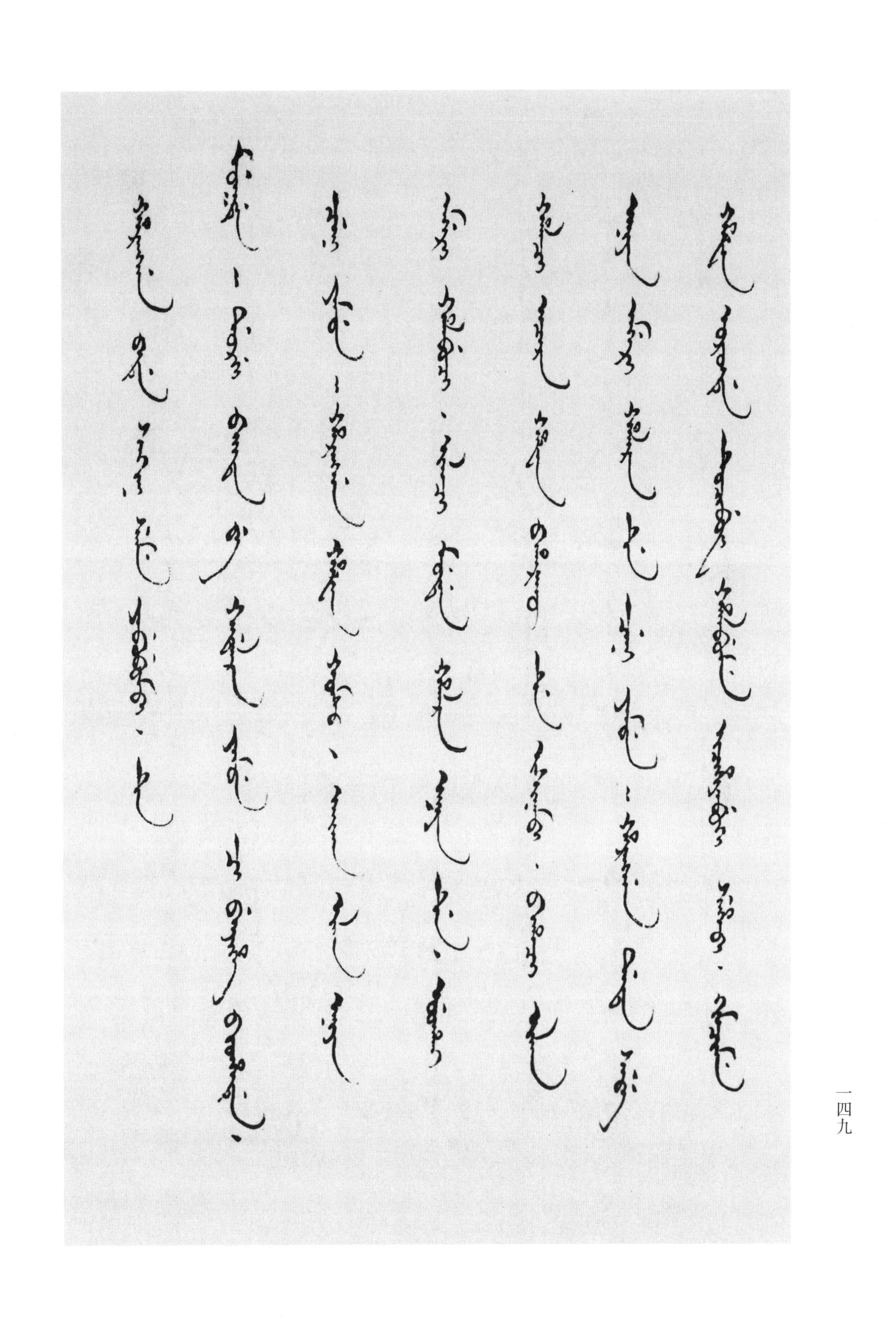

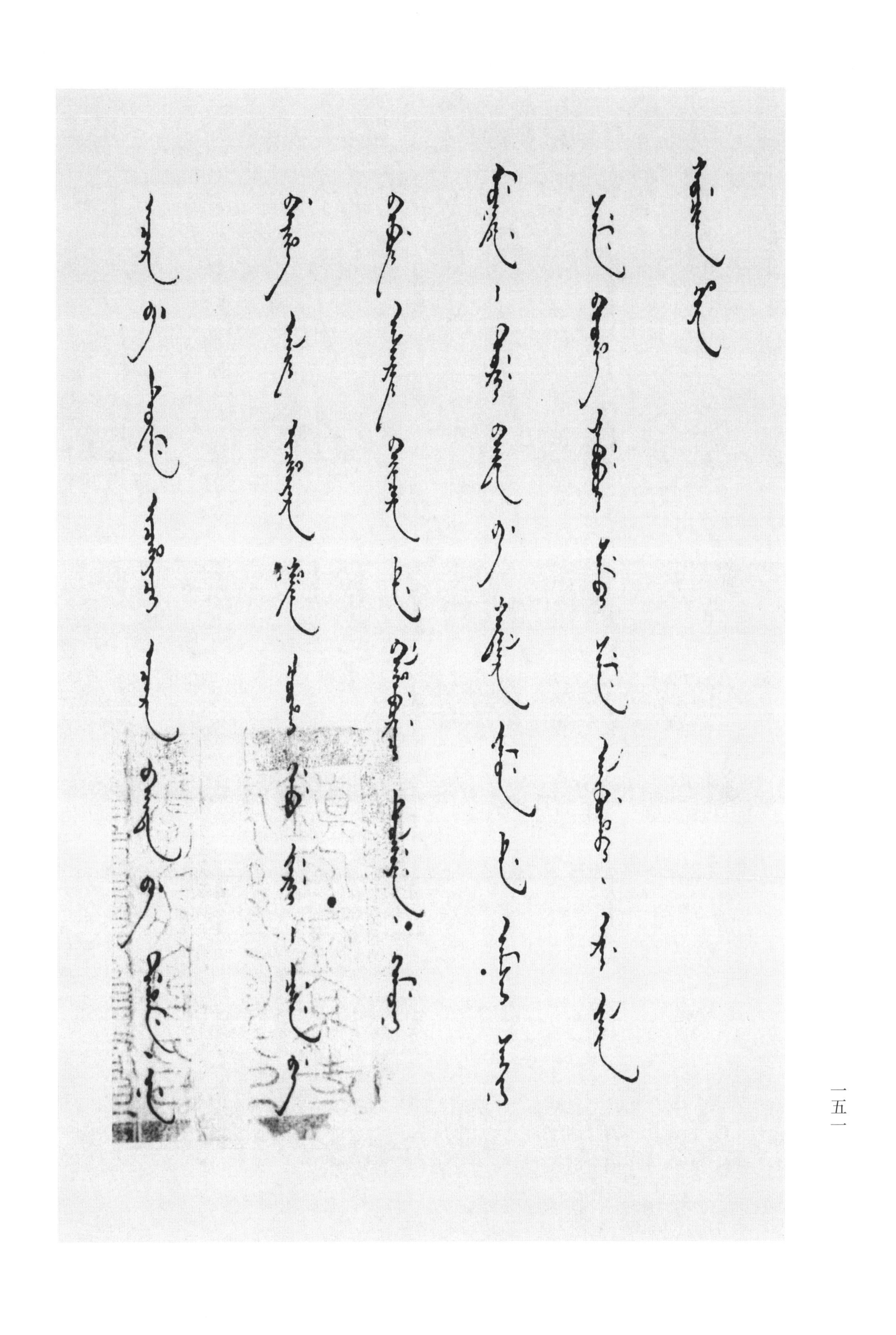

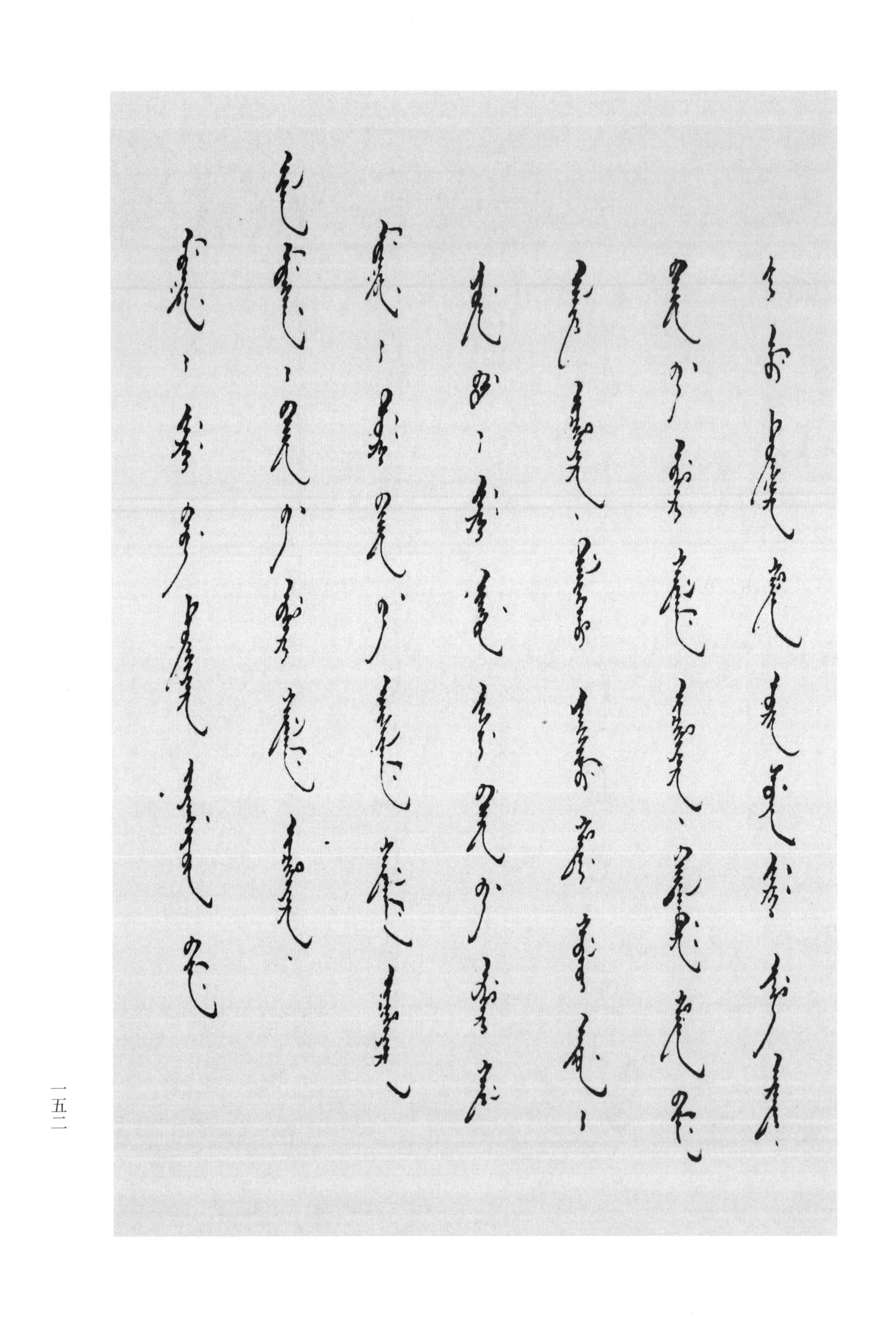

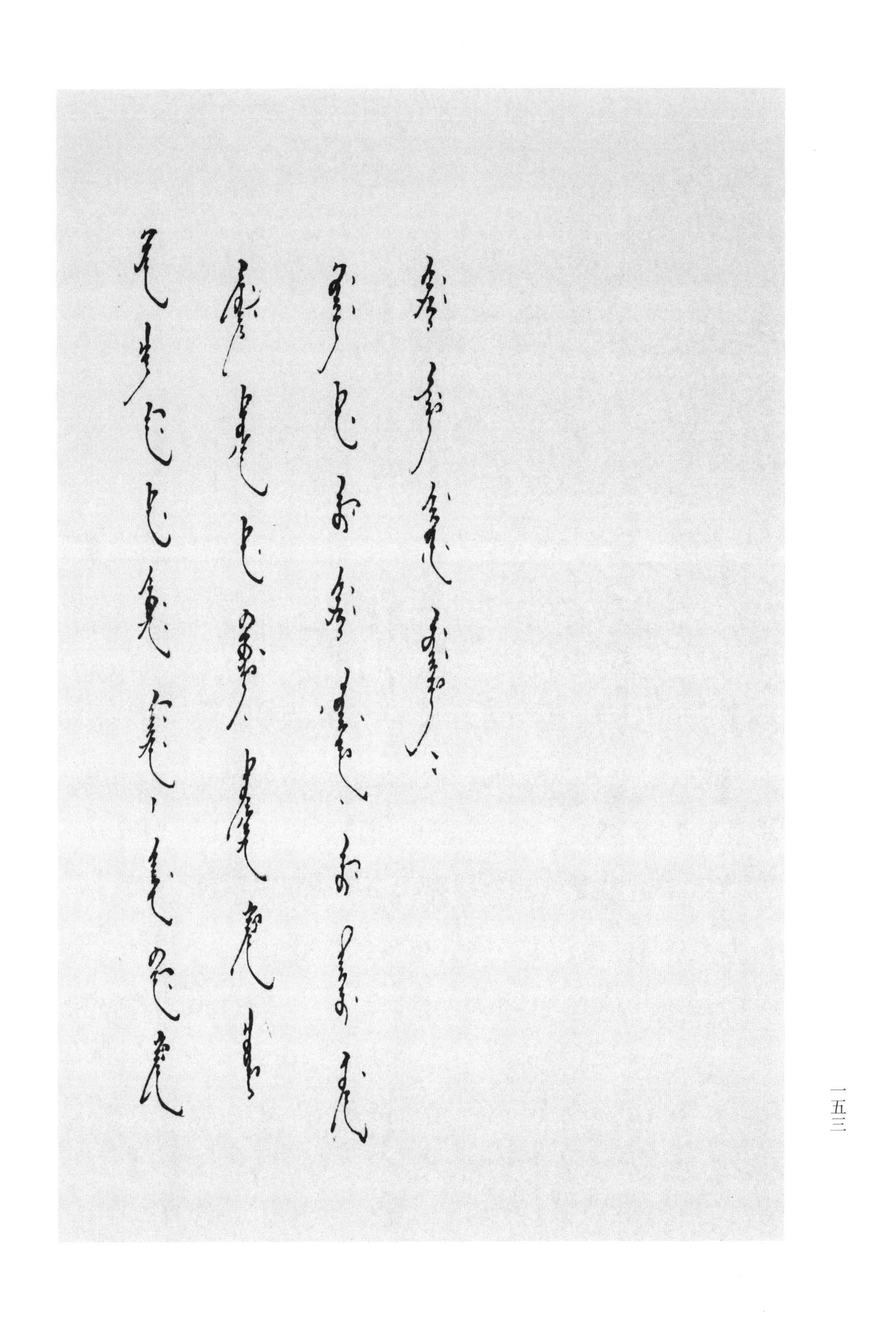

[illegible]

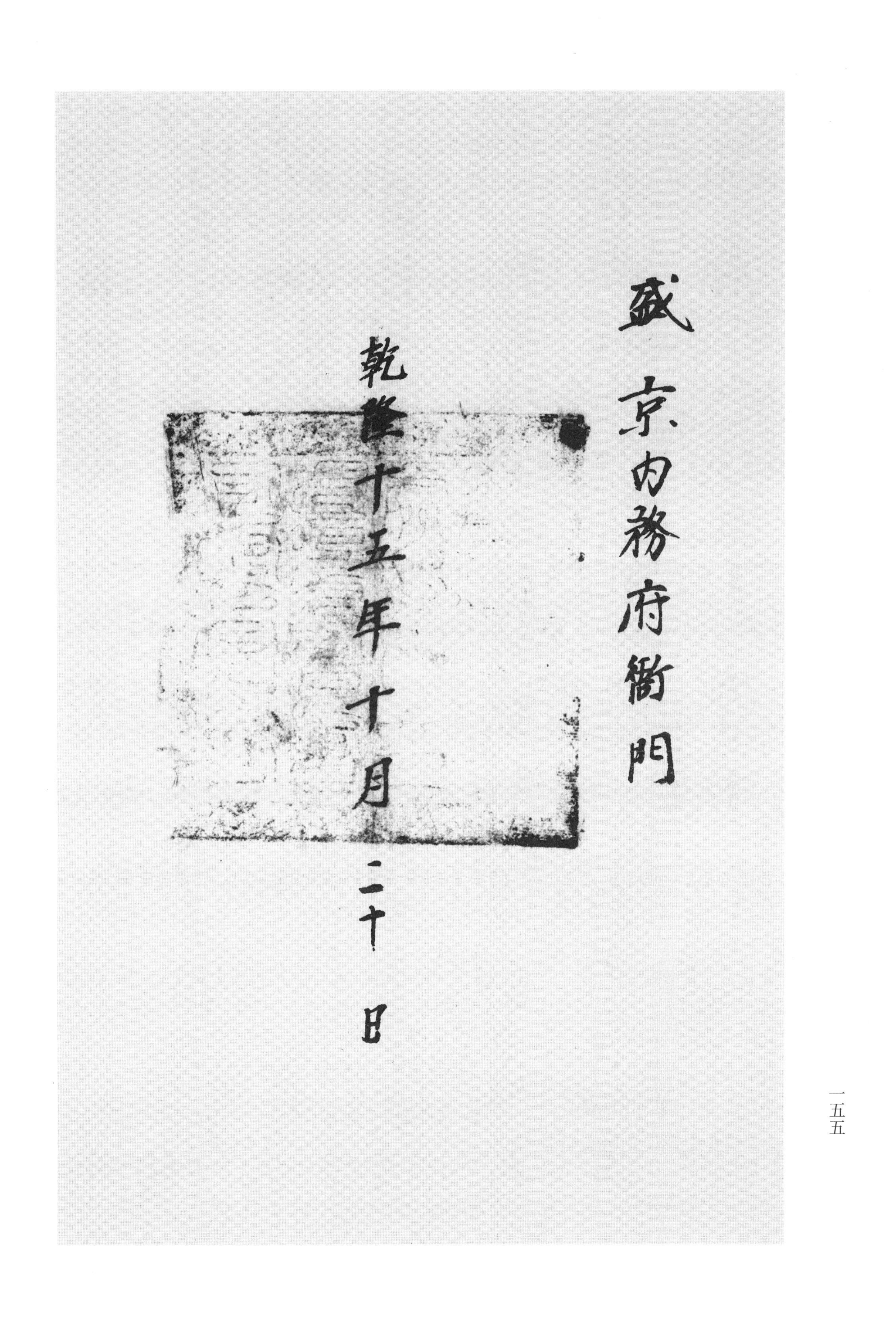

盛京内務府衙門

乾隆十五年十月二十日

事関

大典幸勿遲緩施行等因前來相應抄錄

原文咨行

盛京內務府衙門將應試武生并護單願

催集項分晰明白照例造具妥冊併互

結咨覆本衙門以便送府可也為此合咨須至咨者

右

咨

案武生及學院羅試諸生底冊亦行移催
作速須發以便攢造漢字爵冊轉送兵部
翻清專情前來據此相應咨催為此合咨
貴將軍希將應試武生并護軍領催共
項分晰明白照例造具妥冊並同考五名互
結星速送府以憑發廳造冊送部翻清

司案呈准順天府府尹衙門咨開據本府
督糧通判張文燾呈稱蒙委攢造武鄉試
武生馬步箭技勇册并三場點名册緣由到
廳但查攢造各册全憑各處底册今場期在
邇理合預為呈請俯賜咨催八旗並奉錦二
府至於順天等十府直隷六州屬應試正

咨

鎮守

盛京等處將軍衙門　為考試武舉事左禮

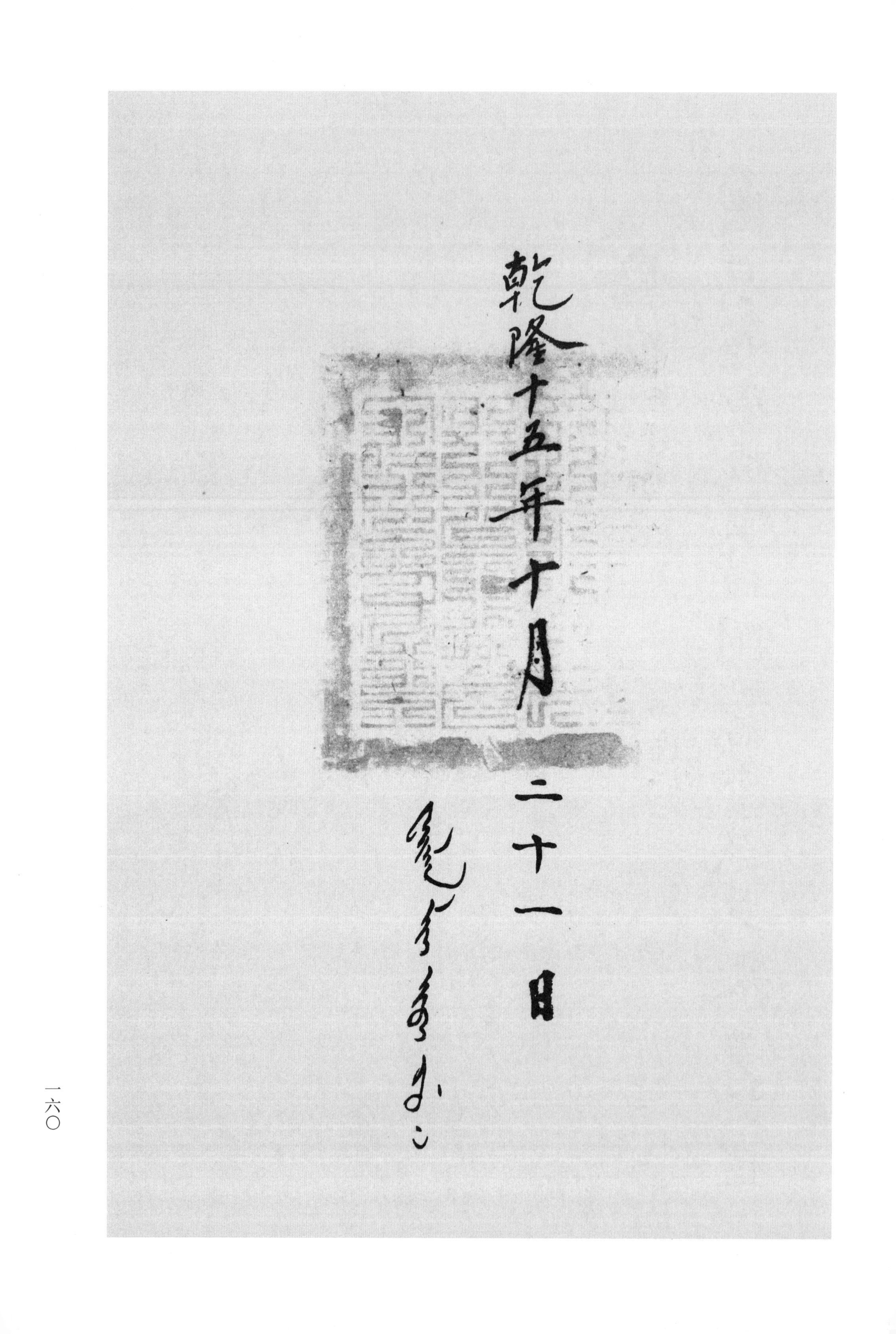

乾隆十五年十月二十一日

盛京内務府衙門將刘詳傳喚送部以
便質審可也等情據此為此合咨
貴衙門查照施行須至咨者
右　咨
盛京内務府衙門

庫長保供稱戢係在京之人其呈之時
將刘深誤寫機匠今蒙大部傳訊寔
訪聞得機匠乃係刘深之父刘成祥刘
深實係劉敬伊子刘煥章現今跟
隨本包衣大人是實等語查得庫長
保既稱刘深係閑散相應仍移咨

一案經本部隨移咨
盛京内务府許月傳是被告刘深等因去
今准內務府衙門咨據正白旗驍騎校
查明太等呈稱職查得本旗所屬機匠
以及壯丁檔冊內並無刘深之名是實等
因轉咨前來本部復訊據刑部司

咨

盛京户部為傳提事地畝司案呈前據司

庫長保呈控刘深賺吞房田不准取贖

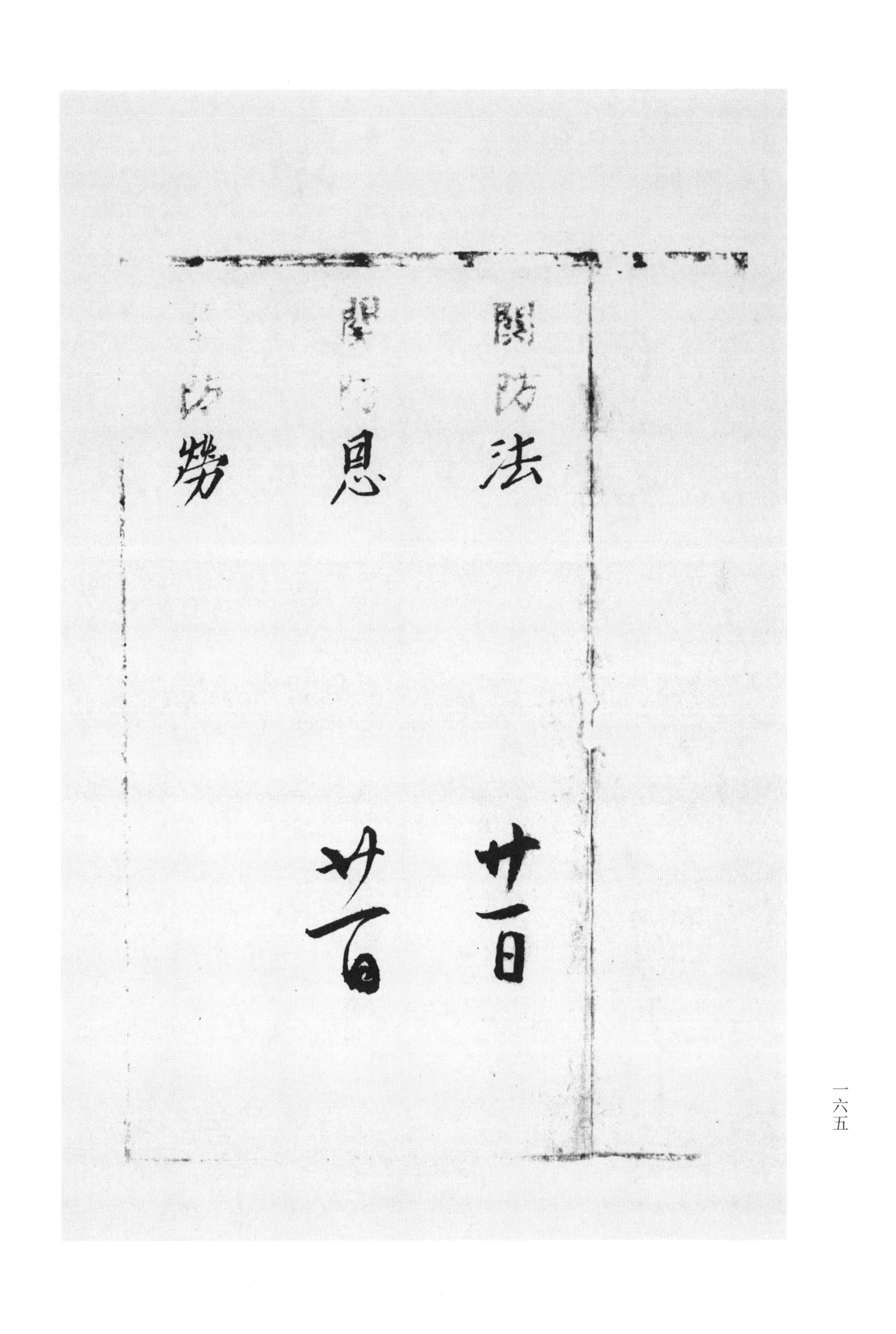

關防法 廿一日

關防恩 廿一日

關防勞

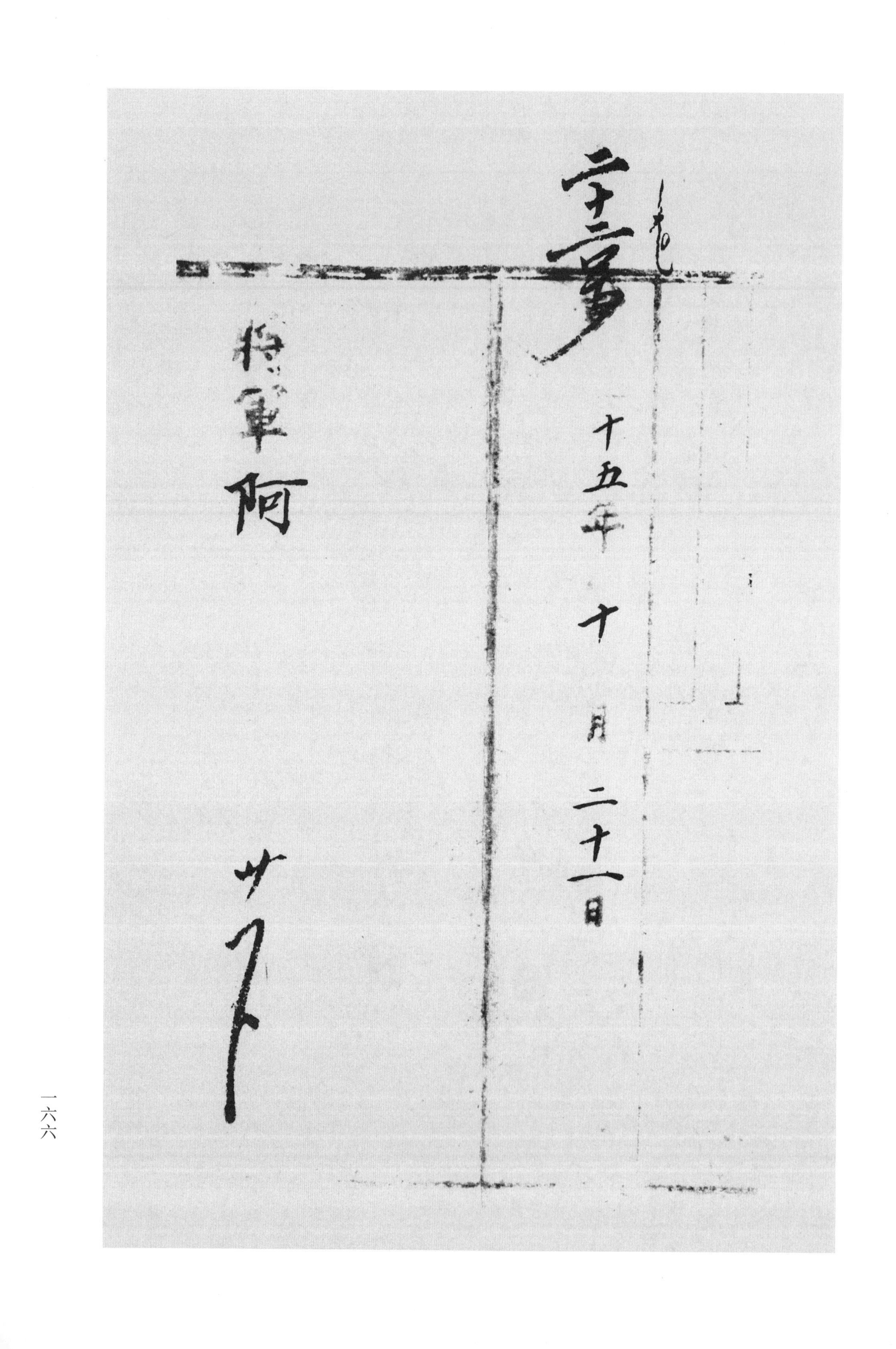

二十三號

十五年十月二十一日

將軍阿

[illegible]

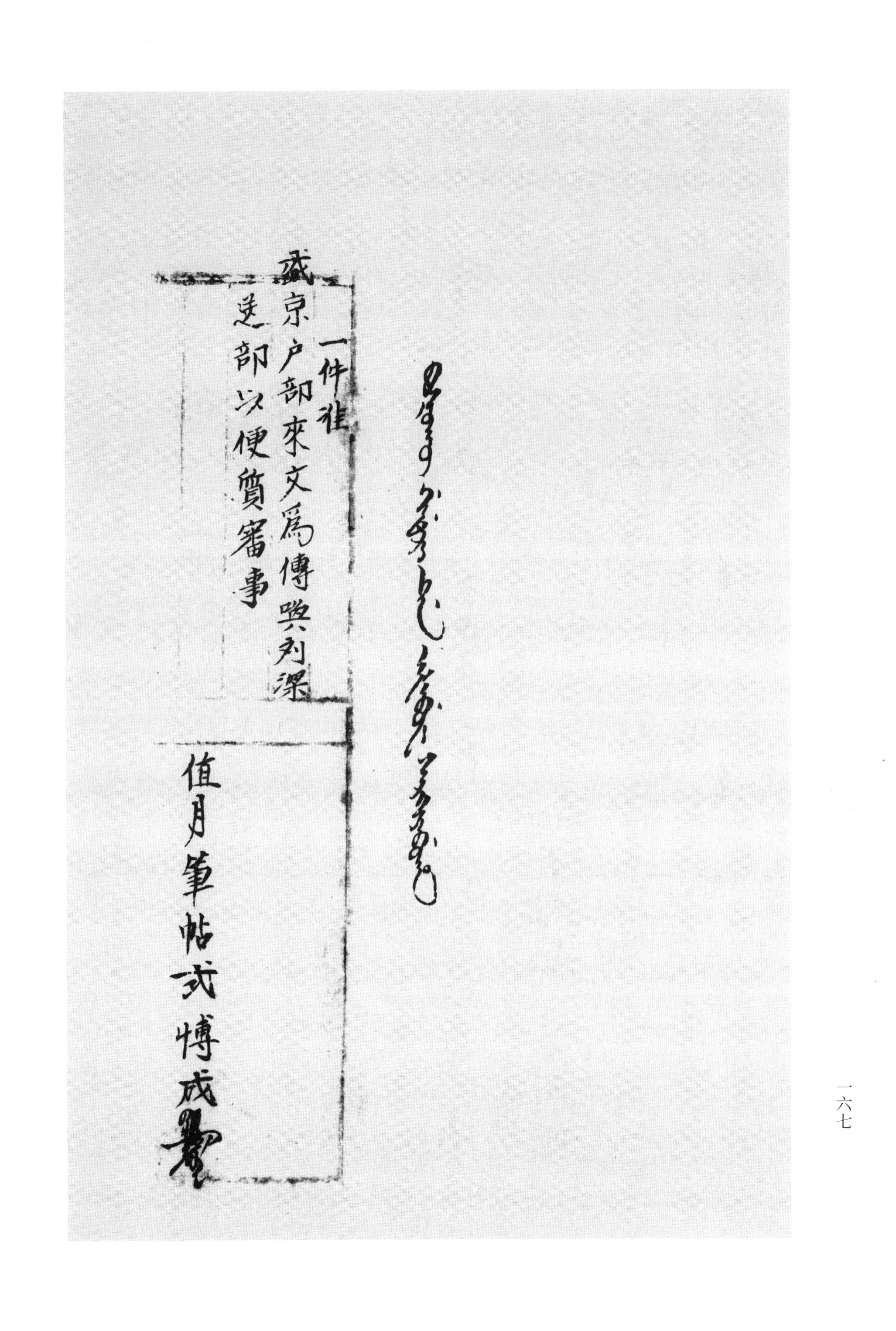

一件往
盛京户部來文爲傳與列深
送部以便質審事

值月筆帖式博成額

内務府

乾隆十五年十月二十一日

筆帖式富明何

因乾隆十五年八月初十日題本月十四
日奉
旨依議欽此欽遵相應行文
盛京礼部轉行各部一體遵行可也等因前
來相應知會内務府可也爲此合咨須至咨者
右　咨

槩事仍行辦理
元旦礼儀王等以下文武各官以上照例自十
二月二十七日起至正月初四日止穿朝服七日
上元節自正月十四日起至十六日止穿朝服
三日俟
命下之日通行八旂各部院衙門直隸各省等

盛京禮部　爲年節封開印信及穿朝服事
檔子房案呈准礼部咨稱儀制司案呈
礼科抄出本部題前事內開應照欽天監
選擇日期於本年十二月二十一日巳時封印乾隆
十六年　正月二十日如時開印自封印起
至開印　止照例不理刑　名不辦事有要

谷

右　咨

盛京内務府衙門

乾隆十五年十月二十一日

外郎刘英

聖訓
實錄
玉牒關係重大所有一應備辦事件理宜敬謹
預為辦理相應咨行
盛京內務府有應行備辦事件速行查
照備辦可也爲此合咨須至咨者

案呈查
聖訓
實錄
玉牒於十一月初四日自都京起程之處業已知會
前來但
聖容

答

鎮守

盛京等處將軍衙門　爲知會事左禮司

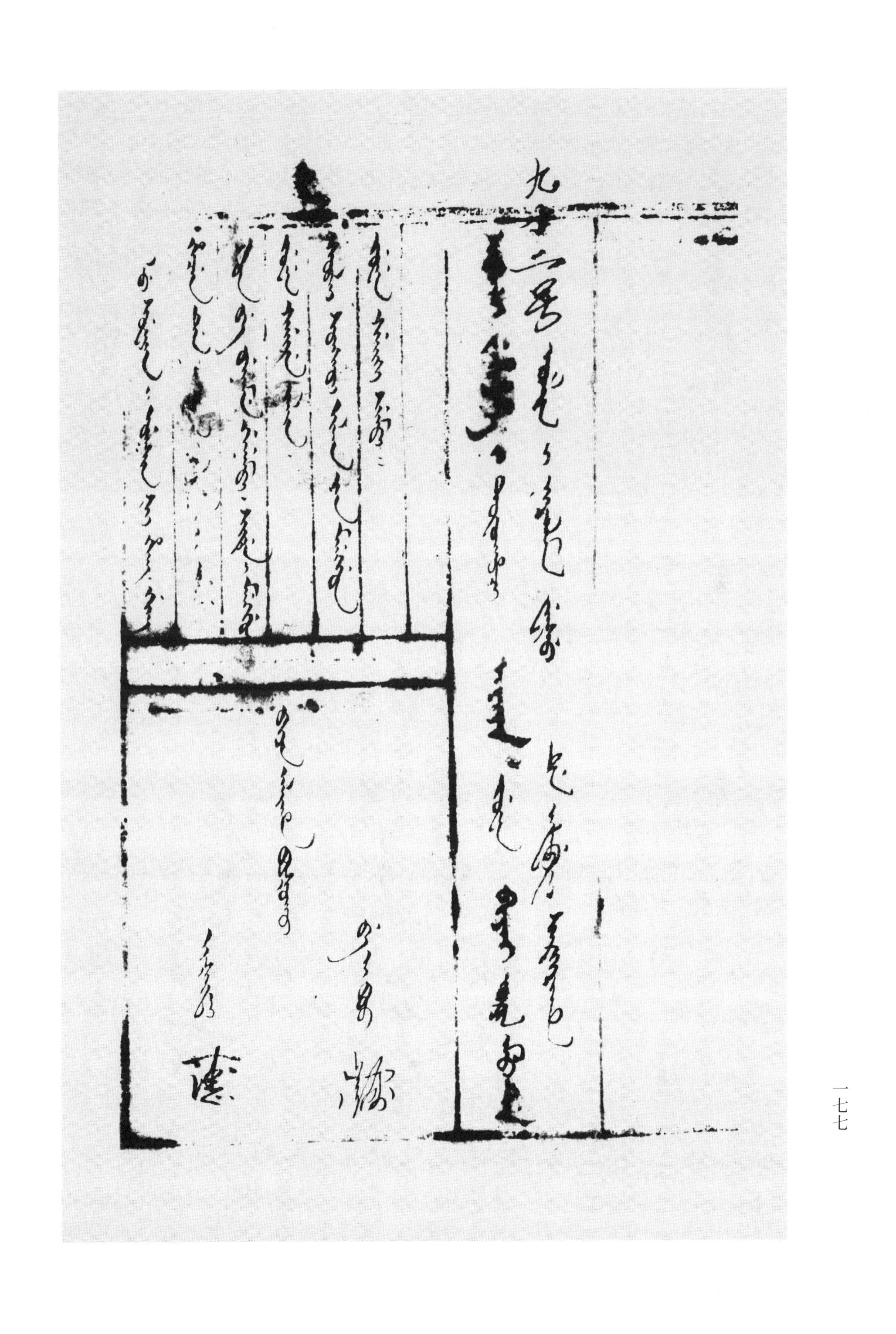

九

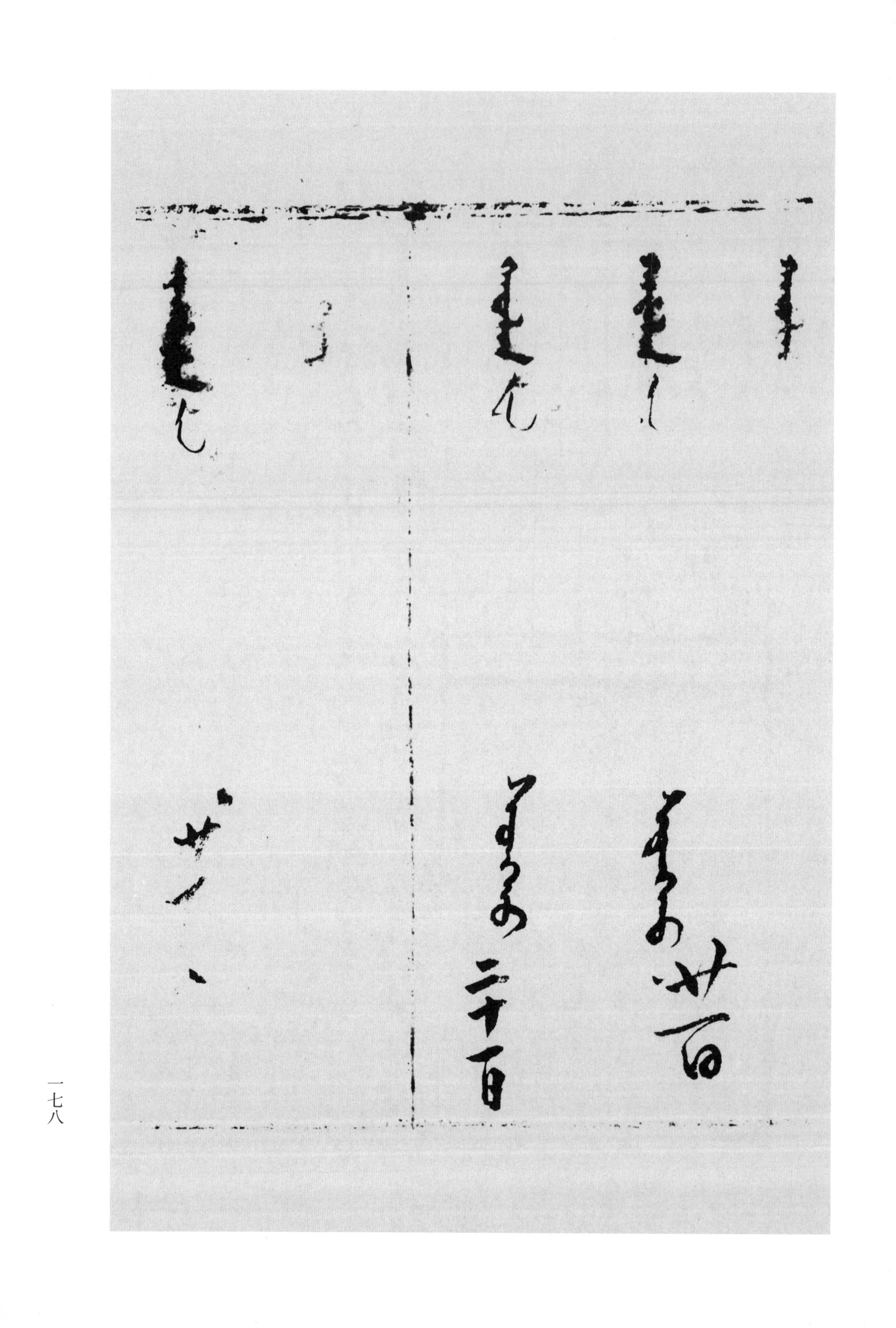

廿百

二十百

廿八

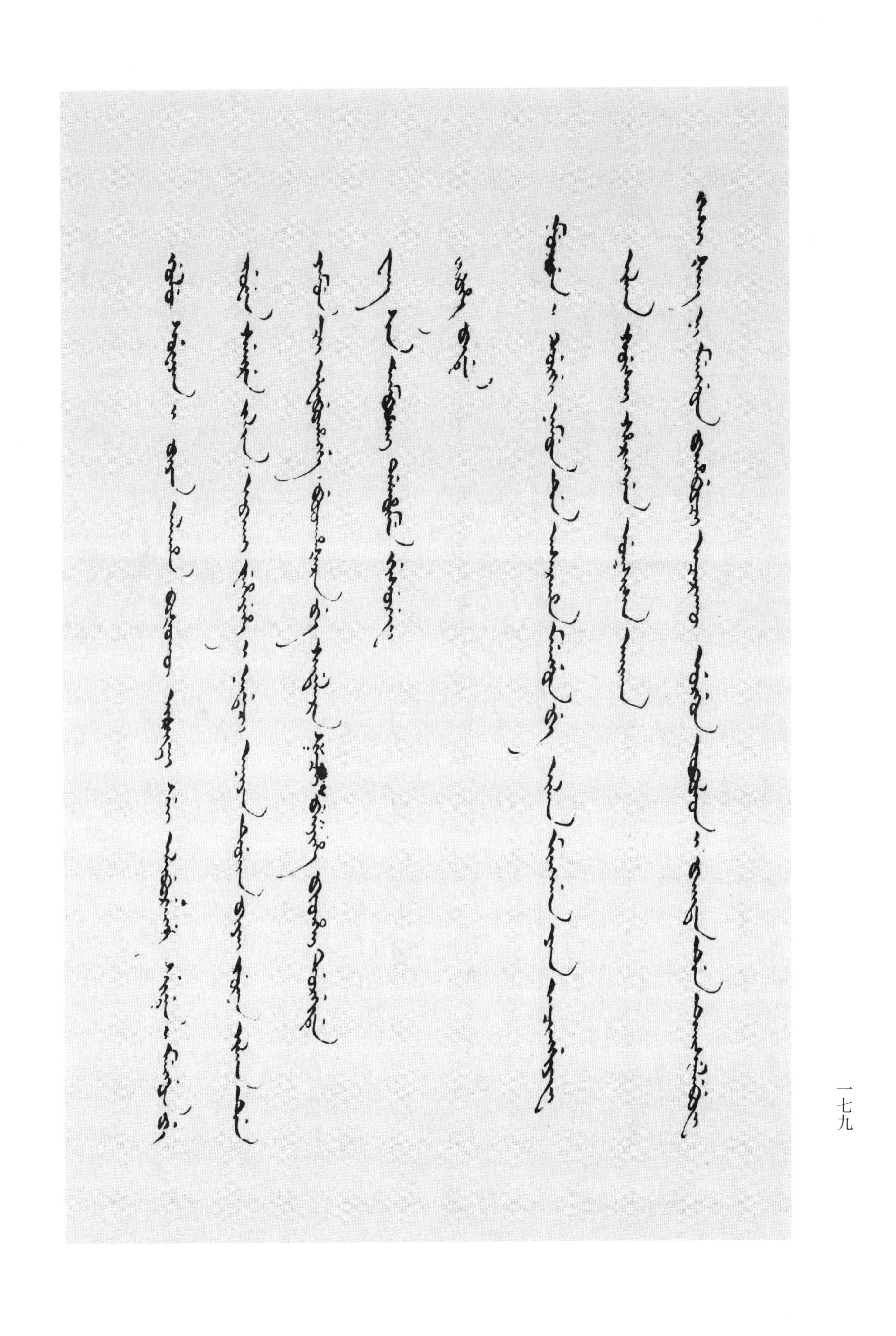

[illegible]

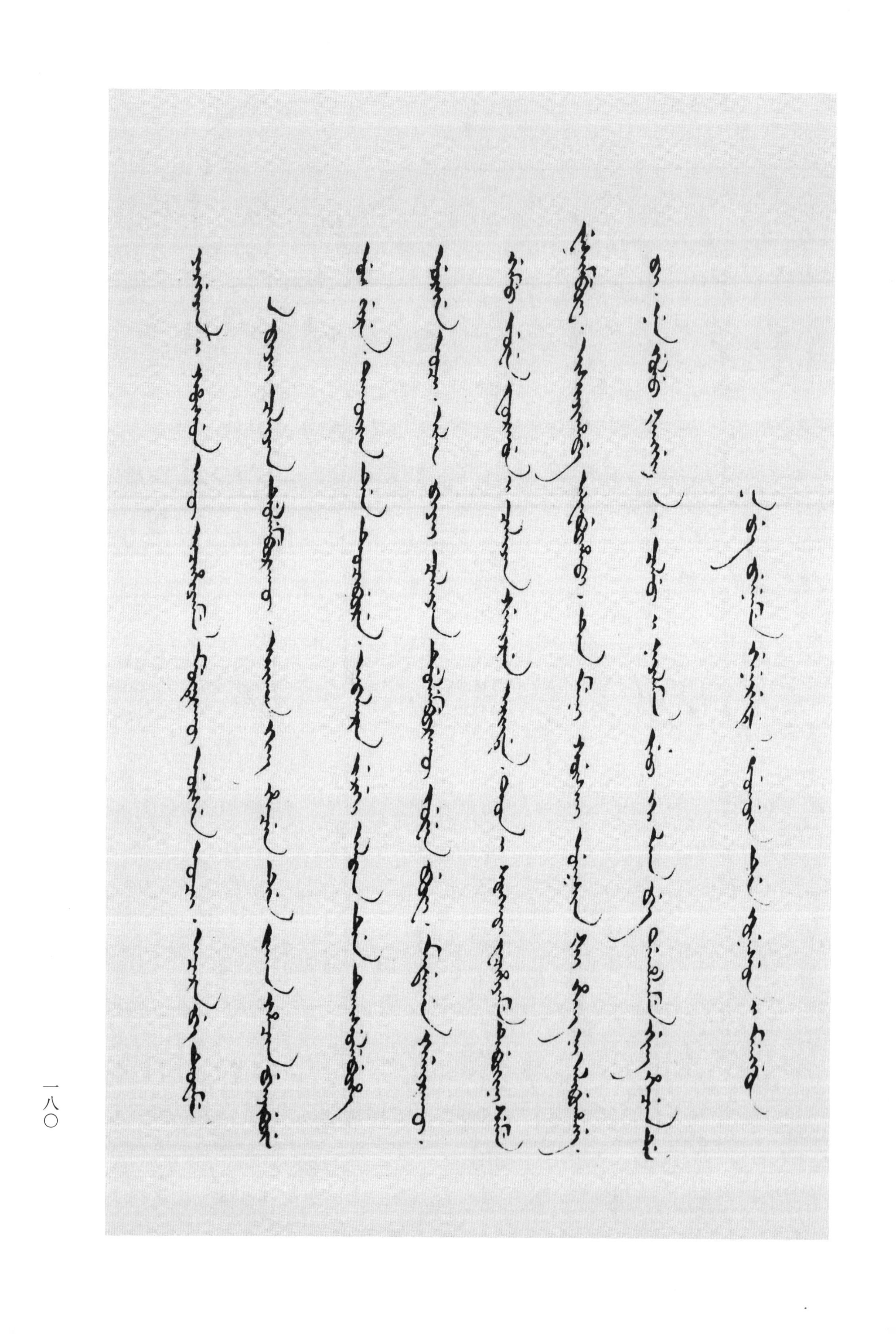

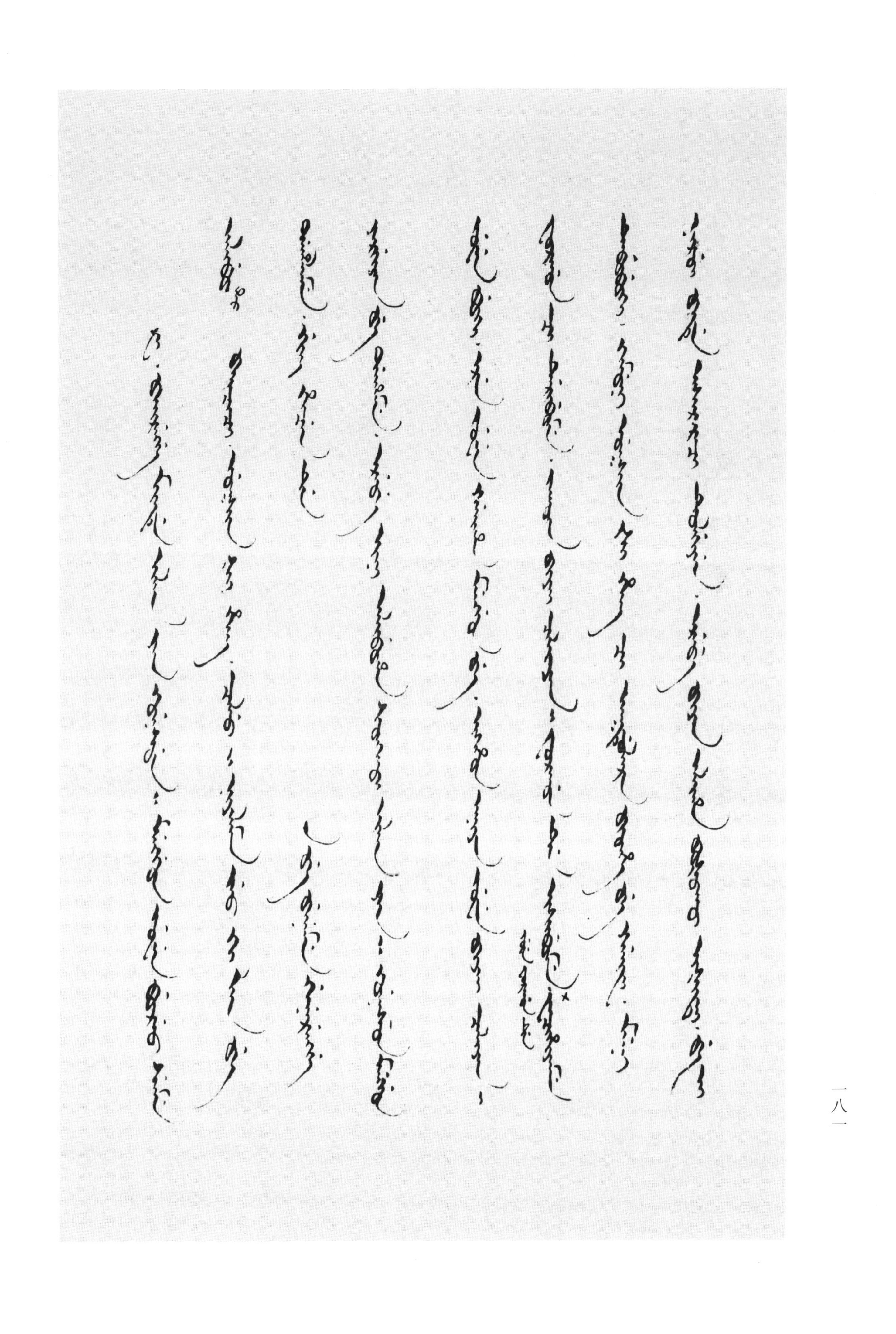

ᡥᡝᠰᡝ

ᡤᡳᠰᡠᡵᡝᡥᡝ ᠰᠣᠩᡴᠣᡳ ᠶᠠᠪᡠᠪᡠ ᠉

加封用司印鈐蓋重封縫固斷難揭換若印上之印封不足以防弊則匣
上之封皮又何足以防之該尚書所奏用匣封鎖之處事屬重複亦
毋庸再議臣等伏查鑄印之時已經節次奏明立法周詳關防嚴密
請仍照定例遵行至此因改鑄清篆新印繁多臣等自應時時留
心詳加稽察以杜弊端至各省繳還舊印臣部已於乾隆七年八月內議
覆浙江道御史陳大玠條奏內令各處將印面鐫一繳字送部銷燬
印文已屬殘廢毋庸更議防範今併陳明臣等未敢擅便謹
題請
旨
奉
旨依議

寬窄之各異非如憑匣僅貯數紙可以一律成造若遂樣製備不但
工料繁多靡費錢粮並恐摺印之時或不合式或不齊今以木匣之
故而致悞摺印之期是屬未便若慮不法奸徒乘隙揭封盜用印信
嗣後臣部封摺印信關防用重紙密糊膠封於印面騎縫處鈐蓋
司印將給摺日期填入之處一併支發既杜遲延之端自無揭換之弊
等因具奏奉
旨依議欽此欽遵亦在案今該尚書奏請於每次彙摺之印驗封入匣之外
仍加封糊固亦慎重關防之意但查此次改鑄印信為數繁多若一印
一匣既徒靡費錢粮若一次總成一匣又恐長途抖搖易致損壞且新
印一著油硃雖經洗刷終與新鑄有别況內既密粘發印部票外復

量衙門大小職事繁簡先改鑄內部院領侍衛內大臣八旗都統外督撫
藩臬將軍都統提督其餘挨次改鑄換給等語臣部即通行內外各衙門
洛取印模去後嗣據各省督撫陸續咨送印模到部陸續轉送繙書
房篆寫發出依次鑄造現在各省督撫提鎮藩臬等印信將次發完
其餘印信現依次鑄成陸續知照請領各省督撫俱照辦理若此時改立
章程另定次數令其差員請領則現在鑄成存部之印不得隨時
領發勢必日積月多而各處分差領印不得請領亦徒勞往返欲以剔弊
反多隔閡事屬难行應毋庸議又乾隆七年七月內臣部議覆廣西
巡撫楊錫紱條奏須發印信仿發憑之意用匣盛貯以杜途揭封偷
用之弊等由內閣印信分寸款式既有大小厚薄之不同復有方寸

督撫提鎮關防印信悉係各該處差官齎文投批當堂給領並無
部中差官齎送之事至藩臬以下通判同知以上亦皆係專差齎咨
其批赴領當堂驗明給發並無彙付提塘遇便寄交不拘何項人藏之匣
筒以致襲越之事該尚書所奏無從置議又
奏稱作弊之人巧偽百出或稱長途擦損或私自啓封照樣描貼盜用文書
等項宜早為防範請
勅部定議其尚未請領者其省應分作幾次專差閑雜丞倅等官赴部部
臣當堂驗封入匣匣外仍行封鎖文差員祗受領回等語查乾隆十三年十
月內大學士忠勇公傅　等奏印信改鑄清篆原奏內稱內外文武衙門
印信關防條記應行該部行令內外文武衙門齎送印模到部該部酌

旨所奏是依議欽此欽遵在案是領印之用差役齎批自順治十年定例為始而文官自州縣以下武官自副參以下免其差役齎批交與提塘代領齎送則自乾隆二年為始臣部現在奏

旨換鑄清篆印信領發皆確遵新成例辦理今戶部尚書蔣溥奏稱臣聞近來辦理不一督撫大員有從部中差員齎送者其藩臬以下則有彙齊付坐京提塘官遇便寄交者更有專差家人常隨或衙役請領者其繳回舊印亦復如此但領自

大廷用昭官守而今不拘何項人携之行篋殊為褻越等語查差役領印原屬百年以來成例而督撫大員則皆差員請領以昭慎重臣等檢查此次發印除州縣以下之文官副參以下之武職照例交各提塘具領外其

請給印信執該督撫或布政司文批武官請給印信執該督撫或總兵官
文批差役赴領每文一件請印一顆文內開明請印差齎姓名方准給發
等語又查乾隆二年二月內臣部
奏稱各省印信關防有久經題准未給赴部請領者積至三百餘顆伏思文
官自州縣以下俱屬微員武官自副參以下亦多清苦若必請咨赴
領不無上司胥役勒索之弊僉差往來盤費之需是以准於赴領請
嗣後凡各省文武官員印信關防鑄成後即傳交各省提塘取具
領狀當堂給發照文移呈限齎送各省提鎮布政司轉發該衙門仍
將開用日期 即請領之處永行停止等因具
奏奉

書印填空白及一切牌票官吏無從查察所關更非細故夫印在官處關防嚴密尚多偷用以僞亂真若印在若輩之手其弊將何所不至誠宜早為防範臣請

勅部定議除新印已經請領舊印已經繳回者毋令本官自行查察外其尚未請領者其省應分作幾次專差封鎖交差員祇受領回仍交該督撫轉發所屬如此則體統維昭而專差之員責任有在

功令綦嚴自不致下司胥役等負自干法紀而前項諸弊可以杜絕矣再

因具

奏前來查官員之有印信所以昭信守印信之更清篆所以同制度頒發外省其防範允宜周詳而分發亦不容遲滯會典内開在外文武官員

禮部 為請重鑄頒印信之條以肅體統以杜弊端事該臣等議得戶尚書蔣
奏稱竊惟印信之設所以重職掌防奸偽關繫至為緊要凡屬大小臣僚所職地
方公務以及收支錢糧關提案件一切文移全憑印信故外任職官一出一入無不隨身
緊帶絕不假手於人致滋弊竇邇者因更訂篆文各直省大小衙門皆赴部
請領新之後仍將舊印繳進臣閣得近來辦理不一督撫大員有從部中差
員賫送者其藩臬以下則有賫齎付坐京提塘遇便寄交者更有
專差家人長隨或衙役請領者其繳回舊印亦復如此雖交收之際必驗
明印封無損始行開用但須自
大廷用昭官守乎特開印封俾行三跪九叩首禮儼典至重而今乃不拘何項
人攜之行殊為褻越甚非所以肅體統而重關防也況作弊之人巧偽百
出或托言路途遙遠攜帶不無擦傷或徑私自啟封然照樣粘貼則盜用文

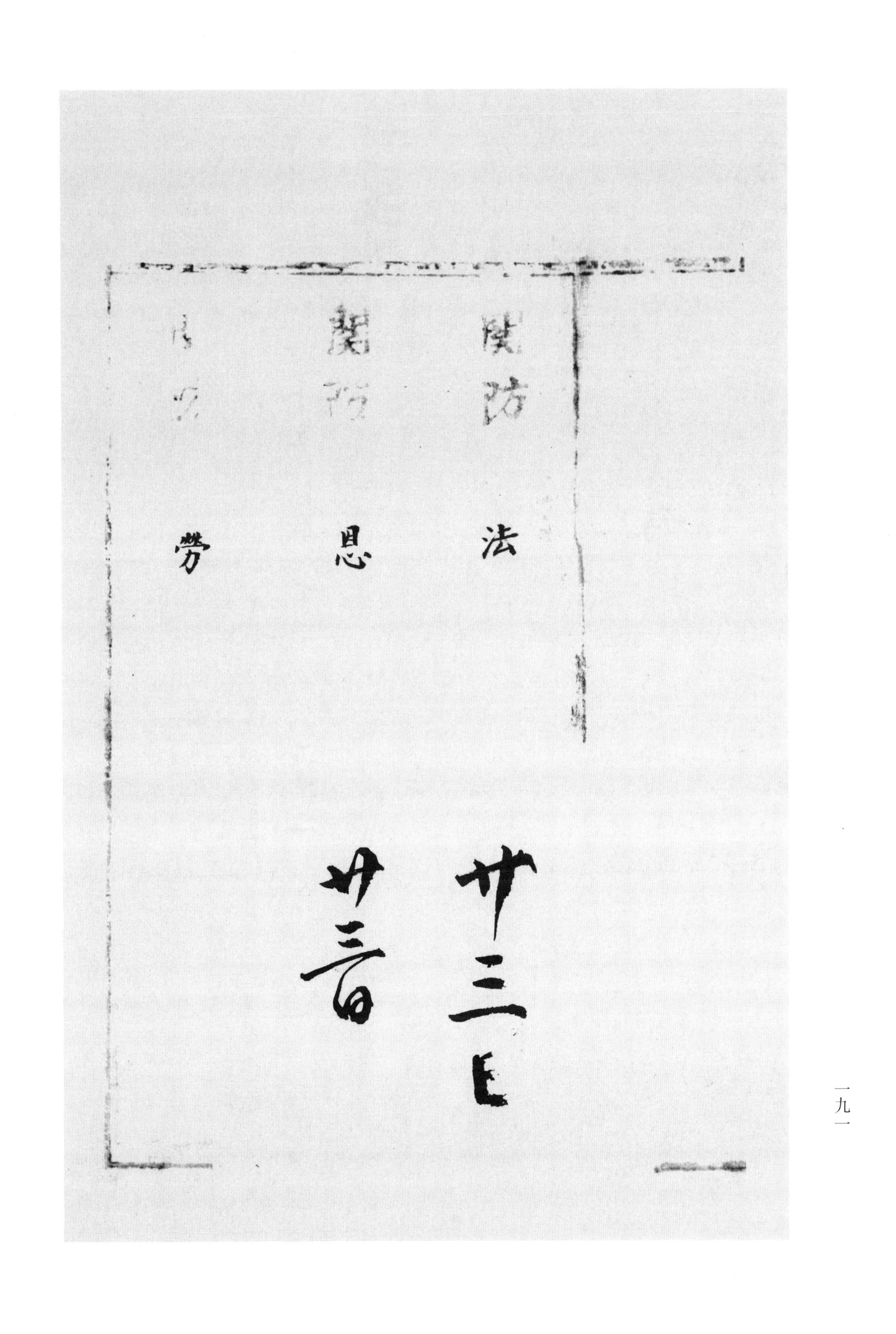

閔防 法

閔防 恳

閔防 劳

廿三日

廿三日

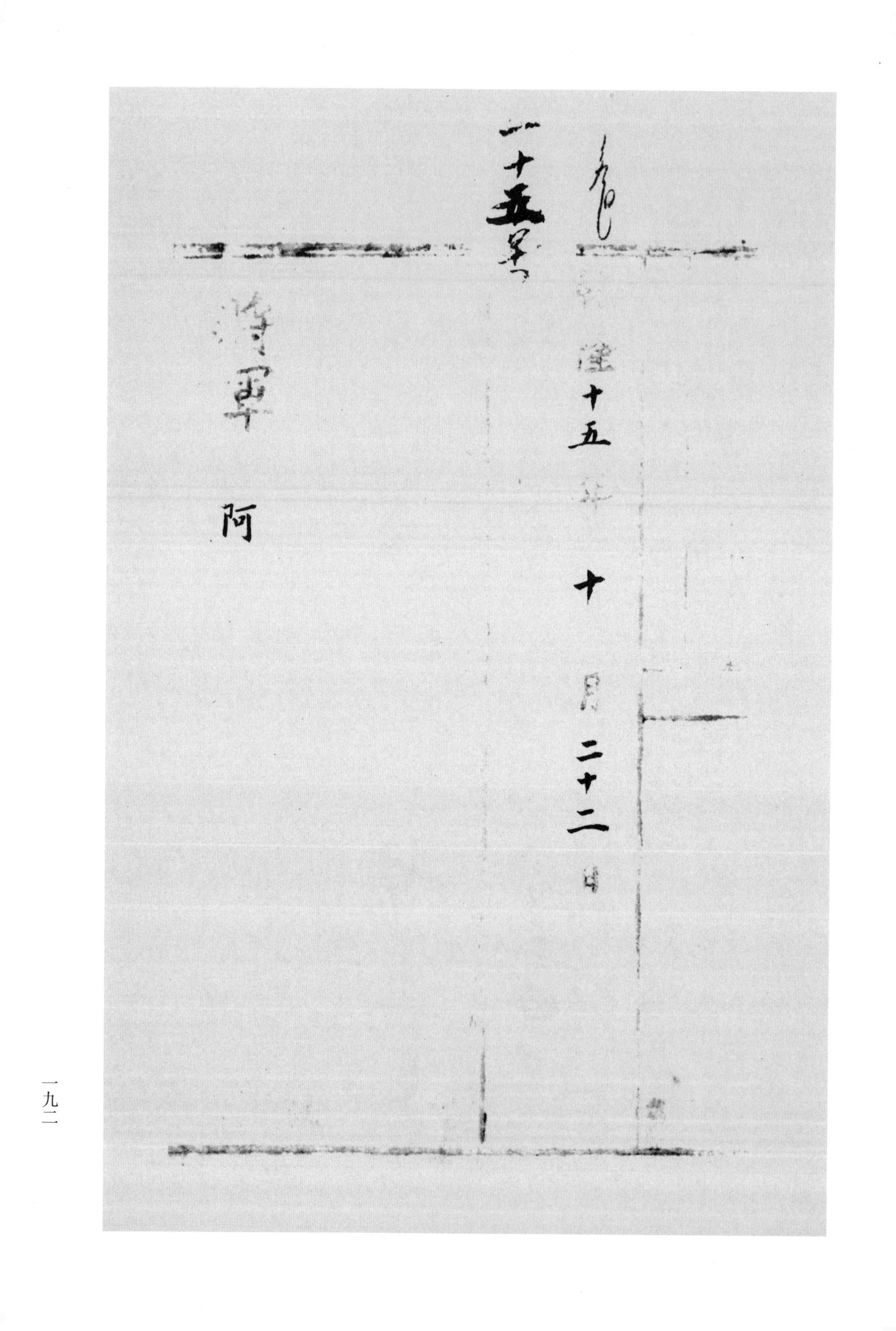

危

一十五号

光緒十五年十月二十二日

修單

阿

盛京将軍衙門來文内開准
禮部爲請重賞領印信之條
以肅體統以杜弊端抄録原奏
粘单知會事一件

值月筆帖式博成（押）

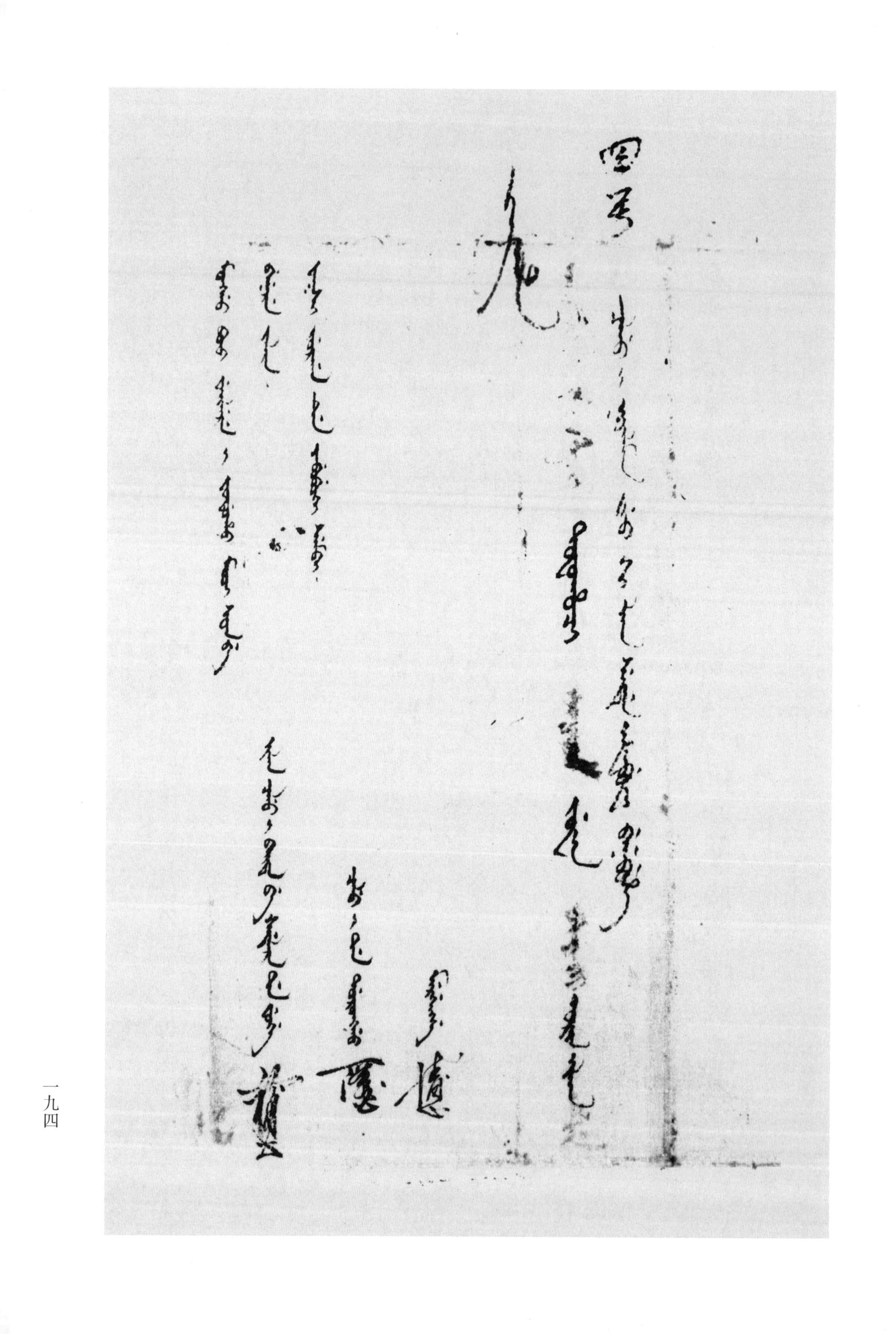

四号

九

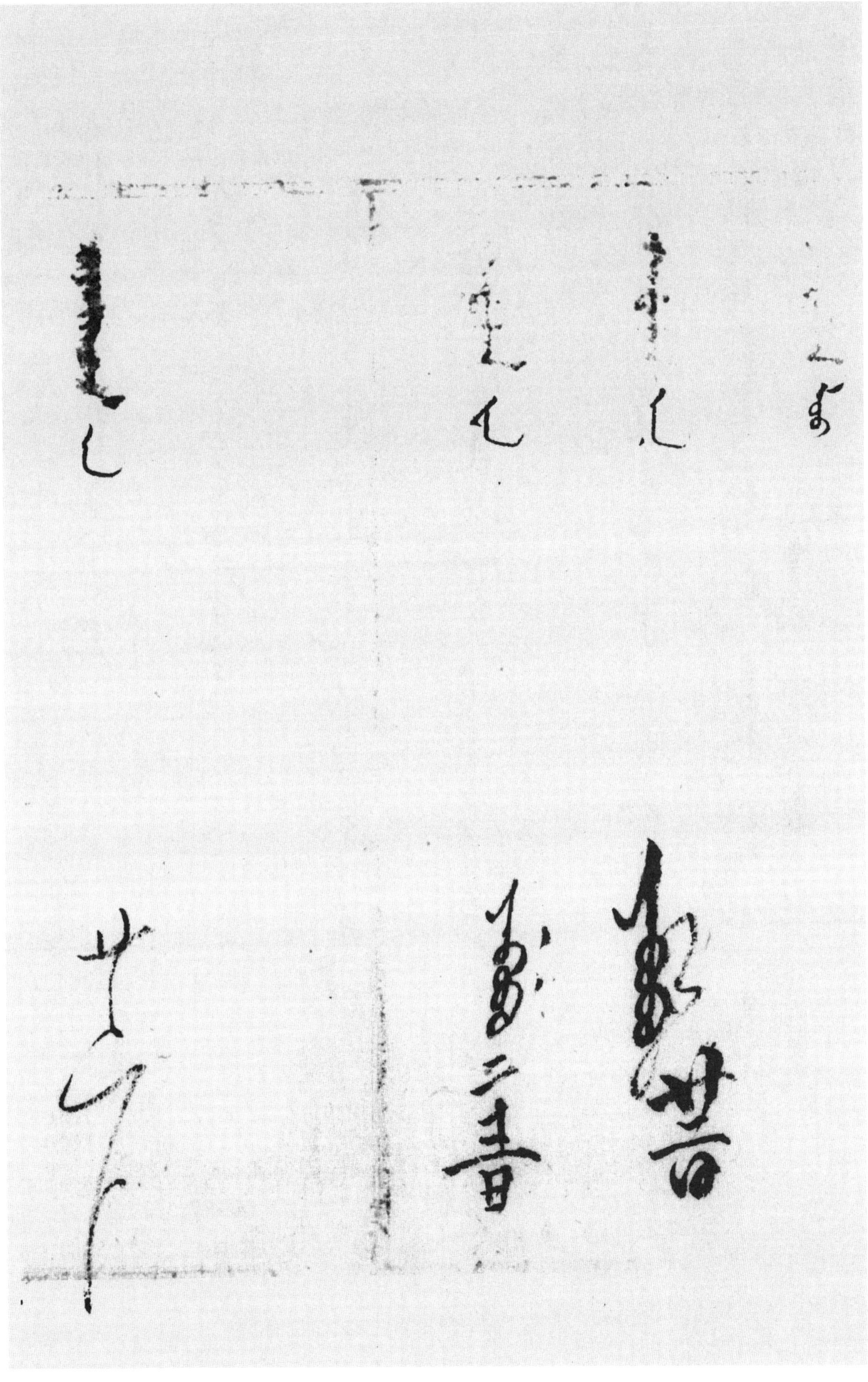

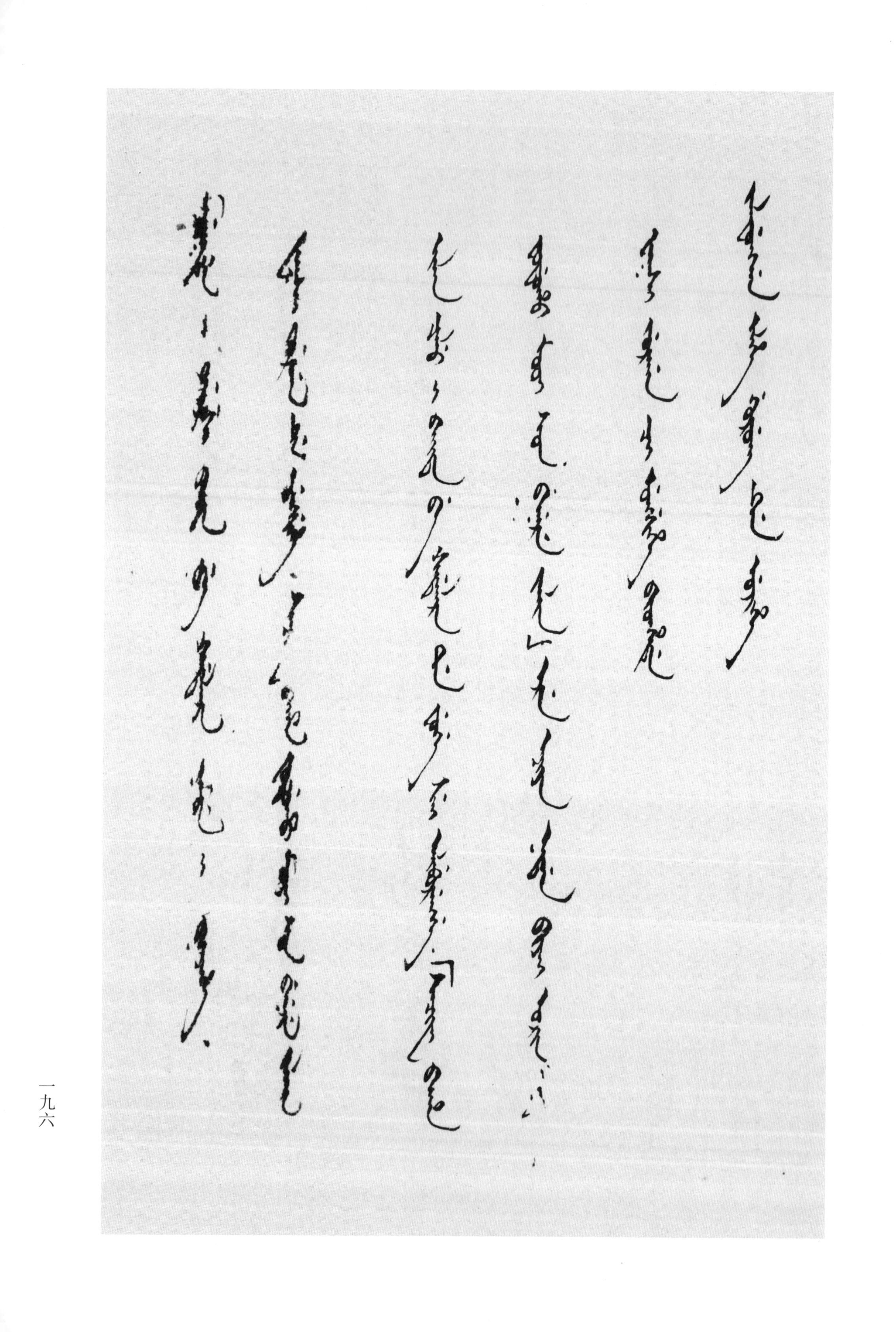

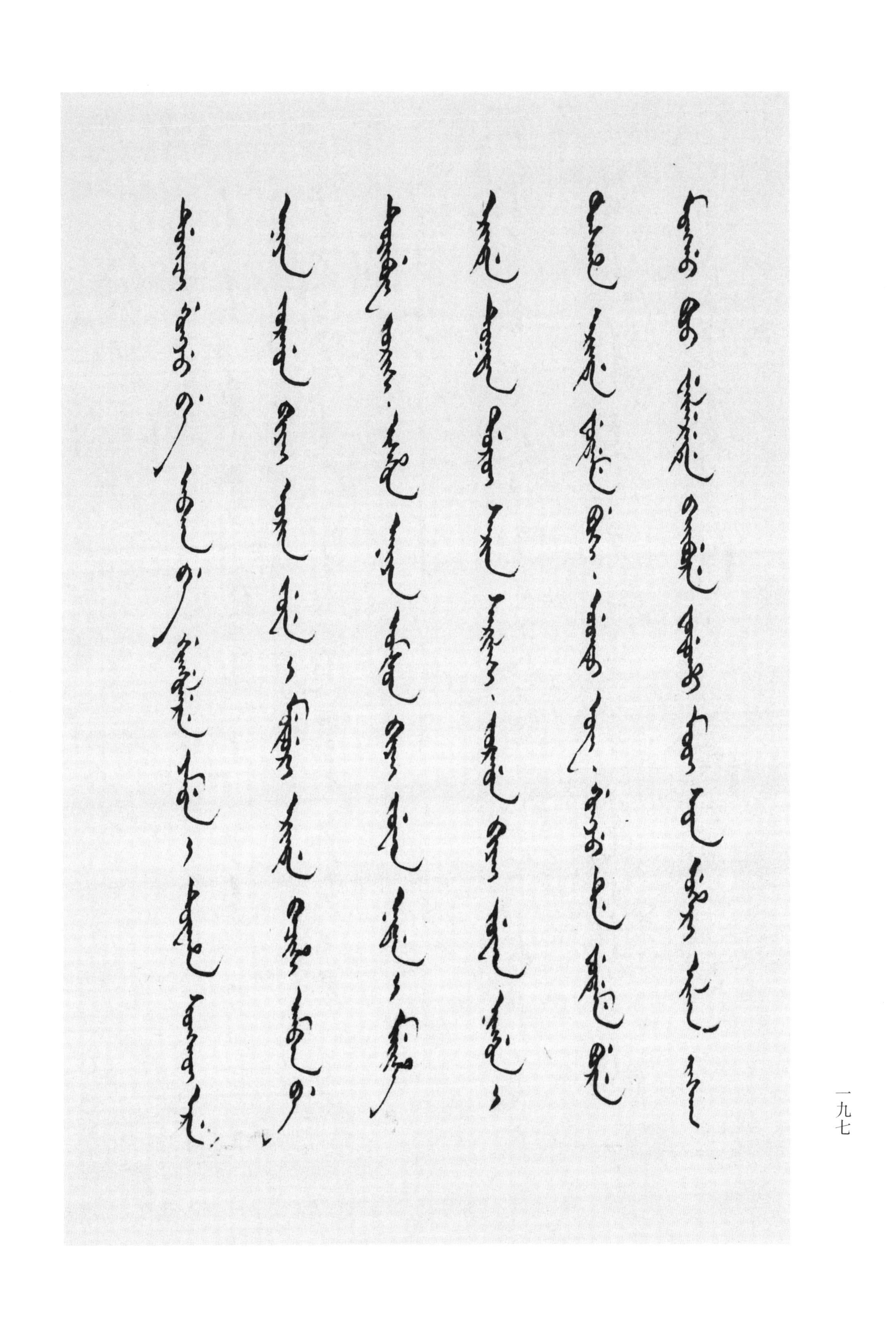

[illegible]

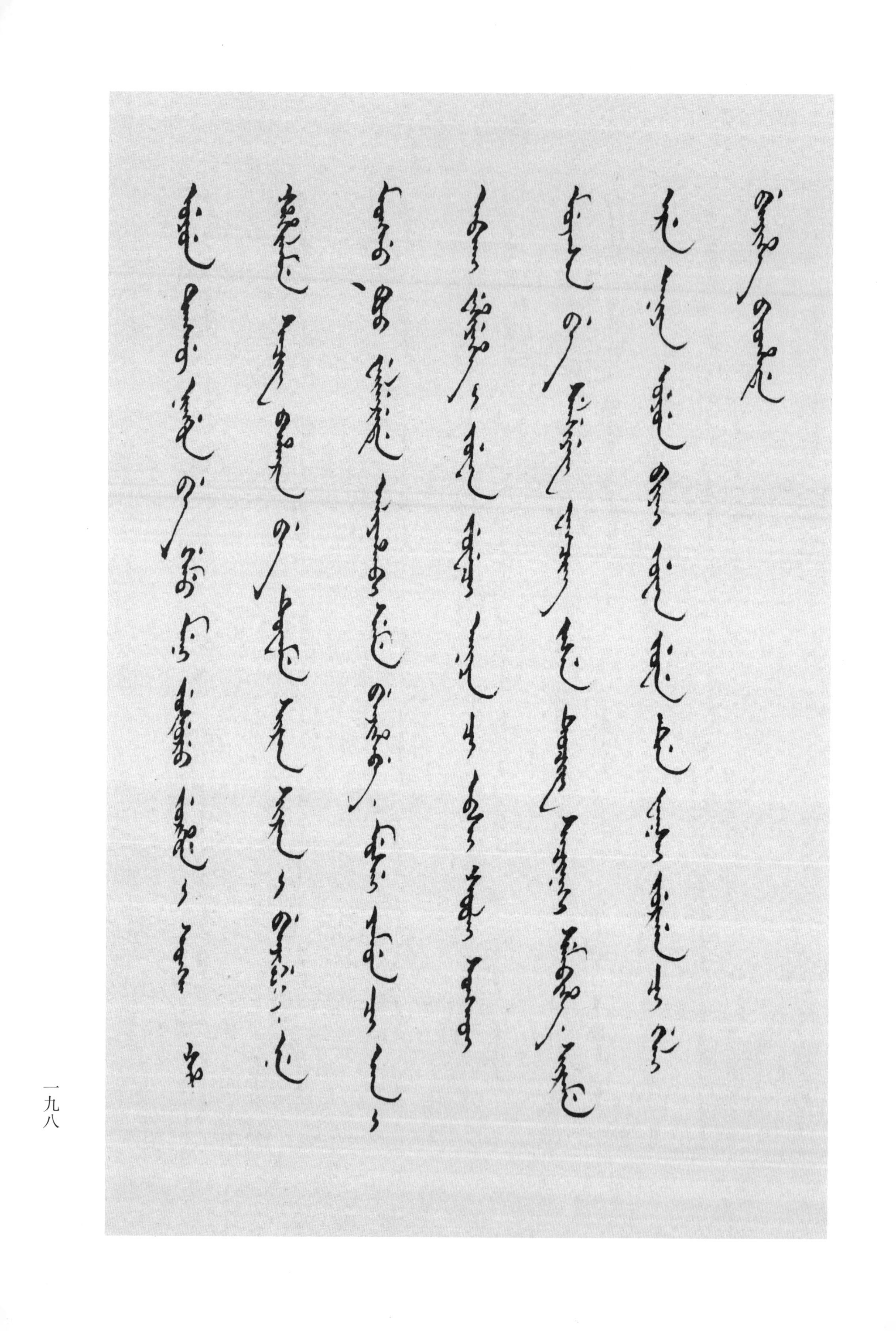

[illegible]

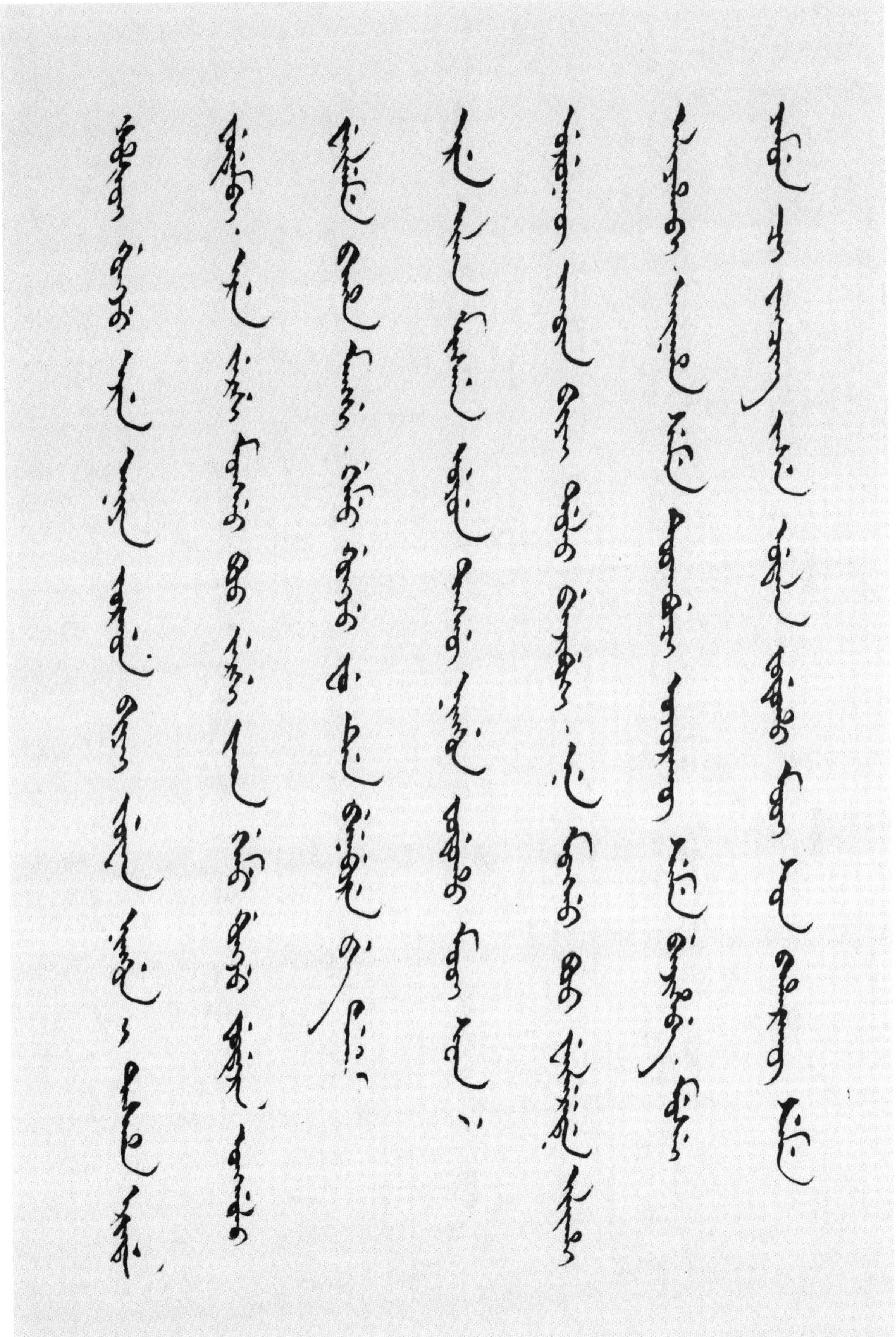

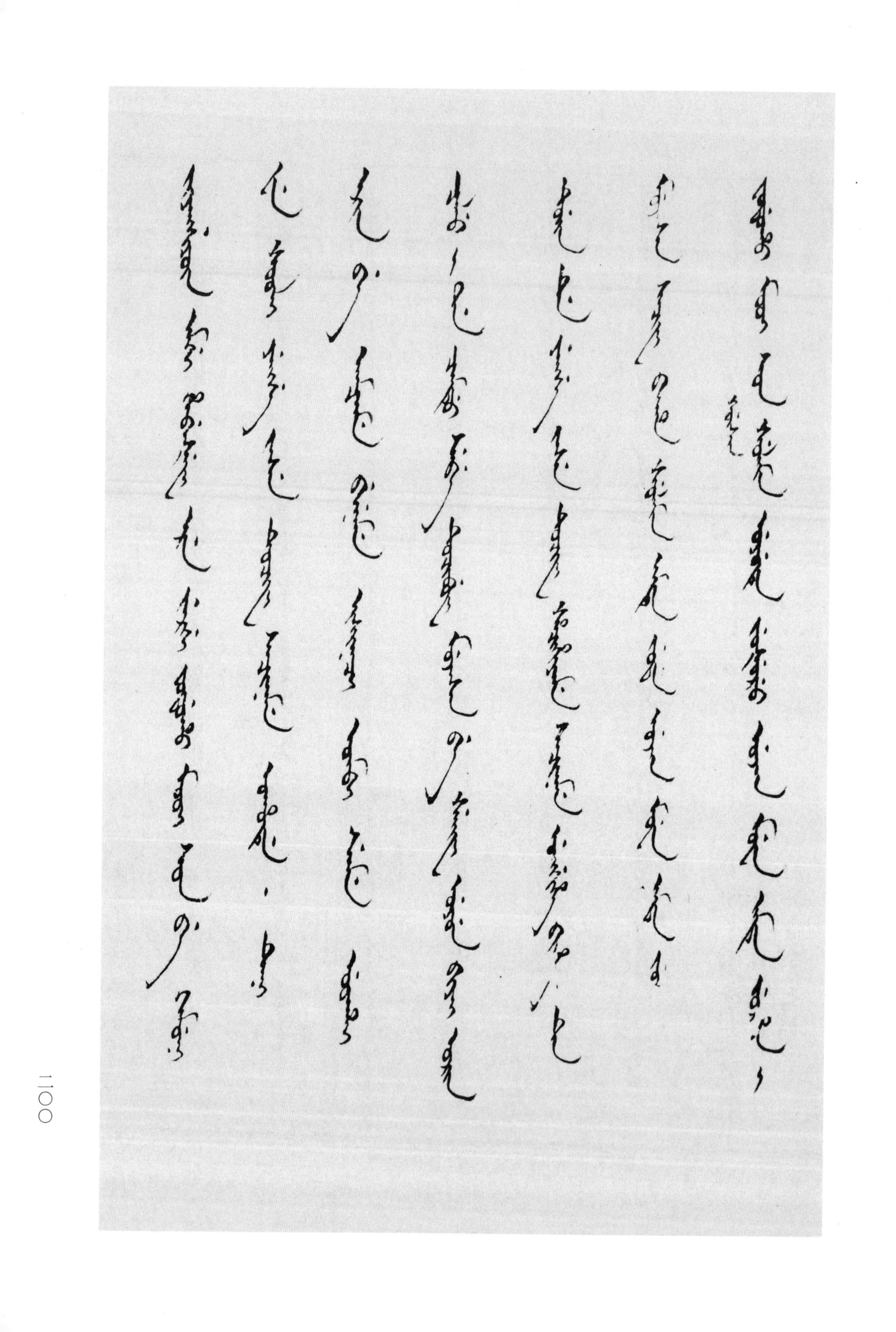

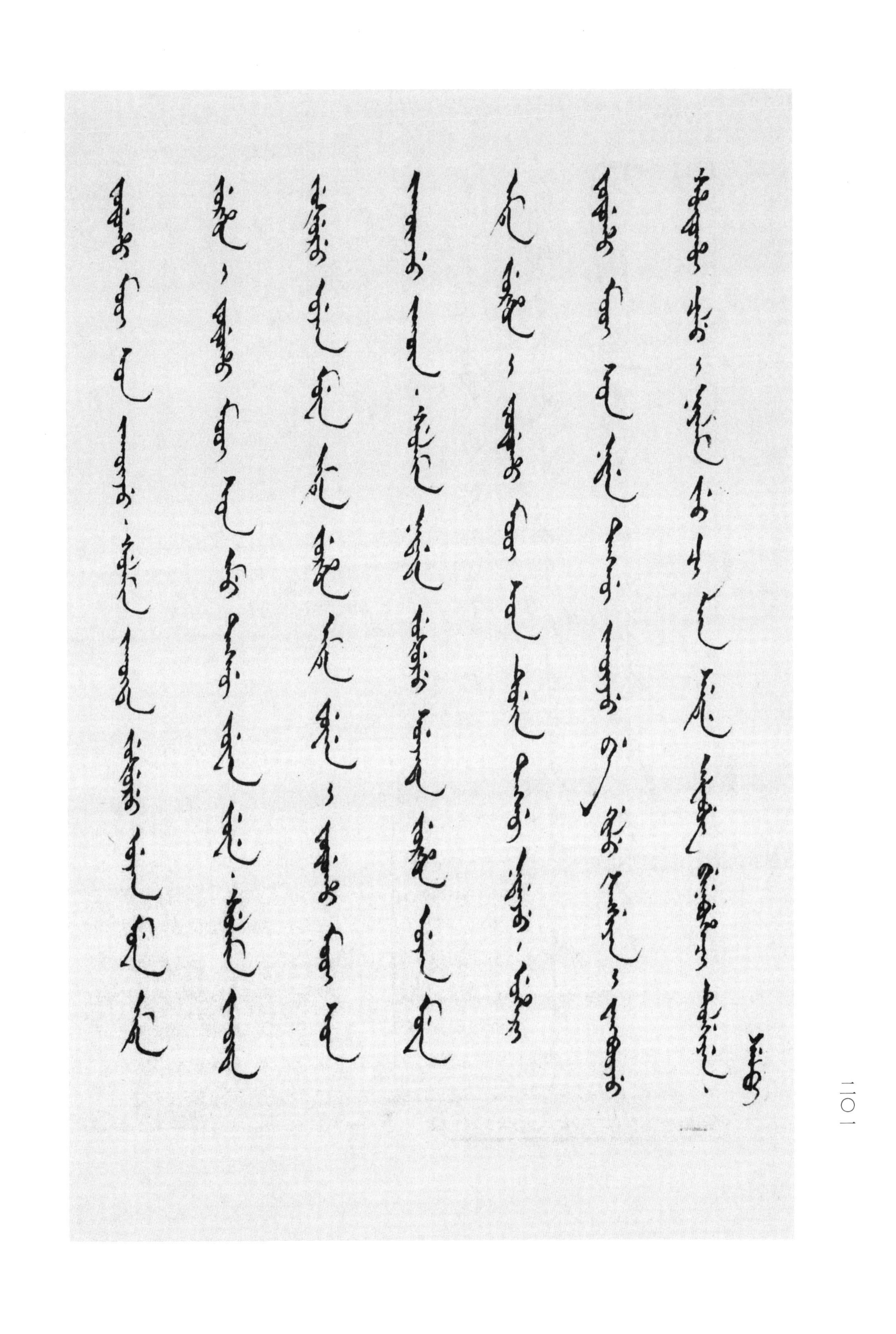

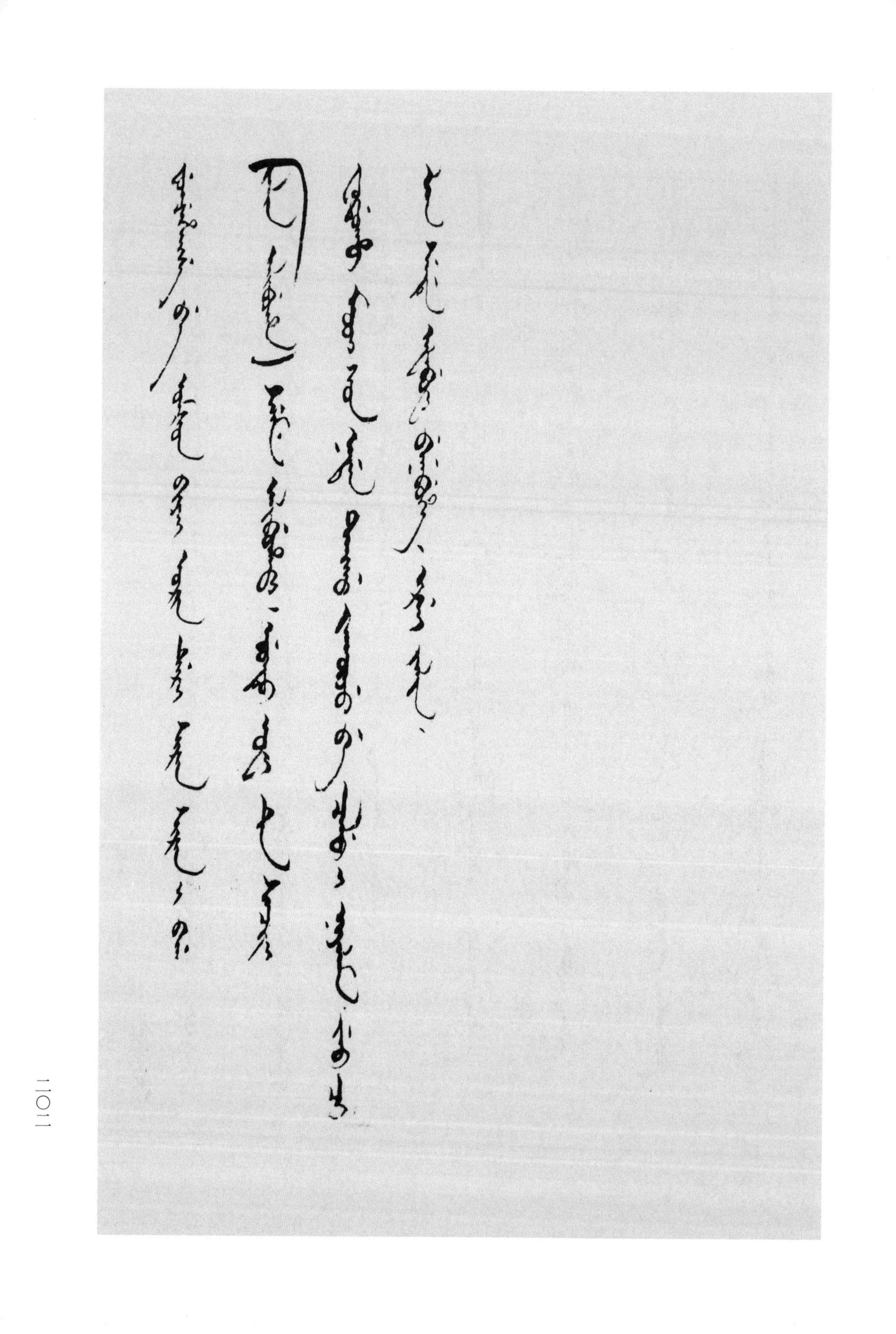

[illegible]

[illegible]

[illegible]

[illegible]

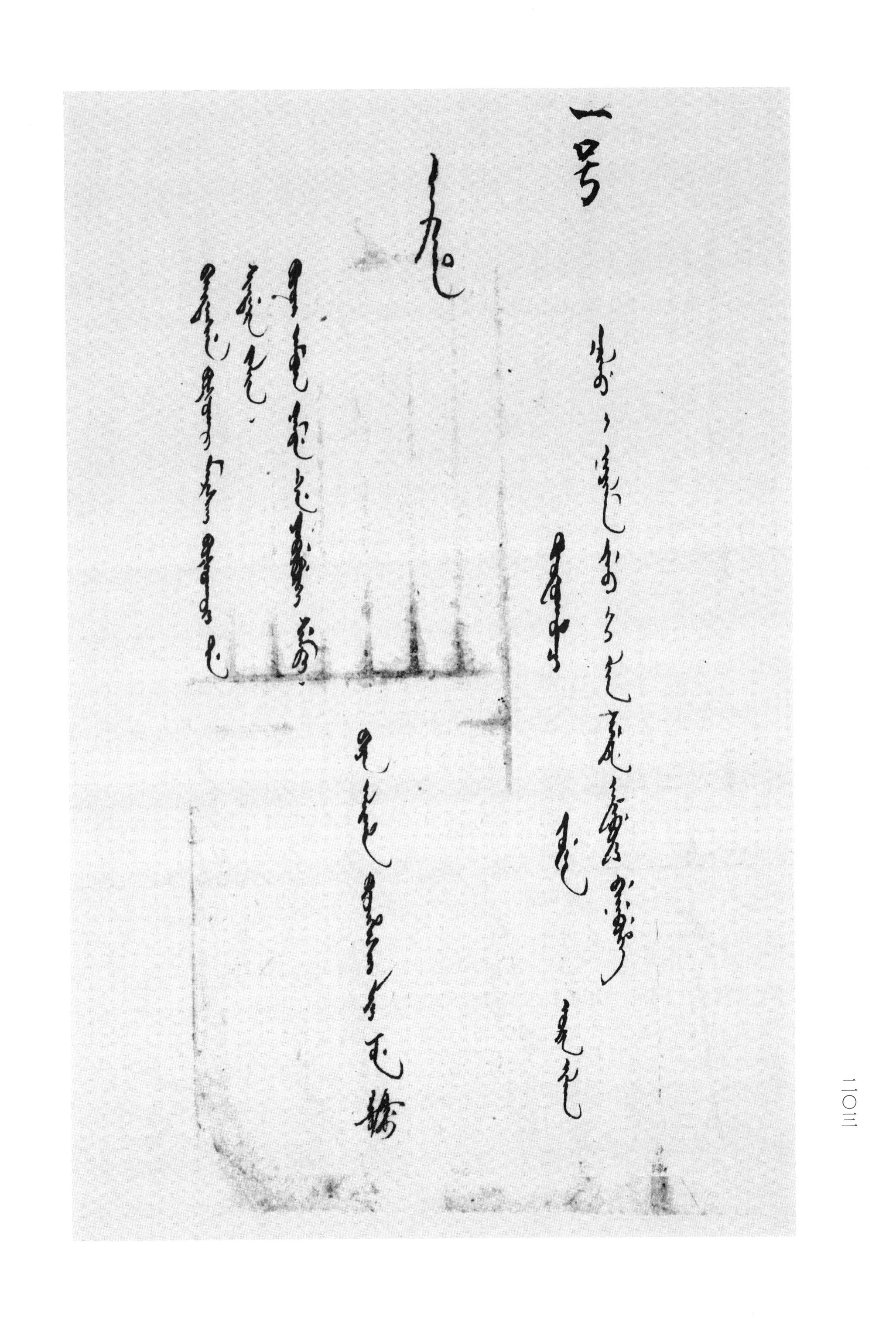

一号

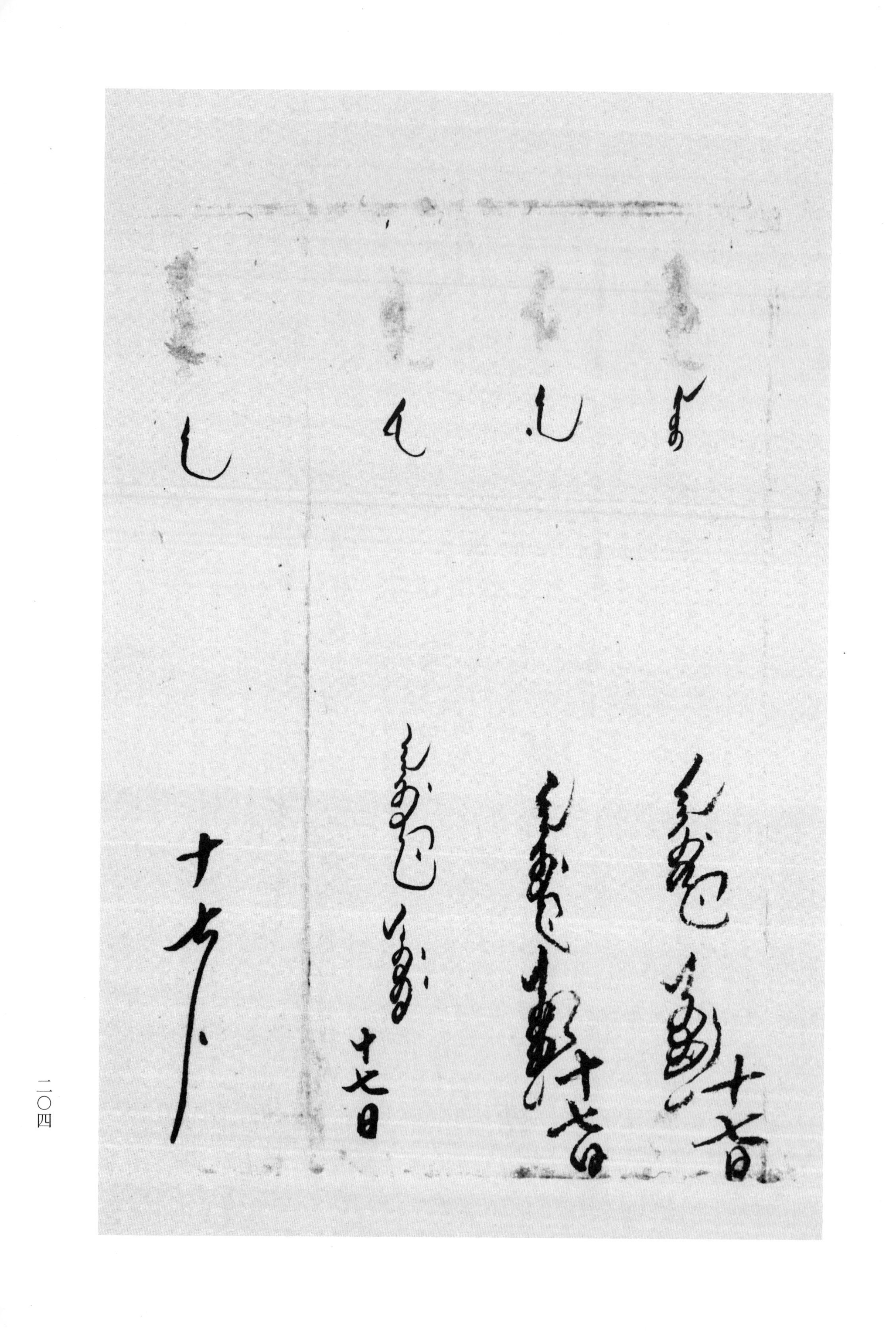

十七日

十七日

十七日

十[illegible]

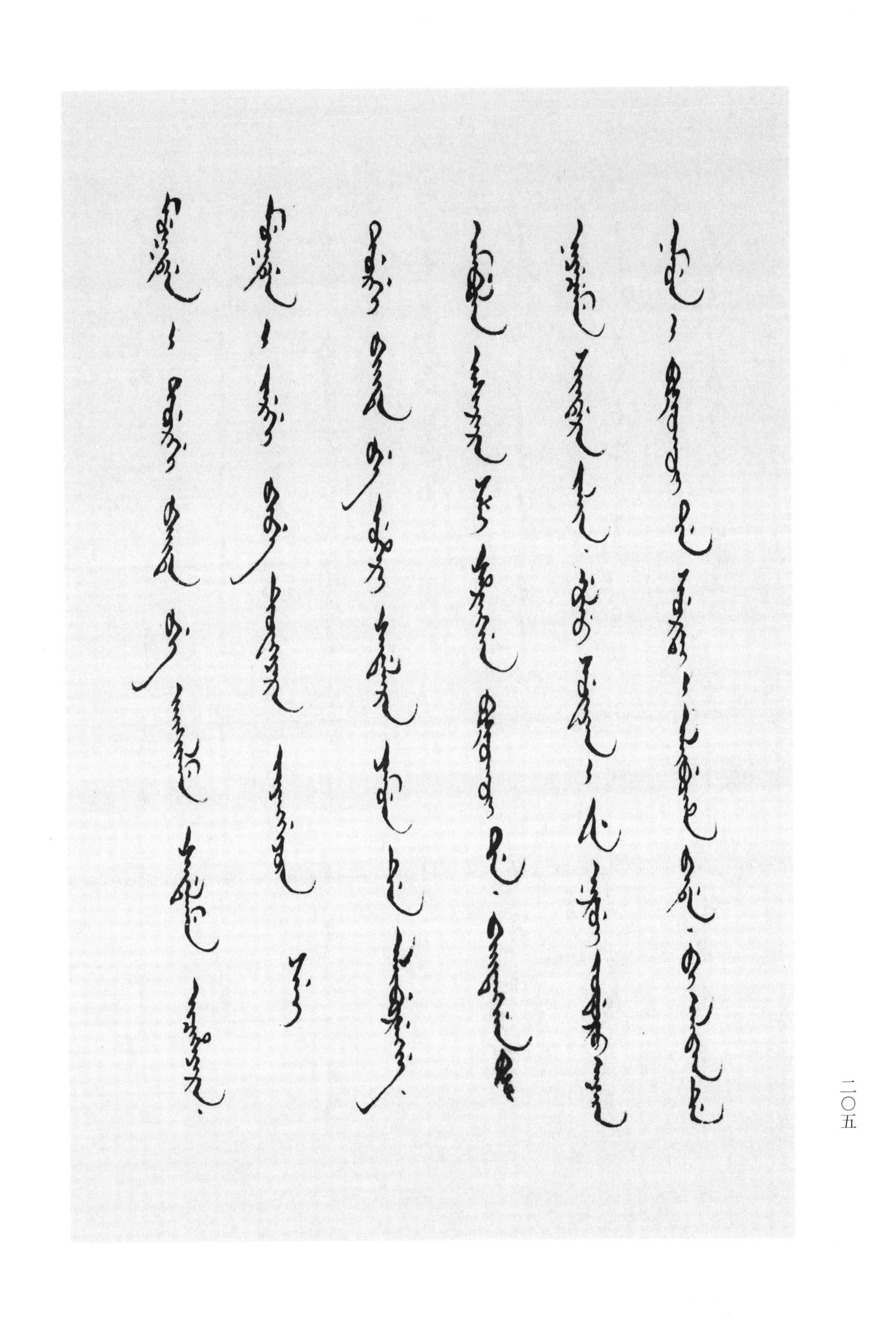

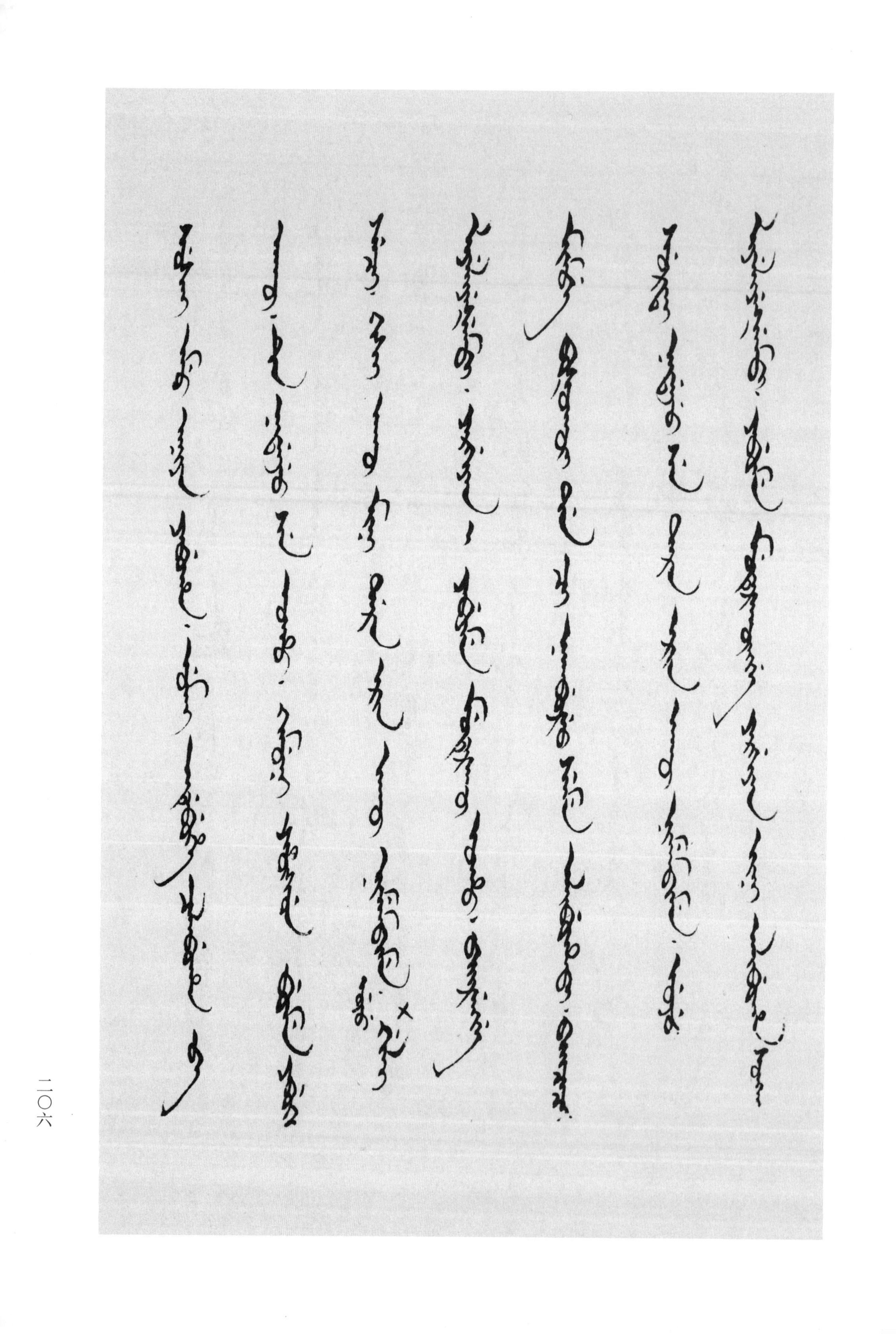

[illegible]

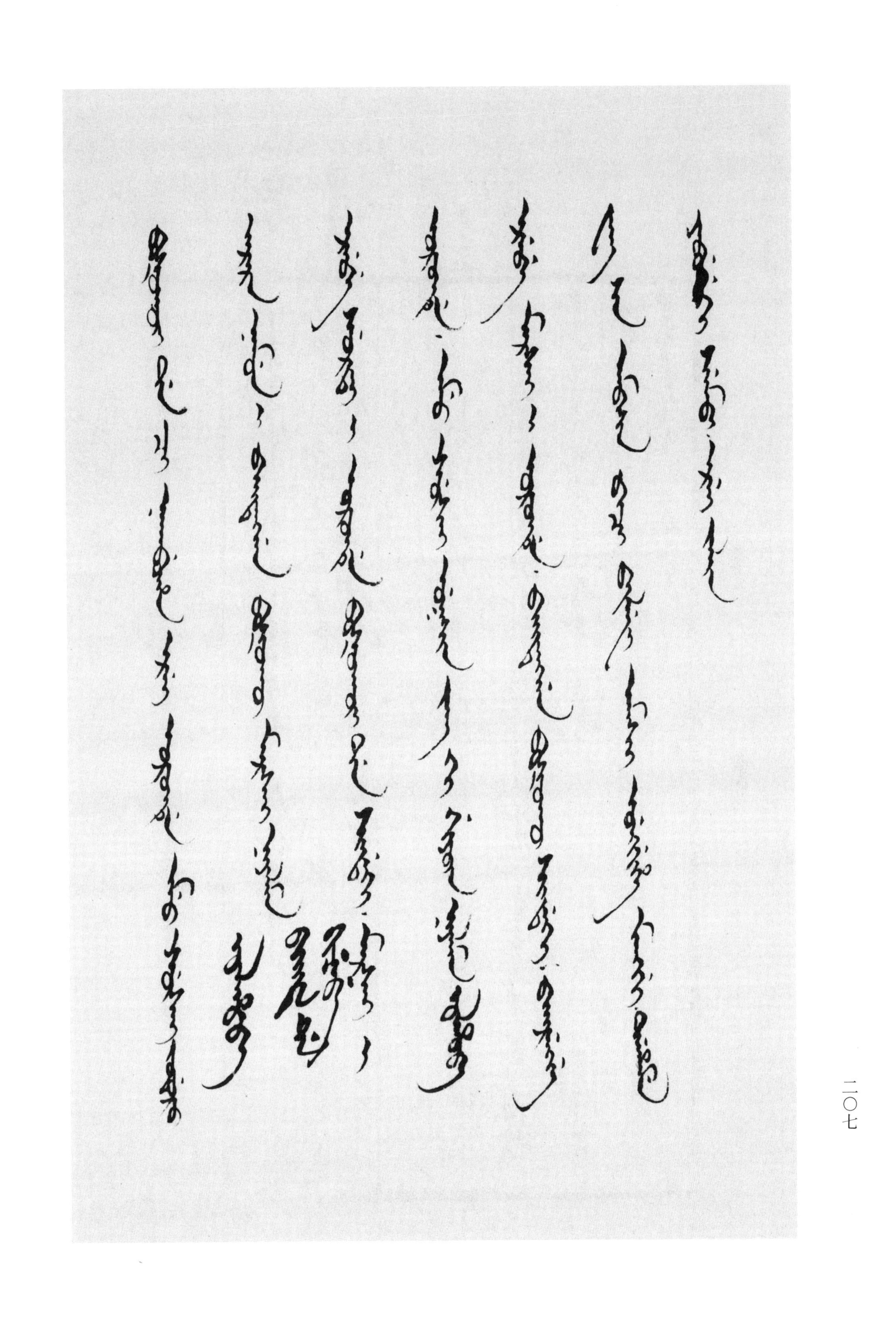

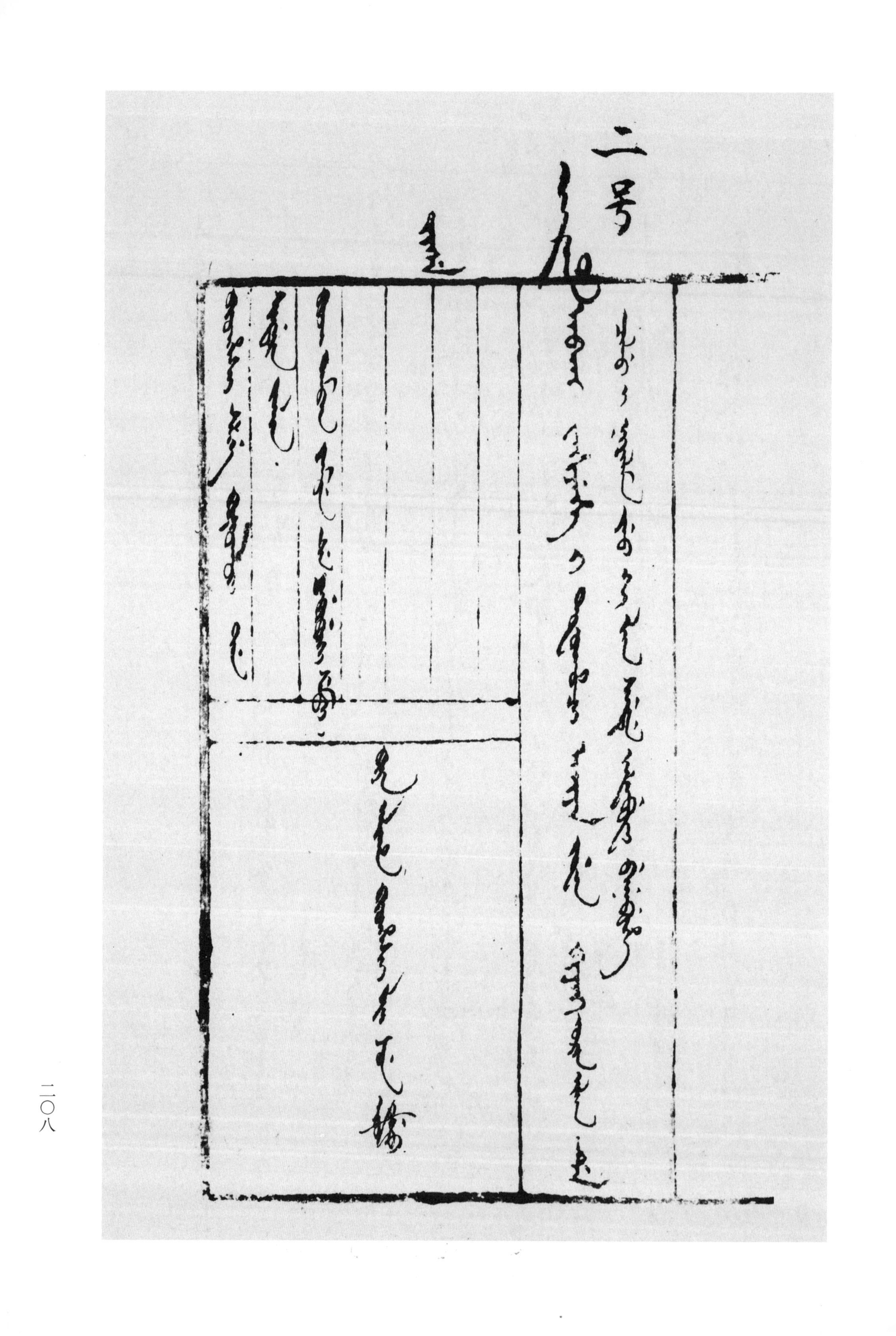

二号

[illegible]

[illegible]

[illegible]

[illegible]

[illegible]

[illegible]

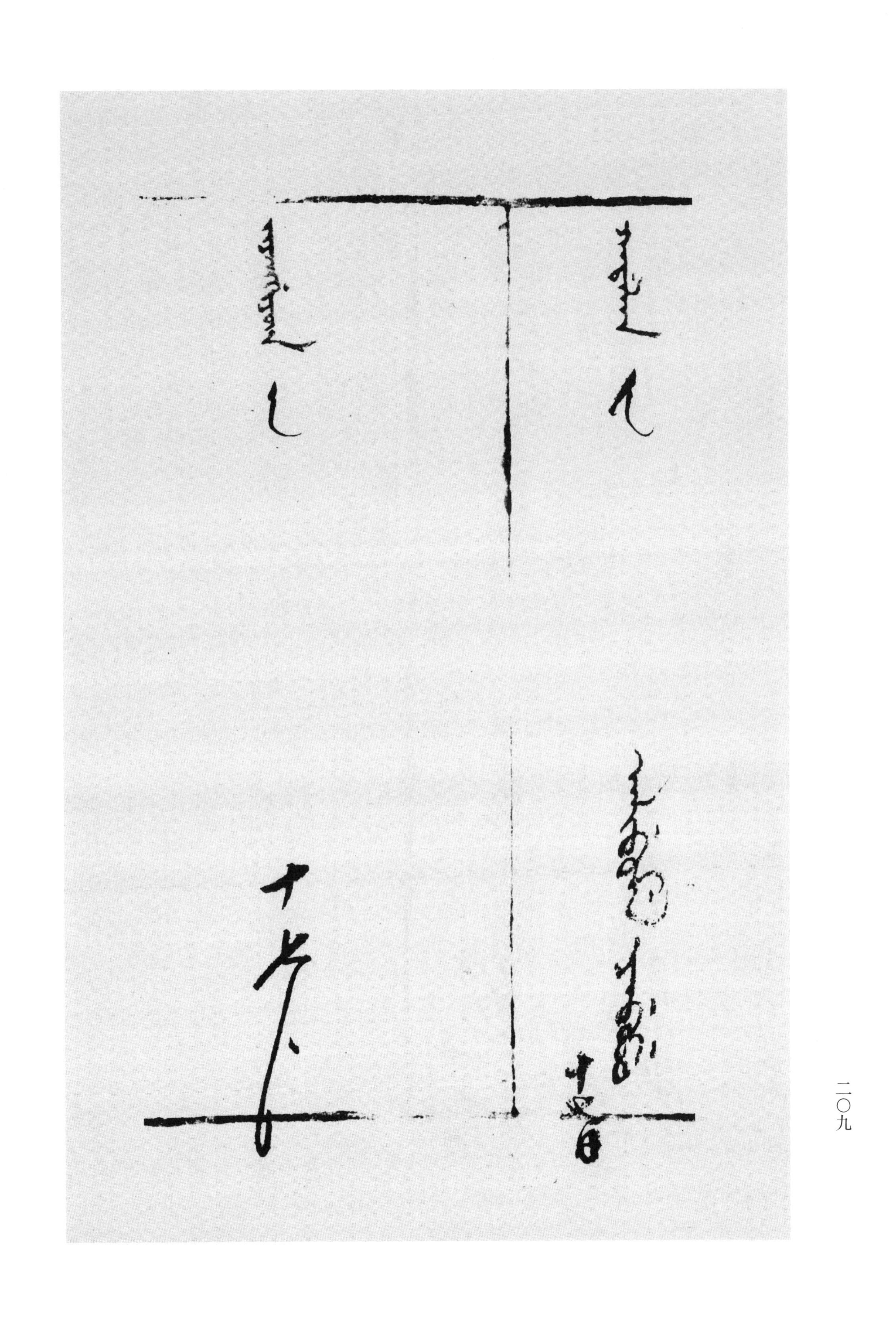

十年

十五日

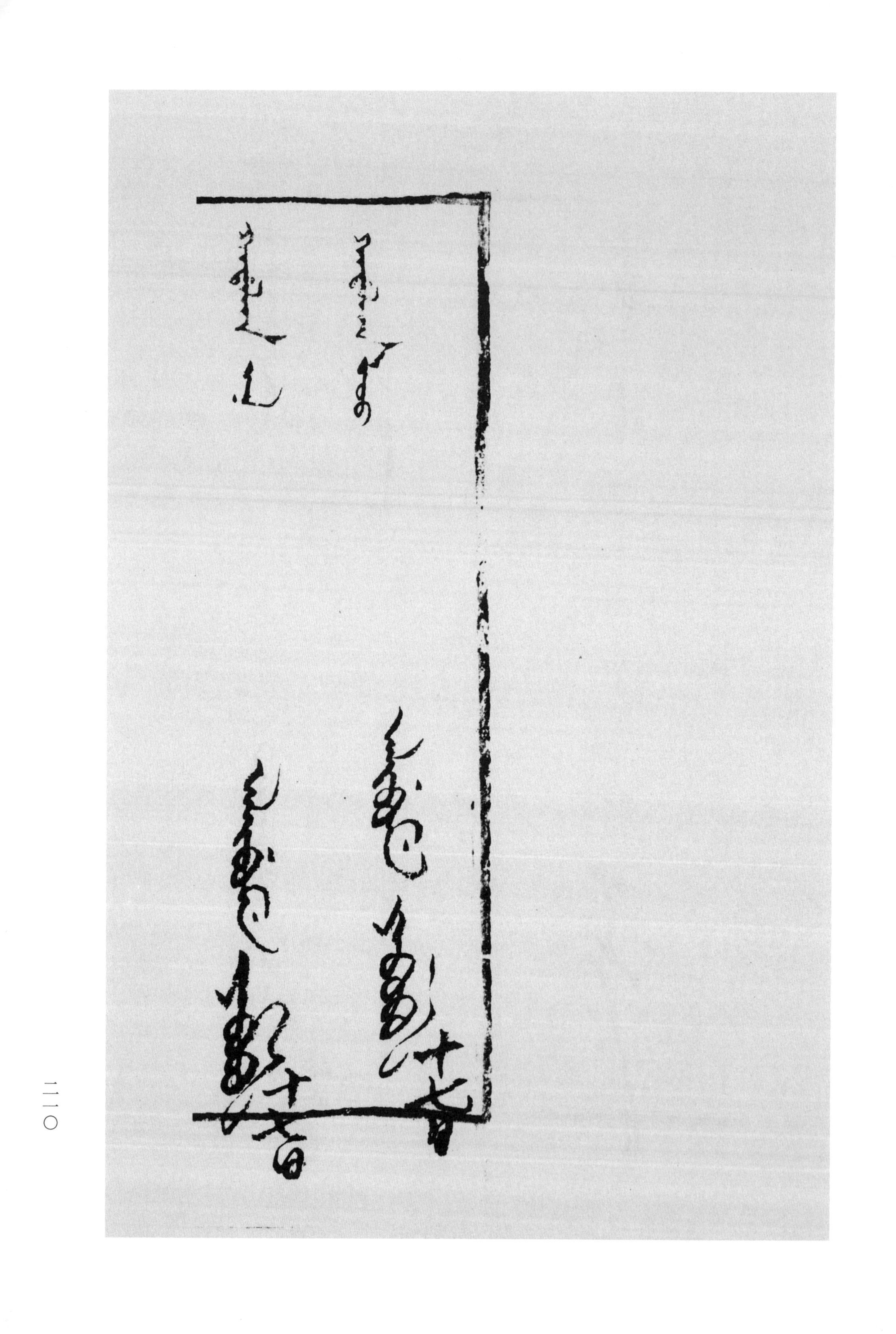

[illegible]

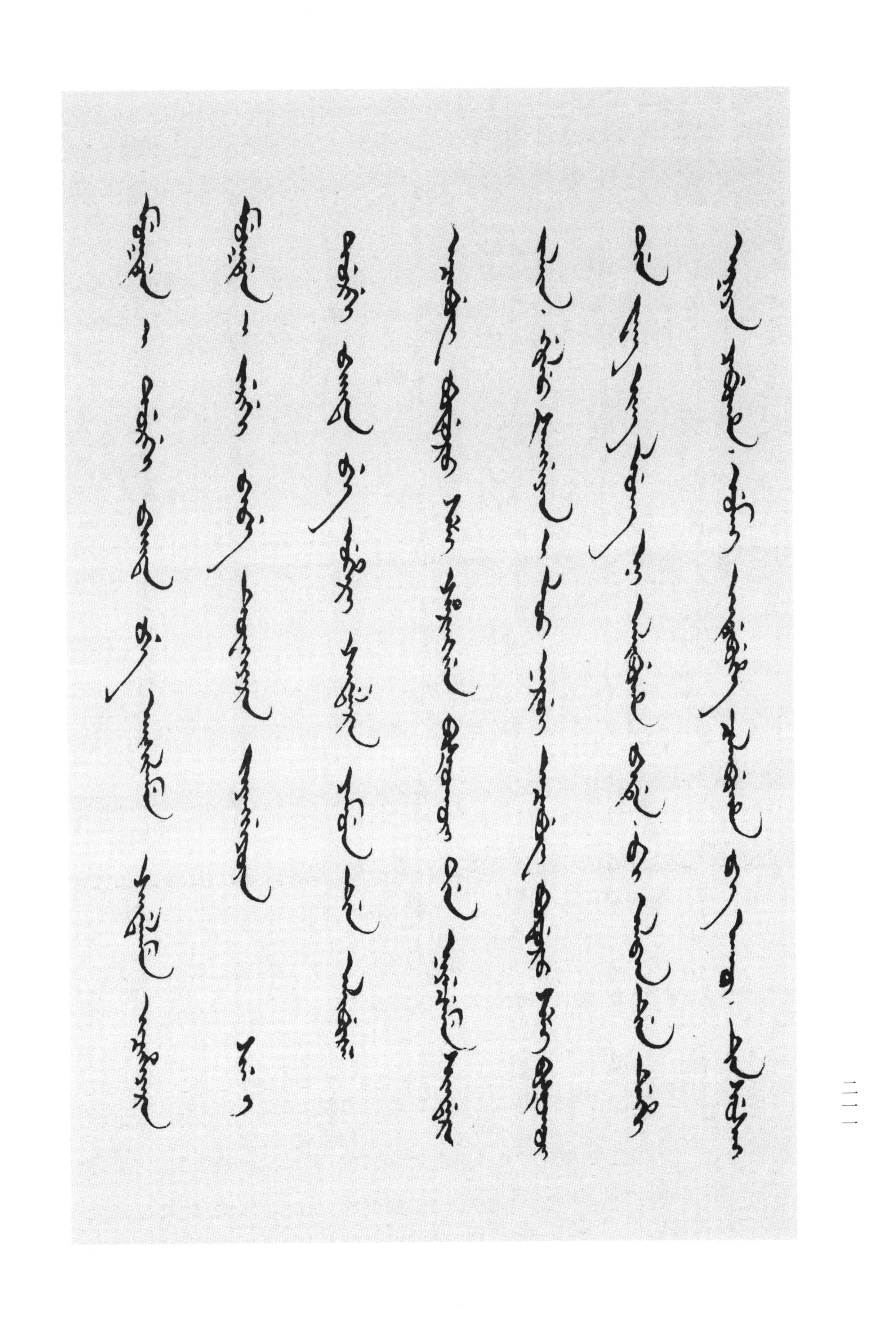

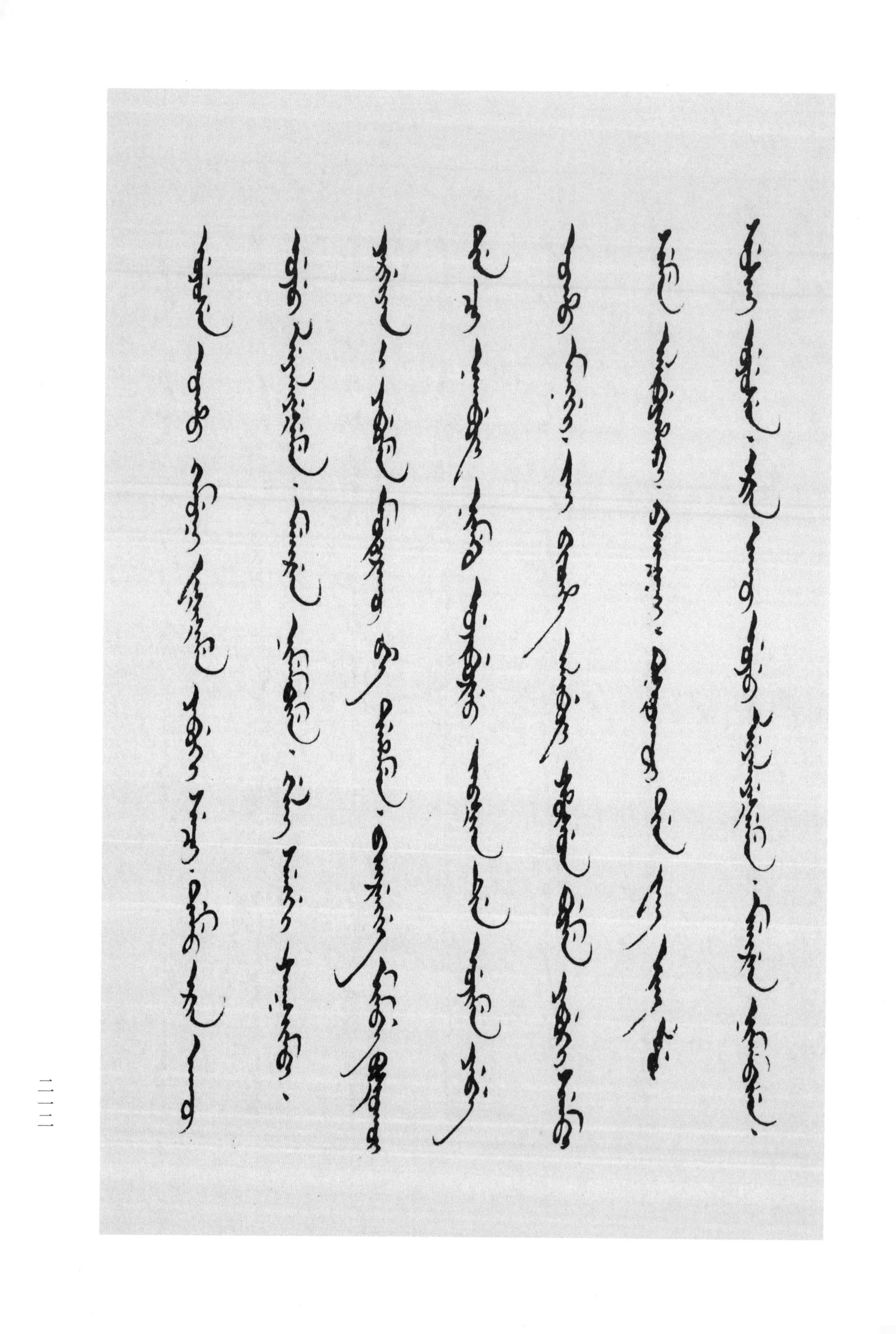

[illegible]

[illegible]

[illegible]

[illegible]

[illegible]

[illegible]

[illegible]

[illegible]

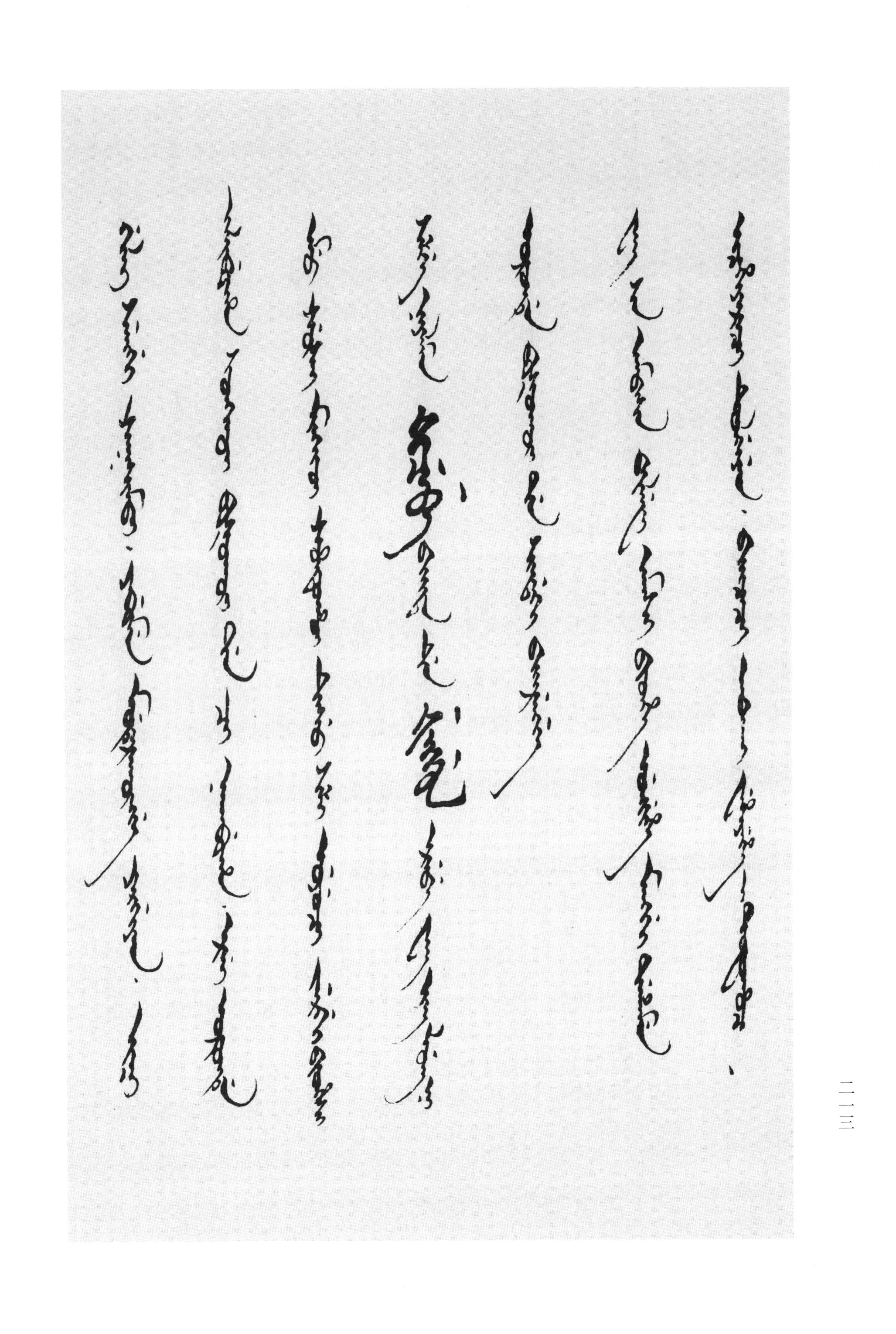

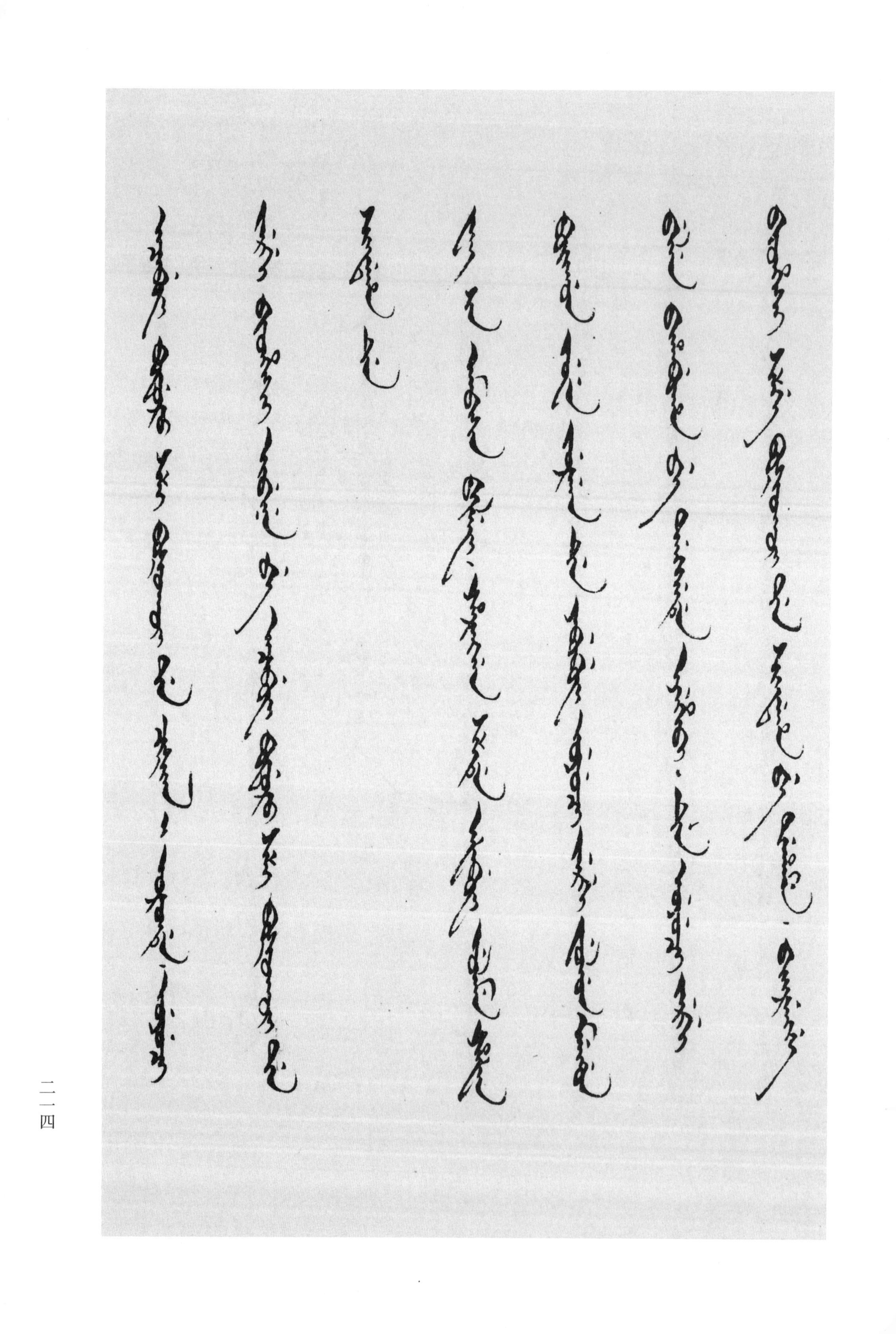

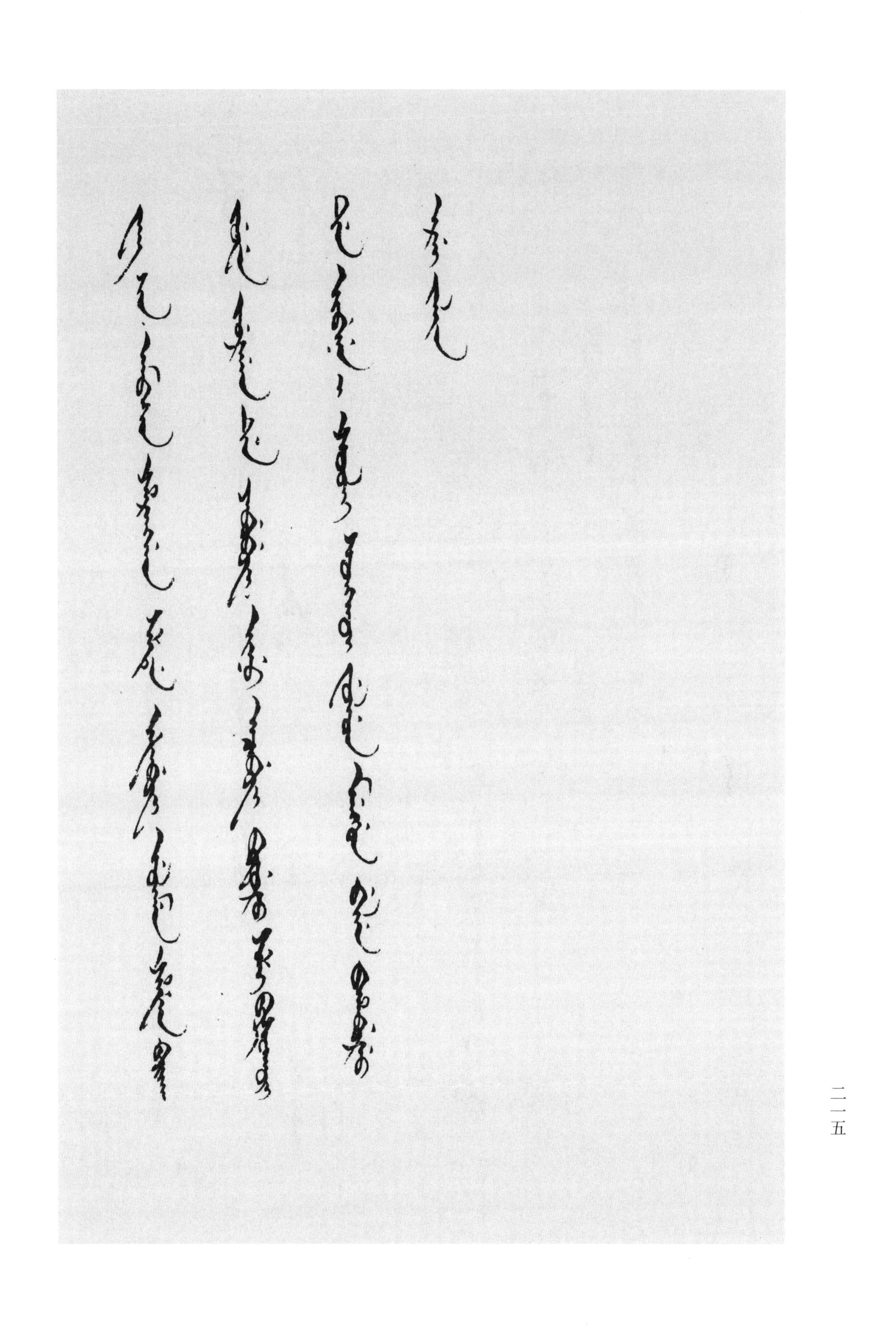

[illegible]

[illegible]

[illegible]

[illegible]

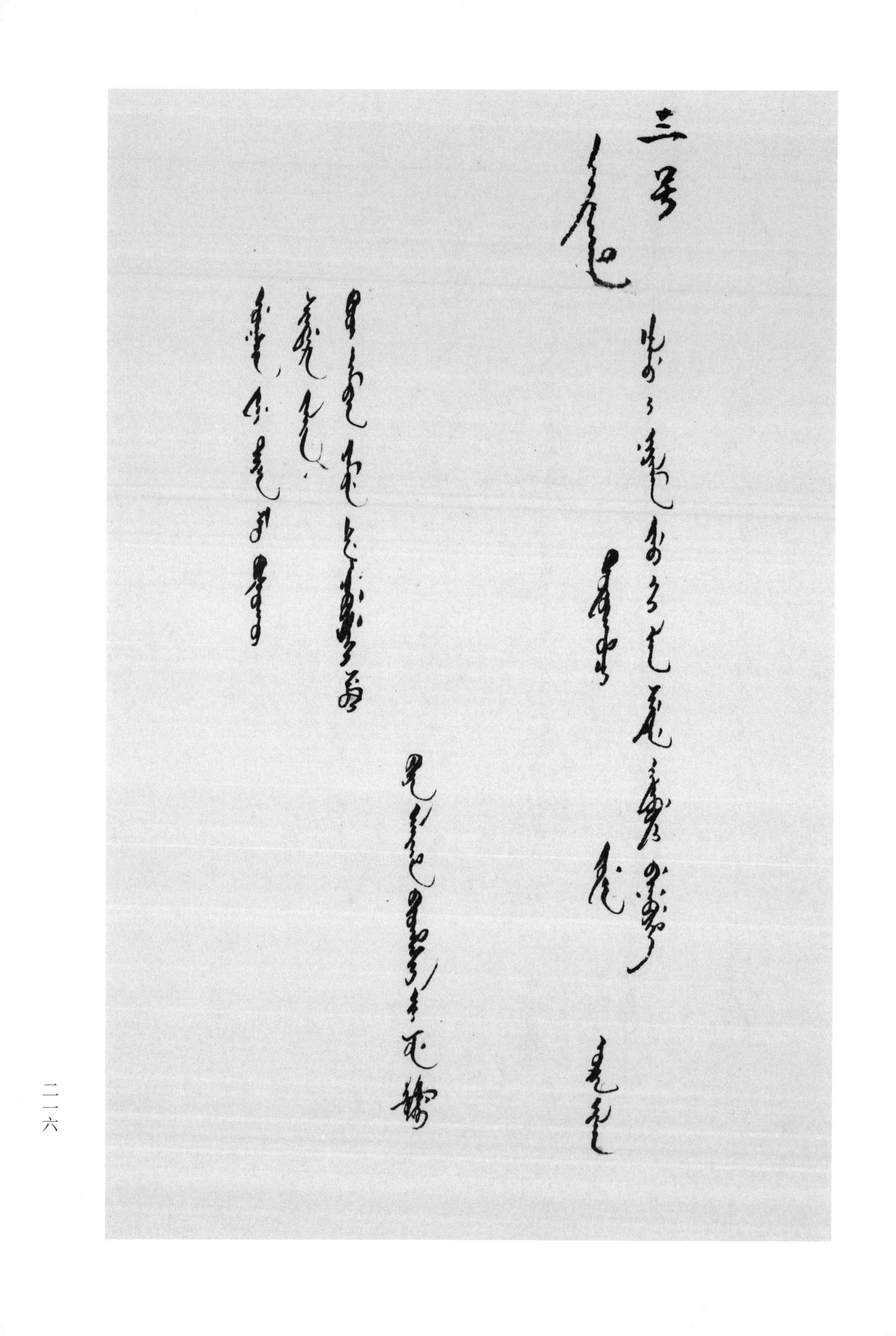

三号

[illegible]

ᠰᠠᡥᠠ

十六

ᠰᠠᡥᠠ

ᡝᠯᡥᡝ ᠪᡝ ᠪᡳᡨᡥᡝ 十七日

ᠰᠠᡥᠠ

ᡝᠯᡥᡝ ᠪᡝ ᠪᠠᡳᡵᡝ ᠪᡳᡨᡥᡝ 十七日

ᠰᠠᡥᠠ

ᡝᠯᡥᡝ ᠪᡝ ᠪᡳᡨᡥᡝ 十七日

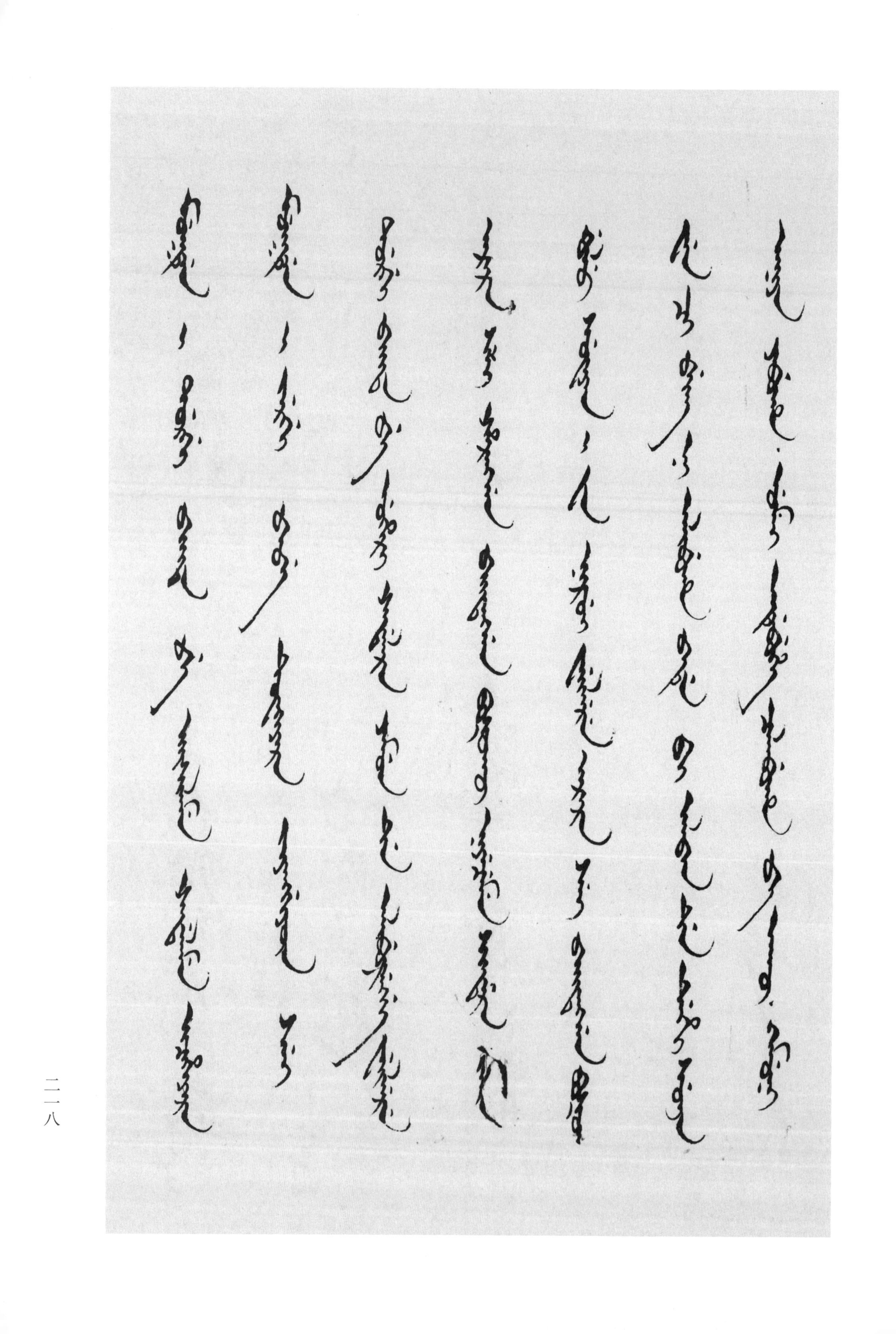

[illegible]

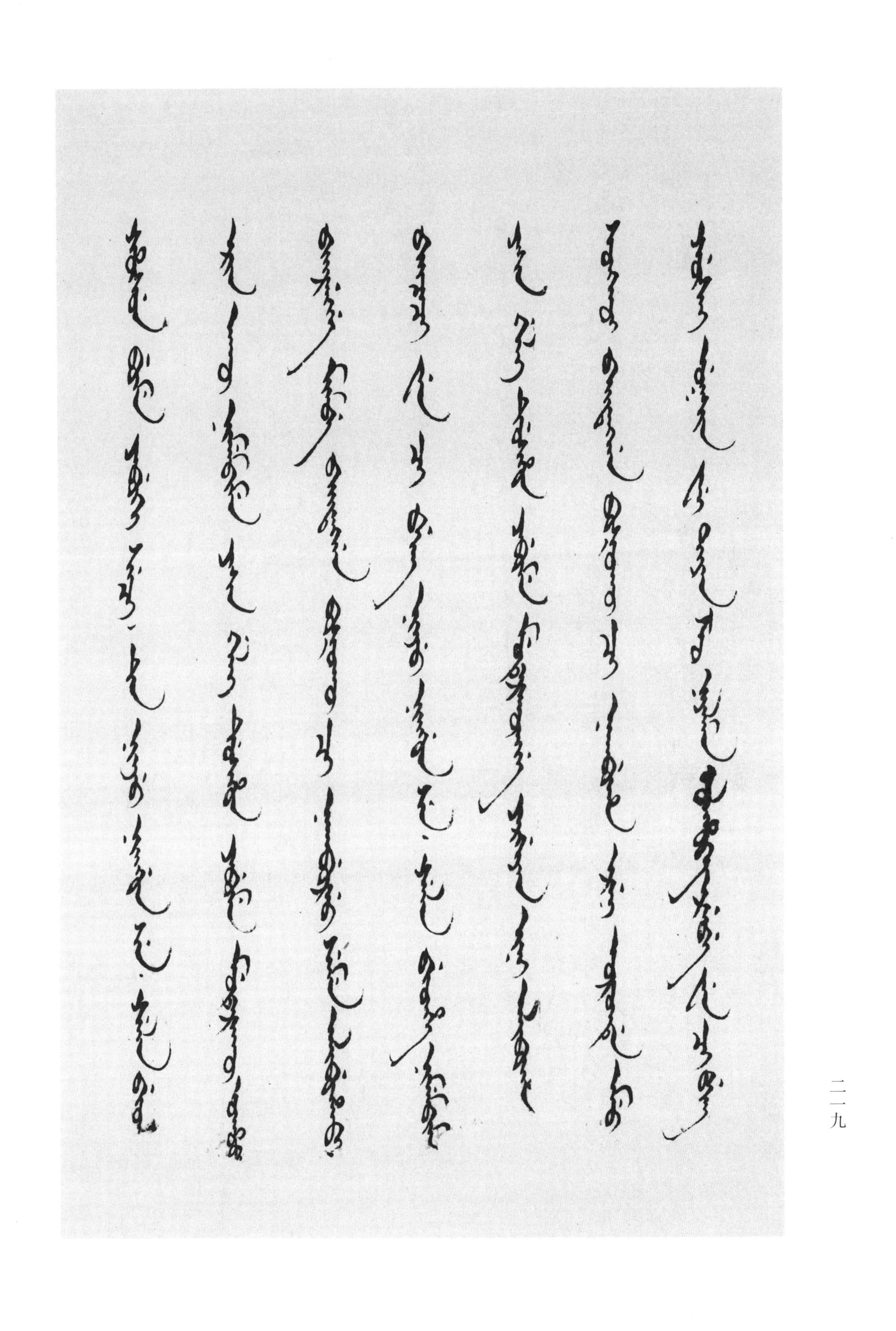

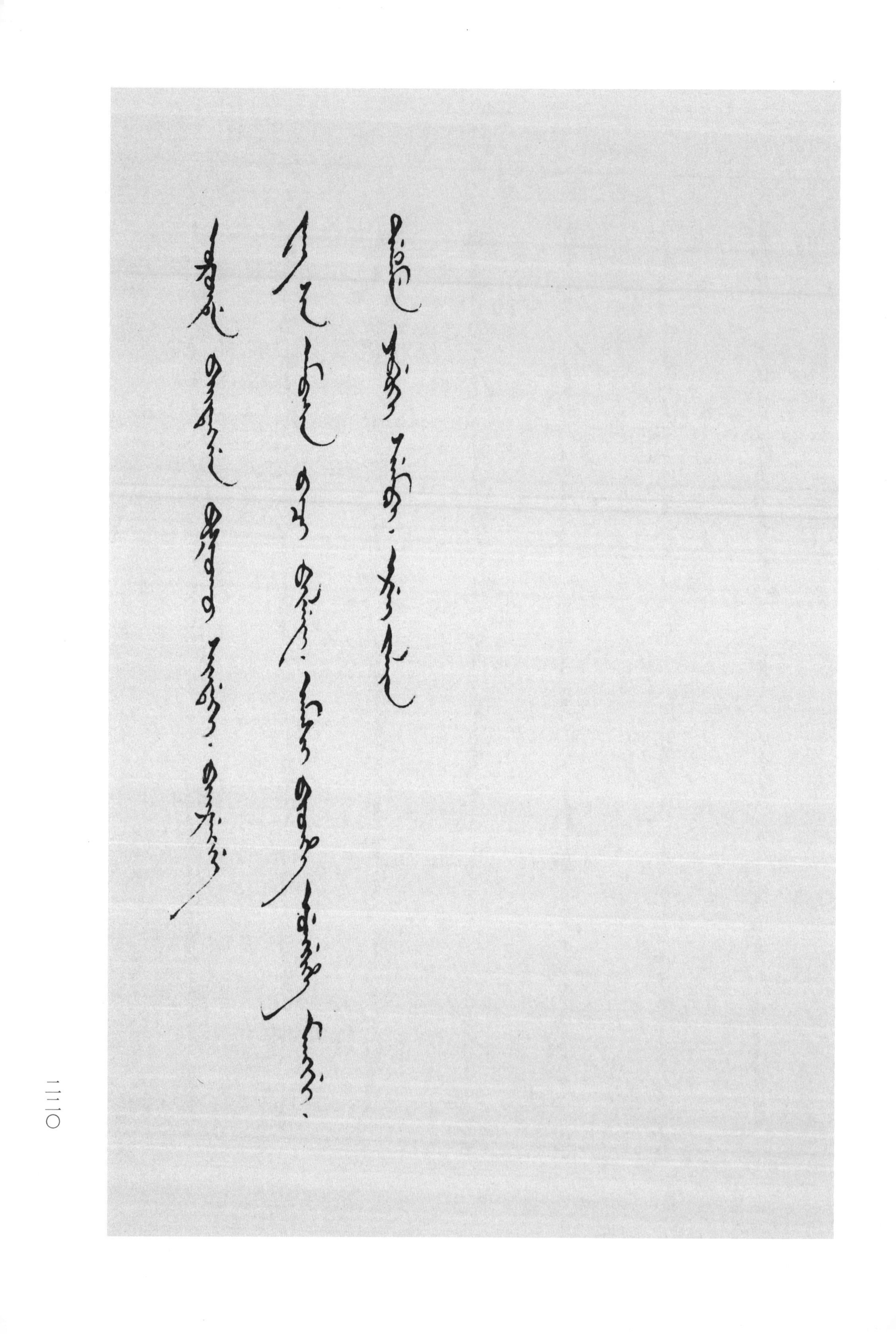

[illegible]

乾隆十五年十月二十三日

外郎刘英

盛京内務府衙門可也須至咨者

右　　咨

盛京内務府衙門

盛京將軍衙門咨交司庫王進德分賠修理
鳳凰樓校減銀四拾陸兩四錢九分三厘二毫前來
經本部劄庫查收去後今據該庫呈稱
前項銀肆拾陸兩四錢九分三厘二毫照
數收訖等情據此相應知會
盛京將軍衙門可也等因前來相應知會

鎮守
盛京等處將軍衙門　爲知會事左工司案
呈准
盛京戶部咨開錢糧司案呈前准

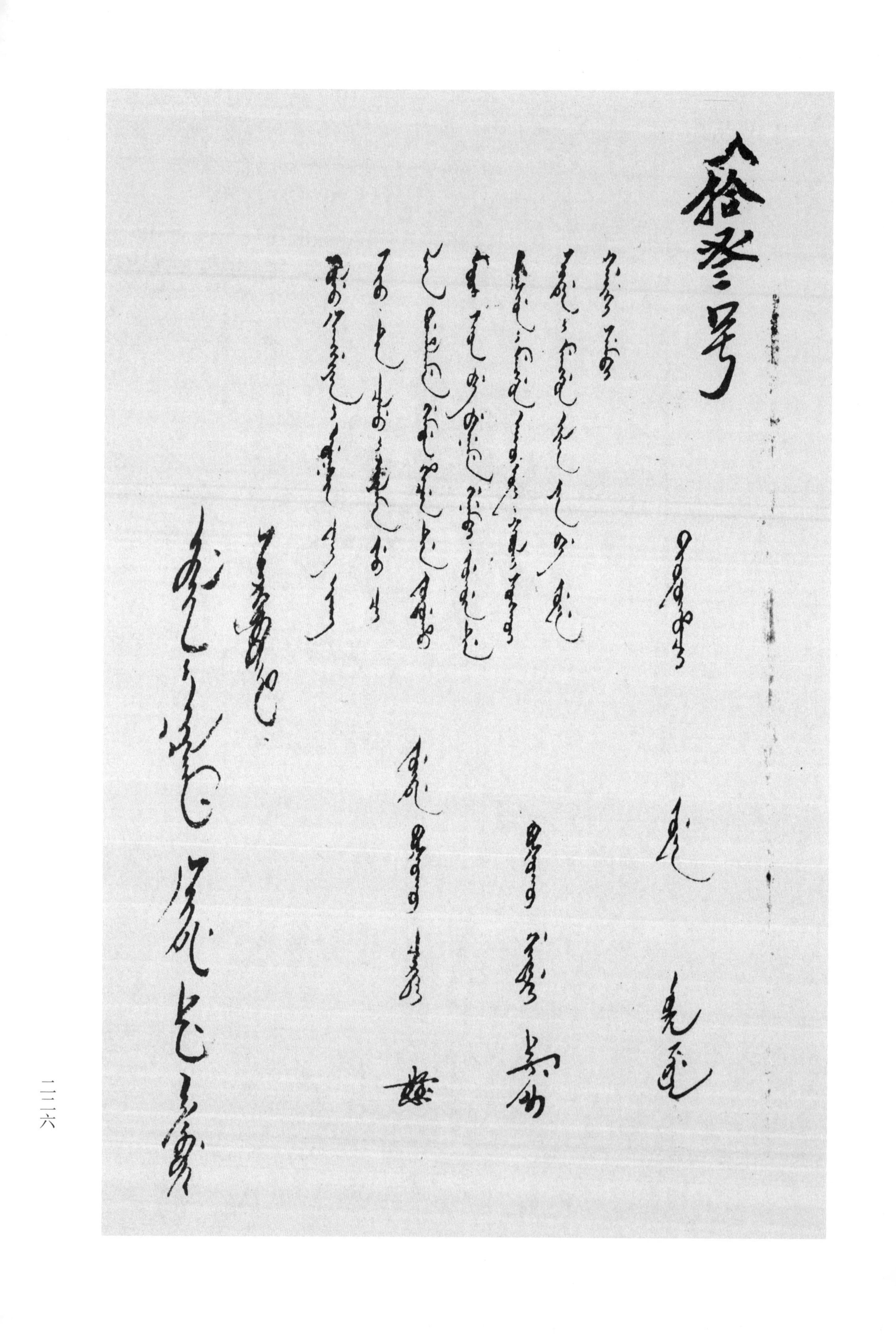

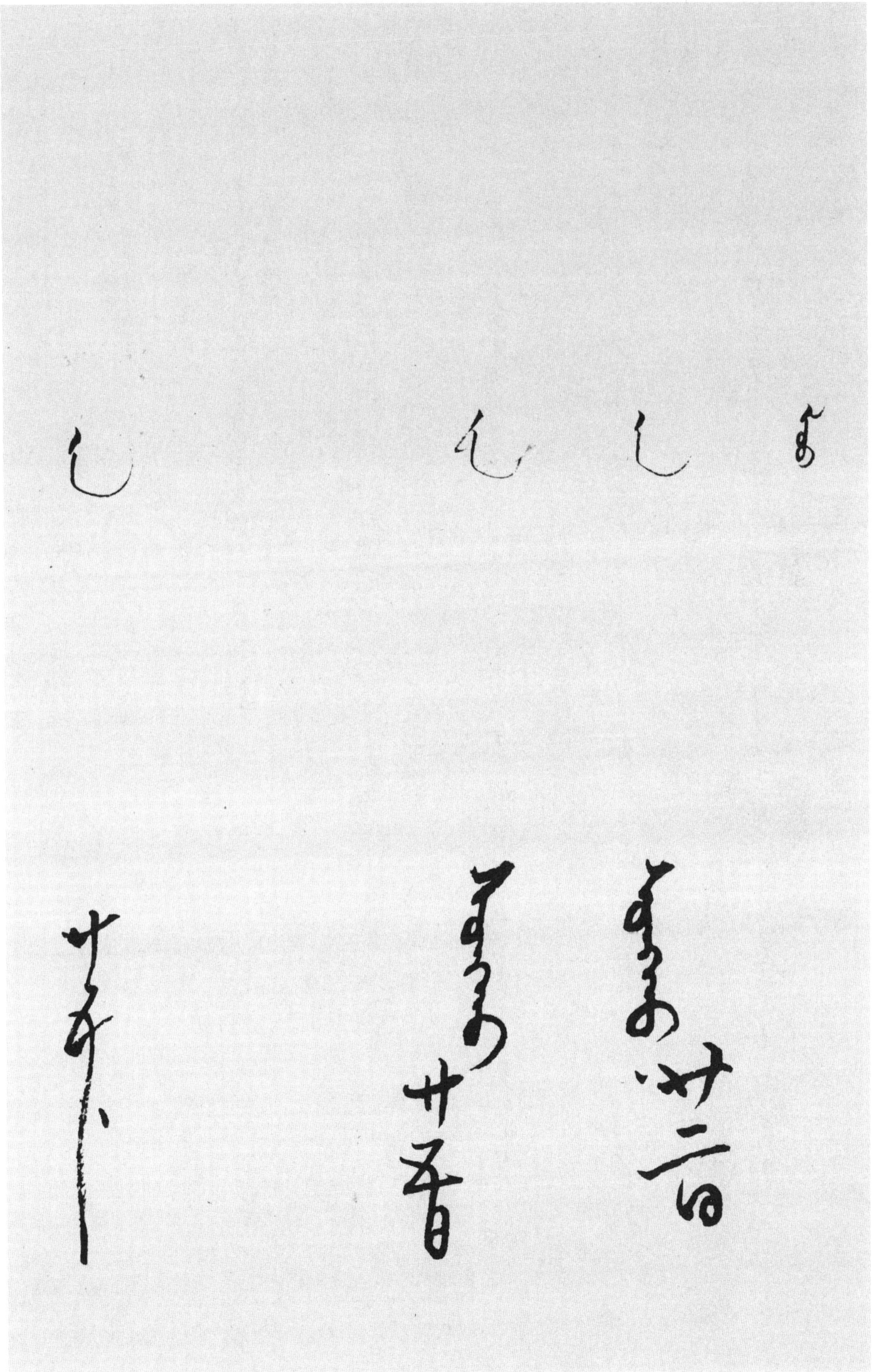

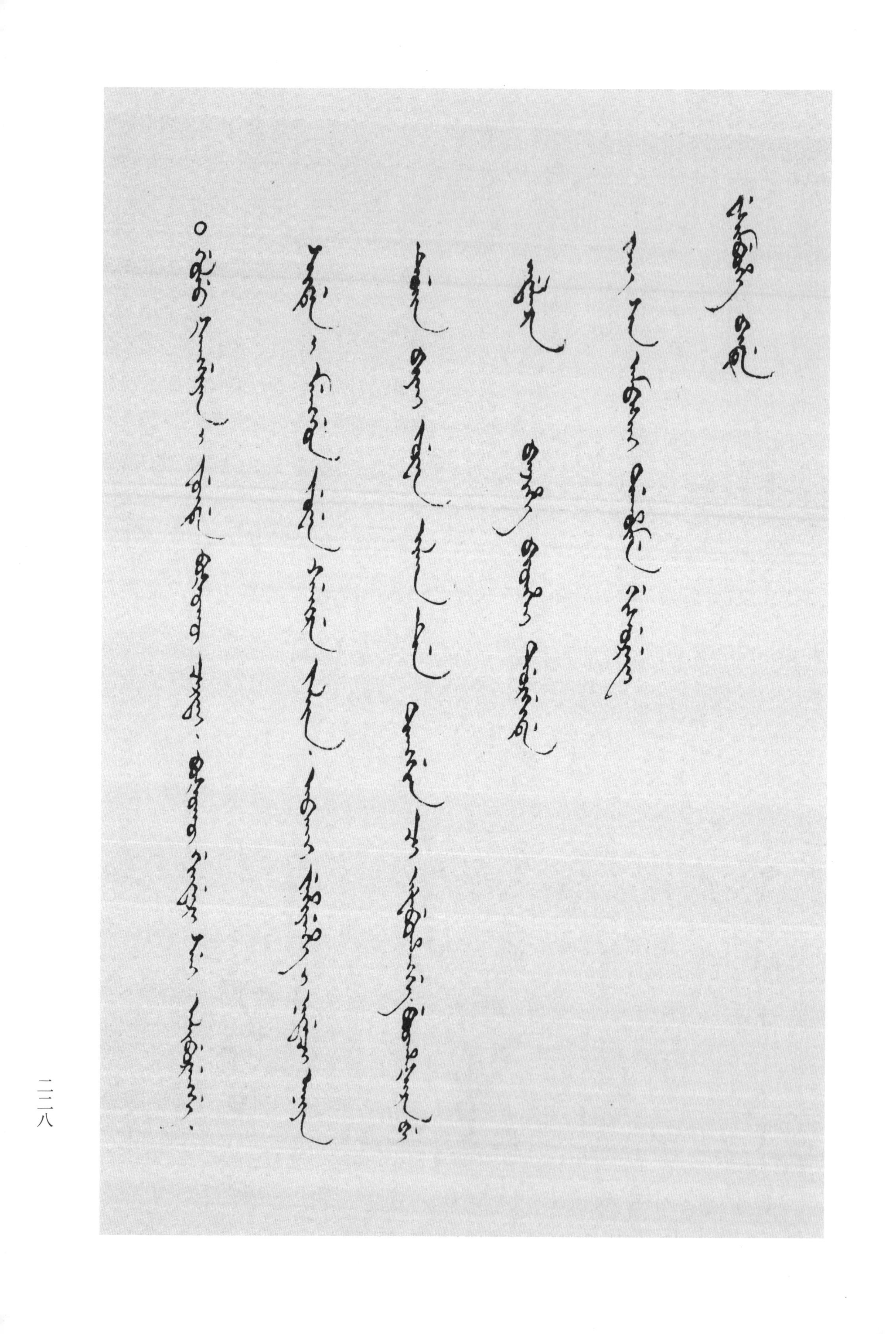

○ [illegible]

[illegible]

[illegible]

[illegible]

[illegible]

ᠸᠠᠰᡳᠮᠪᡠᡥᠠ ᠪᡳᡨᡥᡝ

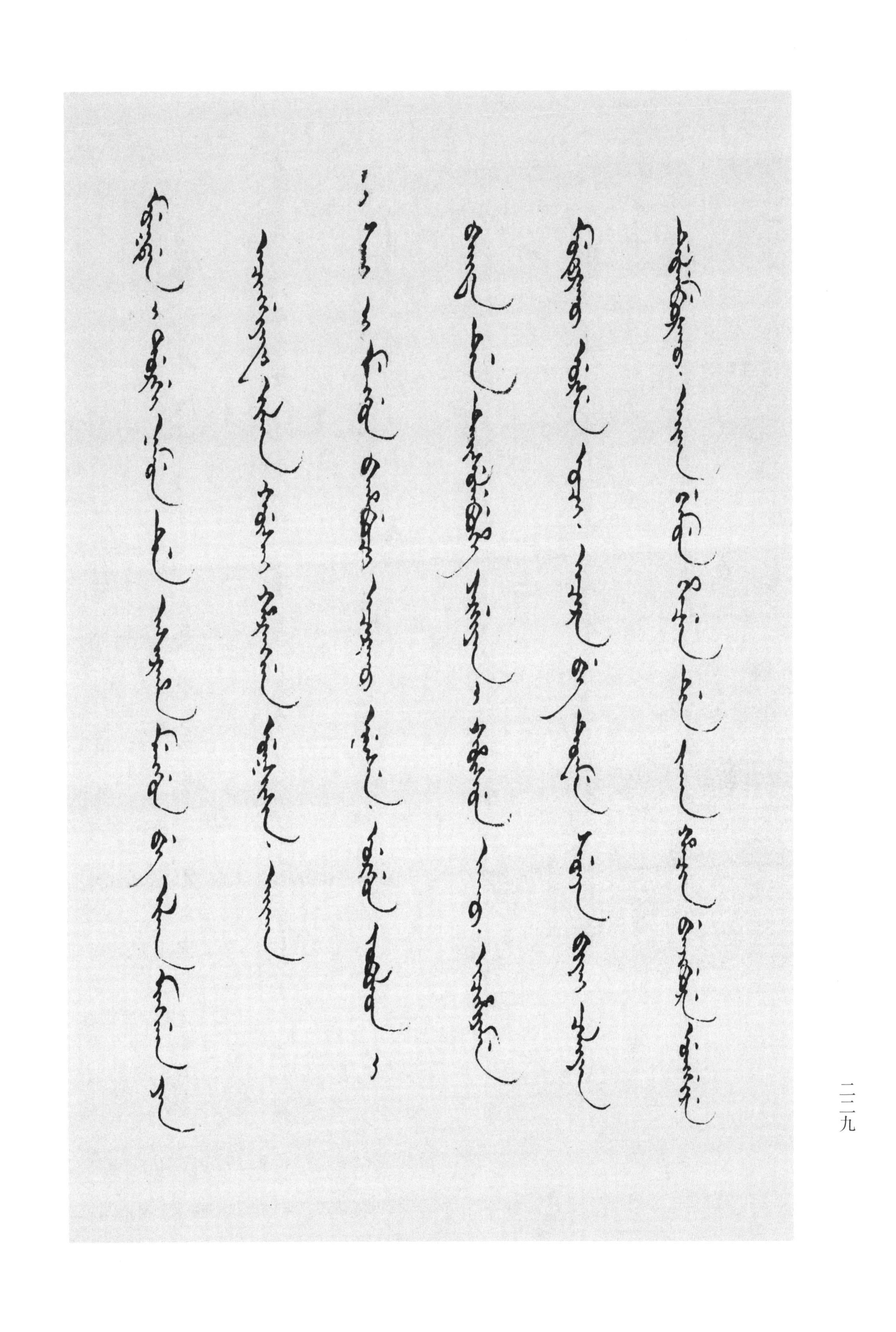

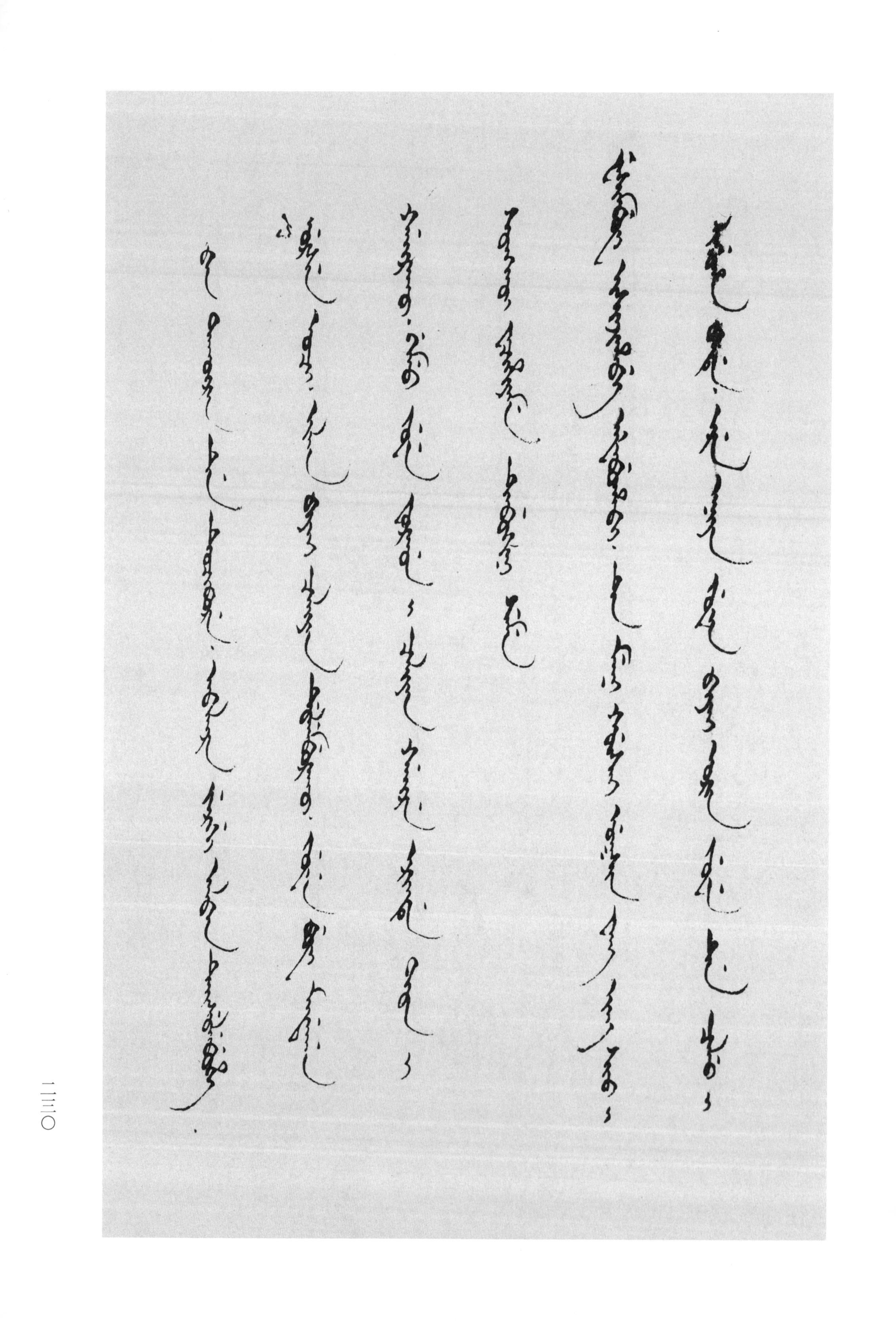

[illegible]

[illegible]

[illegible]

[illegible]

[illegible]

[illegible]

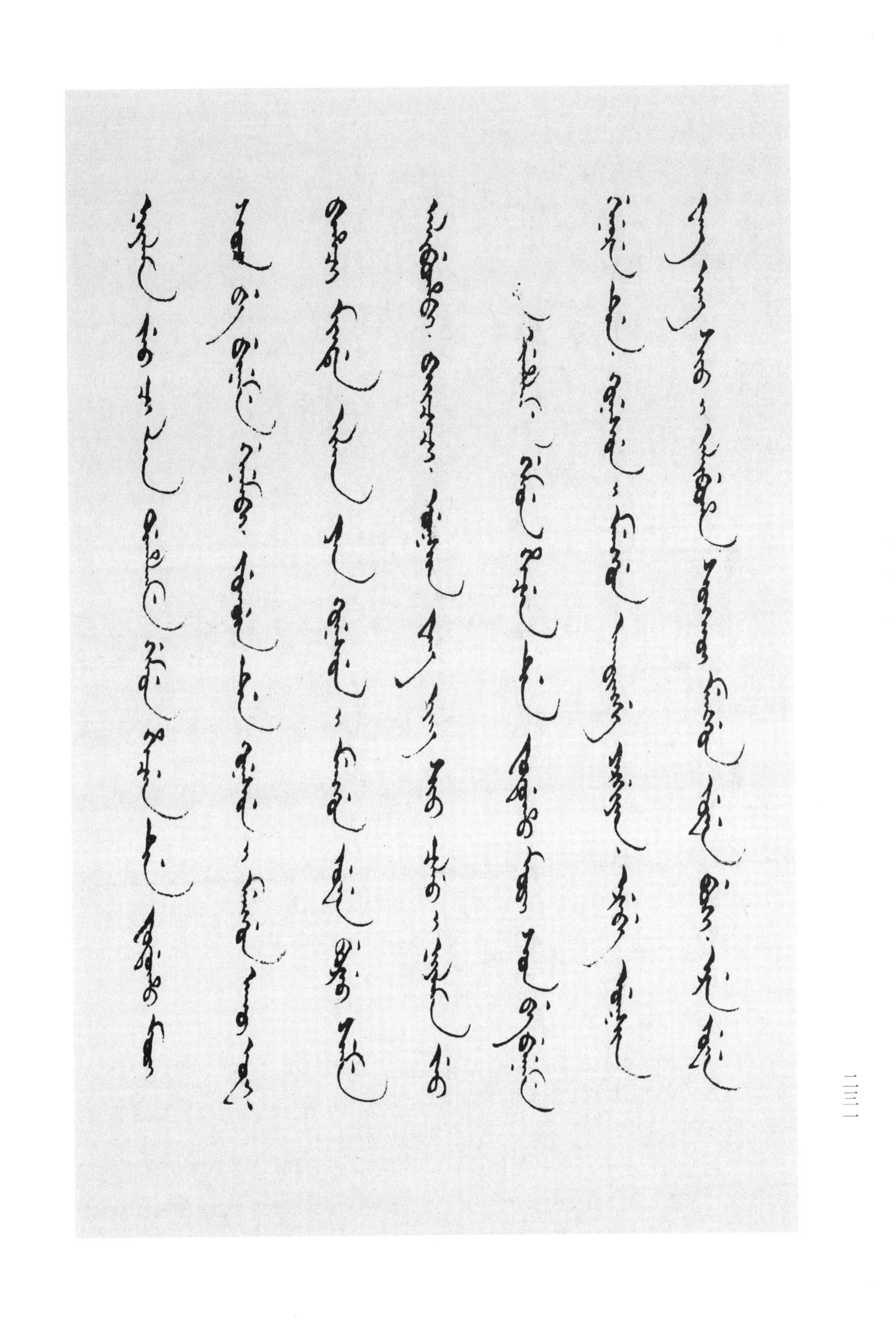

[illegible]

[illegible]

[illegible]

[illegible]

[illegible]

[illegible]

[illegible]

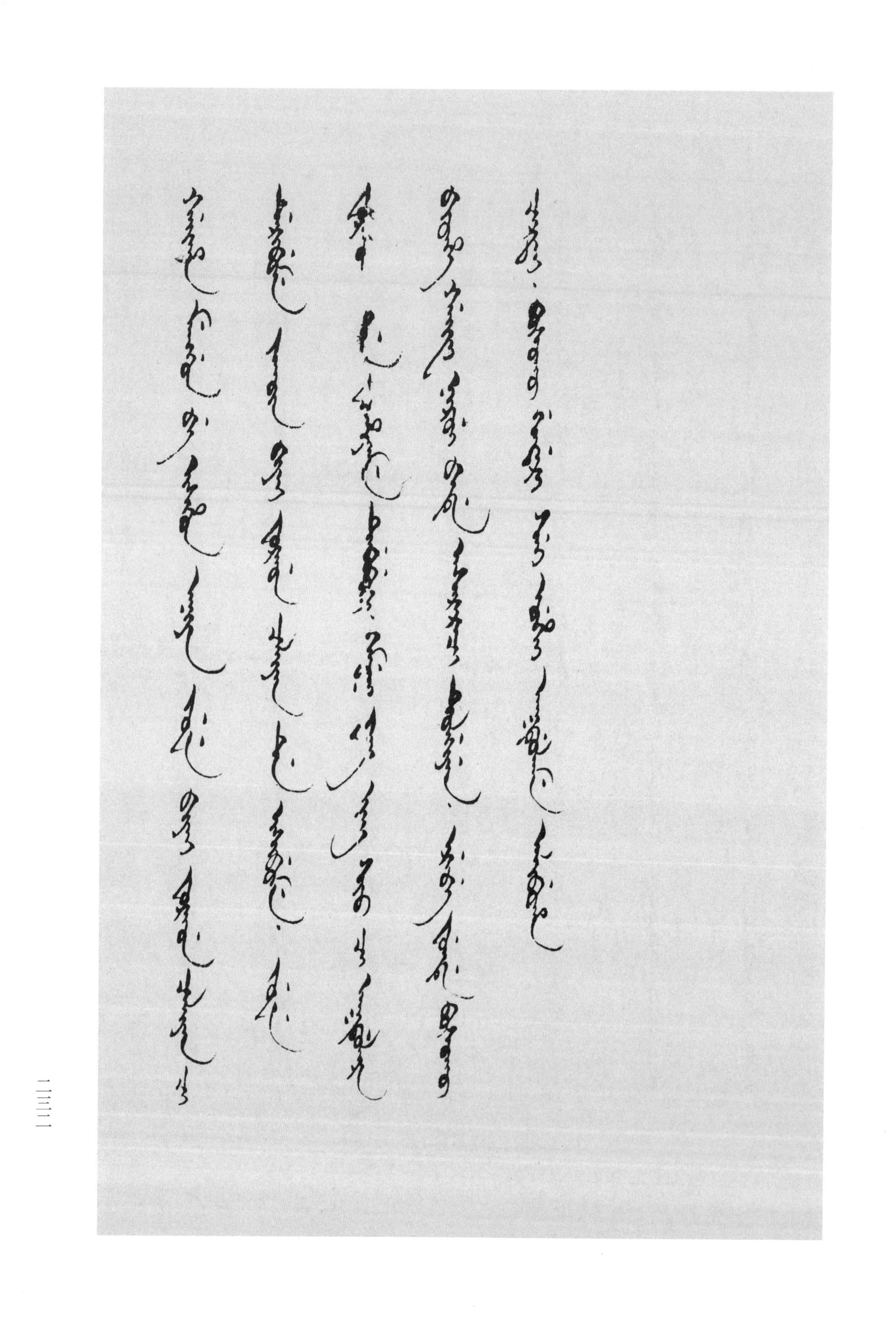

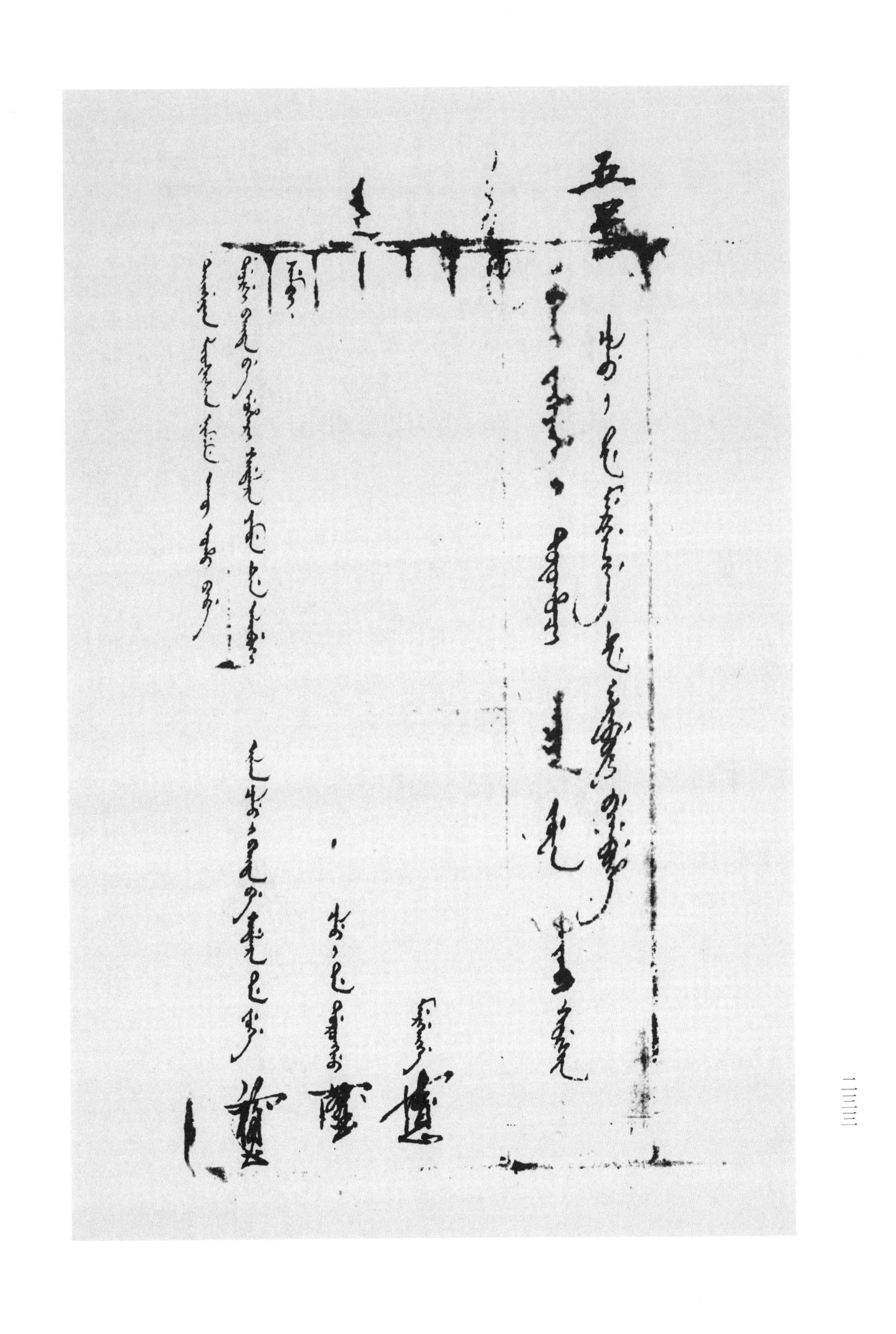

五萬

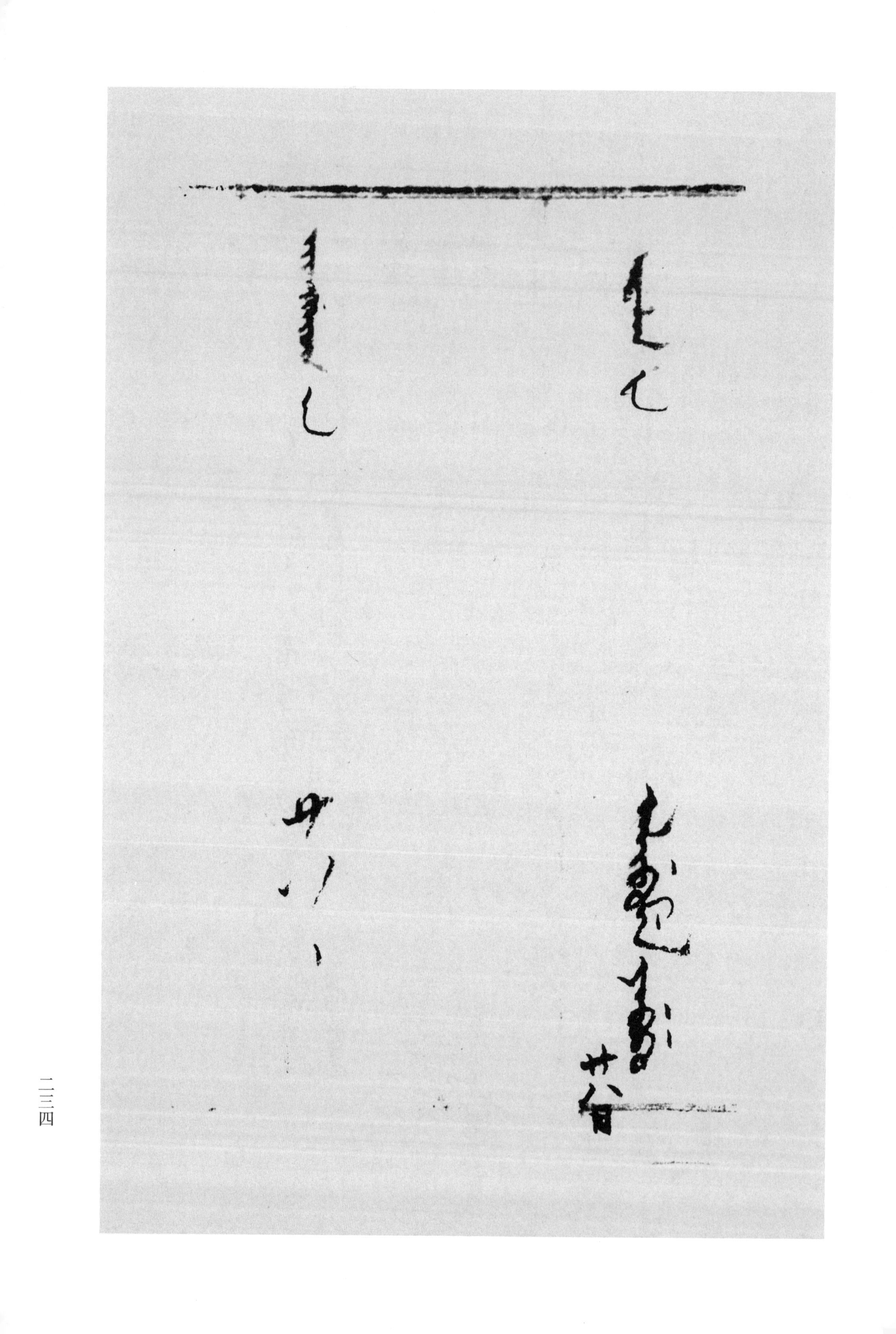

[illegible]

[illegible] 廿八日

[illegible]

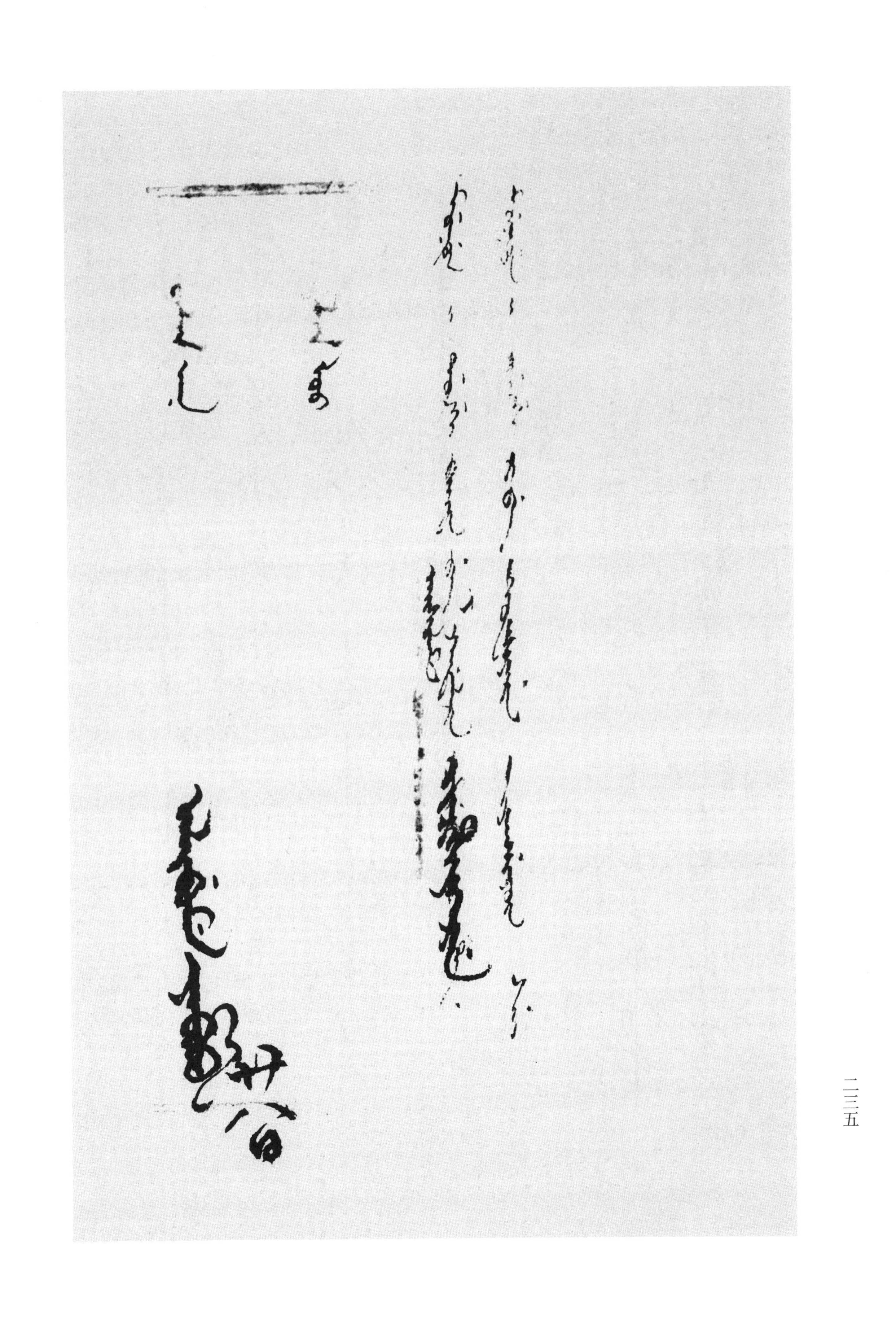

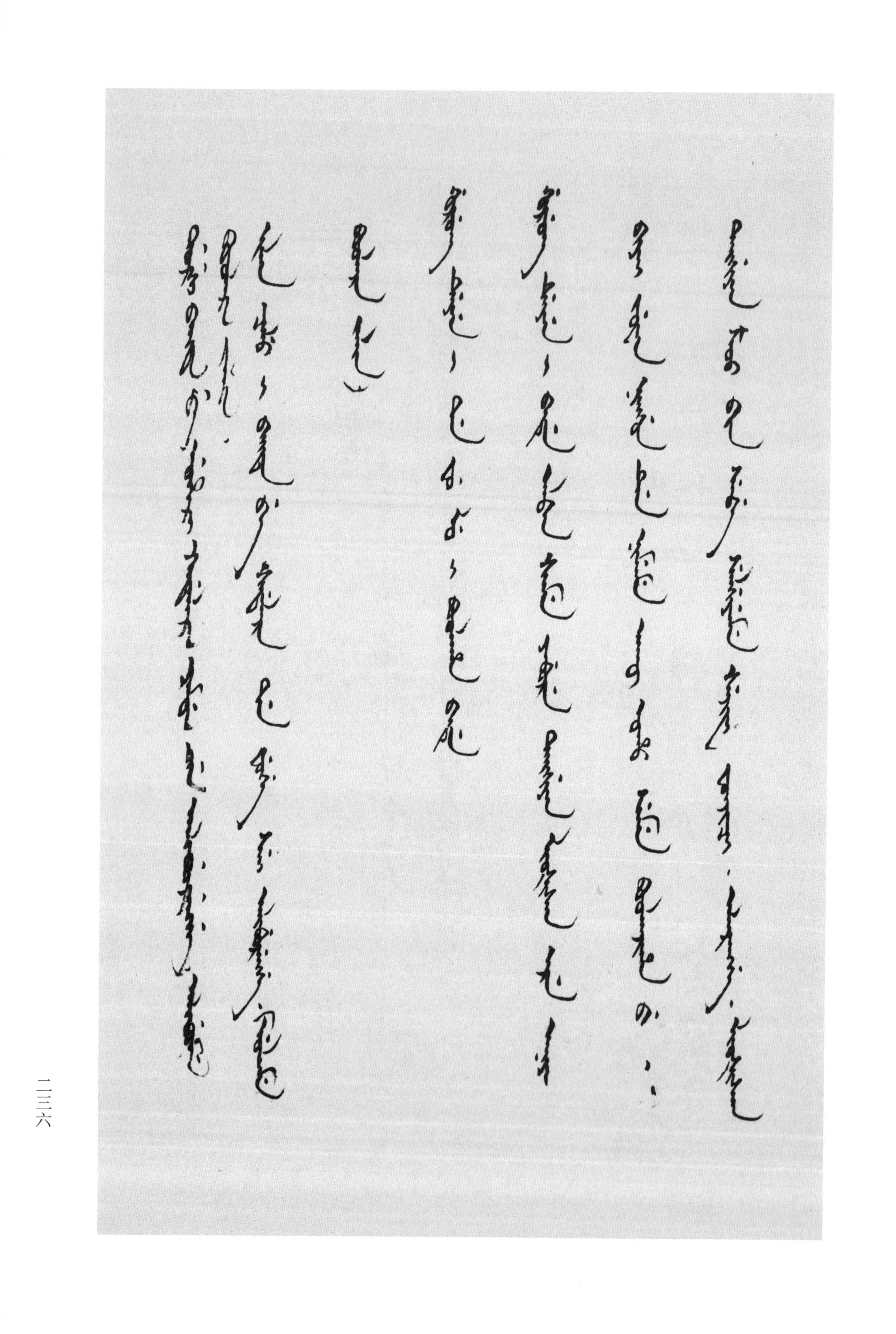

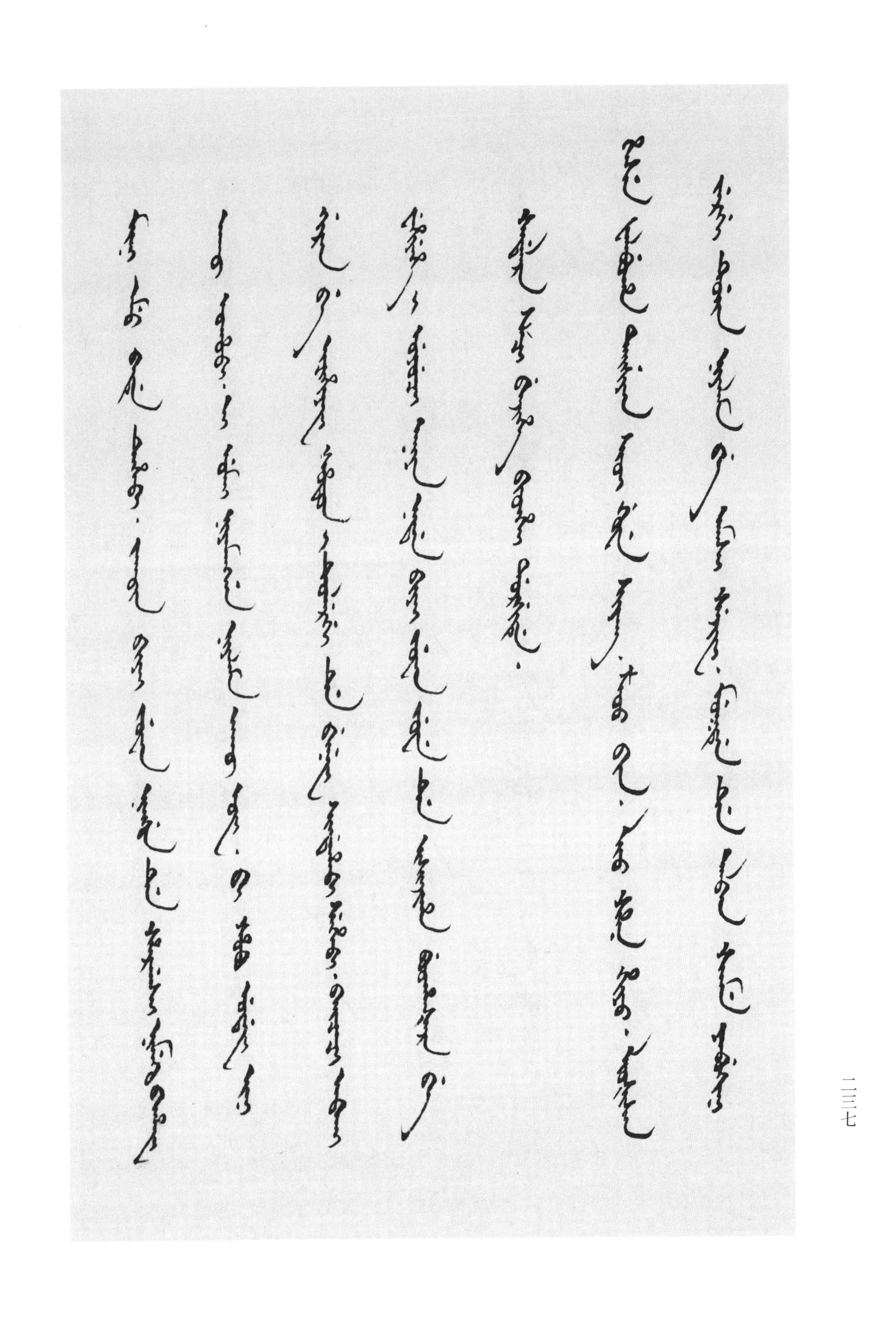

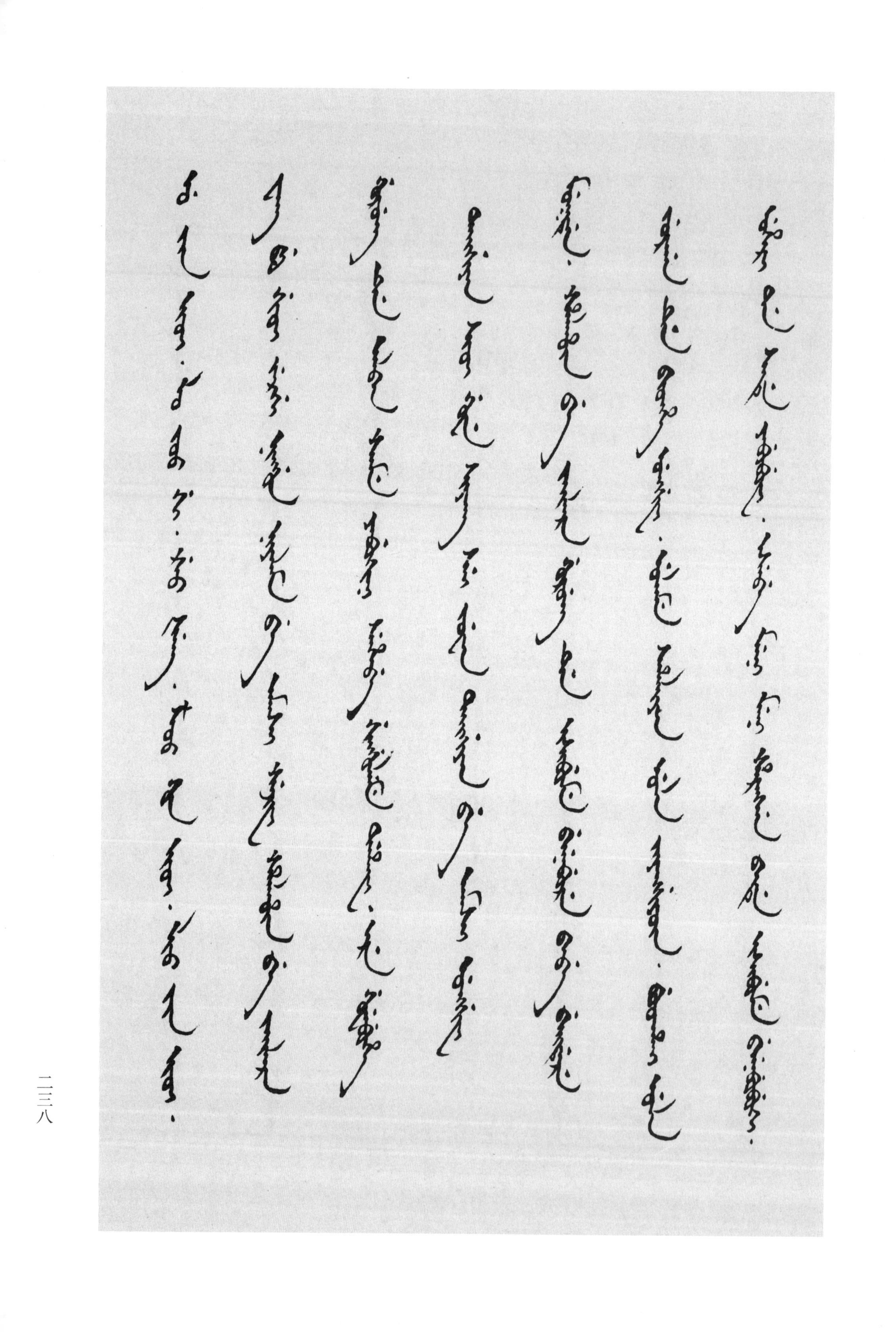

[illegible]

[illegible]

[illegible]

[illegible]

[illegible]

[illegible]

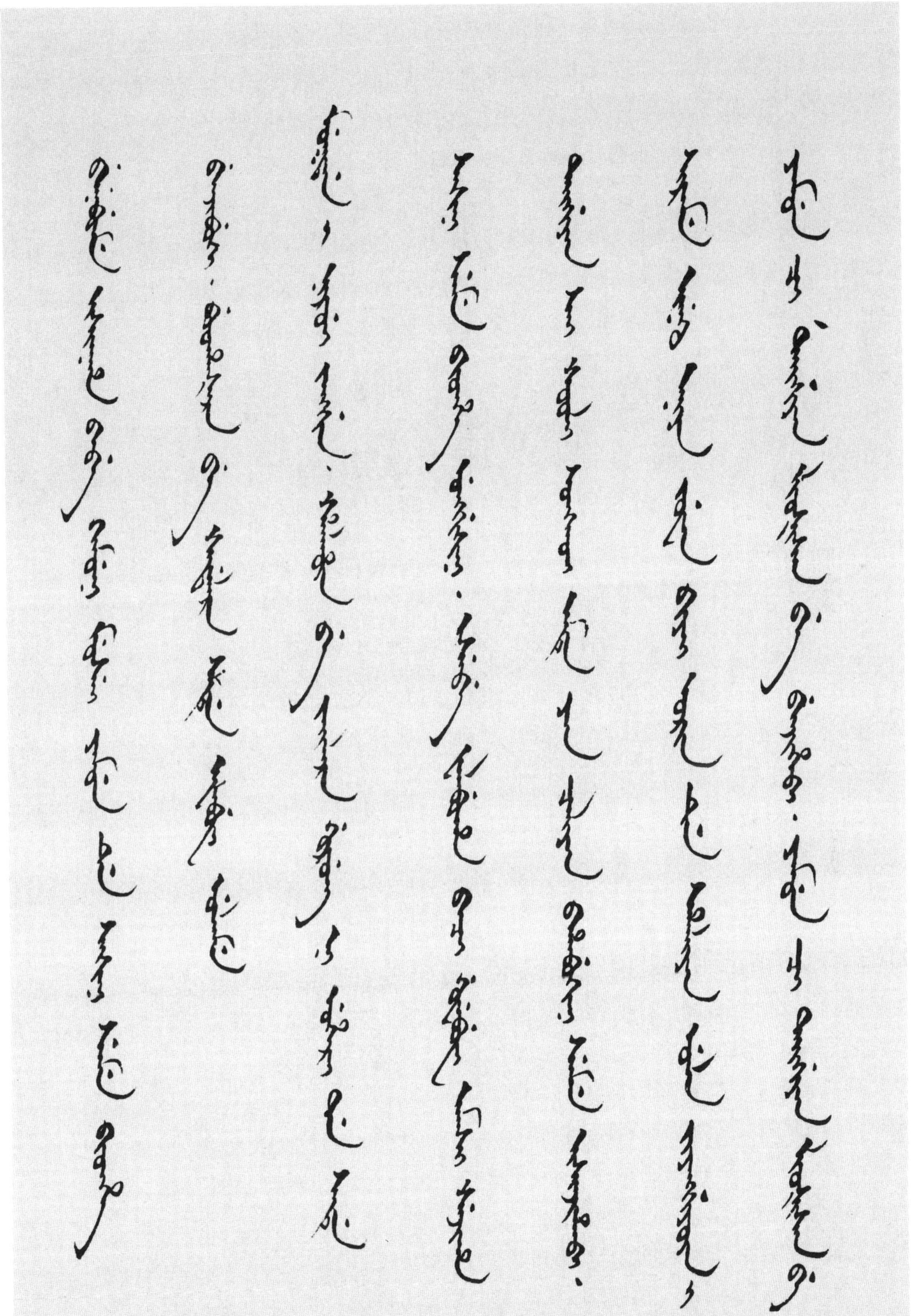

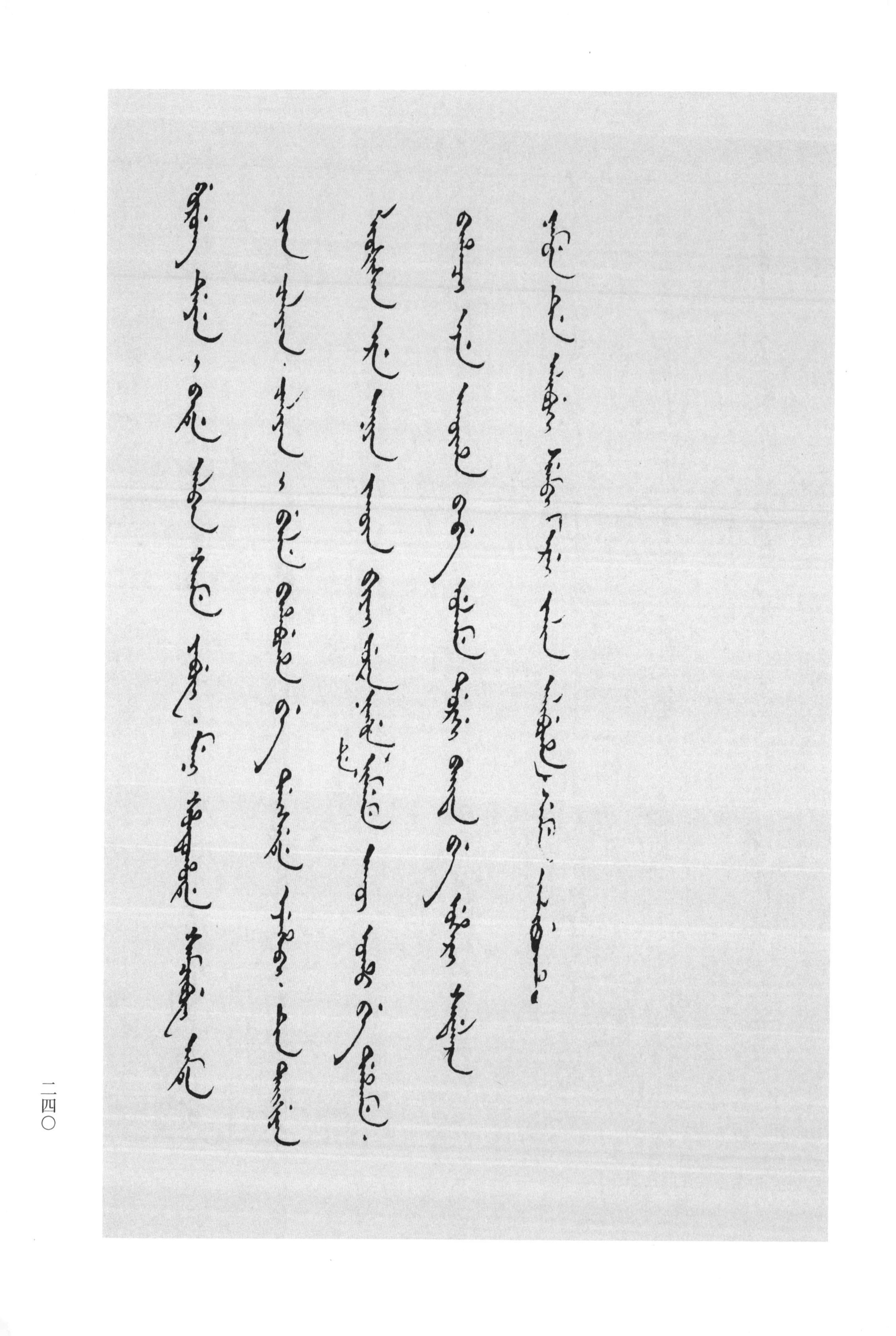

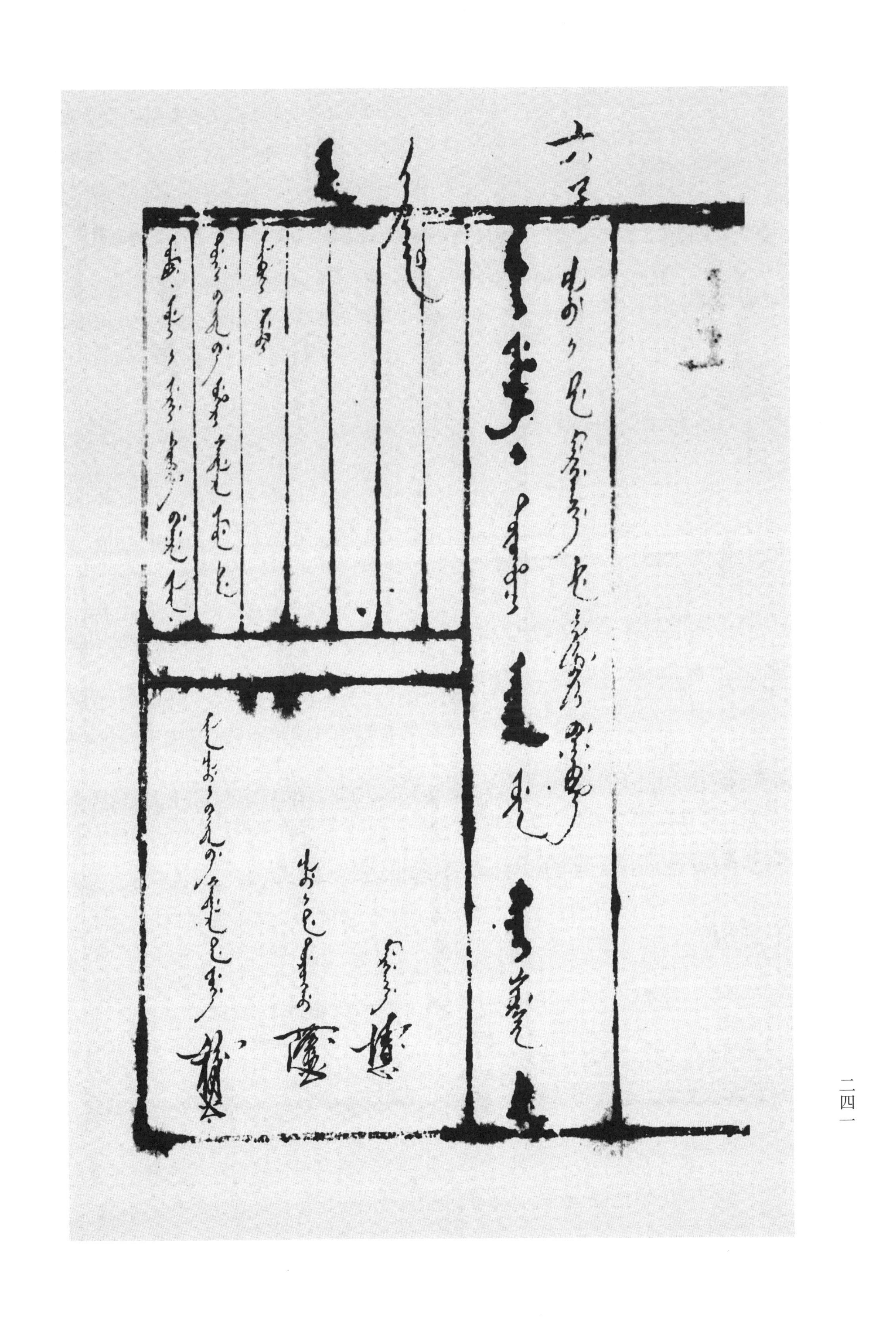

六年

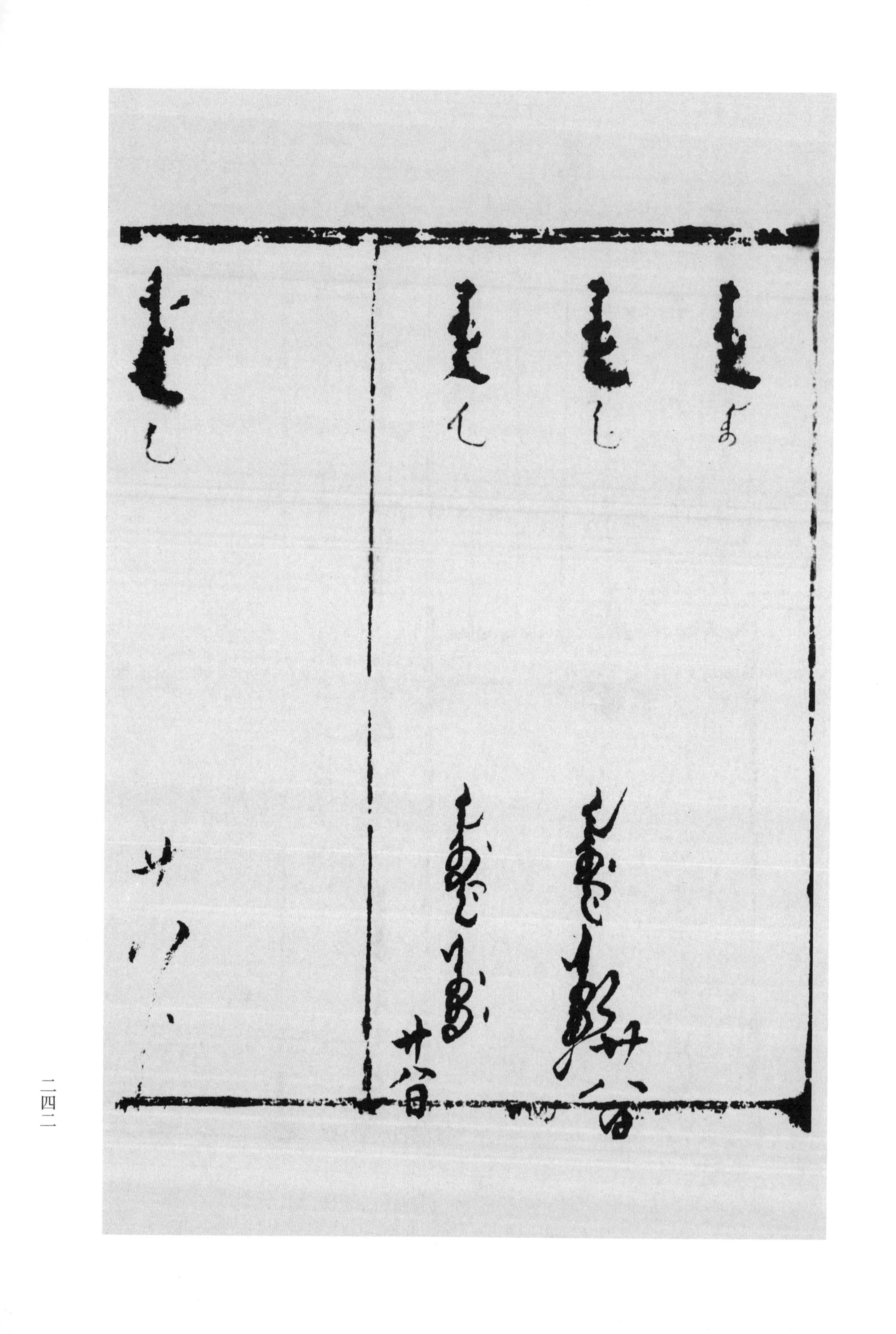

[illegible]

[illegible]

[illegible] 廿八日

[illegible] 廿日

[illegible]

廿八

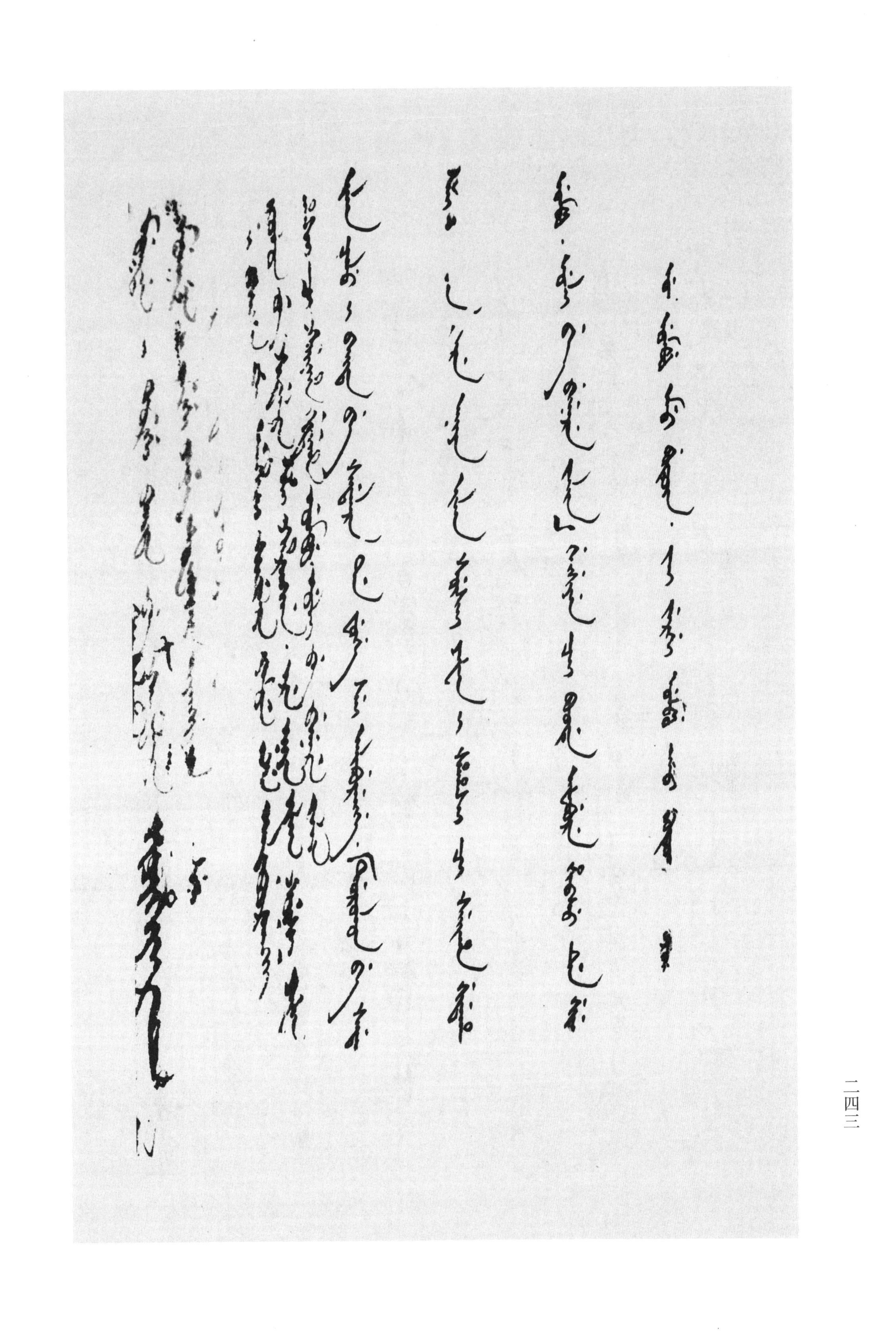

[illegible]

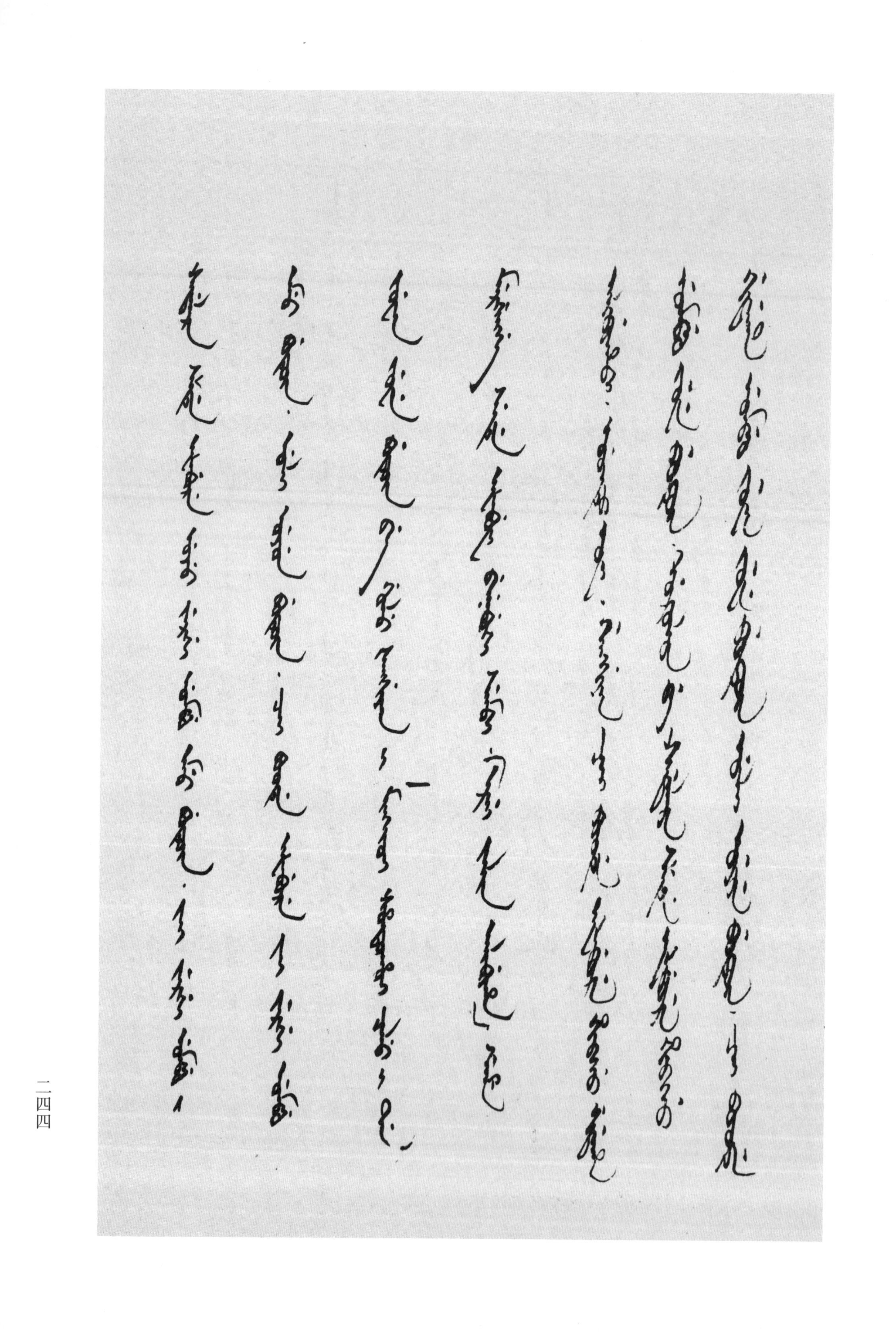

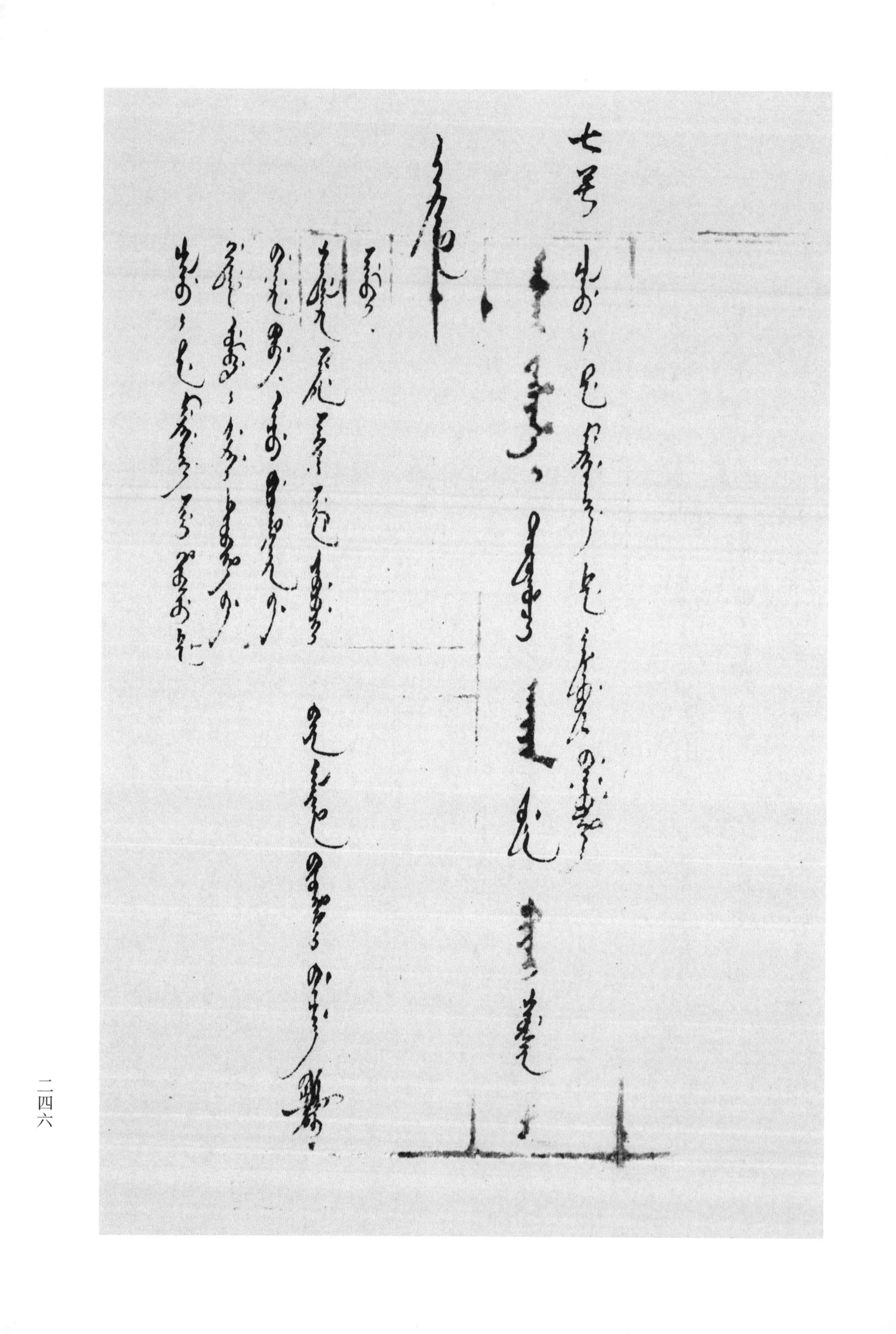

七号

[illegible]

[illegible]

ᠰᠠᡥᠠ

[illegible]

[illegible]

[illegible]

[illegible]

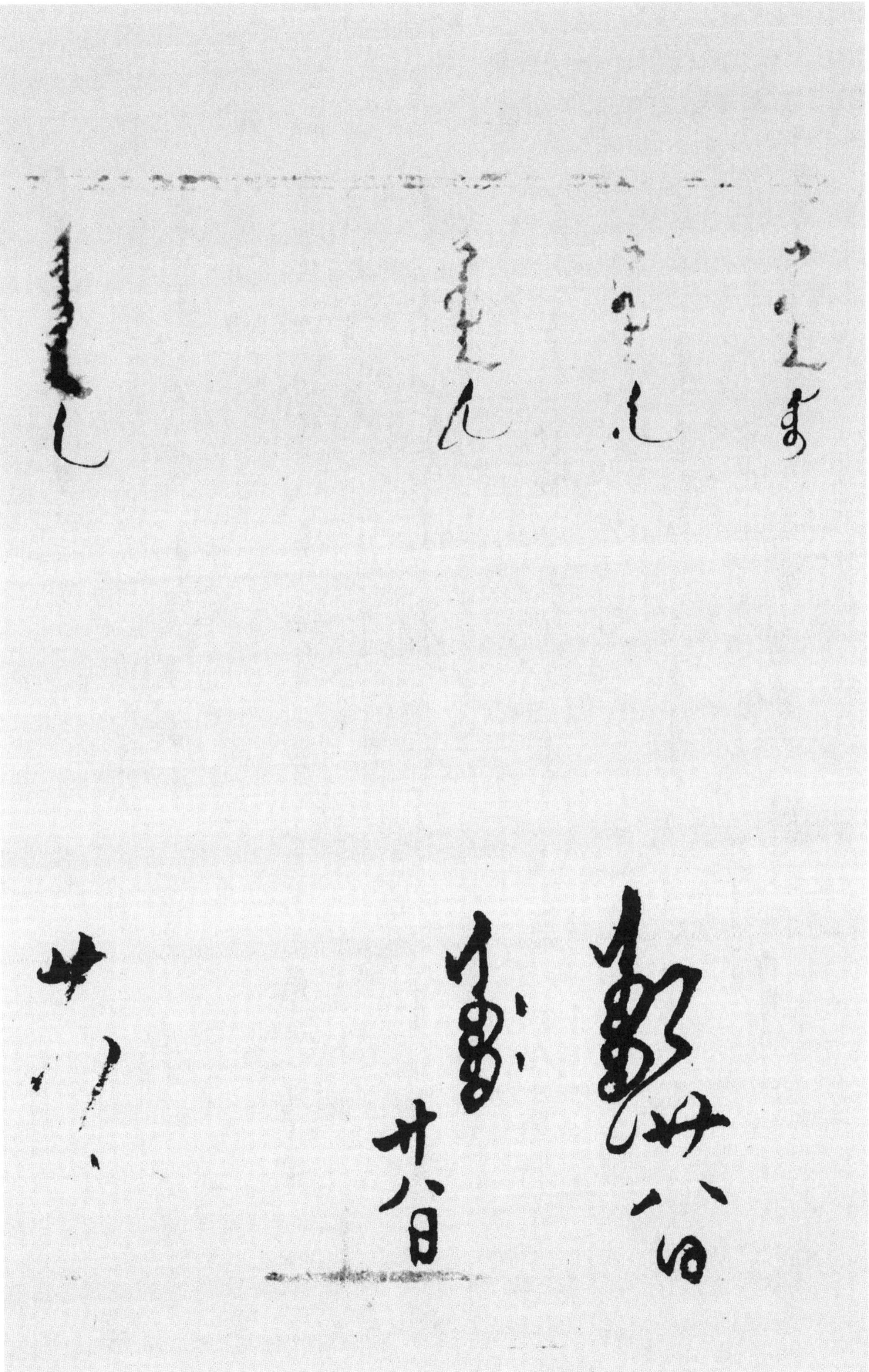

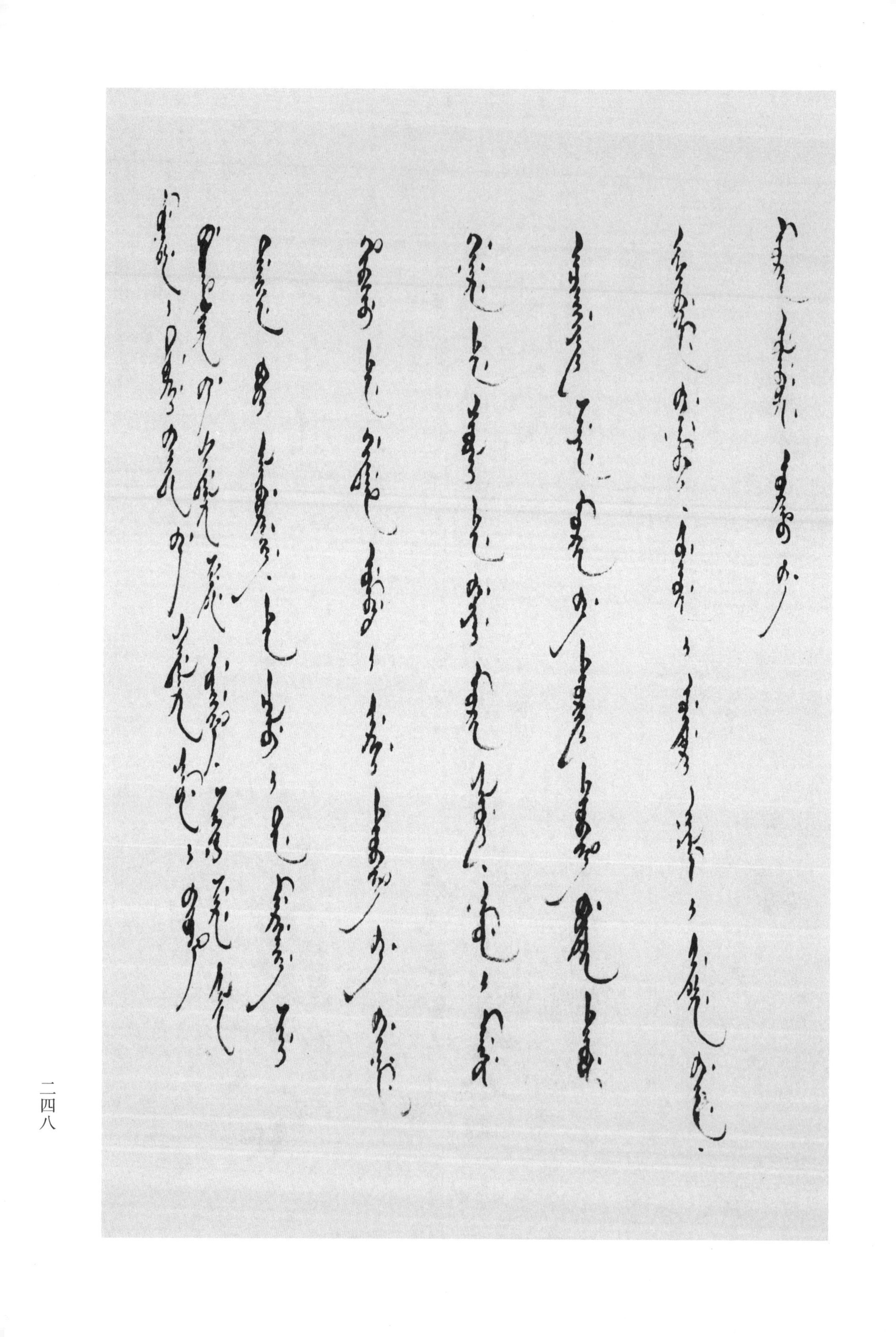

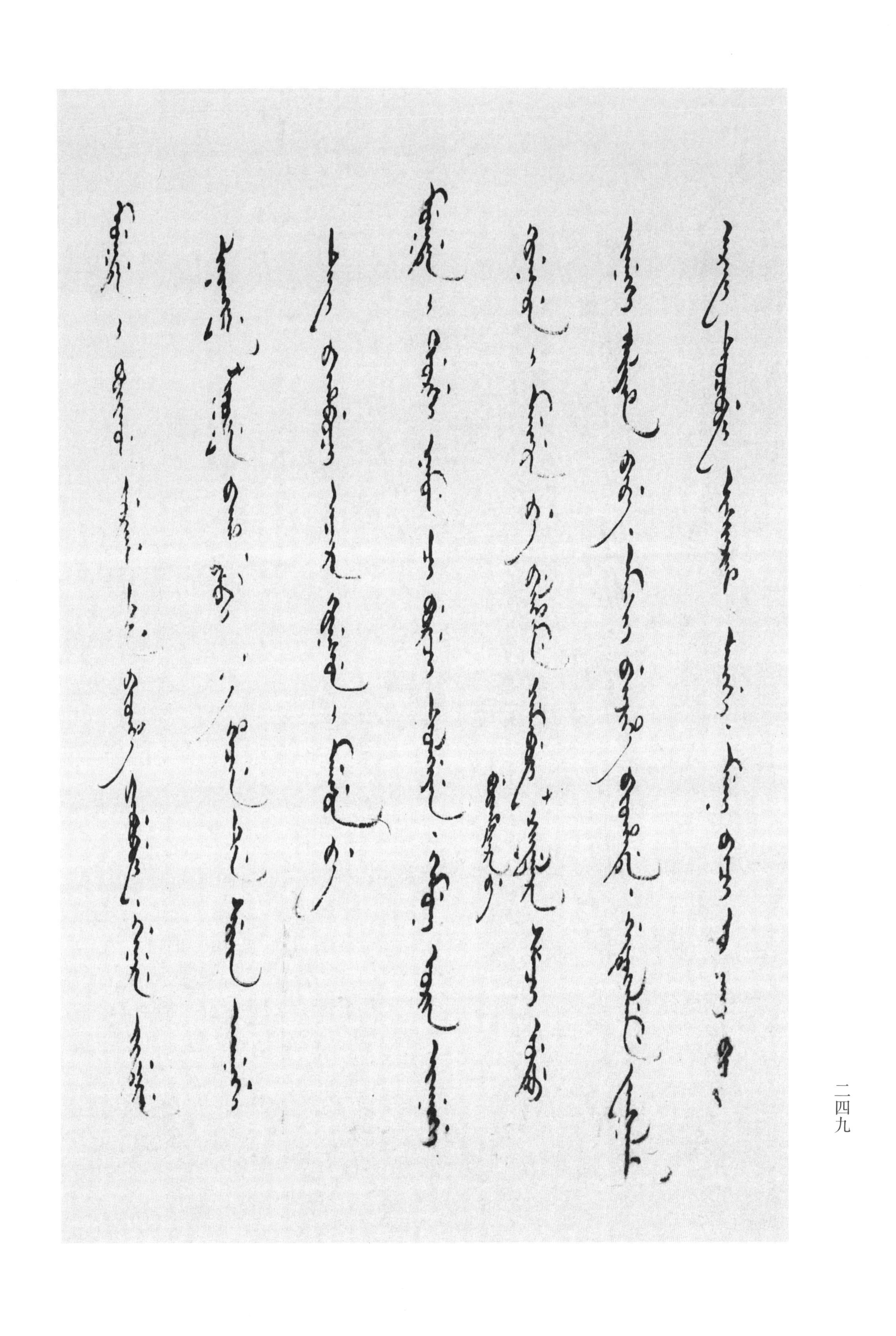

[illegible]

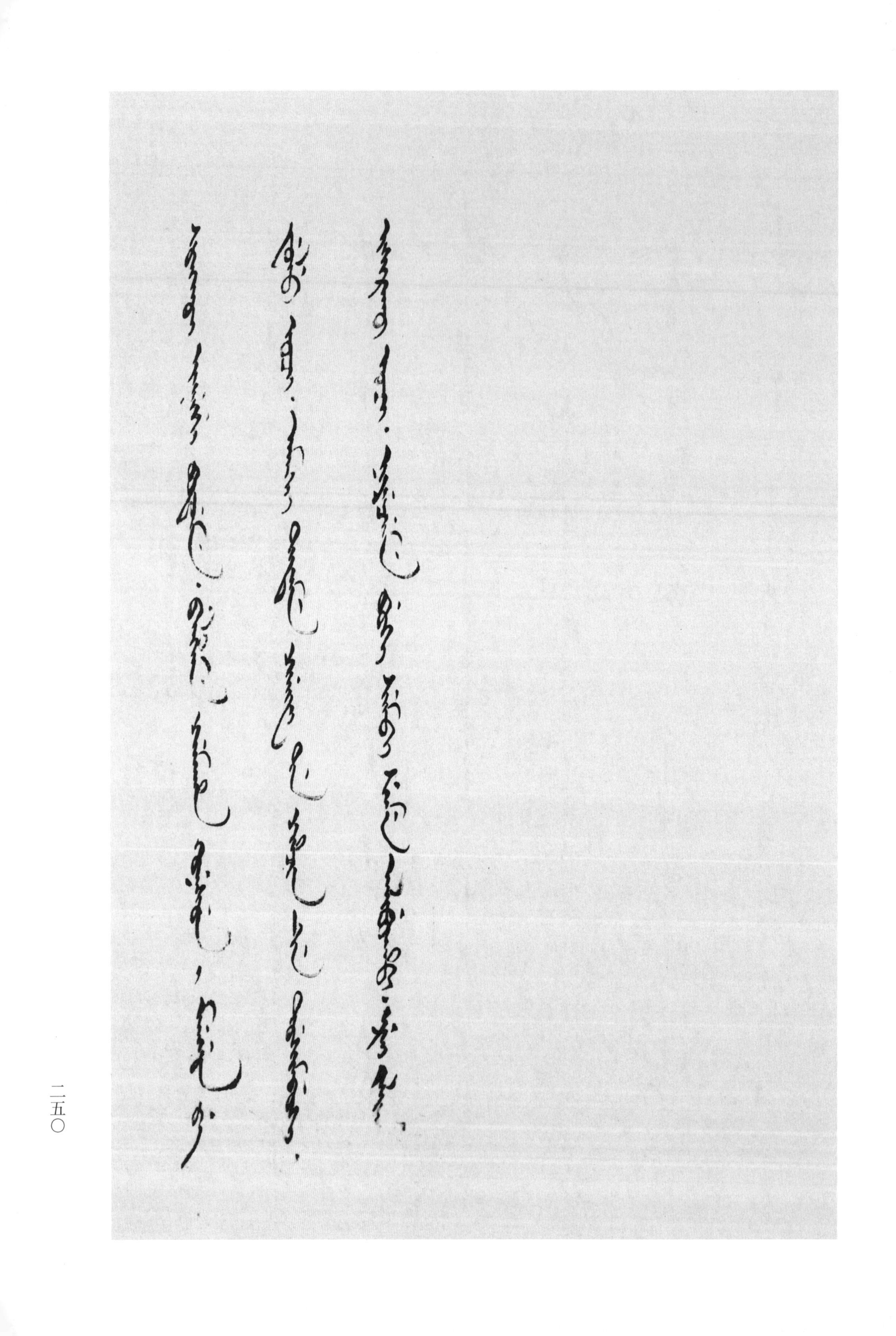

貴衙門查照轉飭查明應在何州縣借豆
莊頭若干名開具花名并於各名下填明應
借豆石數目分别州縣造册互
咨送到日以便轉飭并咨報内部施行須至
咨者
右　咨

從查考各户下應借數目亦難以區別多寡
若據領呈概行給發則庄頭向非民員管
轄恐滋冒濫且各州縣現在豆石多寡不一其何
州縣應借給若干之處來咨內亦未分晰倘
庄頭赴領之豆逾于州縣存倉之數臨期亦費
周章碍難轉飭擬合咨覆為此合咨

例加耗粮一倉升如數还項不致虧缺為此上呈

等情相應移咨貴衙門查照施行

此查旅人呈借民倉粮石向由該管官查明々

借户花註明底借粮石數目開造清冊并取

具印結咨送本府尹轉飭給發今座頭呈借

喂馬黑豆僅止總數其座頭姓名民員既無

處先儘旂倉借糶如有不敷准於民倉一体
給免其扣餉秋後交還等因遵行在案今
户部既稱倉存黑豆無餘合照此例呈請咨
行奉天府府尹衙門於承德廣寧鐵嶺
陽海城等五州縣内倉存黑豆咨借四千一百
十二石五斗著該庄頭等就近支領俟明秋後照

劄行內倉監督中保等將此項暫借餵養
馬匹穀草三萬六千五百五十束接收印
領照數發給外仍知照
盛京內務府衙門可也等因前來遵此查
得乾隆八年經前任將軍府尹衙門
題定例內嗣後旂兵有急需倉糧接濟之

淹顆粒未得無處措辦等語則此項馬匹
需用谷草喂養未便咨駁理應暫行借
給谷草俟將軍衙門奏明馬群裁汰并
餘剩馬群交給內務府喂養之處知會到日
再行如數支給其支借草束俟明歲青草
不接之時入與糴三項內作價辦理外相應

牛羊及供應過往差役之用除此以外並無

餘豆可借相應咨覆

盛京內務府查照施行查至谷草一項裁汰餘剩

馬群交給內務府餵養之處

盛京將軍衙門並未知會本部礙難如數借

給但內務府既稱庄頭等現在地畝被水冲

部將倉存穀草咨借十一萬六千五百五十束豆四千一百六十二石五斗俟明歲秋收之後照例每倉石加耗糧一倉升如數完項不致虧缺等因前來查得內倉寔存豆六千三百四十餘石其內借給將軍衙門豆二千五百石只剩豆三千八百四十餘石僅敷喂飼黑

涝業經呈報在案，今官馬雖裁汰二十二羣，
所留官馬八羣，仍交身等喂養，尚需料
豆四千一百六十二石五斗，穀草十一萬六千五百
五十束。小人等地畝被水，穀豆數收，平地水深數
尺，羊草亦無刈割，草豆將何措辦，只得據
寔呈明，祈爲辦理等情。據此，相應移咨貴

奉天府府尹紀錄一次圖　為咨借豆石事

乾隆十五年十月十二日准

貴衙門咨開據會計司催摠哲庫太呈稱生

盛京戶部咨開糧儲司案呈准

盛京內務府咨開據庄頭徐良玉等呈稱上

年五六七月大雨連綿身等所種地畝被水淹

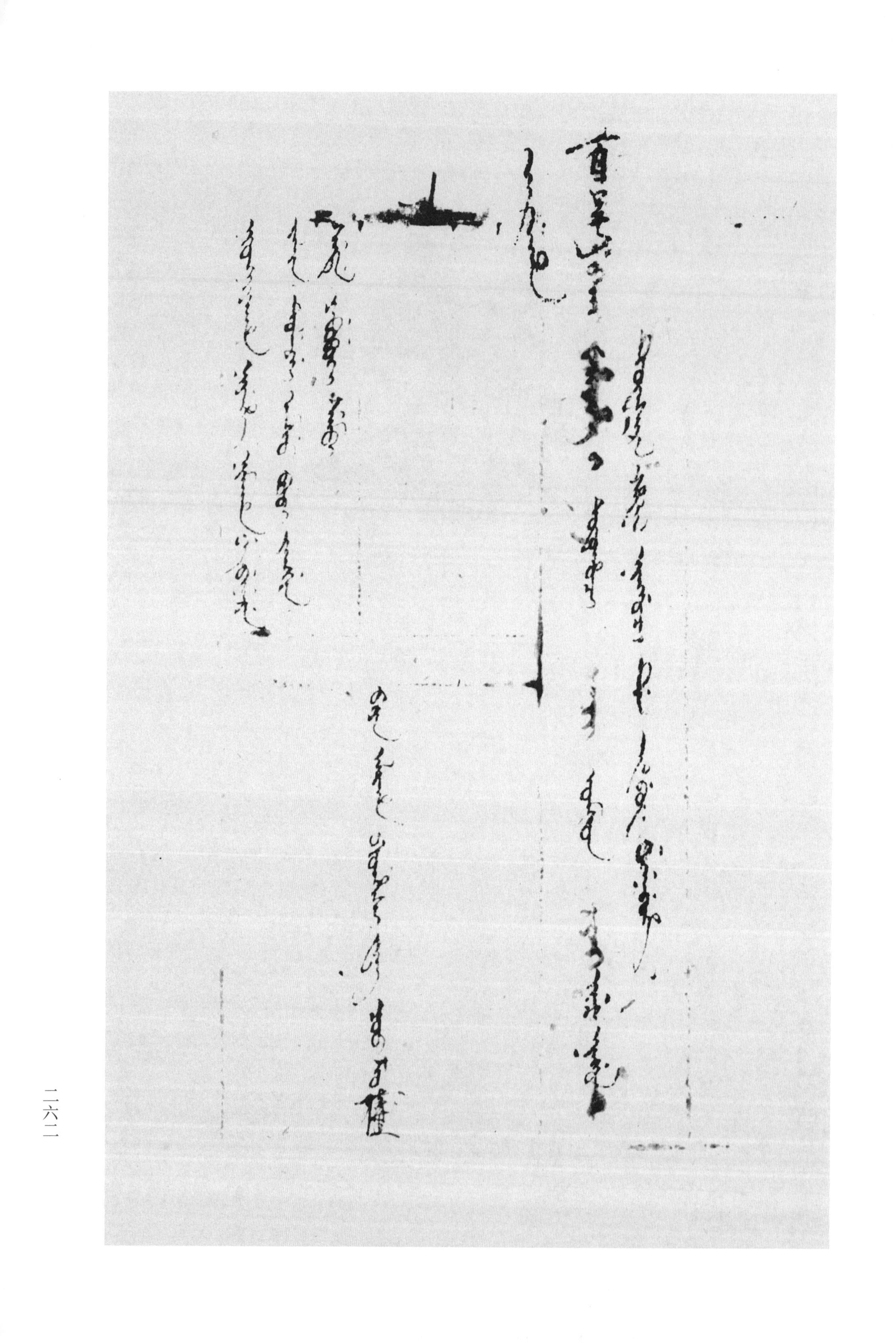

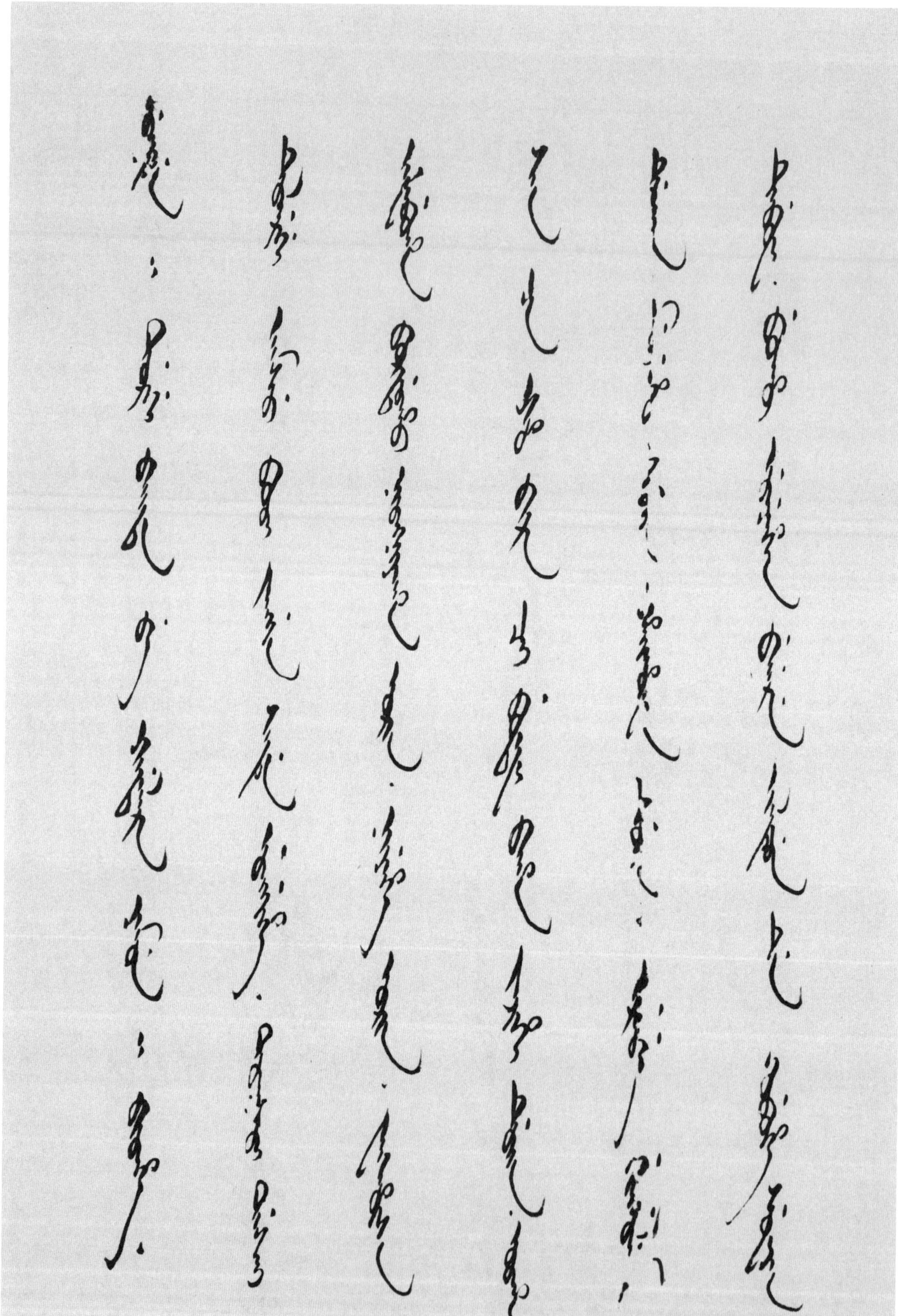

右　　　　　　咨

盛京内務府衙門

乾隆十五年十二月初七日

庫使記中

前來本部覆查

宮殿内糊飾窗户等項俱係八月中糊飾

時值隆冬嚴寒未可輕動待明春天氣

並棚搭再行粘補修飾亦即咨覆外

應移此相應移咨

貴衙門煩爲查照施行爲此合咨須至咨

浸濕現有画濶若不糊飾觀瞻不雅粘
修飾等因前來相應劄派員外郎富
保外郎李如華前往敬謹估計糊飾共
劄行到職等但時值隆冬滴水成冰刷[illegible]
凍糊紙不粘事關劄派不敢不預為聲
報伏乞轉咨内務府定為德便等情

盛京工部為咨覆事右清吏司案呈乾隆

年十一月初五日據本部員外郎富當保仝

李如華呈稱切聀等奉部劄開乾隆

年十一月初三日准

盛京內務府咨開查得六七月間霖雨

清寧宮內北面後簷滲漏天花板棚格

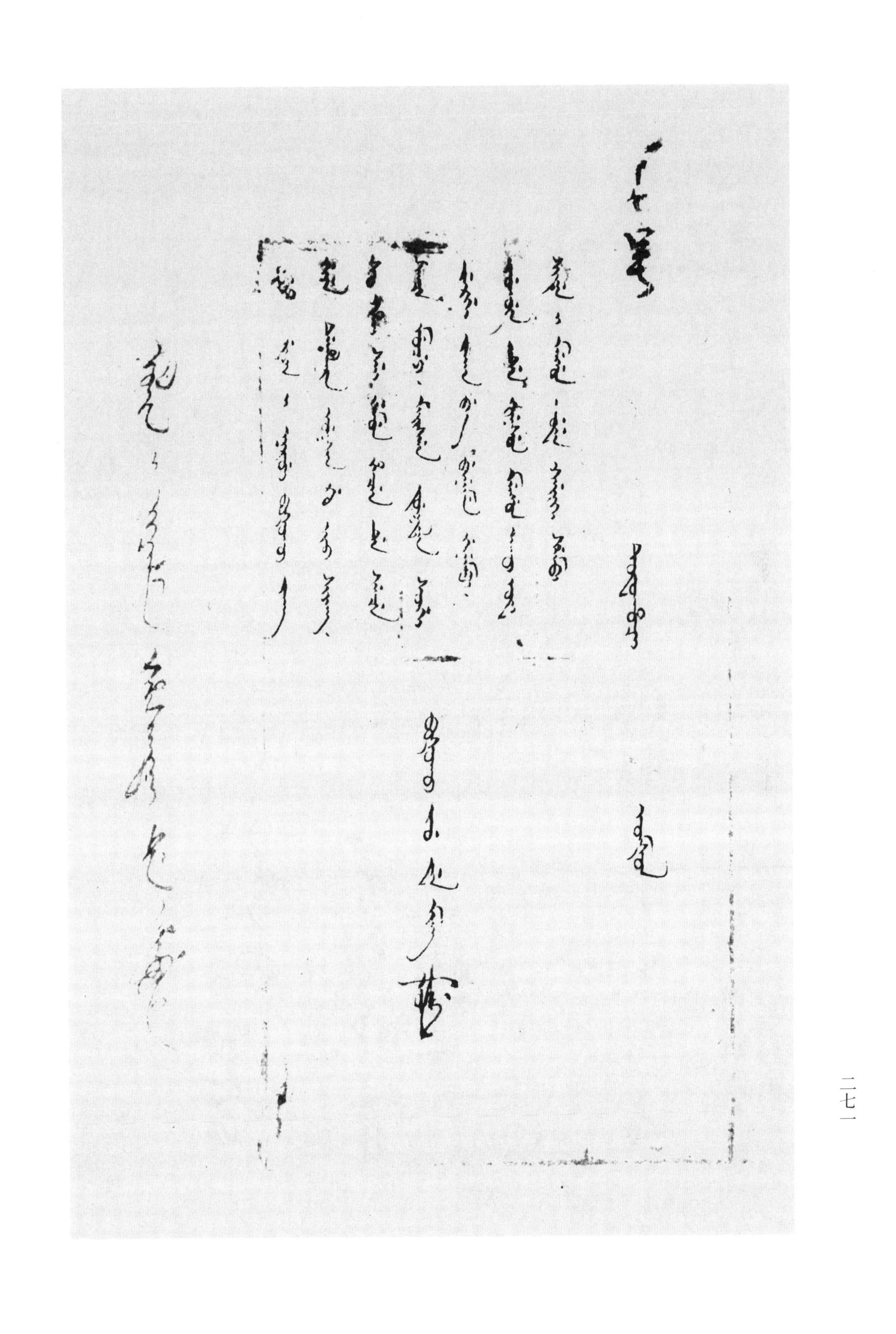

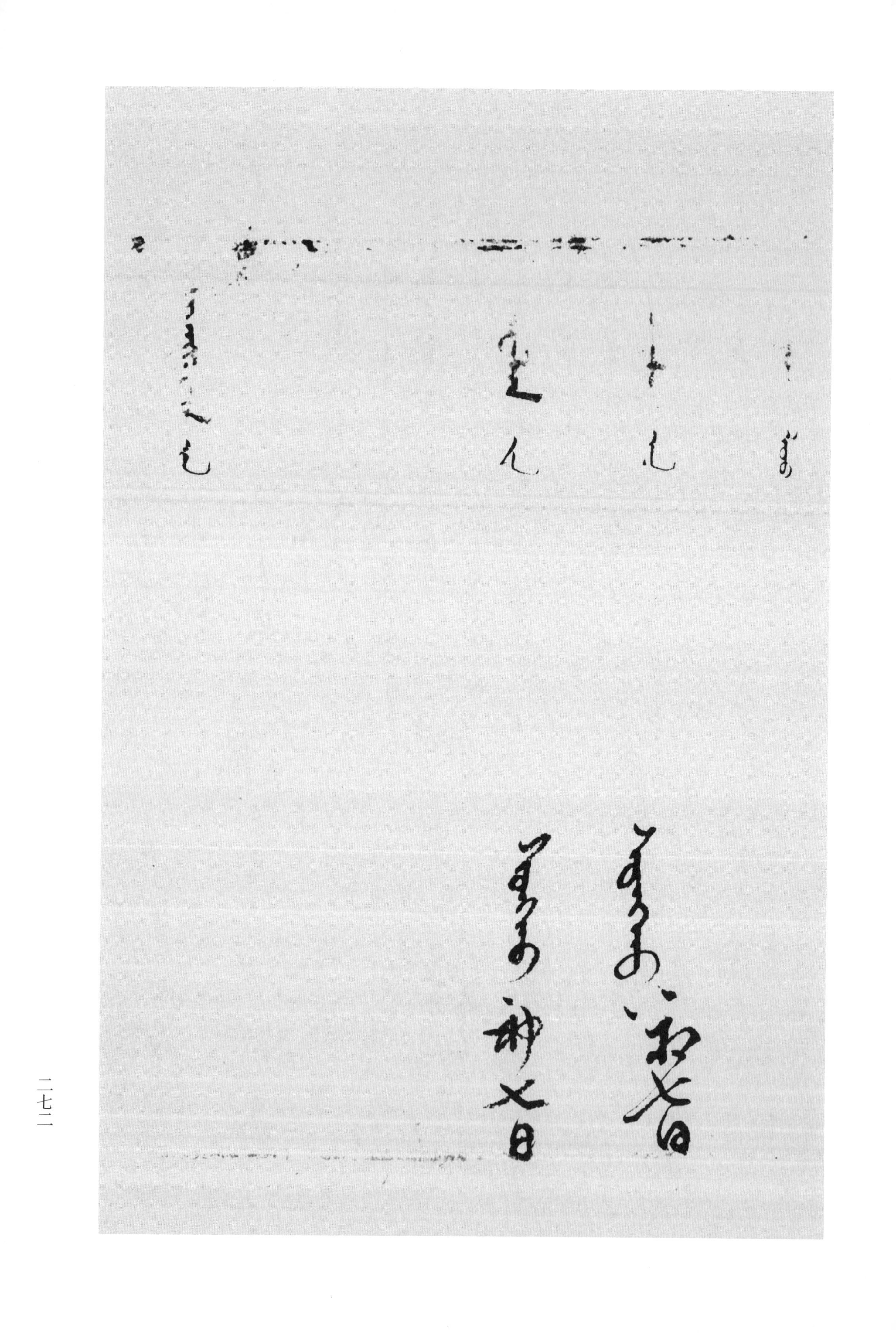

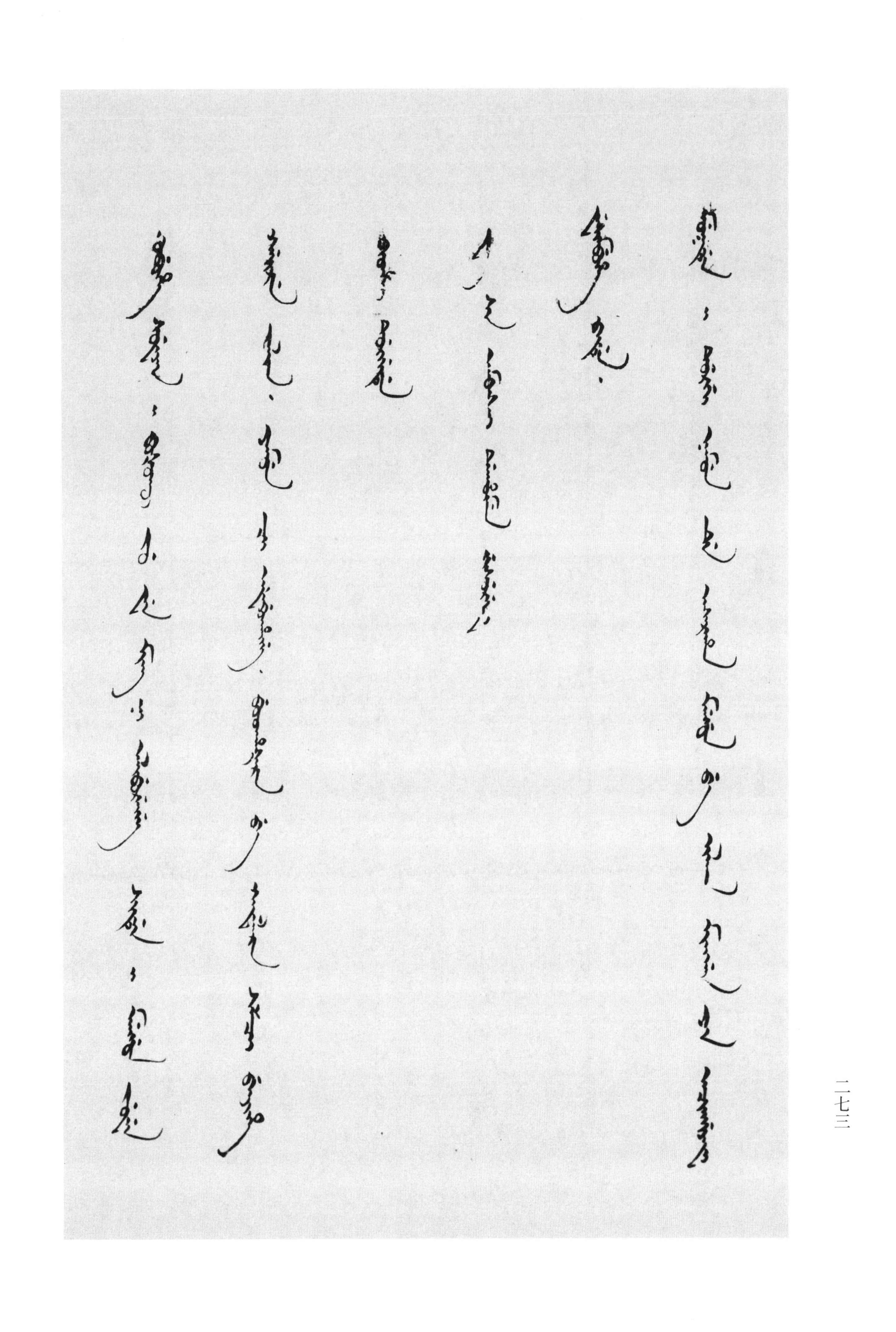

[illegible]

[illegible]

[illegible]

[illegible]

[illegible]

[illegible]

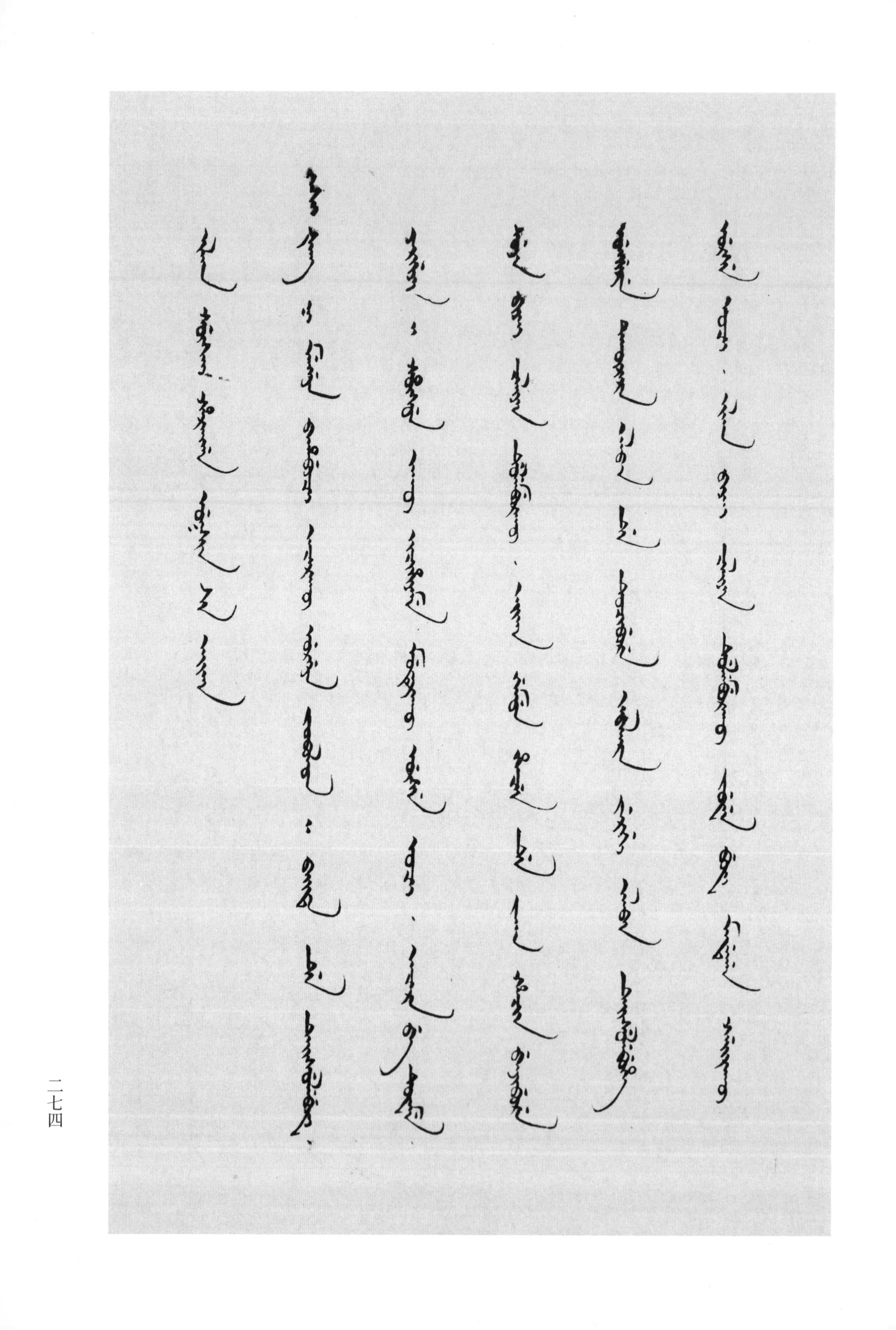

[illegible]

[illegible]

[illegible]

[illegible]

[illegible]

[illegible]

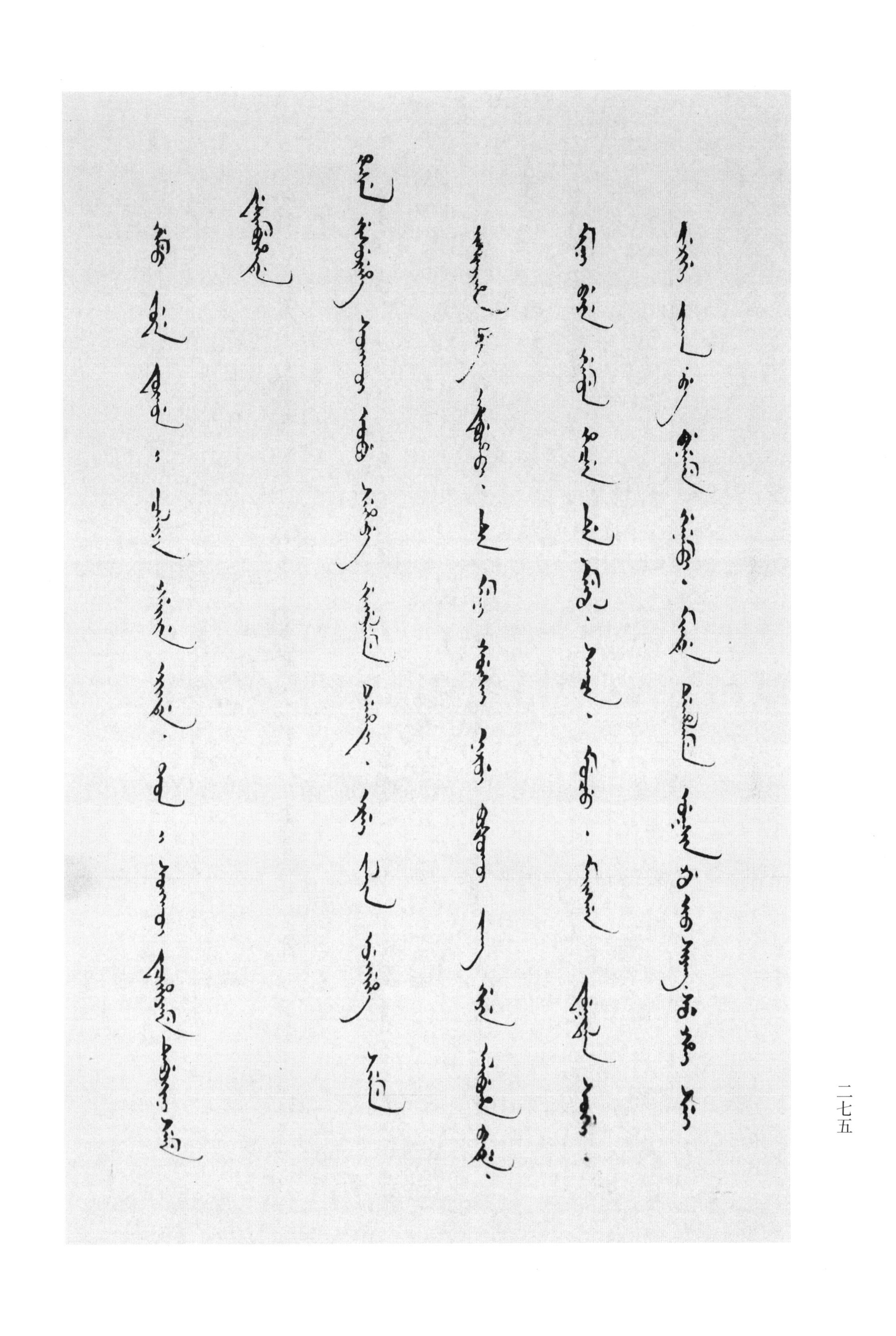

[illegible]

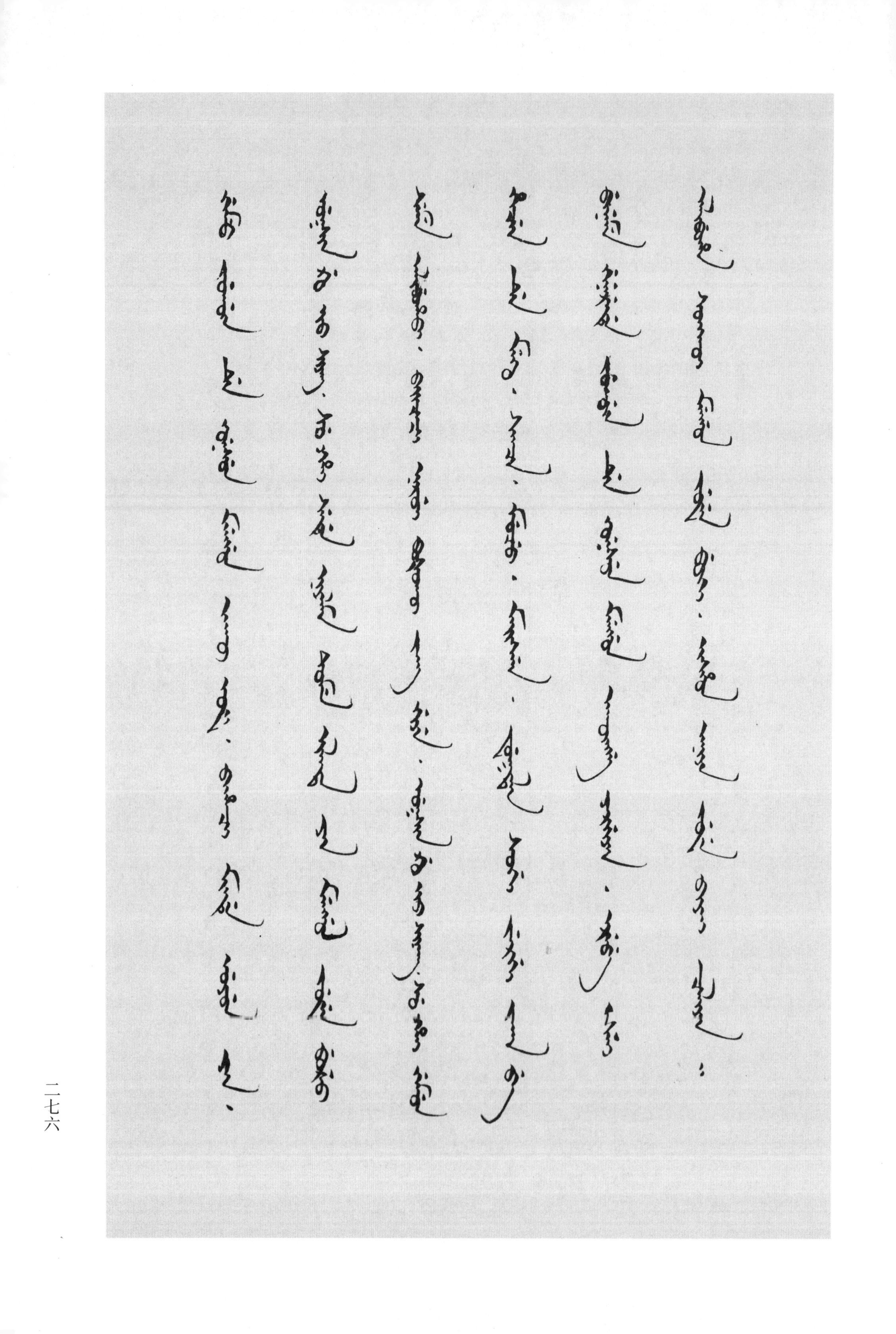

[illegible]

[illegible]

[illegible]

[illegible]

[illegible]

[illegible]

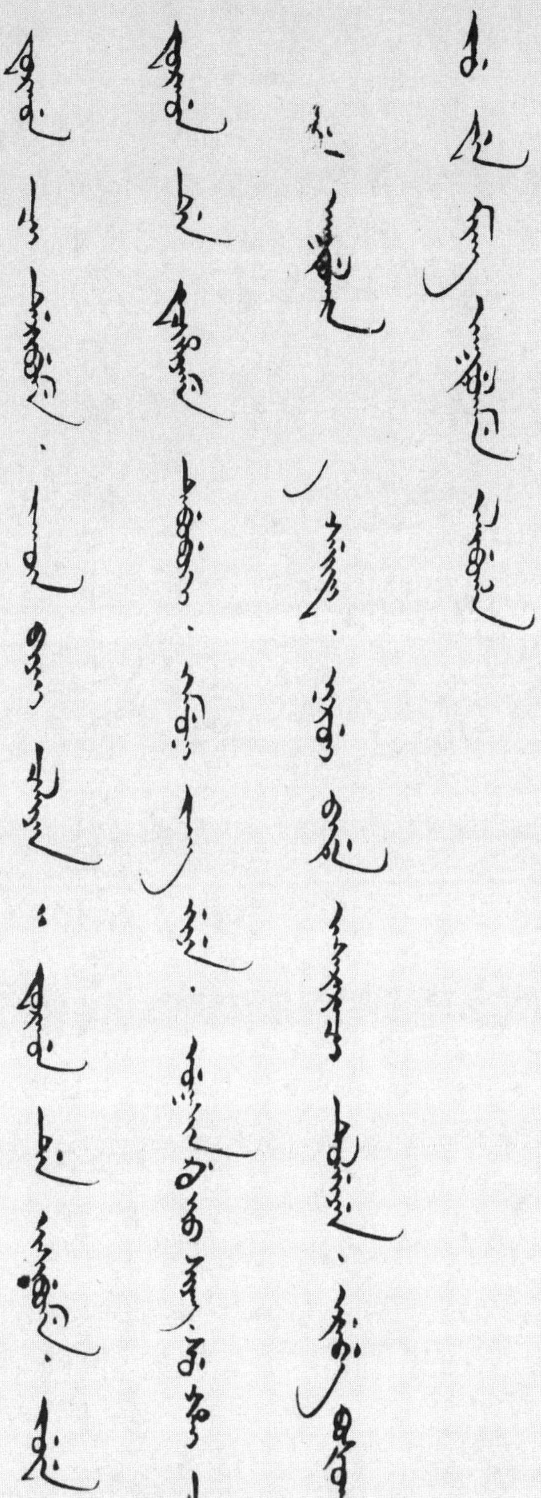

可也等因前來相應咨行

盛京內務府作速備辦可也為此合咨須至咨

右　　　　咨

盛京內務府

乾隆十五年十一月初八日

奉應否如此辦理之處未便自行定議，
請部示即速由馬上飛遞咨覆以便敬謹
因前來恭查
聖容
實録
玉牒綵亭八十九座該將軍既稱
崇政殿內不敷安奉可否接連月台搭蓋綵棚
等語應如該將軍所咨辦理屆期敬謹

下各寬一丈二尺進深八尺所備綵亭
五尺五寸進深四尺三寸五分除
寶座前安奉
聖容綵亭五座外其餘綵亭連前後簷令
安奉四十座此外尚無行路處
崇政殿前月台寬七丈一尺長四丈二尺爲地
並無遮掩若接連搭蓋綵棚則所餘綵亭

在案欽惟

聖容

寶録

玉牒関係重大緑亭理宜敬謹安奉随會同

盛京禮工二部親至

崇政殿詳細驗看但

崇政殿五間寬六丈進深三丈四尺前後

盛京將軍阿　爲知會事本月初八日
接到禮部咨開儀制司案呈准
盛京將軍咨稱恭照預備迎接
列祖聖容綵亭五座
實録綵亭三十座
玉牒綵亭五十四座先後續准部文敬謹遵行

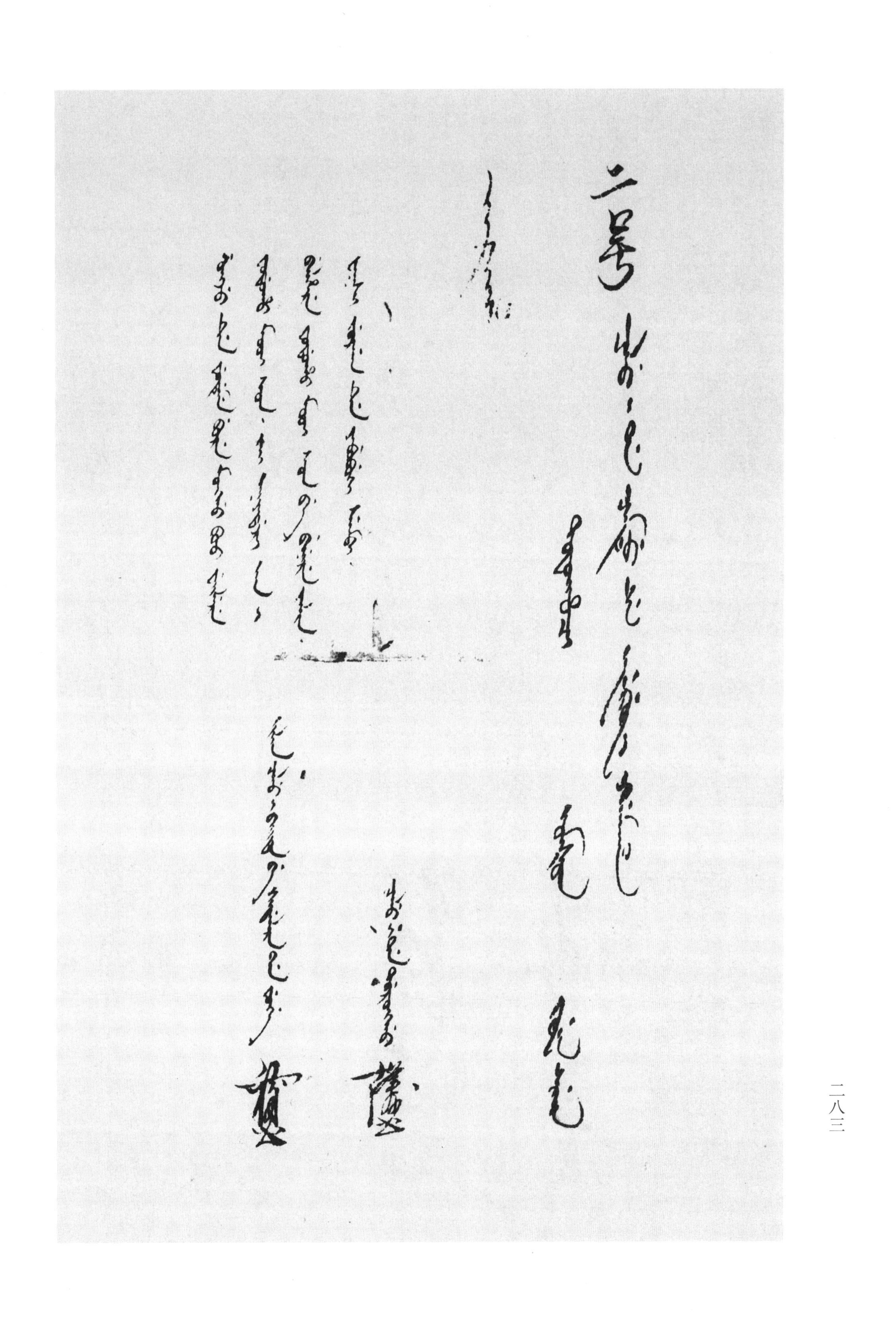

二号

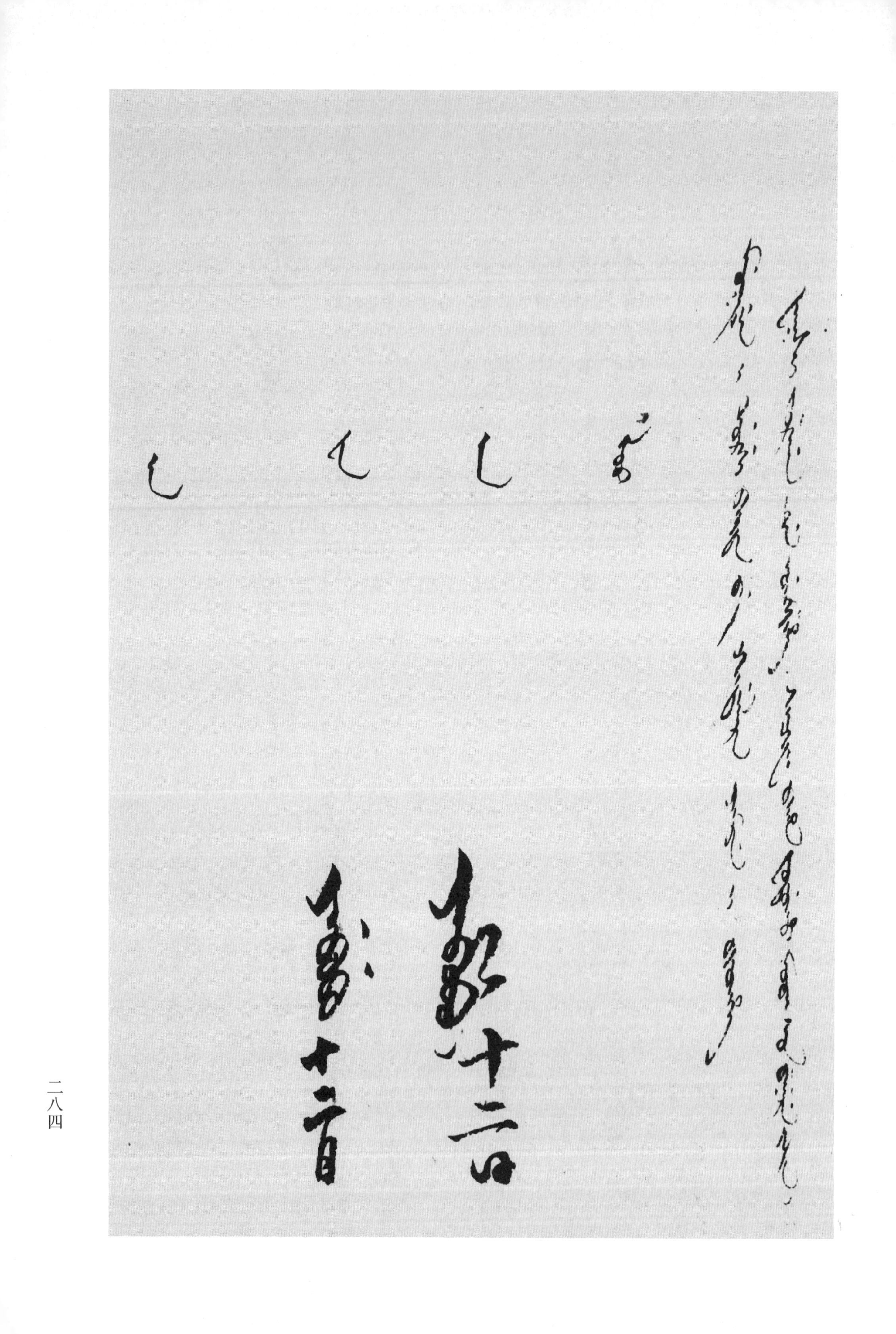

[illegible]

[illegible] 十二日

[illegible] 十二月

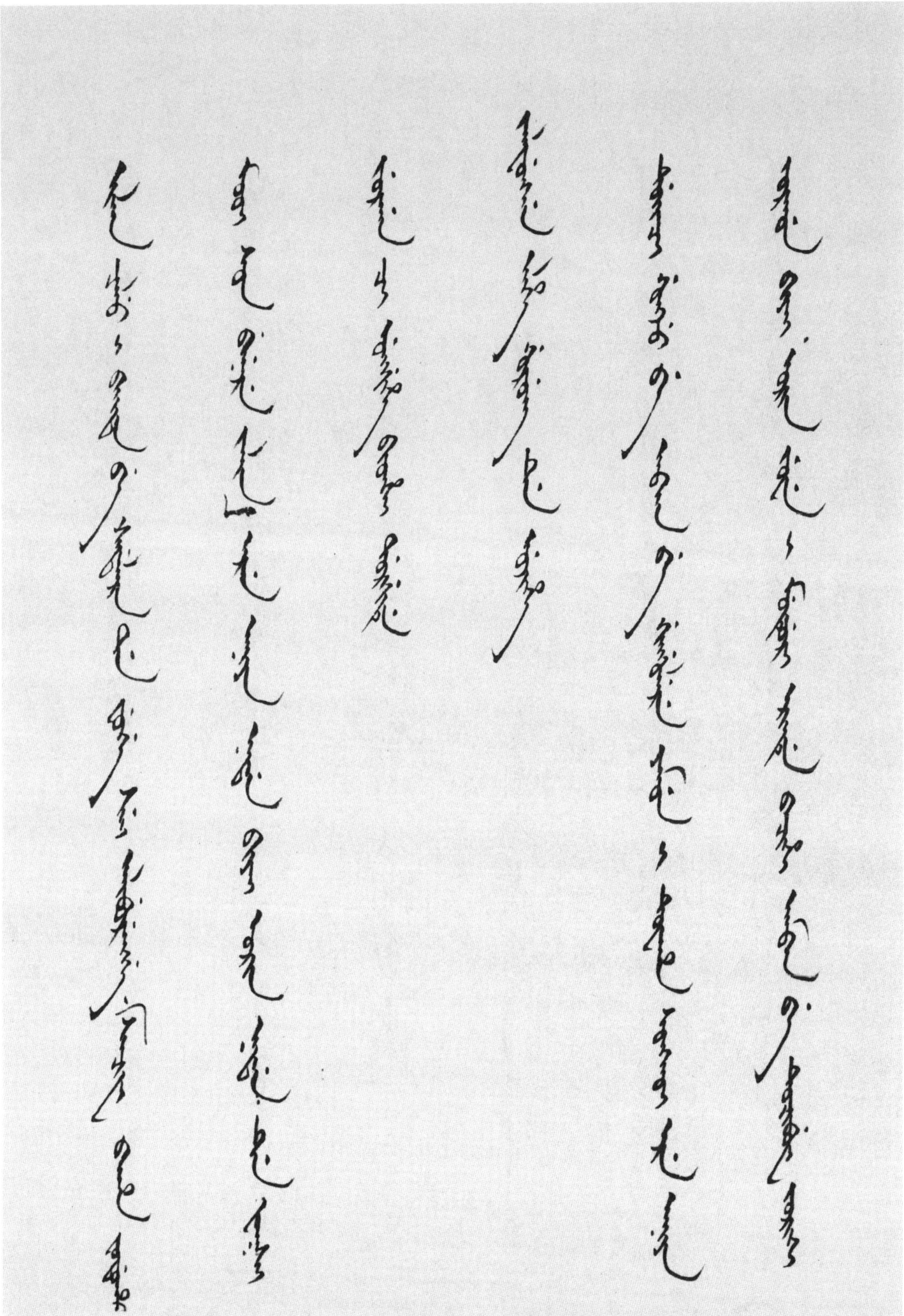

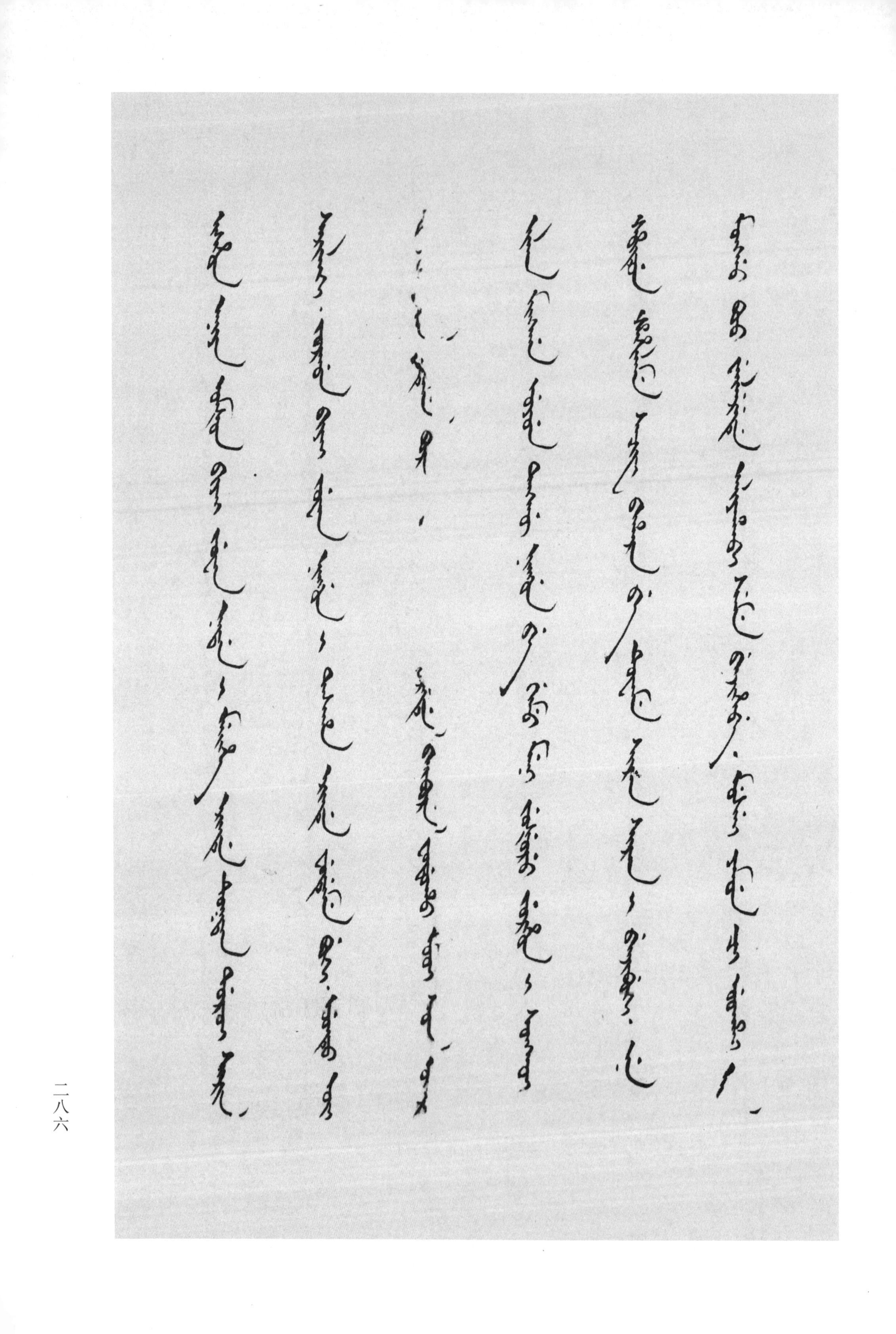

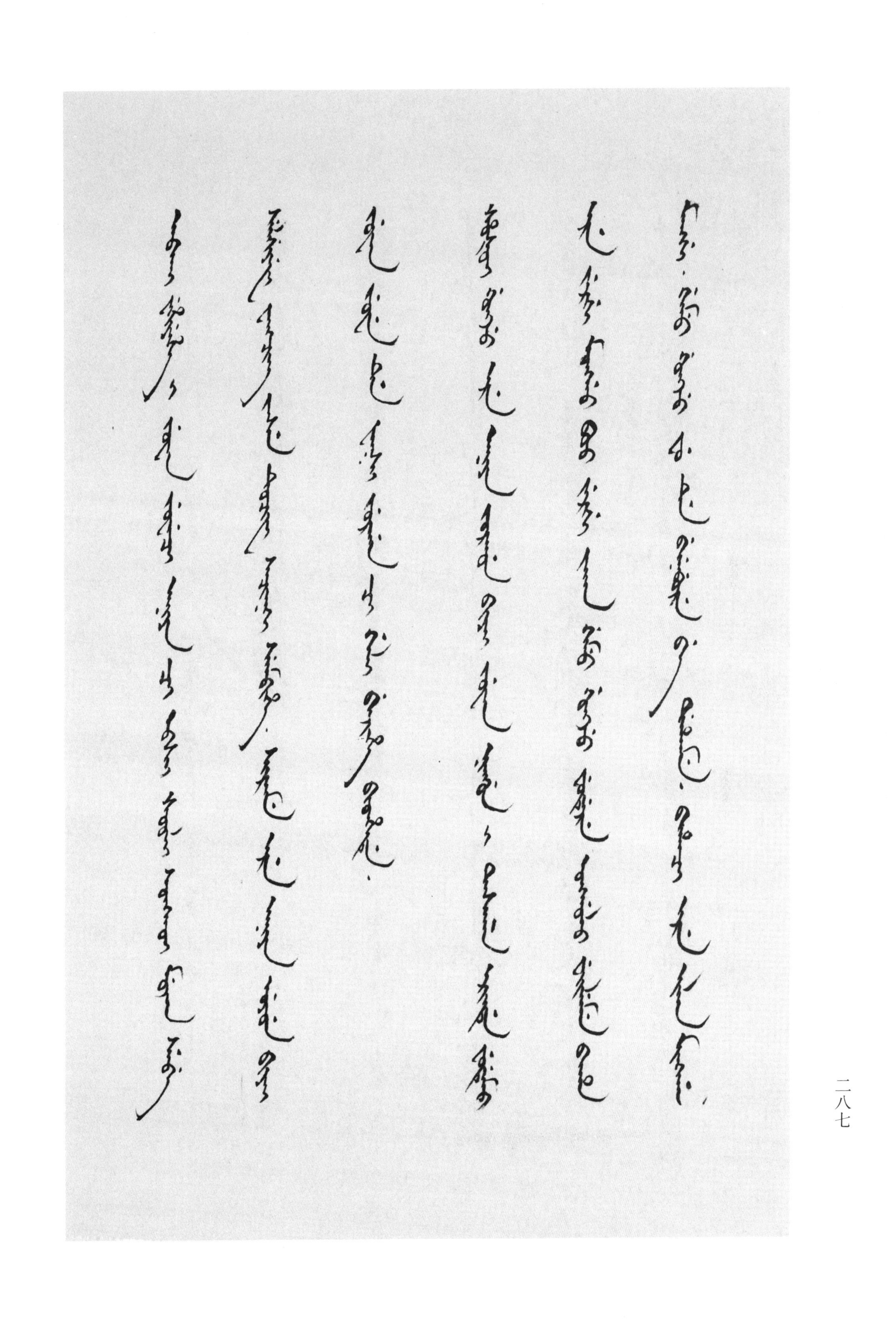

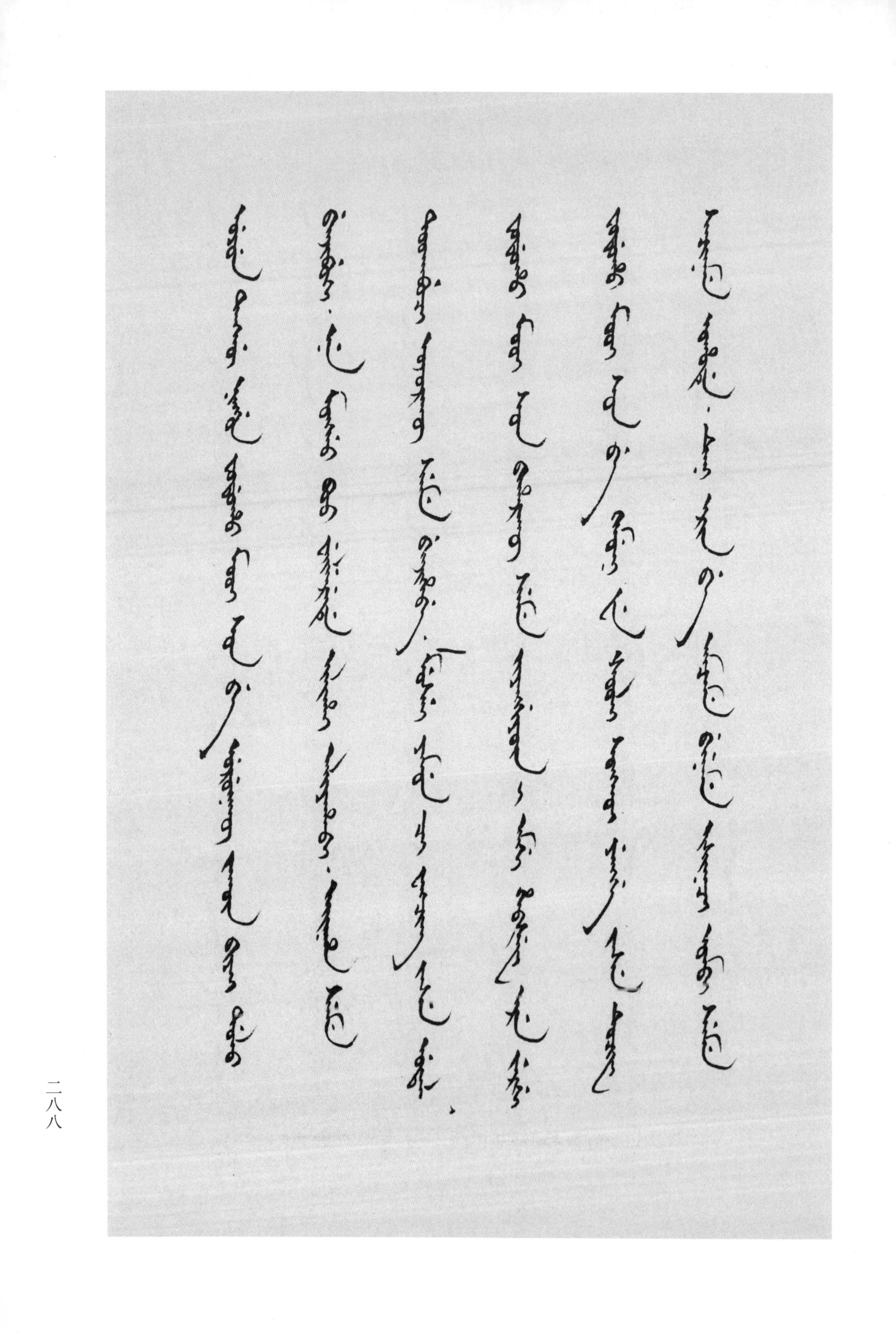

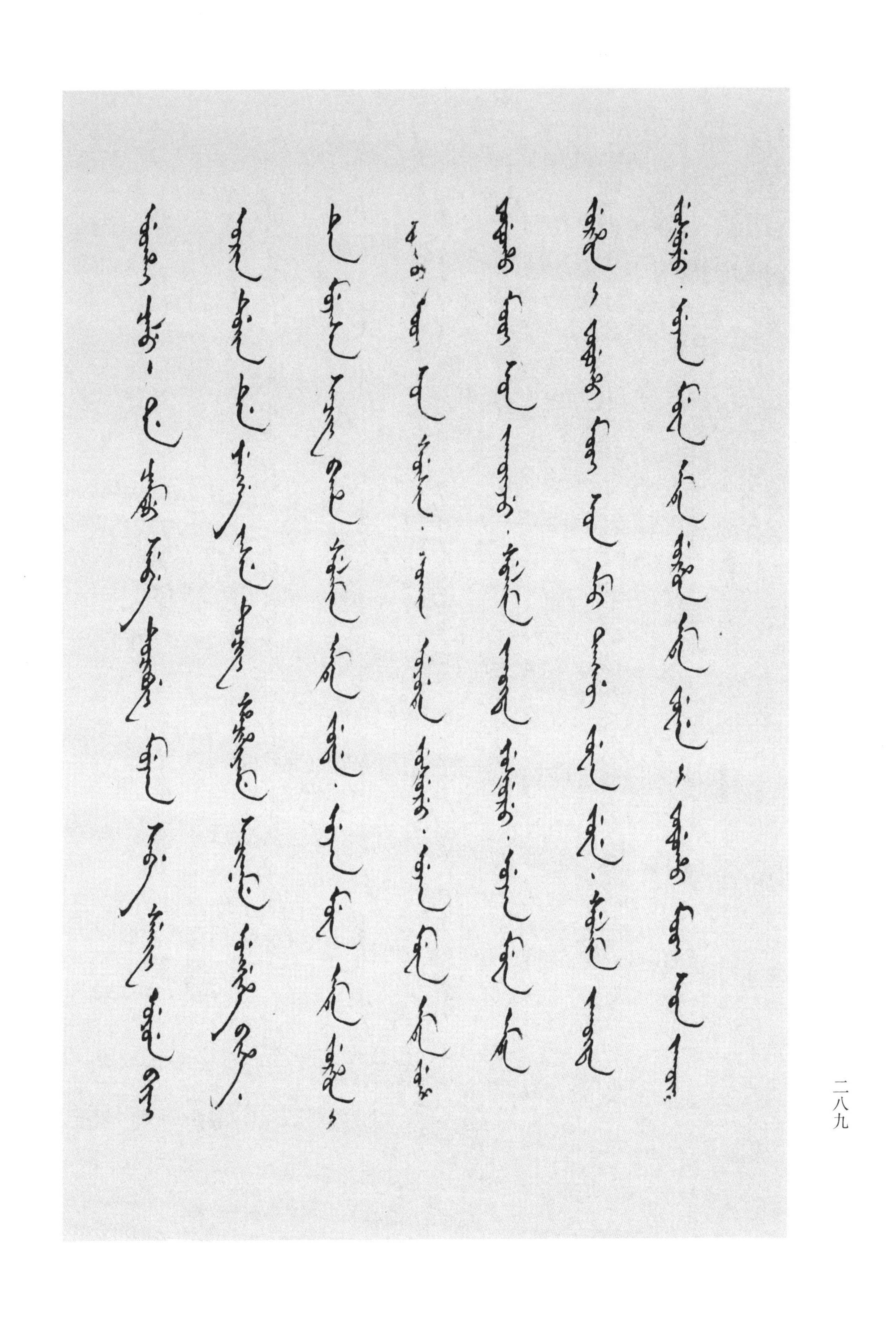

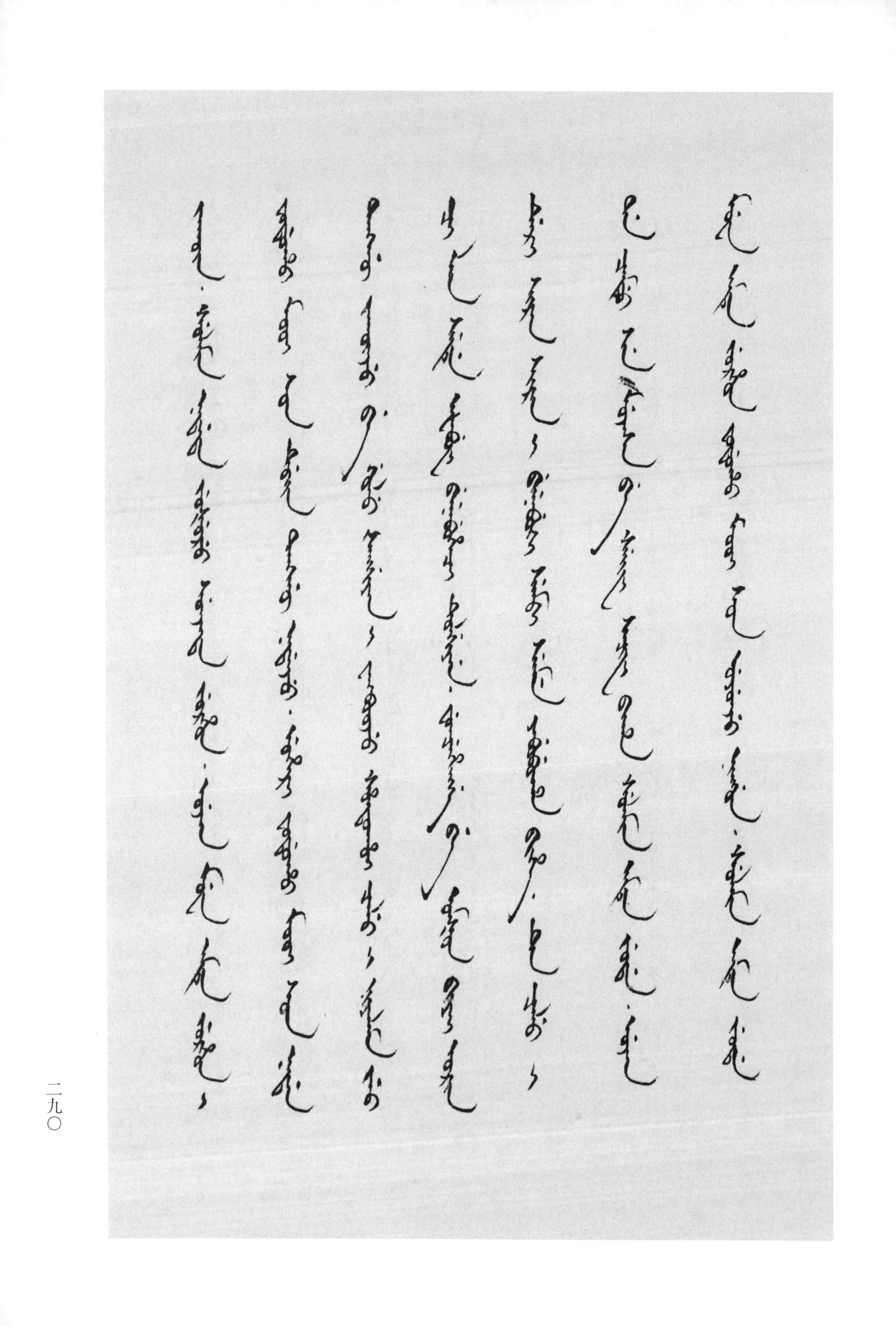

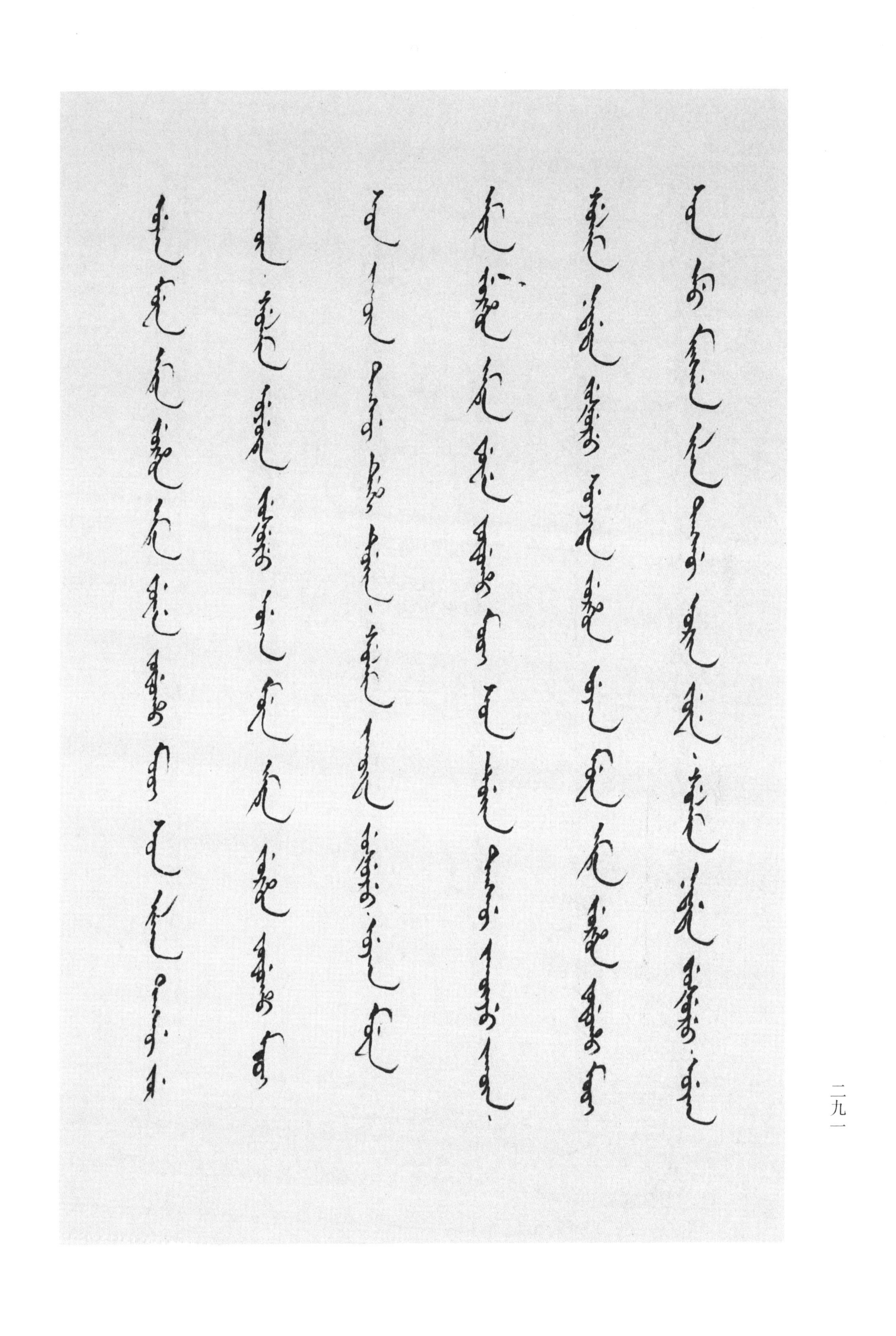

[illegible]

[illegible]

[illegible]

[illegible]

[illegible]

[illegible]

[illegible]

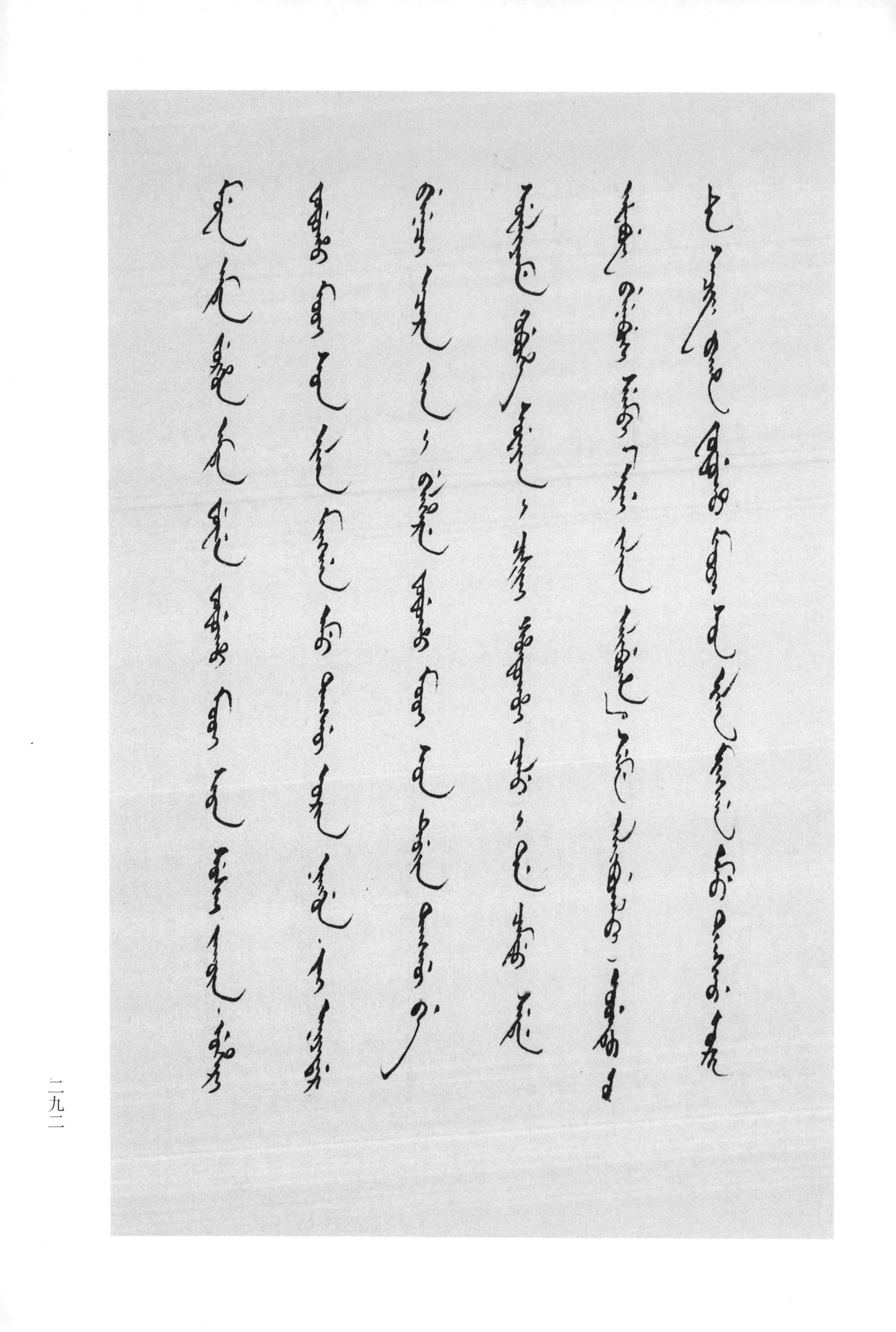

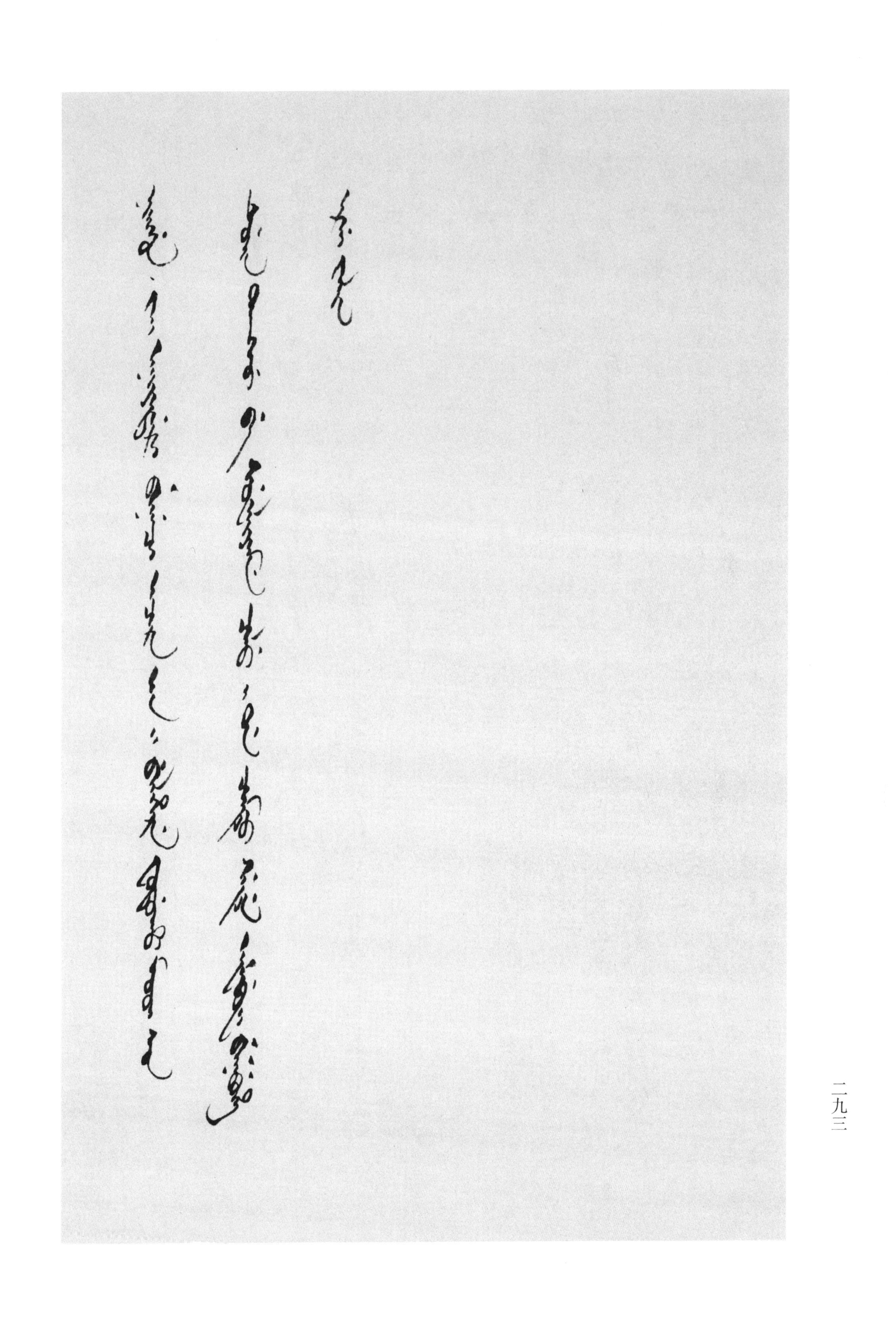

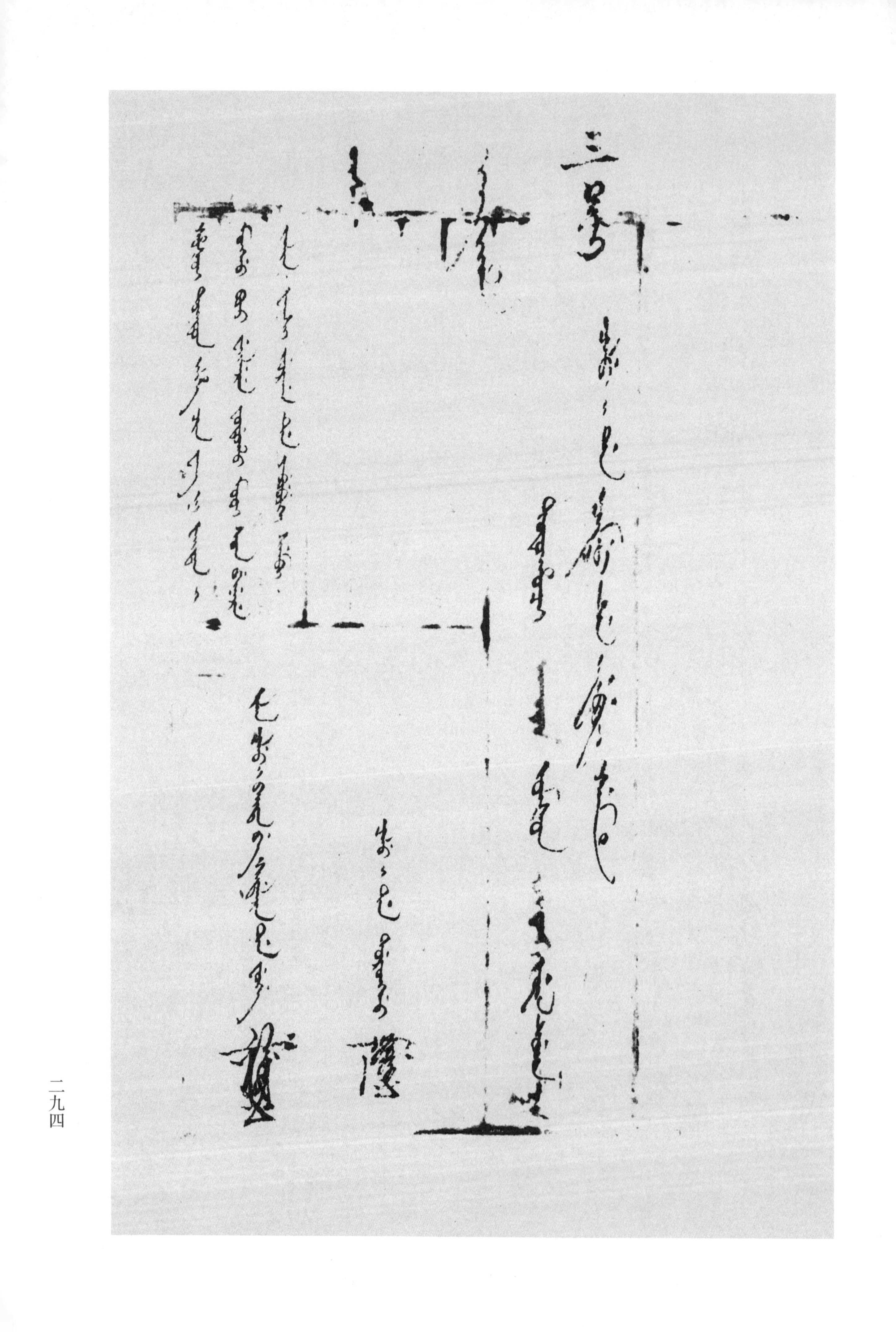

三号

[illegible]

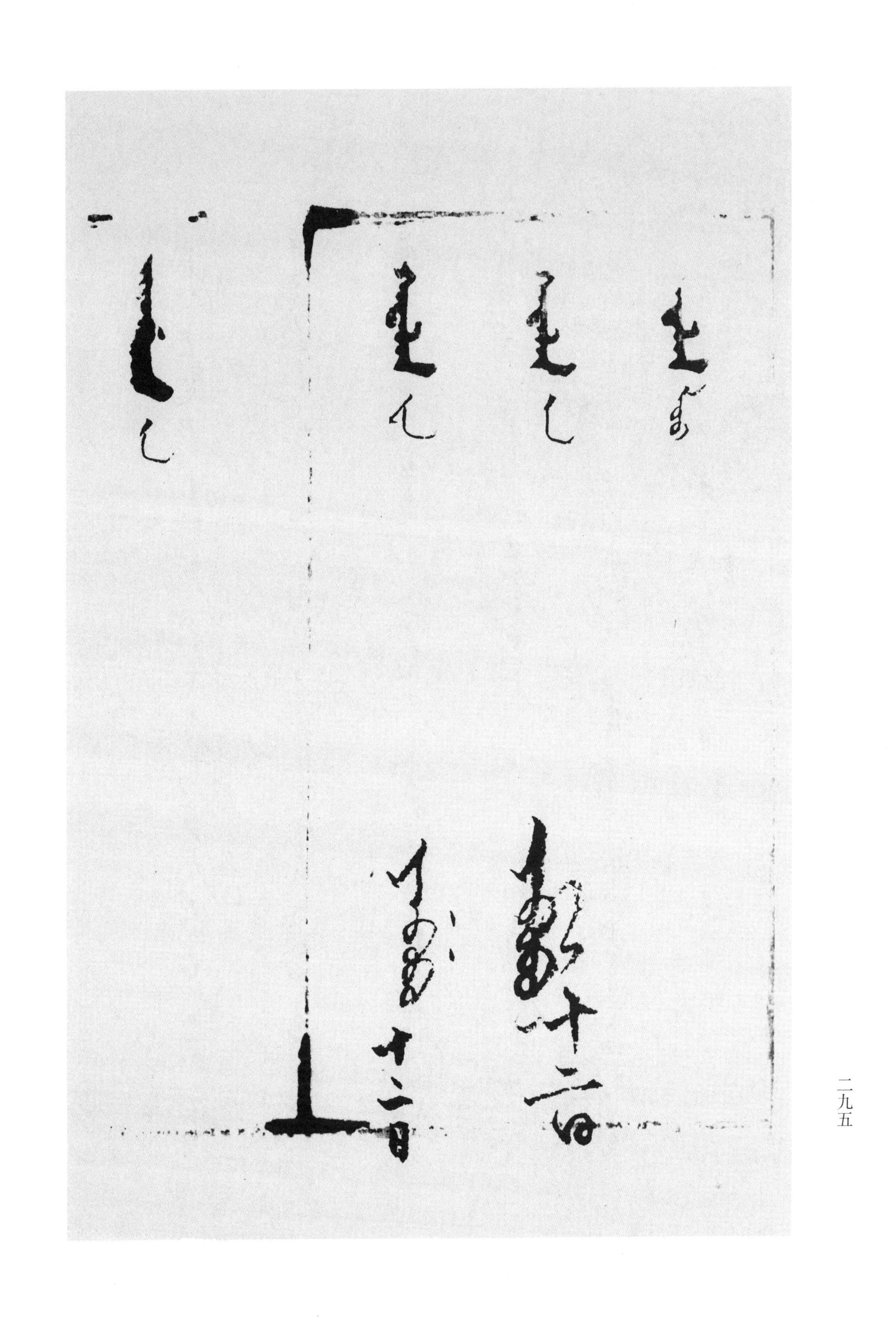

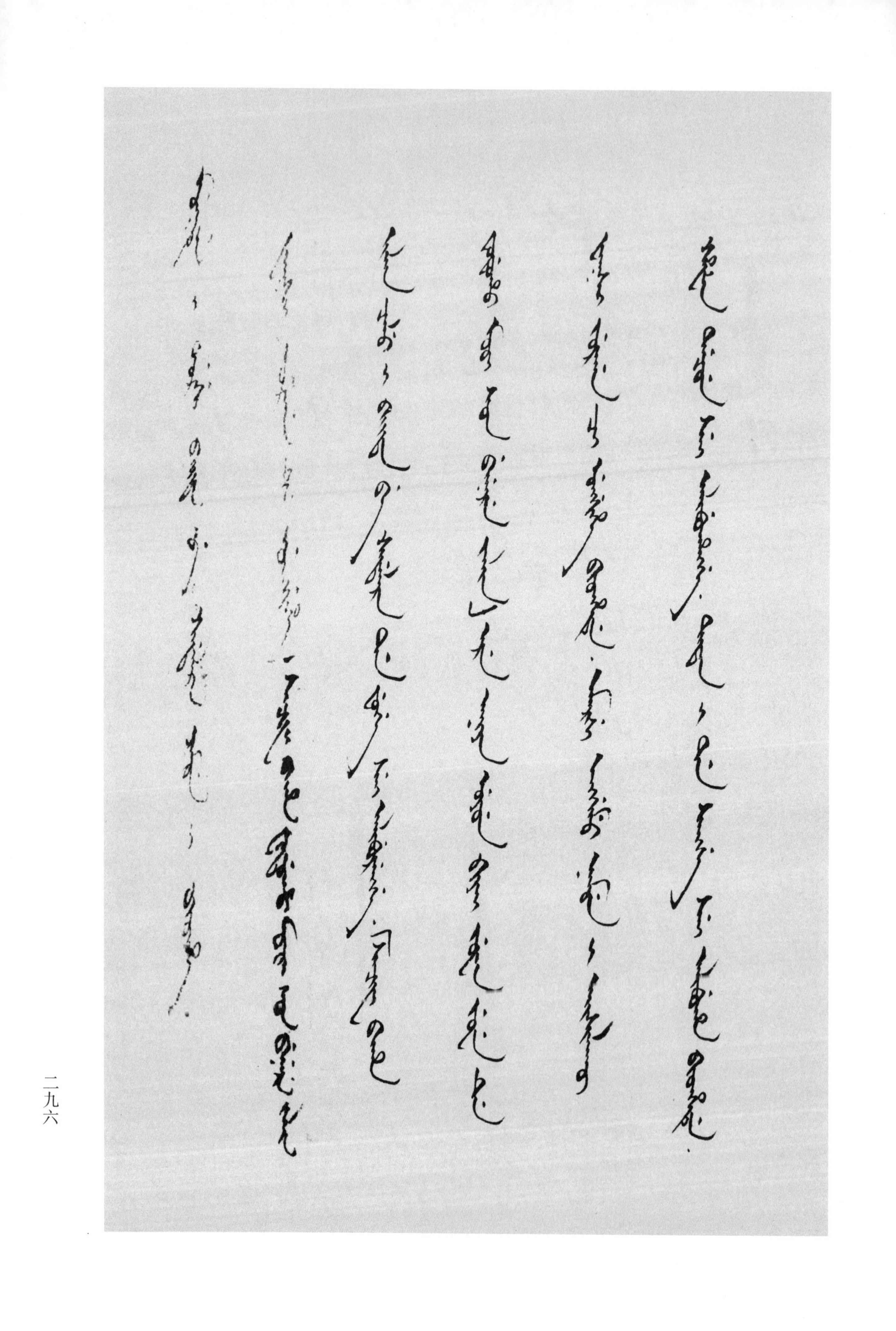

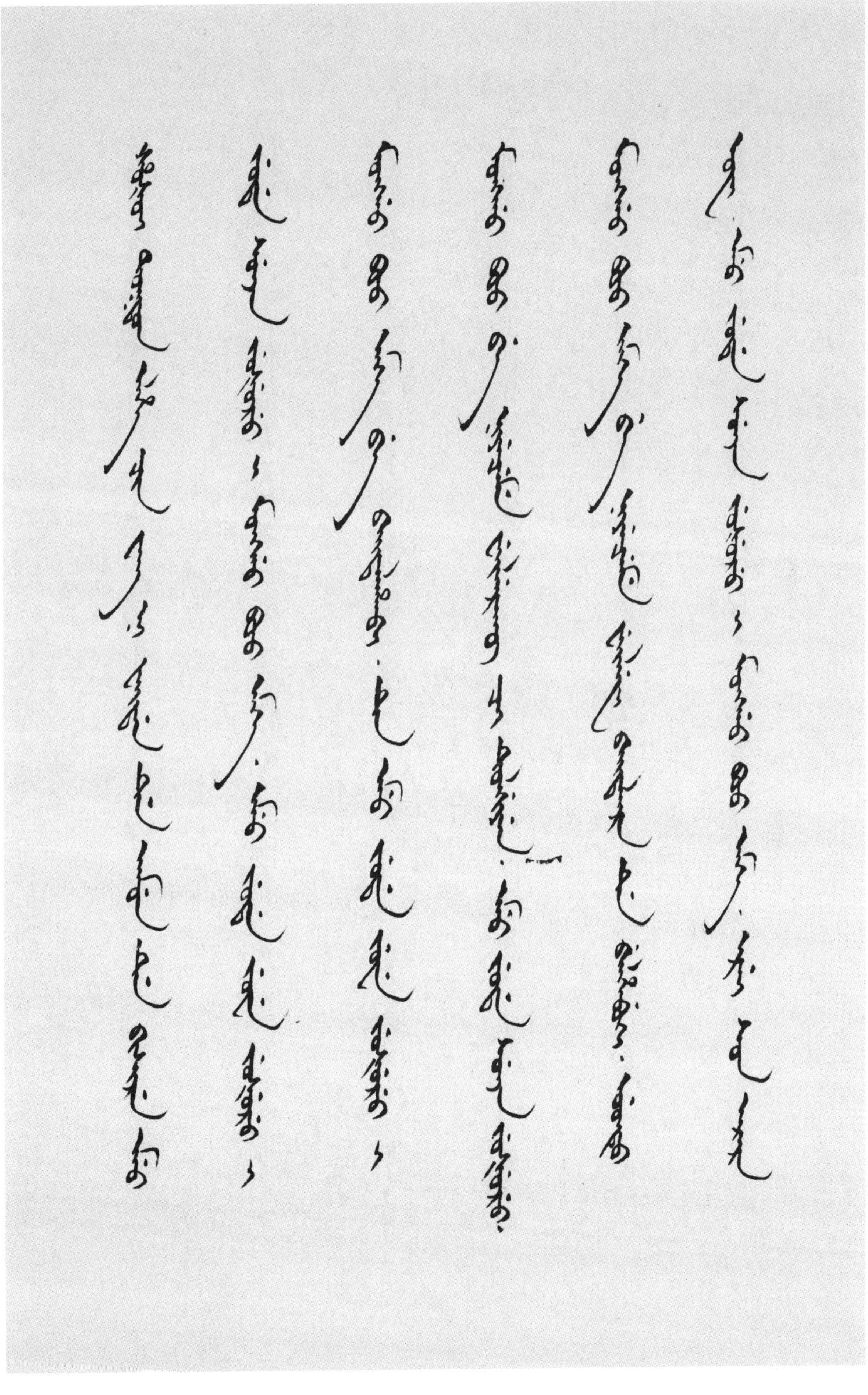

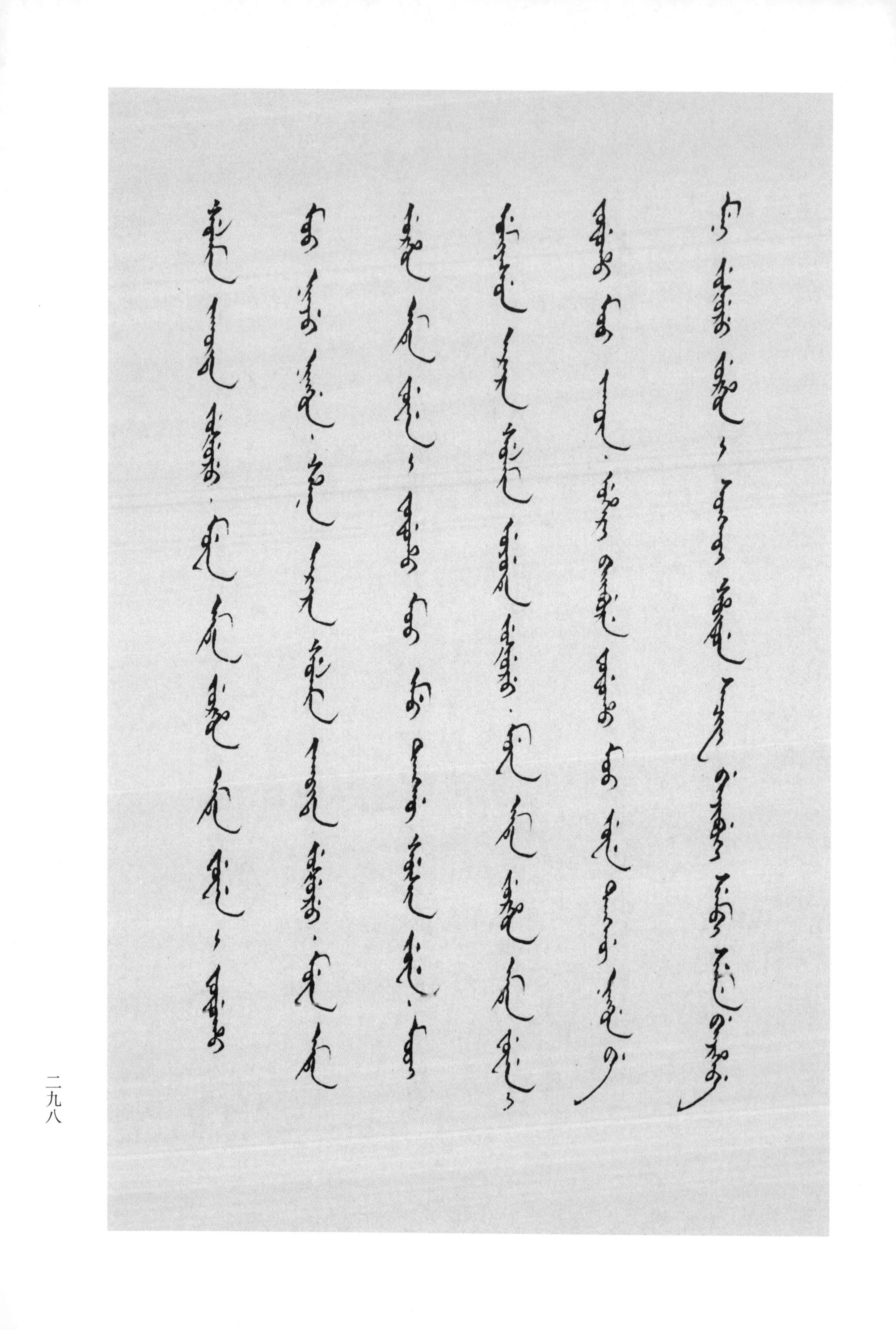

[illegible]

[illegible]

[illegible]

[illegible]

[illegible]

[illegible]

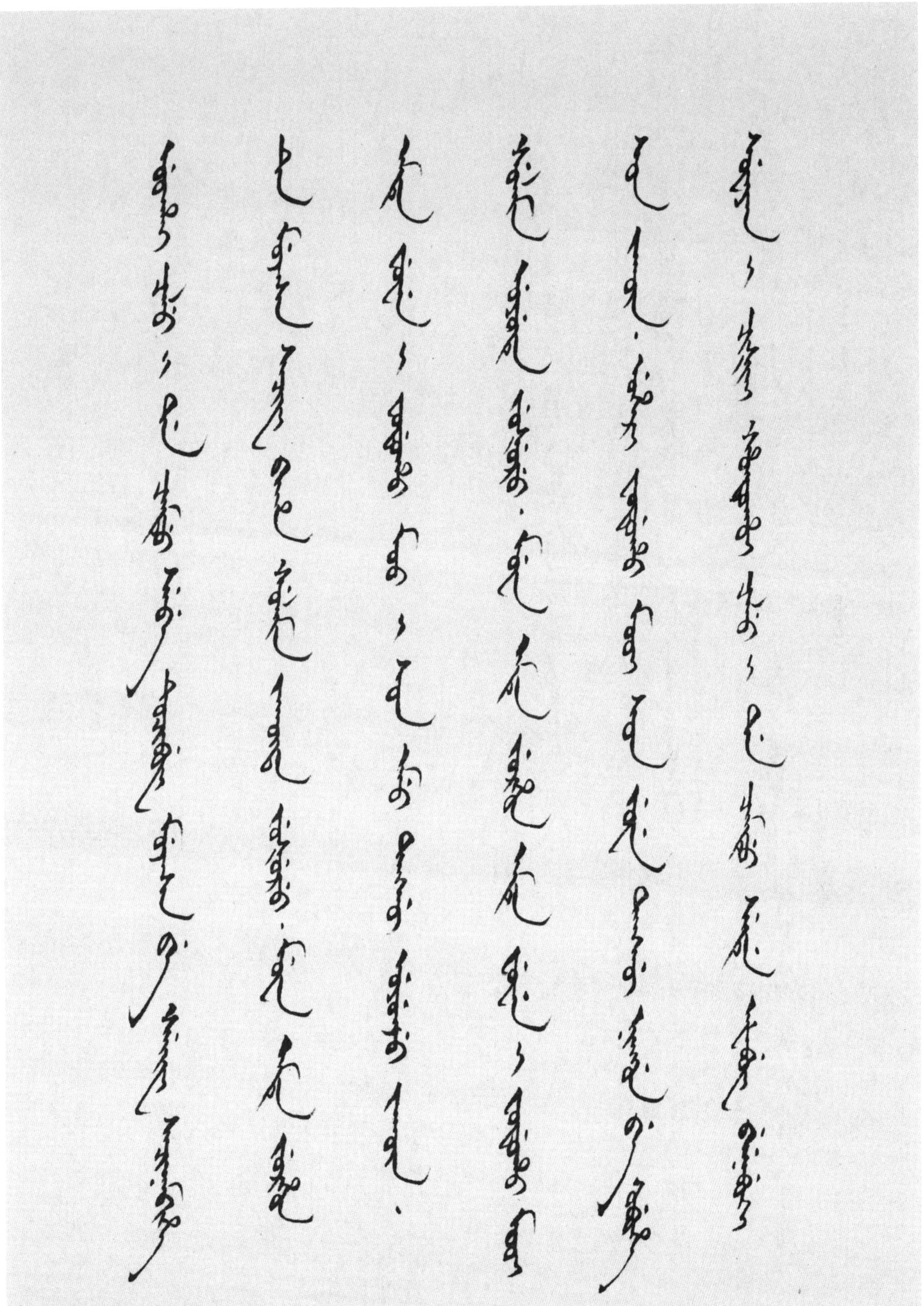

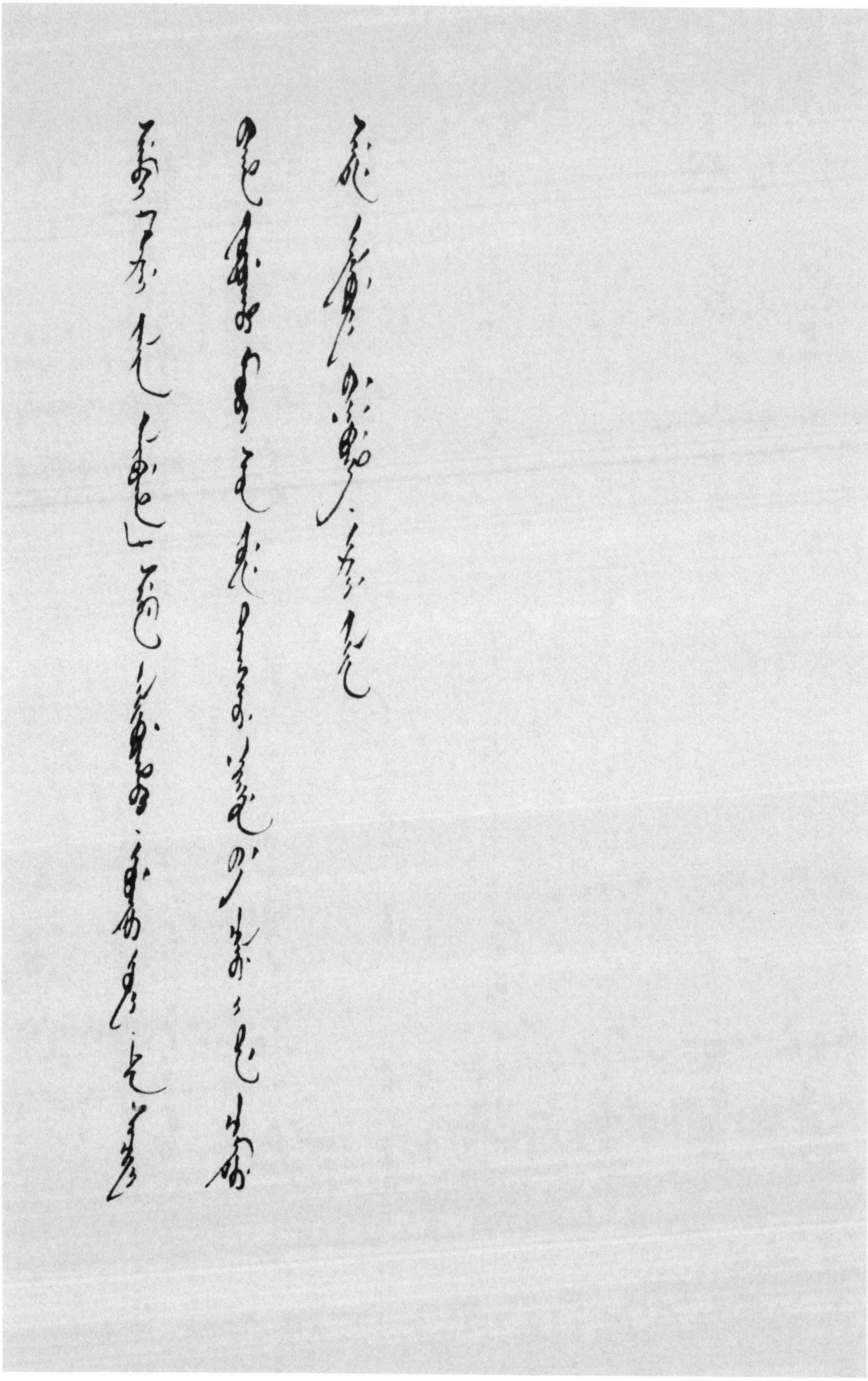

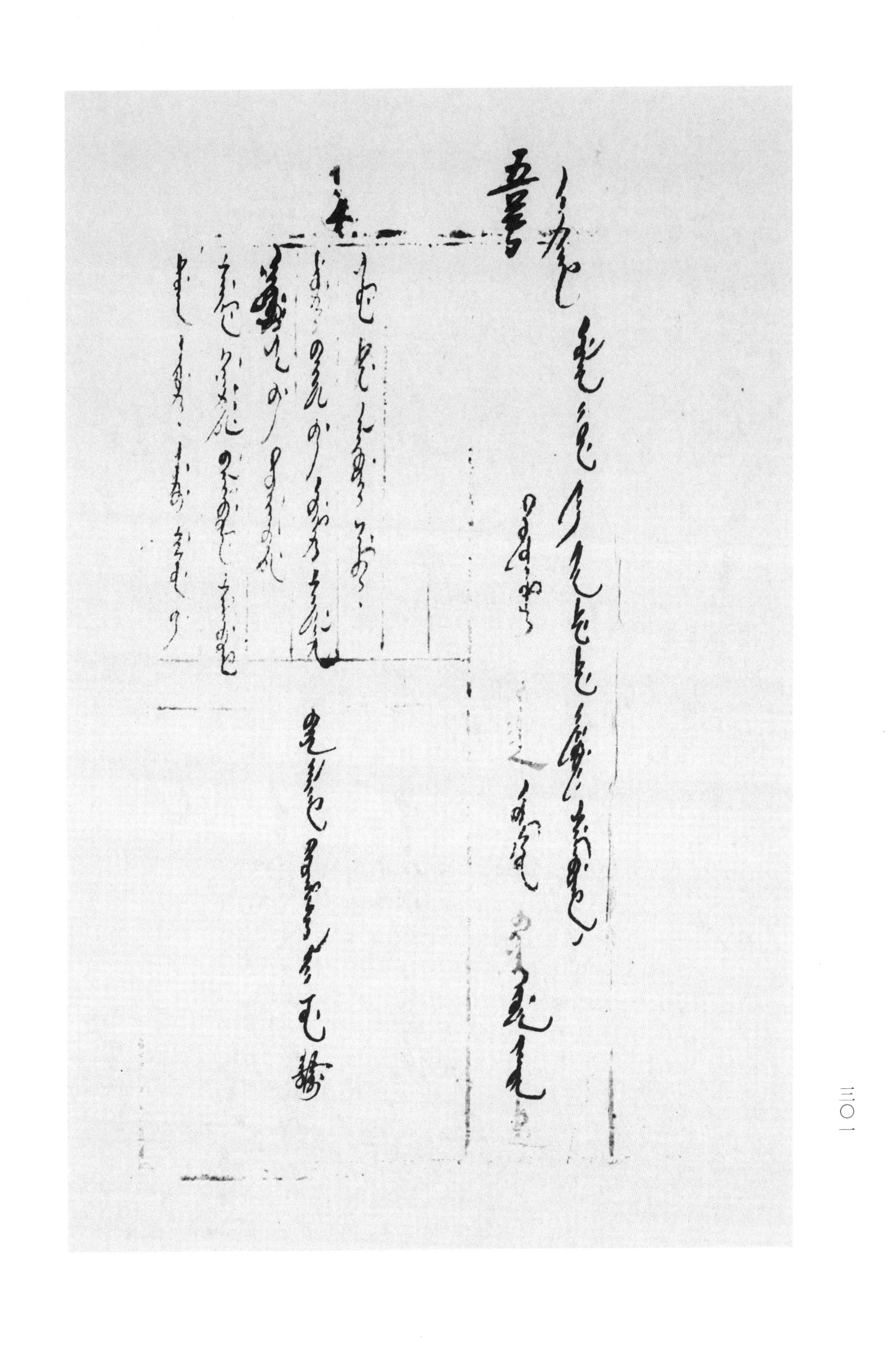

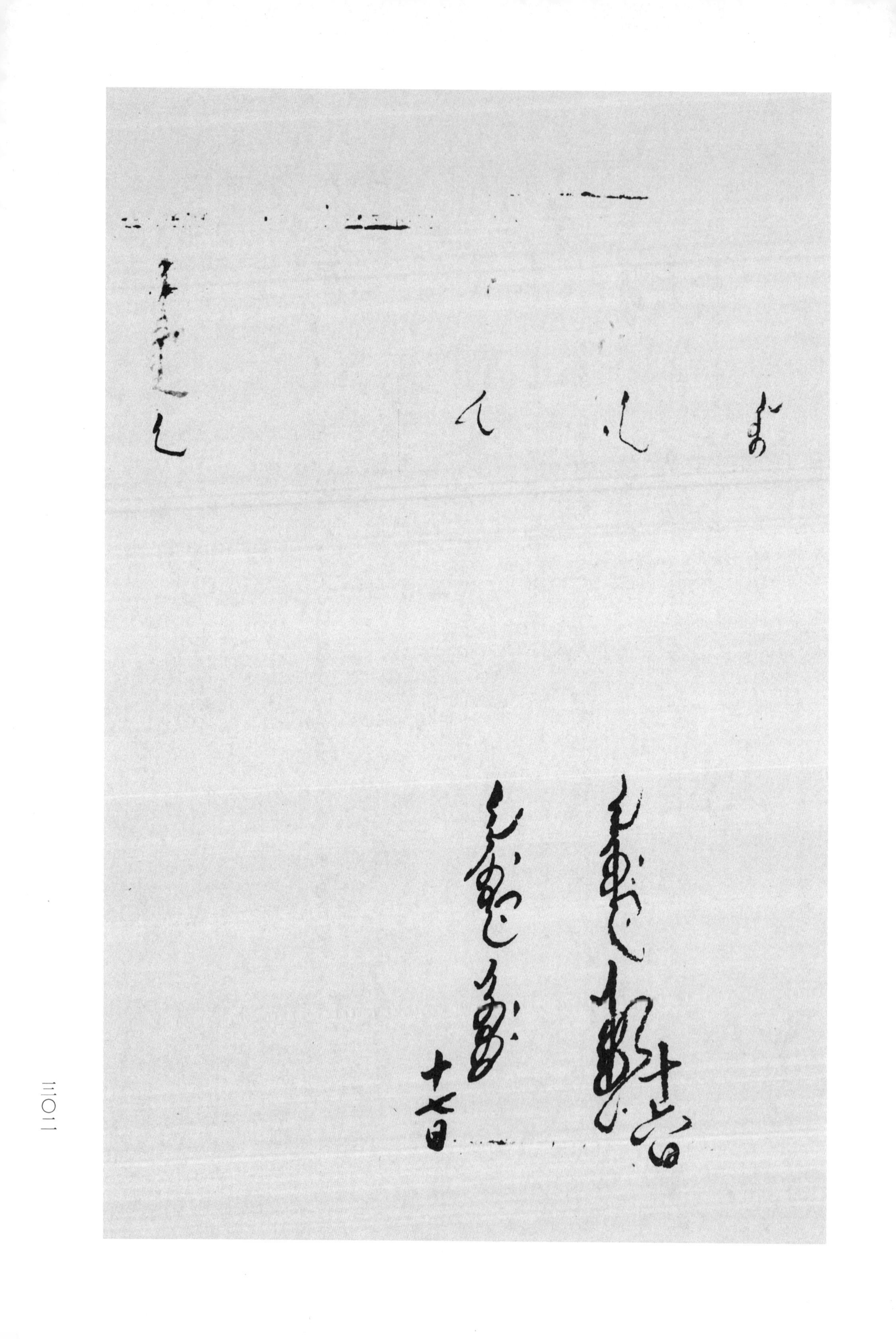

十六日

十七日

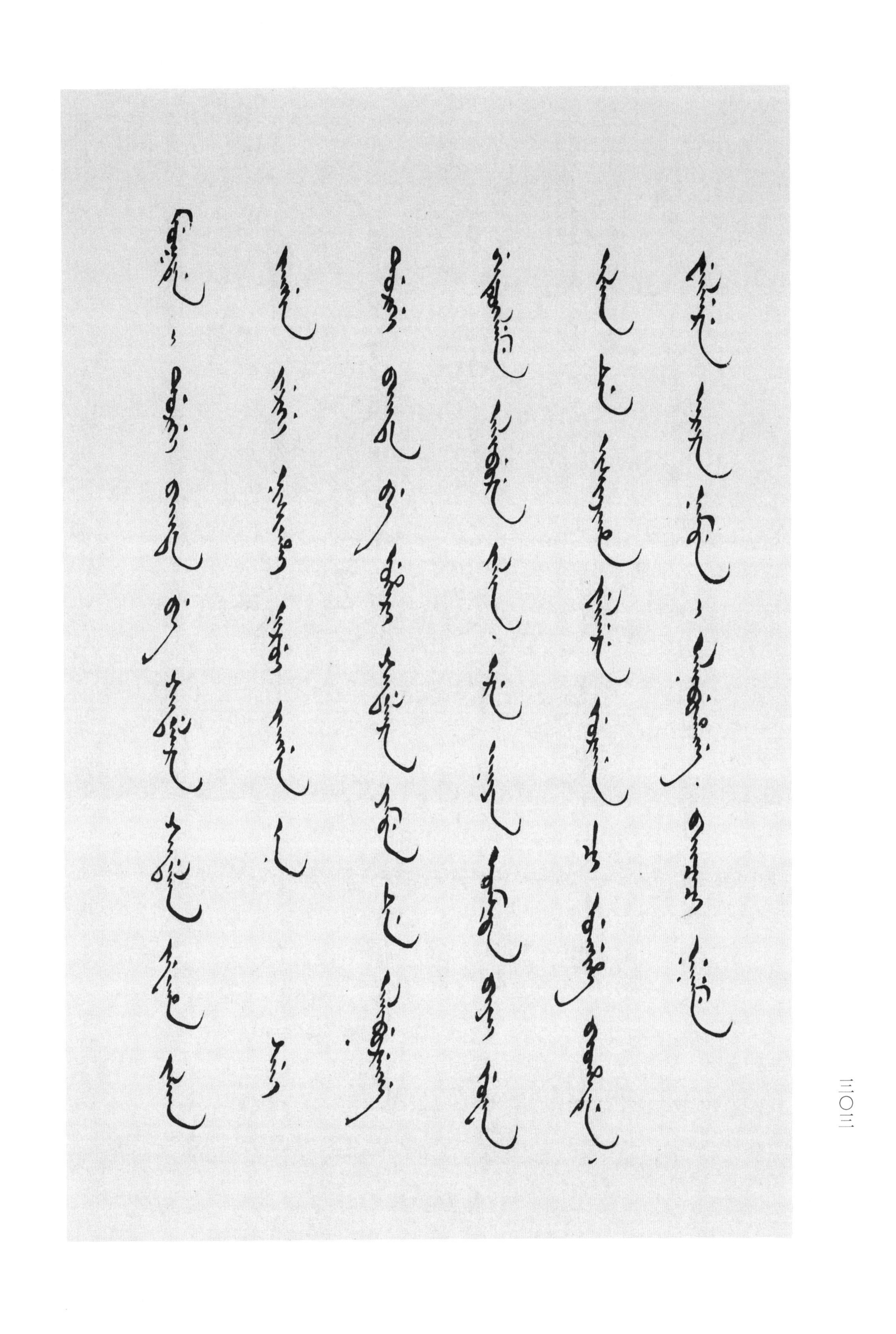

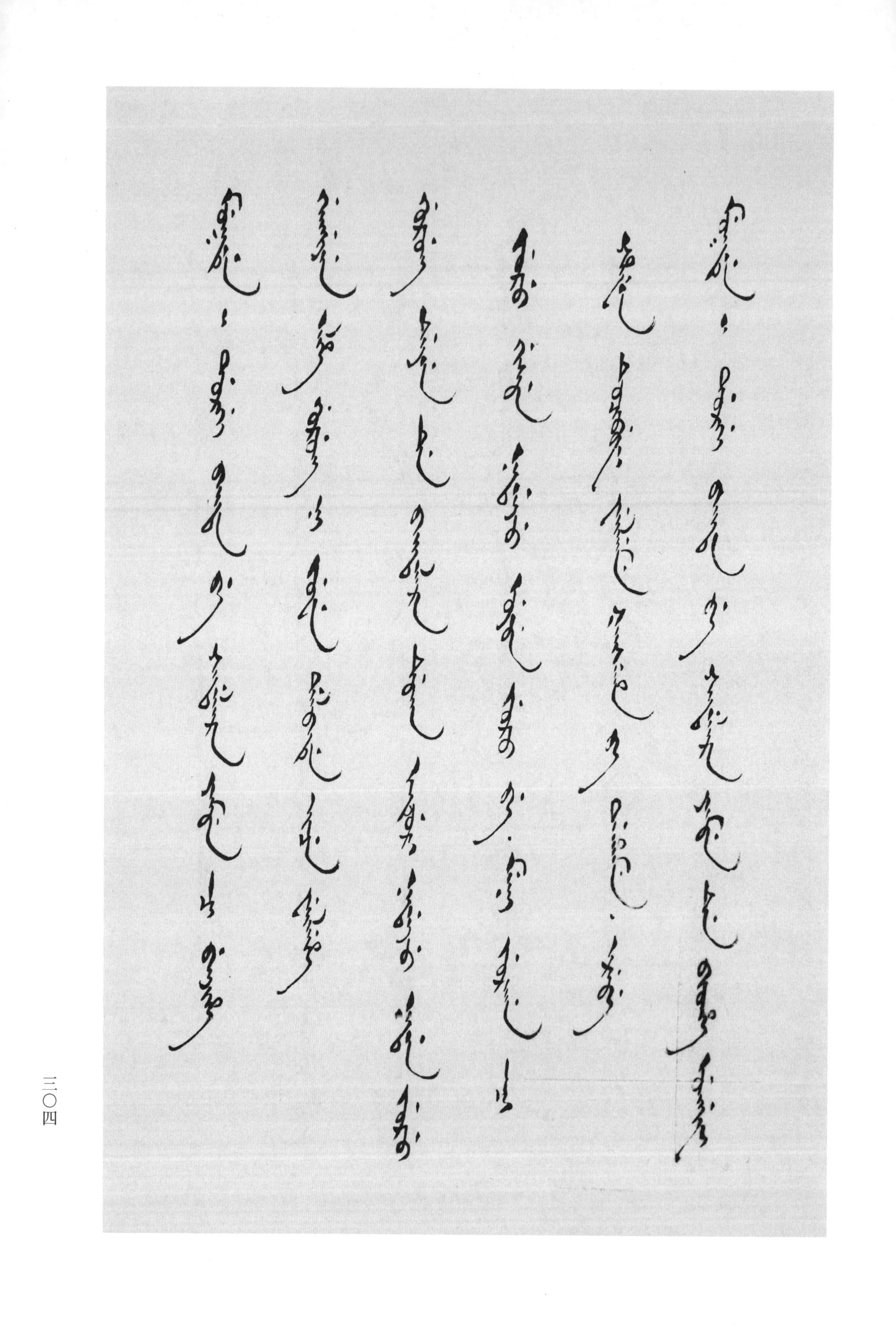

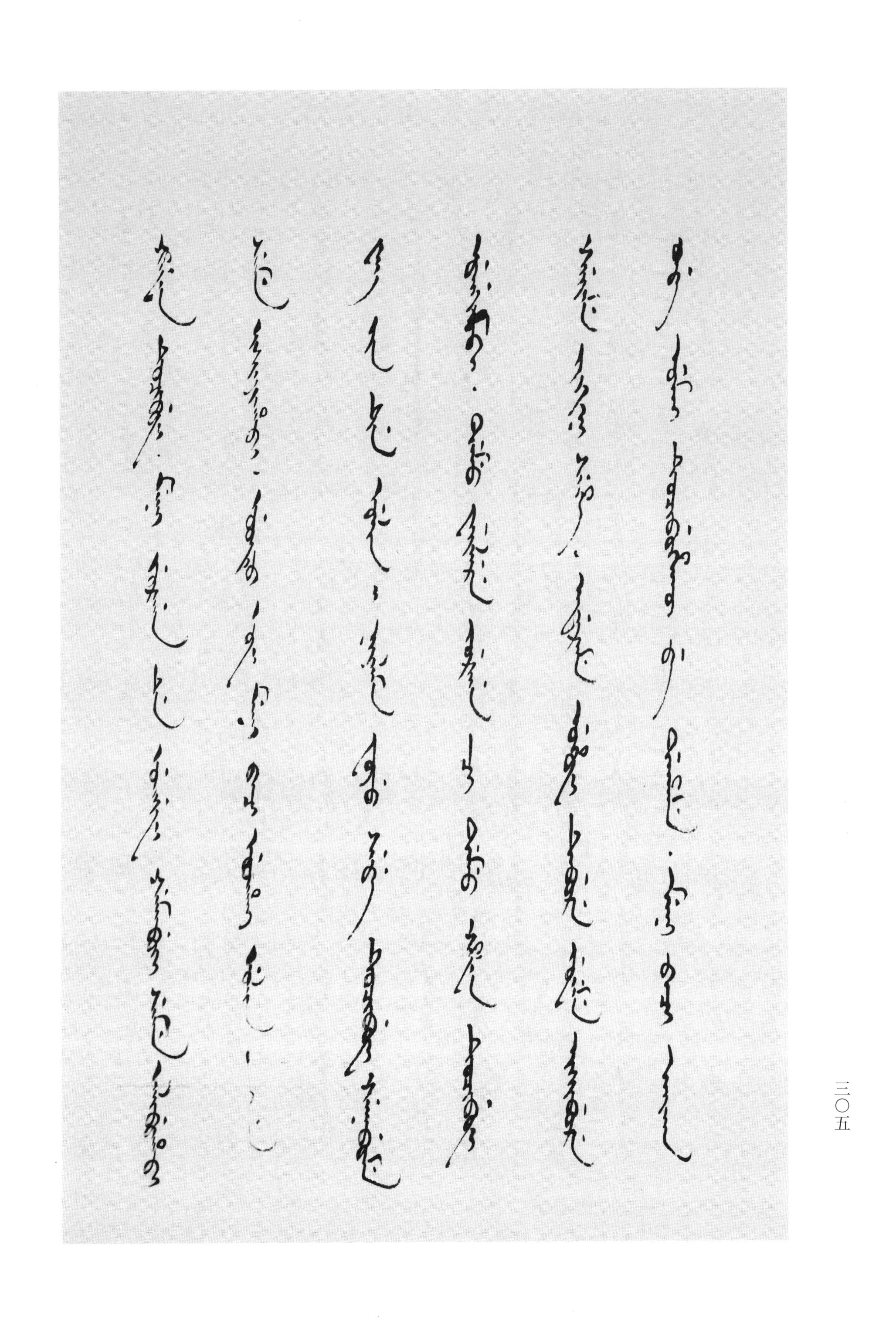

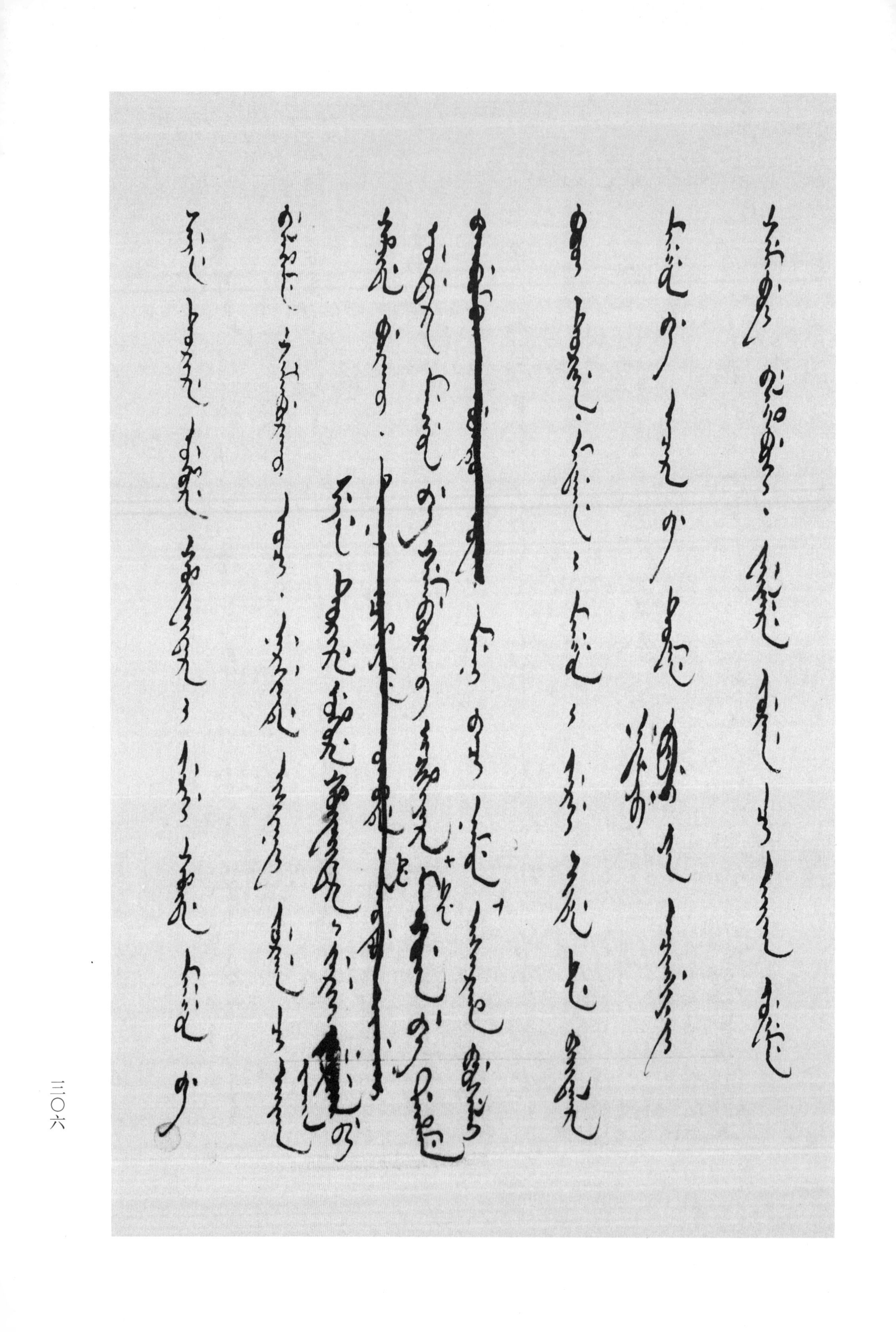

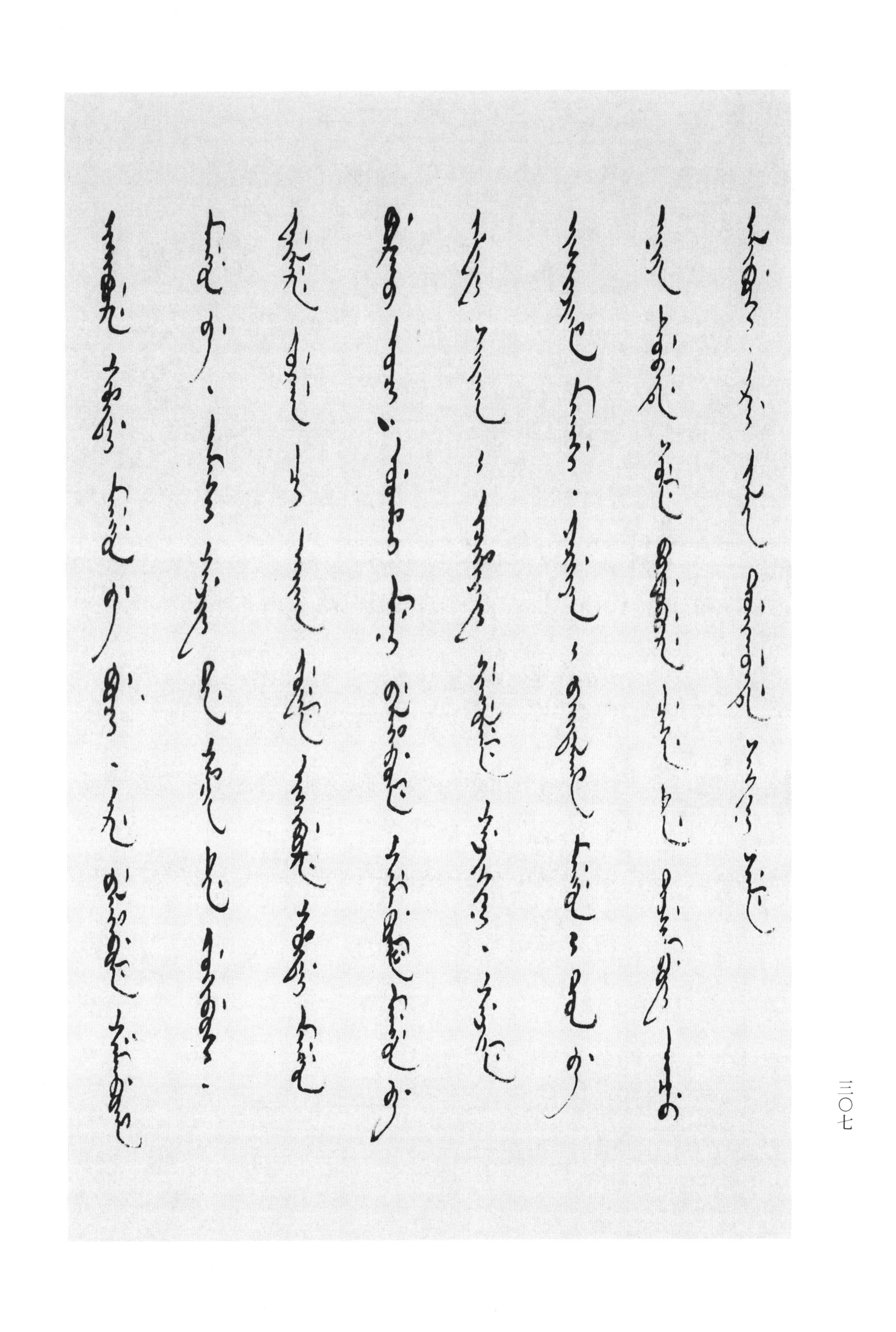

至咨者

右　　咨

工　　部

玖對經本部派員敬謹成造業據辦
理完竣相應移咨
盛京內務府派員赴部領取可也等因
准此本衙門隨派司庫王進德庫使佛
住前往敬謹領取煩爲咨部照數給
發等情據此煩爲
貴部將前項門神柒拾柒對門對柒
拾玖對照數給發可也爲此合咨須

盛京内務府　為領取事檔案房案呈本年十一月十叁日

准

工部咨文内開製造庫案呈查先准

盛京内務府咨造

清寧宮兩傍新造

宮殿應用門神柒拾柒對門對柒拾

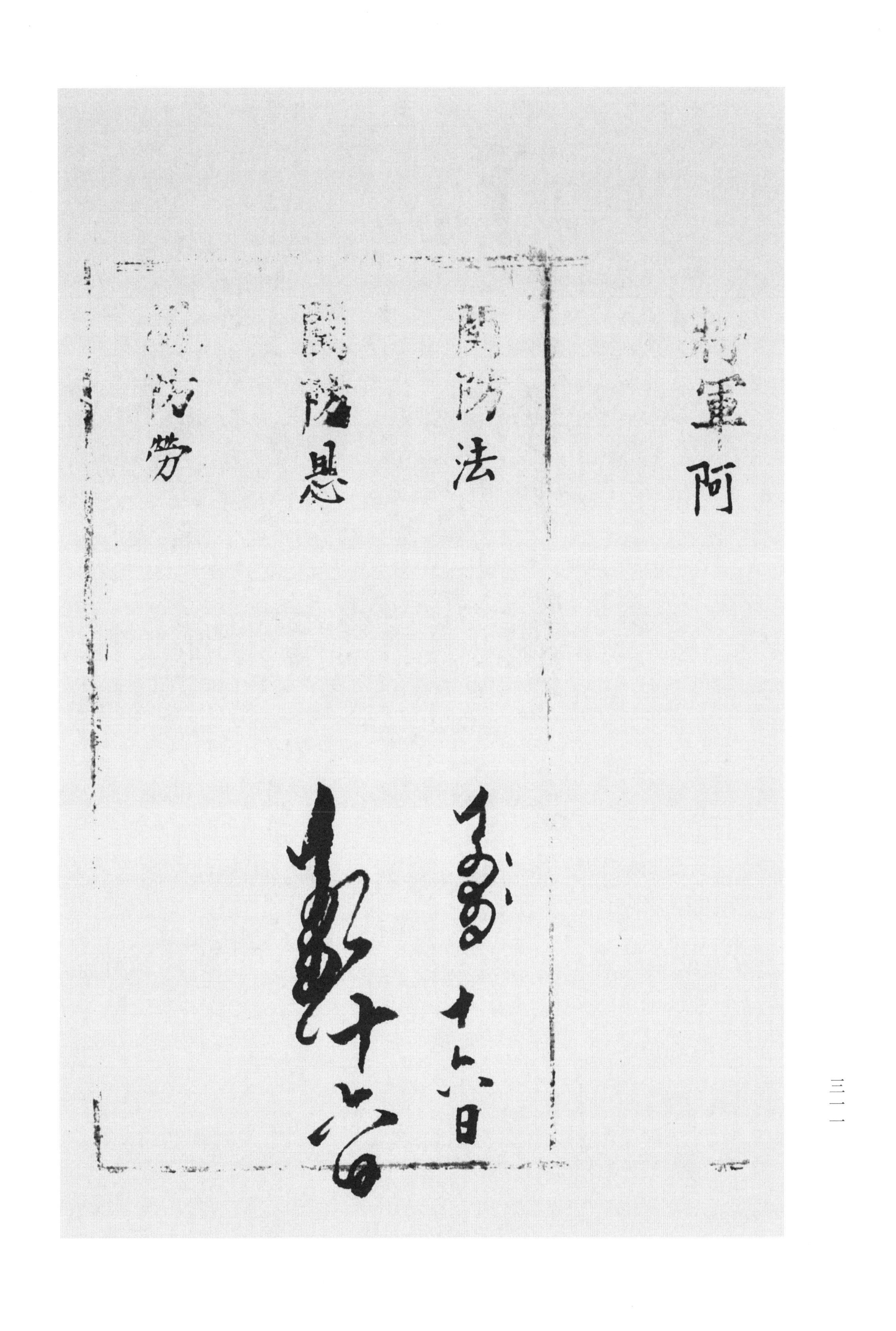

將軍阿

閱防法

閱防懸

閱防勞

[illegible]十七日

[illegible]十六日

一件爲
委派司庫王進德等領取
門神對聯咨行
都京工部事

值月筆帖式李澗

十五年十一月十八日

交司庫王進德拿去

四號 171

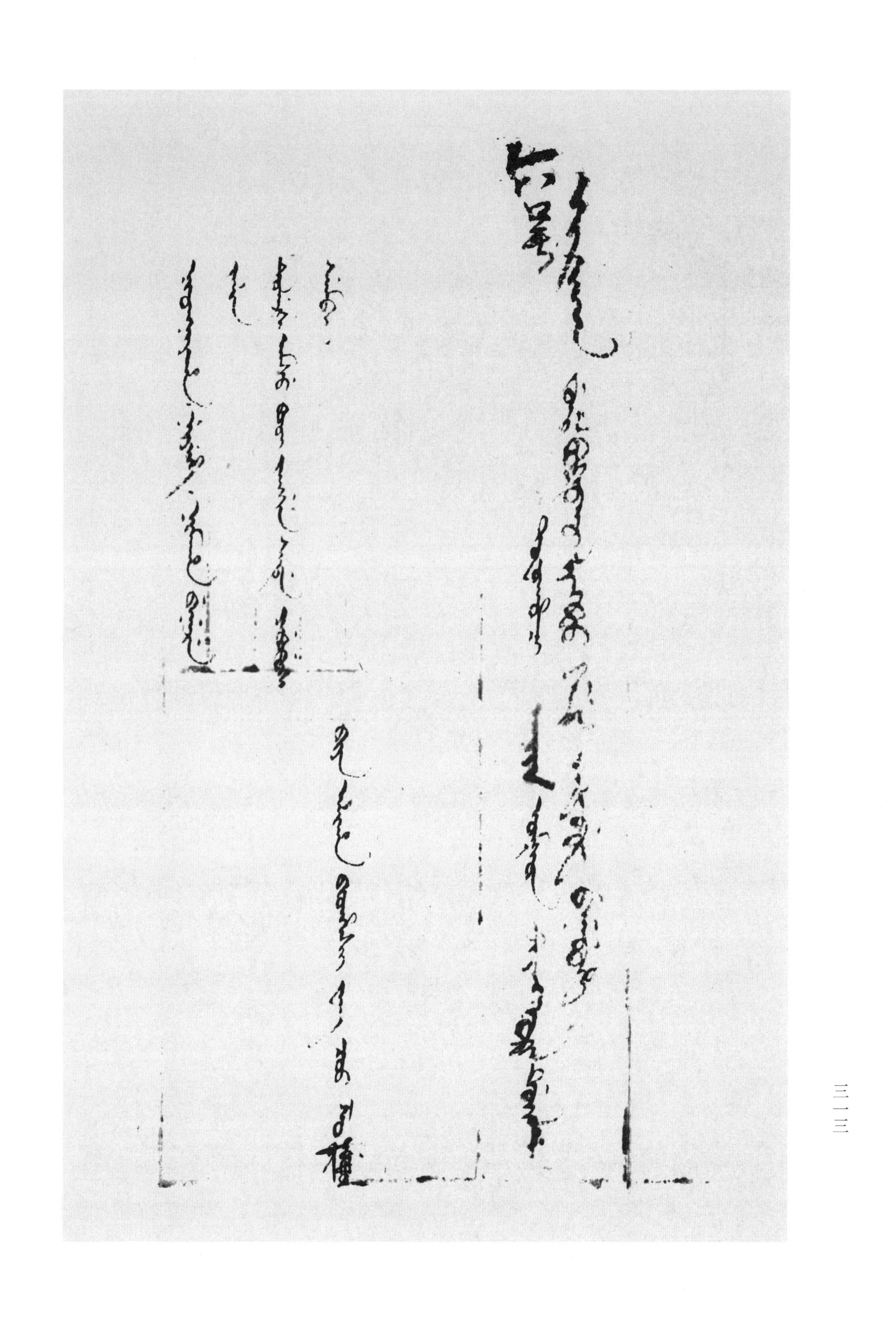

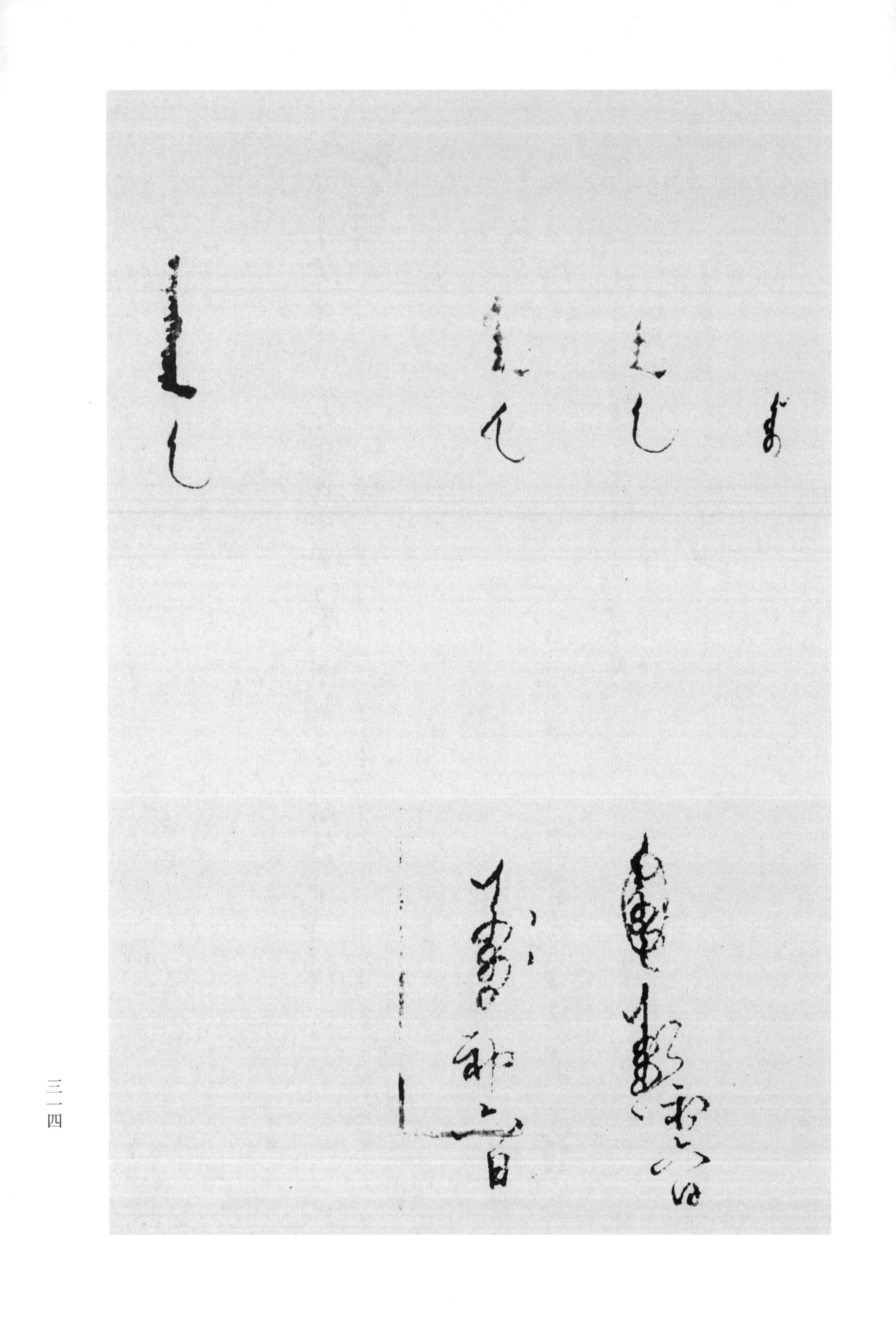

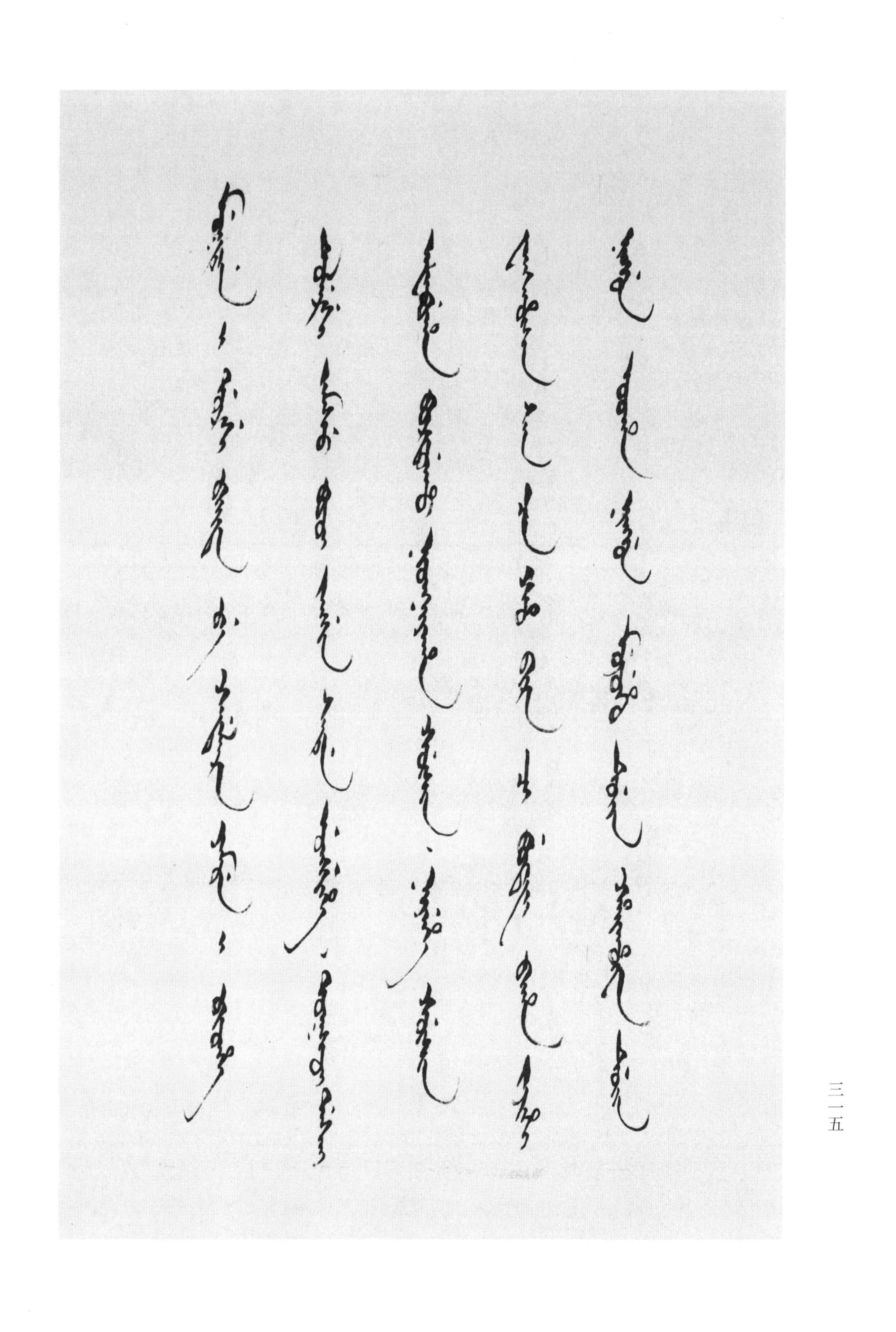

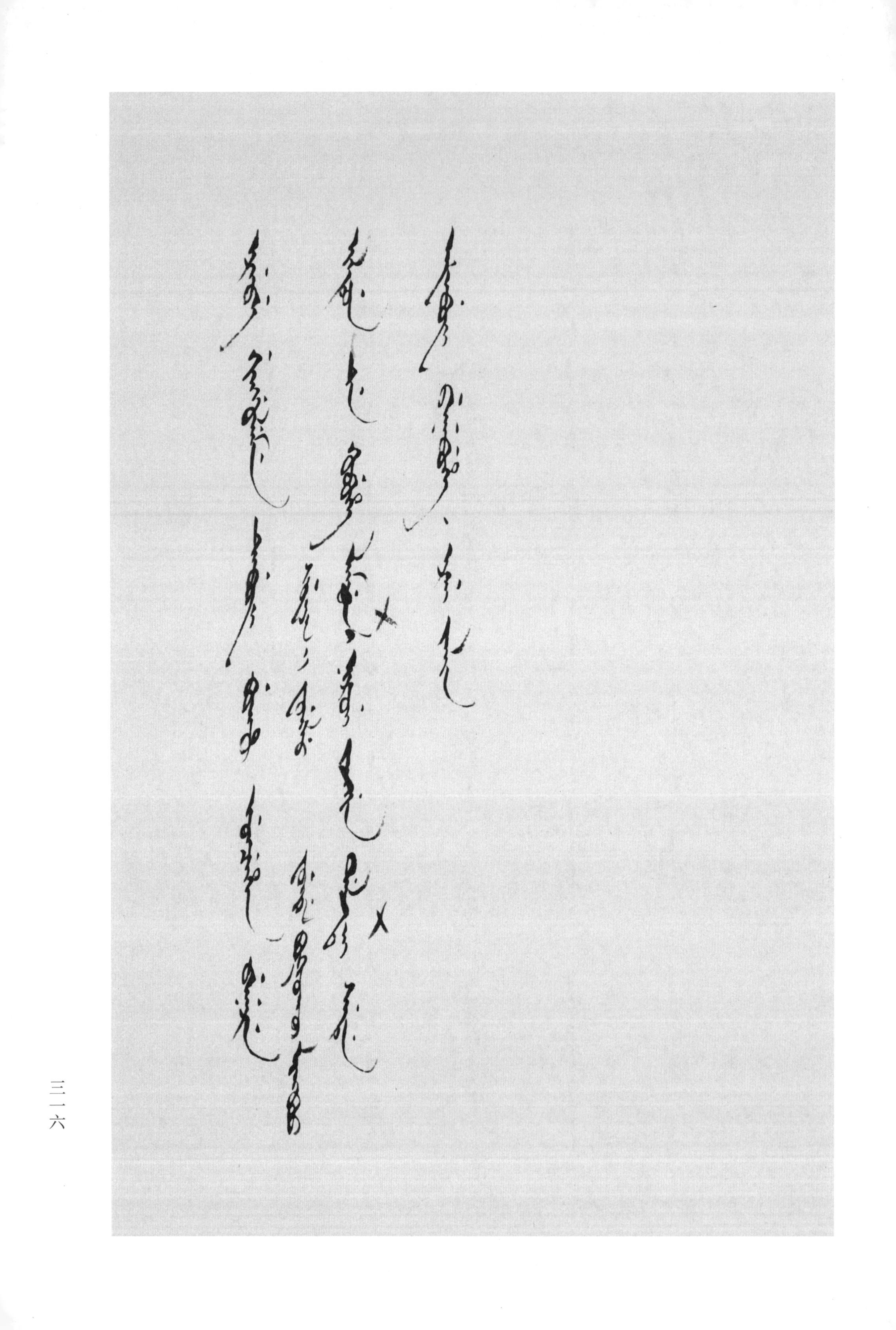

[illegible]

[illegible]

[illegible]

[illegible]

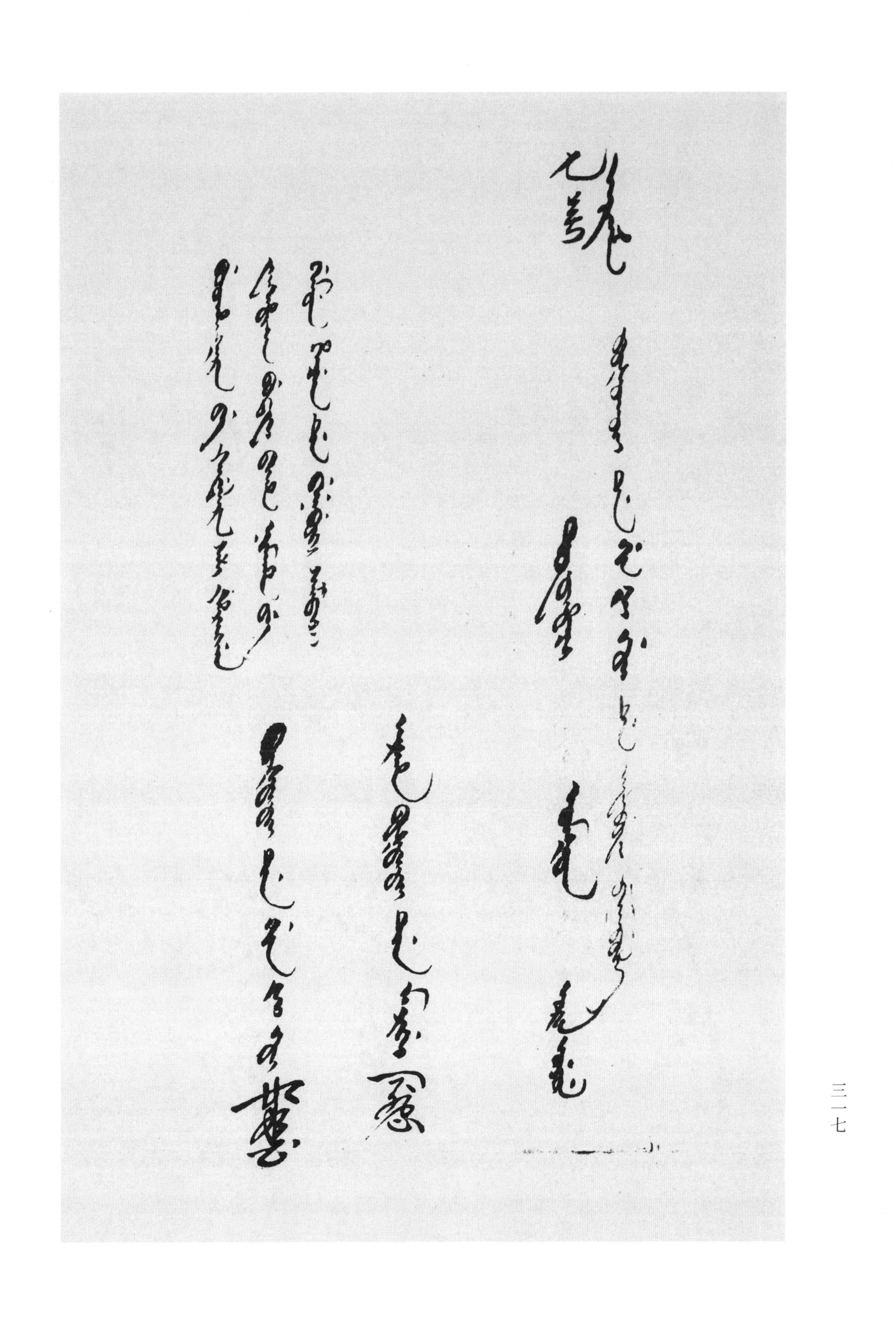

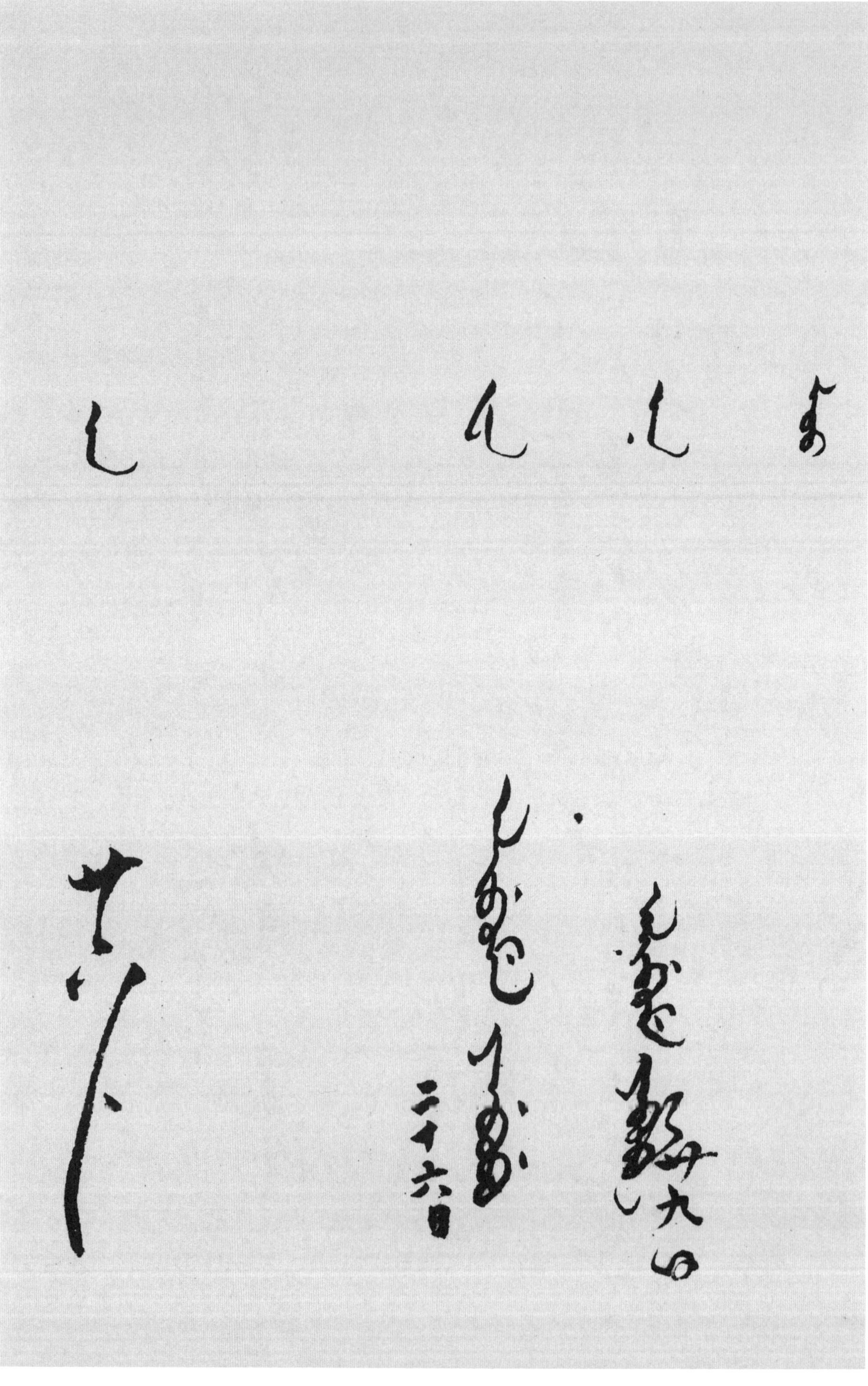
九日
二十六日

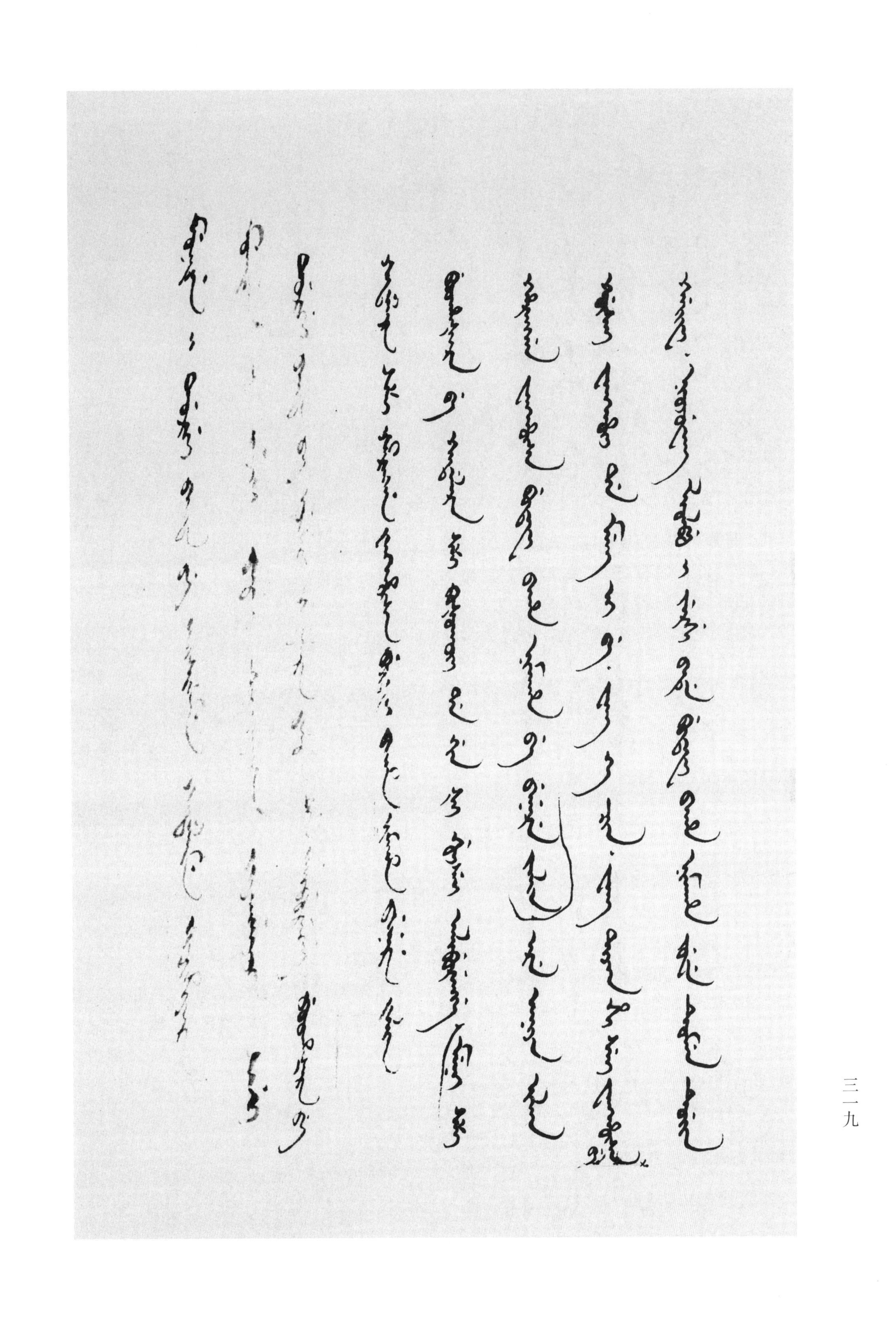

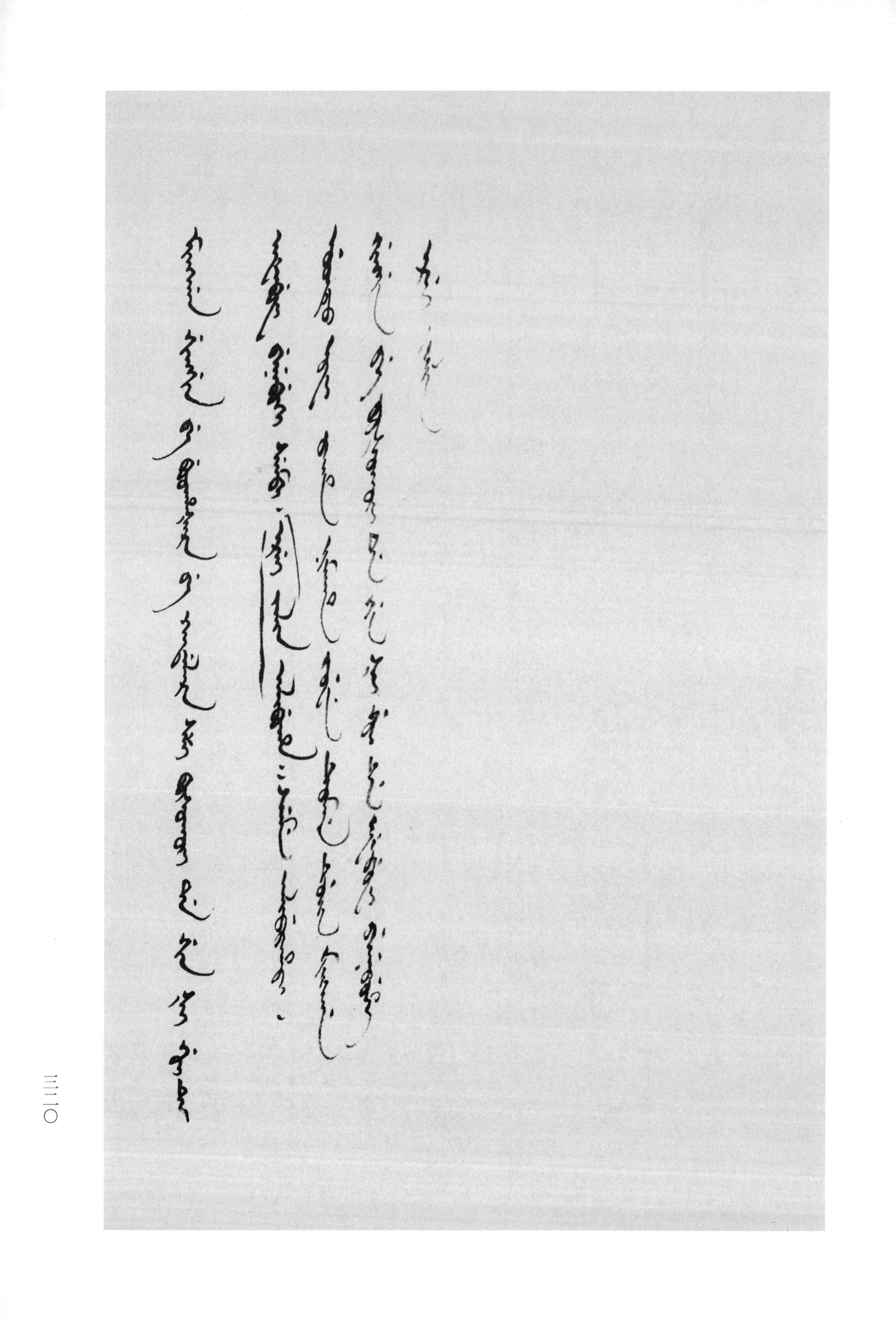

[illegible]

[illegible]

[illegible]

[illegible]

[illegible]

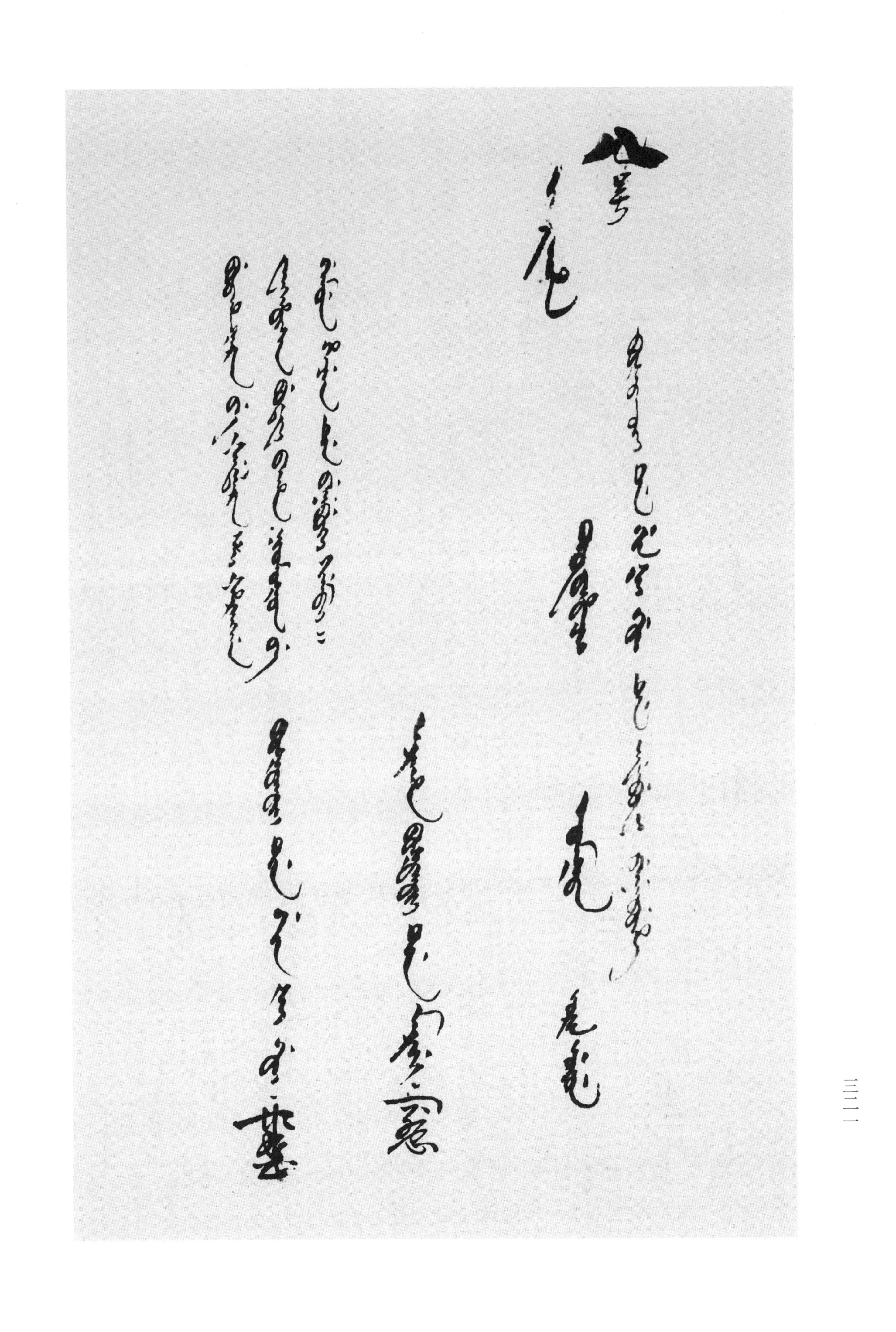

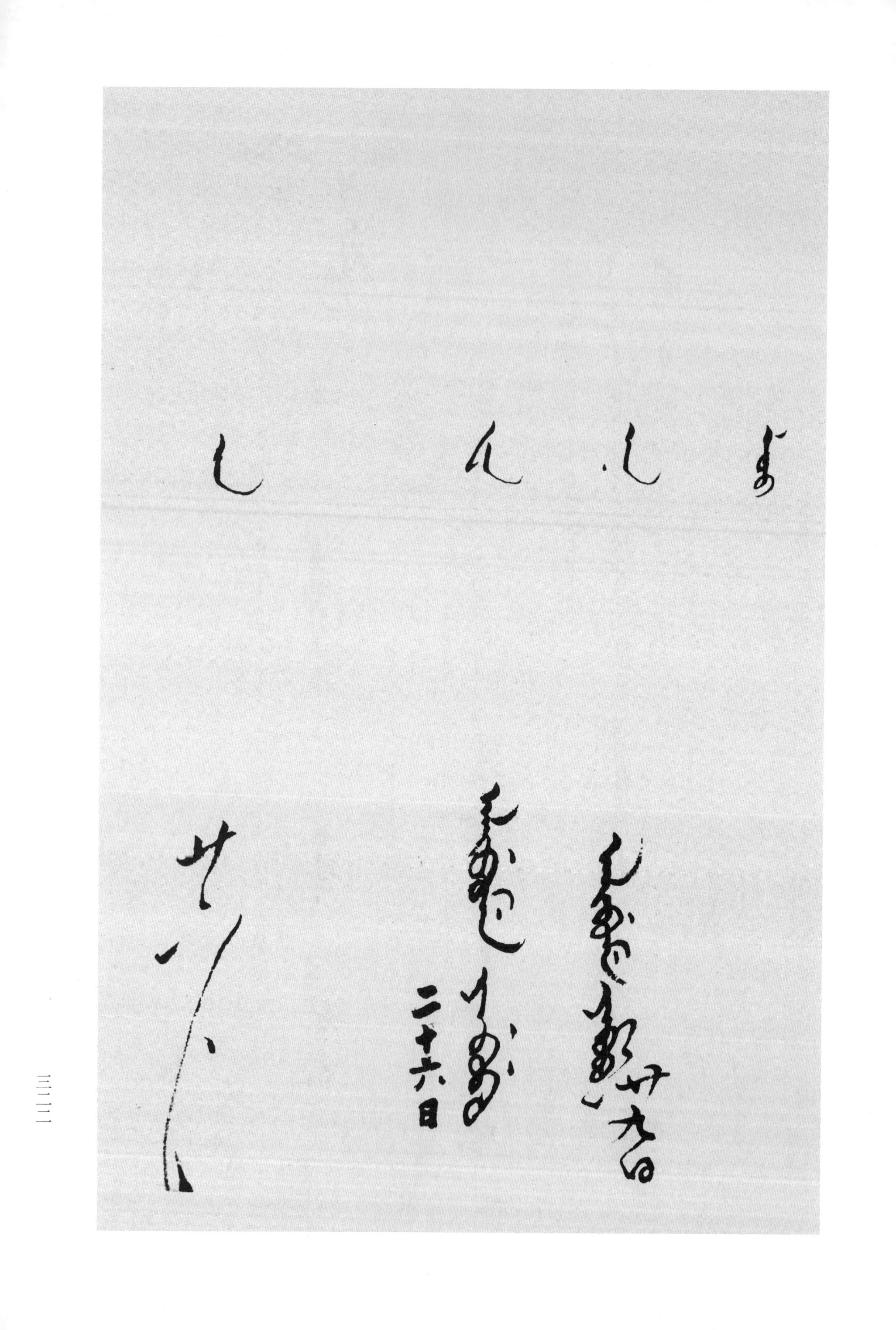

廿八

二十六日

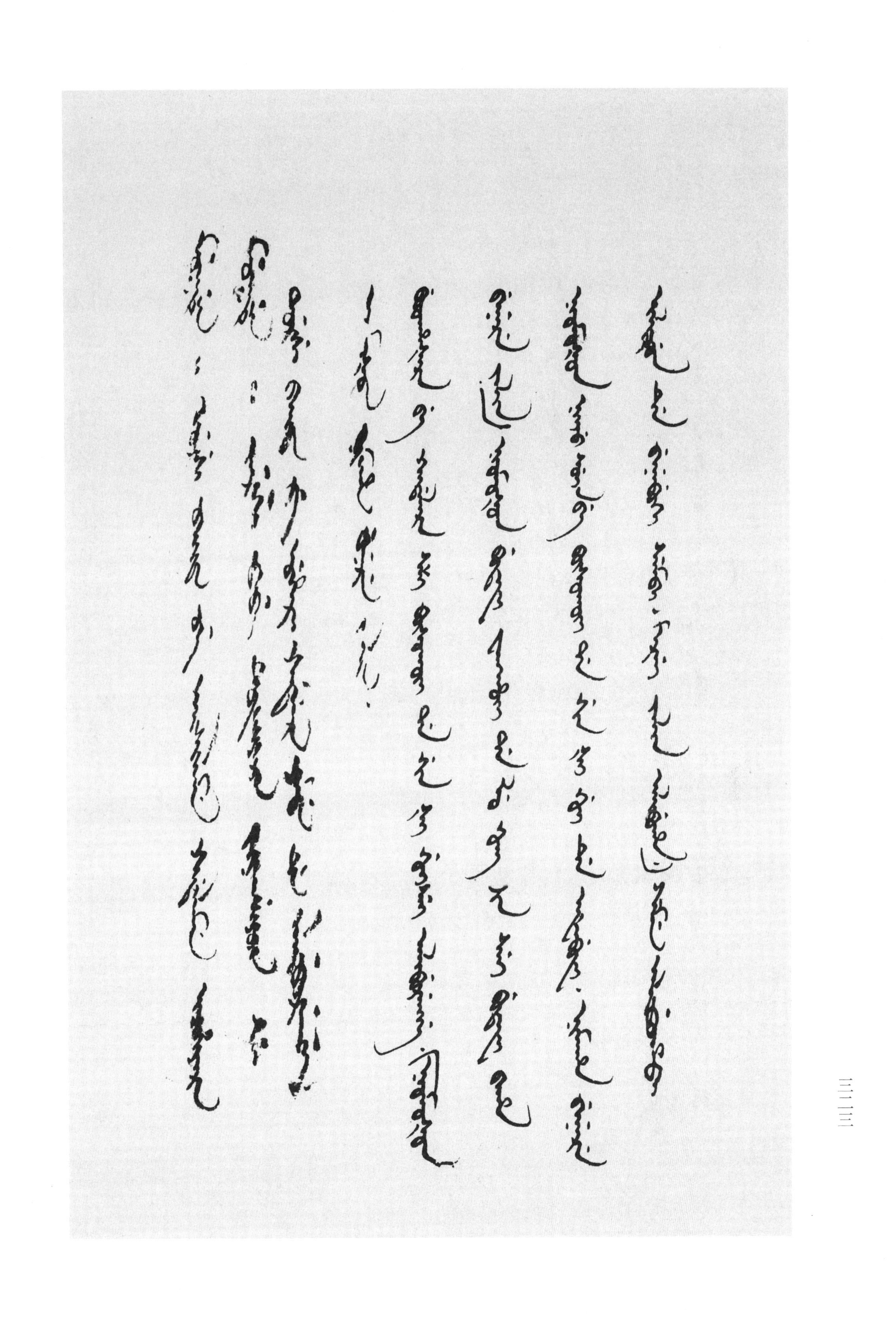

[illegible]

[illegible]

[illegible]

[illegible]

[illegible]

[illegible]

[illegible]

[illegible]

[illegible]

[illegible]

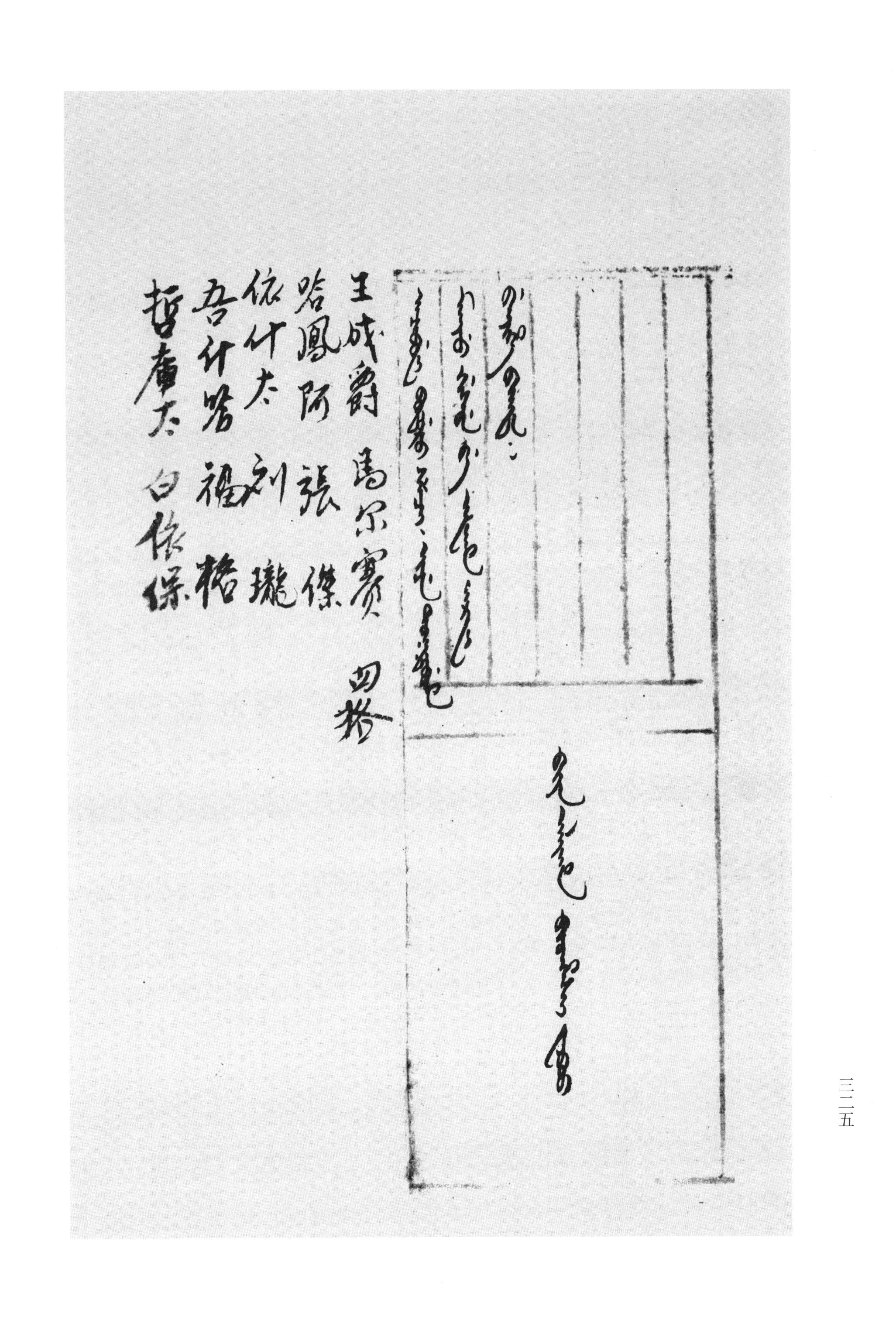

王成爵 馬尔賽 回務
哈鳳阿 張傑
依什太 刘璣
吾什哈 福格
哲庫太 白依保

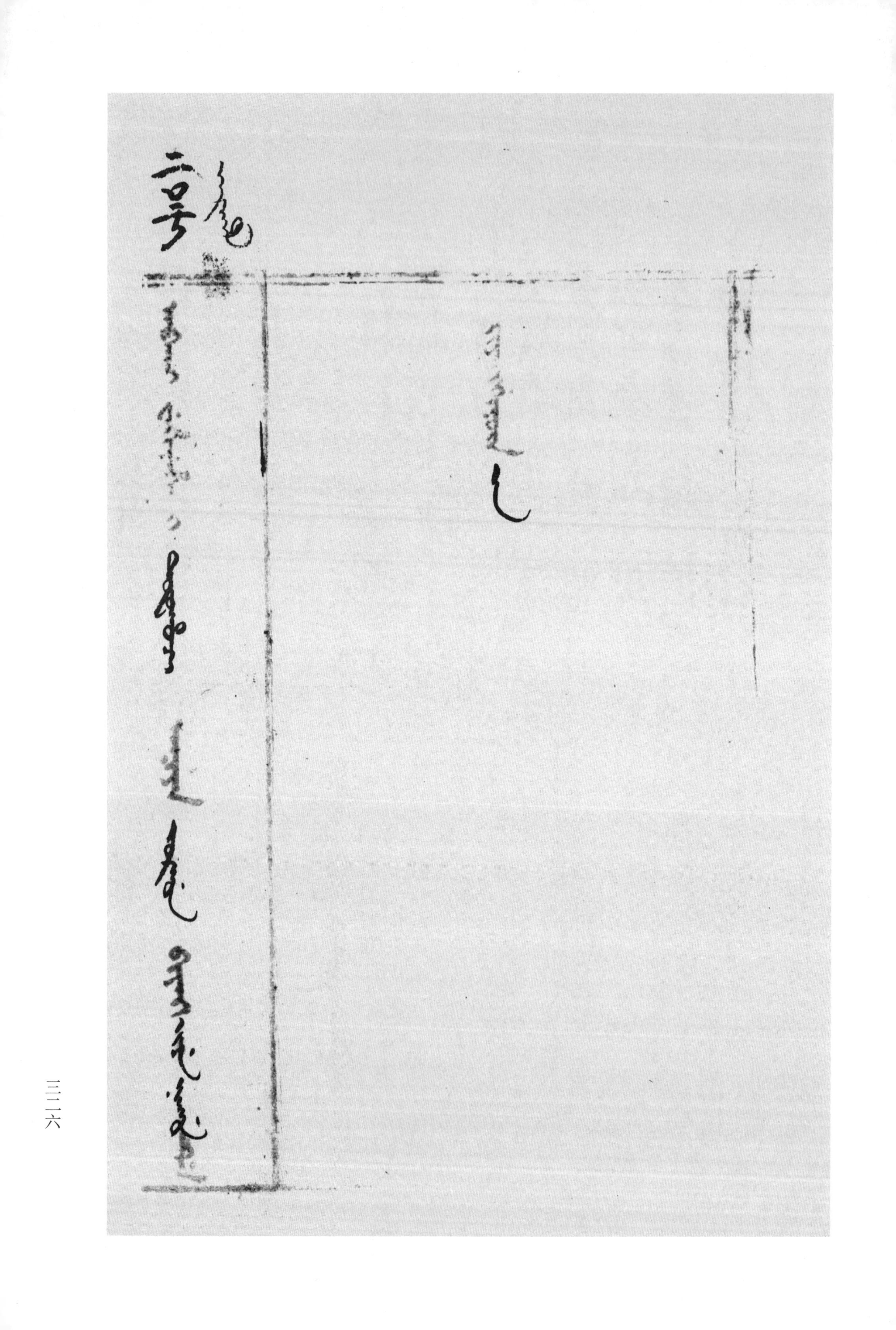

二号

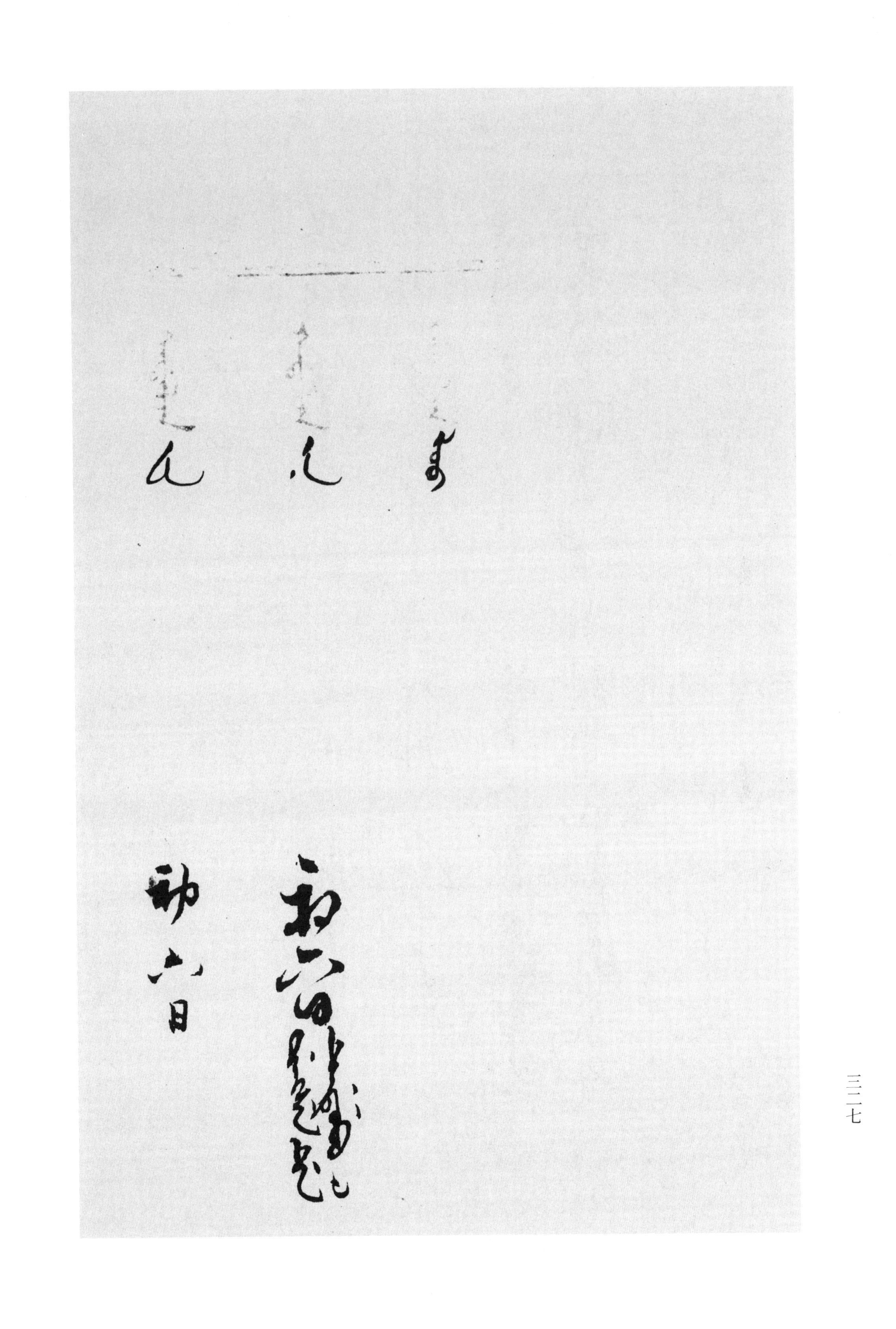

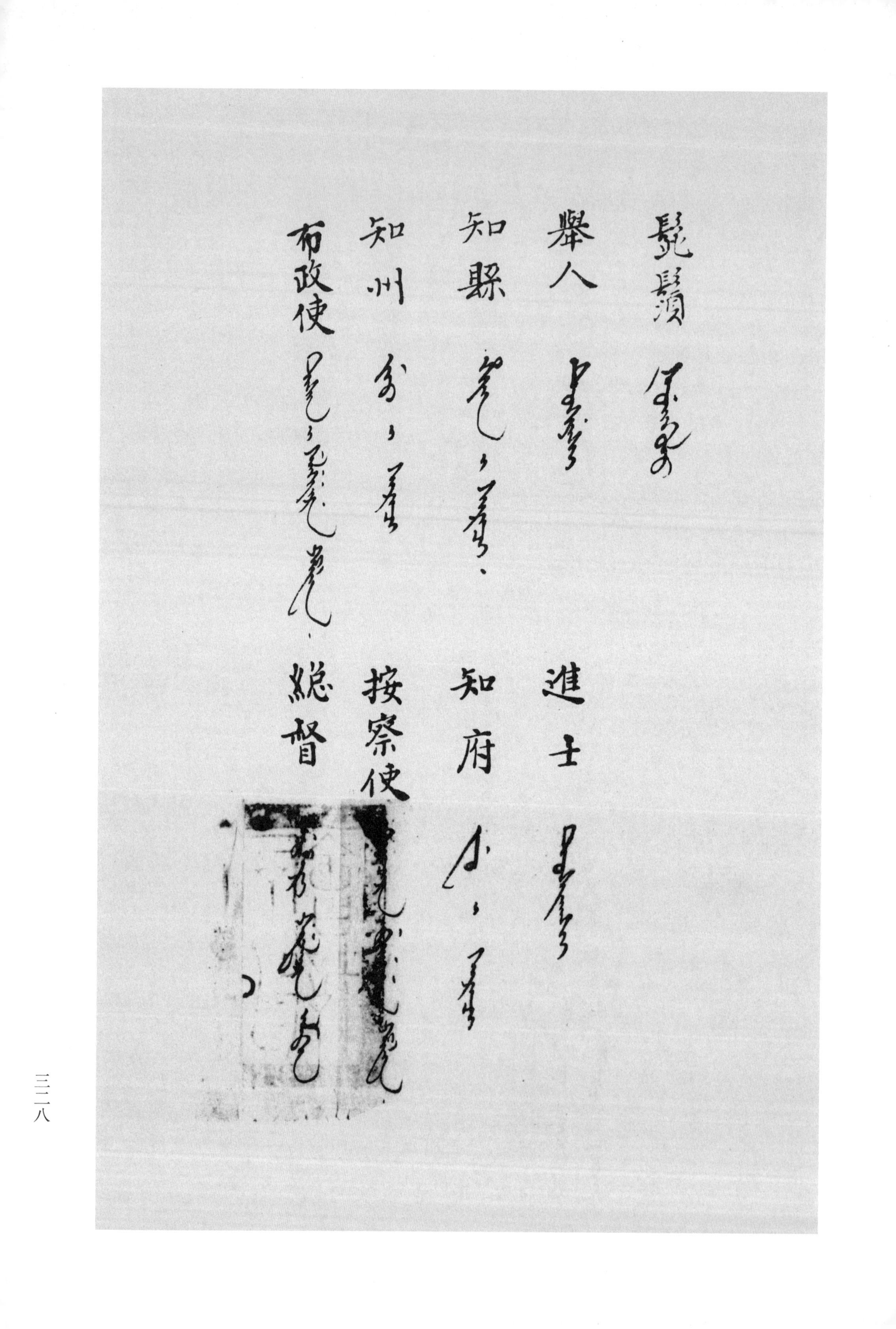

鬚髯

舉人　進士

知縣　知府

知州　按察使

布政使　總督

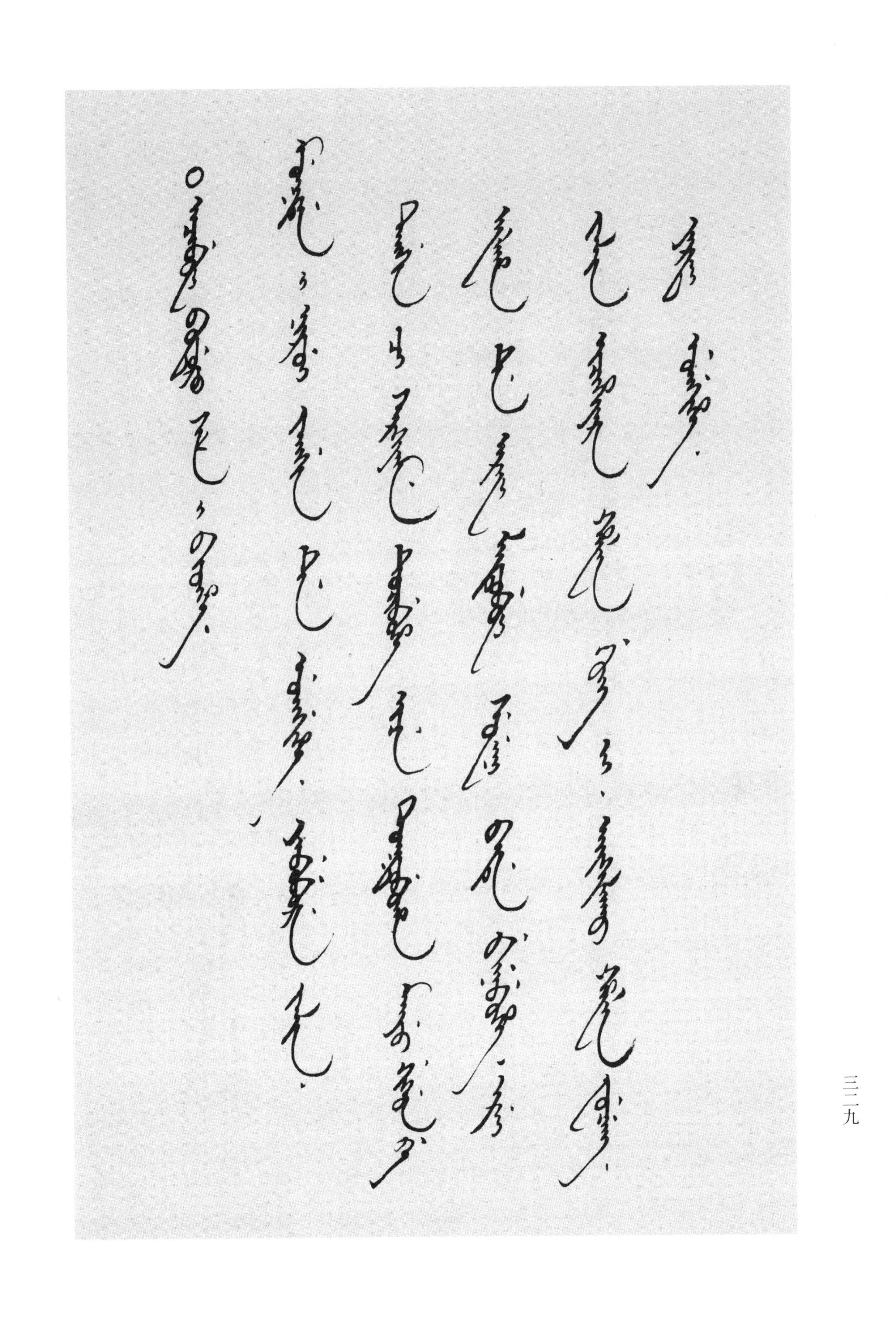

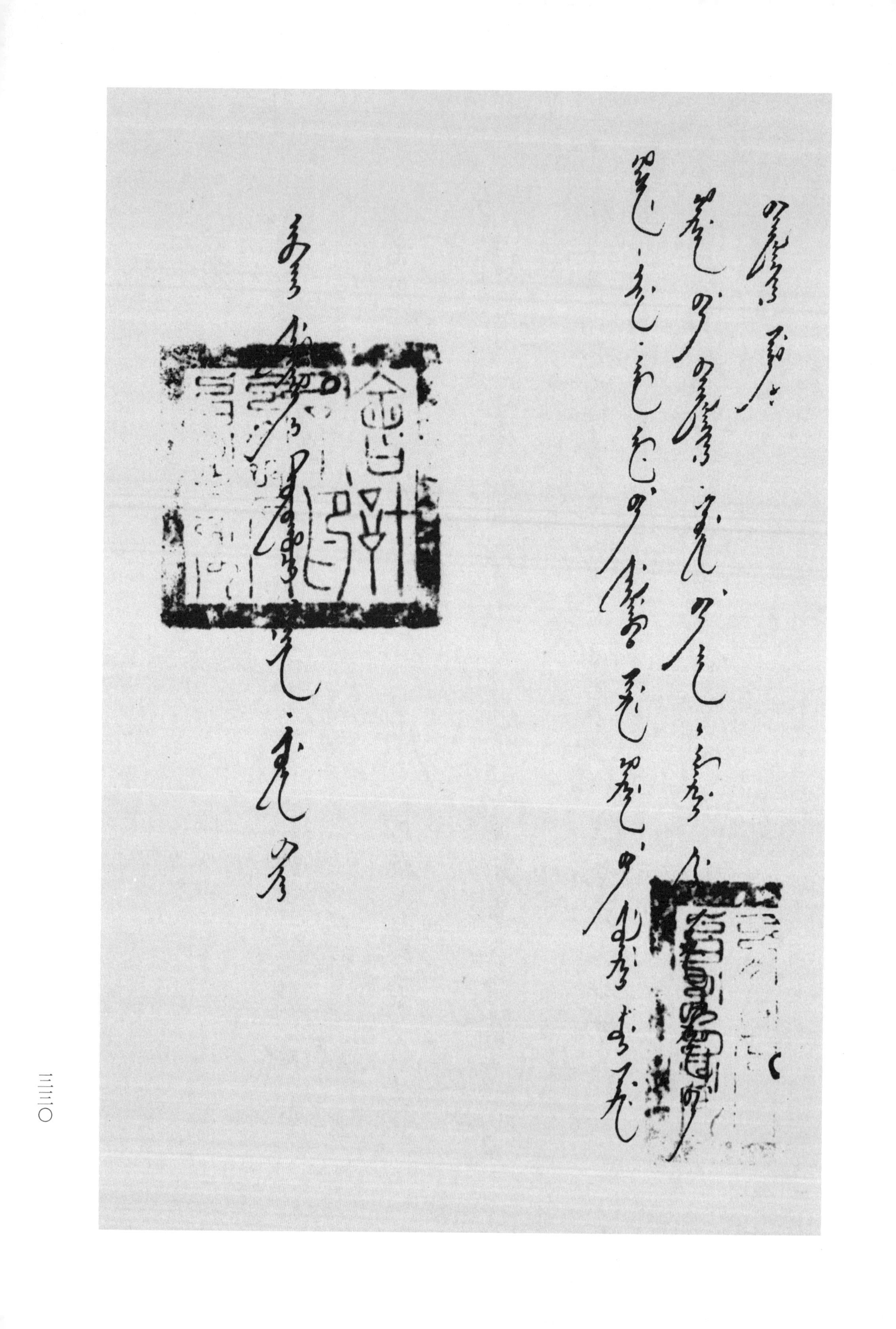

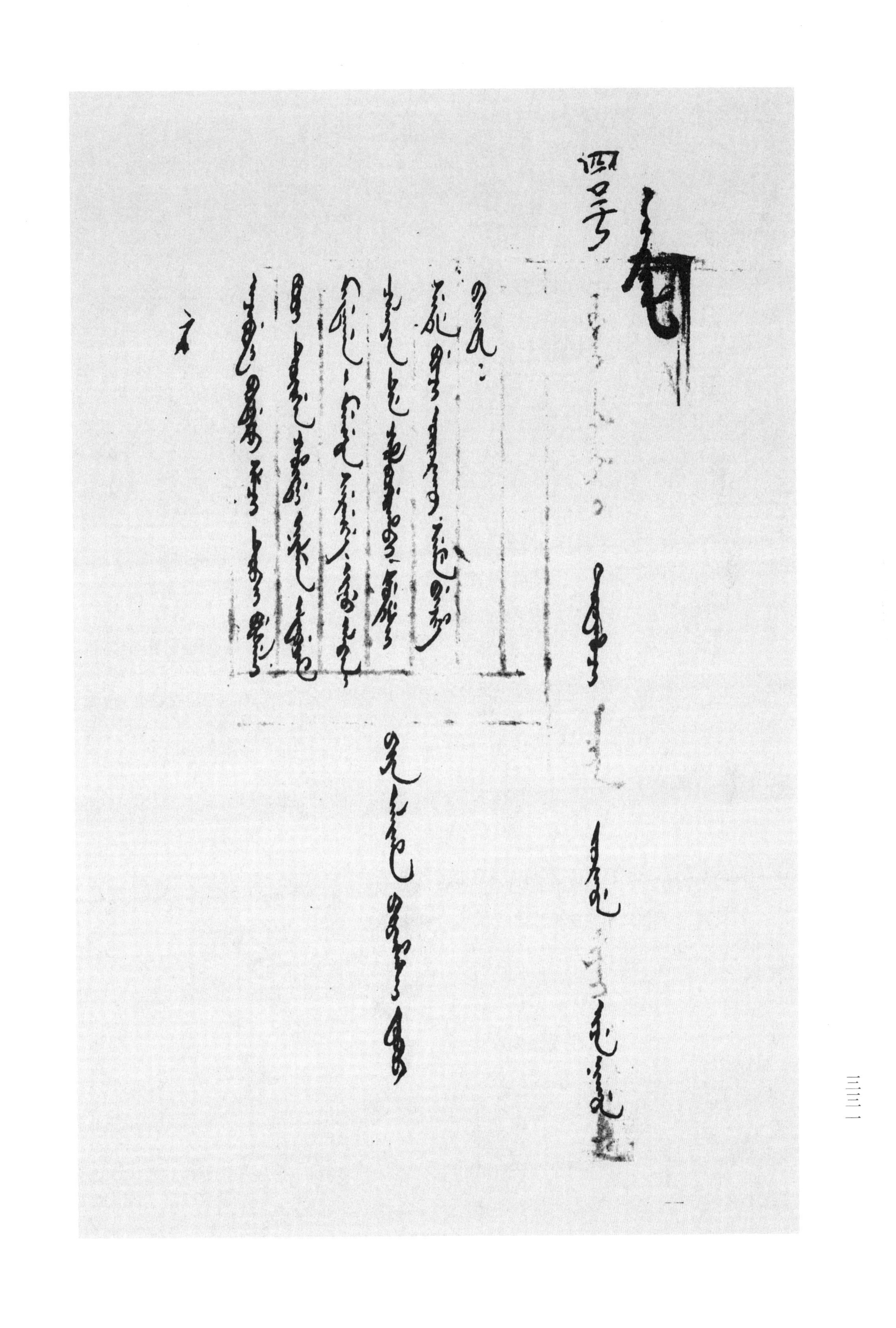

四号

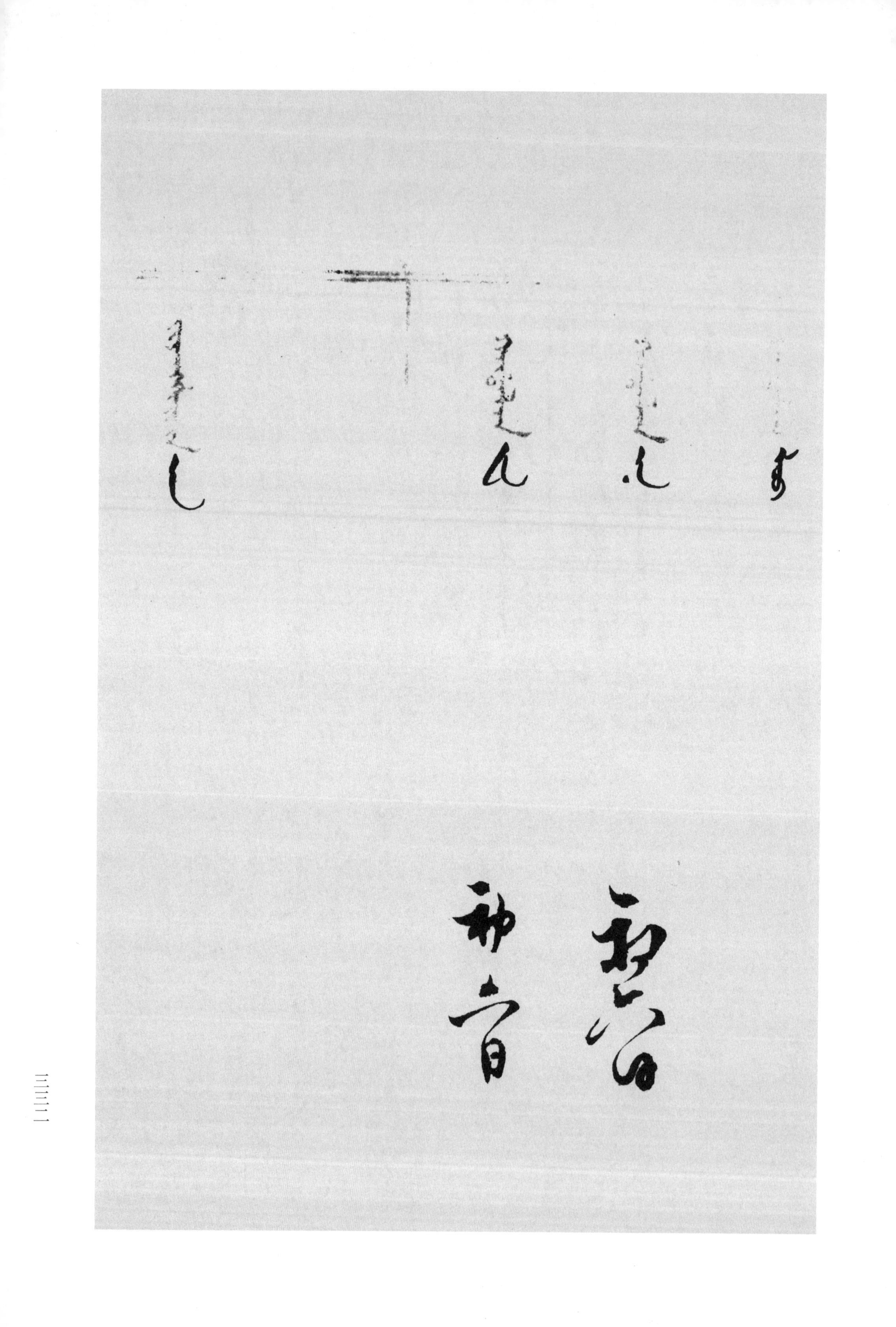

聖旨

神旨

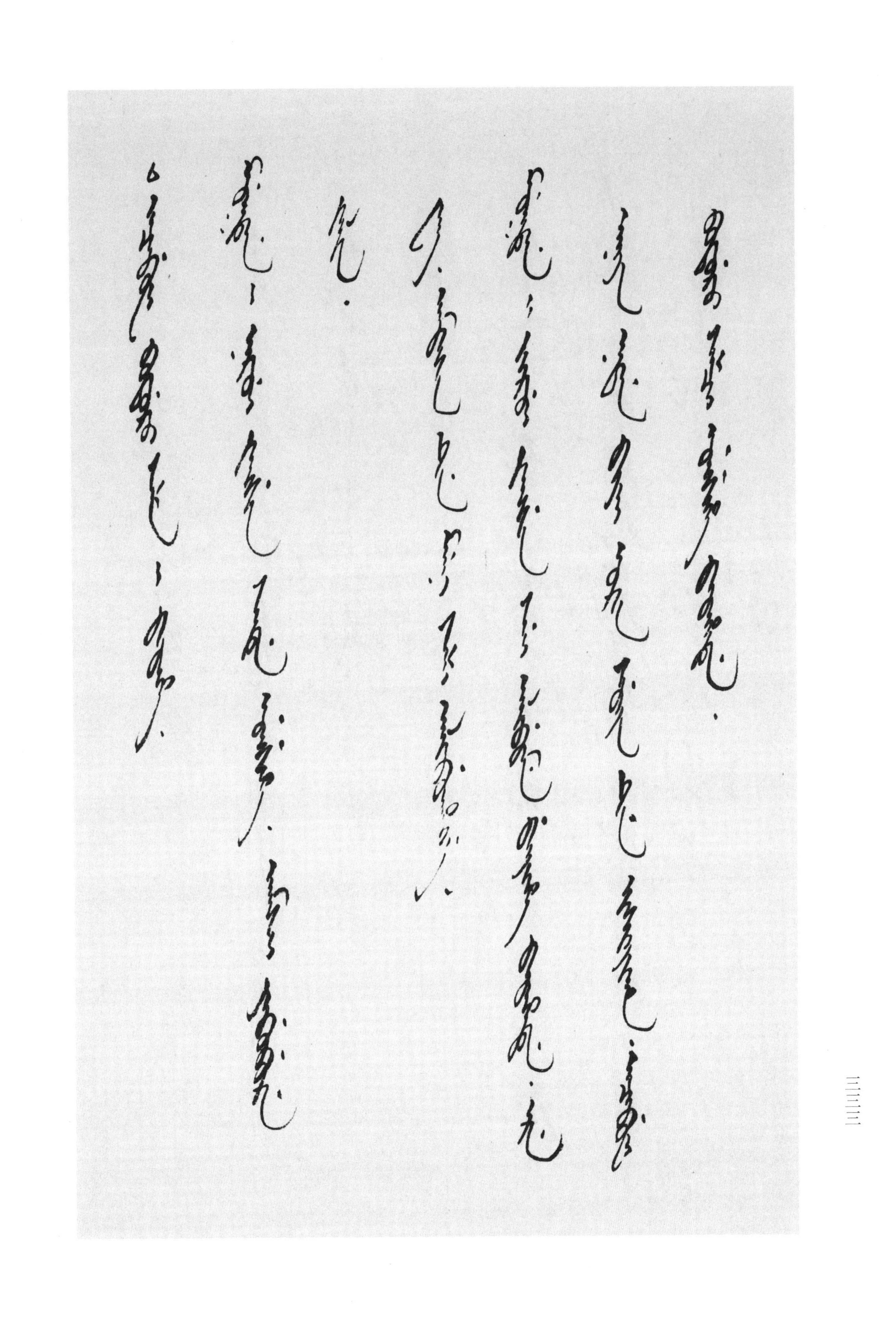

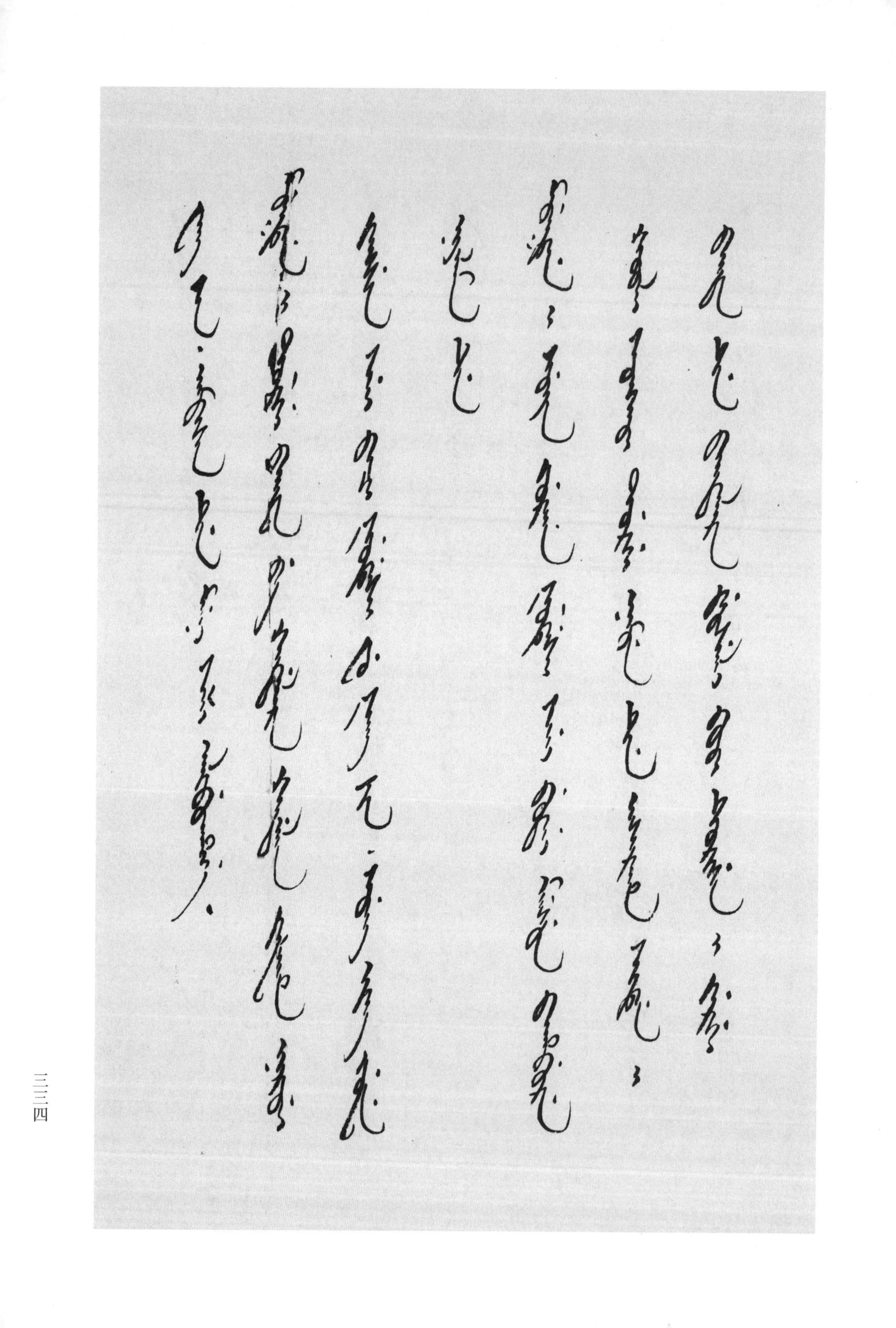

[illegible]

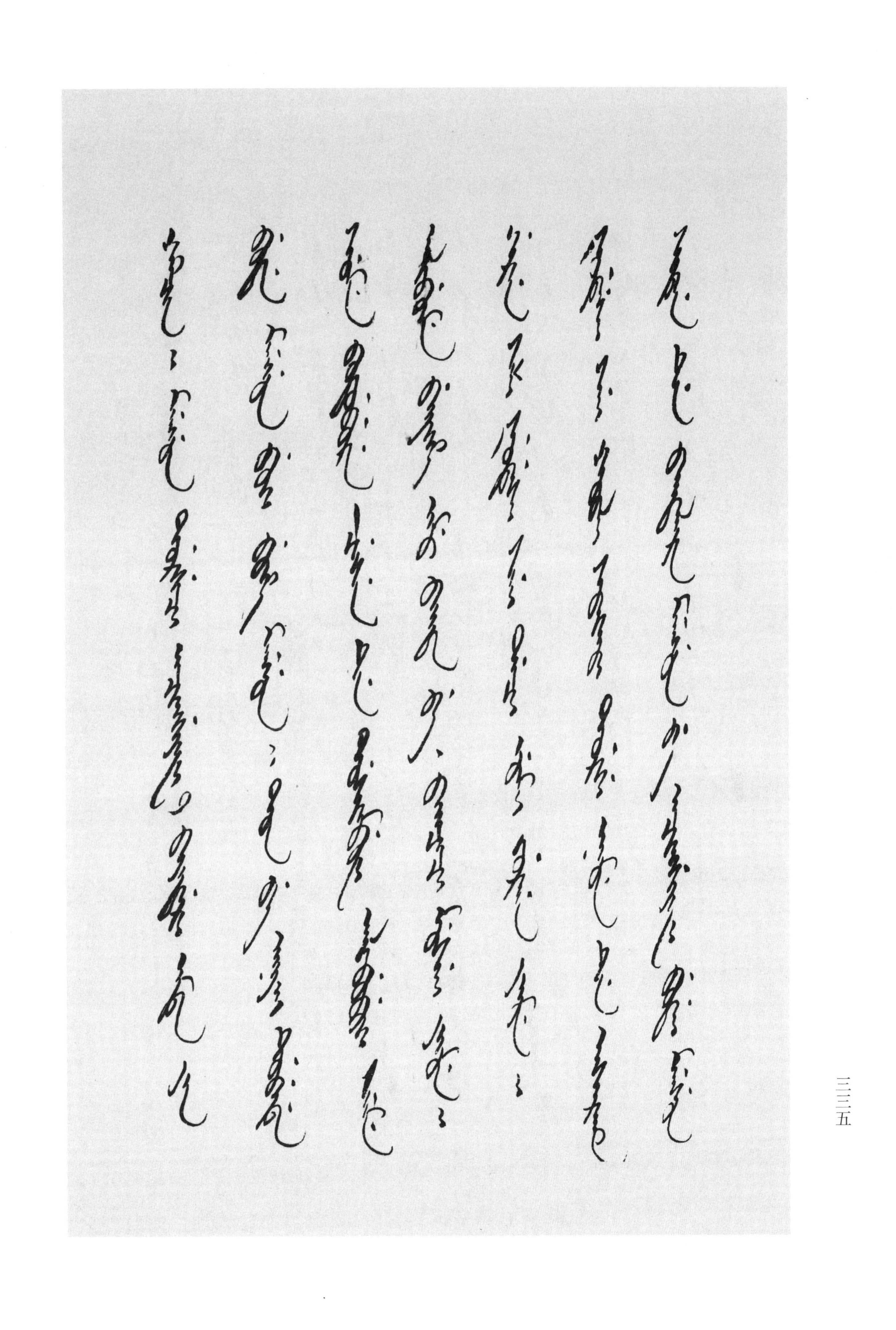

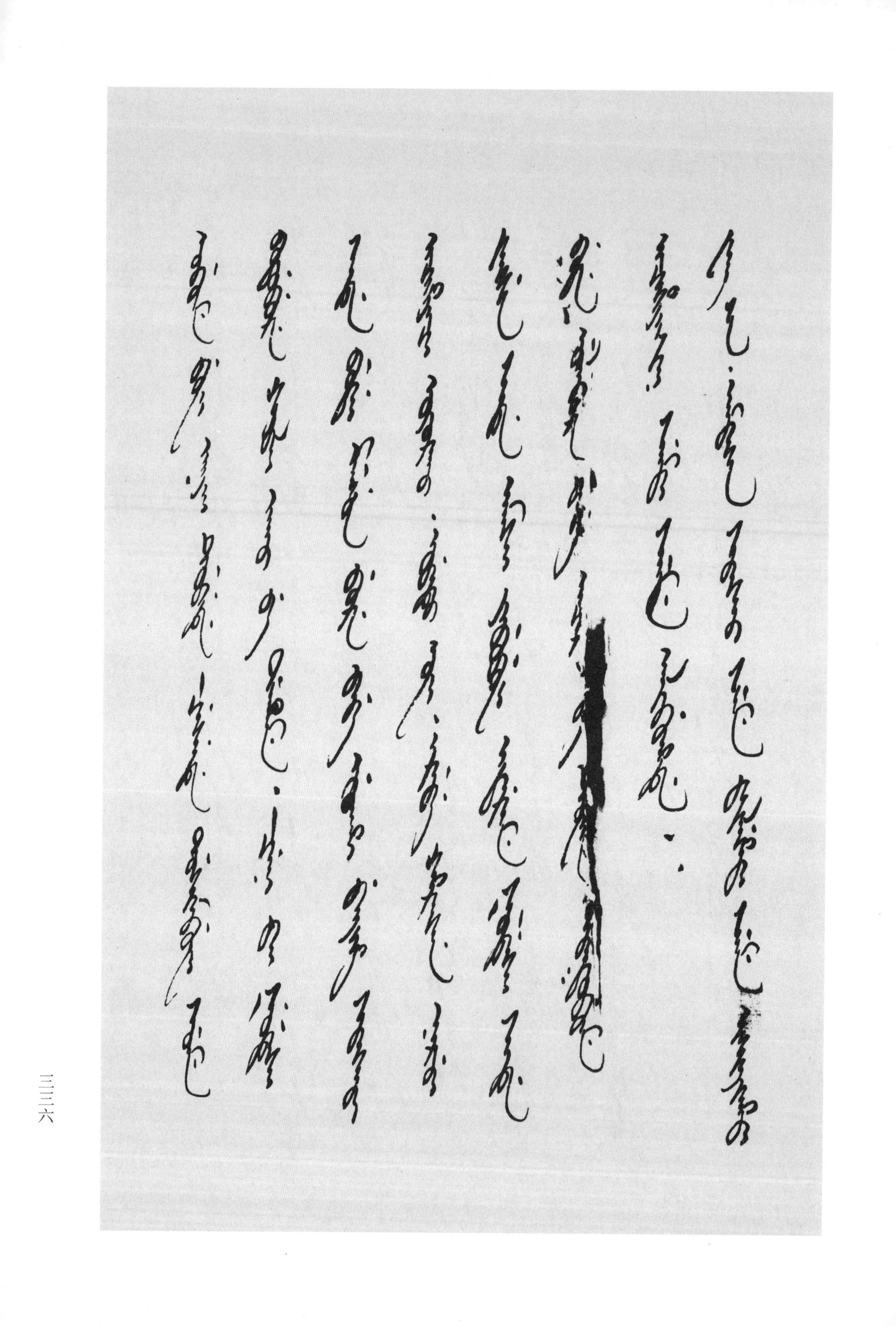

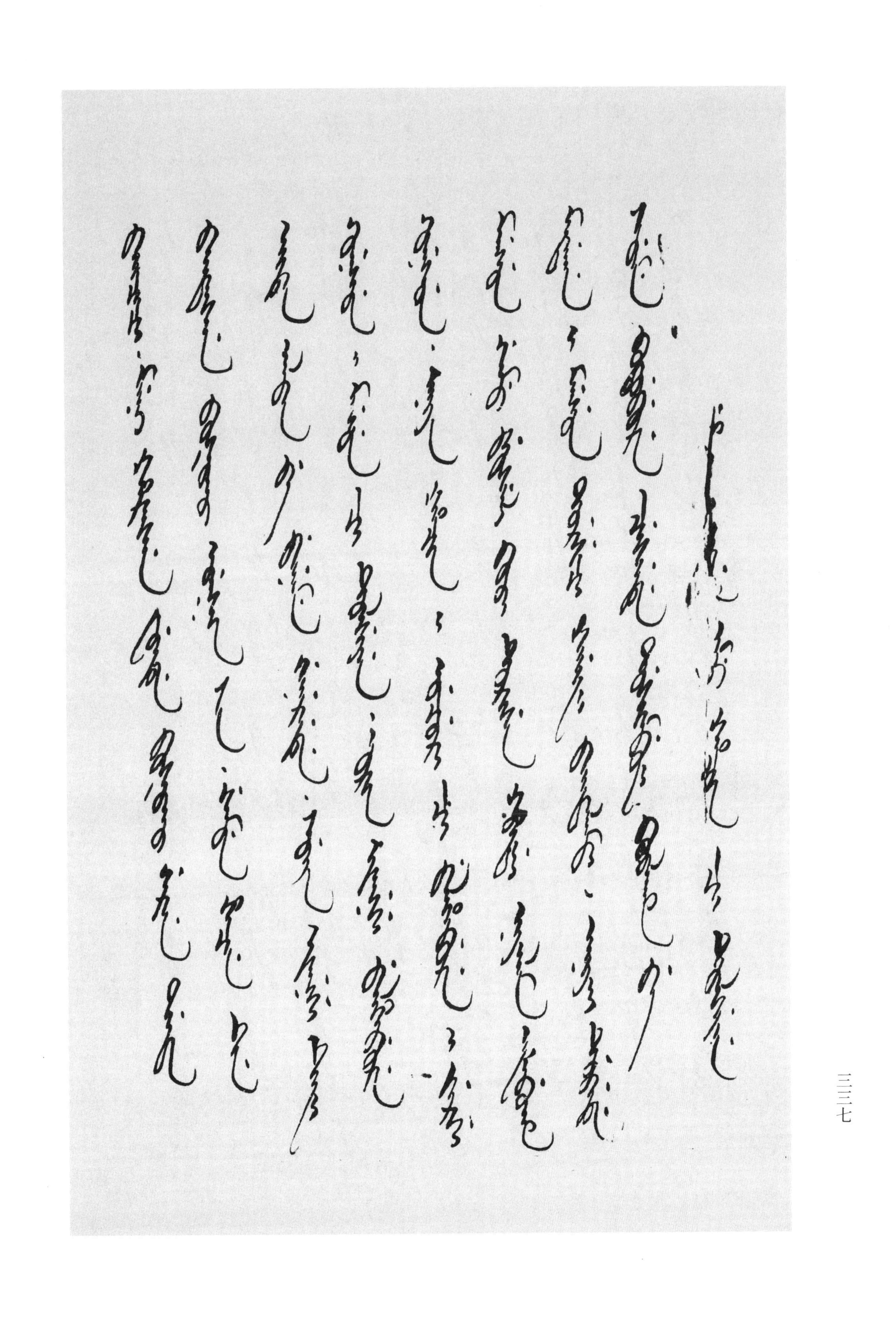

[illegible]

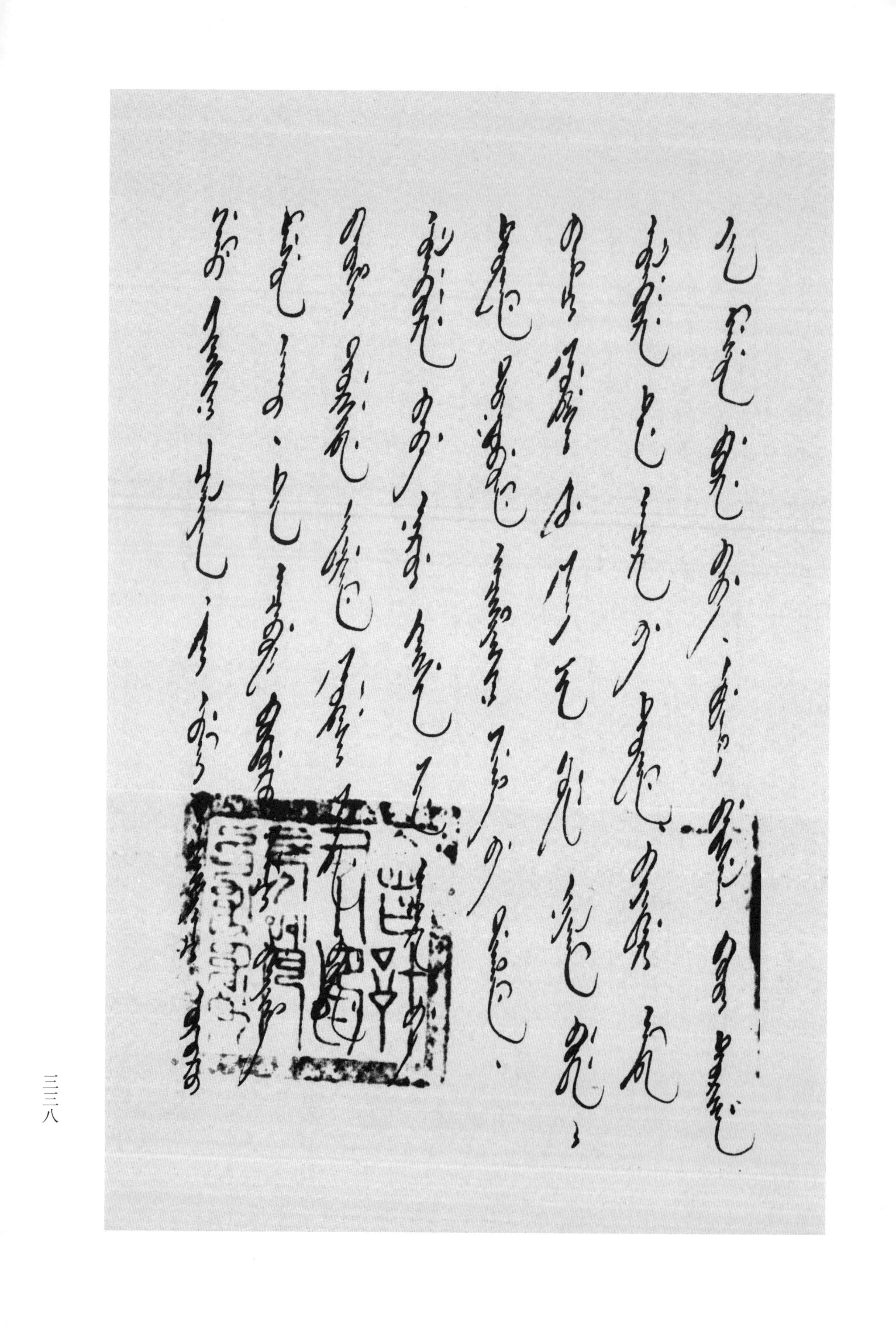

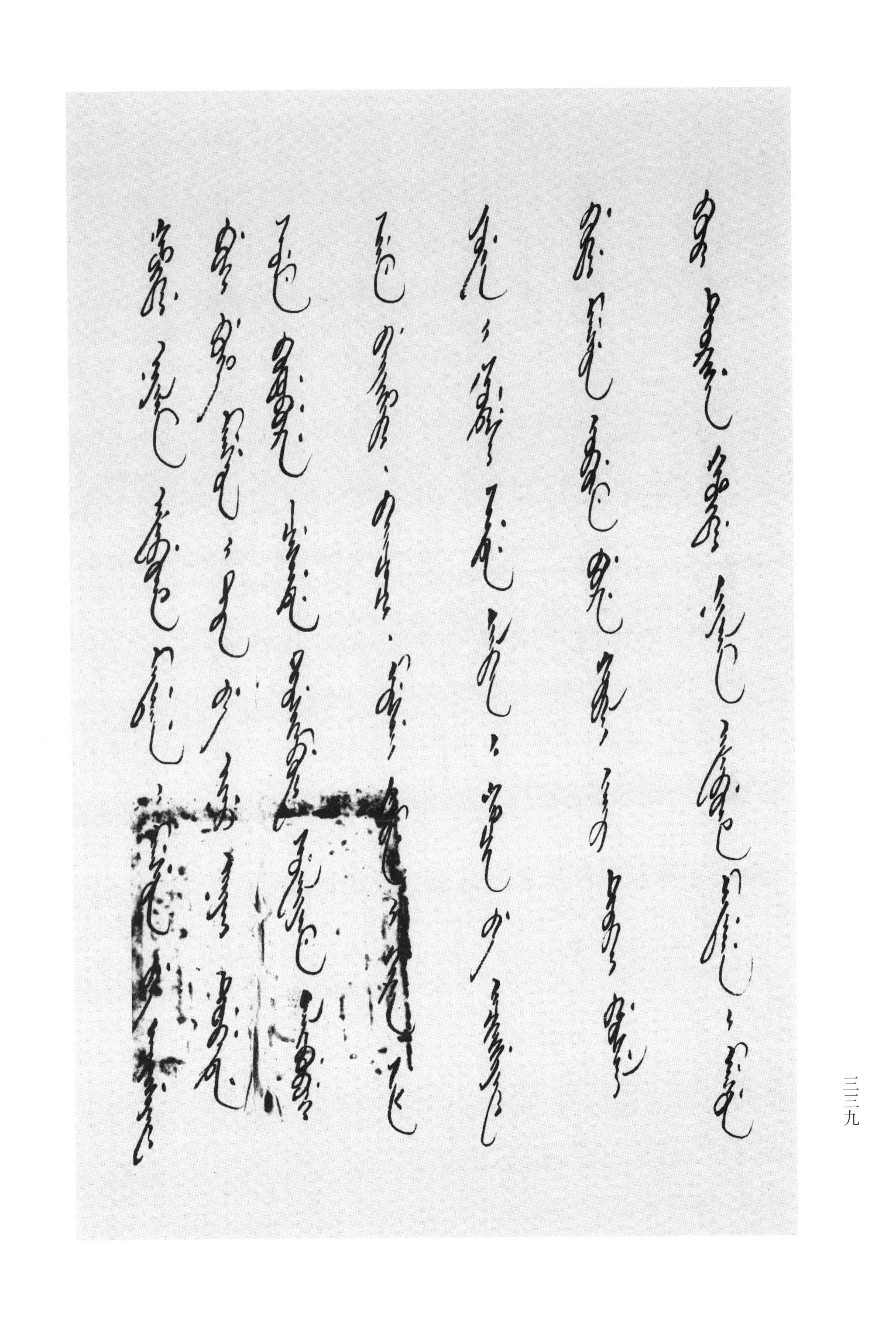

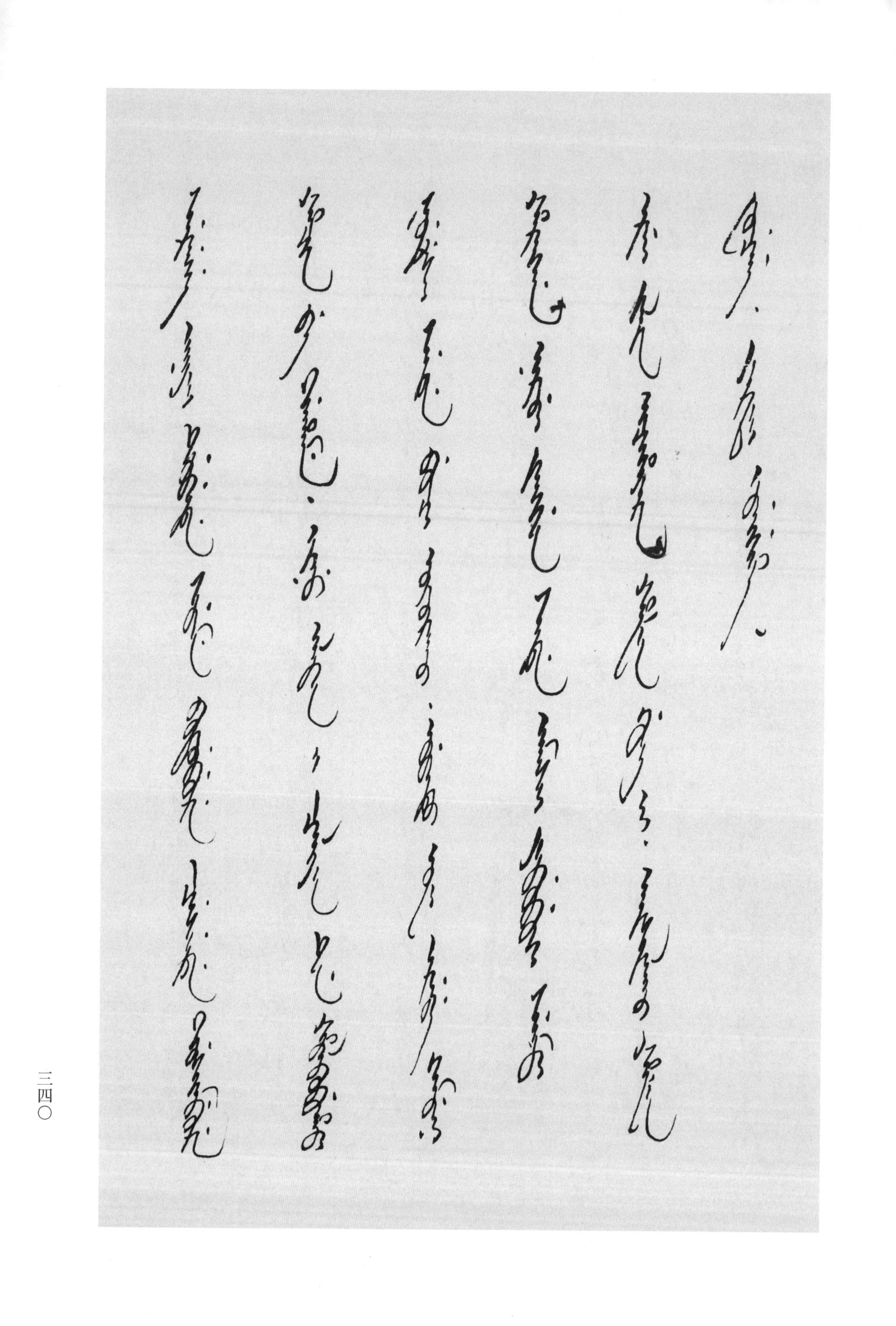

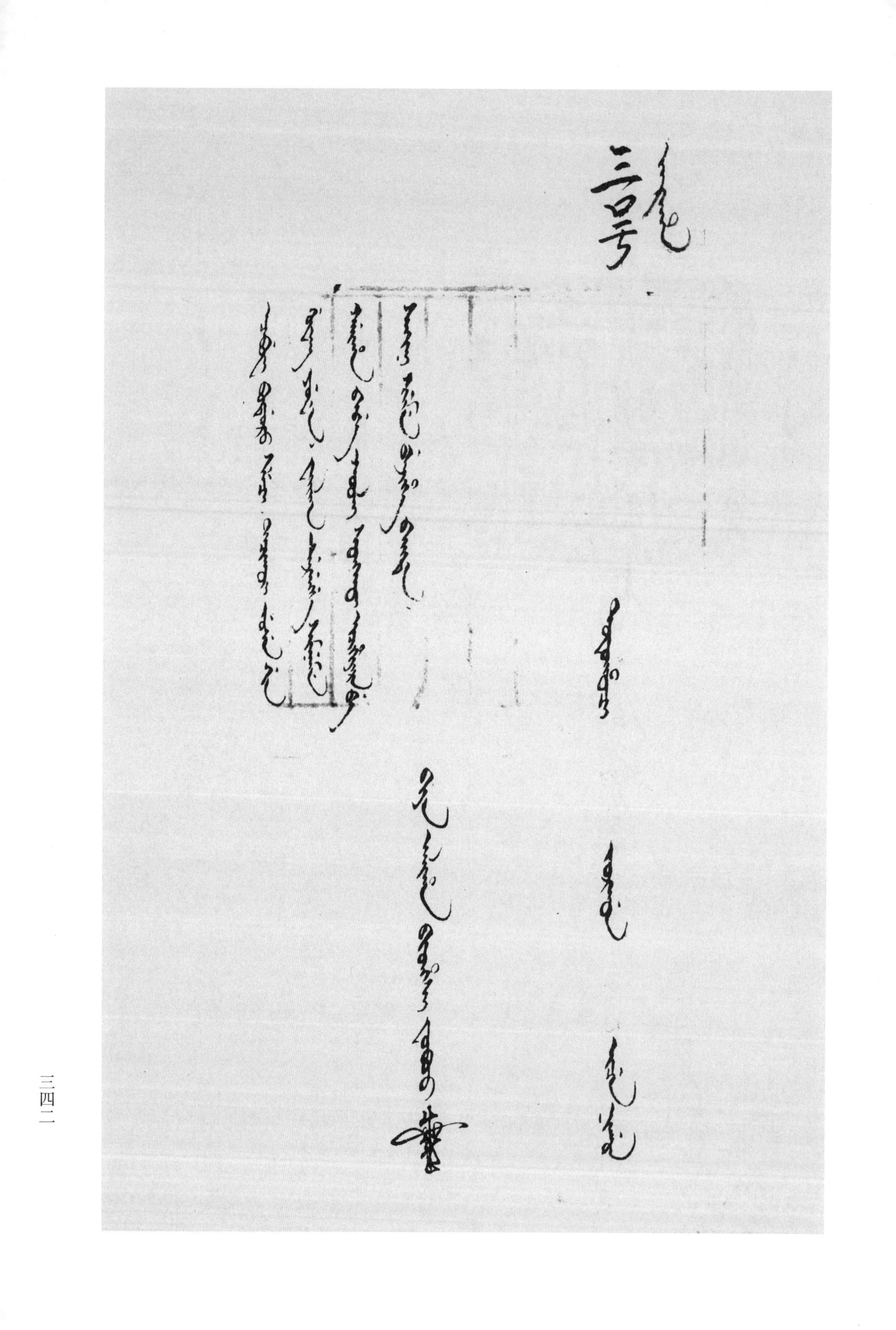

三号

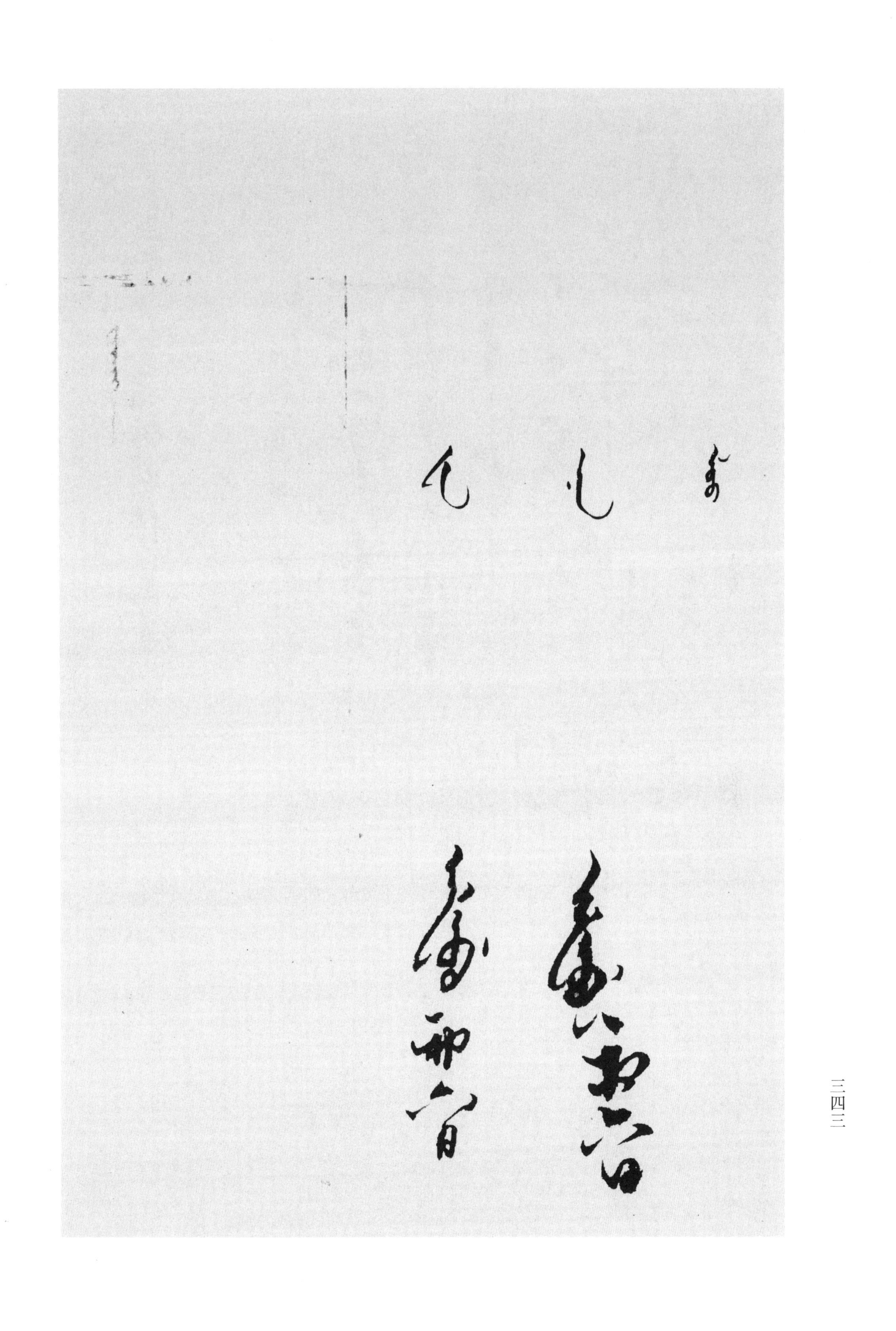

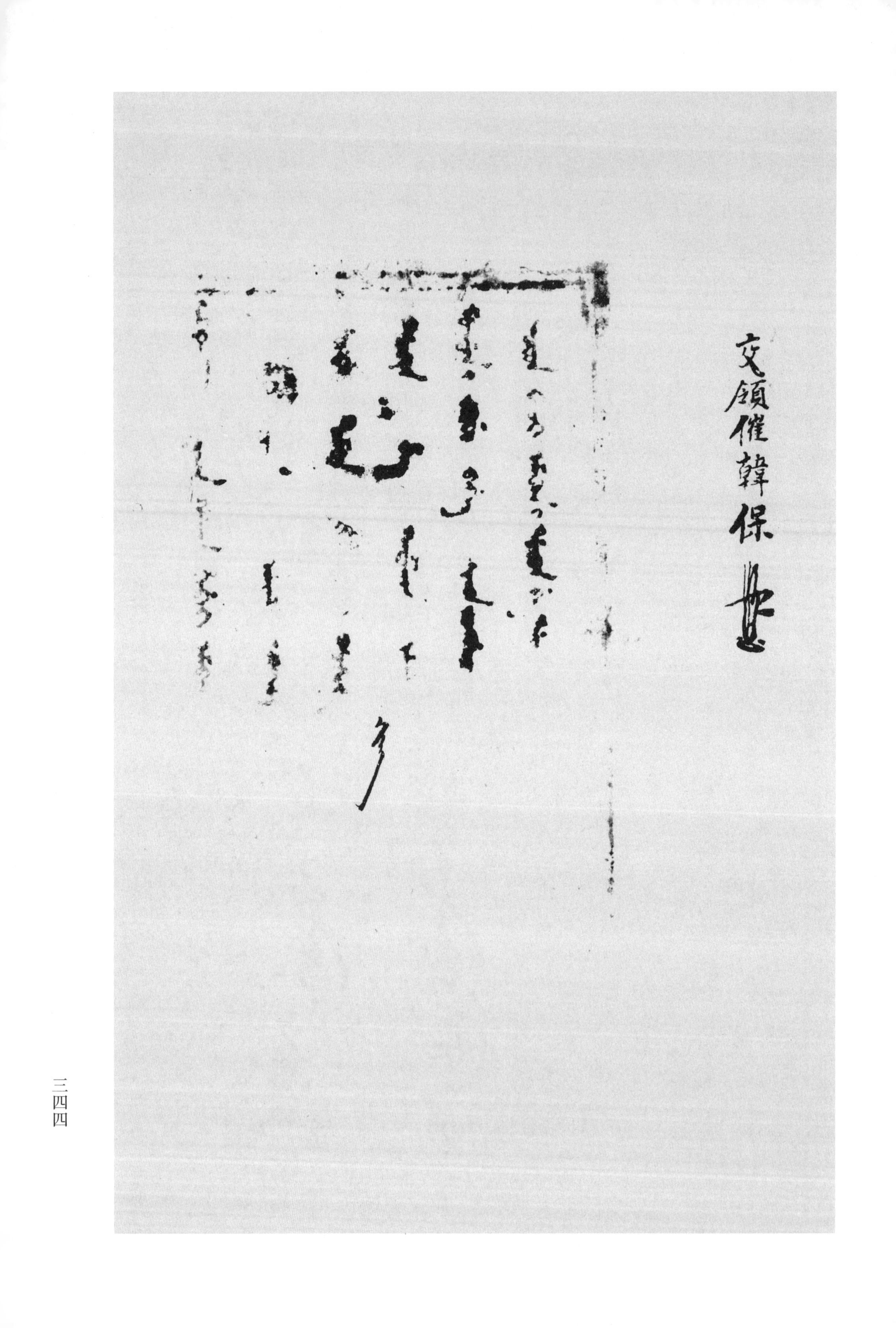

交領催韓保

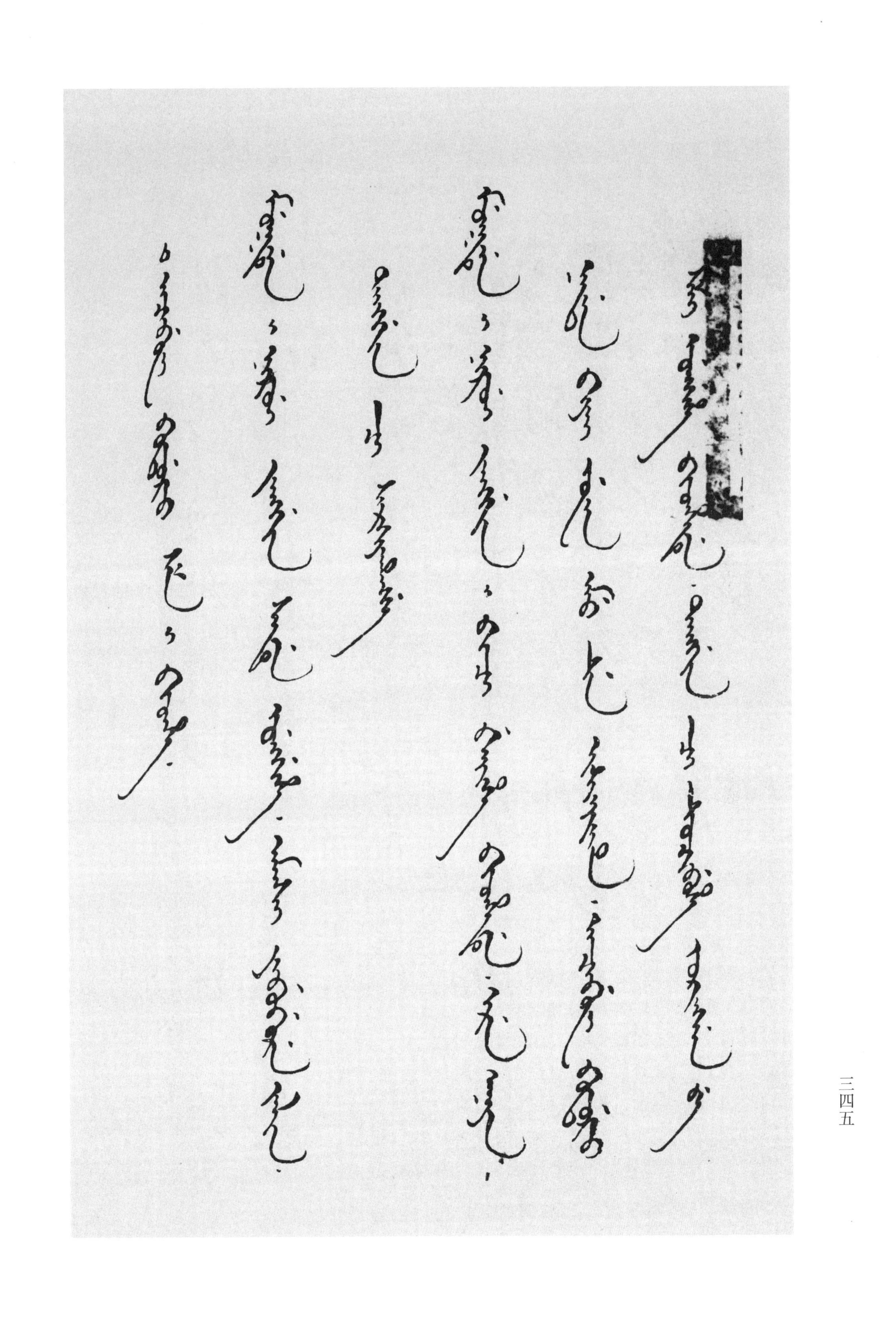

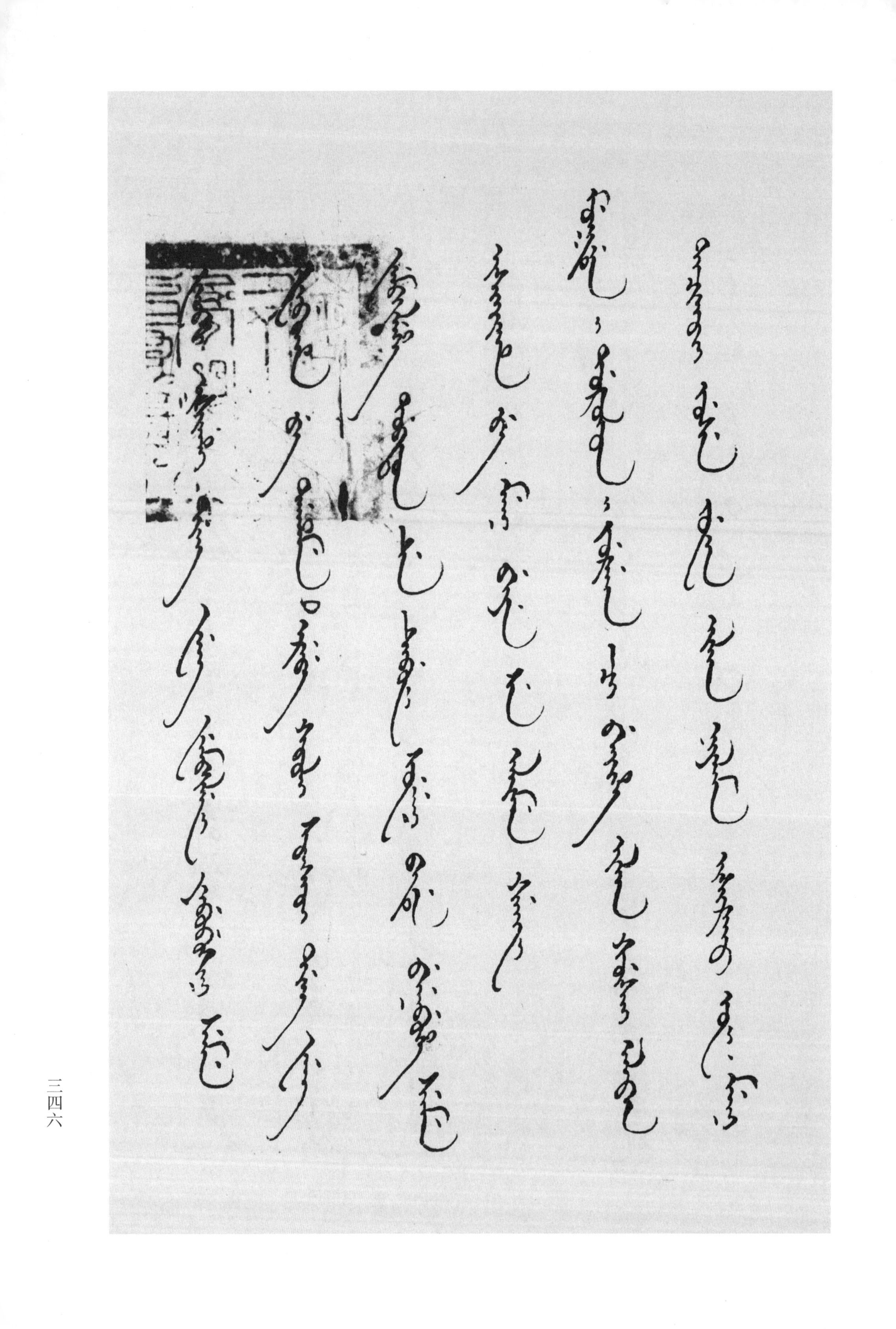

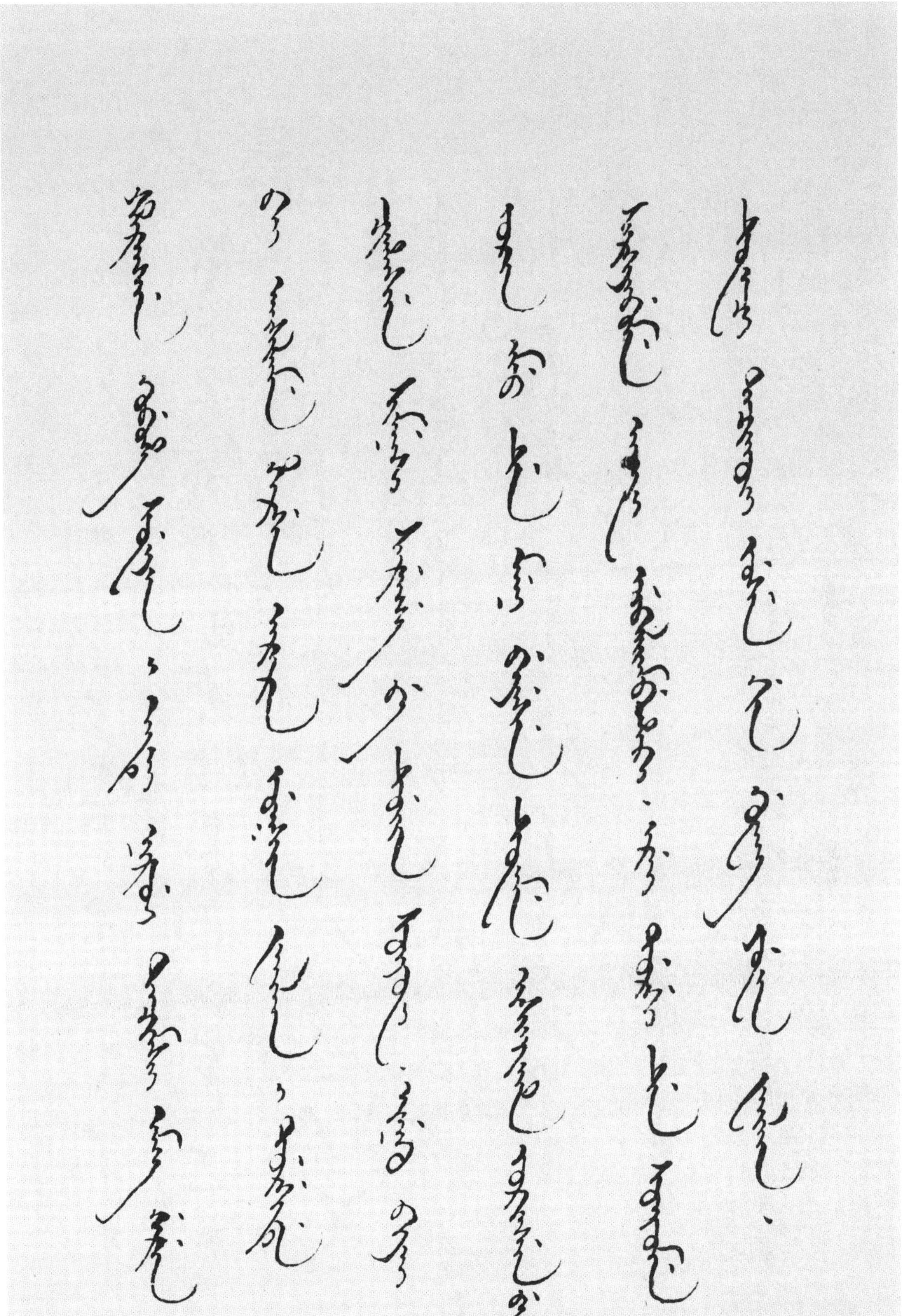

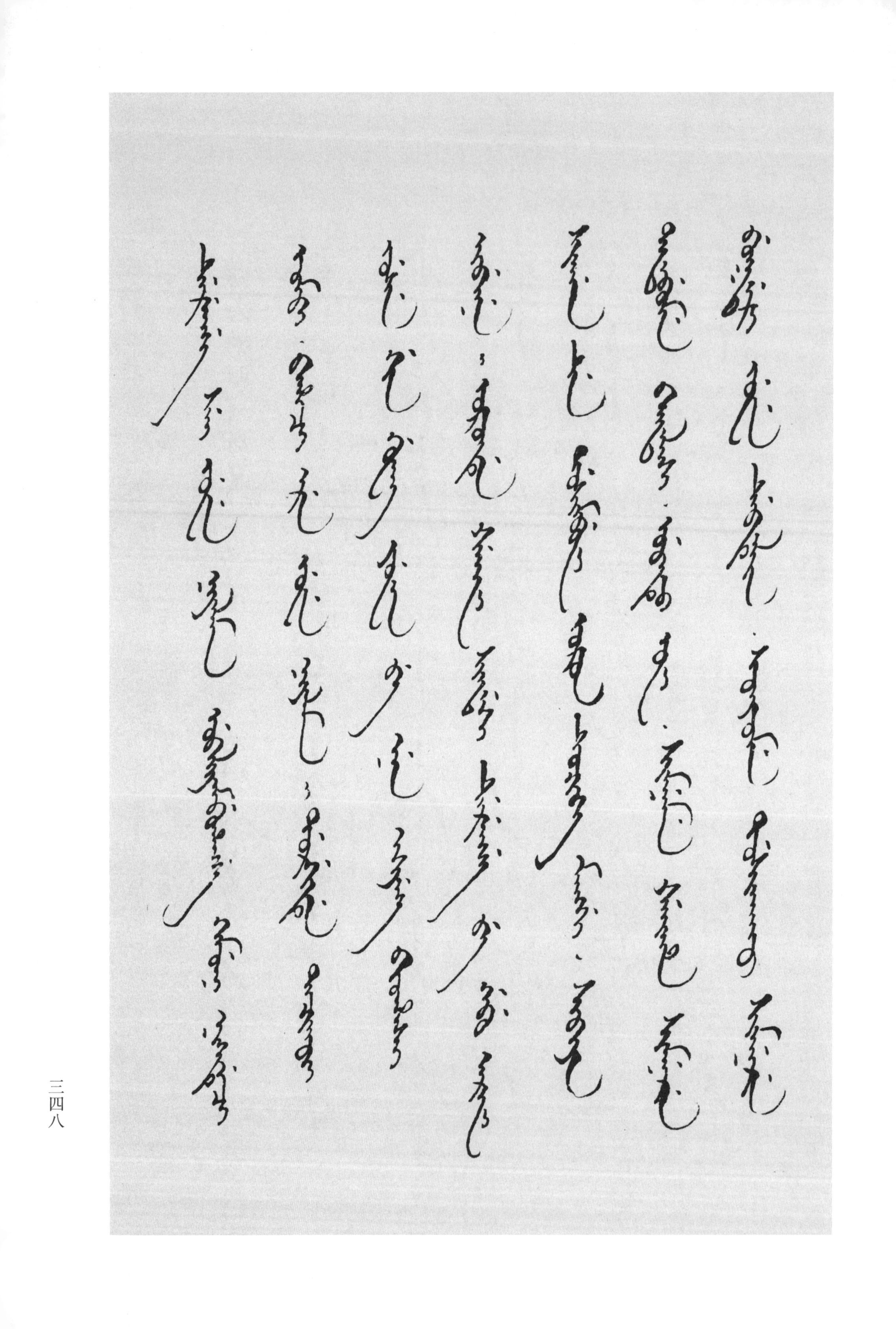

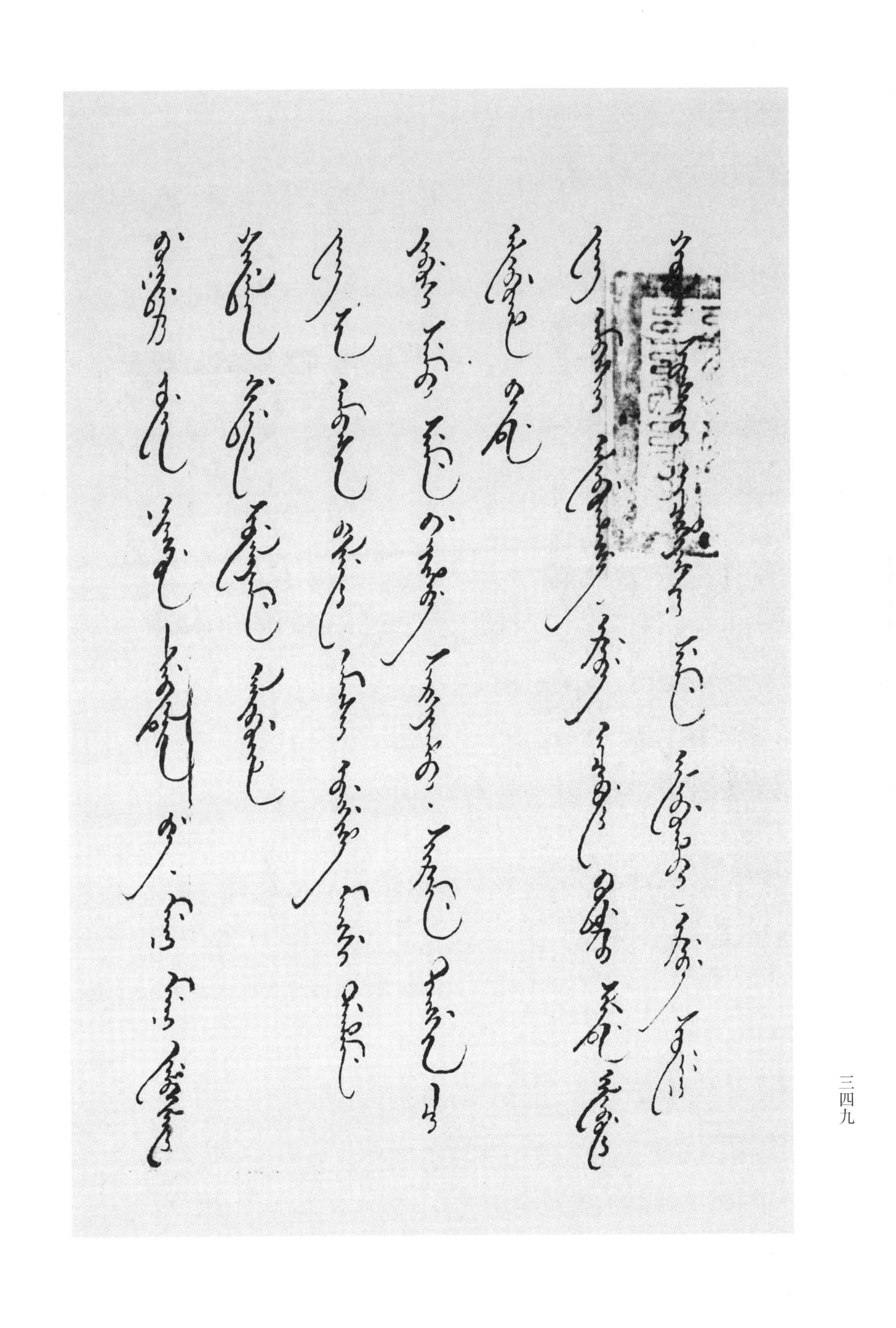

[illegible]

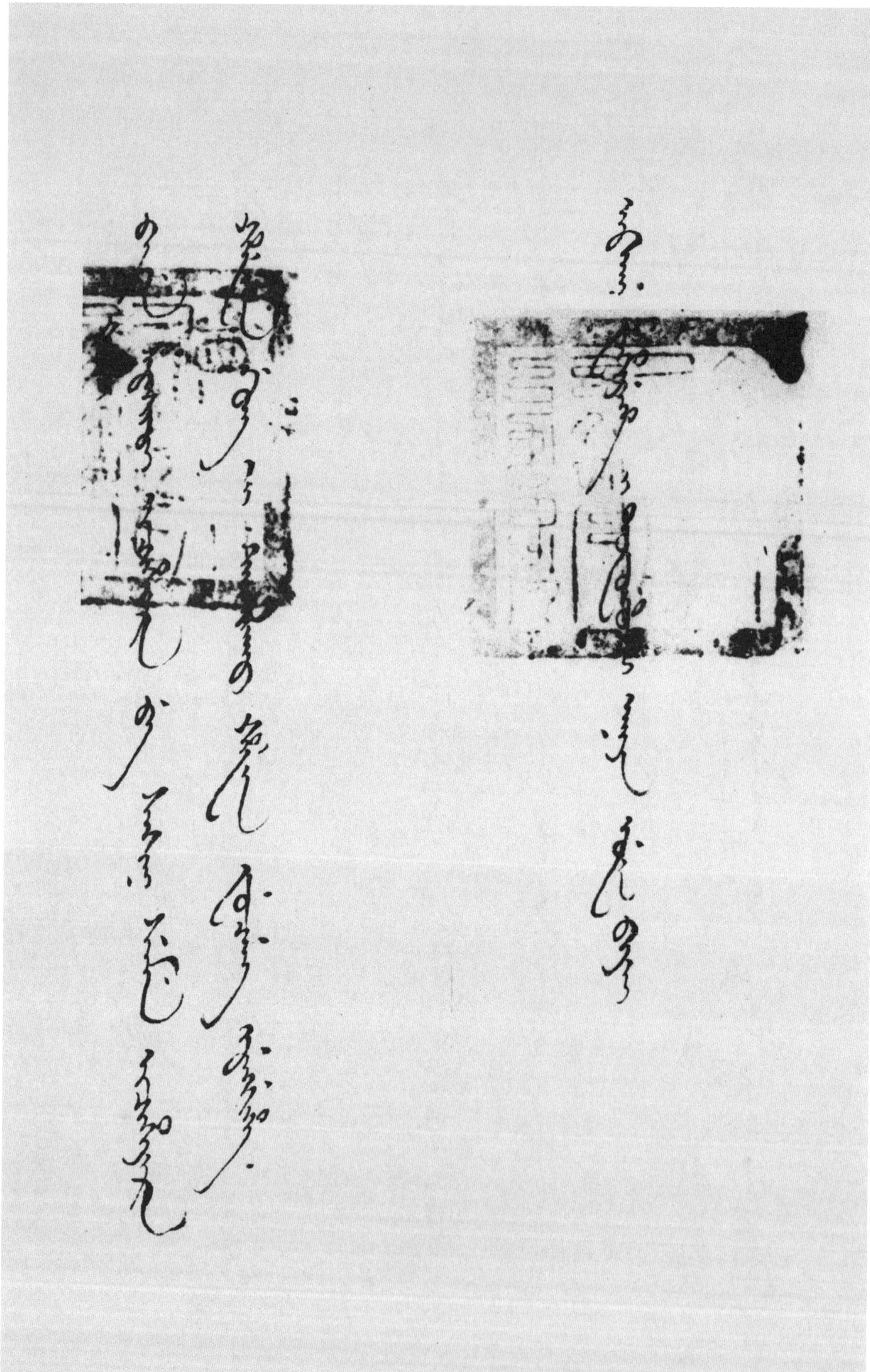

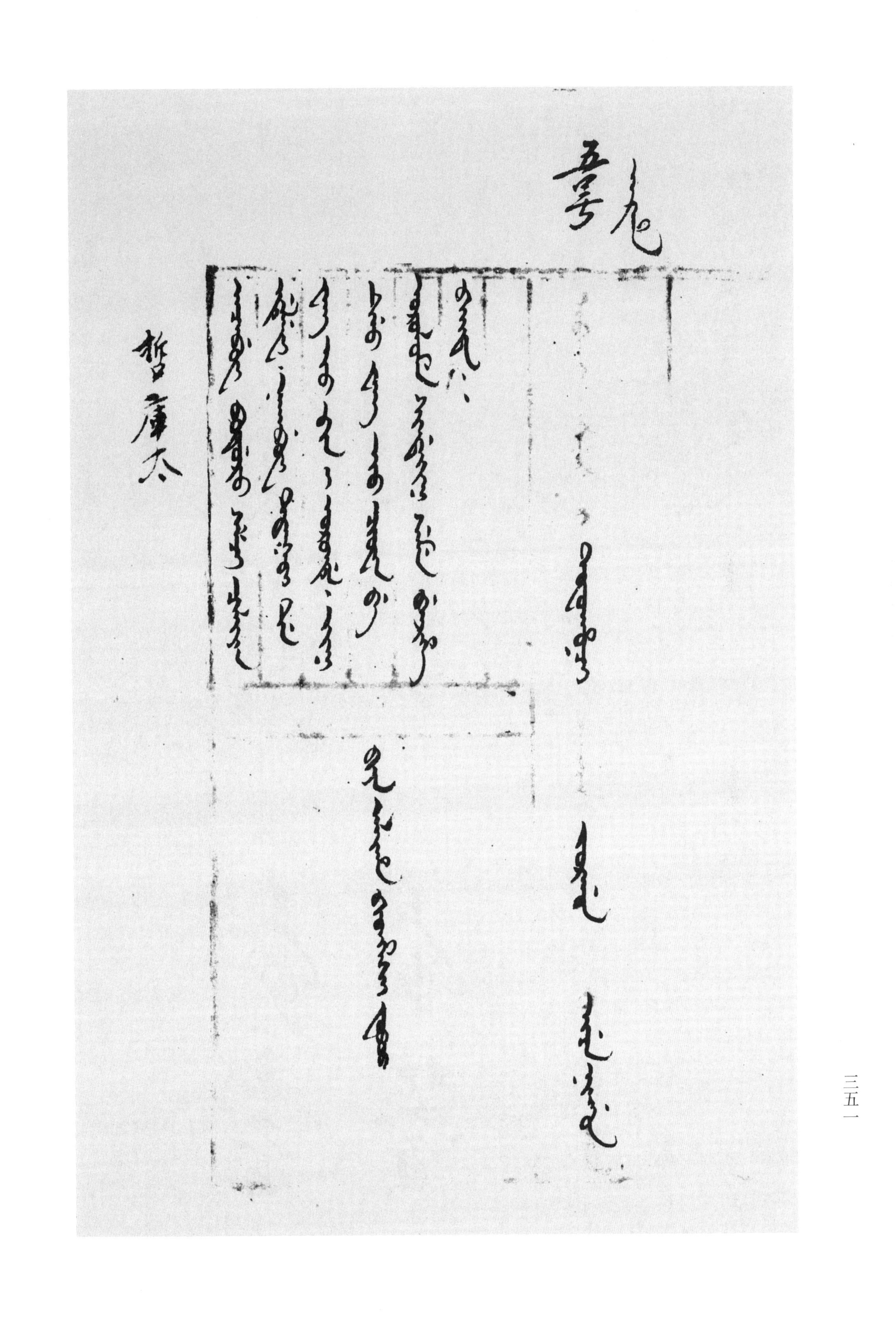

五号

哲庫太

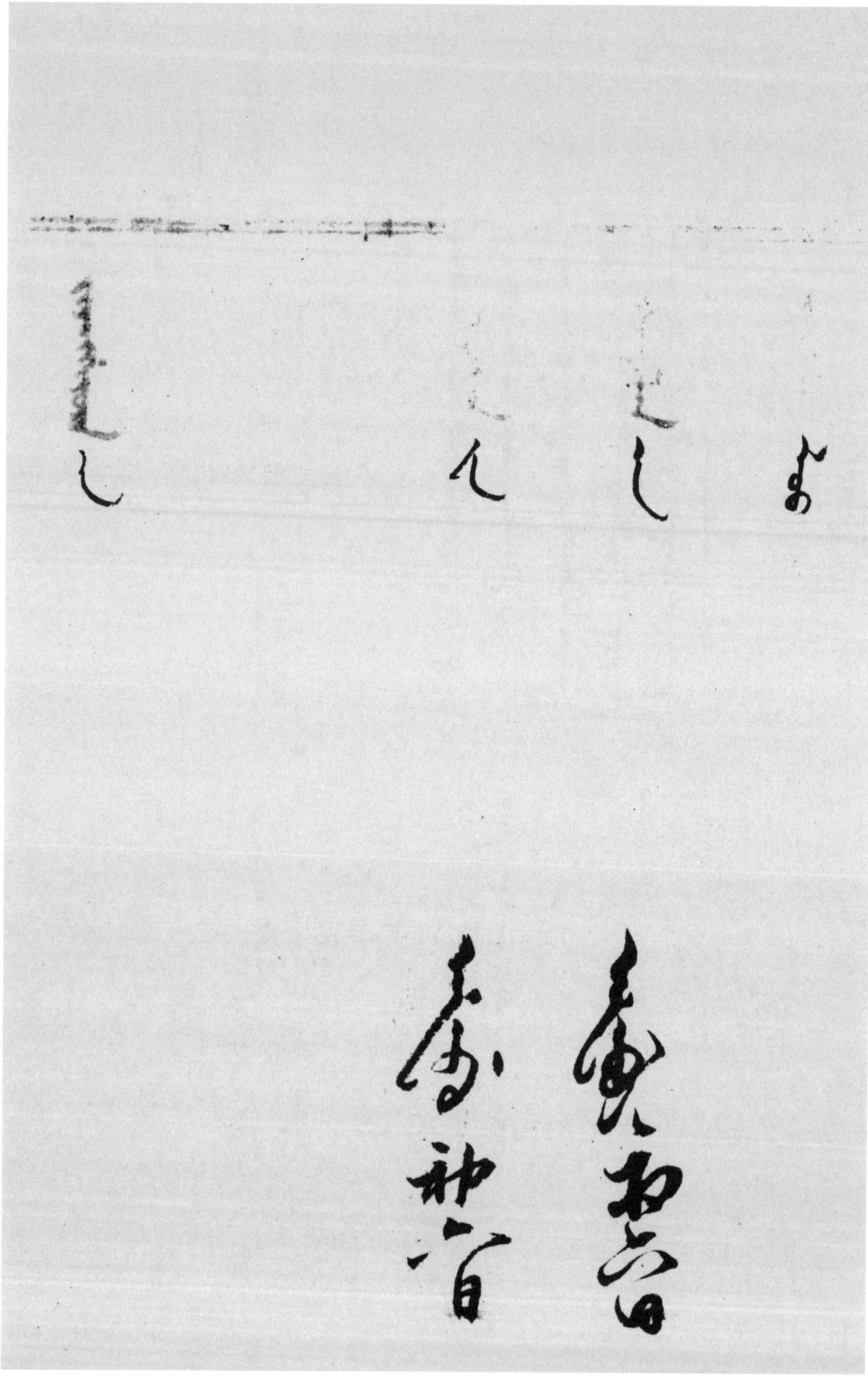

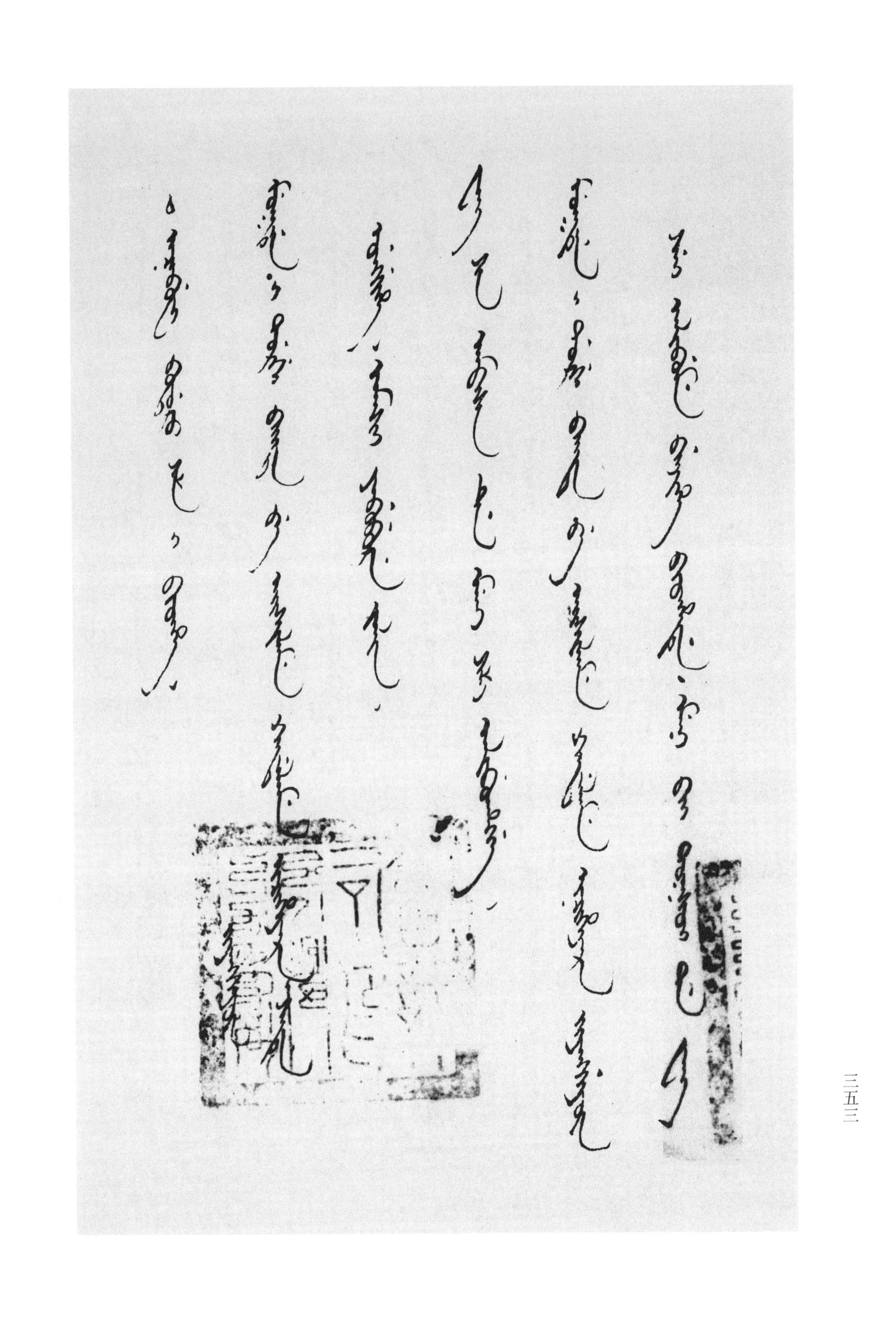

[illegible]

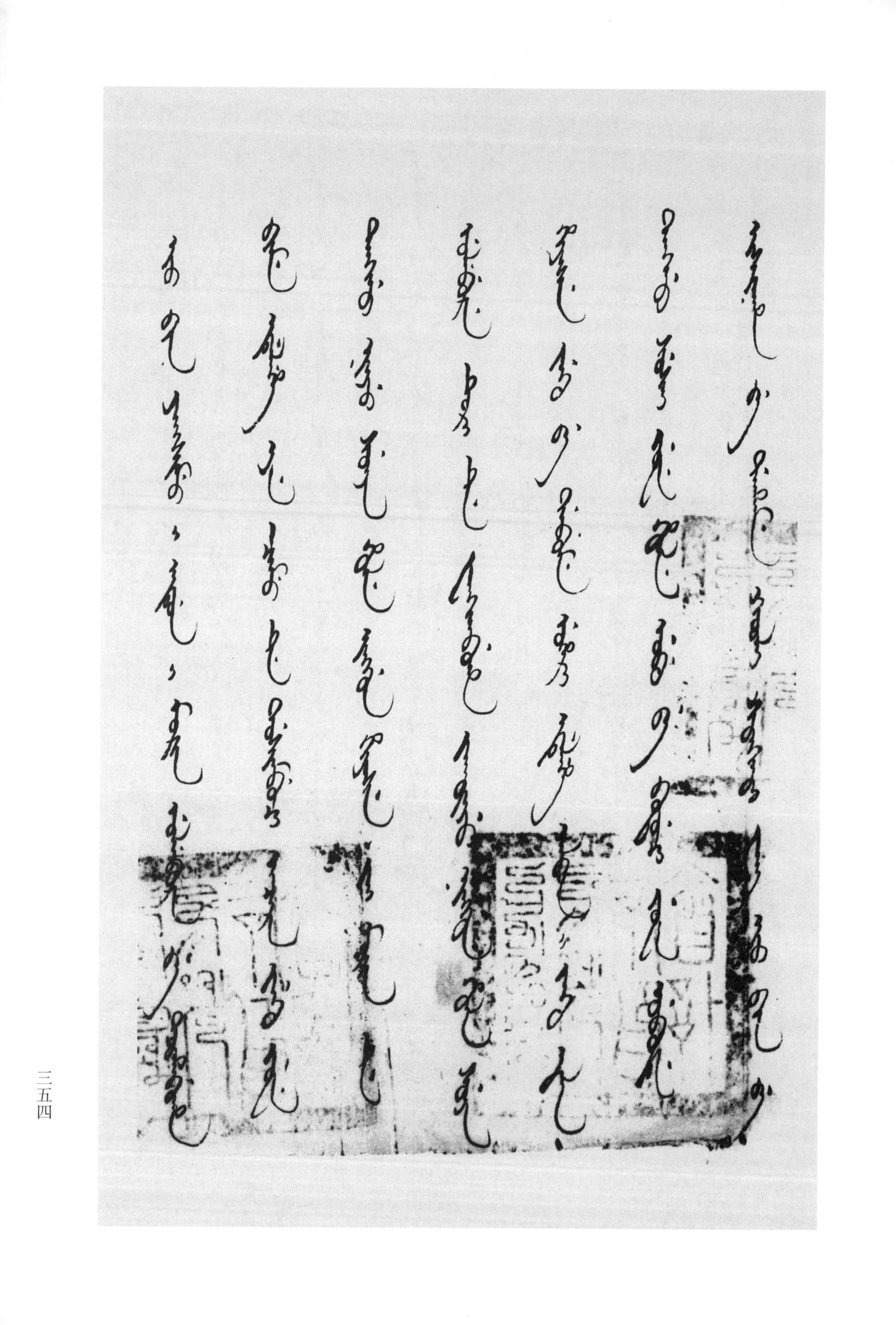

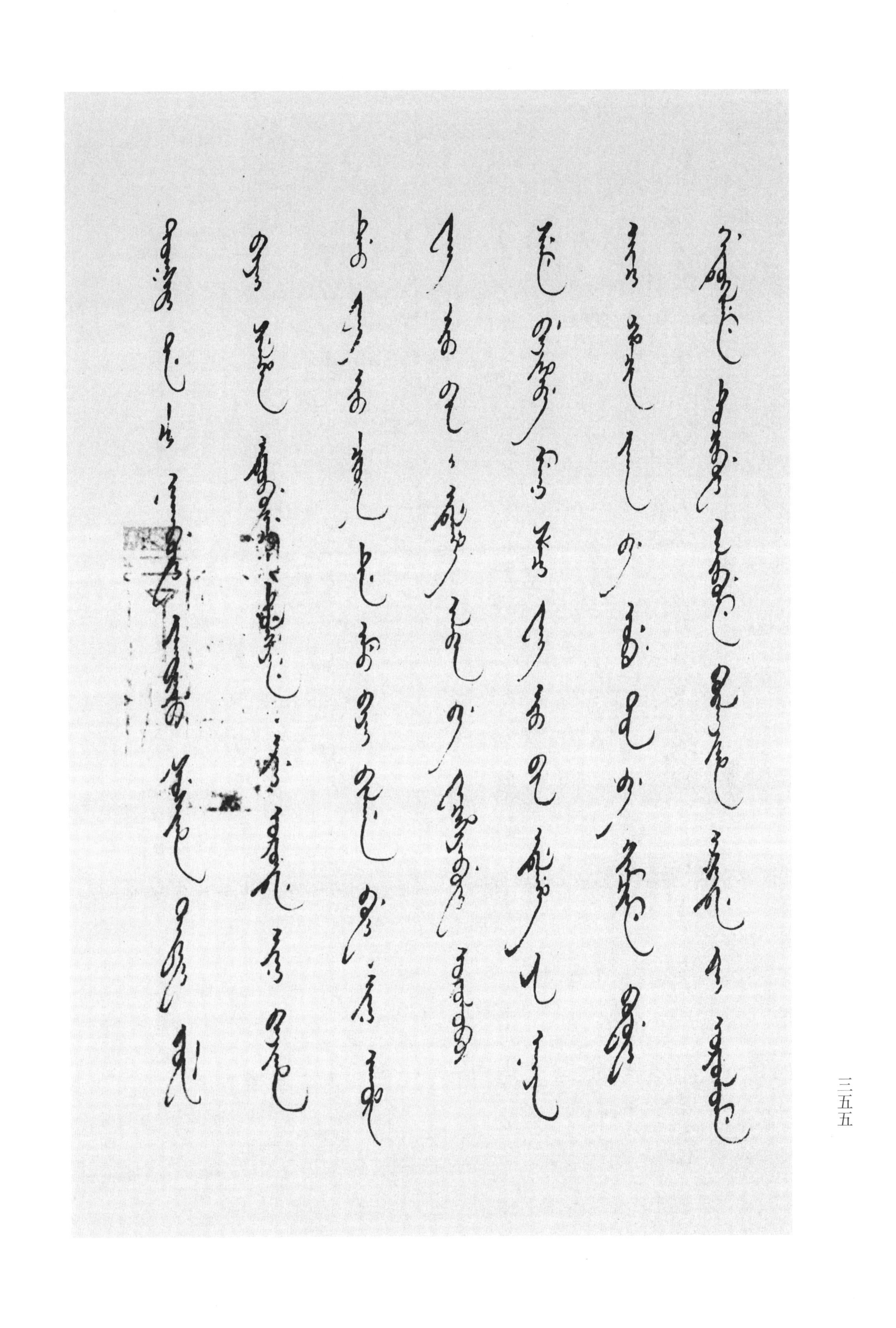

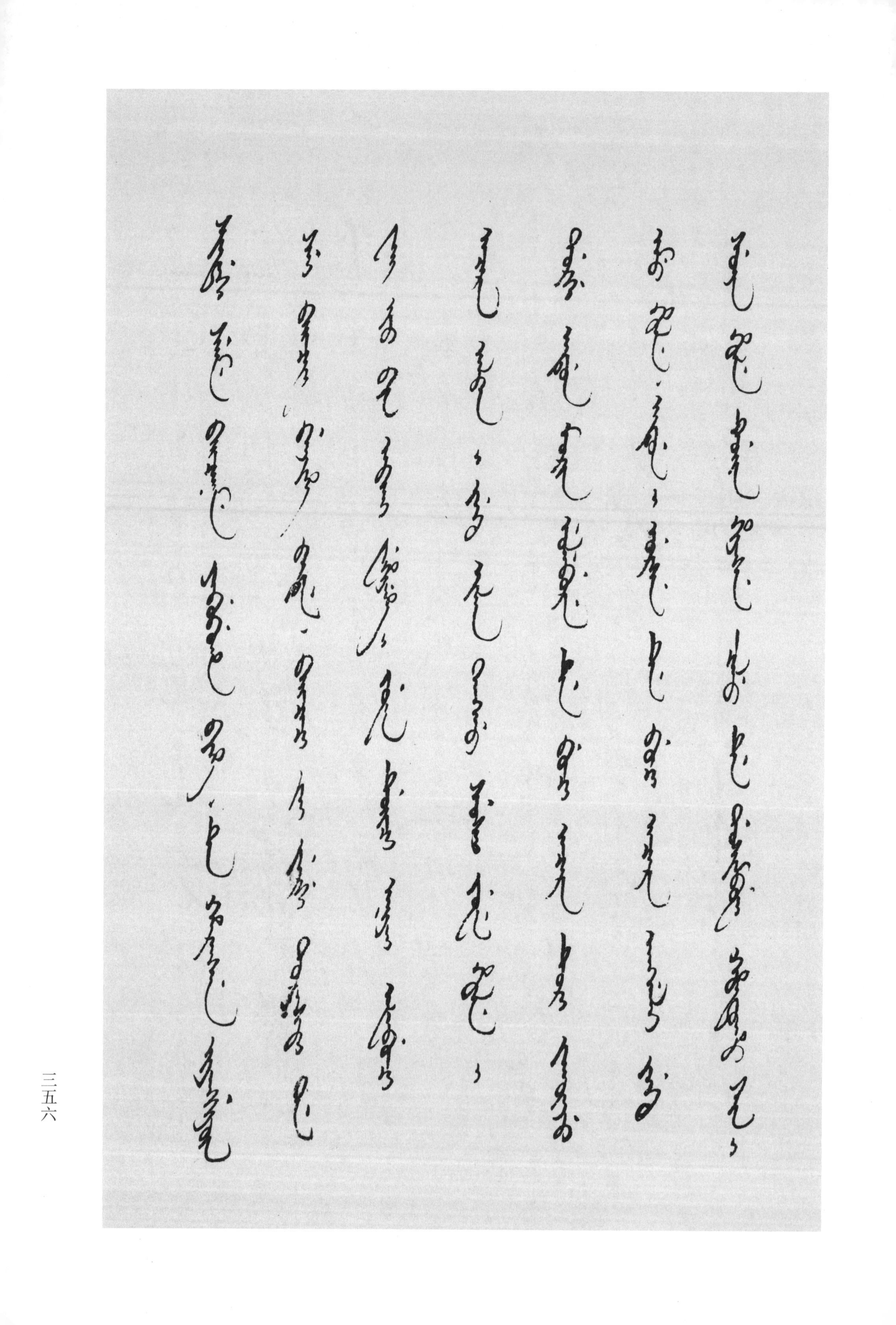

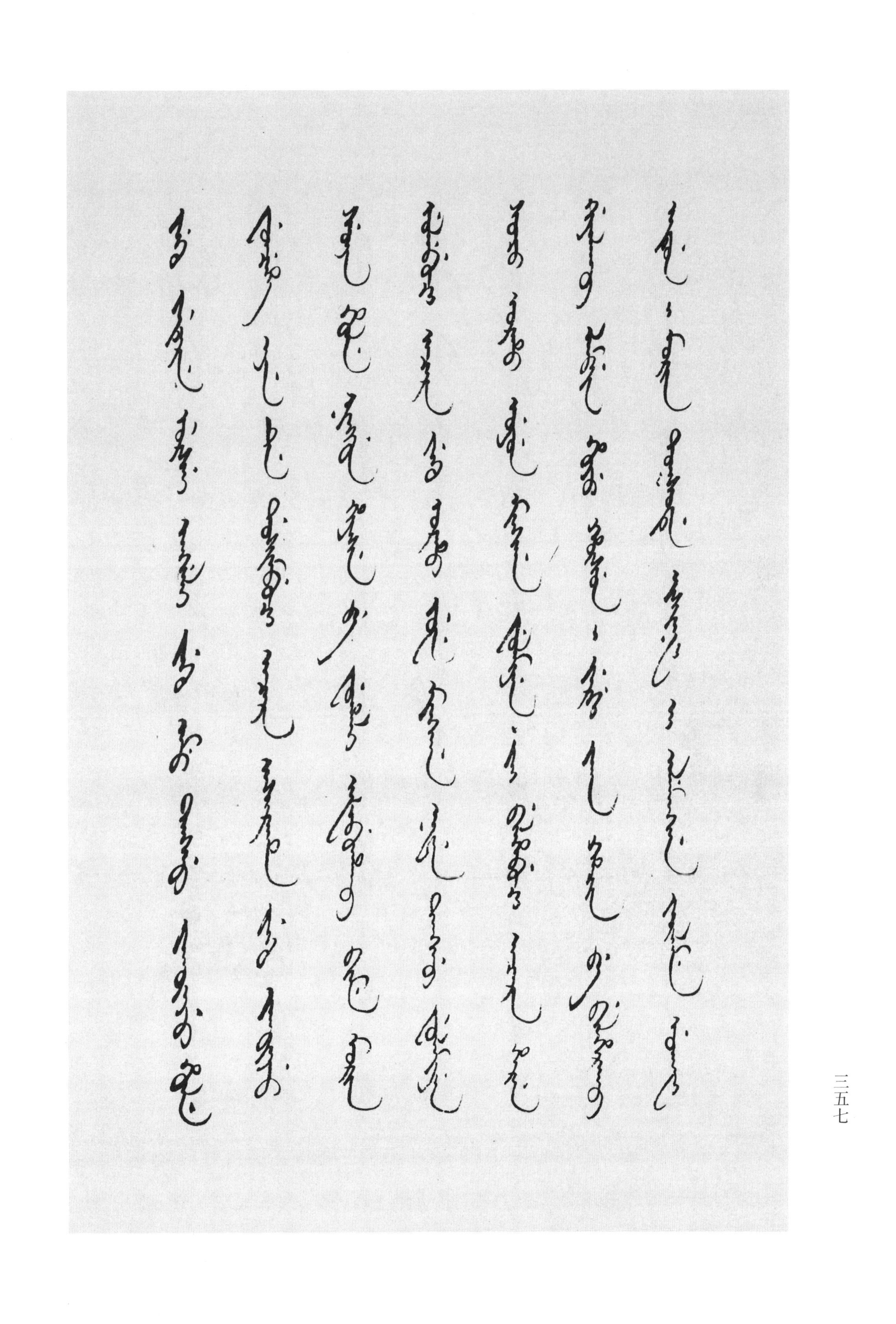

[illegible]

[illegible]

[illegible]

[illegible]

[illegible]

[illegible]

[illegible]

[illegible]

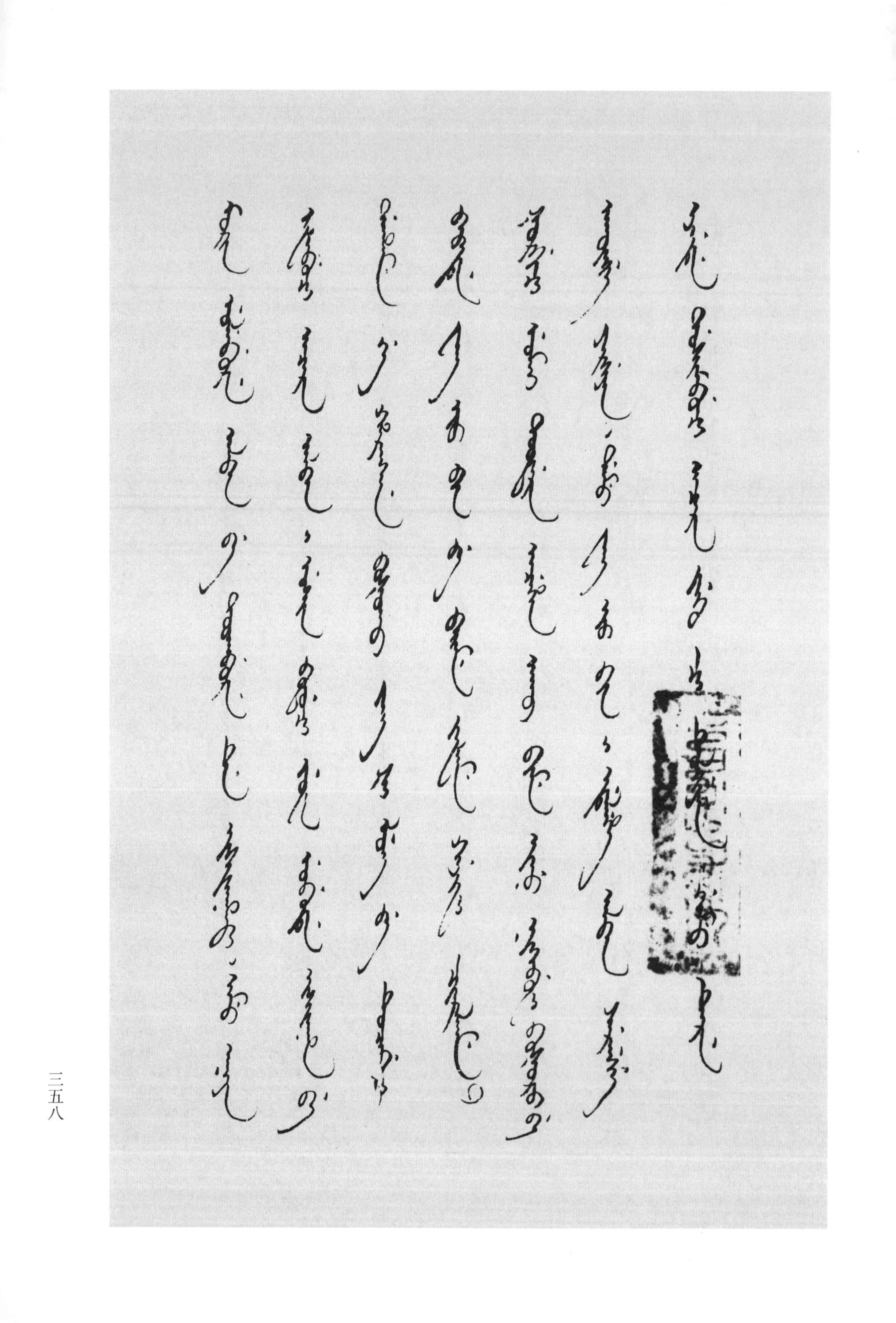

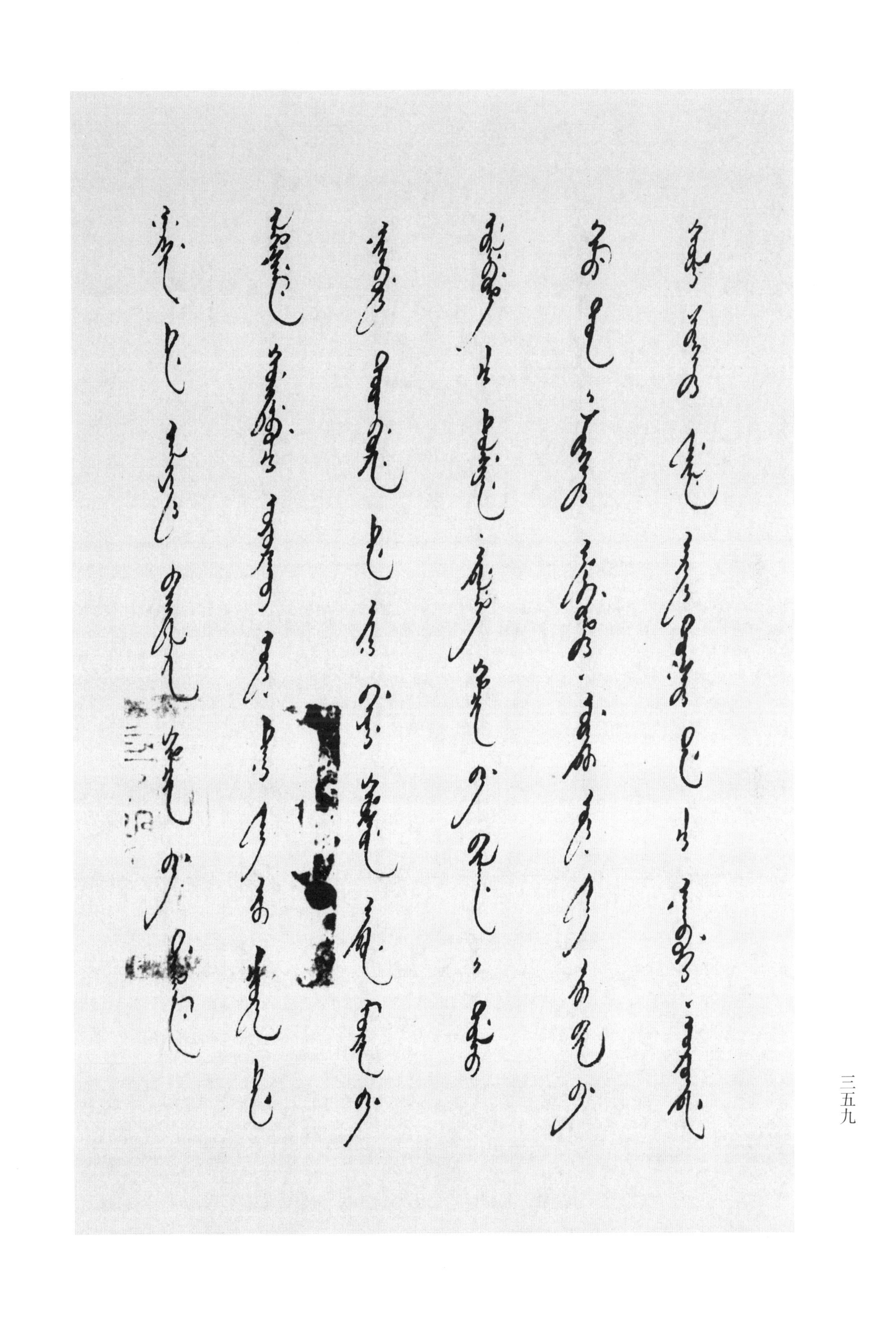

[illegible]

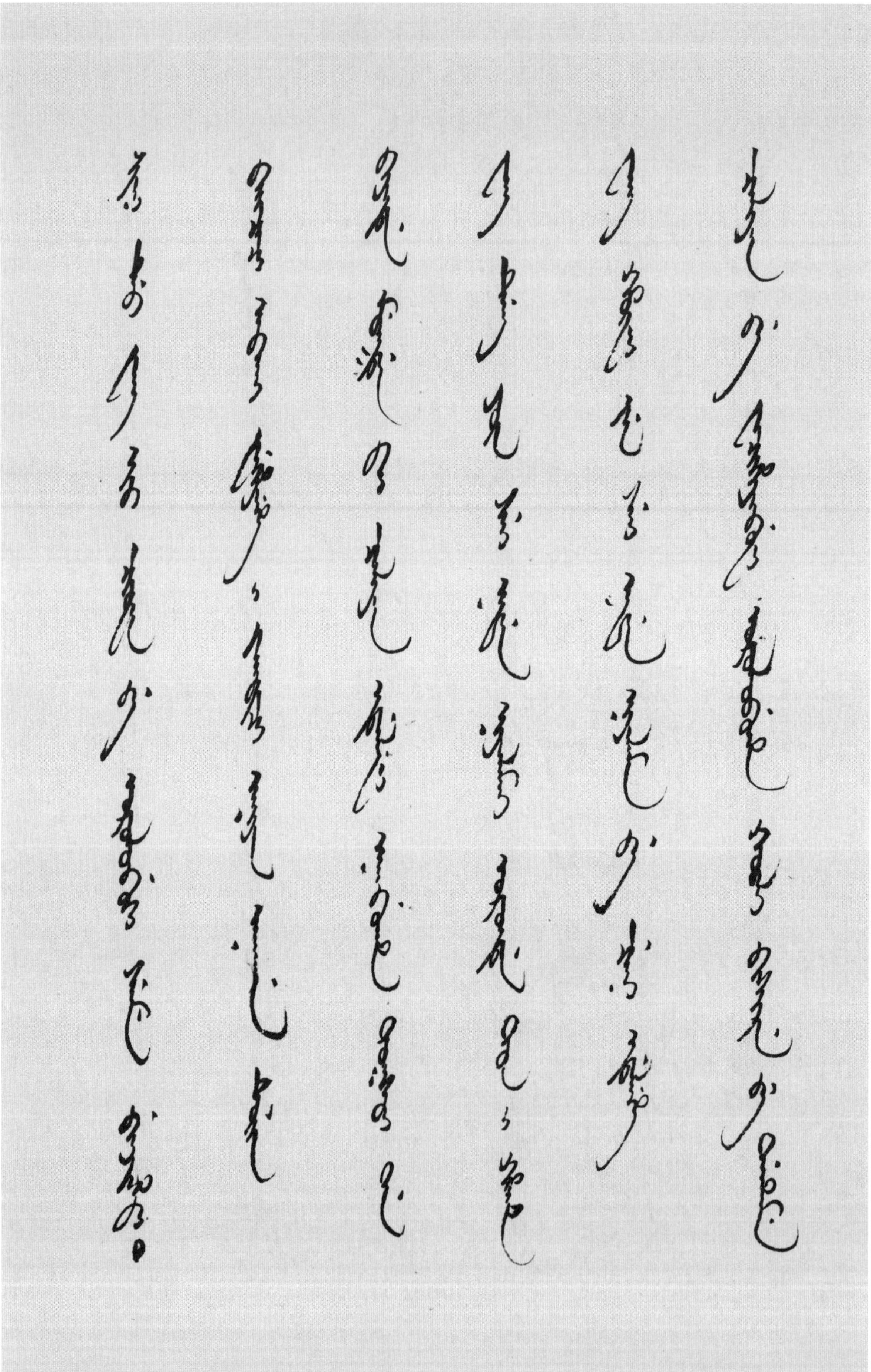

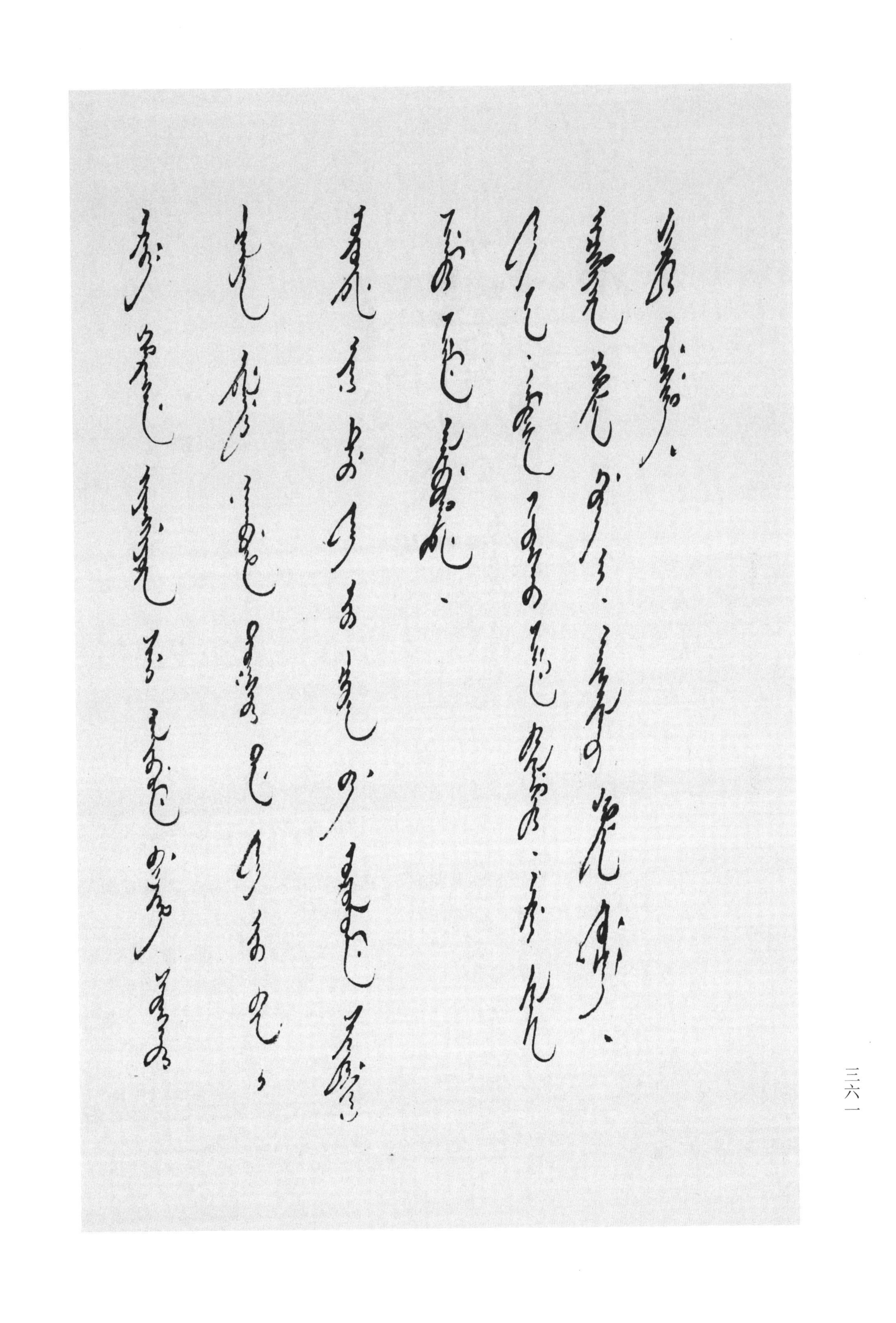

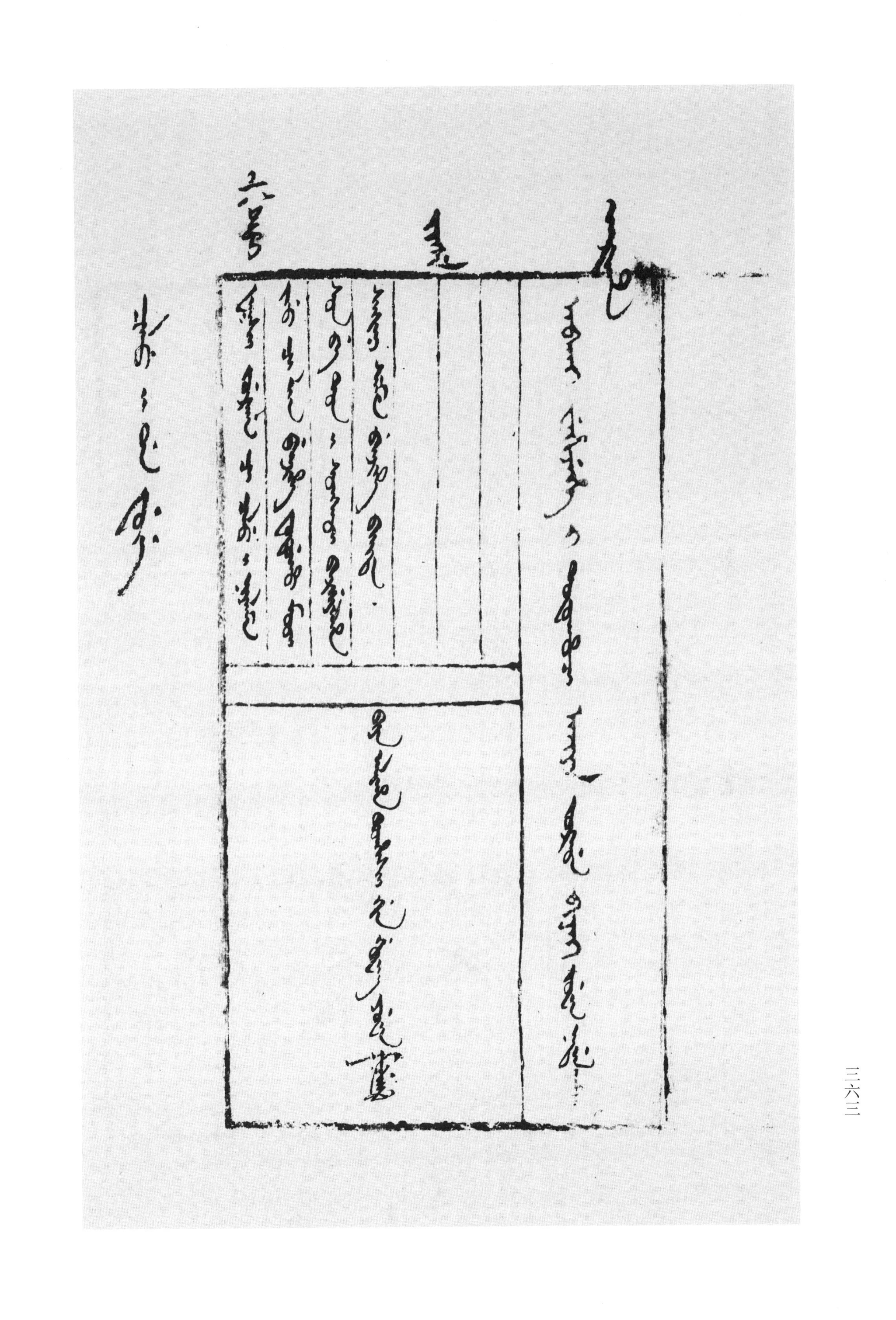

六号

ᠵᡠᠸᠠᠨ ᠨᠠᡩᠠᠨ ᡩᡝ

ᠵᡠᠸᠠᠨ ᠨᠠᡩᠠᠨ

ᠵᡠᠸᠠᠨ ᠨᠠᡩᠠᠨ

十七日

十七日

[illegible]

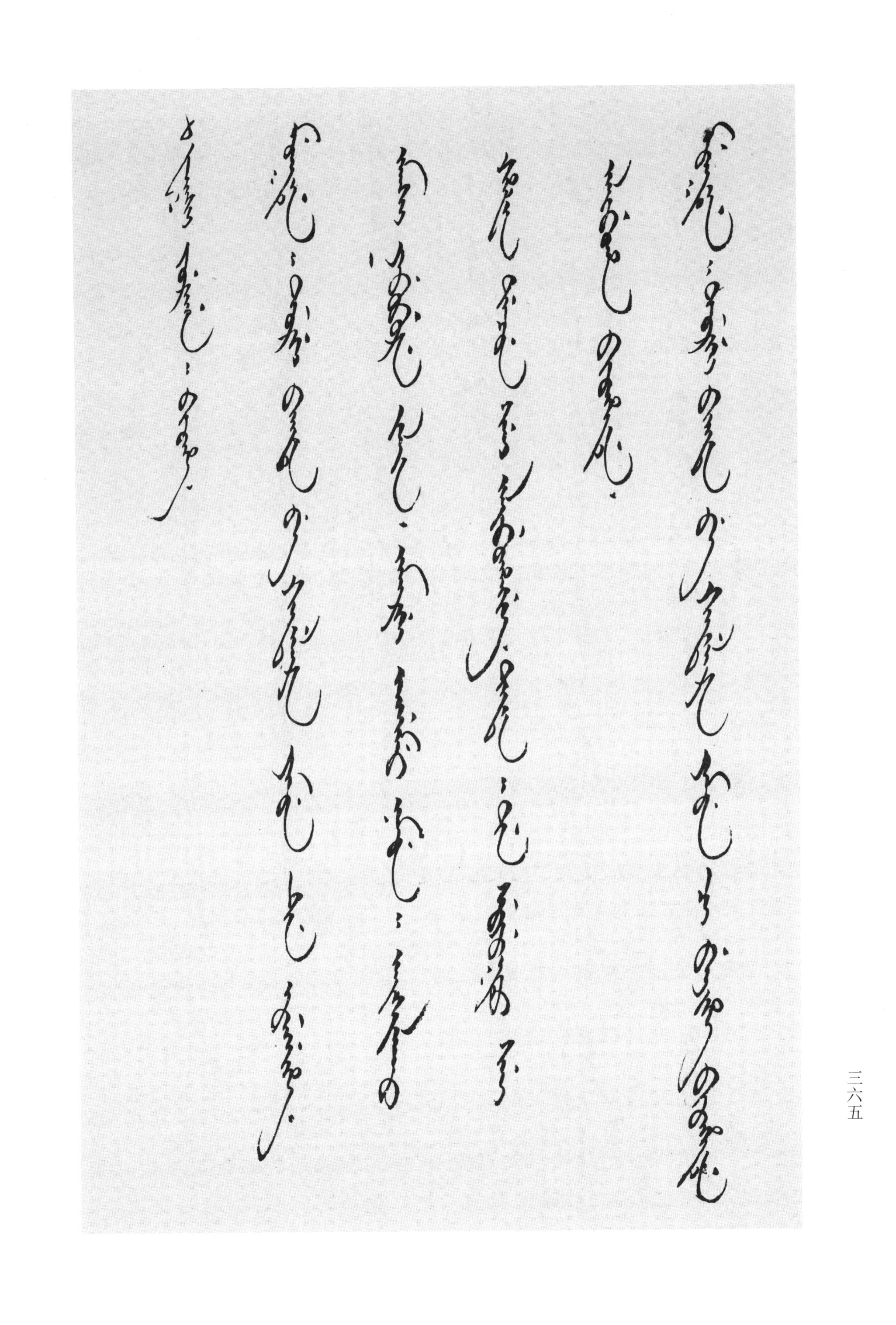

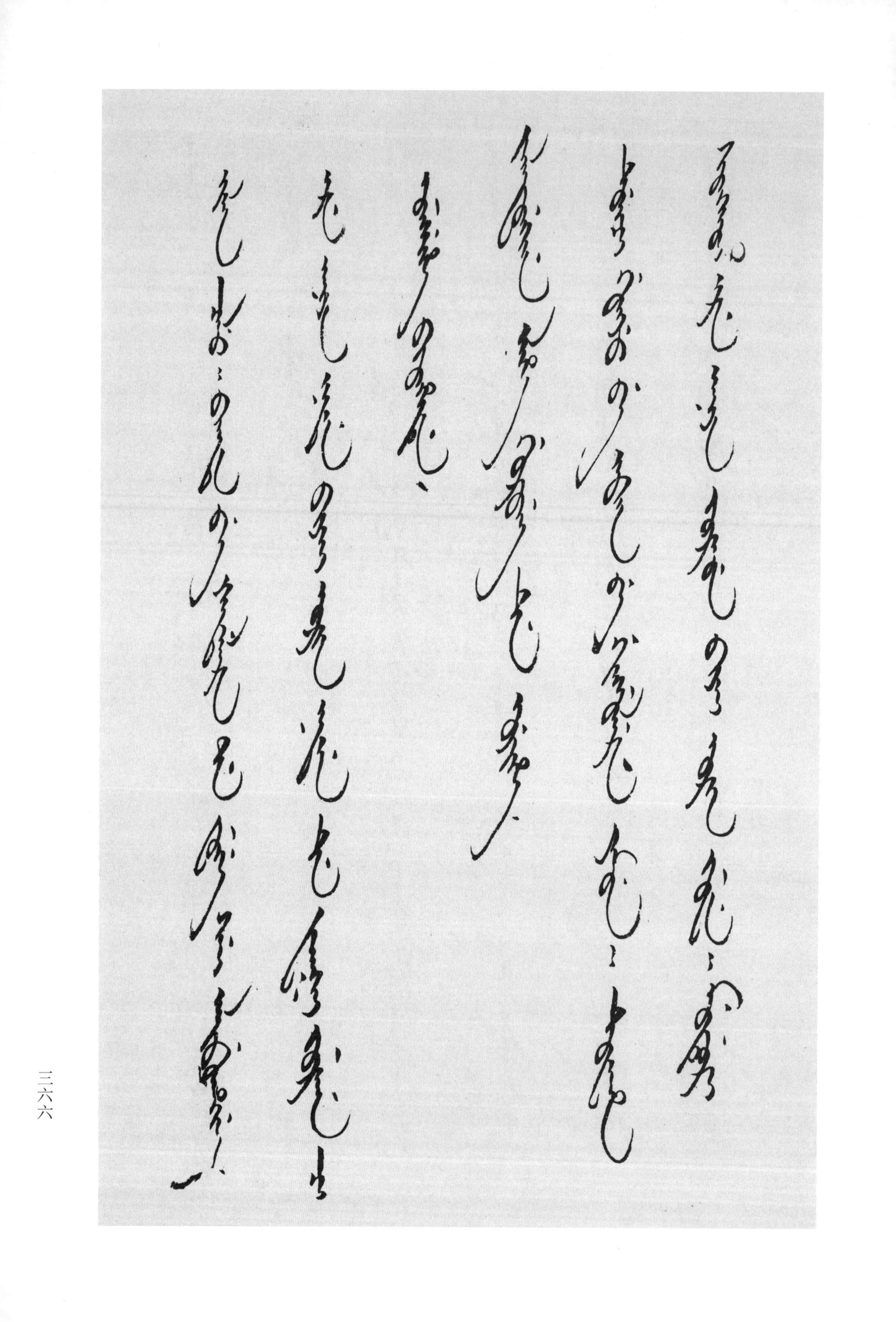

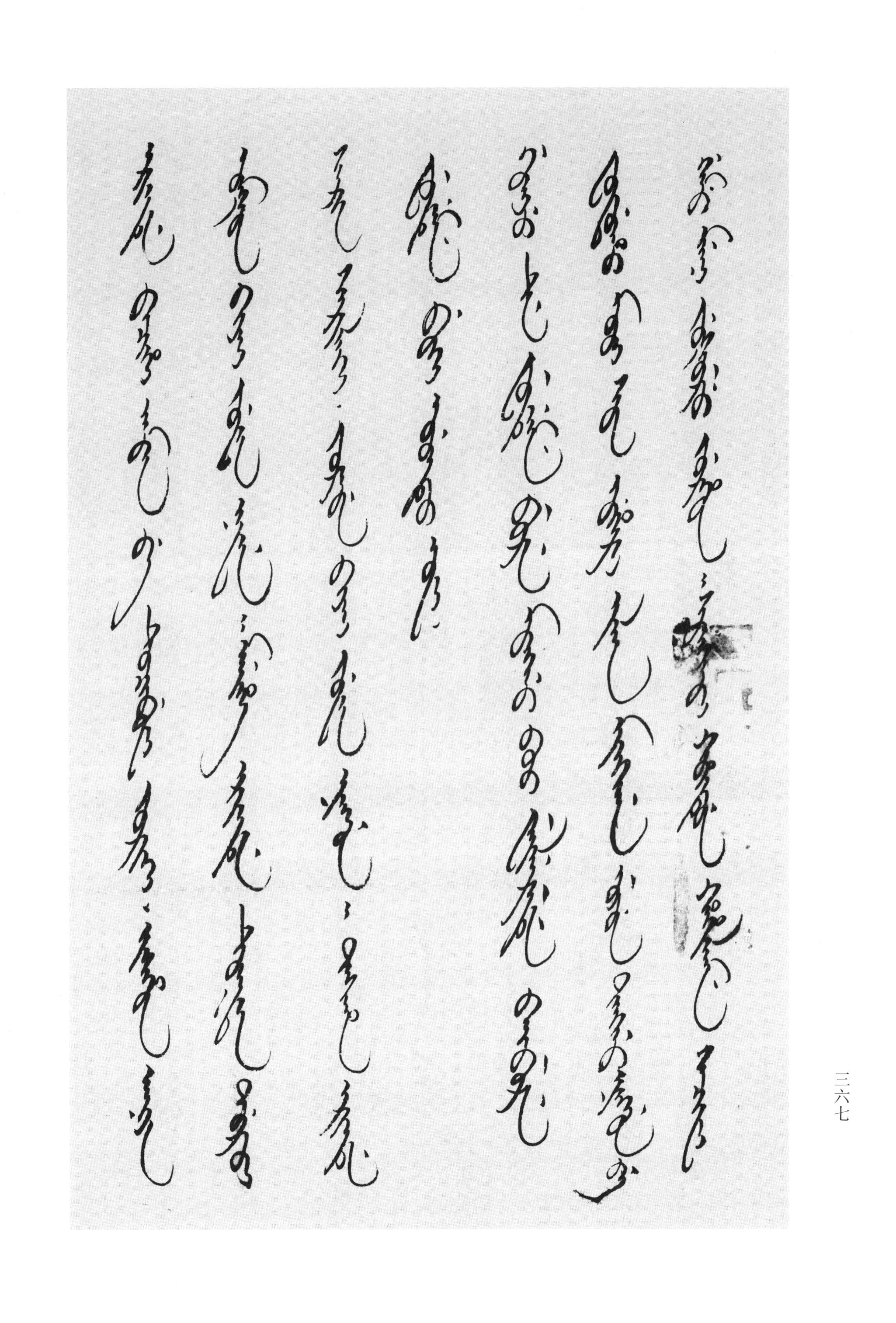

[illegible]

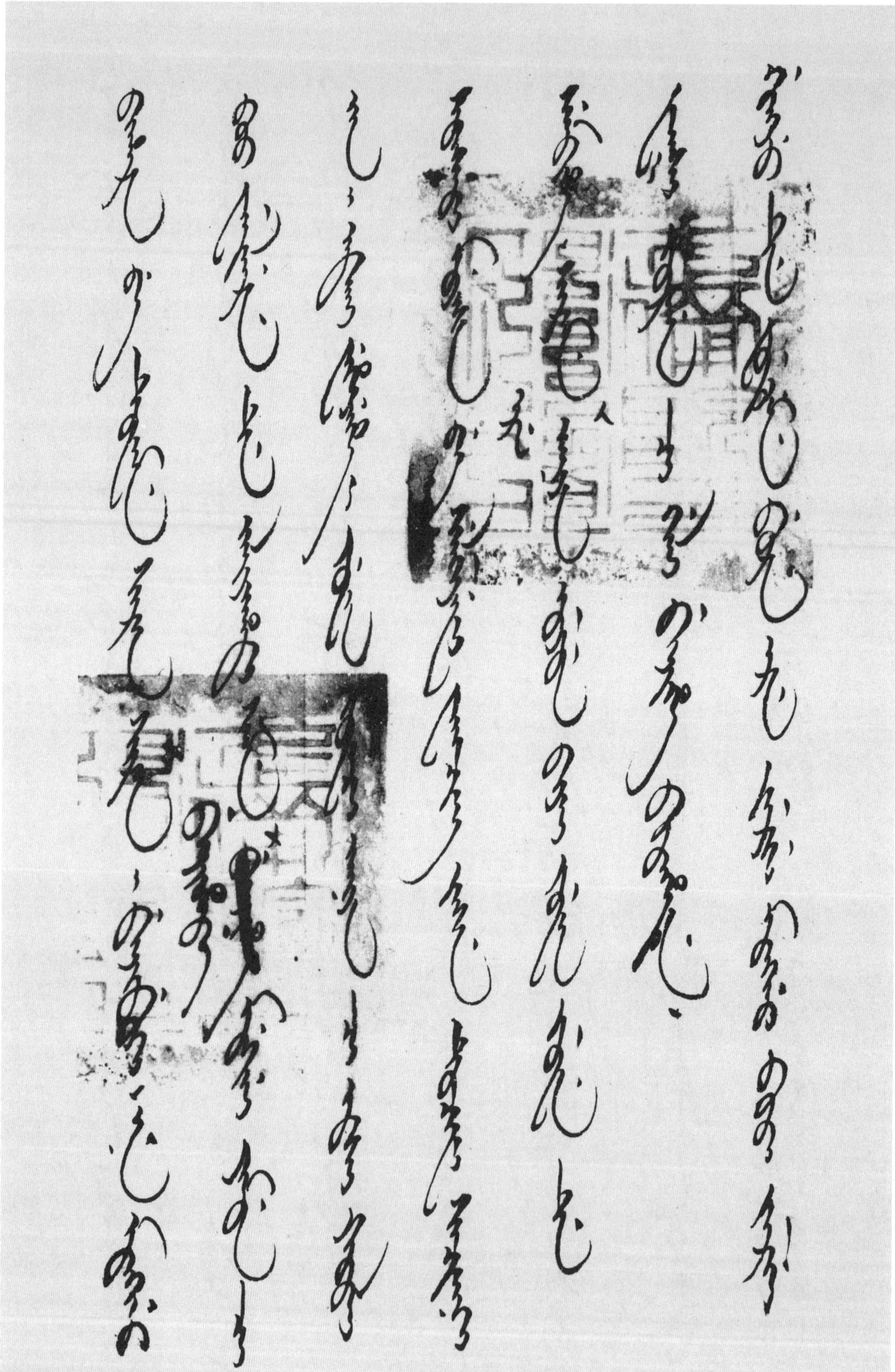

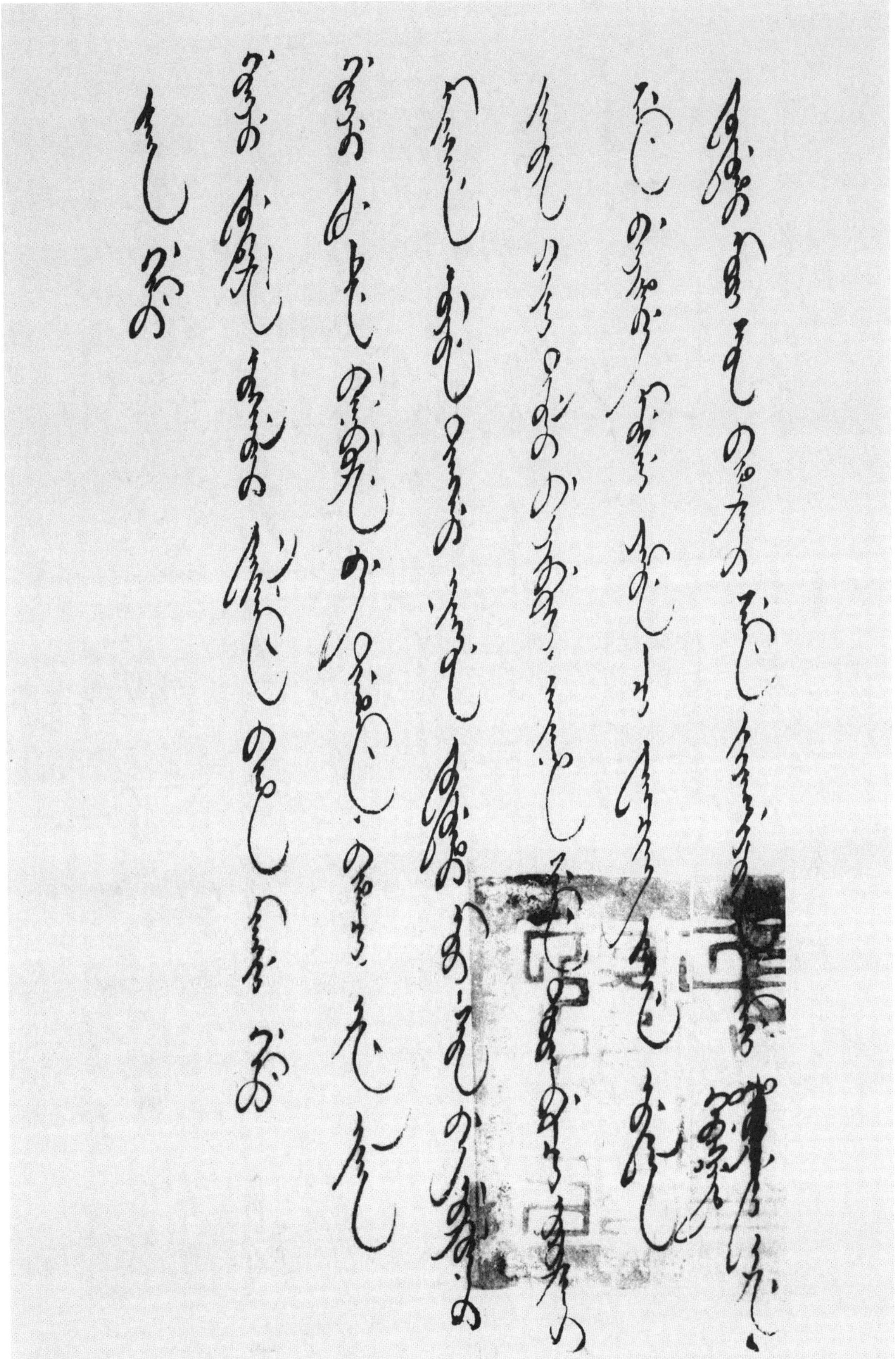

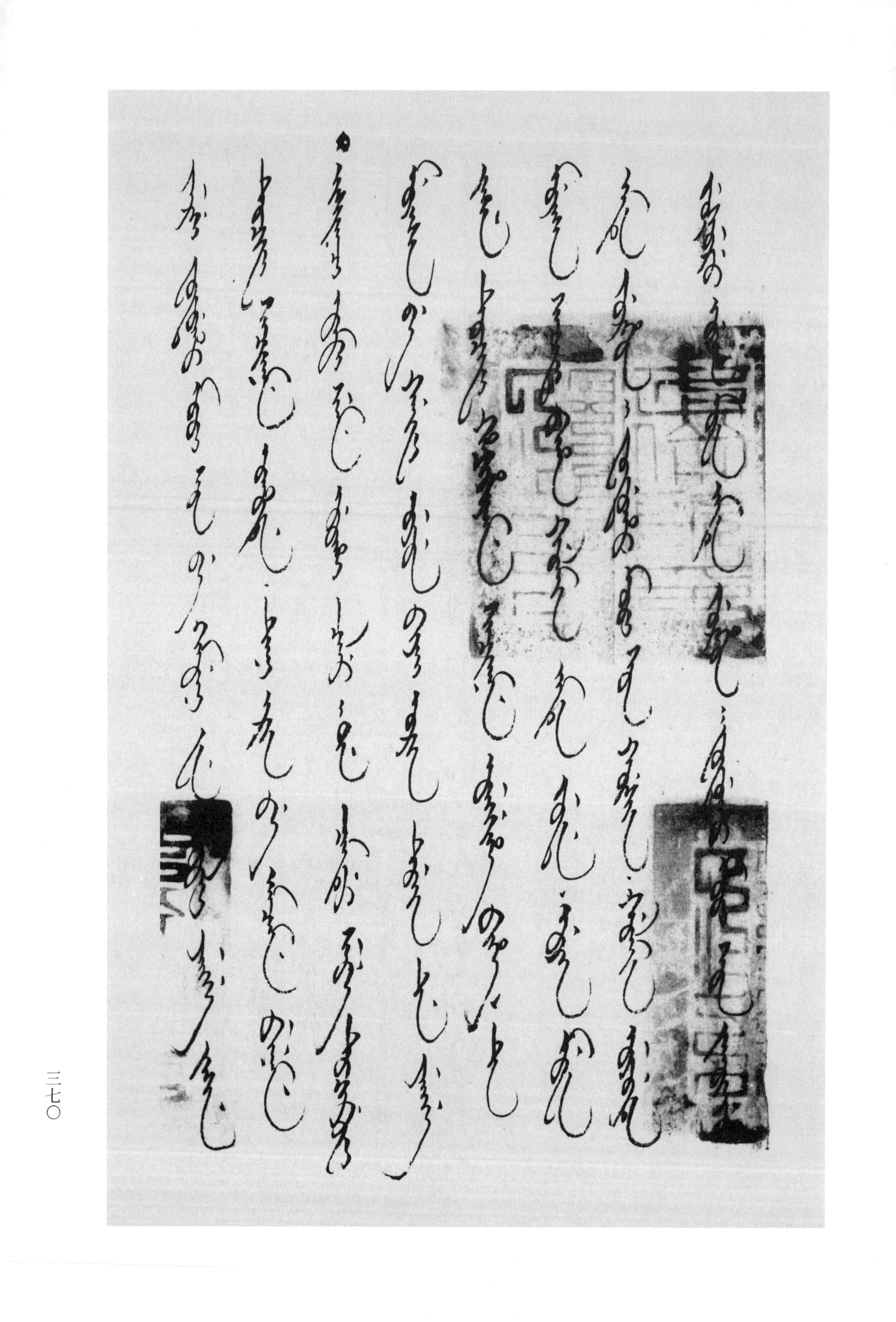

[illegible]

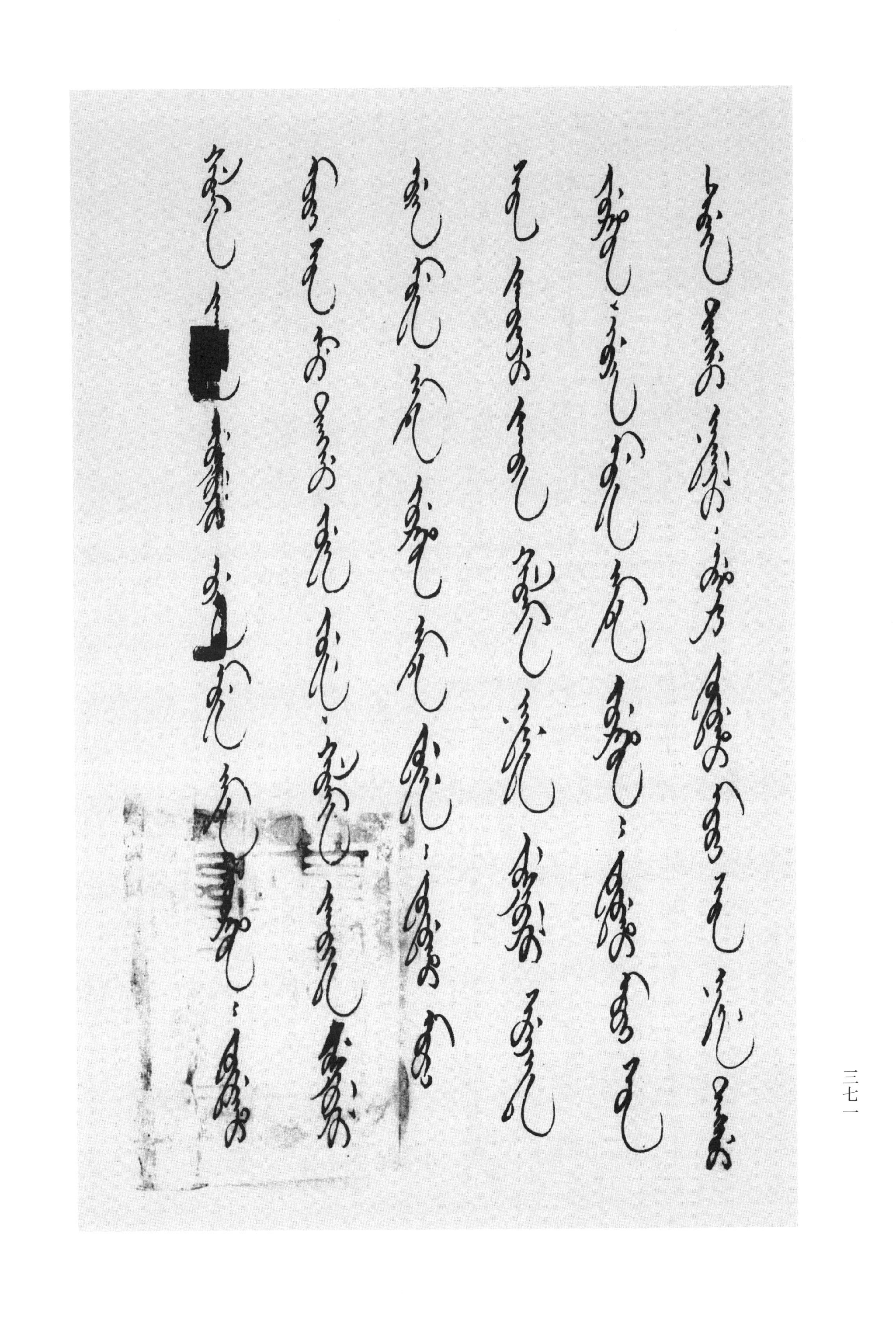

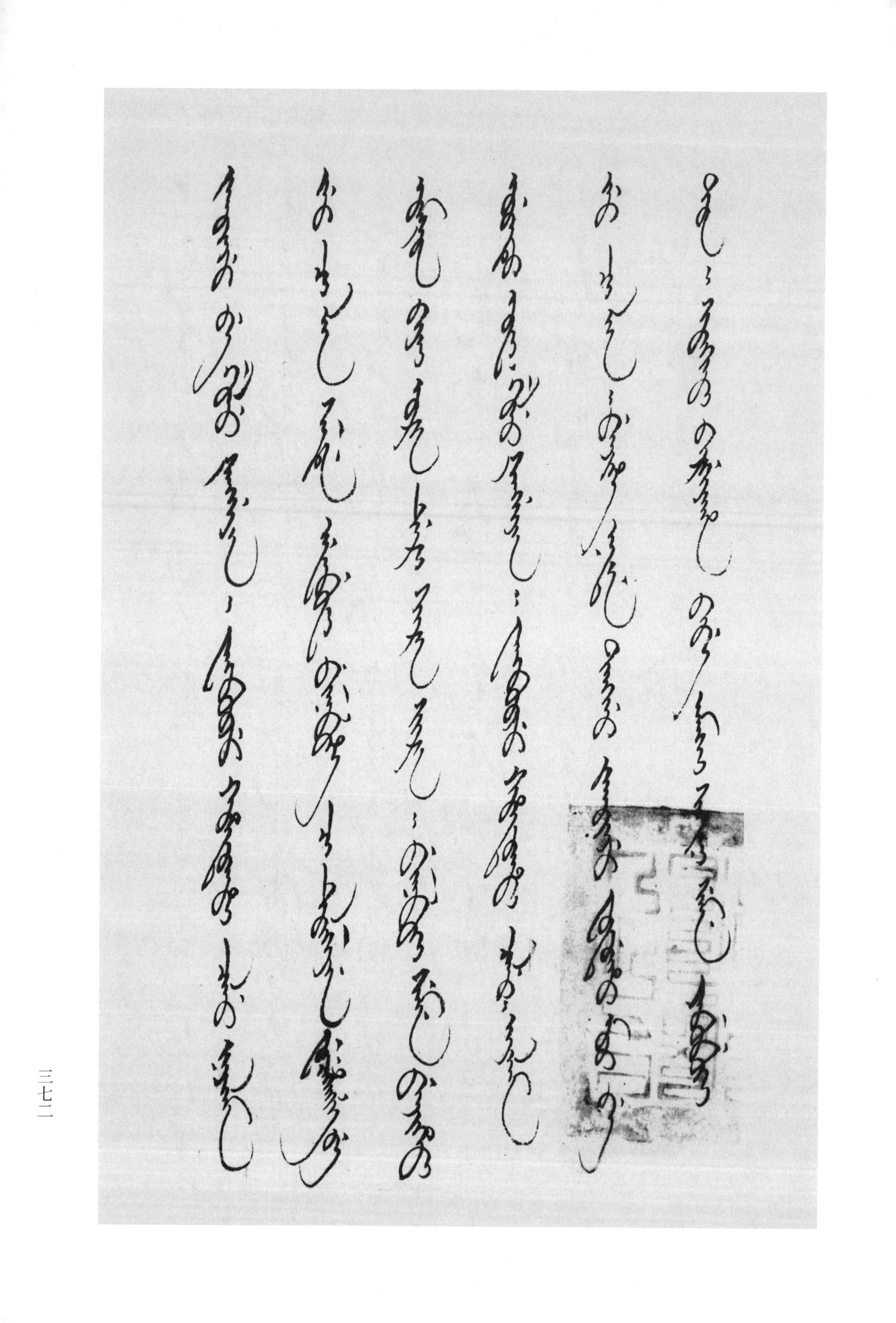

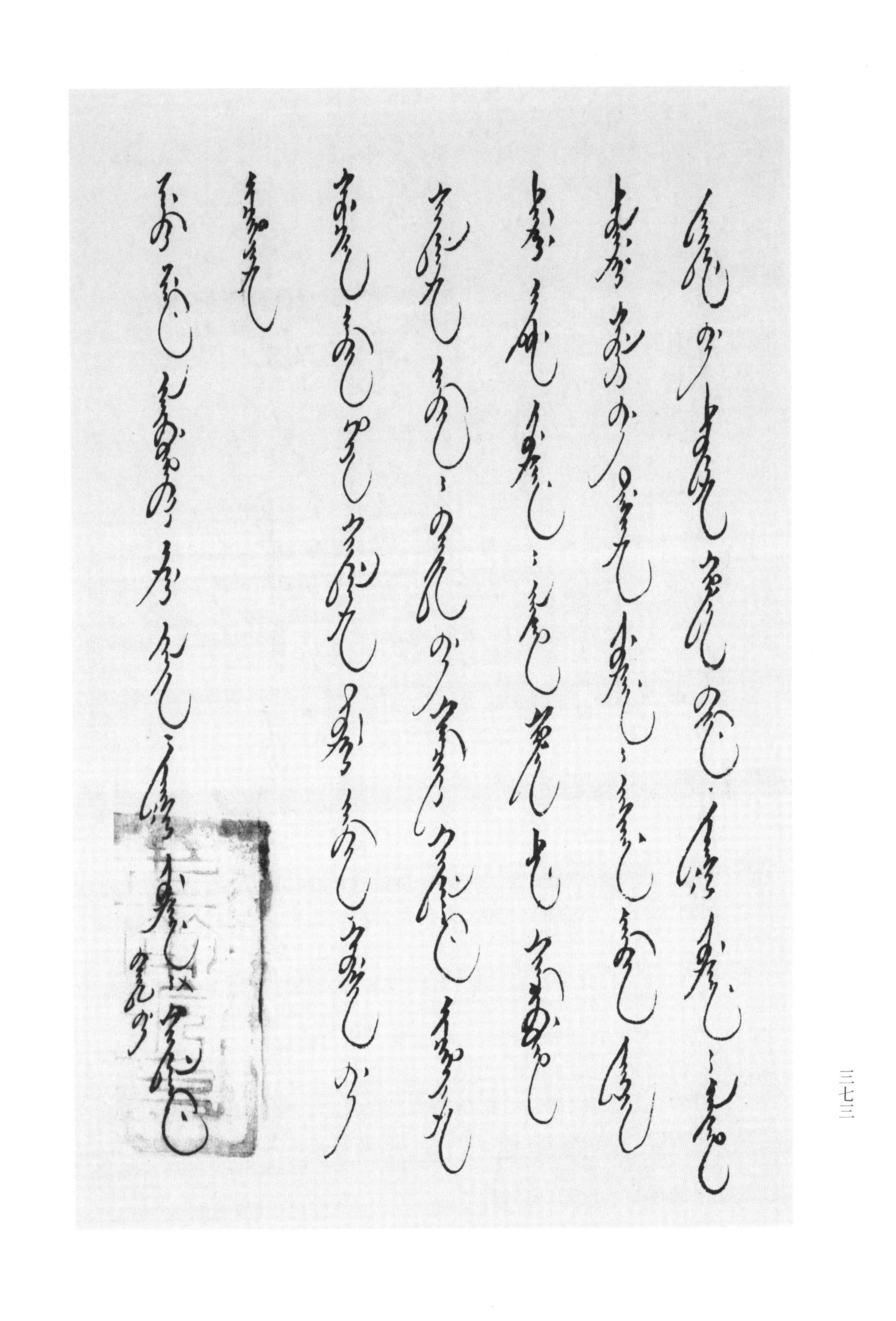

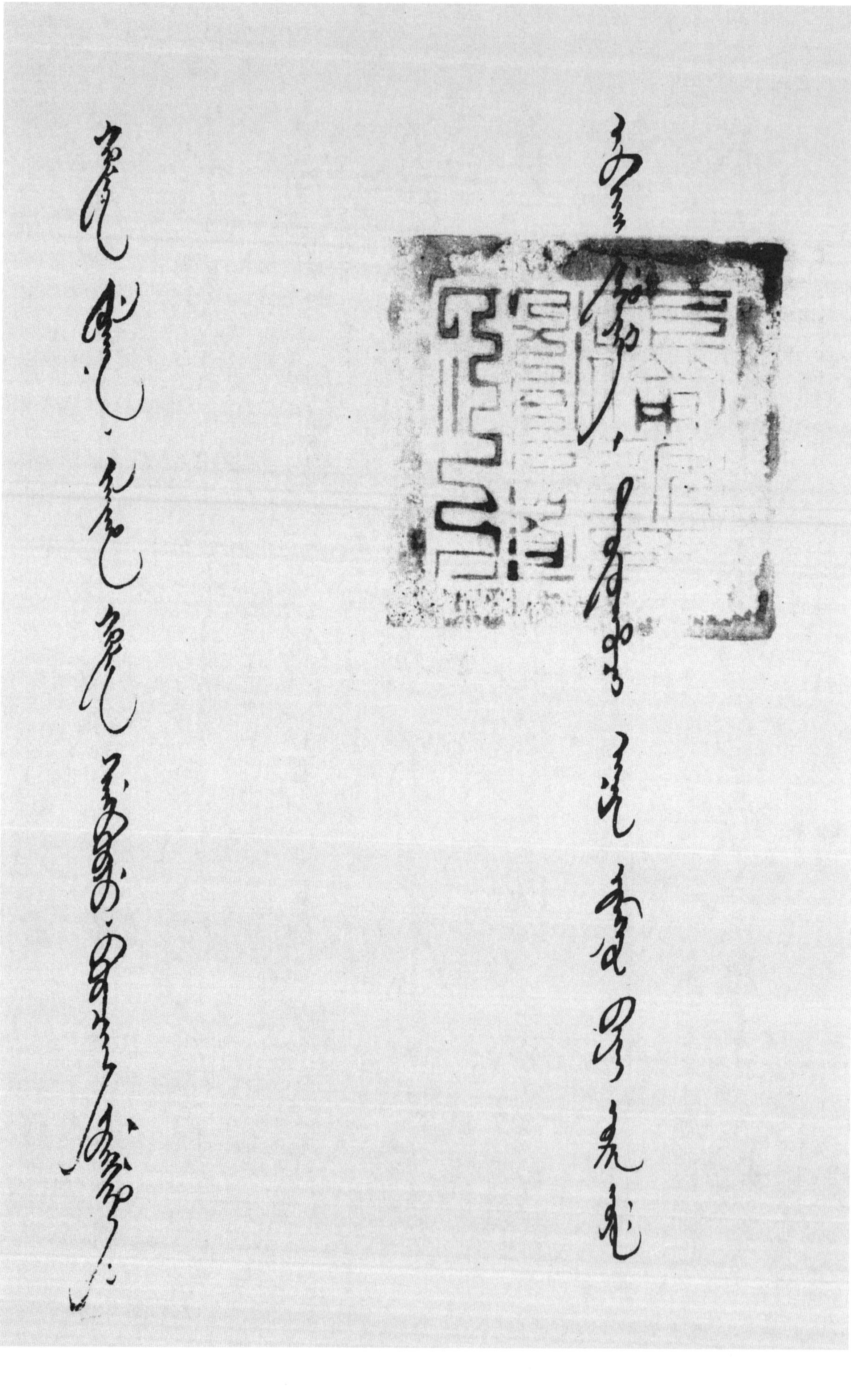

一戶開檔壯丁姜少仁馬年叁拾柒歲逃妻李氏羊年叁拾陸歲長子王金住羊年拾貳歲次子二小
子鼠年柒歲女大姐虎年拾柒歲次弟姜少義羊年叁拾陸歲逃三弟姜少礼猪年叁拾
貳歲次弟姜少智牛年叁拾歲逃五弟姜少信虎年貳拾玖歲逃男柒名口大口陸名口女貳名口小口叁名口以上
男女大小共玖名口無差丁壹名
一戶開檔壯丁蔡國喜雞年叁拾肆歲兄蔡國良牛年肆拾貳歲逃兄子大小子羊年拾貳歲
伯母馮氏虎年陸拾伍歲男叁名口大口叁名口女壹名口小口壹名口以上男女大小共肆名口內有差丁壹名
一戶開檔壯丁蔡國柱蛇年伍拾歲男壹名口內有差丁壹名
以上新陳共丁陸拾捌名

拾歲 媳朱氏馬年貳拾伍歲 男子捌名口 大口拾肆名口 女子玖名口 小口叁名口 以上男女大小共拾柒名口 内有差丁伍名

一戶壯丁李廷祿雞年肆拾陸歲 妻王氏猴年肆拾柒歲 長子壯丁李璞龍年貳拾柒歲

媳王氏虎年貳拾玖歲 孫春兒猴年拾壹歲 次子壯丁李書馬年貳拾伍歲

次弟壯丁李廷燦虎年肆拾壹歲 弟婦高氏牛年肆拾貳歲 次弟女刘叁姐馬年拾叁歲

三弟婦孀婦王氏蛇年叁拾捌歲 三弟婦子含子兔年肆歲 四弟壯丁李廷忠狗年叁拾叁歲 弟婦

刘氏羊年叁拾陸歲 五弟壯丁李廷美兔年貳拾捌歲 媳趙氏蛇年貳拾陸歲

男子捌名口 大口拾貳名口 女子柒名口 小口叁名口 以上男女大小共拾伍名口 内有差丁陸名

一戶開擋壯丁喬顧住猴年叁拾伍歲 長兄退丁喬大馬年捌拾伍歲 次兄喬三豬年捌拾歲

跟瞎三兄喬徐六牛年肆拾貳歲 退 以上男共肆名口 内有差丁壹名

男女大小共六名口　内有差丁壹名

一户丁壯李廷延龍年伍拾壹歲母孀婦何氏馬年柒拾叁歲長子丁壯李美虎年貳拾玖歲媳

趙氏龍年貳拾柒歲次子丁壯十子猴年貳拾叁歲媳邱氏馬年貳拾伍歲

男叁名口　大口陸名口　女叁名口　以上男女共陸名口　内有差丁叁名口

一户丁壯李秀鼠年叁拾壹歲妻徐氏馬年貳拾伍歲祖母孀婦王氏狗年捌拾壹歲父退丁李

廷獬鼠年伍拾伍歲母呂氏狗年伍拾柒歲弟銀住兎年拾陸歲堂嬸母孀婦黄氏猴年

伍拾玖歲堂嬸母長子丁壯李春鳥年叁拾柒歲媳徐氏鼠年叁拾壹歲孫女小姐馬年拾

叁歲堂嬸母次子丁壯二各羊年叁拾陸歲媳呂氏雞年叁拾肆歲堂嬸母三子丁壯三各鼠年叁

拾壹歲媳李氏狗年叁拾叁歲孫小小子羊年拾貳歲堂嬸母四子丁壯五各牛年叁

拾伍歲 男肆名口 大口伍名口 女貳名口 小口壹名口 以上男女大小共陸名口 内有差丁貳名

一户壮丁李思偉兎年伍拾貳歲 妻趙氏羊年肆拾捌歲 長子壮丁李文耀龍年貳拾

柒歲 媳趙氏猪年叁拾貳歲 次子壮丁李文喜馬年貳拾伍歲 三子壮丁李文玉猴年貳

拾叁歲 女二姐虎年拾柒歲 堂叔壮丁李三馬年叁拾柒歲 堂嬸母丁氏羊年叁拾陸歲

堂叔女六姐蛇年拾肆歲 堂弟壮丁李思英鼠年叁拾壹歲 弟婦董氏猴年叁拾

伍歲 男陸名口 大口拾名口 女陸名口 小口貳名口 以上男女大小共拾貳名口 内有差丁陸名

一户壮丁李二狗年肆拾伍歲 妻王氏牛年肆拾貳歲 長子壮丁大小子雞年貳拾貳歲 次子二小子兎年

拾陸歲 三子三小子馬年拾叁歲 男肆名口 大口叁名口 女壹名口 小口貳名口 以上男女大小共伍名口 内有差丁貳名

一户壮丁火保子猪年叁拾歲 妻刘氏鼠年叁拾壹歲 子十住猪年捌歲 男貳名口 大口貳名口 女壹名口 小口壹名口 以上

鼠年柒歲 次弟壯丁 趙惠 猪年叁拾貳歲 弟婦 昜氏 狗年叁拾叁歲 次弟子 趙鑚子 虎年
伍歲 堂叔父退丁 趙得貴 雞年柒拾歲 堂嬸母 唐氏 兎年陸拾肆歲 堂叔子壯丁 趙儉 馬年
叁拾柒歲 媳 昜氏 虎年肆拾壹歲 堂叔長孫 刘五子 兎年肆歲 堂叔次媳孀婦 李氏 牛年叁拾歲
堂叔次孫 鄧六 龍年叁歲 堂叔三子壯丁 趙謙 牛年叁拾歲 媳 姜氏 猴年貳拾叁歲 堂嬸母孀婦 趙氏 牛年肆
拾貳歲 堂嬸母長子壯丁 五十子 猴年貳拾叁歲 媳 王氏 兎年貳拾捌歲 堂嬸母長孫 常生 牛年
陸歲 堂嬸母次孫 海州 龍年叁歲 堂嬸母次子壯丁 二各 雞年貳拾貳歲 堂嬸母三子新丁 三各 牛年
拾捌歲 男拾伍名口 大口拾柒名口 女捌名口 小口陸名口 以上男女大小共貳拾叁名口 內有差丁捌名
一戶壯丁 金梁 羊年貳拾肆歲 父退丁 趙得亮 雞年伍拾捌歲 母 趙氏 羊年陸拾歲 堂嬸
母孀婦 丁氏 虎年肆拾壹歲 堂嬸母長子壯丁 二各 猴年貳拾叁歲 堂嬸母次子 小四兒 龍年

堂孀母長男壯丁趙典乾馬年叁拾柒歲媳常氏鼠年叁拾壹歲孀母次子壯丁趙常五龍年貳
拾柒歲媳張氏牛年叁拾歲孀母孫傻子龍年叁歲孀母三子壯丁趙匋氣子馬年貳拾伍歲
孀母四子新丁趙老各猪年貳拾歲男捌名口大口拾貳名口女伍名口小口壹名口以上男女大小共拾叁名口內有差丁伍名
一戶壯丁趙石頭蛇年叁拾捌歲妻龍氏猴年叁拾伍歲年刘五牛年陸歲次弟趙二各雞年叁
拾肆歲逃三弟壯丁趙四各龍年貳拾柒歲男肆名口大口肆名口女壹名口小口壹名口以上男女大小共伍名口內有差丁貳名
一戶壯丁趙得住兔年伍拾貳歲妻陳氏鼠年肆拾叁歲子大各虎年拾柒歲女二姐羊年拾
貳歲次弟壯丁趙得法牛年肆拾貳歲三弟壯丁趙三子蛇年叁拾捌歲弟婦王氏猪年叁
拾貳歲三弟子二小子虎年伍歲男伍名口大口伍名口女叁名口小口叁名口以上男女大小共捌名口內有差丁叁名
一戶壯丁趙寬鼠年肆拾叁歲母孀婦于氏牛年陸拾陸歲長子壯丁六十七龍年貳拾柒歲次子常陀保

一戶壯丁趙與礼猪年伍拾陸歲妻吴氏羊年陸拾歲父退丁趙希漢猴年捌拾叁歲子壯丁趙

朴狗年叁拾叁歲媳齊氏雞年叁拾肆歲孫五各蛇年一拾肆歲男肆名口 大口伍名口 女貳名口 小口壹名口

以上男女大小共陸名口　内有差丁貳名

一戶壯丁趙玉羊年肆拾捌歲妻到氏羊年叁拾陸歲子壯丁五斤兒狗年貳拾壹歲

次子新丁二各鼠年拾玖歲次弟壯丁丫尔太狗年叁拾叁歲弟婦王氏牛年叁拾歲

次弟子大各蛇年拾肆歲三弟婦孀婦金氏馬年叁拾柒歲三弟婦子四各猴年拾壹

歲男陸名口 大口柒名口 女叁名口 小口貳名口　以上男女大小共玖名口　内有差丁肆名

一戶壯丁趙與義猴年叁拾伍歲妻羅氏兔年貳拾捌歲父退丁趙希雲羊年柒拾貳歲

母陳氏兔年陸拾肆歲兄趙與斌牛年肆拾貳歲逃堂嬸母孀婦呂氏馬年陸拾壹歲

三八一

以上男女大小共陸名口　内有差丁叁名

一户壯丁趙兴明猪年伍拾陸歲妻王氏虎年伍拾叁歲長子壯丁保子虎年貳拾玖歲長孫七十三猴年拾壹歲次子壯丁三子羊年貳拾肆歲媳趙氏羊年貳拾肆歲次孫常路龍年叁歲次弟壯丁趙兴美虎年伍拾叁歲弟婦李氏虎年伍拾叁歲次弟長子壯丁六子龍年貳拾柒歲媳王氏虎年貳拾玖歲次弟次子黑子猴年拾壹歲三弟壯丁趙兴玉馬年肆拾玖歲弟婦楊氏雞年肆拾陸歲三弟長子壯丁大各雞年貳拾貳歲媳田氏雞年貳拾貳歲

男拾名口 大口拾叁名口　女陸名口 小口叁名口　以上男女大小共拾陸名口　内有差丁柒名

一户壯丁趙希伯猪年伍拾陸歲子定柱龍年貳拾柒歲白眼瞎堂侄壯丁趙得禄狗年叁拾叁歲媳王氏虎年貳拾玖歲男叁名口 大口肆名口　女壹名口　以上男女共肆名口　内有差丁壹名

一户頭鹽灶趙得卯兎年伍拾叁歲妻王氏馬年肆拾玖歲長子壯丁趙盖州龍年貳拾柒歲媳周

氏猪年叁拾貳歲孫觀音保虎年伍歲孫女小姐鼠年柒歲次子小五子馬年拾叁歲

次弟婦孀婦楊氏羊年肆拾捌歲弟婦長子壯丁趙二保龍年貳拾柒歲媳李氏虎年貳拾玖歲弟婦

次子六十九狗年玖歲弟婦女三姐馬年拾叁歲三弟婦孀婦費氏猪年肆拾肆歲弟婦長子壯丁三子狗年貳

拾壹歲弟婦女四姐猴年拾壹歲男柒名口 大口玖名口 女捌名口 小口陸名口 以上男女大小共拾伍名口　內有差丁肆名

一户壯丁趙狗四羊年叁拾陸歲妻吴氏蛇年叁拾捌歲父退丁趙得明羊年陸拾歲子大呇蛇年拾肆歲叔父趙得

宮遊猪年伍拾陸歲次弟趙狗五猪年叁拾貳歲遊 男伍名口 大口伍名口 女壹名口 小口壹名口 以上男女大小共陸名口　內有差丁壹名

一户壯丁八子鼠年叁拾壹歲父退丁趙得位兎年伍拾貳歲母孔氏鼠年伍拾伍歲次弟壯丁干生

龍年貳拾柒歲三弟壯丁趙煙雞年貳拾貳歲妹大姐兎年拾陸歲男肆名口 大口伍名口 女貳名口 小口壹名口

廂黄旗

乾隆拾伍年

盖庄頭户口丁册

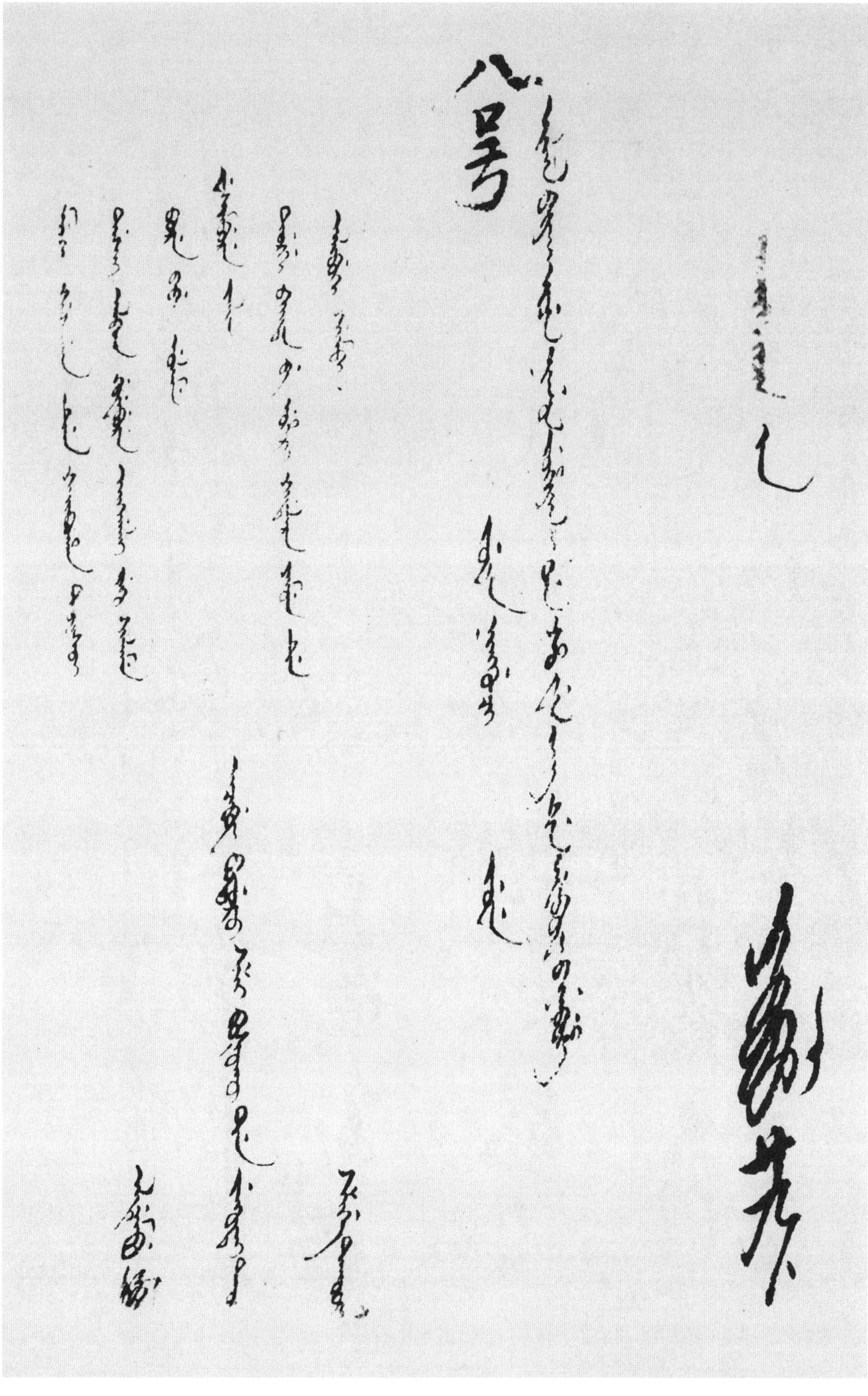
八号

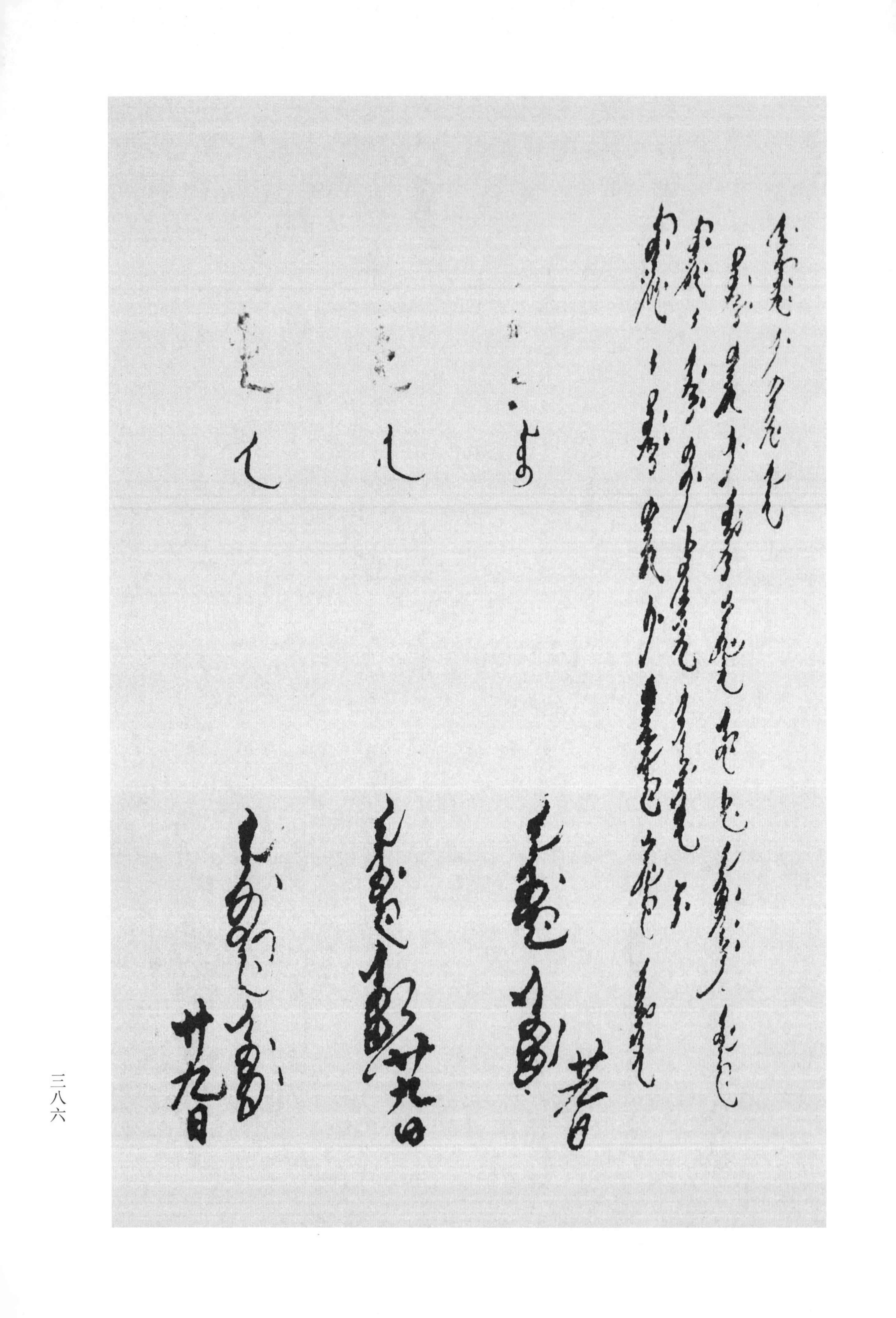

普

廿九日

廿九日

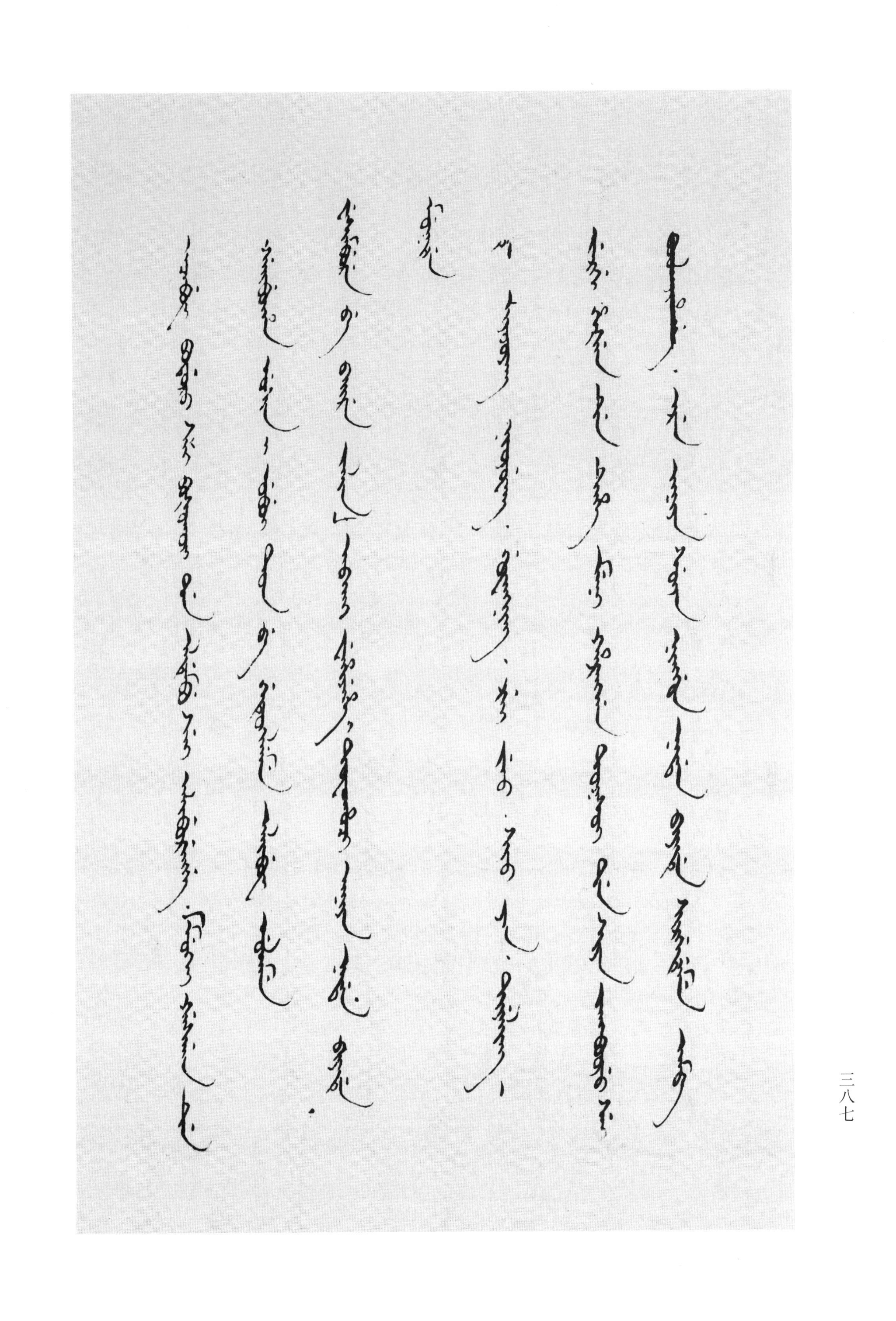

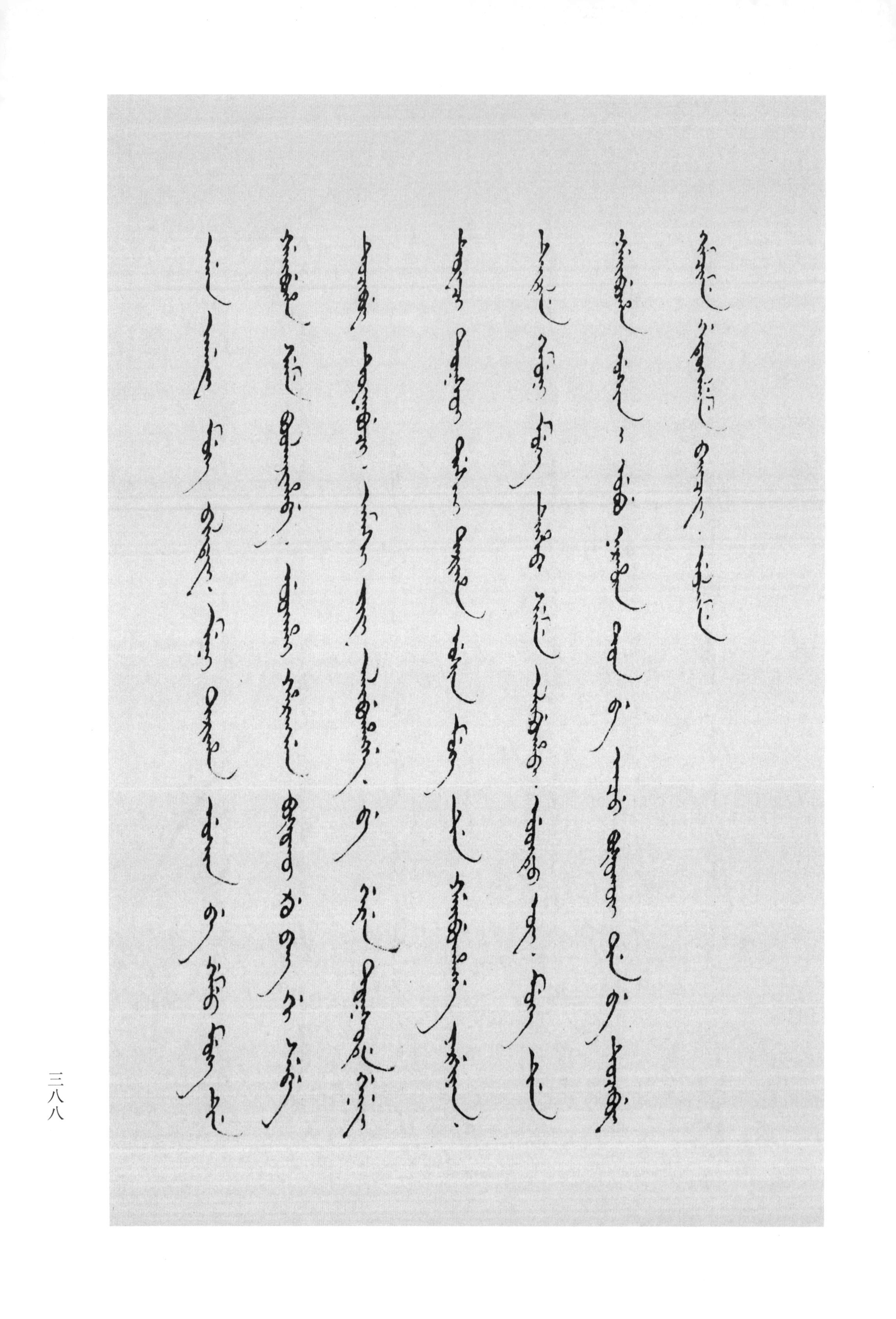

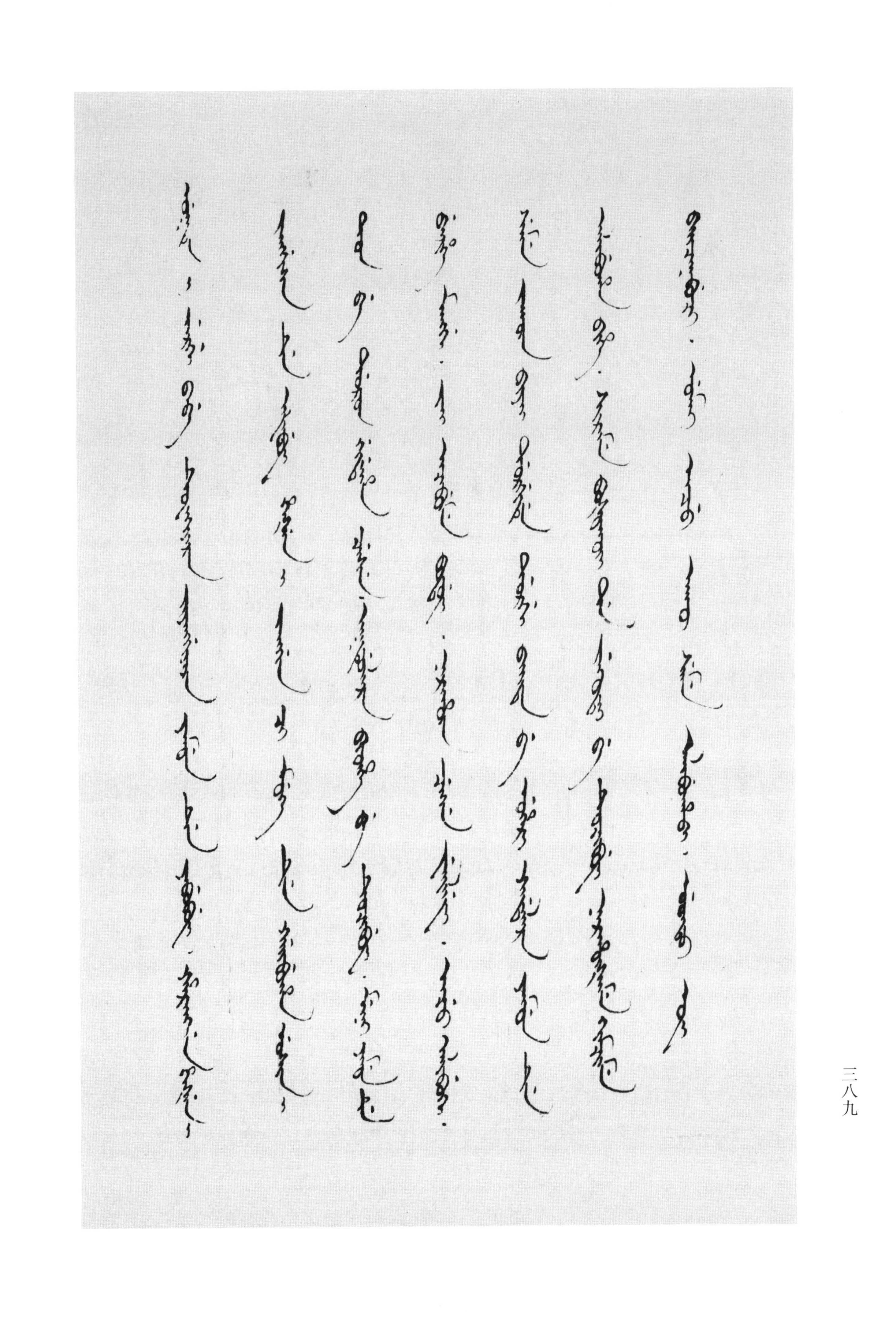

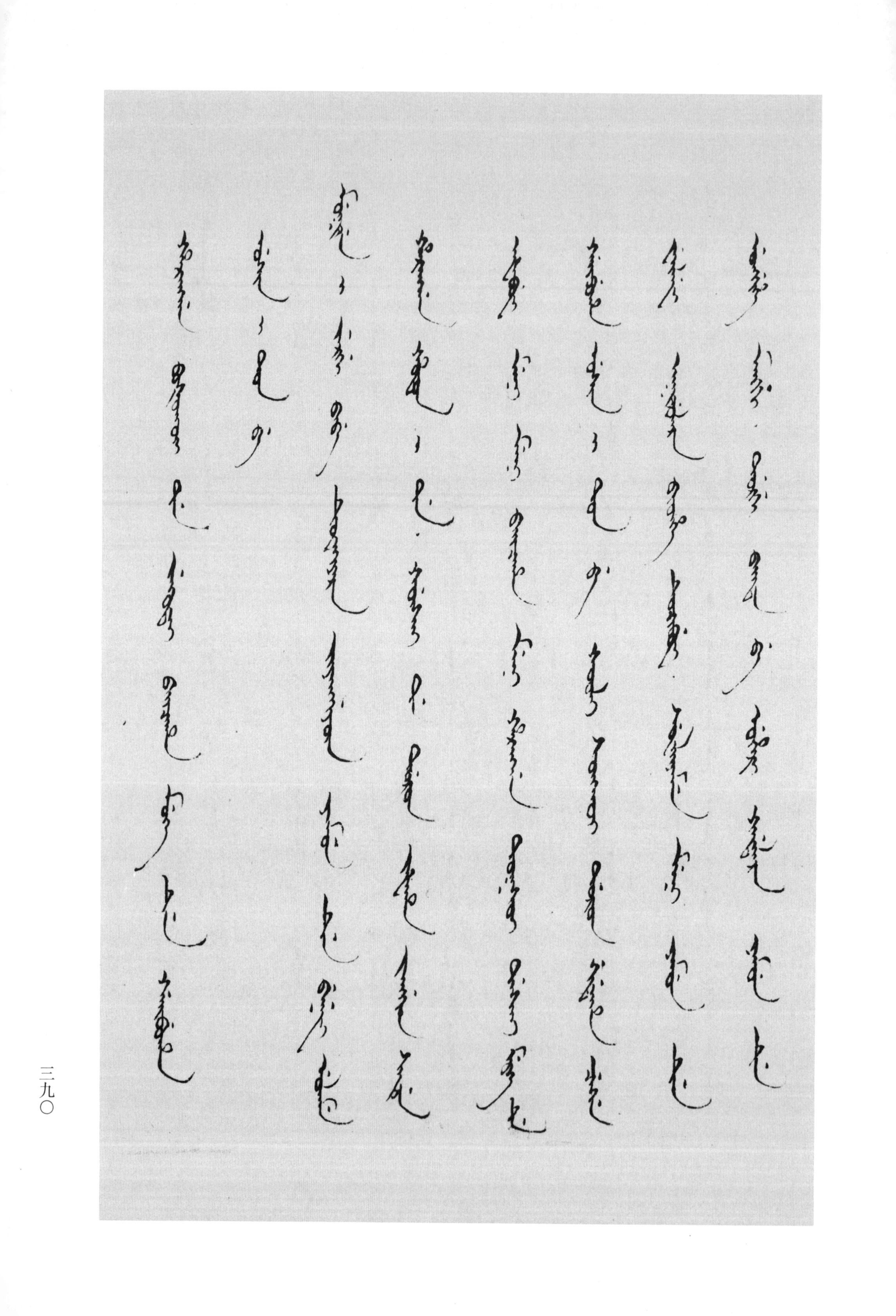

[illegible]

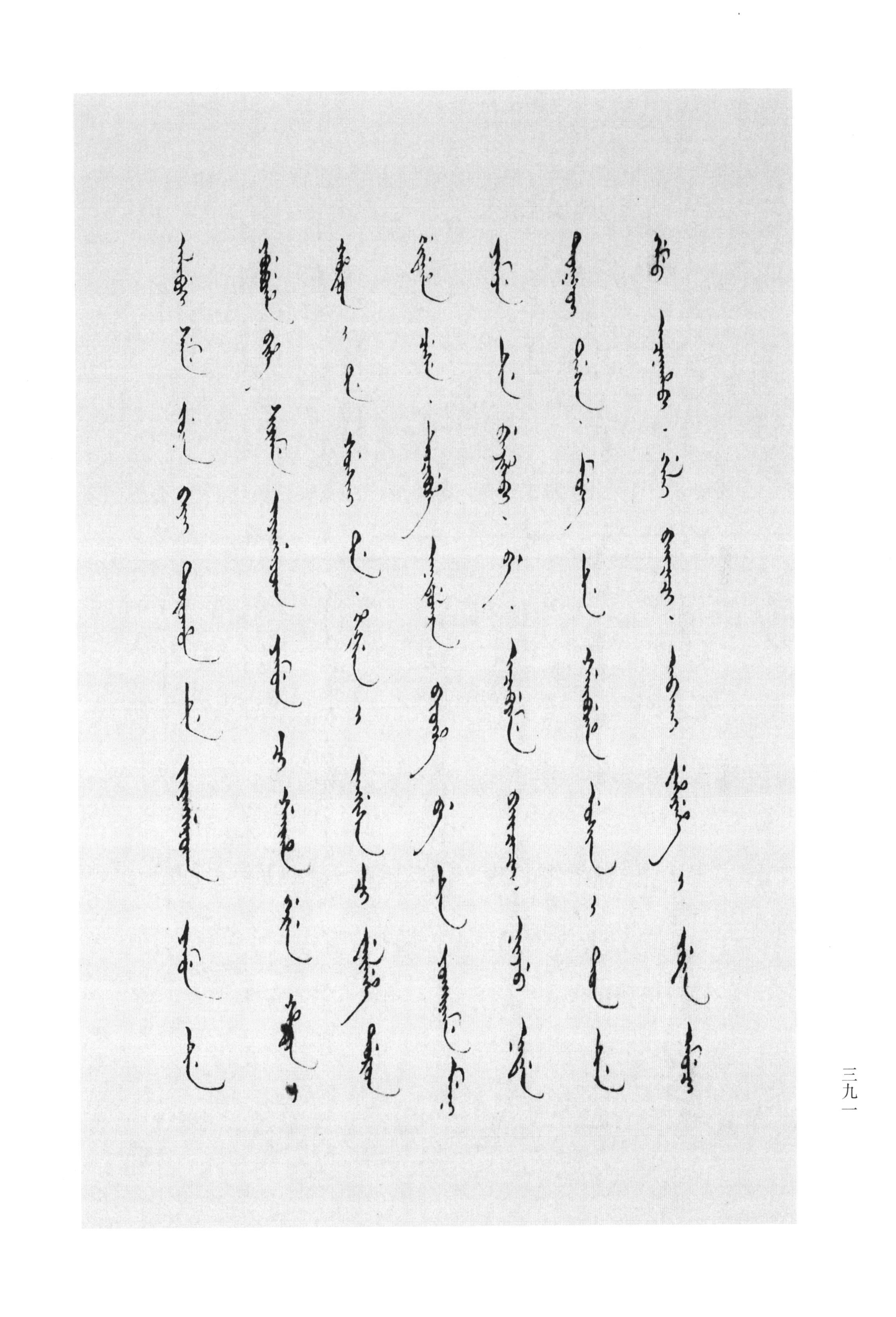

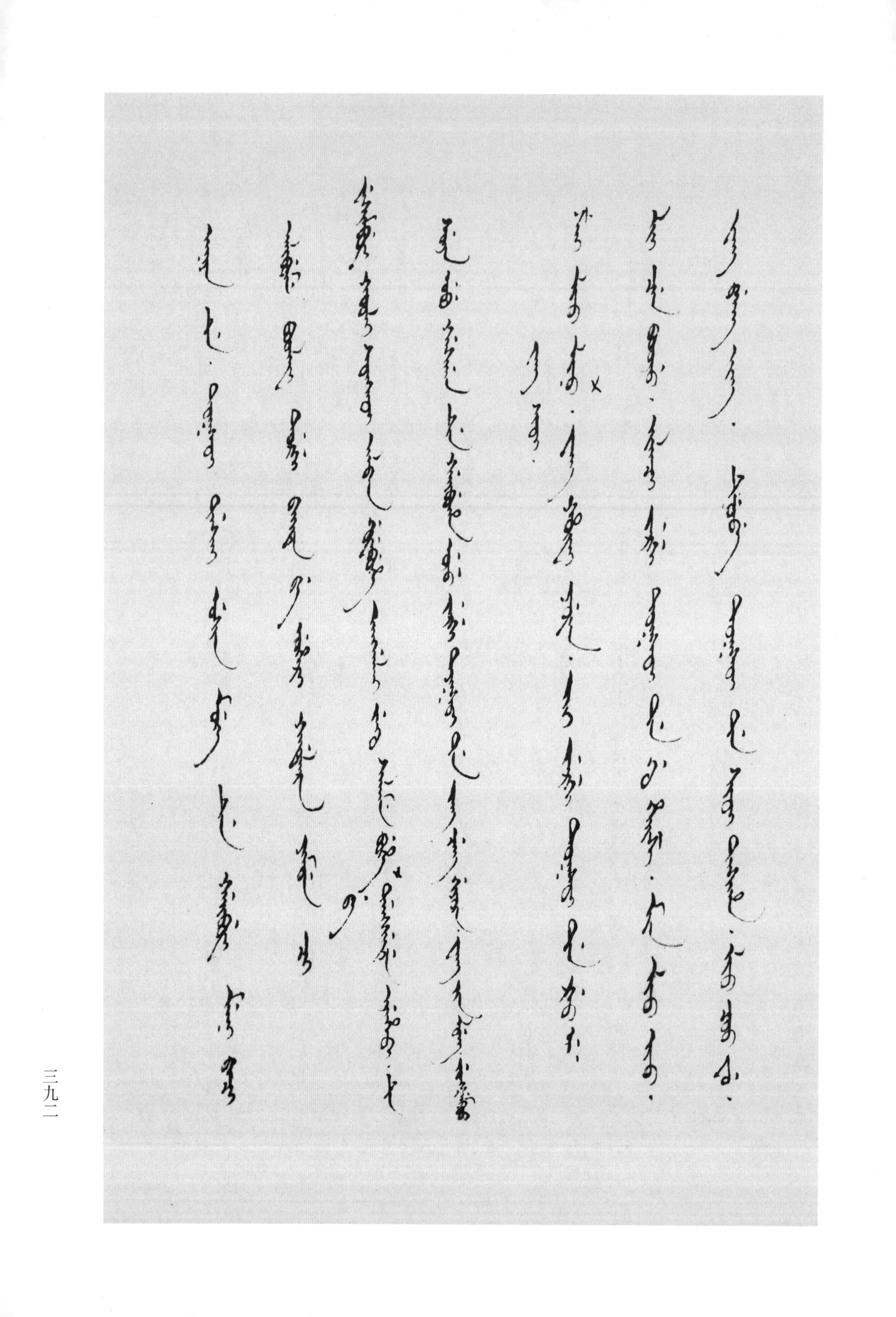

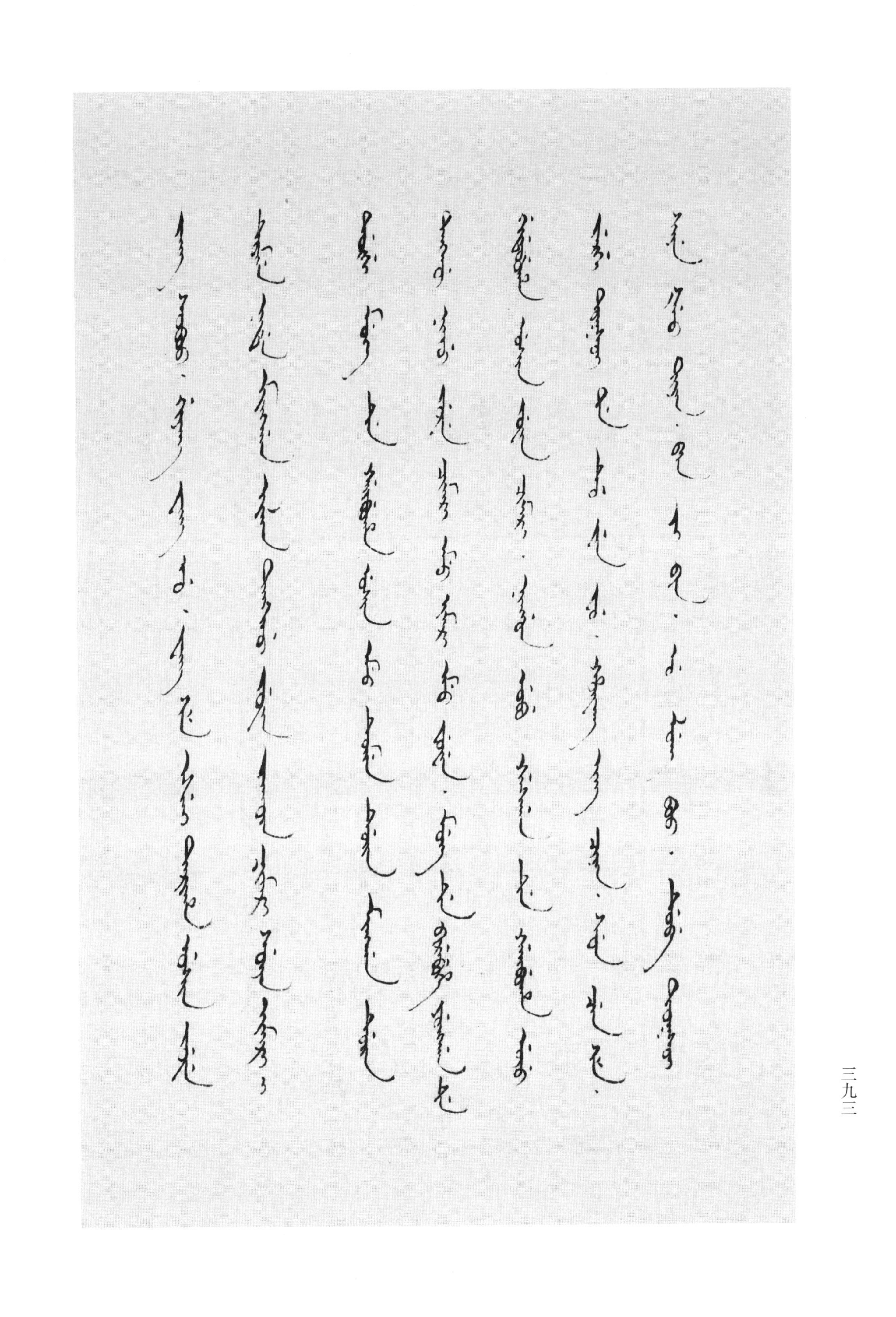

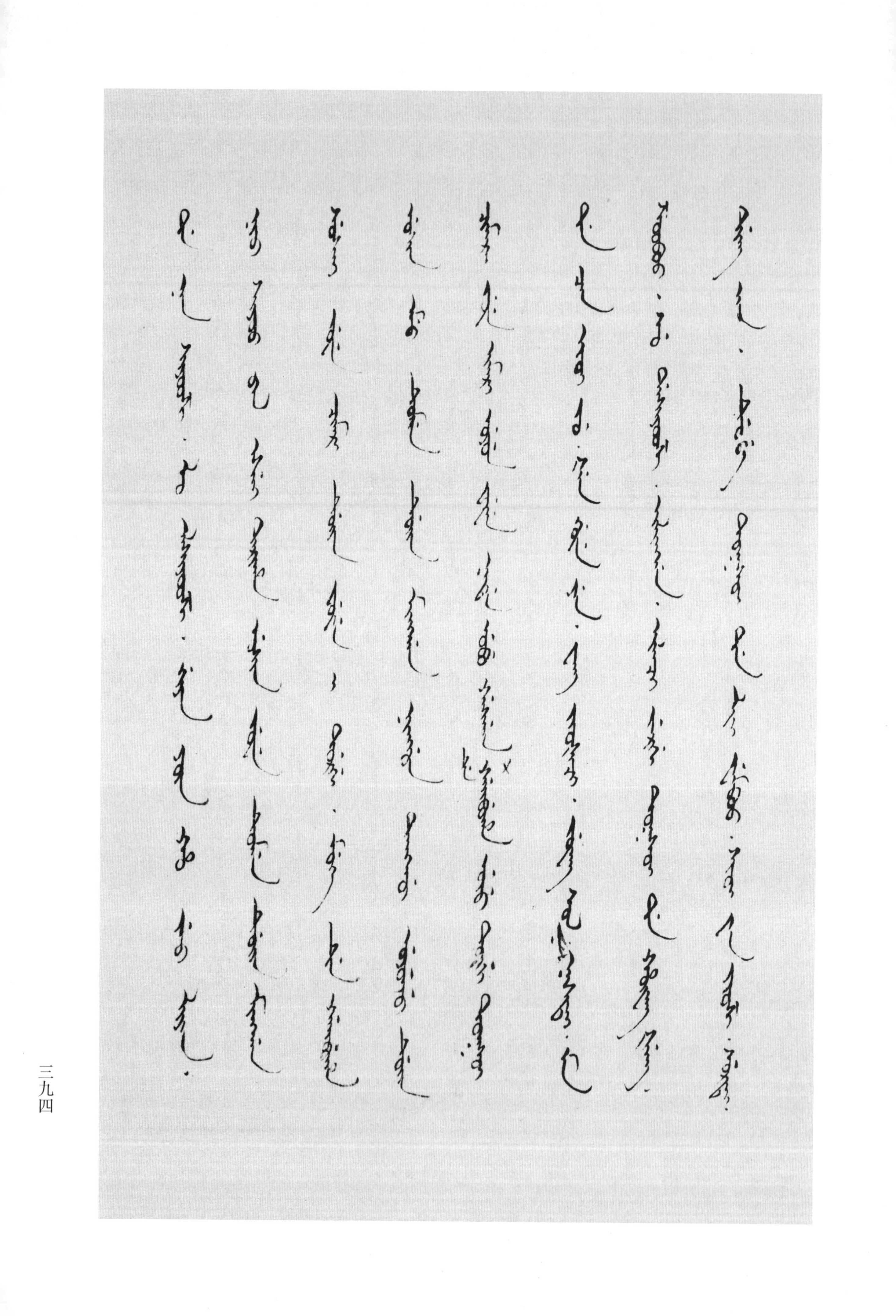

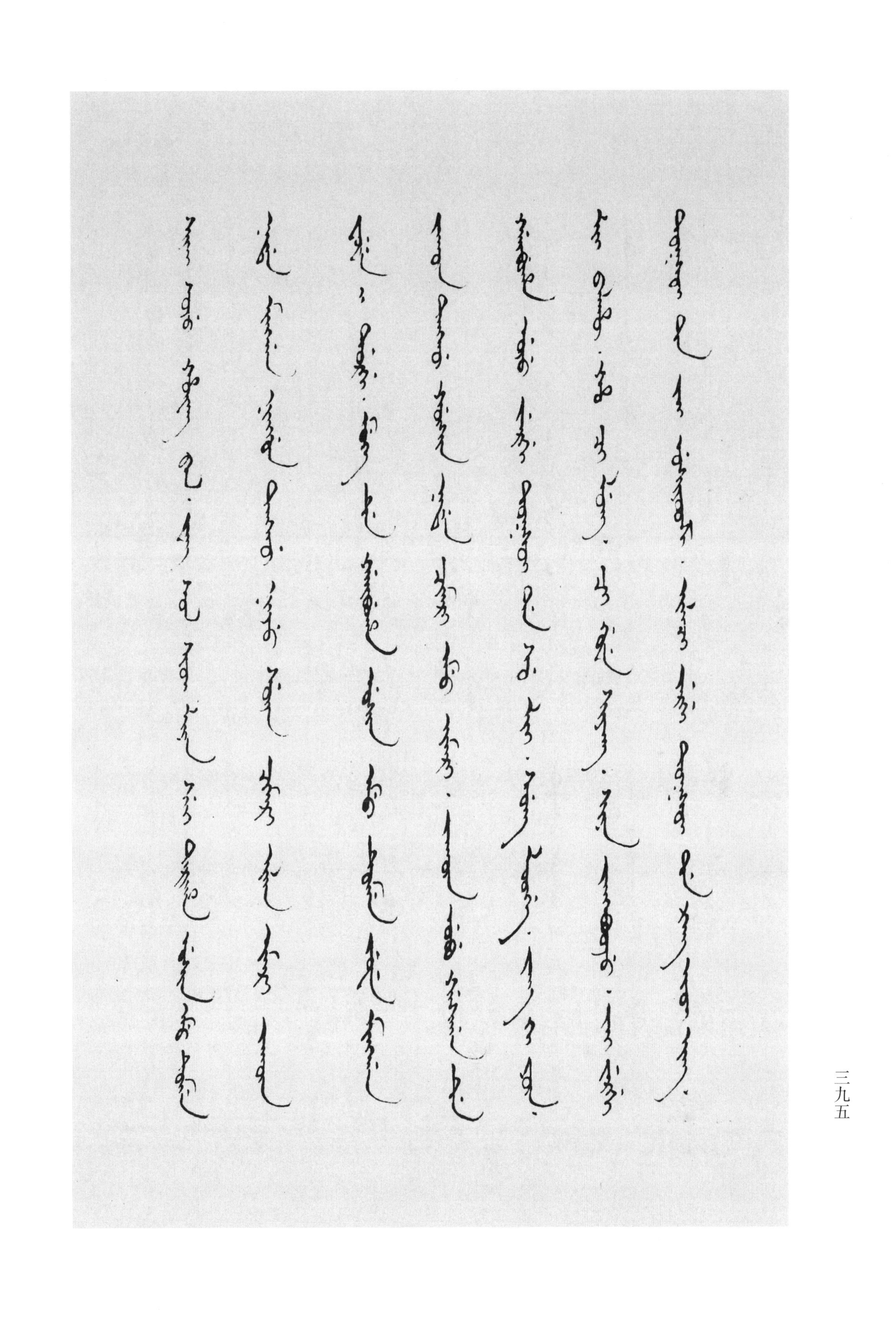

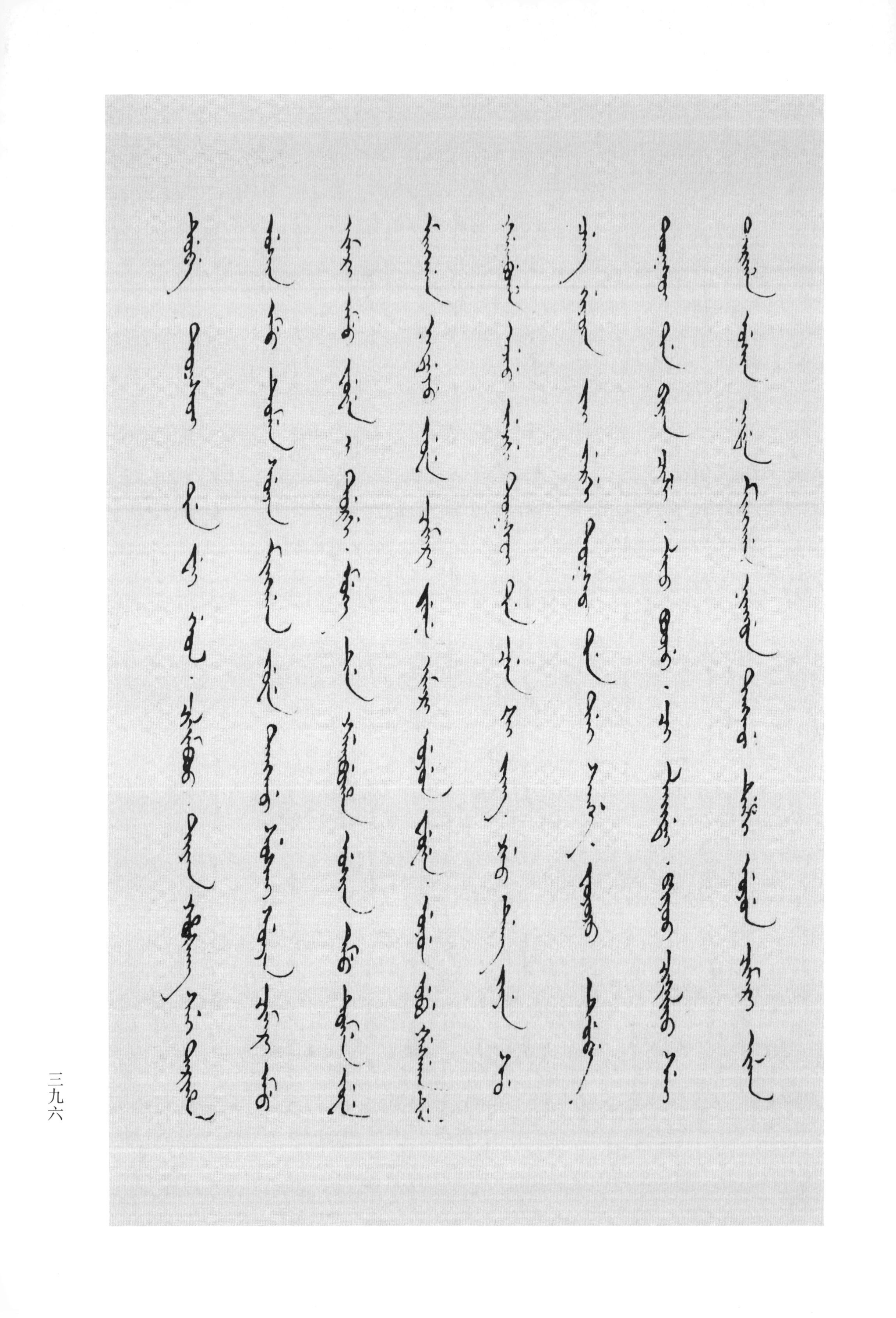

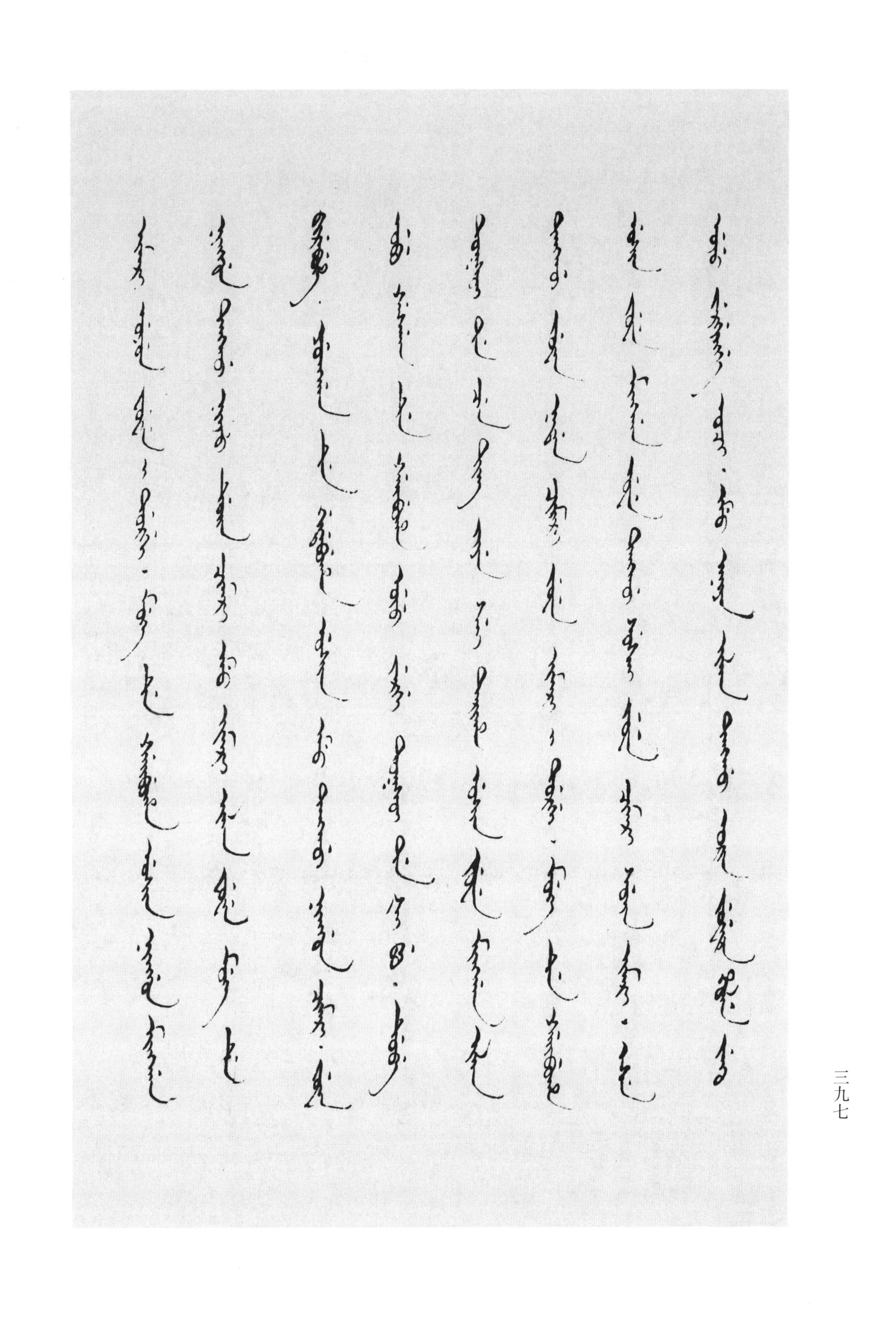

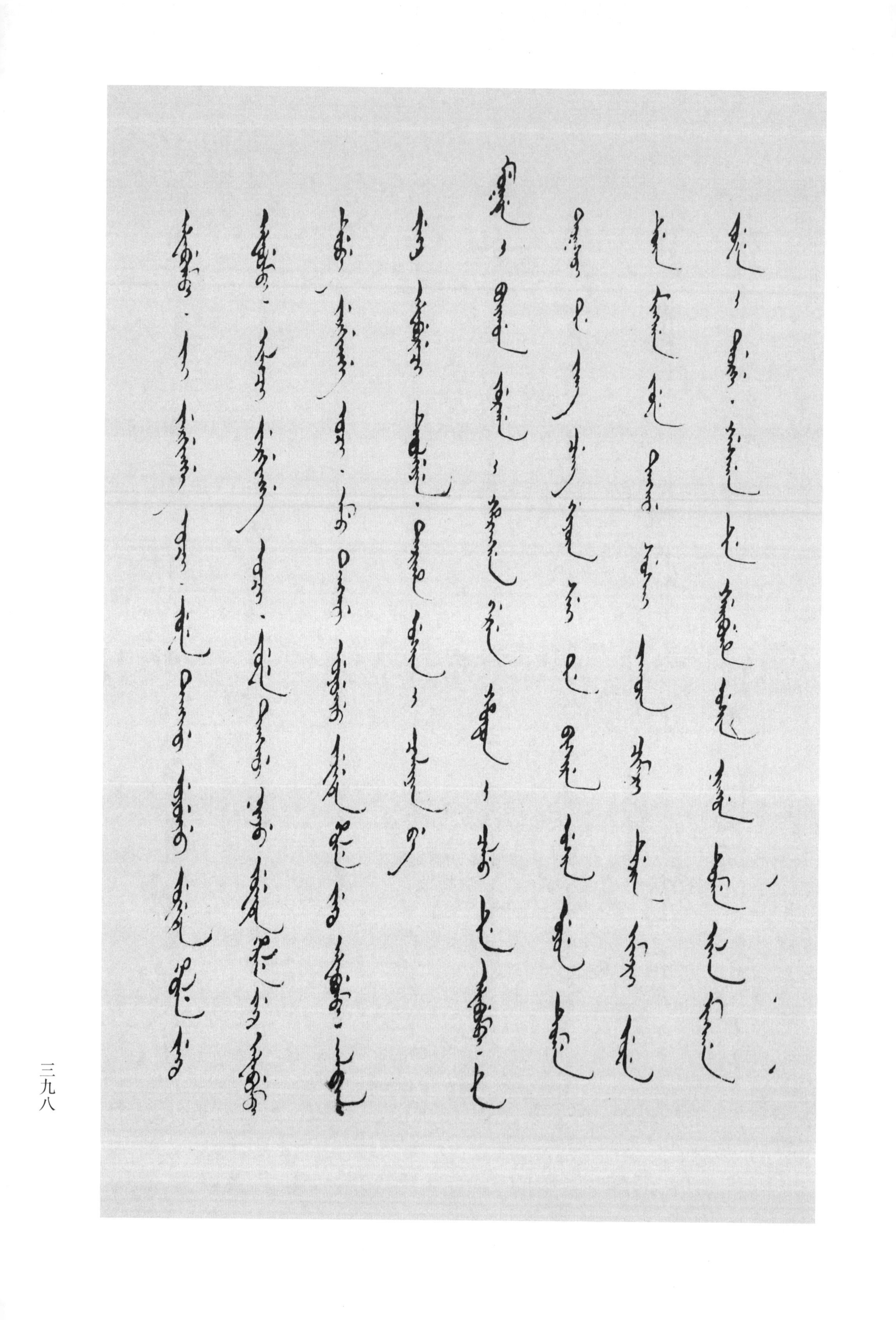

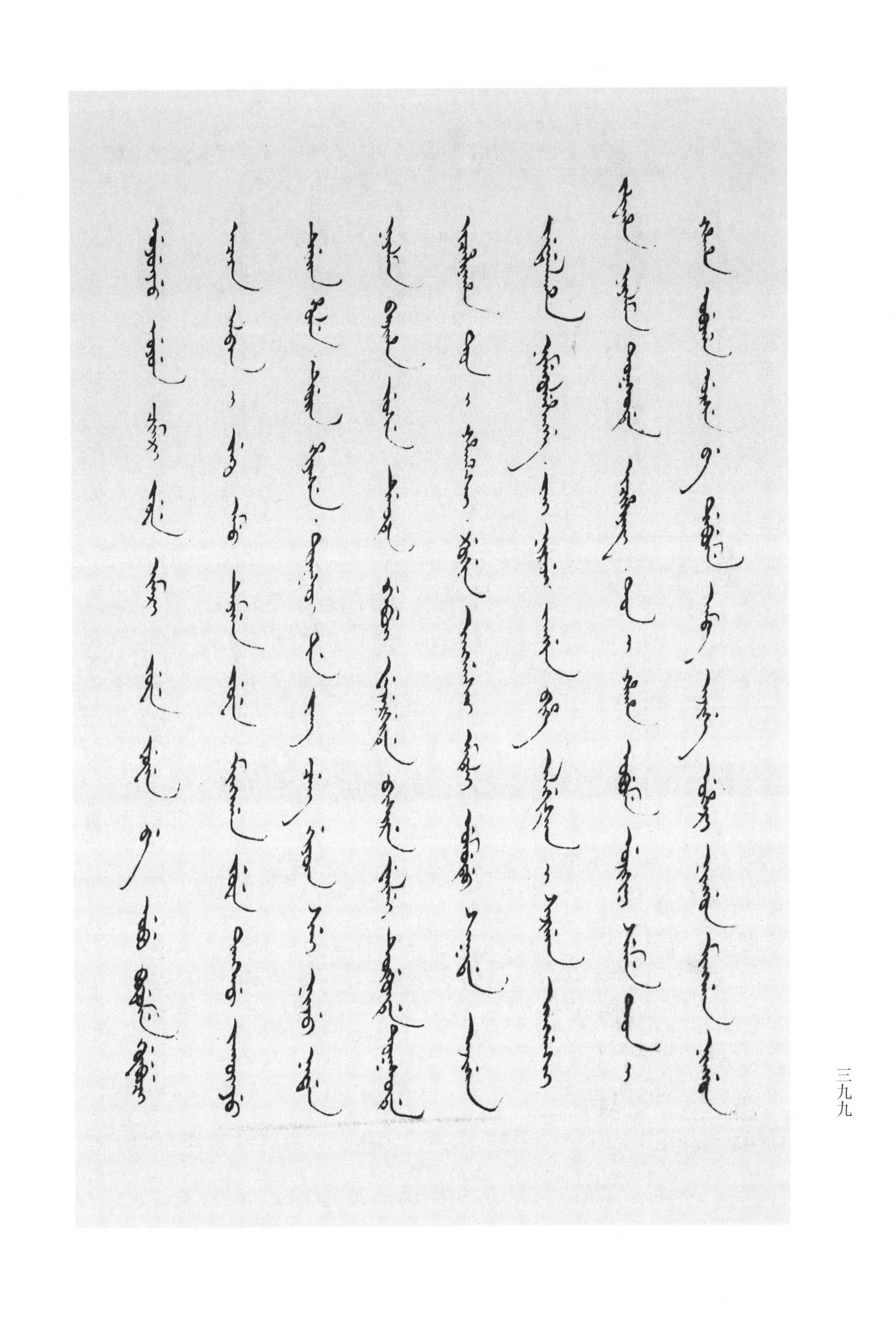

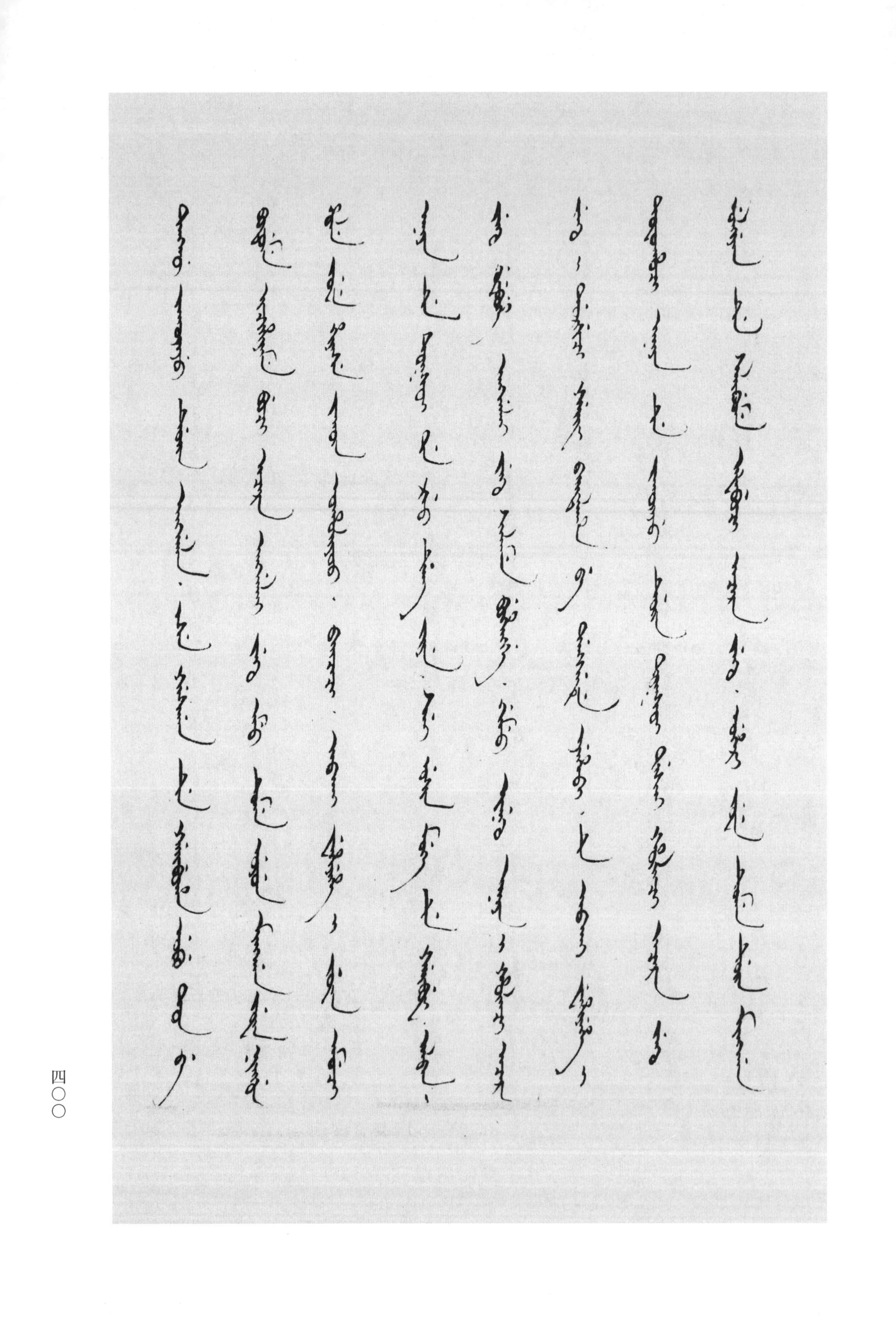

[illegible]

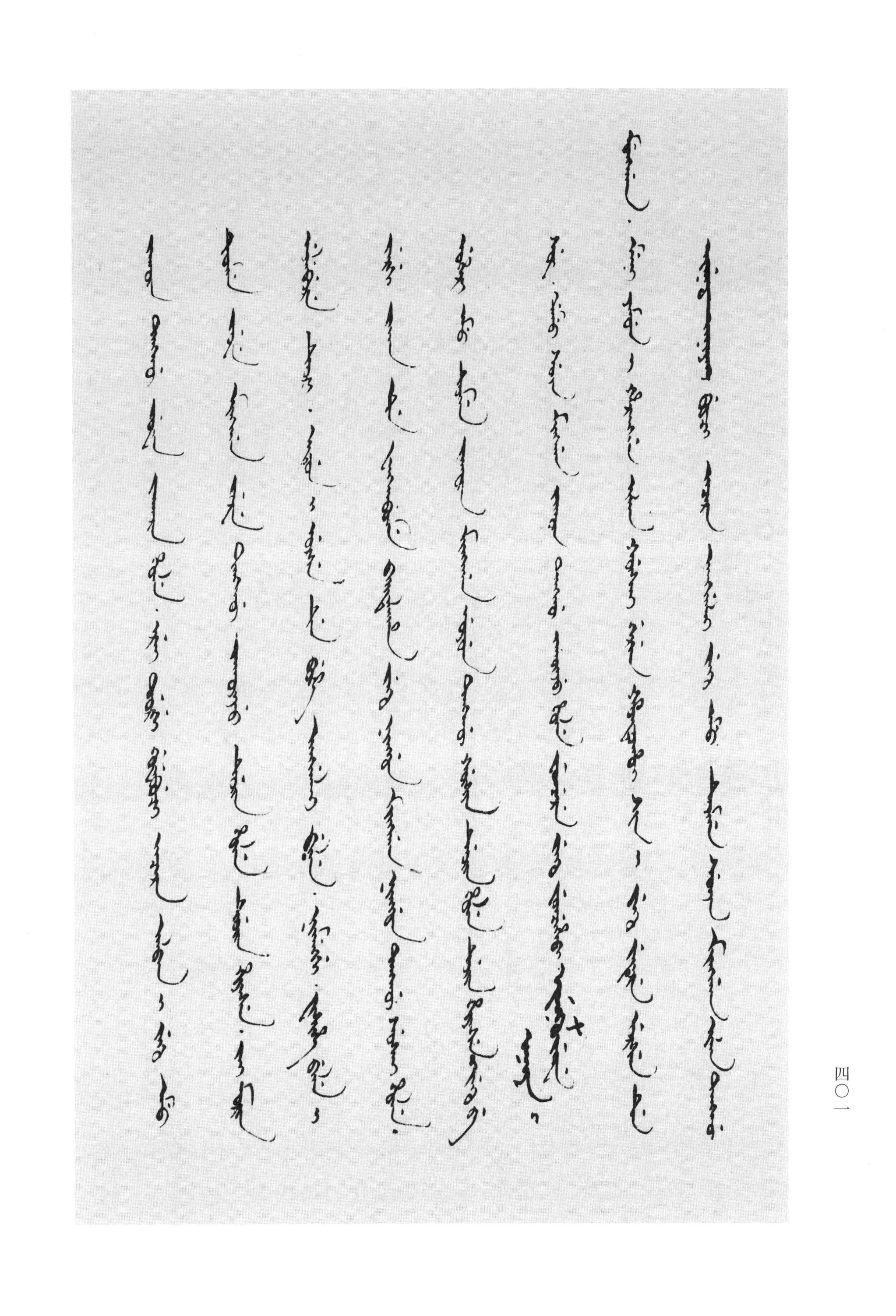

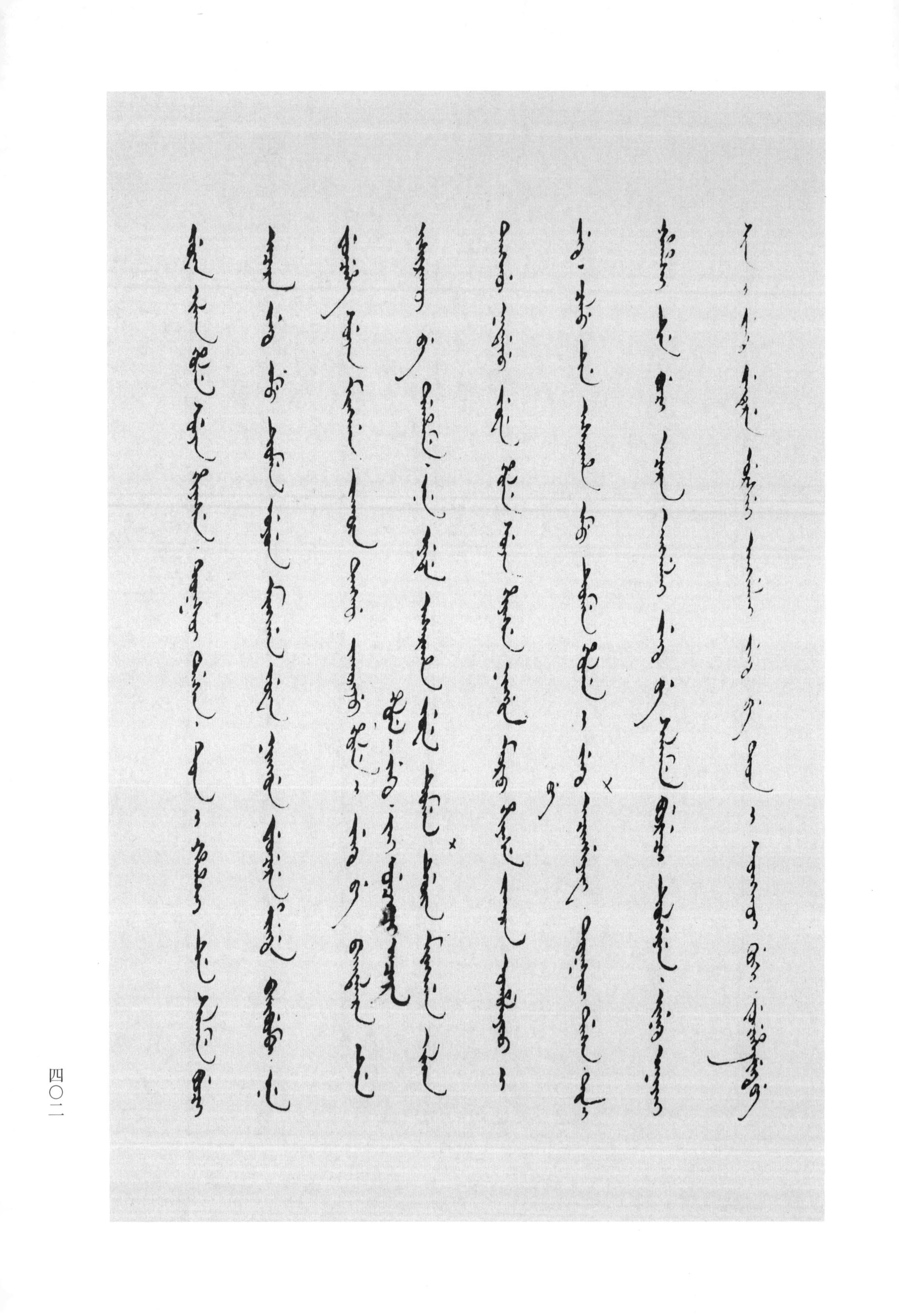

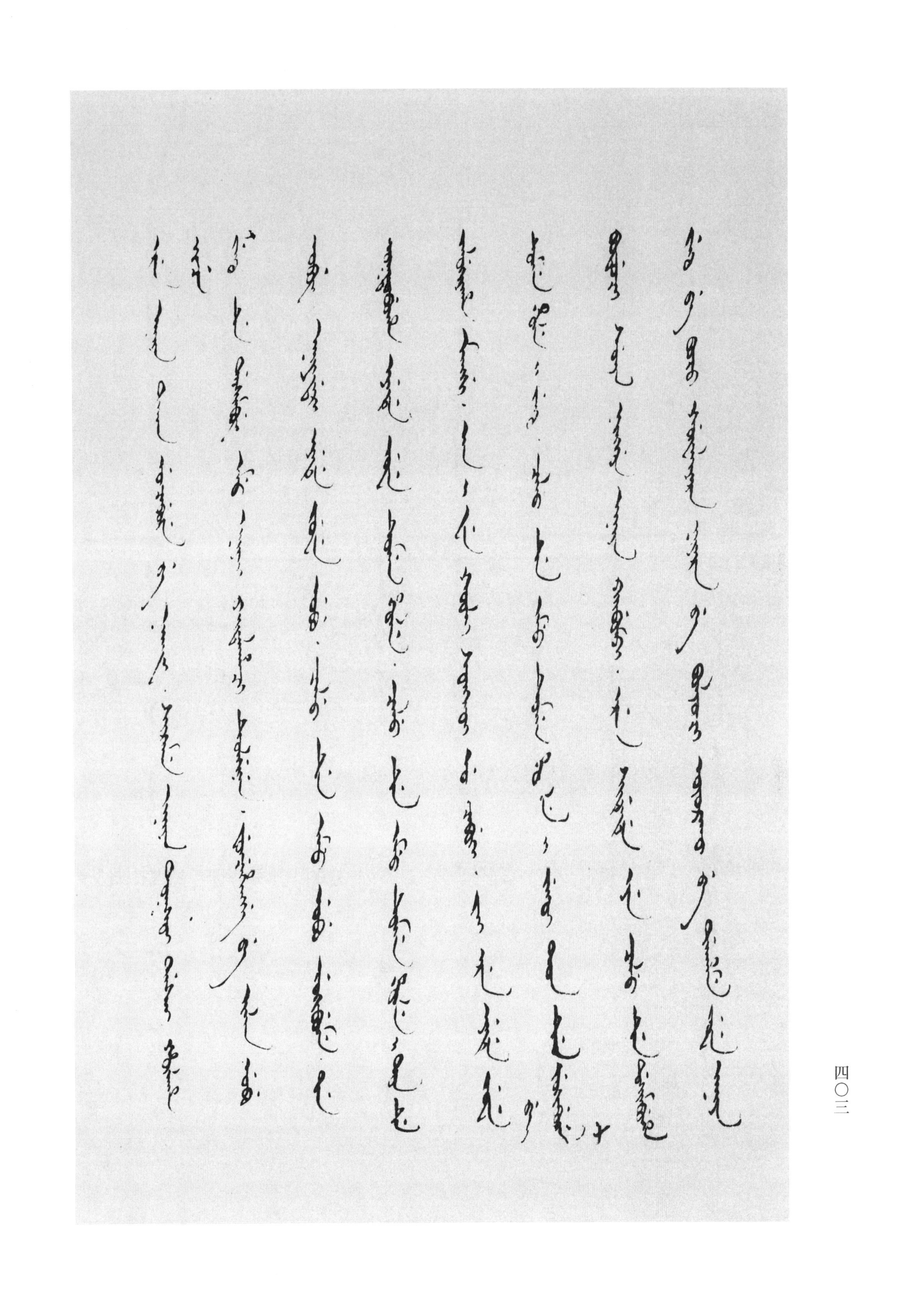

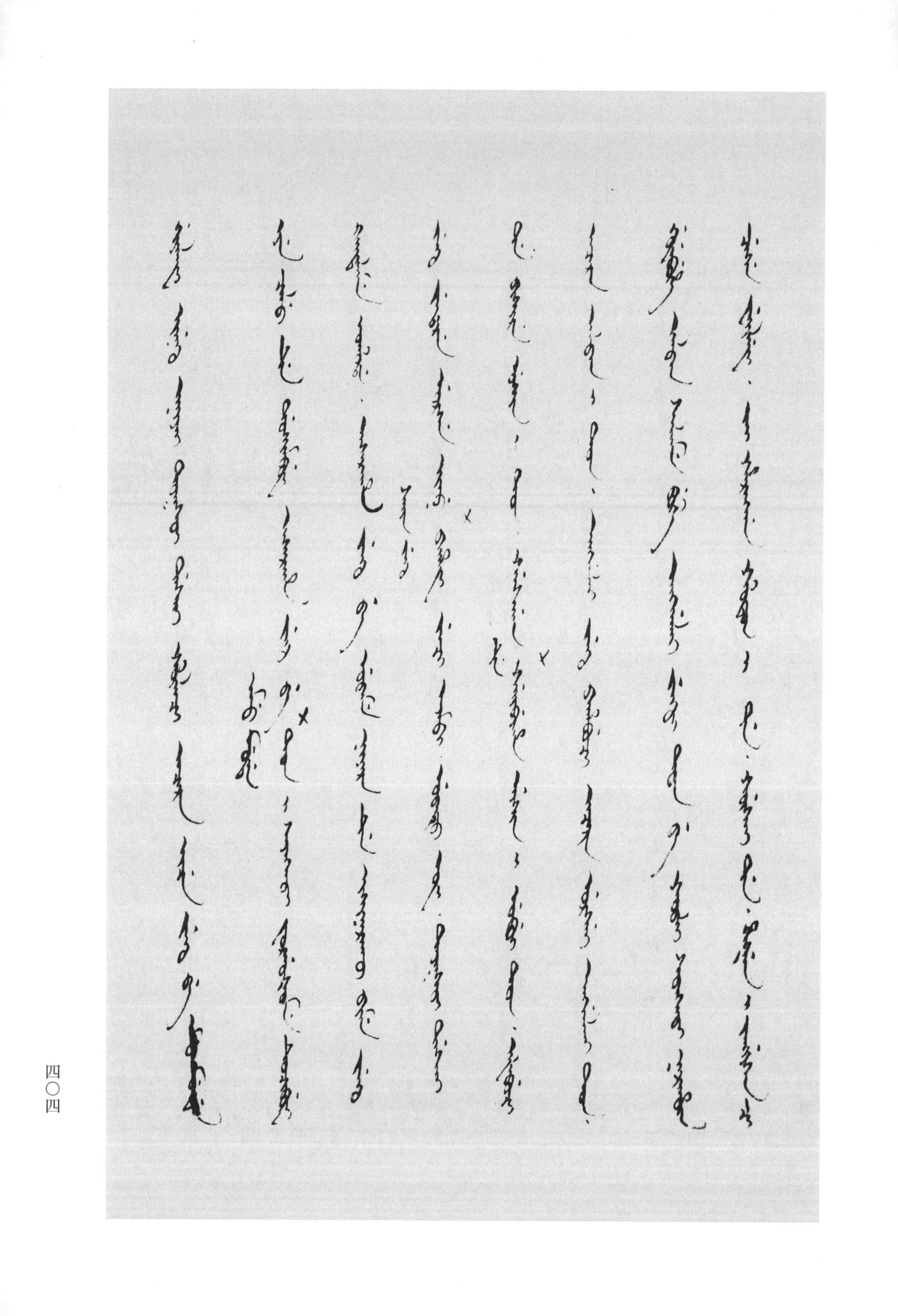

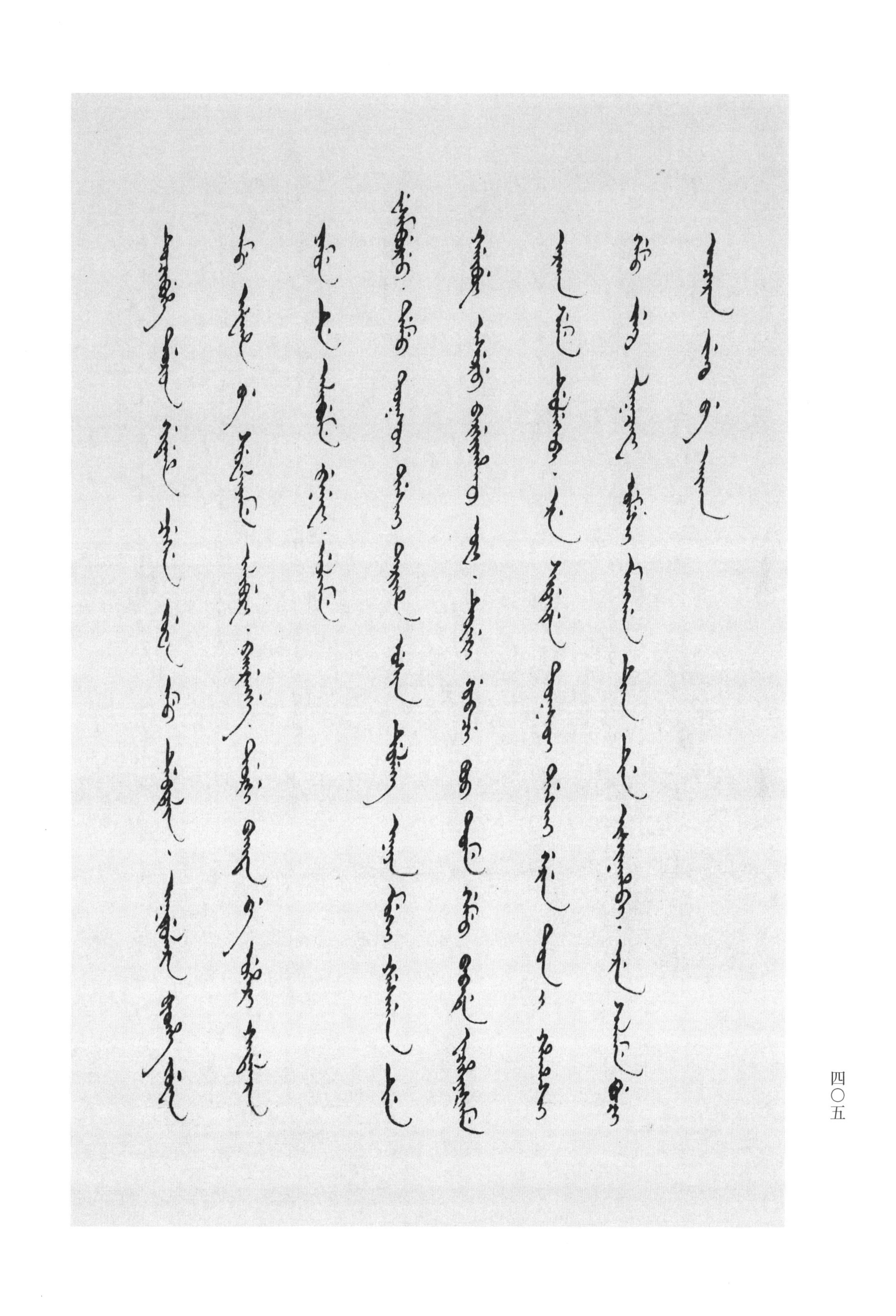

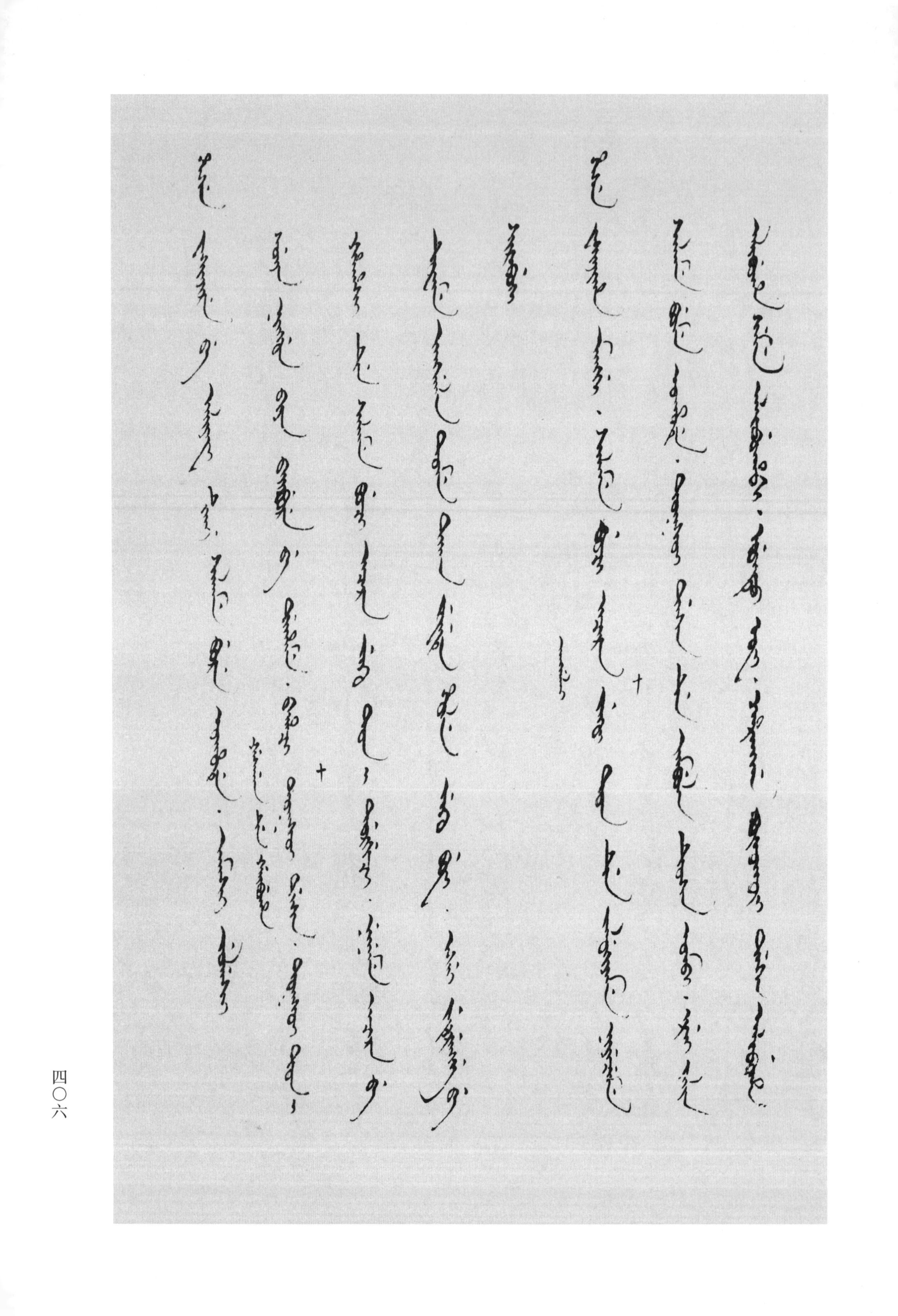

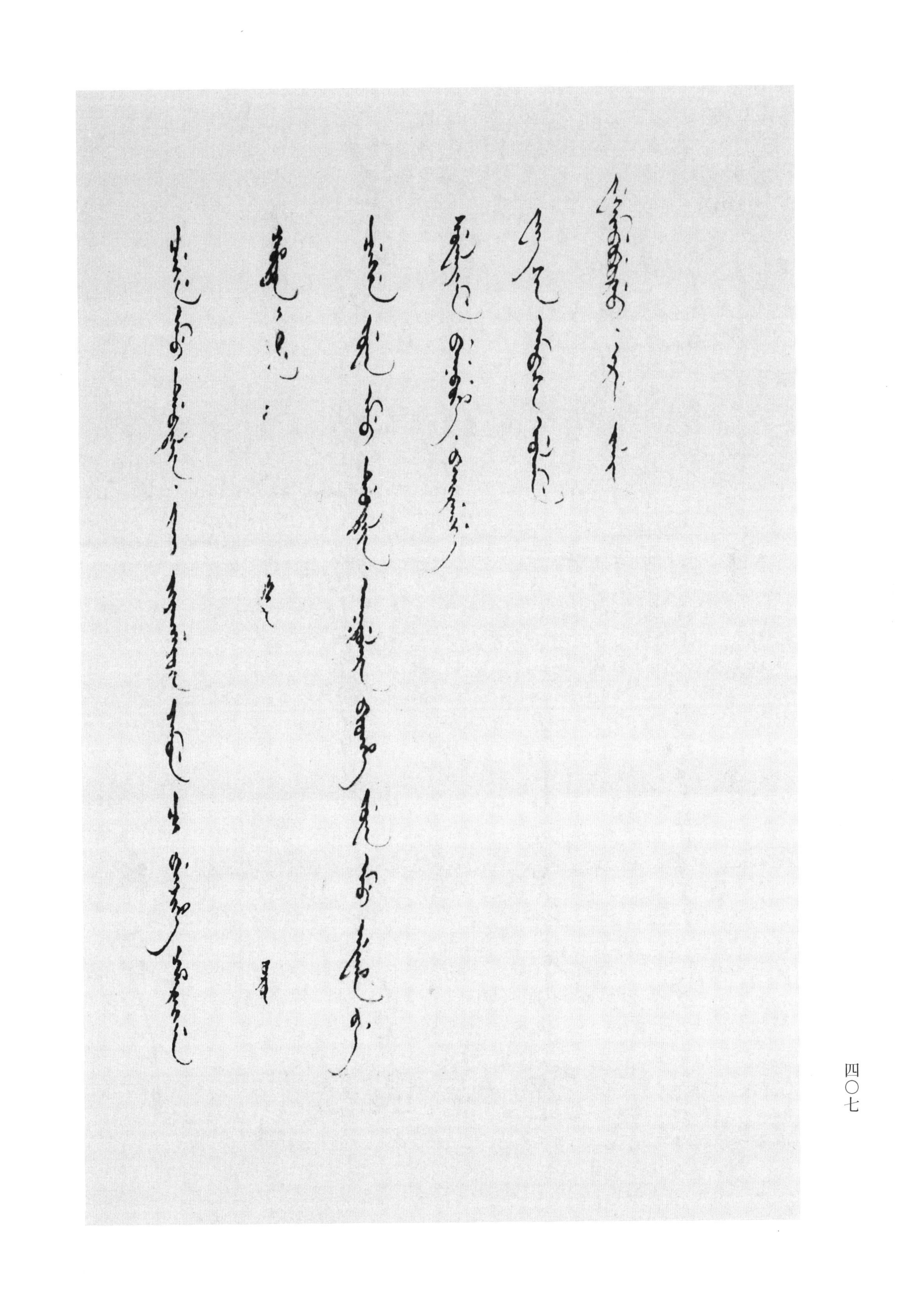

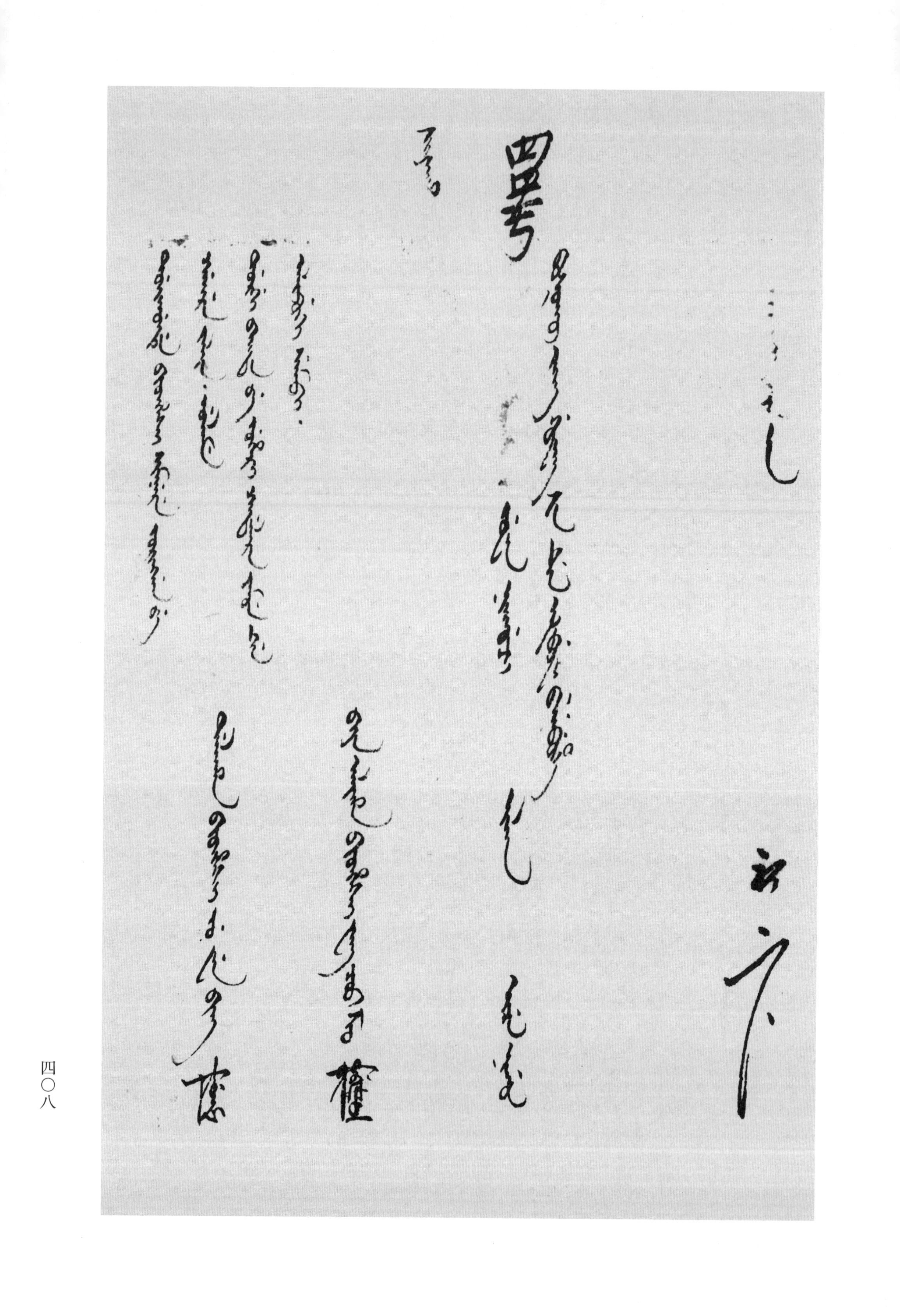

四號

謹

謹

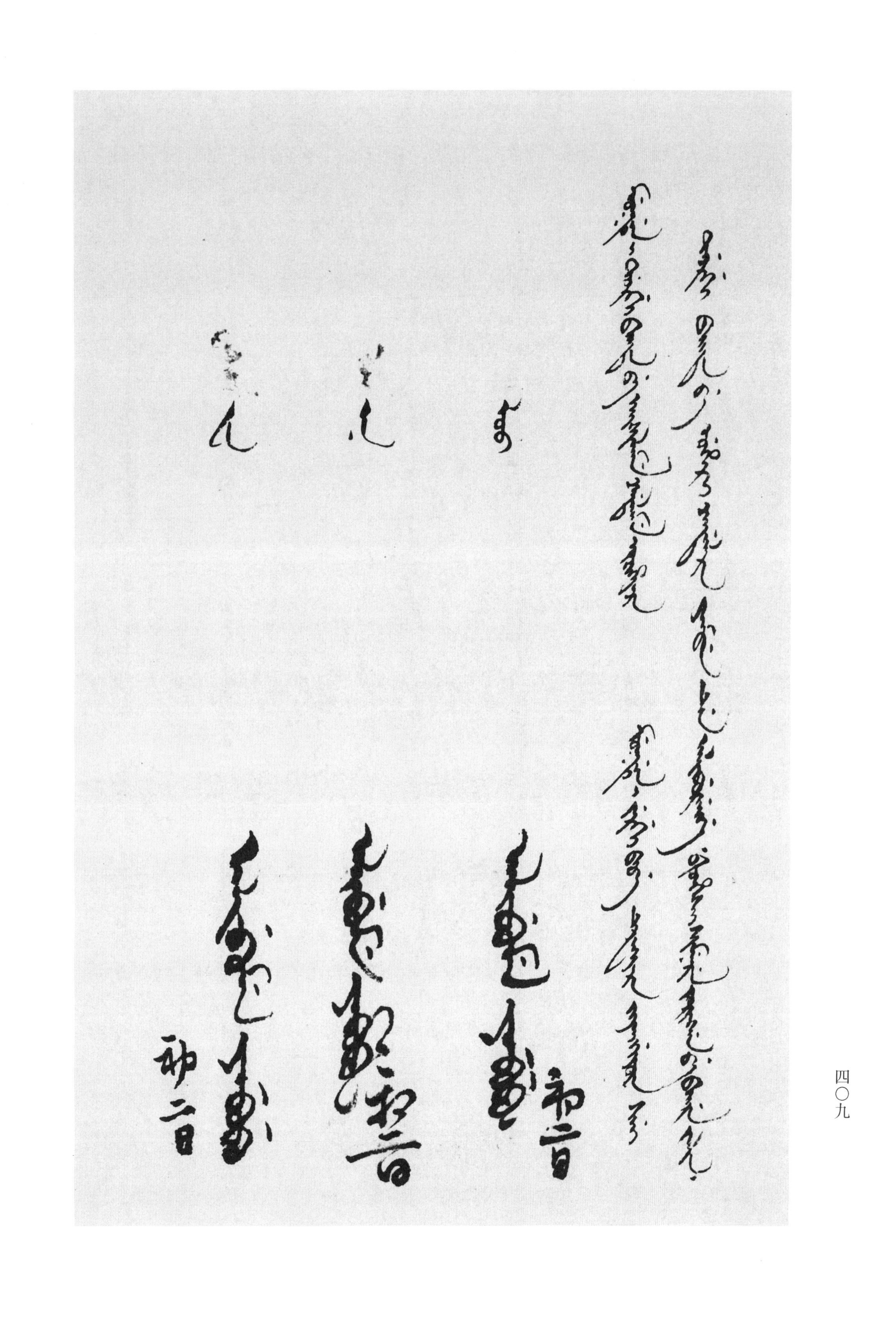

初二日

初二日

初二日

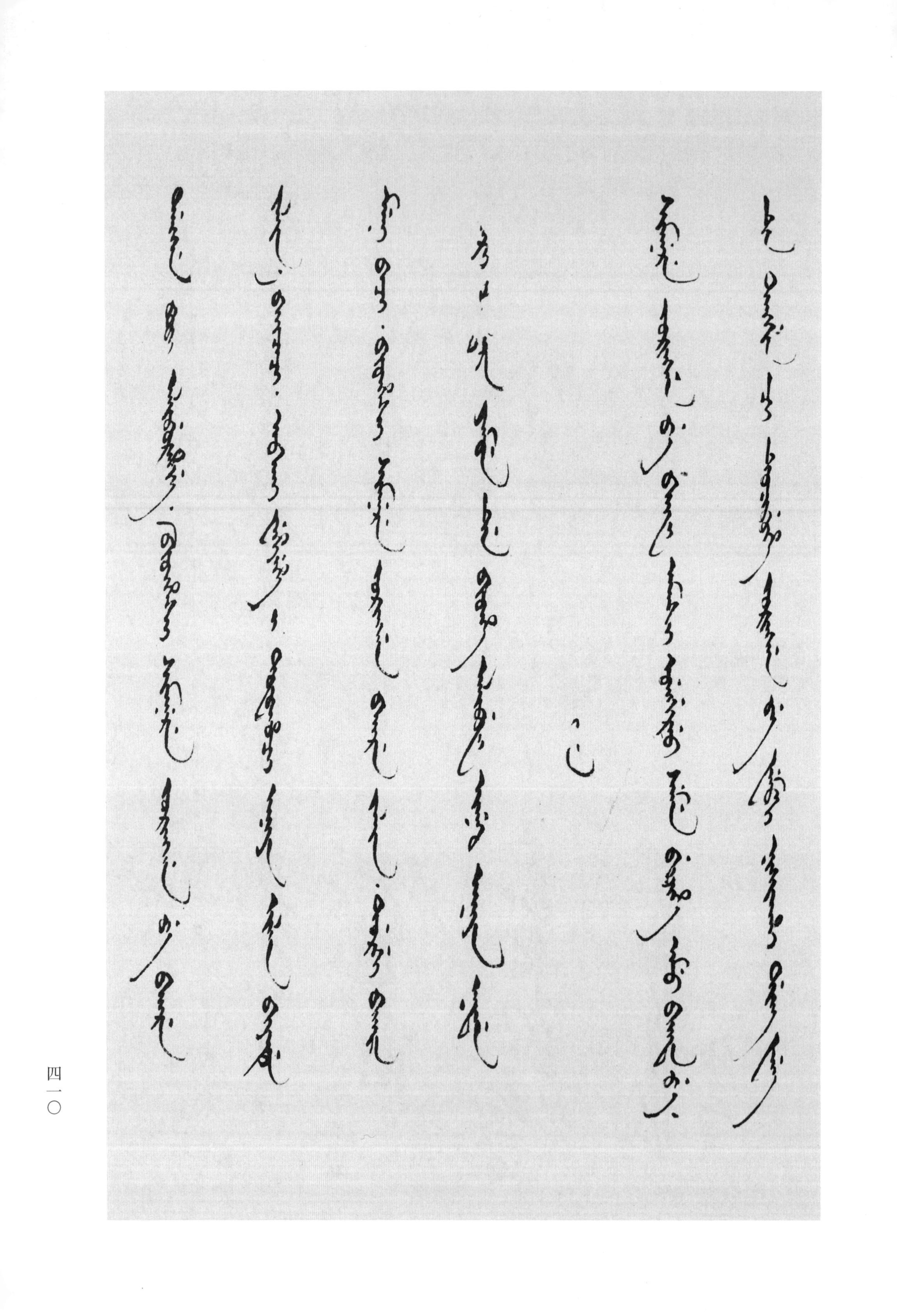

[illegible]

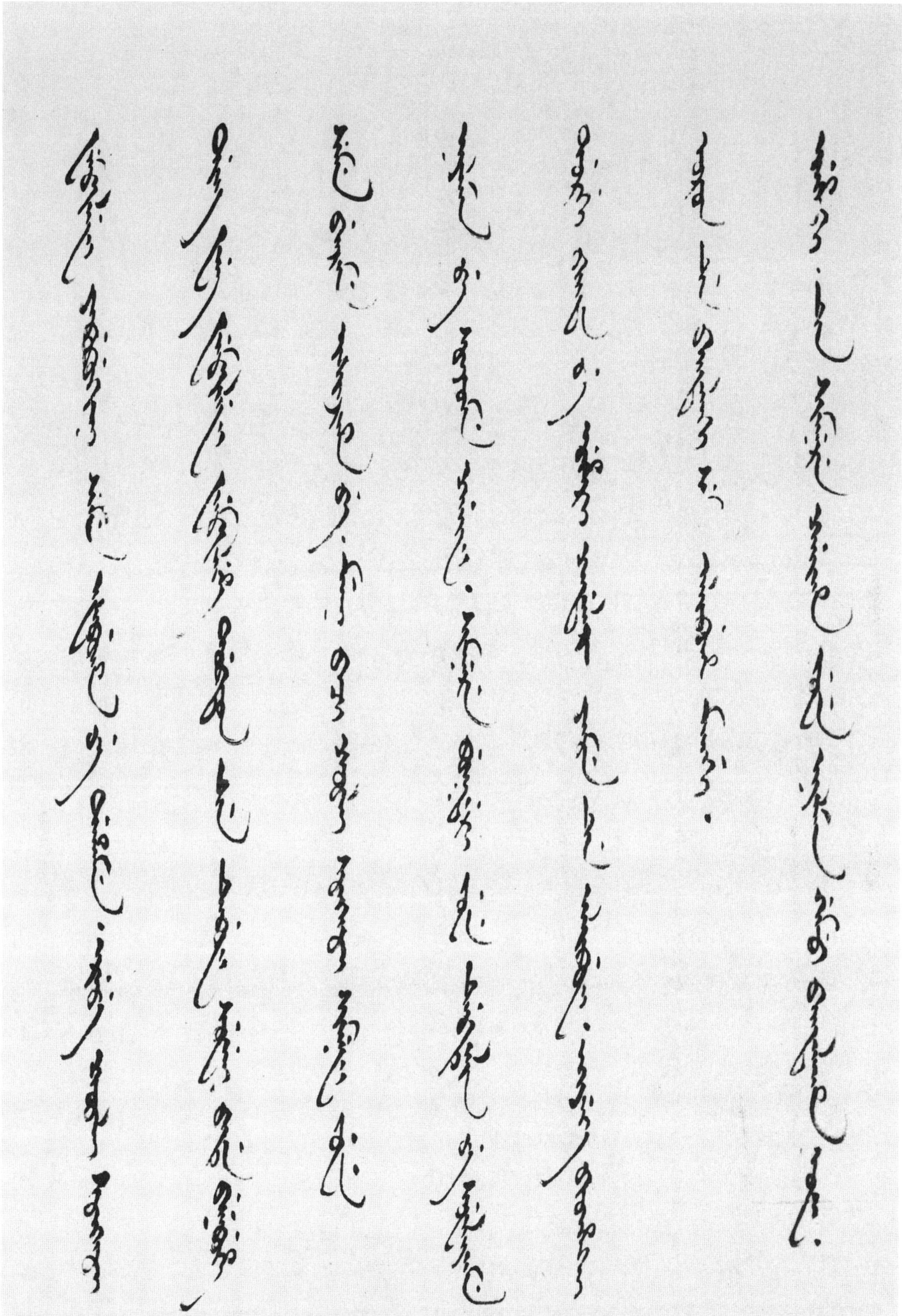

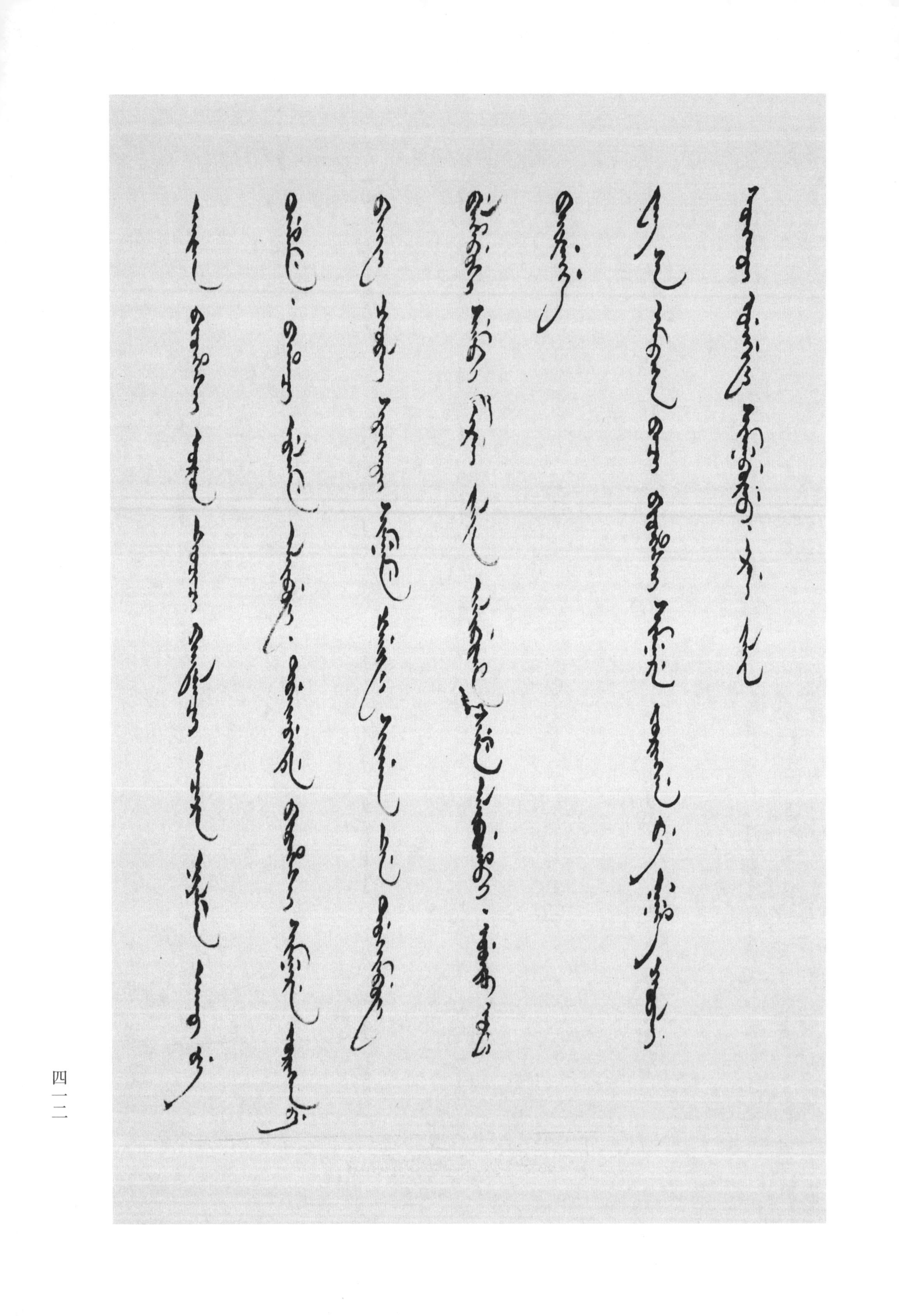

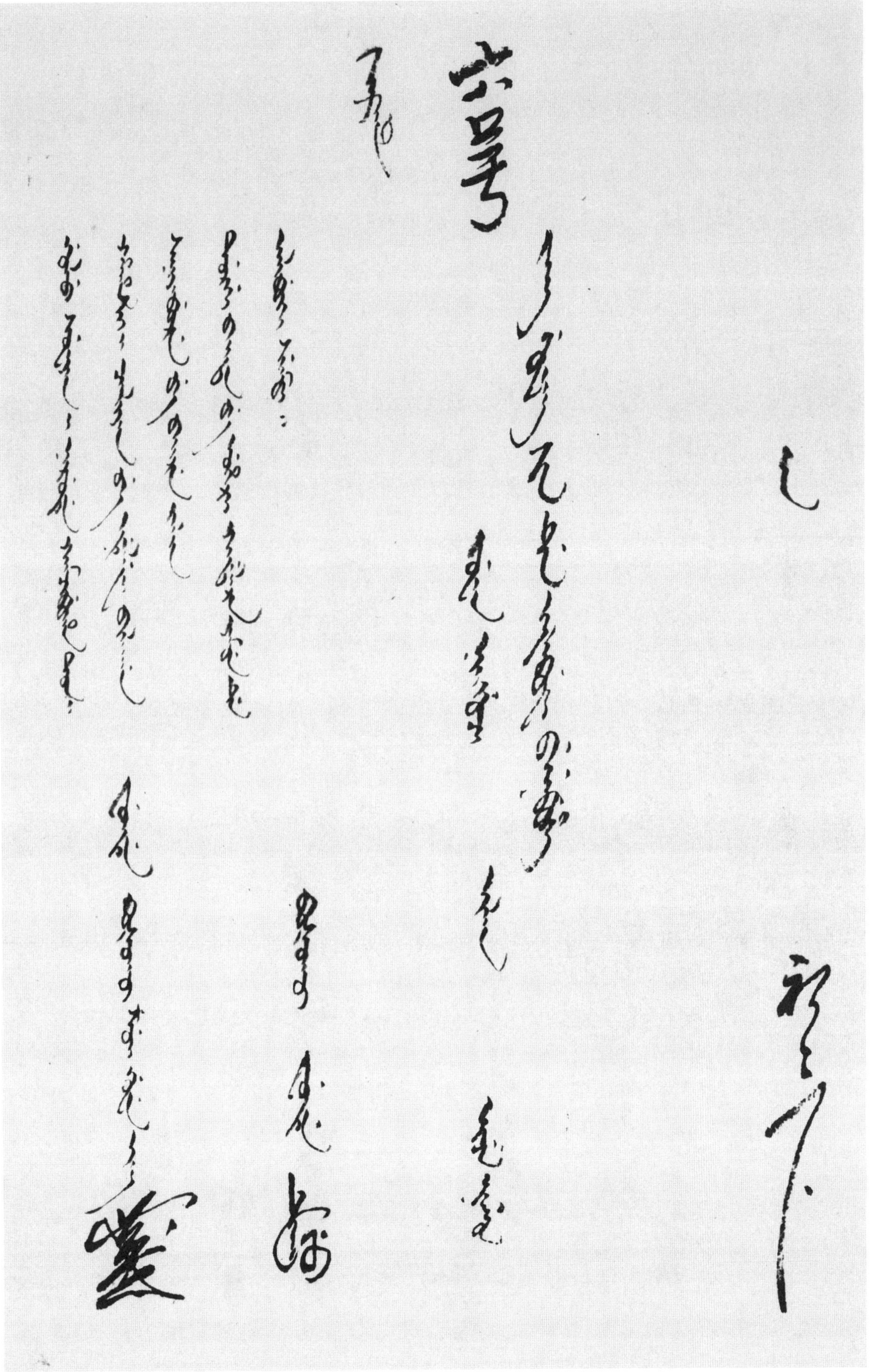

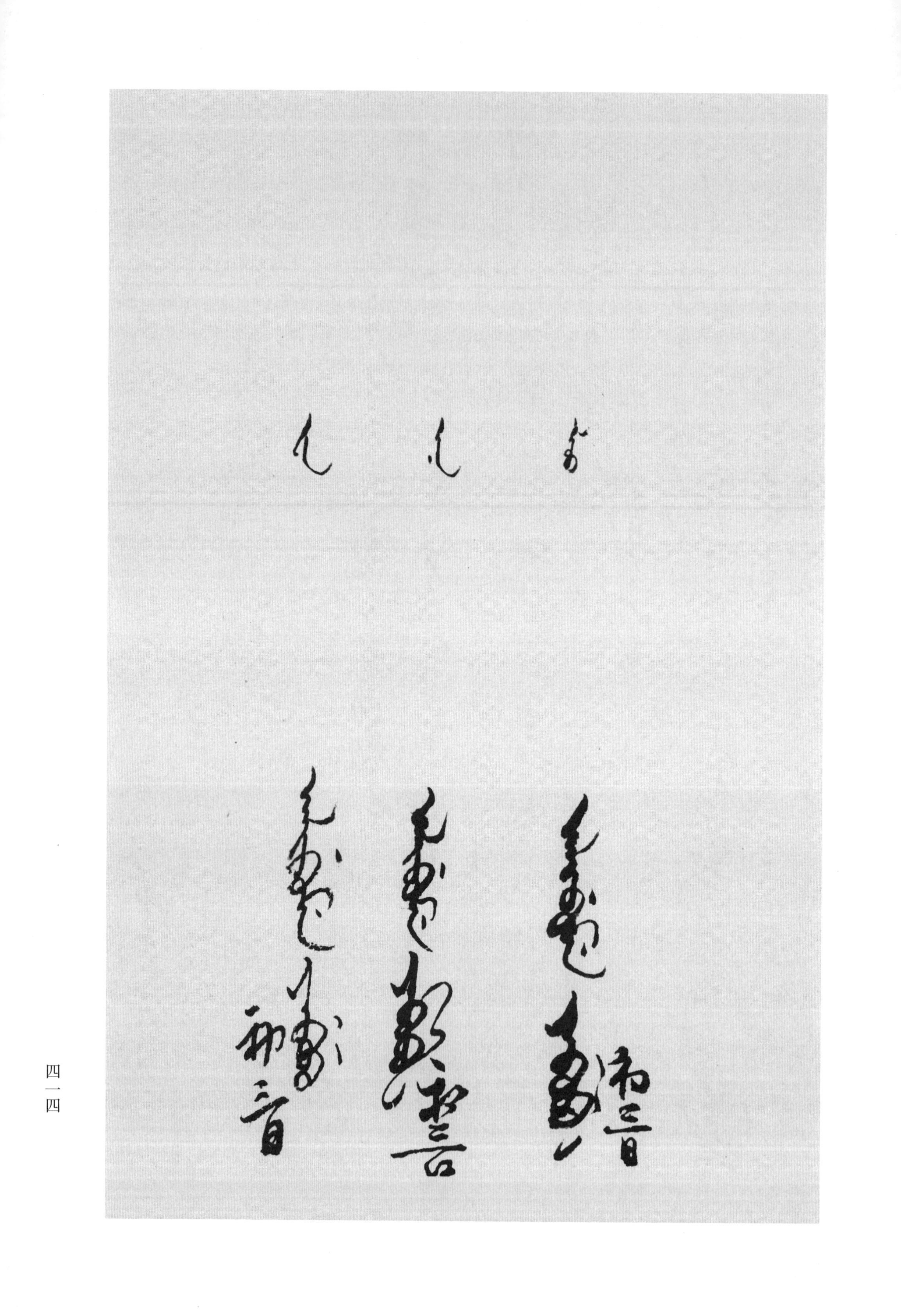

初二日

廿二日

初二日

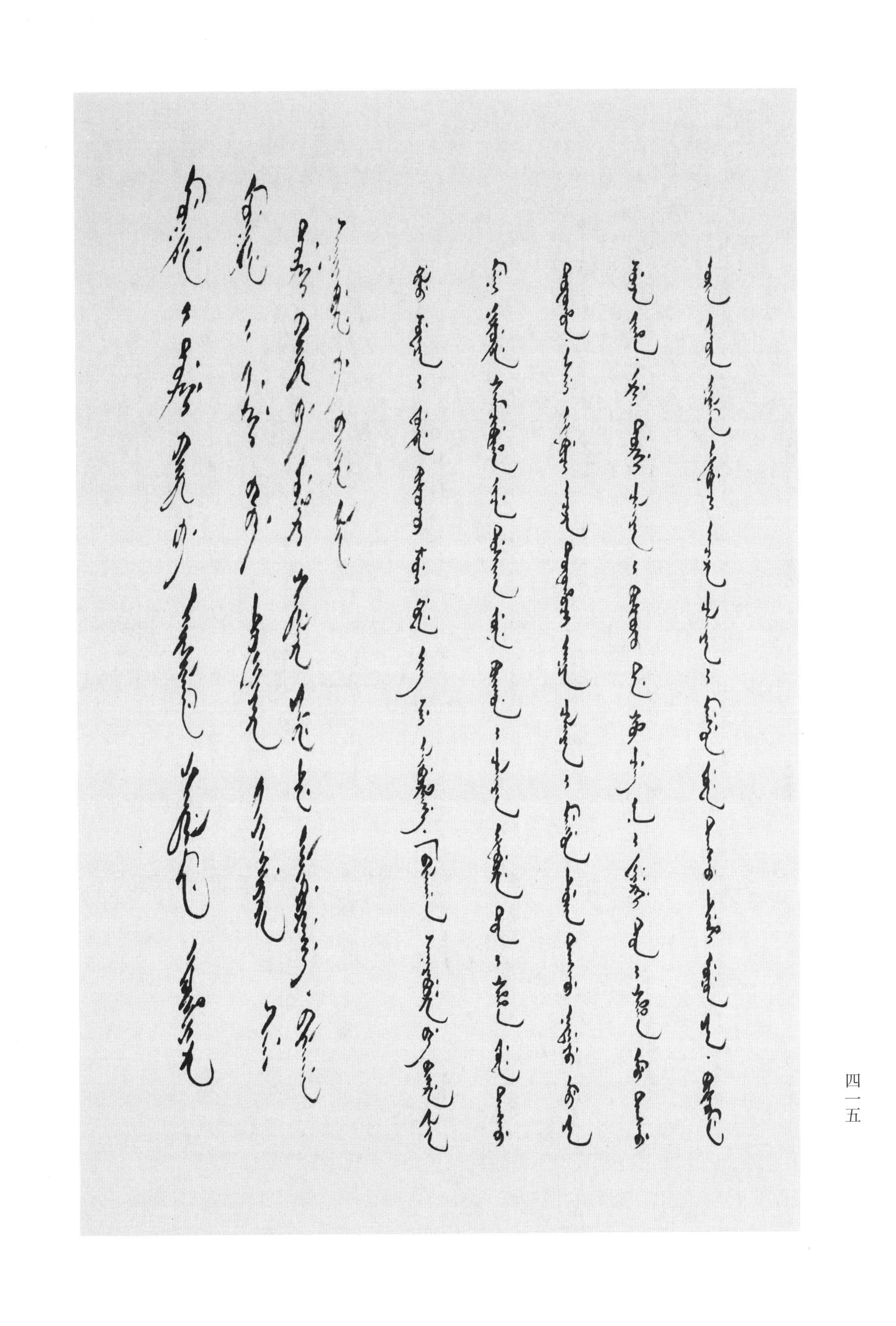

[illegible]

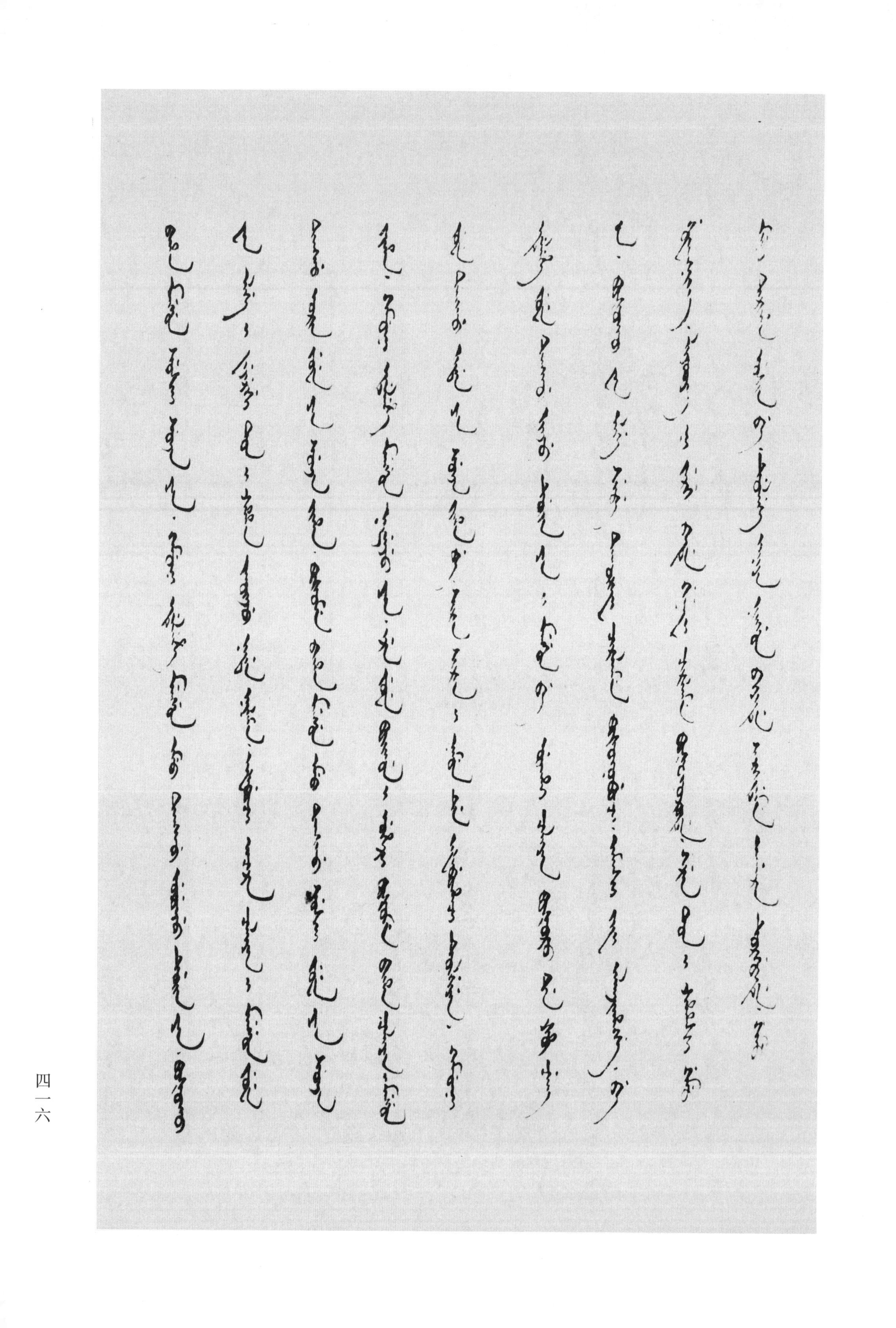

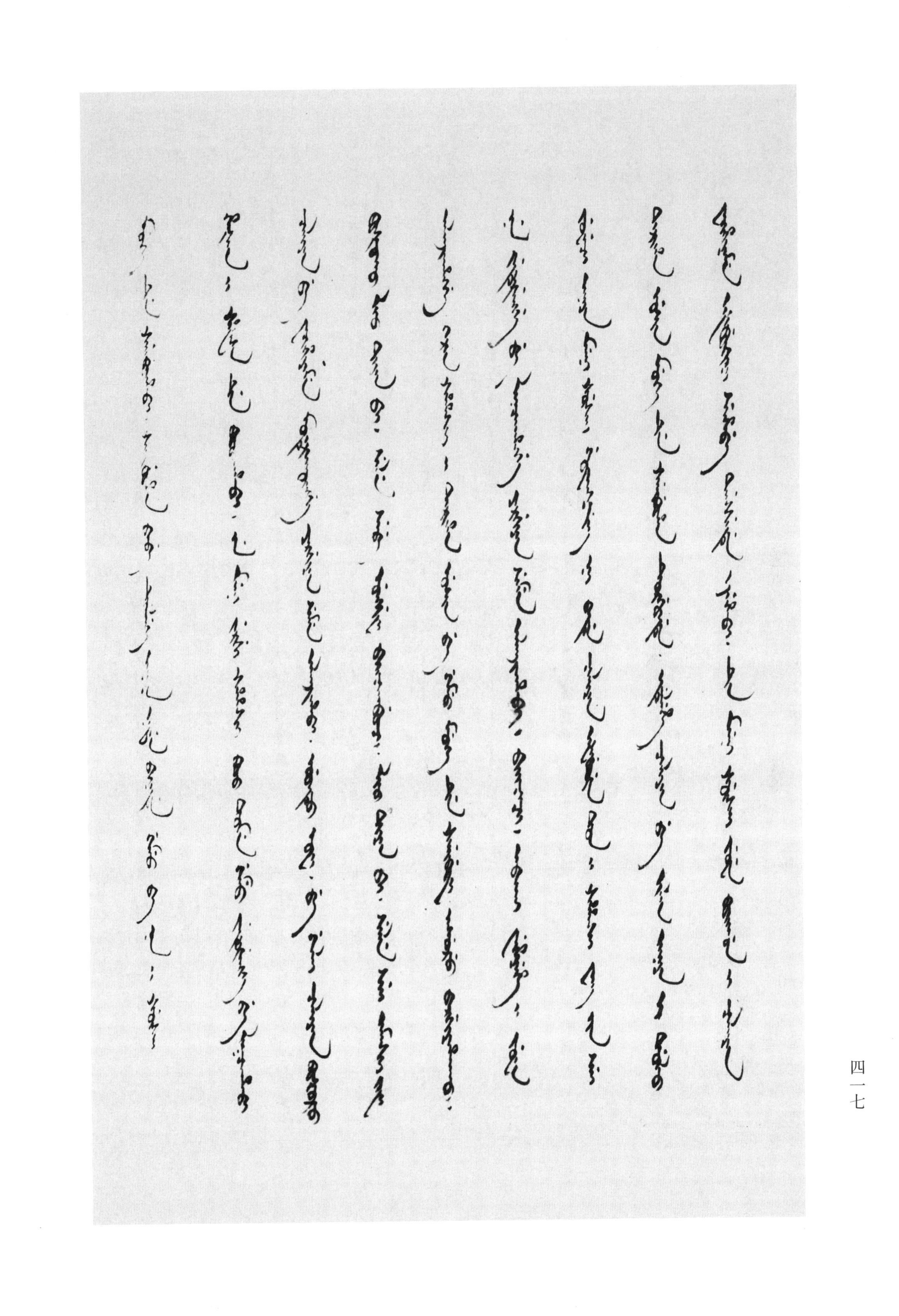

[illegible]

[illegible]

[illegible]

[illegible]

[illegible]

[illegible]

[illegible]

[illegible]

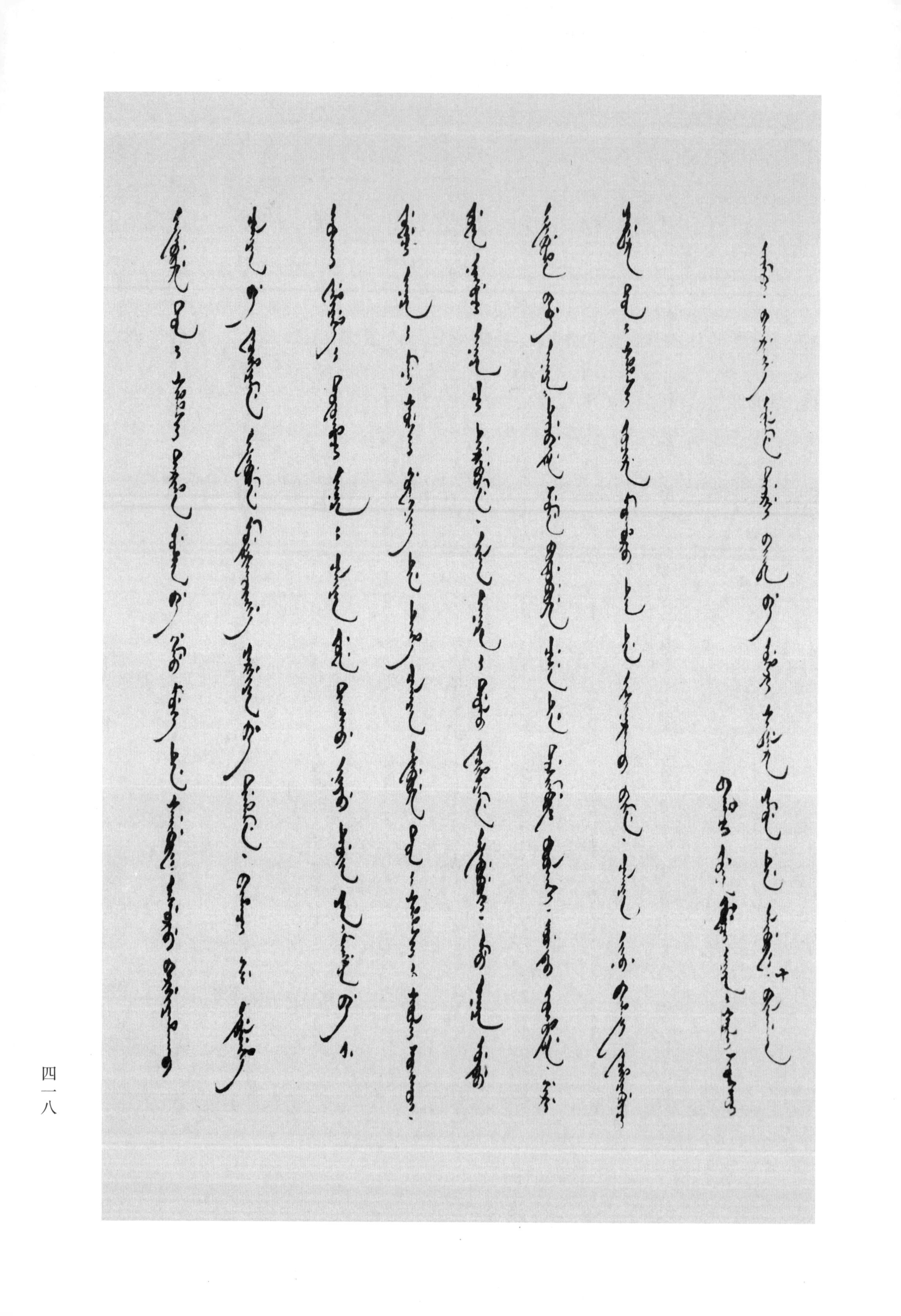

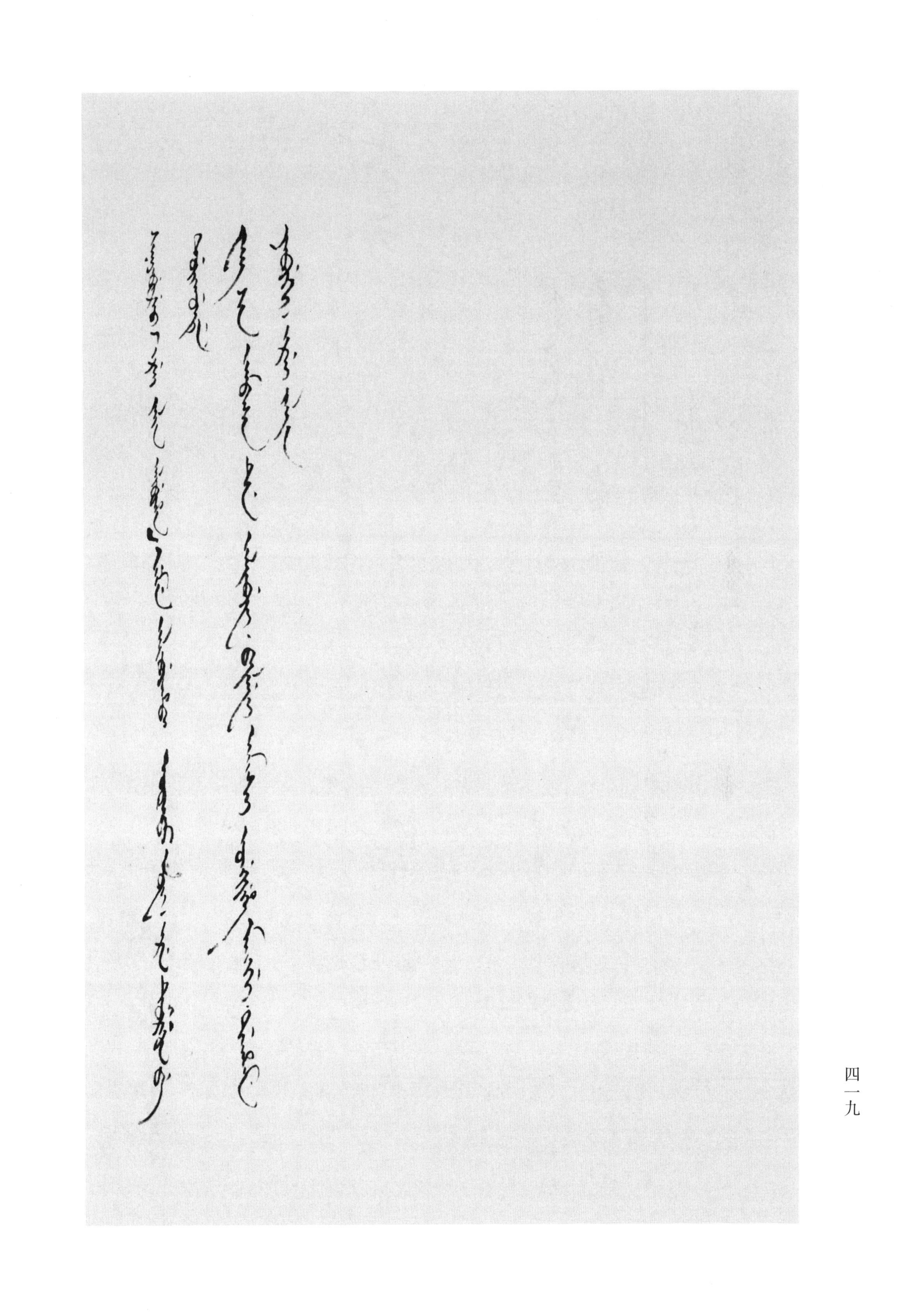

[illegible]

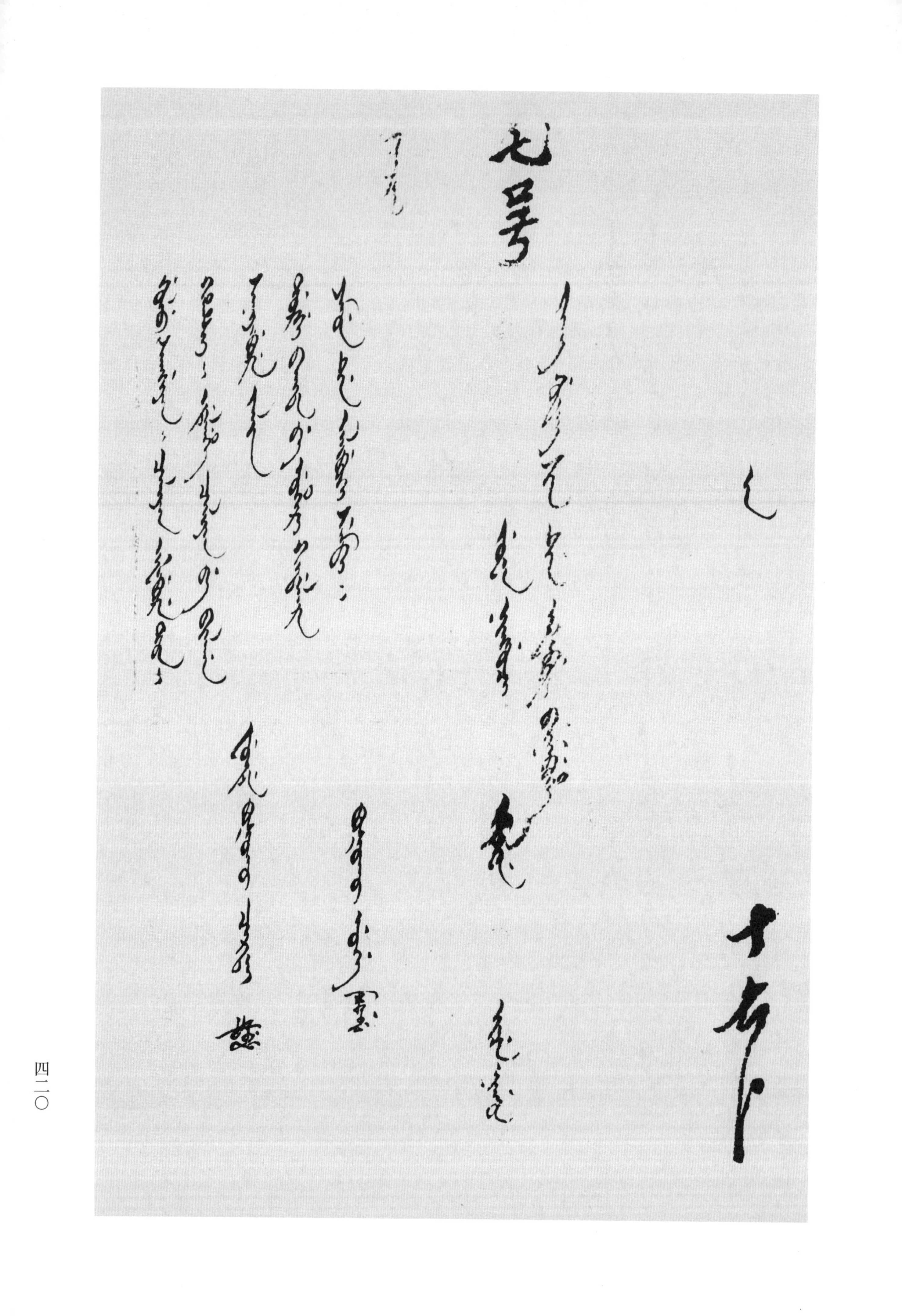

七號

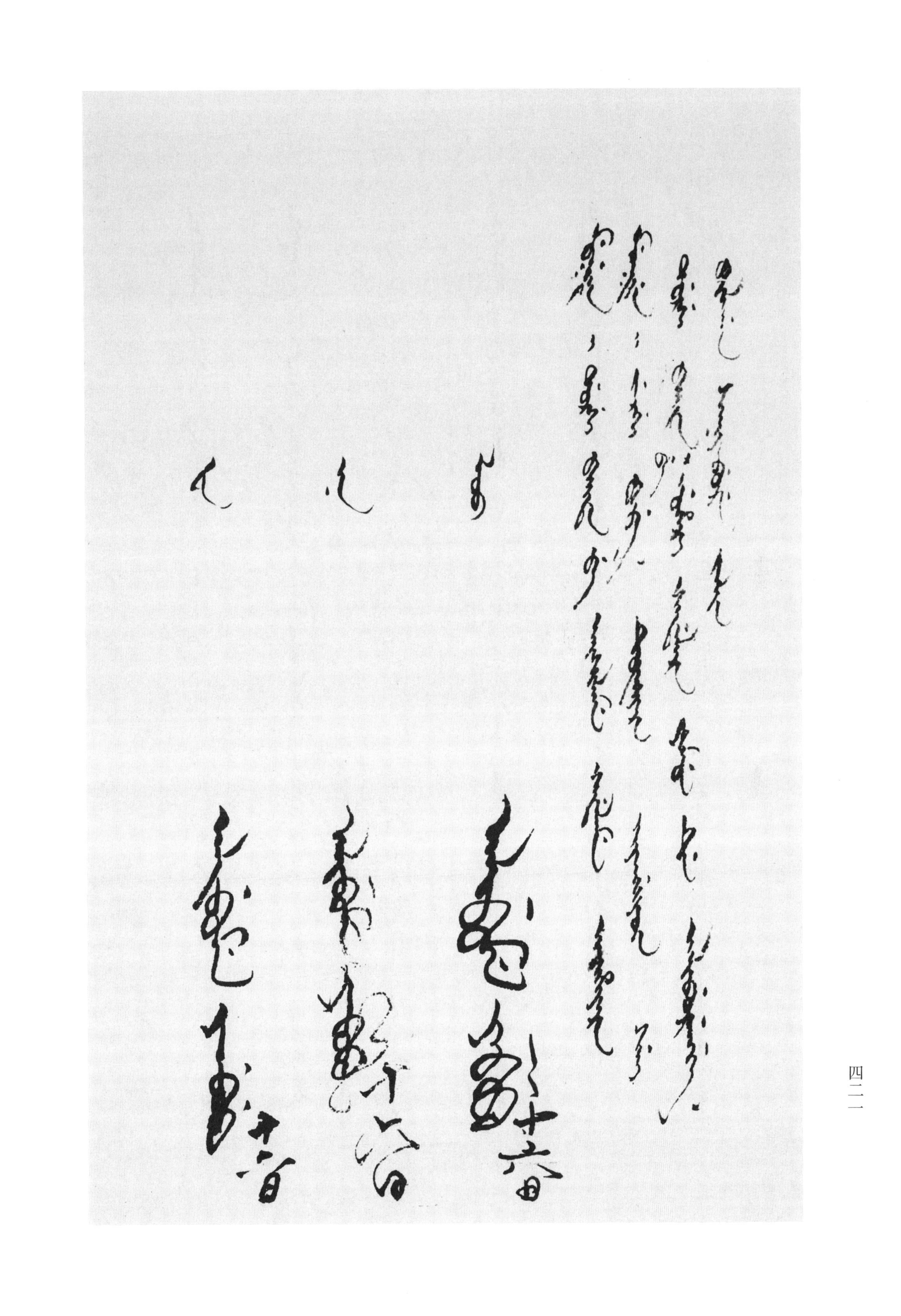

[illegible]

[illegible]

[illegible]

[illegible] 十六日

[illegible] 十六日

[illegible] 十六日

○ ᠪᠣᠣᡳ ᠠᡳᠰᡳᠯᠠᠮᡝ᠈ ᠮᡝᠨᡳ ᠪᠣᠣᡳ ᠰᠠᡳᠨ ᠰᡳᠮᠪᡳ ᡨᡠᠮᡝᠨ ᡤᡳᠰᡠᠨ᠉

ᡝᠵᡝᡴᡠ ᠠᠮᠪᠠᠯᡳᠩᡤᡡ ᠪᡝ ᠪᠠᡳᠴᠠᠮᡝ ᡨᡝᠮᡝ ᠪᡝᡳᠯᡝᡥᡝ ᡳᠰᡳᠨᠵᡳᡥᡝ ᡨᡝᠰᡝ᠈ ᡤᡡᠨᡳᠮᡝ ᡥᡝᠰᡝᡳ ᠰᡳᠮᠪᡳ ᠶᠠᠪᡠᠮᠪᡳ

ᠪᡝᠶᡝᡳ ᠠᡳᠰᡳᠨ ᠪᡝᠶᡝᠪᡝ᠈ ᠰᠠᡳᠨ ᠰᡠᡳᠮᠪᡳ ᠪᡝ᠈ ᡝᡵᡝ ᠪᡝᠶᡝ᠈ ᡴᠣᠪᡳ ᠪᡝᠶᡝᠪᡝ

ᠪᡝᠰᡝ ᡝᡵᡝ ᠪᡝᠰᡝᡳ᠈ ᡝᡵᡝᠪᡝ ᡝᠰᠣ ᠪᡝᠶᡝ ᡥᡝᡵᡝᠮᠪᡳ ᡠᠯᠠᠨᡳ᠈ ᠪᡝᠶᡝᠪᡝ ᡝᠰᡝ᠈

ᠰᠠᡳᠨ ᡤᡳᠰᡠᠨ᠈ ᠠᠯᡳᠮᠪᡳ ᠰᡳᠮᠪᡳ ᠪᡝ ᠰᡝᠮᡝ᠈ ᠪᡝᠶᡝᡳ ᠪᡝ ᠰᠠᡳᠨ ᠰᡝᠮᠪᡳ ᠪᡝᠶᡝ᠈

ᠰᠠᡳᠨ ᠪᠣᠣᡳ ᠪᡝ ᠠᠮᠪᠠ ᠰᡝᠮᡝ᠈ ᠪᡝᠶᡝ ᠰᡠᡳ ᠪᡝ ᡝᠰᡝᠮᡝ ᠰᠠᡳᠨ ᠪᡝᠶᡝ᠈

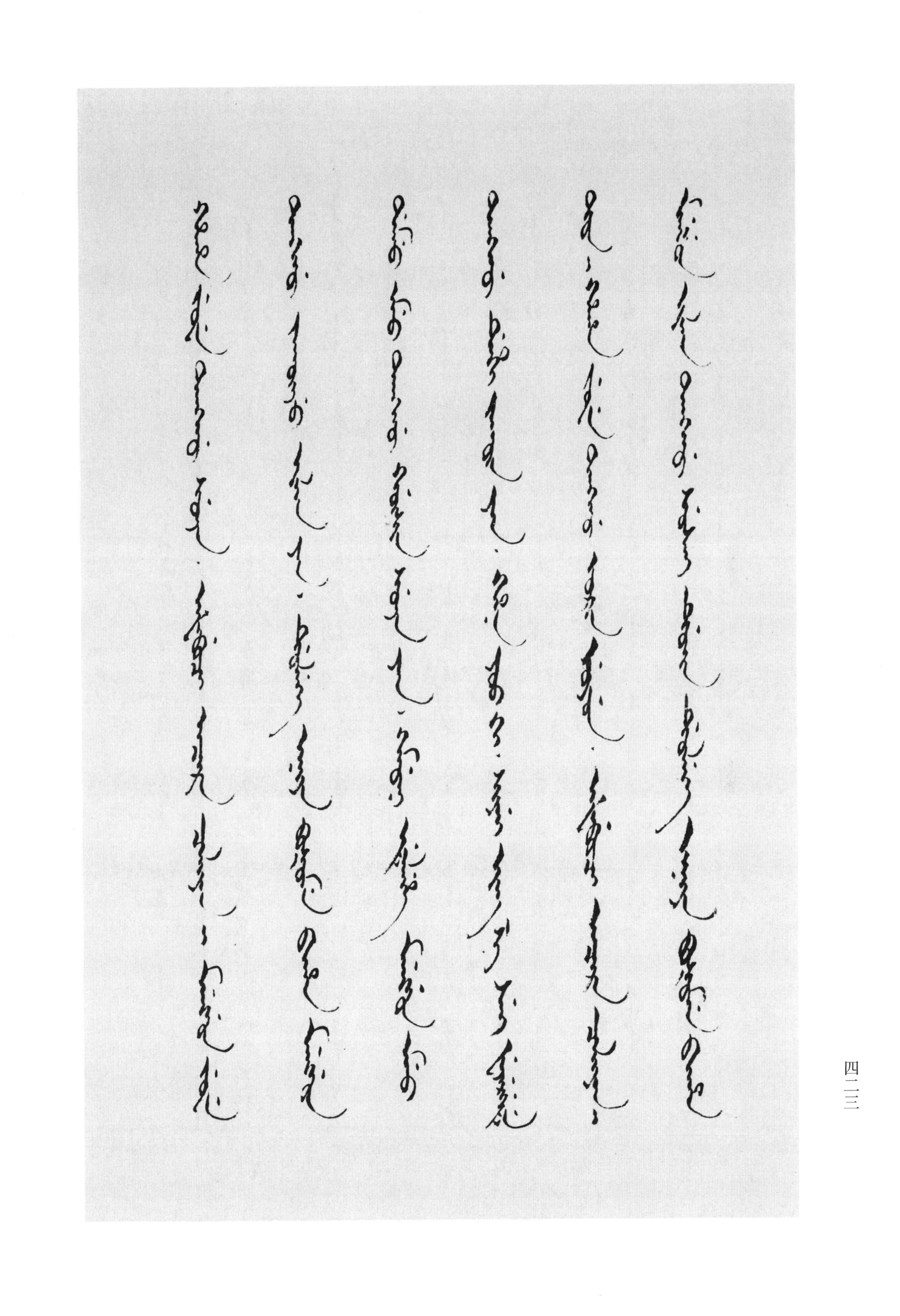

[illegible]

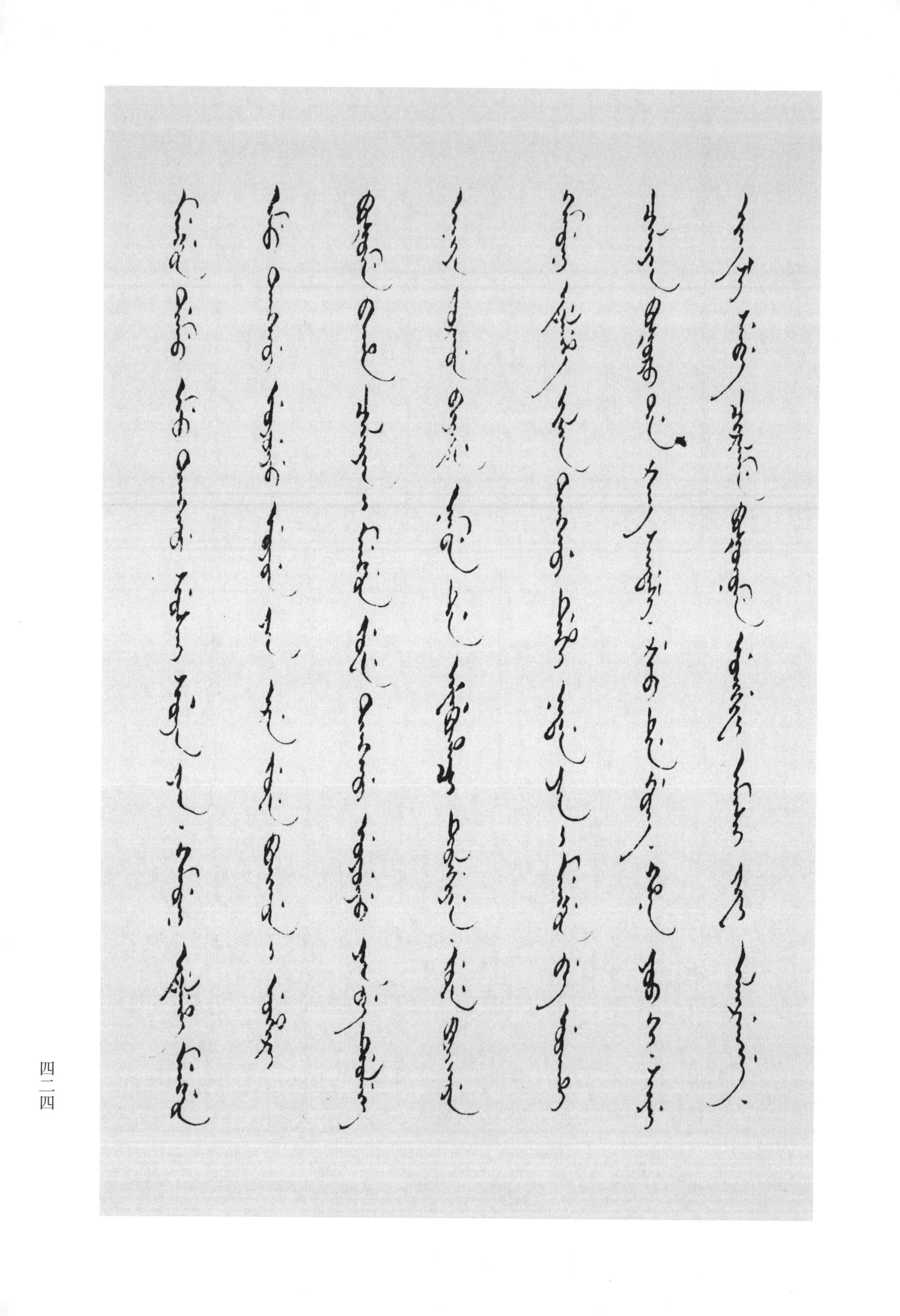

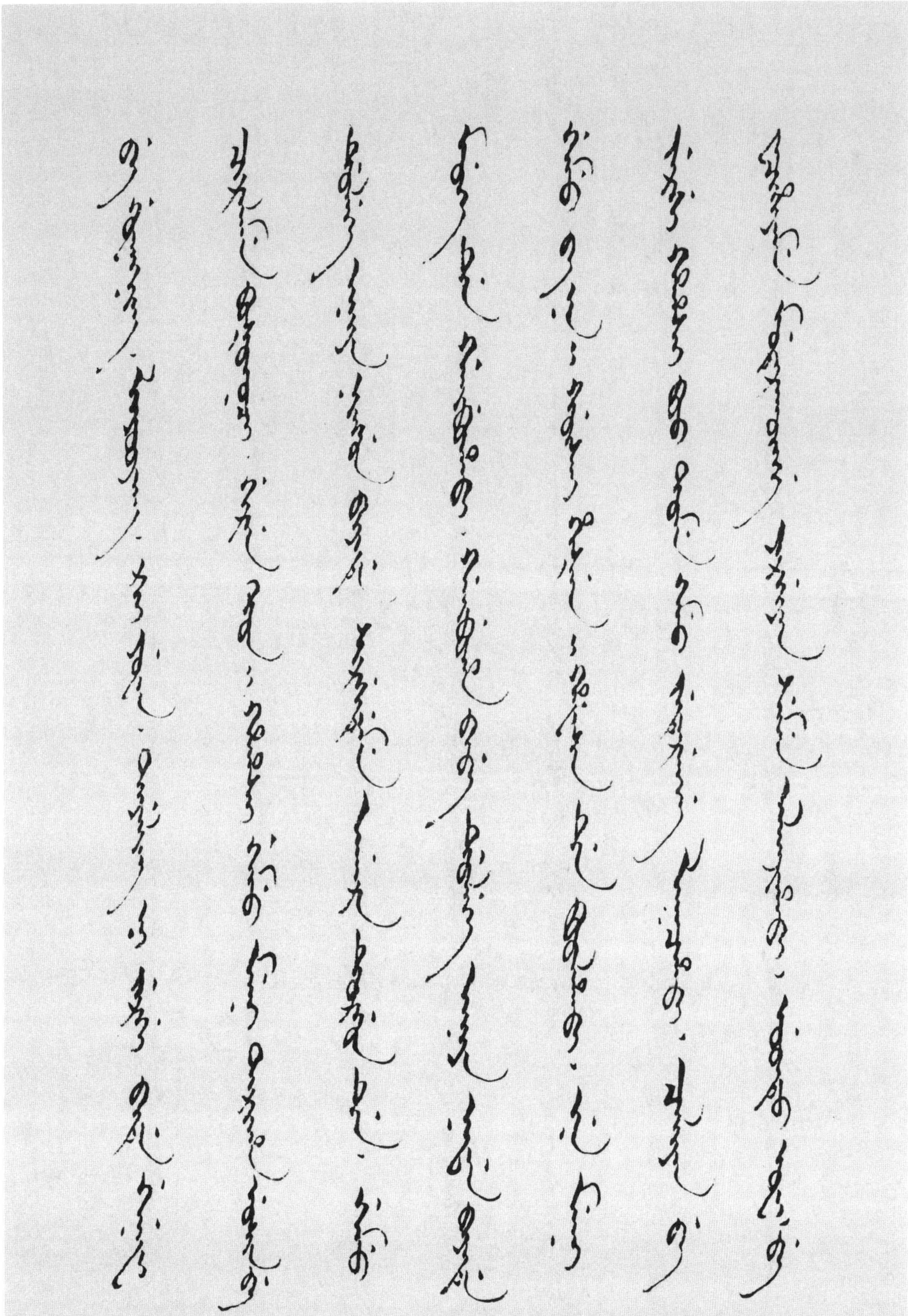

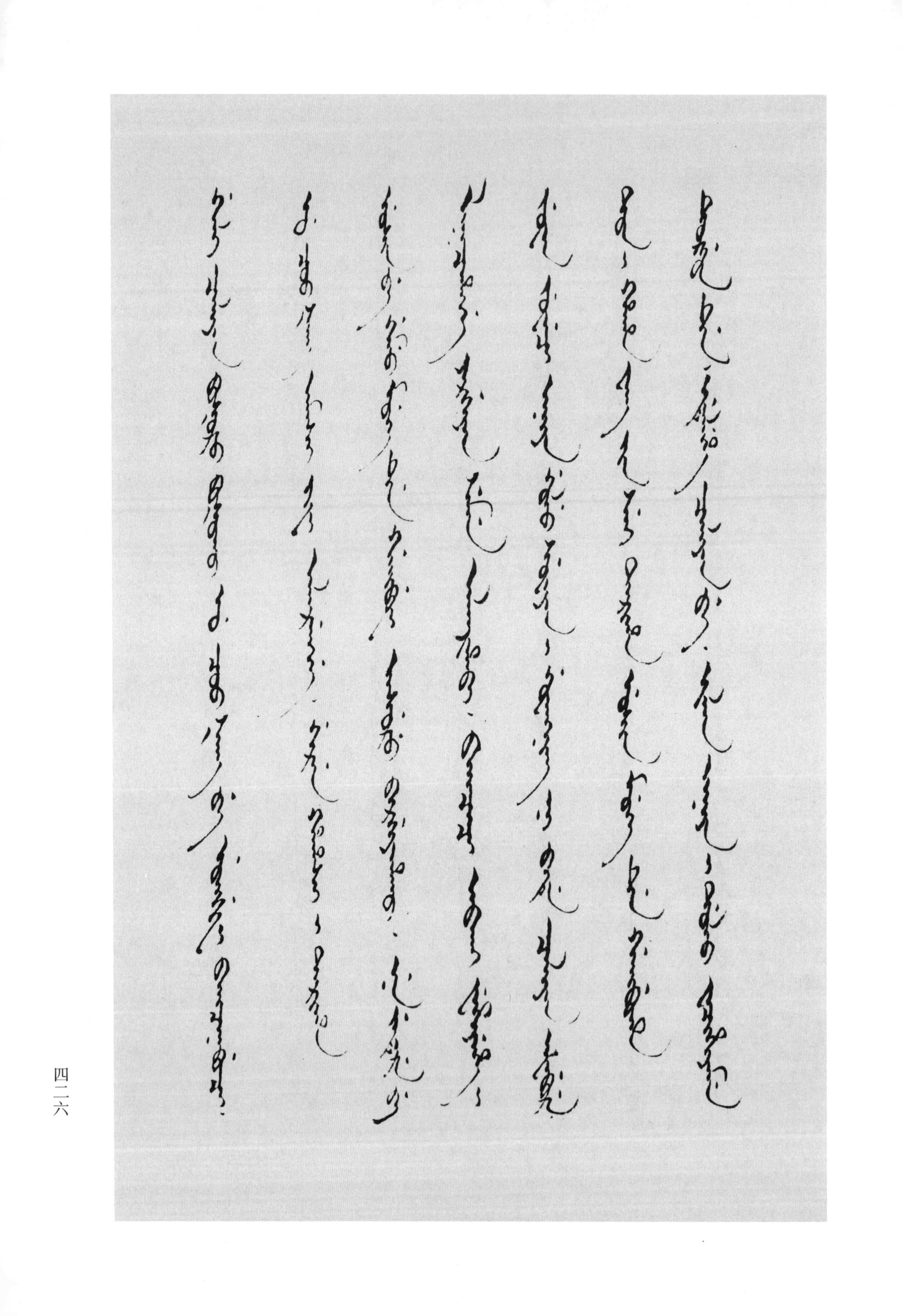

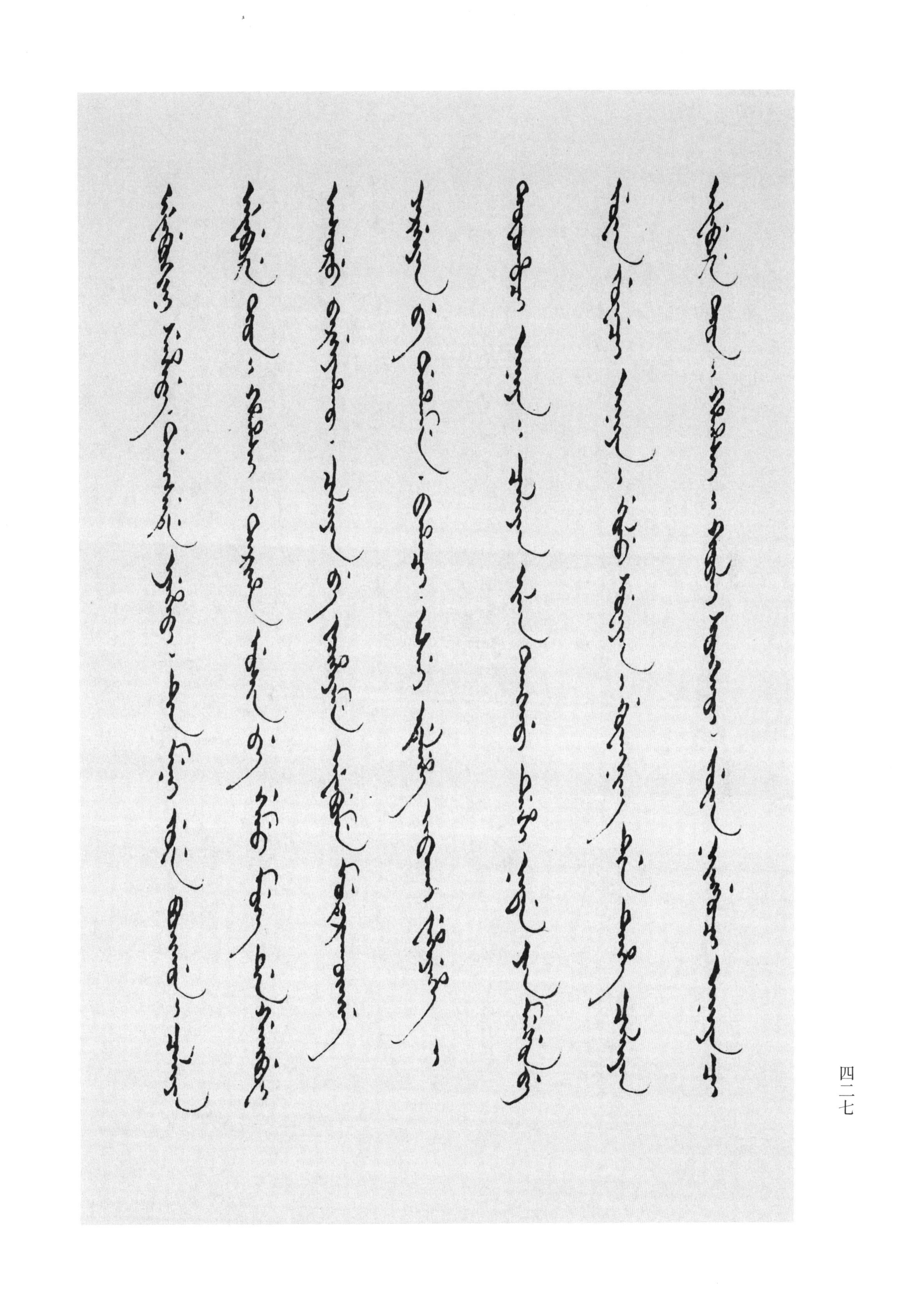

[illegible]

[illegible]

[illegible]

[illegible]

[illegible]

[illegible]

[illegible]

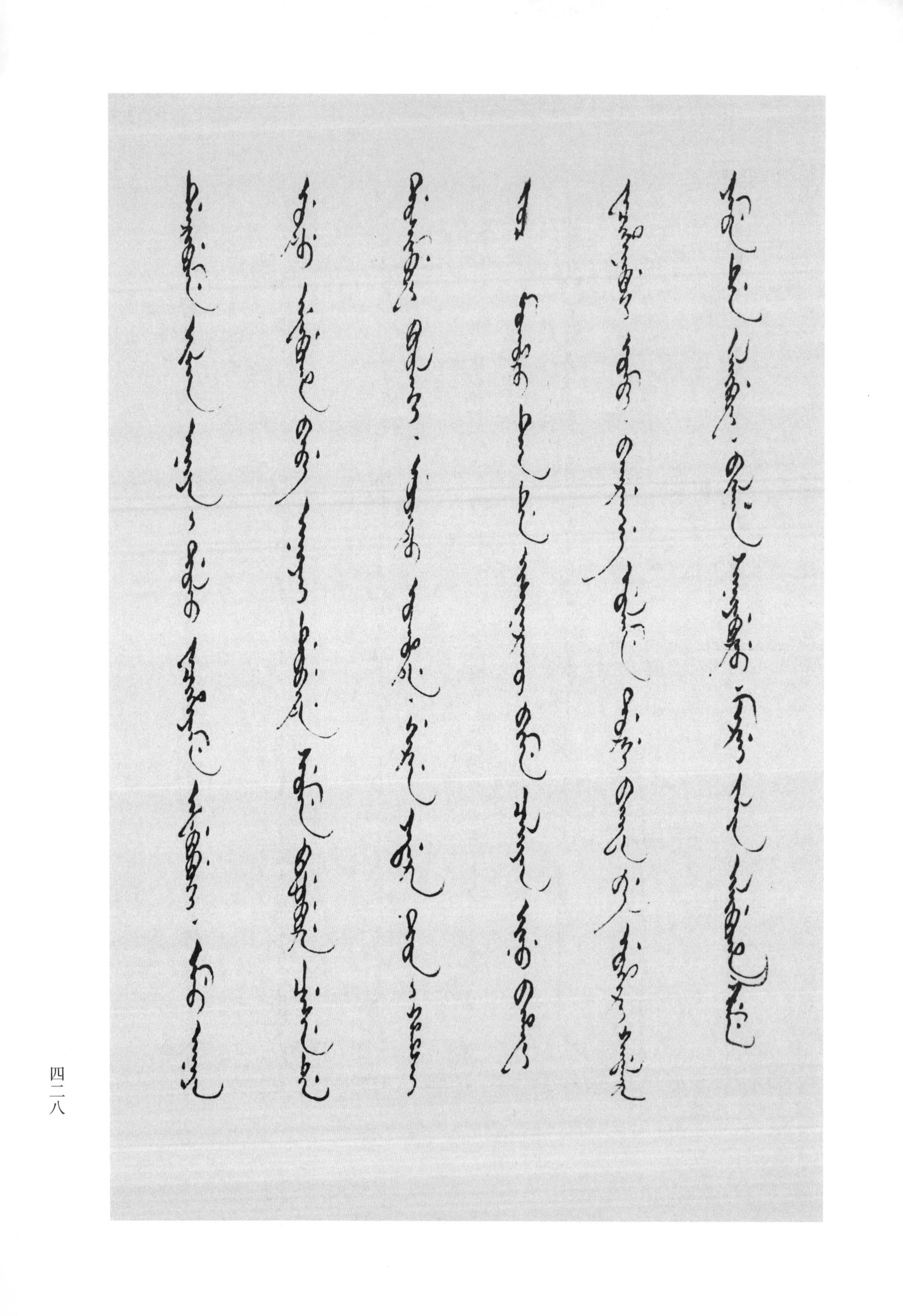

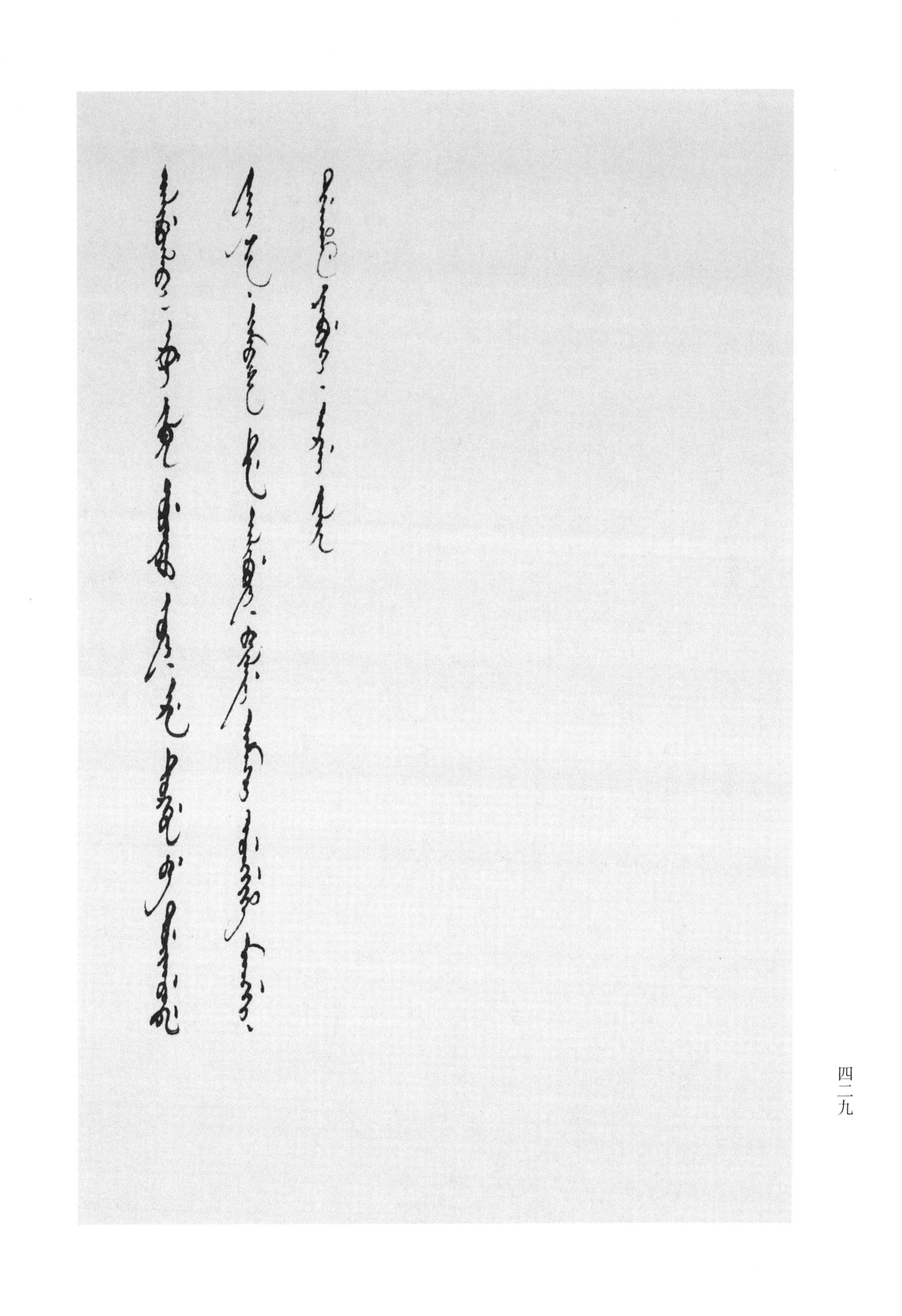

盛京内务府档 ◉ 乾隆朝

4

辽宁省档案馆 编

辽宁民族出版社

盛京内务府档　目录

盛京内务府档·乾隆朝　第四册　目录

13	盛京内务府为派员赴京解送皂鹿皮事咨都虞司	乾隆十六年四月二十七日	六八
14	掌广西道监察御史五十六等为查报乾隆十六年三月份太仆寺造送科抄依限完结事的题本	乾隆十六年四月二十九日	七五
15	管理盛京内务府事务掌关防参领职衔尼希海等为请领养廉银事呈总管内务府	乾隆十六年五月十七日	七六
16	盛京内务府为请领时宪书事咨钦天监	乾隆十六年五月十七日	八一
17	管理盛京内务府事务掌关防参领职衔尼希海等为补领镶黄旗执事人李银柱俸米事呈总管内务府	乾隆十六年五月十七日	八七
18	管理盛京内务府事务掌关防参领职衔尼希海等为派员赴京进送蕨菜野韭菜等项事呈总管内务府	乾隆十六年五月十七日	九六
19	管理盛京内务府事务掌关防参领职衔尼希海等为派员赴京进送蕨菜野韭菜等项事咨都虞司	乾隆十六年五月十七日	九九
20	盛京内务府为发放执照领取养廉银两事咨万成当铺	乾隆十六年五月十七日	一〇四
21	盛京内务府为更送被灾庄头边七子名下户口册事咨呈总管内务府	乾隆十六年五月二十六日	一〇九
22	盛京内务府为监生杜文杰家人马多儿逃走后自行投回请圈销逃档事咨盛京将军衙门	乾隆十六年六月初一日	一一六
23	盛京内务府为预支正黄旗正白旗二佐领秋季俸米事咨盛京户部	乾隆十六年六月初三日	一二九
24	盛京内务府为预支孀妇刘氏秋季俸米事咨盛京户部	乾隆十六年六月初三日	一三七
25	盛京内务府为知会笔帖式劳凤鸣等避讳祖先更名事咨盛京礼户兵三部	乾隆十六年六月初六日	一三八
26	盛京内务府为查复逃走家奴刘旺之子等一支人仍留旗当差事咨盛京刑部	乾隆十六年六月初六日	一四六

55	户部为山东司案卷被焚册籍不全请照底册造送额设官兵俸饷册事咨盛京内务府	乾隆十七年二月十二日	三二〇
56	会计司为领取执事人等恩赏银一案不能代转遂退回原文事咨管理盛京内务掌关防佐领等	乾隆十七年二月十八日	三三〇
57	都虞司为奉旨于盛京添设总管大臣并铸改印信事咨盛京内务府	乾隆十七年三月初二日	三四五
58	户部为永陵祭祀牛羊疲瘦且倒毙百只拟将掌关防贵仁保等降级并罚俸抵扣事咨盛京内务府	乾隆十七年三月初二日	三五六
59	都虞司为知会鹿只等项已照数收讫事咨盛京佐领等	乾隆十七年三月初四日	三五七
60	都虞司为知会鹿只等项及缺额折银已照数收讫并折交银两一事不可成例事咨盛京佐领等	乾隆十七年三月初四日	三六三
61	都虞司为知会王多罗树打牲人等乾隆十六年所欠鹿只等项折银已照数收讫事咨盛京佐领等	乾隆十七年三月初四日	三七八
62	武备院为请于春季内迅疾砍送乾隆十六年应送之柳木椽子事咨盛京内务府	乾隆十七年三月初四日	三八三
63	武备院为知会杨木桦木箭杆等项已照数收讫事咨盛京内务府	乾隆十七年三月初四日	三九四
64	会计司为知会盛京添设内务府总管原一切所办之事仍照前例办理事咨盛京内务府	乾隆十七年四月十一日	四〇〇
65	会计司为笔帖式缺额并无库使人等考试之例遂退回原送考卷事咨盛京佐领等	乾隆十七年四月十一日	四一〇
66	会计司为抄知永敬仓等钦定新清语事咨盛京佐领等	乾隆十七年四月十二日	四一八
67	户部为永陵祭祀牛羊疲瘦且倒毙百只拟将掌关防贵仁保等降级并罚俸抵扣事咨盛京内务府	乾隆十七年四月十二日	四二三
68	都虞司为拣选委署领催讷苏肯顶补执事领催员缺事咨盛京佐领等	乾隆十七年四月十八日	四三〇

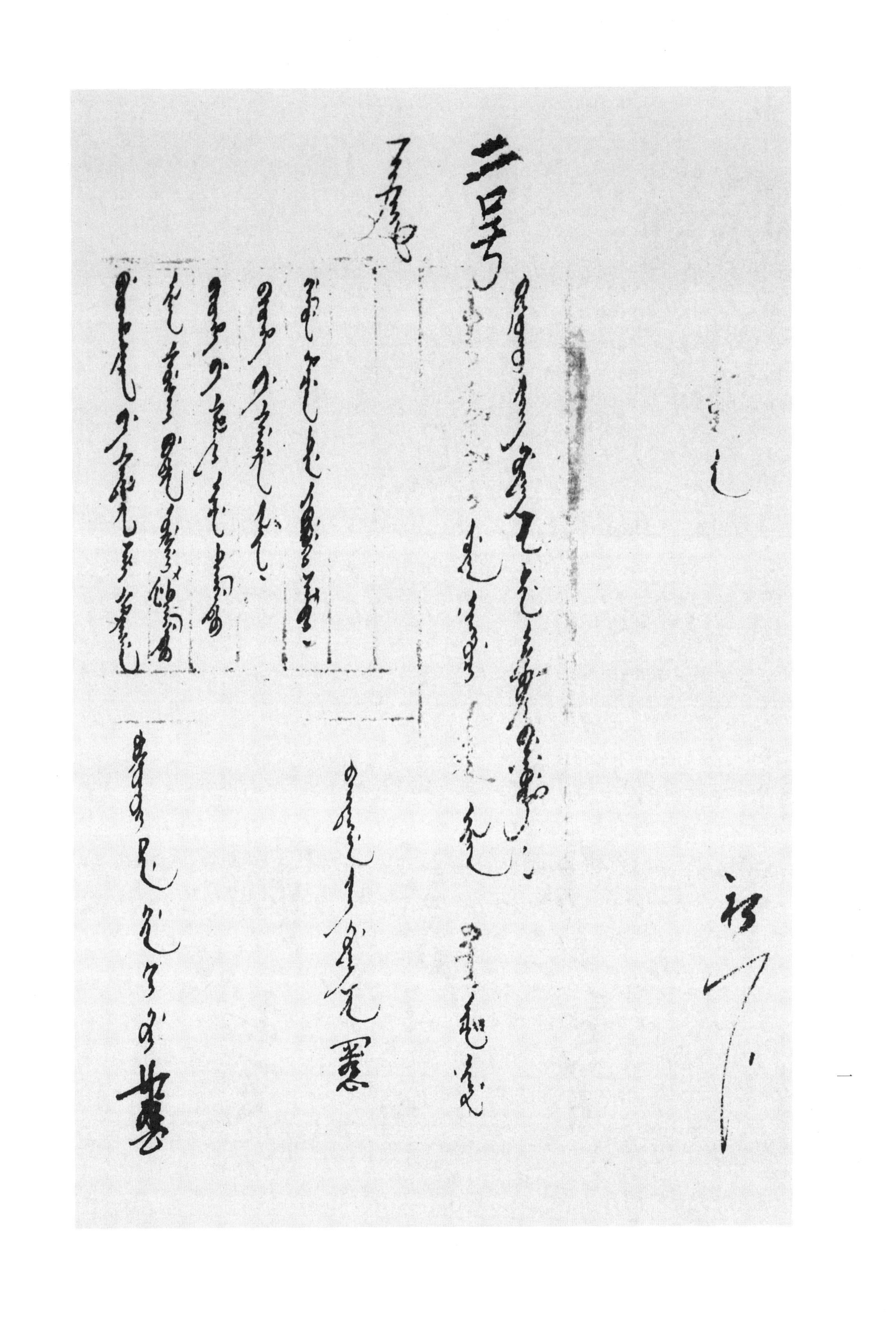

二号

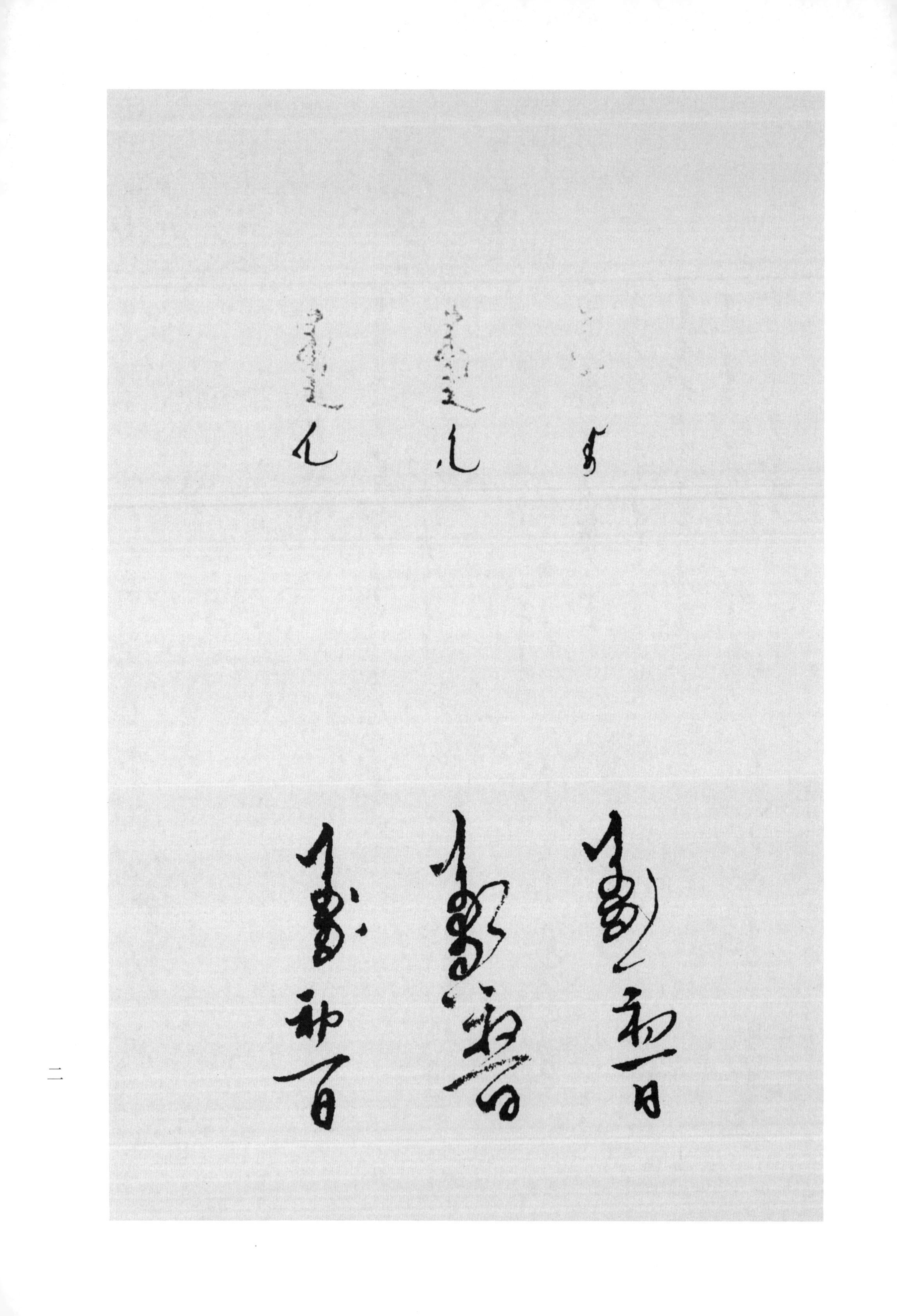

初一日

初三日

初一日

二

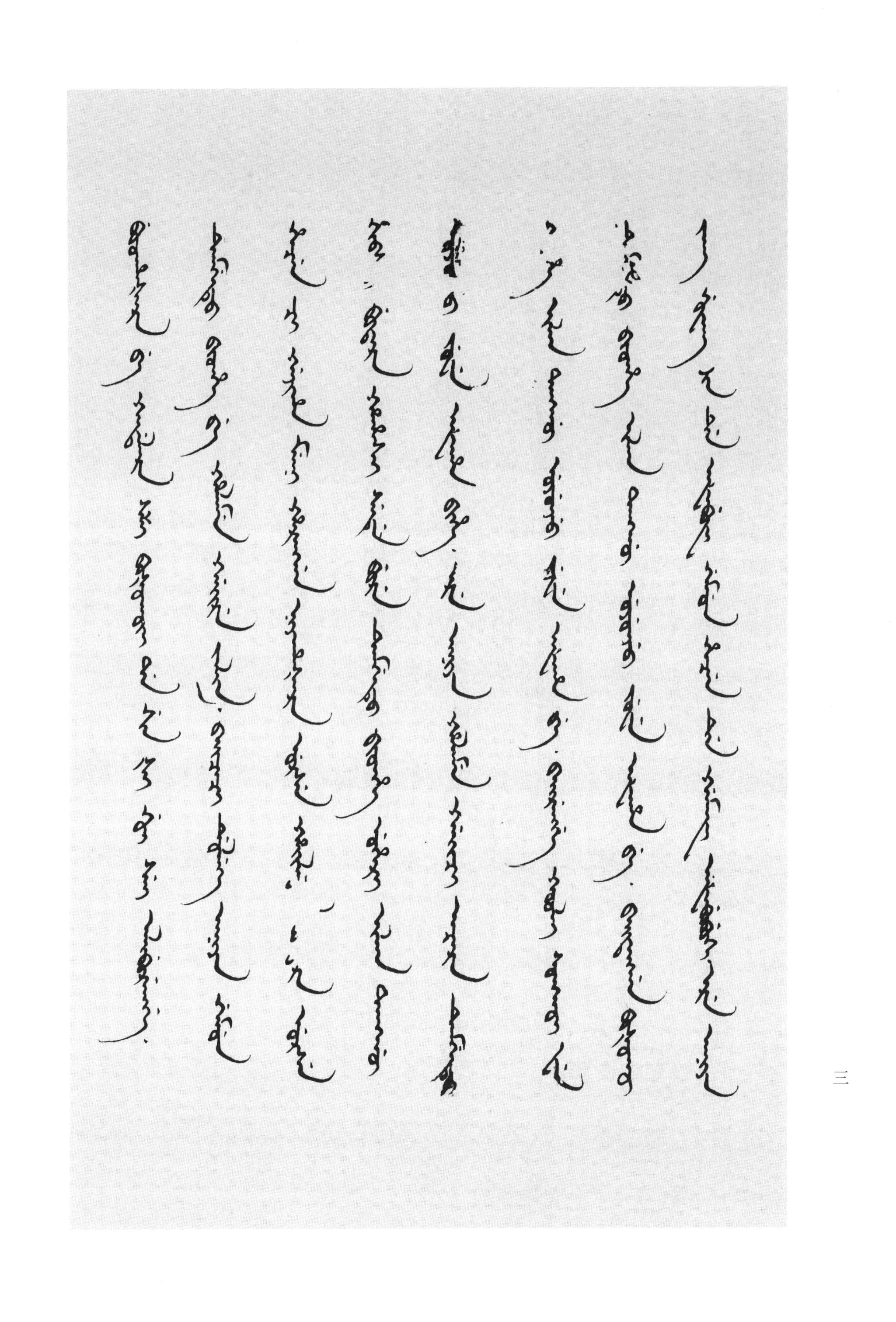

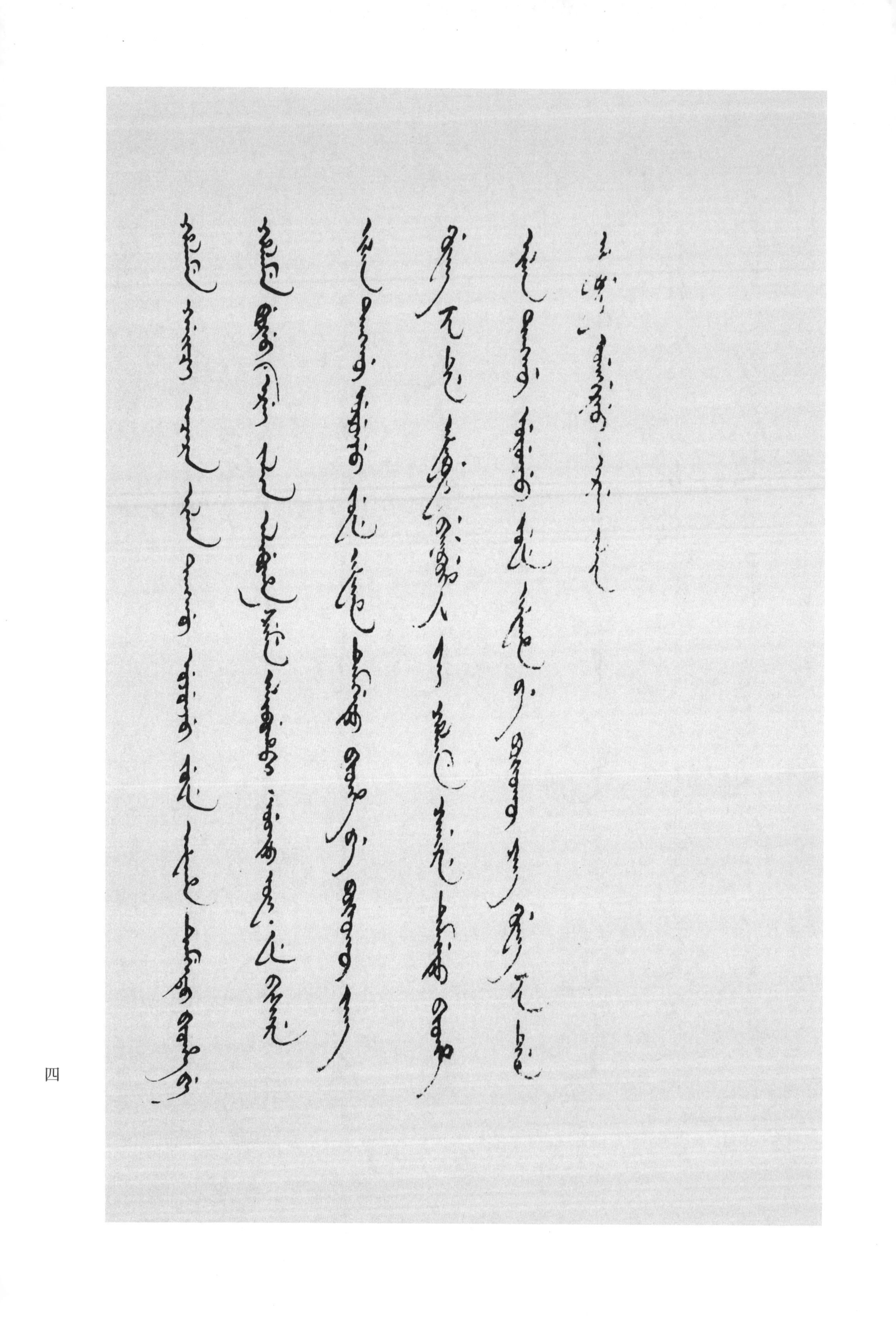

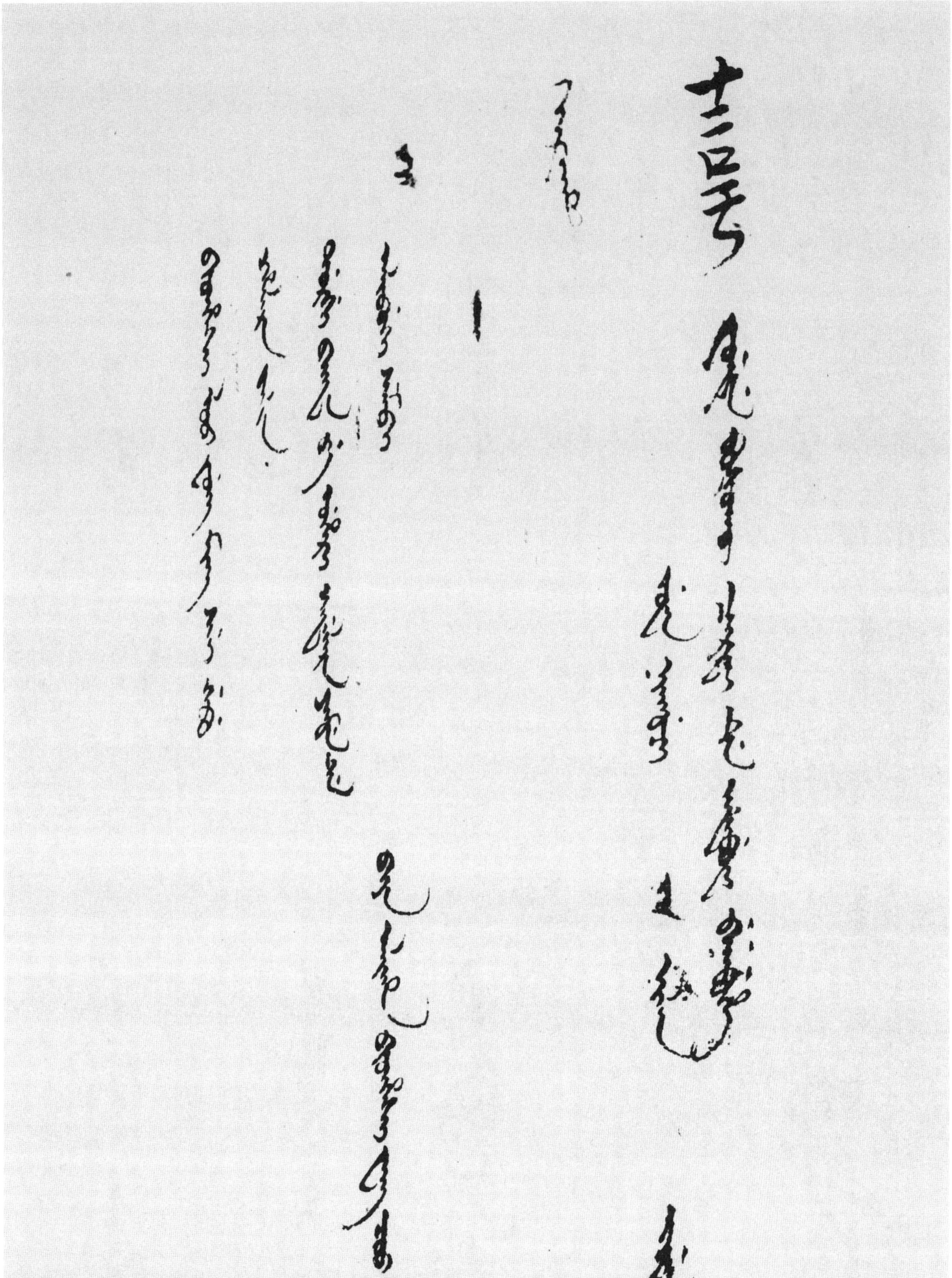

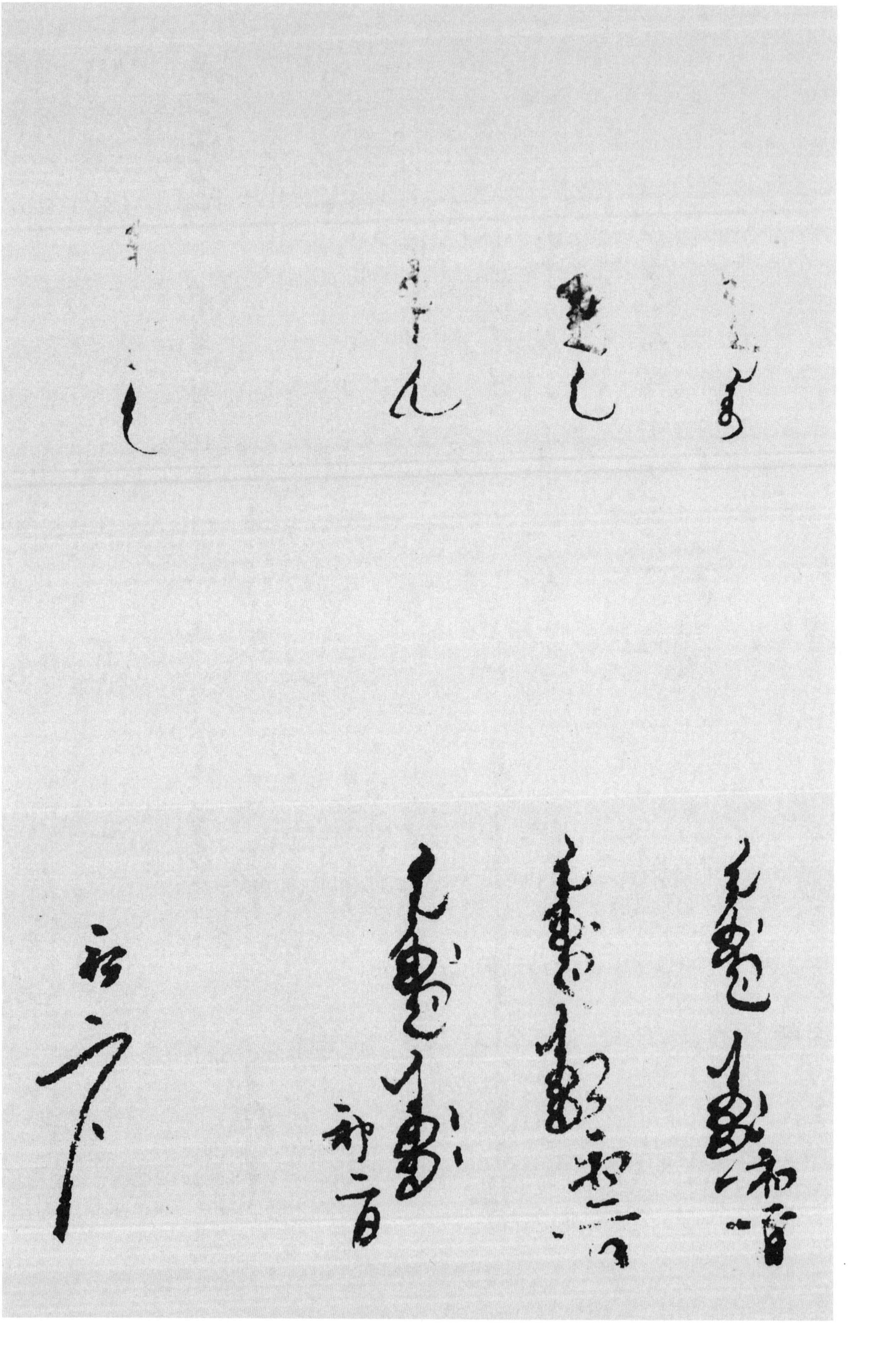

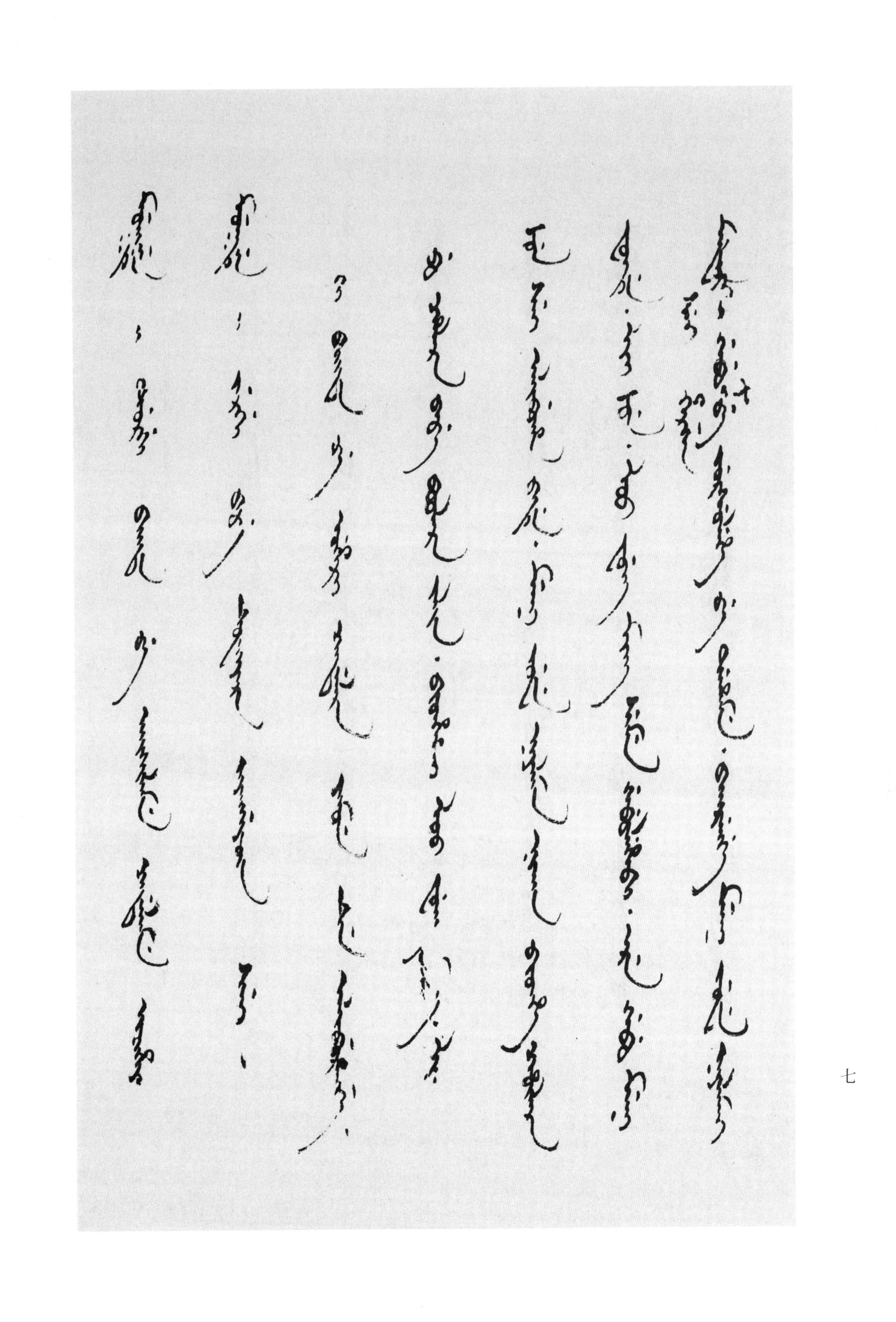

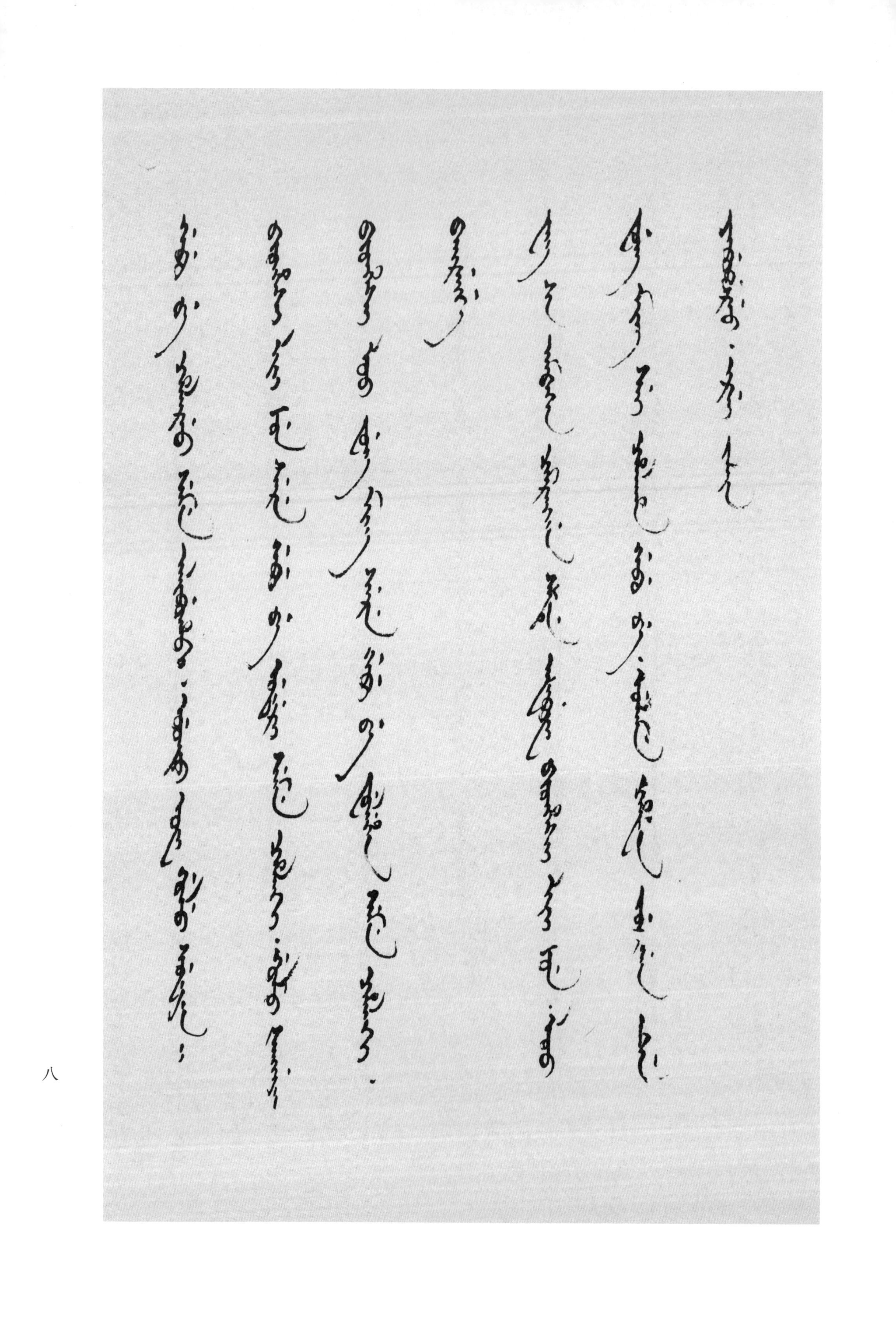

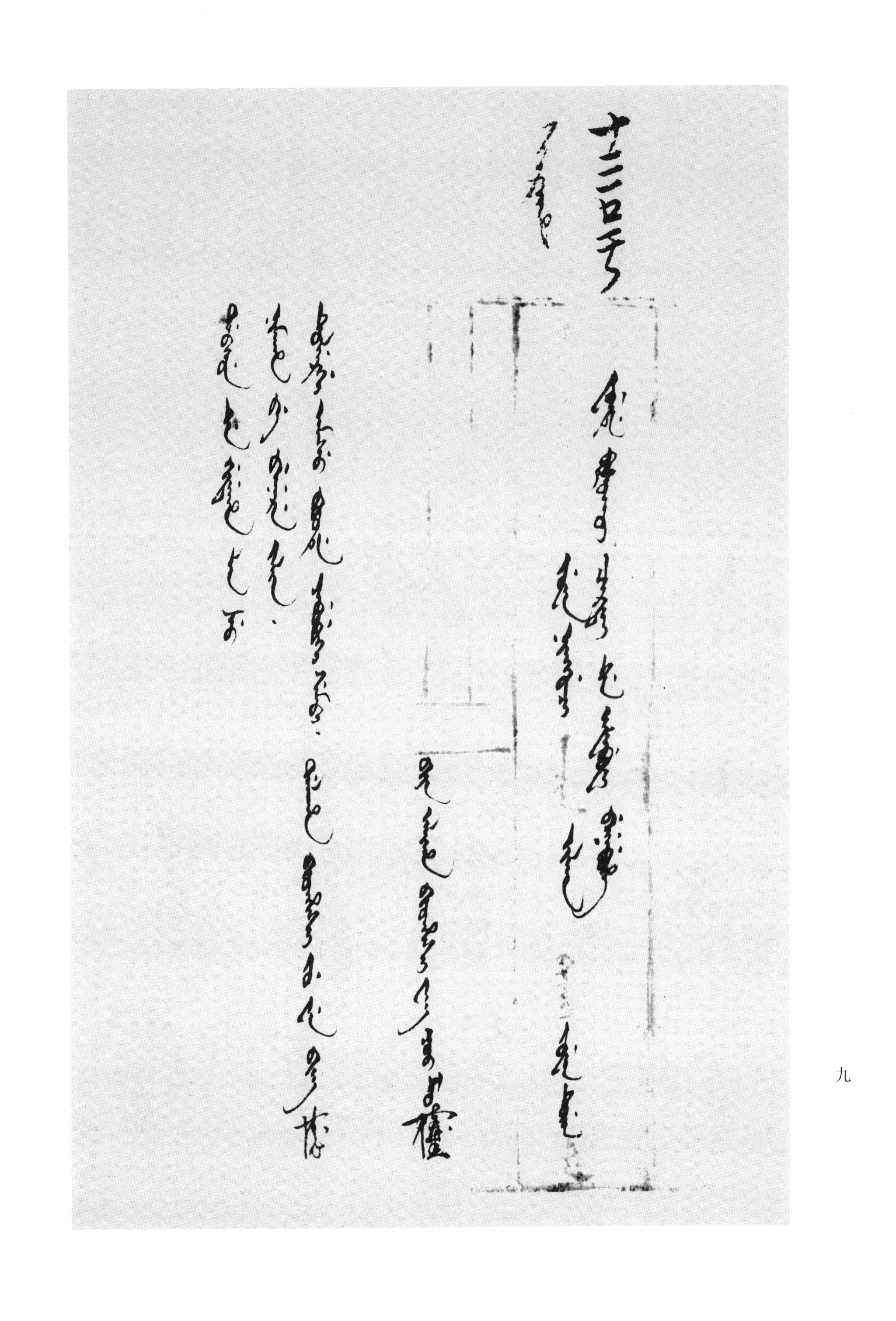

十二日到

[illegible]

[illegible] 權

[illegible] 楷

[illegible]

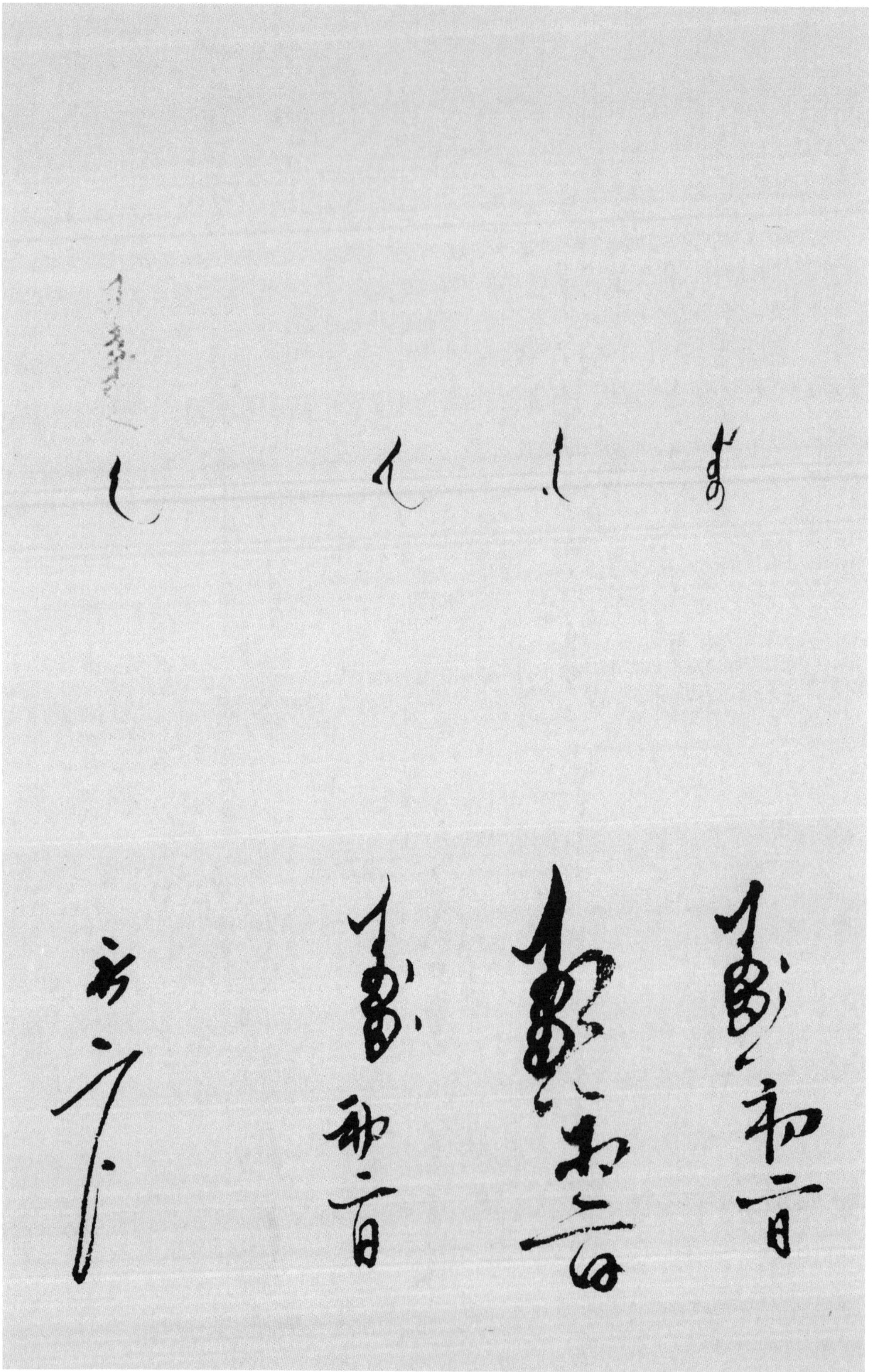

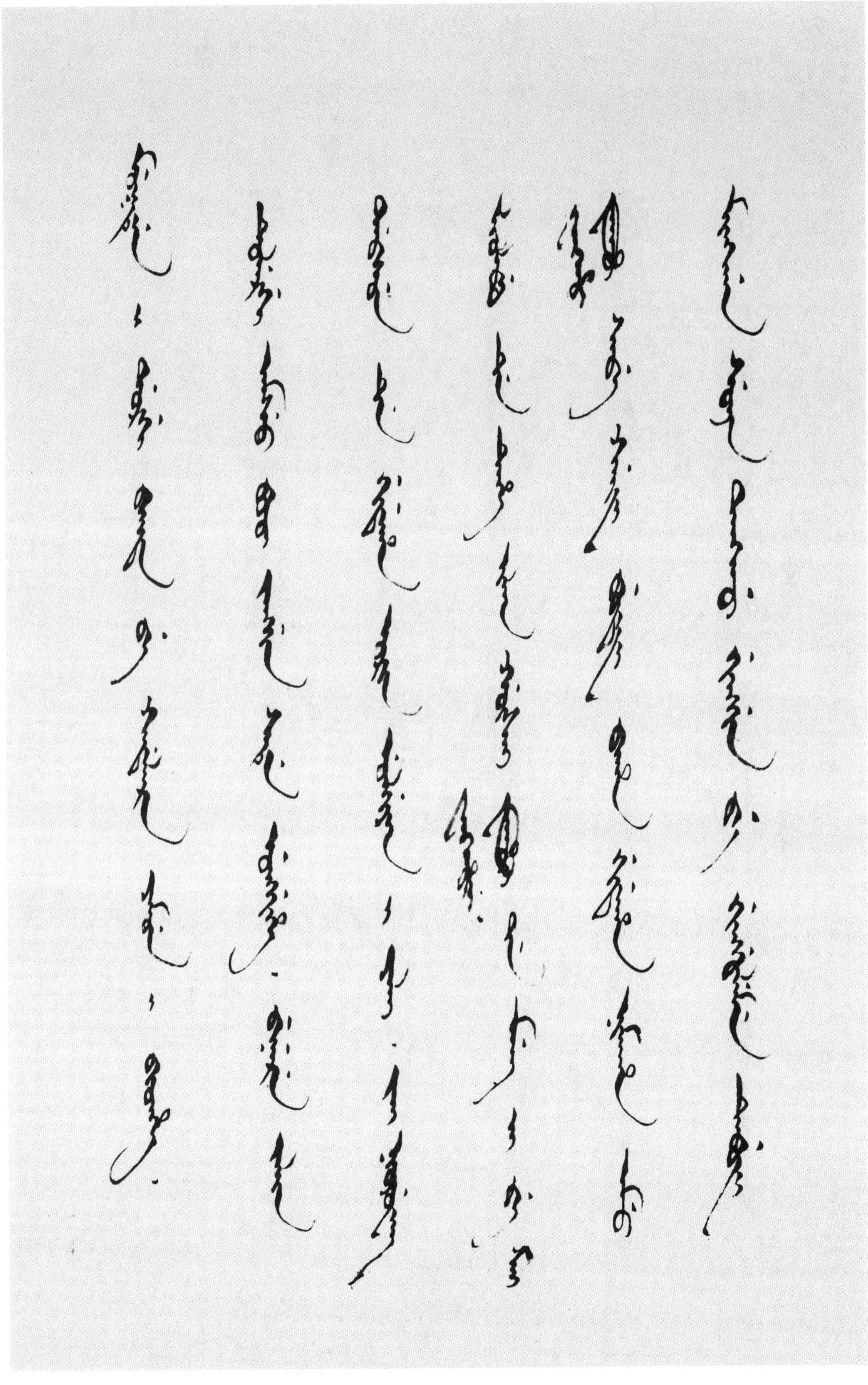

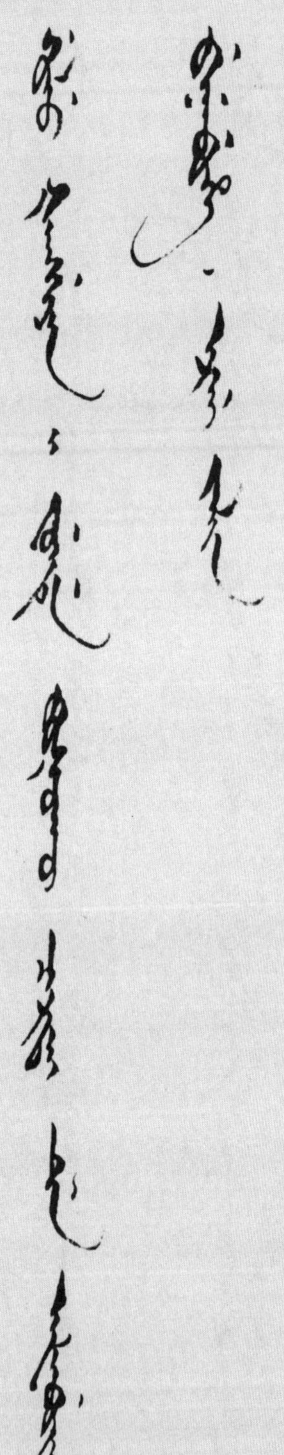

王大人將伊等所欠錢粮勒限本年玖月內務必催衮衮呈送

可也爲此合呈須至呈者

右　　　　呈

總管內務府衙門

乾隆拾陸年叁月　　　日

屬下園丁地土寔係淹澇無收不但錢粮不能措辦現在衆

口嗷嗷只收得銀叁拾陸兩伍錢肆分其餘錢粮寔無所出

等語相應呈懇照依乾隆拾貳年黃寧園丁錢粮寬免之

例勤限玖月內照數補交[illegible]所收銀叁拾陸兩伍錢肆分

行寄庫外其餘錢粮於玖月內務必催齊一併咨送

上呈等情據此理合預行聲明呈請

之理遂按户盡力催追僅得銀叁拾陸兩伍錢肆分真厘
百玖拾兩有餘錢粮寔寔分毫不能叩懇寬限至玖月内完
納庶窮丁等得以復生矣等語查得乾隆拾貳年[illegible]屬
廣寧園丁地土被水淹澇無收不能爲生呈明寬限俟秋收
後補交等情據掌儀司來文内開今歲錢粮俟九月内補
交嗣後仍照舊例貳叁月内送京可也等因在案今三旗

俱已交納下剩應送京錢糧柒百叁拾兩有餘每歲俱係貳
叁月內送京身等因錢糧限期在邇敢不按限徵收是以於
拾壹拾貳月內挨門逐户催追時因去歲地土淹澇無收家
家困苦老幼悲哀不能爲生不但公項錢糧寔無所
在舉家衆口嗷嗷身等切思錢糧緊要貳千玖百肆
應交柒百叁拾兩有餘錢糧雖遇歉收之年焉有不

協理

盛京內務府事務

關防佐領勞

將軍阿等口、寶

掌關防參領職銜兼佐領恩

關卩、佐領法

掌儀司催總王成文等呈稱今據小領催巴純孔等呈

屬下園丁貳千玖百肆拾伍名乾鮮菓品野鷄等項差徭

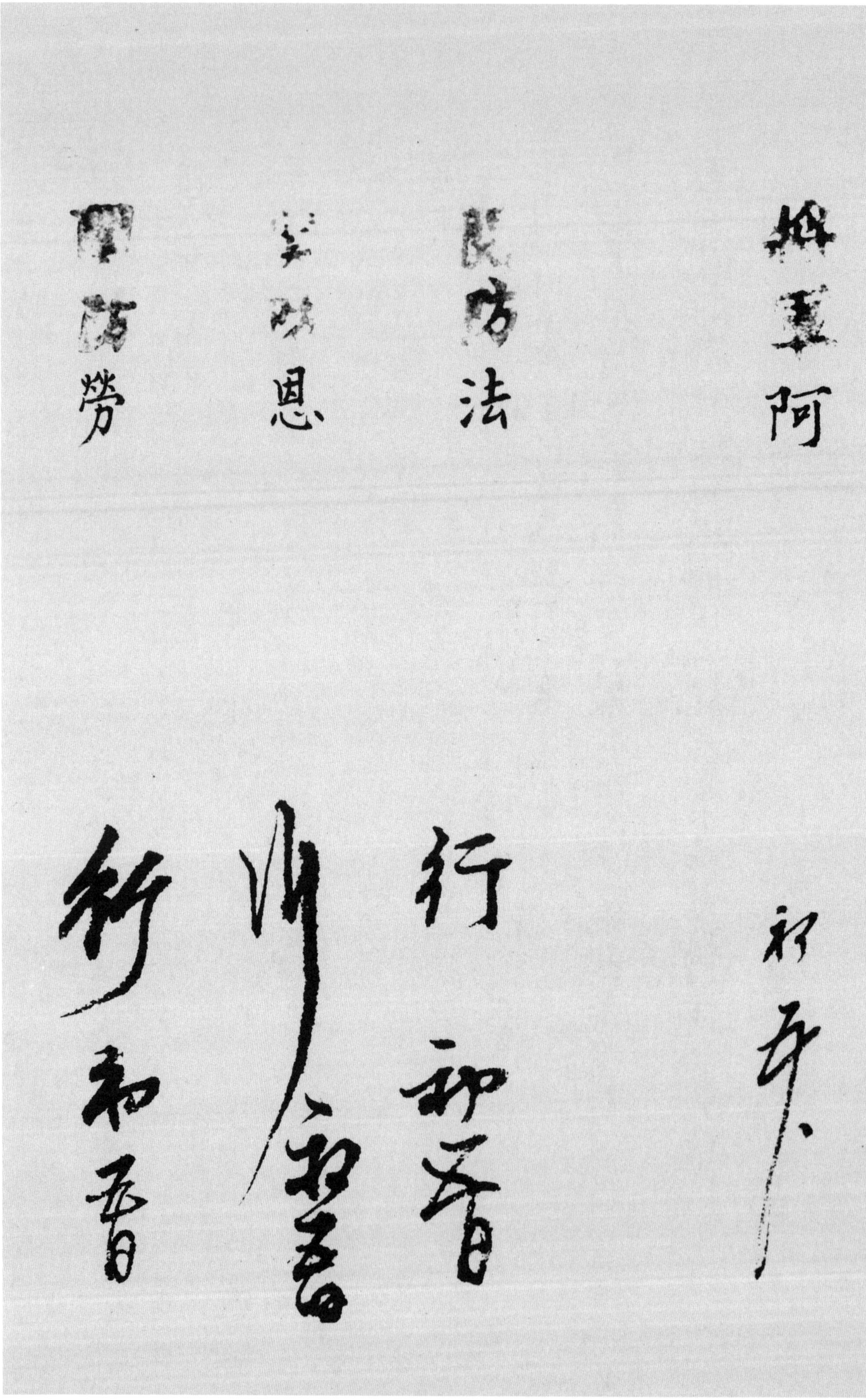

為園丁錢粮寬限事呈行

揔管内務府

值月筆帖式王朝佐

十六年三月十四日

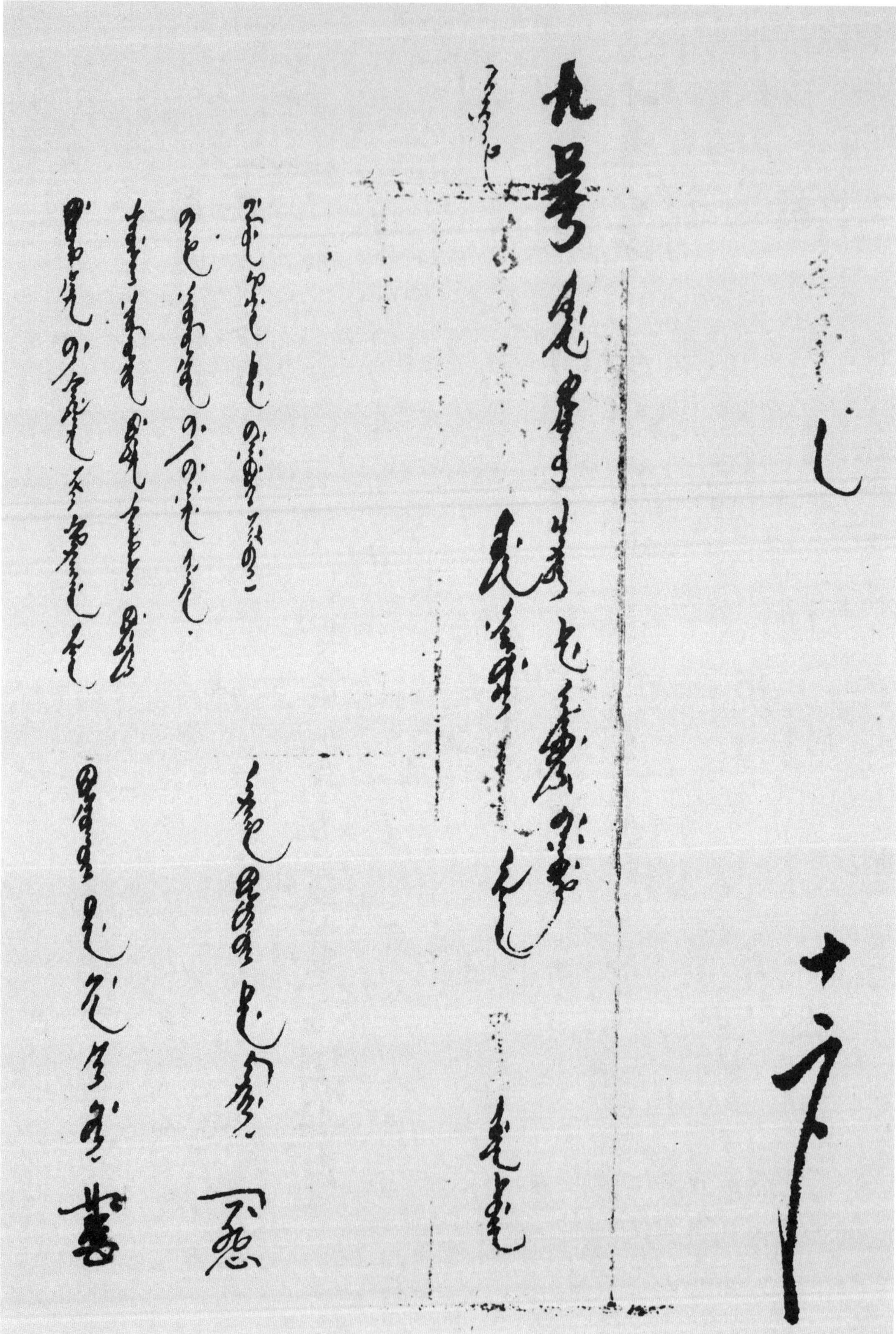

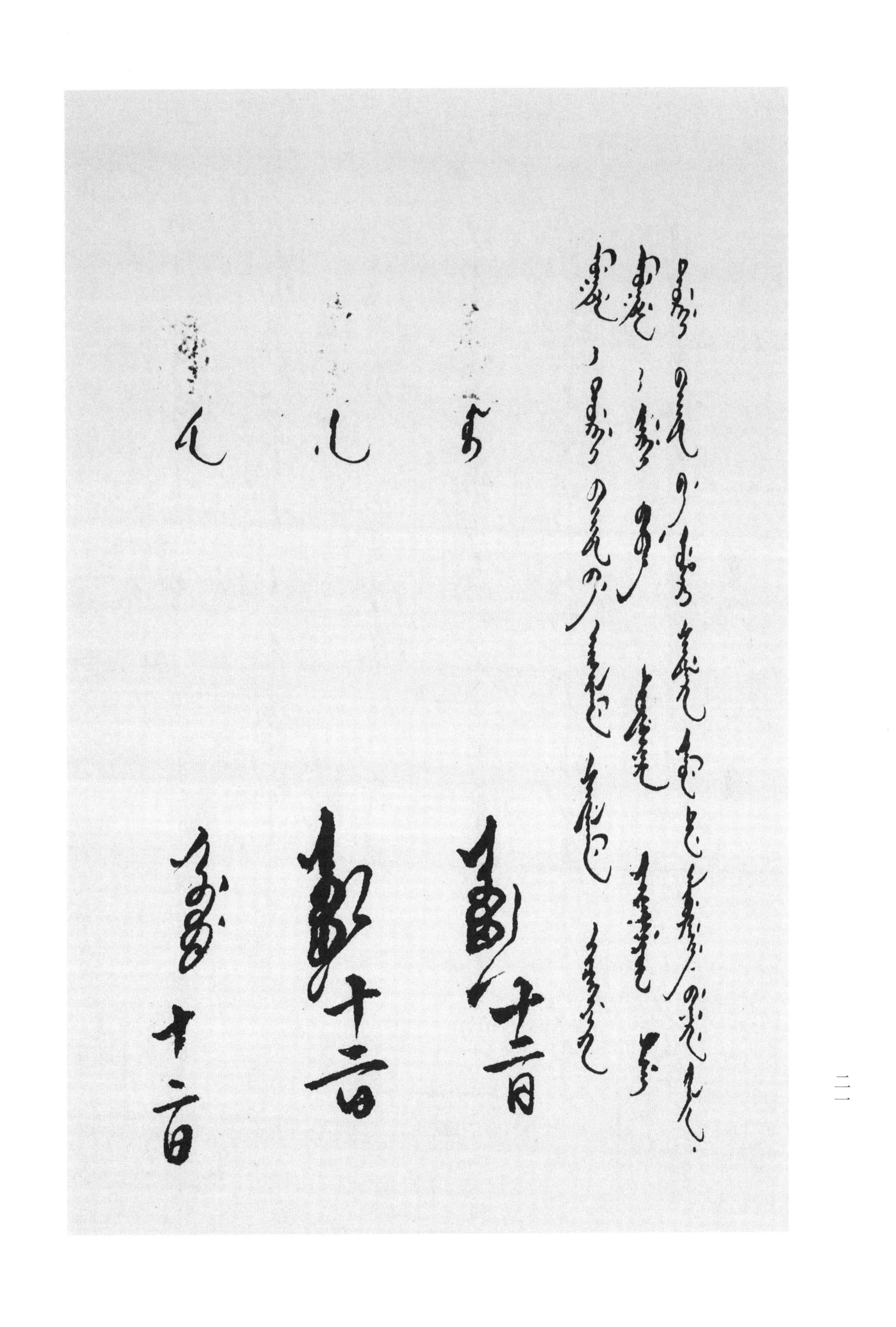

十一日

十二日

十三日

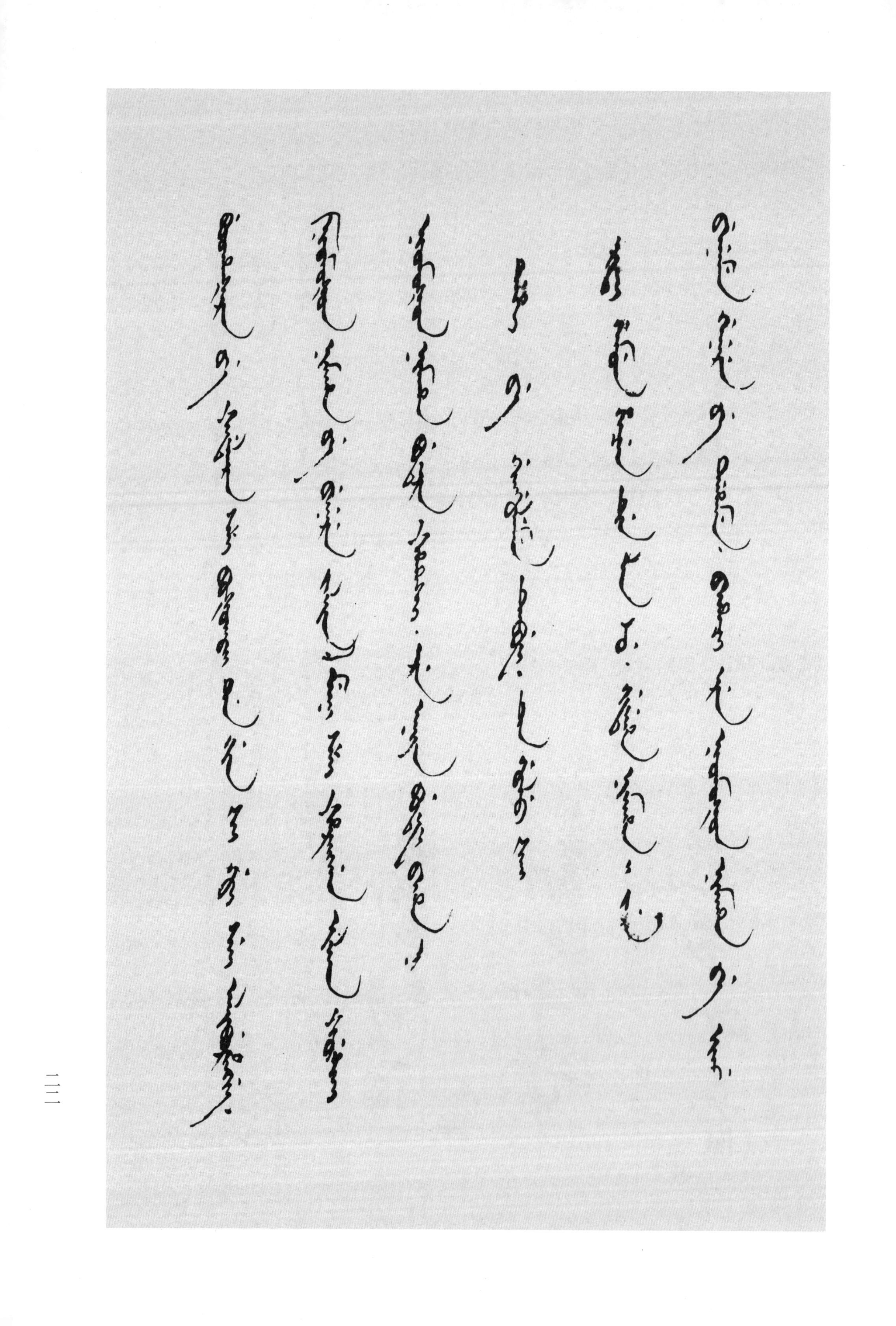

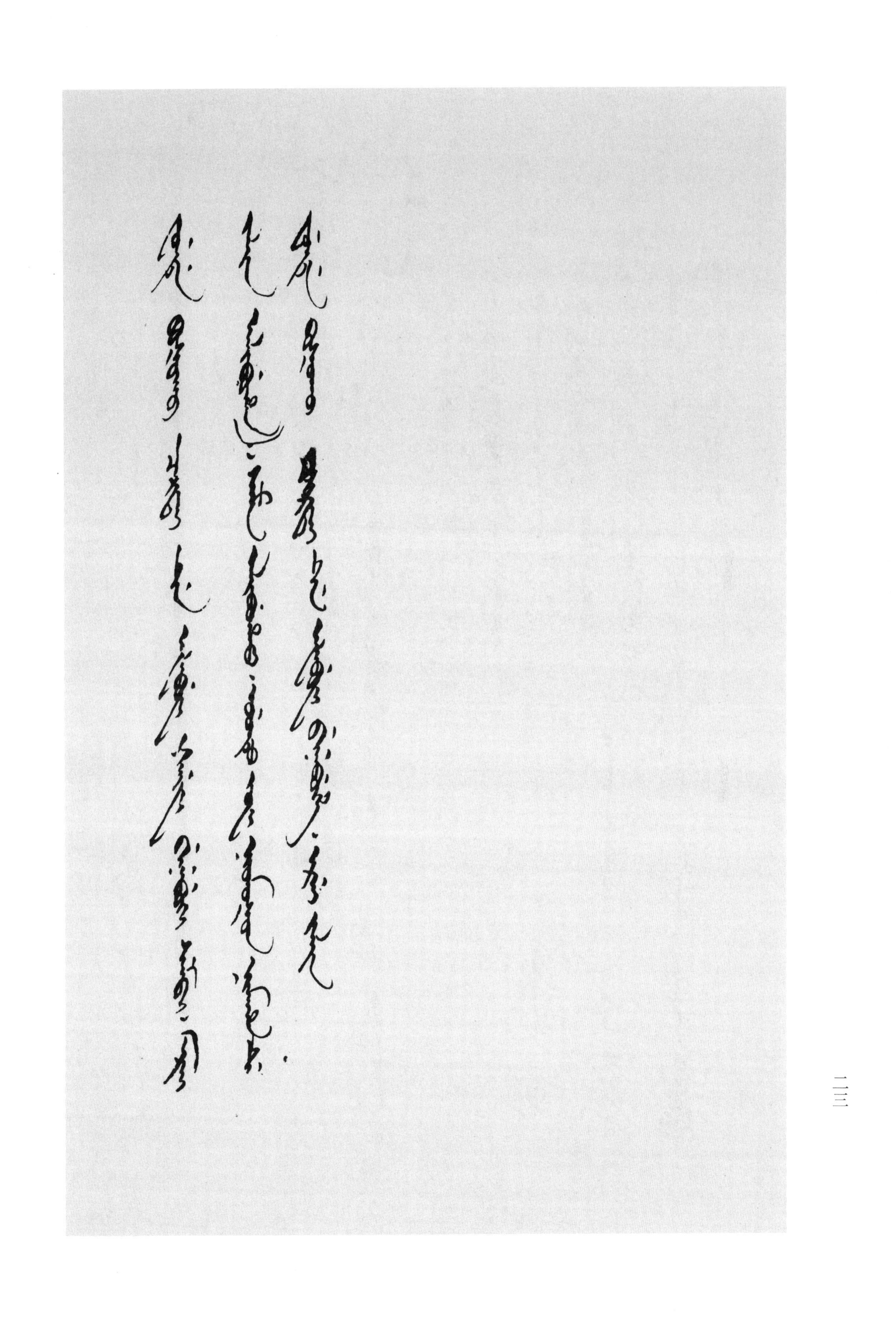

[illegible]

[illegible]

[illegible]

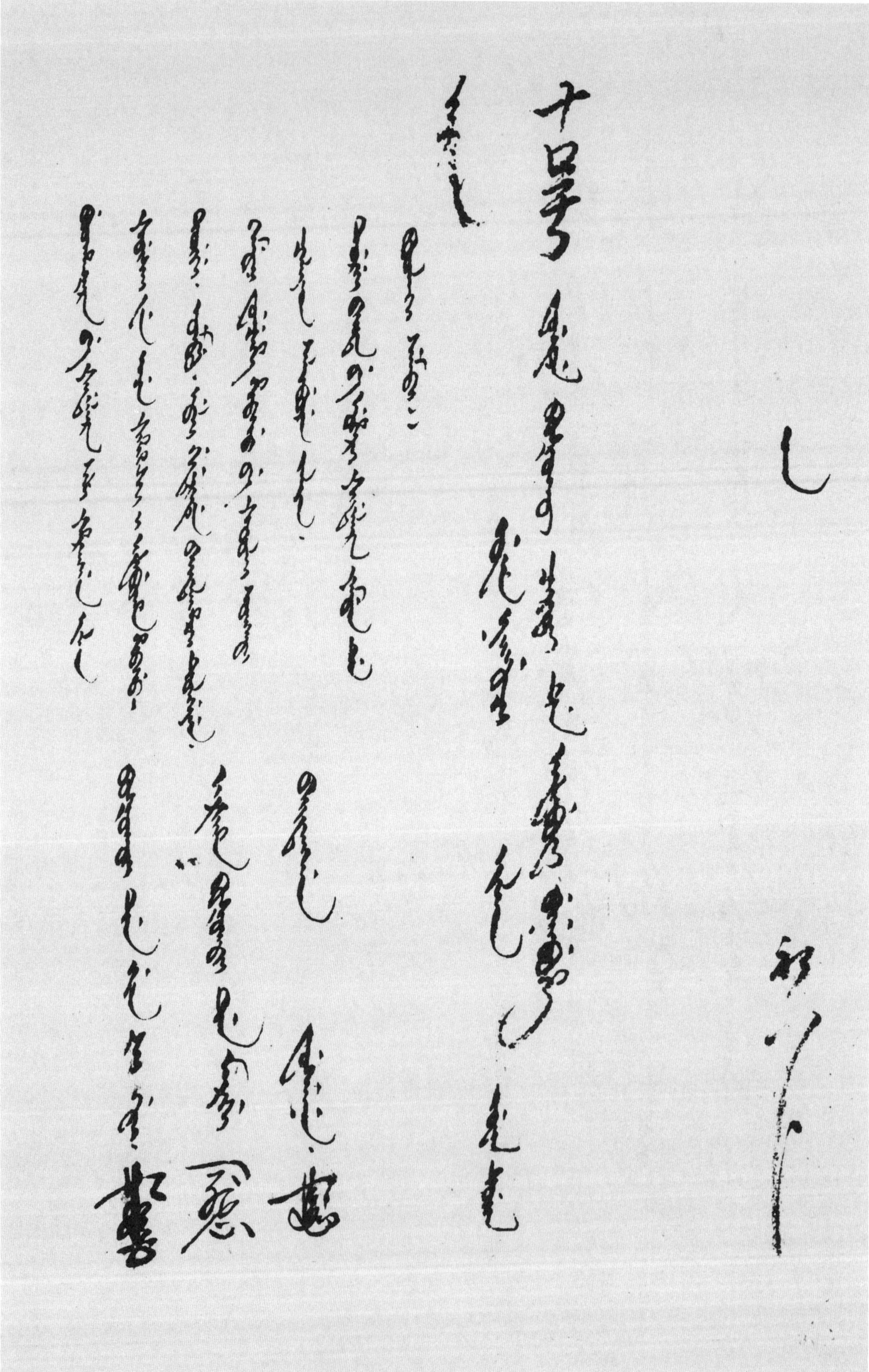

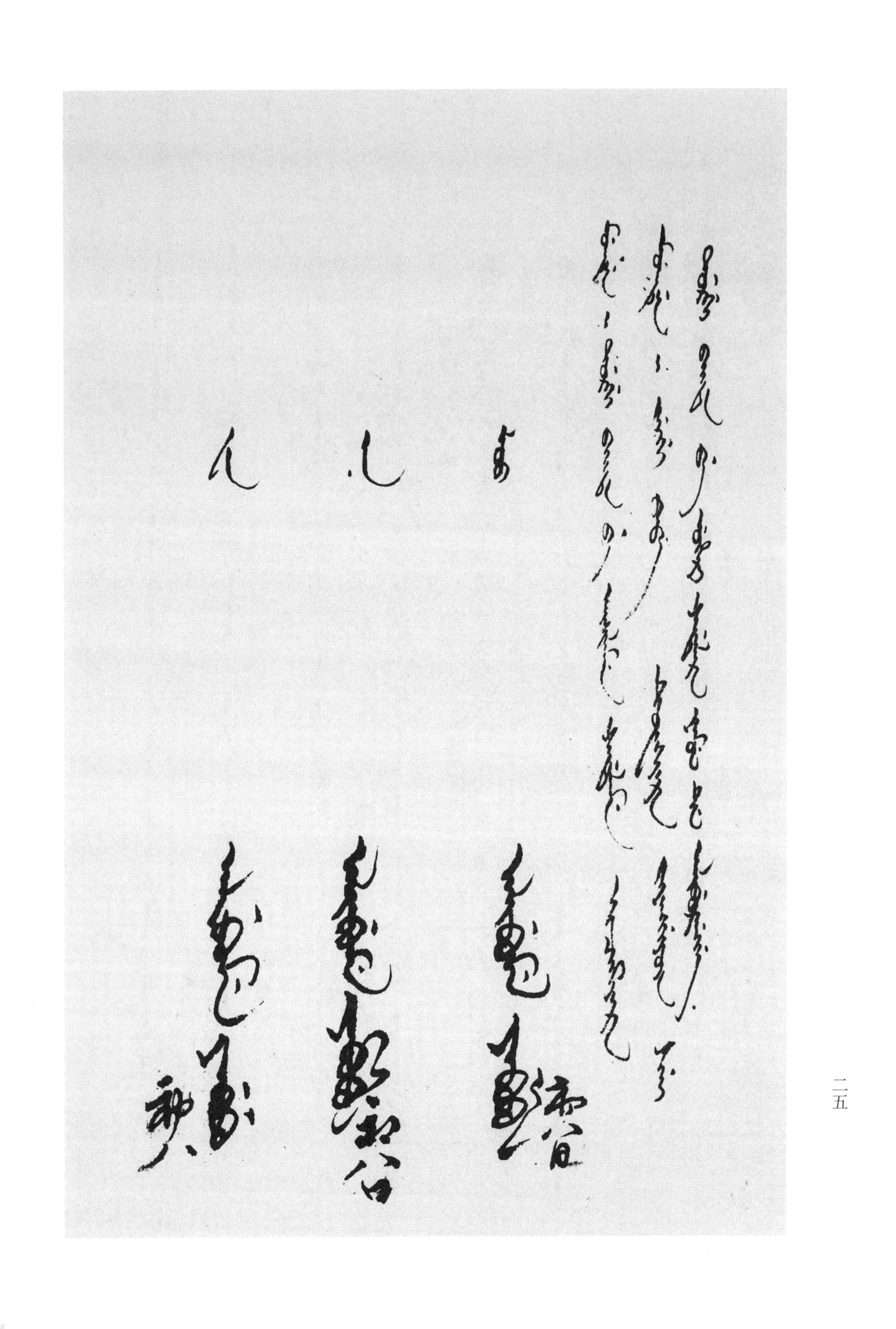

[illegible]

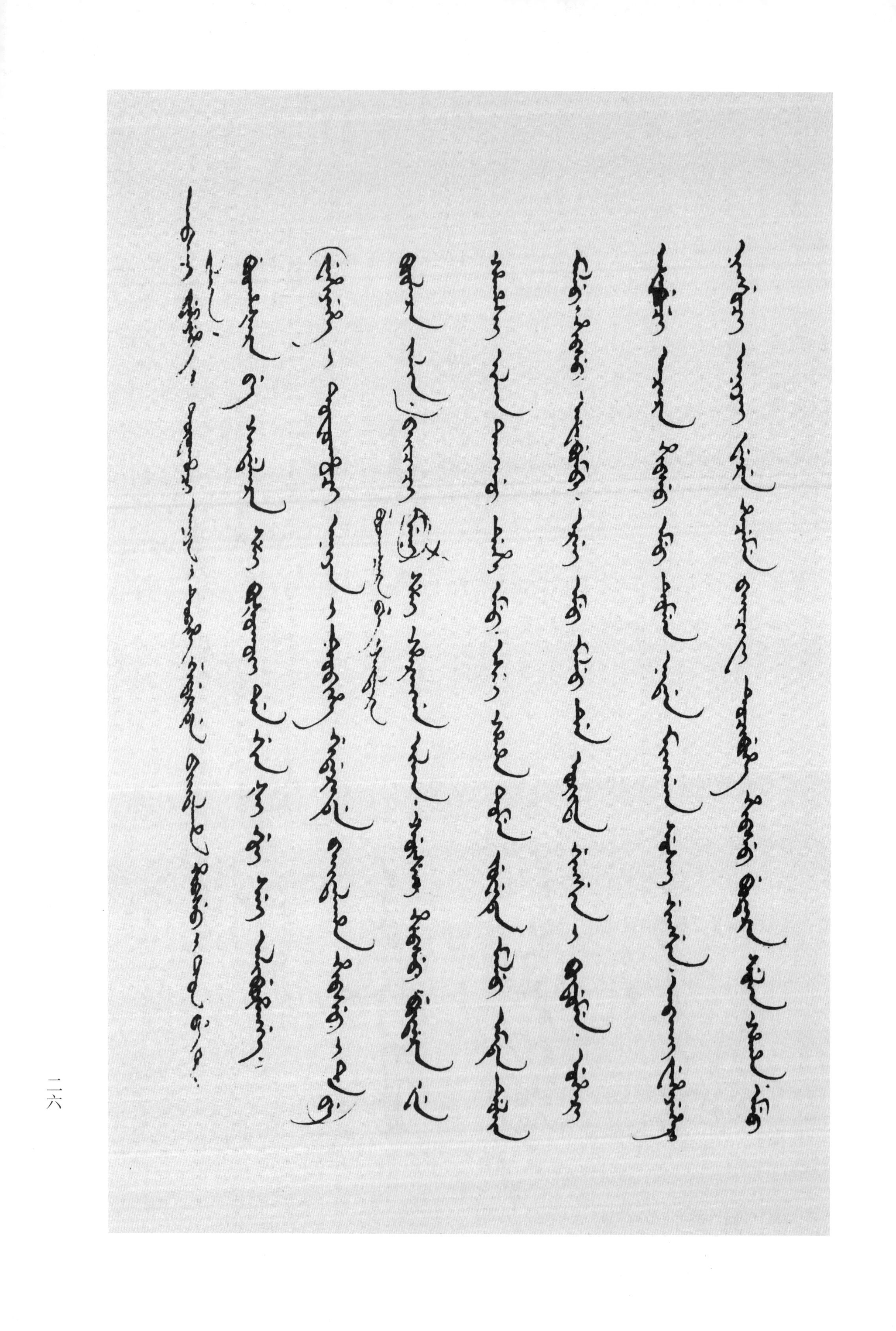

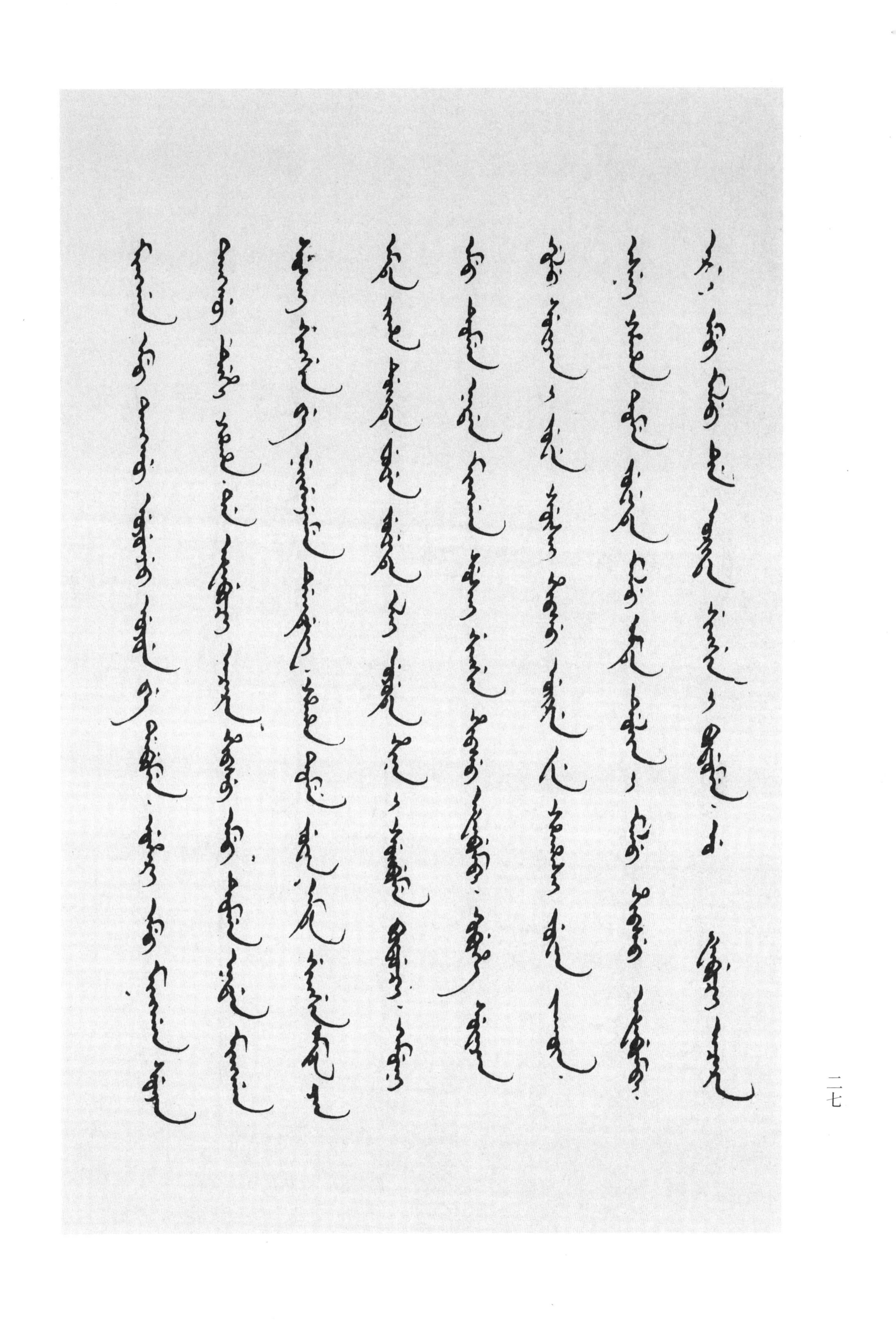

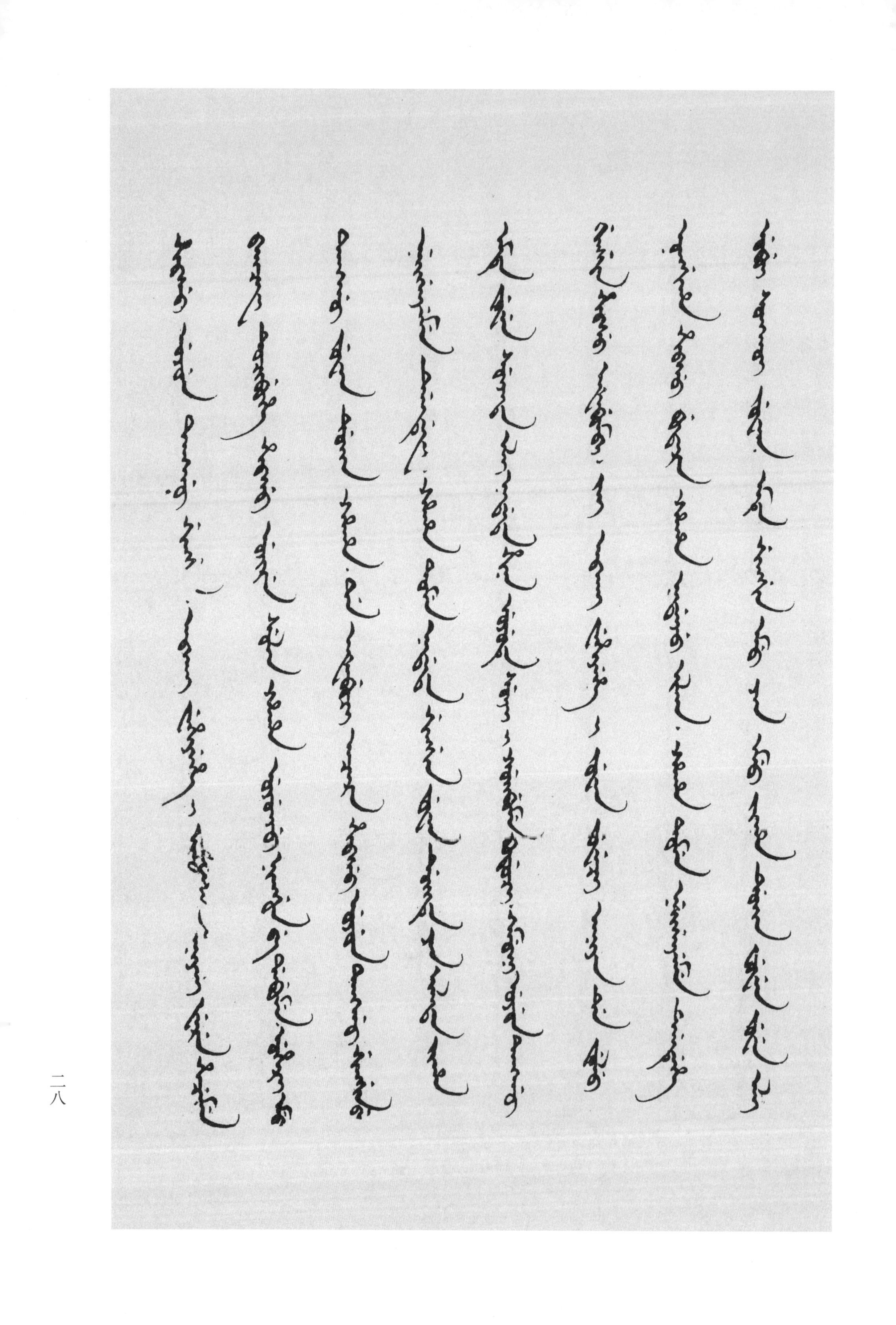

[illegible]
[illegible]
[illegible]
[illegible]
[illegible]
[illegible]
[illegible]
[illegible]

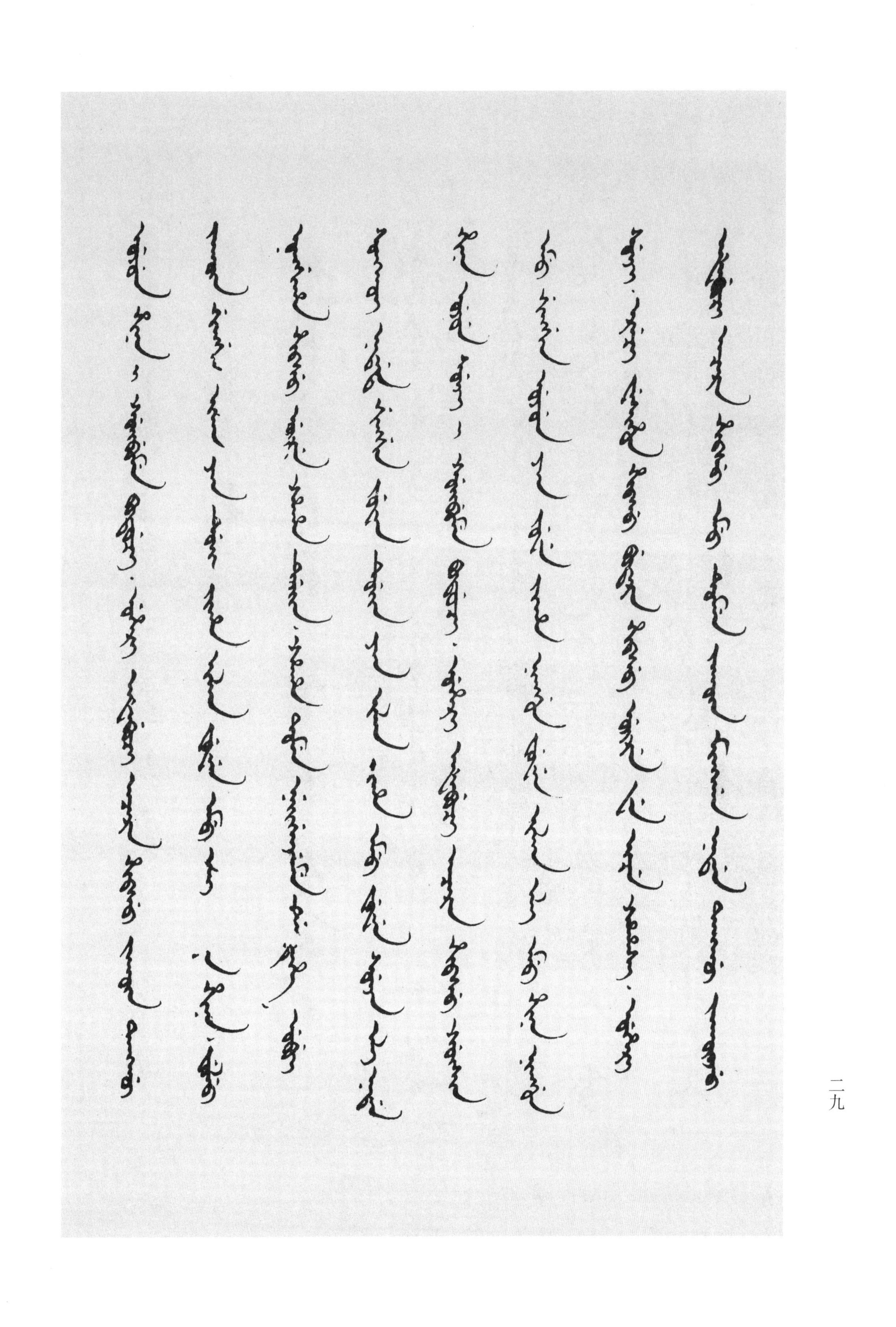

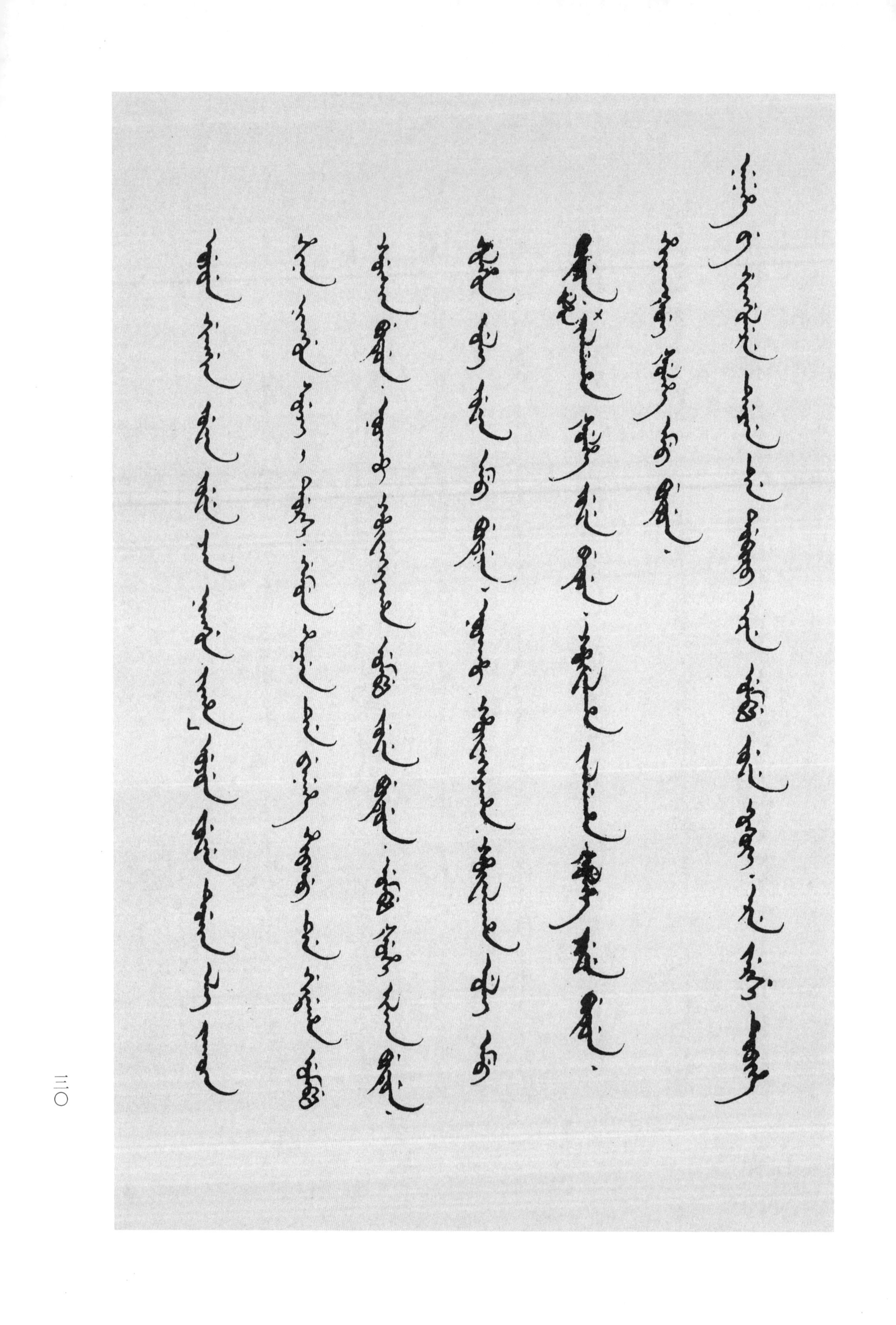

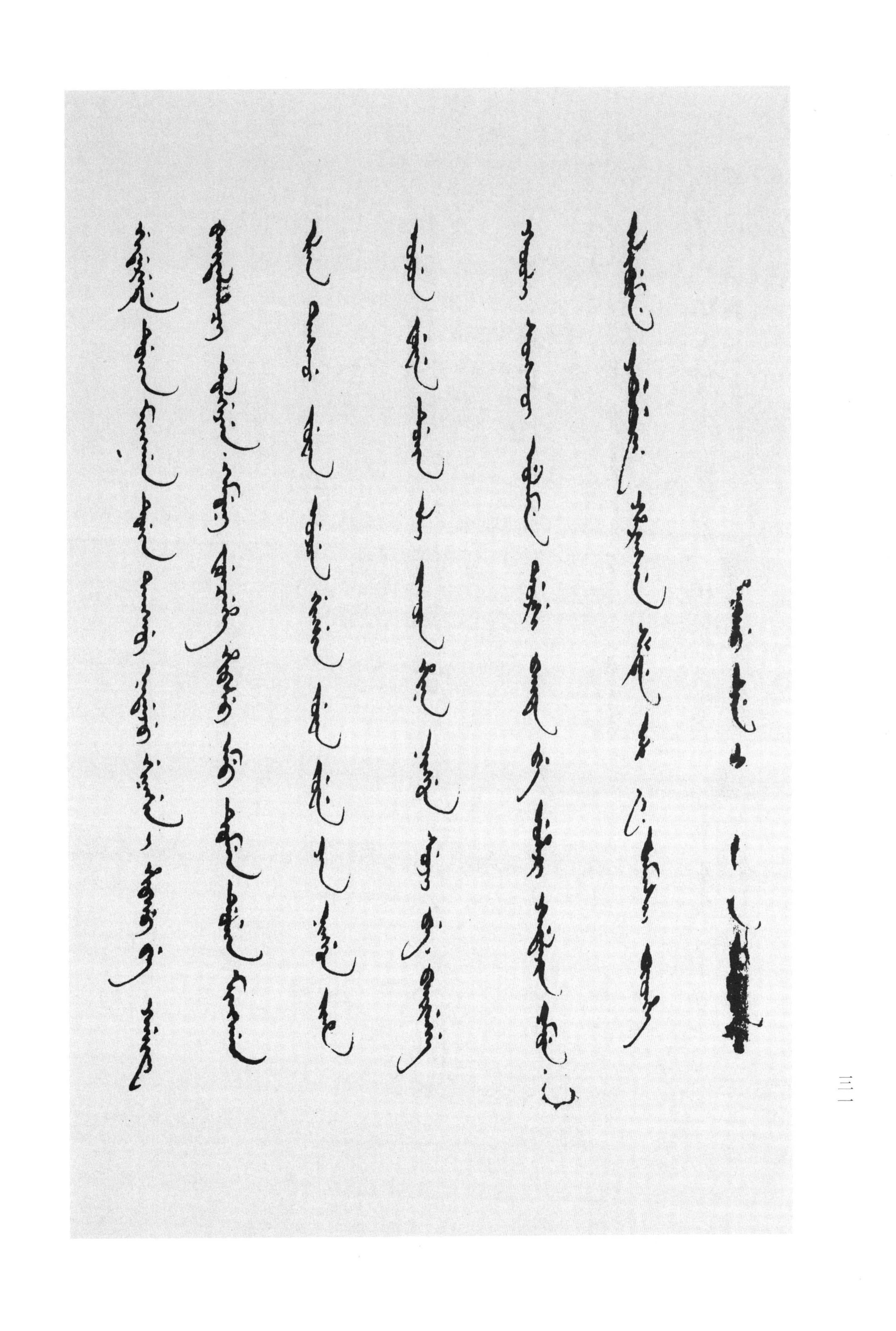

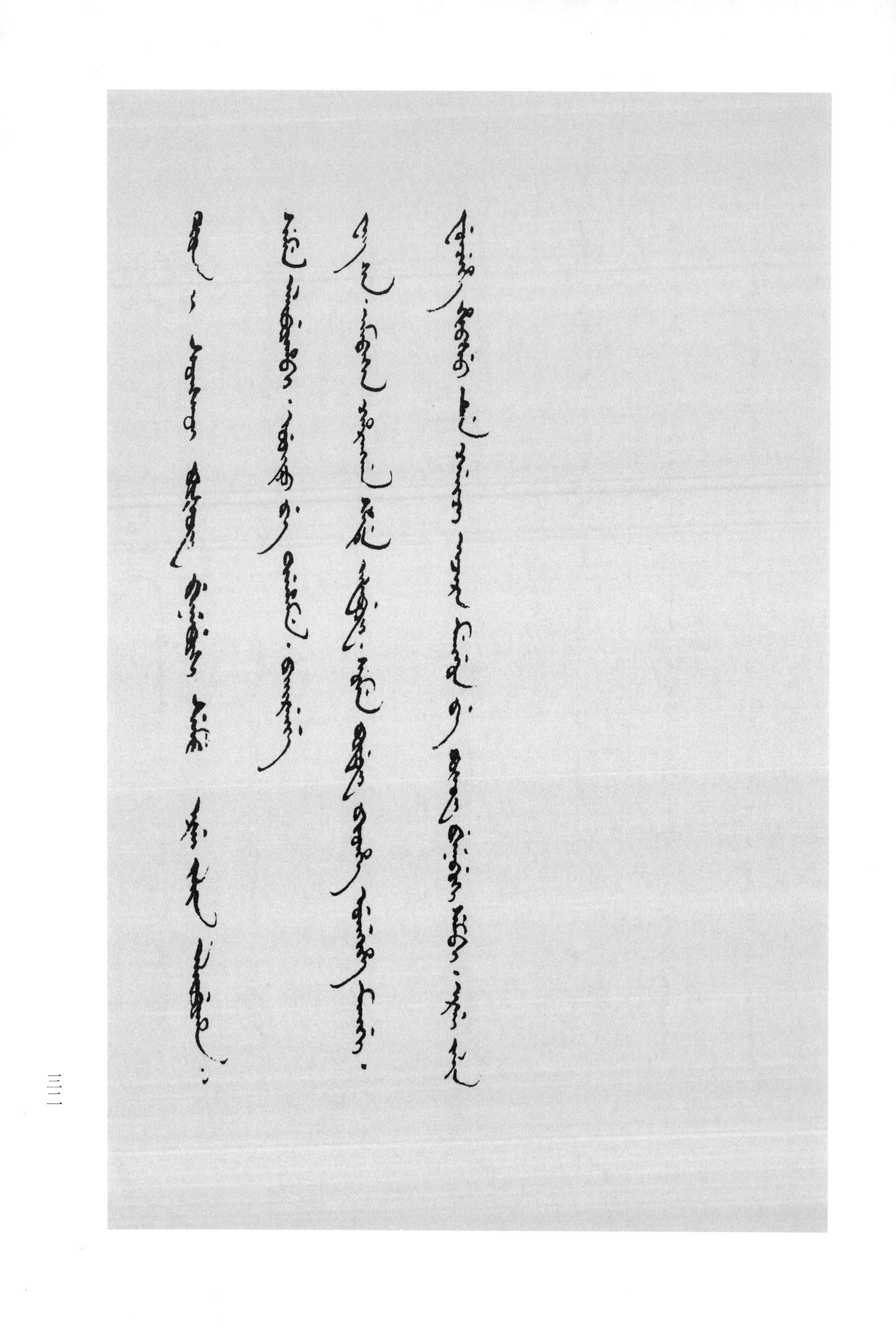

[illegible]

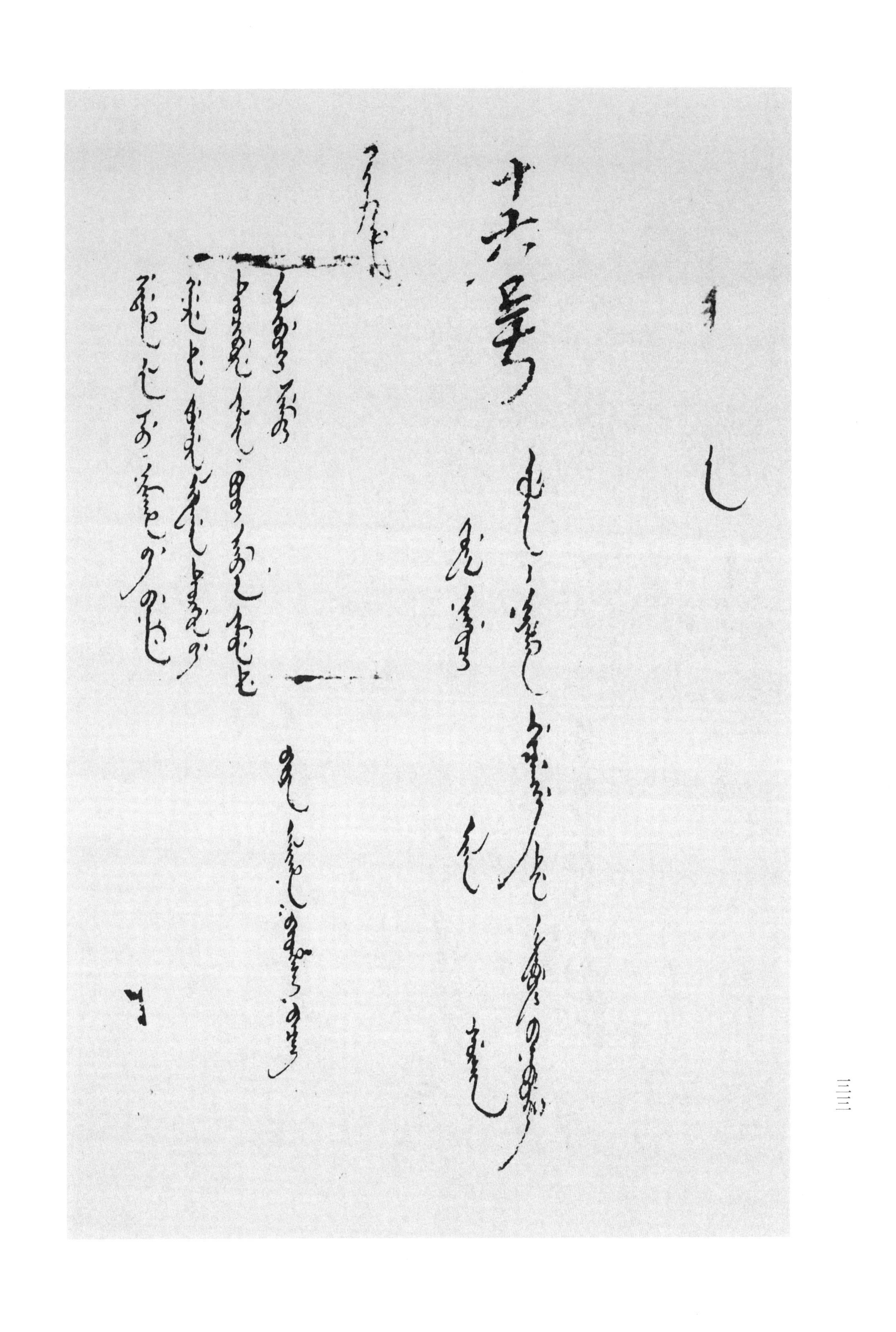

[illegible]

十六日 [illegible]

[illegible]

[illegible]

[illegible]

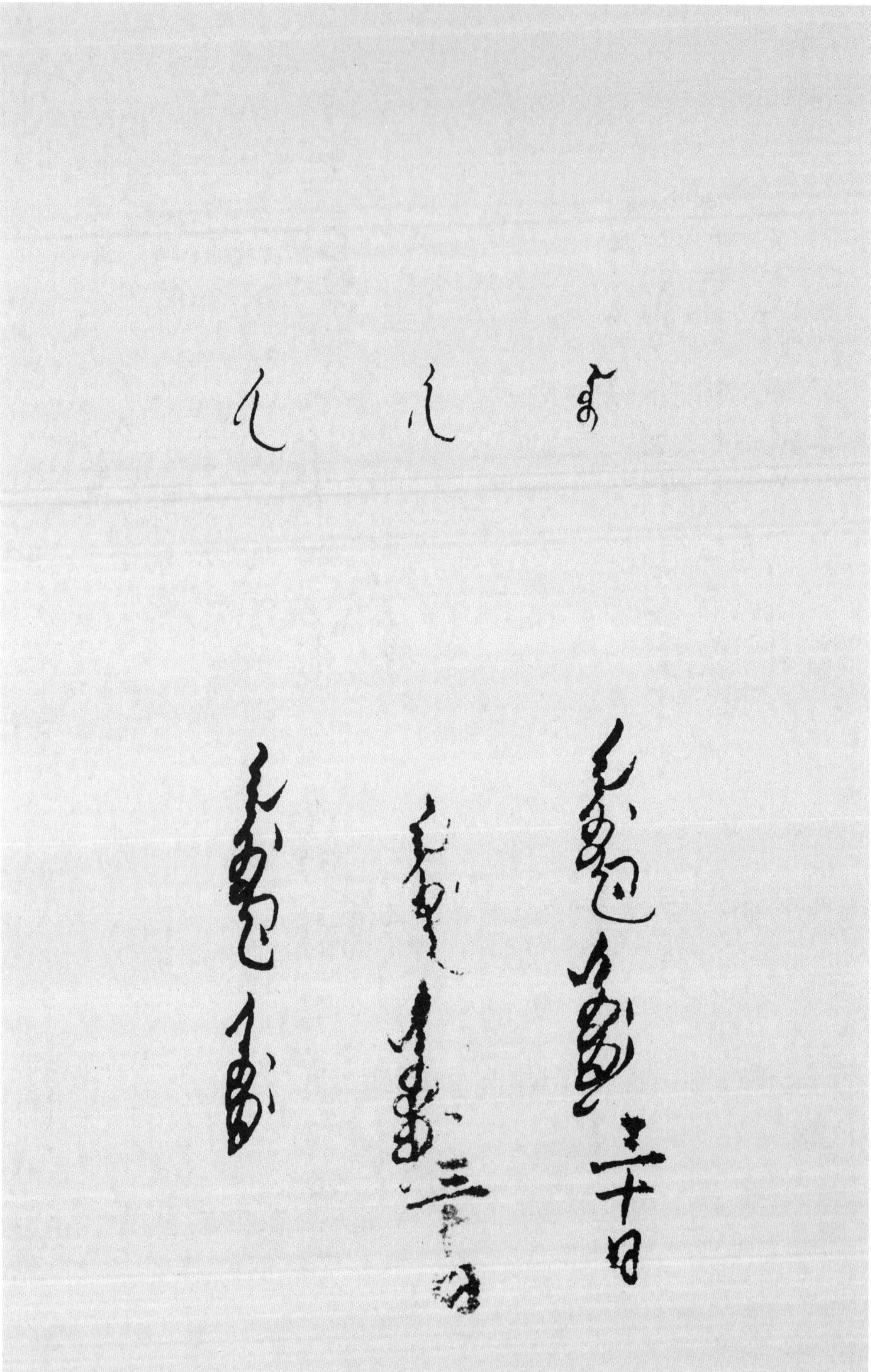
三十日
三十日

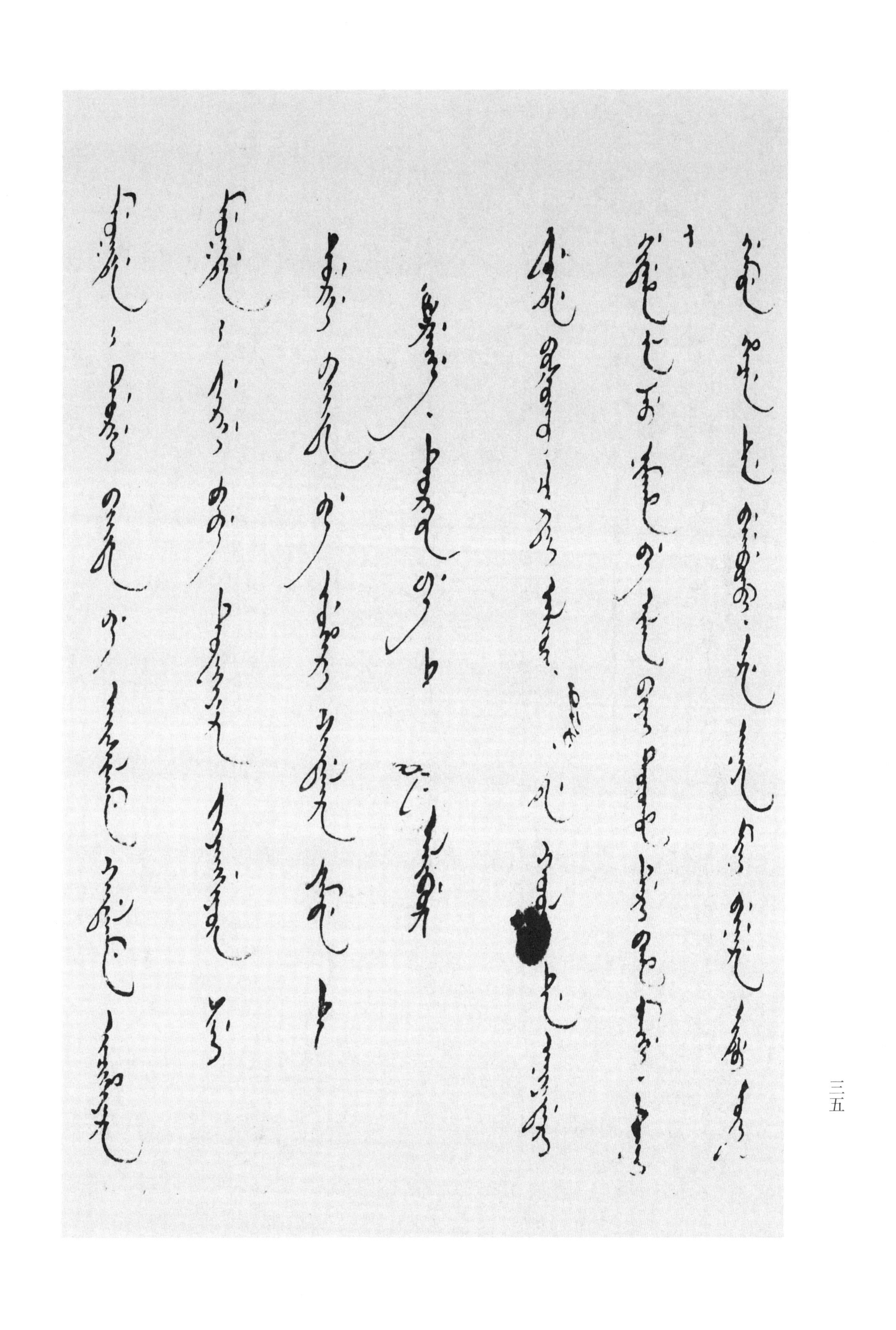

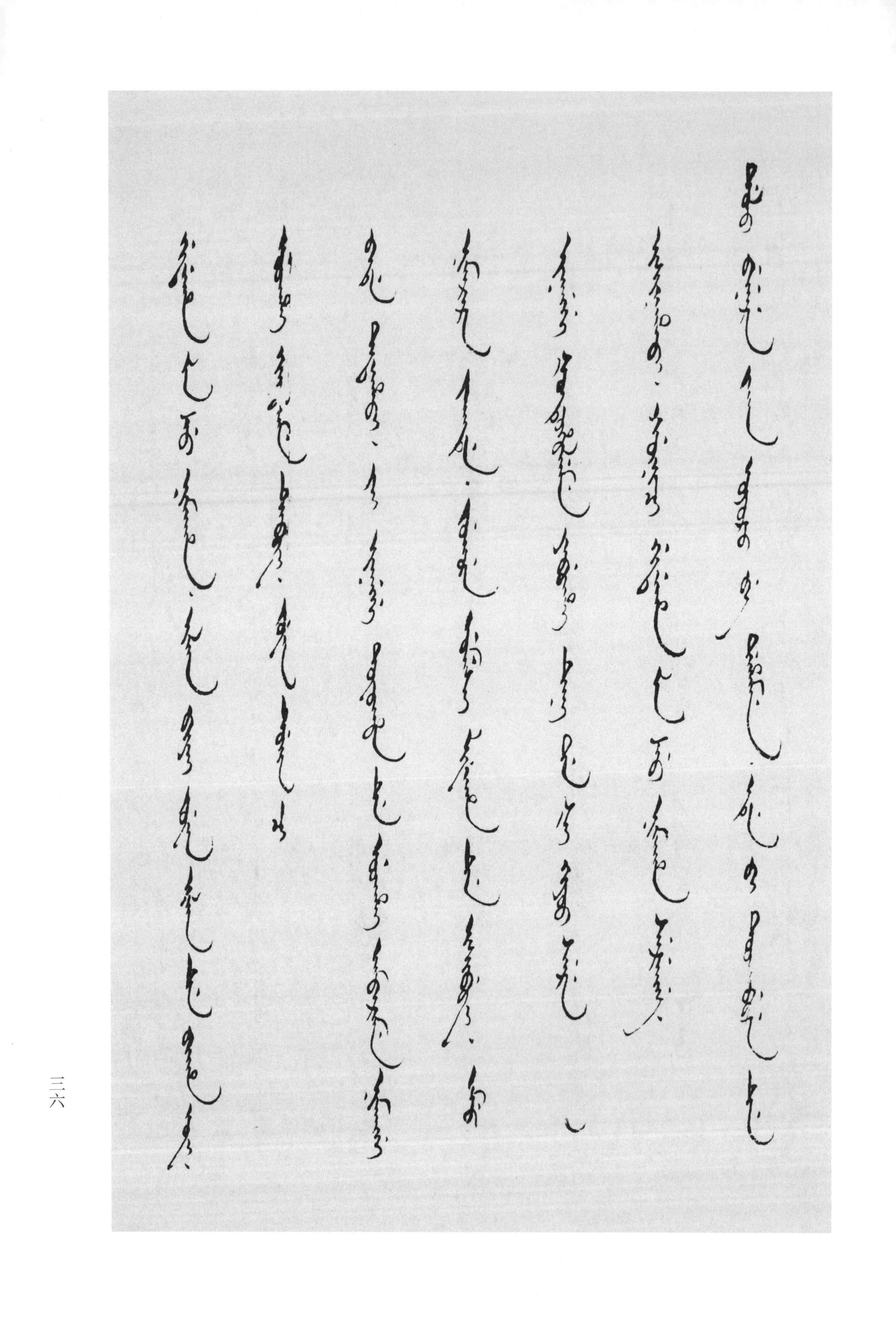

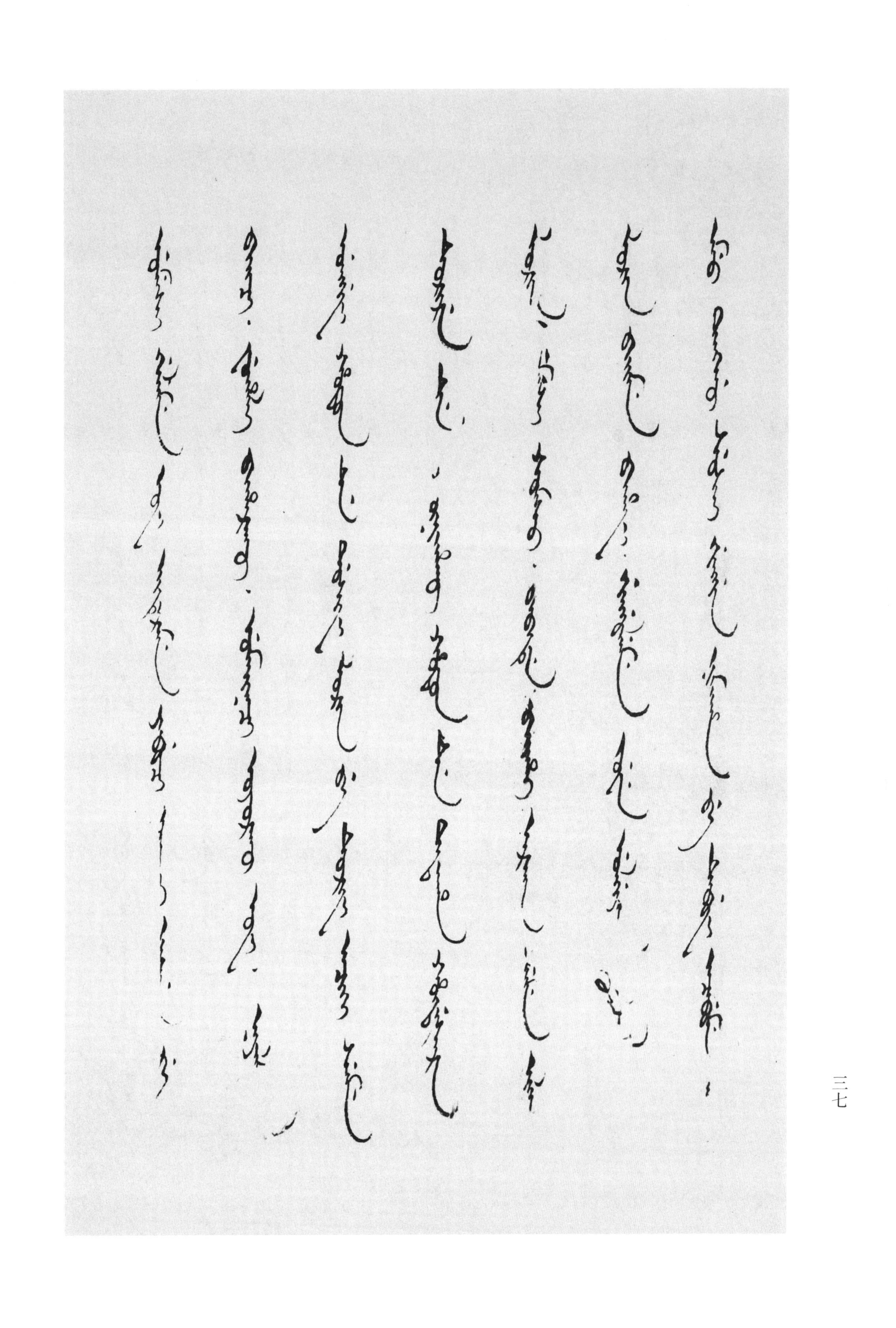

[illegible]

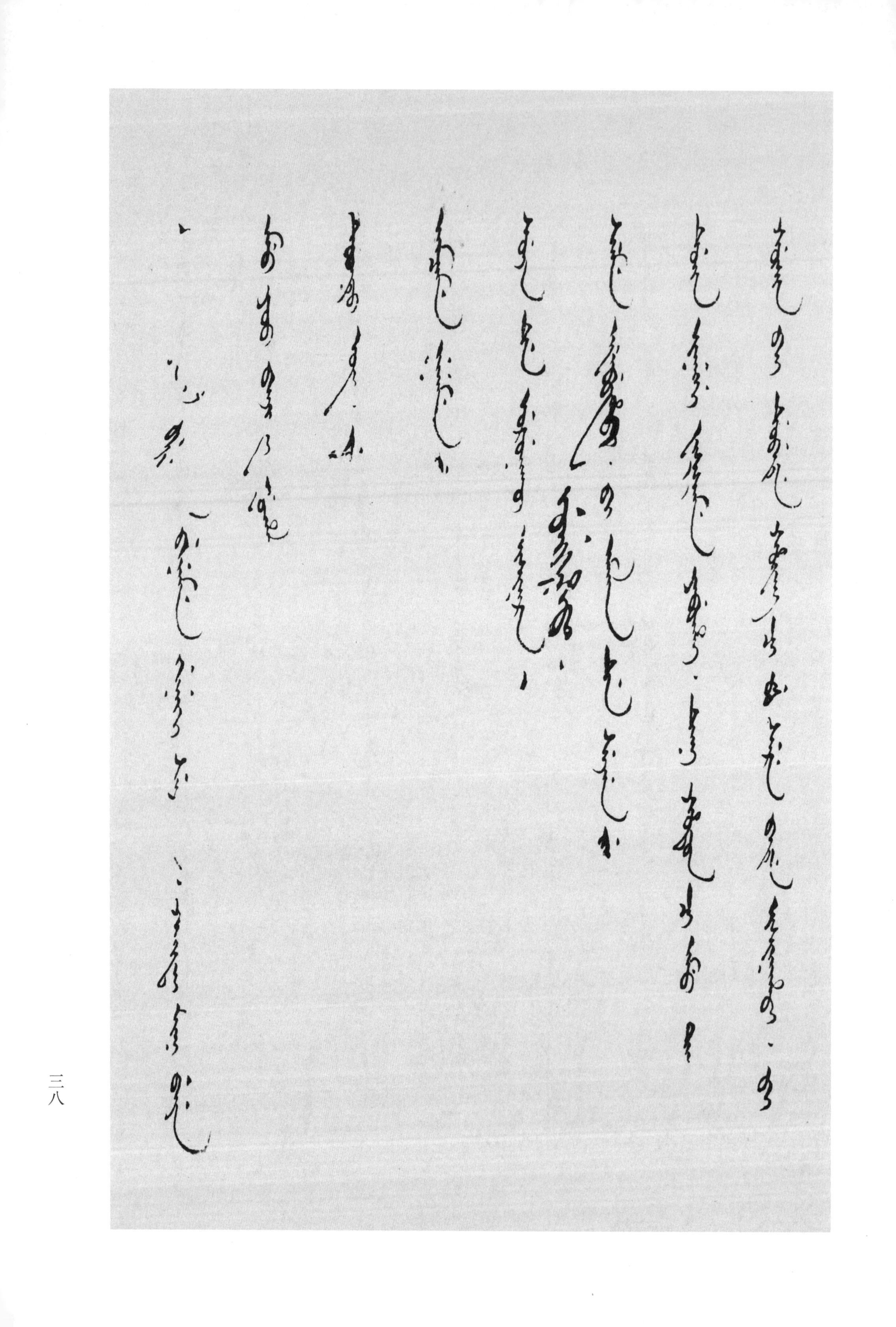

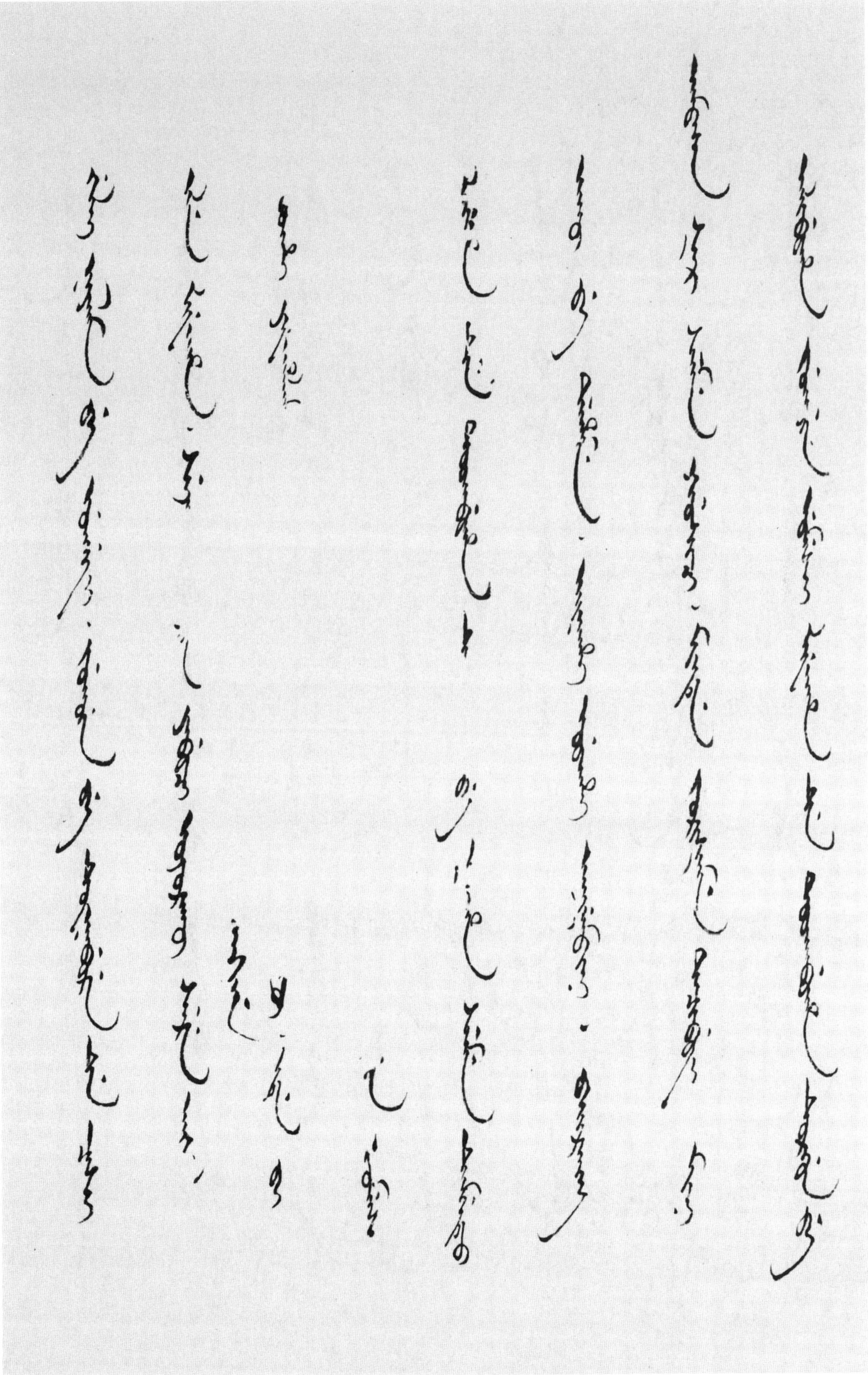

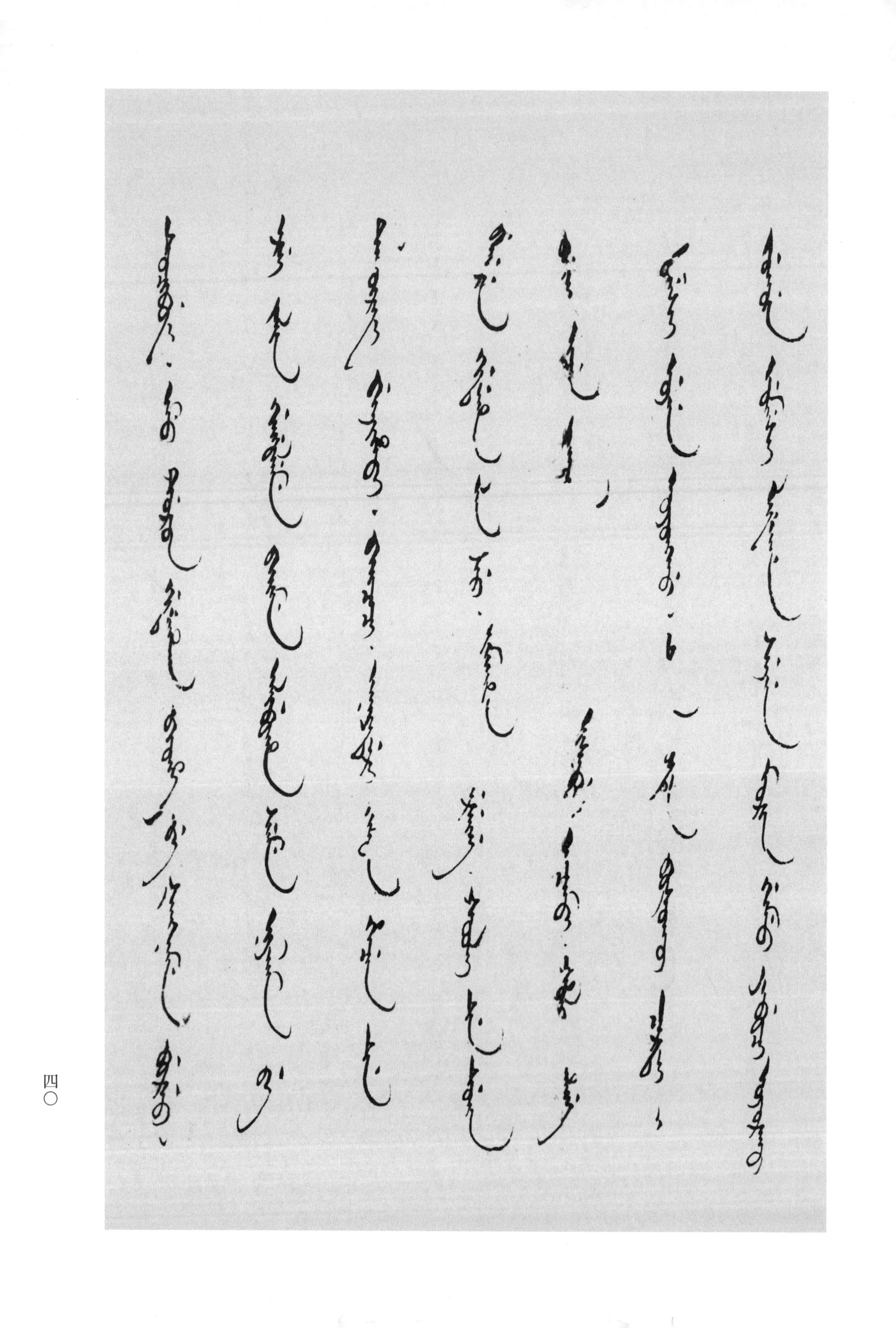

[illegible]

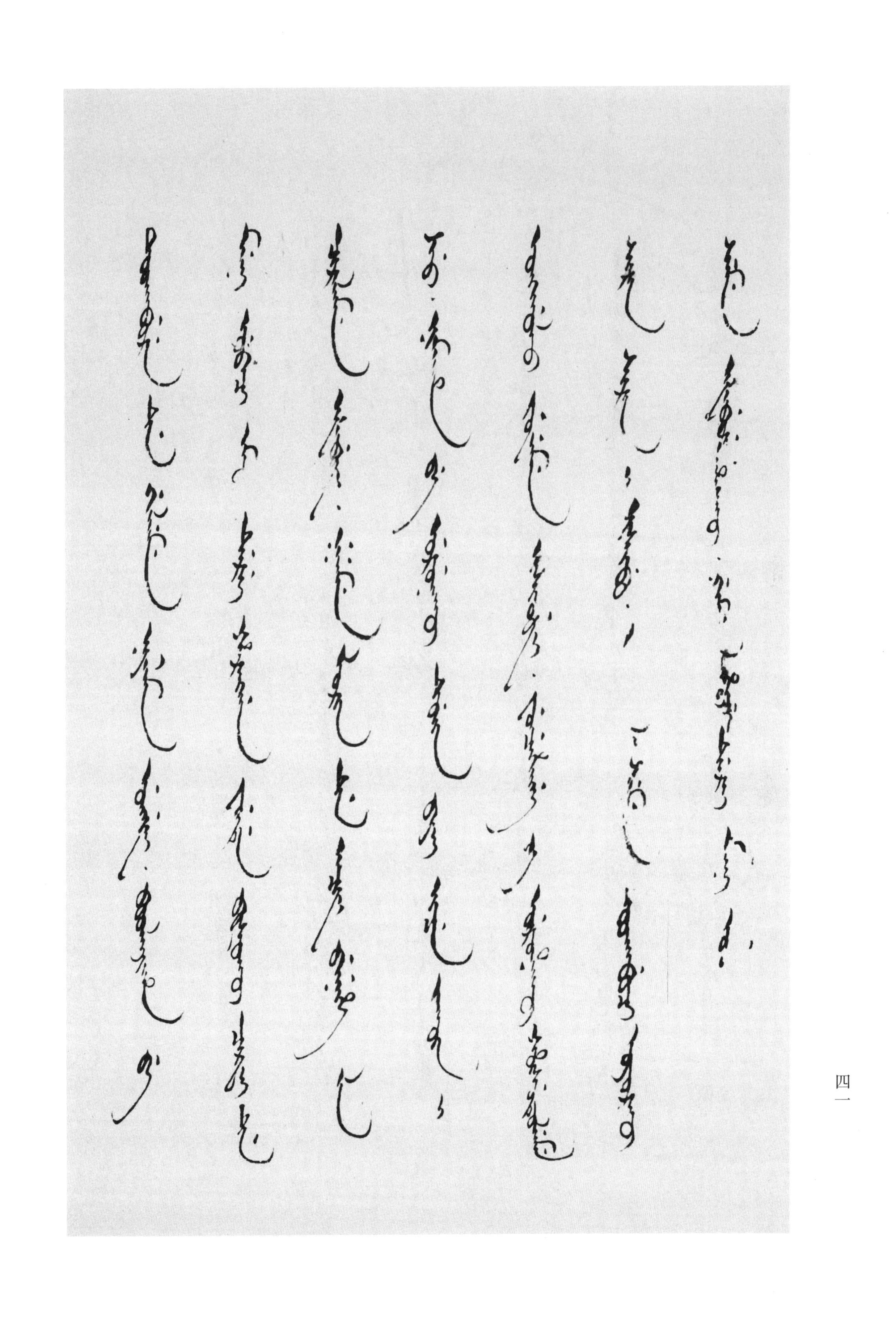

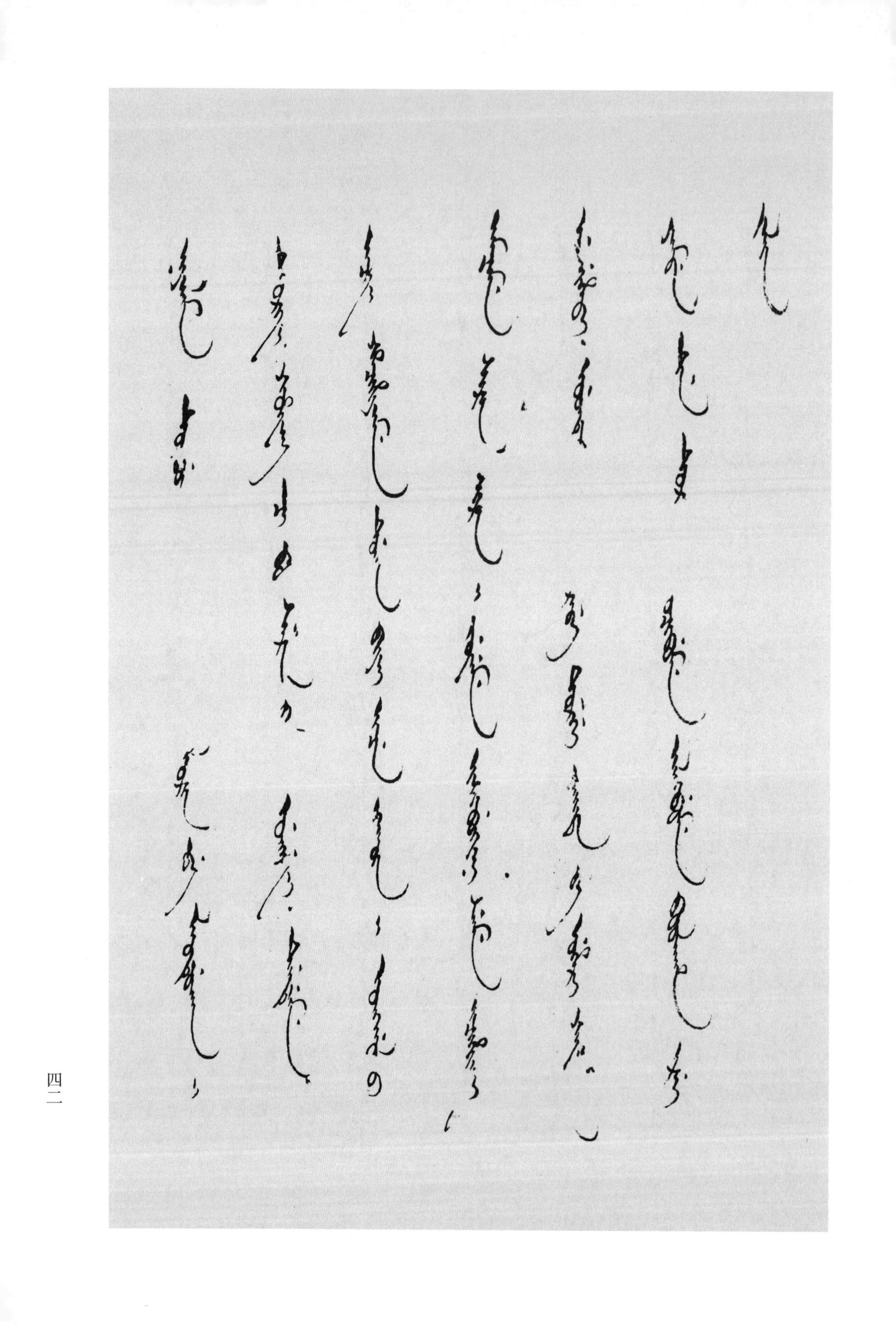

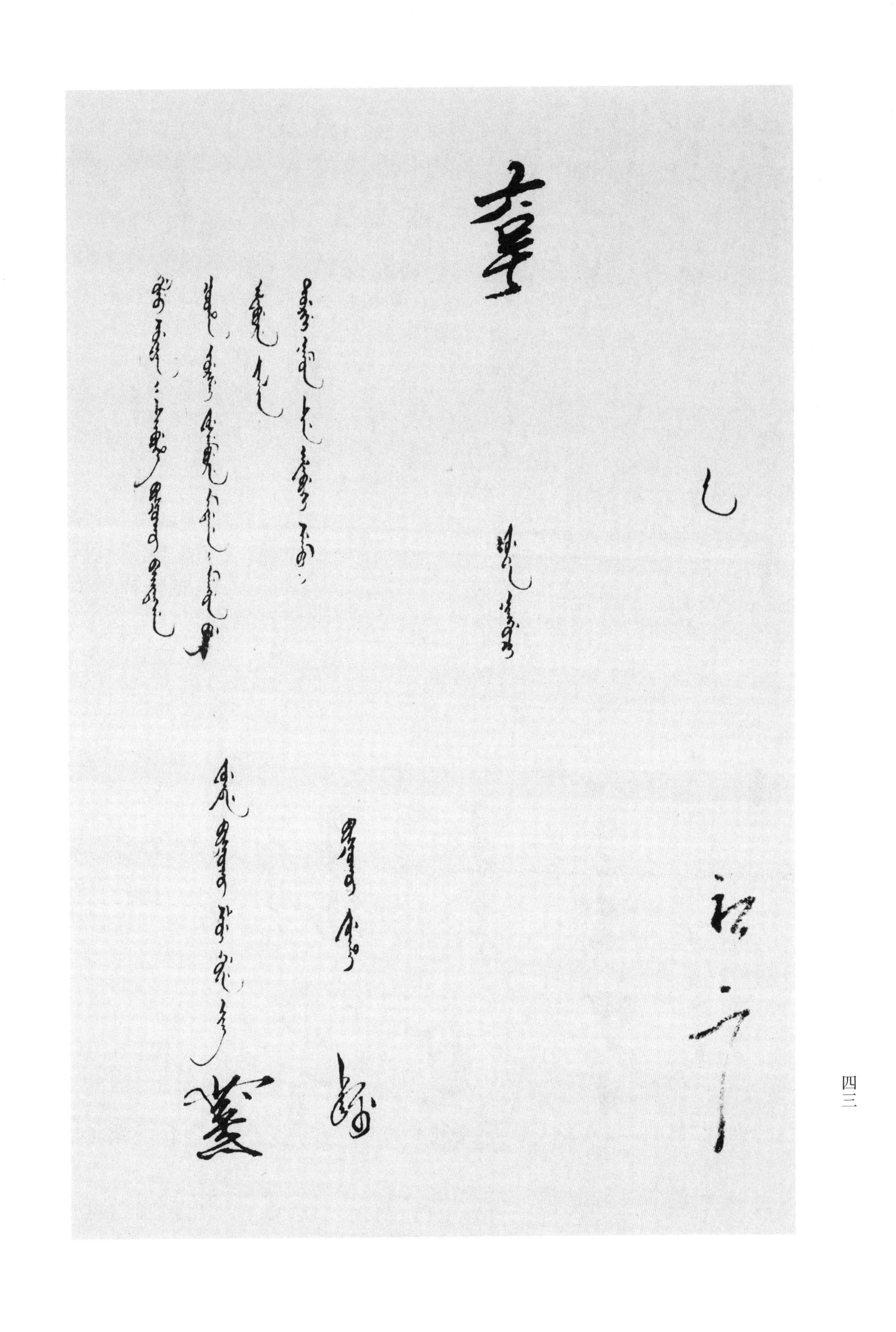

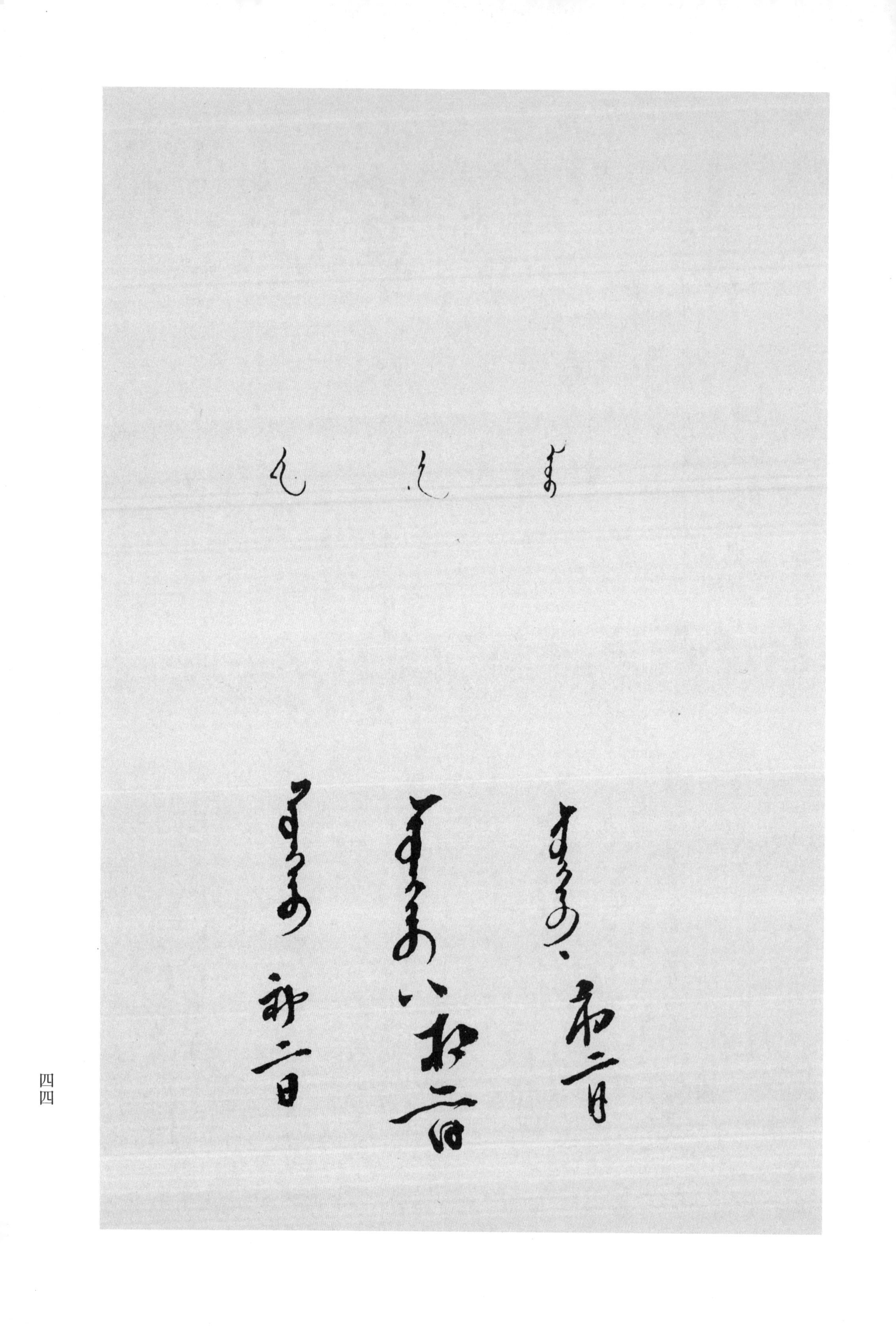

初二日

初二日

初二日

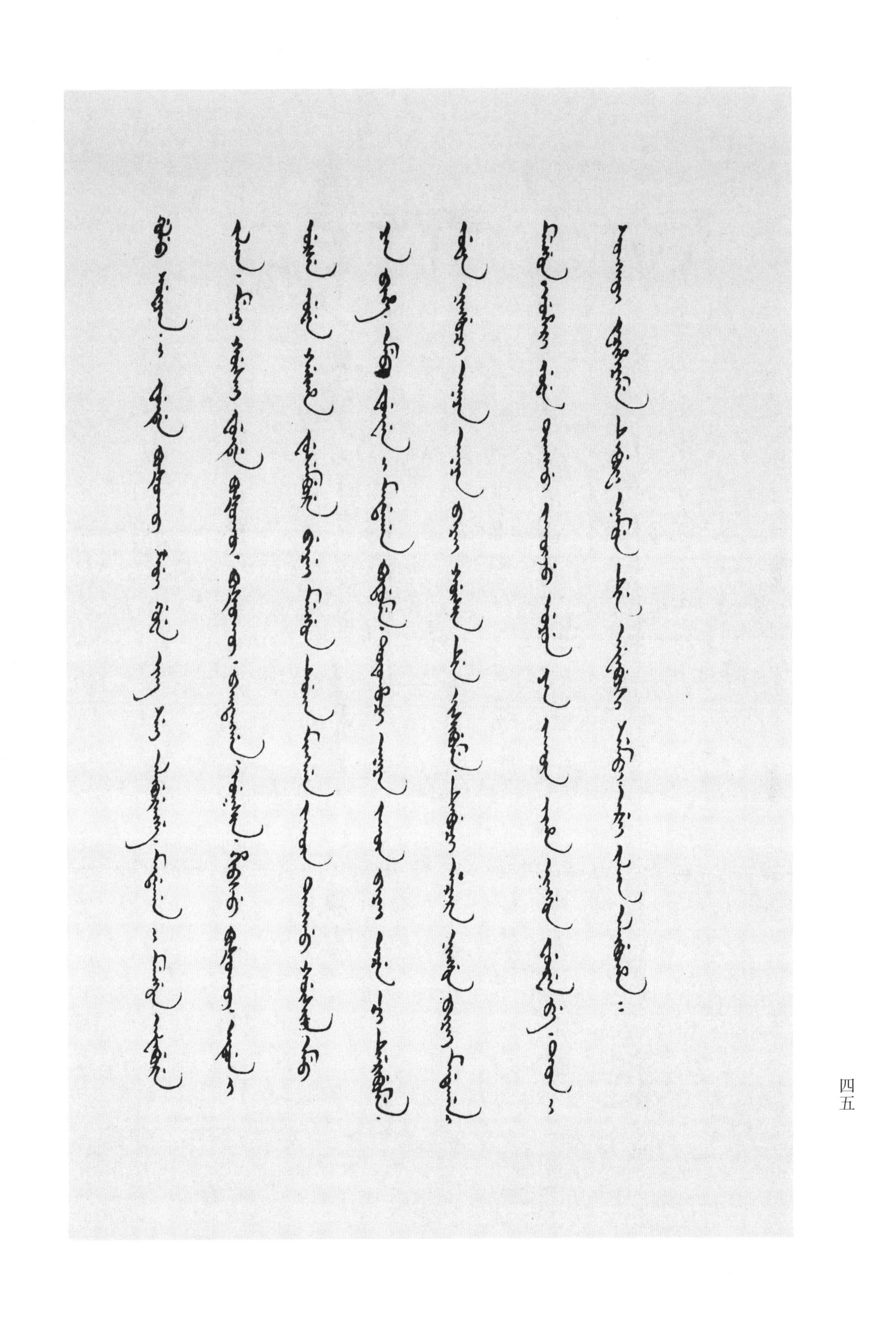

[illegible]

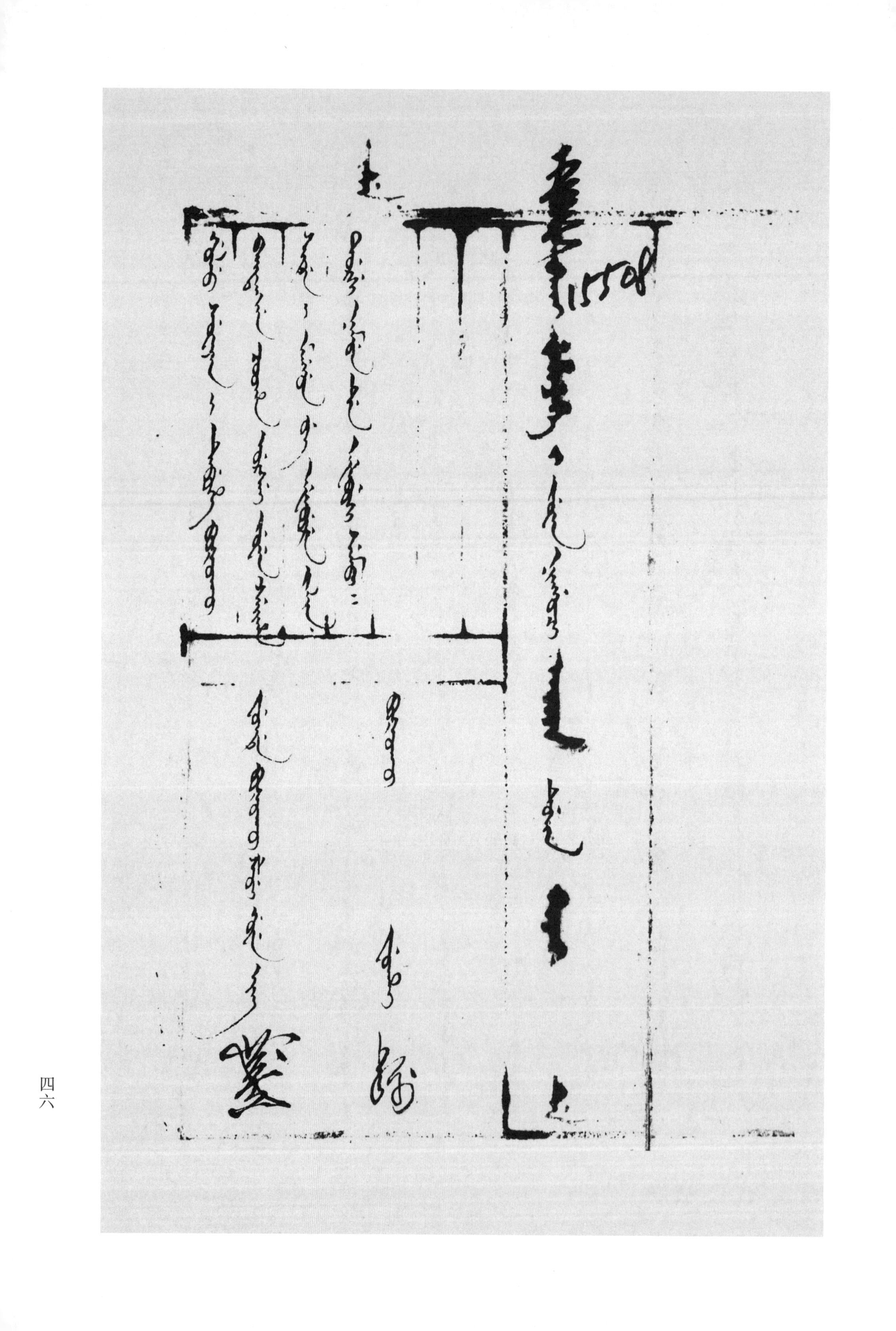

1558

ᠵᠤᠸᡝ ᠪᡳᠶᠠ 初二日

ᠵᠤᠸᡝ ᠪᡳᠶᠠ 初二日

ᠵᠤᠸᡝ ᠪᡳᠶᠠ 初二日

初八

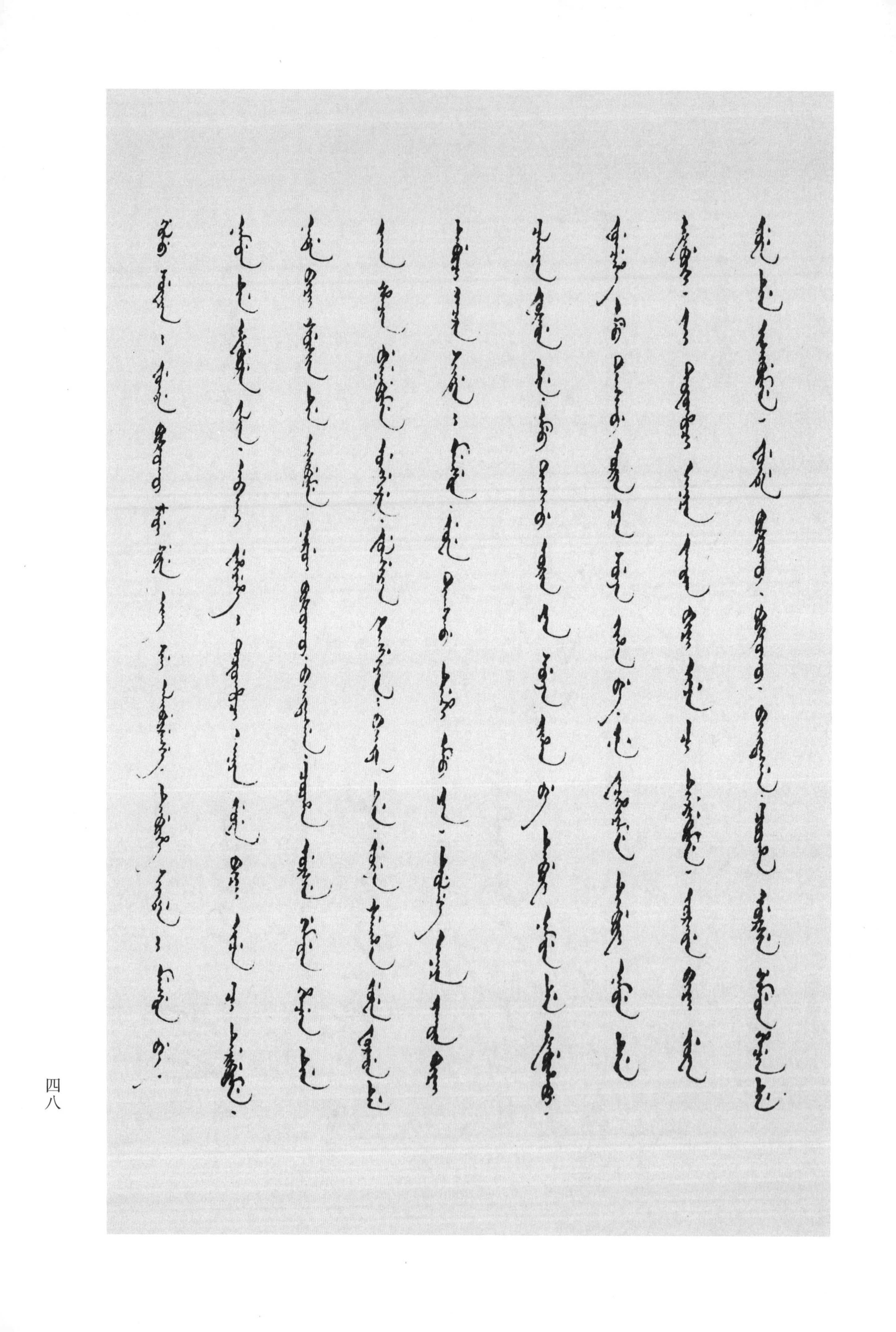

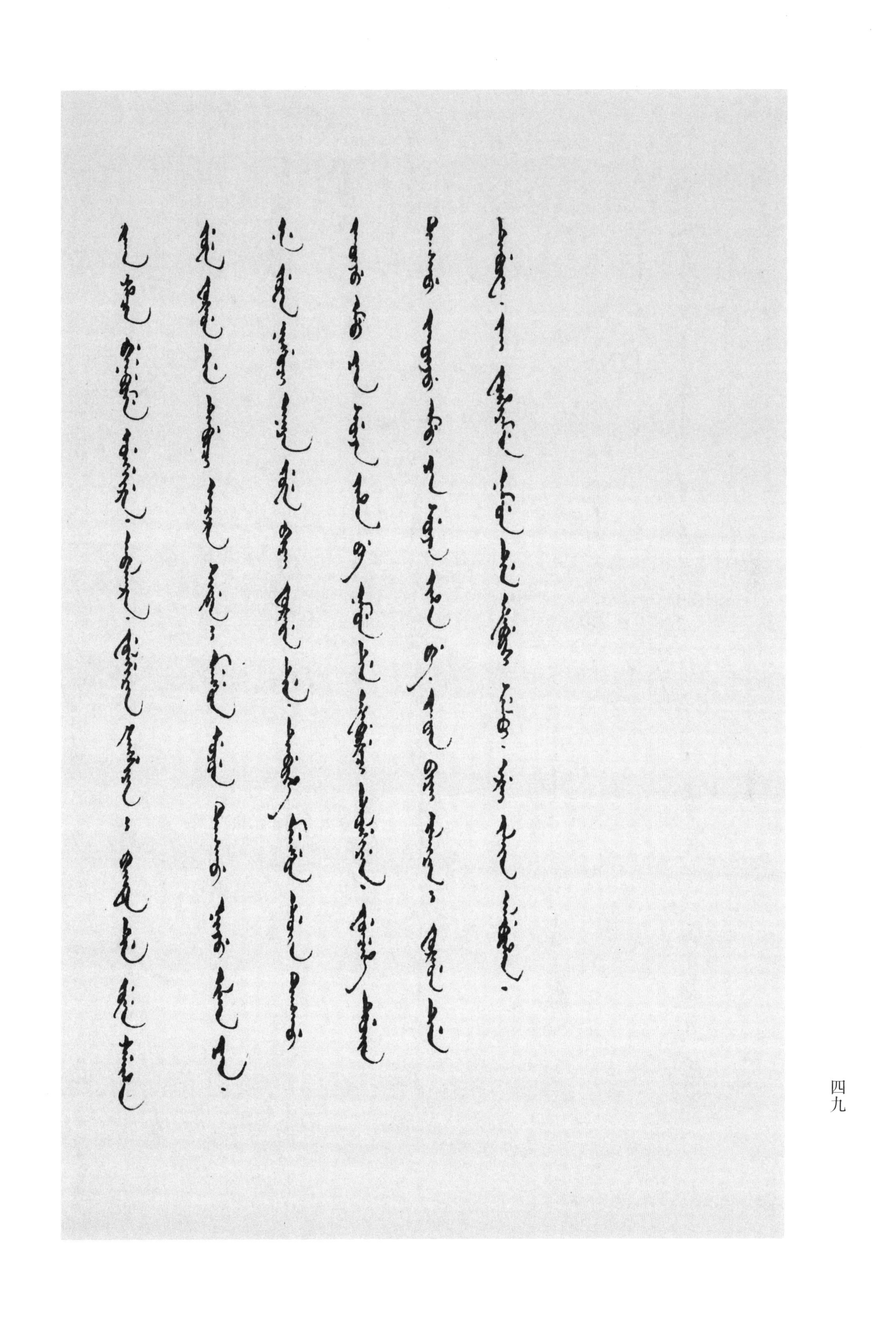

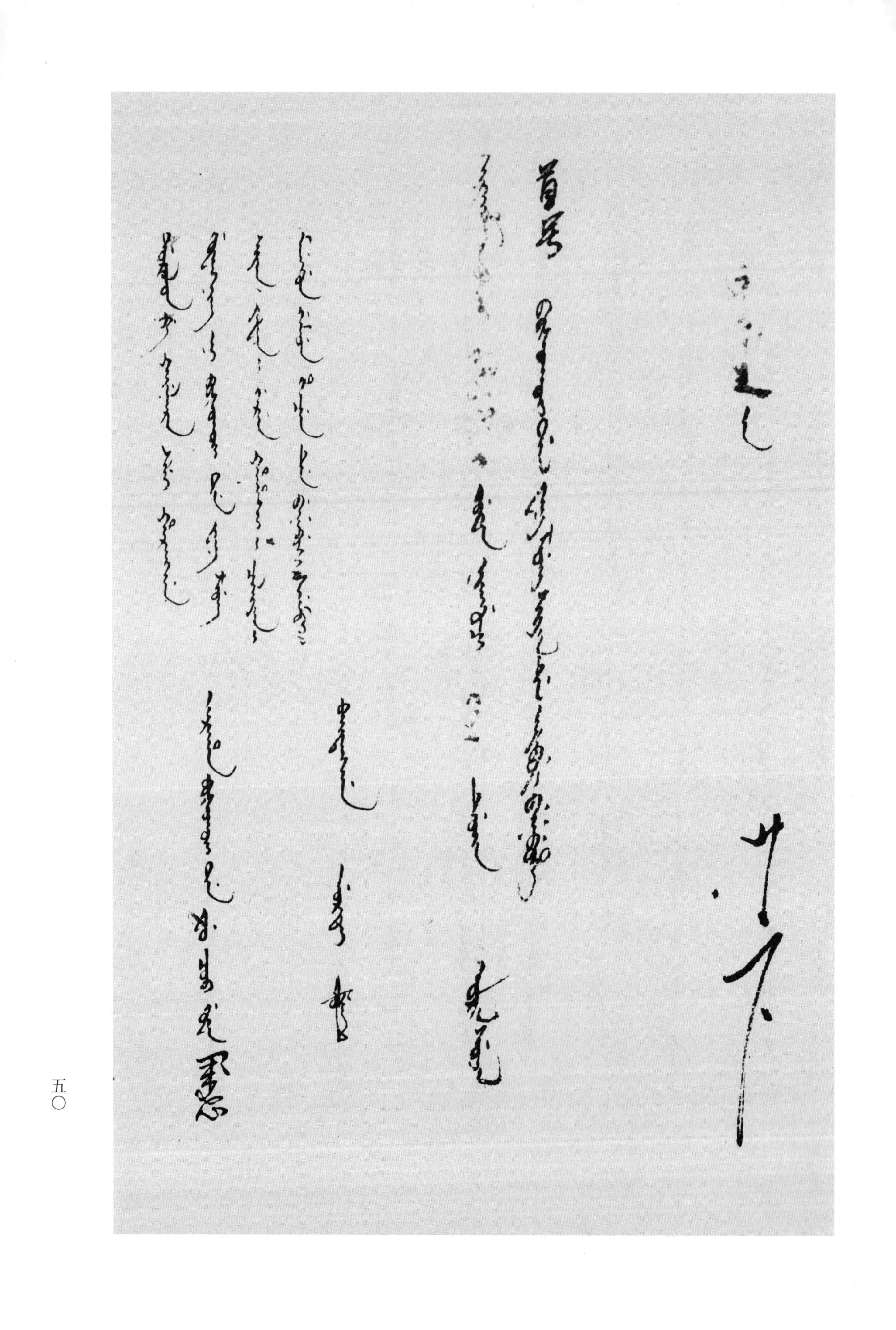

[illegible]

首領 [illegible]

[illegible]

[illegible]

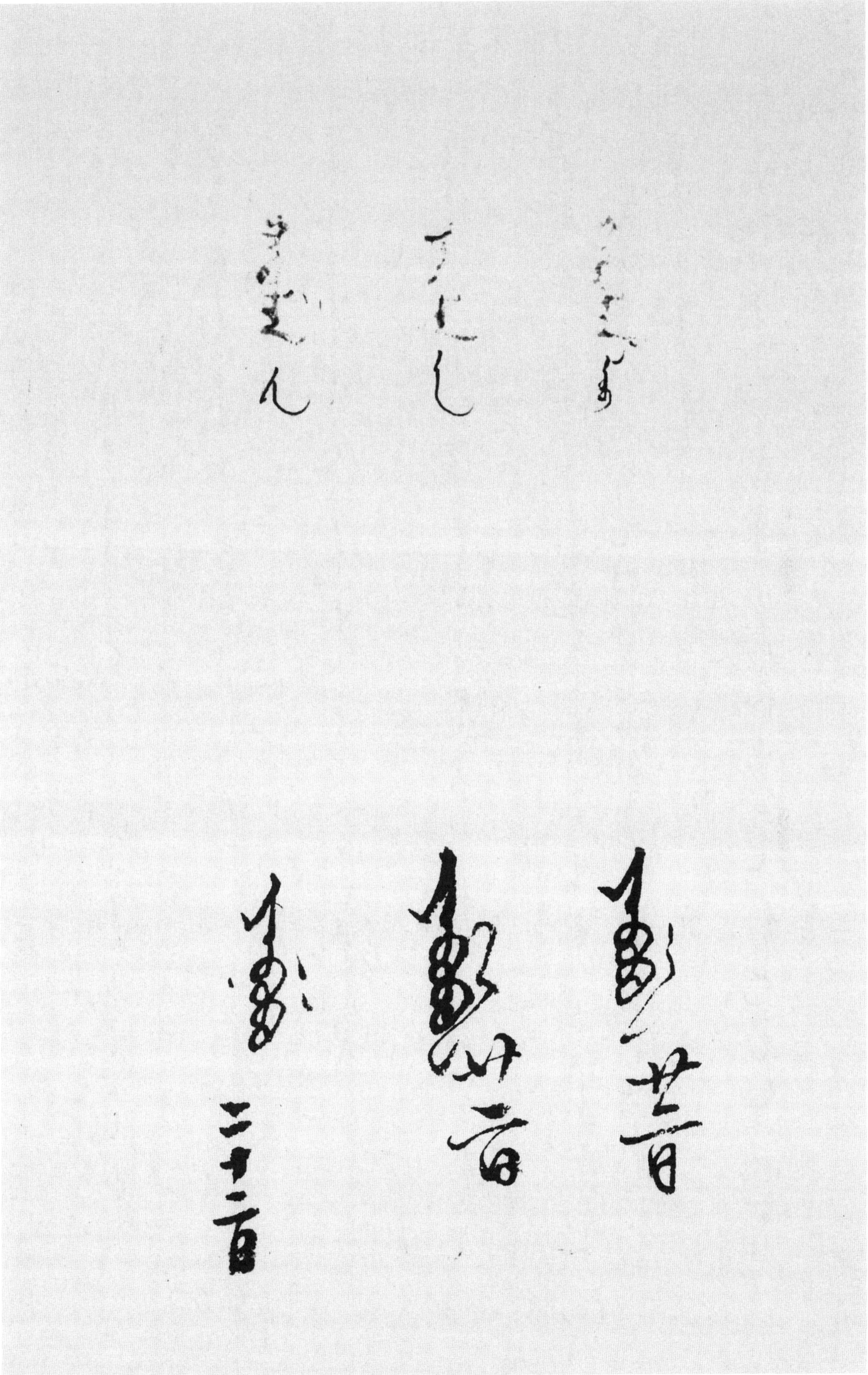

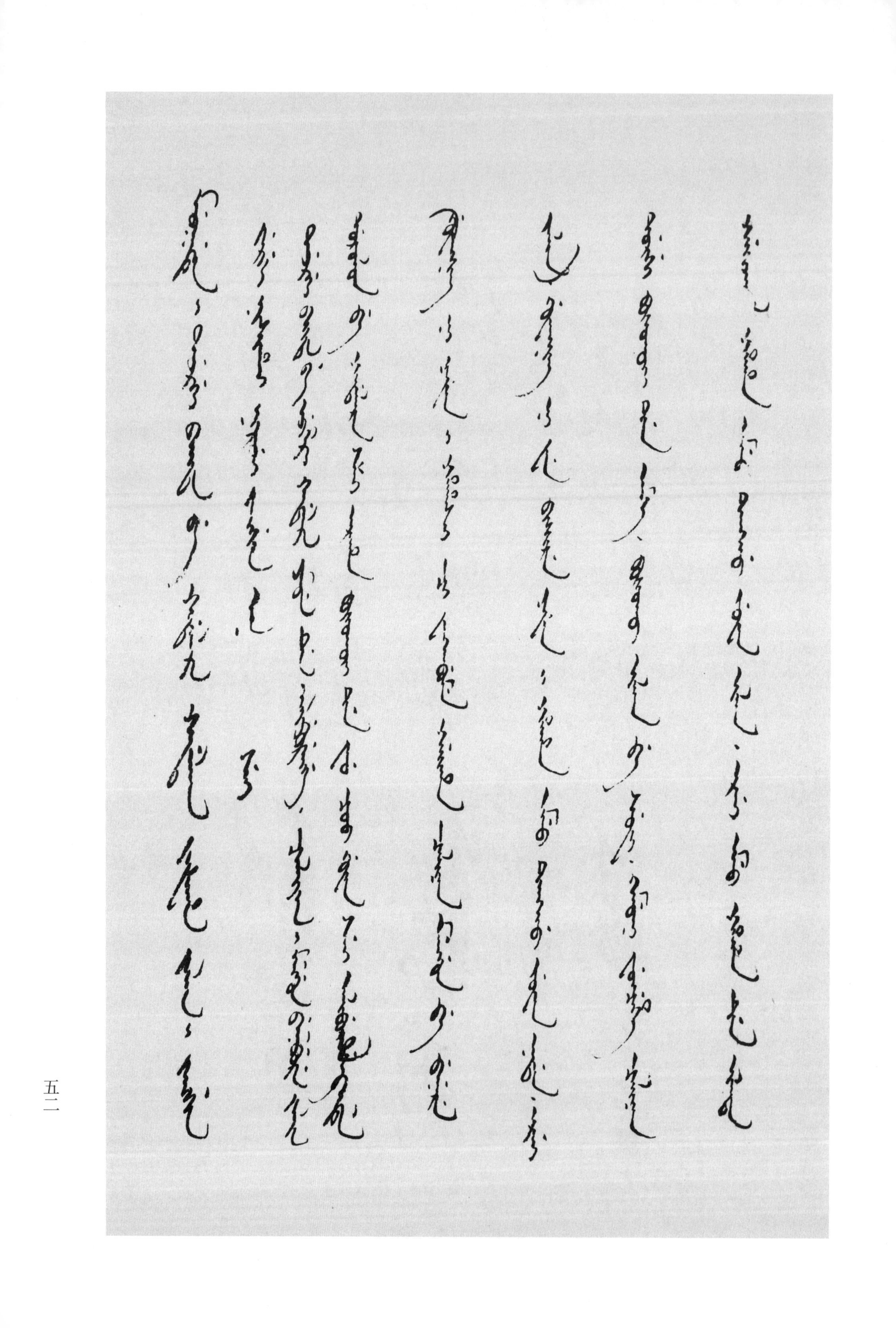

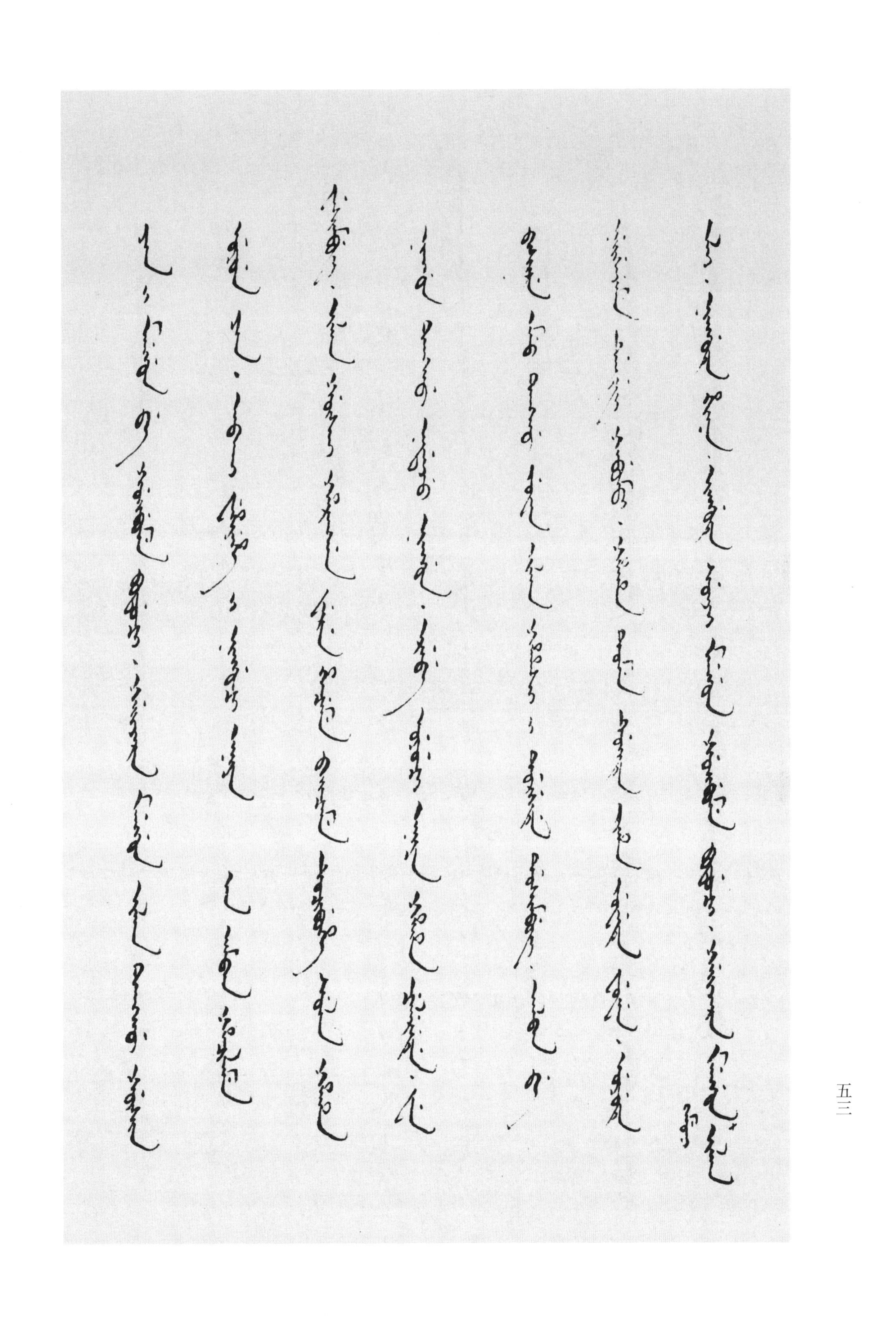

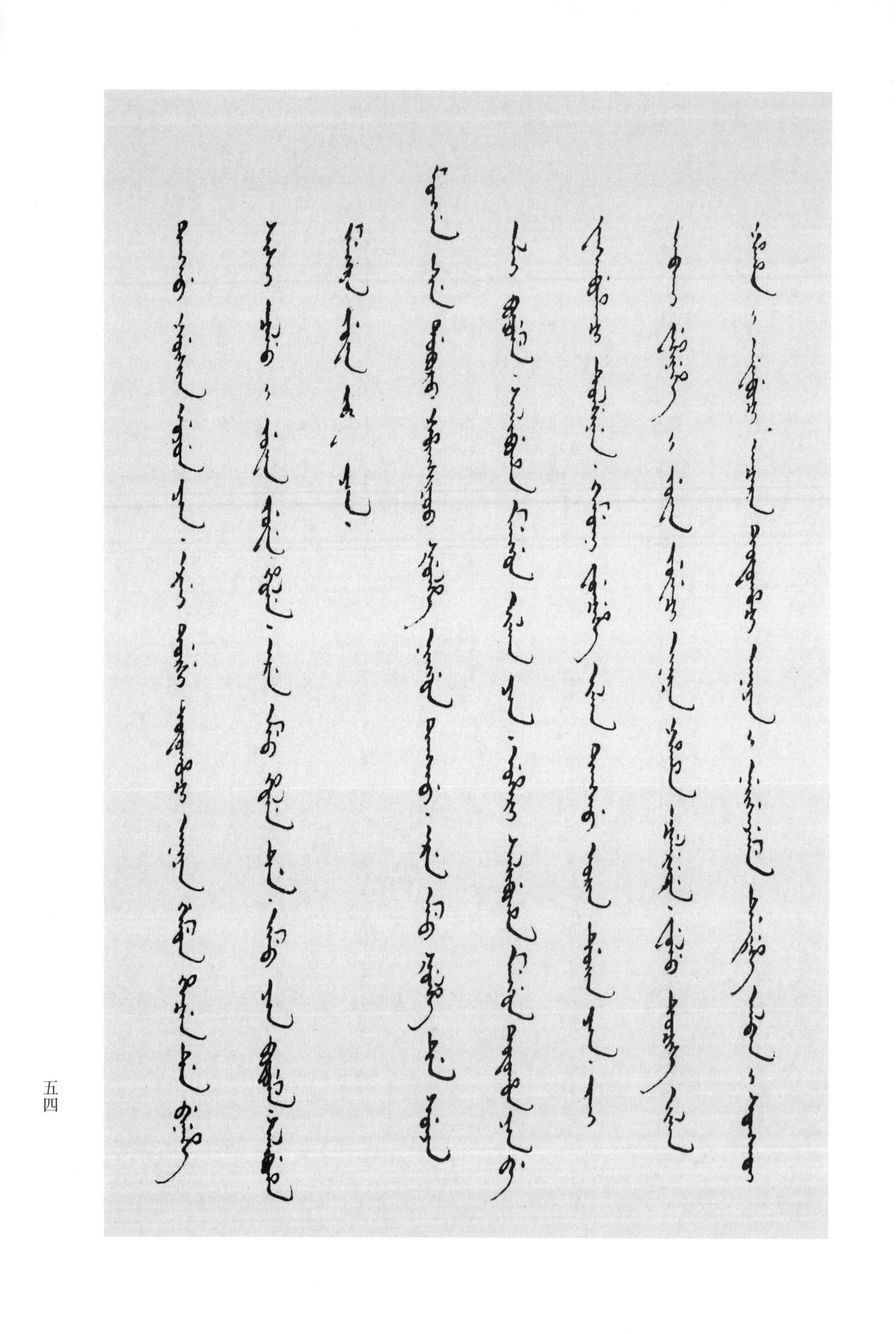

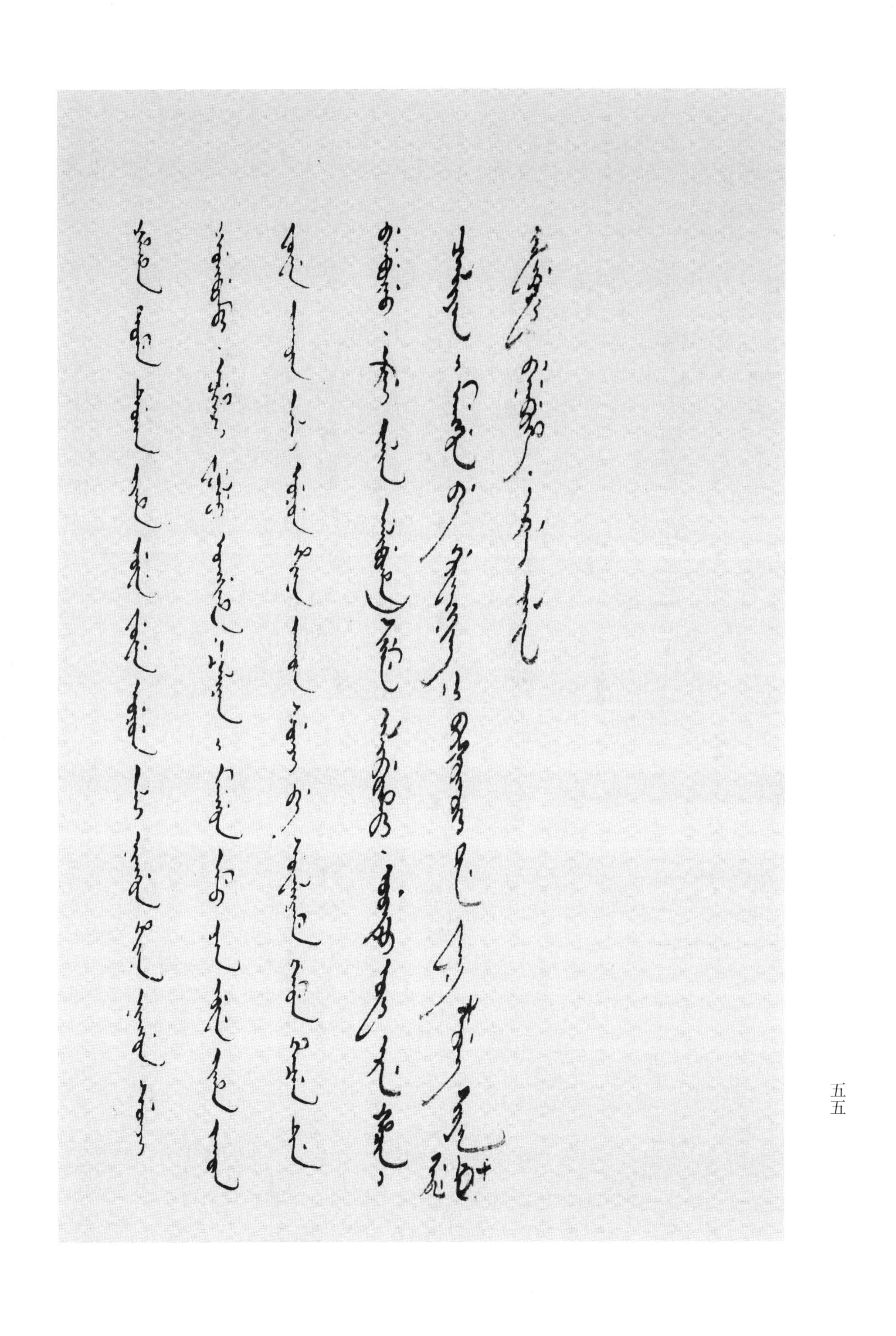

恩詔欽內並未開載賞賜辛者庫當差婦女一款一併分晰查明

仍祈轉呈

總管內務府衙門可也爲此上呈等情理合將原呈當差

婦女花名漢册一本一併呈送

總管內務府衙門祈將如何賞給之處指示到日以便

遵行辦理可也爲此合呈須至呈者

右　　　　呈

總管內務府衙門

管領當差婦人歷年所當之差九

上用山韮菜韮菜子乃係伊等敬謹揀選盛裝始行送京再造做粘撒粉子併

奉先殿山梨紅及送京蜜淺去皮山里紅梨花紅等項菓品一切

上用等物俱係伊等造辦再查雍正十三年十二月十四日

恩詔款內並未開載賞賜辛者庫當差婦人之一款相應將本屬

三旗內管領辛者庫當差婦人歷年各當之差併雍正十

三年十二〃十四日

盛京内務府佐領所送册内雖將當差婦女開報並無分晰各當何差再

雍正十三年十二月十四日

恩詔賞賜辛者庫當差婦女之時伊處當差婦女作何賞給之處文内

亦無聲明事關賞賜不便懸擬辦理應將原册一併移覆

盛京佐領伊處婦女俱當何差併從前作何賞給之處詳查辦理等因

呈明奉

王大人批准相應移覆前去查照辦理可也等因准此查得本屬三旂内

具題咨送臣部賞賜等語是以將本屬三旂辛者庫當差婦女花名

數目造具細冊一本呈送總管大人衙門若都京三旂辛者庫當差婦女酌

議賞賜之處未經具題或將本屬三旂辛者庫當差婦女一併具題賞賜

若已具題賞賜祈將如何賞賜之處指示到日以便遵行辦理等因移

呈前來查上三旂辛者庫當差婦女著酌議賞賜一欵經三旂參領掌關

防内管領遵照從前賞賜之處查明保送前來欽奉

恩詔内酌議分别議覆賞給之處本府具題咨部賞給在案今

月錢粮一款相應行文内務府將應行賞給之擺唐阿及太監等
花名額数造冊移送臣部照数賞給俟賞給完日另行奏
聞一上三旂辛者庫當差婦女着酌議賞賜一款相應移咨内務府酌議具
題咨送臣部賞賜等語除將本屬三旂擺唐阿及太監等應得
賞給一月錢粮咨行
盛京戶部關領外其上三旂辛者庫當差婦女着酌議賞賜一款
恩詔内並未開載賞賜何物及物数目多寡且彙辦

恩詔事彙辦

恩詔處案呈本部題前事等因于乾隆十五年九月初三日題初五日奉

旨依議欽此相應抄録原題移咨前去欽遵查照如有應行之處亦即轉行

各衙門一體遵照等因前來相應存案備查外仍抄録原行粘单

移咨

盛京內務府查照原行各所屬一體欽遵查照施　等因前來查得彙辦

一恩詔處原題粘单内開一上三旂包衣佐領下擺唐阿及太監等着賞給一

管理三倉事務達福格等為查明呈報事准會計司為移覆事經本

司呈稱據

盛京内務府佐領　　等呈稱乾隆十五年十二月十一日准

盛京户部咨開錢粮司案呈准户部咨開為欽奉

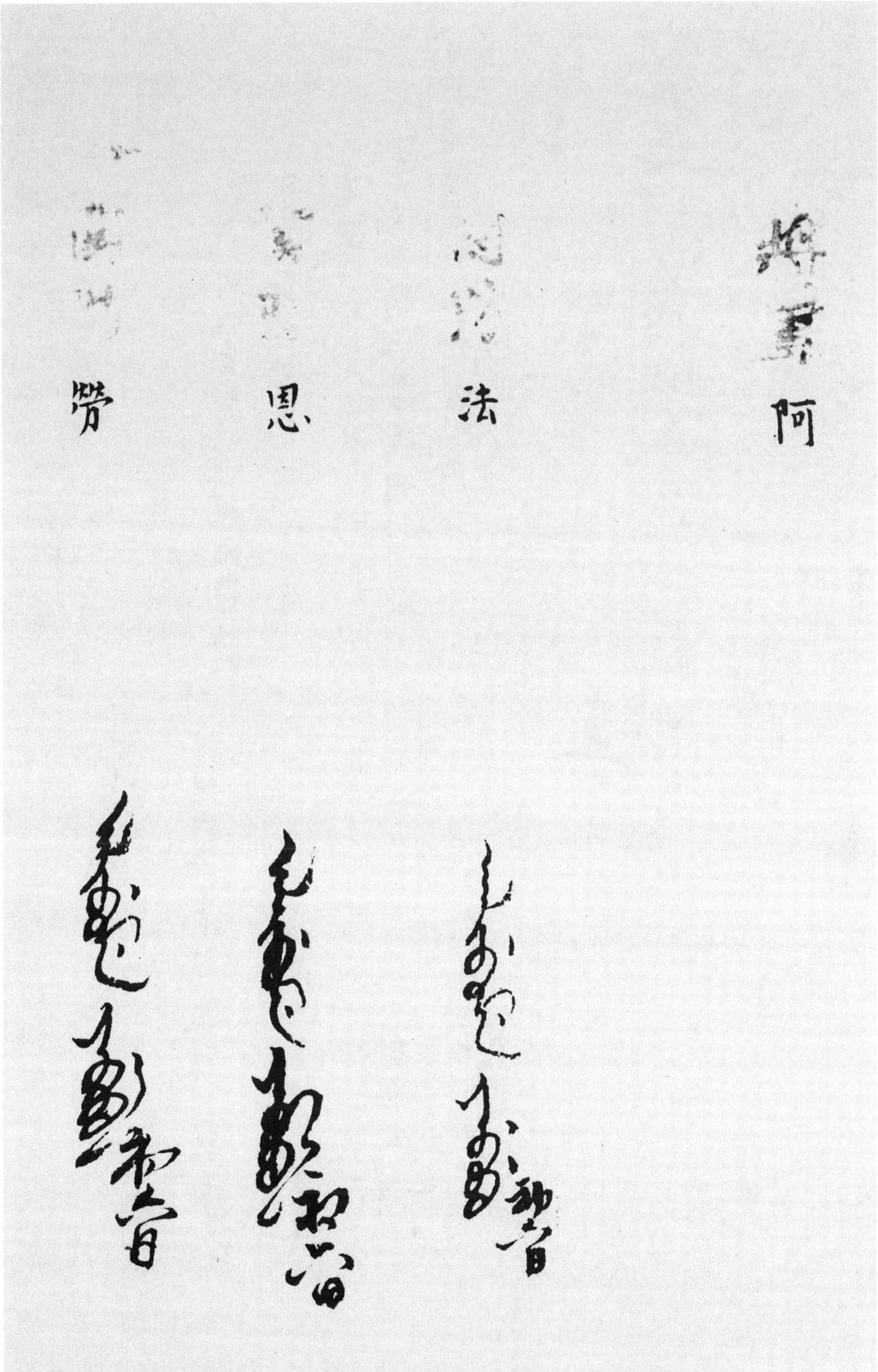
阿
法
恩

一件

爲三旂内管領下當差婦人

每年各當差務并十四年

有無

恩詔賞賜之處查明咨覆

總管内務府

管理三倉事務達福 格

倉達 查騰度

多隆屋

莫爾根尼

五号

十六年四月五十五

又將許康達汪從顯送去

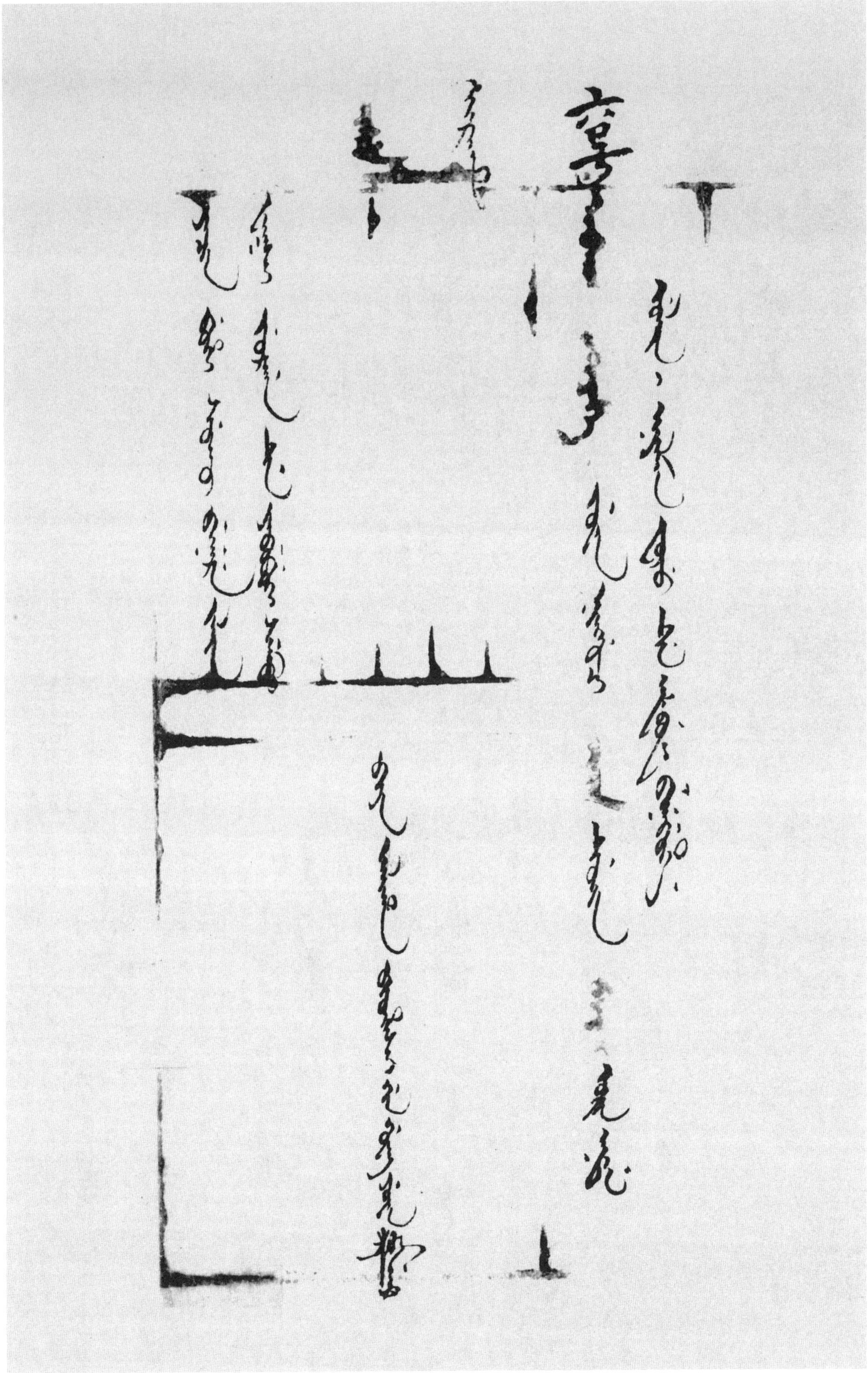

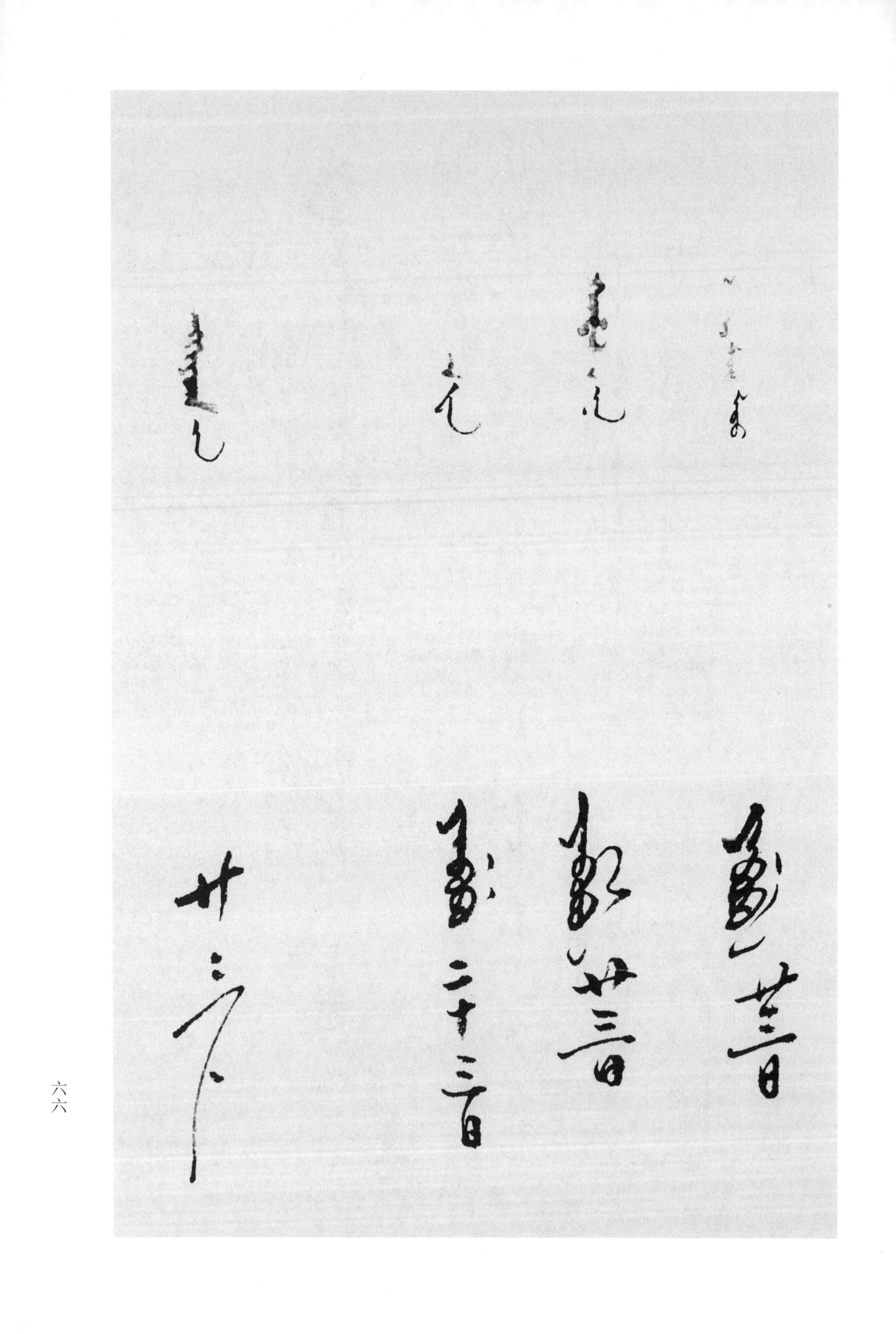

廿一日

廿二日

二十三日

廿六

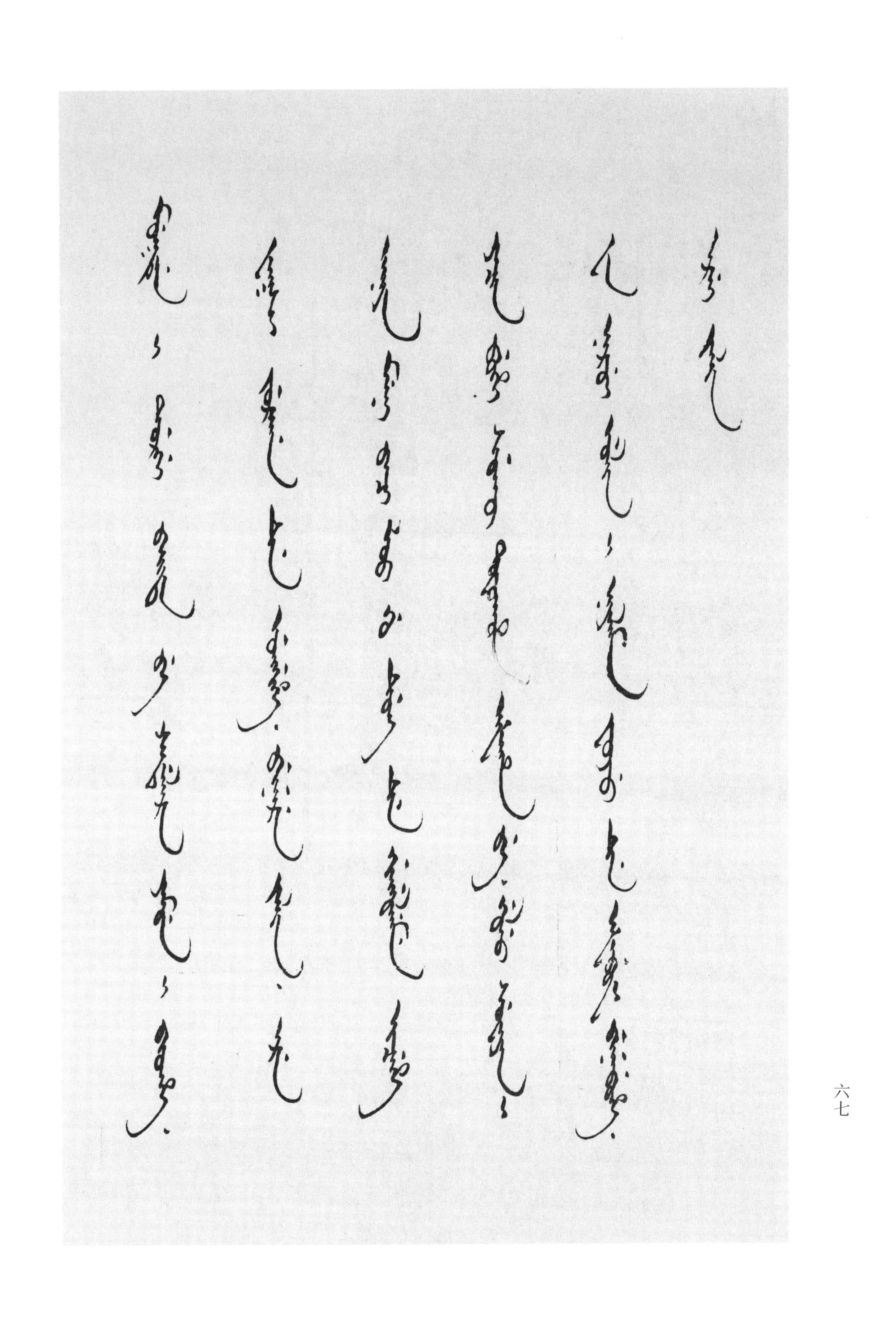

[illegible]

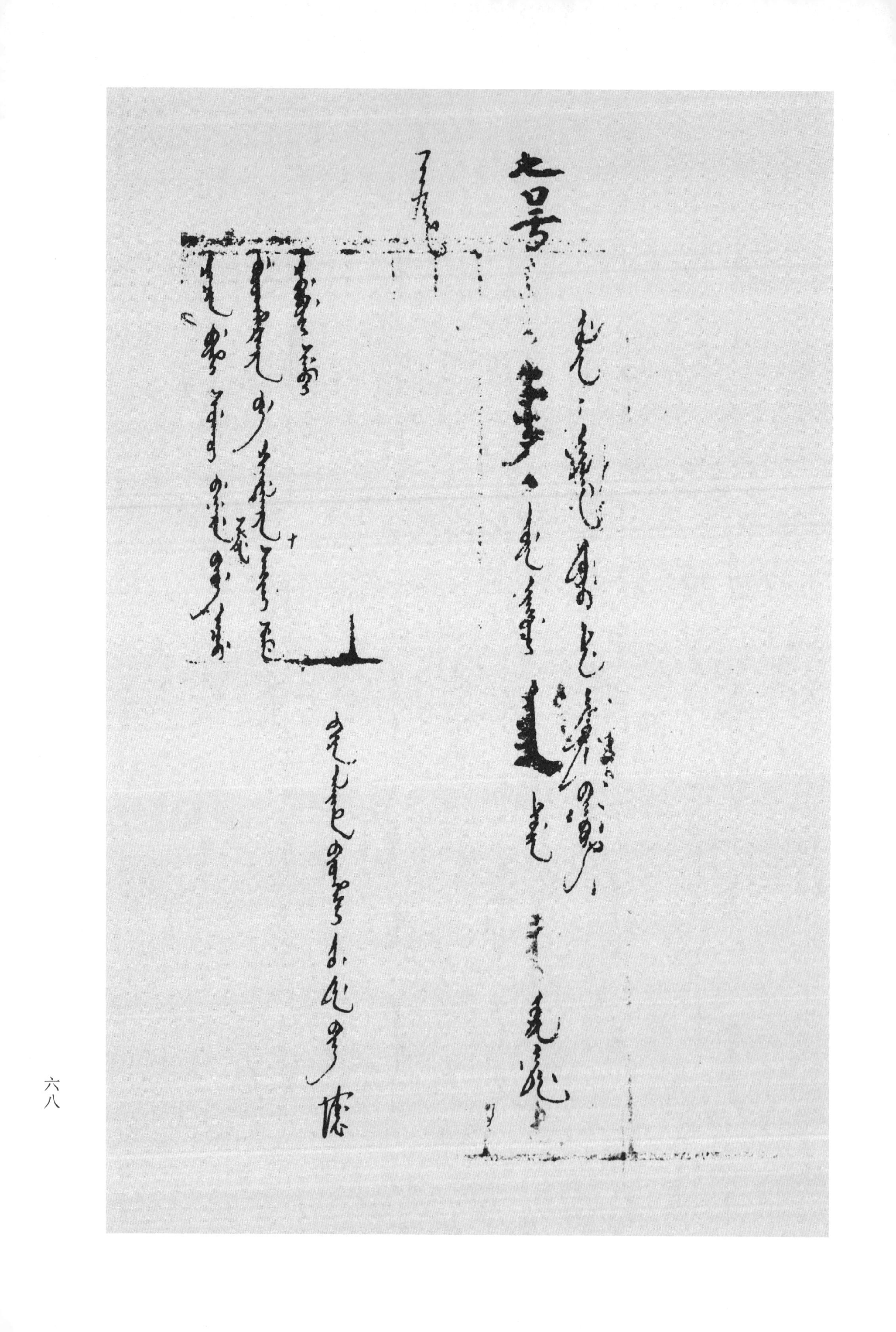

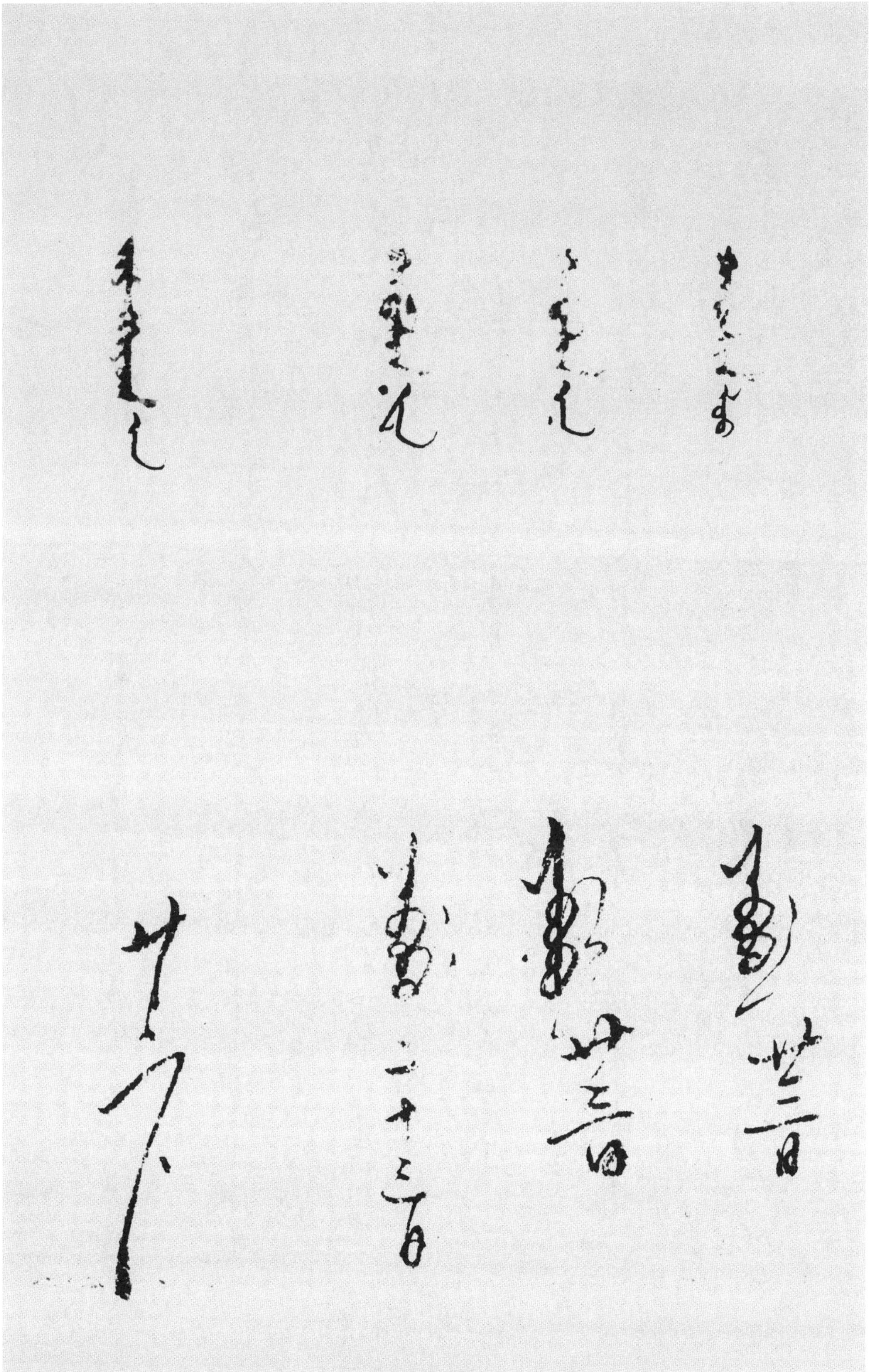

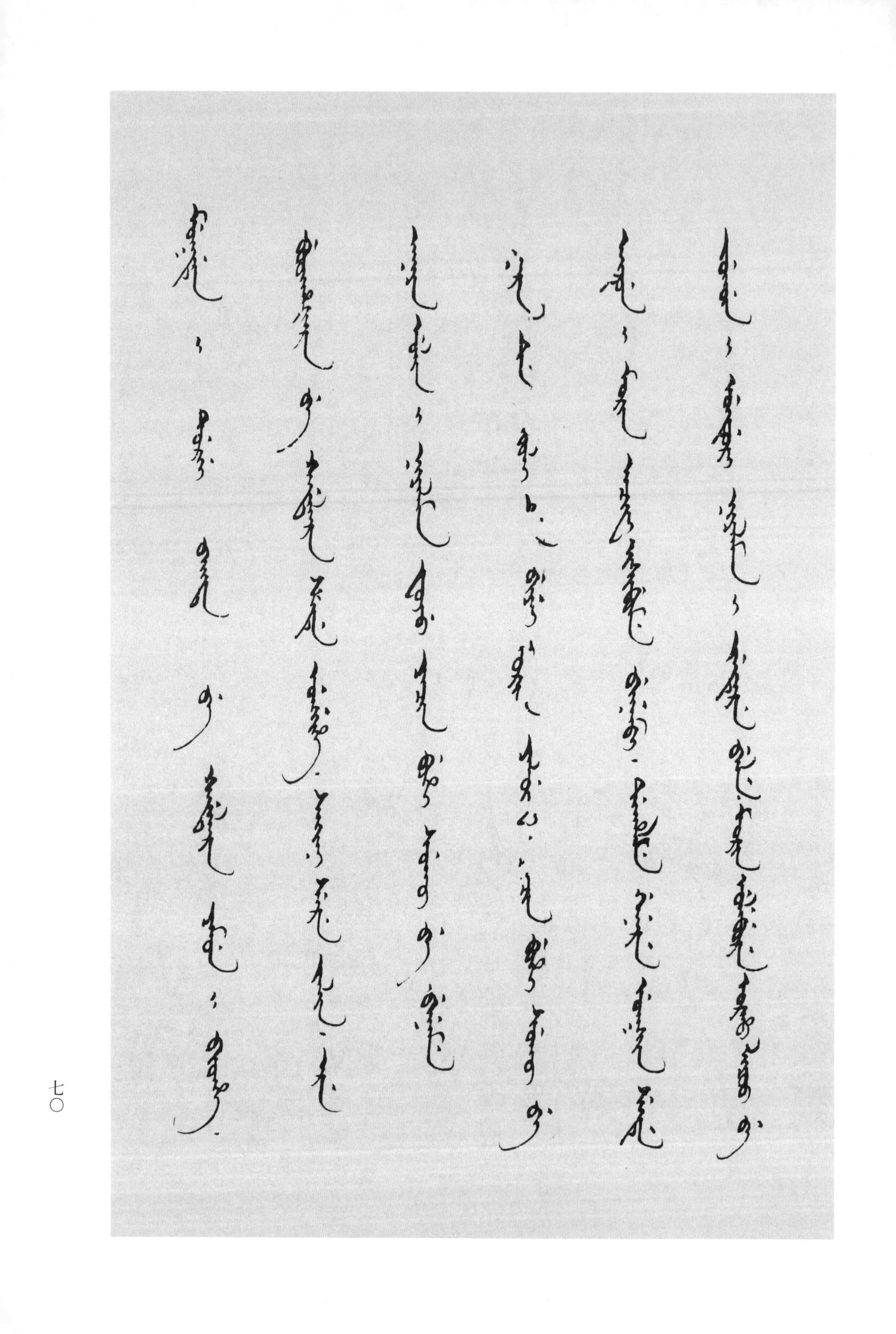

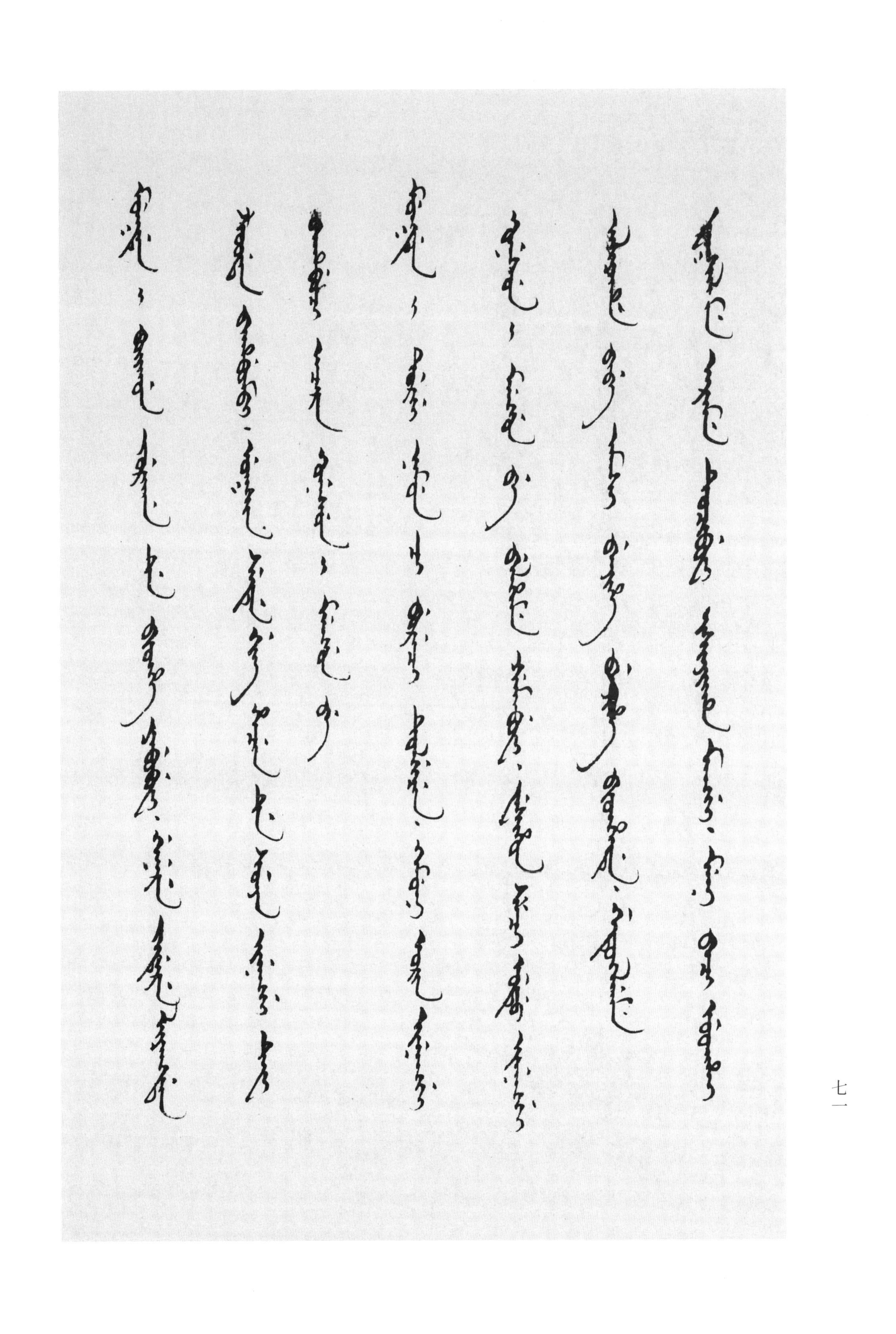

[illegible]

[illegible]

[illegible]

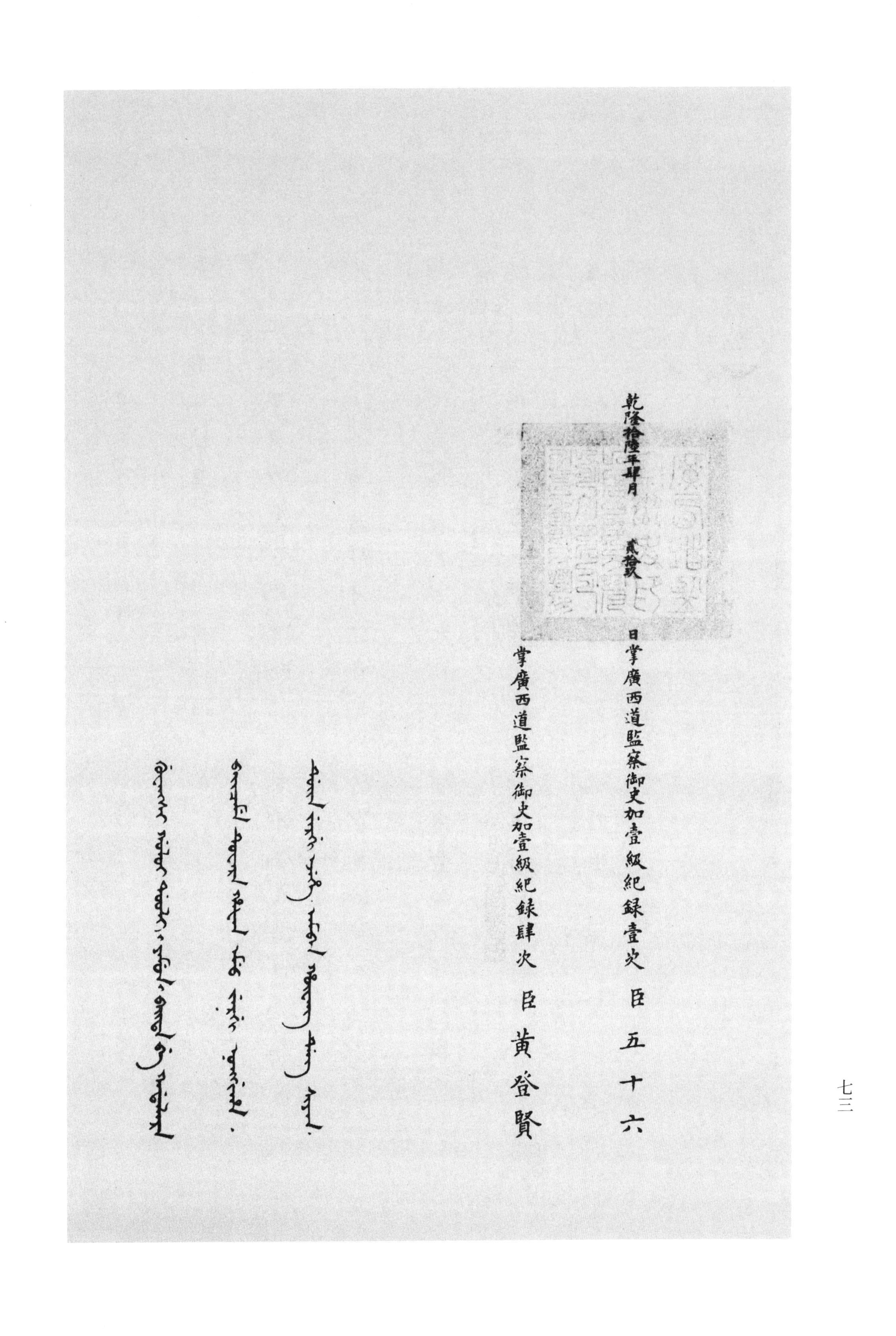

乾隆拾陸年肆月貳拾玖日掌廣西道監察御史加壹級紀録壹次臣五十六

掌廣西道監察御史加壹級紀録肆次臣黃登賢

掌廣西道監察御史加壹級紀録壹次臣五十六等謹

題爲欽奉

上諭事臣等查得乾隆拾陸年叁月分太僕寺造送

科抄事共肆件壹日完咨行事共拾肆件内壹

日完陸件貳日完伍件叁日完壹件捌日完壹

件拾玖日完壹件　查以上科抄咨行事共

拾捌件俱在限内完結爲此謹具

奏

聞

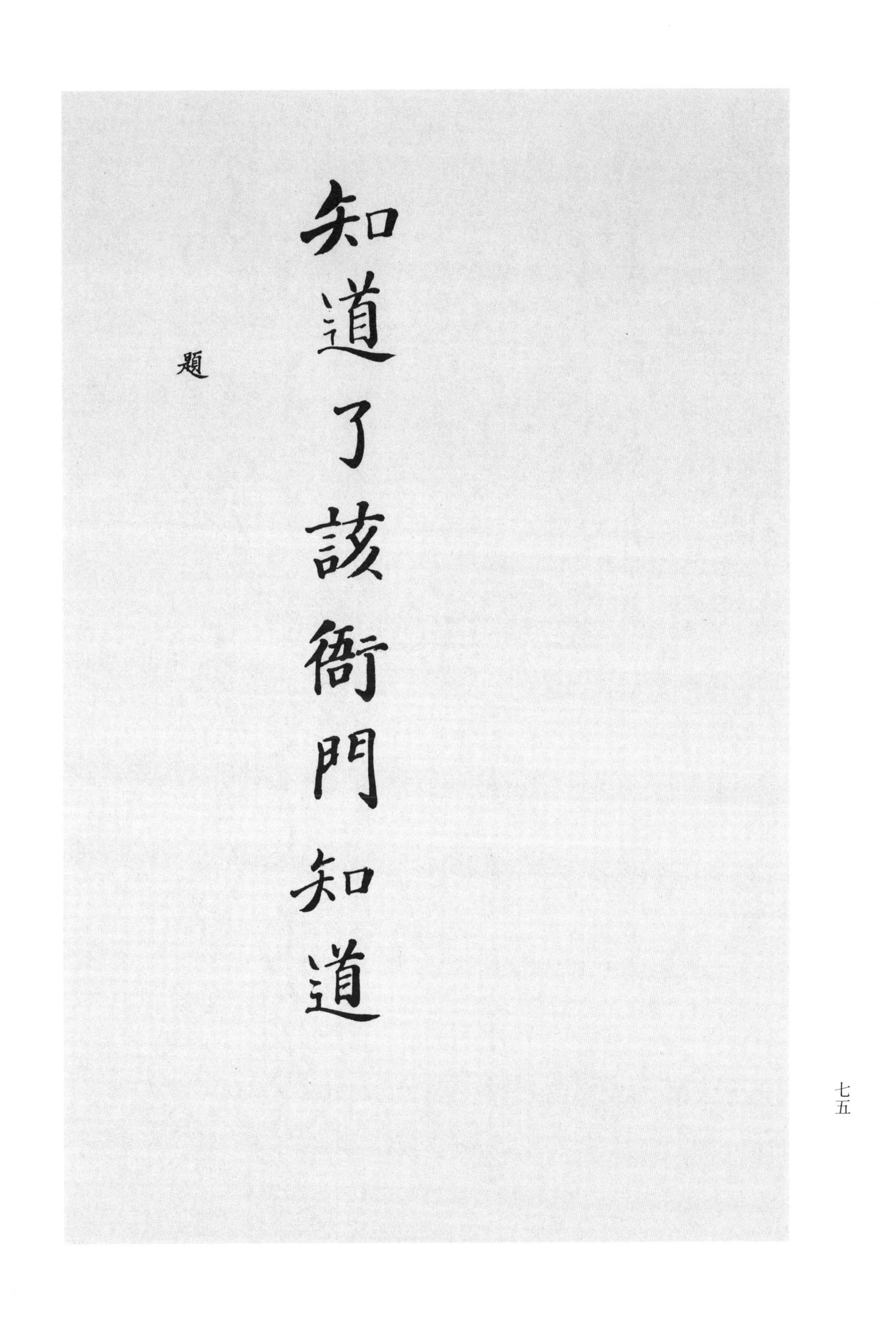

知道了該衙門知道

題

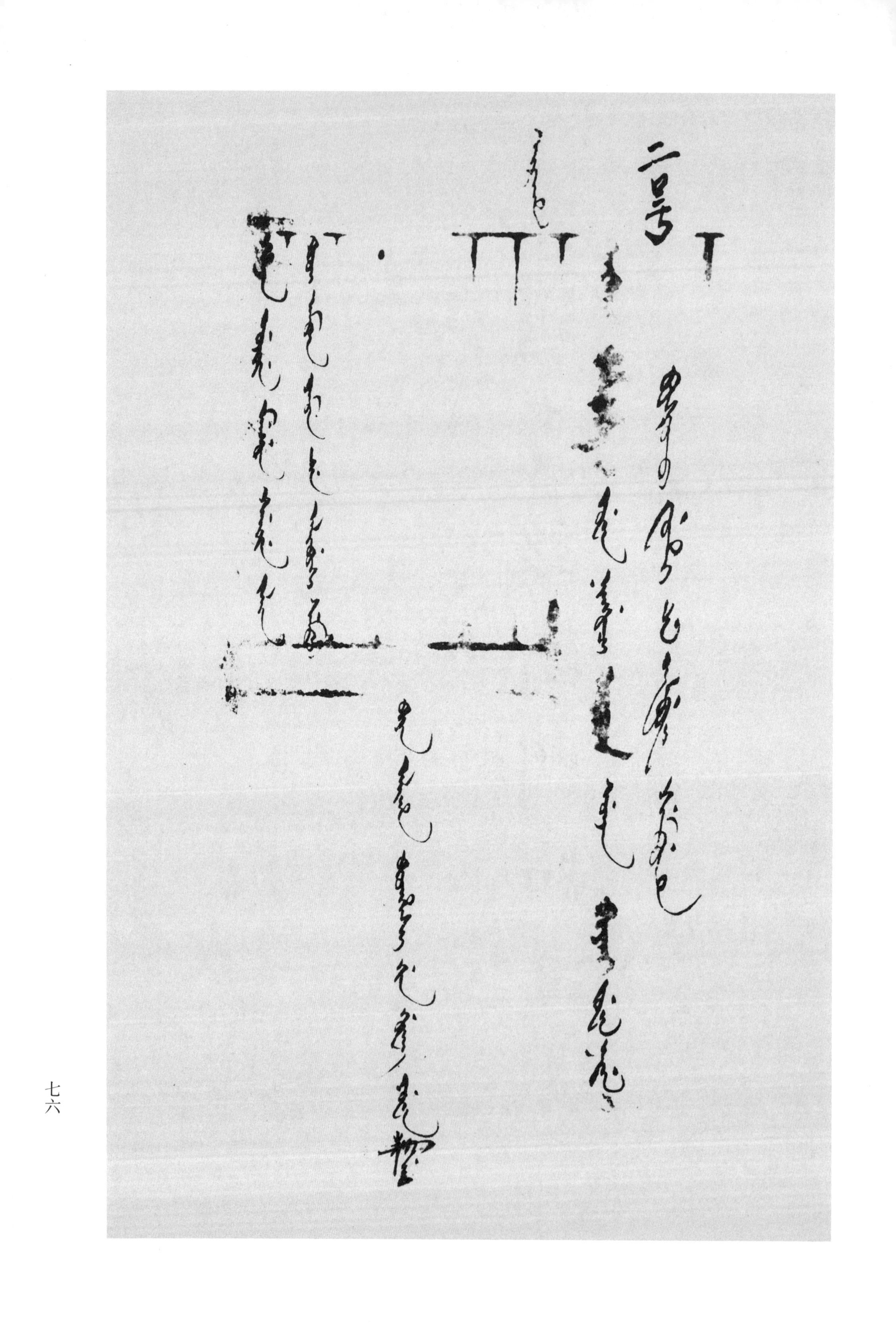

二号

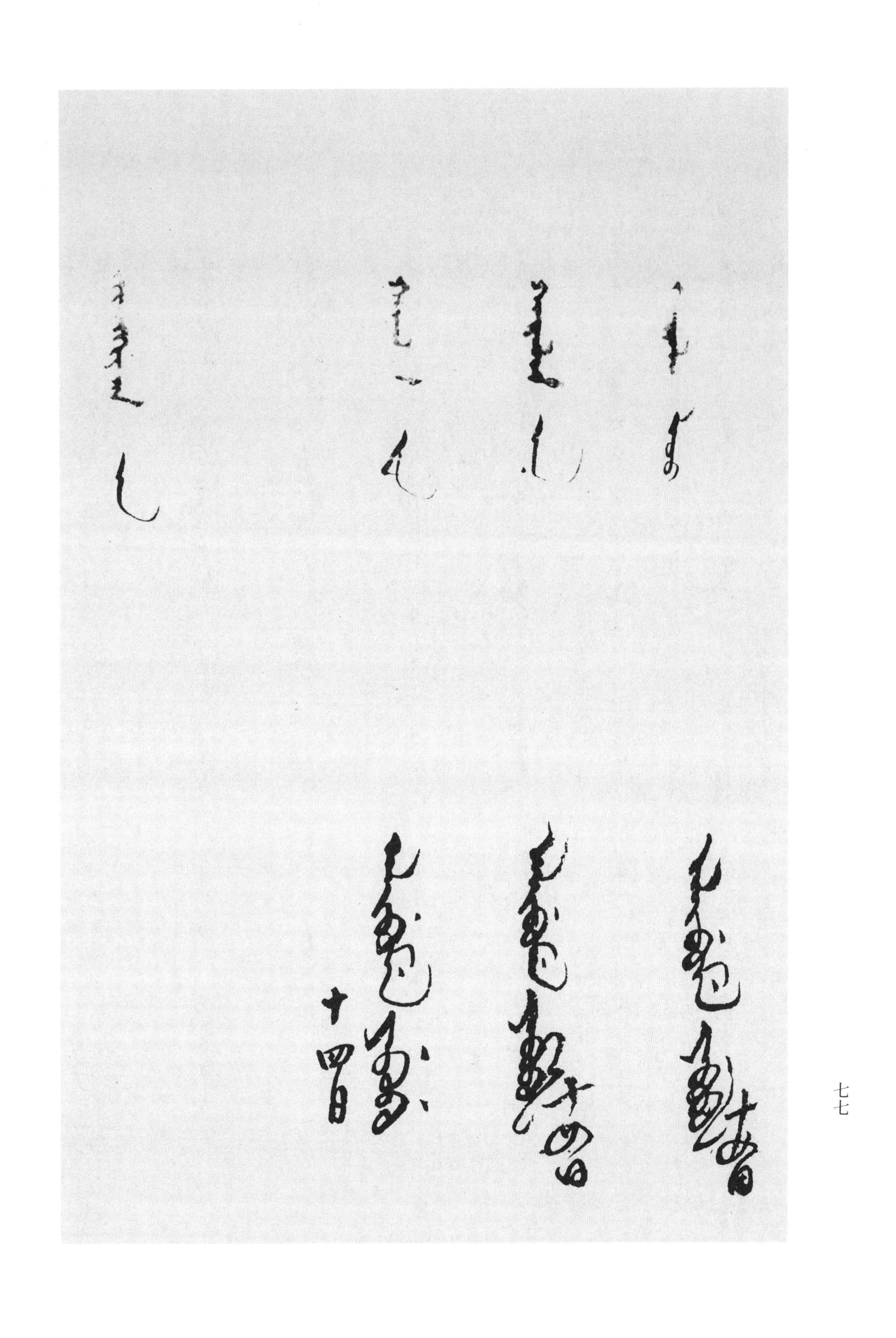

十日

十四日

十四日

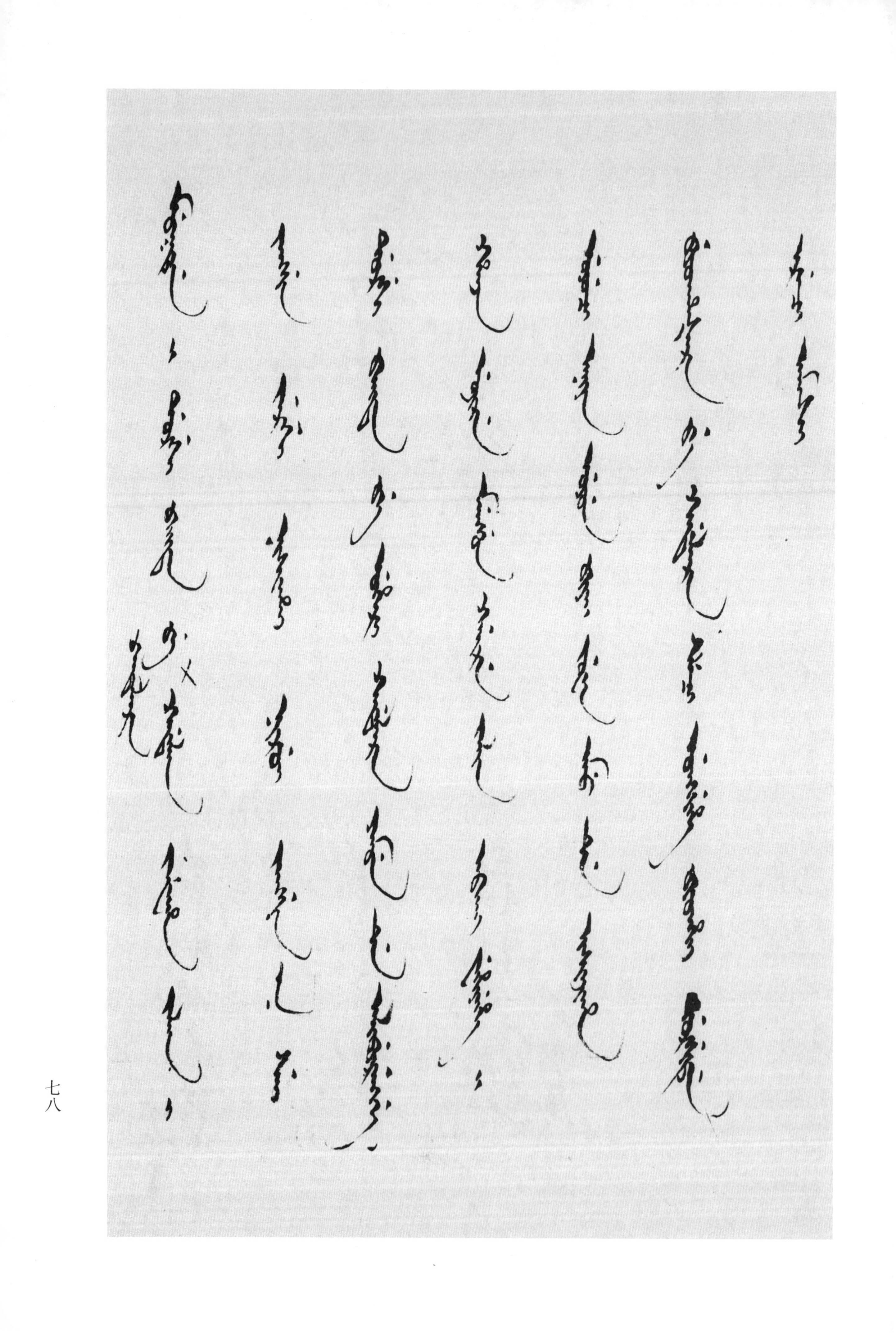

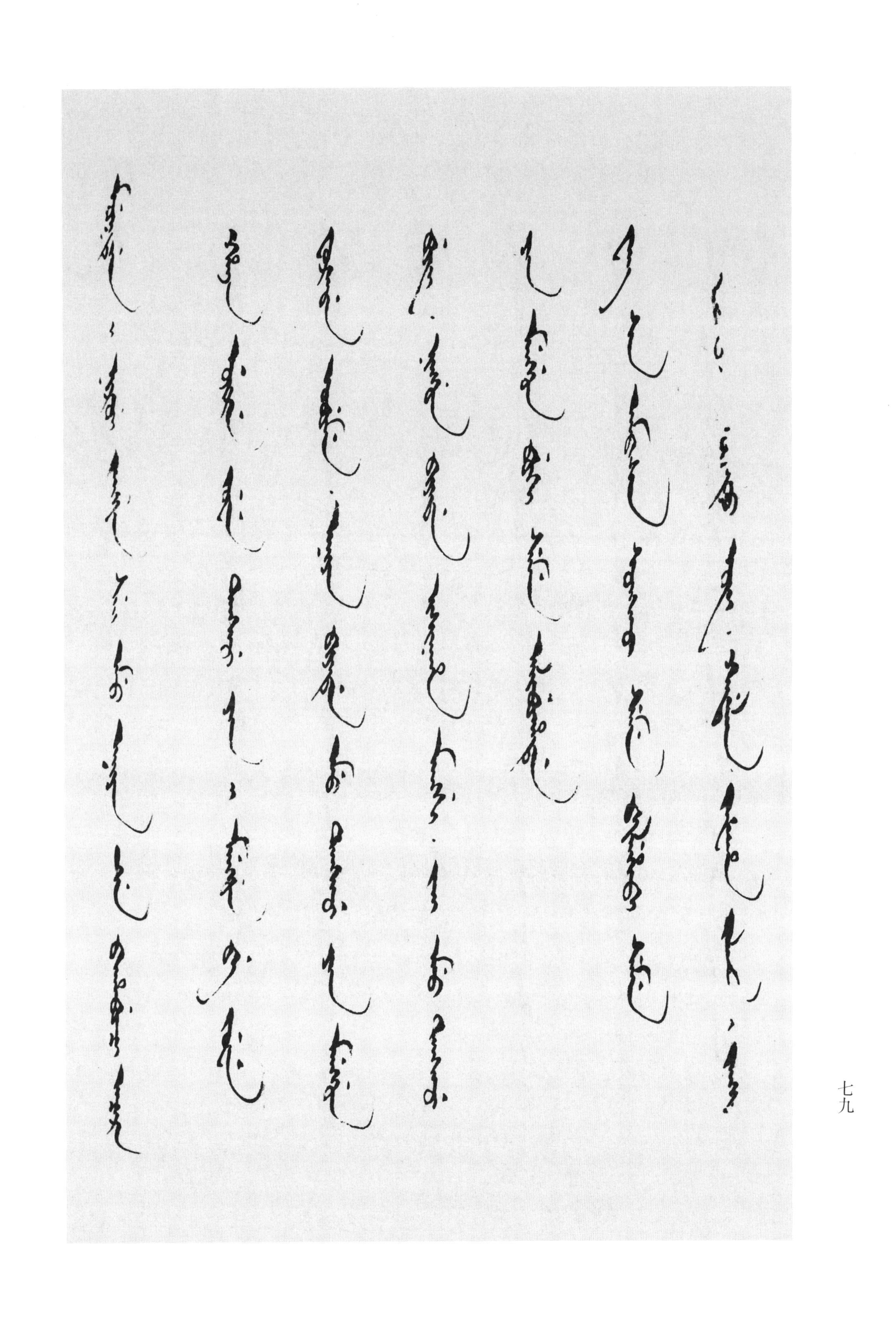

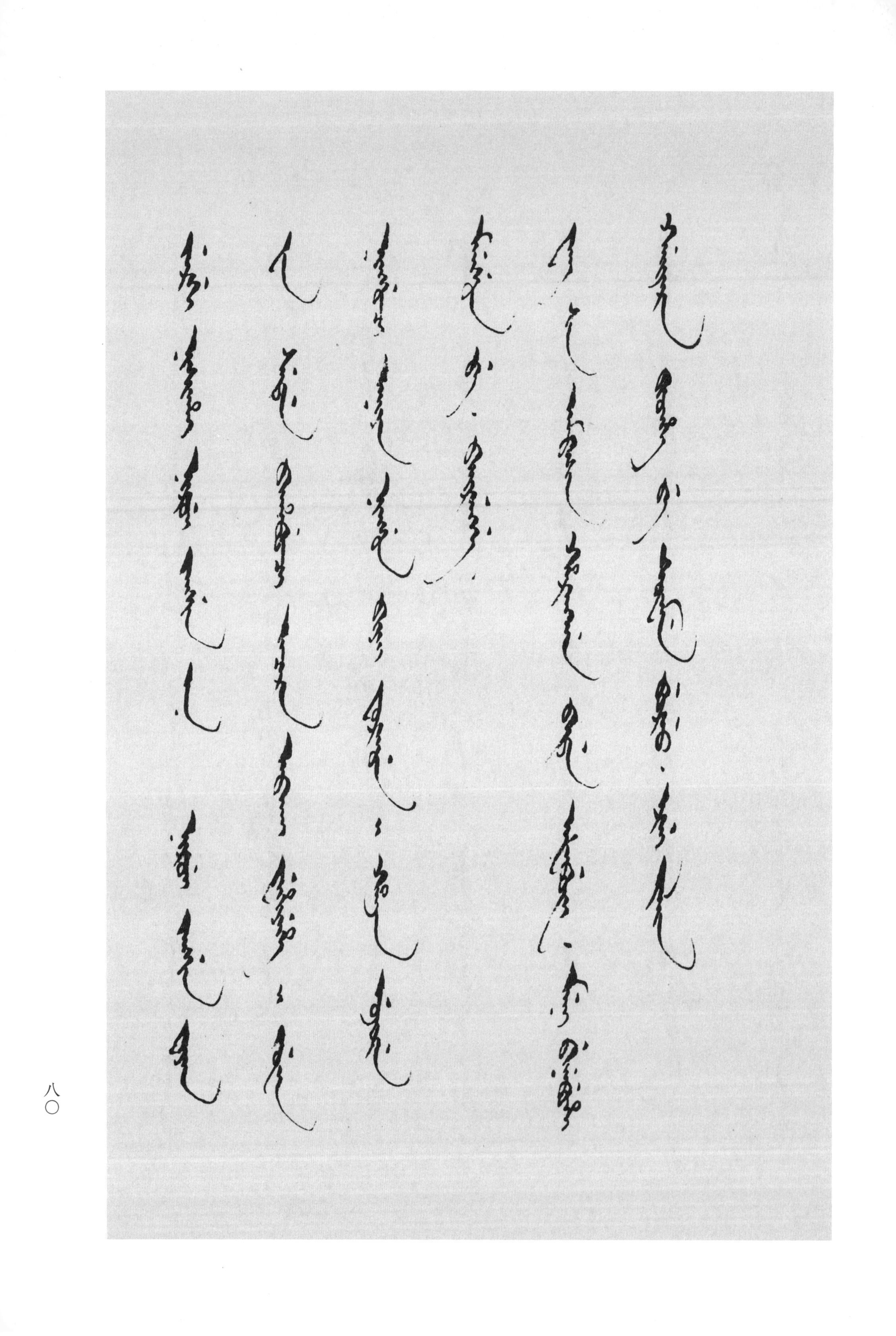

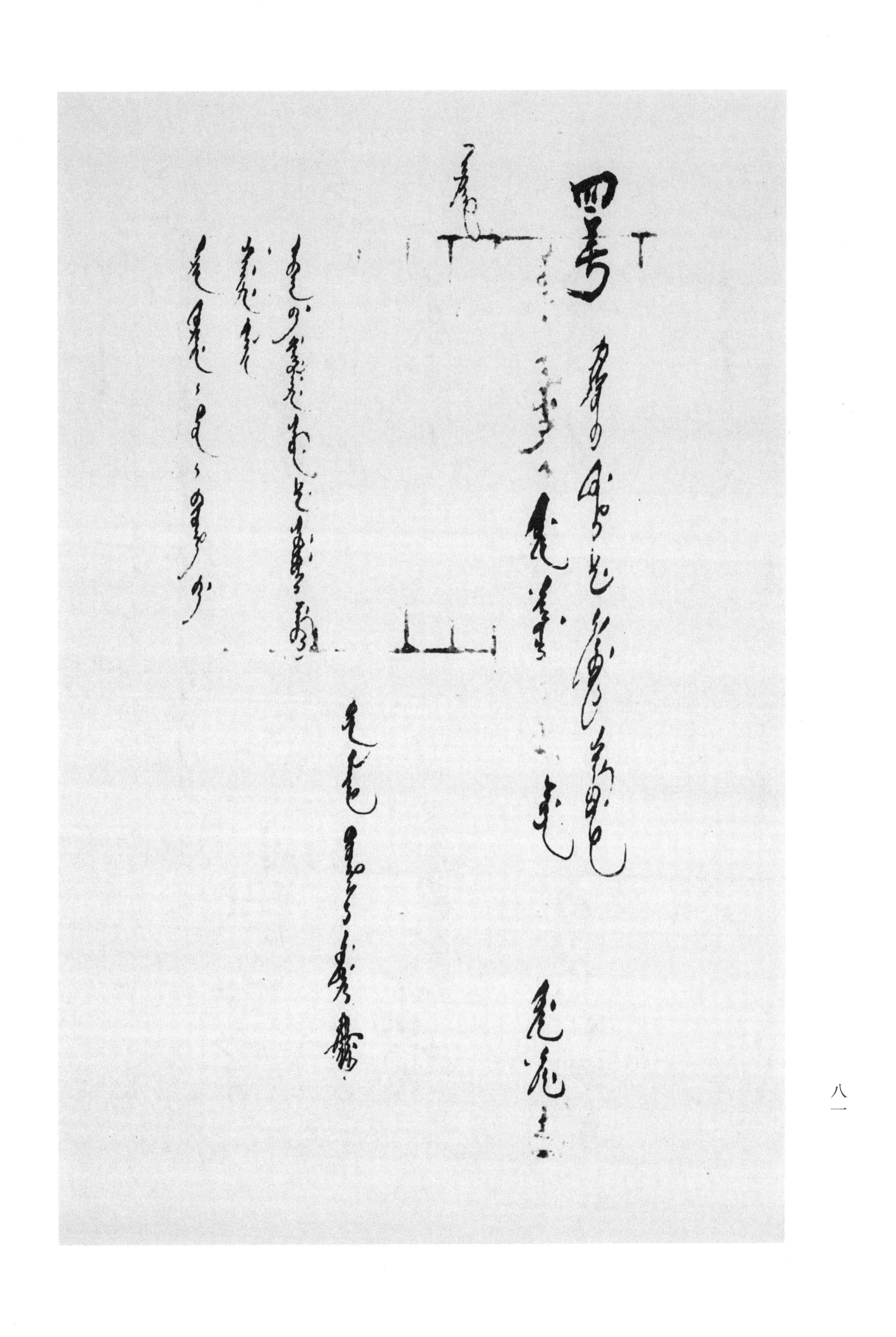

四号

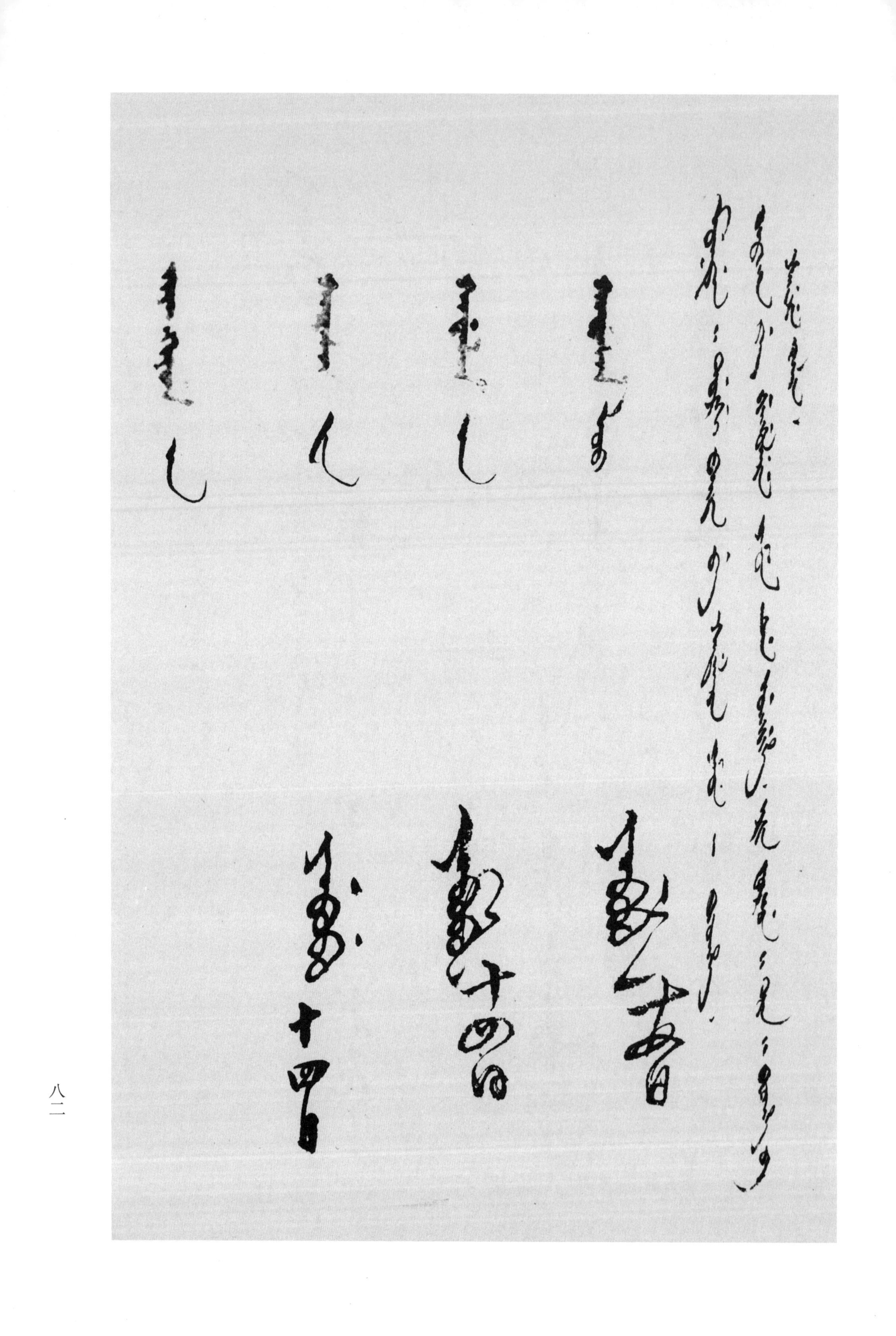

[illegible]

[illegible]

[illegible]

[illegible]

[illegible]

[illegible]

[illegible] 十五日

[illegible] 十四日

[illegible] 十四日

八二

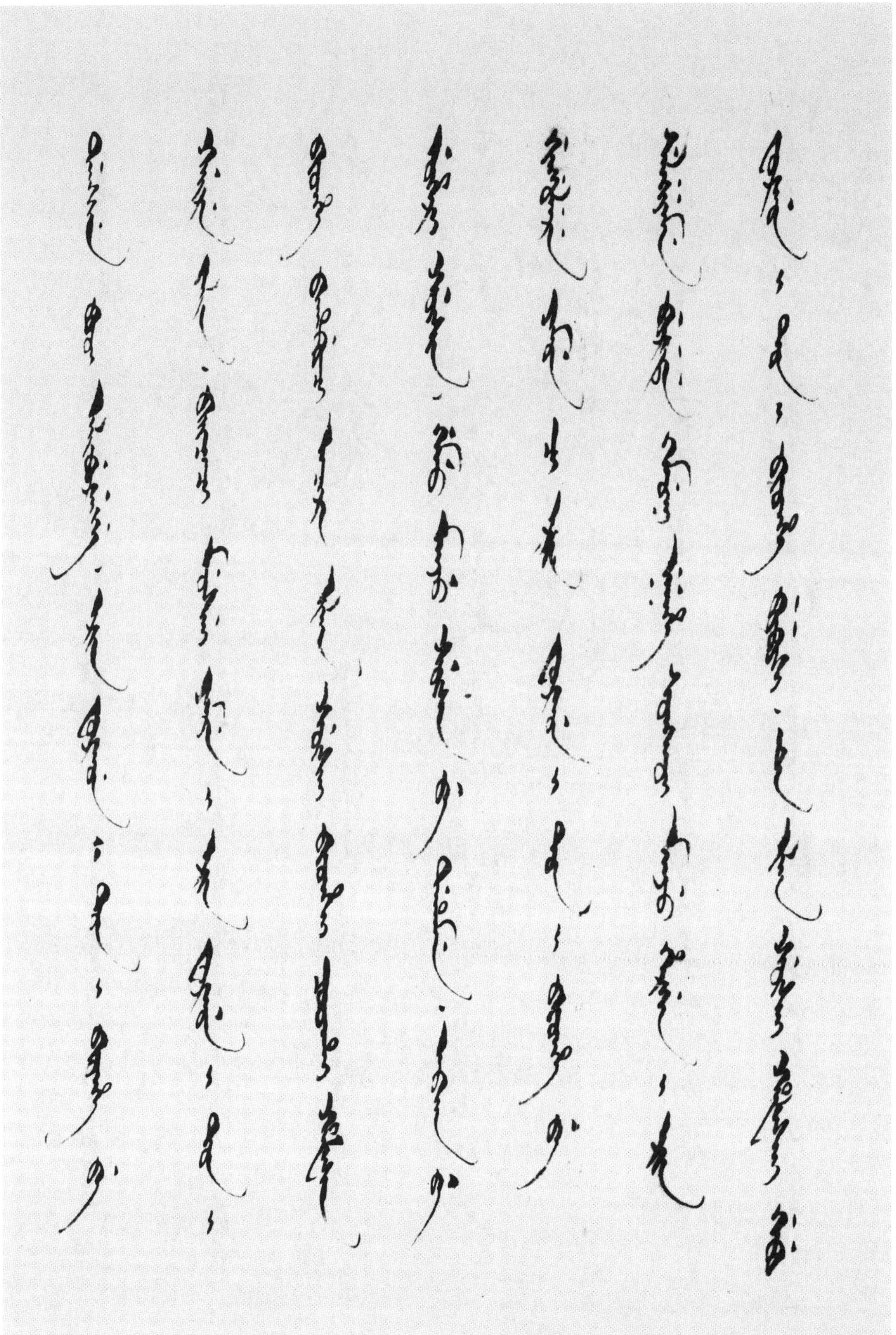

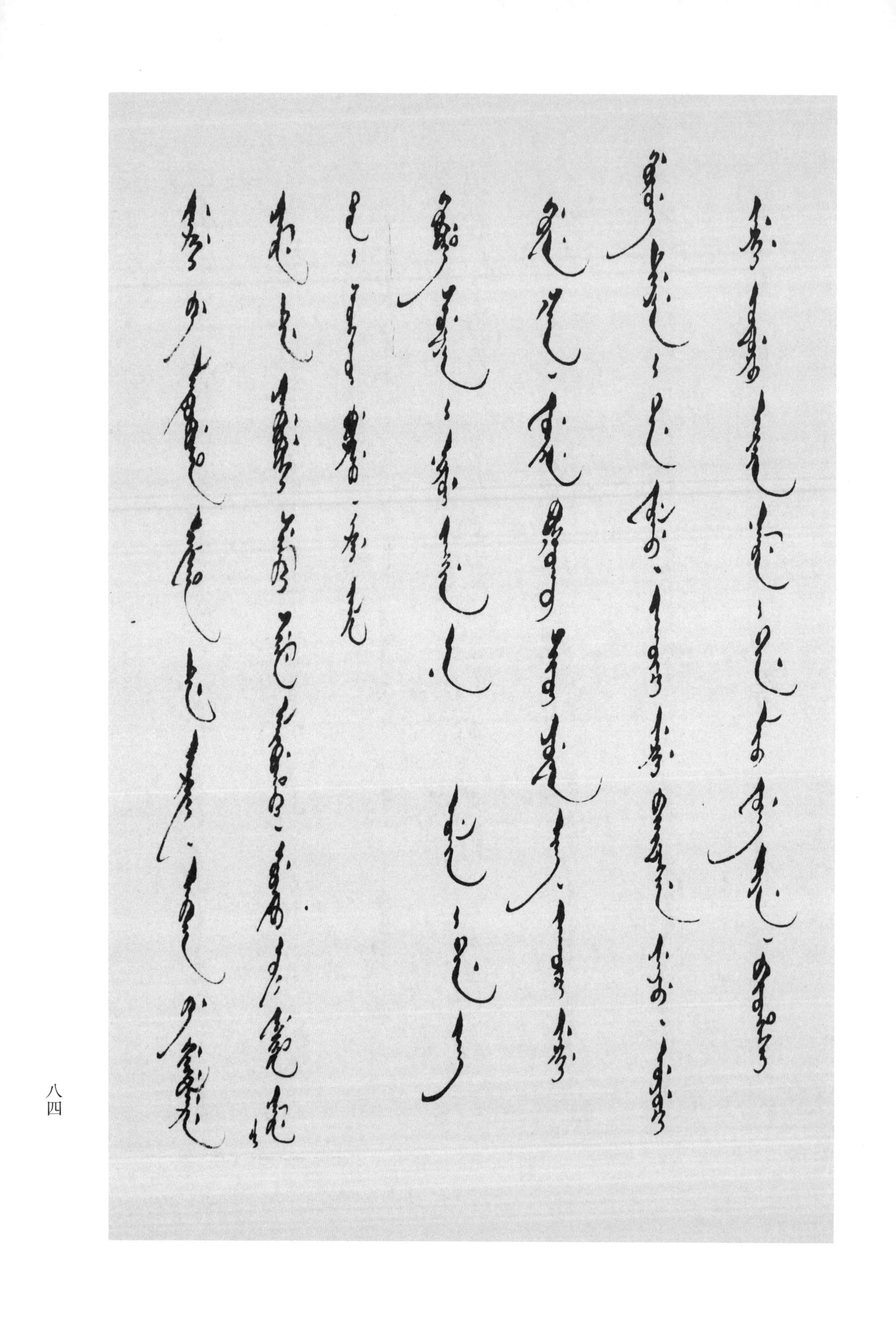

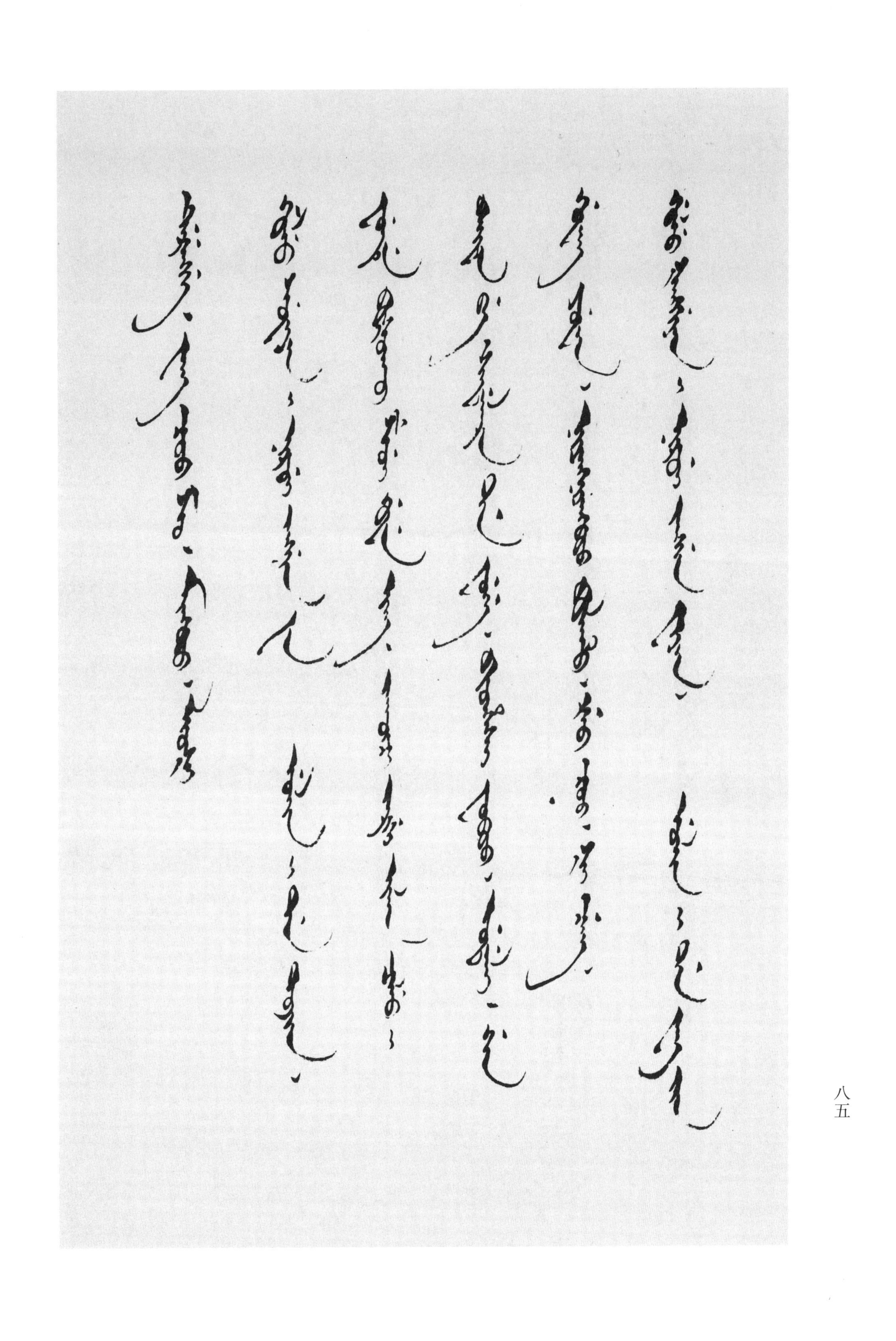

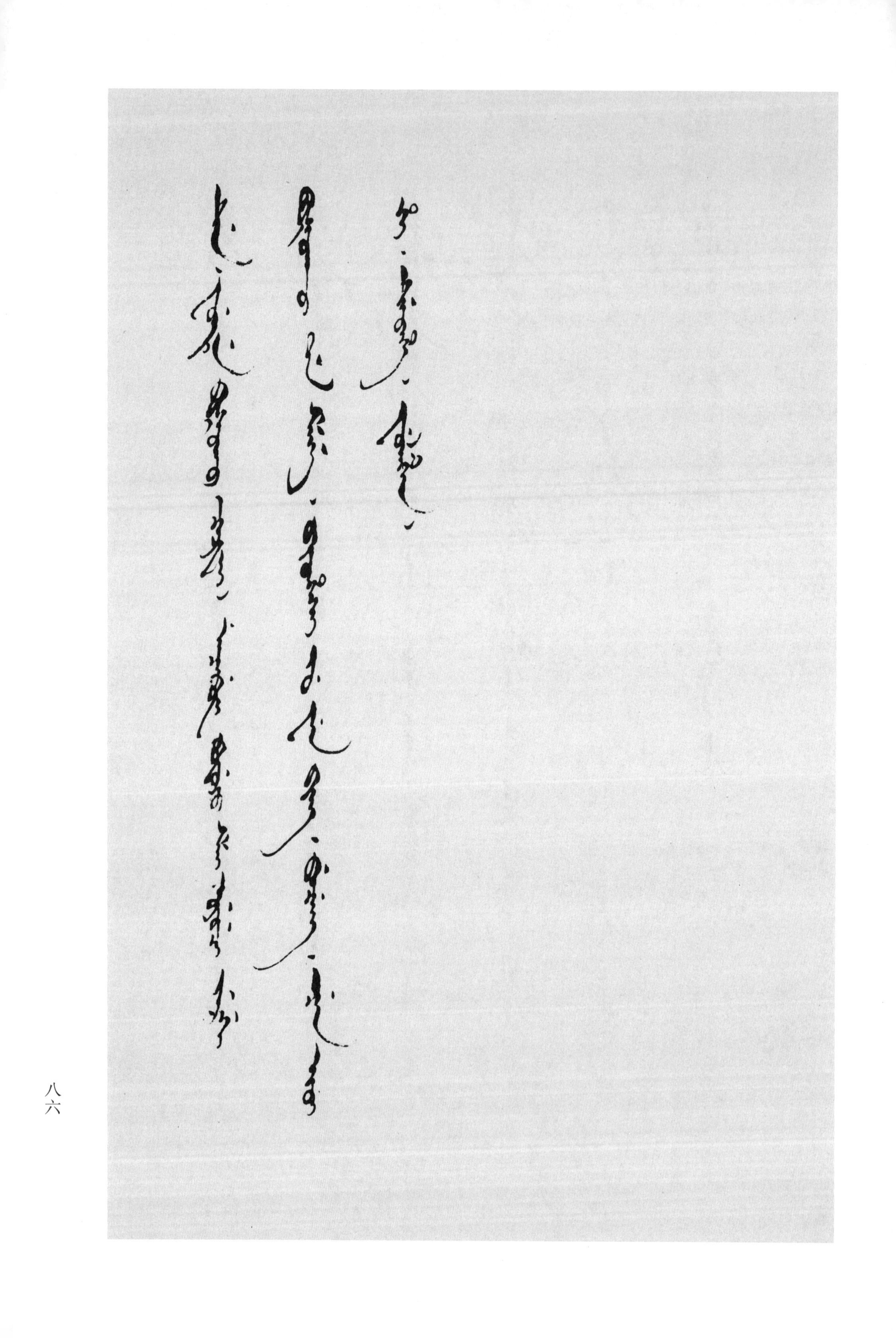

[illegible]

[illegible]

[illegible]

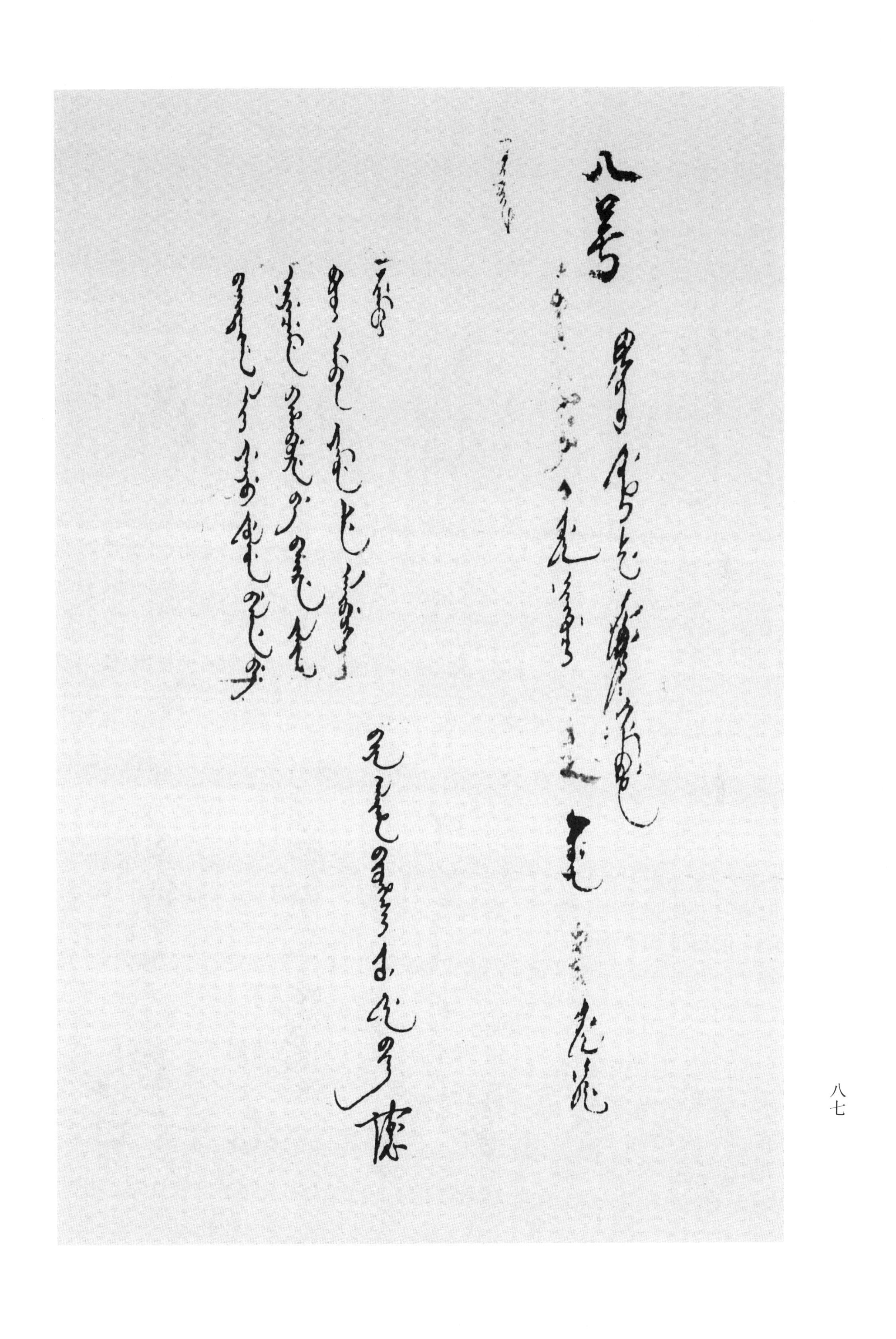

八号

懐

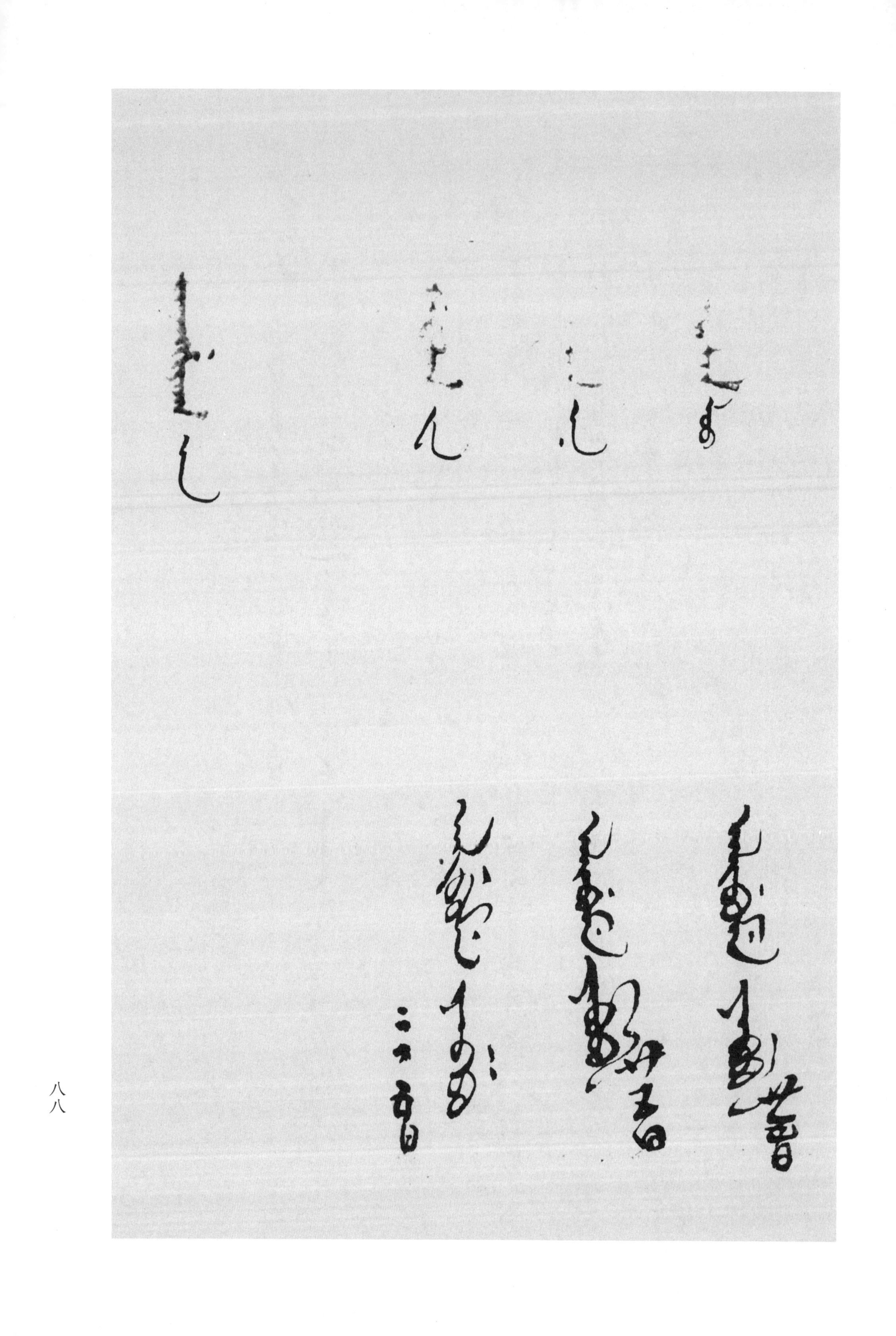

[illegible]

[illegible]

[illegible]

[illegible]

[illegible] 普

[illegible] 吉

[illegible]

二十五日

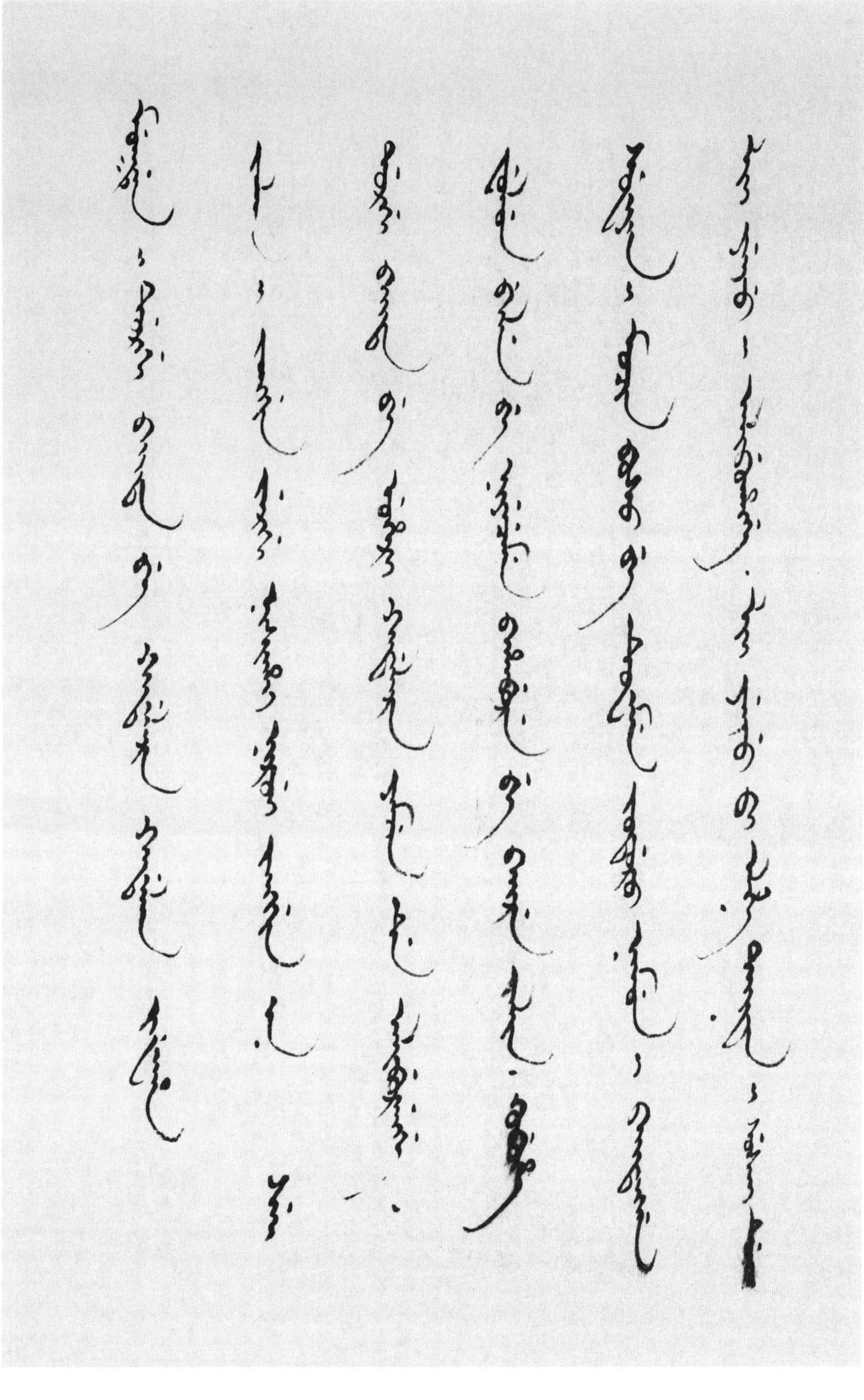

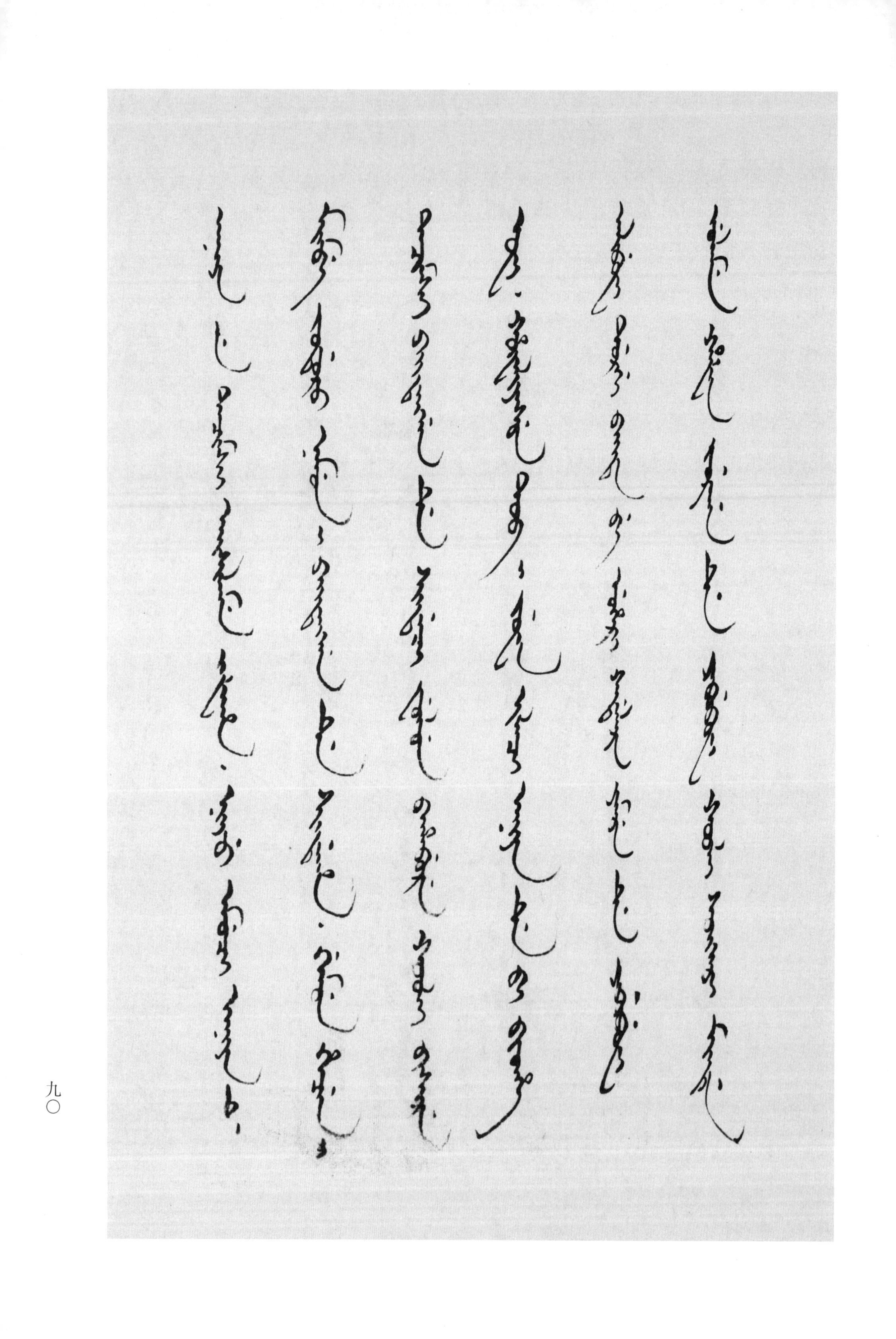

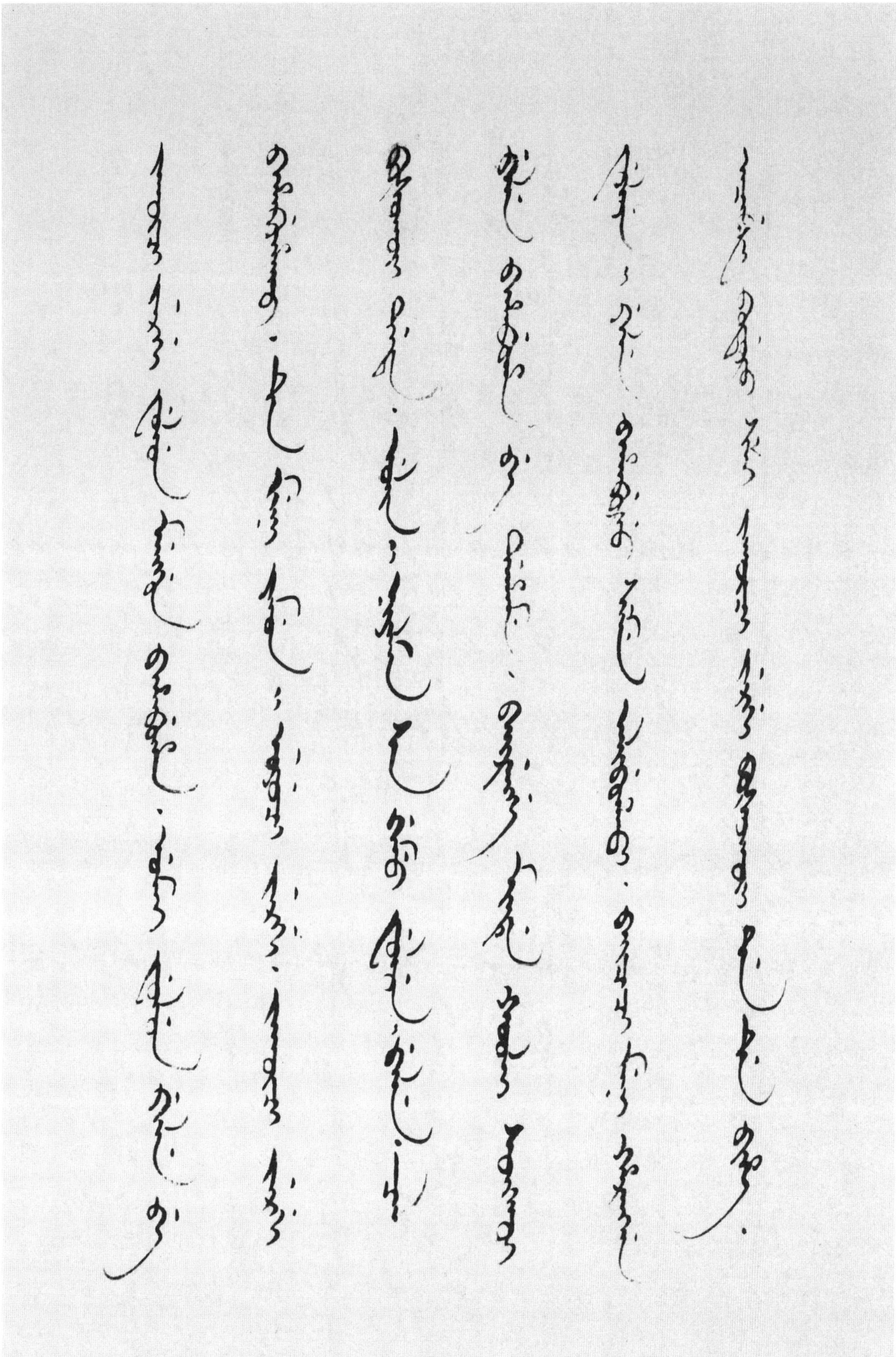

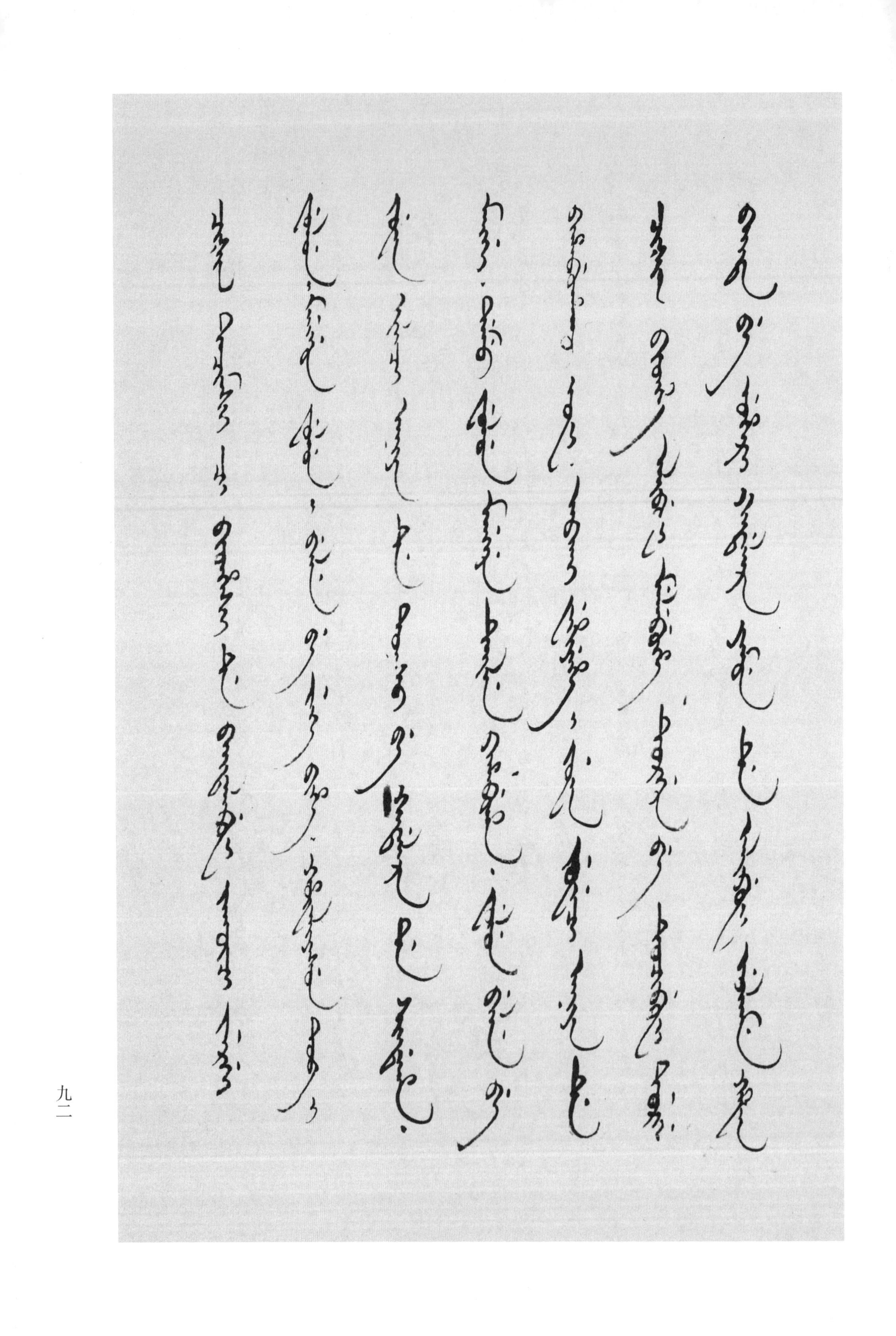

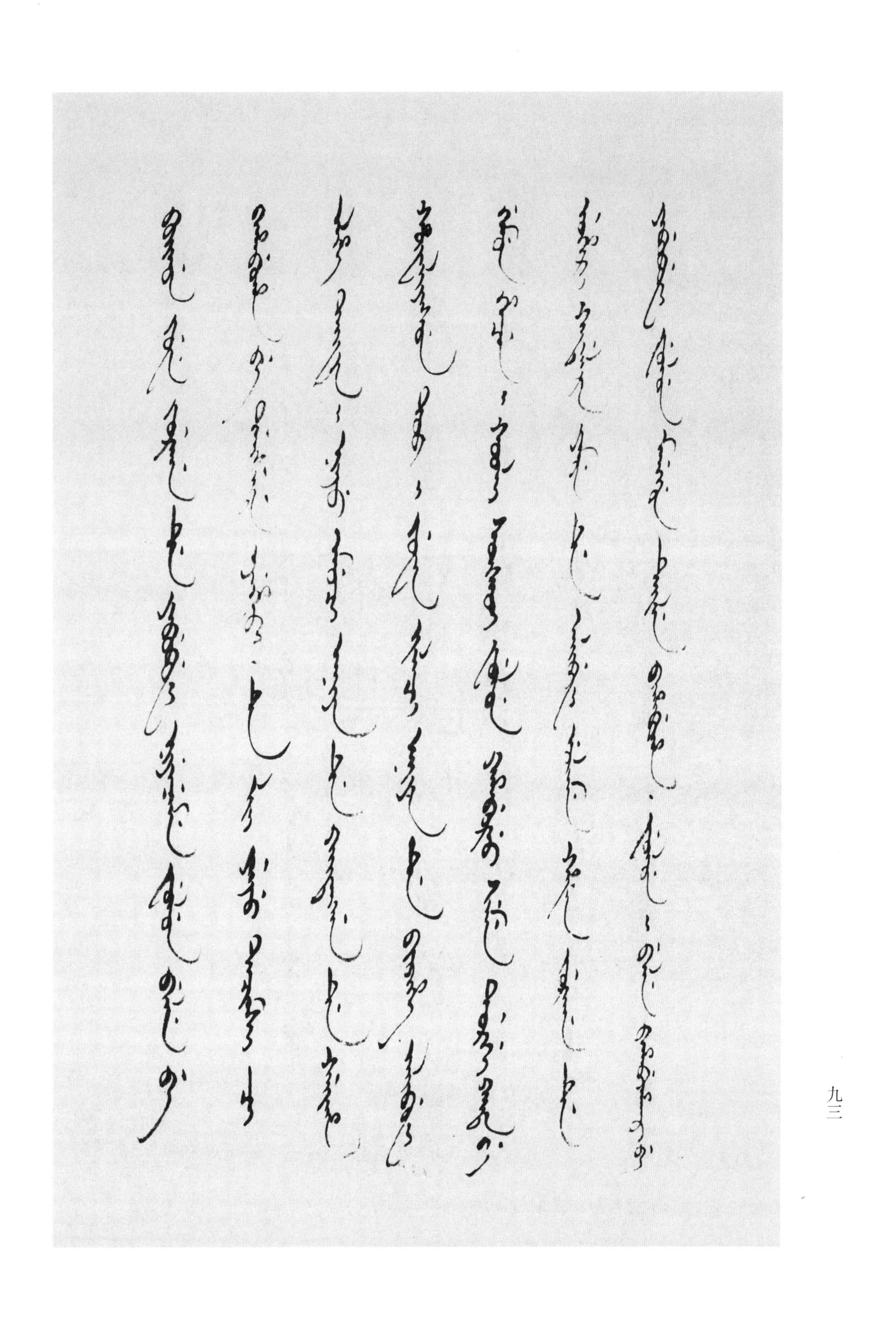

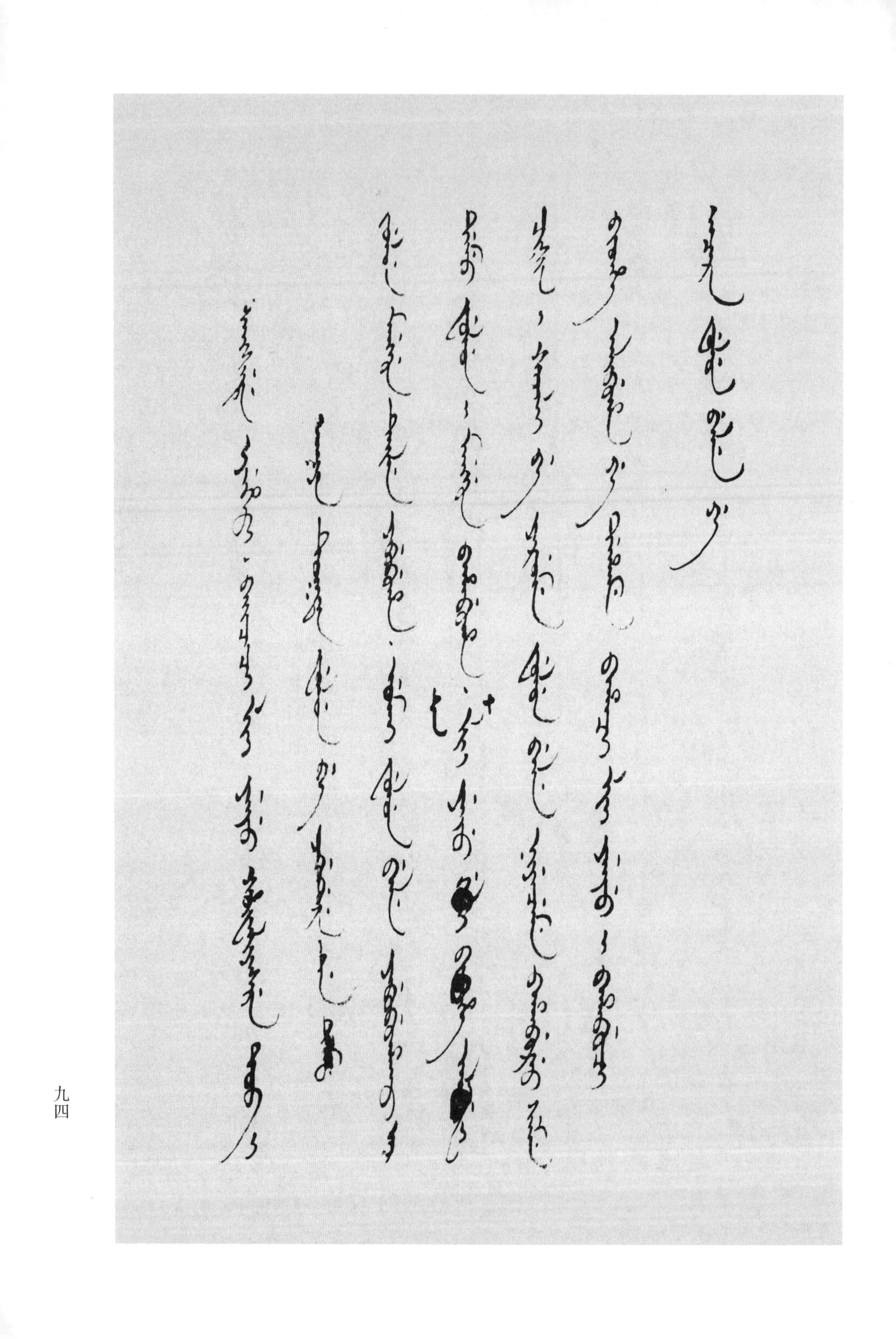

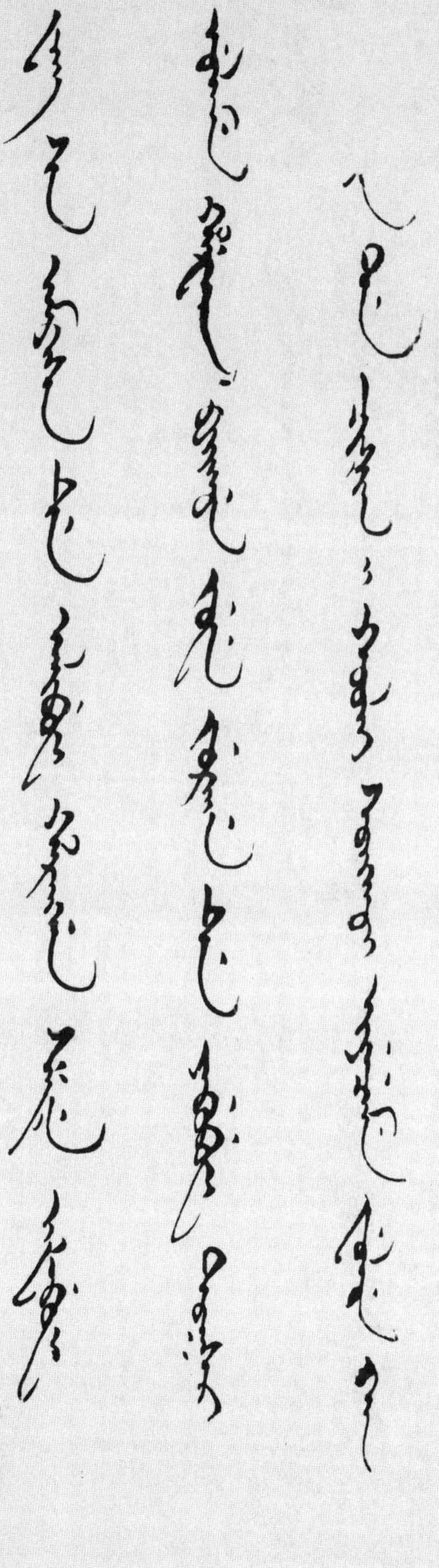

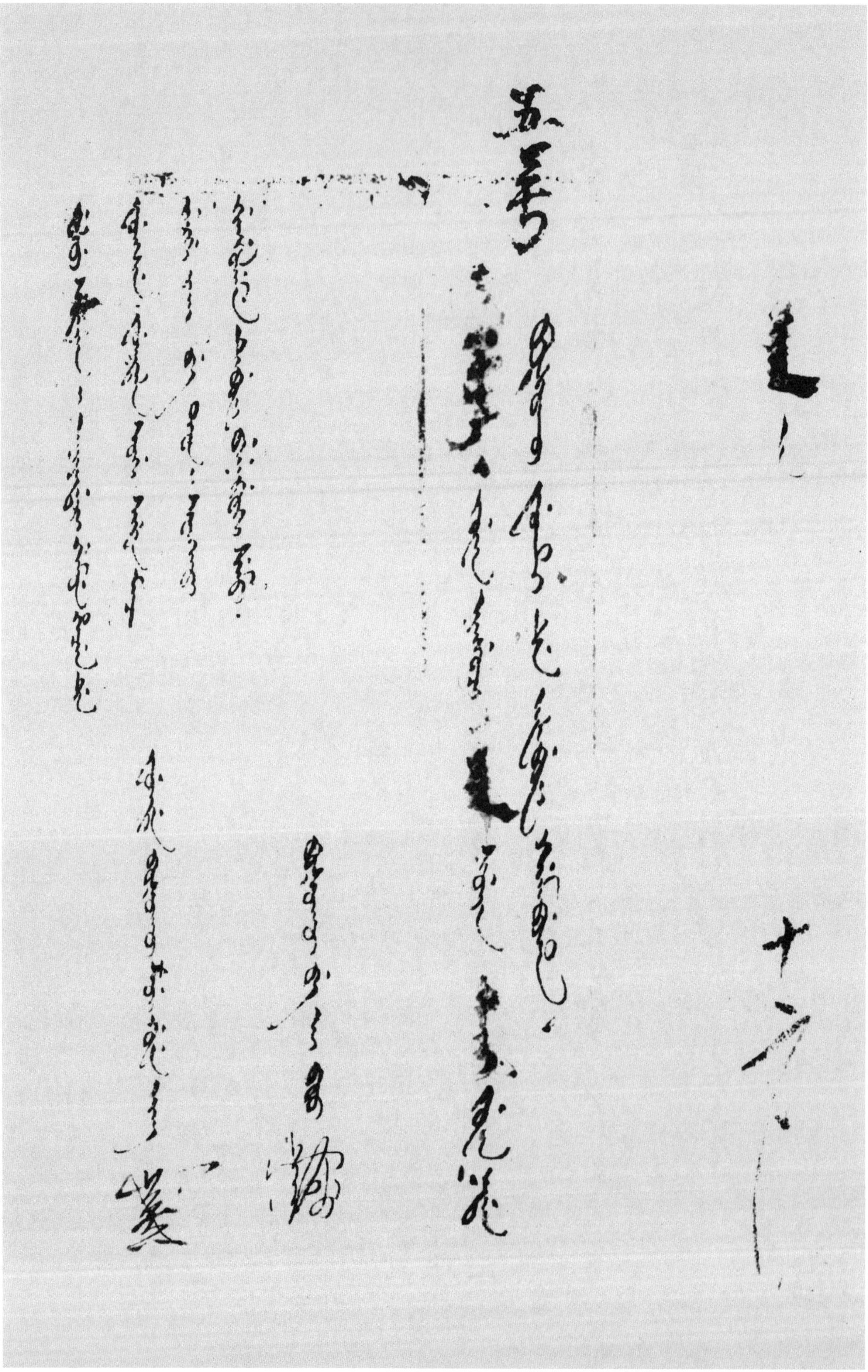
十六

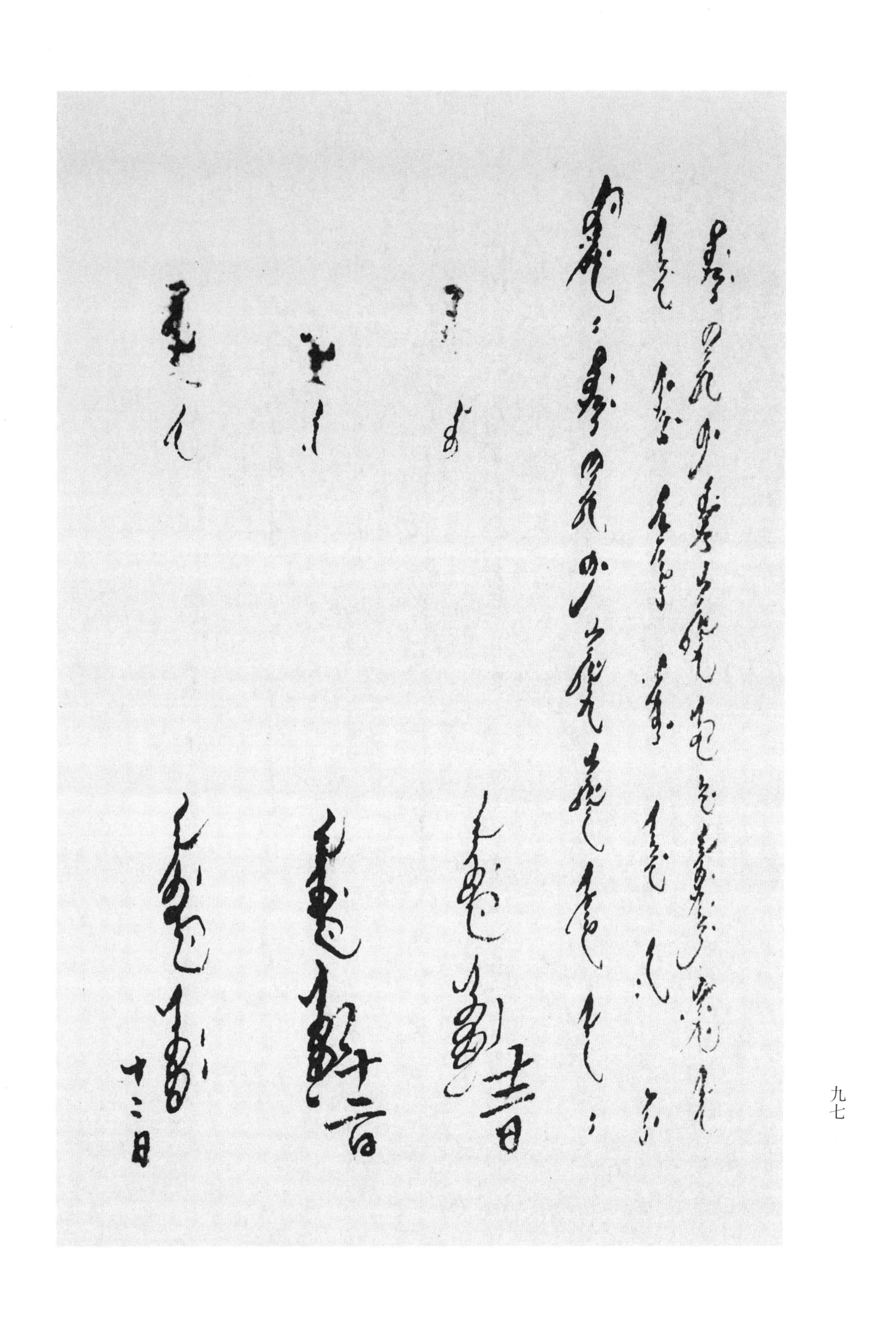

書

書

十二日

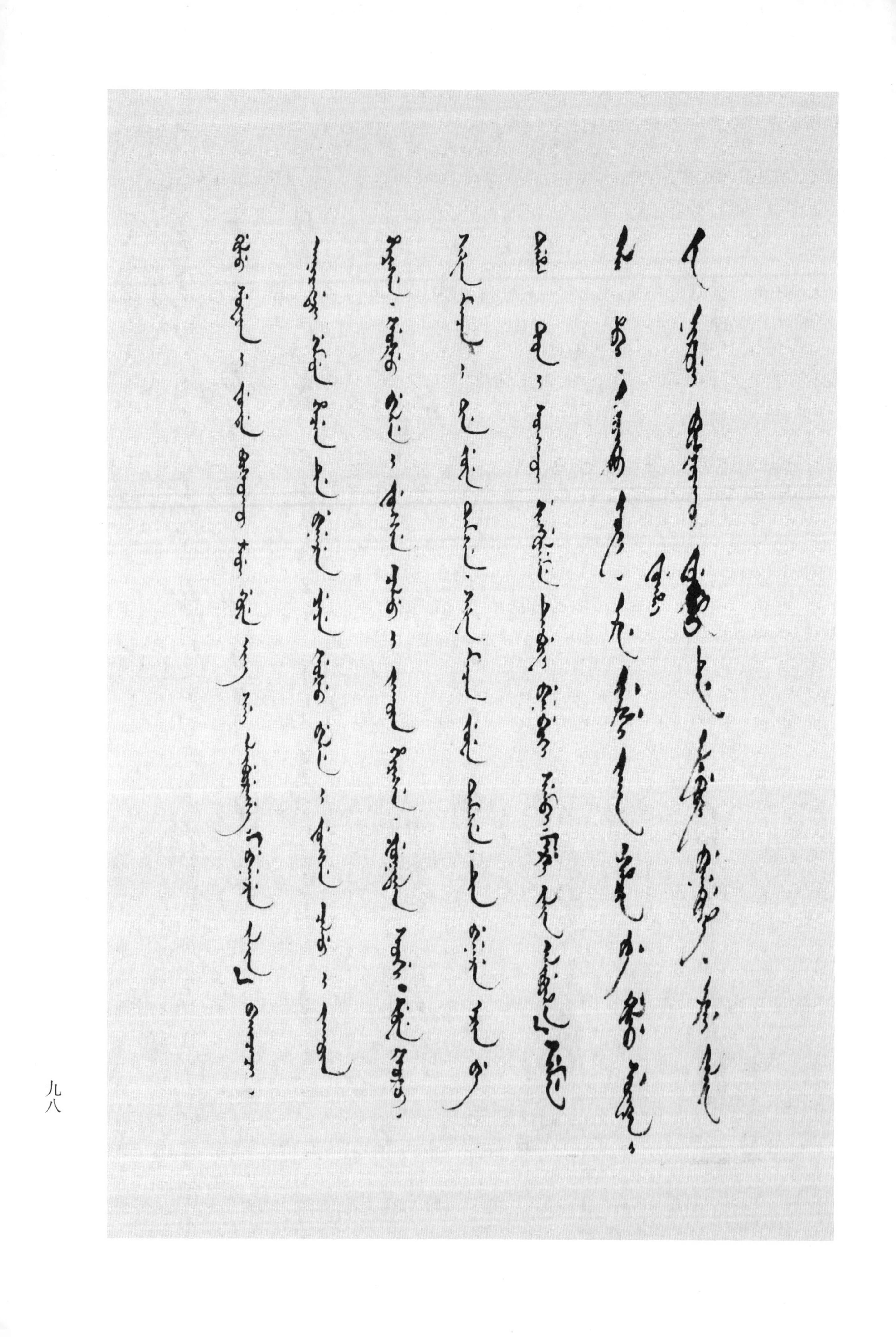

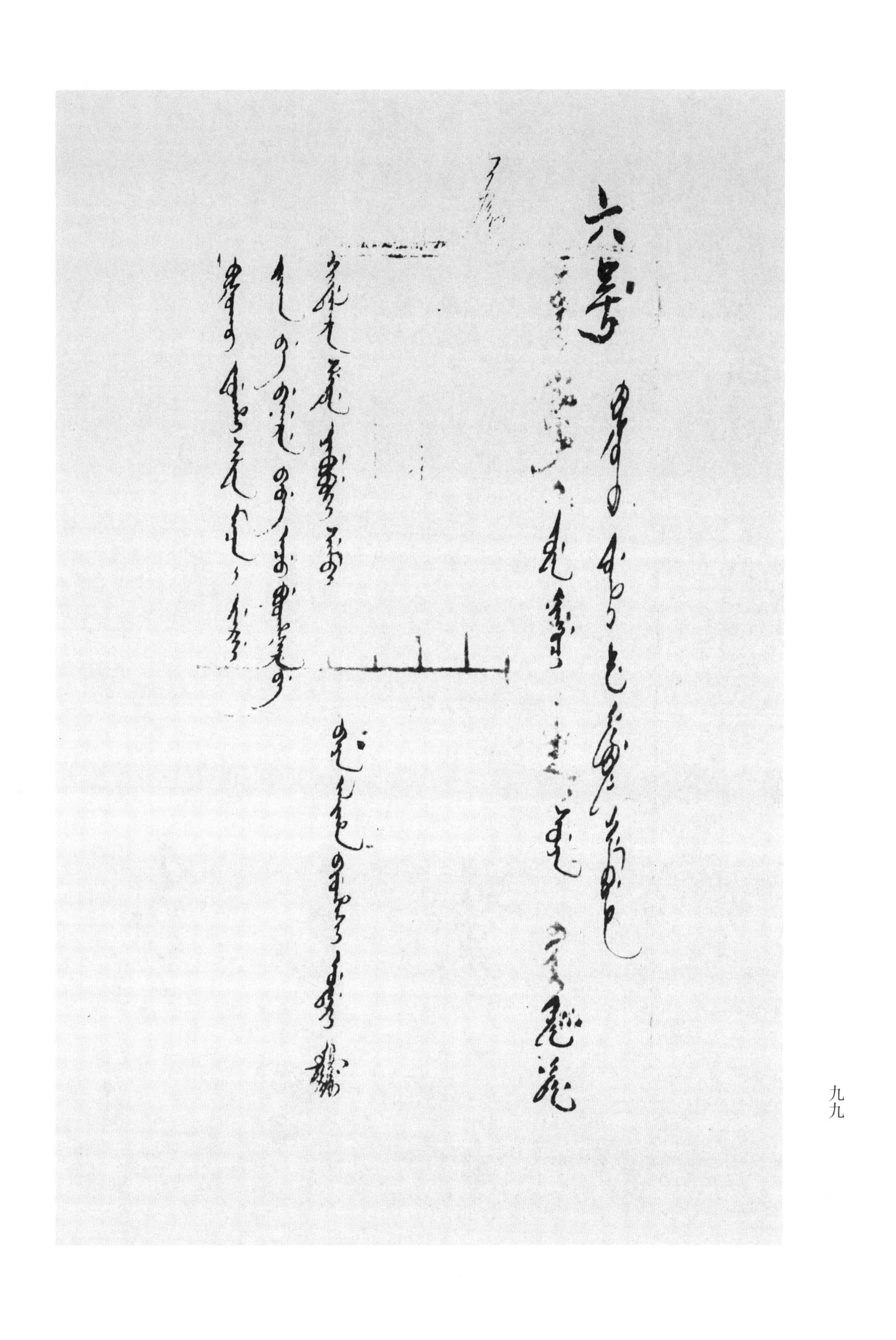

六号

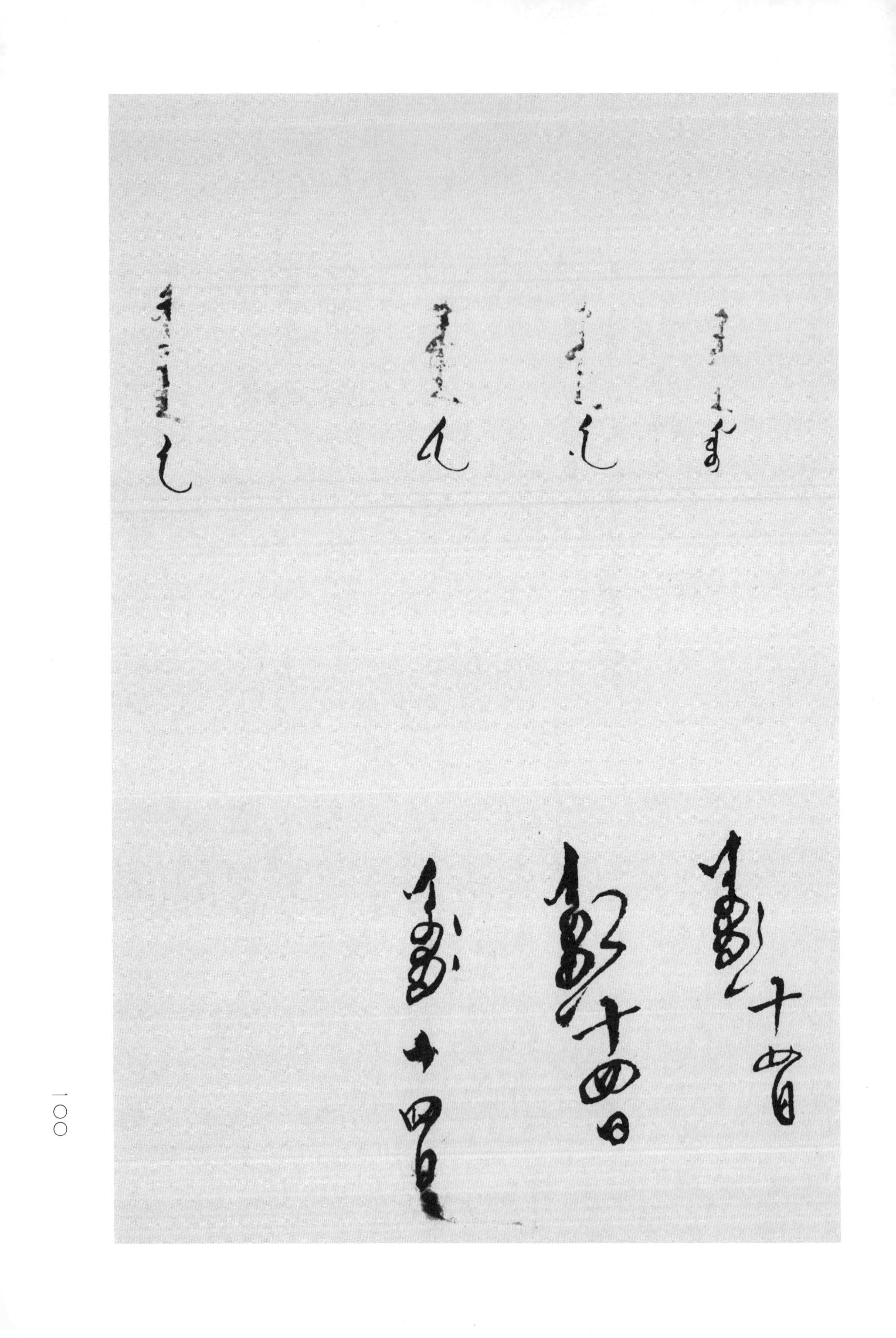

十四日

十四日

十四日

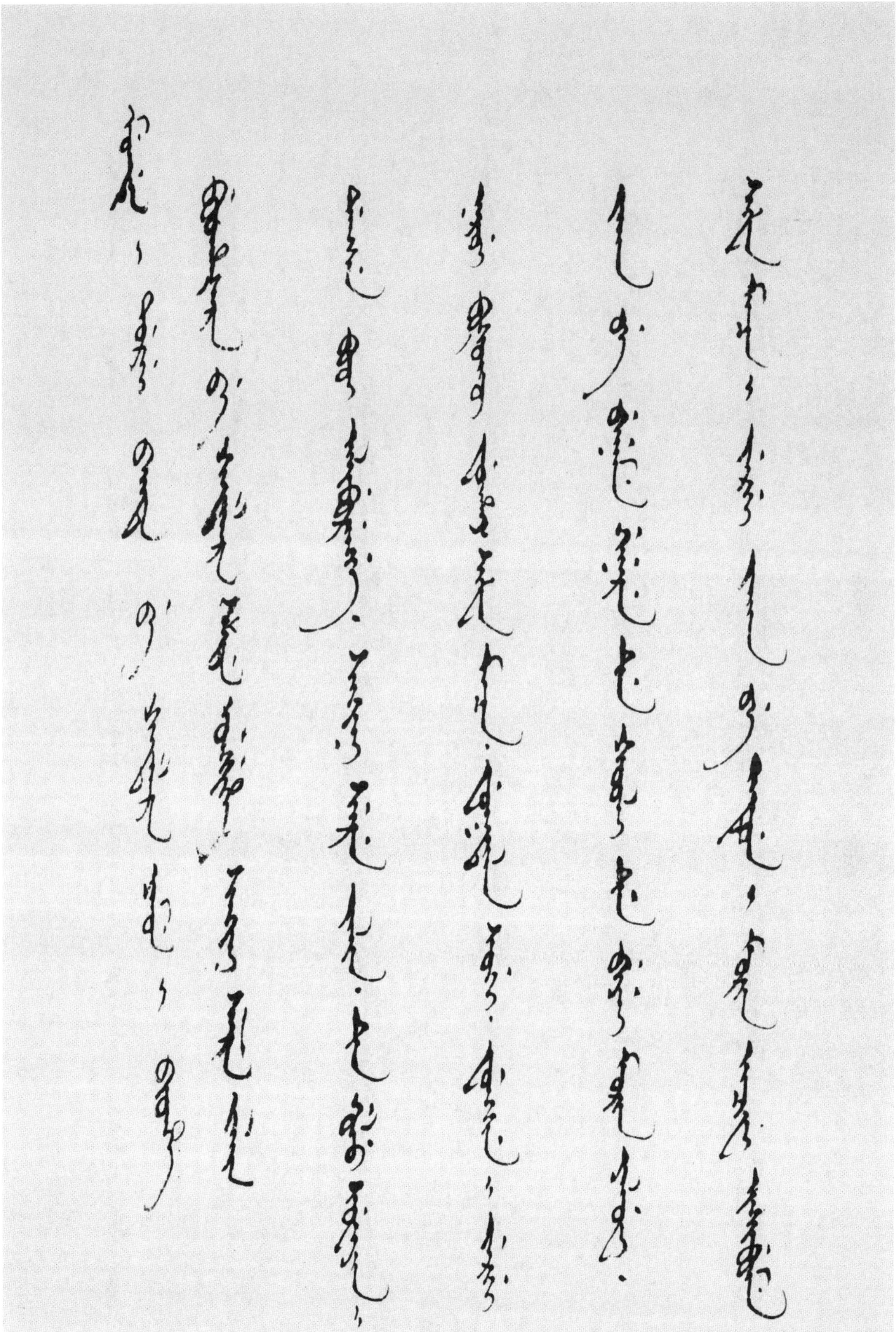

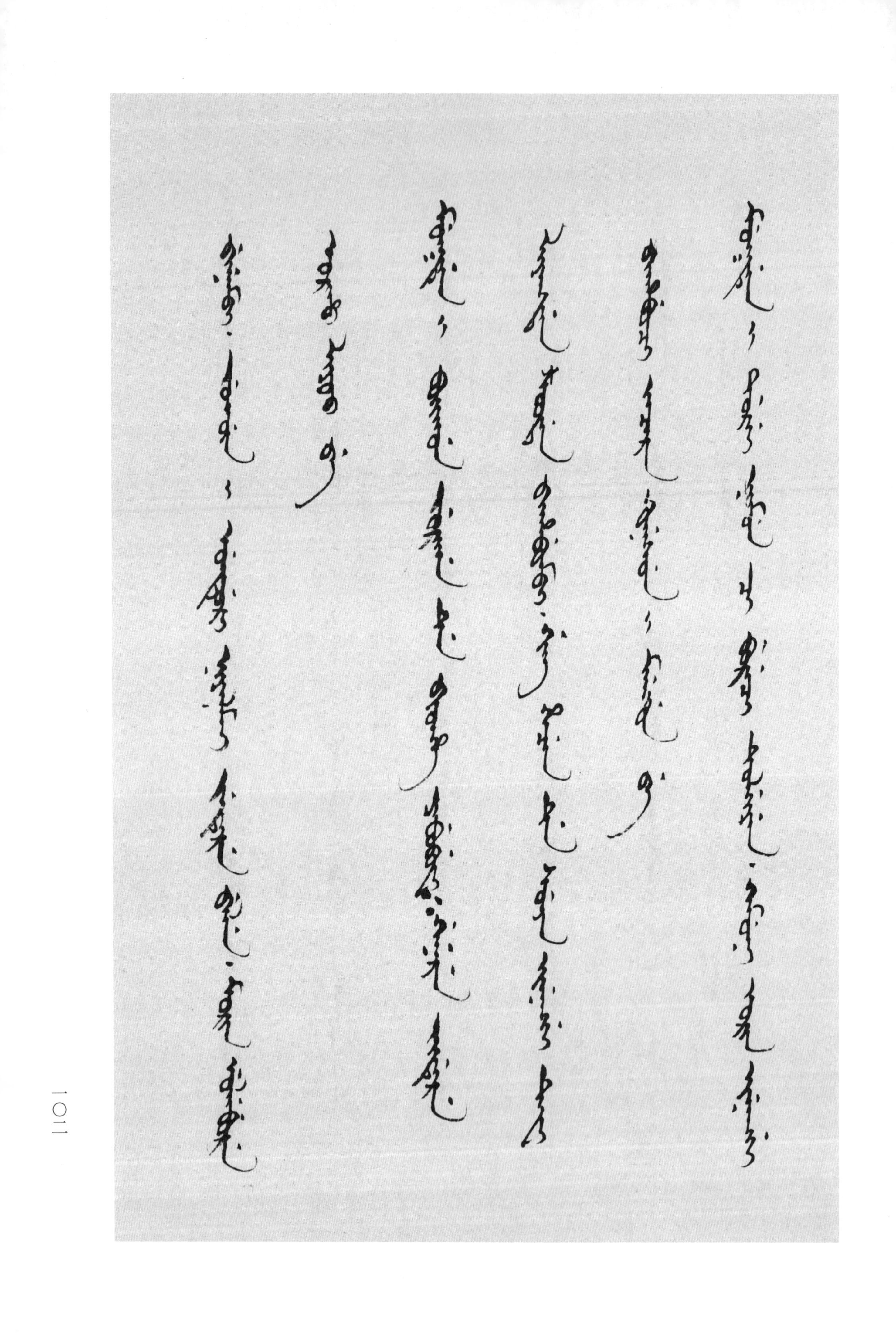

[illegible]

[illegible]

[illegible]

[illegible]

[illegible]

[illegible]

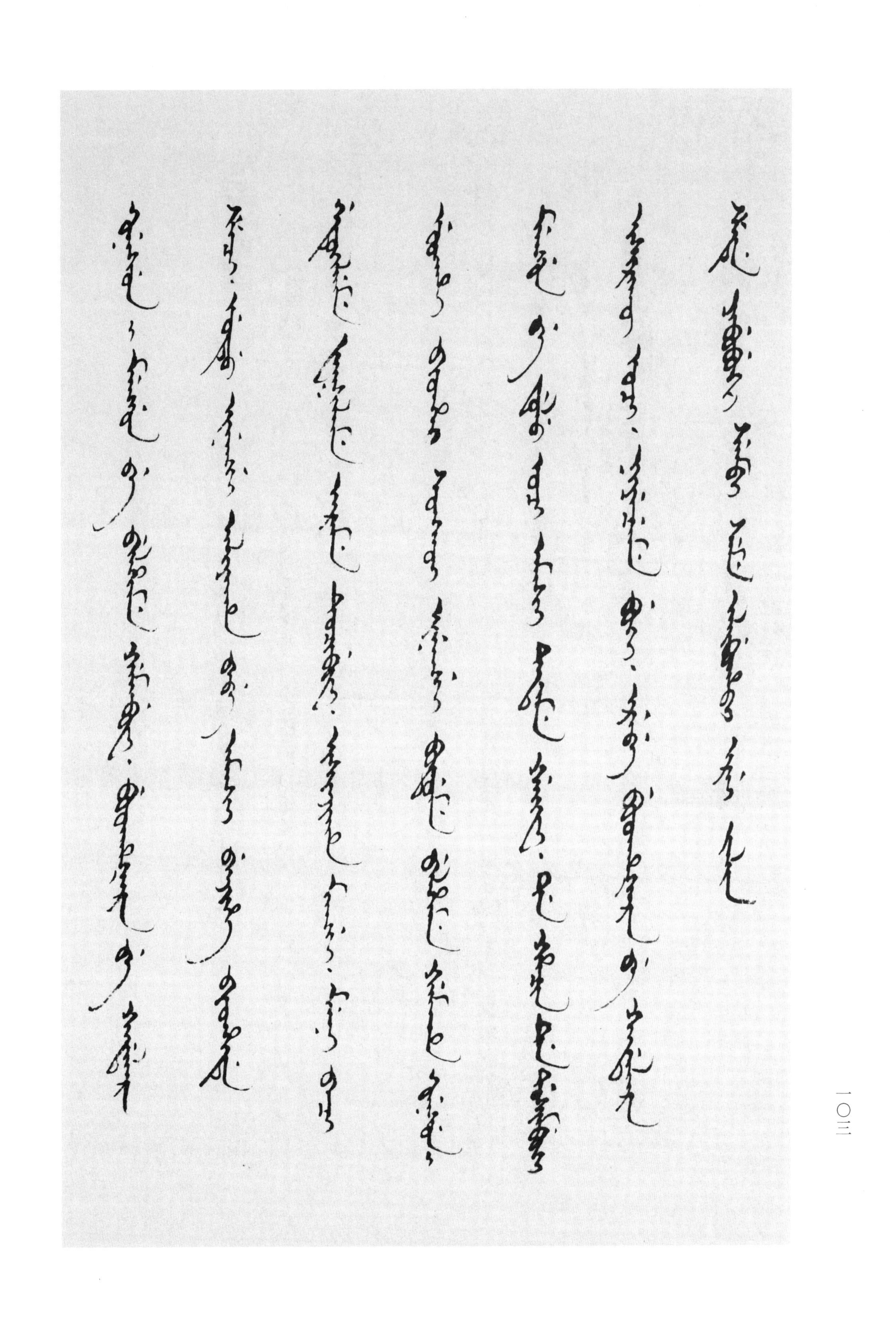

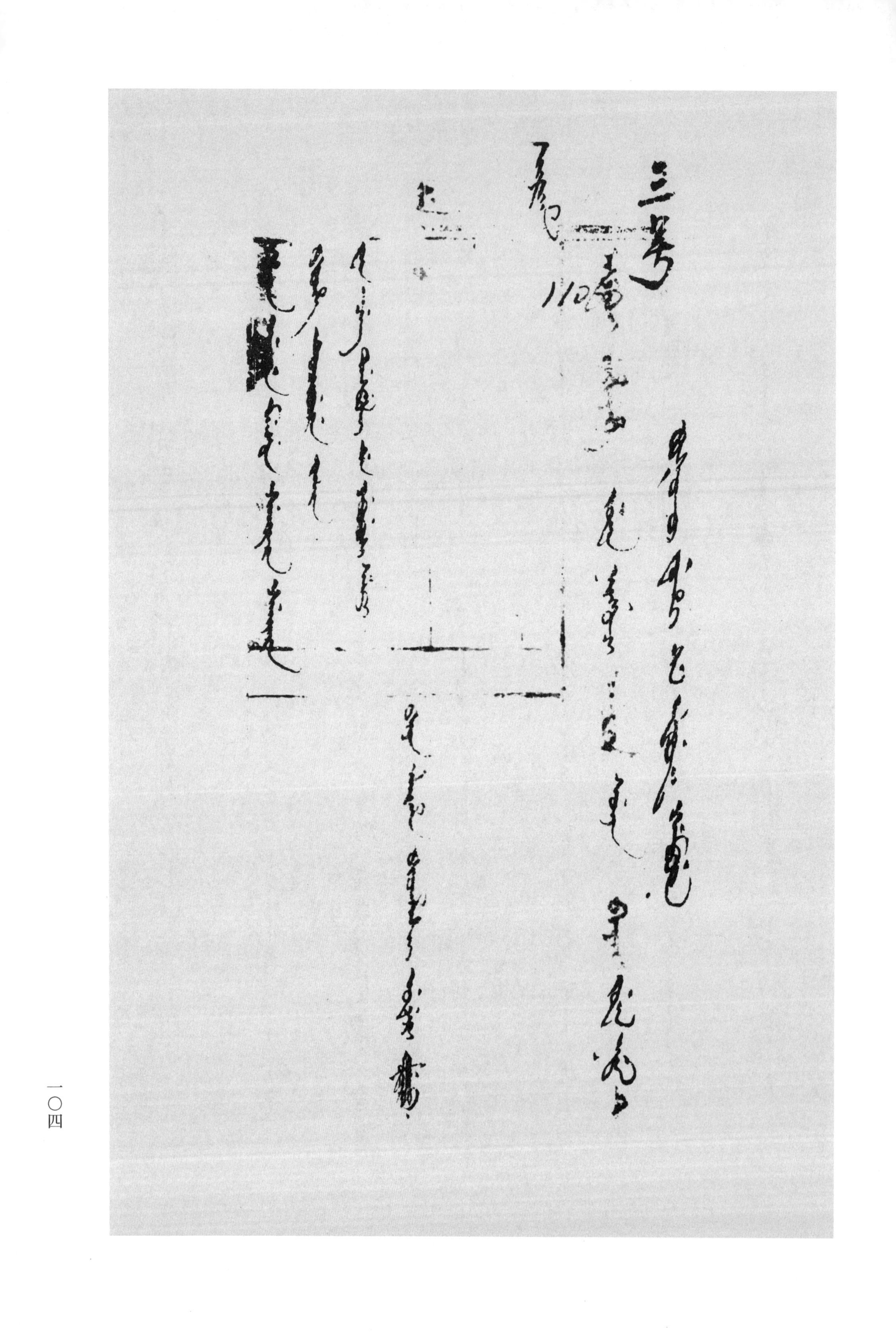

三号

110

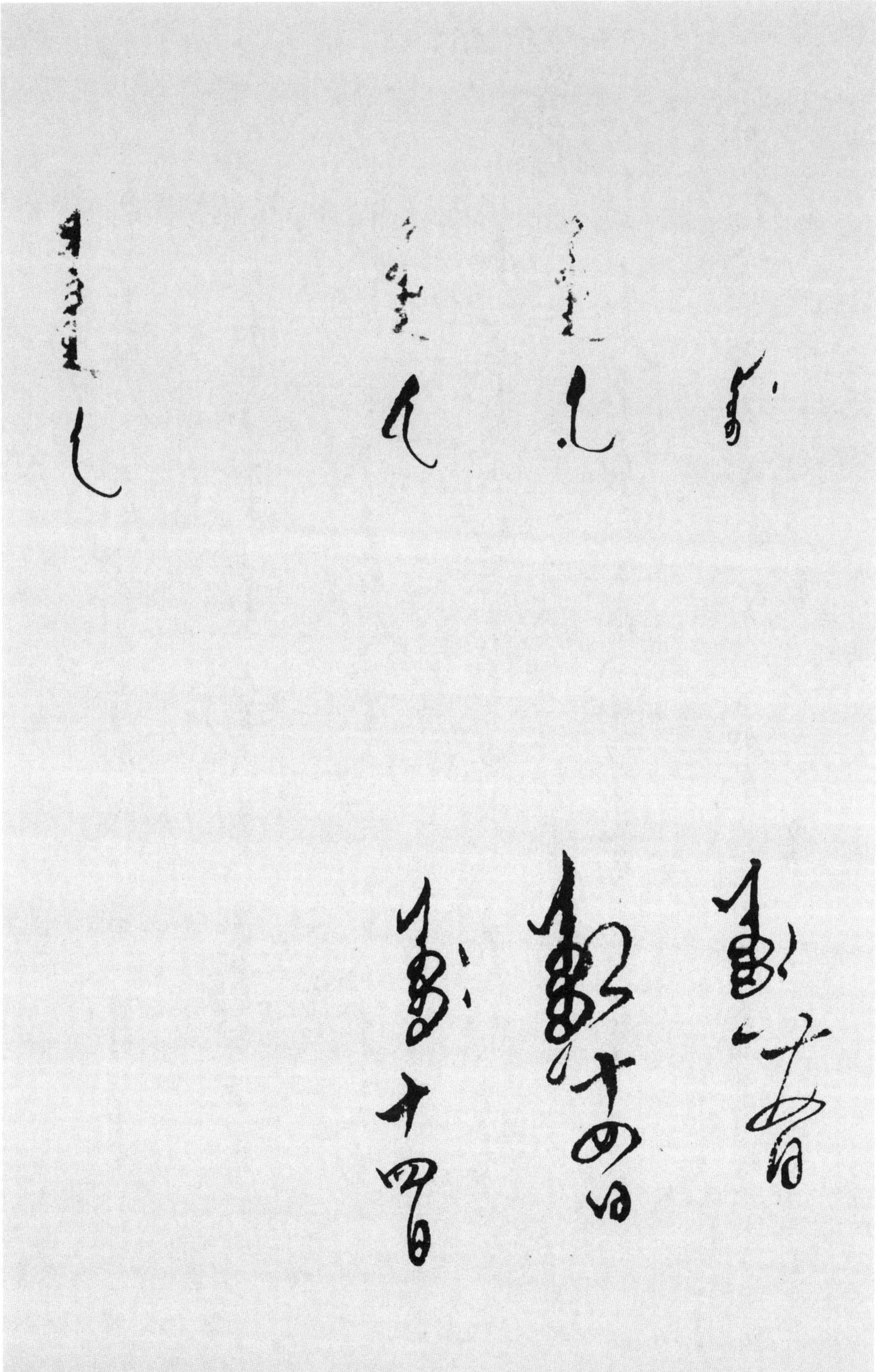

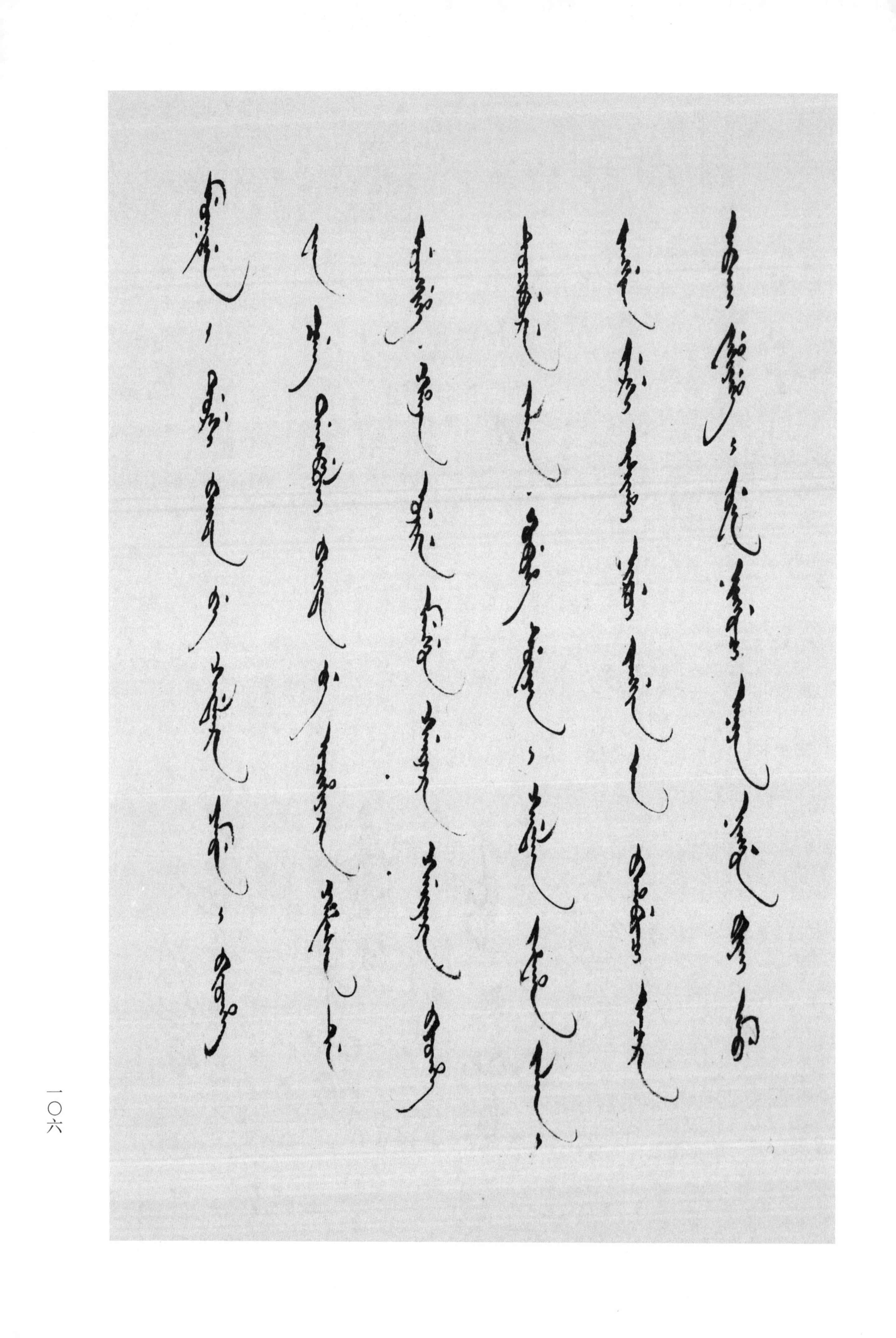

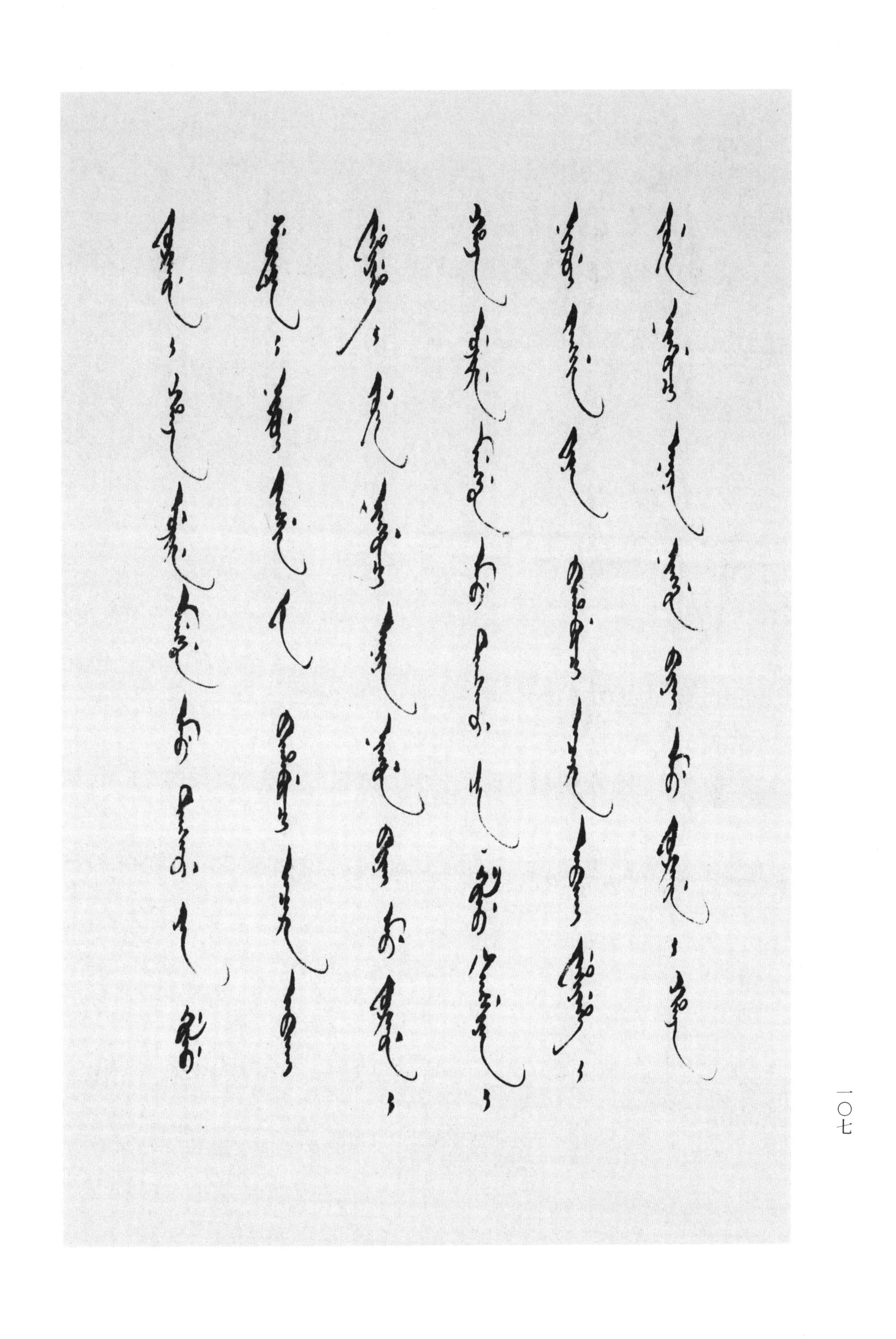

[illegible]

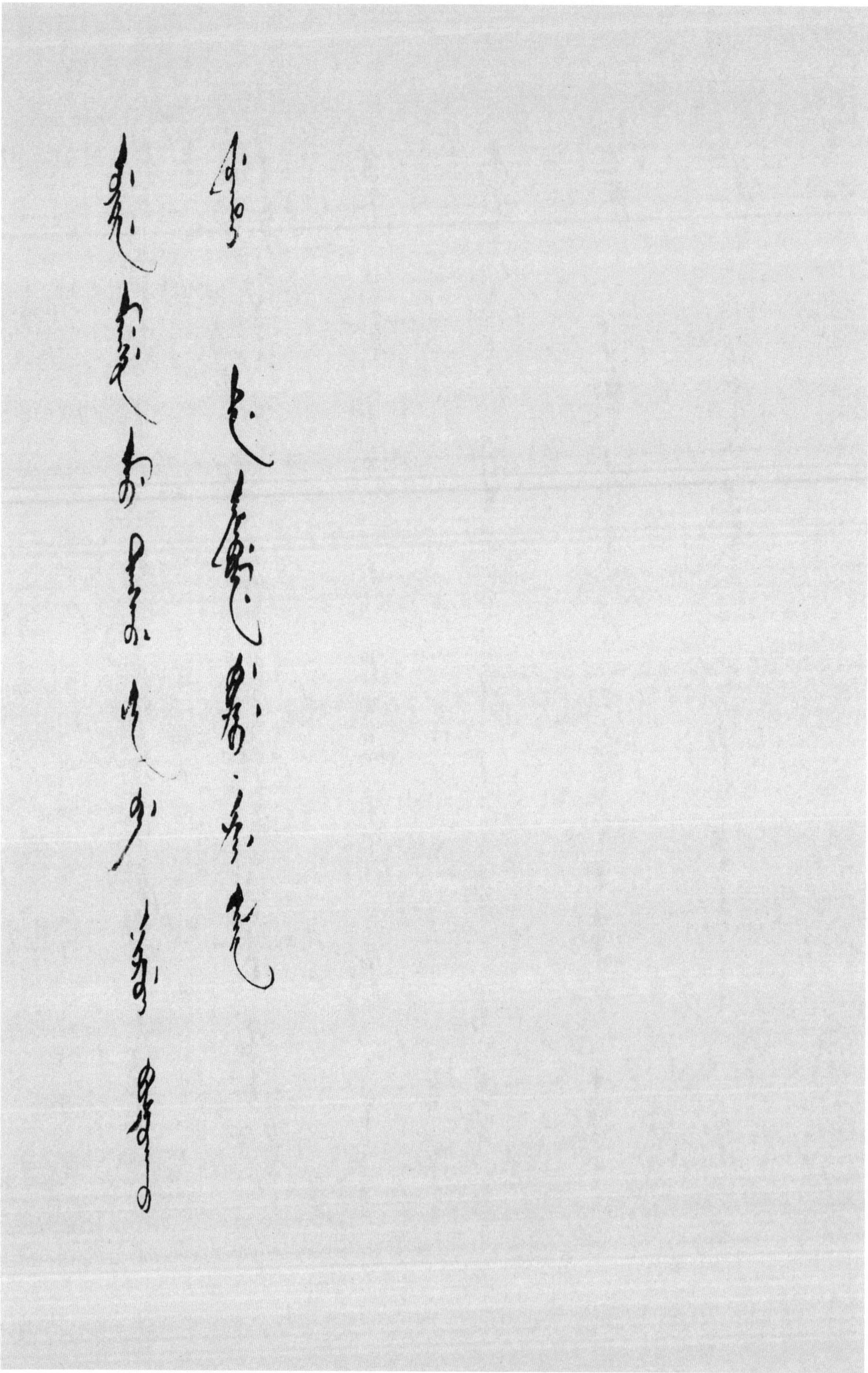

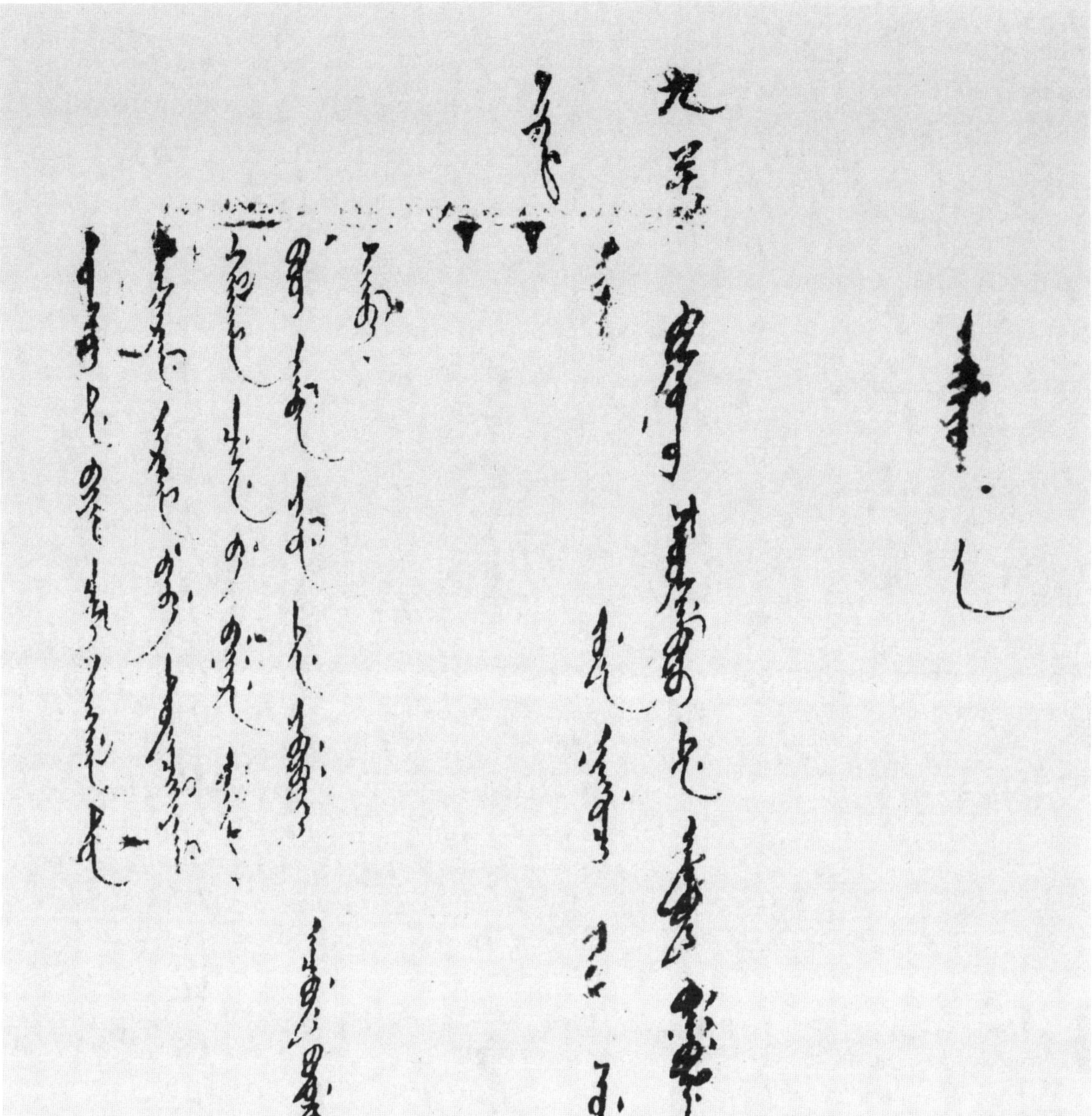

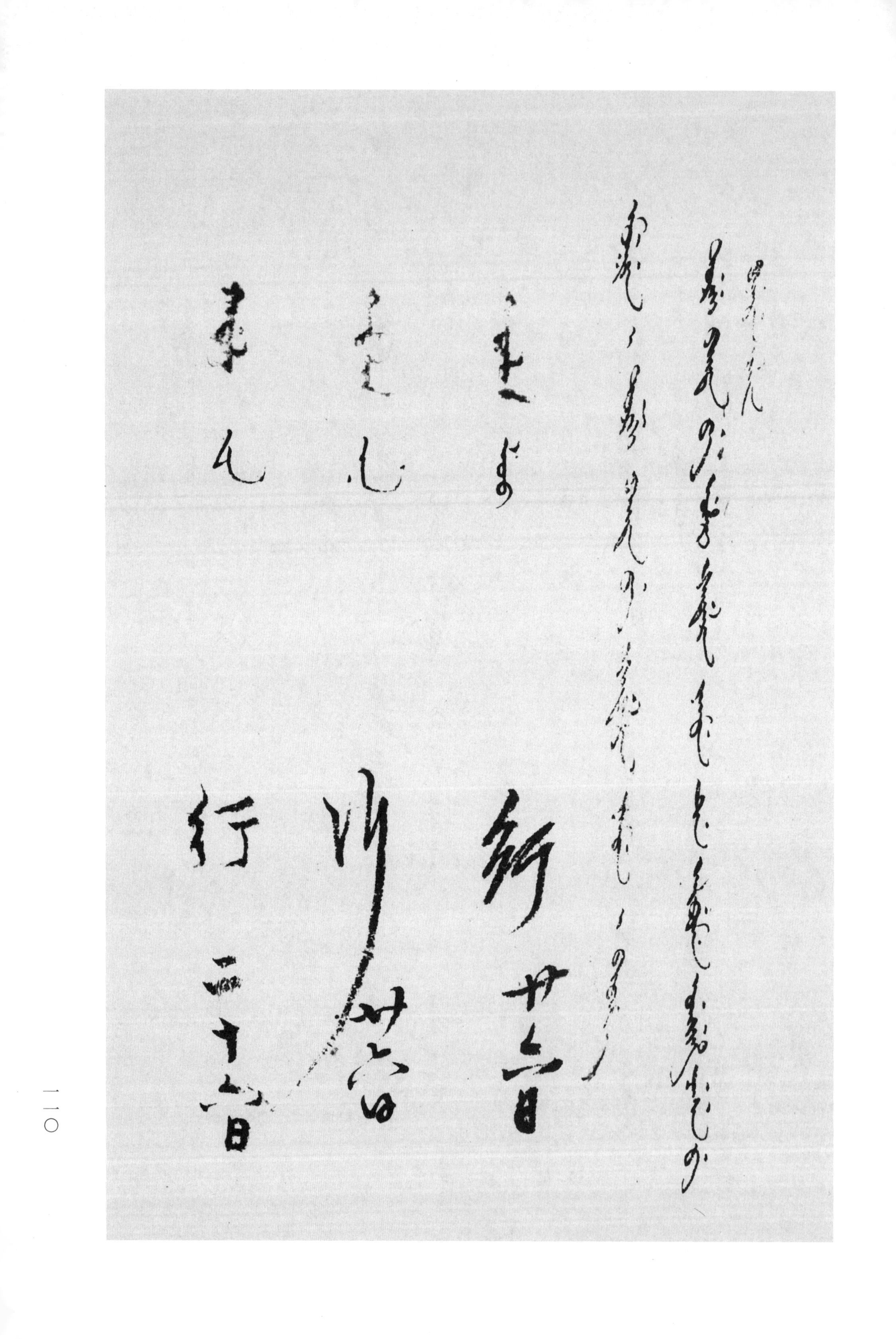

[illegible]

[illegible]

[illegible]

行 廿六日

[illegible] 廿六日

[illegible]

行 二十六日

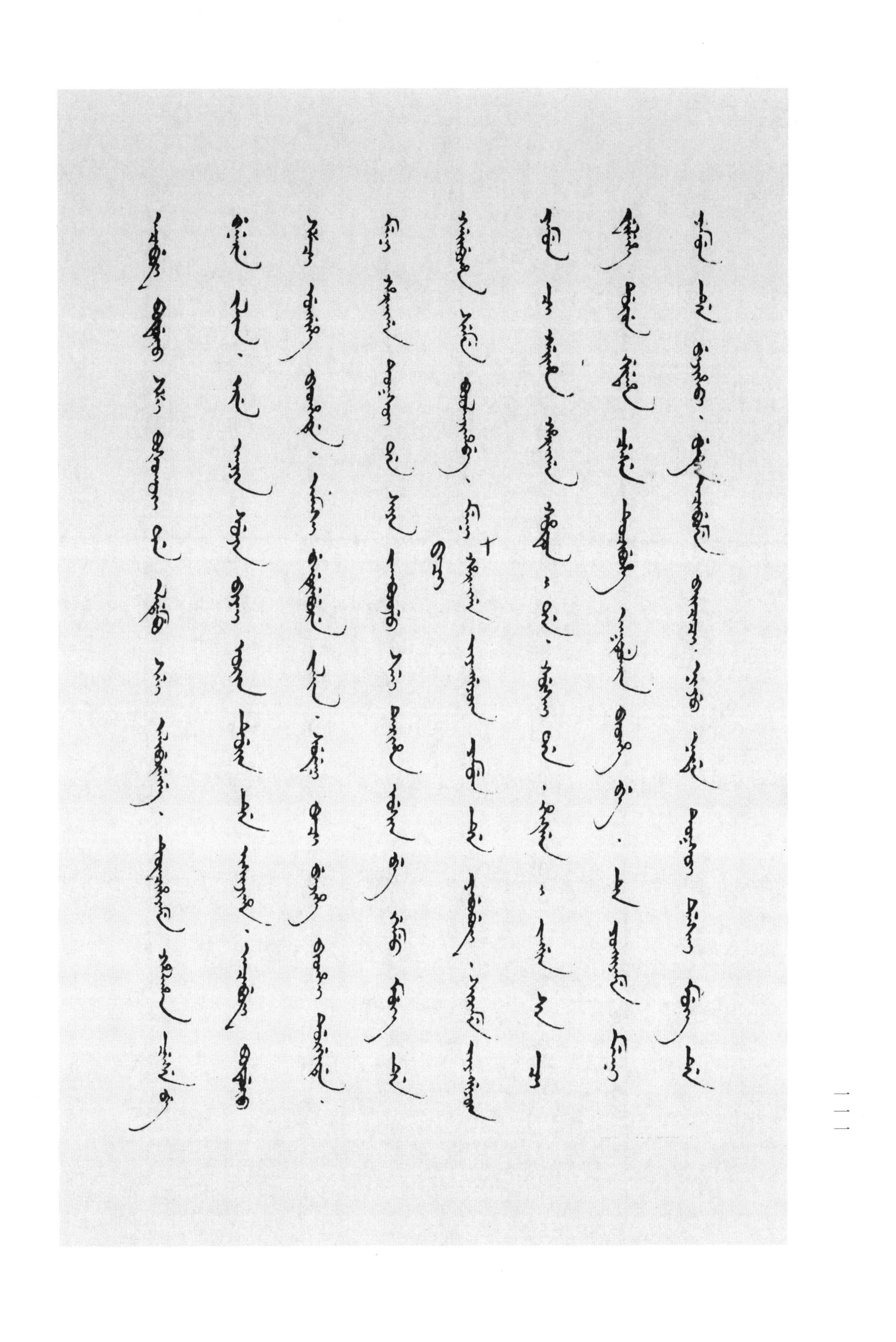

[illegible]

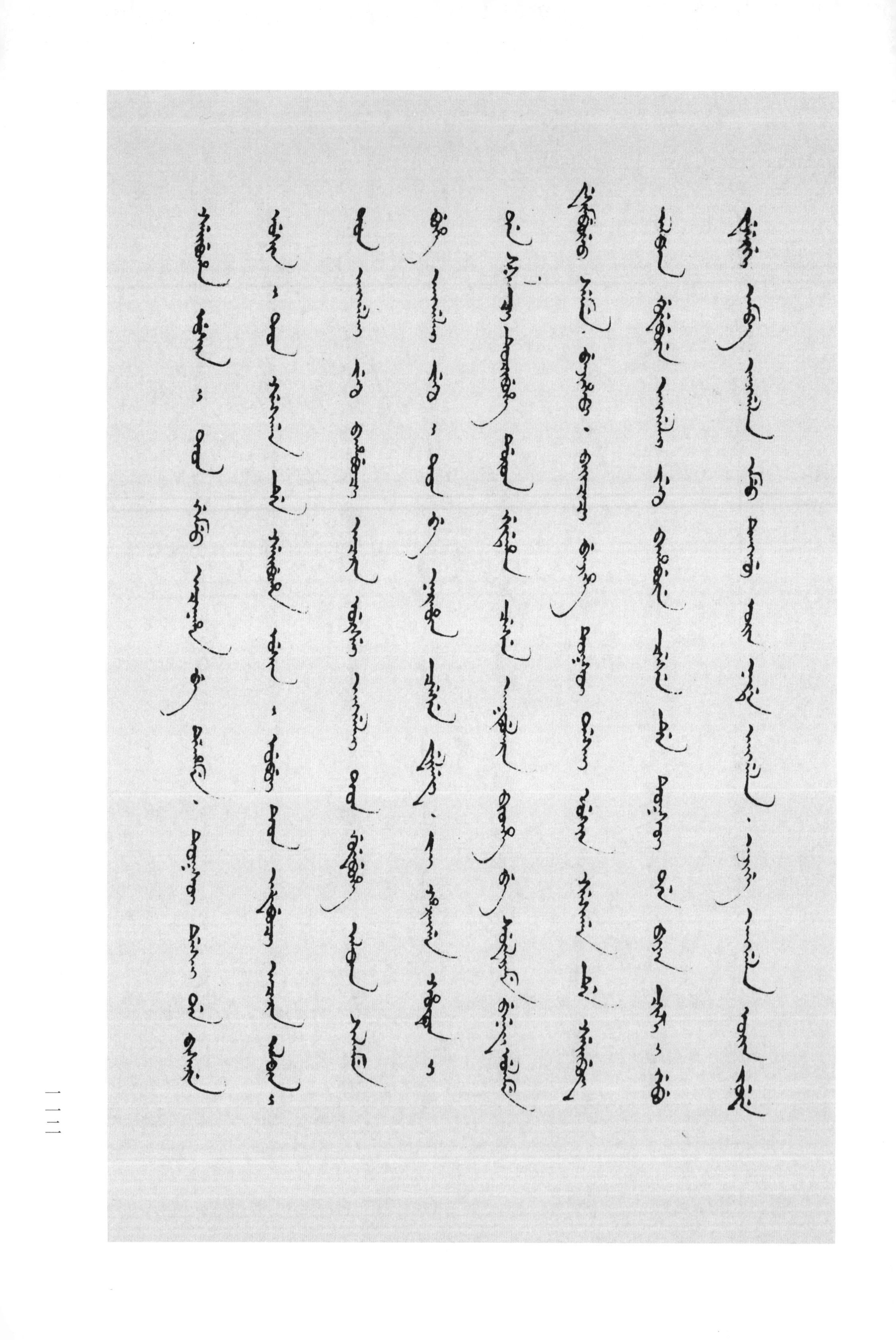

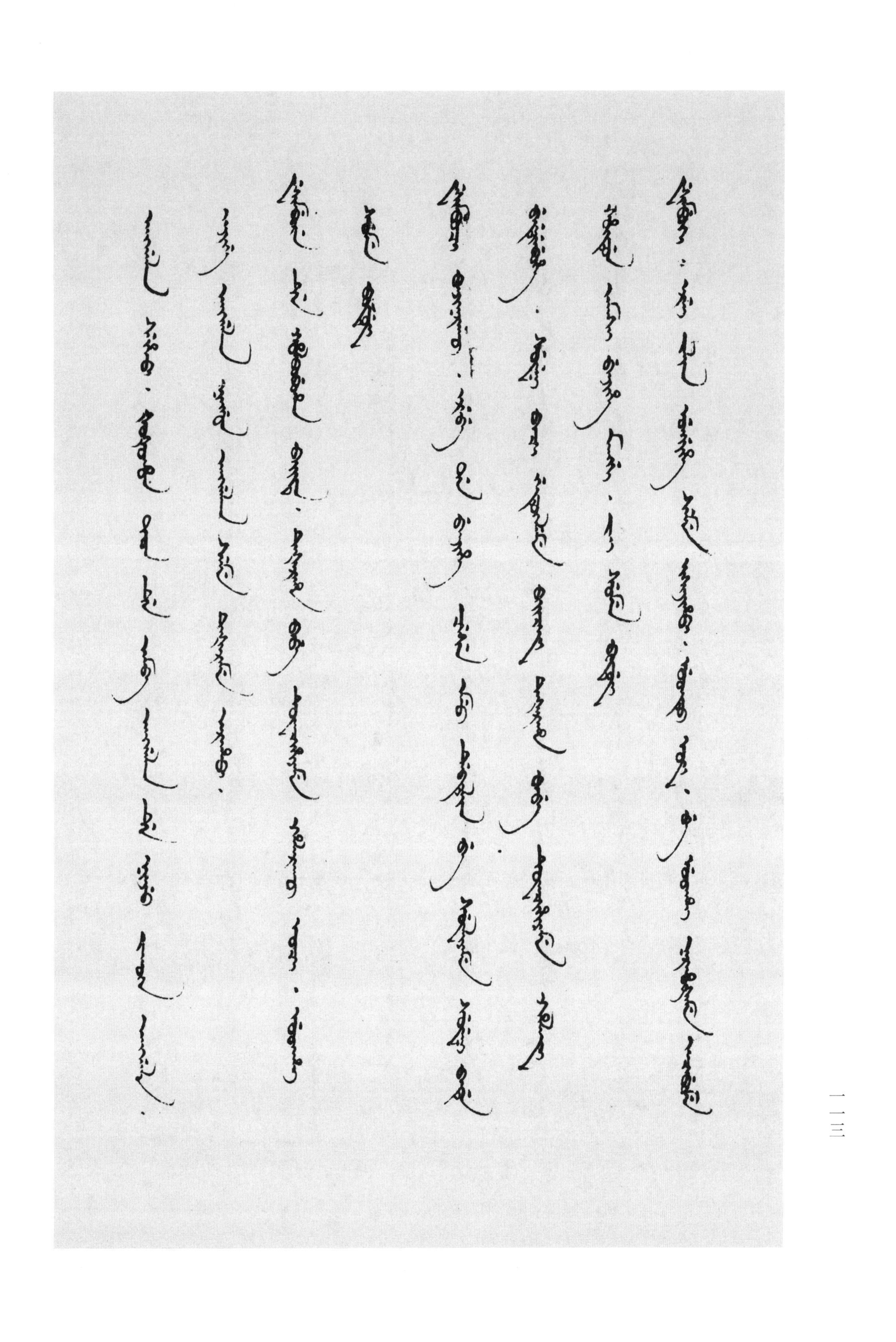

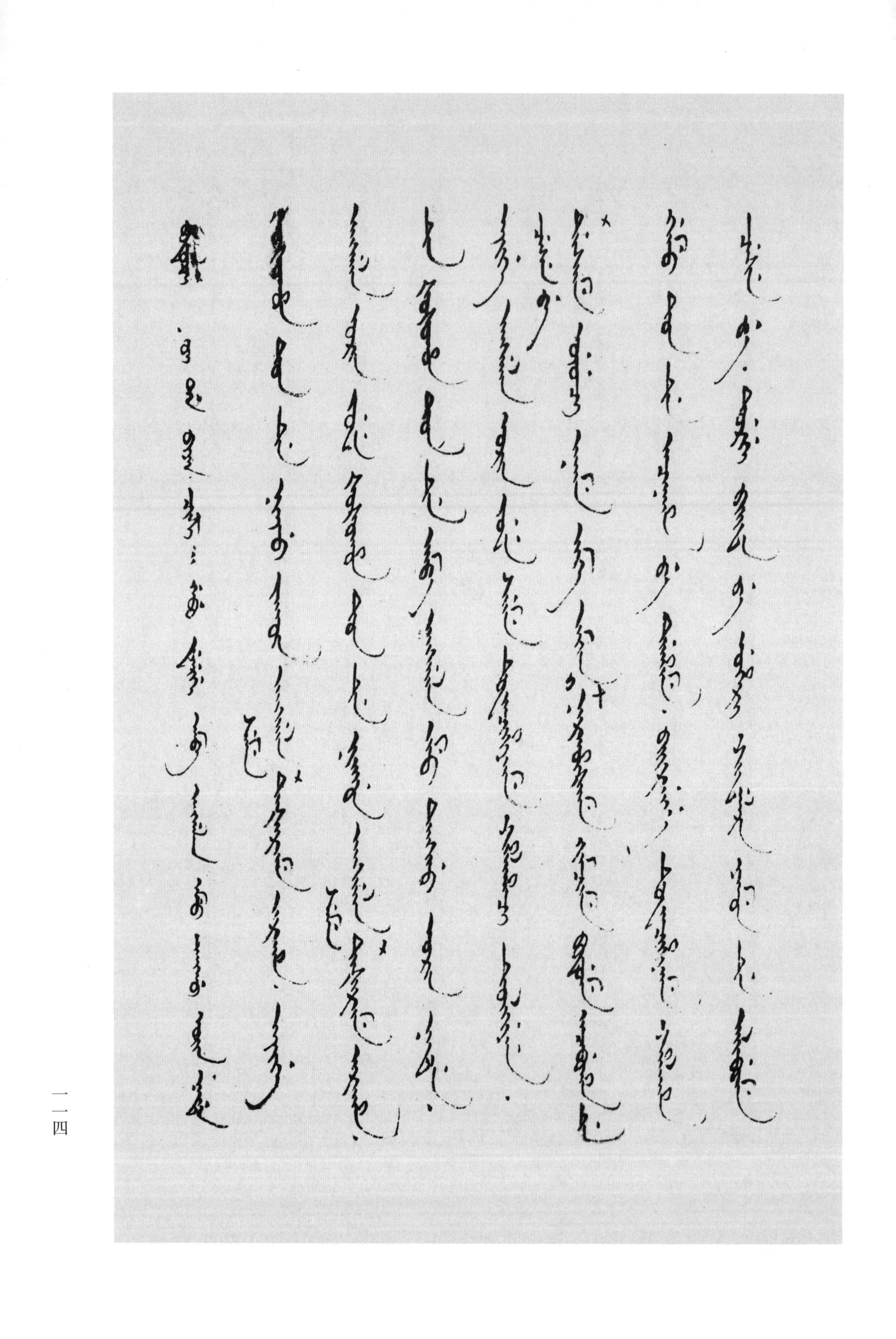

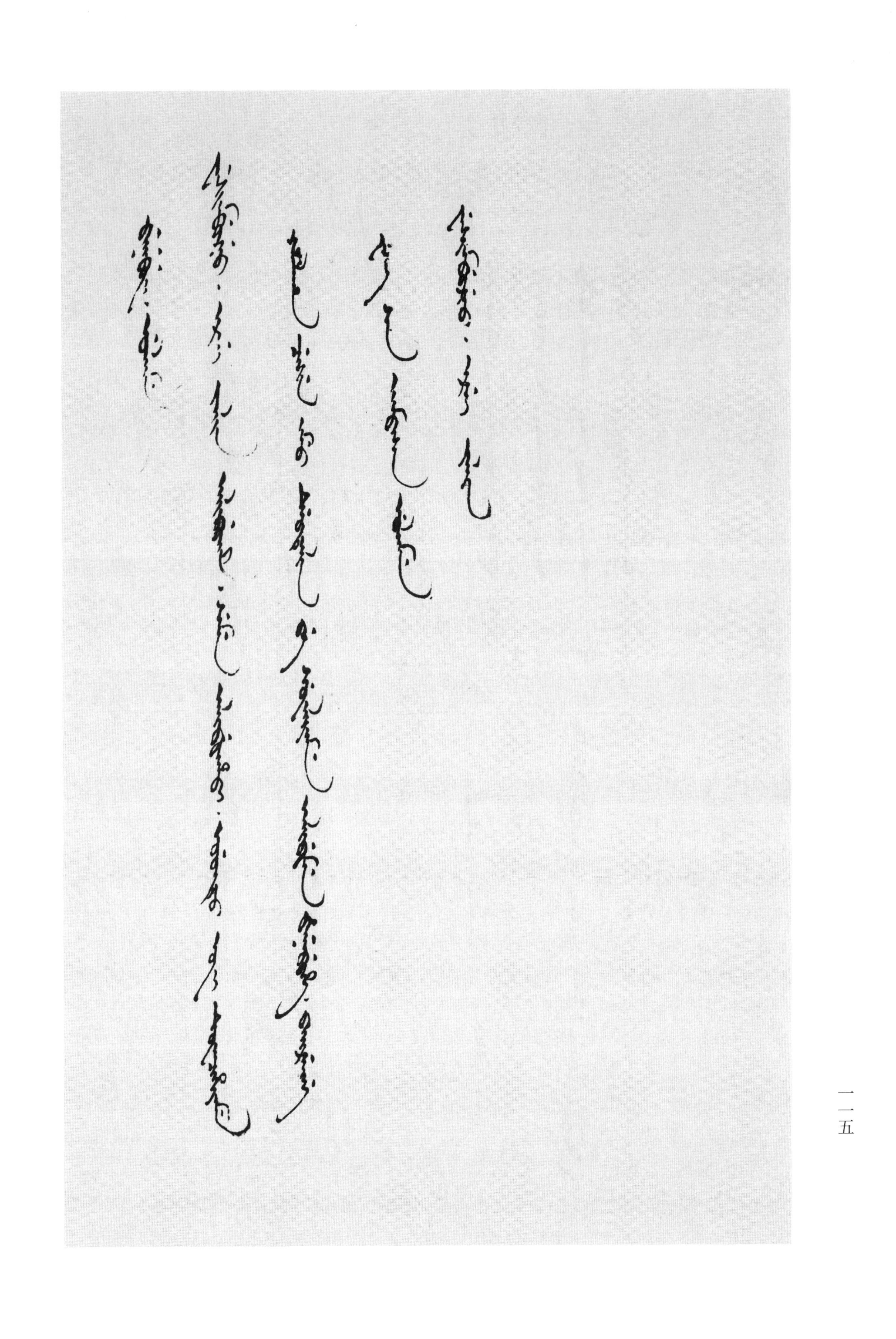

[illegible]

[illegible]

[illegible]

[illegible]

[illegible]

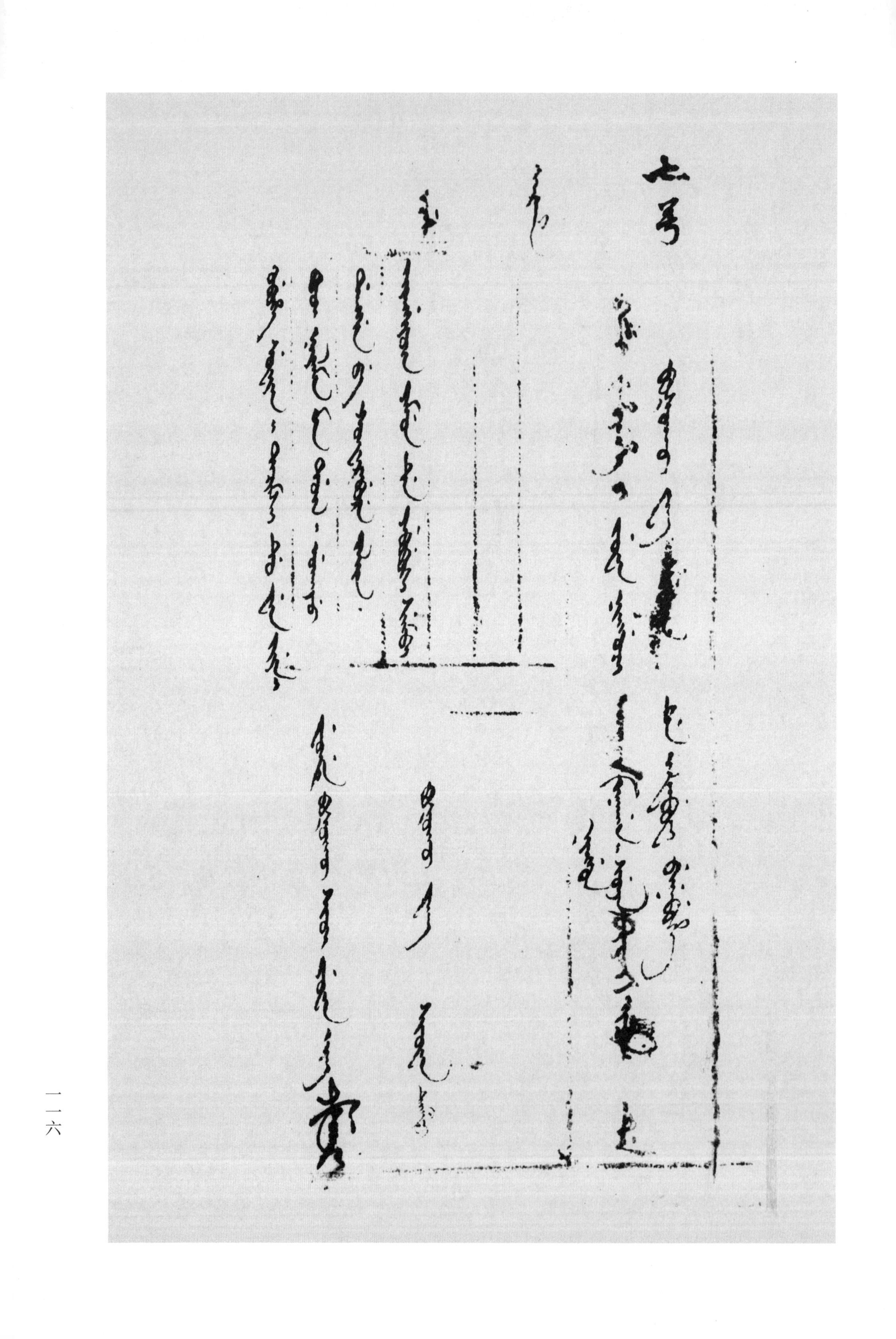

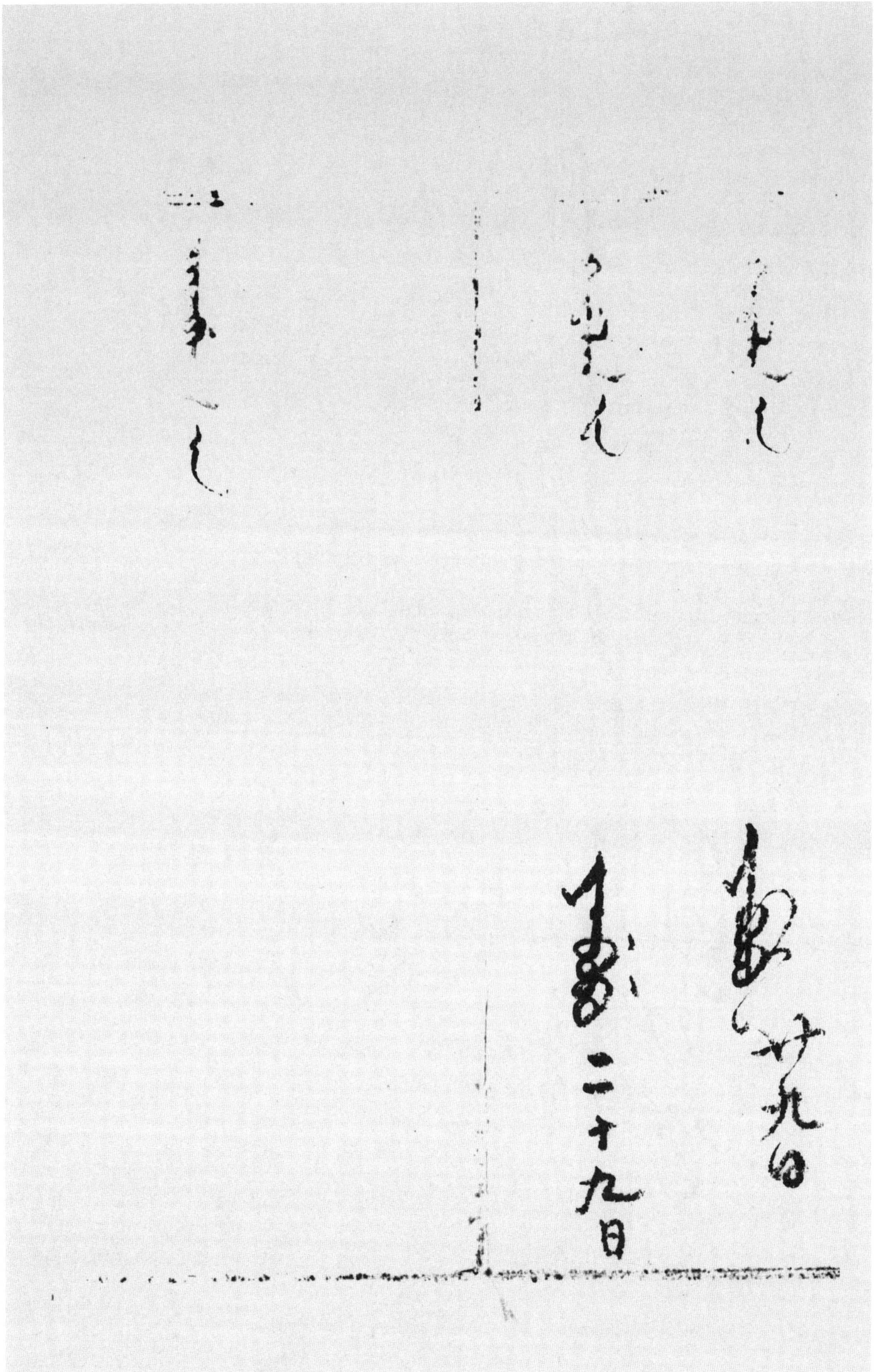
[illegible]廿九日
[illegible]二十九日

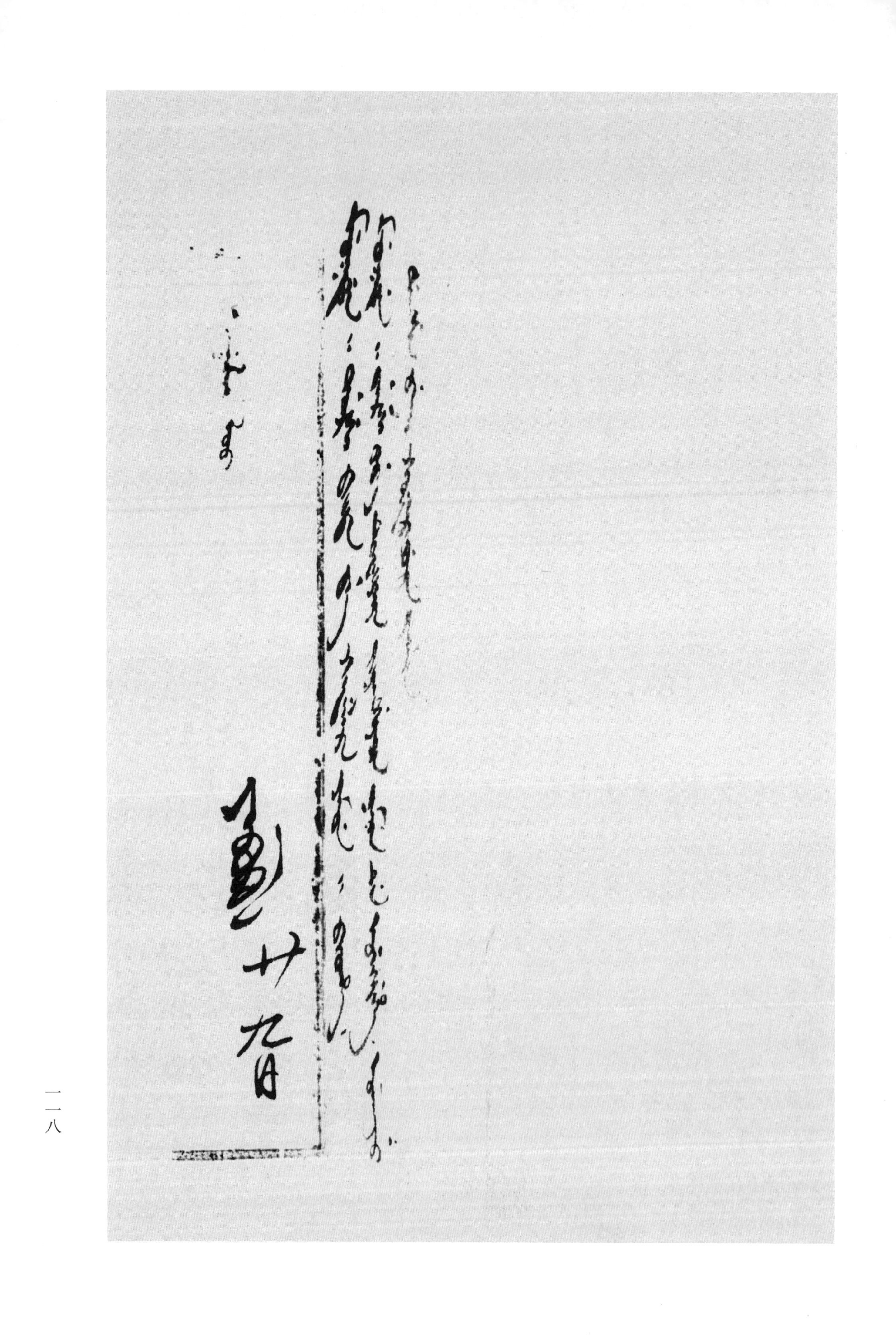

覽
廿九日

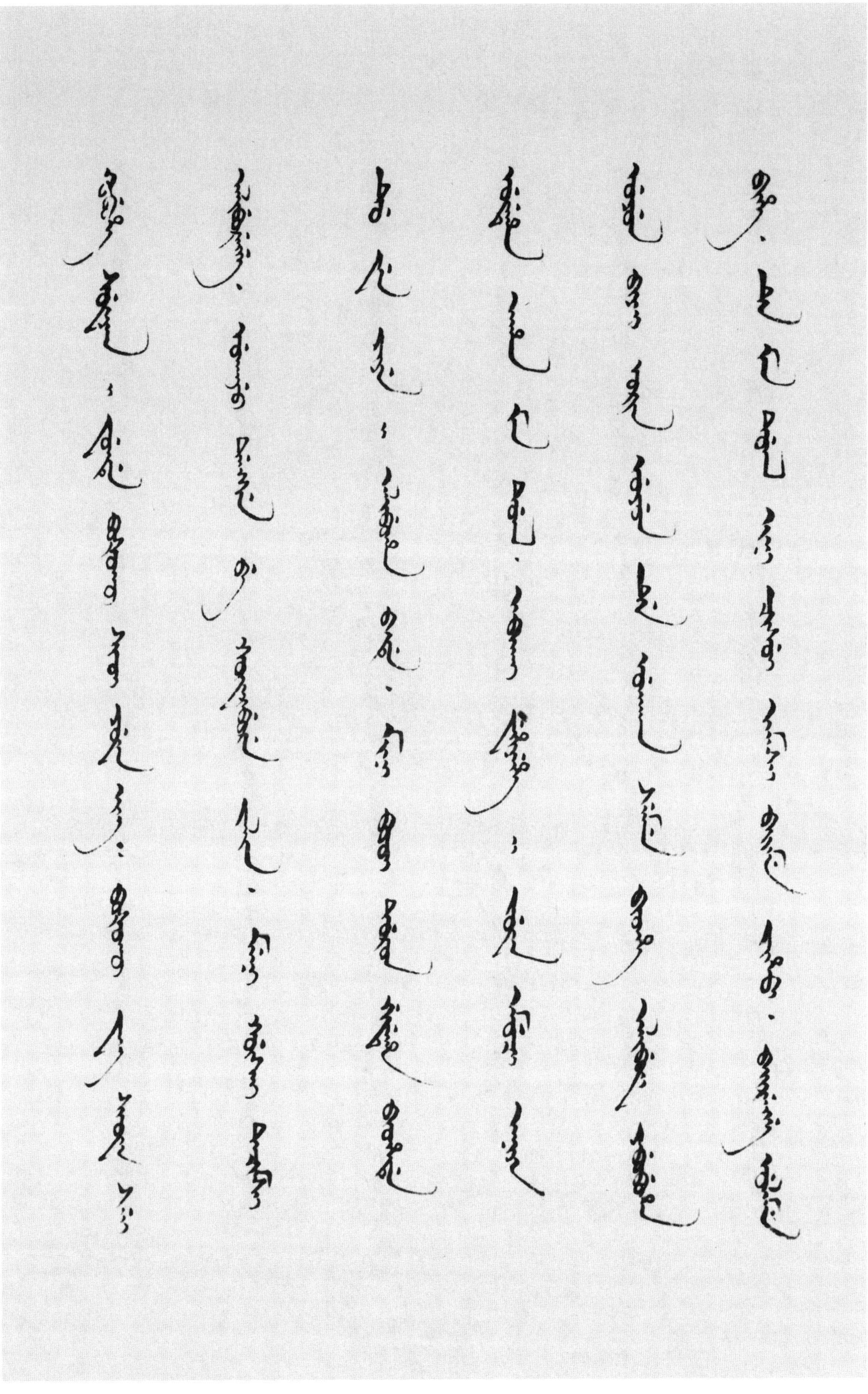

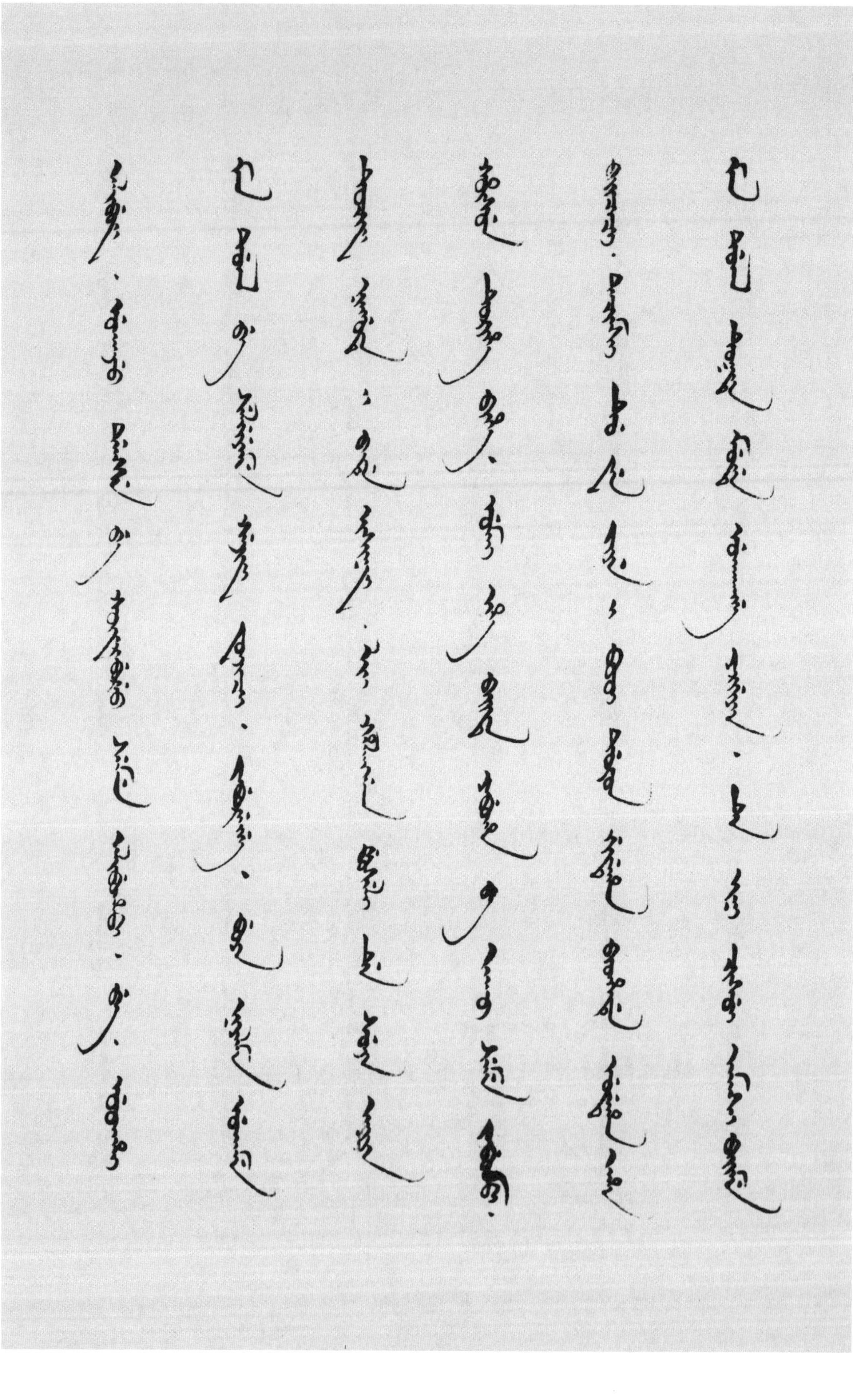

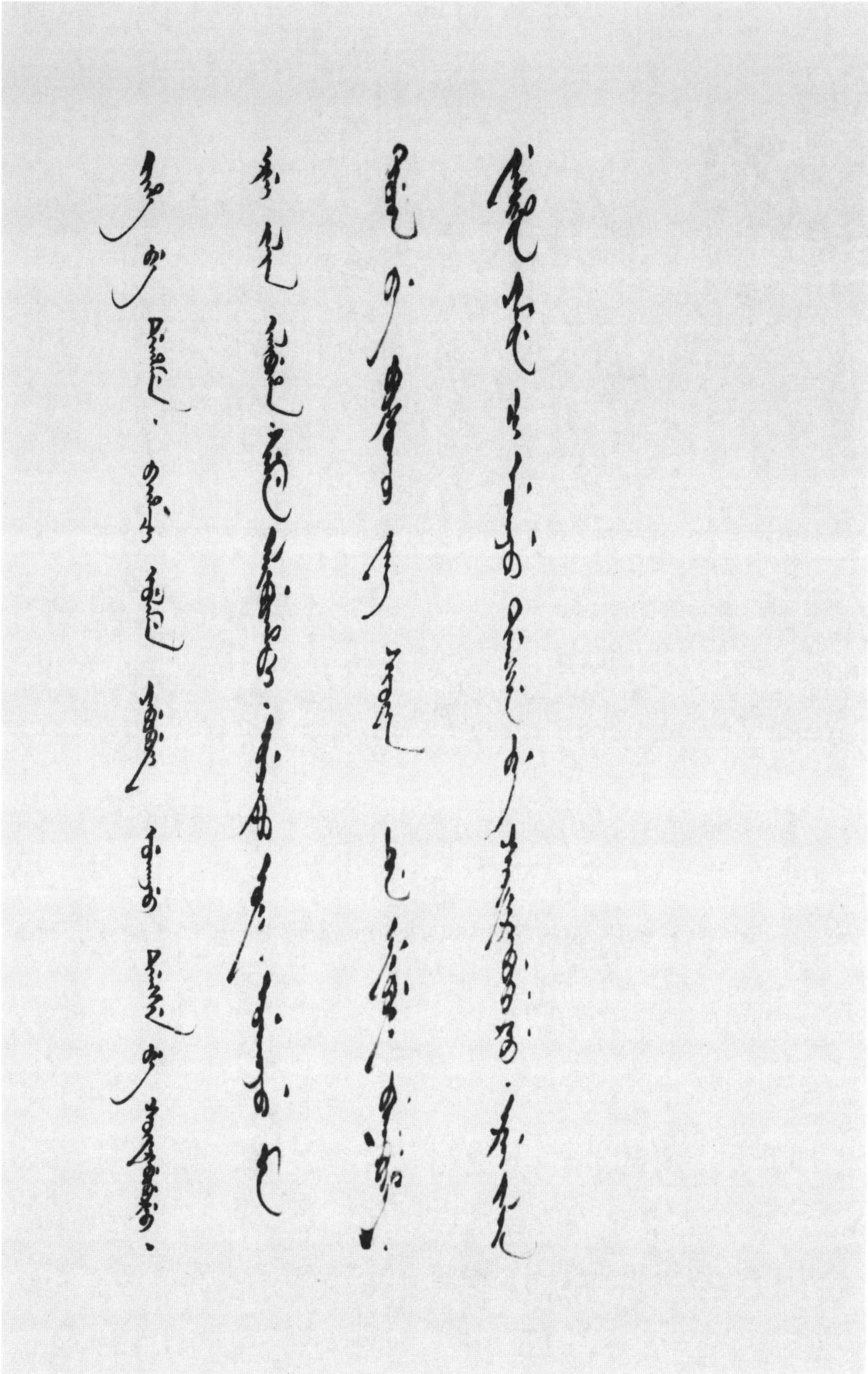

将原呈漢字清册二本咨行
盛京户部煩爲查照仰領給發可也爲此合咨須
至咨者
右　咨
盛京户部

去支領俸米之時尚隔兩月有餘各員

或有陞遷事故如何着落之處聲明咨

覆到日以便辦理等語相應將各員如有

陞遷事故本衙門正黃旗關防佐領一員正白

旗關防佐領一員遇有陞遷事故彼此互相賠補斷不致有悞

理合呈請咨行

盛京戶部辦理給發可也爲此上呈等情相應

貴衙門將領支俸米各員或有陞遷事故如何着落之處聲明咨覆到日以便辦理可也等因前來查從前咨送官員等領支俸米冊、時本衙門關、防旗關防佐領正白旗關防佐領未便造冊、關領後闈各部堂官亦有領支俸米者是以另行造冊咨行在案今來咨內既稱此時

轉咨
盛京户部關領可也爲此上呈等情相應移咨
貴部煩爲查照印領給發等因查
盛京內務府雖稱關防佐領預支秋季俸米以
資接濟等語但查此時去支領俸米之時尚
隔兩月有餘各員或有陞遷事故如何
着落之處咨內並未聲明相應咨覆

檔案房案呈　爲咨覆事准

盛京户部咨開糧儲司案呈准

盛京内務府衙門咨開今將應領秋季俸米

正黄旗關防佐領一員正白旗關防佐領一員

應得米石數目造具漢字清册二本咨爲

關防法 行 神晋

關防息 山 松晋

關防勞 川 恕晋

盛京內務府

為咨覆事據

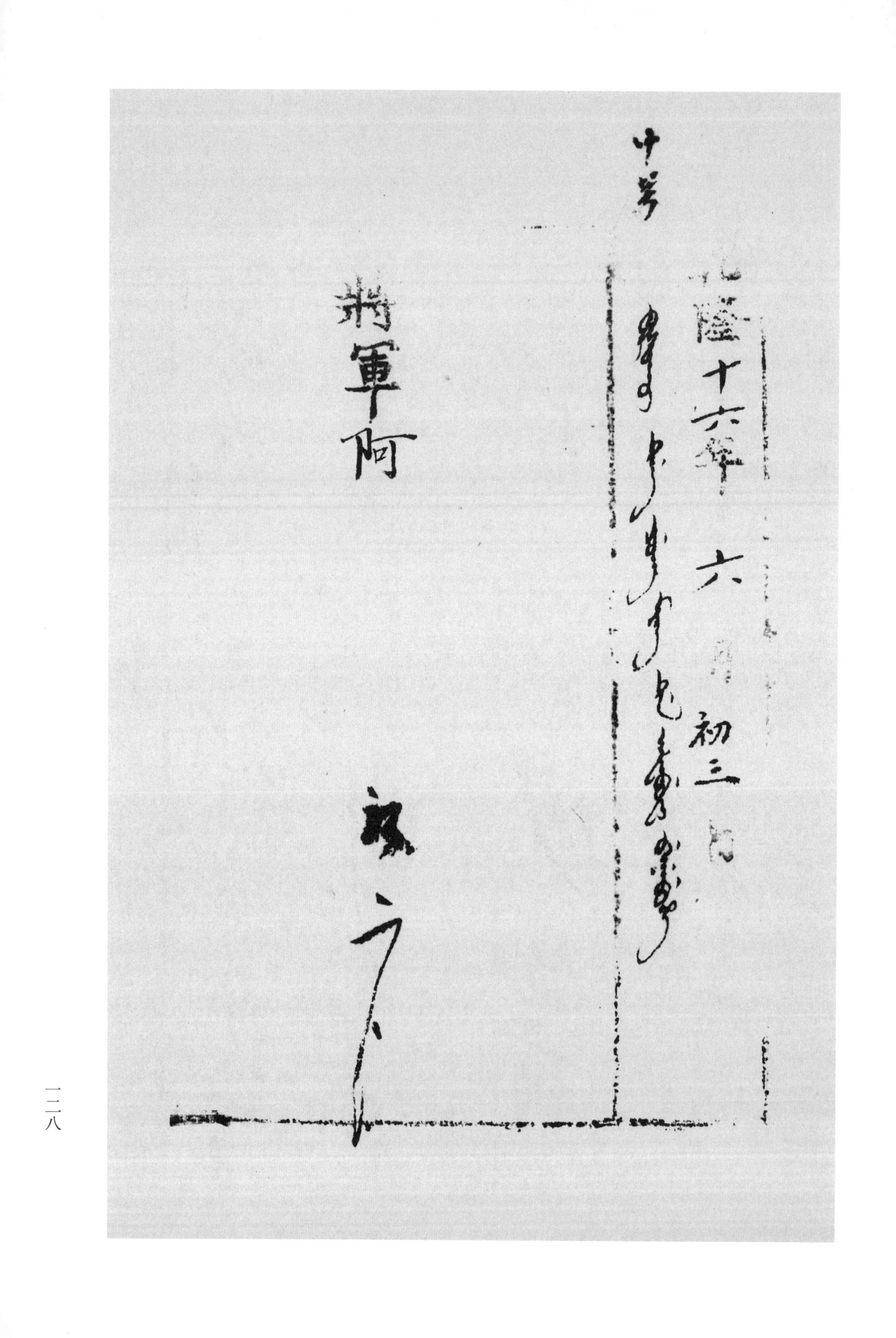

中號

乾隆十六年六月初三日

將軍阿

一件爲預支秋季俸米事明緣由咨行

戶部

京户部事

值月筆帖式王朝佐謹

盛京户部照数给发可也为此上呈等情相应
移咨
贵部须为照数给发可也为此合咨须
至咨者
右
盛京户部

相應移咨貴衙門預支半俸米孀婦刘
氏式有事故如何着落之處声明咨覆到日
以便辦理可也等因前來查已故九品催揔
依白納有子一名又兼有伊族長現食八品俸
宮殿達福祿保結倘孀婦刘氏如有事故即着
落伊子并族長名下分賠斷不致有悮理合
呈請咨行

半俸米八斛一升四合二勺五抄，祈爲轉咨
盛京户部預行支給可也等情相應移咨貴
部煩爲查照卯領給發等因查
盛京内務府雖稱孀婦劉氏照依官員預支俸
餉米石之例預支八月半季俸米等語但凡
時去支領俸米之時尚隔兩月有餘孀婦
劉氏或有事故如何着落之處咨内並未声明

盛京內務府咨開查得本衙門已故九品催總
依白納之妻劉氏應得八月半季俸米理
宜入于官員冊內一体開領但從前咨送官
員等預支俸餉米石冊內將此遺漏未行
令孀婦劉氏遇此青黃不接之際必屬艱
窘況又係應得之項相應照依官員等預
支俸餉米石之例將孀婦劉氏應得八月

檔案房案呈 為咨覆事 准

盛京戶部咨開糧儲司案呈准

閲防法　行　和一有

閲防恩　川　和一音

閲防勞　川　和一音

畿京内務府

承咨稟事據

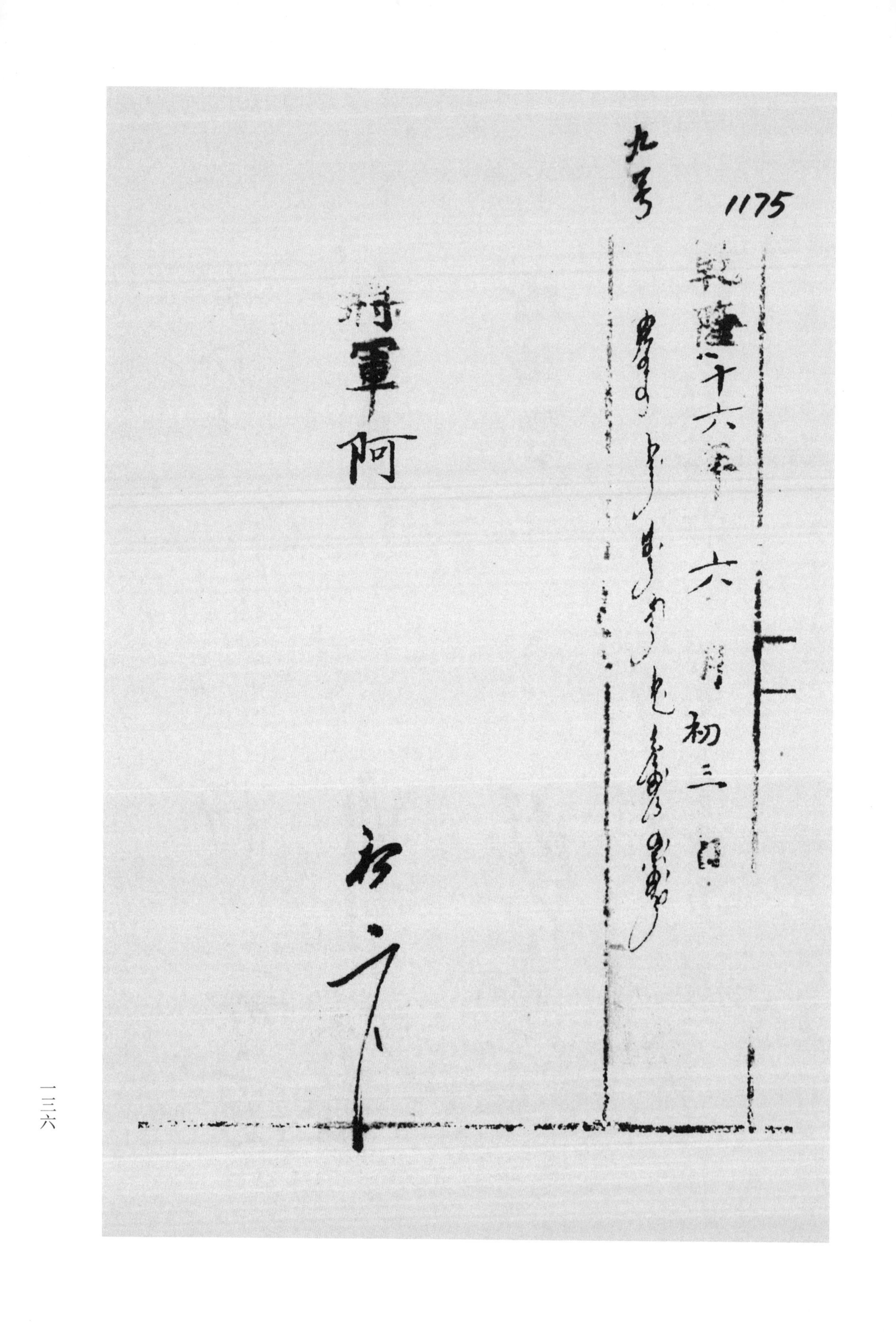

1175

乾隆十六年六月初三日

九号

将軍阿

一件爲孀婦列氏預支
秋季俸米聲明緣由咨行
盛京户部事
摺
値月筆帖式王朝佐檯

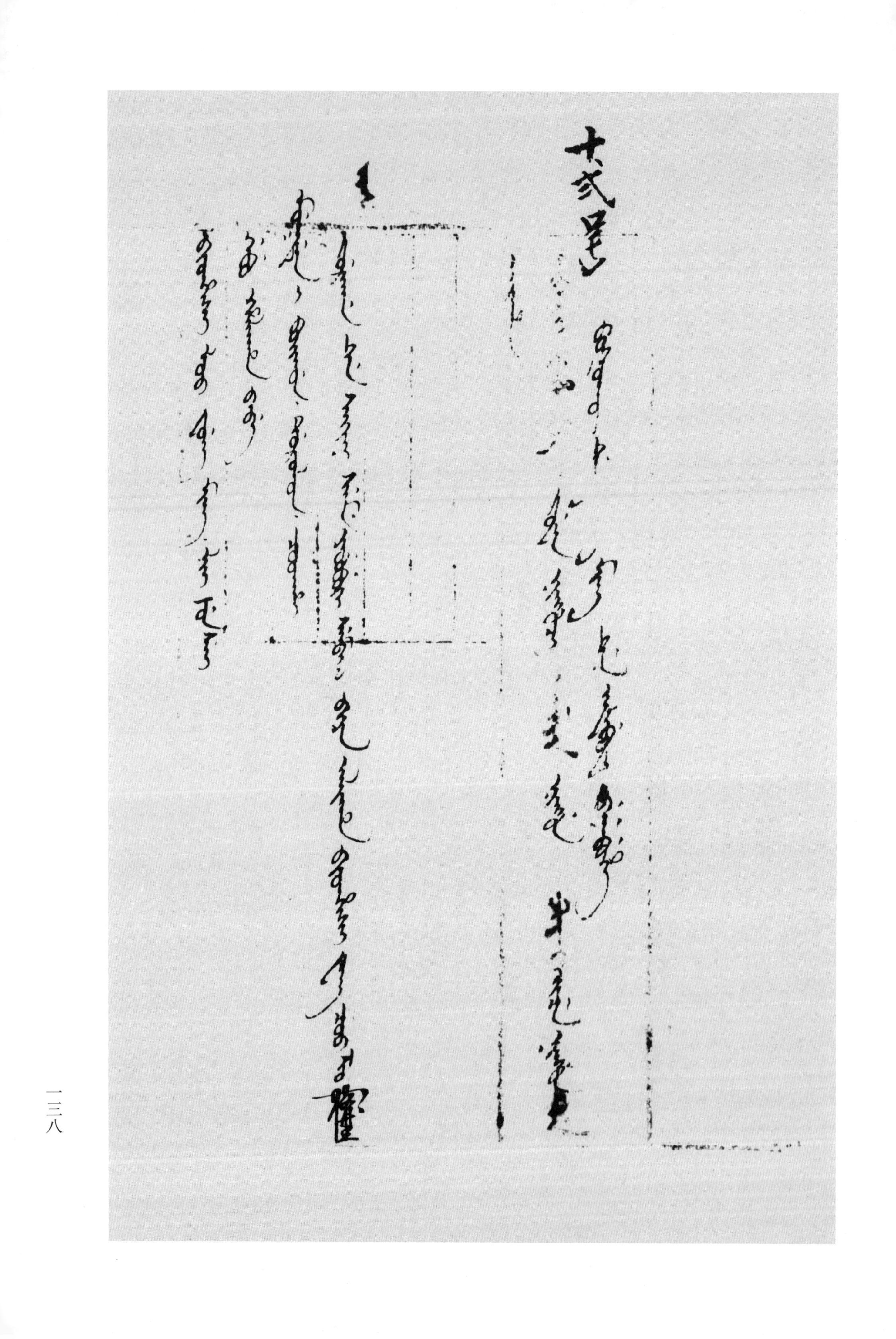

十弐号

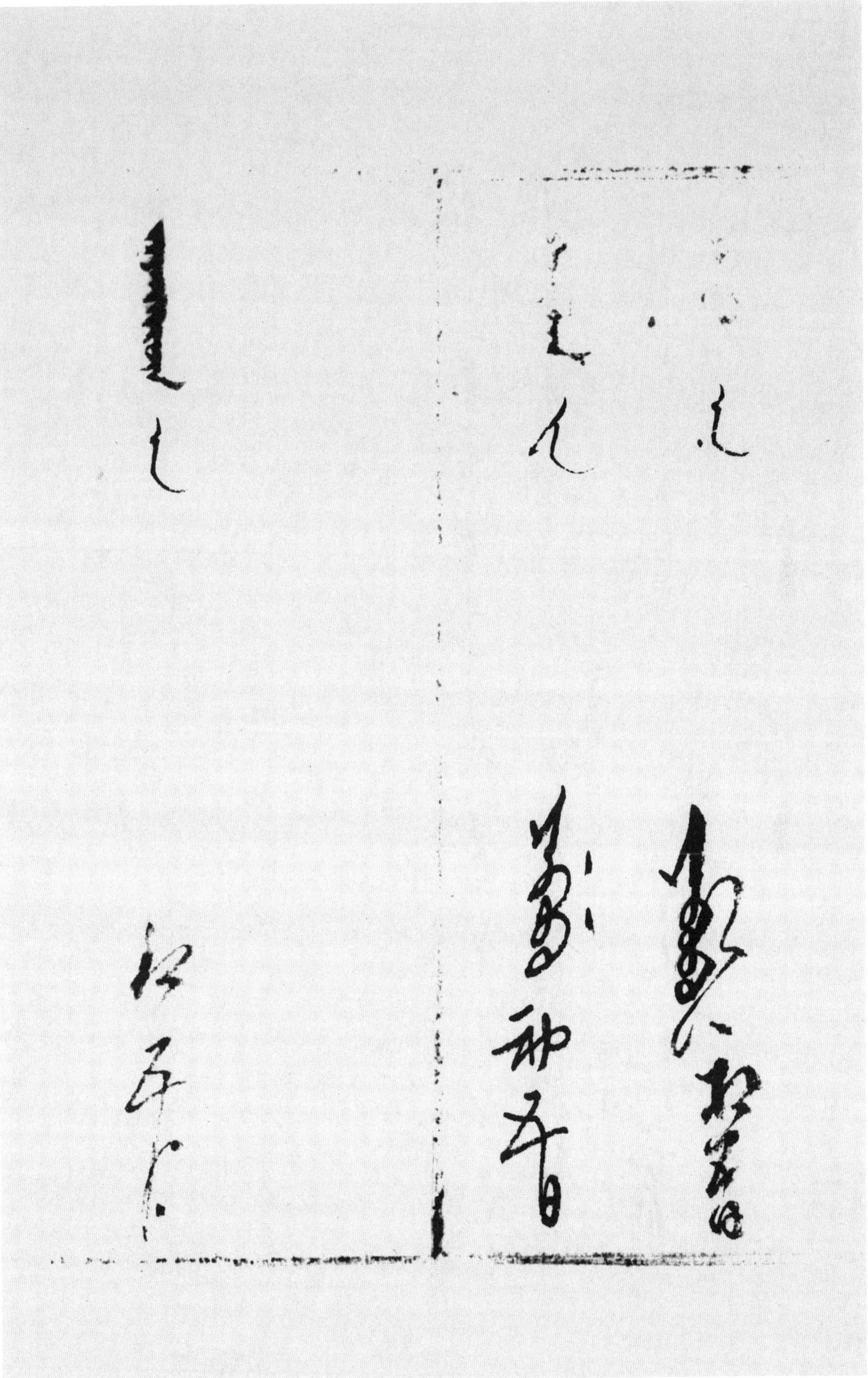

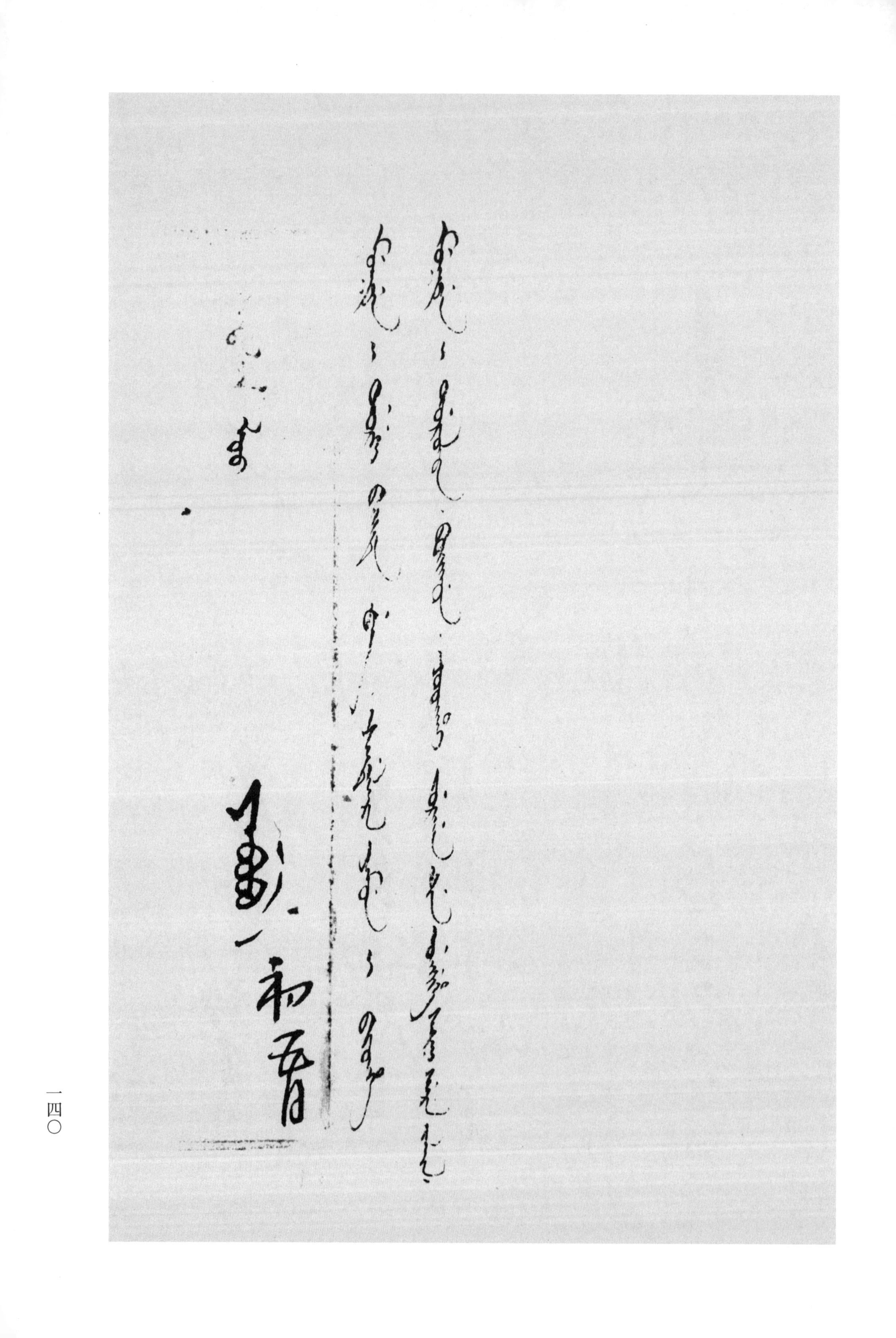

和育

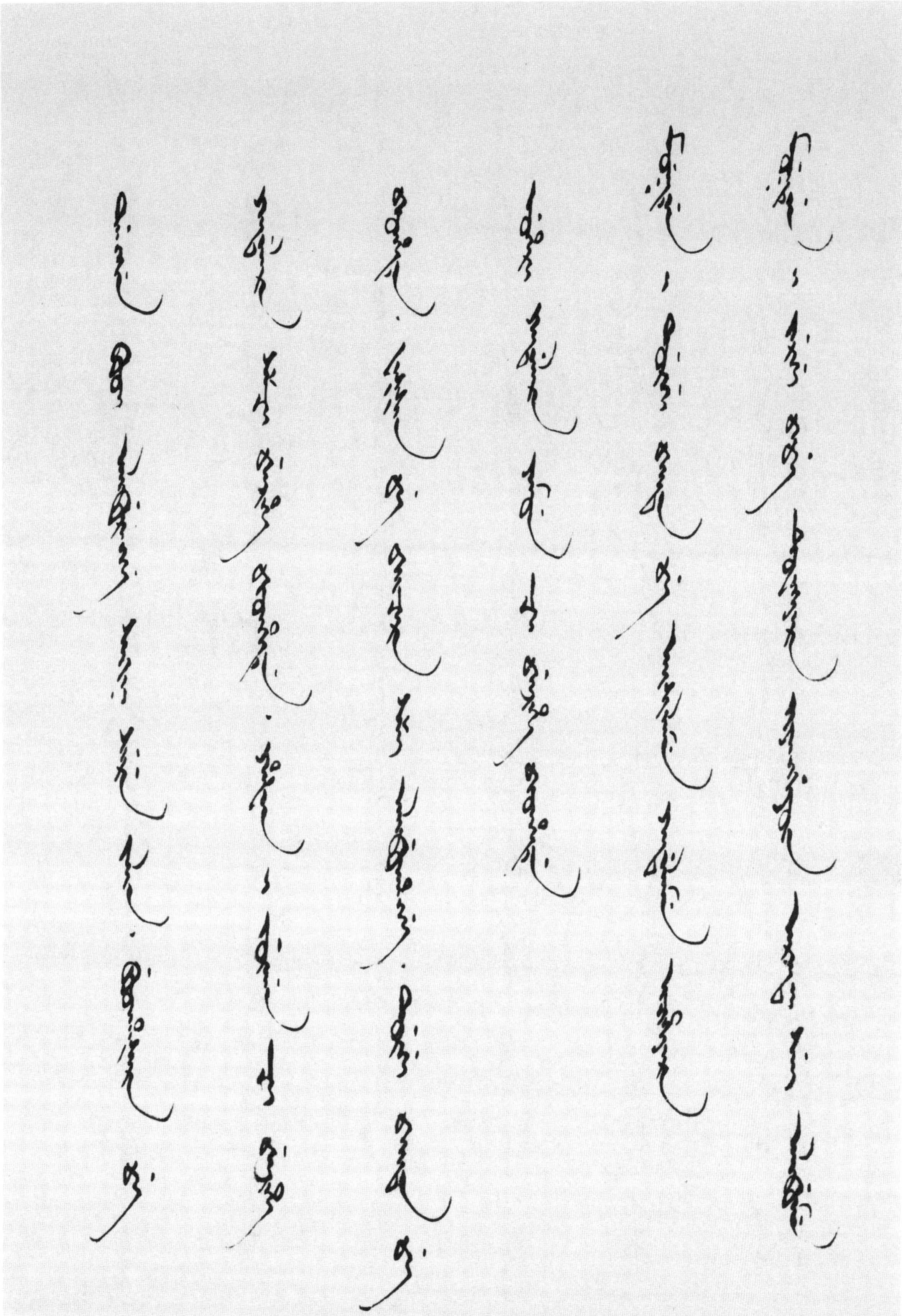

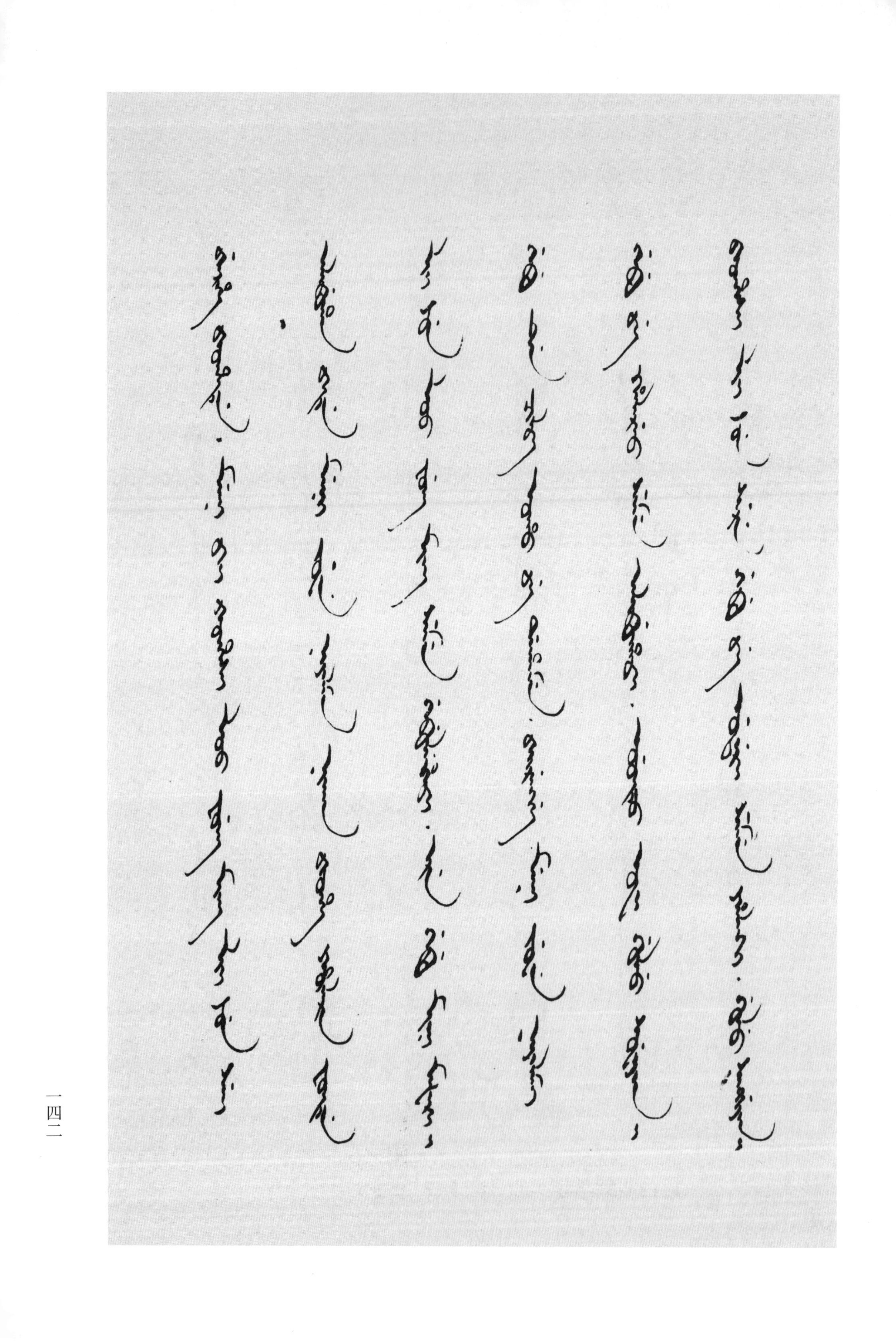

[illegible]

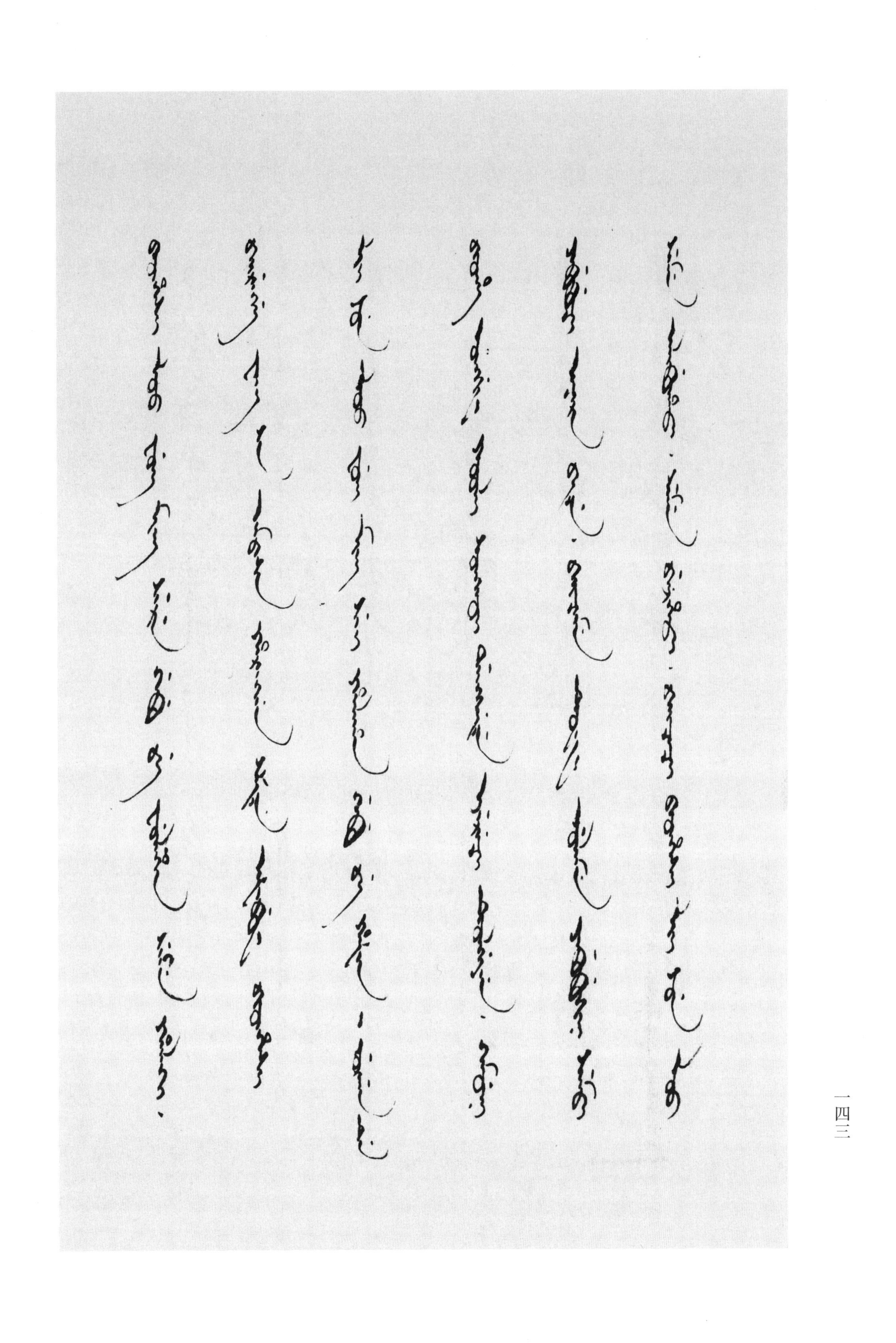

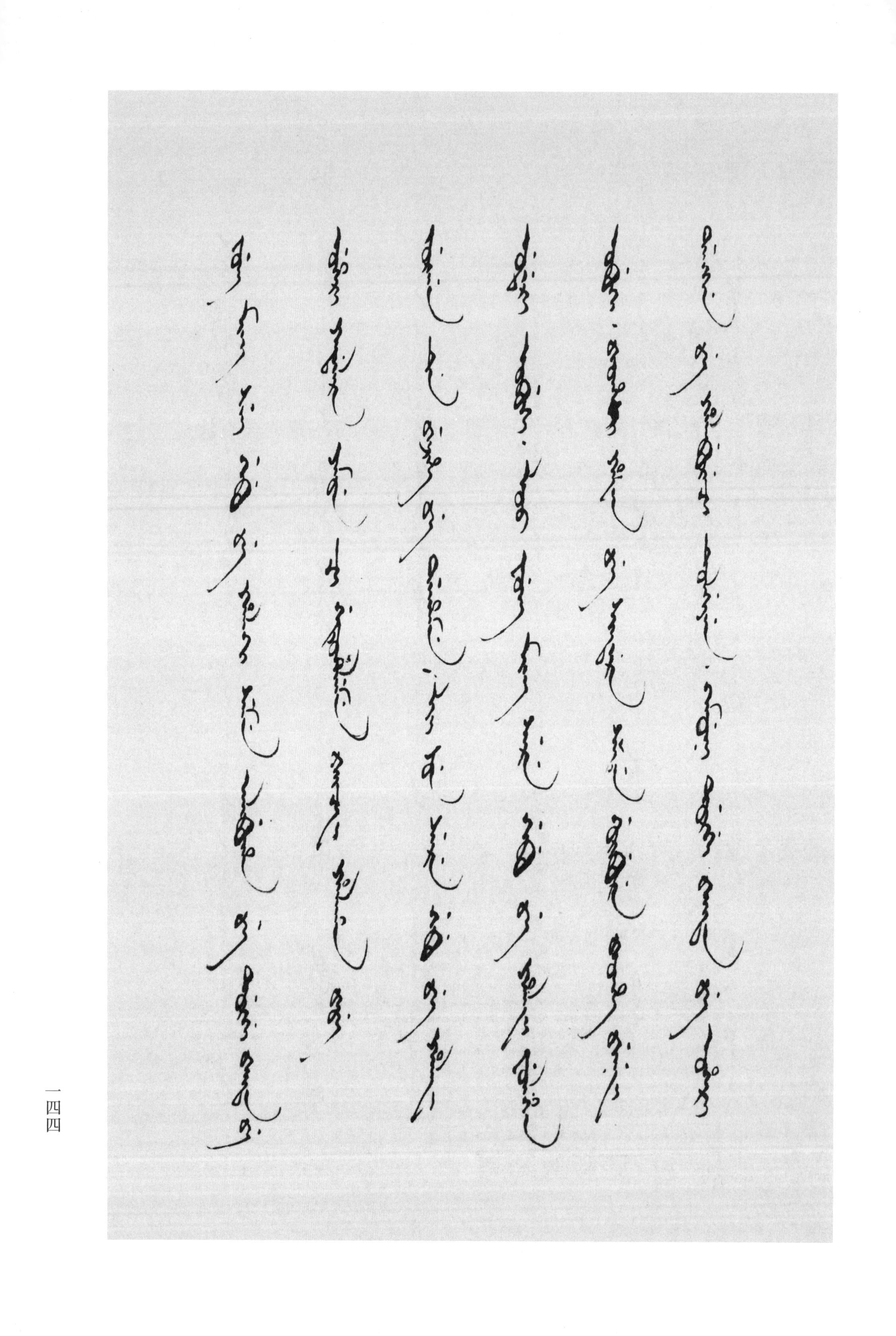

[illegible]

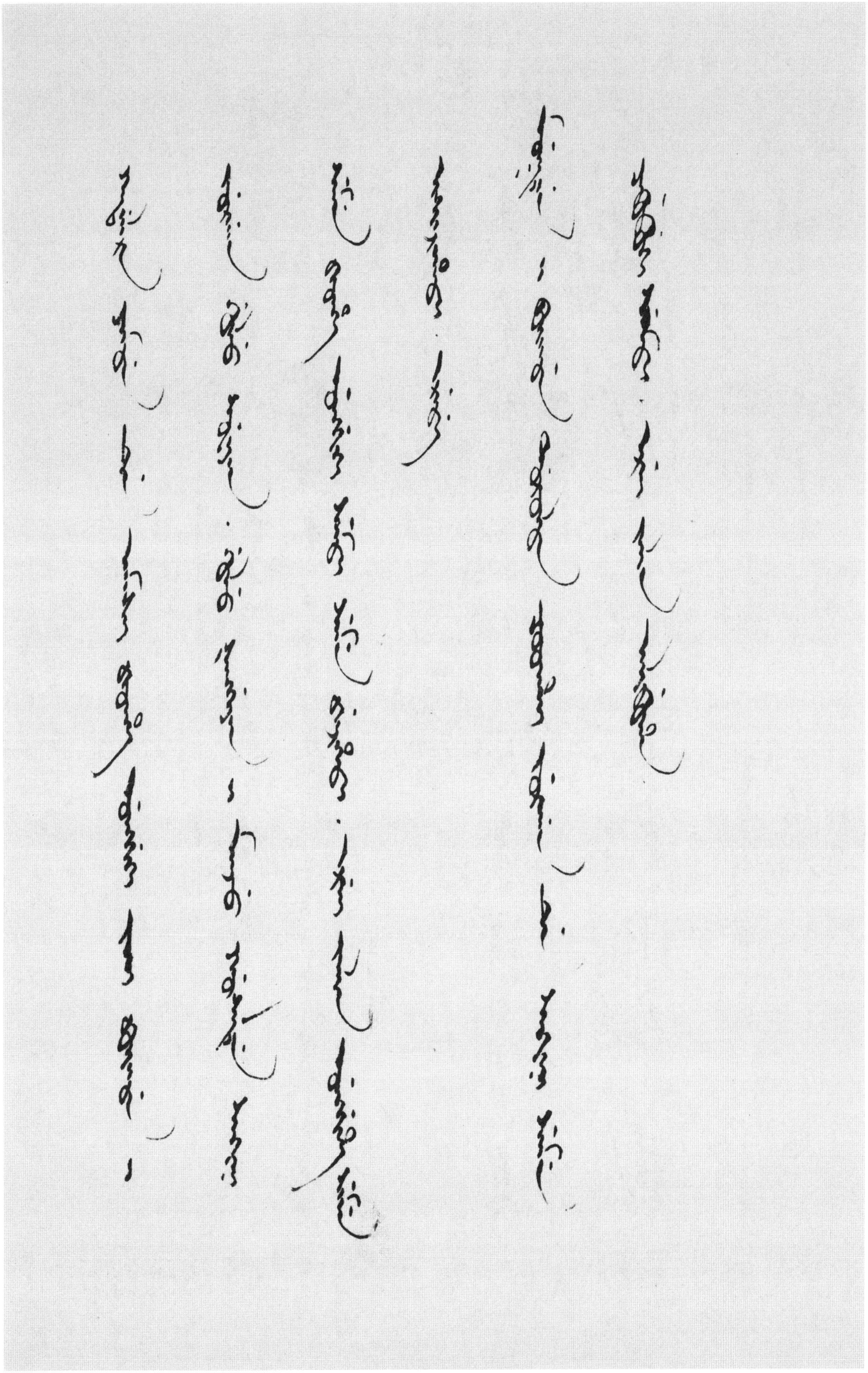

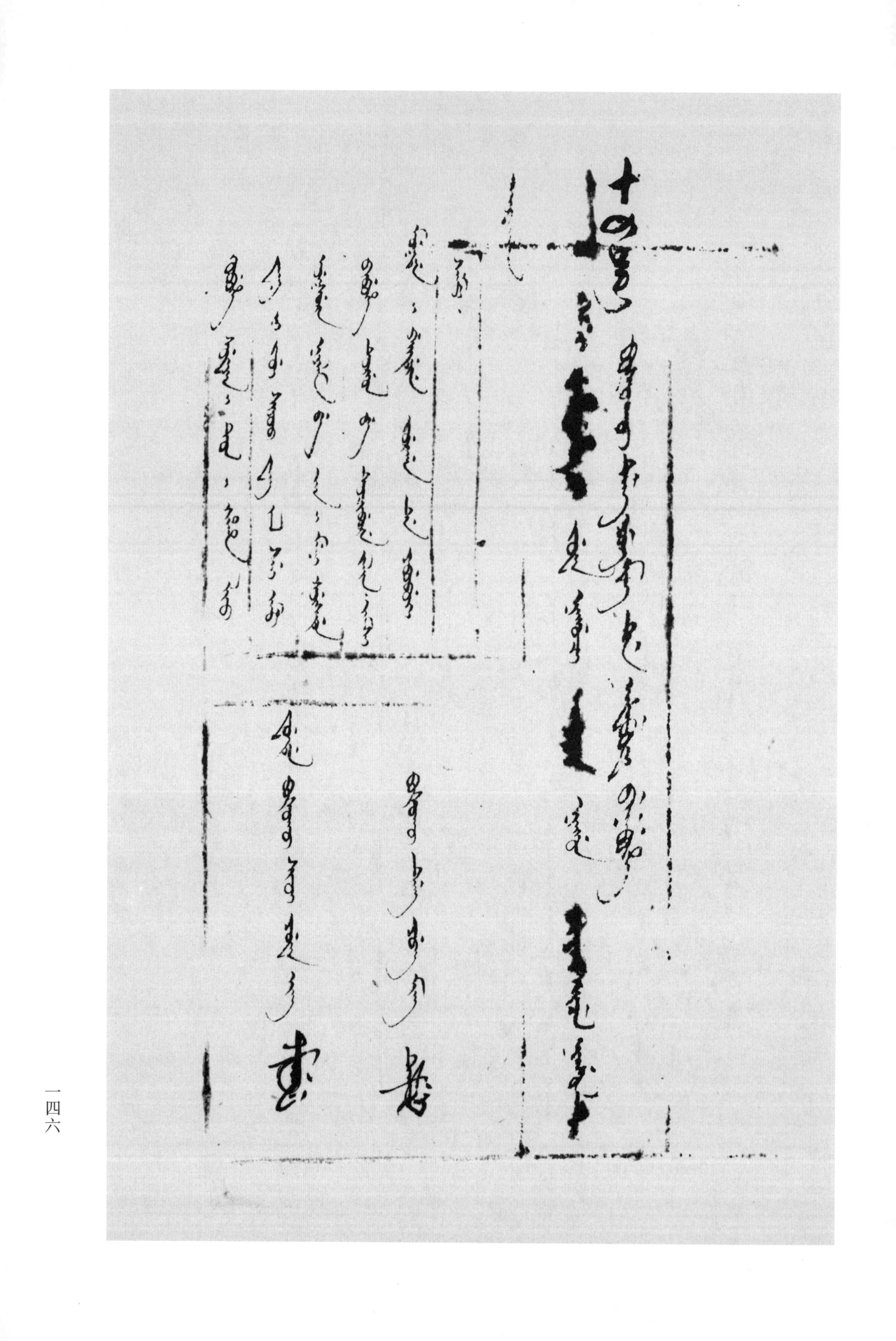

十四日

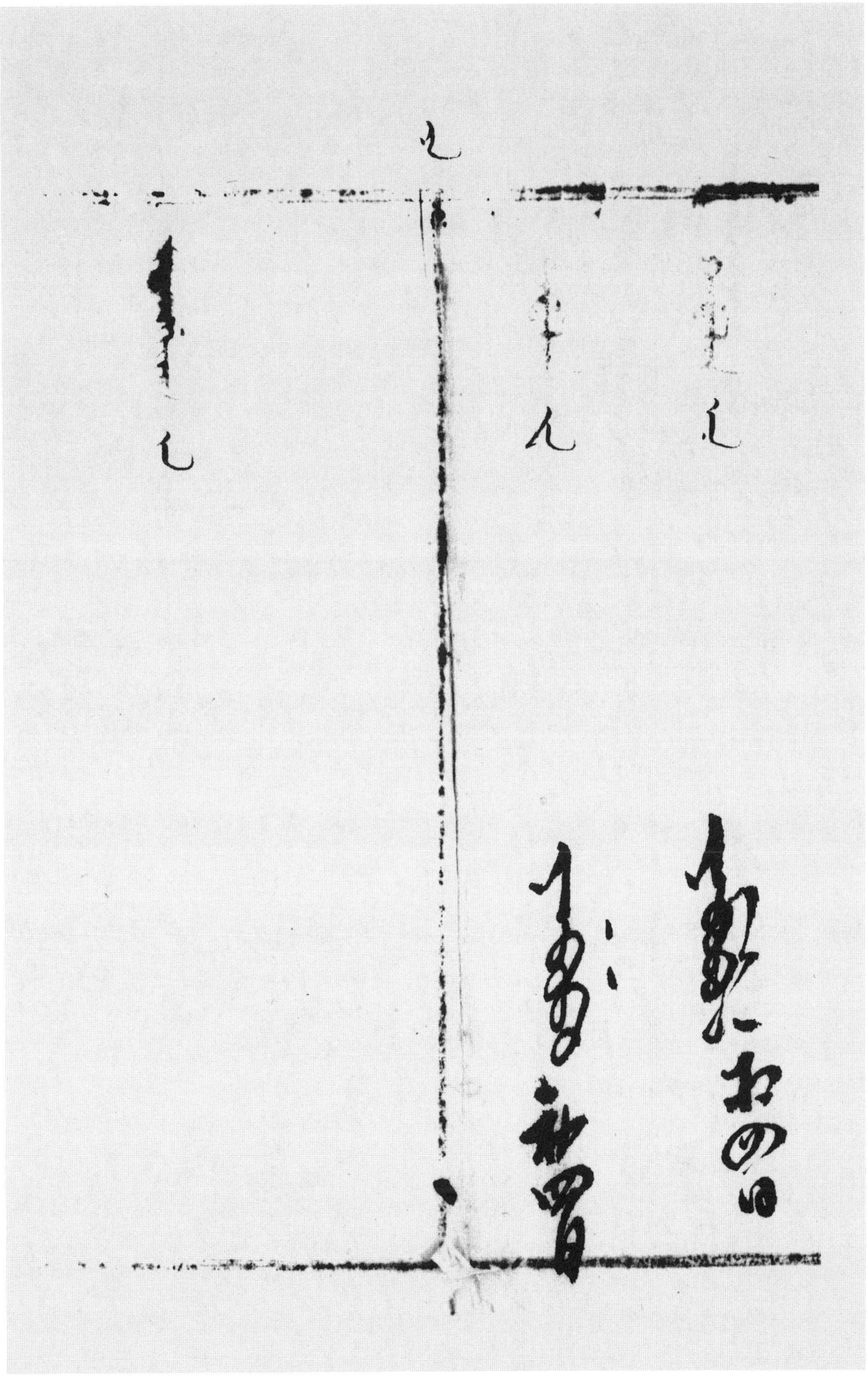

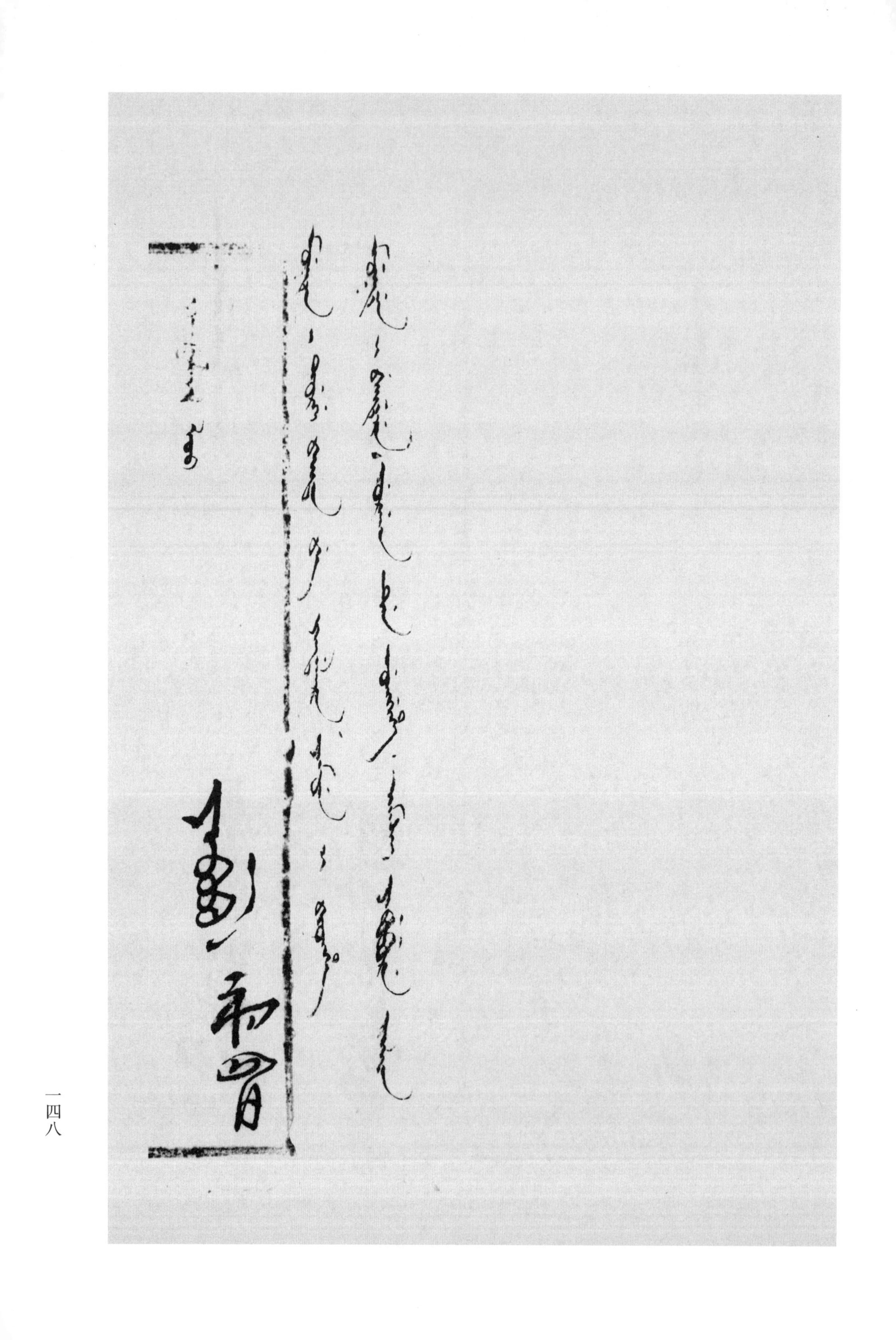

劉和曾

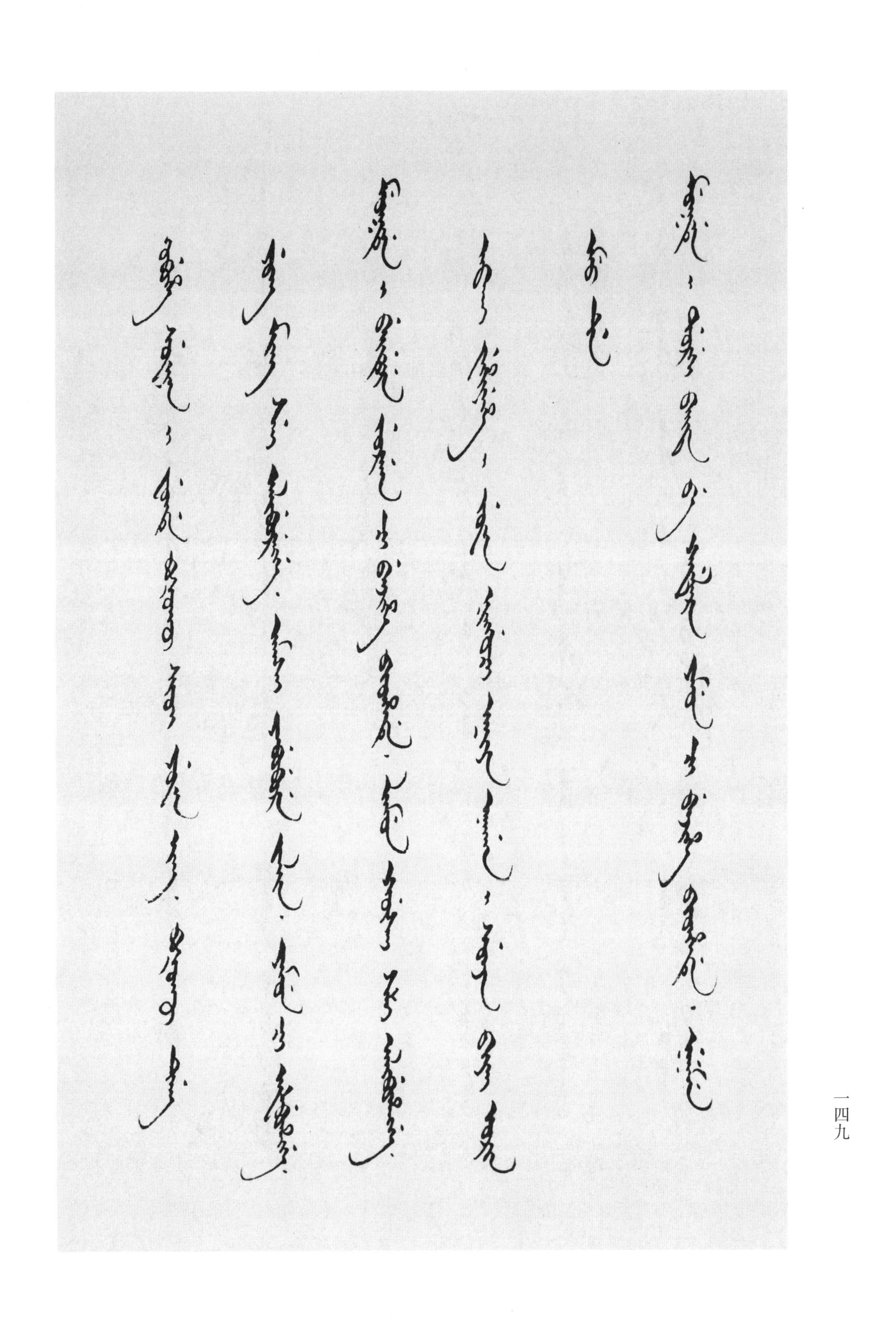

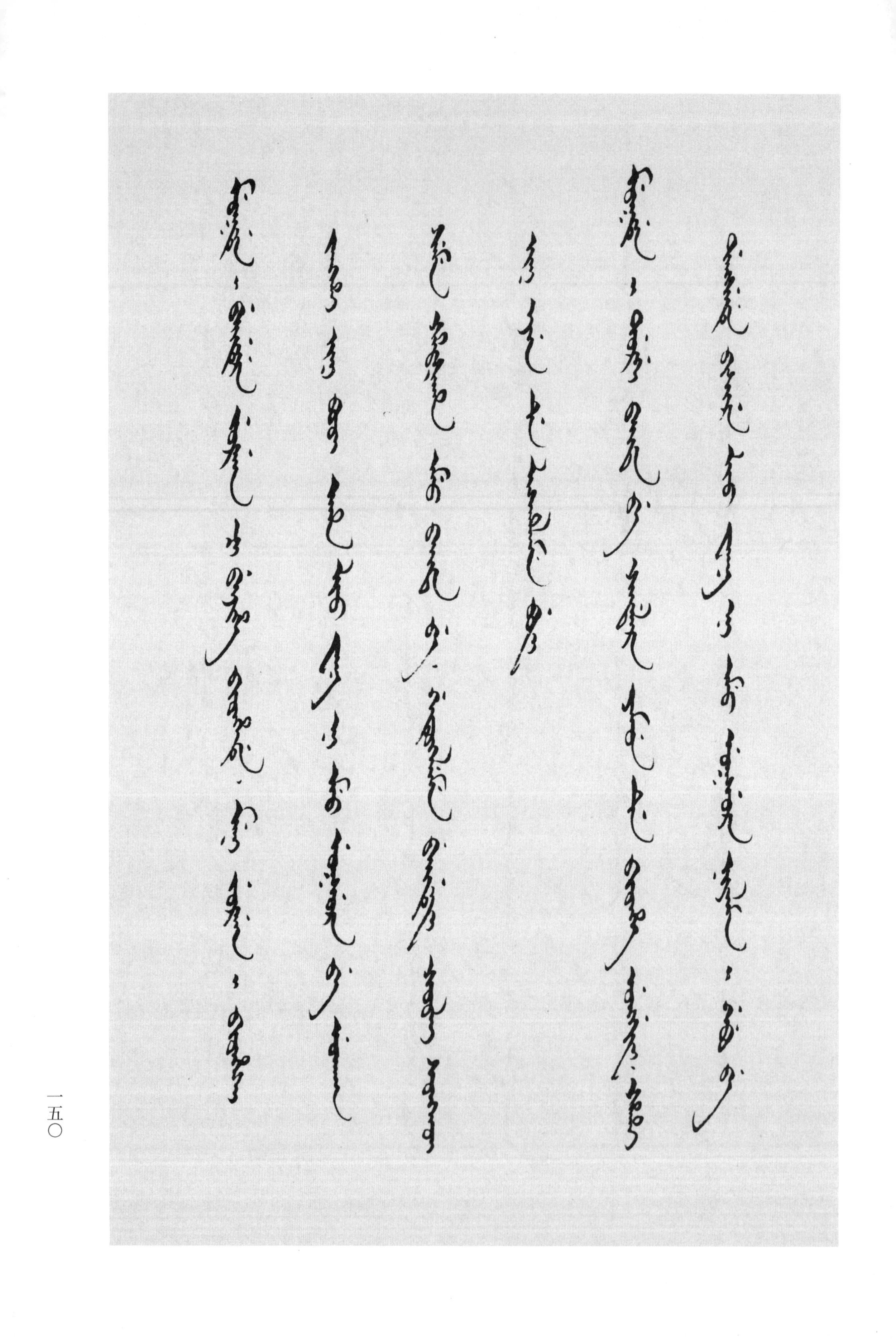

[illegible]

[illegible]

[illegible]

[illegible]

[illegible]

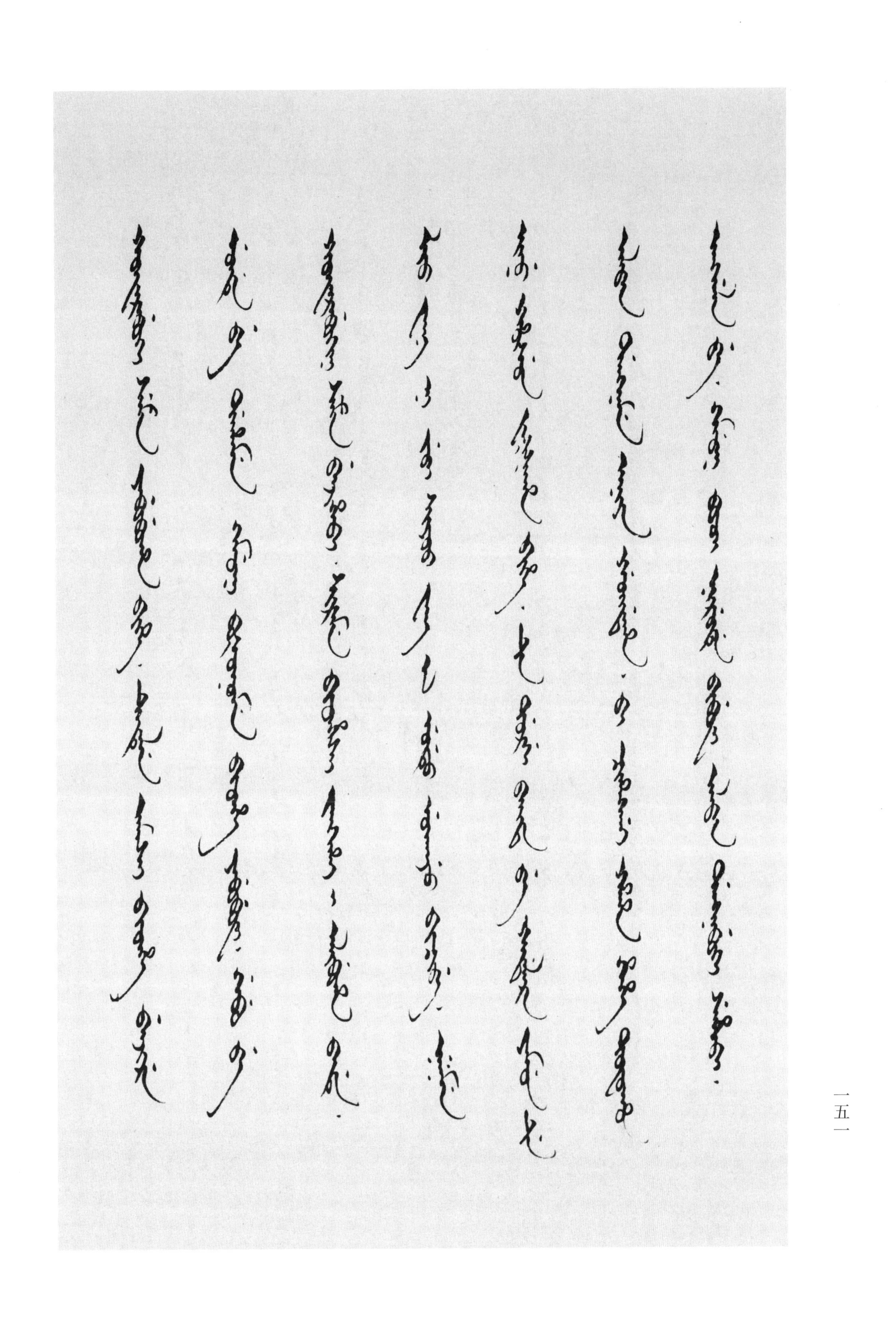

[illegible]

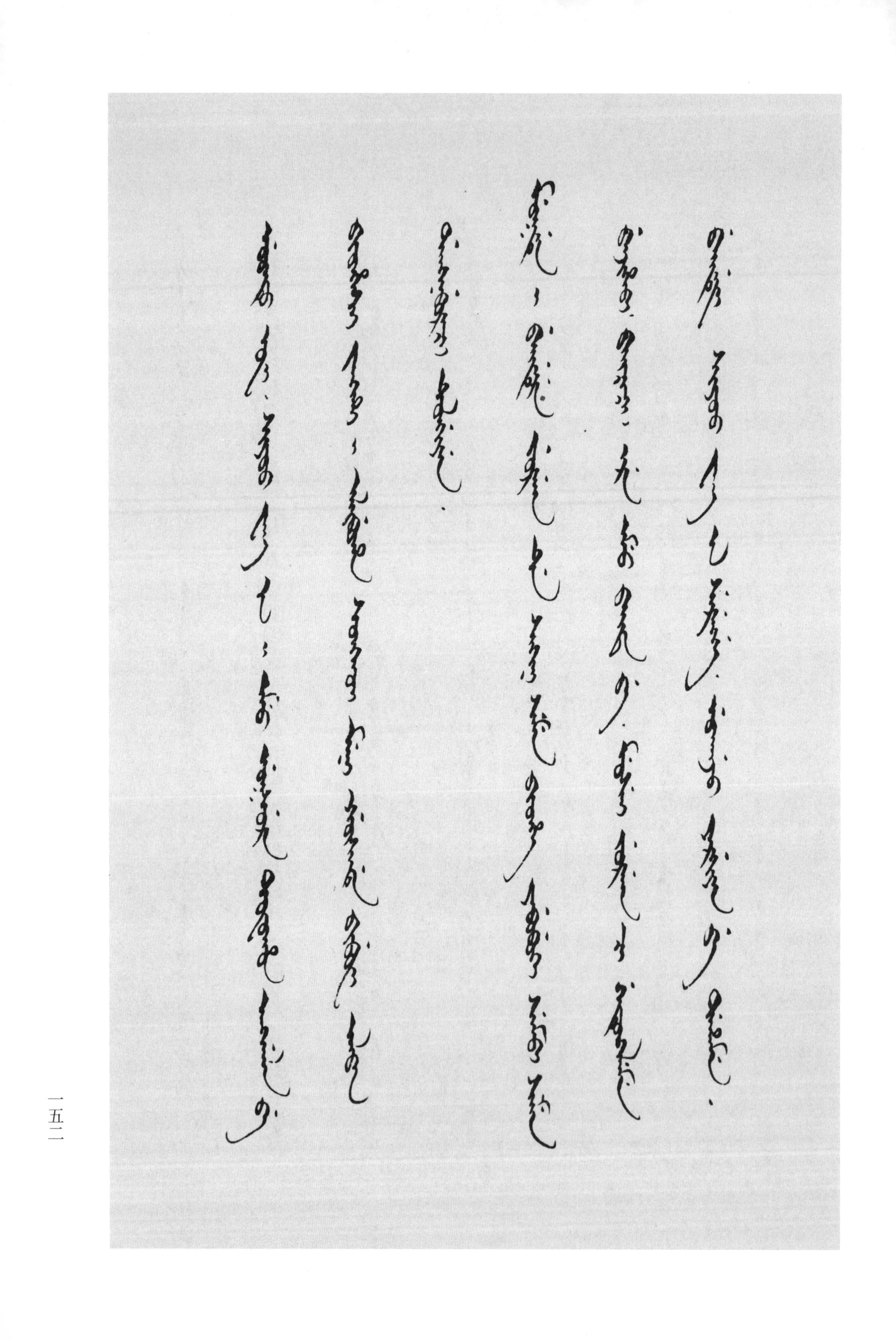

ᠨᡳᠶᠠᠯᠮᠠ ᠪᡳ ᠰᡝᠮᡝ ᠪᡳᠮᡝ ᡩᡝ ᡨᡠᠸᠠᠴᡳ ᠰᡝᠮᡝ ᡝᠮᡠ ᠰᡝᠮᡝ ᡩᡝ

ᠨᡳᠶᠠᠯᠮᠠ᠈ ᠪᡳ ᠪᡠᡥᡝ ᡨᡠᠸᠠᠴᡳ ᡩᡝ ᡨᡠᠸᡝ ᠪᡝ ᠰᡝ ᡝᠮᡝ ᠪᡳ

ᡝᠮᡠ ᠪᡳ᠈ ᡨᡠᠸᠠᠴᡳ ᡩᡝ ᠮᡠᠰᡝ ᡨᡠᠸᡝᠨ ᠰᡝᡵᡝ᠈ ᠰᡝᠮᡝ ᡩᡝ

ᠪᡝᡵᡝ᠈ ᠰᡝᠮᡝ ᠪᡝ ᠪᡳ ᡝᠮᡠ ᡝᠮᡝ ᠪᡳ᠈ ᡨᡠᠸᠠᠴᡳ ᠰᡝᠮᡝ

ᠪᡳ ᡩᡝ ᡨᡠᠸᡝᠨ᠈ ᡨᡠᠸᠠᠴᡳ ᠰᡝᠮᡝ ᠪᡝ ᠪᡳᠮᡝ ᠪᡝ

ᡝᠮᡠ ᡝᠮᡝ ᠪᡳ᠈ ᡨᡠᠸᠠᠴᡳ ᡩᡝ ᡨᡠᠸᡝᠨ ᠰᡝᠮᡝ ᡝᠮᡠ ᡝᠮᡝ ᠪᡳ

ᡩᡝ᠈ ᠪᡳᠮᡝ ᠪᡳ ᡩᡝ ᡨᡠᠸᡝᠨ ᠰᡝᠮᡝ ᠪᡳ ᡝᠮᡠ ᡩᡝ ᠪᡳᠮᡝ

一五三

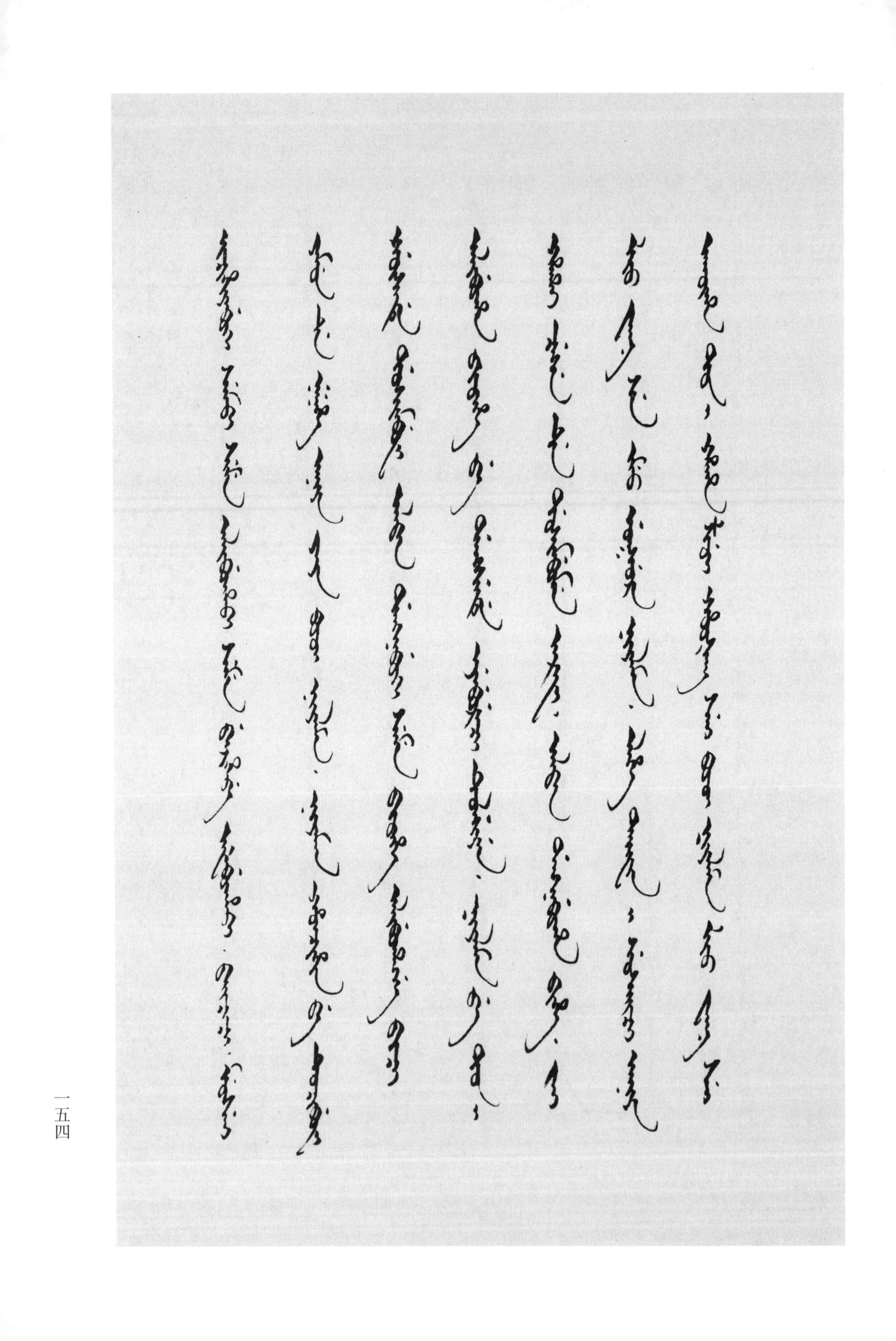

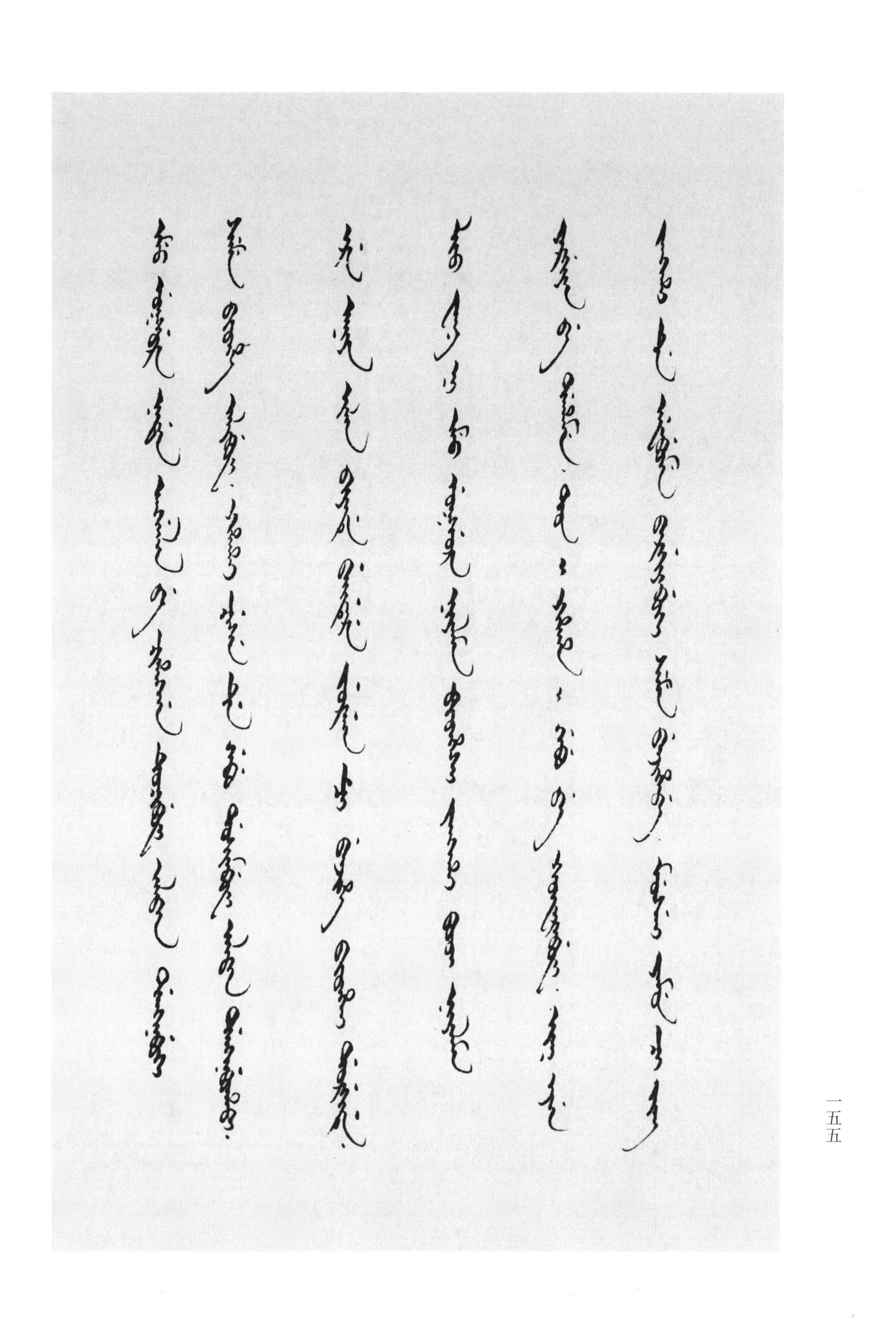

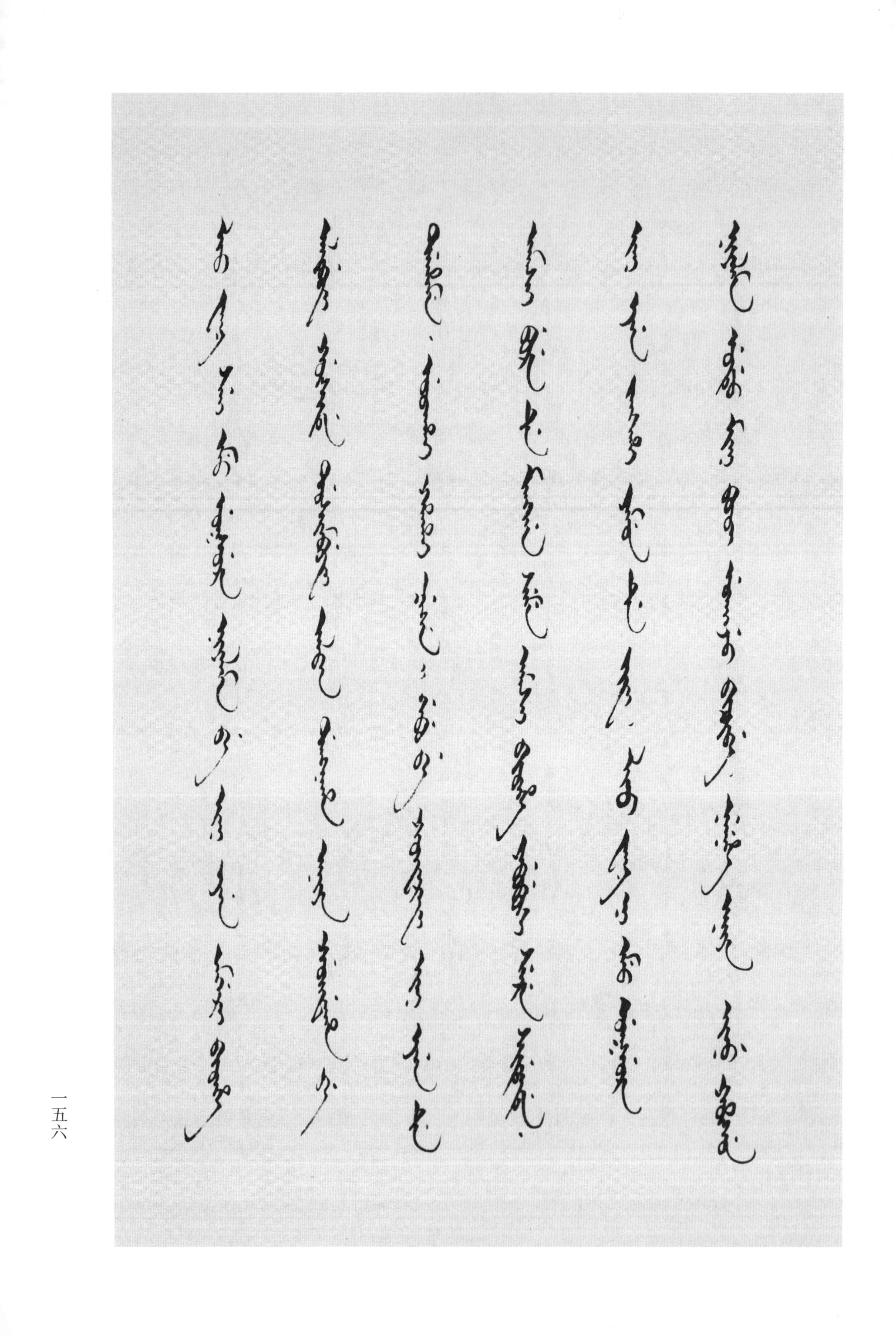

[illegible]

[illegible]

[illegible]

[illegible]

[illegible]

[illegible]

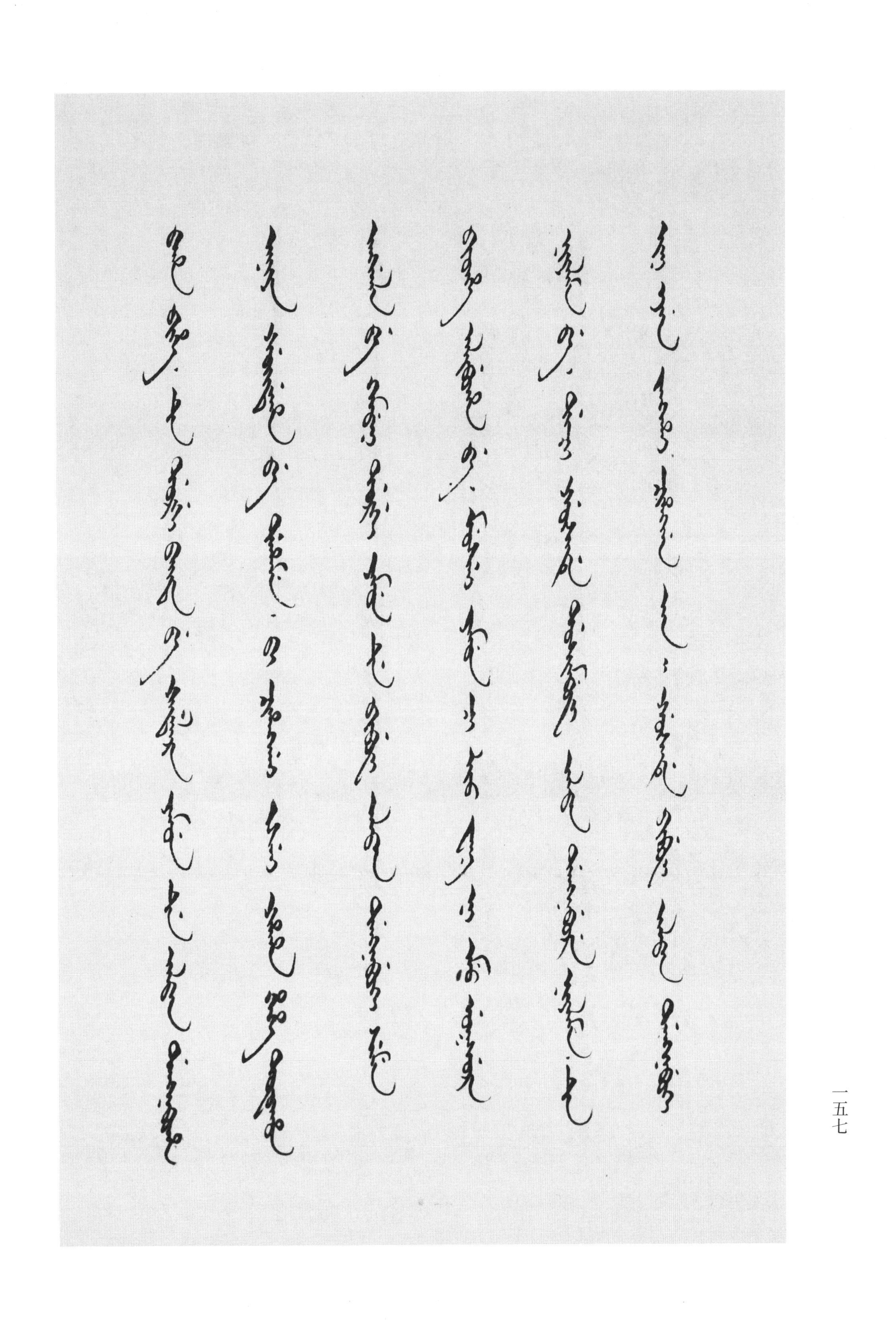

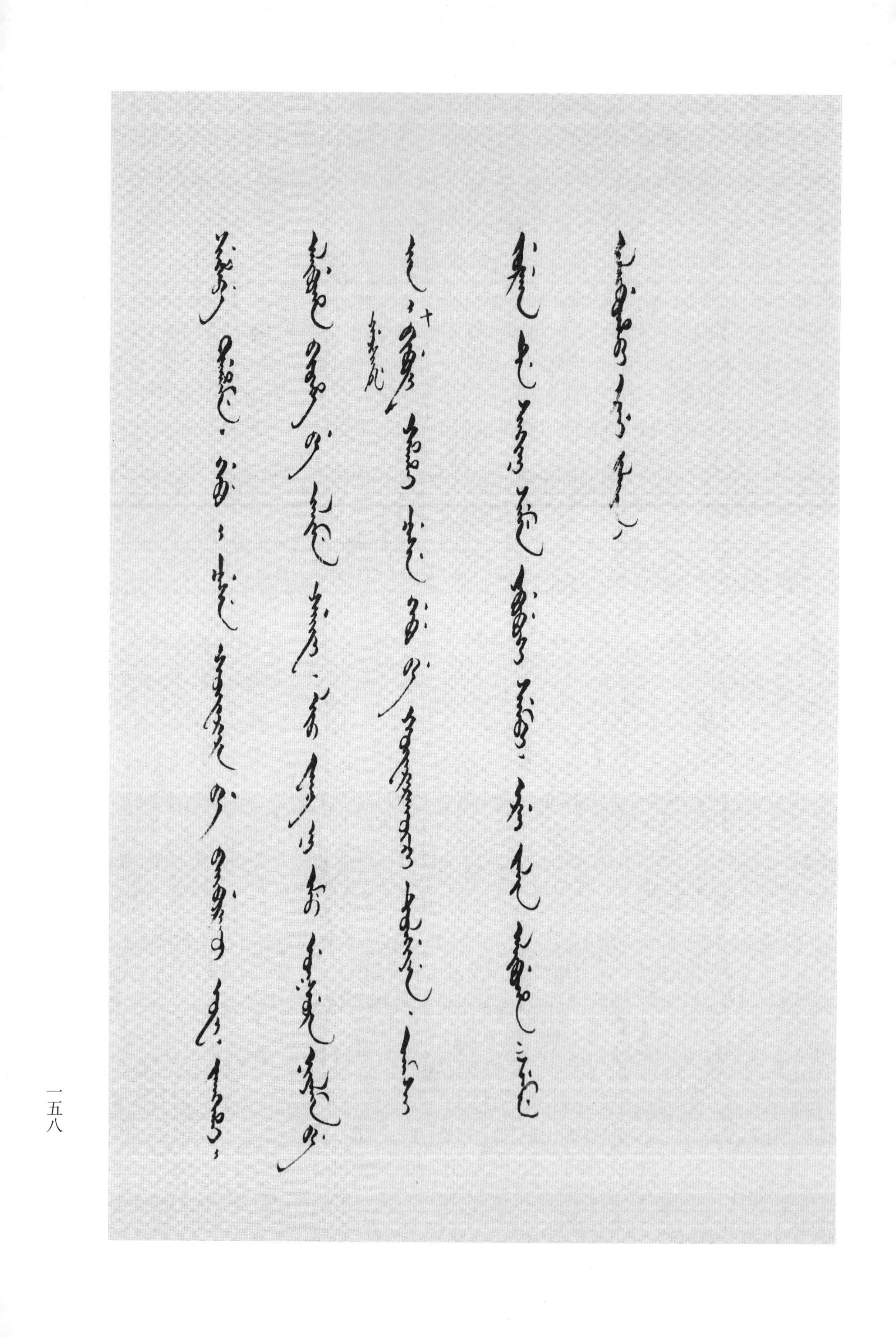

[illegible]

[illegible]

[illegible]

[illegible]

[illegible]

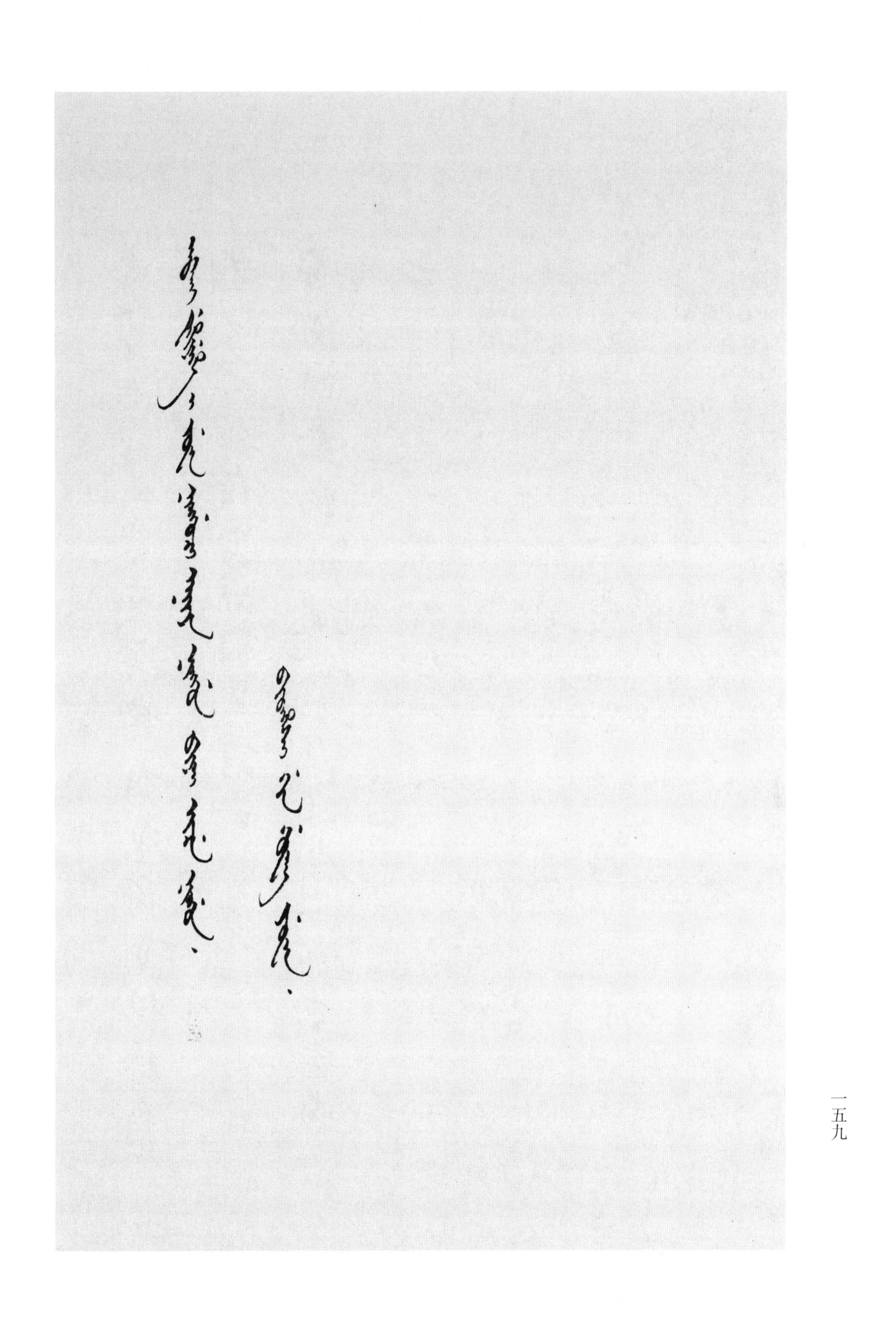

[illegible]

[illegible]

盛京將軍衙門可也為此上呈等情相應將百揔徐朝

相交手顧催衣常阿相送前去煩為

貴衙門查照辦理可也為此合咨須至咨者

右　　咨

將軍衙门

丁起鳳爲証等情據此相應行文內務府衙門將賣馬之王保並
干証丁起鳳作速咨送本衙門以便質問完結可也等因前來隨
交該佐領百揔催徐朝相傳喚去後今據佐領百揔催徐朝相呈稱本
屯壯丁丁起鳳去年僱與官園上趕車兩脚俱已凍吊現在未好不能
行走小的將施國政之馬賣與何人係你作保之處訊問丁起鳳丁起
鳳說小的在邊門口凍的死活不知小的並不知道賣馬之事亦未作保
是實等情通呈前來查得丁起鳳兩脚凍吊之處本年正月內已經
咨行在案今丁起鳳不能前來祈爲將百揔徐朝相咨送

上狍鹿等物不幸將車夫凍死兩人凍死牛兩隻馬一匹剩有
兒胡兒馬一匹拉送凍死車夫之屍行至邊外五里鋪蹇遭
正黃旗永璦佐領下押車之驍騎校艾懇納將身拉車之馬
騎去自去年討至今日非惟指騙不與抑且混行推諉使身不
得耕耨將來闔家必致餓死等情隨傳詢驍騎校艾懇納據艾
懇納供稱施國政之馬職並未騎來聞得賣與本佐領下閑散
莫而代是寔又傳詢閑散莫而代供稱施國政之馬原係包衣
佐領廂黃旗王保賣與小人是寔現有正黃旗包衣佐領下壯丁

盛京内務府　爲咨覆事據

正黄旗驍騎校崔國英等呈爲咨覆事准

盛京將軍衙門來文内開右兵司案呈據廂黄旗包衣佐領下壯丁

施國政呈爲措騙馬匹叩天拘追事切身有車兩輛去年撥派

載送進

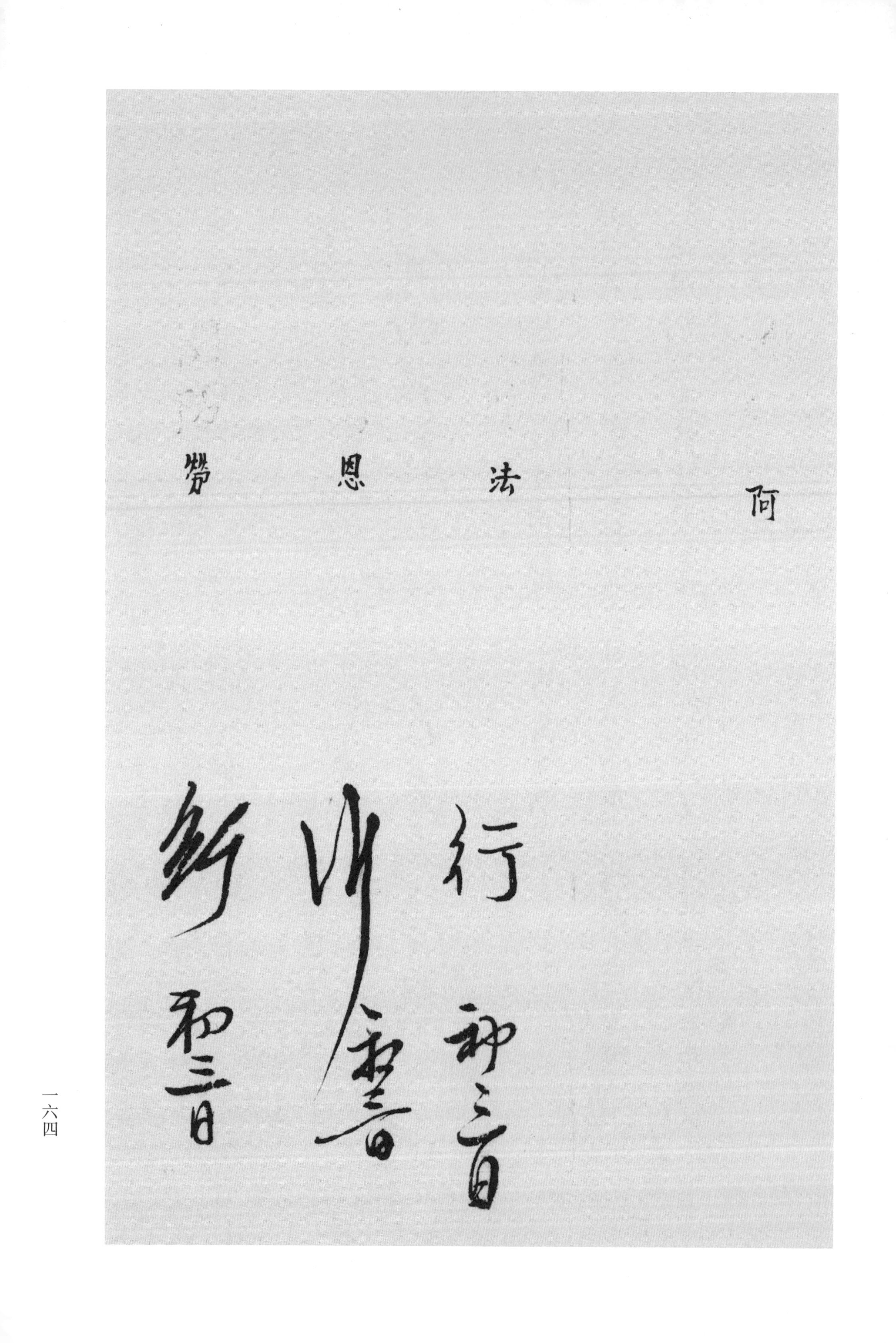

阿

法

恩

勞

行　初三日

行　初三日

行　初三日

十六号

一件

正黃旗壯丁丁起鳳西腳凍吊
現在未好不能相送之處祈
爲轉咨
盛京將軍衙門

驍騎校崔國英
領催依常阿

十六年六月初六日

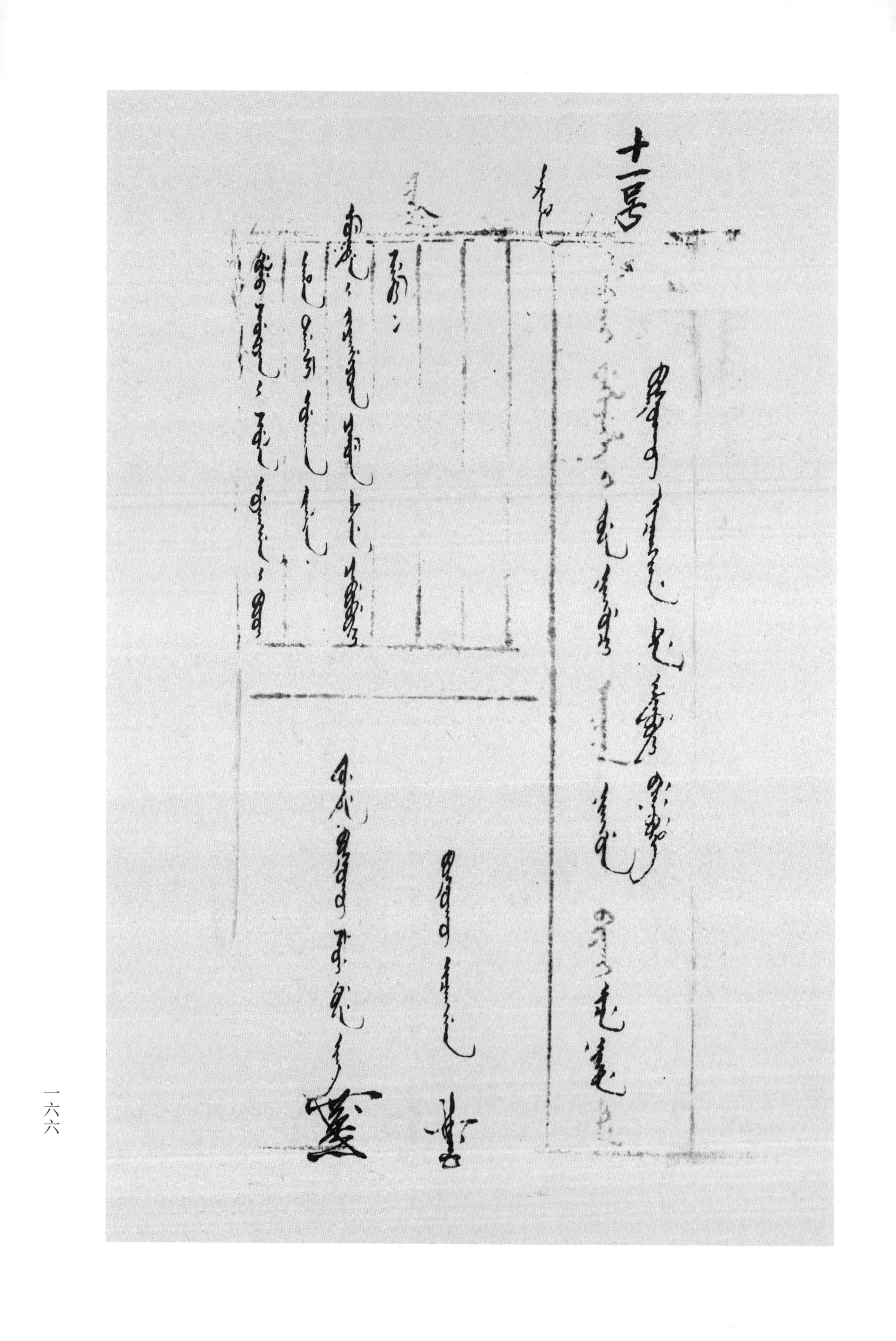

十一号

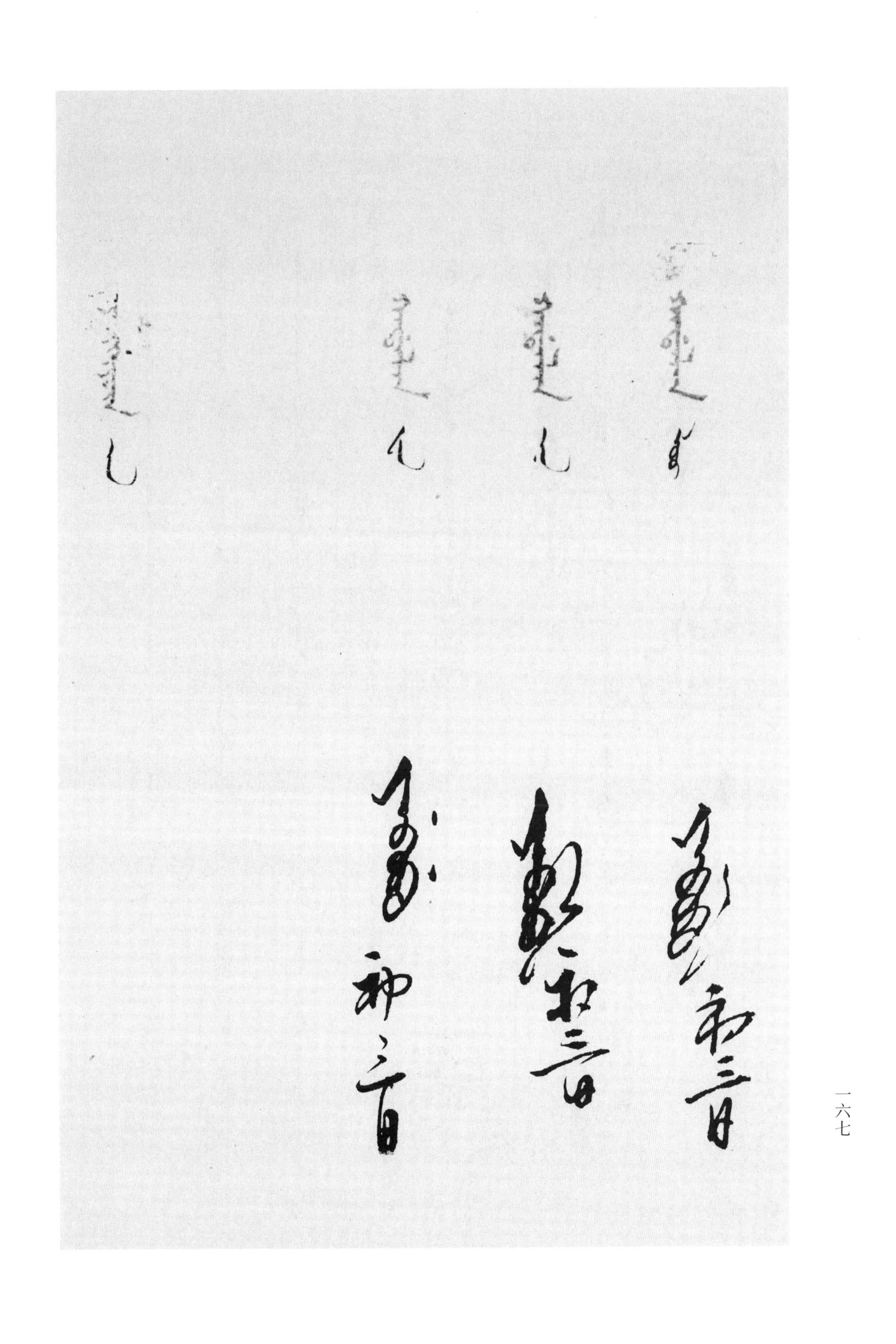

[illegible]初三日

[illegible]初三日

[illegible]初二日

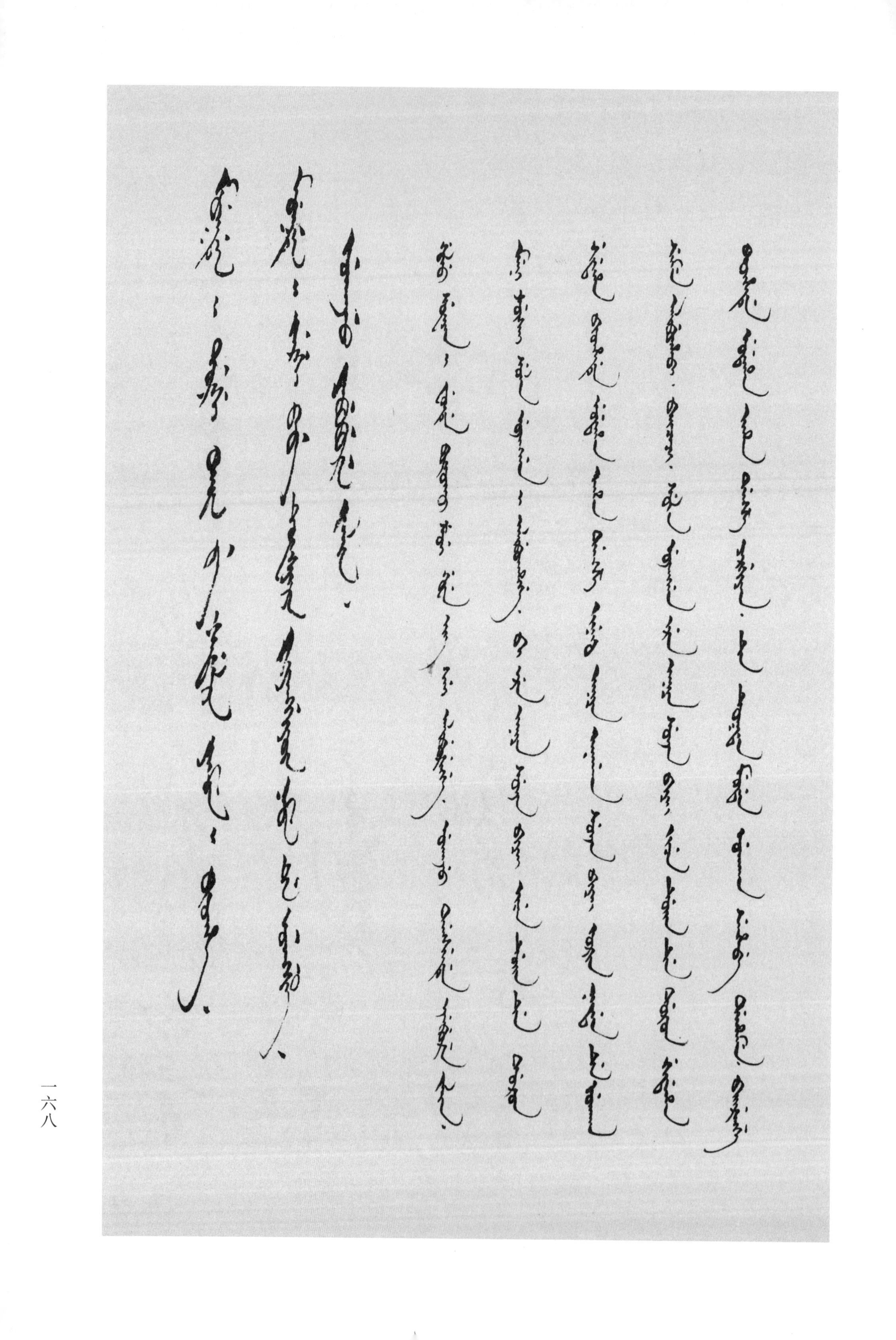

[illegible]

[illegible]

如果係幼丁張玉保賣馬之處咨文到日再行咨送可也為
此上呈等情相應移咨
貴衙門煩爲查照施行可也為此合咨須至咨
者
右　　　　咨
盛京將軍衙門

內有幼丁張王保姓名之人傳與前來詢據供小人並未
僱與人赶車打圍何得賣與人馬原是去年十月內庄
頭院裏的車馬僱與人打圍去來我並沒去是實傳
問庄頭施普供稱于去歲十月內小人原僱與正白旗夏撥
什庫車二輛赶車人一名施九兒一名李二小子俱各凍死在
外其幼丁張王保年幼並未僱與人赶車打圍是實等
情據此看得張王保甚屬年幼不曾出邊打圍是實
如果係幼丁張王保賣馬之處咨文到日再行咨送可也為

今日非惟拐騙不與抑且混行推諉使身不得耕耨將來闔家必致
餓死等情隨傳詢驍騎校爻飛納據爻飛納供稱施國政之馬戕
並未騎來聞得賣與本佐領下閑散莫兒代是寔又傳詢閑散莫
兒代據莫兒代供稱施國政之馬原係包依佐領廂黃旗王保賣與
小人是實現有正黃旗包依佐領下壯丁丁起鳳為証等情
據此相應行文內務府衙門將賣馬之王保並干証丁起
鳳作速咨送本衙門以便質問完結可也等因前來查
得丁起鳳係正黃旗之人移付正黃旗傳訊外即將丁冊

會計司催揔厄爾德睦布等呈爲咨覆事准將軍衙門來文
内開爲咨取事右兵司案呈據廂黃旗包衣佐領下壯丁施國政
呈爲措騙馬匹叩天狗追事切身有車兩輛去年撥派載送進
上貂鹿等物不幸將車夫凍死兩人凍死牛兩隻馬一匹剩有兎虎兒
馬一匹拉送凍死車夫之屍行至邊外五里鋪蹇遭正黃旗永璦
佐領下押車之驍騎校艾飛納將身拉車之馬騎去自去年討至

閲防勞　到　初三日

閲防恩　[illegible]　初三日

閲防法　行　初三日

盛京内務府

為咨覆事據

乾隆十六年六月初六日

將軍阿

一件為本屬幼丁張王保並無
赶車打圍賣馬之故咨行
將軍衙門質對事

會計司催總哲庫泰 [押]
額尔得矇布 [押]
四格 差

盛京內務府正黃旗法 佐領下漢軍童生
孔興任年二十歲身中面紫微鬚 習詩經
孔興瑄年十八歲身中面白無鬚 習書經
曾祖孔正聖 祖孔尚祿 父孔衍漳
孔興珂年十六歲身中面白無鬚習詩經
曾祖孔正聖 祖孔尚爵 父孔衍渙

造具漢字細册三本一併呈請祈爲咨送可也爲此上呈等情相

應將原呈漢字細册三本一併咨送

貴衙門煩爲查照施行可也爲此合咨須

至咨者

右　　　　　　咨

盛京將軍衙門

處在案今准奉天府學政衙門咨催前來相應移咨
盛京内務府衙門轉飭該處將應考之生童分别滿漢旗色佐領
作速造具年貌三代姓名清册咨送本衙門一便驗看騎射彙造
清册咨送學政衙門考試可也等因前來交到今據童生孔
興珏孔興珂孔興瑄等呈稱身等因染時症未得攵期投
考今已病愈懇乞補送等語查得漢軍童生孔興珏孔興珂
孔興瑄等並非開户家奴亦無刑喪過犯冒名頂替違碍等弊
是寔理合呈明遵照旧例將伊等三代履歷年貌姓名旗色佐領

案查八旗等應考滿合童生前已歷叙部文移咨在案今考
期已近所有應考童生例應及時齊集相應移咨貴將軍
煩爲查照前咨事理除有職事人等并
盛京隨任大員子弟及開户家奴一槩不准考試外希將滿洲蒙
古漢軍并各項千丁子弟應考生童照例驗射馬步箭分别
滿漢旗色佐領的于五月内咨送本學政以便轉發治中遴選考
試事關
大典幸勿遲滯施行望速望速等因前來查得此案先經咨劄各該

盛京内務府　爲補送事據

正黄旗值月領催依常阿等呈爲補送事准

盛京將軍　衙門來文内開左禮司案呈准奉天府學政衙門咨開

阿

法

恩

劳

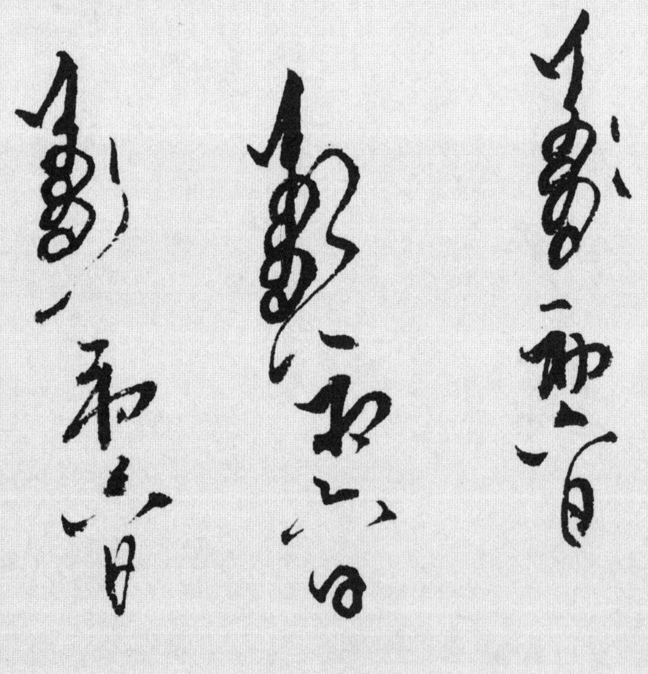

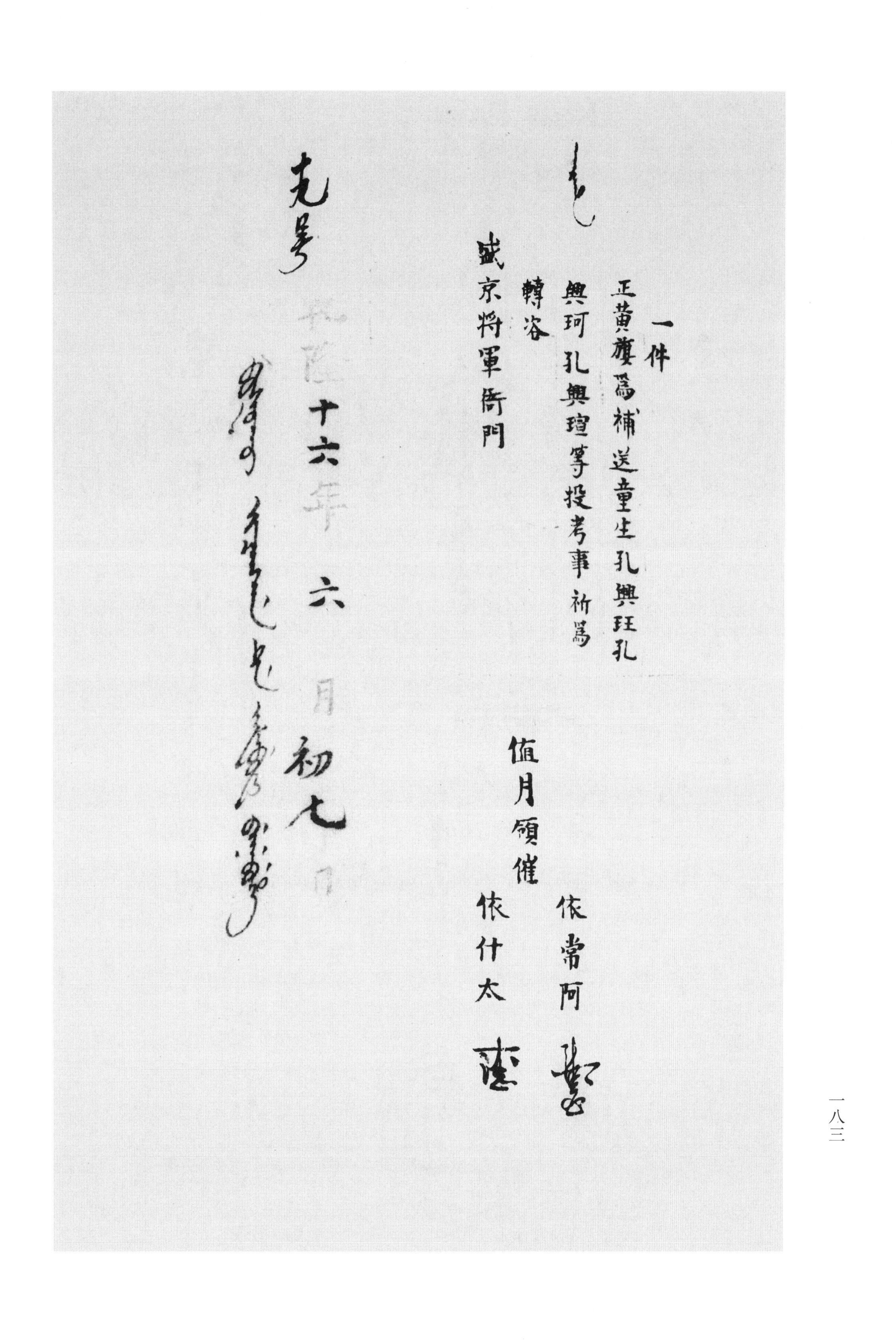

一件

正黄旗爲補送童生孔興珏孔

興珂孔興瑄等投考事祈爲

轉咨

盛京將軍衙門

值月領催

依常阿

依什太

光緒十六年六月初七日

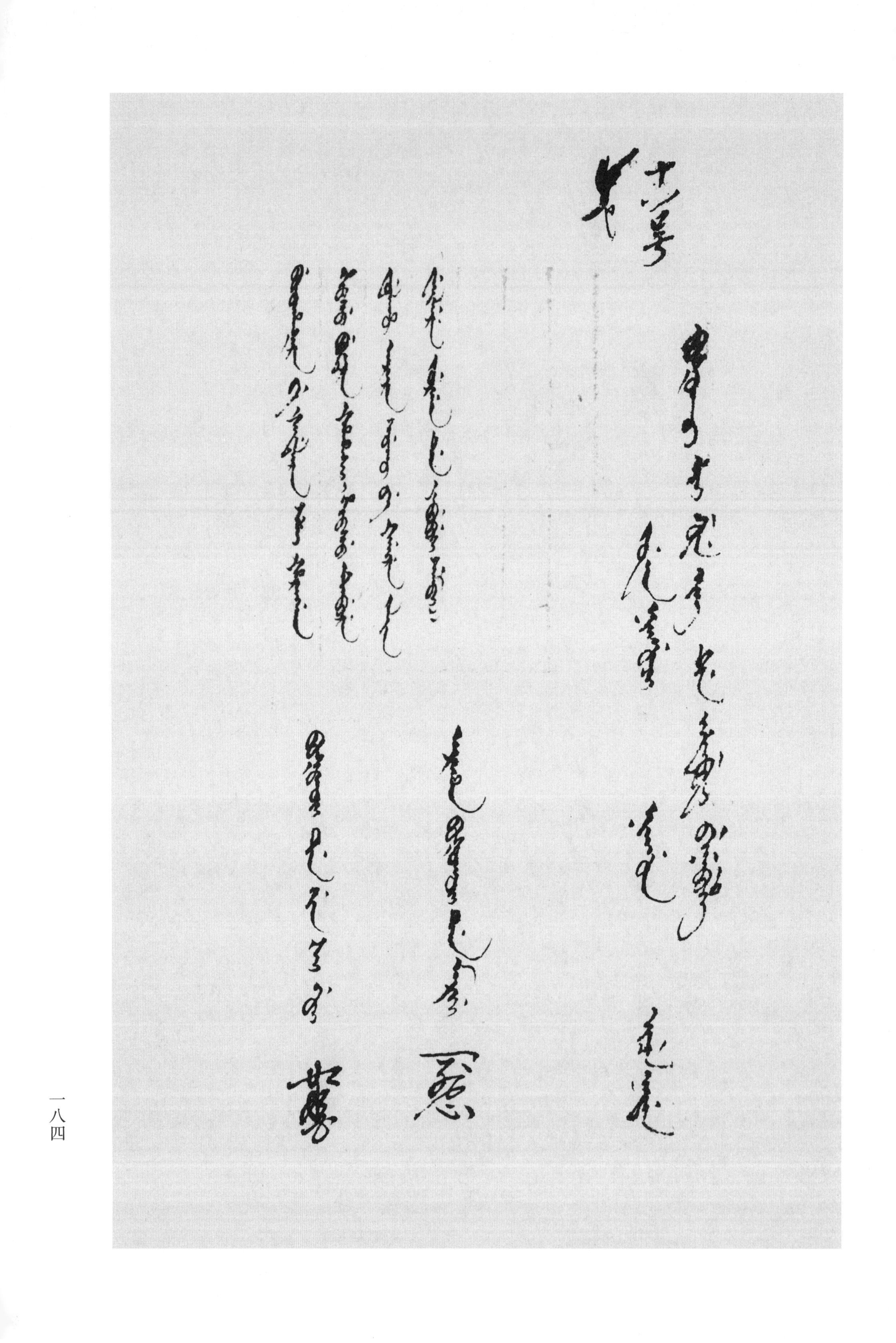

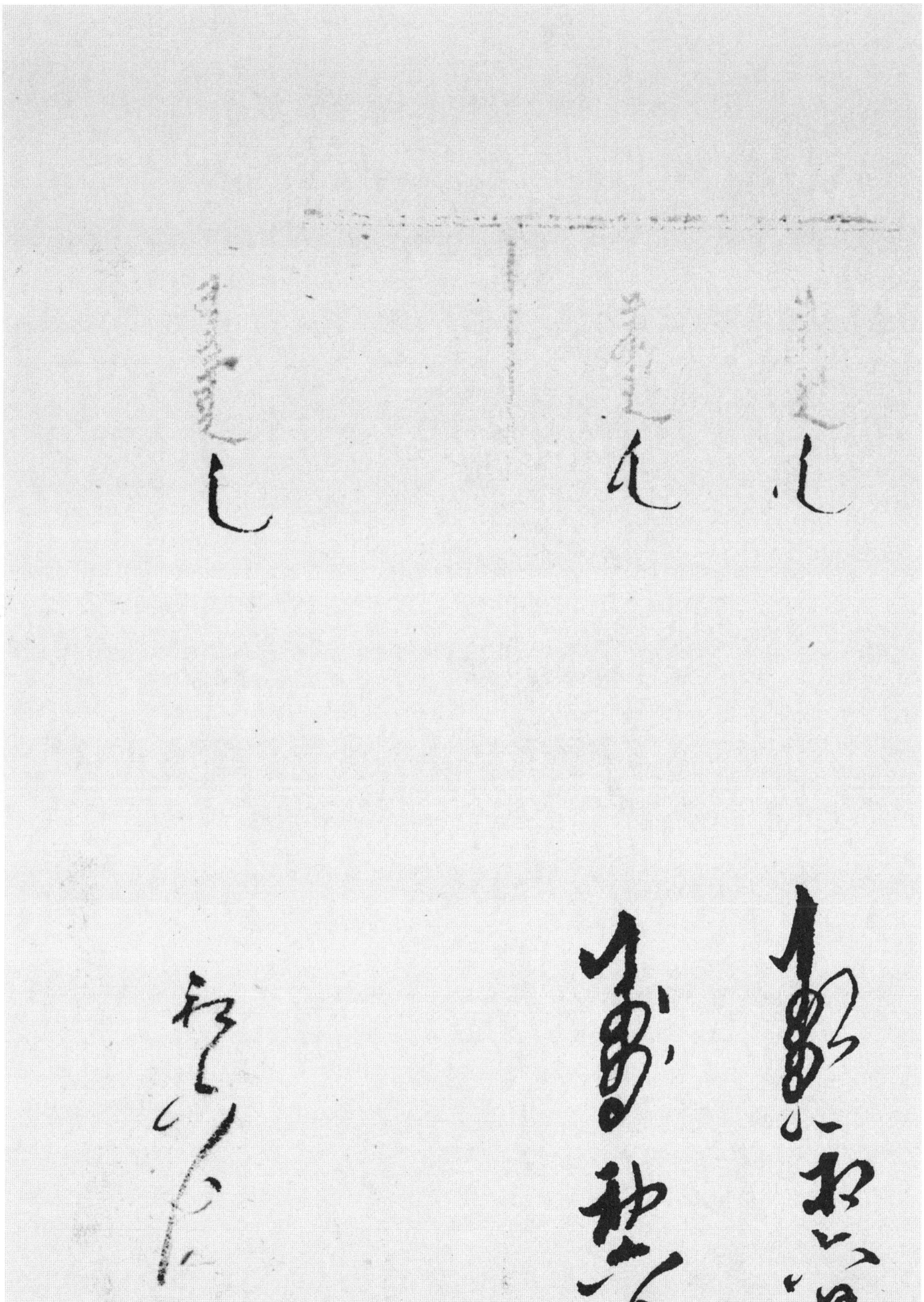

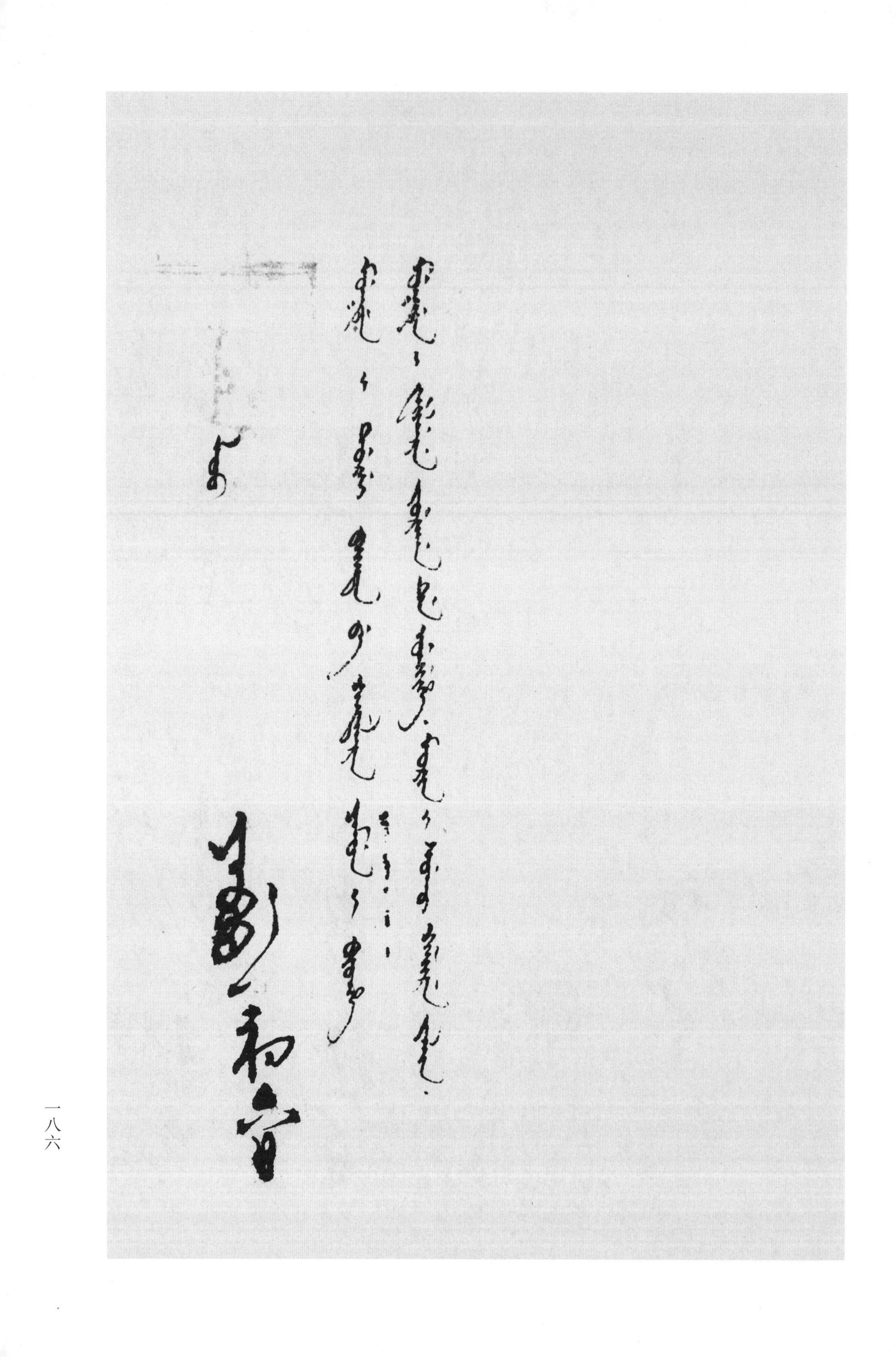

[illegible]

劉和會

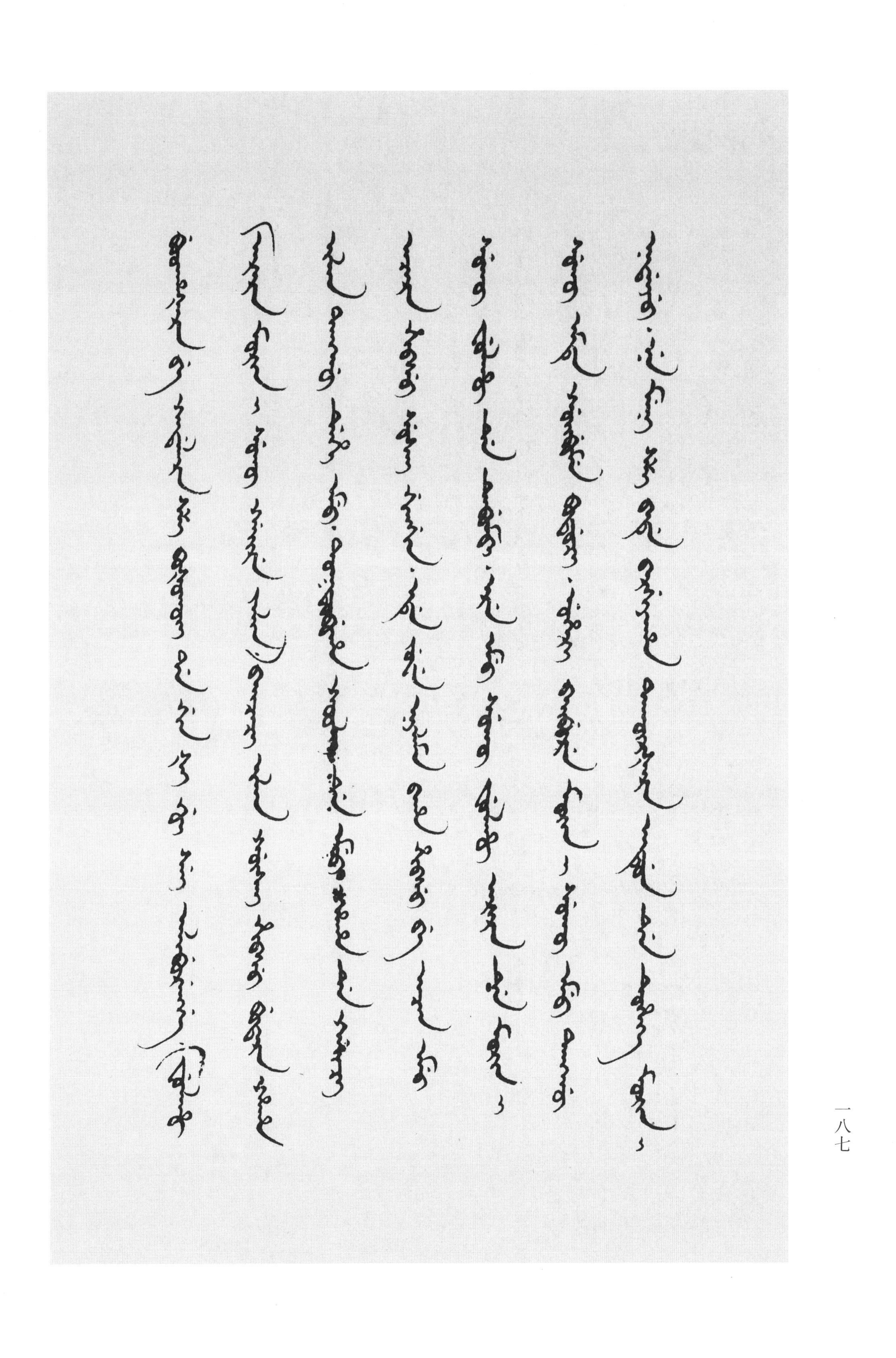

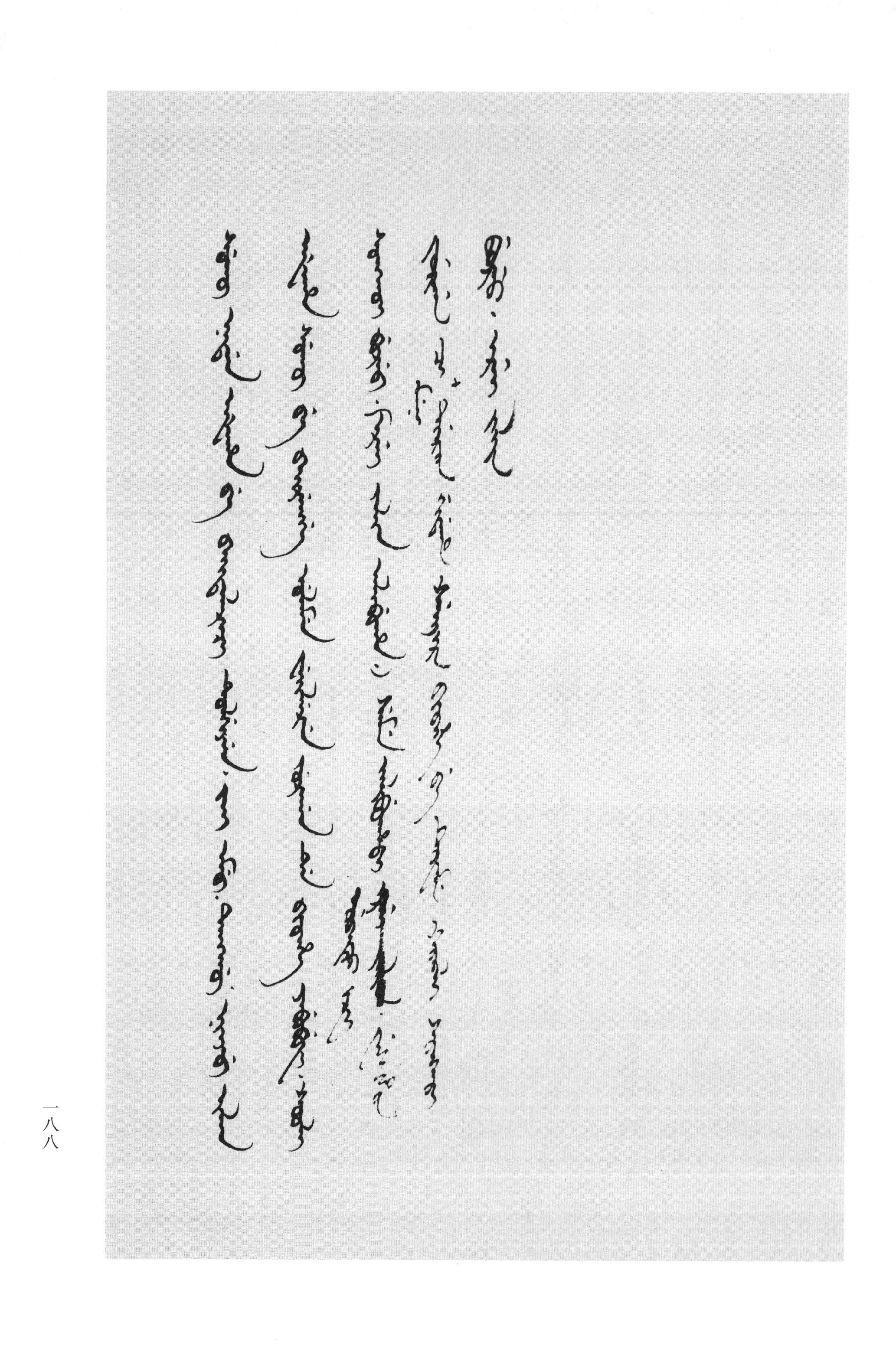

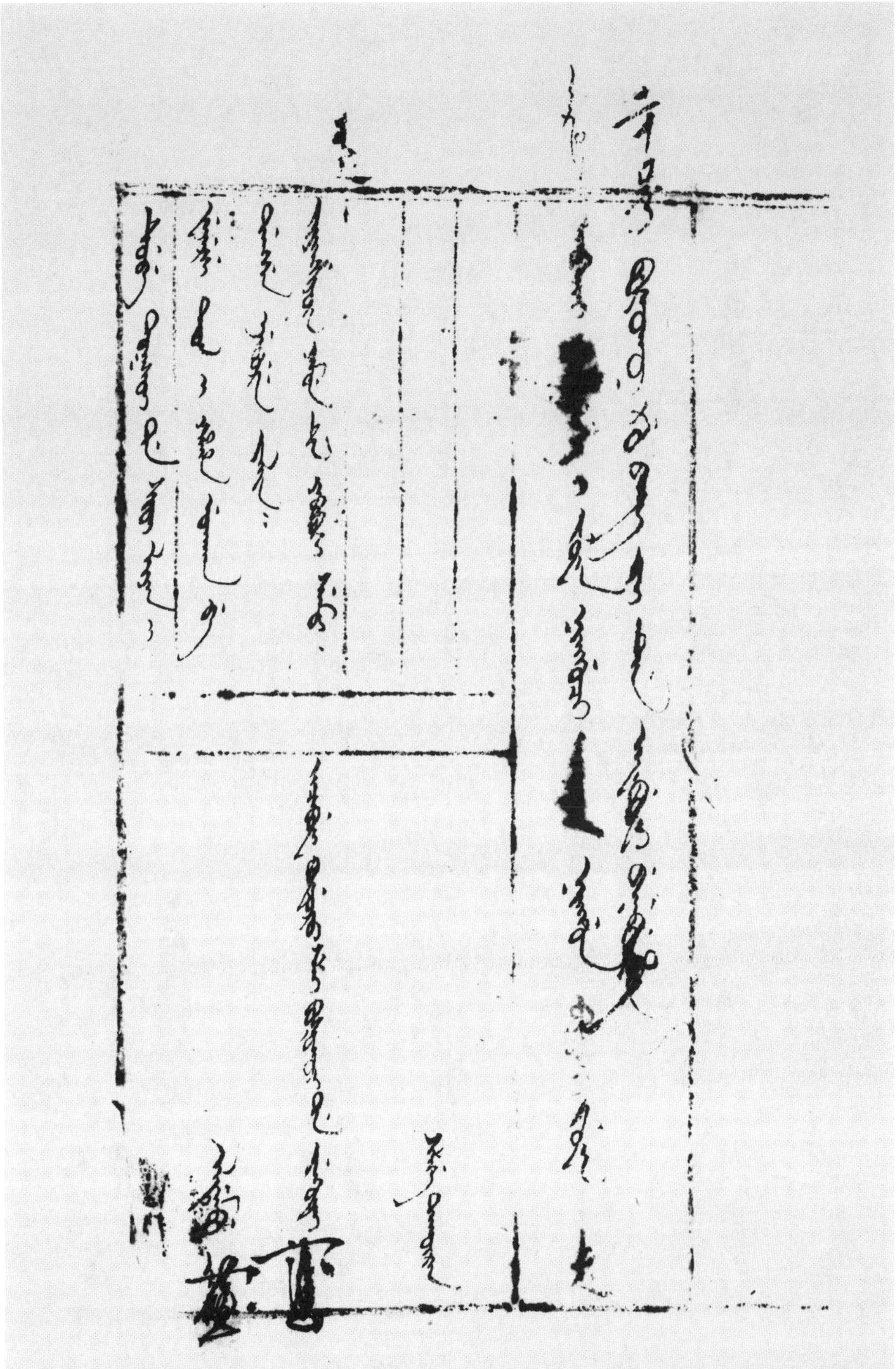

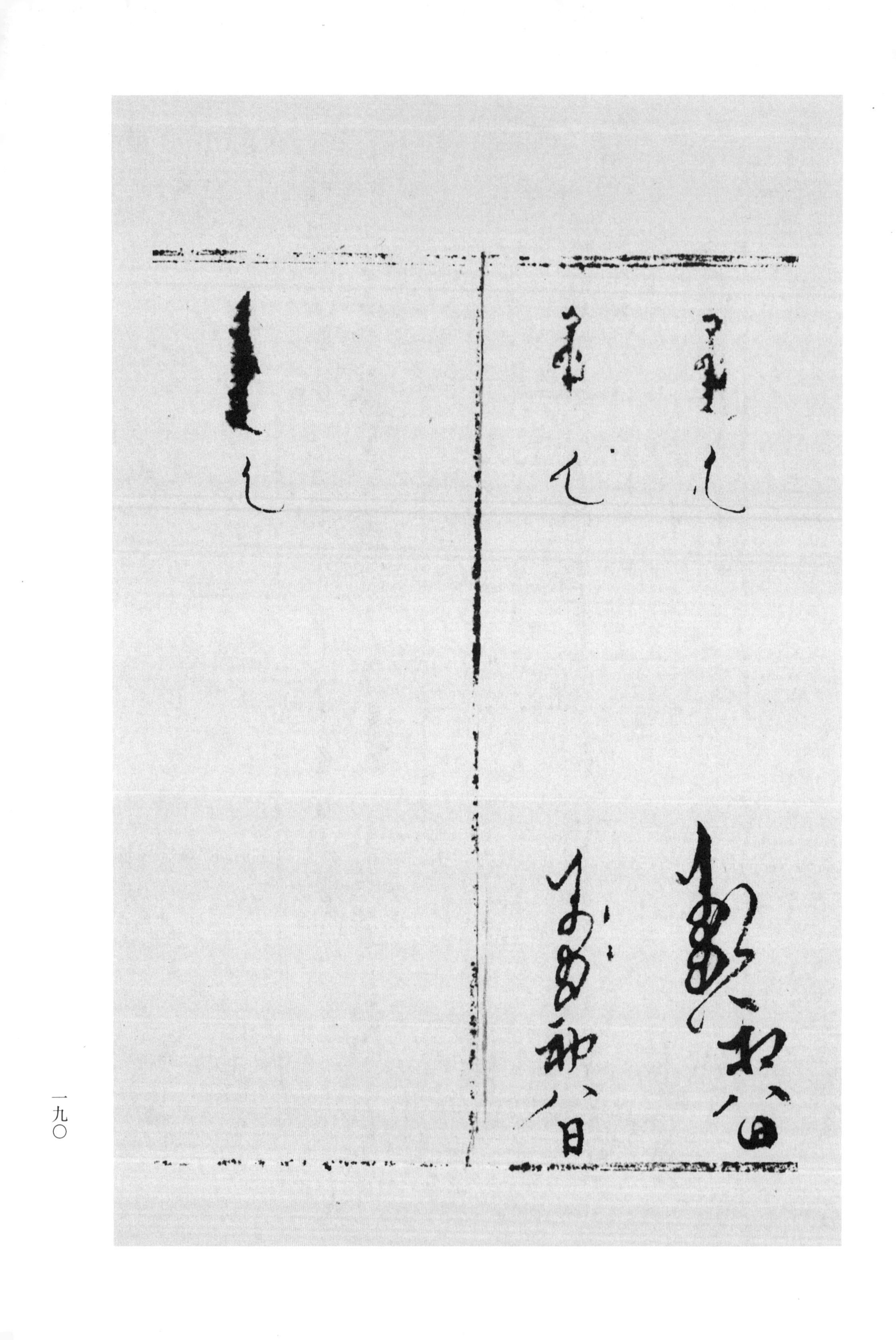

[illegible]

[illegible]

[illegible]八日

[illegible]八日

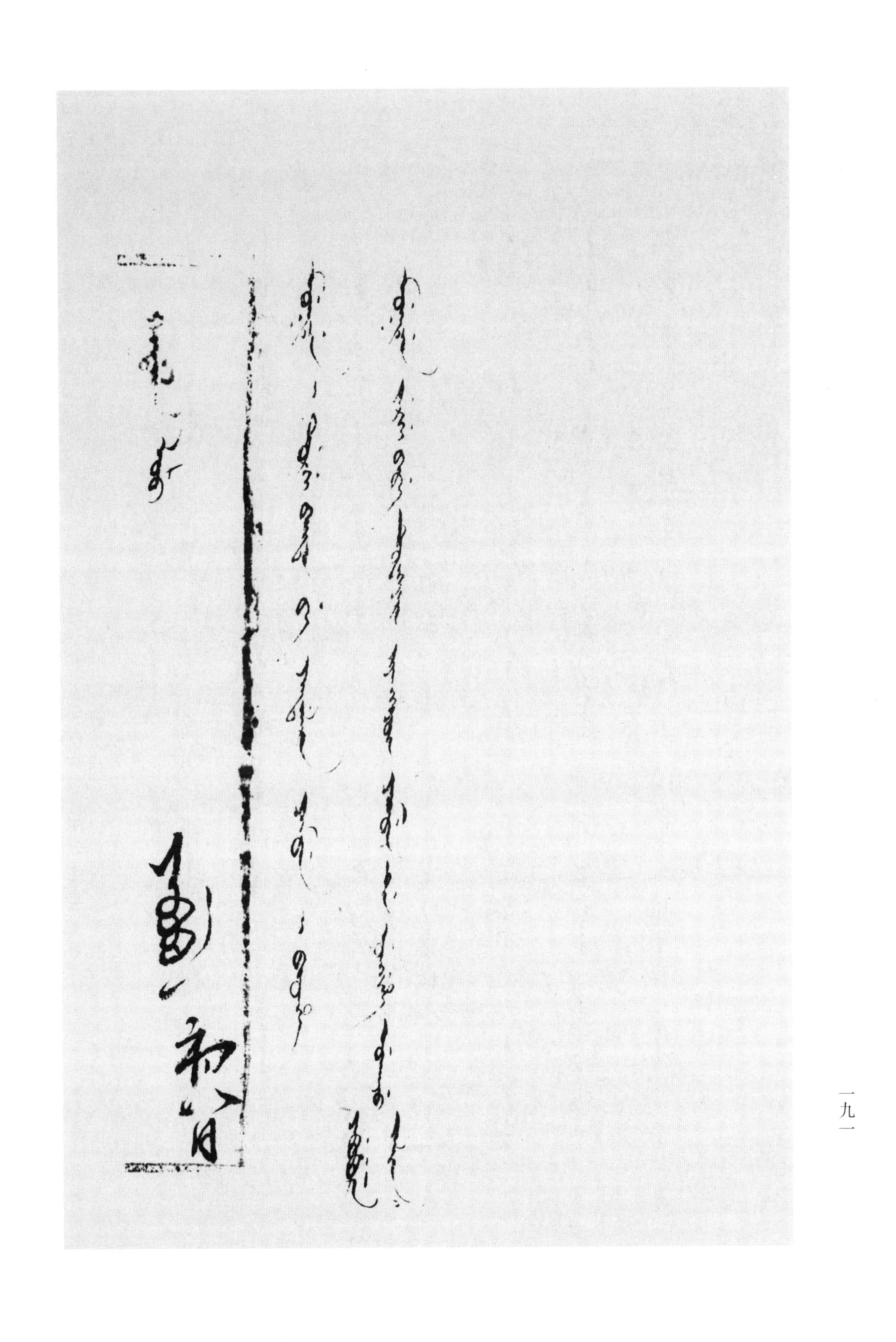

初八日

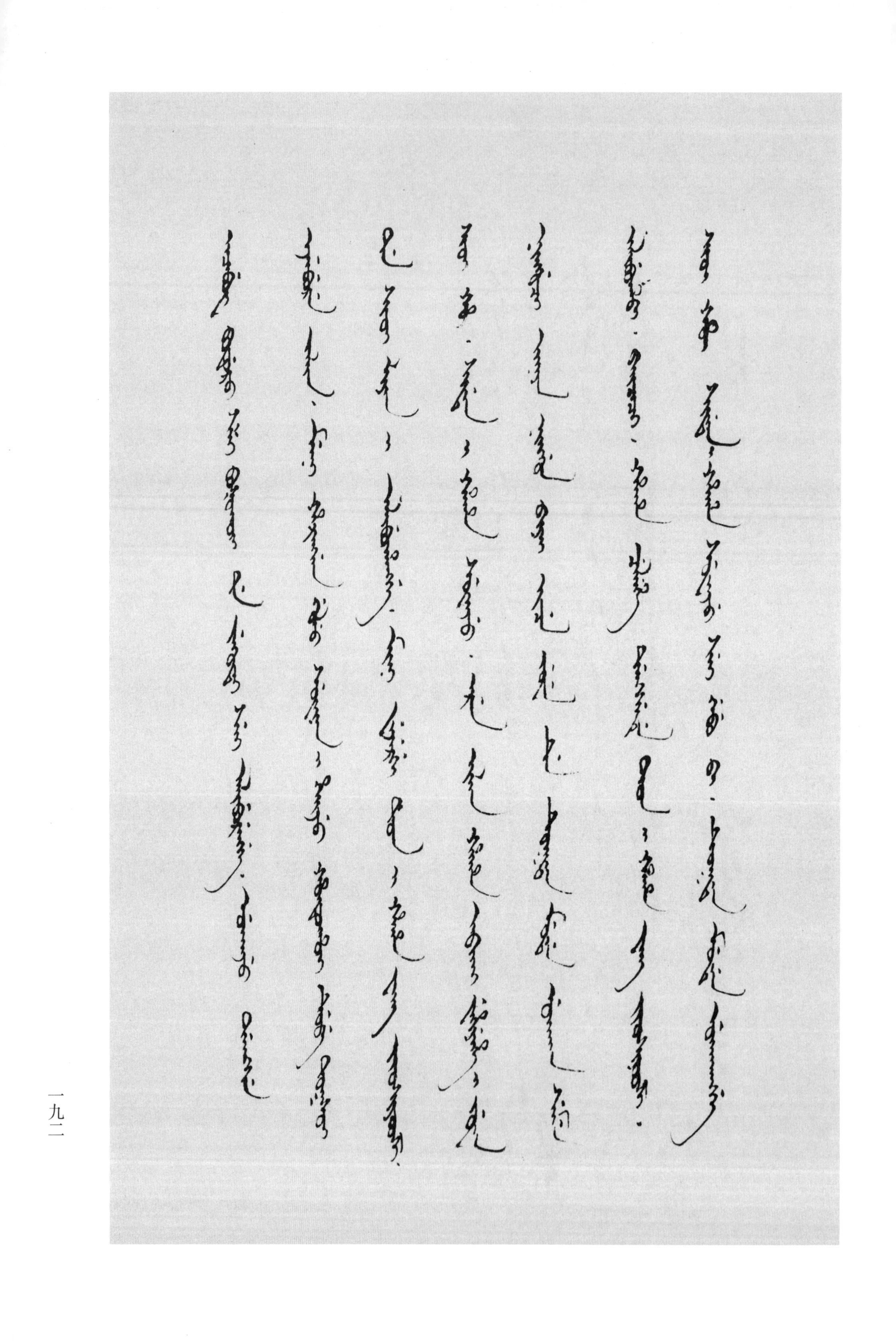

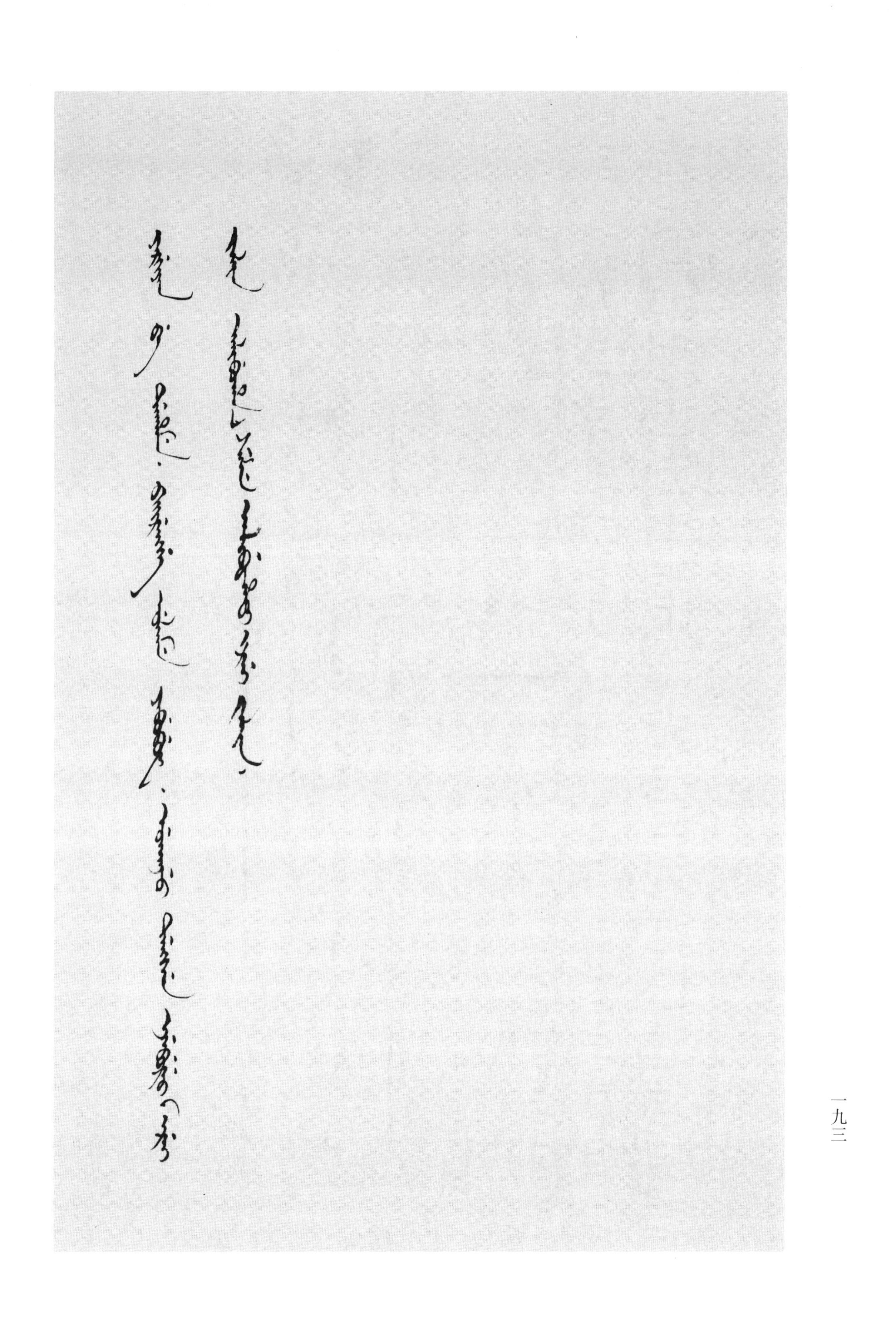

[illegible]

[illegible]

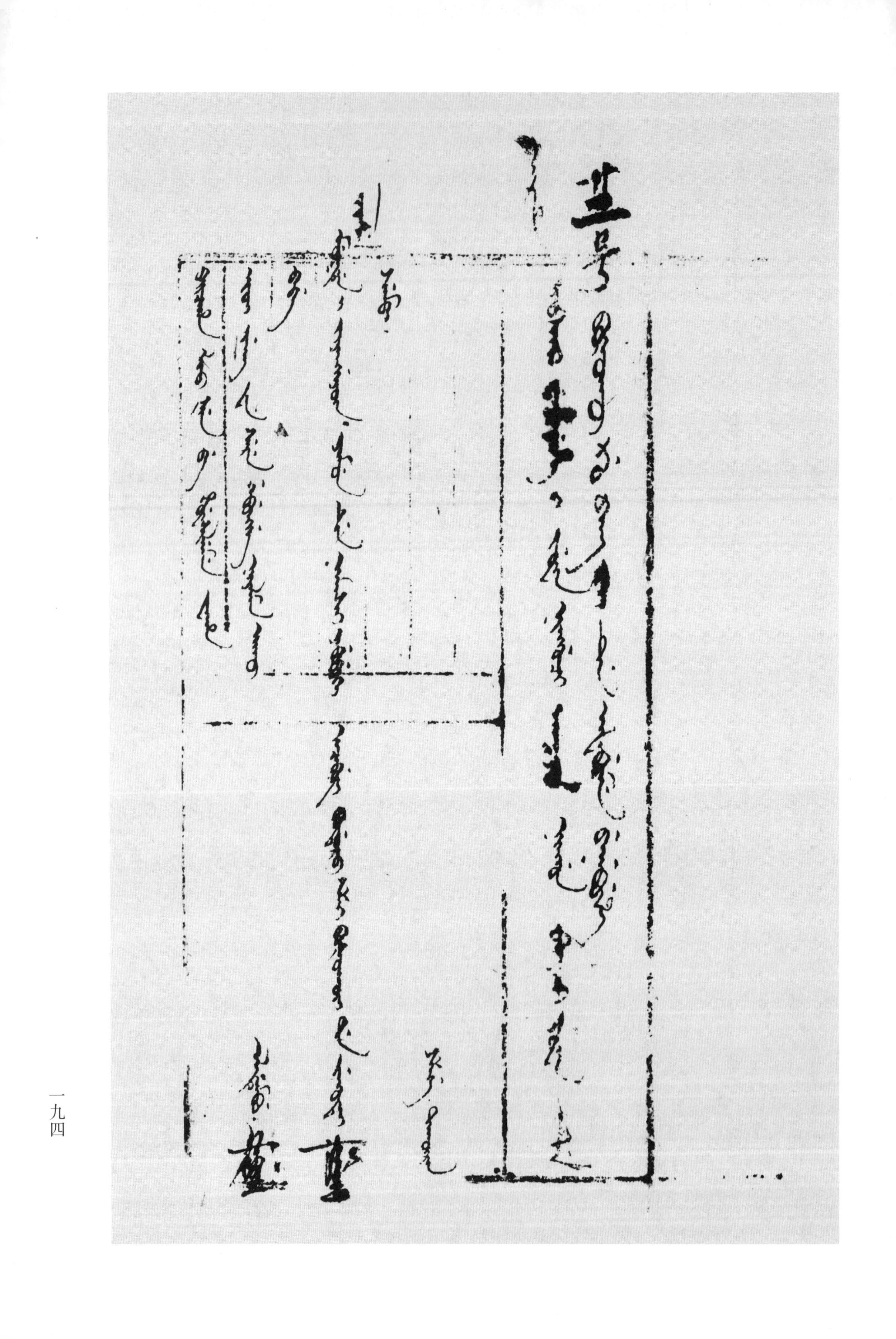

[illegible]

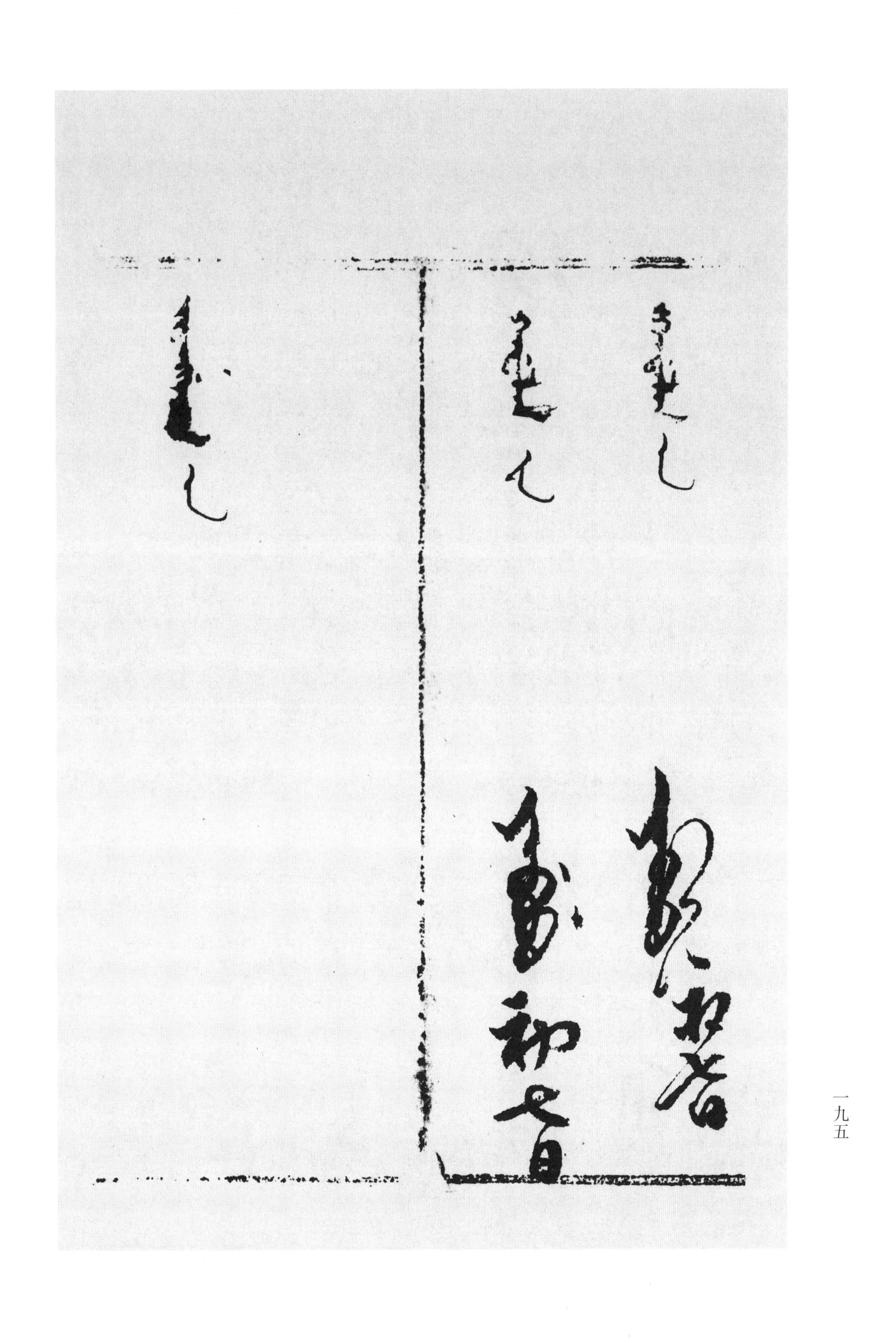

達乞　[illegible][illegible]若

[illegible]乞　[illegible]知旨

[illegible]乞

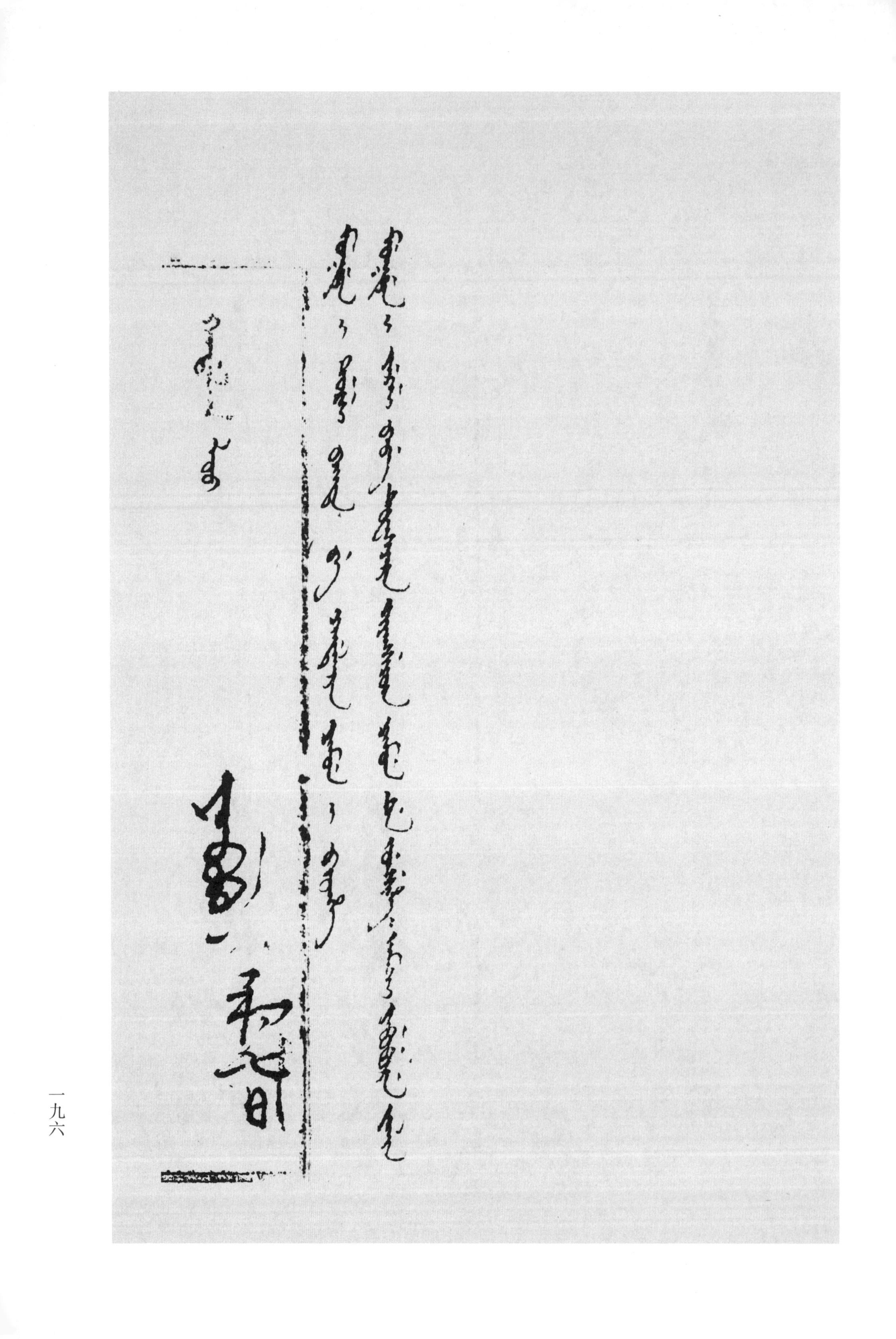

劉之智

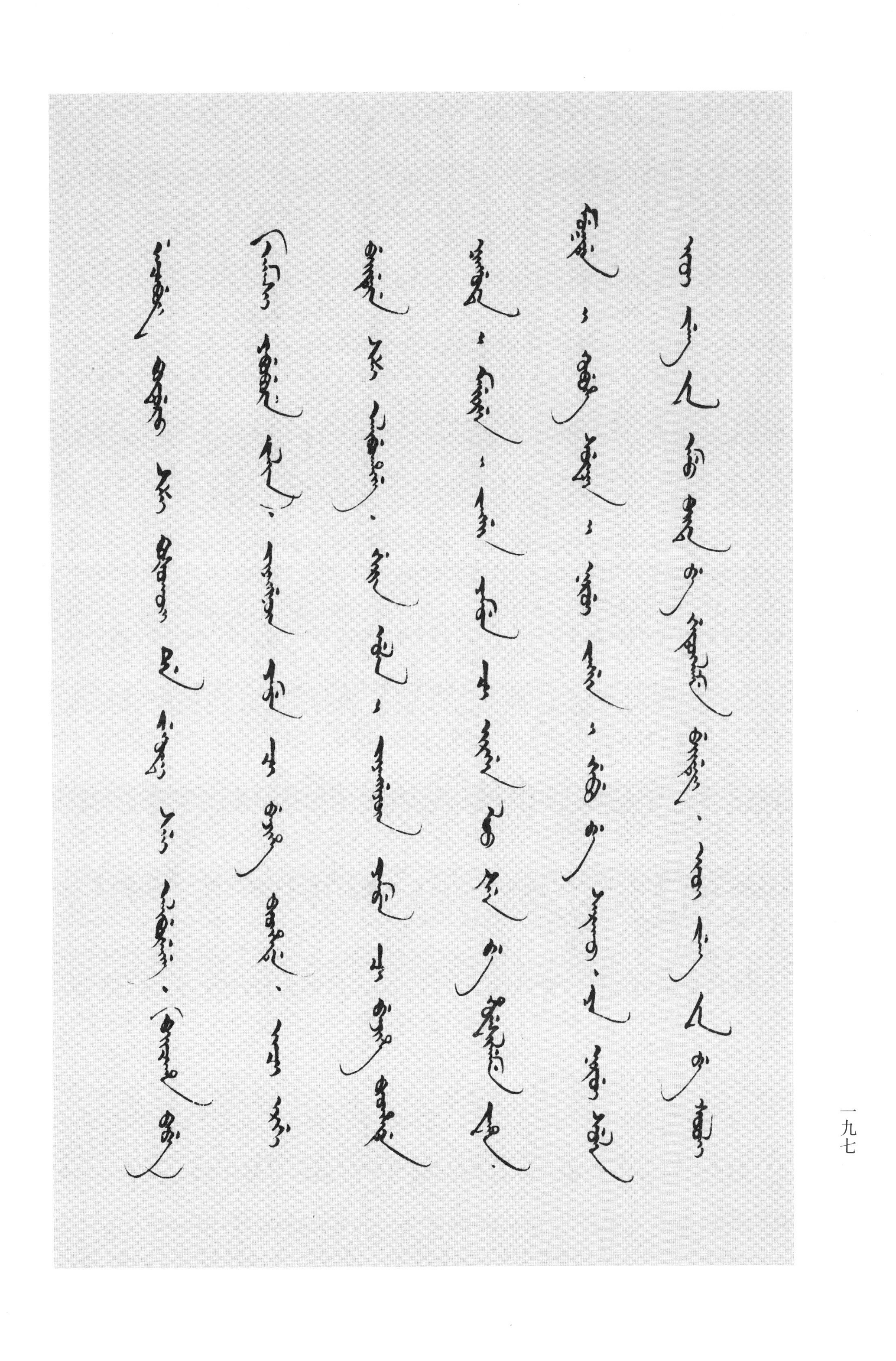

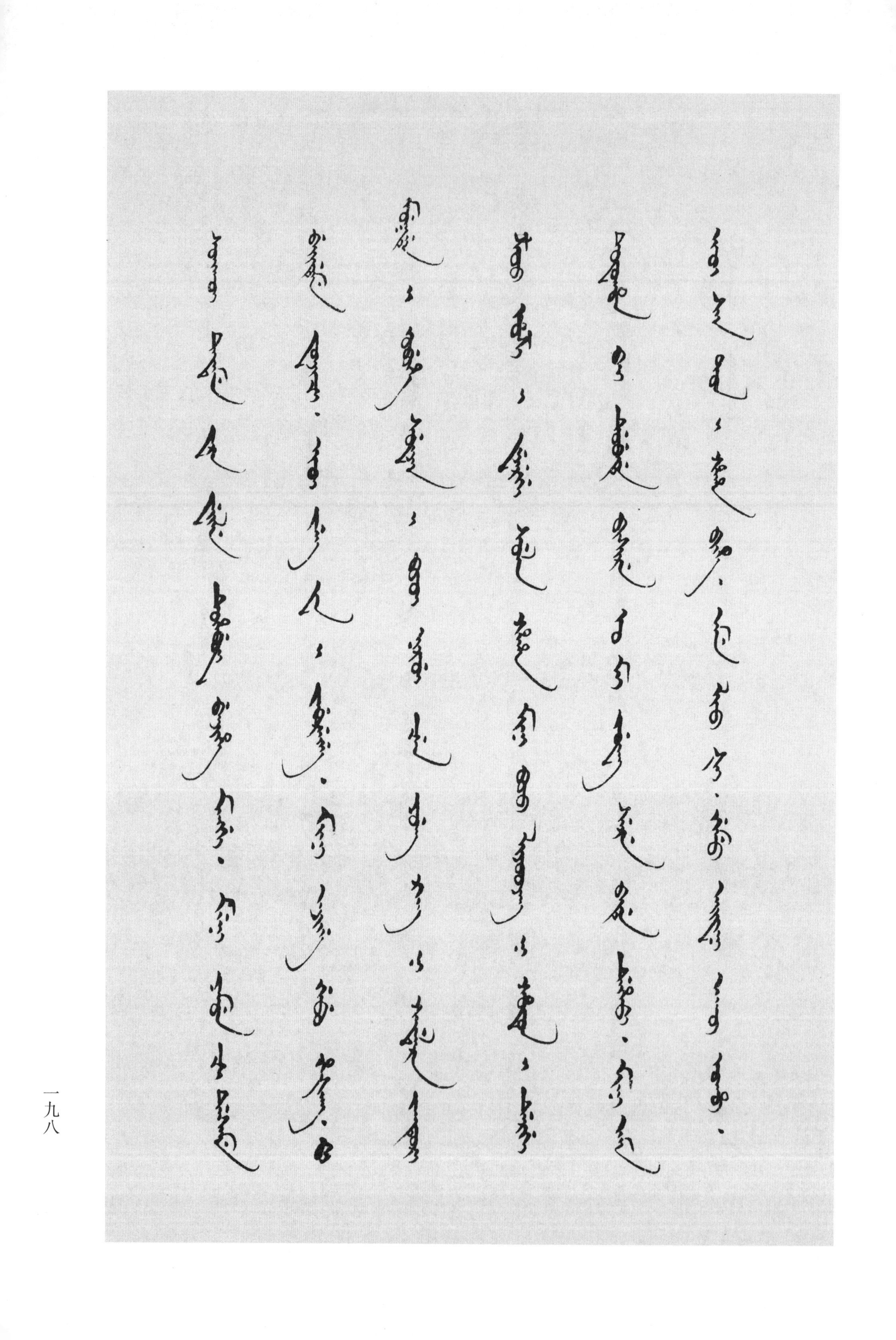

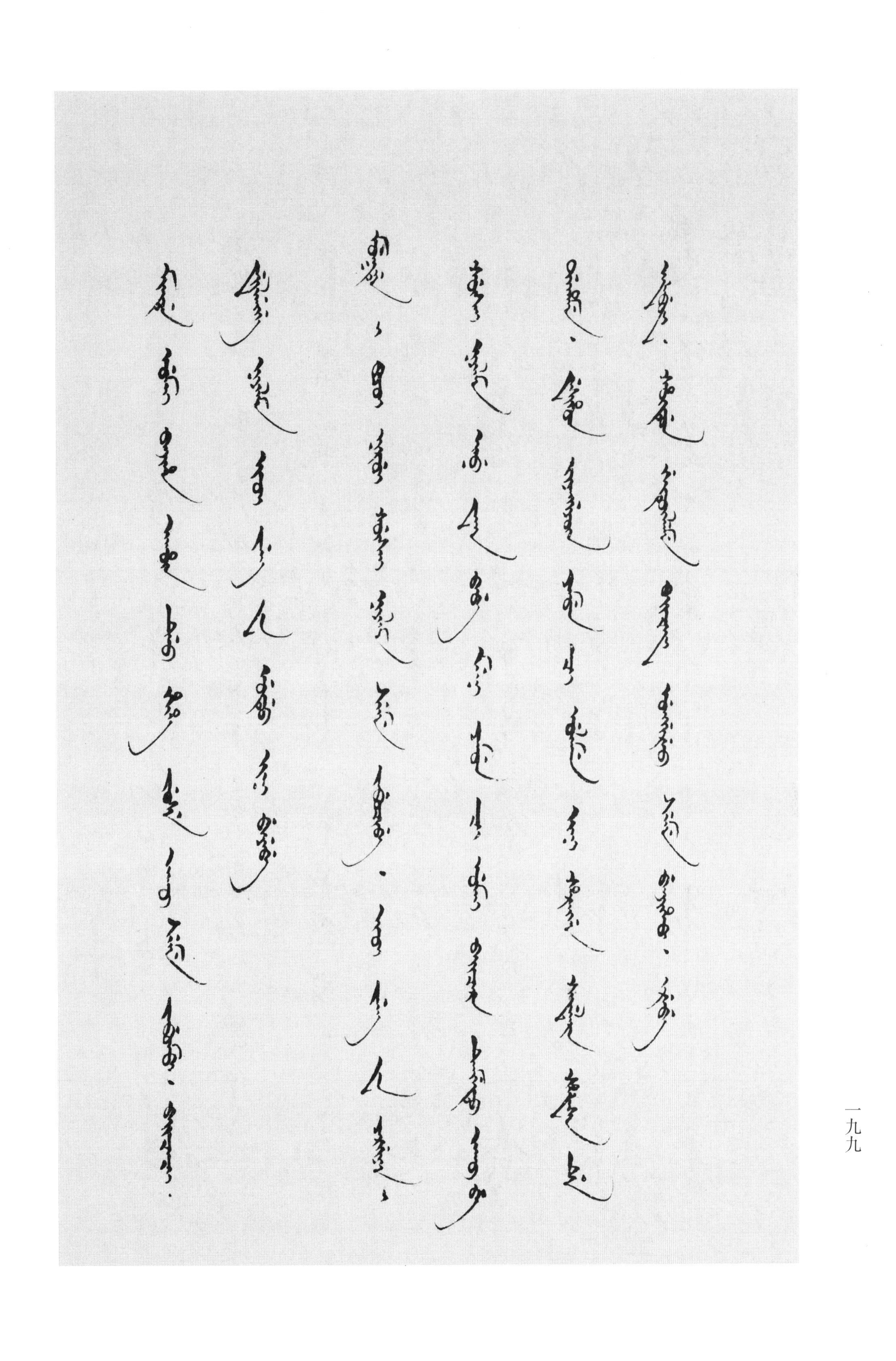

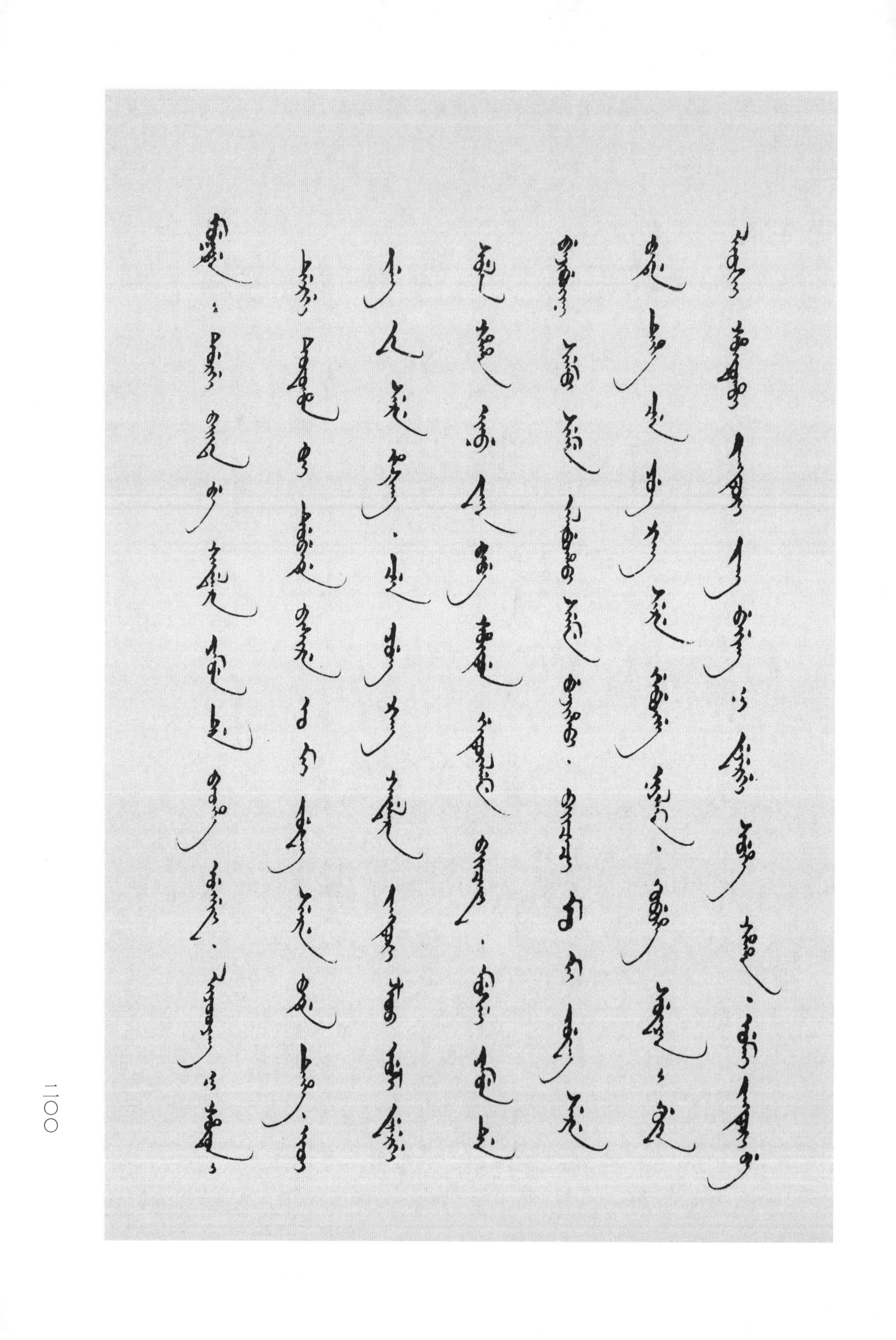

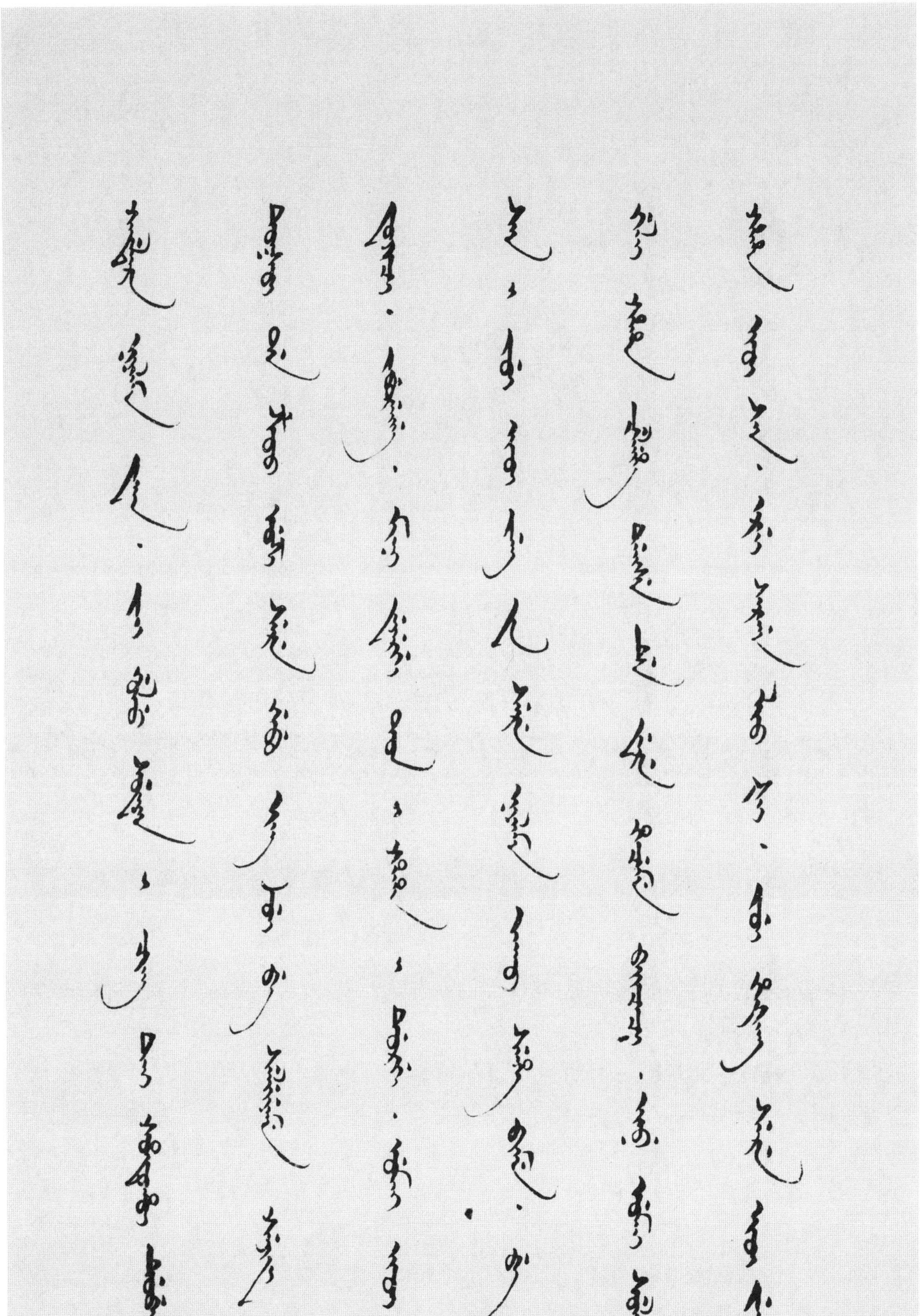

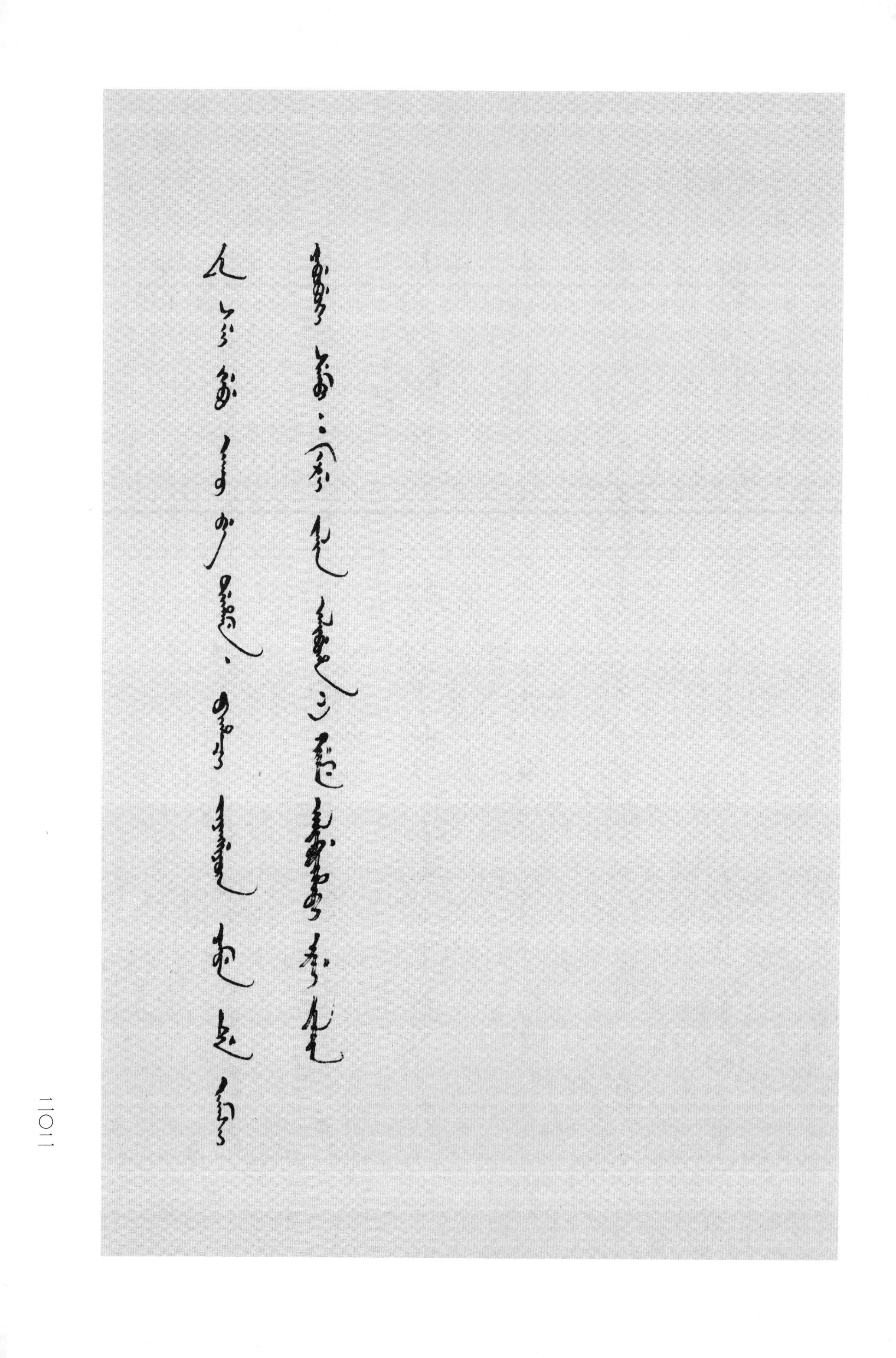

[illegible]

[illegible]

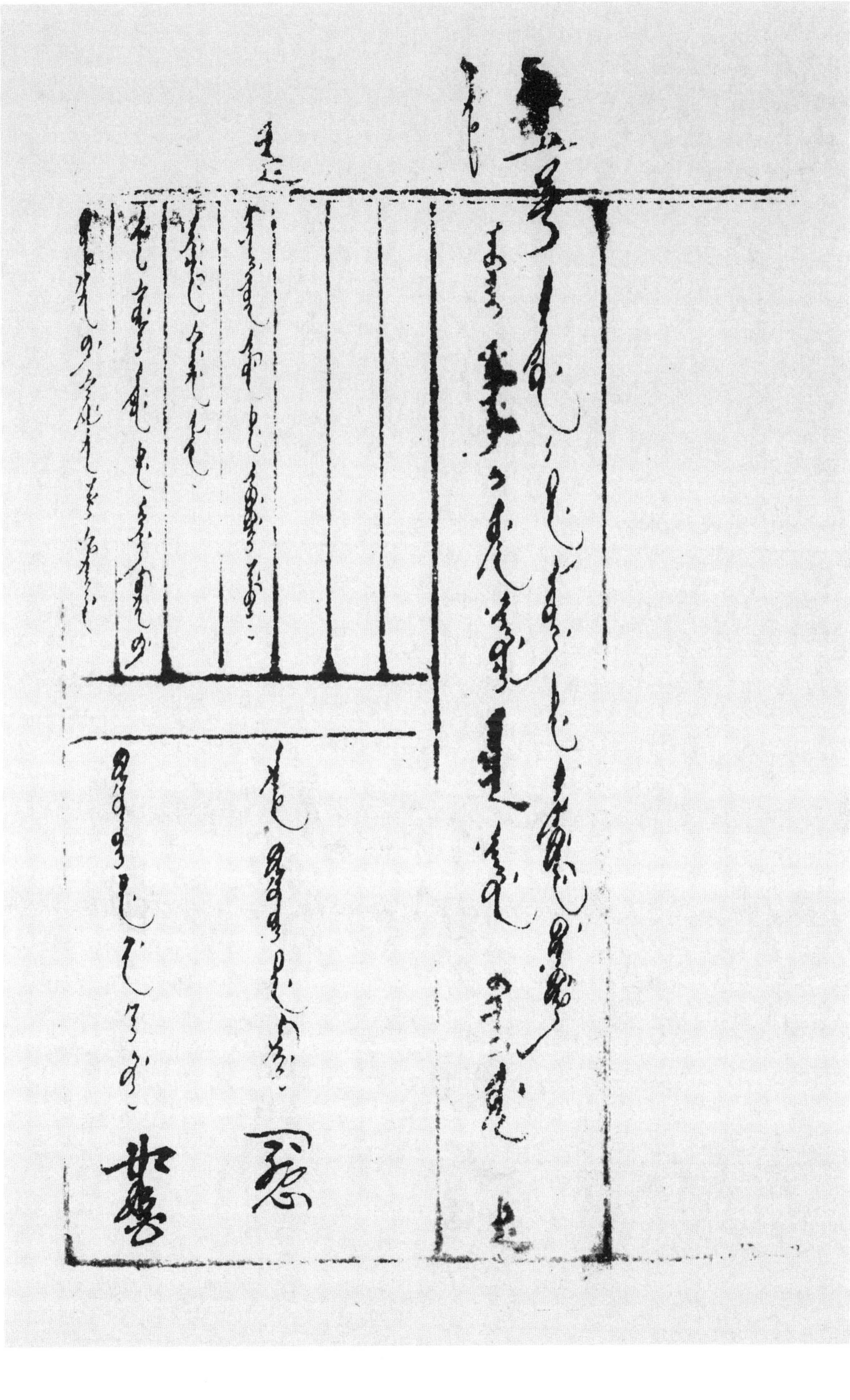

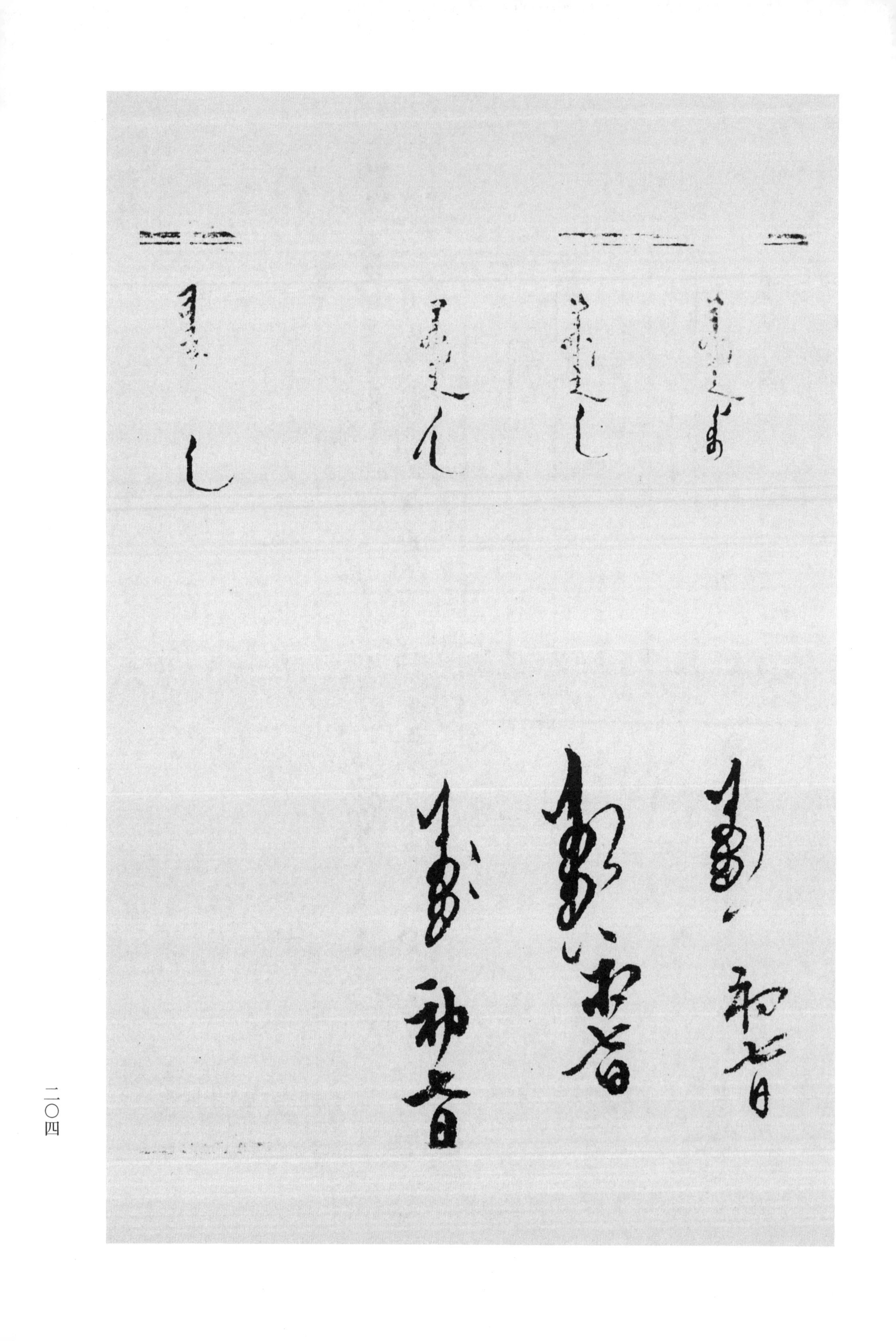

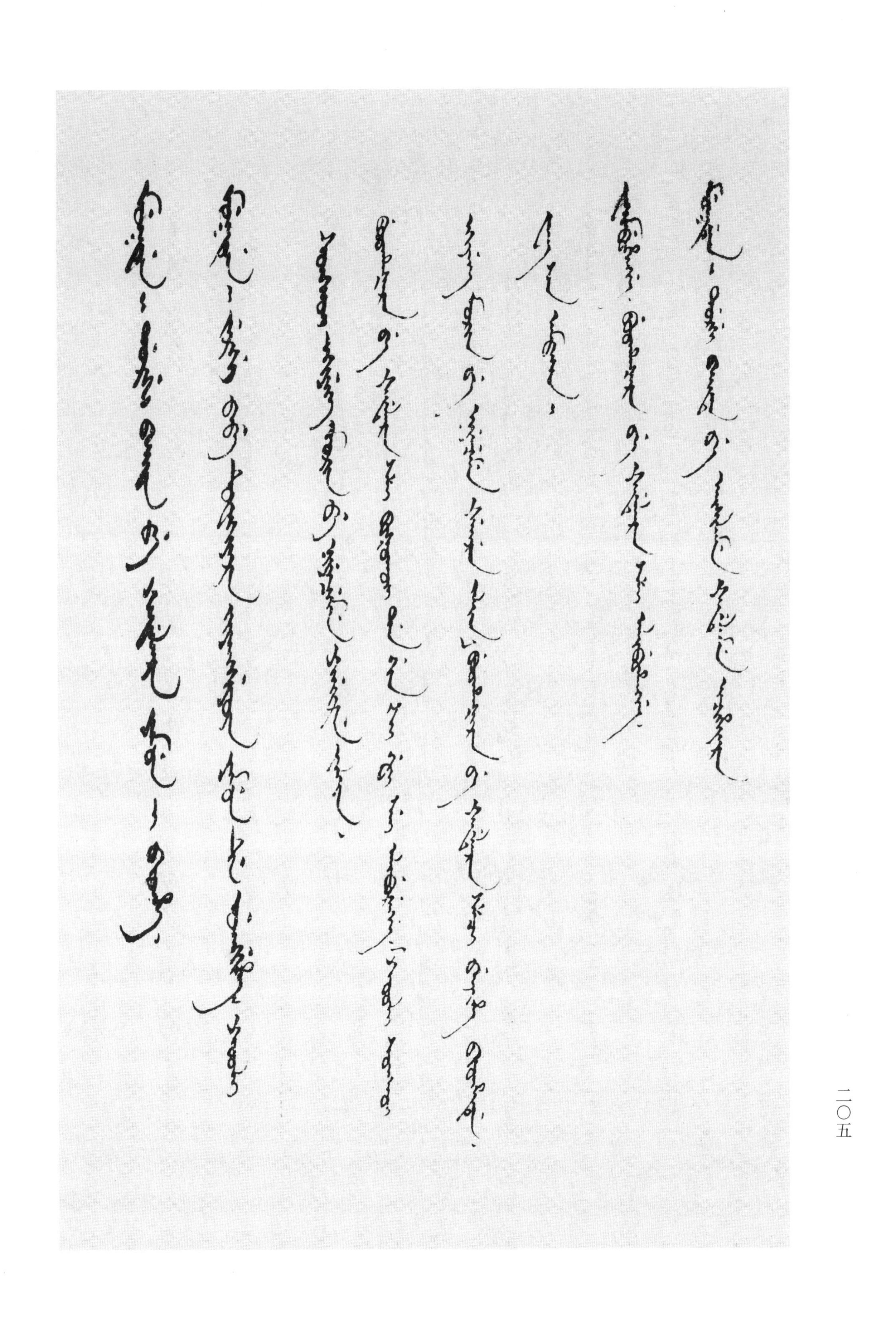

[illegible]

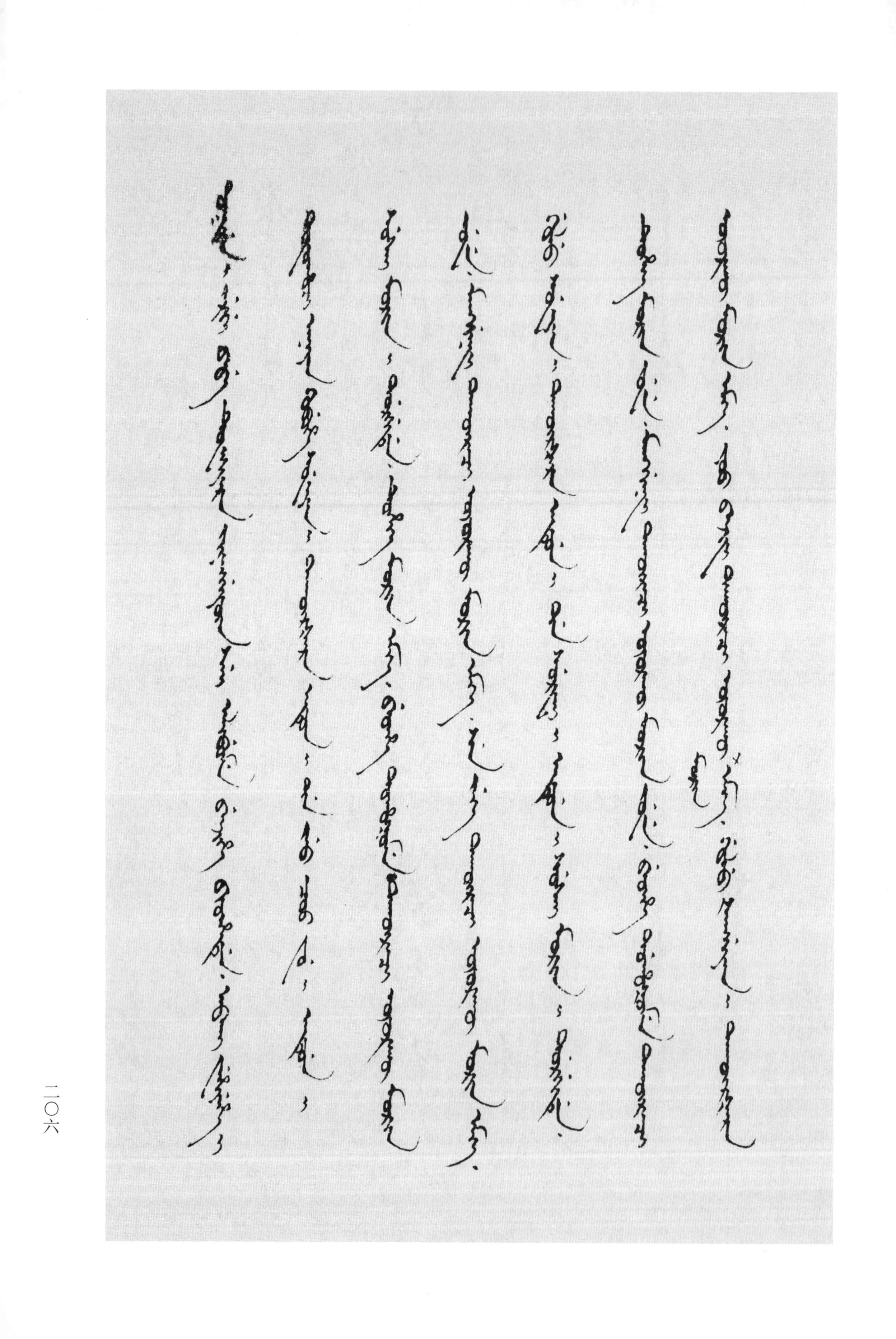

[illegible]

[illegible]

[illegible]

[illegible]

[illegible]

[illegible]

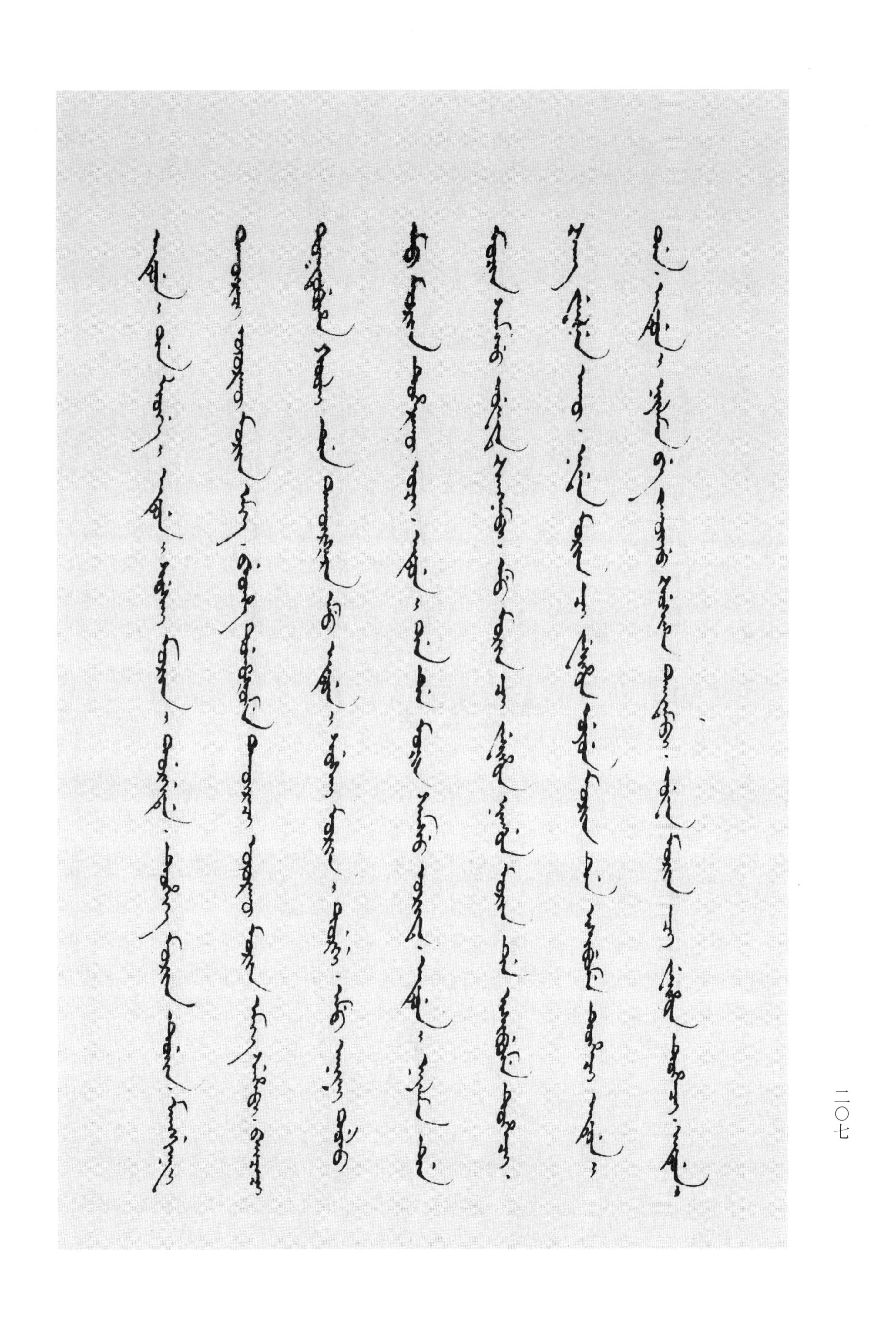

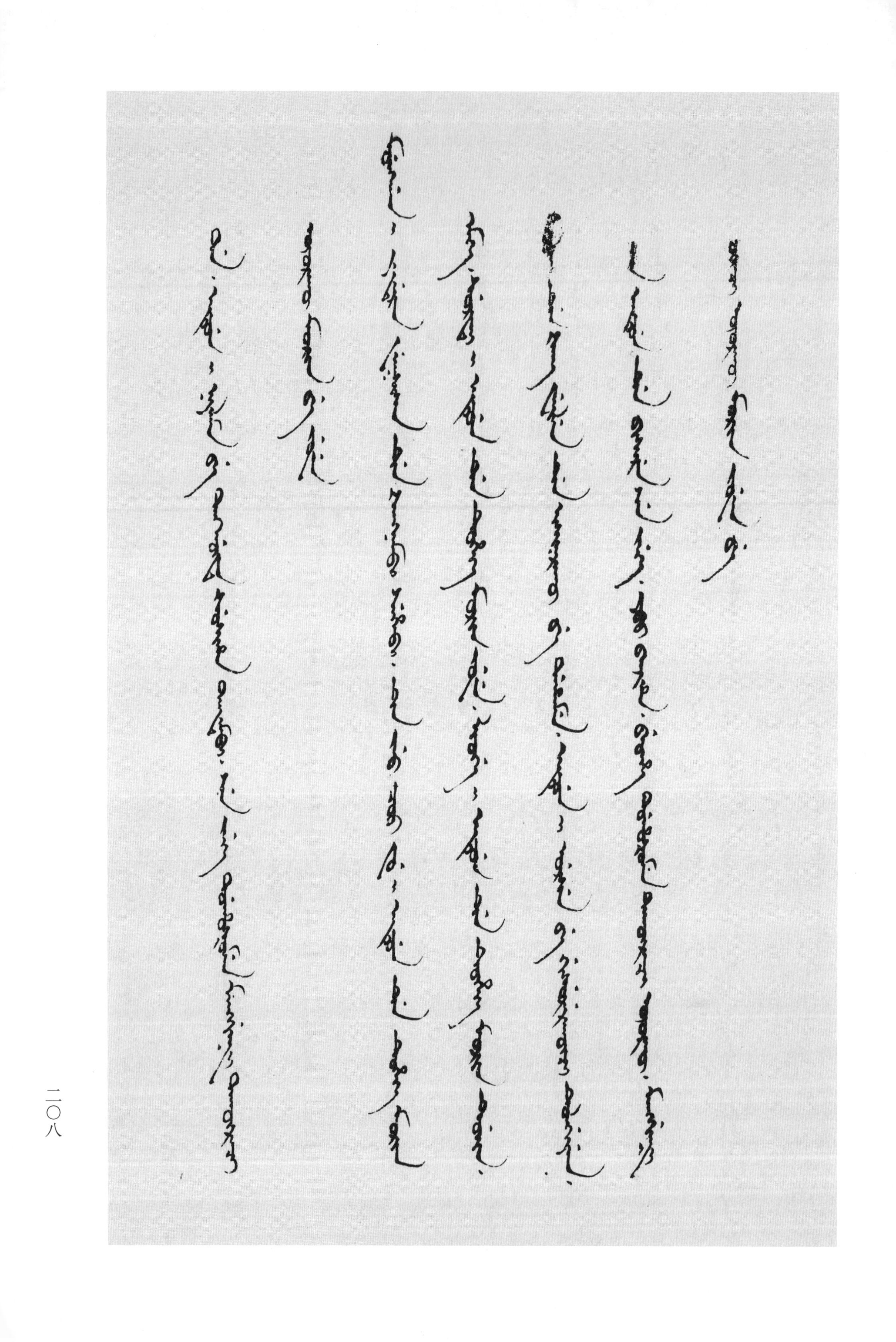

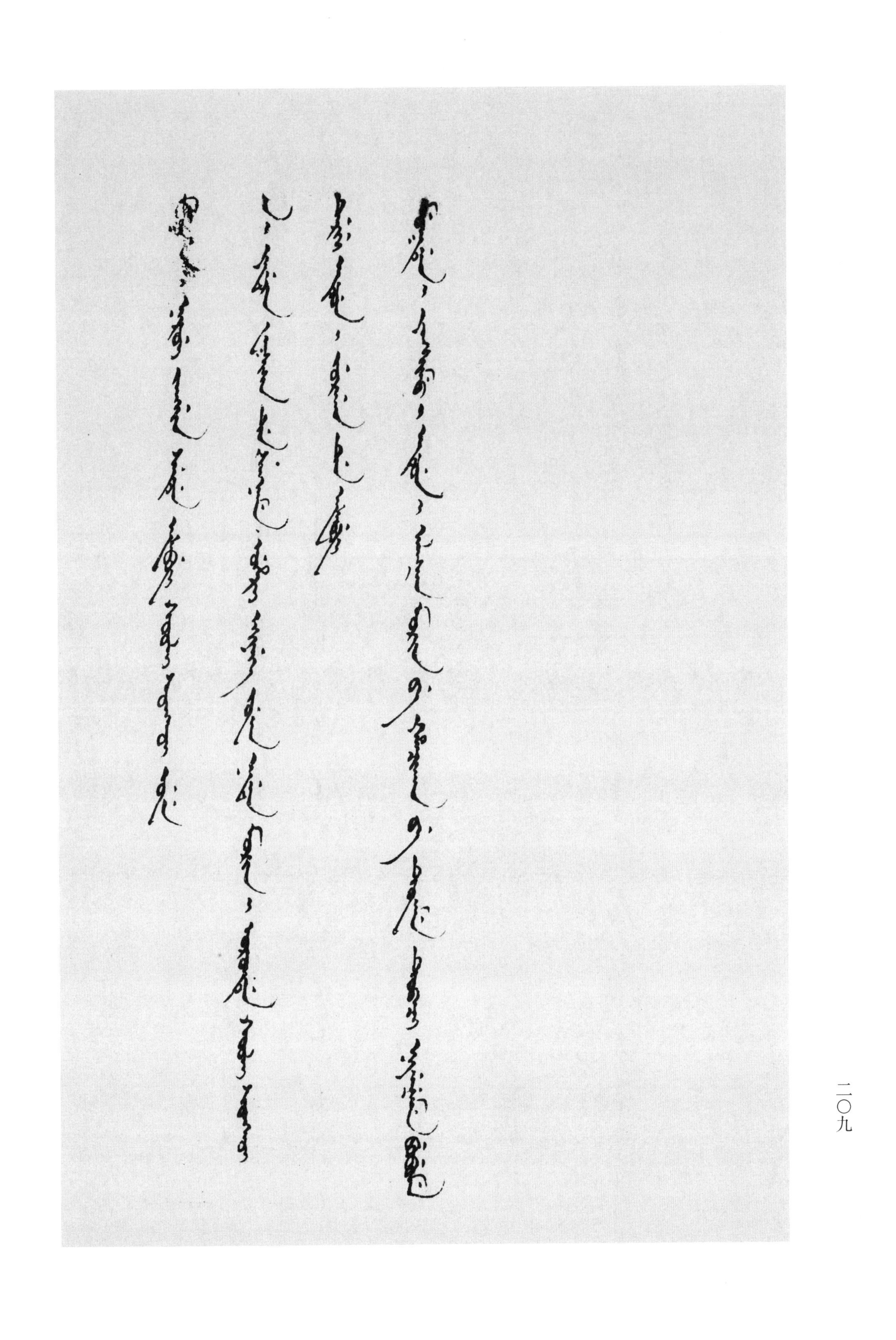

[illegible]

[illegible]

[illegible]

[illegible]

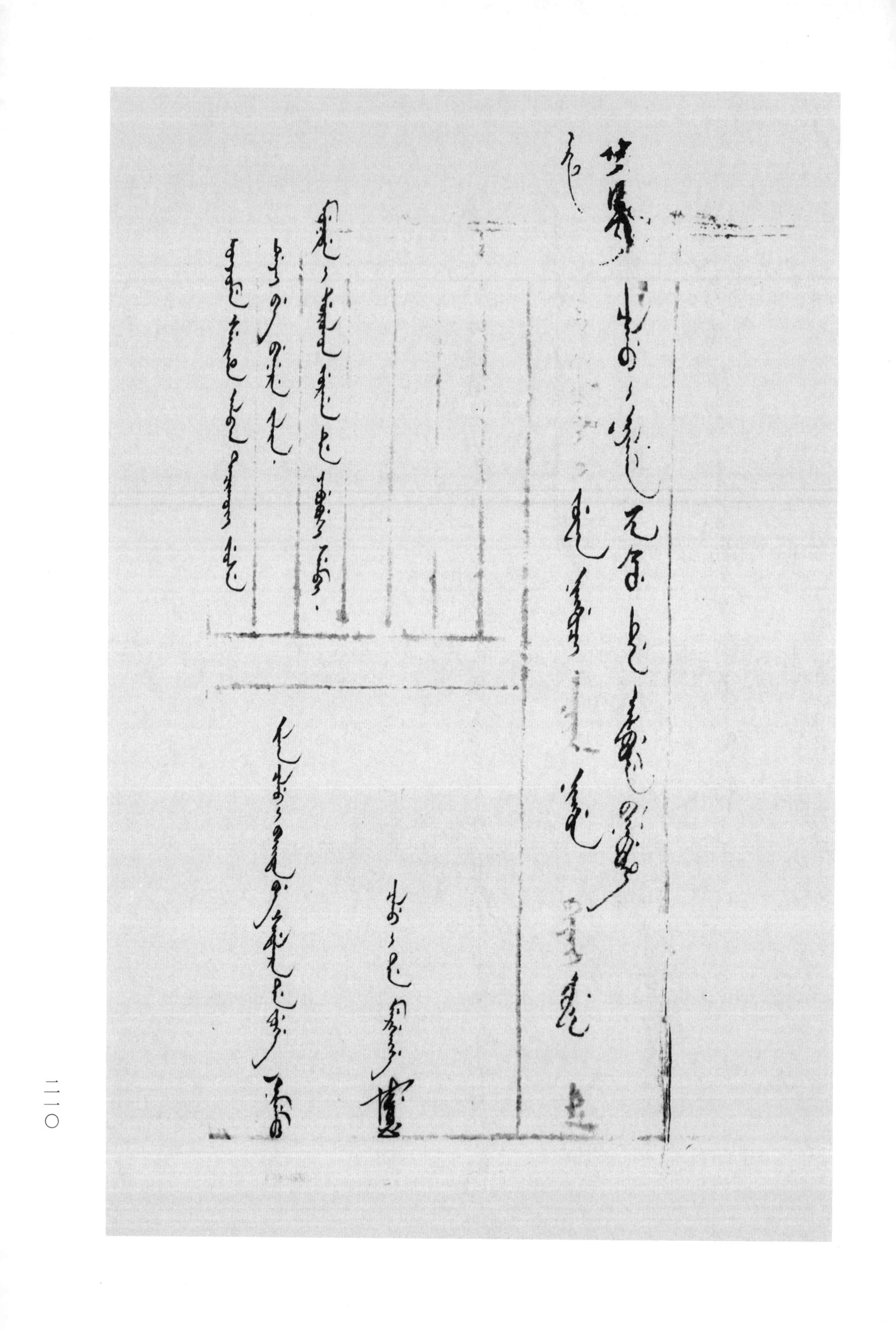

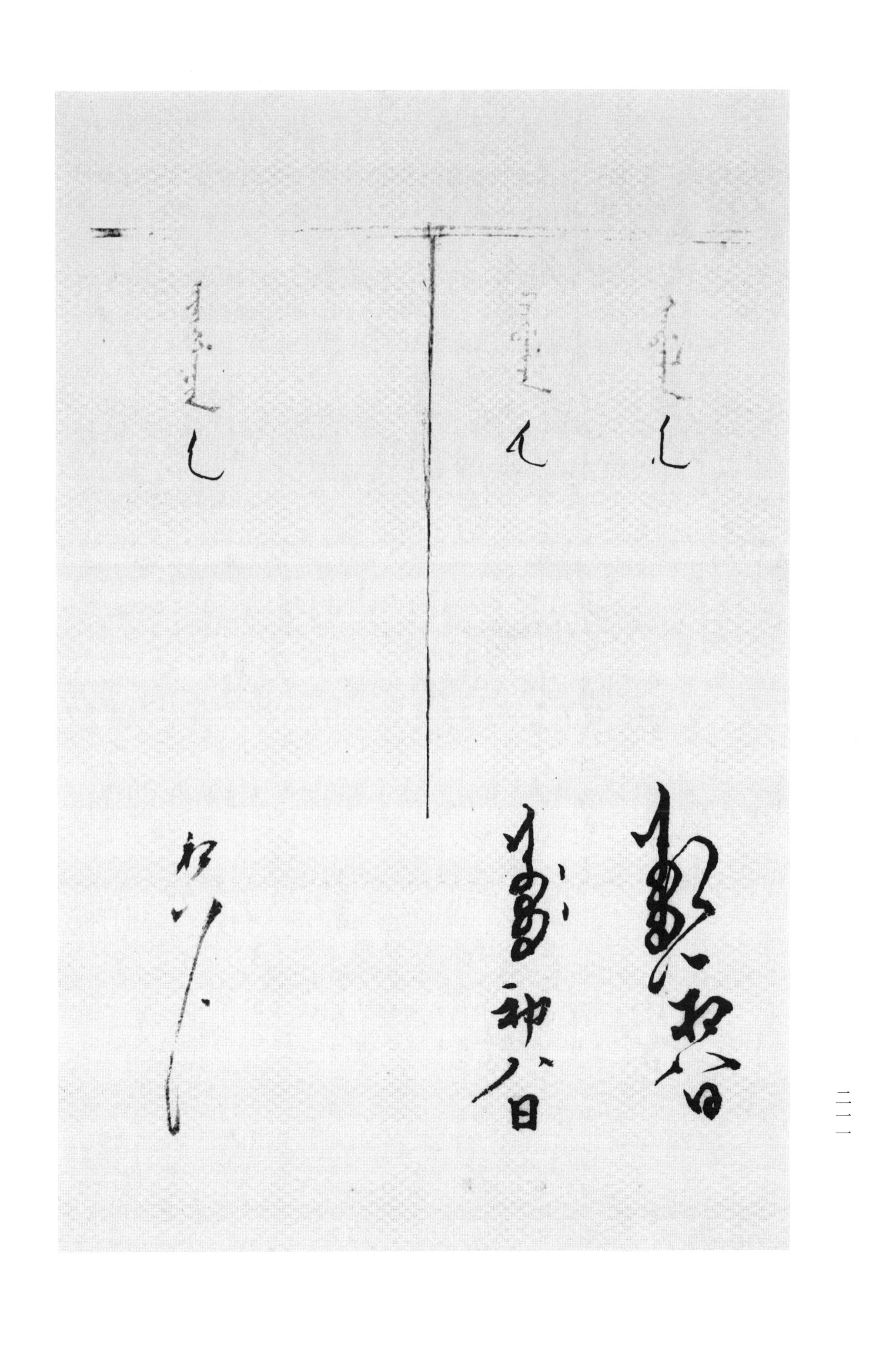

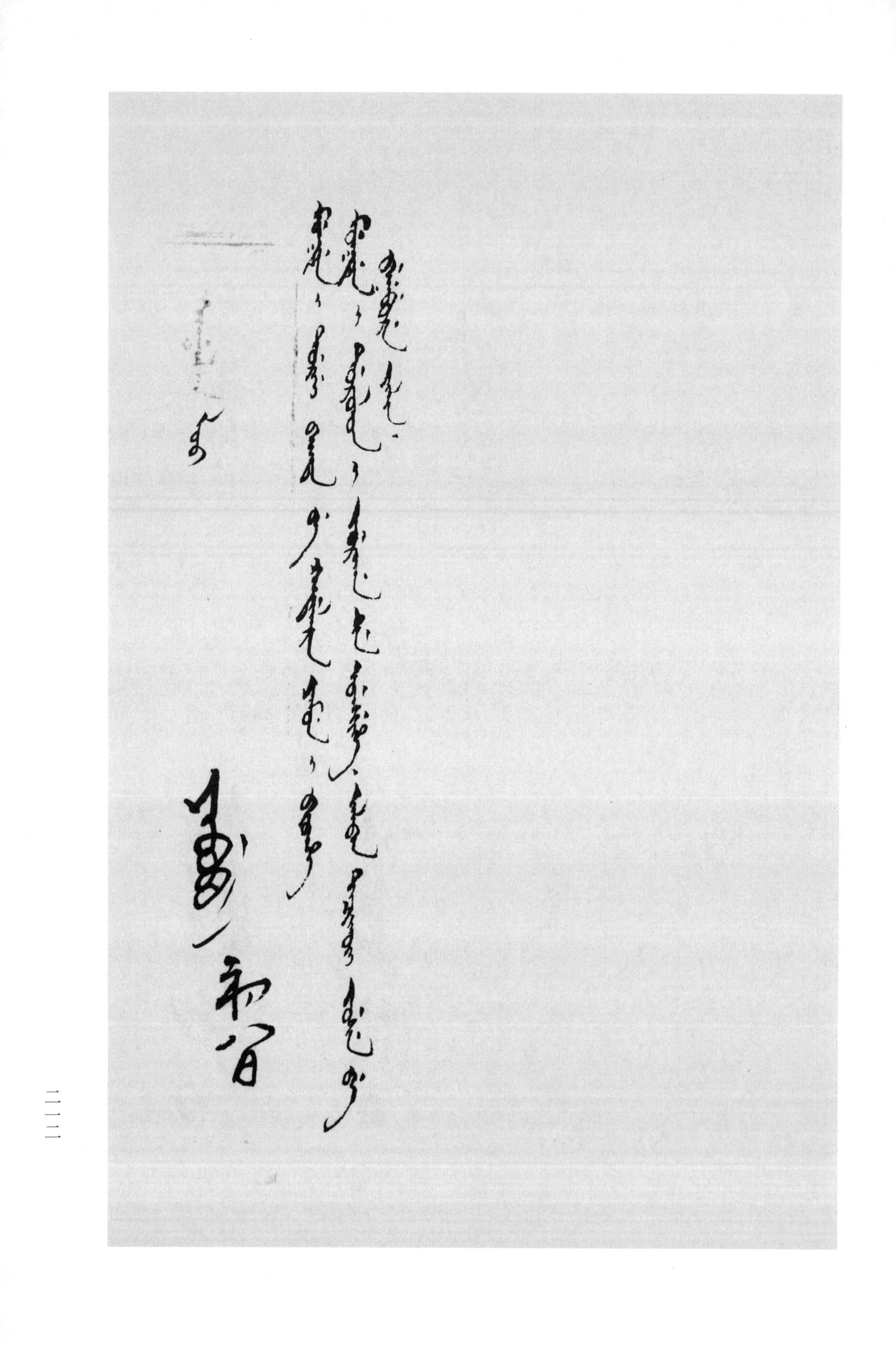

[illegible]

和[illegible]

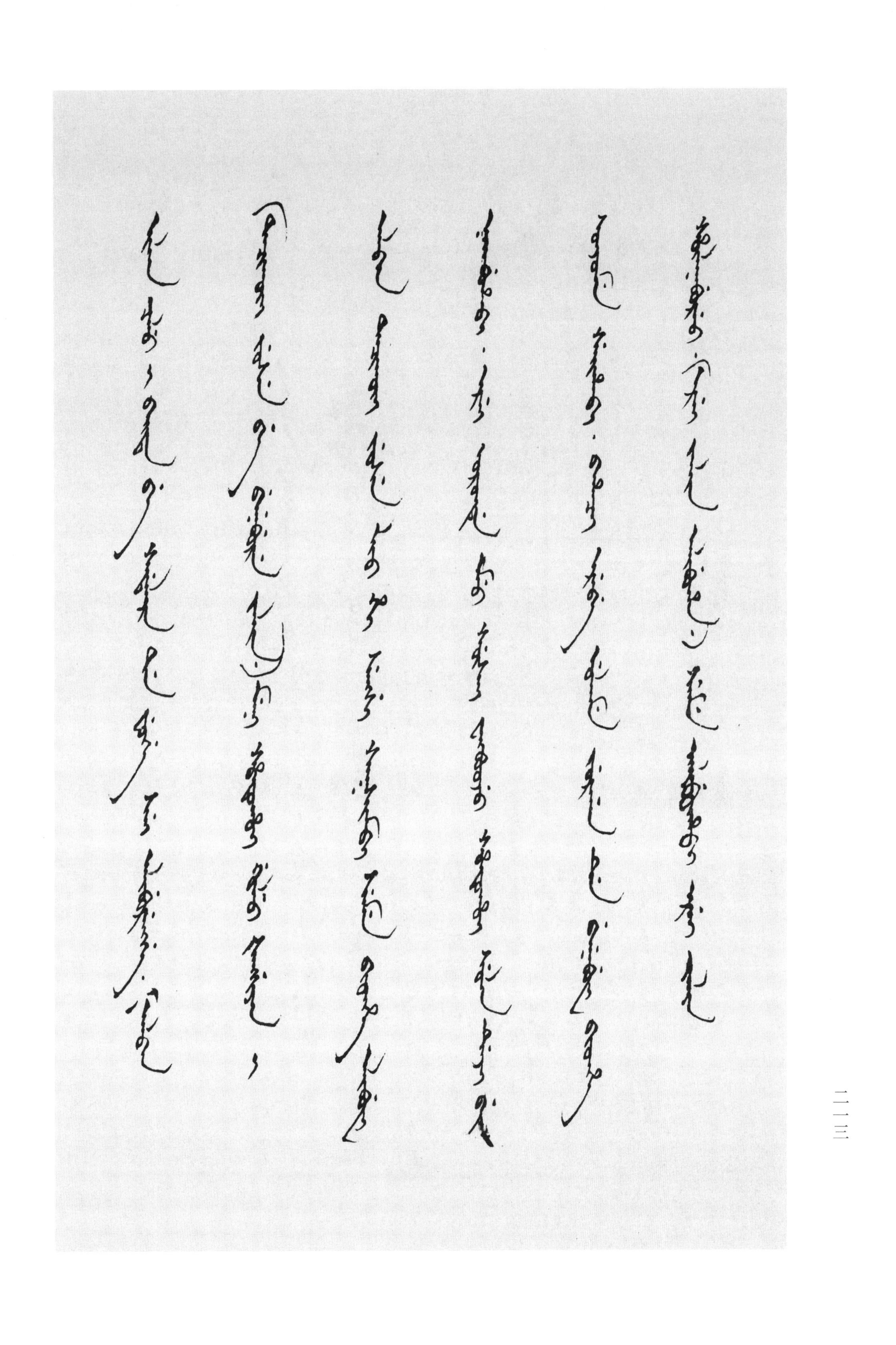

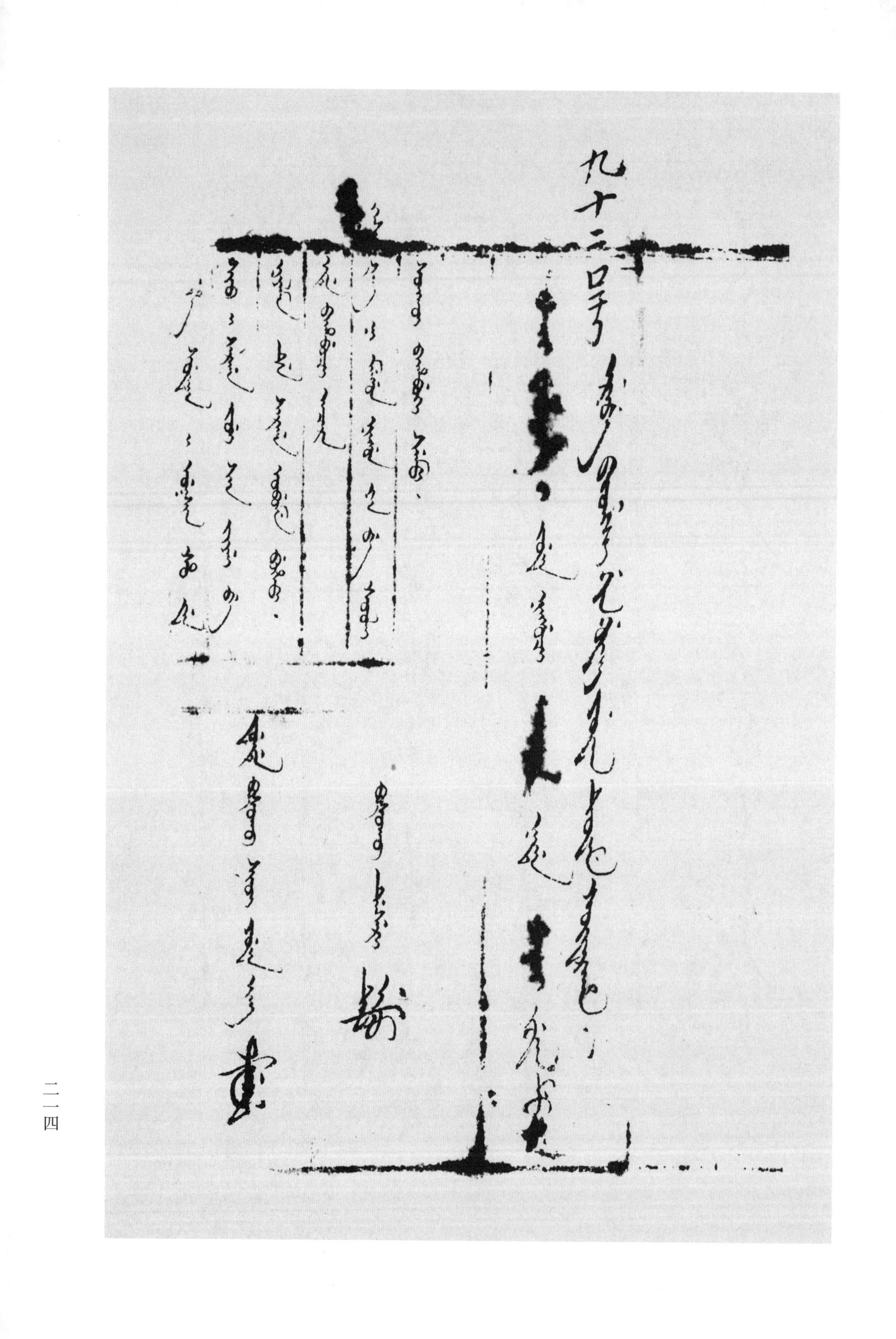

九十二号

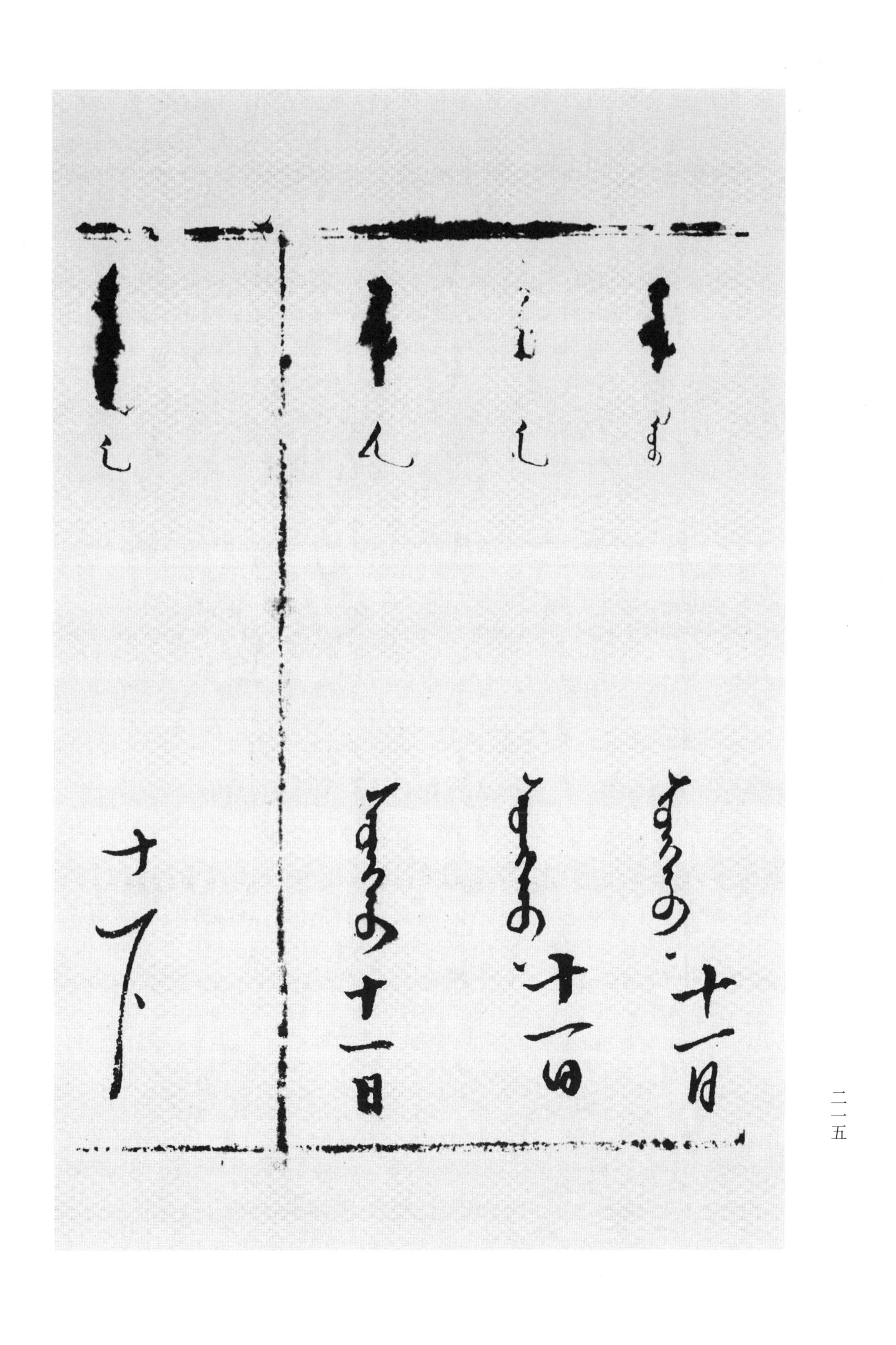

十一日

十一日

十一日

十八

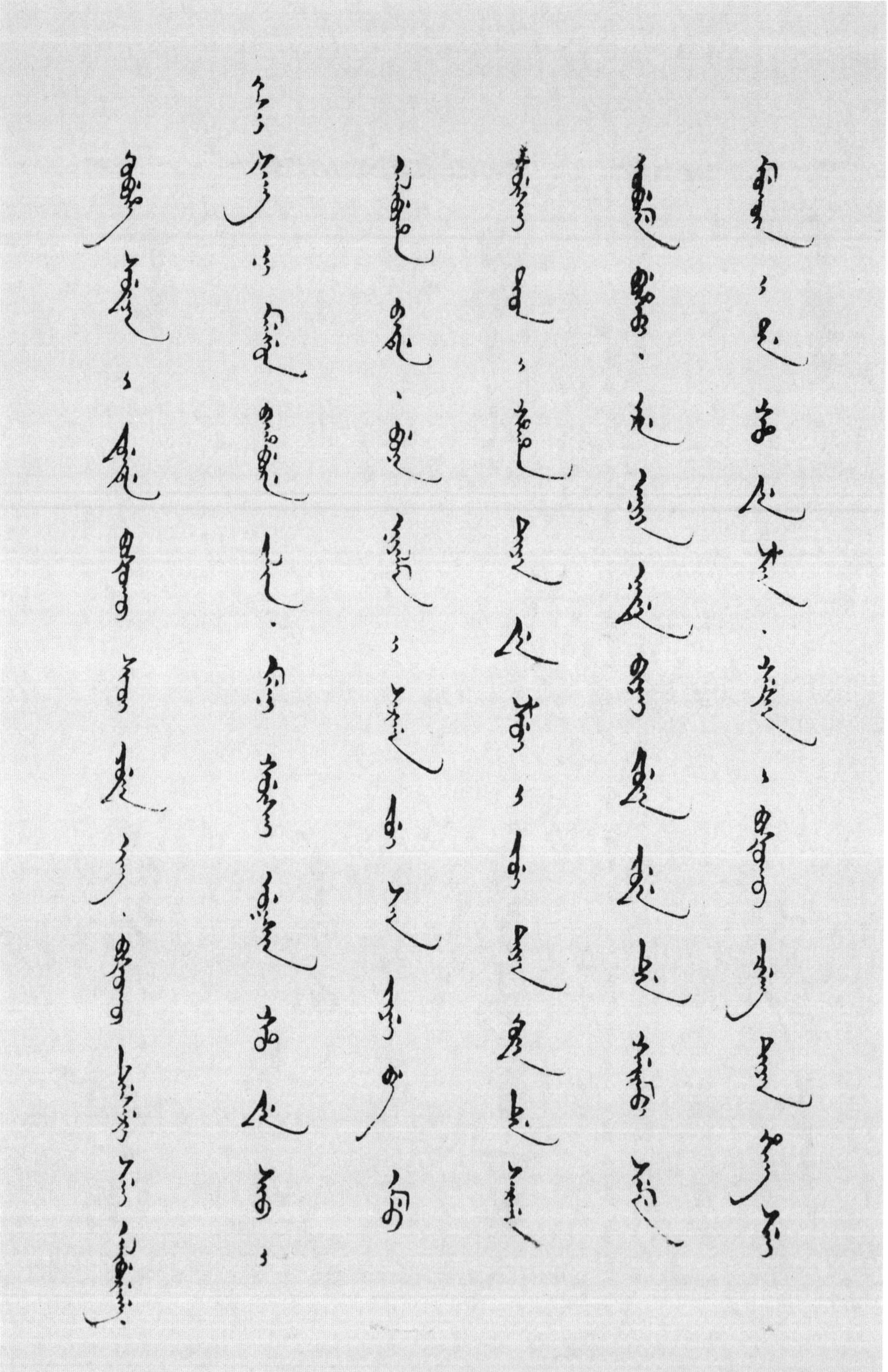

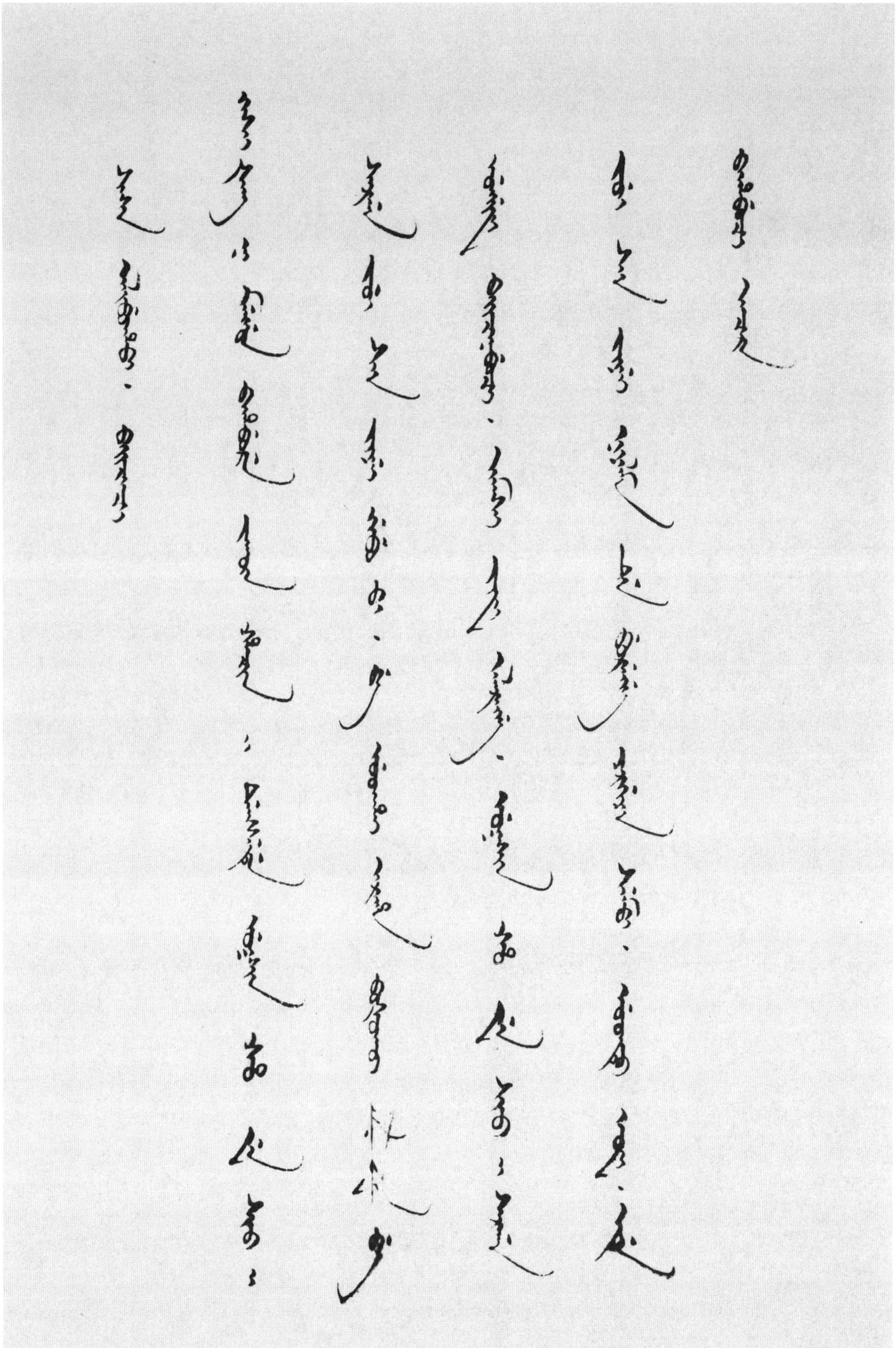

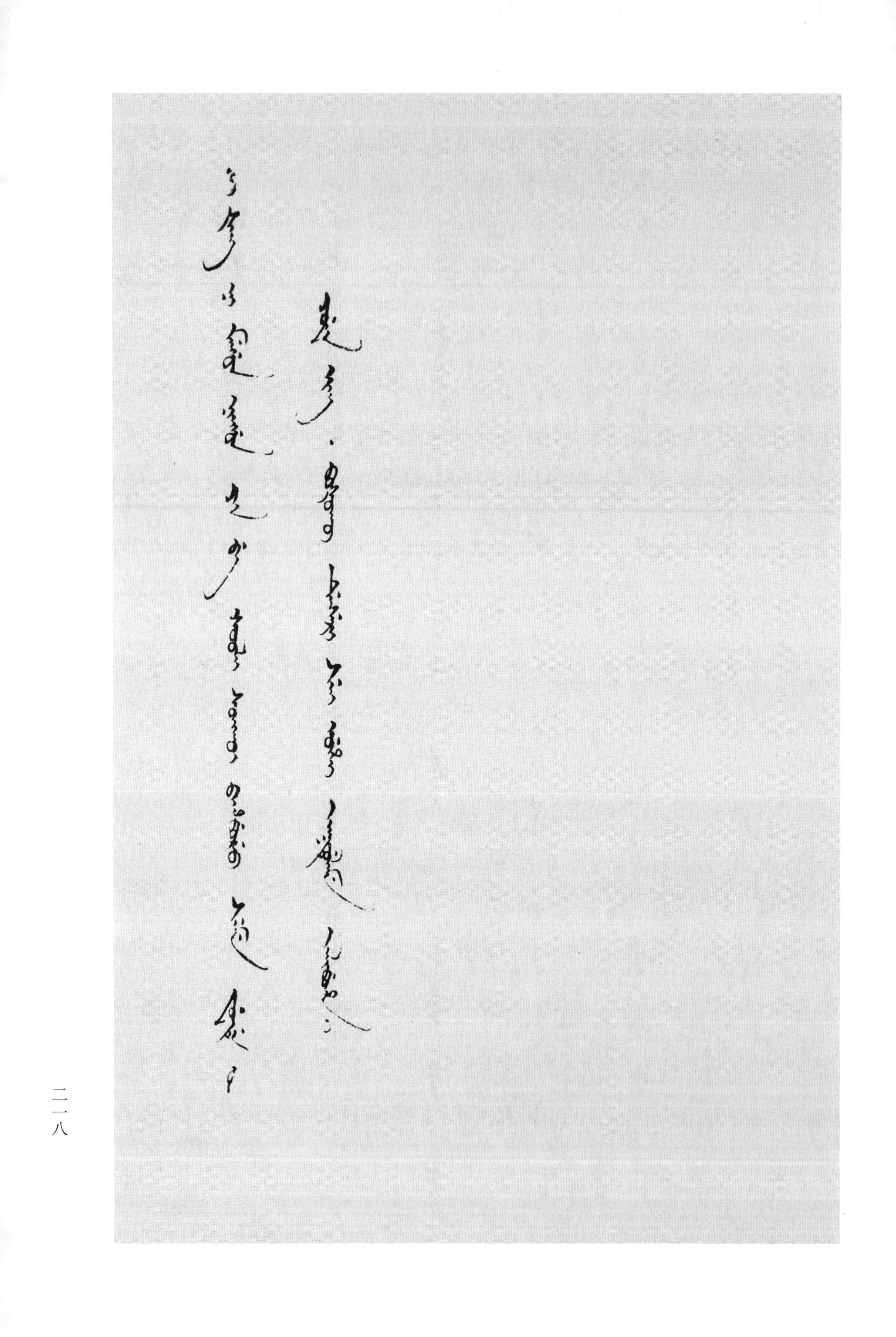

[illegible]

[illegible]

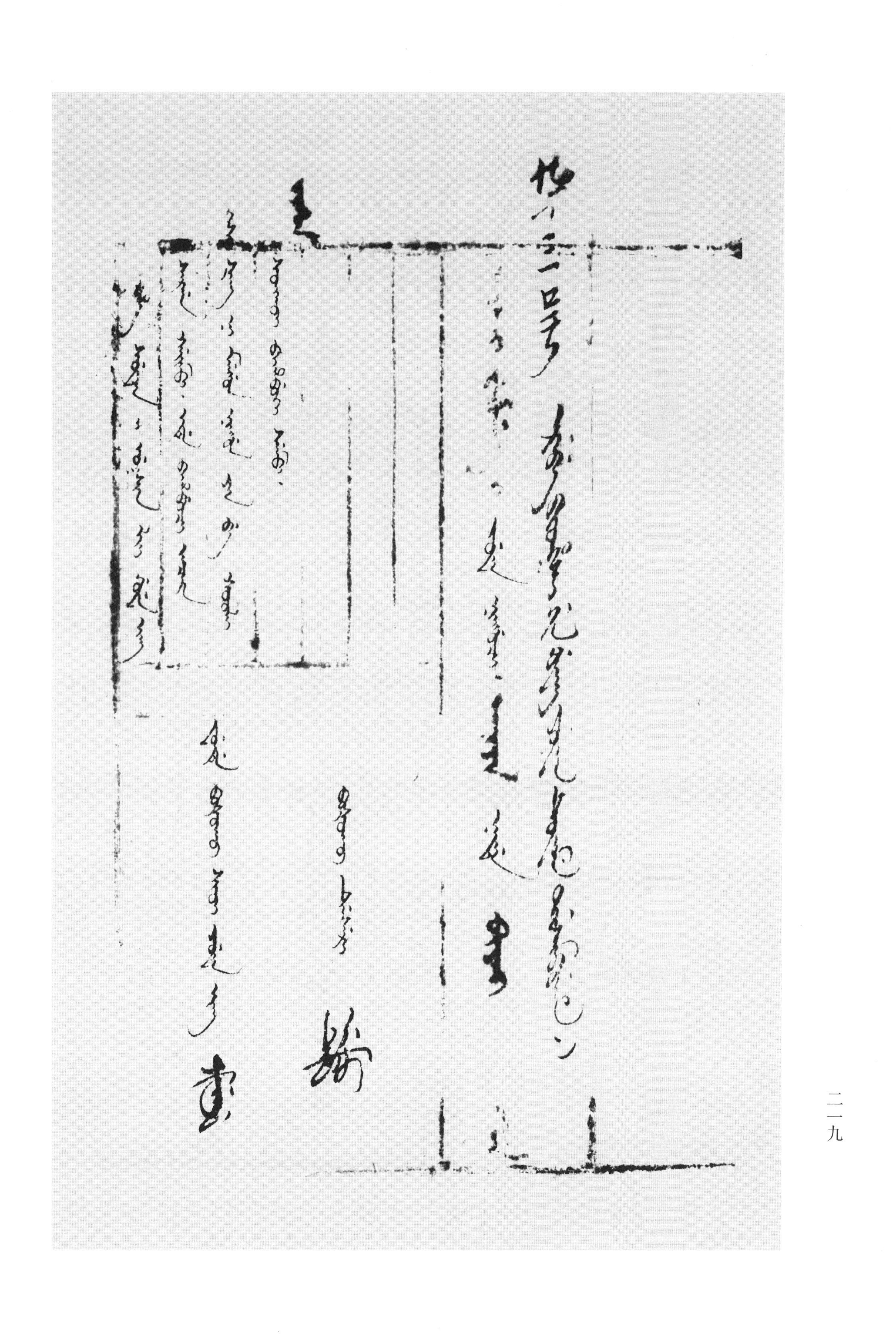

收八三一号

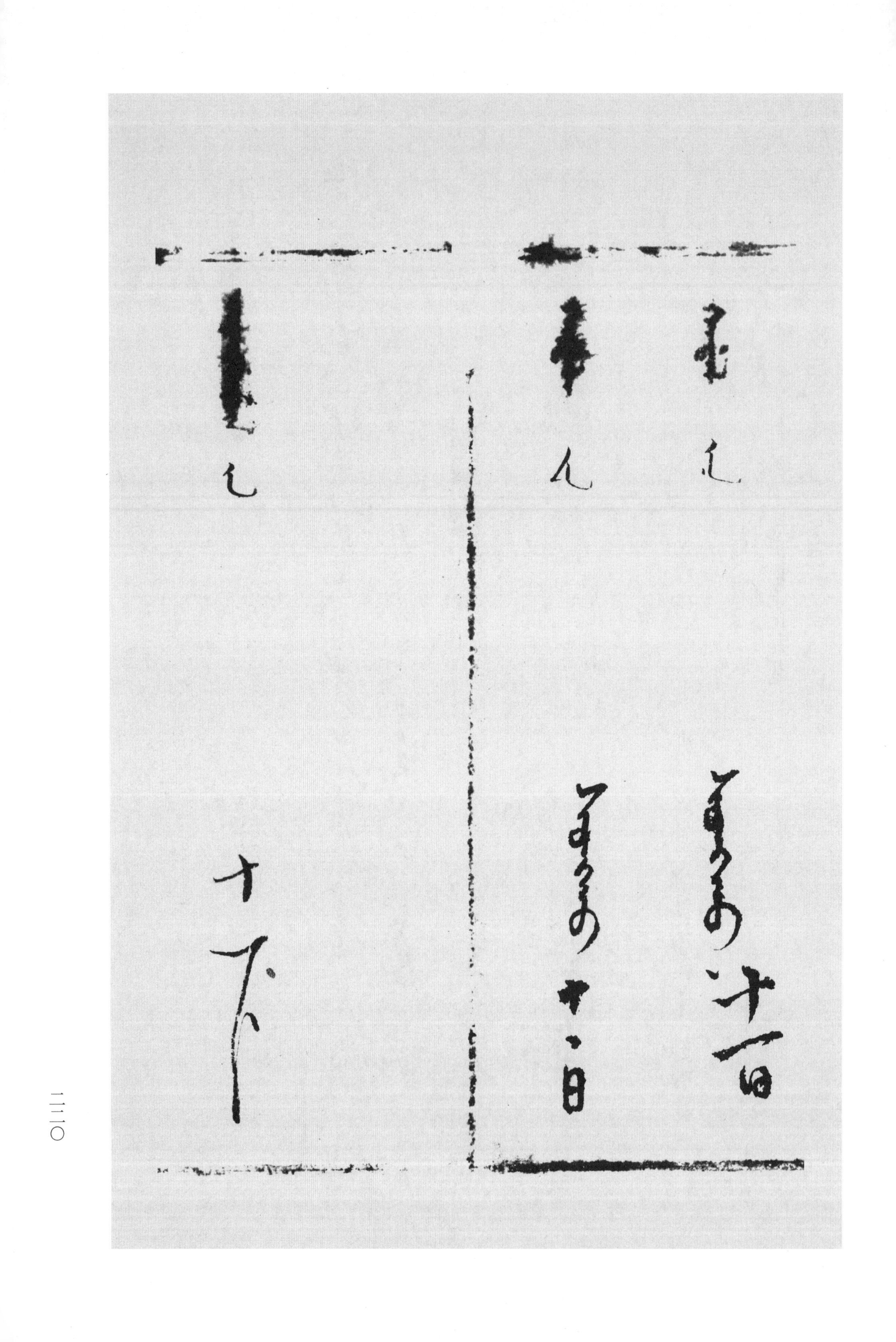

之　葉月廿一日

人　葉月廿二日

之　十下

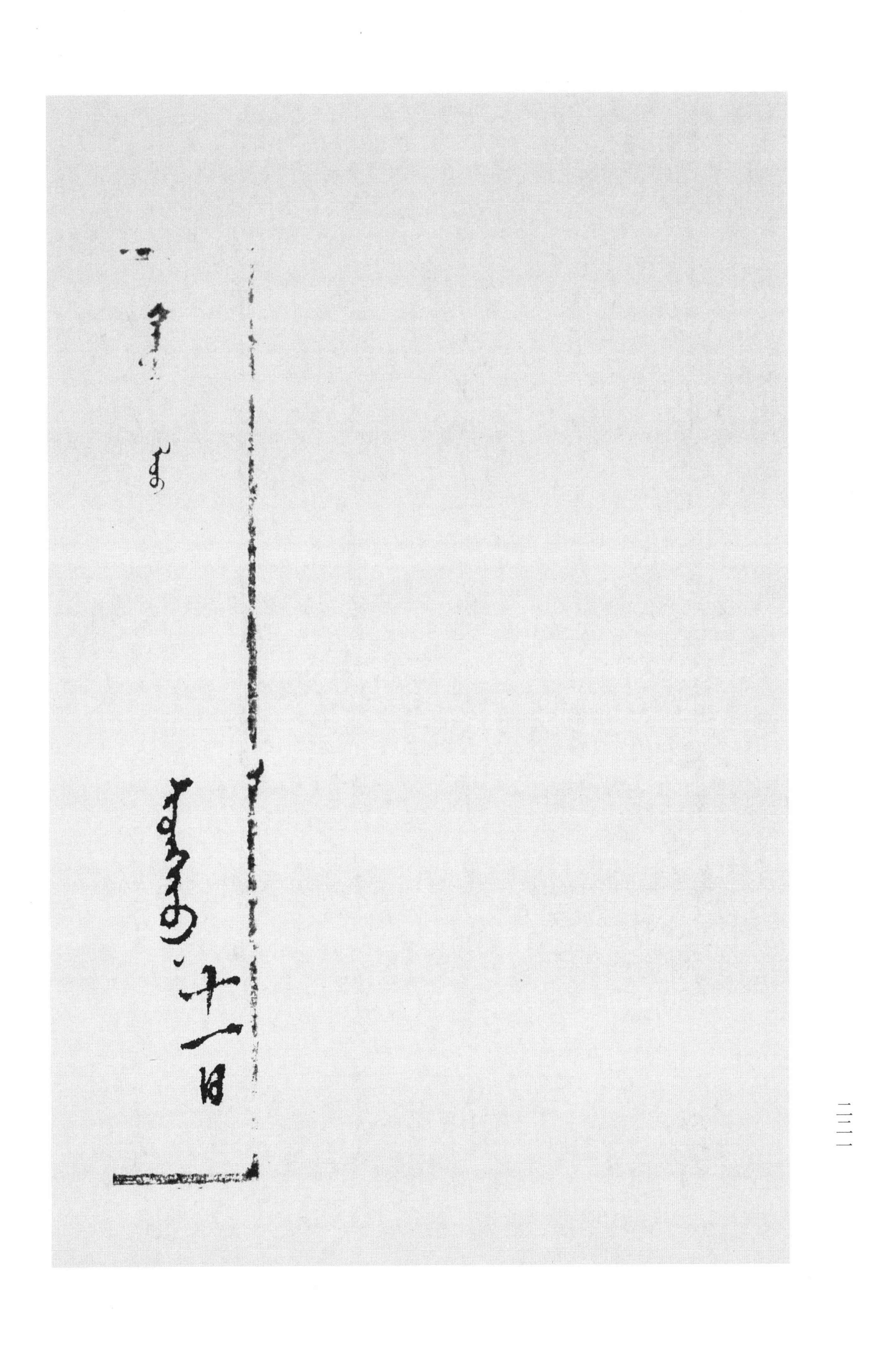

十一日

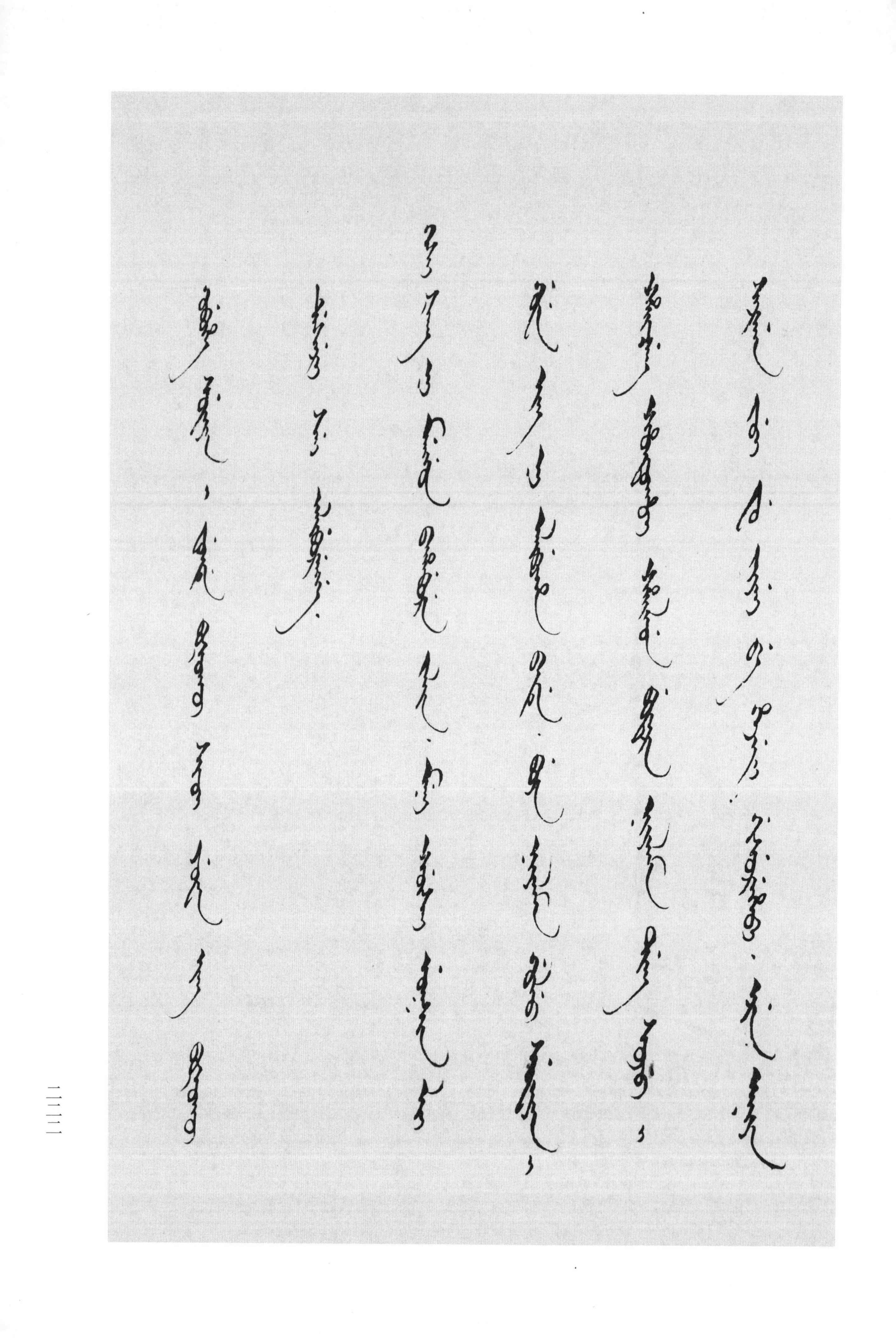

[illegible]

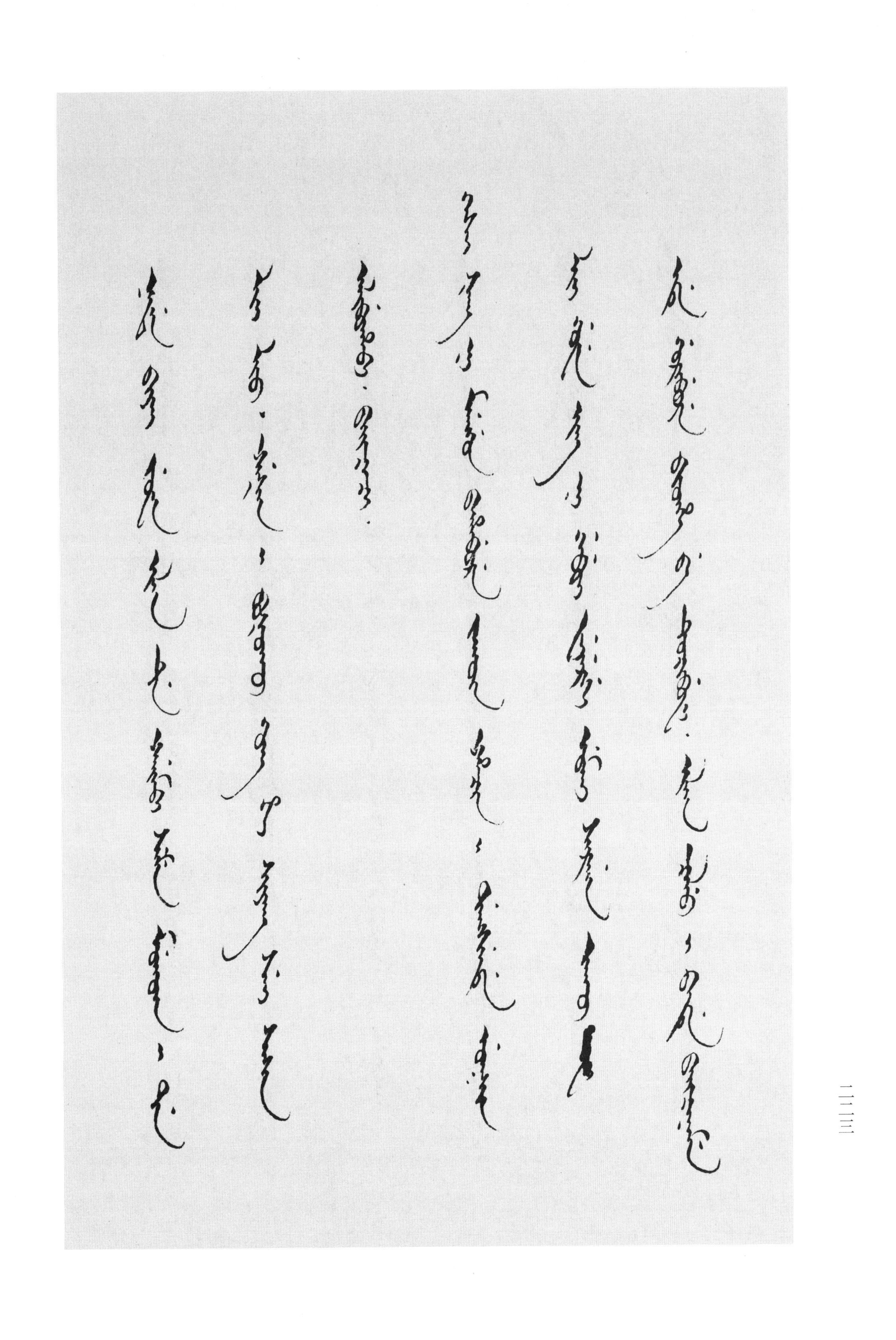

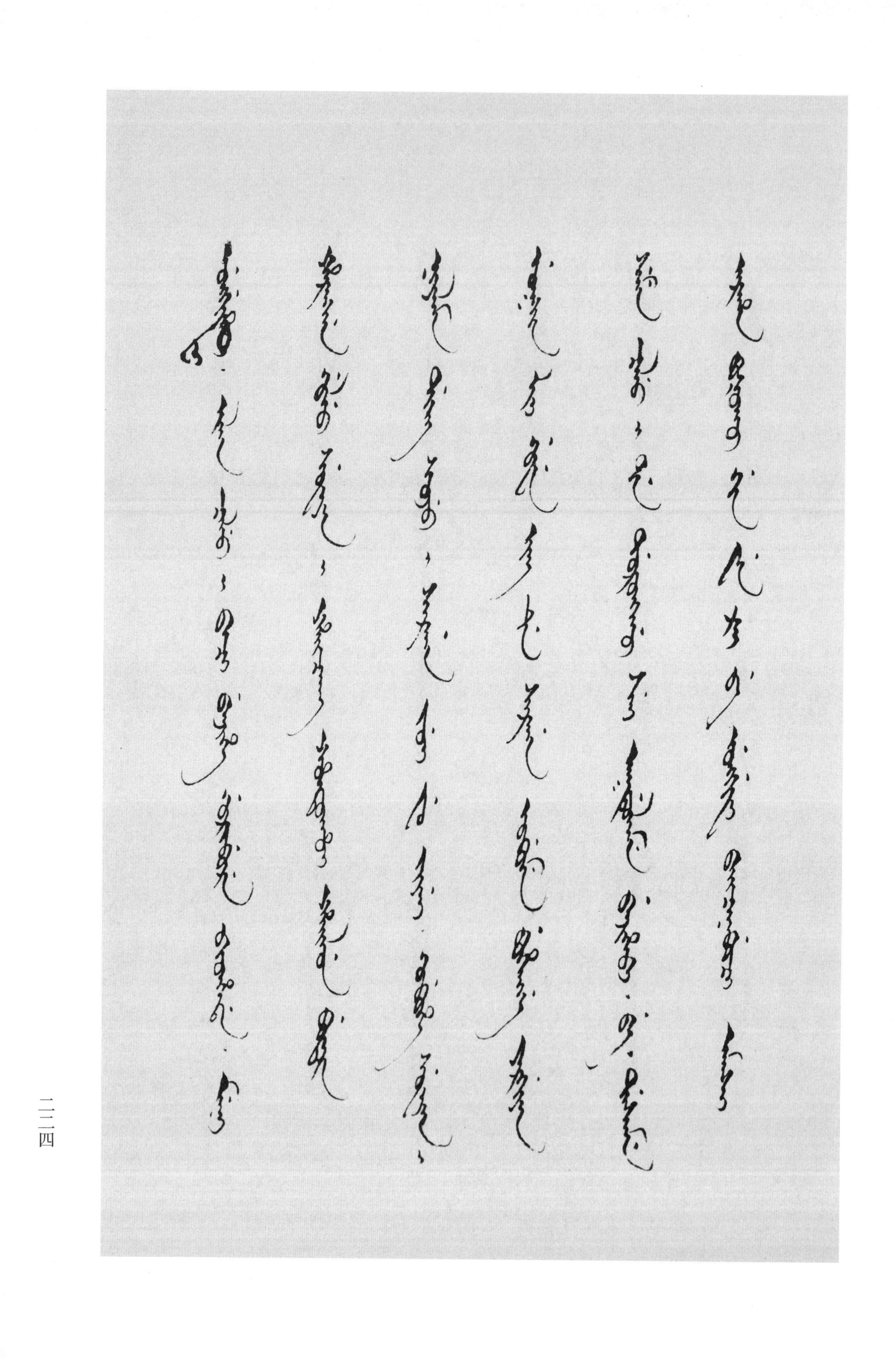

[illegible]

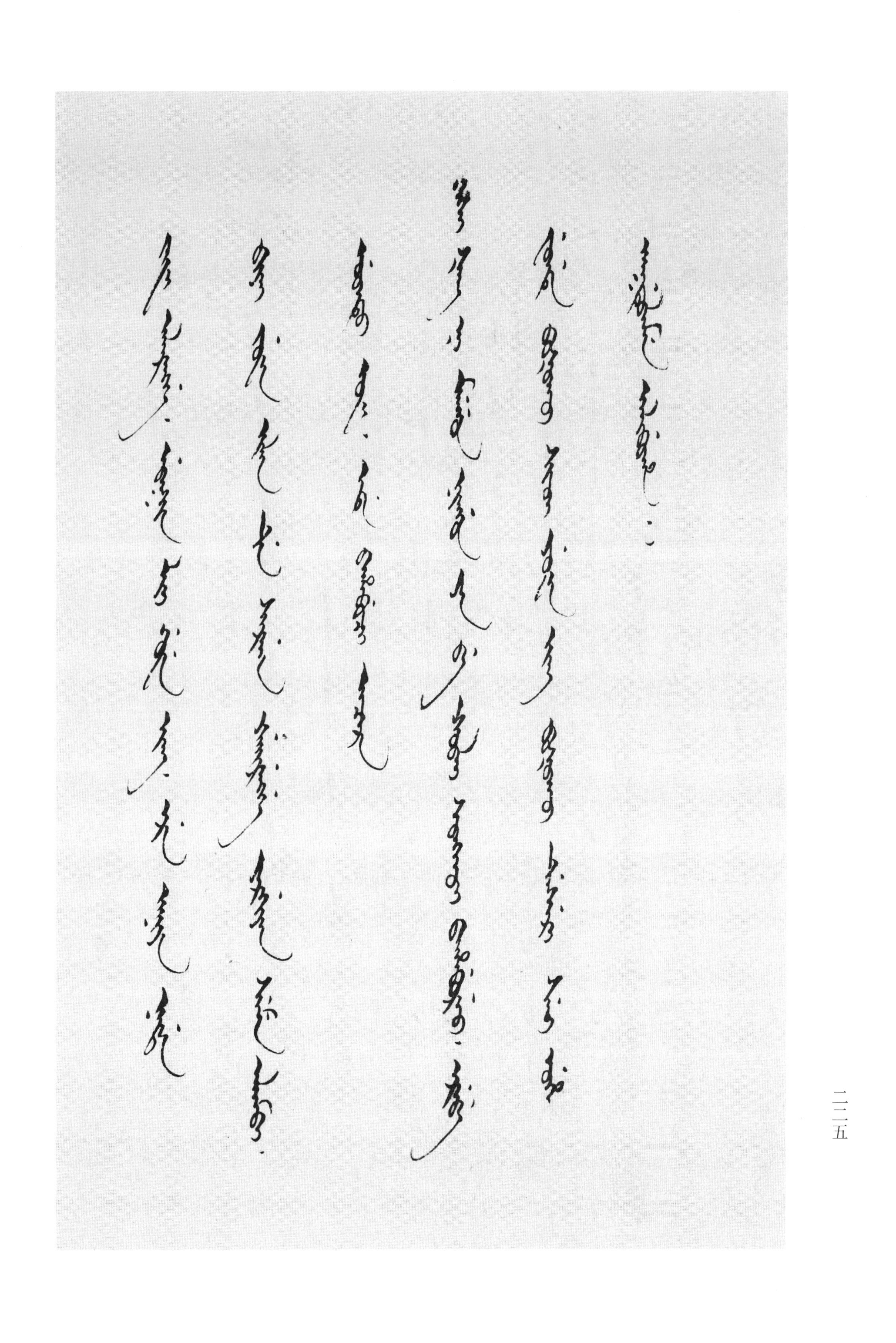

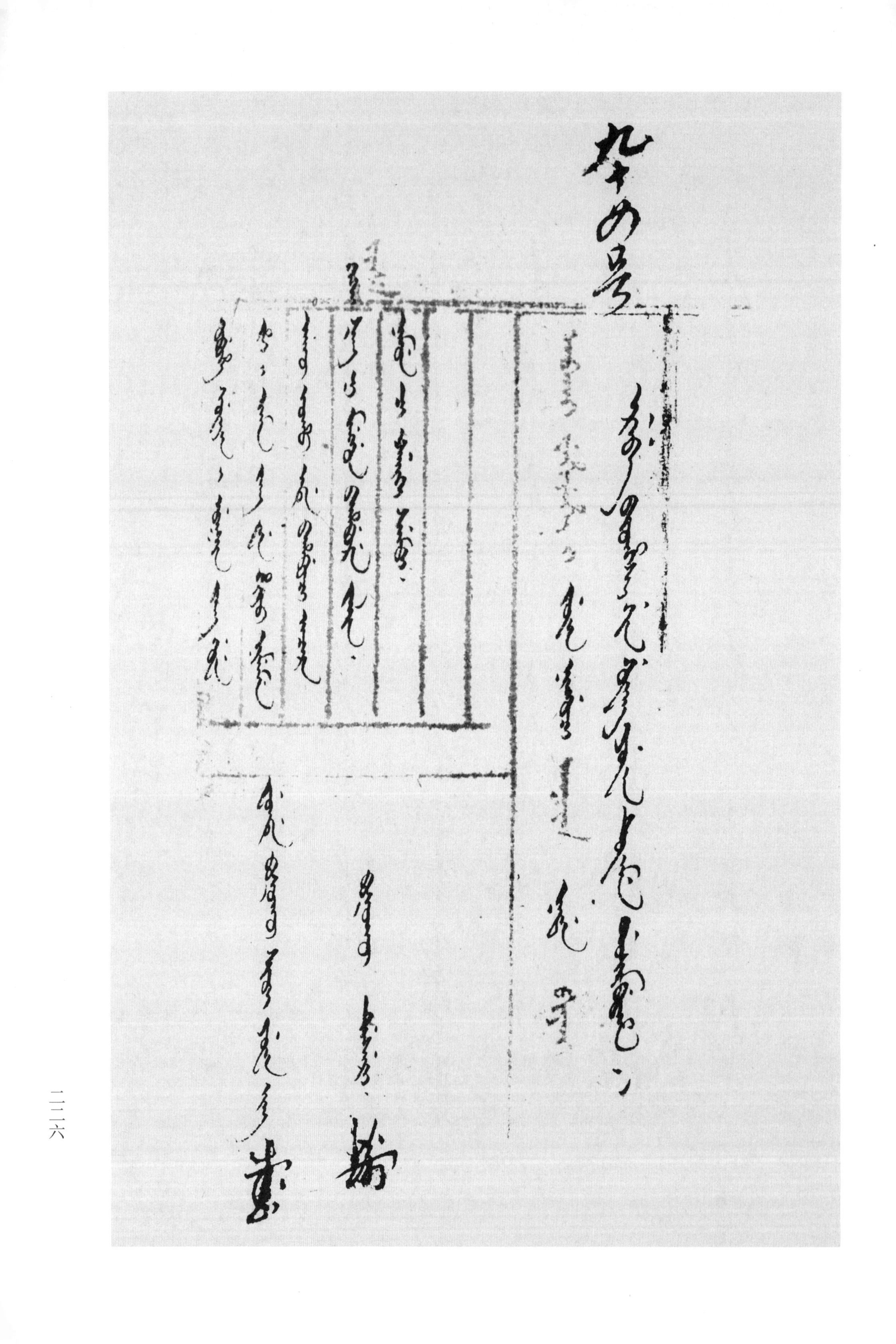

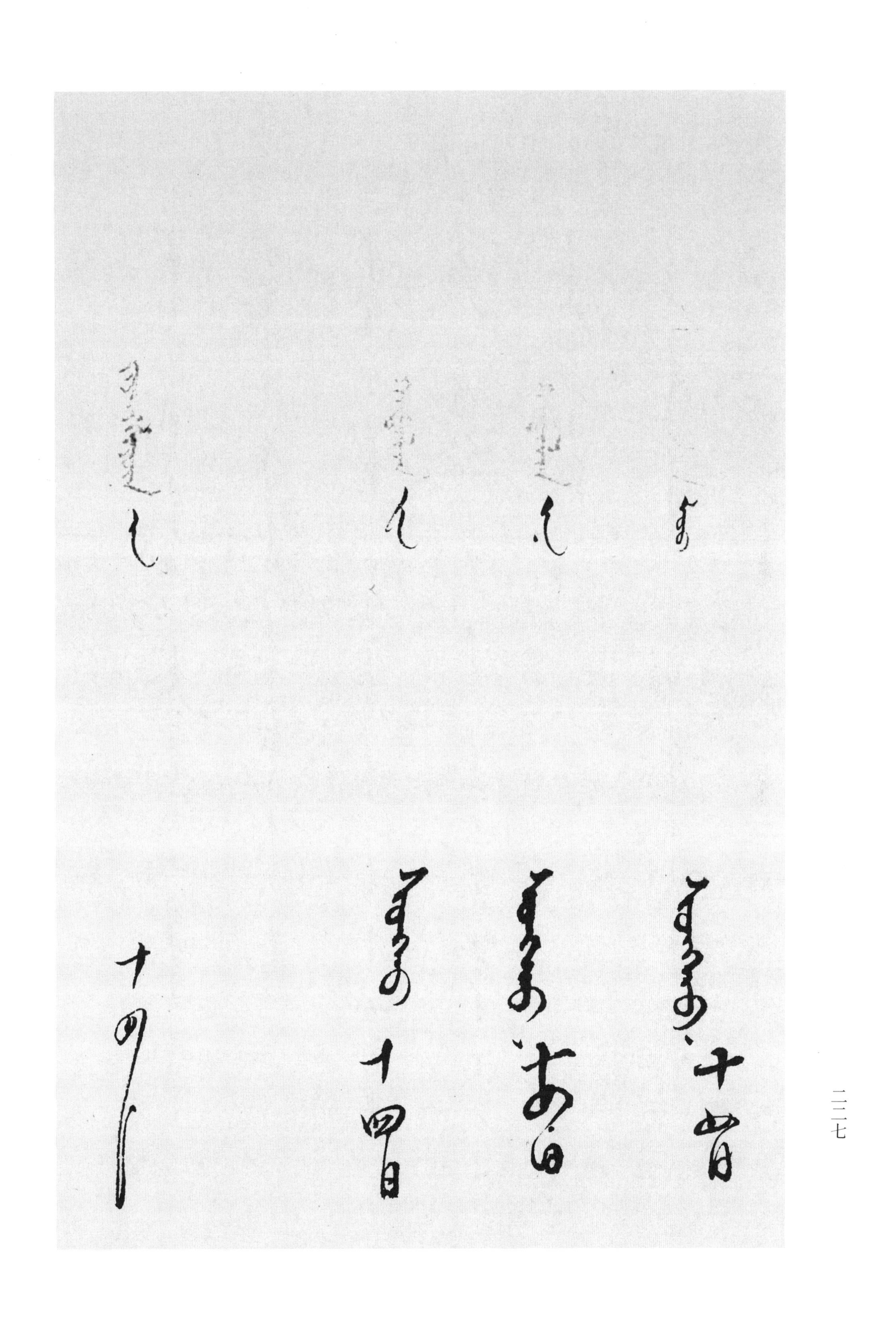

[illegible]

[illegible] [illegible] 十三日

[illegible] [illegible] 十五日

[illegible] [illegible] 十四日

[illegible] 十四日

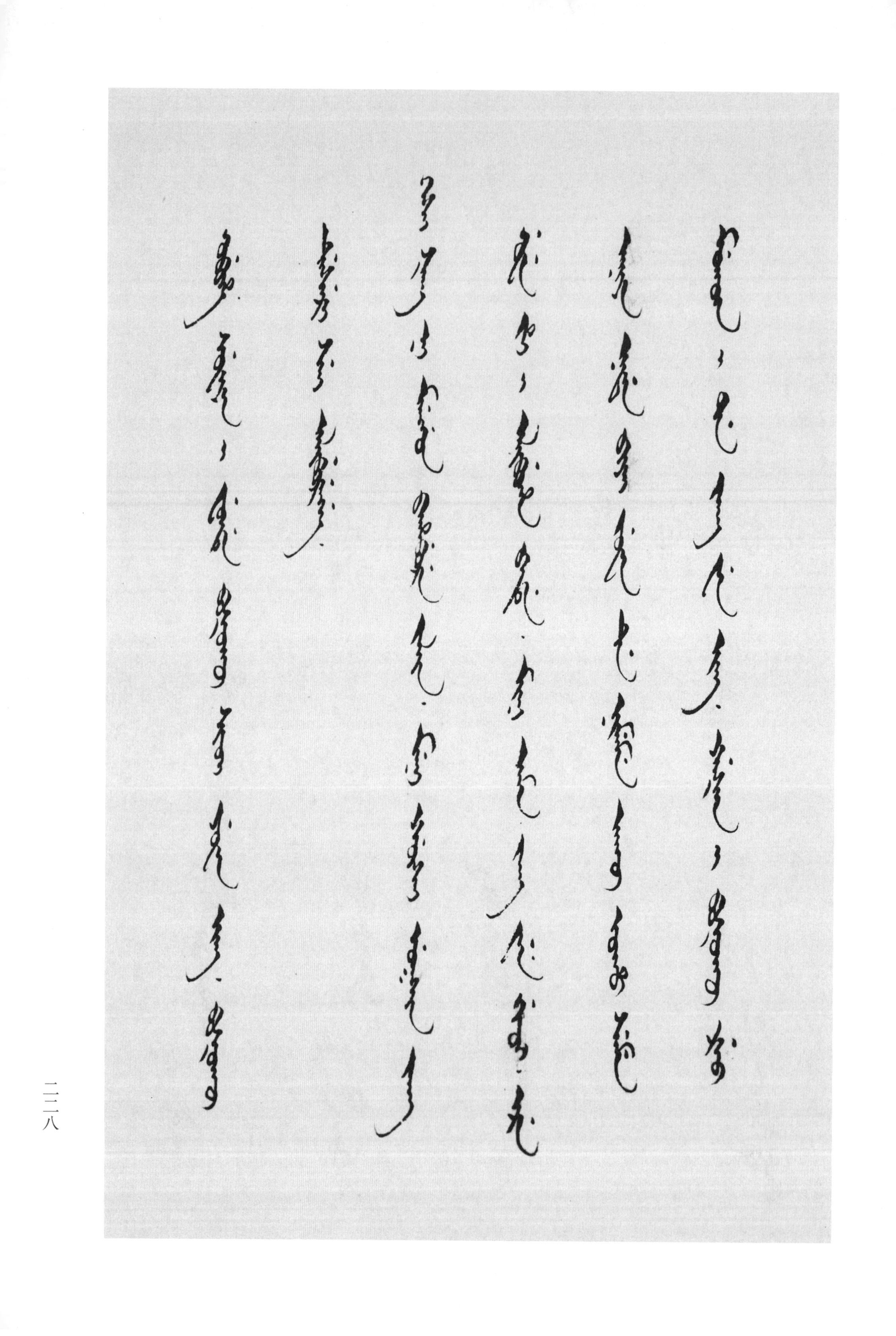

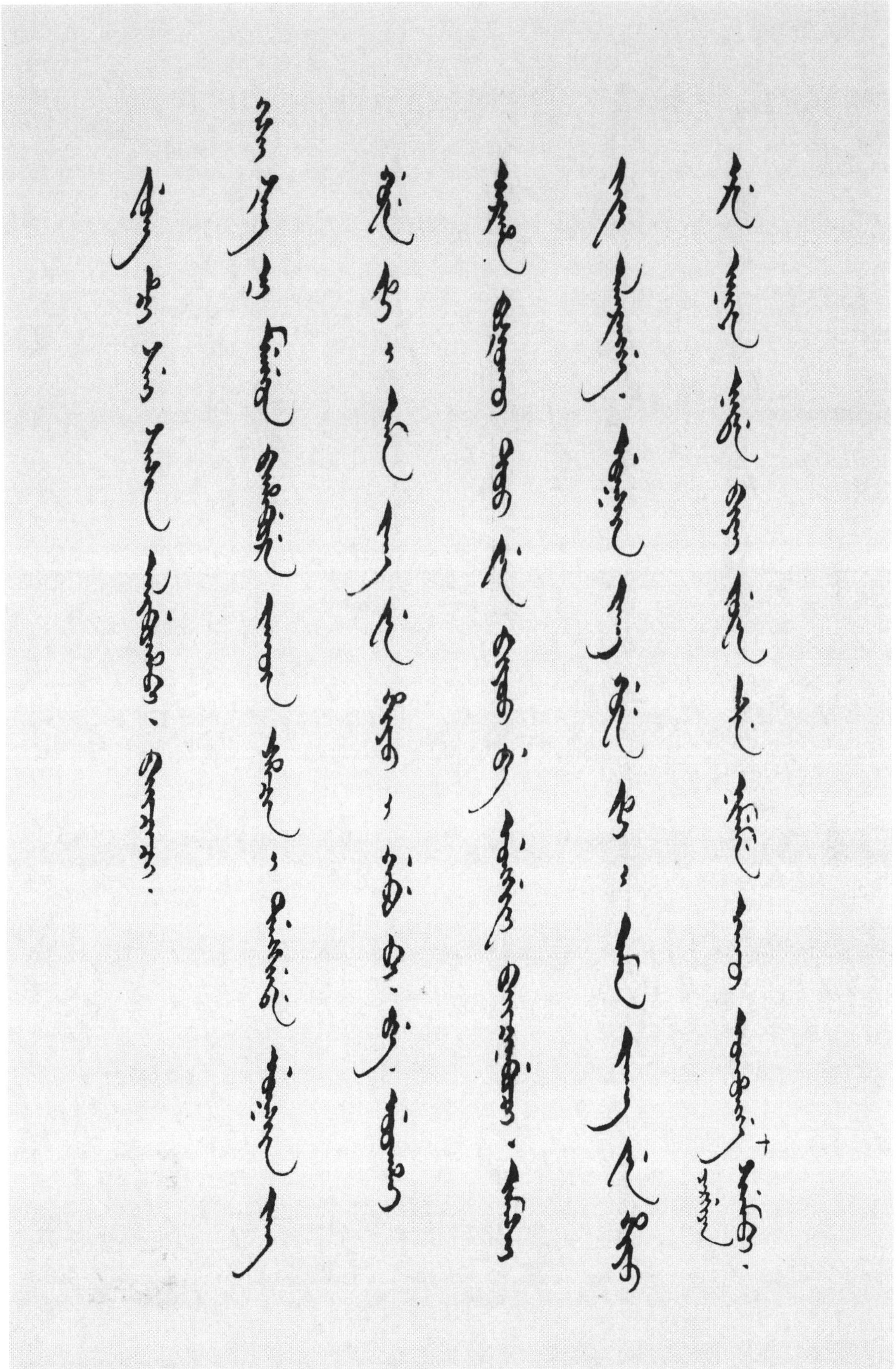

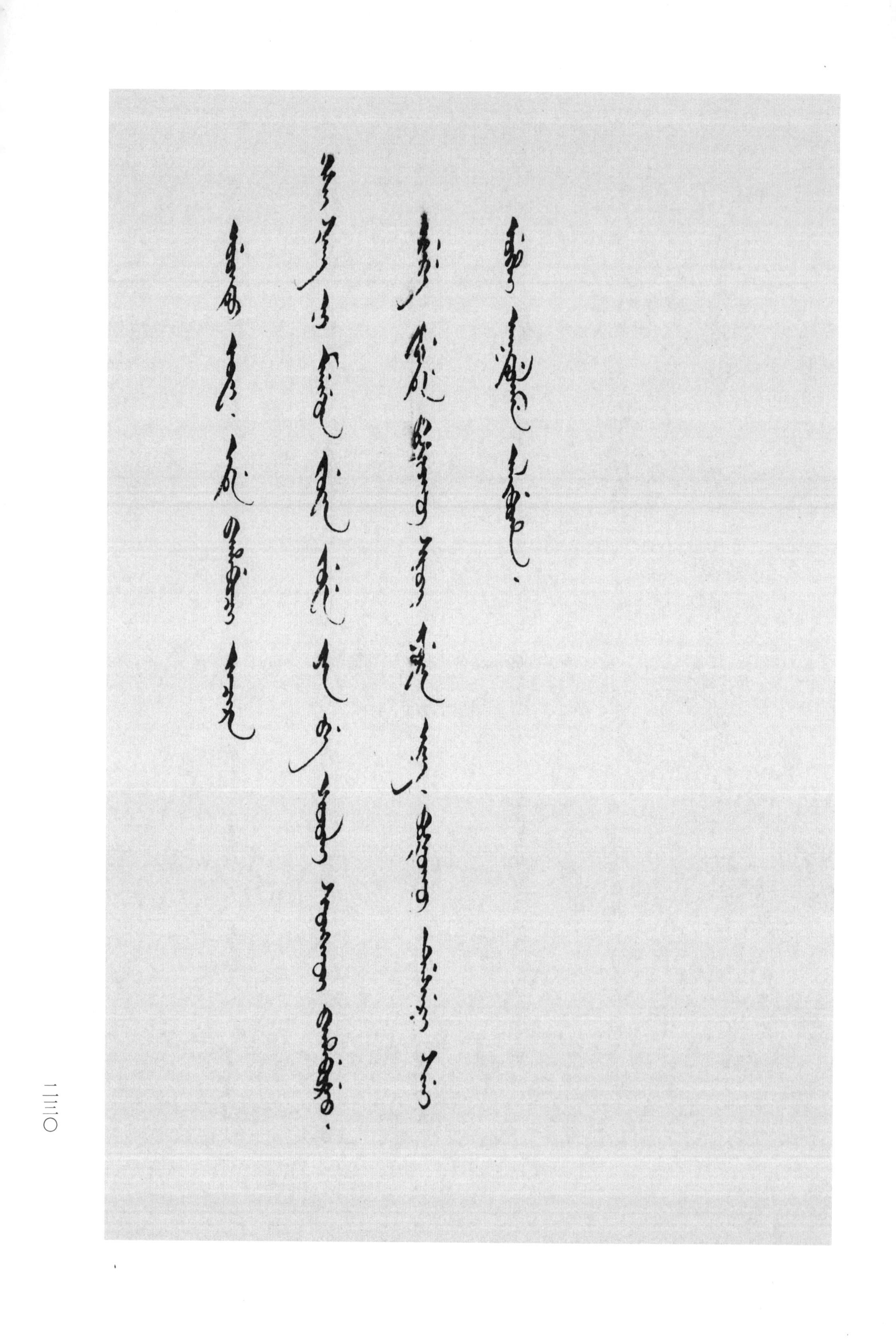

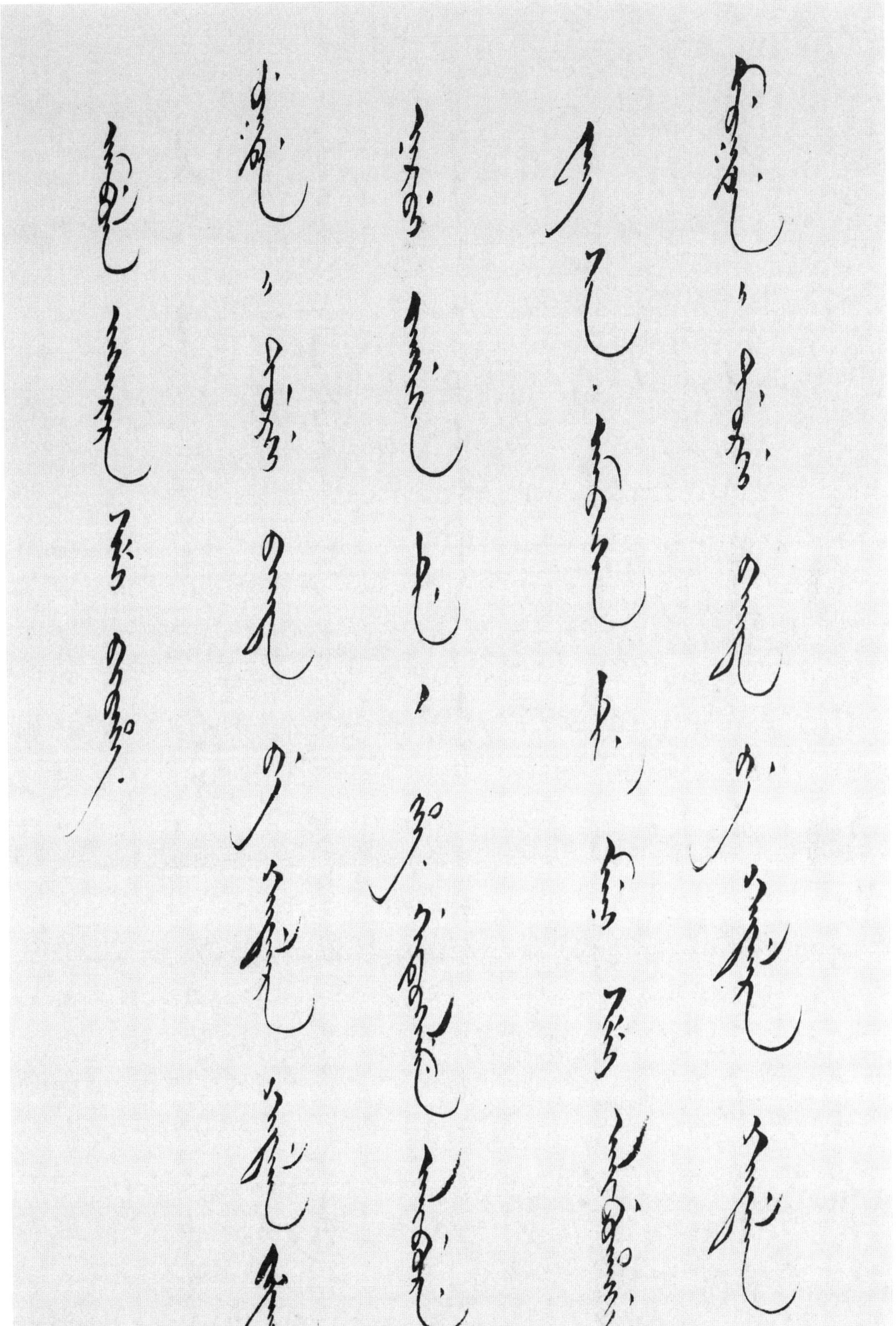

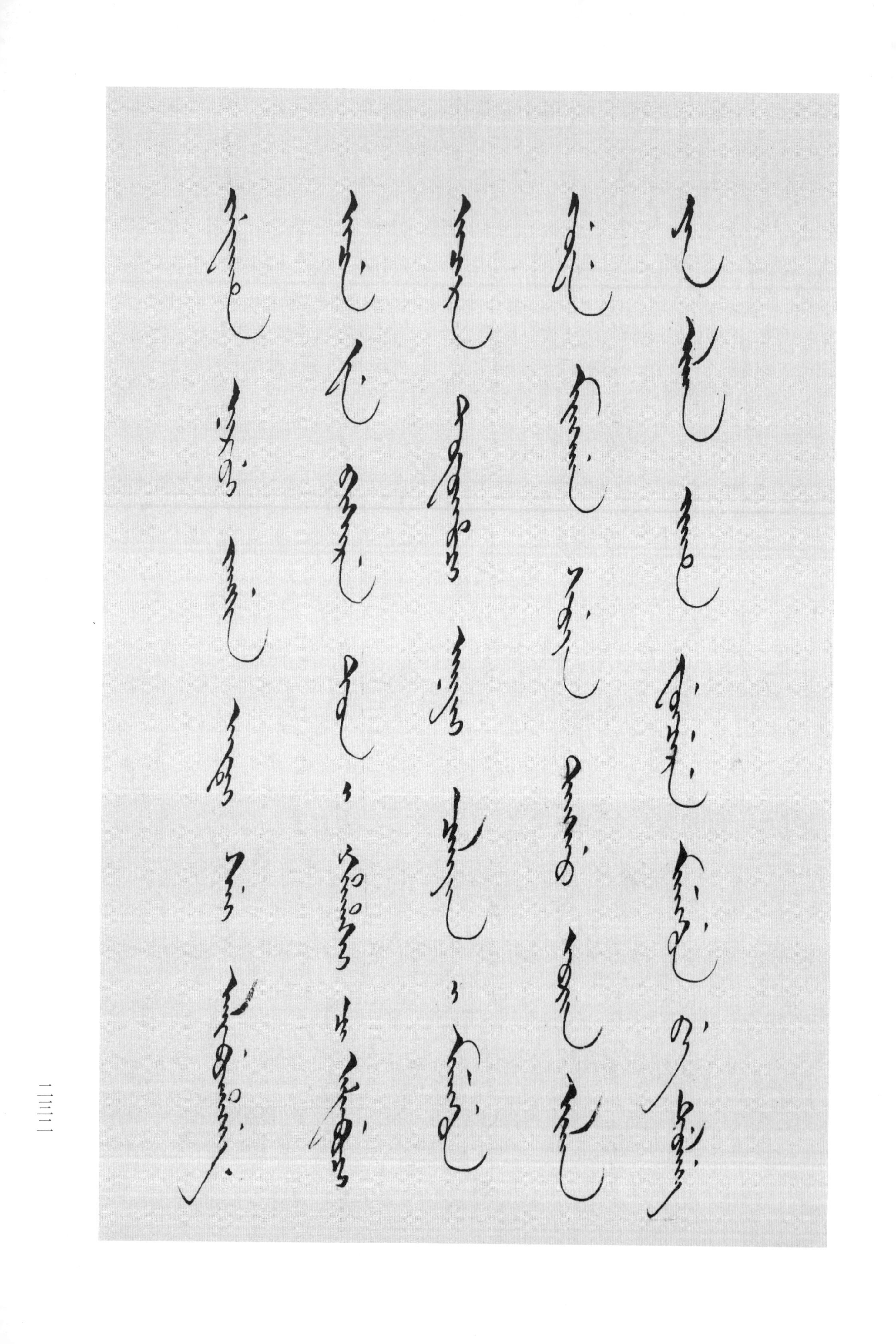

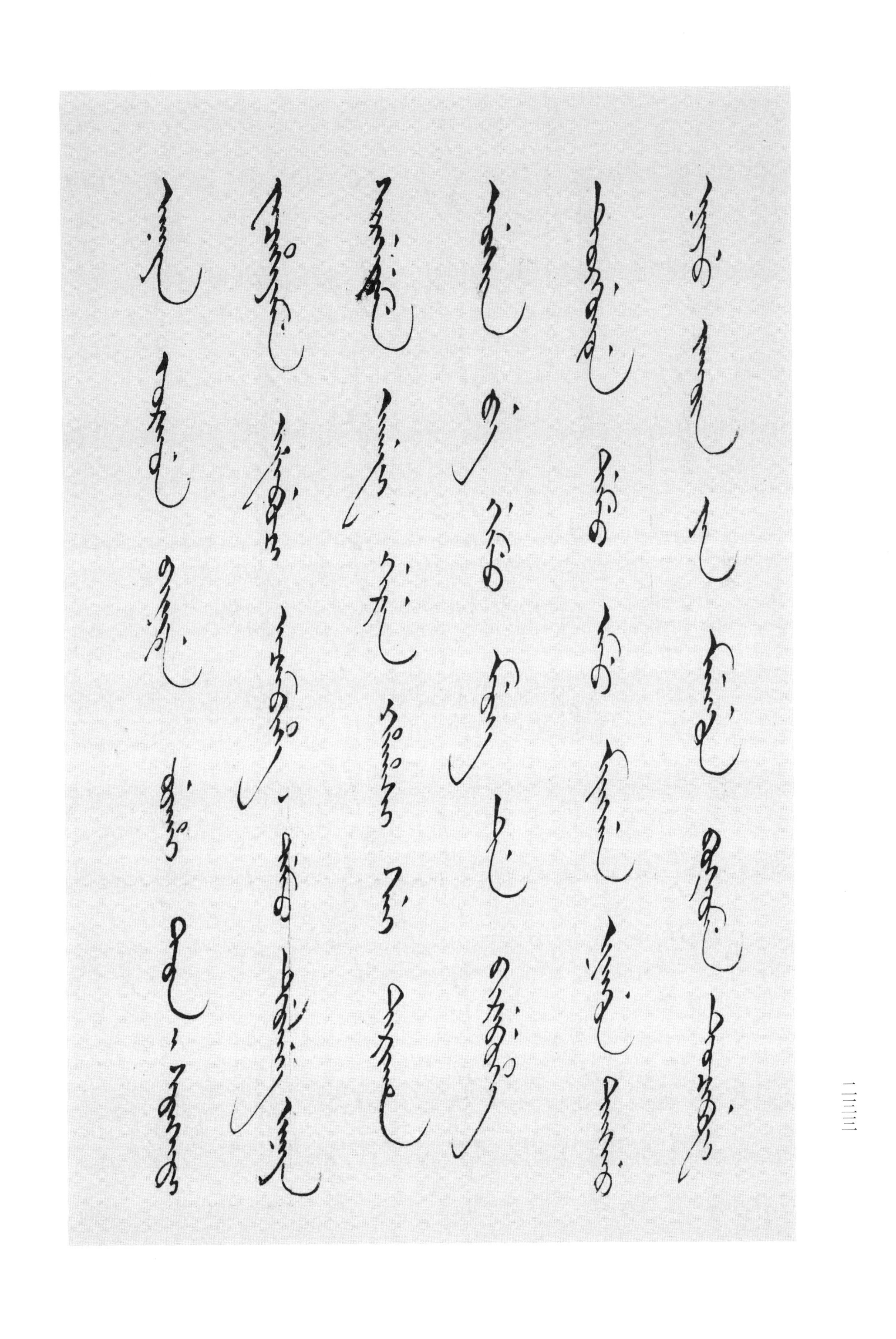

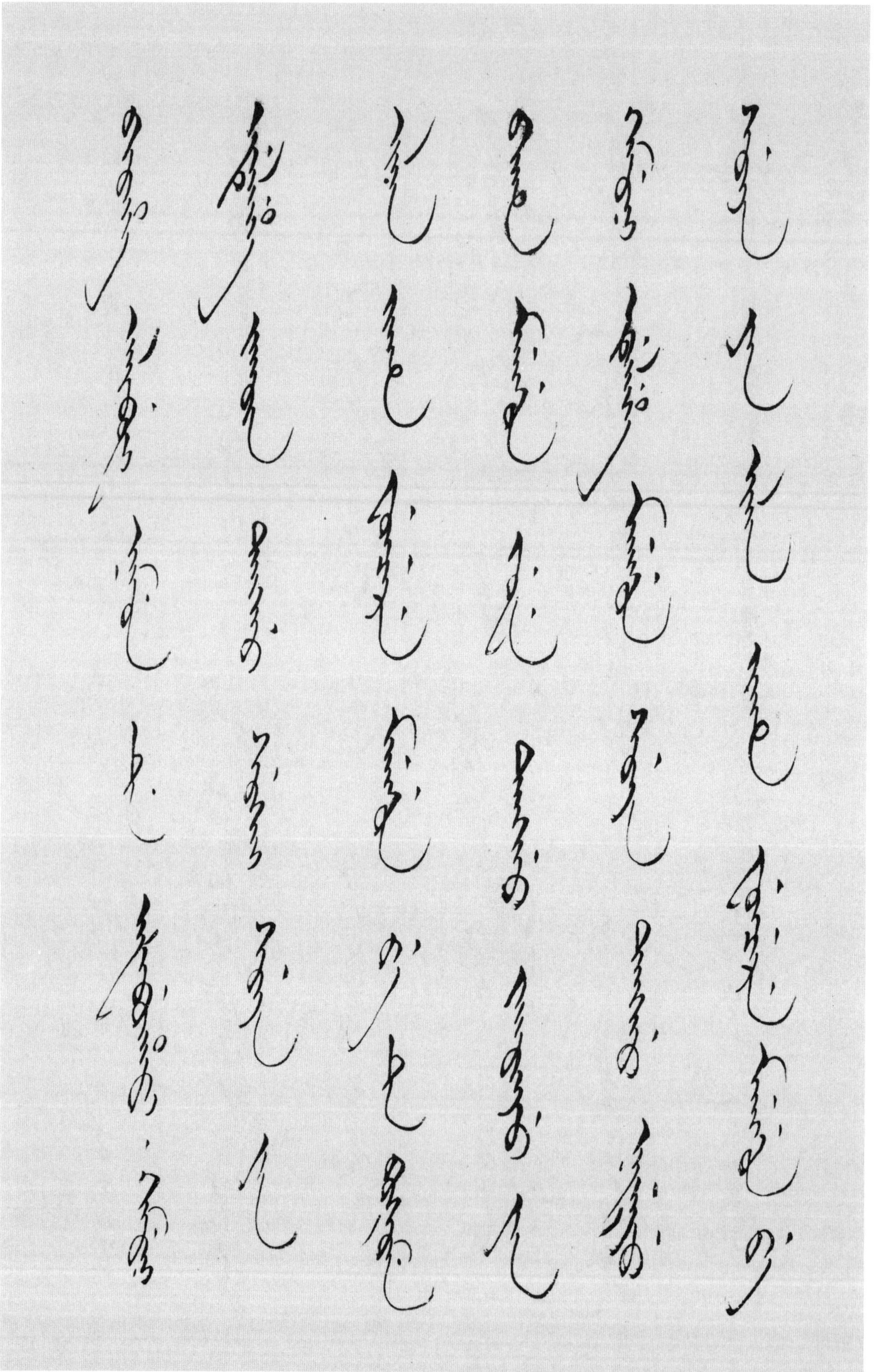

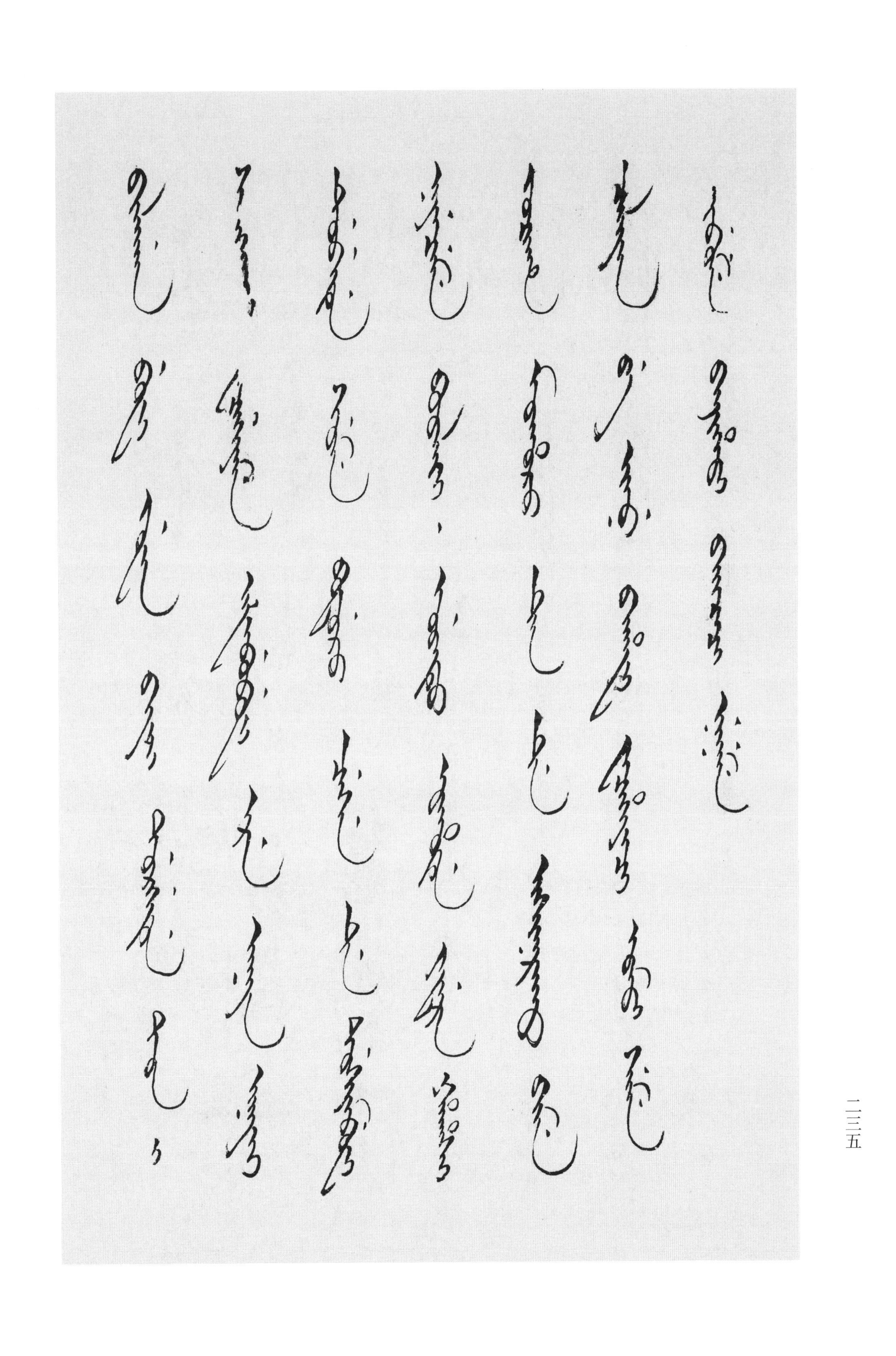

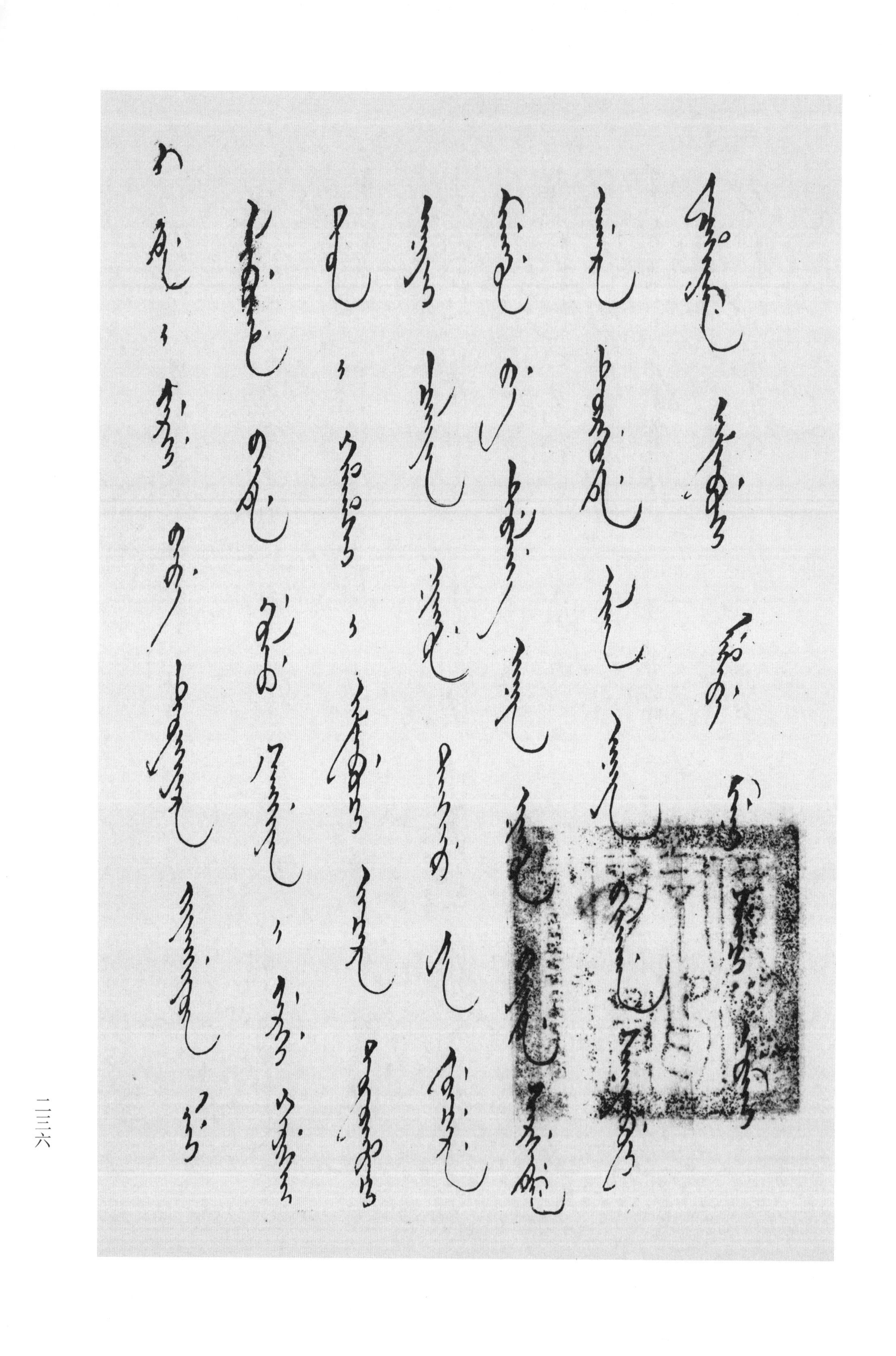

[illegible]

[illegible]

[illegible]

[illegible]

[illegible]

[illegible]

[illegible]

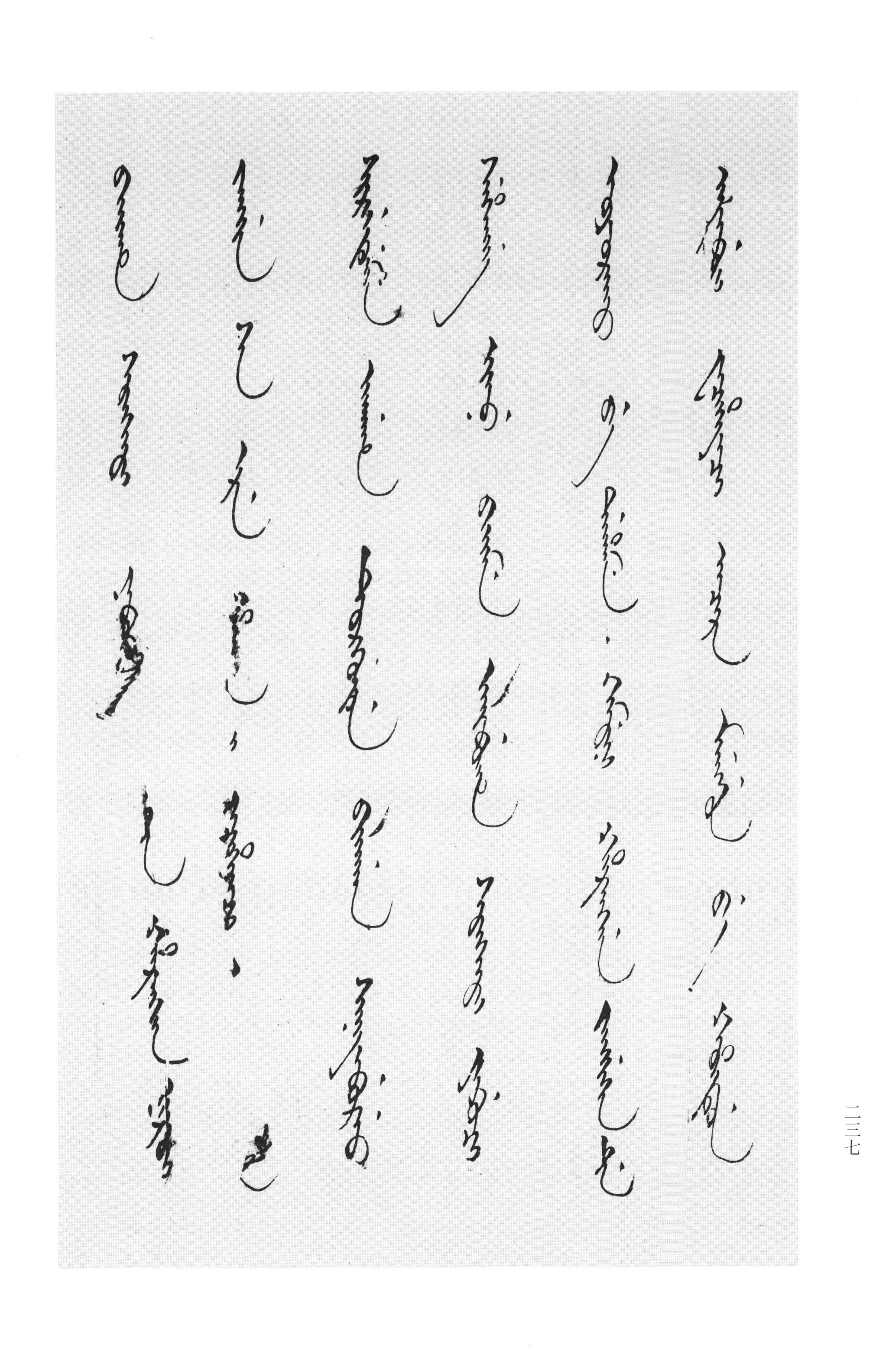

[illegible]

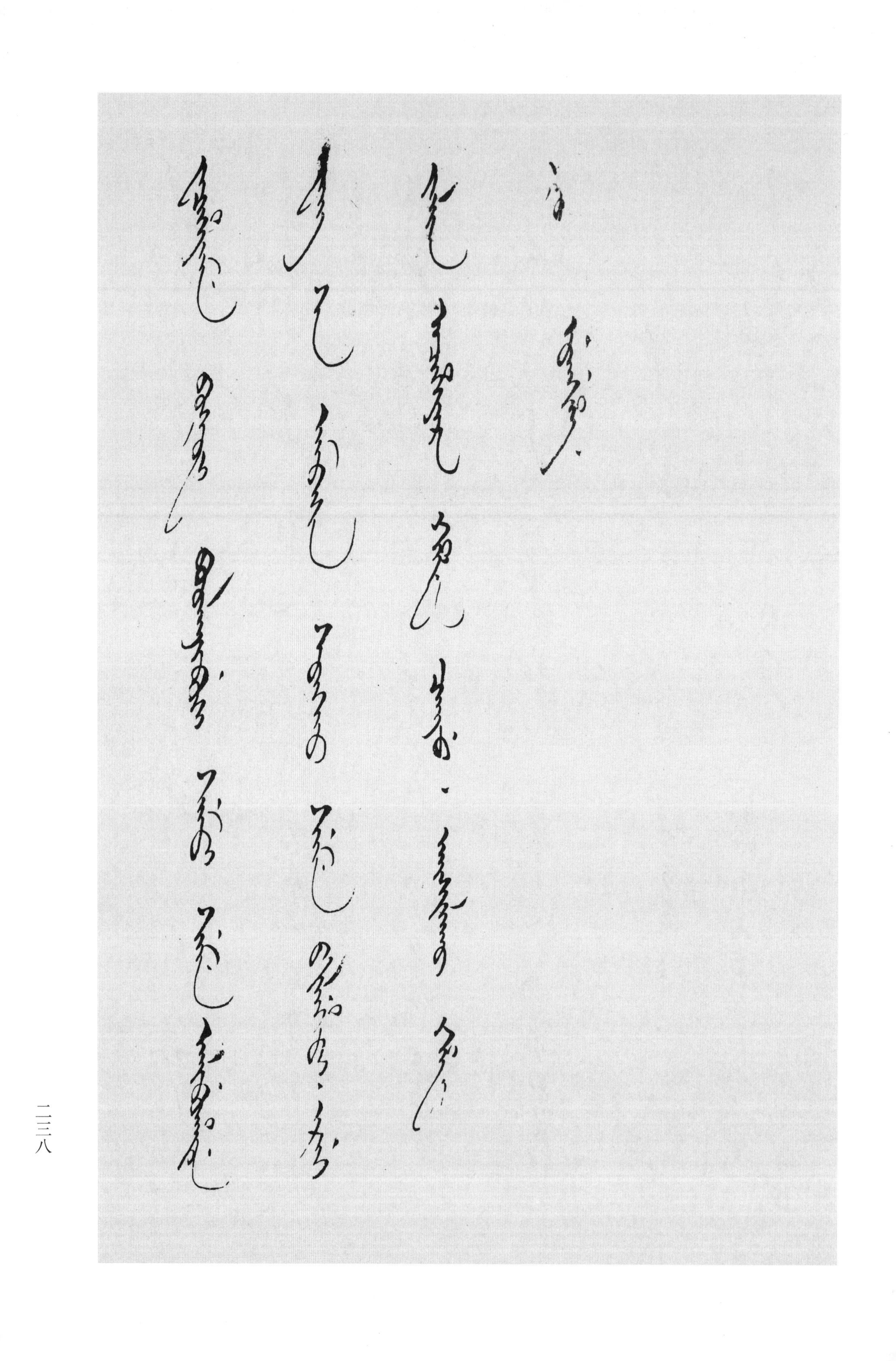

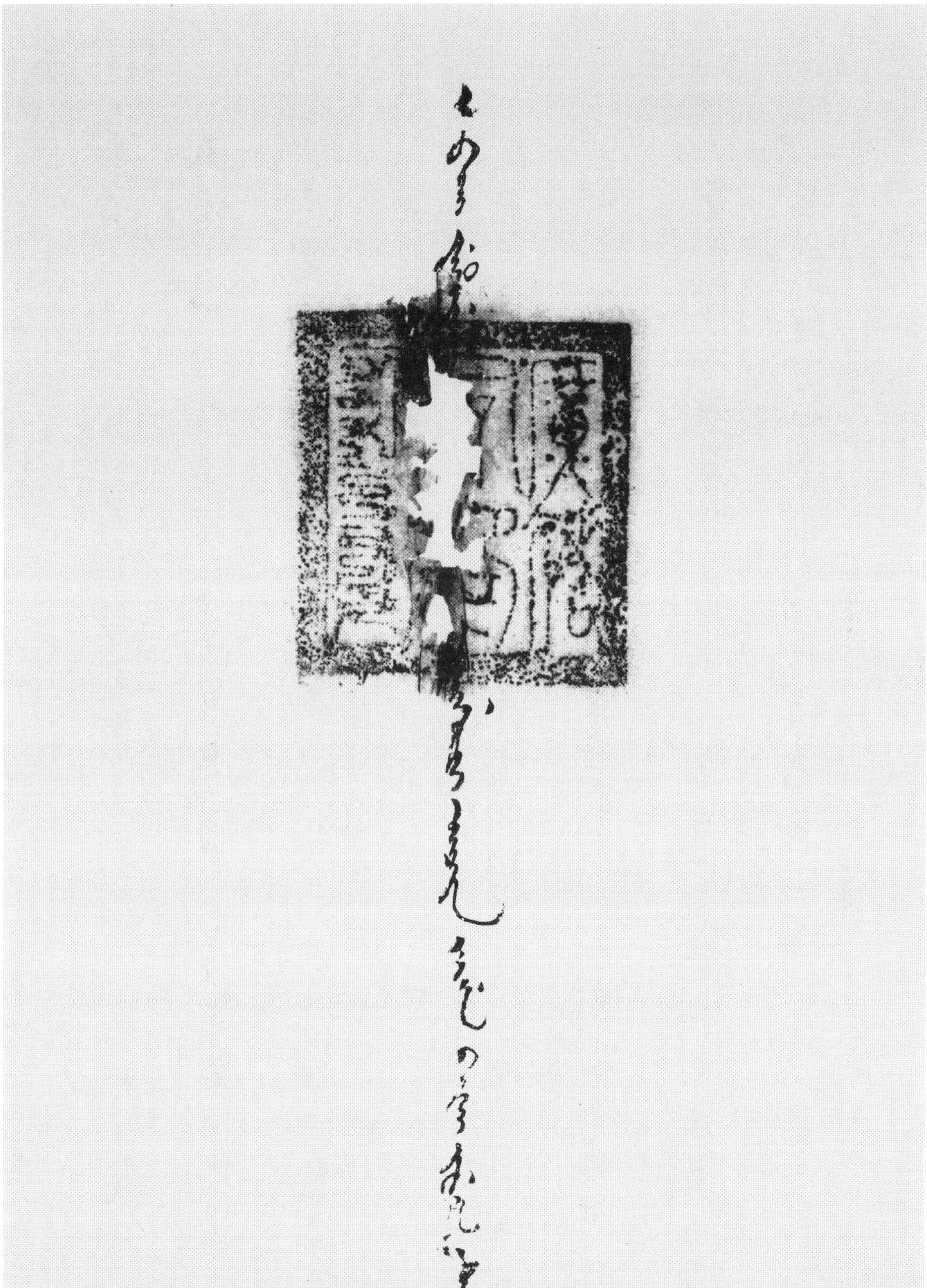

盛京户部來文内開錢糧司案呈查得前准檔子房付查
盛京内務府所屬額設俸餉等項銀兩作速造冊咨送户部
等因移咨内務府在案今又准檔子房付催冊檔之
應仍行文
盛京内務府將所屬俸餉等項銀兩作速查明照依本部前
咨造冊送部查辦可也等因前來交到查得本旗額設亡
員執事人領催兵丁以及太監等應領俸餉銀米數目造具
漢字細冊四本祈為咨送為此上呈

正白旗驍騎校查爾泰領催五各等呈爲咨送檔冊

奉堂劄交准

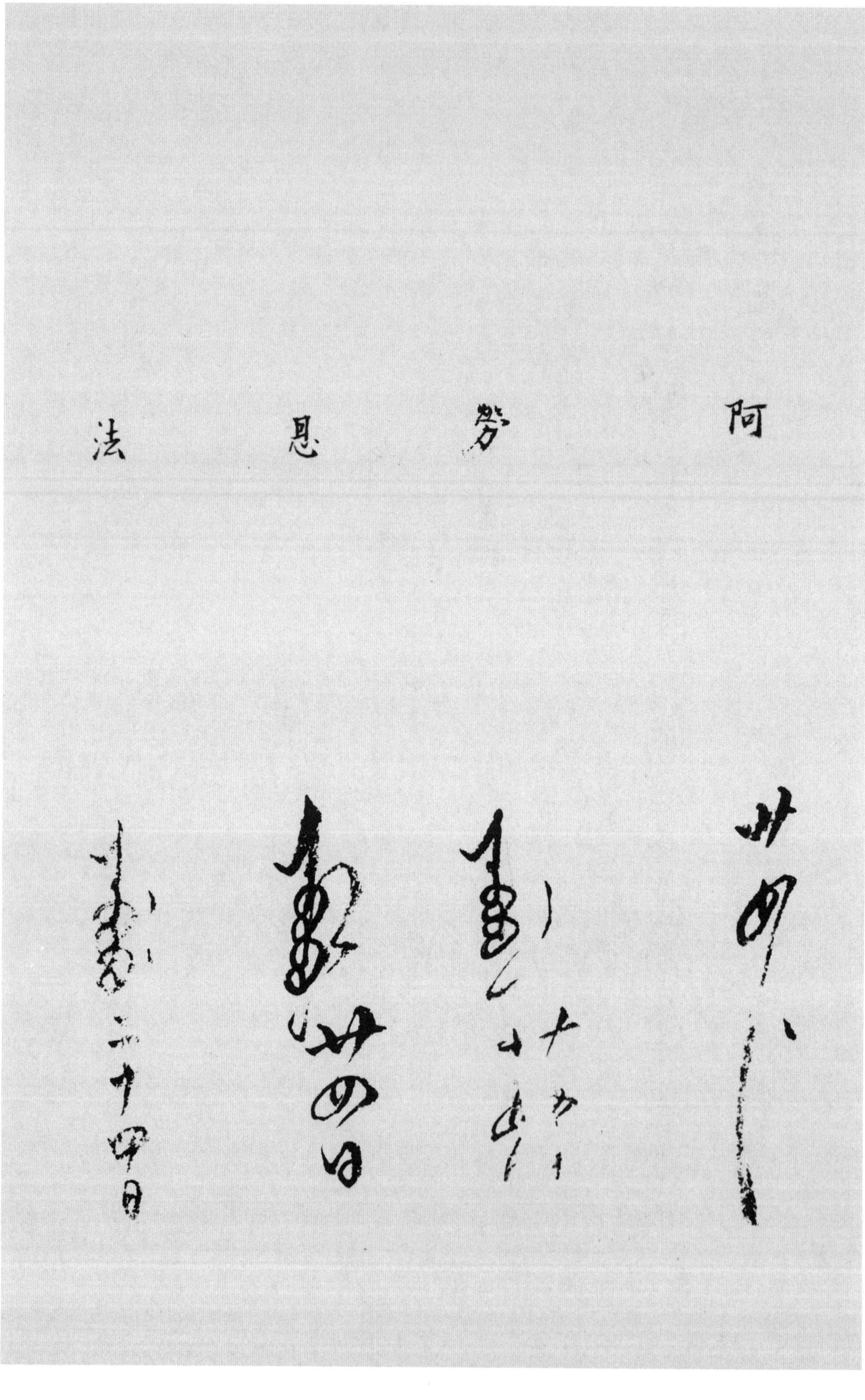
阿
劳
恳
法

四十五號

正白旗為咨送額設官員兵丁等俸餉銀米數目冊檔事

驍騎校查爾泰

領催五各

十六

七

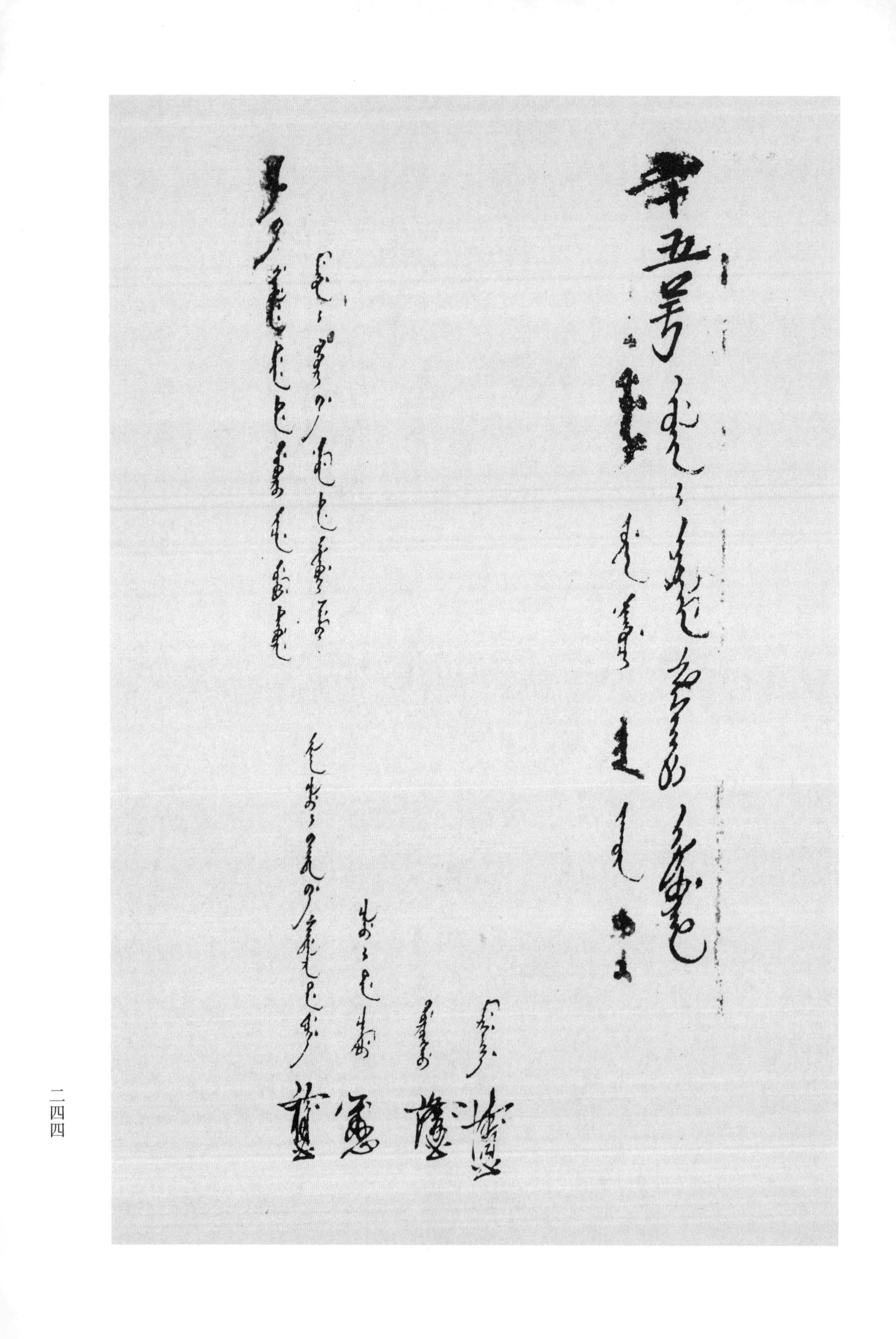

第五号

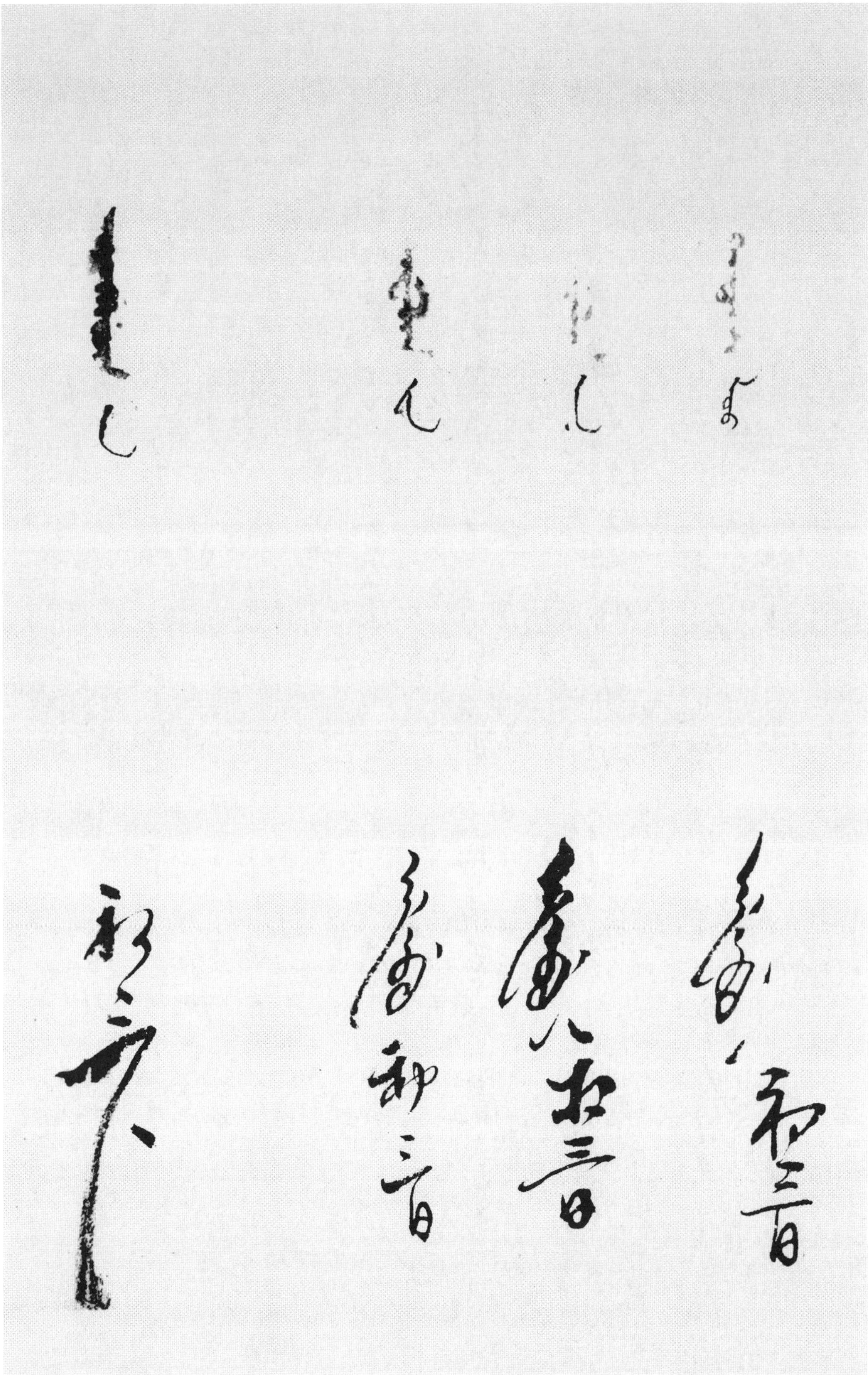

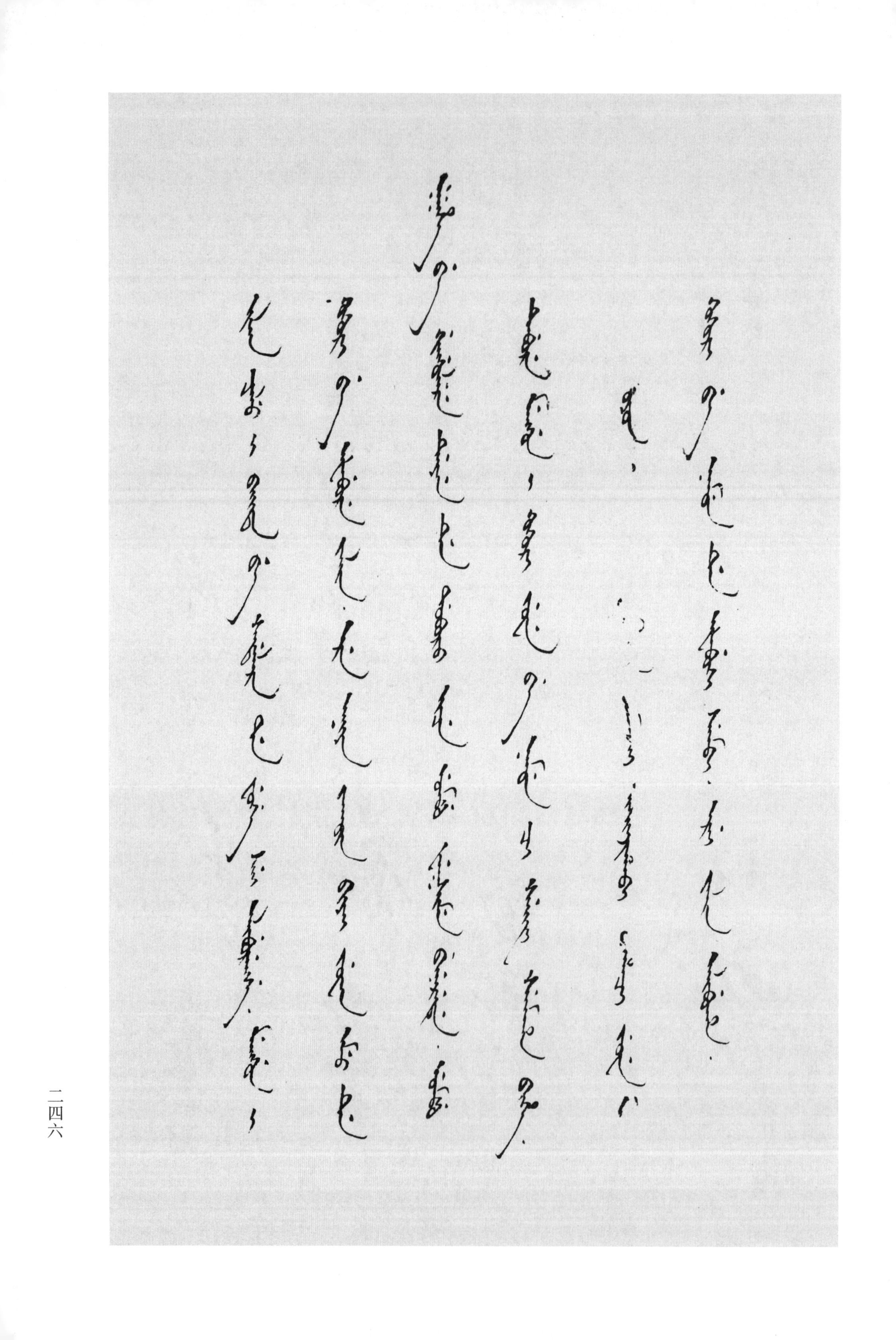

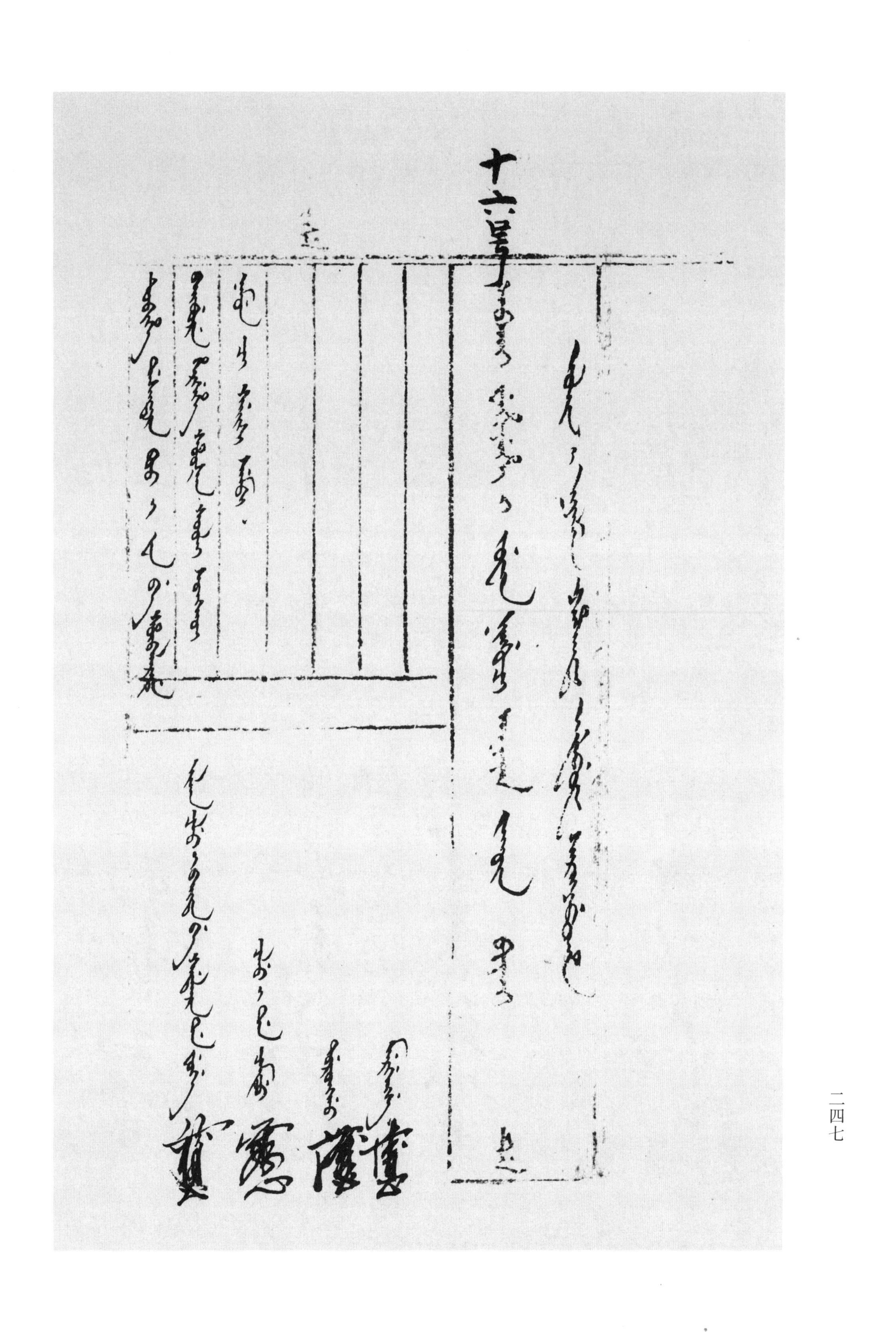

十六号

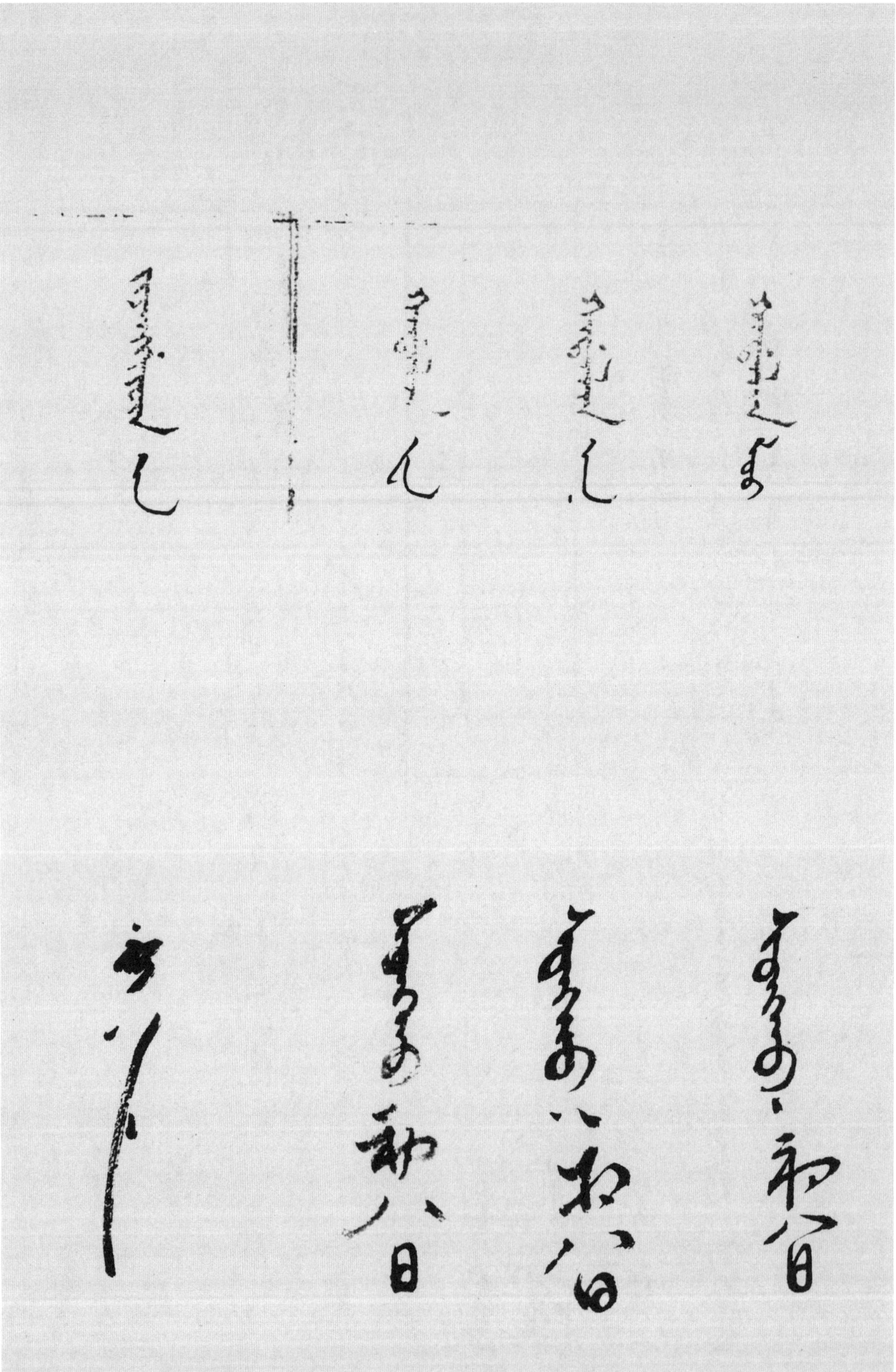

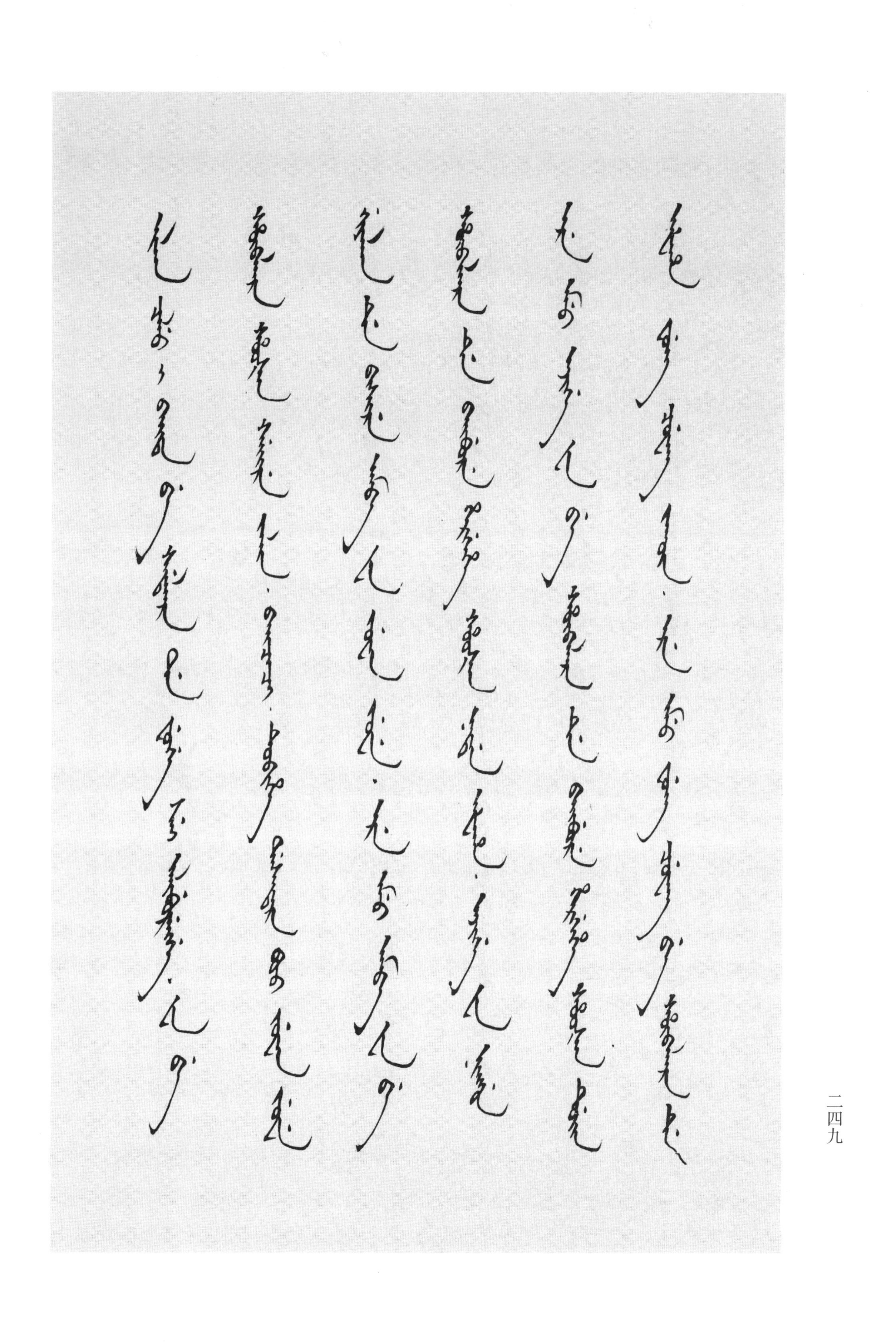

[illegible]

[illegible]

[illegible]

[illegible]

[illegible]

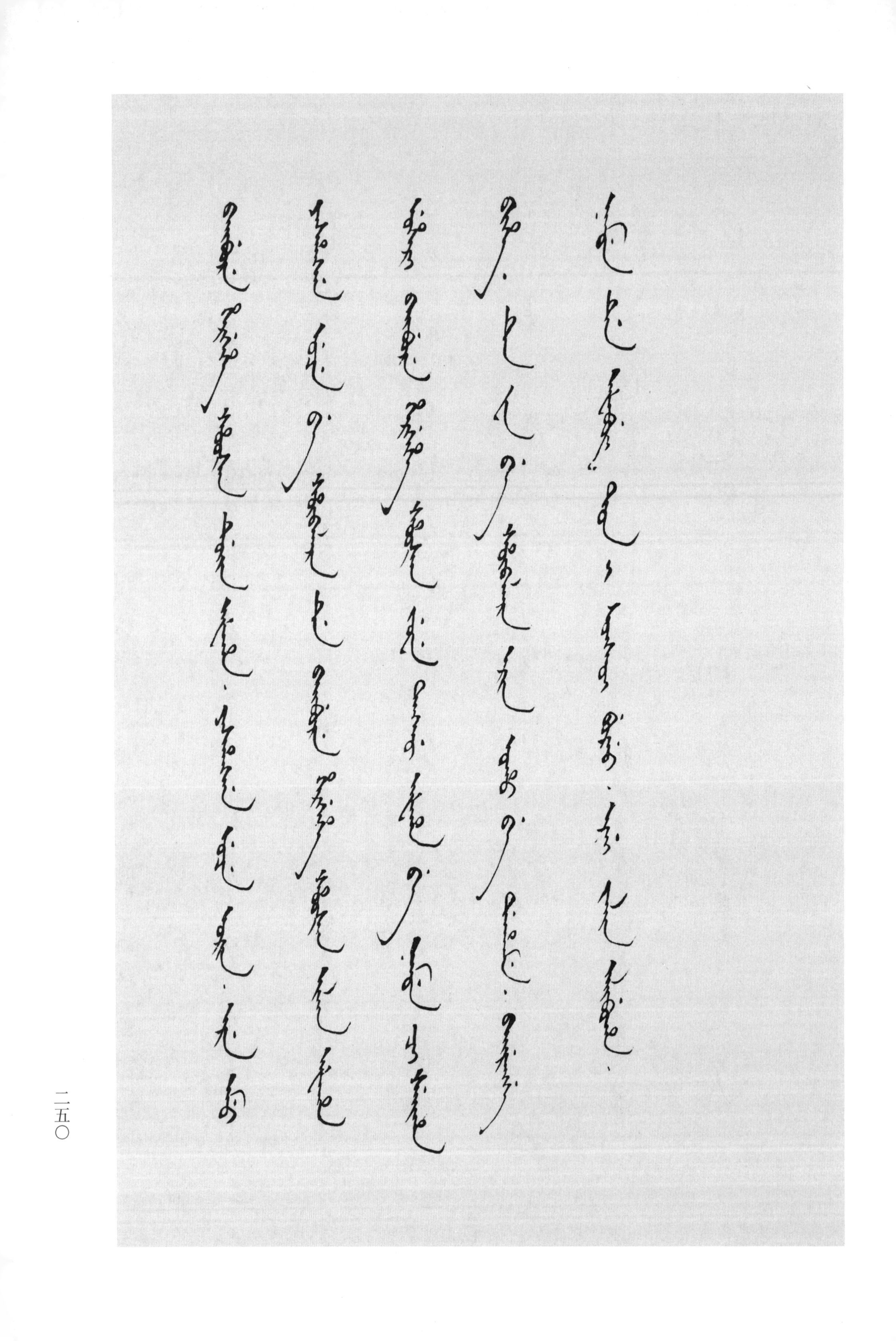

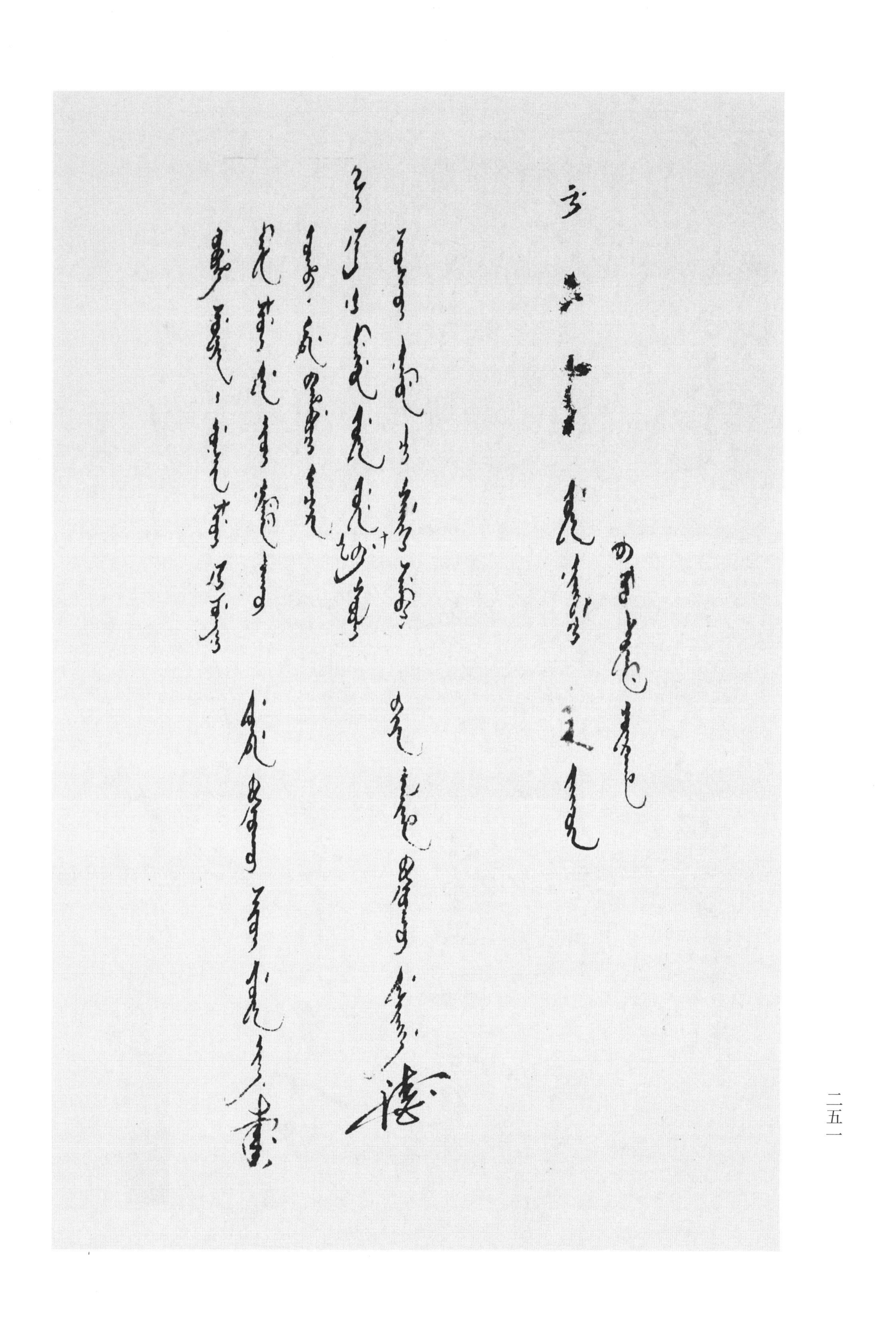

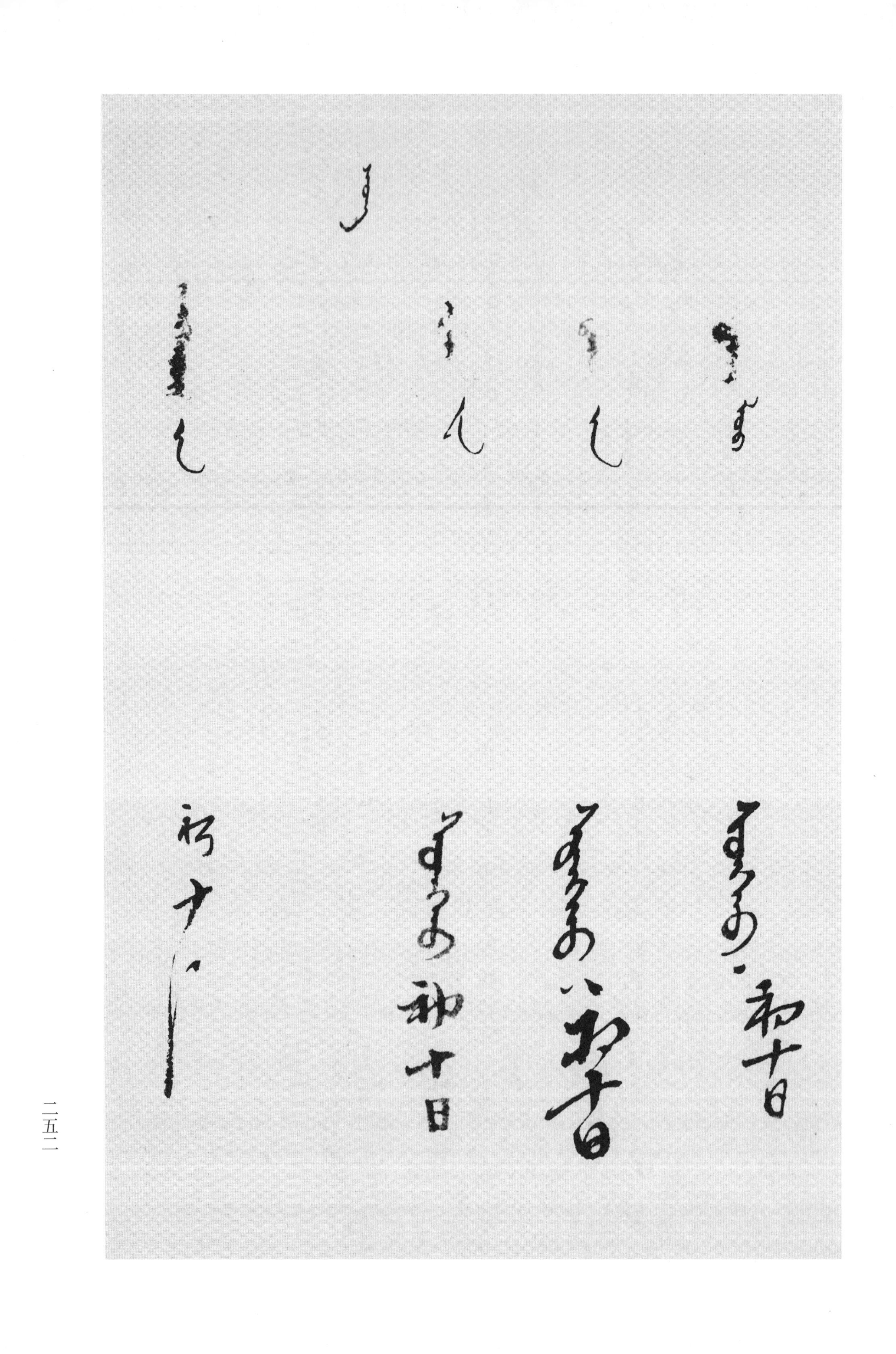

初十日

初十日

初十日

初十一

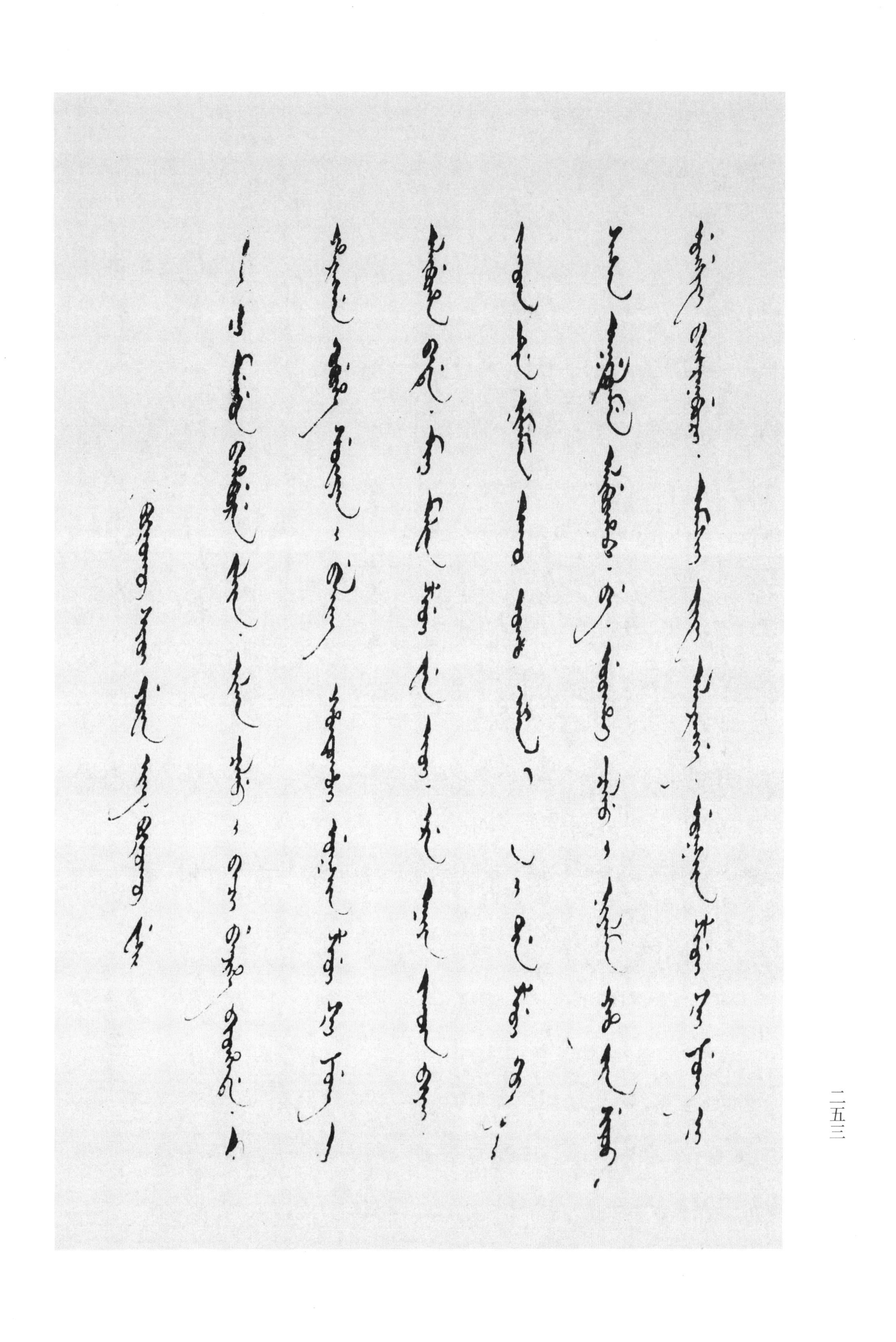

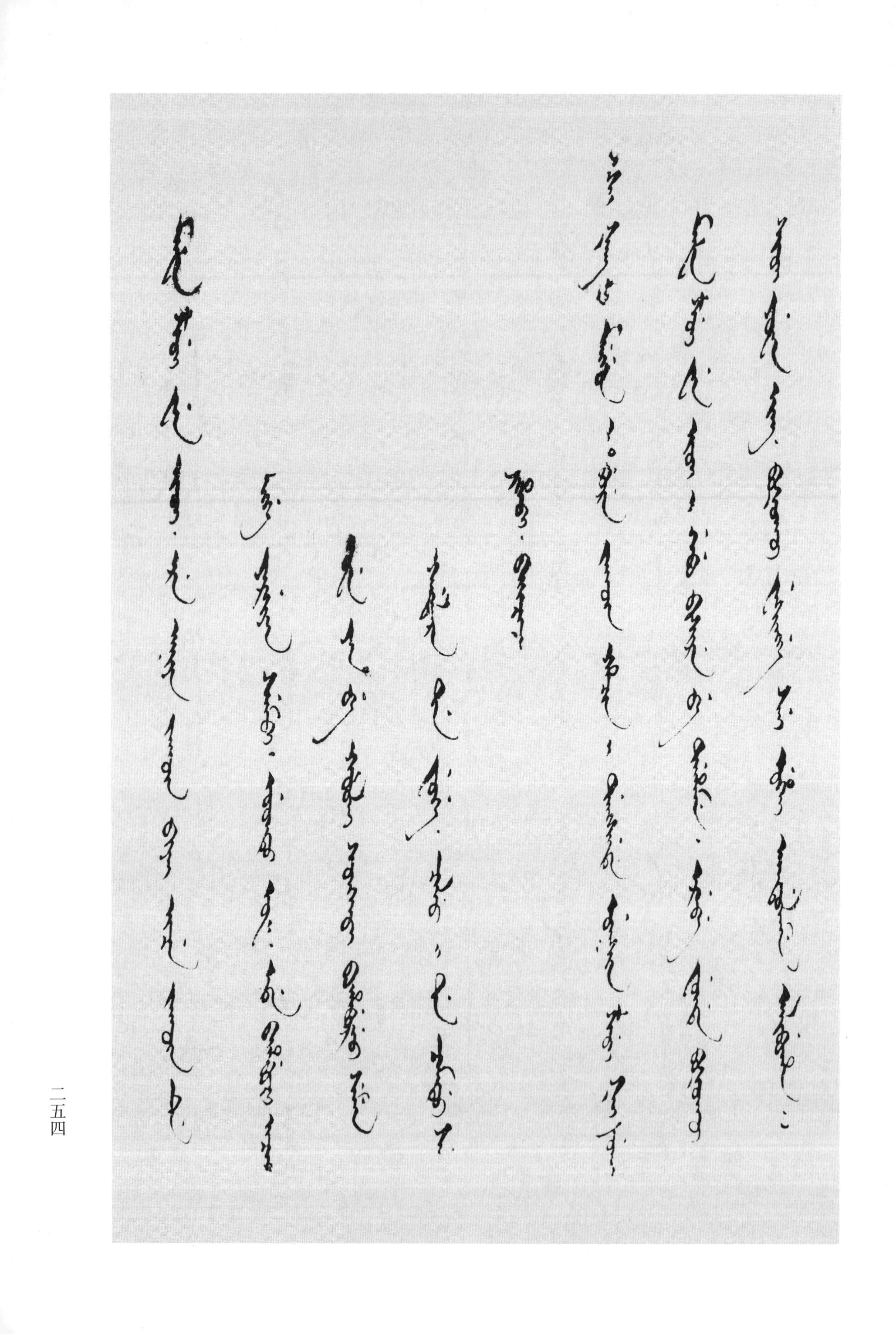

宮殿達福禄等呈為領取事查得

大清門内外班房十二處窓戶五十五扇関防衙門朝房槅扇二十四扇開窓四十扇風窓六扇風槅四十八扇以上共用紙八百零三張白面十一斤于乾隆十五年八月季領過糊飾在案今八月應該糊飾之際祈為轉交内庫三倉照數給發以便糊飾可也為此上呈

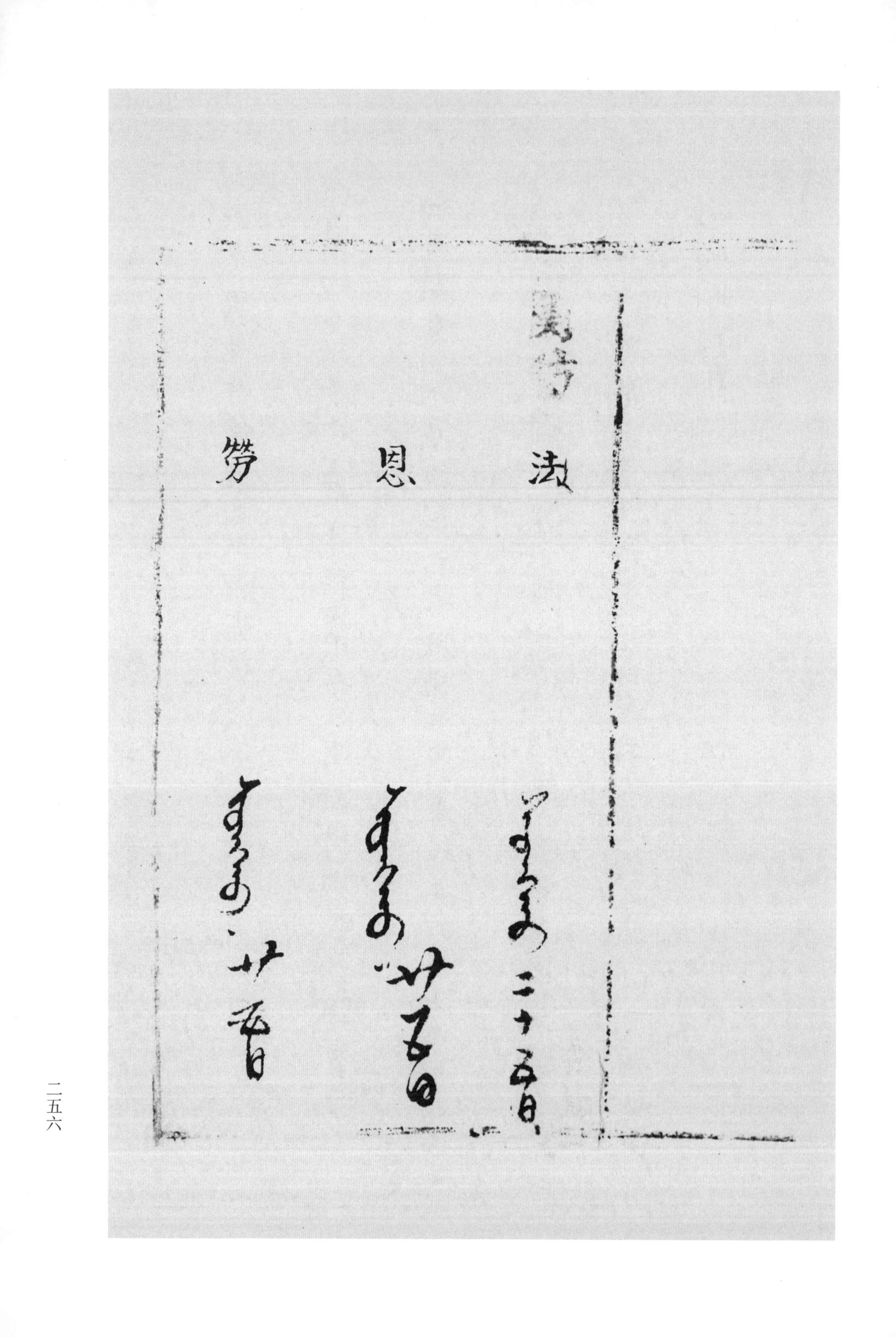

法 [illegible]二十五日

恩 [illegible]廿五日

勞 [illegible]廿五日

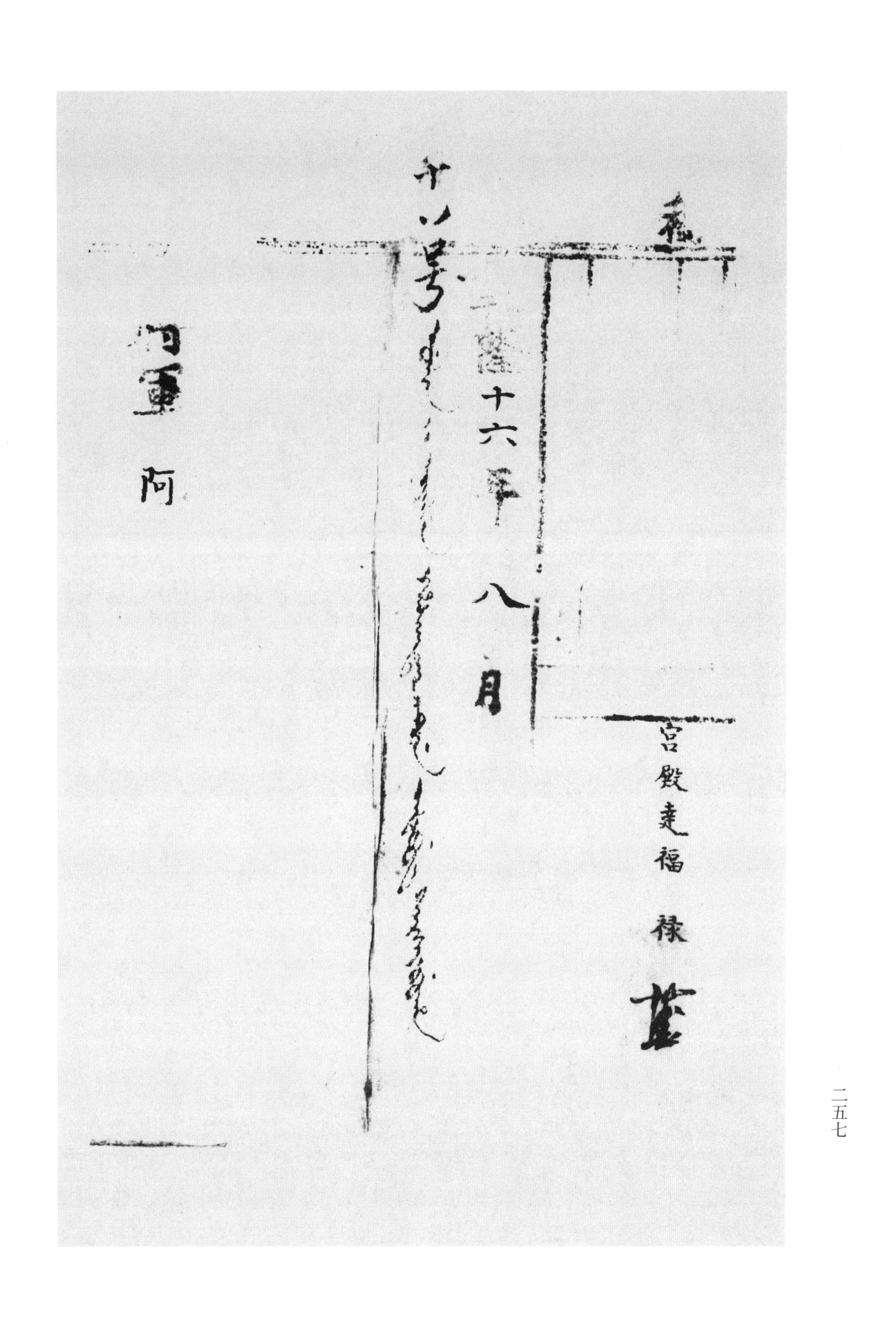

奏

宫殿建福
禄
蓋

乾隆十六年八月

[illegible]

[illegible]
阿

庫得祿
倉上人仕極
一件為糊飭
大清門內外班房窗戶領取紙
張事

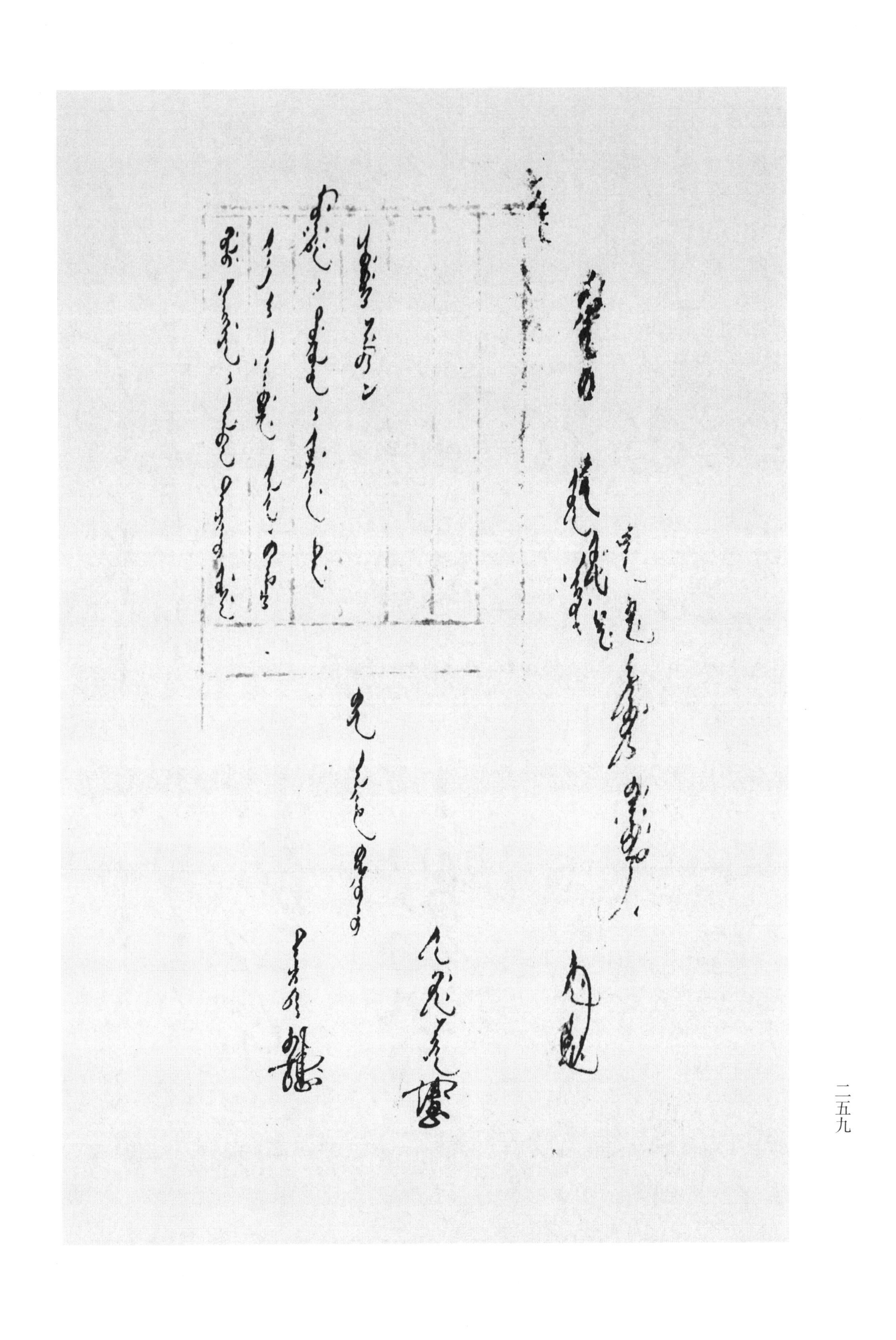

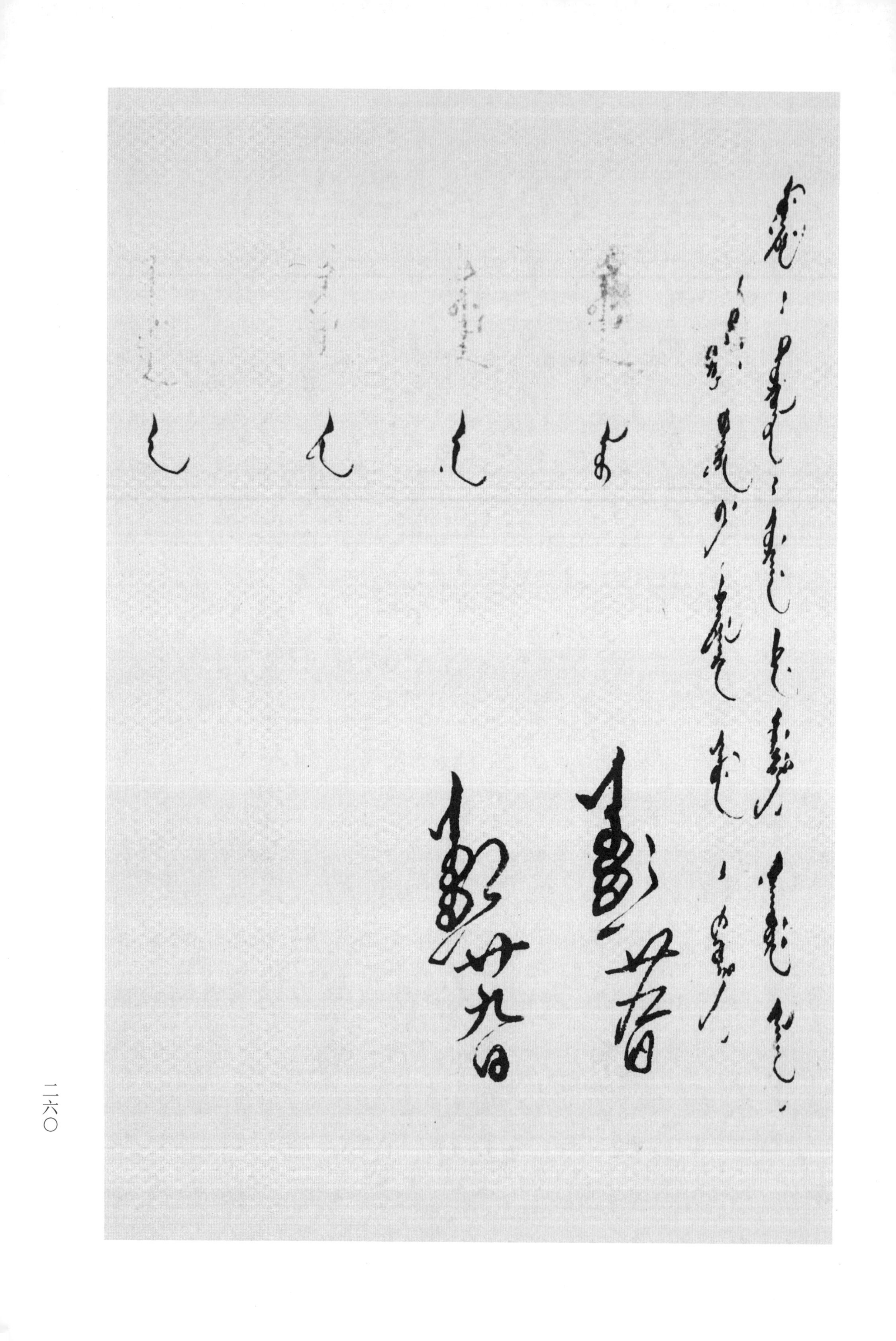

廿日

廿九日

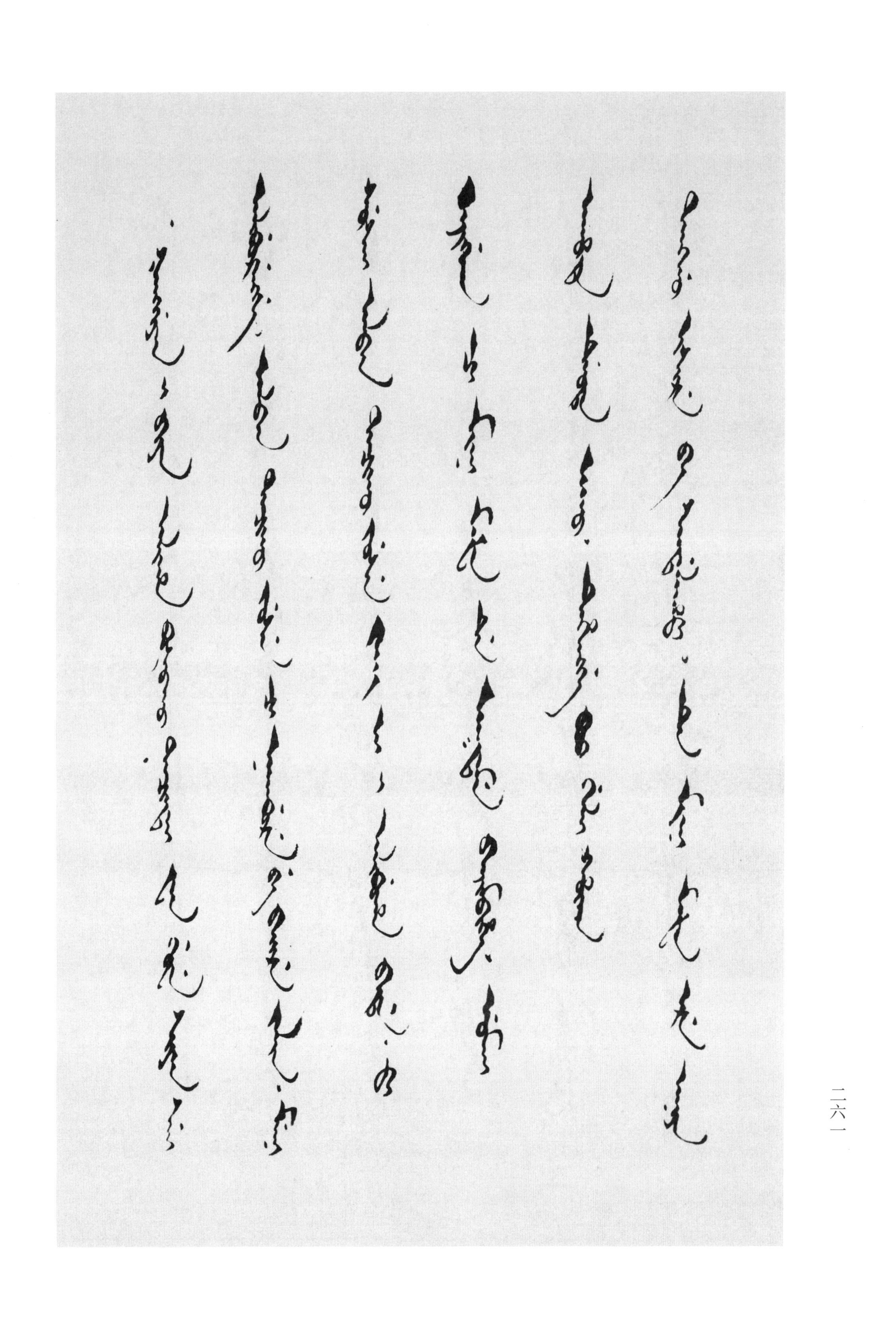

二六一

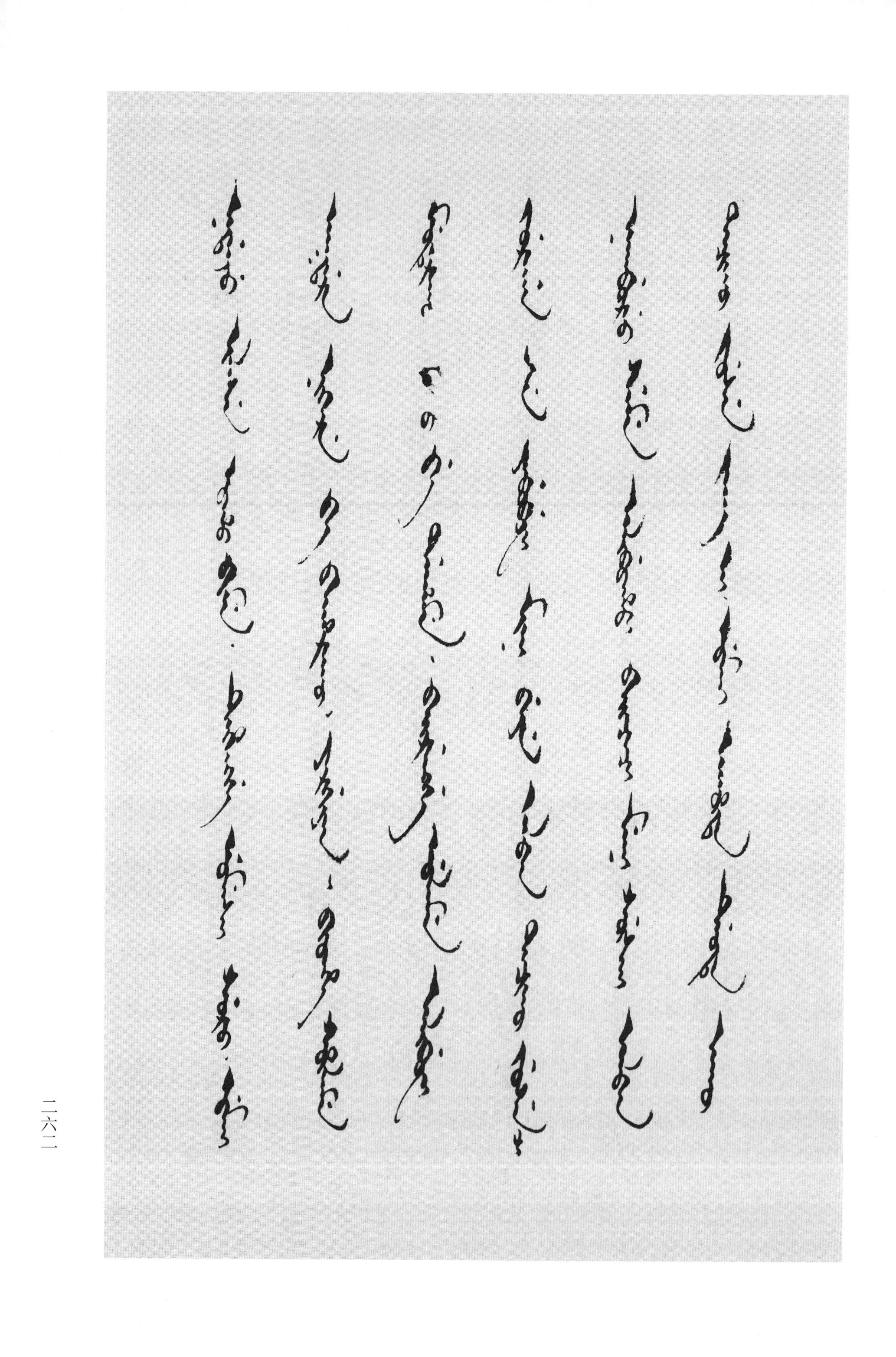

[illegible]

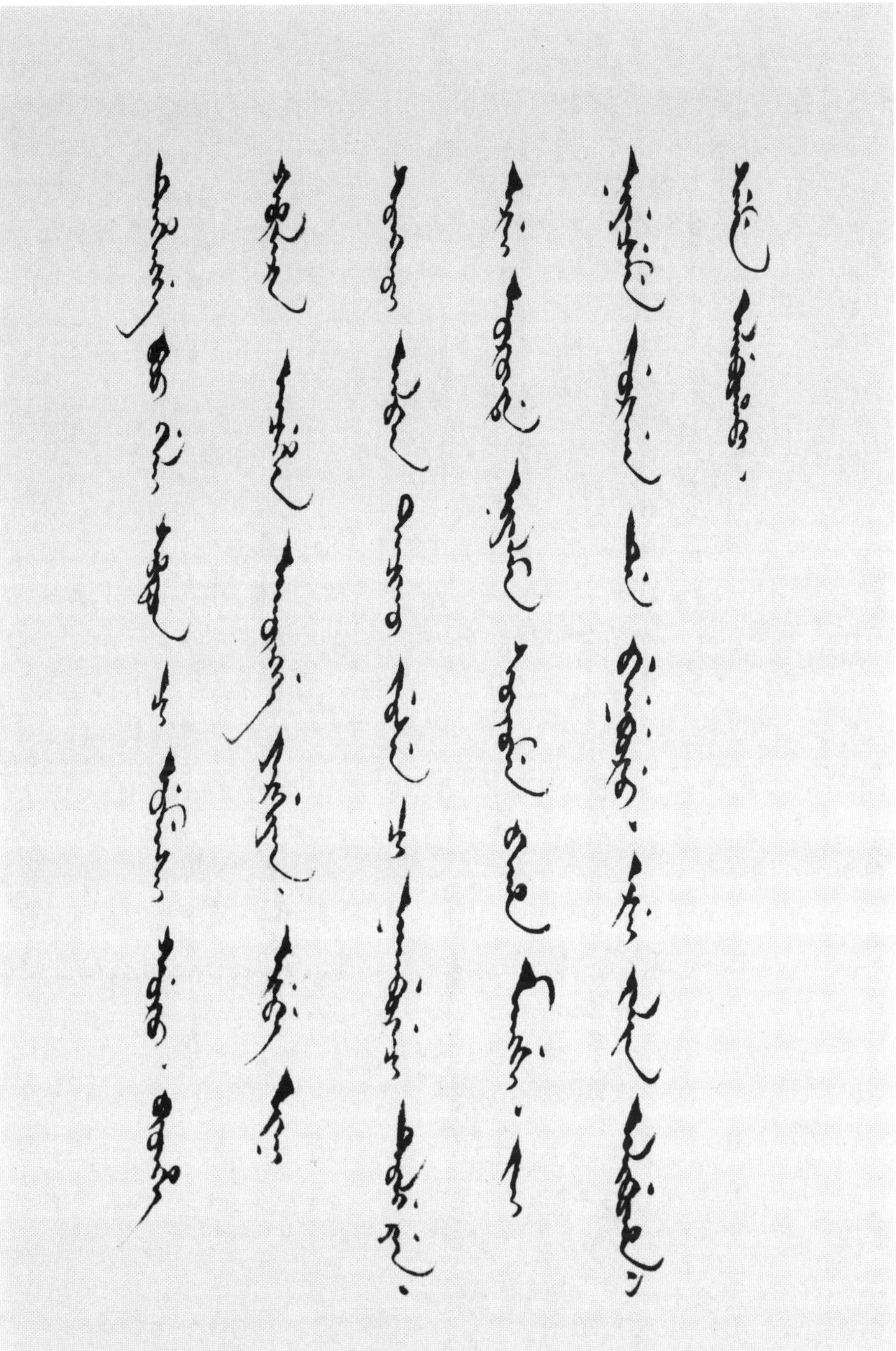

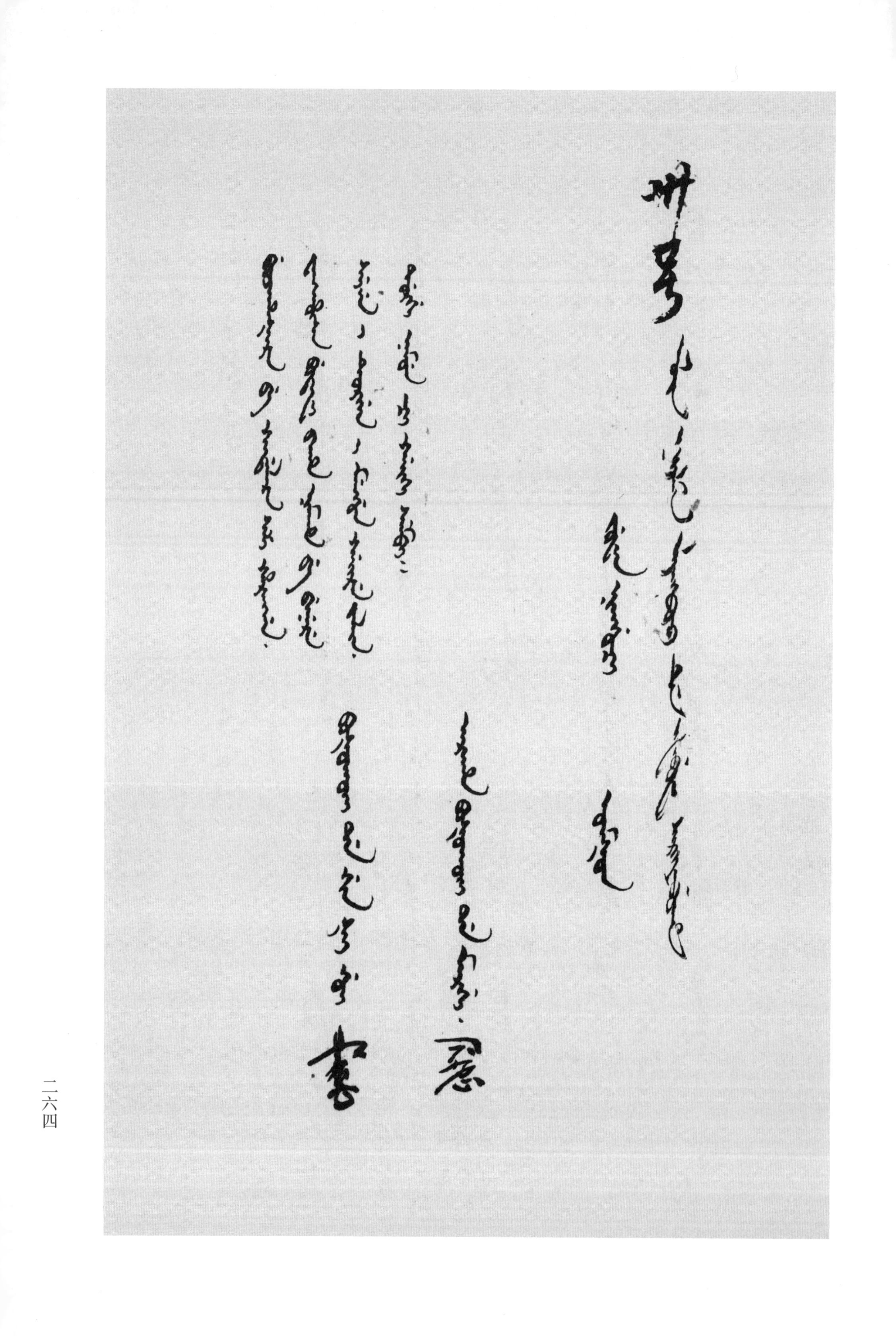

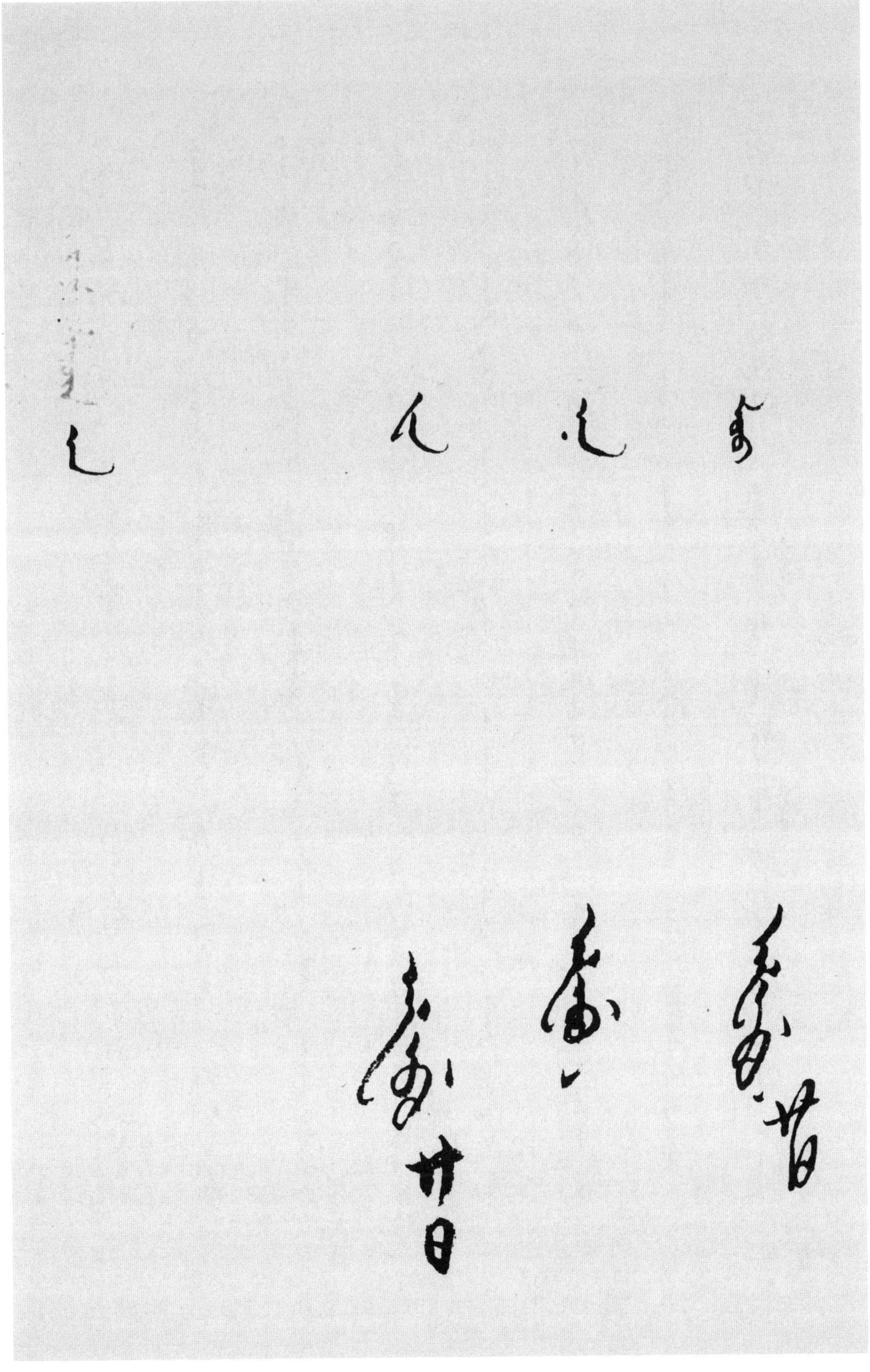
廿日
廿日

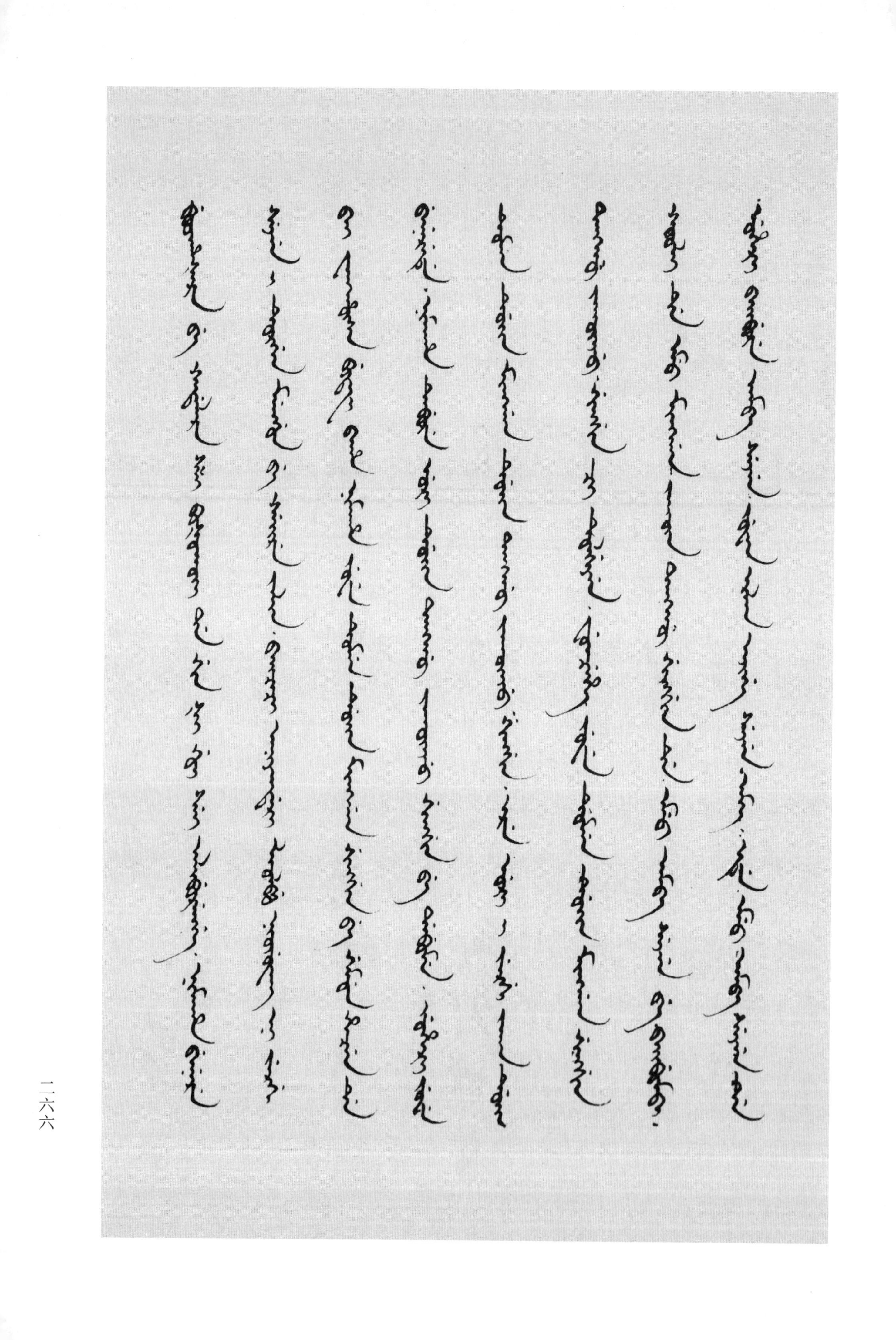

[illegible]

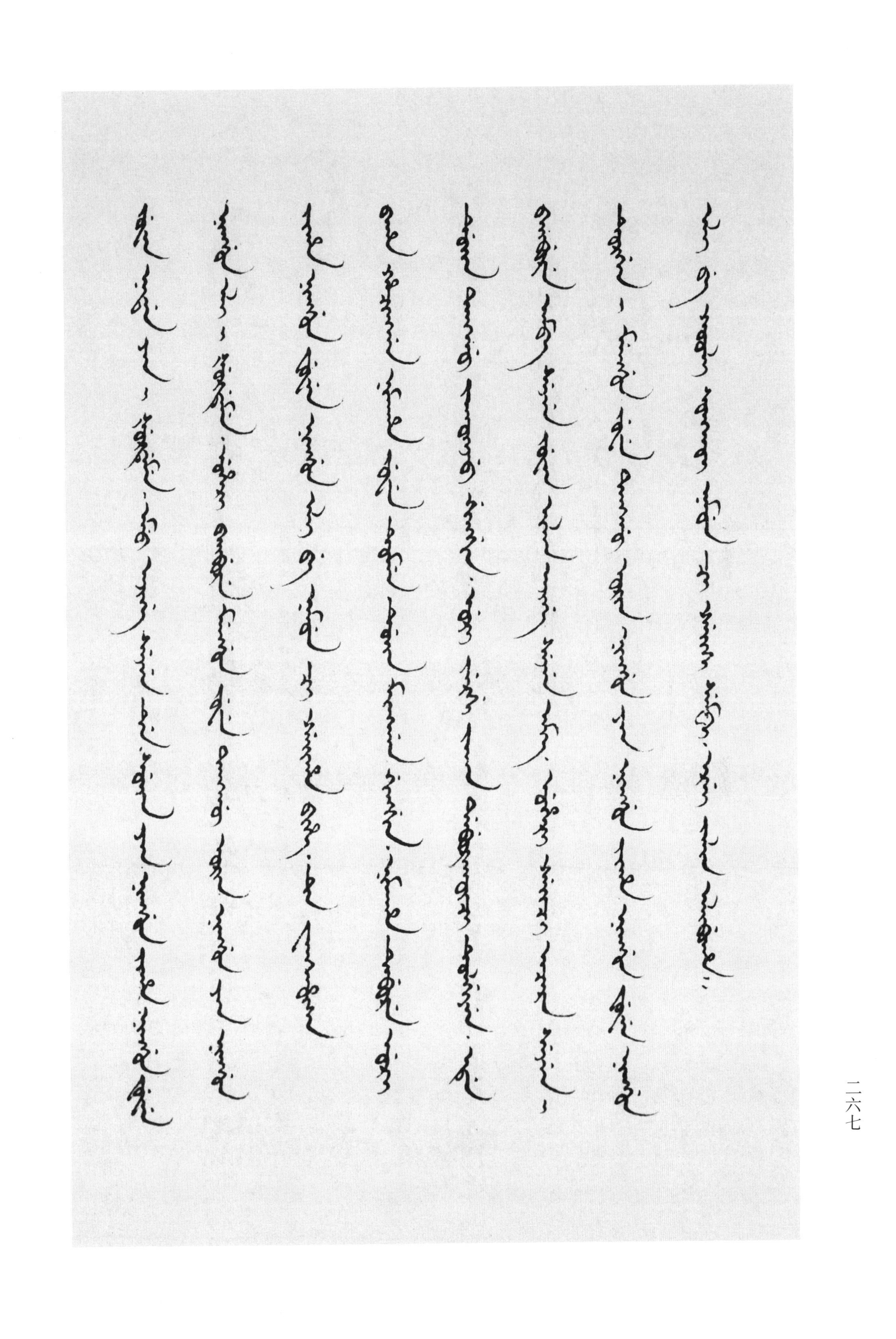

[illegible]

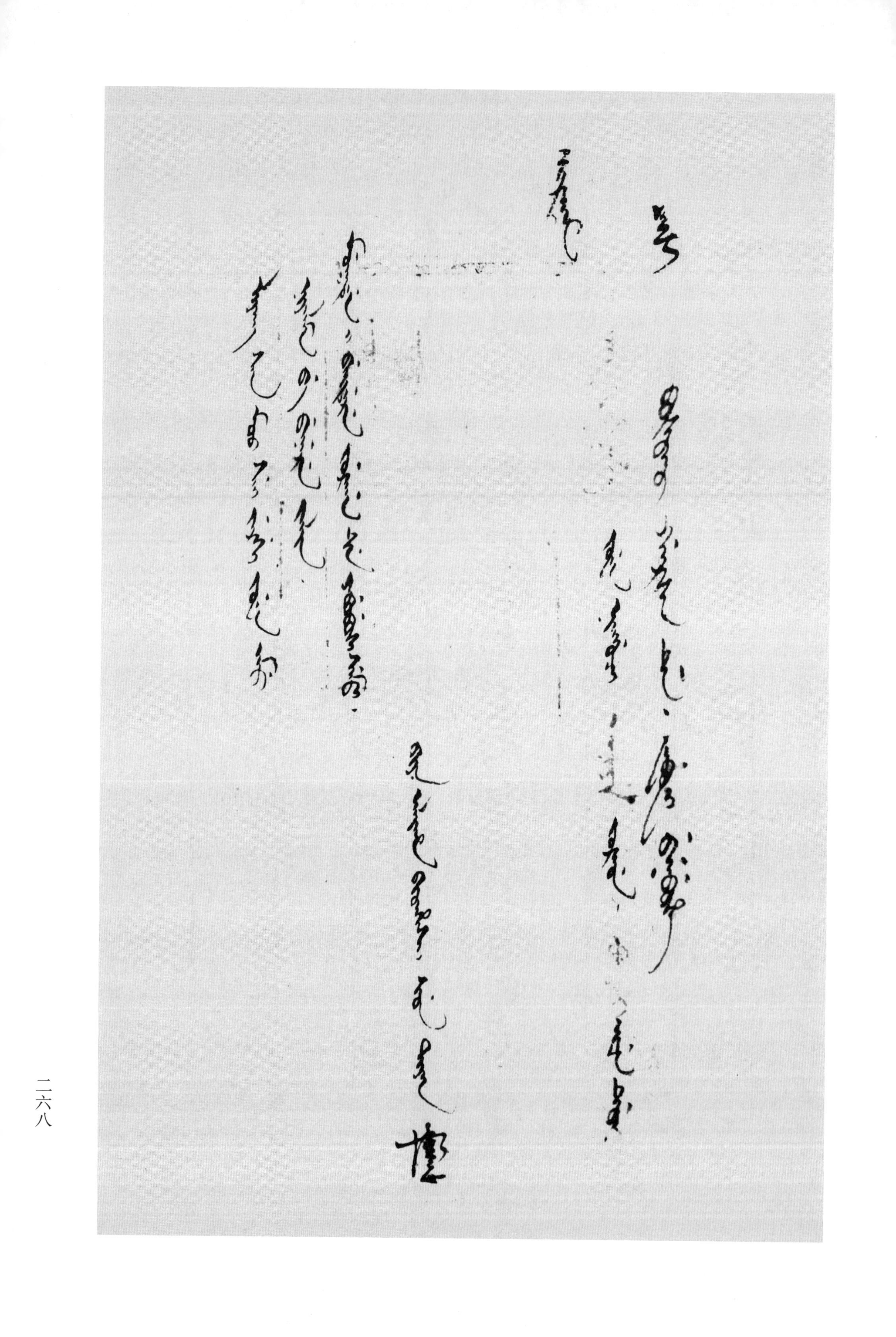

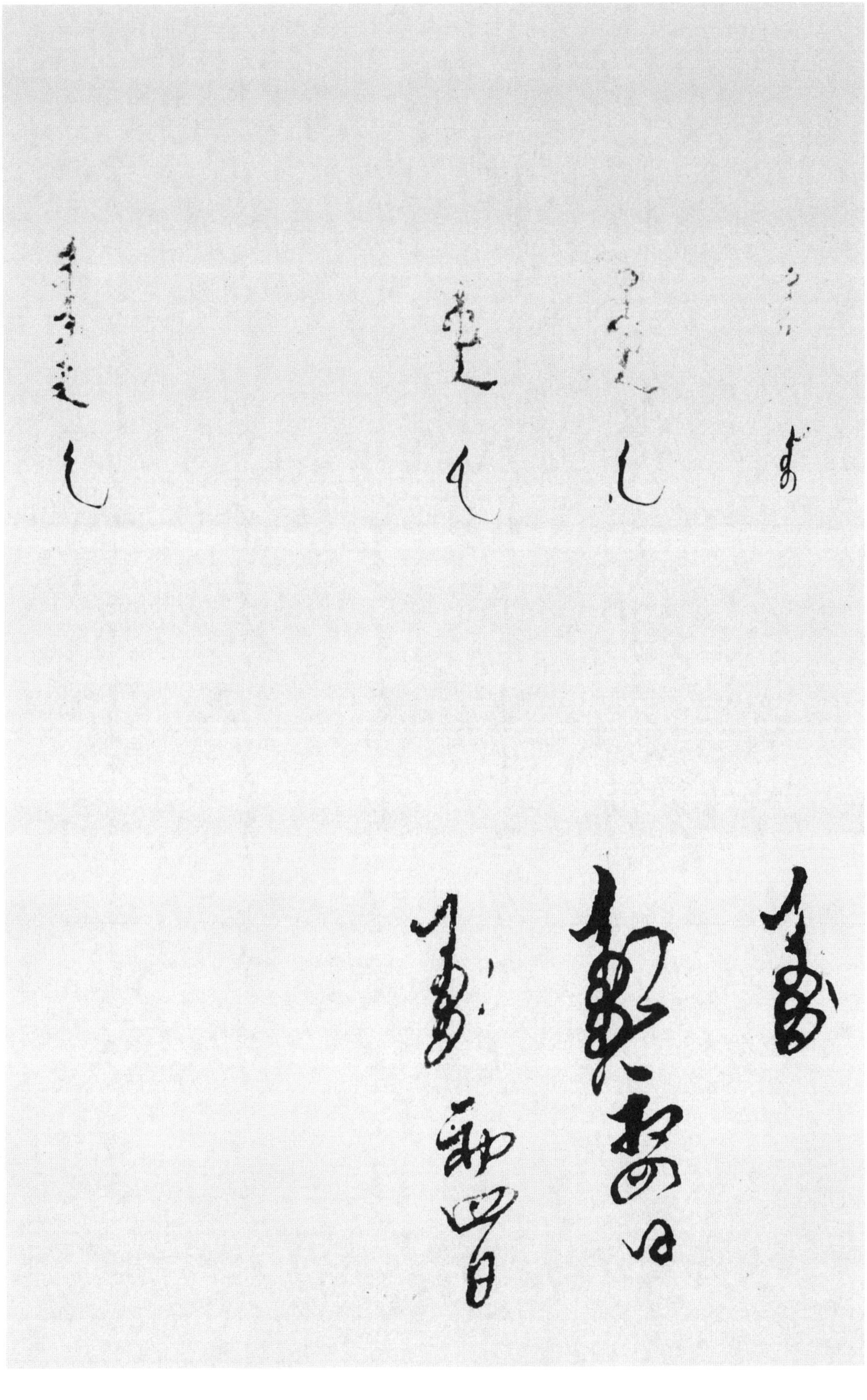

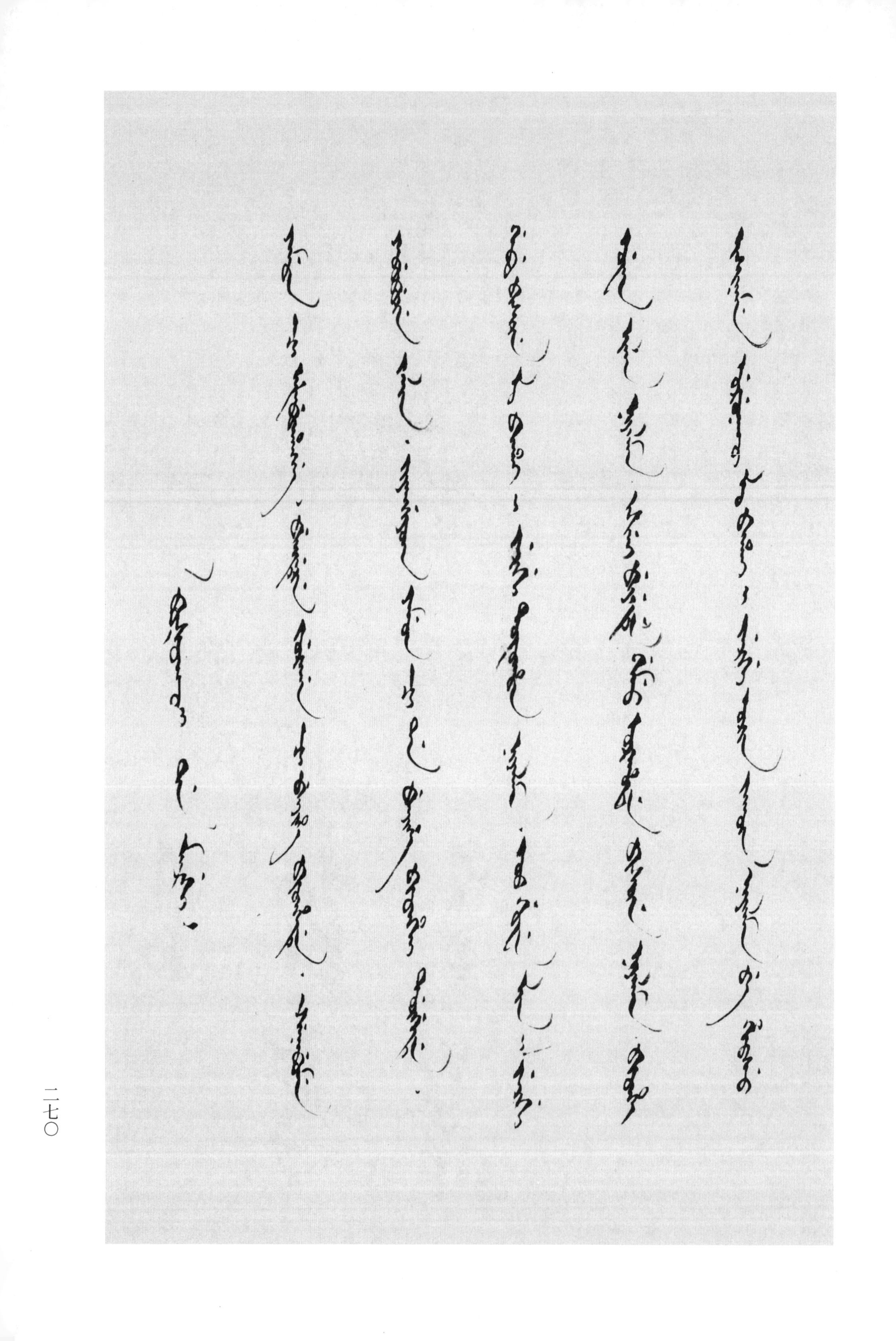

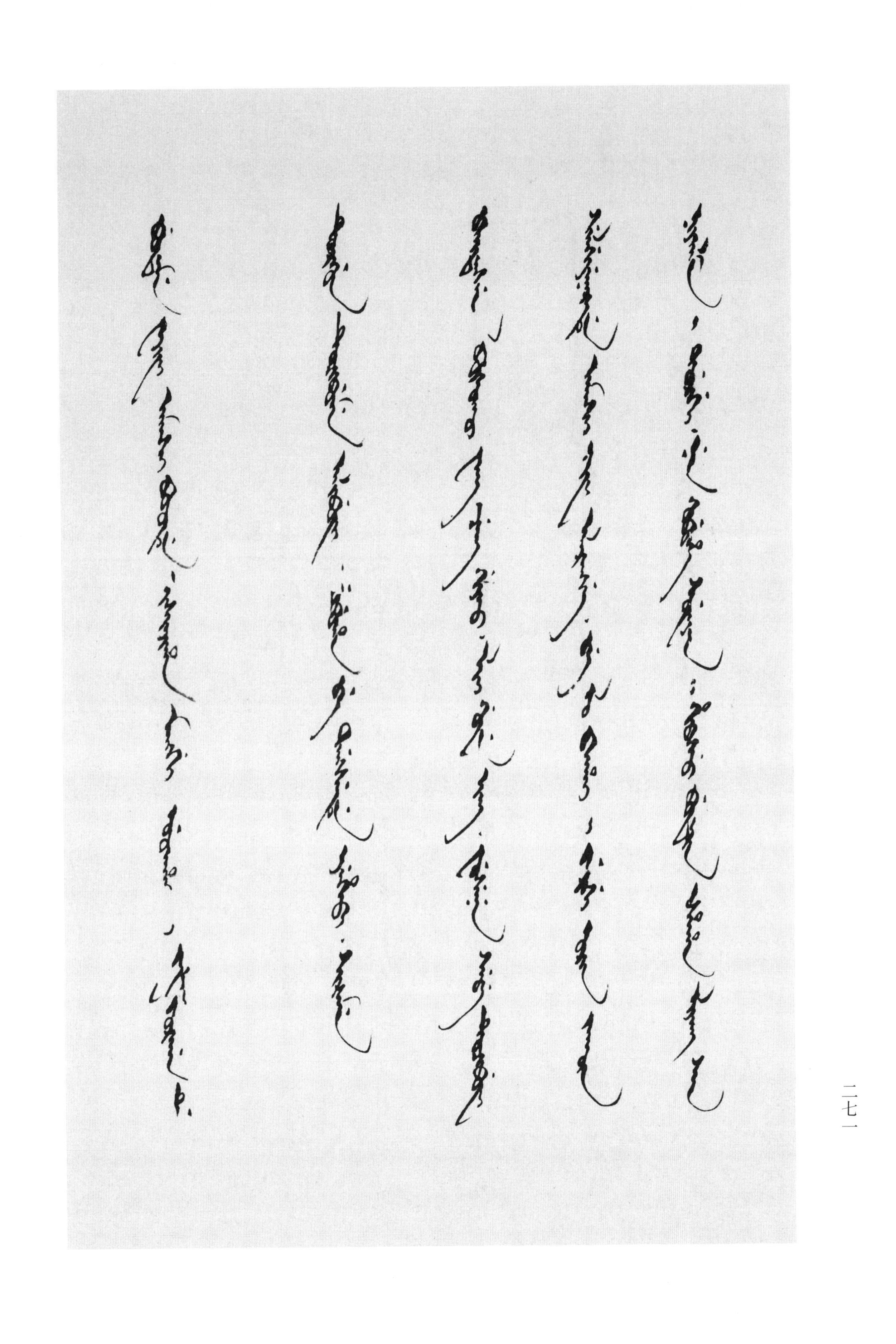

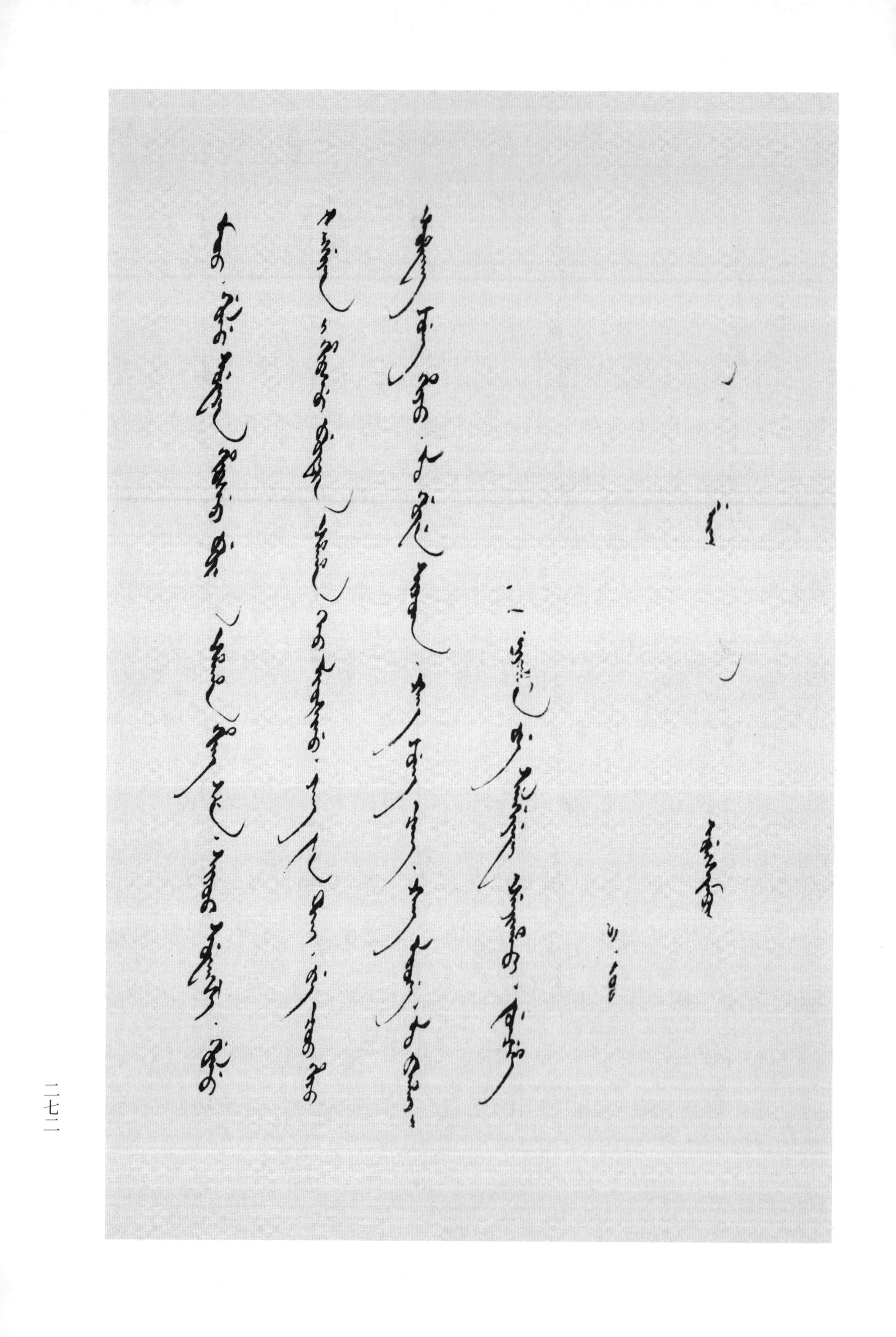

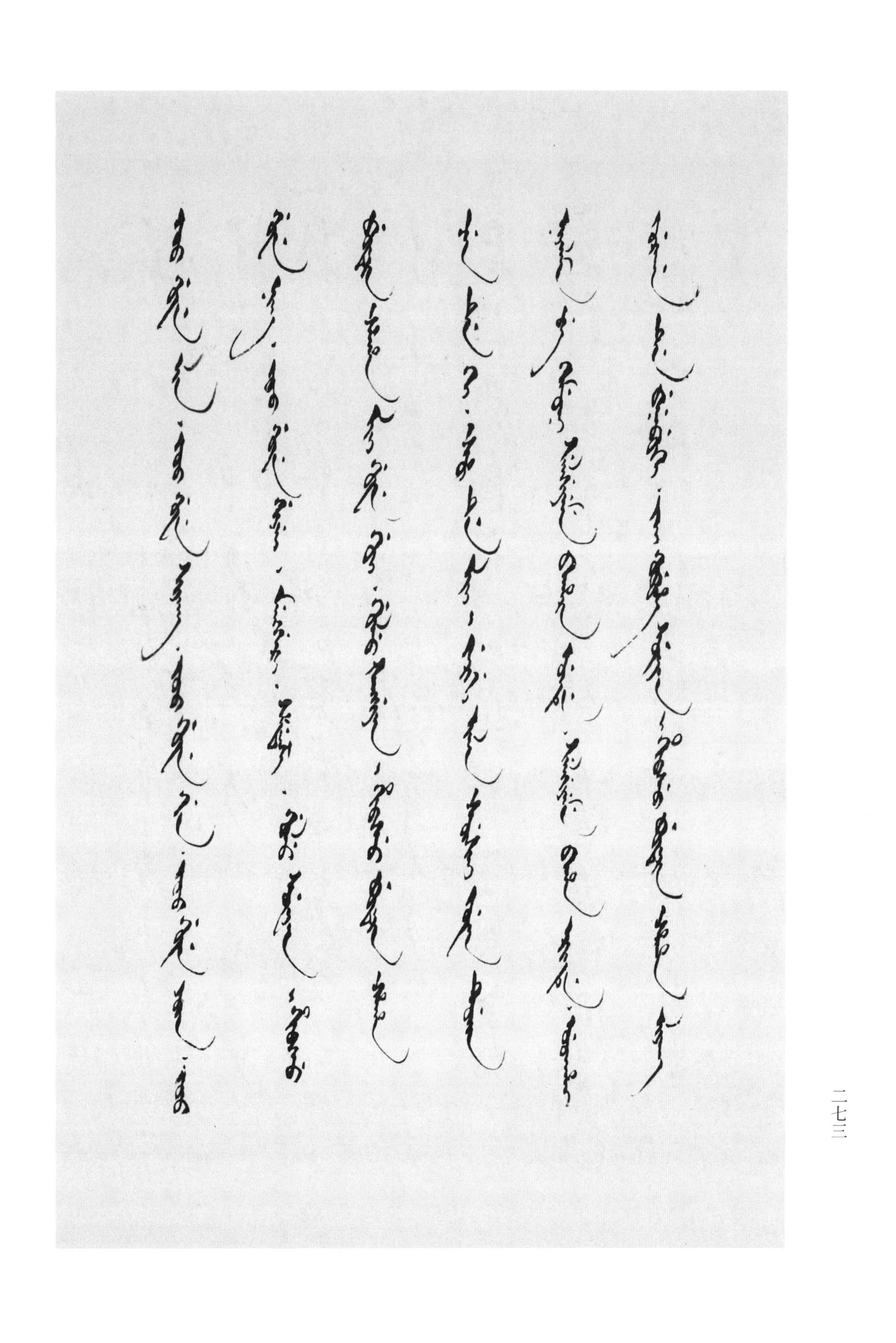

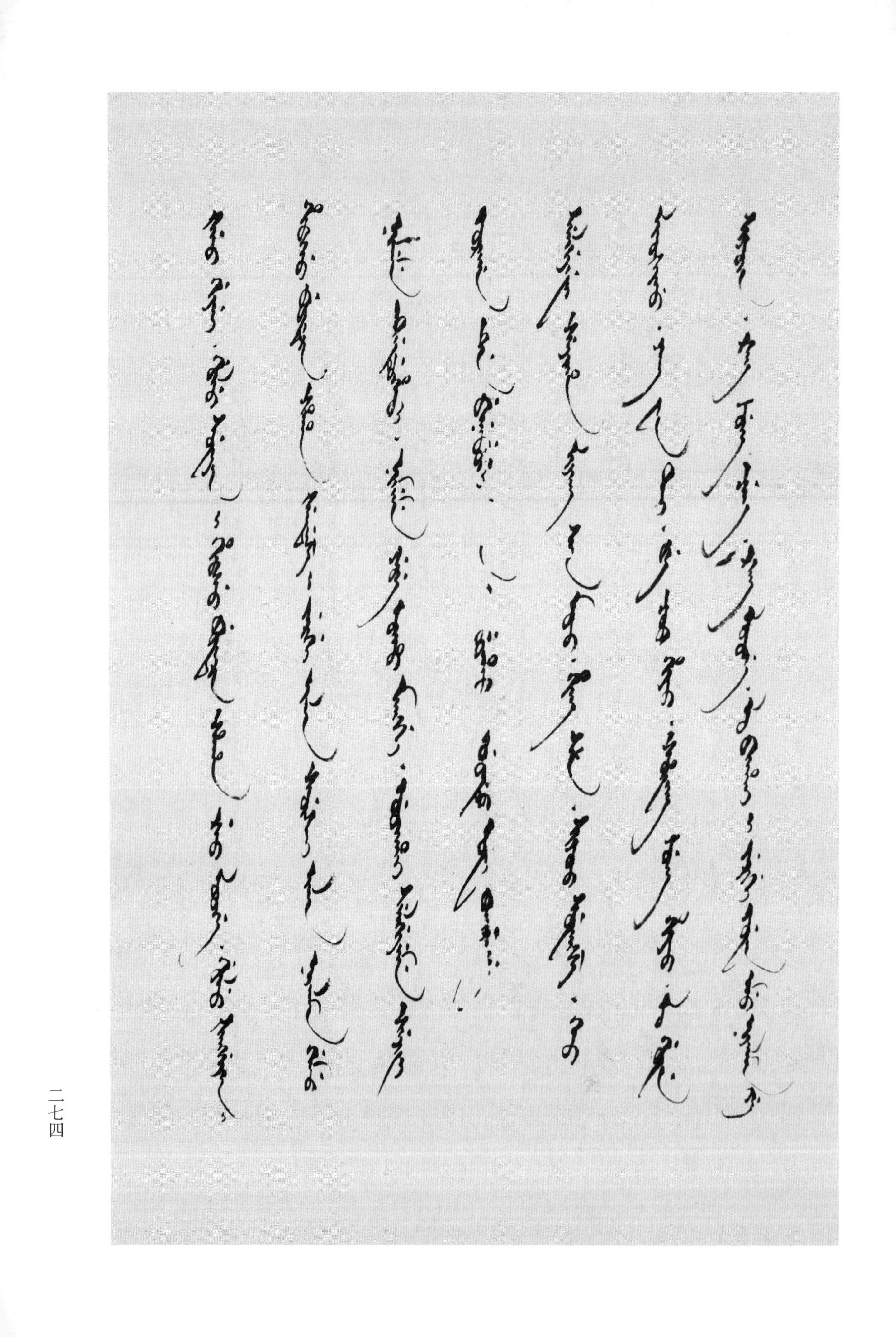

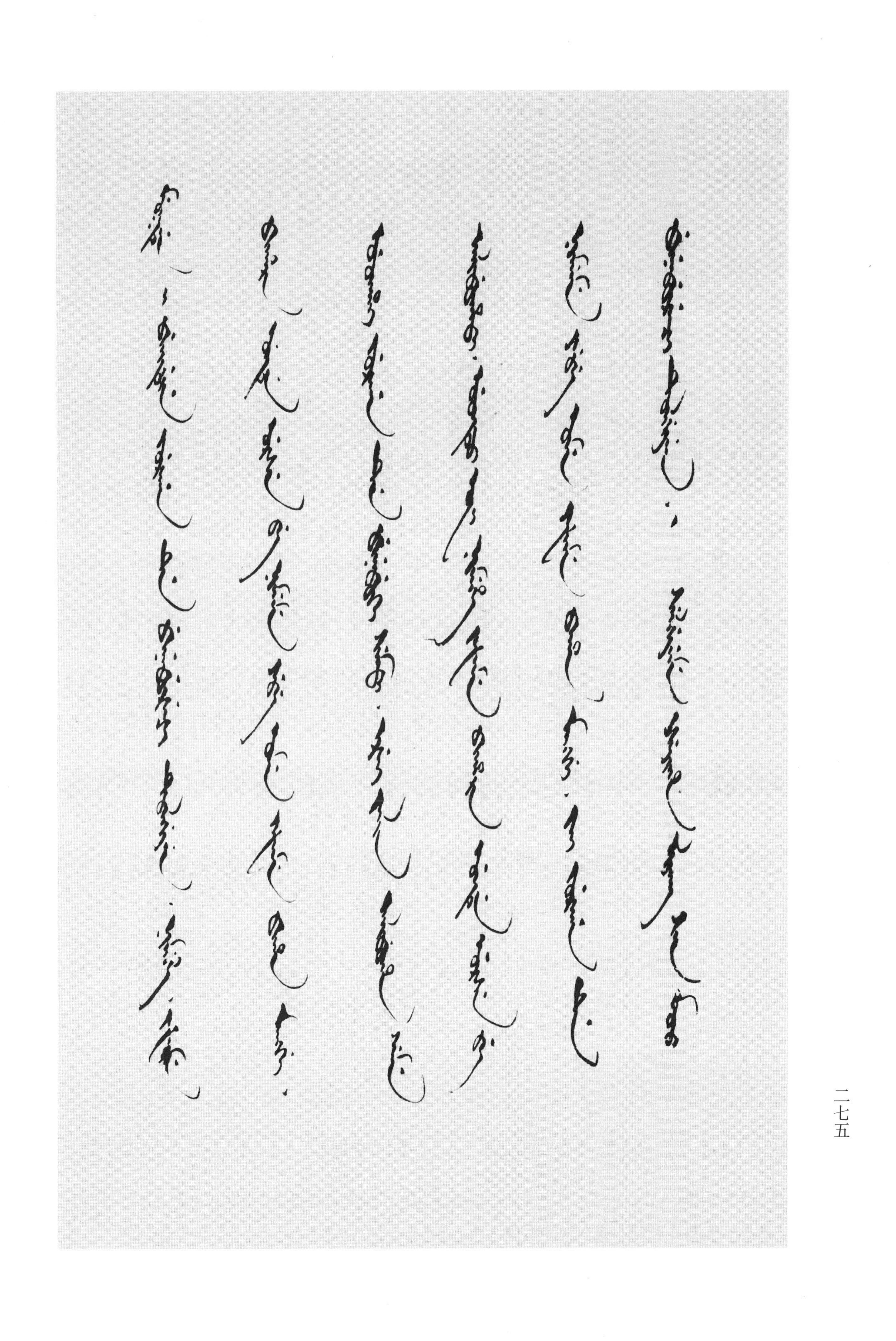

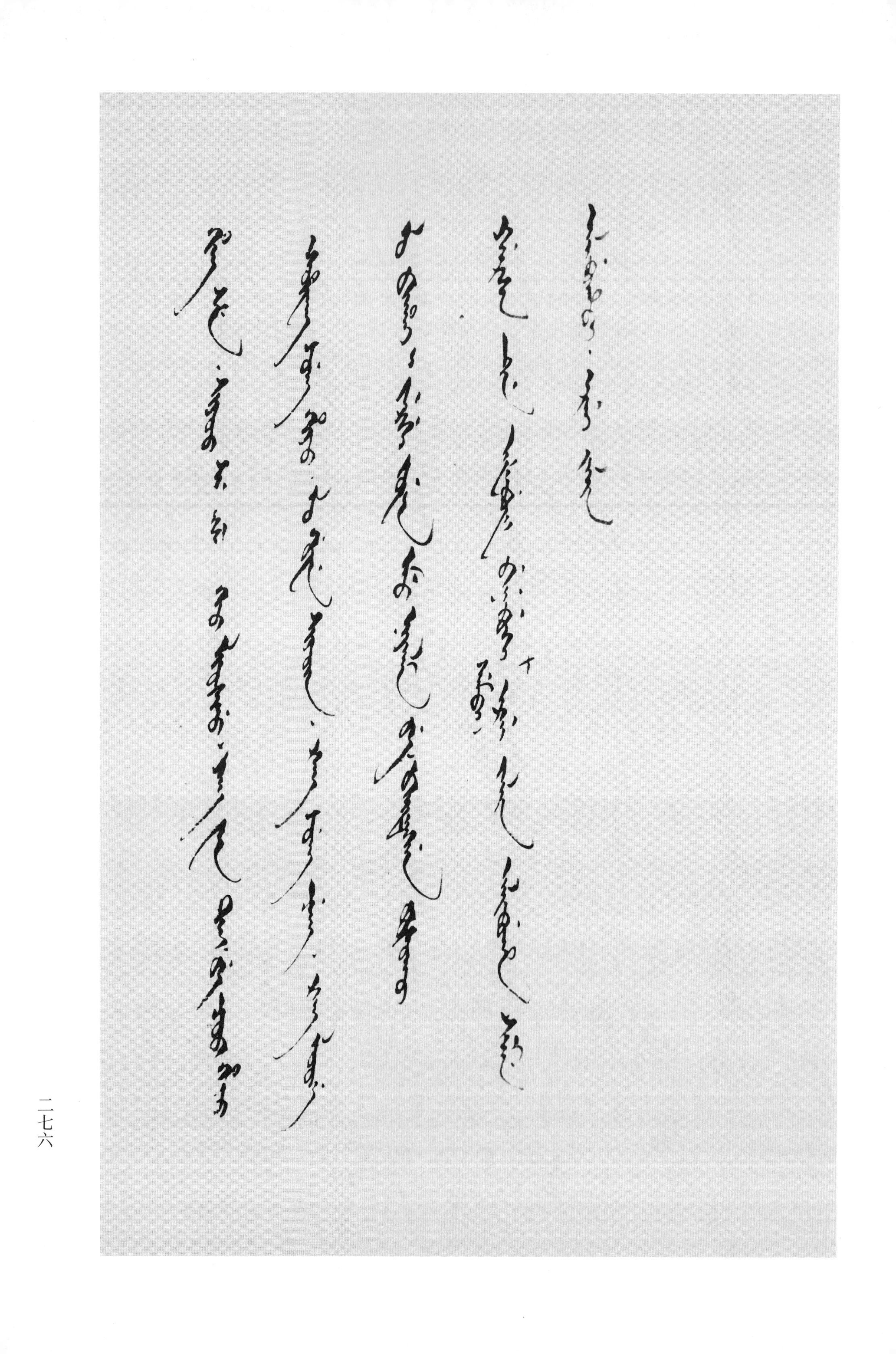

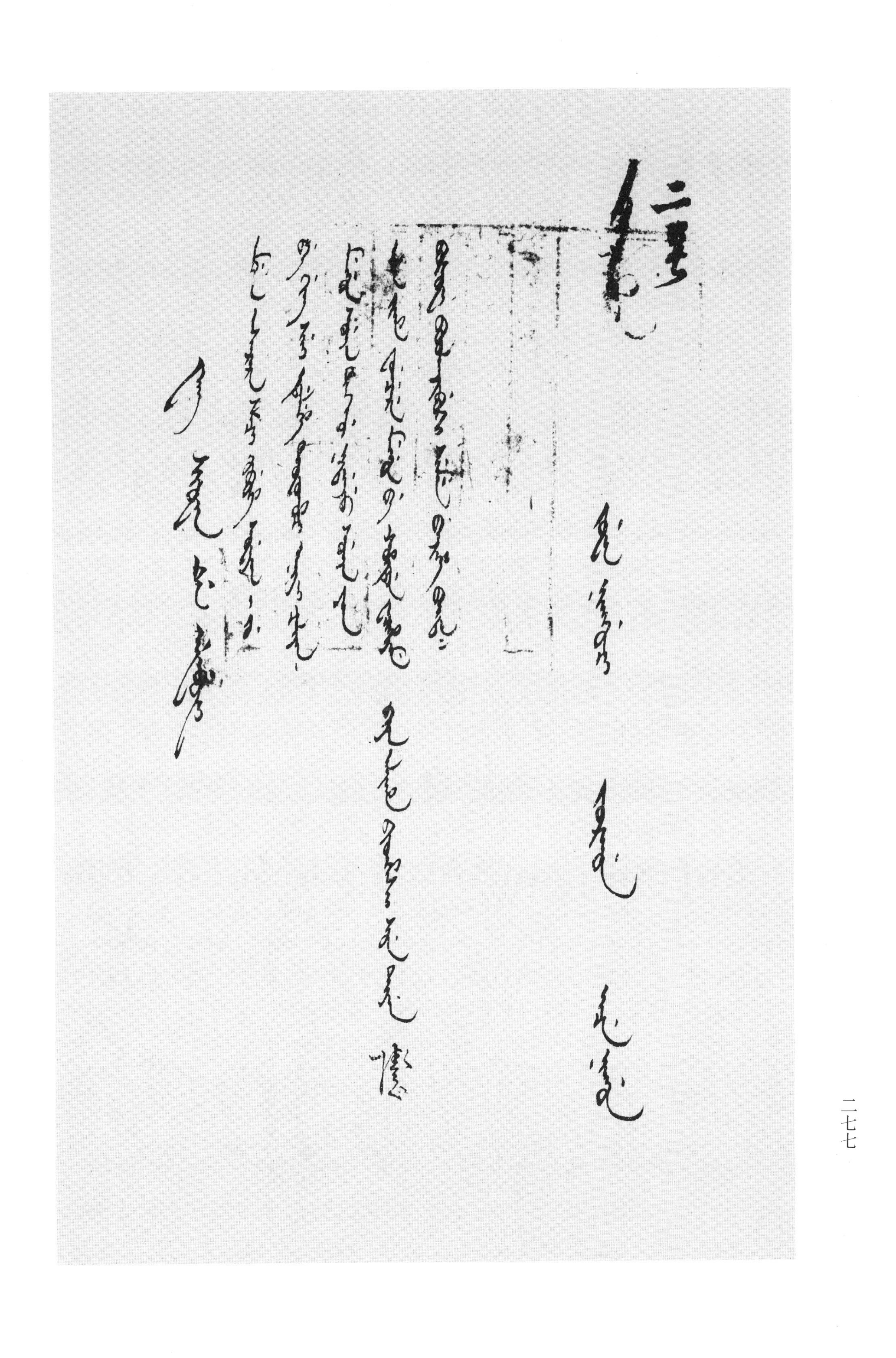

二号

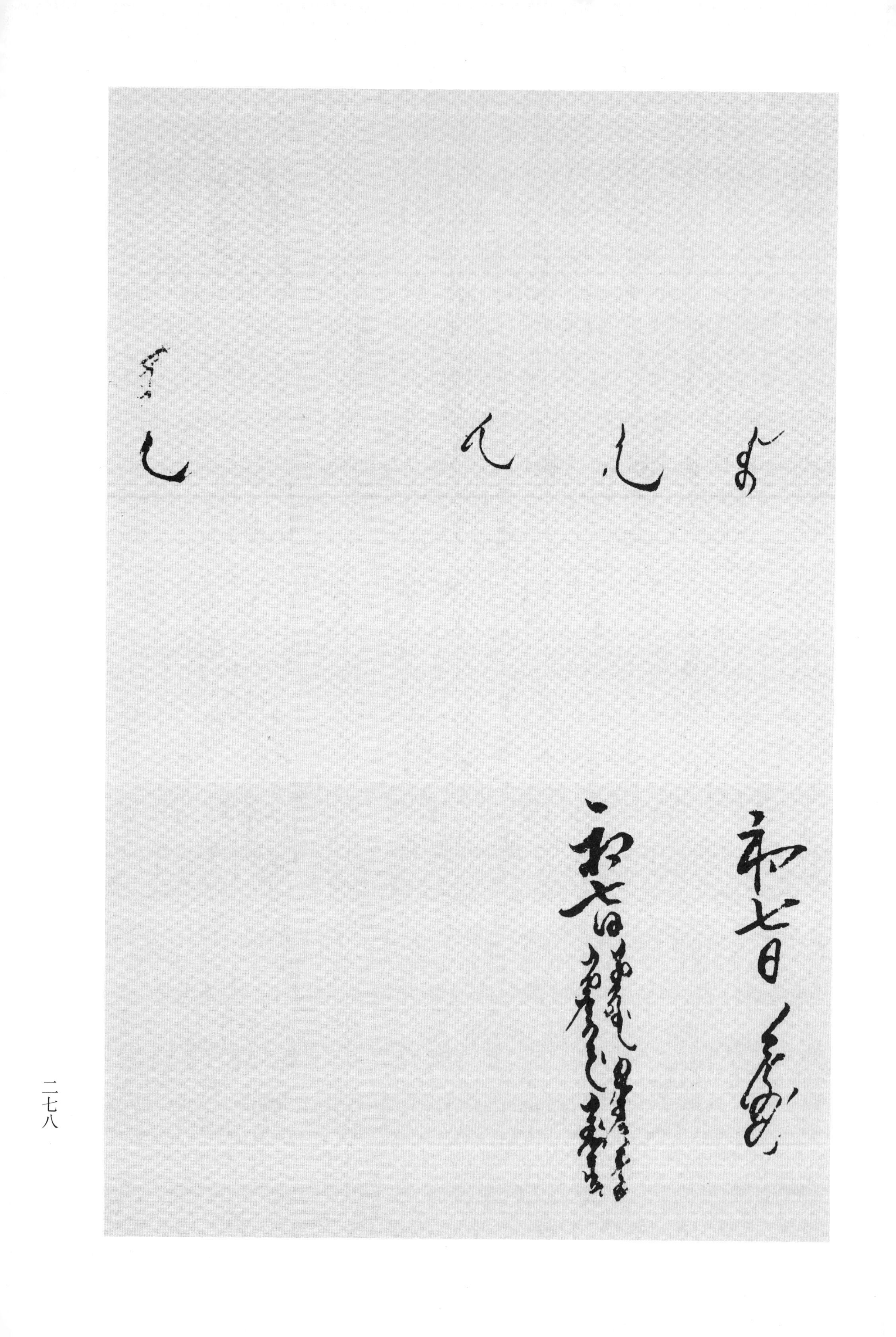

初七日

初七日

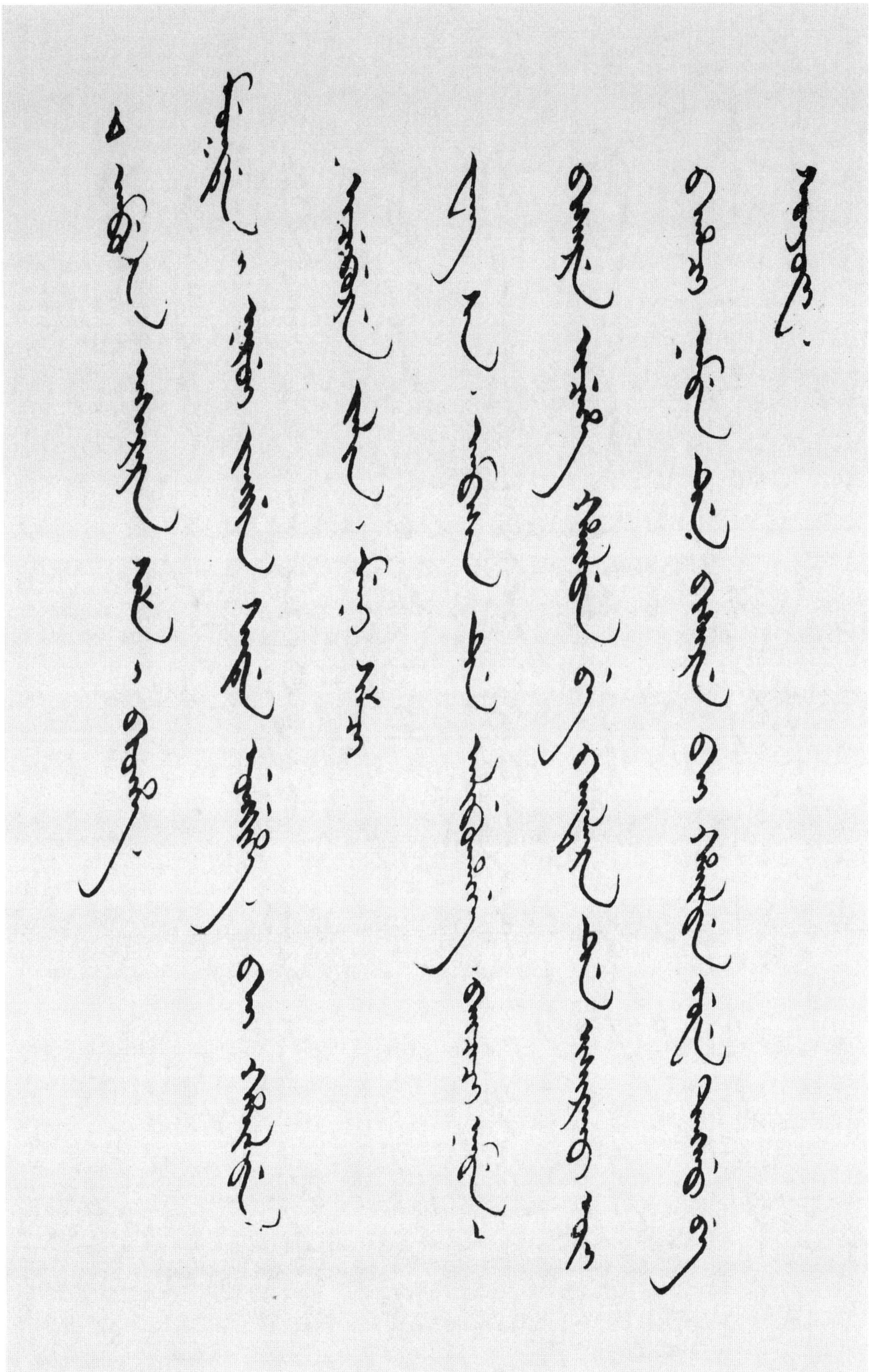

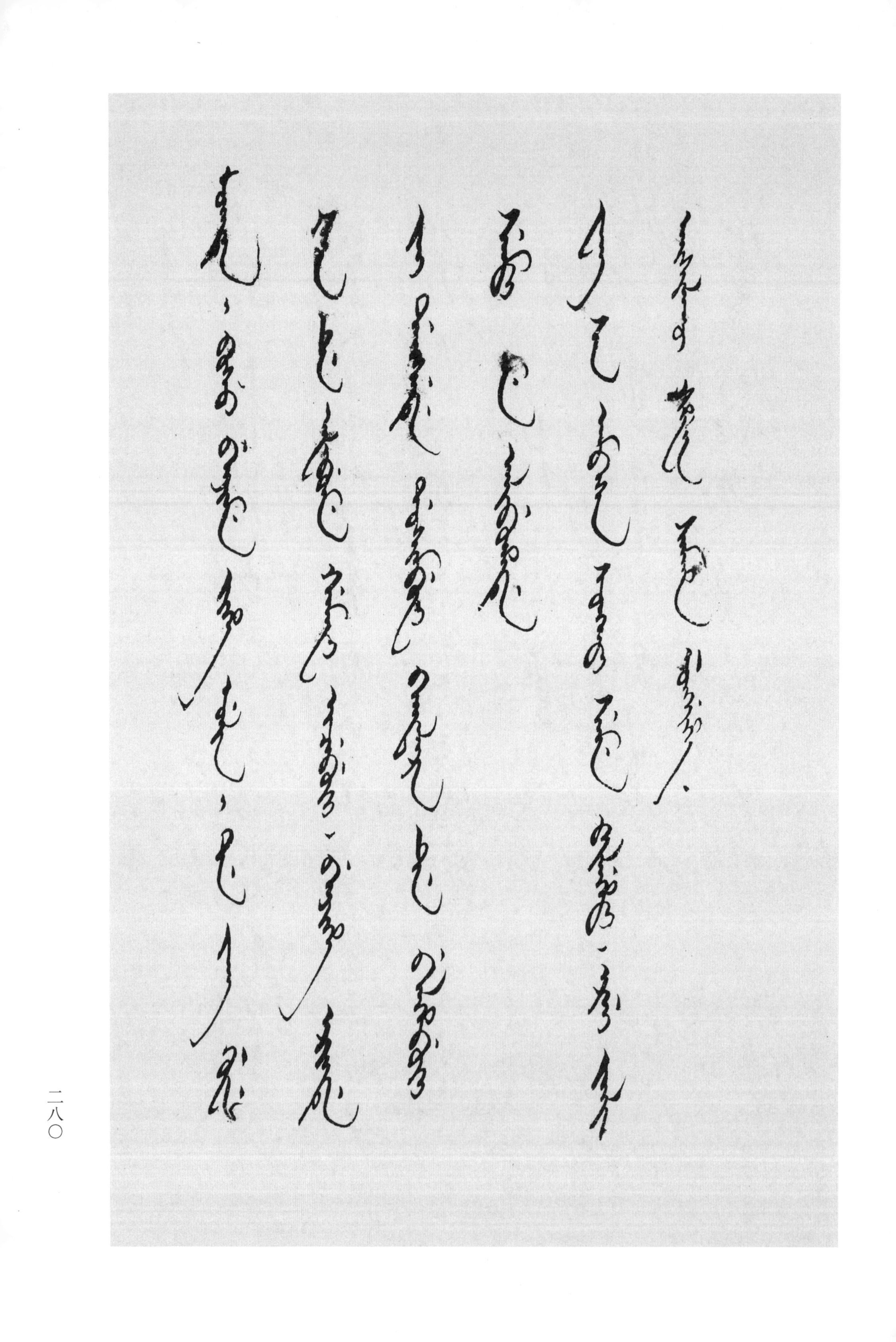

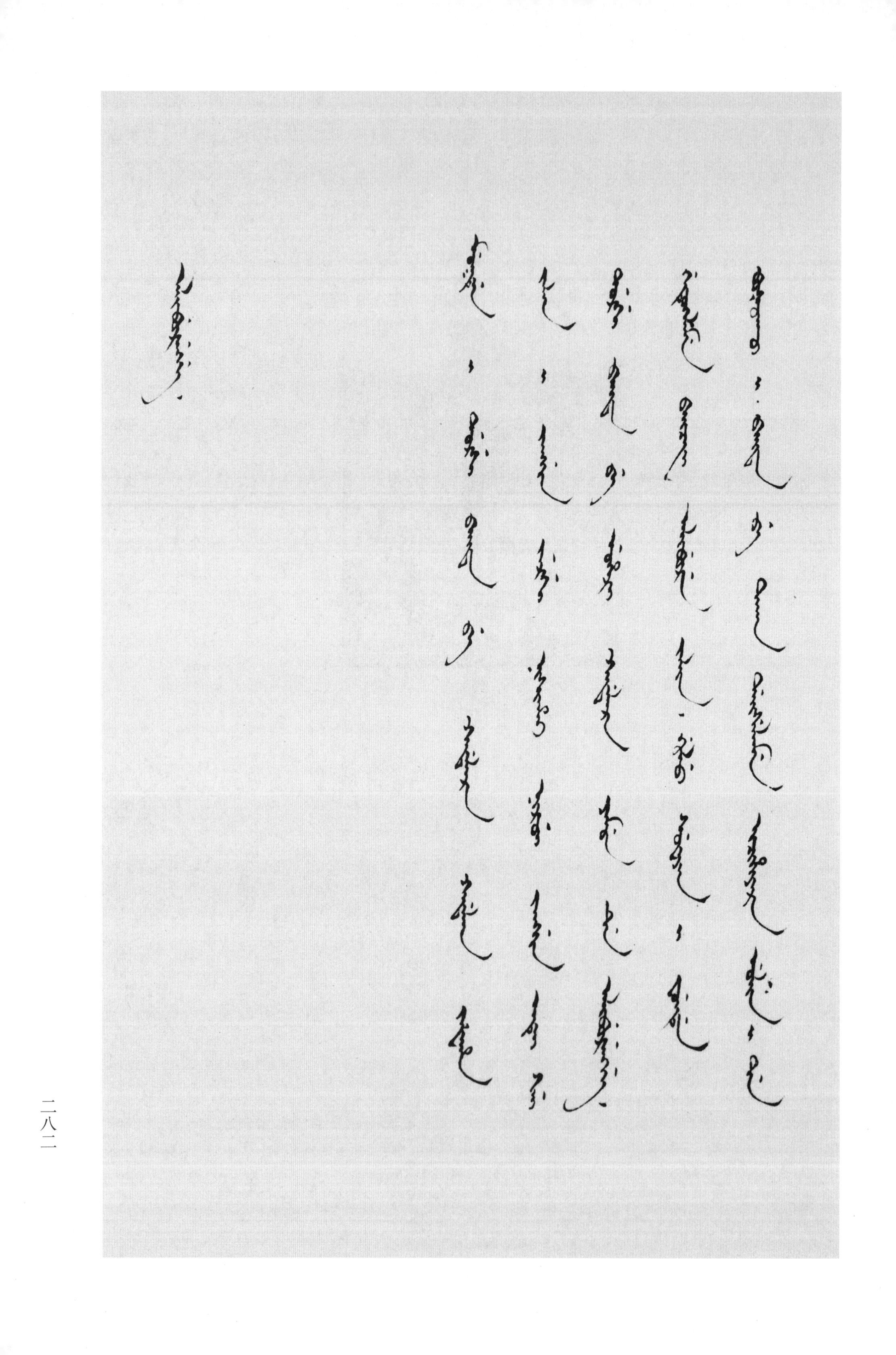

[illegible]

[illegible]

[illegible]

[illegible]

[illegible]

[illegible]

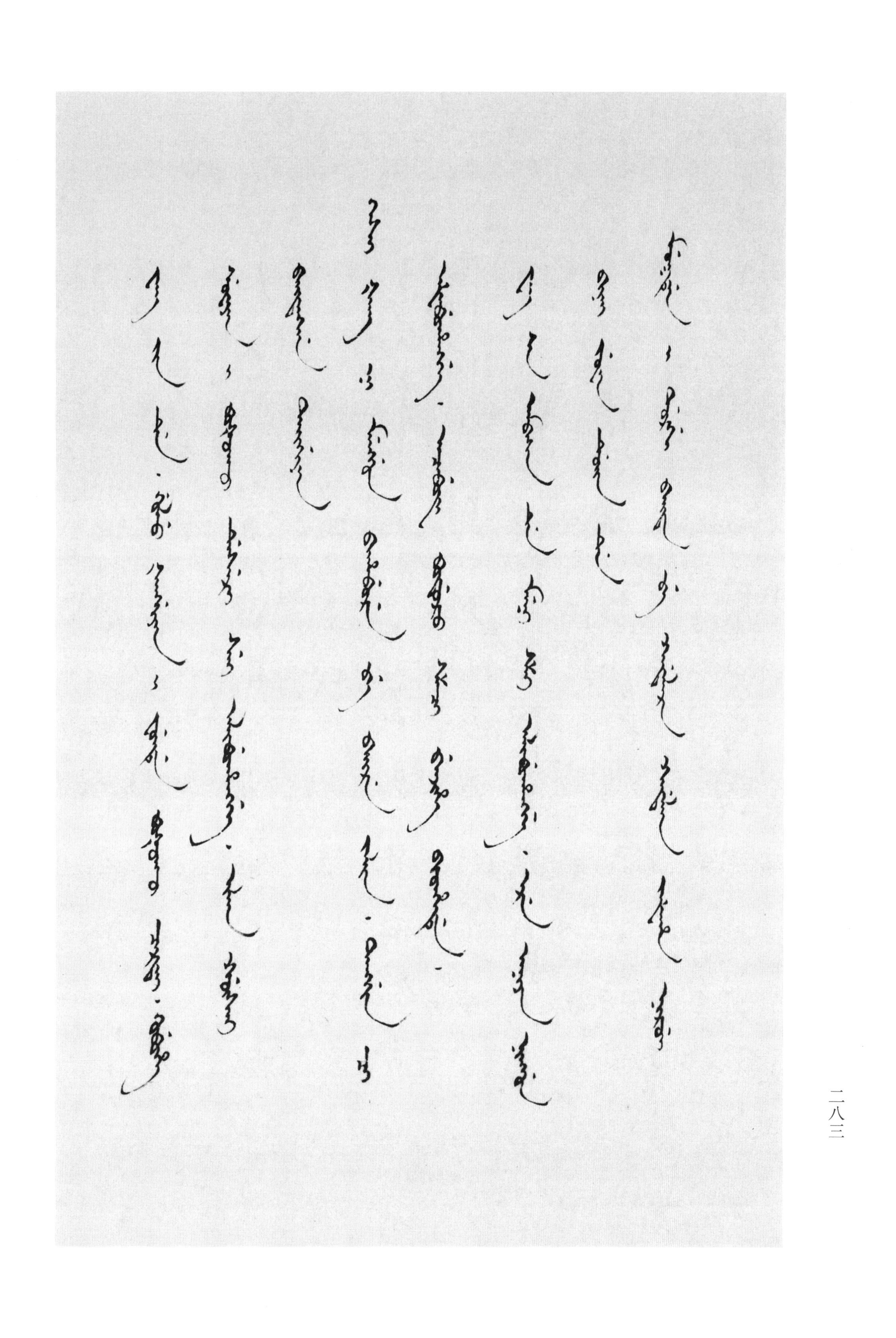

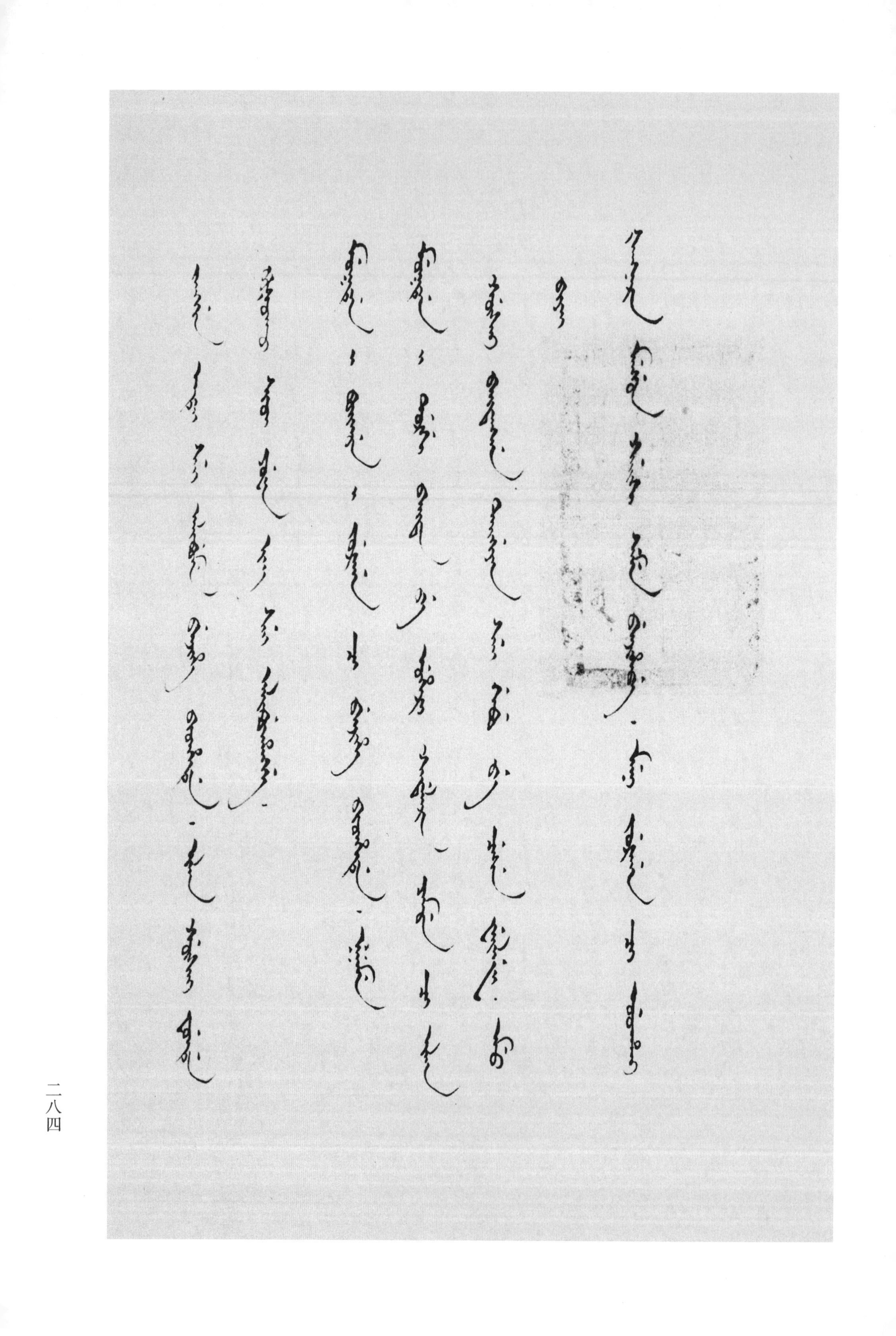

[illegible]

[illegible]

[illegible]

[illegible]

[illegible]

[illegible]

[illegible]

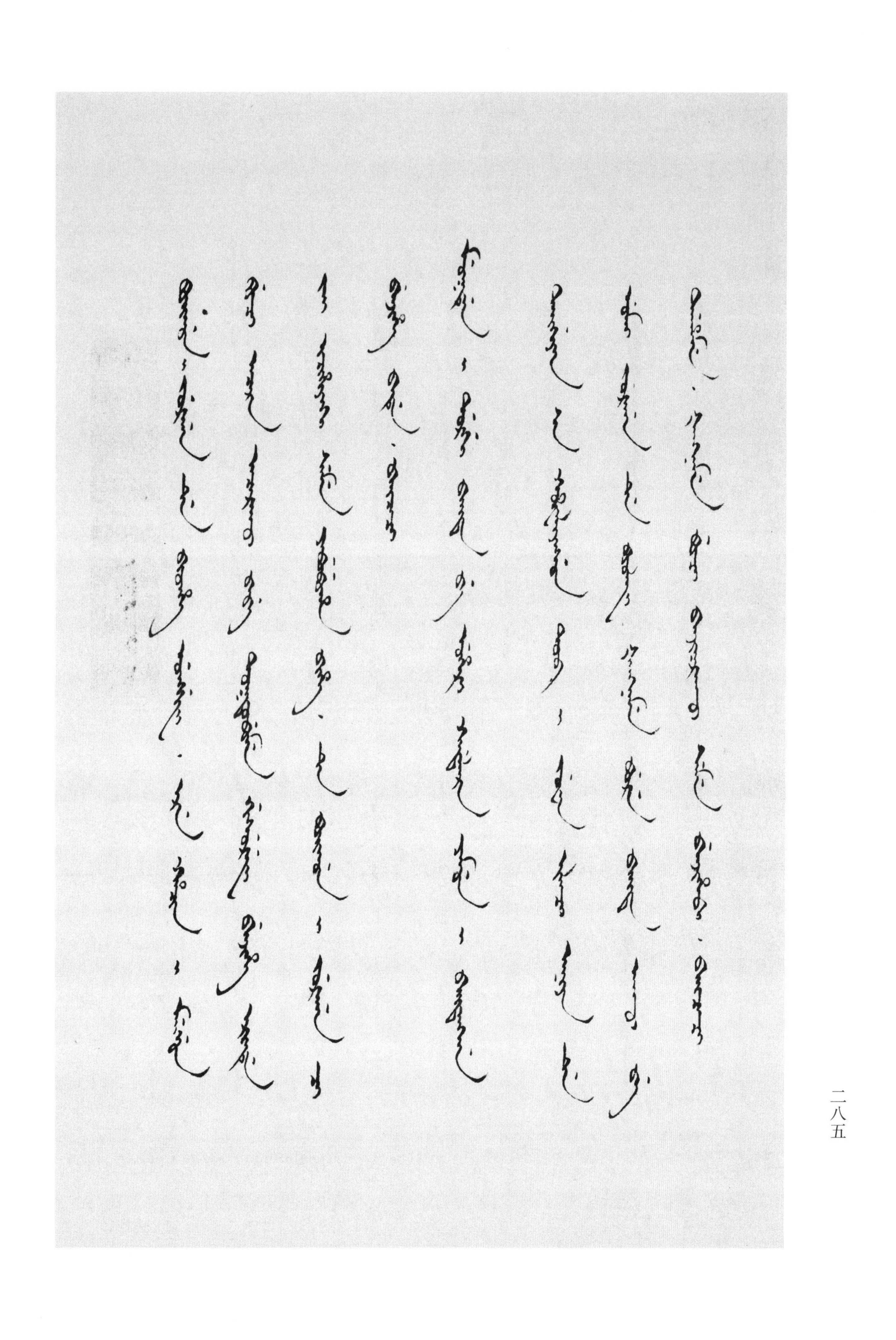

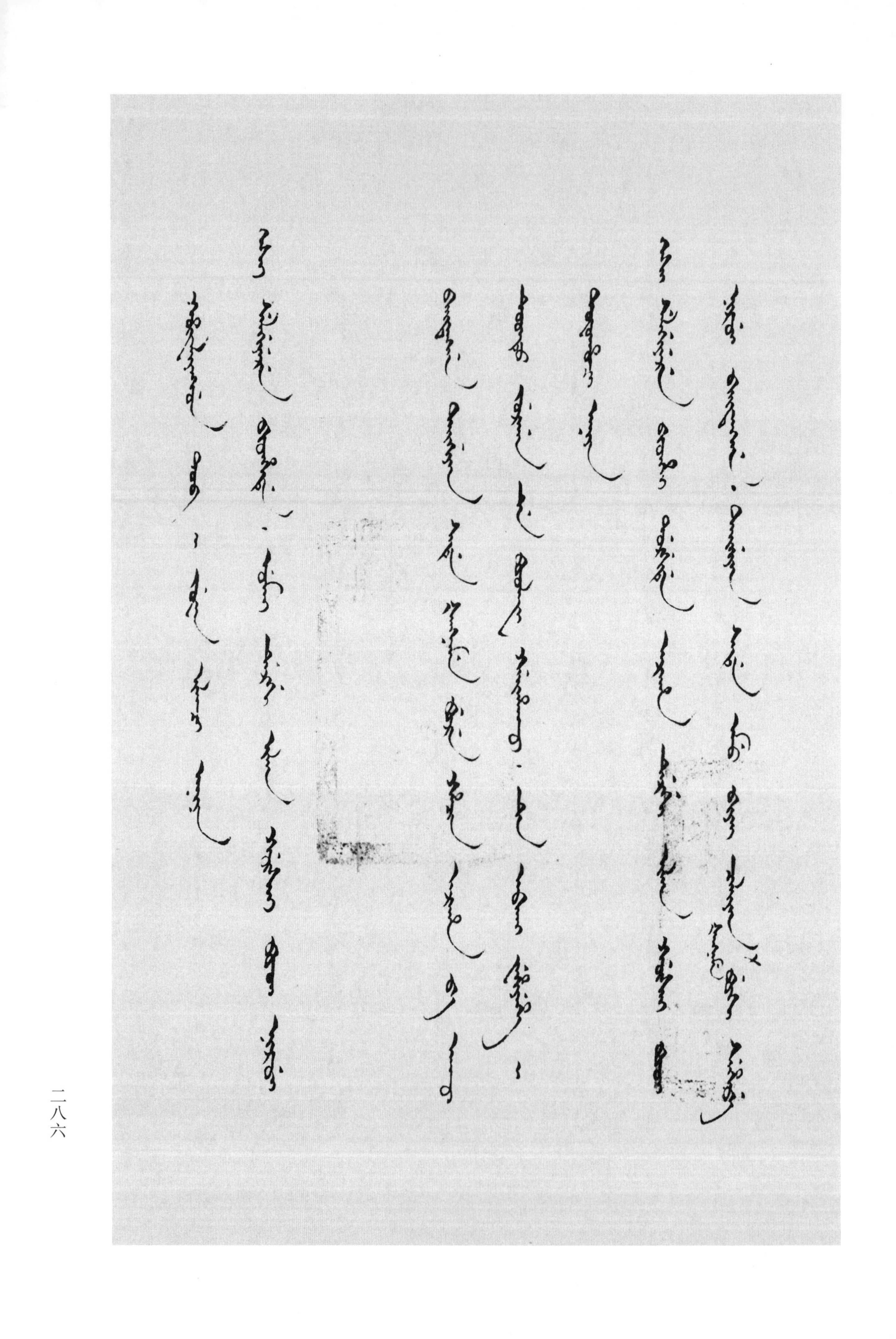

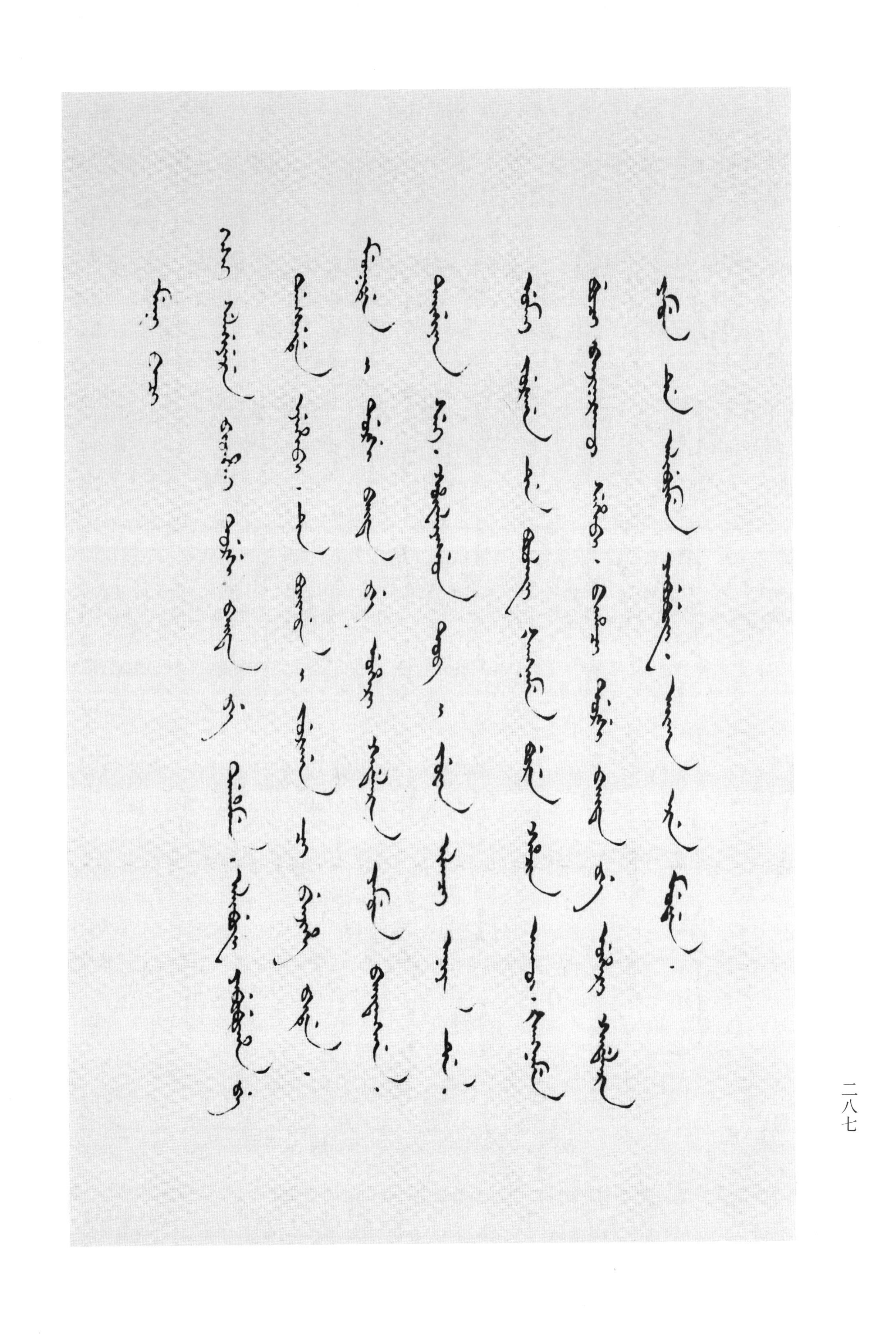

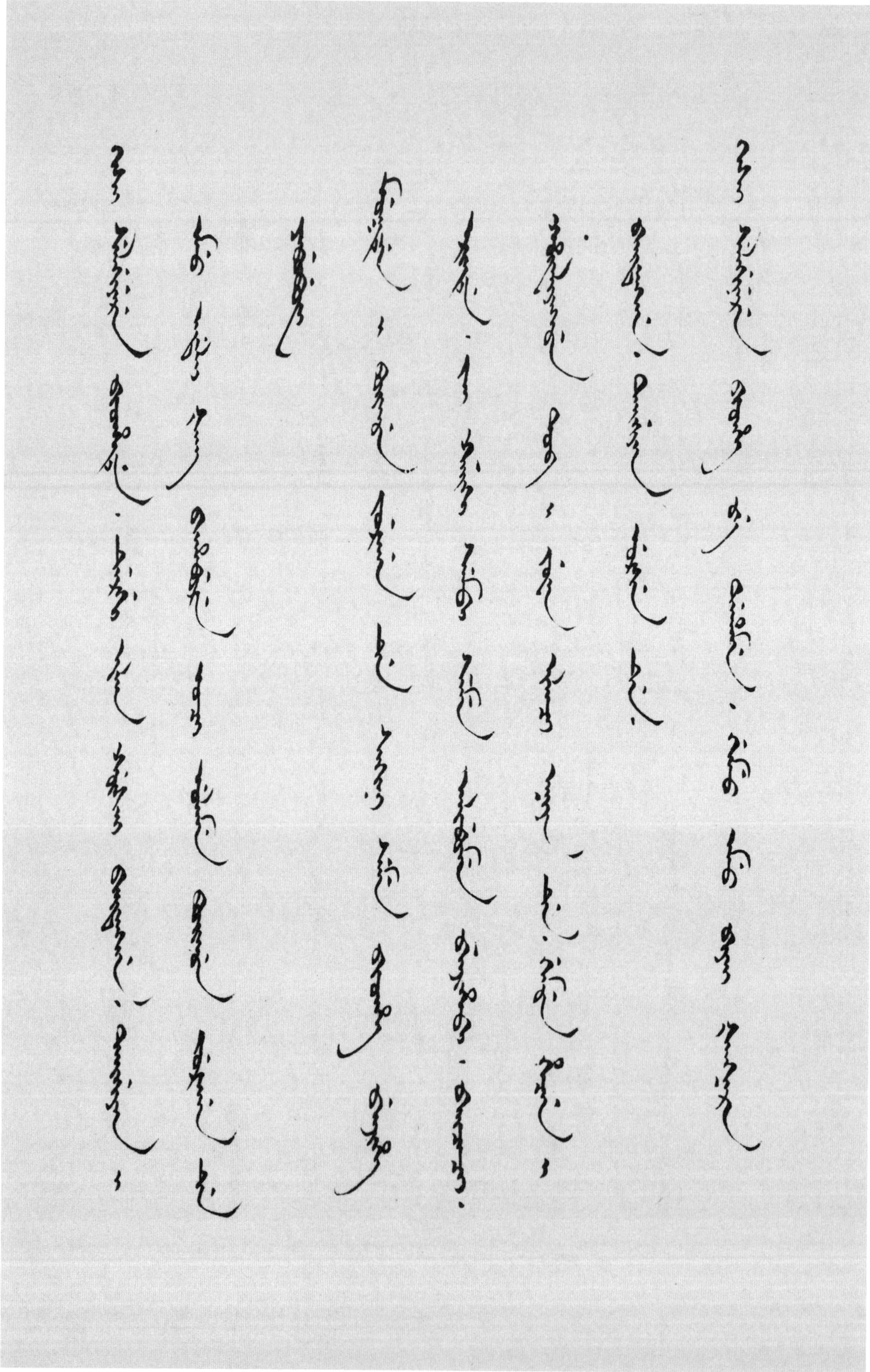

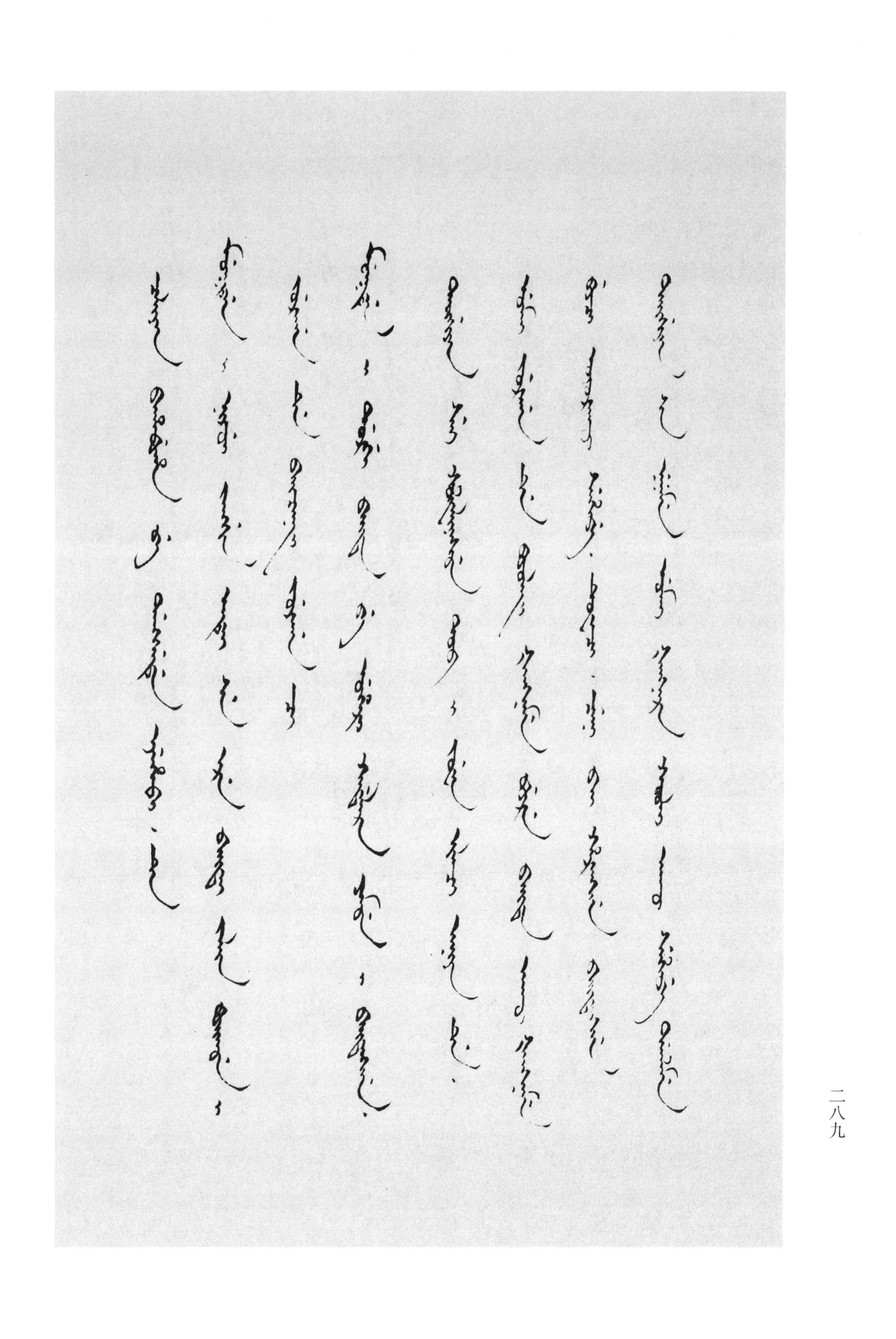

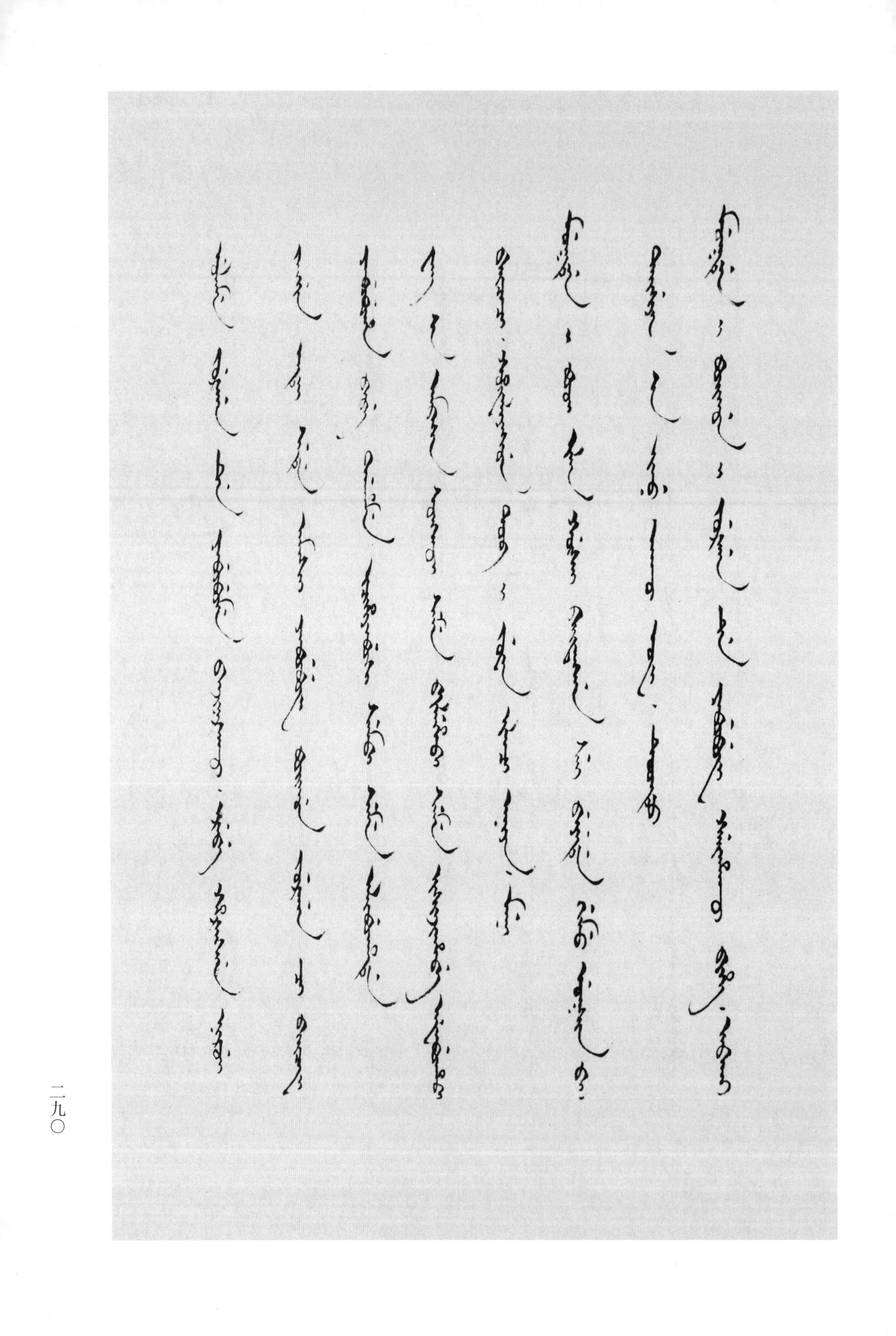

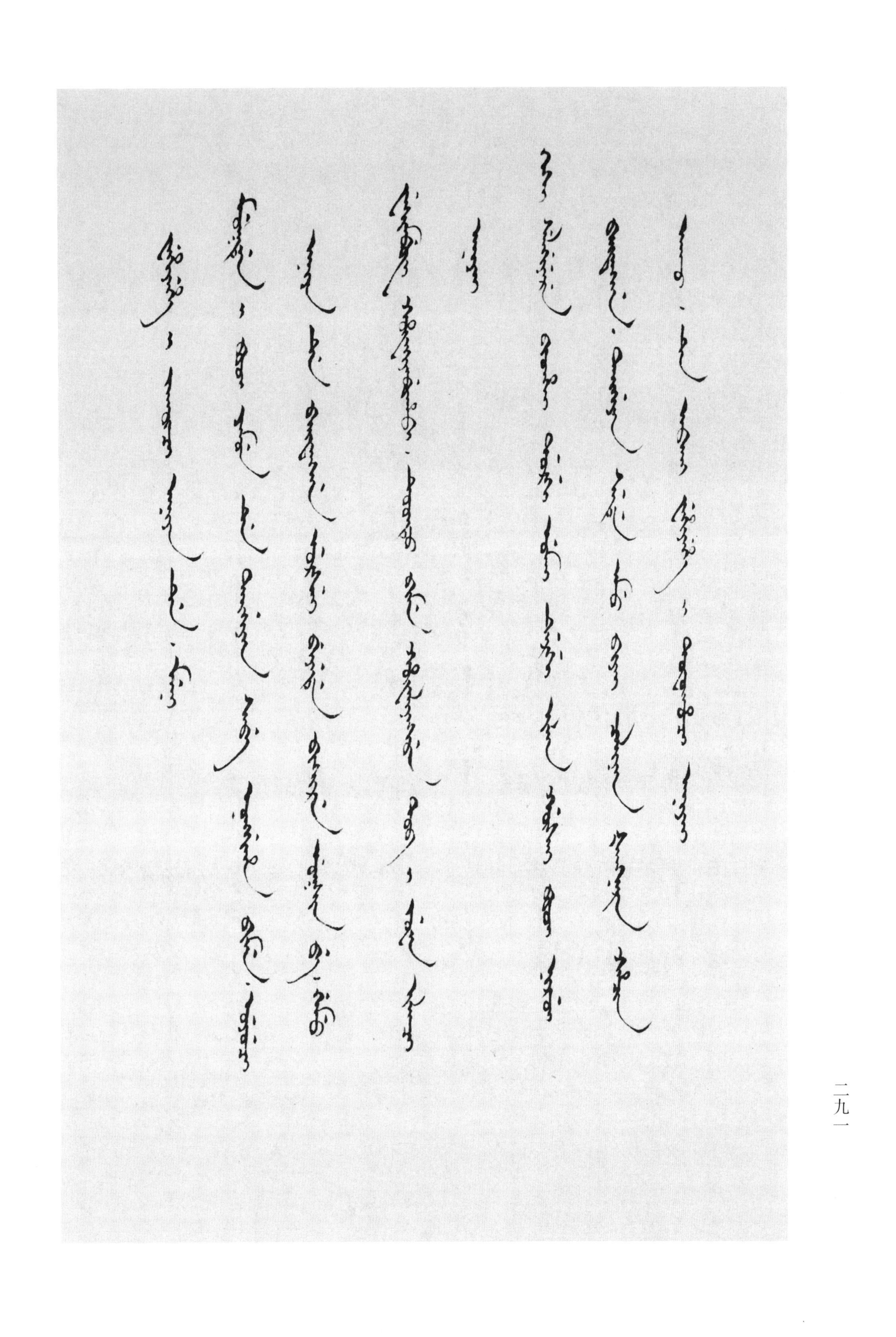

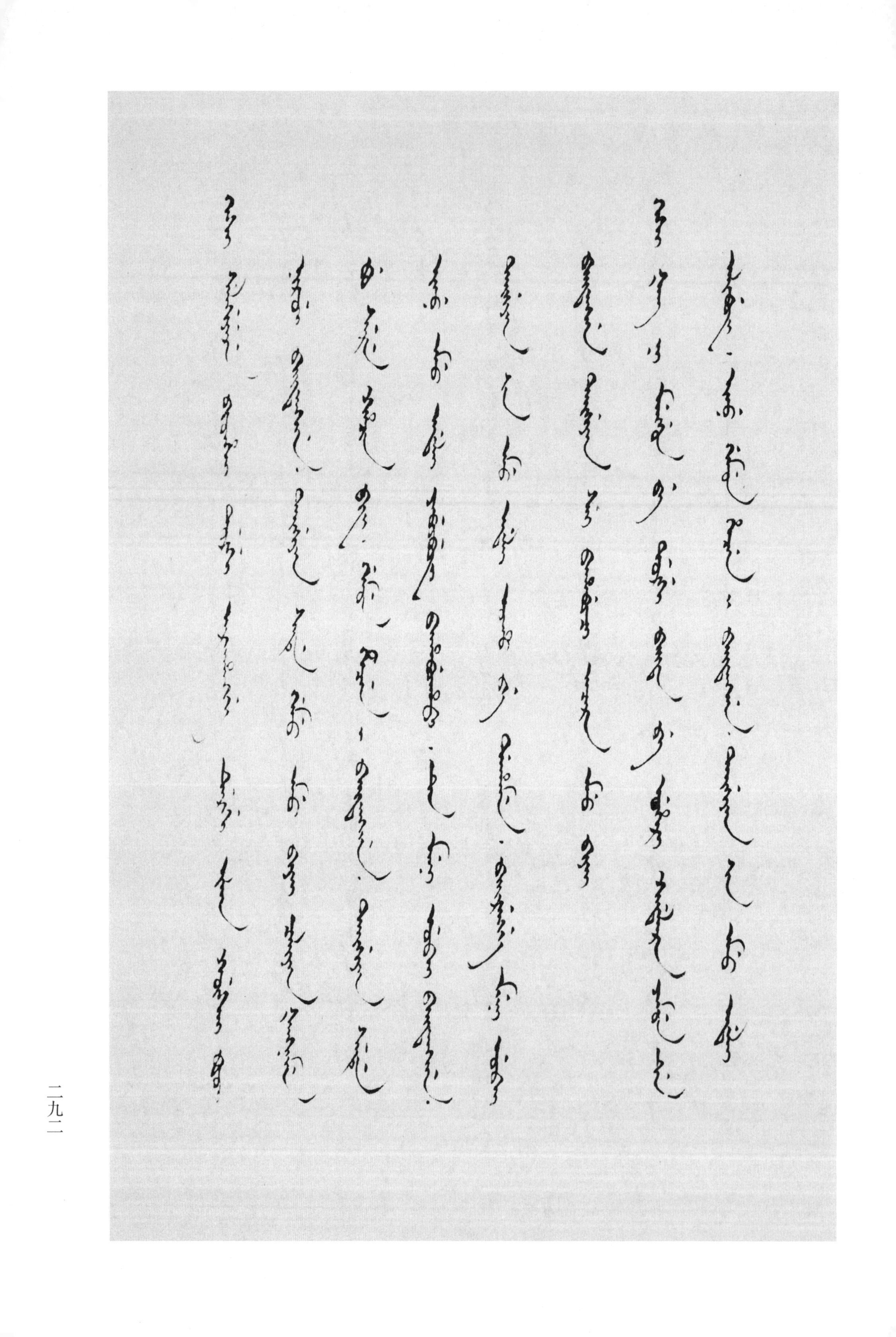

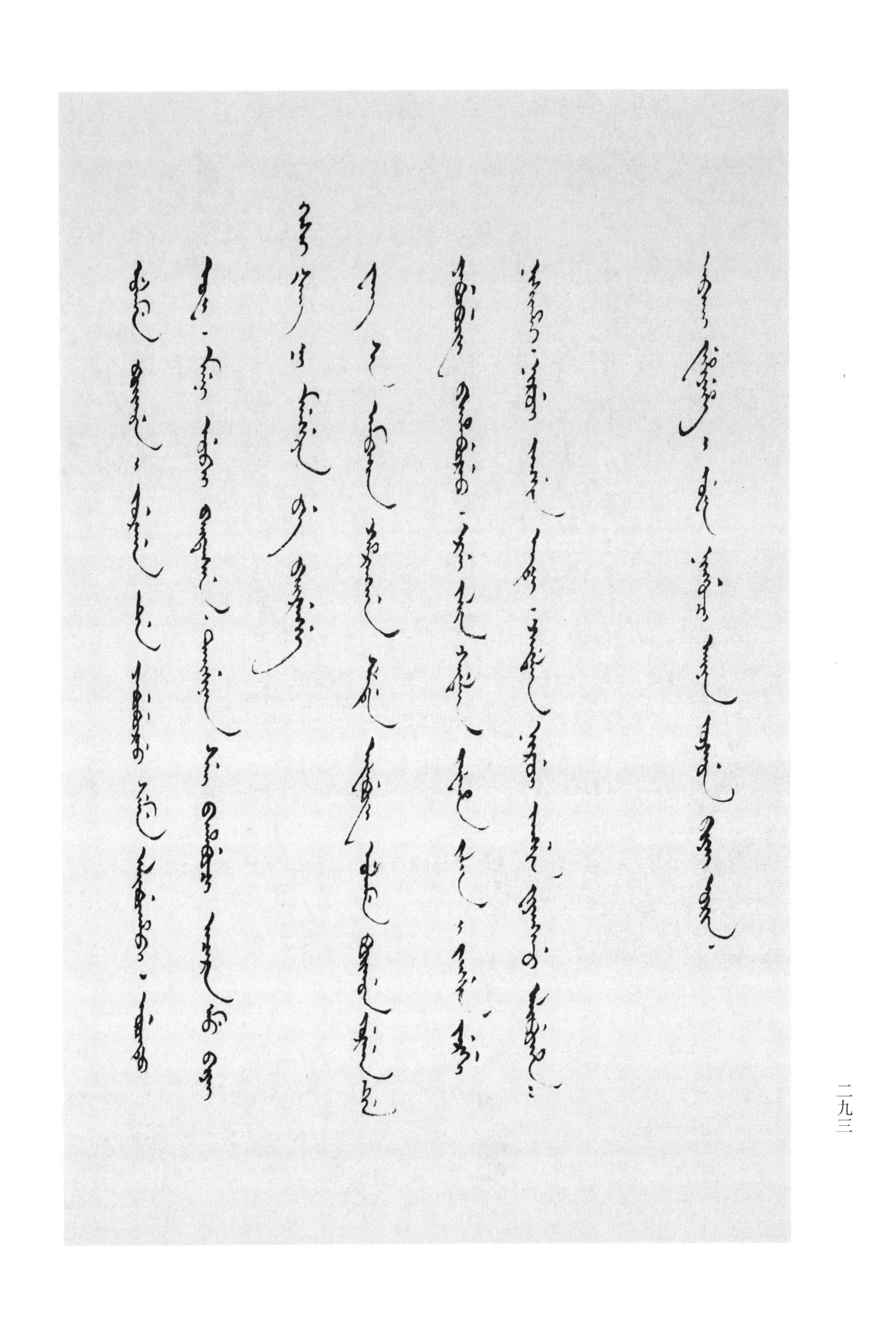

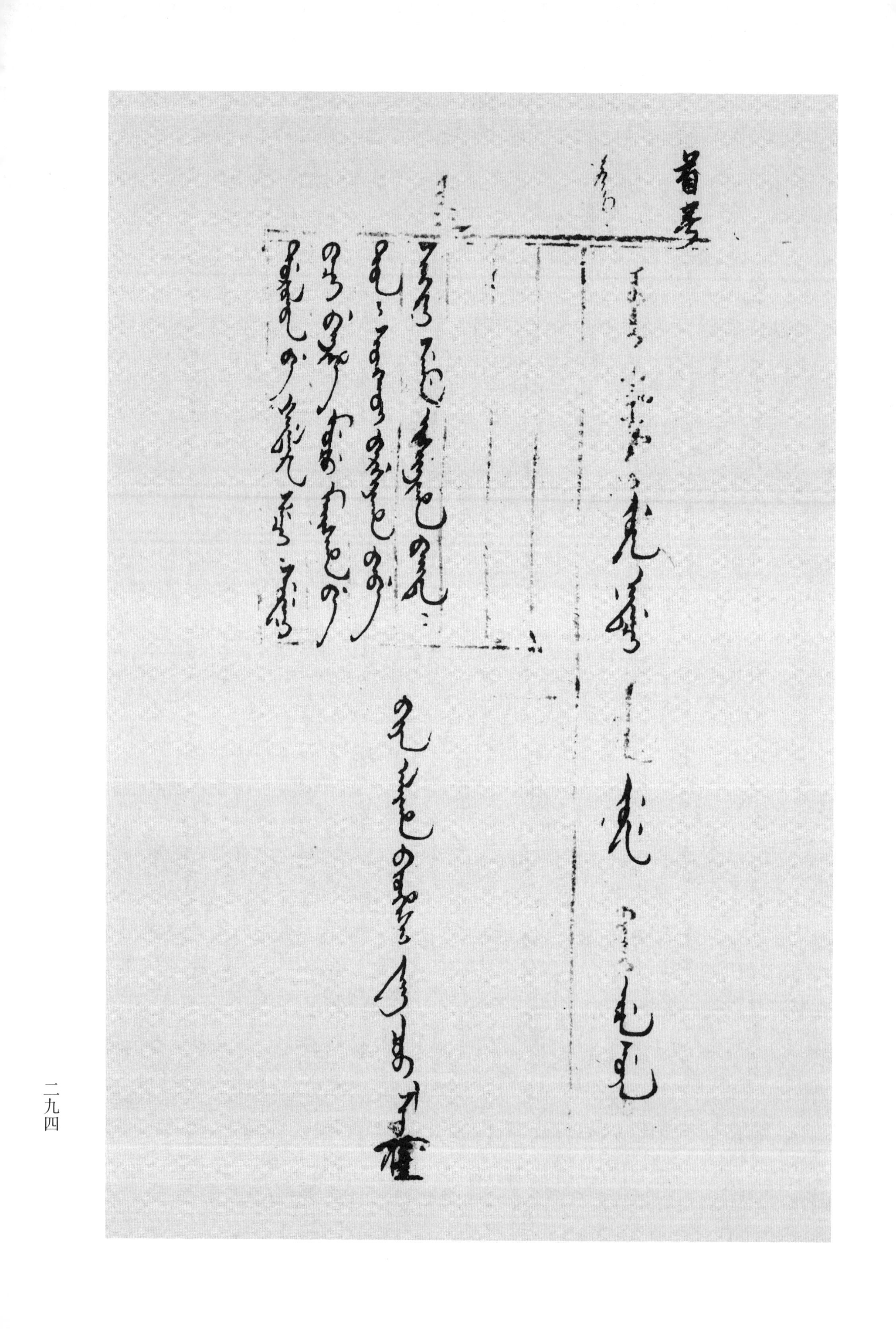

首零

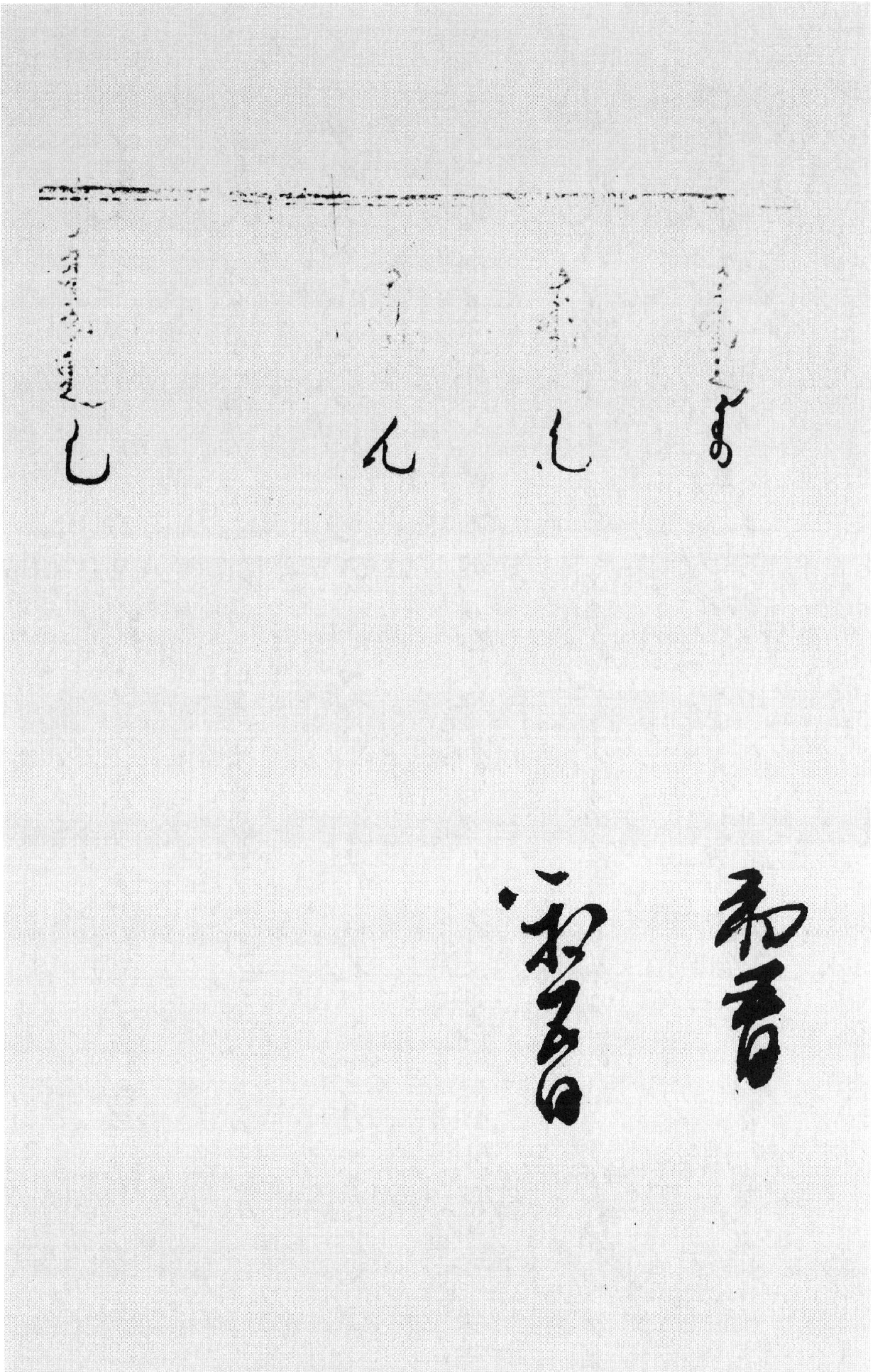

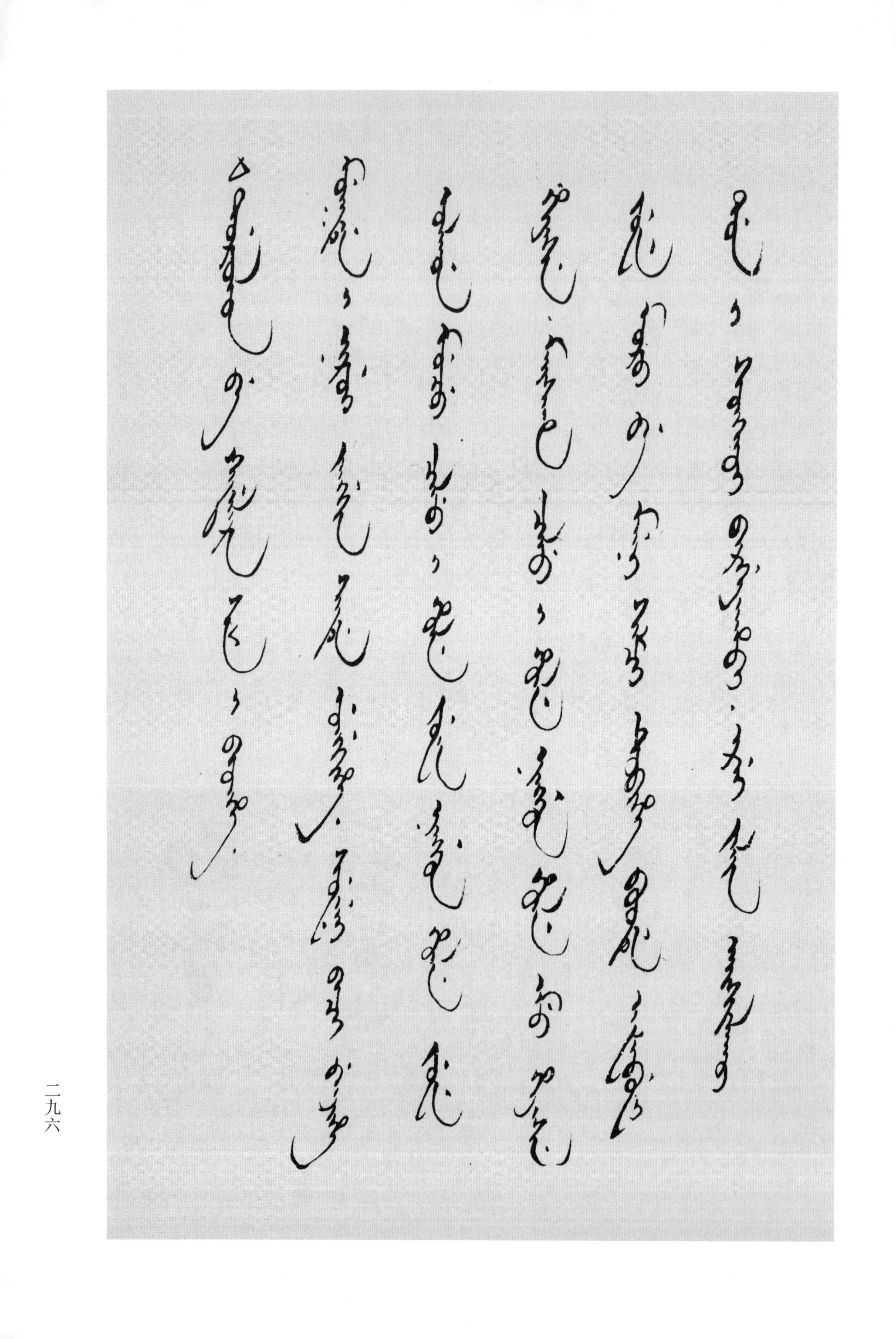

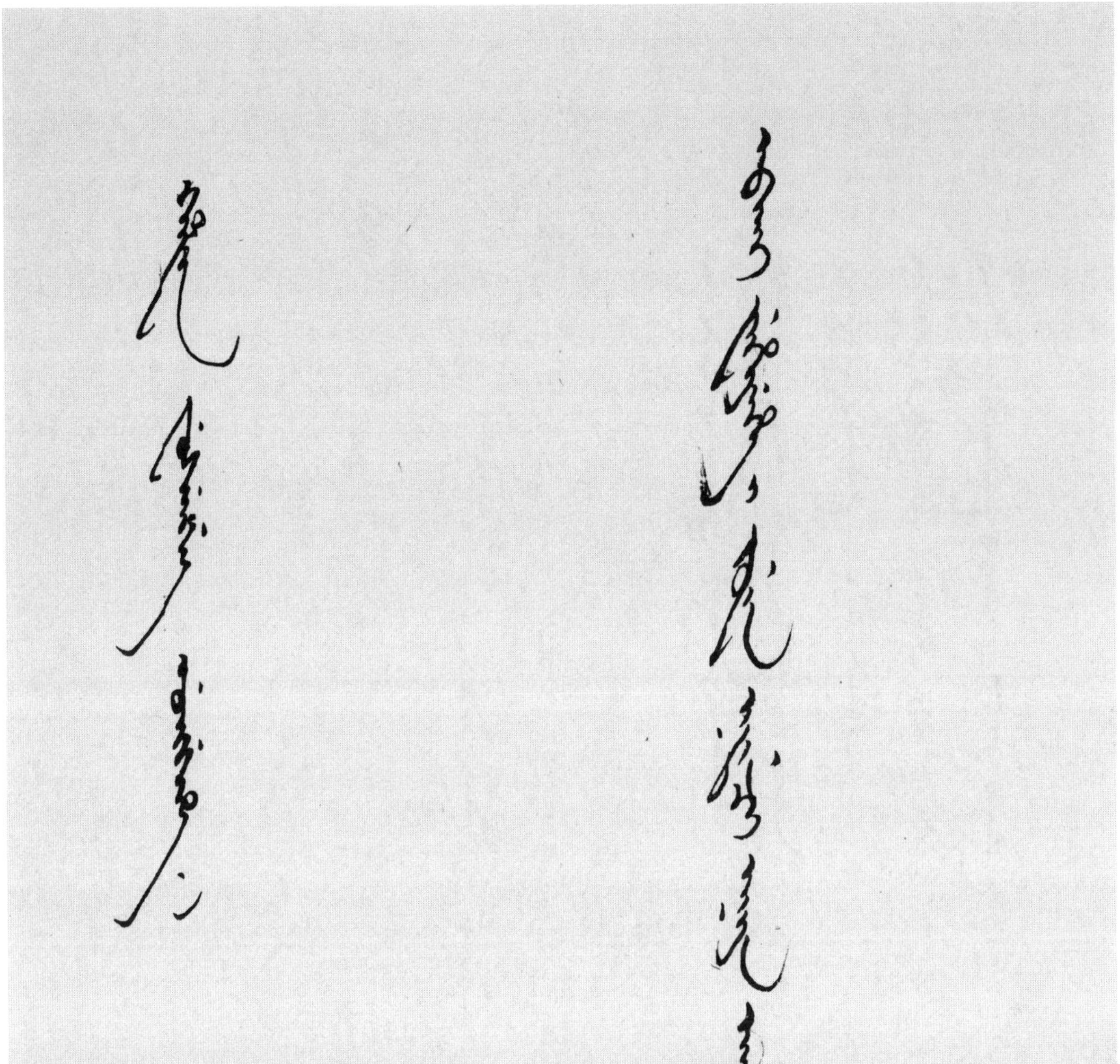

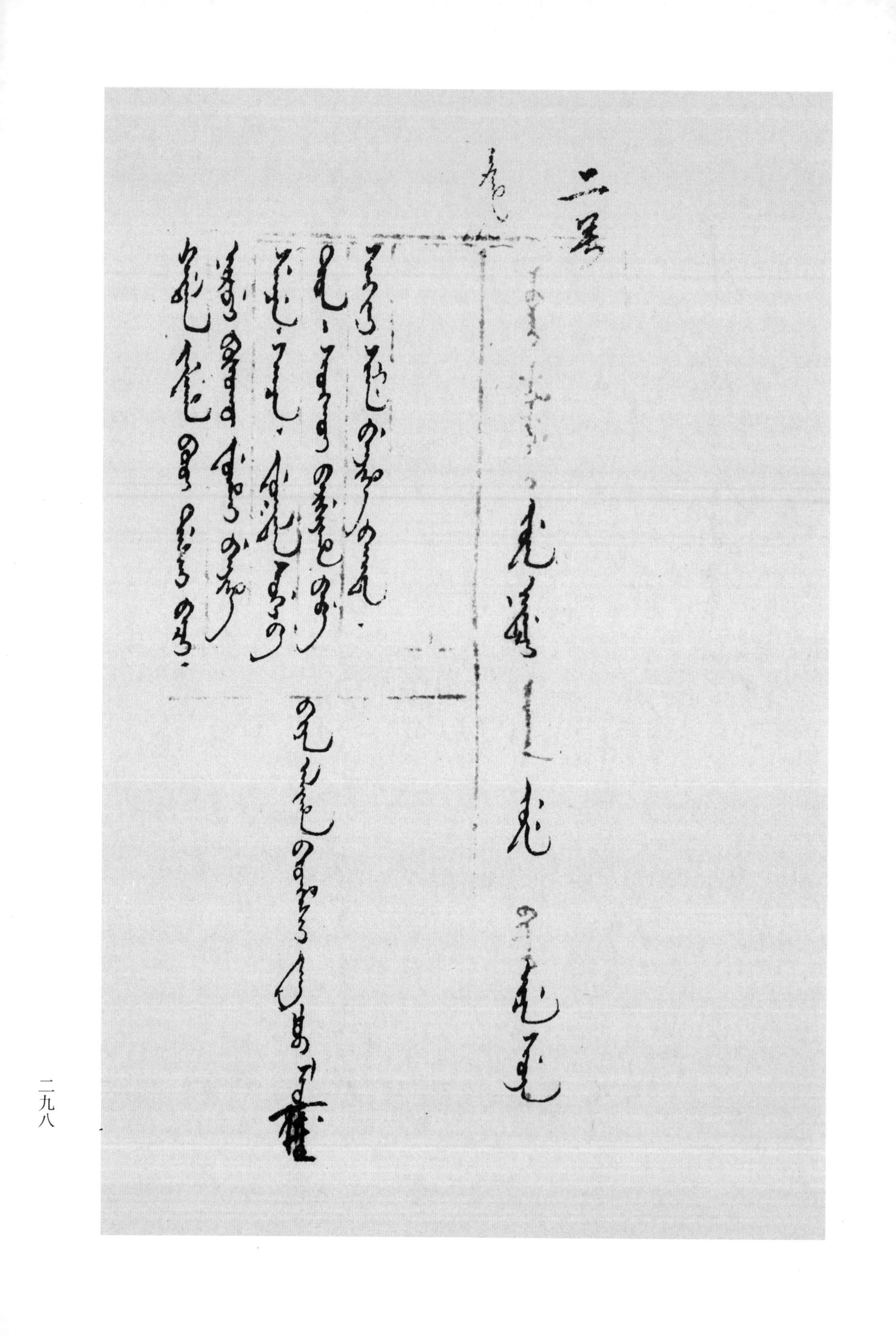

二等

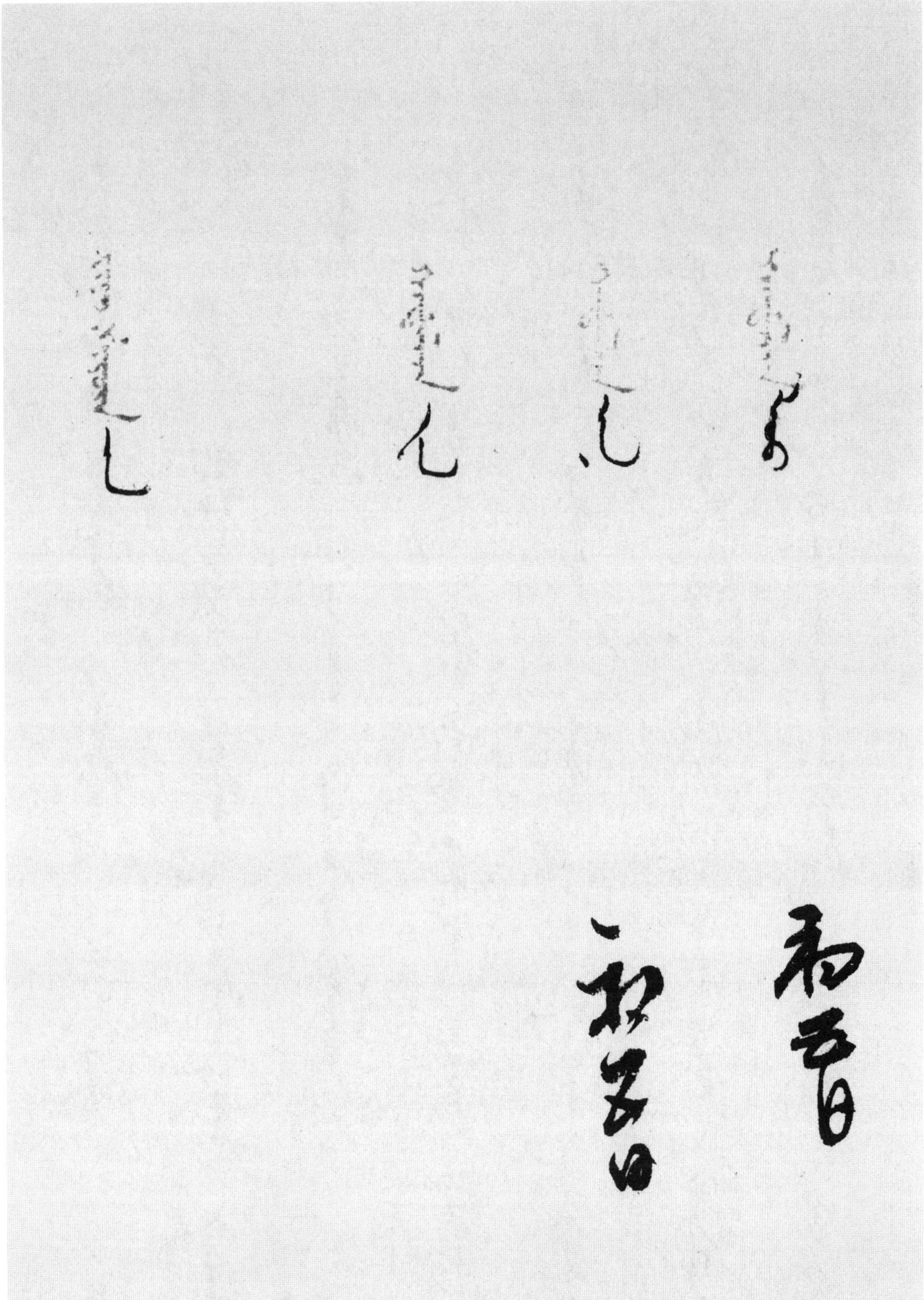

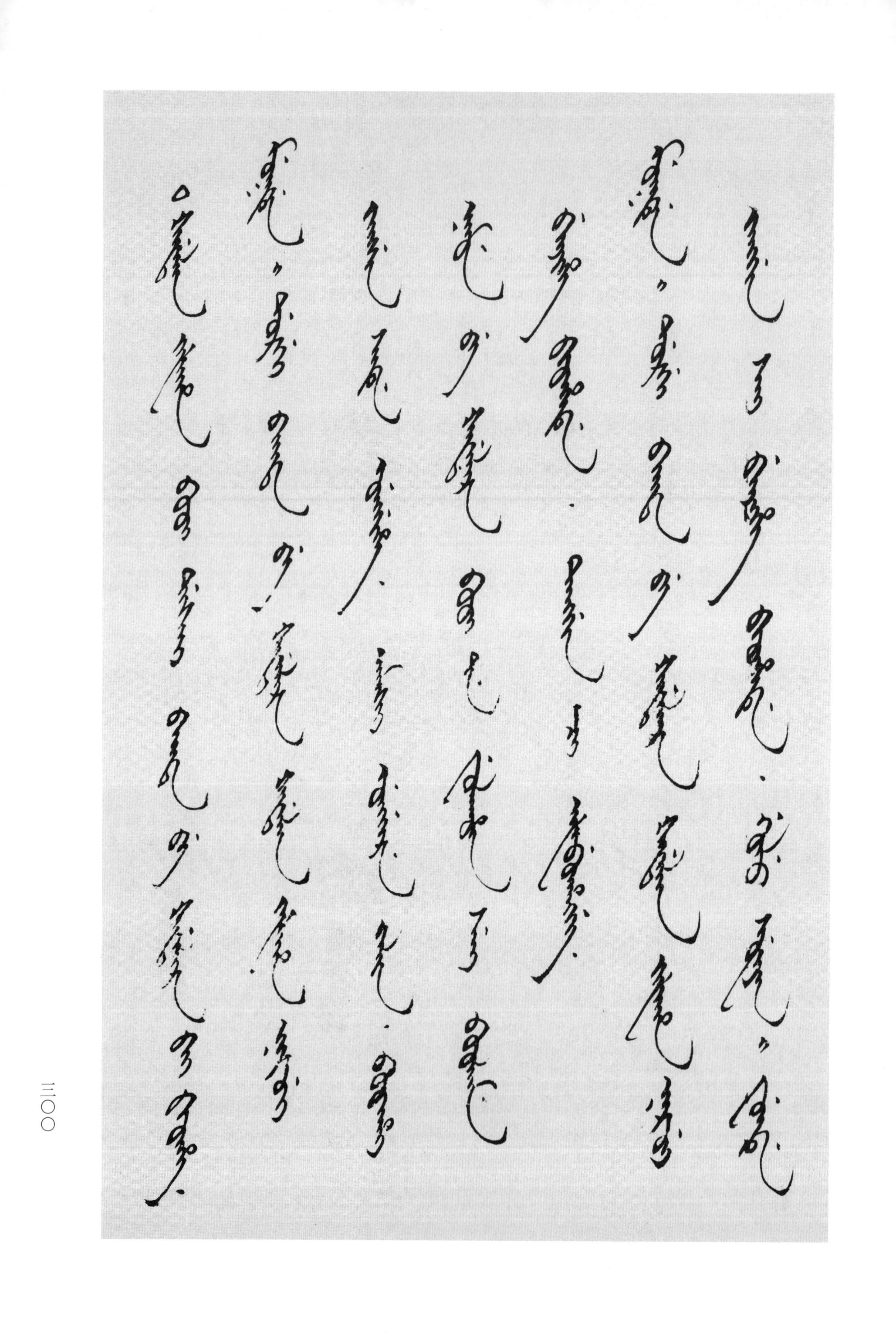

[illegible]

[illegible]

[illegible]

[illegible]

[illegible]

[illegible]

[illegible]

[illegible]

[illegible]

[illegible]

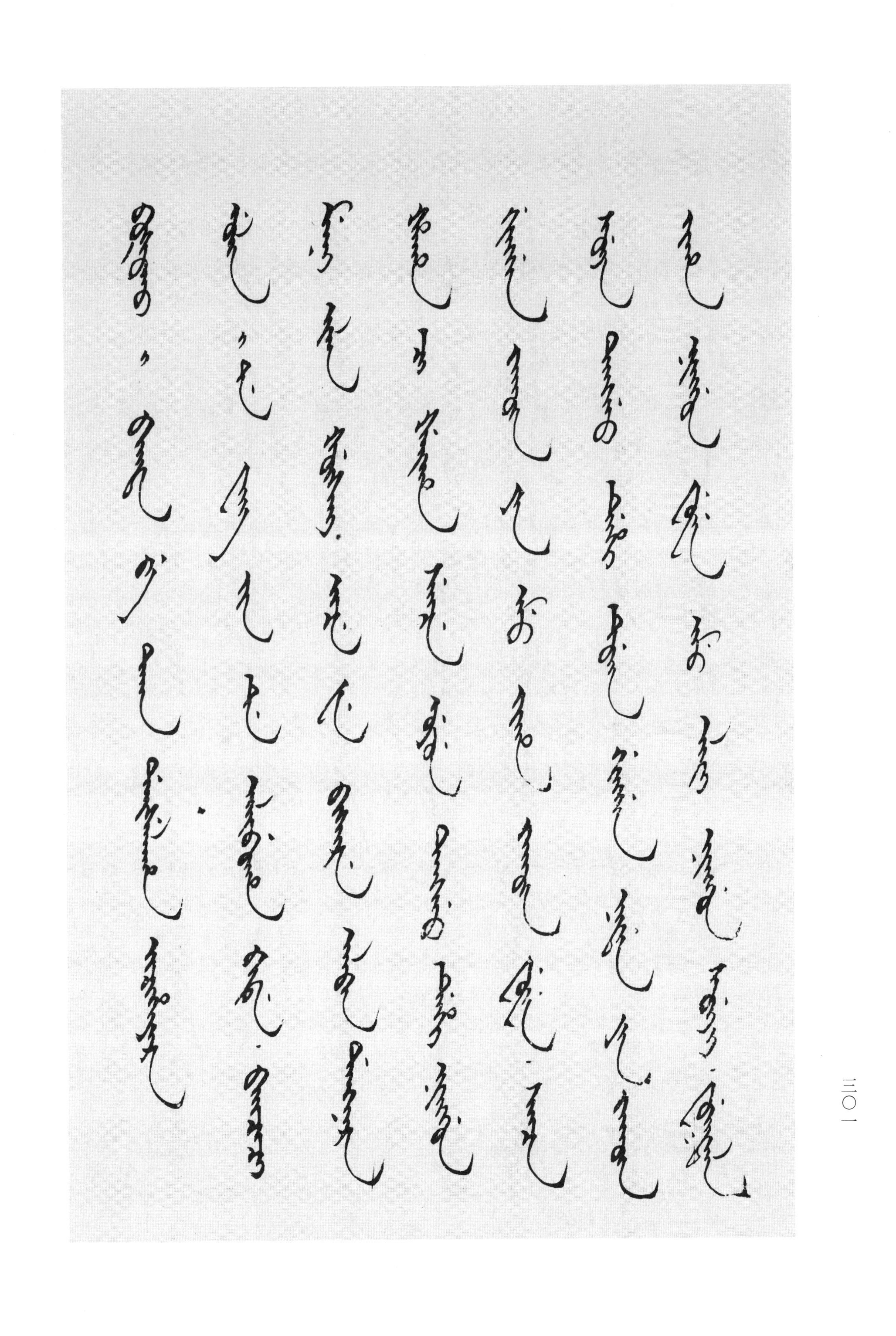

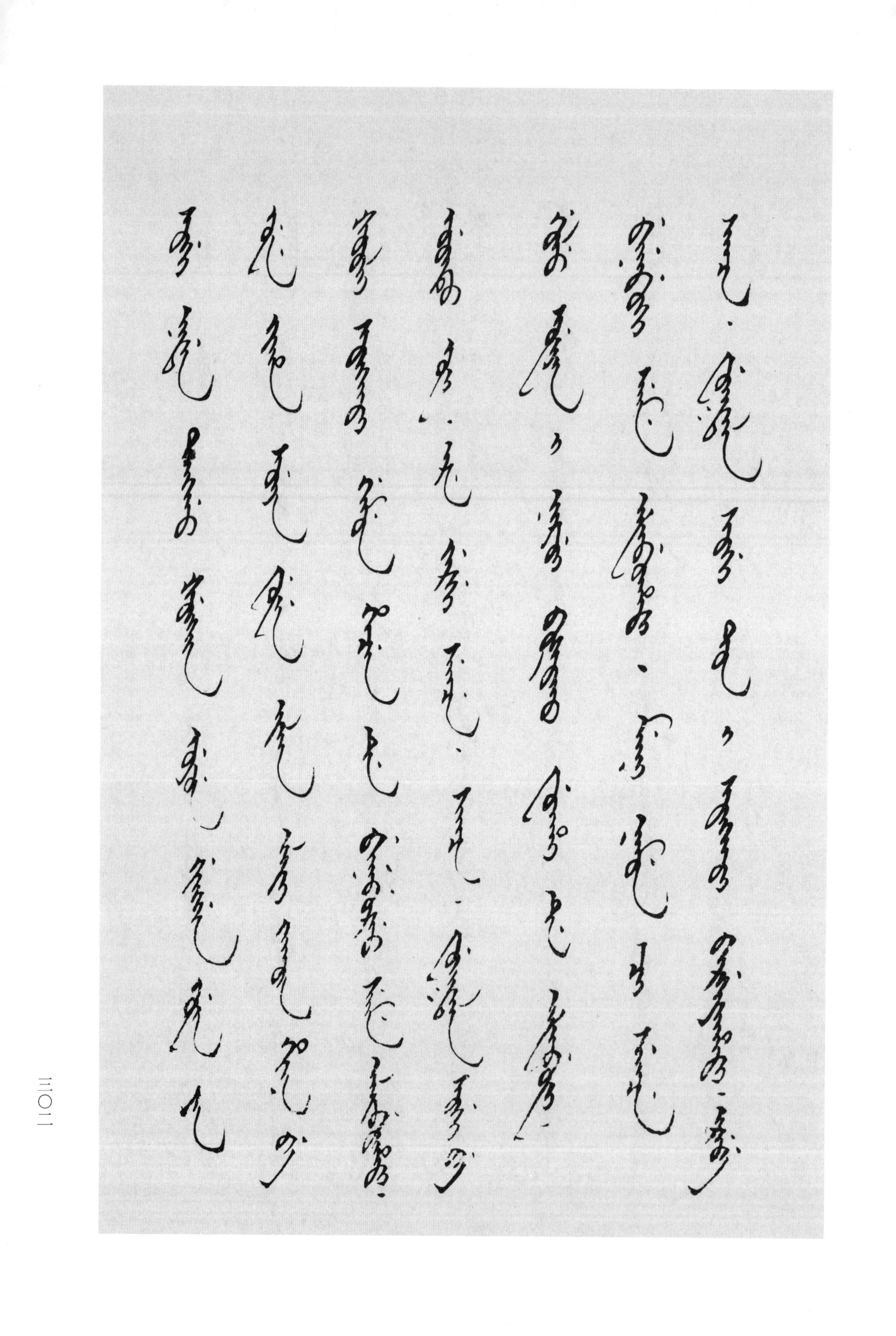

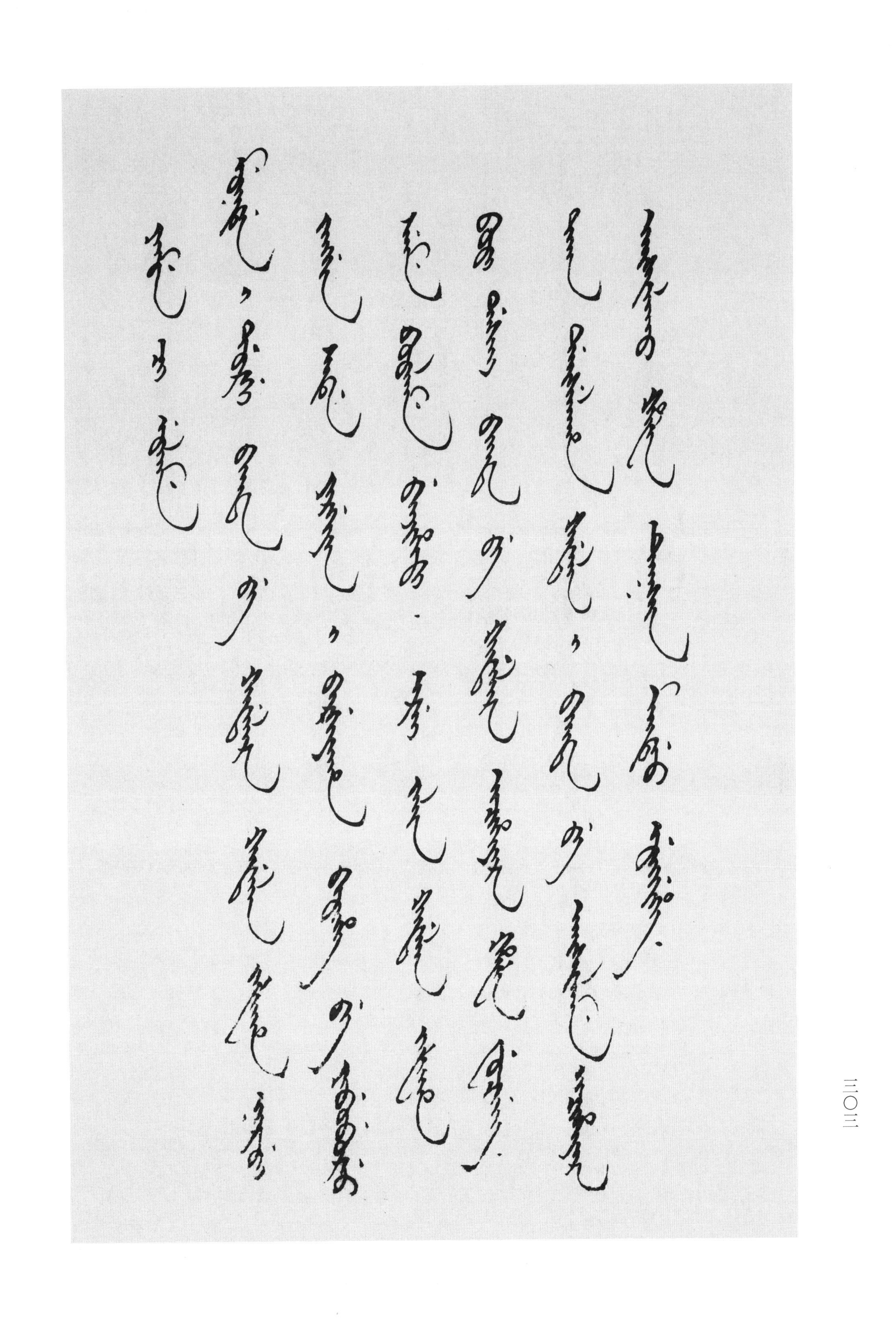

[illegible]

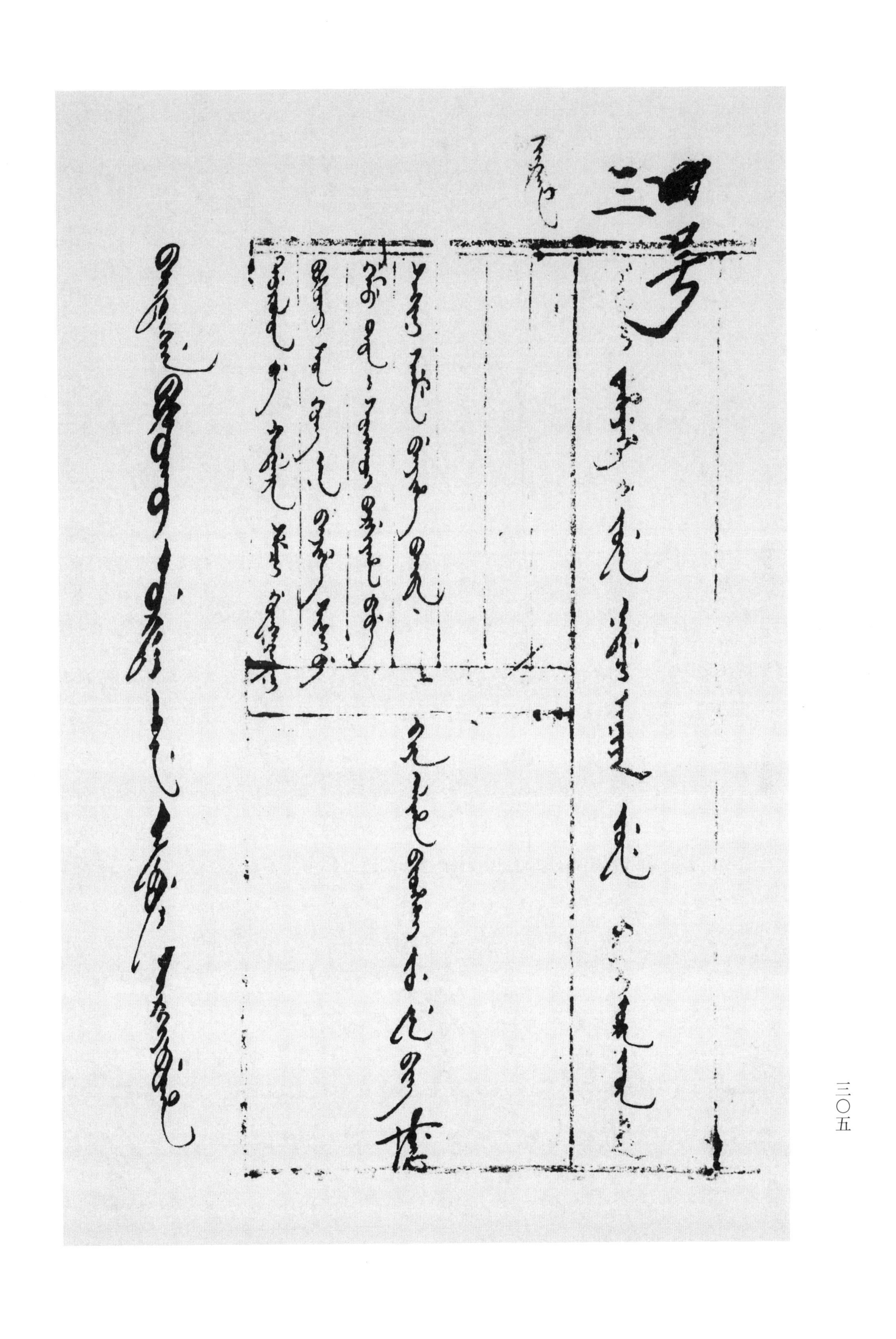

三号

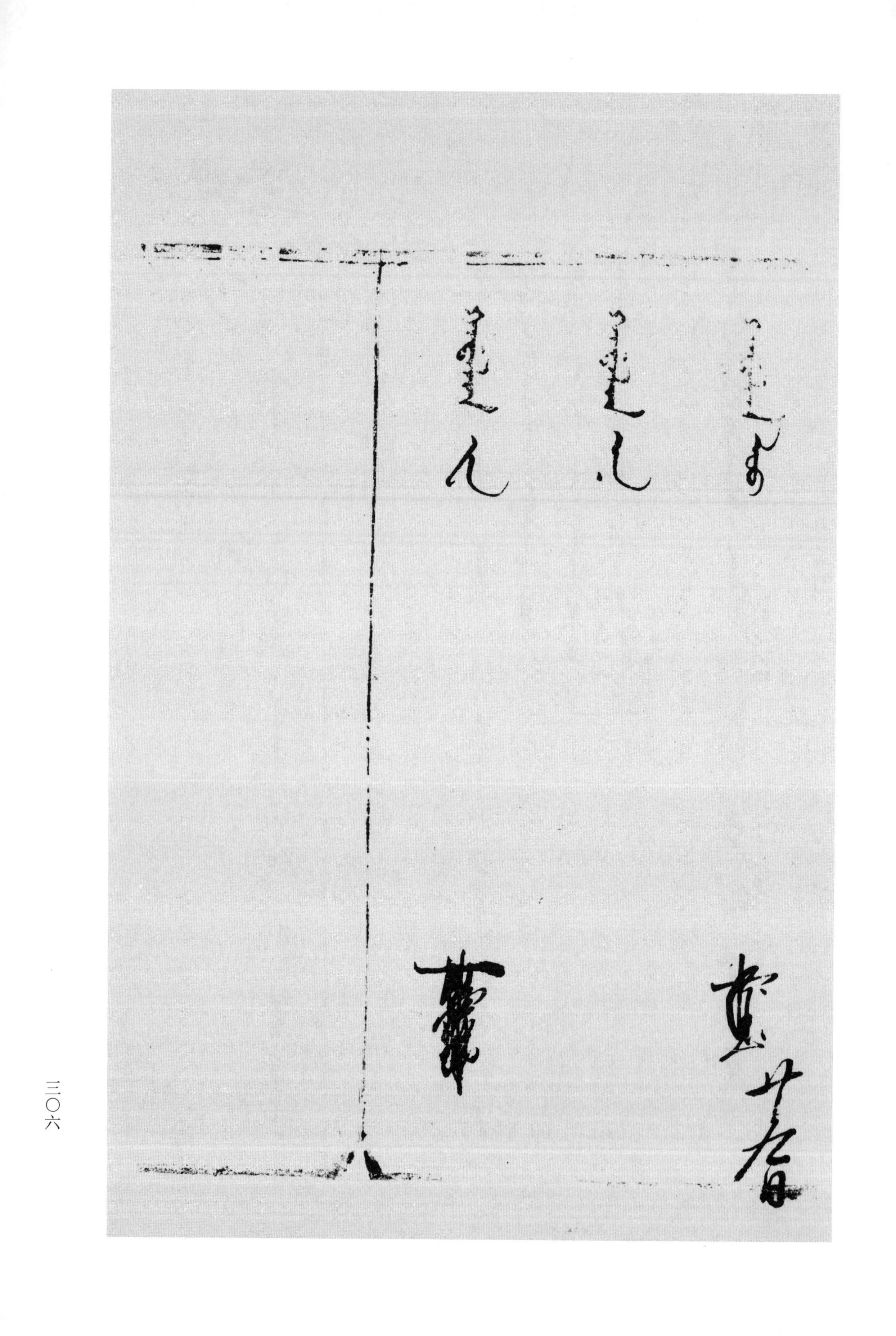

貴州存

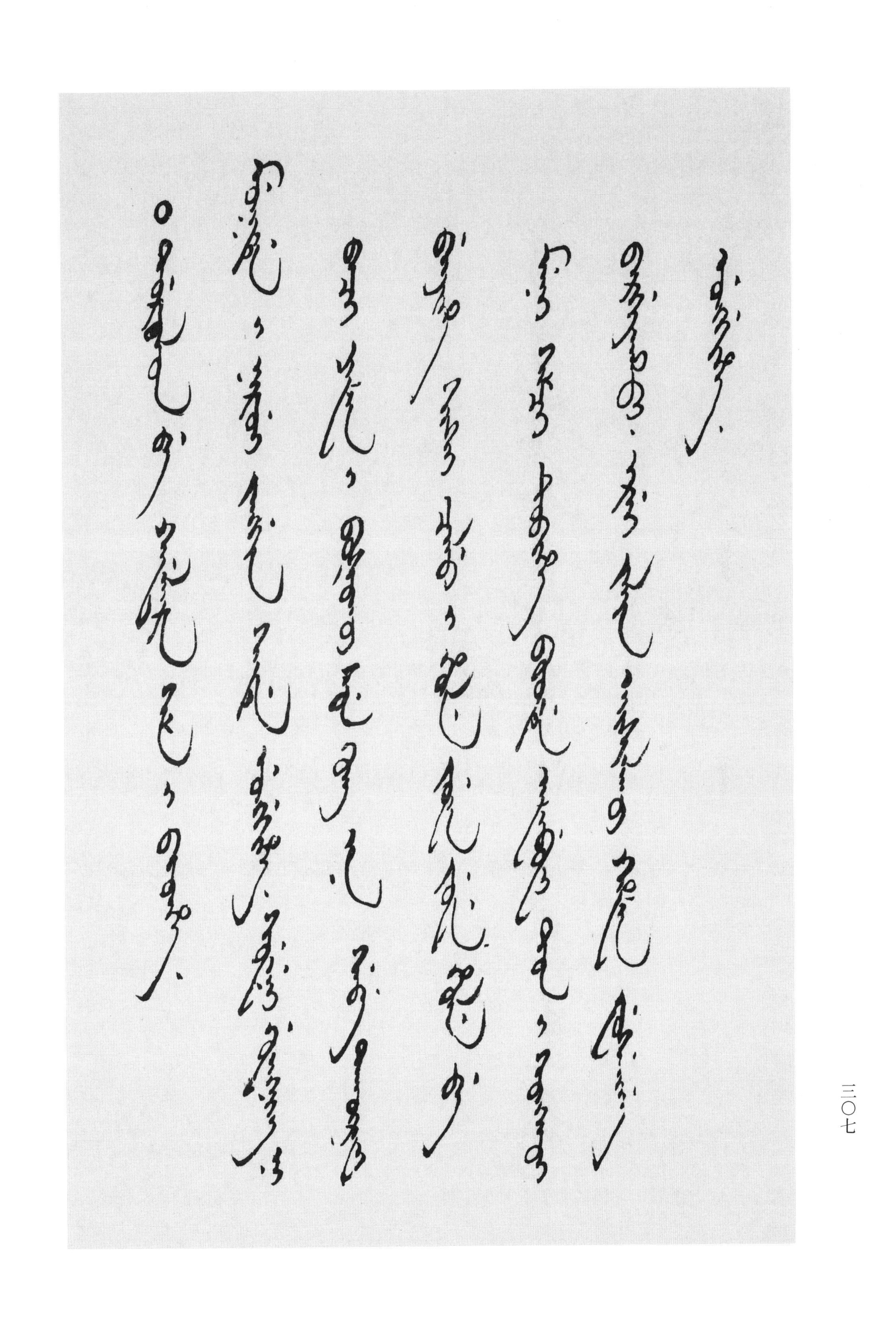

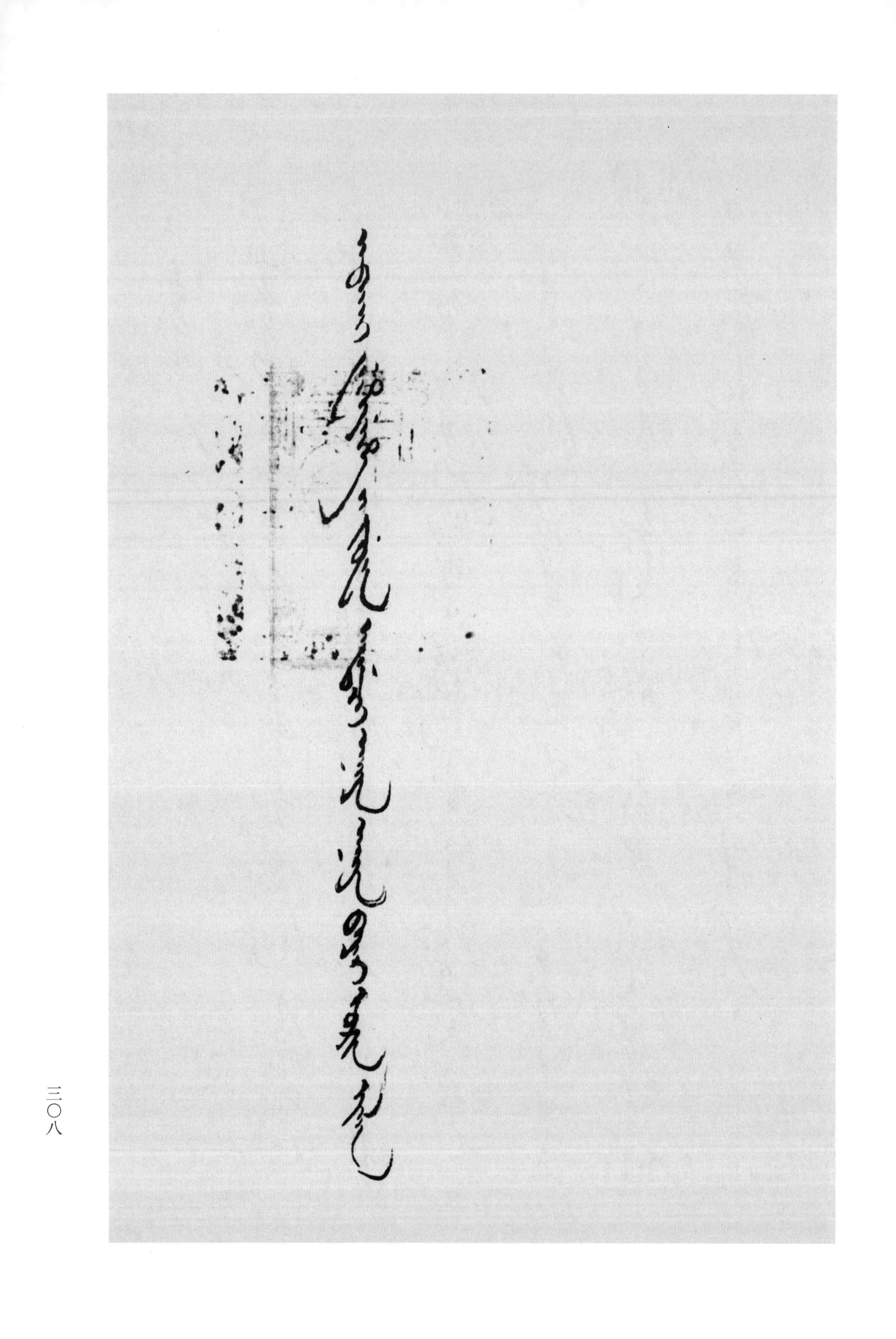

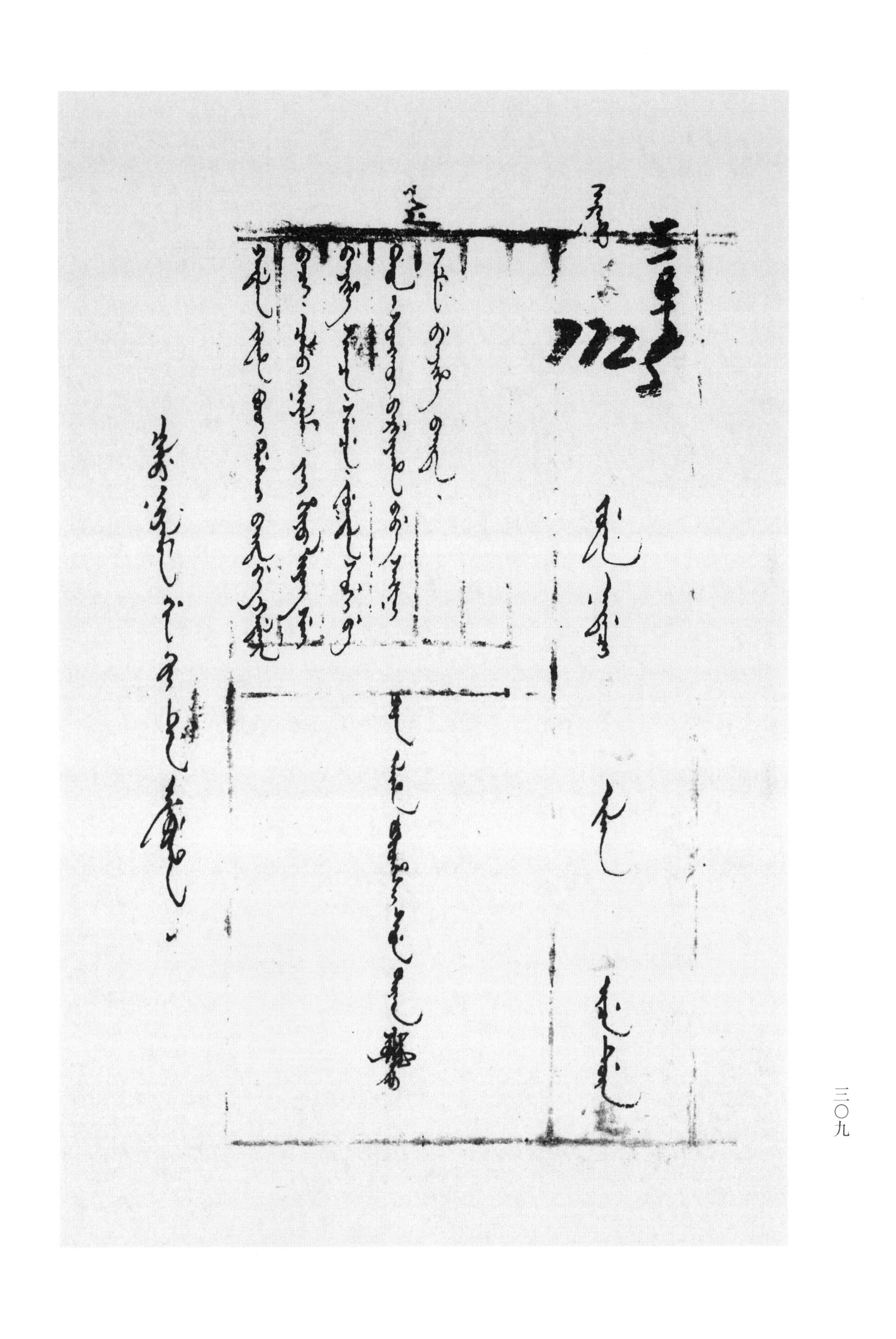

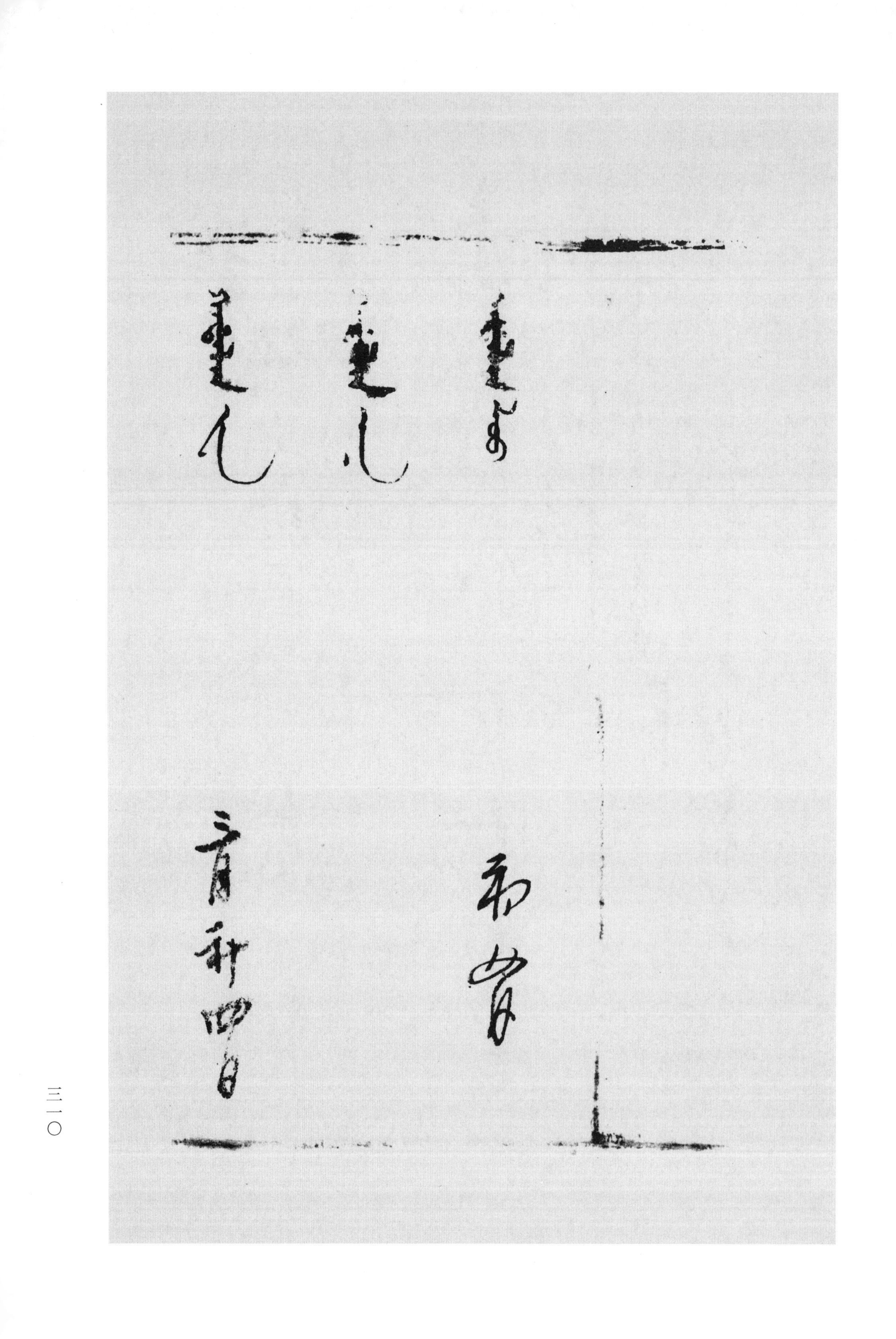

知會

二月初四日

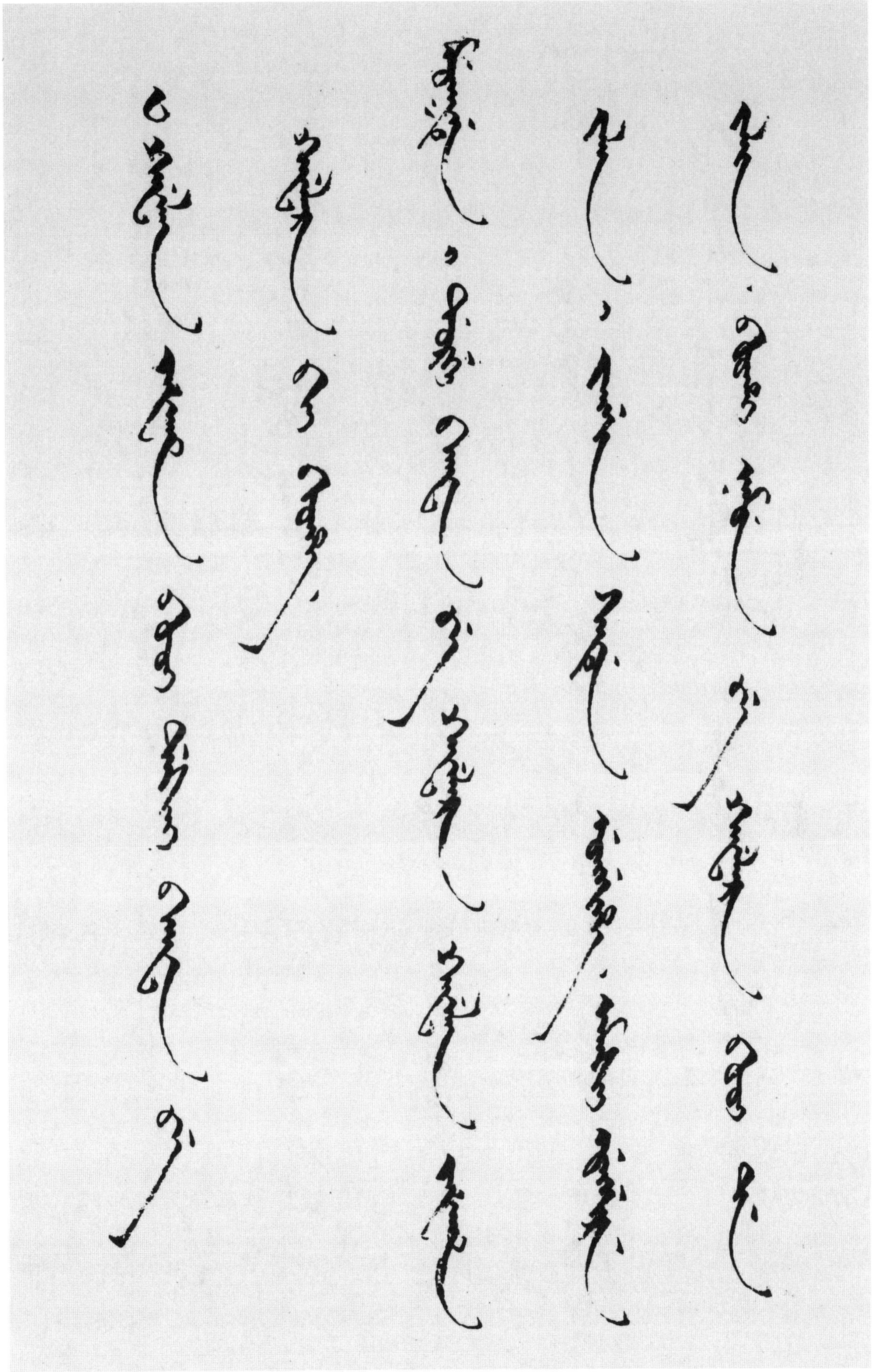

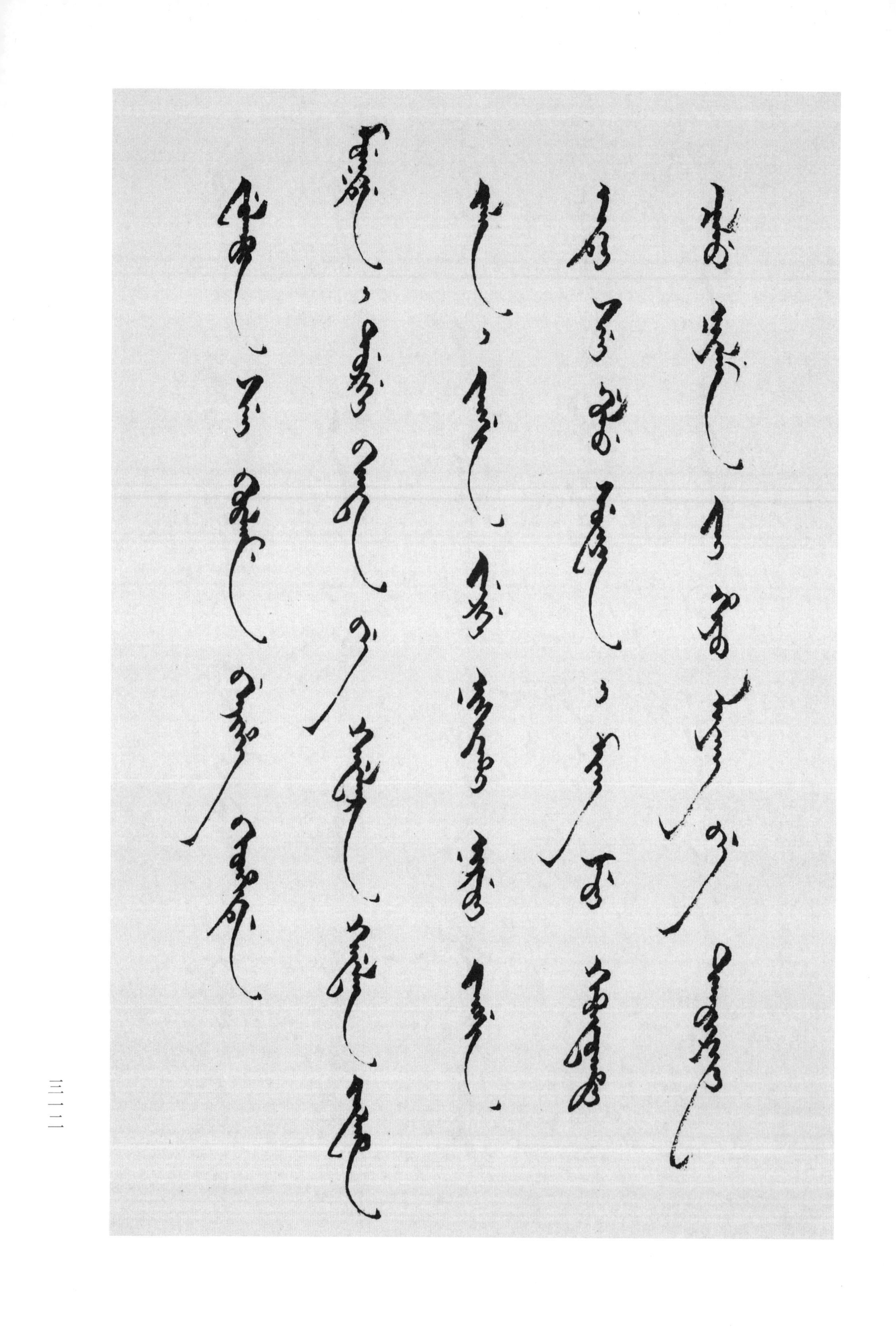

[illegible]

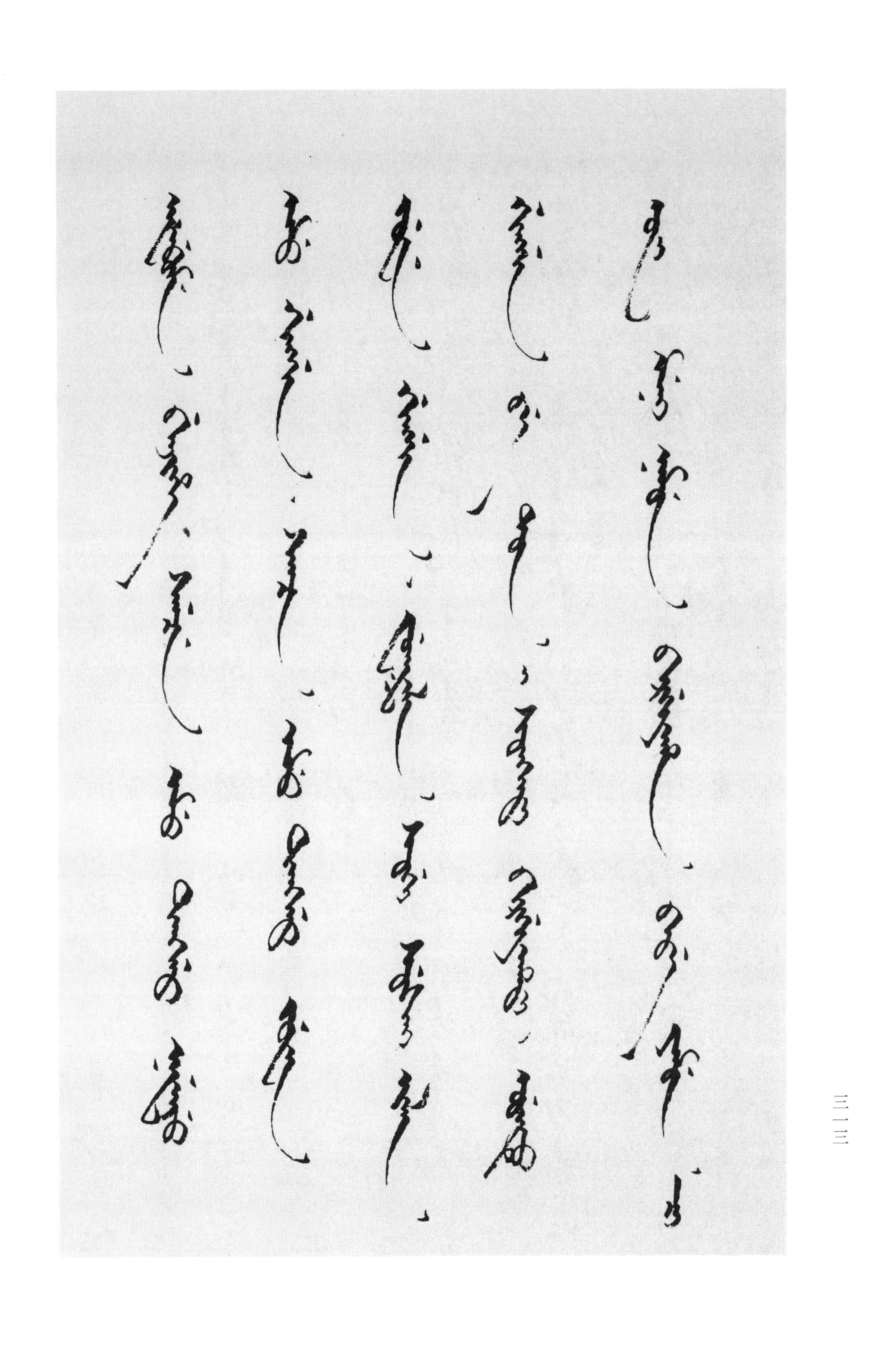

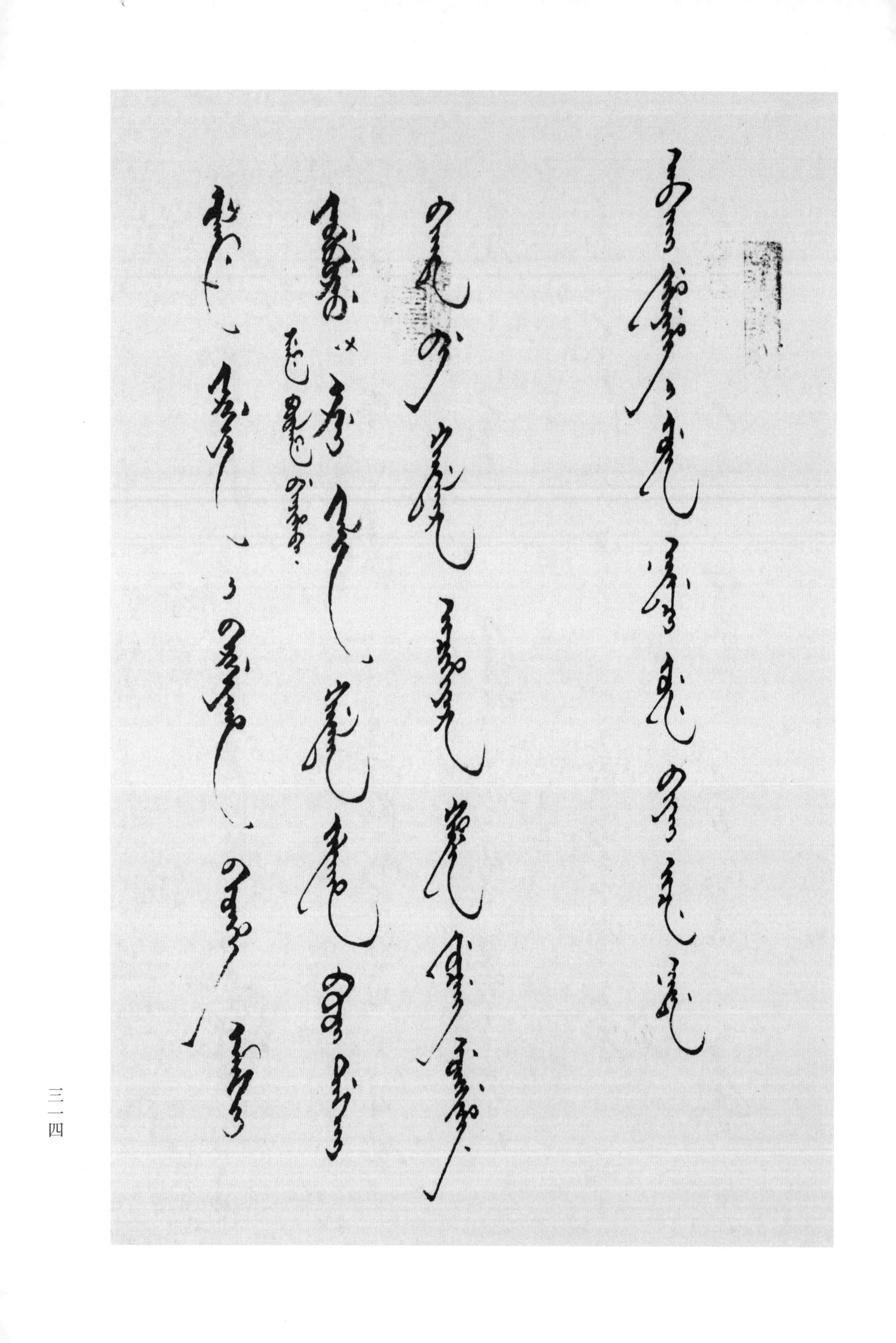

[illegible]

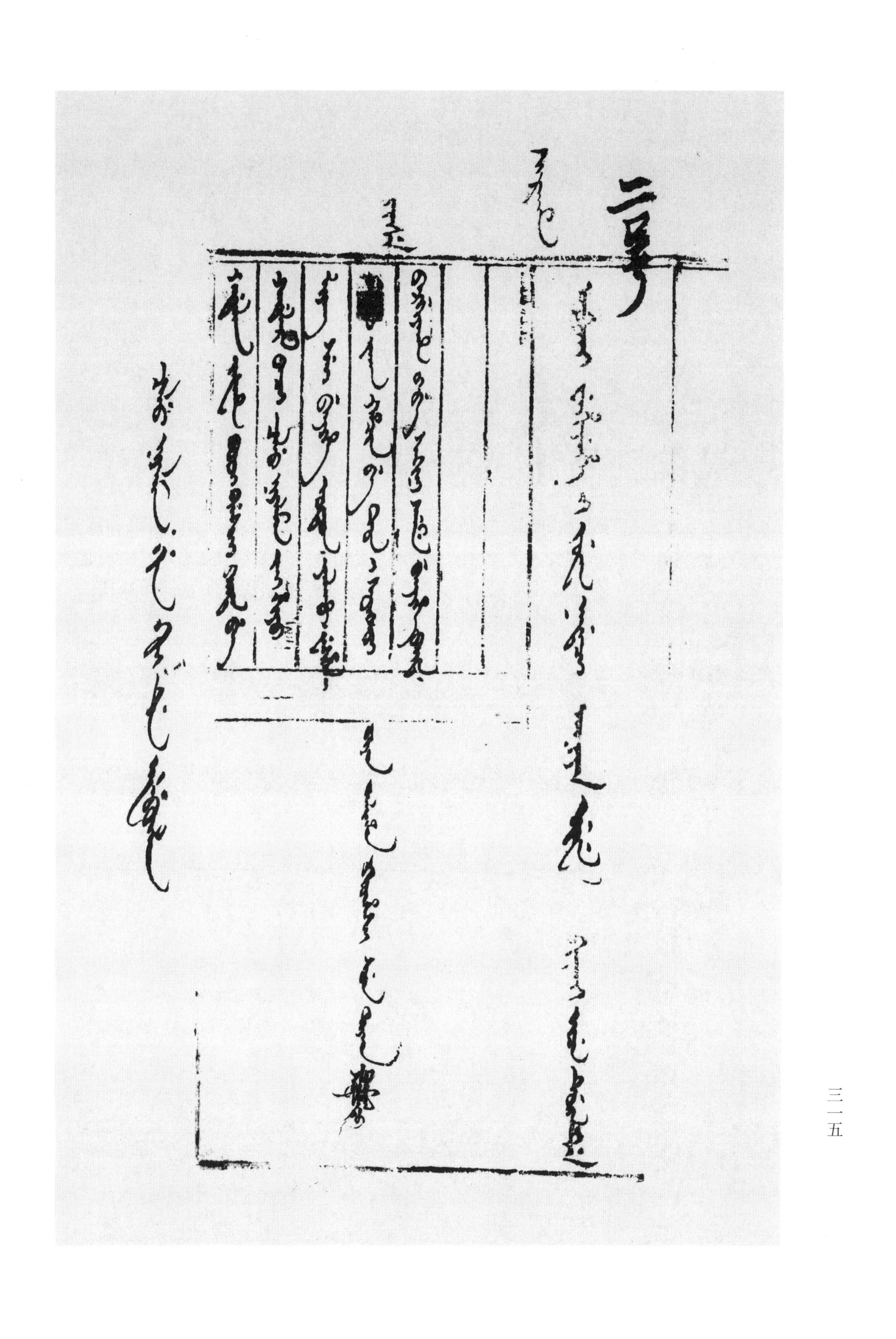

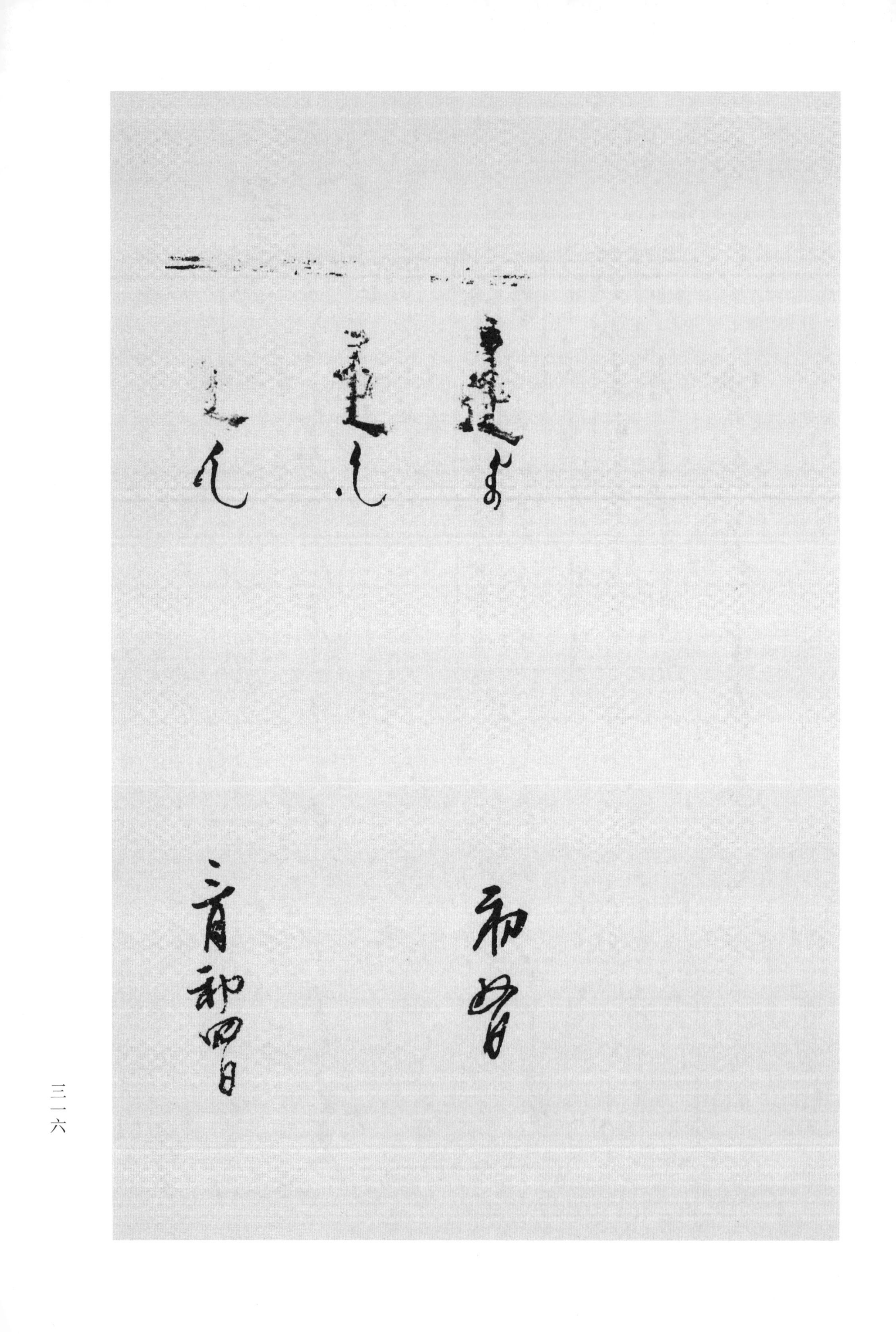

[illegible]

[illegible]樣 よ

[illegible]樣 し

[illegible]樣 乃

和曾

二月 和四日

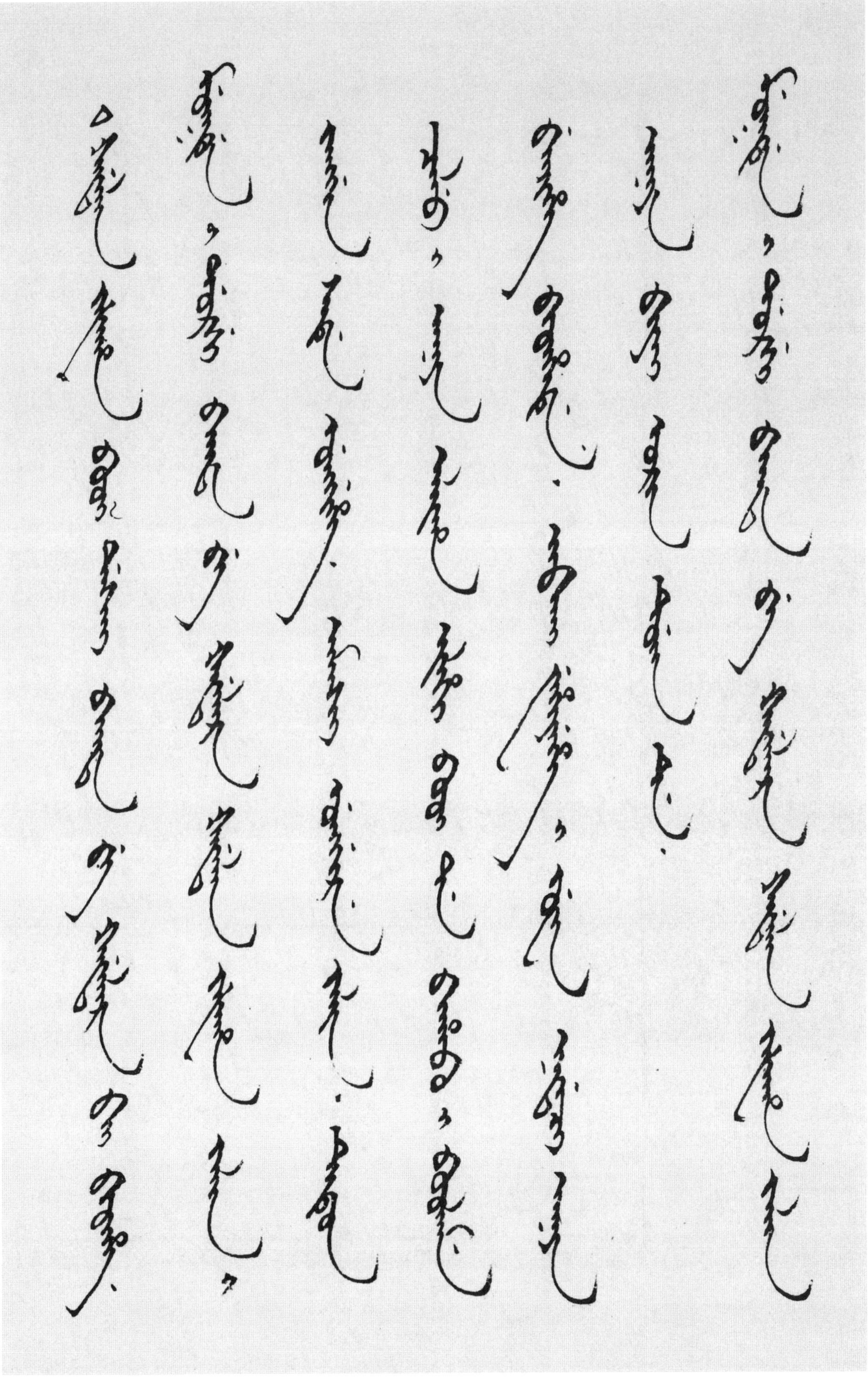

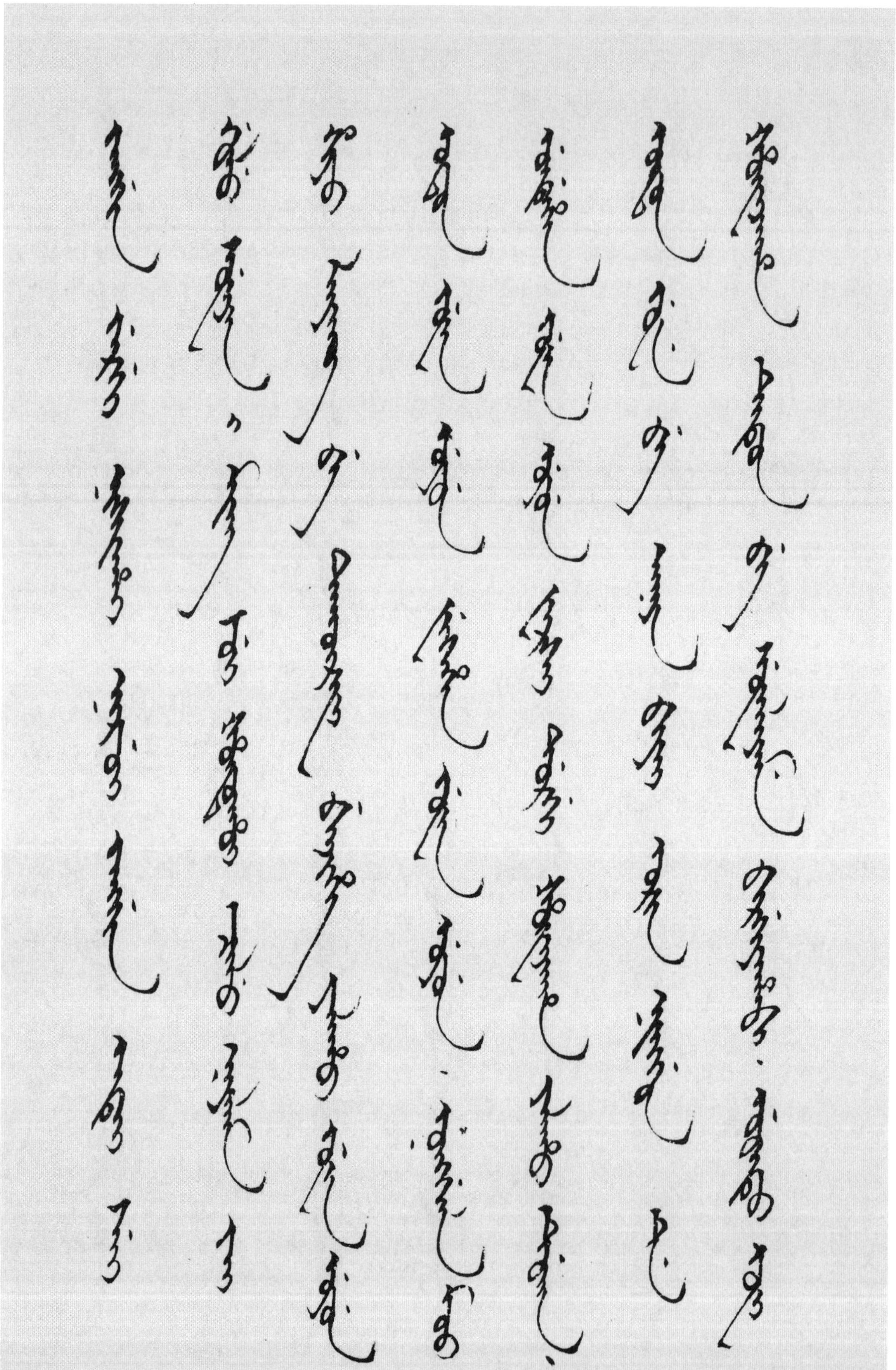

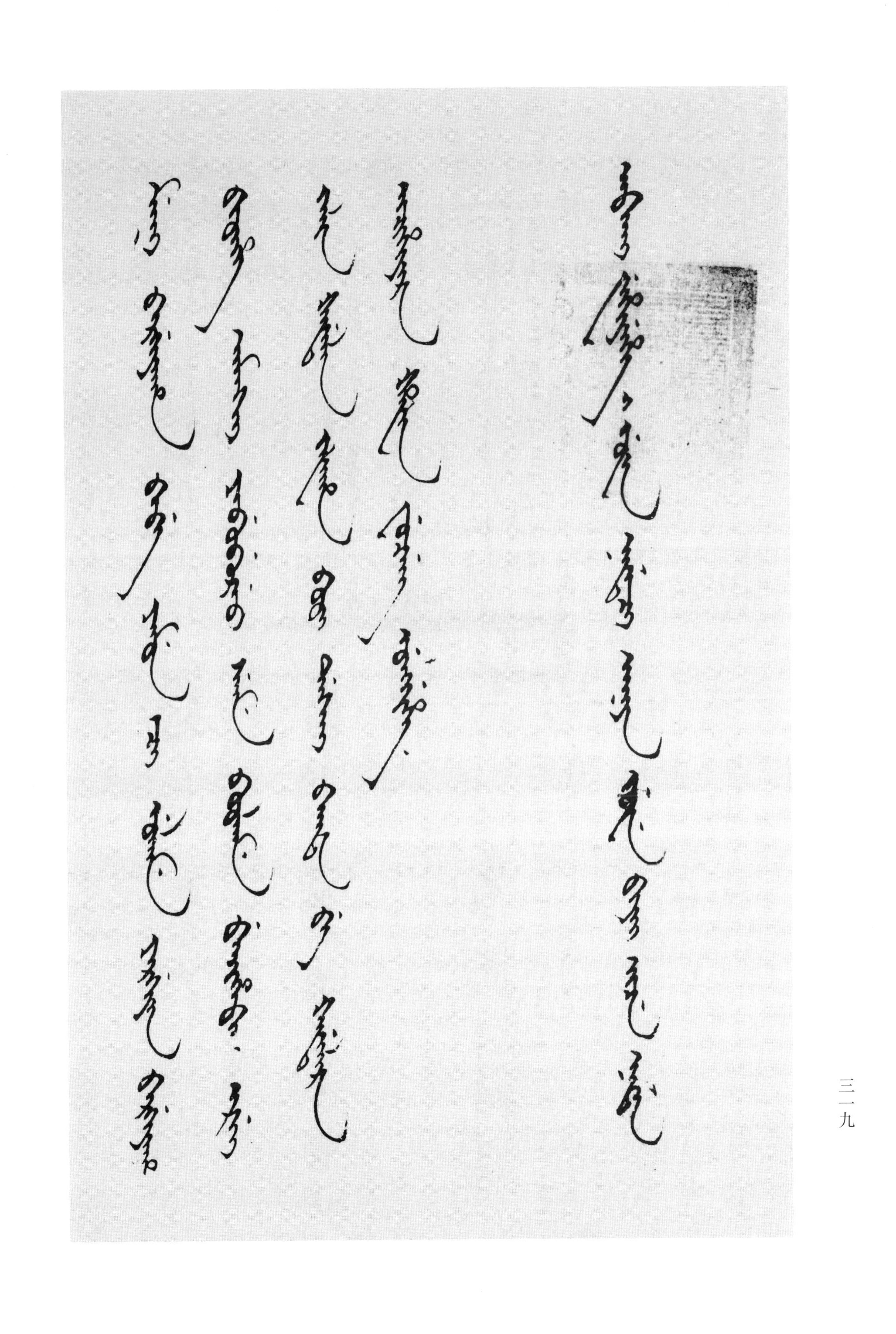

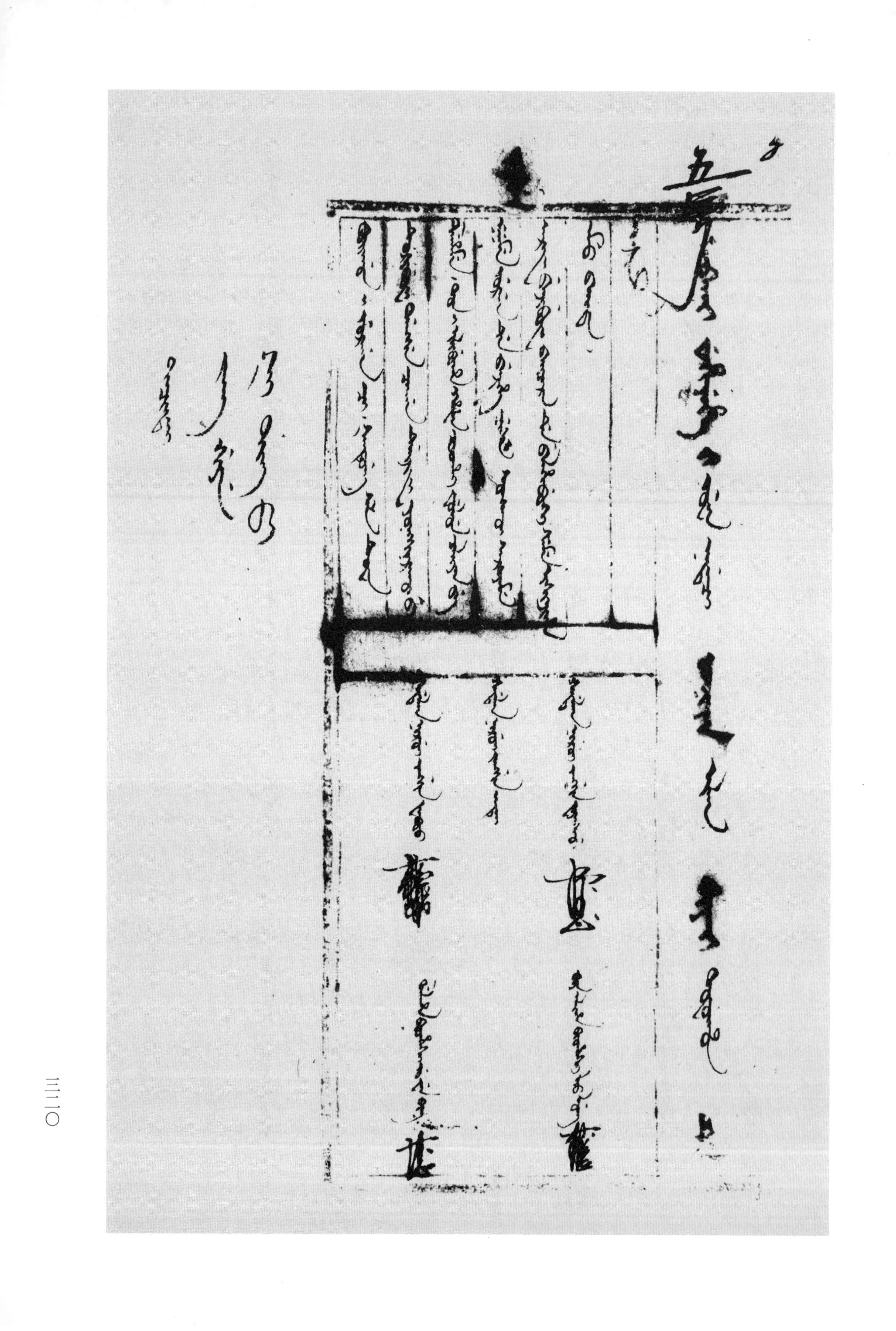

五

ᠪᡳᡨᡥᡝ ᡳᠰᡳᠨᠵᡳᡥᡝ ᠮᡝᠨᡳ ᠪᡝ

ᡤᡳᠰᡠᡵᡝᠨ᠈ ᠠᠮᠠᠯᠠ ᠪᡠᠰᡝᡵᡝ᠉ ᡳᠰᡳᡴᡳ ᡨᡠᠸᠠᠮᡝ ᡨᡠᠸᠠᠨᠴᡳ ᡳᠰᡳᡴᡳ

ᠰᠠᡳᠨ ᠪᠠᡳᡨᠠ ᡳᠰᡳ᠉ ᡳᠯᠠᡥᠠ ᡤᡝᠰᡝ ᠪᡠᡥᡳᠶᡝᡵᡝ ᡨᡠᠸᠠ

ᠠᡵᡤᠠᡳ᠉ ᠠᠮᠠᠰᡳ ᠠᠮᠠᡴᡳ ᠪᡝ ᡤᡝᠨᡝᡥᡝ ᡨᡠᠸᠠᠮᡝ ᠪᡝ ᠰᡳᠮᡝᡵᡝ᠈

᠔ ᠪᡝᠶᡝᡳ᠉ ᡳᠰᡳᠨᠵᡳ᠉ ᠪᡳᡨᡥᡝ᠈

ᠰᡳᡵᡝᠯᡝ ᠪᡳᡨᡥᡝ᠈

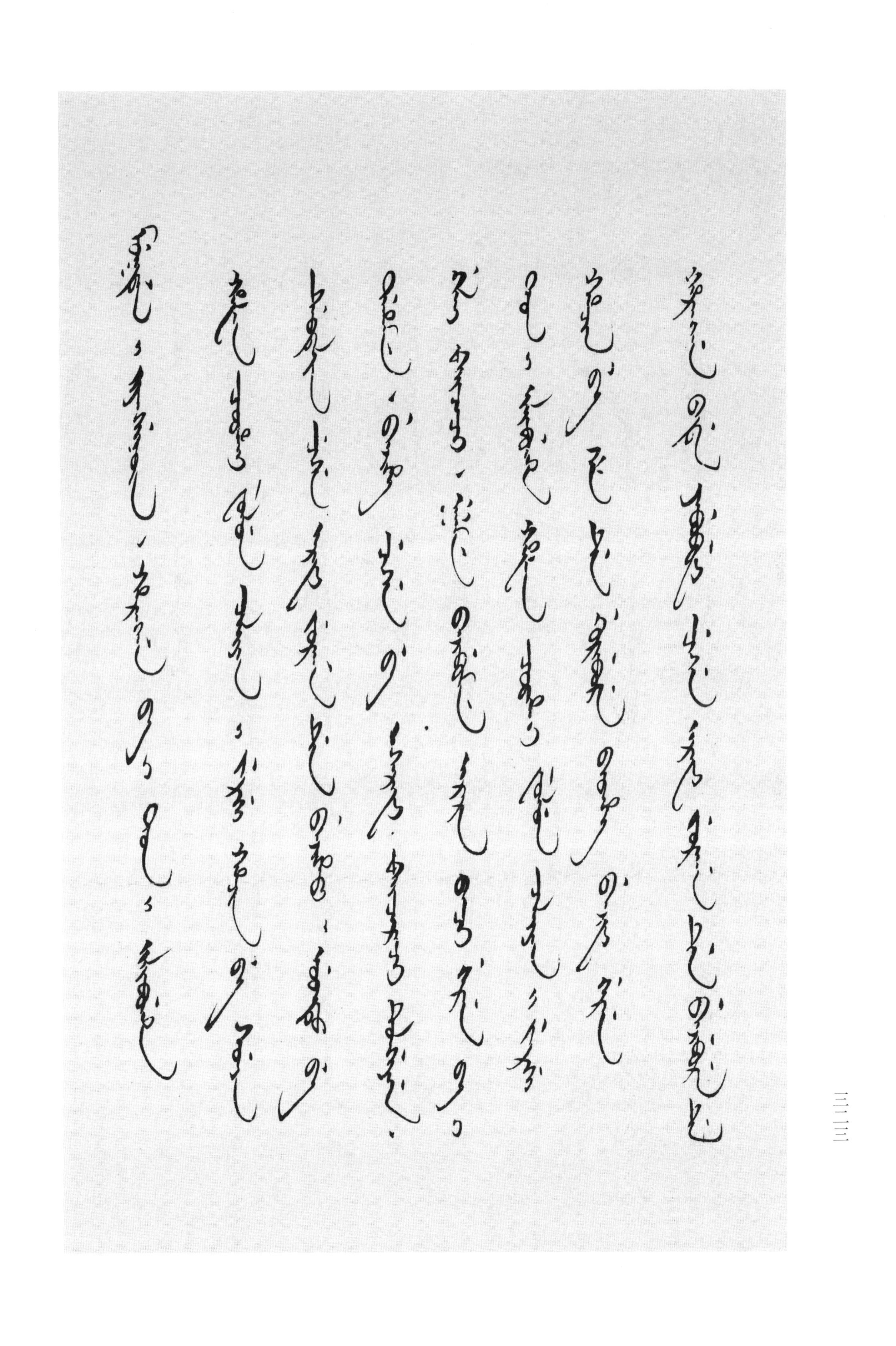

[illegible]

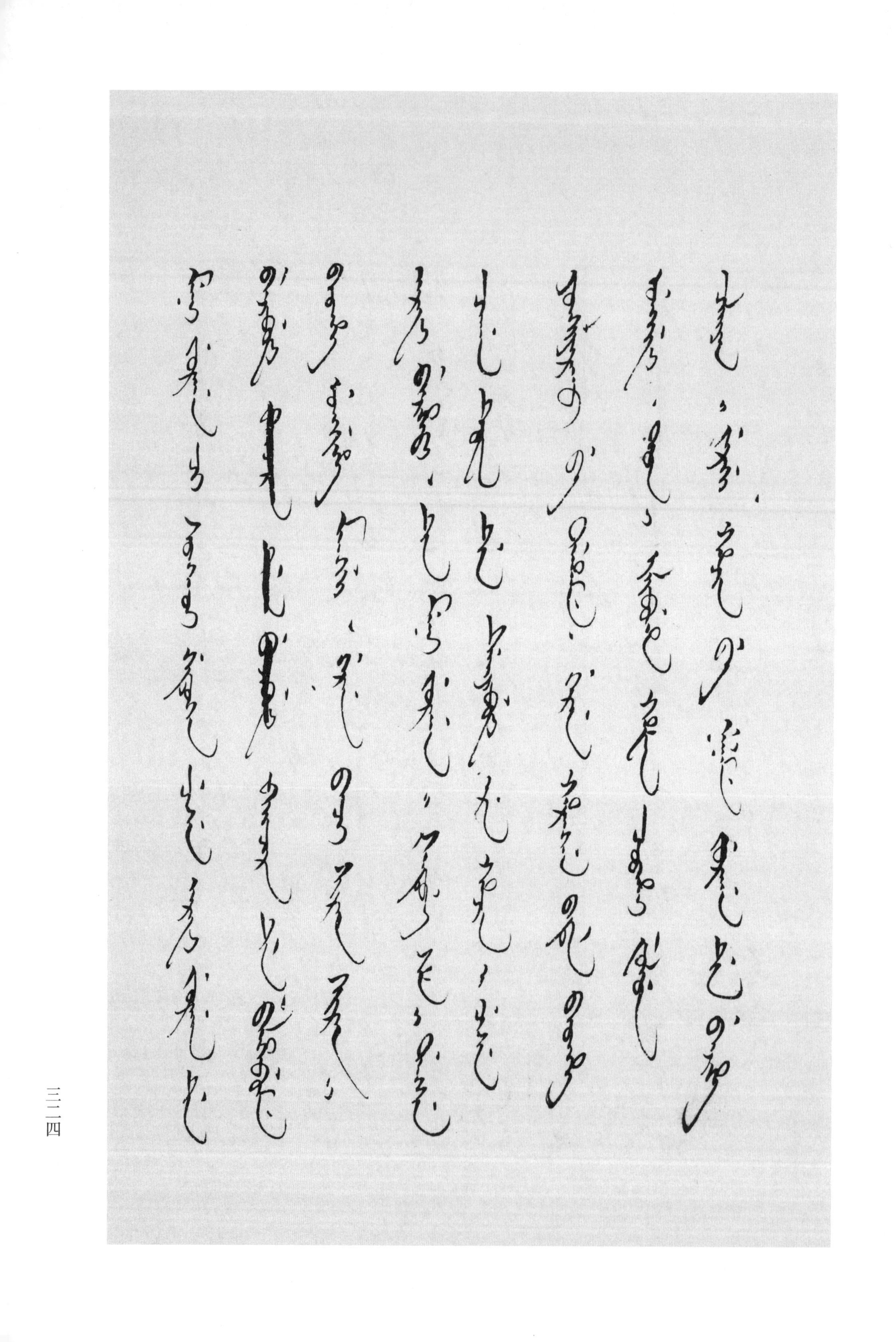

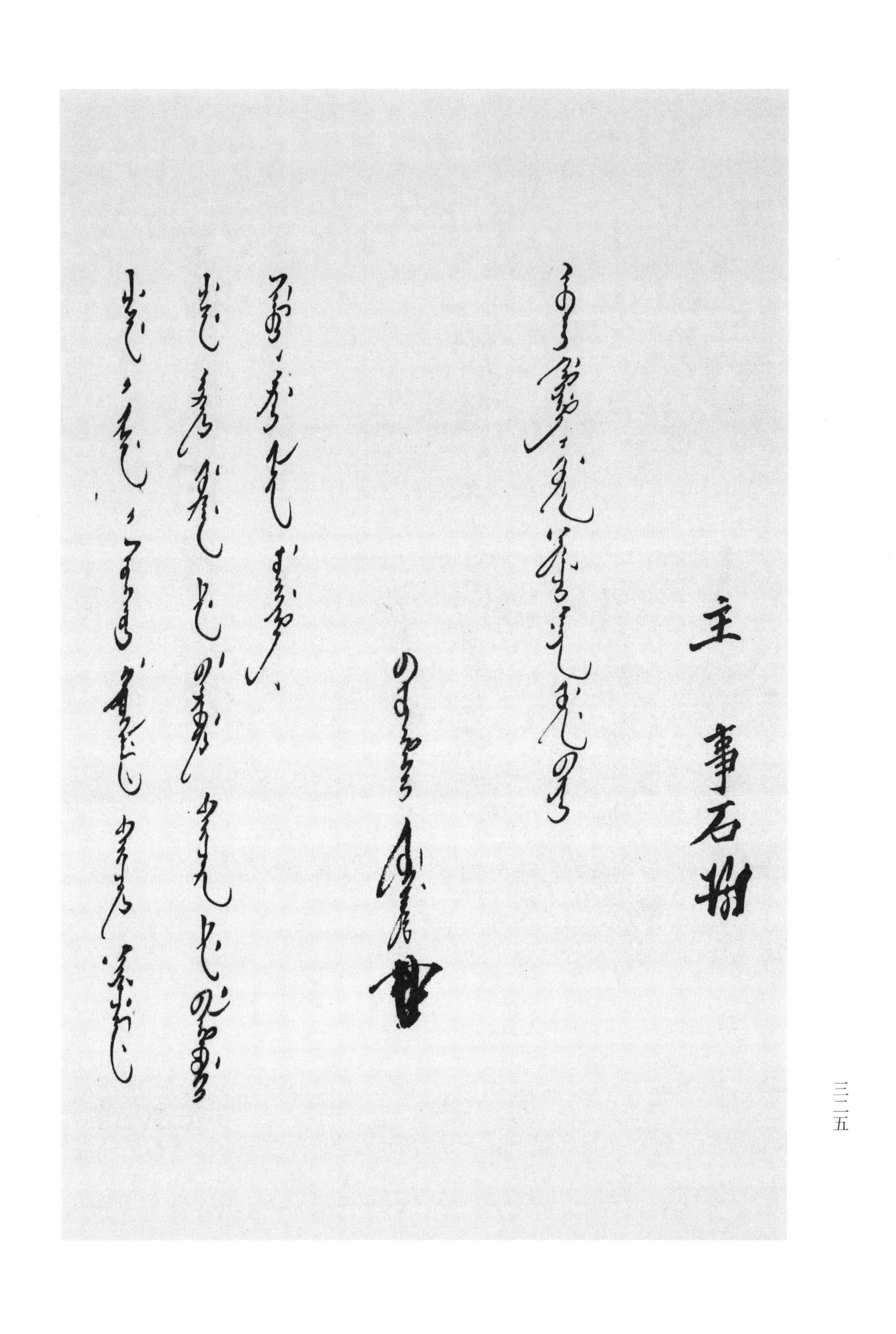

主事石樹

盛京内務府

乾隆十九年二月十三日

員外郎汪（押）

東司案卷被焚前項冊籍不全
應行文各該處將額設官兵俸
餉等項按照從前送部底冊
查明補行造冊送部備案可也須
至咨者
右　咨

等項造冊五本送部前來除
將送到冊存查外再查先經纂
修處將各處額設官兵俸餉等
項付司行文各該處造冊送部
經本部行令照造清冊送部備案
已據各處陸續造送茲因本部山

咨

戶部為送冊事山東清吏司案

呈乾隆十六年十二月二十九日准

盛京將軍將該處額設官兵俸餉

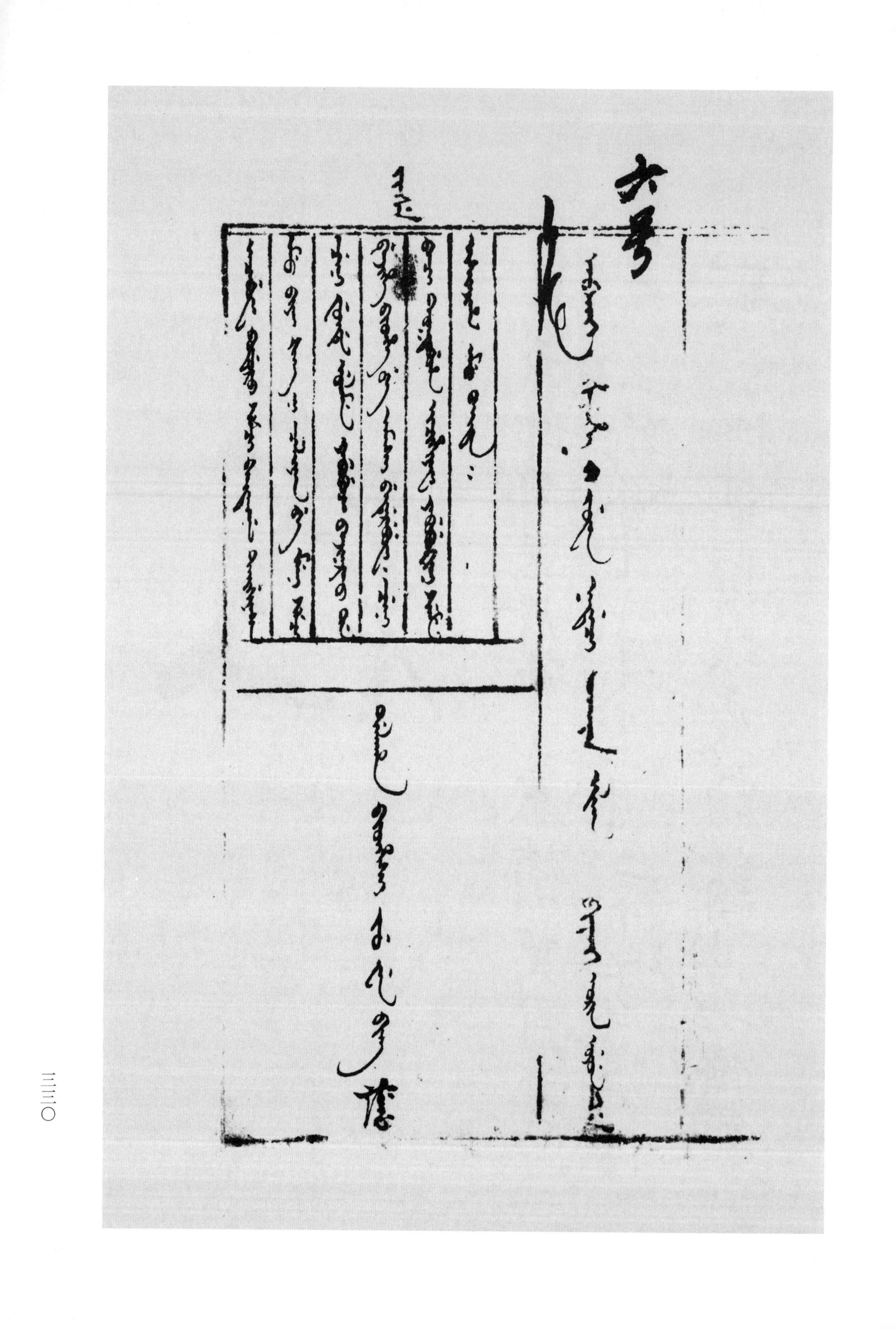

六号

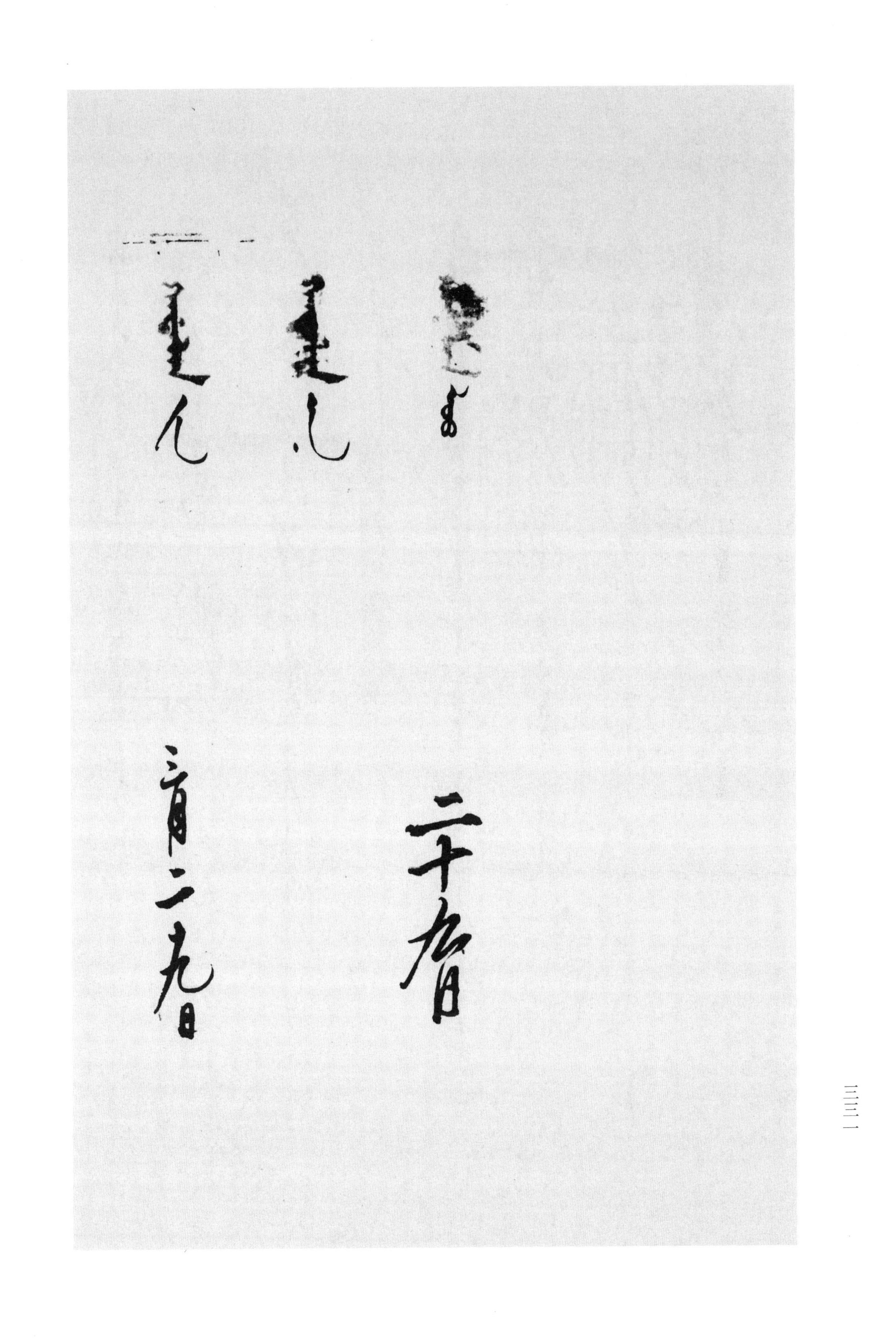

二十九日

三月二九日

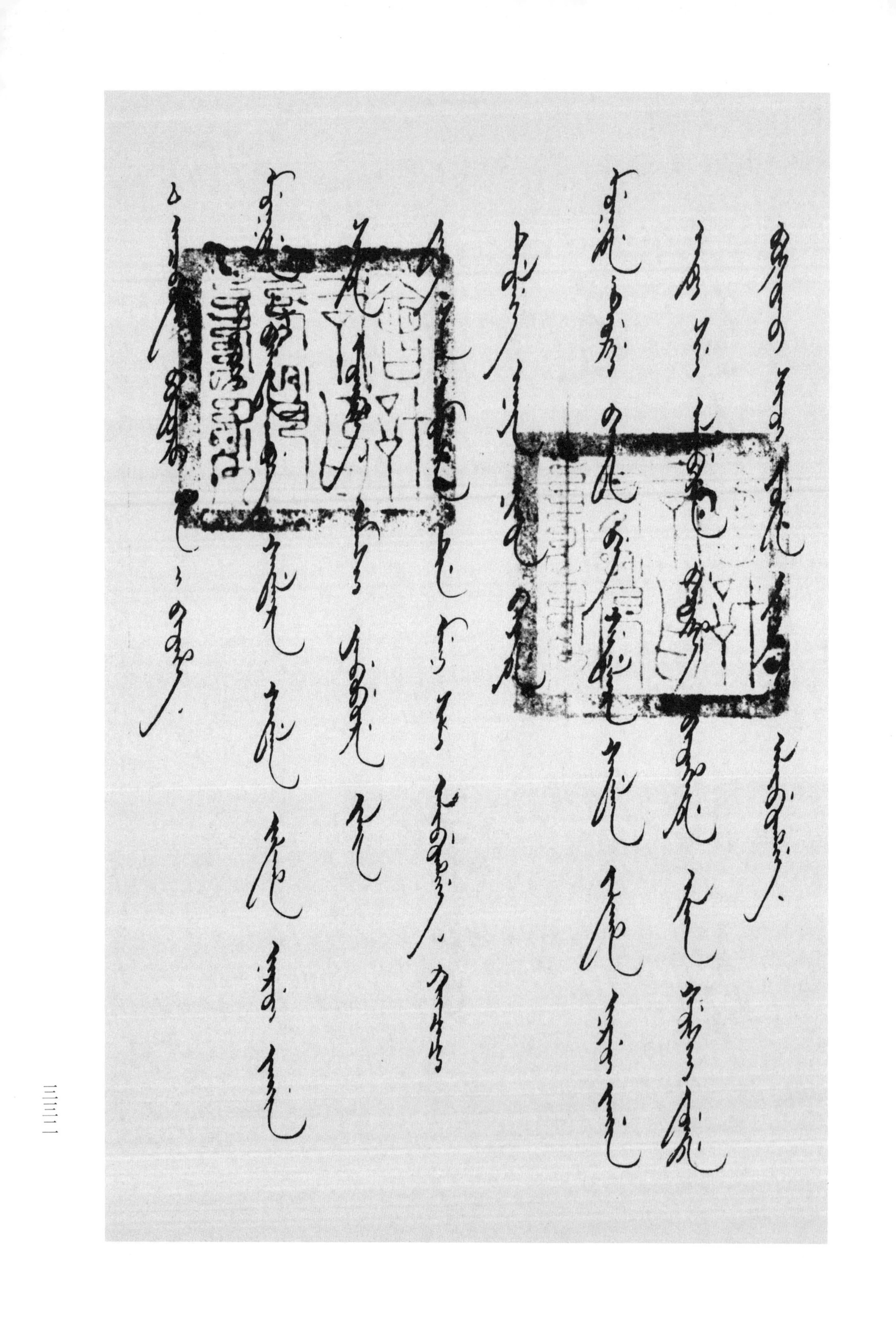

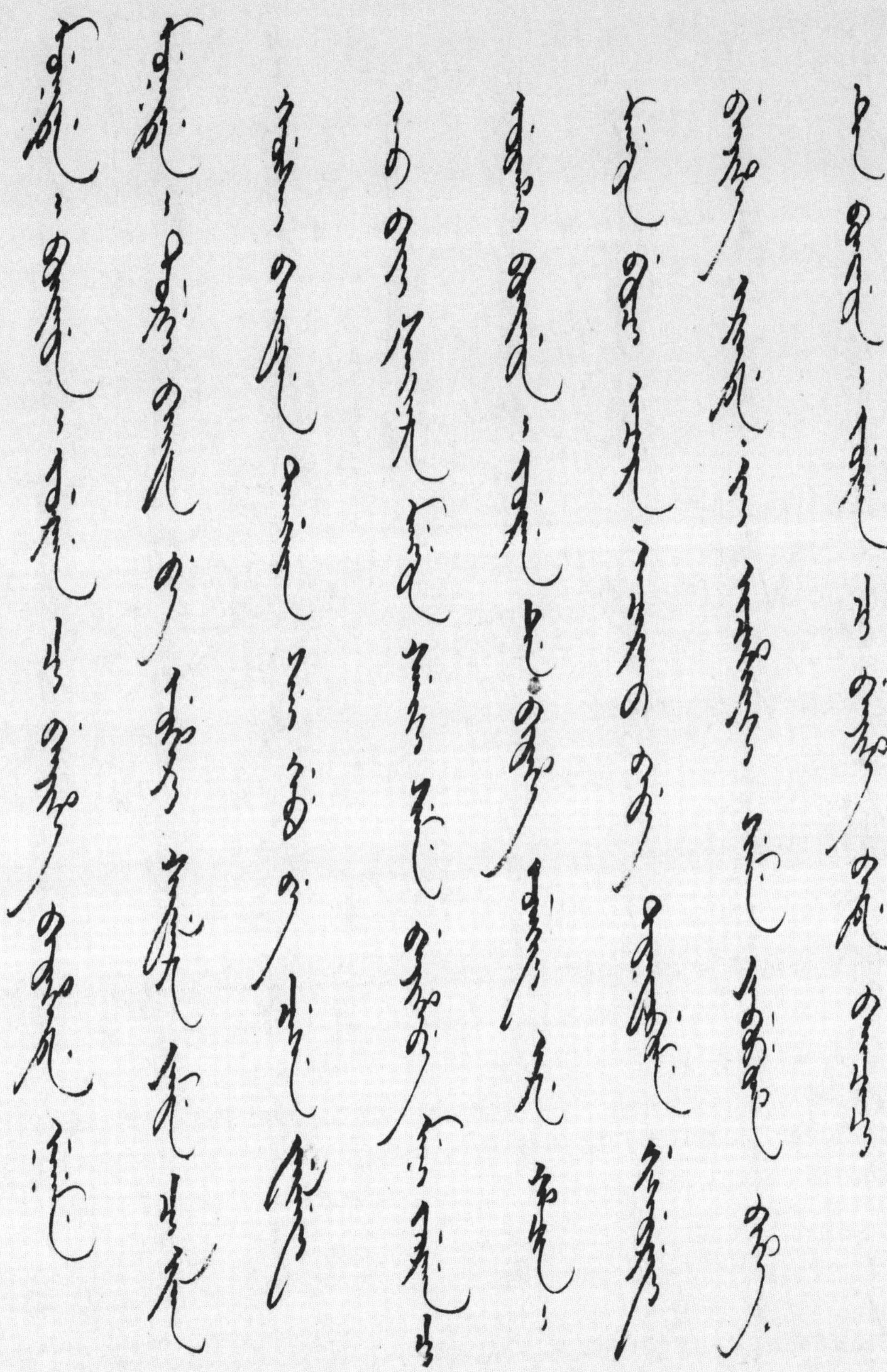

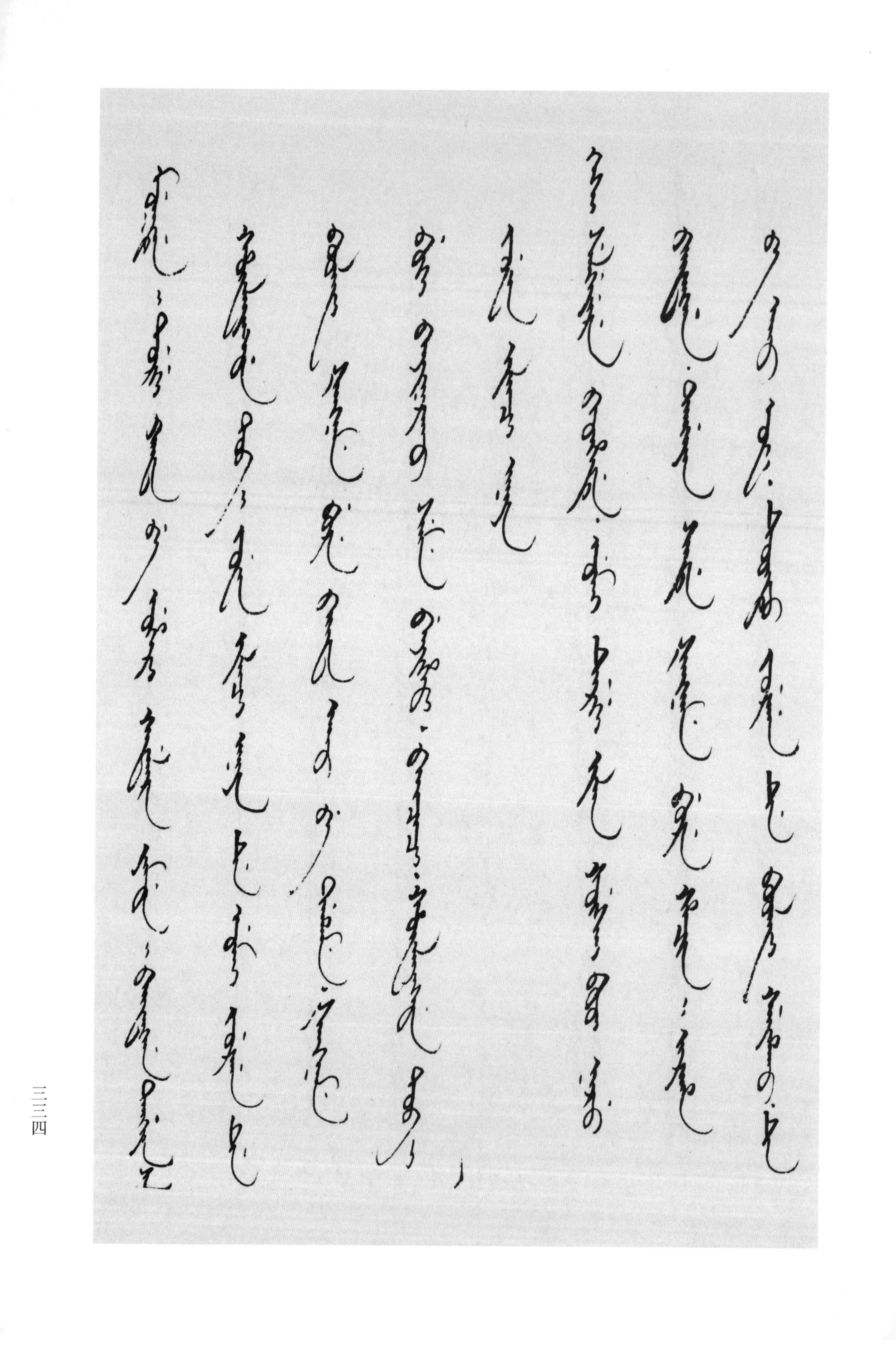

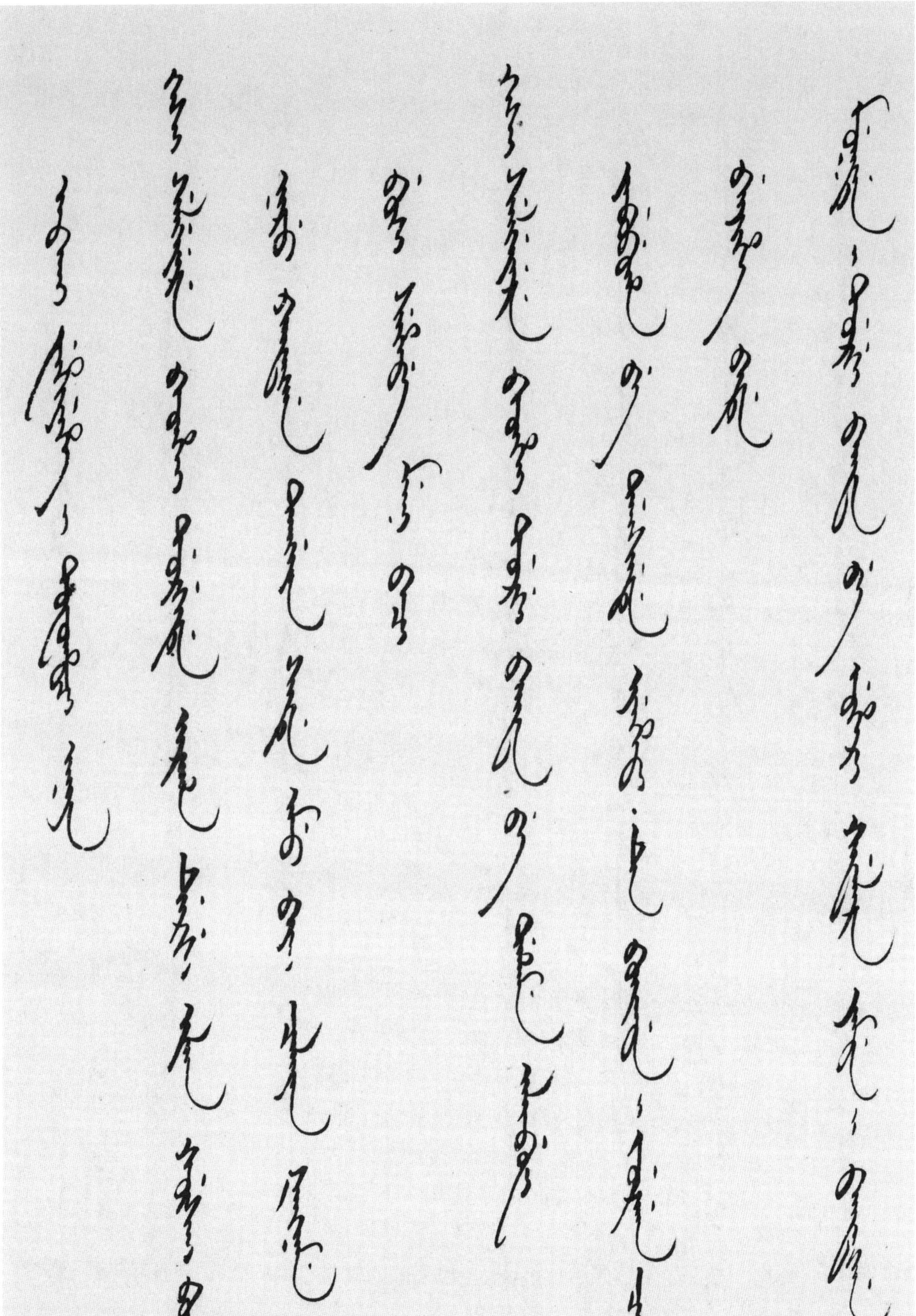

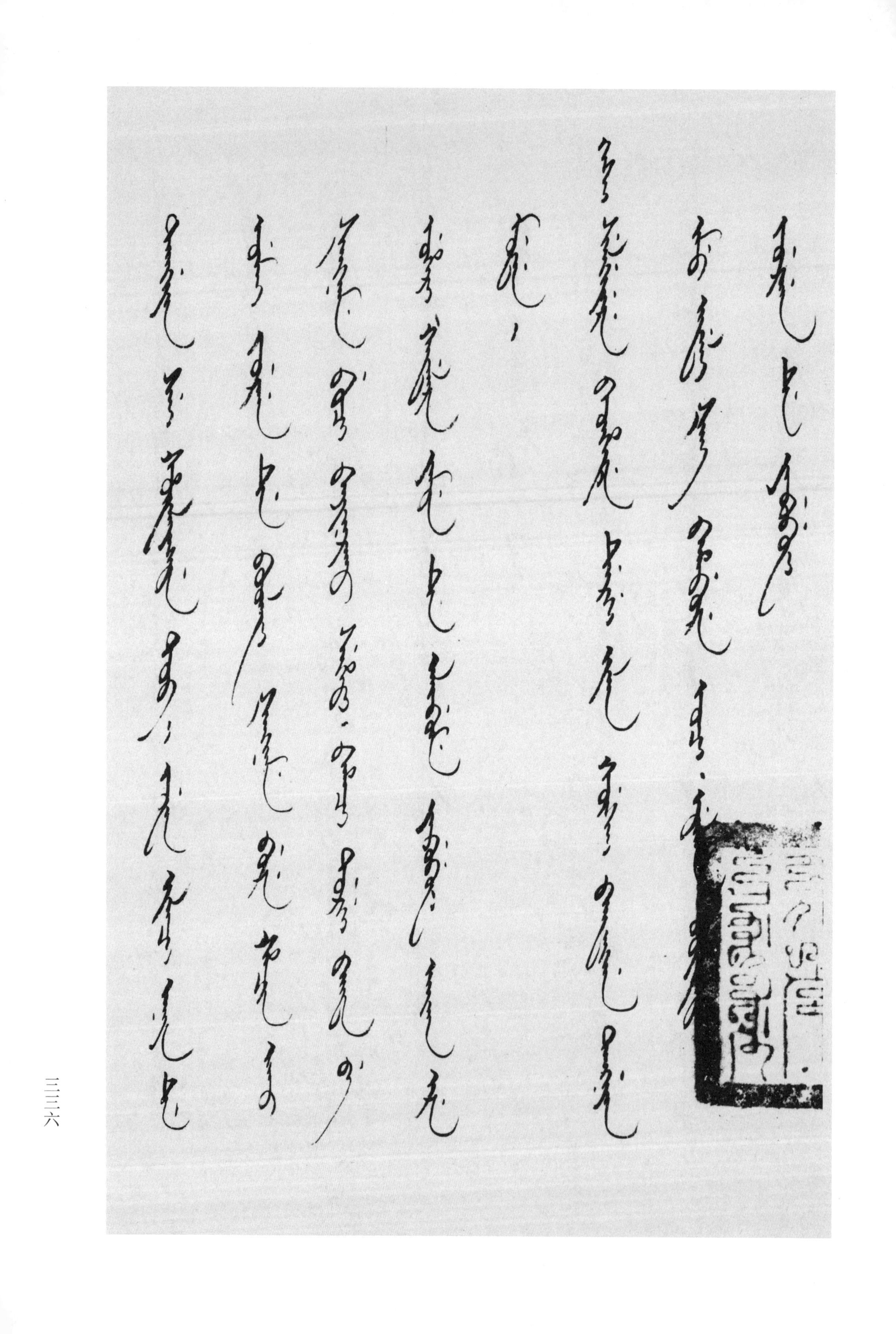

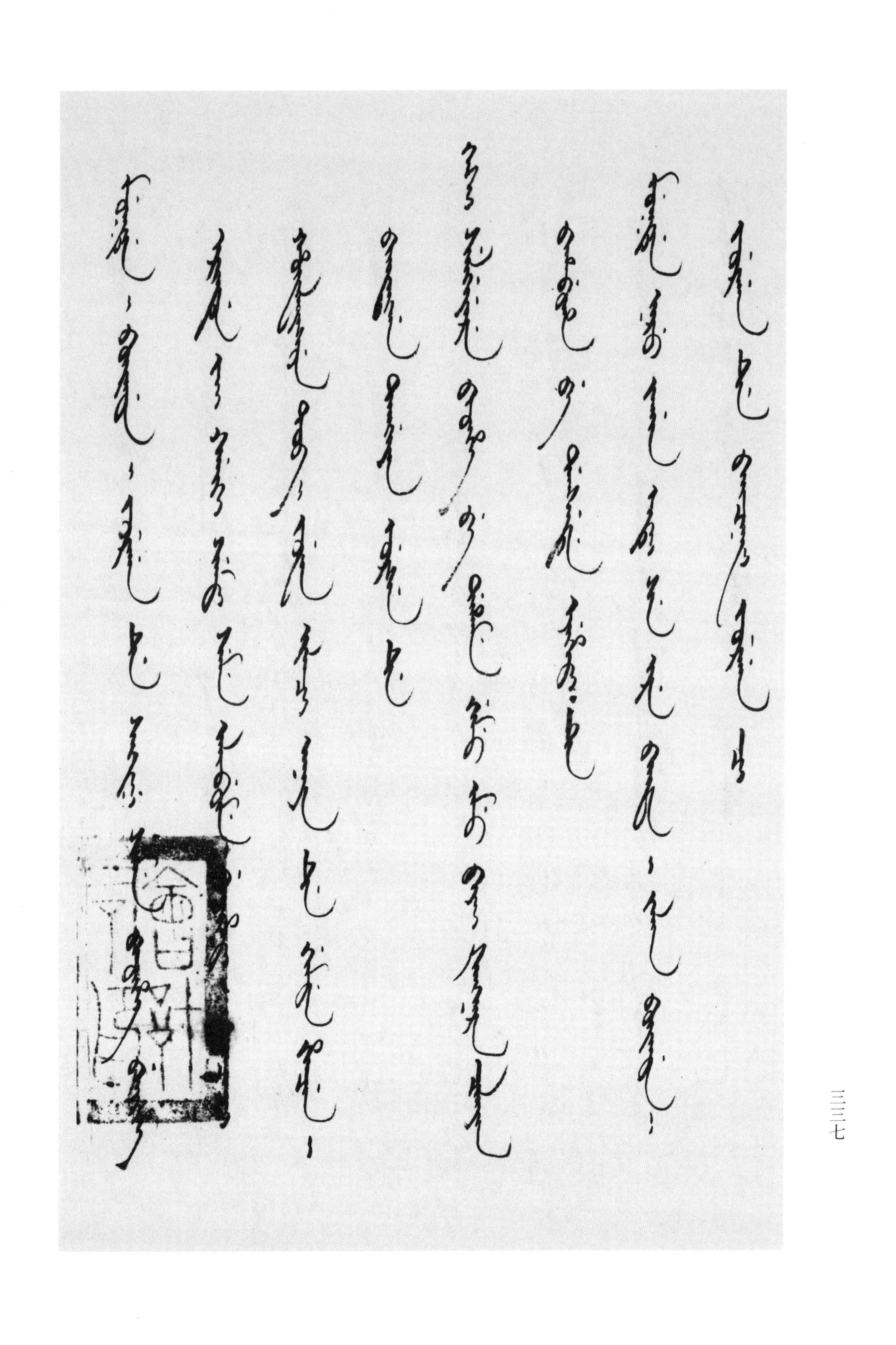

[illegible]

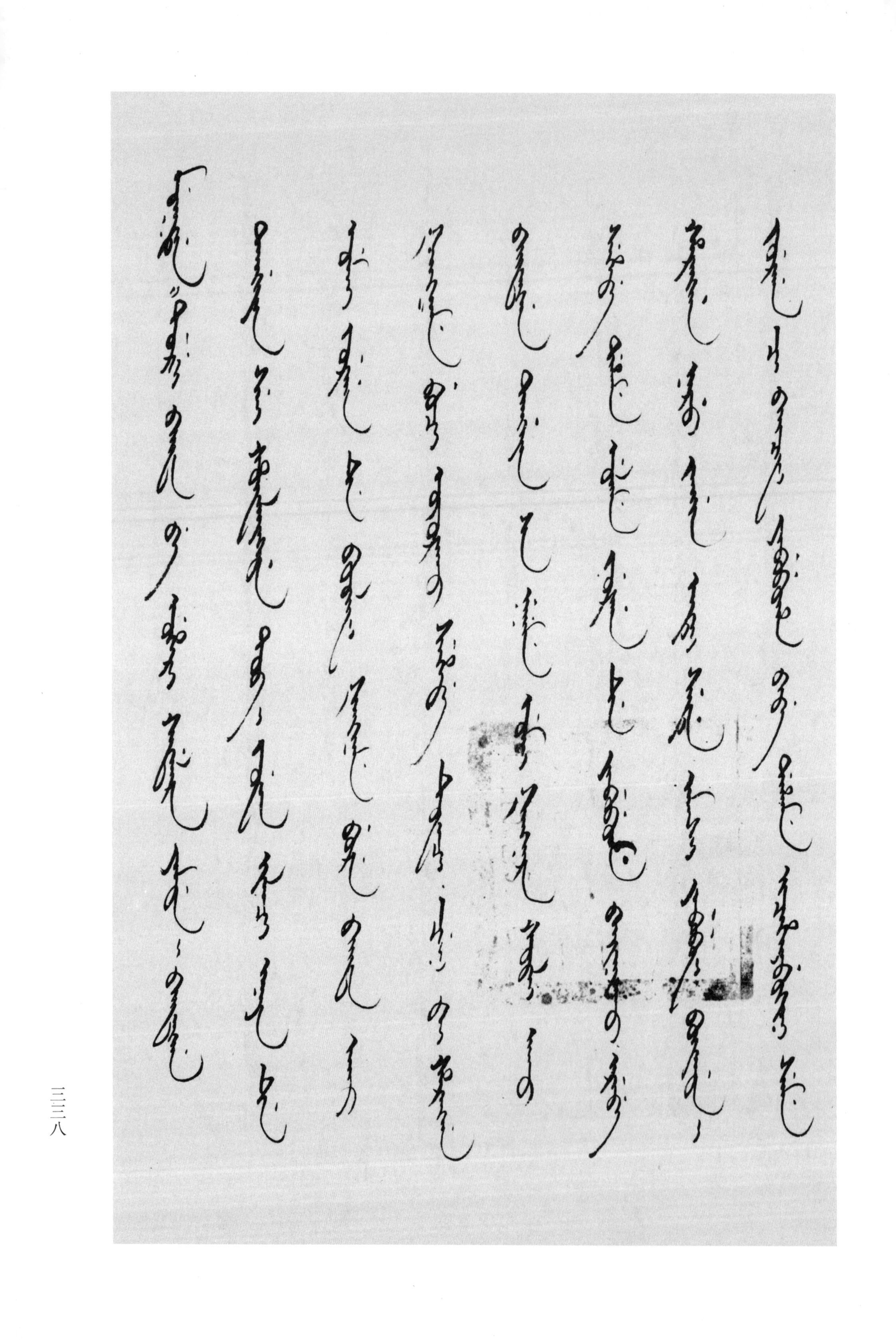

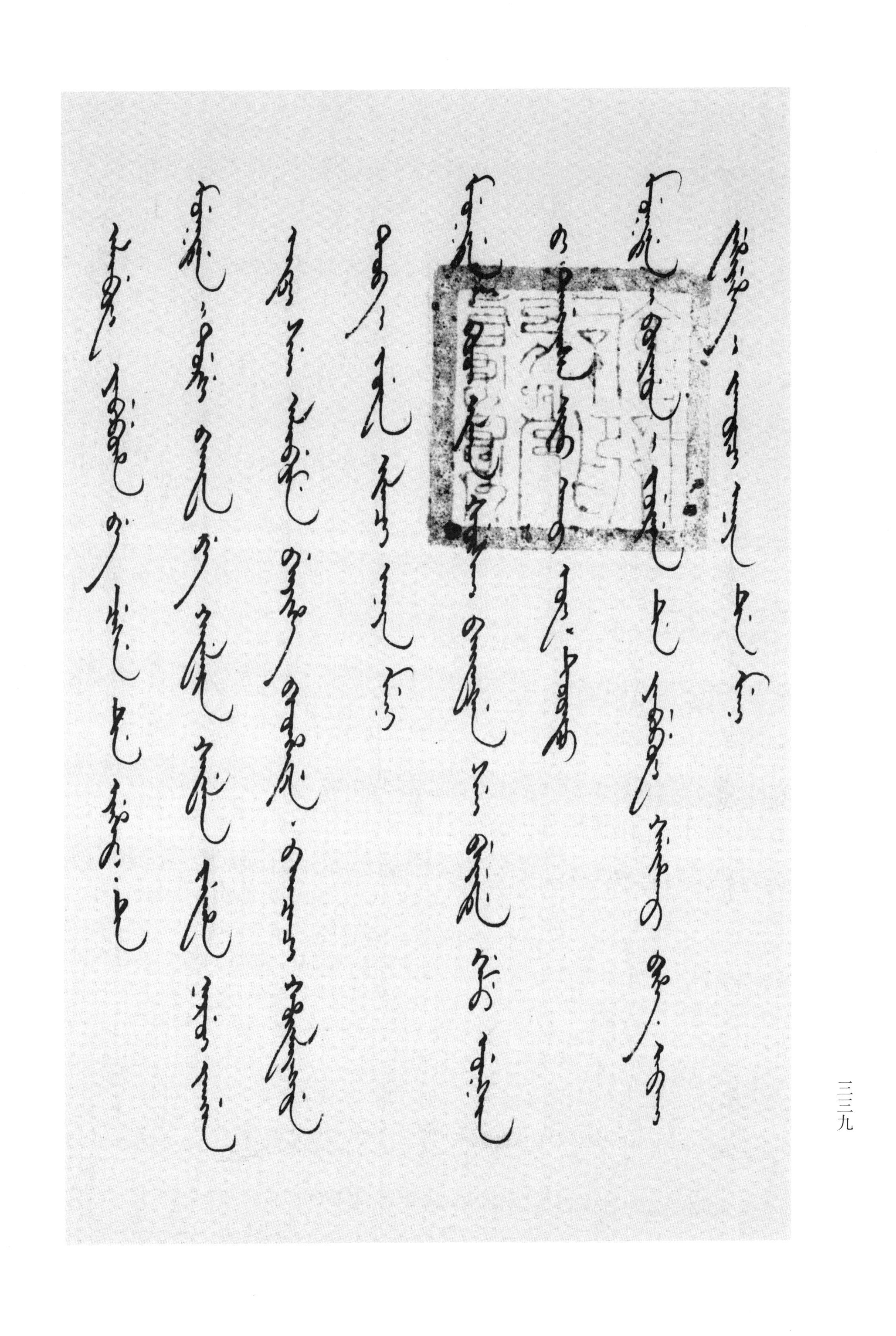

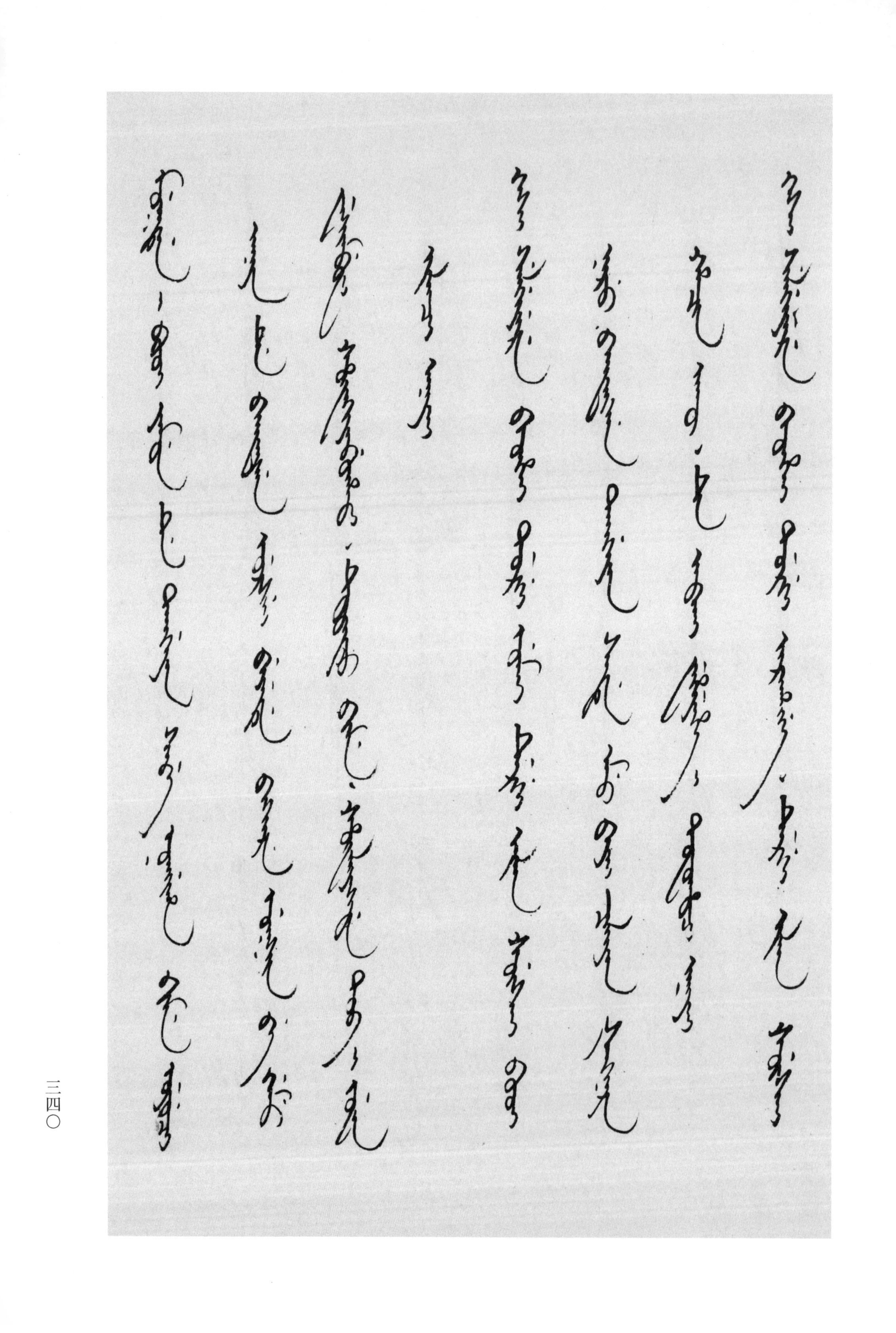

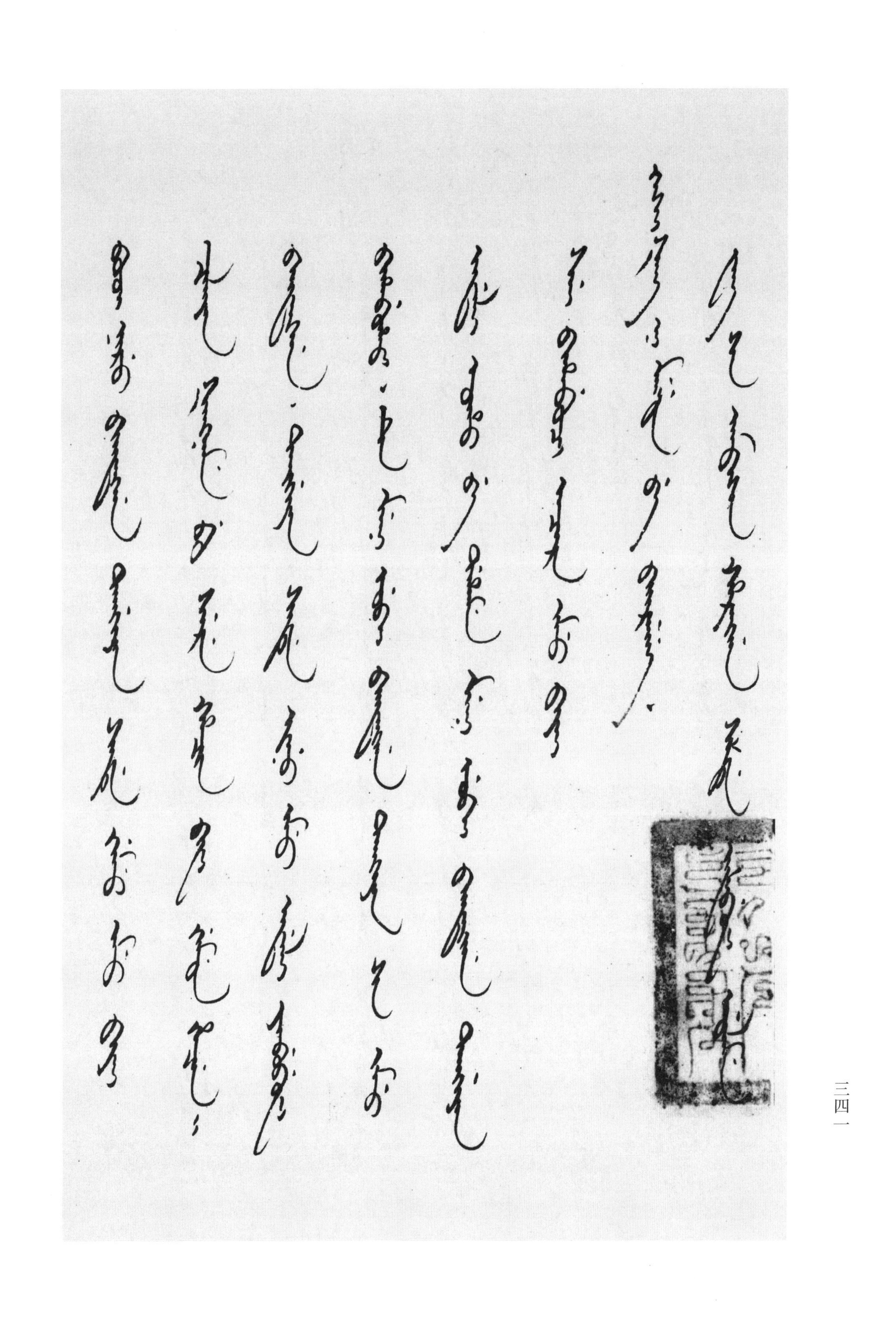

[illegible]

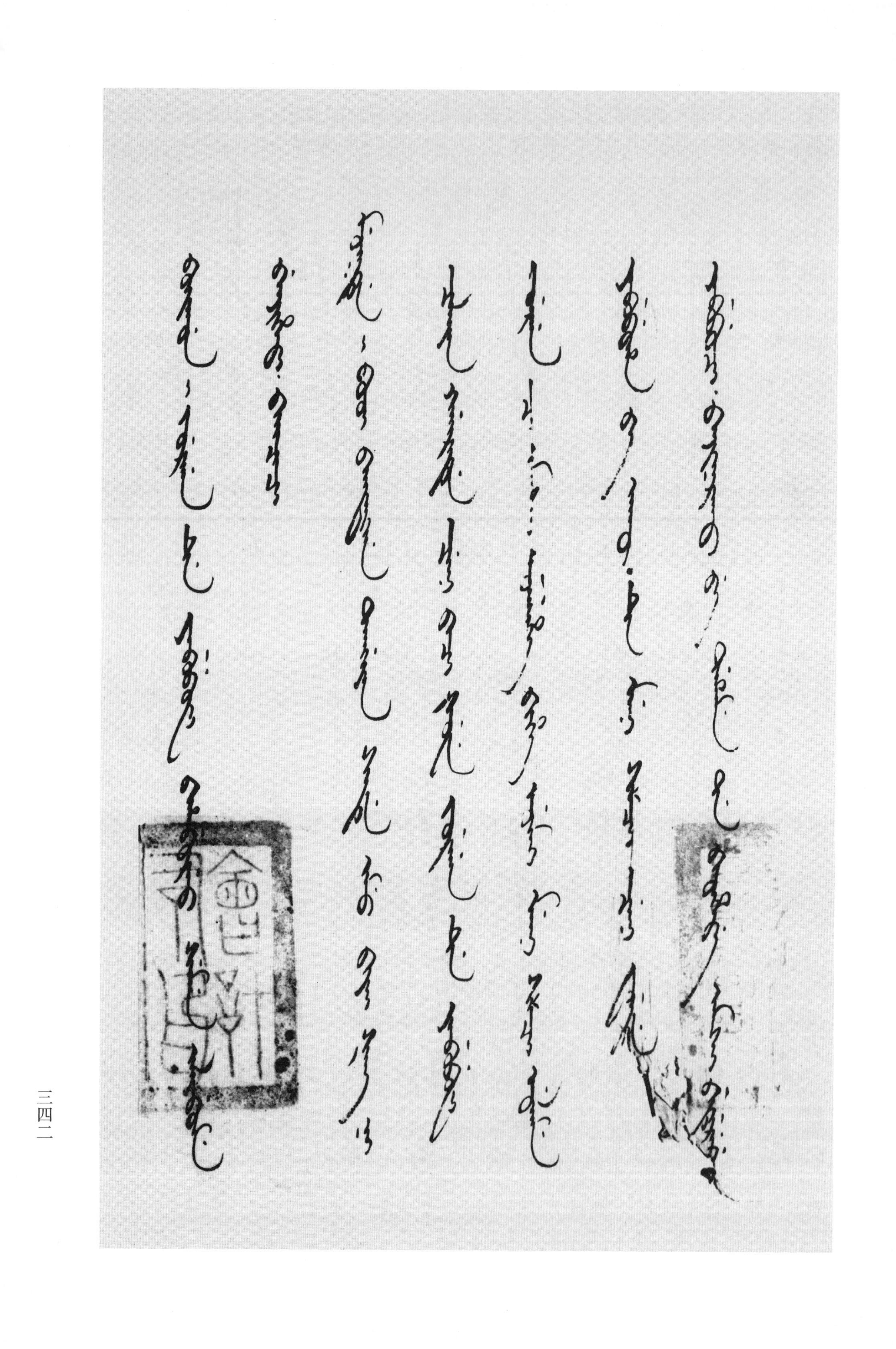

[illegible]

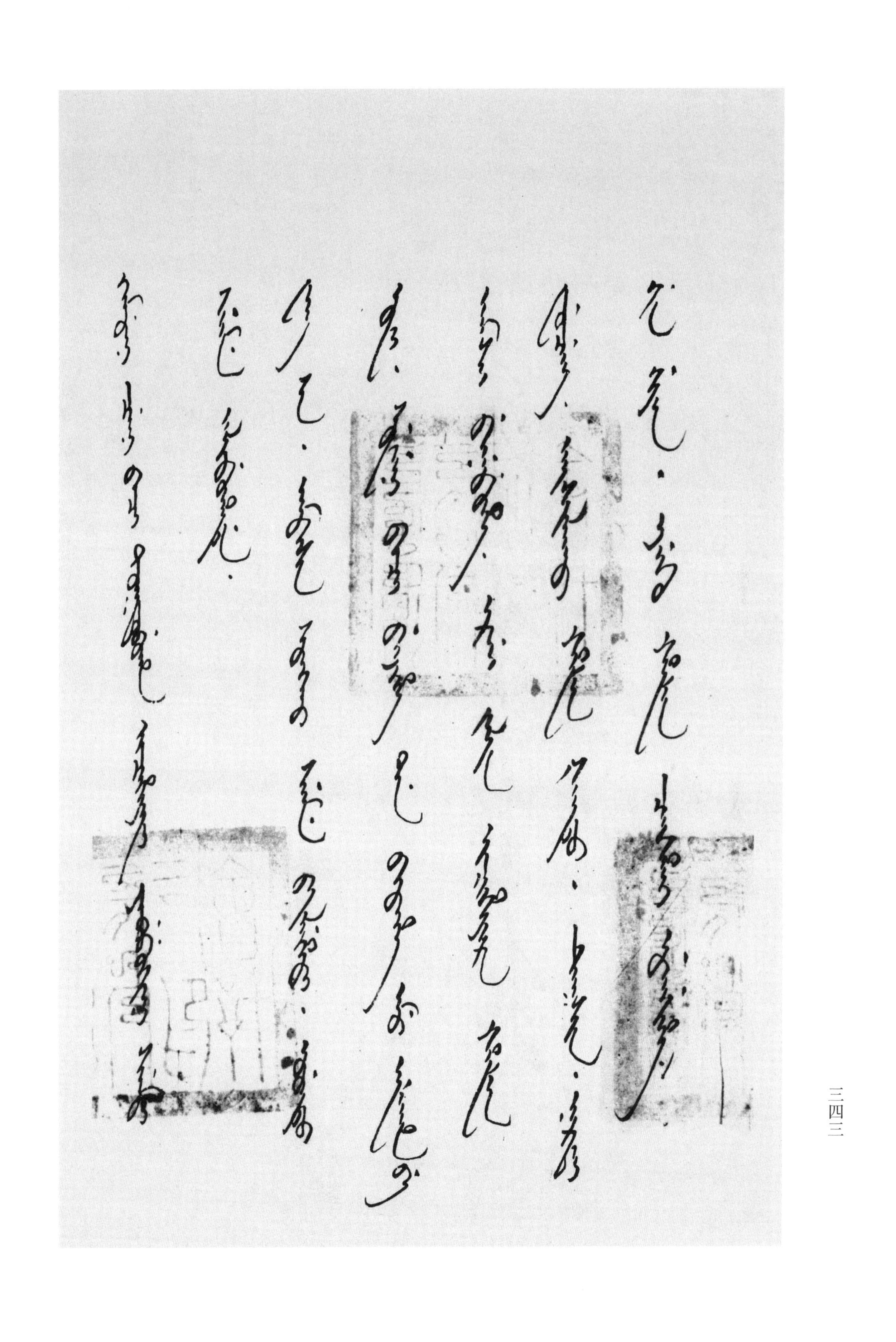

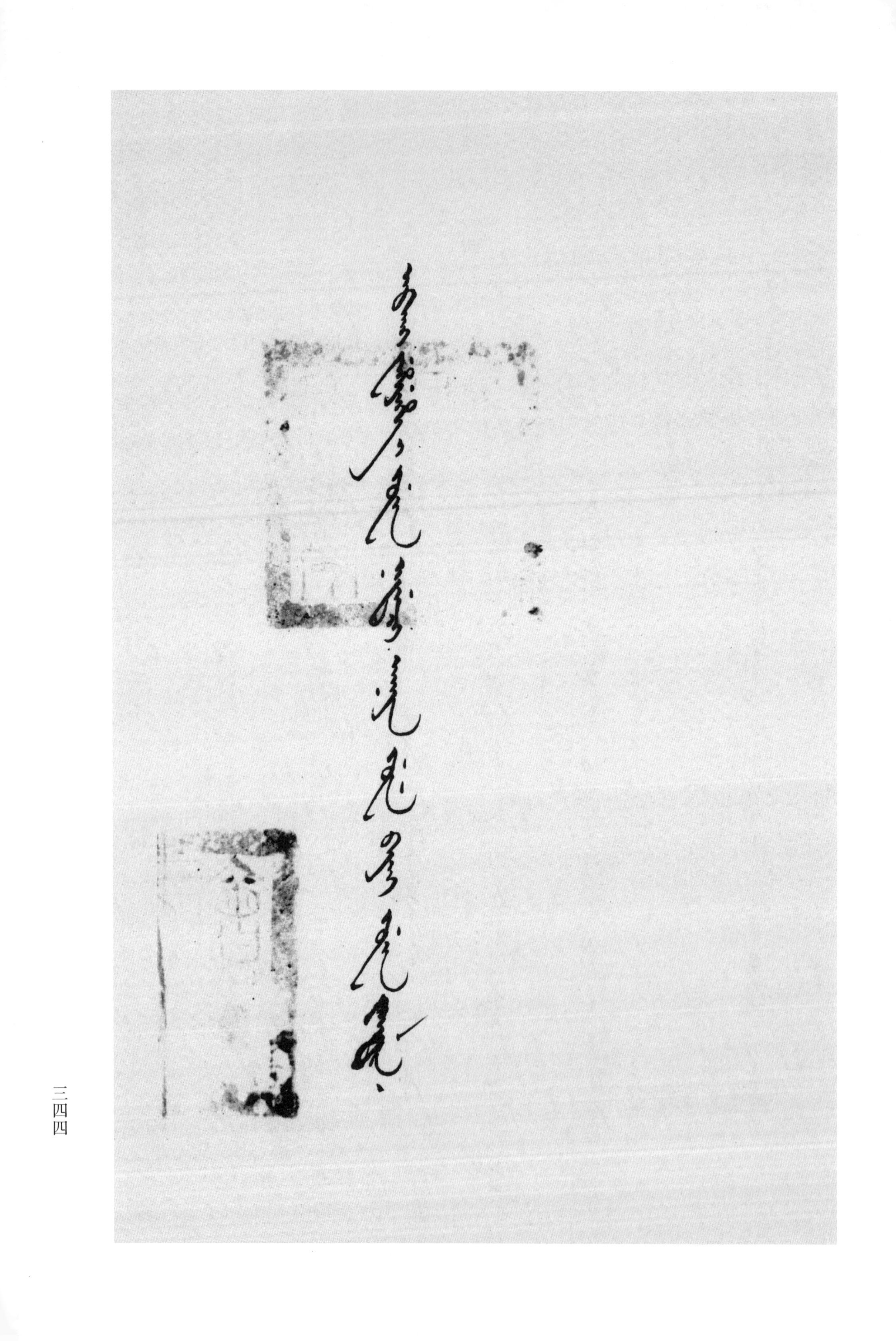

[illegible]

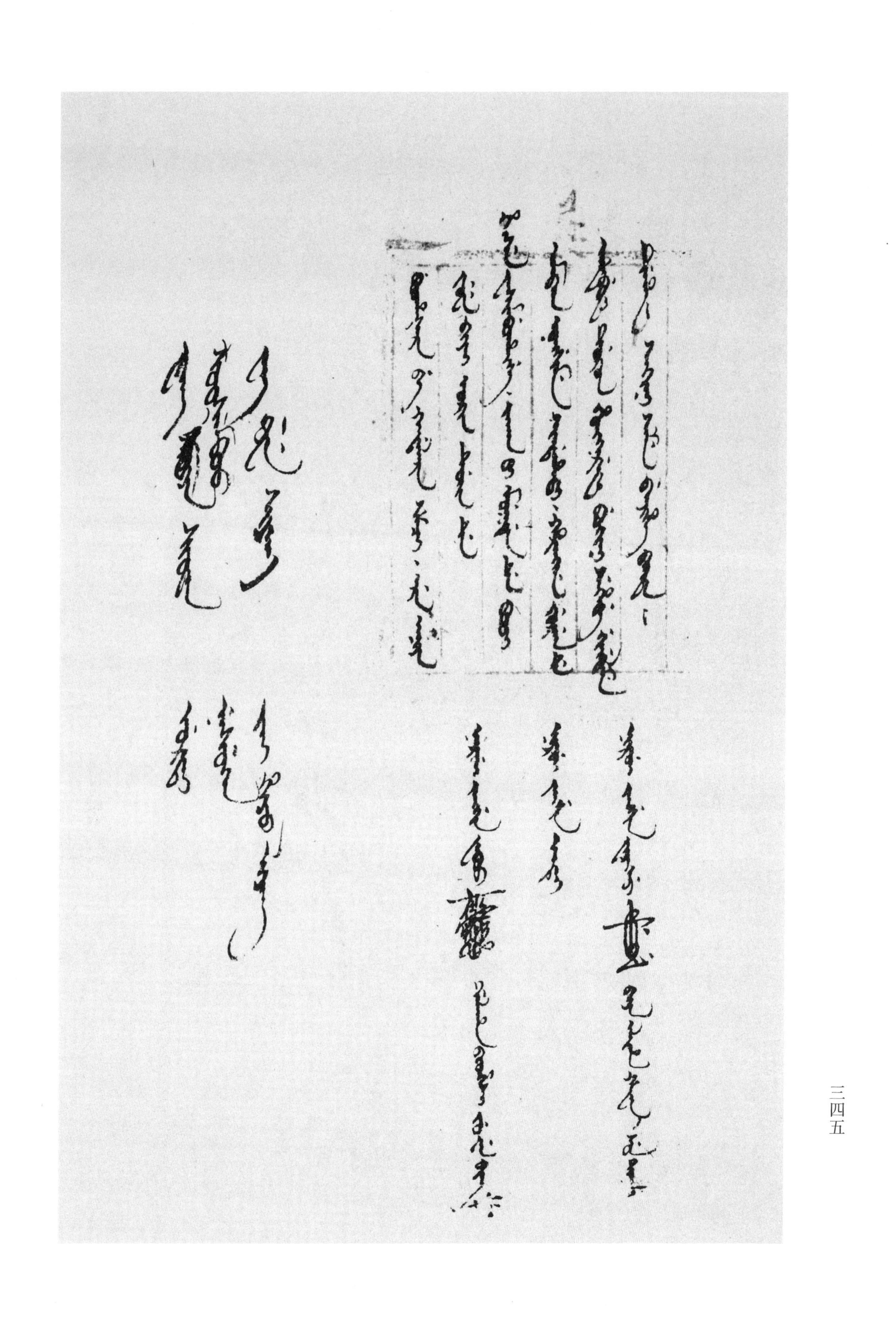

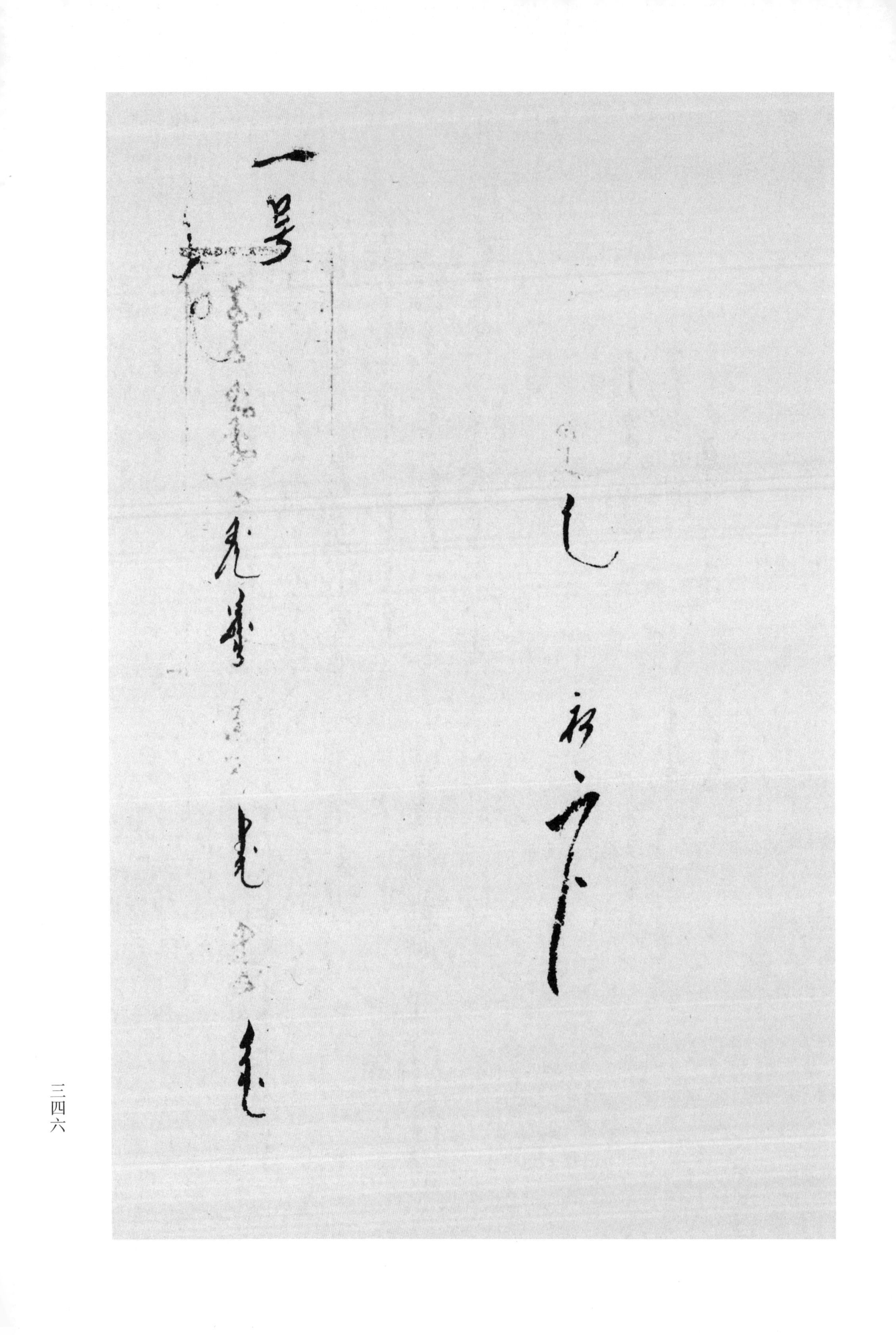

一號

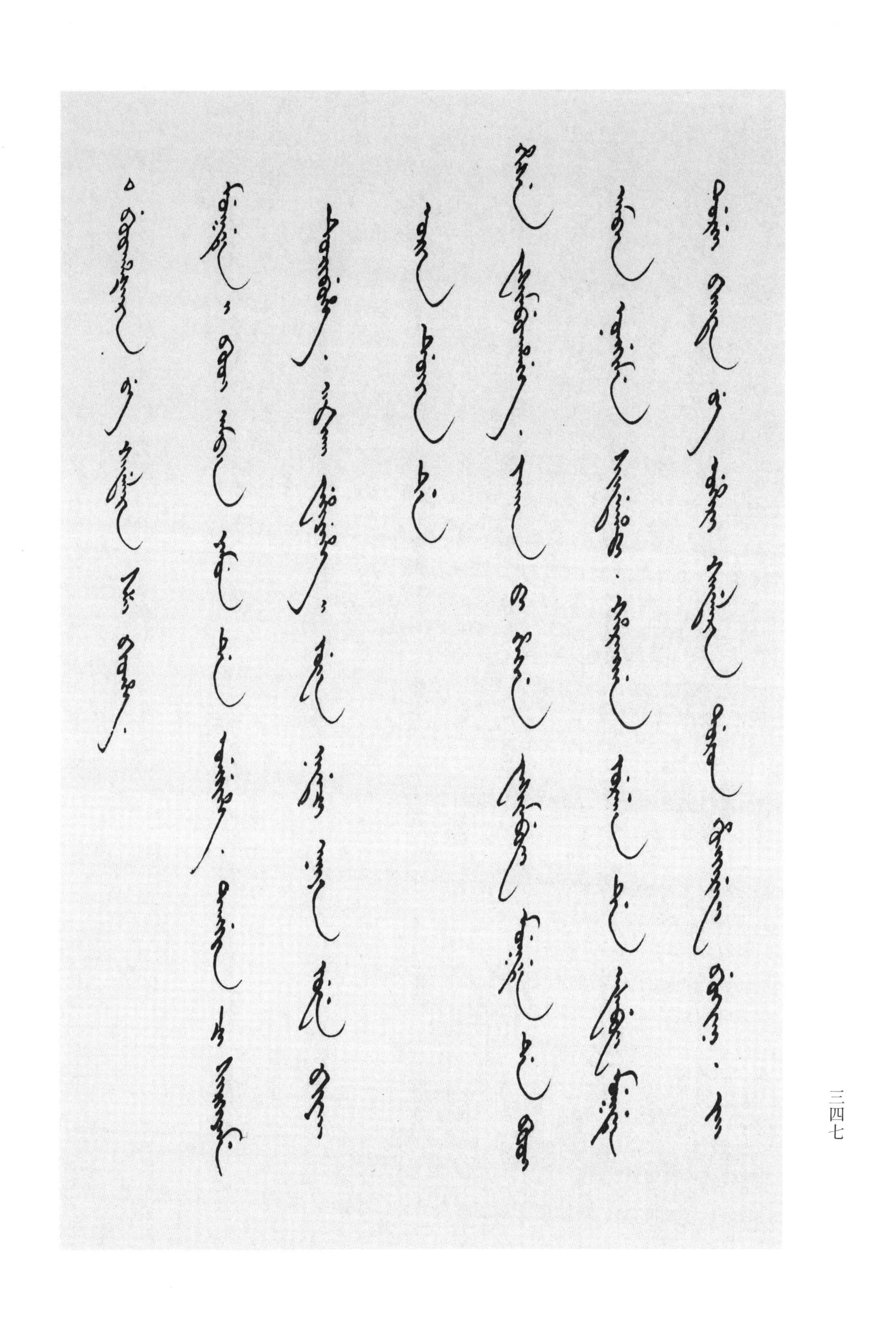

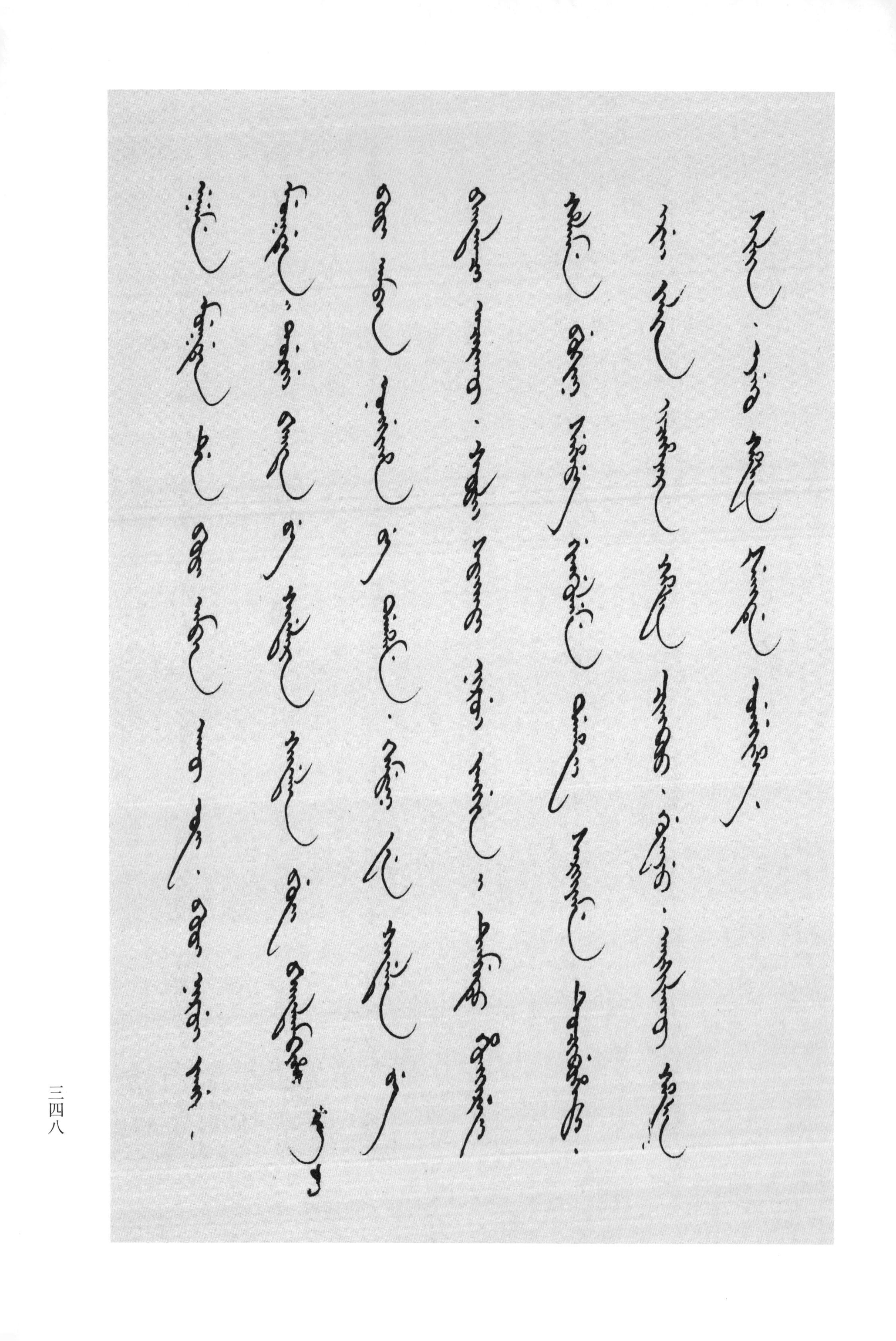

[illegible]

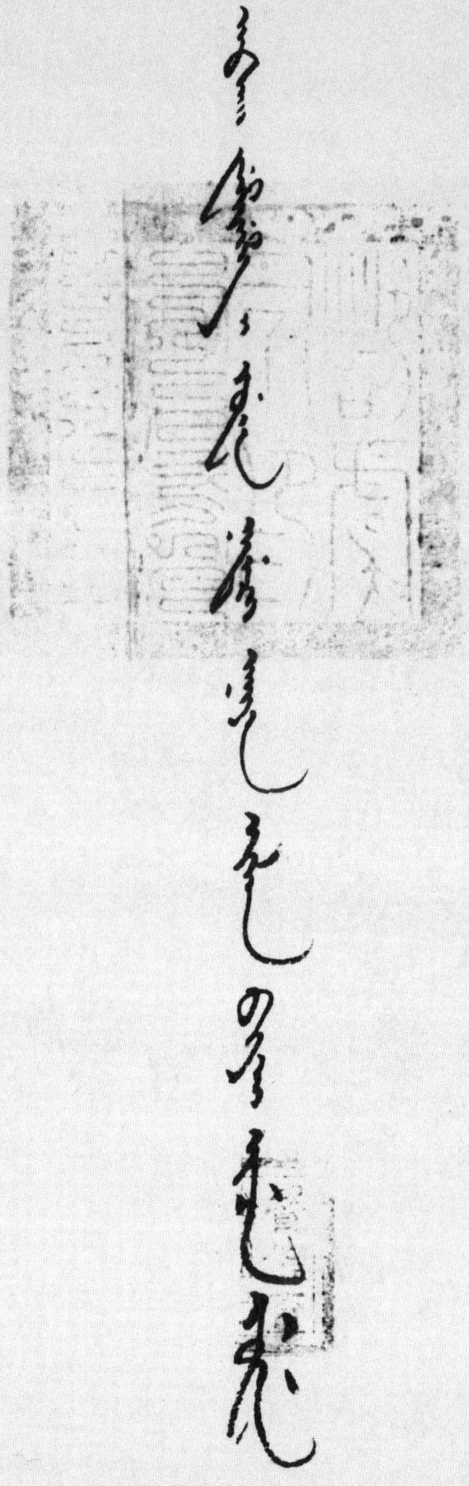

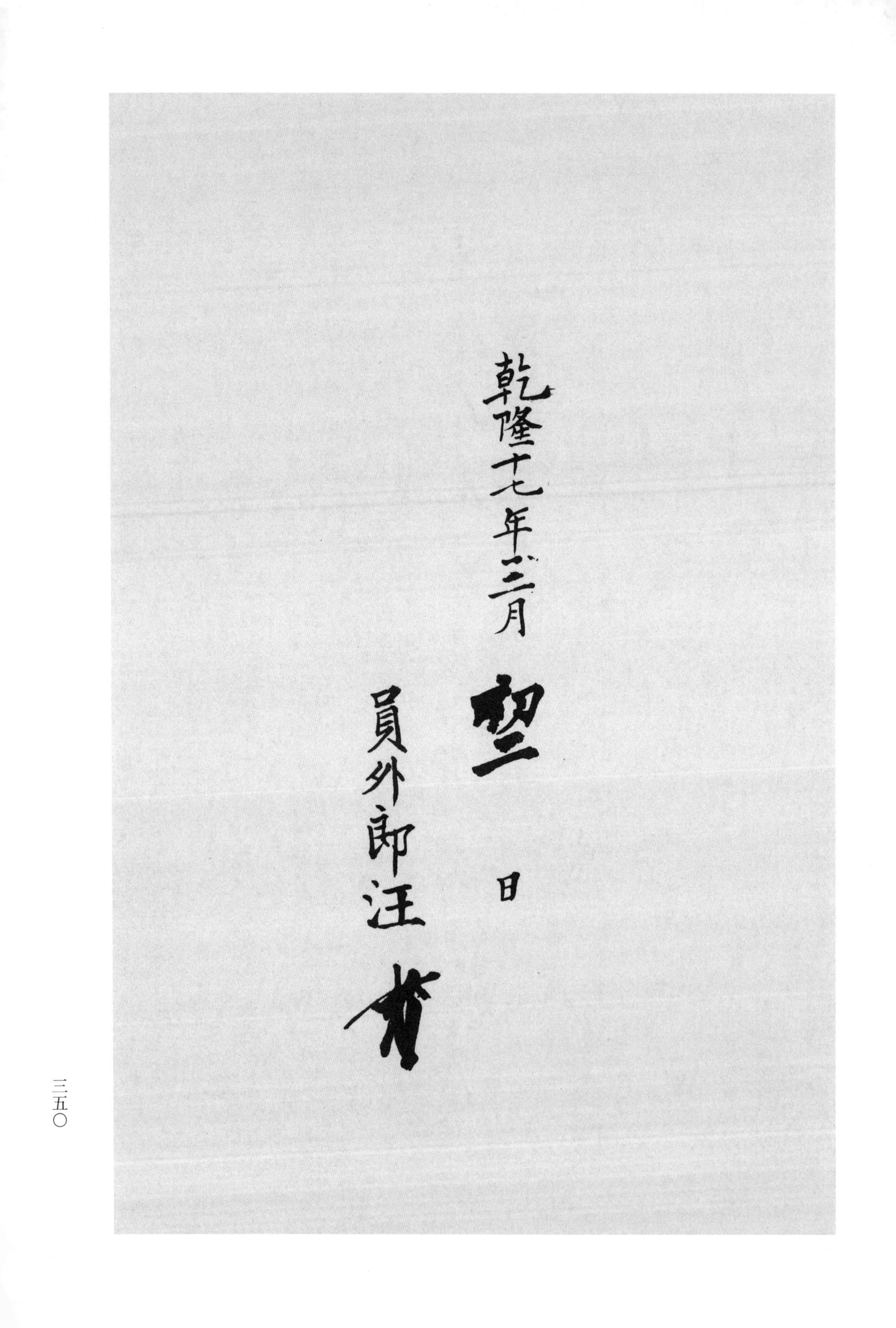

乾隆十七年三月廿二日

員外郎汪

至咨者

右　　　　　　　　咨

盛京内務府

內管領寶咢係正藍旂滿洲都統
明德佐領下人相應移咨戶部查
辦等因前來相應移咨
盛京戶部
盛京內務府將掌關防貴仁保等
降級俸銀查照扣抵可也須

留任等因於乾隆十六年十二月初
九日具奏奉
旨依議欽此欽遵查掌關防貴仁保
係正黄旗滿洲都統覺羅進
德佐領下人飯房揔領阿蘭太係
正黄旗滿洲都統舒尔金佐領下

掌關防貴仁保飯房總領阿蘭太
內管領寶昺均照律各降三級留
任查貴仁保有紀録十一次應銷去
紀録八次抵現降二級仍降一級飯
房總領阿蘭太有加一級應銷去
加一級抵現降一級仍降二級俱

戶部爲查議事山東清吏司案呈乾
隆十七年二月初四日准陝西司付送
准內務府咨稱本府題稱議得
永陵祭祀需用牛羊因其大半疲瘦且又倒
斃以及百隻經
盛京將軍阿蘭太等參奏查議應將

咨

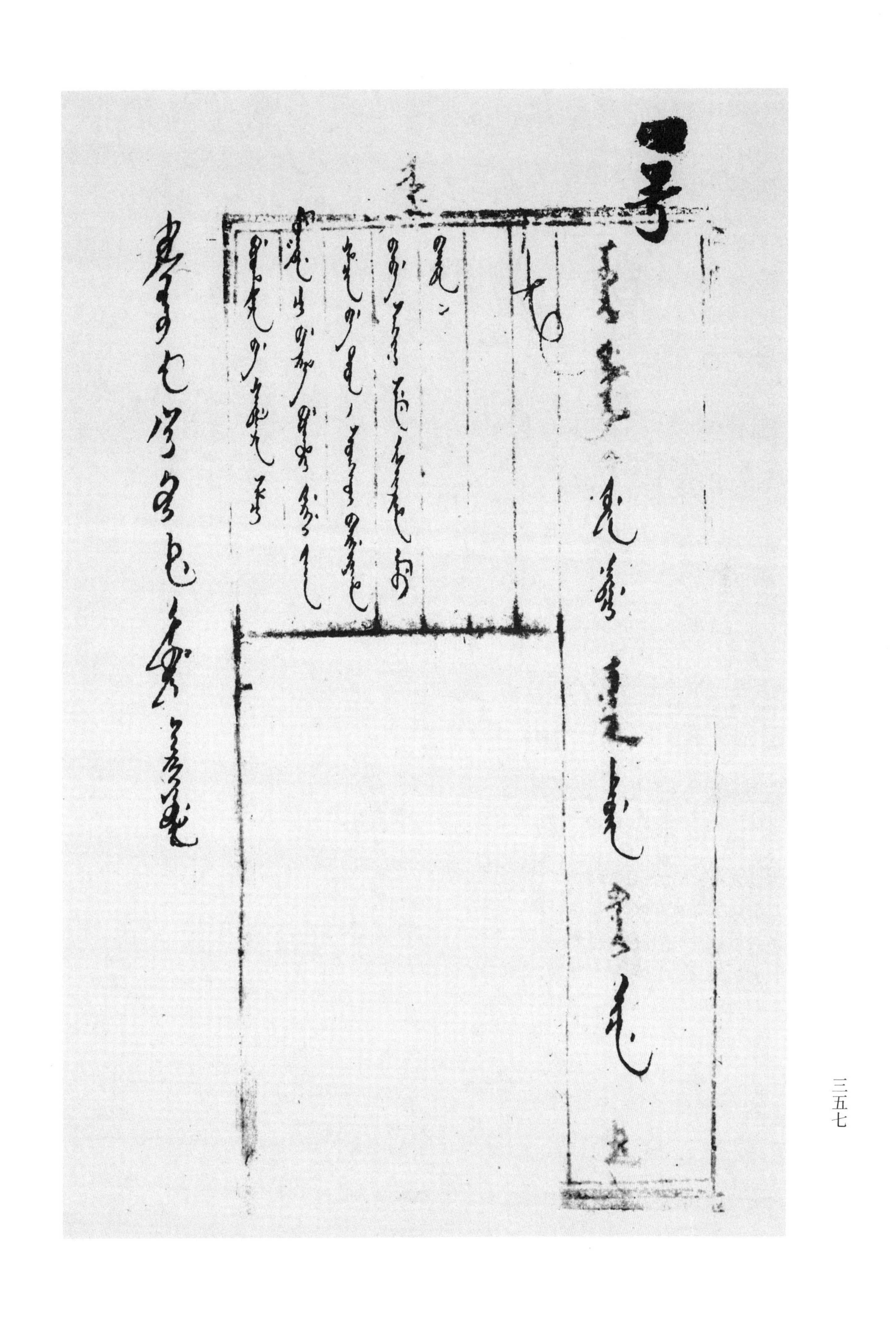

[illegible]

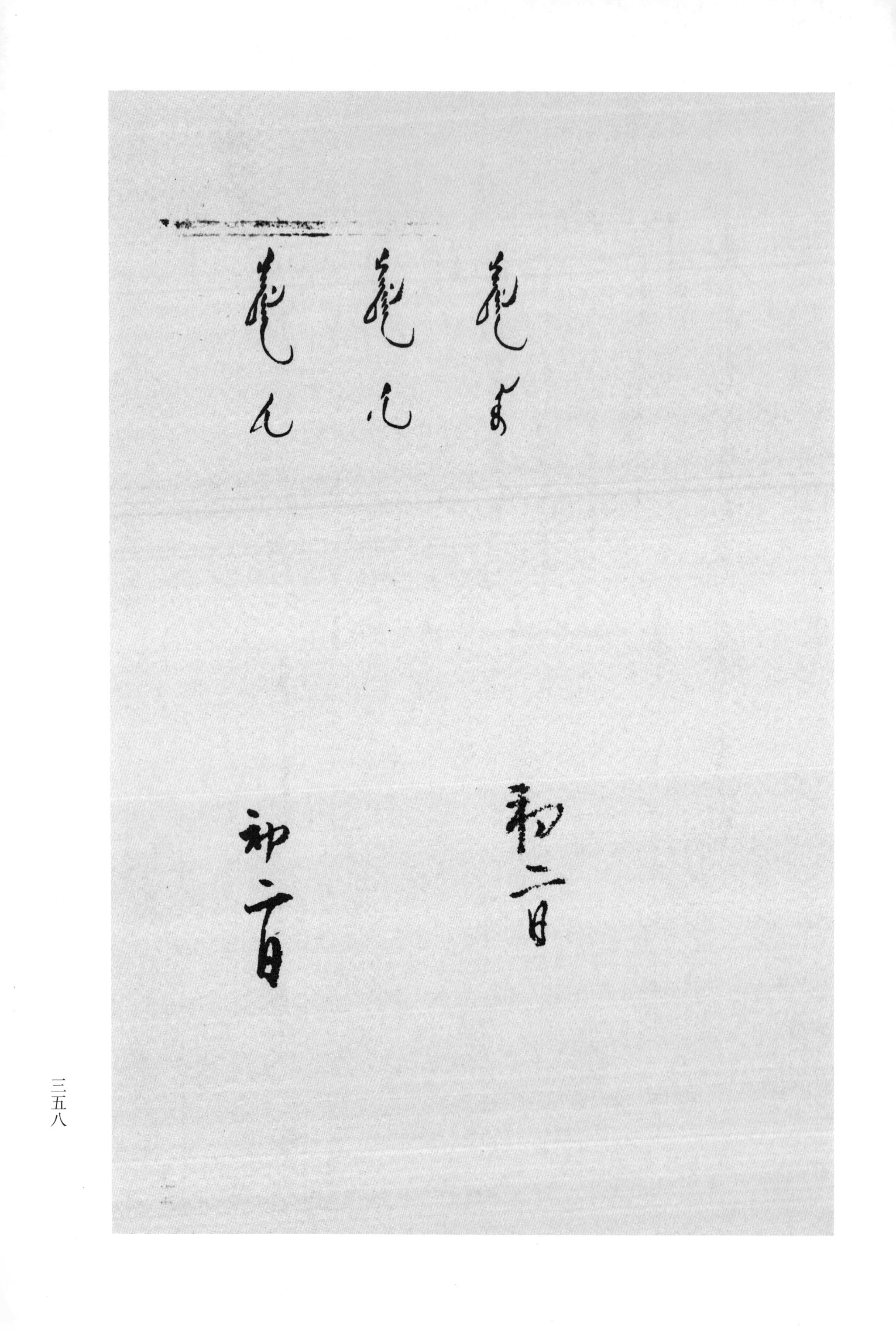

初二日

初二日

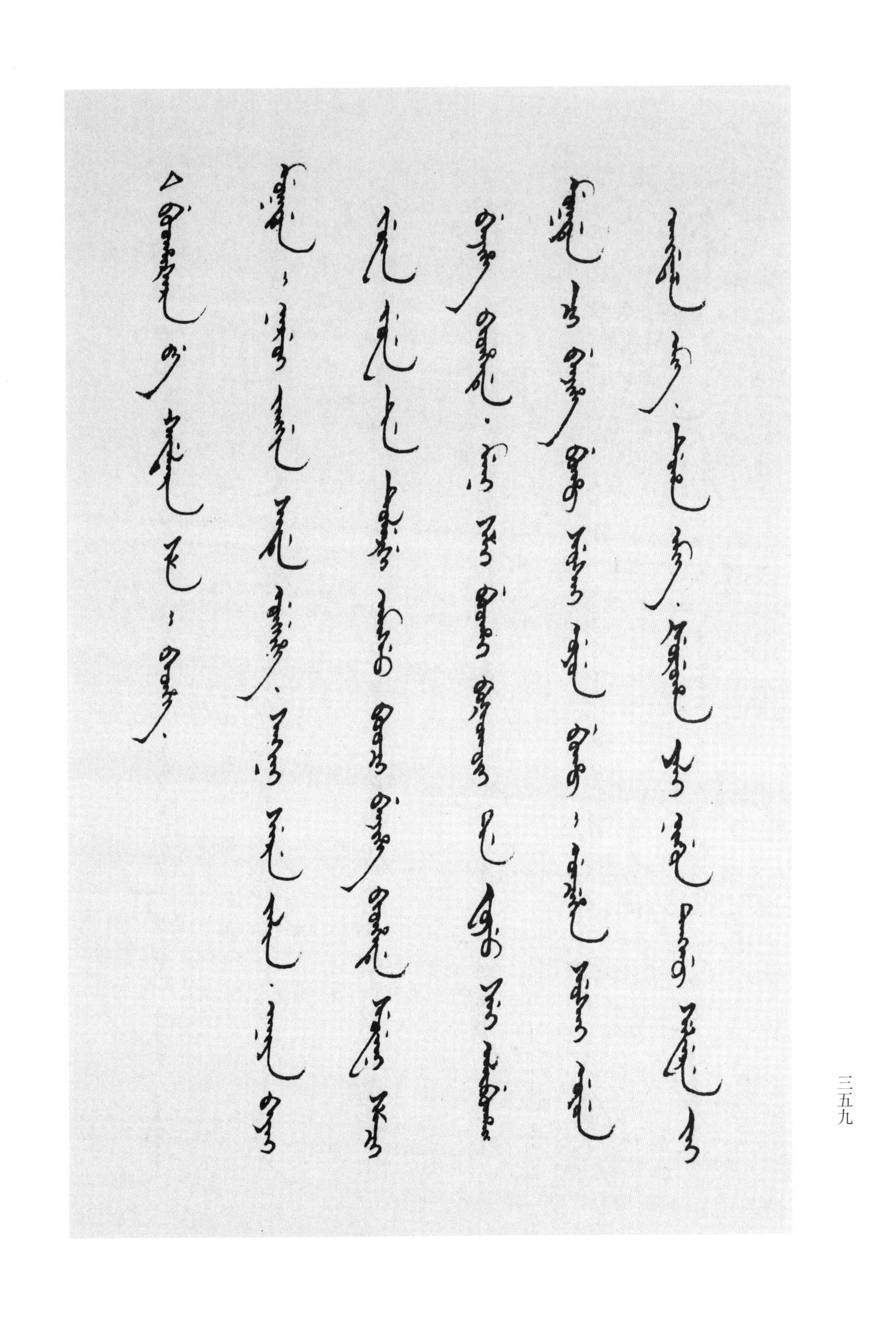

[illegible]

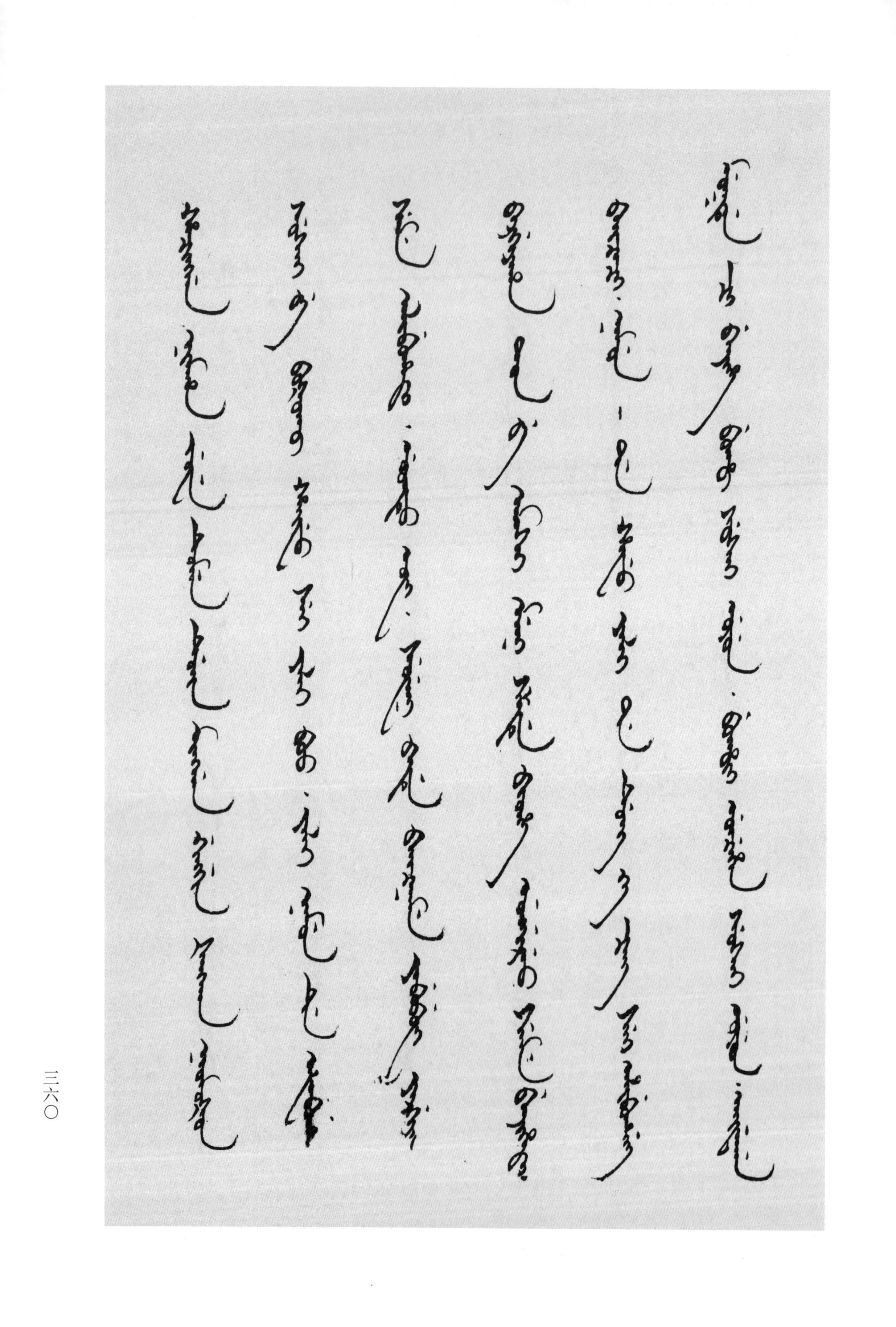

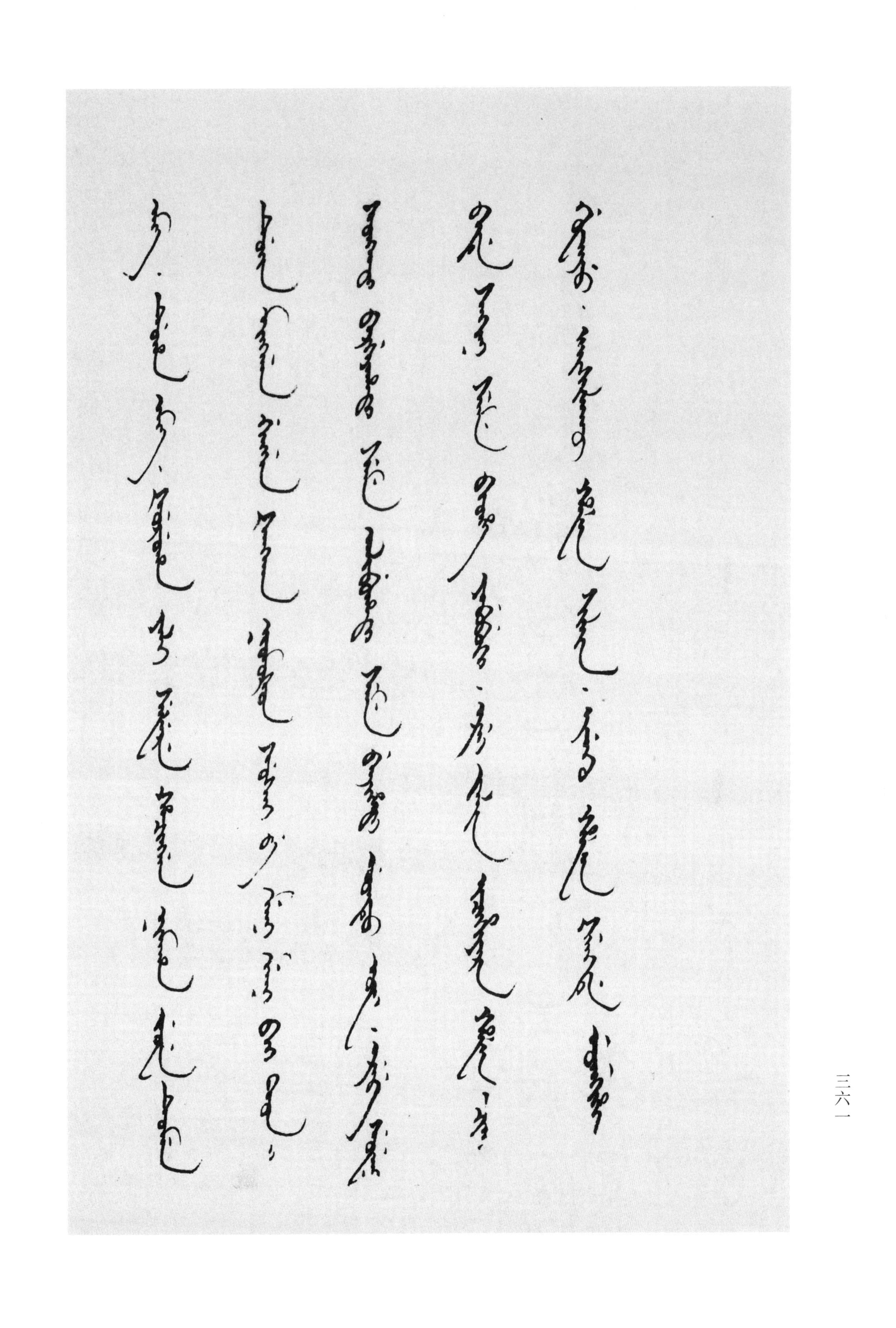

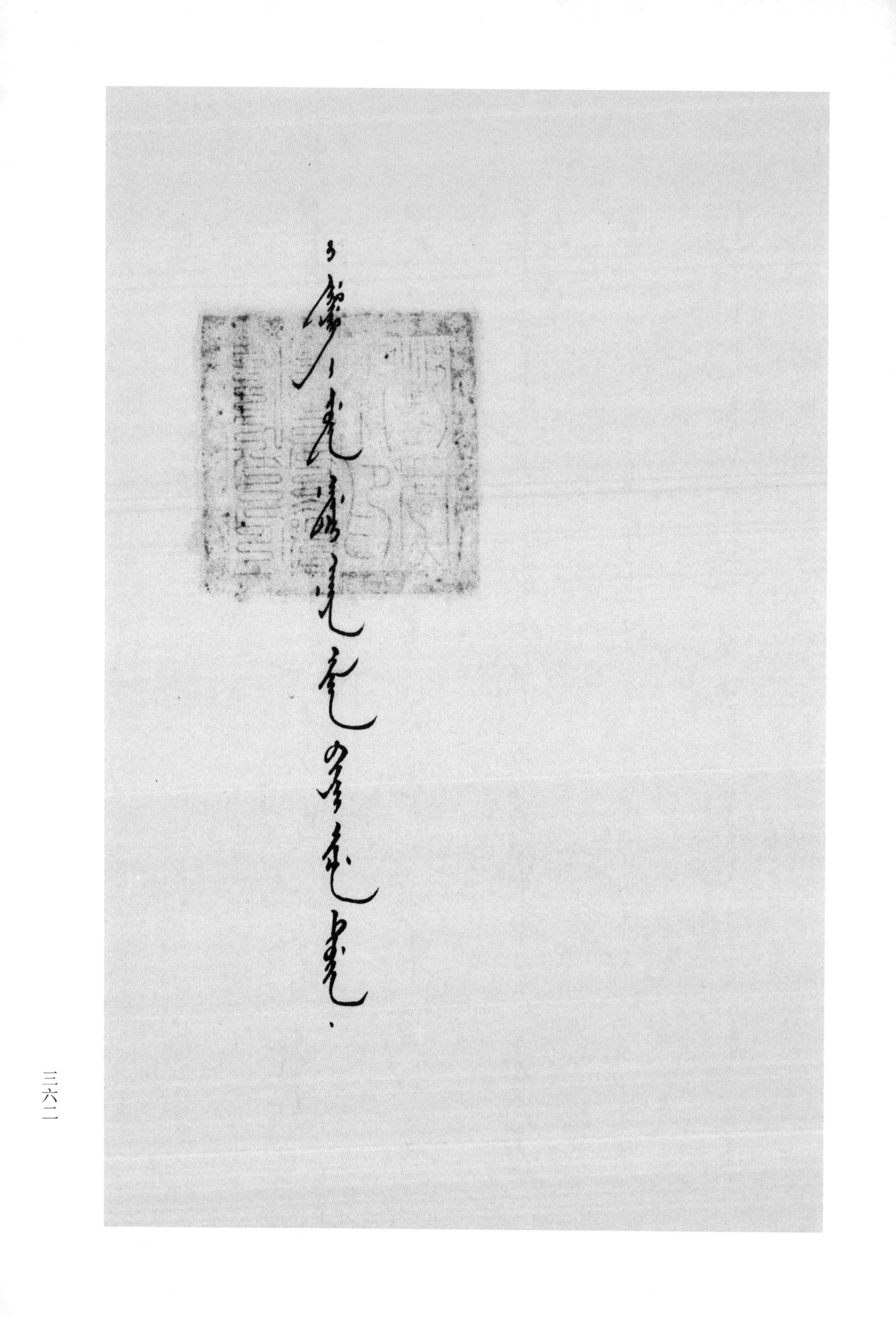

[illegible]

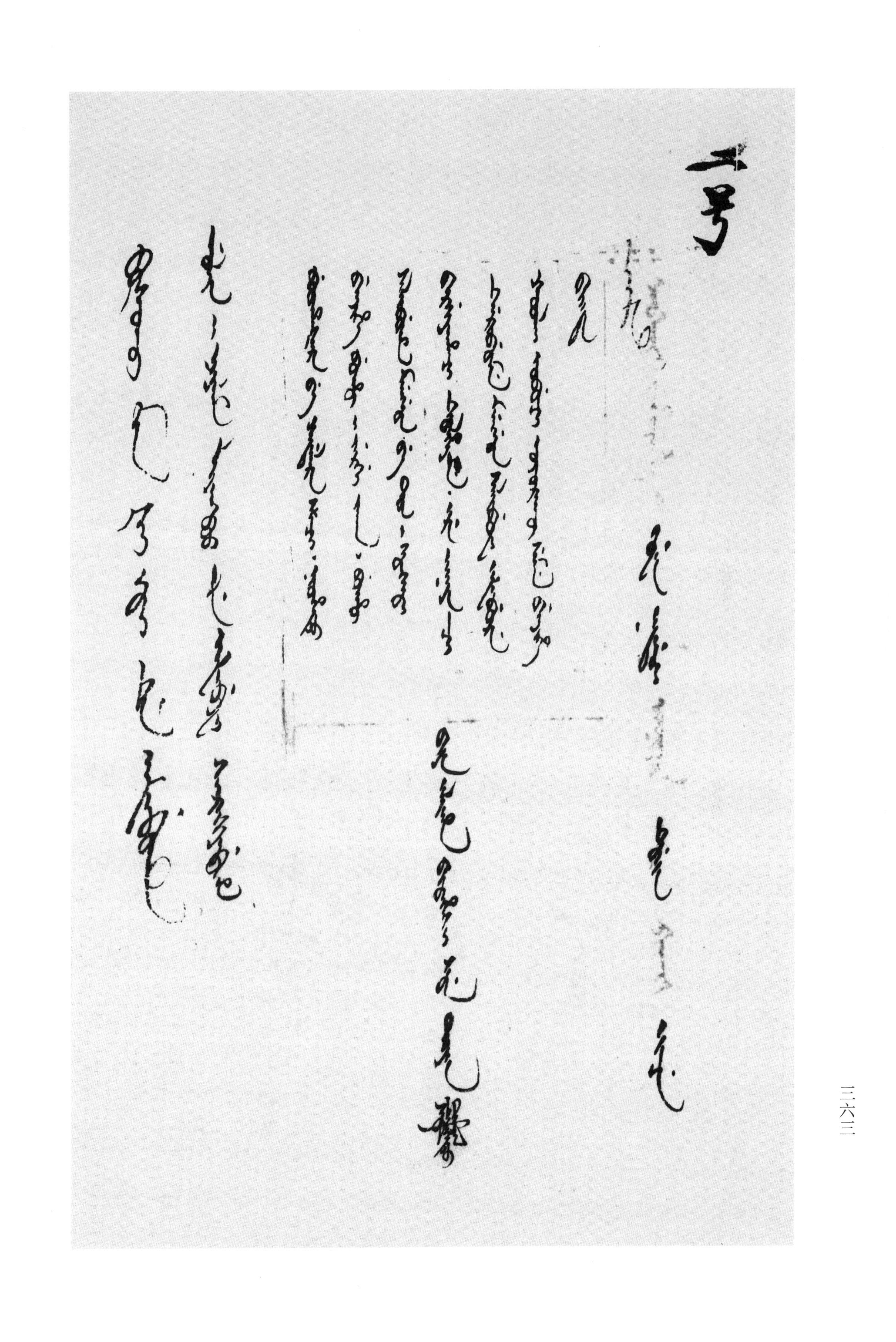

二号

[illegible]

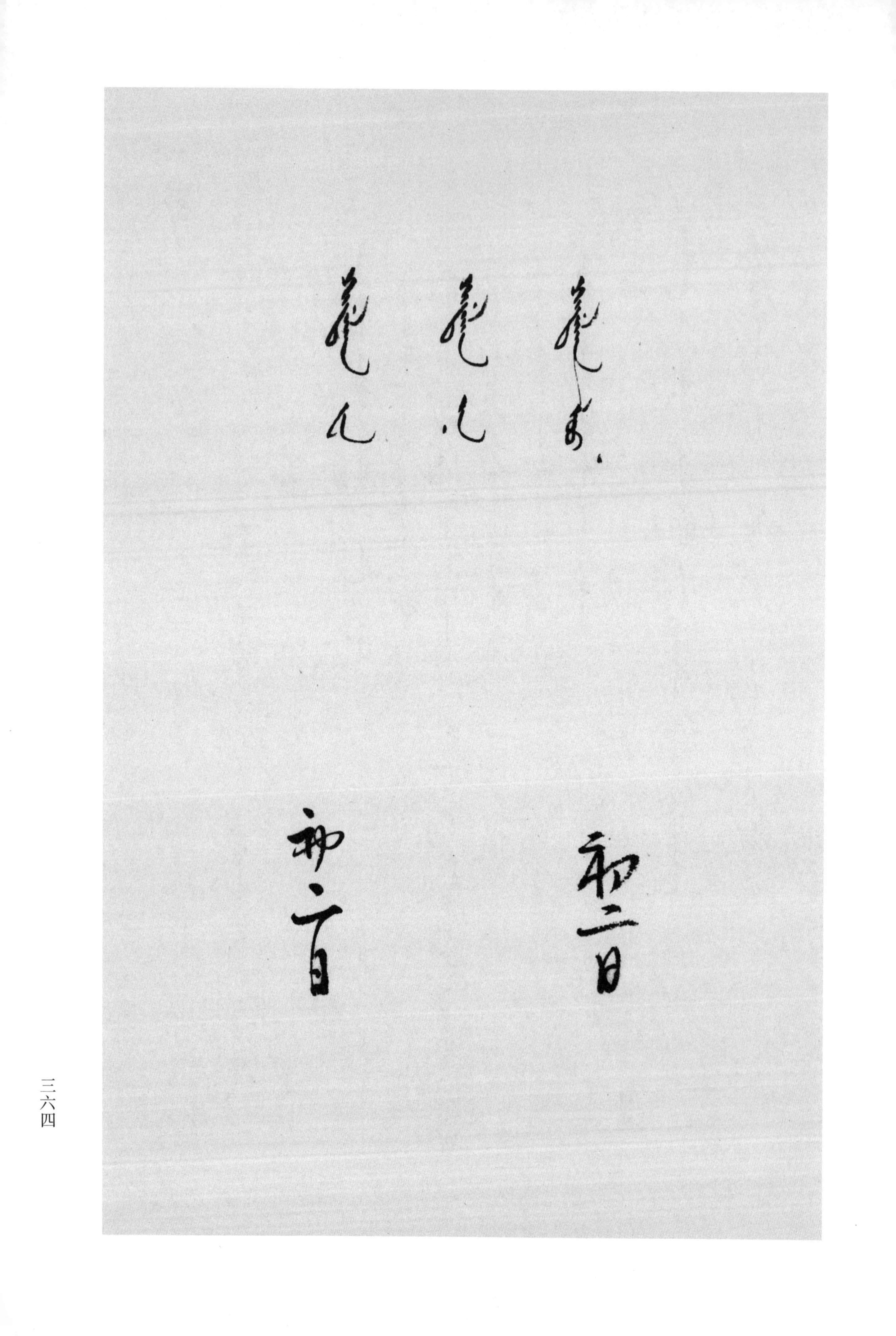

初二日

初二日

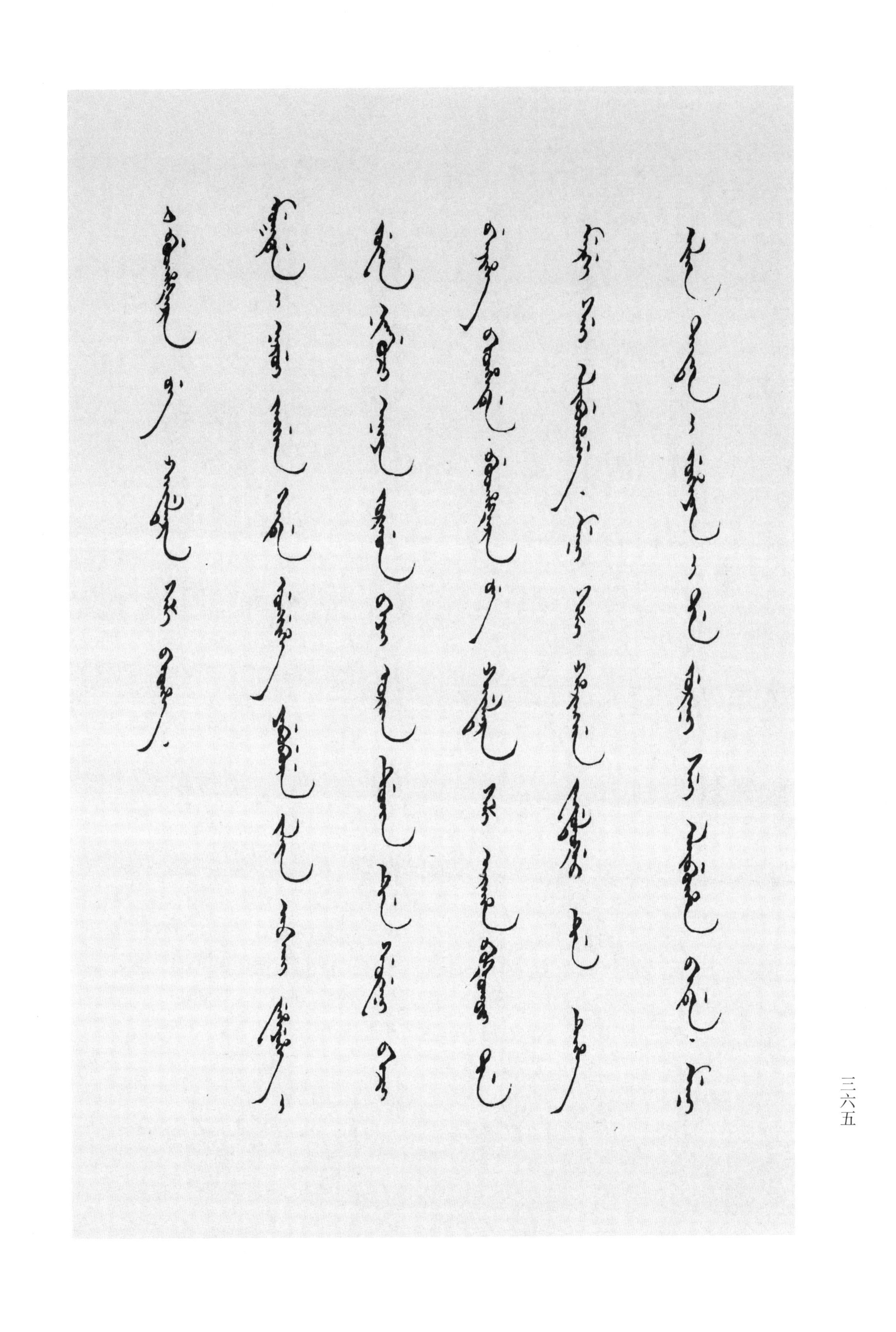

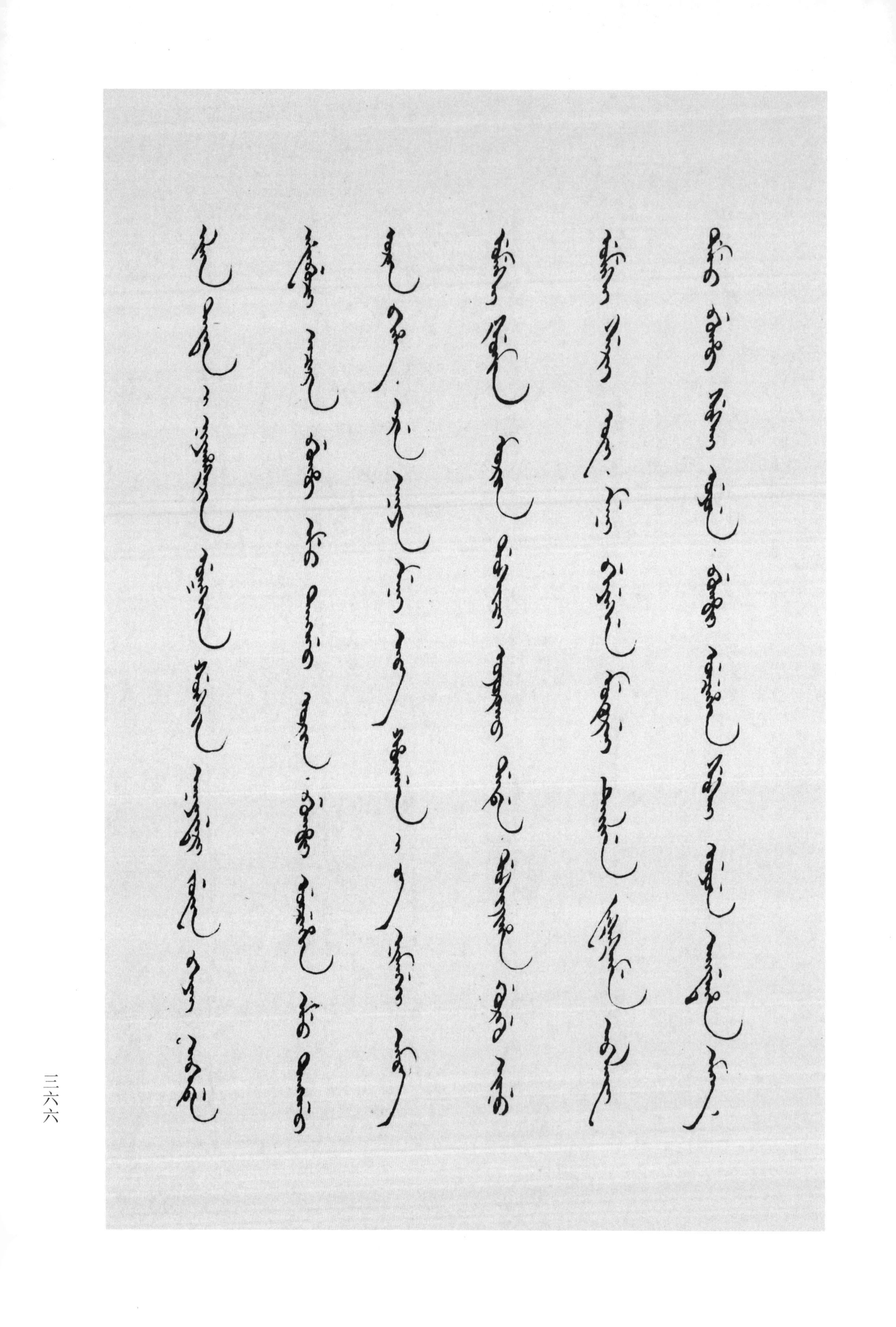

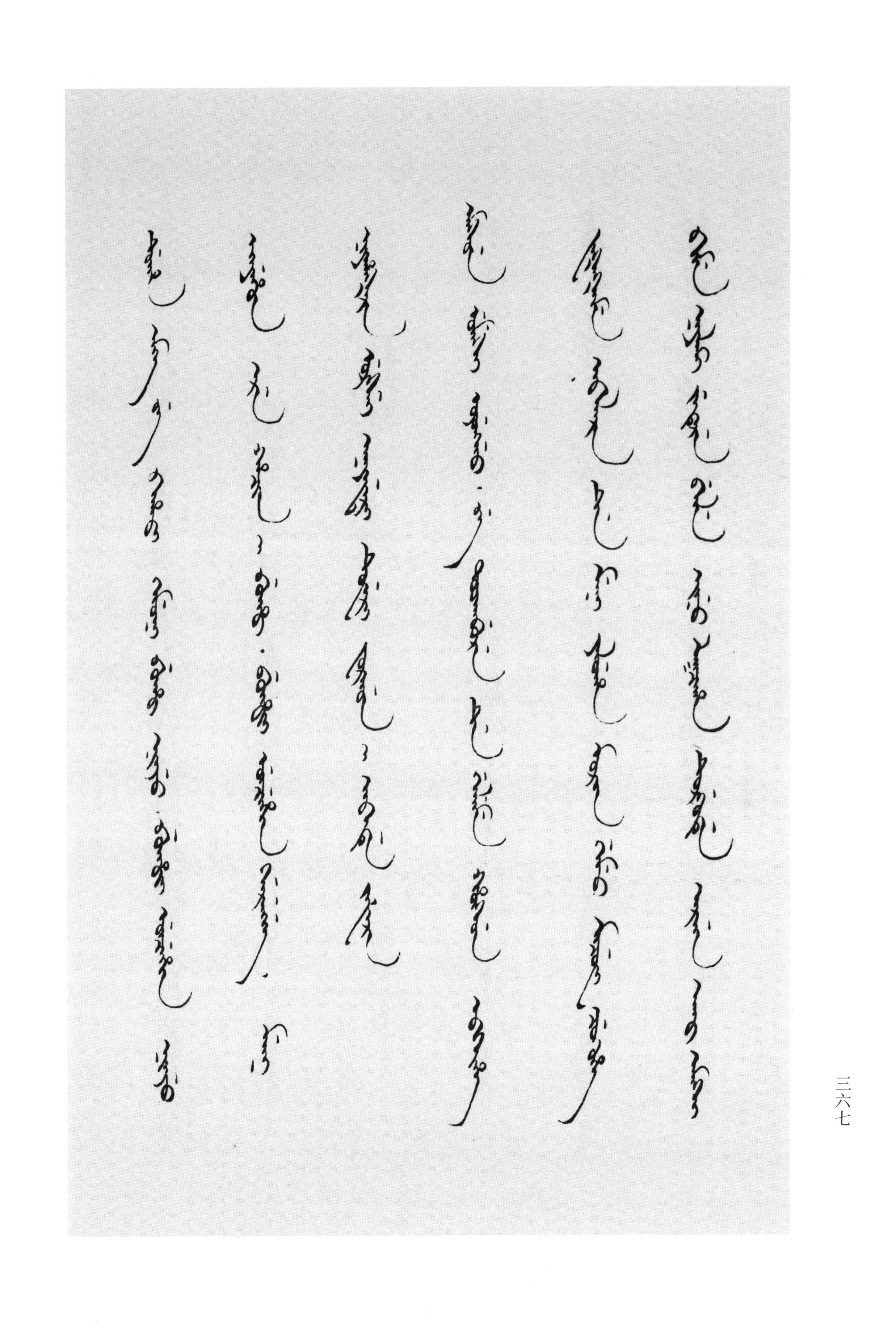

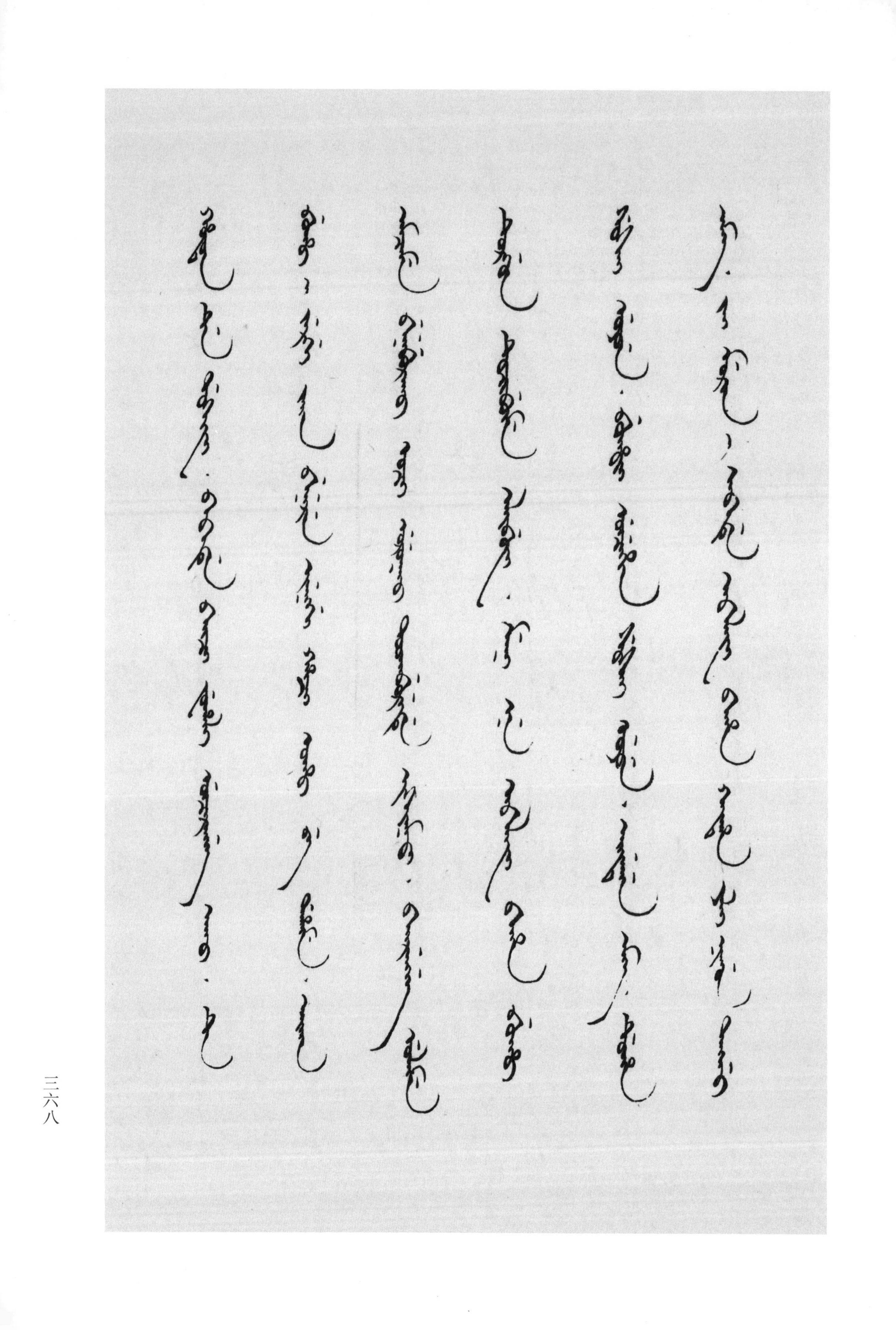

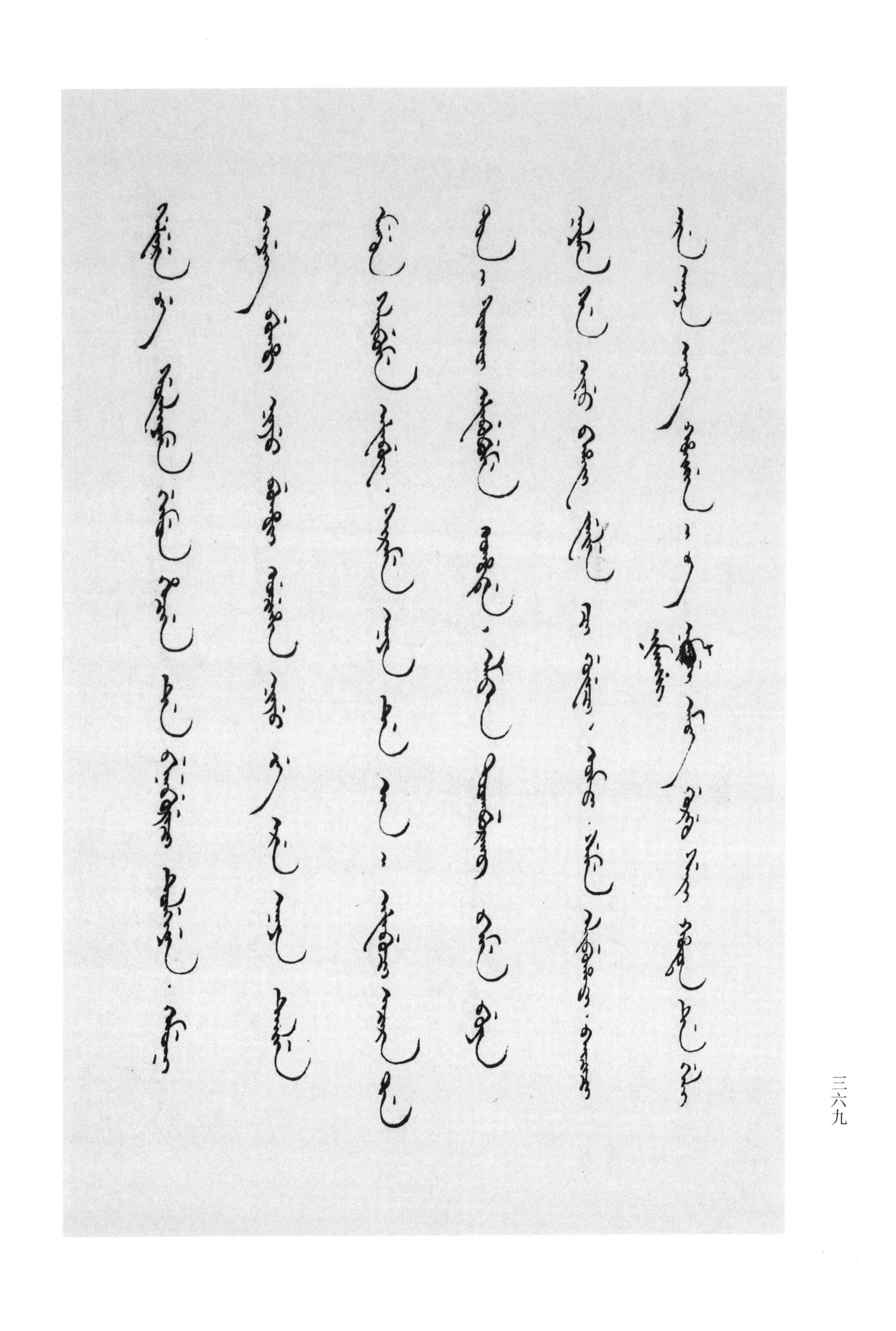

[illegible]

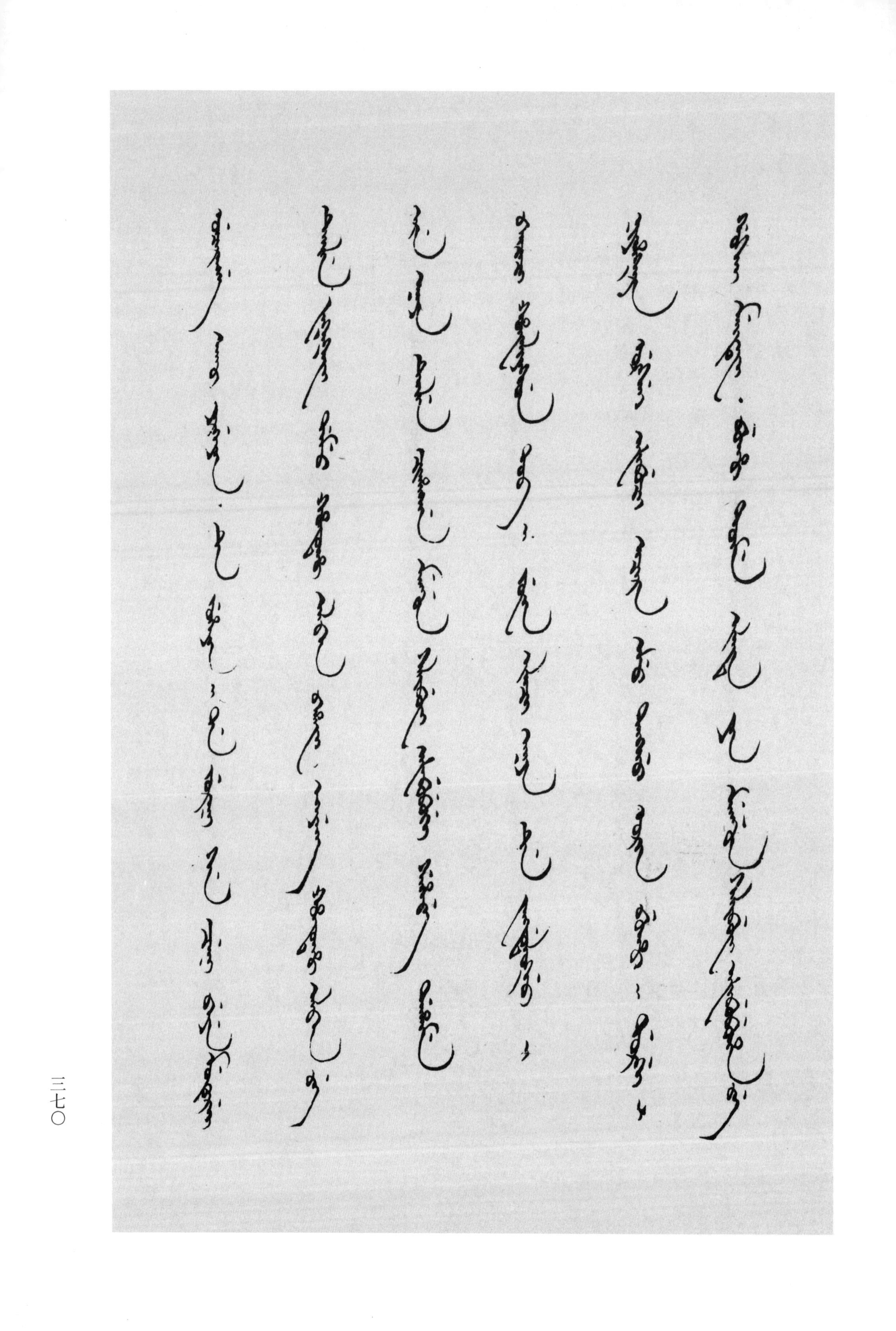

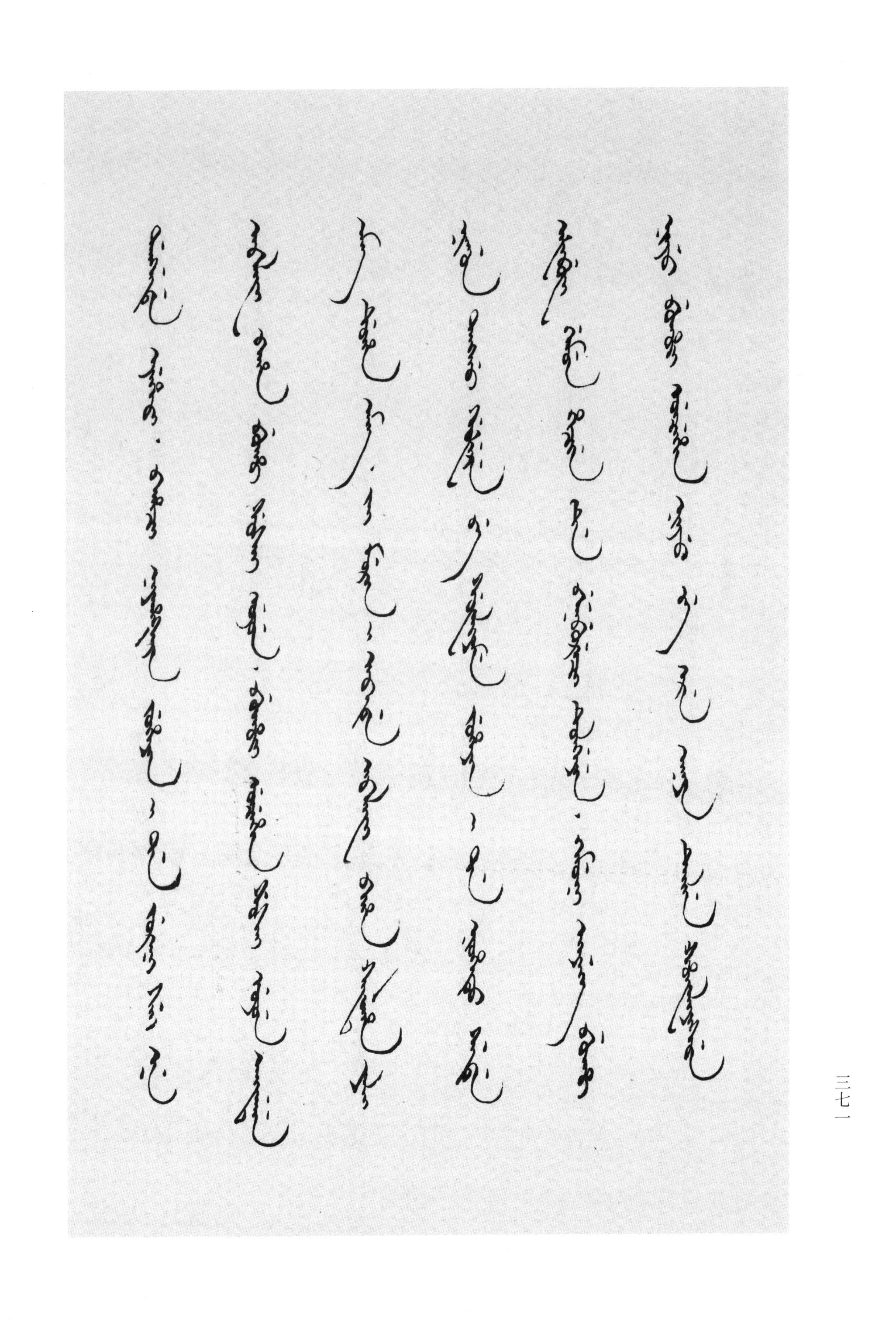

三七一

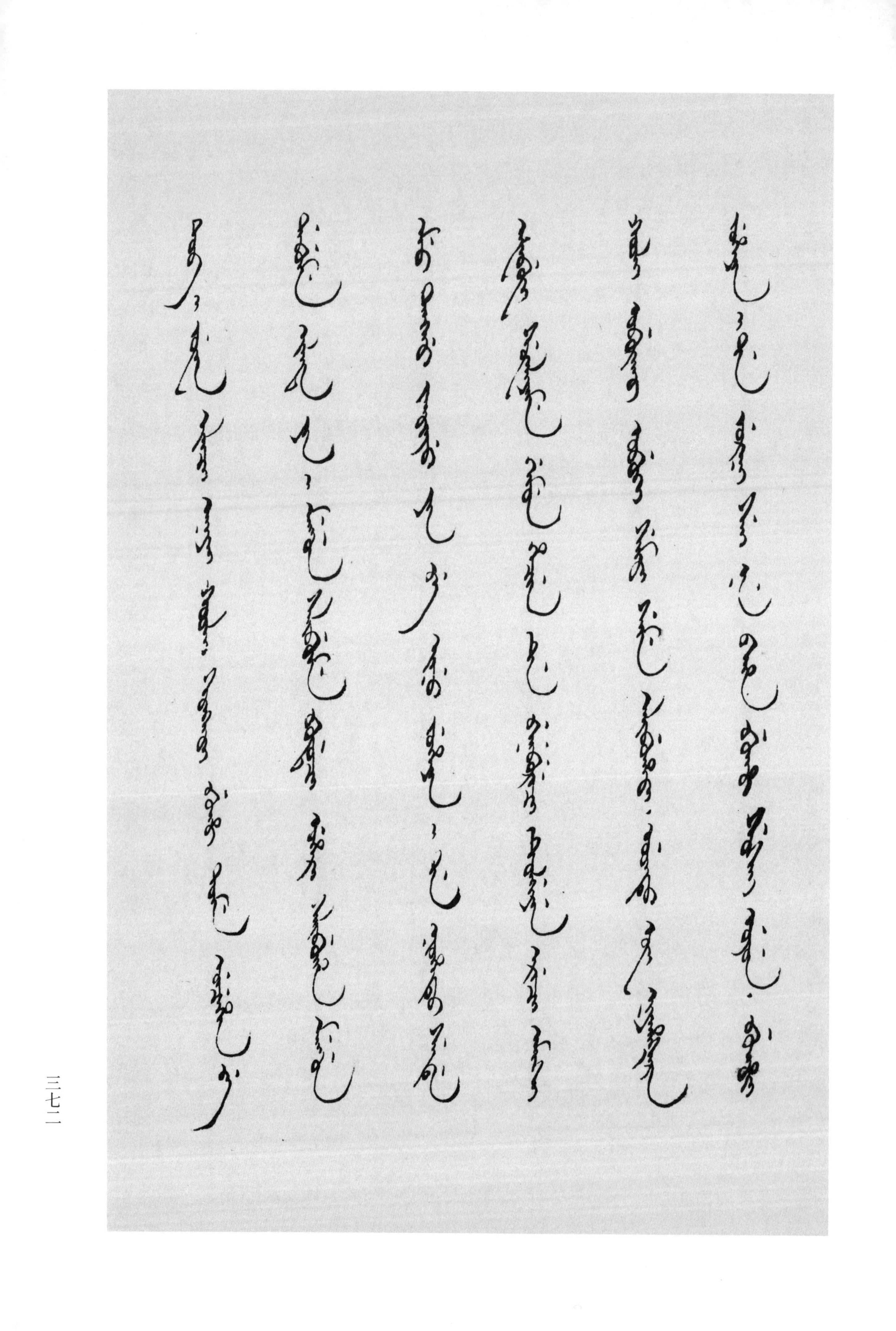

[illegible]

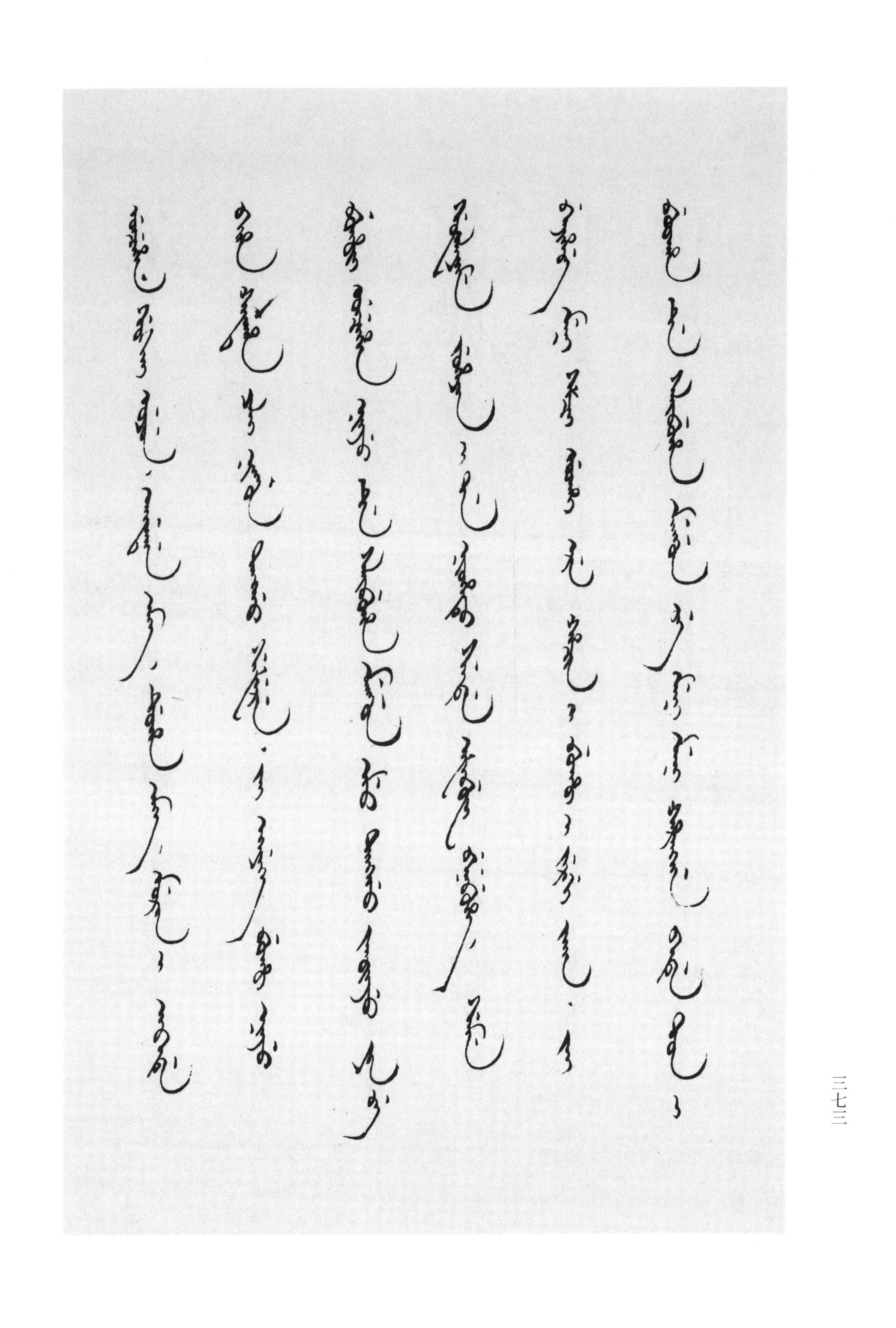

[illegible]

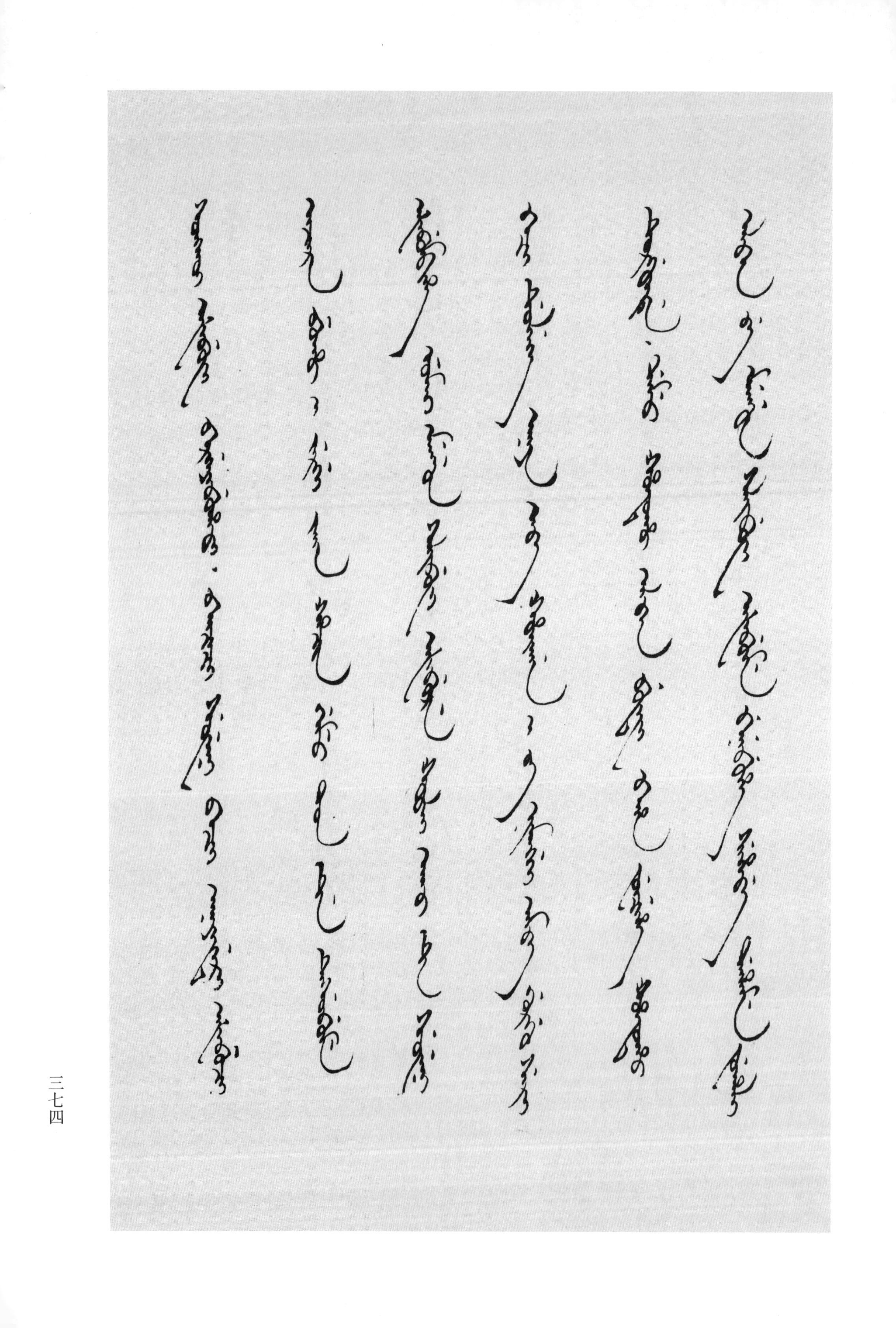

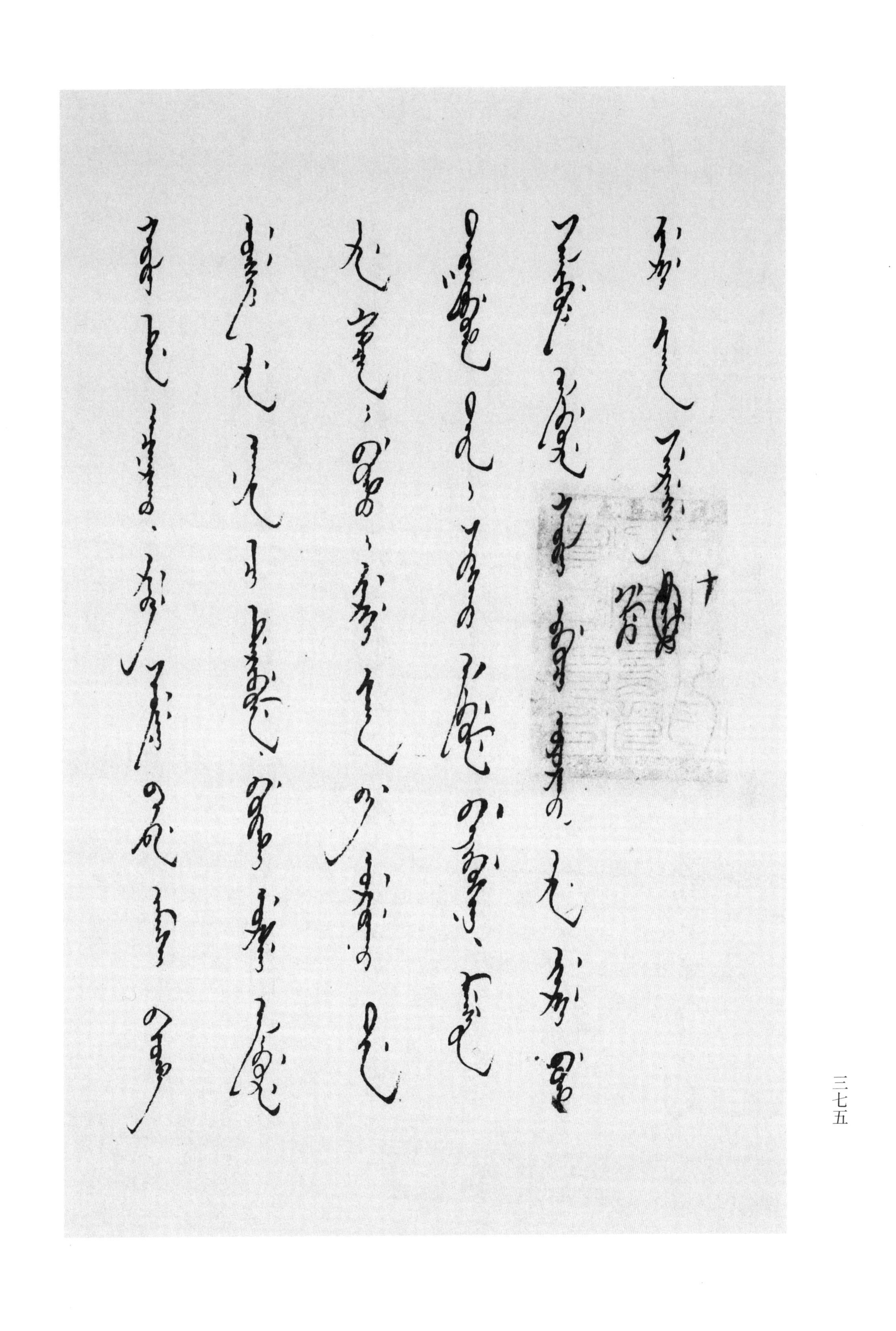

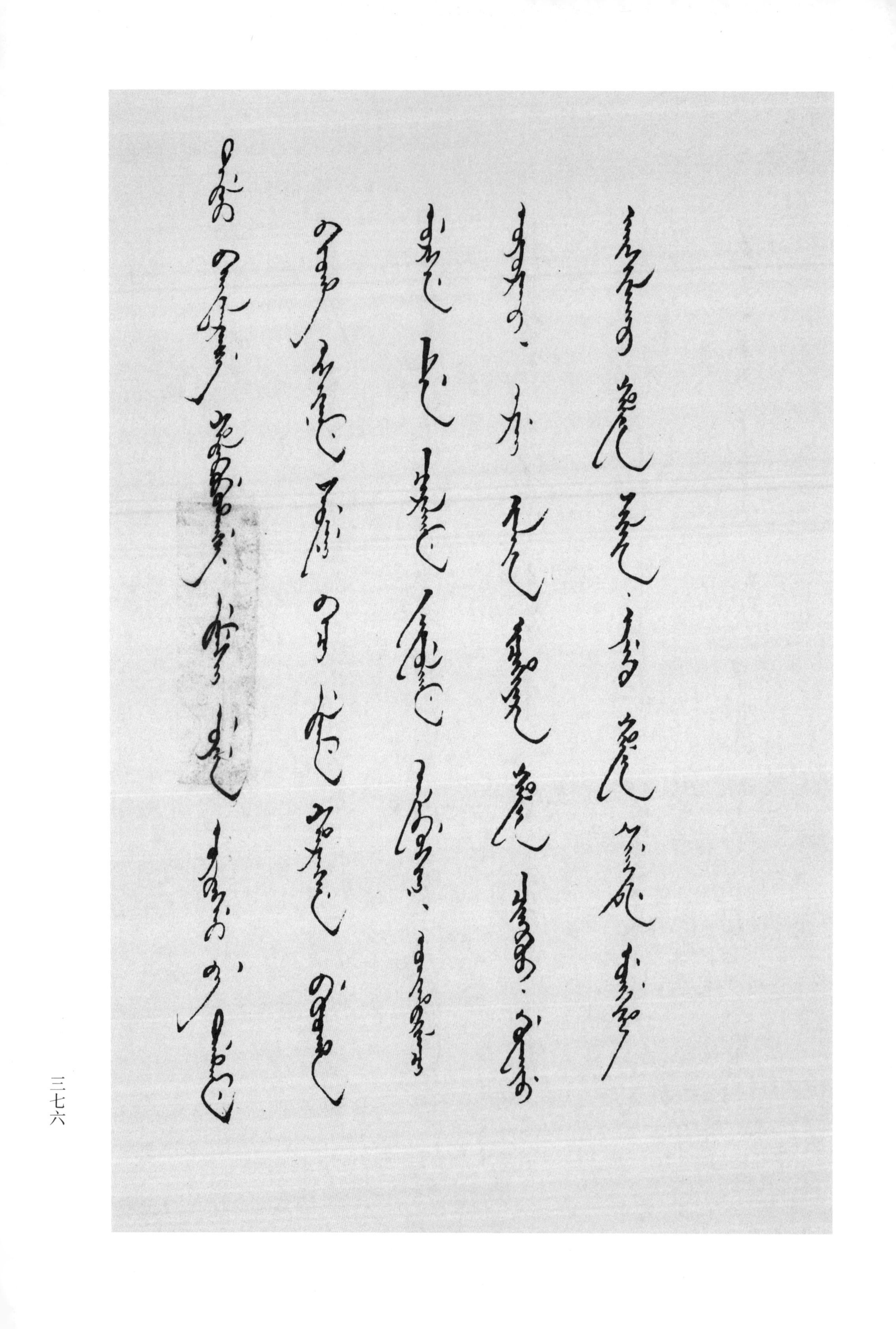

ᡩᠣᡵᠣ ᡝᠯᡩᡝᠩᡤᡝ ᡳ [illegible] ᠠᠨᡳᠶᠠ [illegible] ᠪᡳᠶᠠ [illegible]

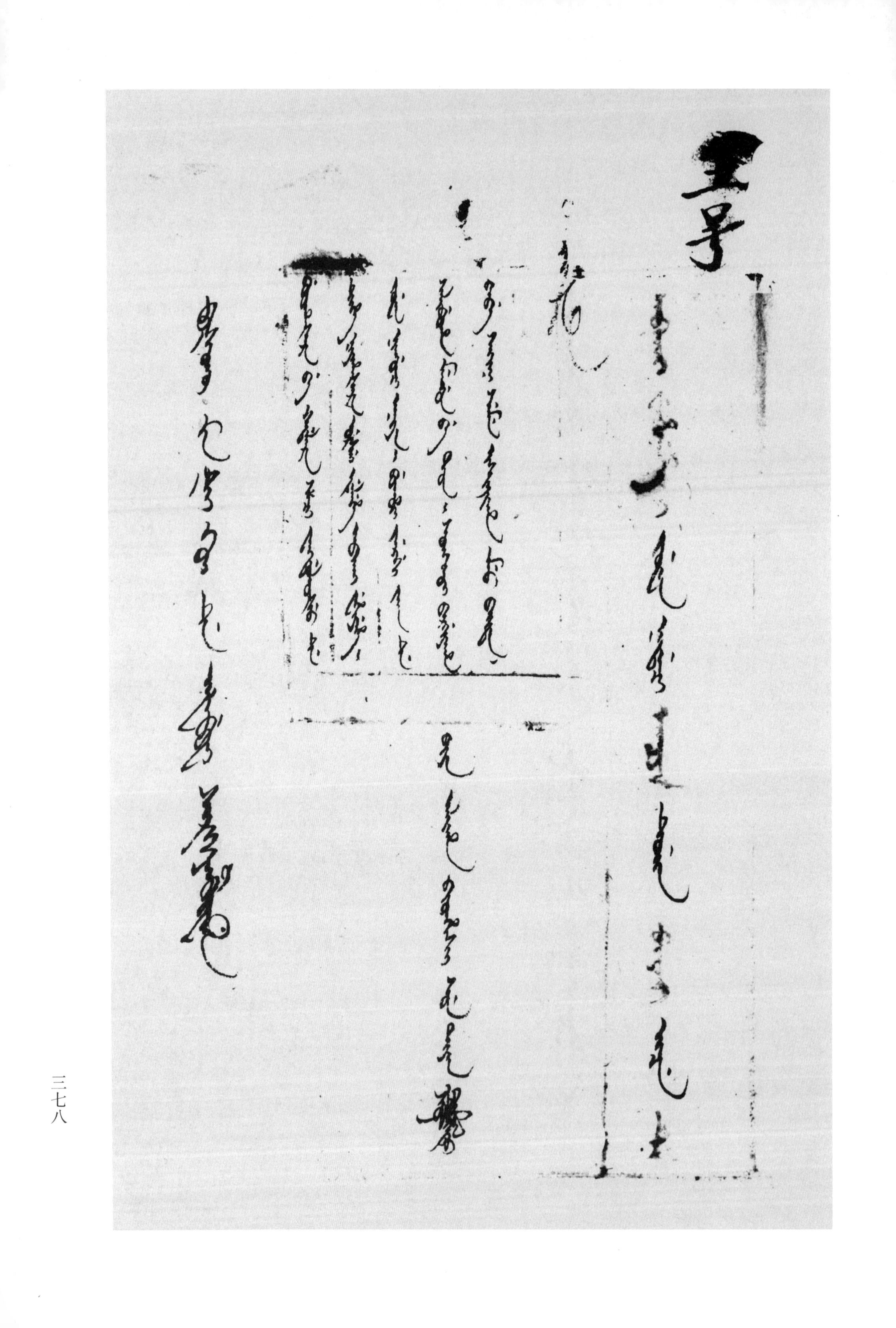

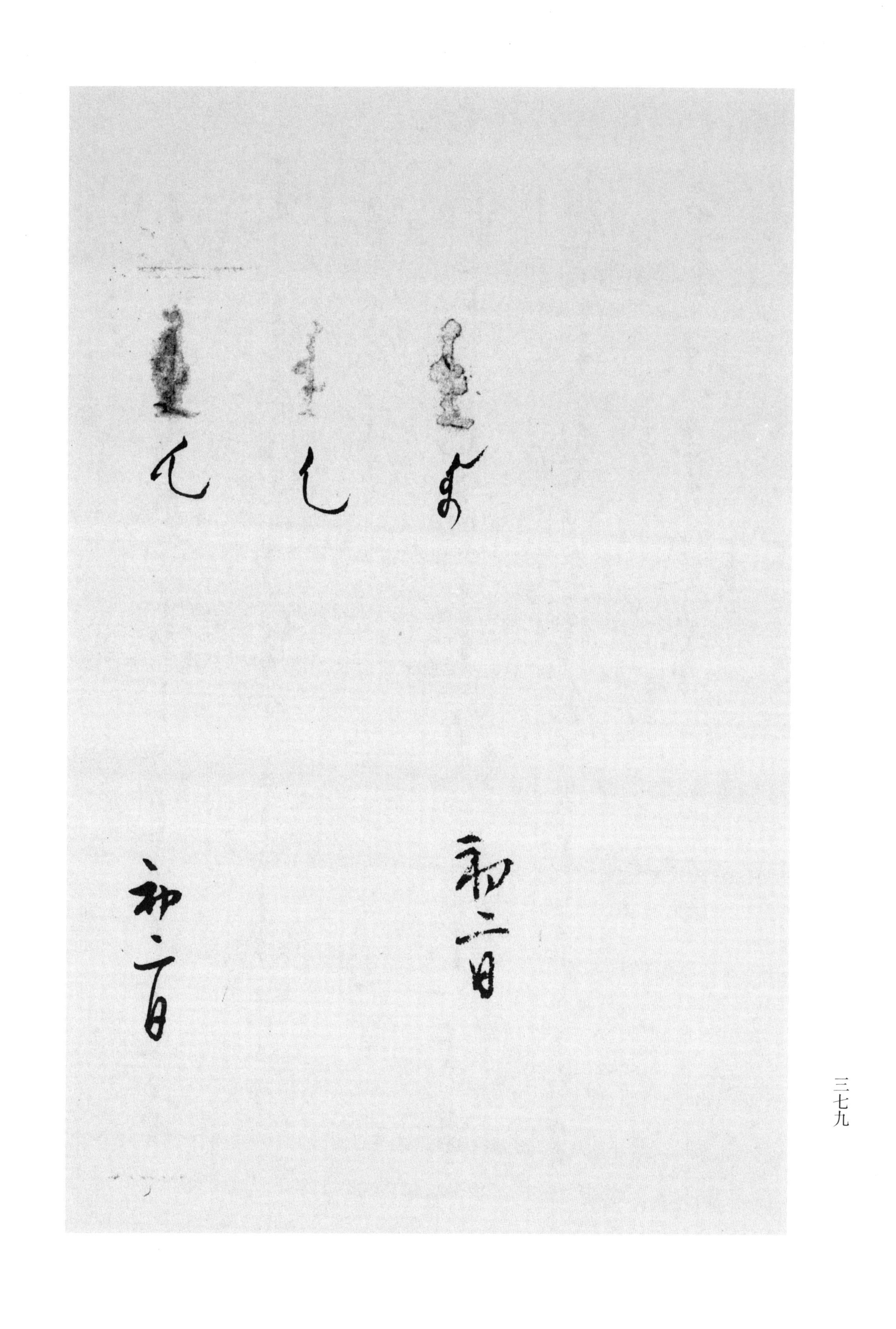

よ

し

し

初二日

初二日

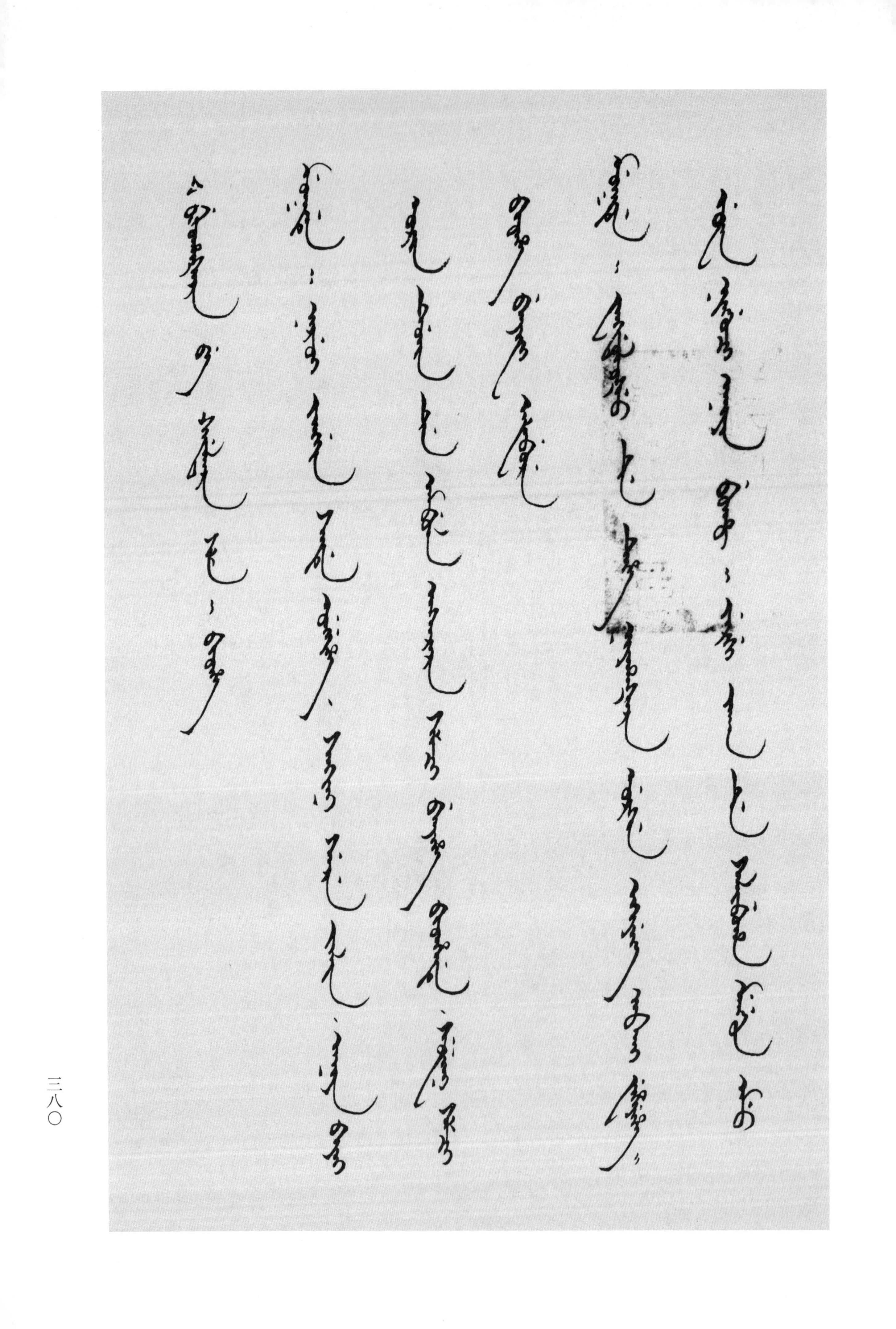

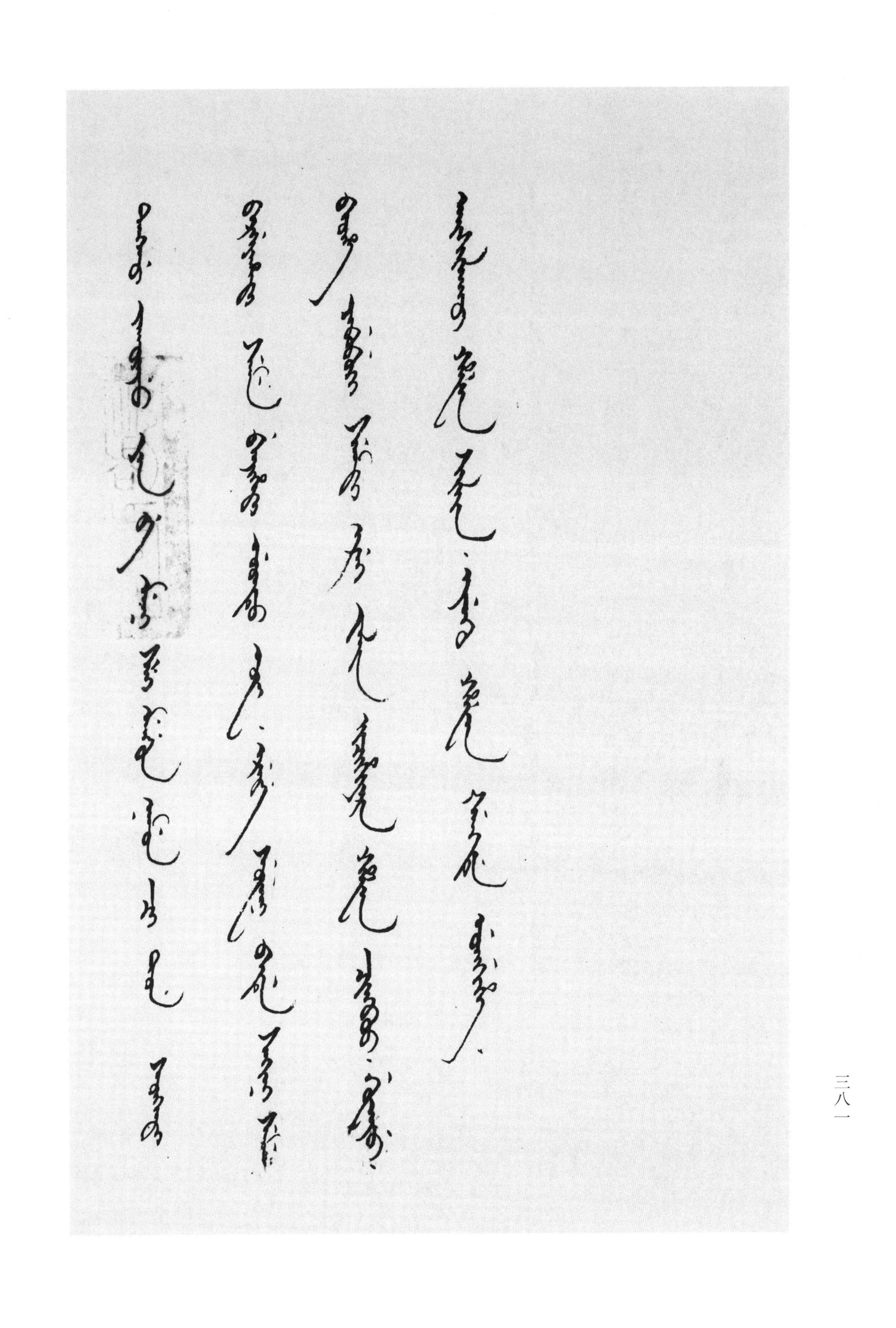

[illegible]

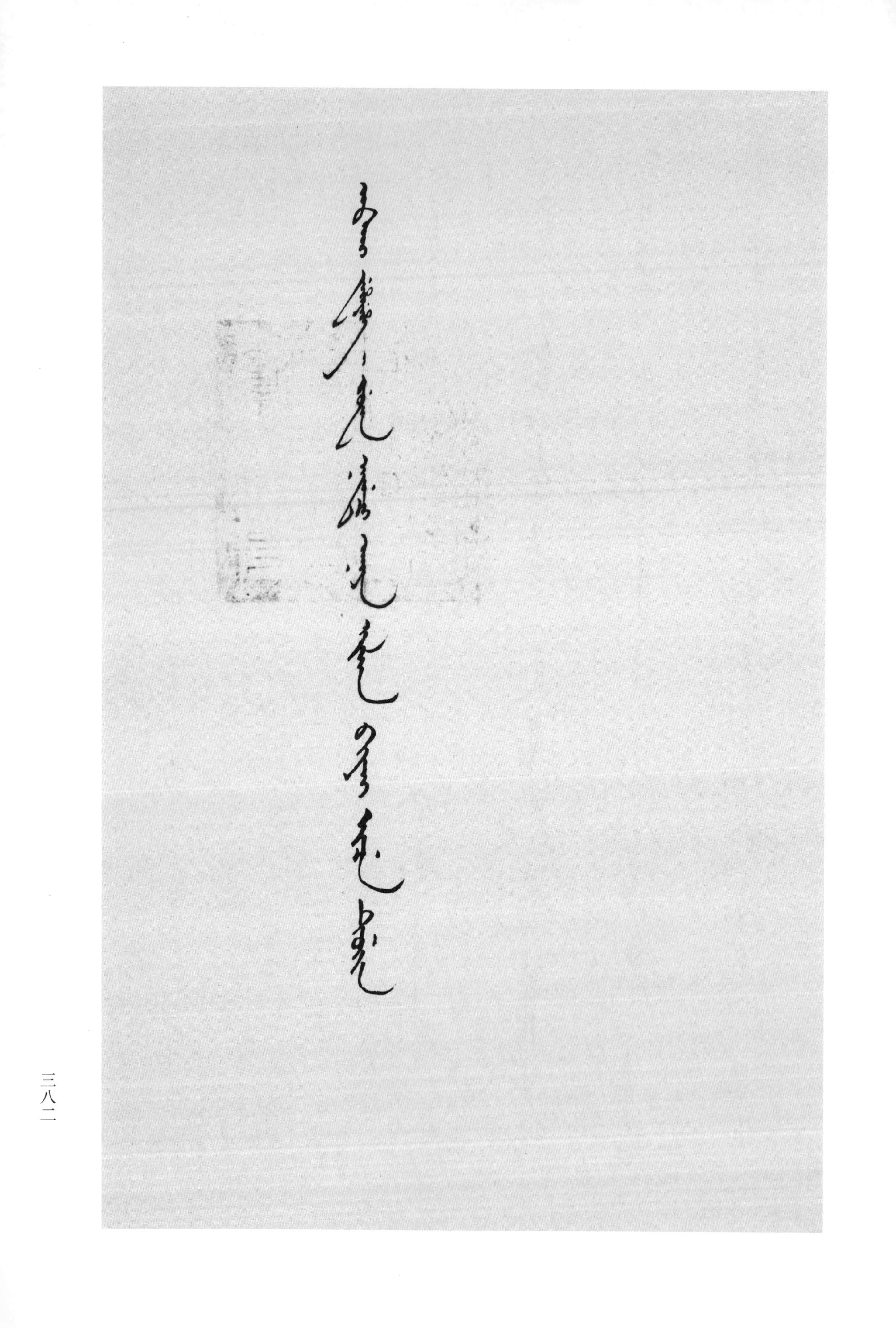

[illegible]

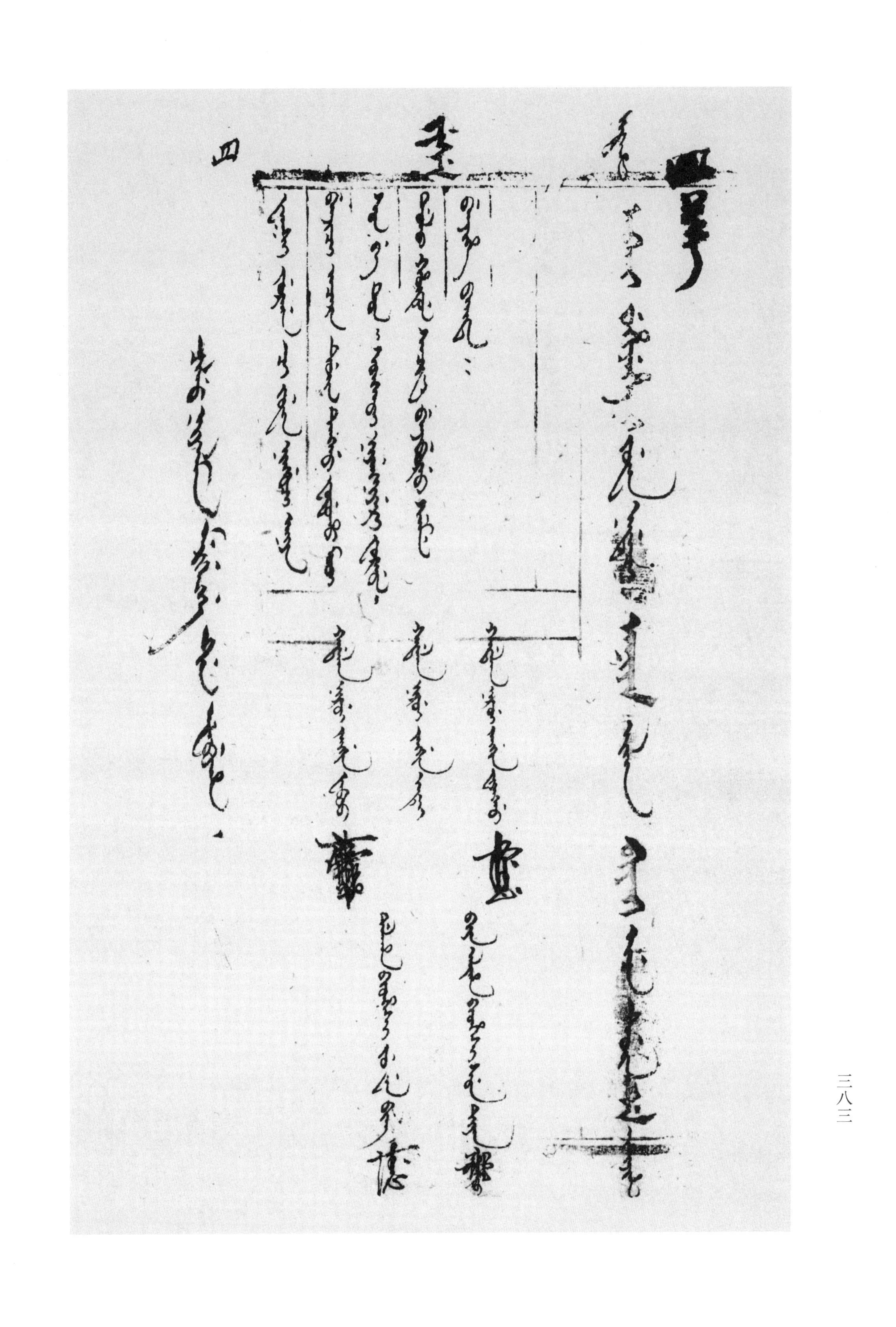

四

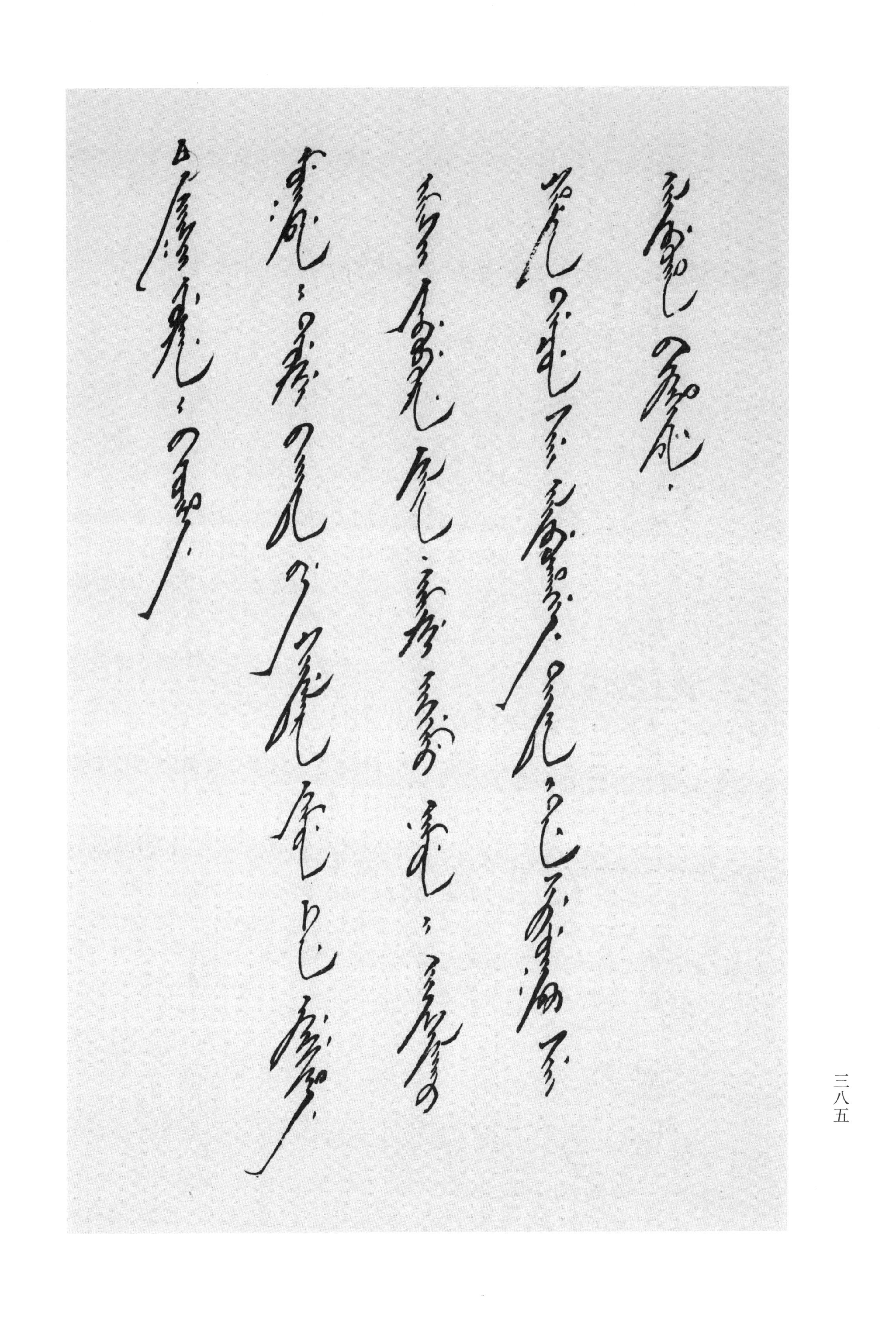

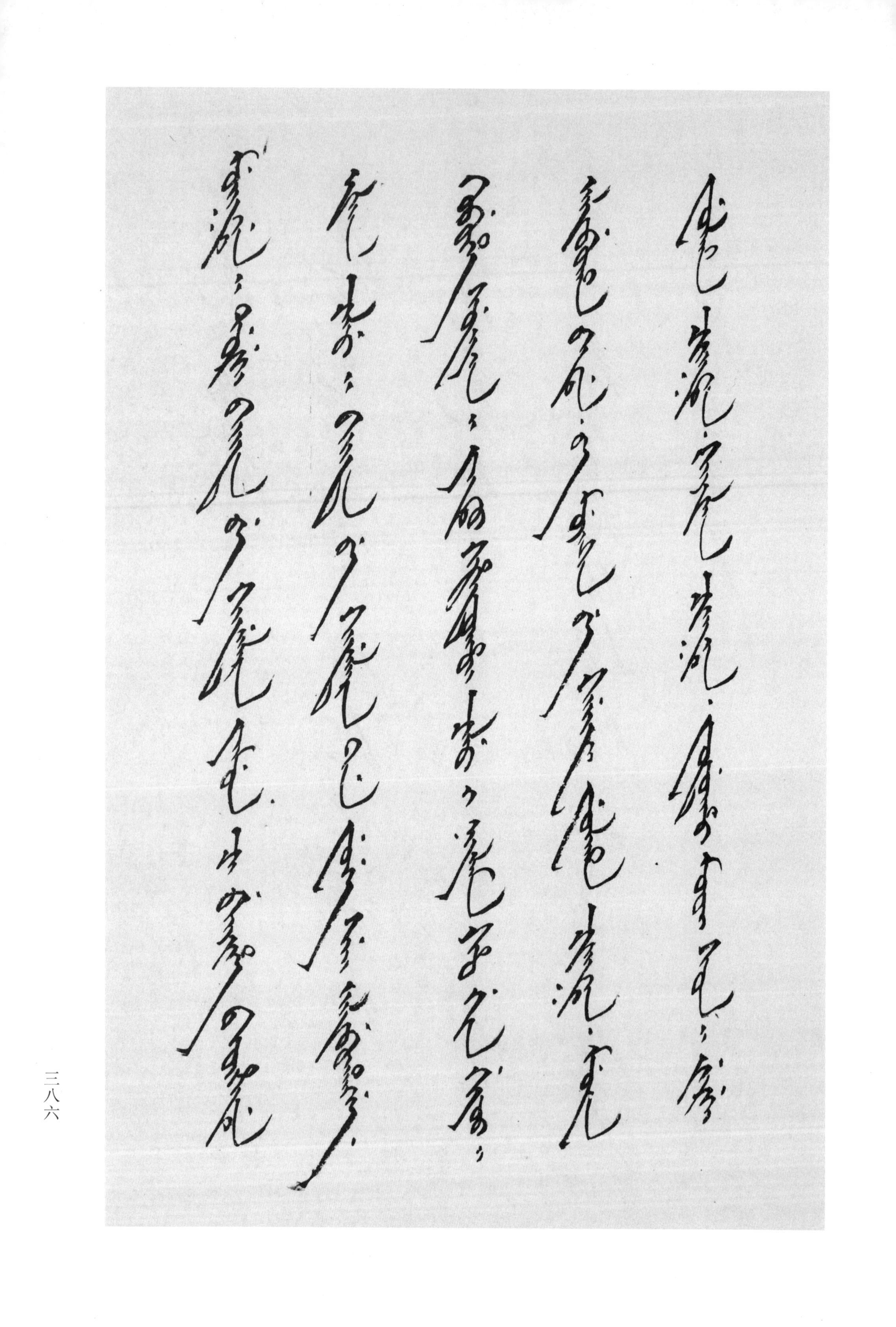

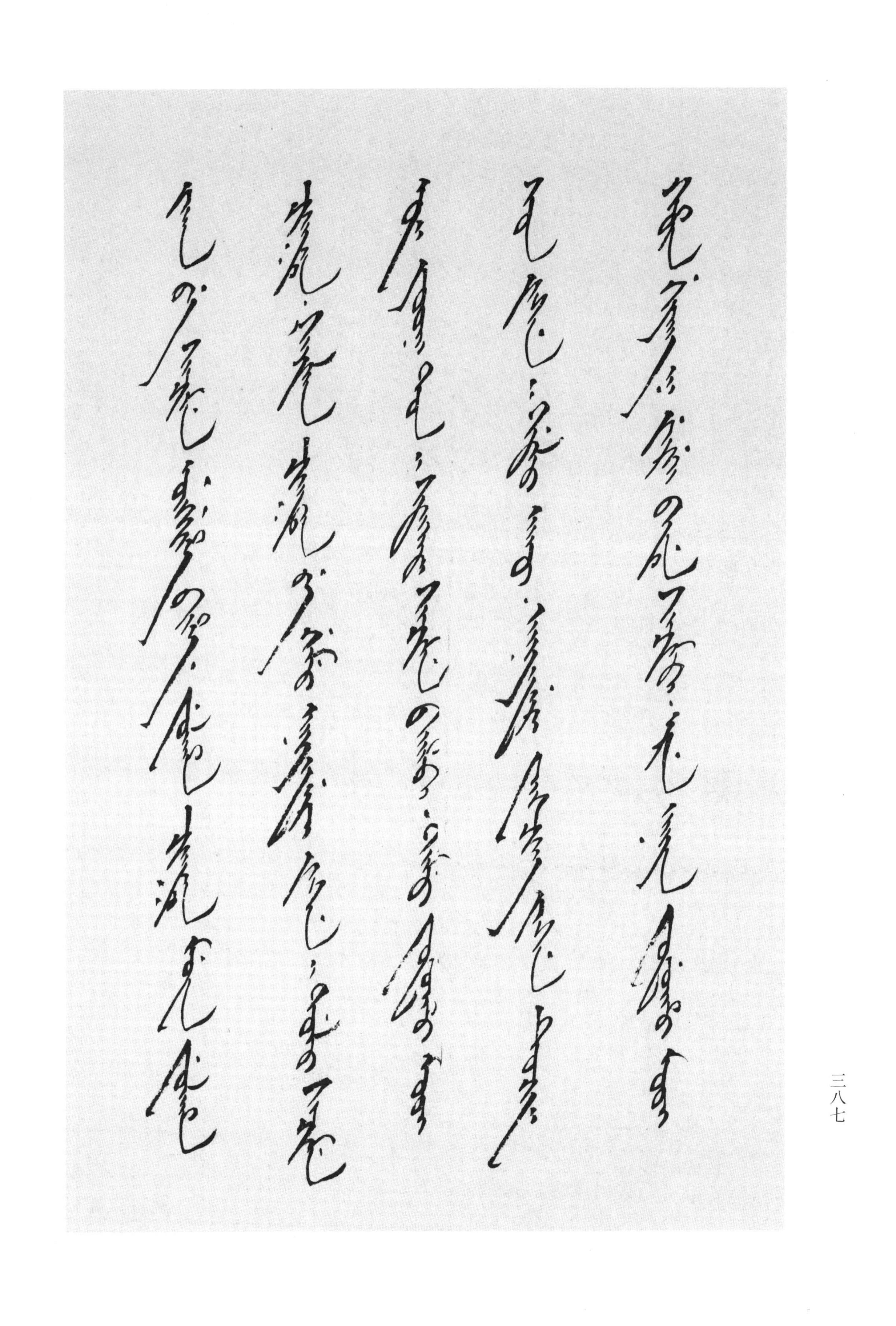

[illegible]

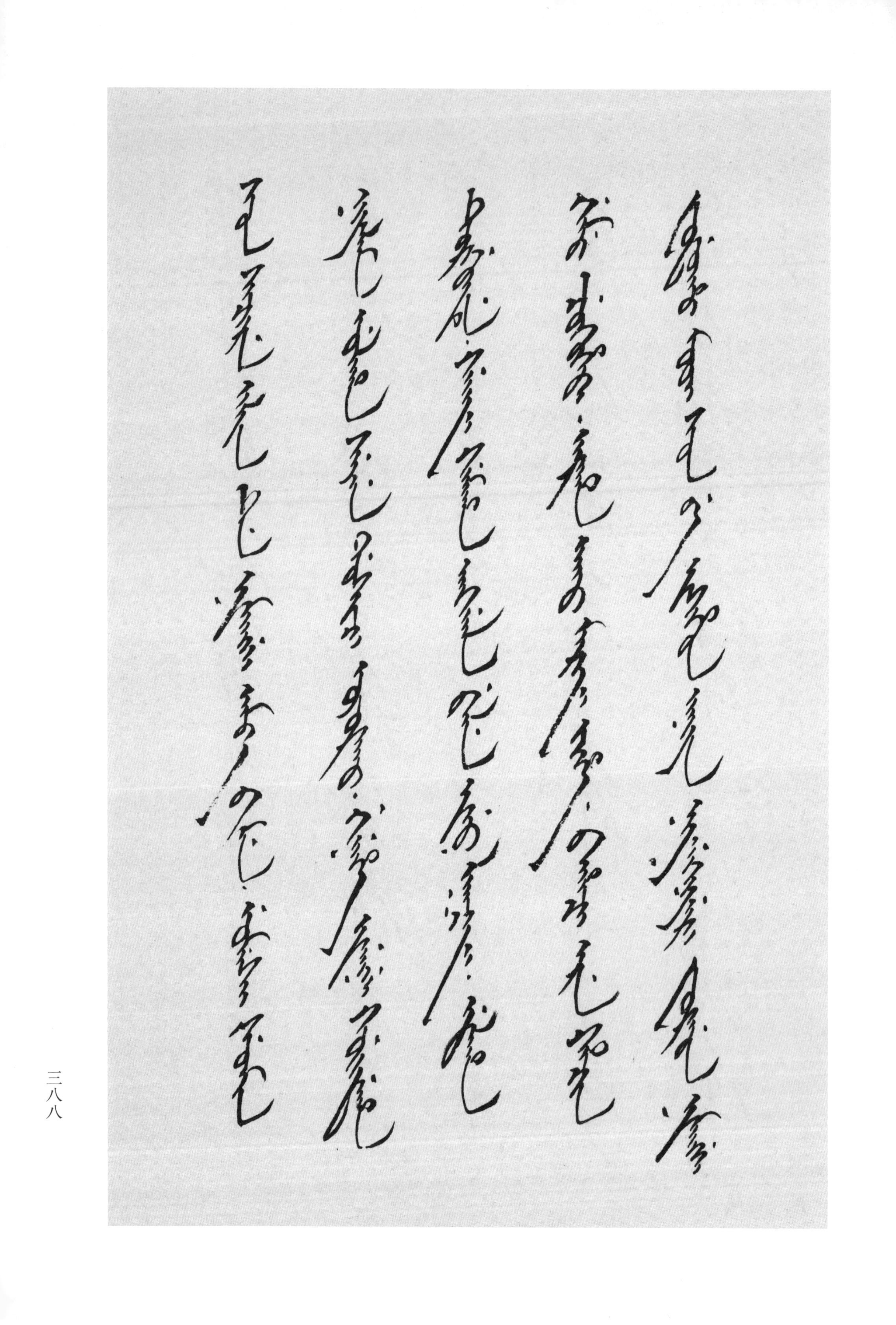

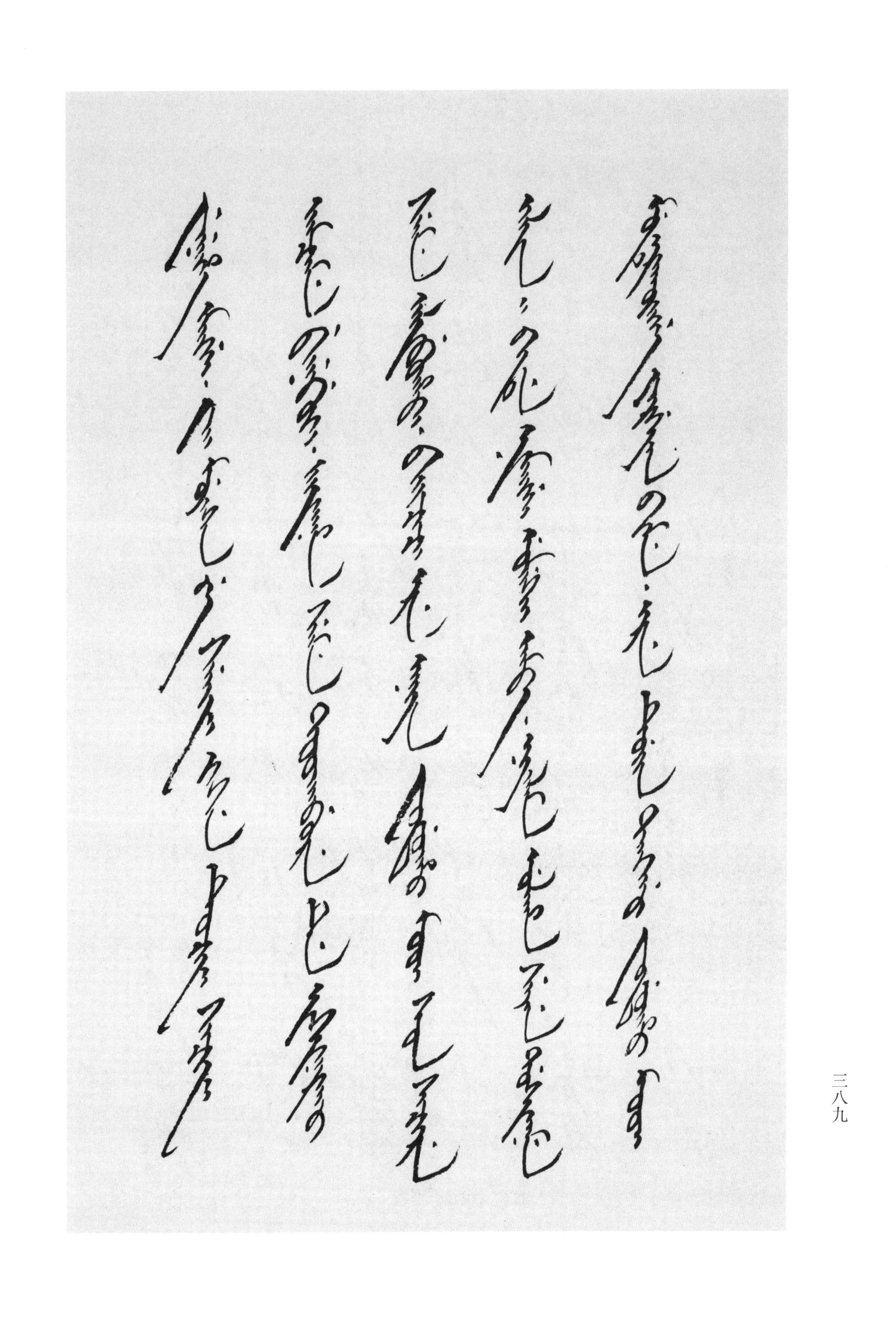

[illegible]

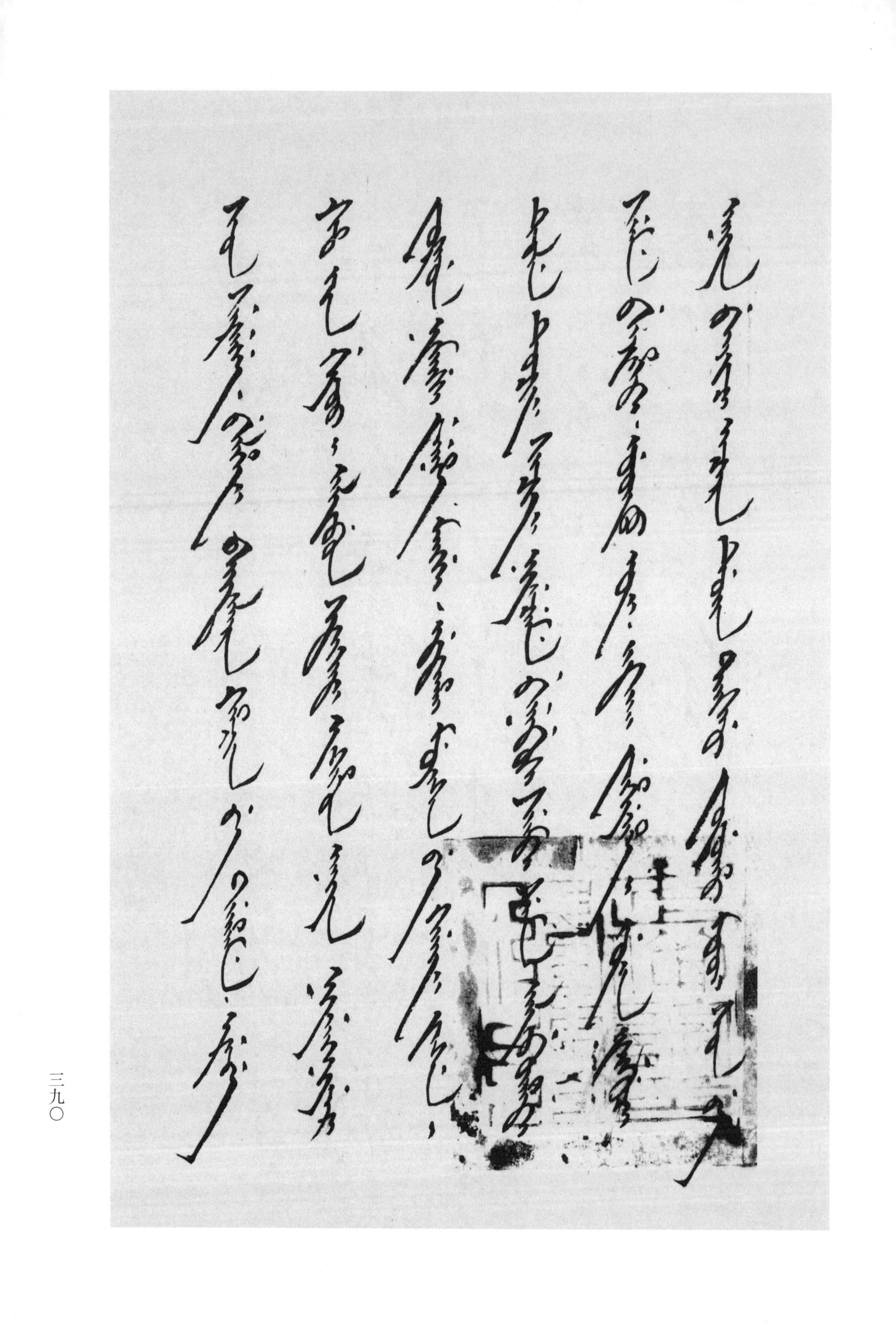

[illegible]

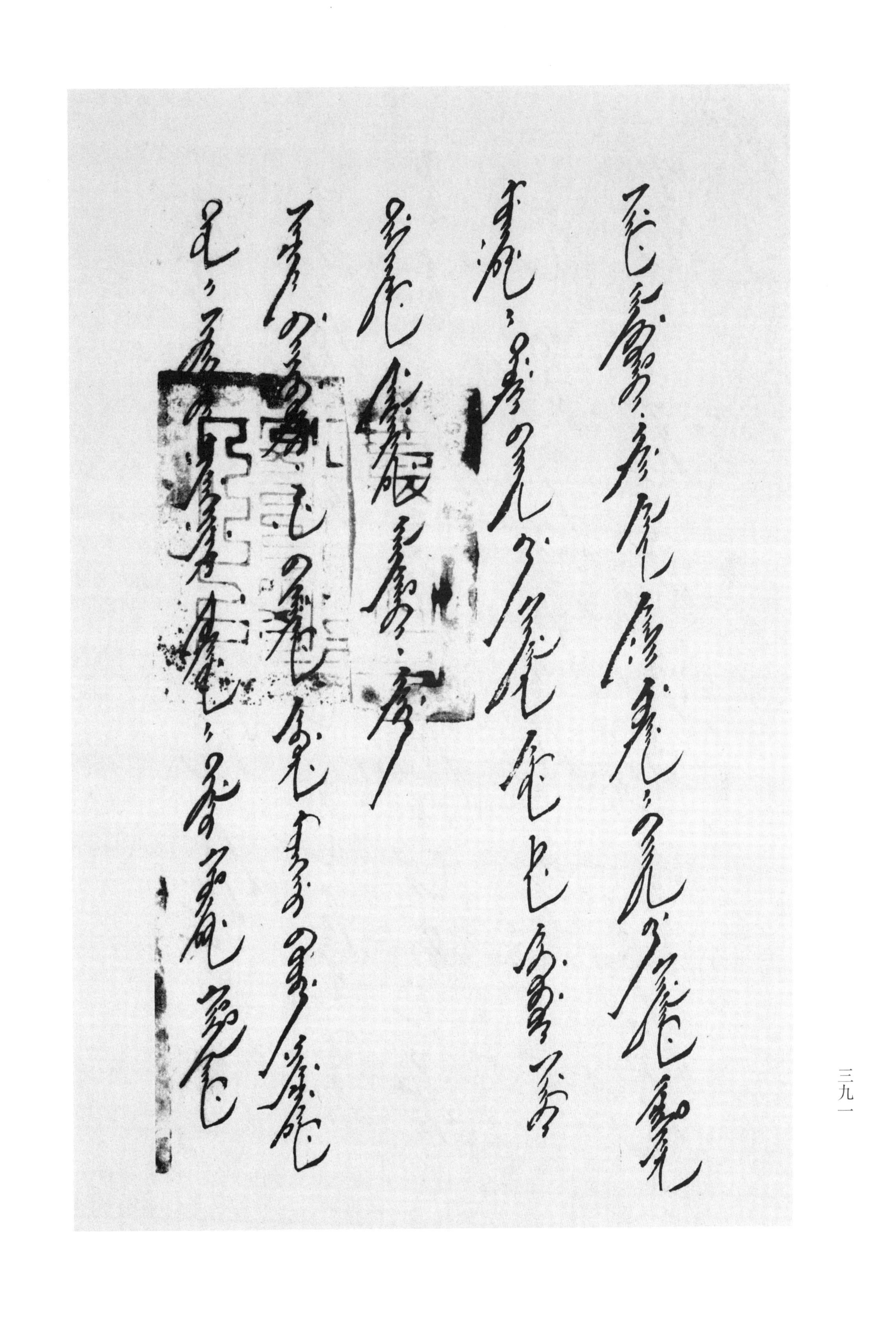

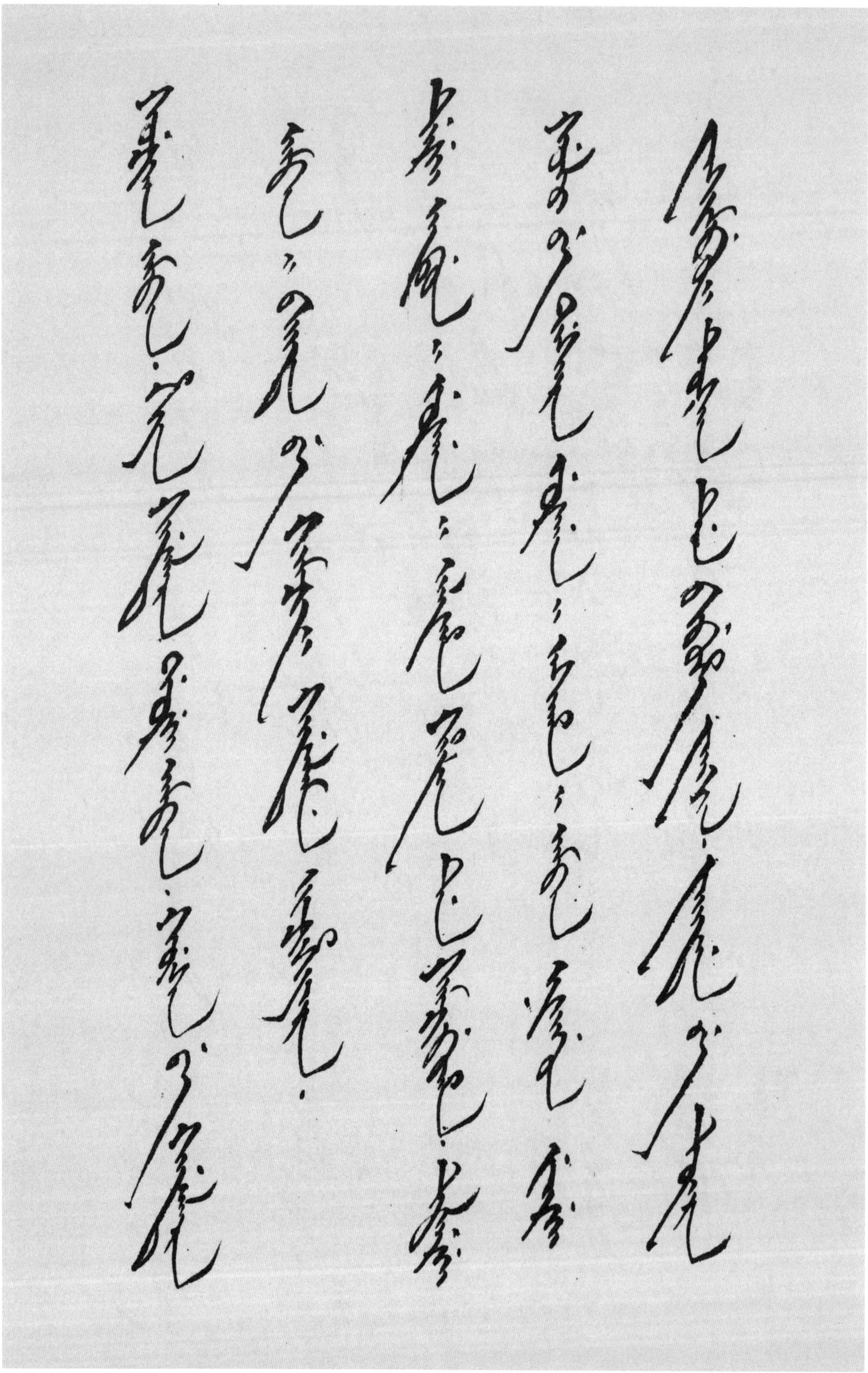

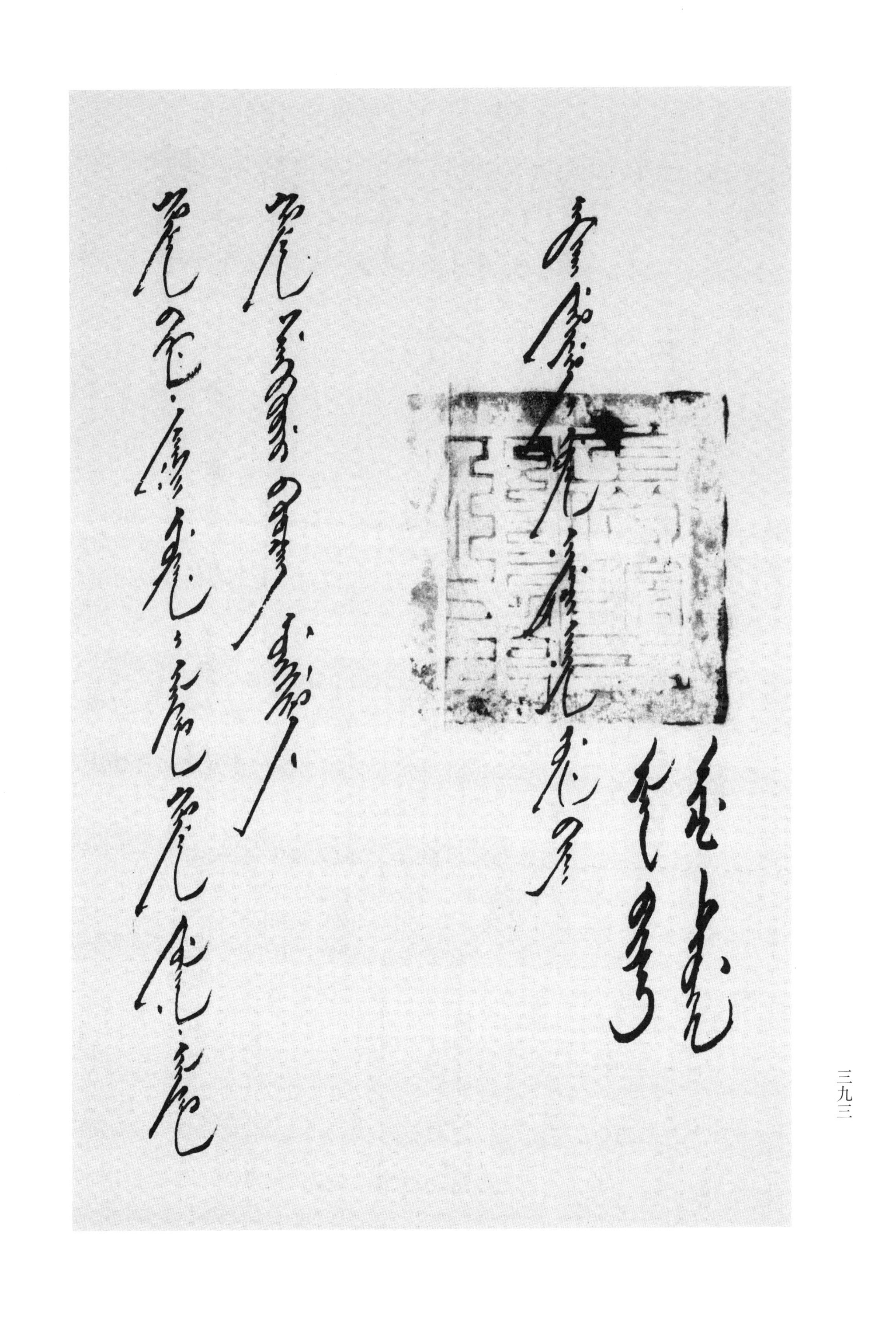

[illegible]

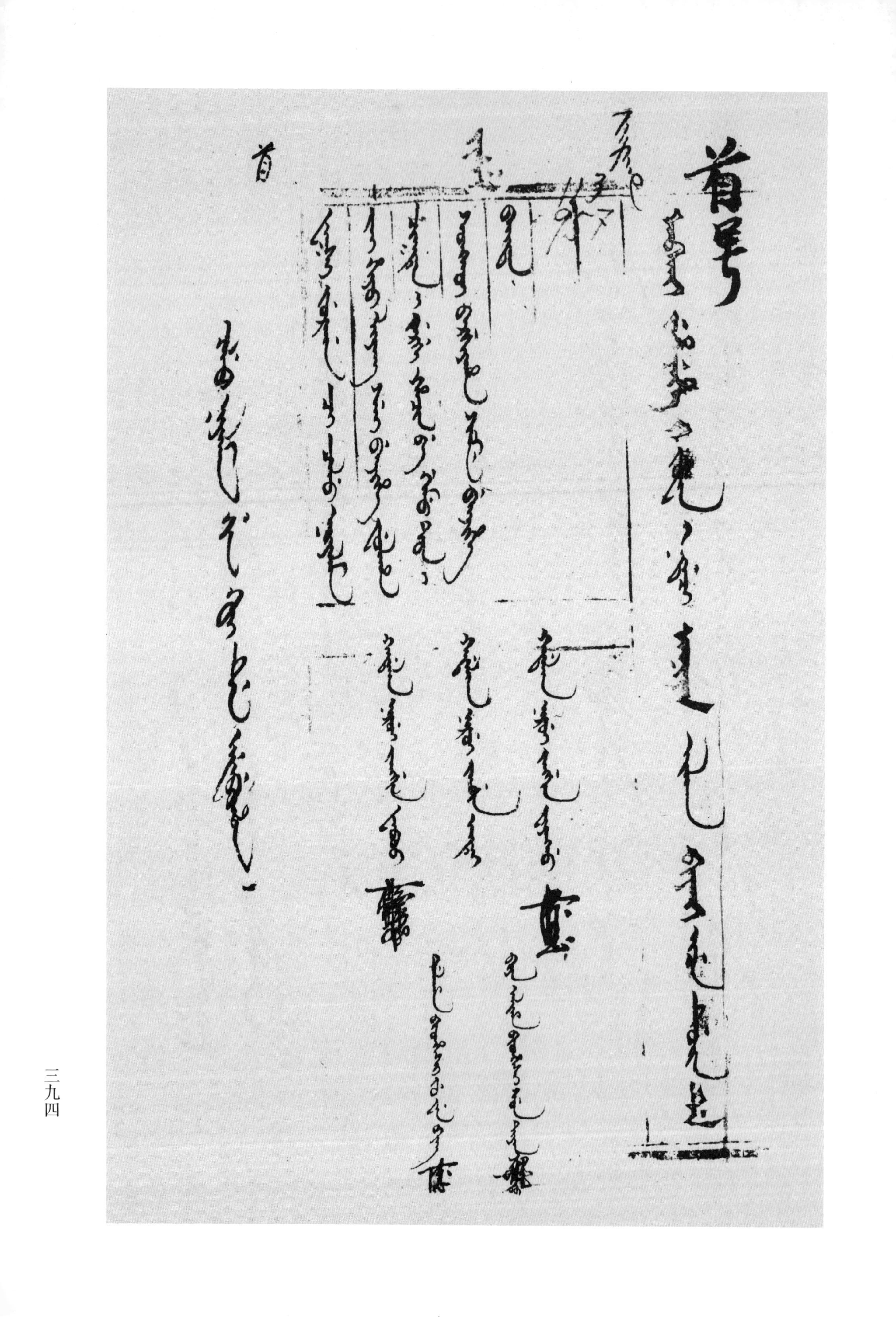

首号

首

ᠪᠣᠣᡳ ᠠᡥᠠᠰᡳ

[illegible]

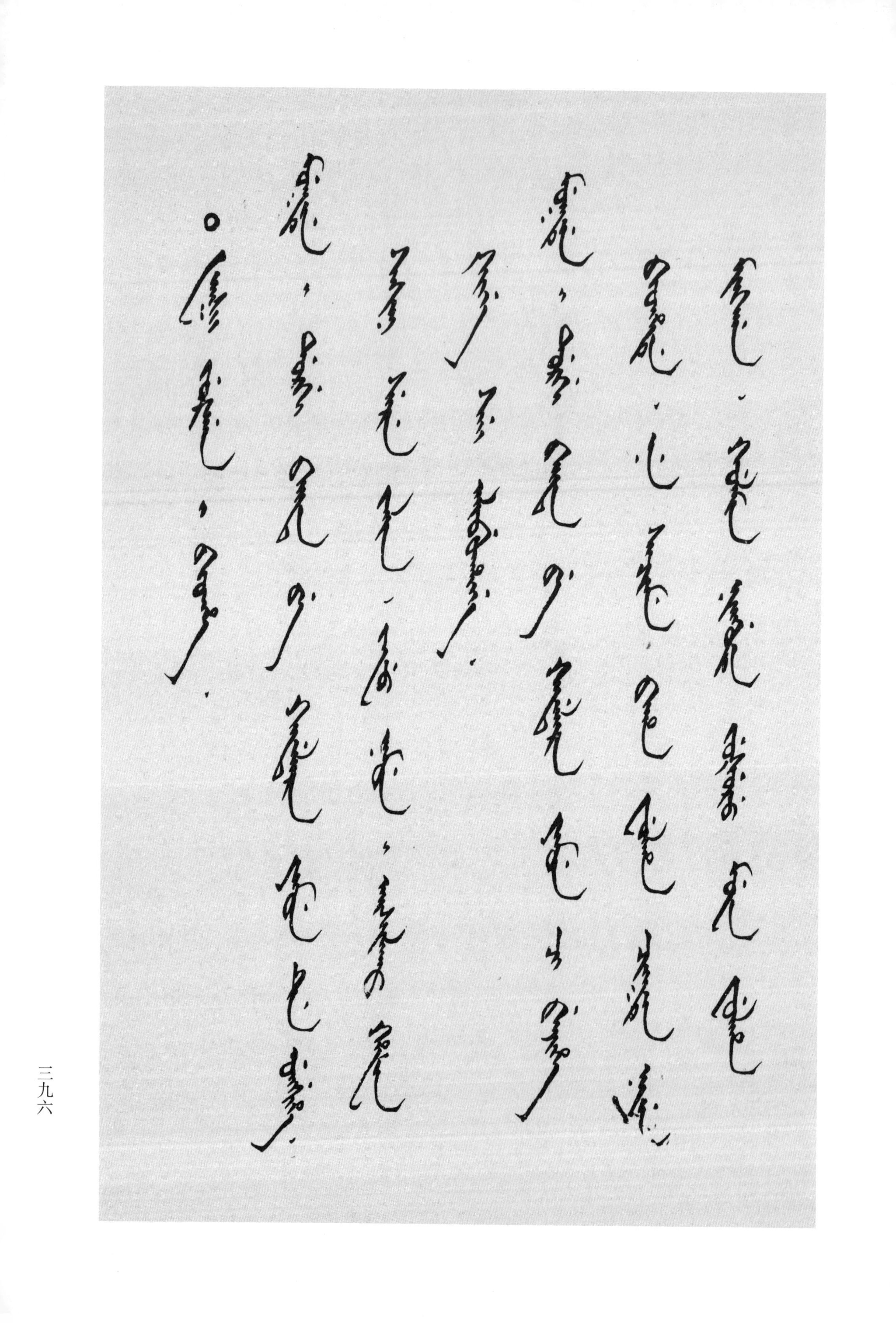

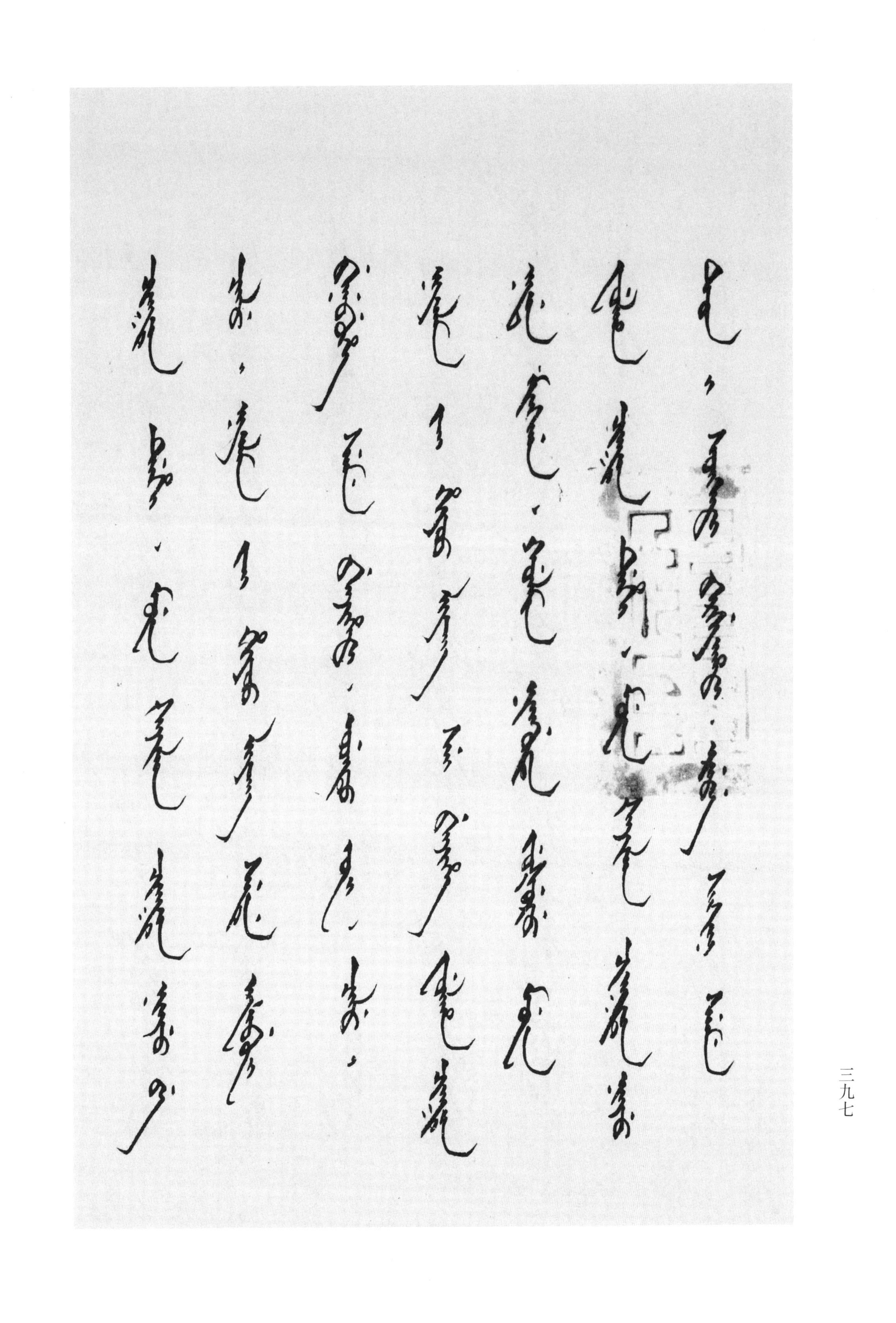

[illegible]

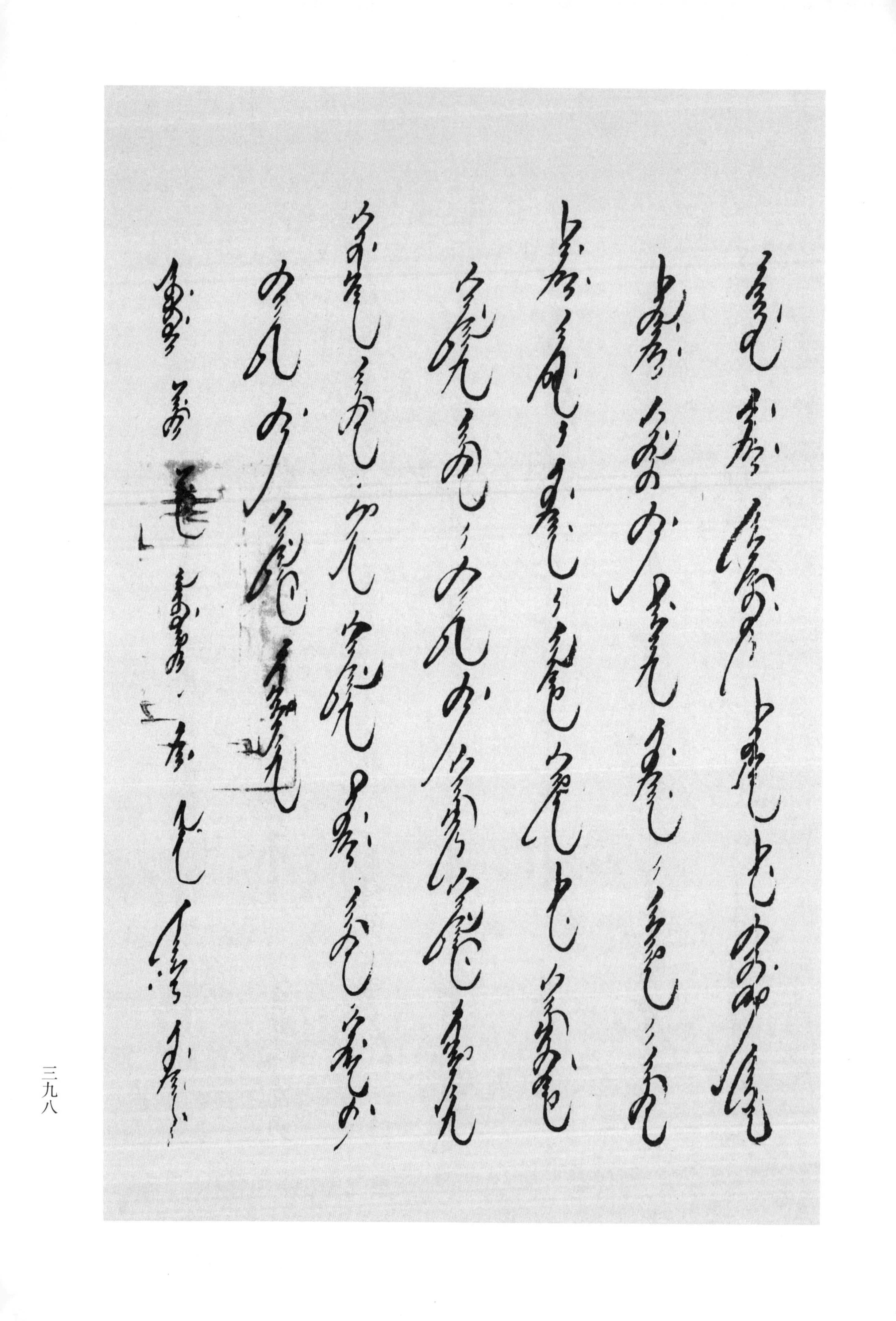

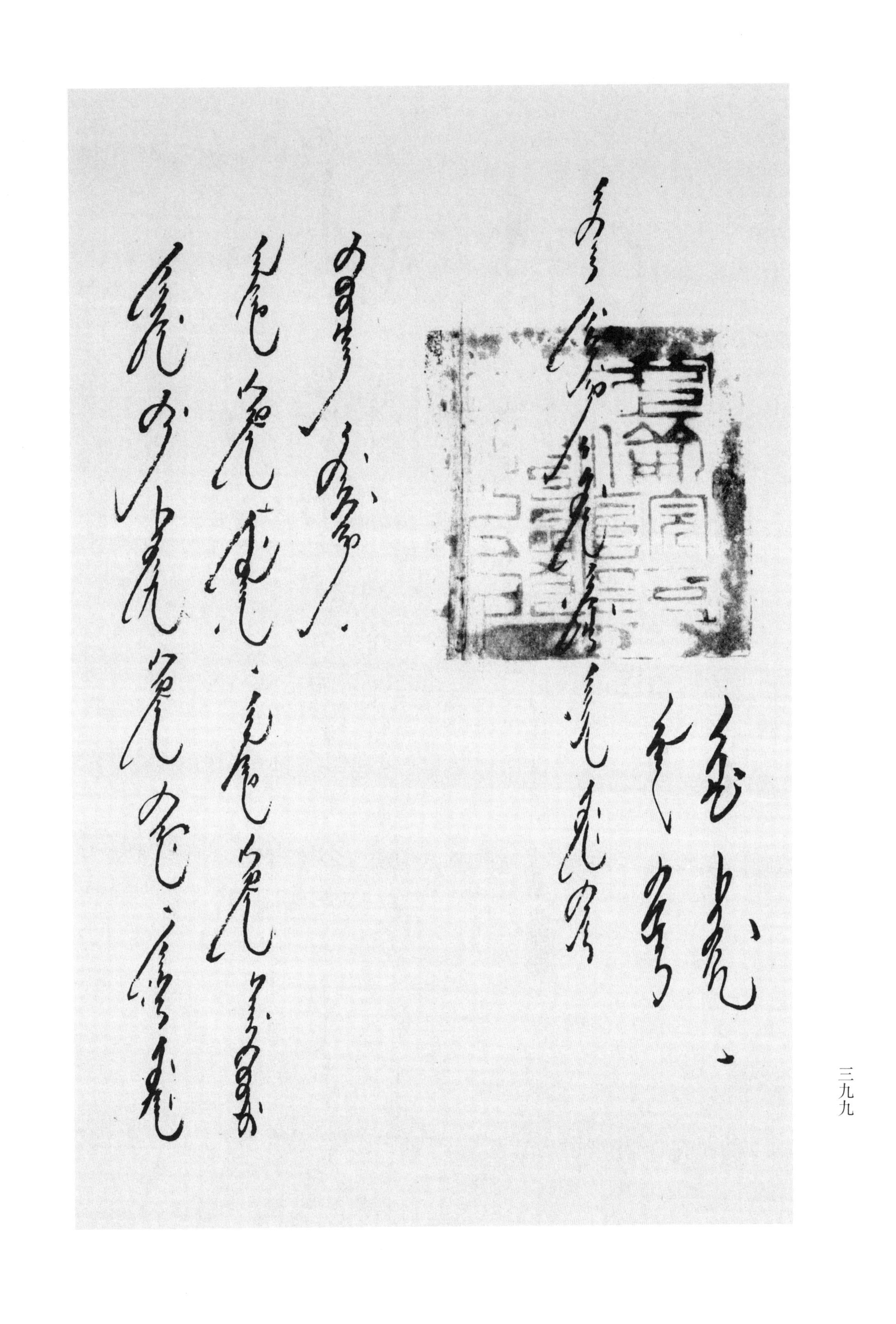

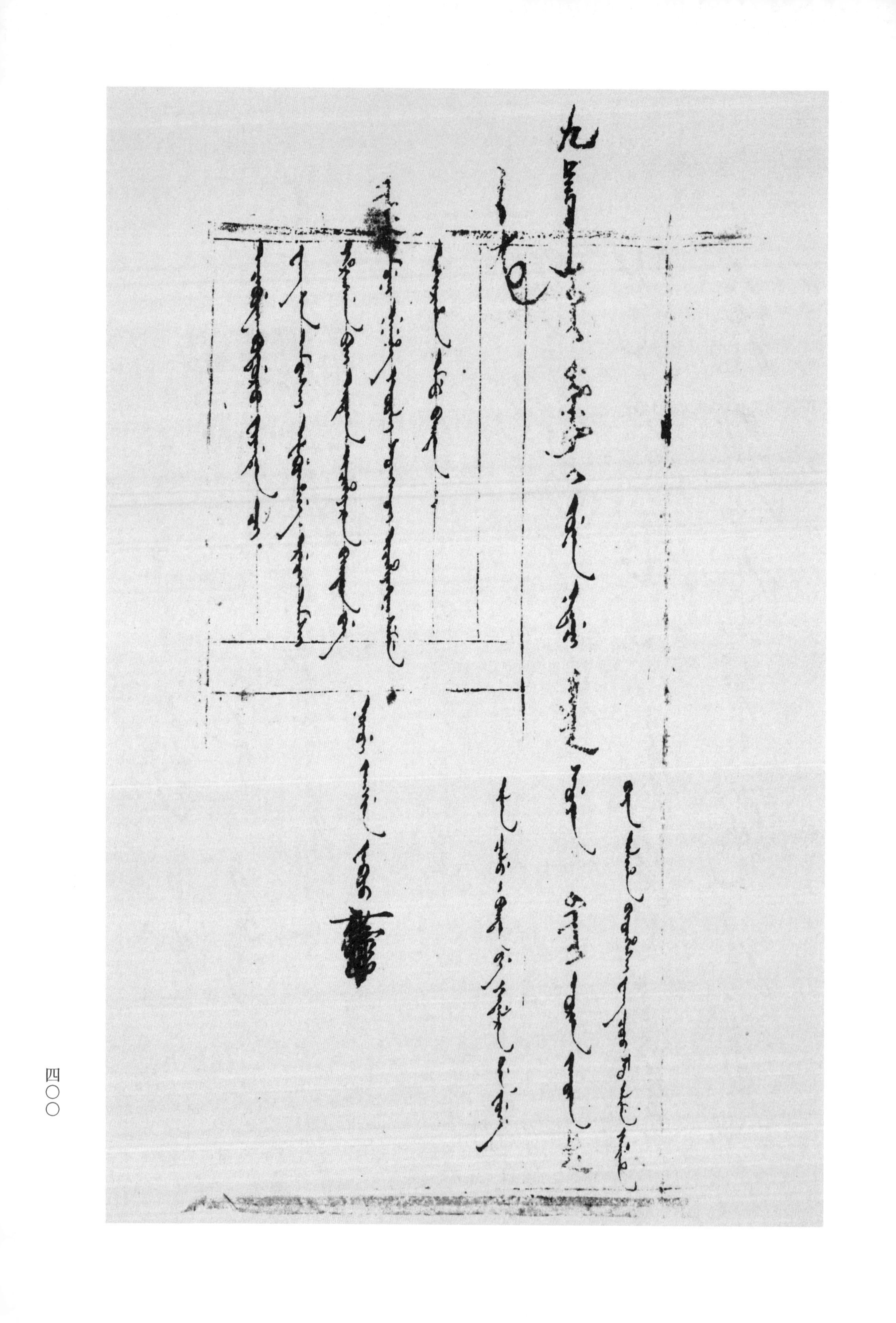

九

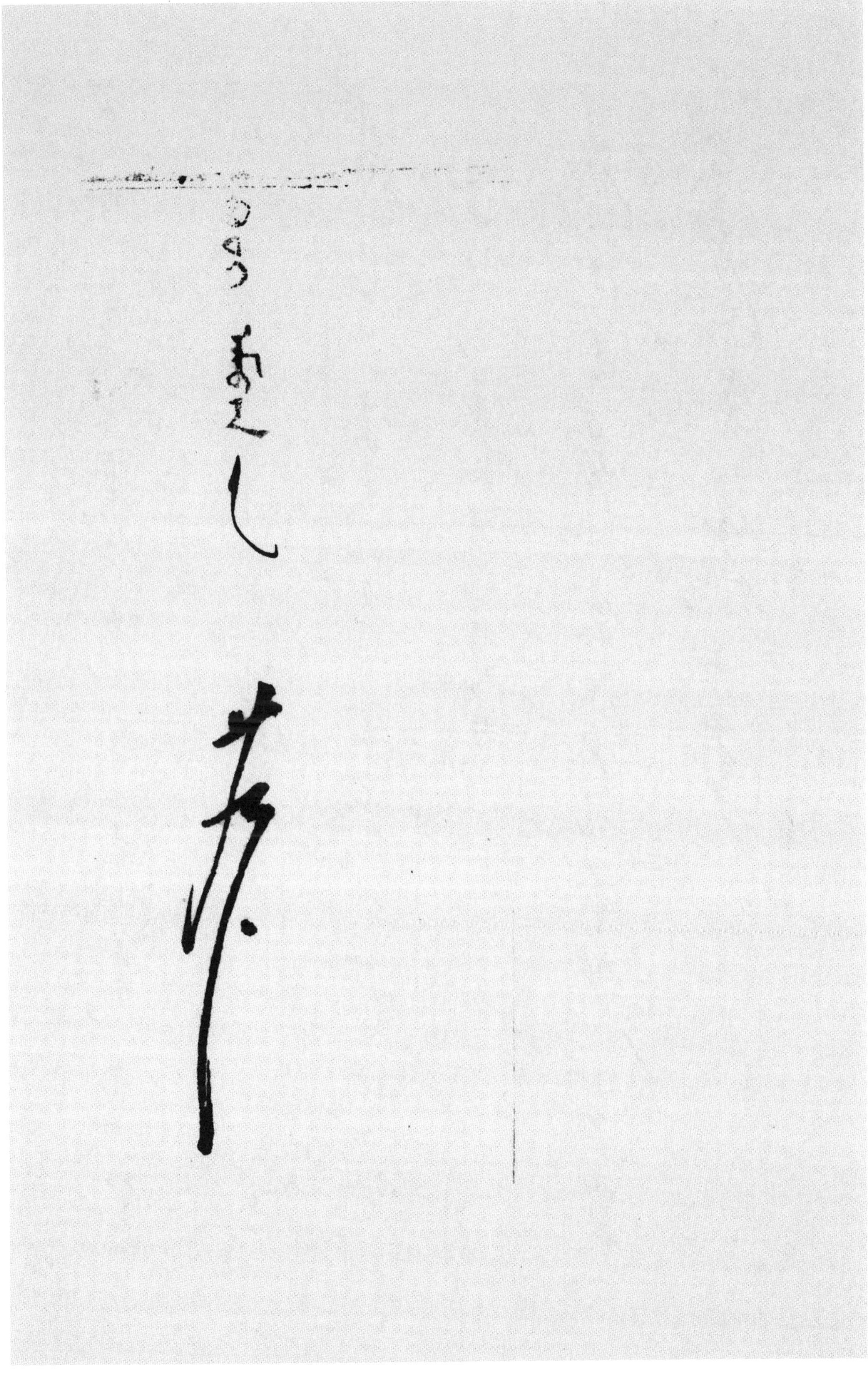

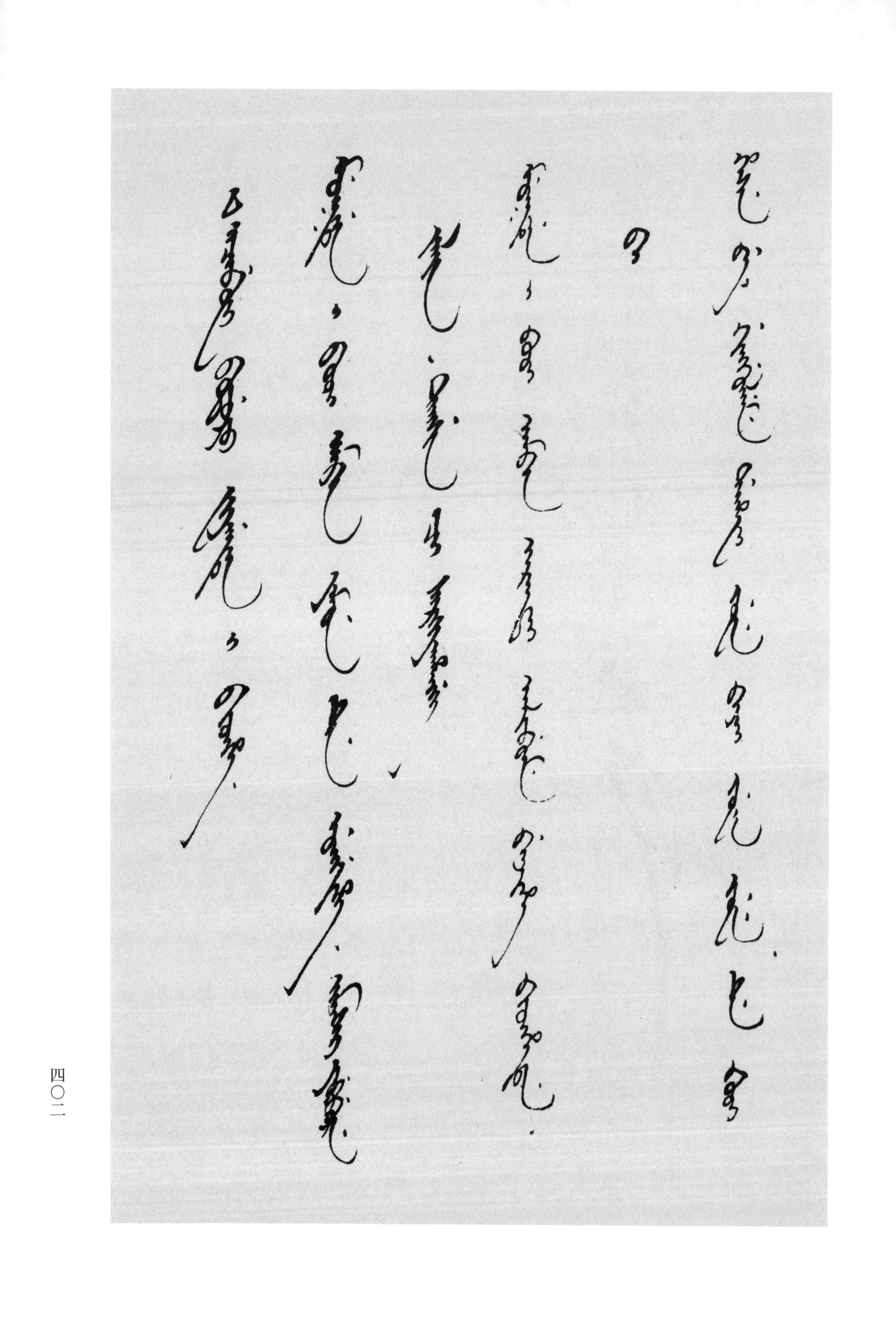

[illegible]

ᠪᡝ

[illegible]

[illegible]

[illegible]

[illegible]

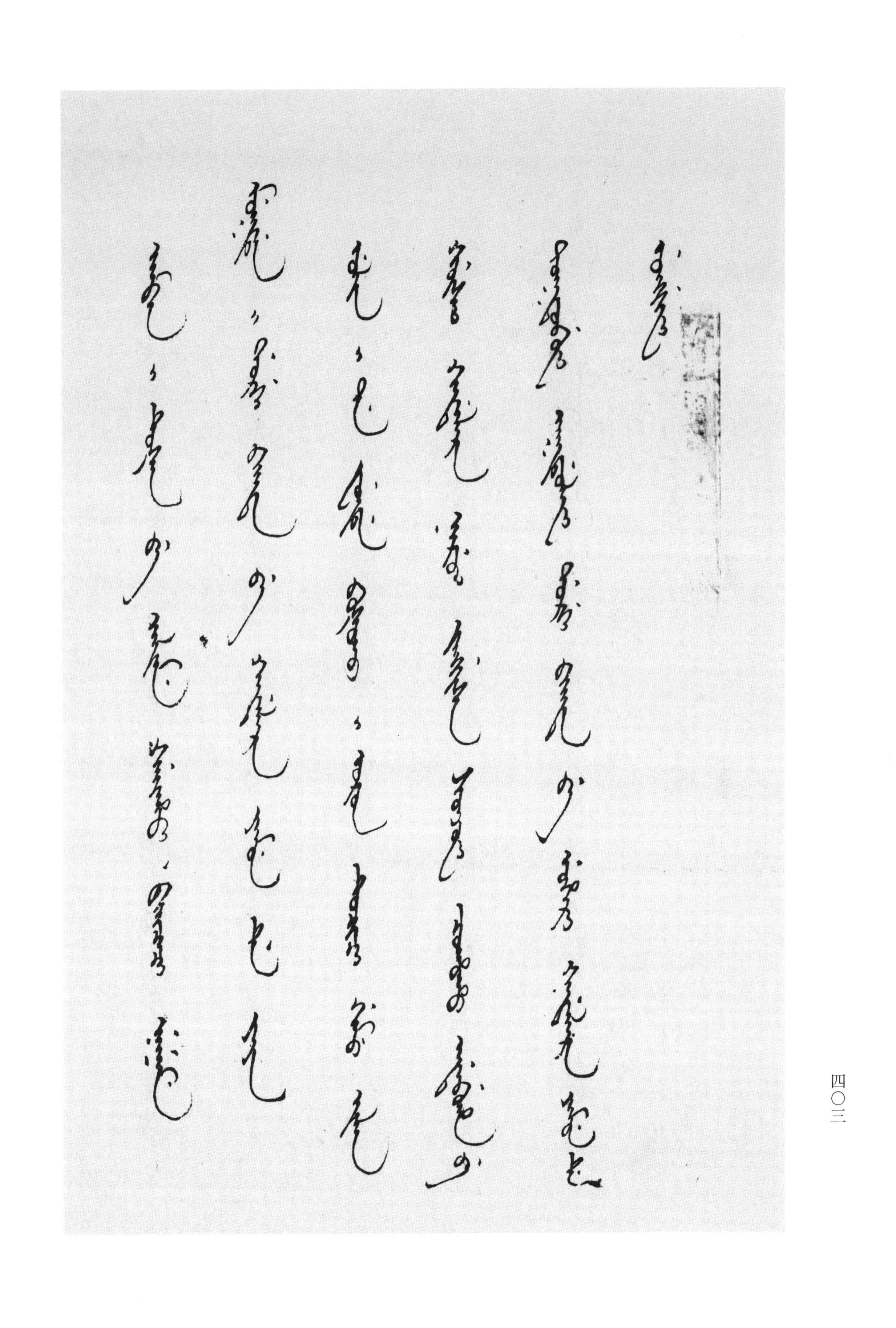

[illegible]

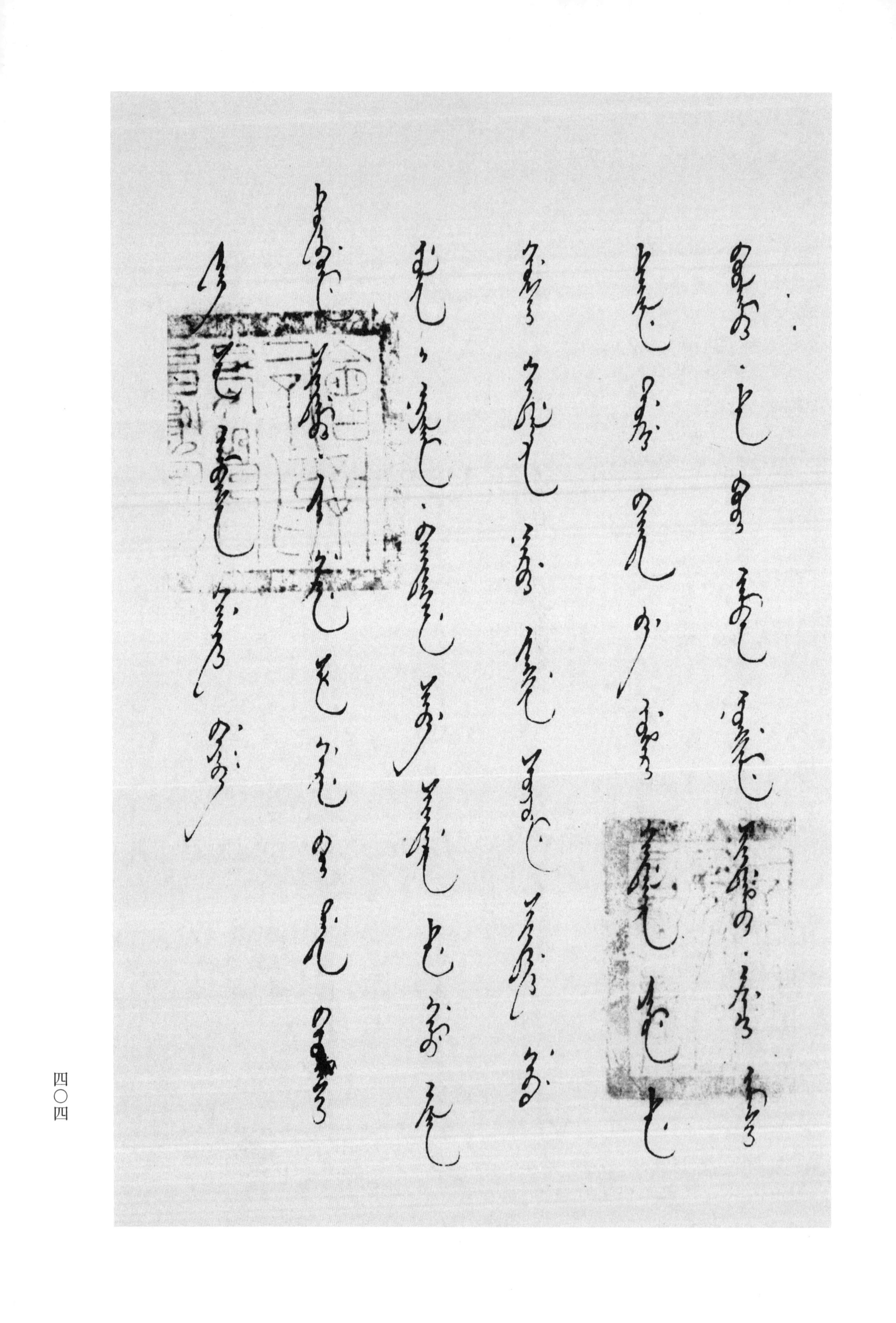

[illegible]

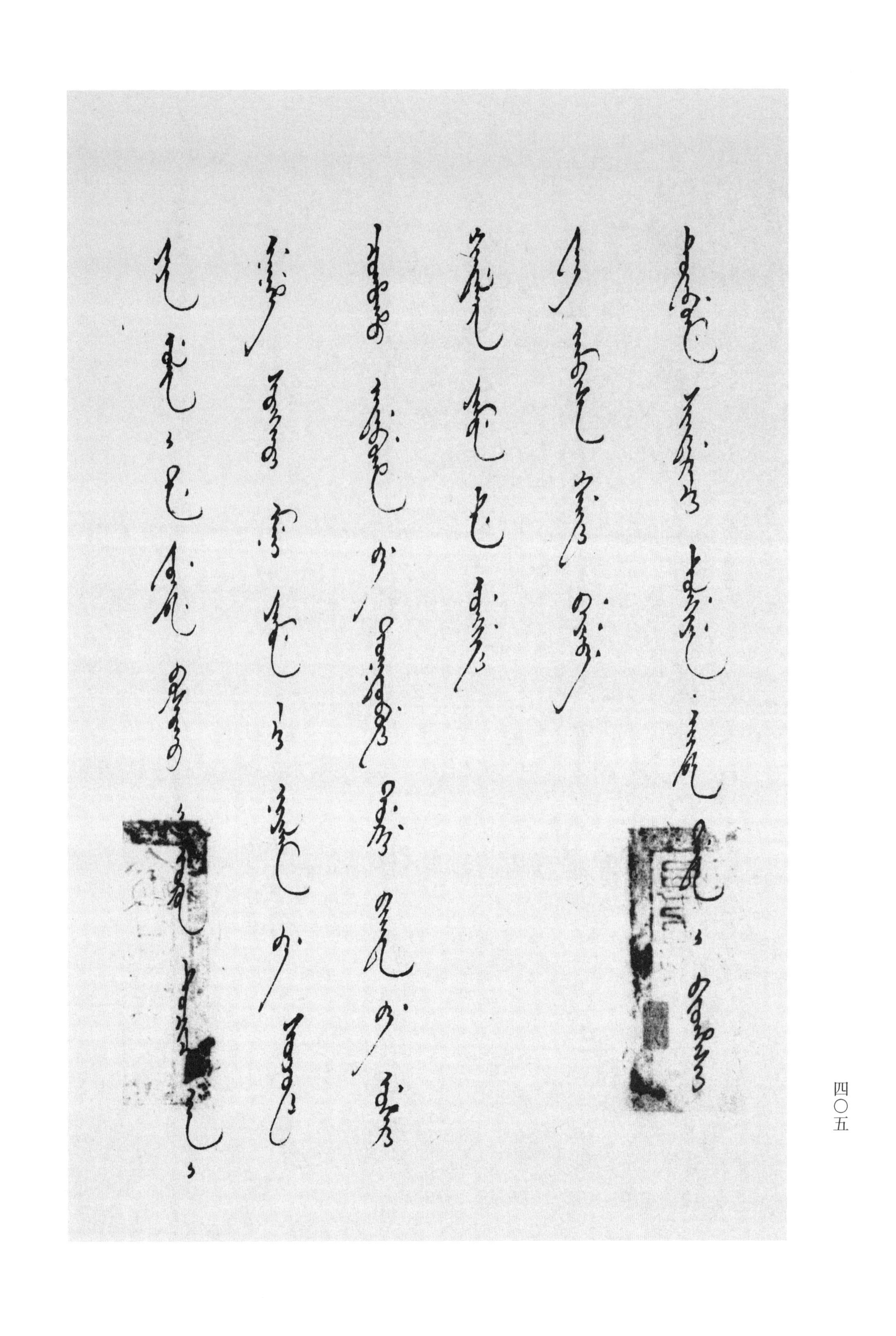

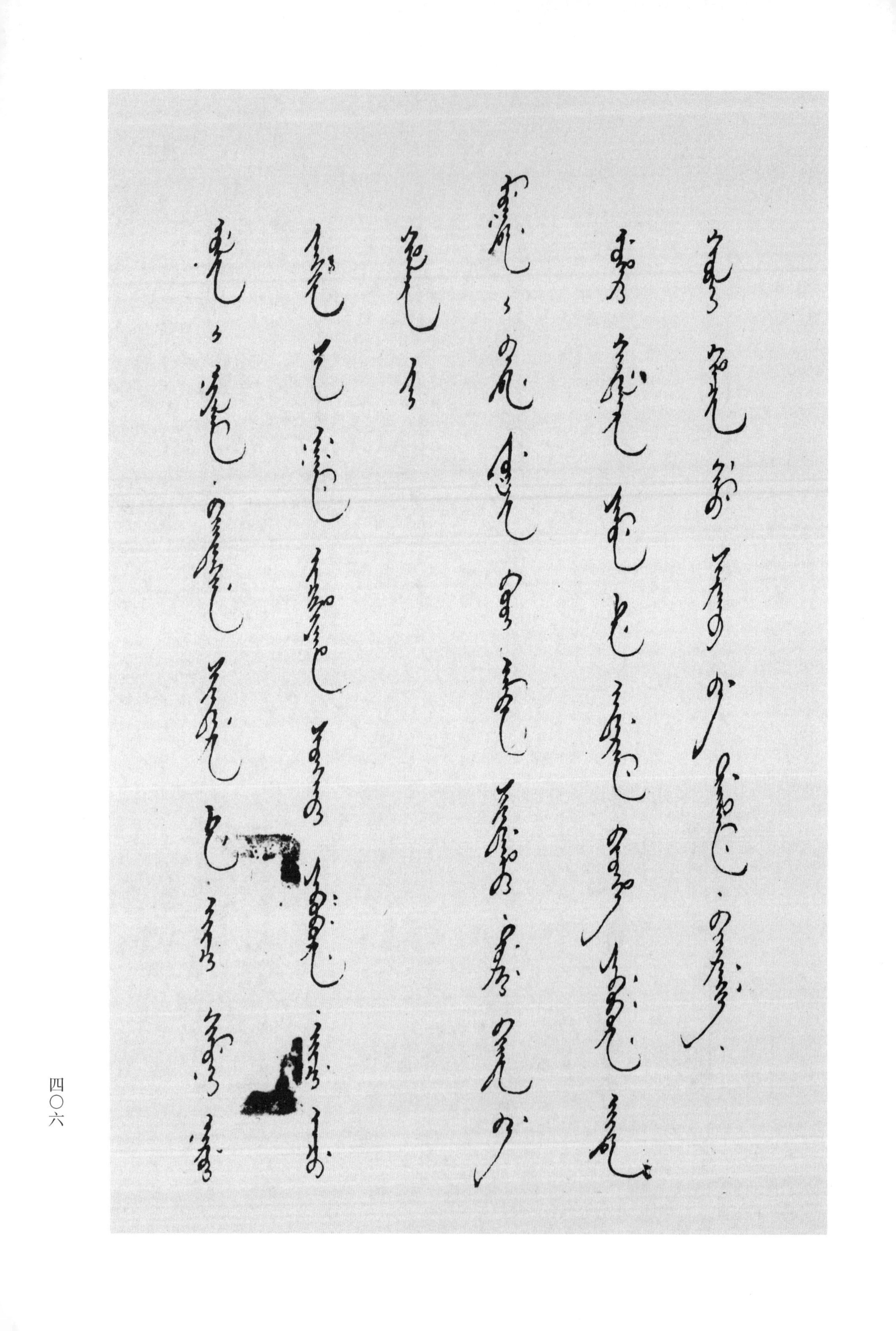

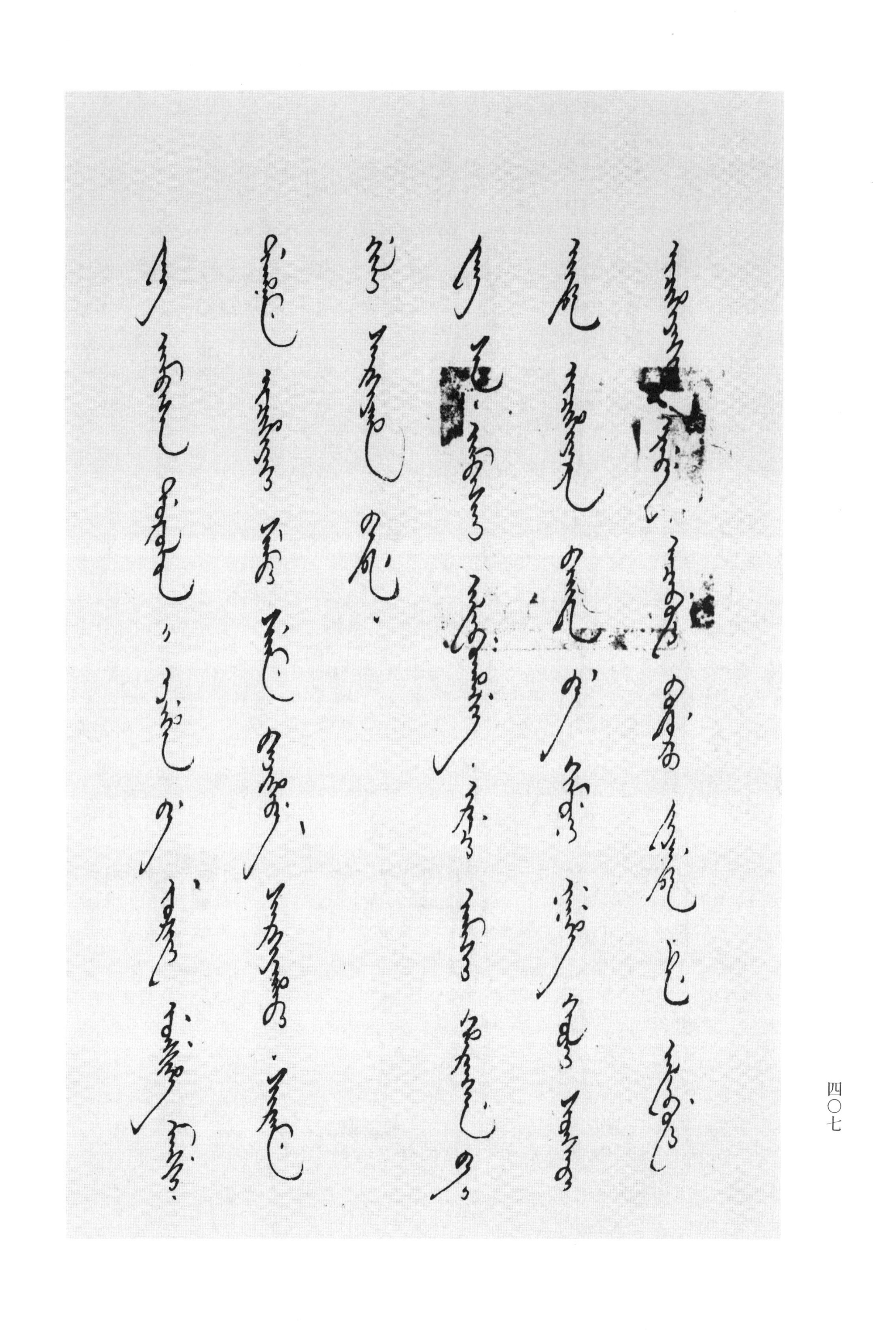

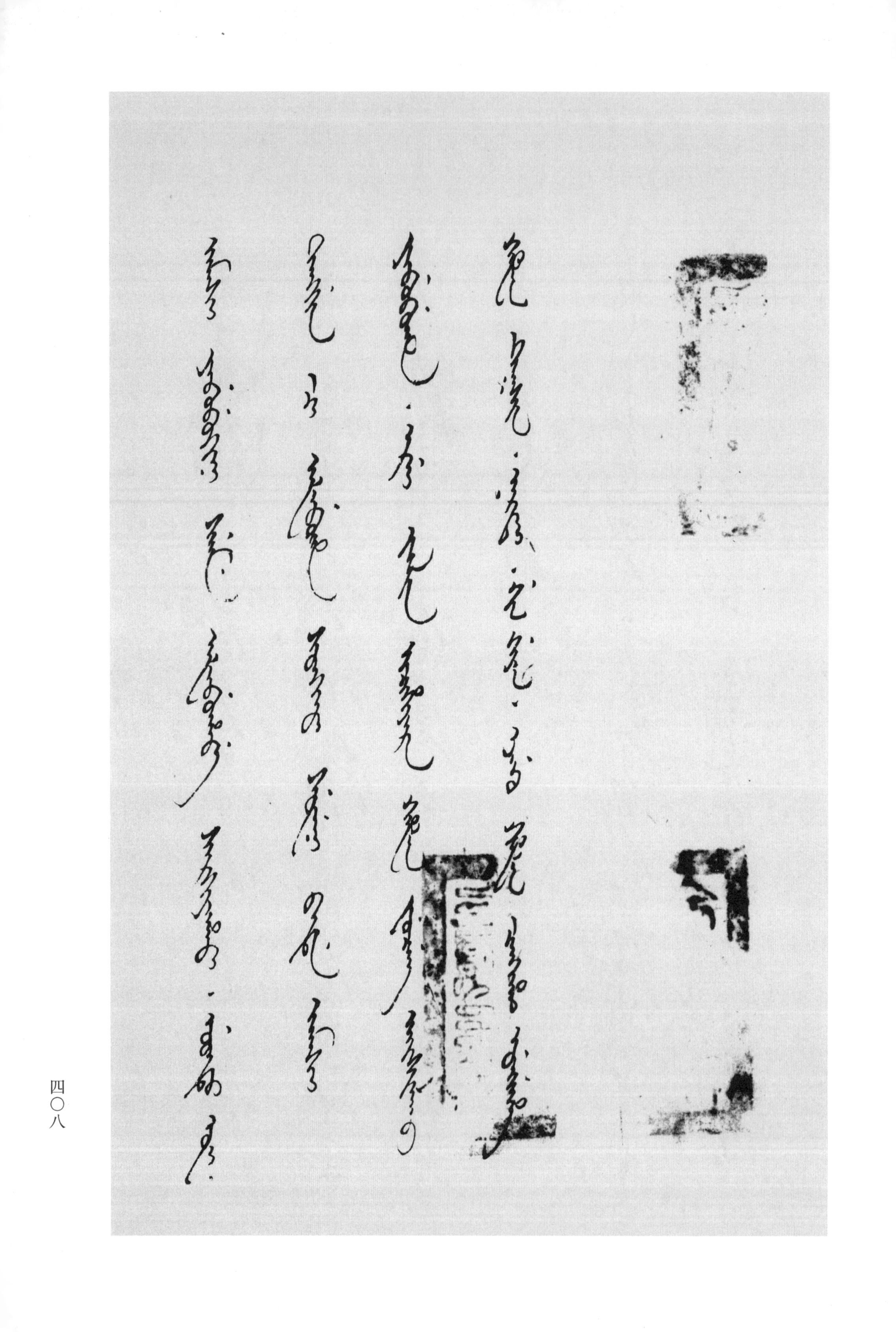

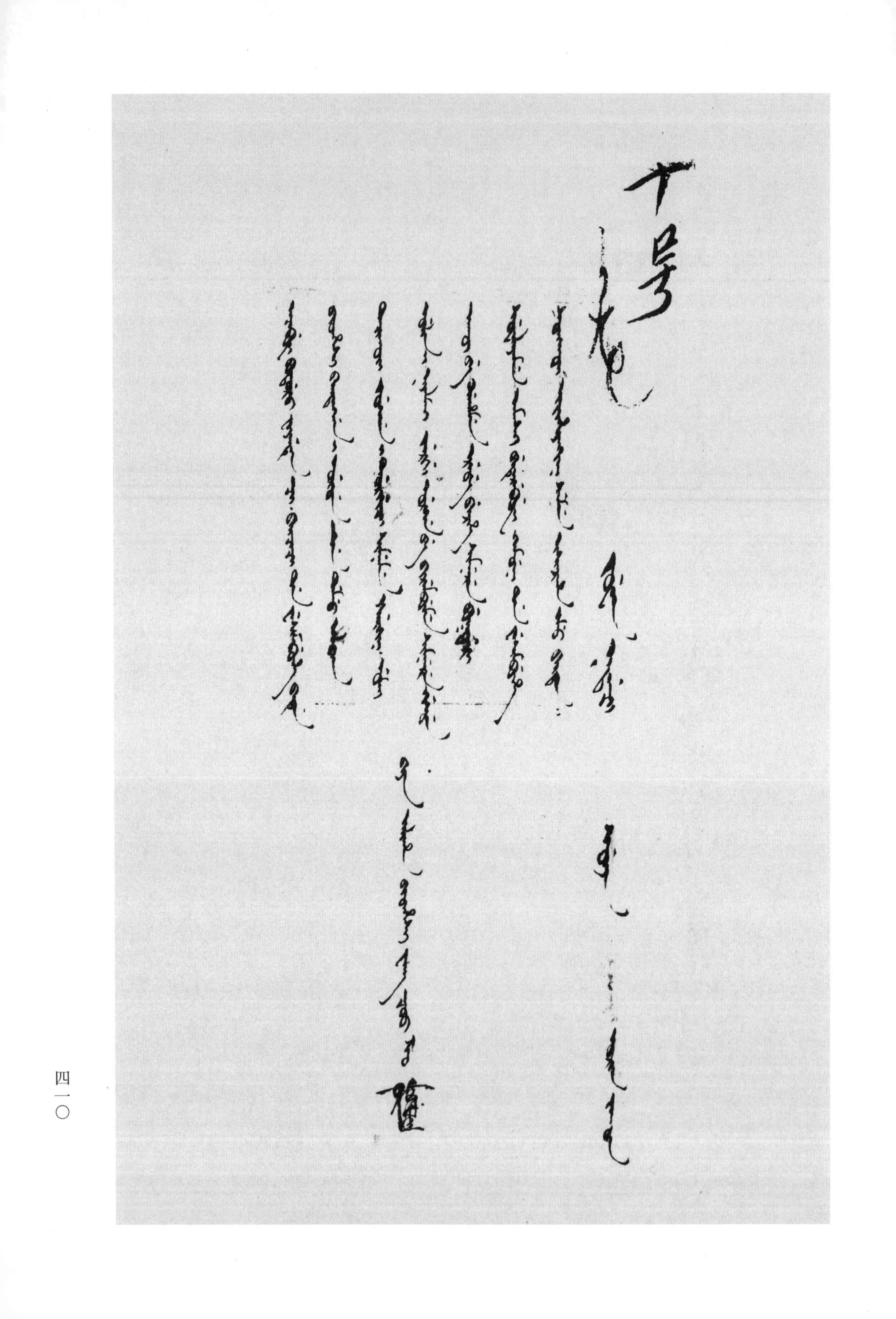

十号

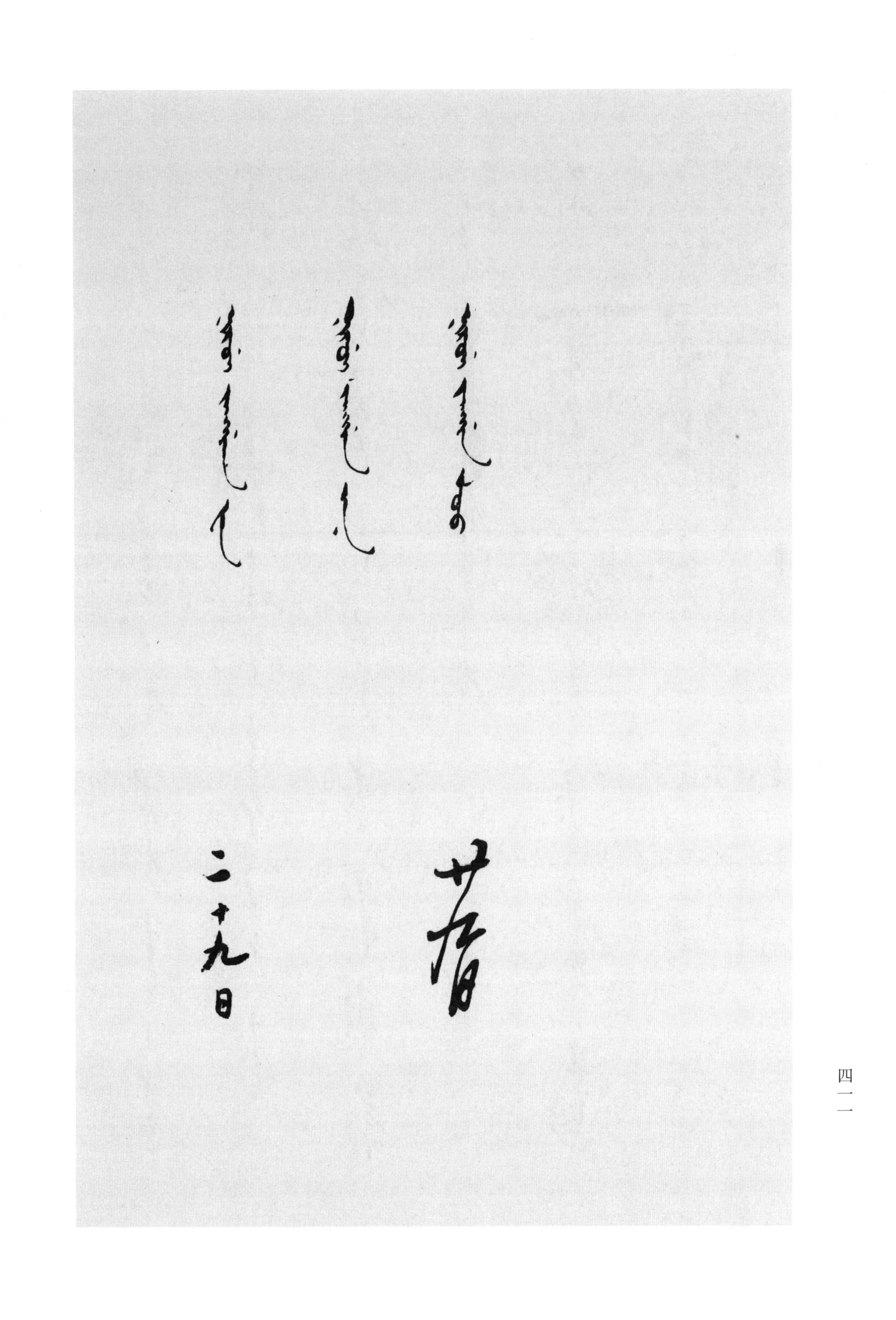

[illegible]

[illegible]

[illegible]

廿九

二十九日

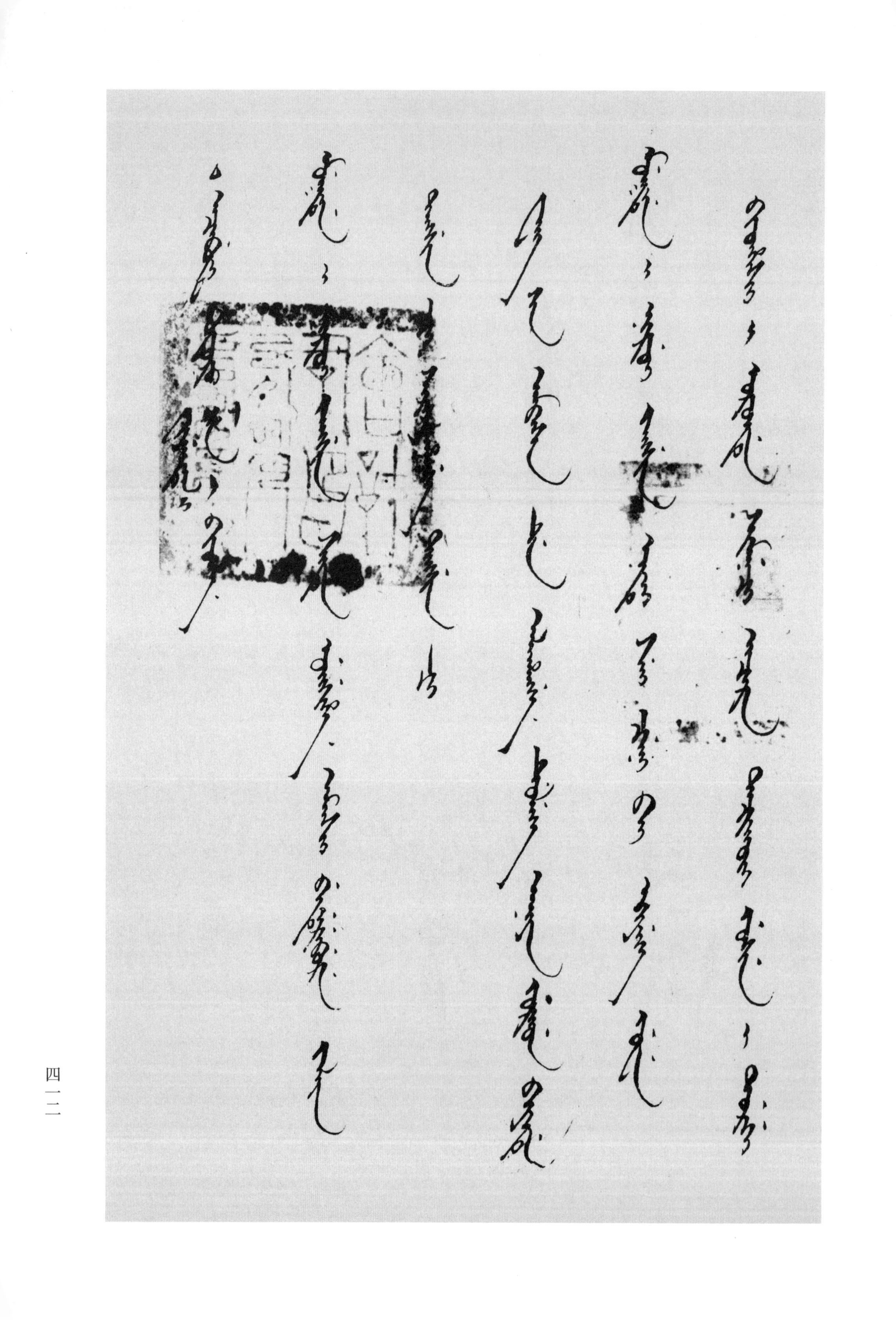

[illegible]

[illegible]

[illegible]

[illegible]

[illegible]

[illegible]

[illegible]

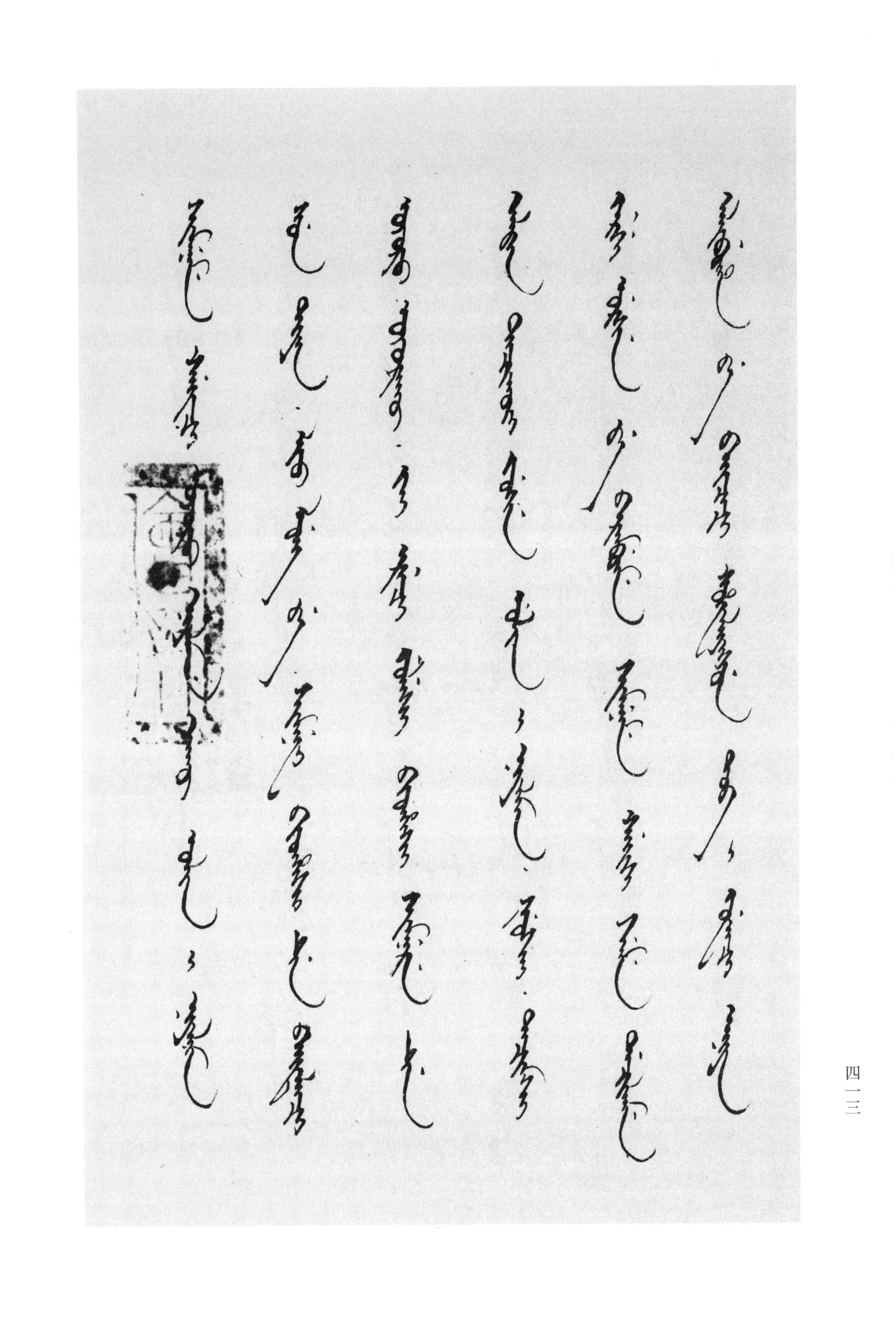

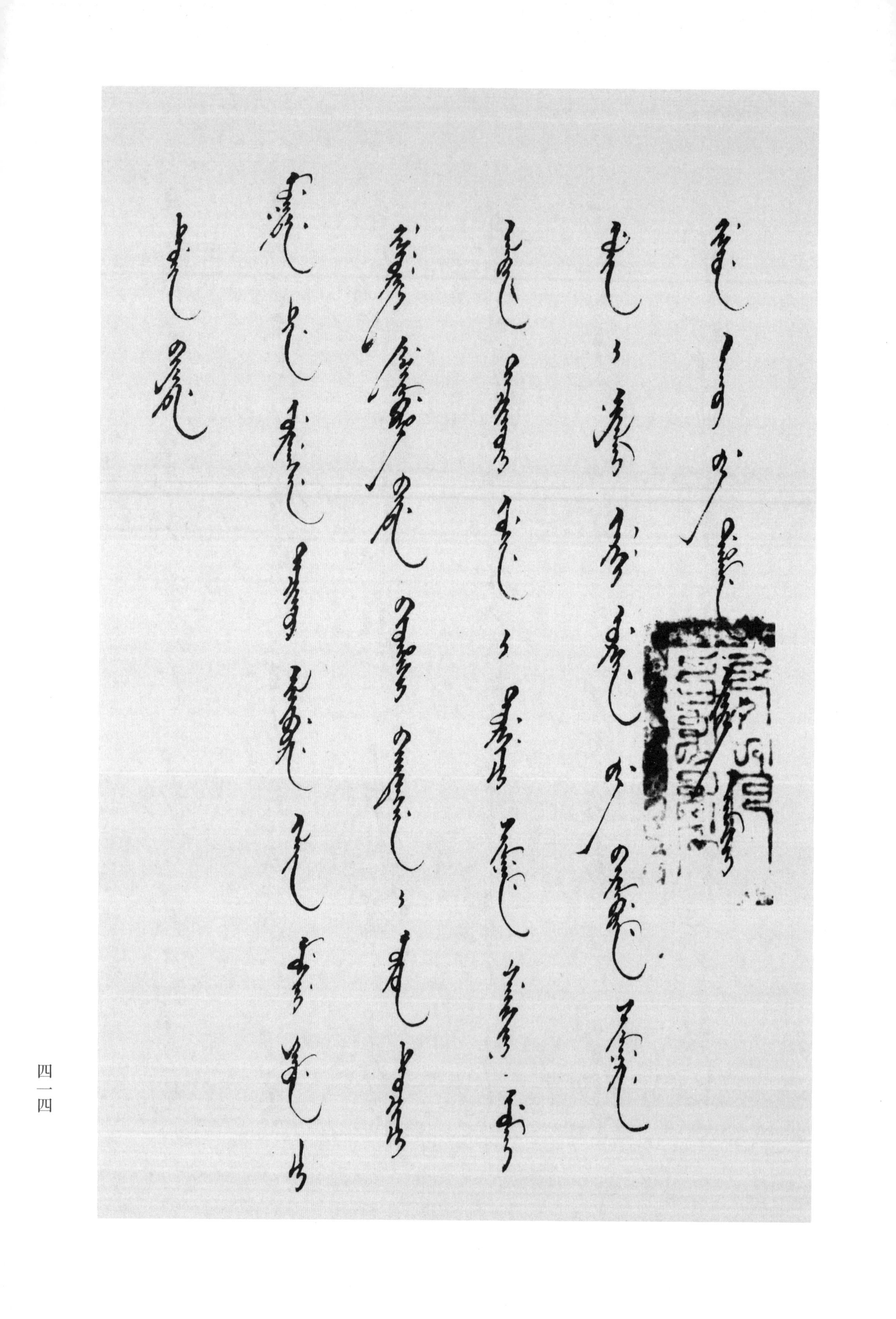

[illegible]

[illegible]

[illegible]

[illegible]

[illegible]

[illegible]

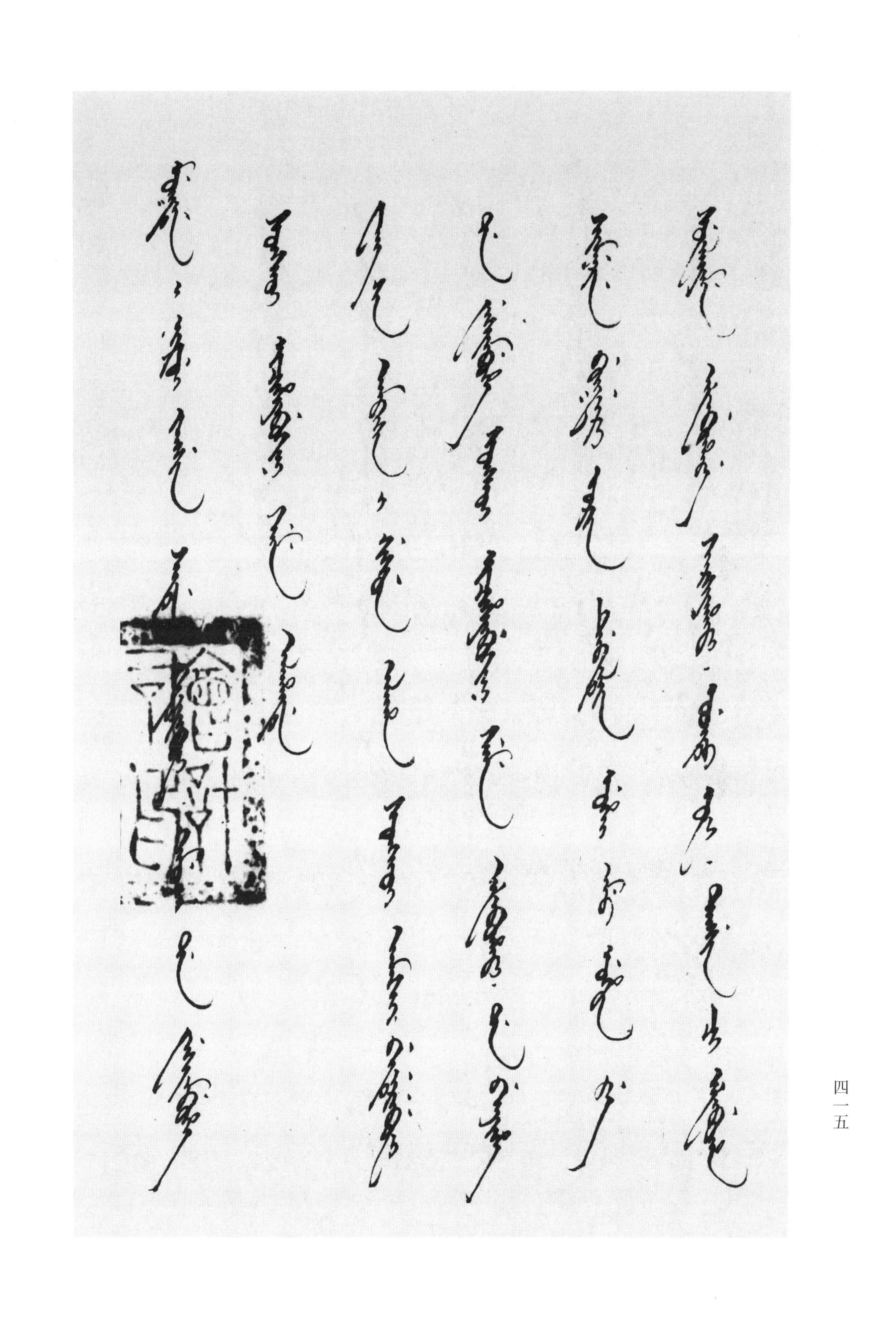

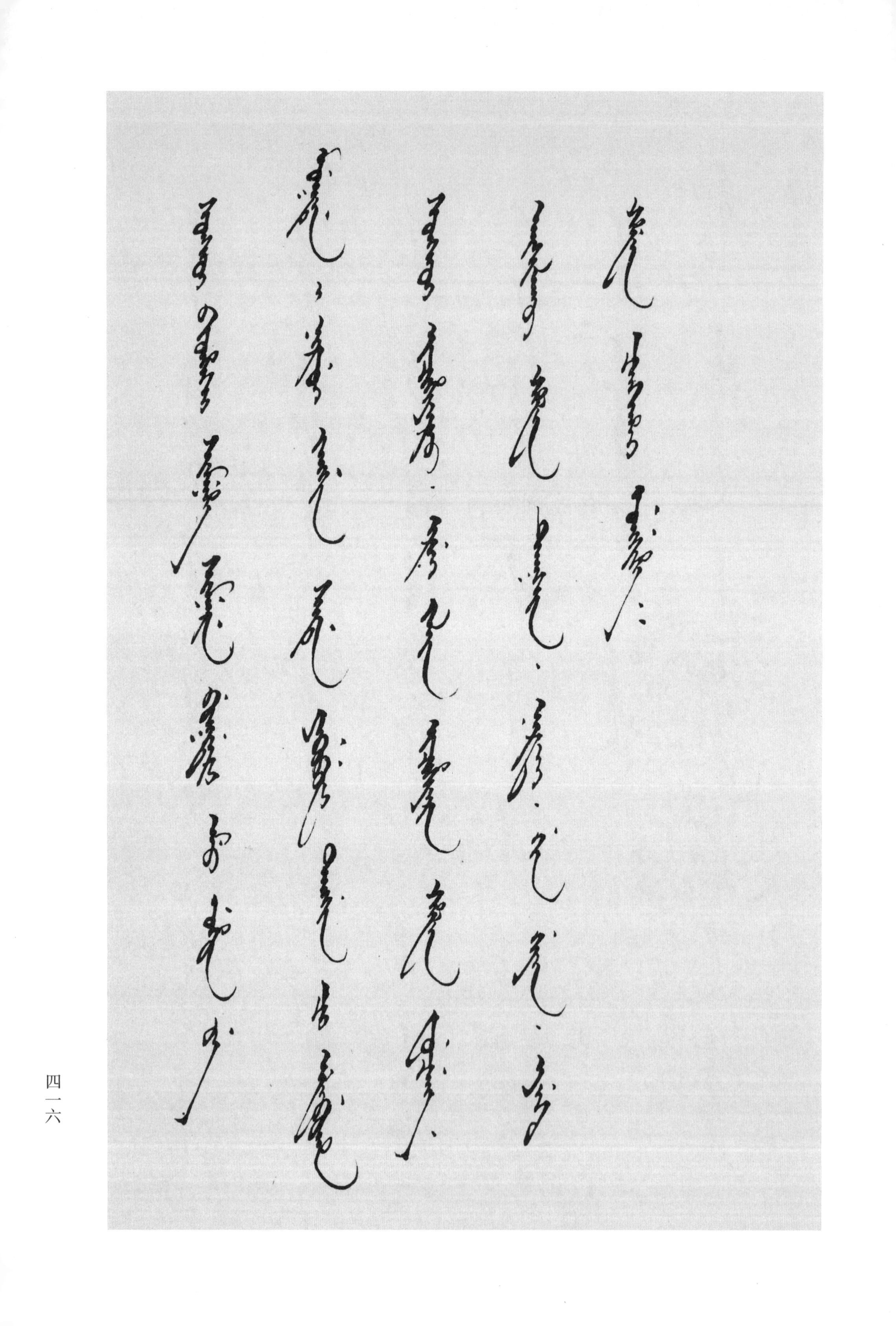

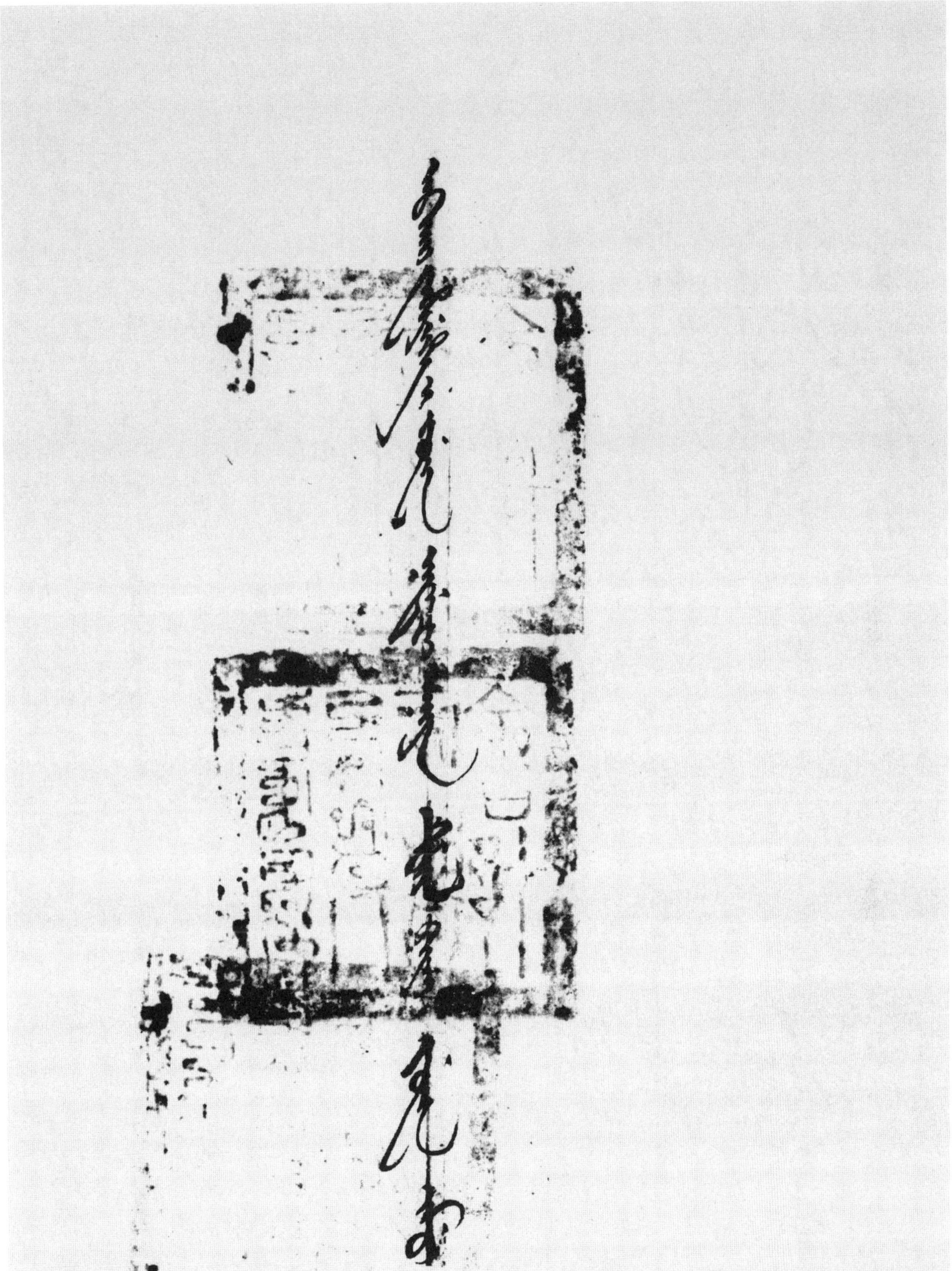

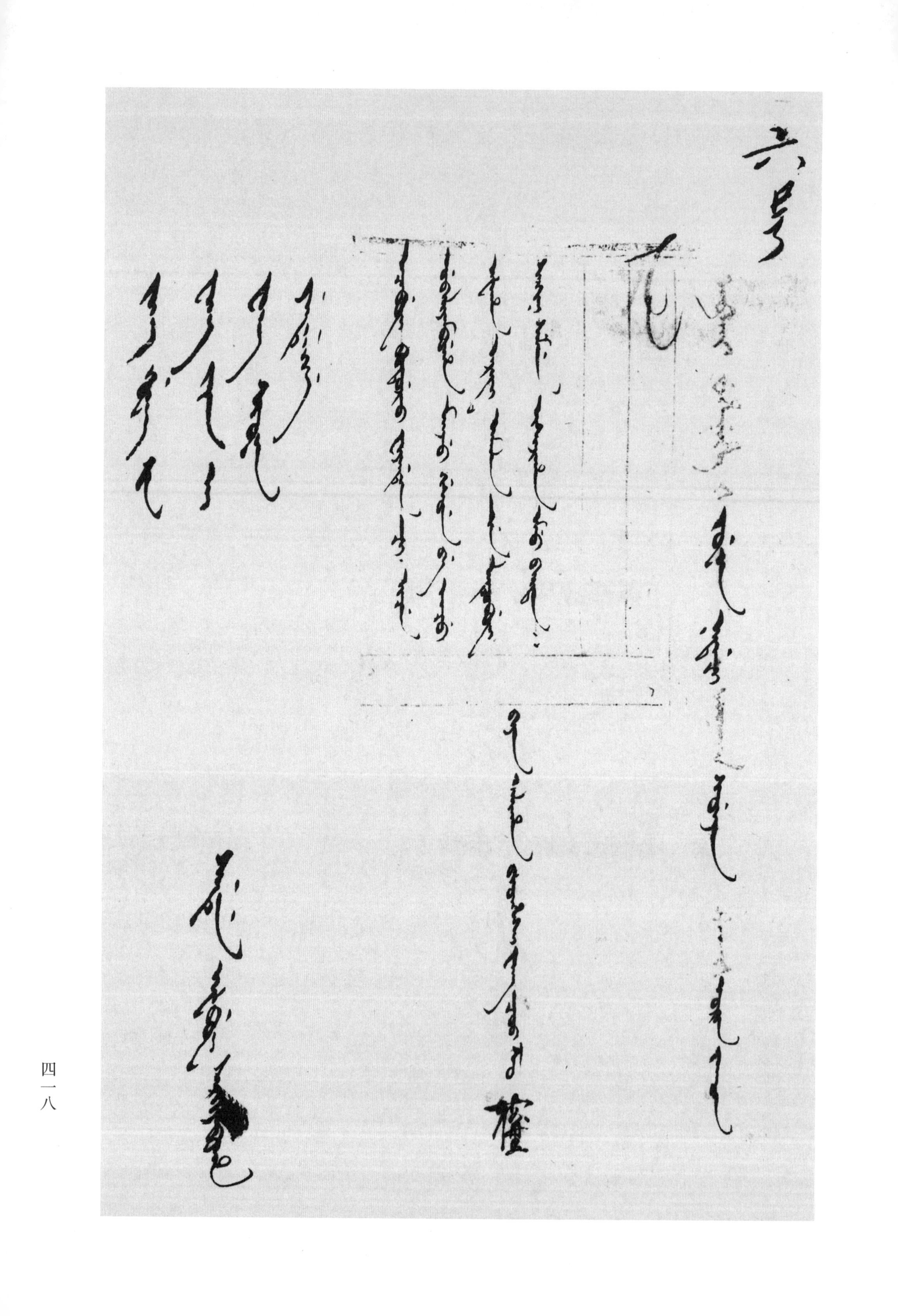

六号

權

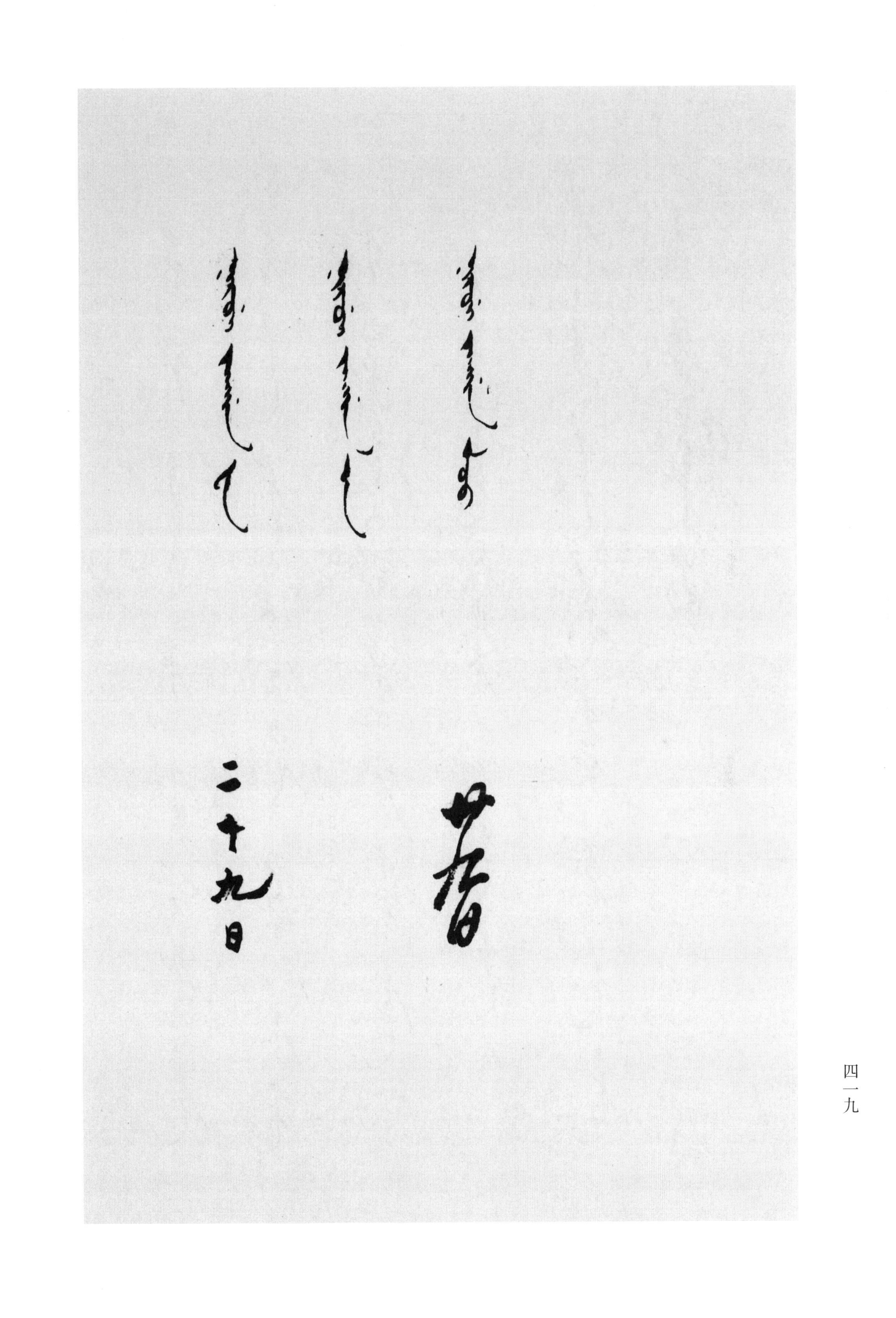

著

二十九日

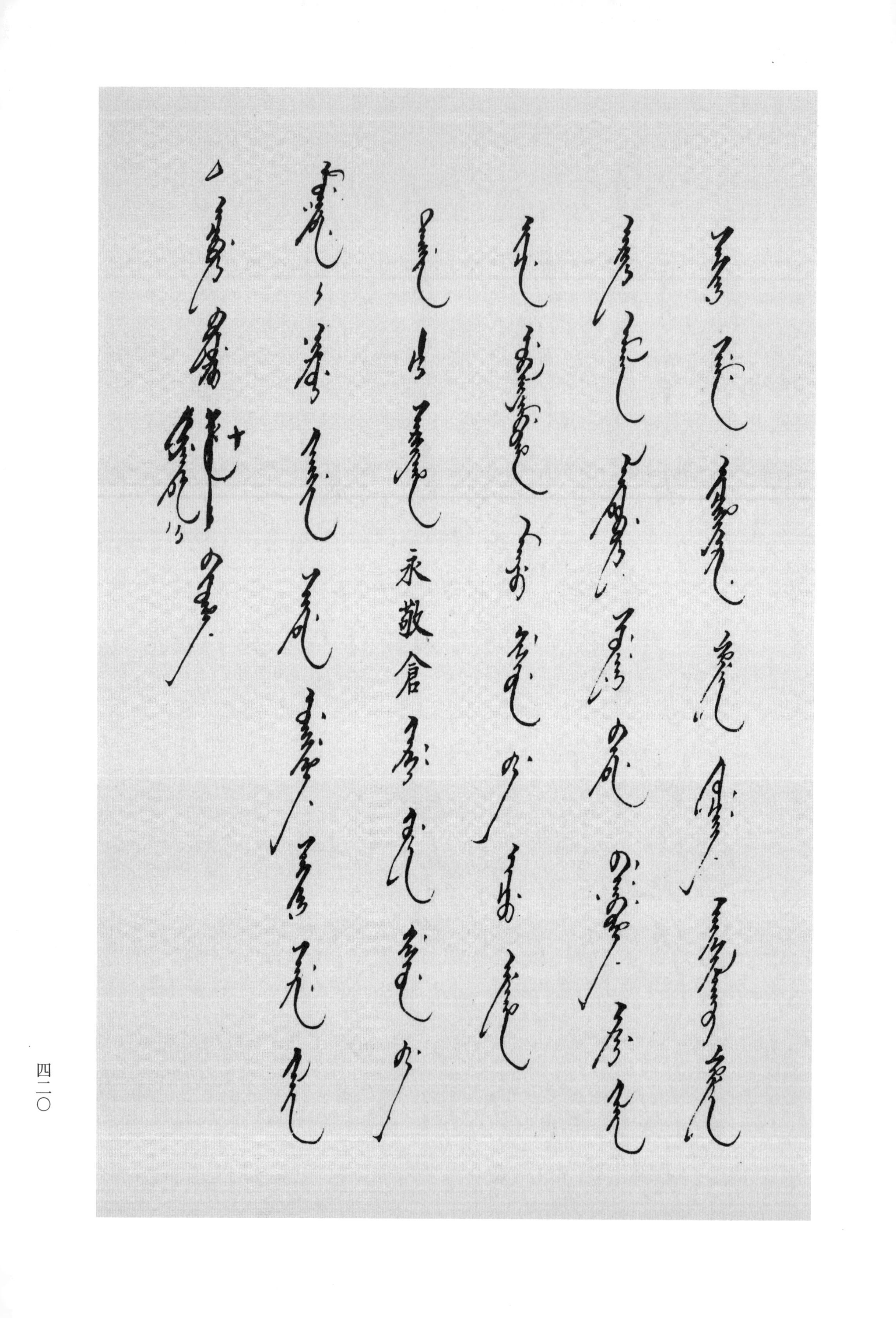

永敬倉

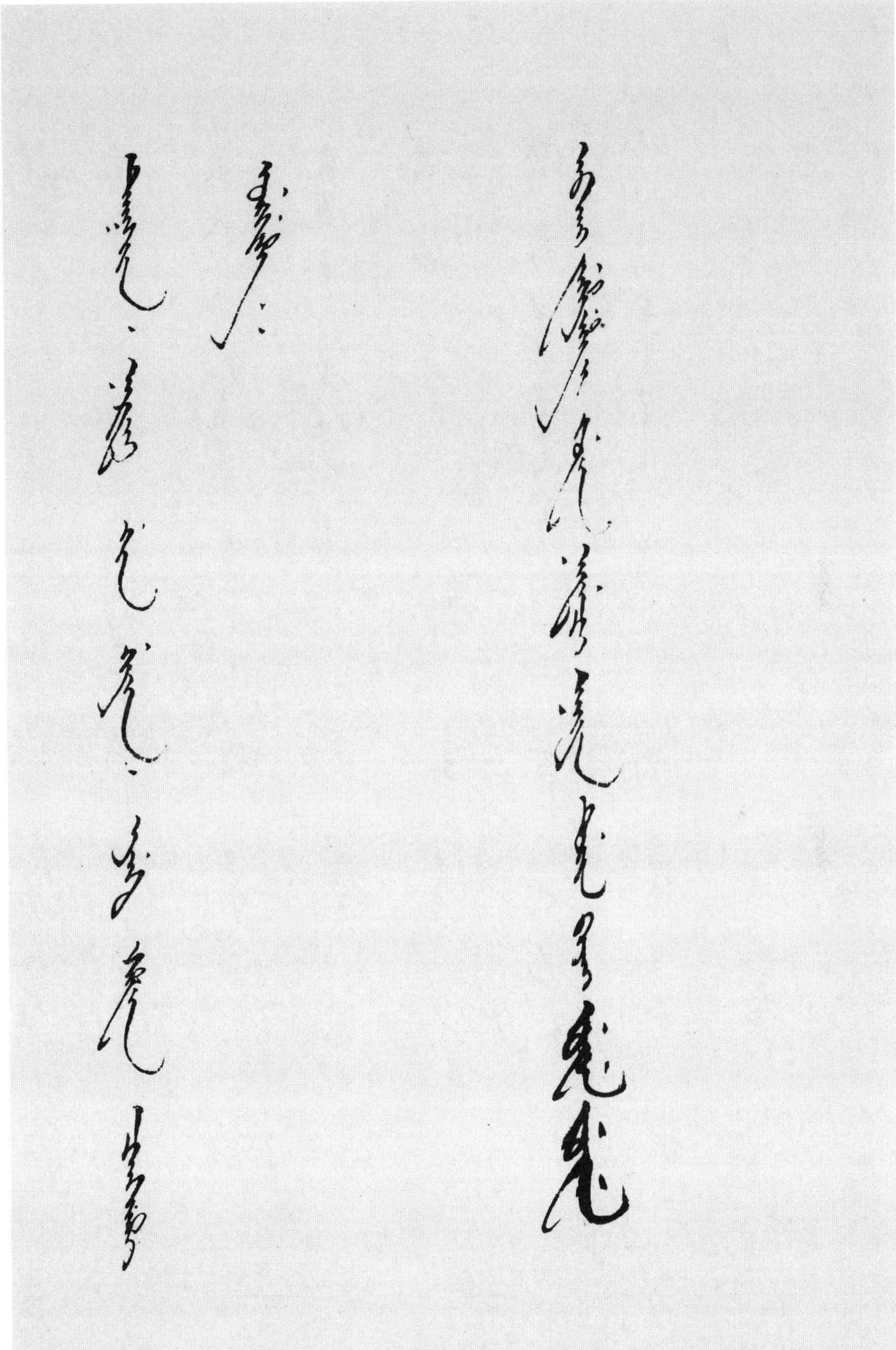

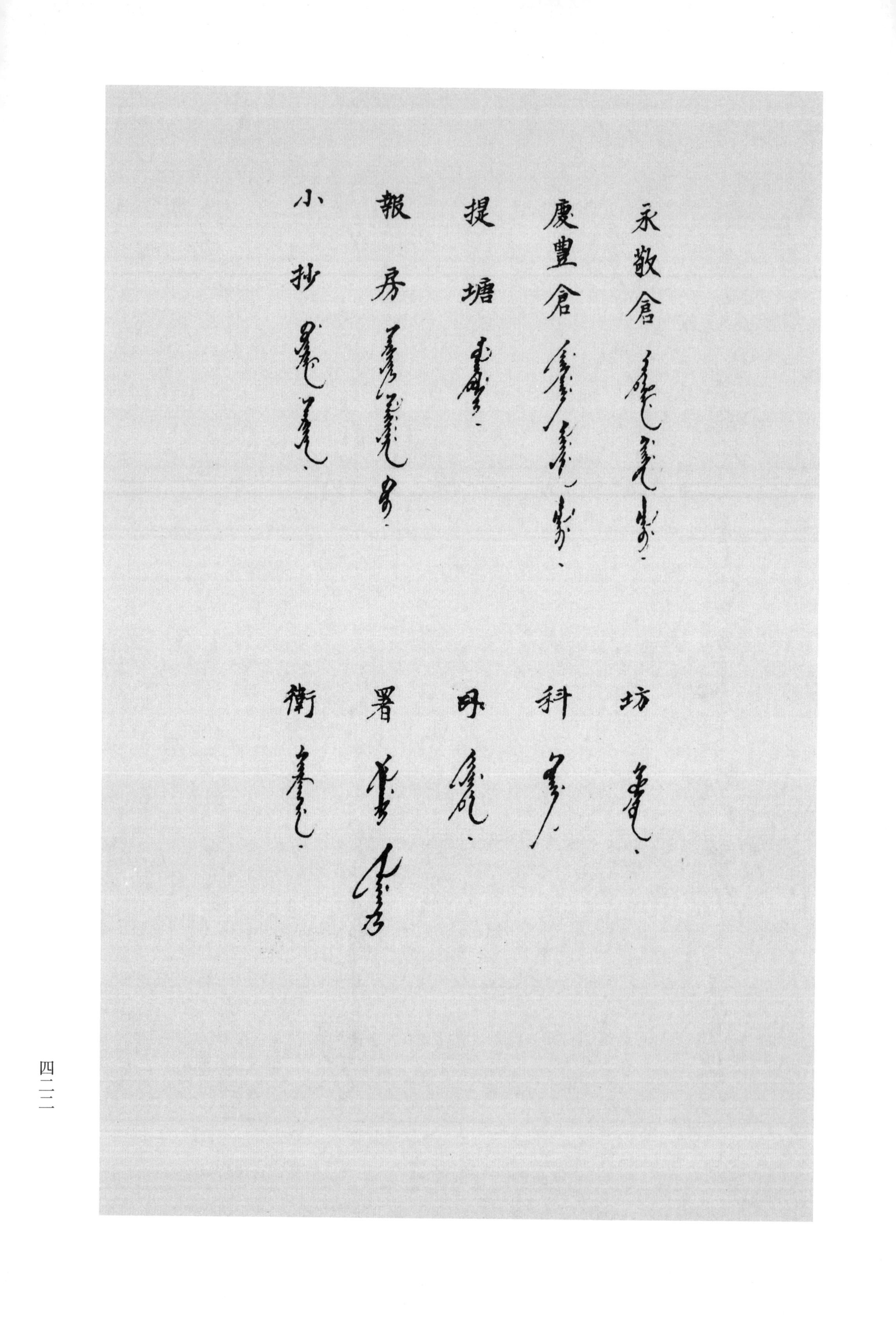

永敬倉

慶豐倉

提塘

報房

小抄

坊

科

所

署

衛

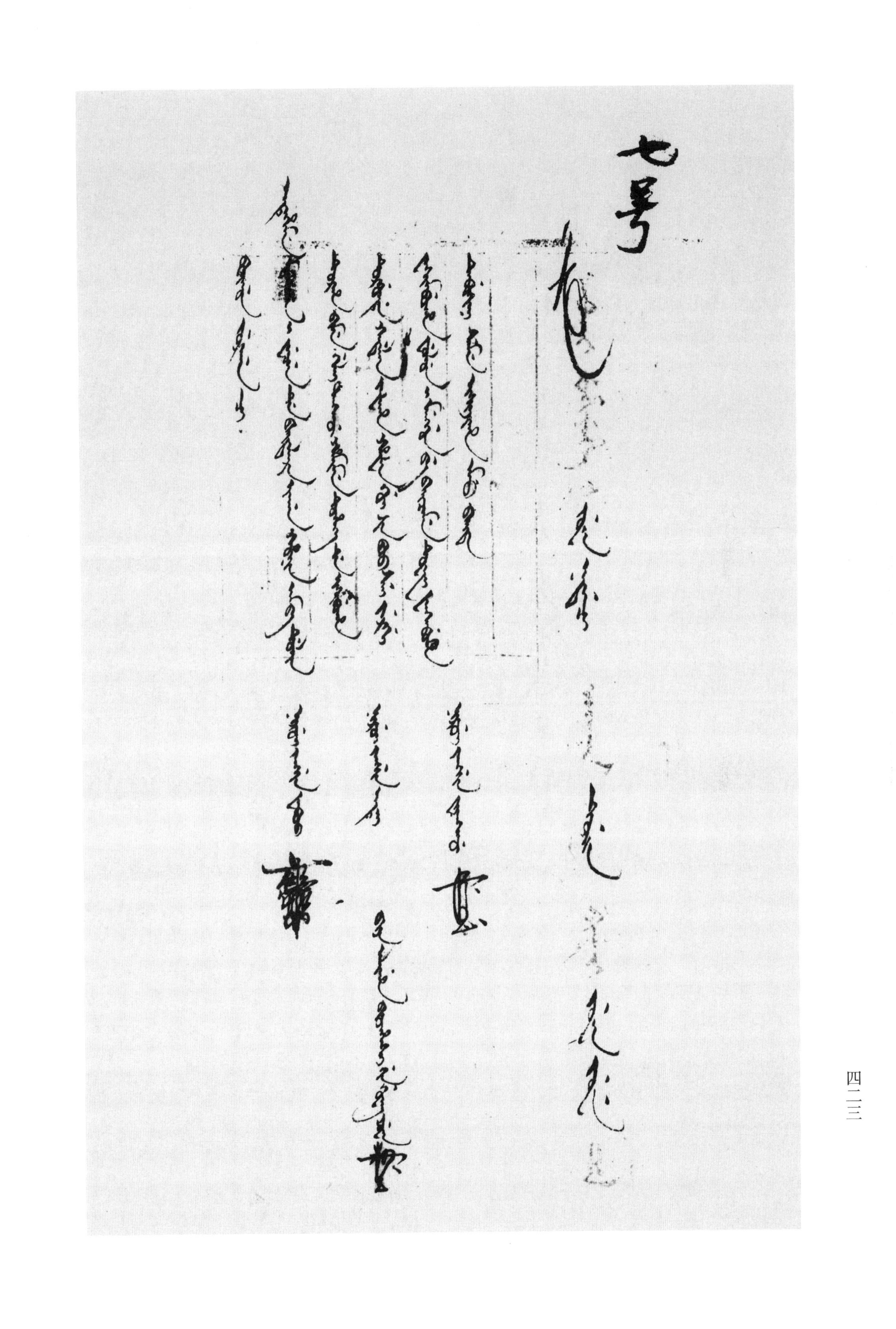

七号

ᡥᠠᡵᠠᠩᡤᠠ ᠵᡠᡵᡤᠠᠨ ᠰᠠ [illegible] [illegible]

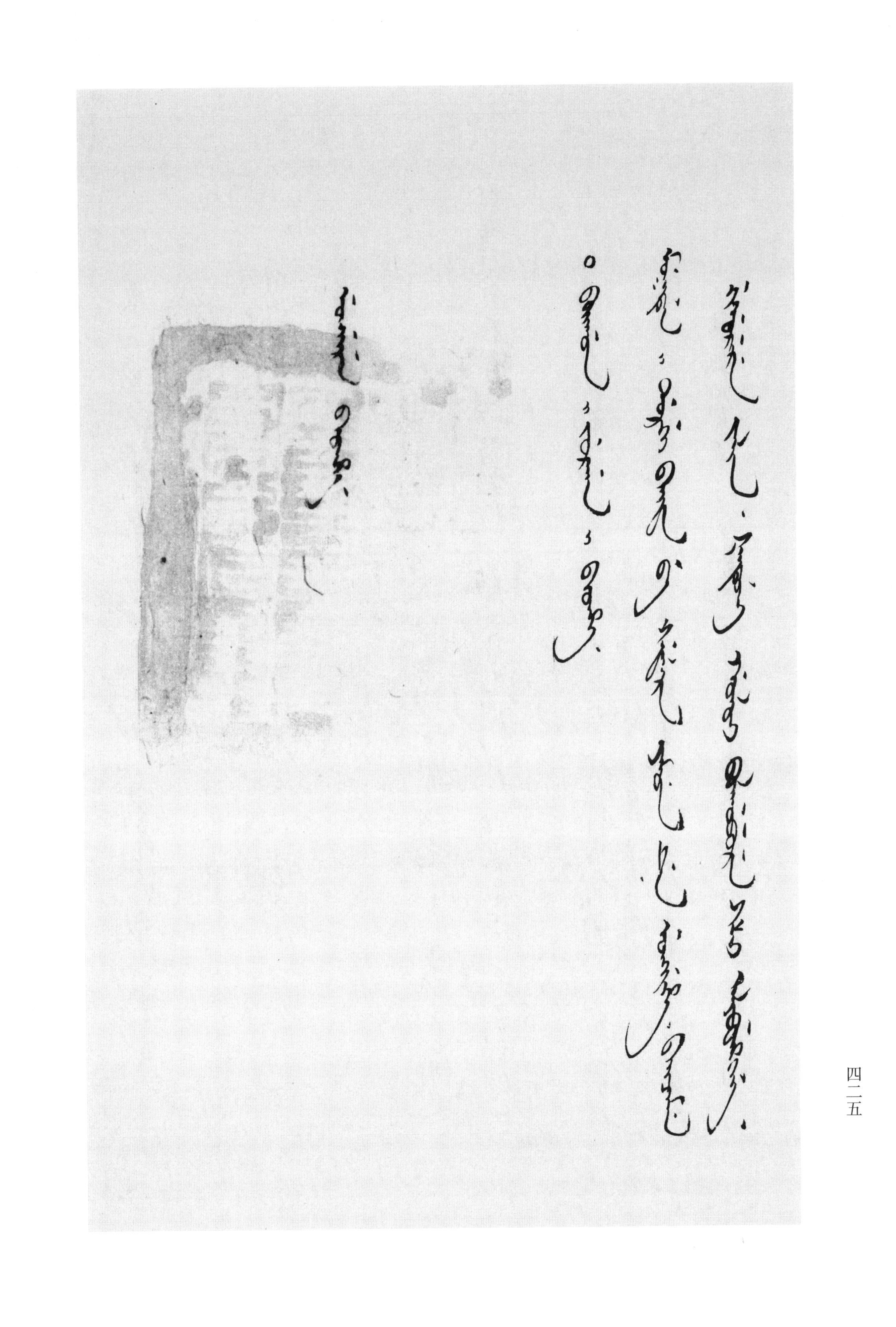

[illegible]

[illegible]

[illegible]

[illegible]

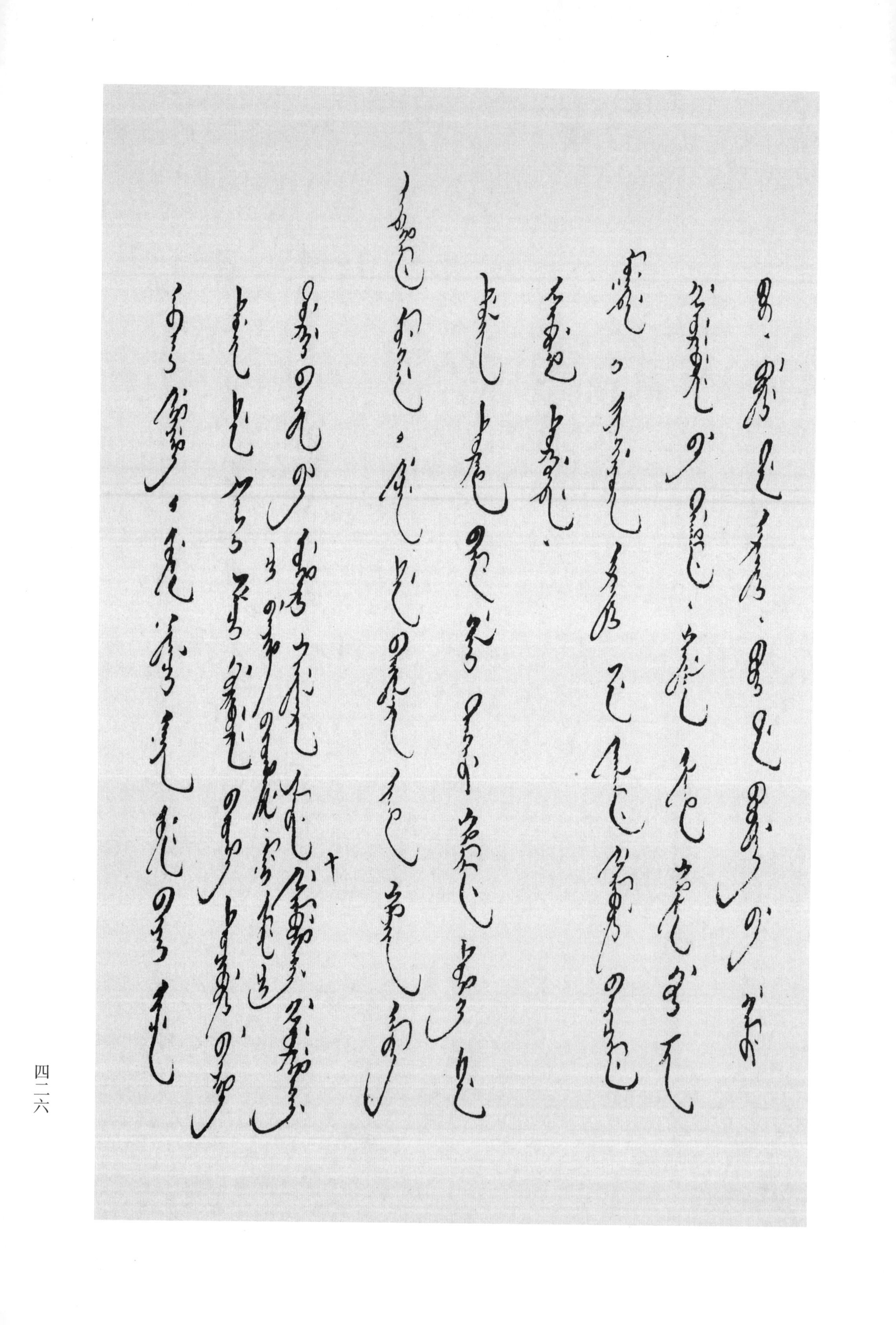

[illegible]

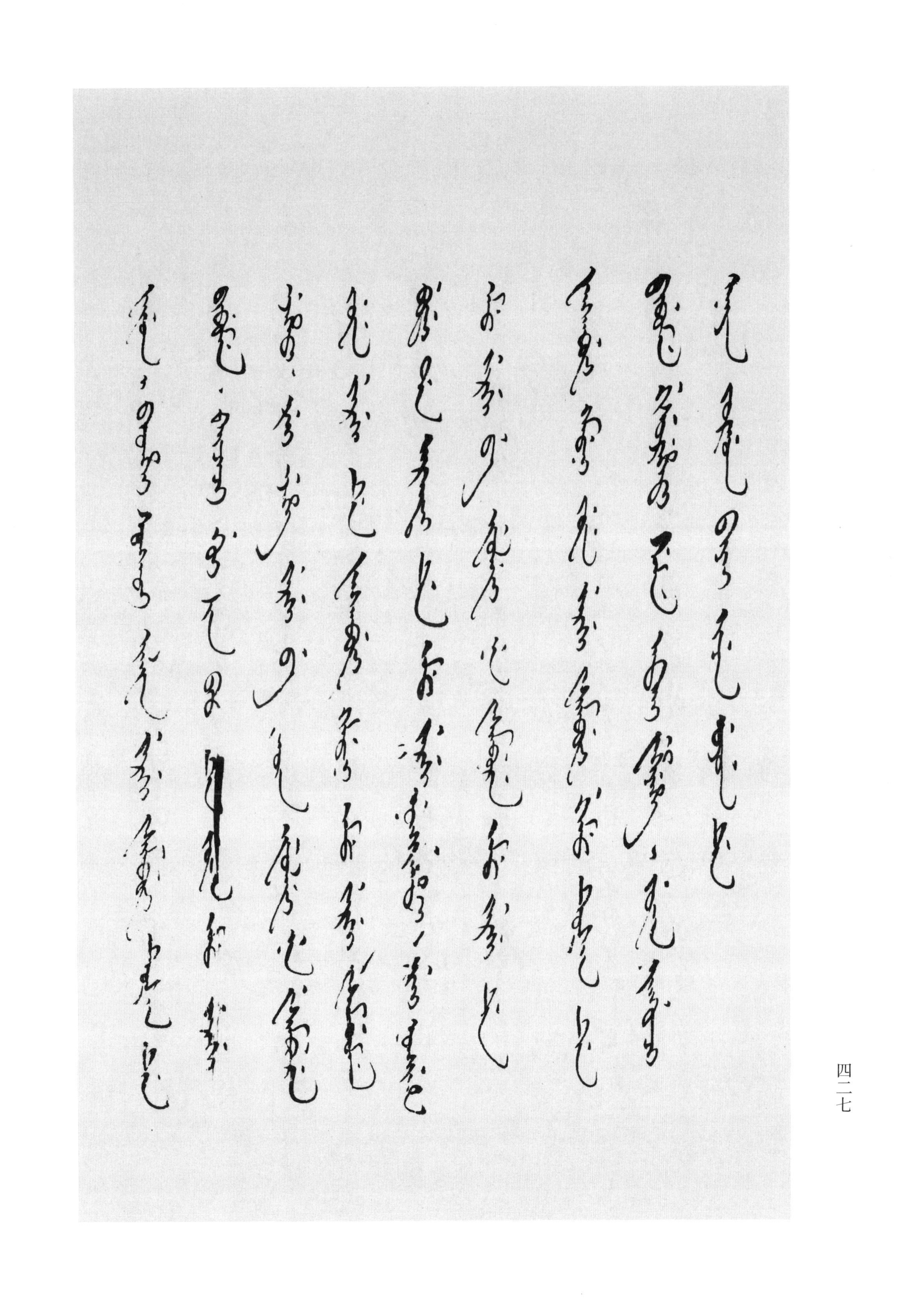

[illegible]

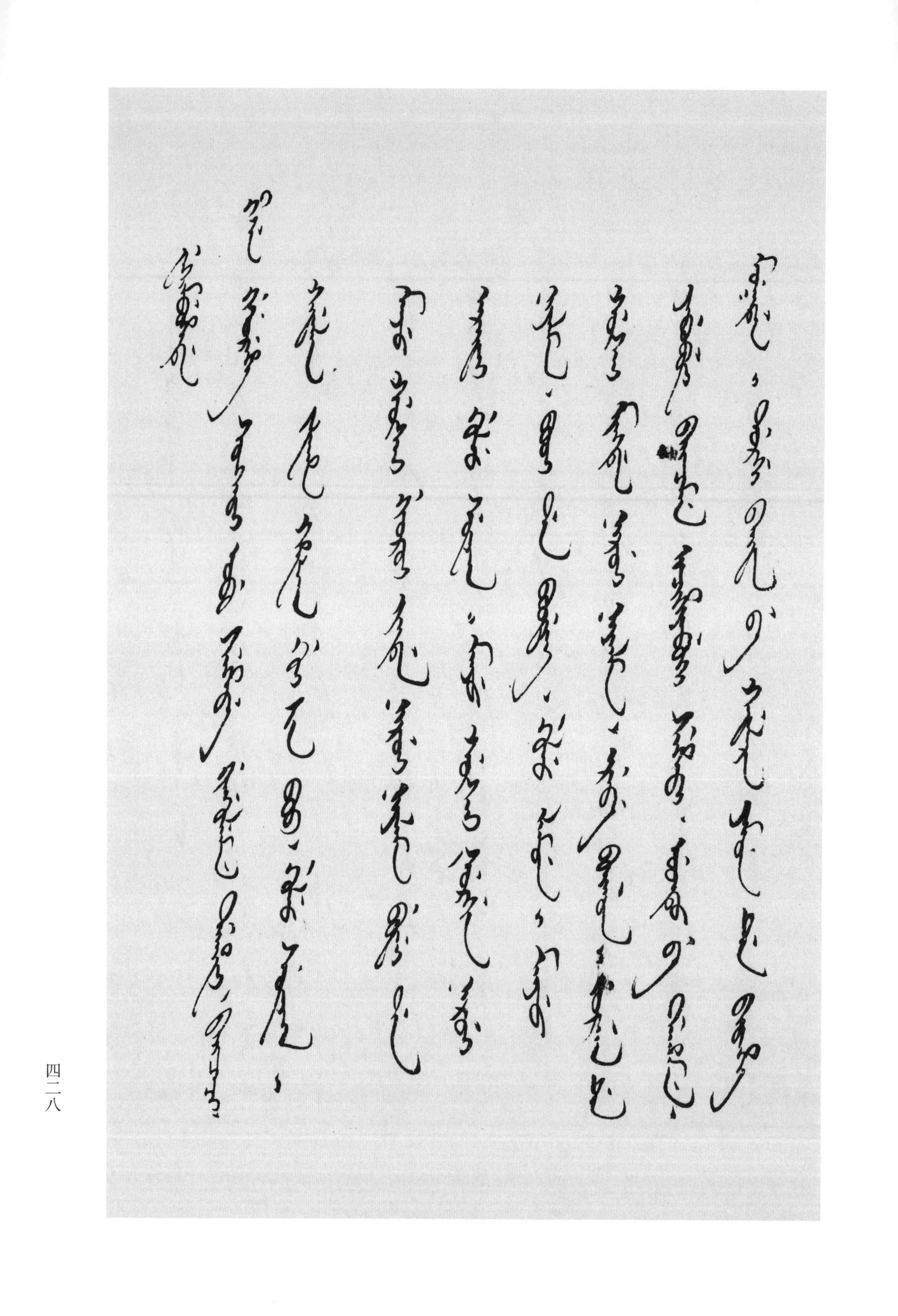

[illegible]

[illegible]

[illegible]

[illegible]

[illegible]

[illegible]

[illegible]

[illegible]

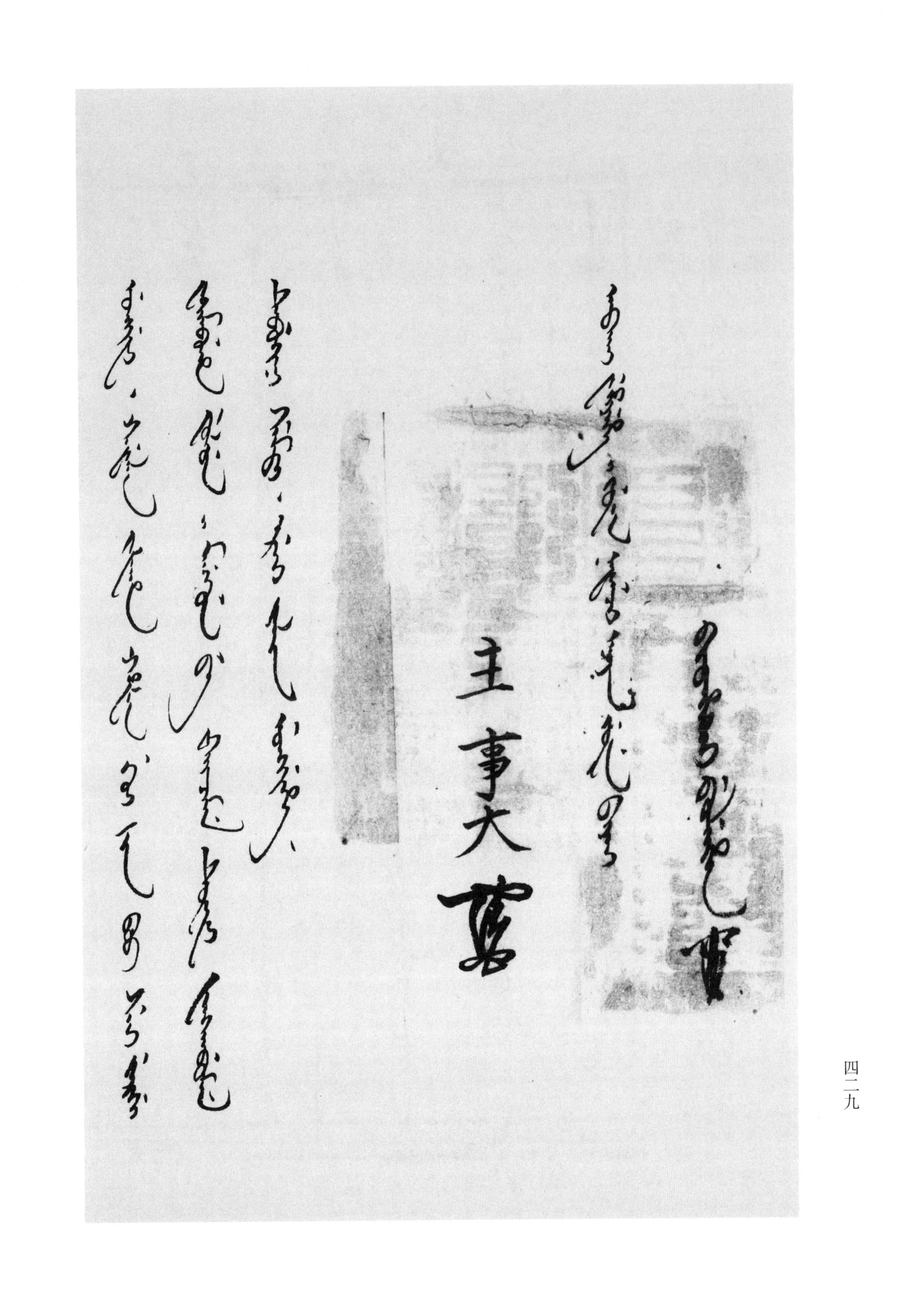

[illegible]

主事大

[illegible]

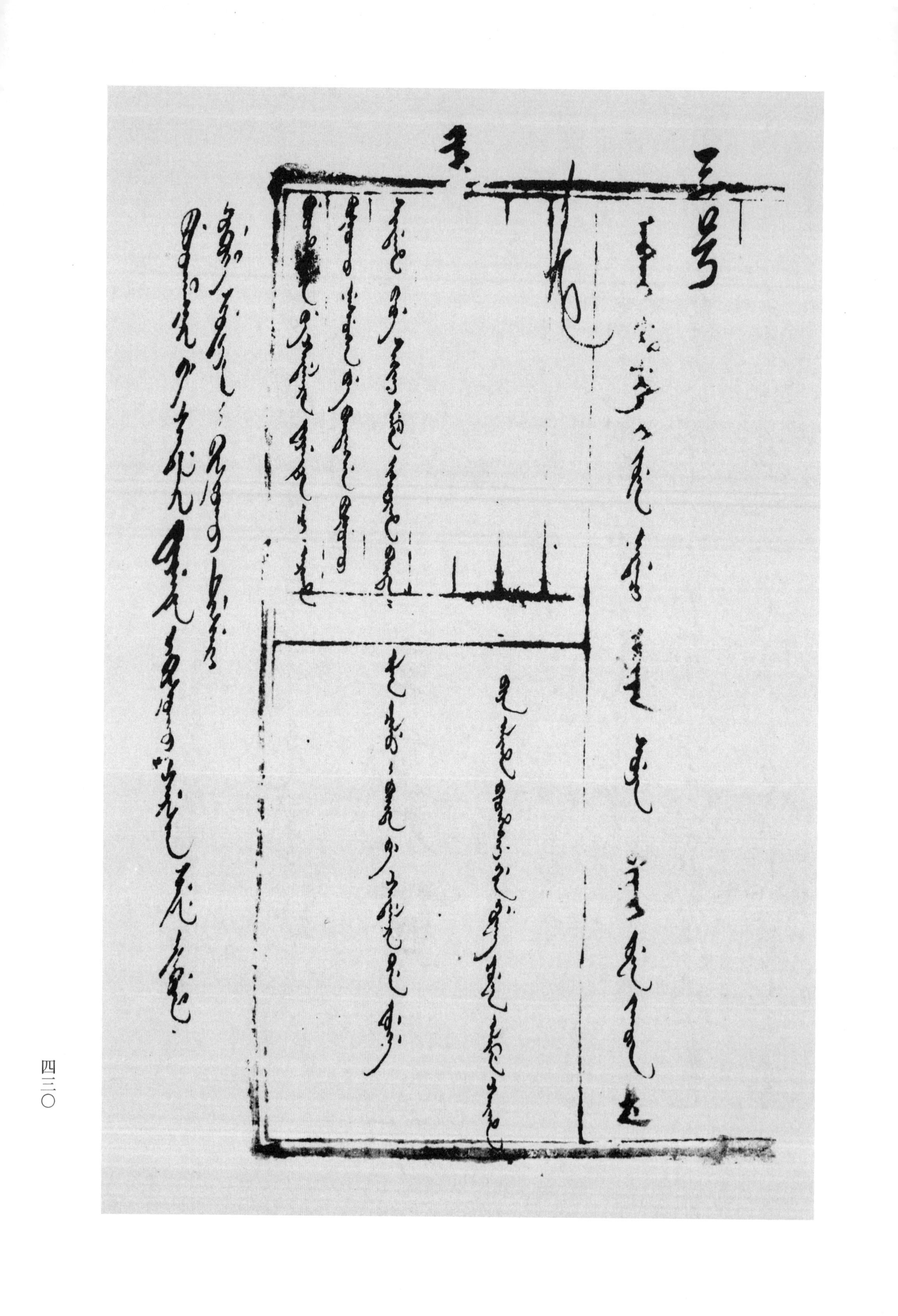

[illegible]

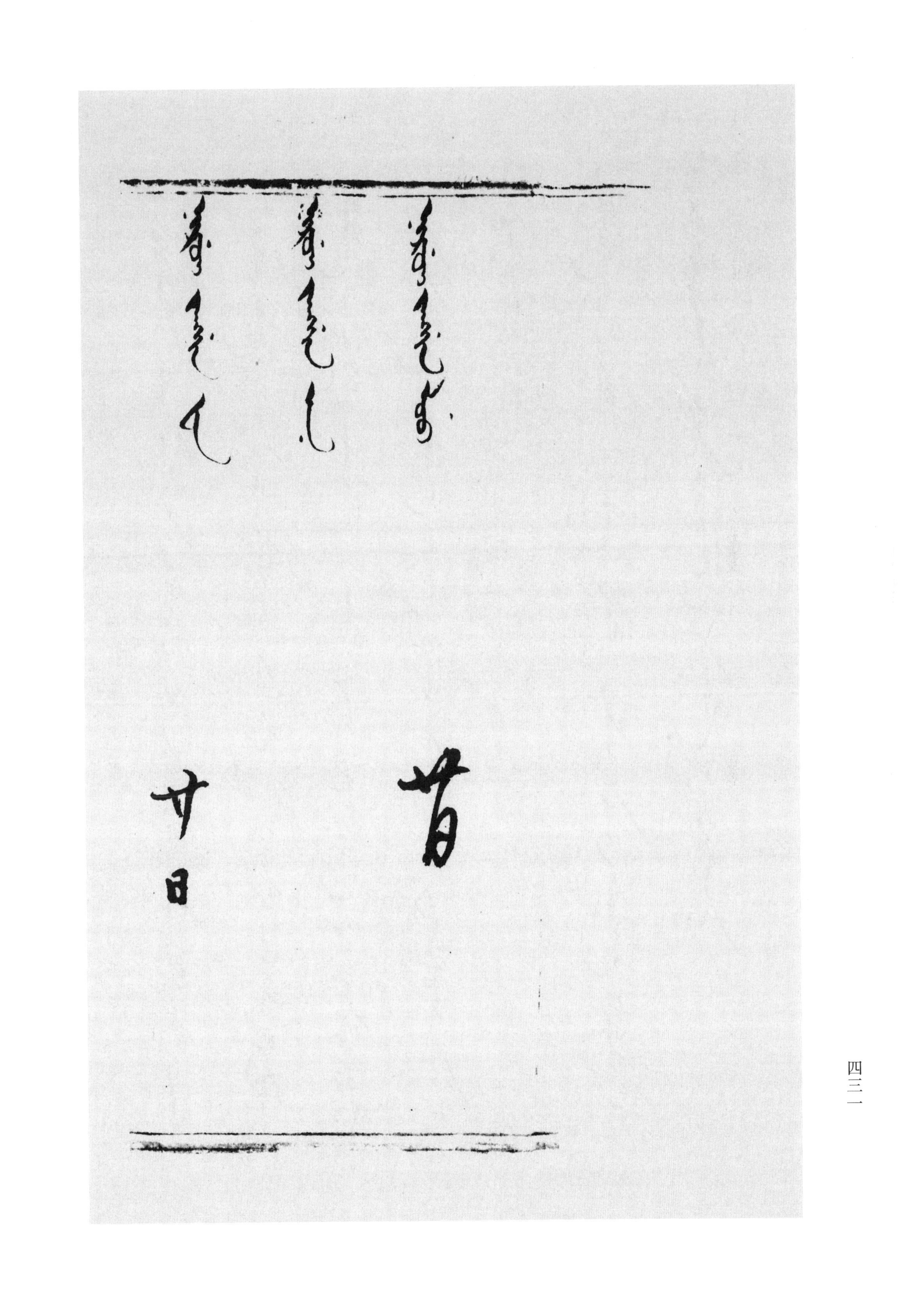

[illegible]

[illegible]

[illegible]

旨

廿日

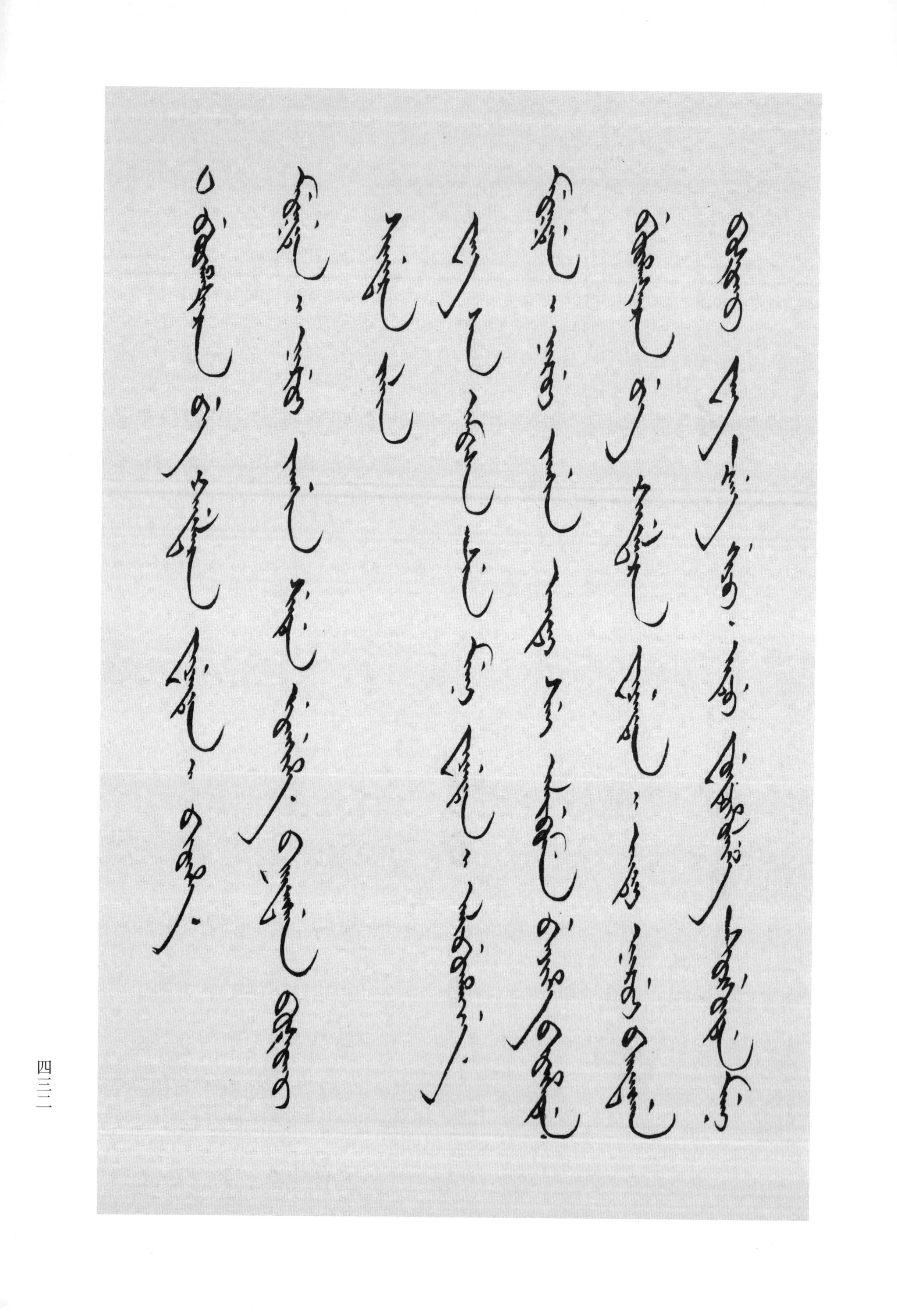

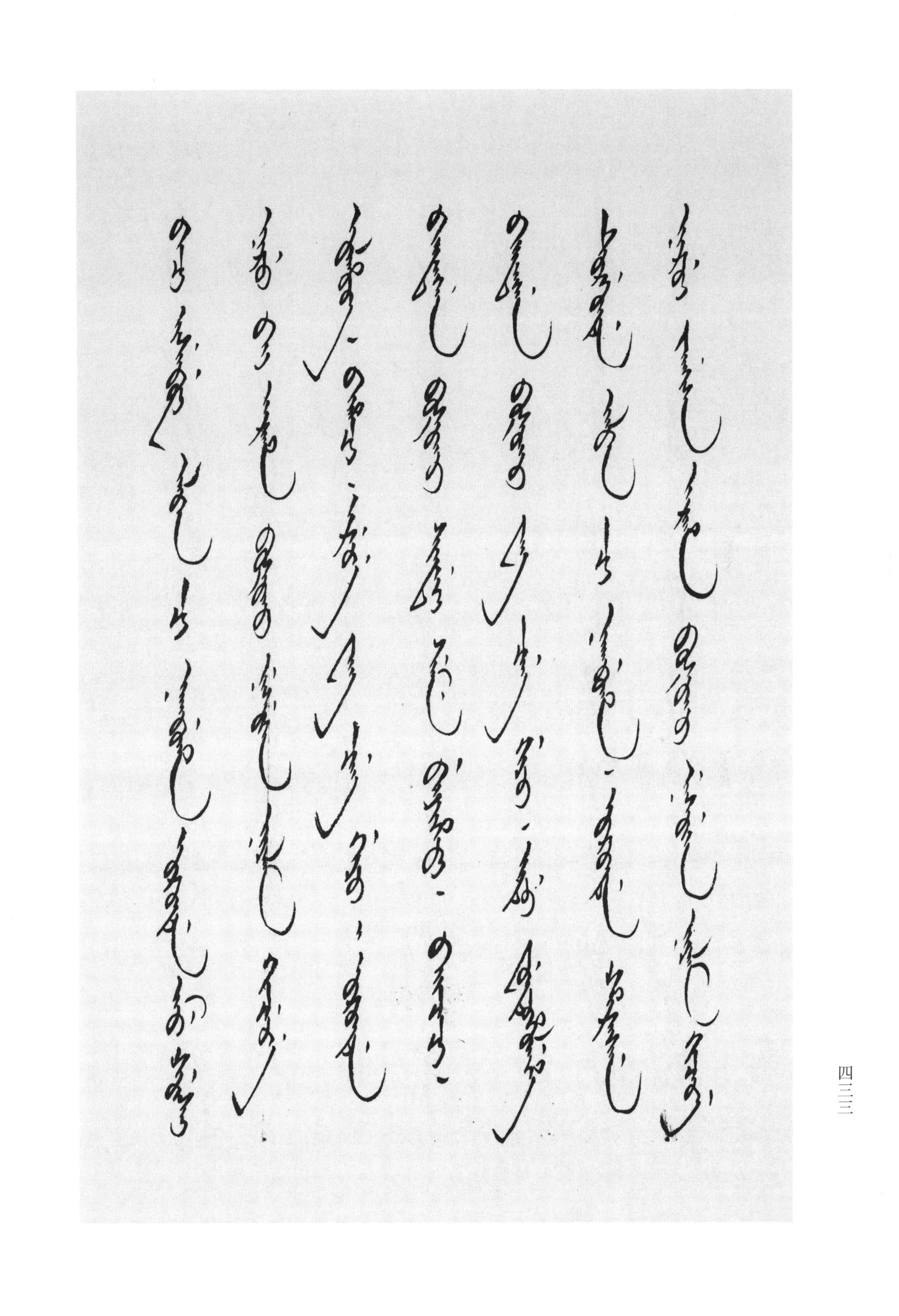

[illegible]

[illegible]

[illegible]

[illegible]

[illegible]

[illegible]

[illegible]

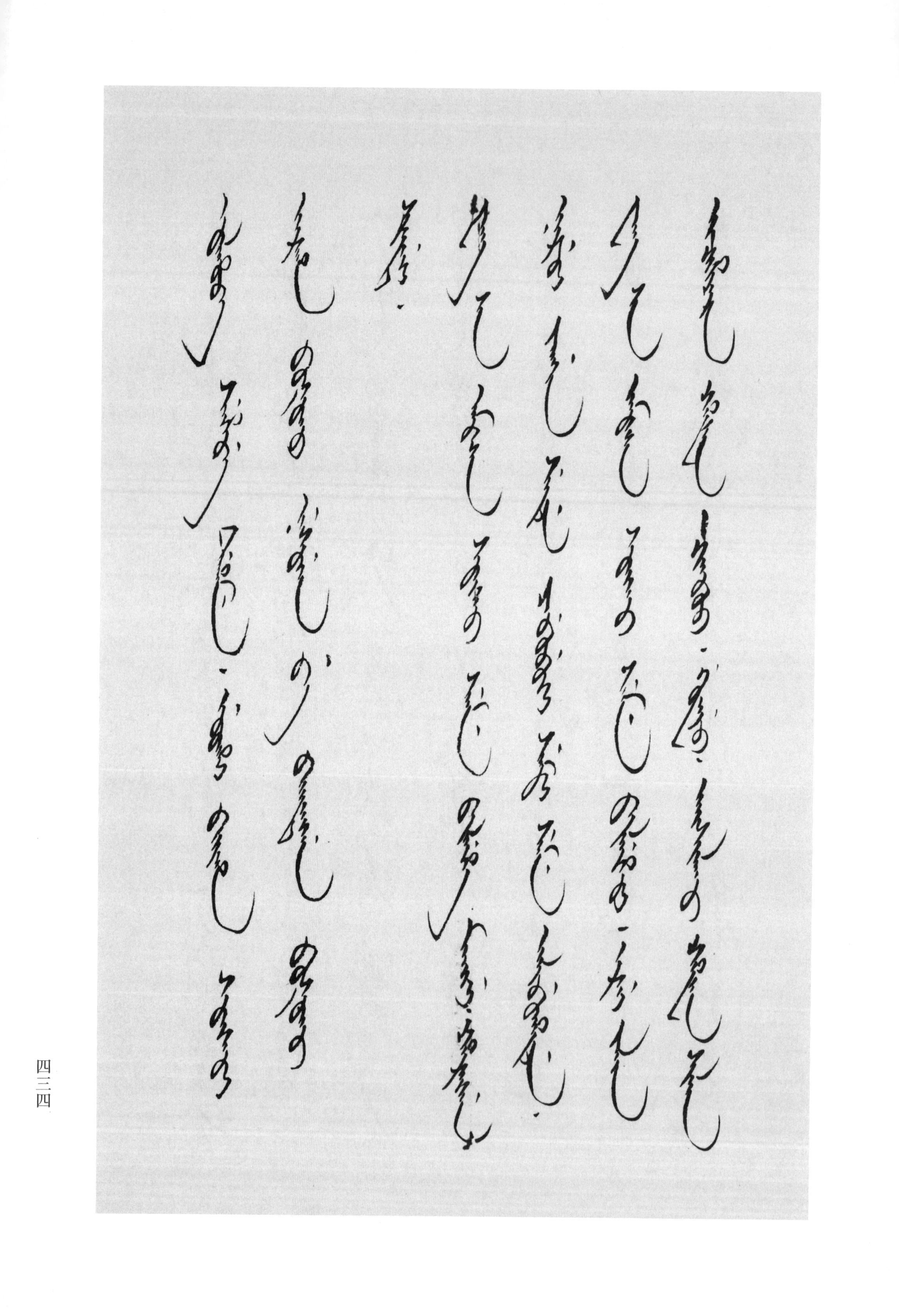

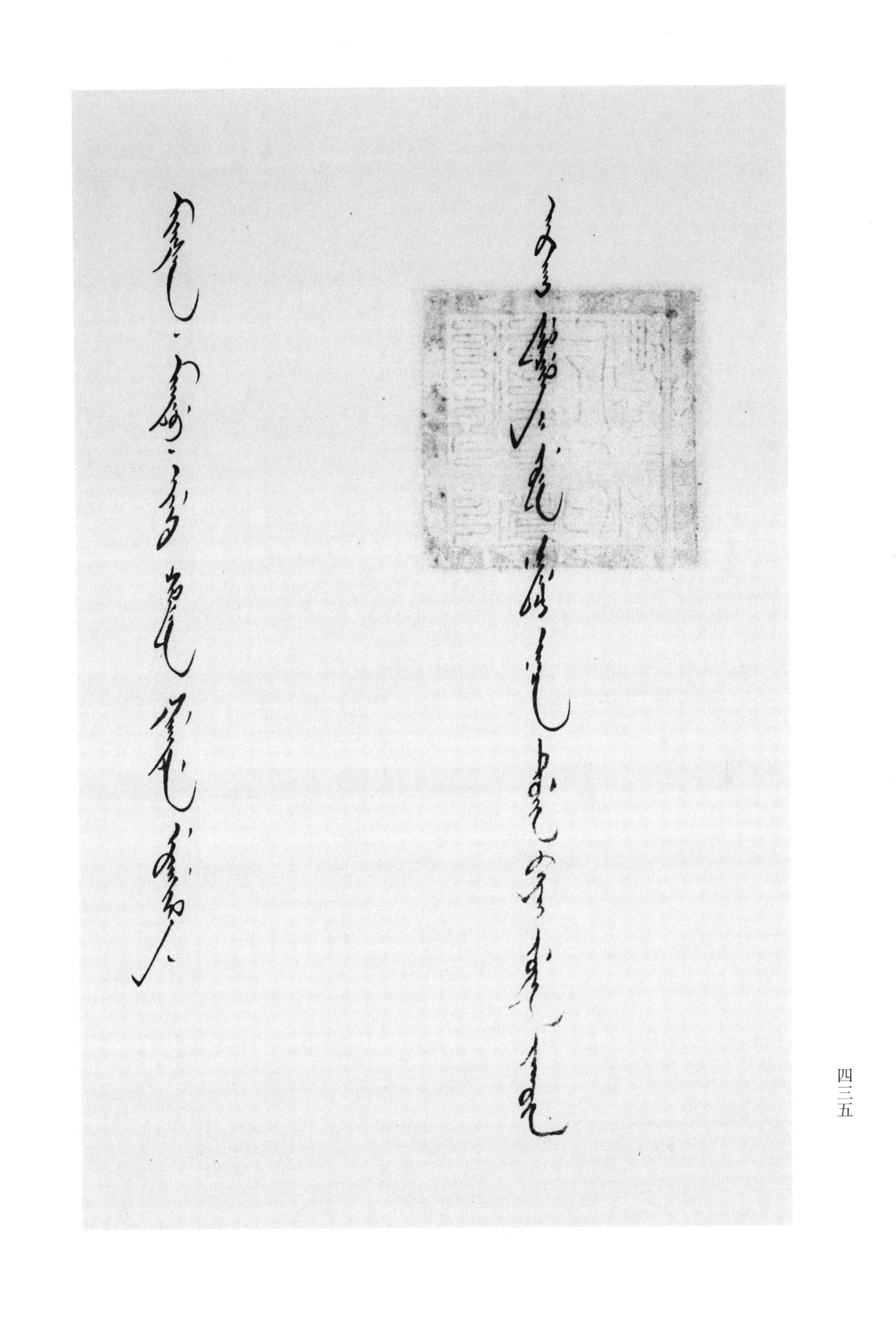

ᠠᠪᡴᠠᡳ ᠸᡝᡥᡳᠶᡝᡥᡝ ᡳ [illegible]

[illegible]

盛京内务府档 · 乾隆朝

5

辽宁省档案馆 编

辽宁民族出版社

盛京内务府档　目录

盛京内务府档·乾隆朝　第五册　目录

40	盛京工部为知会修理书籍楼所借架木已照数收讫事咨盛京内务府	乾隆十八年十一月十二日	三四二
41	正黄旗佐领法保为请乘送鹿尾之便带送庄头所交鹅鸭鱼等项事呈盛京内务府	乾隆十八年十一月十八日	三四三
42	正黄旗佐领法保为查报乾隆十七年内库银两销算册内丁银数目不符缘由并另行册报事呈盛京内务府	乾隆十八年十一月十八日	三四七
43	盛京将军衙门为抄送乾隆十九年致祭坛庙日期清单事咨盛京内务府	乾隆十八年十一月十八日	三五四
44	盛京将军衙门为知会钦定新清语鱼钗倒钩带日下雨带日下雪三词事咨盛京内务府	乾隆十八年十一月十八日	三六七
45	打牲乌拉总管衙门为请领三旗领催苏尔奈等赴京解送东珠所需粮草事咨盛京内务府	乾隆十八年十一月十八日	三七二
46	打牲乌拉总管衙门为请领总管巴格等赴京解送东珠所需粮草事咨盛京内务府	乾隆十八年十一月十八日	三七六
47	盛京刑部为请将偷挖人参治罪完结之额丁老三交旗严加管束事咨盛京内务府	乾隆十八年十一月十九日	三八一
48	盛京将军衙门为查复镶黄旗佐领宗申保侄女聘与正白旗执事人关海为妻情况属实事咨盛京内务府	乾隆十八年十一月十九日	三八五
49	三陵总理事务衙门为造送昭陵食辛者库人等花名清册及应裁户口数目粘单事咨盛京内务府	乾隆十八年十一月二十日	三九三
50	奉天府尹衙门为缉送逃户申文学家人申杨六等五人事咨盛京内务府	乾隆十八年十一月二十六日	四二九
51	盛京将军衙门为查复镶白旗闲散寿八之女聘与镶黄旗披甲赵汉琦为儿媳情况属实事咨盛京内务府	乾隆十八年十一月二十八日	四三〇

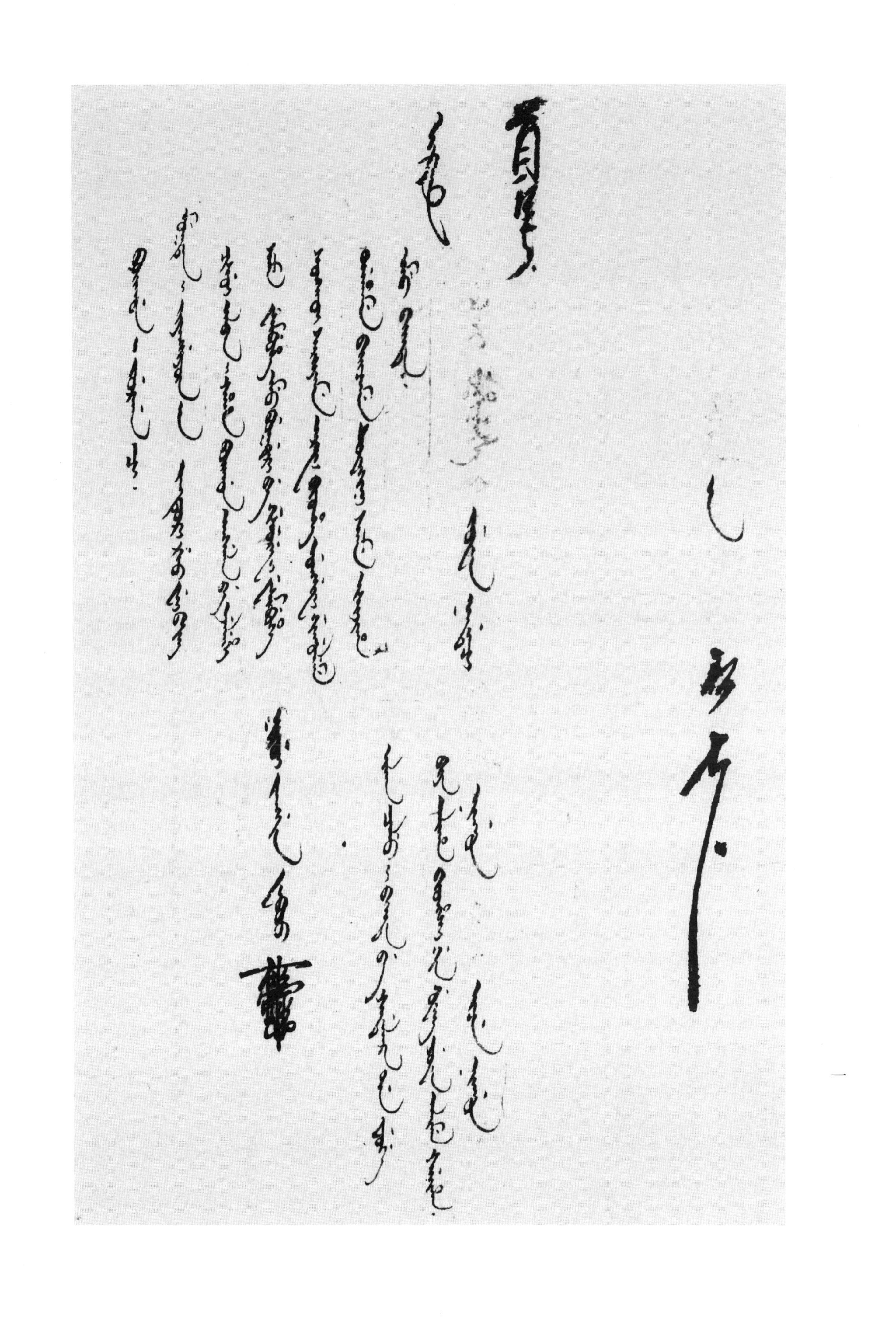

[illegible]

[illegible]

[illegible]

[illegible]

[illegible]

[illegible]

[illegible]

[illegible]

[illegible]

[illegible]

[illegible]

[illegible]

[illegible]

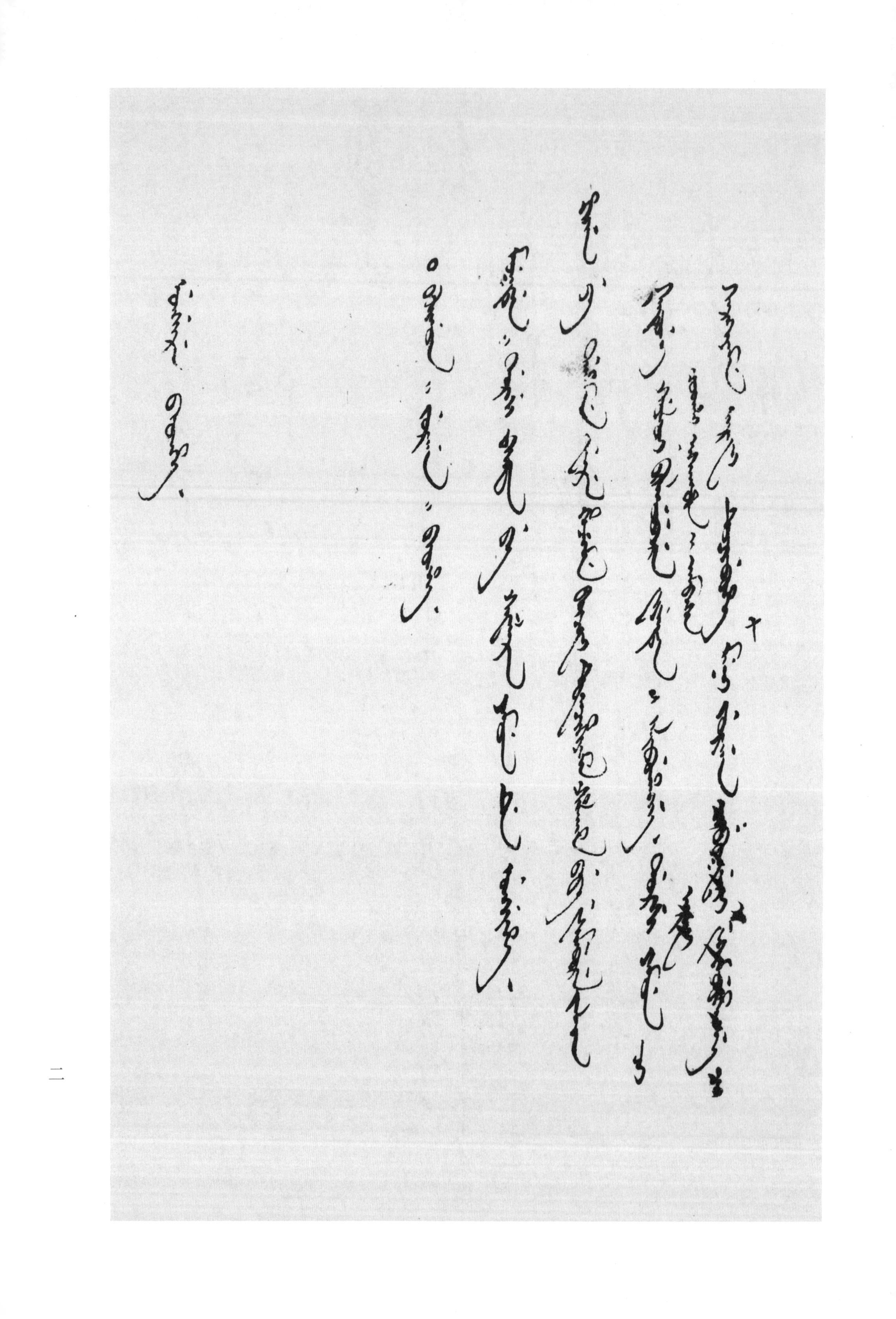

[illegible]

[illegible]

[illegible]

[illegible]

[illegible]

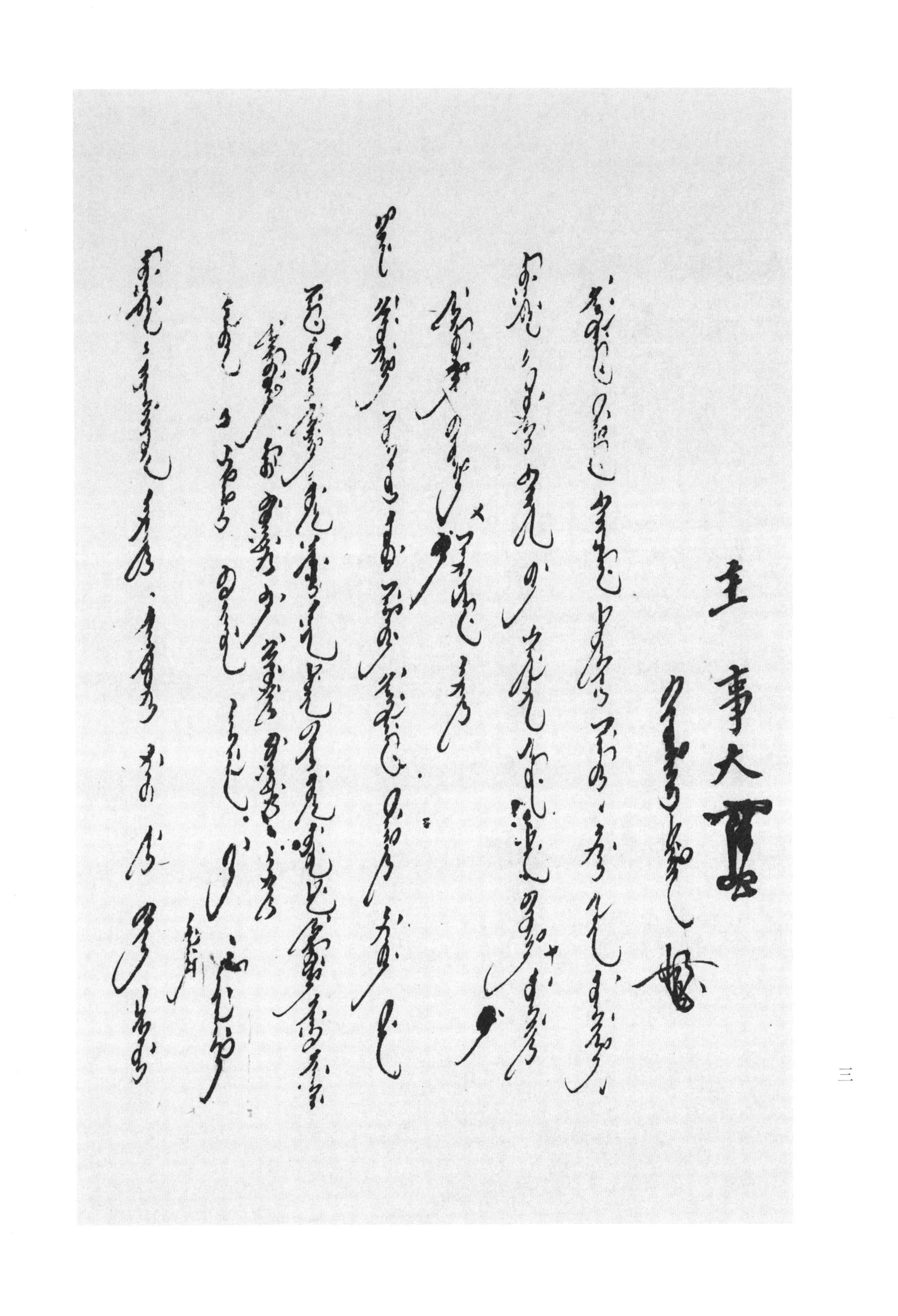

主事大

[illegible]

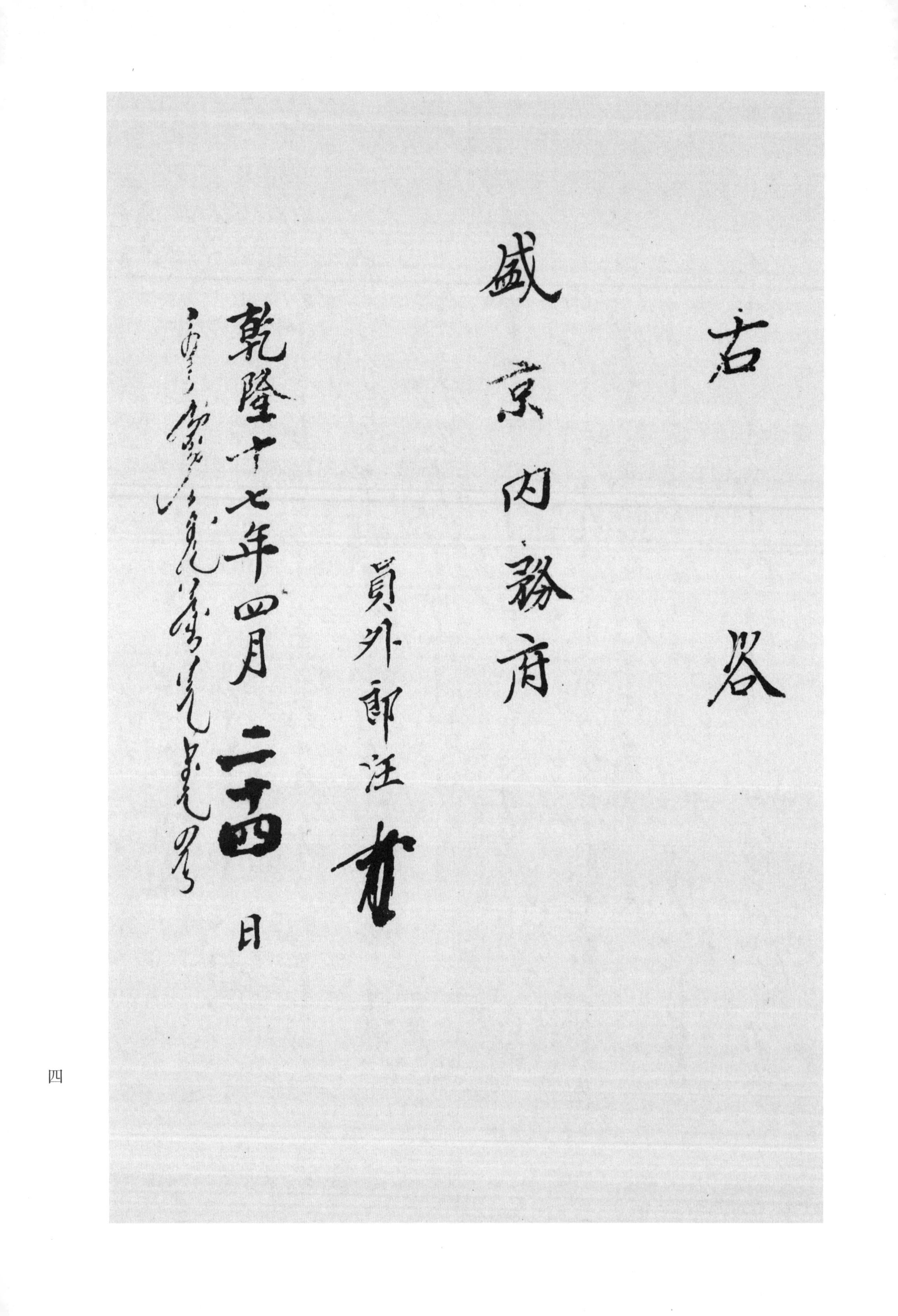

右咨

盛京内務府

員外郎汪

乾隆十七年四月二十四日

盛京將軍阿蘭泰奏庄頭高維屏
私佔官丁戶口一摺於乾隆十七年四
月十九日奏本日奉
旨依議欽此相應抄録原奏移咨
盛京內務府欽遵查照可也須至咨者
計粘單一紙

戶部為遵
旨徹底清查一更正具奏事山東清吏司
案呈內閣抄出本部摺奏內開（軍機大臣）

贖身銀肆百伍拾兩向高維屏名下照追入官其
私墾地三百二十八晌一畝應納米石自乾隆二年起照
數催追入倉之處均應如所奏辦理仍令
盛京刑部將郭六十兒等贖身銀兩作速着落高
維屏名下照數催追入官報明刑部查核其私
墾地畝應交米石行令
盛京戶部自乾隆十二年起按年催追交納仍將歷年
應完米石數照例核明先行咨報戶部查核可也

公主坟塋據稱于康熙十四年曾經王大臣奏准安住庄頭二名
賣買人二名撥給地畝專司祭祀等項之用今現有額丁三户查
出蛮子壯丁八户並無應辦差使止供柴炭細事交納粮石亦屬
無幾而原有紅册地畝及私墾之地共計一千七百餘晌未免過多
應如該將軍所奏將原有額丁三户仍留公主坟塋令庄頭
管束計其足數酌留地一千晌以為當差之用其查出蛮子壯
丁八户其多餘地七百餘晌應交錦州副都統另編一庄照大淩
河庄頭之例交納差使應放庄頭聽錦州副都統衙門自
行揀放至該將軍所奏蛮子壯丁郭六十兒黑英二户

放庄頭管轄等語查看守公主坟塋庄頭高維屏等該将軍既
照歷年存貯檔案册查明絶嗣額丁二户契買家人一户外現有
額丁三户有蛮子字樣者八户并将各户壮丁名数叙明于丁册内
更正應令該将軍将更正册檔咨送
盛京礼部内務府查核註册其年歲未及之幼丁俟比丁之年
照例造報毋致遺漏至查丈庄頭地畝内除原有紅册地一千四
百九晌四畝外多餘地三百二十八晌一畝比項地畝既向係照旗人
耕種之地一体納米自應照舊辦理應令造册咨送
盛京户部照例入册征收米石造入奏銷册内報部查核其看守

○部辦理等因各在案奴才查公主坟塋祭祀等項每年俱係庄
頭賣買人等公同辦理使用額丁並無差使惟酌交柴炭伊等
耕種庄頭地畝每晌交粮五斗請將原有三户額丁仍留在公主
坟塋令庄頭管轄照舊當差外挈出來玉等八户壯丁在于
庄頭所種地一千七百餘晌内計其足敷留給庄頭一千　晌
以為公主坟塋當差之用其餘七百餘晌交與管大凌河庄
屯錦州副都統酌量另編一庄照大凌河庄頭之例納差者
添設庄頭來玉等八户内如有可挑之人即于伊等内挑補倘
不得人該管衙門將別庄頭所管人等内揀選寔在好者補

更正冊原有三戶額丁內現壯丁二十三名來玉等八戶內現有壯丁
三十五名年歲未及幼丁現有六十二名至查丈庄頭名下原有紅
冊地一千四百九晌四畝外多出地三百二十八晌一畝此項多出地畝訊
據高維屏供稱係自乾隆二年陸續私墾其伊等地畝俱照旗人
耕種之地一休交米並未另納錢粮再查康熙十四年看守公主坟
塋經王大臣奏定安住庄頭二名賣買人二名每年三次祭祀并
修理公主衙門責俱着令賣買人庄頭等辦理一切事件俱报明
盛京礼部追高維屏之祖高起鳳作為庄頭以後乾隆三年
盛京礼部奏定就近令義州城守尉兼轄如遇大事仍報明該

旨俟將軍阿蘭泰來京回任時令其徹底清查欽此經軍機處抄發
將軍阿蘭泰欽遵辦理在案今據該將軍阿蘭泰奏稱查自
康熙十四年至乾隆十五年存貯冊檔十三本內除庄頭高維
屏名下絕嗣額丁二戶契買家人一戶外現在額丁三戶有蛮子字樣
者八戶此八戶內郭六十兒一戶十六口給與高維屏銀貳百兩指
台丁王顯龍之名贖身黑英一戶二十口給高維屏貳百伍拾兩指圈
丁蔡應福之名贖身現在止剩來玉等六戶今高維屏將有蛮
子字樣人丁俱作為額丁派差應將郭六十兒黑英等掣出
照來玉等之例入于額丁冊內所有現在丁冊十三本內亦即開明

盛京礼部委員按户確查將歷年丁冊更正註明按户酌量派差至

有無隱瞞地課難以懸斷請交

盛京户部派員按照印冊查丈如有私墾另行造冊起科等因經今户部

議令將私佔官丁户口行文

盛京礼部委員按户確查造冊咨送内務府仍將歷年丁冊更正註明

按户確酌量派差其有無隱瞞地畝應行

盛京户部派員查丈如有私墾地畝照例起科并將庄頭高維屏

等于何年設立隸何衙門管轄原給地畝作何納課之處詳細

查明報部核議等因乾隆十六年十二月十九日具奏奉

盛京礼部内務府註冊查出私墾地畝數目并紅冊内所有地畝數目

分晰造冊送

盛京户部照例交納米石年歲末及幼丁交與該處至比丁之年照例

陸續載入丁冊咨報查出來玉等八户額丁應掣出地畝交與錦州副

都統那蘭圖另編為一庄之處照大凌河庄頭屯之例辦理等因前

來查先經陞任

盛京刑部侍郎鍾音奏称高維屏等私佔官丁户口請交

在好者補放庄頭管轄如此則查出人等泒有差使易于管束而公主
坟塋祭祀等事亦無遲悮再查高維屏先因將官丁之女擅收聘銀
嫁入原收過聘礼銀兩俱照數催追入官今郭六十見黑英二户之人從前
雖自情愿出銀贖身但庄頭高維屏明知伊等俱在官丁之內而仍任
意售賣與人殊屬不合此案從前既經部斷治罪應毋庸再行議罪
外高維屏原得過二户贖身銀肆百伍拾兩向高維屏照數催追入
官其私墾地三百二十八畝一畝應納米石于乾隆二年起照數催追
交倉俟
命下之日將所查人口數目照更正冊檔抄送

門等項向來俱係二名庄頭二名賣買人公同辦用額丁並無差使惟酌
交柴炭伊等耕種庄頭地畝每晌交粮五斗今查出壯丁如仍留于庄
庄頭名下交粮庄頭之納差無多復得僥倖此等壯丁不派差使亦屬未
便現在庄頭名下所有地畝既多奴才請將原有三戶額丁仍留公主坟塋令
庄頭管轄照舊當差外所有查出朱玉等八戶壯丁掣出于庄頭所種地
一千七百餘晌內計其足敷留給庄頭一千晌以為公主坟塋當差之用其餘
地七百餘晌掣出交與管大凌河莊頭屯錦州副都統酌量另編為一
庄照大凌河庄頭之例納差此添設庄頭朱玉等八戶內如有可挑之人
即于伊等內挑補倘不得人該管衙門將別庄頭所管人等內揀選速

名下所有地畝原有紅册地一千四百九晌四畝外多出地三百二十八晌一畝比多出地

畝俱自何年私墾之處訊據高維屏供称原自乾隆二年陸續私墾等語查伊等

紅册內所有地畝俱照旂人耕種之地一体交米並未另納錢粮再康熙十四年

為看守公主坟塋王大臣奏定內称安住庄頭二名責買人二名每年三次

祭祀并修理公主衙門等項俱着令責買人庄頭等辦理如有一切事件

俱咨報

盛京礼部彼時隨將高維屏之祖高起鳳作為庄頭至後乾隆三年

盛京礼部奏定就近令義州城守尉兼轄如遇大事城守尉仍报該部办

理等因各在案切思公主坟塋每年三次祭祀應用一切物件并修理公主衙

旨傳將軍阿蘭泰來京田任時令其徹底清查欽此抄出前來查自康熙十
四年至乾隆十五年所存收貯冊檔十三本內除庄頭高維屏名下絕嗣
額丁二戶契買家人一戶外現在額丁三戶有蠻子字樣者八戶此八戶內
郭六十兒一戶十六口乾隆十六年十二月內給高維屏銀貳百兩指台丁王顯
龍之名贖身黑英一戶二十口乾隆十六年十一月內給高維屏銀貳百伍拾兩
指園丁蔡應福之名贖身現止剩來玉等六戶今高維屏私估將蠻子字
樣人丁既作為額丁派差應將郭六十兒黑英二戶挈田照來玉等入于額
丁冊內除將現在丁冊十三本更正開明外查原有三戶額丁內現在壯丁
二十三名來玉等八戶內入冊壯丁三十五名年歲未及幼丁六十二名再查丈庄頭

内閣抄出

盛京将軍阿蘭泰奏莊頭高維屏私佔官丁戸口遵

旨徹底清查酌議具奏一摺乾隆十七年四月初一日奉

硃批

諭旨軍機大臣該部議奏欽此欽遵于本月初五日抄出到部該臣等會議

得

盛京将軍阿蘭泰奏称奴才進京軍機處抄出大學士忠勇公傅　等議

覆侍郎鍾音具奏額丁高維禧控告庄頭高維屏私佔官丁一案奉

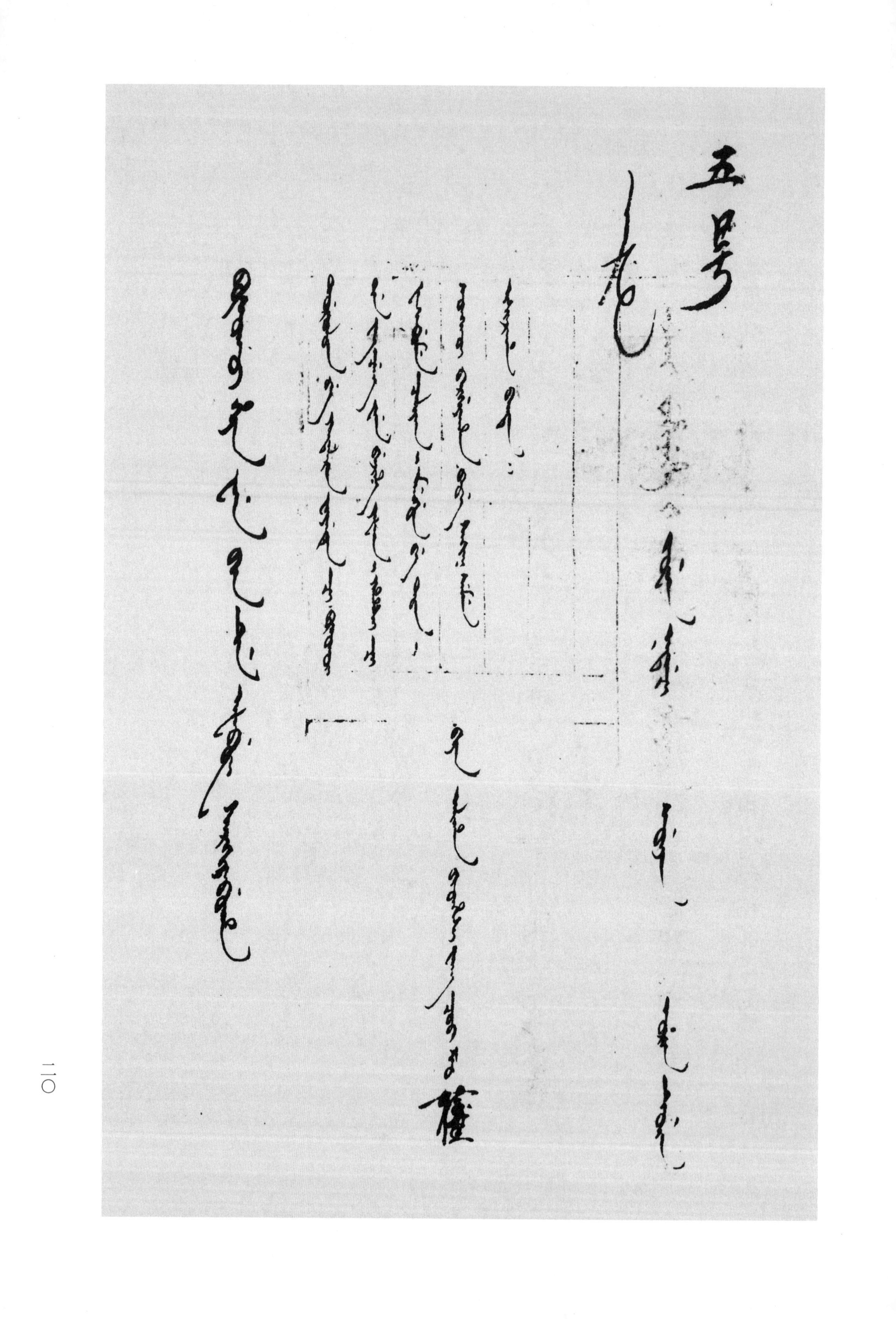

五号

[illegible]

謹

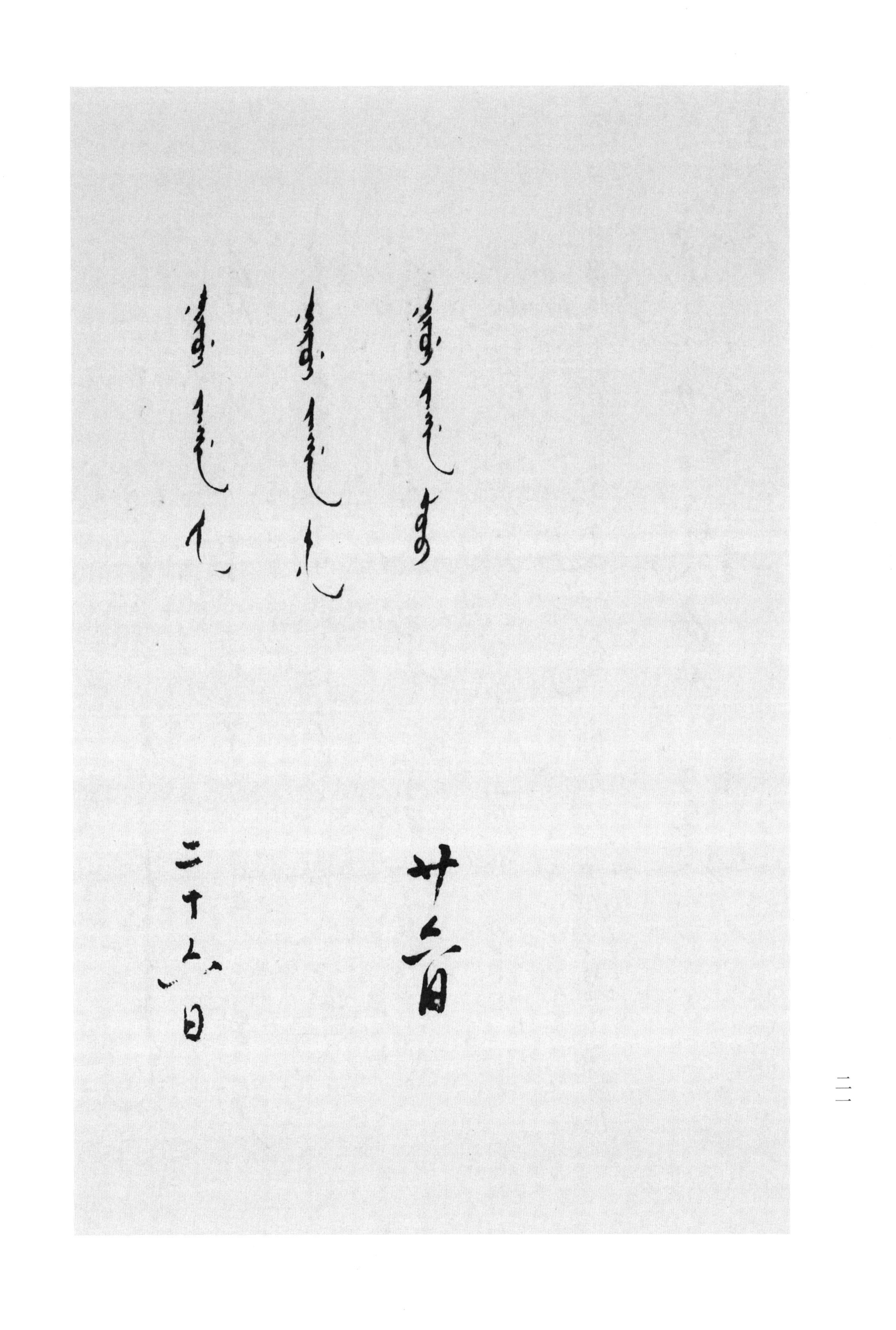

廿八日

二十八日

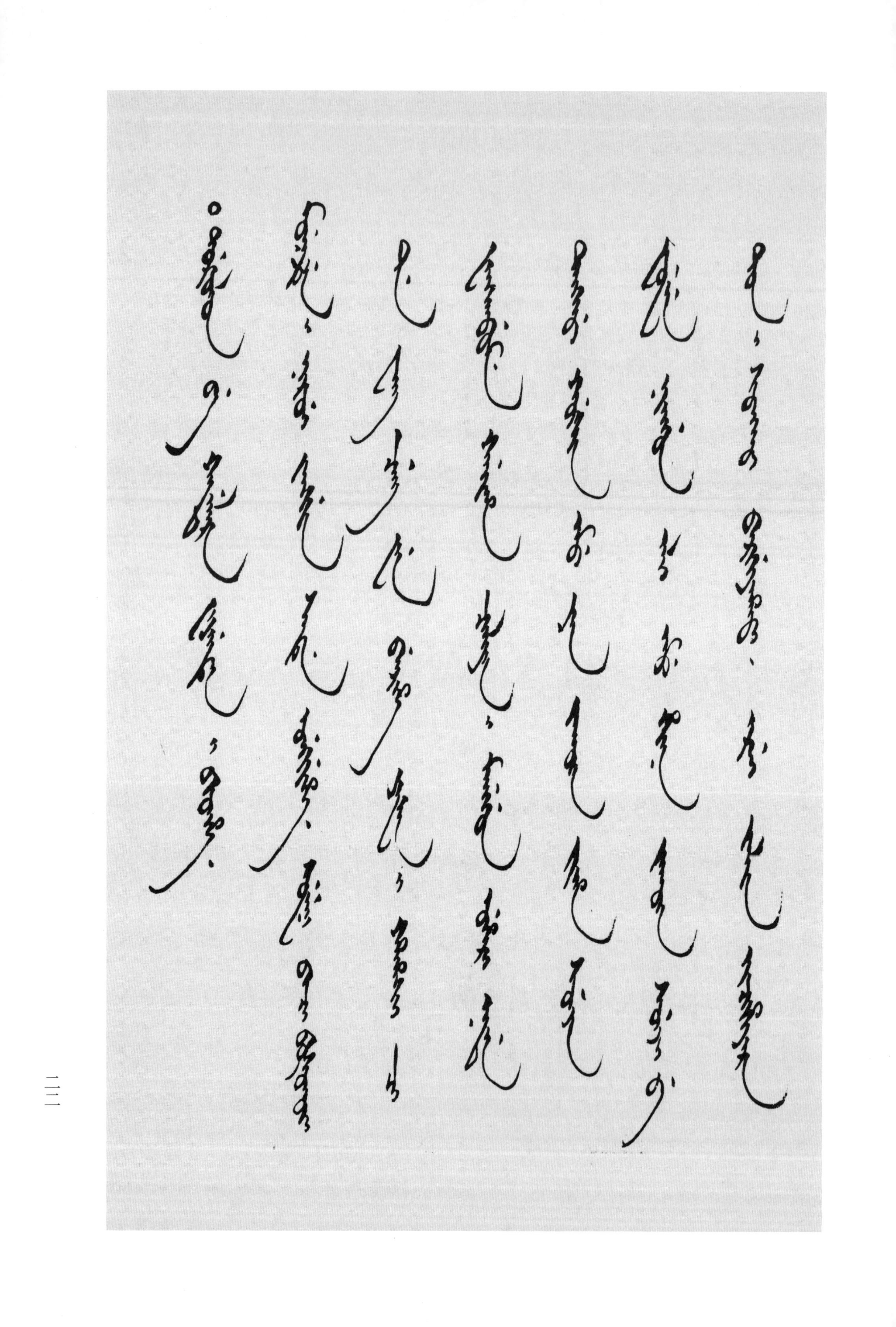

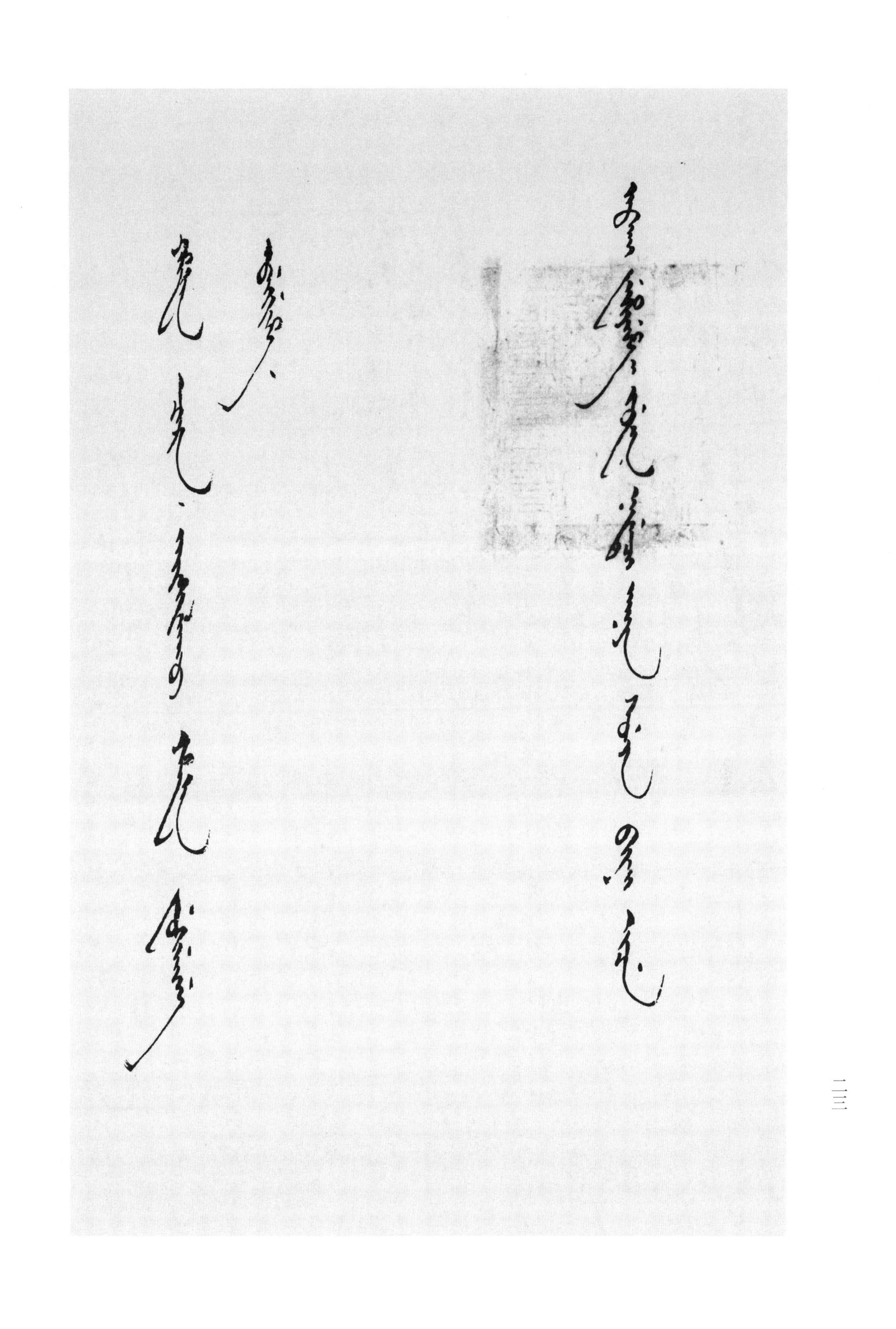

[illegible]

[illegible]

[illegible]

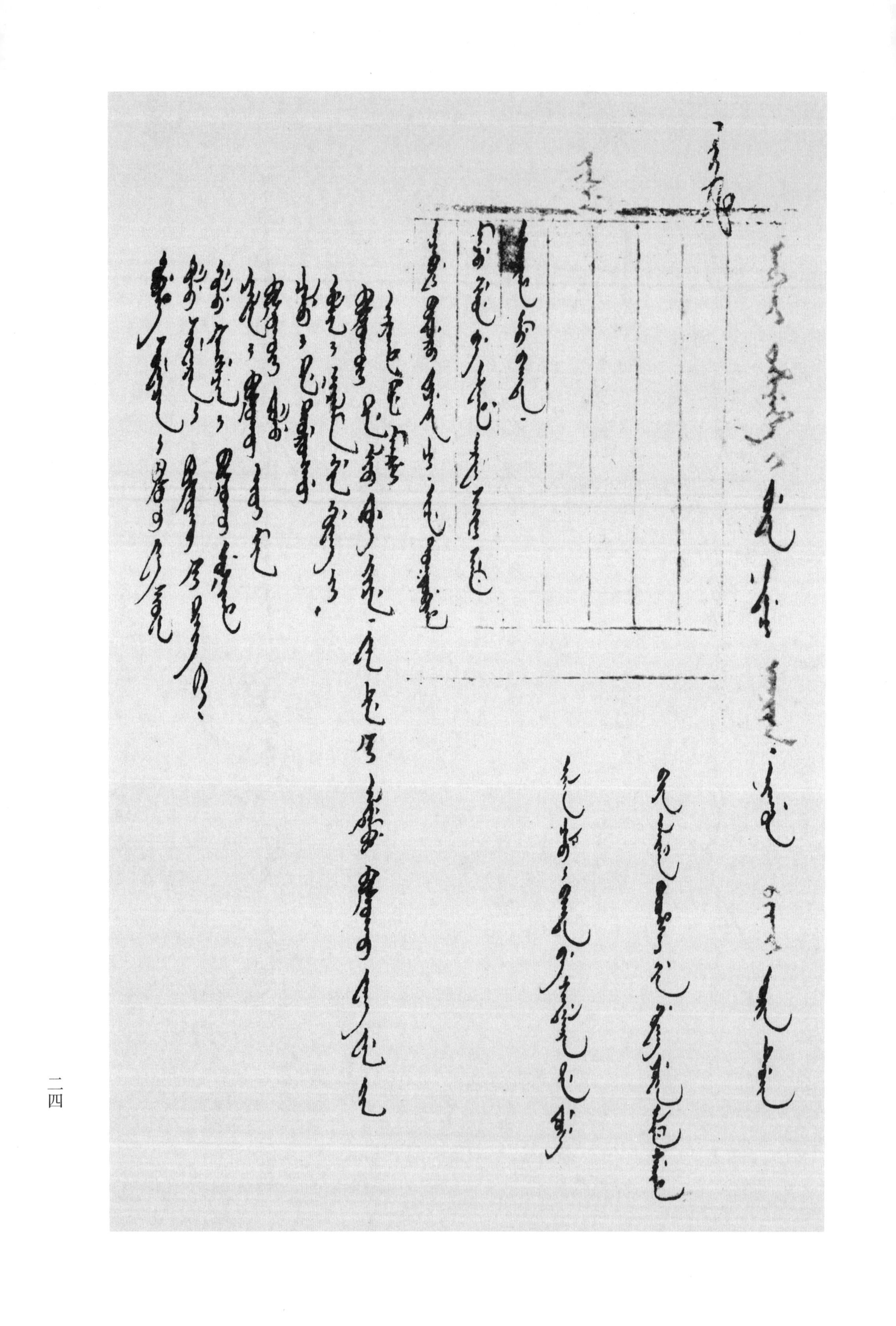

[illegible]

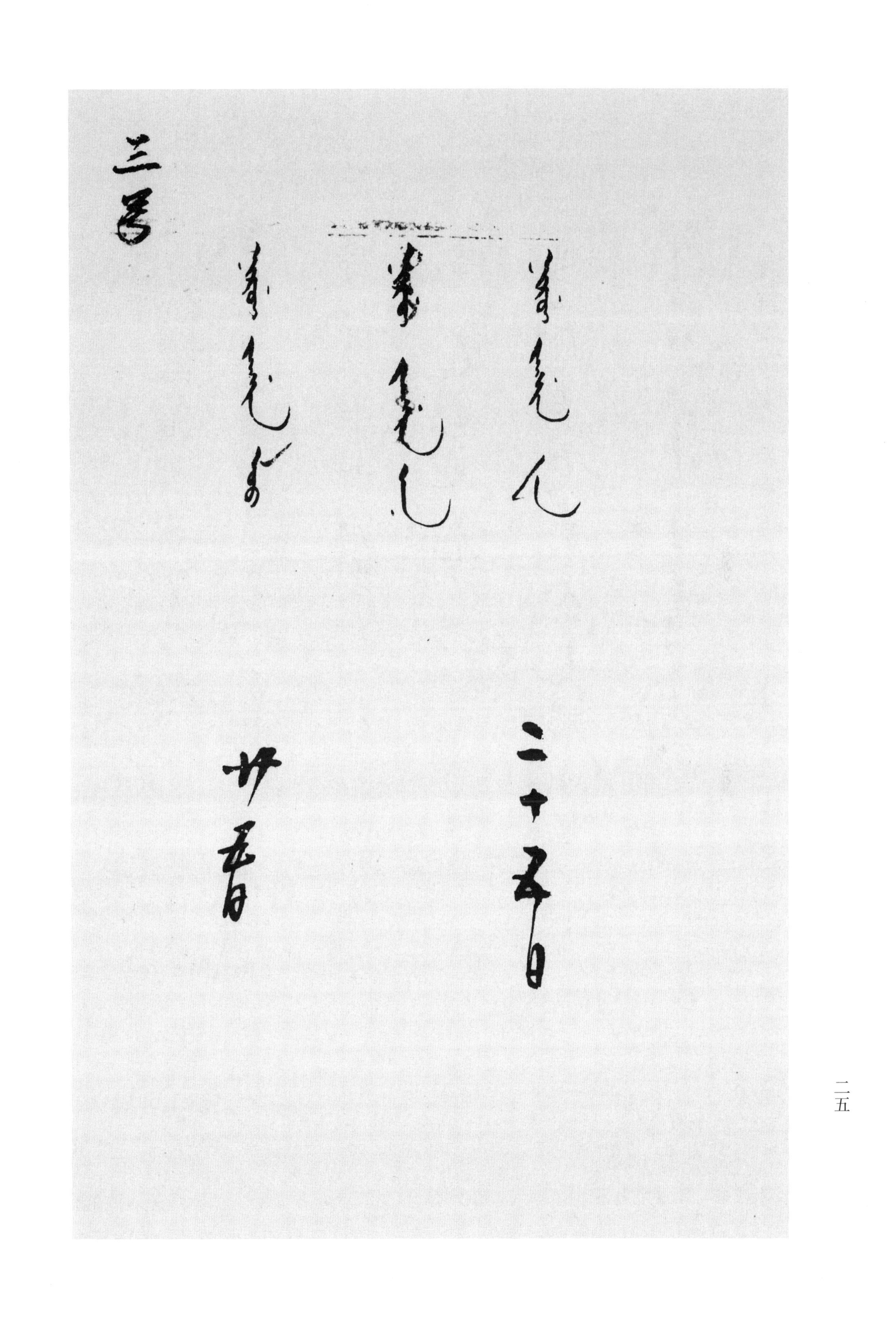

三号

二十五日

廿五日

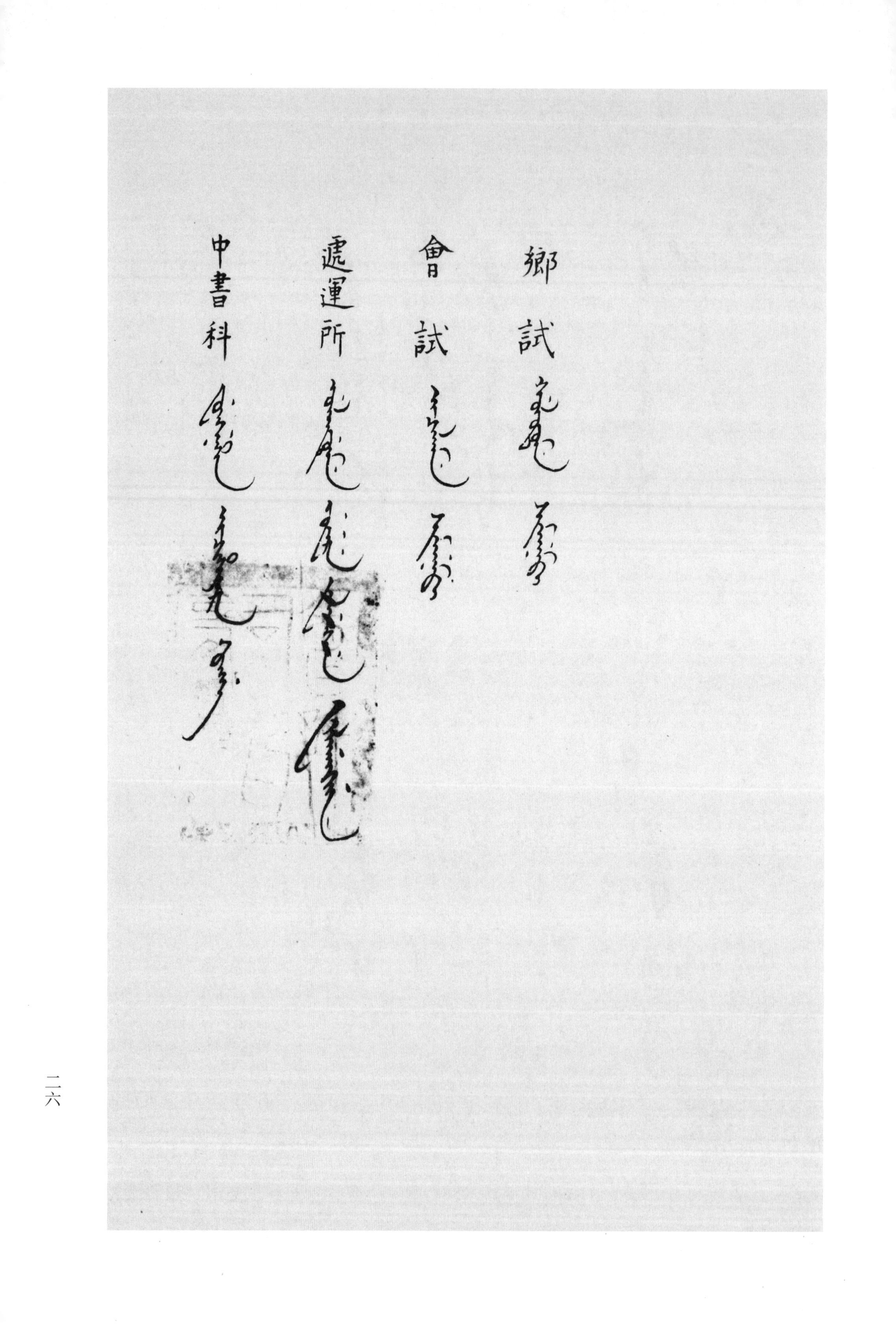

鄉試

會試

遞運所

中書科

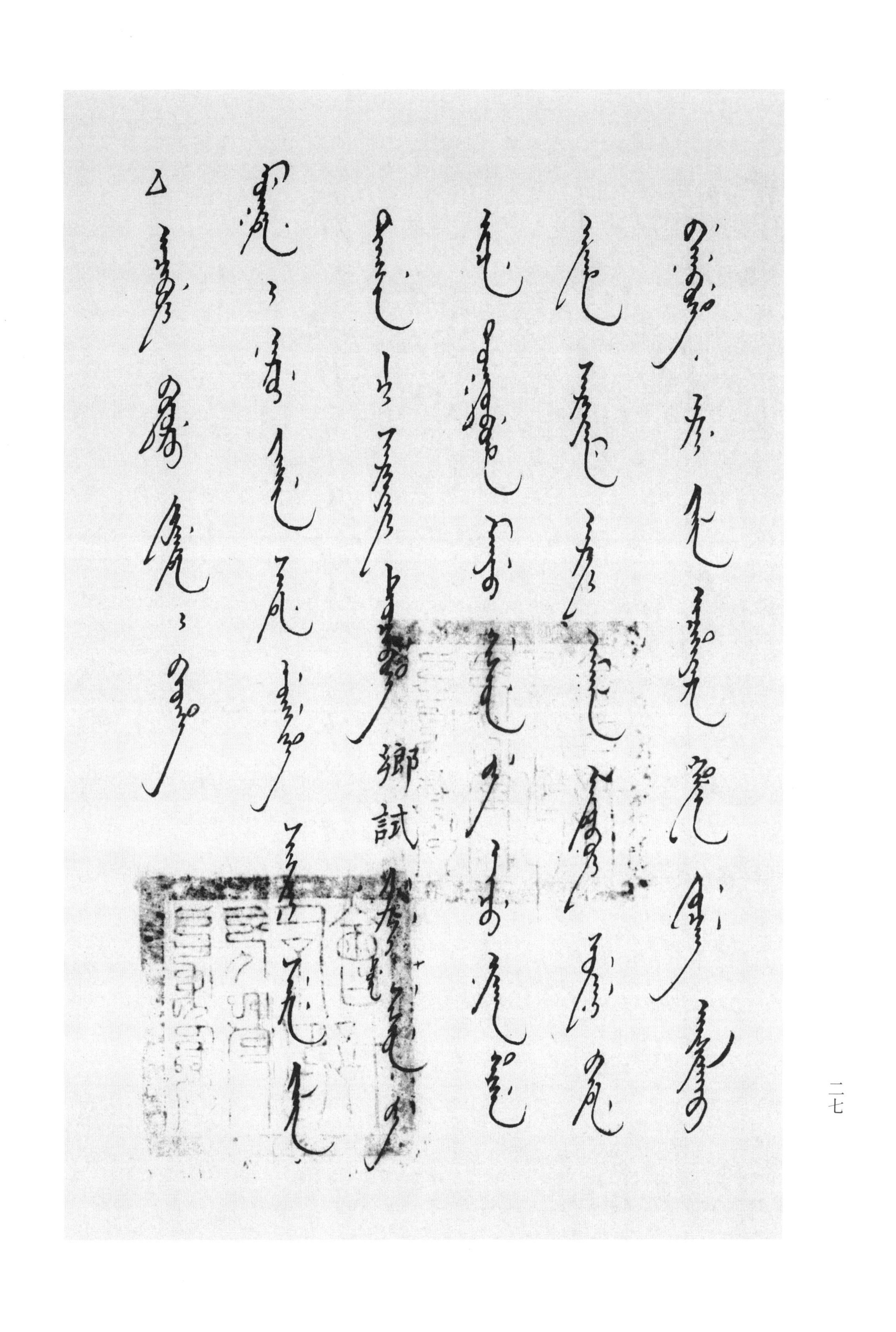

鄉試

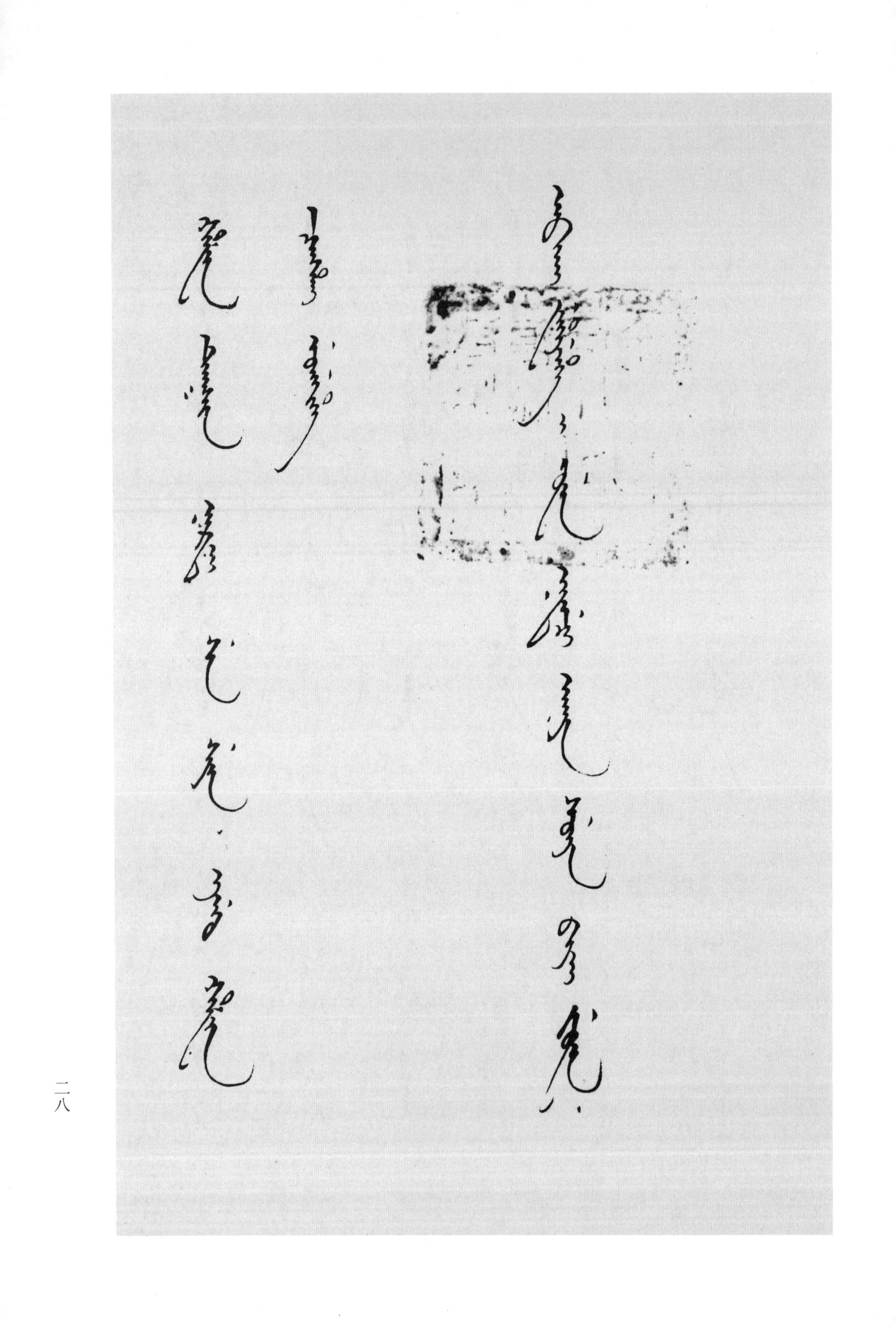

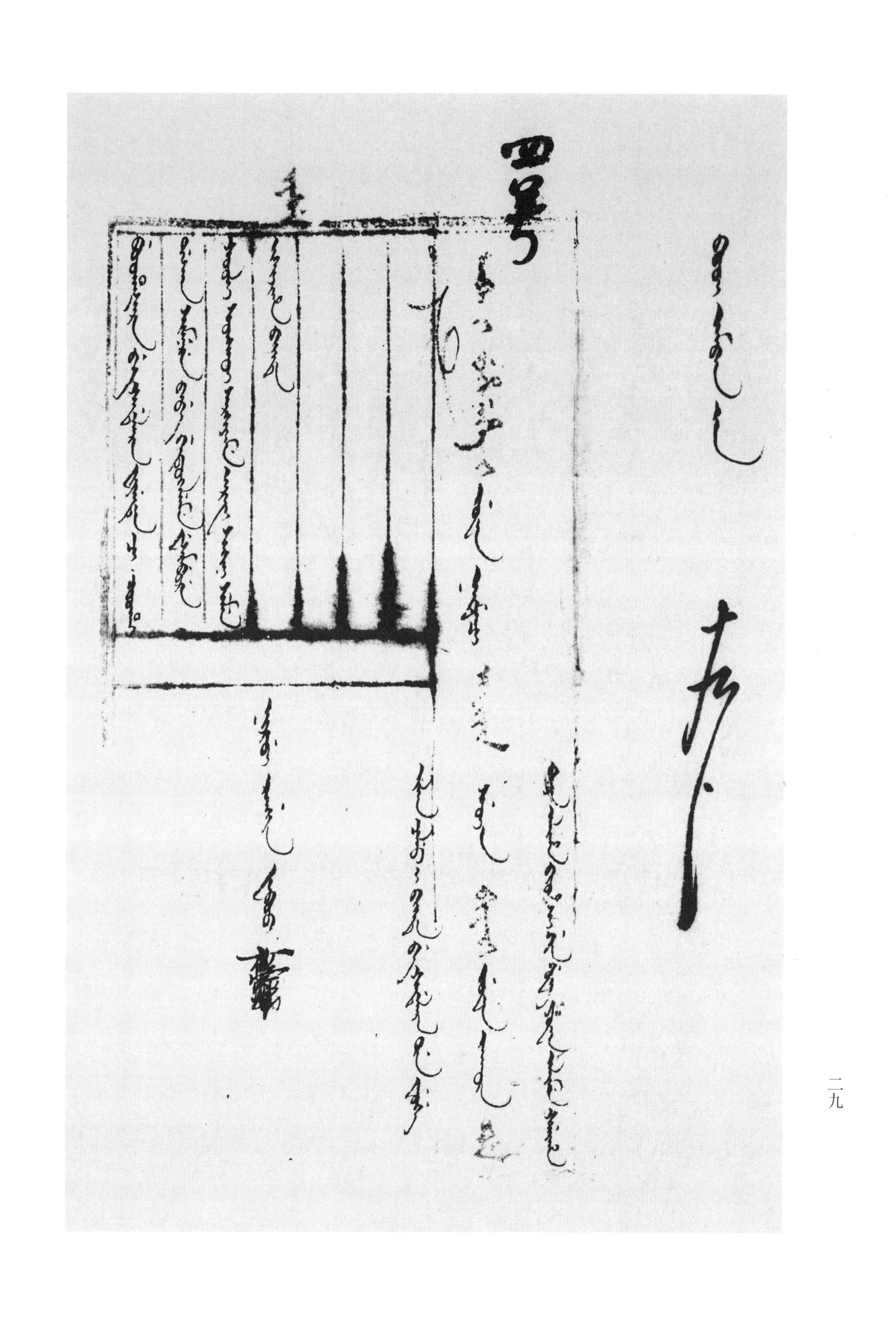

[illegible]

四号

九

[illegible]

ᠪᠣᠯᠣᡵᡳ ᠰᡝᠮᡝ

ᡝᡵᡝ ᡩᡝ ᠪᠣᡩᠣᠮᡝ ᠰᡝᠮᡝ ᠪᠣᡩᠣᡥᠣᠨᡳ ᡥᡝᠰᡝ ᠨᡳ ᠵᠠᡶᠠᡥᠠ

ᡥᡡᠸᠠᠯᡳᠶᠠᠰᡠᠨ ᡨᠣᠪ ᡳ ᠵᠠᡴᡡᠴᡳ ᠠᠨᡳᠶᠠ ᠨᠣᠨᡳᠩᡤᡳ ᡳ ᡥᡝᠰᡝ ᡳ ᠵᡠᠸᠠᠨ ᠰᡝᠮᡝ

ᡤᡳᠩᡤᡠᠯᡝᠮᡝ ᠪᡝᡵᡝ ᡤᡳᠰᡠᠨ ᠰᠠᡥᠠ ᡳ ᠪᡝ ᠪᡳ ᡤᡳᠩᡤᡠᠯᡝᠮᡝ ᠵᡠᠸᡝ

ᡤᡳᠩᡤᡠᠯᡝᠮᡝ ᡩᡝ ᡤᡳᠩᡤᡠᠯᡝᠮᡝ ᠪᡠᡥᡝ ᠪᡳ ᡤᡳᠩᡤᡠᠯᡝᠮᡝ ᡩᡝ

ᡤᡳᠰᡠᠨ ᠪᡳᡥᡝ ᠪᡝ ᡝᠮᡠ ᠪᡳ ᠸᡝᠰᡳᠮᠪᡠᡥᡝ ᠵᡠᠸᡝᡨᡝ ᠪᡳ ᠪᠣᠣ

ᠪᠣᠣᡳ ᠪᡝ ᡤᡳᠩᡤᡠᠯᡝᠮᡝ ᡤᡳᠰᡠᠨ ᠪᠣᠣ

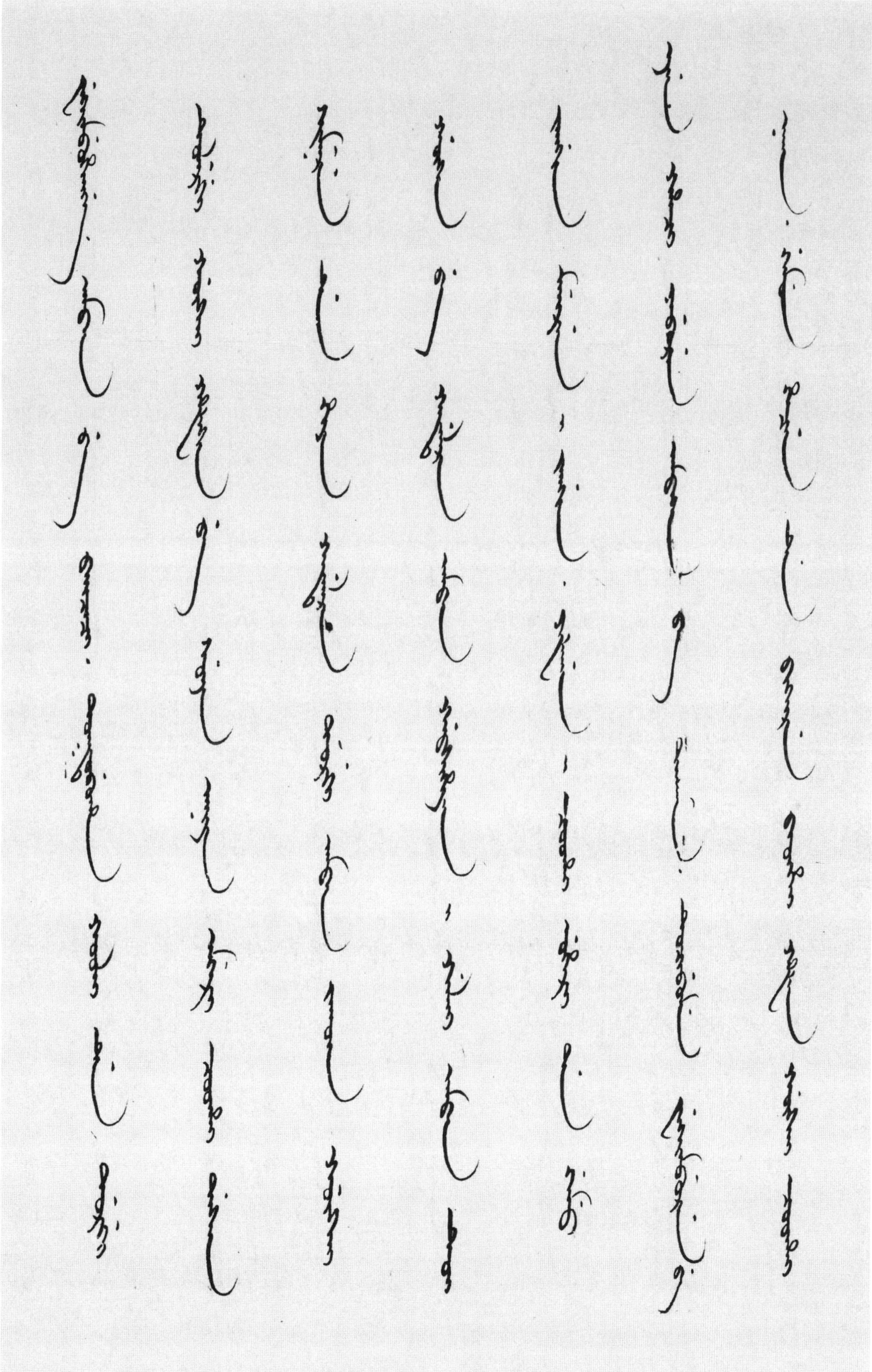

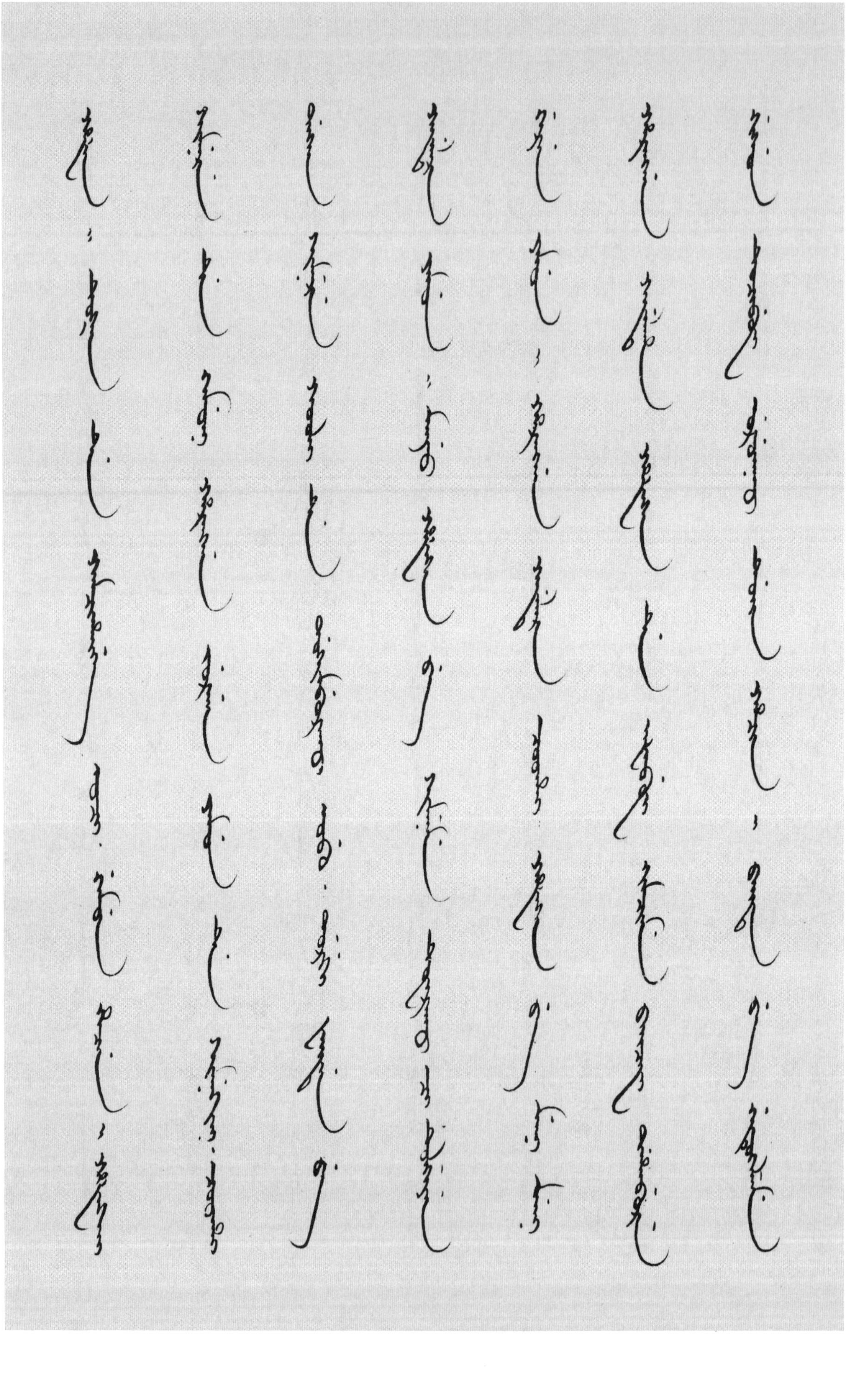

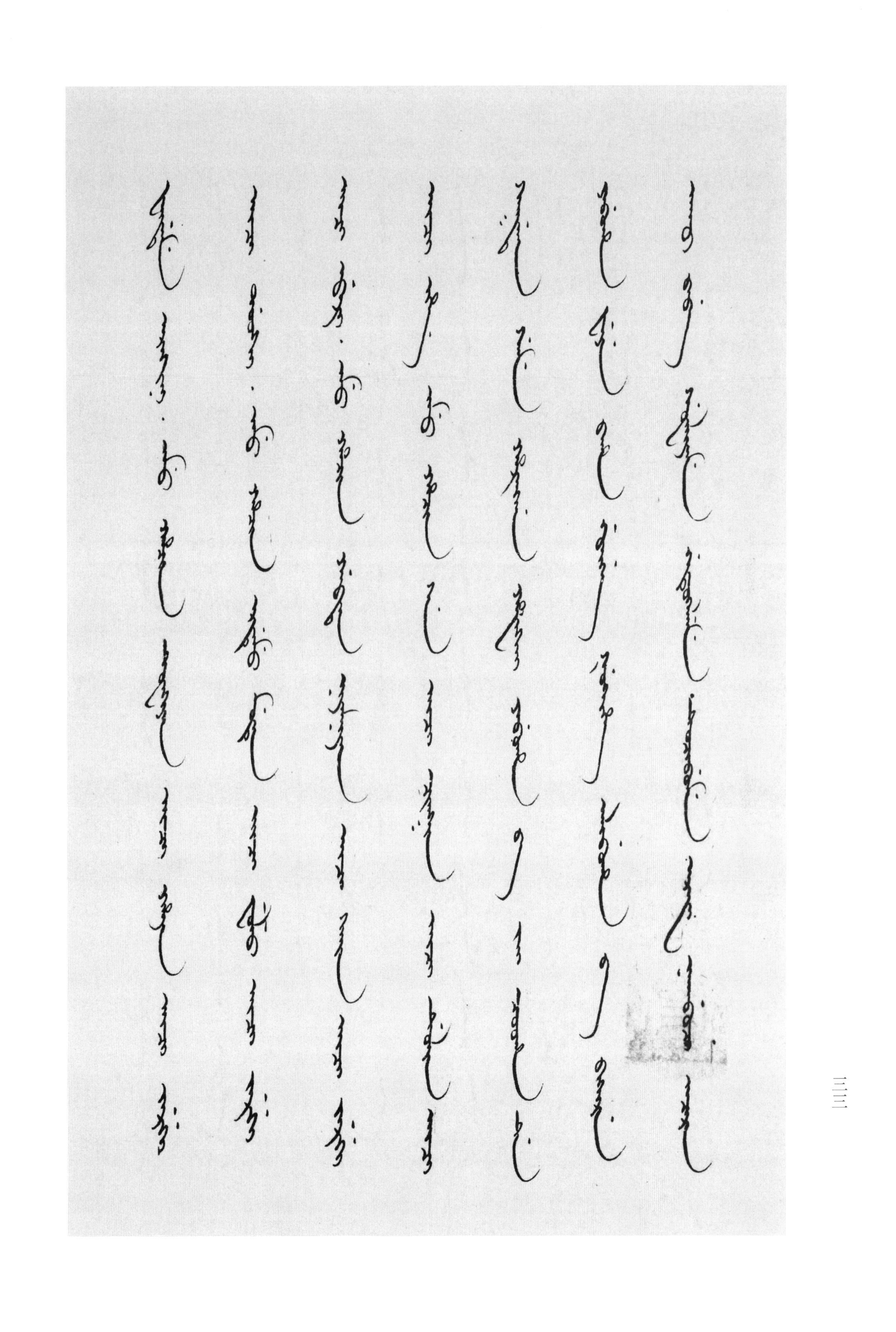

[illegible]

[illegible]

[illegible]

[illegible]

[illegible]

[illegible]

[illegible]

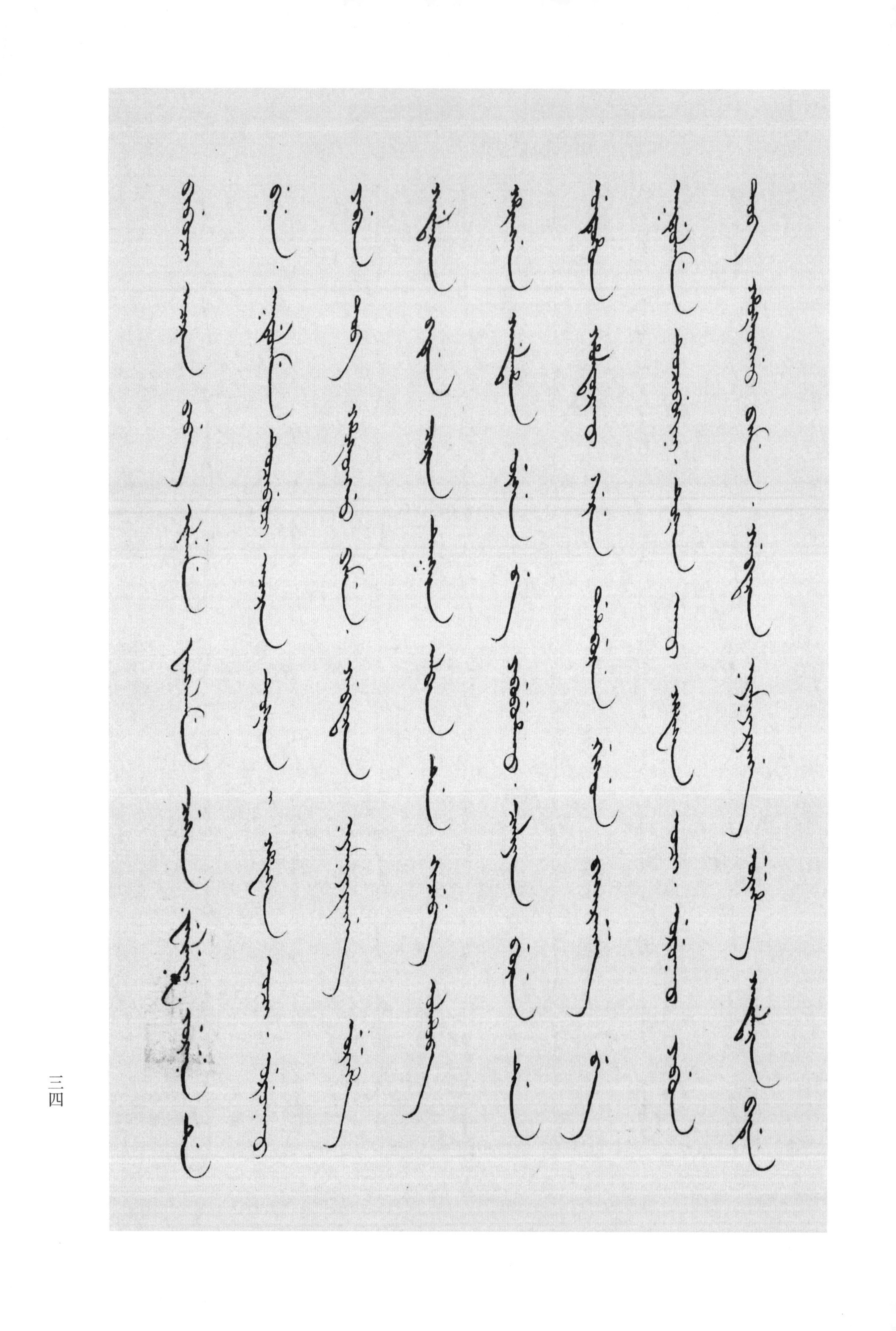

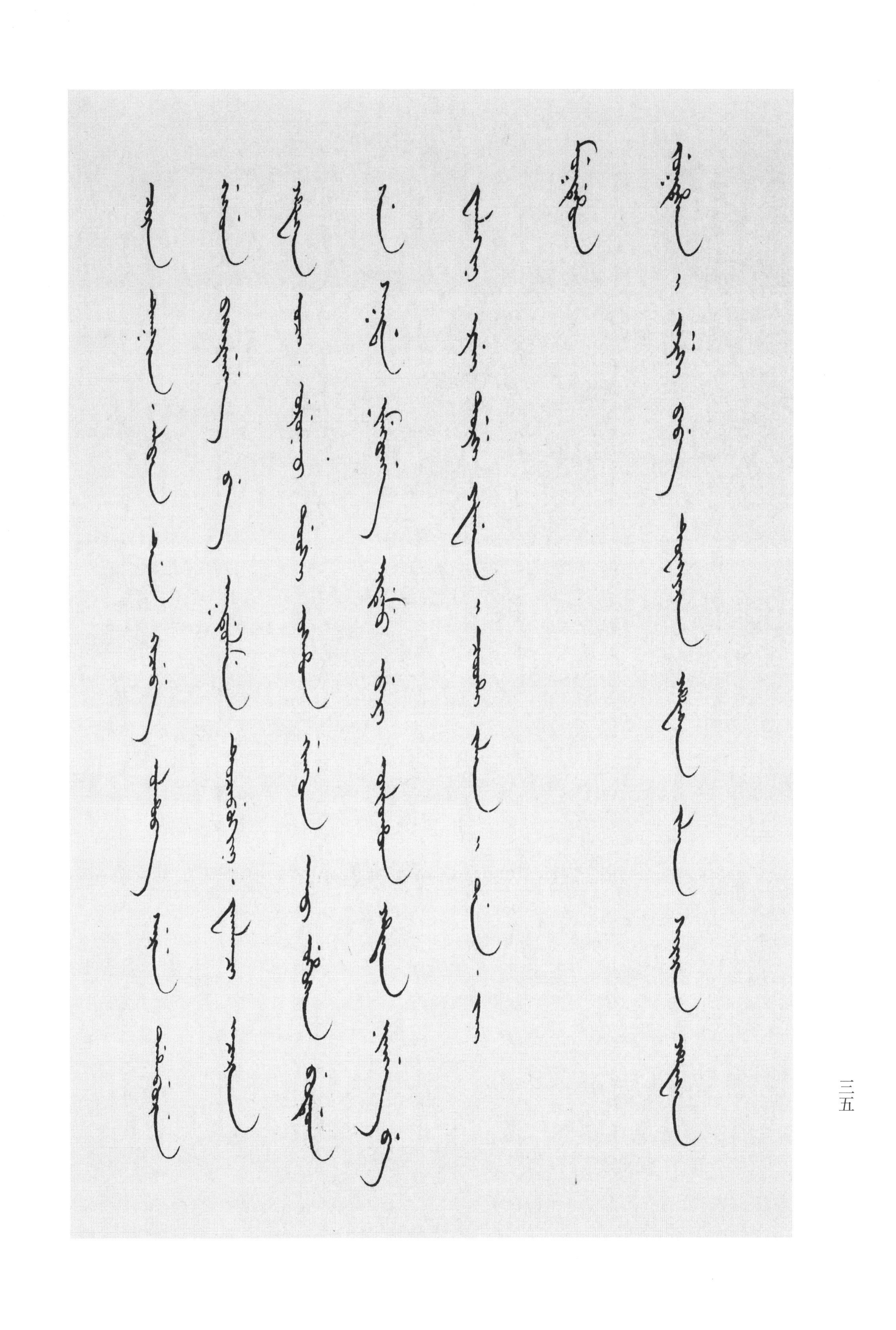

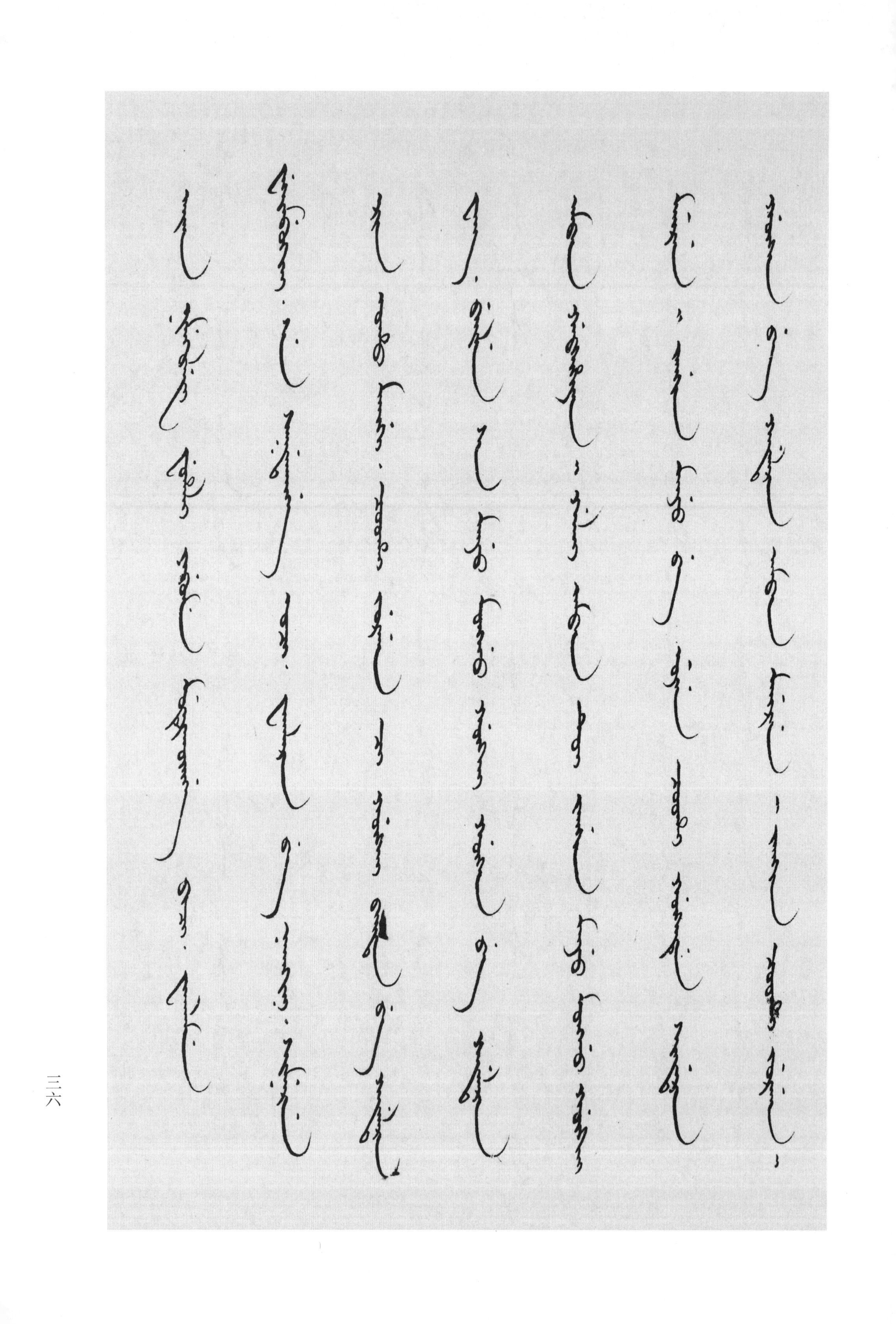

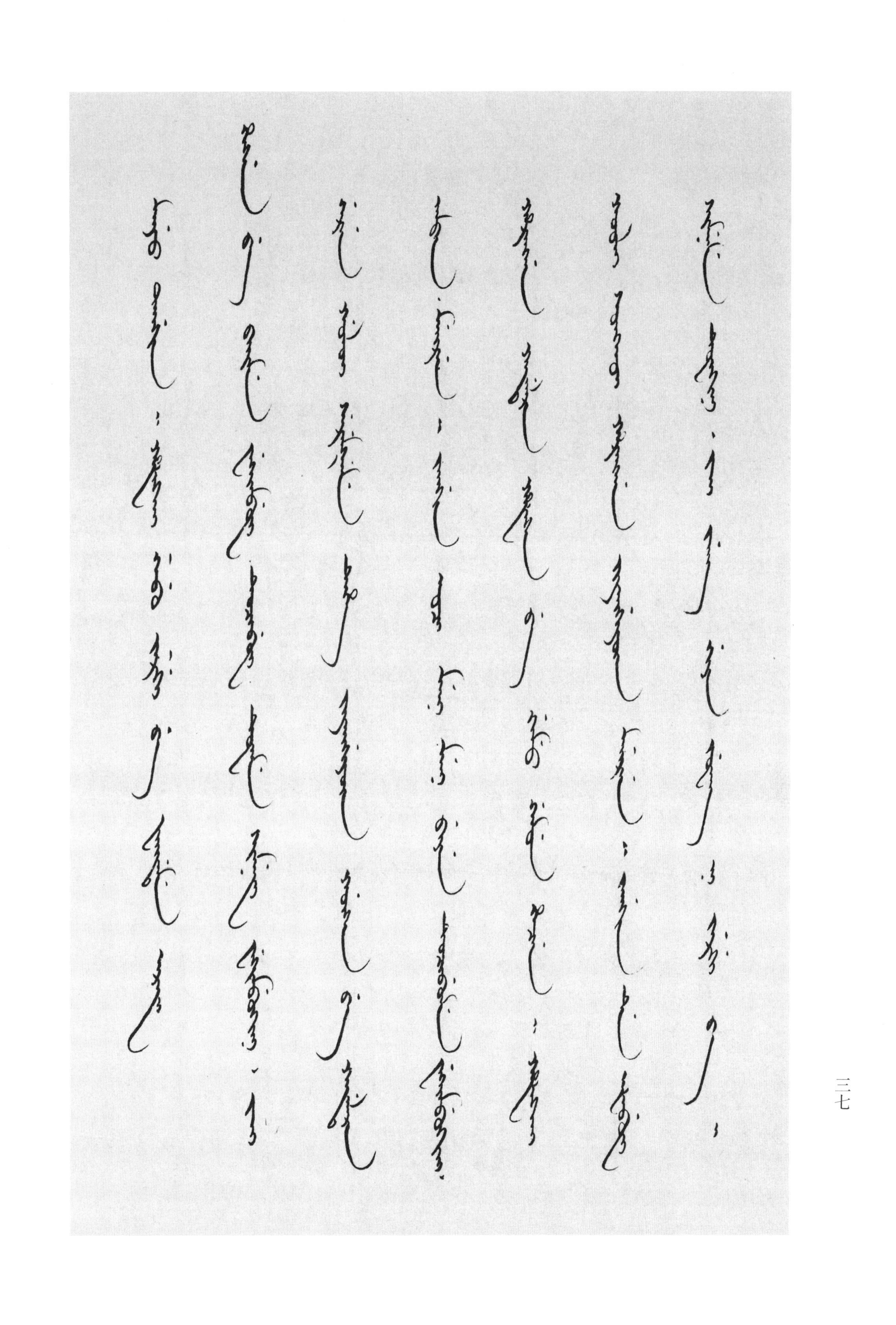

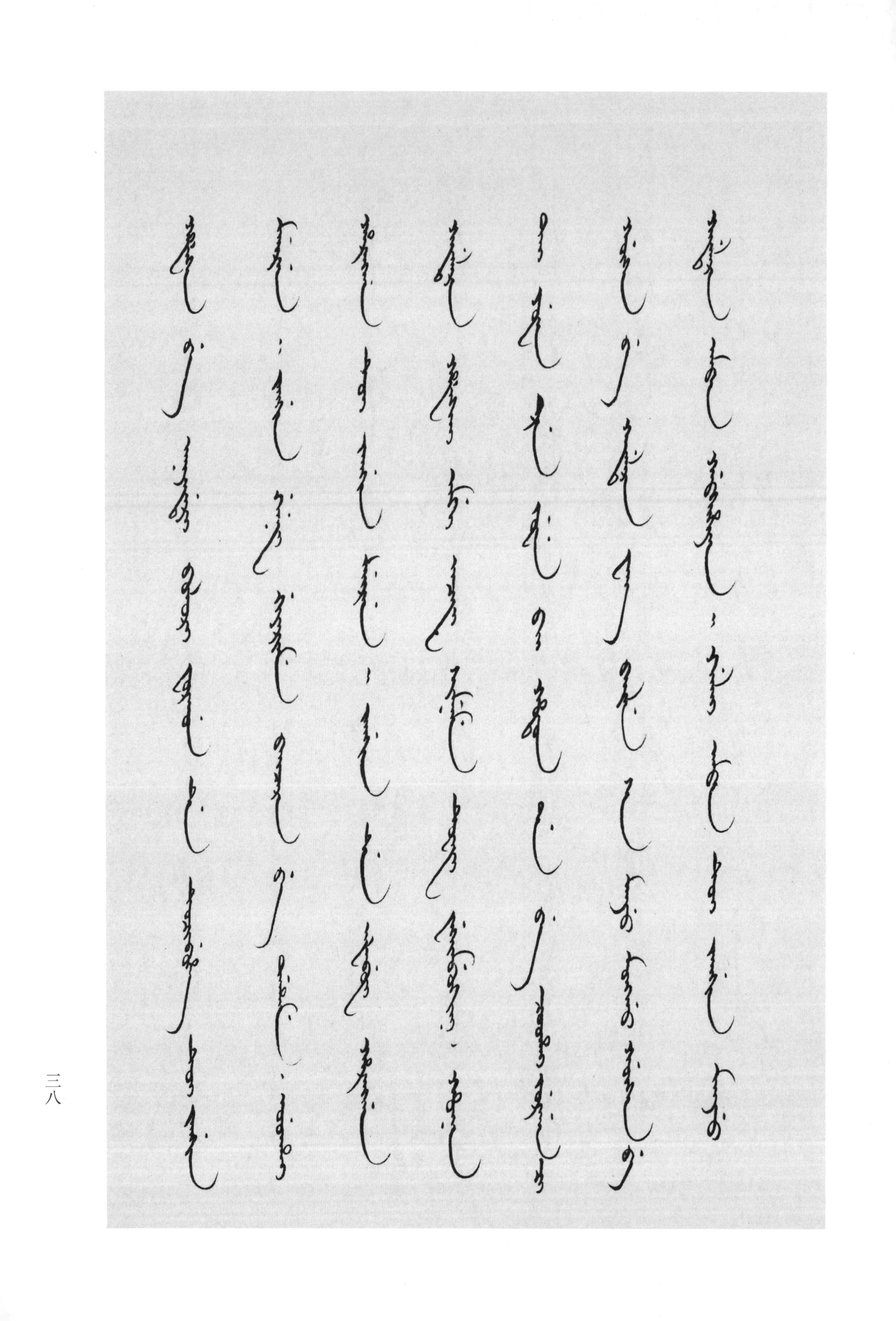

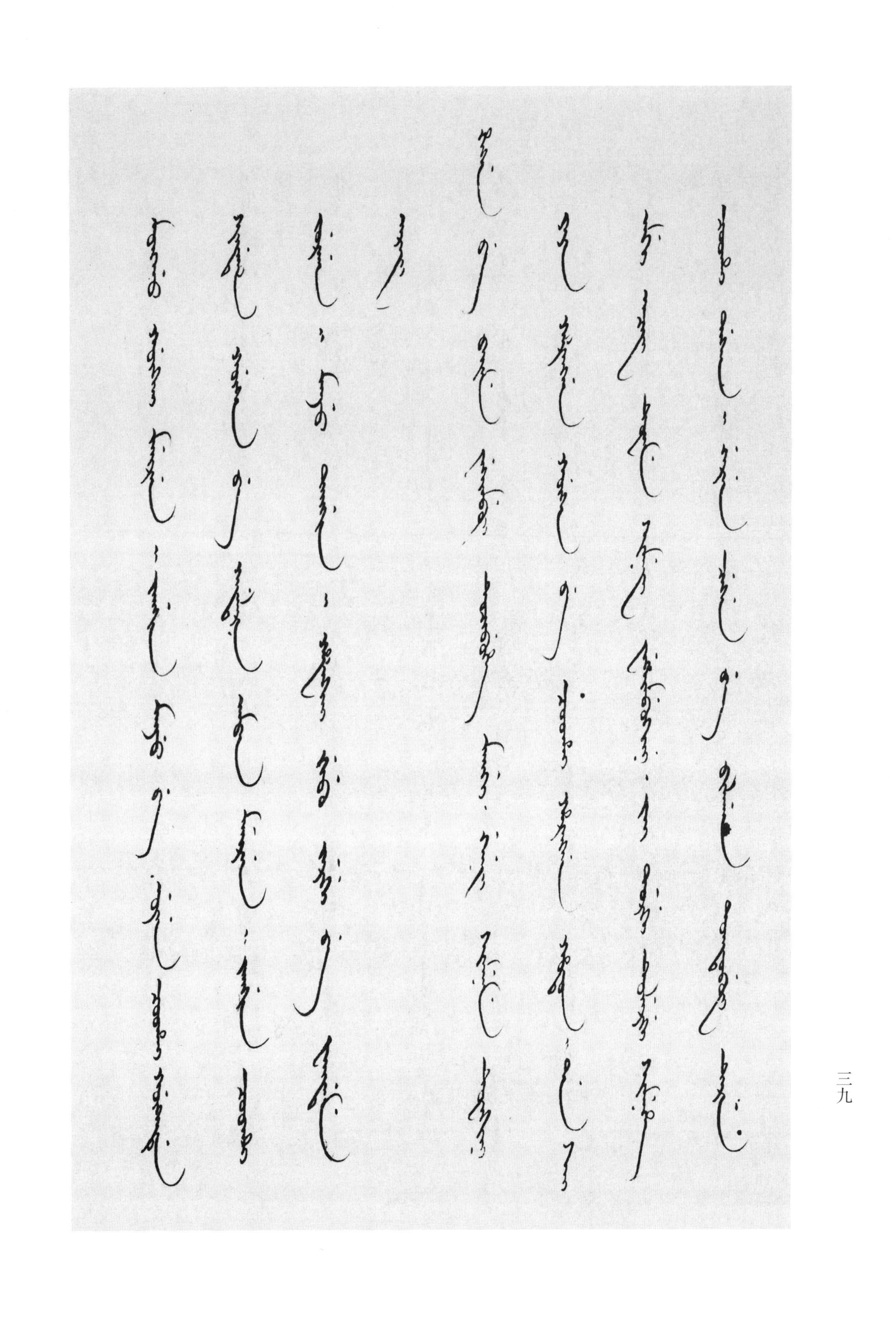

ᠰᡝᡵᡝ ᠰᡝᠯᡝ ᠪᡳᠰᡳᡵᡝ ᡥᡝᠴᡝᠨ ᡤᡳᠰᡠᡵᡝᠮᡝ ᠰᡝᡵᡝ ᠪᡝ ᠰᡝᡵᡝᠩᡤᡝ᠈ ᠮᡠᠰᡝᡳ

ᠰᡝᡵᡝ ᠨᡳᠶᠠᠯᠮᠠ ᠪᡝ ᠪᠠᡳᠴᠠᠮᡝ ᡝᡵᡝ ᠰᡝᡵᡝ ᠪᡳᡵᡝ᠈ ᡝᡵᡝ

ᡝᡵᡝ᠈ ᡝᡵᡝ ᡠᠰᡝᠨ ᠮᡠᠰᡝ ᡝᡵᡝ ᡝᡵᡝ ᠰᡝᠮᡝ᠈ ᡤᡝᠮᡠ ᠪᡠᠰᡝᡵᡝ

ᠰᡝᠮᡝ᠈ ᠨᡳᠶᠠᠯᠮᠠ ᡥᠠᡶᠠᠨ ᡝᡵᡝ᠈ ᡤᡝᠮᡠ ᡤᡝᠨᡝᡥᡝ ᠪᡳᡵᡝ ᡠᠰᡝ

ᠰᡝᡵᡝ ᡝᡵᡝ ᠪᡝ ᠰᡝᡵᡝ ᠮᡠᠰᡝ ᠰᡝᡵᡝ ᠮᡠᠰᡝᡳ ᡝᡵᡝ᠈ ᠨᡳᠶᠠᠯᠮᠠ ᠮᡠᠰᡝᡳ

ᠰᡝᡵᡝ᠈ ᠰᡝᠨᡝ ᠪᡝ ᠰᡝᡵᡝᠩᡤᡝ᠈ ᠪᡳ ᡤᡳᠰᡠᠨ ᠪᡝ ᠮᡠᠰᡝᡳ ᡝᡵᡝ

ᠪᡝᡳᠰᡝ ᠪᡠᠰᡝ ᡠᠰᡝᠨ ᠪᡳ ᡝᡵᡝ ᡝᡵᡝ ᡥᡝᠴᡝᠨ

ᡤᡝᠨᡝᡥᡝ᠈ ᠨᡳᠶᠠᠯᠮᠠ ᡩᡠ ᠨᡳᠶᠠᠯᠮᠠ ᠮᡠᠰᡝᡳᠰᡝᡵᡝ᠈ ᡠᠰᡝᠨ ᠮᠣᠩᡤᠣ ᡤᡳᠰᠣ

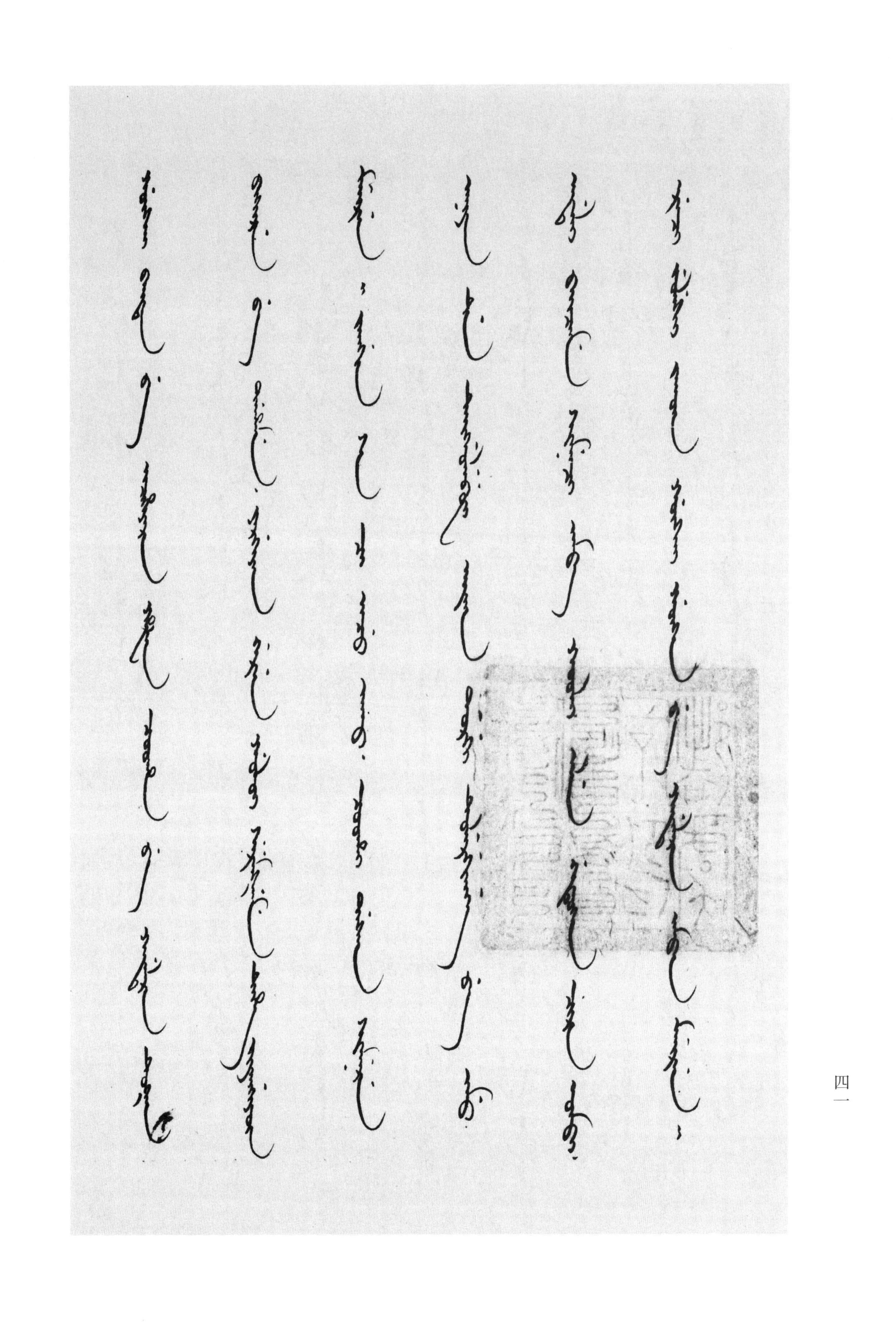

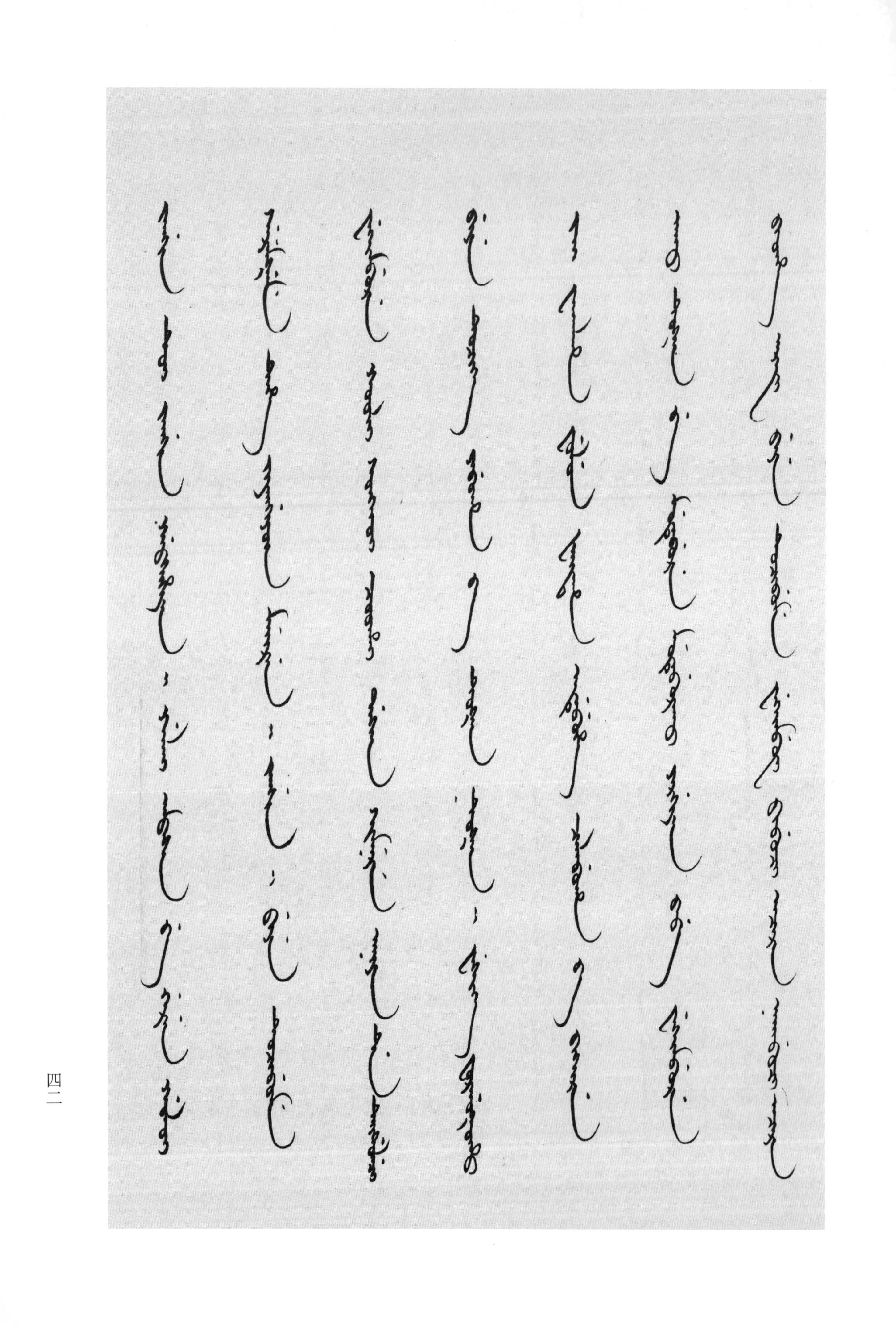

[illegible]

[illegible]

[illegible]

[illegible]

[illegible]

[illegible]

[illegible]

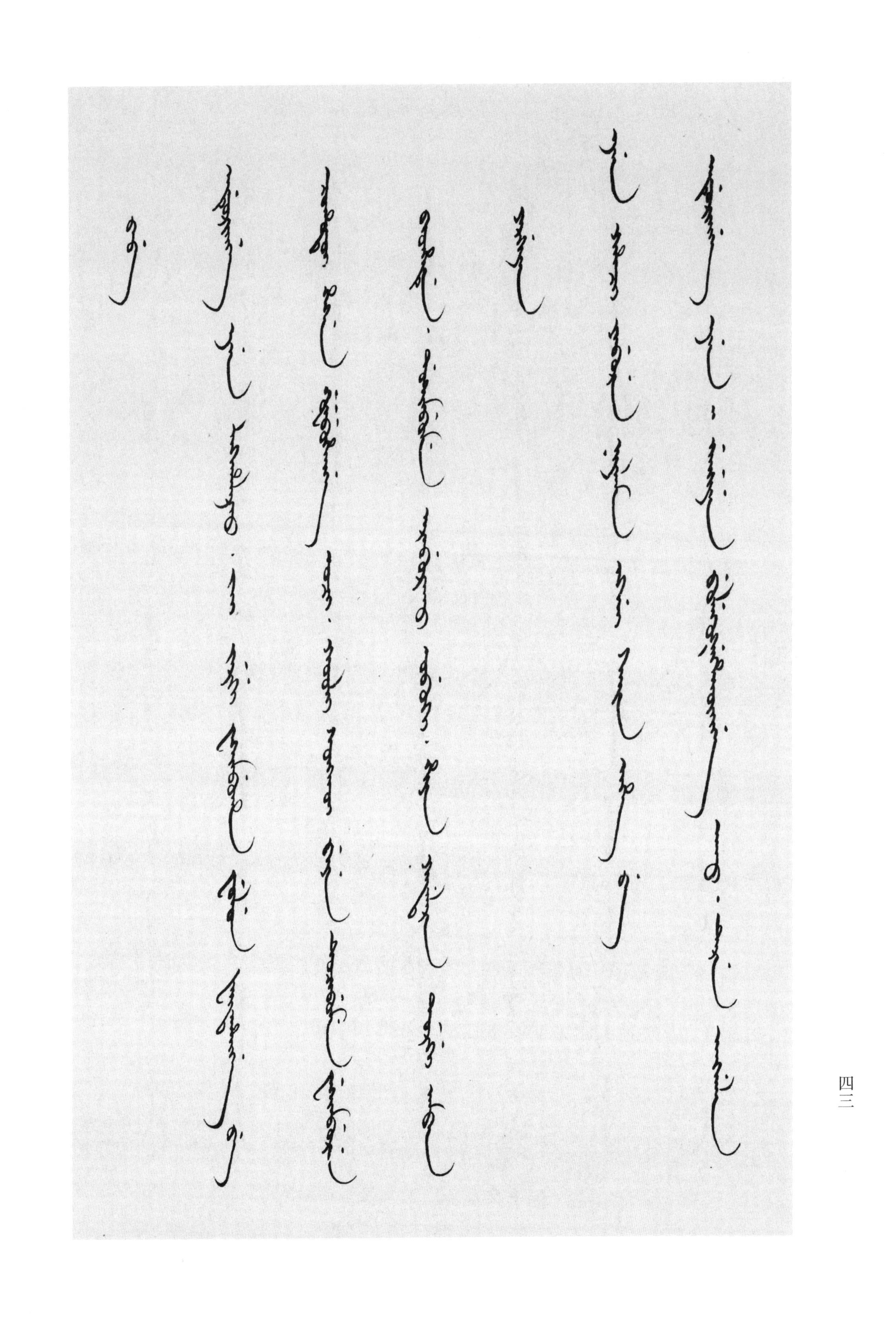

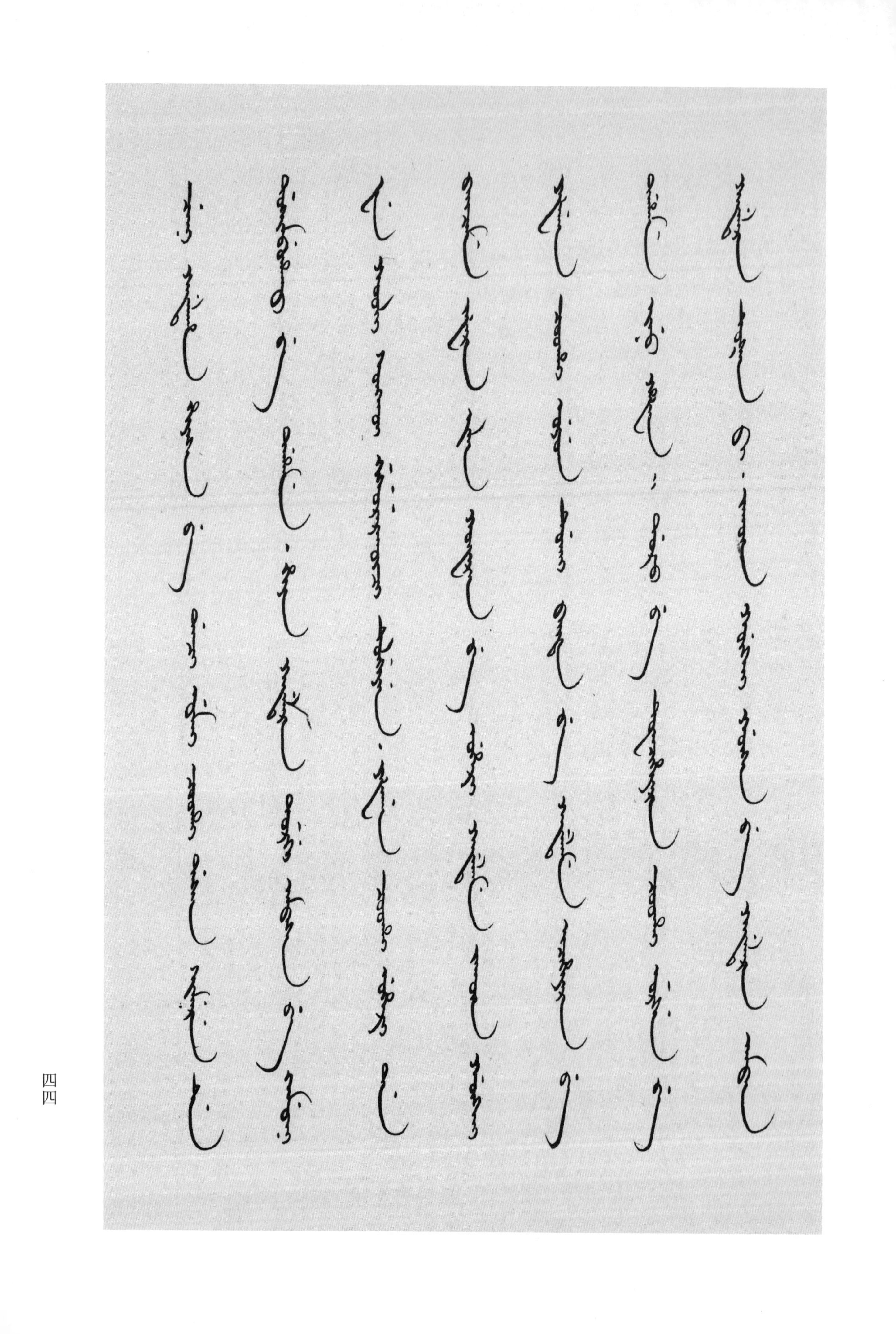

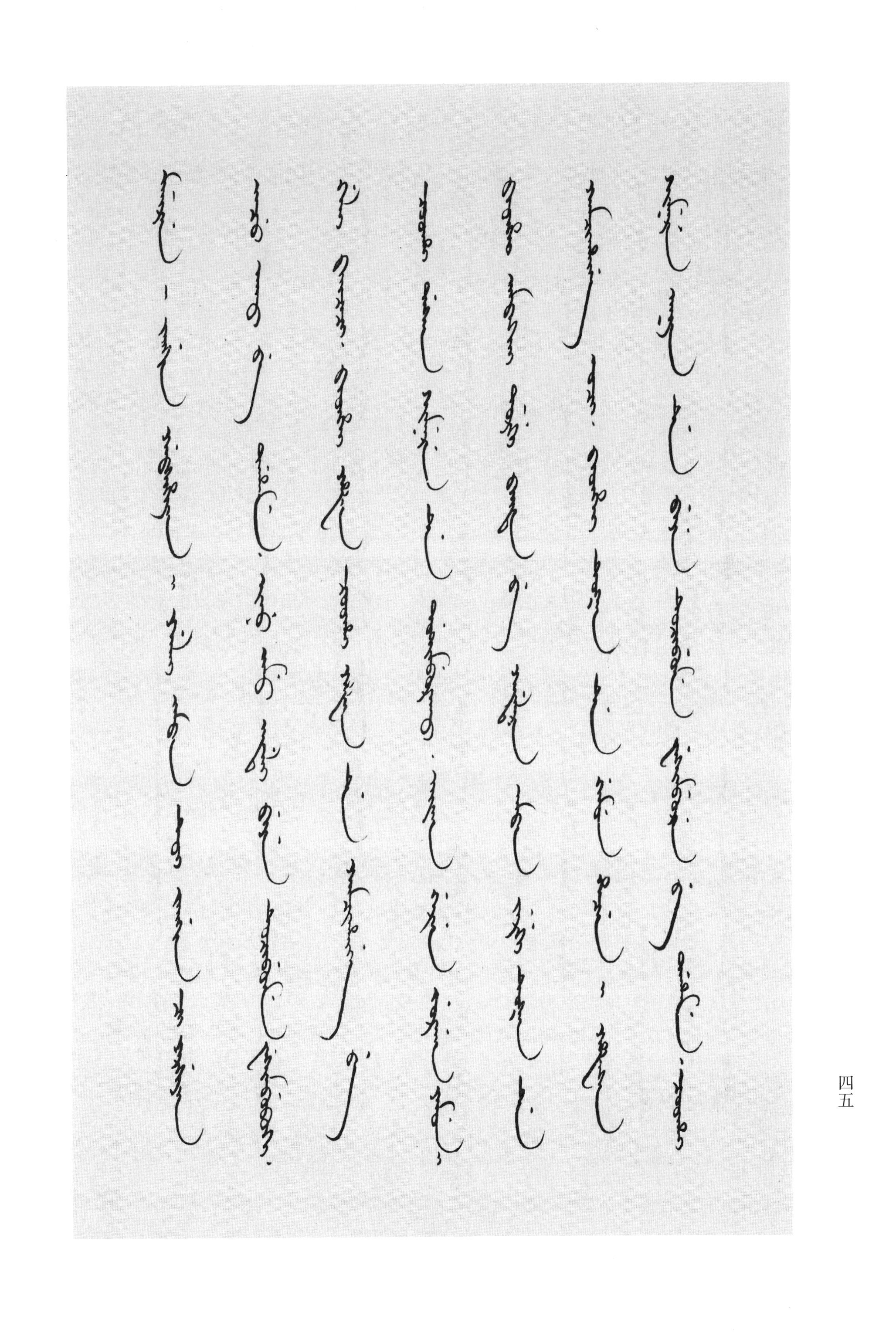

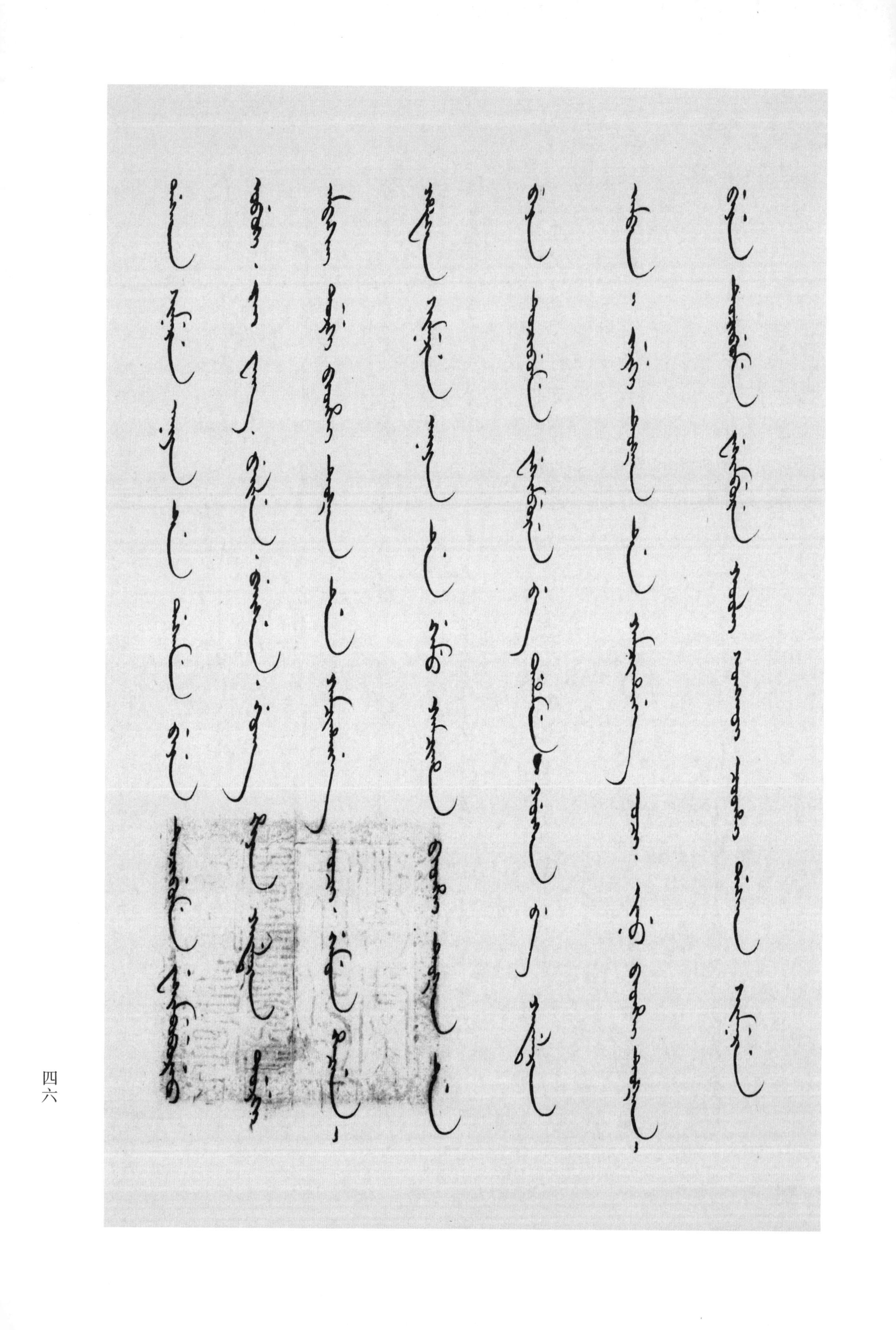

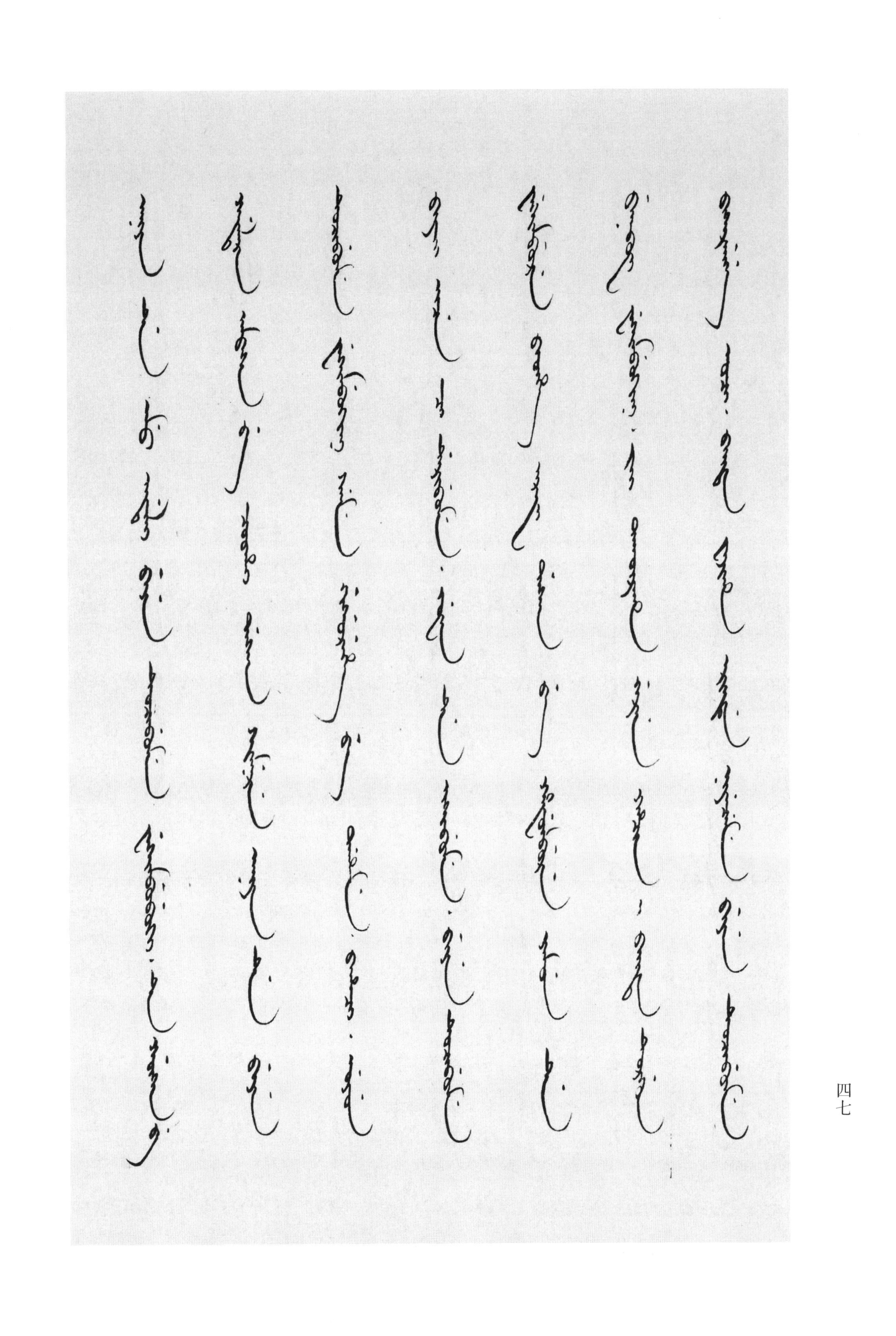

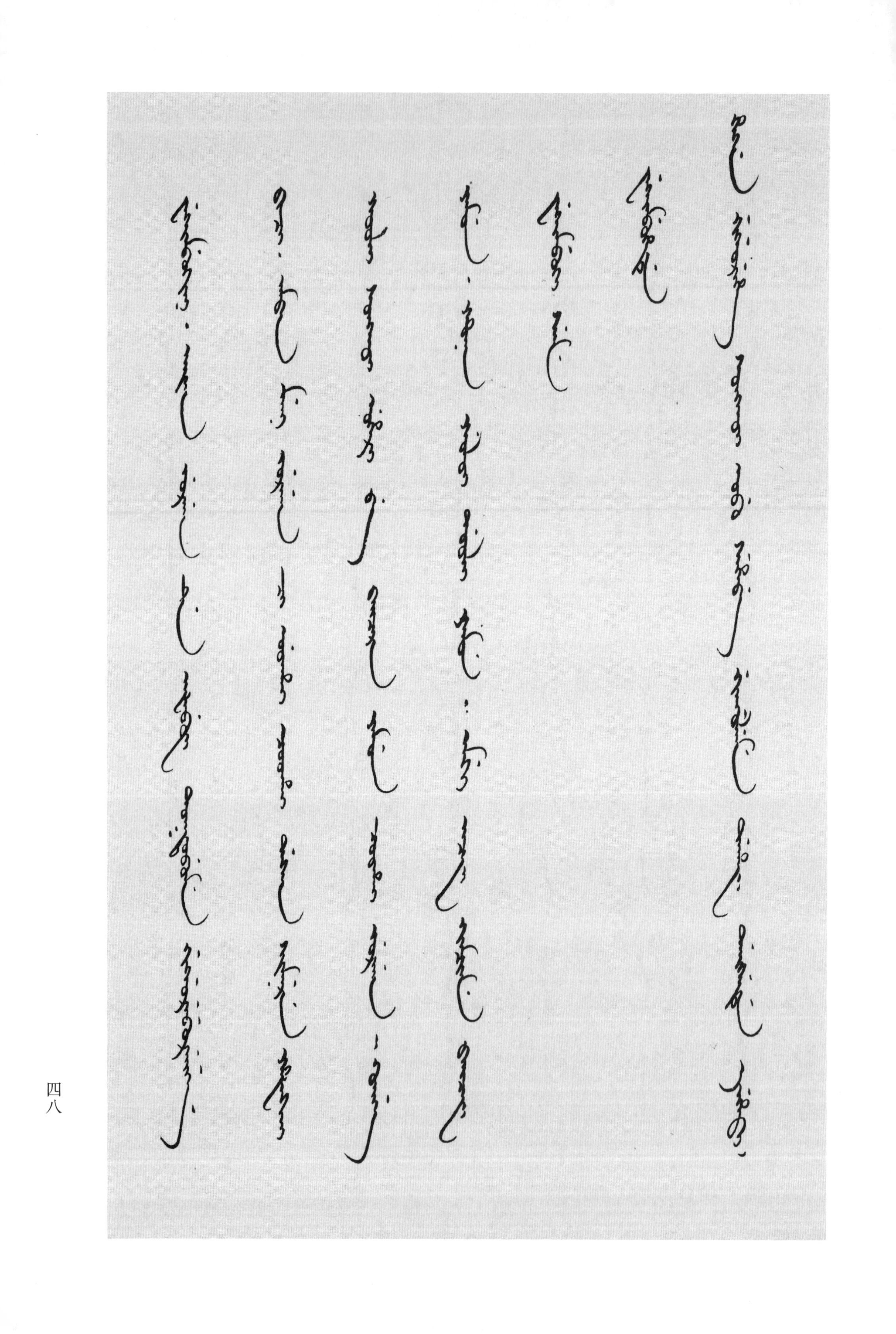

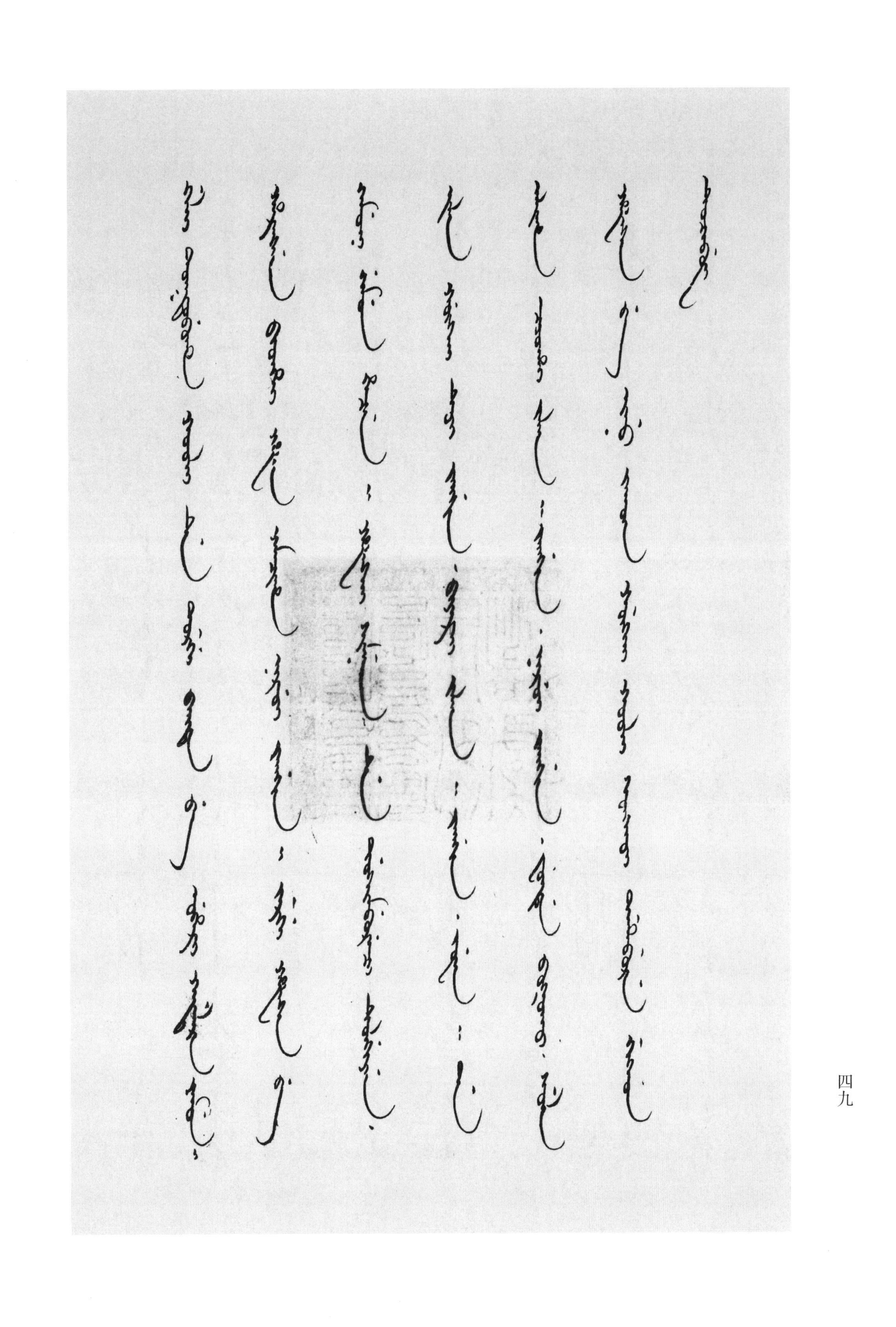

[illegible]

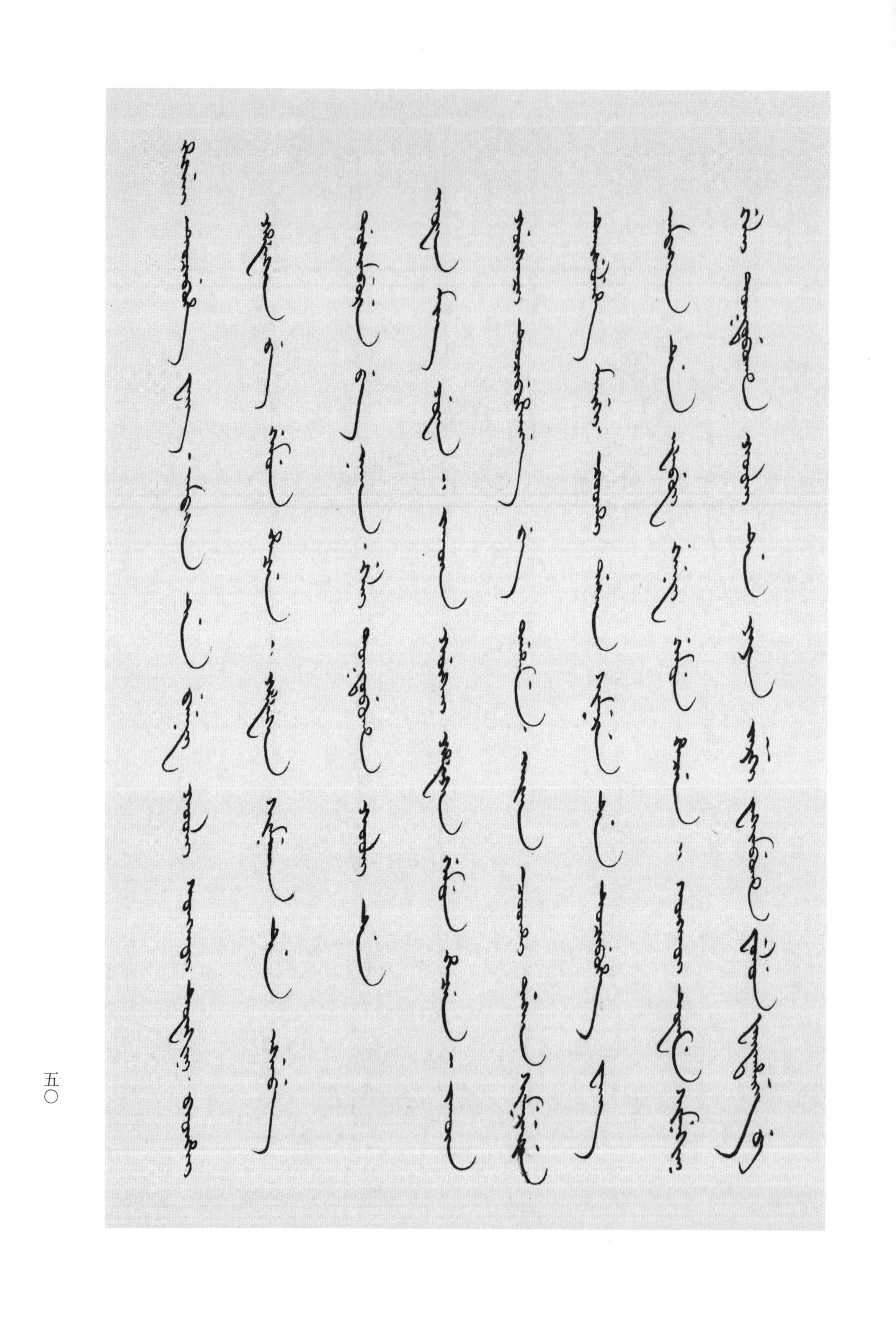

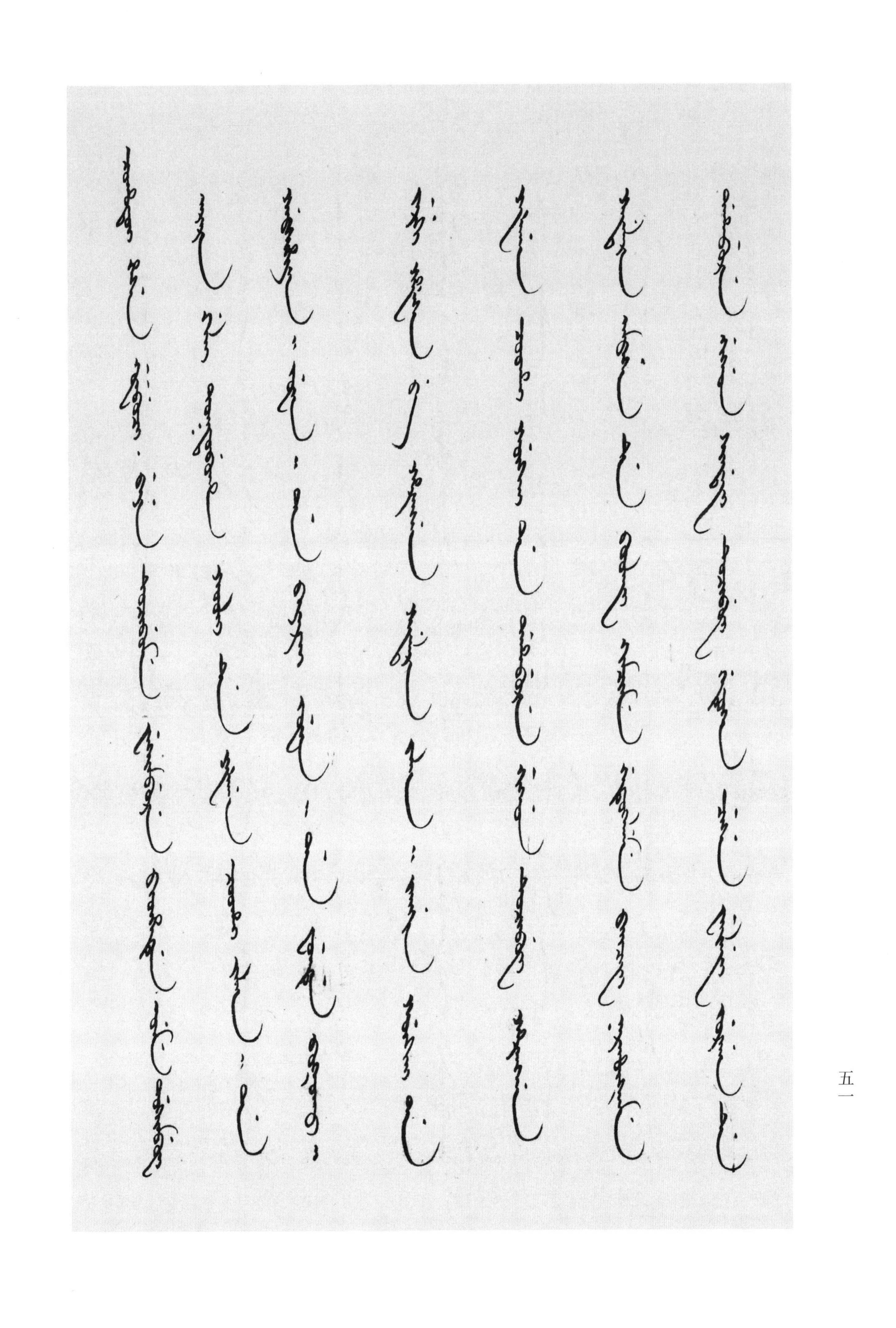

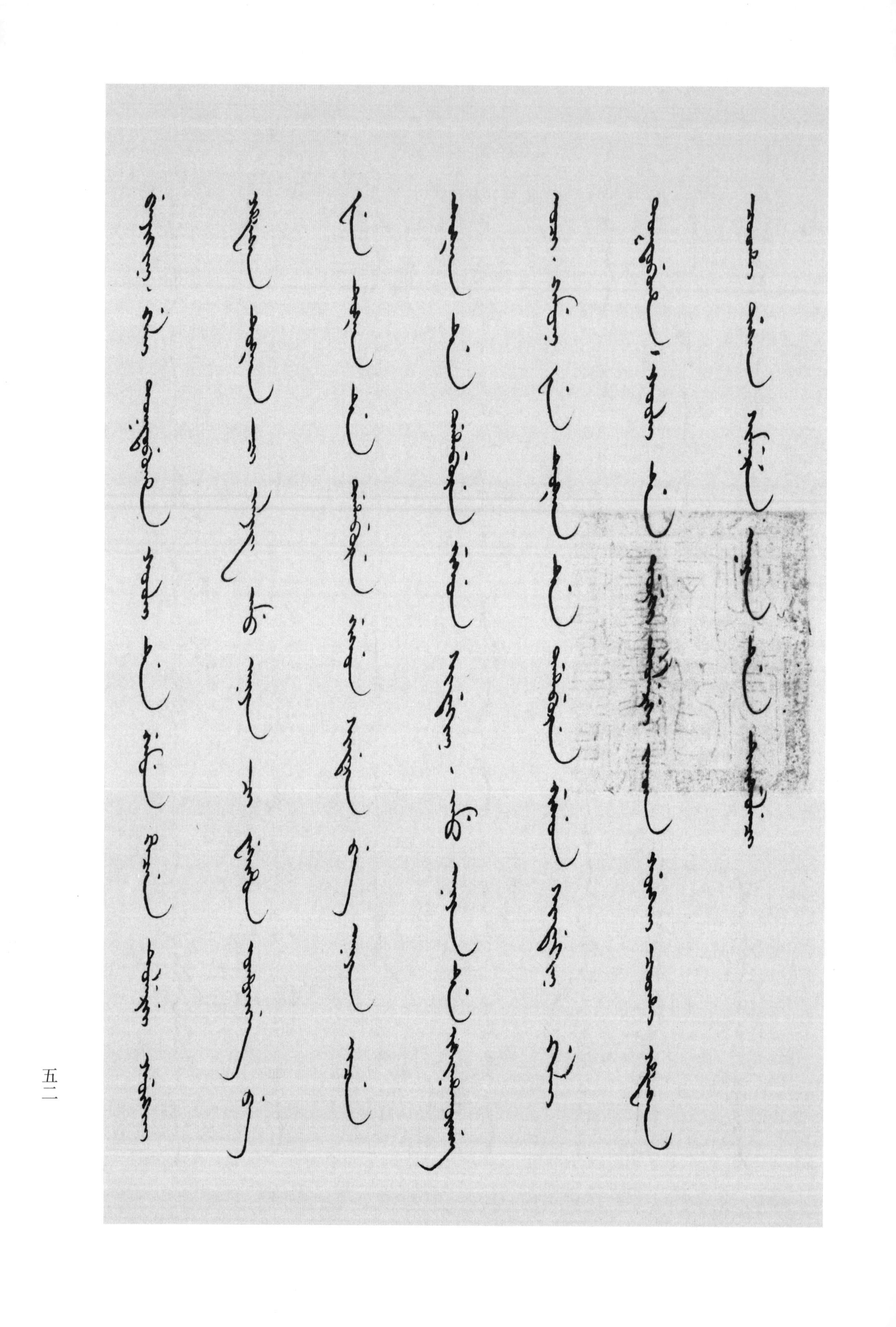

[illegible]

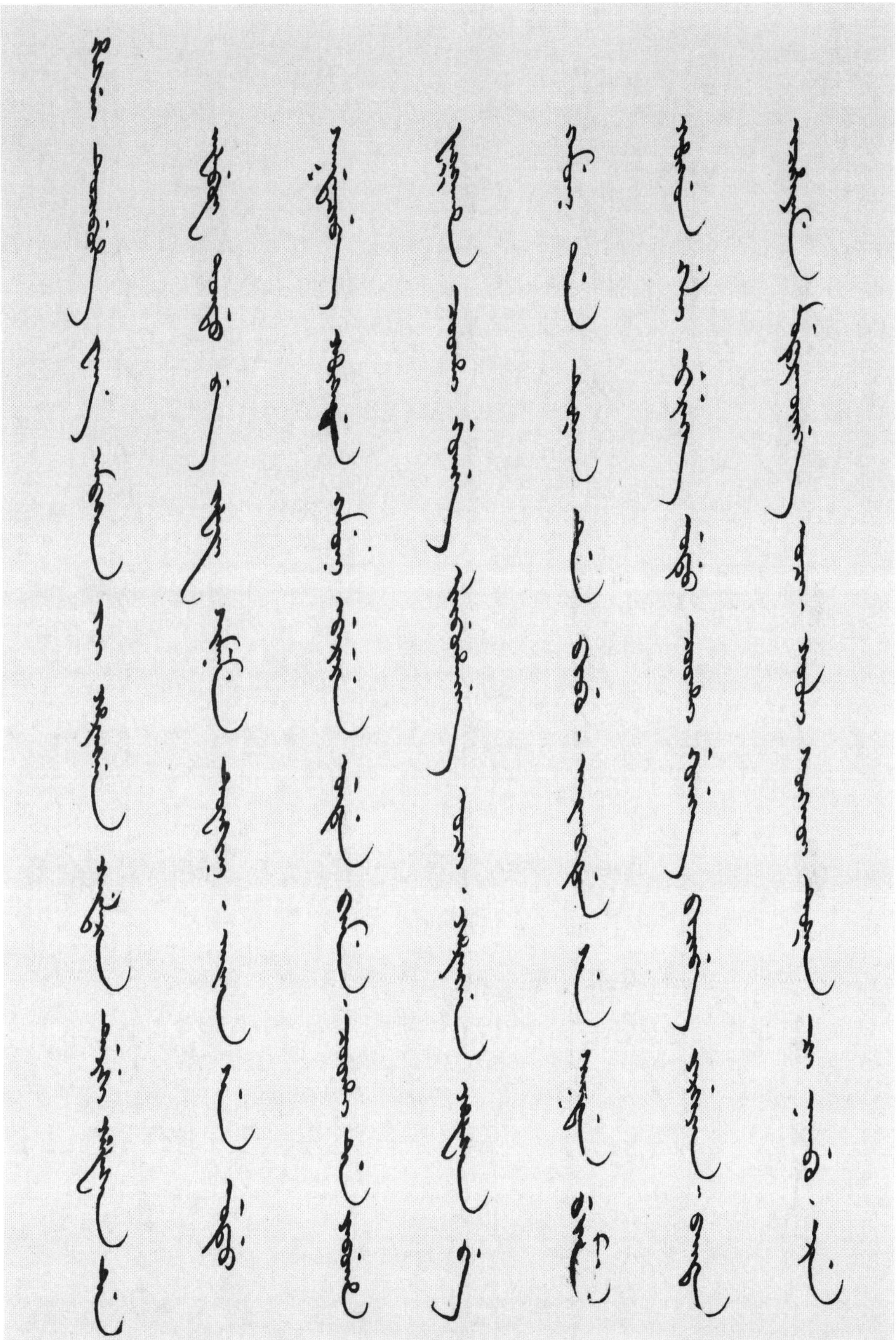

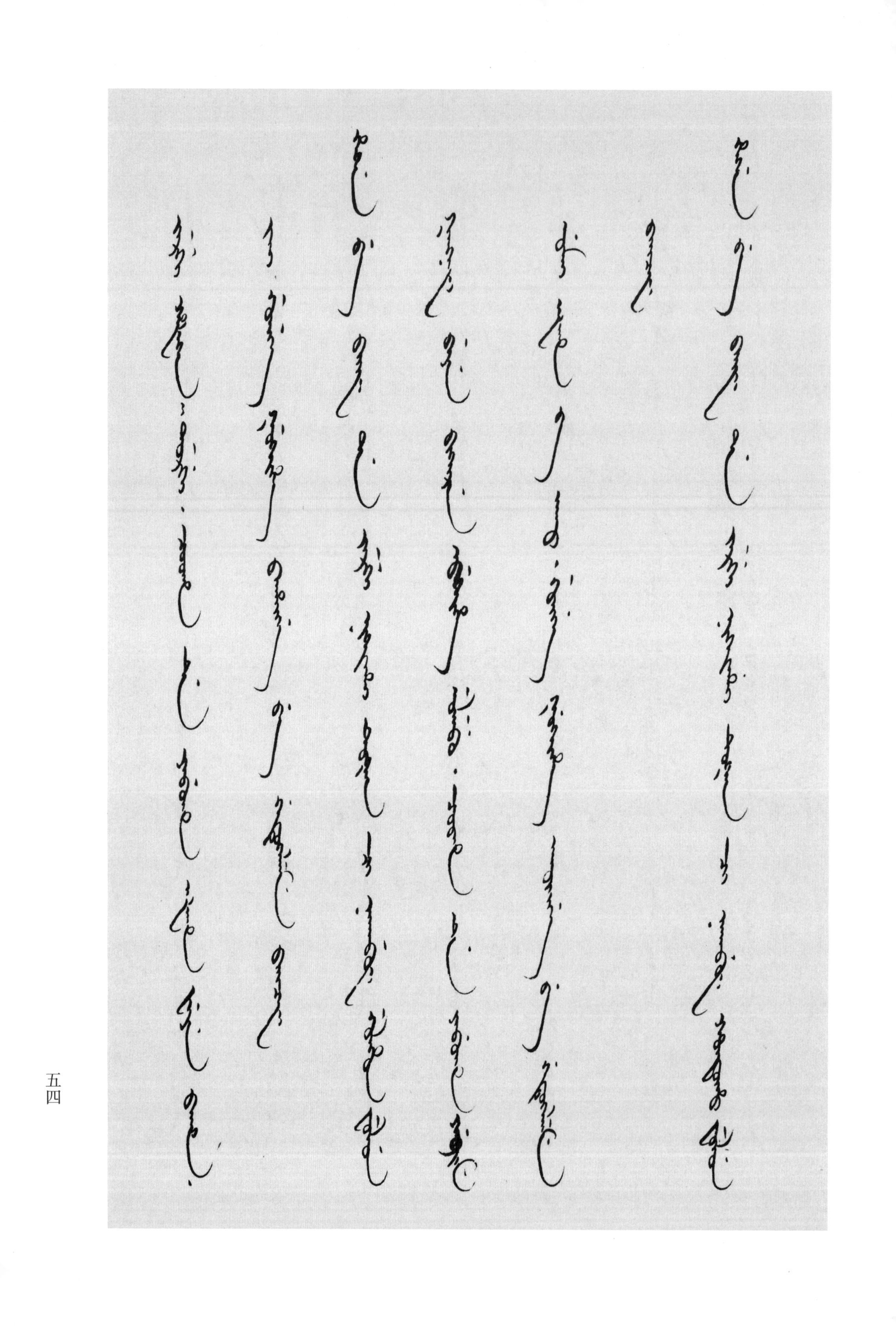

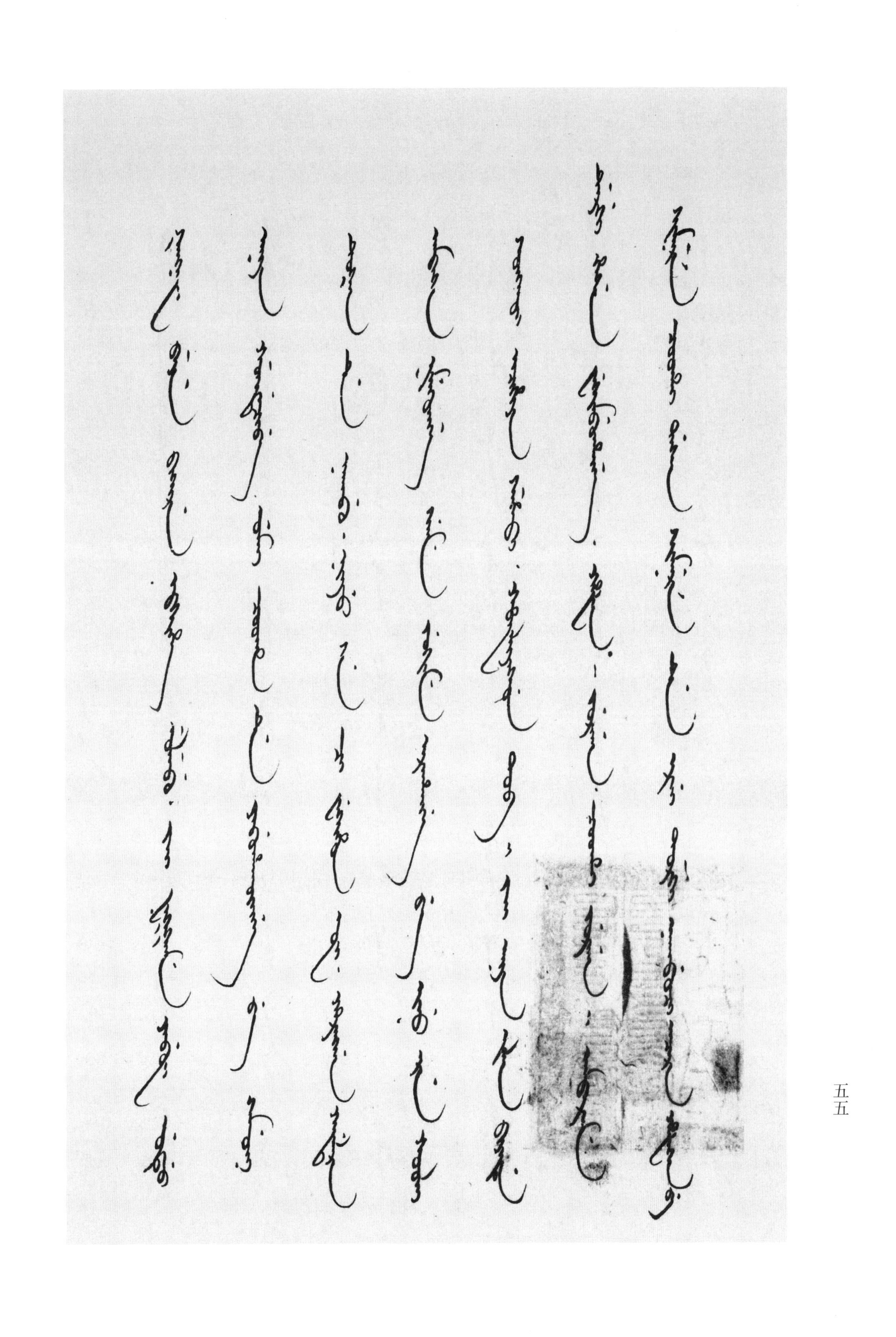

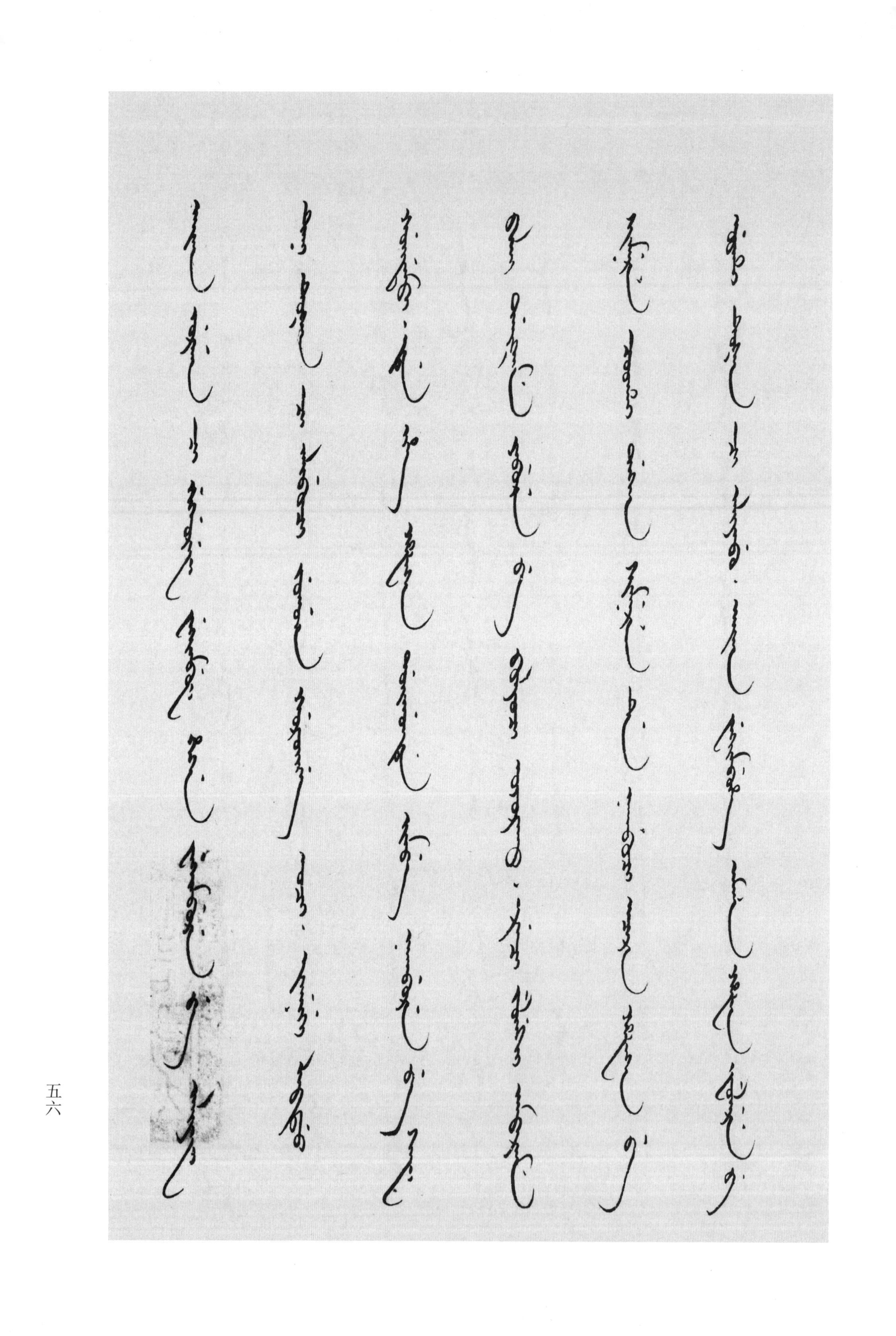

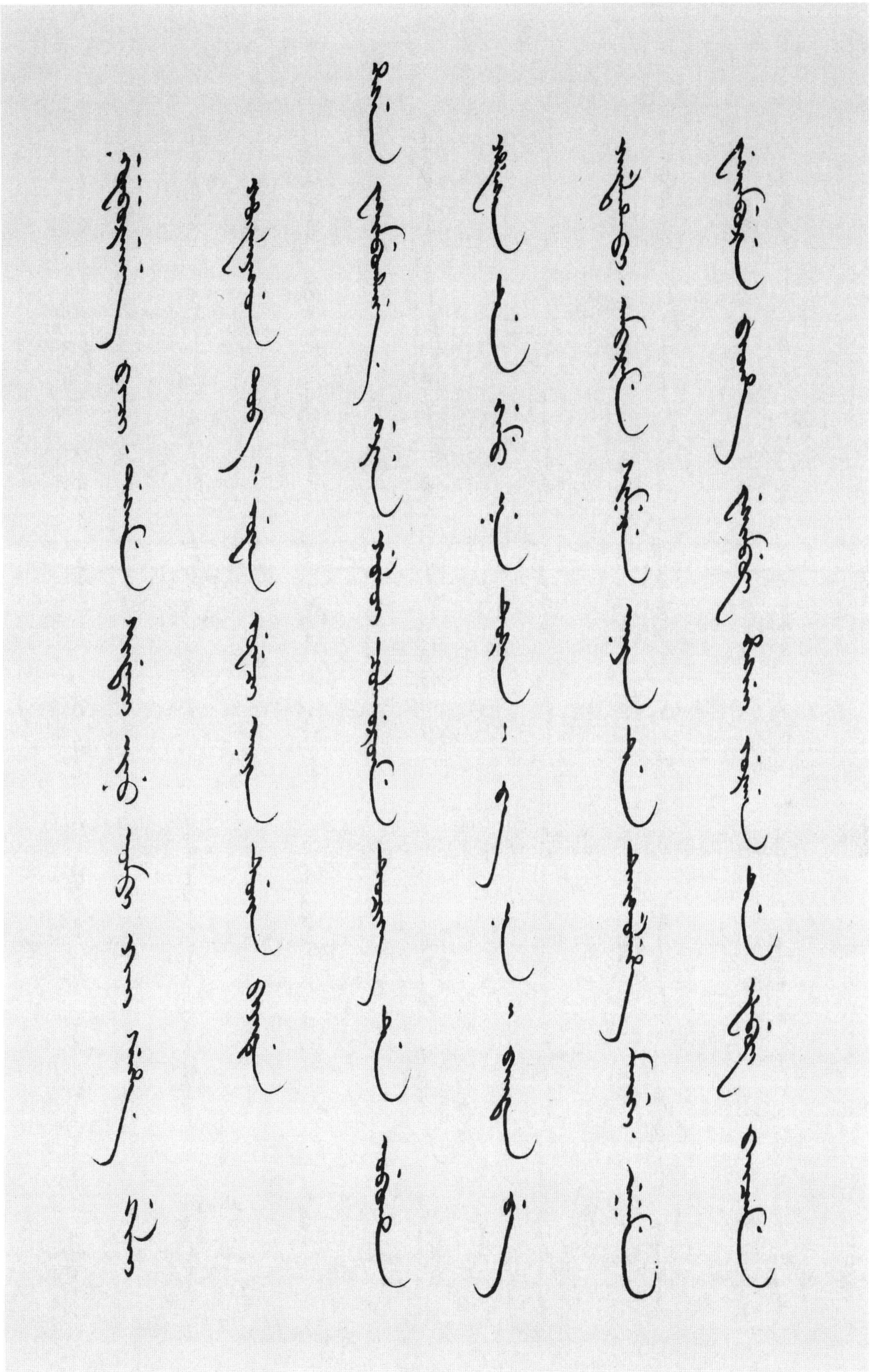

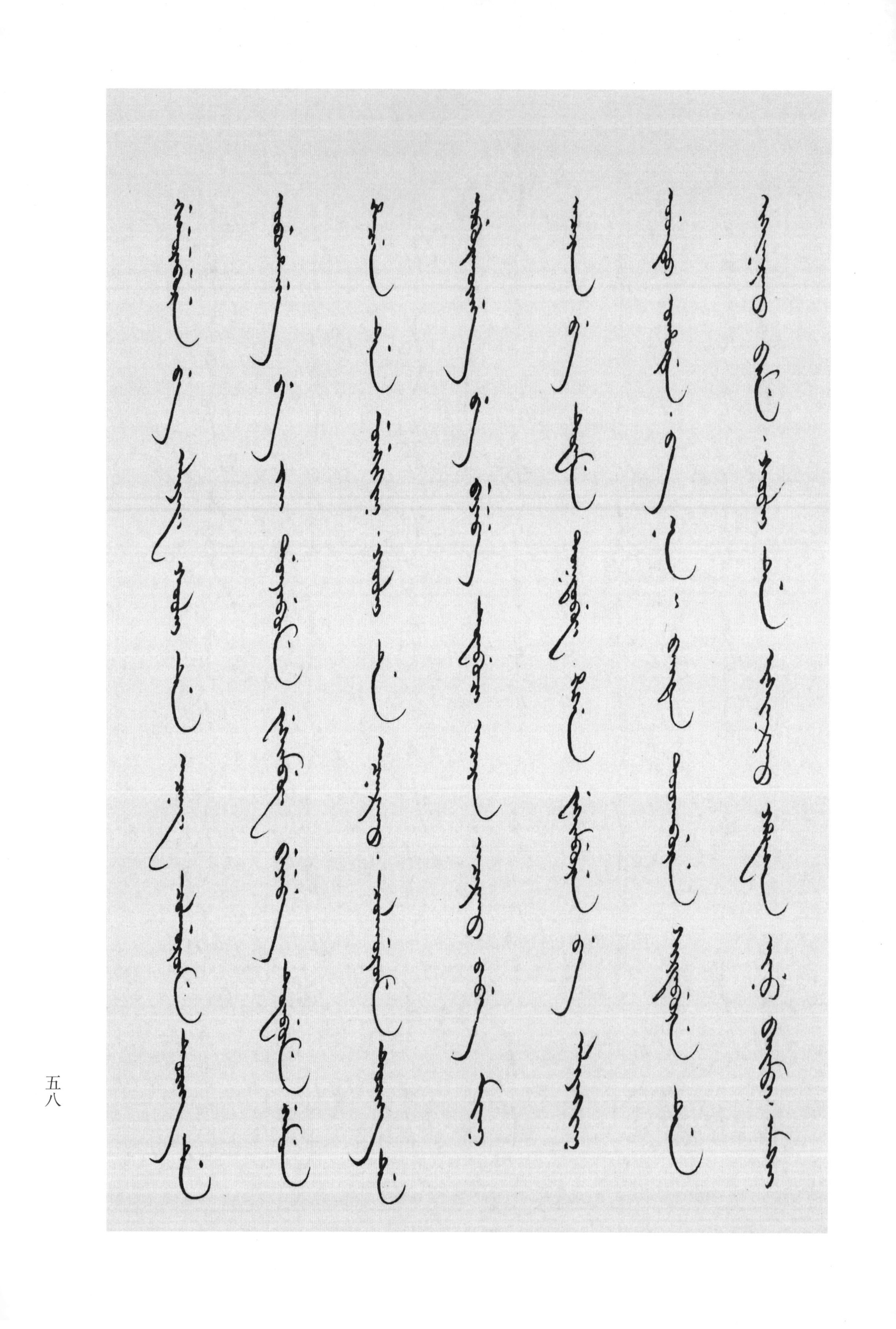

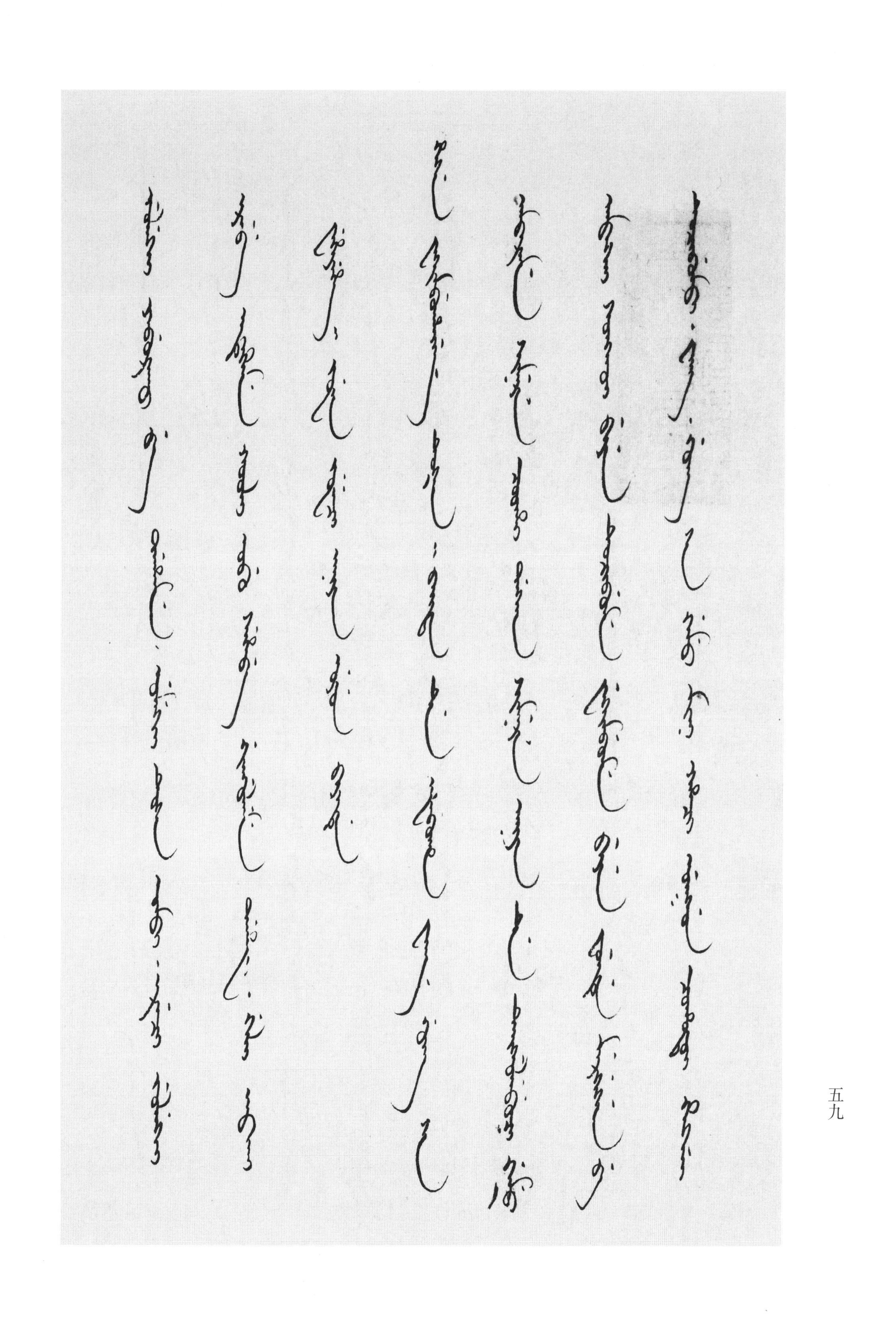

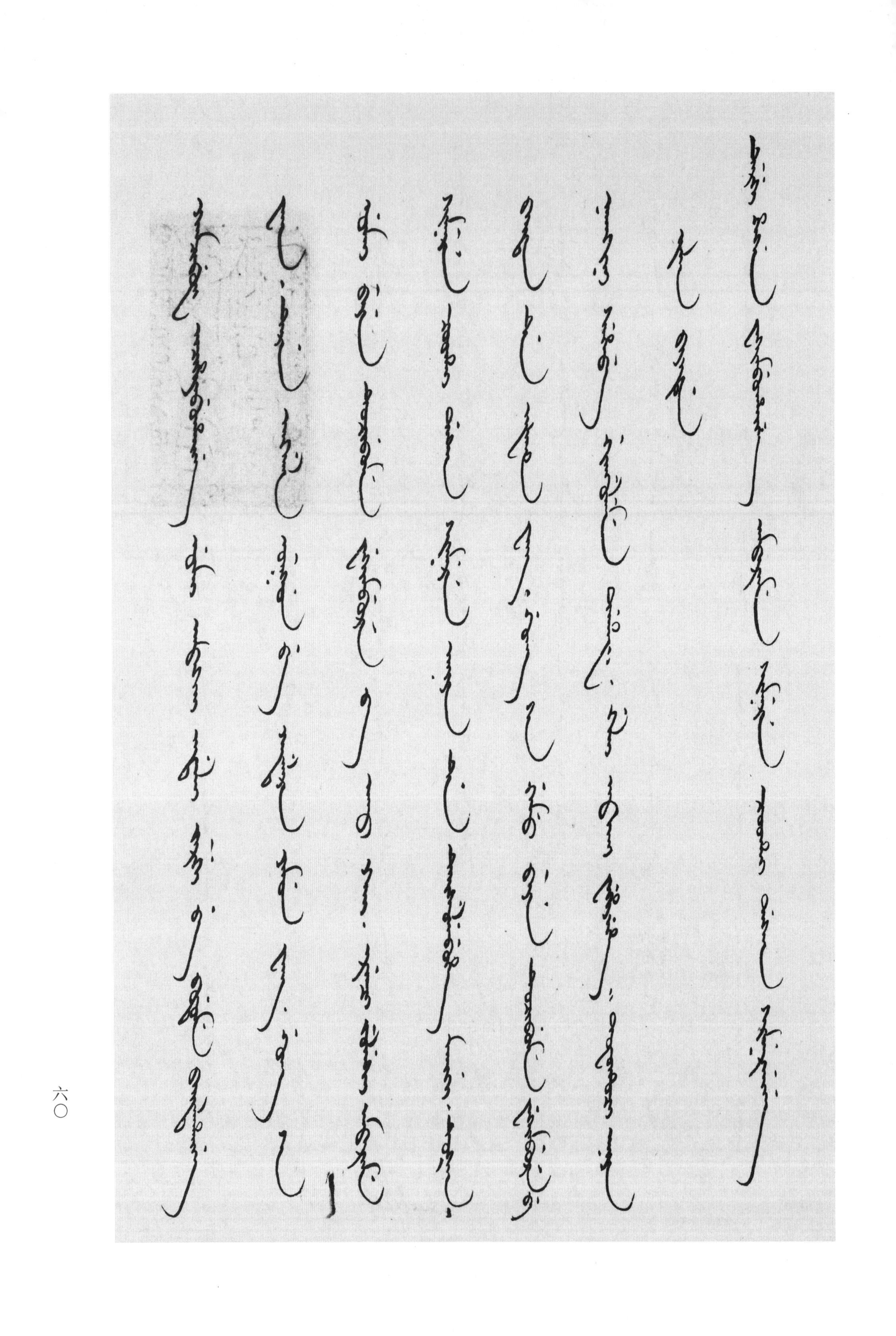

[illegible]

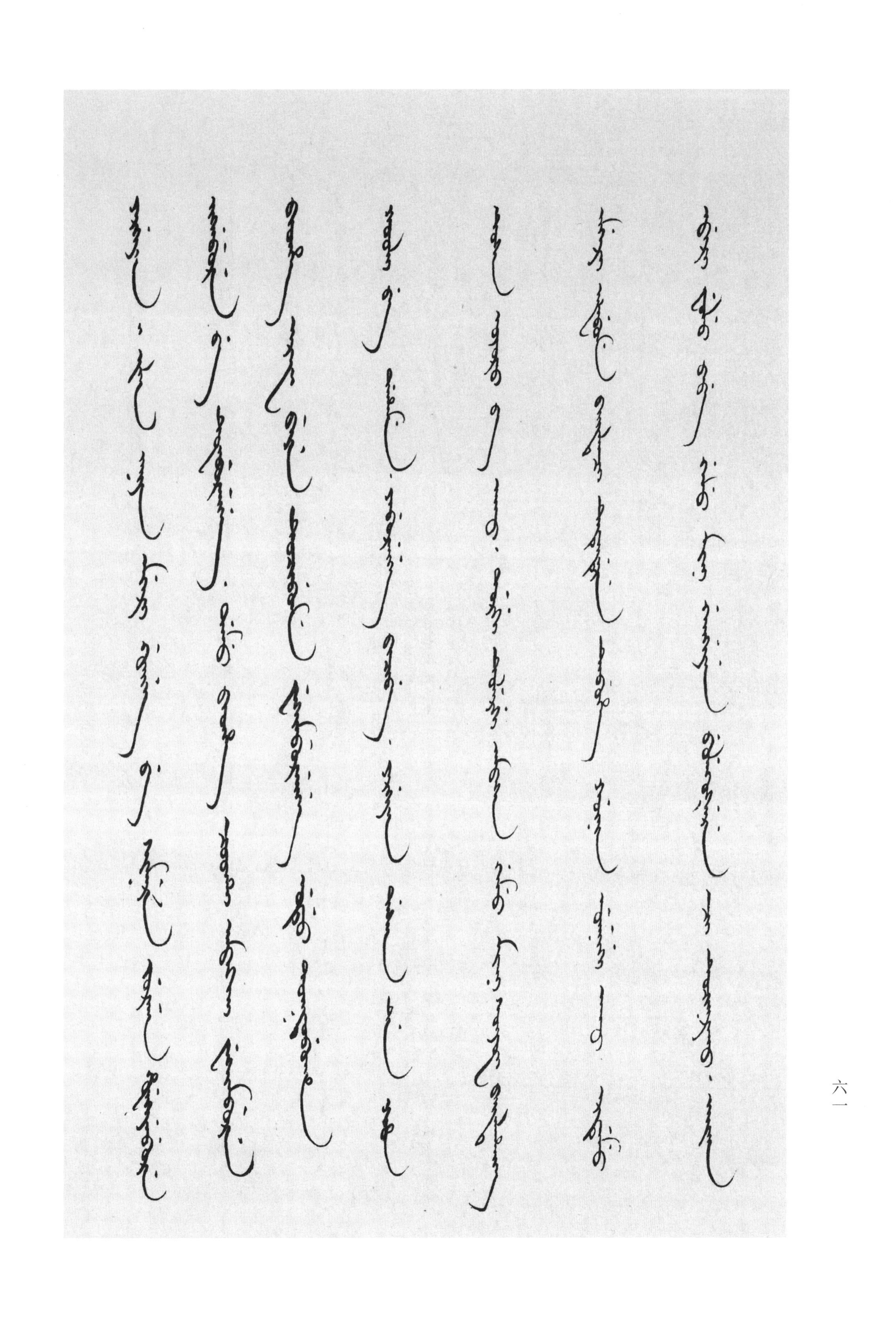

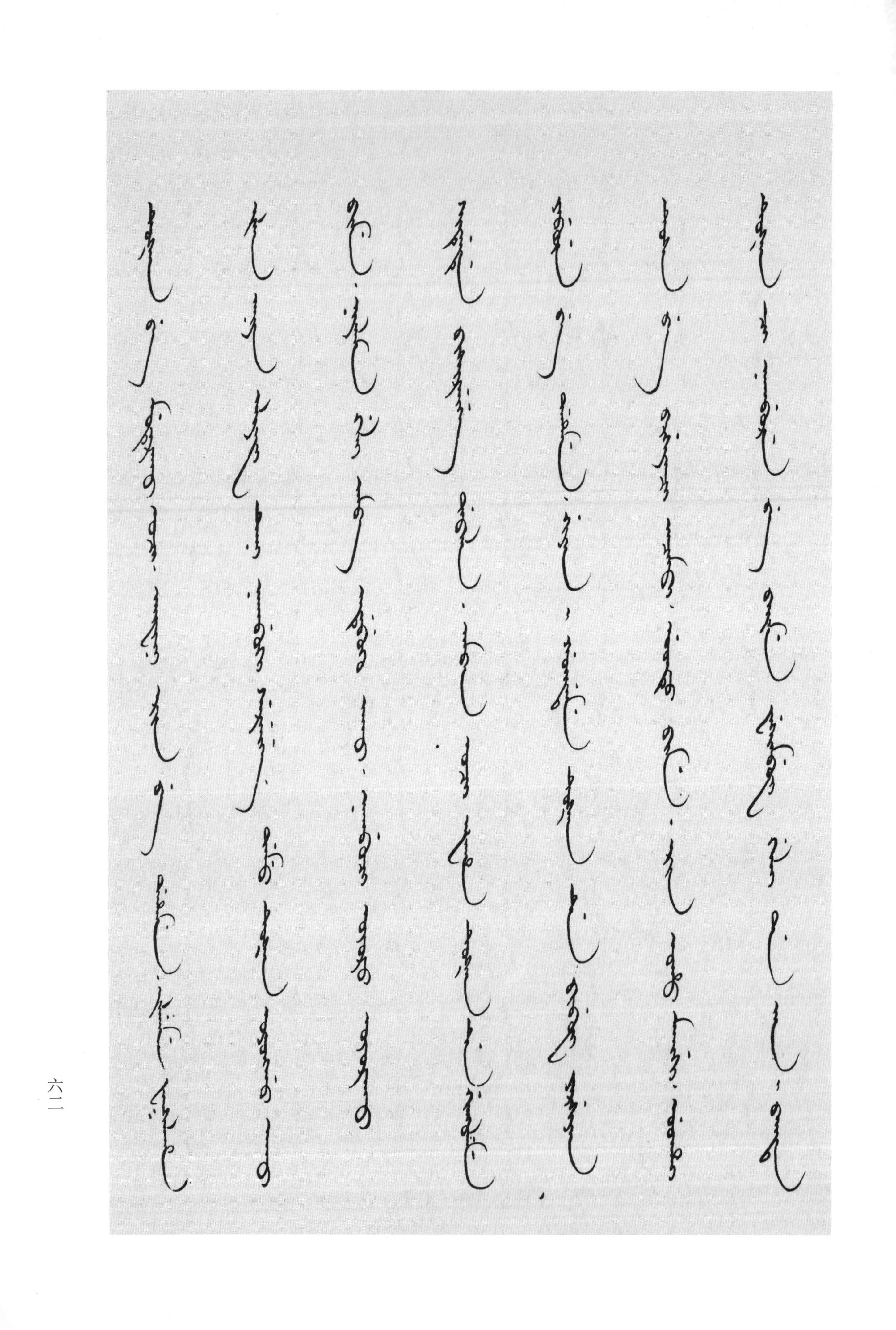

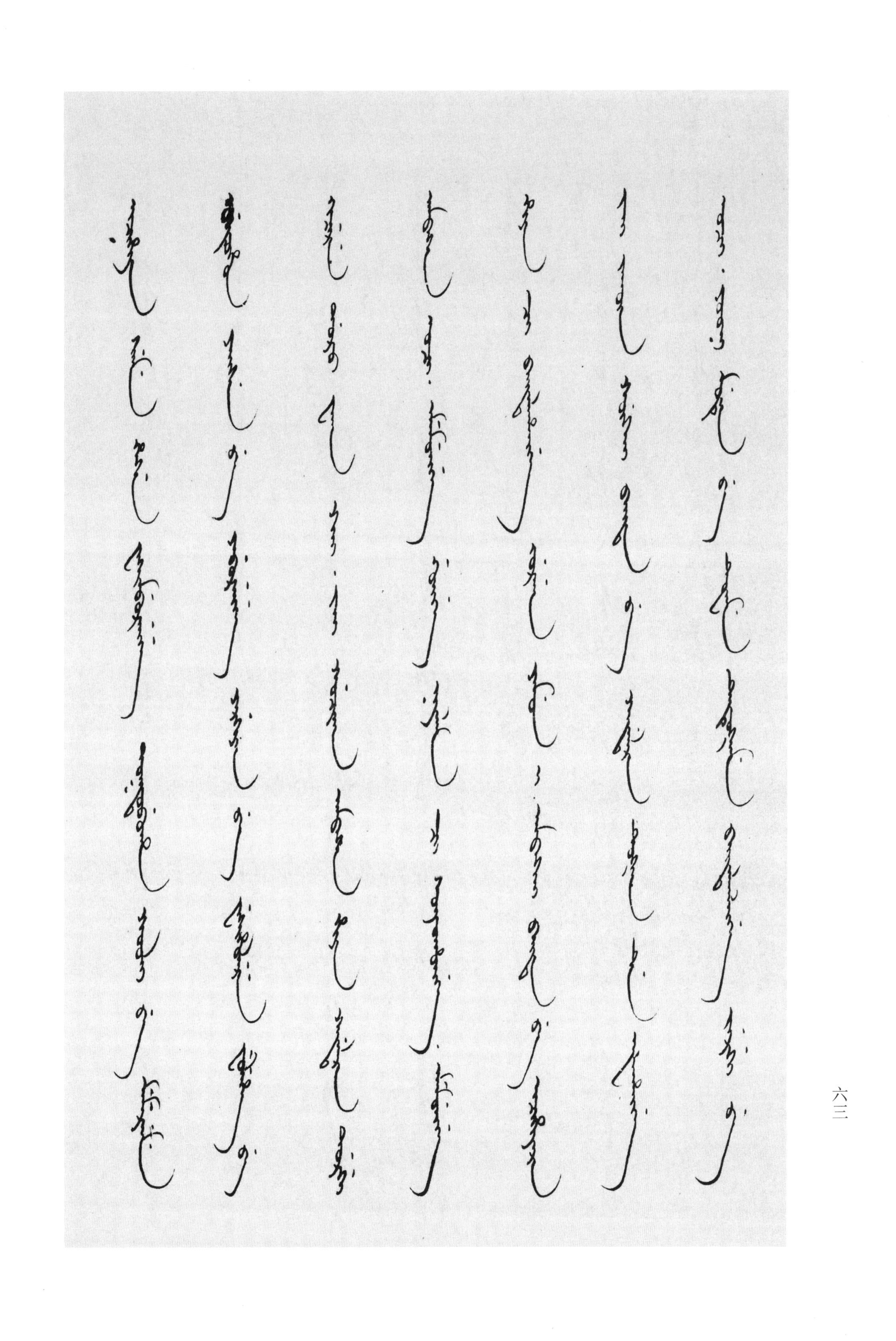

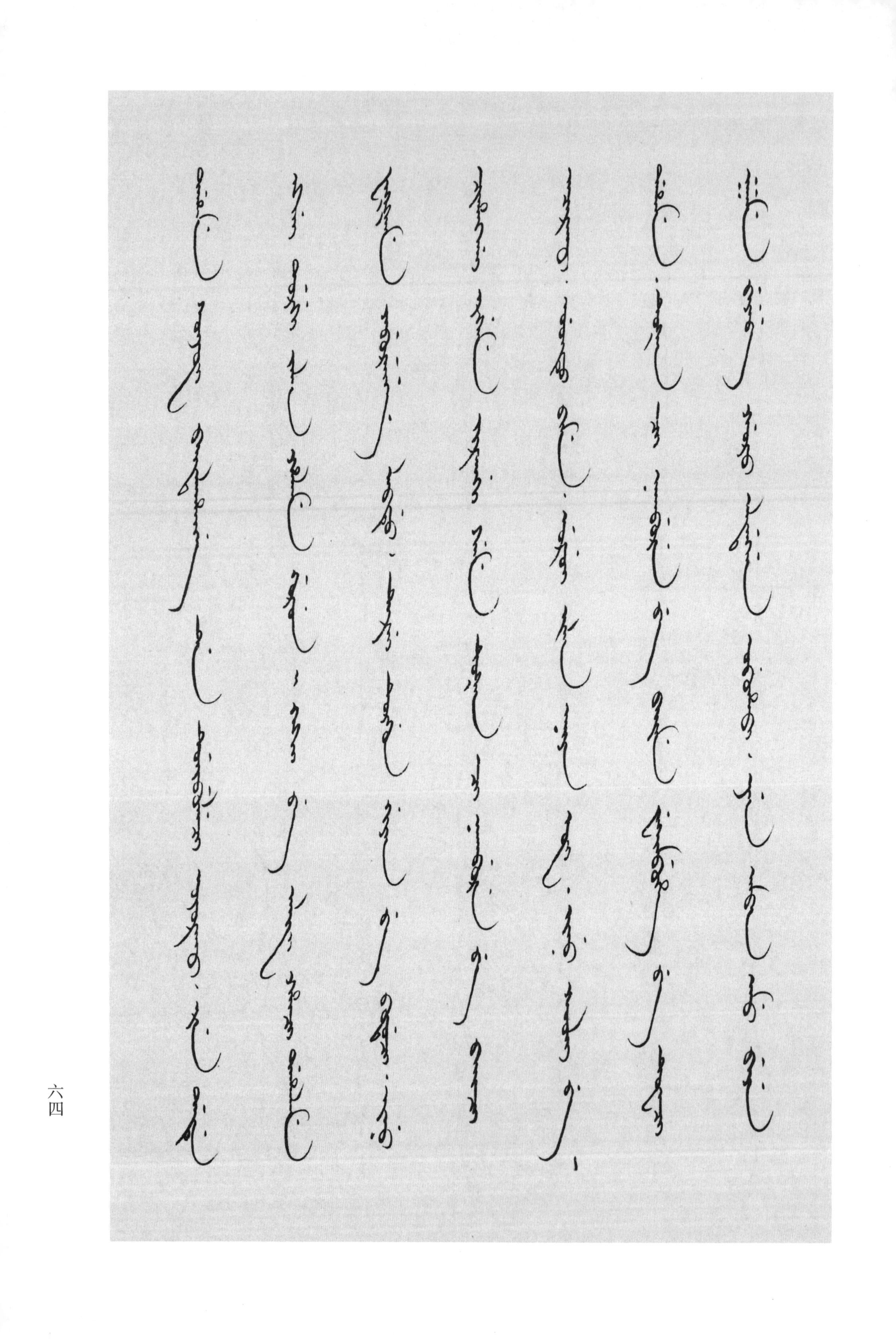

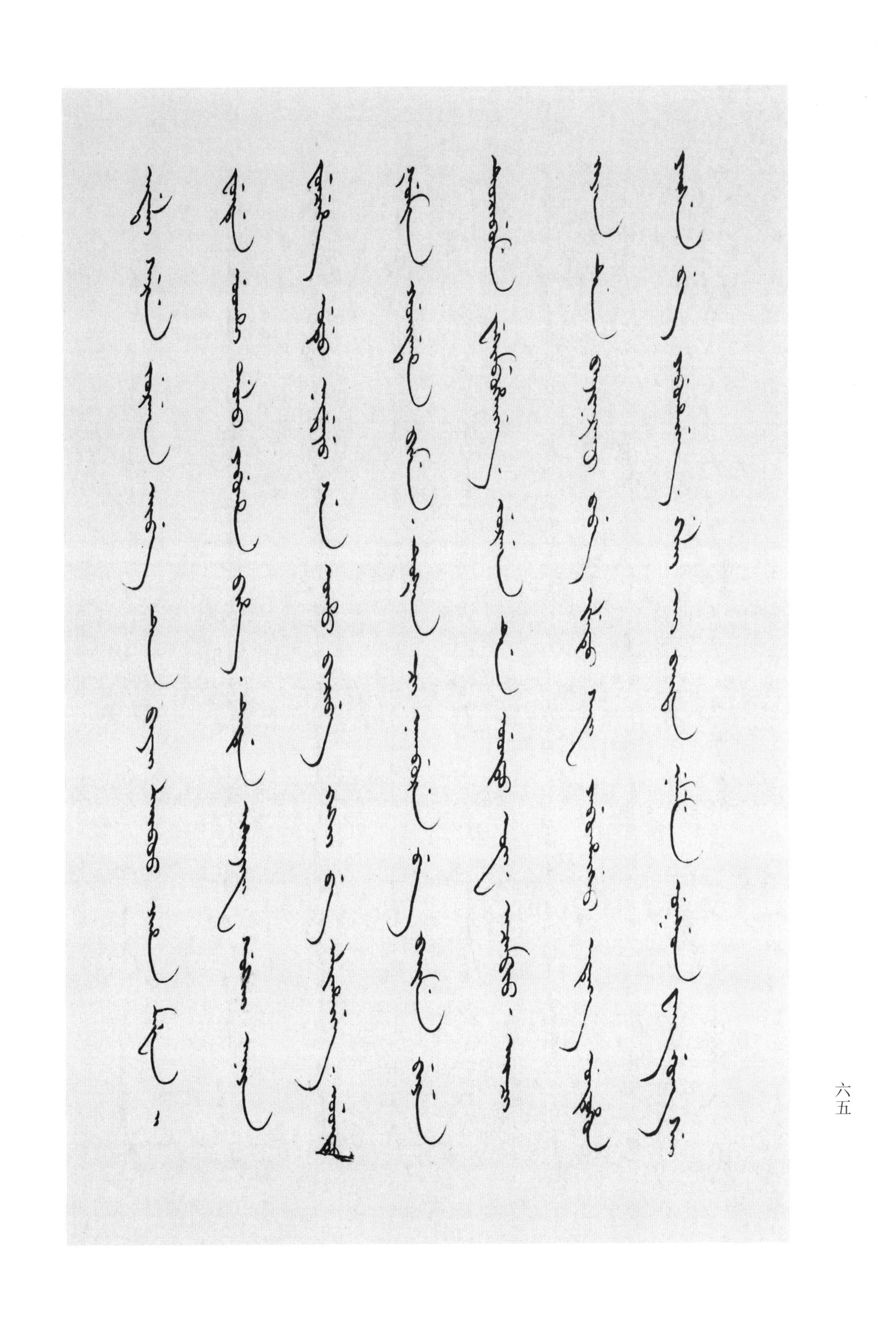

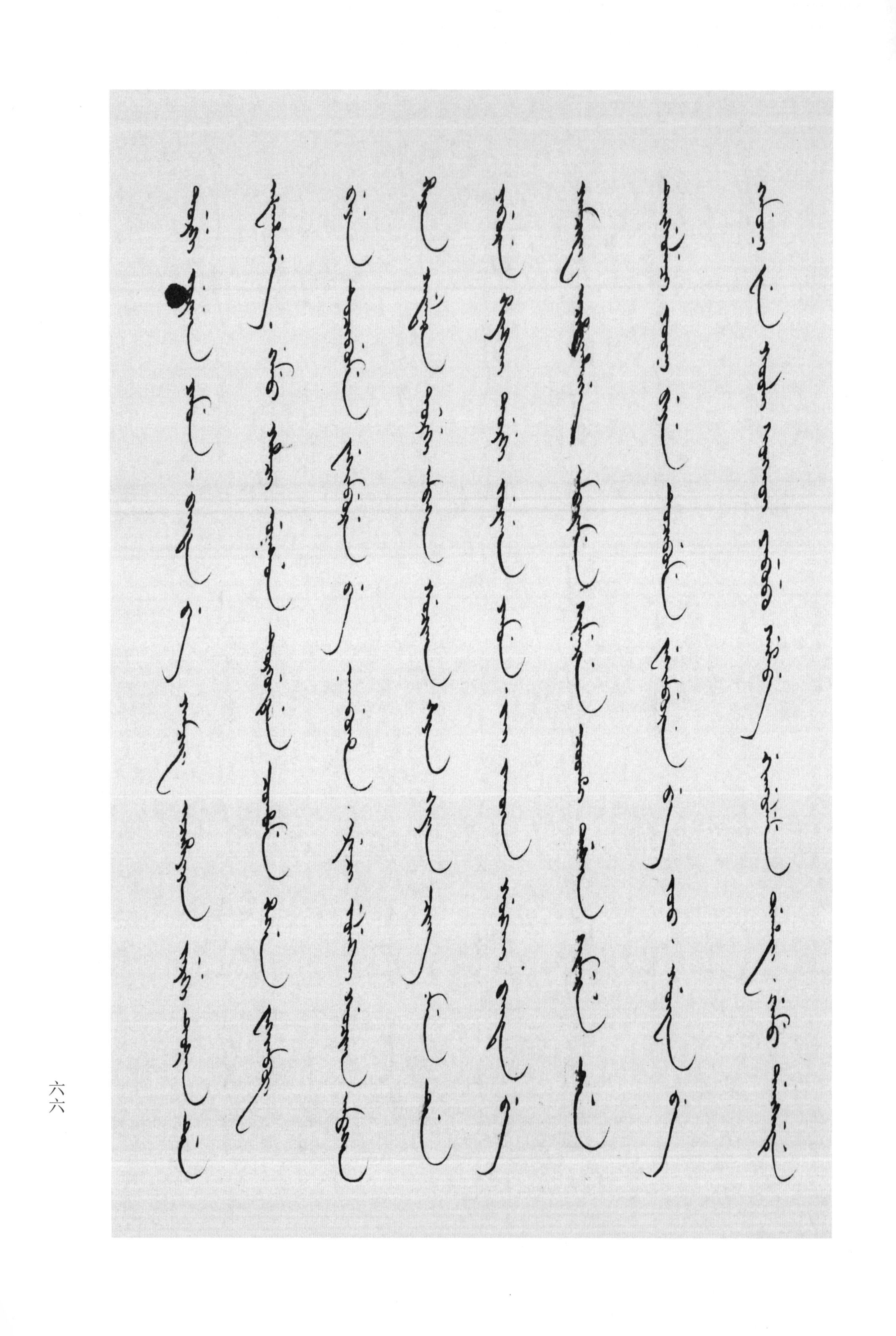

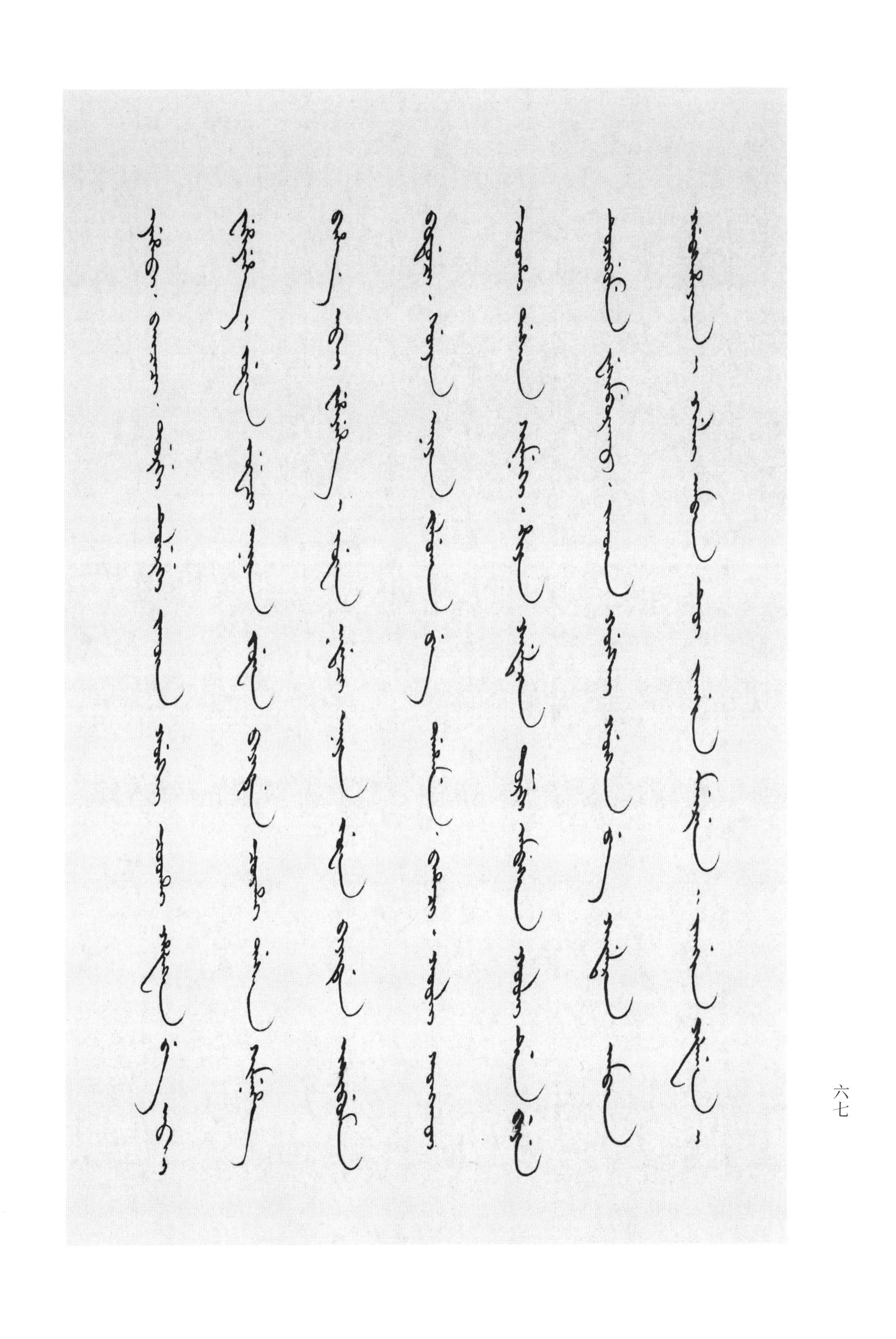

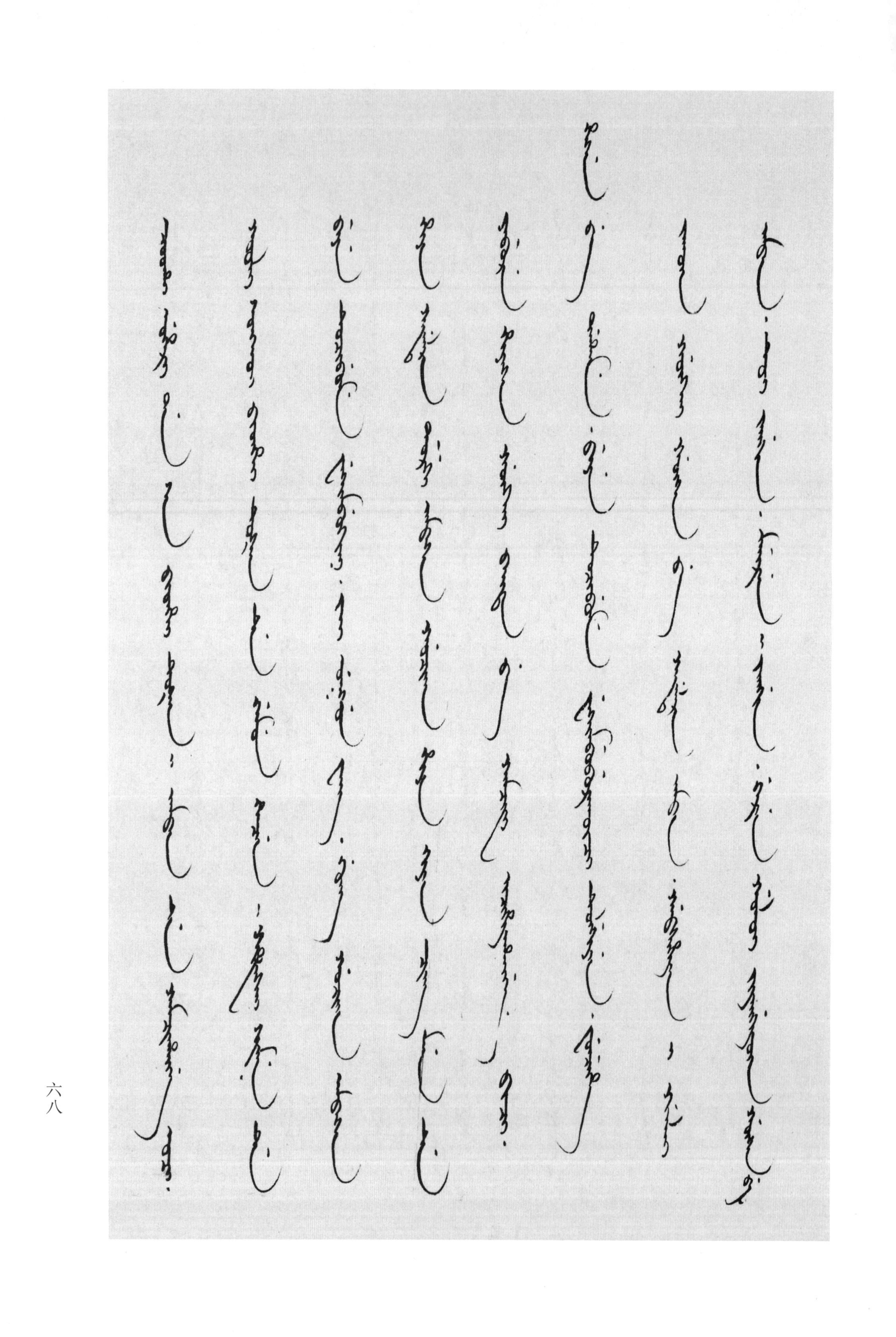

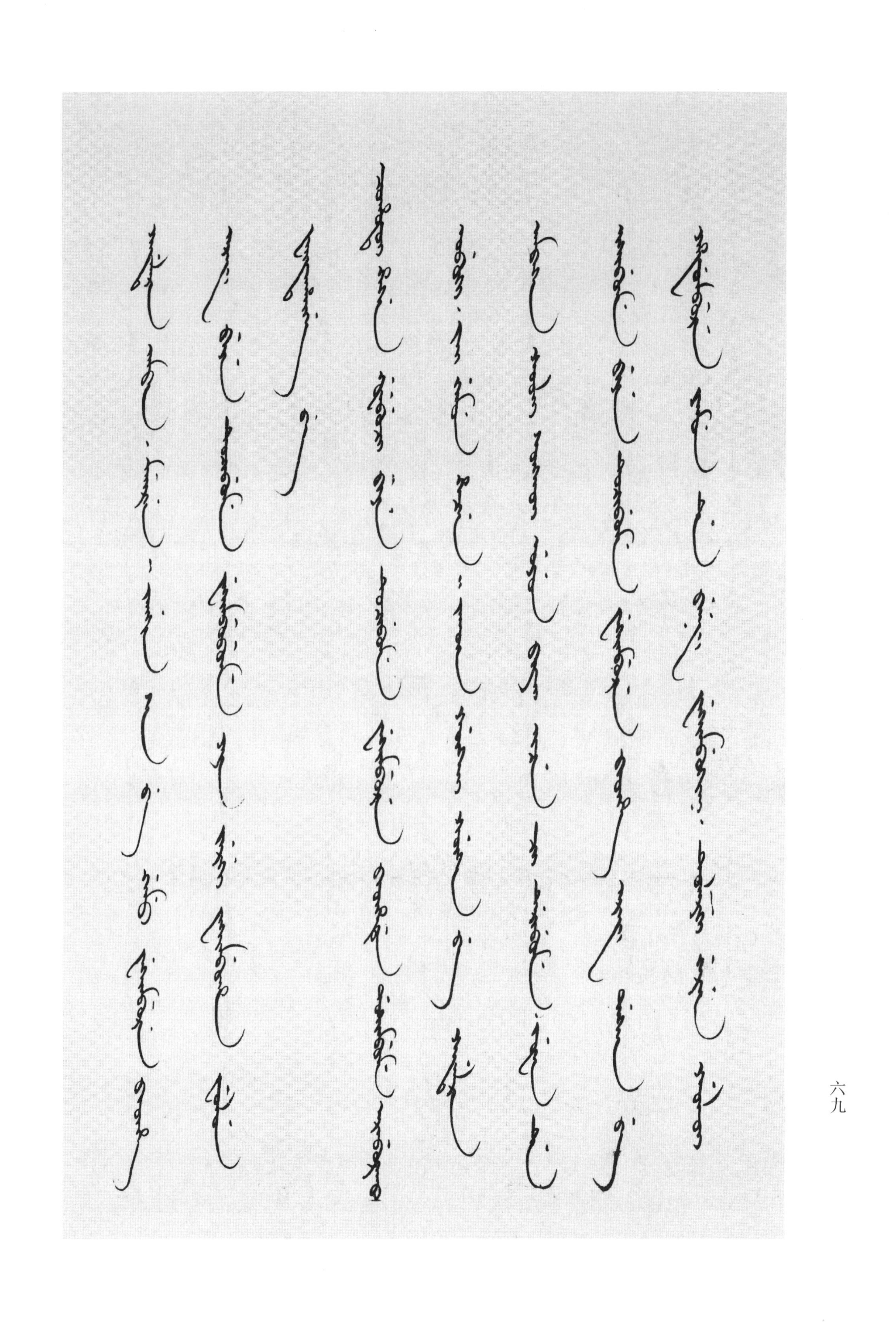

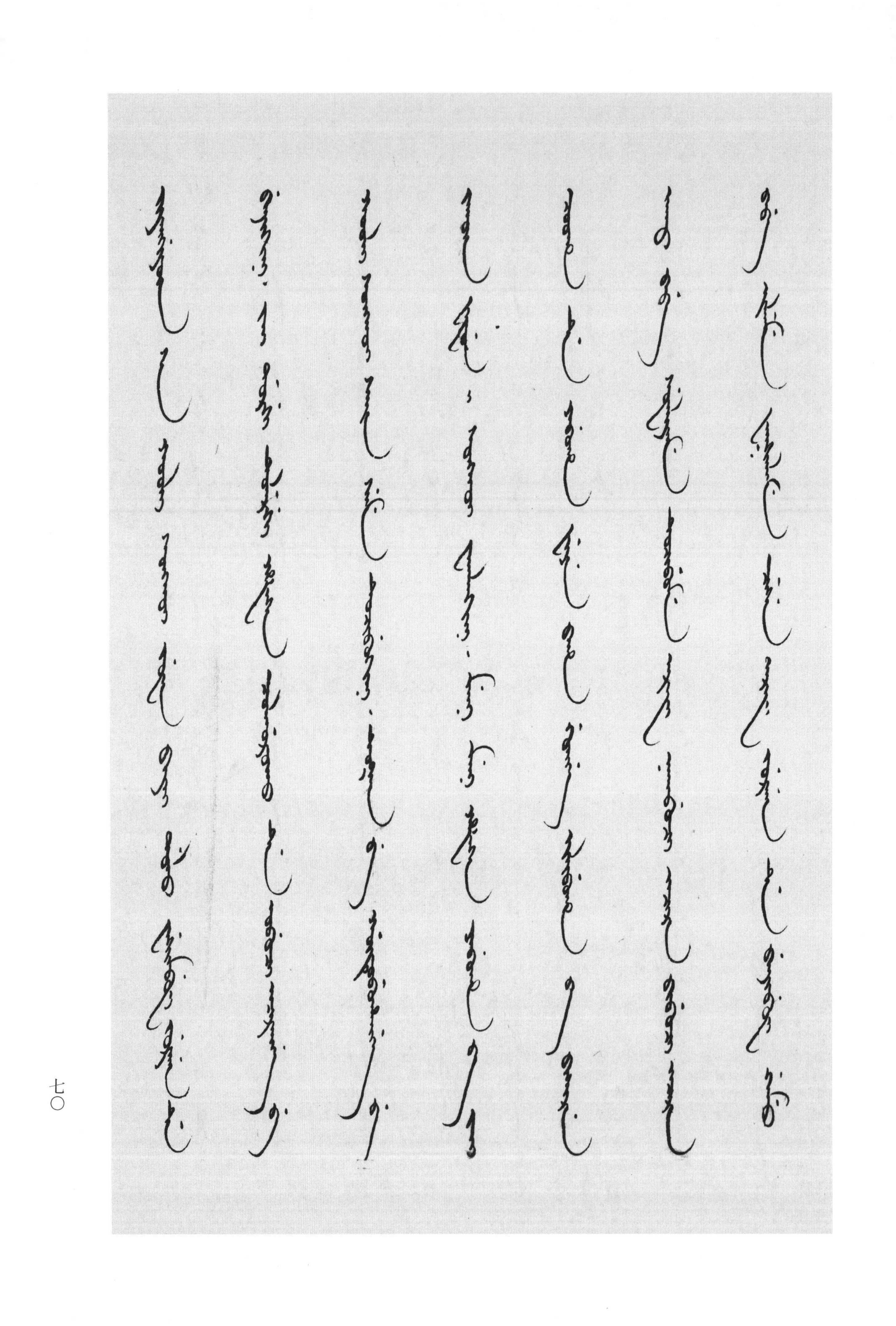

[illegible]

[illegible]

[illegible]

[illegible]

[illegible]

[illegible]

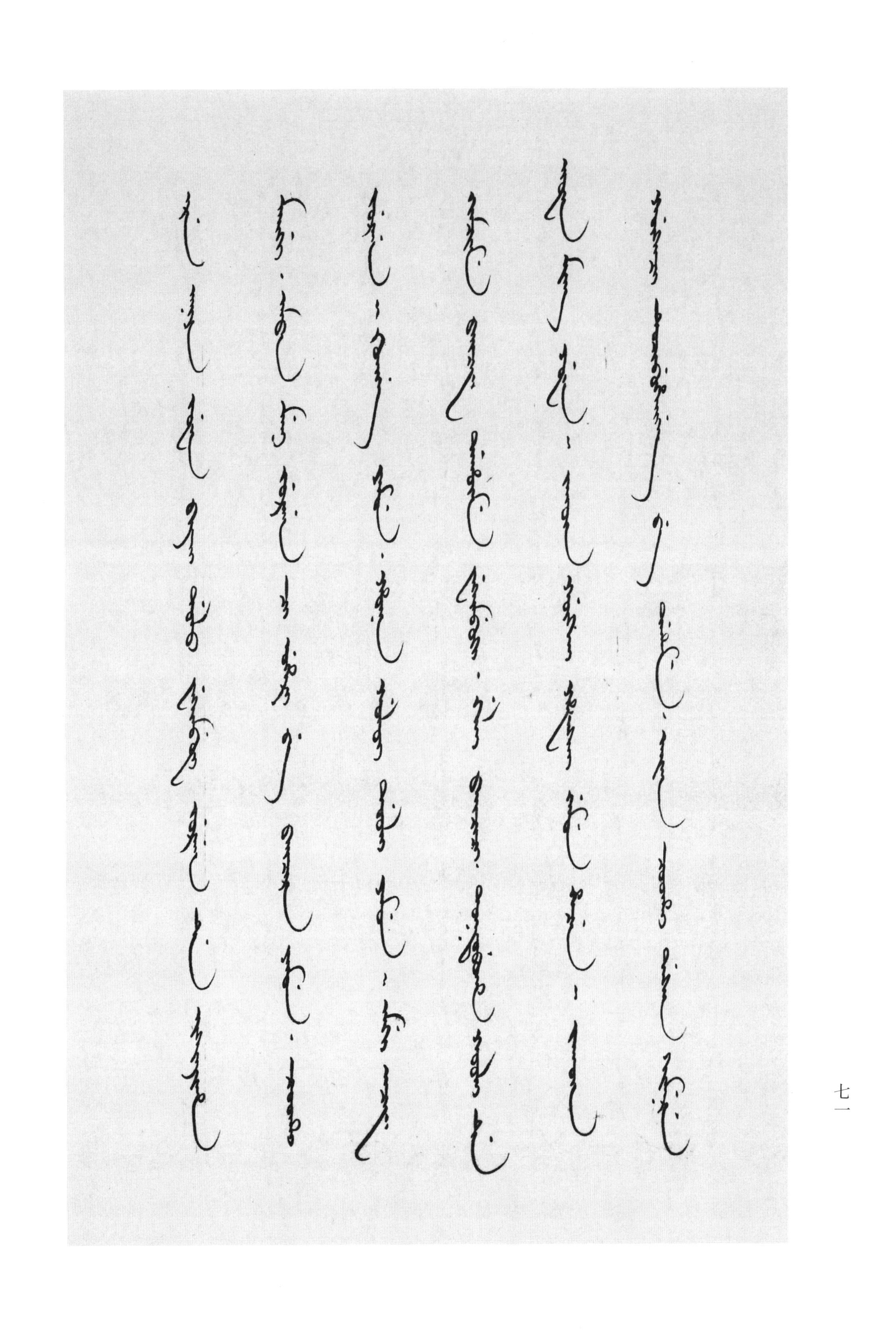

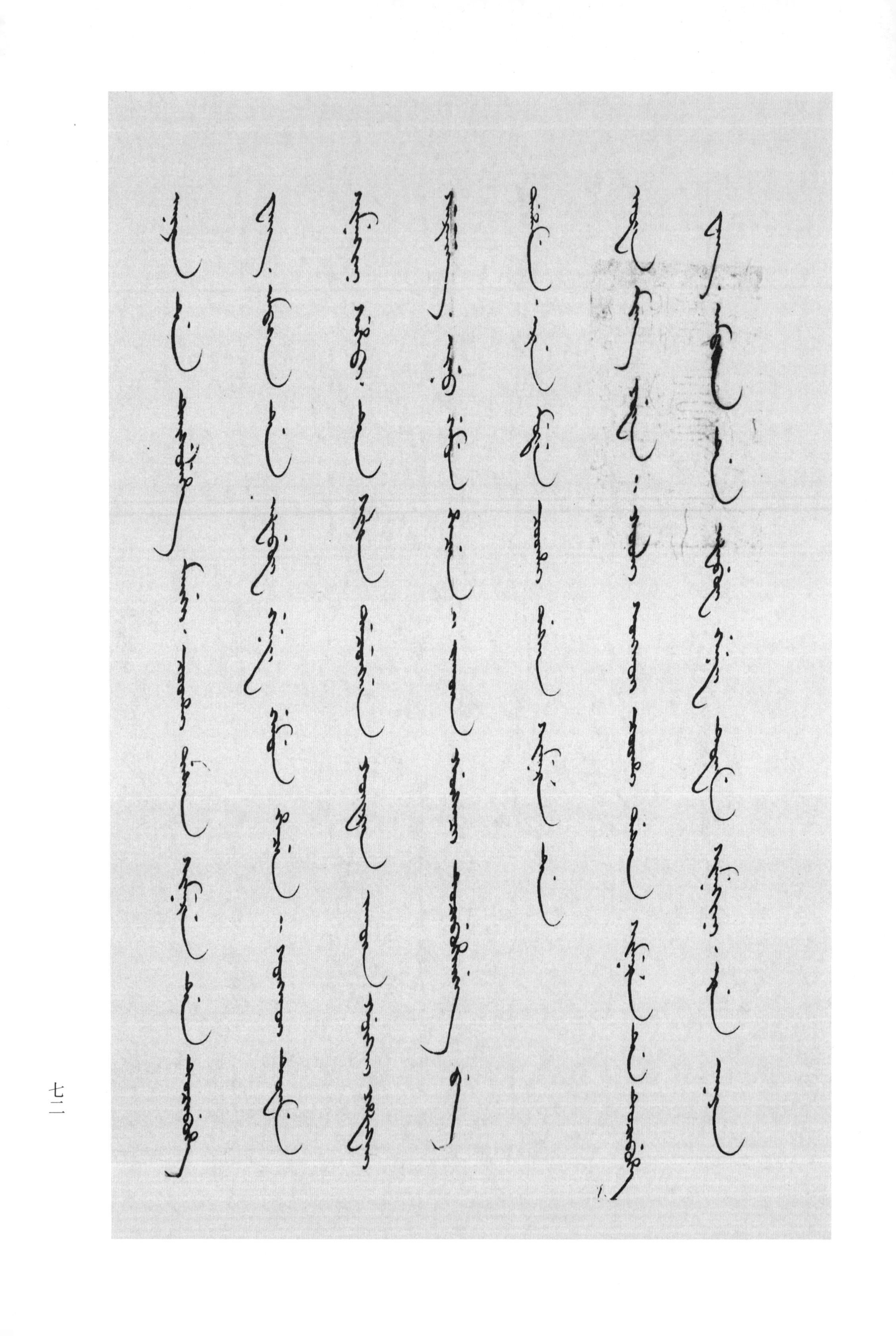

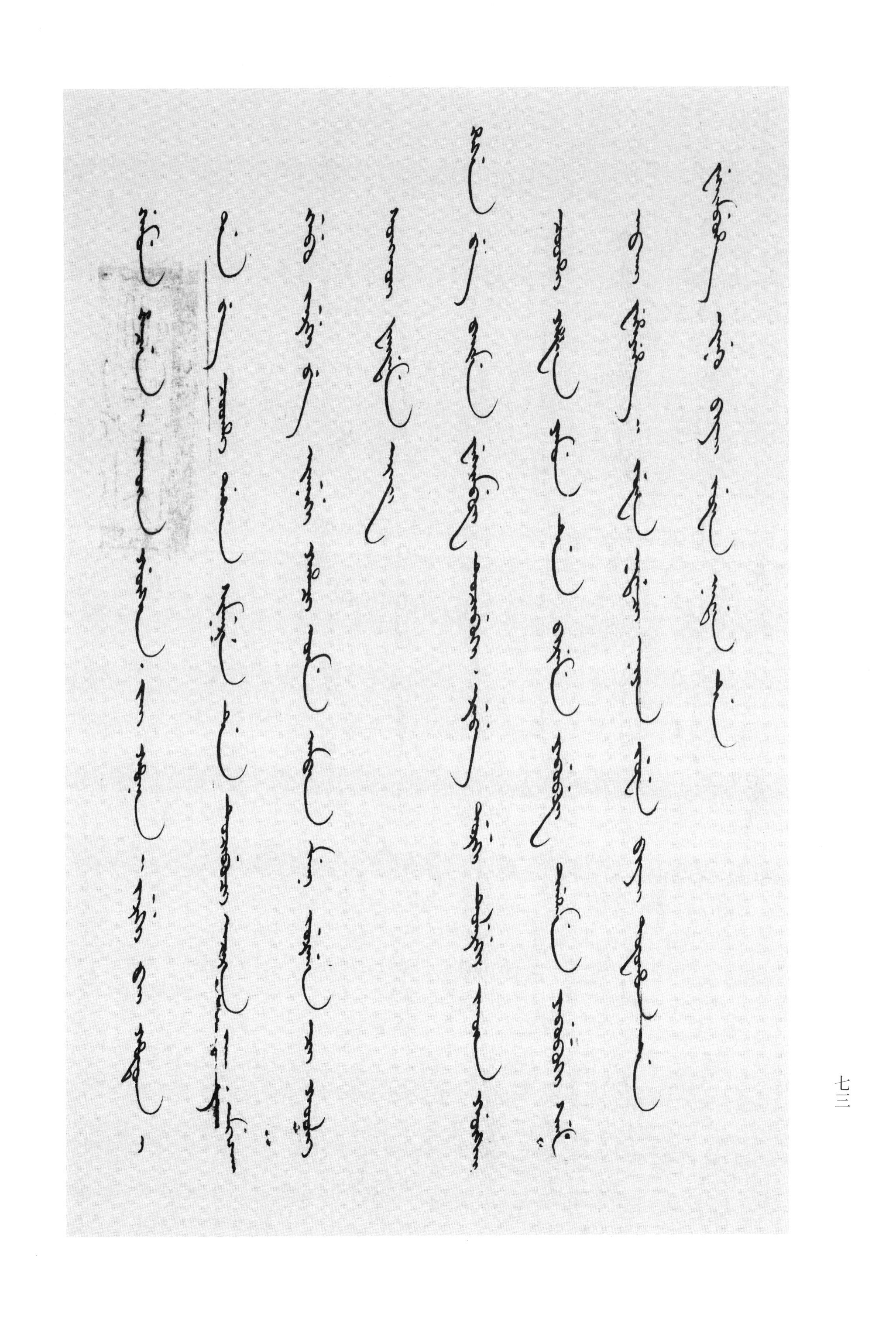

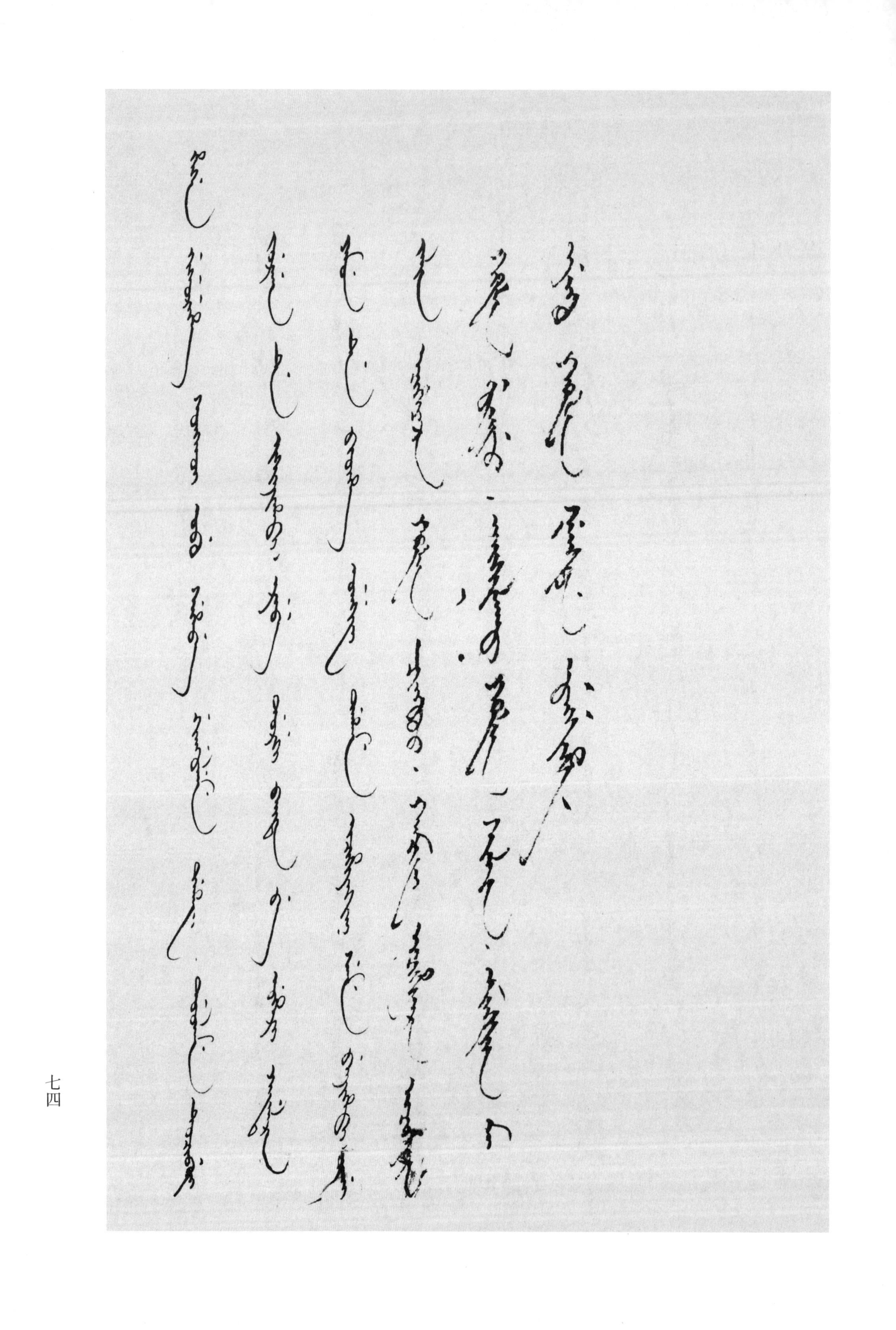

[illegible]

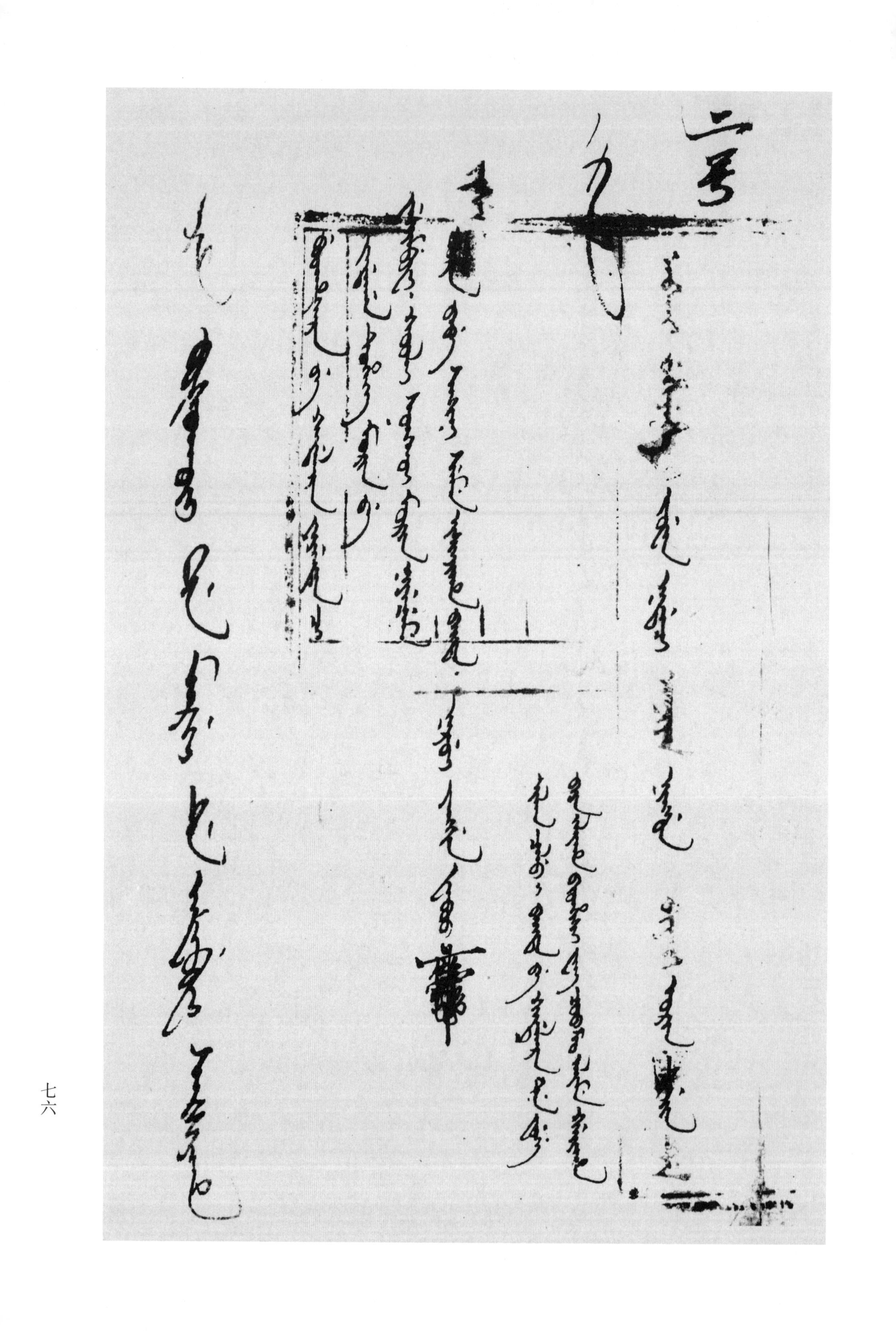

二号

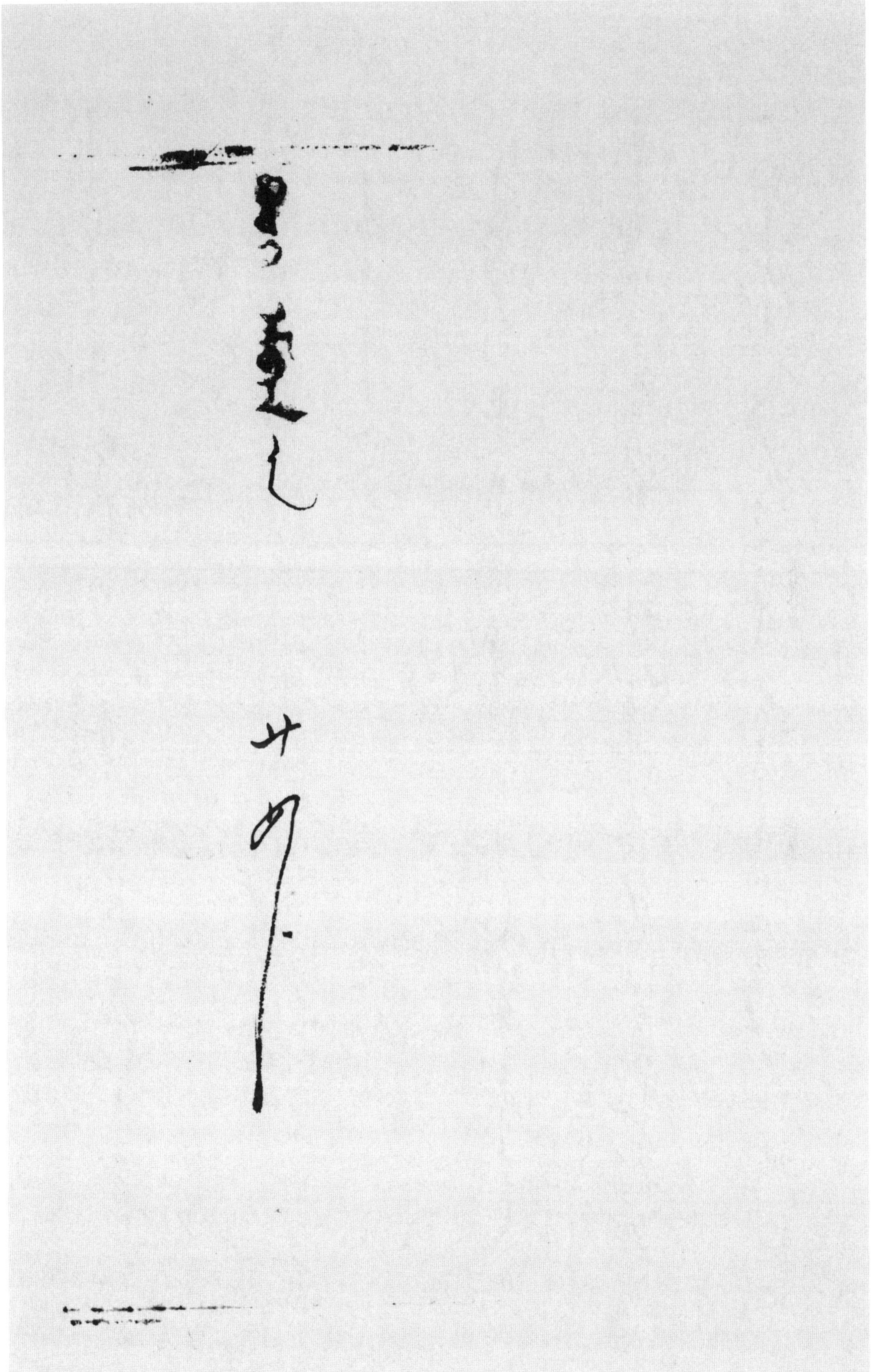

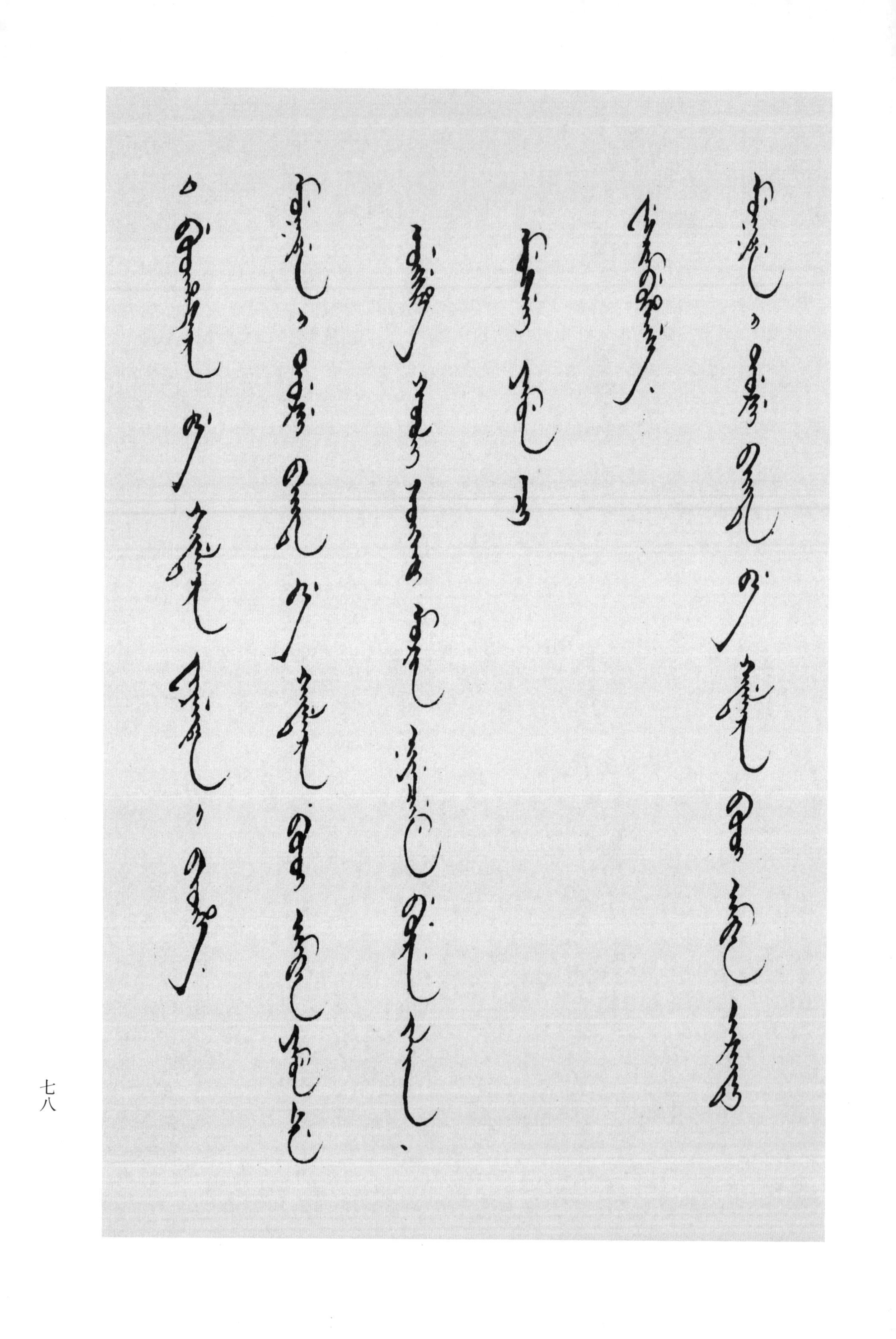

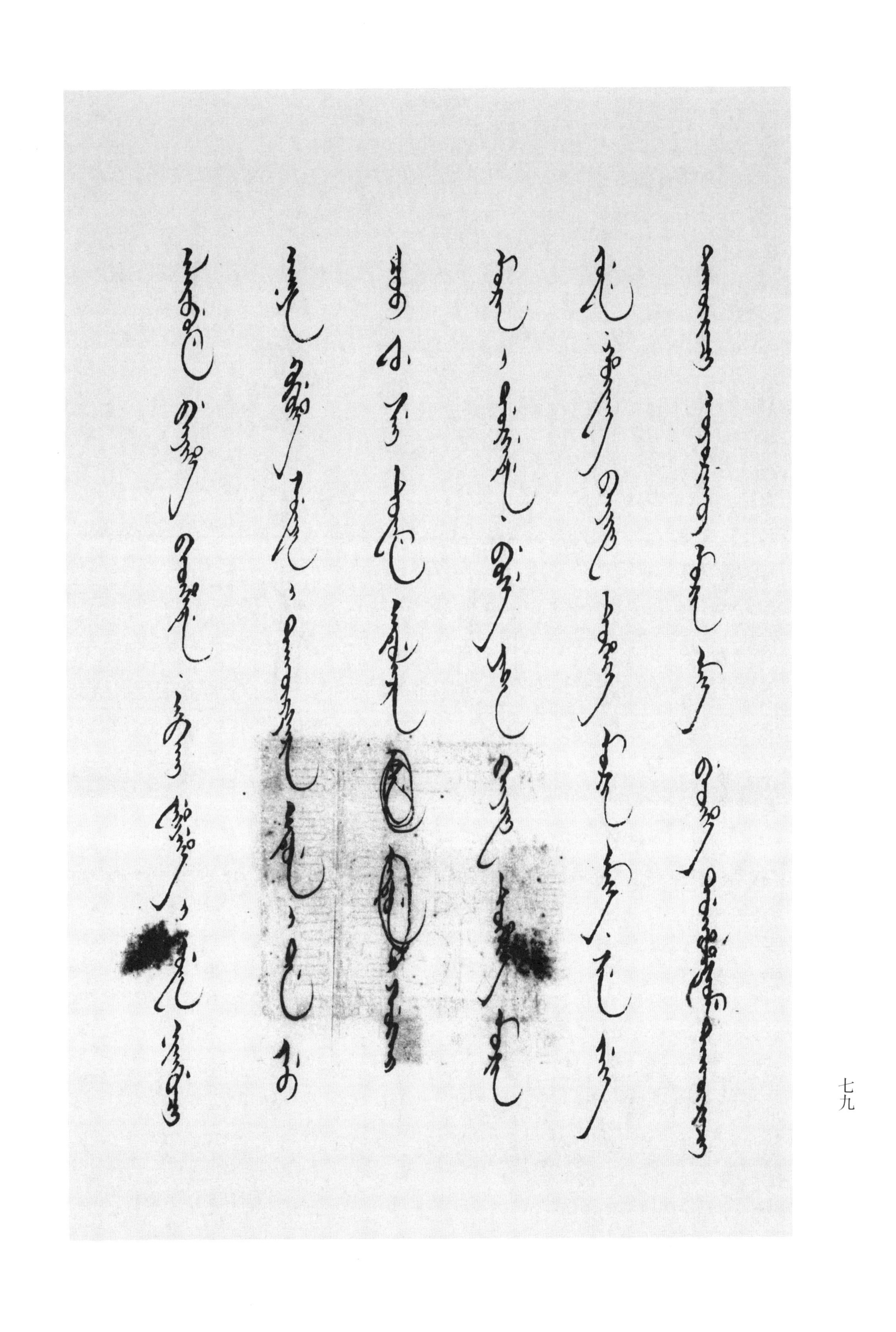

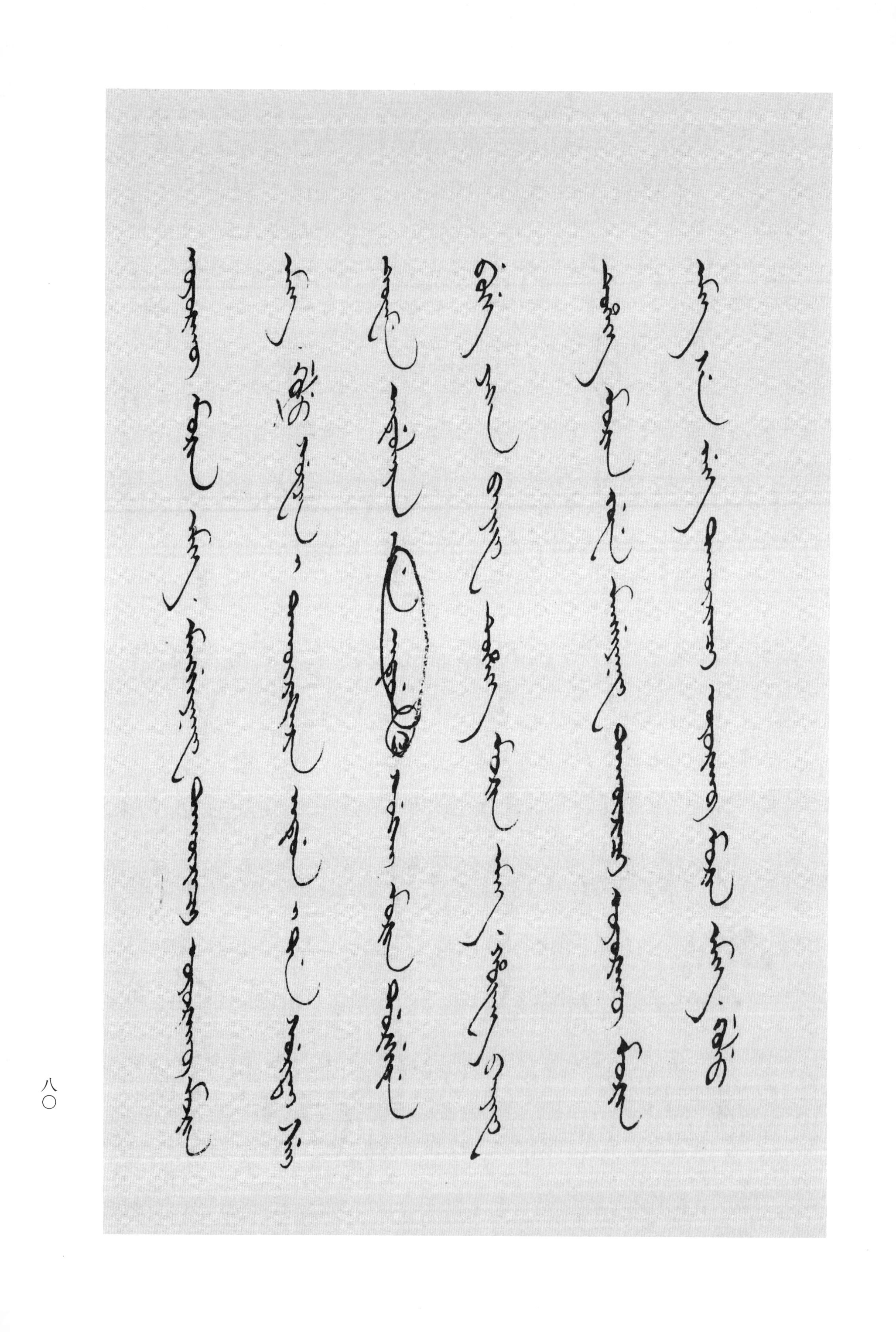

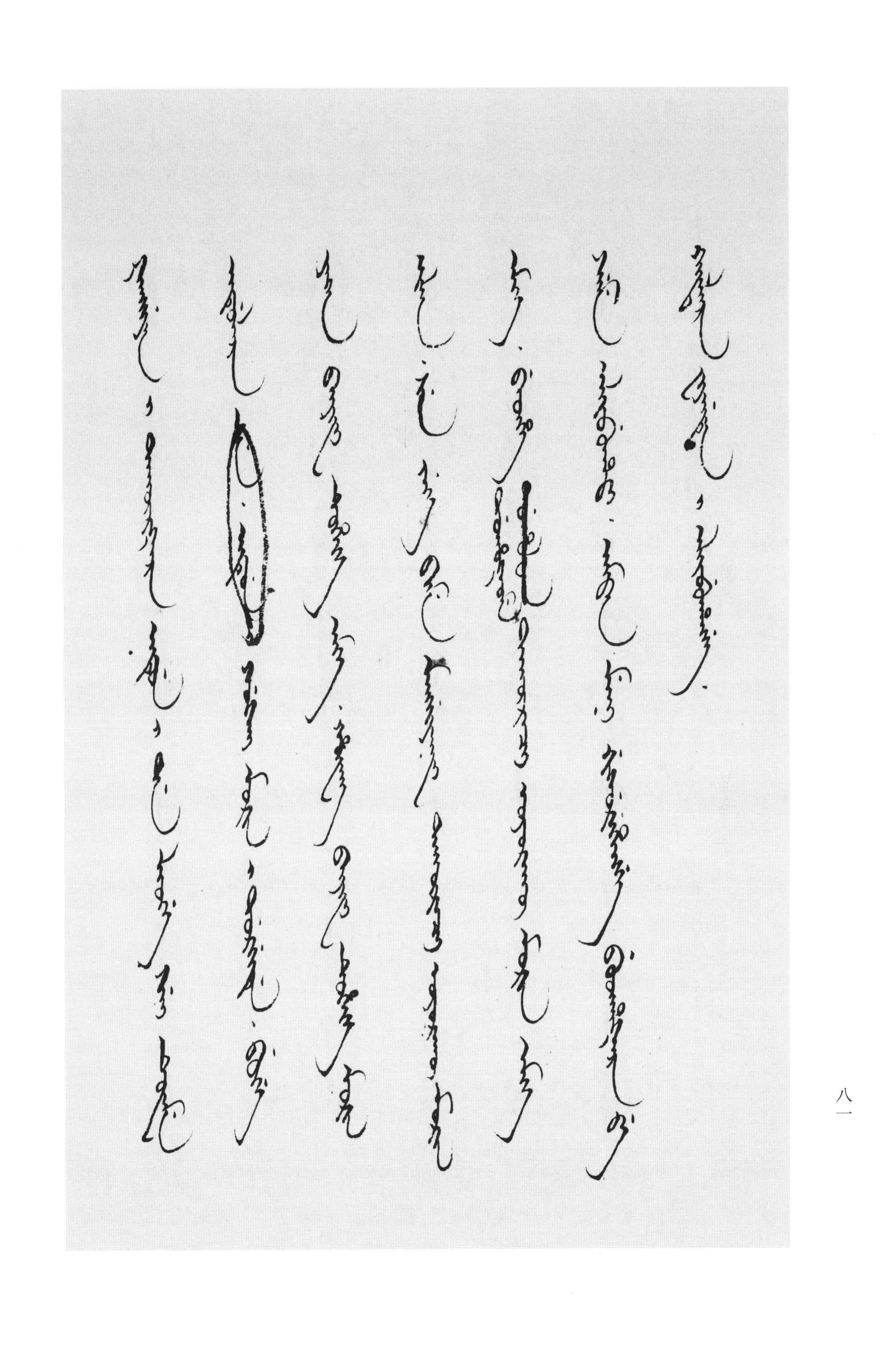

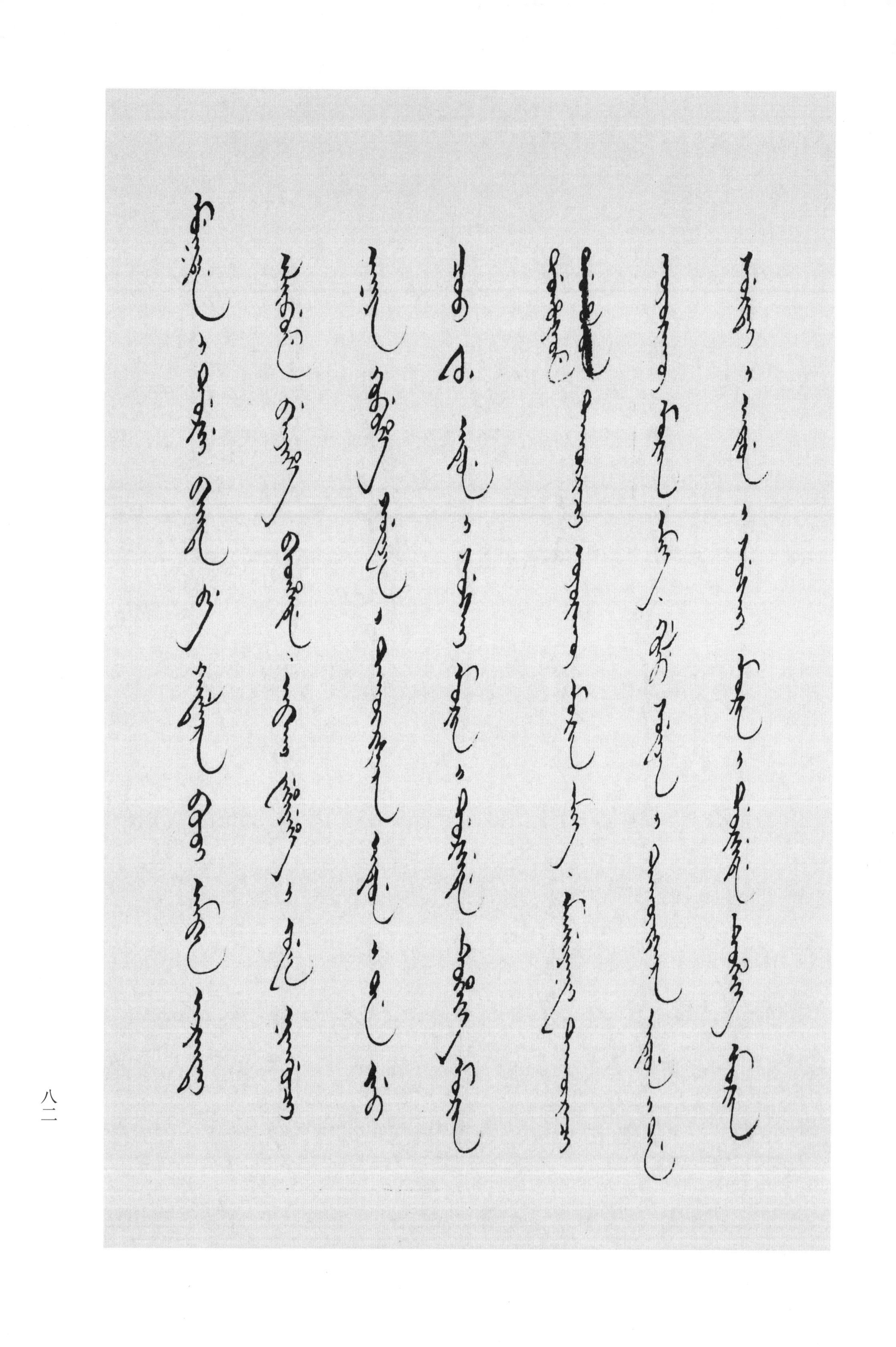

[illegible]

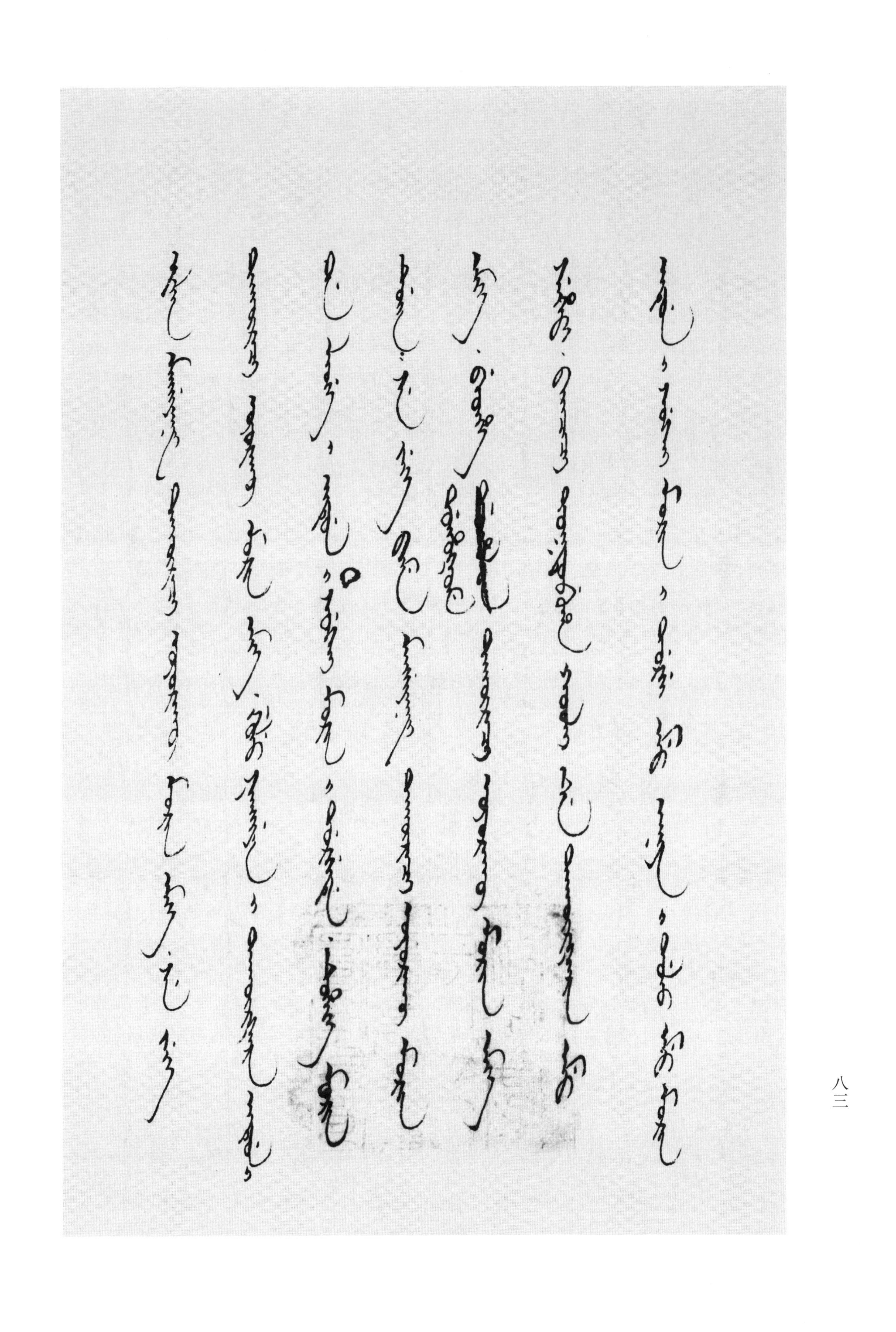

[illegible]

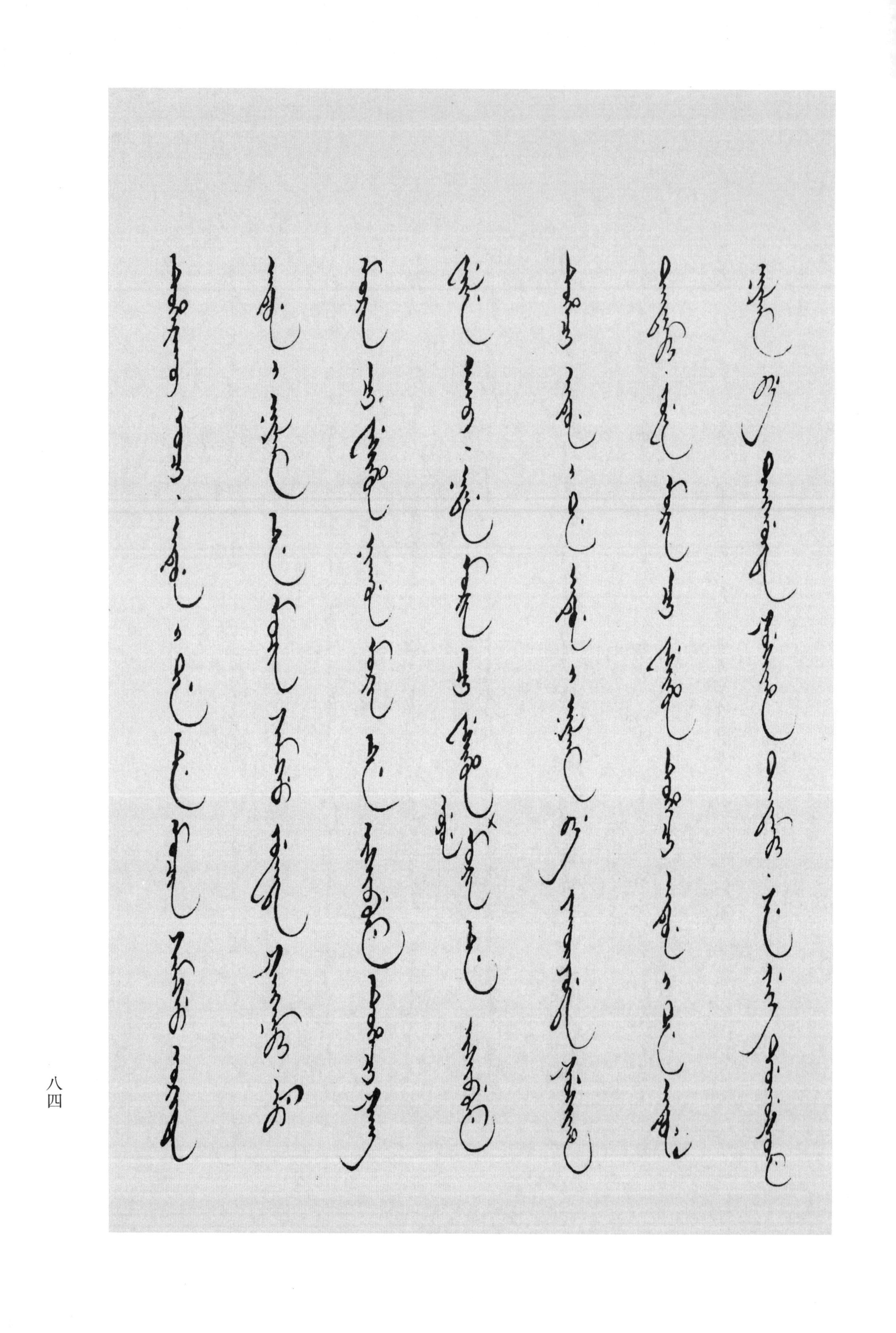

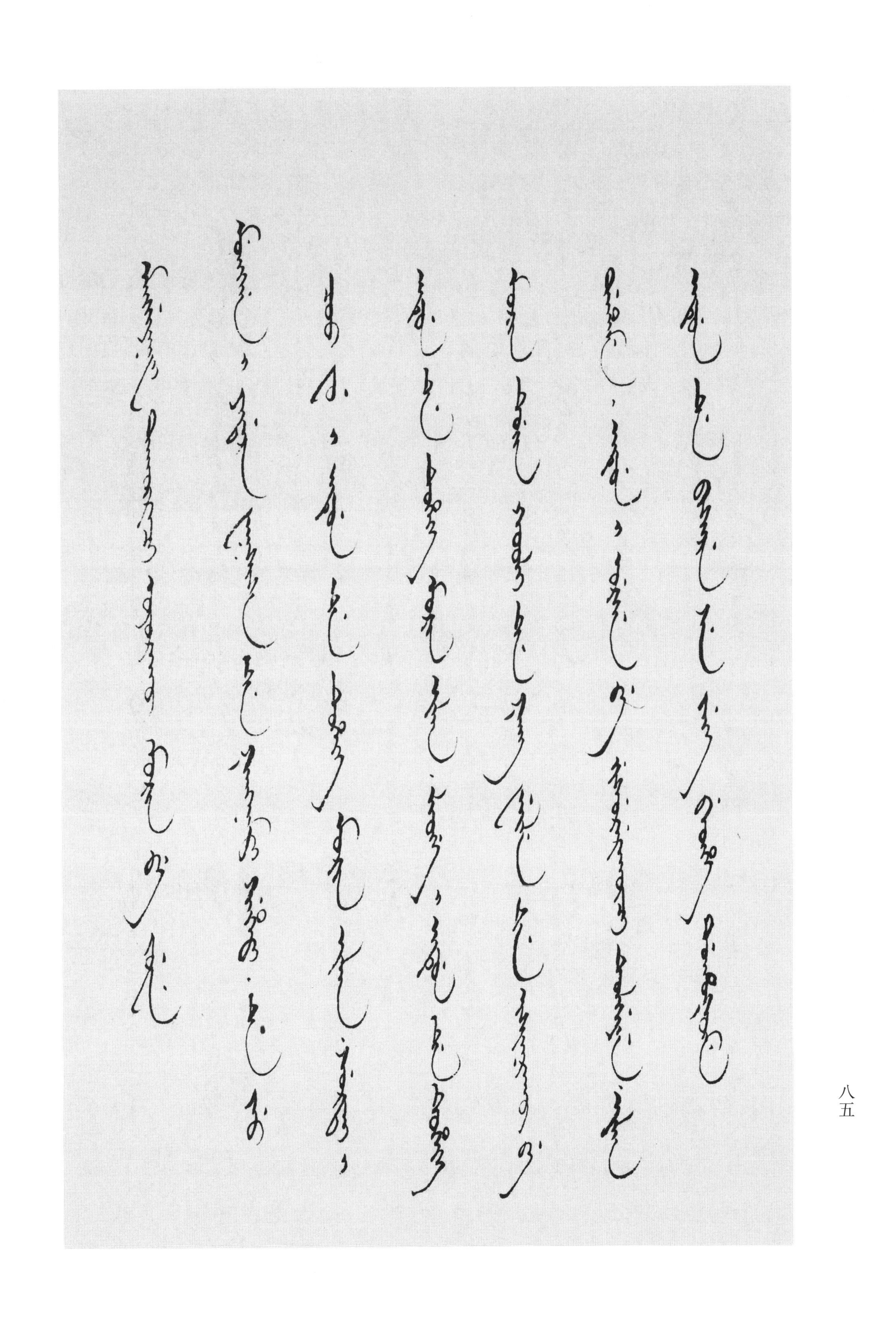

[illegible]

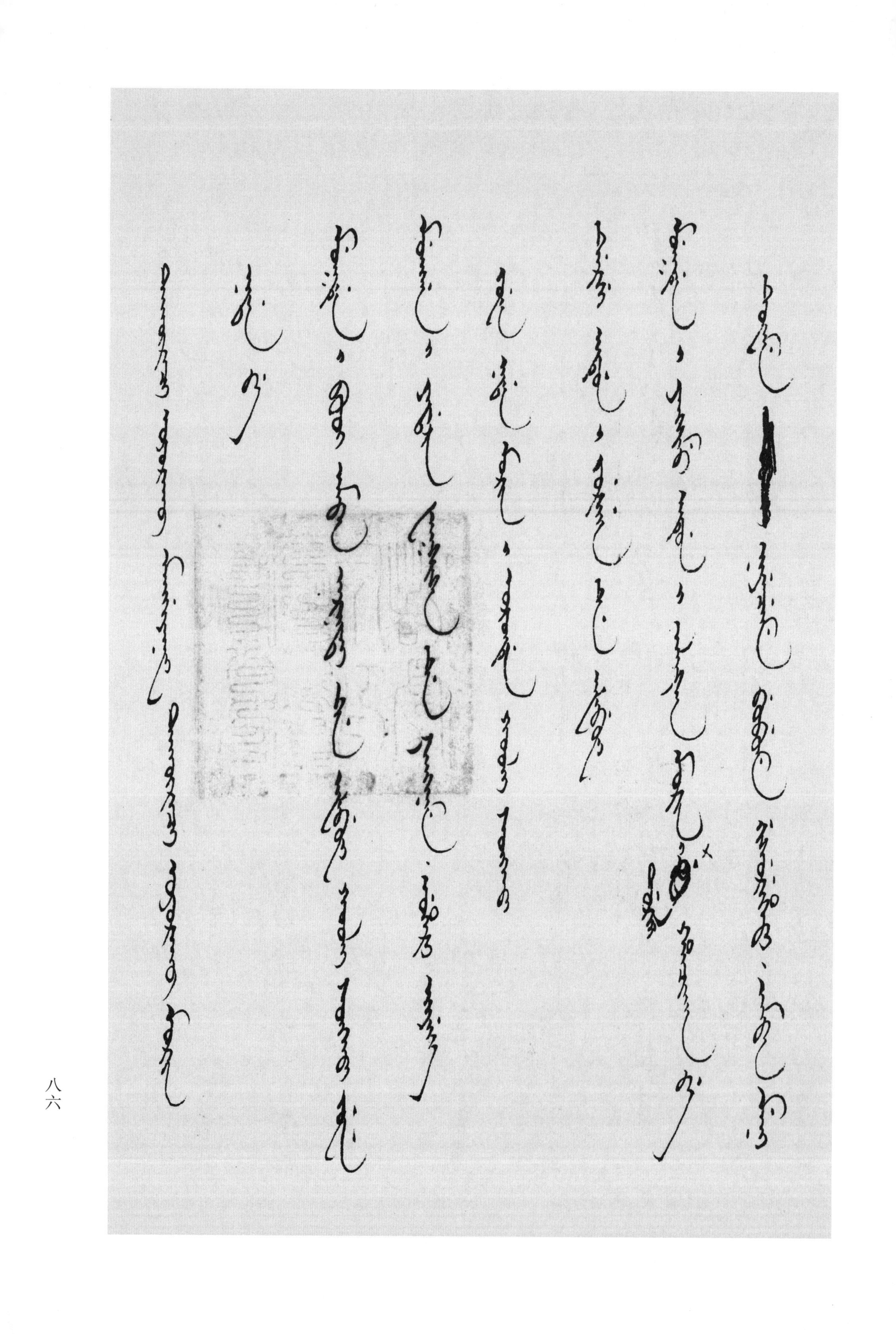

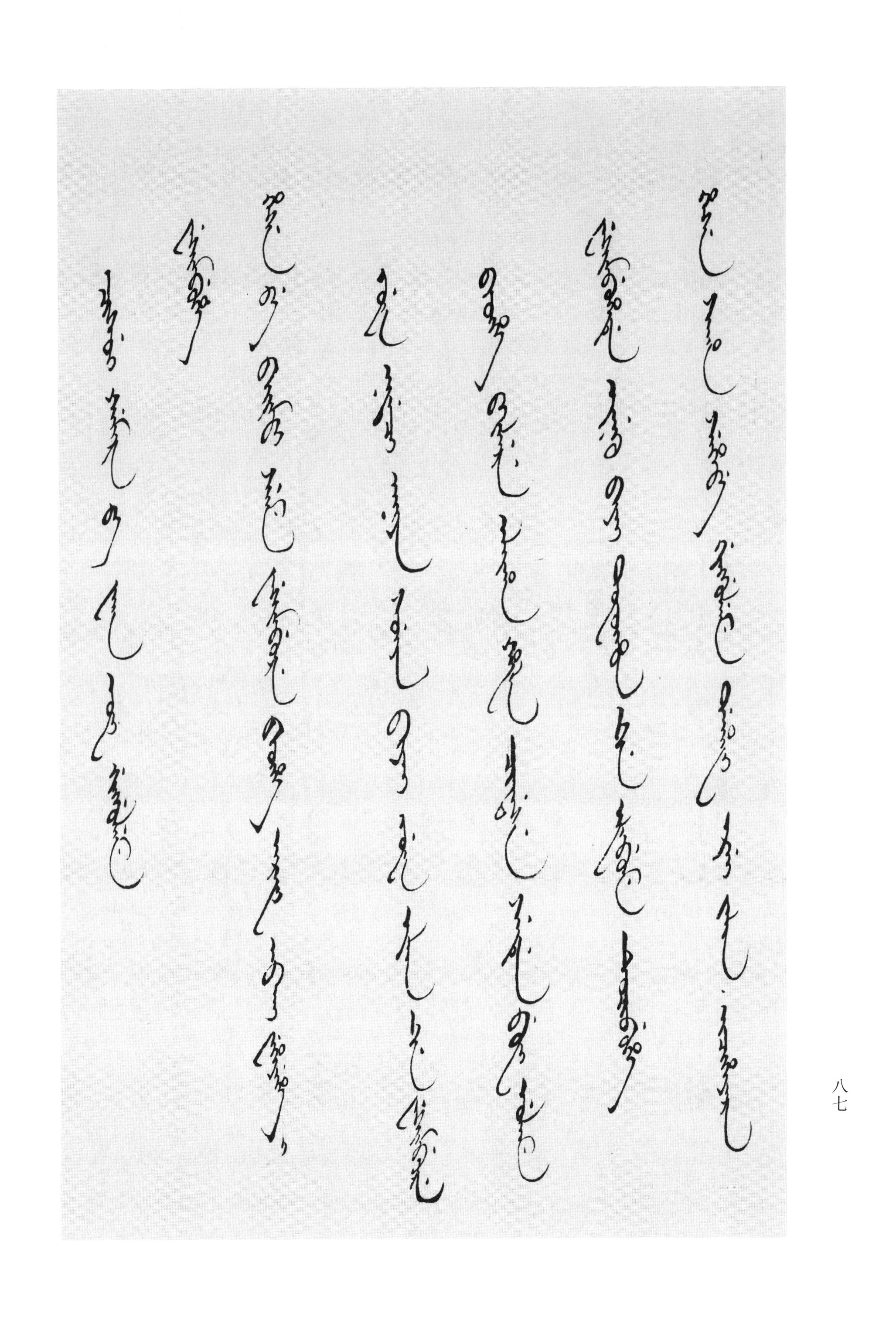

[illegible]

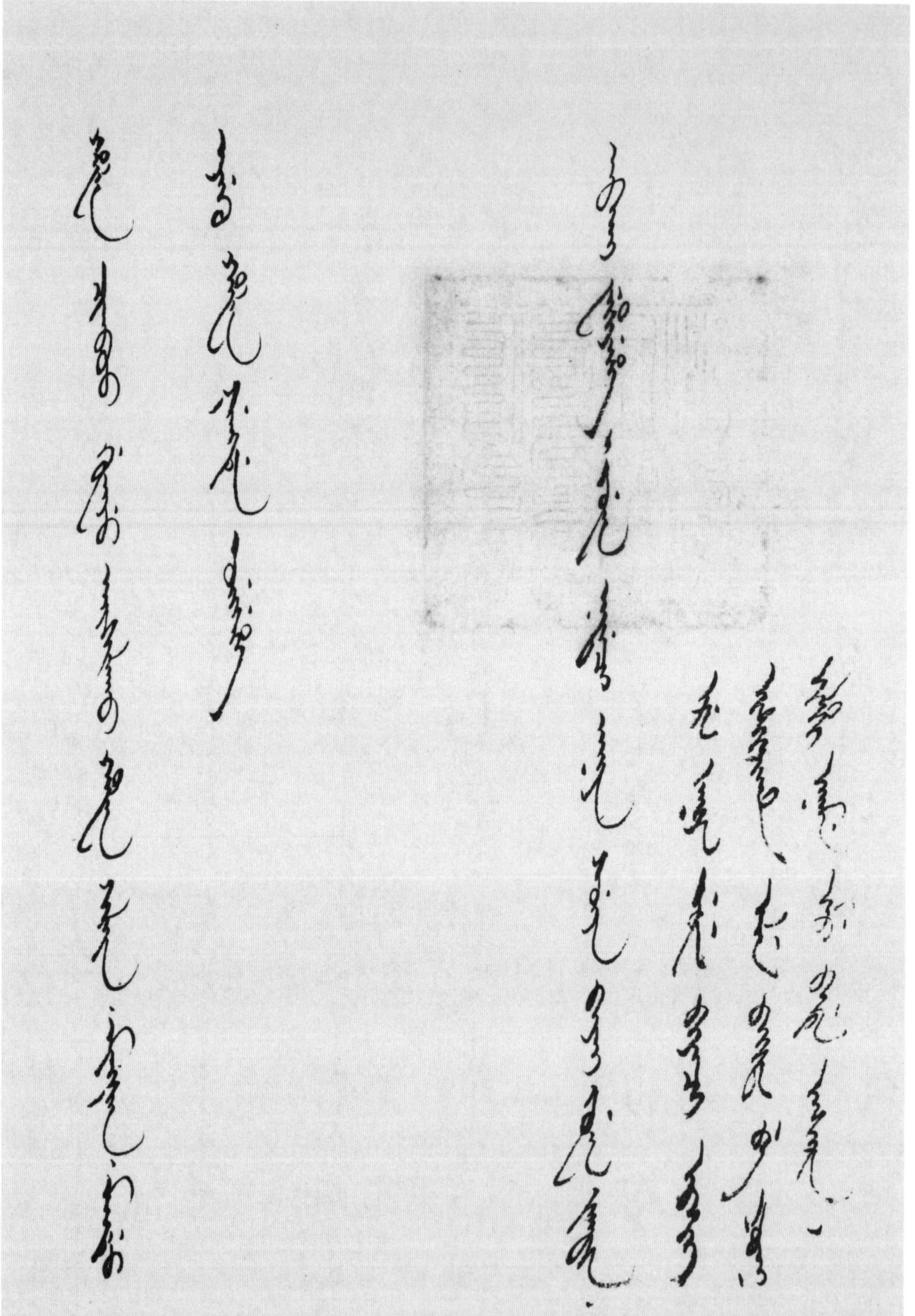

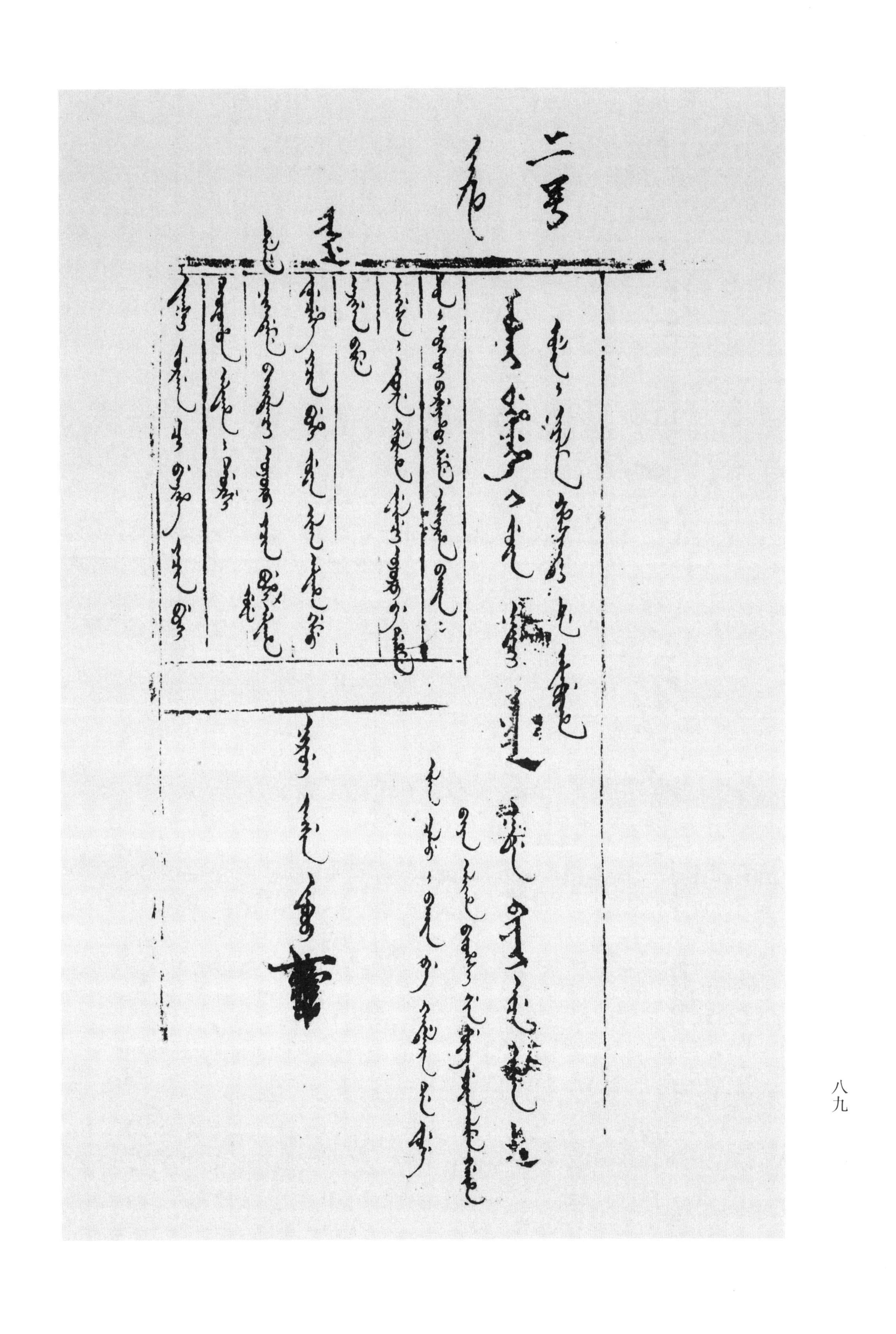

二号

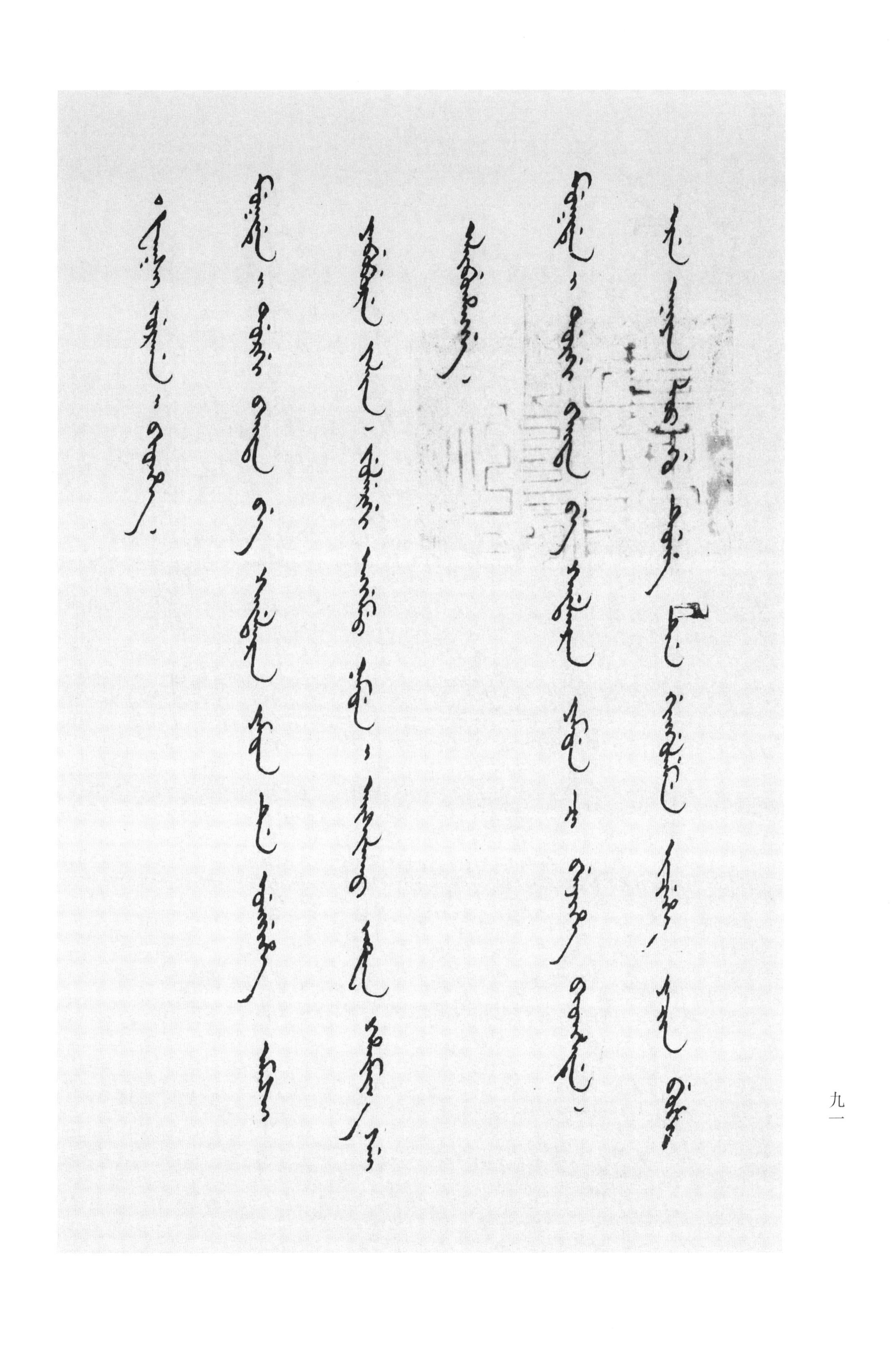

[illegible]

[illegible]

[illegible]

ᠸᡝᠰᡳᠮᠪᡠᡥᡝ᠉

[illegible]

[illegible]

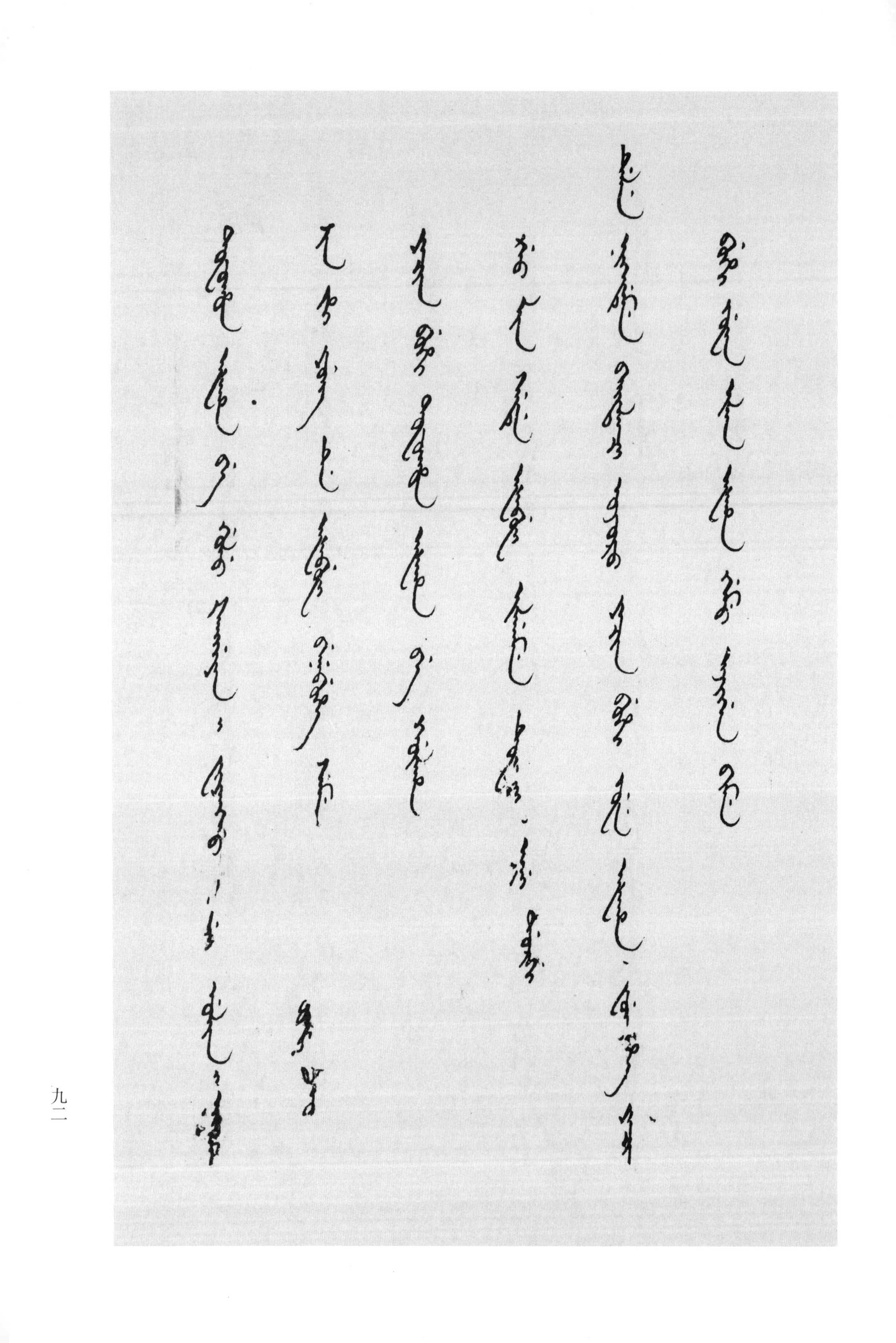

[illegible]

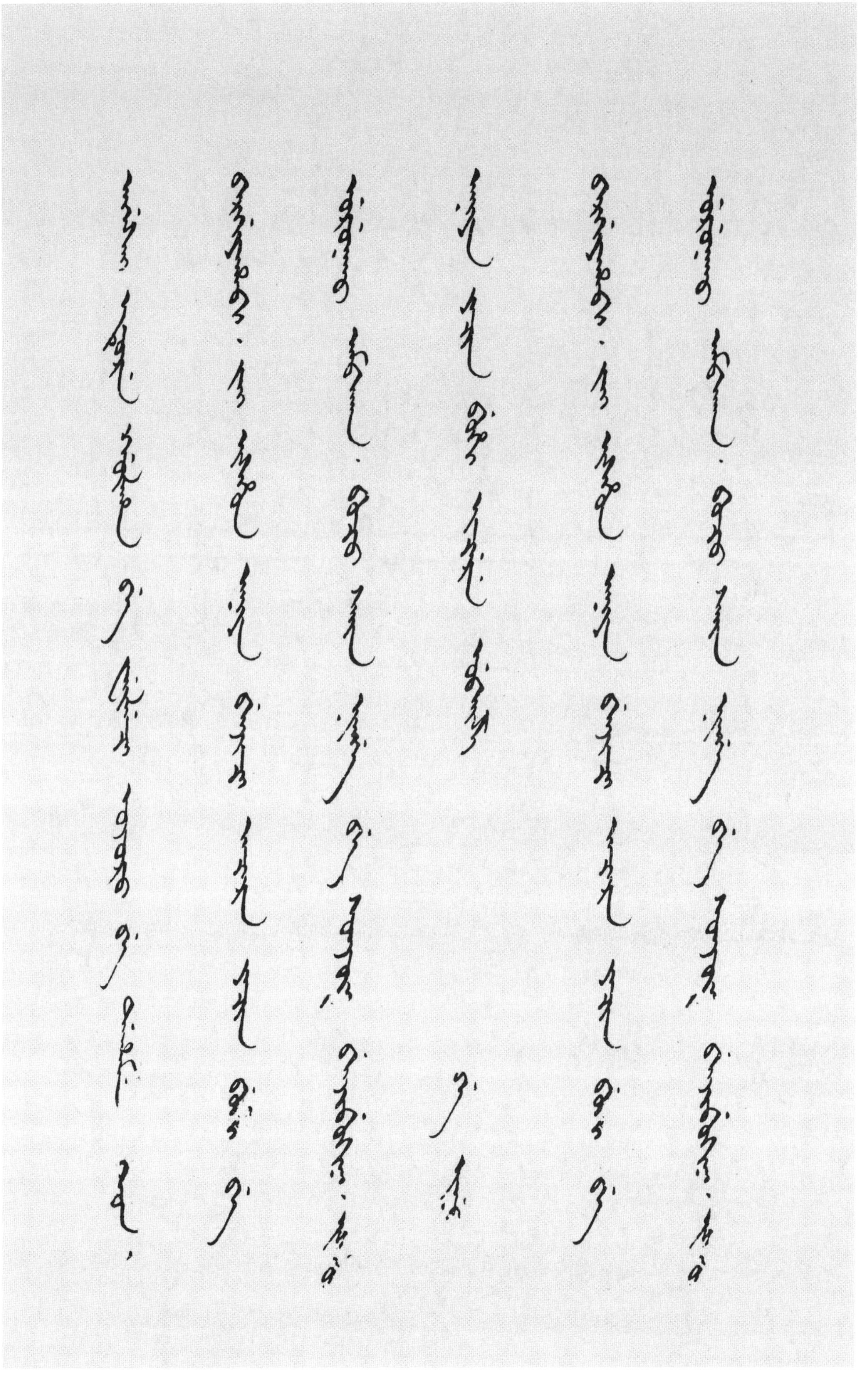

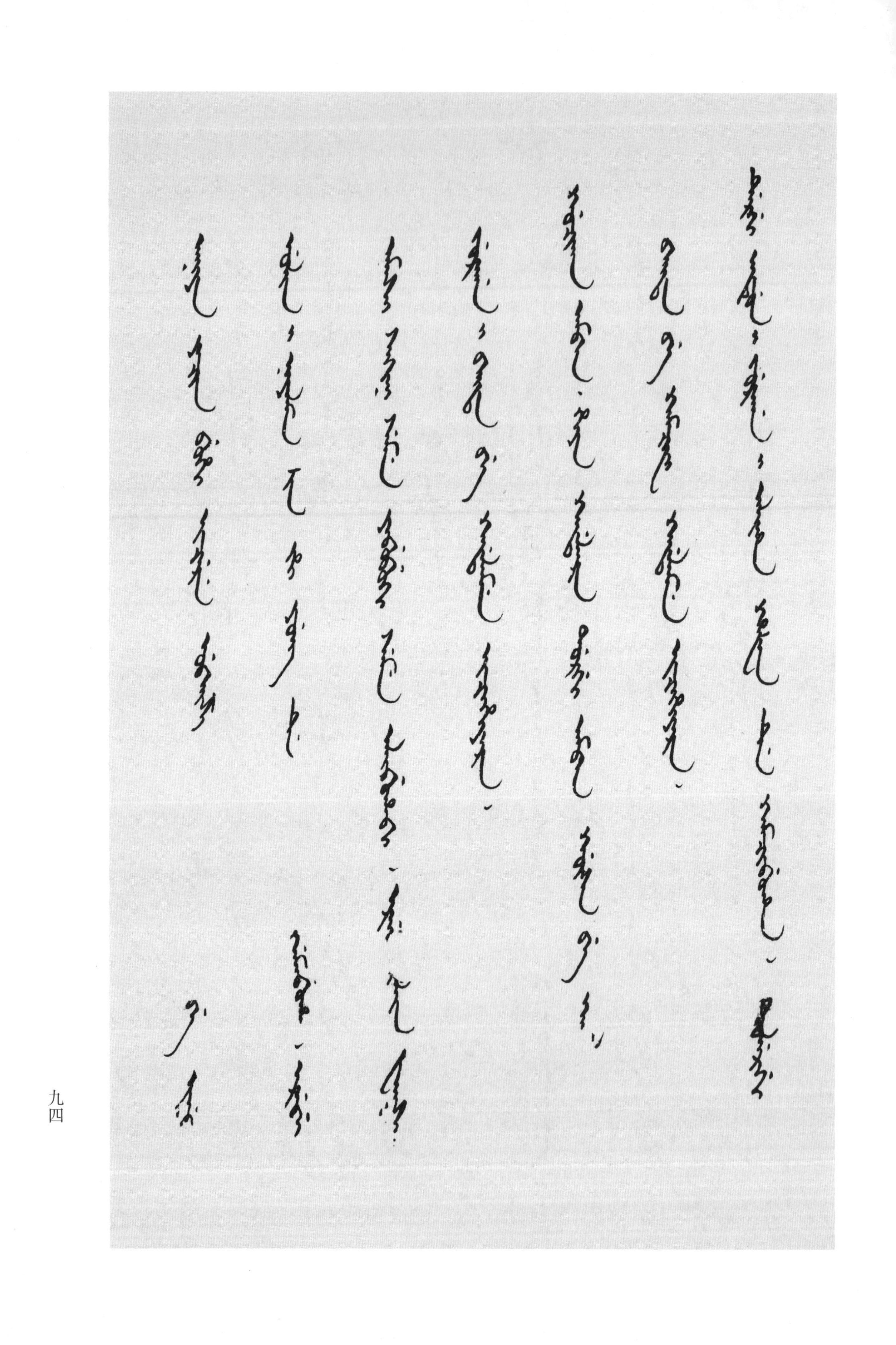

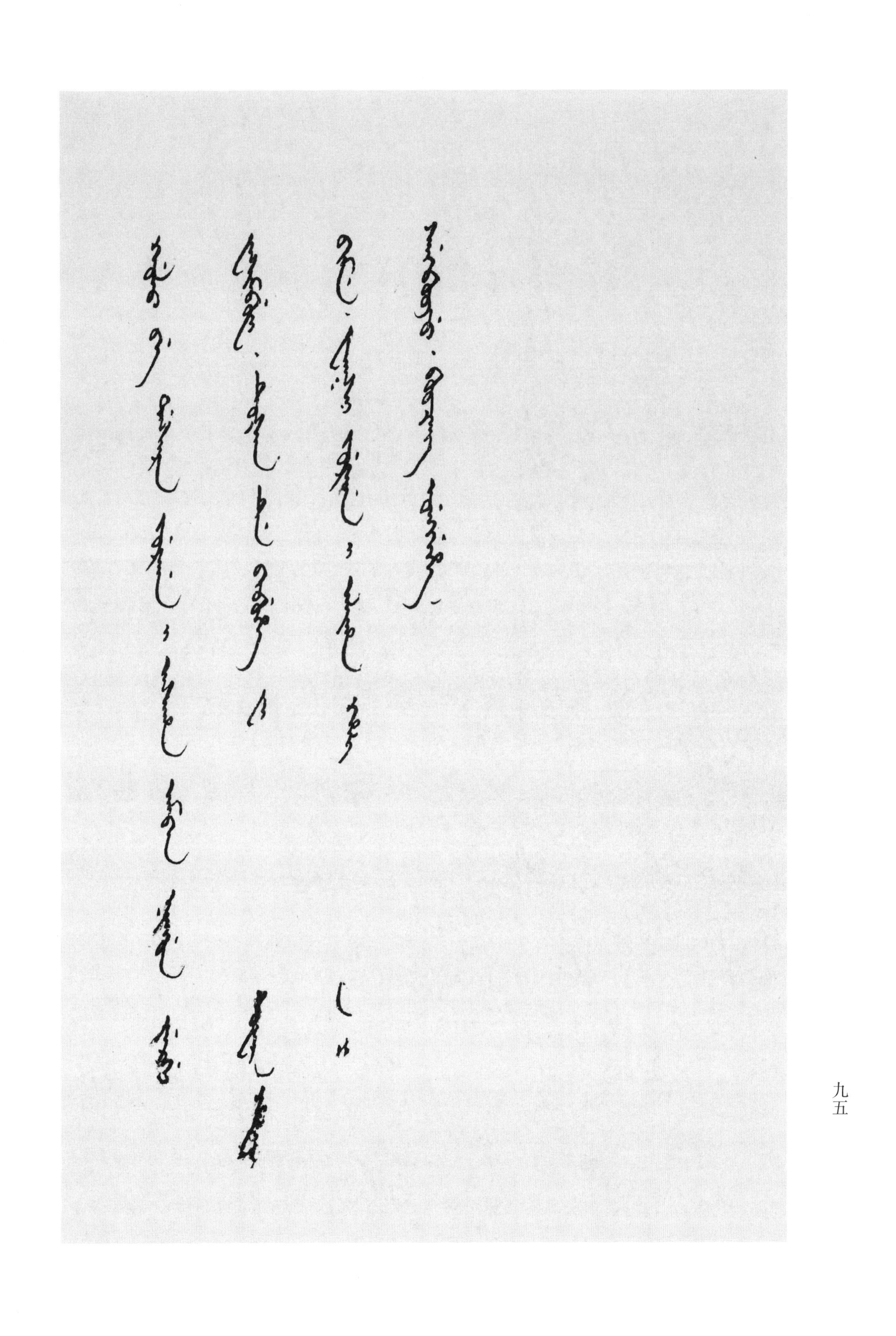

[illegible]

[illegible]

[illegible]

[illegible]

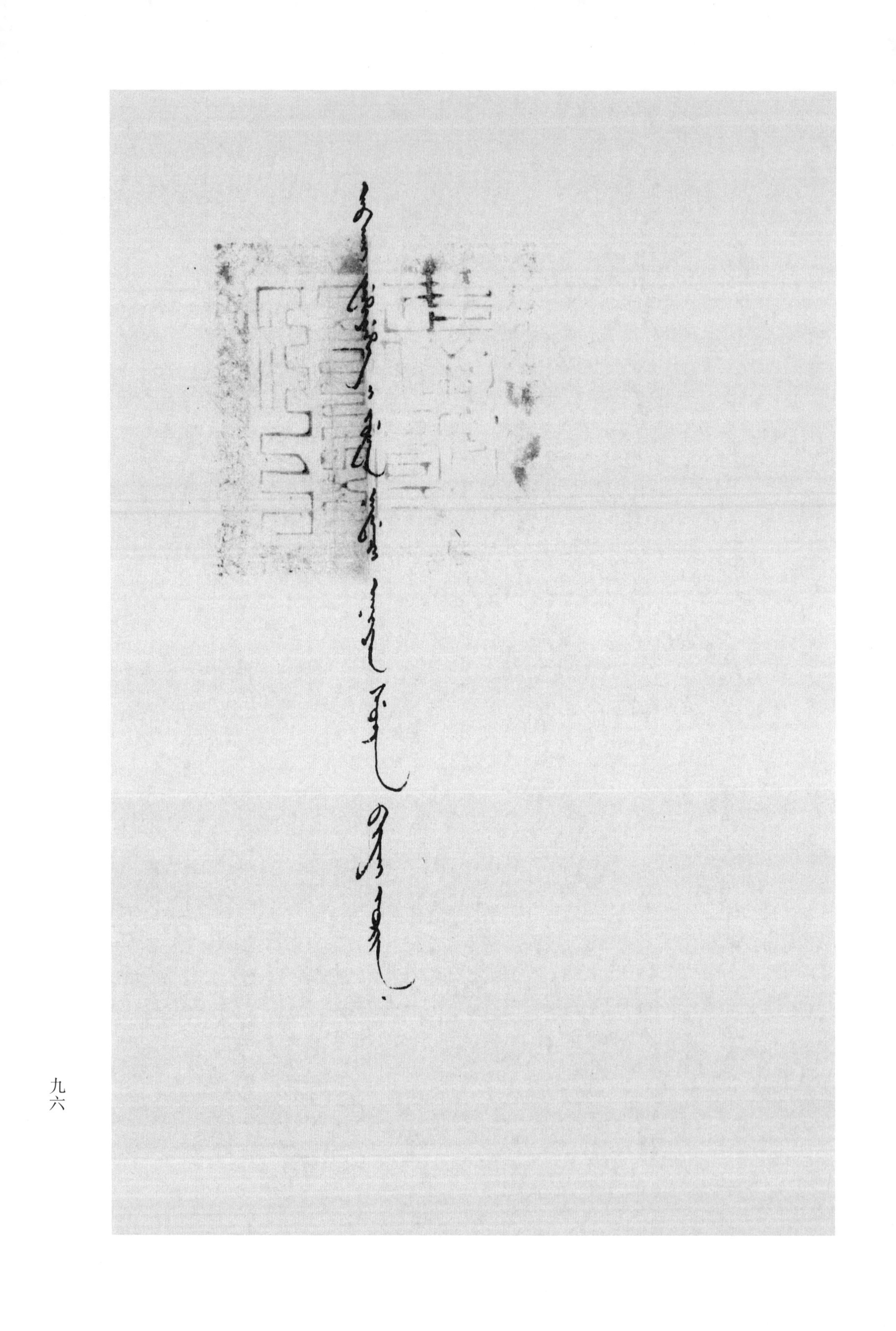

[illegible]

四号

乾隆十七年七月初四

三倉事務達福格
筆帖式金廣源接收

内務府總管阿 [押]

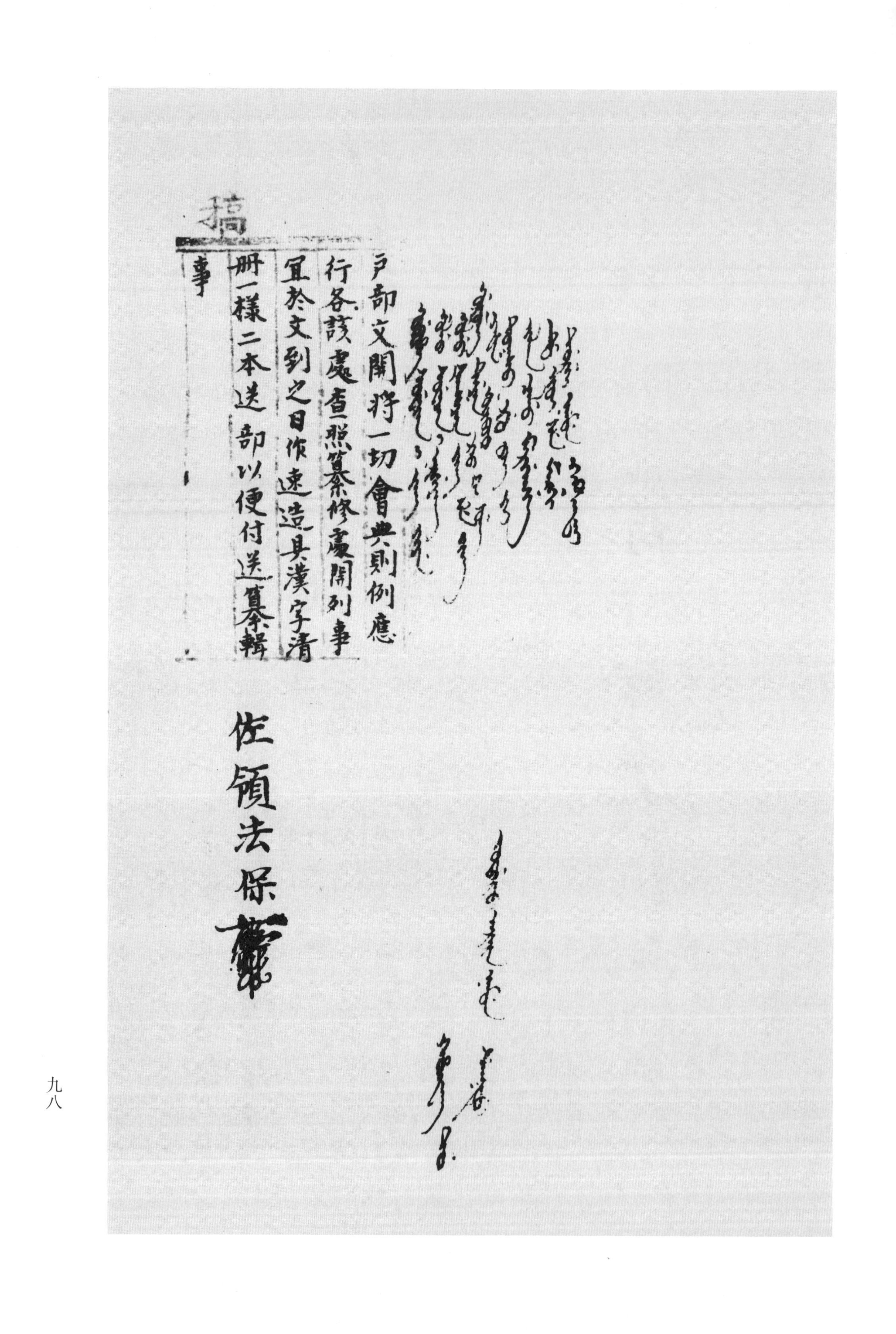

稿

戶部文開將一切會典則例應
行各該處查照纂修處開列事
宜於文到之日作速造具漢字清
册一樣二本送部以便付送纂輯
事

佐領法保

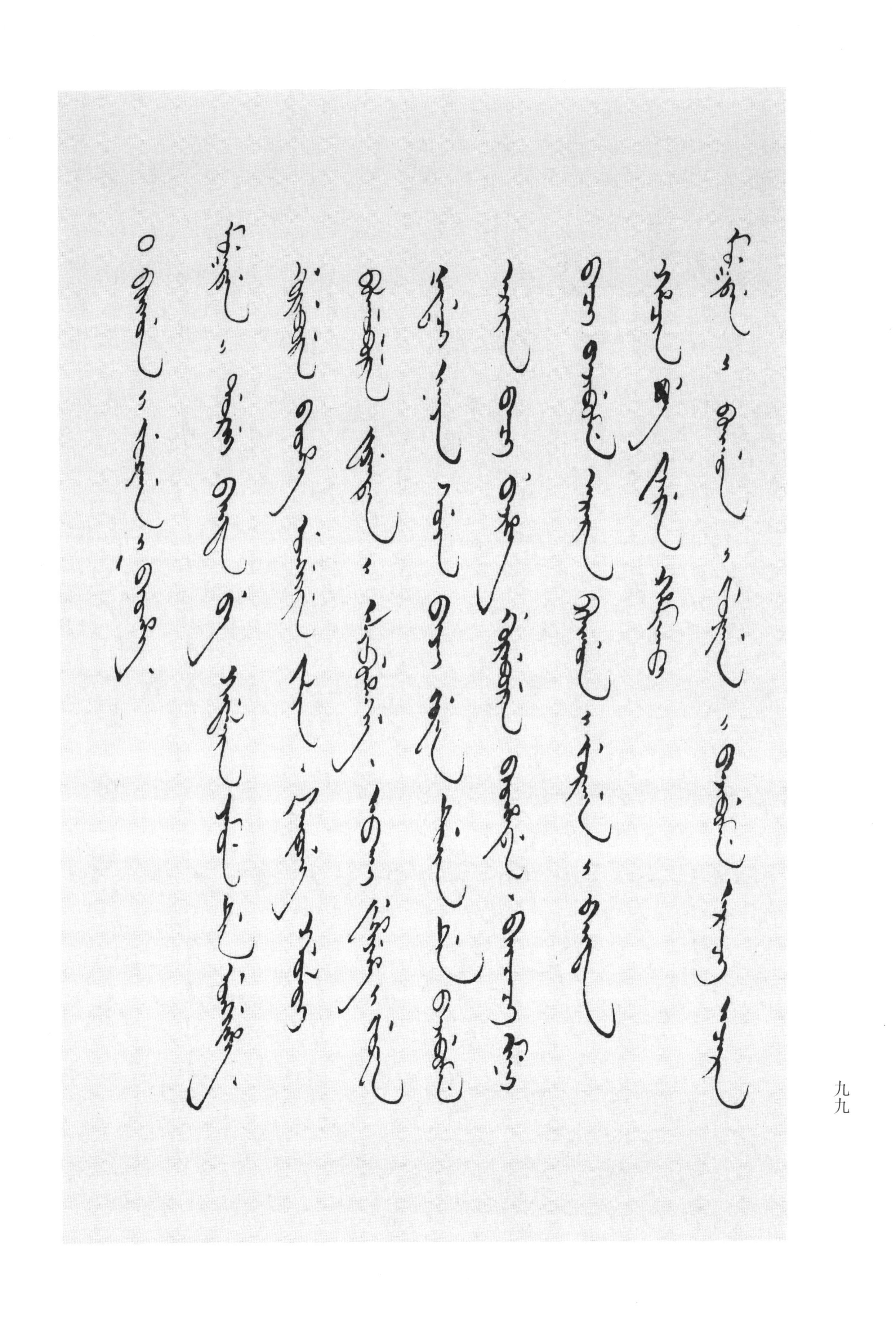

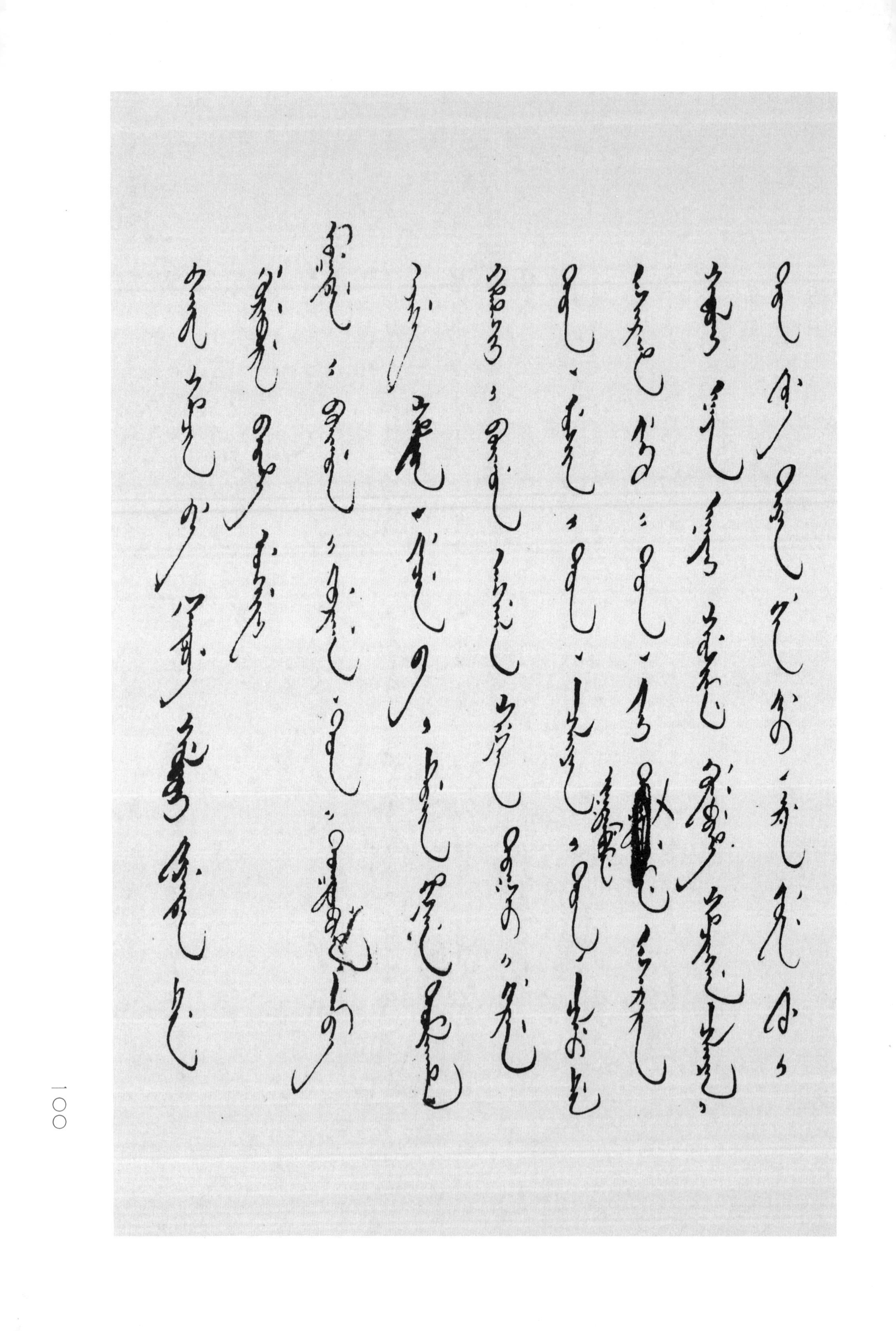

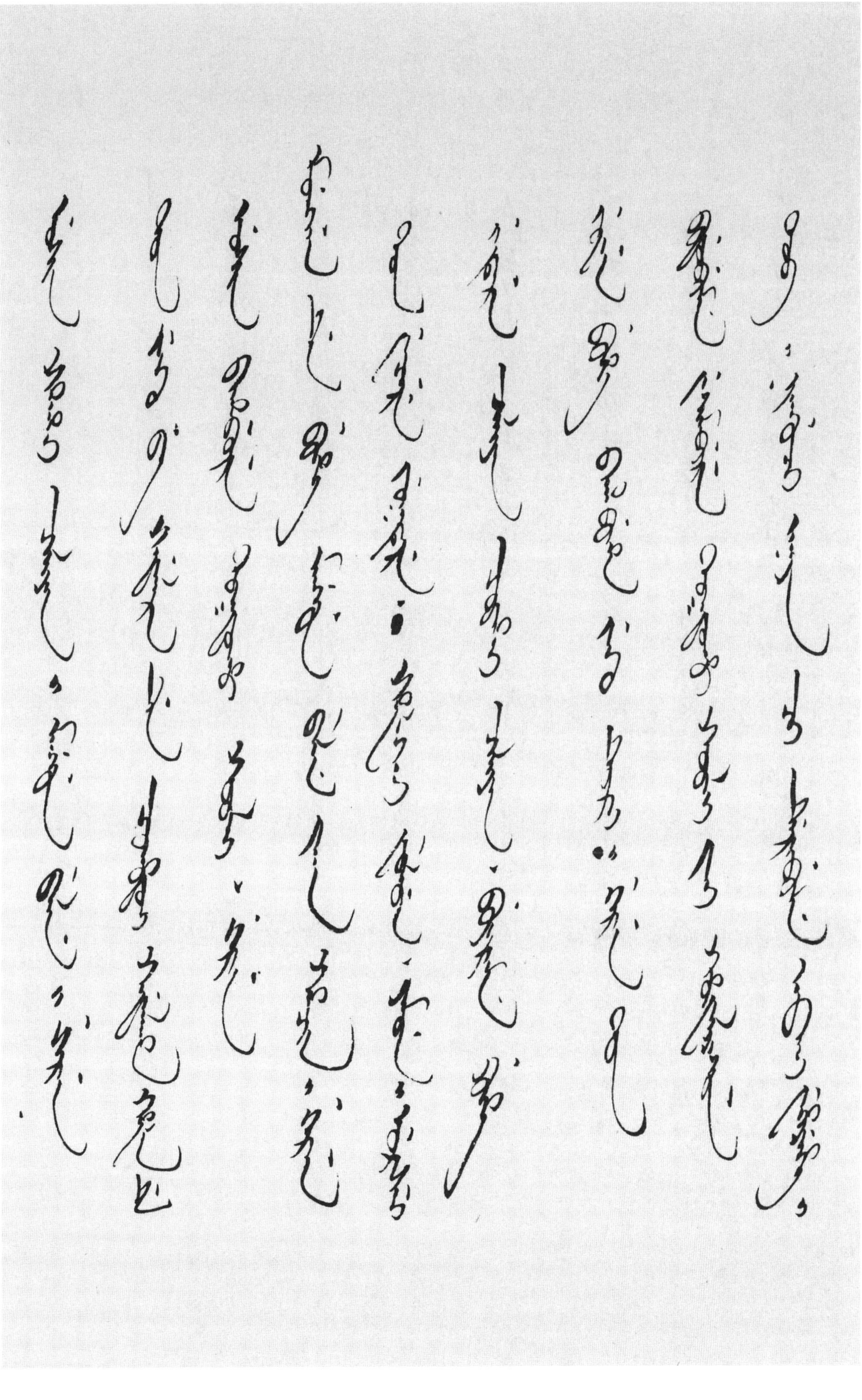

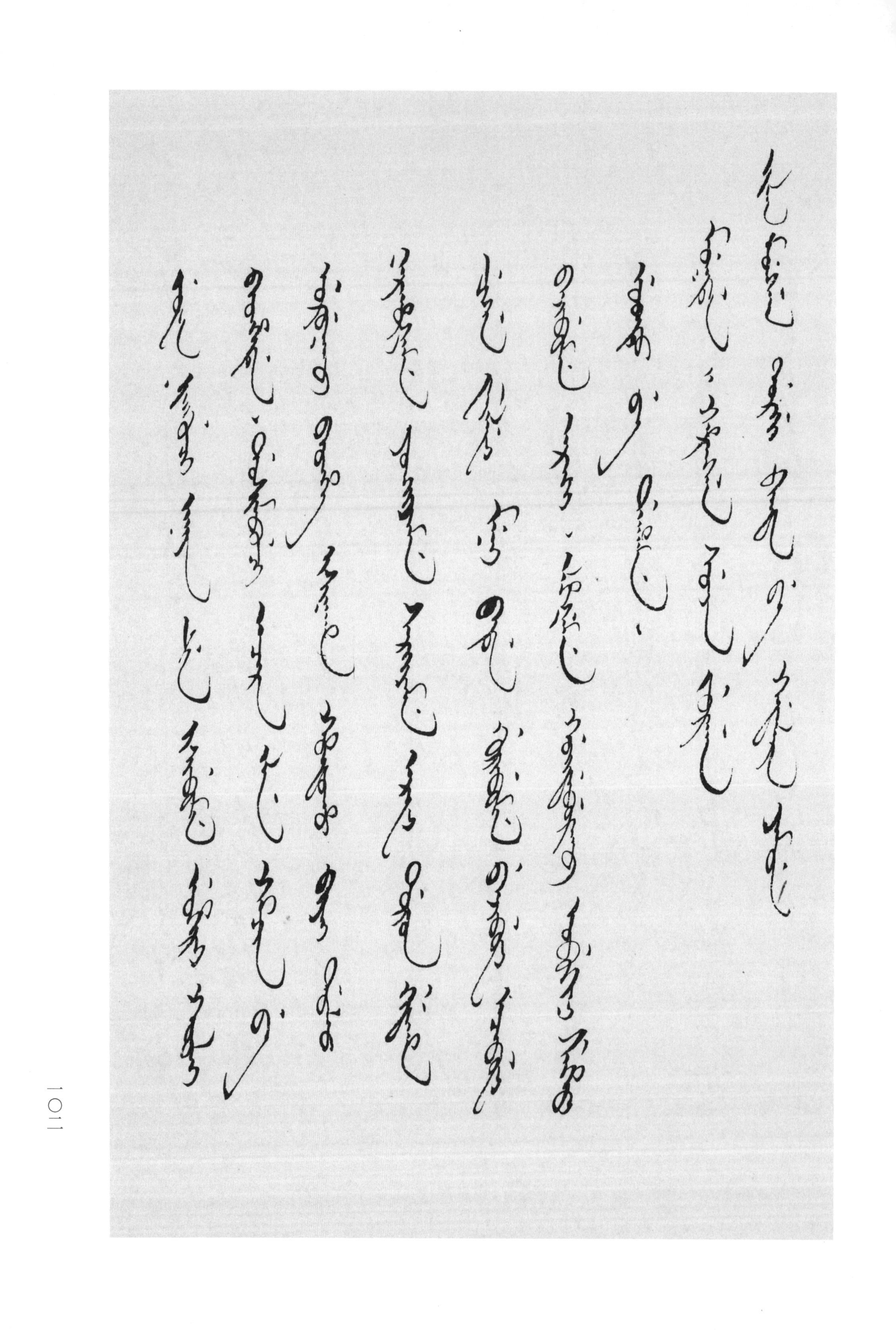

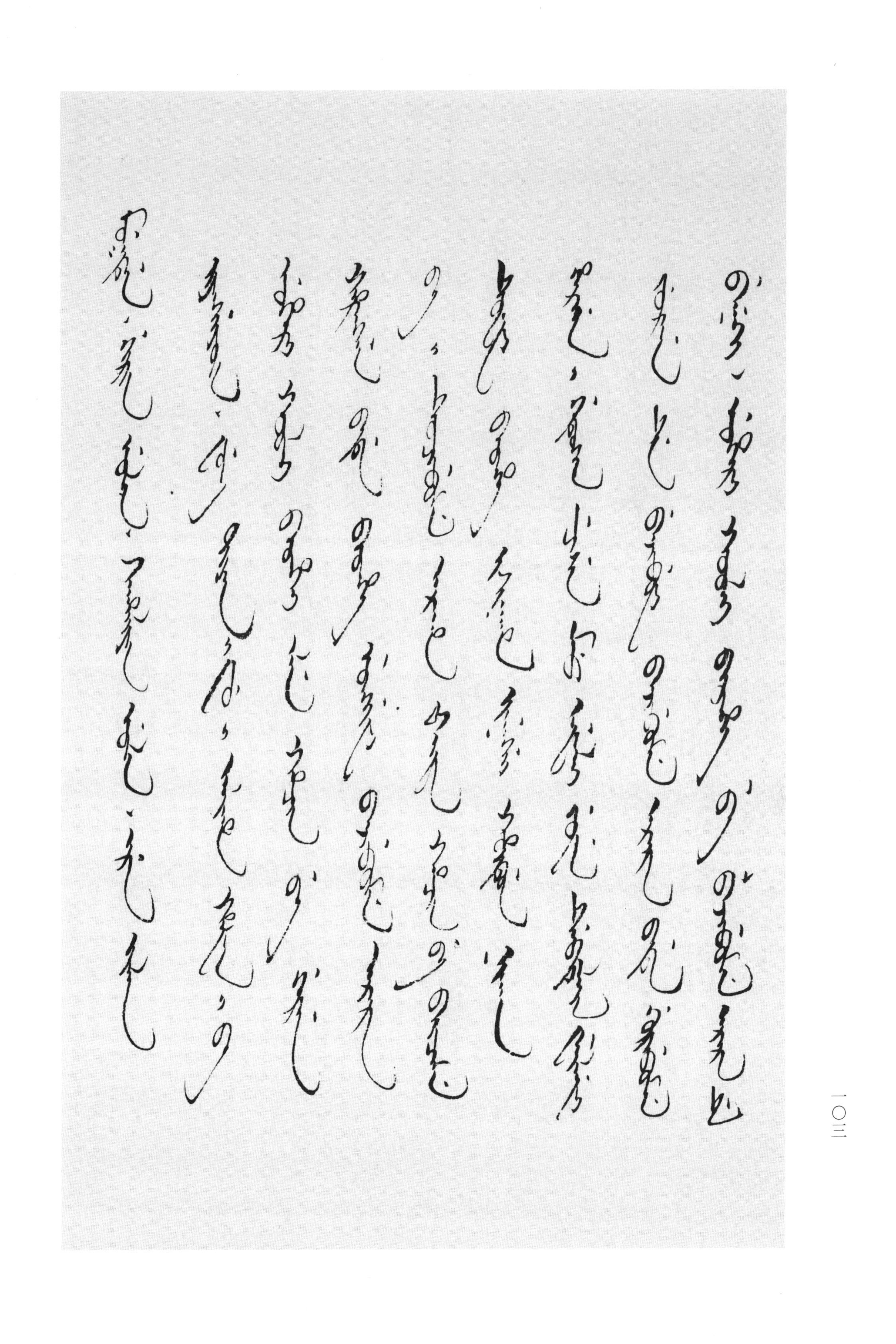

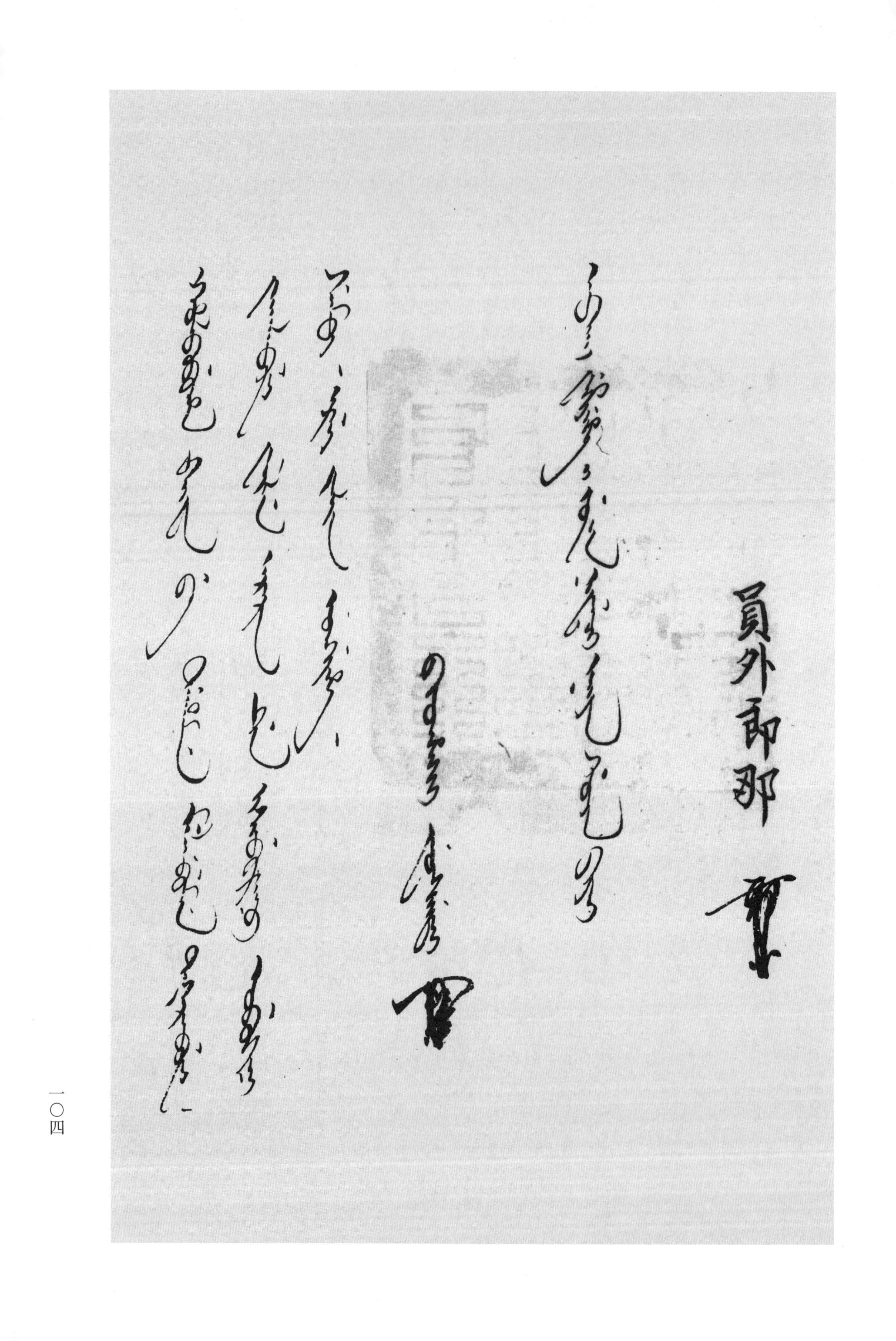

員外郎

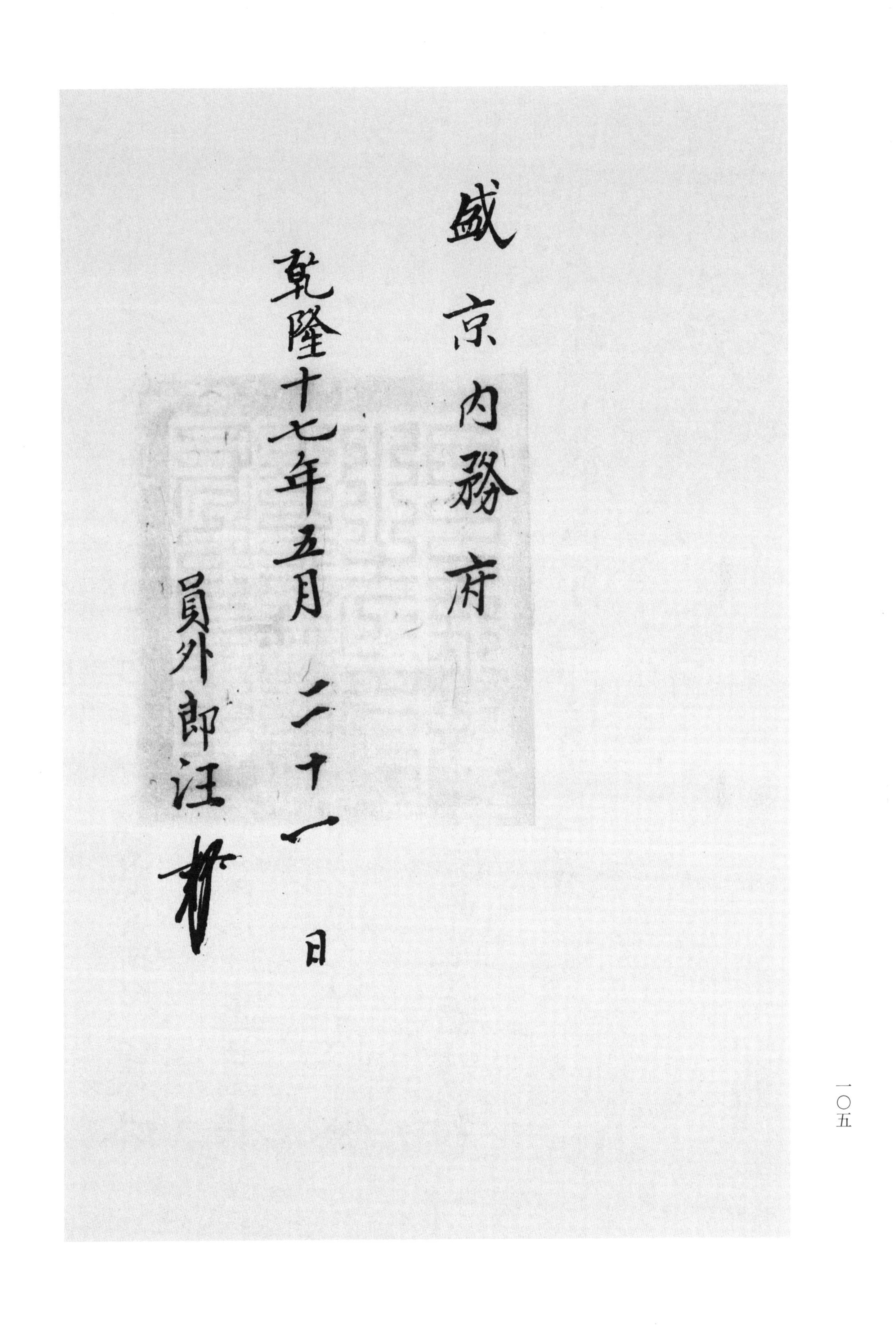

盛京内務府

乾隆十七年五月二十一日

員外郎汪[illegible]

一切會典則例應行各該處查照纂修
處開列事宜於文到之日作速造具
漢字清册一樣二本送部以便付送纂
輯事關纂修會典毋得遺漏舛錯
致干參處可也須至咨者
右
咨

一切有關應入會典則例者務於半月
內脩細抄錄造具印冊移付過處以憑
乙
纂輯幸勿遲緩等因前來查
盛京所屬五部
三陵內務府
盛京船廠黑龍江三將軍奉天府尹所有

積貯條例節年蠲卹裸賦數目奉錦
二府屬地丁錢粮銀米各數暨粮專
管之員撥地定例支給
各陵銀米物件各數祭祀官俸役食兵餉裸
支借給支給粮料各數奏銷定例以及
自雍正六年起至乾隆十六年止凡有

户部為移付事山東清吏司案呈乾
隆十七年五月十四日准管纂修處付稱查
本處所管纂户部事務業已將次告竣所有
盛京户部應管纂事件相應移付山東司將
盛京户部經制大小官員疆理四至編丁
户口庄屯谷數田數賦數存倉谷數并

浴

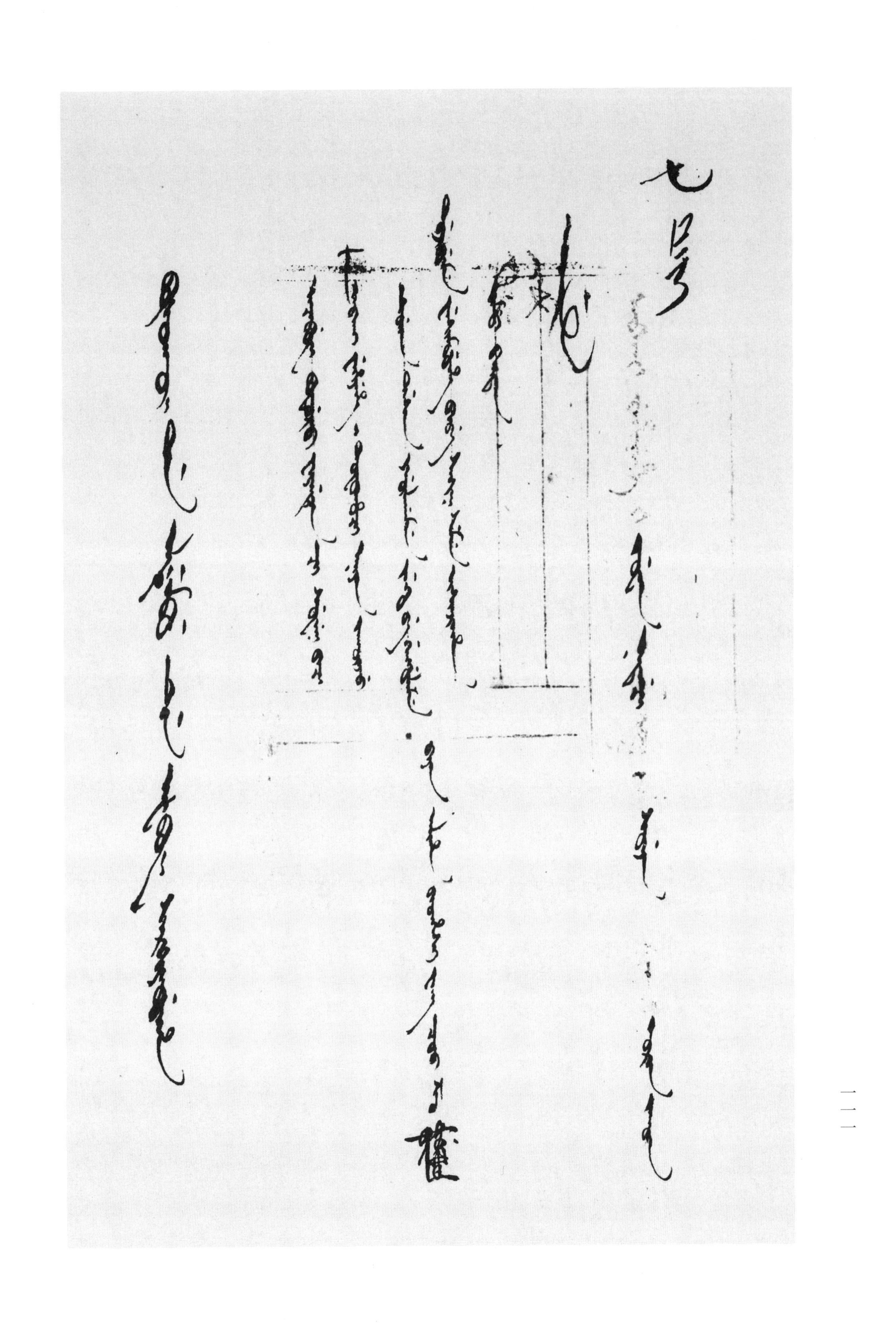

七號

[illegible]

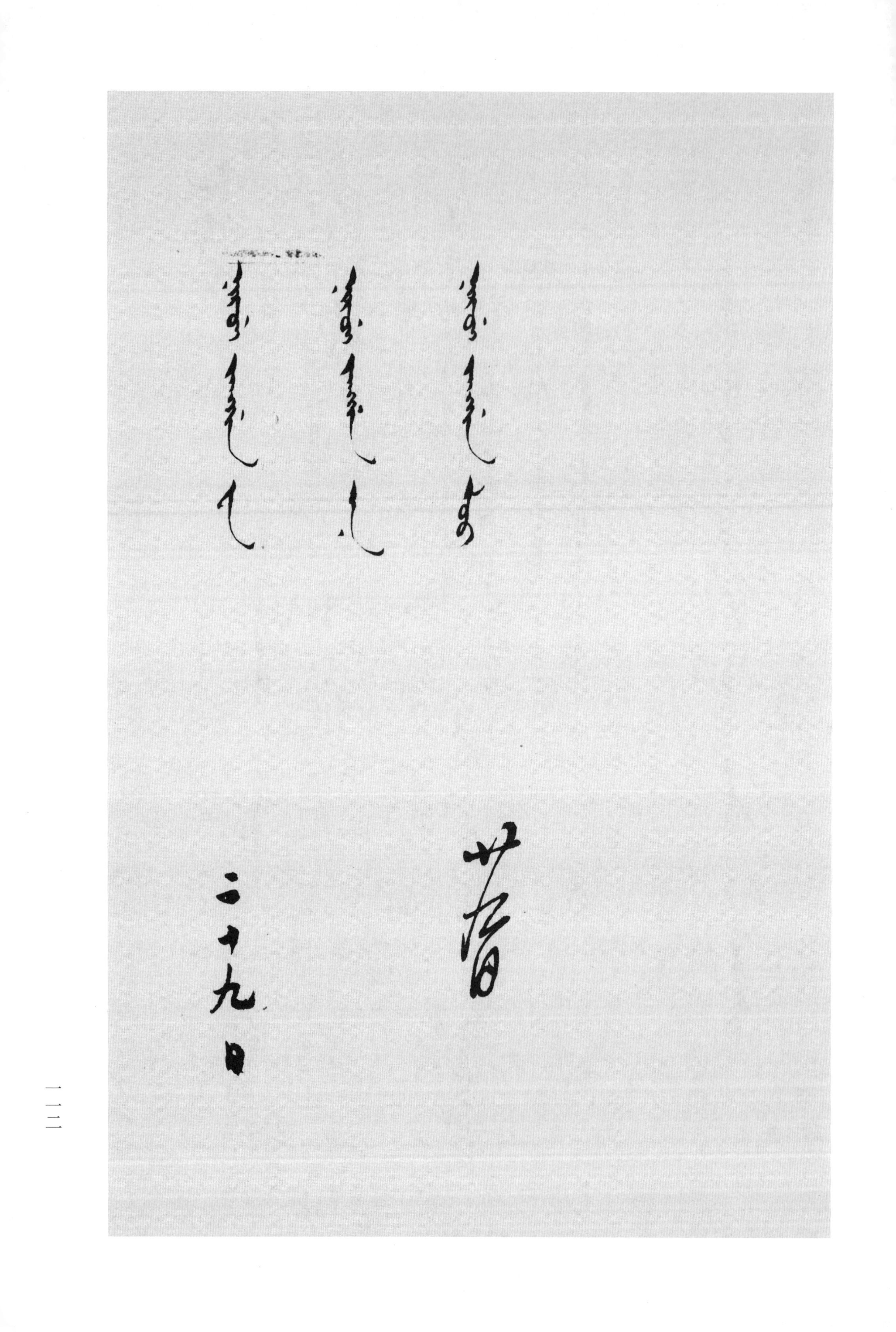

[illegible]

[illegible]

[illegible]

著

二十九日

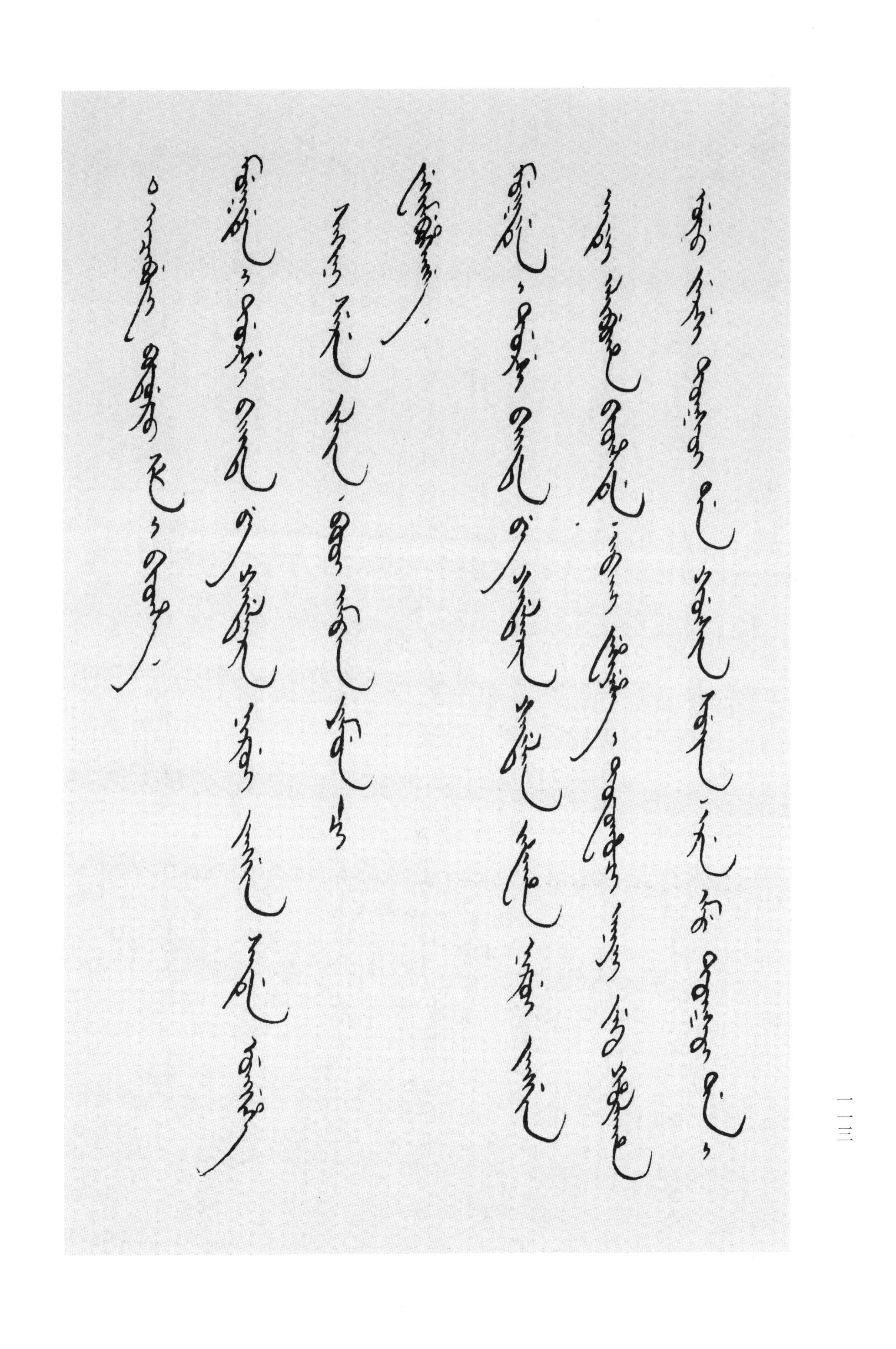

[illegible]

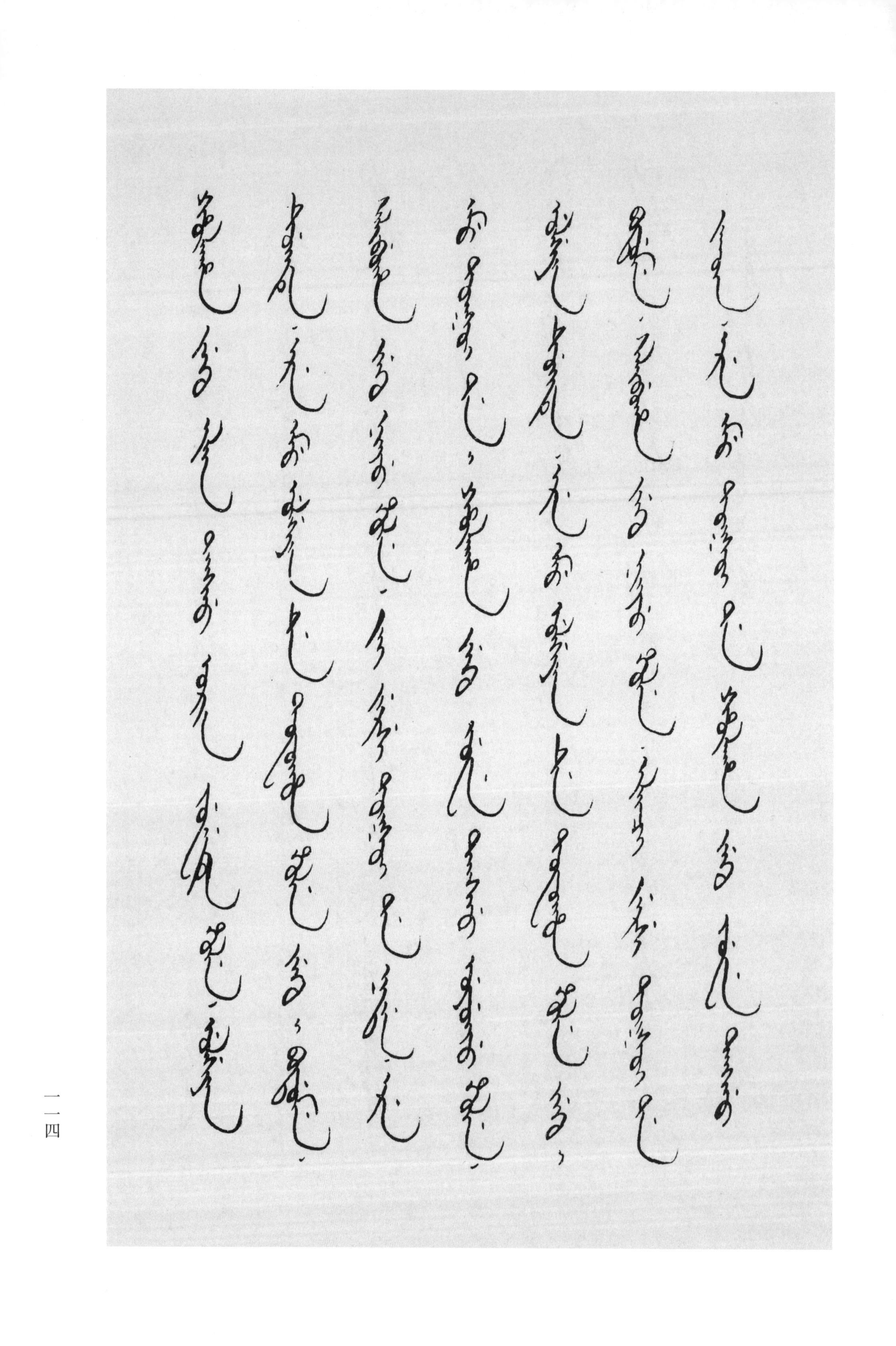

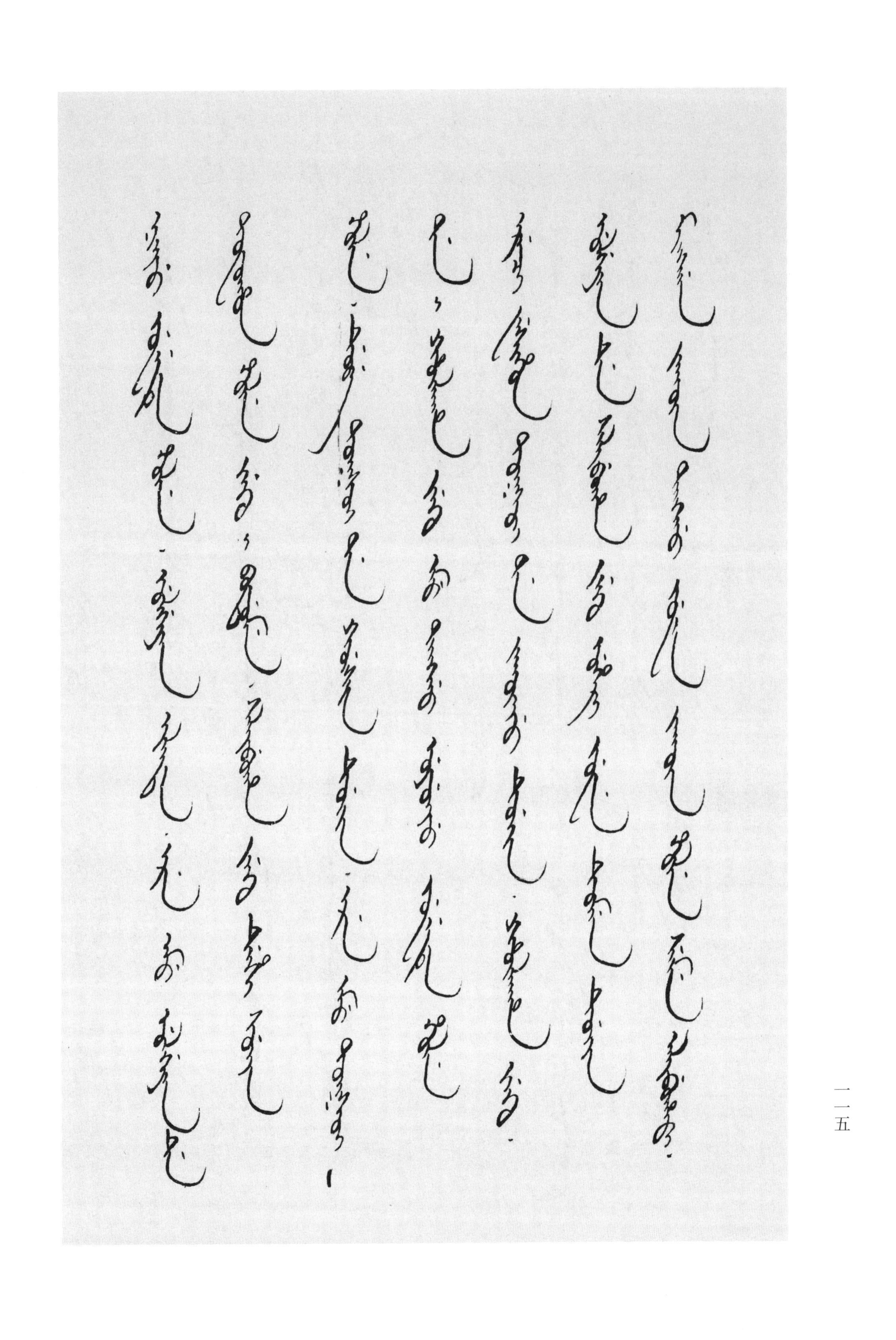

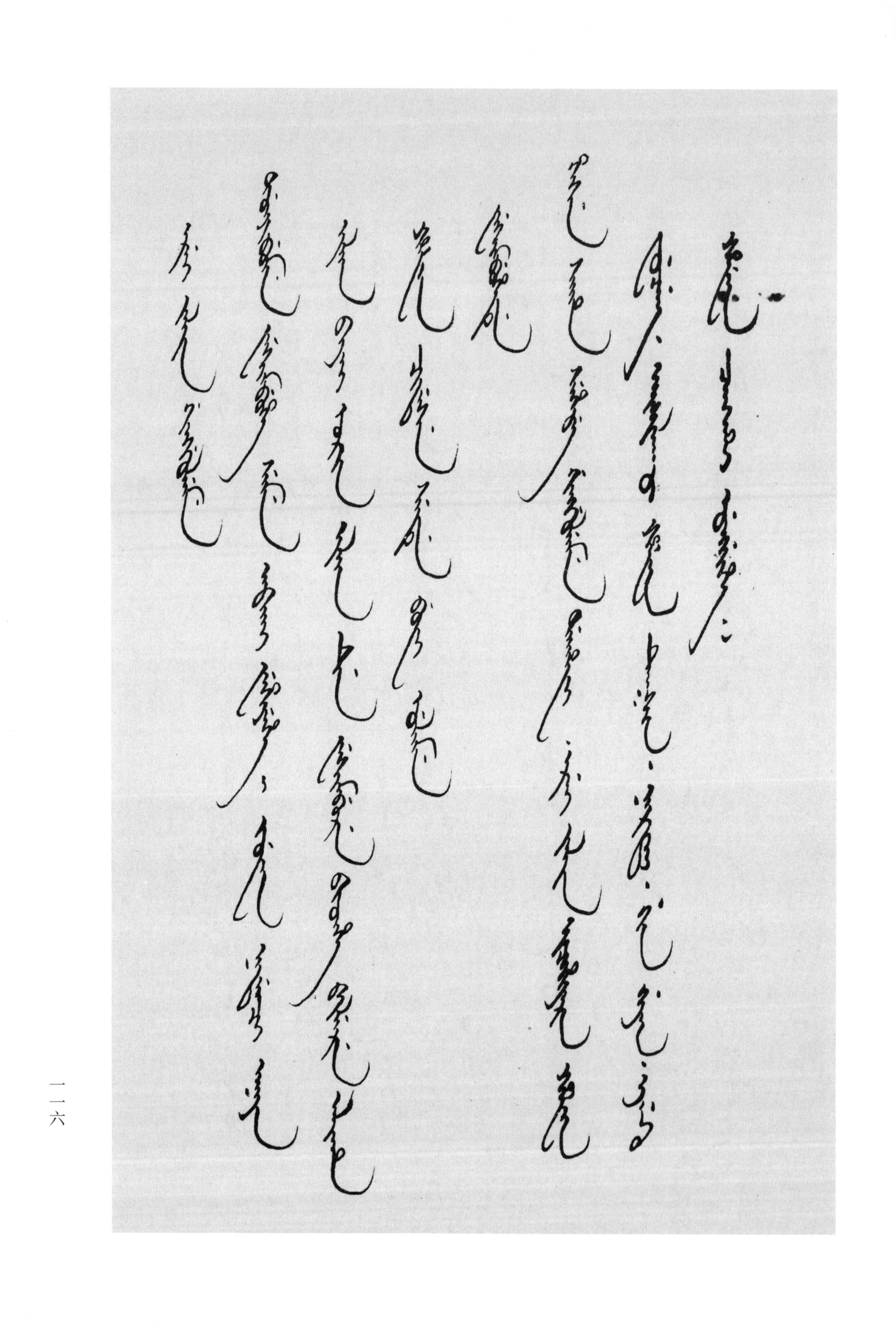

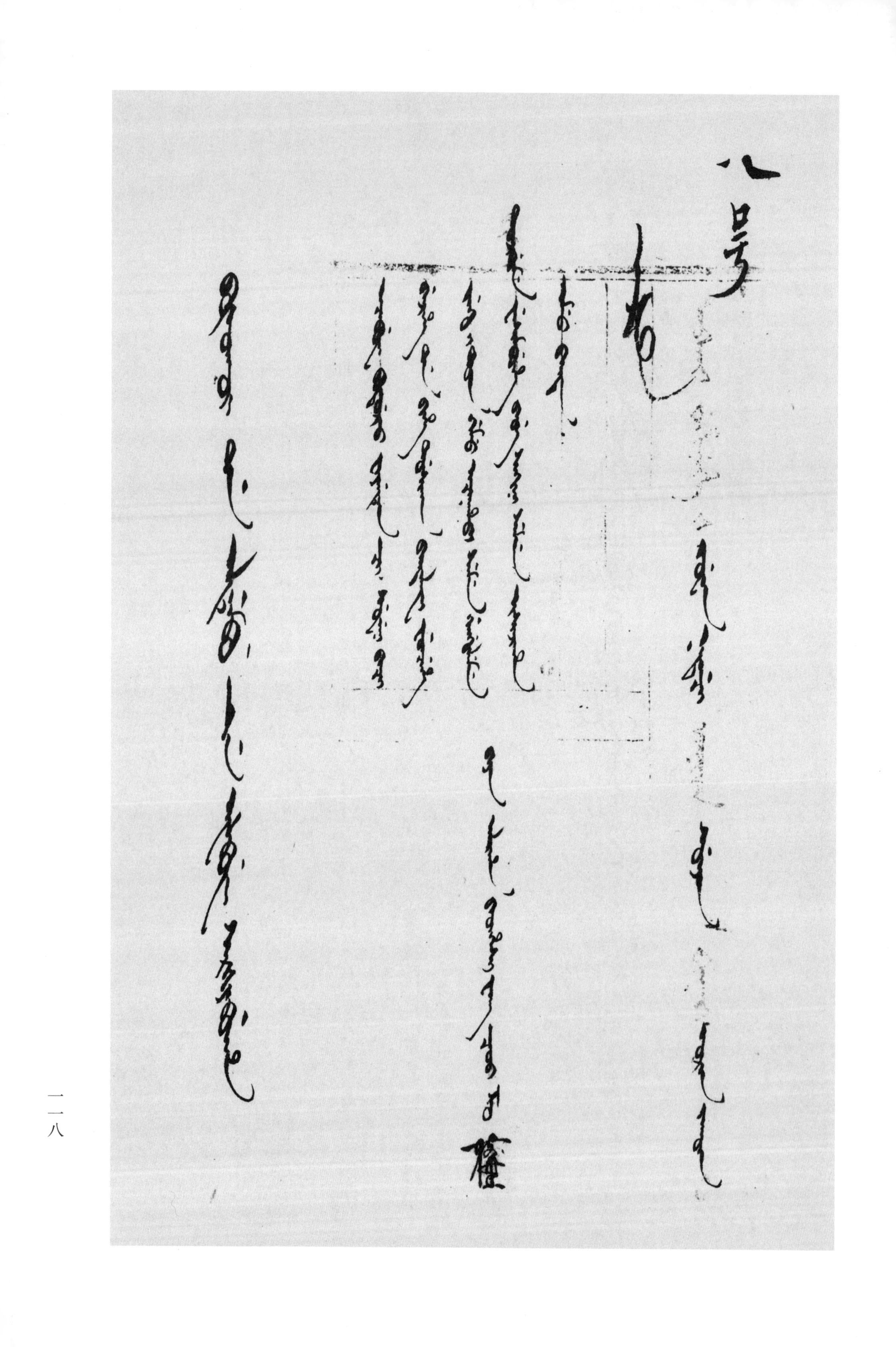

八号

ᠪᡳᡨᡥᡝ

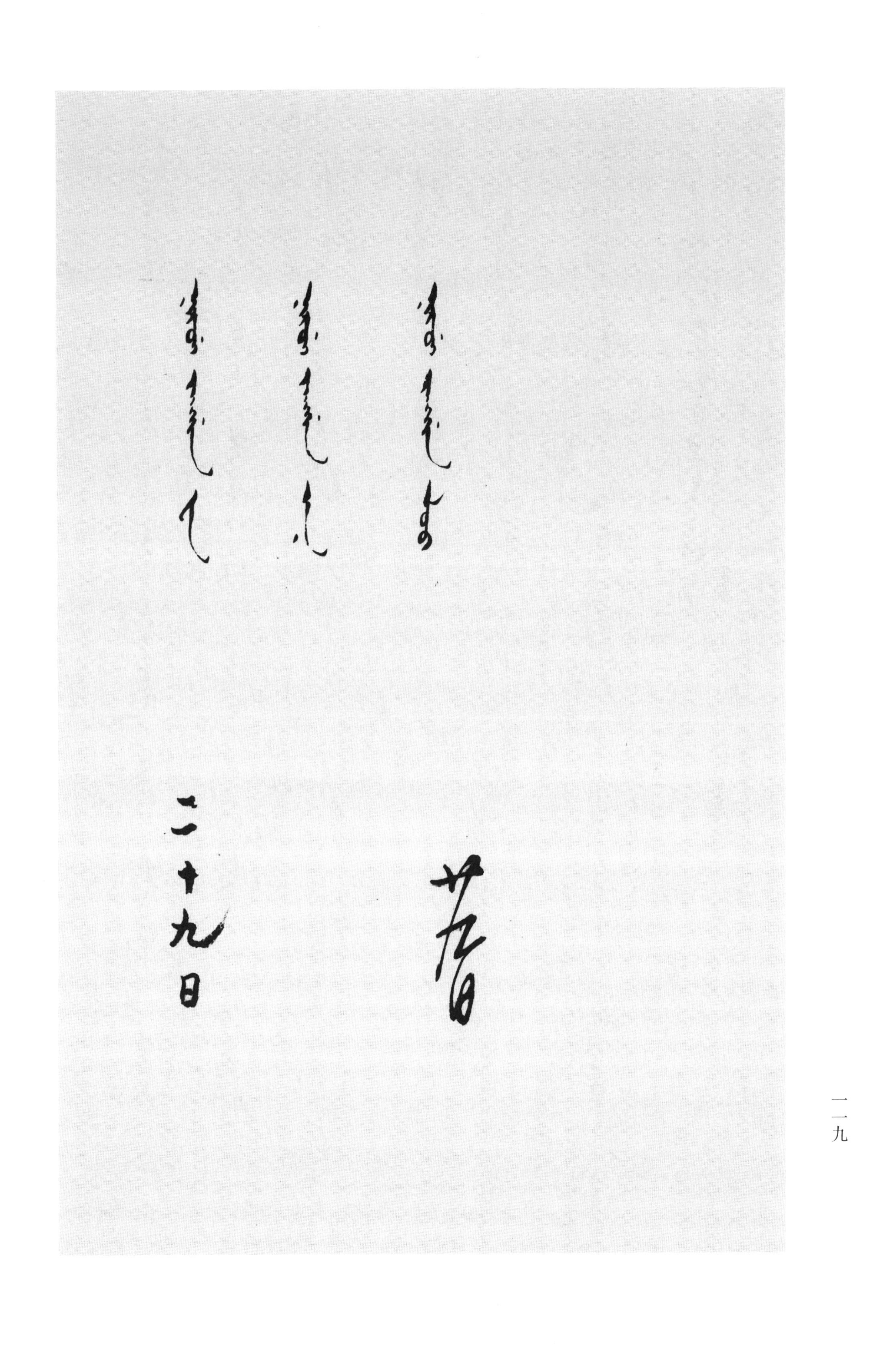

[illegible]

[illegible]

[illegible]

着

二十九日

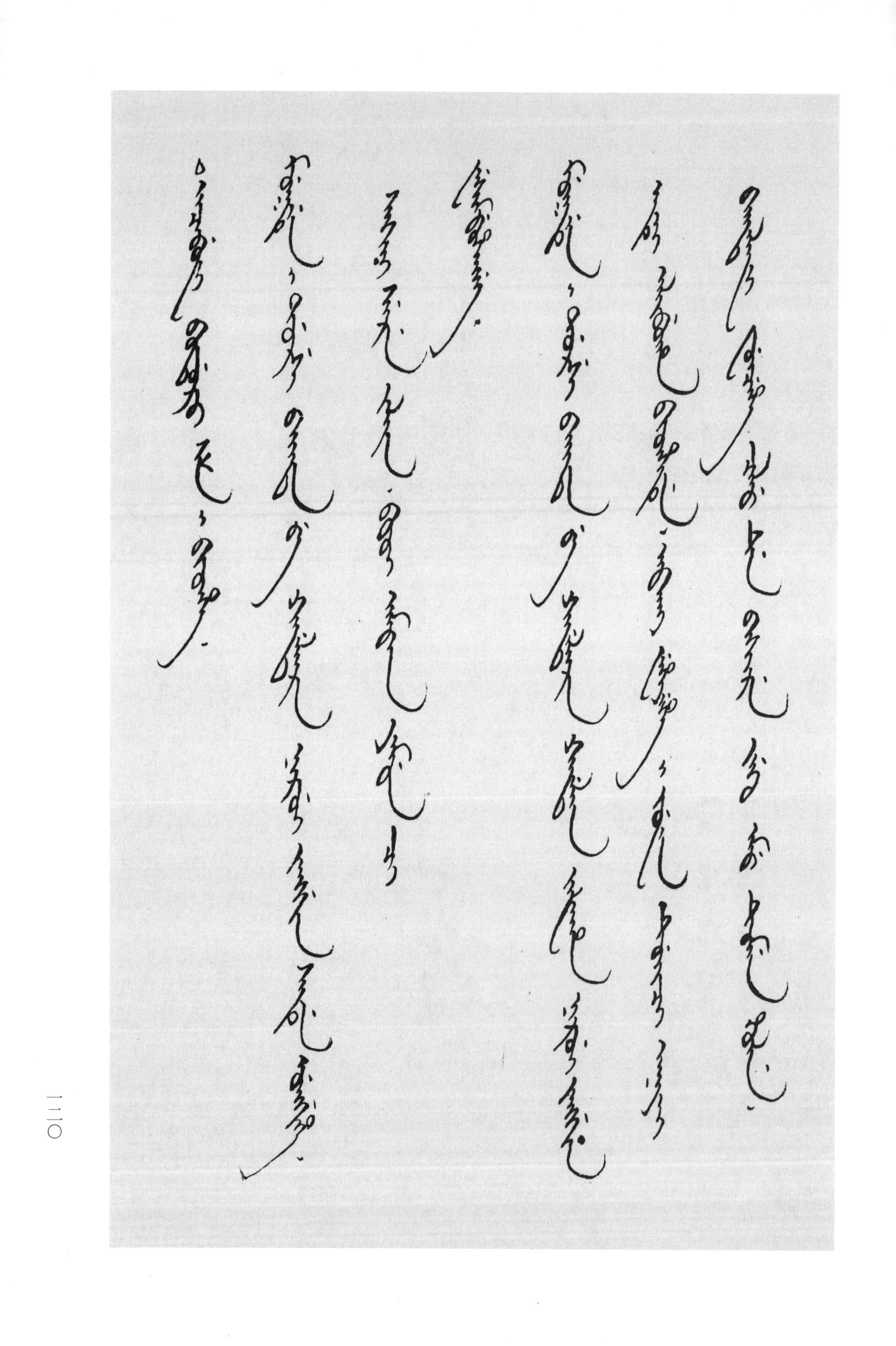

[illegible]

[illegible]

[illegible]

[illegible]

[illegible]

[illegible]

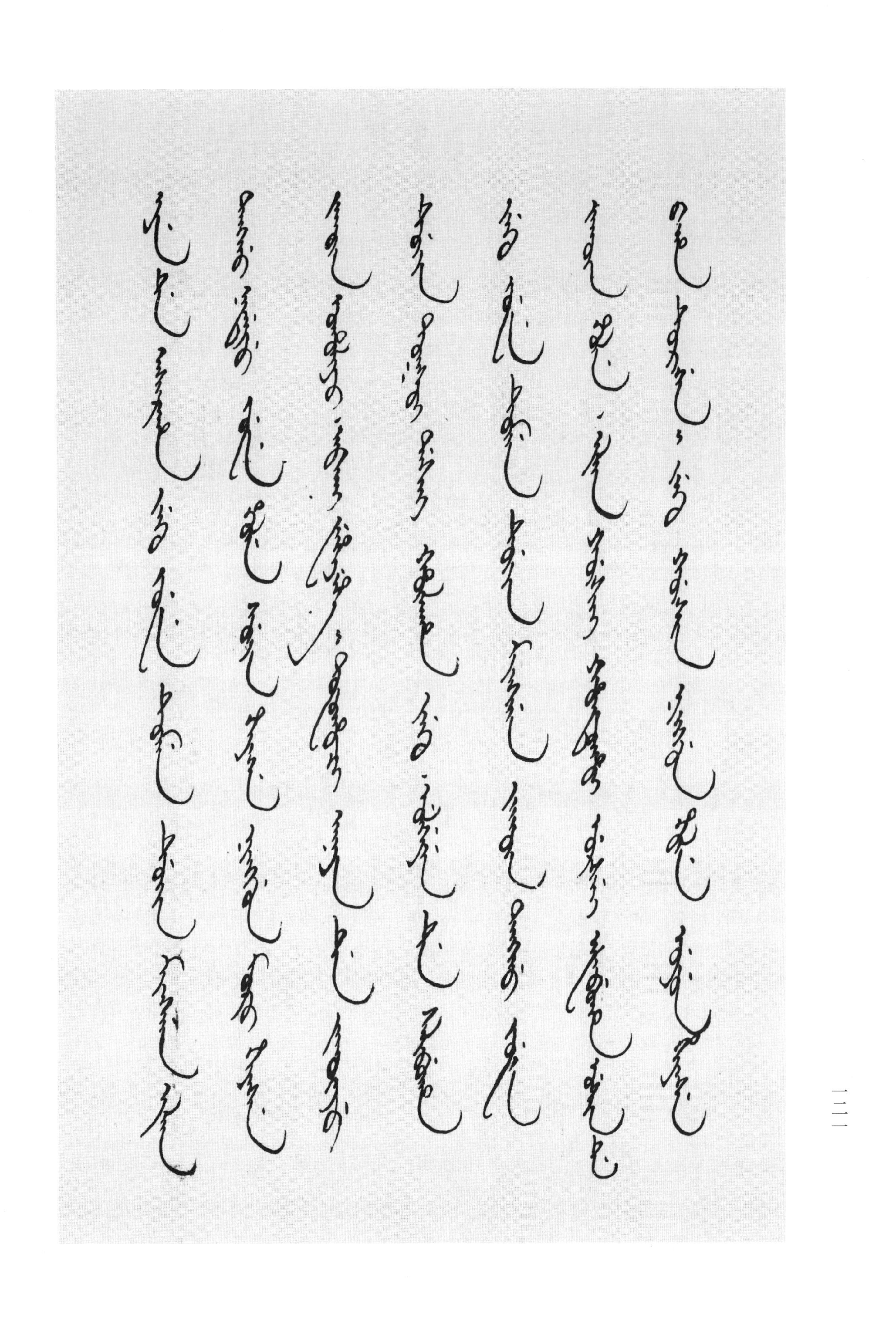

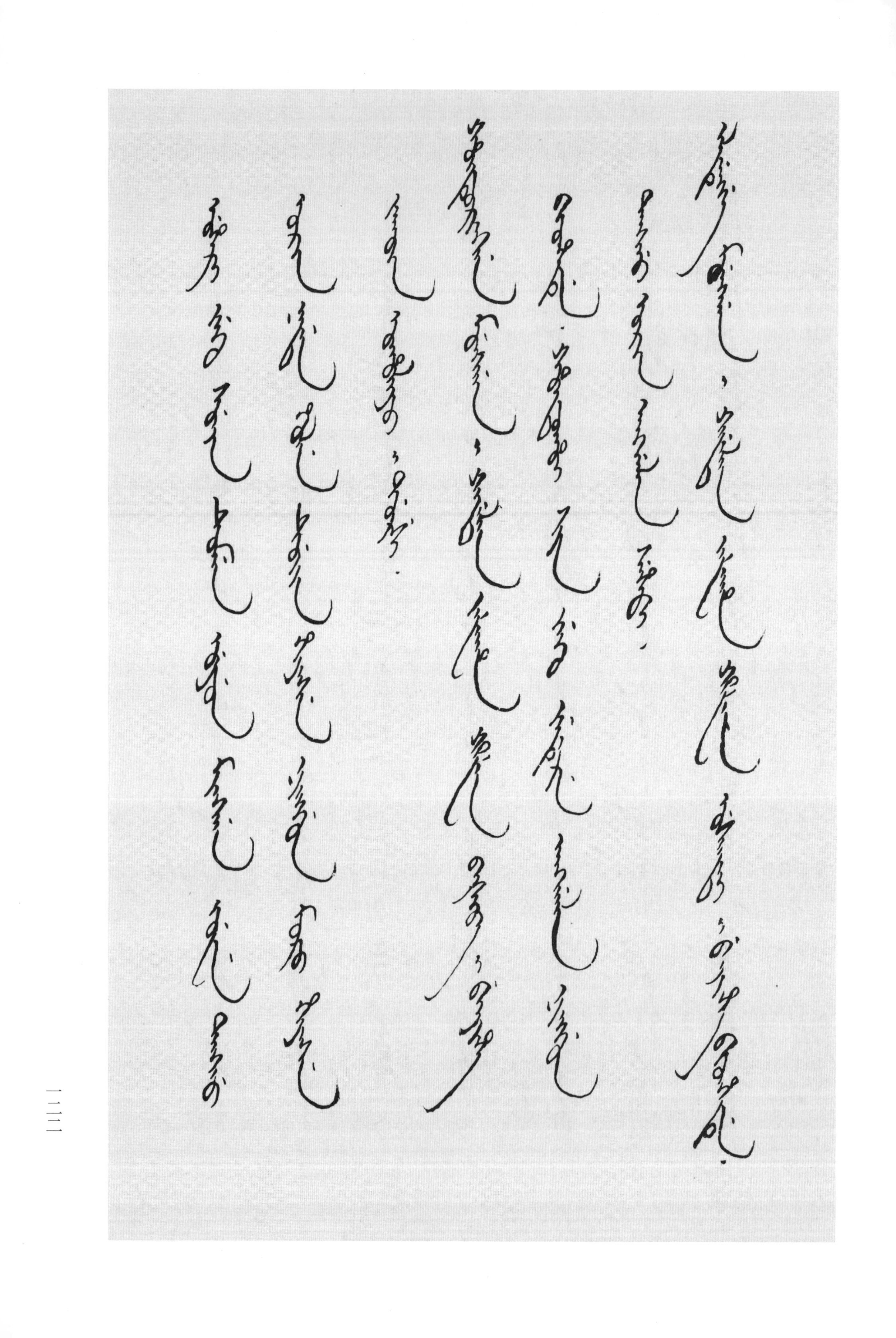

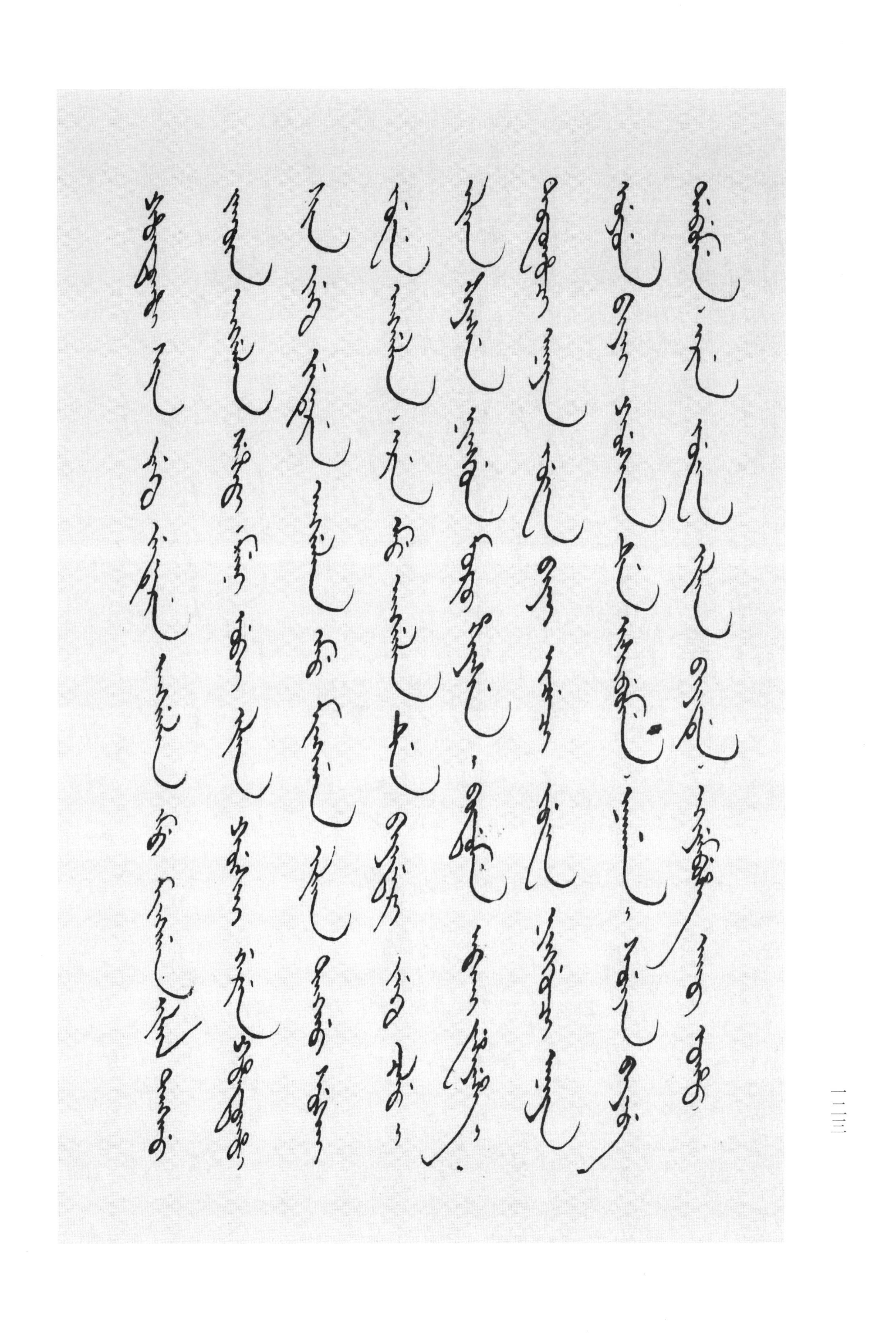

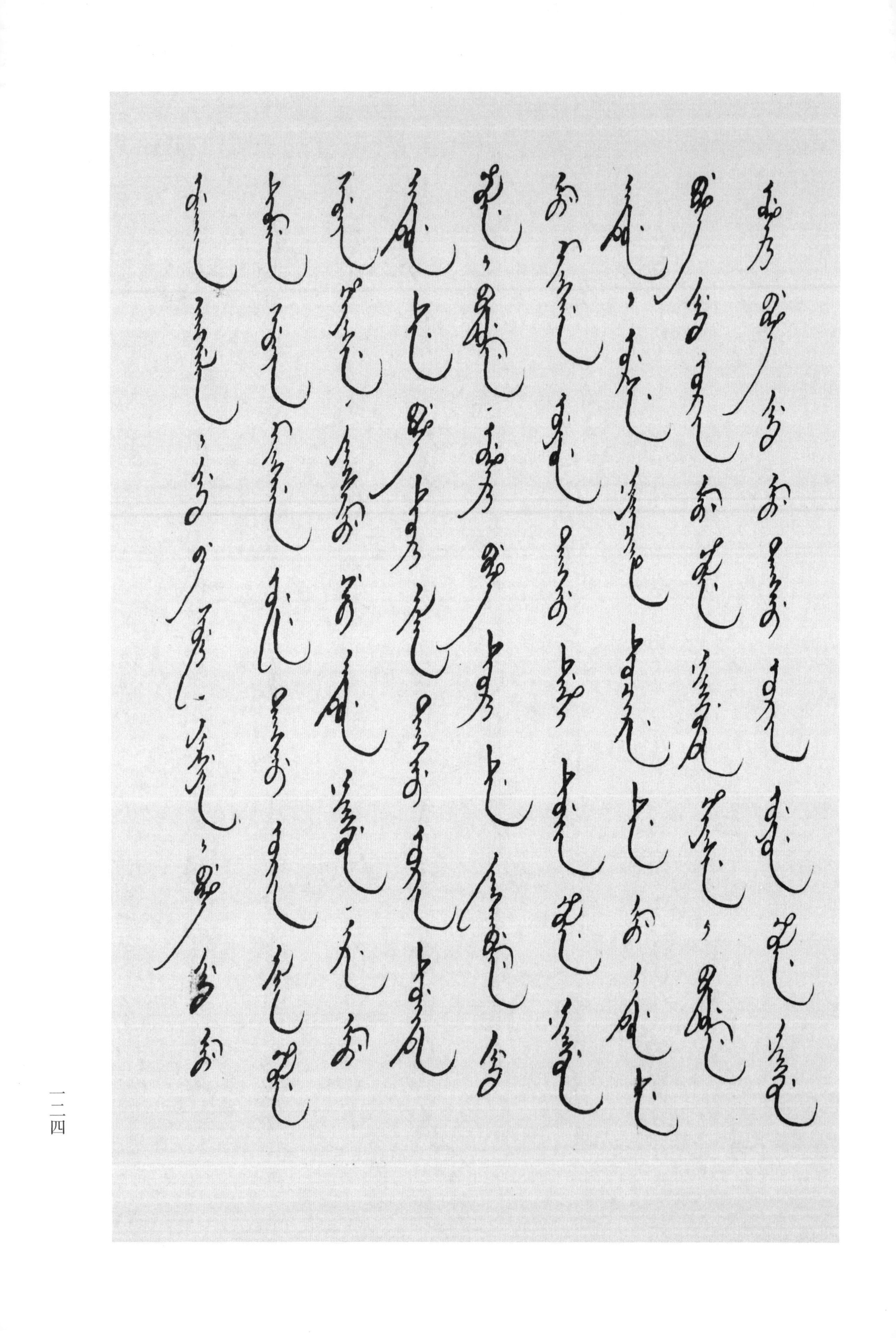

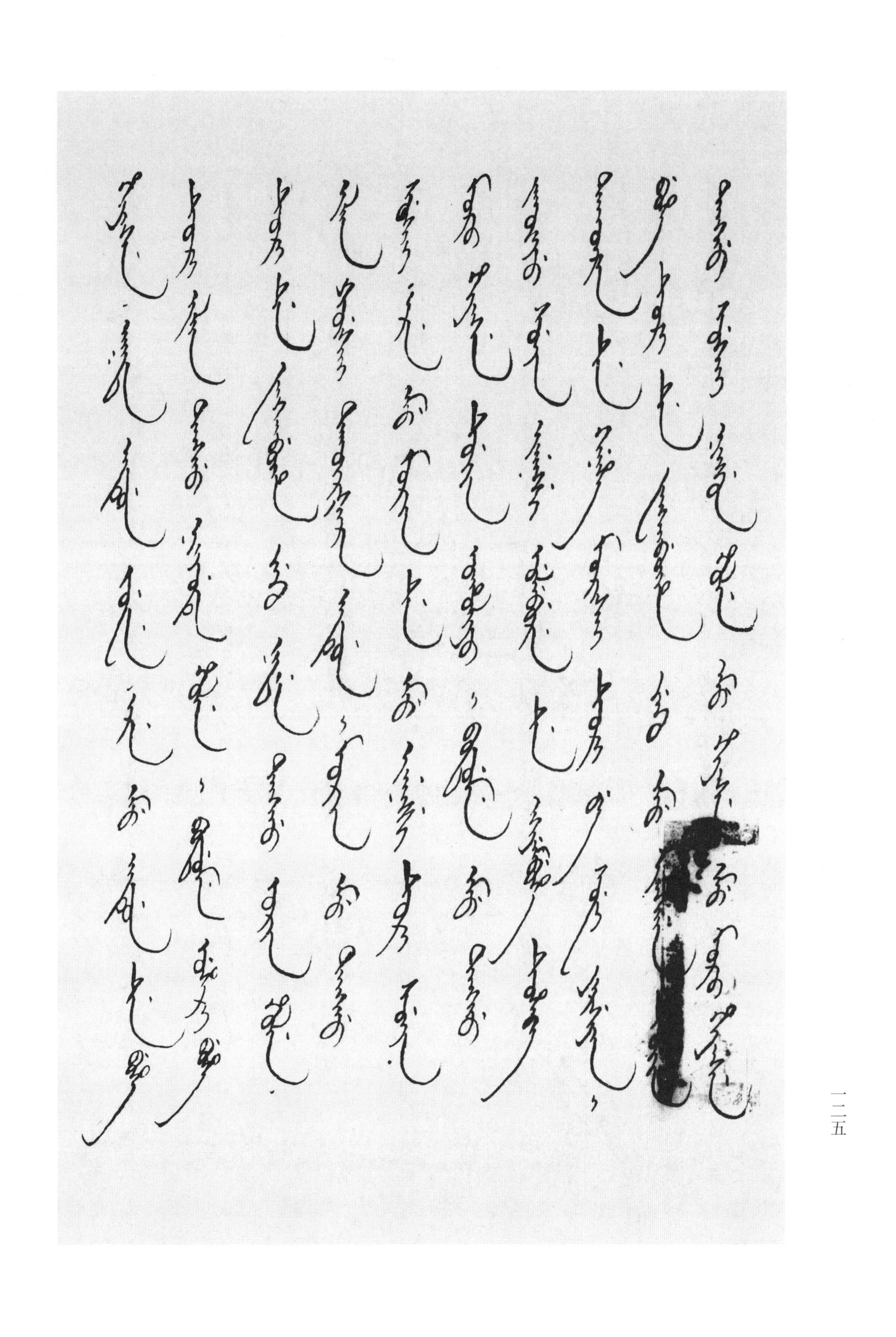

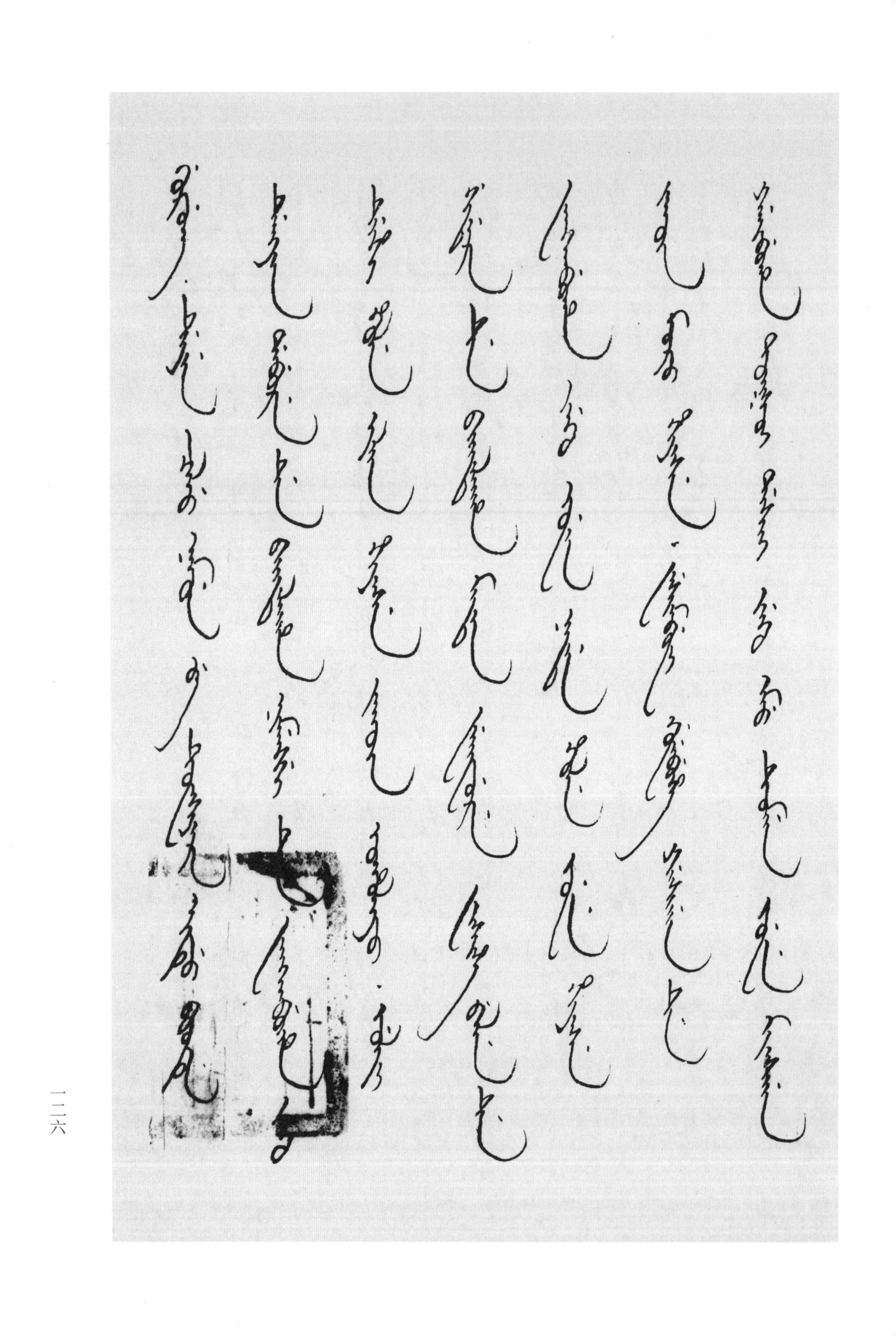

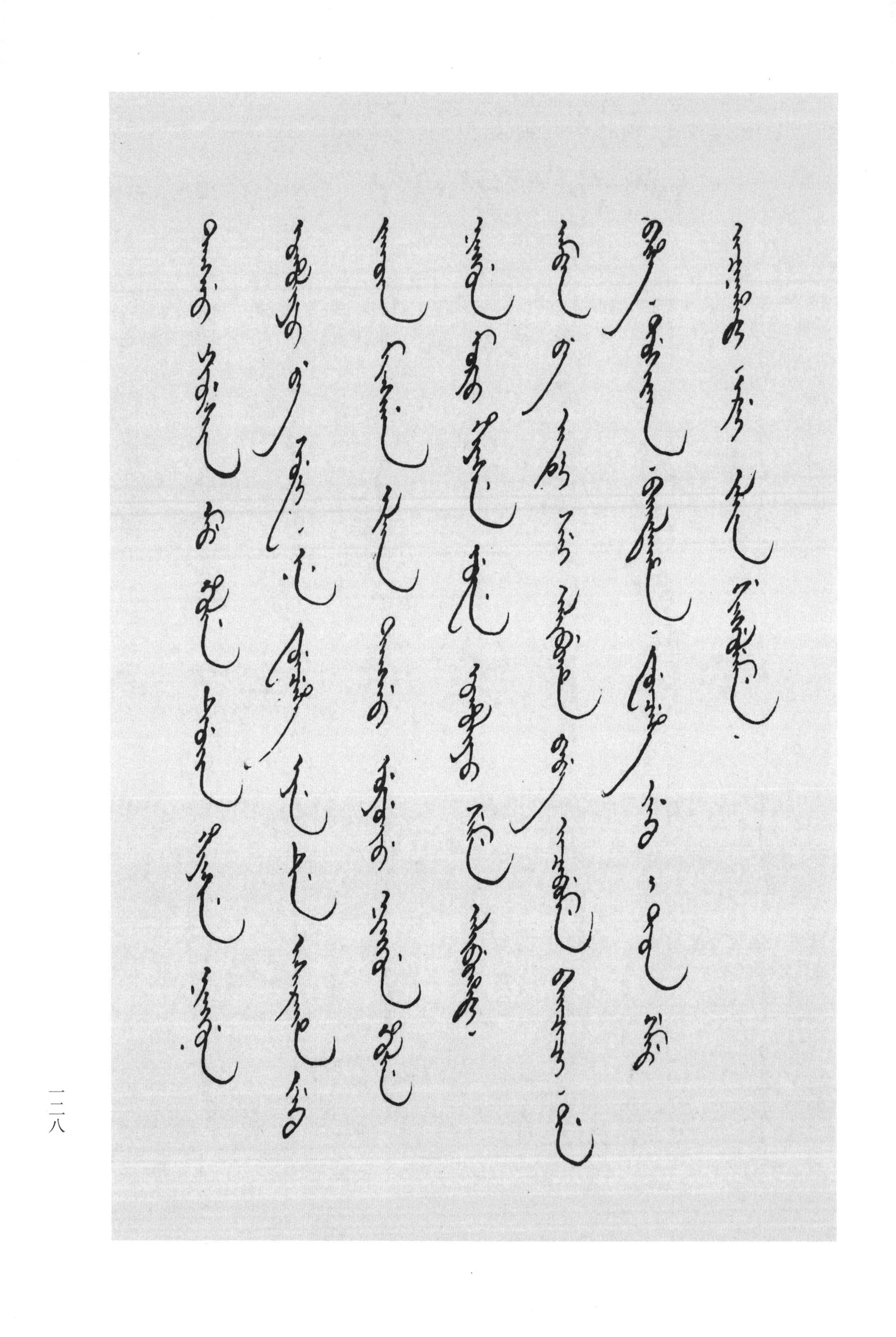

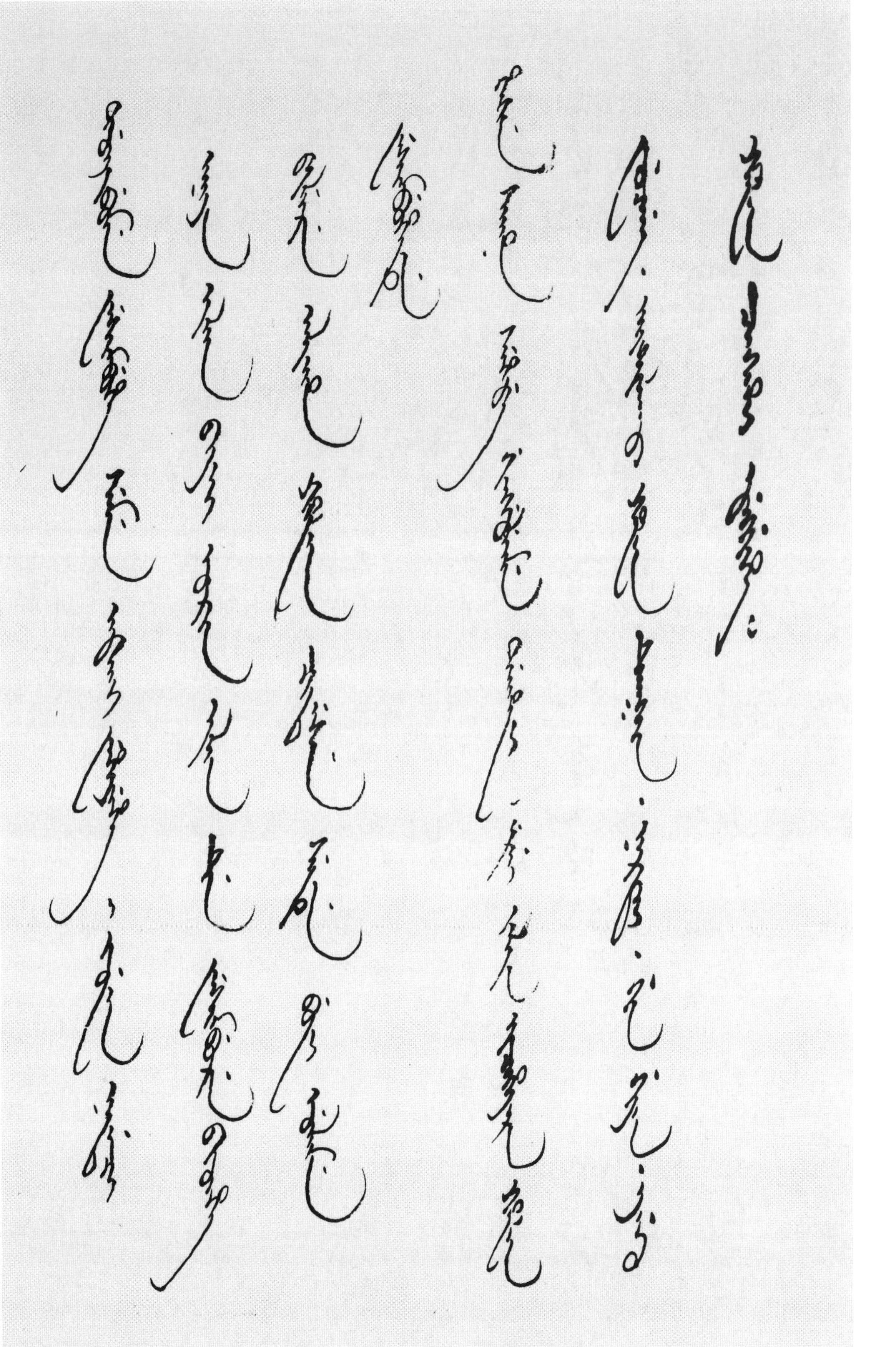

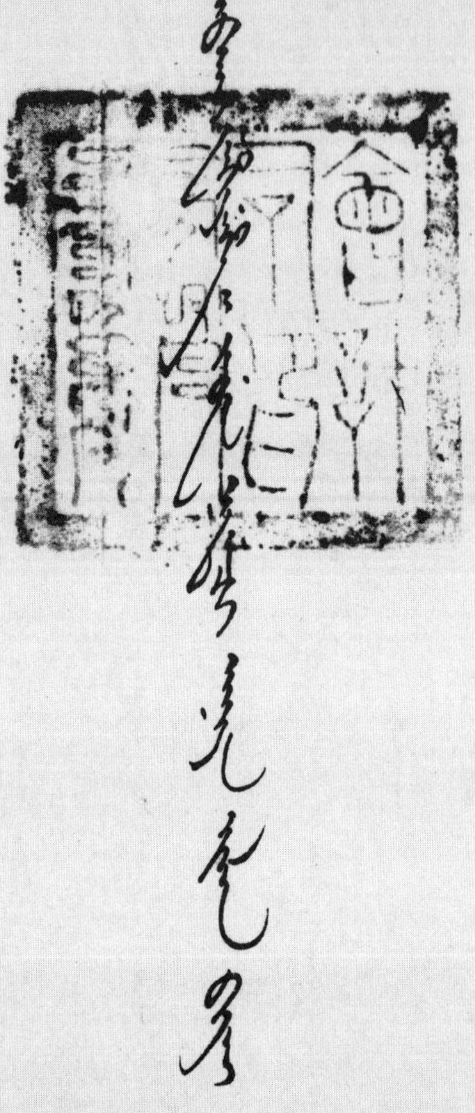

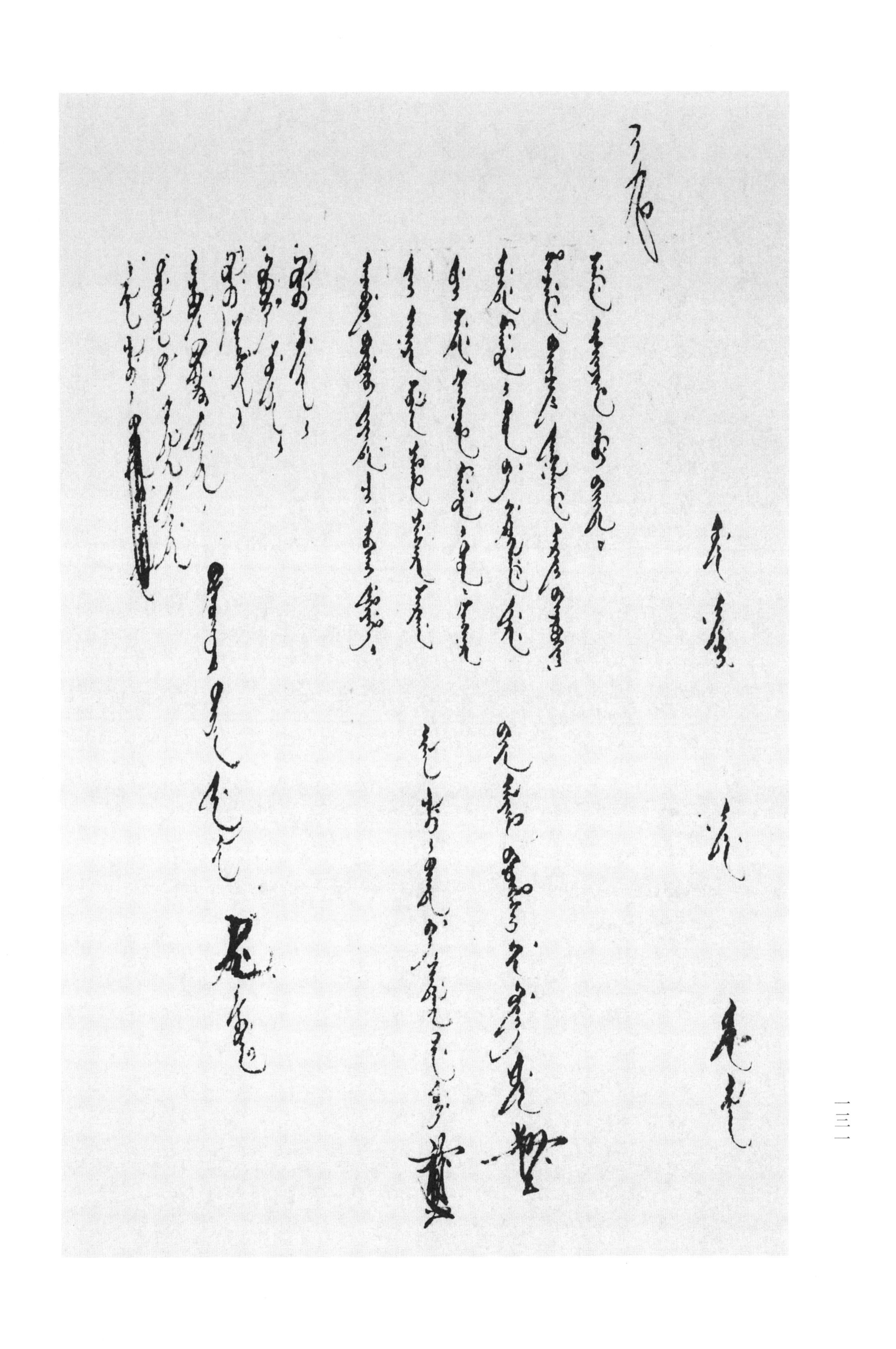

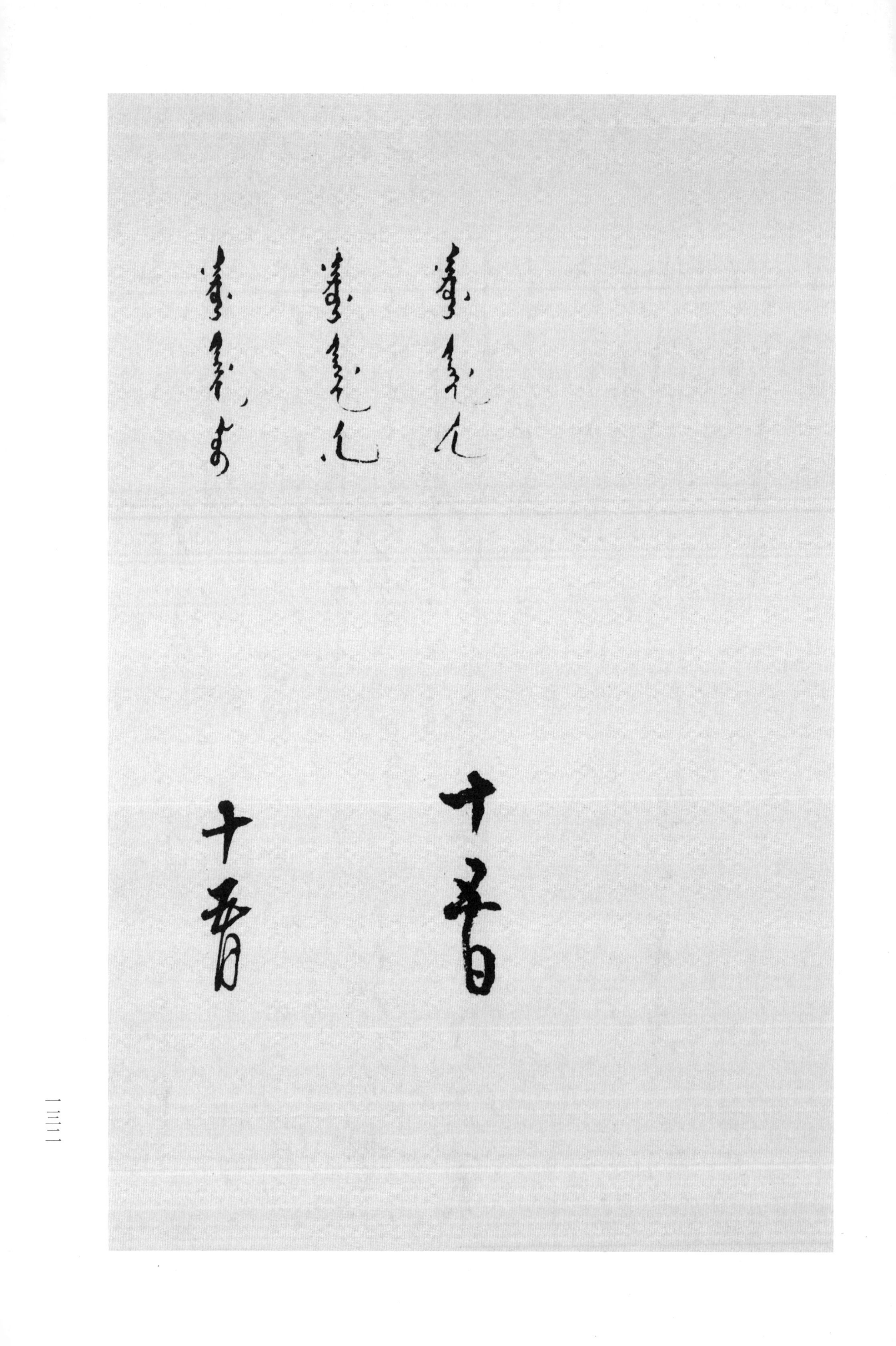

十五日

十五日

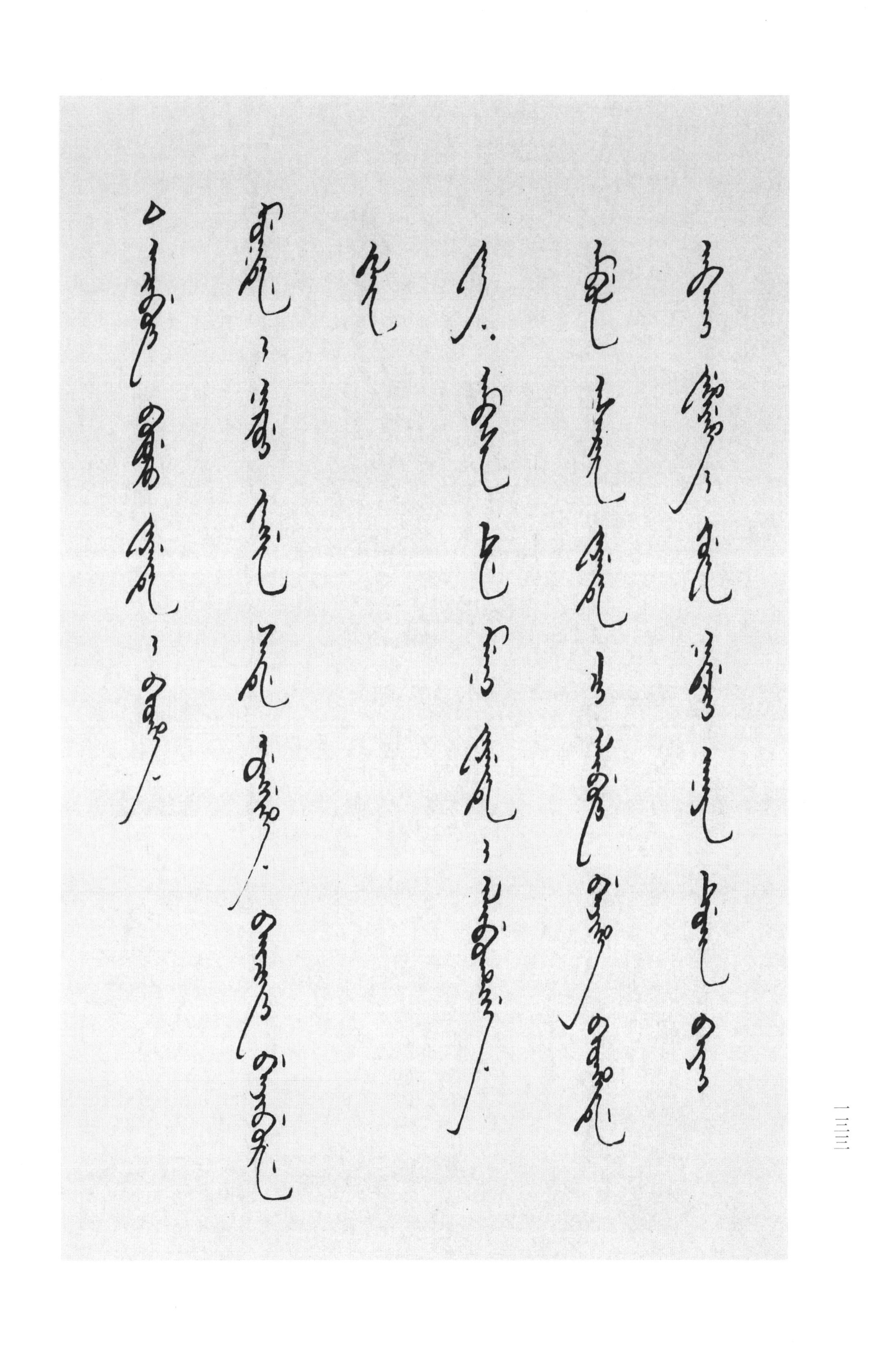

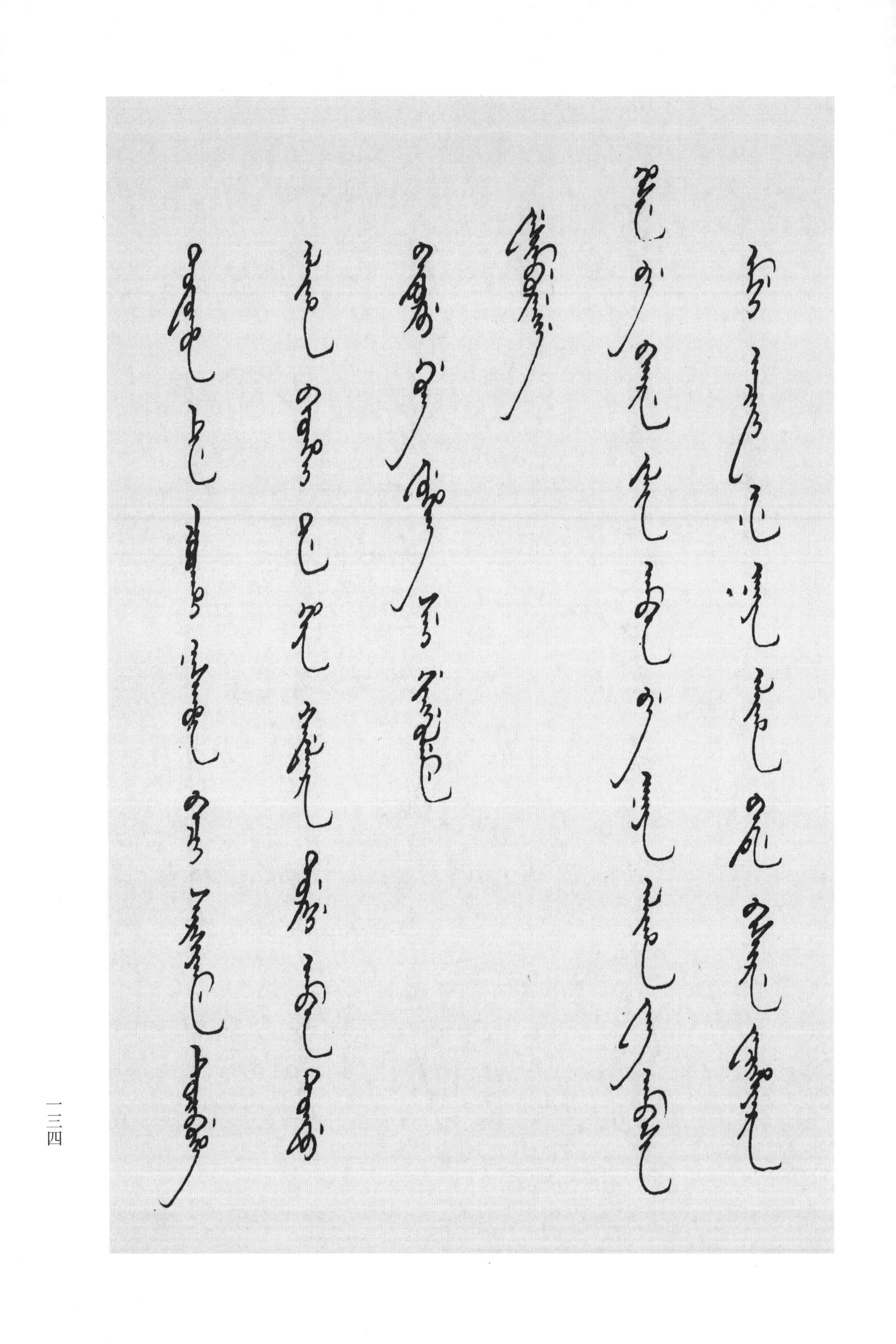

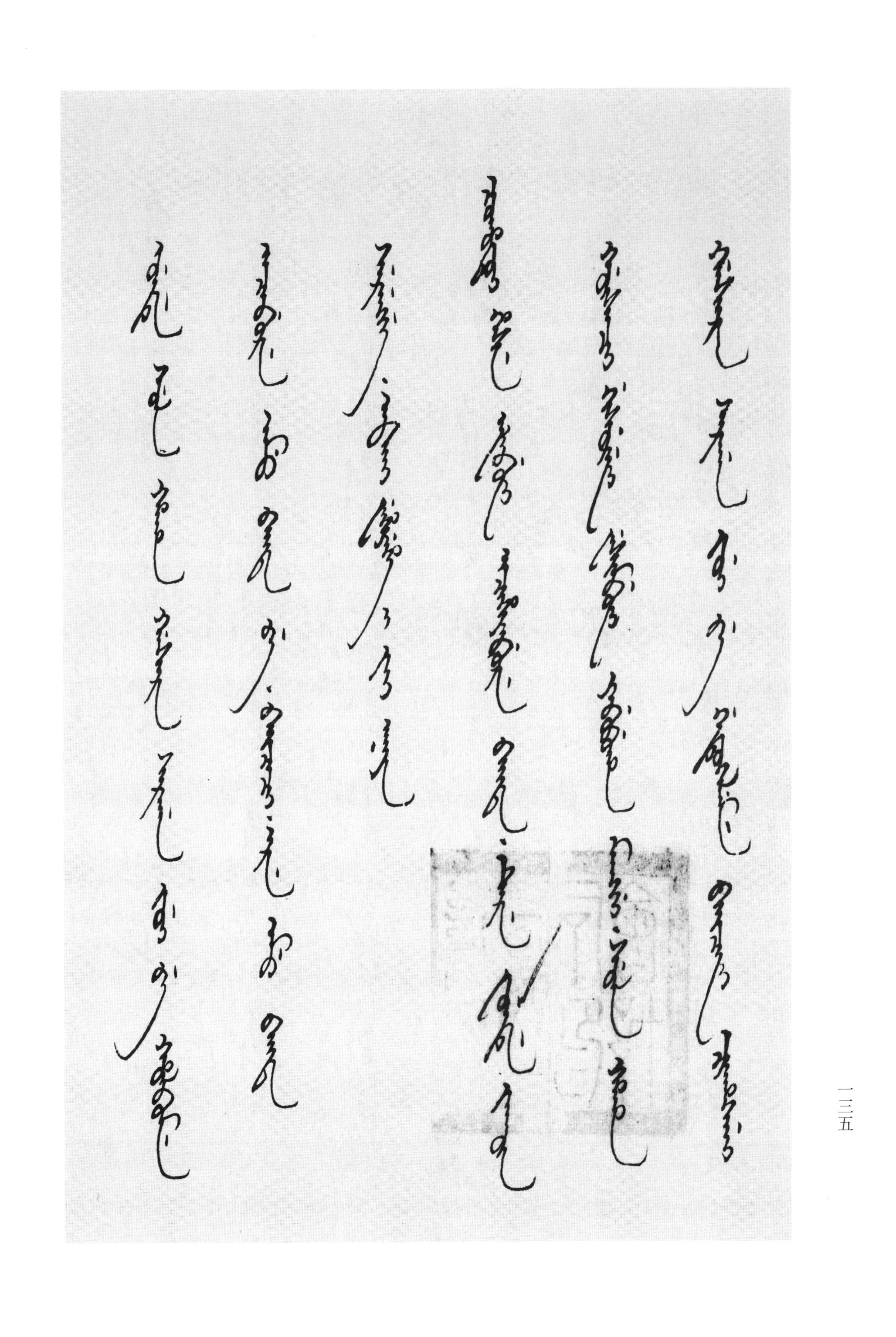

[illegible]

[illegible]

[illegible]

[illegible]

[illegible]

[illegible]

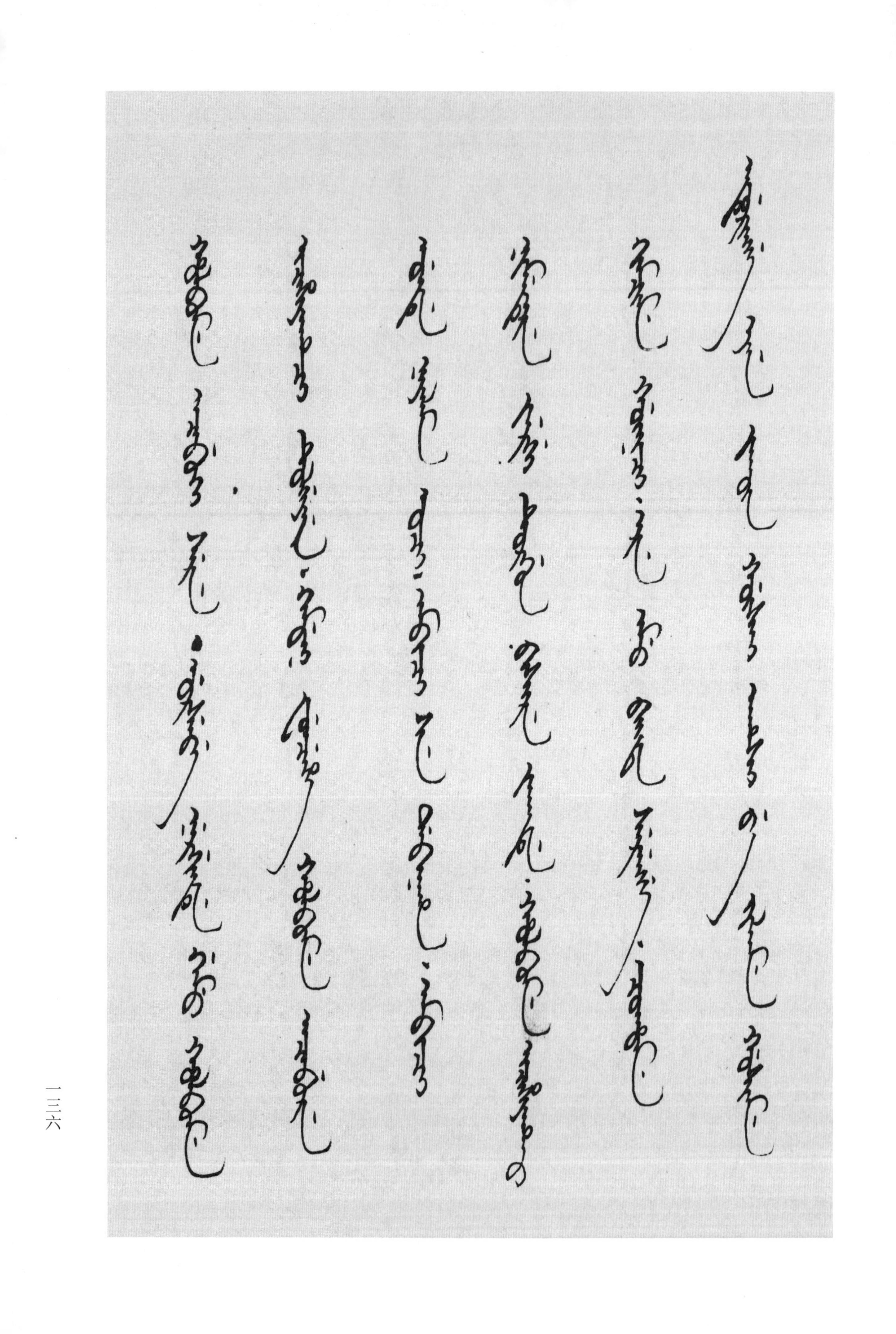

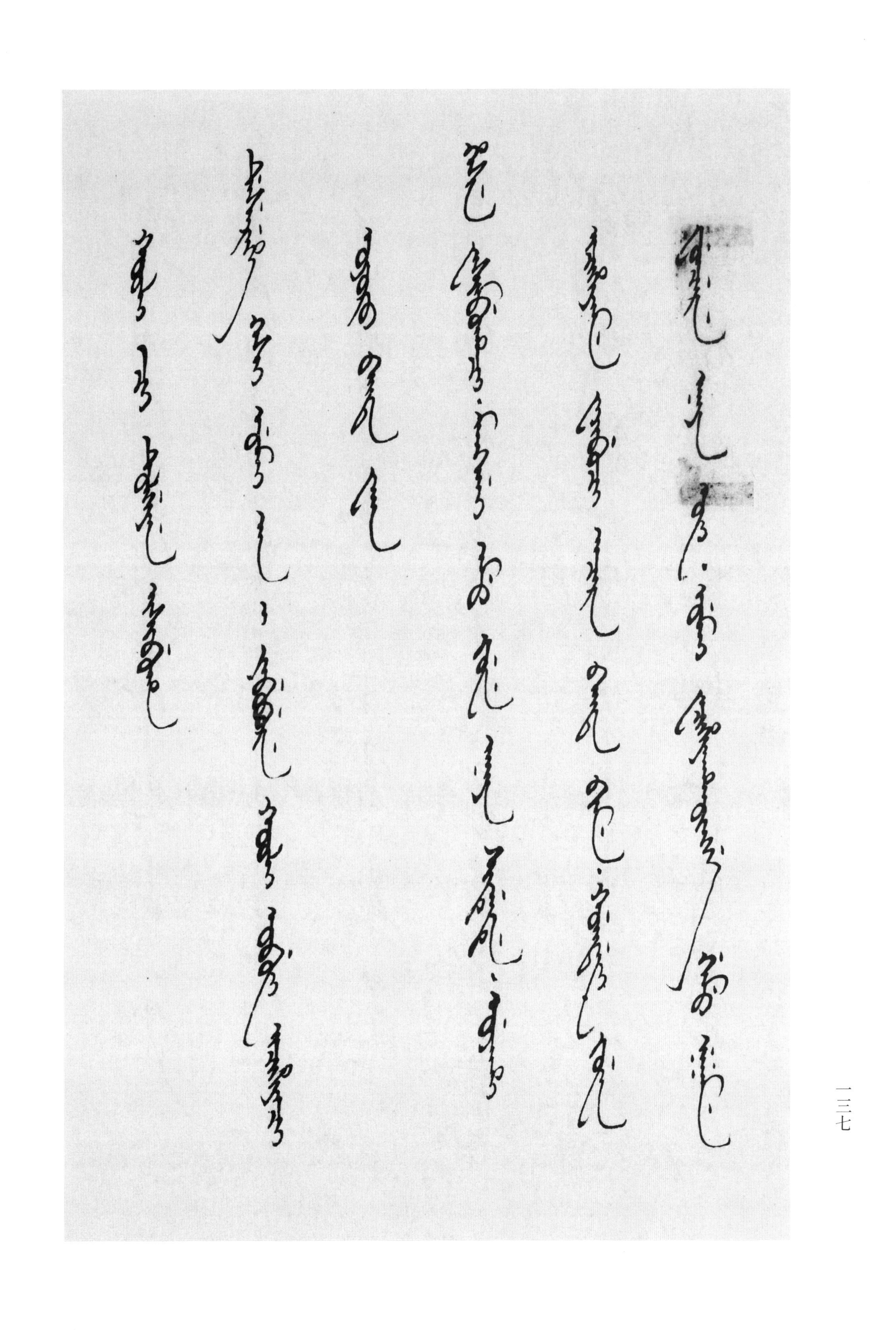

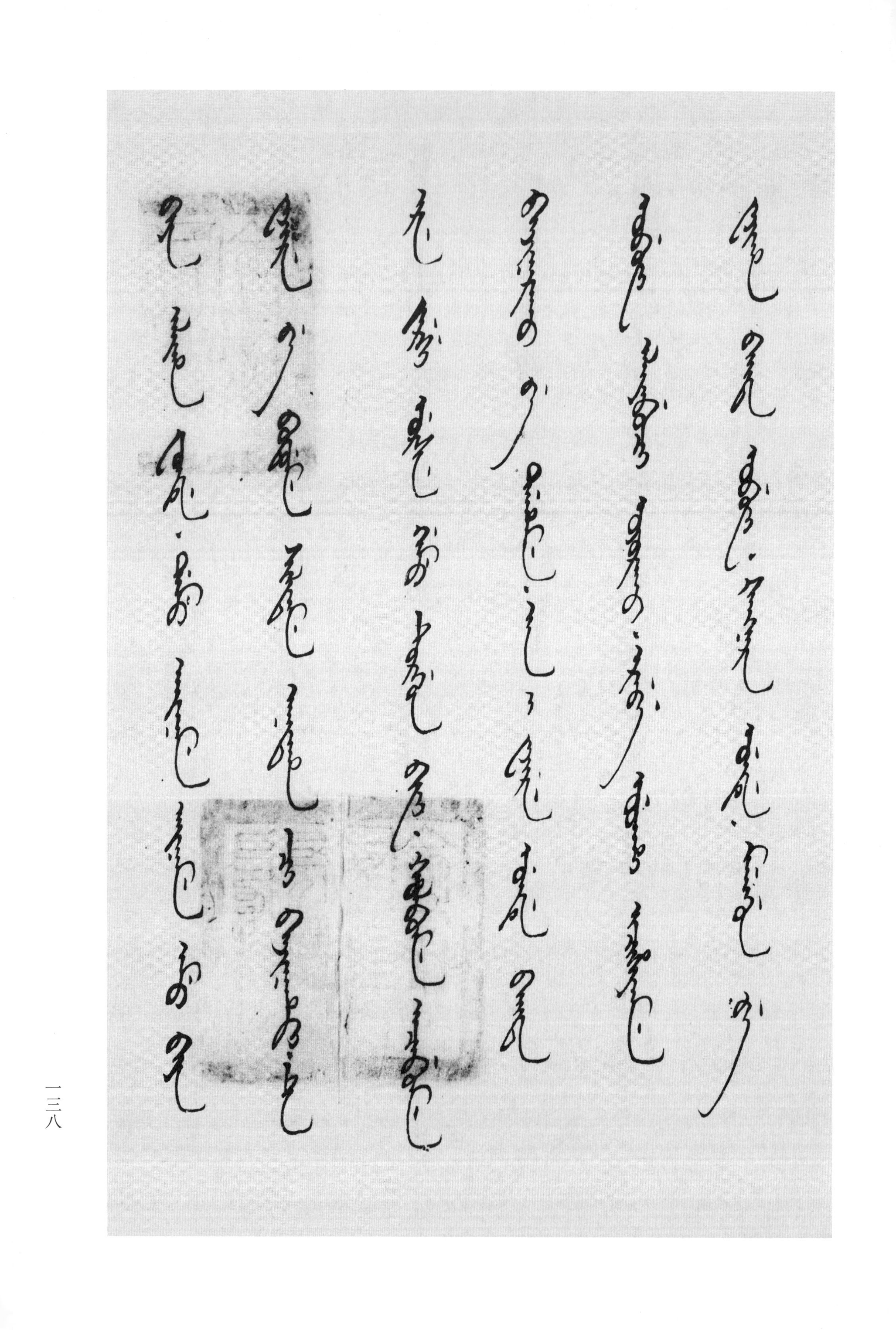

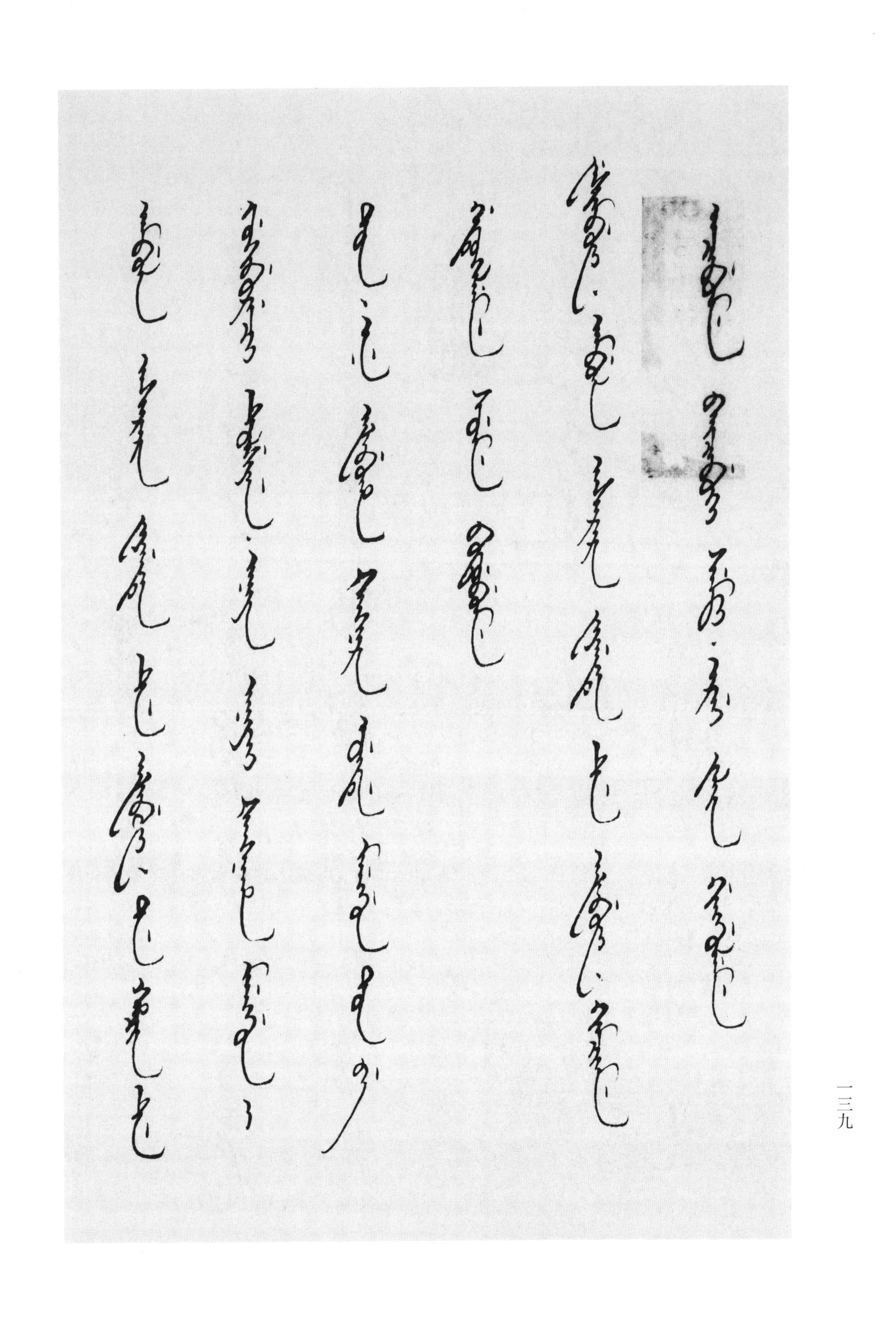

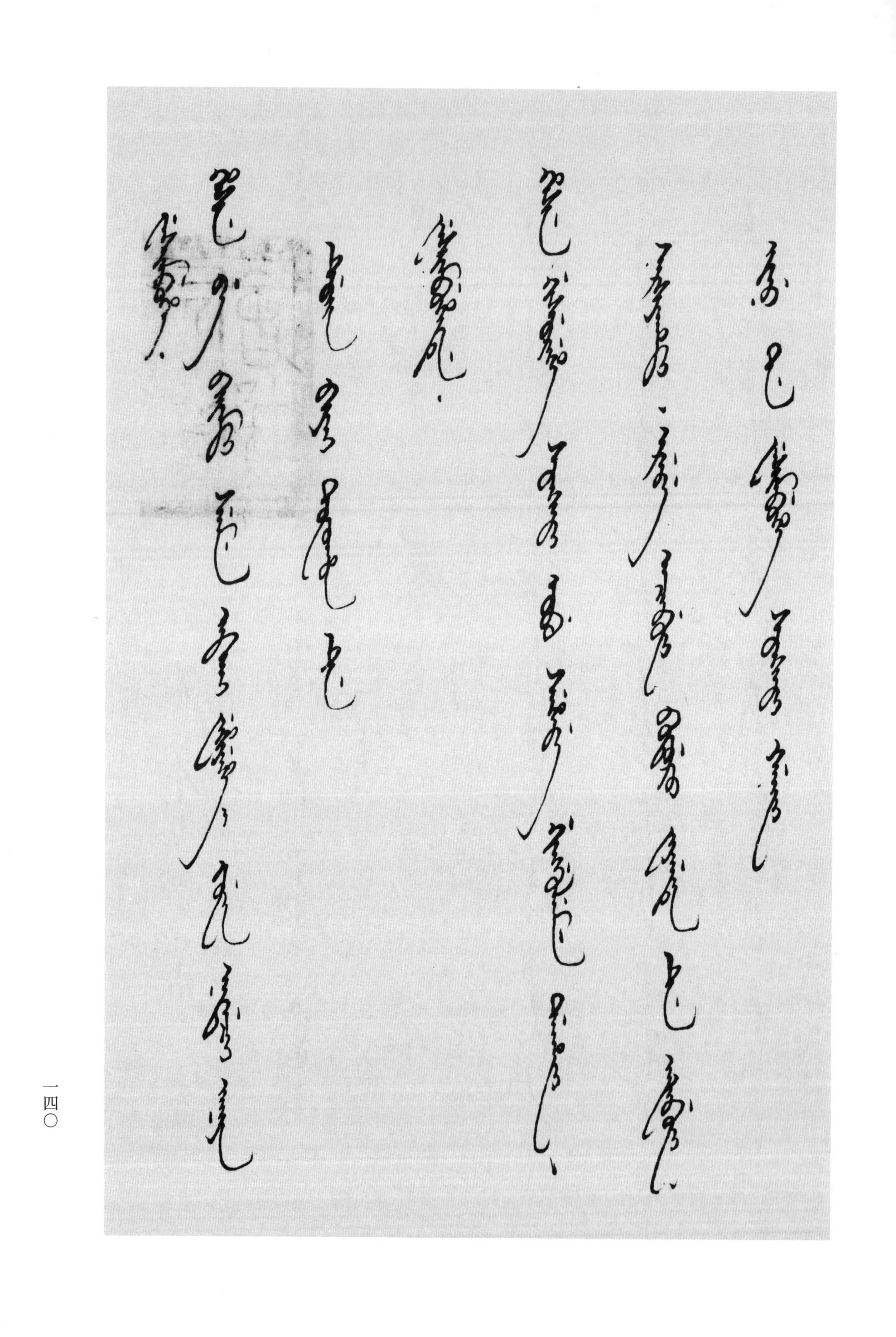

[illegible]

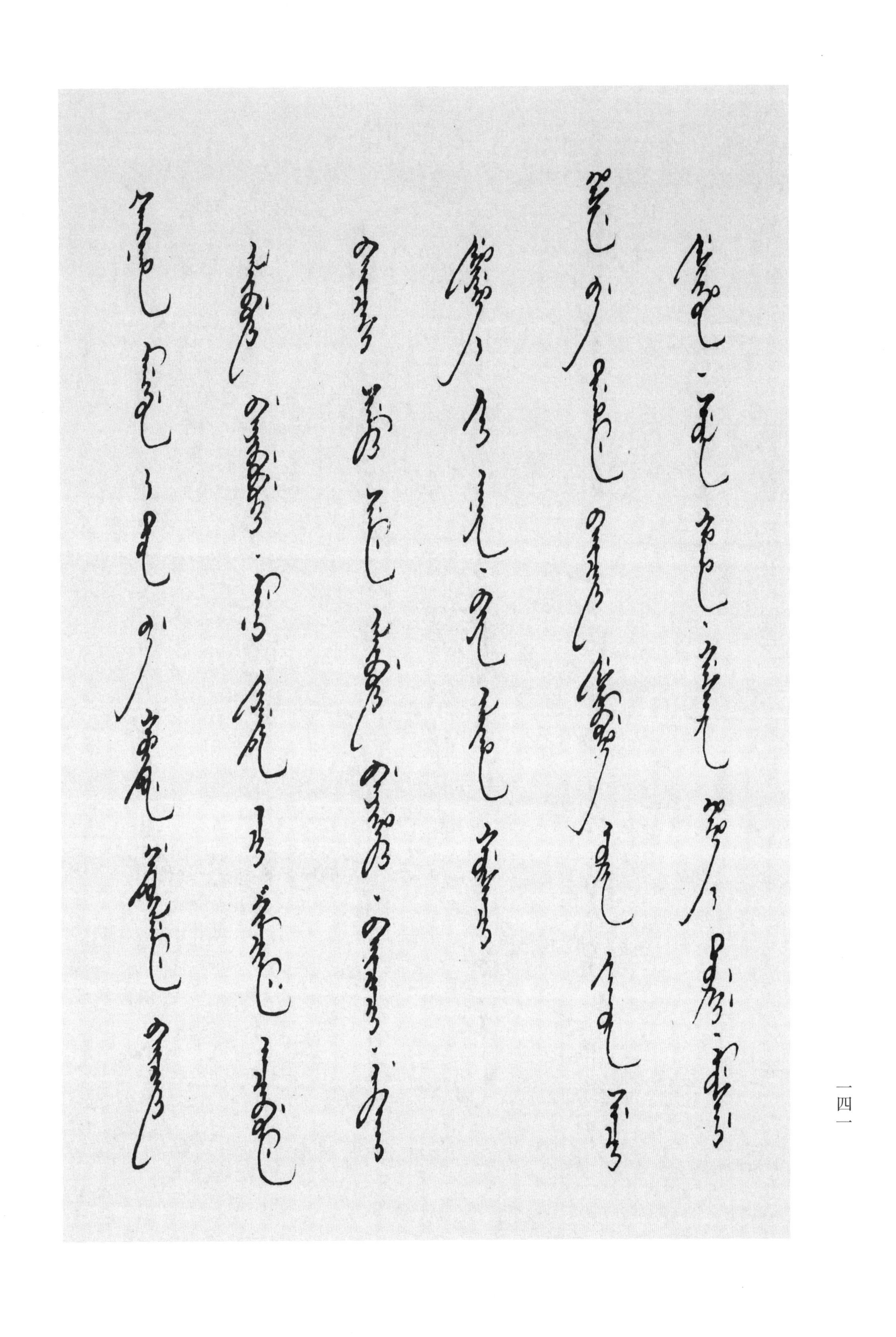

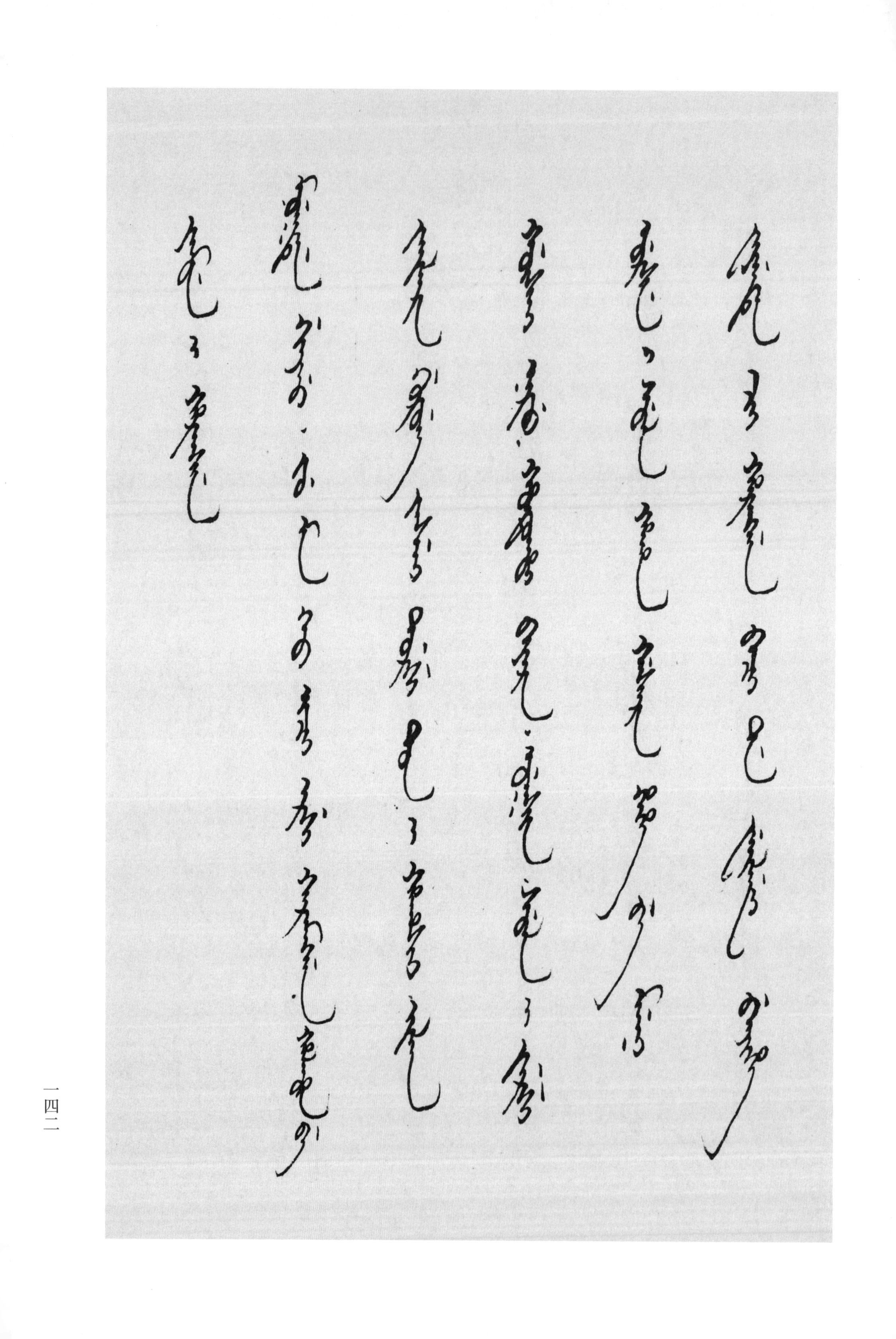

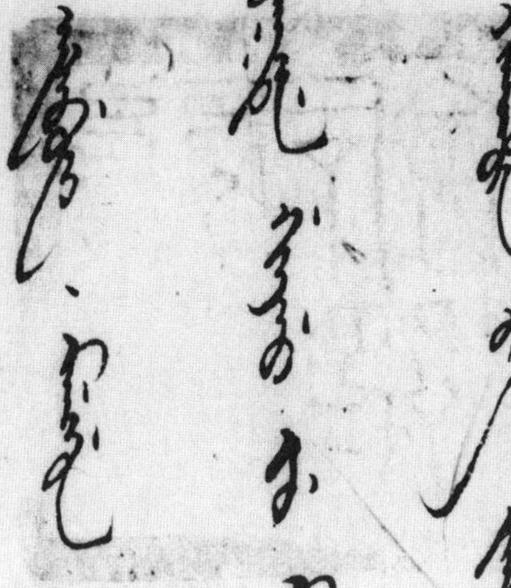

[illegible]

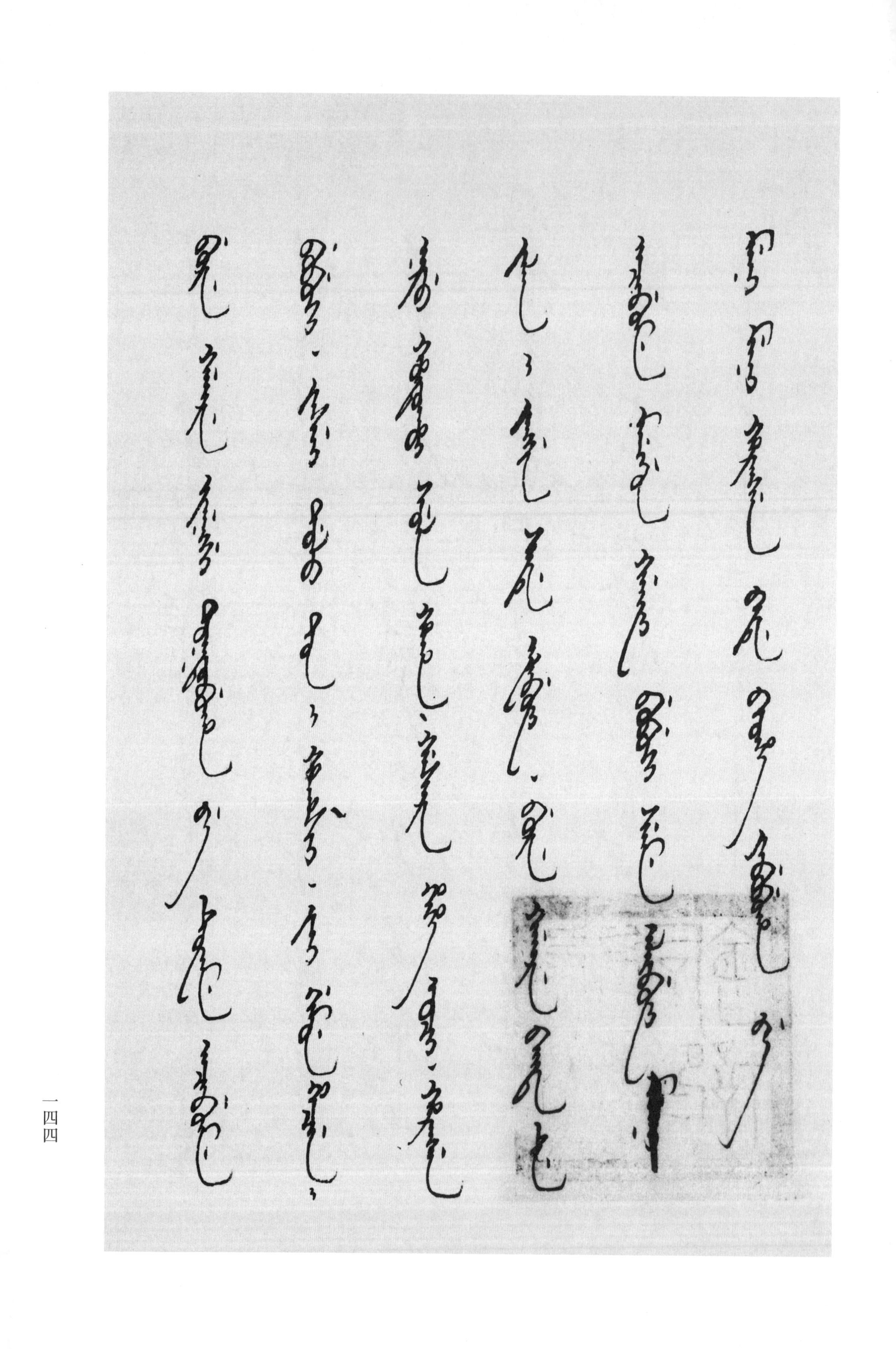

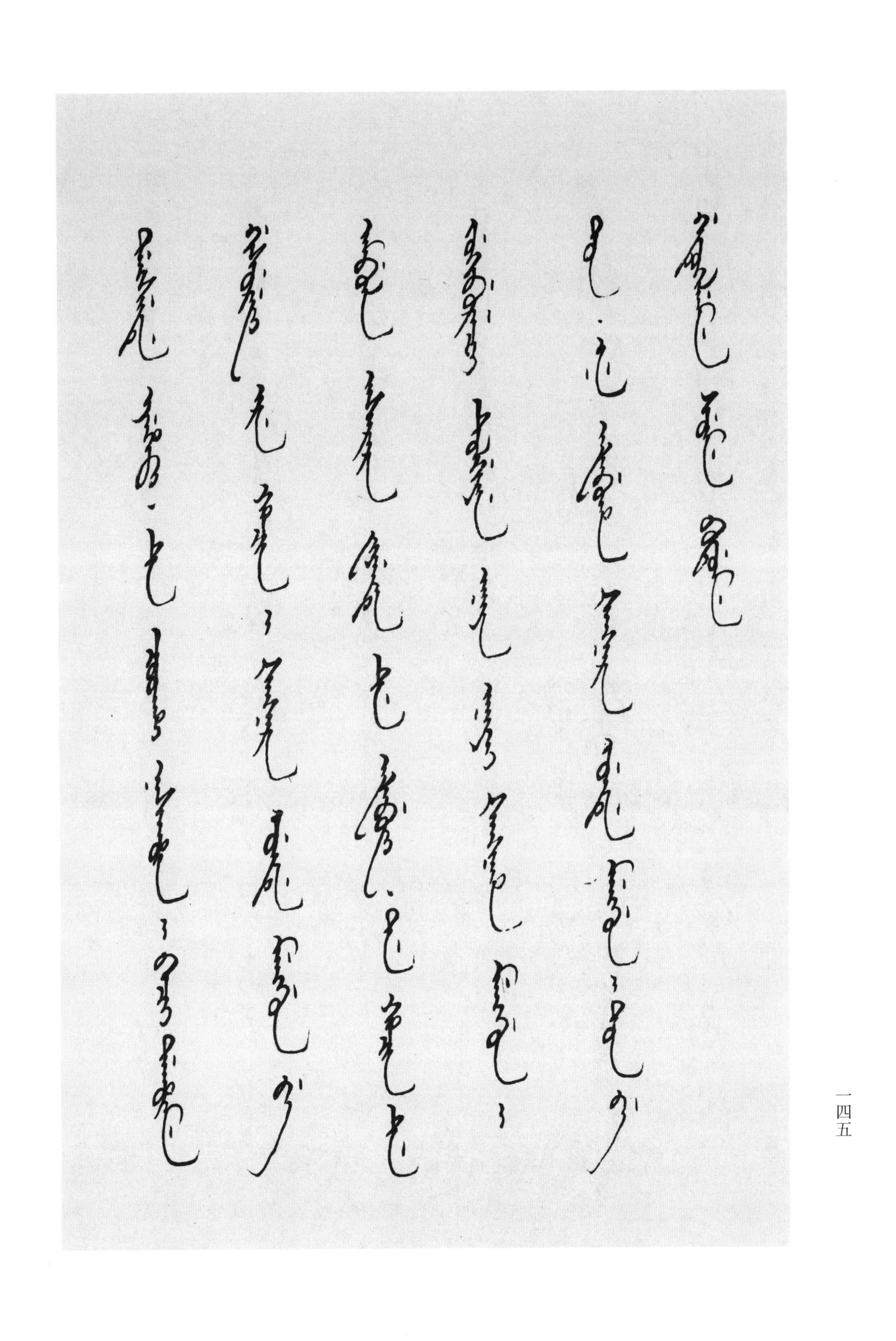

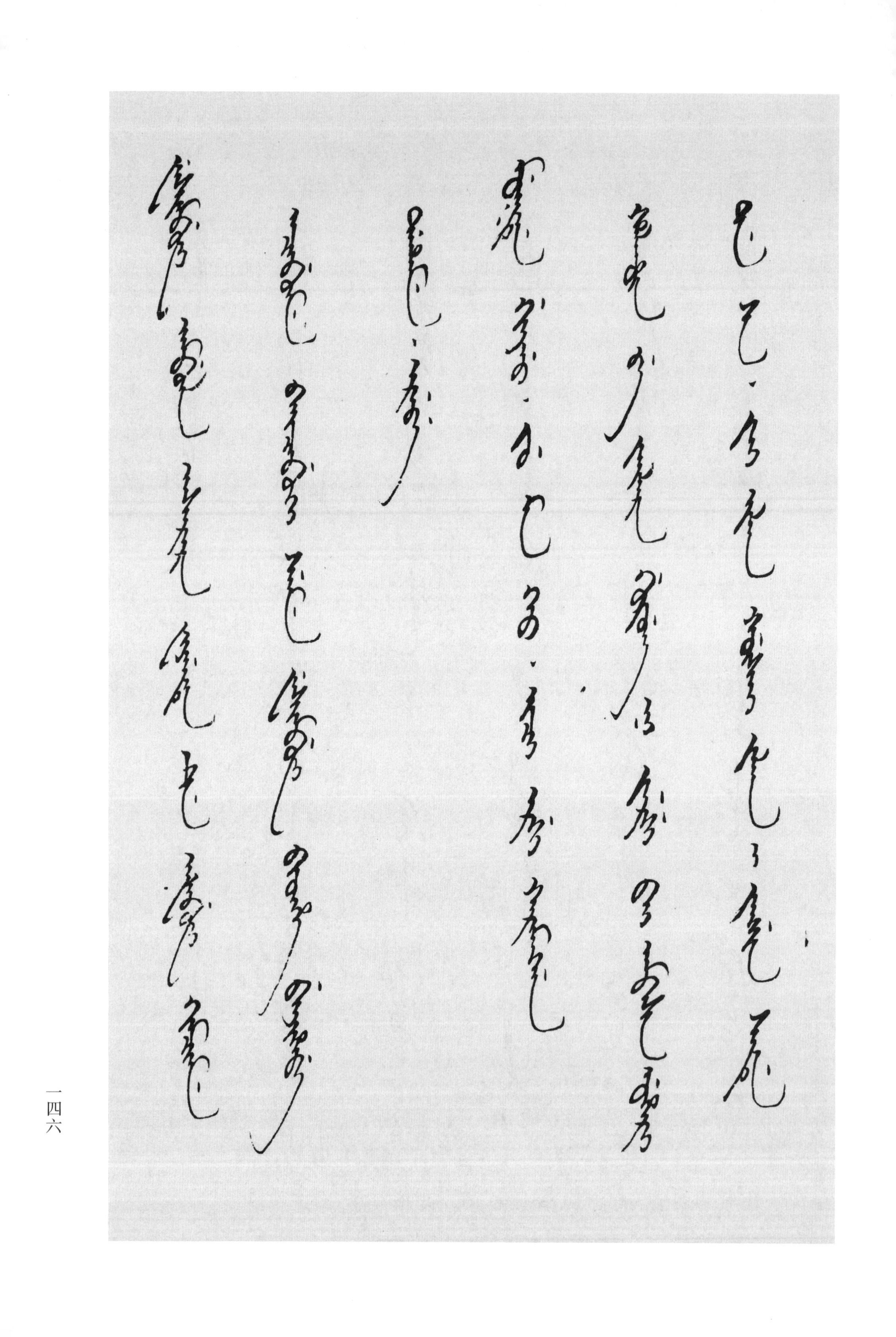

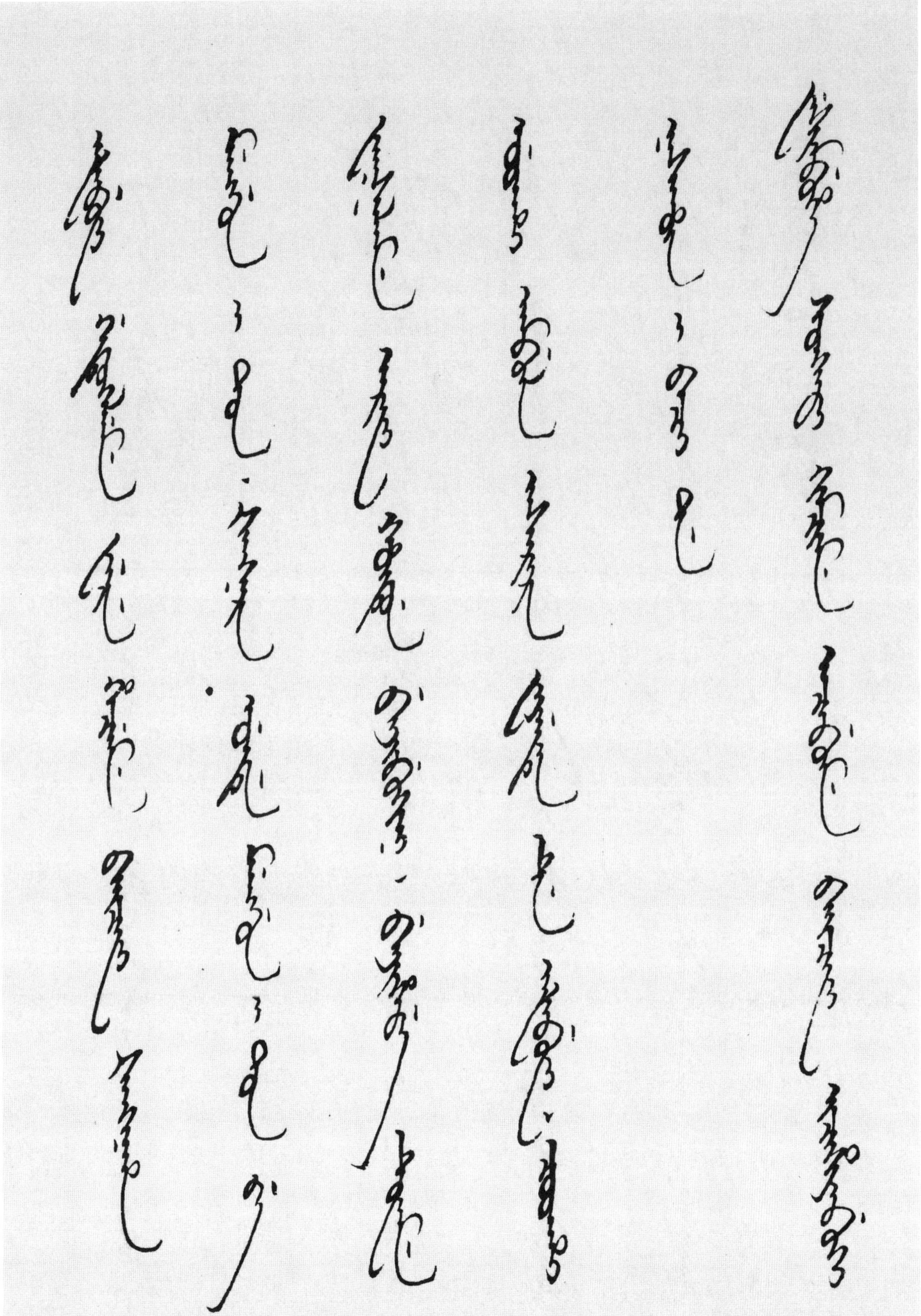

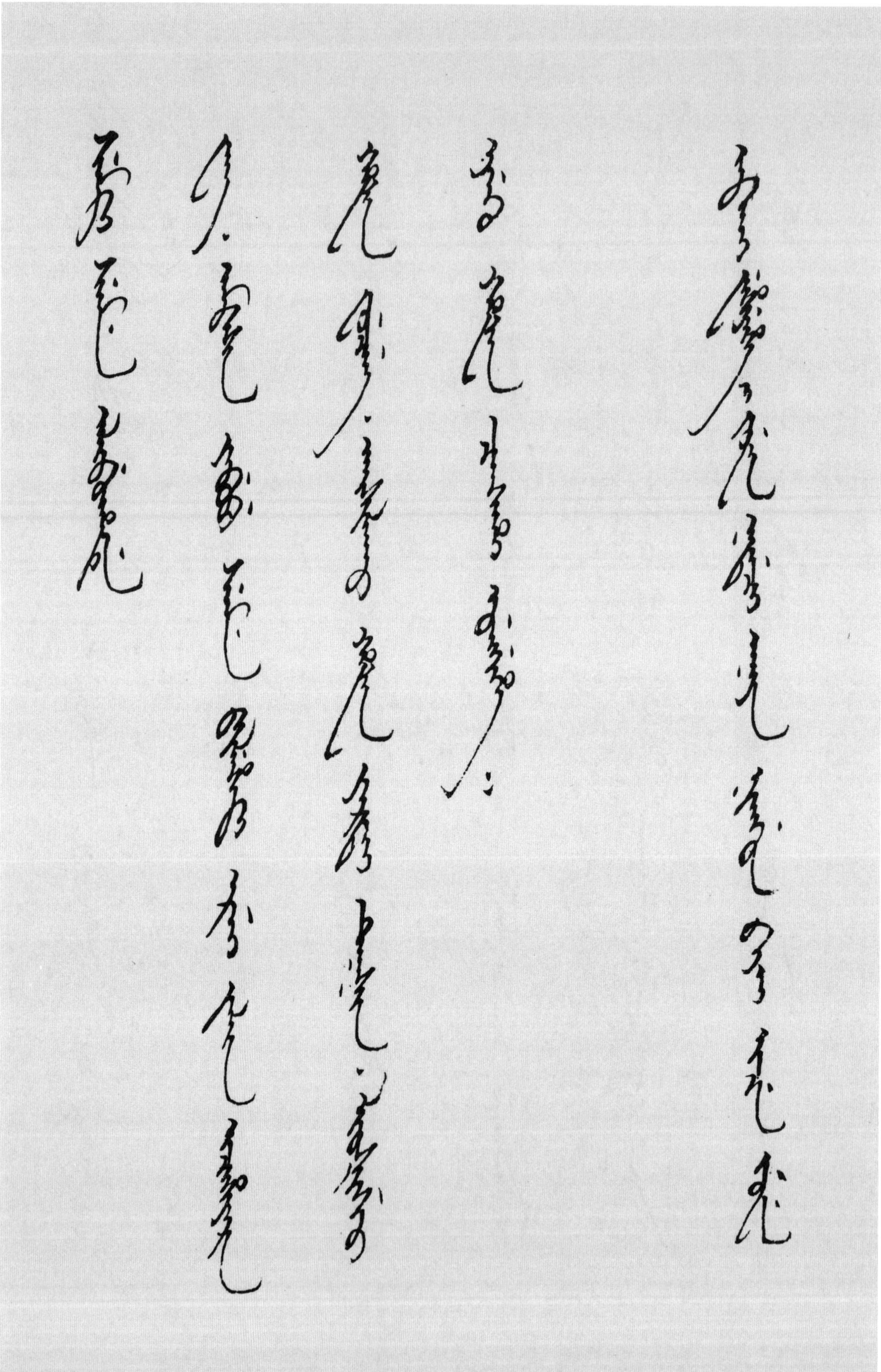

[illegible]

[illegible]

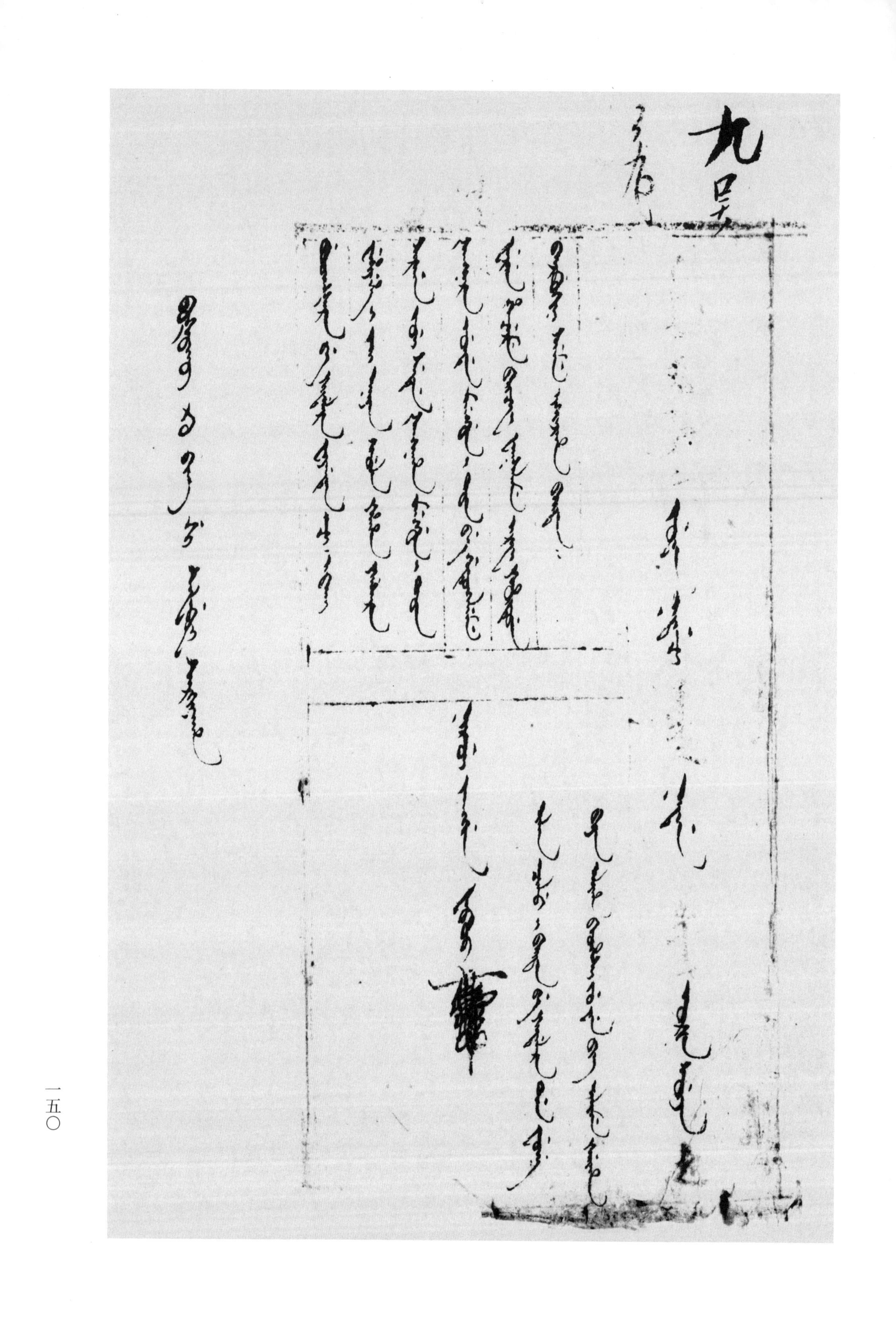

九号

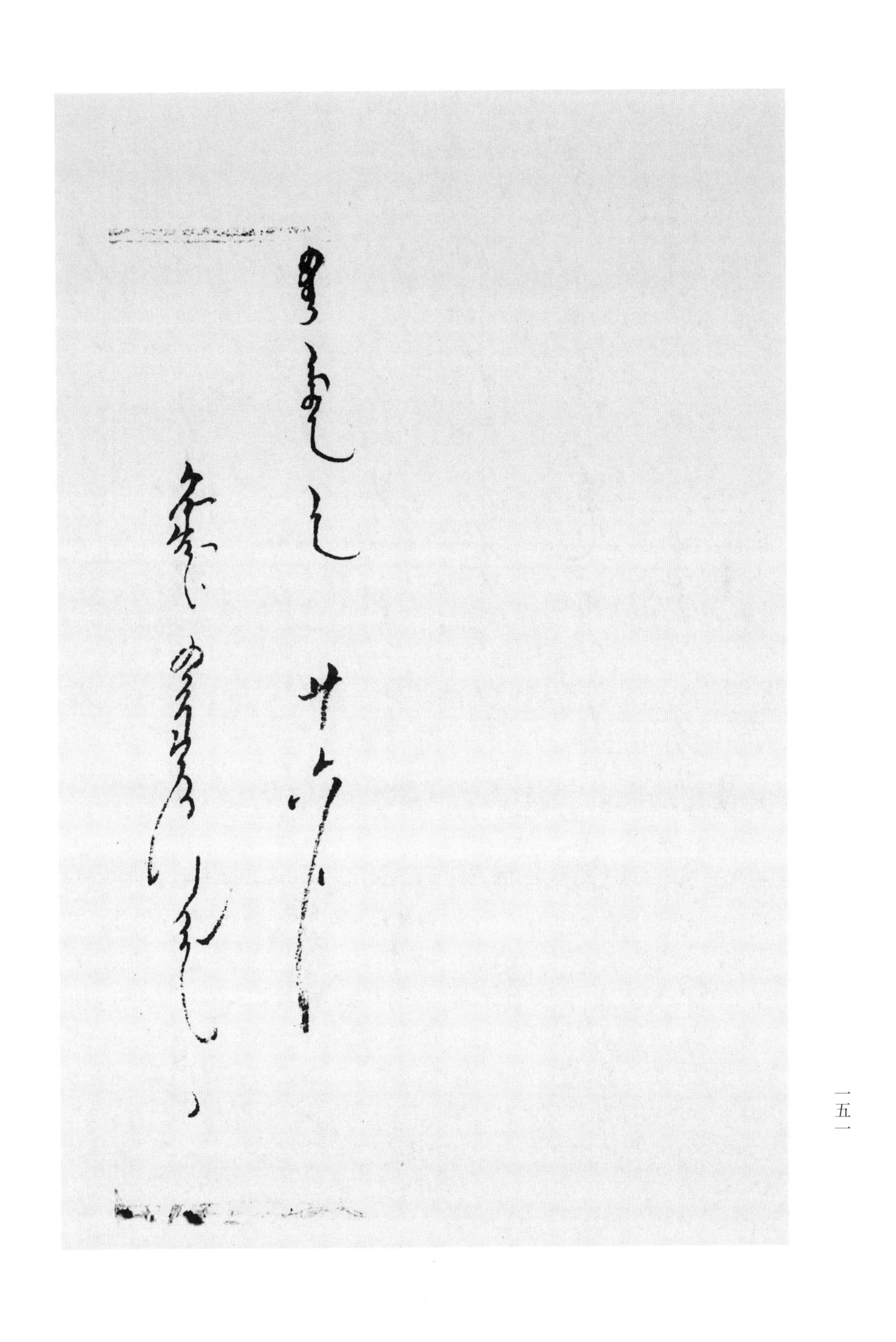

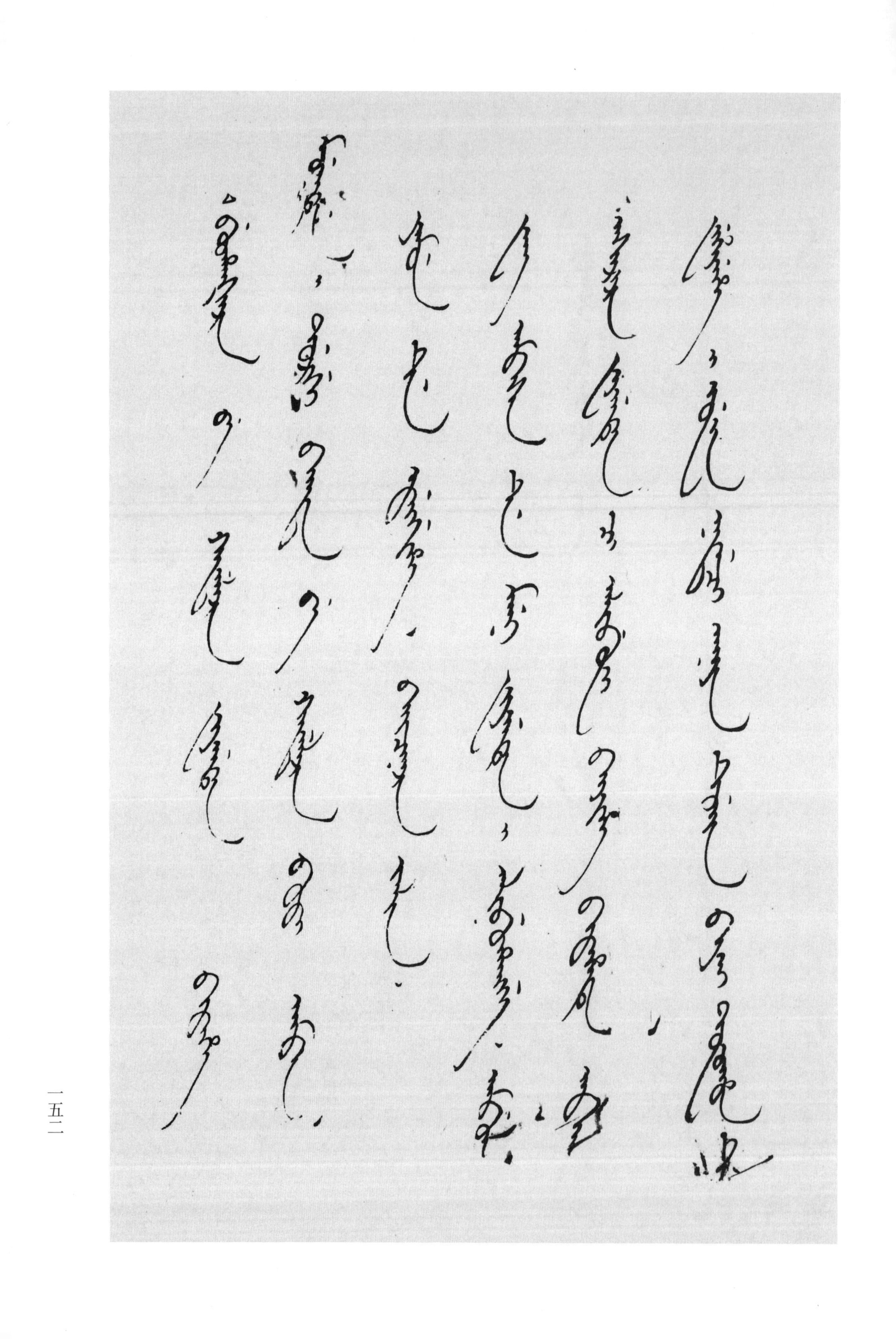

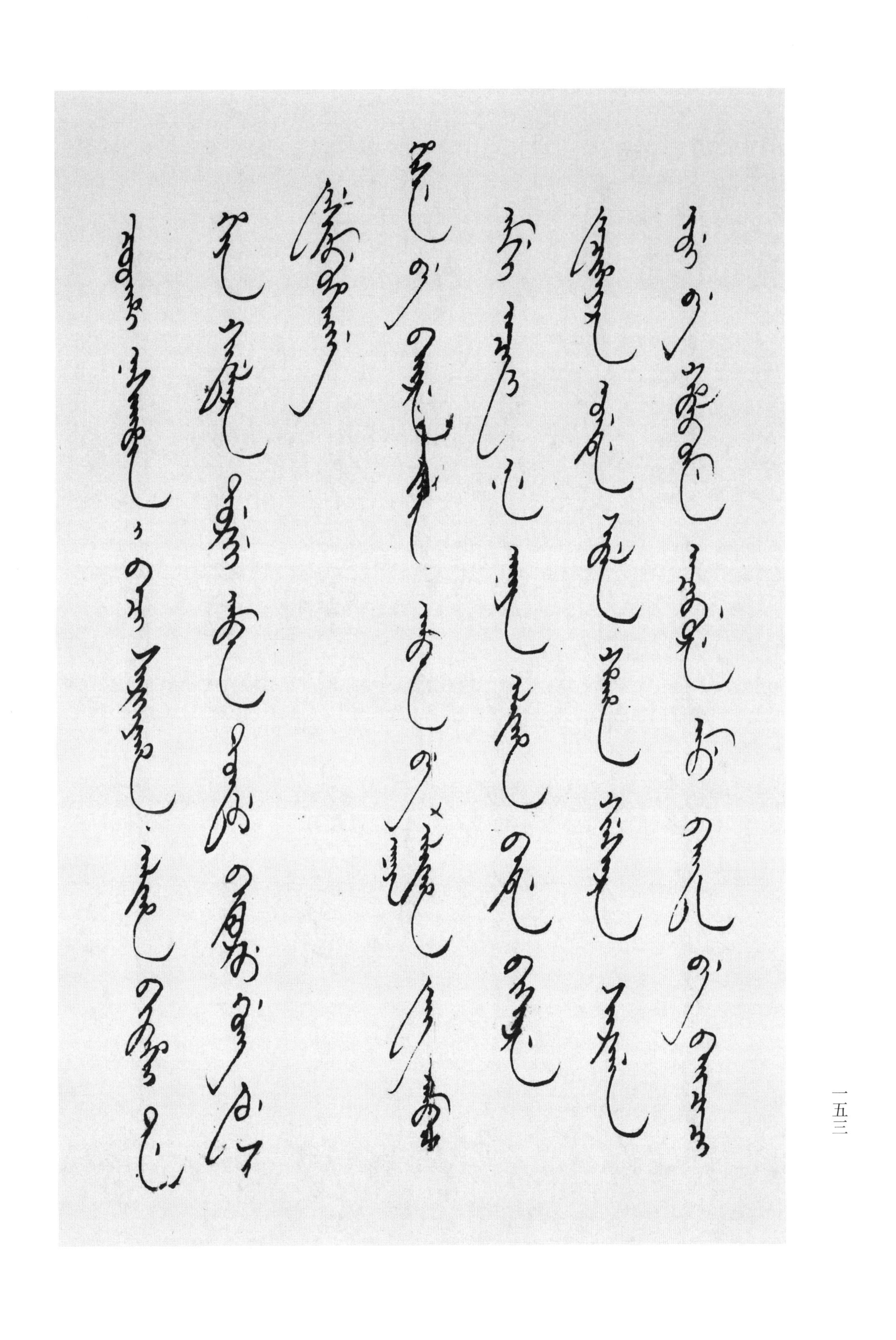

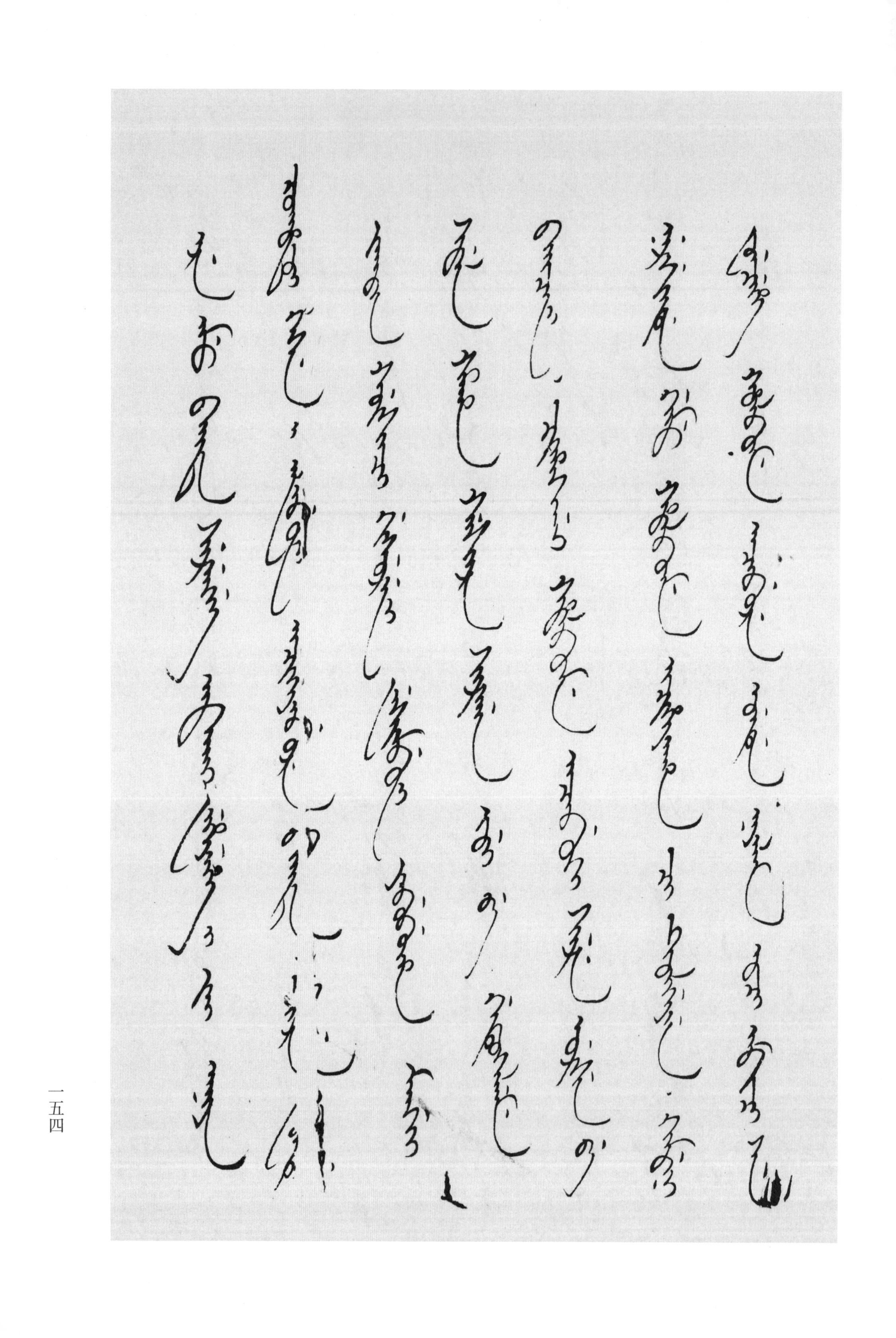

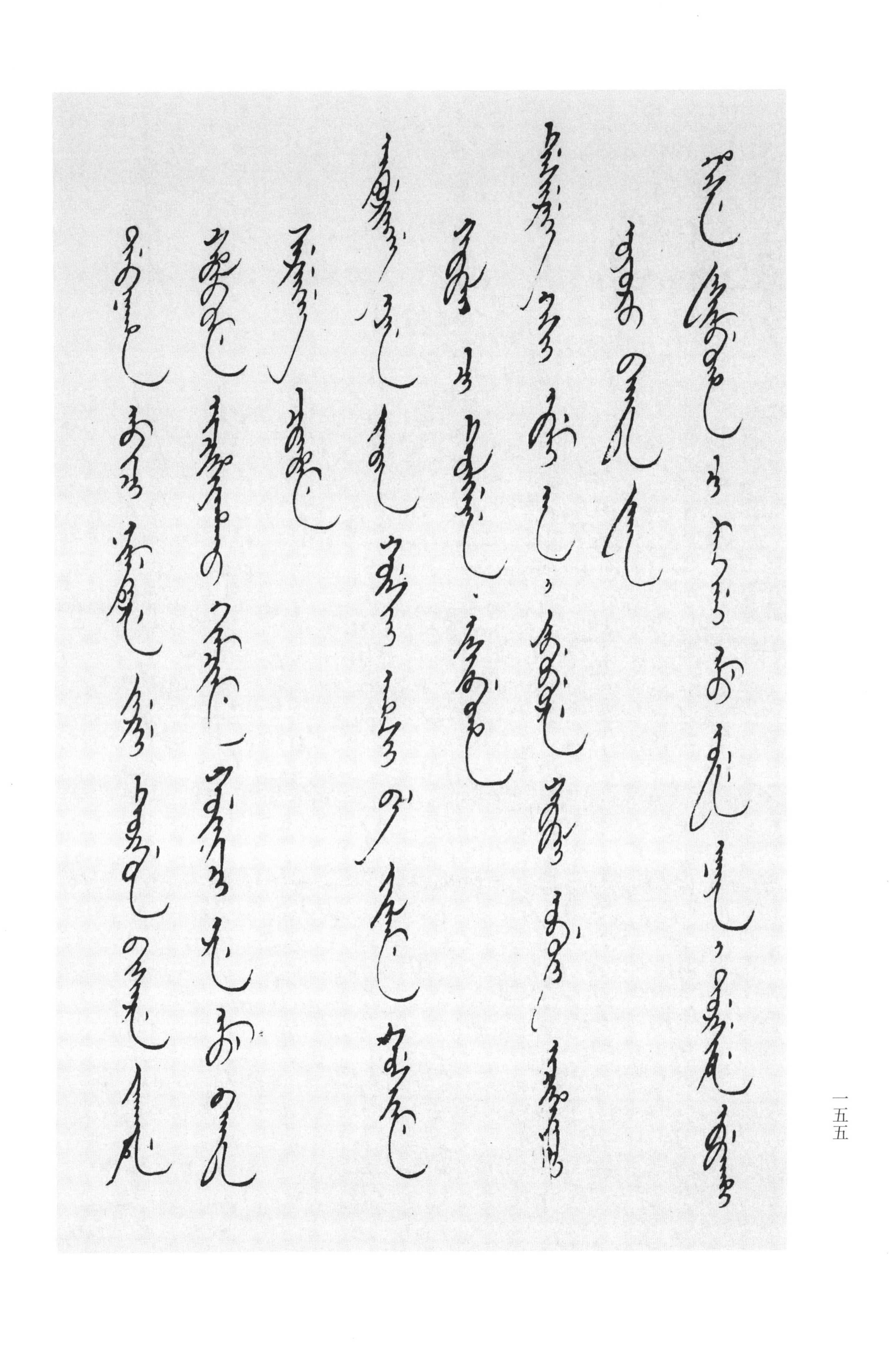

[illegible]

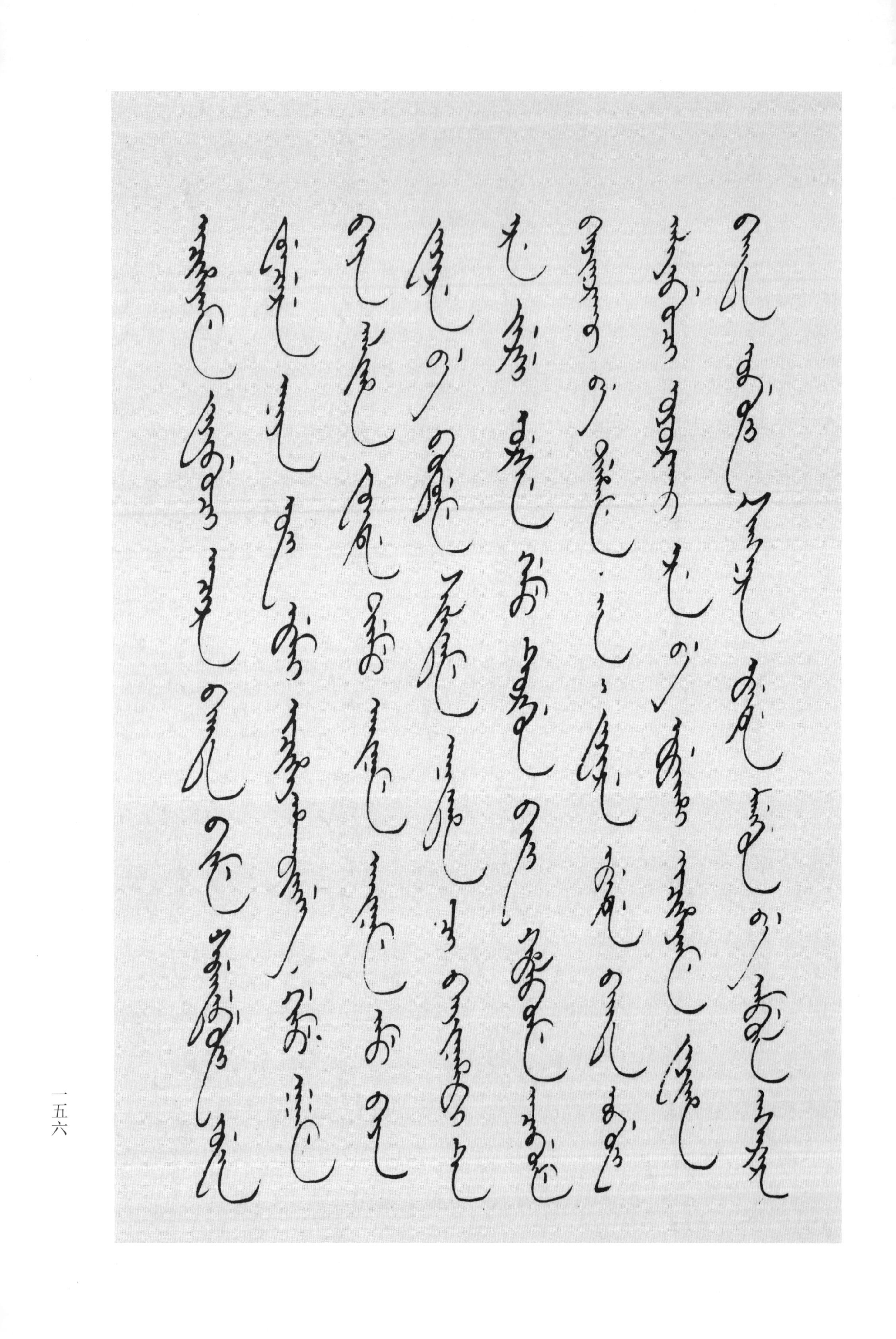

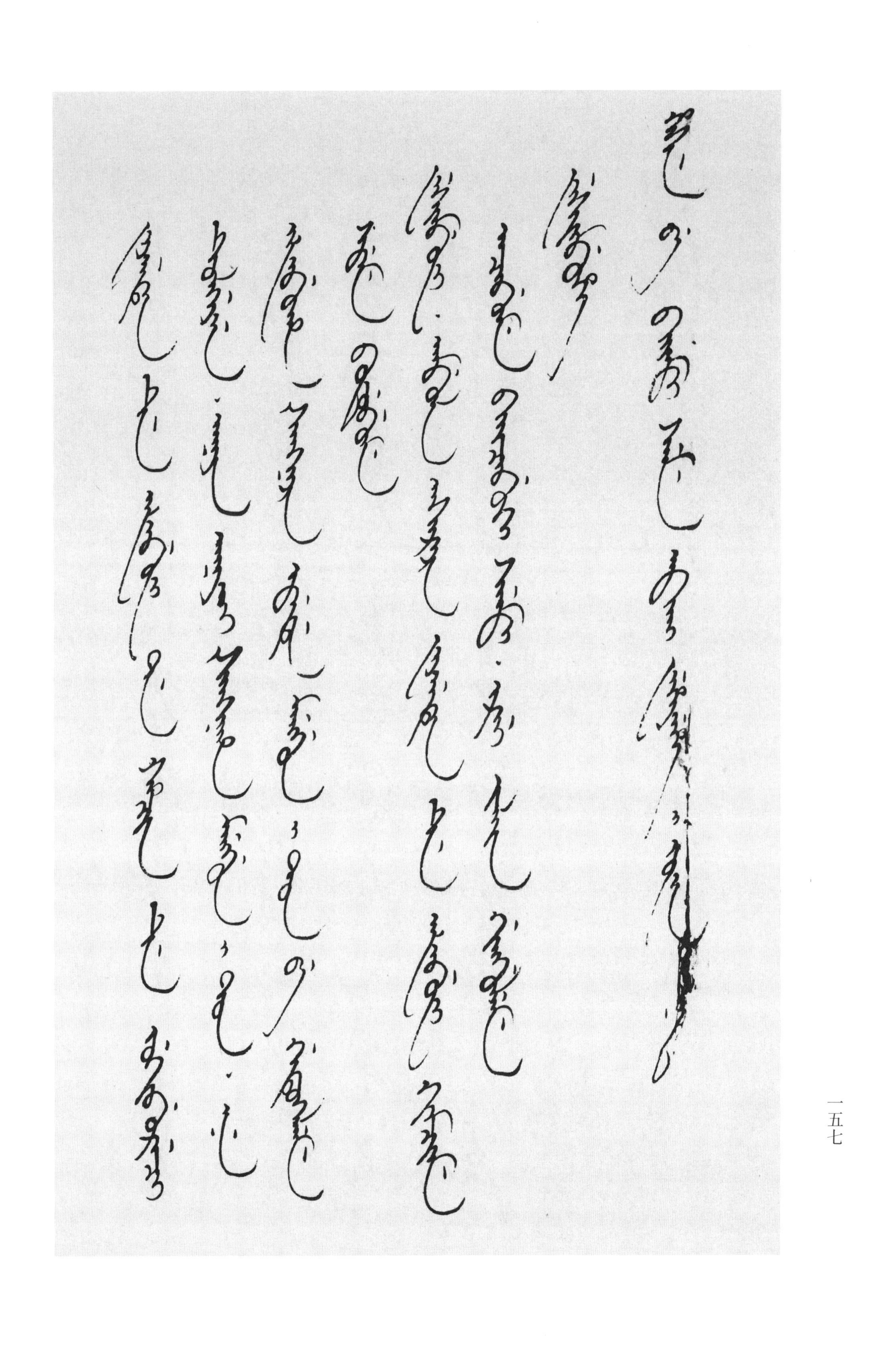

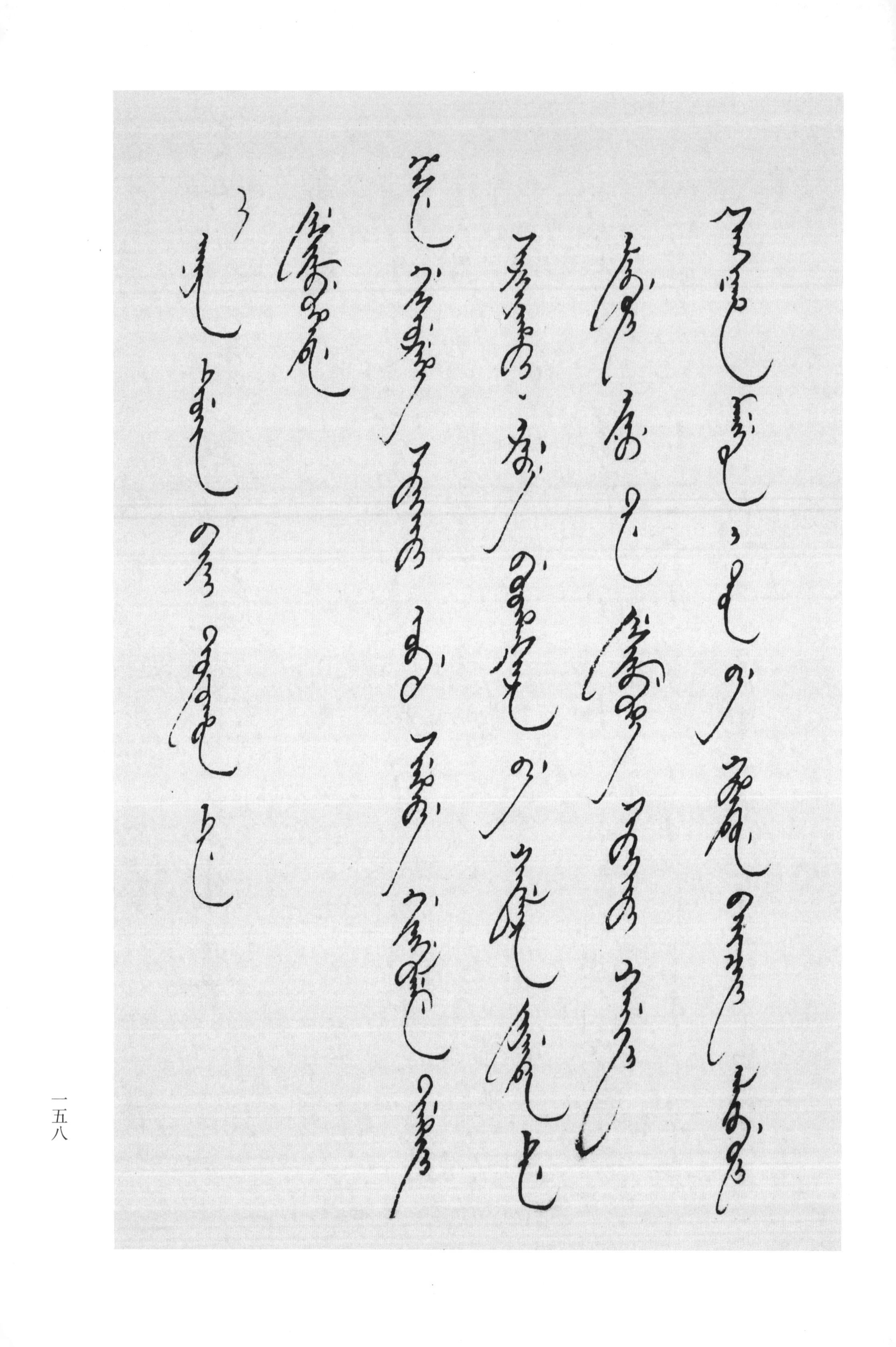

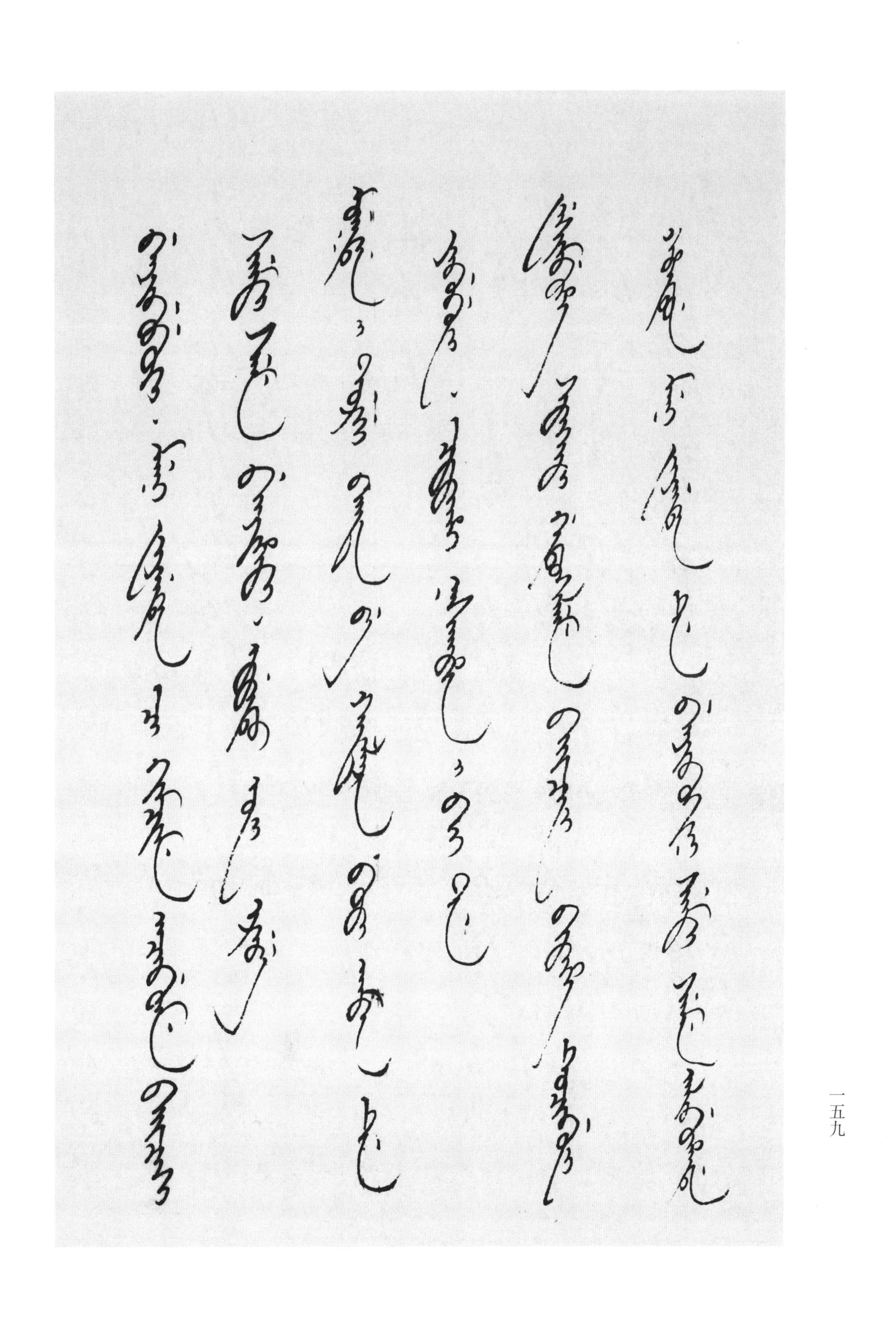

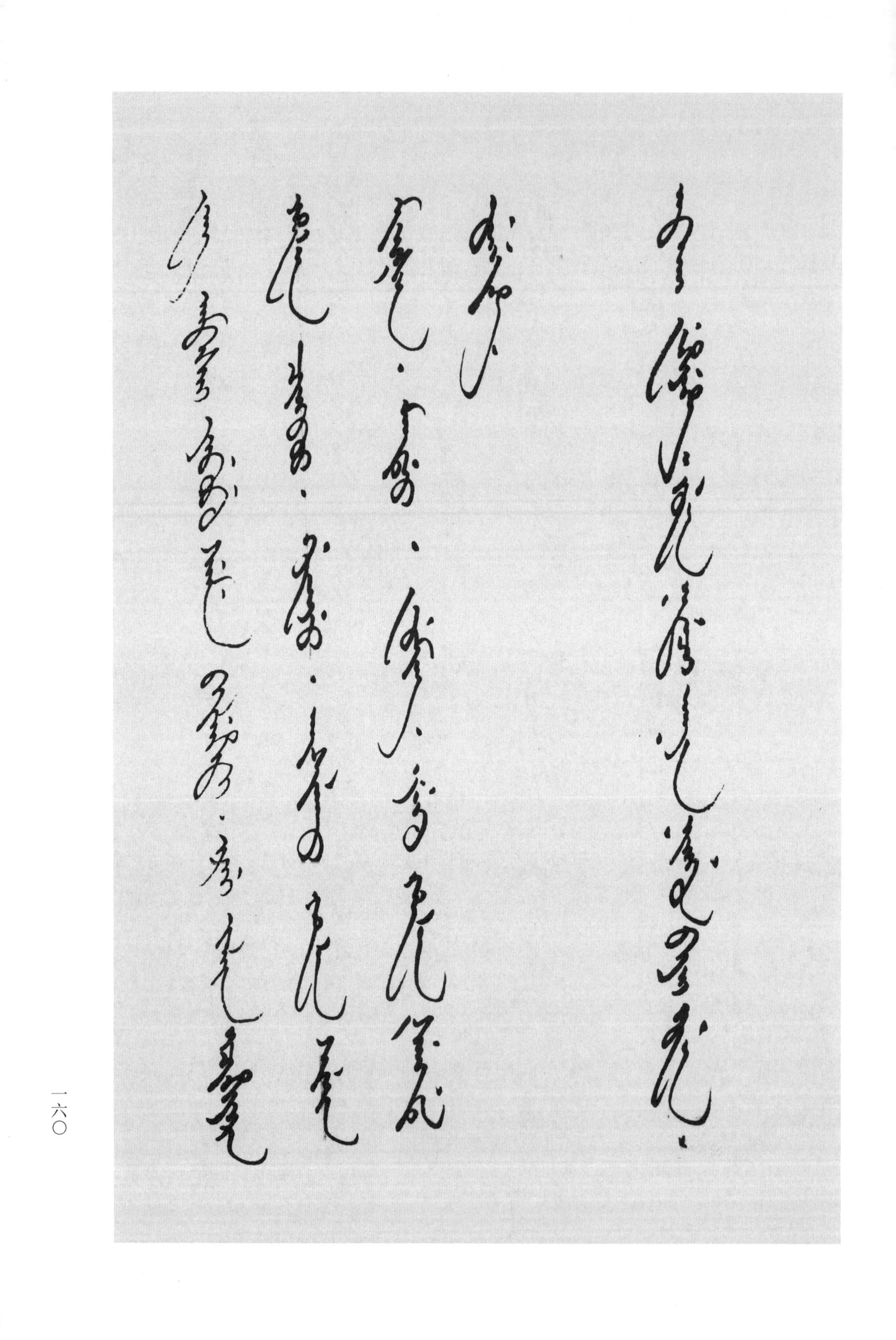

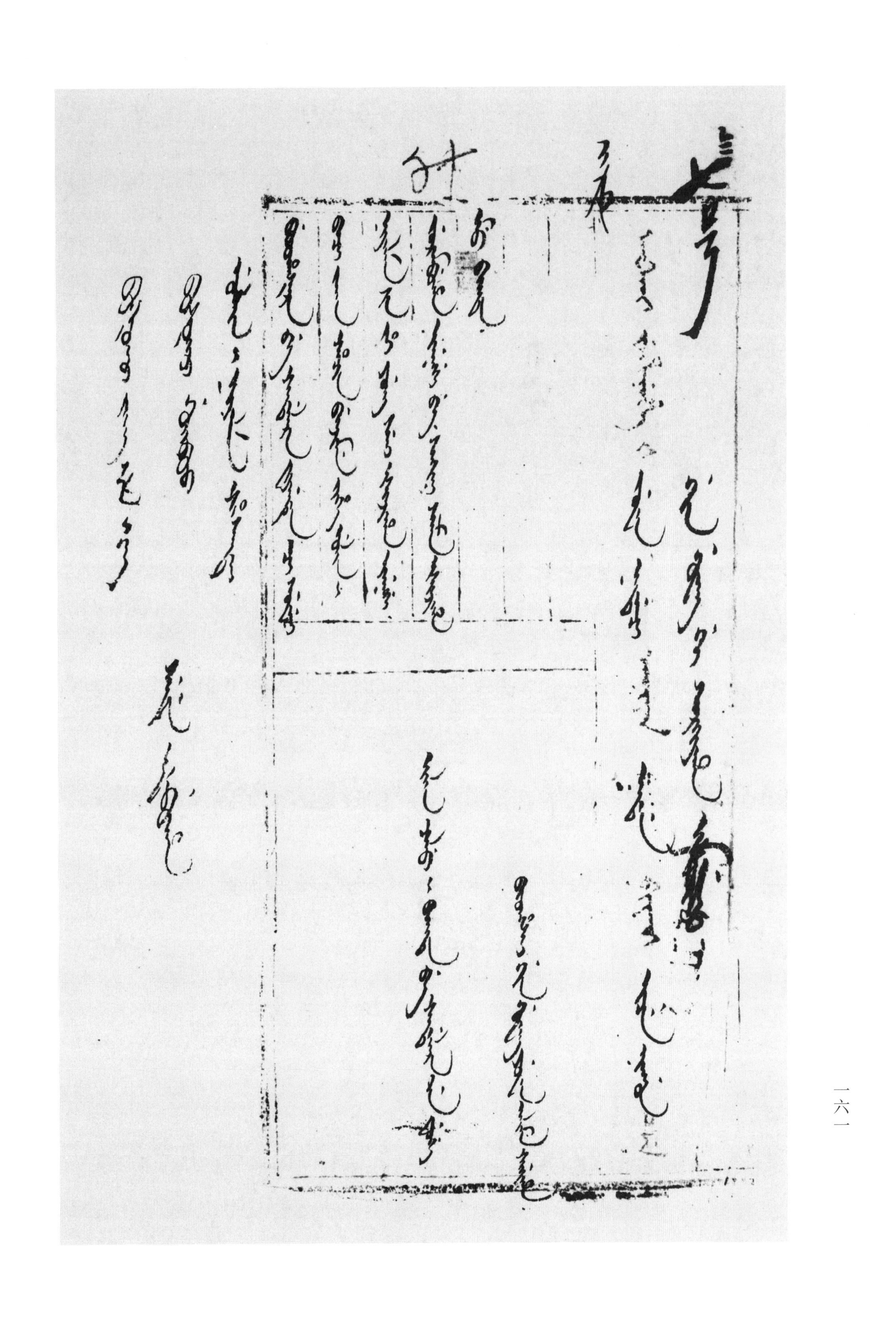

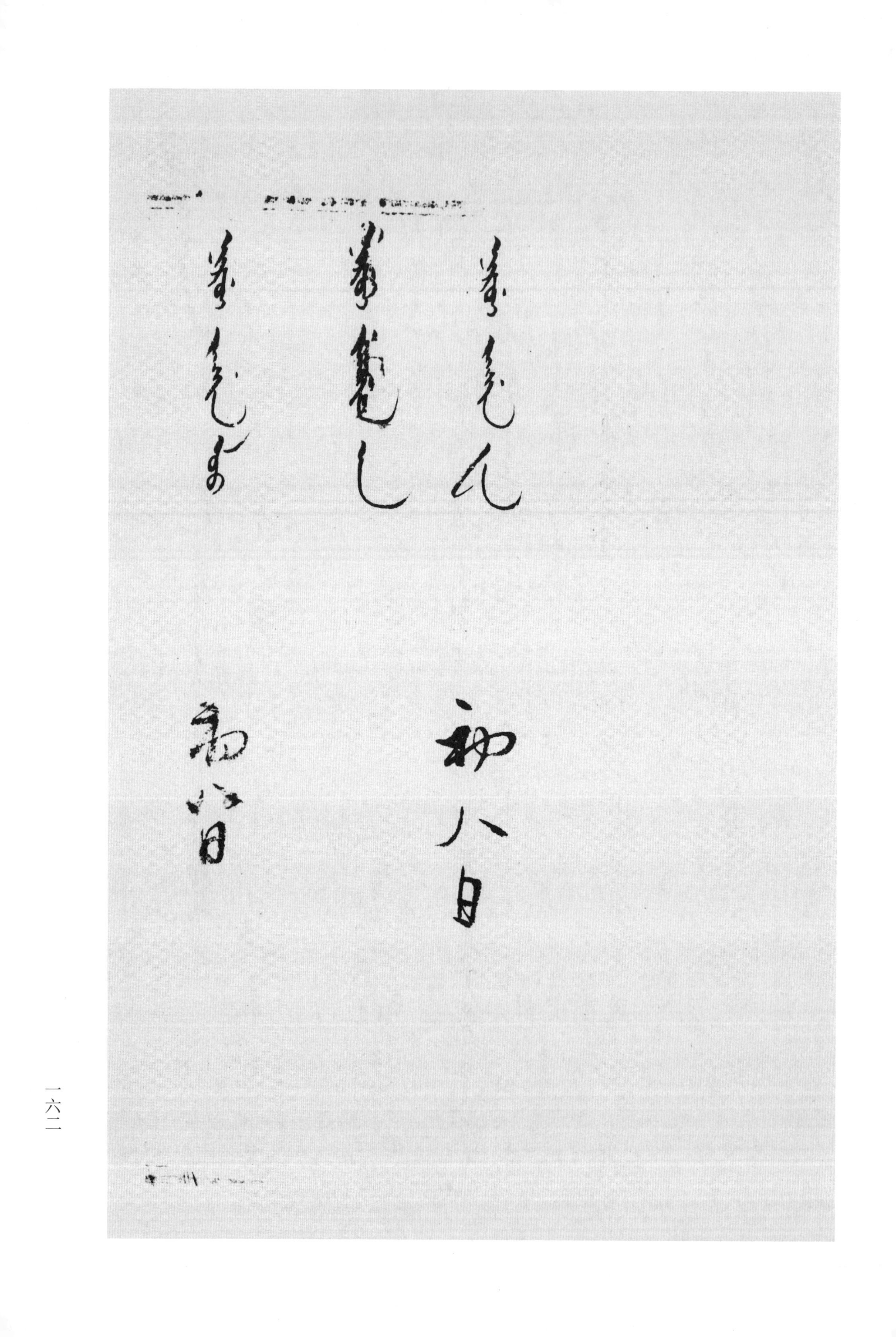

初八日

初八日

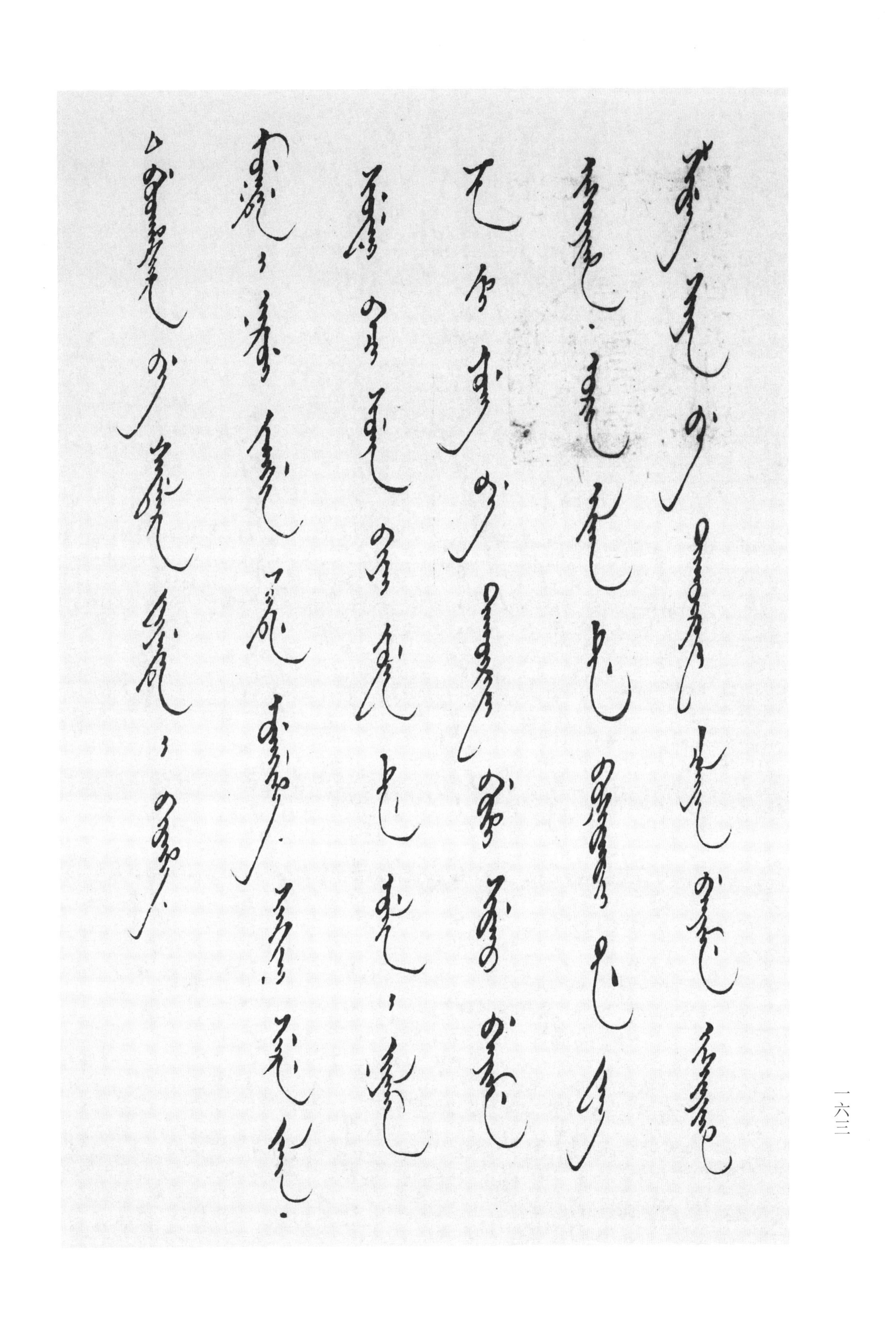

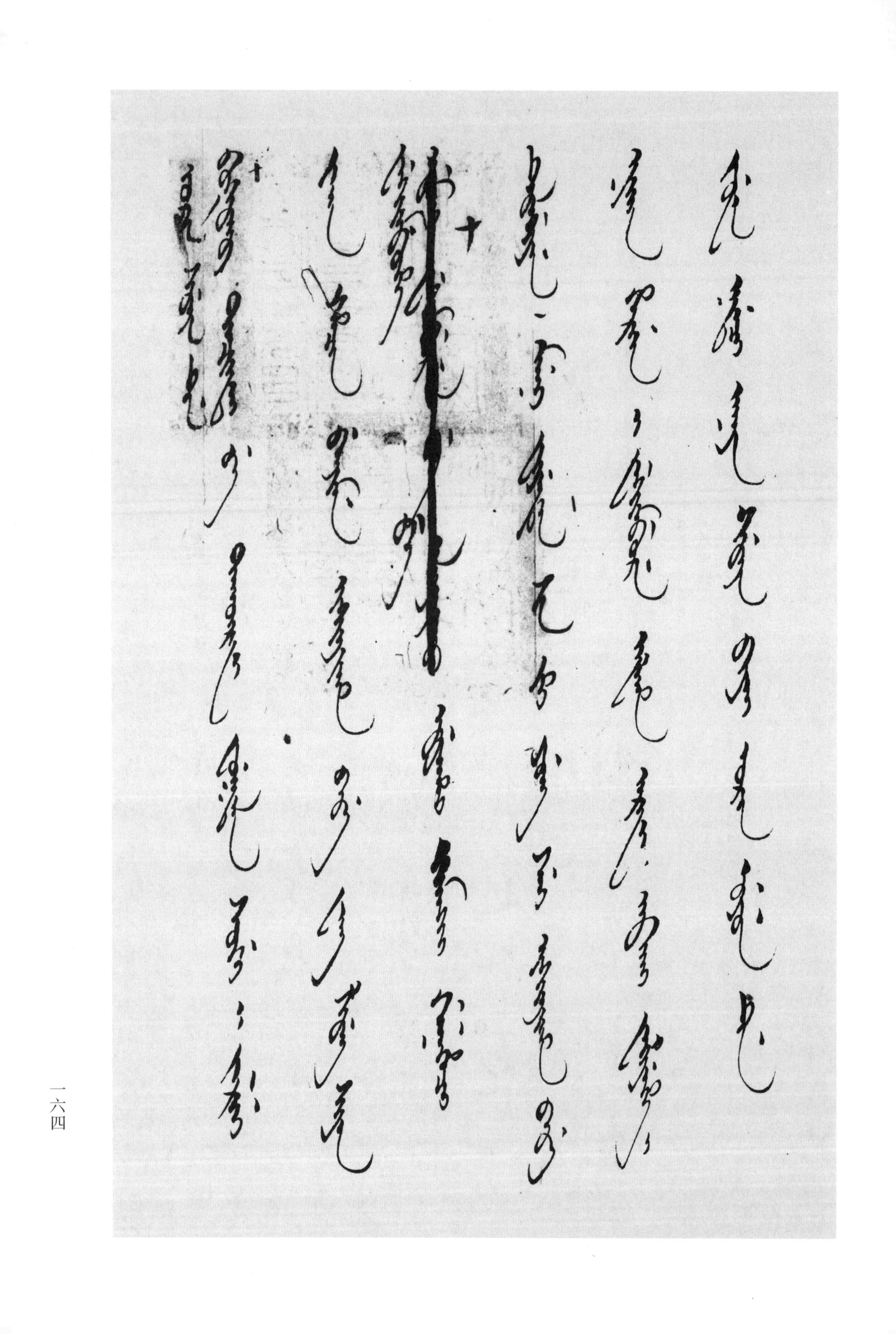

[illegible]

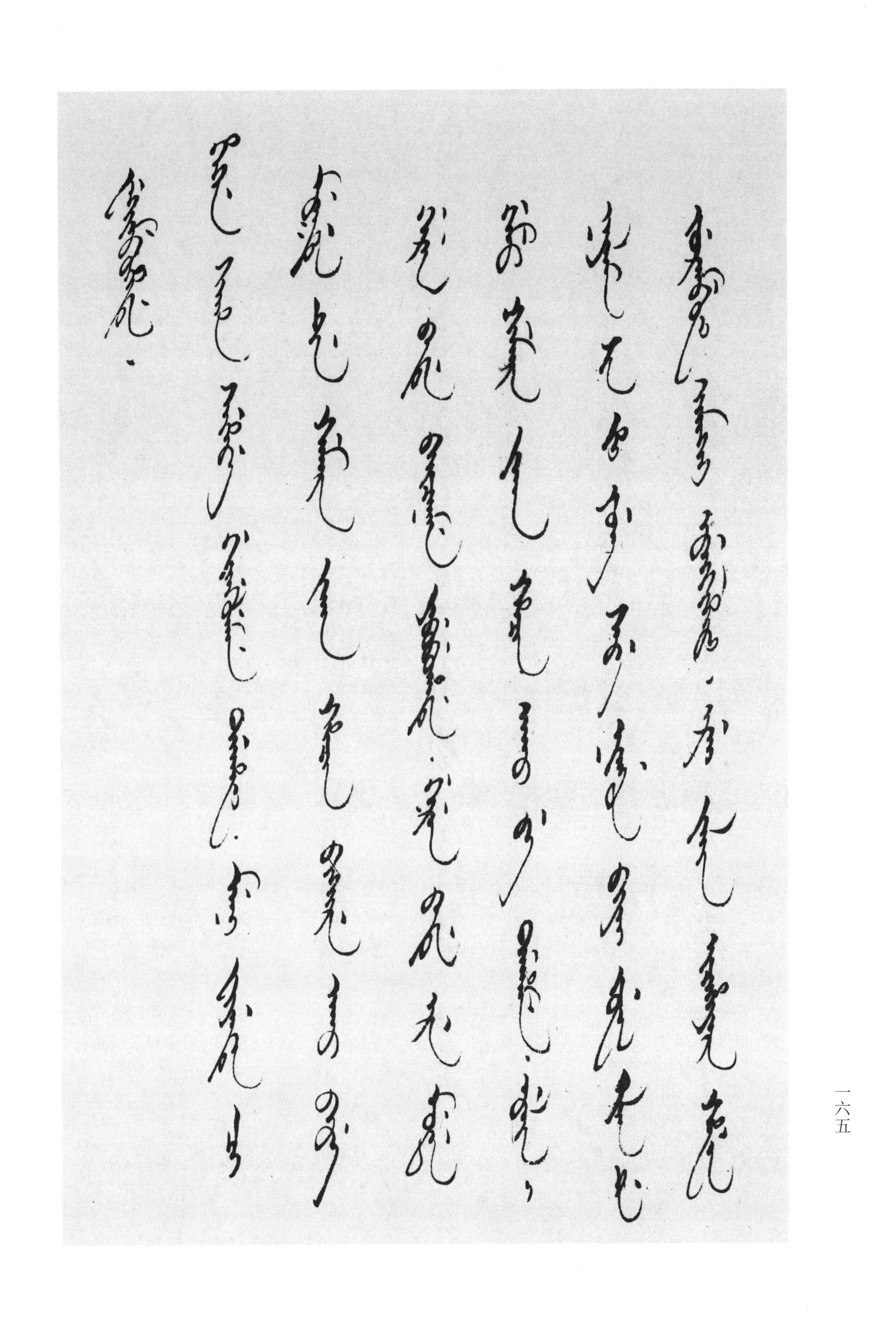

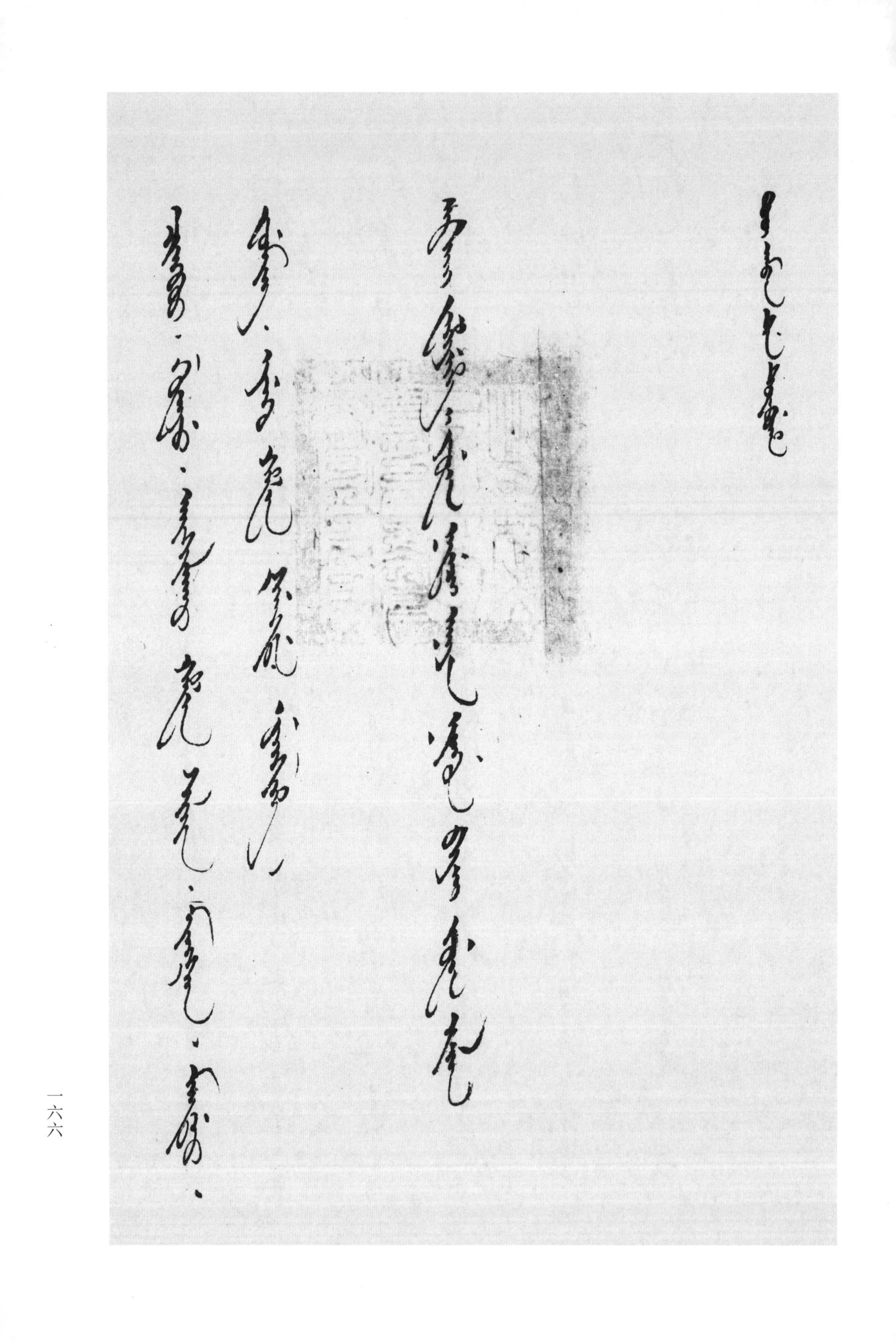

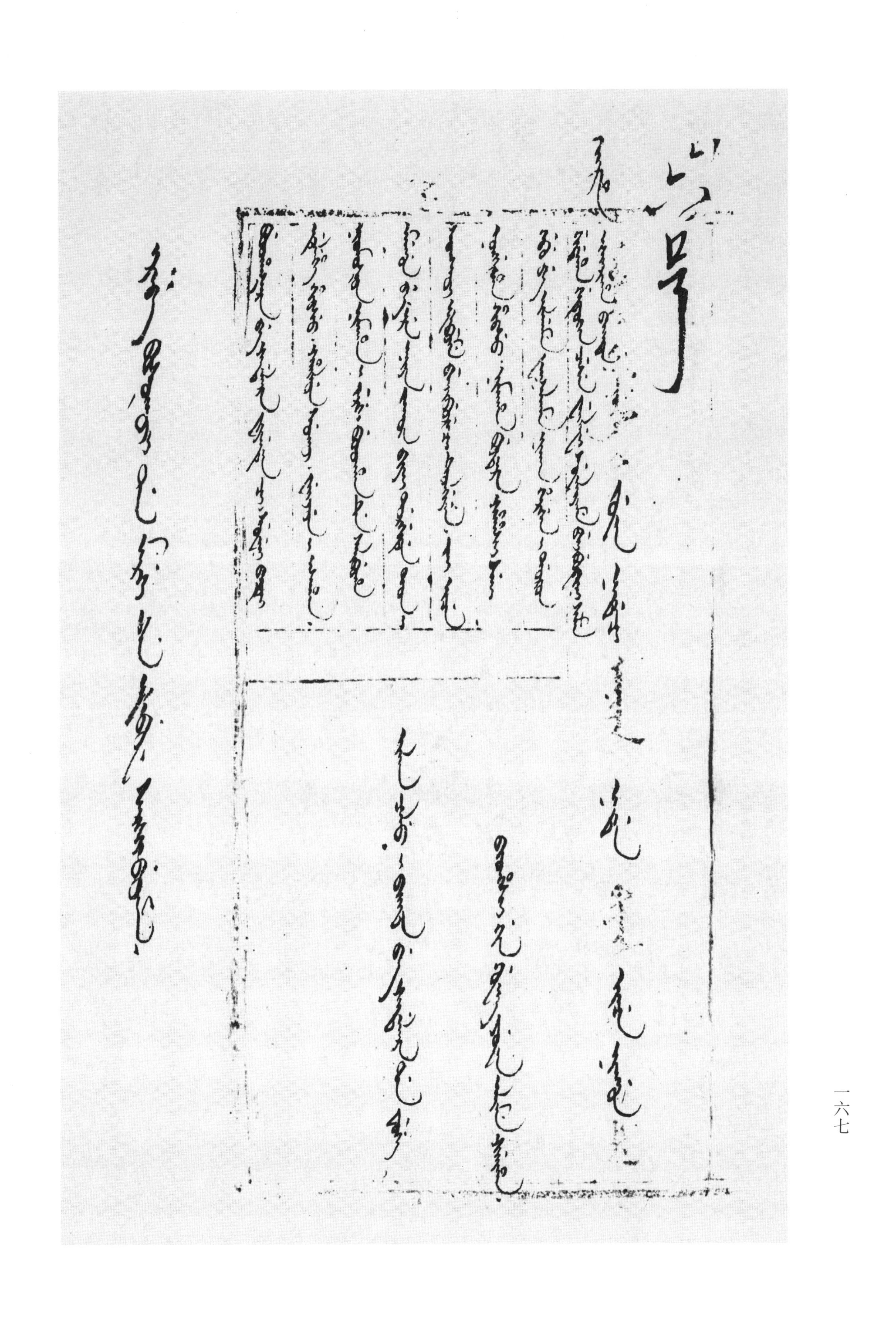

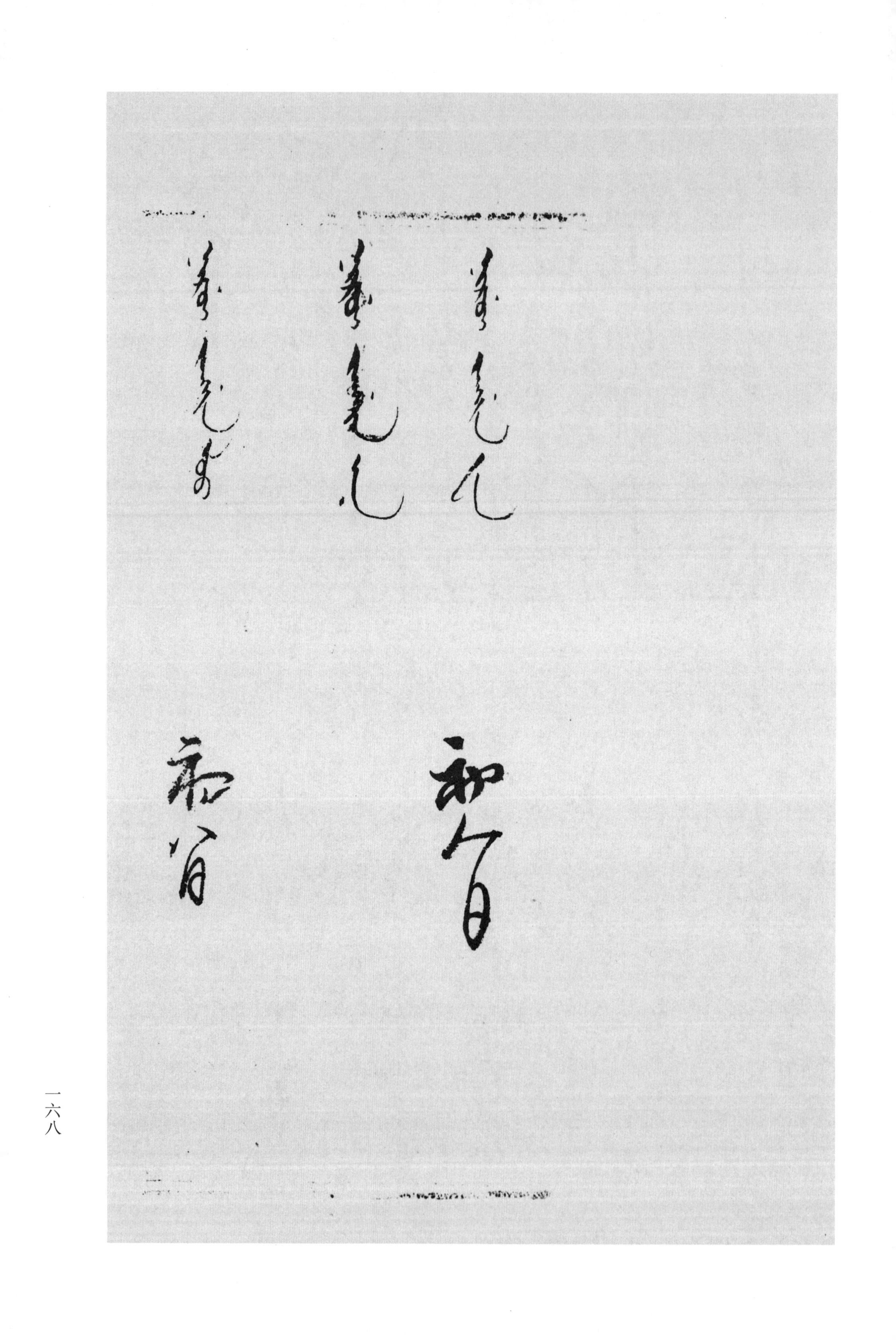

知旨

知旨

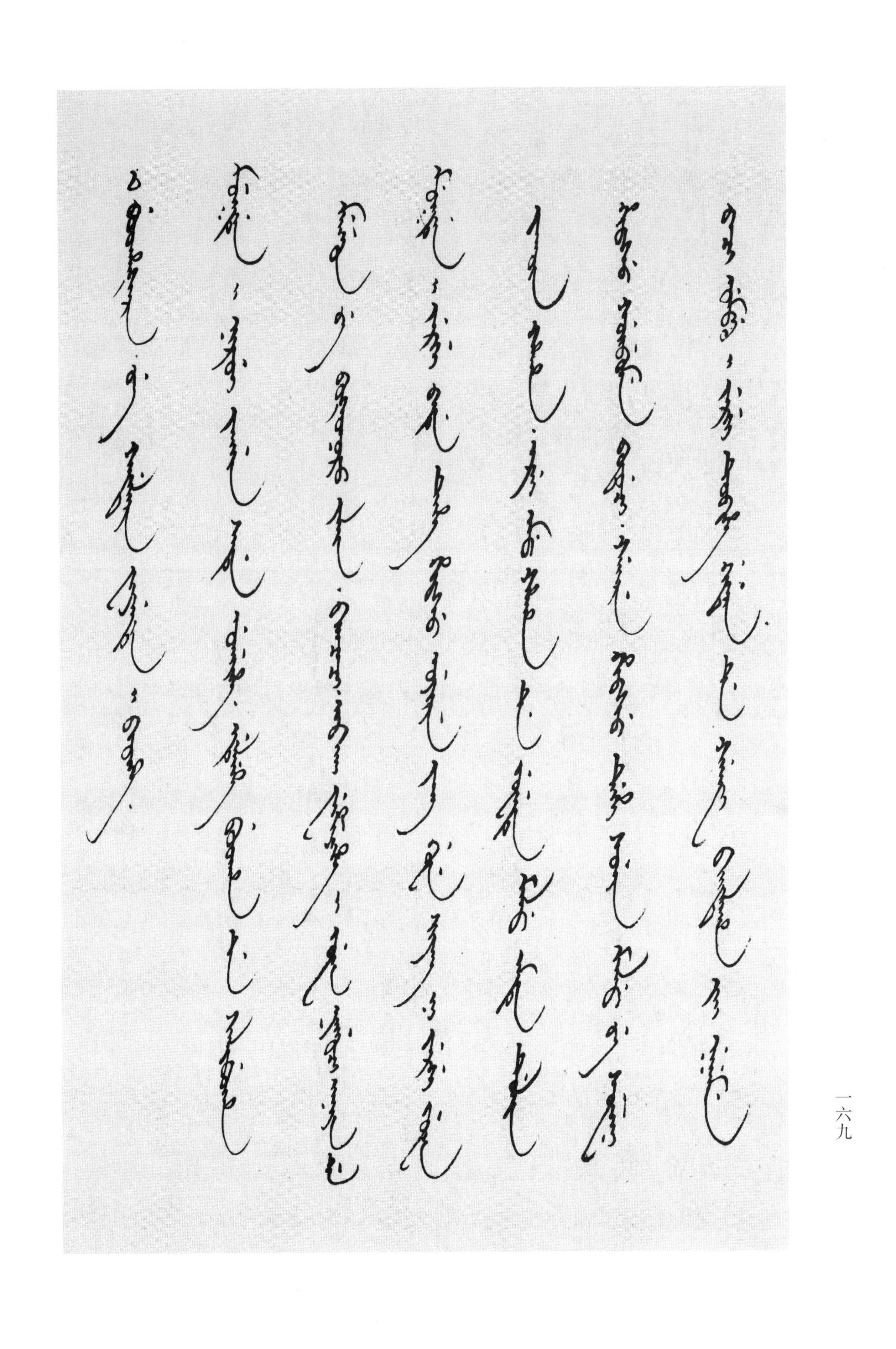

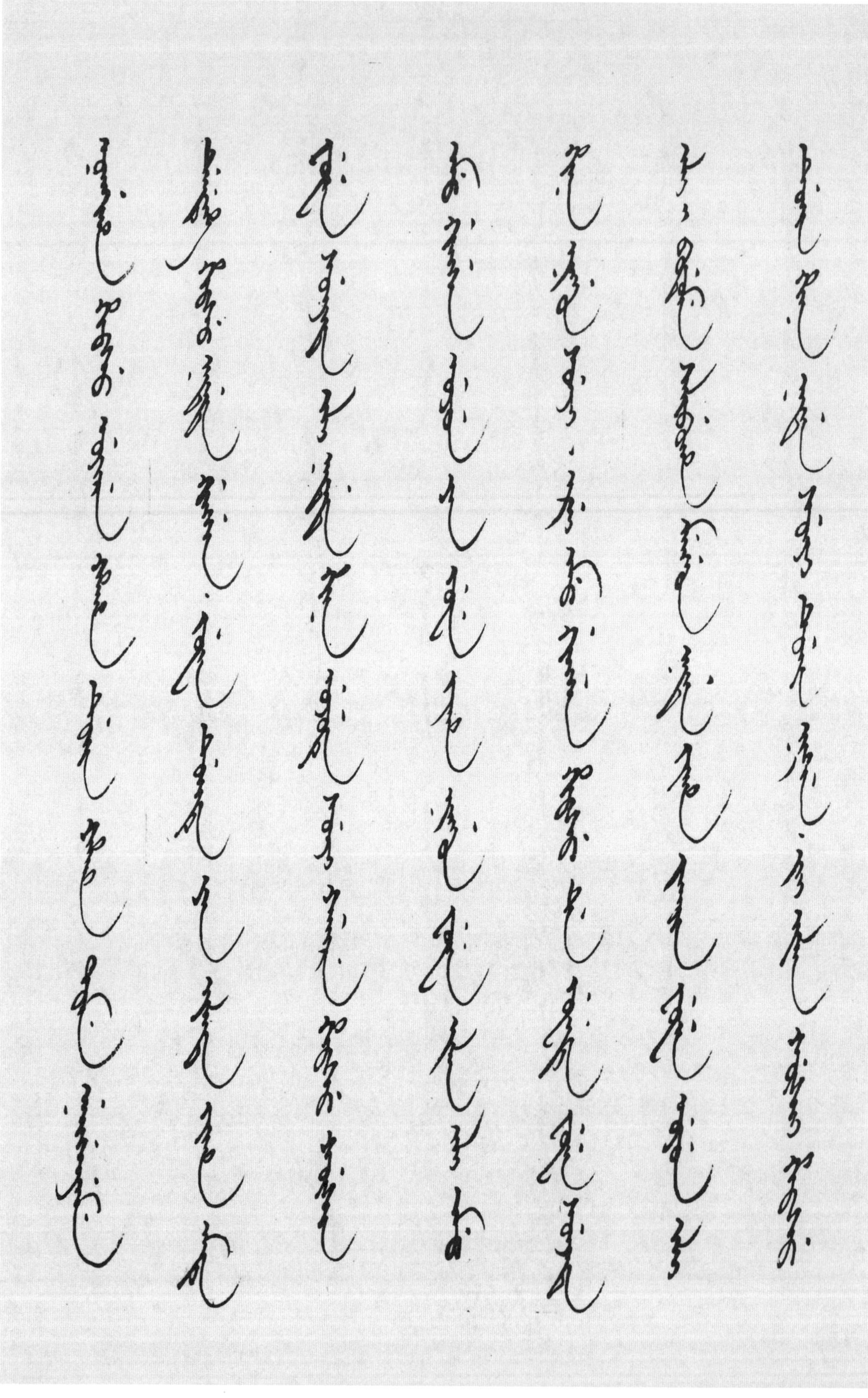

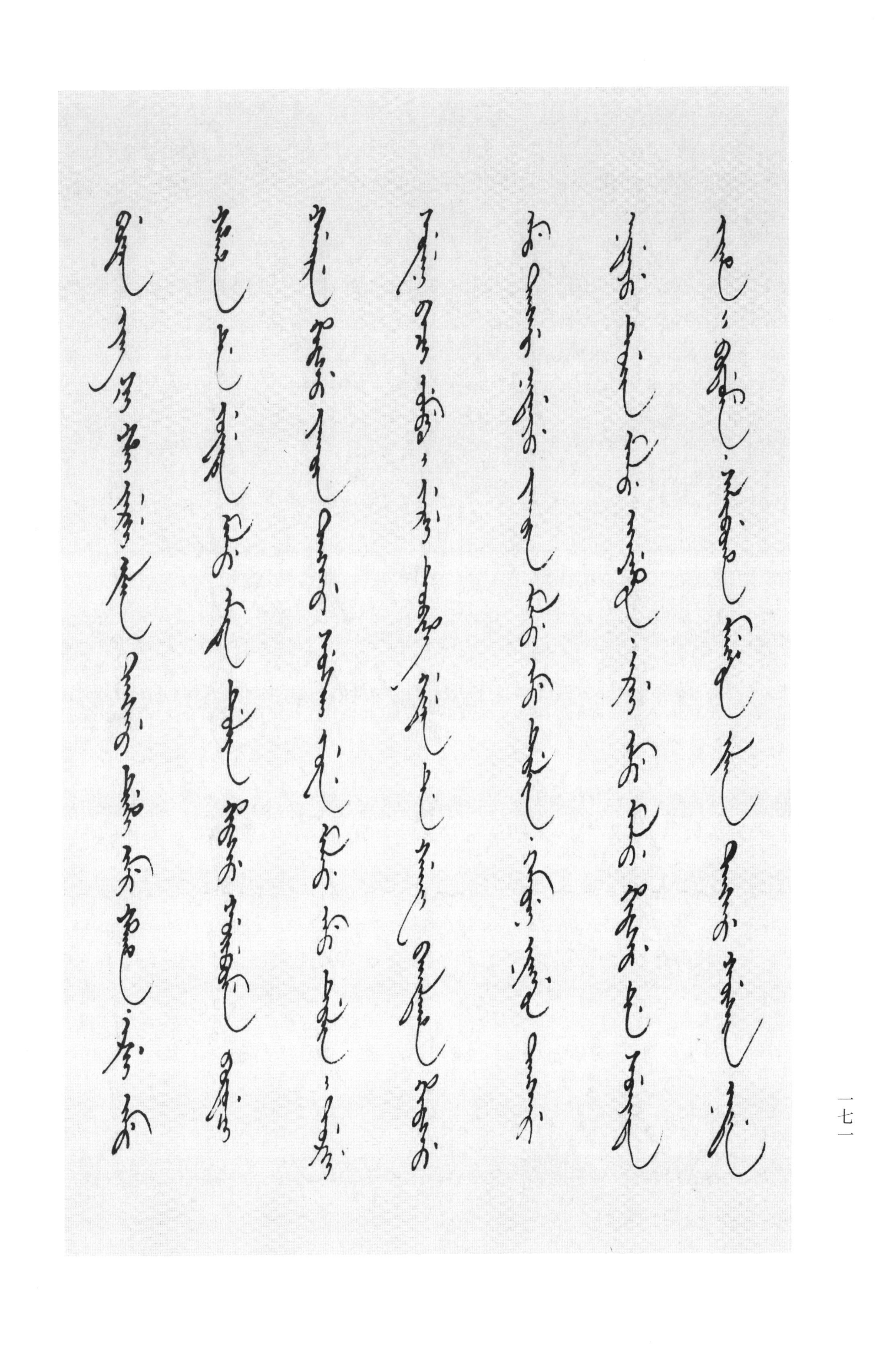

[illegible]

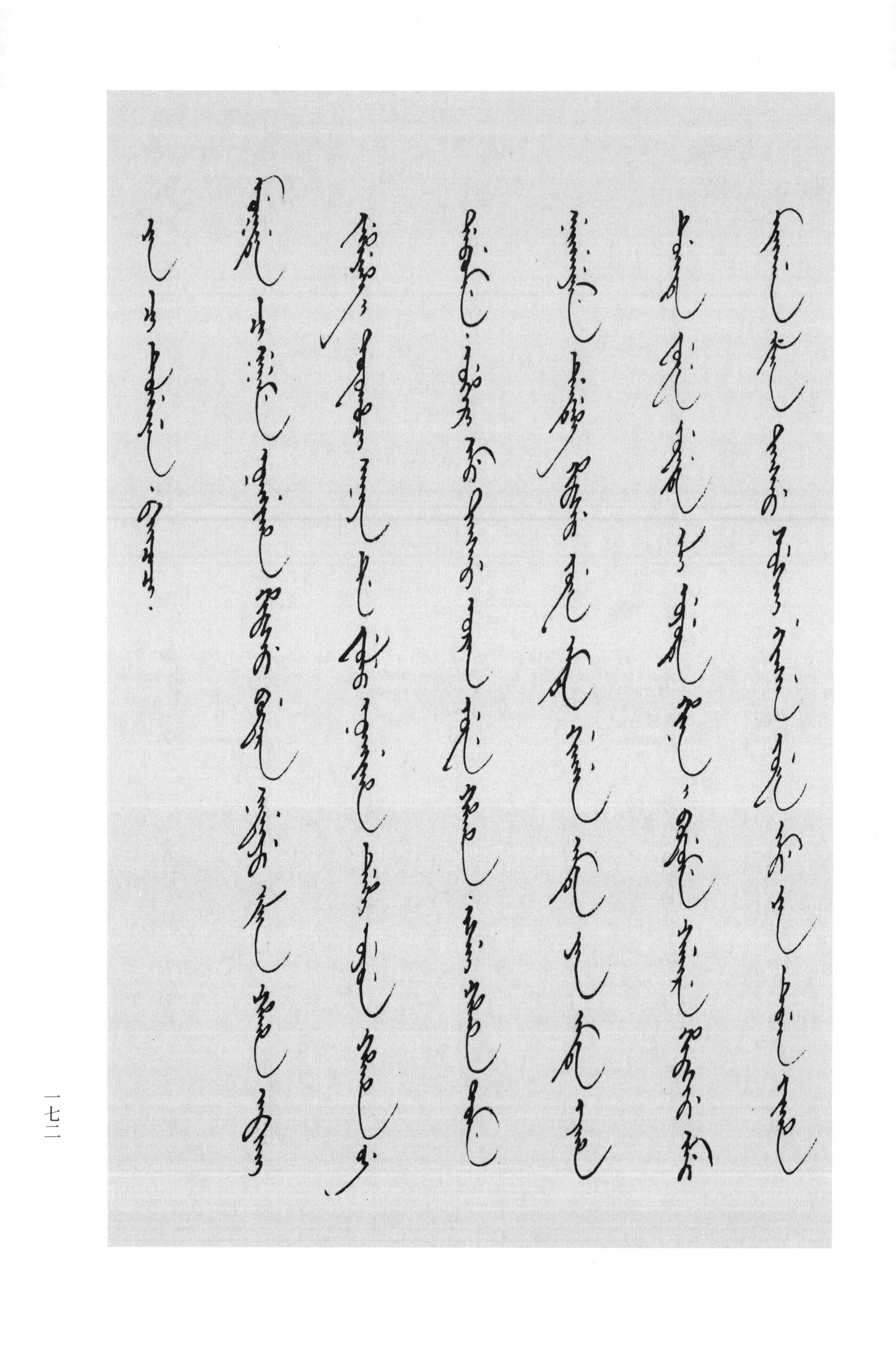

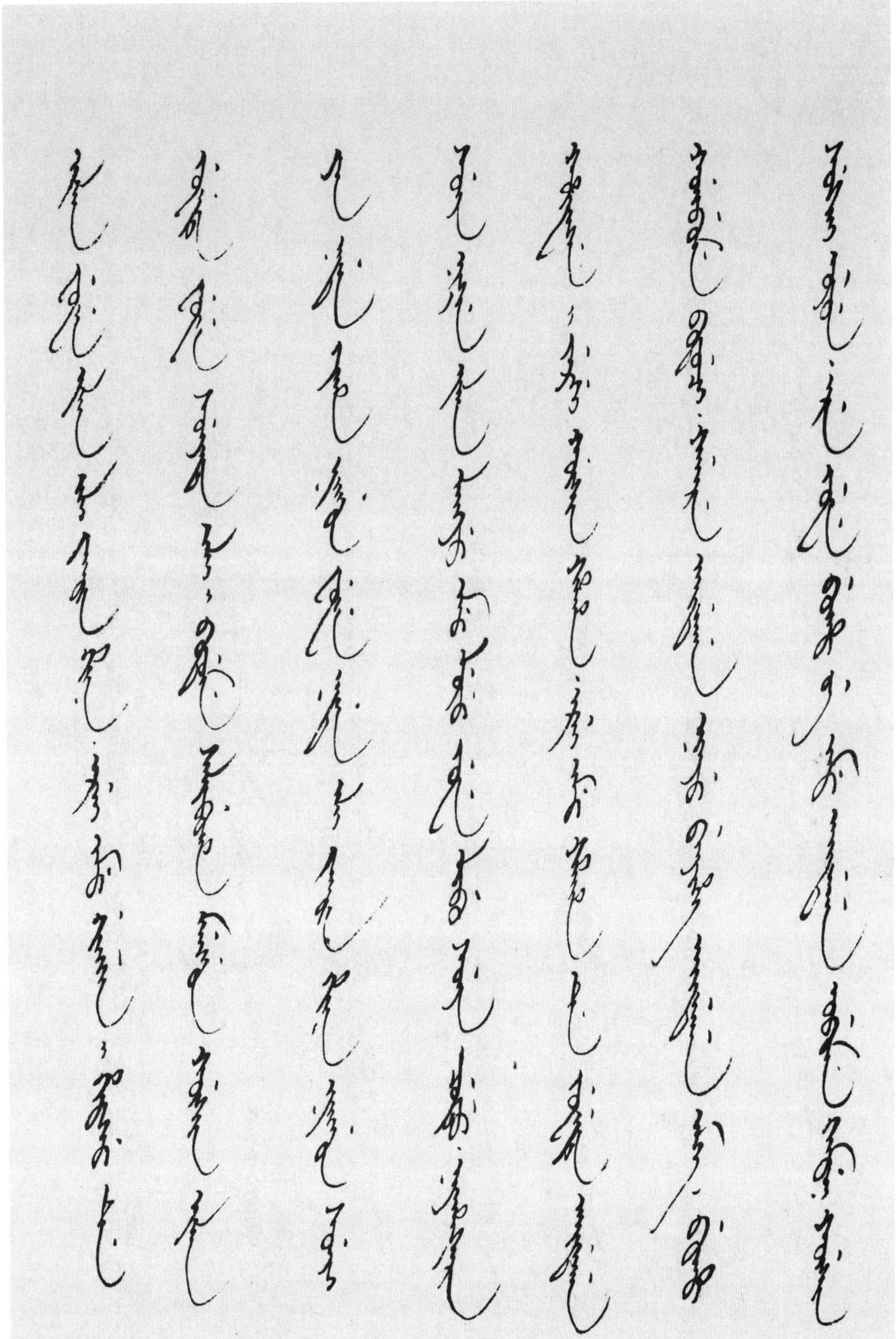

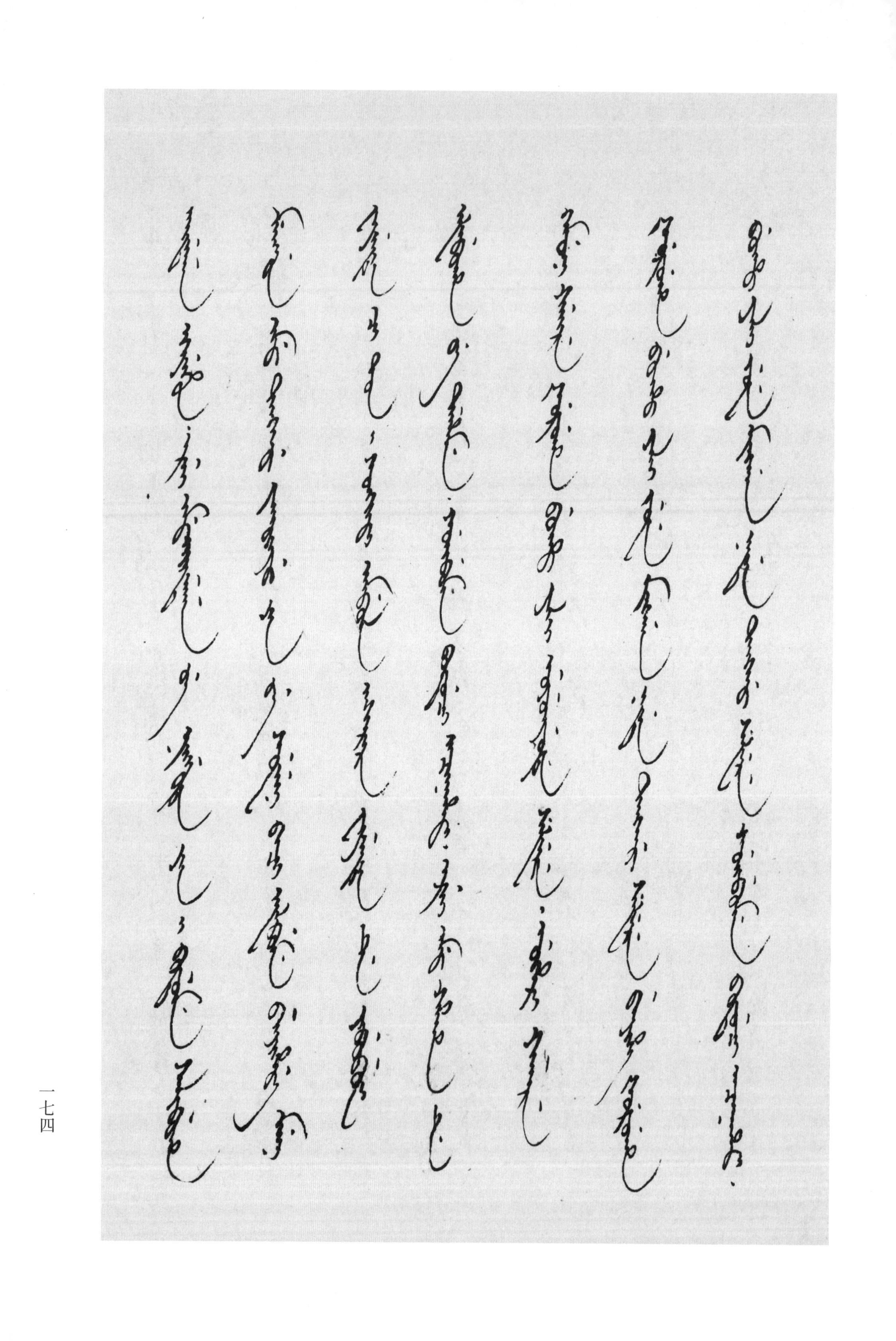

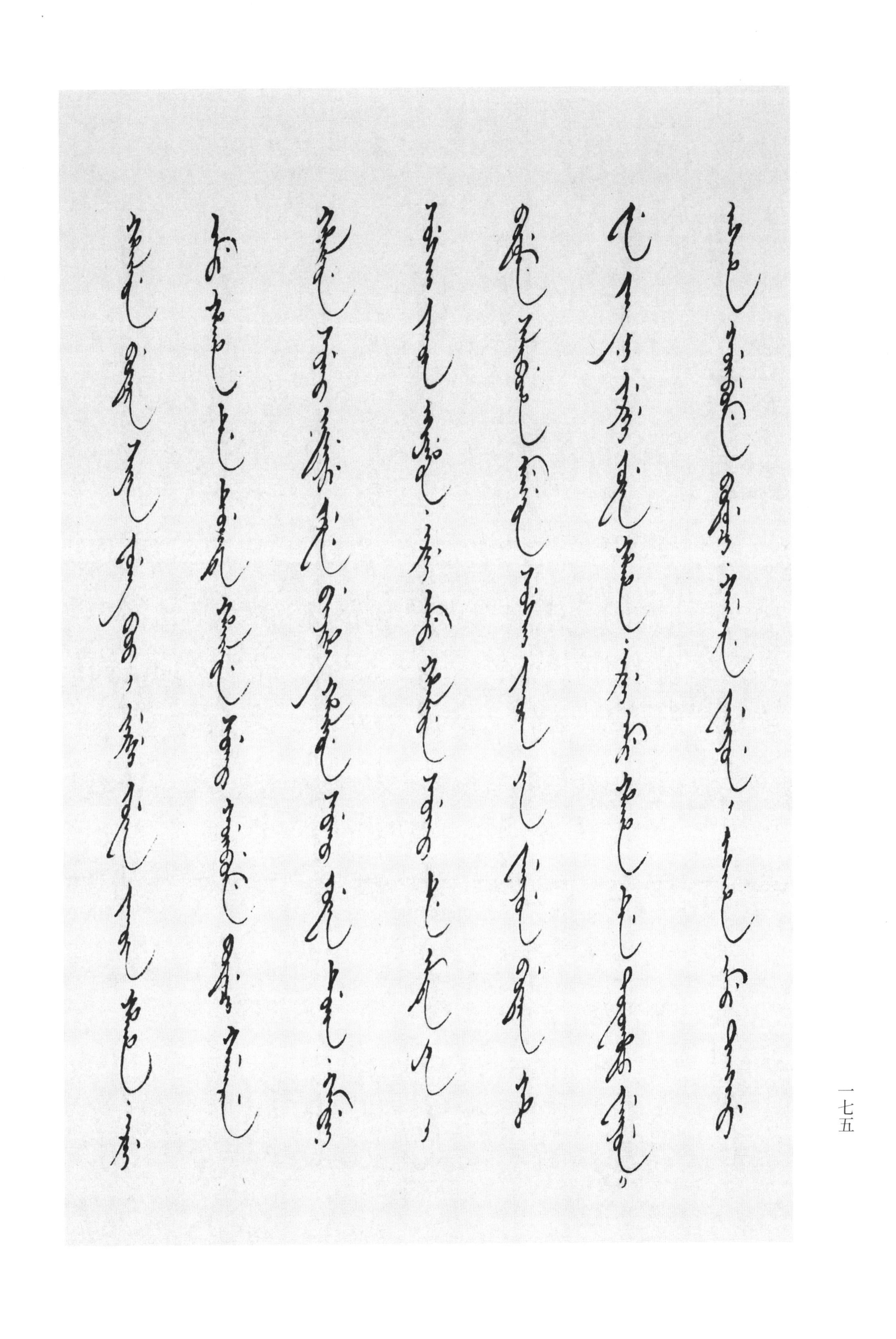

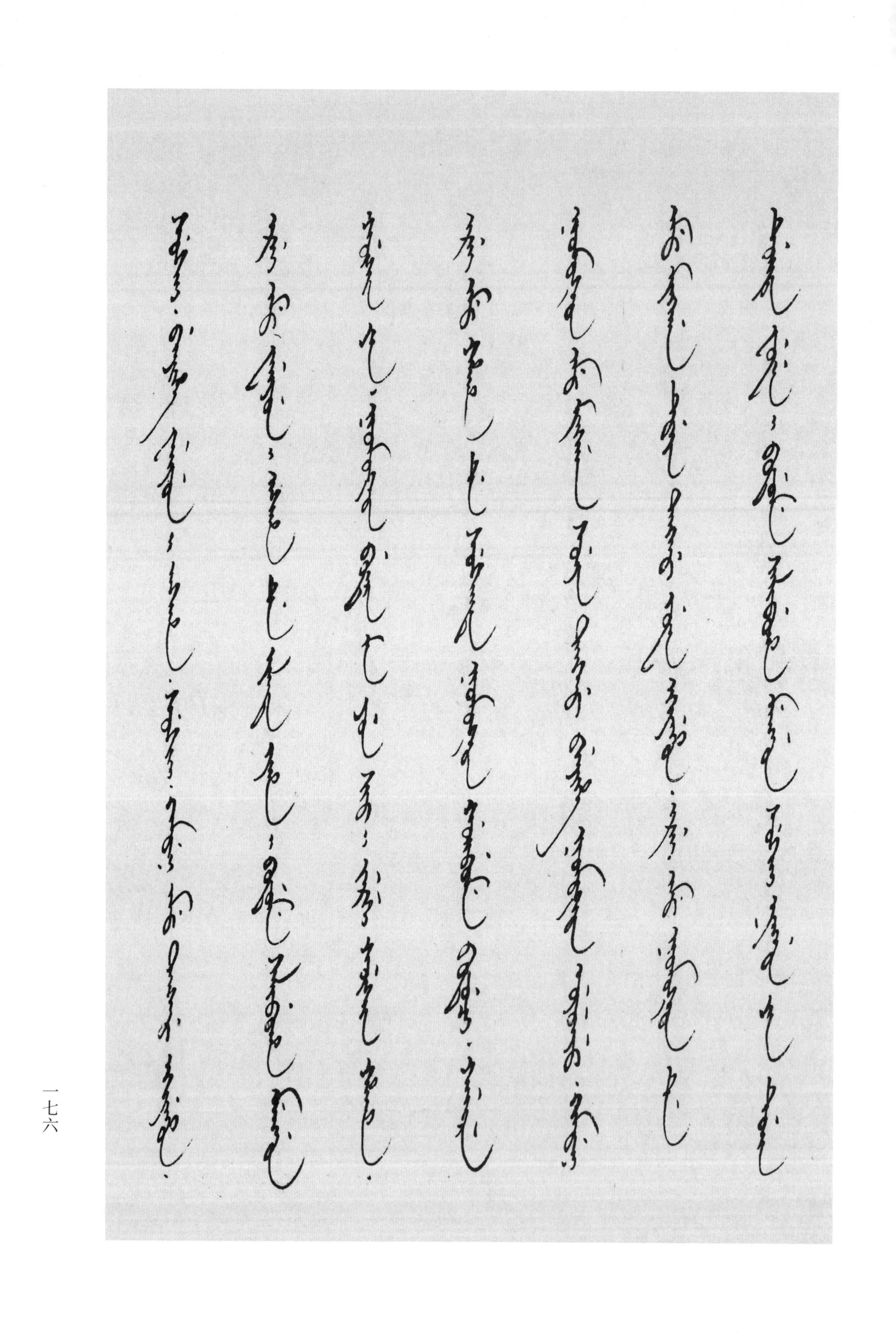

[illegible]

[illegible]

[illegible]

[illegible]

[illegible]

[illegible]

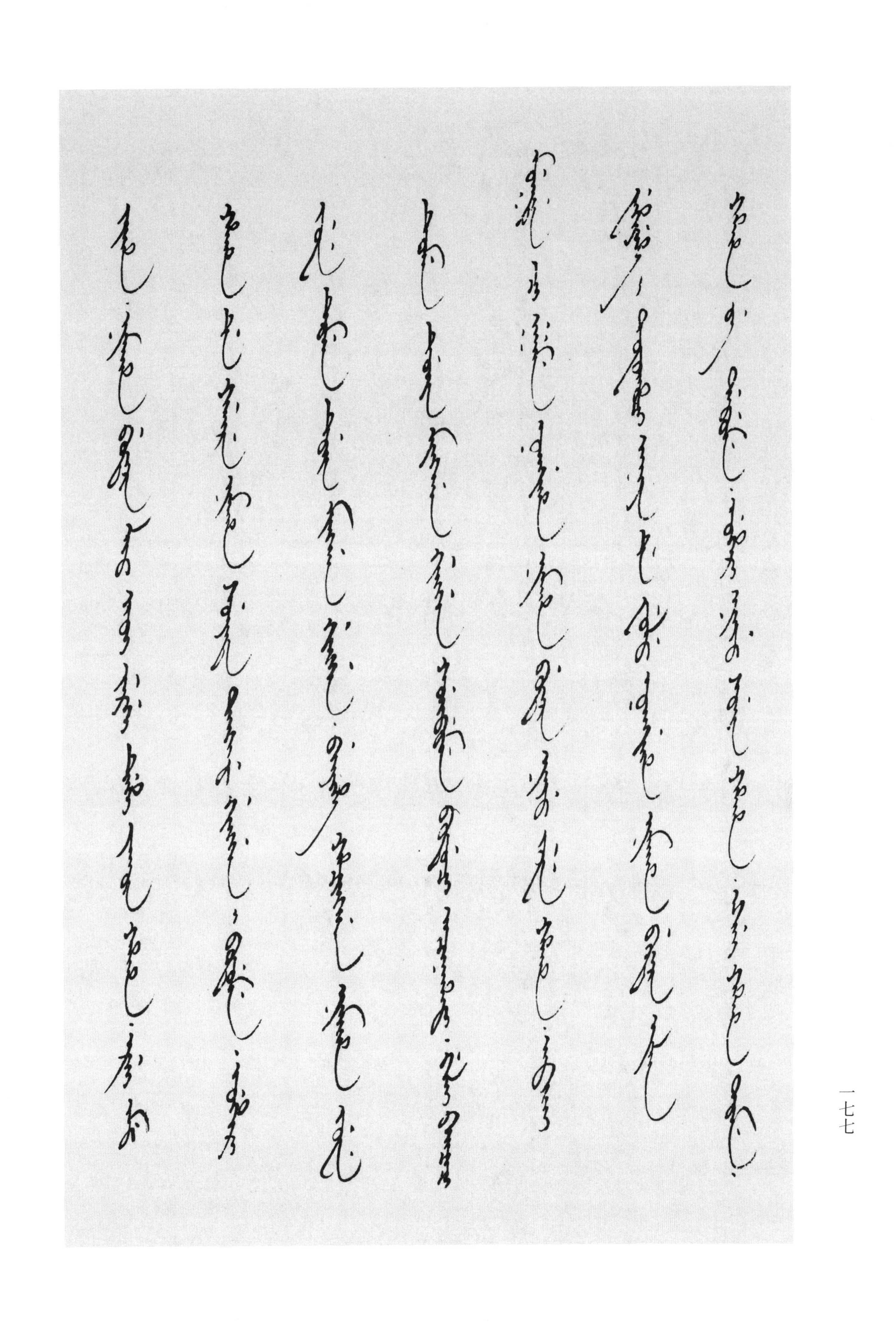

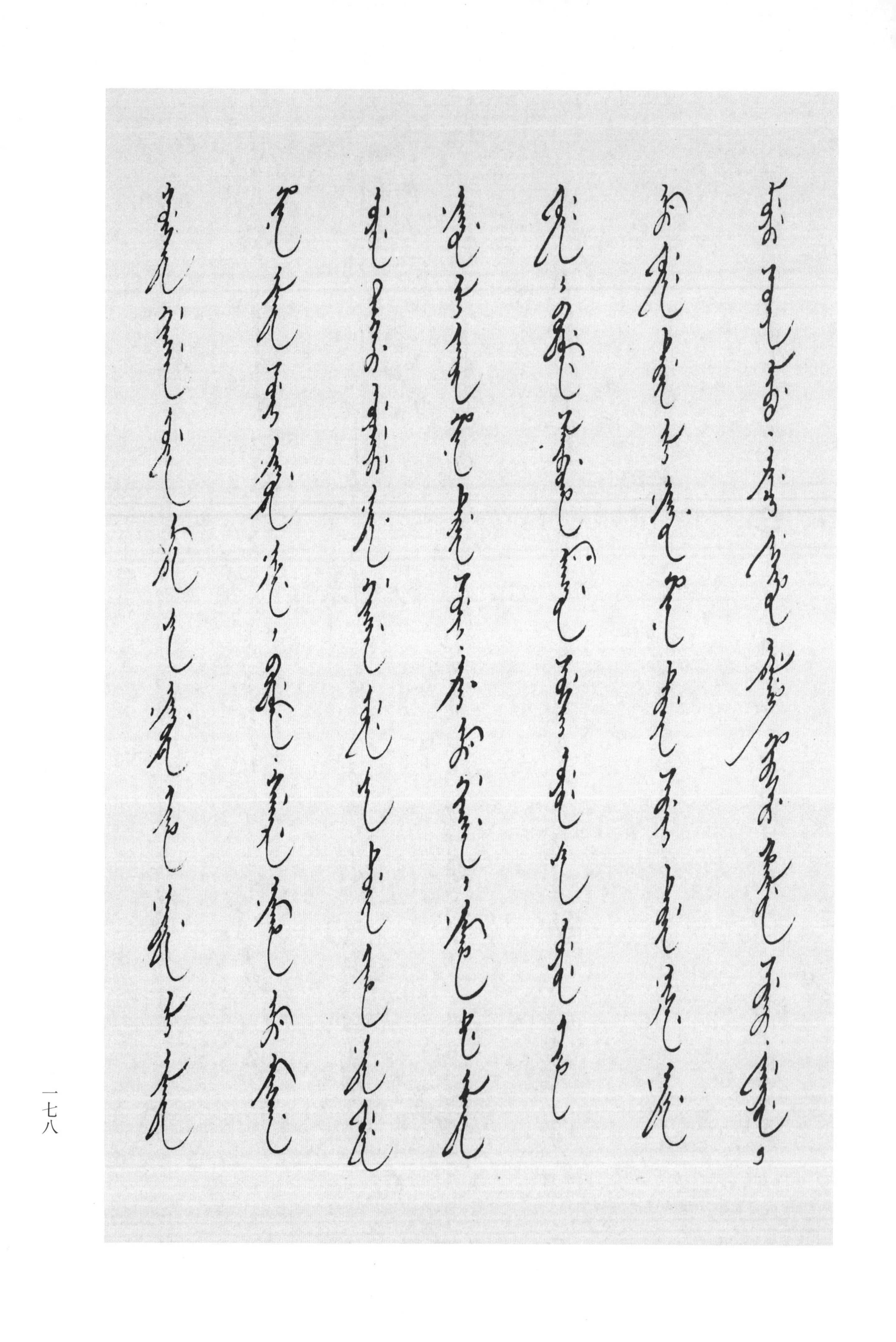

[illegible]

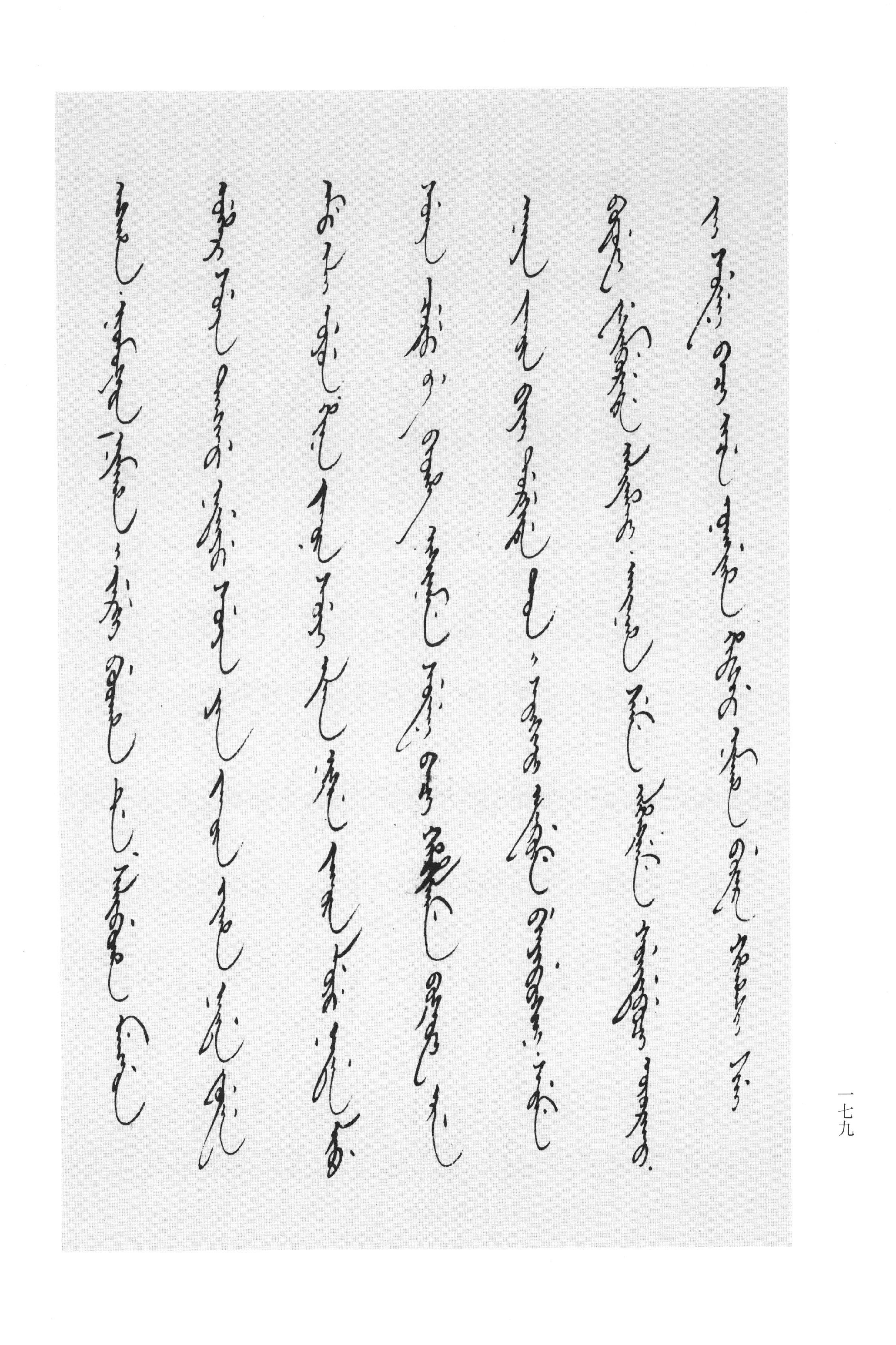

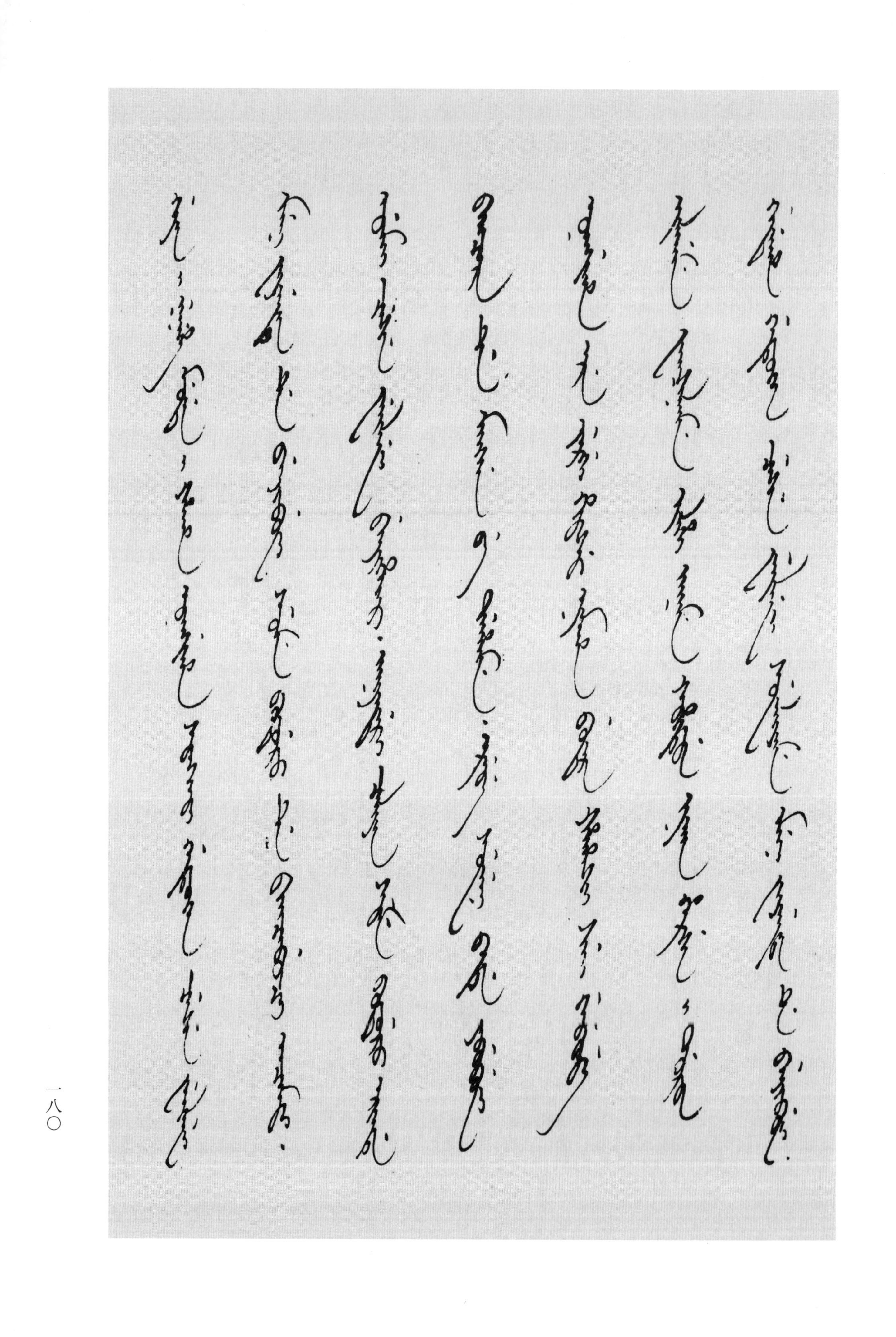

[illegible]

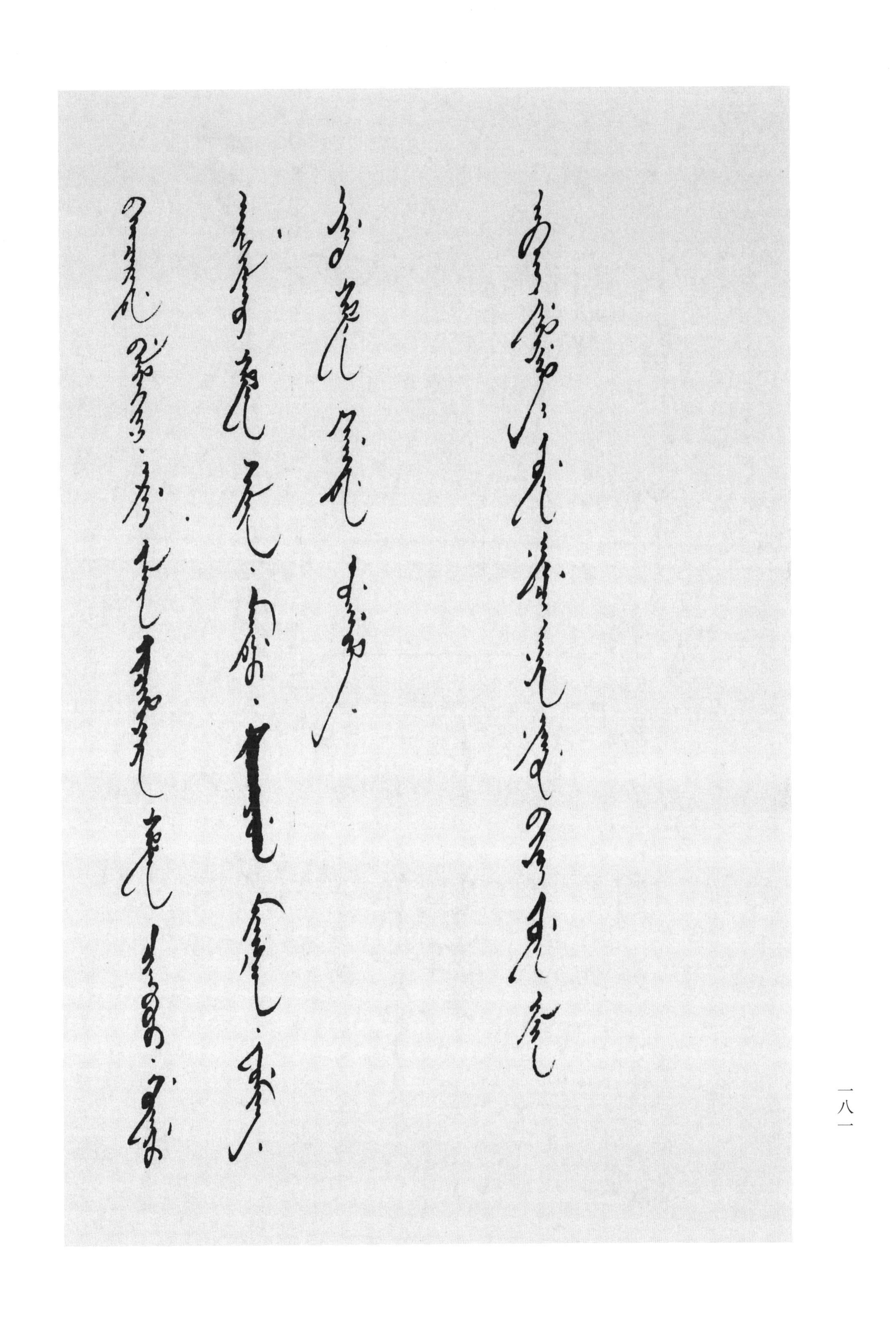

[illegible]

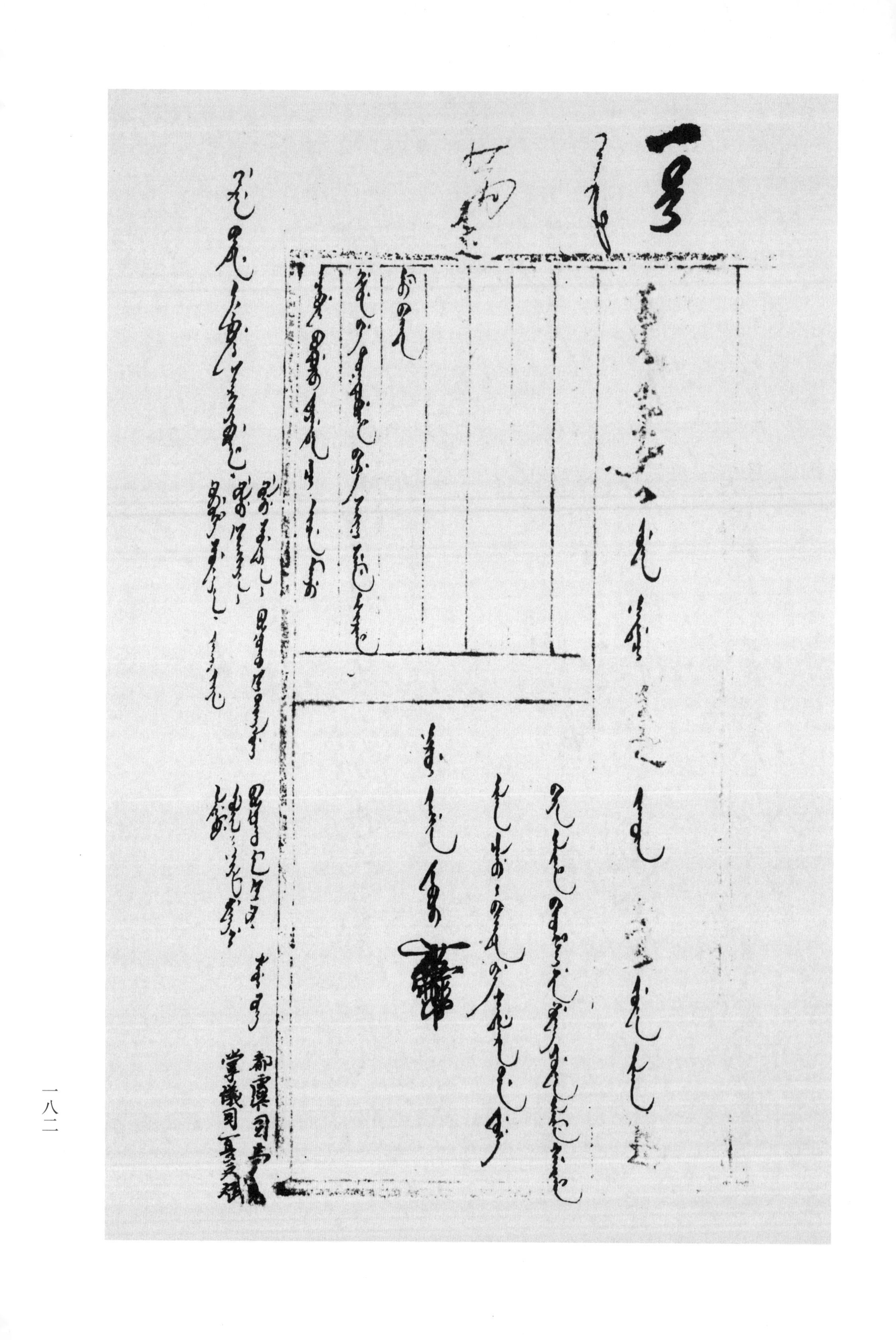

都虞司 [illegible]
掌儀司 [illegible]

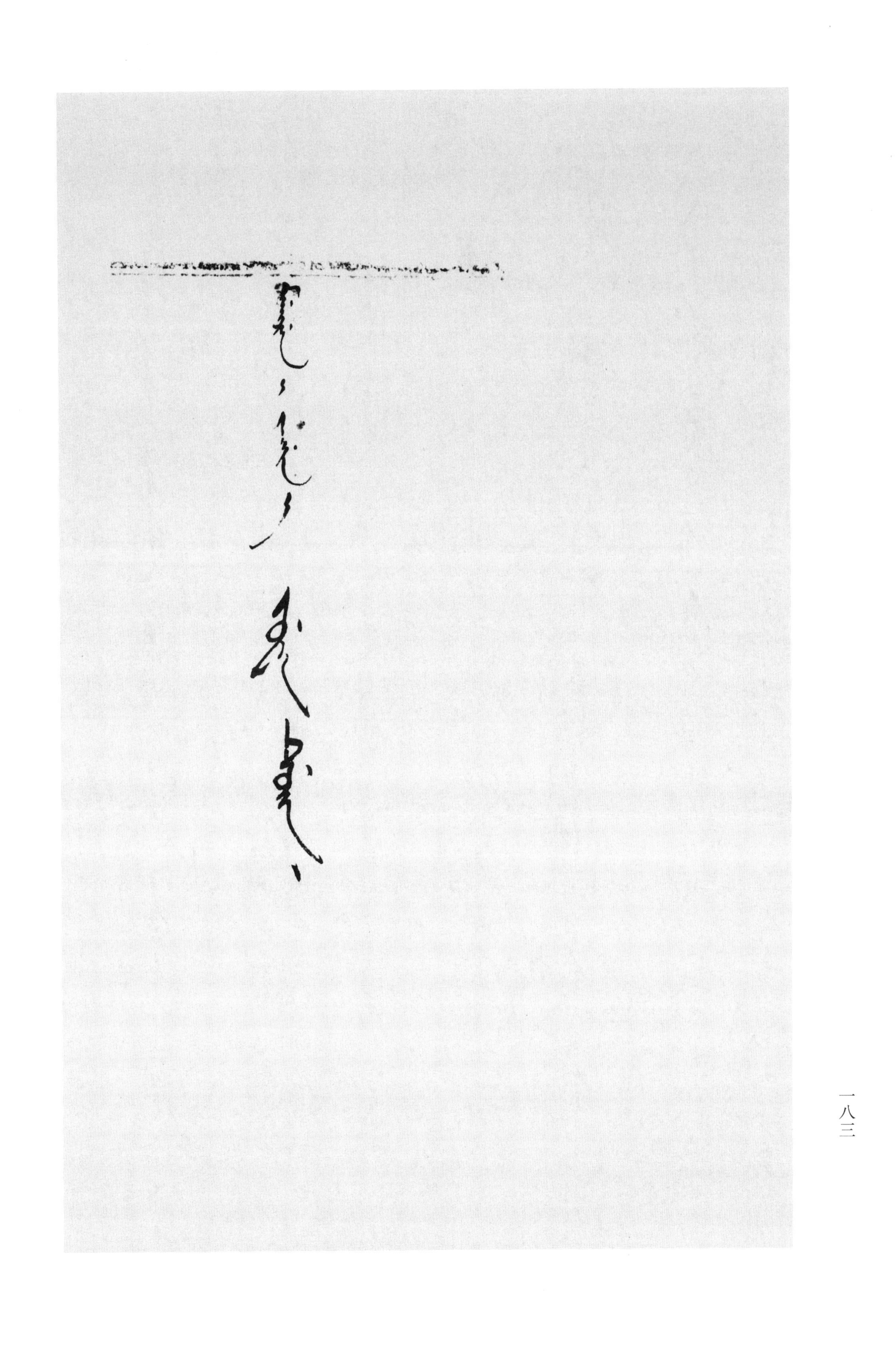

[illegible]

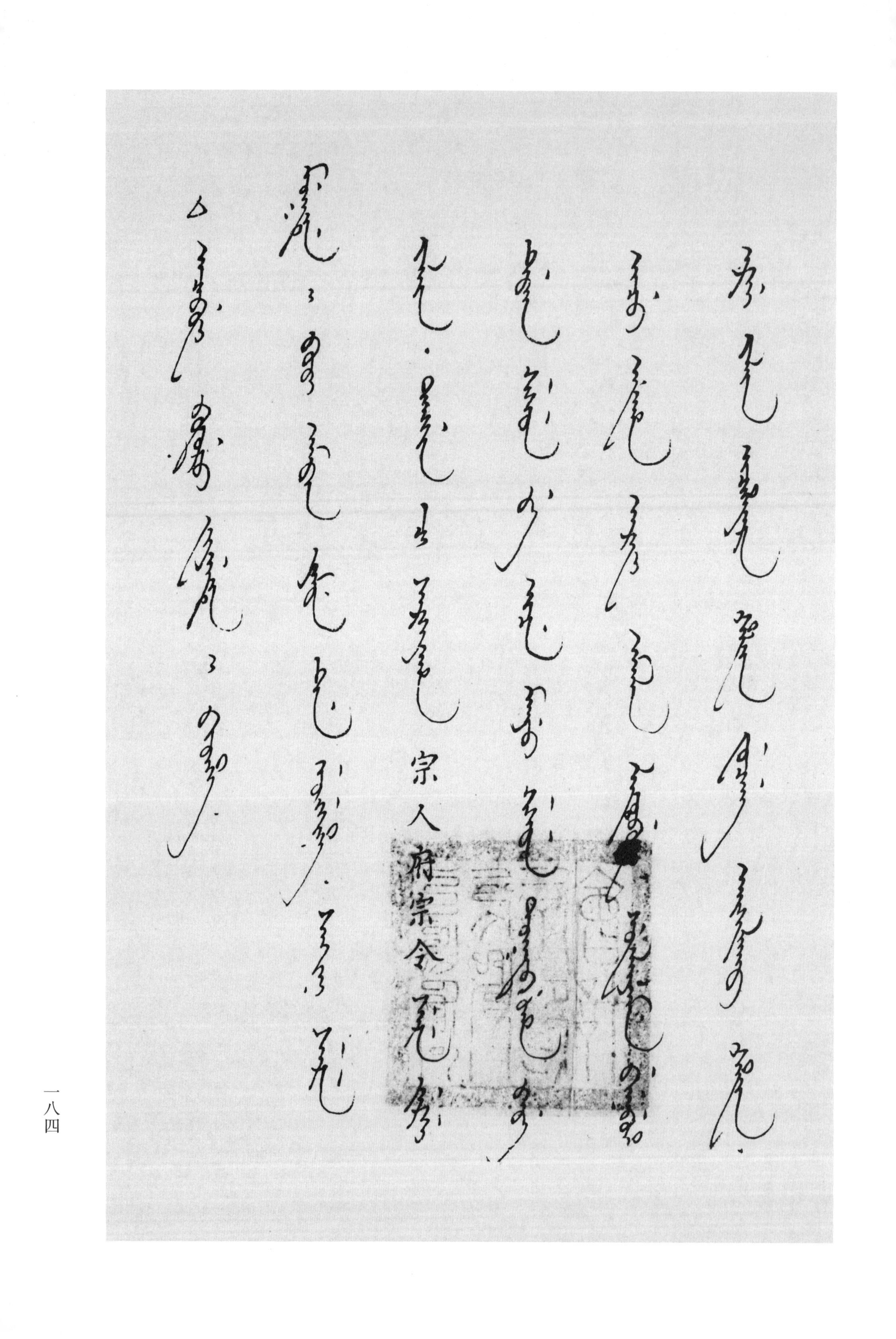

宗人府宗令

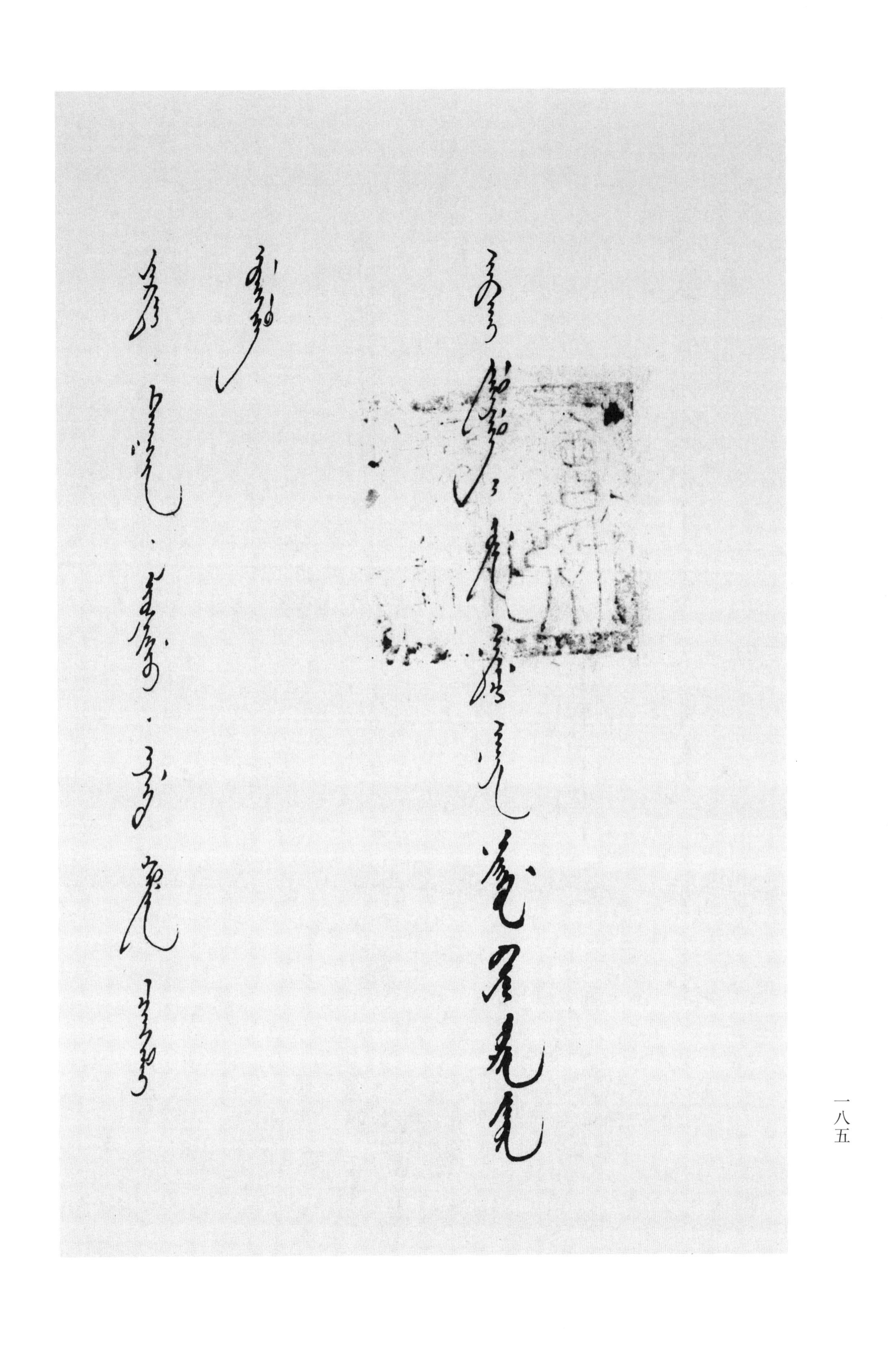

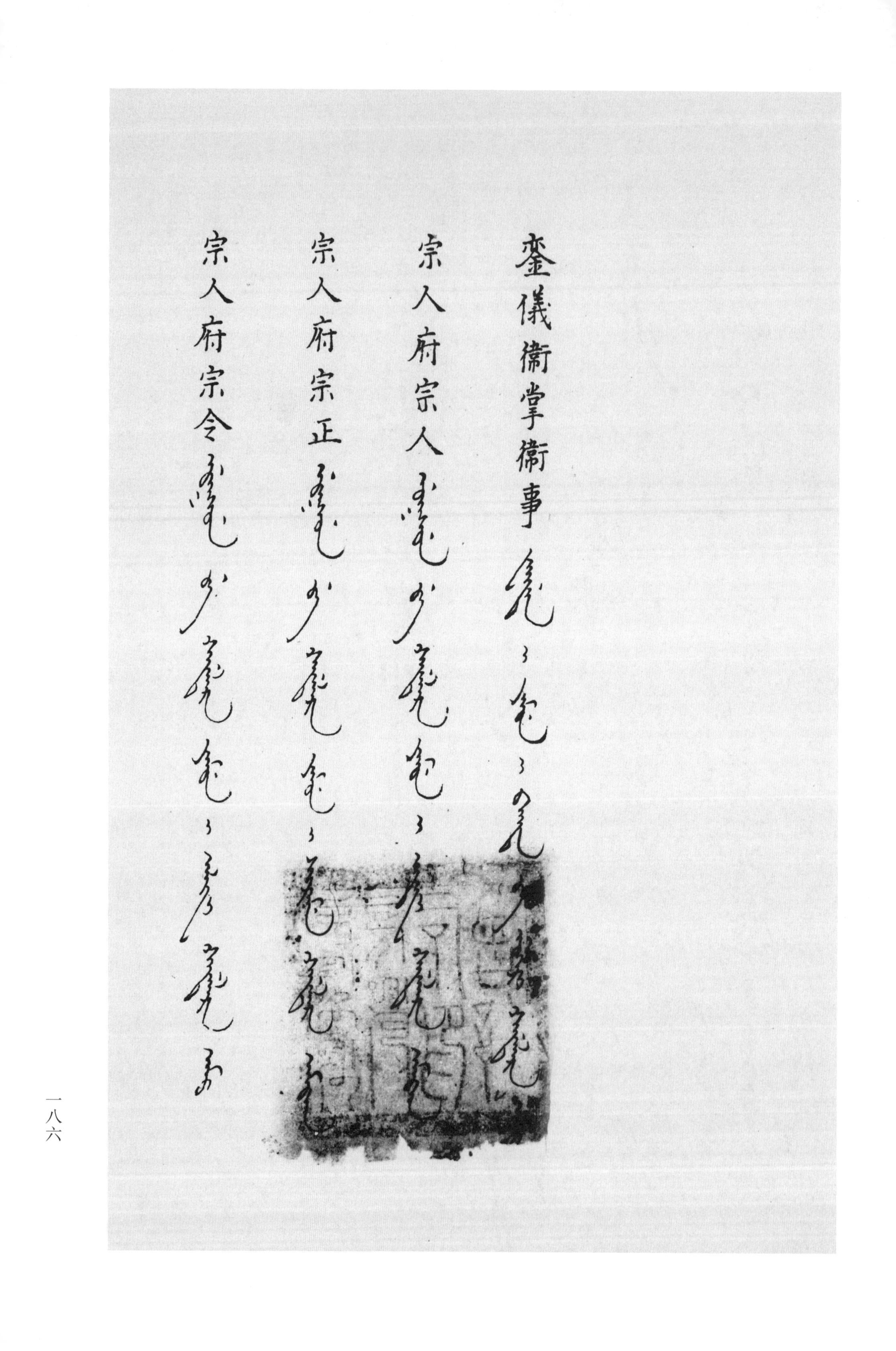

鑾儀衛掌衛事

宗人府宗人

宗人府宗正

宗人府宗令

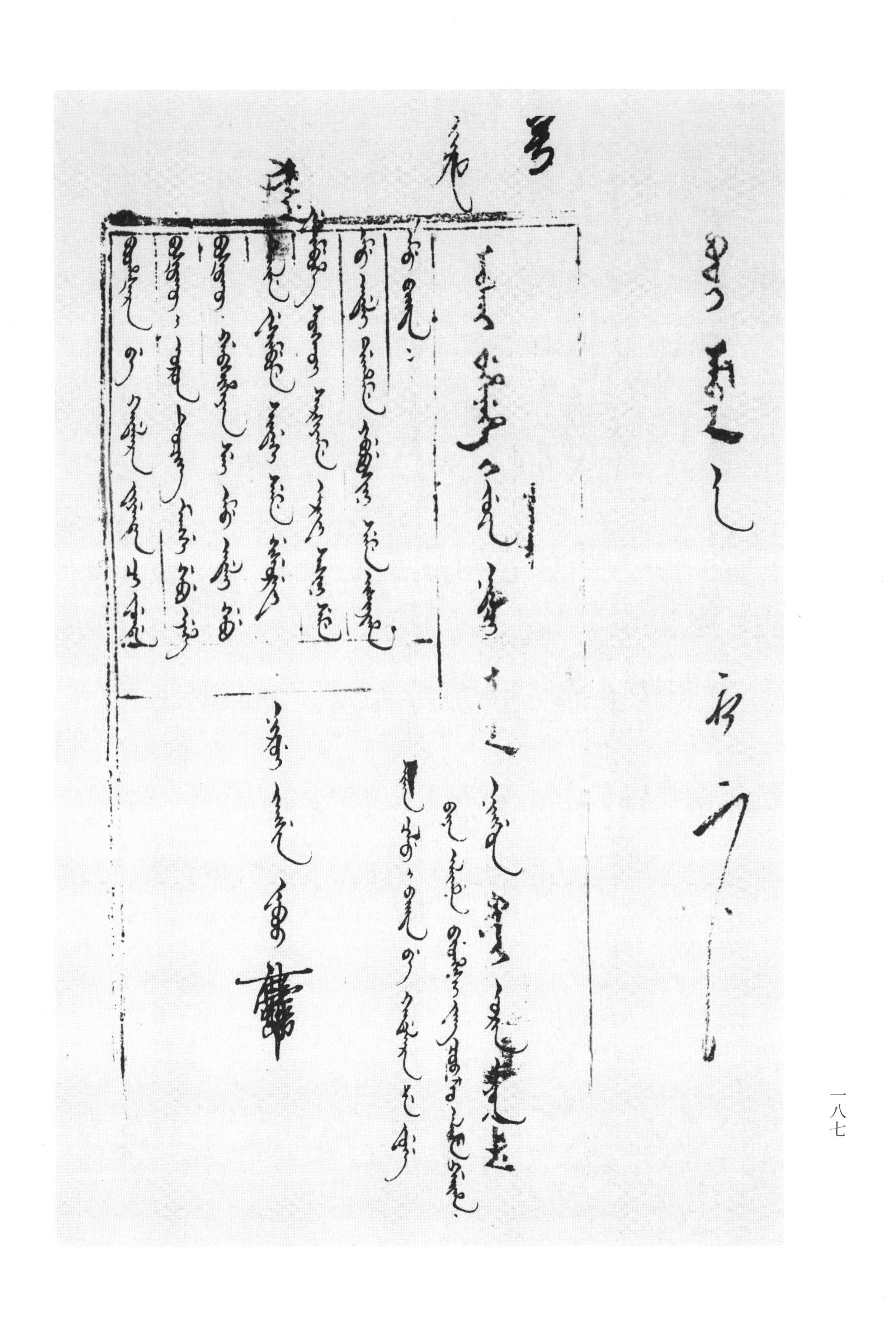

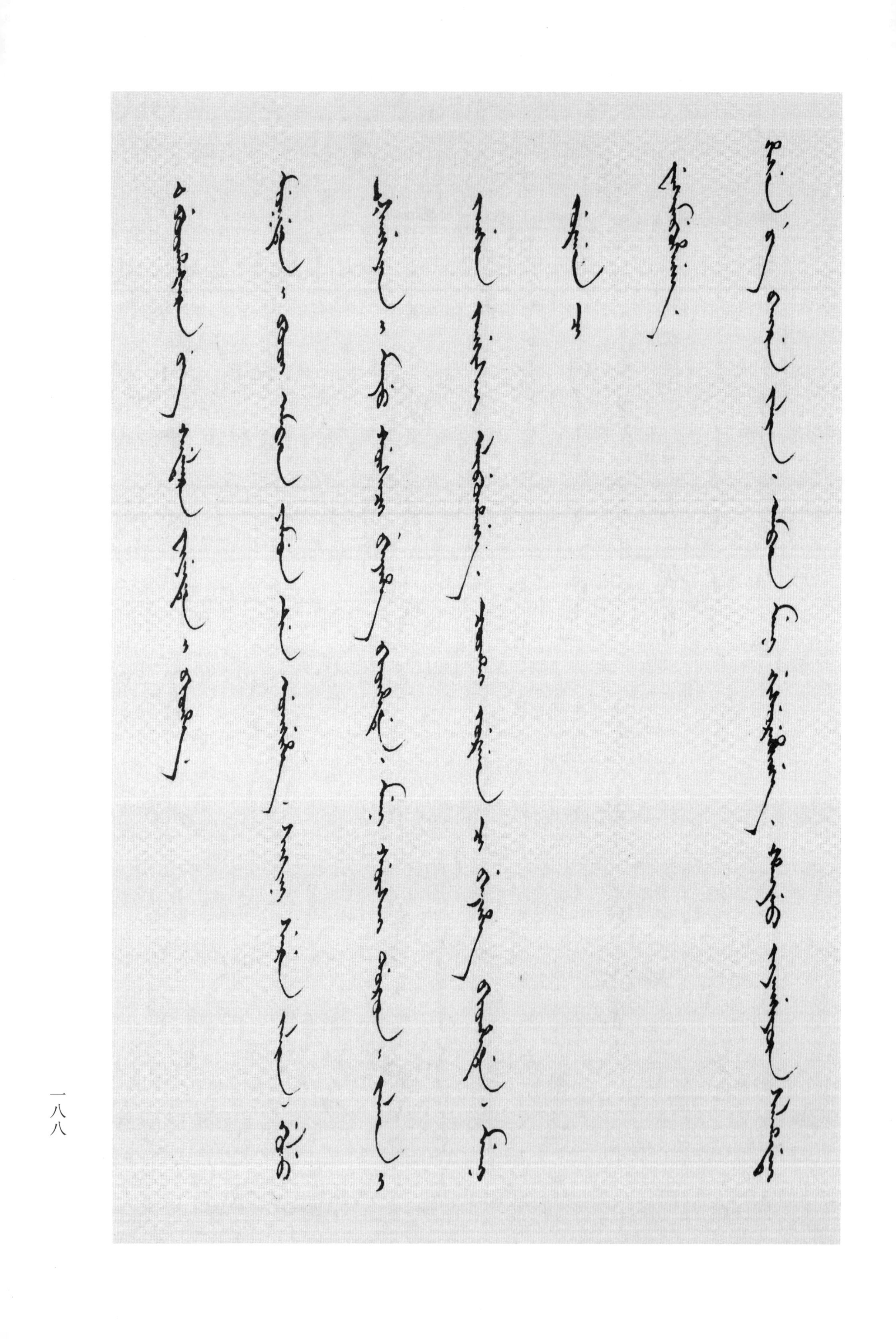

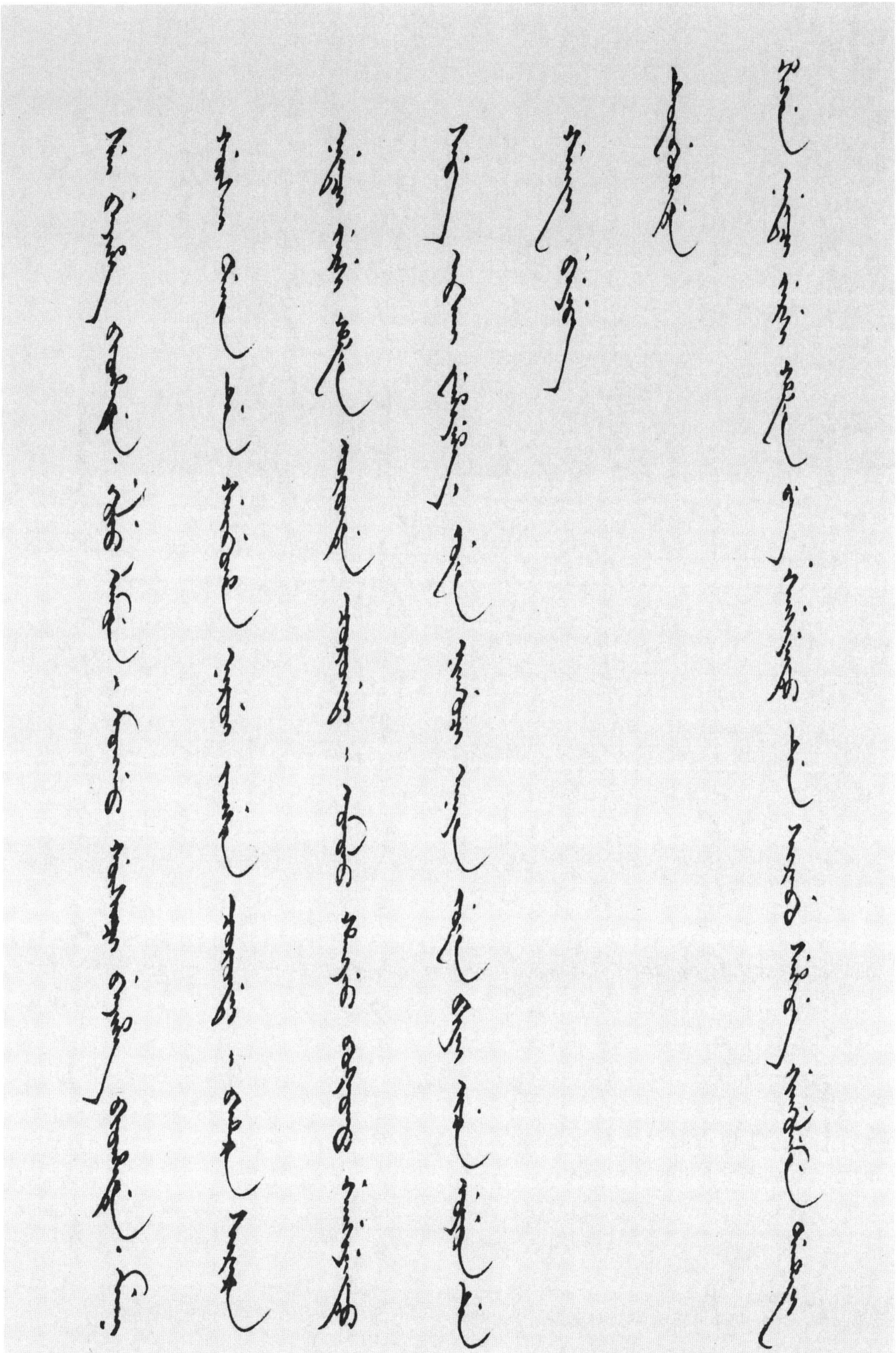

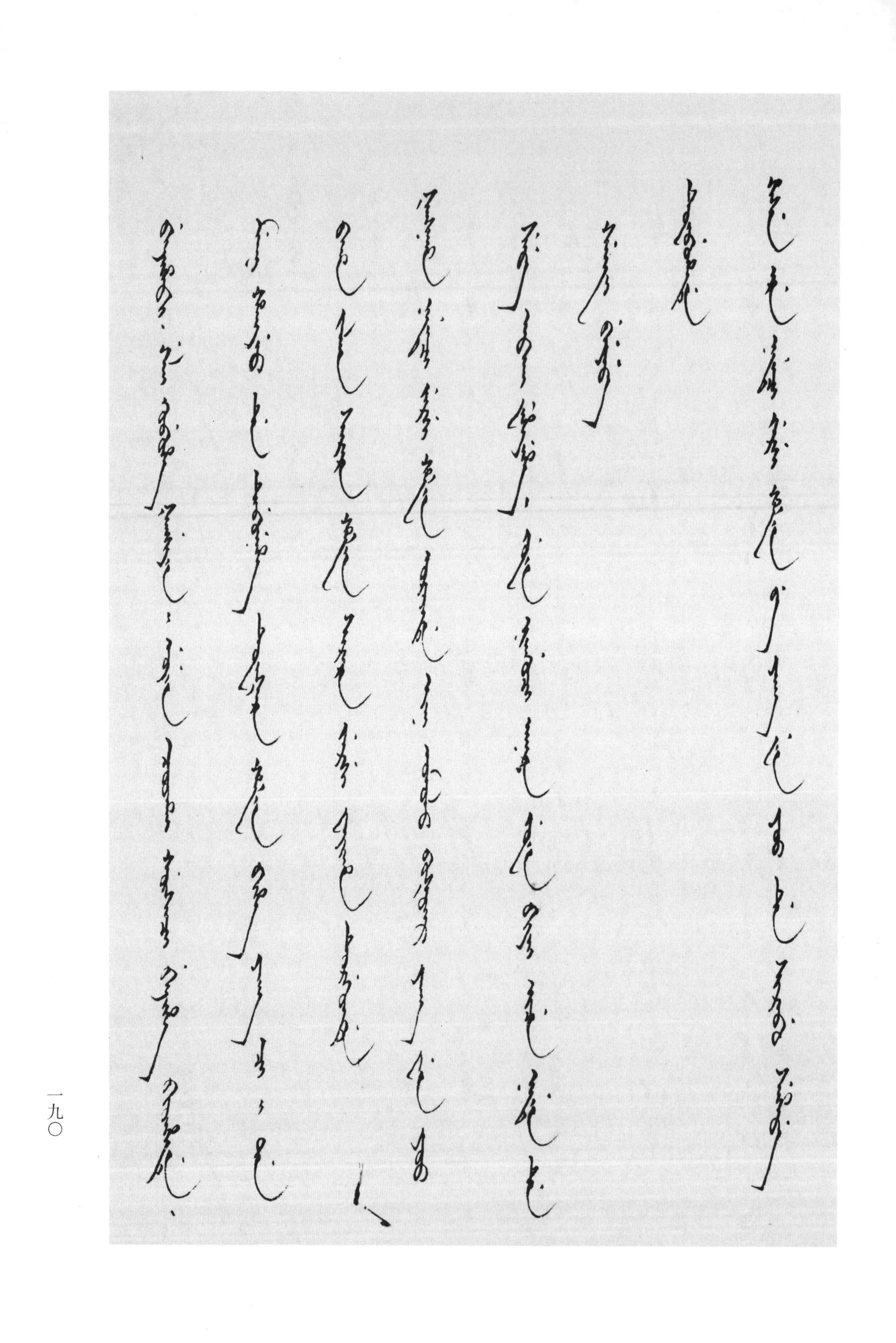

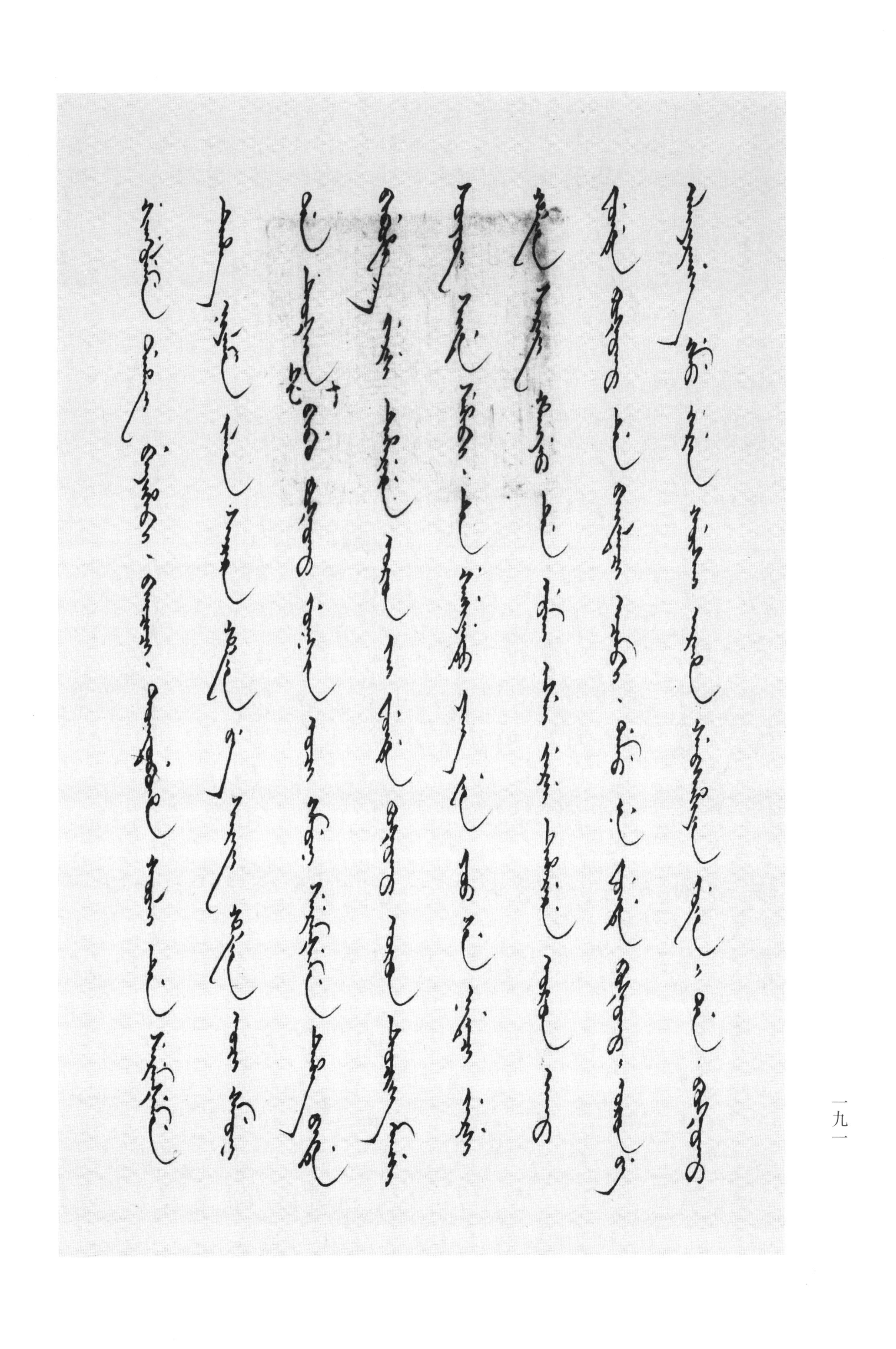

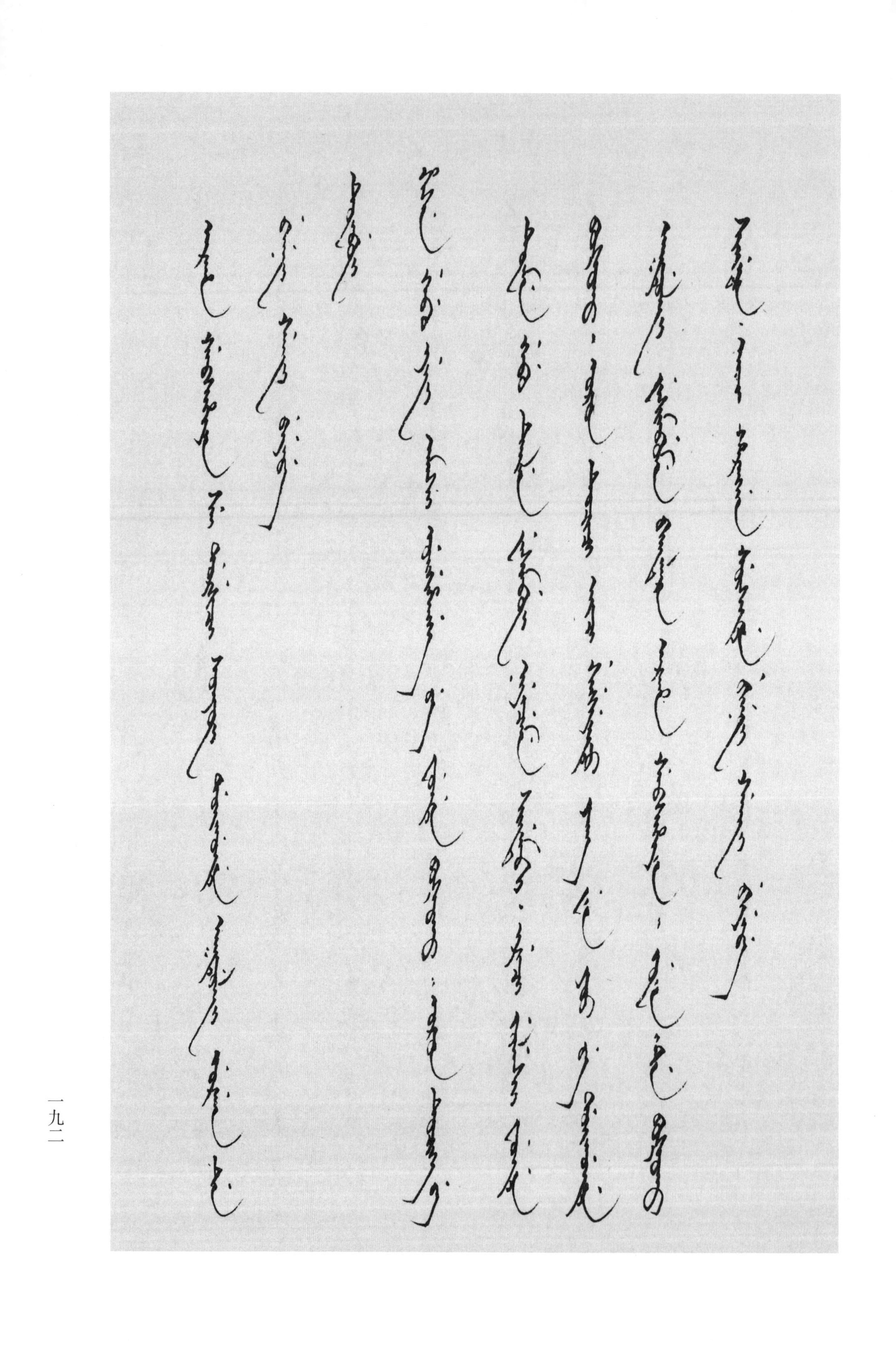

[illegible]

[illegible]

[illegible]

[illegible]

[illegible]

[illegible]

[illegible]

[illegible]

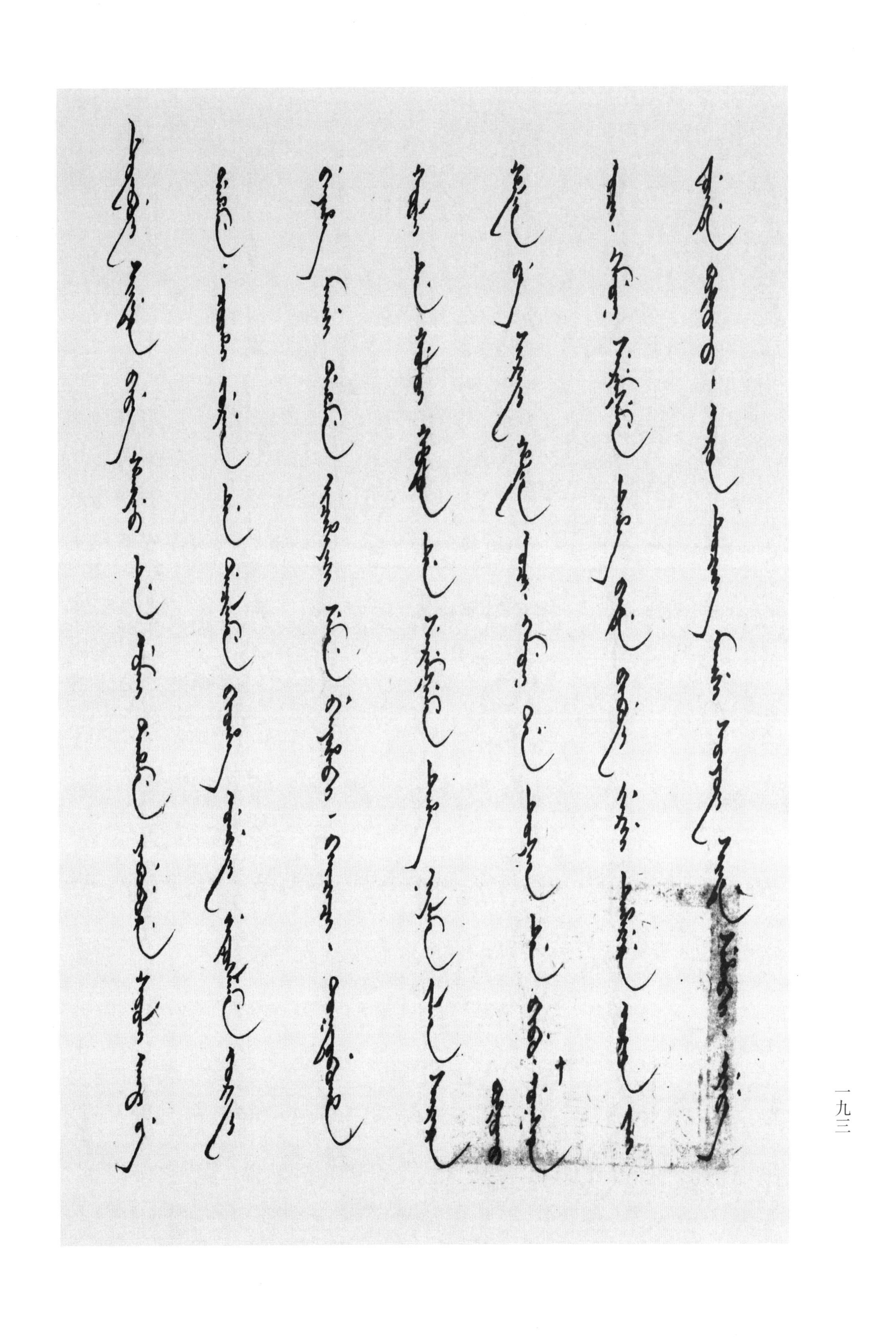

[illegible]

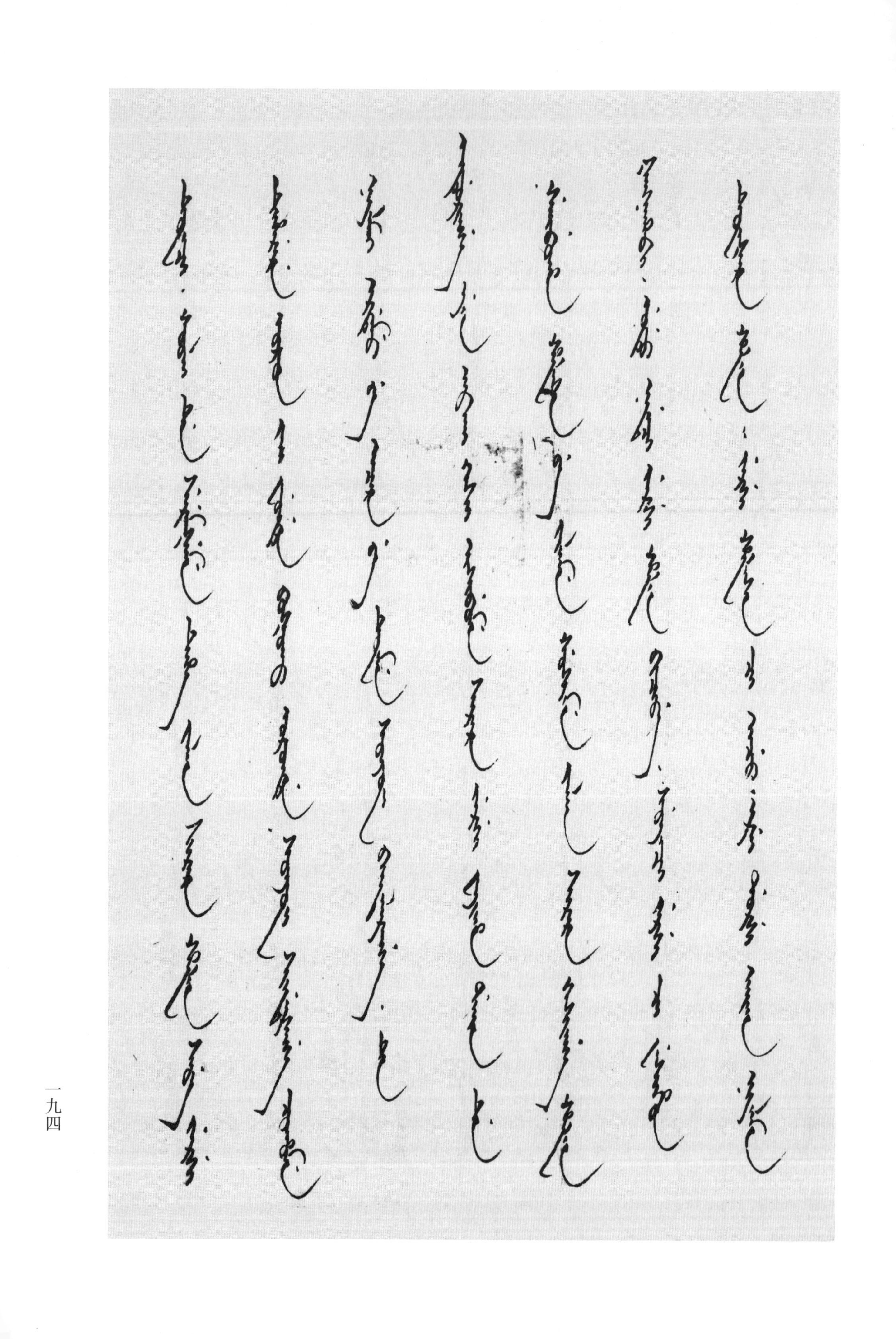

[illegible]
[illegible]
[illegible]
[illegible]
[illegible]
[illegible]

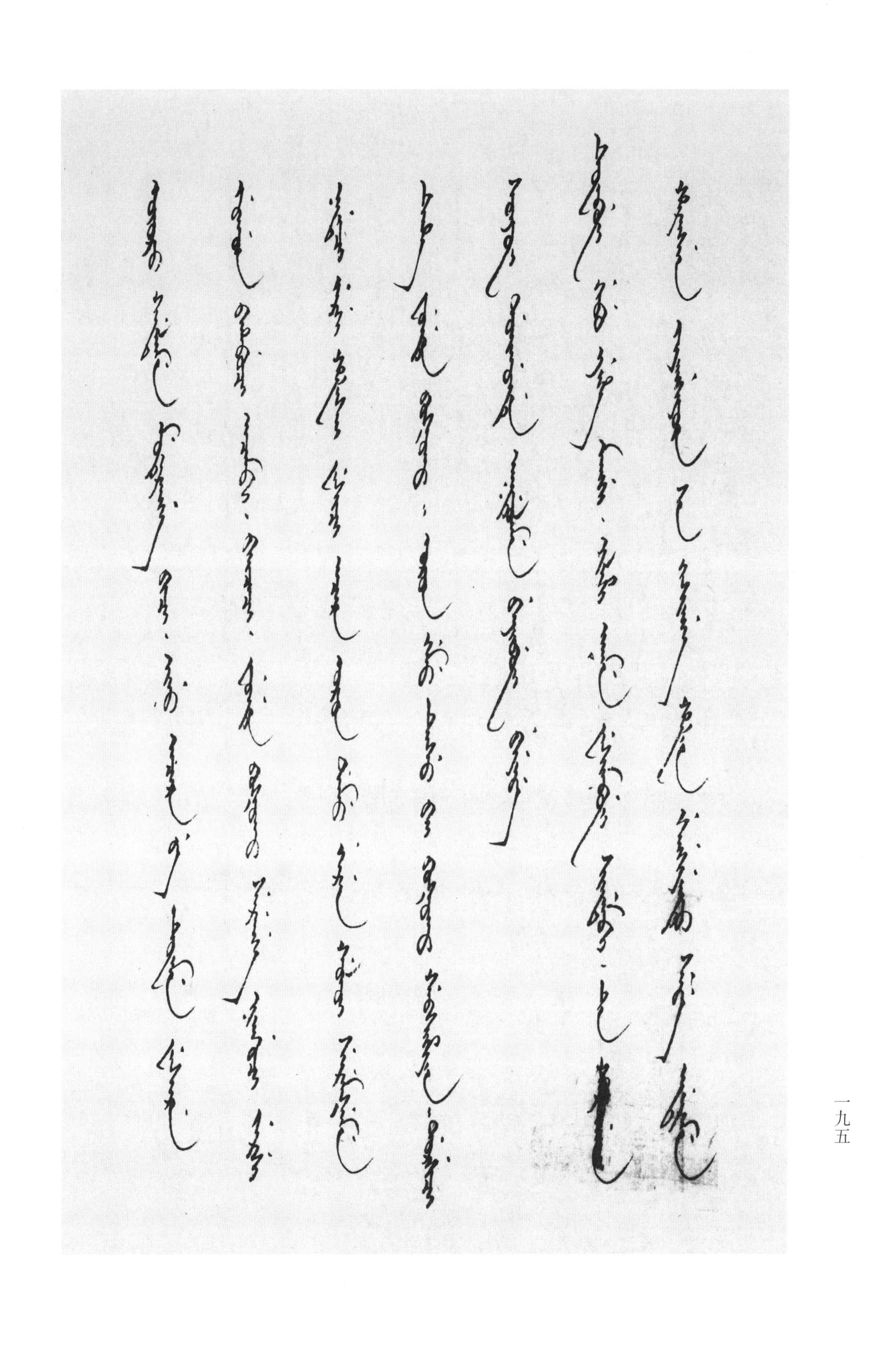

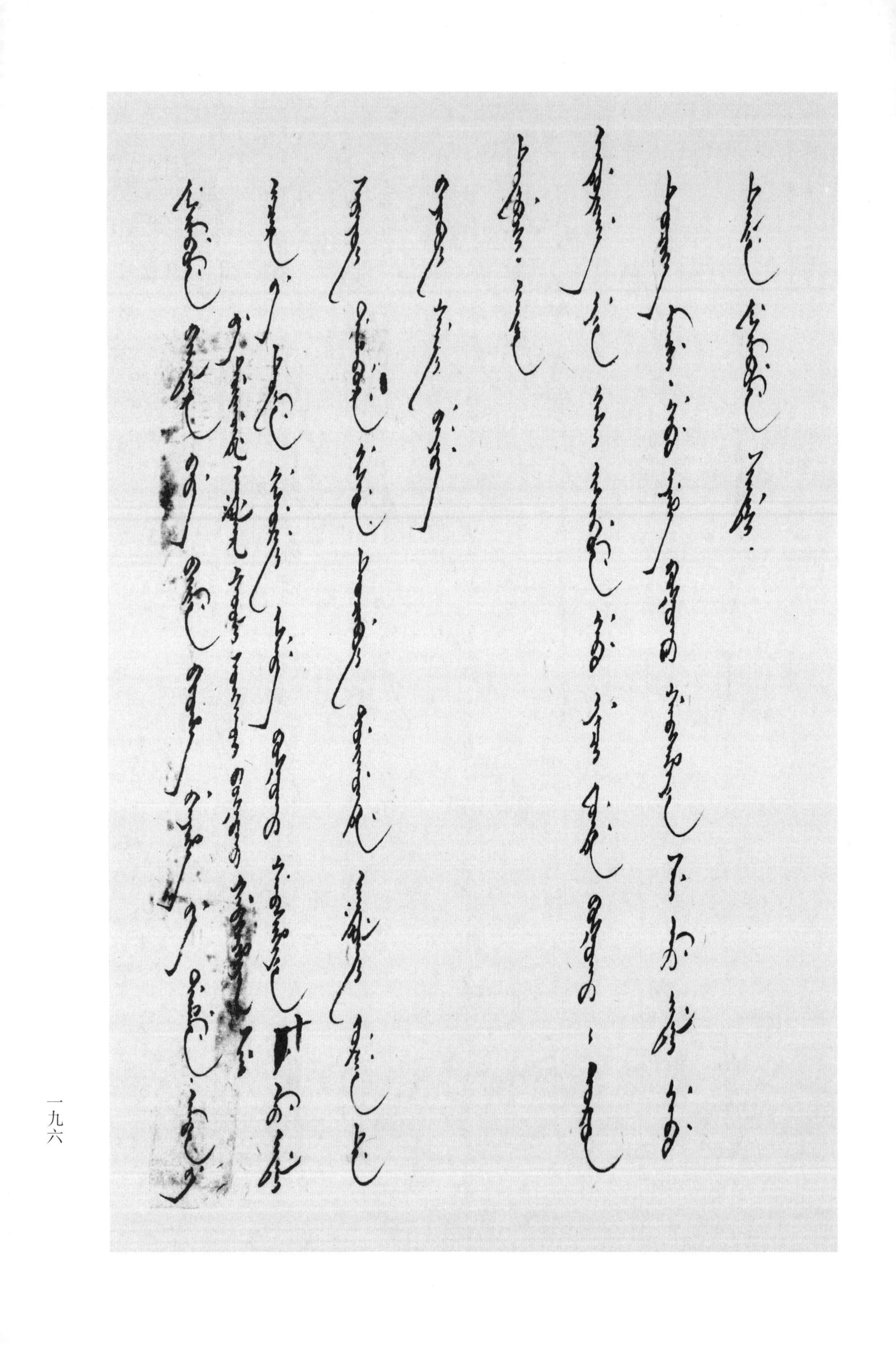

[illegible]

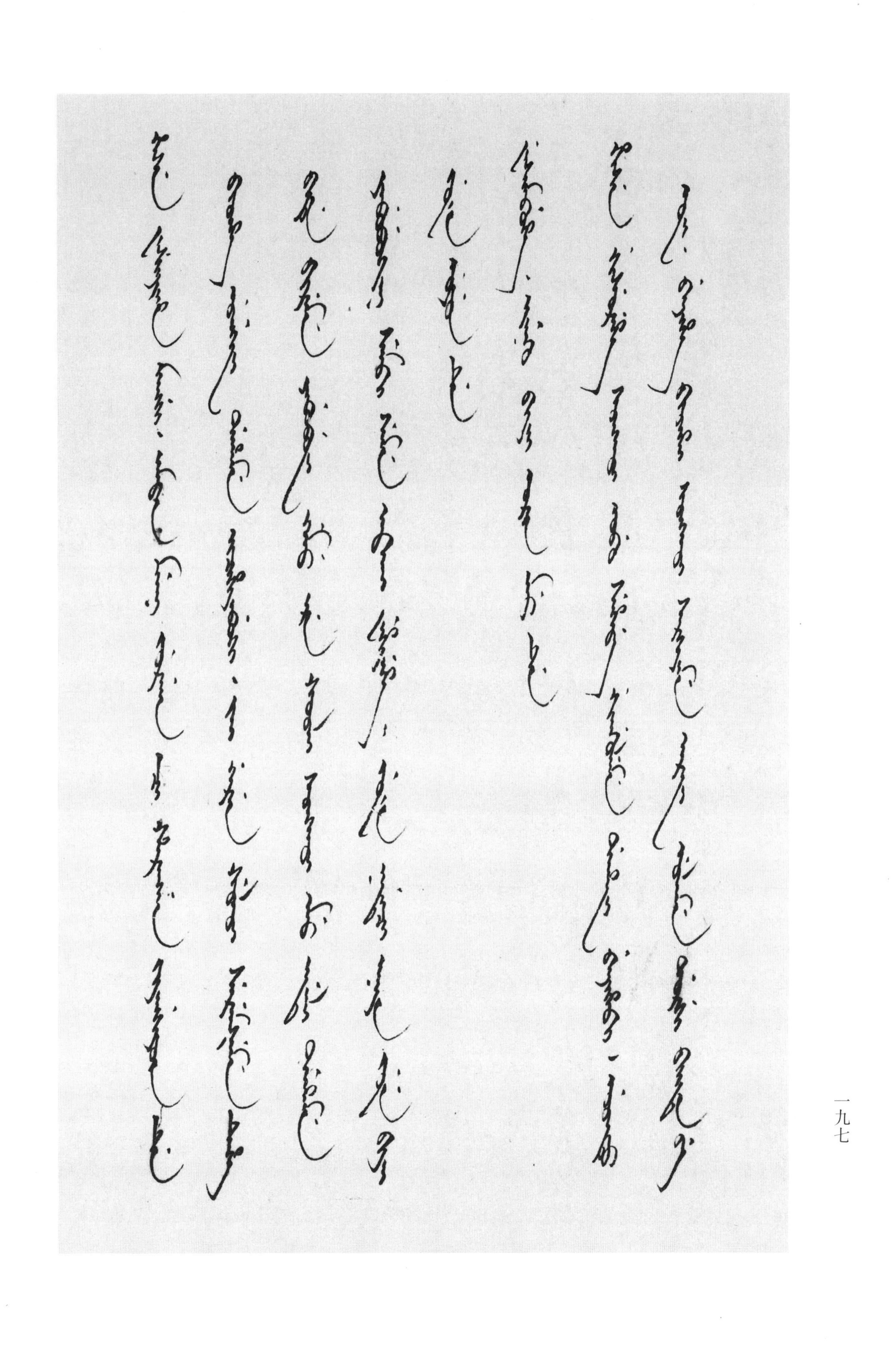

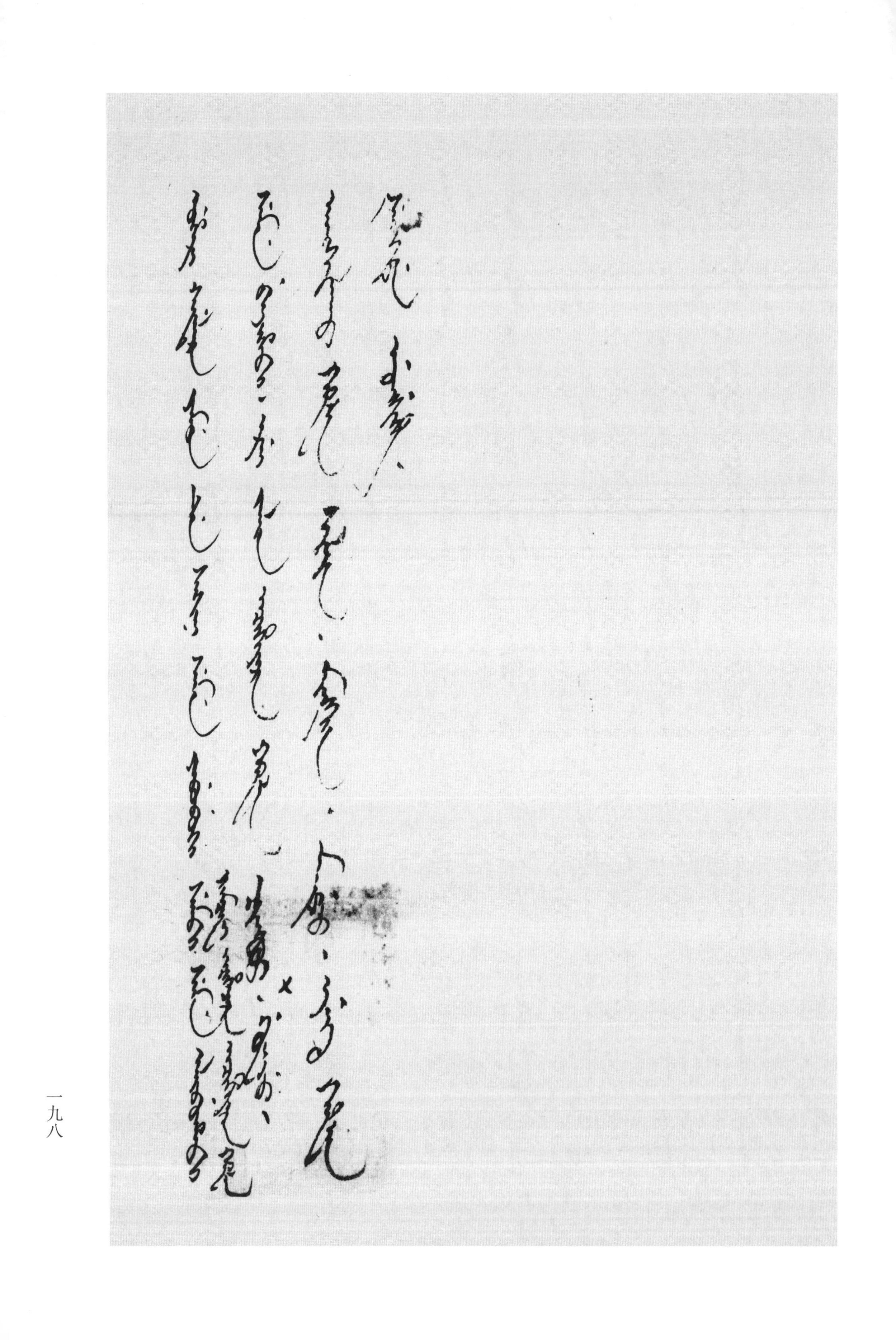

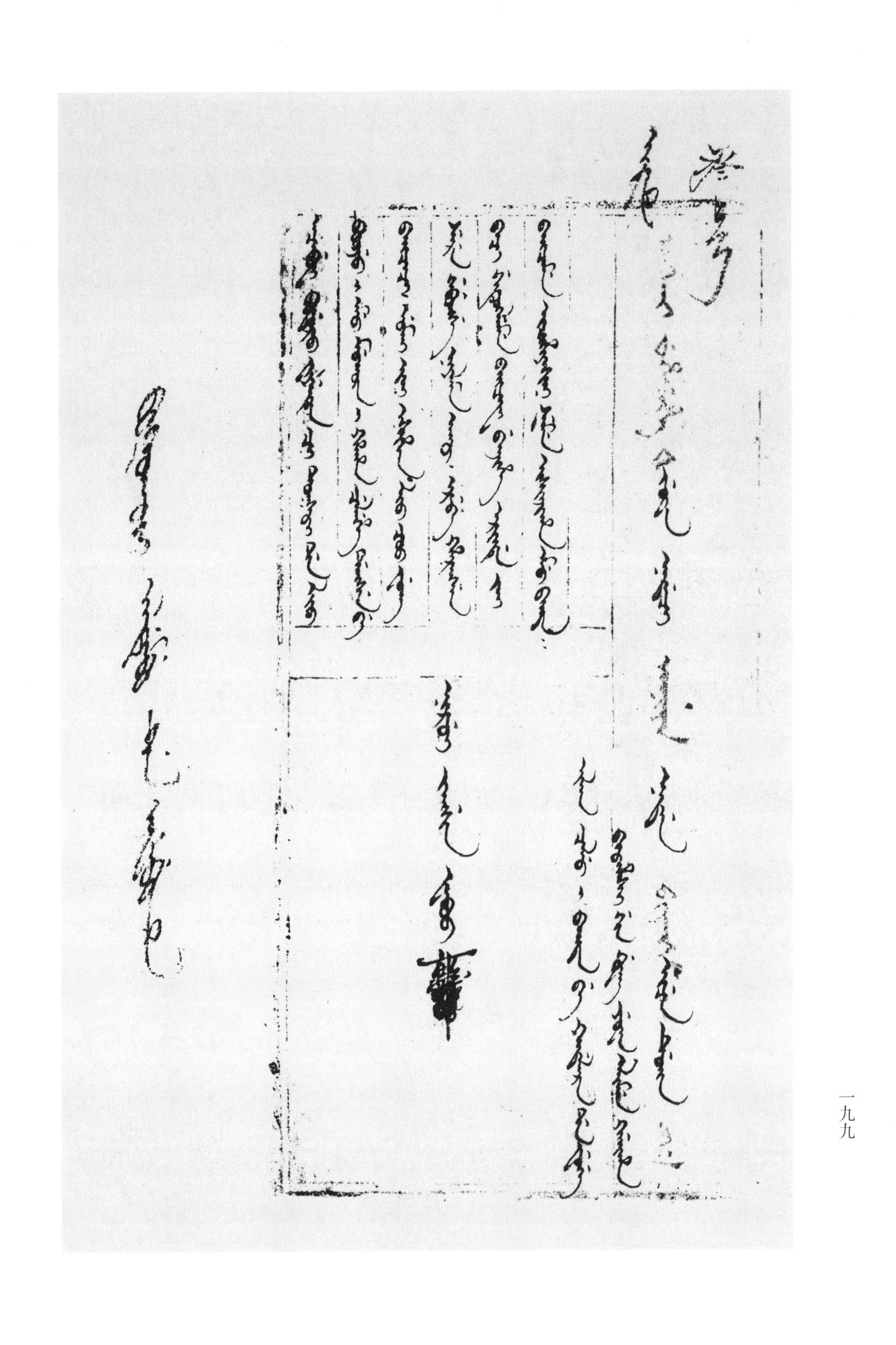

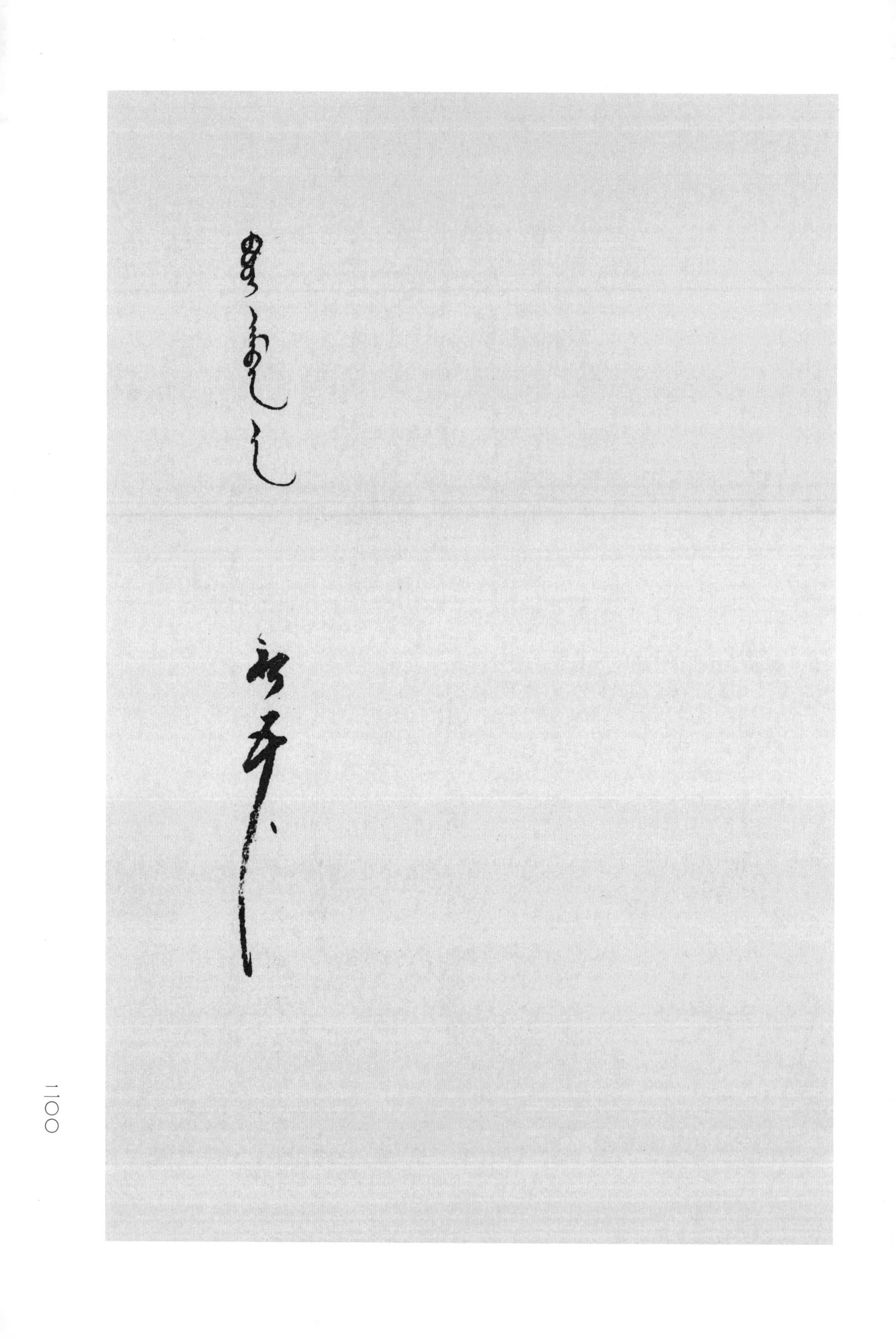

[illegible]

ᠰᠠᡥᠠ

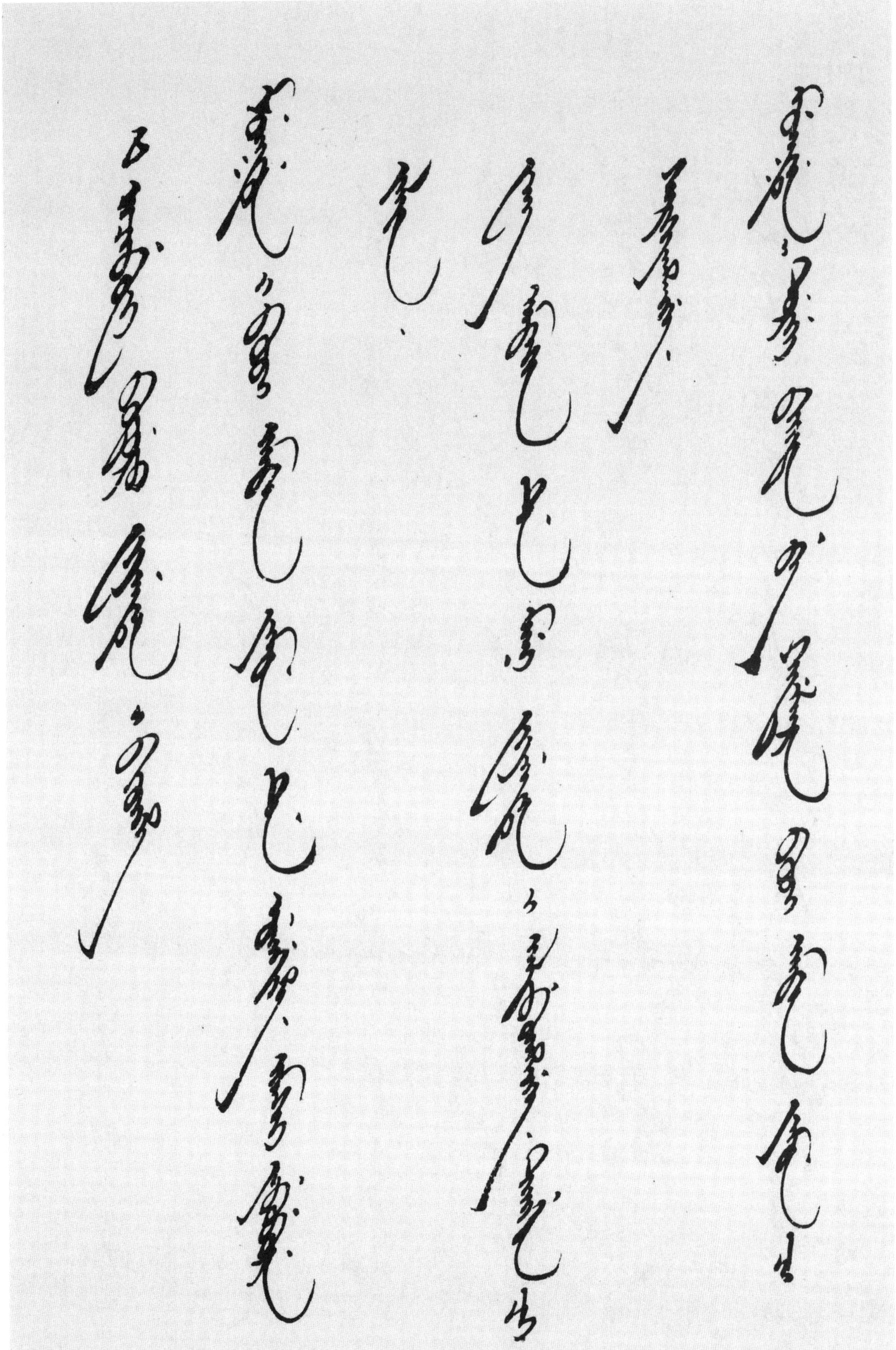

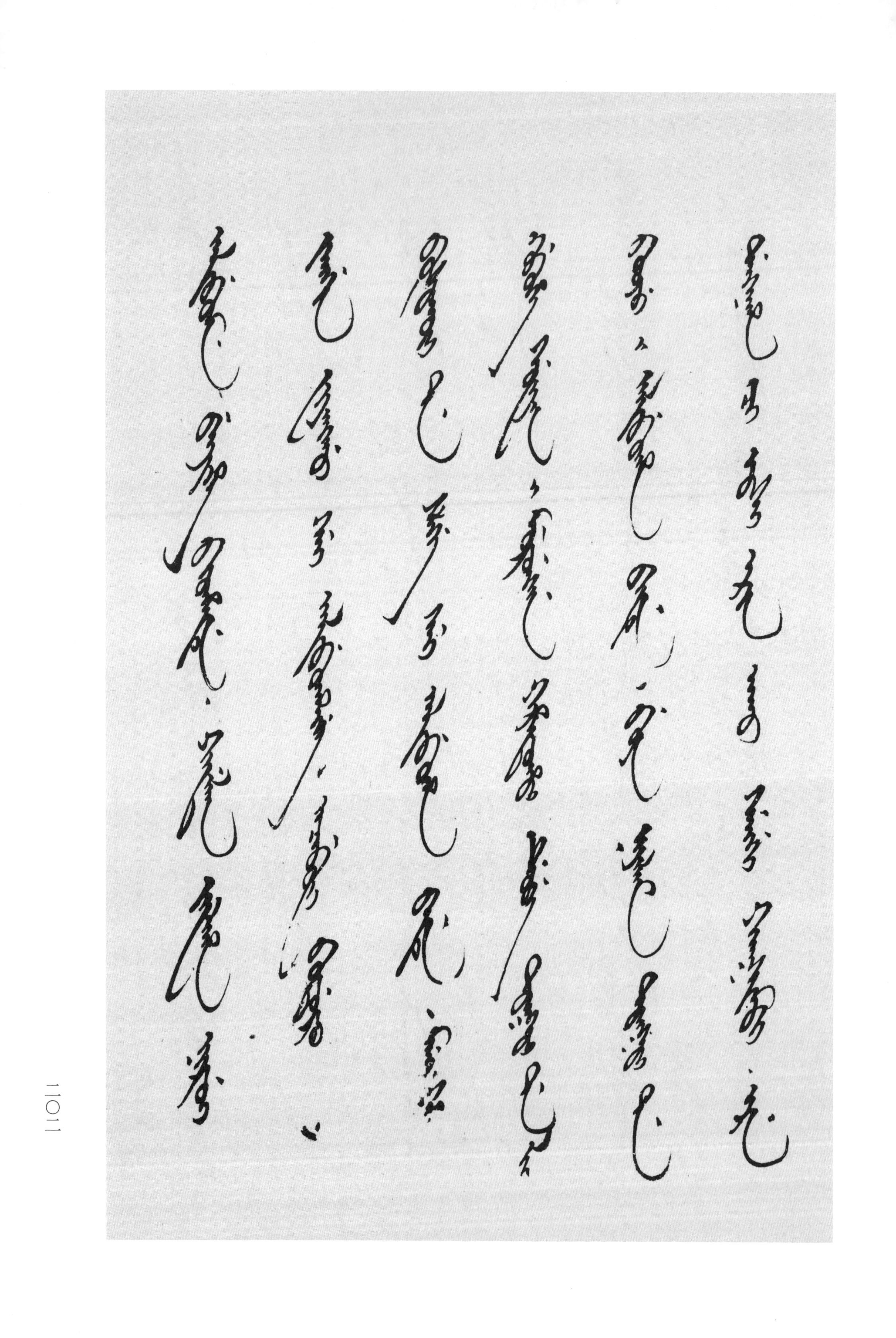

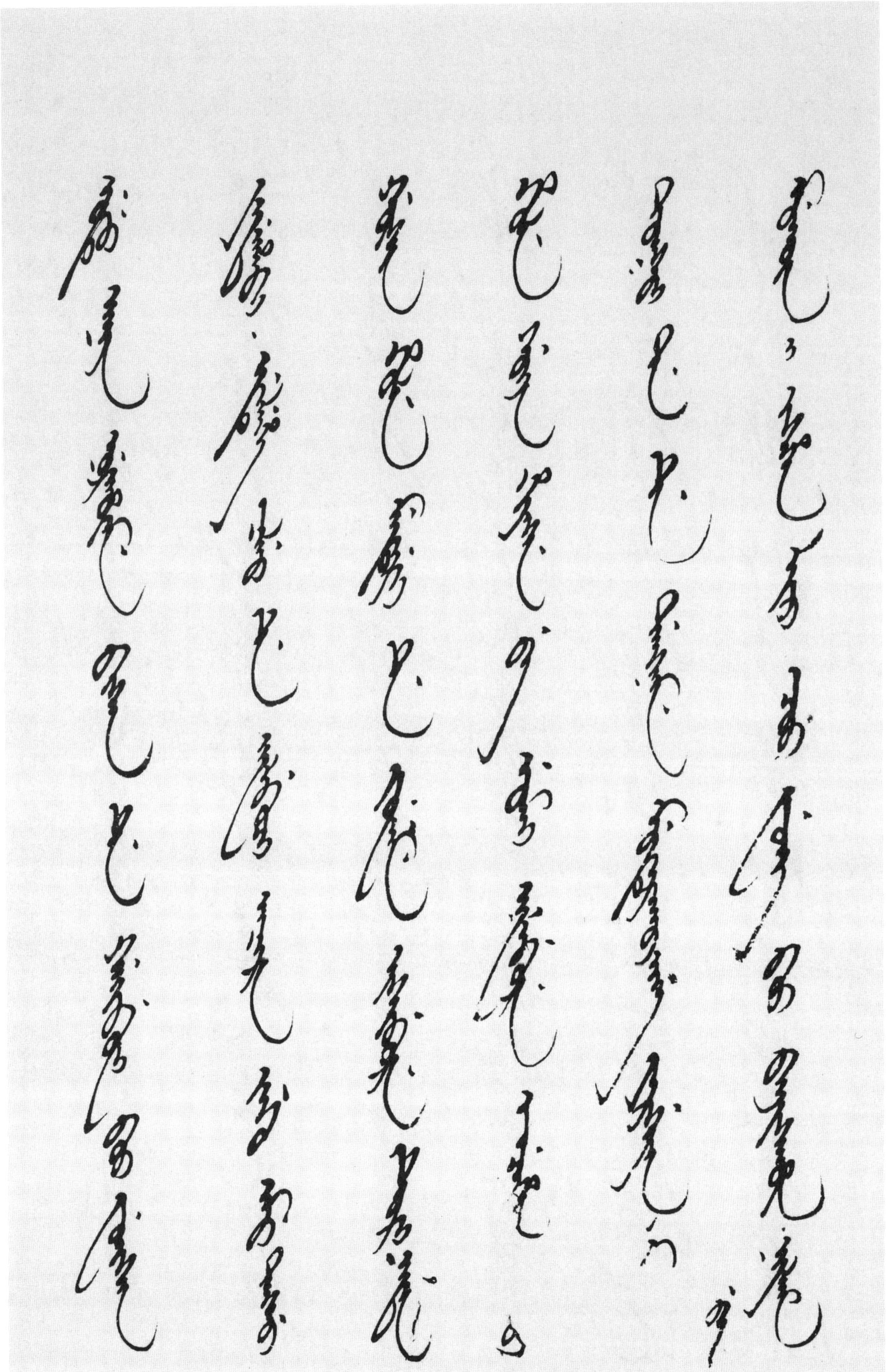

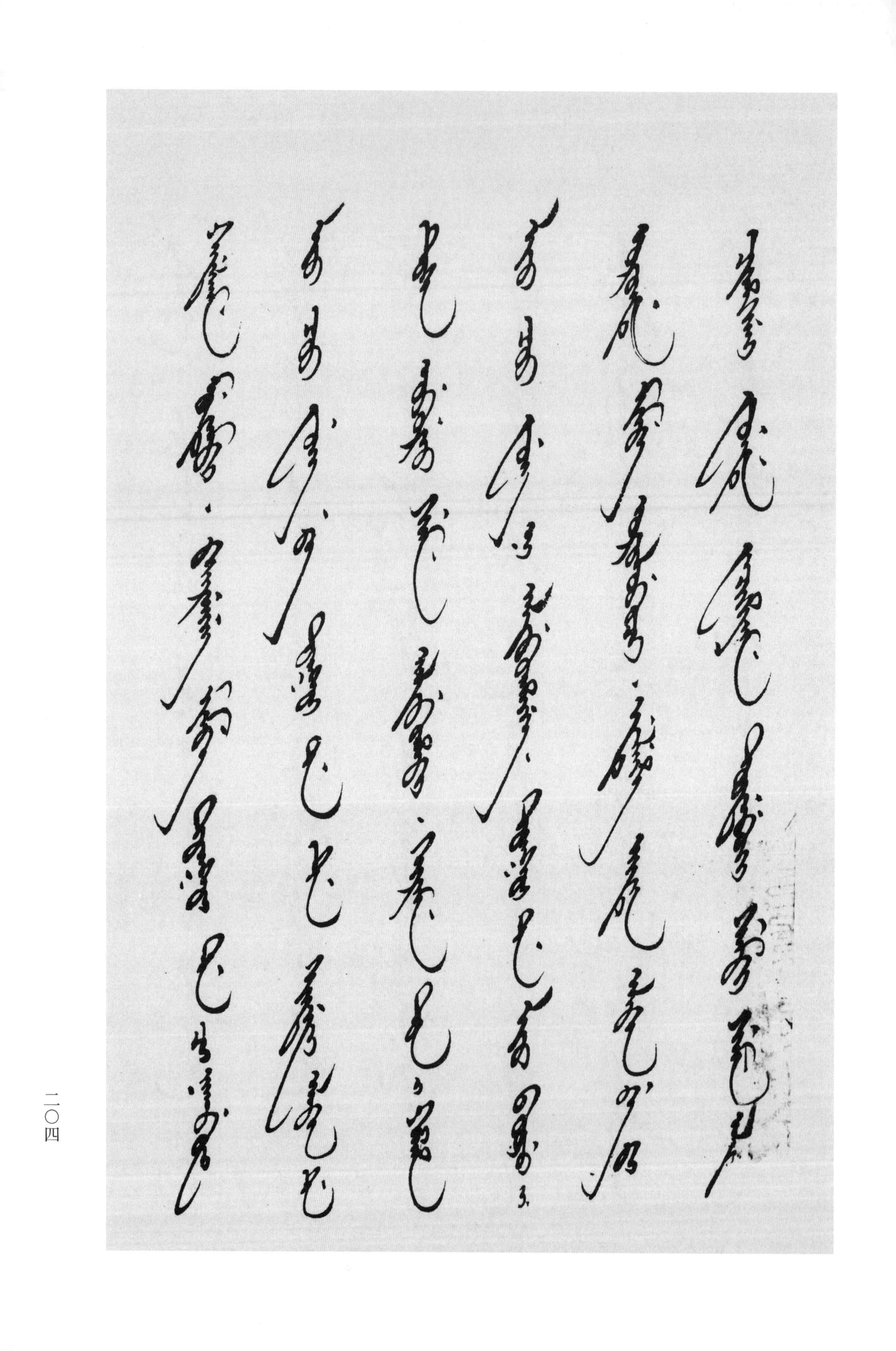

[illegible]

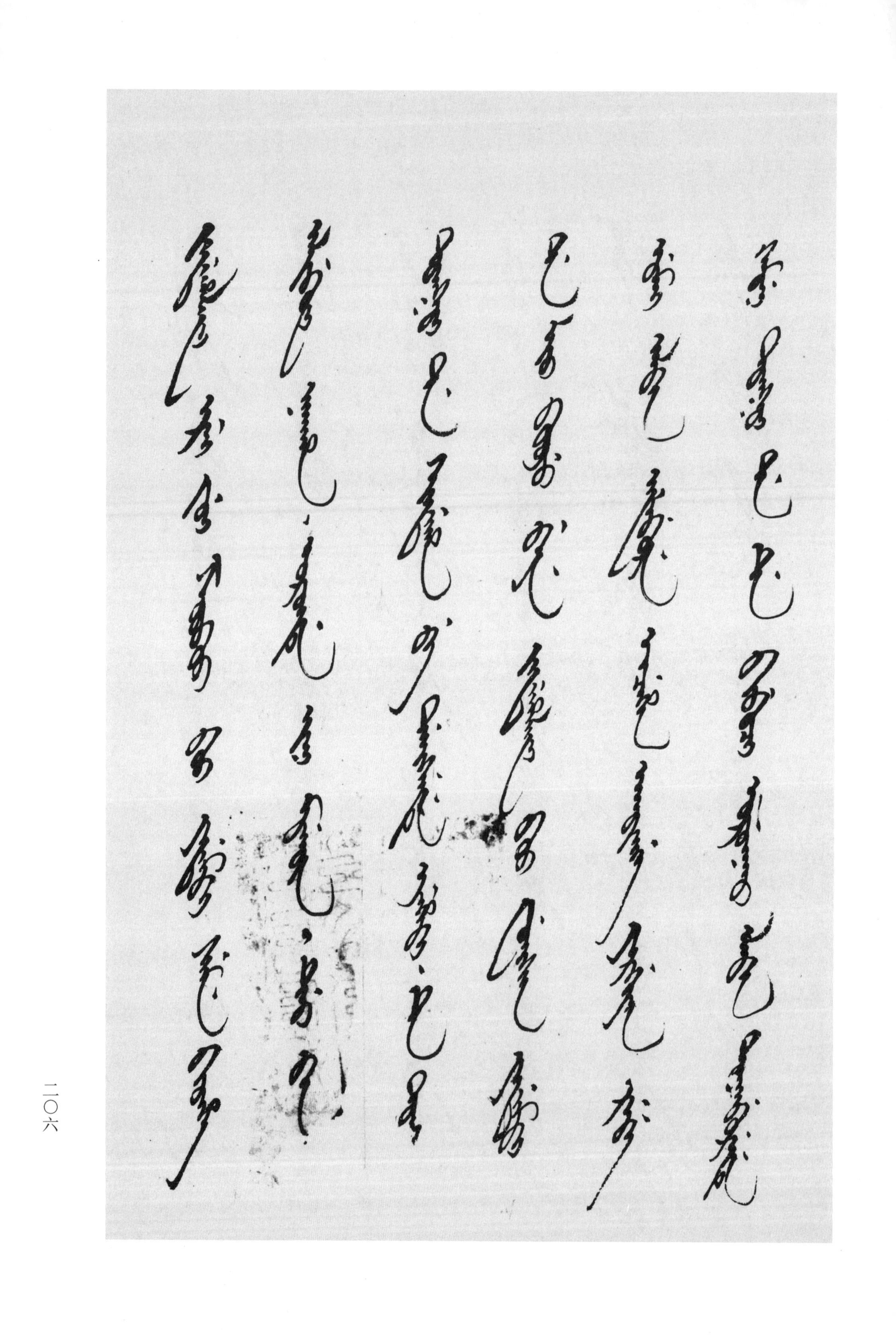

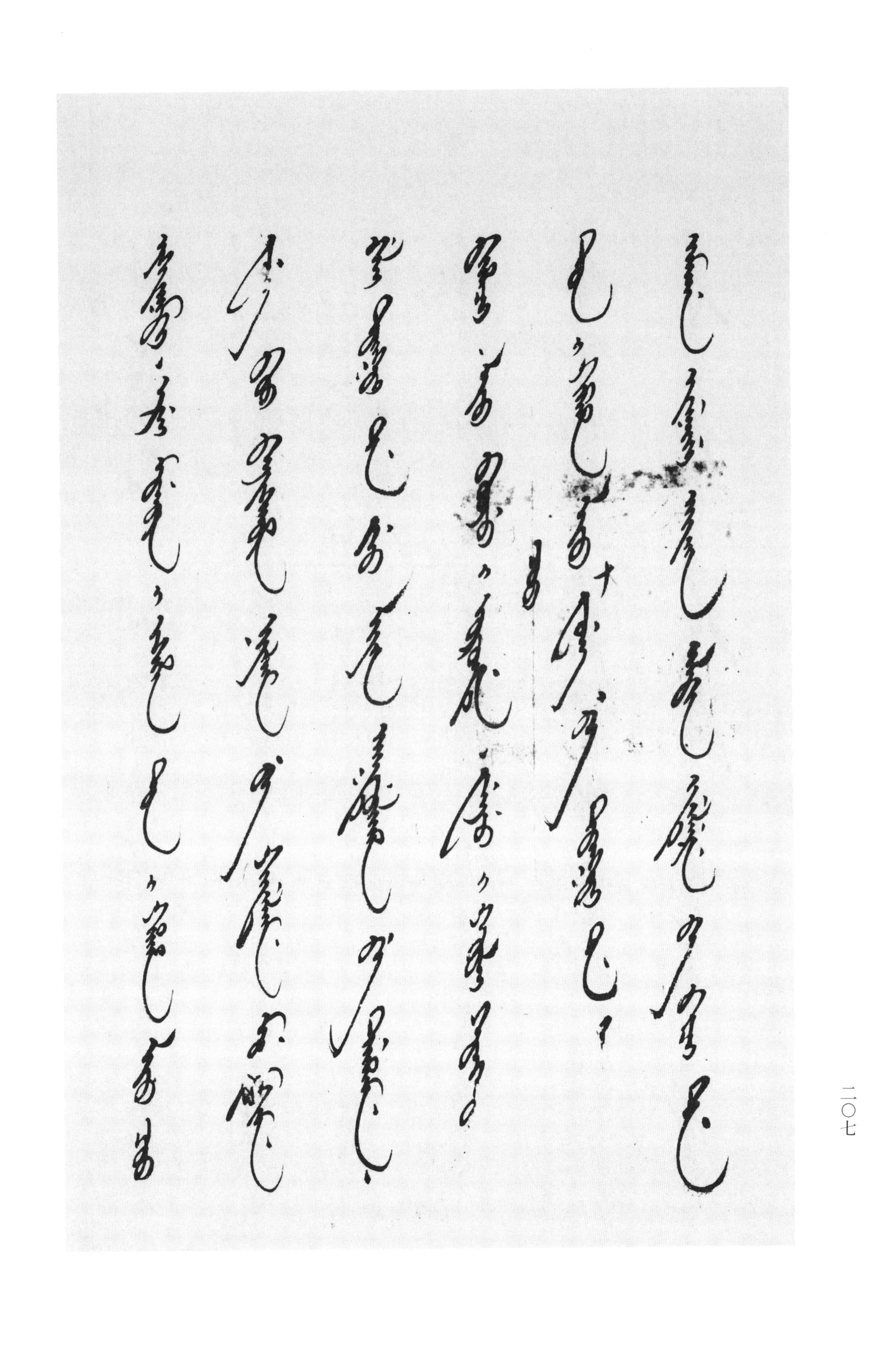

[illegible]

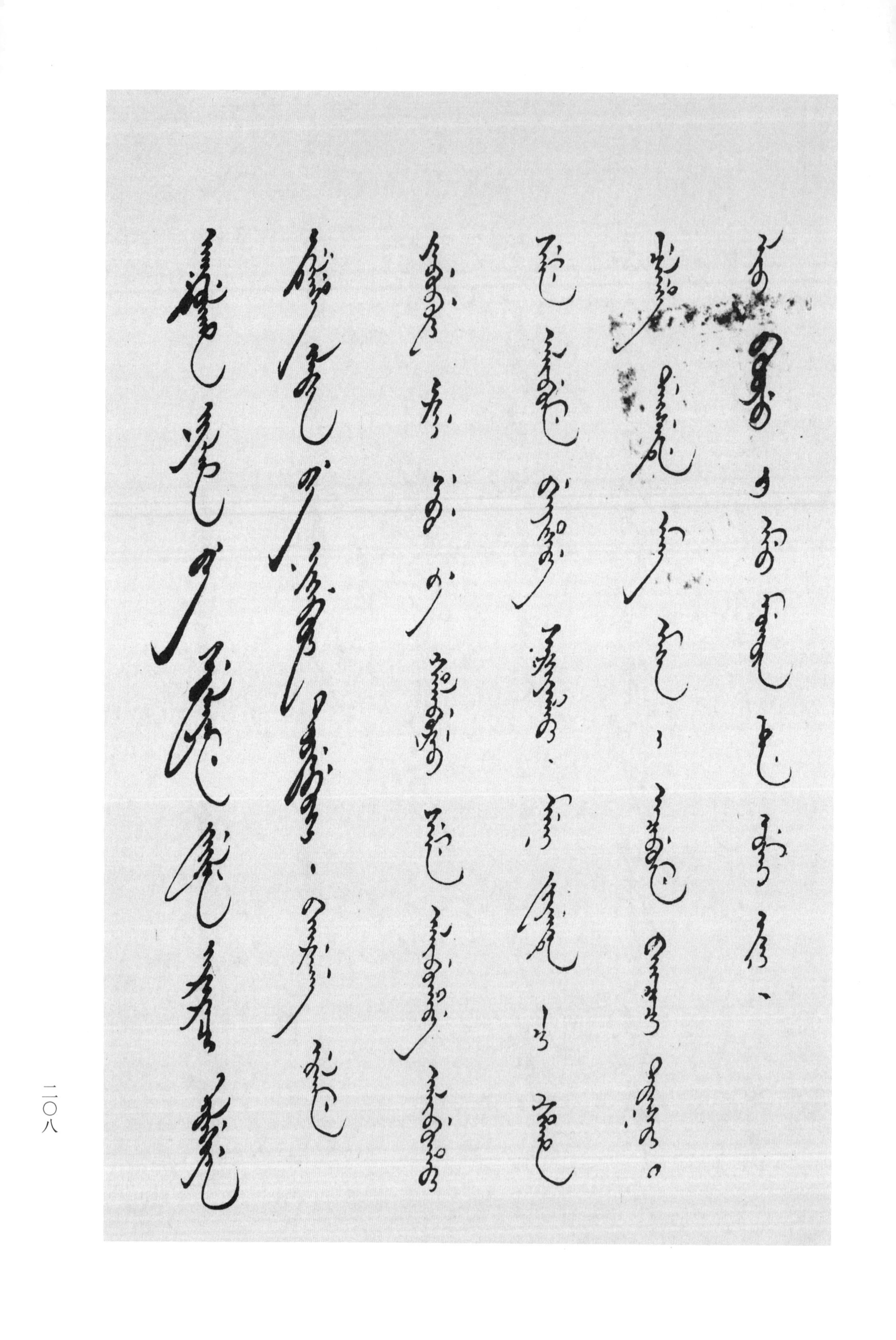

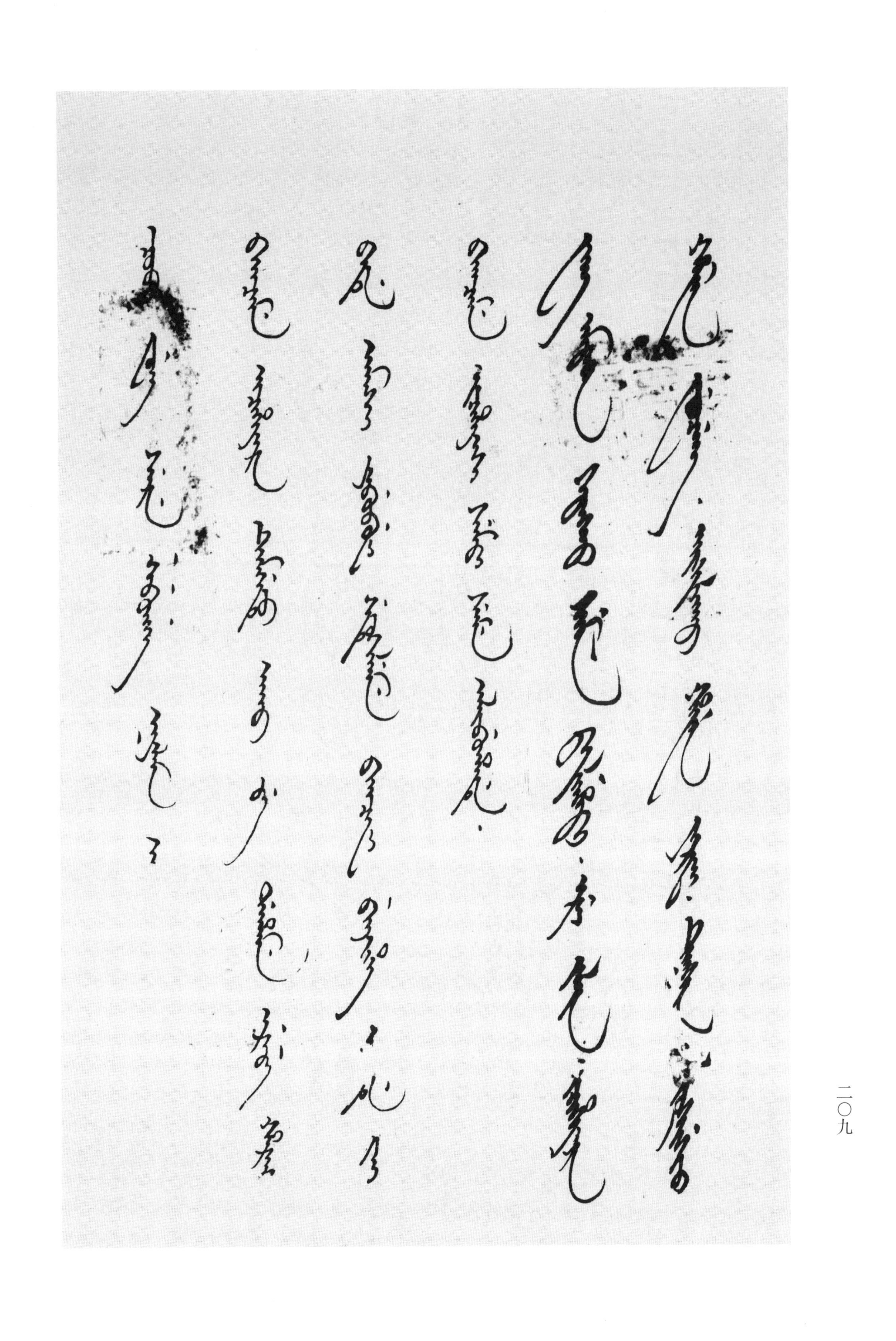

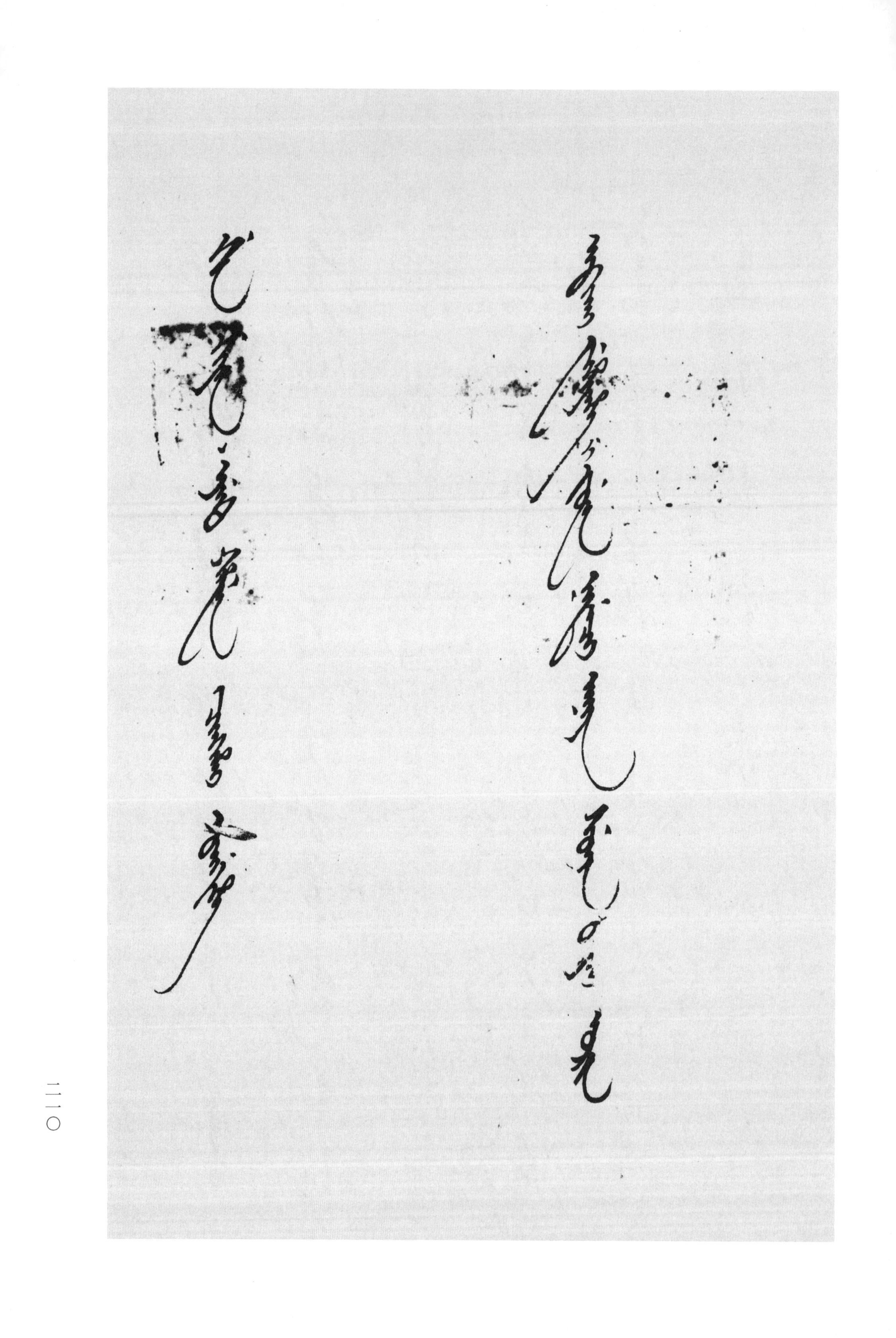

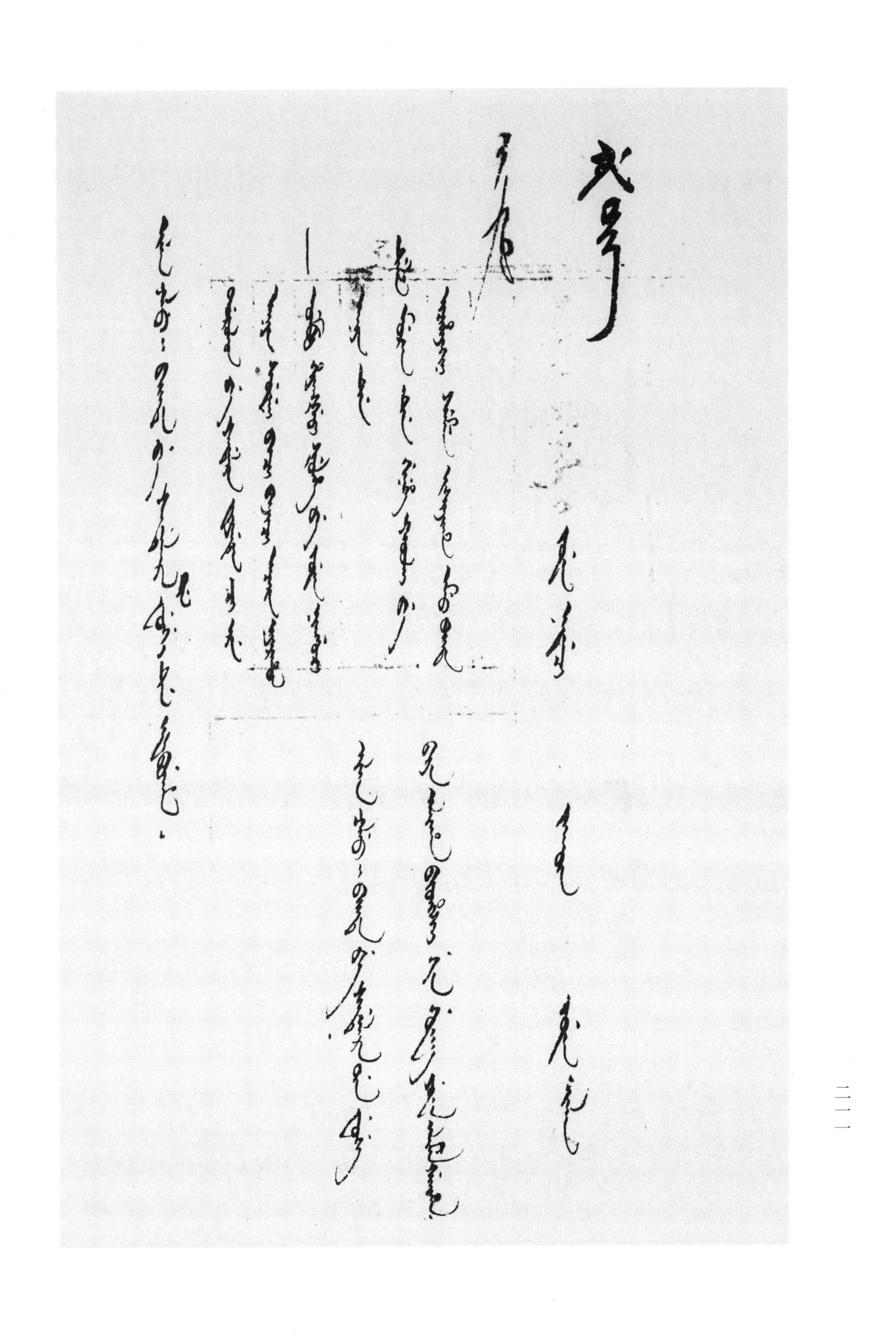

ᠵᡠᠸᠠᠨ ᡩᡠᡳᠨ

十四日

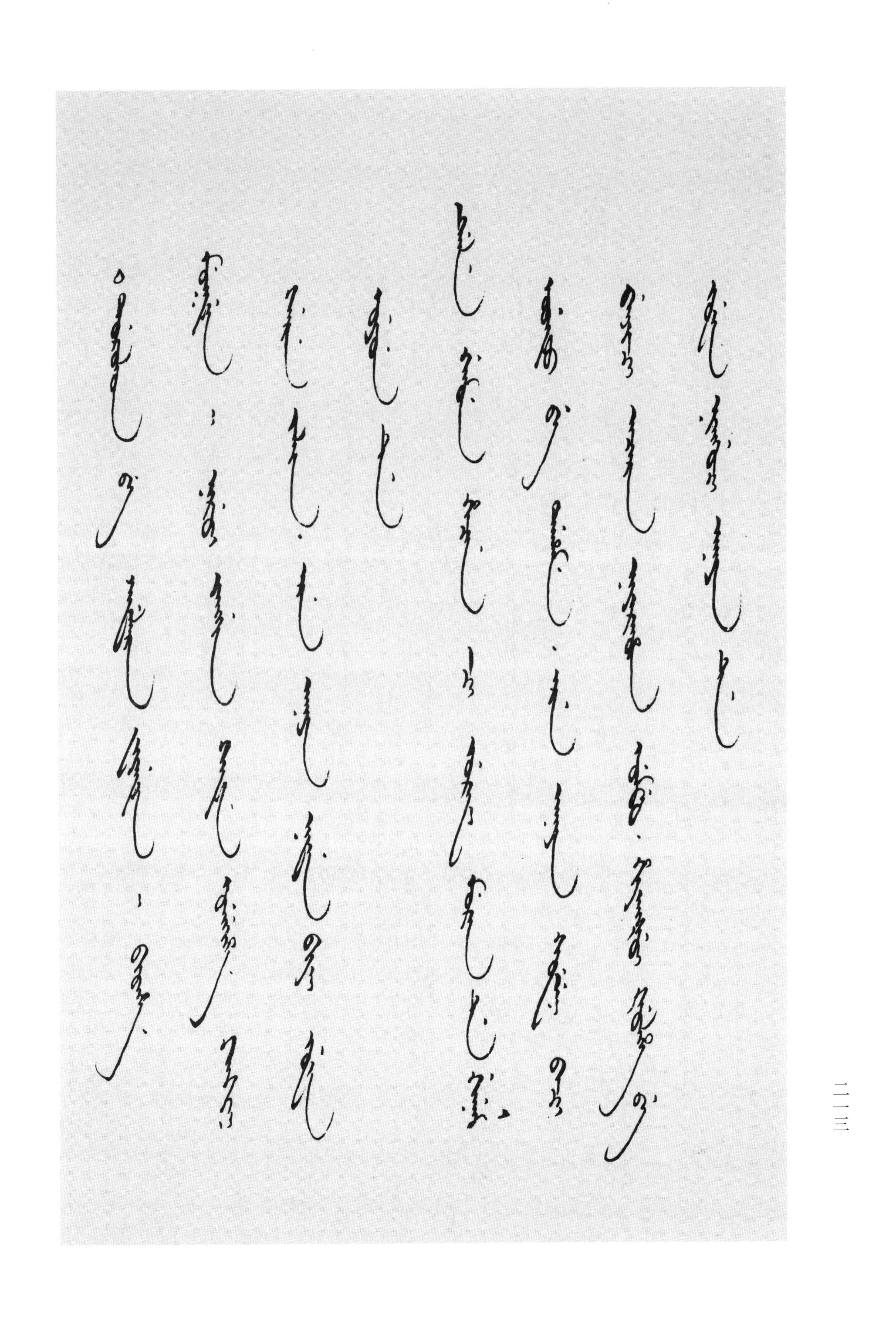

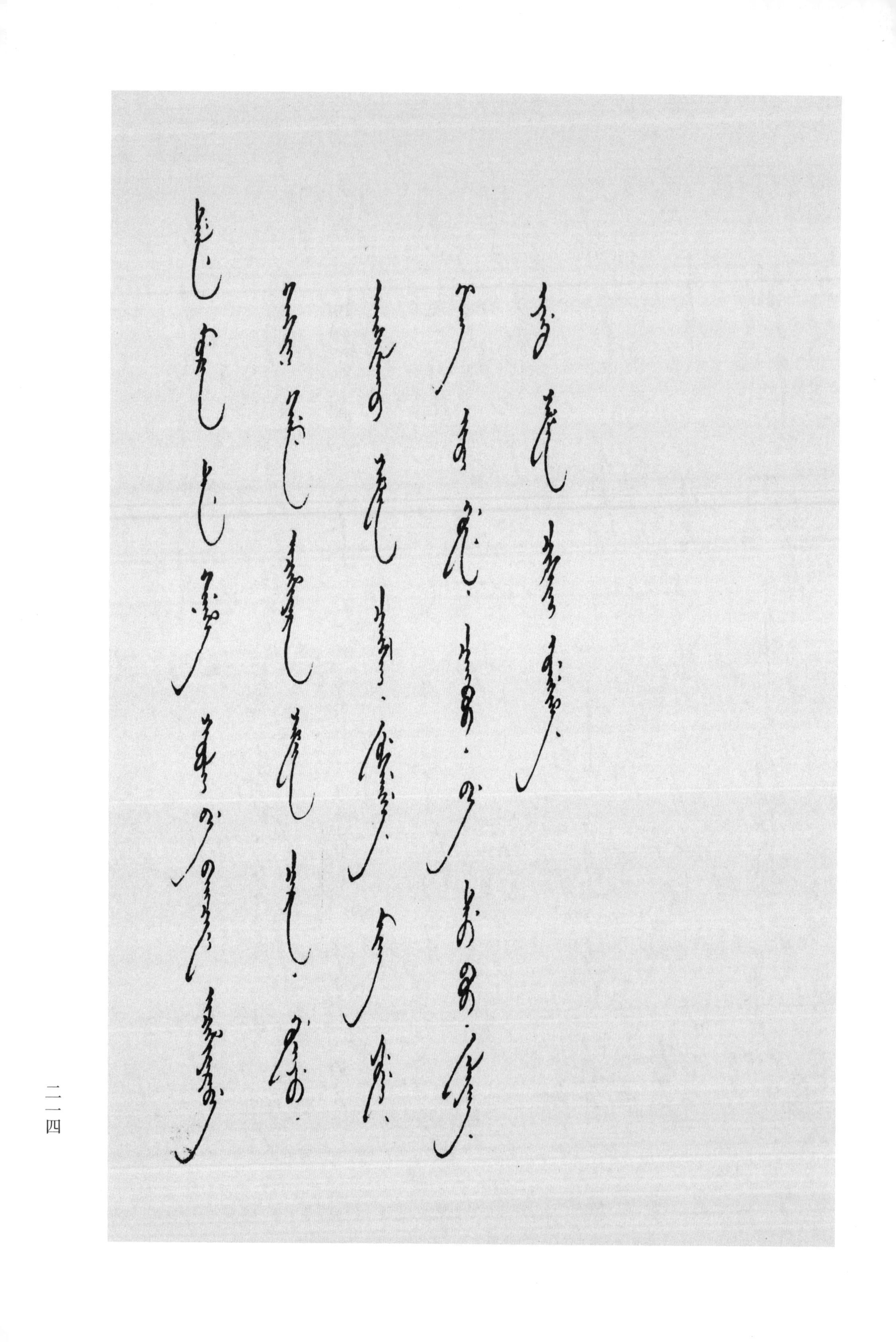

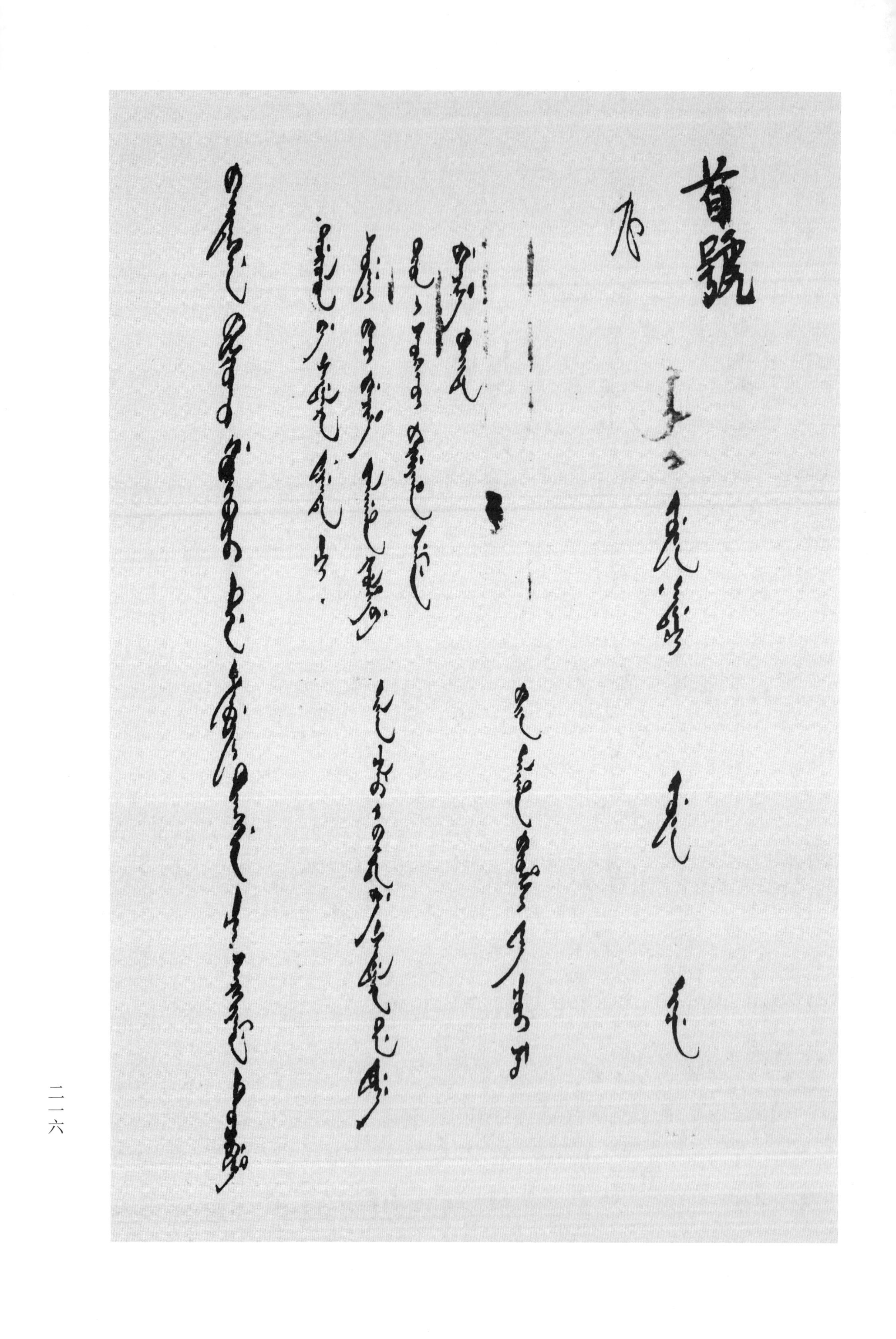

首號

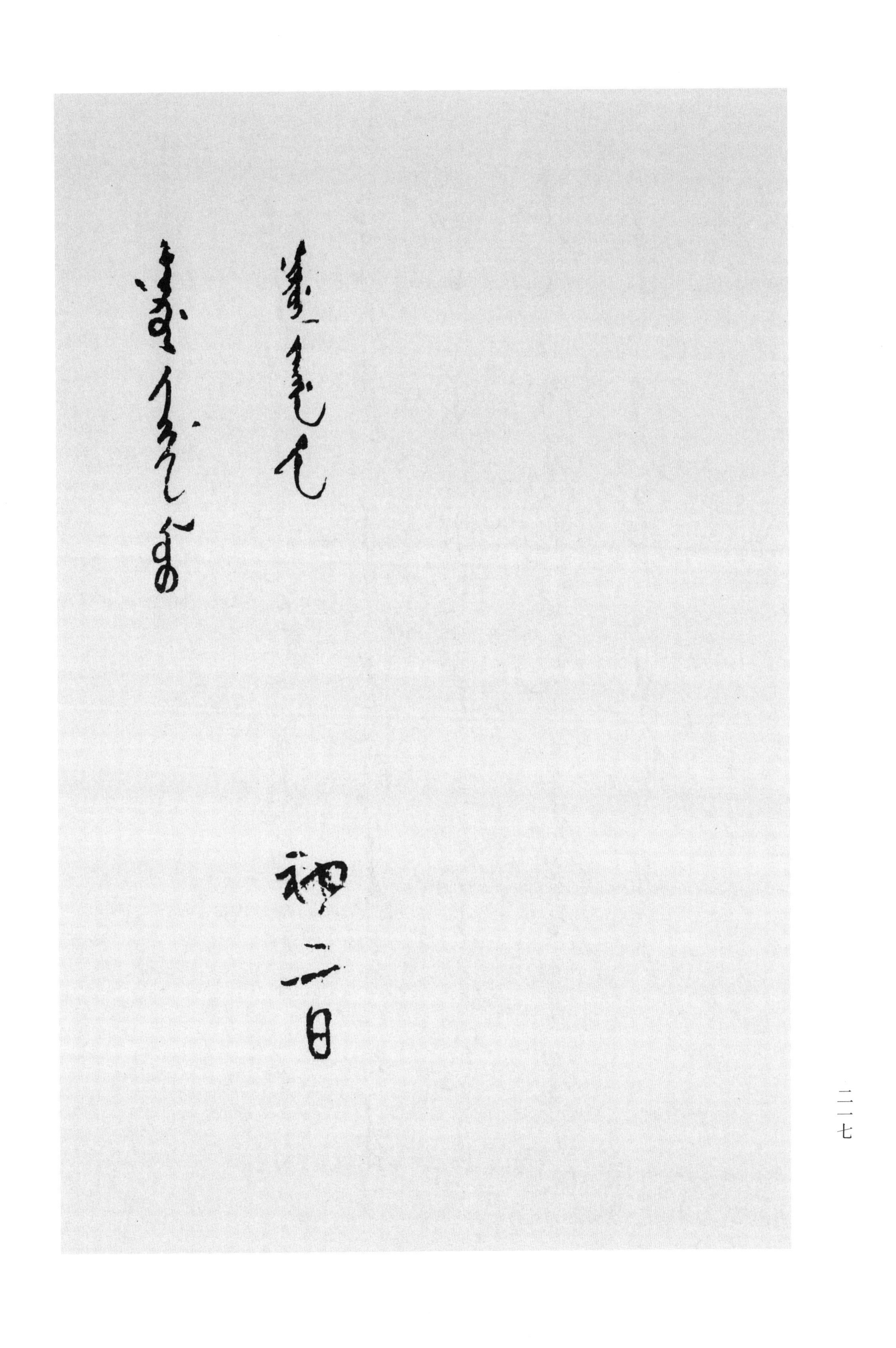

[illegible]

[illegible]

初二日

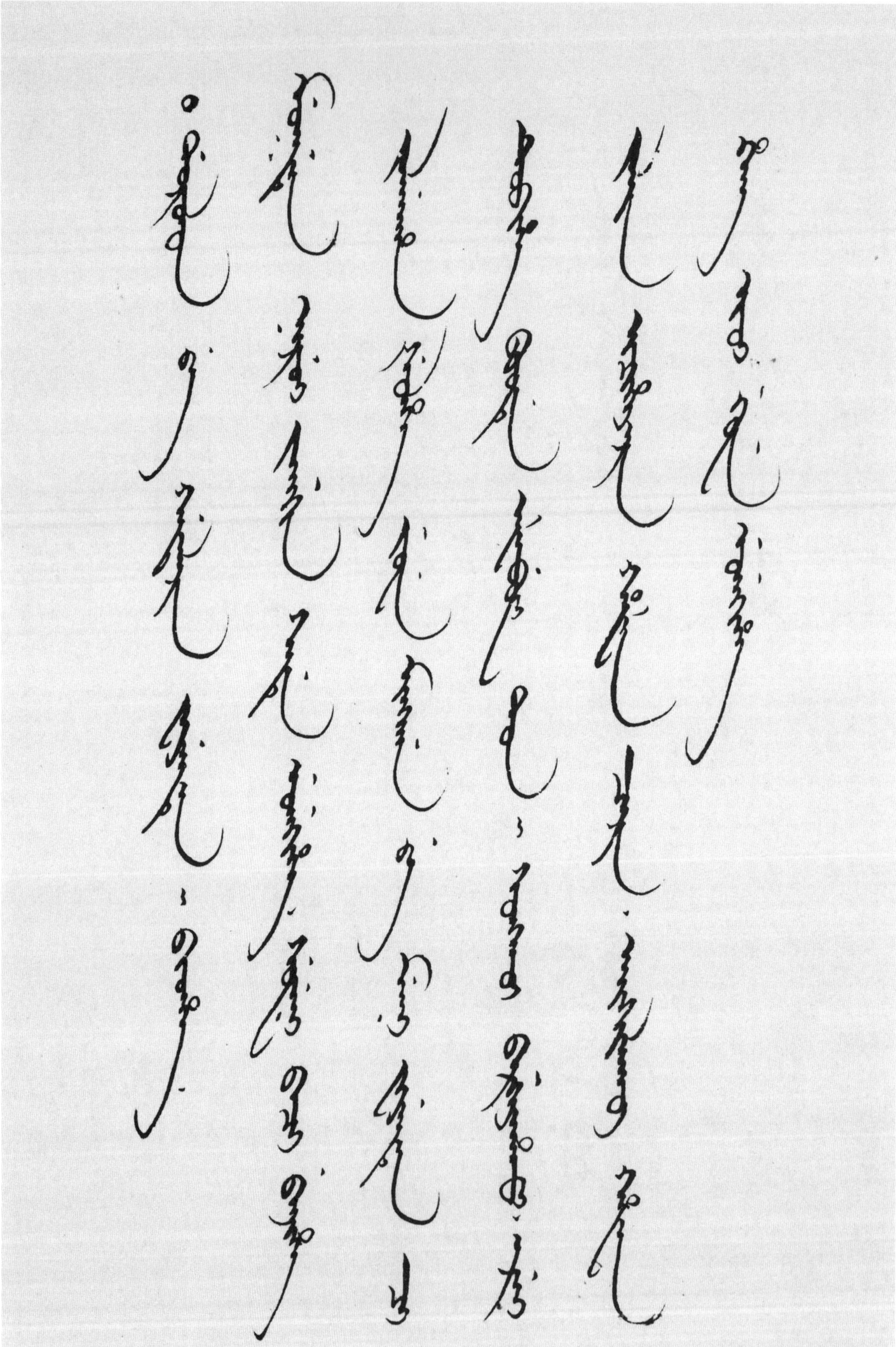

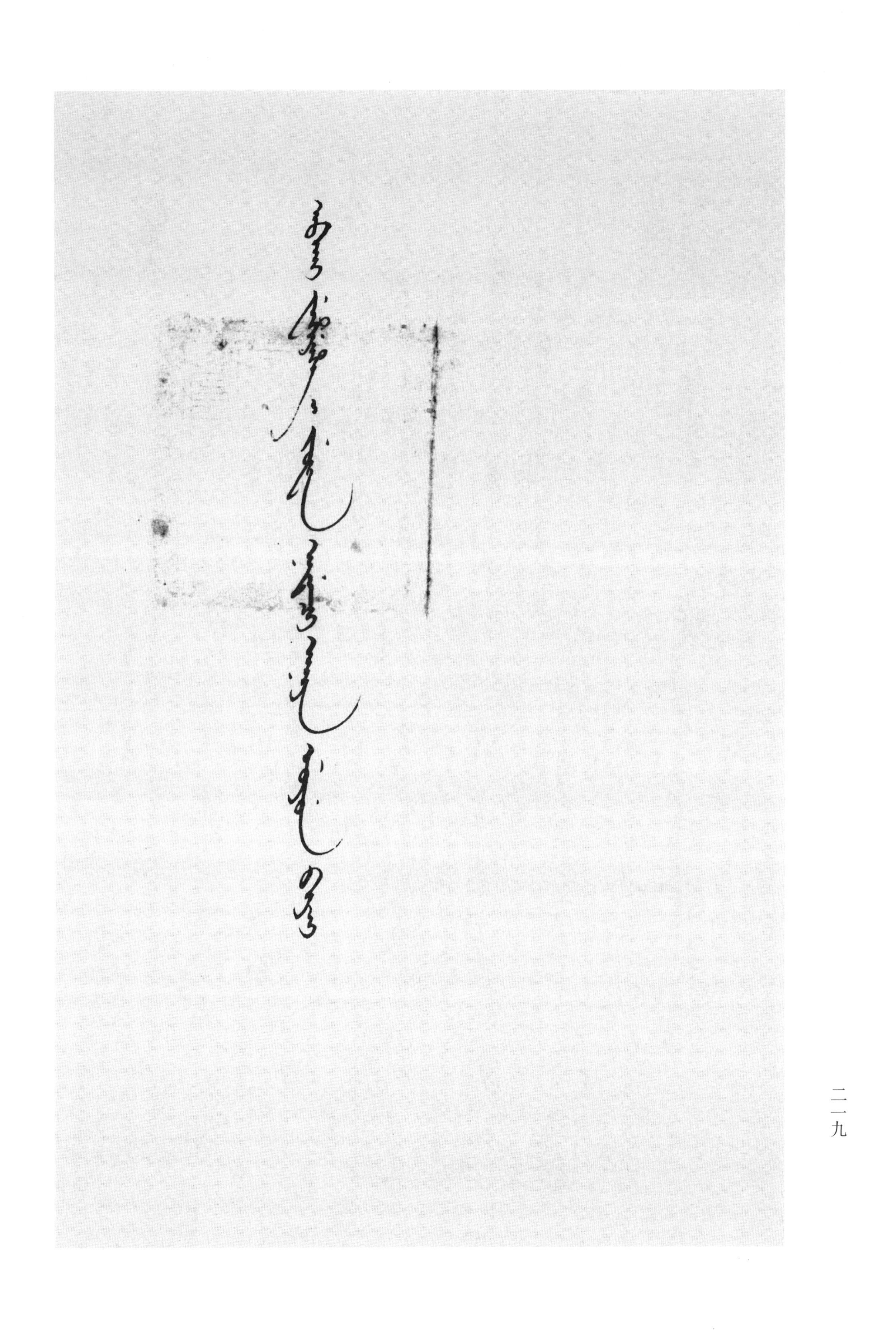

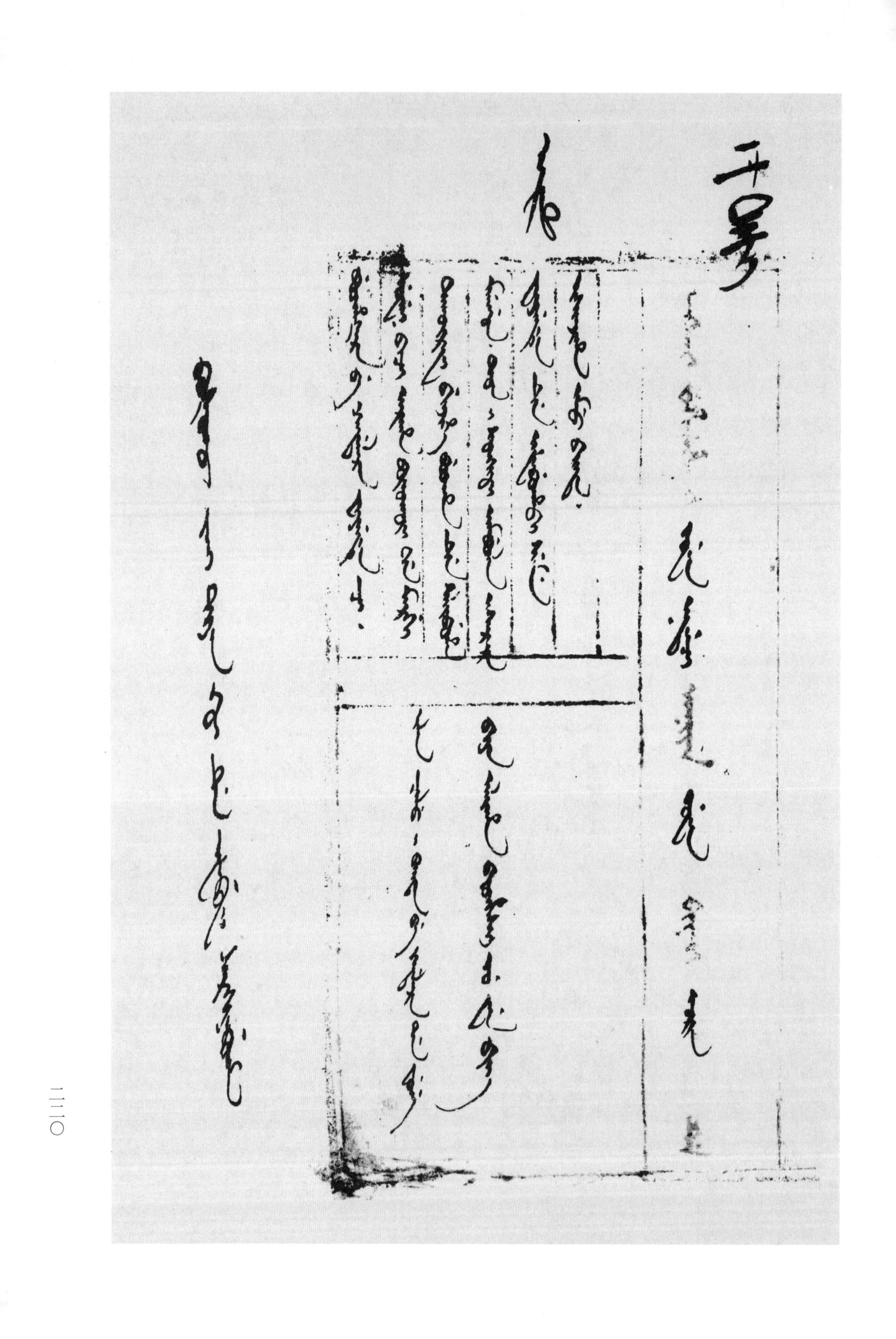

千号

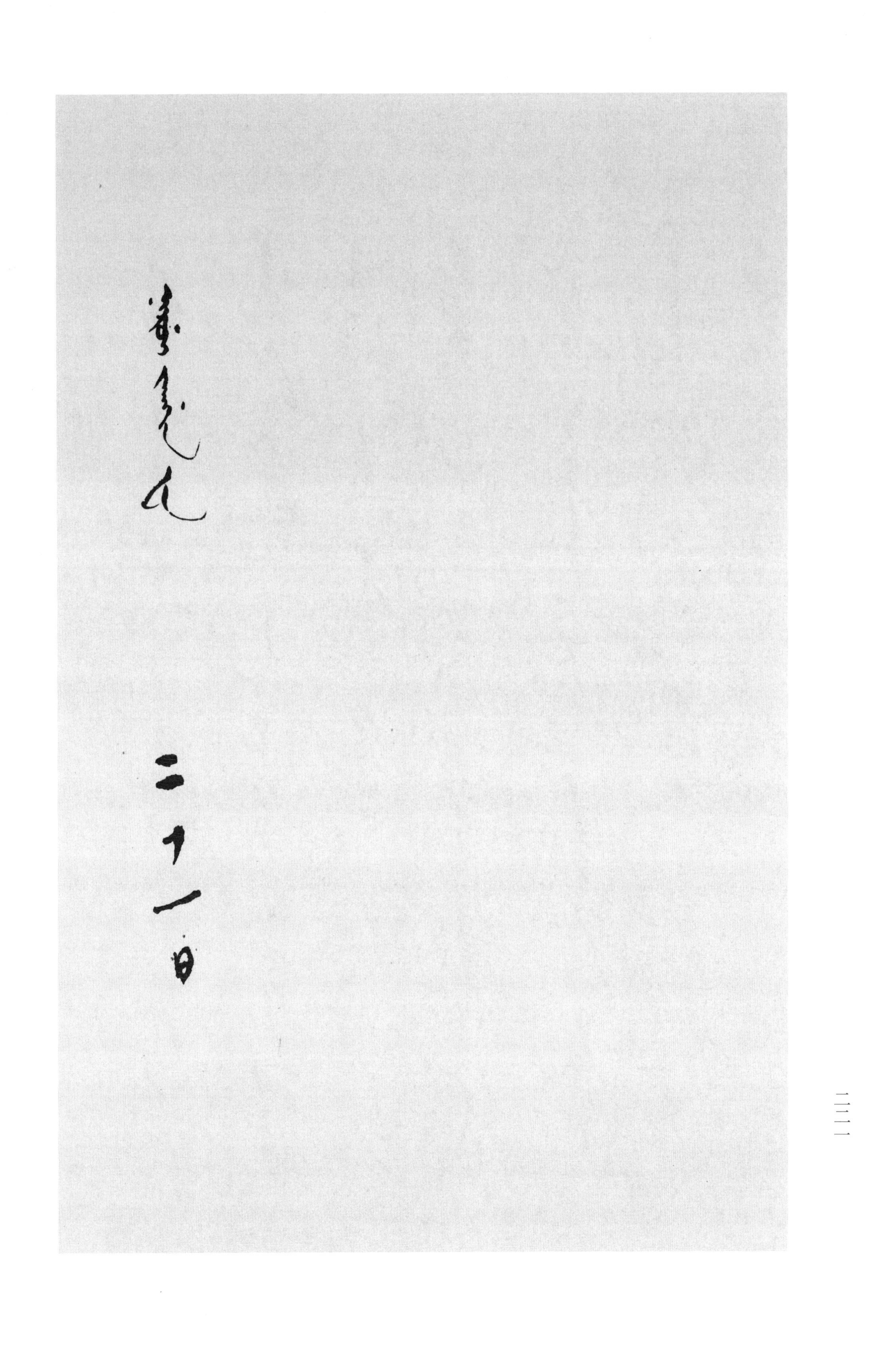

[illegible]

二十一日

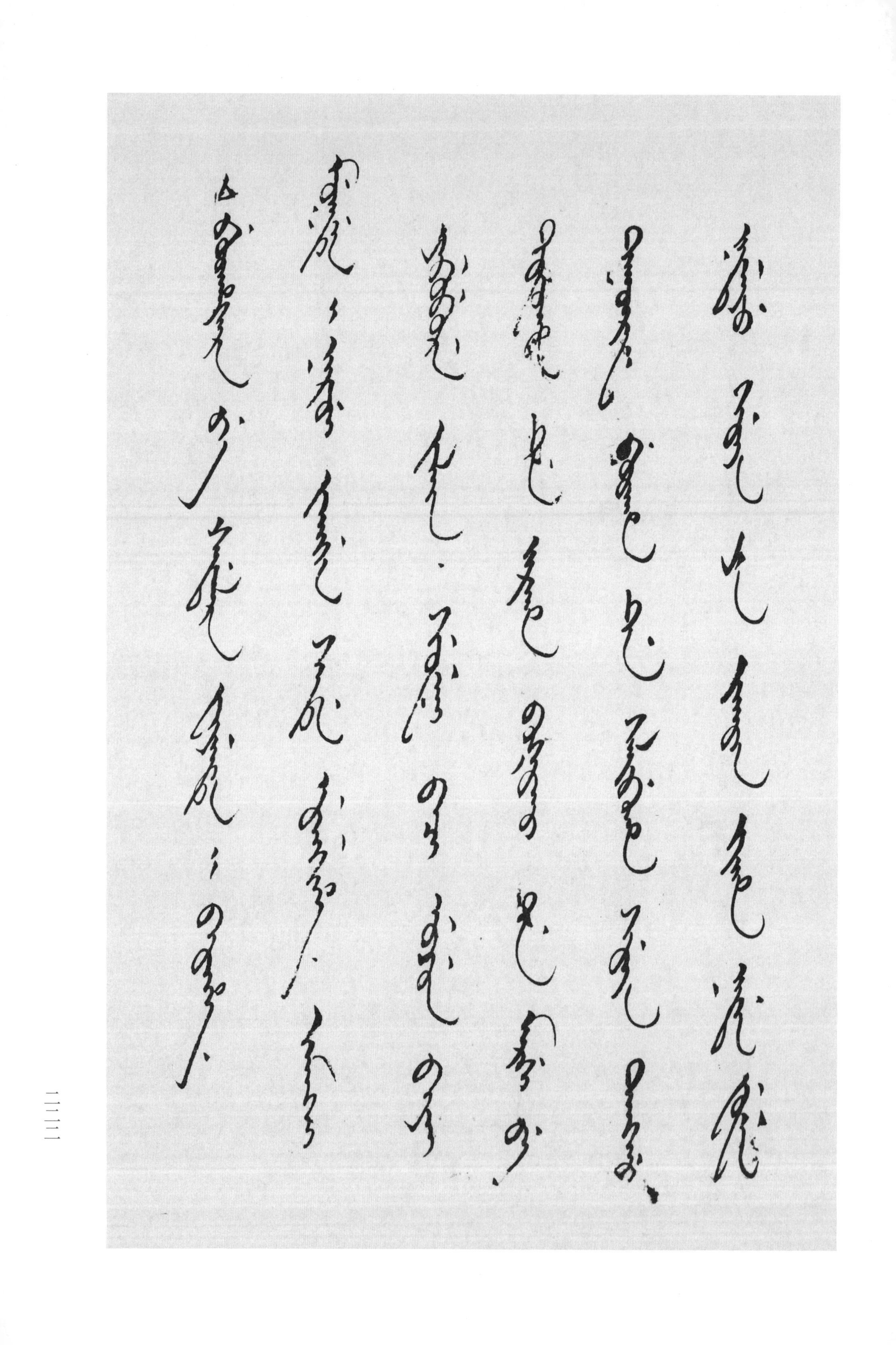

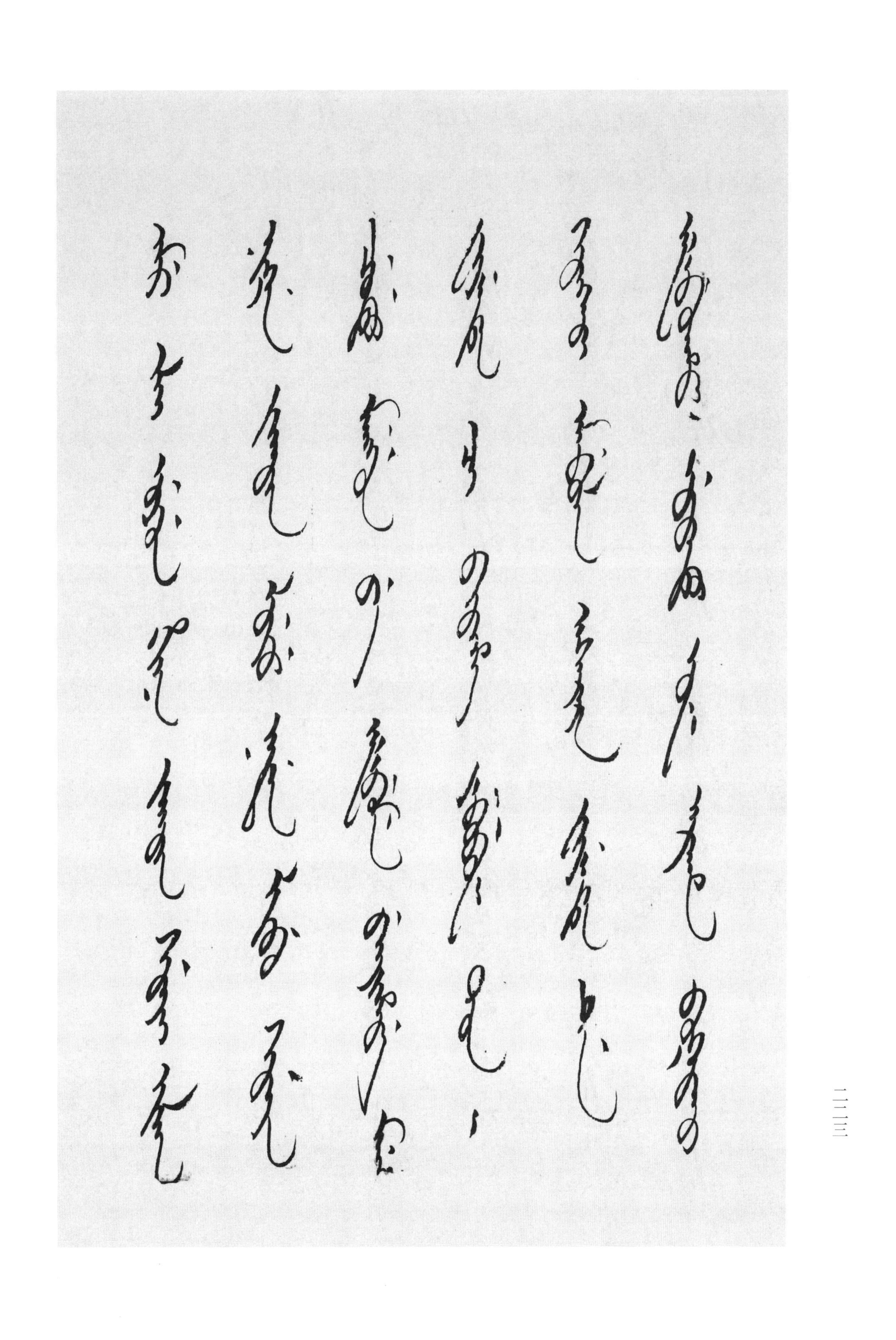

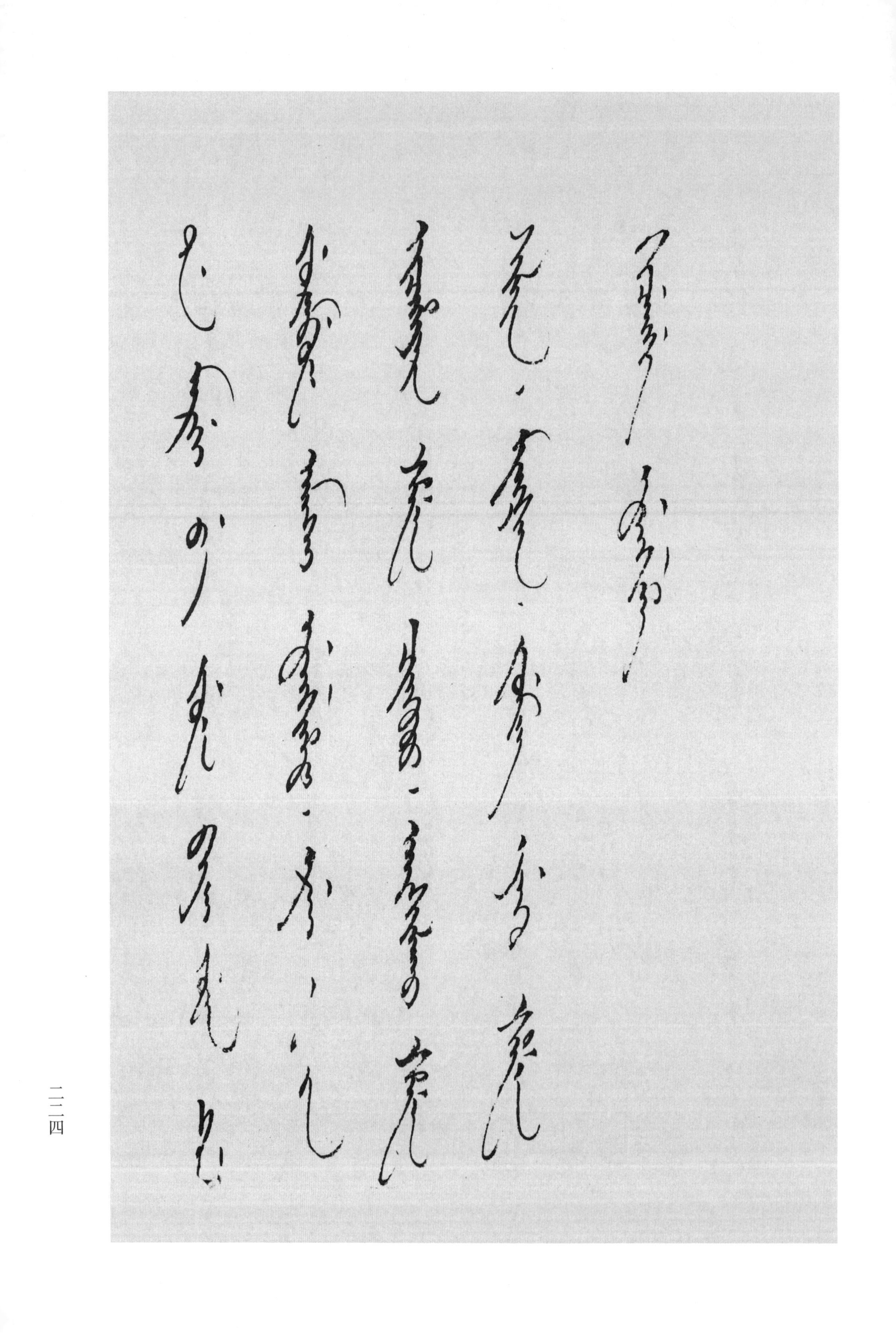

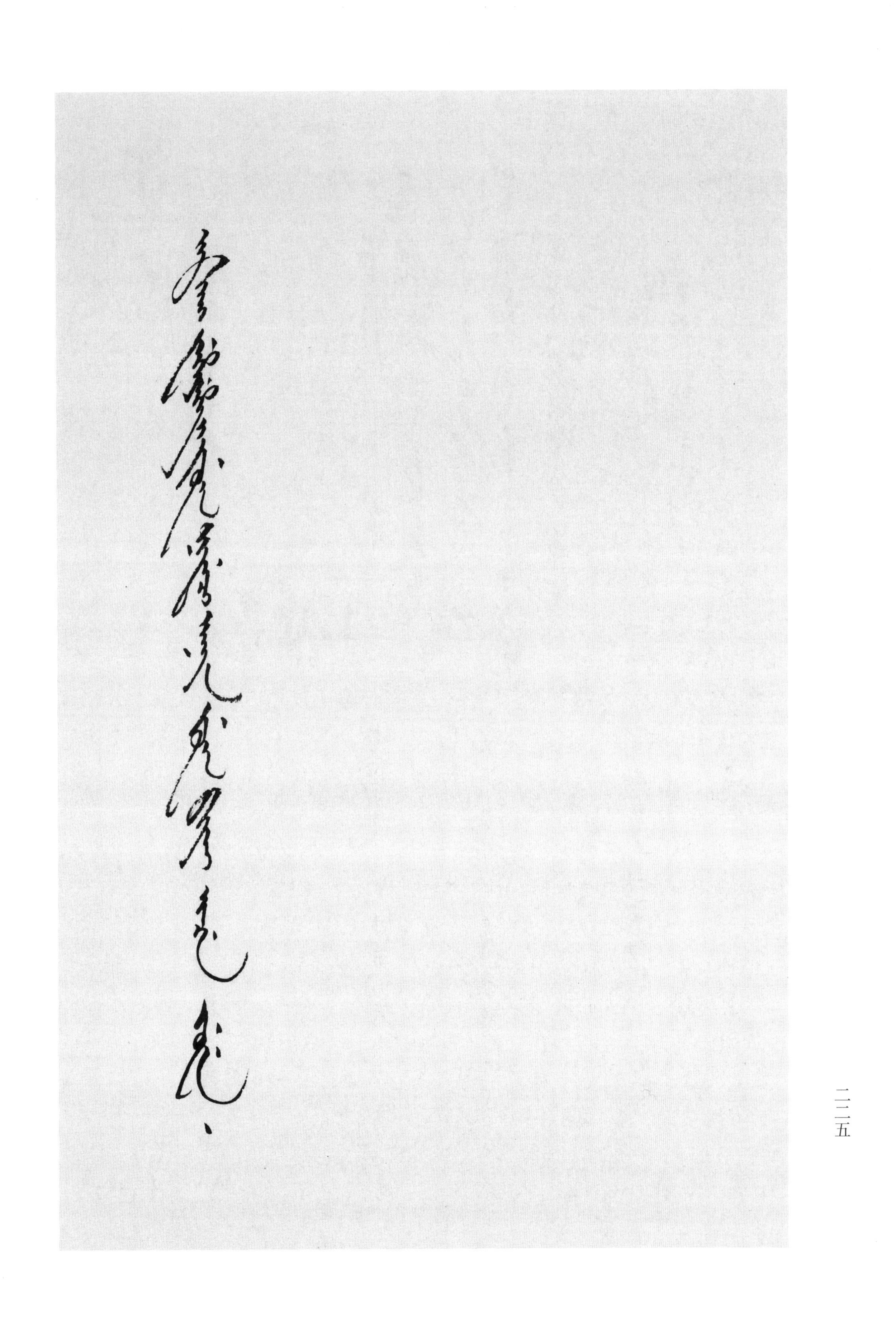

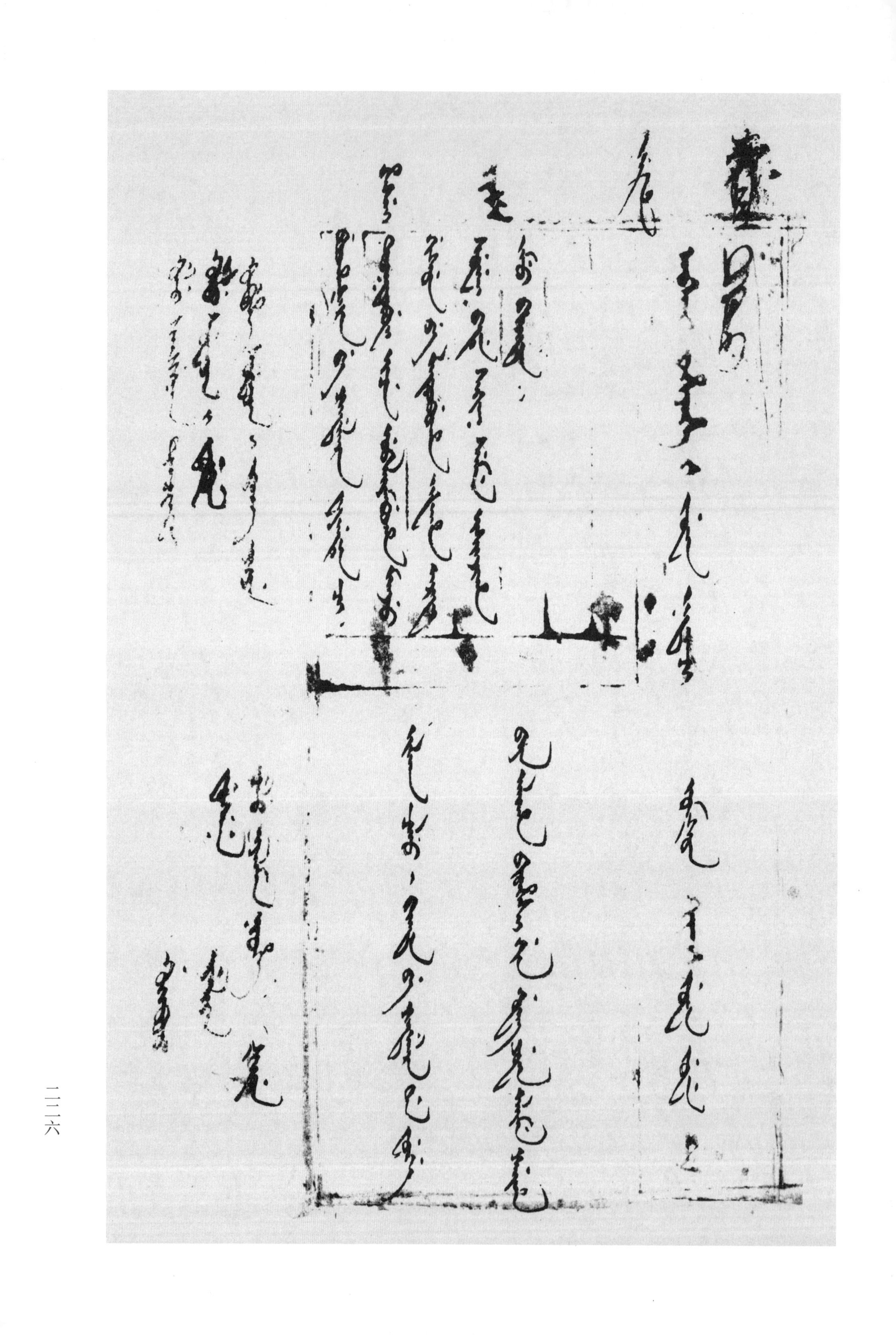

ᠵᡠᠸᠠᠨ ᠵᡠᠸᡝ ᡳ

十二日

ᠵᡠᠸᠠᠨ ᠵᡠᠸᡝ ᡩᡝ

十二日

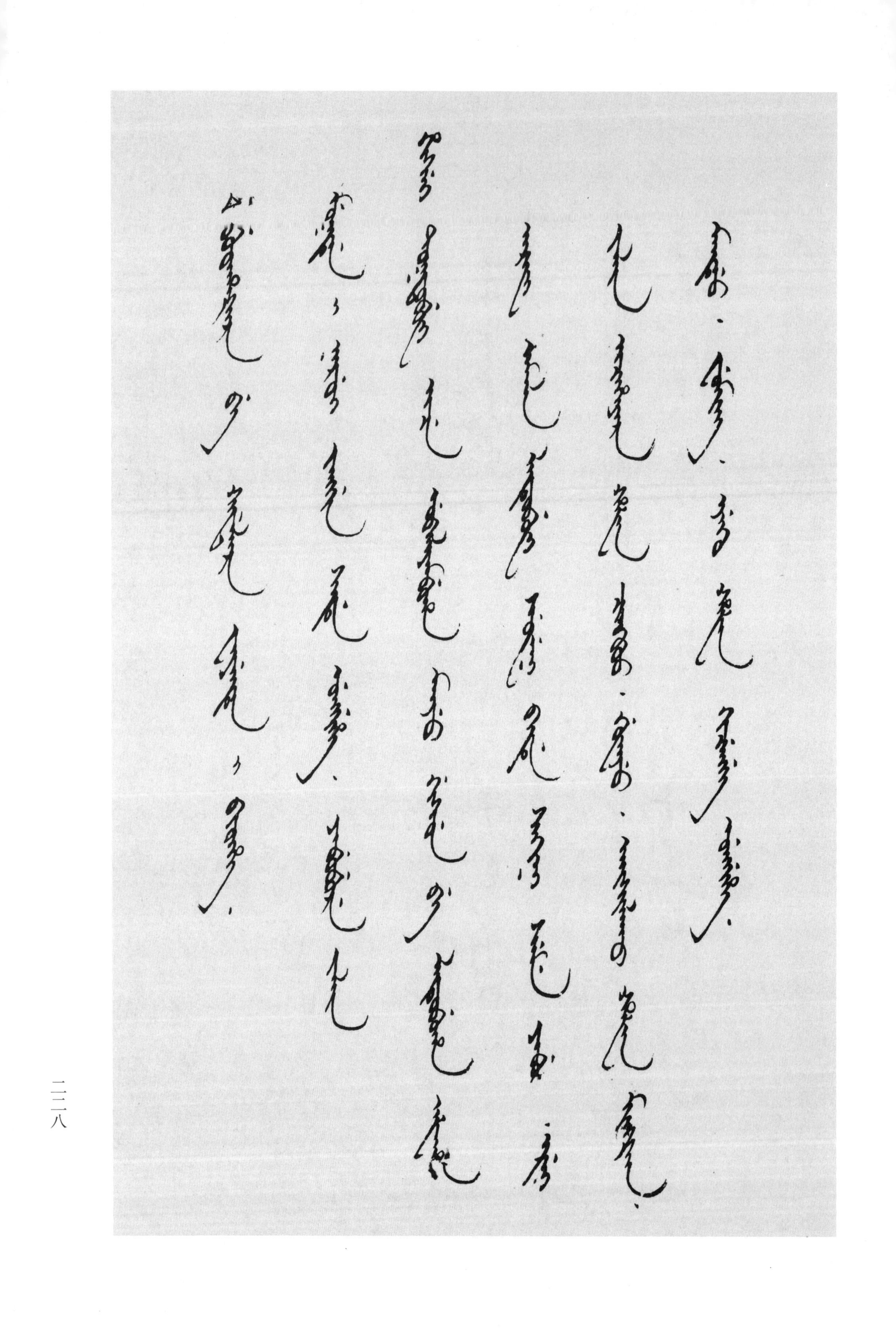

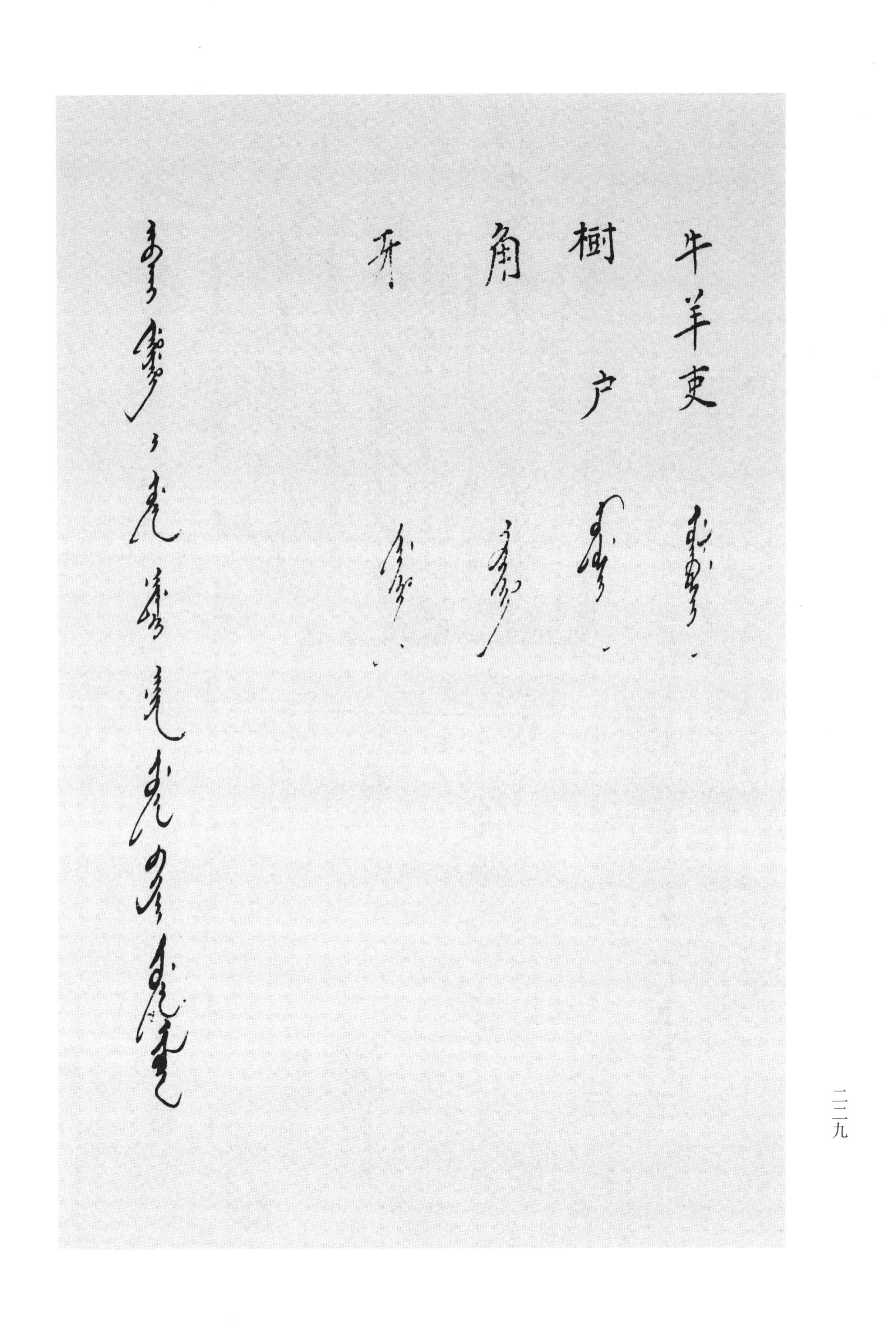

牛羊吏

樹户

角

齐

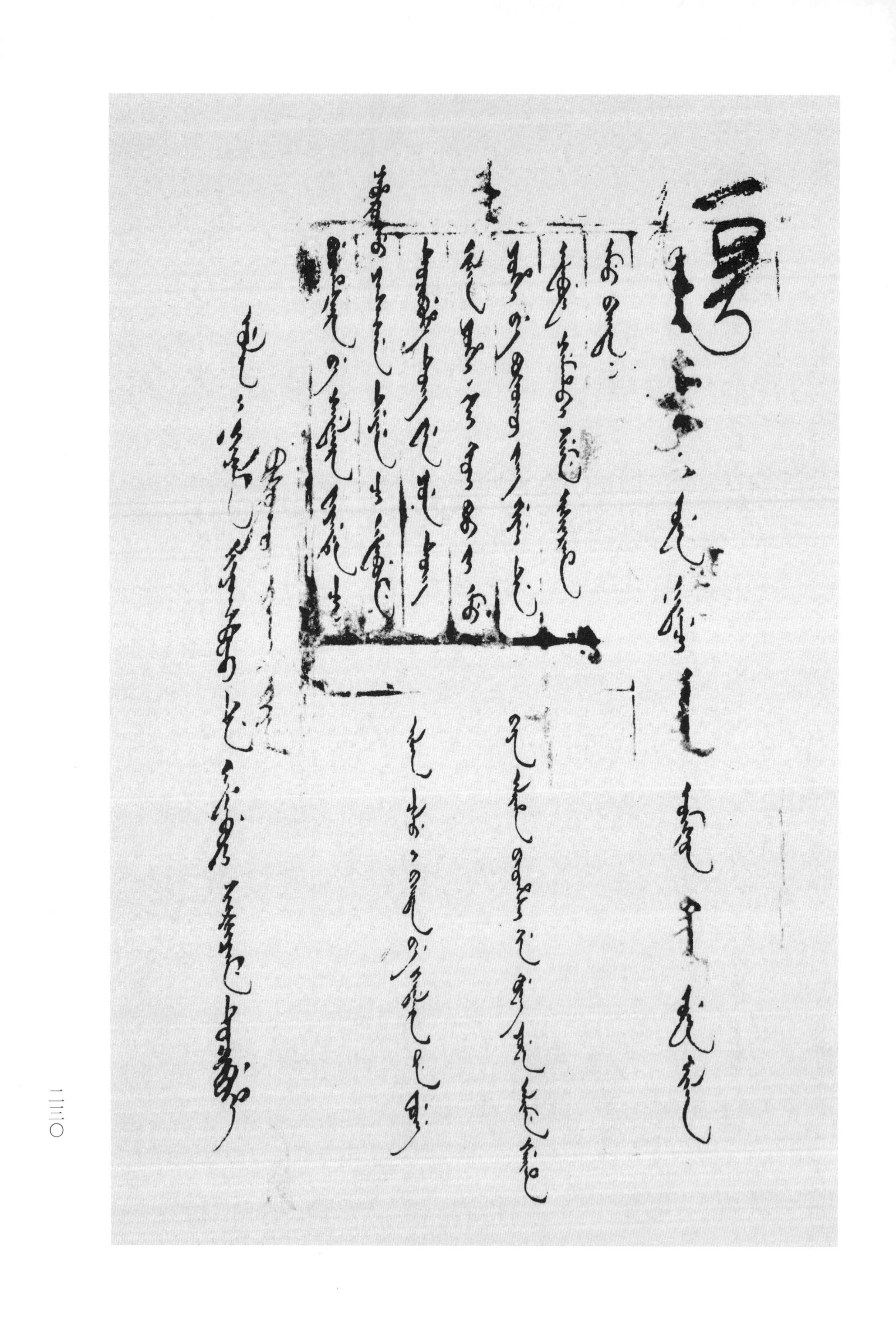

ᠵᡠᠸᠠᠨ ᠵᡠᠸᡝ ᡳᠨᡝᠩᡤᡳ

十二日

ᠵᡠᠸᠠᠨ ᡳᠯᠠᠨ ᡳᠨᡝᠩᡤᡳ

十三日

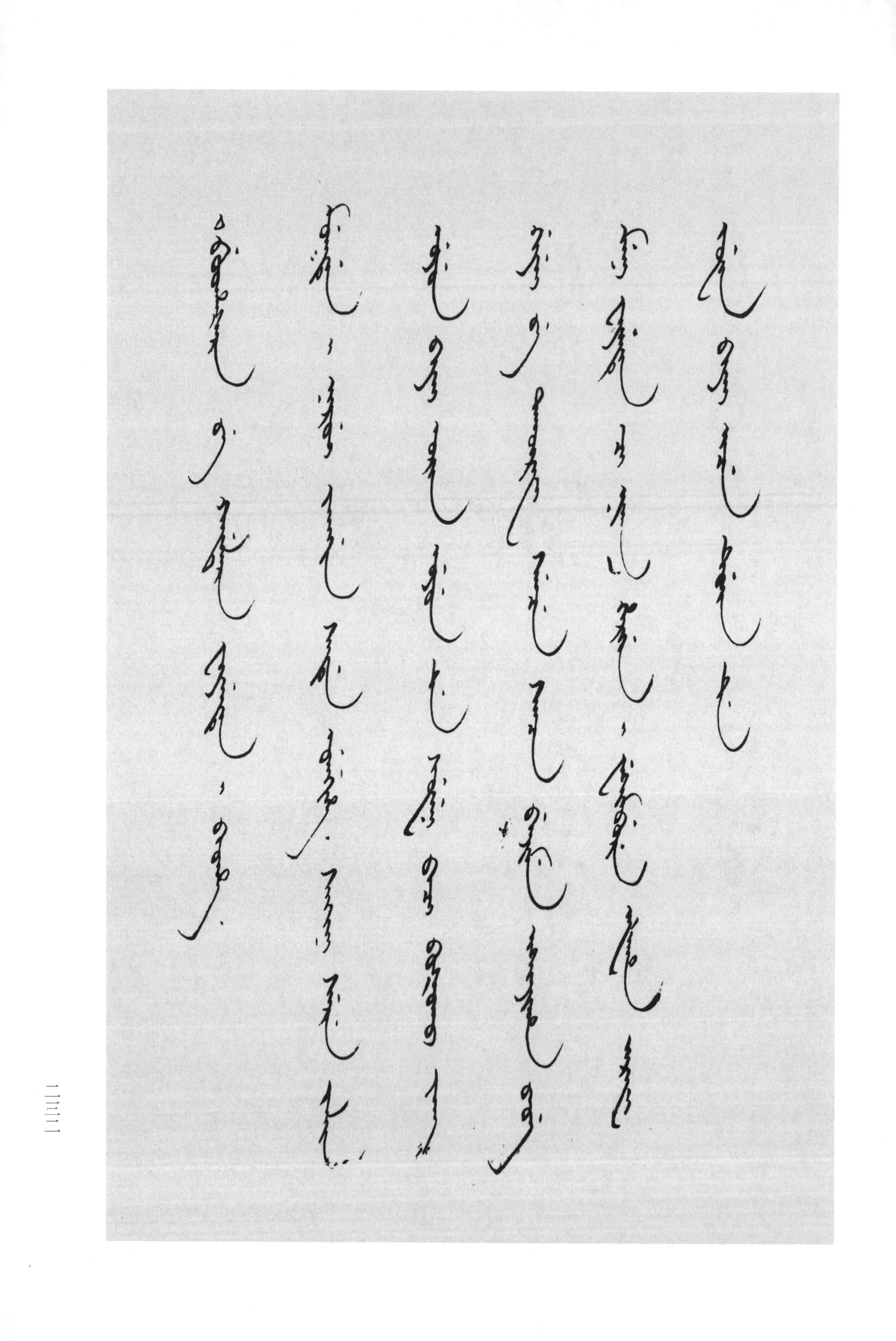

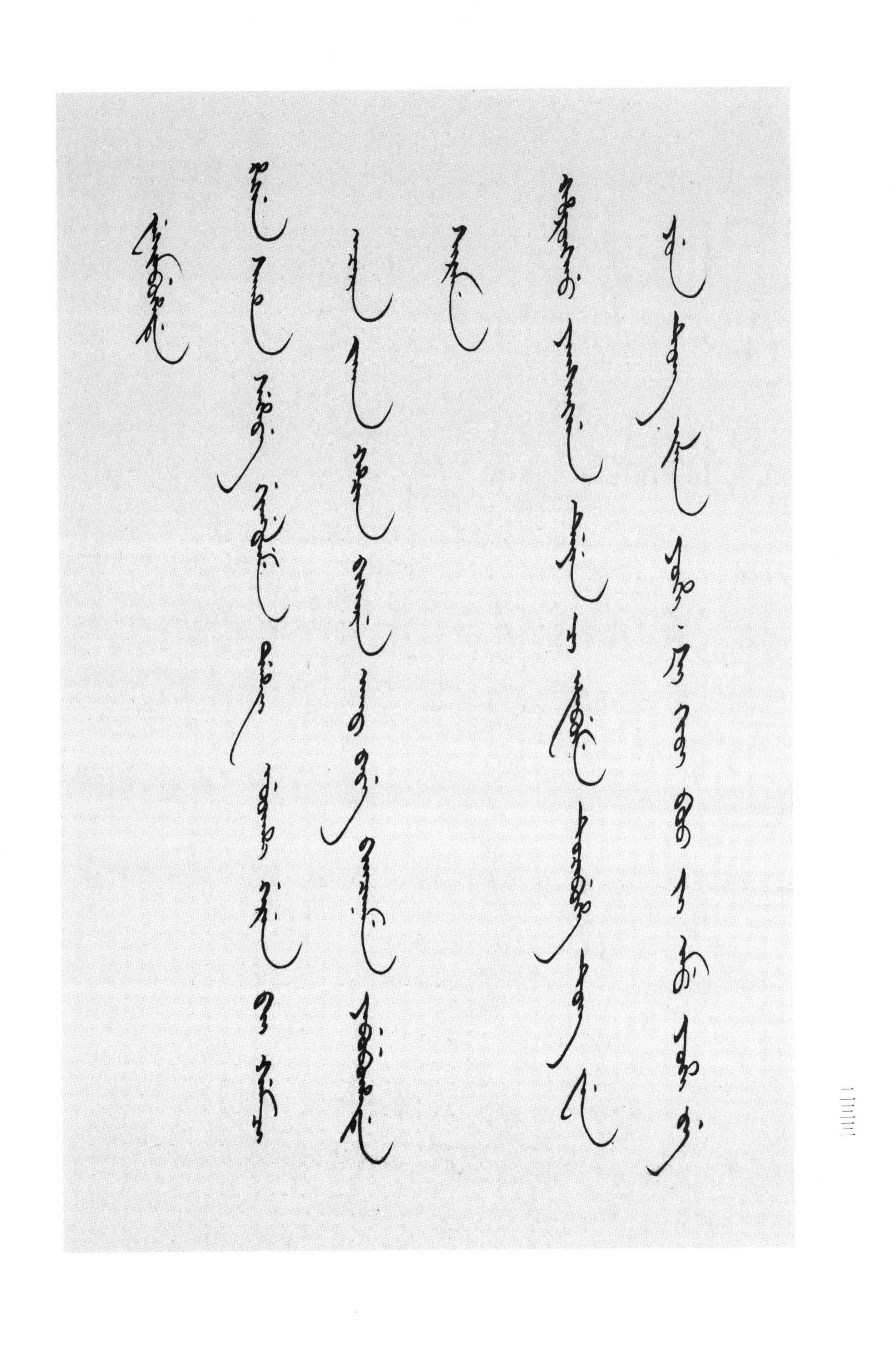

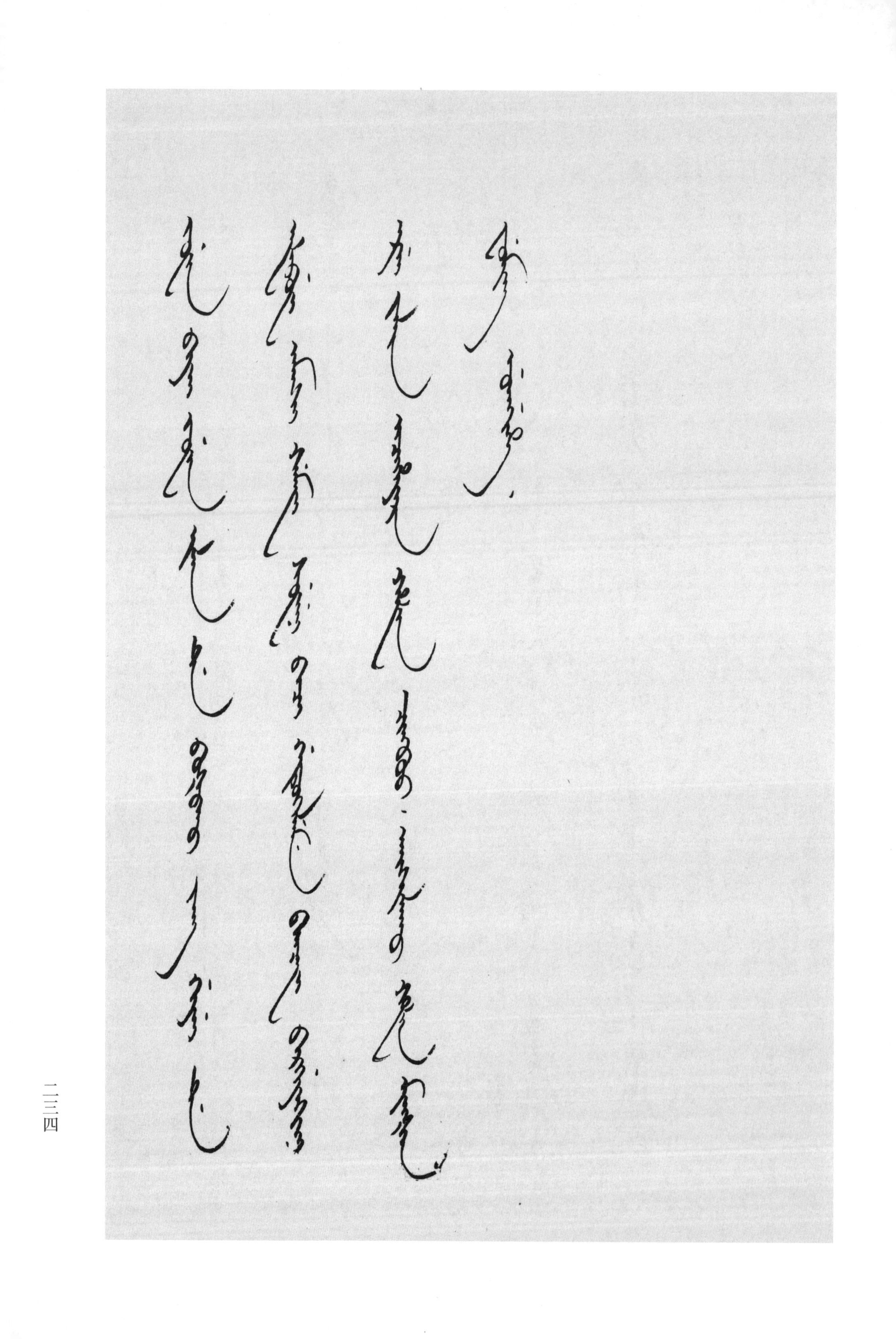

[illegible]

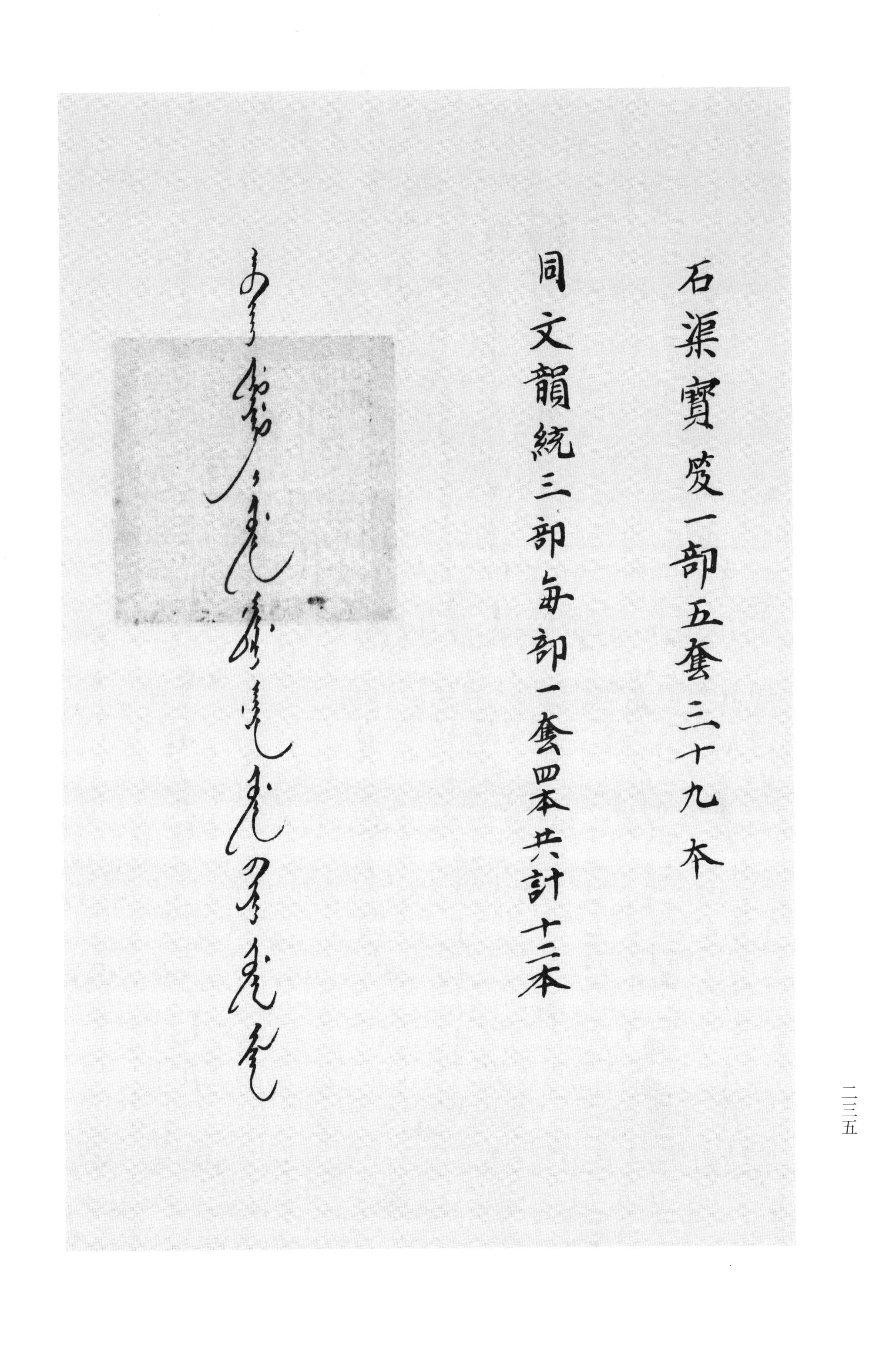

石渠寶笈一部五套三十九本

同文韻統三部每部一套四本共計十二本

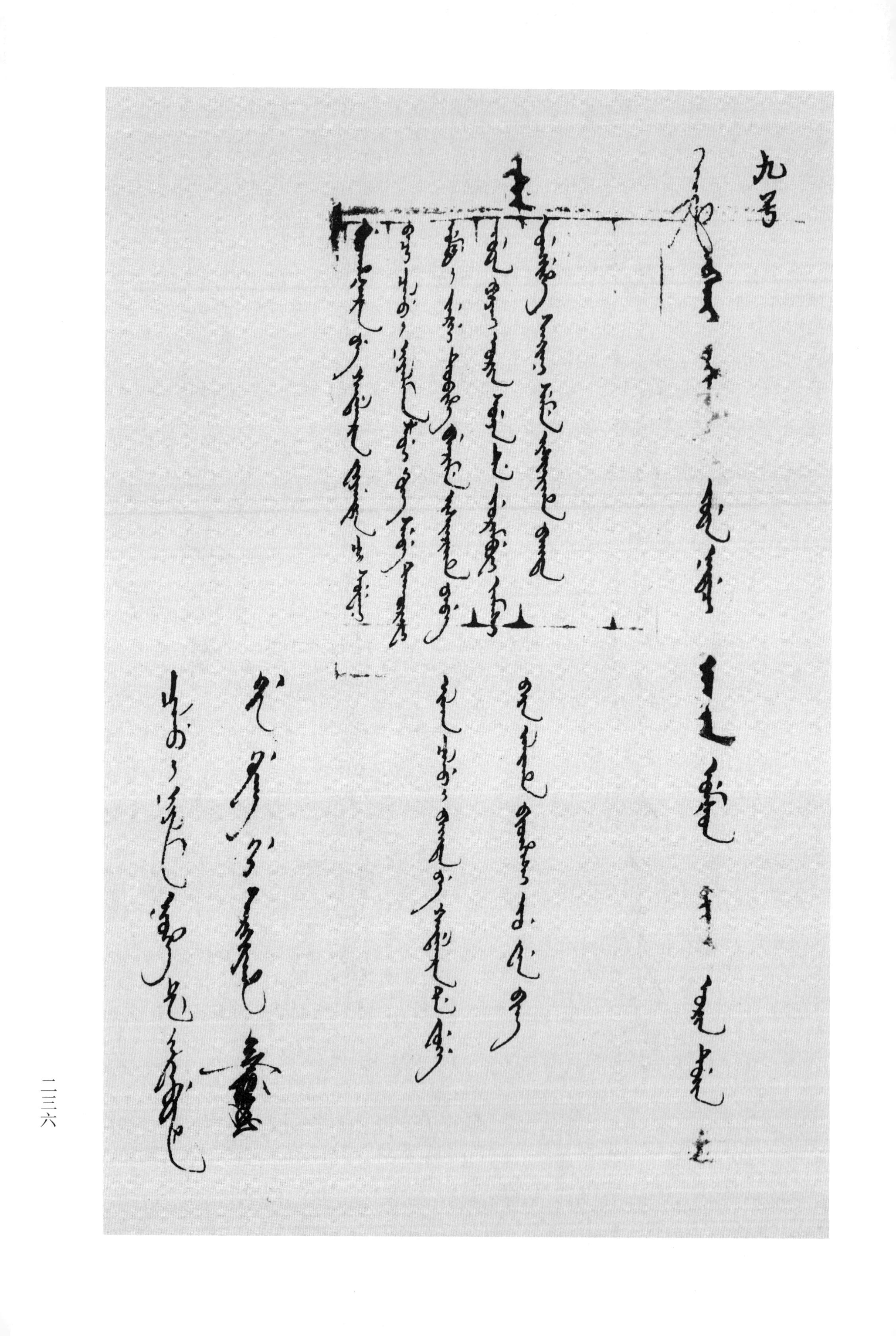

九号

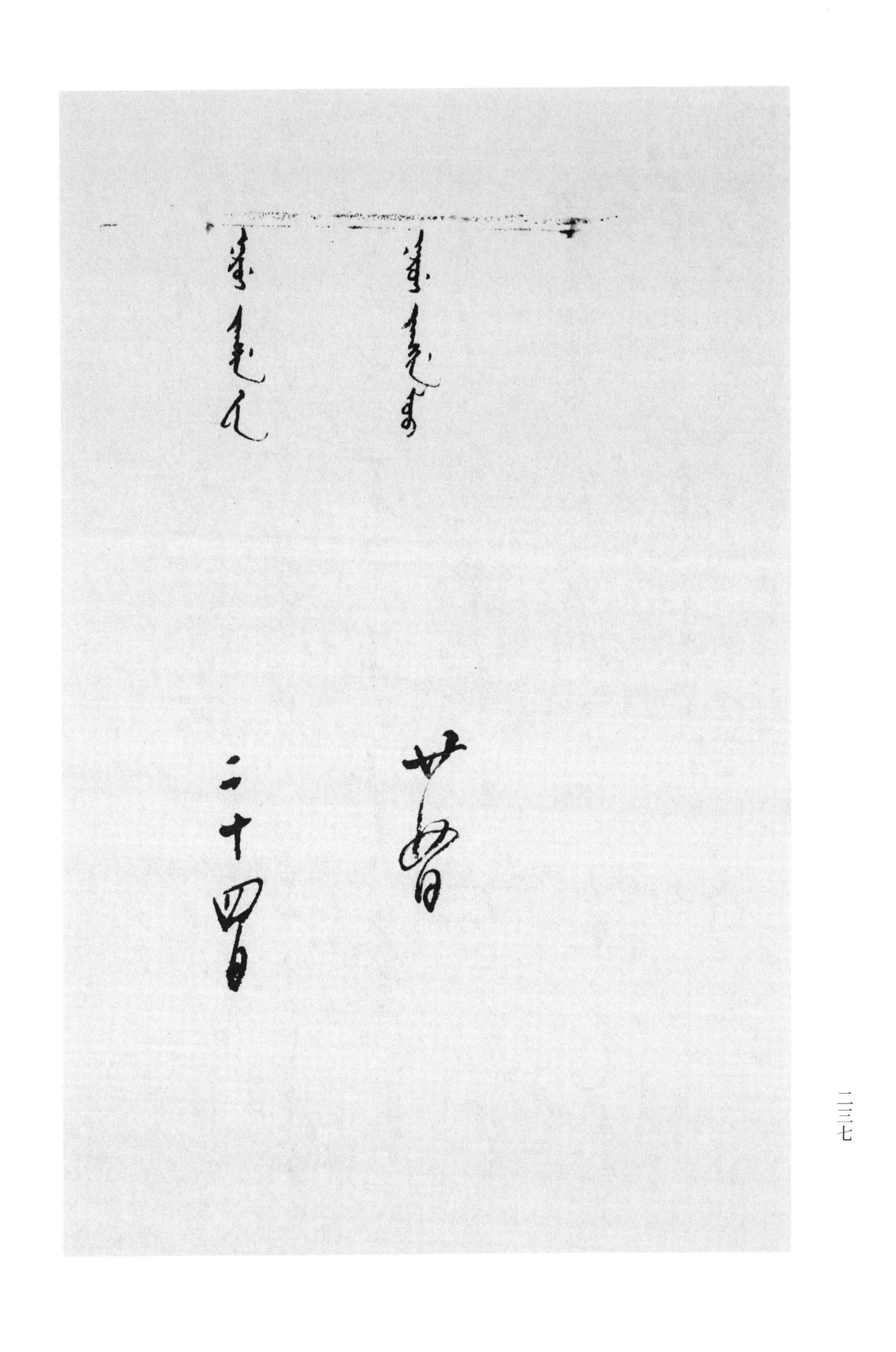

廿四日

二十四日

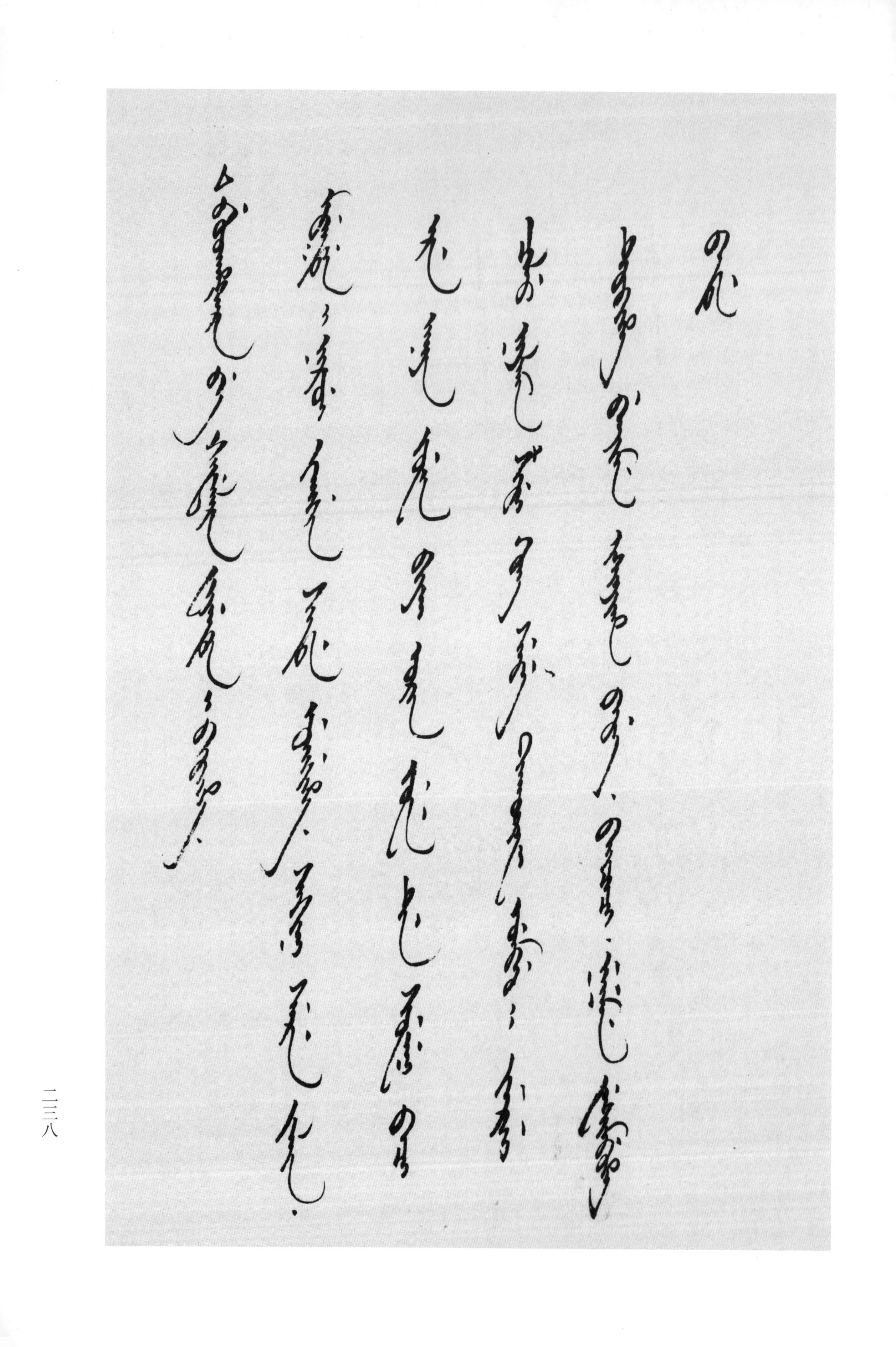

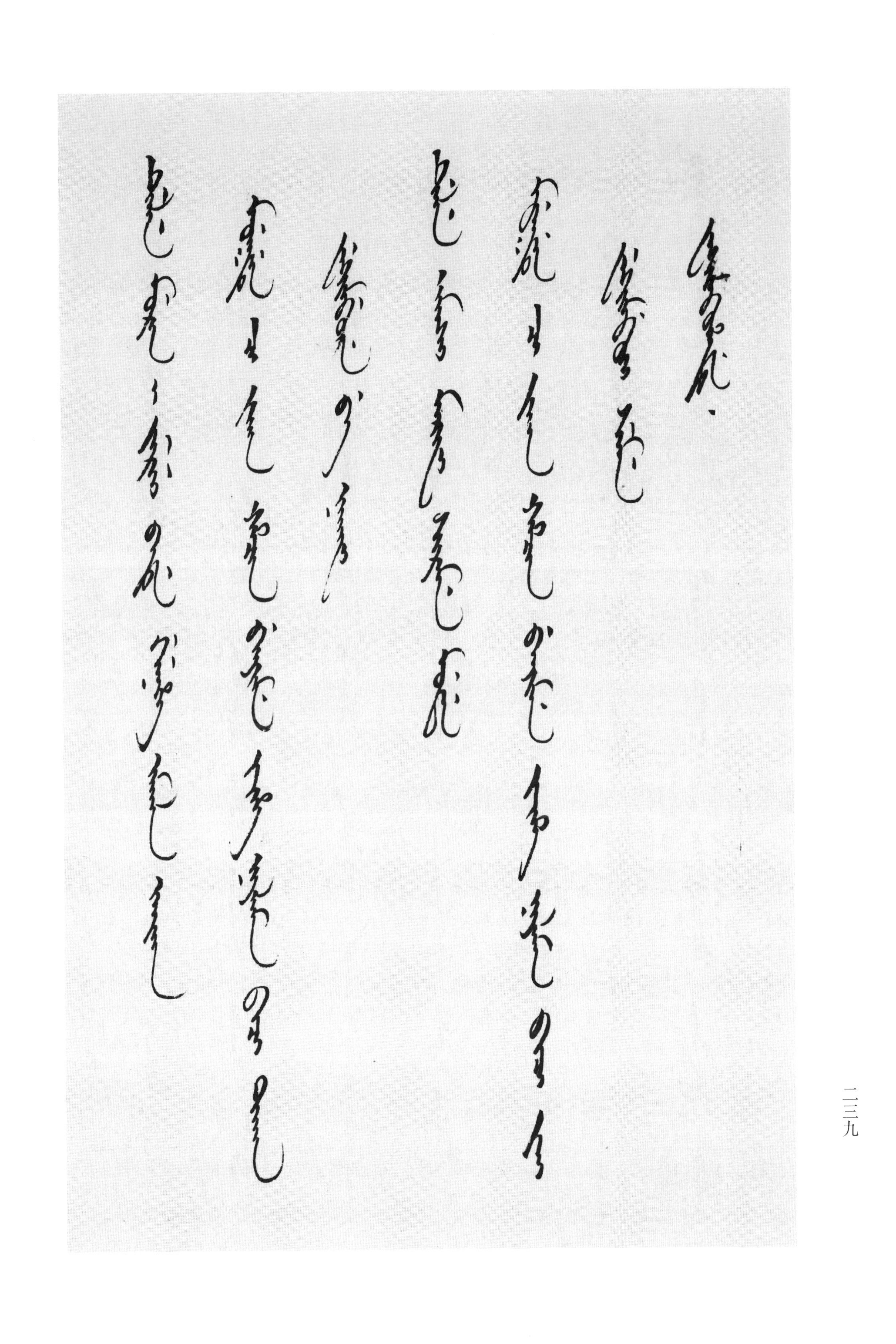

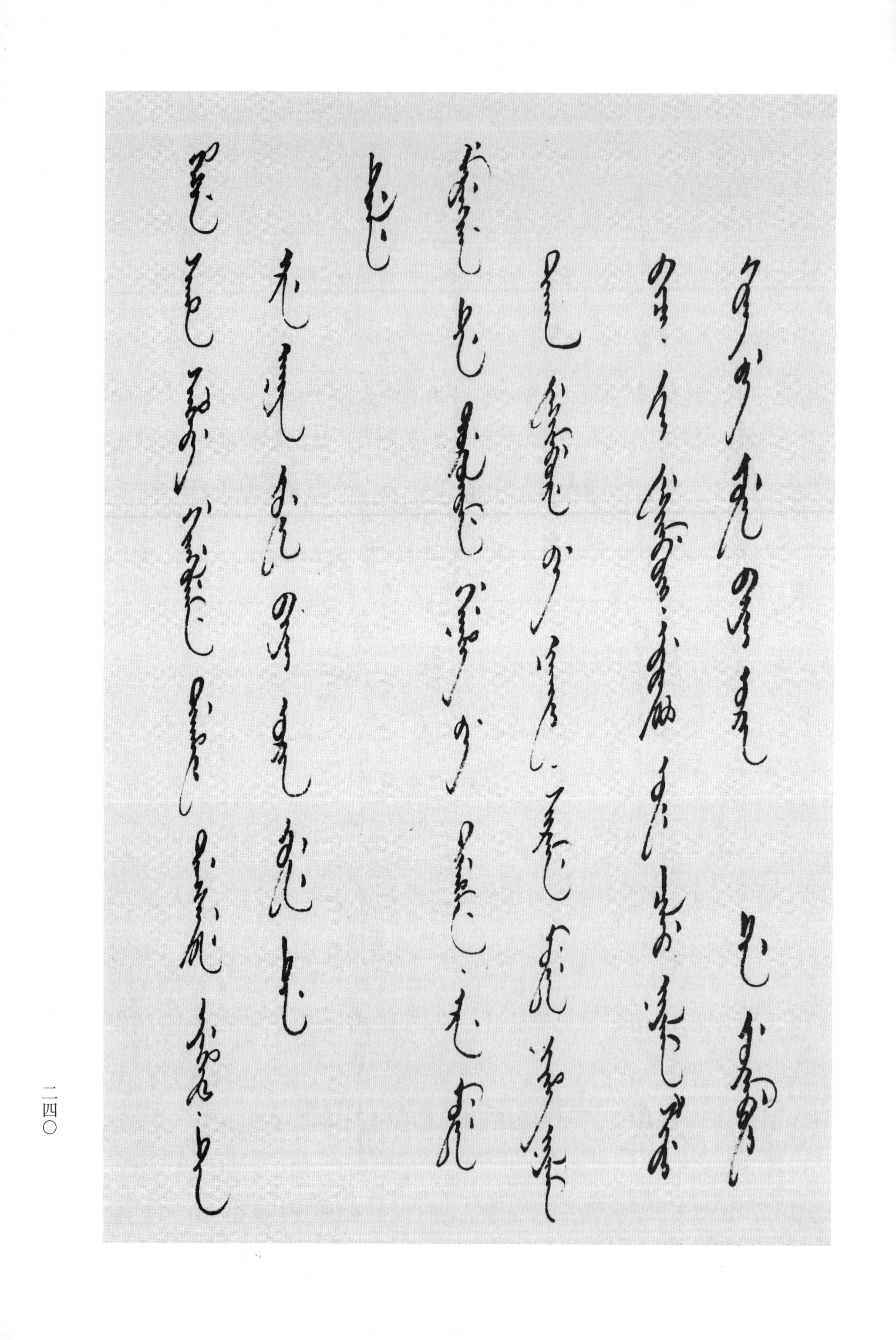

[illegible]

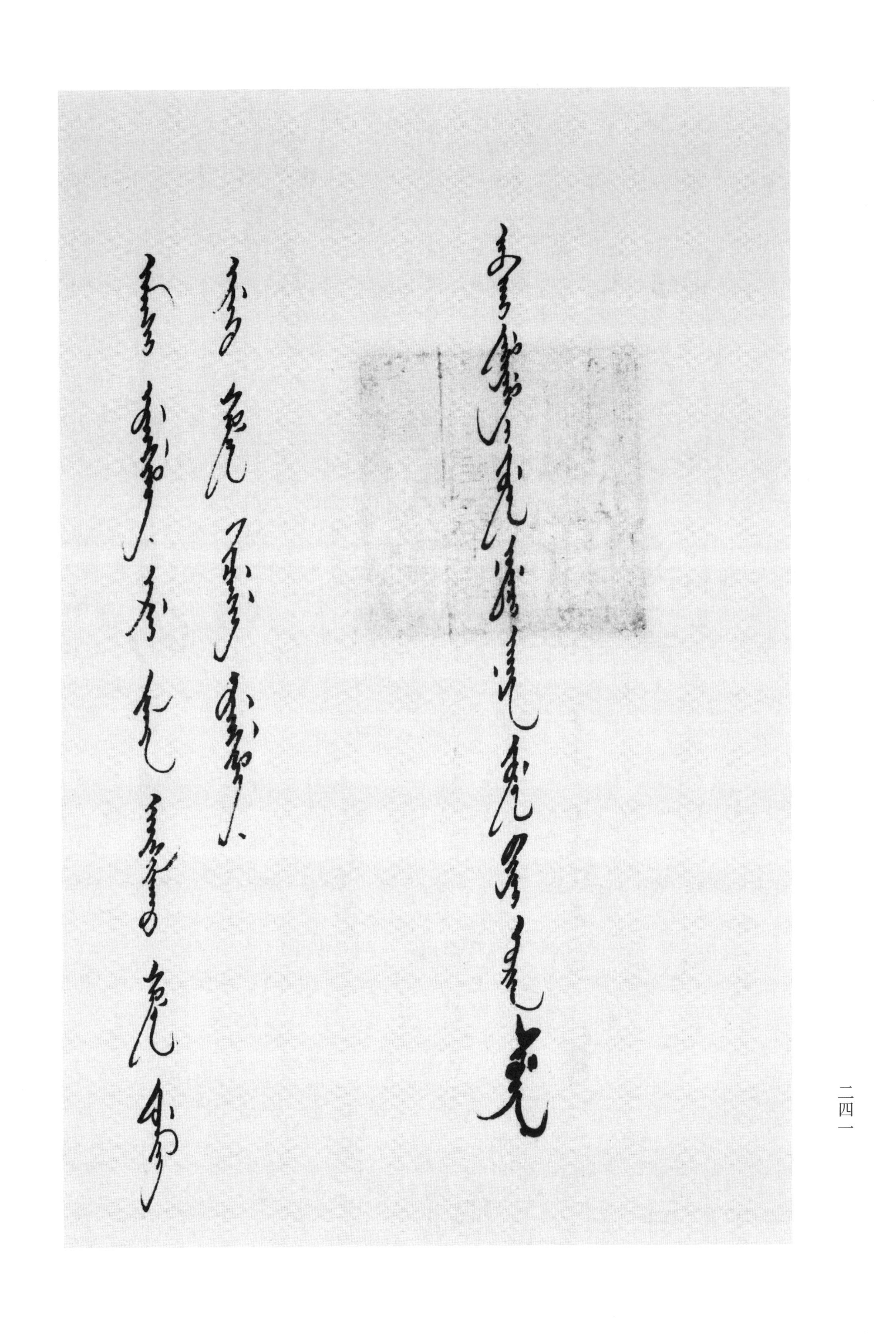

[illegible]

[illegible]

[illegible]

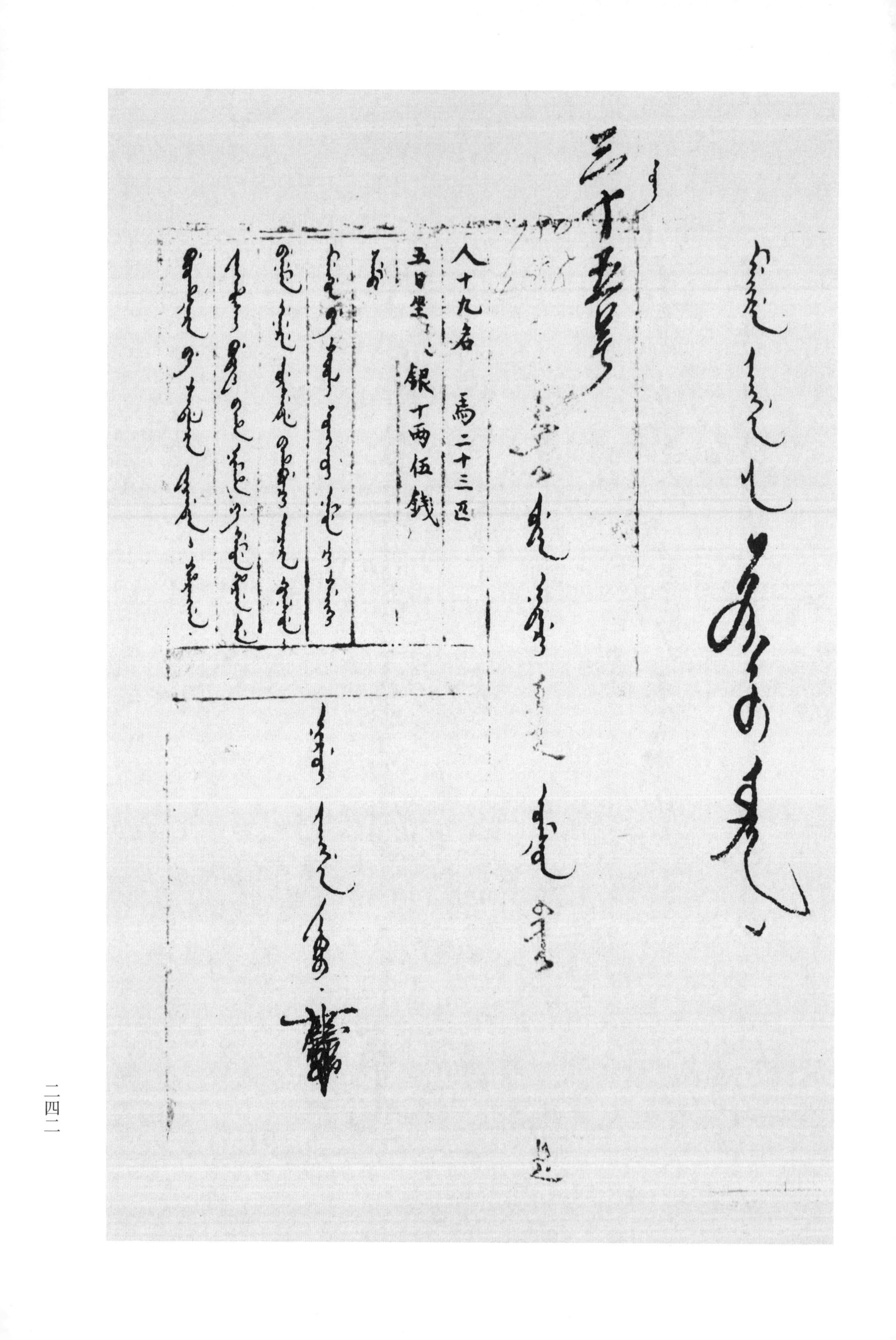

三十五年

人十九名　馬二十三匹

五日程之　銀十兩伍錢

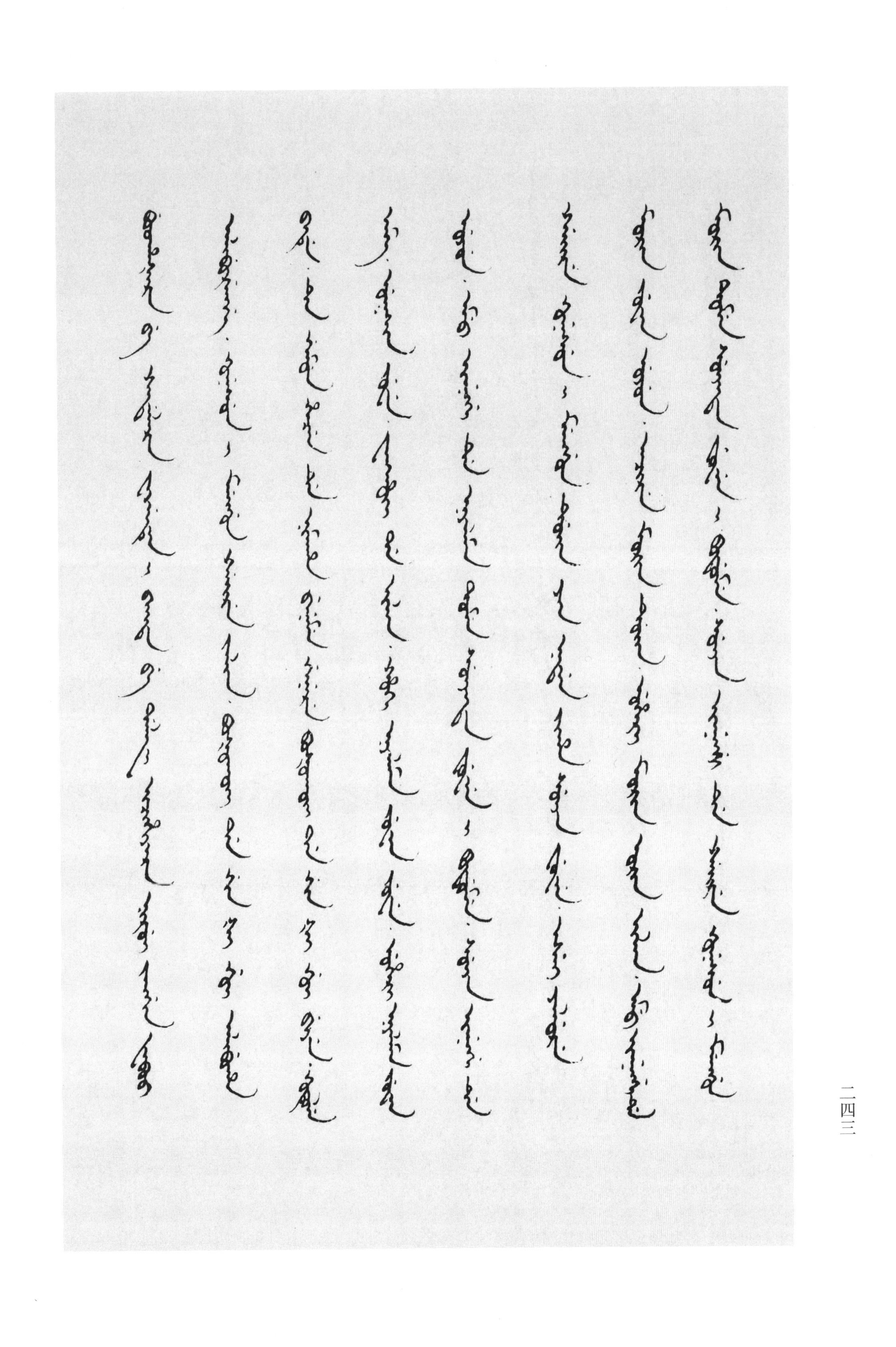

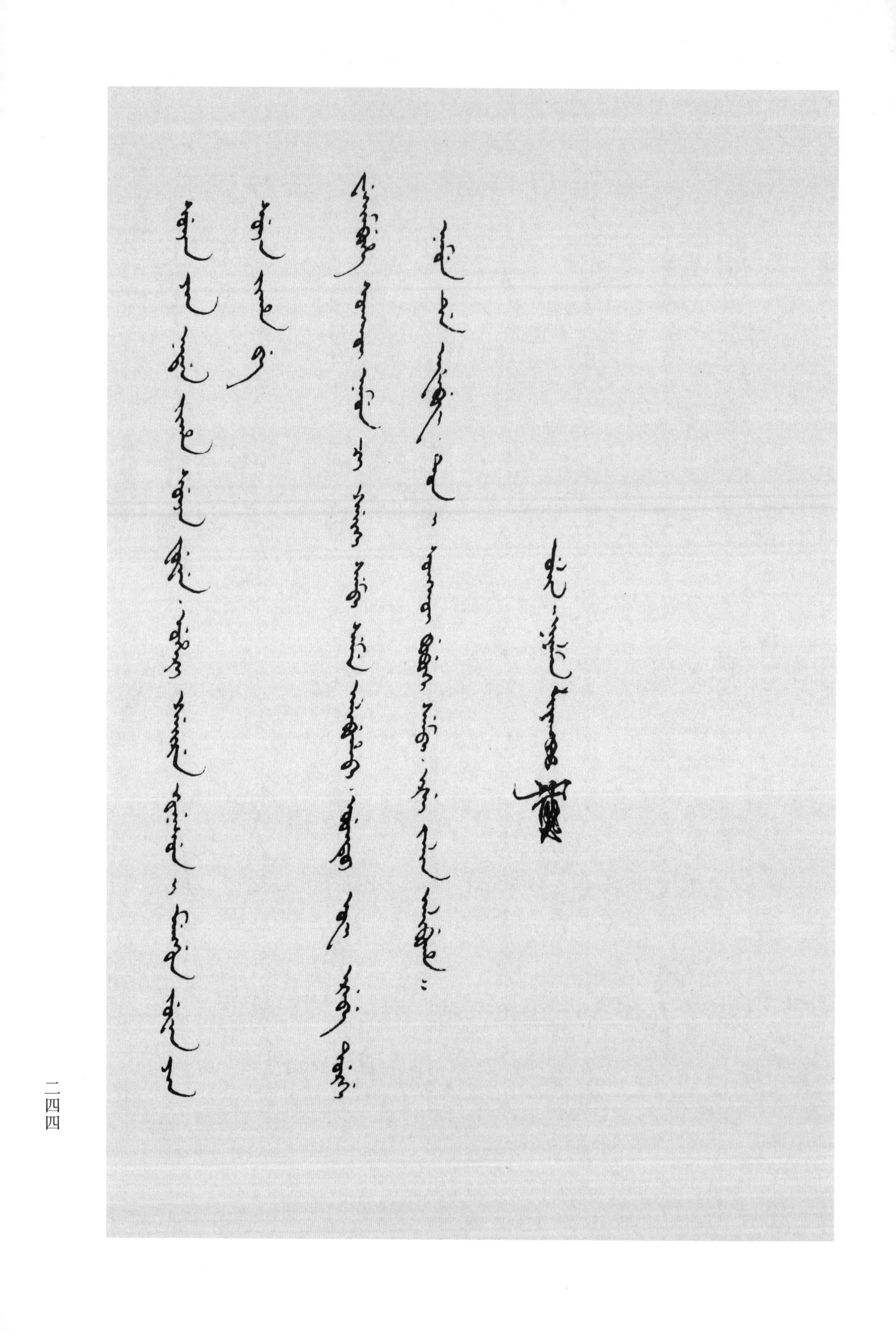

[illegible]

[illegible]

[illegible]

[illegible]

[illegible]

盛京内務府衙門

乾隆廿八年三月二十五日

筆帖式常生

在案今既據户部咨稱緞庫付覆山東等
劉交原任郎中胡常倶存截銀壹百貳拾兩
于十一月二十二日收訖等語相應知照
盛京將軍可也等因前來相應知照
盛京内務府衙門可也為此合咨須至咨者
右　　咨

交還核藏成造

聖訓實録木櫃銀兩其餘銀兩應展限二年將每

季所得俸銀入于大檔四季坐扣其不敷銀

兩于末季一併完交等因經本部移咨內務府

將前項扣過俸銀壹百貳拾兩即行照數交

納戶部併行文戶部將扣過銀數知照本部

知照工部等因前來查先經內務府咨稱
原任郎中胡常保名下應追成造
盛京
聖訓實録櫃格等項核減銀叁百拾玖兩叁錢肆
分伍厘零將該員補還
雨花閣工程銀兩扣過三季俸銀壹百貳拾兩先行

拾兩應行文內務府先行交納戶部等因
應將前項核減銀壹百貳拾兩交納戶部將
中查收去後今於本年十一月二十四日准銀庫
覆稱准山東司劄交原任郎中胡常保
核減銀壹百貳拾兩本庫于十一月二十二日收
訖相應付覆等因應咨內務府查照併

十二月十八日准户部文開先准内務府咨

據工部文稱原任郎中胡常保所欠成造

盛京

聖訓實録木櫃等項核減銀叁百拾玖兩叁錢

肆分伍厘貳毫零該員因欠

雨花閣工程賠補銀兩扣過三季俸銀壹百貳

咨

鎮守

盛京等處將軍衙門　為知會事左工司

案呈准工部咨開都水司案呈乾隆十七年

盛京將軍衙門文開為原任郎中胡常
保名下應追成造
聖訓實録木櫃等項核減銀三百餘兩
將該員補还
兩花閣工程銀兩扣過三季俸銀
一百二十兩先行交还核減成造
聖訓木櫃銀兩展限之處知會事

佐領法保
佐領沙爾漢
管理三倉事務達福格
值月筆帖式祝文炳接取

十八年 三 二十五

乙 二十二

交 13192

阿 廿六

以防僞關係匪輕新印既經開用舊印豈容稽留滋
弊應請行文江蘇廣東督撫詳查該布政使司遲繳
緣由有無弊端據實具奏其各省銅印請照督撫咨
覆各部院公文之例以新印開用日起限四個月之
內將舊印鐫字封固繳送臣部如逾期不繳照例叅
處俟
命下之日通行各省督撫一體遵照為此謹
奏請
旨乾隆十八年正月二十七日奏本日奉
旨依議

禮部謹　奏爲請
旨事查向例内外各衙門印信關防有篆文糢糊題請更
換者於新印領到開用後將舊印繳部查銷今改鑄
清篆共計銀銅印信一萬零六十四方現在領發銀
印一百九十九方除新添外共應繳回舊印一百七
十八方已繳回一百七十六方惟有江蘇布政使司
新鑄銀印臣部於乾隆十四年十月十八日頒發據
該撫咨報於本年十一月初三日開用其舊印迄今
未繳又廣東布政使司新鑄銀印臣部於乾隆十五
年七月二十八日頒發據該撫咨報於本年十二月
初三日開用其舊印亦未繳部至各省新鑄銅印共
計七千八百九十八方内有頒發經年而舊印尚未
繳部者臣部俱經行文各督撫催繳在案查繳銷舊
印向未定有期限以致各衙門繳部遲延但印信所

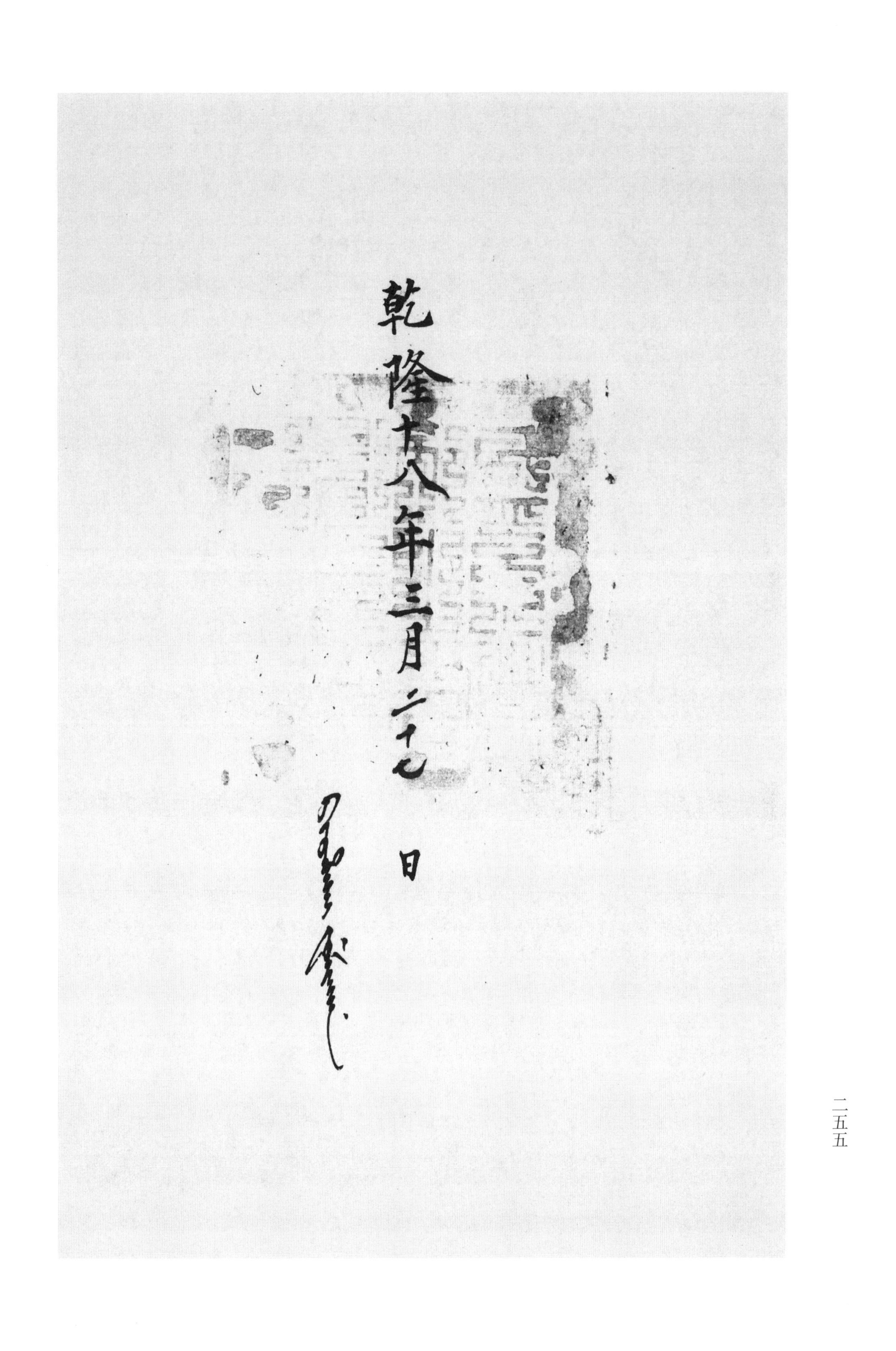

乾隆十八年三月二十七日

録京奏移咨
盛京内務府衙門一體遵行辦理可也為
此合咨須至咨者
右　　　　咨
盛京内務府衙門

咨覆各部院公文之例等因一摺於乾隆十八年

正月二十七日奏本月奉

旨依議欽此相應抄錄原奏通行

盛京礼部轉行各部并

陵寢各衙門一体遵照凡已經開用之銅印關防速即

將舊印全行送部查銷等因前來相應抄

次

咨

盛京礼部為通行事檔子房案呈准礼部咨開

儀制司案呈本部具奏各省繳銷舊印照督撫

盛京礼部文開凡已經鬧用之
銅印関防速即將舊印全行
送部查銷等因抄録原
奏移咨前來一体遵行辦
理事

佐領法保
佐領沙爾漢

管理三倉事務達福擬

乾隆十八年三月二十七日
值月筆帖式祝文焆接汲
二十四日

交
內務府總管阿
廿八

右　咨

盛京内務府

乾隆十八年三月二十七日

人名下歸結之處一並見覆示知寔為德便等情據此查
盛京戶部辦理偷典官地案件俱係將地撤出交庄頭
耕種當差其原典地價聽其自向本人清楚除批
飭該縣遵照定例辦理外所有李二王大等住址相
應據詳咨查為此合咨
貴衙門查照見覆以便轉飭查辦施行須至咨者

屬常有之事然必地主得受價銀而典主方得地

畝耕種今庄頭等因差徭無出呈懇撤地而典價銀

而並無著落似有未便碍难辦理擬合　公文詳請

憲臺查核俯賜咨明

盛京內務府將流民李二民人王大等寔在住居撫順

盛京正藍旂等界內何處地名以及原典價銀着落何

行典當以致差徭無出若不急時辦理將來官地典
盡差徭自何而出除將偷典官地之人
狗子王居璽等照例治罪外理合呈請咨行將軍府
尹衙門照偷典官地例轉交該地方旗民官員照例交
該佐領接領另行分撥老成壯丁耕種納差庶官差有
出不致有悞等因畢職覆查旗民人等典當地畝亦

半理合查傳民人李二等將所典地畝撤交莊
頭收領報咨但查粘單內只註有撫順
盛京正藍旗界內之言並未載明寔在住址處所無
憑查傳且抄咨內開查莊頭差務惟賴地畝人丁
丁蘇成林欺莊頭年幼無知而壯丁李狗子王启
璽等因住處相離莊頭甚遠伊等擅將官地私

便辦理外惟查庄頭康玉英名下坐落
興京界海狼寨處紅册地二百零八日三畝梁黃
英乾隆十四年典與撫順界居住流民李
二地十三日又庄頭康玉英名下坐落
盛京界地二十八日梁大小子乾隆十四年典與正
藍旗界流民李二地三日典與民人王大地一日

盛京内務府咨前事等因准此除分撤飭遵外

擬合抄單行知為此牌仰該縣官吏文到即便

照例將民人所典地畝撤交庄頭收領報咨毋違計

抄咨抄單各一紙等因蒙此除庄頭蘇大小子九十

七等名下地坐落遼陽界筆管堡大安平牛庄

界柳相公屯等處非卑縣界内所屬之處不

奉天府府尹紀録七次又軍功紀録三次鄂　為
咨行事據粮廳兼攝承德縣知縣栢爾賓
詳稱乾隆十八年三月初九日蒙奉天府府尹
紀録七次又軍功紀録三次鄂　憲牌内開乾
隆十八年三月初三日准

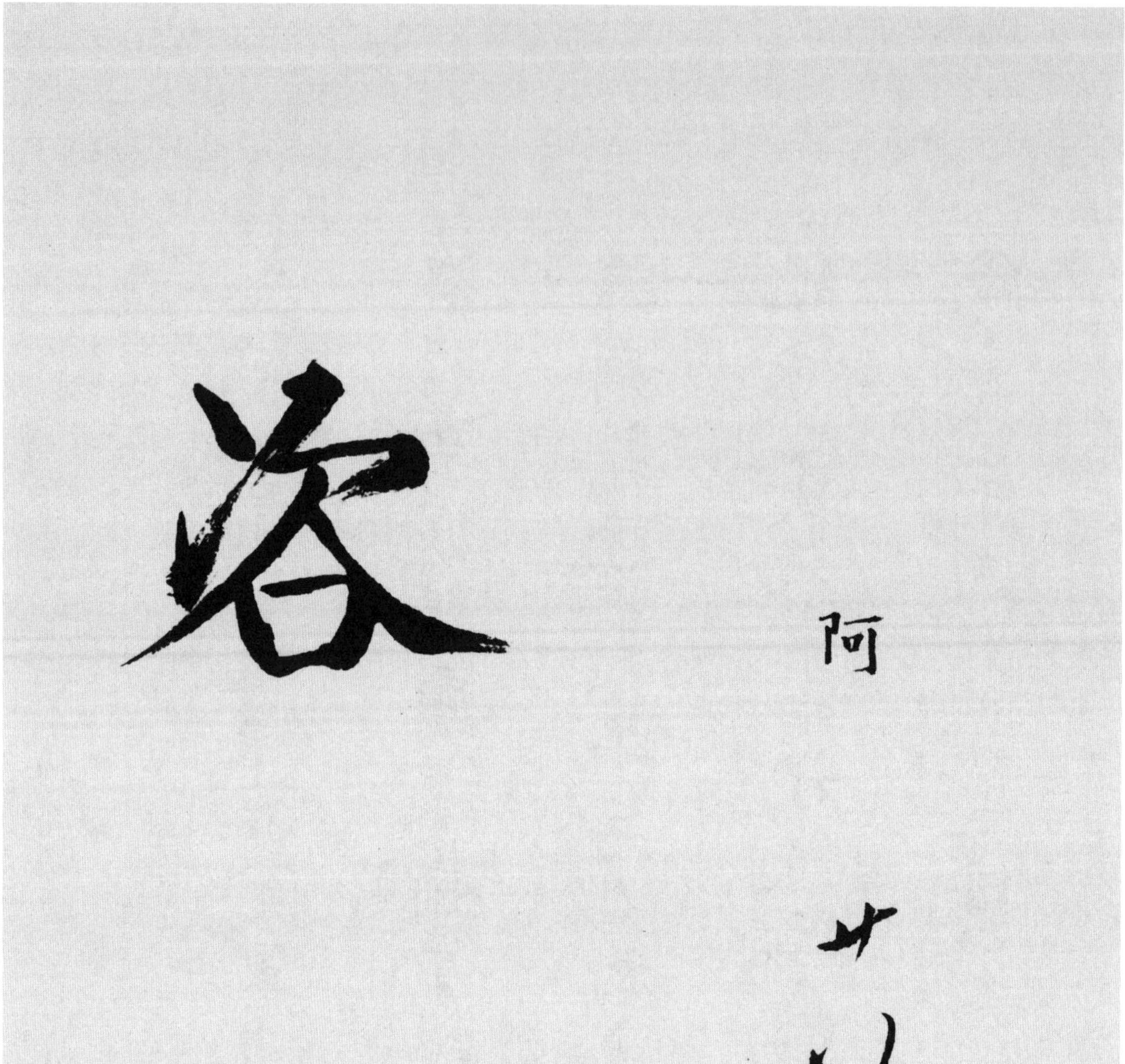
谷
阿

奉天府府尹衙門爲咨查私典官地民人李二王大等住趾見覆以便轉飭查辦事

佐領法保

佐領沁爾漢

管理三倉事務達福 格

乾隆十八年三月二十七

二十三號

值月筆帖式純文炳接

試可也等因查得生員孔毋珂祖父并同胞兄弟及嫡親叔伯内並無有
現任在内文官京堂以上及翰林科道武職副都統以上在外文官藩臬以上
武職提鎮以上等官將此查明之處呈請咨覆
盛京將軍衙門查照施行可也為此上呈等情據此為此上呈
乾隆十八年六月

有無應編入官字號之處擬合開粘咨查爲此合咨貴将軍查明希

将单内各生有無祖父并同胞兄弟及嫡親叔伯現任在内文官京

堂以上及翰林科道八旗武職自副都統以上在外文官藩臬以上武職

提鎮以上等官之處希即逐一查明開註咨覆[illegible]送順天府[illegible]

幸勿延緩施行等因前來相應開寫粘单咨行

盛京内務府衙門查照粘单内各生祖父并同胞兄弟嫡親叔伯有無現任在

内文官京堂以上及翰林科[illegible]文官藩臬以上武職

提鎮以上等官之處逐一查[illegible]衙門以便轉送鄉

阿[illegible]

正黄旗佐領法保呈爲咨覆事據驍騎校恭[illegible]阿等呈稱奉堂抄出准

盛京等處将軍衙門來文内開左禮司案呈准奉天府府尹衙門咨開案照

鄉試生員例應分别官字號令癸酉科應行赴試之滿合字號各生

一件

正黄旗為生員孔興珂祖父并
同胞兄弟又嫡親叔伯並無現
任官員相應咨覆
盛京將軍衙門

佐領法保

驍騎校依常阿

十八

六

初三

四号

六月初三日交與領催福德送去

七

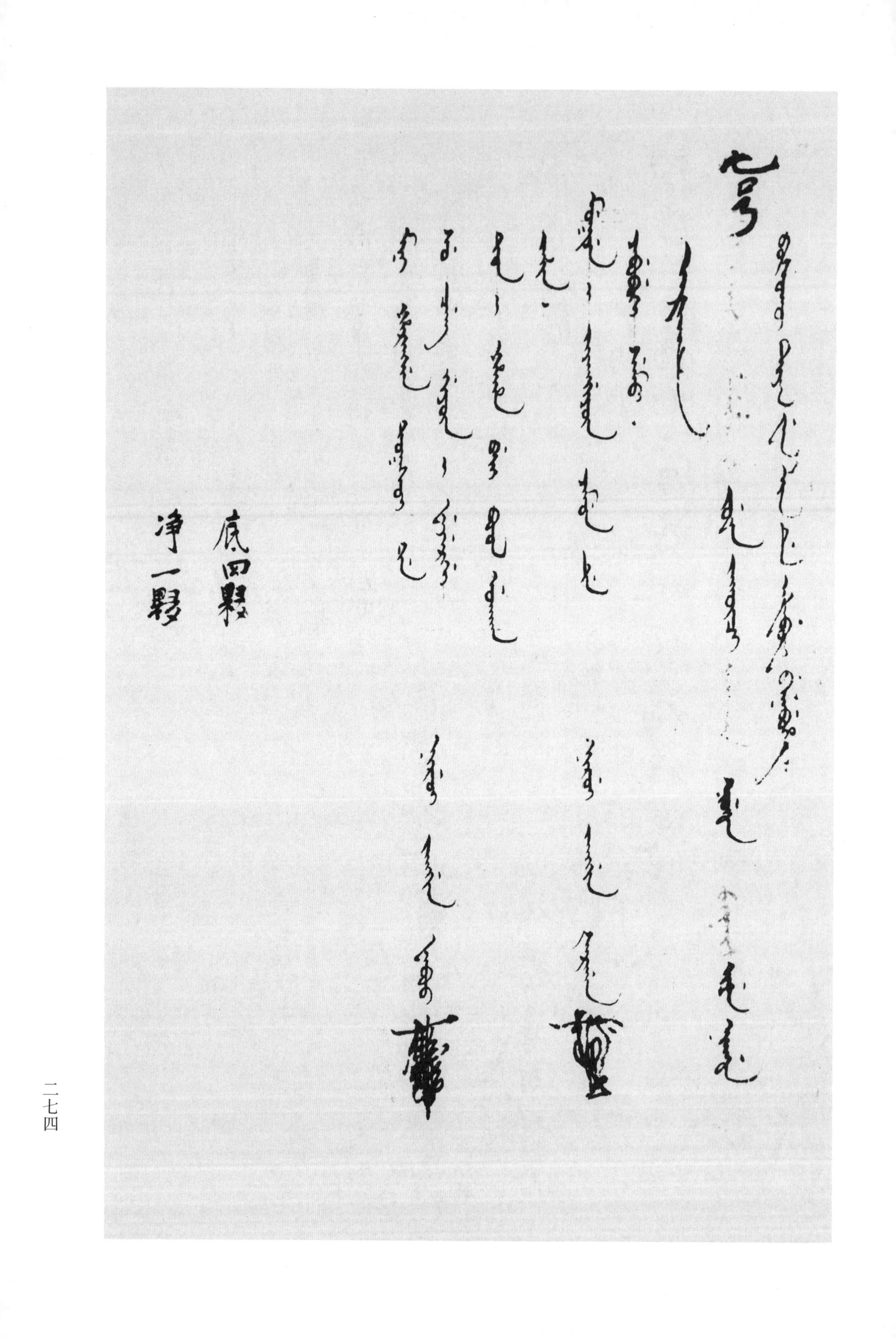

底四顆

净一顆

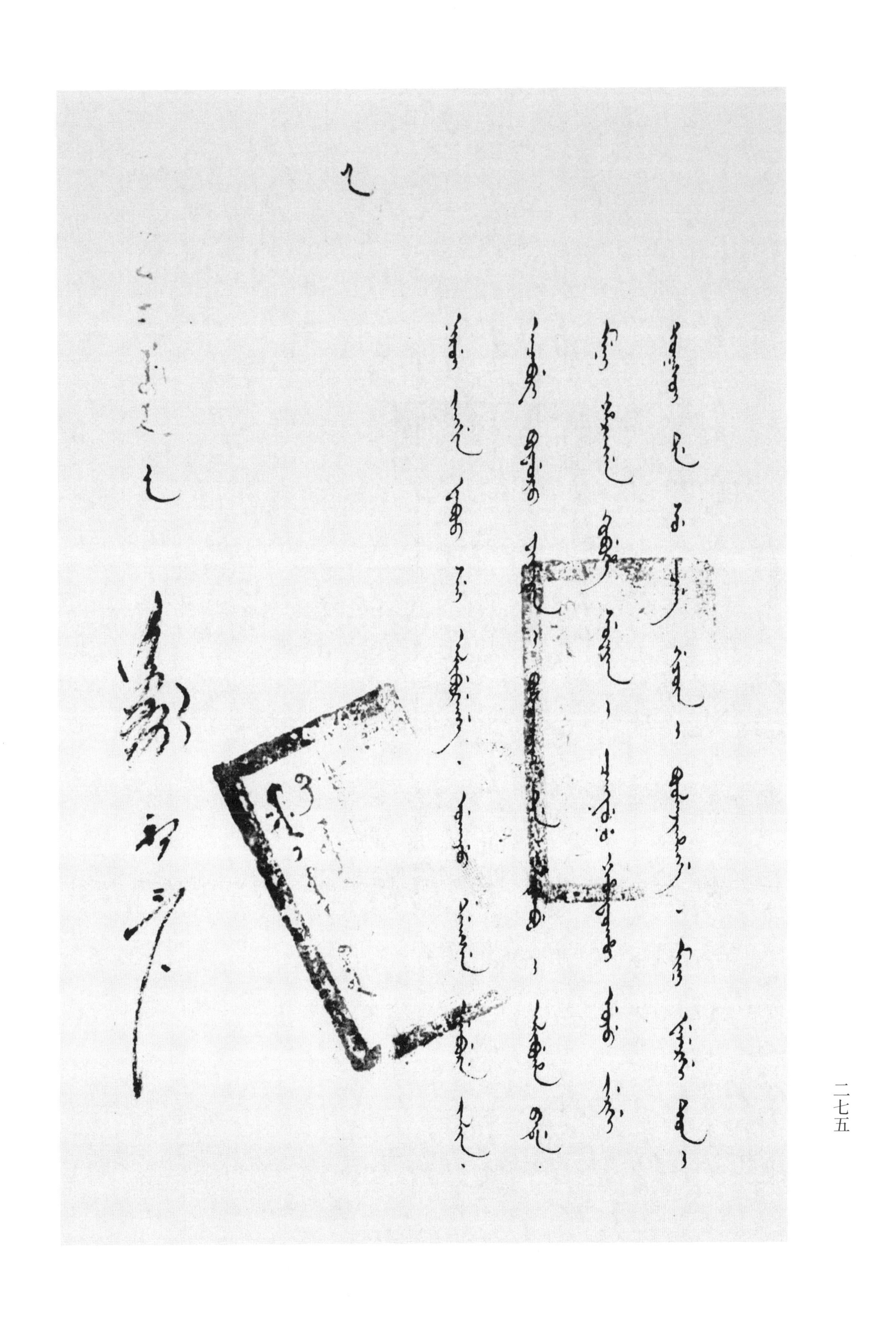

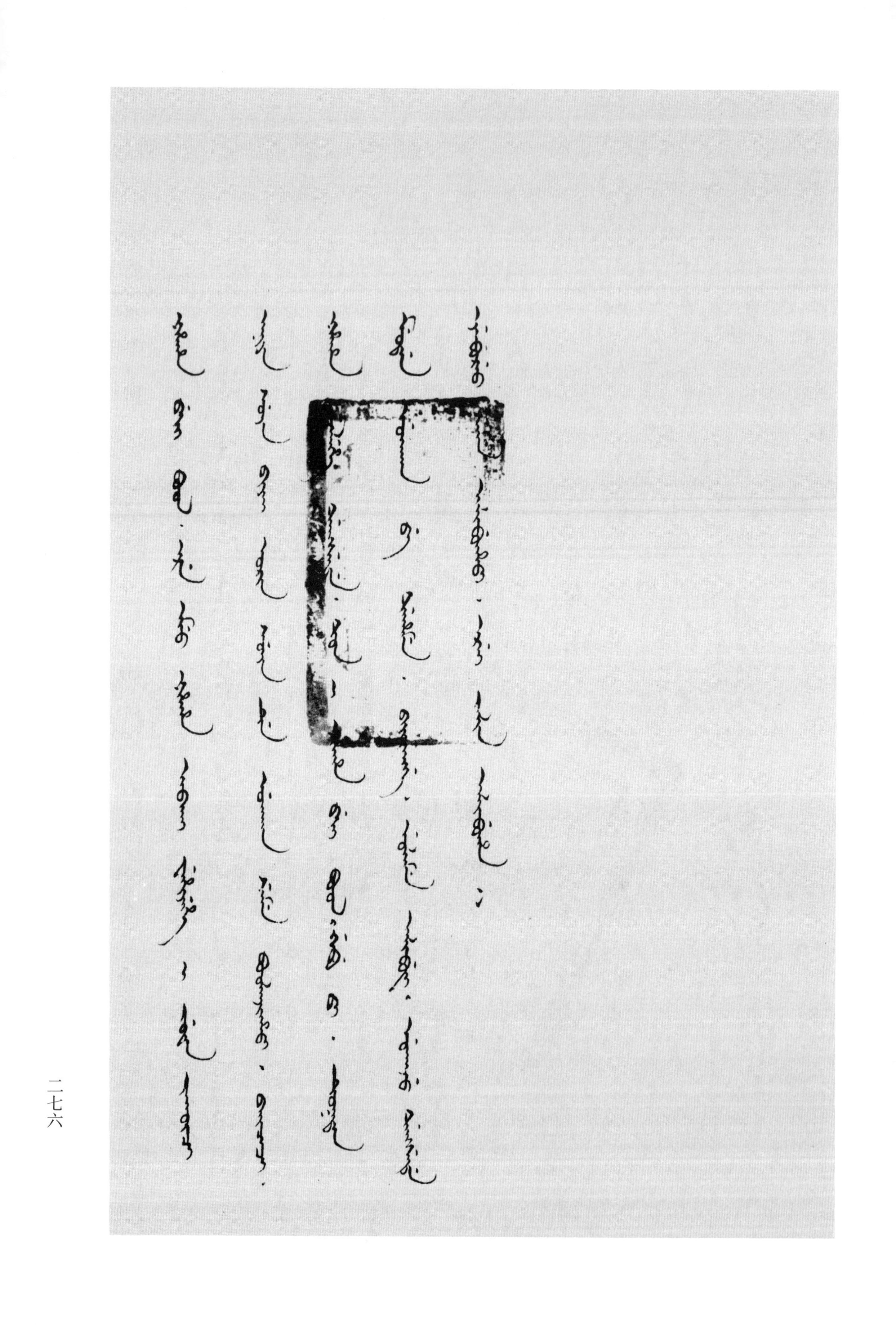

[illegible]

[illegible]

[illegible]

[illegible]

[illegible]

[illegible]

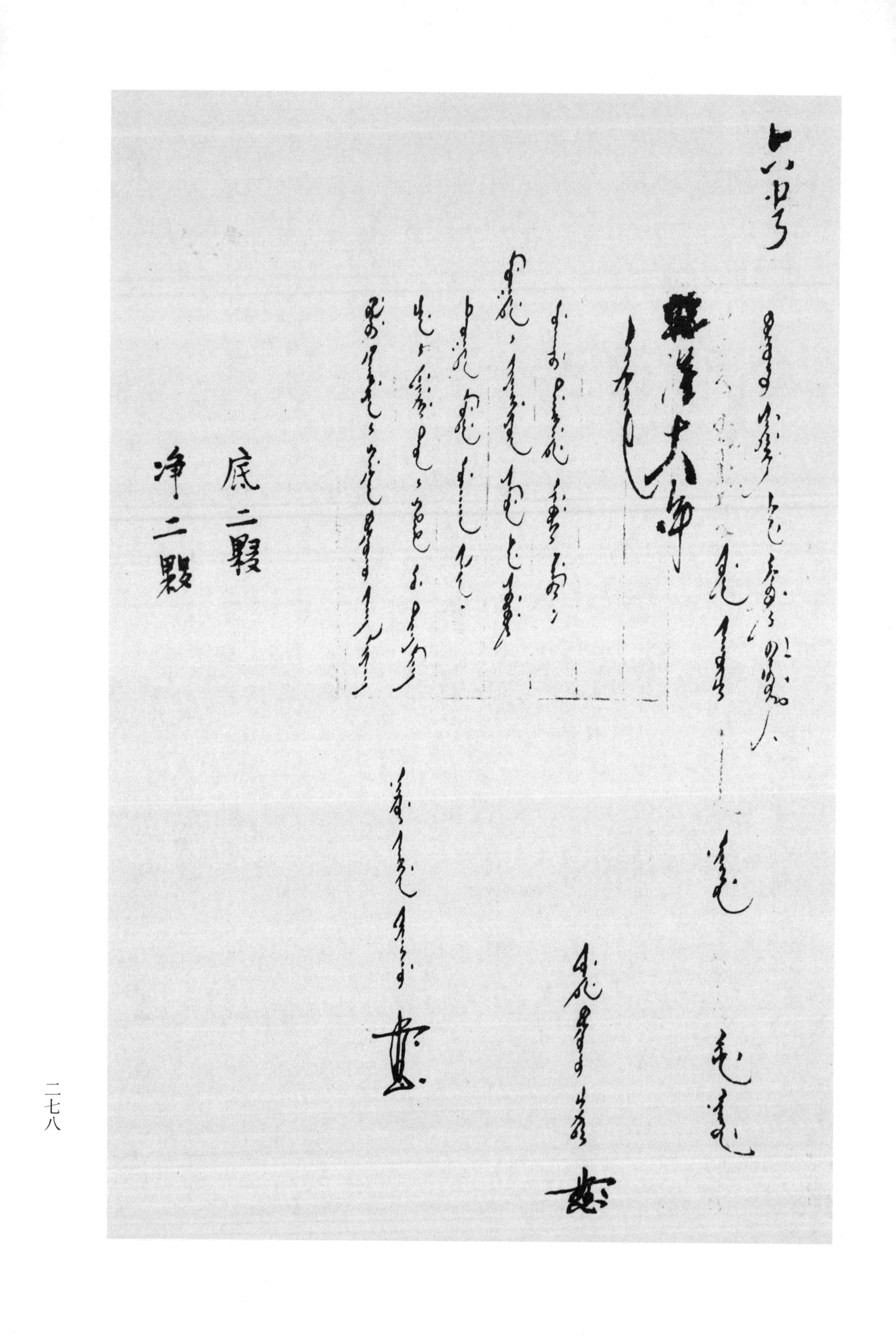

底二叚
净二叚

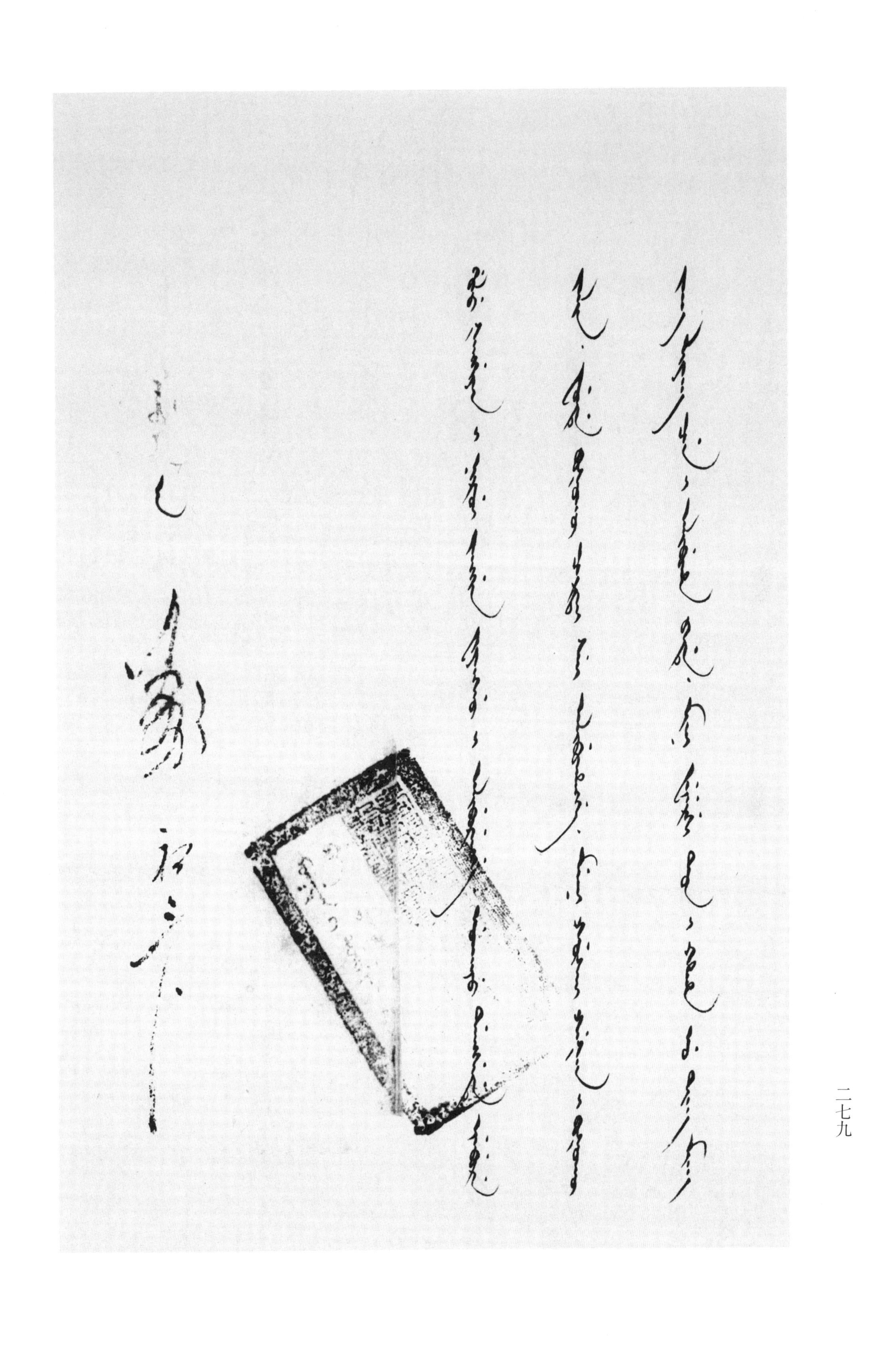

[illegible]

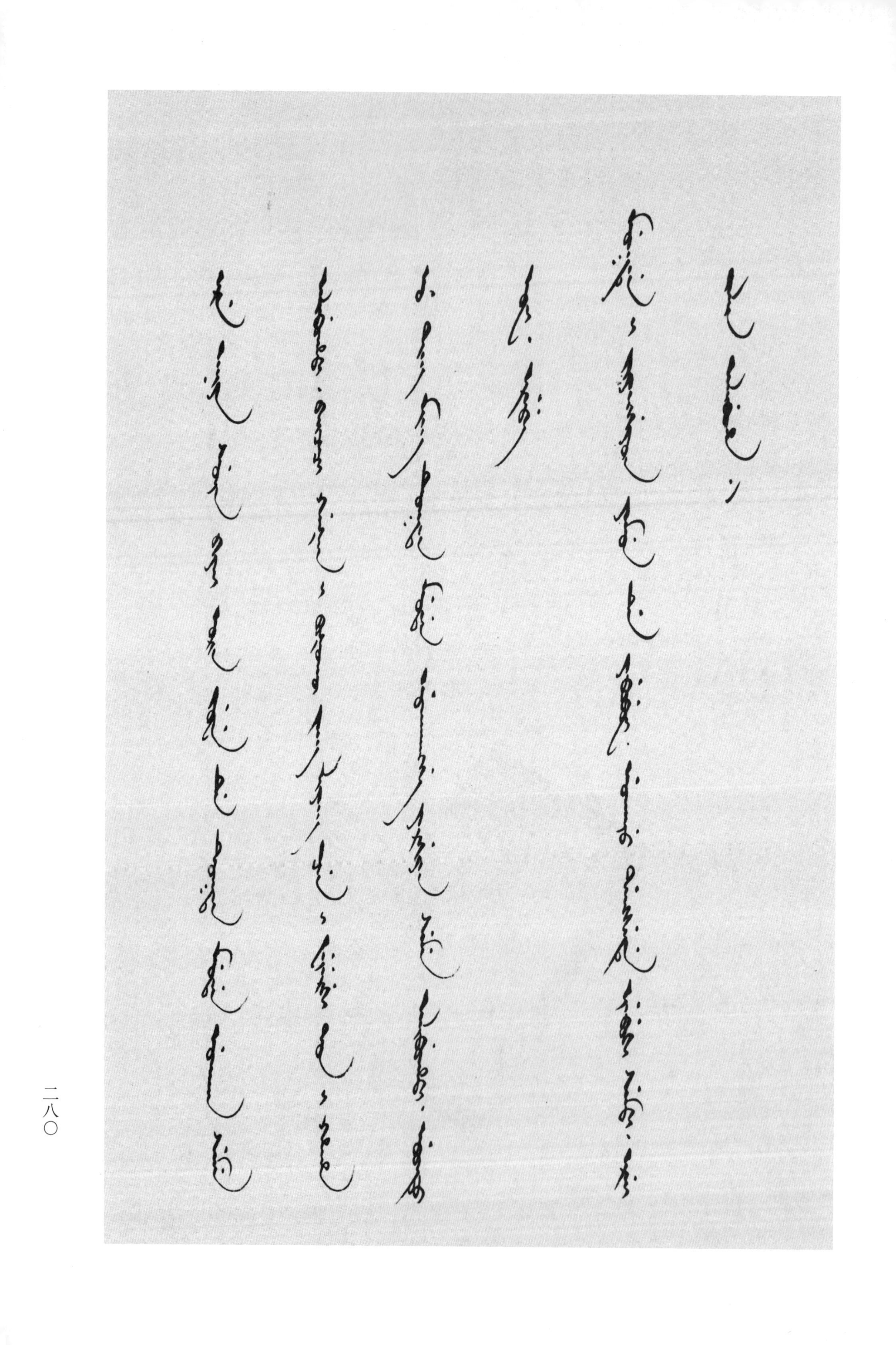

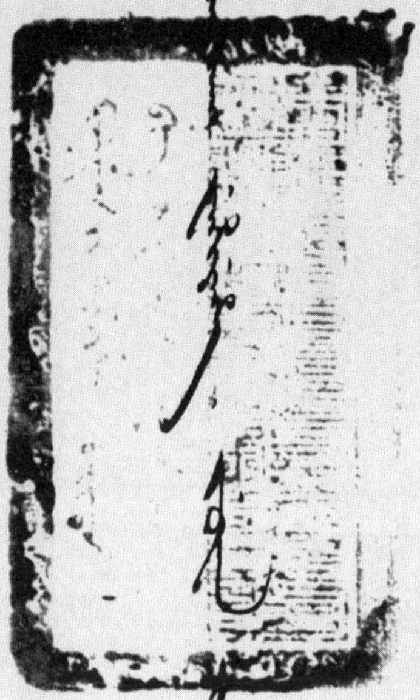

[illegible]

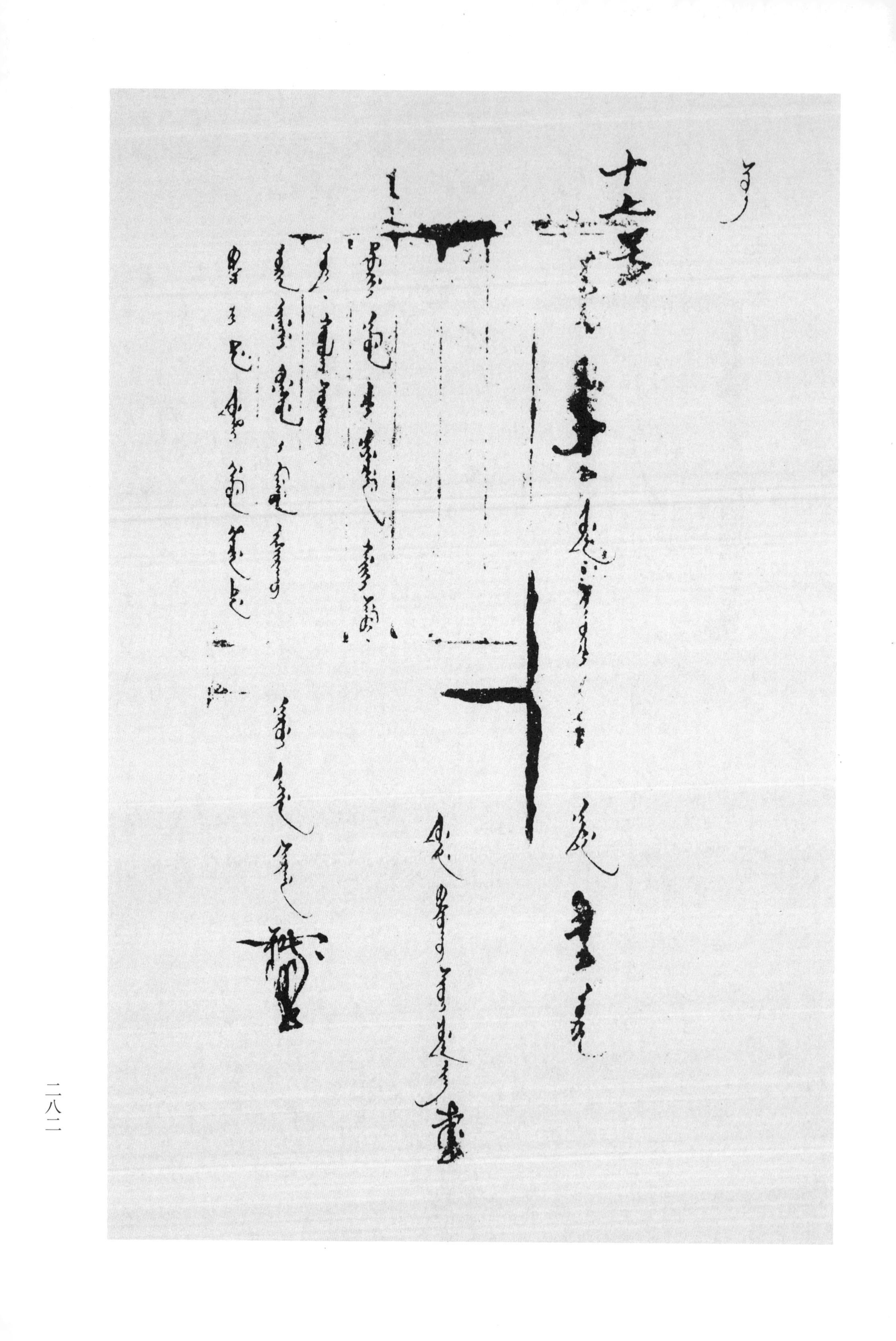

十七年

二十日

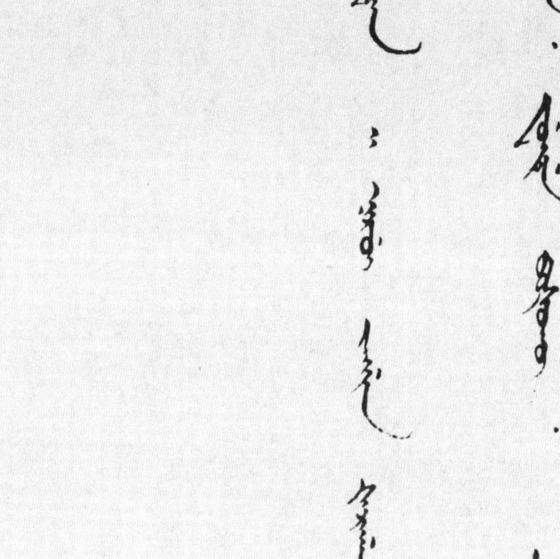

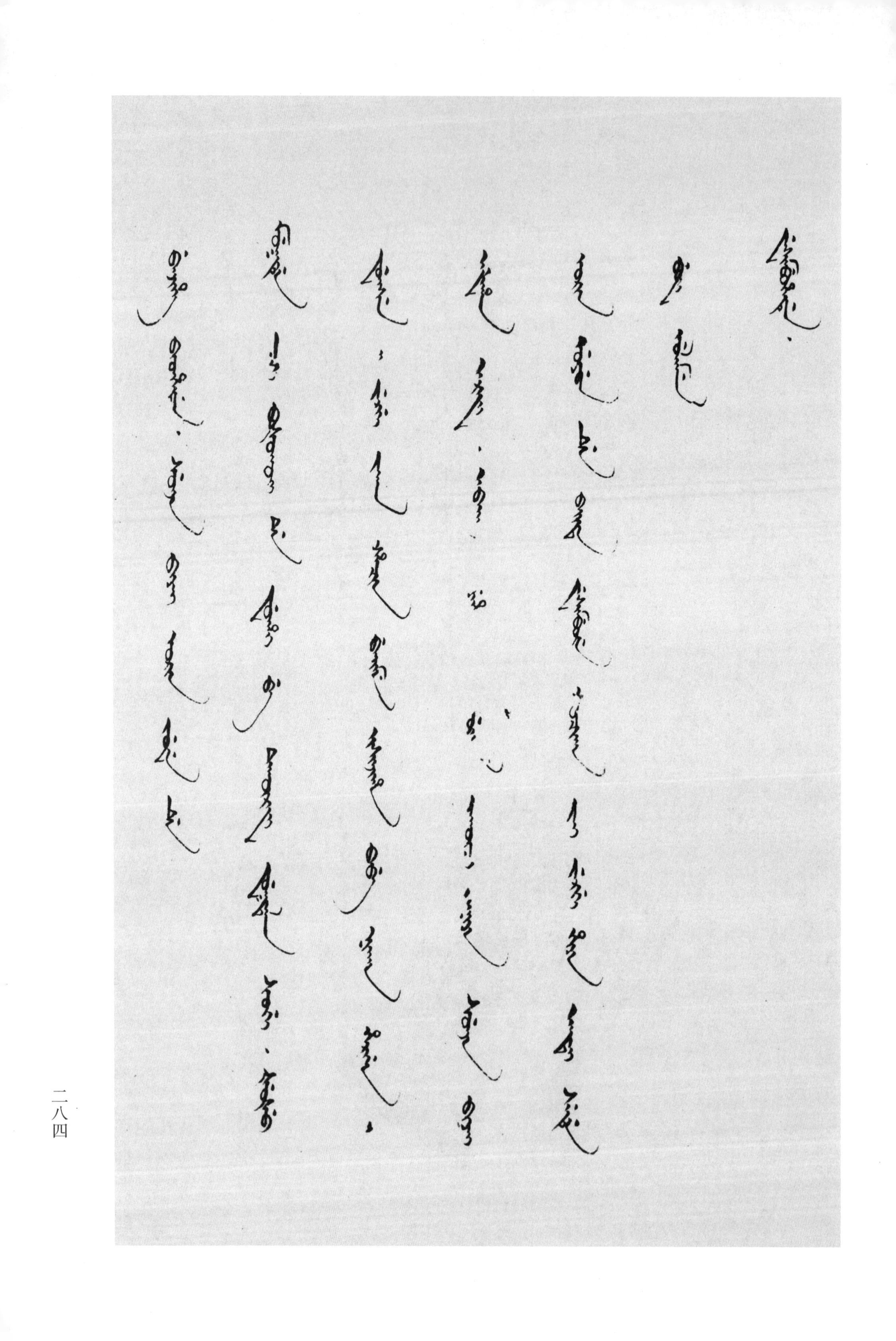

[illegible]

[illegible]

[illegible]

[illegible]

[illegible]

[illegible]

[illegible]

[illegible]

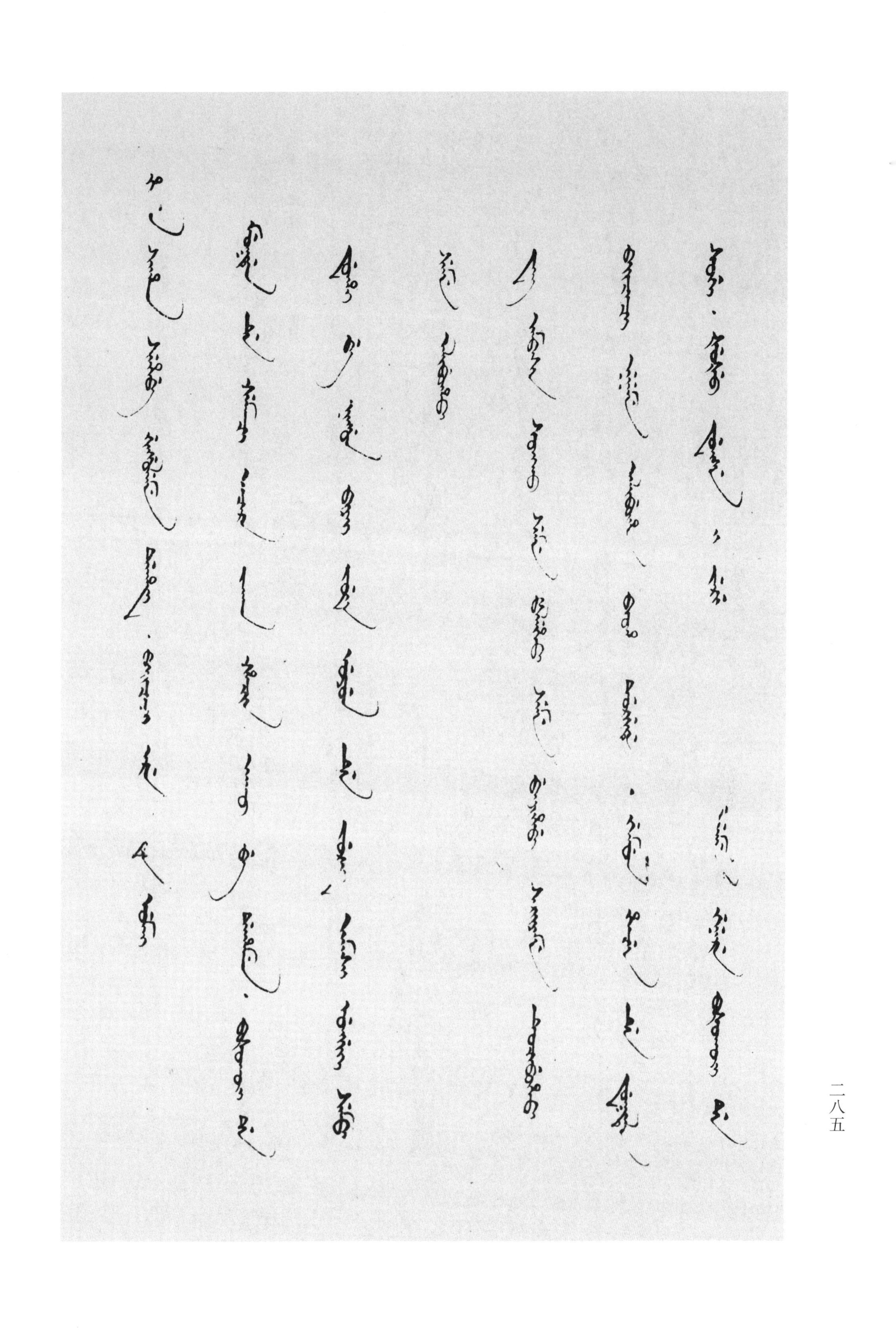

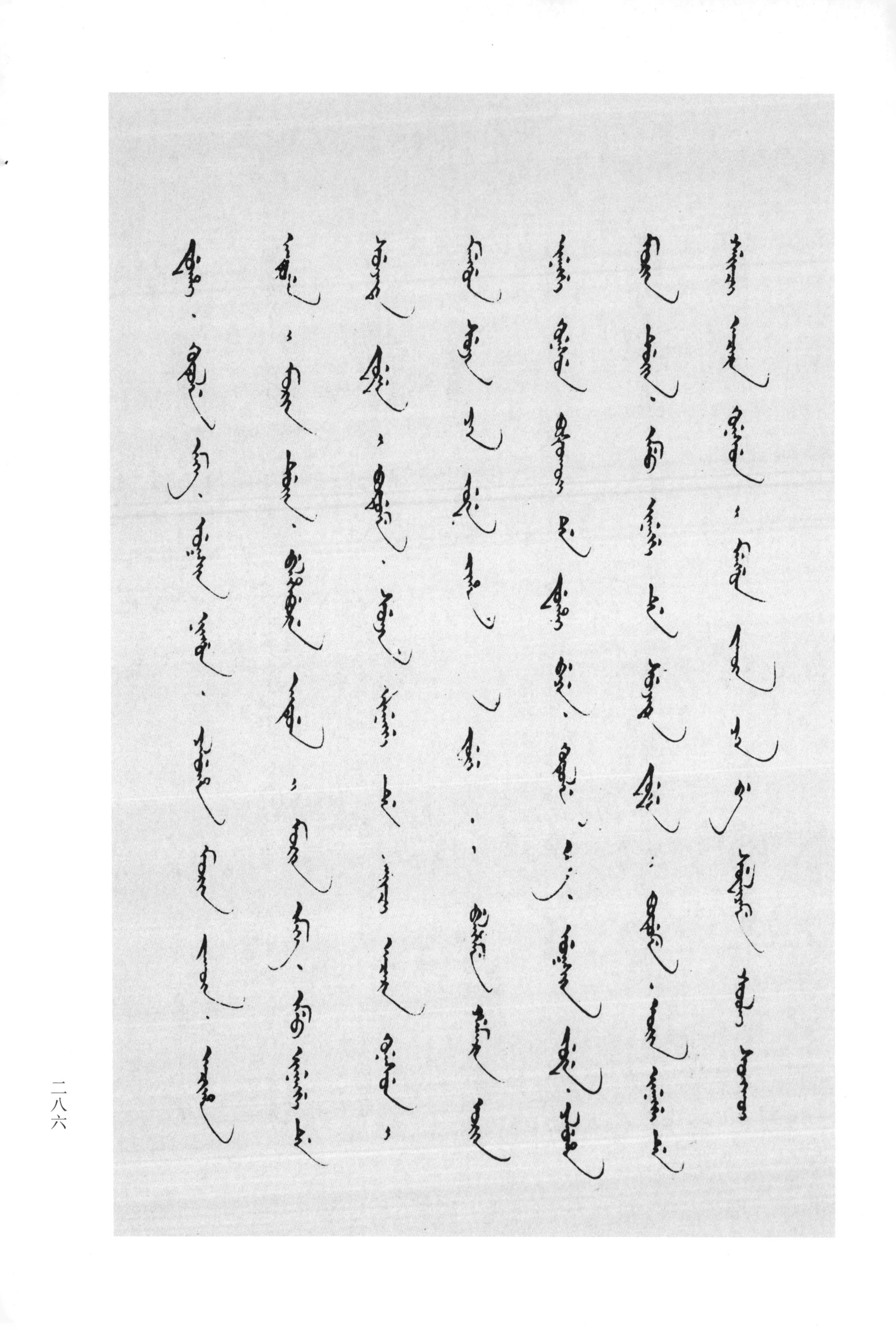

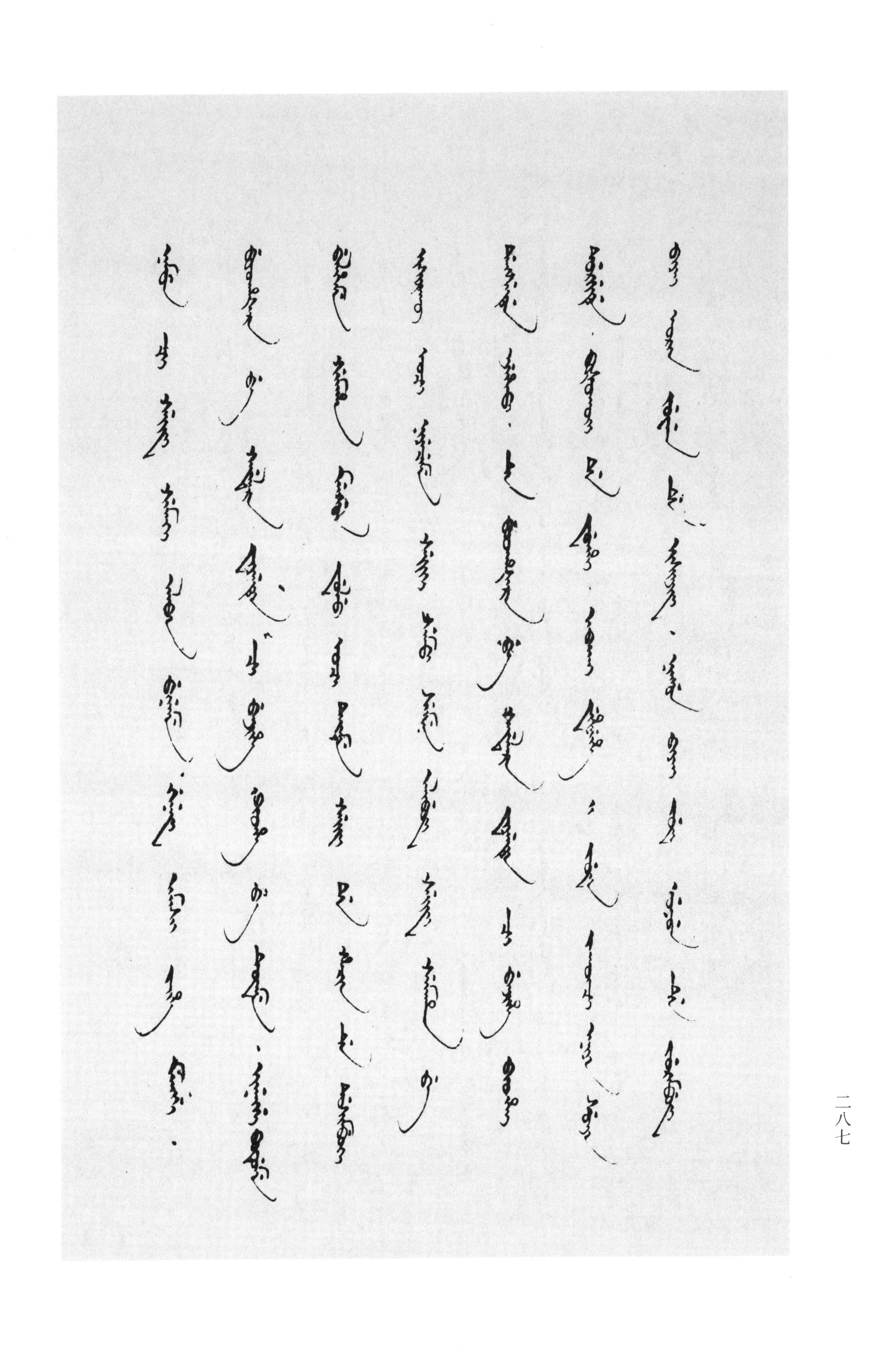

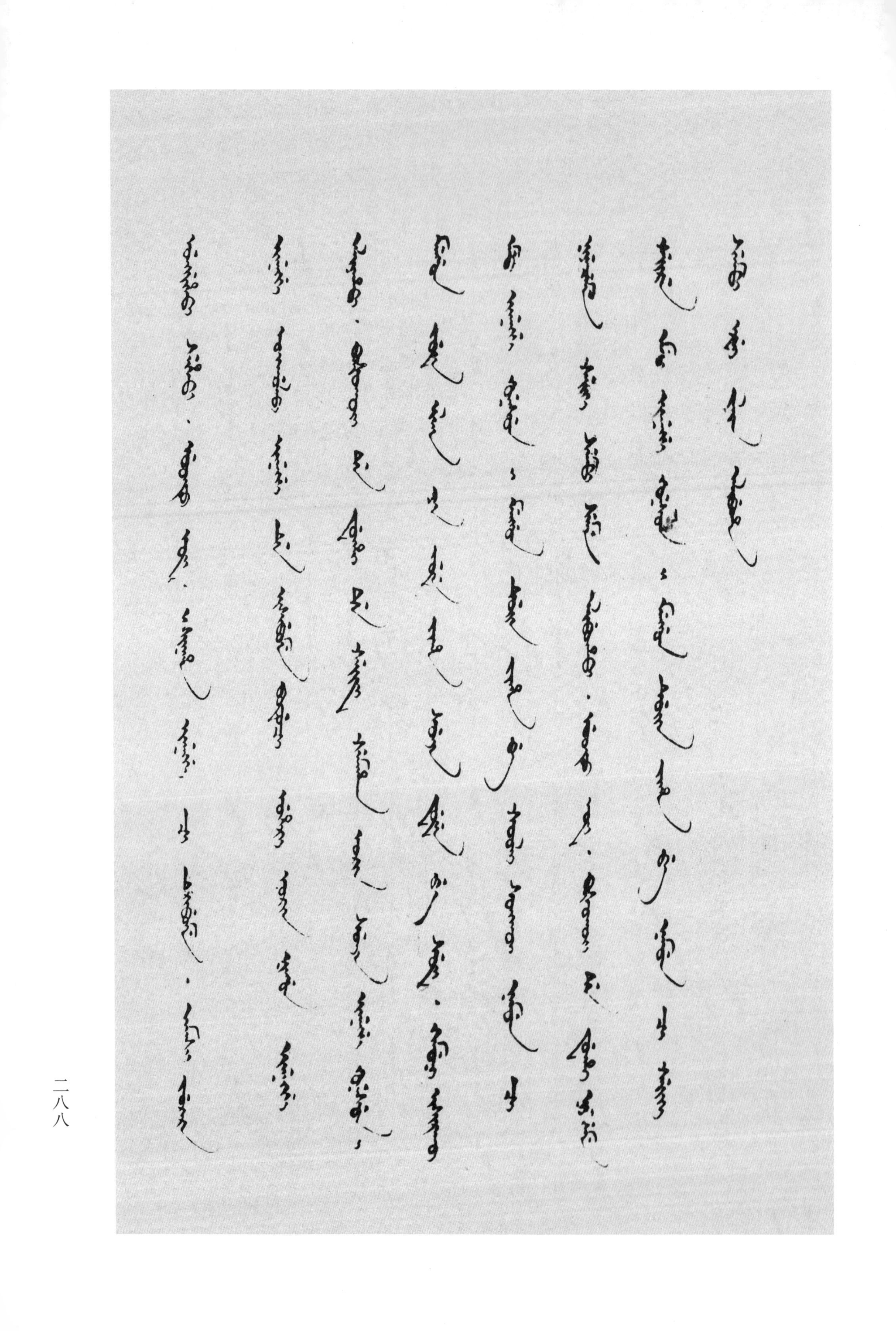

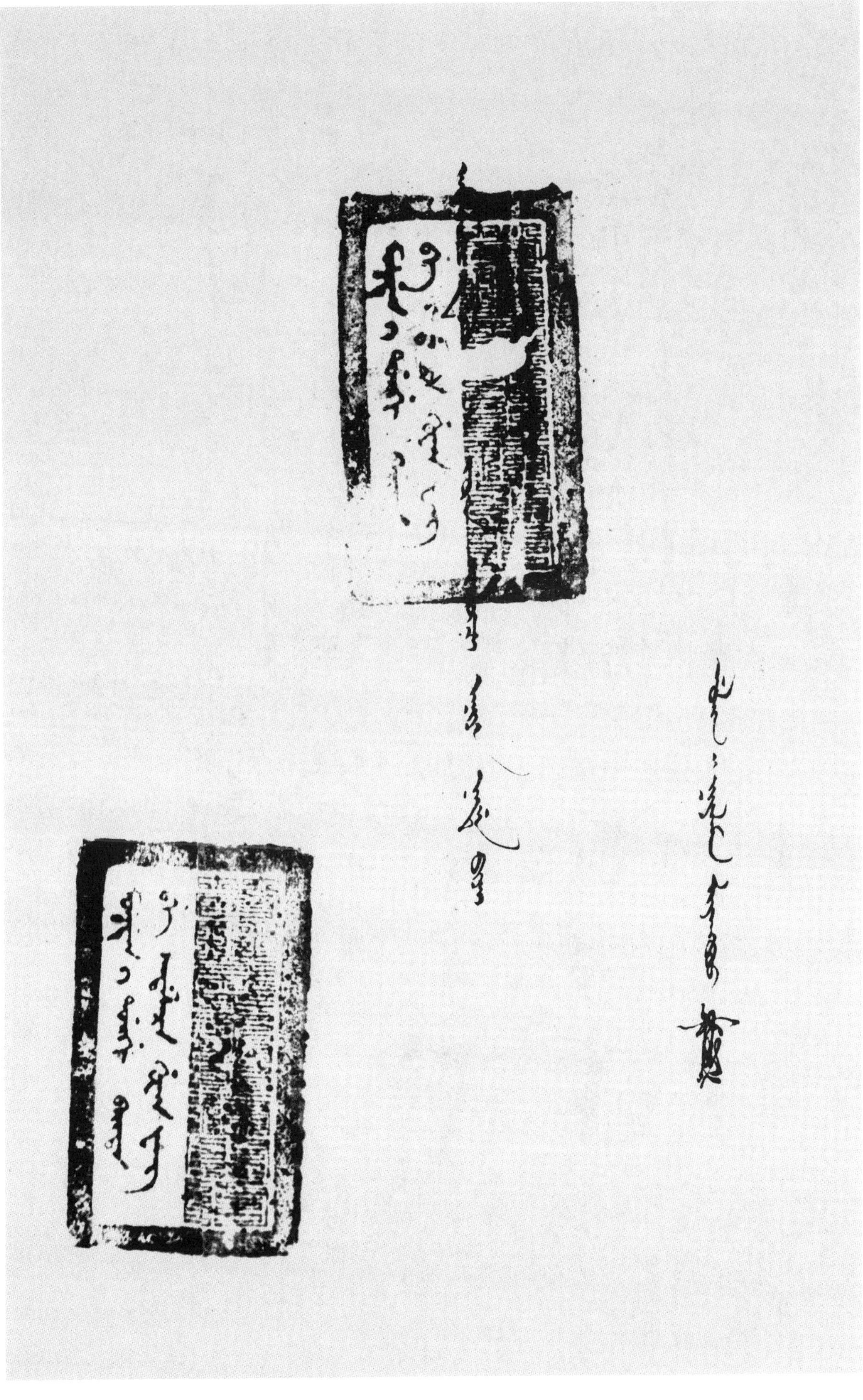

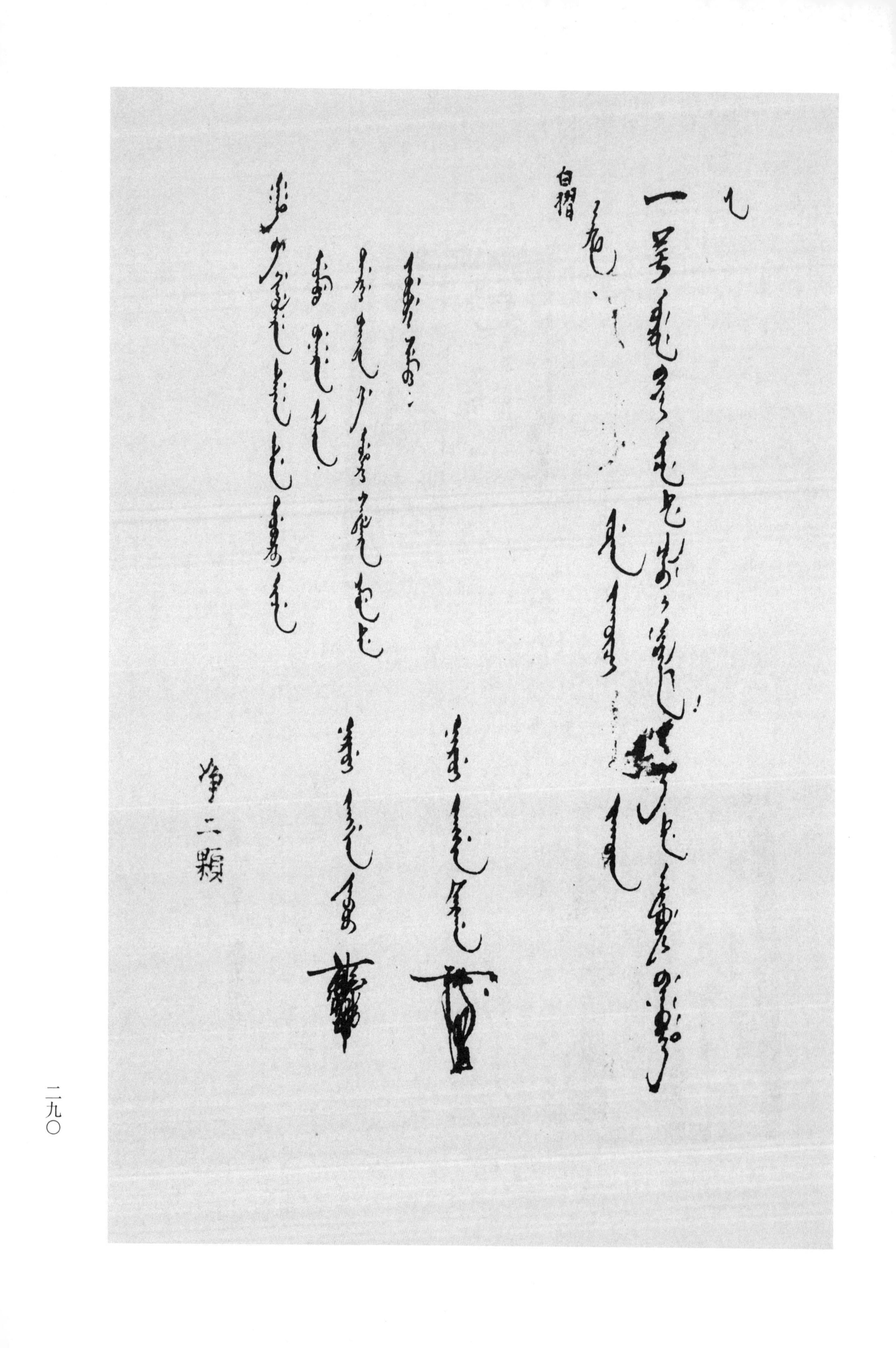

白摺

一 [illegible]

[illegible]

[illegible]

净二顆

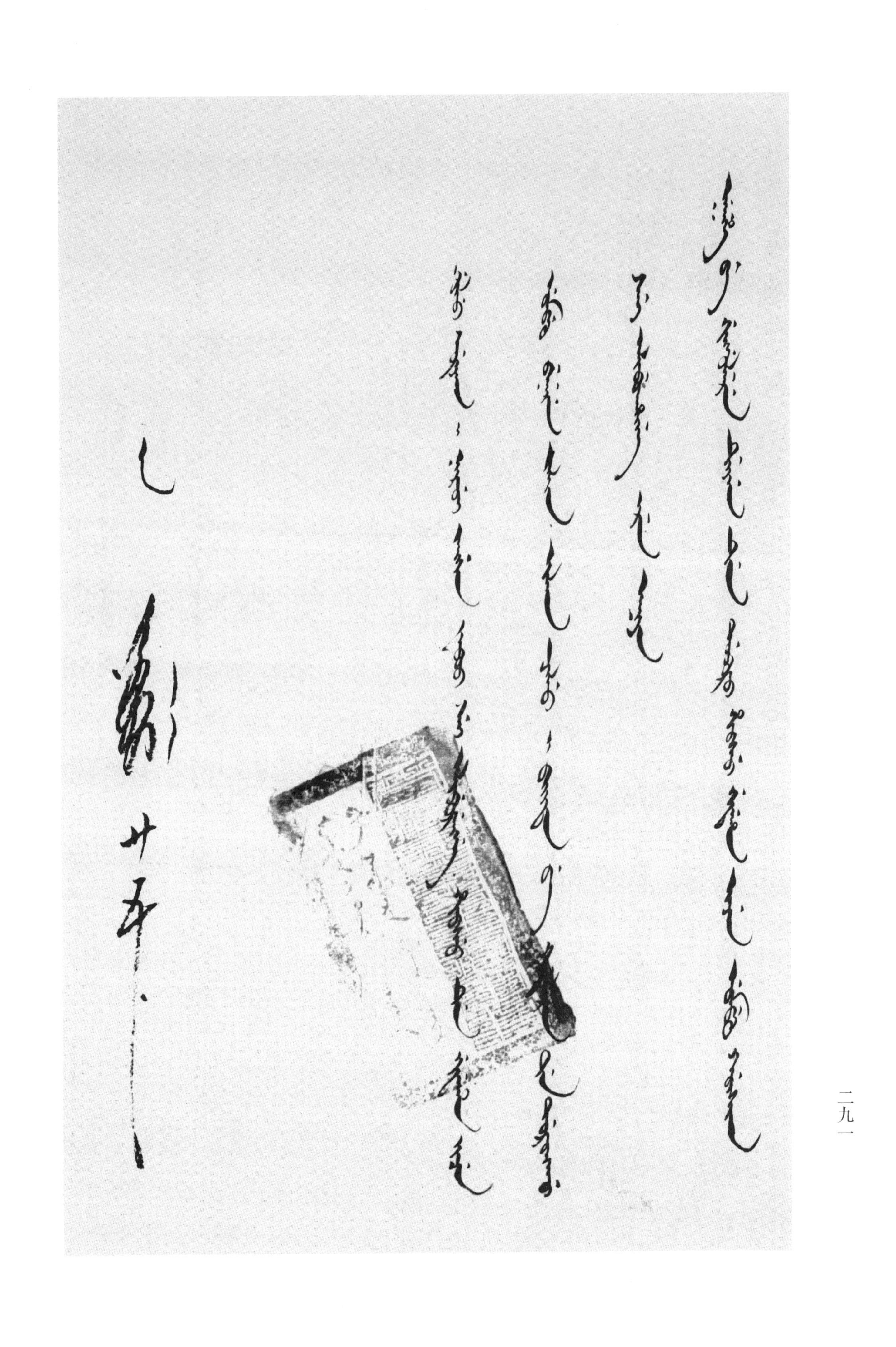

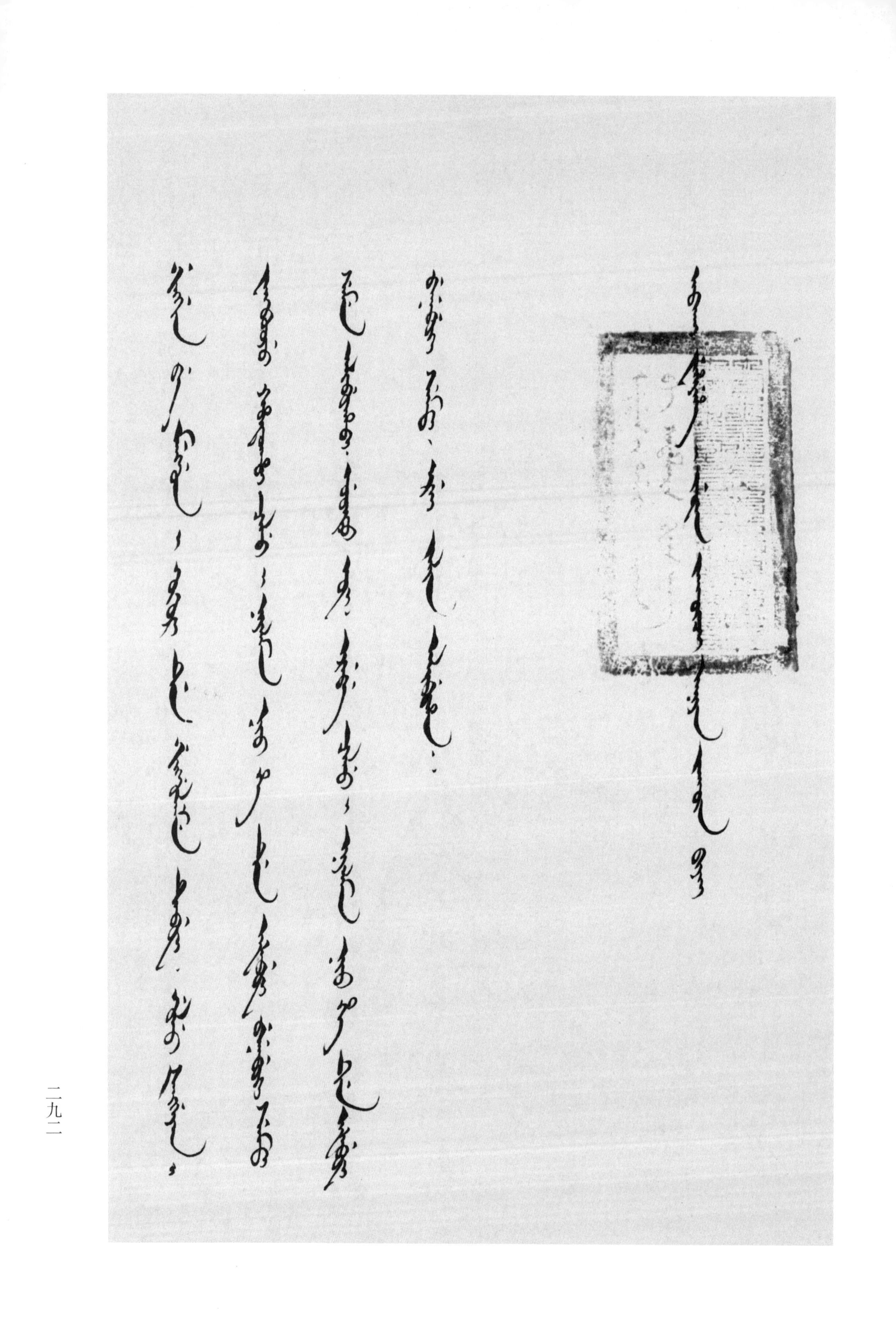

[illegible]

[illegible]

[illegible]

[illegible]

[illegible]

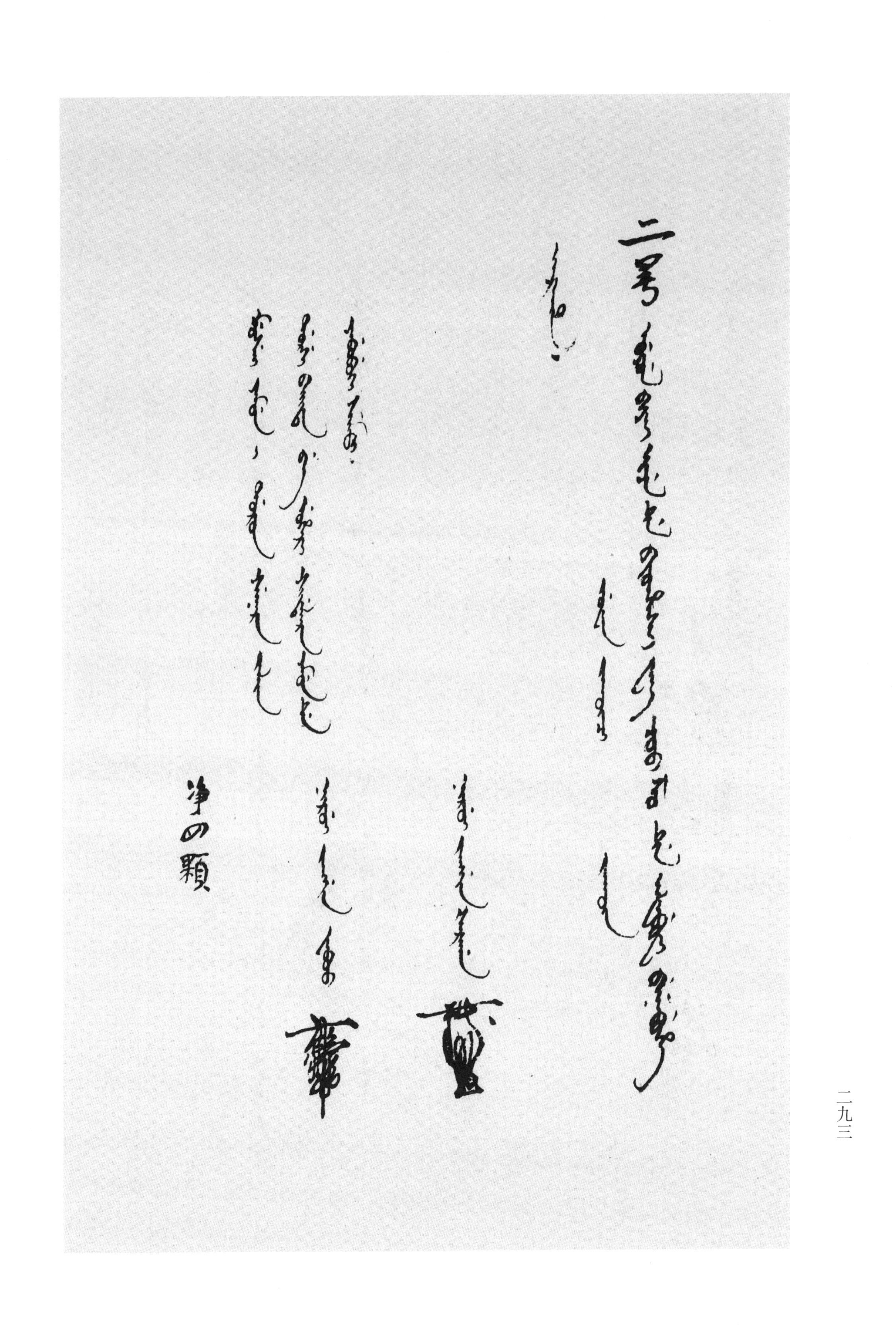

二号

净四顆

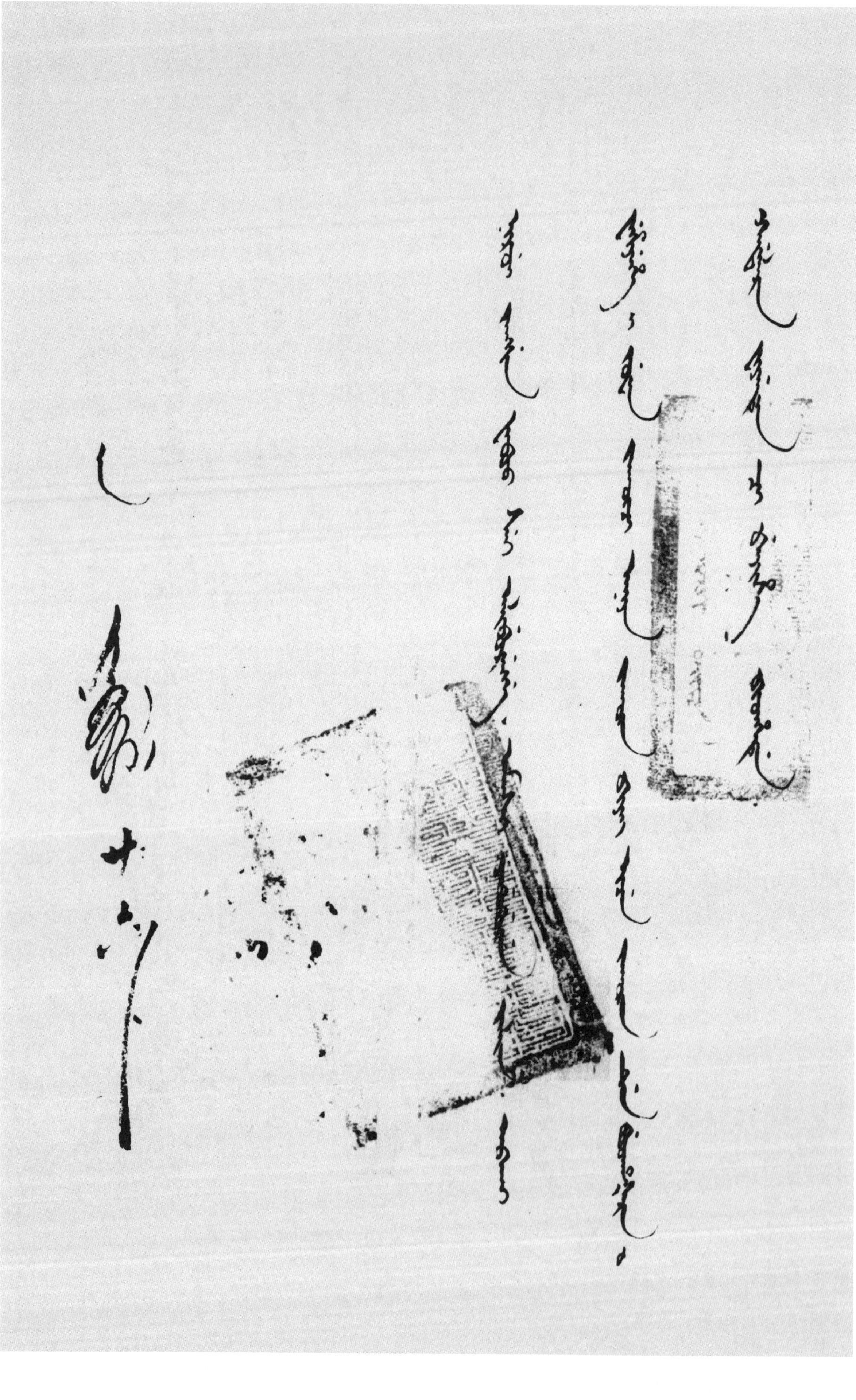

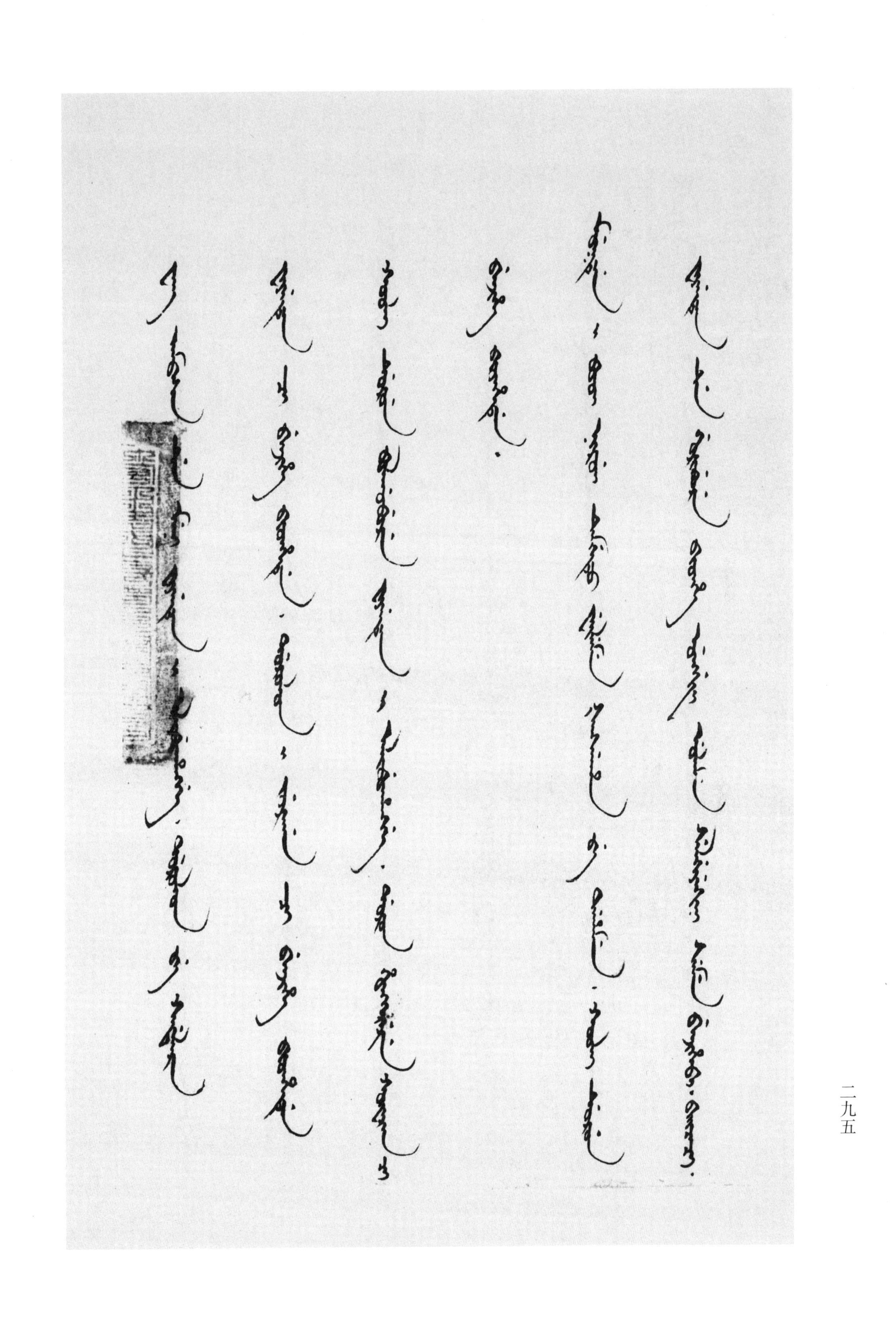

[illegible]

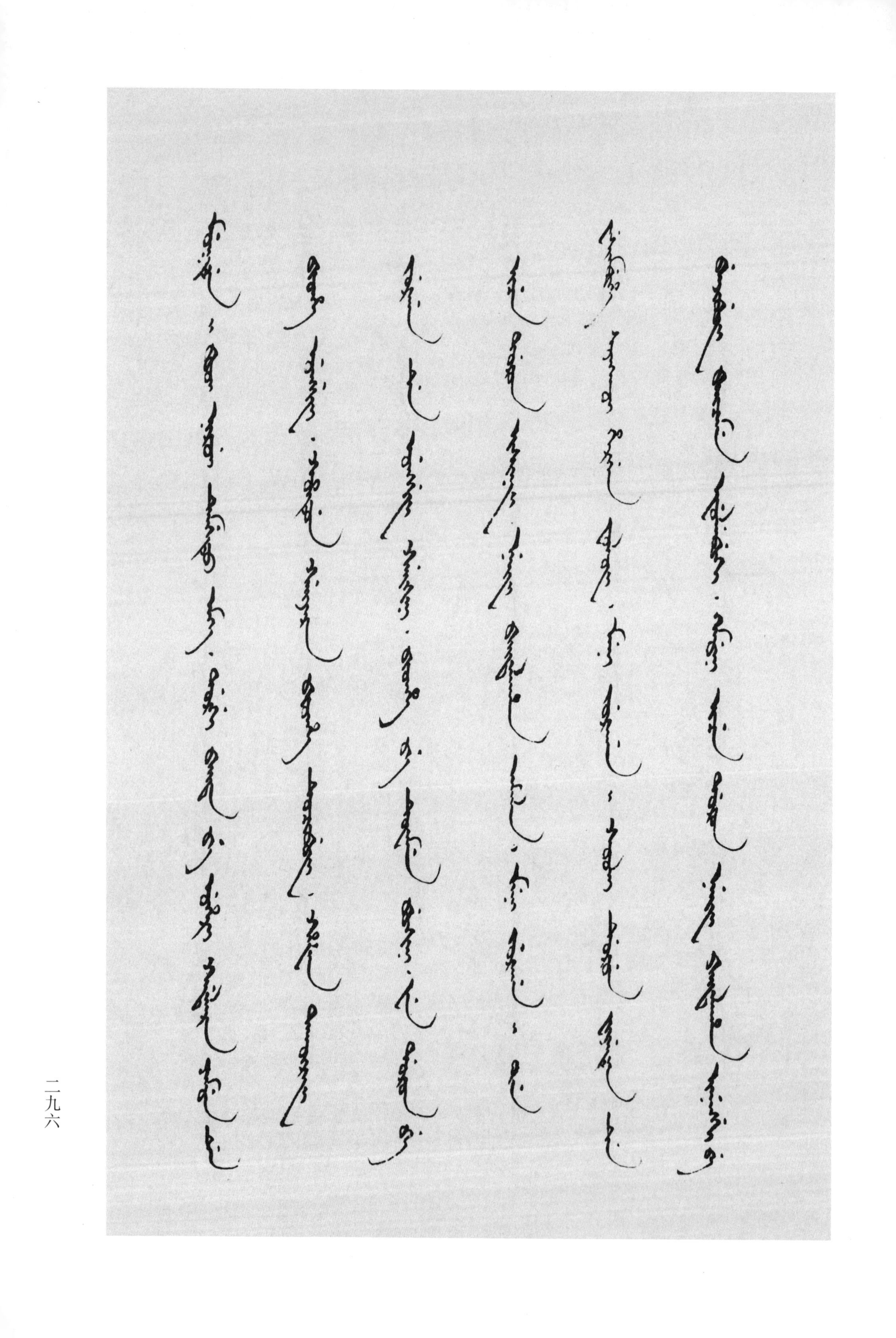

[illegible]

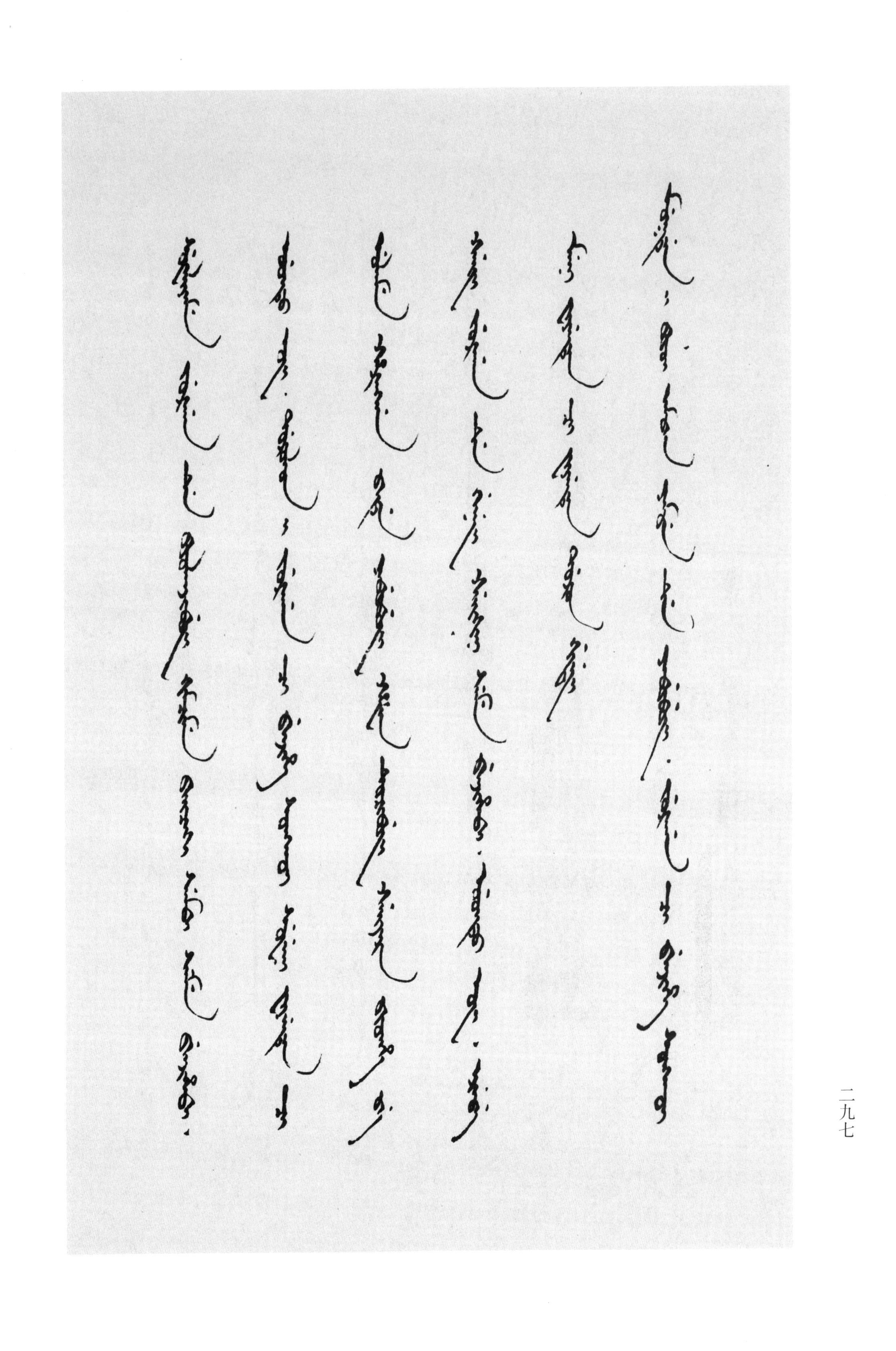

[illegible]

[illegible]

[illegible]

[illegible]

[illegible]

[illegible]

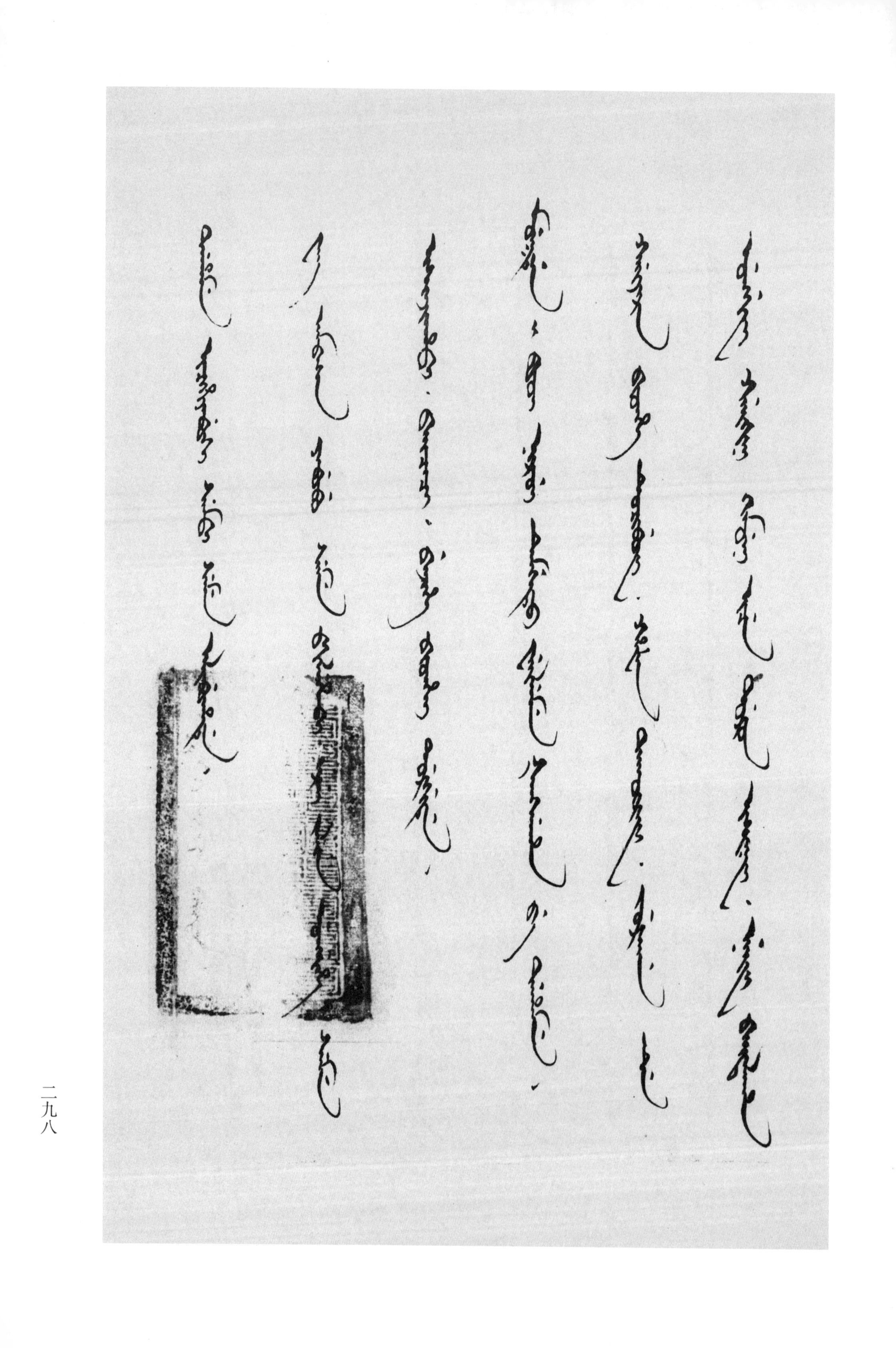

[illegible]

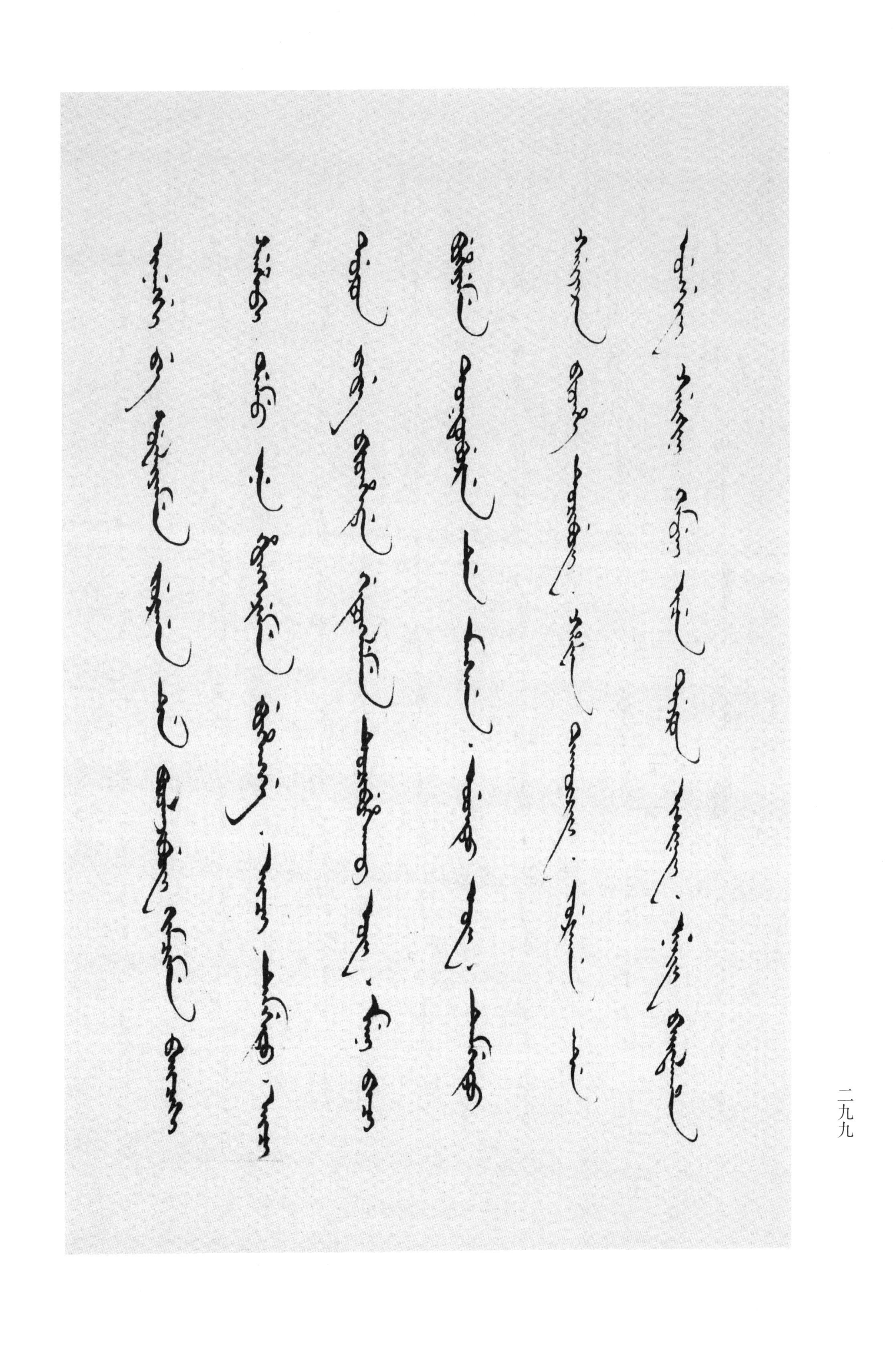

[illegible]

[illegible]

[illegible]

[illegible]

[illegible]

[illegible]

[illegible]

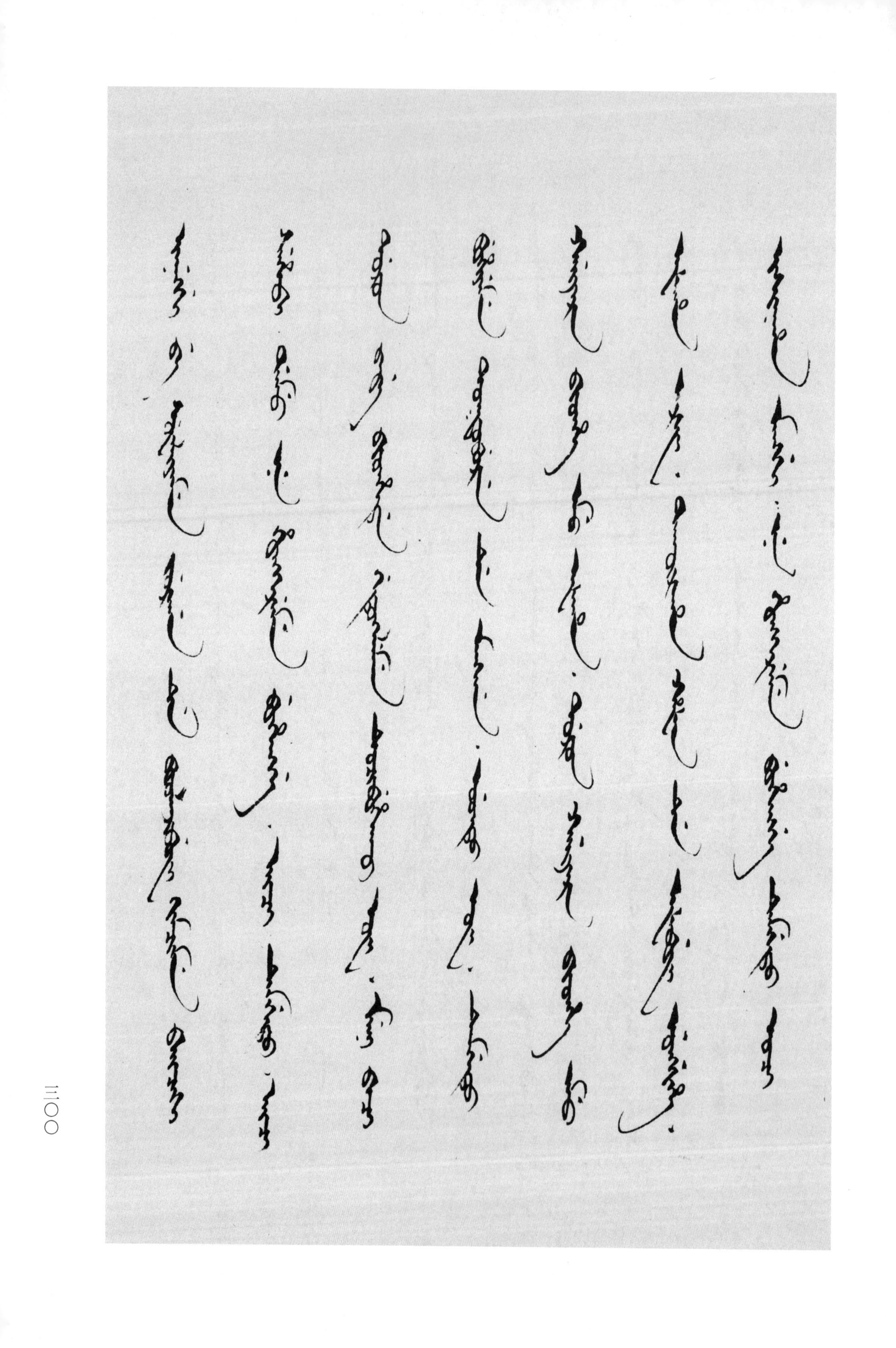

[illegible]
[illegible]
[illegible]
[illegible]
[illegible]
[illegible]
[illegible]

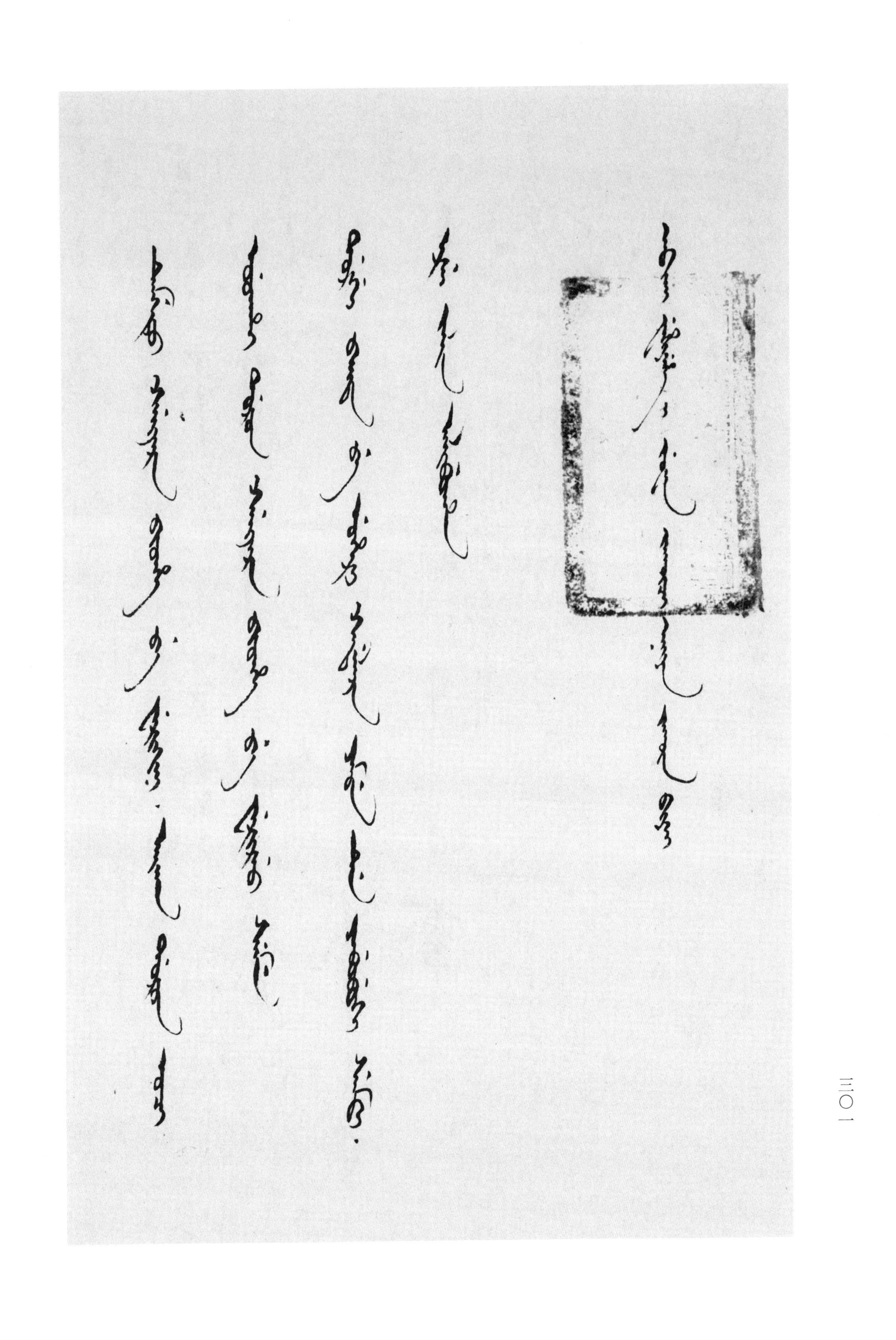

[illegible]

[illegible]

[illegible]

[illegible]

[illegible]

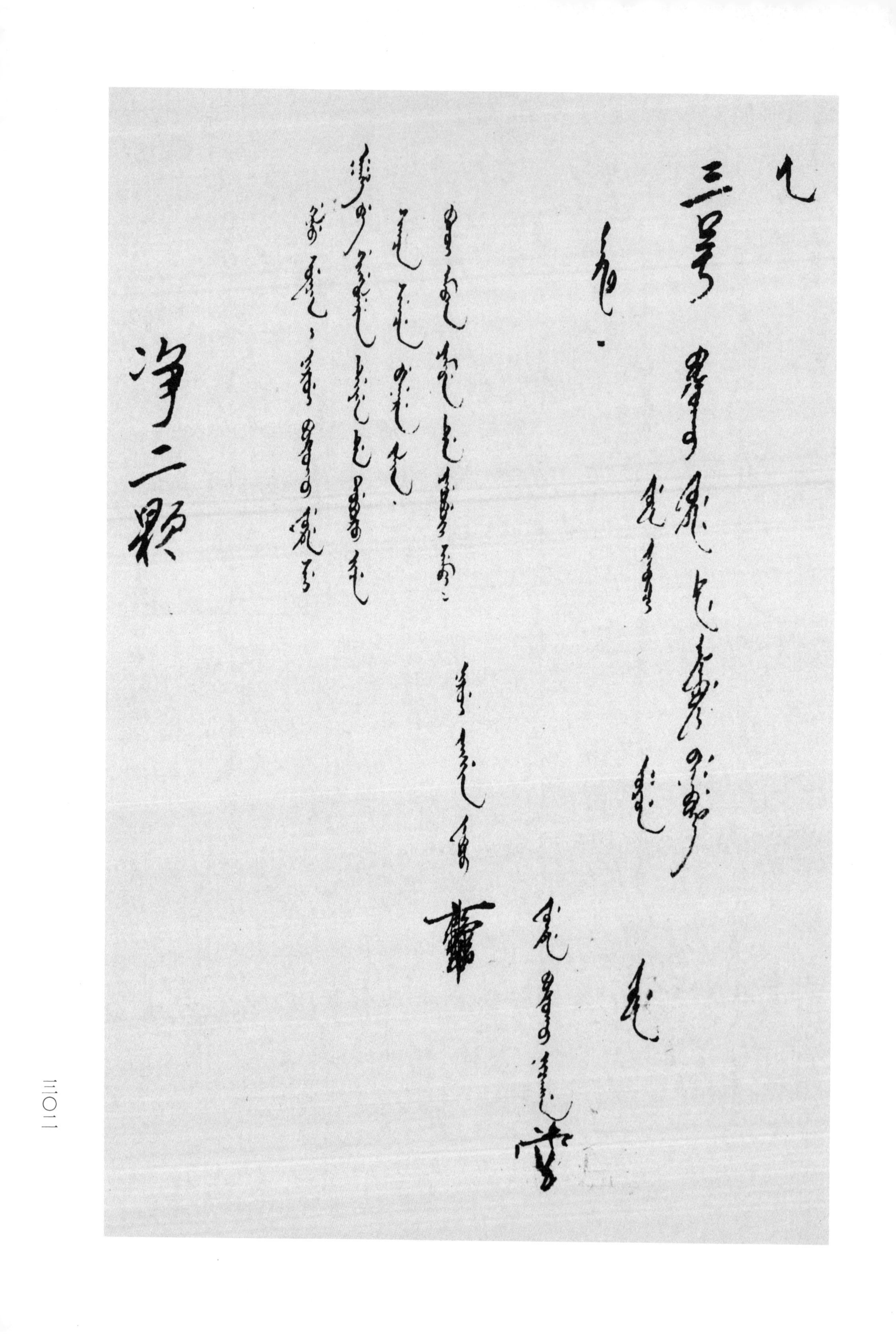

九

三号

净二颗

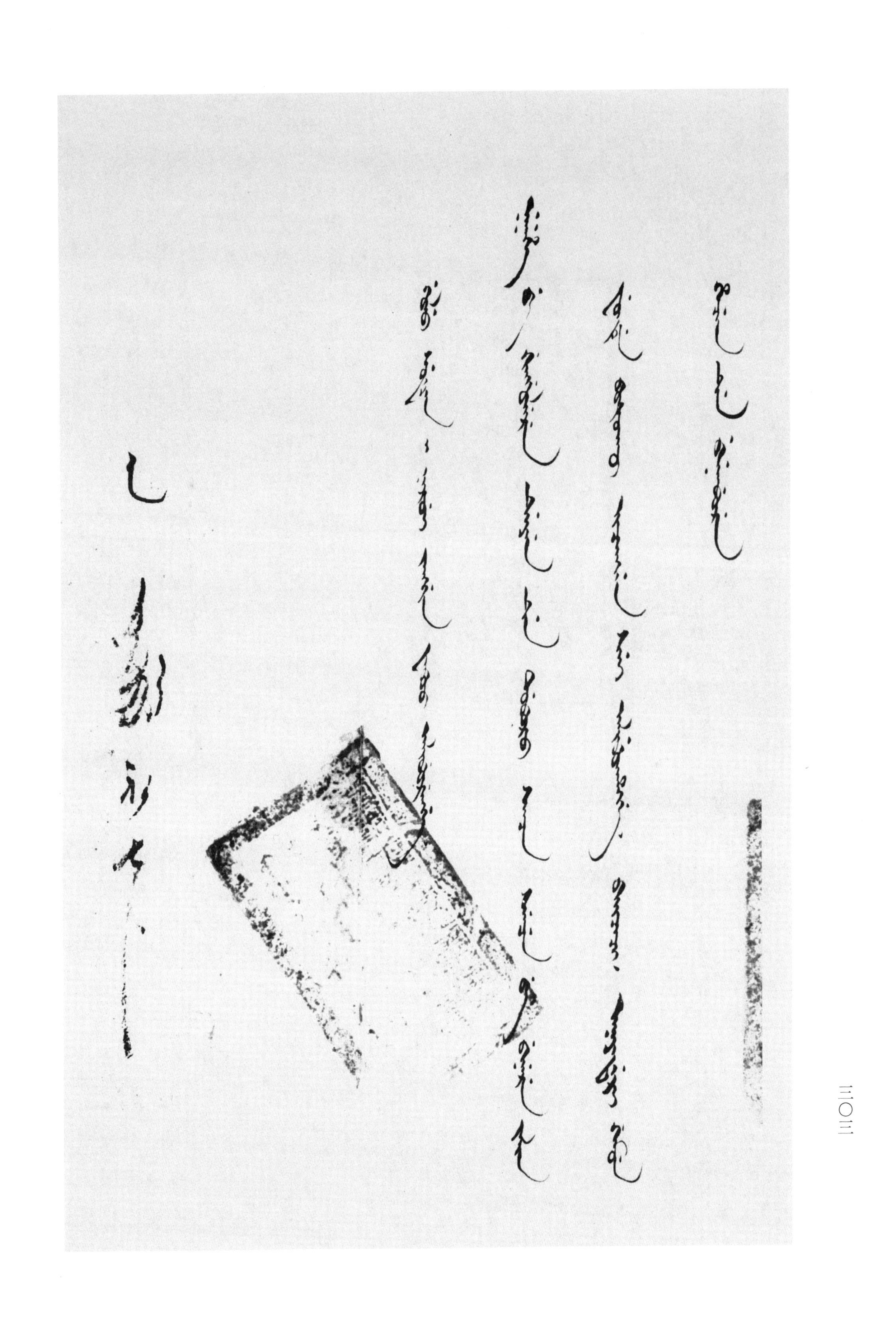

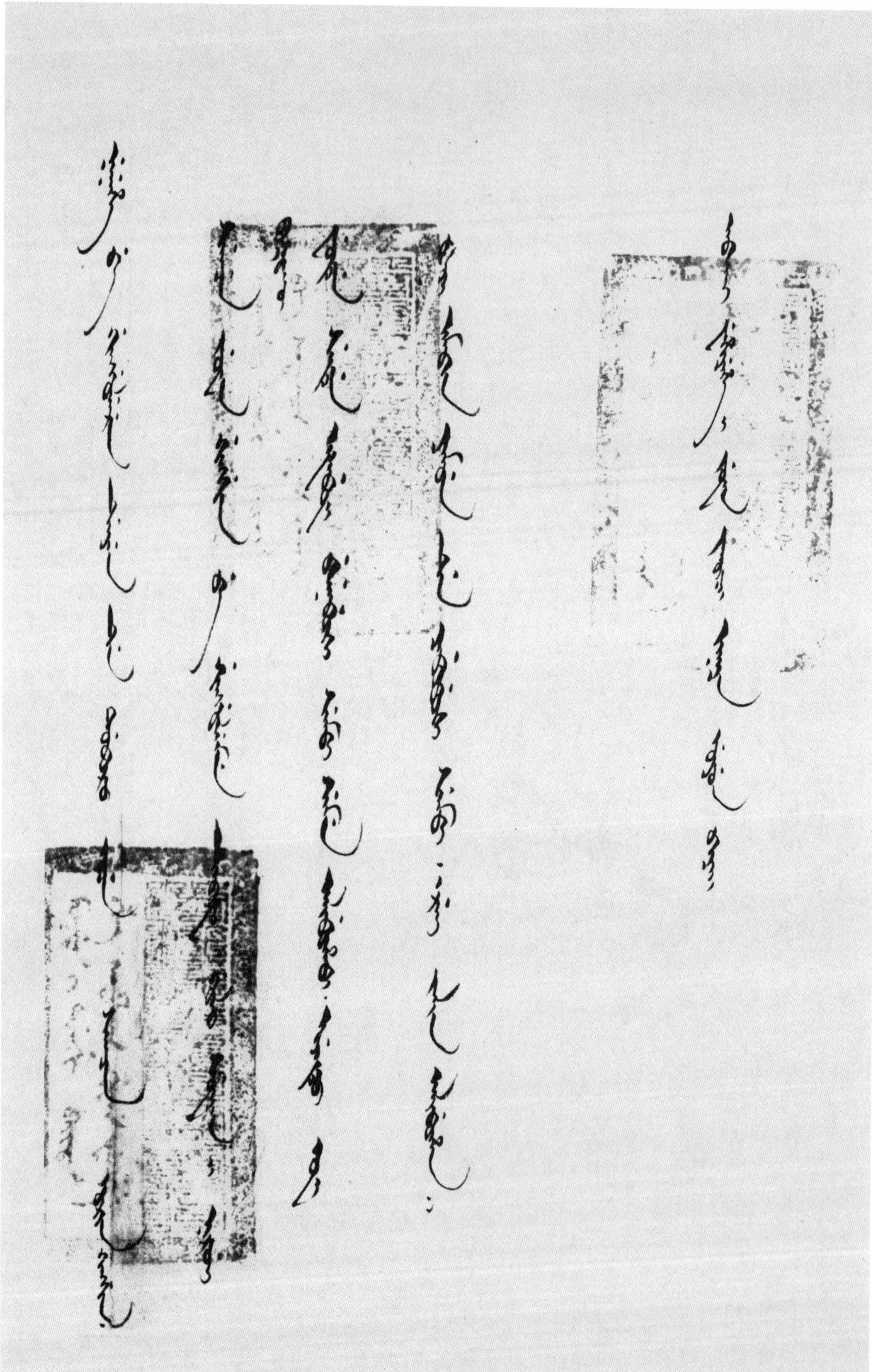

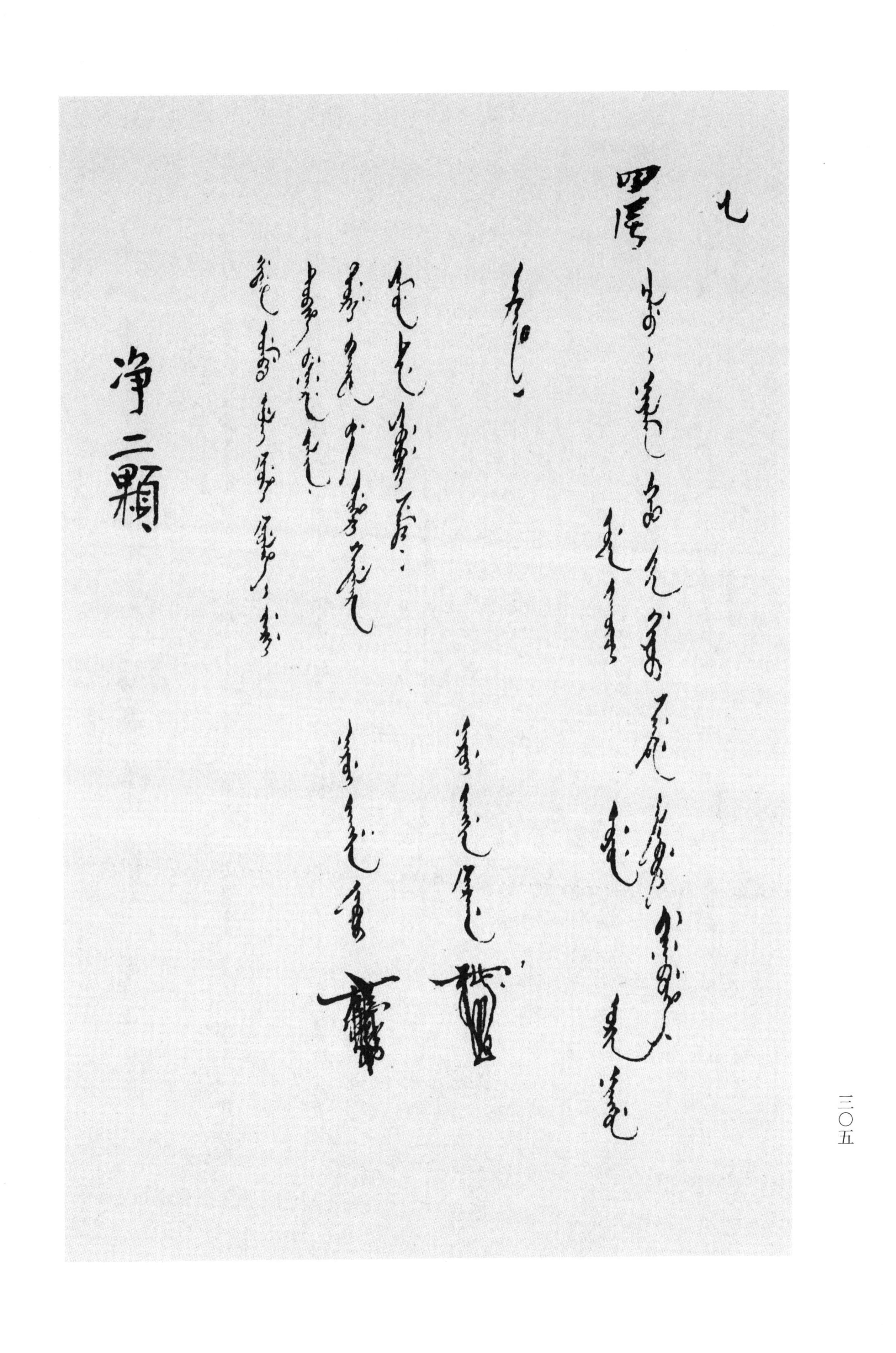

七

四月

[illegible]

净二颗

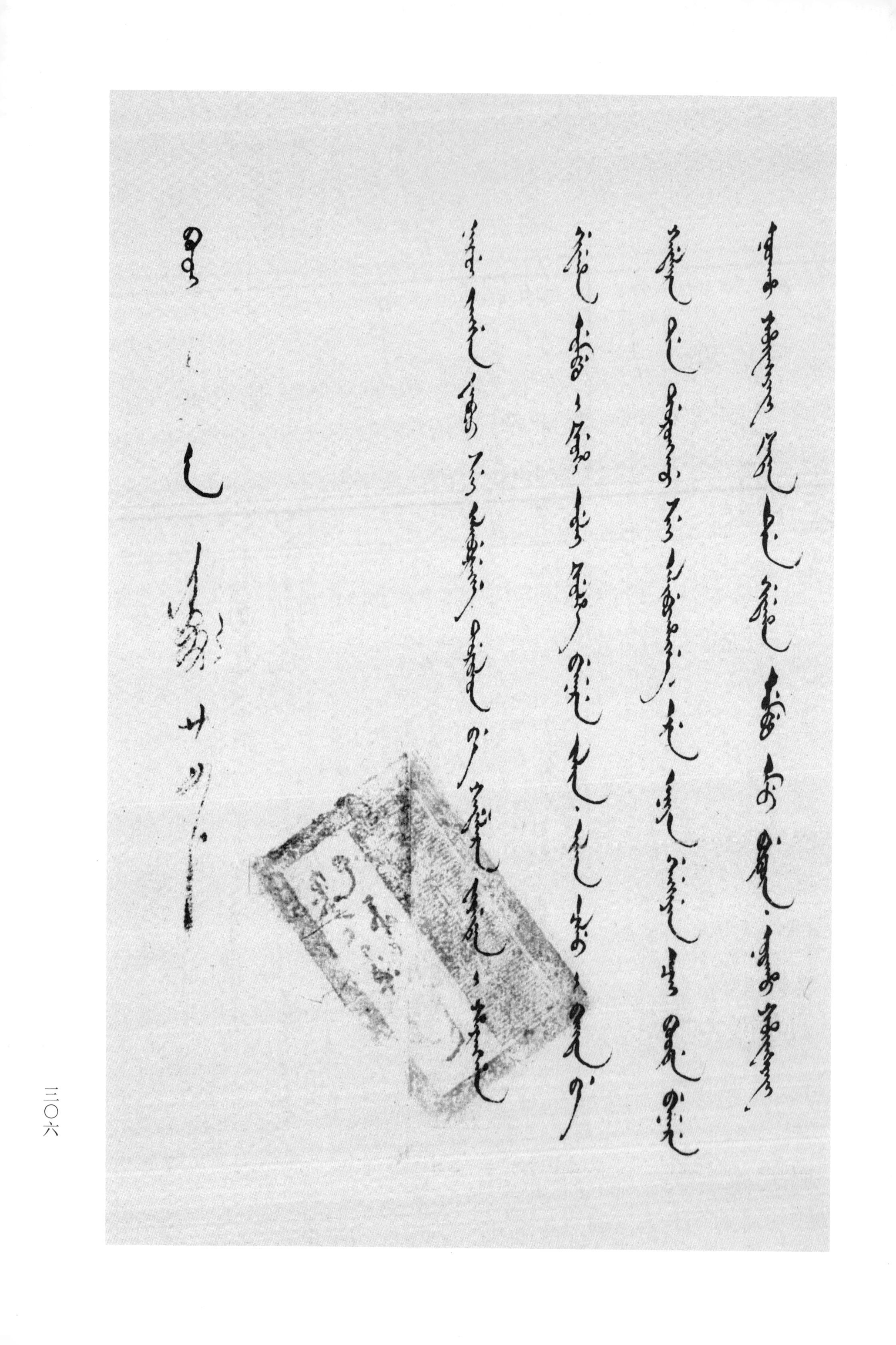

[illegible]

[illegible]

[illegible]

[illegible]

[illegible]

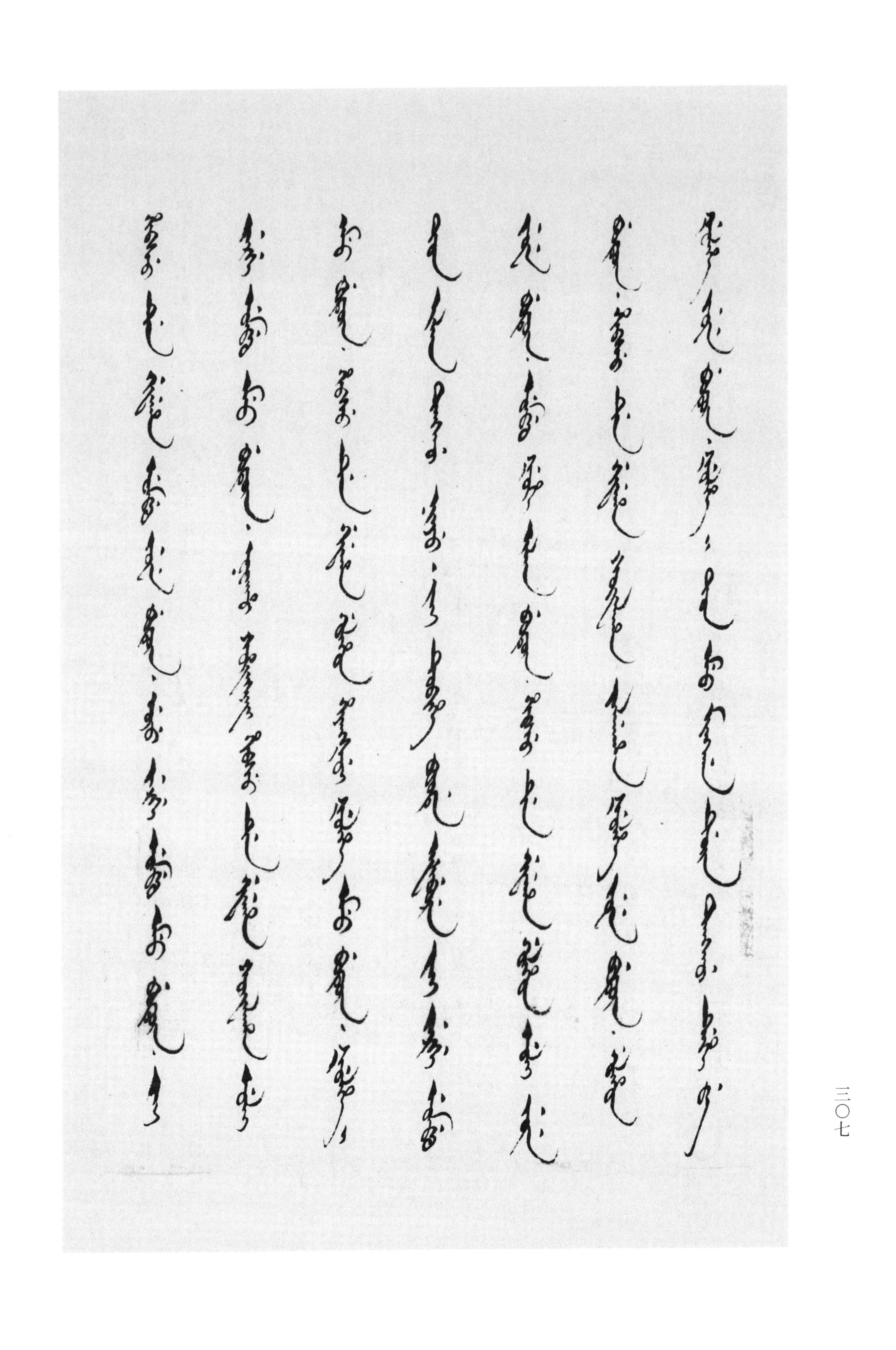

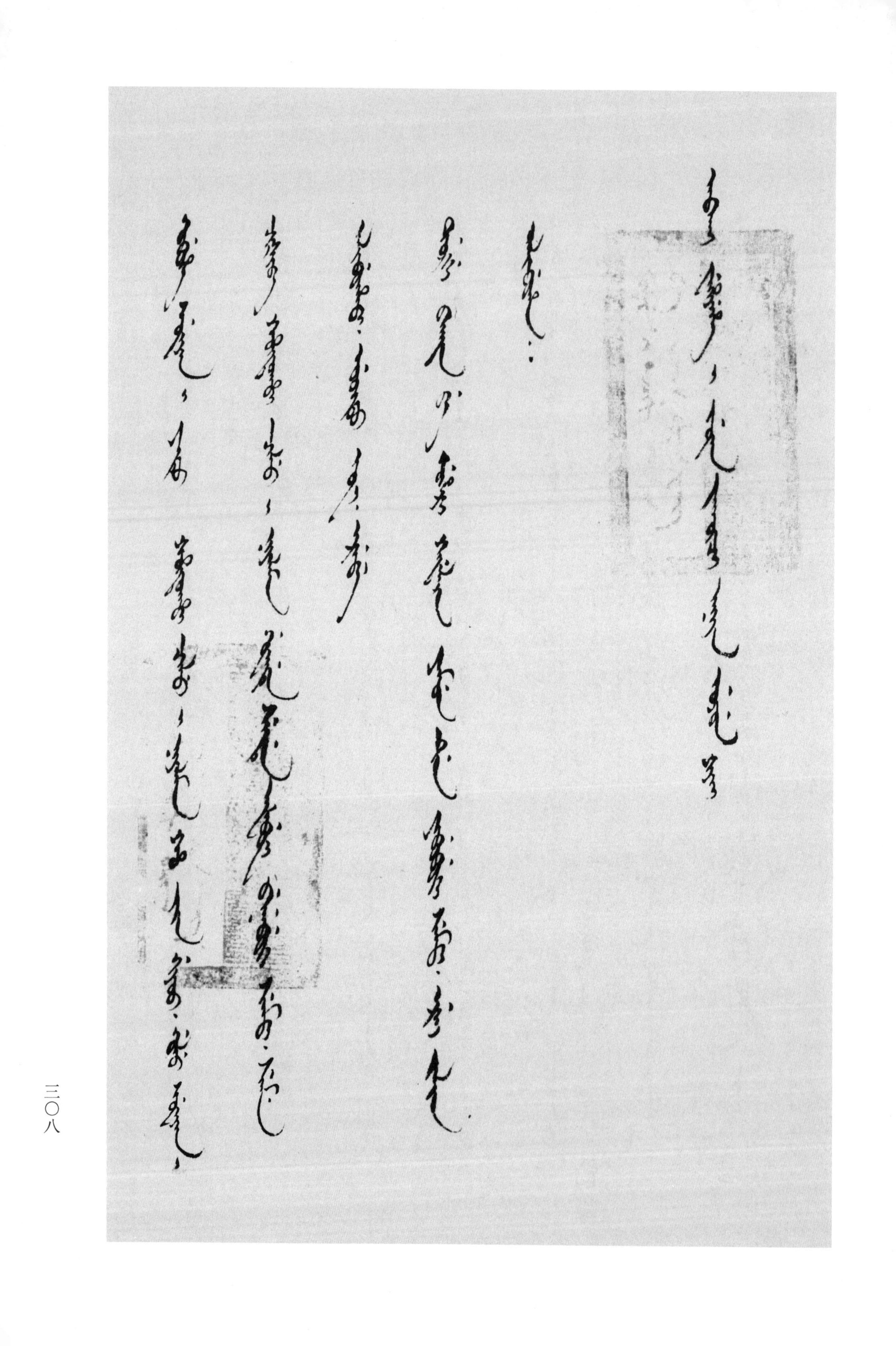

[illegible]

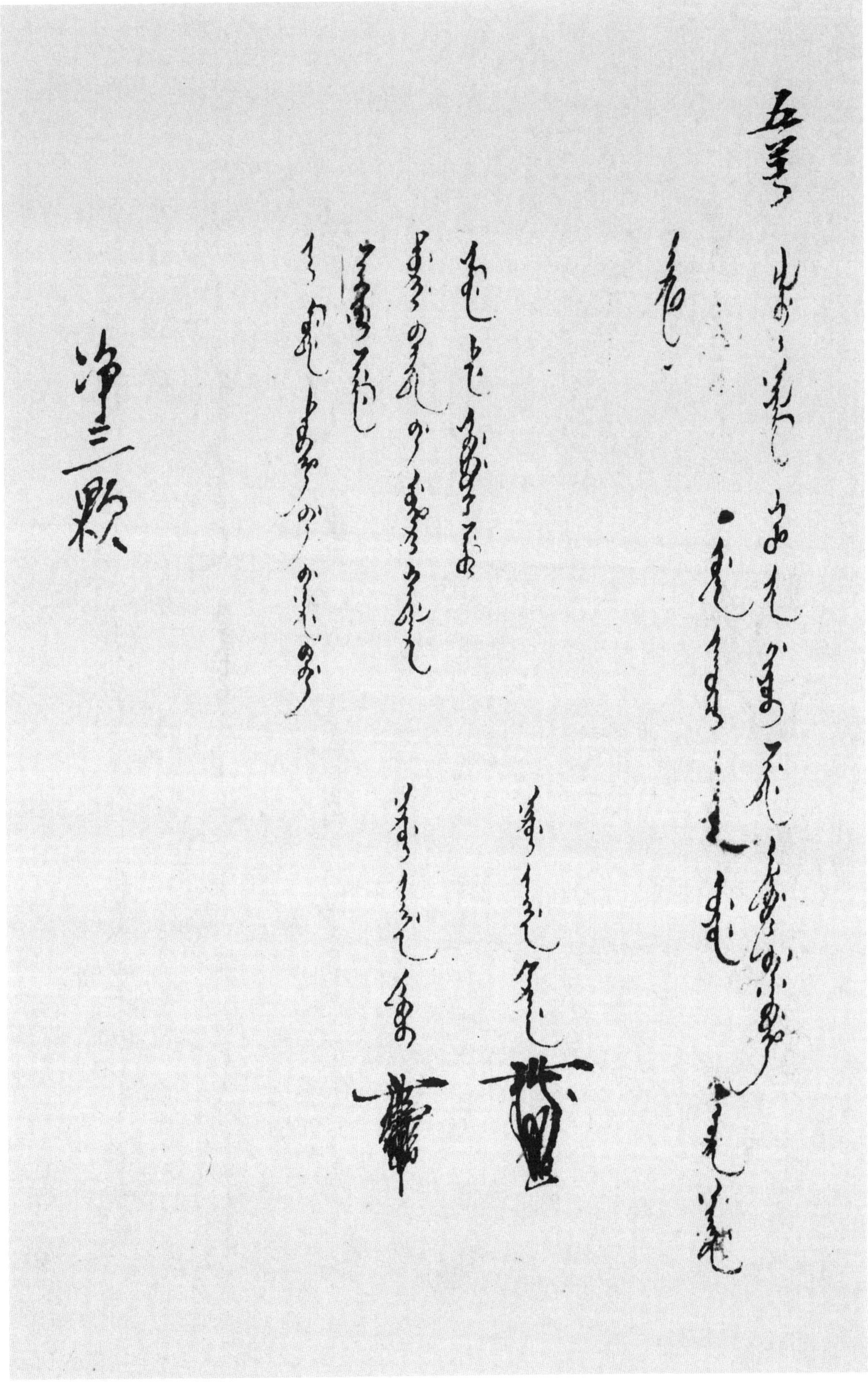
五年

净二一颗

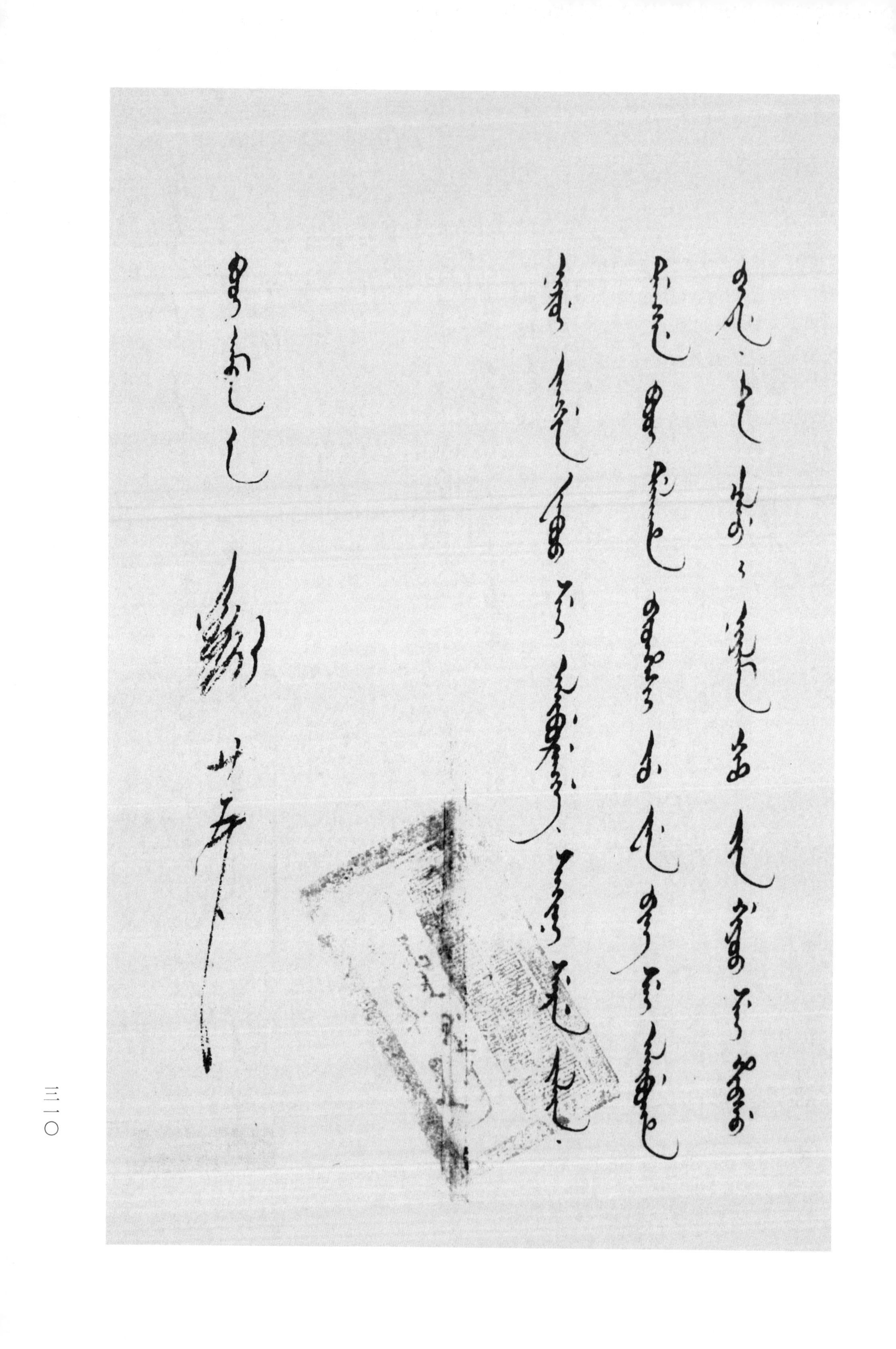

[illegible]

[illegible]

[illegible]

[illegible]

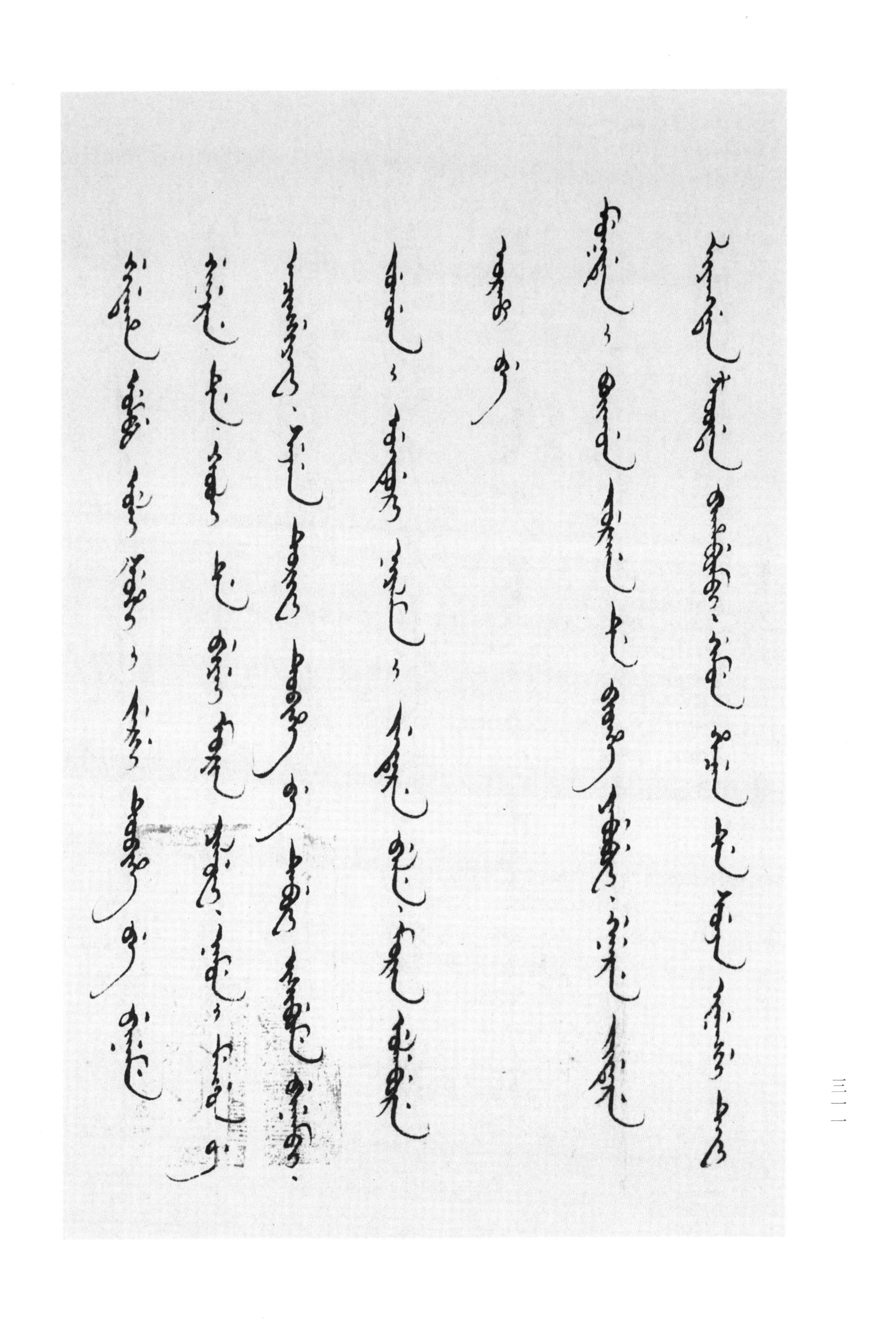

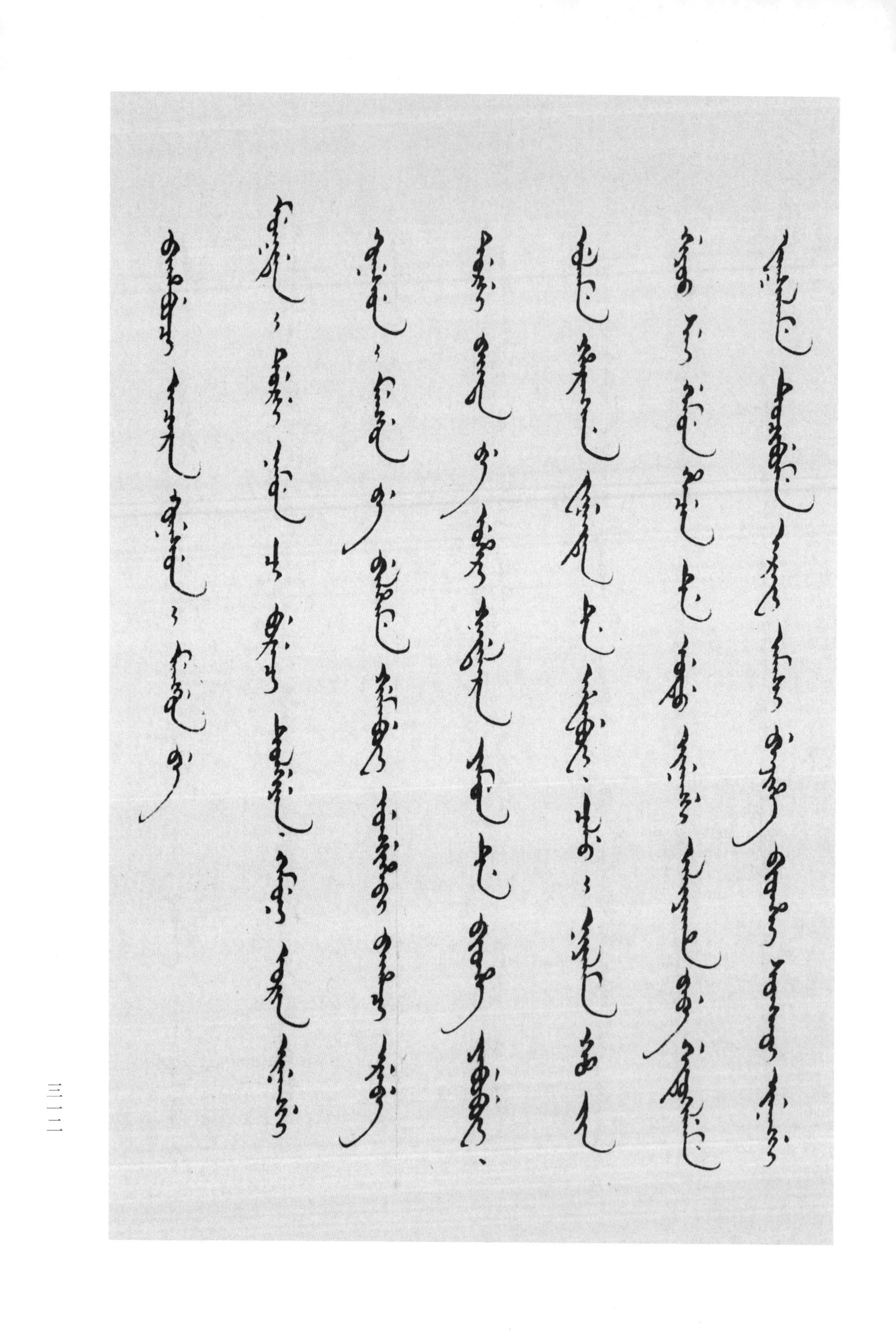

[illegible]

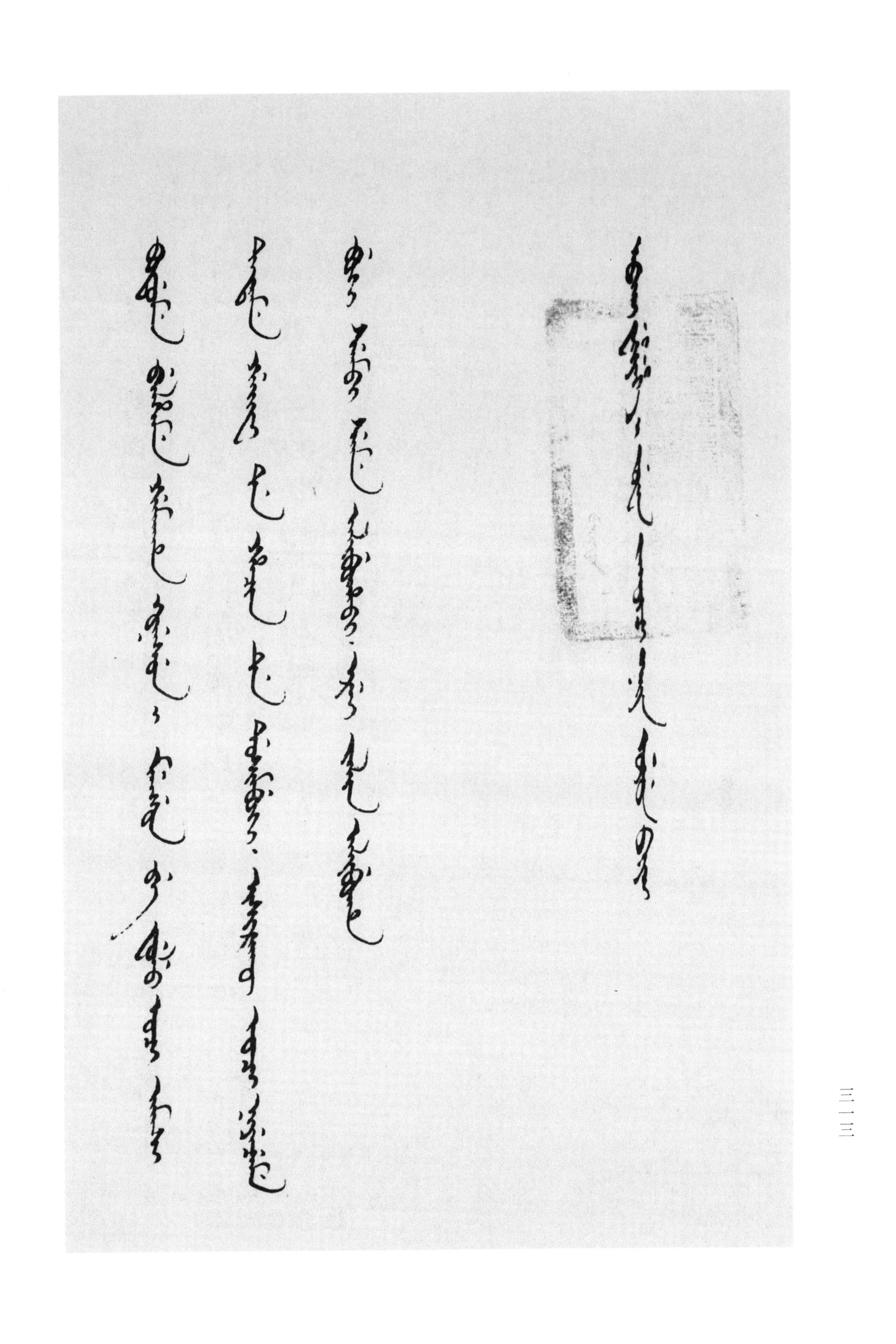

[illegible]

[illegible]

[illegible]

[illegible]

以及應封姓氏存殁從前曾否受封其中並無過繼再醮

違碍等情逐一詳晰開寫造具清册一本呈請咨送可也

爲此上呈等情據此相應移咨

總管内務府衙門可也爲此上呈

乾隆十八年九月　日

因於乾隆十六年二月初九日題本月十一日奉
旨依議欽此欽遵抄出到部相應抄錄粘單移咨
盛京將軍衙門轉行
並所屬衙門一体遵照可也等因前来相應抄錄原題
粘單咨行
盛京內務府遵照可也等因前来今將本衙門恭請
勅命之官員履歷職名旗色佐領內管領併從前加

佐領法　保等呈為恭請
誥勅事據檔案房掌稿筆帖式祝文炳等呈稱准將軍衙門
咨開欽奉
恩詔事左禮司案呈准吏部咨開驗封司案呈本部題前事等

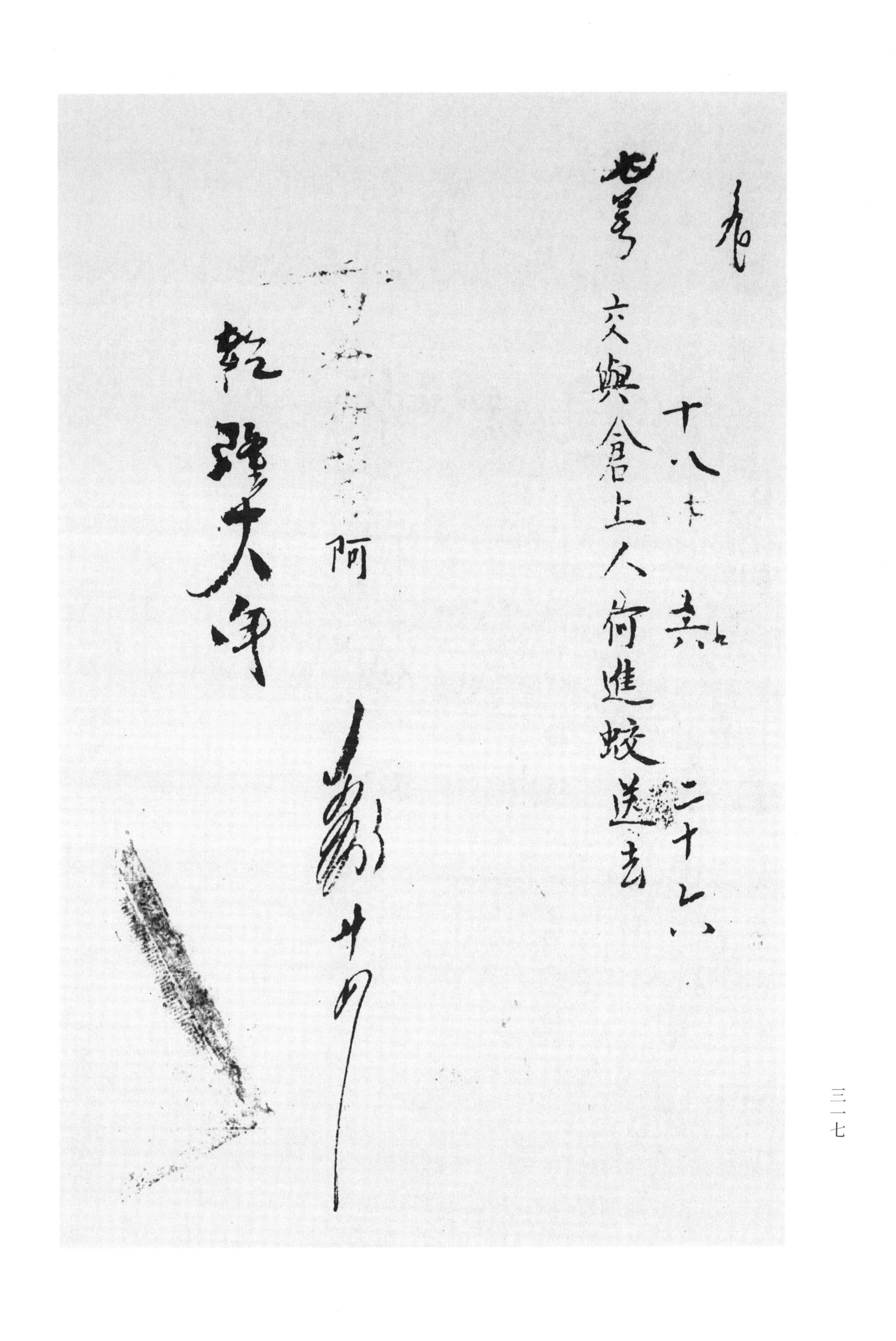

九

十八 廿 共 二十六

發寫 交與倉上人何進蛟送去

阿

乾隆六年

廿四

第三顆 卌淨十顆

一件為恭請

誥敕事遵行

總管內務府衙門

佐領法保

佐領沃爾漢

加級以及應封姓氏存殁從前曾否受封其中並無遏繼

再醮違碍等情逐一詳晰開寫造具清册一本呈請咨送

可也爲此上呈等情據此相應移咨

總管内務府衙門可也爲此上呈

乾隆十八年九月　日

因於乾隆十六年二月初九日題本月十一日奉

旨依議欽此欽遵抄出到部相應抄録粘單移咨

盛京將軍衙門轉行

三陵並所屬衙門一体遵照可也等因前來相應抄録原題粘

單咨行

盛京内務府遵照可也等因前來今將本衙門恭請

誥命之四品佐領二員履歷職名旗色内暨領催從前加級此次

佐頎法 保等呈為恭請

誥勅事據擋案房掌稿筆帖式祝文炳等呈稱 准將軍衙門

咨開欽奉

恩詔事左禮司案呈准吏部咨開驗封司案呈本部題前事等

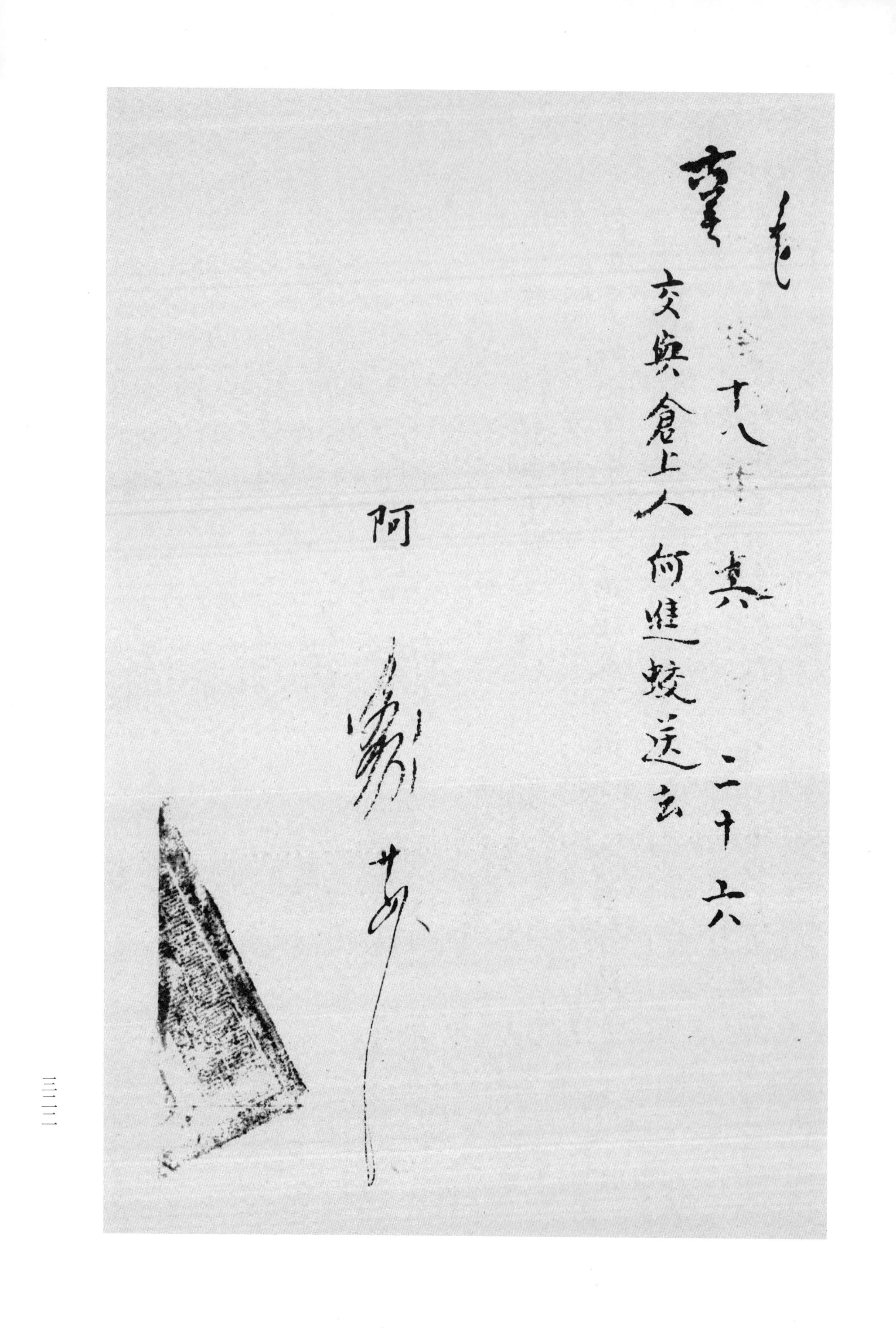

[illegible] 十八 真 二十六

[illegible] 交與倉上人何[illegible]蛟送去

阿 [illegible] 廿 [illegible]

淨三顆 珊淨四顆

一件為恭請

誥勅事咨行

總管內務府衙門

佐領法保

佐領沙爾漢

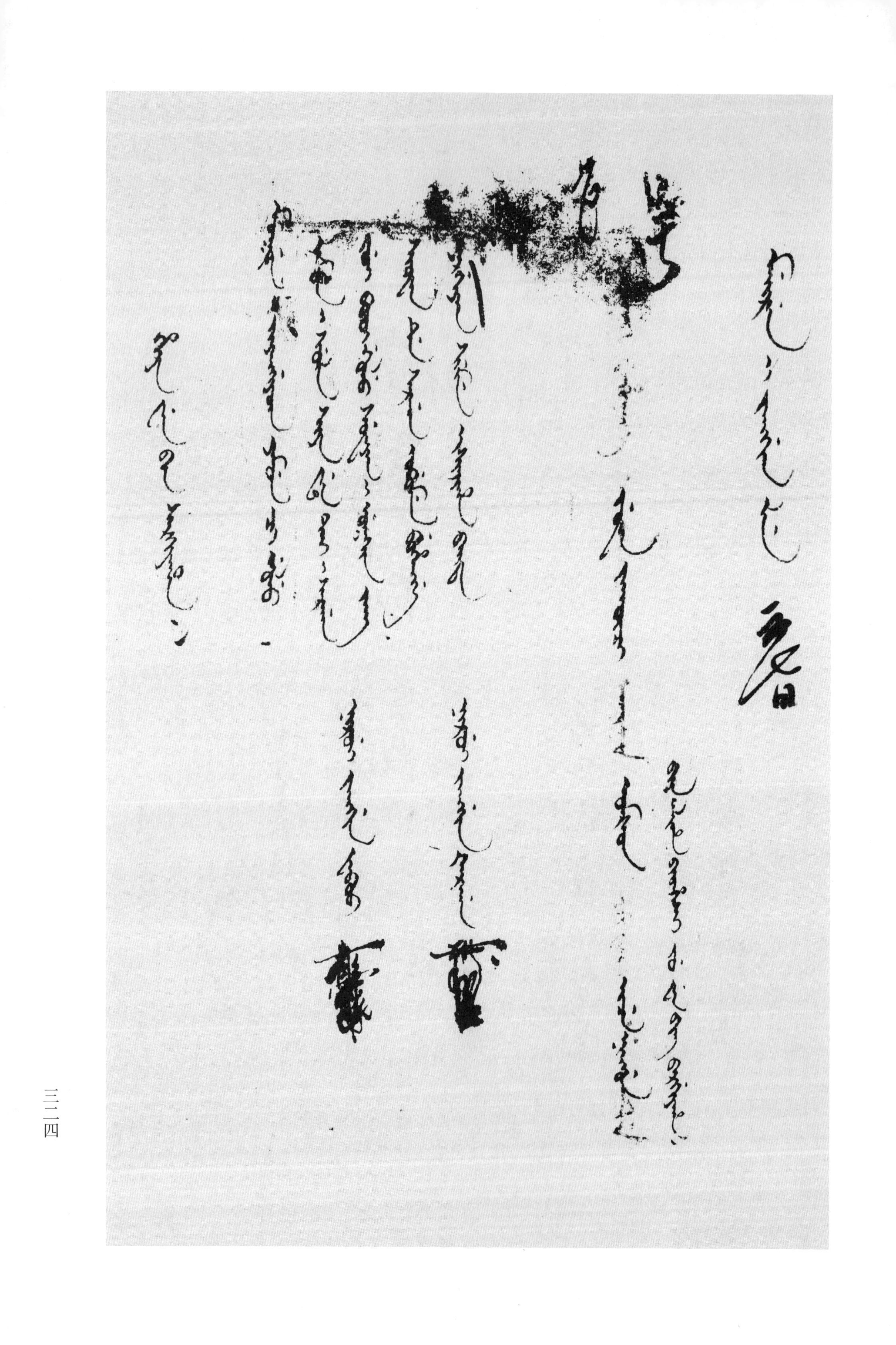

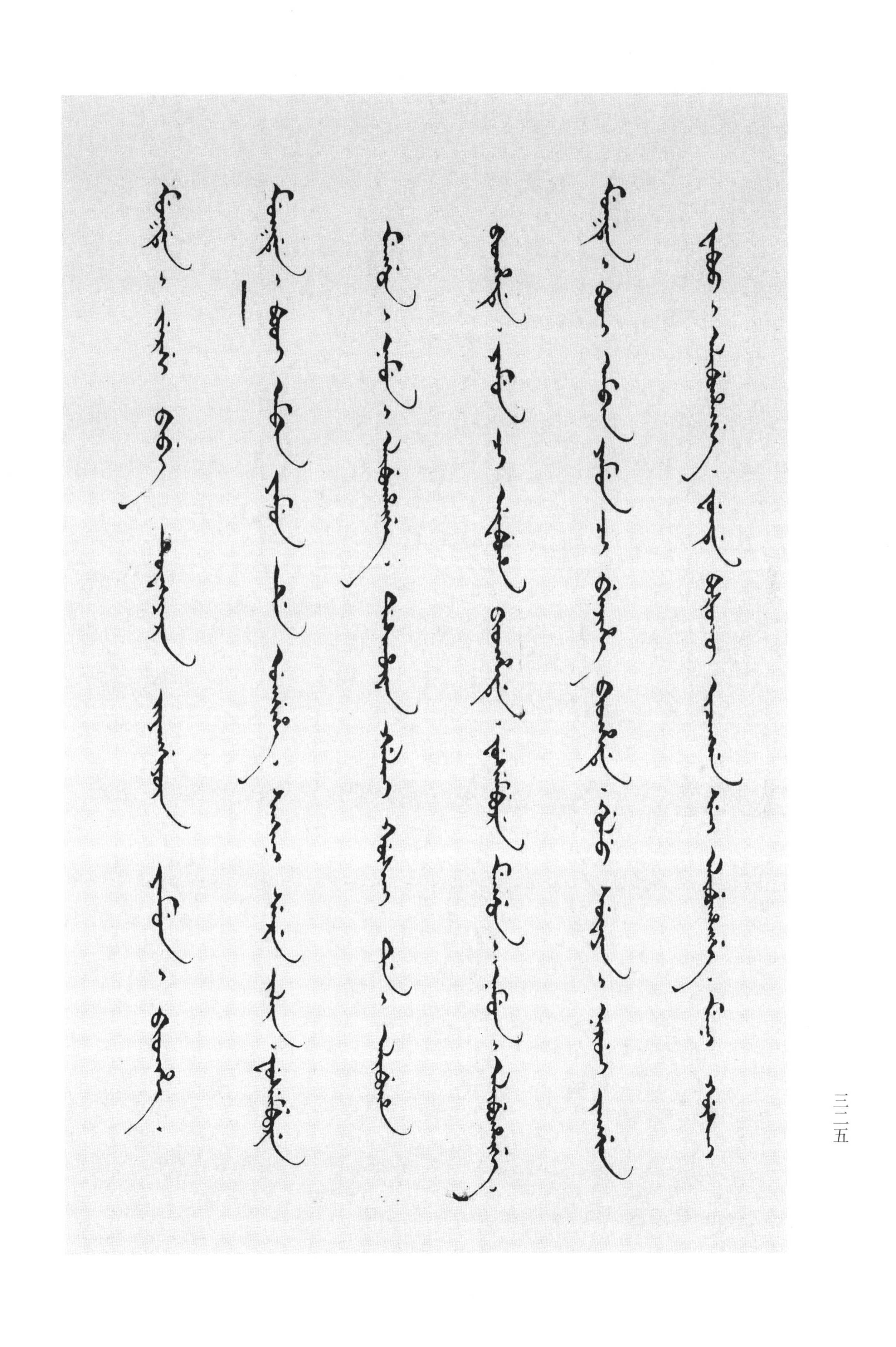

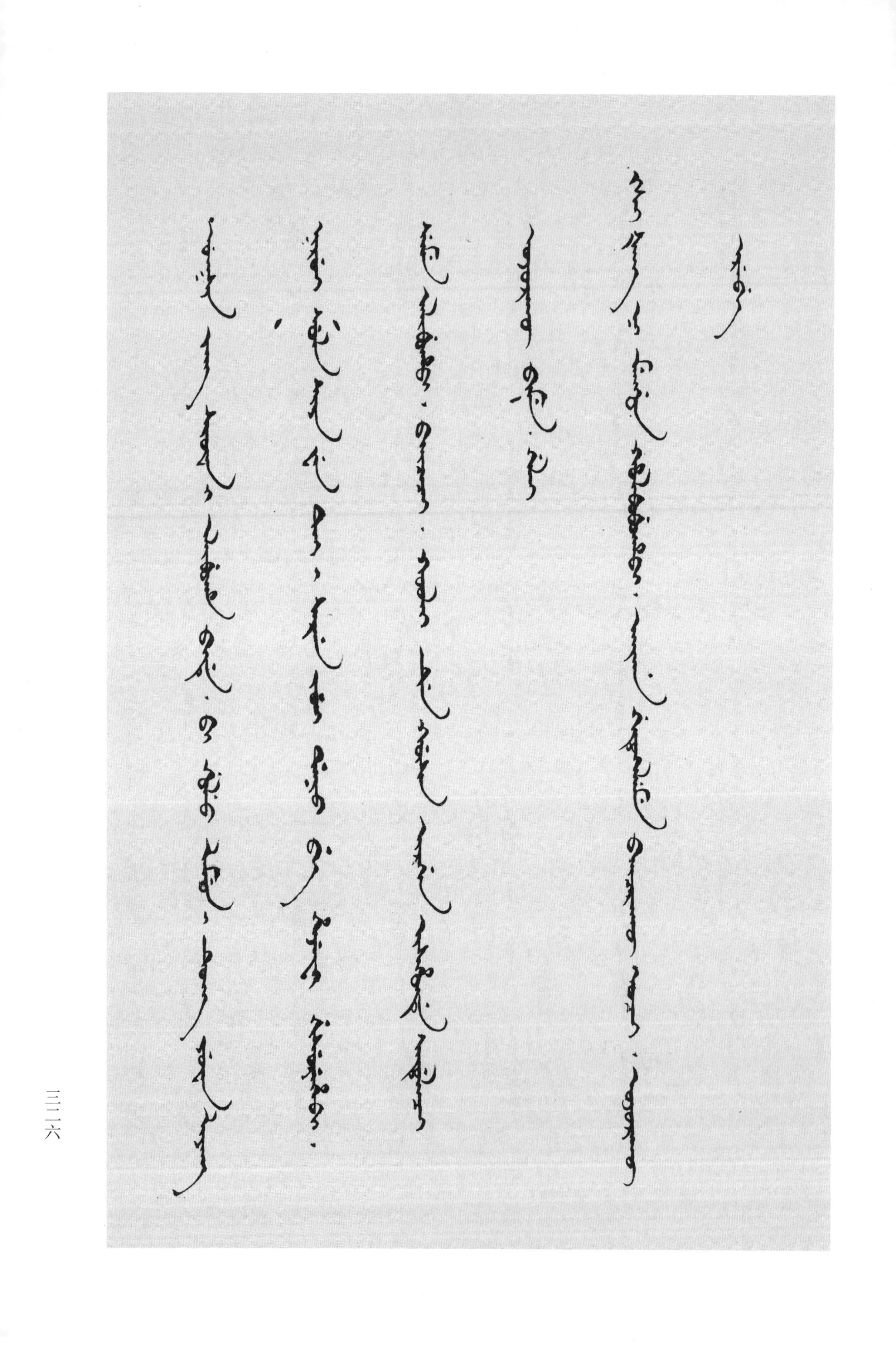

[illegible]

[illegible]

[illegible]

[illegible]

[illegible]

[illegible]

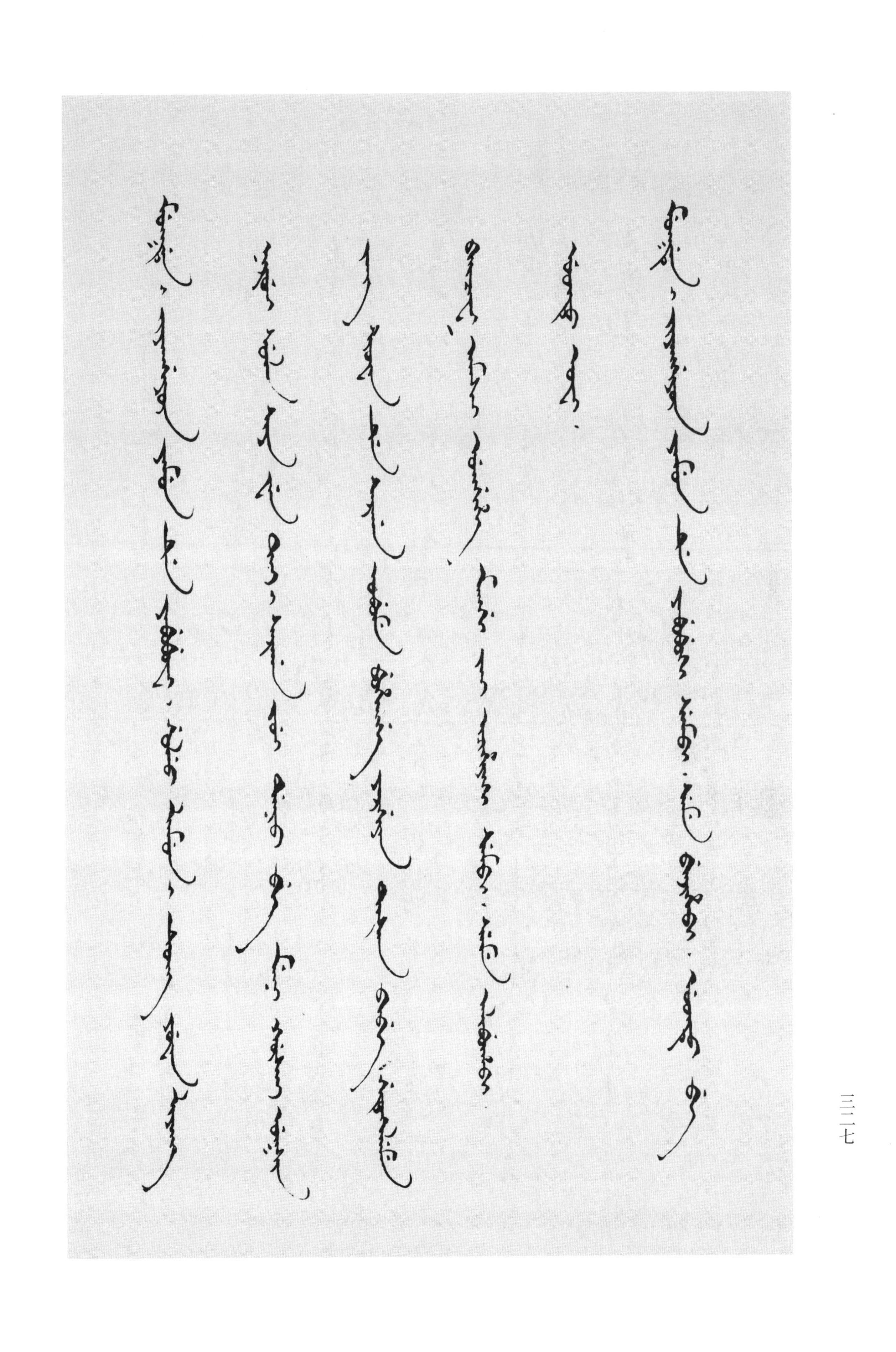

[illegible]

[illegible]

[illegible]

[illegible]

[illegible]

[illegible]

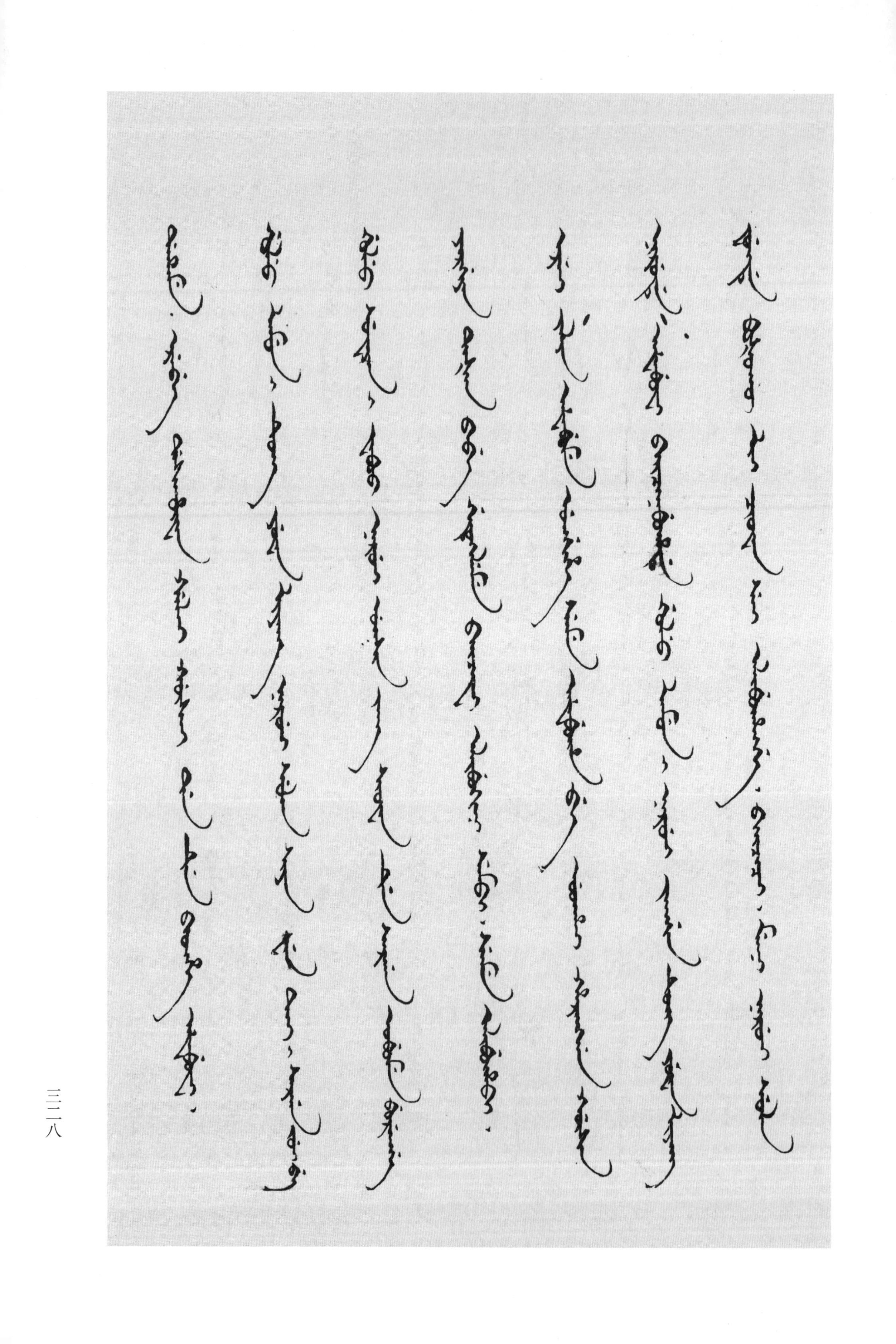

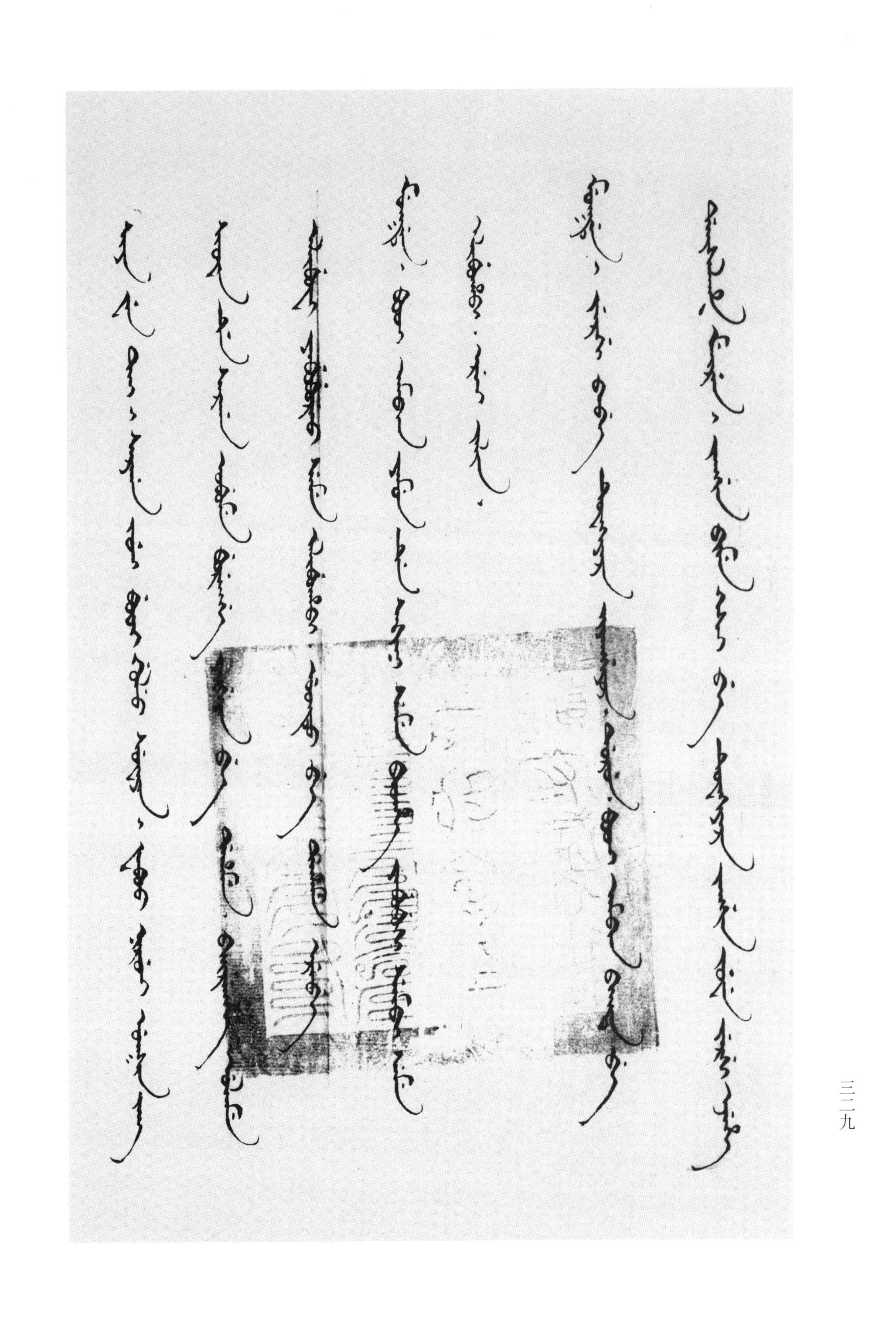

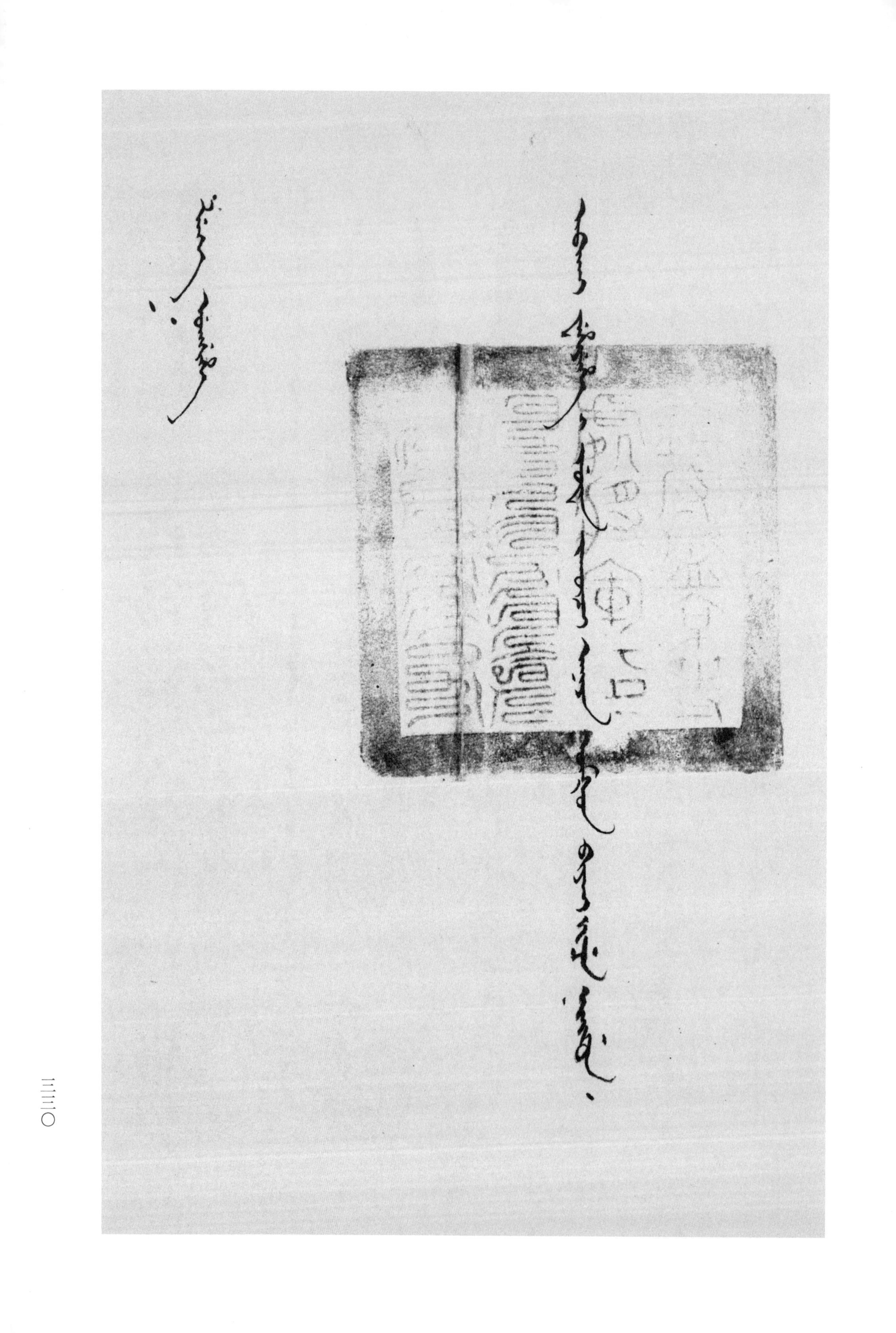

[illegible]

[illegible]

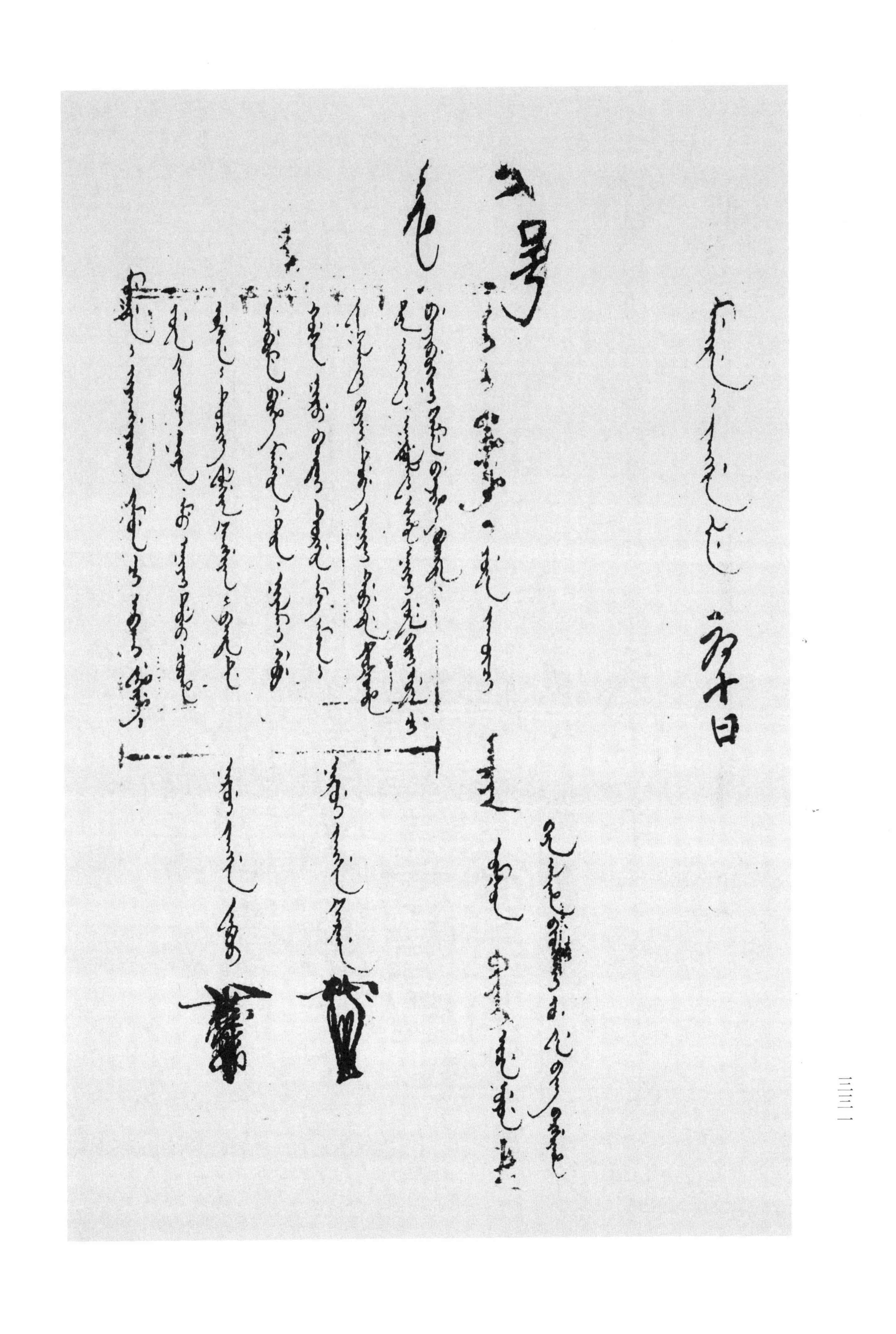

[illegible] 初十日

[illegible]

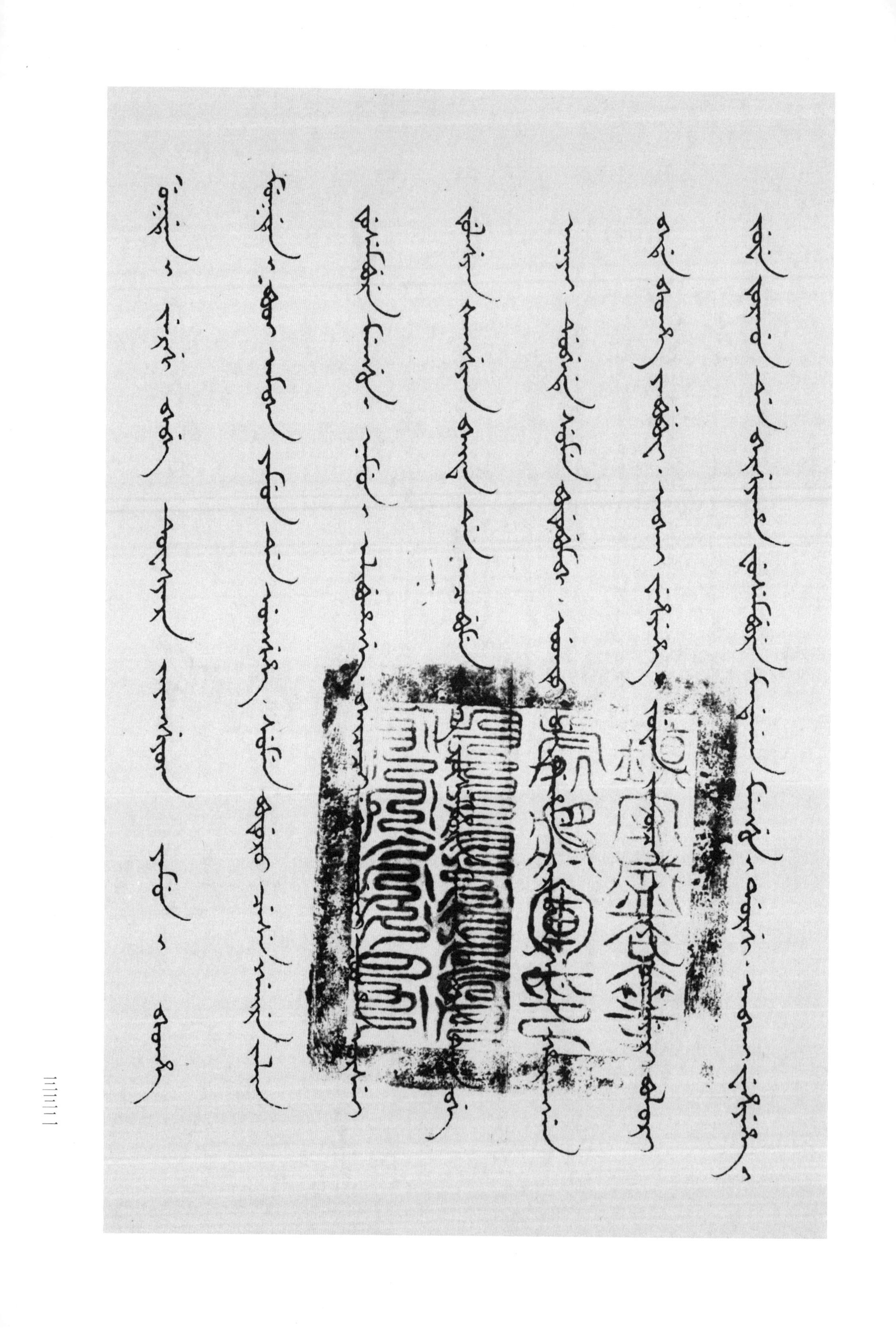

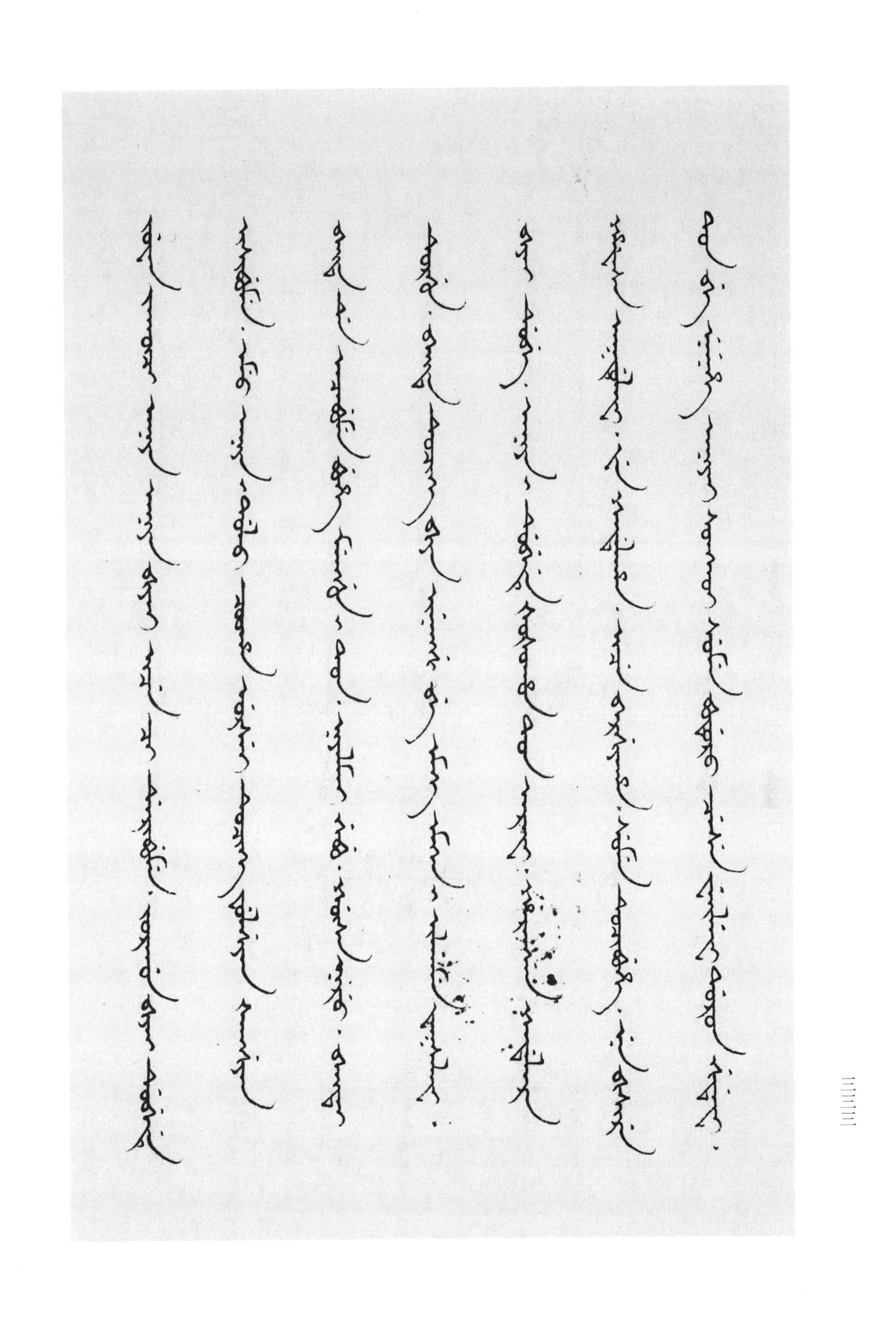

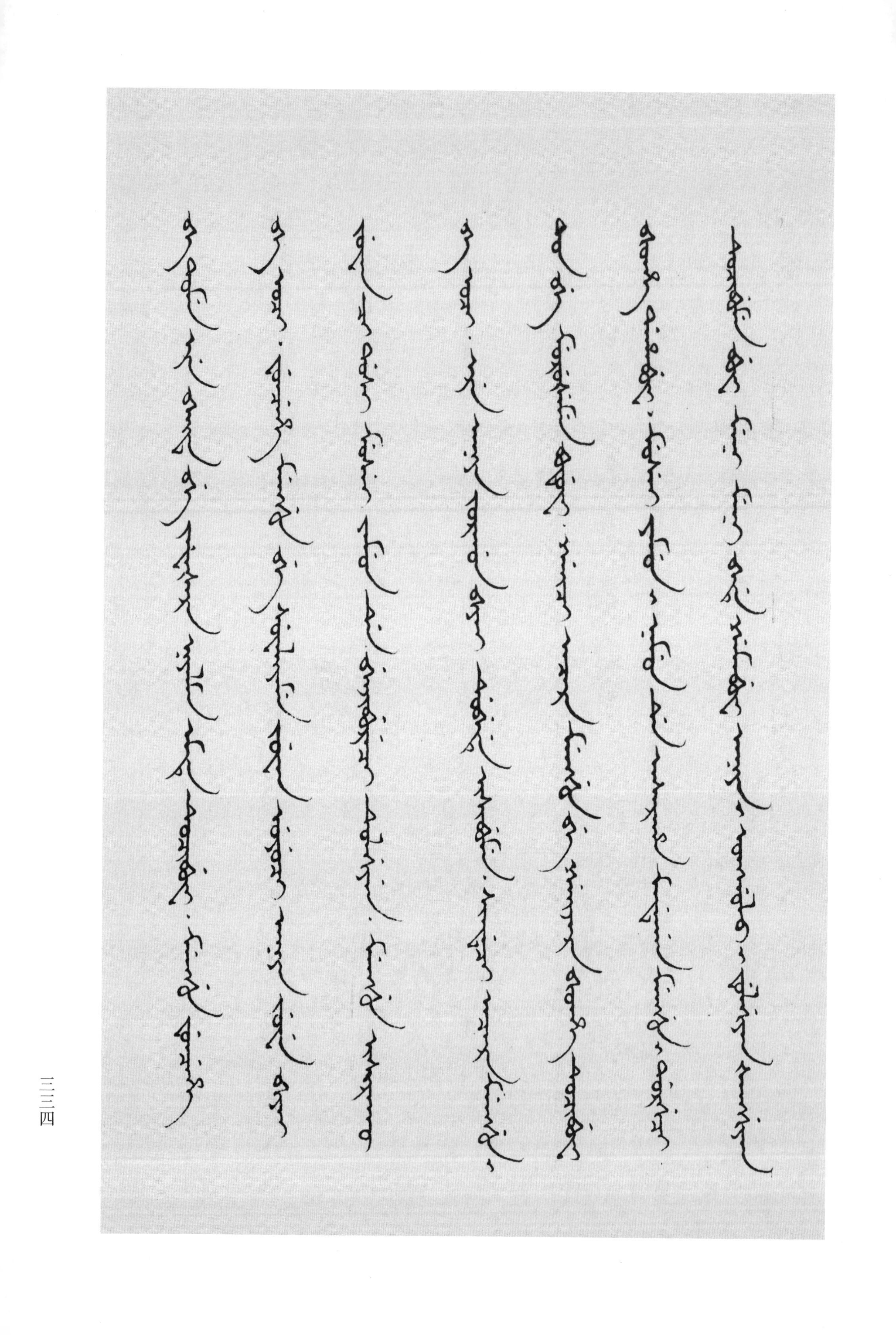

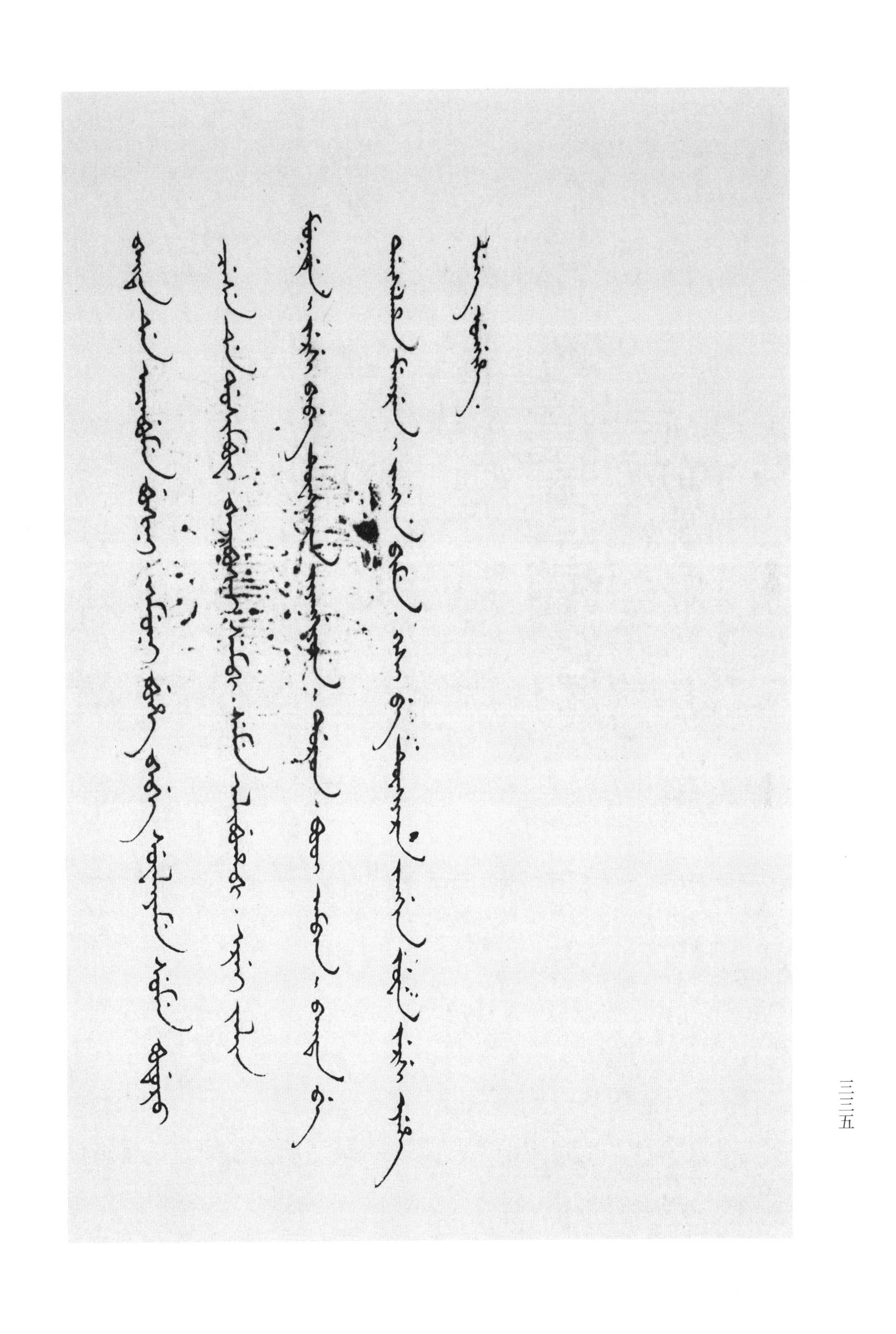

[illegible]

[illegible]

[illegible]

[illegible]

[illegible]

右咨

京總管内務府

乾隆十八年十二月十二日

筆帖式記忠

廠監督五品官侯璨等查收呈報等因蒙
此職等遵劄將前項架木照数收訖理
合呈報等情據此相應將該監督報稱
照数收訖前項架木之處知照
盛京総管内務府可也等情據此為此合咨。
須至咨者

璨寺呈稱切取寺奉部劄開准
盛京總管內務府咨交修理書籍樓損正
咨借過長一丈四尺杉松架木一根長九
尺杉松架木五十根長一丈四尺楸椵
架木四十九根今已工竣理合照數咨送
京工部可也寺因前来相應劄行秫稭

咨

盛京工部為知照事右清吏司案呈本年

十一月初九日據林稽廠監督五品官俟

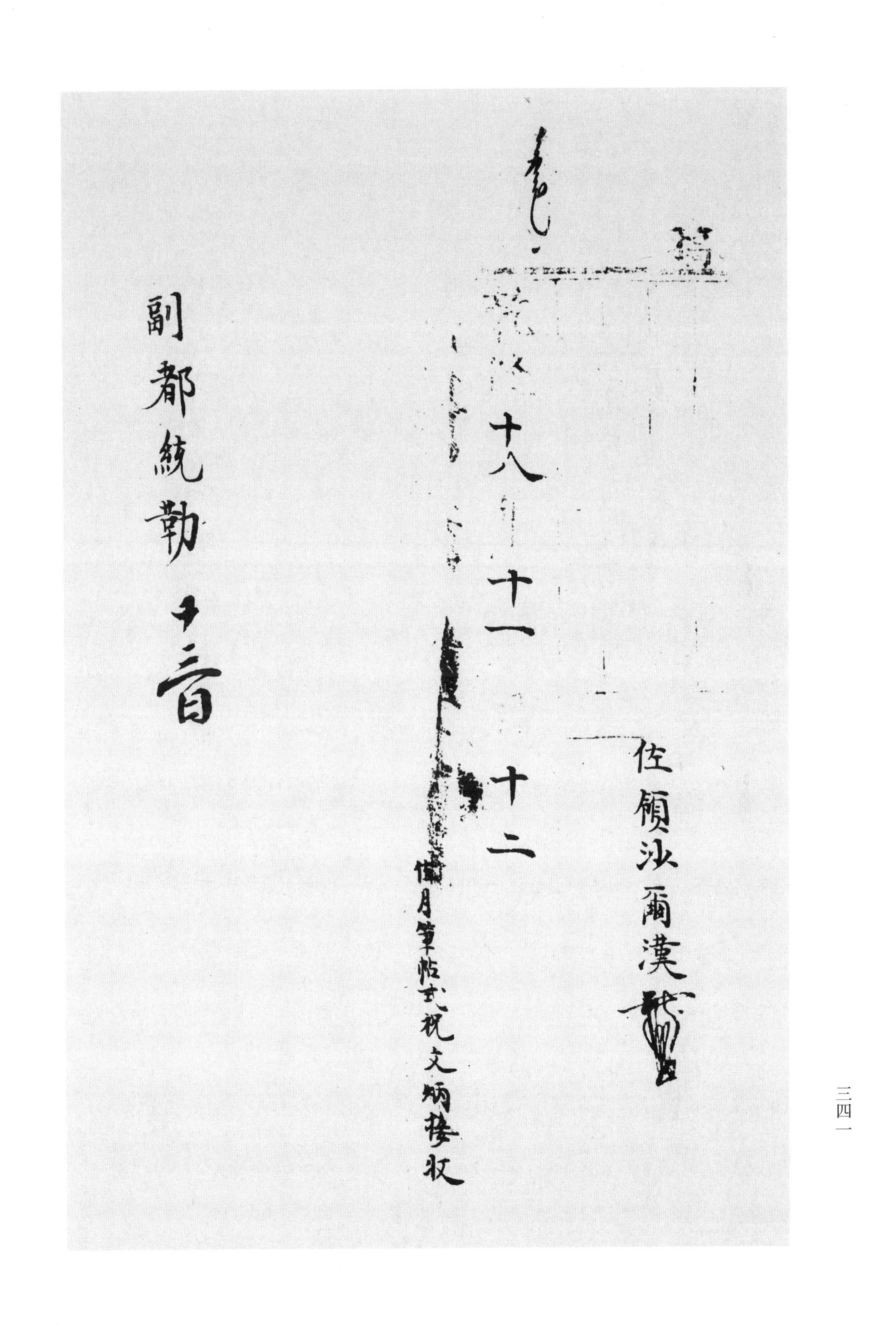

佐領沁爾漢

十八

十一

十二

備月筆帖式祝文炳接状

副都統勒十二首

營造司李福祿抄出

盛京工部爲將前項架木照
數收訖之處知會事

佐領法保

[signature]

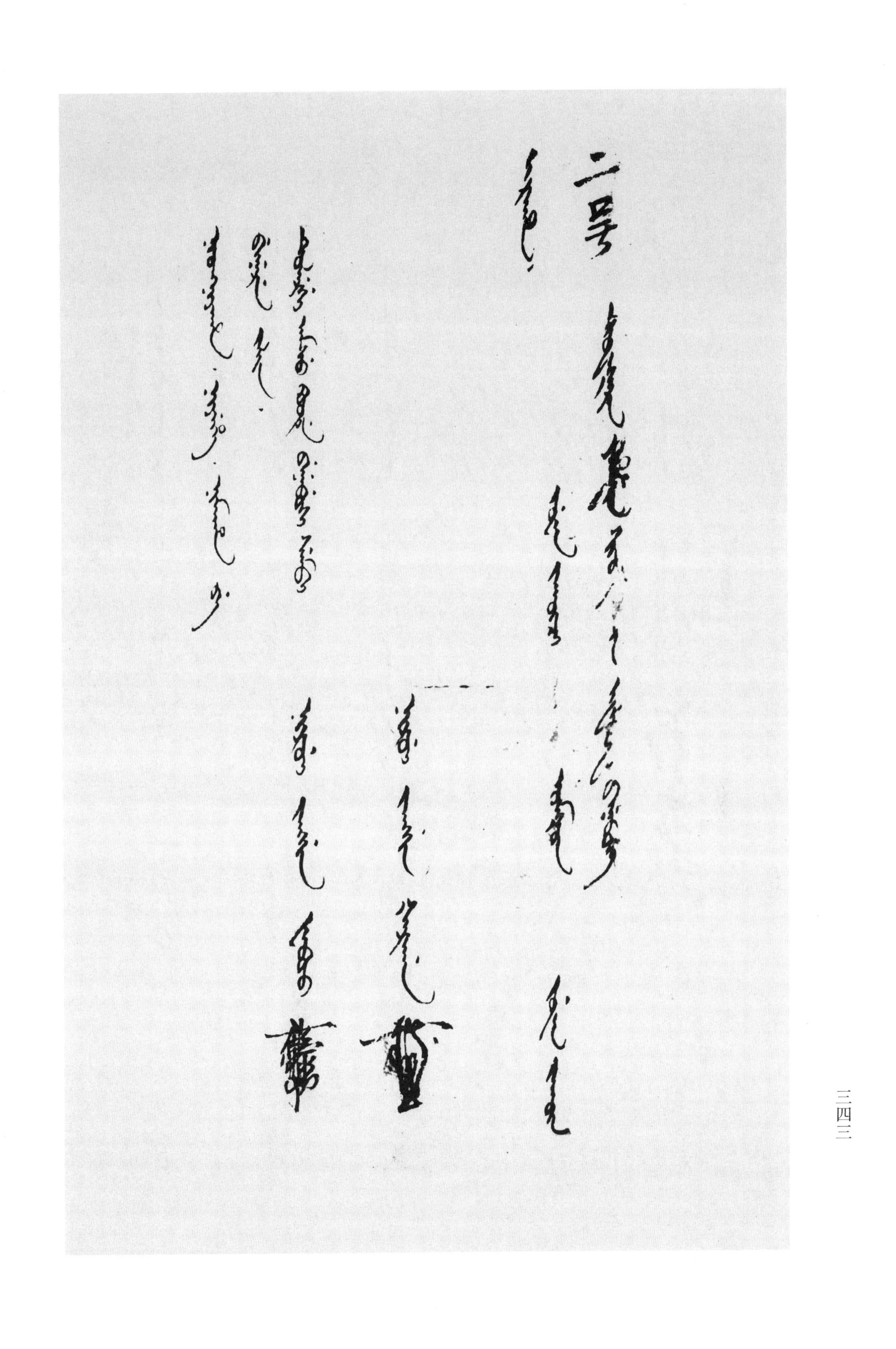

二号

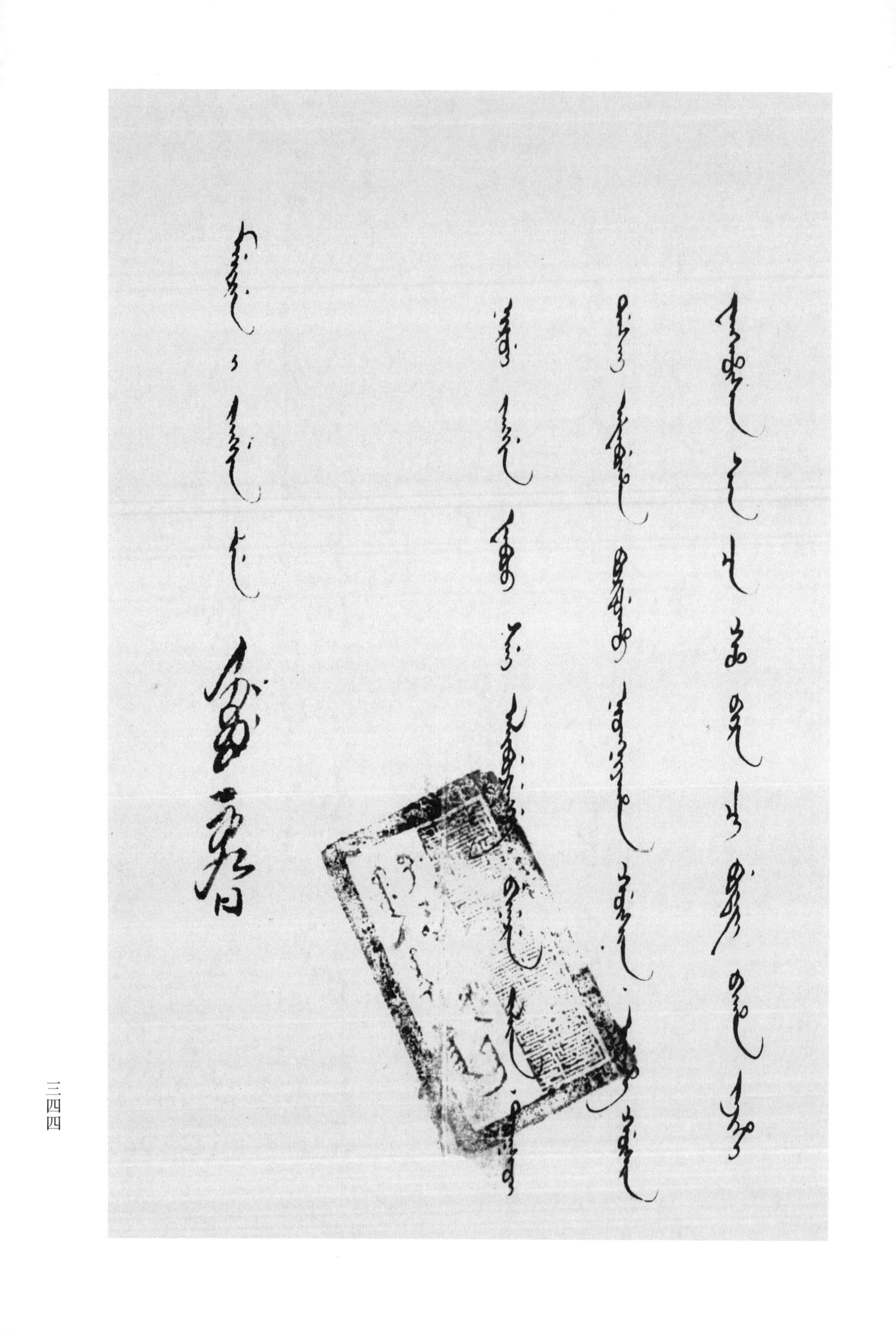

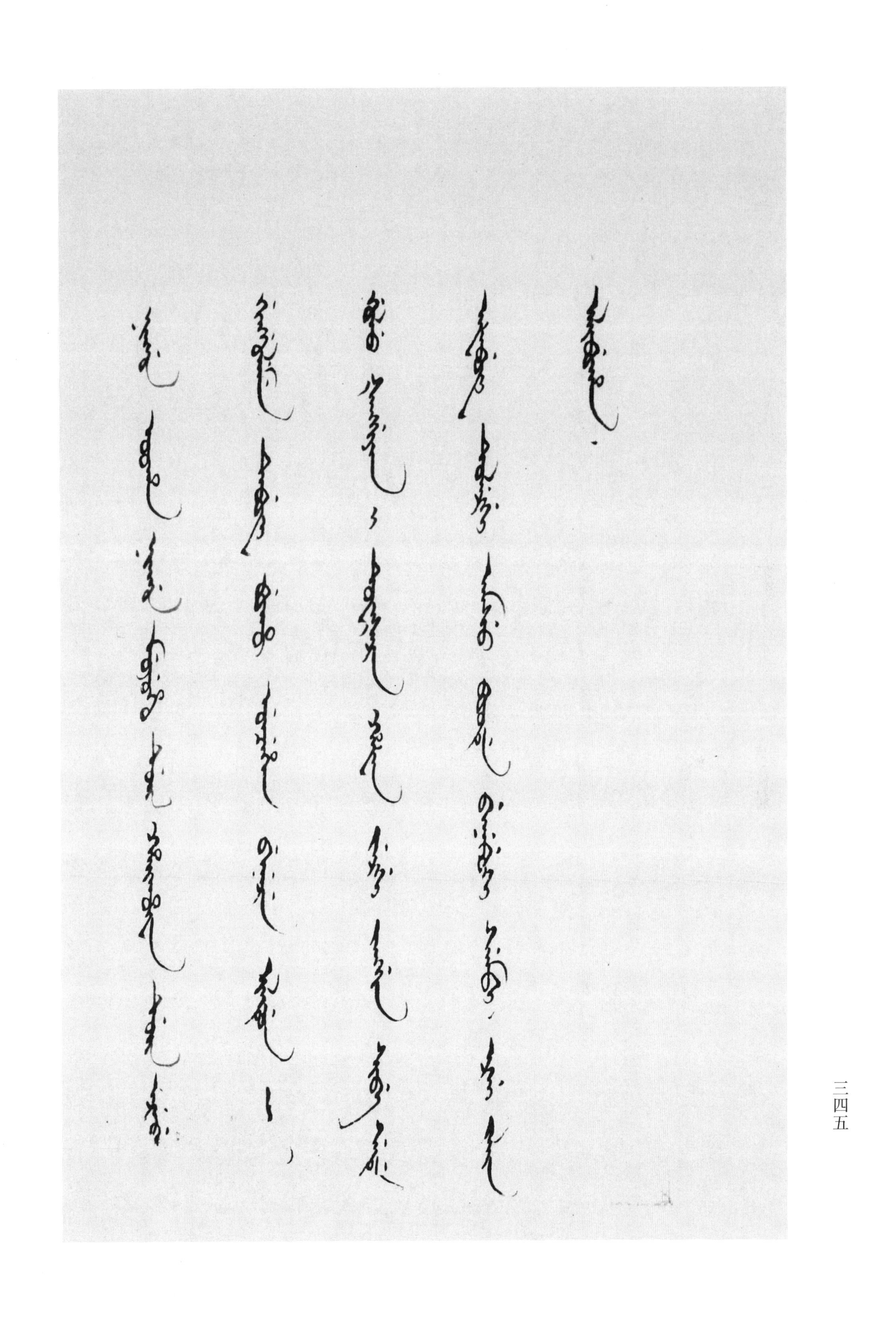

[illegible]

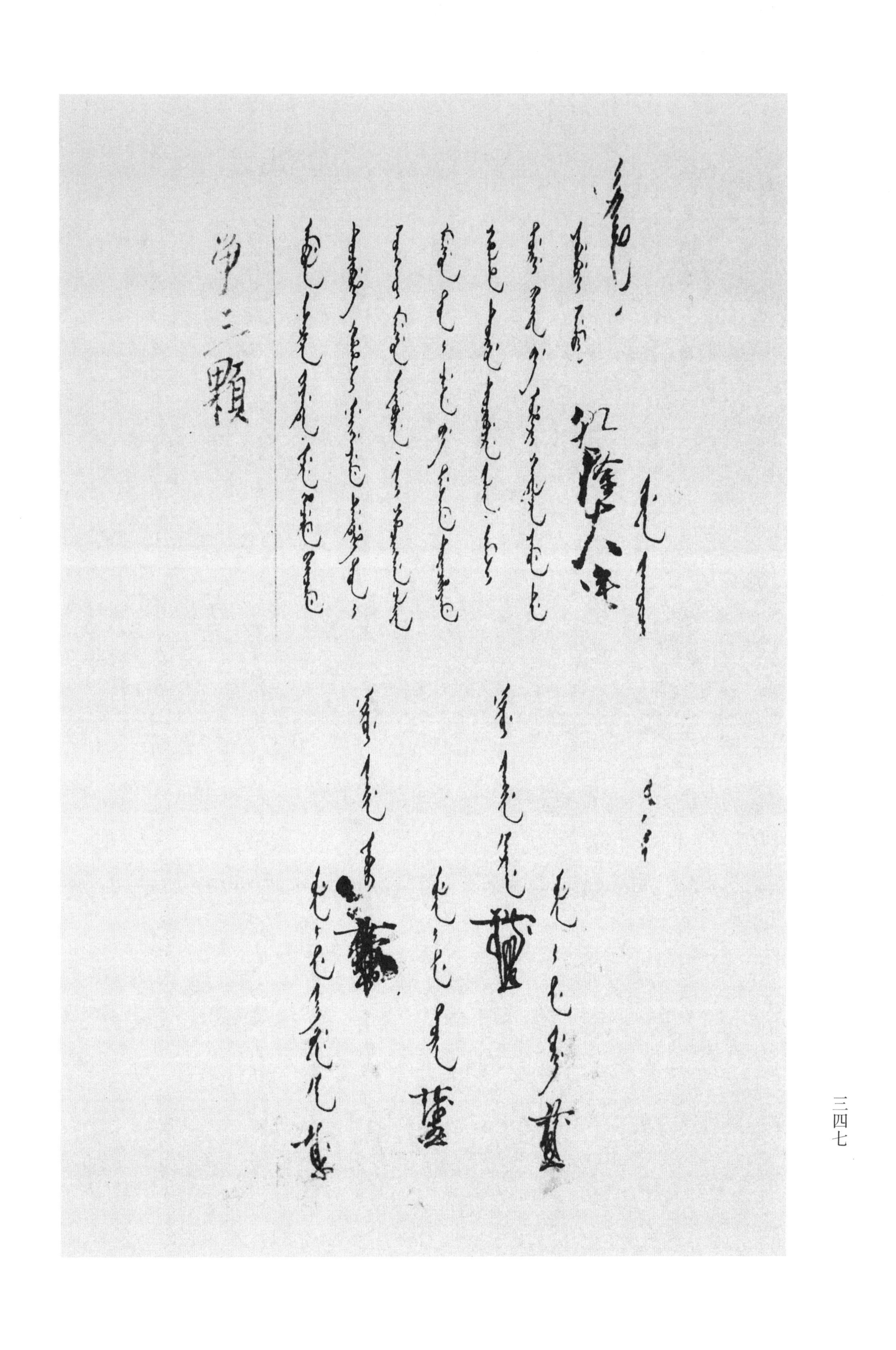

第二顆

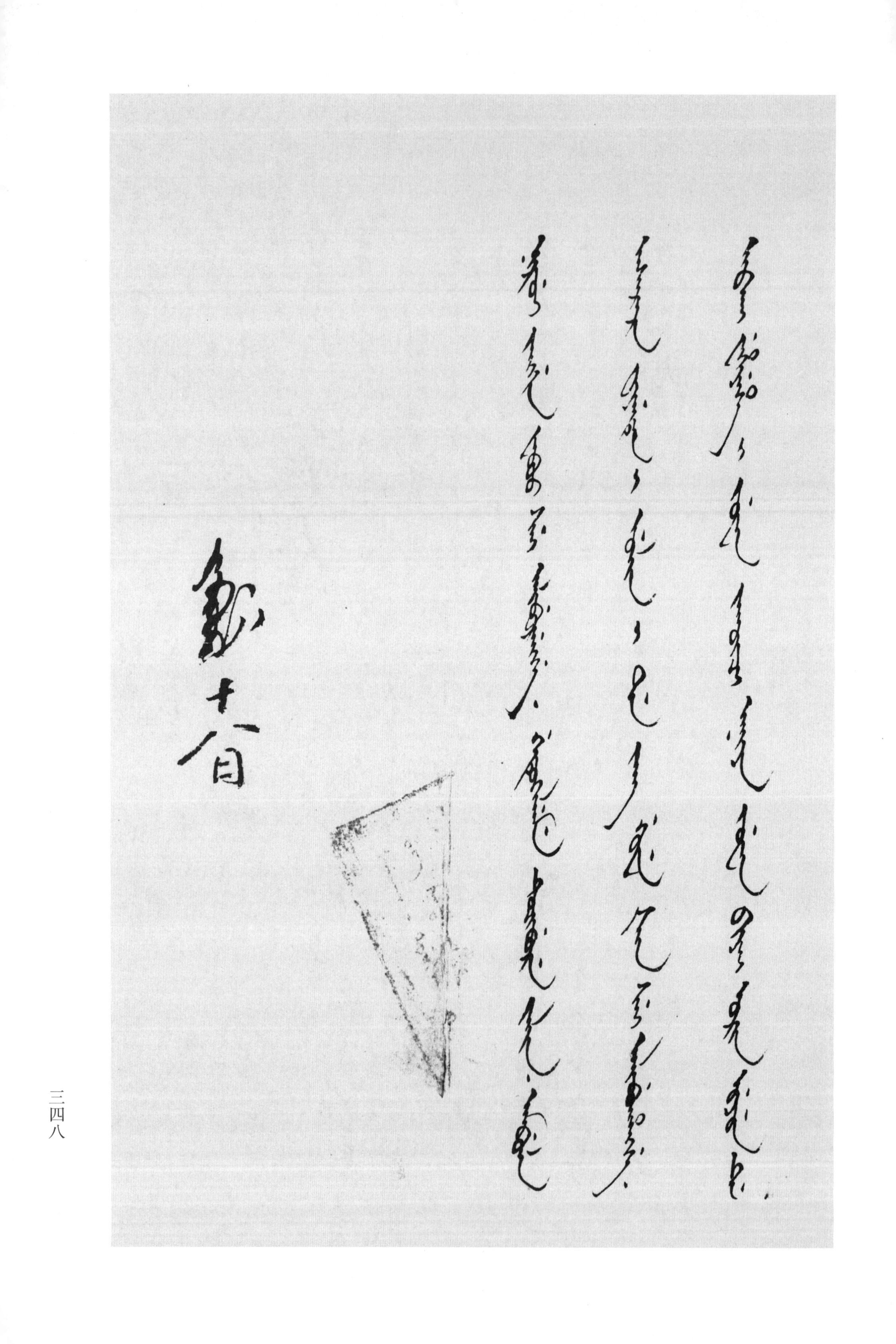

[illegible]

[illegible]

[illegible]

[illegible]十一日

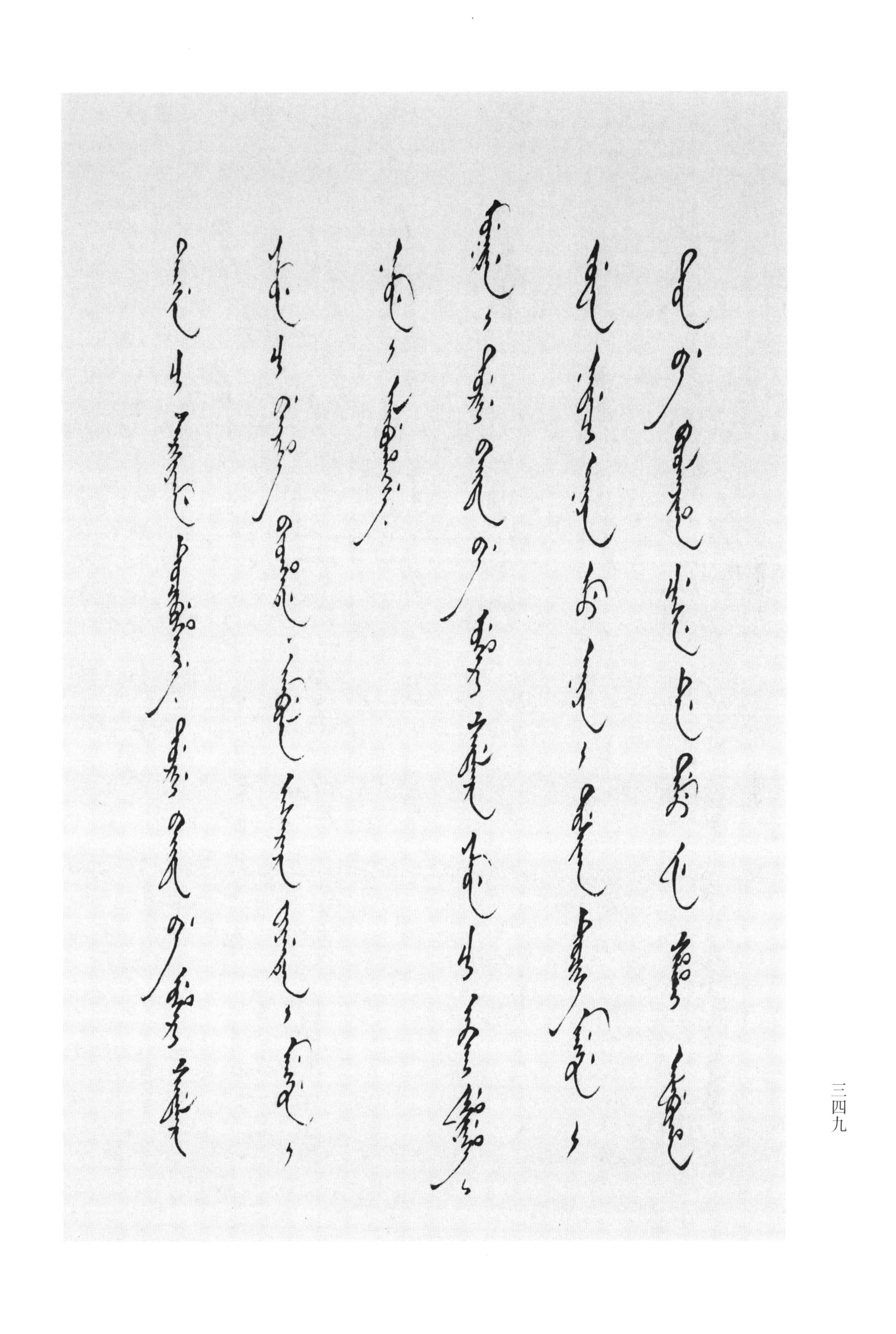

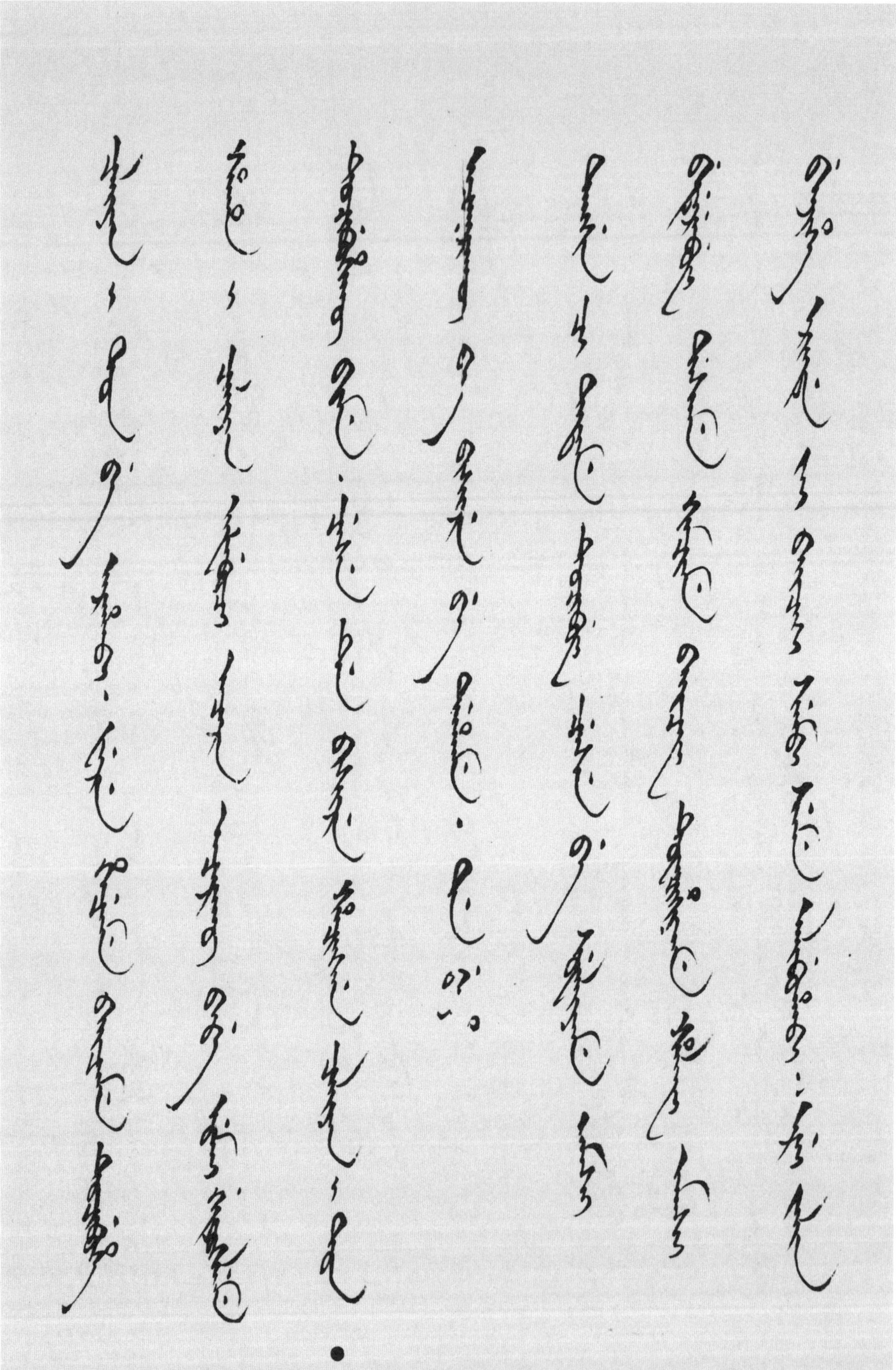

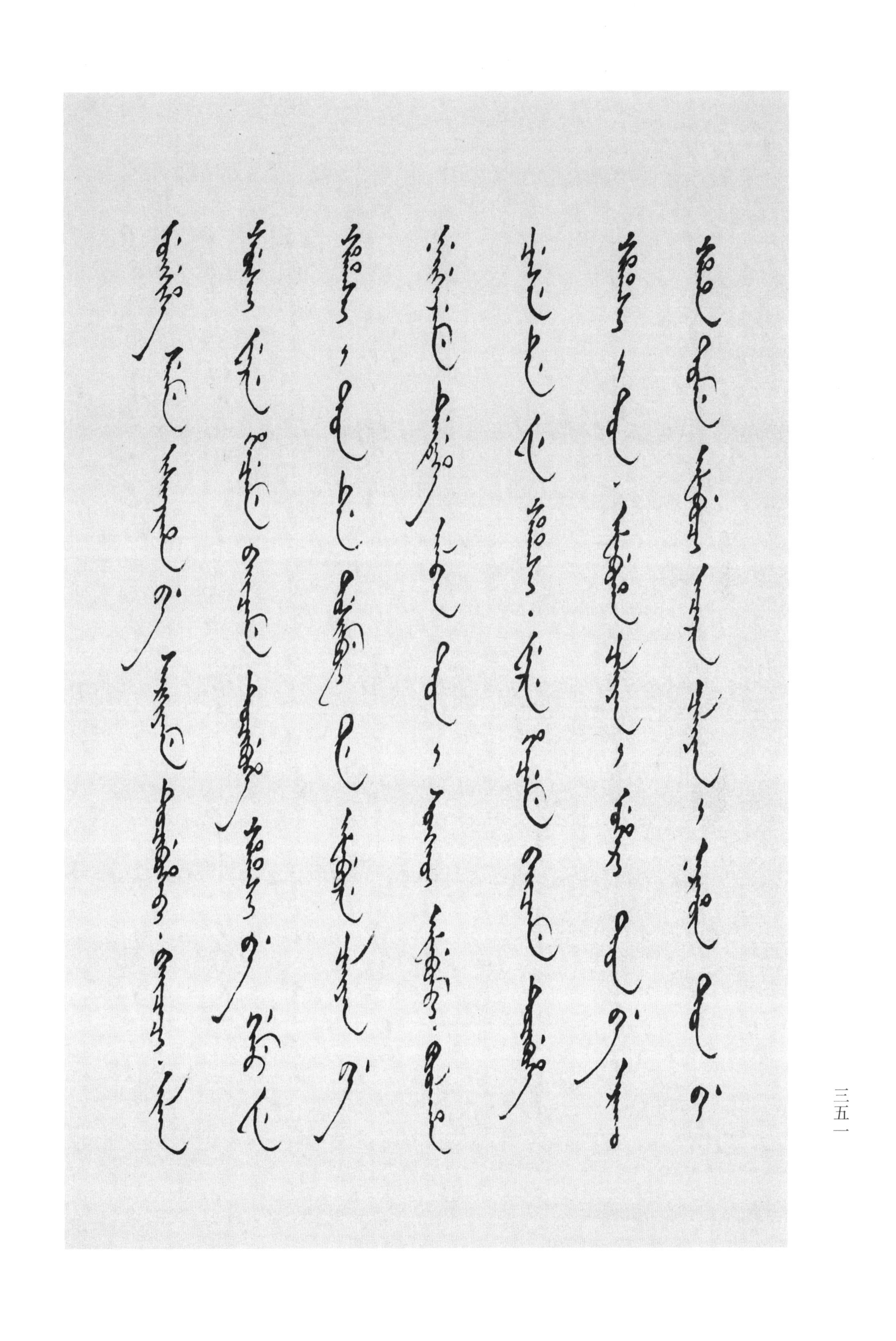

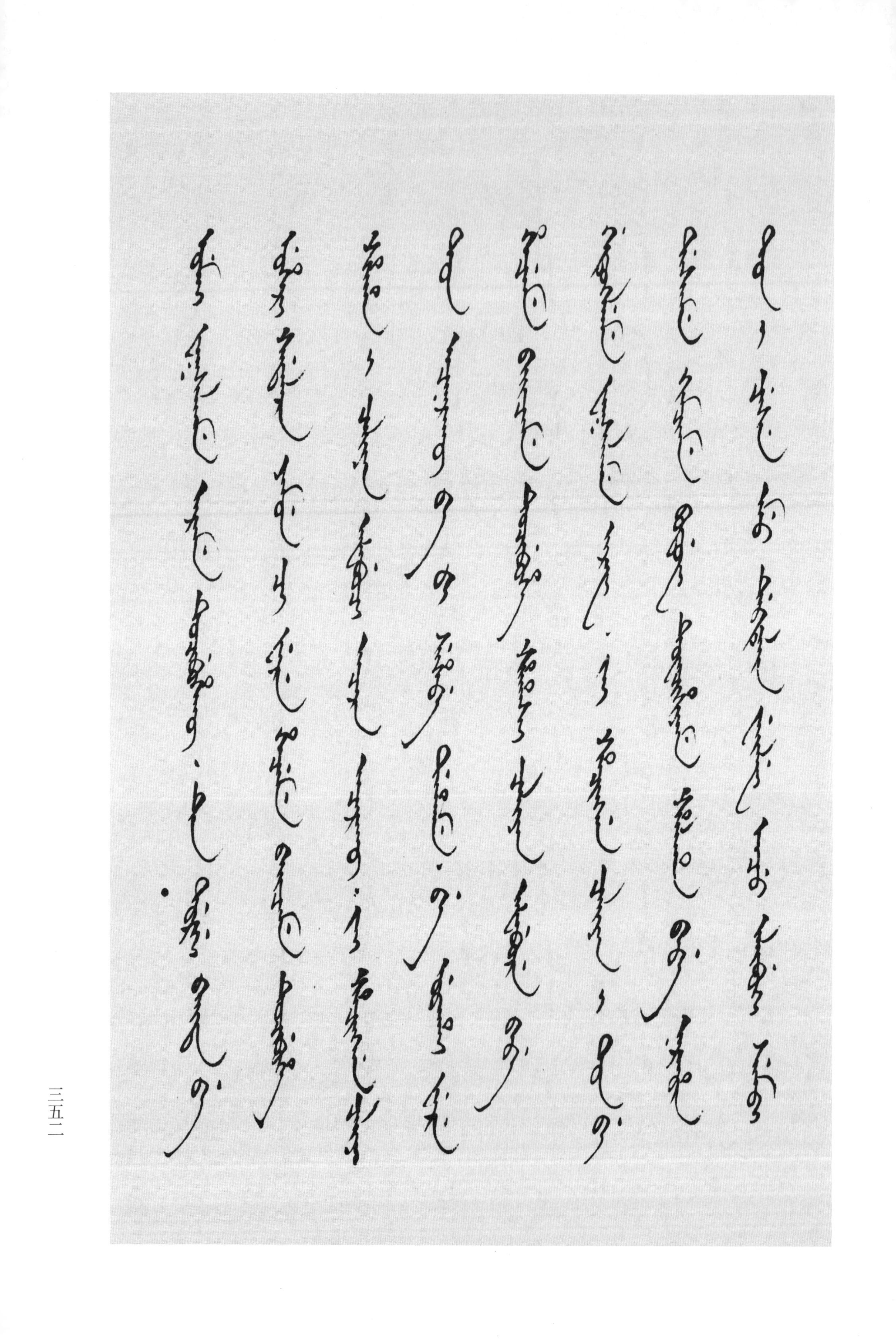

[illegible]

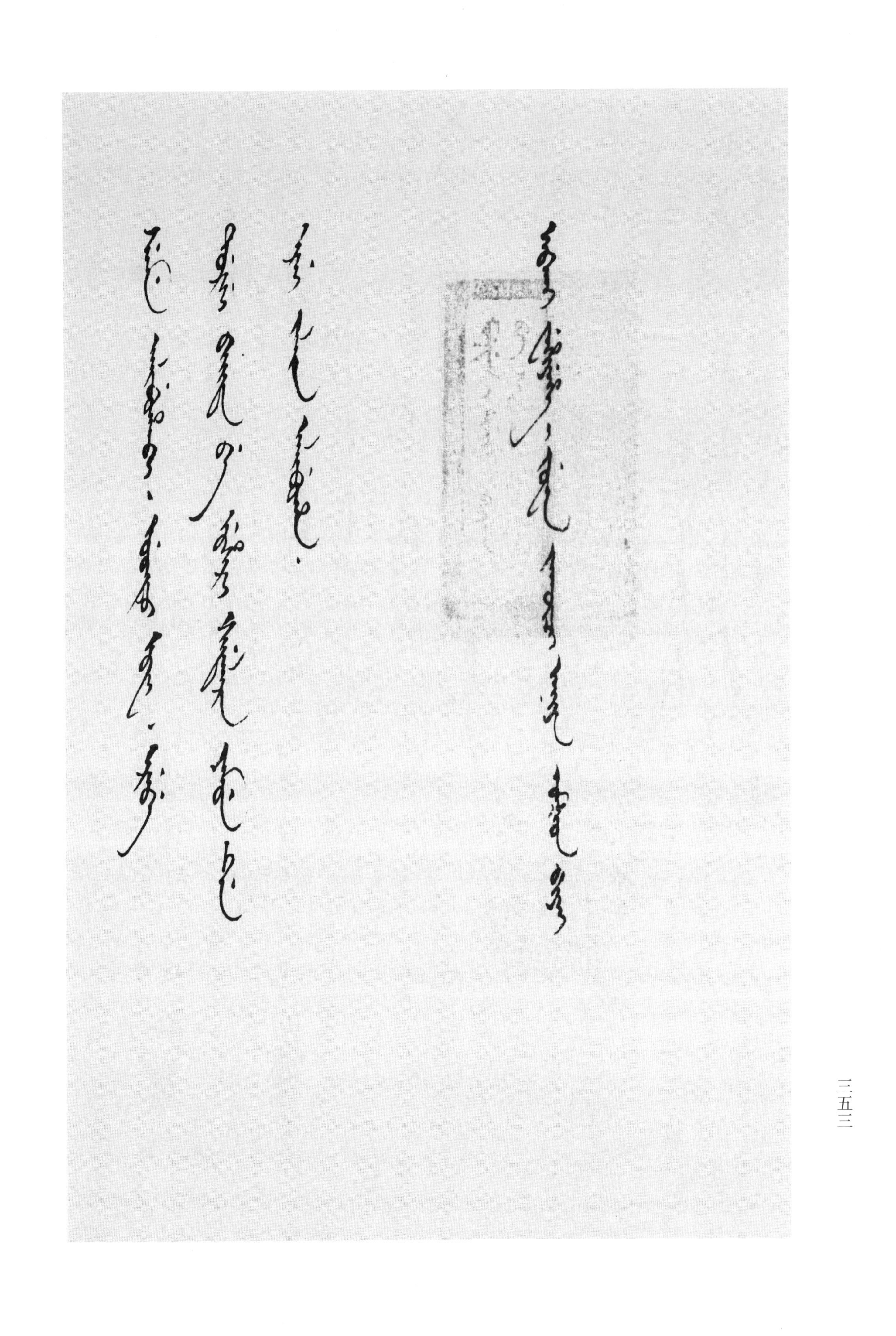

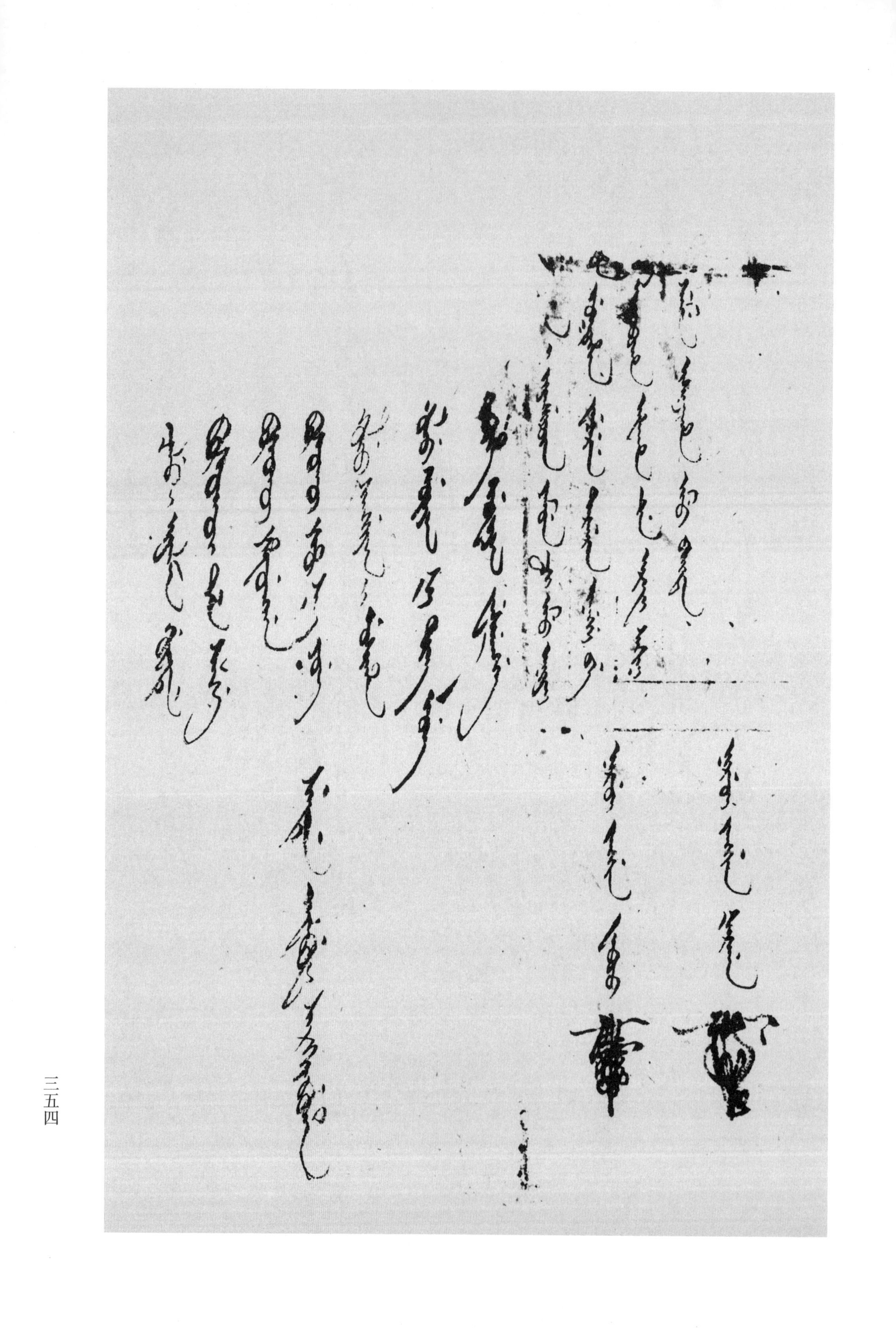

二十四

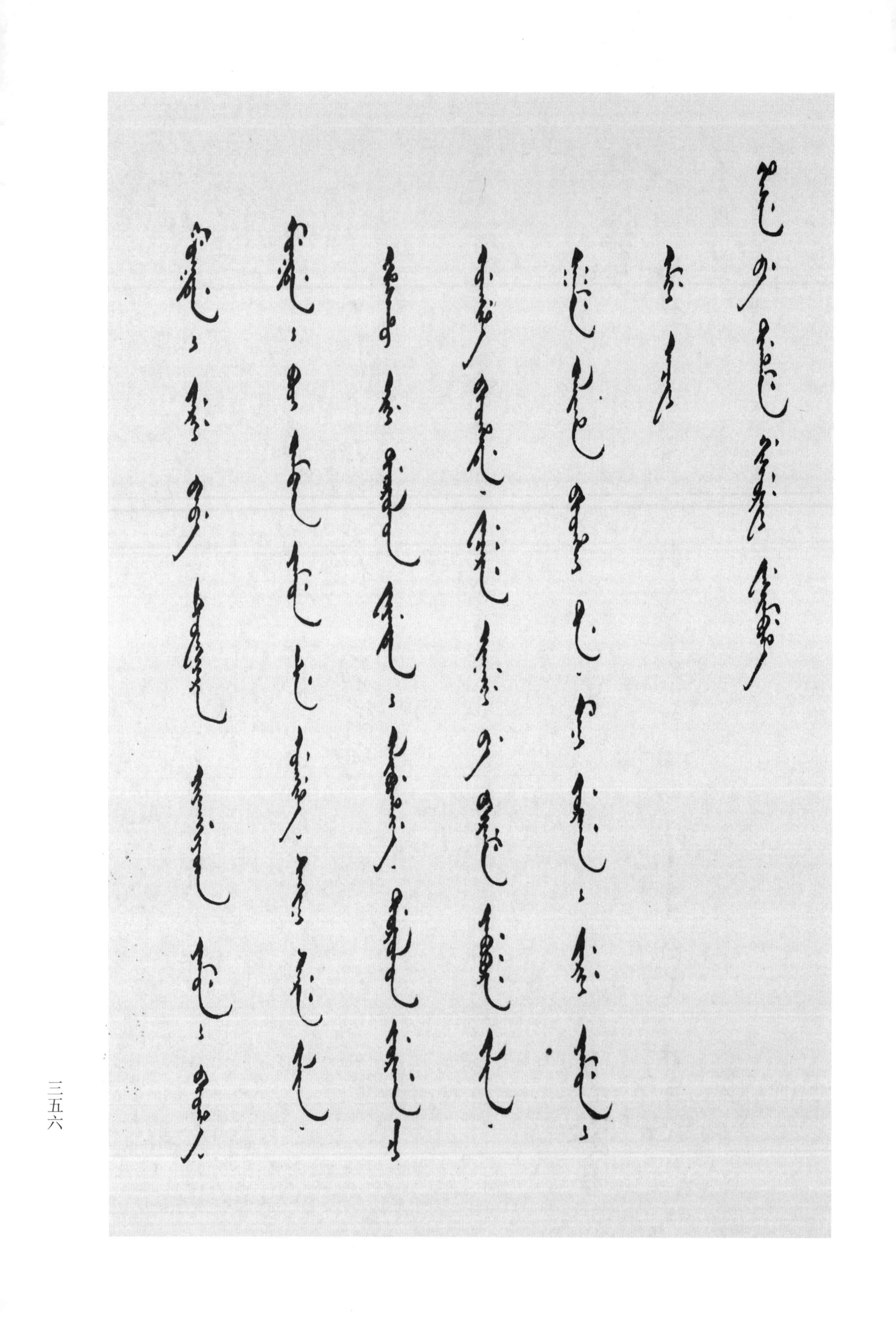

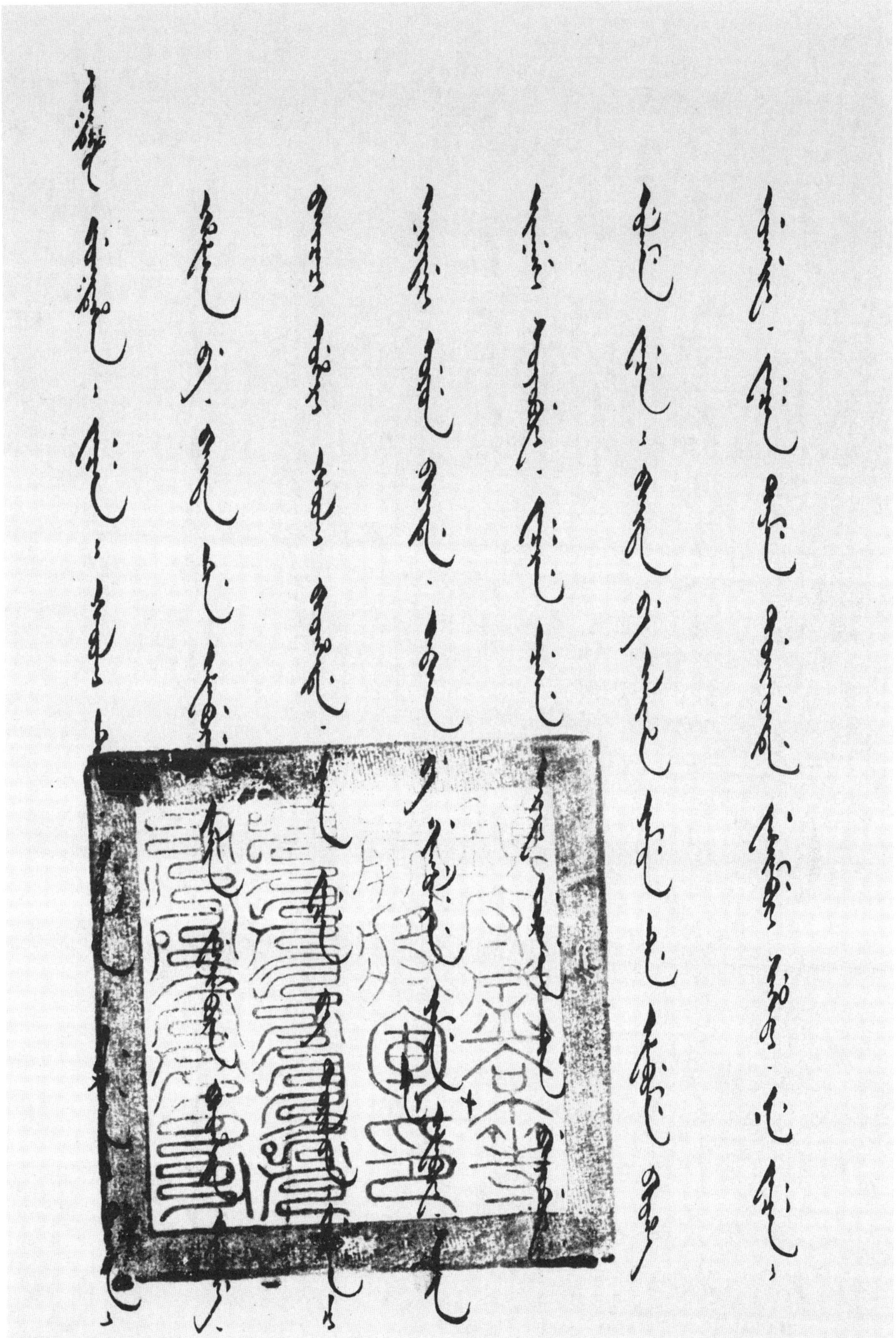

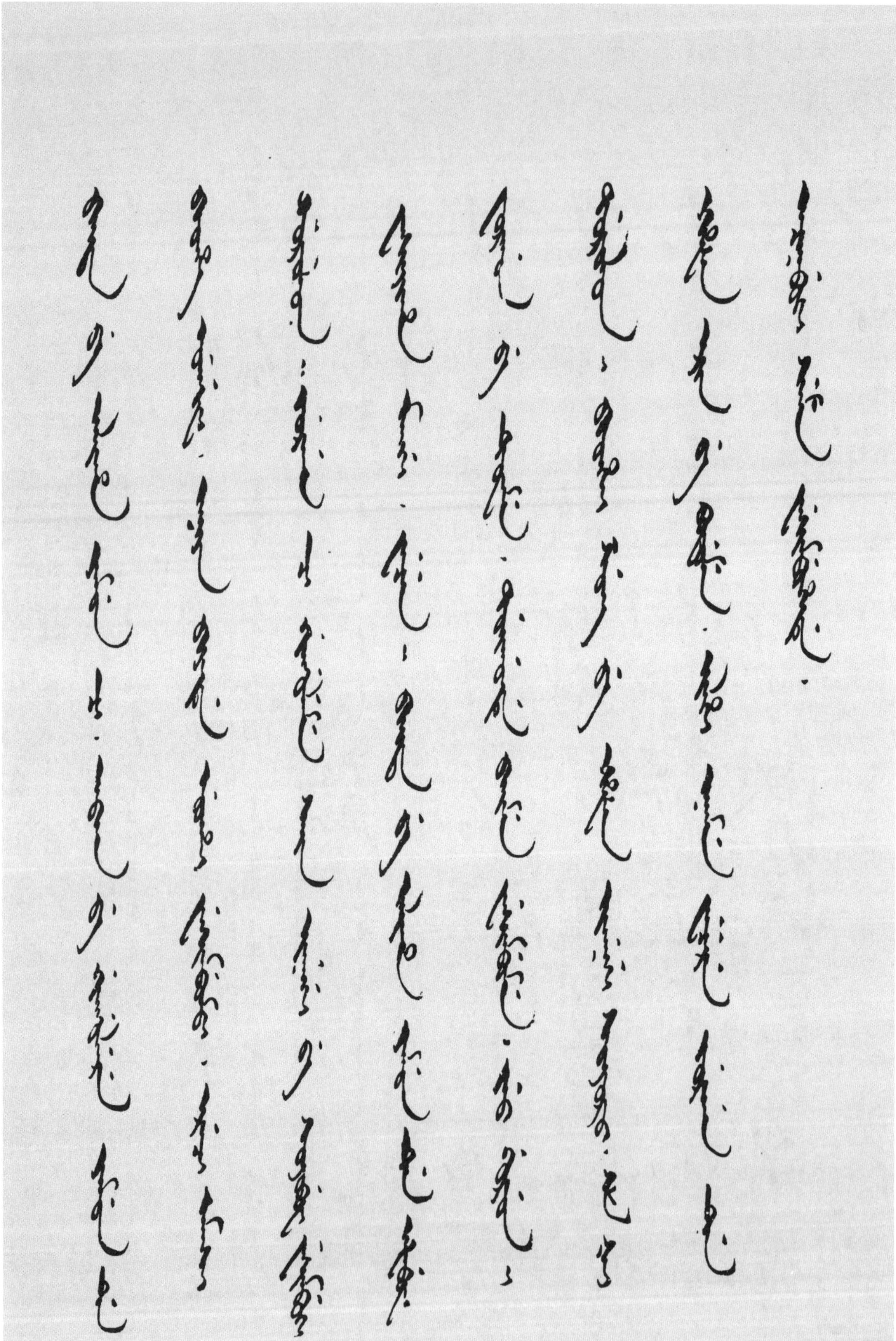

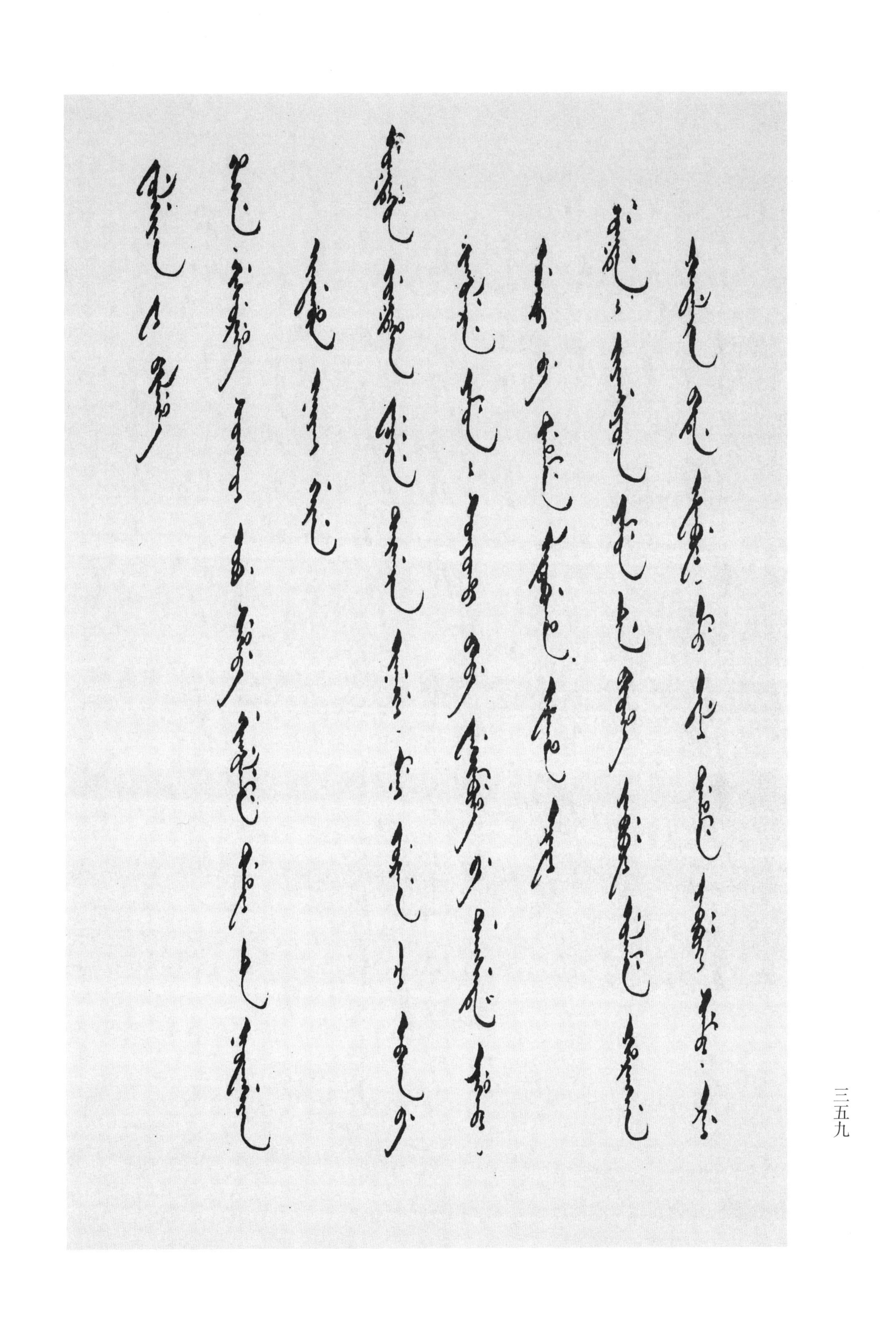

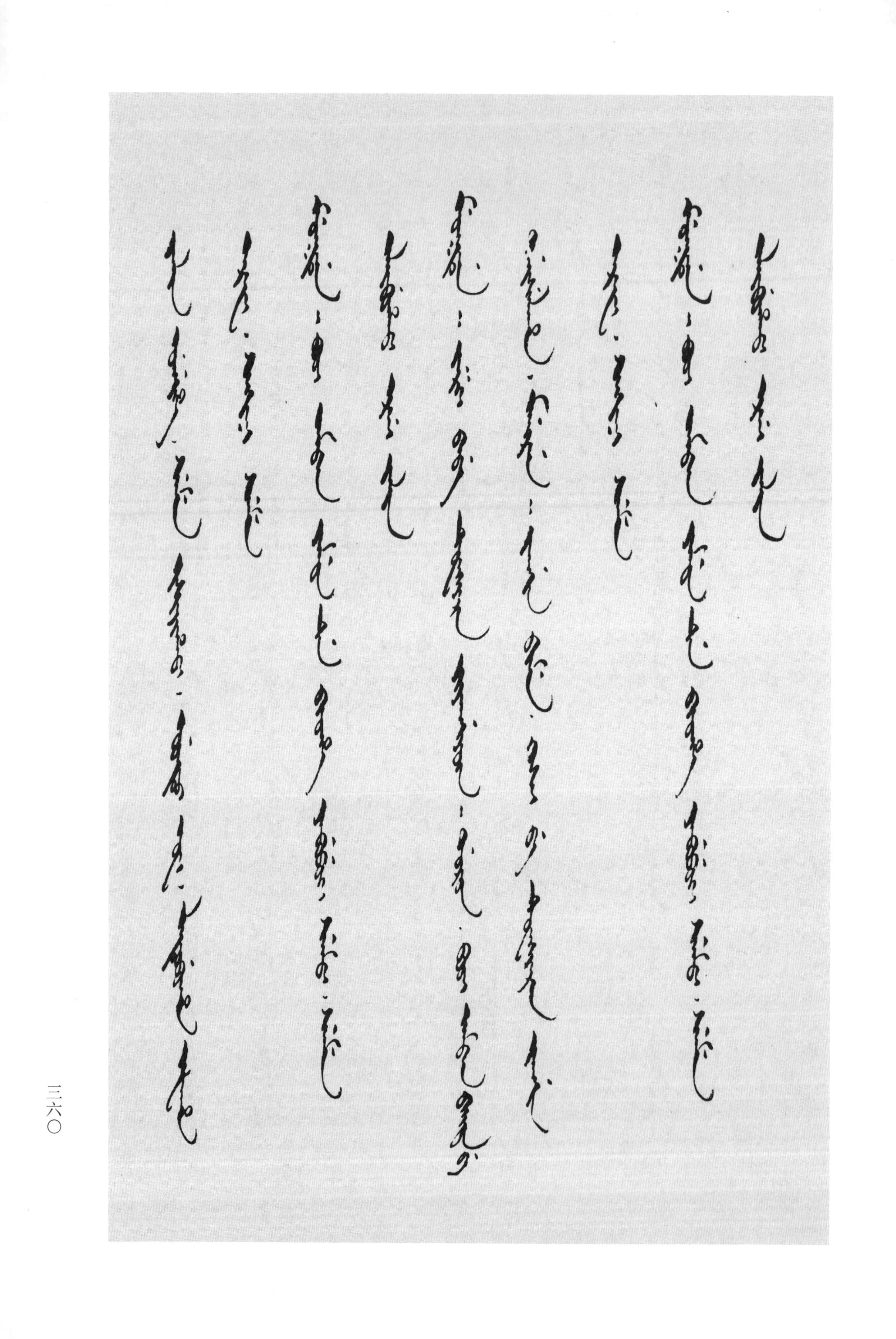

[illegible]

[illegible]

[illegible]

[illegible]

[illegible]

[illegible]

[illegible]

[illegible]

[illegible]

[illegible]

[illegible]

二十五日祭

賢良祠

九月初三日祭

歷代帝王廟自初一日爲始致齋二日不理刑名照常辦事

十月初一日孟冬時享

太廟自九月二十七日爲始致齋三日不理刑名照常辦事

十一月初九日冬至大祀

天於

圜丘自初六日爲始致齋三日不理刑名不辦事如有緊要事仍辦

十二月二十九日歲暮祫祭

太廟自二十六日爲始致齋三日不理刑名照常辦事

初一日孟秋時享

太廟自六月二十七日為始致齋三日不理刑名照常辦事

八月初一日祭

社稷壇自七月二十八日為始致齋三日不理刑名照常辦事

初七日秋分酉時祭

夕月壇自初六日為始致齋二日不理刑名照常辦事

初十日祭

先師孔子自初八日為始致齋二日不理刑名照常辦事

十二日祭

關帝廟於十一日致齋一日不理刑名照常辦事

三月初九日祭
歷代帝王廟自初七日爲始致齋二日不理刑名照常辦事
二十五日祭
先農壇自二十三日爲始致齋二日不理刑名照常辦事
四月初一日孟夏時享
太廟自三月二十七日為始致齋三日不理刑名照常辦事
初六日行常雩礼大祀
天於
圜丘自初三日為始致齋三日不理刑名不辦事如有緊、事仍辦
五月初二日夏至大祀
地於
二十九日為始致齋三日不理刑名不辦事如有緊、事仍辦

二月初七日祭

先師孔子自初五日爲始致齋二日不理刑名照常辦事

初八日祭

社稷壇自初五日爲始致齋三日不理刑名照常辦事

十九日祭

關帝廟於十八日致齋一日不理刑名照常辦事

二十五日祭

賢良祠

二十八日春分卯時祭

朝日壇自二十六日爲始致齋二日不理刑名照常辦事

亨際甲戌年正月初五日孟春時享

太

廟自初二日爲始致齋三日不理刑名照常辦事

十一日祭

祈

穀壇自初八日爲始致齋三日不理刑名不辦事如有緊要事仍辦

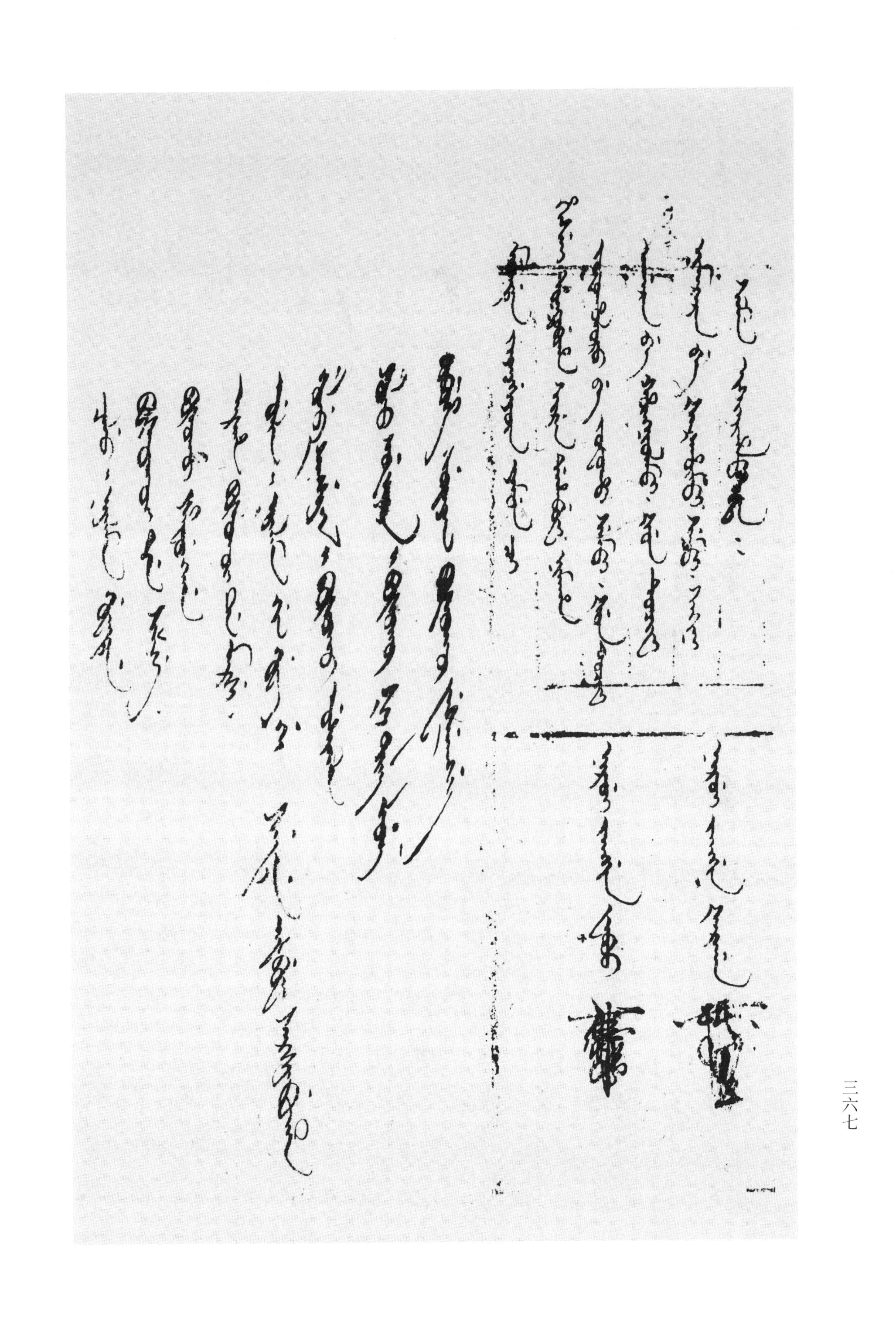

二十四

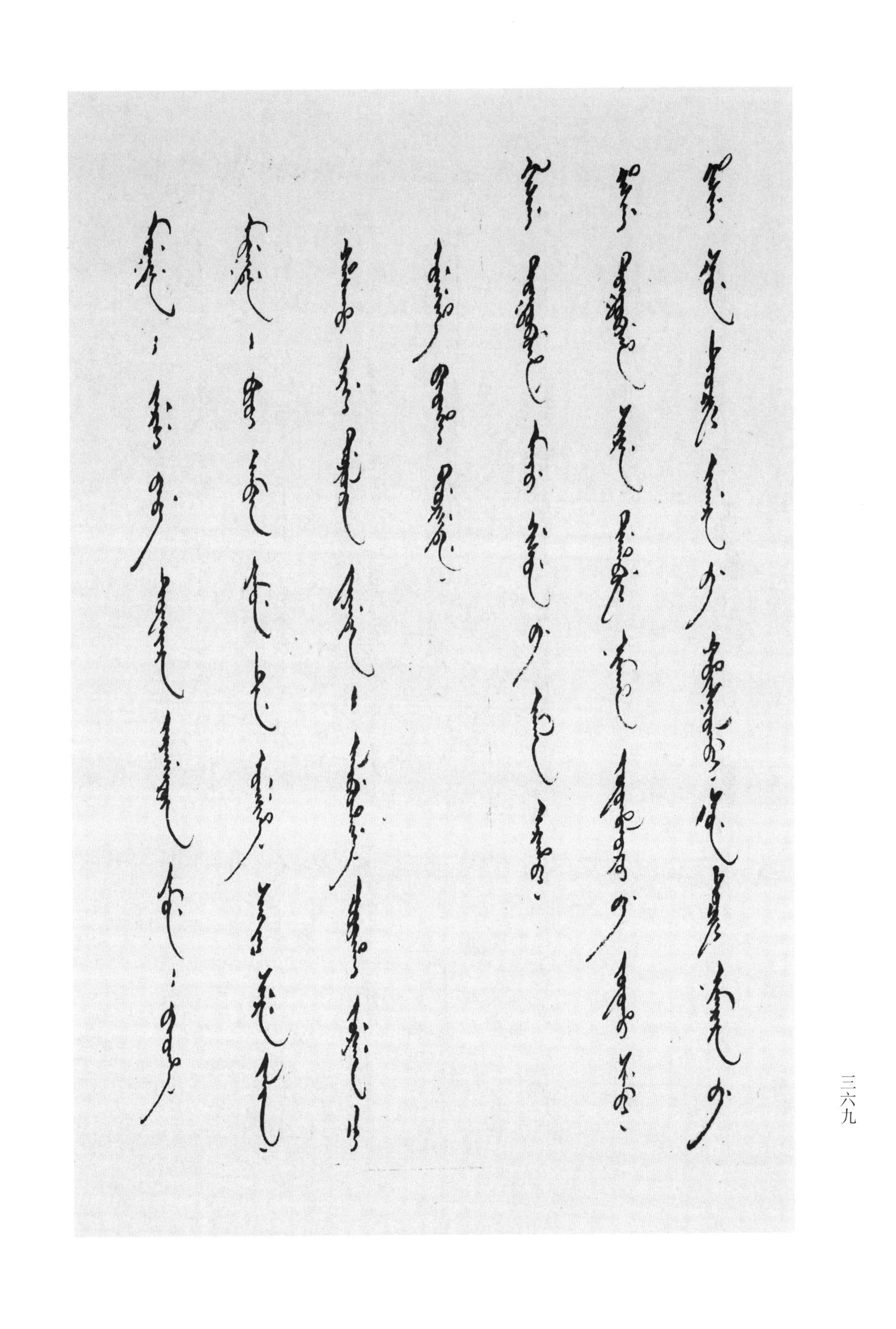

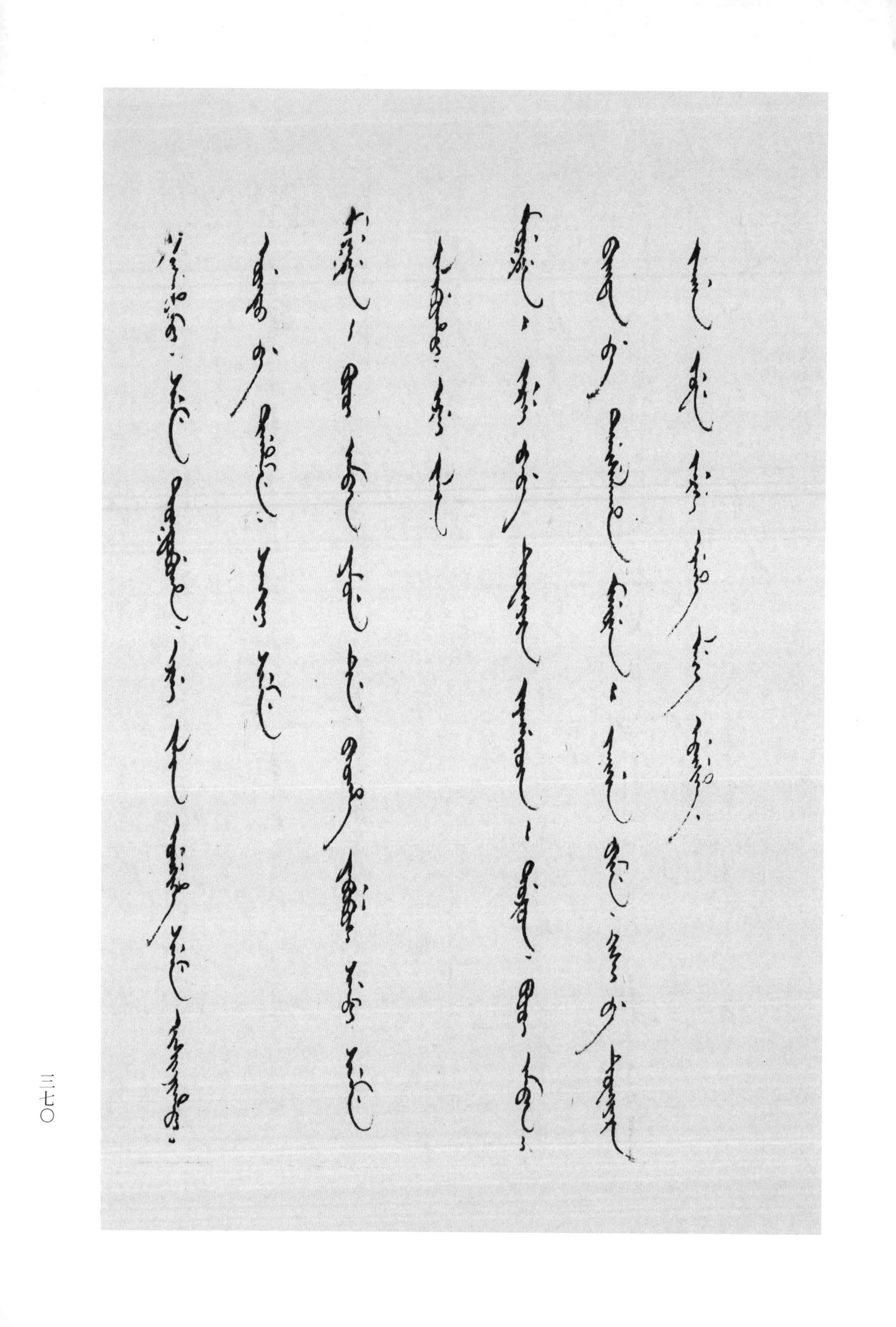

[illegible]

[illegible]

[illegible]

[illegible]

[illegible]

[illegible]

[illegible]

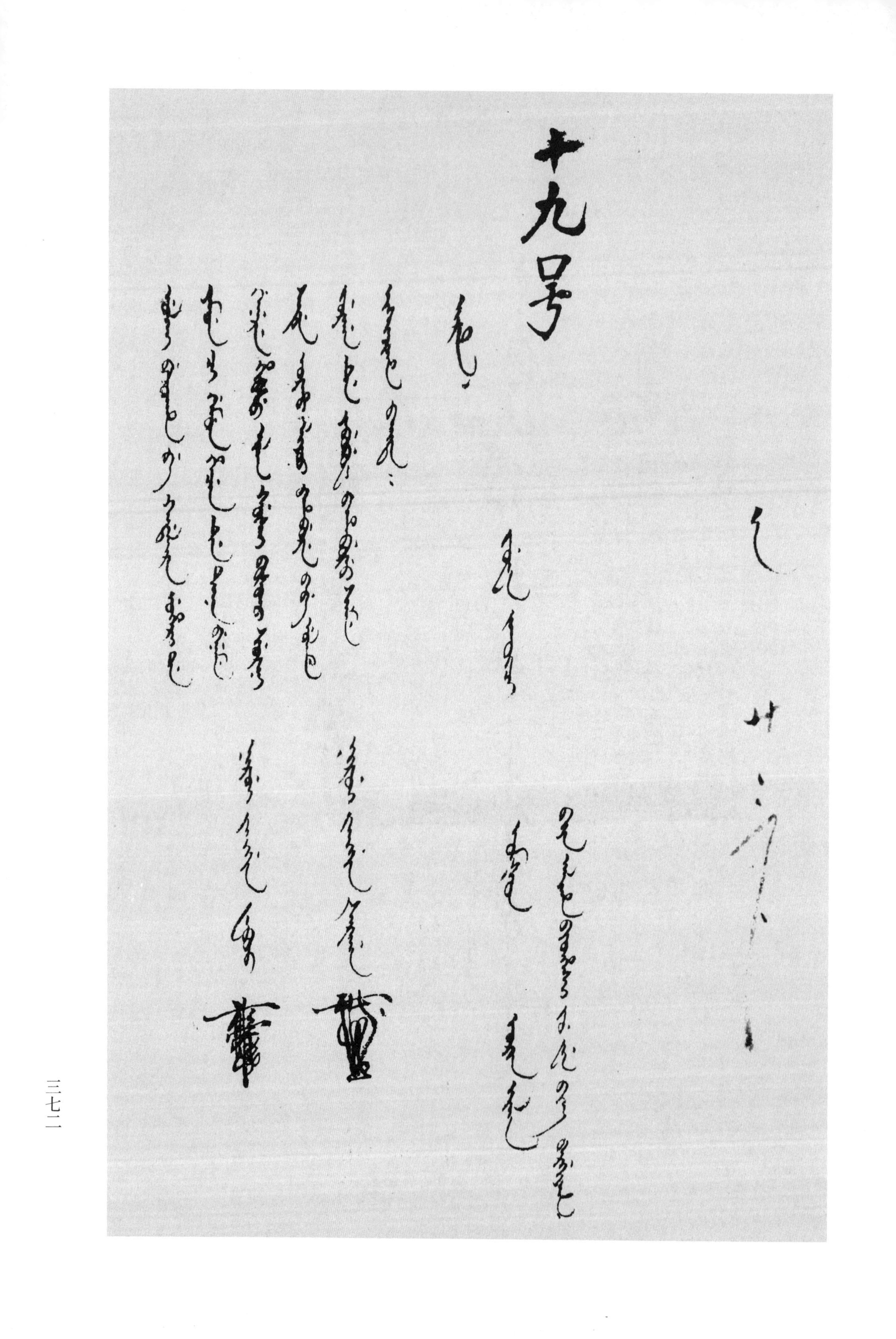

十九号

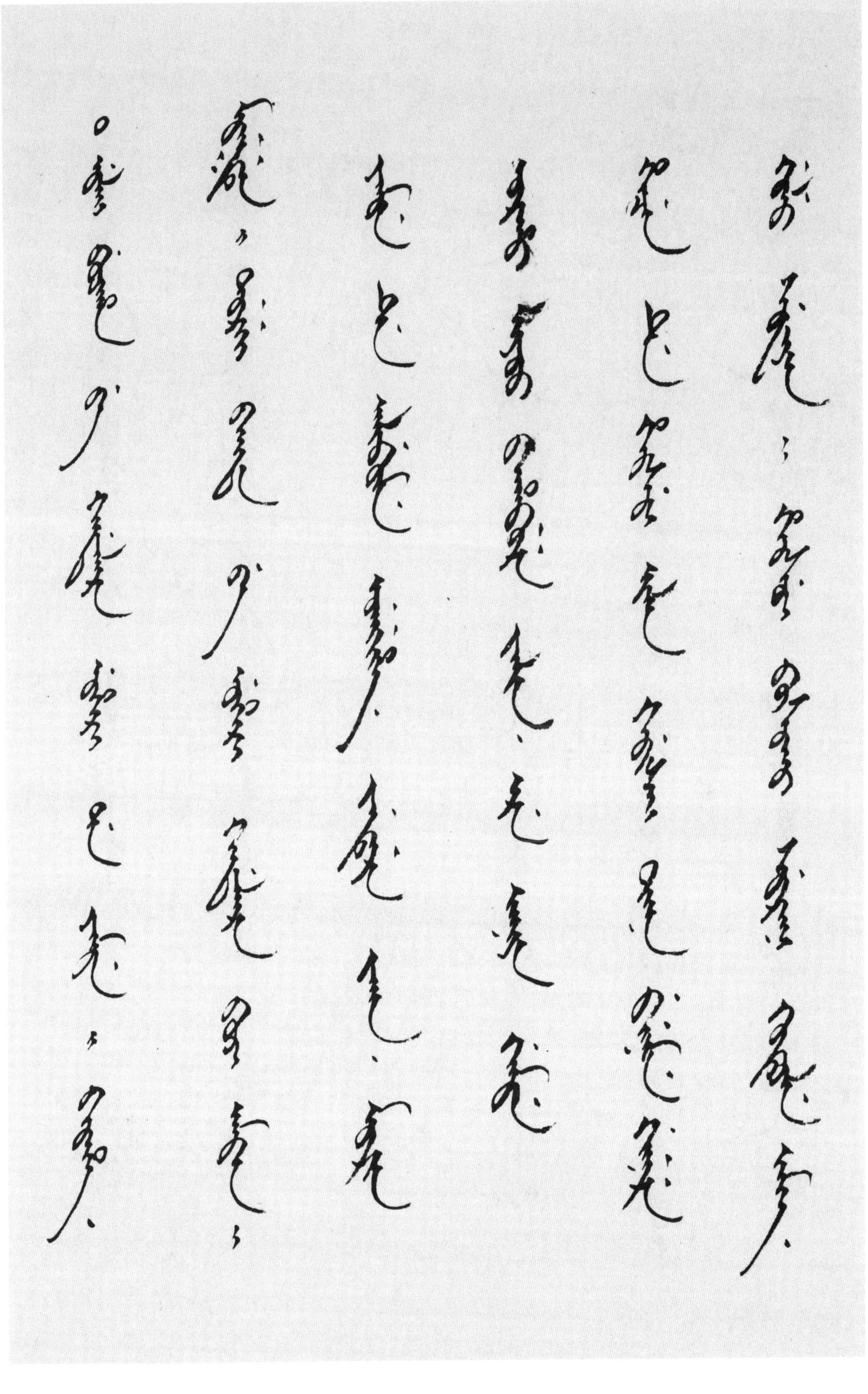

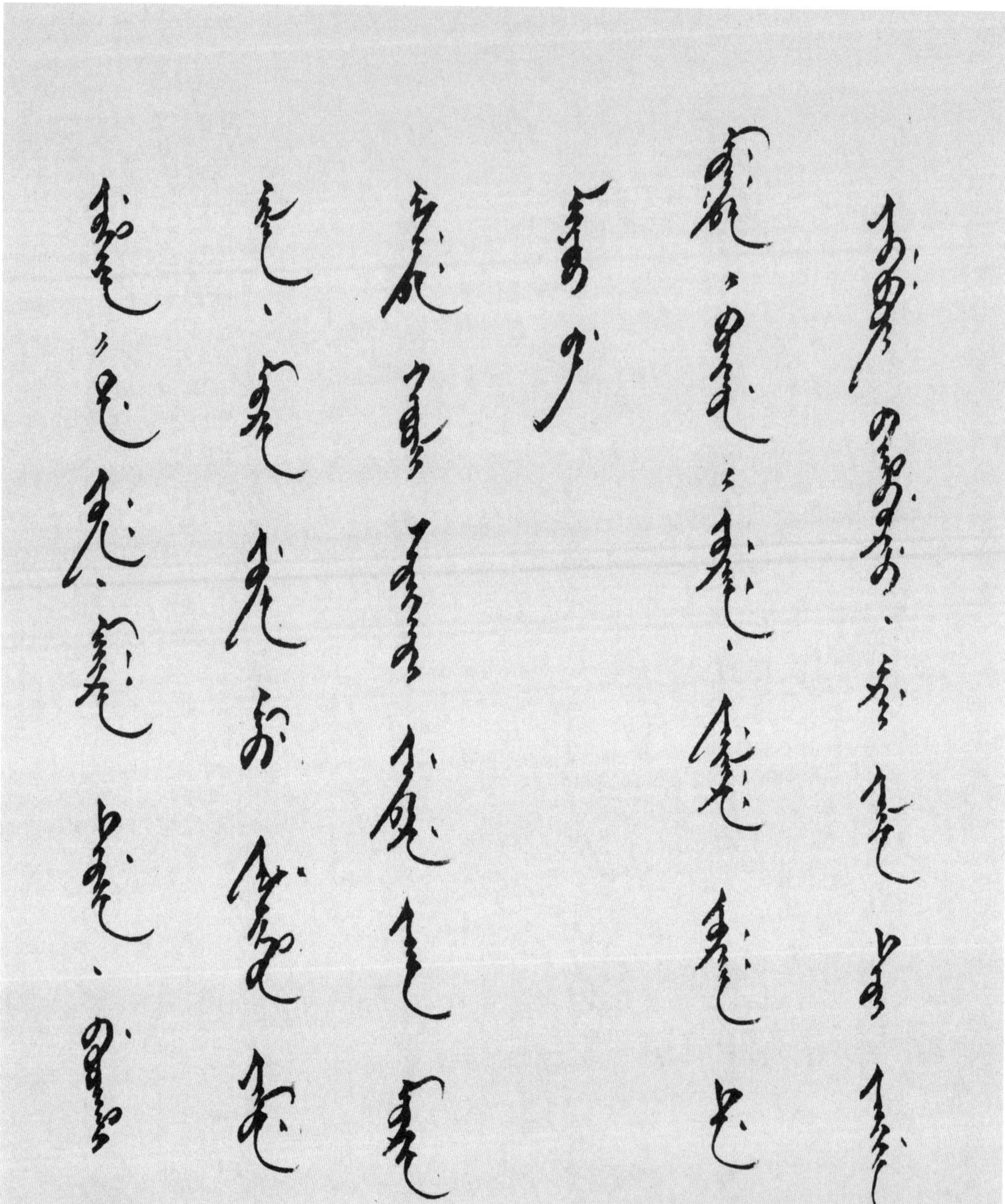

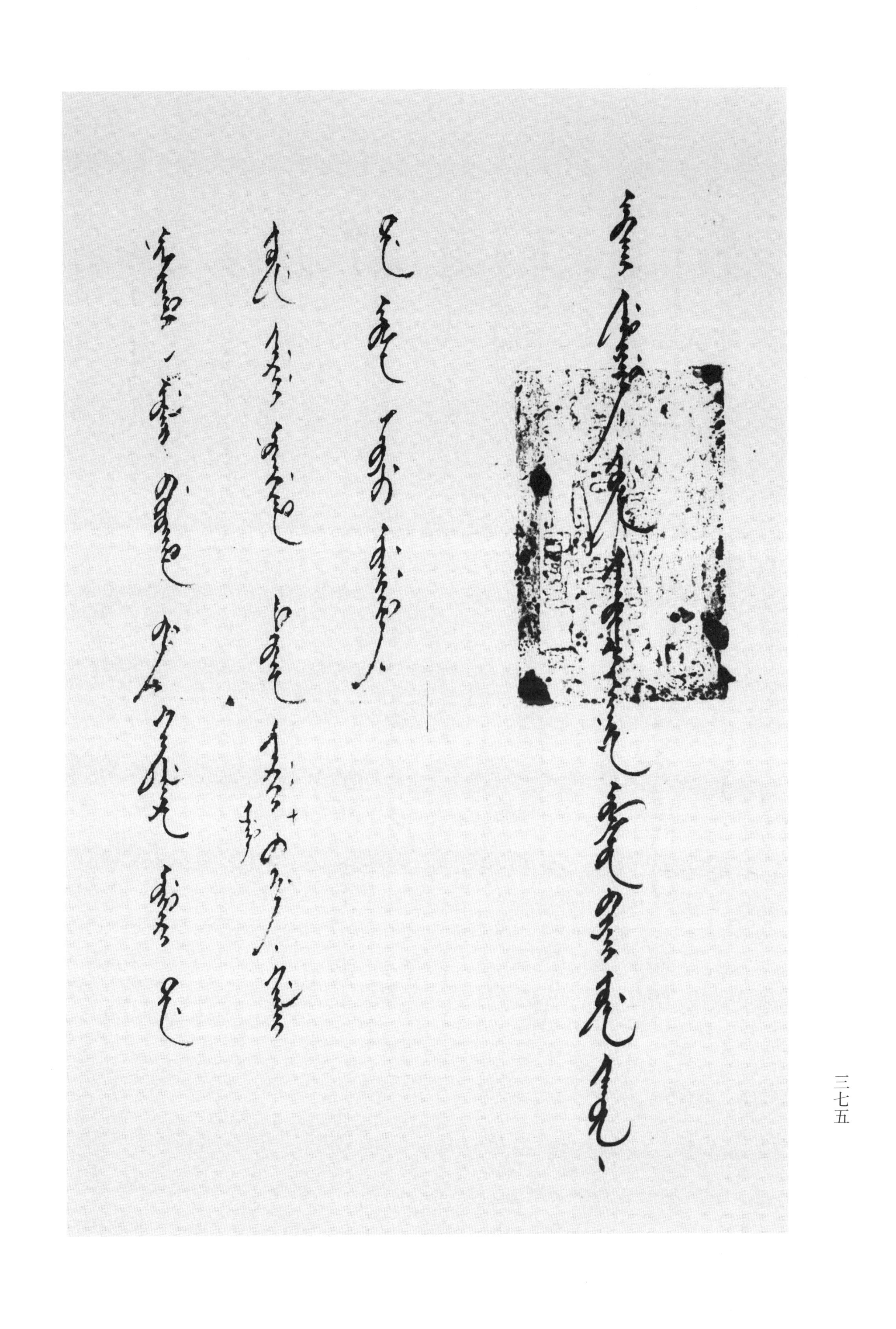

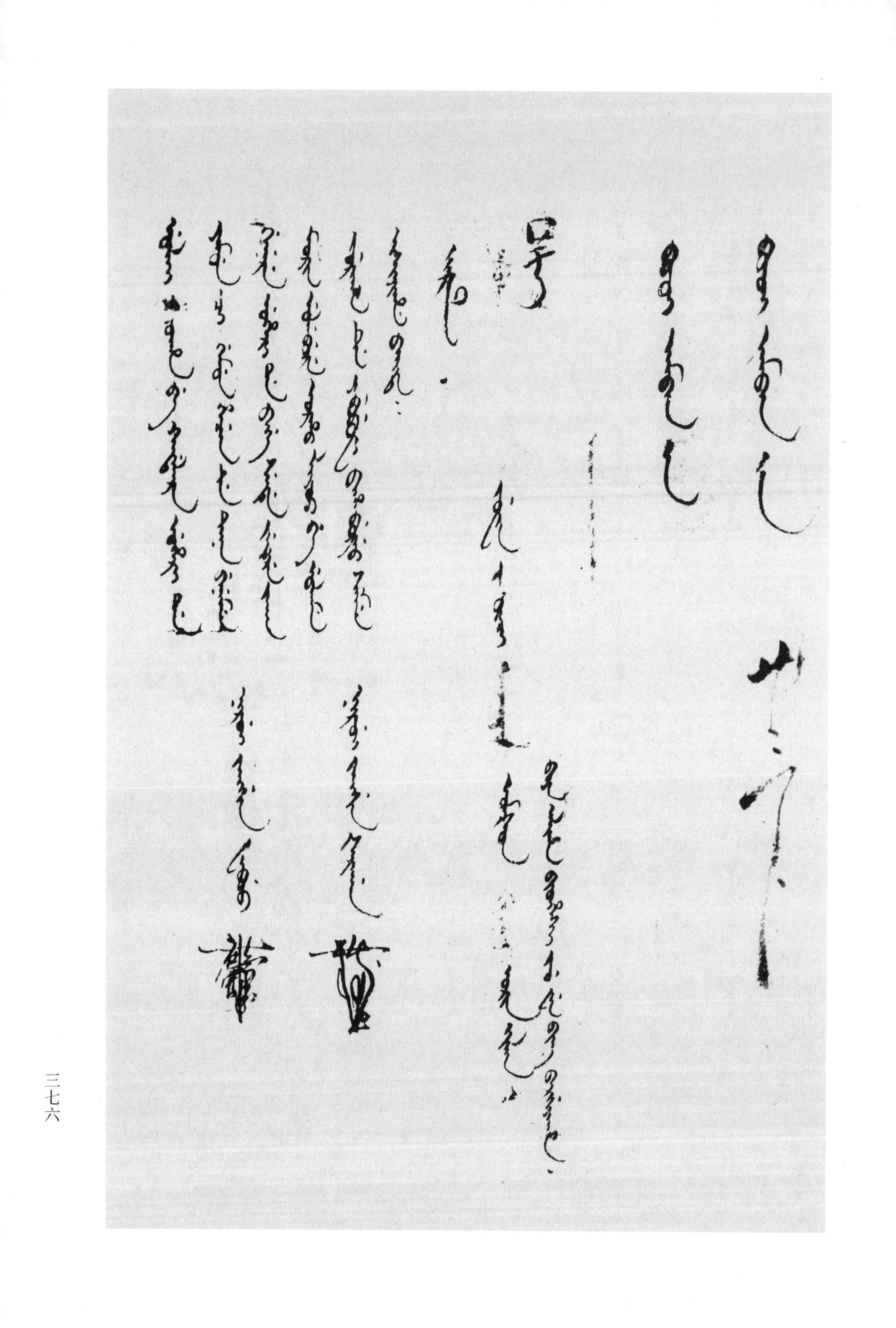

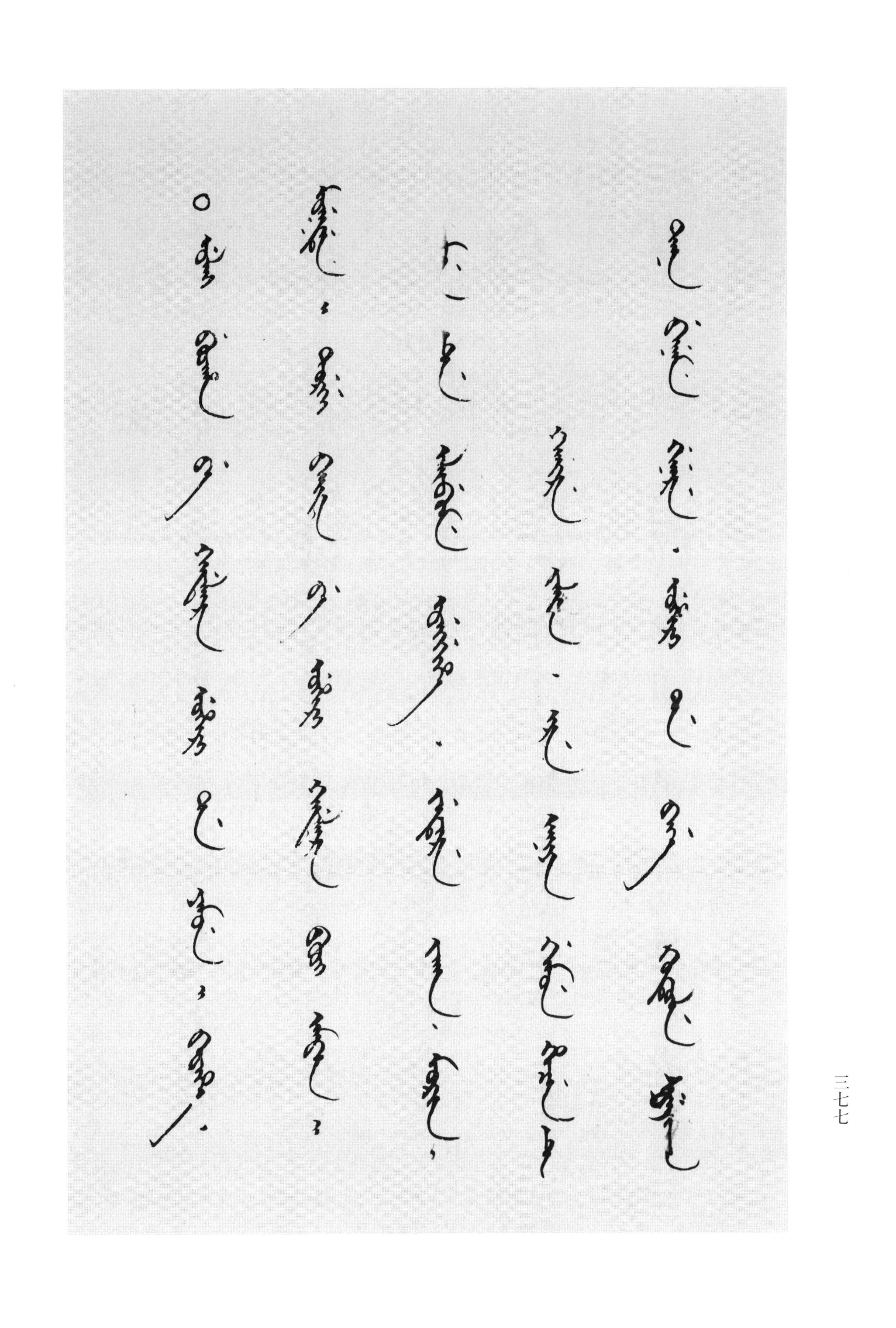

[illegible]

○ [illegible]

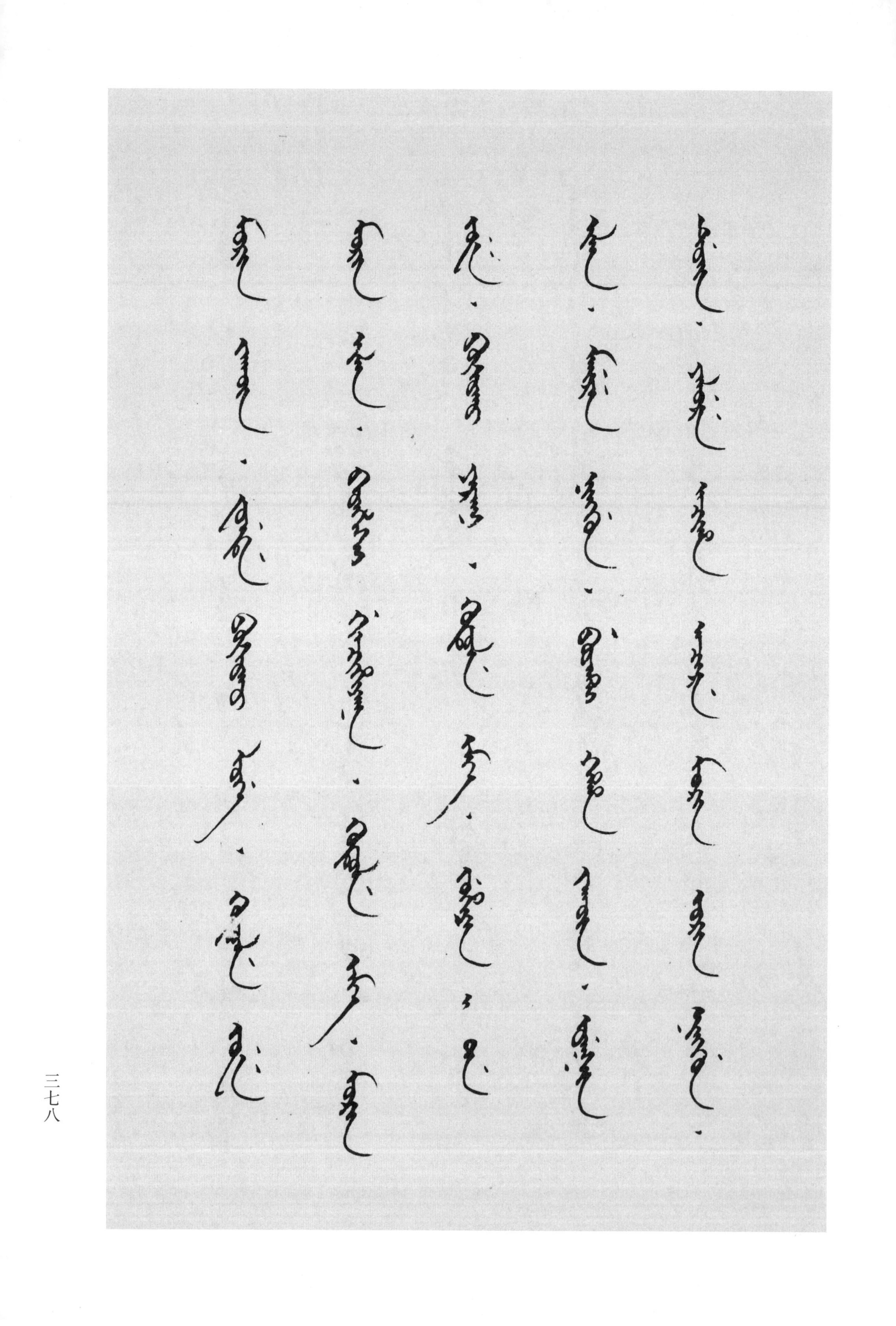

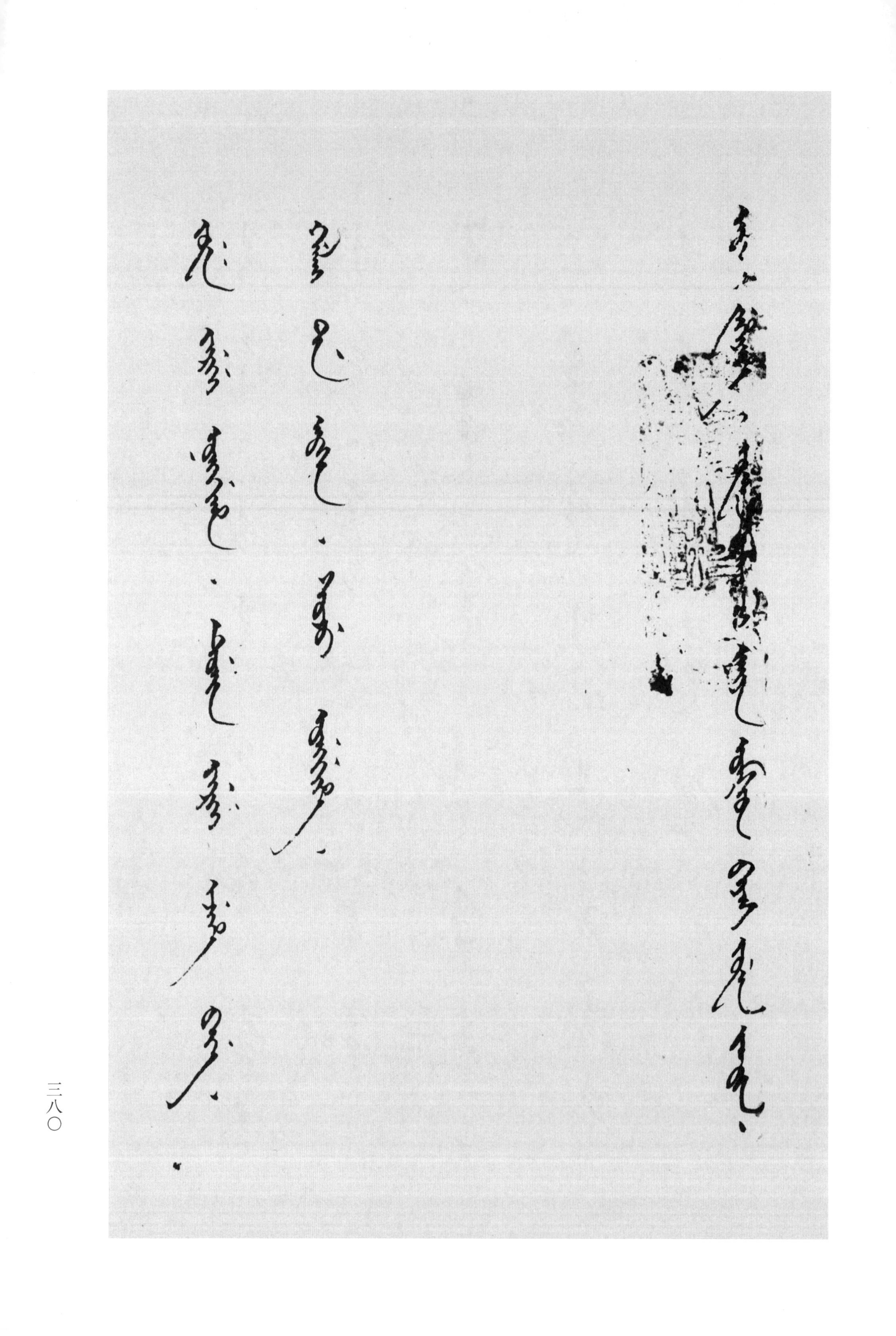

[illegible]

[illegible]

[illegible]

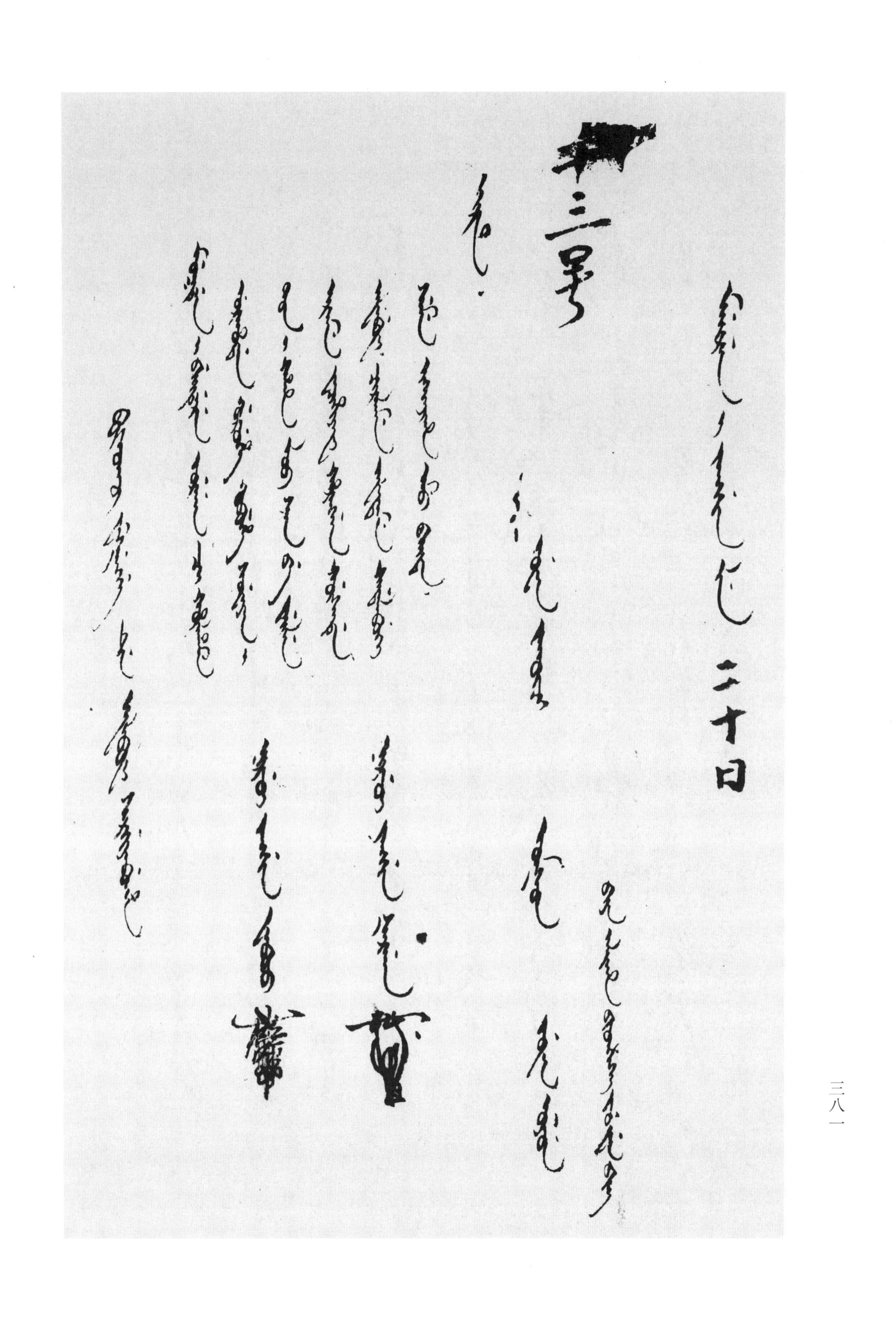

十三年

二十日

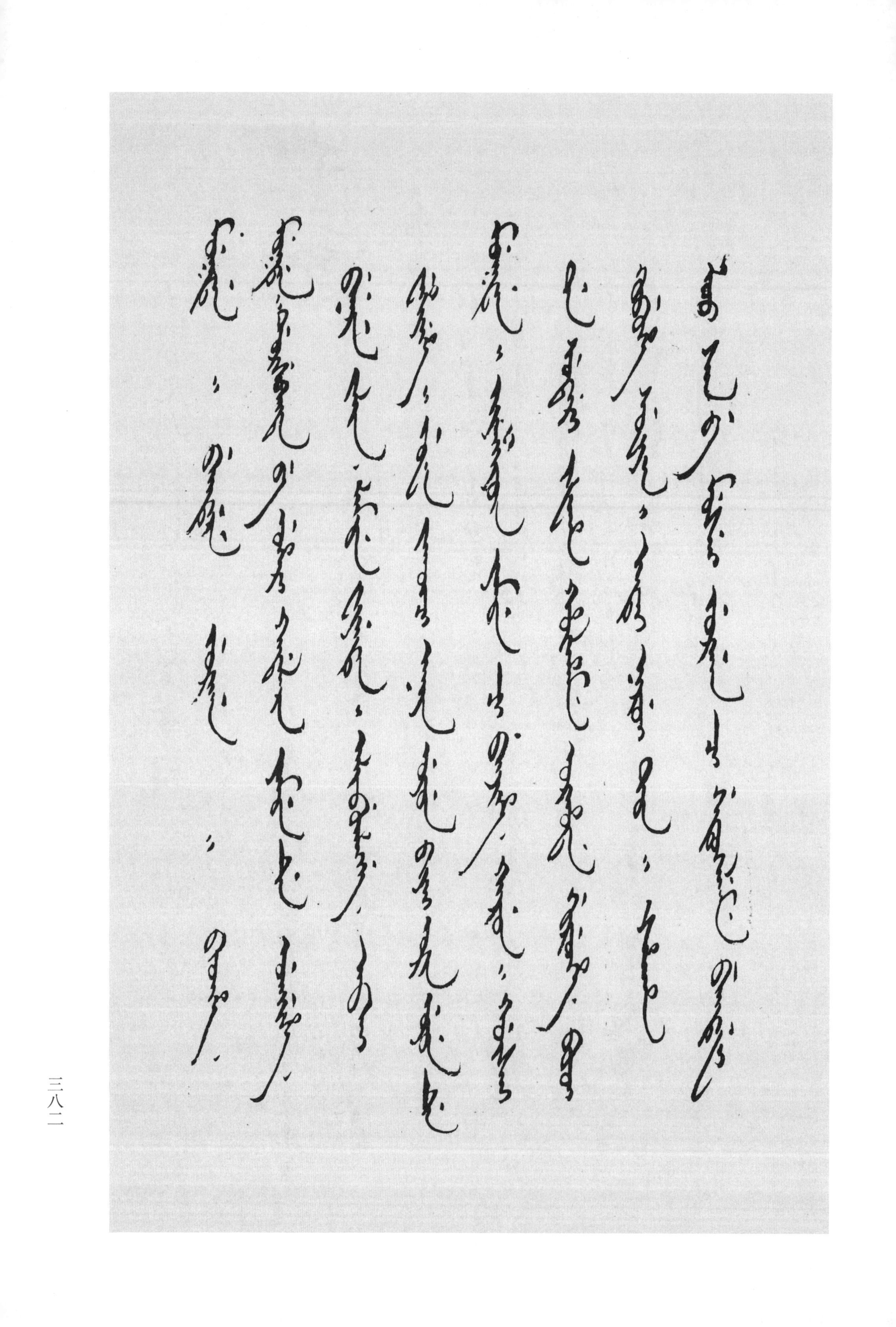

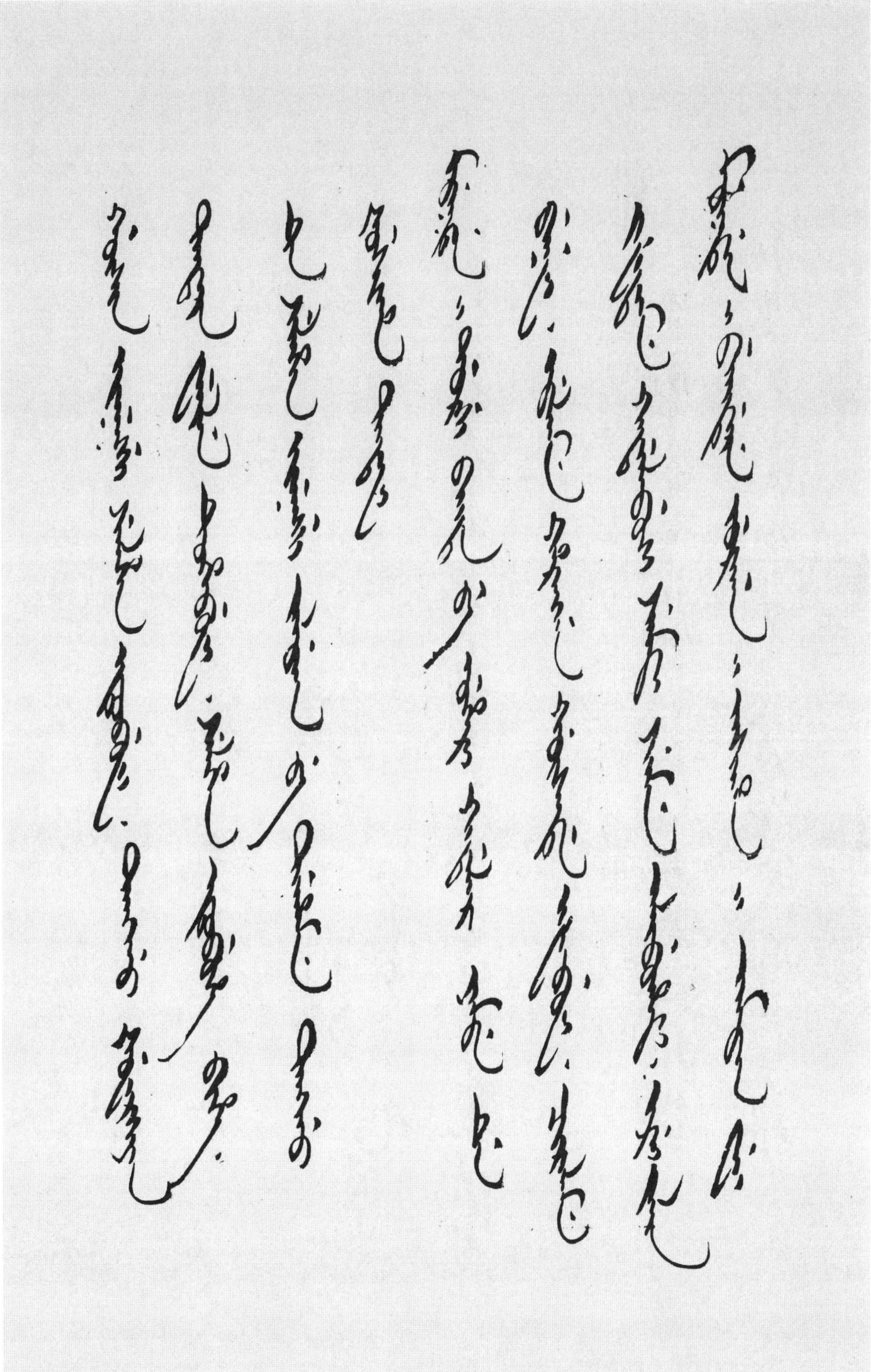

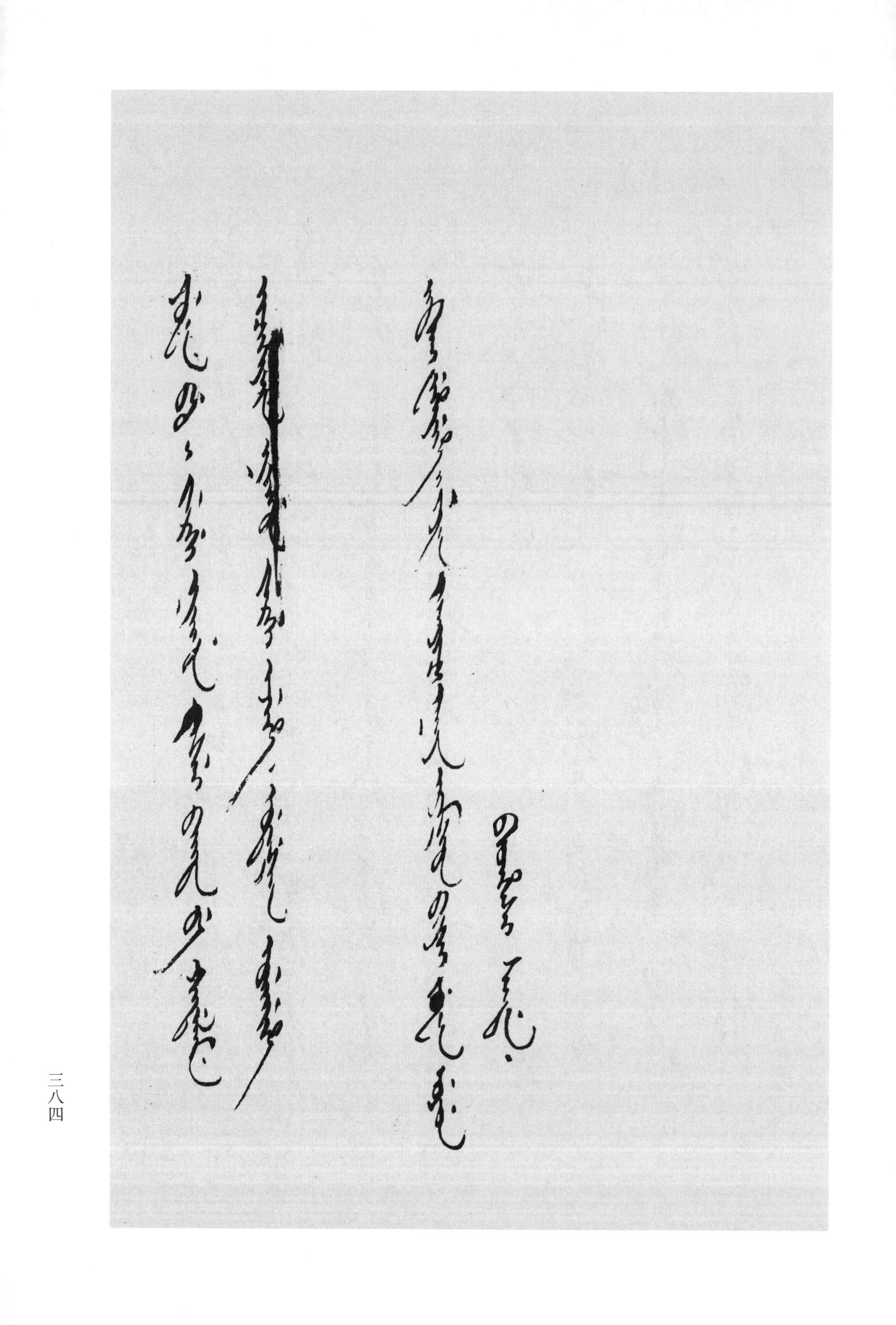

[illegible]

[illegible]

[illegible]

[illegible]

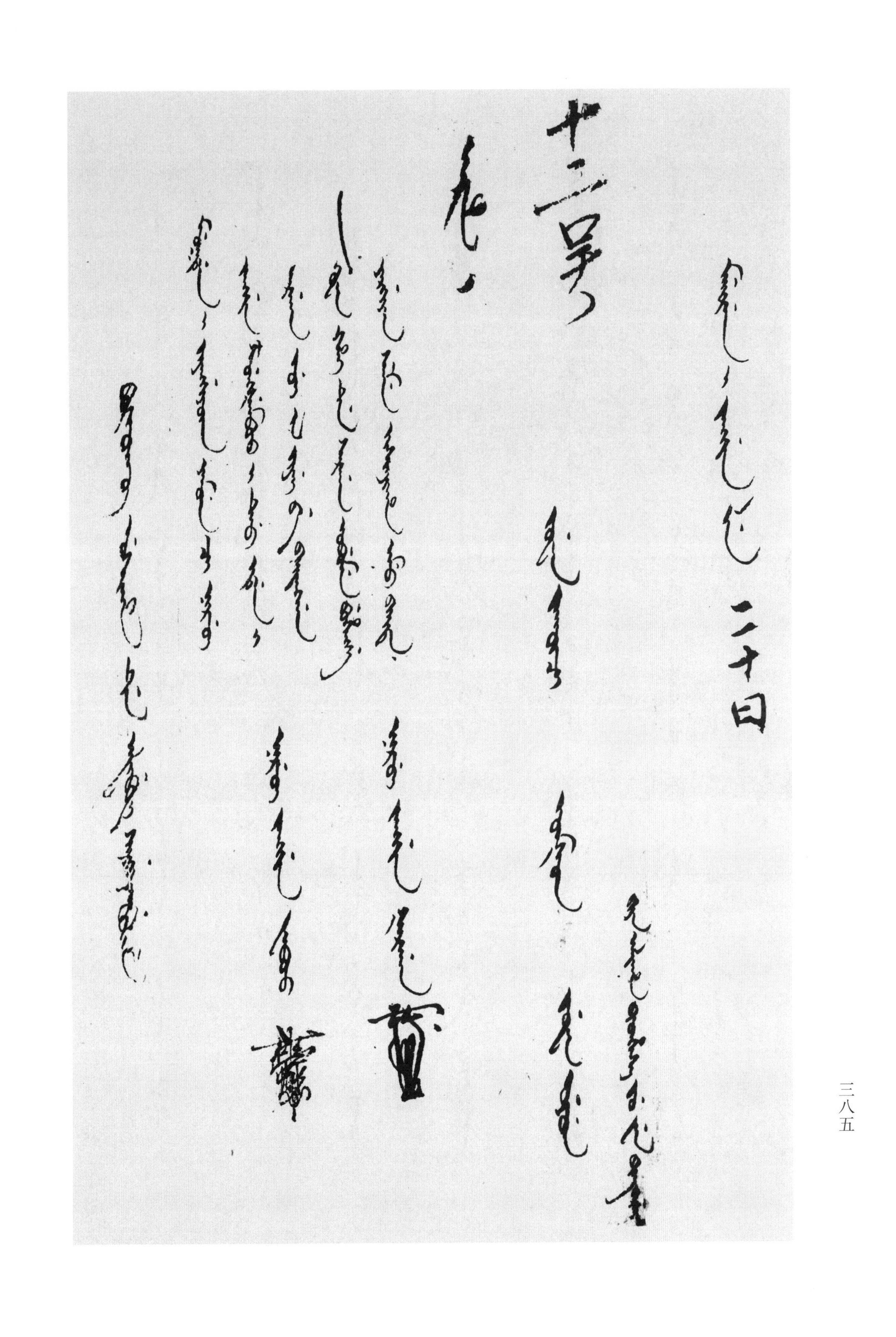

[illegible]

[illegible]

[illegible]

[illegible]

十二月 [illegible]

[illegible] 二十日

[illegible]

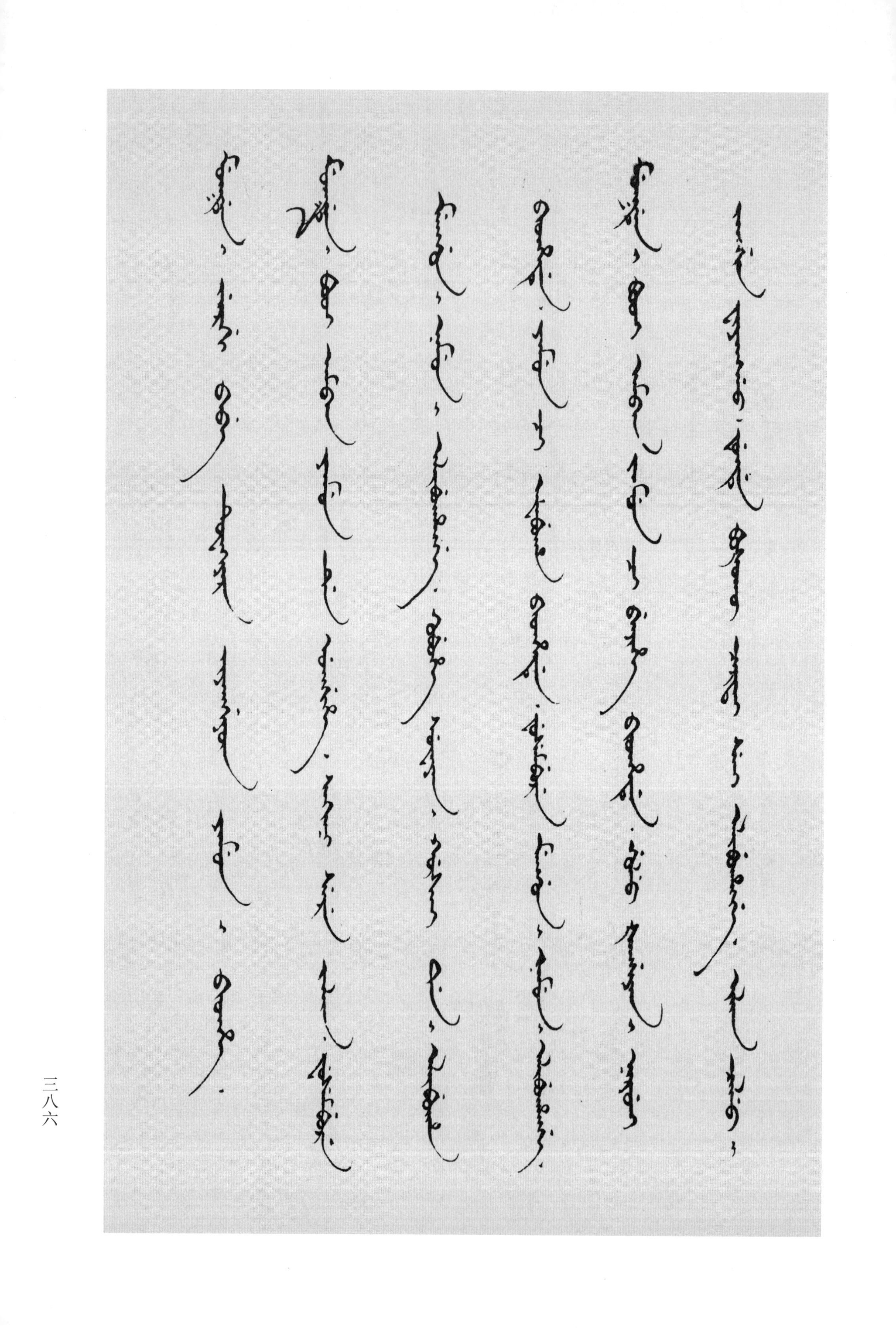

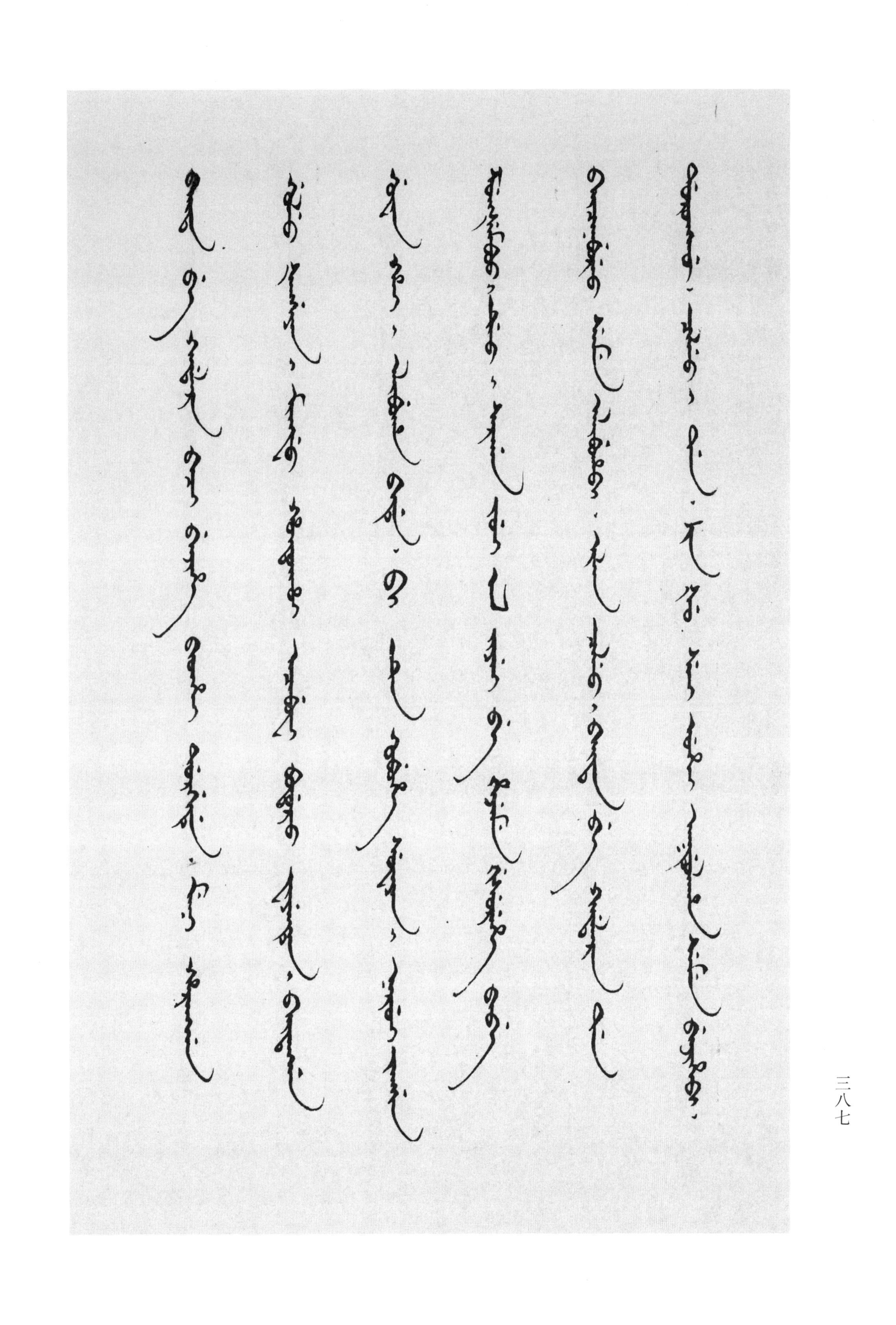

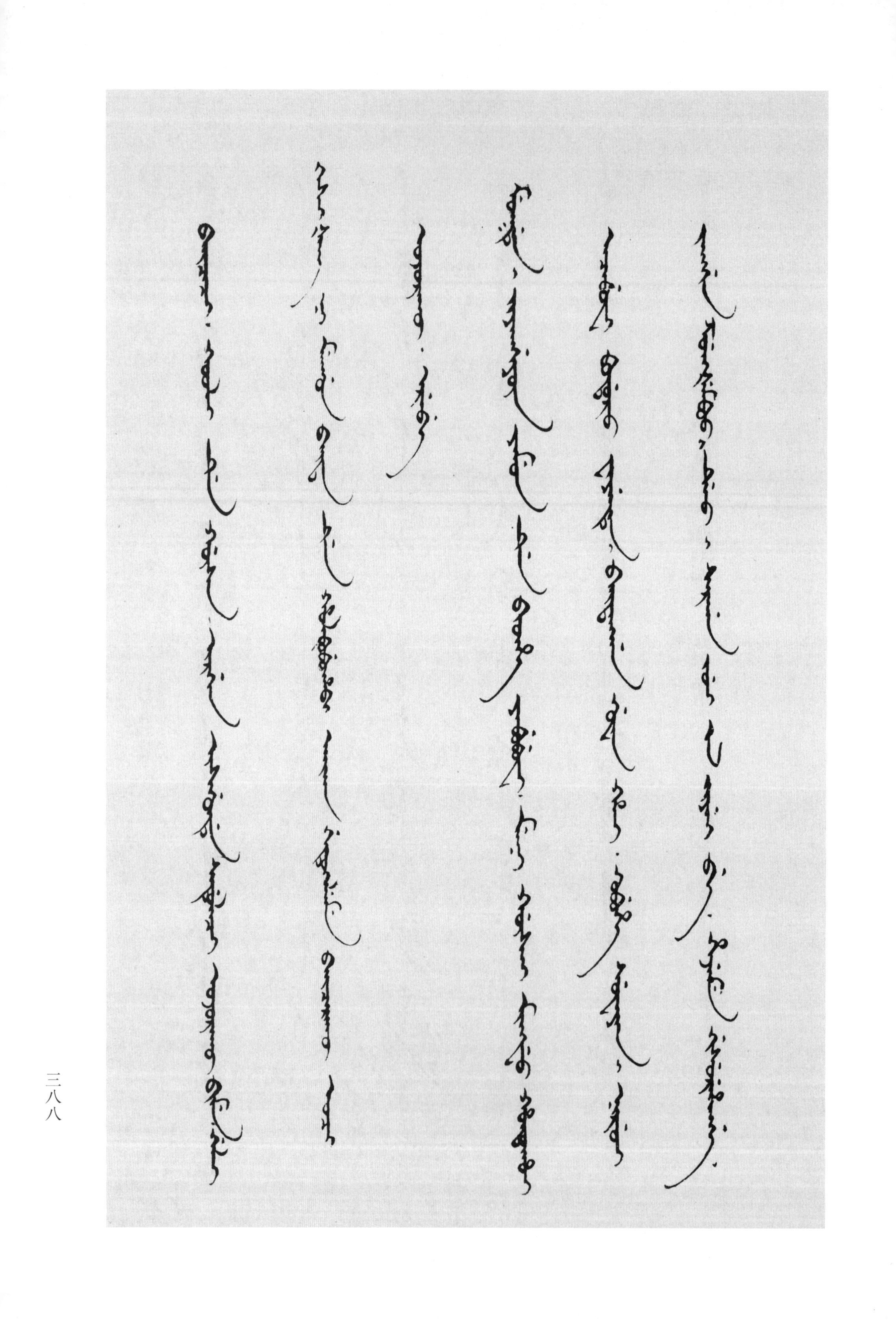

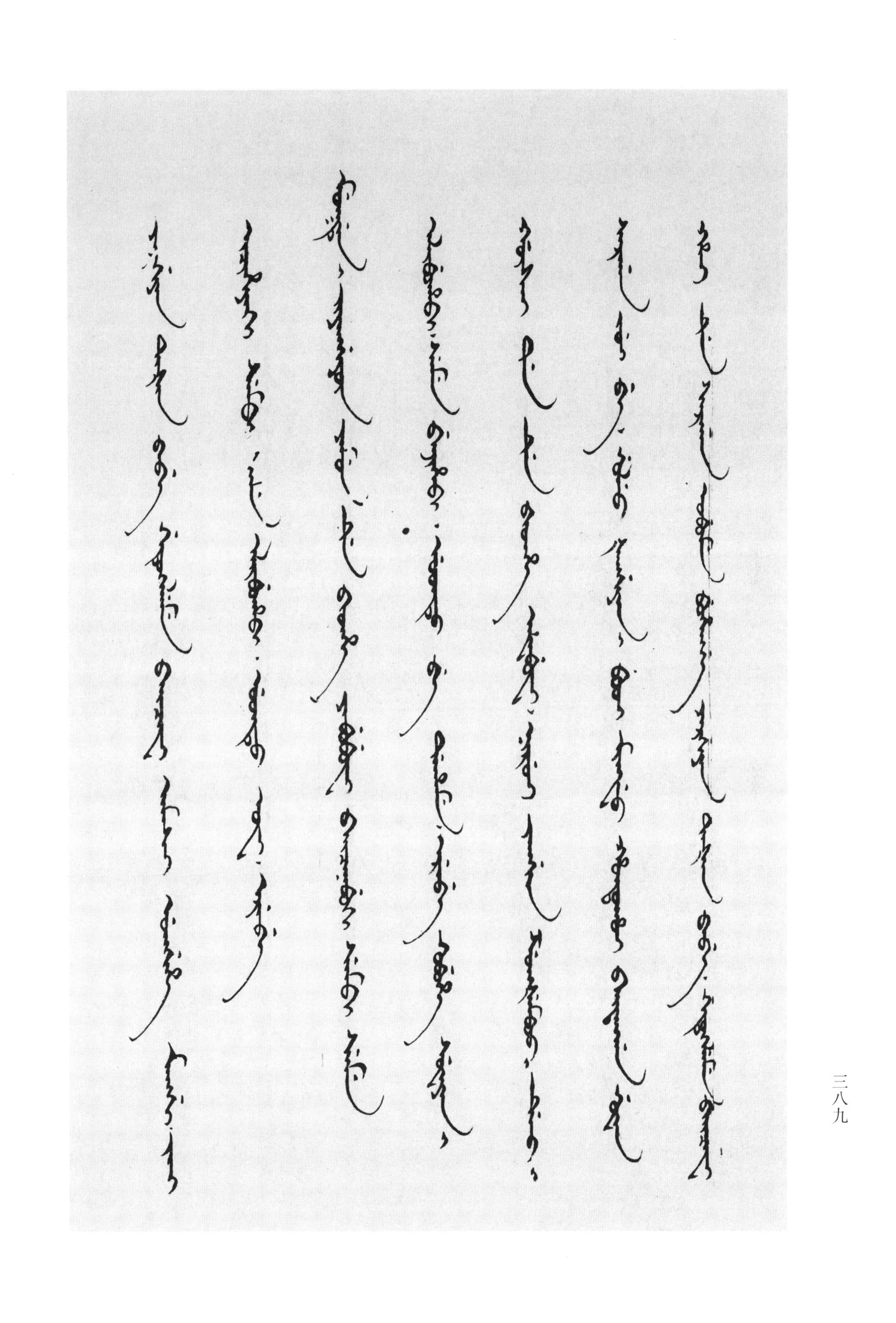

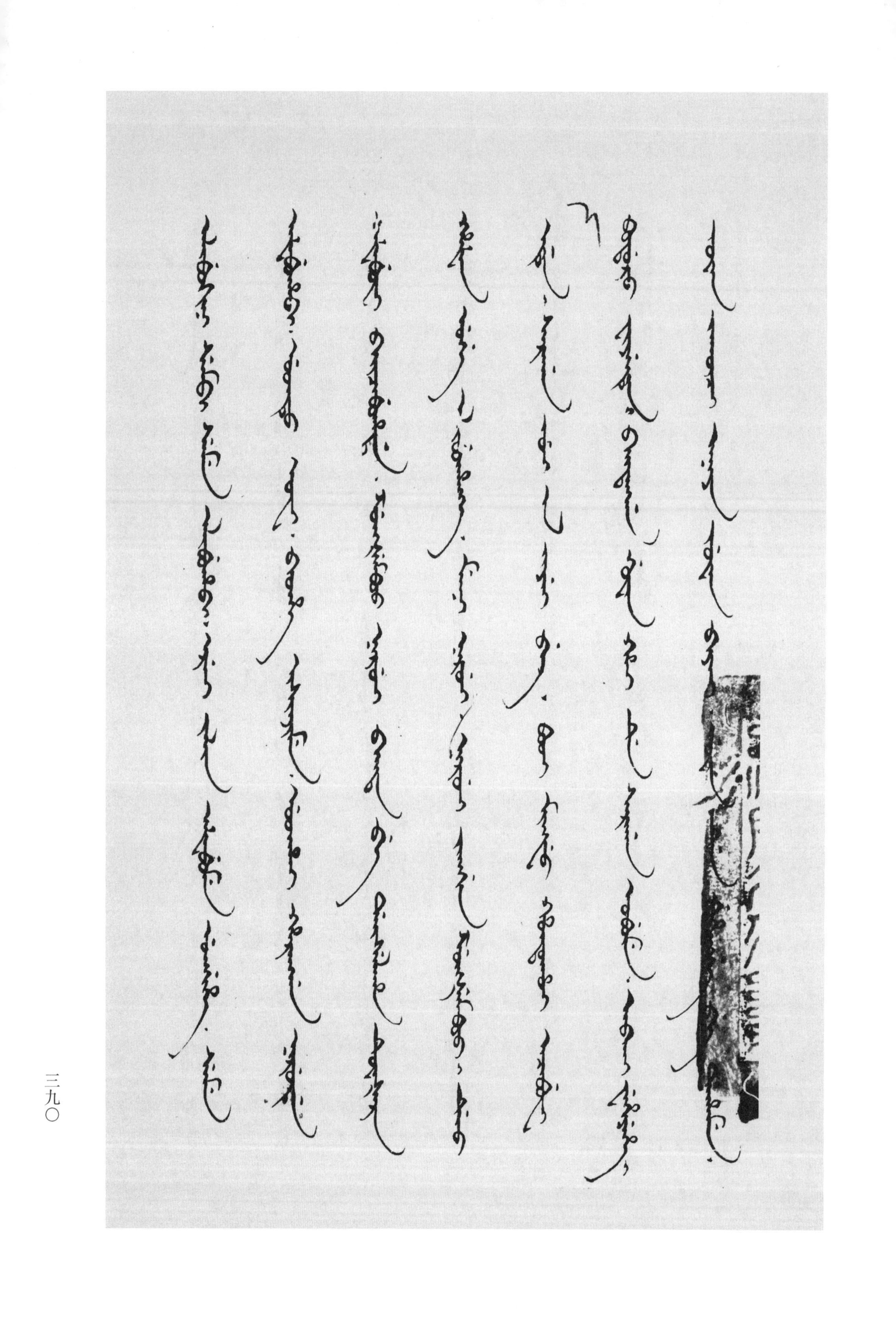

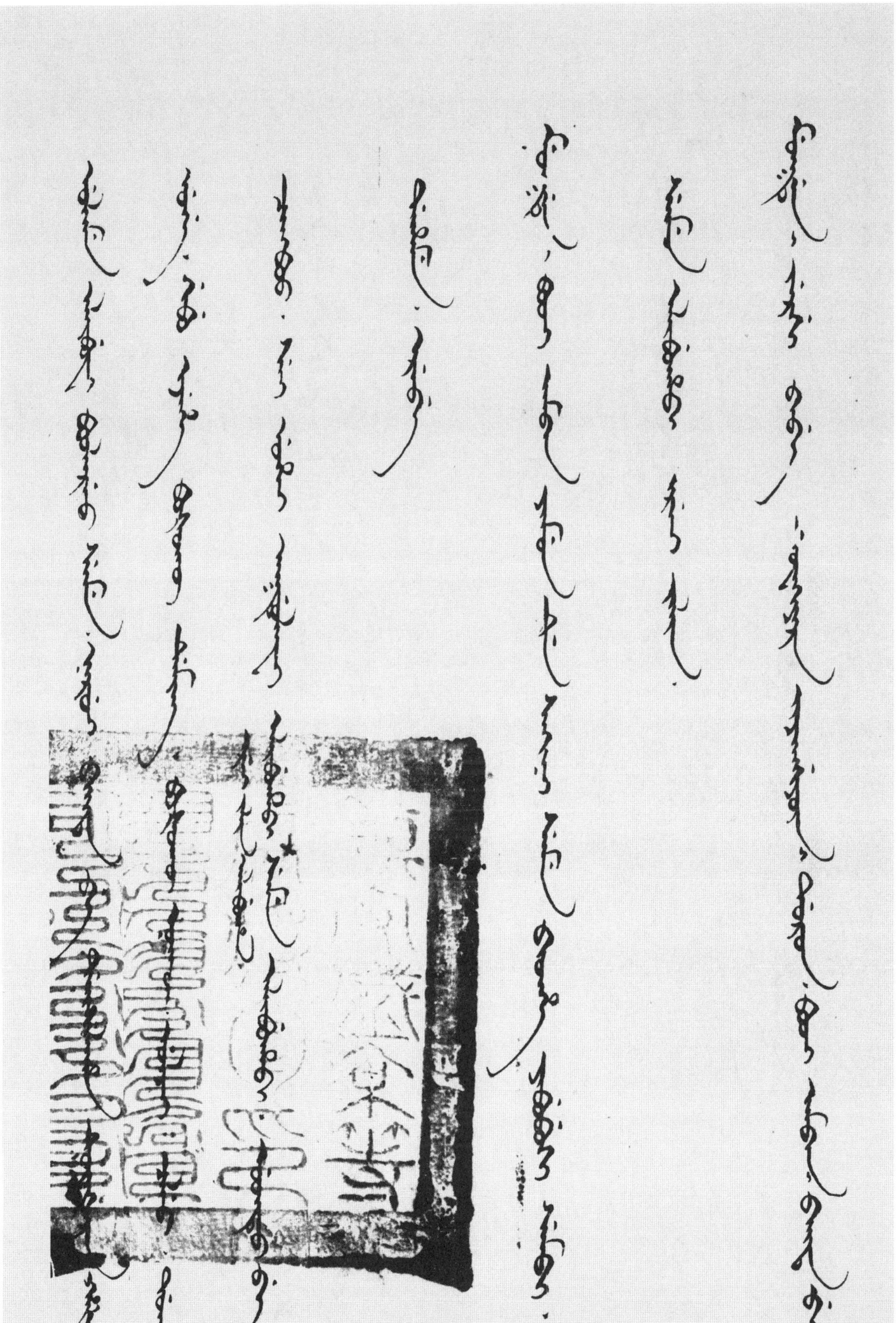

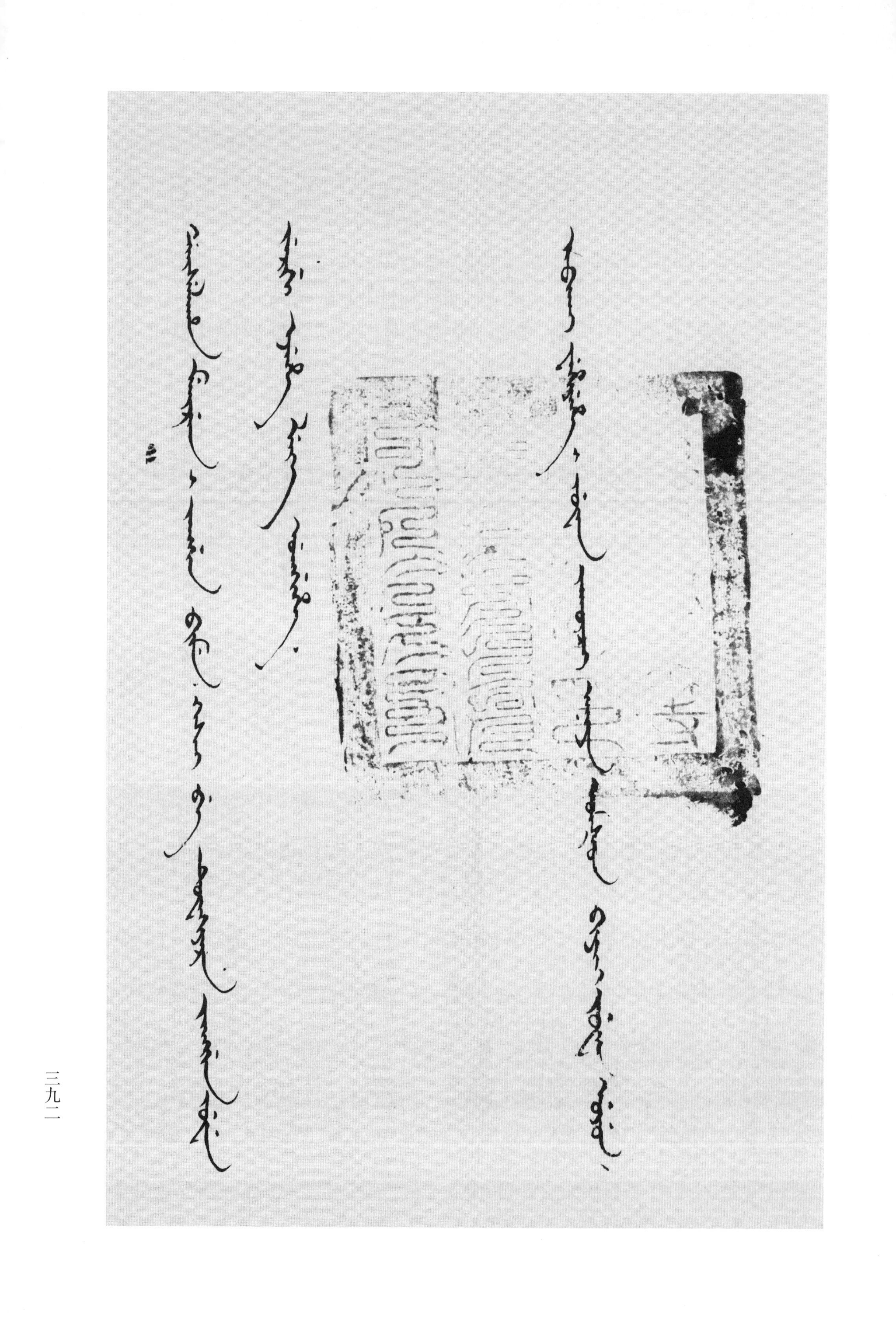

[illegible]

[illegible]

ᠠᠪᡴᠠᡳ ᠸᡝᡥᡳᠶᡝᡥᡝ ᡳ [illegible]

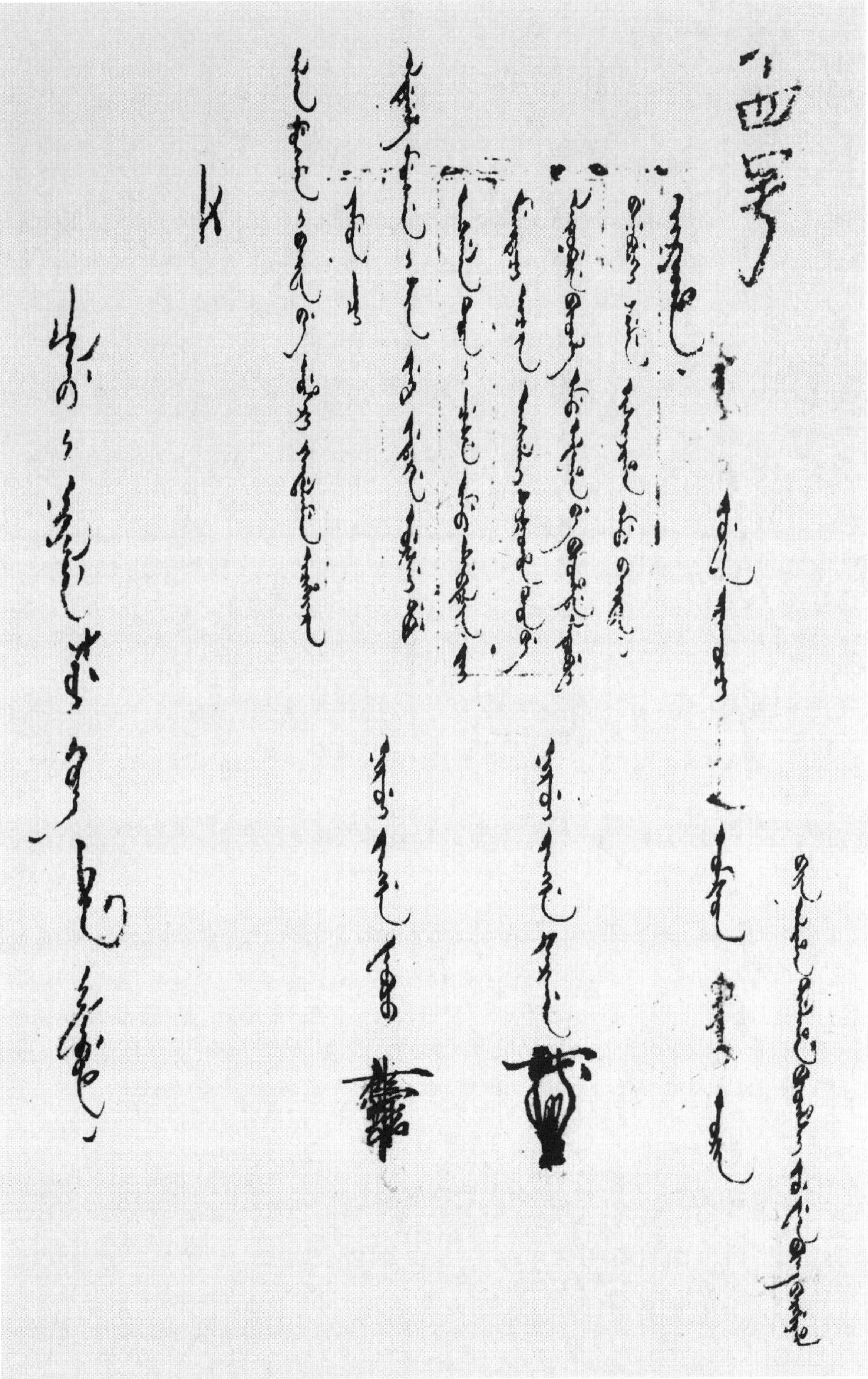

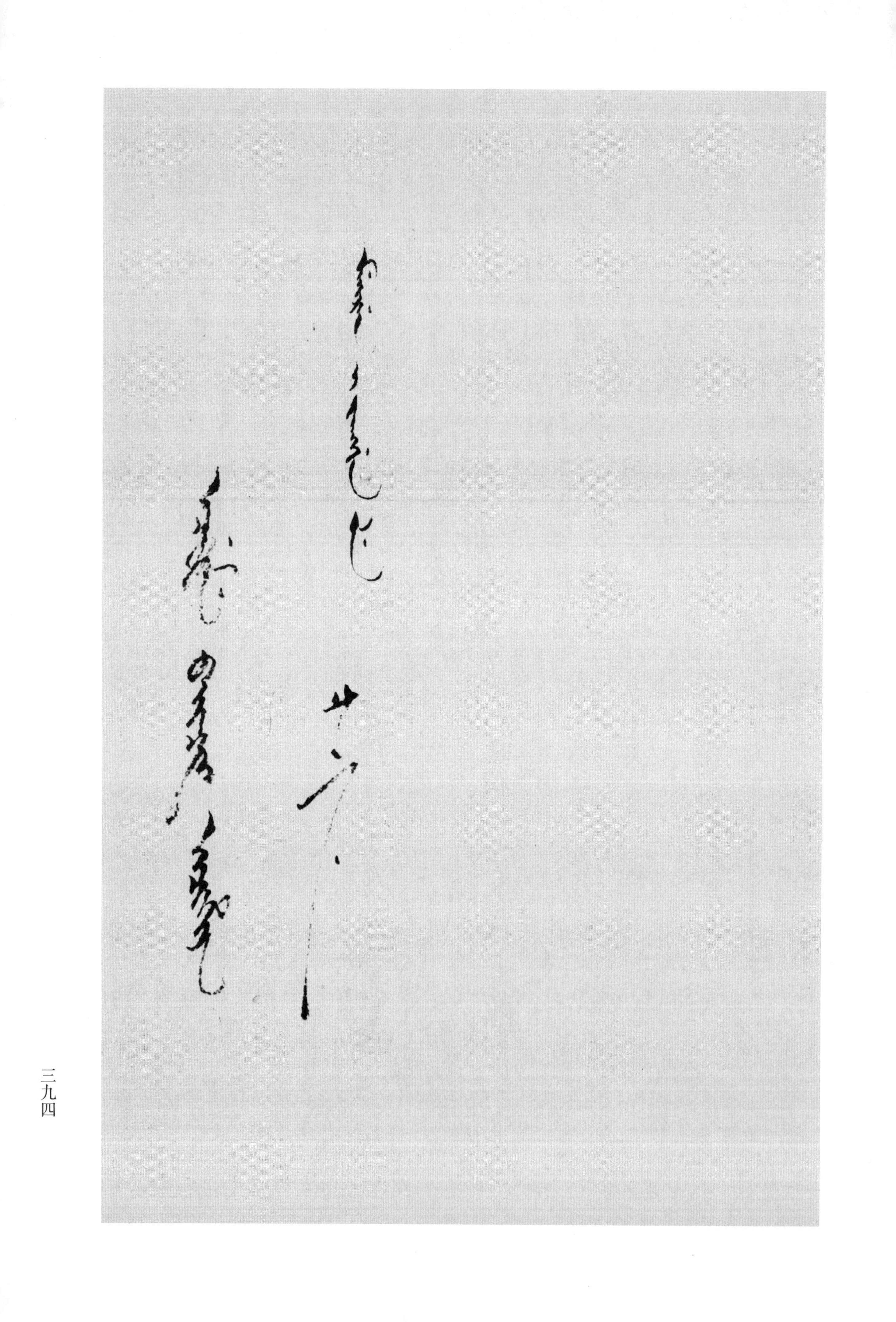

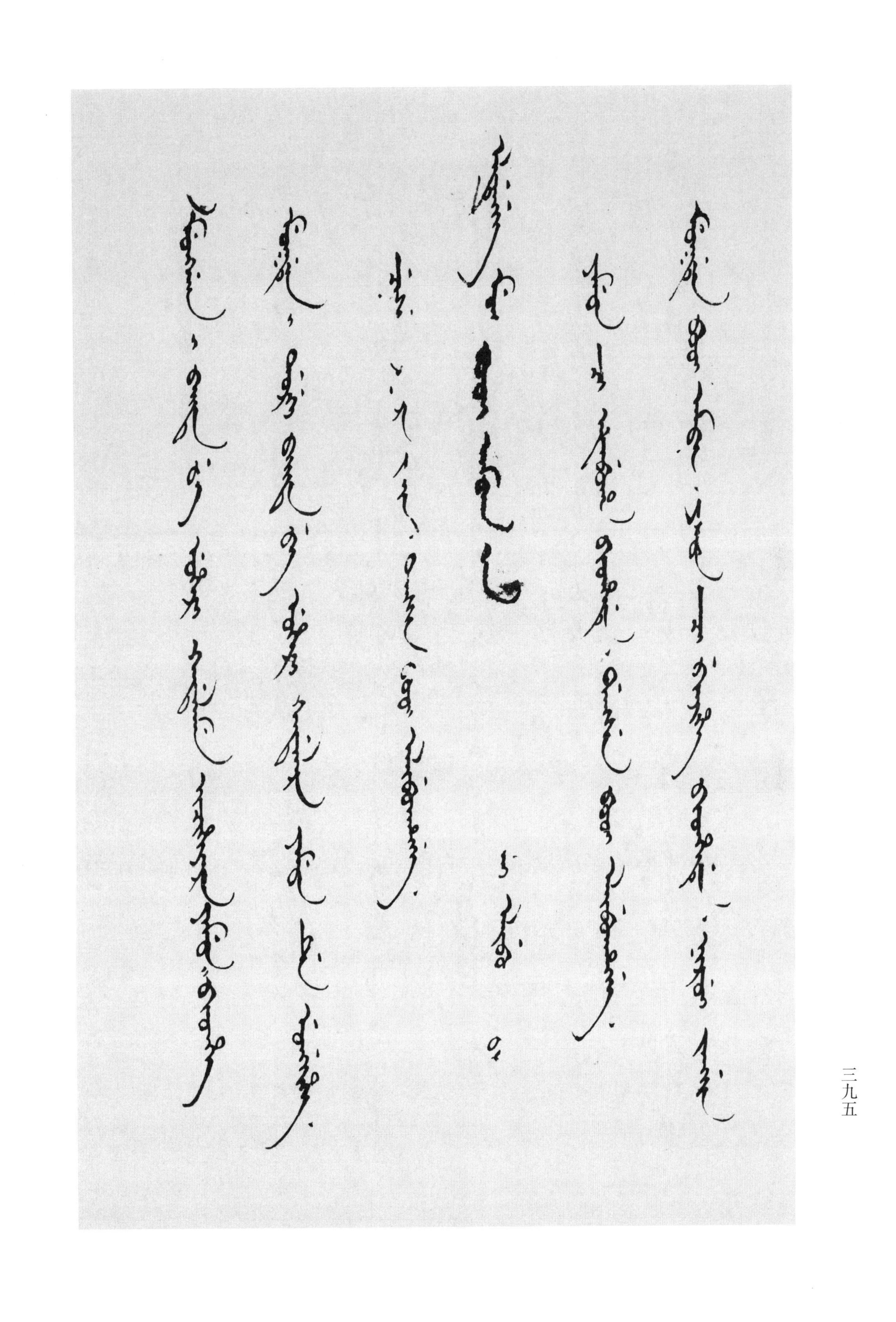

[illegible]

[illegible]

[illegible]

[illegible]

[illegible]

[illegible]

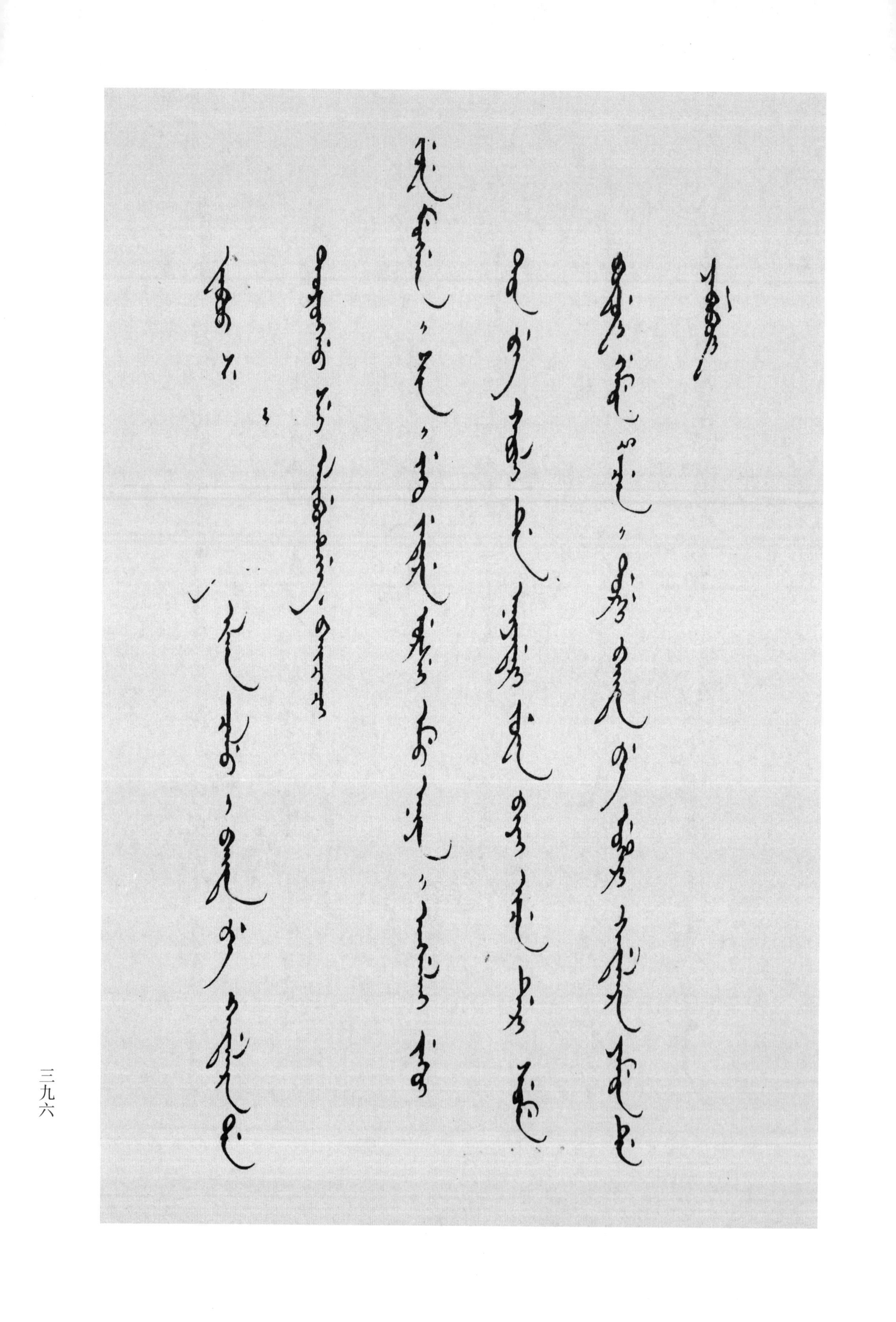

[illegible]

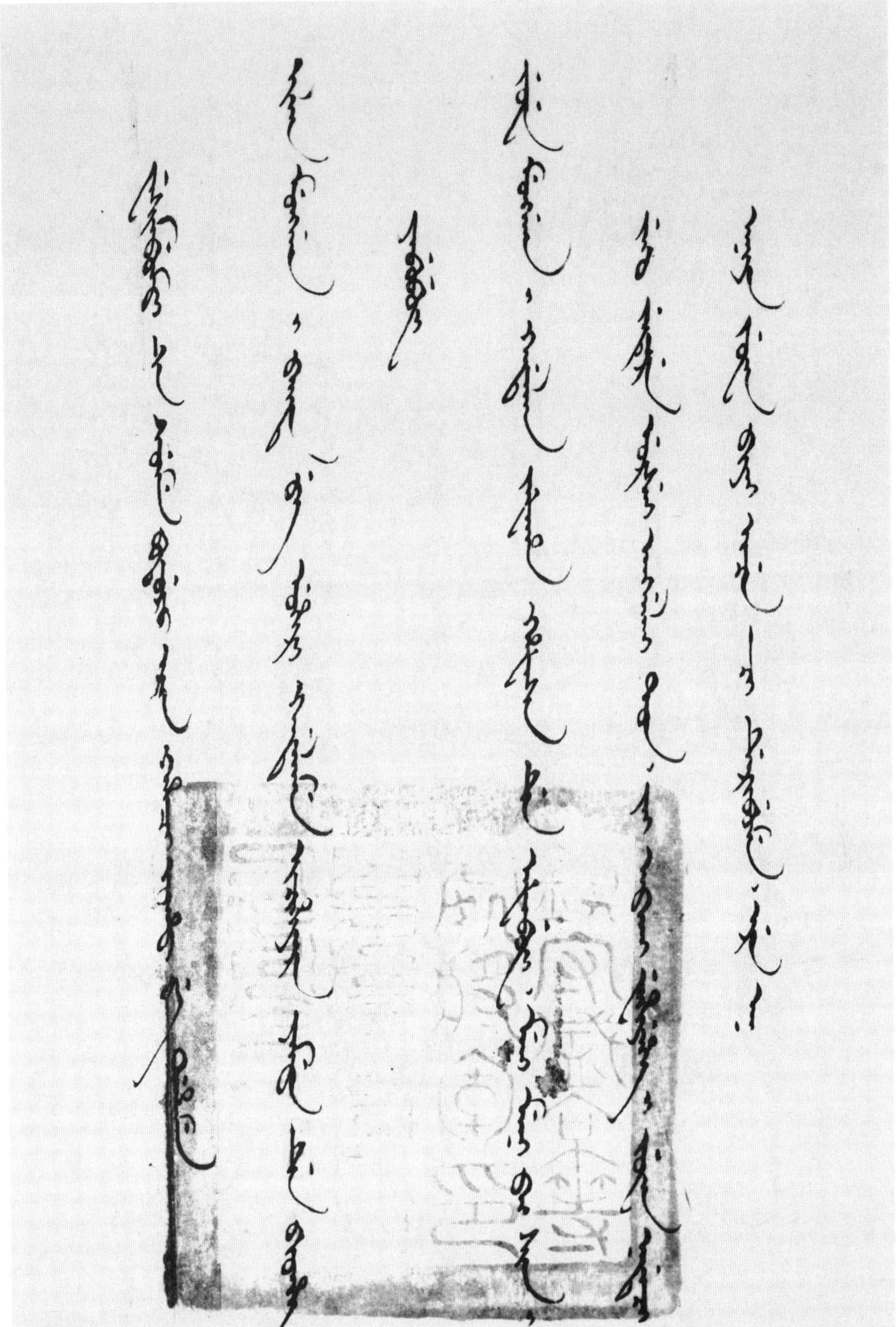

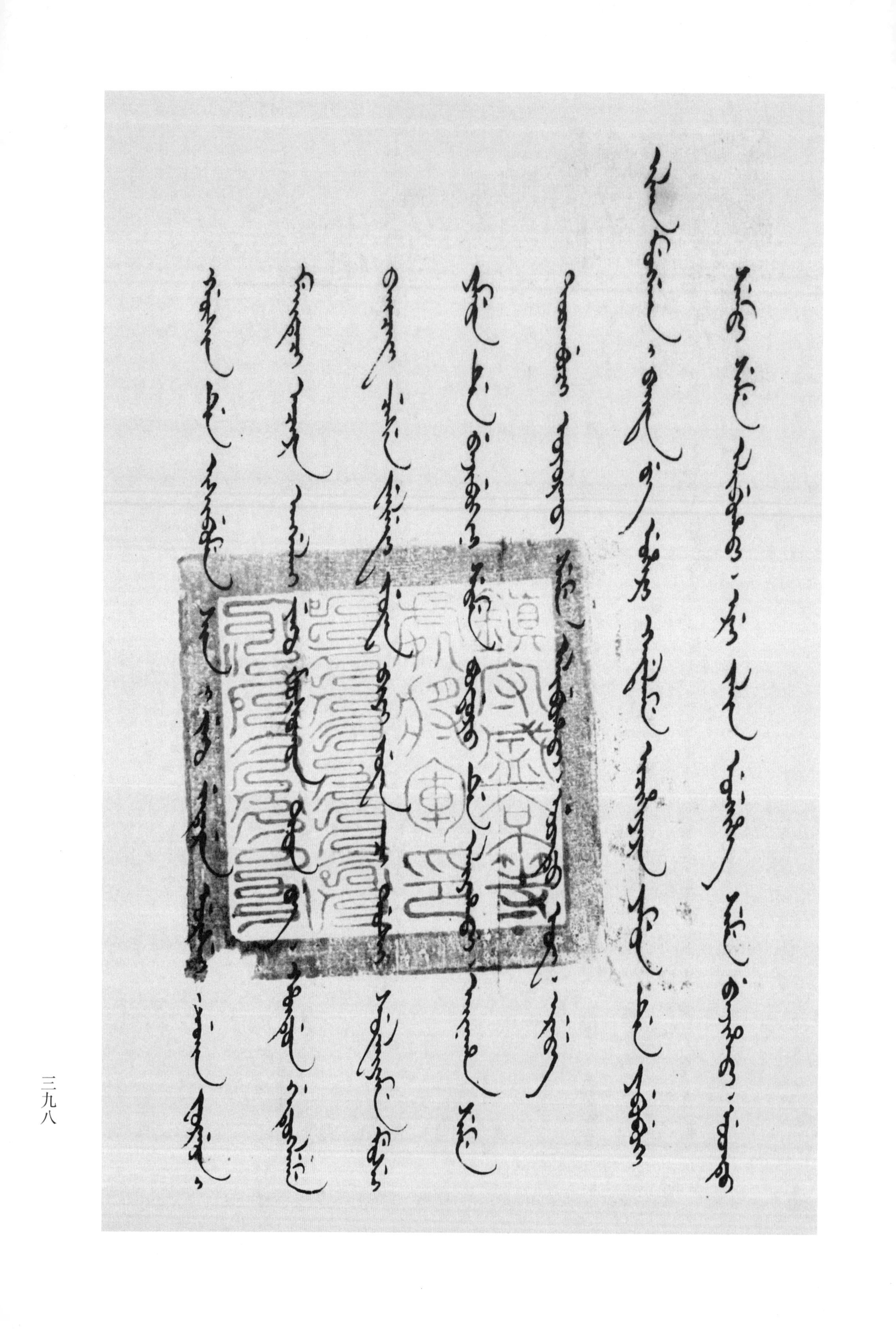

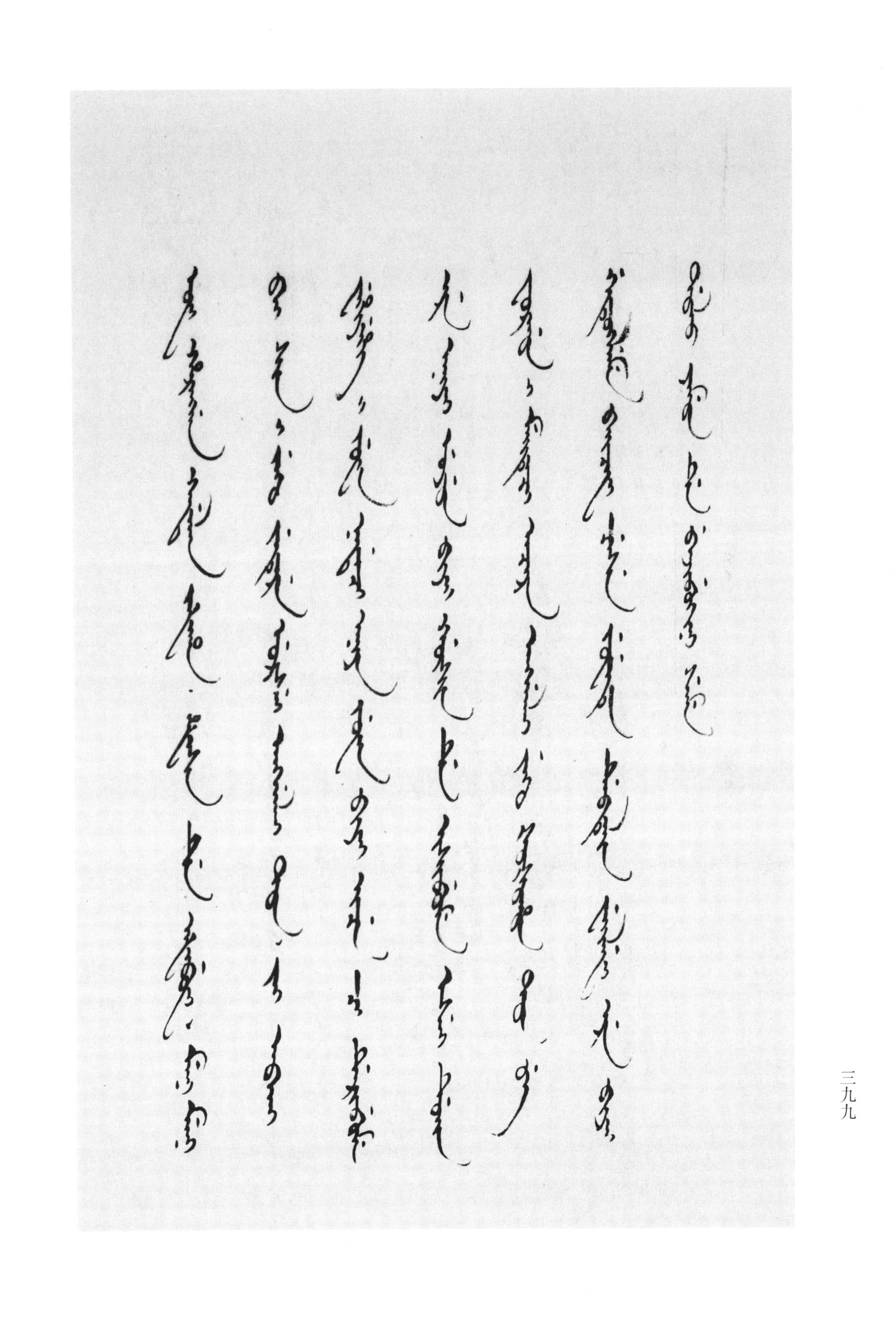

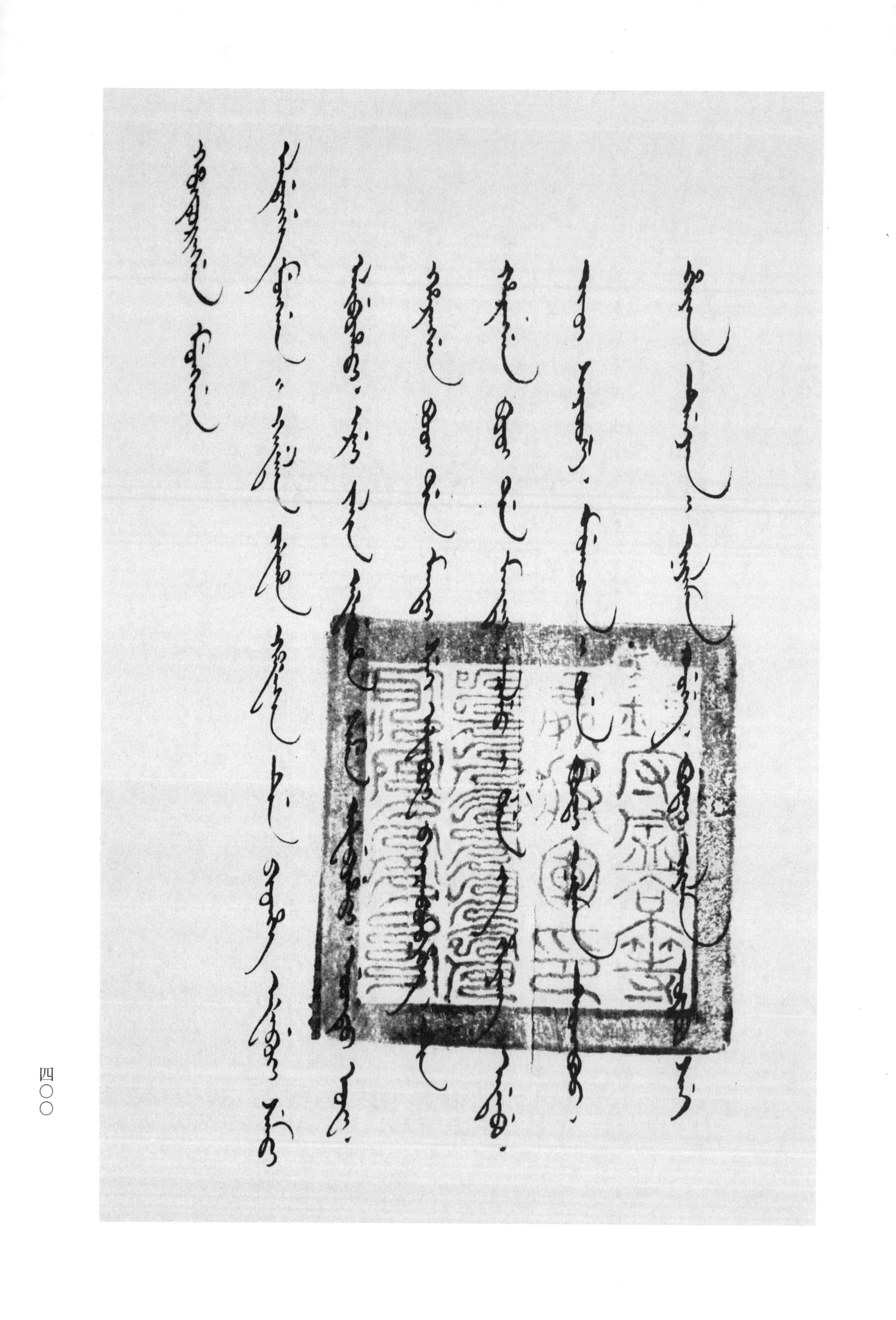

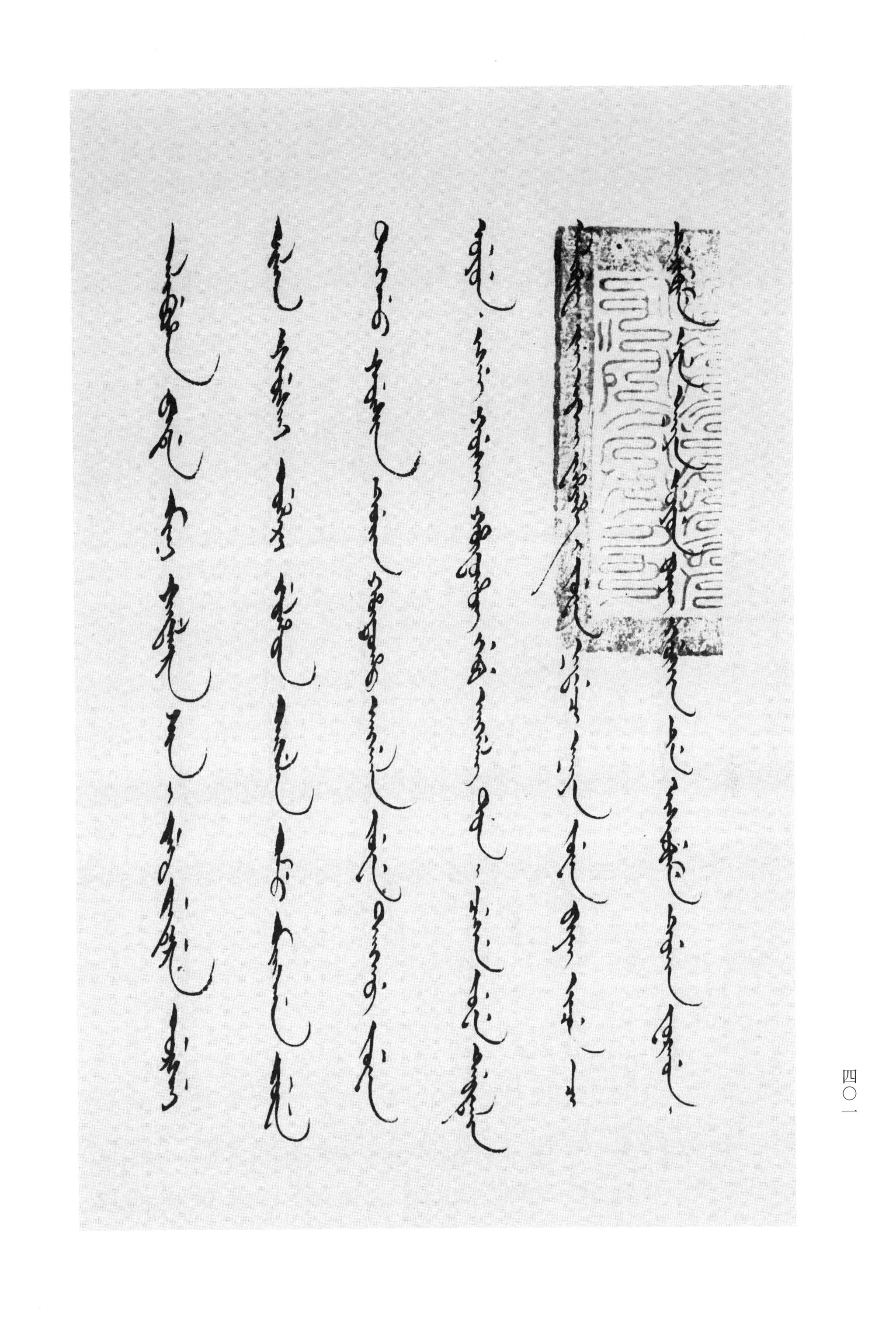

[illegible]

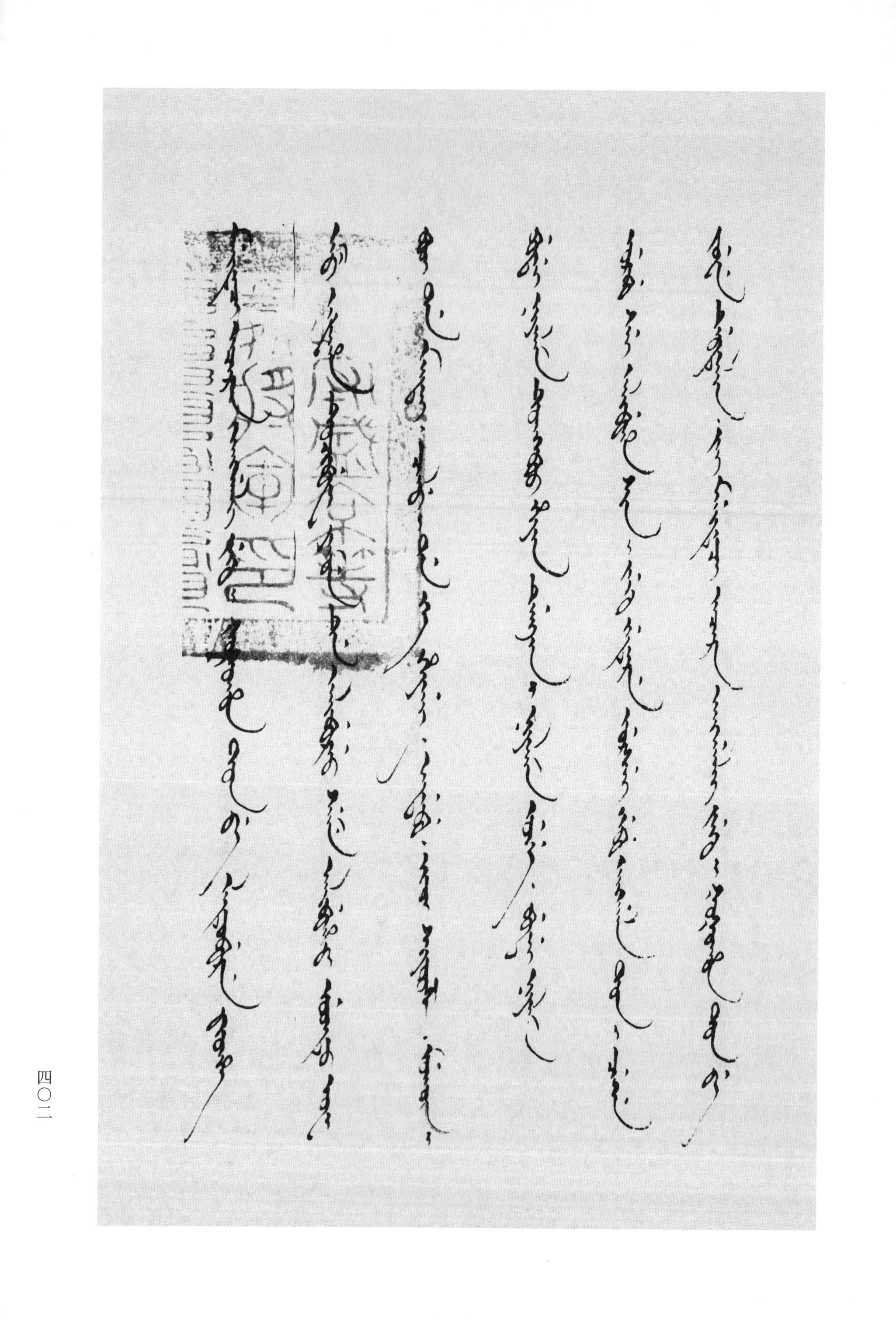

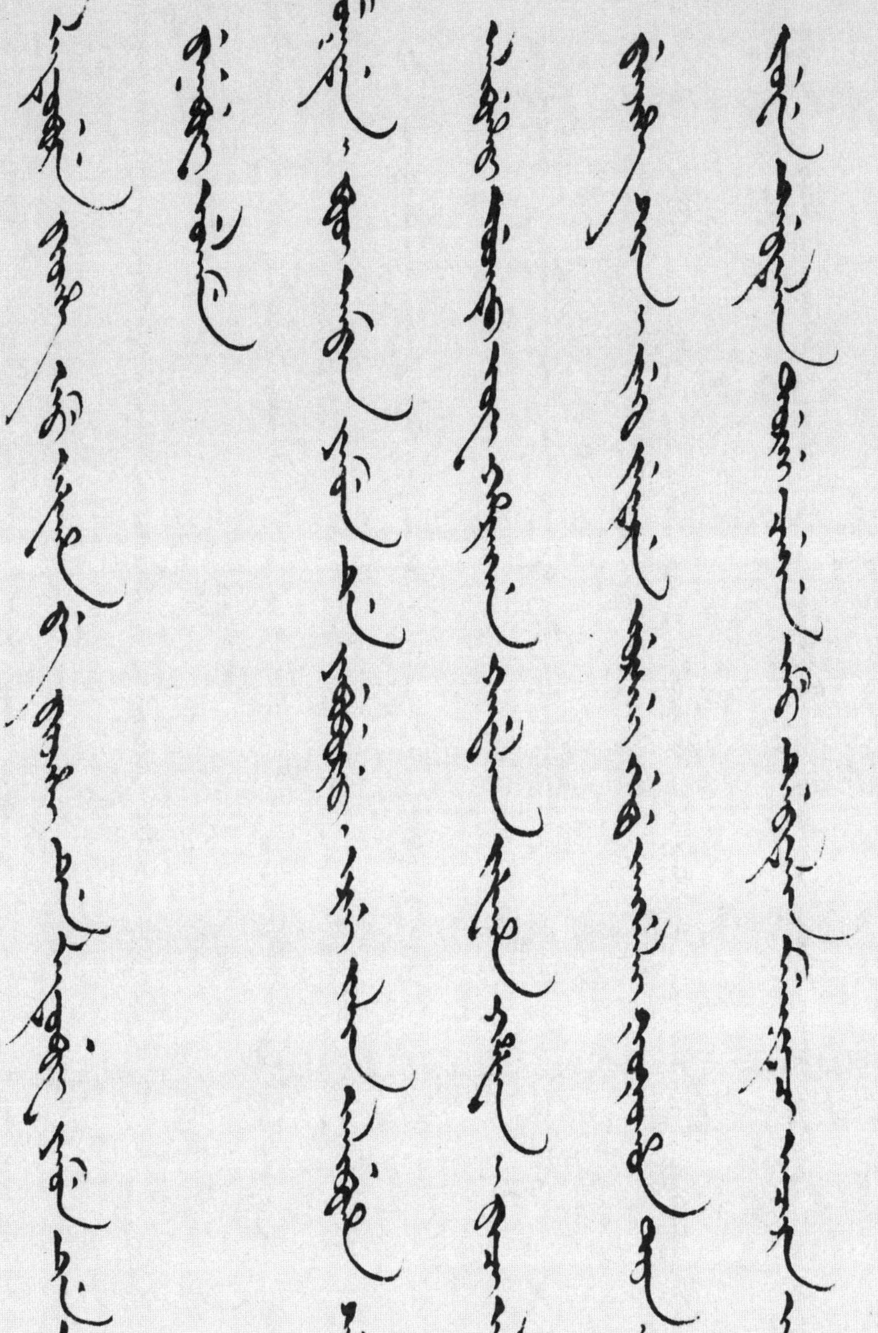

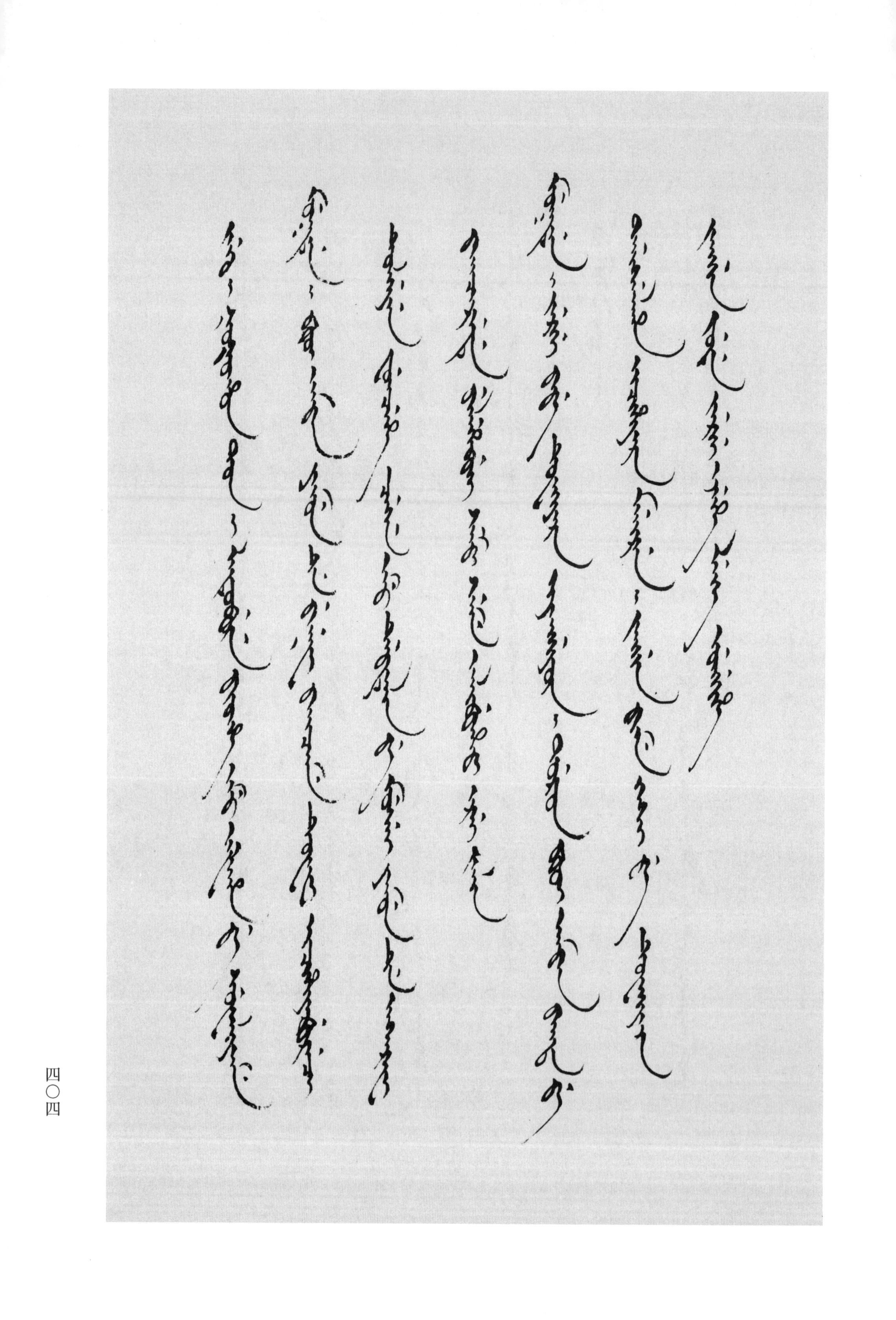

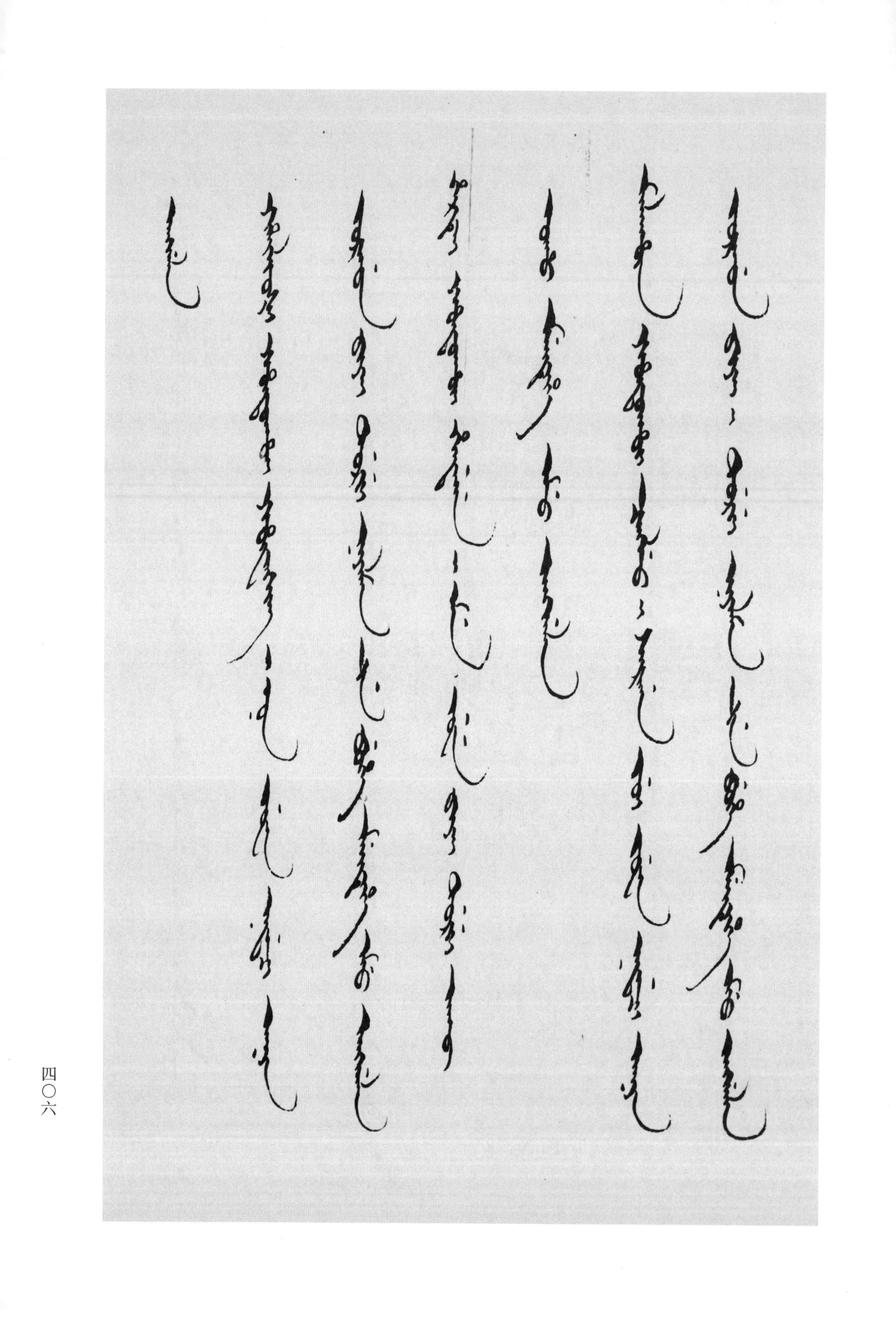

[illegible]
[illegible]
[illegible]
[illegible]
[illegible]
[illegible]
[illegible]

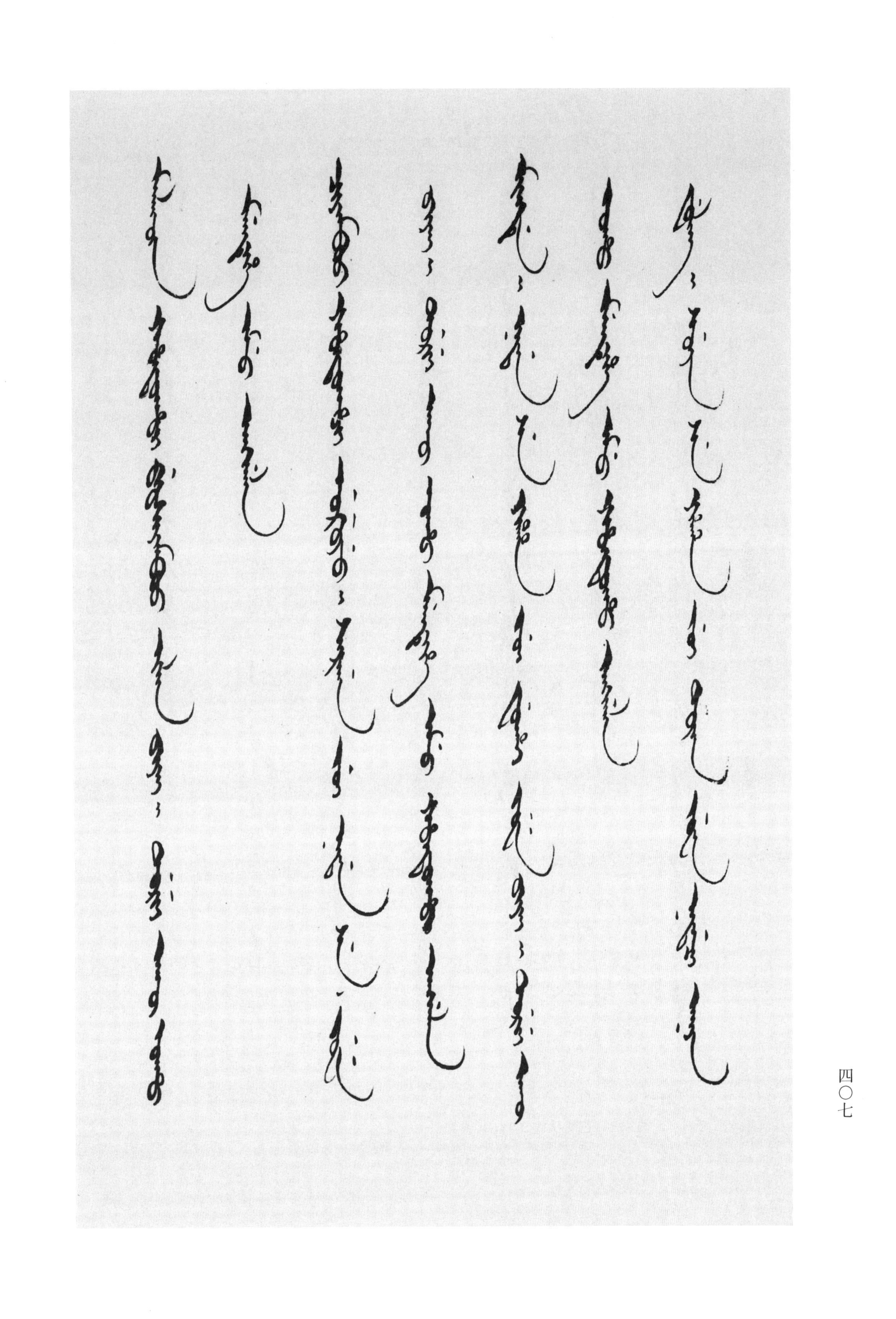

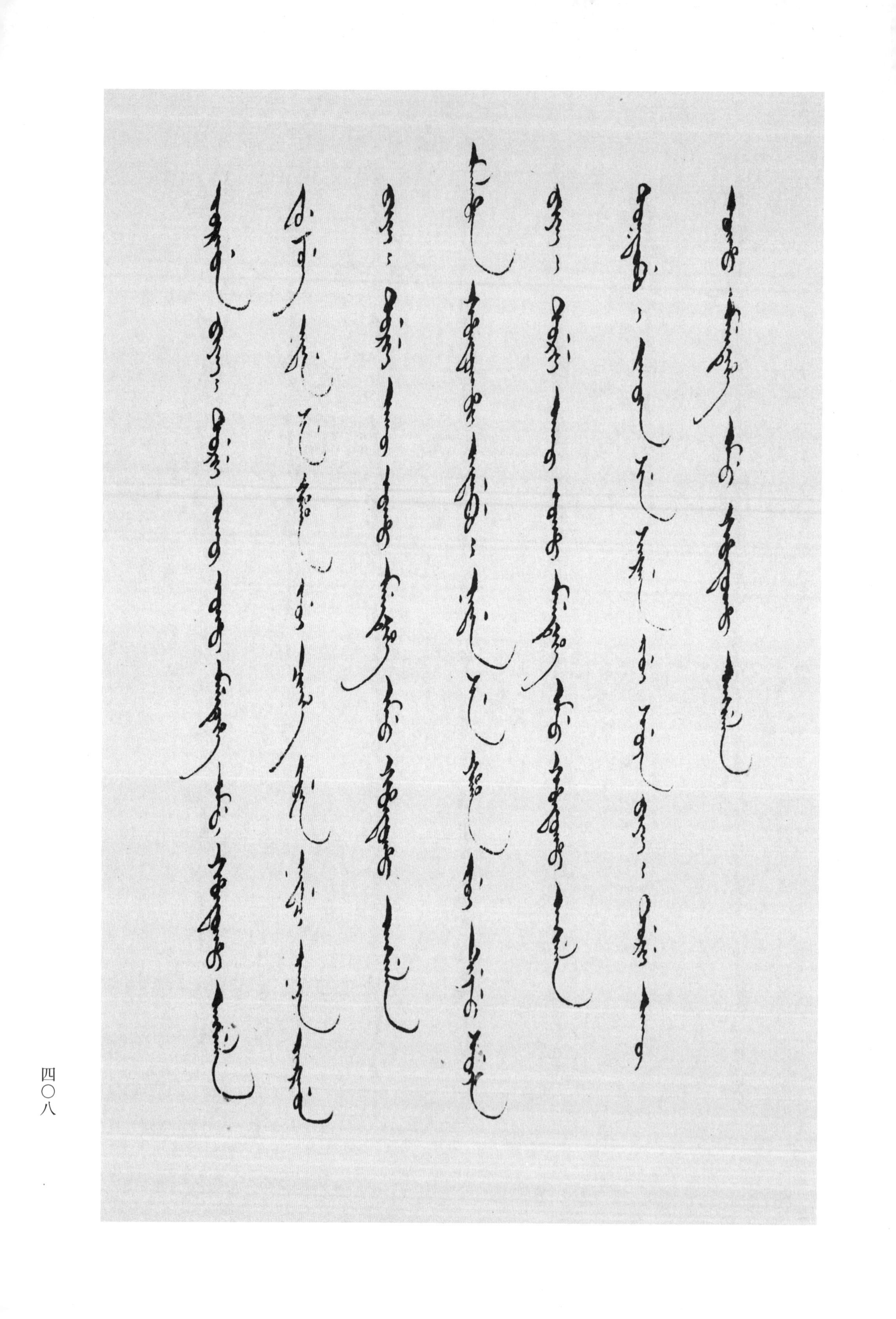

[illegible]

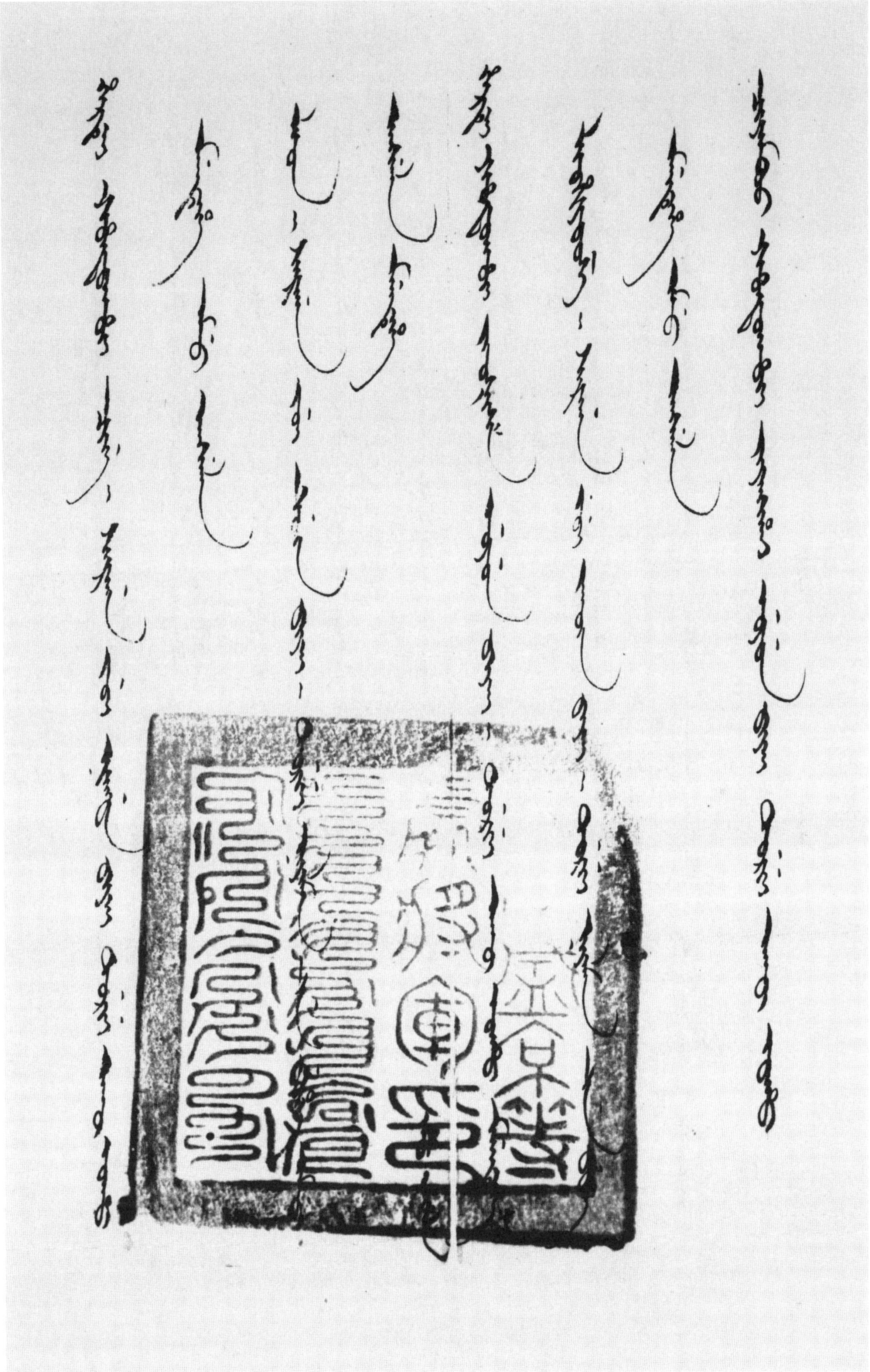

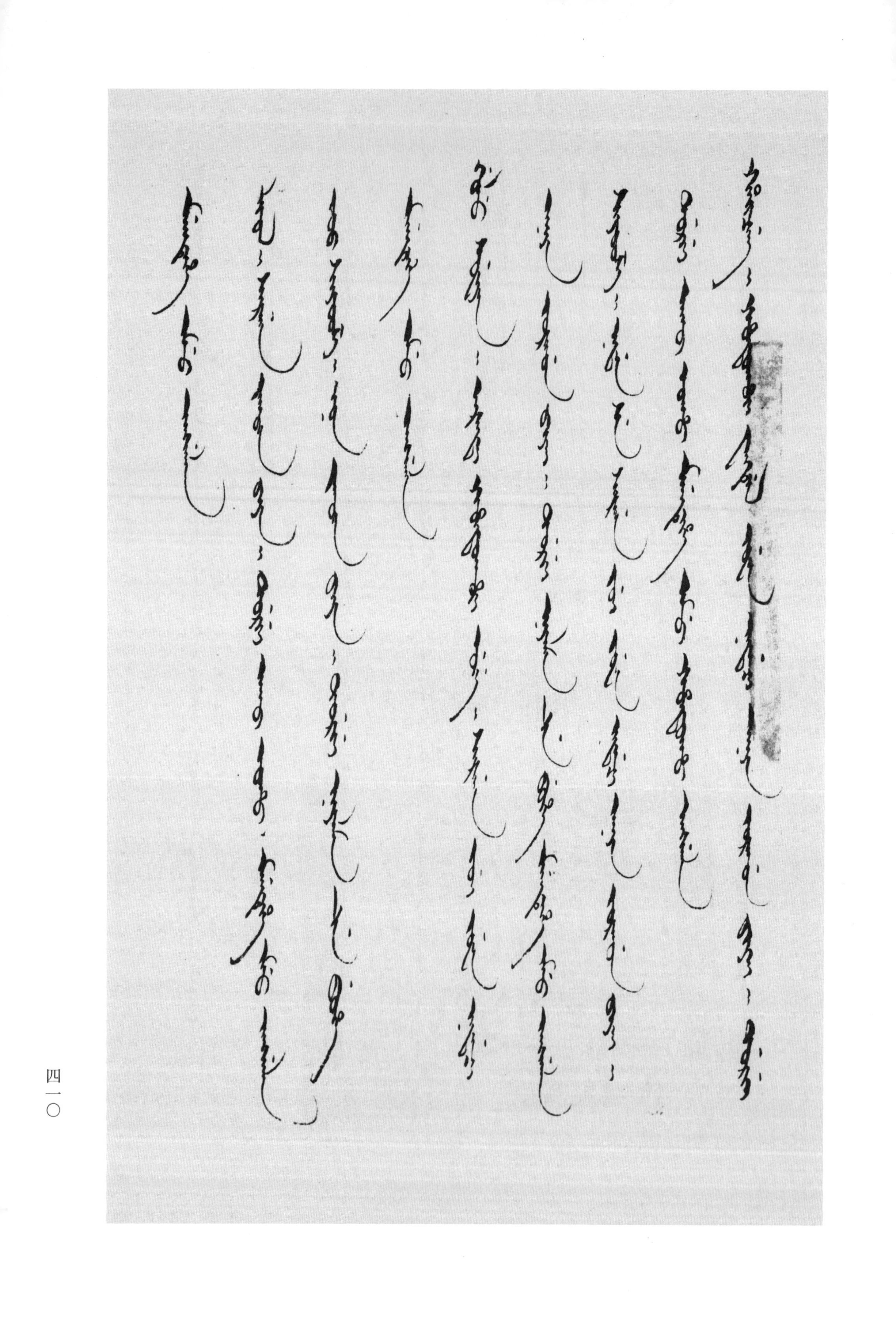

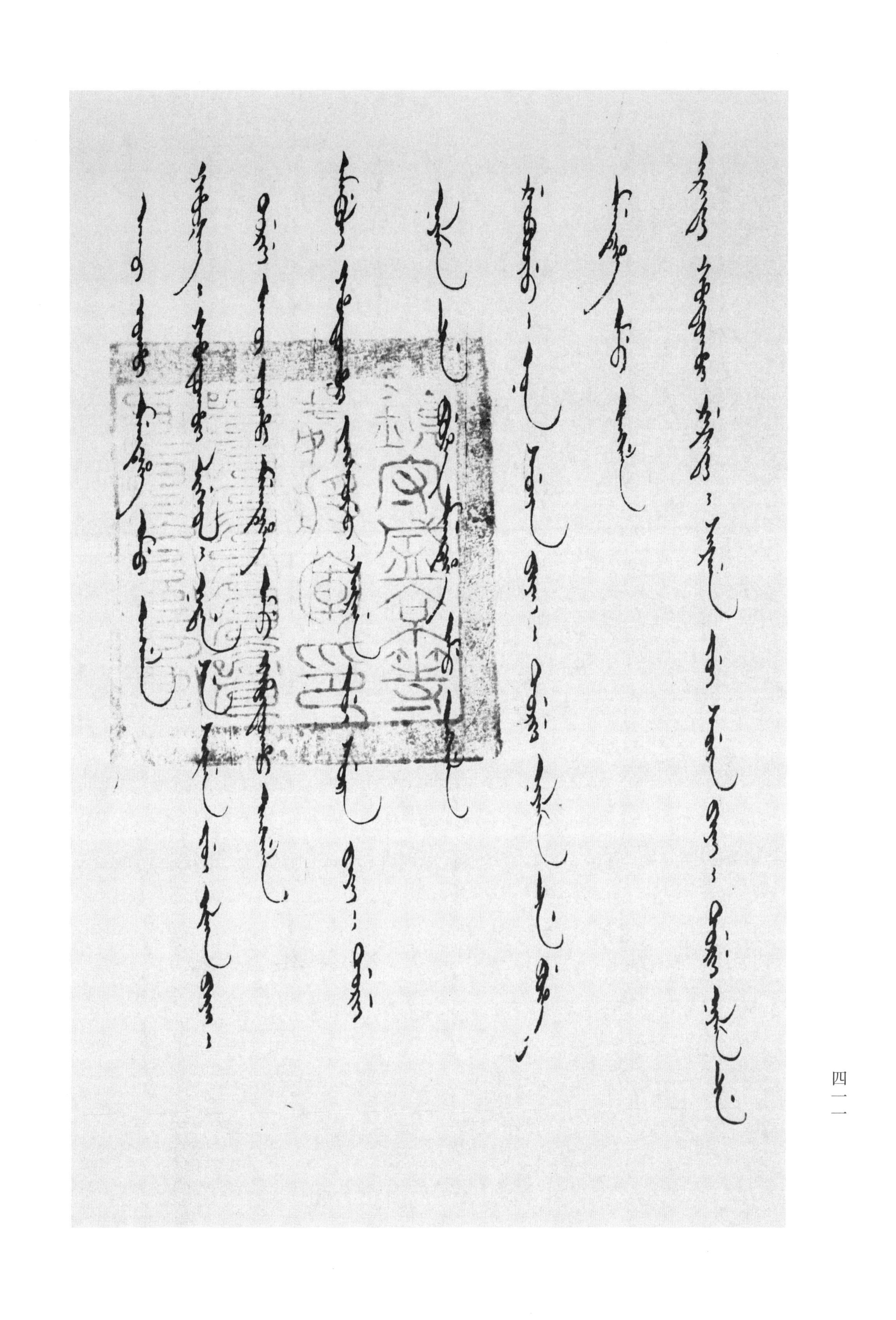

[illegible]

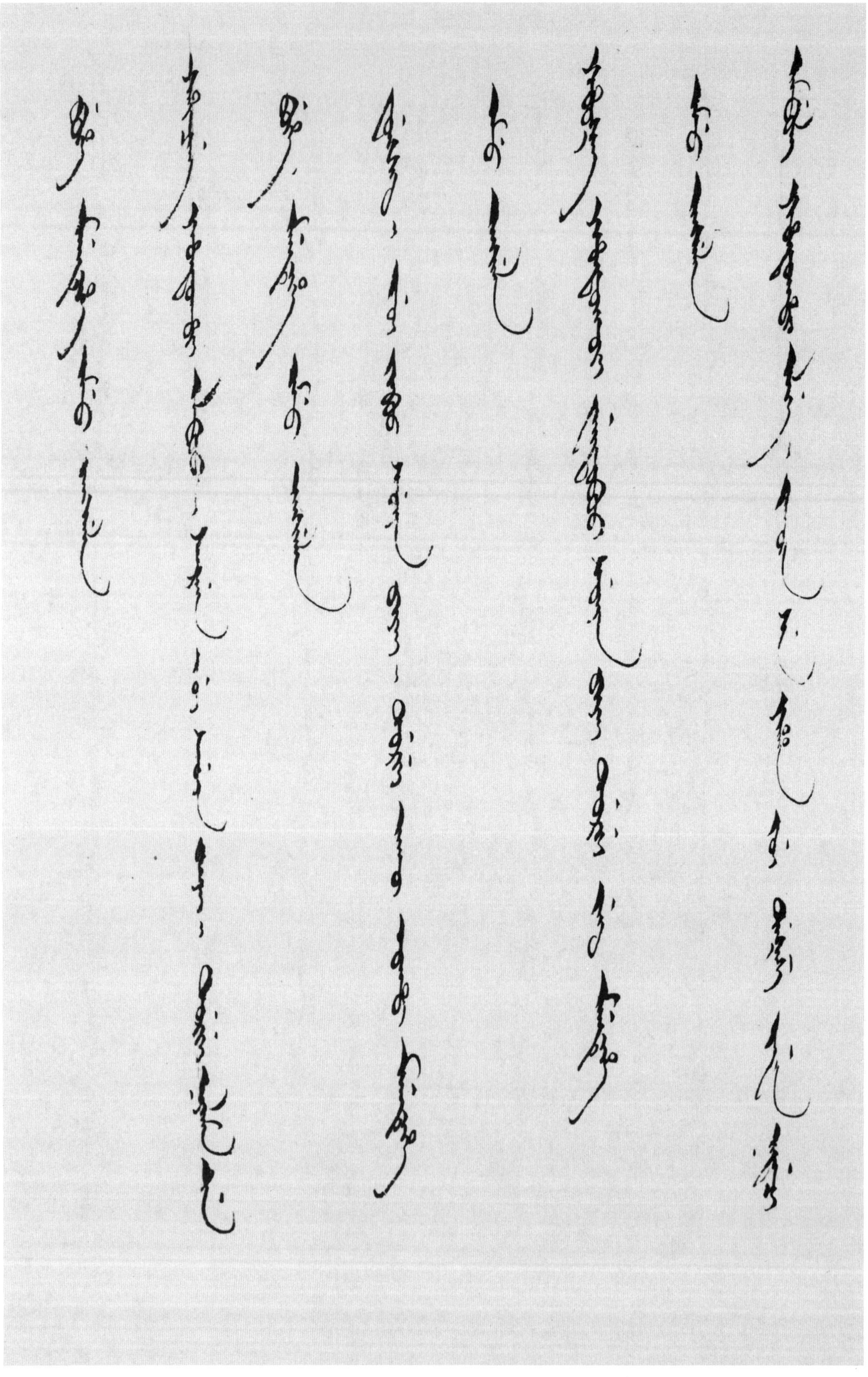

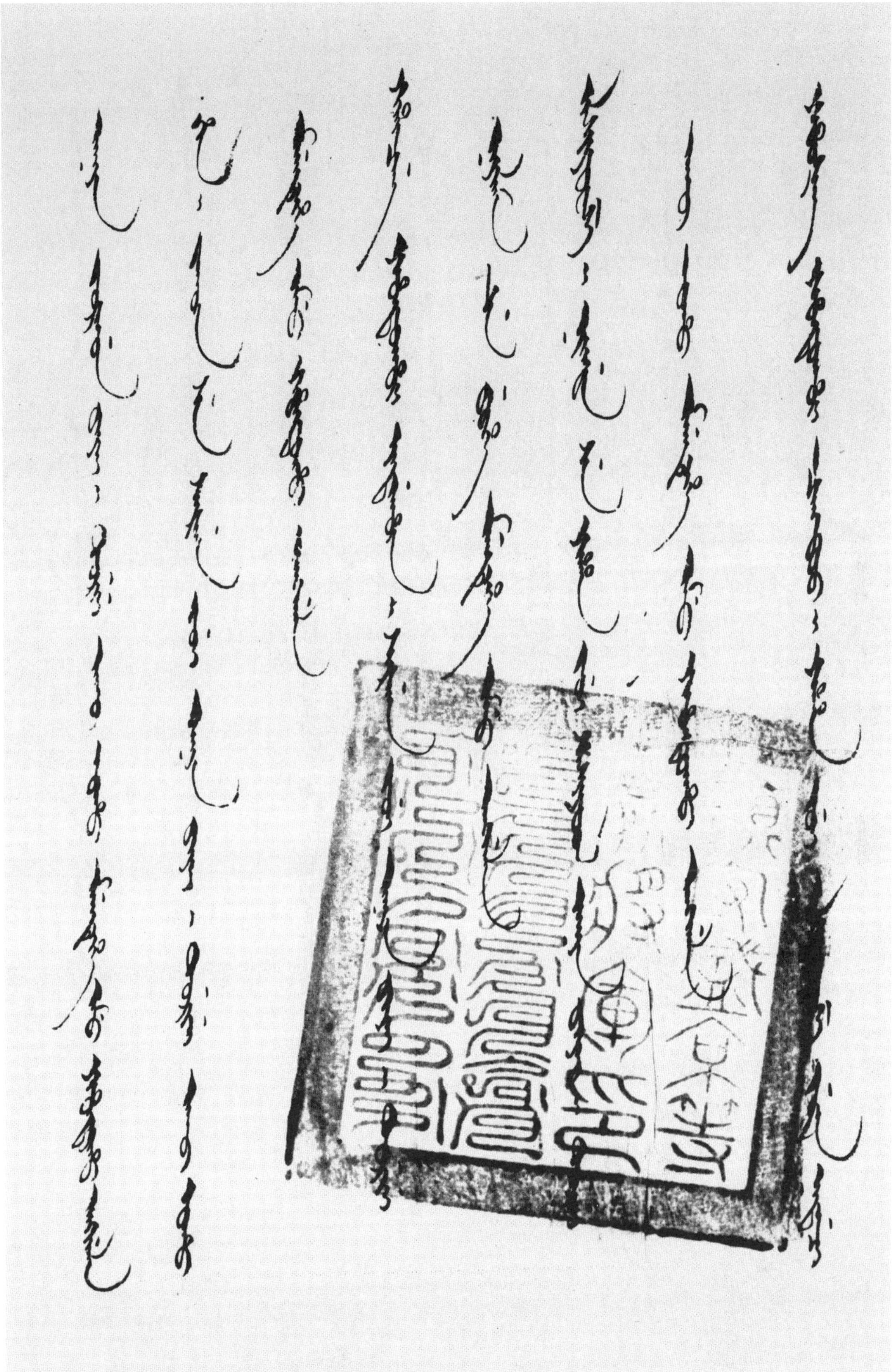

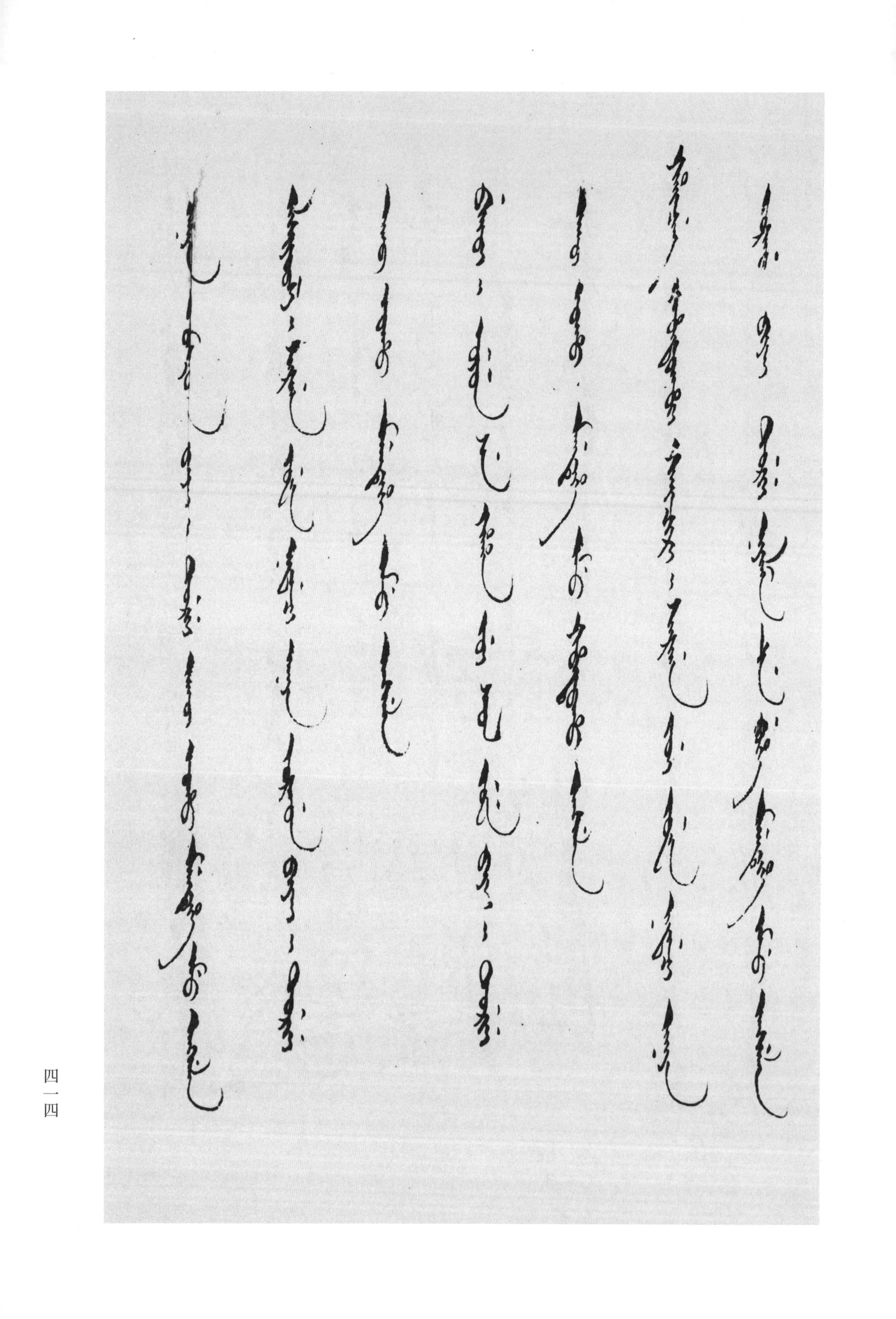

[illegible]

[illegible]

[illegible]

[illegible]

[illegible]

[illegible]

[illegible]

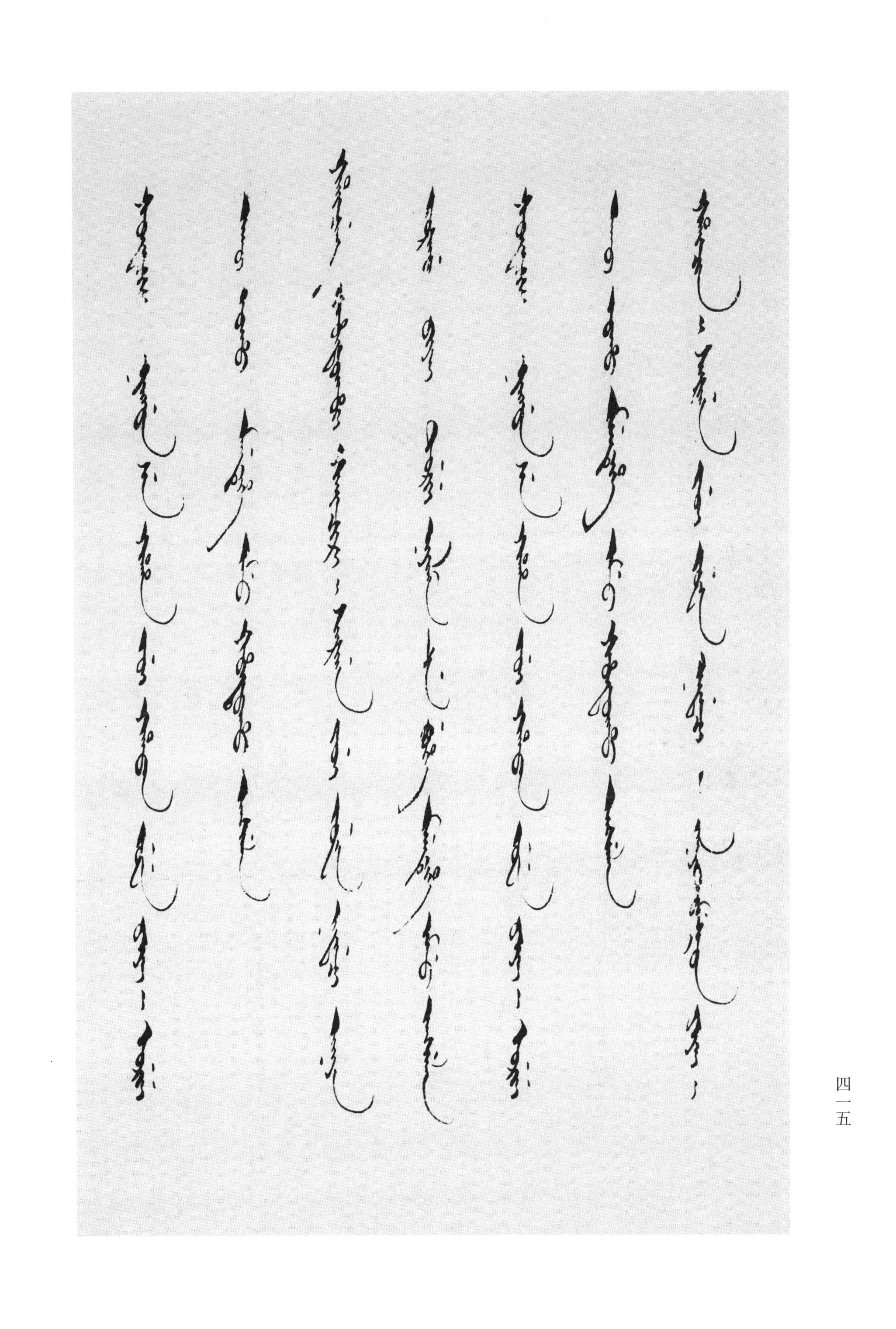

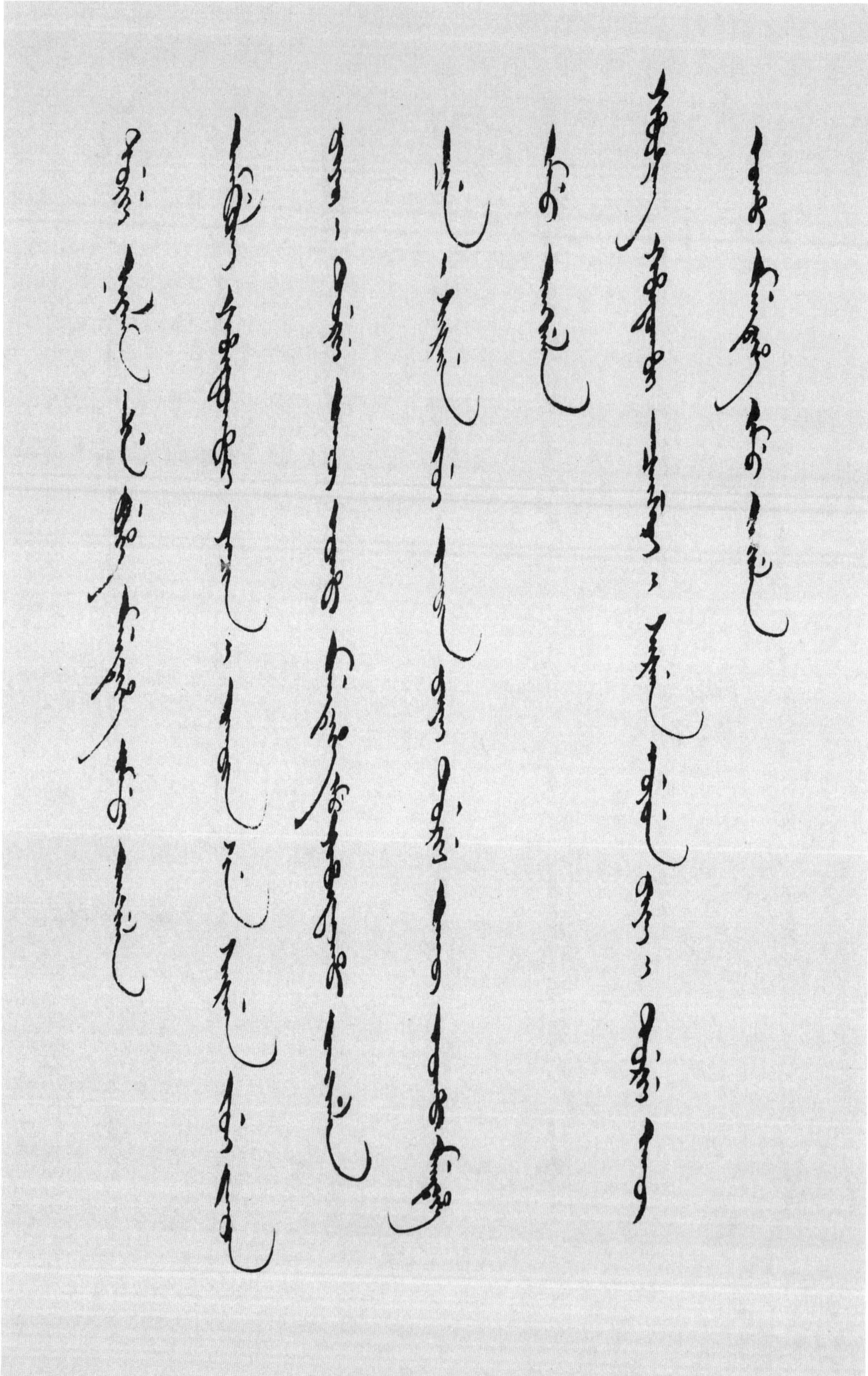

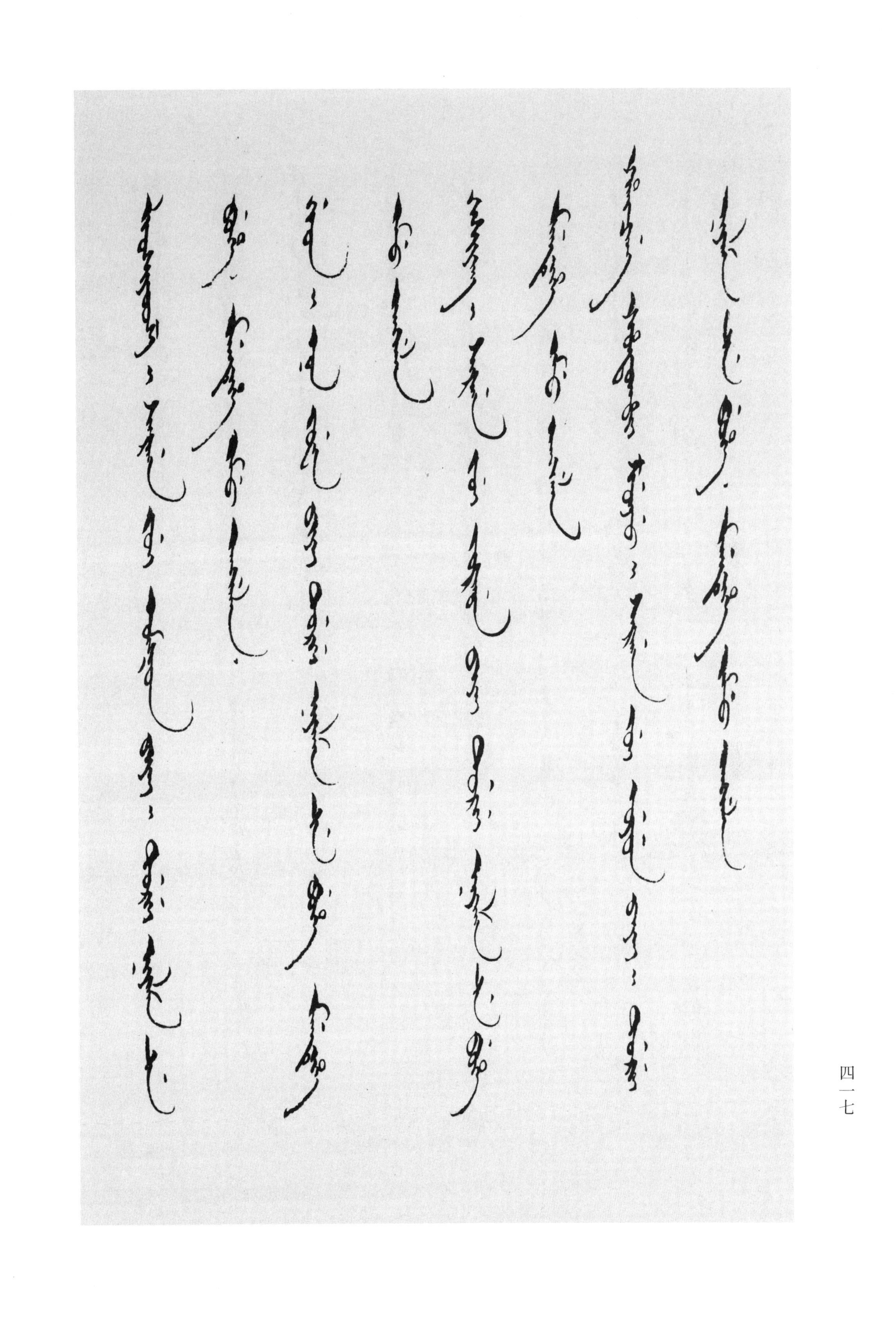

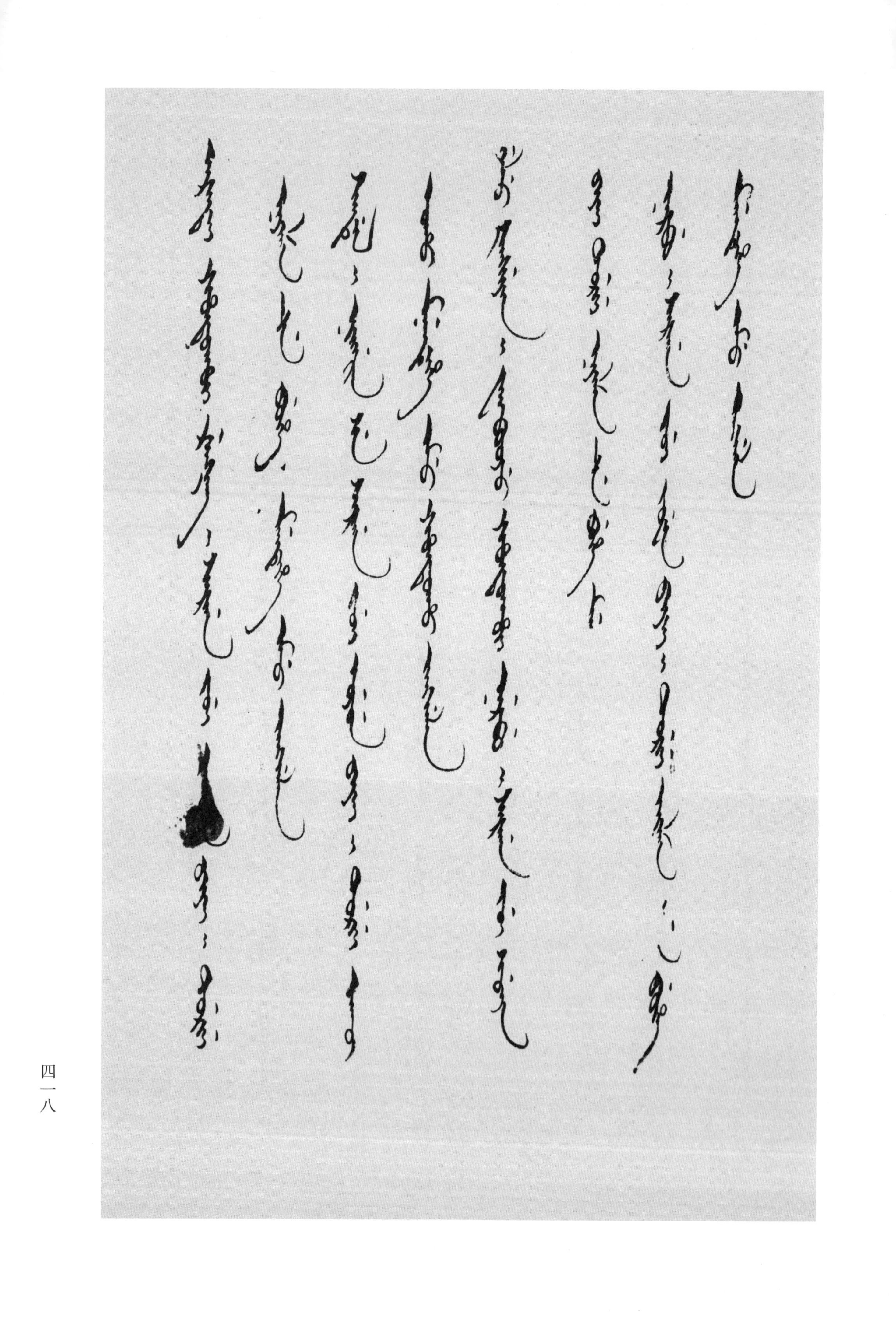

[illegible]

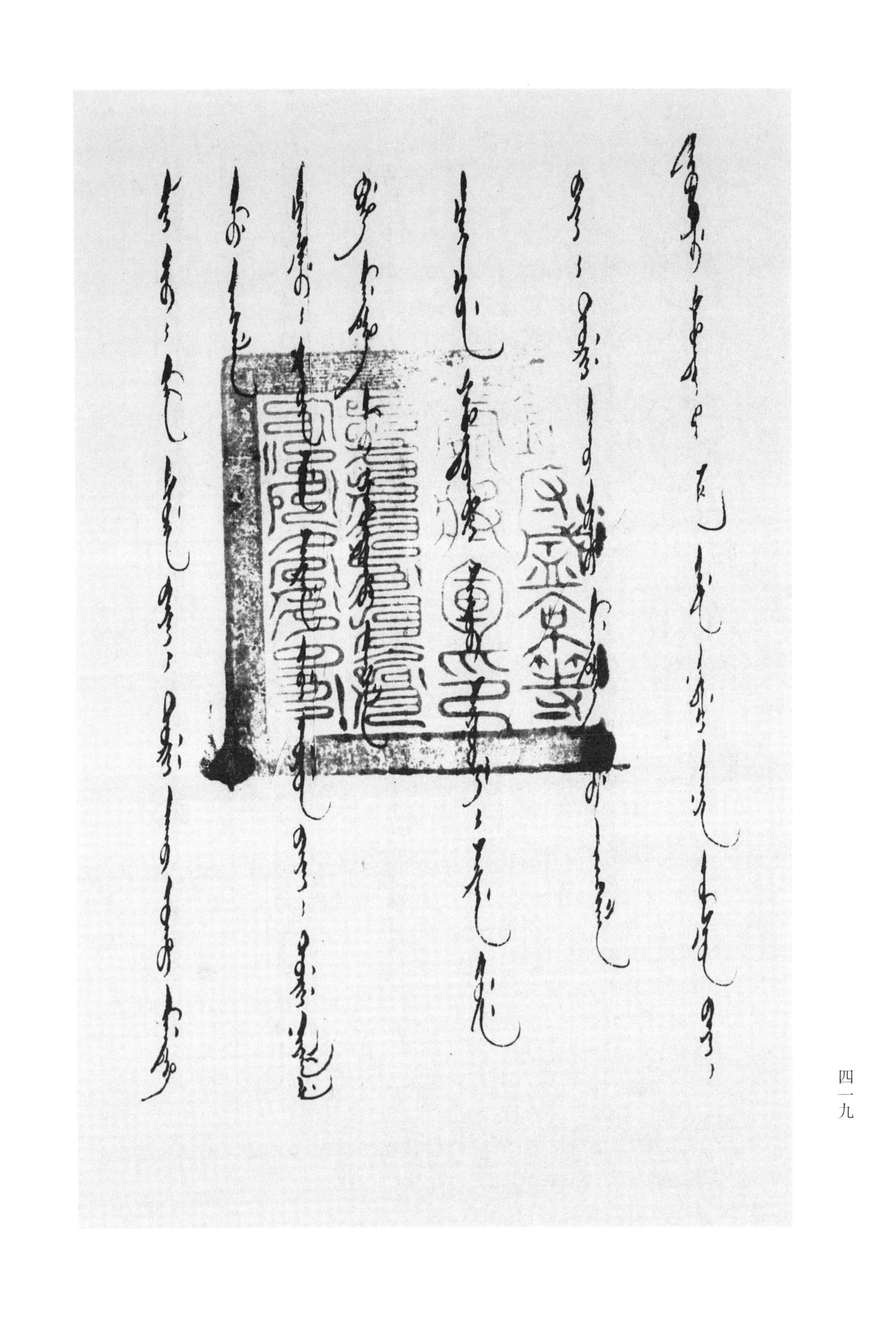

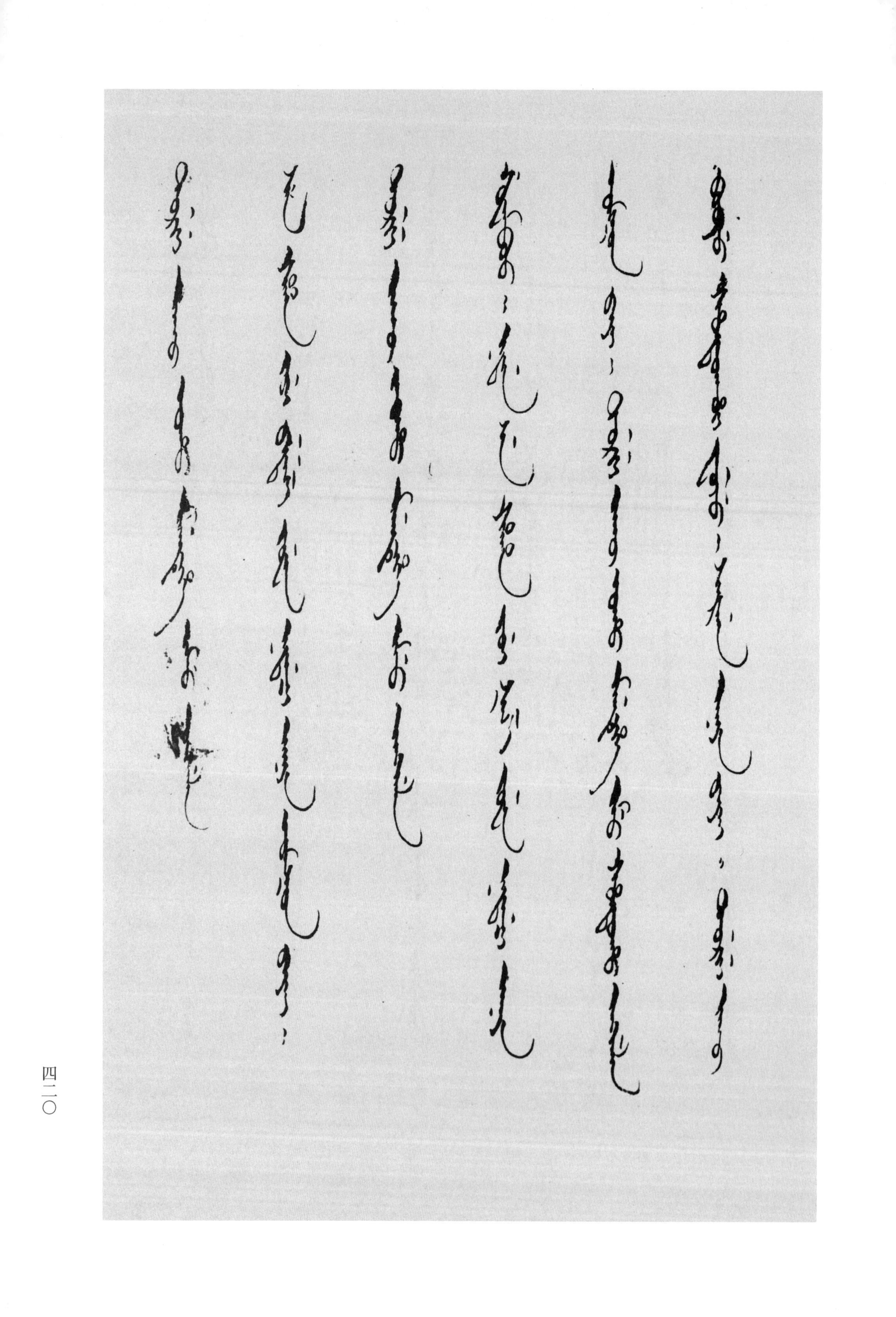

[illegible]

[illegible]

[illegible]

[illegible]

[illegible]

[illegible]

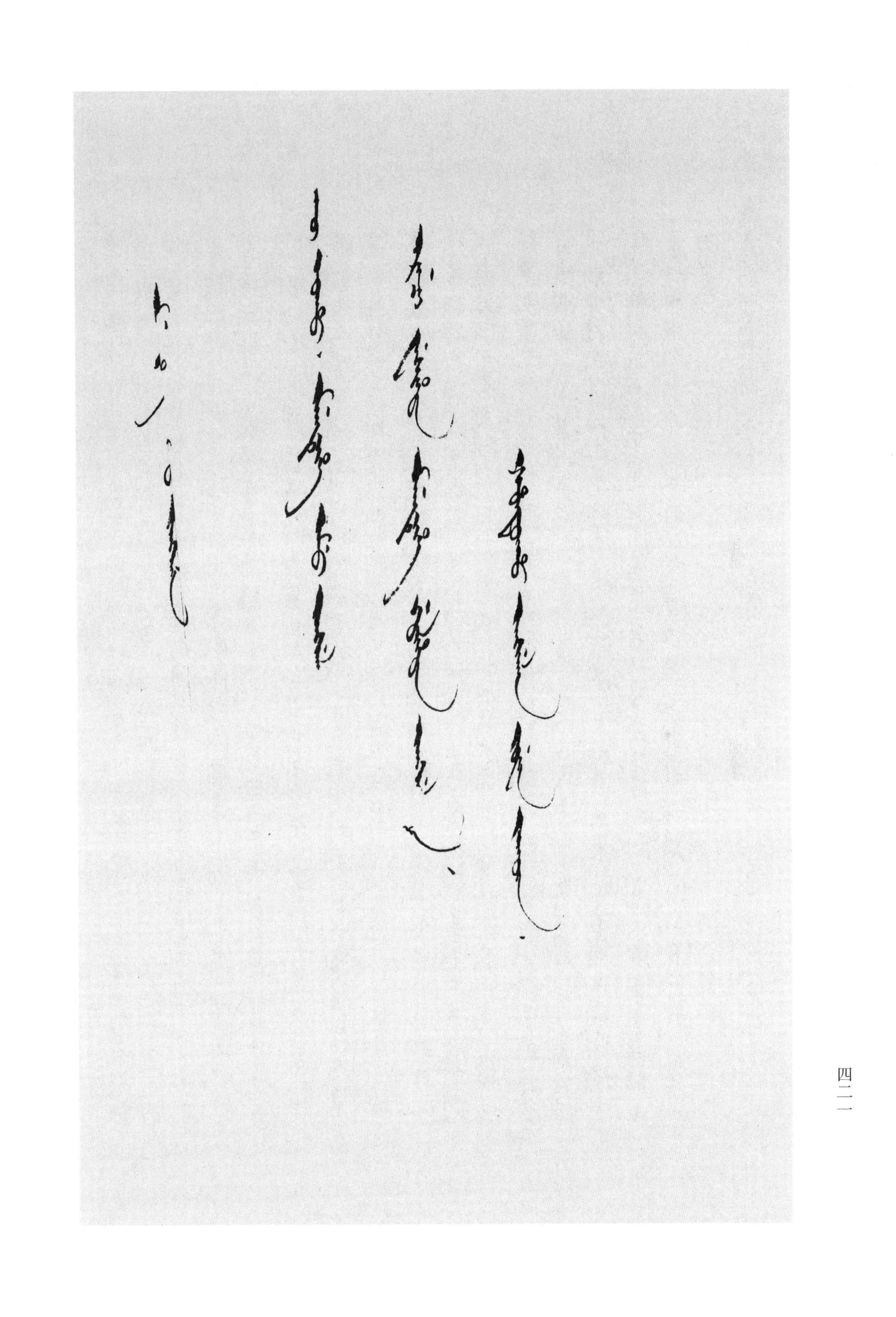

[illegible]

[illegible]

[illegible]

[illegible]

速拿送可也等情合咨等因准此查赶嘴等郎在筆管堡處居住往來該縣
並不比差勤緝以致延縱未獲殊屬不合合亟飭道為此牌仰該縣官吏文到
星即另差幹役嚴緝務獲解報毋再玩視致干嚴參未便速速等因奉此
卑職隨即差押原役車義富高鳳林勒限嚴拿申文孝家口務獲解報
去後嗣據申義富等禀稱切身等于九月初五日奉票前往筆管堡嚴
拿申文孝家口肆處遍踊並無音信至十月十五訪得申楊大等俱在庄頭
蘇成駒家隱藏身等隨往蘇家緝拿止有申楊大等八名因係旅庄隱
藏不敢緝拿其餘申存柱等男婦十九名未知下落隨即禀明往東拿詎
料蘇成駒初先隱藏逃犯今見事已敗露捏稱身等不拿先行出首避罪今
後等踊得未獲之申存柱等家口又隱于官庄蘇弘翰家内身等隨即前
往嚴拿不意庄頭蘇弘翰倚仗旅庄百般支吾後等又不敢入室嚴緝只
得禀明案下施行等情據此除嚴飭該役訪緝申存柱等務獲另解外所
有現獲申楊大等八名内有申赶嘴寬氏馬氏三名口現在患病不能起解
應將申楊大等伍名先行具文批解憲台轉送並申赶嘴寬氏馬氏俟病
痊日補解再查筆管堡係屬遼陽州界並非海城地方亦不與蓋平接壤申
存柱雖經入籍卑縣今既隱於遼界旗庄頭蘇弘翰家似應仰懇憲台
轉咨
盛京將軍轉飭拿獲解寔為公便為此叙由具申伏乞照驗施行

乾隆十八年十月二十八日奉奉天府府尹紀録一次郭　憲牌内開乾隆十八
年十月十八日准
盛京内務府咨開佐領洪保等呈稱據會計司催總四格等呈稱據遼陽界
筆管堡居住本屬佐領庄頭蘇成均等呈稱前奉票諭從前送出為民之申
姓一戶俱各潜逃該庄頭等遇有申姓之人即赴衙門呈報倘有容留隱匿日後
查出照窩藏逃人例治罪等因蒙此身等日在各壮丁家嚴行稽查今有
申起嘴夫婦二口併兒婦馬氏又回在原房居住有海城縣差役高東二人
親見並未拿去再有壮丁申楊六申三児申五児即申小偏頭申老各即申
金樑申住四児即四児申保住即住児申二各即申二小子時常在本庄往来身
等不敢隱匿理合據寔呈報等因據此查得申文孝一戶係　奏准另行撥
庄頭云犯前因該縣申報俱已潜逃無踪等語云以遲延至今至今尚
未撥庄今庄頭蘇成均即申稱赴嘴等十名口現在筆管堡寄往来差役
高東二人曾經見過等語理合呈請咨行府尹衙門仍飭該縣遣差幹役依

乾隆十八年十一月二十六日

計咨送人犯五名
申楊六　申金樑
申三兒　申四兒
申小偏頭
粘單一紙
右　咨
盛京内務府

奉天府府尹紀録一次鄂　爲查拿事據
海城縣知縣齊法尚申前事等因准此
相應抄録原文並人犯一併咨送爲此
合咨
貴衙門查照施行須至咨者

容

佐領沙爾漢

值月筆帖式祝文炳接收

隆十八 十一 月 二十六

[illegible]

二十一號

内務府大臣阿

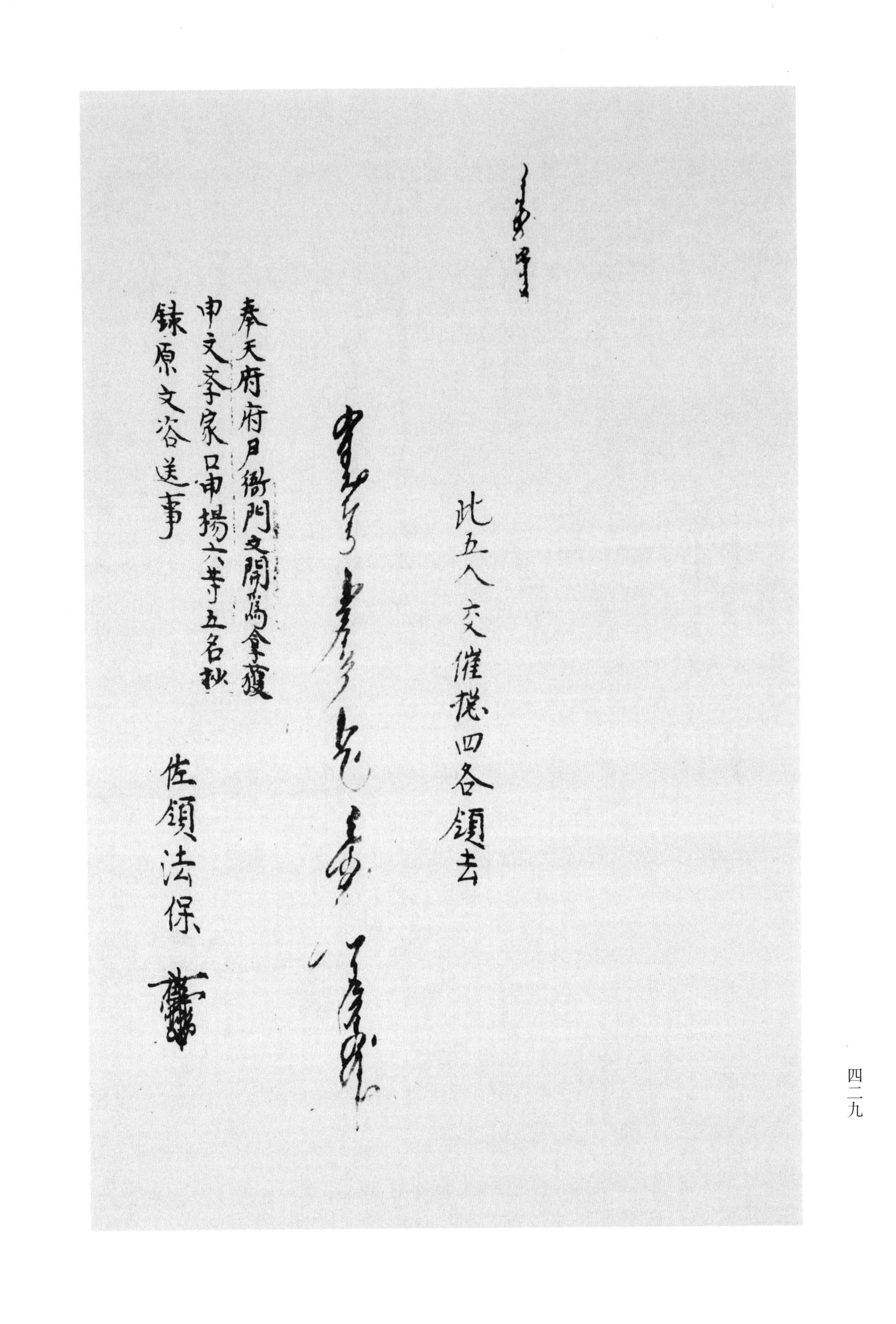

此五人交催摠四名領去

奉天府府尹衙門文開爲拿獲
申文李家口申揚六等五名抄
錄原文咨送事

佐領法保

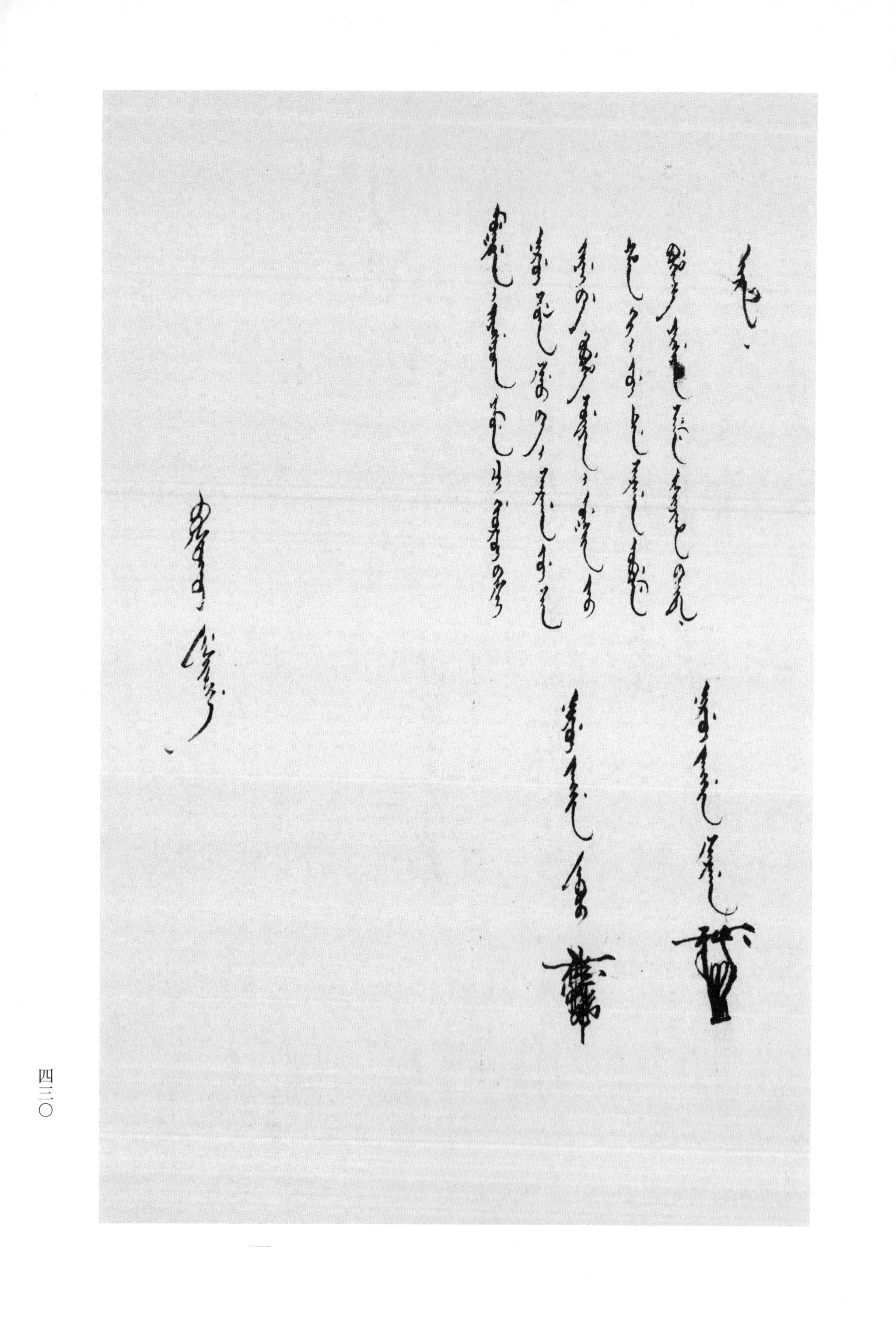

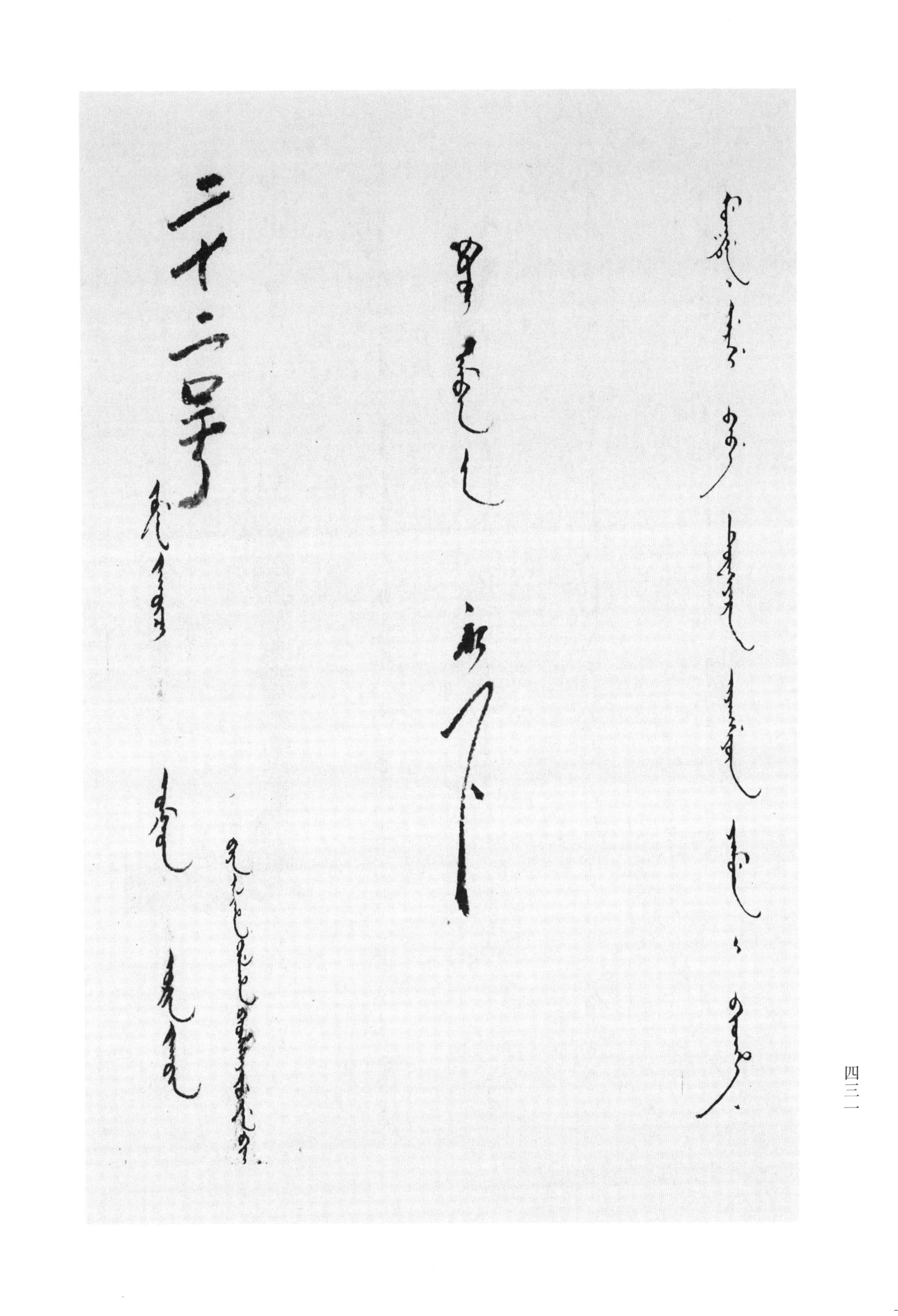

二十二日

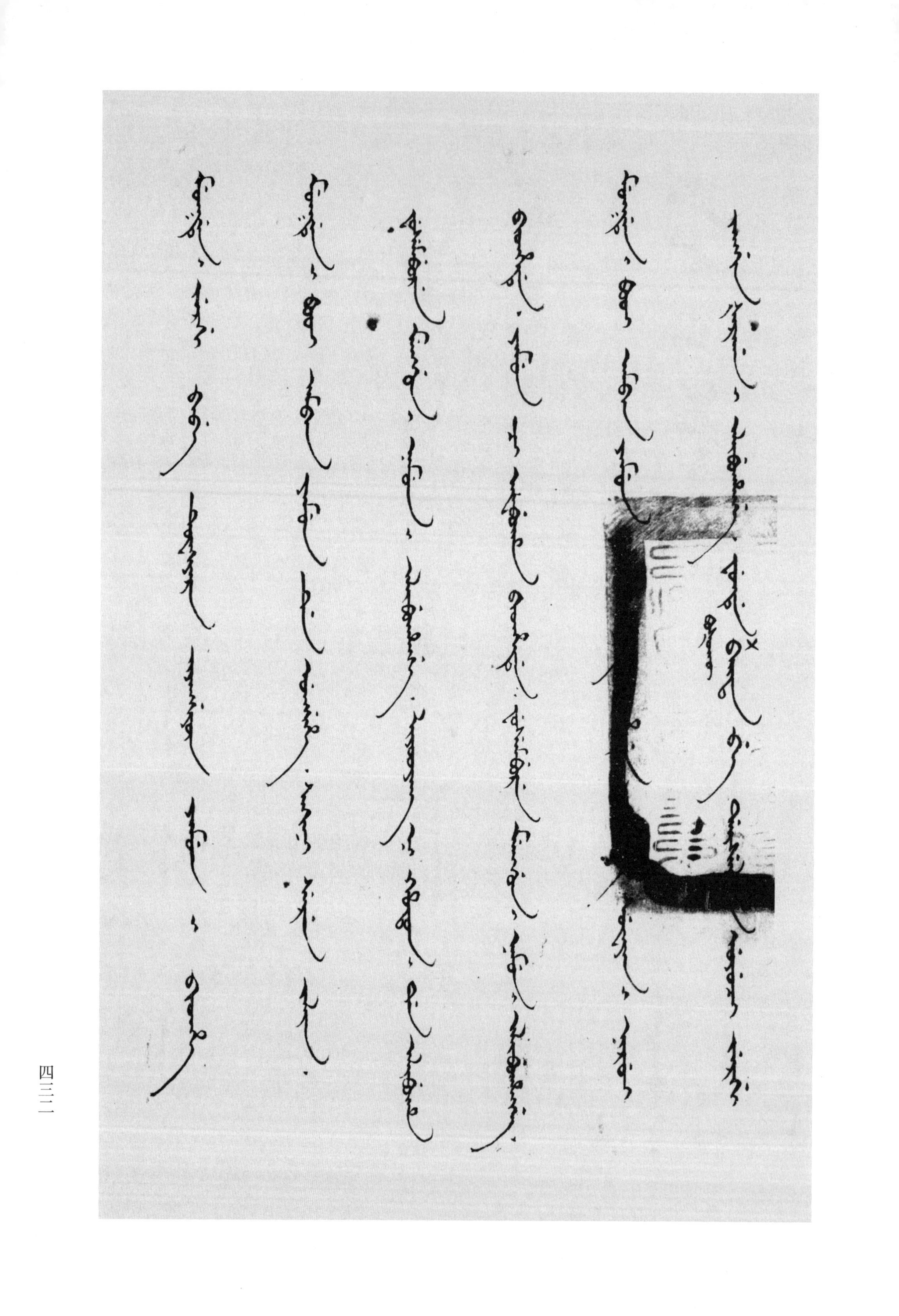

[illegible]

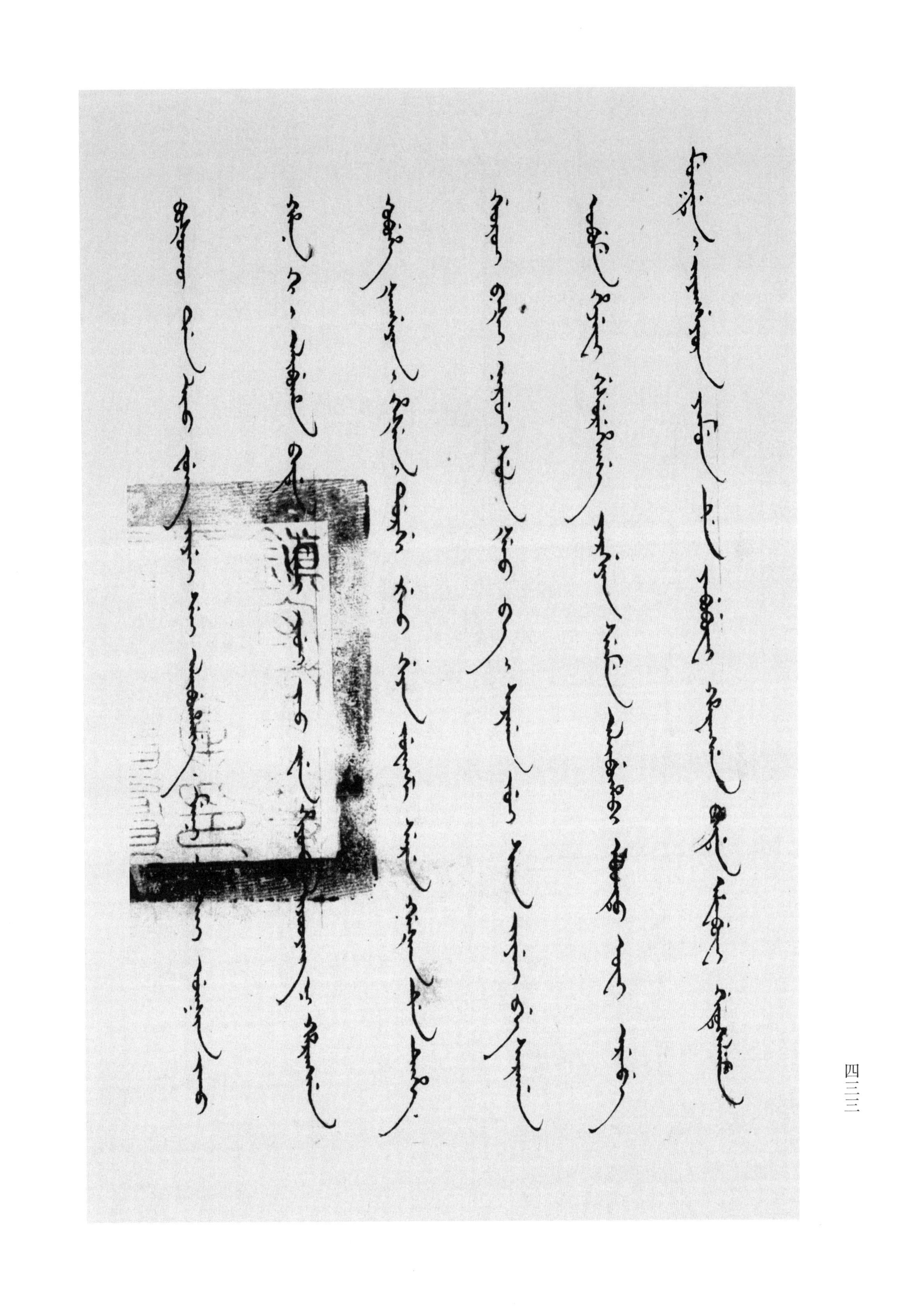

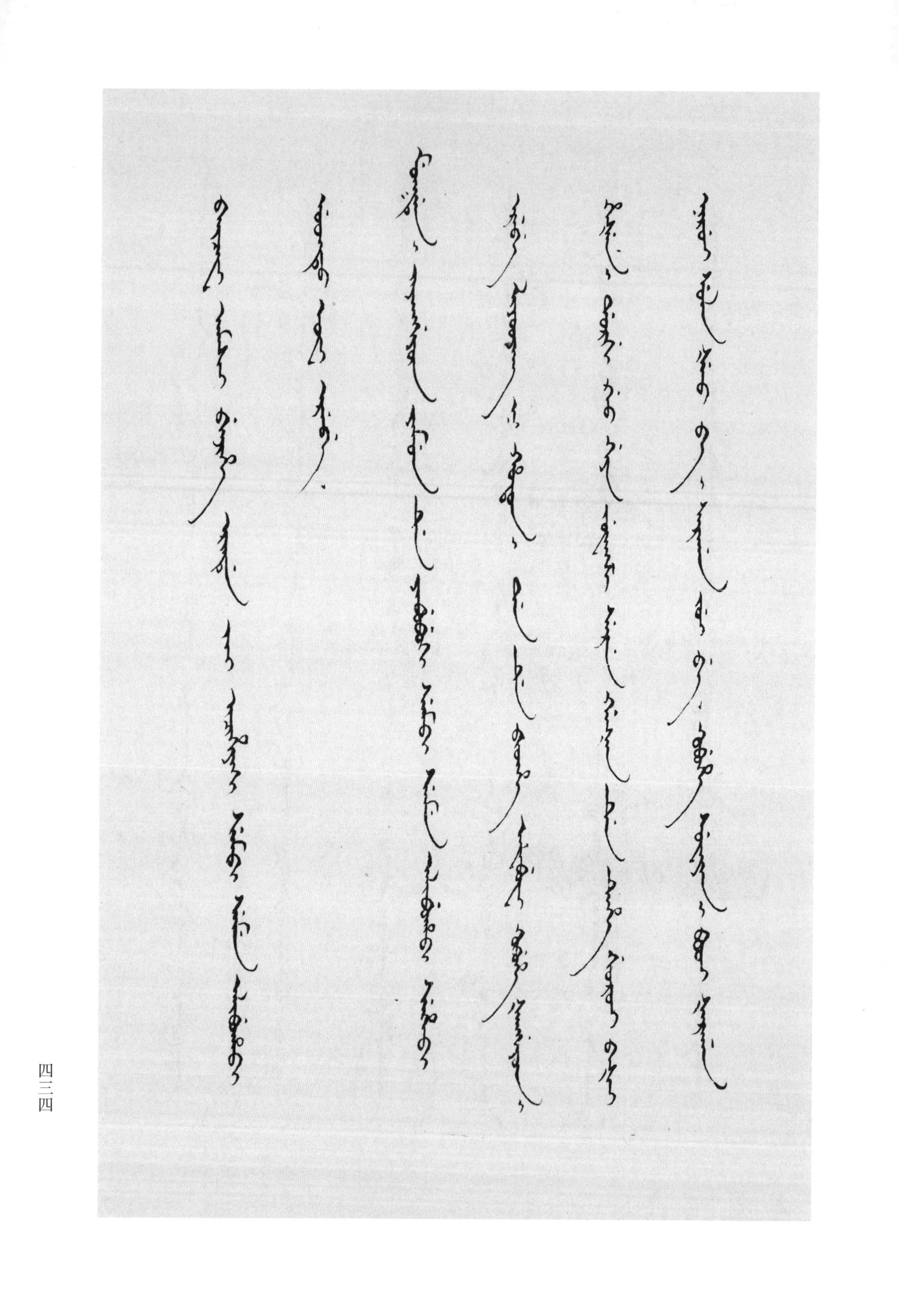

[illegible]

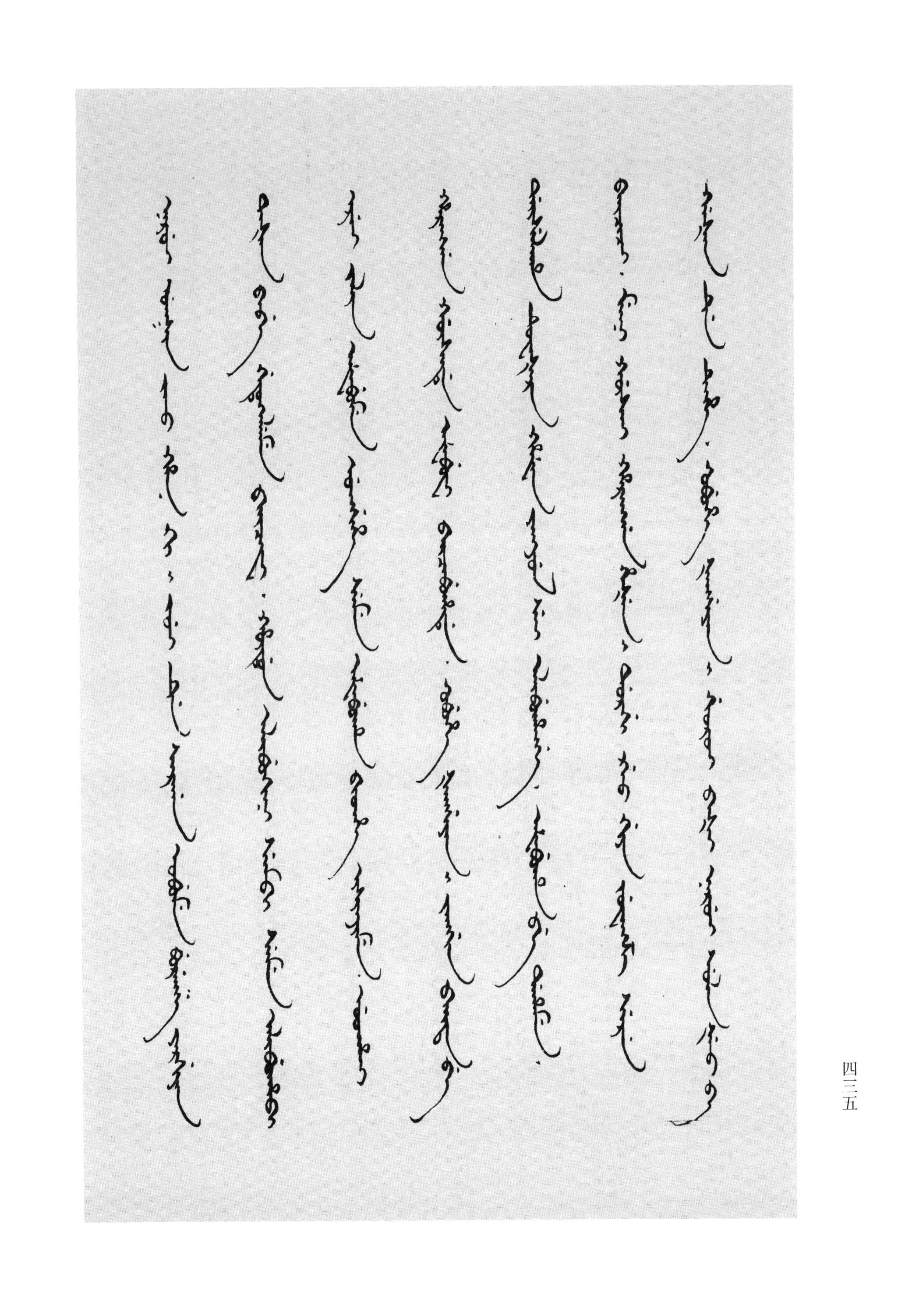

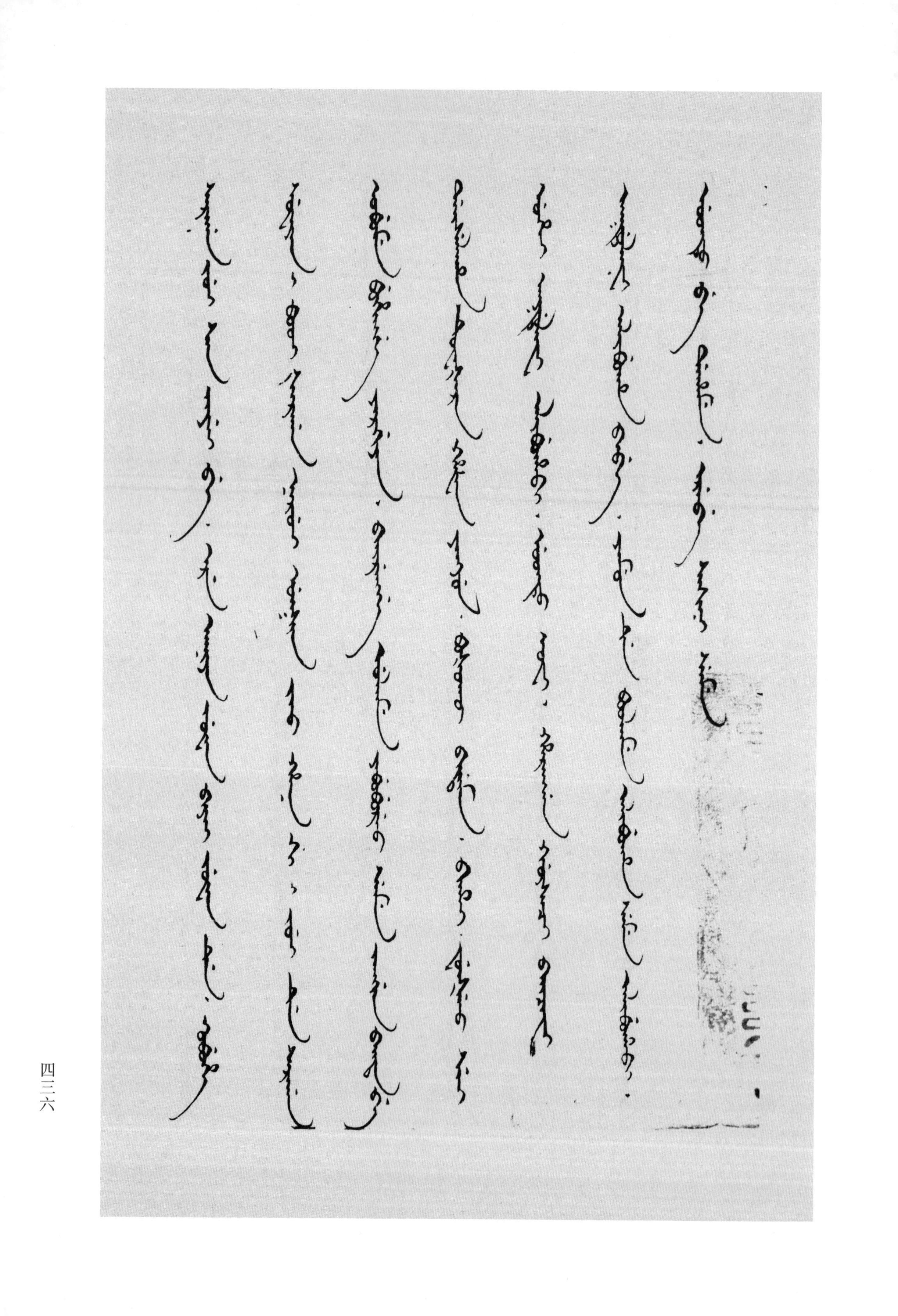

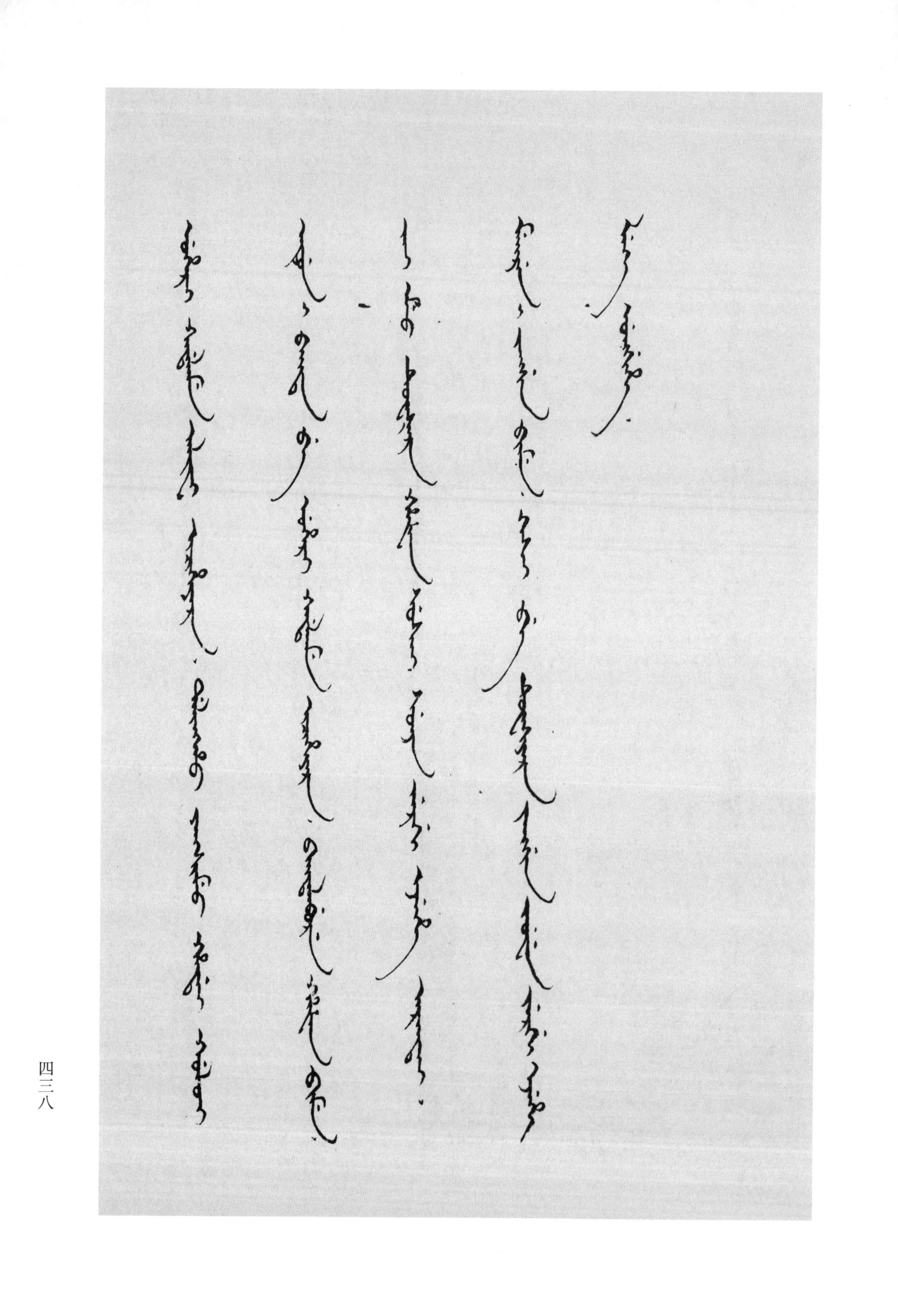